Wahlmanipulationen

Europäische Hochschulschriften
Publications Universitaires Européennes
European University Studies

Reihe XXXI
Politikwissenschaft

Série XXXI Series XXXI
Sciences politiques
Political Science

Bd./Vol. 346

PETER LANG
Frankfurt am Main · Berlin · Bern · New York · Paris · Wien

Peter Kunth

Wahlmanipulationen

Studentische Subkulturen – Mehrheitsprinzip – Rechtsgeltung – Wahlprüfungsrecht

PETER LANG
Europäischer Verlag der Wissenschaften

Die Deutsche Bibliothek - CIP-Einheitsaufnahme

Kunth, Peter:

Wahlmanipulationen : studentische Subkulturen – Mehrheitsprinzip – Rechtsgeltung – Wahlprüfungsrecht / Peter Kunth. - Frankfurt am Main ; Berlin ; Bern ; New York ; Paris ; Wien : Lang, 1998
(Europäische Hochschulschriften : Reihe 31, Politikwissenschaft ; Bd. 346)
Zugl.: Frankfurt (Main), Univ., Diss., 1997
ISBN 3-631-32976-8

D 30
ISSN 4721-3654
ISBN 3-631-32976-8

Für mannigfache Aufmunterung und fruchtbare Diskussionen danke ich der ehemaligen AStA-Vorsitzenden Silvia Ohde (Unabhängige Fachbereichsgruppen) - ihr widme ich diese Arbeit.

Für langjährige bereitwillige finanzielle Förderung danke ich meiner Mutter Ursula Kunth, geb. Bertalot, sowie meiner Großmutter Kläre Bertalot, geb. Wirth (†); ohne diese Unterstützung, abgezweigt aus kleinen Renten, hätte ich die vorliegende Arbeit nicht zu Ende führen können.

Ich danke den Mitarbeiterinnen und Mitarbeitern des Archivs und der Bücherausgabe von Stadt- und Universitätsbibliothek Frankfurt am Main sowie Deutscher Bibliothek für die prompte Besorgung der bestellten Literatur und die freundliche Bedienung.

Weitere finanzielle oder inhaltliche Unterstützung für die vorliegende Abhandlung habe ich nicht erhalten. Leider zeigte sich auch meine Hochschule, die Johann Wolfgang Goethe-Universität zu Frankfurt am Main, in jeder Hinsicht gänzlich unzugänglich und uninteressiert.

Schließlich danke ich Herrn Prof.Dr. Volker Nitzschke für die Annahme der Arbeit als Dissertation am Fachbereich Gesellschaftswissenschaften der Johann Wolfgang Goethe-Universität zu Frankfurt am Main sowie Frau Prof.Dr. Ingeborg Maus für die Anfertigung des Zweitgutachtens.

Inhalt

Abkürzungen

a.A.	anderer (gegenteiliger) Ansicht
Abb.	Abbildung
Abl.	Amtsblatt
AbR	Archiv für bürgerliches Recht (1.Jg.1889 - 40.Jg.1914)
Abs.	Absatz
ADS	Aktionskomitee Demokratischer Studenten
Änd.	Änderung (eines Gesetzestextes)
ÄR	Ältestenrat
Alt.	Alternative
amtl.Umdr.	amtlicher Umdruck (einer Gerichtsentscheidung)
AnnDR	Annalen des Deutschen Reichs für Gesetzgebung, Verwaltung und Volkswirtschaft (1.Jg.1868 - 64.Jg.1931)
AöR	Archiv des öffentlichen Rechts (1.Jg.1886, 1.Jg.NF 1921)
APUZ	Aus Politik und Zeitgeschichte (Beilage zur Wochenzeitung 'Das Parlament')
ARSP	Archiv für Rechts- und Sozialphilosopie (1.Jg.1907)
Art.	Artikel (eines Gesetzes)
AS	amtliche Sammlung (von Gerichtsentscheidungen) / Amtliche Sammlung von Entscheidungen der Oberverwaltungsgerichte Rheinland-Pfalz und Saarland (1.Bd.1954)
ASt.	Antragsteller(in)
AStA	Allgemeiner Studentenausschuß
ASTA-info.	(amtliche) AStA-Information(sschrift) der Studentenschaft der Johann Wolfgang Goethe-Universität zu Frankfurt am Main
AStA-Vors.	Vorsitzende(r) des Allgemeinen Studentenausschusses
Aufl.	Auflage
Az.	Aktenzeichen
Ba-Wü.	Baden-Württemberg / Baden-Württembergisch
Ba-WüVBl.	Baden-Württembergisches Verwaltungsblatt (1.Jg.1956 - 18.Jg.1973, aufgegangen in: Ba-WüVPr.)
Ba-WüVPr.	Baden-Württembergische Verwaltungspraxis (1.Jg.1974)
Bay.	Bayern / Bayerisch
BayVBl.	Bayerische Verwaltungsblätter (1.Jg.NF (86.Jg) 1955, zuvor: Blätter für administrative Praxis)
BayVGHE	Sammlung von Entscheidungen des Bayerischen Verwaltungsgerichtshofs mit Entscheidungen des Bayerischen Verfassungsgerichtshofs, des Bayerischen Dienststrafhofs und des Bayerischen Gerichtshofs für Kompetenzkonflikte (1.Jg.NF 1947/48)
Bd.	Band (einer Zeitschriften-/Bücher-Reihe)
Berl.	Berlin / Berlinerisch
BGB	Bürgerliches Gesetzbuch

BGBl.	Bundesgesetzblatt (1.Jg.1949)
BGHSt	Entscheidungen des Bundesgerichtshofes in Strafsachen (amtliche Sammlung, 1.Bd.1950/51)
BGHZ	Entscheidungen des Bundesgerichtshofes in Zivilsachen (amtliche Sammlung, 1.Bd.1951)
Bl.dt.int.Pol.	Blätter für deutsche und internationale Politik (1.Jg.1955)
B-OVGE	Entscheidungen des Oberverwaltungsgerichts Berlin (1.Bd.1954)
BT-Wahl	Bundestagswahl
BVerfG	Bundesverfassungsgericht
BVerfGE	Entscheidungen des Bundesverfassungsgerichts (amtliche Sammlung, 1.Bd.1952)
BVerwG	Bundesverwaltungsgericht
BVerwGE	Entscheidungen des Bundesverwaltungsgerichts (amtliche Sammlung, 1.Bd.1954)
BWahlG	Bundeswahlgesetz
BWO	Bundeswahlordnung
bzgl.	bezüglich
ca.	circa (ungefähr)
DA	Deutschland Archiv (1.Jg.1968)
ders.	derselbe
d.h.	das heißt
dies.	dieselbe
diskus	diskus - Frankfurter Studentenzeitung (1.Jg.1951)
Diss.	Dissertation
DKP	Deutsche Kommunistische Partei
DNG/FH	Die Neue Gesellschaft (1.Jg.1954; ab 32.Jg.1985 vereinigt mit Frankfurter Hefte (FH))
DnO	Die neue Ordnung (1.Jg.1946)
DÖV	Die Öffentliche Verwaltung (1.Jg.1948)
DpM	Die politische Meinung - Monatsschrift zu Fragen der Zeit (1.Jg.1956)
DRiZ	Deutsche Richterzeitung (1.Jg.1909 - 27.Jg.1935, 28.Jg.1950)
Drs.	(parlamentarische) Drucksache
DSt	Der Staat (1.Jg.1961)
DuR	Demokratie und Recht (1.Jg.1972)
DUZ	Die Deutsche Universitätszeitung (1.Jg.1946)
DV	Deutsche Verwaltung (1./2.Jg.1948/49, anschl.: DVBl.)
DVBl.	Deutsches Verwaltungsblatt (1.Jg.1879/80 (PrVBl.), 1.Jg.NF 1949)
DZfPh.	Deutsche Zeitschrift für Philosophie (1.Jg.1953)
E., E	(Gerichts)Entscheidung
ehem.	ehemalig / ehemals
Einl.	Einleitung
es	edition suhrkamp (1.Bd.1963)

ESVGH	Entscheidungssammlung des Hessischen Verwaltungsgerichtshofs und des Verwaltungsgerichtshofs Baden-Württemberg mit Entscheidungen der Staatsgerichtshöfe beider Länder (1.Jg.1952)
FAZ	Frankfurter Allgemeine Zeitung
FB	Fachbereich
ff	nachfolgende Seiten
FN	Fußnote
FR	Frankfurter Rundschau
Frankfurt/M	Frankfurt am Main
FS	Festschrift (Festgabe)
FSR	Fachschaftsrat
FU	Freie Universität (Berlin)
G	Gesetz
GBl.	Gesetzblatt
gem.	gemäß
GEW	Gewerkschaft Erziehung und Wissenschaft
GG	Grundgesetz für die Bundesrepublik Deutschland
GS	Gedenkschrift
GuG	Geschichte und Gesellschaft - Zeitschrift für Historische Sozialwissenschaft (1.Jg.1975)
GVBl.	(Hessisches) Gesetz- und Verordnungsblatt
Hess.	Hessen / Hessisch
HessVGRspr.	Rechtsprechung der Hessischen Verwaltungsgerichte (Beilage zum Hess.StAnz, 1.Jg.1962)
HG	Hochschulgesetz
HHG	Hessisches Hochschulgesetz
HH.VerfG	Hamburgisches (Landes-)Verfassungsgericht
h.M.	herrschende (juristisch maßgebliche) Meinung
HMWK	Hessisches Ministerium für Wissenschaft und Kultur
HochSchG	Hochschulgesetz
HRG	Hochschulrahmengesetz
Hrsg.	Herausgeber(in)
HSU	Humanistische Studentenunion
HUG	Hessisches Universitätsgesetz
i.a.	im allgemeinen
i.d.F.	in der Fassung
i.d.R.	in der Regel
info	Information(sschrift)
insb.	insbesondere
i.S.	im Sinne

i.st.R.	in ständiger Rechtsprechung
i.V.m.	in Verbindung mit
JA	Juristische Arbeitsblätter (1.Jg.1969)
Jg.	Jahrgang (einer Zeitschrift)
JR	Juristische Rundschau (1.Jg.1946)
JRR	Jahrbuch für Rechtssoziologie und Rechtstheorie (1.Jg.1960)
jur.	juristisch
Jura	Juristische Ausbildung (1.Jg.1969)
JuS	Juristische Schulung (1.Jg.1969)
Juso-HSG	Jungsozialisten-Hochschulgruppe
JW	Juristische Wochenschrift (1.Jg.1872 - 68.Jg.1939)
JZ	Juristen Zeitung (1.Jg.1945)
Kap.	Kapitel
KJ	Kritische Justiz (1.Jg.1967)
Komm.	(juristischer) Kommentar
KoWO	Konventswahlordnung
KOZ	Kommunikationszentrum (der Frankfurter Studentenschaft)
KSB	Kommunistischer Studentenbund
KSV	Kommunistischer Studentenverband
Kursb.	Kursbuch (1.Bd.1965)
K-Wahl	Kommunalwahl
Leviathan	Leviathan - Zeitschrift für Sozialwissenschaft (1.Jg.1972)
LG	Landgericht
LHV	Liberaler Hochschulverband
Lit.	Literatur
LS	Leitsatz (zu einer Gerichtsentscheidung)
LSD	Liberaler Studentenbund Deutschlands
LT-Wahl	Landtagswahl
LV	Landesverfassung
Merkur	Merkur - Deutsche Zeitschrift für europäisches Denken (1.Jg.1946)
MdB	Mitglied des Deutschen Bundestags
MSB	Marxistischer Studentenbund
m.w.Lit.	mit weiteren Literaturangaben
m.w.N.	mit weiteren Nachweisen
NDH	Neue Deutsche Hefte (1.Jg.1954 - 36.Jg.1989)
Nds.	Niedersachsen / Niedersächsisch
NF	Neue Folge
NJ	Neue Justiz (1.Jg.1946)
NJW	Neue Juristische Wochenschrift (1.Jg.1947/48)
nk	neue kritik (1.Jg.1960 - 10.Jg.1969/70)

Nr.	Nummer
NRW	Nordrhein-Westfalen / Nordrhein-Westfälisch
NS	nationalsozialistisch
N-StGHE	Entscheidungen des Niedersächsischen Staatsgerichtshofs (1.Bd.1957-1977)
NVwZ	Neue Zeitschrift für Verwaltungsrecht (1.Jg.1981)
NVwZ-RR	NVwZ-Rechtsprechungs-Report Verwaltungsrecht (1.Jg.1988)
ÖZöffR	Österreichische Zeitschrift für öffentliches Recht (1.Jg.1914, 1.Jg.NF 1946/48)
o.g.	oben genannte(r)
ORDO	ORDO - Jahrbuch für die Ordnung von Wirtschaft und Gesellschaft (1.Jg.1948)
OVG	Oberverwaltungsgericht
OVGE	Entscheidungen der Oberverwaltungsgerichte für das Land Nordrhein-Westfalen in Münster sowie für die Länder Niedersachsen und Schleswig-Holstein in Lüneburg mit Entscheidungen des Verfassungsgerichtshofes Nordrhein-Westfalen und des Niedersächsischen Staatsgerichtshofes (1.Bd.1951)
pol.	politologisch
PVS	Politische Vierteljahresschrift (1.Jg.1959)
PrVBl.	Preußisches Verwaltungsblatt (1.Jg.1879/80 - 48.Jg.1926/27, anschl.: RVBl.)
RCDS	Ring Christlich Demokratischer Studenten
RGBl.	Reichsgesetzblatt (1.Jg.1871 - 75.Jg.1945)
Rh-Pf.	Rheinland-Pfalz / Rheinland-Pfälzisch
RN	Randnummer
RSpr.	Rechtsprechung
RT-Prot.	stenographische Berichte über die Verhandlungen des Deutschen Reichstages
RVBl.	Reichsverwaltungsblatt (49.Jg.1927/28 - 63.Jg.1942, zuvor: PrVBl.)
RWahlG	Reichswahlgesetz
S.	Seite(n) / Satz
SDS	Sozialistischer Deutscher Studentenbund
Sen.-WO	Senatswahlordnung
SF	Sozialistische Fraktion
S-H.	Schleswig-Holstein / Schleswig-Holsteinisch
SHB	Sozialdemokratischer Hochschulbund (ab 1972/73: Sozialistischer Hochschulbund)
SHI	Sozialistische Hochschulinitiative
s.o.	siehe oben(stehend)
soz.	soziologisch

SPD	Sozialdemokratische Partei Deutschlands
SS	Sommersemester
StAnz	Staatsanzeiger (für das Land Hessen)
StGB	Strafgesetzbuch
StGH	Staatsgerichtshof
StR	Staat und Recht (1.Jg.1951)
StS	Satzung der Studentenschaft (der Johann Wolfgang Goethe-Universität zu Frankfurt am Main)
studpol	studentische politik (1.Jg.1968 - 8.Jg.1975)
StuPa	Studentenparlament
StuPa-Präs.	Präsident(in) des Studentenparlaments
StuPa-Prot.	amtliches Protokoll der Sitzung des Studentenparlaments
stv.	stellvertretend(er)
teilw.	teilweise
TOP	Tagesordnungspunkt
u.a.	unter anderem
UF	Unabhängige Fachbereichsgruppen (Giraffen)
UL	Undogmatische Linke
Uni-Rep.	Uni-Report (herausgegeben vom Präsidenten der Johann Wolfgang Goethe-Universität zu Frankfurt am Main, 1.Jg.1968)
v.	von/vom
VA	Verwaltungsakt
Verf.	Verfasser(in) / Verfassung
VerfGH	Verfassungsgerichtshof
v.i.S.d.P.	Verantwortlich im Sinne des Presserechts
VG	Verwaltungsgericht
VGH	Verwaltungsgerichtshof (= Oberverwaltungsgericht)
vgl.	(man) vergleiche
VO	(Rechts)Verordnung
Vors.	Vorsitzende(r)
VV	(studentische) Vollversammlung
VVDStRL	Veröffentlichungen der Vereinigung der Deutschen Staatsrechtslehrer (1.Bd.1924)
VVW	Verfassung und Verfassungswirklichkeit (1.Jg.1966 - 12.Jg.1978)
VwA	Verwaltungsarchiv (1.Jg.1893)
VwGO	Verwaltungsgerichtsordnung
VwR	Verwaltungsrundschau (10.Jg.1977, zuvor: Staats- und Kommunalverwaltung (1.Jg.1955 - 9.Jg.1977))
VwRspr.	Verwaltungsrechtsprechung in Deutschland (1.Jg.1949 - 32.Jg.1981, anschl.: NVwZ)
VwVfG	Verwaltungsverfahrensgesetz
VwVG	Verwaltungsvollstreckungsgesetz

WA	(studentischer) Wahlausschuß
WissR	Wissenschaftsrecht - Wissenschaftsverwaltung - Wissenschaftsförderung (1.Jg.1968)
WO	Wahlordnung
WRV	Weimarer Reichsverfassung
WS	Wintersemester
z.B.	zum Beispiel
ZfP	Zeitschrift für Politik (1.Jg.1907, 1.Jg.NF 1954)
ZfR	Zeitschrift für Rechtstheorie (1.Jg.1969)
zit.n.	zitiert nach
ZParl	Zeitschrift für Parlamentsfragen (1.Jg.1970)
ZRP	Zeitschrift für Rechtspolitik (1.Jg.1968)
ZStW	Zeitschrift für die gesamten Staatswissenschaften (1.Jg.1881; ab 1986: JITE, Journal of Institutional and Theoretical Economics)

Einleitung: Kap.0 Die Deutsche Studentenbewegung - ein "Mythos"?

"Mit derselben Sicherheit, mit der die Gesellschaft weiß, wovor man den Hut zu ziehen hat, muß sie wissen, wo man ihn entrüstet aufzusetzen hat, ohne ein weiteres Wort zu verlieren. Wenn sie das eine wie das andere nicht mehr sicher weiß, wenn in den letzten Dingen die Standpunkte beliebig werden, so ist es an der Zeit, Alarm zu schlagen. Die Reflexe arbeiten nicht mehr, und wir haben dann den Zustand der Aufweichung aller Normen und Werte, ohne die auf die Dauer keine Gesellschaft bestehen kann. Es schwindet die Ehrfurcht, aber am anderen Ende der Wertskala schwindet ebensosehr das Vermögen der bedingungslosen und sich auf nichts mehr einlassenden Entrüstung. Es steht schlimm um eine Gesellschaft, wenn sie auf die Keulenschläge des Rechtsbruchs, der Willkür, der Unmenschlichkeit, der Intolerenz, der Grausamkeit und der Mitleidslosigkeit durch keinerlei jähe Patellarreflexe mehr reagiert und jene Stumpfheit eintritt, die der Vorbote des Zusammenbruchs ist. Tritt dann gar an die Stelle der Empörung, die keine Entschuldigung anerkennt, die Beschönigung, das Interessantfinden, das Werben um Verständnis, die Heiligung der Mittel durch den Zweck, die zynische Erfindung von Rechtfertigungstheorien und der snobistische Flirt mit dem Abnormen, so ist der tiefste Punkt erreicht." (*Wilhelm Röpke*, Die Gesellschaftskrisis der Gegenwart, 1942)

Wir befinden uns in einer Zeit der mythischen Verklärung der Studentenrevolte, verbunden mit einer positiven Überhöhung ihrer politischen Nachwirkungen[1]. Allenthalben wird im Jahre 1993 des 25jährigen Jubiläums der "68er-Revolte" der "antiautoritären", studentischen 'Neuen Linken' in Deutschland gedacht[2]. Aus sicherer Distanz hat die 'aufgeklärte' und saturierte bür-

---

1 "Erstaunlich viele Zeitgenossen wollten jetzt ... irgendwie '68er' sein, dazugehören und Vergangenheit haben. ... Die lange Jahre vorherrschende ideologische Schärfe der politischen Auseinandersetzung war einem breiten Konsens über die Tatsache gewichen, daß der zwanzig Jahre zurückliegende Aufruhr wegen und trotz seiner Radikalität und Irrwege der Lebensqualität und demokratrischen Reife in der Bundesrepublik insgesamt zugute gekommen war" (R.**Mohr**, Ausgeträumt? - Eine Revolte feiert 25jähriges Dienstjubiläum, in: Neue Rundschau 2/1993, S.27-36, S.28). Ähnlich auch bereits: B.**Ulrich**, Die 68er oder wie eine Generation anfing mir auf den Geist zu gehen, in: Kommune 4/1988, S.28-35, S.33.

Mythos Studentenbewegung. Wohl erstmals wurde diese Charakterisierung von einem ehemaligen "Studentenbewegler" zwölf Jahre später vorgestellt: "Die Apo-Generation läßt die Erinnerung an die Studentenbewegung zur Zelebration eines Mythos erstarren" (J.**Bopp**, Vatis Argumente - Apo-Generation und heutige Jugend, Kursb.**58**, S.1-20 (1979), S.9; vgl. auch bereits: J.M.**Bourguereau**, Die Krise des Mythos - Anmerkungen zur Neuen Linken in Frankreich und Italien, Kursb.**48**, S.1-13 (1977)). Nach 20 Jahren wurde der Sachverhalt - diesmal von eher konservativer Seite - erneut aufgegriffen: H.**Lübbe**, Der Mythos der 'kritischen Generation', in: APUZ 20/1988, S.17-25. Ferner auch: R.**Herzinger**, Wandlungen eines Mythos - Die Kulturrevolutionäre von 1968, Garanten der liberalen Kultur in Deutschland?, in: C.**Keller** (Hrsg.), Antifaschismus - Geschichte und Neubewertung, Berlin 1996, S.252-267. - Eine Ausweitung erfolgte z.B. auf die Frankfurter Sponti-Szene: "Die Scene wird als Mythos entlarvt" (S.**Horn**, Abschied vom Kollektiv, Frankfurt/M 1989, S.41).

2 **(a)** Es handelt sich bereits um das dritte Jubiläum für denselben Anlaß nach dem ersten, 1977 (unter dem Eindruck des RAF-Terrorismus stehend [sog. "Deutscher Herbst"], zehn Jahre nach der Anti-Schah-Demonstration und der Erschießung B.**Ohnesorgs** am 2.6.1967), und dem zweiten, 1988 (20 Jahre nach den Osterunruhen und dem Attentat auf R.**Dutschke** am 11.4.1968), in West-Berlin - jeweils begleitet von einem umfangreichen (und meist sympathisierenden) Literaturschub [paradigmatisch die 8teilige, 93seitige(!) Serie 'Träume im Kopf, Sturm auf den Straßen', in: Der Spiegel 14/1988 bis 21/1988]. Dazu allgemeiner (kritisch): F.**Schneider** (Hrsg.), Dienstjubiläum einer Revolte - '1968' und 25 Jahre, München 1993, insb. S.9 ff.

(b) Zur (politisch nicht unumstrittenen) Selbsteinschätzung führender Träger der Studentenbewegung als "Antiautoritäre" - anfangs im Sinne der Kritischen Theorie als Gegenstellung zur "autoritären Persönlichkeit" - exemplarisch: W.**Lefèvre**/W.**Weller**, Zur Geschichte der Berliner Studentenbewegung, in: S.**Leibfried** (Hrsg.), Wider die Untertanenfabrik, Köln 1967, S.205-217, S.217; Rechenschaftsbericht des Bundesvorstands zur 23. ordentlichen Delegiertenkonferenz des SDS, in: nk 50/1968, S.68-87, S.68; F.**Huisker**, Antiautoritäres Verhalten und autoritäre Strukturen im SDS, in: nk 50/1968, S.115-126. Dagegen: " Abstrakt, das hatte ich erwartet,

gerliche Gesellschaft inzwischen ihre Wertschätzung für die Studentenrevolte (wieder) entdeckt: Große linksliberale Tageszeitungen und Verlage[3] ebenso wie konservative Wochenzeitungen[4] erweisen ihre Reverenz; das staatliche Fernsehen schaltet sich ein[5]; das 'Berliner Kulturbüro' veranstaltet einmal im Monat einen "Historischen Spaziergang 'Berlin 1968: Der lange Marsch durch die Geschichte der APO'"[6]; im Frankfurter Rathaus wird, offiziell gefördert vom städtischen Presse- und Informationsamt, ein ganztägiges "Jubiläumsfest der 68er": "Utopien ohne Zukunft?" mit abendlichem, festlichem Kulturprogramm (!) durchgeführt[7]; das Stuttgarter Staatstheater zelebriert 24stündig "68 - das Jahr"[8]; es gibt Romane und wissenschaftliche Symposien zur Studentenbewegung. - Viele der damaligen Akteure haben inzwischen mit dem Deutschen Staate, dem materiellen Wohlstand der Oberschicht verhaftet, ihren Frieden geschlossen; seit der Deutschen Vereinigung blicken gar einige sehnsüchtig zurück auf die 'alte' Bundesrepublik. Mehr noch, sie verfügen heute in Spitzenstellungen der Partei der 'Grünen', aber auch der SPD, finanziell bequem und risikolos gebettet in hochdotierten, unkündbaren Positionen des staatlichen Bildungs- und Kulturbereichs sowie der Medien, über maßgeblichen Einfluß auf die (west-)Deutsche politische Kultur und die öffentliche Meinung[9].

---

ten und autoritäre Strukturen im SDS, in: nk 50/1968, S.115-126. Dagegen: " Abstrakt, das hatte ich erwartet, aber autoritär, so über die Maßen autoritär, das hat mich denn doch überrascht. So hatte ich mit E.**Thälmann** vorgestellt, aber nicht die sich antiautoritär nennende Bewegung." (B.**Ulrich** (FN 1), S.32)

3 **Beispiele:** Die Reihe "68 - die Anderen und Wir" in der 'Frankfurter Rundschau', 9.4.1993 ff; bereits zum 20jährigen Jubiläum in der FR: die Reihe "Wie '1968' ein Stück bundesrepublikanischer Wirklichkeit wurde". Die bei S.**Fischer** verlegte Kulturzeitschrift 'Neue Rundschau' erscheint im Heft 2/1993 unter dem Leitthema "1968 revisited - Erfahrungen mit einem Umbruch"; einer der Herausgeber [und FAZ-Feuilletonredakteur] U. **Wittstock** versammelt dazu 13 überwiegend positive Beiträge.

4 **Beispiel:** Die Reihe "Die 68er - 25 Jahre danach" im 'Rheinischen Merkur', 9.4.1993 ff.

5 **Beispiel:** J.**Faulstich**/G.M.**Hafner**, 1968 - Aus dem Bilderbuch einer Revolte (ARD, 15.7.1993, 23-24 Uhr); auch als Film-Beilage zum gleichnamigen Buch, hrsg. von E.**Jacoby**/G.M.**Hafner**, Frankfurt/M 1993. Ergänzend: W.**Petermann**/R.**Thoms**, Kino-Fronten - 20 Jahre '68 und das Kino, München 1988.

6 O.J.**Weis**, Dabei als Beobachter, aus gelegentlich unsicherer Entfernung, in: FR v.9.4.1993, S.16 (FN 3).

7 Zu dieser Art Veteranentreffen: Alt-68er im neuen Dialog: 'Utopien ohne Zukunft?', in: FR v.15.3.1993, S.16; ferner: "Die starke Präsenz ehemaliger Apo-Aktivisten gehört heute zweifellos zu den Standortvorteilen für Frankfurt. Sie gibt der Stadt bei sensiblen Bankangestellten und Werbeleuten einen Nimbus. Die Erinnerung an Institutsbesetzungen und Straßenschlachten, an die letzten Auftritte der legendären Frankfurter Schule liegt wie ein sanfter Sonnenstrahl auf den Glaspalästen der Werbeagenturen und Kreditinstitute und verleiht ihren sonst eher eindimensionalen Geschäften eine gewisse Tiefe." (M.**Siemons**, Schauspiel einer Empörung - Standortvorteil 1968: Eine Frankfurter Wiederbelebung, in: FAZ v.23.3.1993, S.33)

8 Dazu: Achtundsechzig, ach. Deutsche Szene: Revoltengedenktag im Theater, in: FAZ v.23.11.1993, S.35. - Bereits 1988 erschien: G.**Heidenreich**, Füchse jagen - Schauspiel auf das Jahr 1968, München/Zürich 1988.

9 **Der "lange Marsch durch die Institutionen" als Macht-, Versorgungs- und Integrationsphänomen.** Gerade im öffentlichen Bereich reüssierten - wohl in Anspielung auf **Maos** 'langen Marsch' - der staatsfeindliche SDS und seine apologetischen Nachfolger mit ihrem "langen Marsch durch die Institutionen" ["Wenn ich mal vom langen Marsch durch die Institutionen gesprochen habe, ... heißt das aber, daß der radikale, außerparlamentarische Kern als Moment von Gegengesellschaft, als Moment neuer Gesellschaft erhalten bleibt und eine subversive Verwertung der Widersprüche in den bestehenden Institutionen durchführt mit dem Ziel und dem Zwecke der Zerstörung und Aufweichung der etablierten Apparate." (R.**Dutschke** in: E.**Bloch**/R.**Dutschke**/O.K.**Flechtheim**/W.**Maihofer**/W.-D.**Marsch**, Heiterkeit in die Revolution bringen [Diskussion über "Revolution in Deutschland", Februar 1968 in der Evangelischen Akademie Bad Boll] in: Der Spiegel 10/1968, S.54/57)], der schon früh Erfolge aufwies: "Ein exzellentes Beispiel ... gibt die neue Linke in der Bundesrepublik. Ich weiß keinen Fall, in dem eine Gruppe von Personen wirtschaftlich so gut belohnt, ja teilweise wirtschaftlich privilegiert wurde, wie diejenigen Personen und Gruppen, die als Beruf die Abschaffung des Systems der Marktwirtschaft und der repräsentativen Demokratie, zumindest aber die systematische Verleumdung der Bundesrepublik als Gesellschaft, betreiben" (E.K.**Scheuch**, Der 'Demokratisierungsprozeß' als gesamtgesellschaftliches Problem, in: A.F.**Utz**/H.B.**Streithofen**, Demokratie und Mitbestimmung, Stuttgart 1970, S.75-98, S.90). - Eine umfassende und systematische Aufarbeitung dieses für viele der Teilnehmer so erfolgreichen "langen Marschs" steht bis heute allerdings noch aus. So ist sich hier mit einigen Hinweisen zu bescheiden:

(**a**) Einen Eindruck über die Befindlichkeiten von Vertretern der 'Neuen Linken' am Beginn des "langen Marsches" geben: Beruf: Langer oder kurzer Marsch?, Kursb.**40** (1975); H.**Stubenrauch**, 'Wir haben die ersten Schritte beim langen Marsch getan' - Neun Jahre nach einem Aufbruch, in: päd.extra 1/1977, S.20-23. Langfristig vermochten sich viele (zunächst) staatsfeindliche Studenten aus dem Umfeld des SDS und dessen politischer Nachfolger materiell auf gehobenem Niveau abzusichern ausgerechnet in unmittelbar oder mittelbar staatlich finanzierten Lebensstellungen: "Anfang der 70er, als über die Gesellschaft der reiche Segen der Sozialdemokratisierung hereinbrach, wurden seine Karten gemischt; seine Freunde sitzen in den Vorständen der Institutionen, die von keiner Bonner Wende mehr abzuschaffen sind, in den Jugendwerken, den Instituten für politische Bildung, den evangelischen Tagungsstätten, den Gremien und Fördergremien, den Hauptkommissionen und Forschungsinstituten, den Institutionen für die Gleichstellung der Frau. Und da seine Freunde verbeamtet sind auf Lebenszeit, reicht Dieter ihre Bekanntschaft, um auf diesem sozialdemokratischen Gelee nach Belieben zu surfen." (M.**Horx**, Aufstand im Schlaraffenland, Neuaufl. Hamburg 1991, S.49/50 [M.**Horx** war 1974/75 Mitglied des Studentenparlaments an der Frankfurter Universität für die 'undogmatisch-linke' und "antiautoritäre" 'Sozialistische Hochschulinitiative'.]); dies heute kritisch ergänzend: "So begann der 'lange und mühsame Marsch durch die Institutionen' ..., zu dem auf die Aufforderung von Rudi **Dutschke** Zehntausende aufbrachen, ihr Studium beendeten und in die Berufe strebten (die überwiegende Mehrzahl wurde Lehrer) oder ein politisches Betätigungsfeld bei den etablierten Parteien suchten, vornehmlich bei der SPD, später auch bei den Grünen. Als Folge dieses sich über mehr als zwei Jahrzehnte hinziehenden langen Marsches hat sich heute eine gutbezahlte Generation von C4-Professoren an Deutschlands Universitäten unkündbar etabliert. Der Rest der Eliten findet sich mittlerweile in den höheren und mittleren Rängen der Parteihierarchien, in einflußreichen Positionen bei Funk- und Fernsehanstalten, Tageszeitungen, Werbefirmen und Filmproduktionen, das Fußvolk hat immerhin als Lehrer, Studienräte, Pfarrer, Leiter von Volkshochschulen oder SPD-Ortsgruppen sein Etappenziel erreicht. Die Verheißung des Eurokommunismus, 'jedem nach seinen Bedürfnissen', haben sie in bescheidenem Umfang jedenfalls für sich einigermaßen verwirklicht, und fast allen gemeinsam ist die Überzeugung, daß der Mensch durch den Menschen ausgebeutet wird, aber auch daß ein Besuch in Mailand interessanter ist als eine Reise nach Leipzig und daß man eine wirklich gute 'Pasta' wirklich nur in der Toskana essen kann." (K.R.**Röhl**, Der lange Marsch in die Toskana, in: FAZ v.11.12.1993; ebenso später in: K.R.**Röhl**, Linke Lebenslügen, Frankfurt/M/Berlin 1994, S.45/46 [K.R.**Röhl** war 1955-1973 Herausgeber der Zeitschrift 'konkret' (und ihrer Vorläufer-Ausgaben), die seit 1967 als authentisches Sprachrohr des Berliner SDS auftrat.]); "Es geht nicht mehr um Veränderung, sondern um Besitzstandswahrung, nicht mehr um neue Welten, sondern um die Verteidigung eines einmal eroberten Terrains. ... Als gesunkenes Kulturgut trat die Philosophie von 1968 ... ihren Siegeszug an. Und zwar vor allem in zwei Bereichen: in den Medien und an den Schulen und Universitäten. Dort und nicht anderswo aus guten Gründen: die Bewegung selbst war nicht zuletzt ein großes Medienereignis - nicht zufällig hinterließ sie in den Medien, auch personell, nachhaltige Spuren; und sehr viele der Akteure von 1968 hatten Fächer studiert, die sie zu schulischen und universitären Karrieren prädestinierten" (T.**Schmid**, Das Janusgesicht der 68er Bewegung, in: Junge Freiheit 33/1995, S.13 [T.**Schmid** war 1968 SDS-Aktivist und Germanistik-Student an der Frankfurter Universität.]).
Materialreich und einfühlsam schließlich: M.**Ruetz**, 'Ihr müßt diesen Typen nur ins Gesicht sehen' (Klaus **Schütz** [sinngemäß, vor dem Berliner SPD-Landesparteitag am 11.2.1968, P.K.]) - APO Berlin 1966-1969, Frankfurt/M 1980; T.**Mündemann**, Die 68er ...und was aus ihnen geworden ist, München 1988; T.**Fichter**, SDSler zu Gast bei der SPD, DNG/FH **36**, S.176-179 (1989); K.-H.**Heinemann**/T.**Jaitner**, Ein langer Marsch - 1968 und die Folgen, Köln 1993. Vgl. auch von konservativer Seite: C.**v.Schrenck-Notzing**, Was kommt nach den 68ern?, in: FS für K.**Hornung**, Frankfurt/M/Berlin/Bern/New York/Paris/Wien 1992, S.169-175.
(**b**) "Die zielbewußte, machtorientierte und häufig mit terroristischen Methoden unterstützte Offensive von revolutionären Minderheiten, die alle Gegner ihrer Ideologie als vernichtungswürdige Feinde behandeln, ... führt ... zu einer Personalpolitik, die mit Hilfe der aus den Länderhaushalten gewährten neuen Mittel systematisch die Gesinnungsgenossen als Tutoren und Assistenten einstellt, damit auch die Assistentenvertreter unter Druck setzt, mit den extremistischen Studenten zu stimmen, und schließlich auch Habilitationen und Berufungen nach rein ideologischen Maßstäben zu beeinflussen sucht" (R.**Löwenthal**, Hochschule für die Demokratie, Köln 1971, S.34). Inzwischen auch sehr kritisch aus ehemals sympathisierender, 'linksliberaler' Position zum "linken Nepotismus" bei professoralen Berufungsverfahren "an linken Fachbereichen": B.W.**Reimann**, Hochschulreform - Illusion und Pleite?, Bonn 1978, S.159-163 (Die Praxis der Reform des Berufungsverfahrens). Beispielhaft dafür schon früh: "Er beschäftigte sich mit Marx und wurde dafür [1971 am Fachbereich Gesellschaftswissenschaften der Frankfurter Universität, P.K.] mit einer Beamtenstelle belohnt" (H.**Bude**, Das Altern einer Generation - Die Jahrgänge 1938 bis 1948, Frankfurt/M 1995, S.162). Ferner implizit: M.**Vester**, Zwischen Wissenschaft und Politik - Peter **von Oertzen** und die 'Fakultät der gefährlichen Möglichkeiten' in Hannover, in: FS für P.**v.Oertzen** [ehem. SDS-Mitglied Univ.Göttingen], Marburg 1989, S.150-167: "So mancher der universitären Rebellen von einst lehrt heute als Professor bzw. als Professorin an einer bundesrepublikanischen Hochschule. Auffallend ist die Anzahl von Ex-SDSlern aus der dritten Generation, die Peter **von Oertzen** [als SPD-Kultusminister von 1970-1974, P.K.] an die niedersächsischen Universitäten berufen hat" (T.

Fichter, Vom linken Offiziersbund zur Revolte, in: FS für P.v.**Oertzen** (s.o.), S.11-20, S.20); auf die zur selben Zeit höchst einseitige Personalpolitik der Universität Bremen unter deren Gründungsrektor T.**v.d.Vring** [zuvor SDS- und SPD-Mitglied und Assistent bei P.v.**Oertzen**] sei an dieser Stelle wenigstens hingewiesen [vgl. dazu nachfolgend: FN II.84 (Kap.6)]; hier ferner exemplarisch, über den SDS hinausgehend: K.**Adam**, Detlev **Albers**, eine deutsche Karriere, in: FAZ v.31.10.1995 [anläßlich der Wahl des ehem. stamokap-orientierten, führenden Hamburger SHB-Mitglieds (1967/68), seit 1975 Prof. für politische Wissenschaften an der Univ.Bremen, zum Bremer SPD-Vorsitzenden am 29.10.1995]. Vgl. in diesem Zusammenhang ferner für das Bundesland Hessen ("Hessenprofessoren"): P.**Herde**, Brief an den Hessischen Kultusminister, in: CDU Hessen (Hrsg.), Dokumentation Professorenflucht aus Hessen, Wiesbaden 1976, S.39-46, S.40 ff. Als typisches Beispiel für die inzwischen erfolgte gesellschaftliche (und finanzielle!) Etablierung und die signifikante intellektuelle Einflußnahme kann gelten: H.**Bude**/M.**Kohli** (Hrsg.), Radikalisierte Aufklärung - Studentenbewegung und Soziologie in Berlin 1965 bis 1970, Weinheim/München 1989 ["Der Band ist aus einer Universitätsvorlesung hervorgegangen, welche die Herausgeber im Sommersemester 1988 an der Freien Universität Berlin veranstaltet haben: im Jahr des zwanzigjährigen Jubiläums von 1968."]. An einigen Hochschulen haben sich inzwischen erfolgreiche Zitier- und Besprechungskartelle für die wissenschaftliche Aufarbeitung der gemeinsamen Erlebniszeit und politischen Überzeugungen gebildet. - Natürlich bestätigen auch hier Ausnahmen die Regel: "Der Text enthält Verbitterungen. Ein Verlierer hat diesen Text ... verfaßt. ... Die Reform-Universität der Assistenten bot Teilzeitbeschäftigung und eine Assistenzprofessur. ... Die verstaatlichte Professorenuniversität setzte ihn vor die Tür [im Jahr 1984, P.K.]. Die Konkurrenz um die wenigen Positionen hatte den Rest an Solidarität aus dem linken Milieu aufgebraucht" (B.**Rabehl**, Am Ende der Utopie - Die politische Geschichte der Freien Universität Berlin, Berlin 1988, S.411). Dies gilt in noch stärkerem Maße für die Nachfolge-Generation: "Der offensichtliche Grund ihrer [d.h. der "heute Mitt- bis Enddreißiger"] Aversion gegen die Achtundsechziger-Generation besteht darin, daß diese sie immerzu zur Teilhabe an allen gesellschaftlichen Prozessen aufgefordert hat, aber als es um den Zugang zu Positionen und die Förderung von Karrieren ging, erwiesen sich die Studentenbewegten als eisenharte Verwalter bürokratisierter Kartelle der Besitzstandswahrung. ... Besonders in dem in den sechziger Jahren enorm ausgeweiteten öffentlichen Dienst gab es keine neuen Stellen mehr, und die alten waren von verbalradikalen Gesellschaftskritikern besetzt, die noch zwanzig oder mehr Jahre vor sich hatten." (H. **Bude** (Das Altern, s.o.), S.363; vgl. auch: S.28/29) - "Bedienung der Protestgeneration auf Kosten späterer Generationen - darum handelte es sich. Im Widerspruch gegen alle bewährten Grundsätze des Verwaltungshandelns, in offener Verletzung von Ansprüchen der Gerechtigkeit ... bestimmte die Beflissenheit in der Erfüllung lästiger, weil in lautstarken Protesten erhobener Forderungen das Handeln der Verantwortlichen. Es war, um es kraß zu sagen, ein unverantwortliches Handeln aus Feigheit, und die Erhebung der lästigen Protestler in den moralischen Rang einer 'kritischen Generation' diente dieser Feigheit als Feigenblatt." (H.**Lübbe** (FN 1), S.23)

(c) Schließlich sollte auch der Einfluß der 'Bundesassistentenkonferenz' (BAK) nicht unerwähnt bleiben: Die im Laufe ihrer kurzen Existenz zunehmend ins Fahrwasser der Studentenbewegung treibende BAK erwies sich dabei in Teilen sowohl als Unterstützer der "antiautoritären" Politik des SDS als auch als Förderer der Karrieren ihrer Führer: "Die 'antikapitalistischen Systemüberwinder' schwappten rasch aus der Studentenbewegung in die BAK hinüber. Man darf sich die besten Köpfe des studentischen Protests ja nicht als Zwanzig-, sondern eher als Dreißigjährige vorstellen. Ihnen fielen bereits bei der 6.VV im Herbst 1970 die Mehrheit und der Vorstand zu, obwohl sie die Struktur der BAK als korporativer Vertretung gar nicht wollen konnten, wie ihr Theoretiker E.**Becker**/Frankfurt [als Physiker 1969 Assistentensprecher an der Univ.Frankfurt/M, heute Prof. für Erziehungswissenschaften ebendort] durchaus erkannte und publizierte." (B.**v.Borries**, Die Arbeit der BAK, in: S.**Freiger**/M.**Groß**/C.**Oehler**, Wissenschaftlicher Nachwuchs ohne Zukunft?, Kassel 1986, S.45-63)

(d) Die wohlfeile These von der systematischen und vollständigen politischen Ausgrenzung der Studentenbewegung aus dem öffentlichen Leben der Bundesrepublik Deutschland kann heute rückblickend nur noch als Legende bezeichnet werden. Doch gerade politische Legenden haben bekanntlich ein langes Leben: "Sichtbarster Ausdruck der intellektuellen Enthaltsamkeit des etatistischen Reformismus der 70er Jahre ist die extensive Repressionsstrategie gegenüber der Generation von 1968. Radikalenerlaß und Verfolgung der Sympathisanten des Terrorismus stellen große Teile der nachwachsenden Generation unter einen generellen Staatsfeindverdacht. Die außerparlamentarische und kulturkritische Herausforderung von 1968 wird mit einer Politik der repressiven Stigmatisierung der jugendlichen und intellektuellen Protestpotentiale und ihrer vorsorglichen Ausgrenzung aus dem gesellschaftlichen Konstitutionsprozeß beantwortet." (W.**Süß**, in: ders. (Hrsg.), Die Bundesrepublik in den achtziger Jahren, Opladen 1991, S.11/12 [Festzuhalten bleibt aber auch, daß gerade die parteipolitisch unorganisierte, "antiautoritäre" und 'undogmatische Linke' durch die 'Grundsätze zur Frage der verfassungsfeindlichen Kräfte im öffentlichen Dienst' v.28.1.1972 (sog. 'Berufsverbote' durch den 'Radikalenerlaß'), im Gegensatz zu einigen Mitgliedern dogmatisch-'linker' Studentengruppen, kaum getroffen wurde.])

(e) Zur tiefgreifenden Wandlung der 'politischen Kultur' der Bundesrepublik Deutschland als Folge der Studentenbewegung beispielhaft: "Nun ist es wahr, daß sich im Laufe der Protestbewegung das politische Begriffsmuster verschoben hat" (J.**Habermas**, Stichworte zur 'Geistigen Situation der Zeit', es **1000** (Frankfurt/M 1979), S.21); ebenso: "Gespräch" J.**Habermas**/R.**Erd**, Der Marsch durch die Instituionen hat auch die CDU erreicht,

Aber auch hier gilt: Es ist nicht alles Gold, was glänzt. Denn abseits einer Gesinnungsethik öffentlich wohlgesetzter Worte und wohlklingender Forderungen - für die individuelle Verantwortung sie letztlich selbst nicht zu tragen hatten - existierte die politische Praxis; eine komplexere Realität, die aus den einseitig-wohlwollenden Rückblicken zwar weitgehend verschwunden ist, deren politische Auswirkungen aber nichtsdestoweniger bis zum heutigen Tage virulent sind: Was fingen die 'Neue Linke' und ihre 'undogmatisch-linken' politischen Nachfahren tatsächlich mit einer Macht an, die ihnen so unvermutet schnell und weitgehend widerstandslos[10] (entgegen den heutigen Legenden über die *vollständige* Repression gegen die Studentenbewegung) in einigen Subsystemen unseres Staates, insbesondere zunächst im Hochschulbereich, zugefallen war? Zeigten sie, nun im Besitze der politische Gestaltung zulassenden Parlamentsmehrheiten stehend, sich bemüht, die vom Deutschen "bürgerlichen" Staat für sich selbst zuvor eloquent und wirksam eingeklagten herrschaftsfreien Räume, Strukturen der Gleichheit, rationalen Diskurse und die später propagierte 'Neue Sinnlichkeit' sowie die Emanzipation der Frauen jetzt auch für andere, ihnen politisch oder sozial fernstehende Minderheiten vorbildlich, altruistisch zu erschließen? Veranstalteten und verantworteten sie - wie ursprünglich theoretisch postuliert - in aller Öffentlichkeit ihre Politik und legten dem Volke darüber Rechenschaft ab? Erkannten sie nunmehr die Allgemeingültigkeit, Neutralität, Berechenbarkeit formalen Rechts und damit gerade dessen minderheitenschützende Funktion an?
Es muß daran erinnert werden, diese neue Gesellschaft wurde *nicht* eingerichtet: Die "Blütezeit demokratischer Leidenschaft"[11], tatsächlich nur zu häufig Legitimation für den gezielten

---

in: FR v.11.3.1988, S.11. Man kann "in der Tat sagen, daß zwischen 1965 und 1975 die politische Kultur der Bundesrepublik revolutioniert worden ist (K.**Sontheimer**, Deutschlands politische Kultur, München 1990, S.48). "Die Jugendrevolte der sechziger Jahre hat in der westdeutschen Nachkriegsgesellschaft neue 'Werte' kreiert und einen Wandel der Mentalität und Lebensweise durchgesetzt. Sie hat dadurch den (Bildungs- und Rechts-)Reformen und den neuen 'sozialen Bewegungen' der siebziger und achtziger Jahre (der feministischen, der pazifistischen und der 'grünen') den Weg bereitet." (H.**Dahmer**, Der Tabu-Bruch - Rückblick auf einen politischen Lernprozeß, in: Neue Rundschau 2/1993, S.9-17, S.15). Ferner: U.**Backes**/E.**Jesse**, Politischer Extremismus in der Bundesrepublik Deutschland, 3.Aufl. Bonn 1993, S.355 ff, m.w.Lit.; R.**Zitelmann**, Wohin treibt unsere Republik?, Berlin 1994, S.27 ff, insb. S.28/29.
Die angeführten Veränderungen sind in die politische Wissenschaft eingegangen unter dem Paradigma des "Wertewandels" [hierzu: S.**Inglehart**, The Silent Revolution, Princeton 1977]; dieser durch die Studentenrevolte verstärkte "Wertewandel" erzeugte einen neuen "Typus politischer Orientierung", nämlich den des "linken Postmaterialisten", dem heute bereits mehr als ein Viertel der Bevölkerung der alten Bundesländer zuzurechnen ist [hierzu: D.**Fuchs**, Trends politischer Unterstützung in der Bundesrepublik, in: D.**Berg-Schlosser**/J.**Schissler** (Hrsg.), Politische Kultur in Deutschland (PVS-Sonderheft **18**), Opladen 1987, S.357-377, S.372 ff] und aus dem sich vor allem das Wählerpotential der Partei der 'Grünen' speist.

10 "Es ist ein ... Paradoxon und Fascinosum dieser Zeit, daß vorgebliche Machtkartelle oder 'establishments' der immer größeren Monopolisierung von Macht beschuldigt werden, daß aber ... eben dieses Establishment offensichtlich nicht bereit ist, seine Machtmittel wirklich einzusetzen. Mit dem Selbstverständnis als funktionelle Elite wird von Führungsgruppen die Macht auf der Straße liegengelassen - und dort wird sie eben von weitgehend funktionslosen Gruppen gerne aufgehoben, sowohl im metaphorischen als auch teilweise im wörtlichen Sinne." (E.K.**Scheuch** (FN 9), S.95); "Irgenwann im Sommer oder Herbst 68 muß mein Urteil kritischer geworden sein. Damals wurde es mir, wenn ich mich recht entsinne, unheimlich. Ich begann, Angst zu bekommen. Nicht vor den Studenten, mit denen ich es, seit Herbst 68 in Köln [als Ordinarius für Alte Geschichte], zu tun hatte, überhaupt nicht wegen der Geschehnisse an den Universitäten. Nein, was mir Angst machte, waren nicht die 'Aufrührer', nicht die Demonstationen, die (insgesamt ja doch begrenzten) Gewalttätigkeiten, sondern die Schwäche der von ihnen so heftig kritisierten 'Gesellschaft' und des Staates ihnen gegenüber; wobei ich weniger an die Polizei dachte als an die Parlamente und Ministerien, die allzu rasch zu Konzessionen und auch zu Kotaus neigten" (C.**Meier**, Brief über die Kinder der Rebellion, in: Neue Rundschau 2/1993, S.75-87, S.76/77). Vgl. ferner: U.**Matz**, 'Demokratisierung' statt Hochschulreform?, ZfP **16**(NF), S.183-197 (1969), S.183/184.

11 L.**Baier**, Lob der Extreme, in: ders. (Hrsg.), Früchte der Revolte - Über die Veränderung der politischen Kultur durch die Studentenbewegung, Berlin 1988, S.73-91, S.82.

Rechtsbruch, erlosch nämlich bei vielen führenden "Genossen" der 'Neuen Linken' sehr schnell genau zu eben jenem Moment und an eben jenem Ort, da sie ihren "Wunsch" punktuell in eigene Gestaltung zulassender politischer Mehrheitsposition (zuerst in einigen Verfaßten Studentenschaften, insbesondere der Universitäten Berlin und Frankfurt) selbst hätten einlösen können und, um ihrer politischen Glaubwürdigkeit willen, auch müssen. Statt dessen fanden sich nun die in diesen staatlichen Subsystemen zu neuen politischen Minderheiten gewordenen gemäßigt-'linken', 'bürgerlich'-liberalen und -konservativen Gruppen[12] - legalistisch, verfassungs- und verfahrenstreu, wie sie sich traditionell definierten, ohne den Willen zur öffentlichkeitswirksamen "begrenzten Regelverletzung" vorweisend und ohne parteiisch-sympathisierende, oft missionarisch-belehrende, intellektuell-"kritische" Öffentlichkeit ausgestattet[13] - den bereits

---

Ähnlich: "Die Mitglieder der studentischen Protestbewegung haben nicht für bornierte, 'akademische' Sonderbelange gekämpft, sondern sich enthusiastisch für allgemeine, menschliche Interessen engagiert" (H.**Dahmer** (FN 9), S.10); "Während dieser Revolte wurden viele von einem Gefühl erfaßt, täglich in einem Zug zu sitzen, der in eine bessere, menschlichere, befreite Welt fuhr" (N.**Kozicki**, Aufbruch im Revier - 1968 und die Folgen, Essen 1993, S.10). Den Aktivisten der Studentenbewegung wurde dementsprechend der "sehnsüchtige Wunsch nach Demokratisierung" zugeordnet (D.**Claussen**, 'The Times, They Are A-Changin' ', Ein Versuch, die Chiffre '68' zu entziffern, in: FR v.9.4.1993, S.7), der bis zum heutigen Tage nur fruchtbare Wirkungen entfalte: "Die antiautoritäre Bewegung ... hat zu einem Mehr an demokratischer Kultur in der Bundesrepublik geführt." (J.**Seifert**, SDS und SPD. Ein Rückblick nach vorn, DNG/FH **36**, S.179-183 (1989), S.182 [dazu: FN 9(e)])

12 Dezidiert 'rechte', rechtsradikale oder gar rechtsextreme Studentengruppen konnten - in krassem Gegensatz zu ihren linksradikalen Pendants - an keiner bundesdeutschen Hochschule in der studentischen Selbstverwaltung reüssieren: "Der SDS hat ... durch seine Perspektiven die studentische Protestbewegung strukturiert und verhindert, daß - wie in Weimar - an den Hochschulen rechtsextremistische Gruppierungen Fuß fassen konnten" (J.**Seifert** (FN 11), S.182). Dafür sorgten - neben der insbesondere zunächst dem SDS gelungenen vollständigen intellektuellen Isolierung und der öffentlichen Stigmatisierung im Zuge der 68er Studentenbewegung - vor allem bereits die stets sicher eintretenden physischen Attacken von studentischen "Genossen", "Antifaschisten" und "Demokraten" auf die Exponenten der "Faschisten". [Die Anrede "Genosse" wurde zunächst auch innerhalb des "antiautoritären" SDS und durch dessen 'undogmatisch-linke' politische Erben benutzt; beispielhaft dafür: Amtliche Einladungen zu den Sitzungen des Studentenparlaments der Johann Wolfgang Goethe-Universität Frankfurt am Main 1968-1977.] Das Stigma des 'Rechten' oder gar des 'Faschisten' wurde in Folge zur scharfen politischen Waffe weiterentwickelt gegen alle mißliebigen Personen.

13 Die sympathisierende Öffentlichkeit. Über eine unterstützende "kritische" und privilegierte Öffentlichkeit verfügte indes die 'Neue Linke' (und deren politische Nachfahren verfügen darüber in erweiterter Form [vgl. dazu: FN 9(c)] bis zum heutigen Tage): "Privilegierte Kreise sind ... solche, die die Folgen ihrer Agitation nicht zu verantworten haben, weil sie diese mangels Realkontakt gar nicht ermessen oder sich alles erlauben können. Das sind, um es kurz zu sagen, in großen und wortführenden Teilen Schriftsteller und Redakteure, die Theologen, Philosophen und Soziologen, also ideologisierende Gruppen, erhebliche Teile der Lehrerschaft aller Schularten und der Studenten, und schließlich die generellen Nutznießer der gesellschaftlichen Nachsicht: Künstler und Literaten. Mit einem Wort, es handelt sich um die 'Intellektuellen' ... heute [sind] die Intellektuellen eine 'Gegen-Aristokratie', eine schon zahlreiche, diesmal durch Privilegien unverantwortlich gestellte Gruppe, und das ist eine soziologische Neuigkeit. Sie alle sind in vergleichbarer Lage, ... aus der fehlenden Verwicklung und Verstrickung in die praktische Politik und in die Tageskämpfe des Wirtschaftslebens heraus ihr Ethos luxurieren zu können, es in eine Zumutung für alle Menschen zu verwandeln und aus vollem Herzen Anklage zu verstreuen" (A.**Gehlen**, Moral und Hypermoral, Frankfurt/M/Bonn 1969, S.150/151/152). Ähnlich ("massenhafter Abfall von Intellektuellen ... vom demokratischen System"): R.**Löwenthal**, Die Intellektuellen zwischen Gesellschaftswandel und Kulturkritik, in: FS für H.**Schelsky**, Opladen 1977, S.102-114, S.103. Also: "Die Erfolge der APO basierten auf einem Klima öffentlicher Teilsympathien." (F.**Schneider** (FN 2), S.44)

(a) Beispiele für die intellektuelle Nähe eines Teils bereits der damaligen Deutschen Politologie und Soziologie zur Studentenbewegung gibt (kritisch): R.**Ahlberg**, Akademische Lehrmeinungen und Studentenunruhen in der Bundesrepublik, Freiburg 1970; mannigfache Beispiele dazu werden nachfolgend in Kap.5 angegeben werden. - Zur politischen Hinwendung eines Teils der wissenschaftlichen Germanistik zur Studentenbewegung exemplarisch: Germanistik - Reform oder Politisierung, alternative **10**, S.141-183 (1967); H.**Arntzen**, Der Streit um die Germanistik, in: NDH 127/1970, S.3-27. Dazu korrespondierend: W.M.**Lüdke** (Hrsg.), Literatur und Studentenbewegung, Opladen 1977; W.M.**Lüdke** (Hrsg.), Nach dem Protest - Literatur im Umbruch, es **964** (Frankfurt/M 1979). - Zum "Abfall" eines Teils der theoretischen Erziehungswissenschaften exemplarisch (kritisch): W.**Brezinka**, Erziehung und Kulturrevolution - Die Pädagogik der Neuen Linken, München/Basel

1974, insb. S.76/77, S.93-100 (m.w.Lit.); T.**Wilhelm**, Jenseits der Emanzipation - Pädagogische Alternativen zu einem magischen Freiheitsbegriff, Stuttgart 1975; typisch für den Einfluß des SDS auf die "emanzipatorische Pädagogik": F.**Nyssen** (Hrsg.), Schulkritik als Kapitalismuskritik, Göttingen 1971; J.**Bastian**, Eine Pädagogengeneration zieht Bilanz, Hamburg 1988. - Zur Nähe eines Teils der wissenschaftlichen (insbesondere der evangelischen) Theologie zur Studentenbewegung [diese Annäherung erfolgte vor allem mit der Hinwendung zu einer "politischen Theologie" und einer "Theologie der Revolution", verbunden besonders mit den Professoren: H.-E.**Bahr**, K.**Barth**, H.-W.**Bartsch**, H.**Gollwitzer**, E.**Käsemann**, W.**Kreck**, W.-D.**Marsch**, J.**Moltmann**, R.**Rendtorff**, T.**Rendtorff**, D.**Sölle**, H.-E.**Toedt**, H.-D.**Wendland**; J.B.**Metz**, N.**Greinacher**, K.**Rahner**; dazu paradigmatisch: H.**Peukert** (Hrsg.), Diskussion zur 'politischen Theologie', Mainz/München 1969; E.**Feil**/R.**Weth** (Hrsg.), Diskussion zur 'Theologie der Revolution', München/Mainz 1969]: "Und so kamen die Christen unter die Sozialisten und die Sozialisten unter die Christen. Ihre Texte hatten 'wechselseitig ein Treffen', und nicht nur ihre Texte. Es gab eine Zeit in den bewegten - und bald wohl auch nostalgisch 'golden' genannten - sechziger Jahren, da nannte man E.**Bloch** einen 'geheimen Kirchenvater des 20.Jahrhunderts'" (J.**Moltmann**, Tischrede zum 90.Geburtstag von E.**Bloch** am 8.7.1975, in: ders., Im Gespräch mit Ernst **Bloch**, München 1976, S.90-94, S.91). Solches später bestätigend: R.**Dutschke**, Gekrümmt vor dem Herrn, aufrecht im politischen Klassenkampf: Helmut **Gollwitzer** und andere Christen, in: FS für H.**Gollwitzer**, München 1979, S.544-577; "linke Protestanten gingen voran" (W.**Jens**, Nachwort in: G.**Heidenreich** (FN 8), S.106); ferner zum direkten Einfluß der Studentenbewegung, und hier insbesondere des SDS, auf Teilgruppen der Studierenden der theologischen (Teil-)Fakultäten: T.**Ebert**/H.-J.**Benedict** (Hrsg.), Macht von unten - Bürgerrechtsbewegung, außerparlamentarische Opposition und Kirchenreform, Hamburg 1968; schließlich die Dokumentensammlung: Theologiestudenten 1969 - Dokumente einer revolutionären Generation, Stuttgart 1969; H.**Przybylski**, Von der Studentenbewegung ins Gemeindepfarramt, [soz.Diss.] Frankfurt/M/Bern/New York 1985.

Einen weiteren Anhaltspunkt dafür, daß die Studentenbewegung von Anbeginn an unter den Deutschen Hochschullehrern keineswegs nur Gegner hatte, lieferte die Gründung des 'Bund demokratischer Wissenschaftler' (BdWi) am 26.10.1968 [Liste der Gründungsmitglieder in: Bl.dtsch.int.Pol.**13**, S.1337/1338 (1968)]; ferner der Unterstützer-Aufruf für einen Kongreß 'Wissenschaft und Demokratie' des BdWi am 1./2.7.1971 in der Universität Marburg [abgedruckt in: Protokoll des Kongresses 'Wissenschaft und Demokratie', Köln 1972, S.133-142].

(b) Beispiele für die Unterstützung der Studentenbewegung durch einen - damals maßgeblichen - Teil der Medien und der Kultur: "Thesen des SDS werden nicht nur in offiziellen und offiziösen Zeitschriften und Verlautbarungen des Sozialistischen Deutschen Studentenbundes vertreten wie in 'Neue Kritik', 'SDS-Korrespondenz' (beide werden von der SDS-Zentrale in Frankfurt am Main herausgegeben), 'Facit' (Köln), 'was tun' (Mannheim) und 'Das Argument' (Zeitschrift des Argument-Klubs in West-Berlin), sondern auch in zahlreichen anderen Studentenzeitungen, in der auflagenstarken Zeitschrift 'konkret' (Hamburg), im 'Kursbuch' des Hans-Magnus **Enzensberger**, in den Voltaire Flugschriften; und teilweise in den von **Bärmeier** und **Nikel** verlegten Zeitschriften 'pardon' (satirische Zeitschrift) und 'underground' (für revoltierende Schüler). Auch sonst verfügt der SDS über eine ausgezeichnete Publizität. ... SDS-Funktionäre erhalten Spitzenhonorare für Manuskripte und Vorträge. So hatte Daniel **Cohn-Bendit** vom **Rowohlt** Verlag 50.000 DM Vorschuß für ein Taschenbuch bekommen - ohne zu dieser Zeit eine einzige Zeile geschrieben zu haben. Einige Zeit danach sprach **Cohn-Bendit** für ein Honorar von DM 550 vor einer katholischen Jugendgruppe. Schriften der SDS-Prominenz wurden angeblich Bestseller der politischen Literatur. SDS-Autoren wie Reimut **Reiche** ('Sexualität und Klassenkampf') werden im 'Spiegel' vom Herausgeber Rudolf **Augstein** persönlich besprochen, eine Ehre, die nur wenigen Autoren und wenigen Büchern zuteil wird. Vertrauensleute des SDS verkehren in zahlreichen Verlagen wie im Darmstädter **März** Verlag (der den ehemaligen Vorsitzenden des SDS, K.D.**Wolff**, als politischen Lektor angeheuert hat), bei Klaus **Wagenbach**, bei **Bärmeier** und **Nikel**, bei **Suhrkamp**, in der 'Europäischen Verlagsanstalt', im Heinrich **Heine** Verlag, im Münchner Trikont Verlag, der Literatur der Dritten Welt publiziert. Viele Repräsentanten von Kultur und Kunst solidarisieren sich mit dem SDS, wie der Lyriker **Enzensberger**, der Dramatiker Peter **Weiss**, der Kabarettist **Degenhart** und nicht zuletzt der Komponist Hans-Werner **Henze**, der Rudi **Dutschke** in seine Villa bei Neapel aufnahm, sein Oratorium 'Floß der Medusa' dem Gedächtnis **Che Guevaras** widmete, mit dem chilenischen SDS-Strategen Gaston **Salvatore** die Revolutionierung des Theaters besprach und **Salvatores** Gedicht 'Versuch über Schweine' zu einer Kantate vertonte" (G.**Schmidt**, **Hitlers** und **Maos** Söhne, Frankfurt/M 1969, S.178/179); ferner: U.**Göbel**, Die Studentenbewegung und ihre Folgen, Köln 1978, S.33. Materialreich von kritischer (rechtskonservativer) Position auch: C.**v.Schrenck-Notzing**, Zukunftsmacher - Die Neue Linke in Deutschland und ihre Herkunft, Stuttgart 1968: S.191-196 und S.297-303 (sympathisierende Verlagsproduktion); S.197-202 (sympathisierender Kulturbetrieb); ferner: A. **Schickel**, Revolution via Taschenbuch, in: DpM 149/ 1973, S.57-66. Ebenso von (zu dieser Zeit) kritischer SPD-Seite: K.R.**Röhl**, Fünf Finger sind keine Faust, Köln 1974, insb. S.185-336; H.**Glaser**, Kulturgeschichte der Bundesrepublik Deutschland, Band 3 Frankfurt/M/Wien 1989, insb. S.19-88; ferner materialreich, aus sympathisierender Sicht: K.**Briegleb**, 1968 - Literatur in der antiautoritären Bewegung, es **1669** (Frankfurt/M 1993). - Typisch in diesem Zusammenhang der insgesamt ziemlich einseitig zu Gunsten der 'Neuen Linken' positionierende Sammelband: H.**Dollinger** (Hrsg.), Revolution gegen den Staat?, Bern/München/Wien 1968;

nach kurzer Zeit auf alles Politische des Subsystems sich erstreckenden totalitären, streng formalen und meist anonymen Mehrheitsverdikten der nunmehr majoritären und damit zunehmend autoritären 'Neuen Linken' schutzlos ausgeliefert[14] wieder (über die damit zuweilen sogar

---

als weiteres für diese Zeit charakteristisches Beispiel intellektueller Parteinahme für die 'Neue Linke' kann gelten: Soziologisches Lektorat des Hermann **Luchterhand** Verlages (Hrsg.), ad lectores 8 (FS für E.**Reifferscheid**), Neuwied/Berlin 1969.

(c) **Beispiele** für die Öffnung öffentlich-rechtlicher Rundfunkanstalten für die politischen Botschaften der Studentenbewegung: "Eigentlich war es eine Sensation, was sich am 28. Mai 1968 im Großen Sendesaal des Frankfurter Funkhauses am Dornbusch zutrug ... Zum ersten Male in der Geschichte der Bundesrepublik konnte sich ein prominenter Gegner ihres Regierungssystems der Massenmedien Fernsehen und Funk bedienen, um völlig unverhüllt zum sofortigen Umsturz der demokratischen Gesellschaftsordnung aufzurufen. 'Schaffen wir in Deutschland endlich französische Zustände', rief der Schriftsteller Hans Magnus **Enzensberger** just zu dem Zeitpunkt, als der Generalstreik von zehn Millionen französischen Arbeitnehmern, die Massendemonstrationen und die blutigen Straßenschlachten um die Sorbonne in den offenen Bürgerkrieg umzuschlagen drohten. ... Normalerweise können Umstürzler solche Parolen nur dann über Funk und Fernsehen in die Massen tragen, wenn sie sich gewaltsam der Funkhäuser und ihrer Einrichtungen bedienen. Der revolutionäre Literat **Enzensberger** war aber - und darin liegt das Bemerkenswerte des Vorgangs - völlig legal und mit Billigung des Hausherrn in das Funkhaus gekommen" (W.**Schickling**, Von **Goebbels** bis **Dutschke** - Der Amoklauf der Radikalen und seine Abwehr, Velbert/Kettwig 1969, S.11/12). Ferner bereits: R.**Dutschke**, Zu Protokoll (ARD-Fernsehinterview von G.**Gaus** am 3.13.1967), Voltaire Flugschrift **17**, Frankfurt/M 1968. Allgemeiner: "Nie hätte die Studentenbewegung ohne die Sender eine solche Verbreitung erhalten" (A.**Gehlen**, Demokratisierung, in: NHD 135/1972, S.3-18, S.15); "Auch in der Folgezeit spielte das Fernsehen eine destruktive Rolle: Wo immer es Radau gab, war es, rechtzeitig von den Studenten alarmiert, zur Stelle und begnügte sich nicht mit der Aufgabe bloßen Registrierens, sondern wirkte als aktives und entfesselndes Stimulans" (H.**Thielicke**, Zu Gast auf einem schönen Stern - Erinnerungen, Hamburg 1984, S.400).

(d) **Beispiele** für die Unterstützung der Studentenbewegung durch die (insbesondere evangelische) Amtskirche (aus kritischer Sicht): W.E.**Winterhager**, Berliner Kirchenkampf 1966-1976, in: K.**Motschmann**/ H.**Matthies** (Hrsg.), Rotbuch Kirche, 5.Aufl. Stuttgart 1976, S.76-94; ferner materialreich, nicht immer frei von Polemik: H.-G.**v.Studnitz**, Ist Gott Mitläufer? - Die Politisierung der evangelischen Kirche, Stuttgart 1969, insb. S.103 ff, S.110 ff, S.160 ff, S.222 ff. Vgl. auch in diesem Zusammenhang: R.**Dutschke** (FN 9), S.54; W.-D.**Bukow**, Das Elend der sozialistischen Opposition in der Kirche. Celler Konferenz - Theologie als Gesellschaftstheorie?, München 1969; zur 'Celler Konferenz' auch: N.**Kozicki** (FN 11), S.113 ff; H.**Przybylski** (FN 13(a)), S.101 ff. Abweisender zeigte sich die katholische Amtskirche; dies beklagend: B.**v.Onna**/M.**Stankowski**, Kritischer Katholizismus - Argumente gegen die Kirchen-Gesellschaft, Frankfurt/M/Hamburg 1969, insb. S.44 ff.

(e) **Beispiel** für die bürgerliche beschönigende, verharmlosende und sympathisierende Darstellung des Rechtsbruchs in der Öffentlichkeit: "Die Kulturkritik der linken Rebellen sucht zwar auch die Vereinfachung, aber im Vorgriff auf noch kaum ausprobierte Gesellschaftsformen. Dieser Unterschied ist gravierend, weil er im einen Fall zwangsläufig das Autoritäre, im anderen Falle notwendigerweise <u>das experimentelle Muster</u> hervorbringt" (K.H.**Bohrer**, Die mißverstandene Rebellion, Merkur **22**, S.33-44 (1968), S.40). Weitere Beispiele dieser Art führt auf: F.**Schneider** (FN 2), S.45/46, S.122/123.

14 Dies bestätigend: "Aber Anspruch und Realität sind auch dort längst auseinandergefallen, wo die Neue Linke in Machtpositionen eingerückt ist, vorläufig vor allem an den Hochschulen. Was sie der vielgeschmähten Ordinarienuniversität teilweise nicht zu Unrecht vorgeworfen hatte, praktiziert sie nun zu ihrem eigenen Vorteil mit geradezu verblüffender Unbekümmertheit. ... Je mehr die Öffentlichkeit durch die rücksichtslose Machtpolitik linksradikaler Gruppen beunruhigt wird, desto folgerichtiger suchen diese Gruppen und ihre Sympathisanten über die Entwicklungen an den Hochschulen einen Nebelschleier zu breiten. Bereits 'umfunktionierte' Rektorate und Präsidialämter wirken in steigendem Maße als Informationsfilter, und Lehrkräfte und Studenten, welche die Presse über einschlägige Vorgänge informieren, sehen sich mitunter massivem Terror ausgesetzt. Hatten die Gruppen der Neuen Linken seinerzeit die Aufbrechung autoritärer Herrschaftsstrukturen und die Ersetzung des von den Ordinarien ausgehenden Meinugsdrucks durch neue Formen akademischer Zusammenarbeit in 'rationaler Diskussion' und 'herrschaftsfreiem Dialog' gefordert, so etabliert sich nun unter den zitierten Schlagworten ein ausgesprochener Gesinnungsterror" (E.**Topitsch**, Neue Linke - Anspruch und Realität, in: W.**Hochkeppel** (Hrsg.), Die Rolle der Neuen Linken in der Kulturindustrie, München 1972, S.28-39, S.33/34). "Nicht um die Mehrung pluralistischer Liberalität auch in den akademischen Räumen war es zu tun, vielmehr um die Eroberung jener Majoritäten, die es möglich machen, Minderheiten nach den Regeln der Volksfrontlogik zu behandeln" (H.**Lübbe** (FN 1), S.20)). "Was die von der Studentenbewegung betriebene Hochschulreform mit fortschreitendem Erfolg zu leisten vermochte, war nicht Freiheit von Herrschaft, sondern statt dessen ein im Wachsen begriffenes System der gezielten und konsequenten Unterdrückung" (H.**Schiedermair**, Die deutsche Universitätsreform im Jahre 1983, in: FS für H.**Faller**, München 1984, S.217-248, S.234).

verbundenen "politischen" Gewalttätigkeiten ganz zu schweigen). Denn das "antiautoritäre", 'undogmatisch-linke' Weltbild konnte sich seit dem Jahre 1966 überraschend schnell als volonté générale des politischen Subsystems Verfaßte Studentenschaft durchsetzen. Erst mit dem Verbleichen der alten Bundesrepublik Deutschland im Zuge der Deutschen Vereinigung verblaßte auch bis zum Jahre 1993 weitgehend das "antiautoritäre" und 'undogmatisch-linke' Antlitz der politischen Nachfahren der Studentenbewegung.

Diese neue "Tyrannei der Mehrheit" in einer "totalitären Demokratie" vermochte sich nach 1966 zunehmend erfolgreich als demokratische Alternative in der bundesdeutschen Öffentlichkeit auszugeben, wo sich die 'Neue Linke' zwischenzeitlich erfolgreich als kritisch-demokratische, integer-intellektuelle *Elite* etablierenen konnte[15]: Denn wer gegen das moralisierende Pathos der aufstrebenden neuen Mehrheit der "antiautoritären" 'Neuen Linken' und ihre politisch unduldsam-dominanten, 'undogmatisch-linken' politischen Nachfahren das machtsichernde, zentrale Theorem "Mehrheit entscheidet" in der universellen Art seiner apodiktischen Durch-

---

15 Die 'Neue Linke' als Elite. (a) Typisch für die Charakterisierung der 'Neuen Linken' als Elite durch das 'Establishment': "Daß ihr Führungsanspruch bisher von liberaler oder gar konservativer Seite nicht angefochten wurde, liegt ... an der taktischen Versiertheit und durchweg hoher Intelligenz dieser radikalen linken Minderheit." (K.H.**Bohrer**, Die linke Minderheit - Theorie und Praxis der Rebellen von Berlin, in: H.**Glaser**/ A.**Silenius** (Hrsg.), Protest der Jugend, Frankfurt/M 1968, S.28-34, S.28)

(b) In eigener (immer noch überheblicher) Einschätzung: "Theoretisch und ideologisch angebunden an die Assistenten und Musterschüler von kritischen und liberalen Ordinarien, vertritt der SDS so etwas wie die Schuldkomplexe und das Gewissen der geisteswissenschaftlichen Intelligenz. ... Der SDS wird so etwas wie die Umsetzung und Artikulation geisteswissenschaftlicher Intelligenz, die jenseits der Kontemplation und Seminare auf Aktion und Praxis drängt." (B.**Rabehl**, Revolte der Studenten und außerparlamentarische Opposition in Berlin, in: H.**Born**/W.**Multhaupt** (Hrsg.), Herkunft und Zukunft der Freien Universität, Berlin 1988, S.69-84, S.79); "Im Argument-Club, in theoretischen Arbeitskreisen des SDS und in kleineren Zirkeln waren Verbindungen zur Tradition der Arbeiterbewegung aufrechterhalten und theoriegeschichtlich bearbeitet worden. An der Freien Universität bildeten diese Studenten das intellektuelle Rückgrat in geistes- und sozialwissenschaftlichen Seminaren." (U.**Kadritzke**, Produktive und unproduktive Illusionen der Studentenbewegung, in: H.**Bude**/ M.**Kohli** (FN 9), S.239-282, S.262); "Es schält sich positiv ein antirepräsentatives, Dezentralität einforderndes Politikverständnis heraus. ... Das in sich schlüssig erscheinende Begriffsraster läßt auf konsistente Theoriebildung schließen, zumindest aber auf theoretisch fundierte ... Argumentationsweisen." (W.**Süß**/K.**Schrader**, Theorieeinflüsse und Politikverständnisse von der APO zur Alternativbewegung, Berlin 1980 - Arbeitspapier 80-3 des "Forschungsschwerpunkts 'Ökonomie und Politik im Gesellschaftssystem der BRD unter dem Aspekt von Widersprüchen und Veränderungsmöglichkeiten' an den Fachbereichen Politische Wissenschaft (FB 15) und Wirtschaftswissenschaften (FB 10) der FU Berlin". [Diese Abhandlung staatlich institutionalisierter und finanziell abgesicherter [beachte in diesem Zusammenhang: FN 9], 'undogmatisch-linker' Aufarbeitung der Geschichte der 'Neuen Linken' strotzt übrigens von Orthographie- und Interpunktionsfehlern.])

Die 'undogmatisch-linken' politischen Enkel des SDS internalisierten dieses intellektuelle Elitedenken; sie fühlten sich fortan - in negativem - Sinne als Elite mit allen Konsequenzen für die durch hochmütige Arroganz ausgegrenzten (minderwertigen) politischen Minderheiten. Diese Haltung findet sich noch heute bei aus der Studentenbewegung hervorgegangenen Funktionären der Partei der 'Grünen' [vgl. dazu auch: FN 17].

(c) Zu welch bemerkenswerten Konsequenzen diese intellektuelle Überheblichkeit und Anmaßung auch noch lange Zeit nach der eigentlichen Studentenrevolte führen konnten, zeigt das "Studentische Institut für Kritische Interdisziplinarität" (SIfKI): Gegründet wurde SIfKI 1988 als Nebenprodukt eines studentischen 'Streiks' an der Johann Wolfgang Goethe-Universität zu Frankfurt am Main von 'undogmatisch-linken' studentischen Aktivisten unter aktiver Förderung von beamteten Professoren der Fachbereiche Gesellschaftswissenschaften und Erziehungswissenschaften [insb. Prof. E.**Becker**: FN 9(c)] - allerdings als 'autonomes' Projekt bewußt nicht unter deren wissenschaftlicher Verantwortung stehend - und passiver Duldung der Universitätsleitung; es erhielt in den Jahren 1992 und 1993 von der (rot-grünen) Hessischen Landesregierung 180.000 DM und vom (rot-grünen) Frankfurter Magistrat weitere 50.000 DM für "studentische Forschungsprojekte" zugewiesen; 1992 flossen über 40% (nämlich 60.000 DM) aller der Universität Frankfurt/M von der Hessischen Landesregierung (HMWK) zugeteilten Mittel aus dem 'Programm zur Verbesserung der Lehre an den Hessischen Hochschulen' an das SIfKI; eine weitere (personelle und sachliche) öffentliche Finanzierung erfolgte 1989-1994 über das Konto "Studentische Projekte" durch den AStA. Einen Teil seiner "interdisziplinären studentischen Forschung" erbrachte das "Institut" seit November 1993 in einem zuvor gewaltsam "besetzten" Raum der Universität.

führung anzweifelte, verlor in der vorwiegend uninformierten Öffentlichkeit schnell seine Demokratiefähigkeit und umgab sich mit dem Odium des schlechten, nörgelnden (und 'rechten') Verlierers. Andere paßten sich dem neuen politischen Trend wendig an; ihre subalterne Beflissenheit trug wesentlich zur Machtentfaltung der 'Neuen Linken' bei. In Folge fiel - von der Öffentlichkeit unbemerkt oder übergangen - im Subsystem zu häufig der von Wohlmeinenden erhoffte, vernunftbegründete "herrschaftsfreie, rationale Diskurs unter Gleichen" dieser homogenisierenden Mehrheitsherrschaft ebenso zum Opfer wie menschlicher Anstand, politische Mässigung, individuelle Toleranz und intellektueller Pluralismus[16]. Selbst vorhandene Rudimente des die "autonomen" Bereiche einer Selbstverwaltungskörperschaft konstituierenden, staatlichen Rechts waren hier nicht mehr minderheitenschützend einzusetzen, hätte dies doch die "Judifizierung der Politik" und damit eine von der neuen staatsfeindlichen Mehrheit abgelehnte, (rechts)staatliche Einhegung von Politikbereichen des Subsystems bedeutet. - Die notwendige zeitliche Raffung, sachliche Verdichtung und systematische Einordnung einzelner (wenn auch nicht weniger) Verletzungen zivilen Umgangs an Deutschen Universitäten während der vergangenen 30 Jahre gibt der vorliegenden Darlegung stellenweise eine Intensität, die so stark wohl nur von wenigen direkt Betroffenen zeitweilig empfunden worden sein mag. Trotzdem: Diese Dinge sind vorgefallen: Sie sollten nicht verschwiegen werden, und man sollte daraus lernen!

"Stetig kultiviertes Unbehagen am Staat", kontinuierlicher "Verfall von Normen, die Selbstversagung verlangen", dekadente Verleugnung der eigenen Kultur und Tradition durch maßgebliche Teile des heutigen Staatsvolks bilden bleibende Hypotheken der Studentenbewegung; eine individuelle Haltung hat sich heute ausgebildet, die zwar immer und überall bereit ist, von staatlichen Leistungen bestmöglich zu profitieren und diese auch lautstark für sich selbst einzuklagen, die sich aber gleichzeitig jeder konstruktiven Beteiligung und wenigstens kritischen Loyalität zu entziehen trachtet und Pflichten immer nur vom politischen Gegner oder vom gemeinen Volk einfordert[17]. Die politische Verantwortungslosigkeit dieser Haltung zeigt sich in besonderer Schärfe in der Wandlung der Formen des öffentlichen Raums, insbesondere im Bereich des Rechts: Die leichtfertige Relativierung der universellen Gültigkeit demokratisch

---

16 Das Rechtssystem der Selbstverwaltungskörperschaft 'Verfaßte Studentenschaft' ist also nur als streng formales staatliches Normensystem unter adäquaten Möglichkeiten seiner Erzwingung zu realisieren. Das Scheitern des ausschließlichen Appells an die Vernunft der Beteiligten konzediert inzwischen implizit auch die Diskurstheorie: J.**Habermas**, Wie ist Legitimität durch Legalität möglich?, KJ **20**, S.1-16 (1987), S.15/16. - An dieser Stelle zeigt sich exemplarisch die Utopie des Projekts der "Zivilgesellschaft" [z.B. in: U.**Rödel**/G.**Frankenberg**/H.**Dubiel**, Die demokratische Frage, es **1572** (Frankfurt/M 1989)]: Nicht einmal im überschaubaren Rahmen relativ "autonomer" studentischer Selbstverwaltung, deren politische Mehrheiten gerade von intellektuellen (vorgeblichen) Verfechtern dieses Projekts getragen werden, vermag das Prinzip der herrschaftsfreien, unendlichen Debatte von prinzipiell Gleichen im öffentlichen Raum auch nur ansatzweise durchzugreifen!

17 "Ein stetig kultiviertes Unbehagen am Staat, das die Kritikfähigkeit am Gemeinwesen durch eine bewußt entfaltete Staatsverdrossenheit ablöst, führt ... zu einer Grundhaltung des Abwartens und Ausweichens, die alle Segnungen des freiheitlichen Sozialstaates entgegennimmt, dennoch aber den 'anderen' Staat ersehnt, ohne dessen konkretes Gesicht zeichnen oder auch nur sich vorstellen zu müssen. Diese fordernde Passivität stellt ... den 'besseren Staat' nur in grundlegend veränderter Verfassung in Aussicht, nimmt aber für sich eine der Allgemeinheit überlegene Redlichkeit, Weisheit und Charakterstärke in Anspruch und entzieht sich in dieser Selbsteinschätzung der verantwortlichen Mitgestaltung am Gemeinwesen" (P.**Kirchhof**, Brauchen wir ein erneuertes Grundgesetz?, Heidelberg 1992, S.11/12). "Mindestens ebenso wichtig ist der Verfall von Normen, die Selbstversagung verlangen. ... So verbreitet sich eine anspruchslose Version von Hedonismus, die sich unschwer mit Forderungen nach Freiheit verbinden läßt. ... Als totales Freiheitsversprechen ohne Verantwortung und Voraus-Exkulpation aller persönlichen Schwächen übt er ... zweifellos auf schwächere Persönlichkeiten eine große Anziehungskraft aus. Es ist ja auch schwierig, sich eine bequemere Kombination von Rechtfertigungsideologie und Sich-gehen-lassen vorzustellen, wobei hier diese Kombination noch mit moralischer Aggression gegen Fremde einen zusätzlichen Lustgewinn verheißt." (E.K.**Scheuch** (FN 9), S.96/96)

gesetzter Normen im Rechtsstaat für die eigene wahre politische Erkenntnis, der selbstverständliche Rechtsbruch im Dienste höherer Gerechtigkeit und die bedenkenlose Umfunktionierung neutraler formaler Verfahren und Etiketten zu Gunsten individuell und situativ postulierter 'guter Zwecke' werden der späteren zivilen Gesellschaft hohe Kosten auferlegen[18].

0.1. Die Eingrenzung des Themenbereichs: Studentenschaftswahlen - Wahlrecht

Parlamentarische Macht und damit politische Gestaltung sichernde Mandatsmehrheiten werden in jedem repräsentativen Massensystem durch Wahlen erzeugt, so auch im formaldemokratisch-repräsentativ ausgestalteten Subsystem Verfaßte Studentenschaft durch die 'Studentenschaftswahlen'. *Demokratische Wahlen* werden durch die fünf demokratischen 'Wahlrechtsgrundsätze', nämlich Allgemeinheit, Unmittelbarkeit, Freiheit, Gleichheit, Geheimheit (Art.38 Abs.1 GG), deren Konstituierung des gesamten rechtsstaatlich-demokratischen Wahlverfahrens heute unumstritten ist, charakterisiert. Diese Wahlrechtsgrundsätze können für verschiedene Wahlen in Einzelheiten verschiedene Ausprägungen besitzen, sind aber in ihren Grundprinzipien für alle rechtsstaatlich-demokratischen Wahlen gleich bindend.

Als Paradigma für die realiter wenig konsequente Umsetzung des theoretisch proklamierten Demokratieverständnisses vieler Träger der "antiautoritären" Studentenrevolte, der 'Neuen Linken' und ihrer politischen Erben in die Praxis kann die Instrumentalisierung der für jedes demokratische System grundlegenden politischen Willensbildung angesehen werden; diese Manipulationen der Willensbildung erfolgten insbesondere mittels gezielter Suspendierung der demokratischen Wahlrechtsgrundsätze für die Studentenschaftswahlen in der Selbstverwaltungskörperschaft Verfaßte Studentenschaft. Der Öffentlichkeit wegen der Komplexität und Abstraktheit des Studentenschaftswahlrechts kaum zu vermitteln, waren nämlich in der Folge der politischen Umwälzungen durch die Studentenbewegung auch das wenig positivierte Wahl-

---

18 Siehe in diesem Zusammenhang (Legitimierung des Rechtsbruchs im Dienste angeblich höherer Gerechtigkeit) exemplarisch: H.**Marcuse**, Kritik der reinen Toleranz, es **181** (Frankfurt/M 1966), S.127/128.
(**a**) Dazu inzwischen (selbstkritisch) von ehemals Beteiligten: "Wer diesen Teil der heutigen Jugend [des Jahres 1993] verstehen will, auch und vor allem die sich immer mehr ausbreitende Gewalt, muß auf die achtundsechziger Experimente zurückgehen und die Gewaltdiskussion noch einmal nachlesen. So wird er weniger positive Langzeitfolgen der achtundsechziger Bewegung, aber viele seelische Defekte und ethische Defizite erkennen können, die damals ihren Anfang genommen haben und als Folge eines erfolgreichen und vollendeten langen Marsches durch die Institutionen über Schulen, Universitäten, Erwachsenenbildungsstätten (auch über die evangelische Kirche!) heute weite Teile nicht nur der großstädtischen Bevölkerung, sondern inzwischen auch der Provinz erreicht haben" (K.R.**Röhl** (Lebenslügen, FN 9), S.49). In ähnlicher Intention auch: R.**Zitelmann** (FN 9), S.37 ff; ferner: C.**Stephan**, Der Betroffenheitskult, Berlin 1993, insb. S.57 ff; R.**Mohr** (FN 1), insb. S.35/36. - Vgl. in diesem Zusammenhang schließlich: T.**Würtenberger**, Zeitgeist und Recht, 2.Aufl. Tübingen 1991, S.90 ff (insb. S.122 ff: Schwund des Rechtsgehorsams).
(**b**) Diese Einschätzung teilen andere ehemalige Beteiligte nicht: Jene beklagen zwar nach wie vor die "Verdrängung des wirklichen Geschehens" wesentlicher Teile der Deutschen Geschichte (aber nur bezogen auf die Zeit des NS-Regimes), praktizieren aber selbst genau dieses Prinzip historischer Verklärung im Hinblick auf die Studentenrevolte. Typisch dafür: O.**Negt**, Achtundsechzig - Politische Intellektuelle und die Macht, Göttingen 1995, insb. S.23 ff, S.52 ff. Ebenso ablehnend zu "Vorwürfe[n], die heute vielfach gegen die '68er' erhoben werden", durch ehemalige Aktivisten der Studentenbewegung, z.B.: K.-H.**Heinemann**/T.**Jaitner** (FN 9), S.7 ff ("Urteile und Schuldzuweisungen, die zum Teil schlicht dumme Projektionen sind"). Erstaunlich auch von ehemals kritischer Seite inzwischen: G.**Schwan**, Die Auswirkungen von 1968 auf die deutsche politische Kultur, in: Eichholz-Brief 3/1994, S.15-22 [Hrsg.: Konrad-Adenauer-Stiftung!]. - "Die Normalisierer übernehmen weder Verantwortung noch Mithaftung" (O.**Negt**, S.25), in der Tat!
Gemäß dem machtrelativierenden, rechtsstaatlichen Prinzip, wonach die Träger öffentlich-politischer Entscheidungen für diese Tätigkeiten und deren berechenbare Konsequenzen individuelle Verantwortung und Mithaftung übernehmen müssen, werden in der vorliegenden Abhandlung thematisierte politische Handlungen grundsätzlich den sie maßgeblich beeinflussenden und durchsetzenden Personen namentlich zugeordnet.

verfahrens- und das nicht kodifizierte Wahlprüfungsrecht im Subsystem unter die Mehrheitsherrschaft der 'Neuen Linken' geraten; das Studentenschaftswahlrecht erhielt auf diese Weise einen neuen, dem Rechtsstaat wesensfremden, parteiisch-machtsichernden Gehalt, und es wurde damit die Grundlage für Wahlfehler erheblichen Ausmaßes geschaffen. Diese bedenkliche Entwicklung blieb aber selbst von kritischen Kennern der Verfaßten Studentenschaften, meist auf konkrete ideologische Machtfragen oder gewalttätige Konflikte rekurrierend, unbeachtet[19] und wurde von beamteten Universitätsprofessoren, in und vor deren Arbeitsfeld diese Tatsachen offen Platz griffen, verdrängt[20]. Während die Öffentlichkeit grundsätzlich lediglich an den

---

19 Beispielhaft **(i)** aus dem (konservativen) politologischen Bereich: G.**Langguth**, Protestbewegung, Köln 1983; trotz kritischer "Darstellung ... hauptsächlich solche[r] Entwicklungen, die ihren Ausgangspunkt in erster Linie im Hochschulbereich hatten", enthält die Abhandlung keinerlei Ausführungen über die Probleme der Durchführung von Studentenschaftswahlen. Daran anschließend, mit demselben Defizit: P.**Darmstadt**/ T.**Haupts**, Die studentische Linke an westdeutschen Hochschulen 1982-1992, St.Augustin 1992. **(ii)** Aus dem rechtswissenschaftlichen Bereich exemplarisch: H.**Bartsch**, Die deutschen Studentenschaften - Organisation, Aufgaben und Rechtsform der studentischen Selbstverwaltung in der Bundesrepublik, Bonn-Holzlar 1969; auch diese Abhandlung enthält keinerlei Ausführungen zu den Studentenschaftswahlen und deren Recht.

20 Bezeichnend sind das Desinteresse und die Ignoranz gerade derjenigen Universitätsprofessoren, die schon aufgrund der Nähe ihrer wissenschaftlichen Disziplin eine besondere Sensibilität auch für die Korrektheit von Studentenschaftswahlen hätten entwickeln müssen. Aber auf diesem abgelegen-formalen Gebiet ließ sich wissenschaftliche oder politische Reputation nur schwer erlangen; die eindringliche Forderung nach rechtsstaatlichen Verhältnissen für Studentenschaftswahlen hätte sich dagegen geeignet zeigen können, dem legalistischen Störenfried universitätsinterne Unannehmlichkeiten zu bereiten und ihn als Querulanten zu isolieren. Bei diesen verwandten Disziplinen handelt es sich um die Jurisprudenz (insb. das Öffentliche Recht), die Gesellschaftswissenschaften (insb. die Staats- und Institutionenlehre) sowie die Erziehungswissenschaften (insb. die politische Bildung), an der Frankfurter Johann Wolfgang Goethe-Universität vertreten überwiegend mit signifikant emanzipatorisch-staatskritischem Selbstverständnis. **Beispielhaft für das Desinteresse (a)** aus dem Fachbereich Rechtswissenschaft (FB 01): "Ein anderes Problem ist das des geduldeten Rechtsbruchs, der vom Staat bewußt tolerierten sozialen Gegenmacht gegen Gesetze. ... Ob die Hessischen Universitäten heute noch als besonders wild anzusehen sind, möchte ich bezweifeln; ich habe jedenfalls in den vier Jahren in Frankfurt niemals etwas erdulden müssen, was mein Rechtsgefühl ernstlich beleidigt hätte." (H.**Meyer**, Diskussionsbeitrag in: J.**Isensee**/H.**Meyer**, Zur Regierbarkeit in der parlamentarischen Demokratie, Köln 1979, S.110 [H. **Meyer** hatte 1974-1996 an der Frankfurter Universität eine C4-Professur für Öffentliches Recht mit Schwerpunkt Wahlrecht inne.]) **(b)** Aus dem Fachbereich Gesellschaftswissenschaften (FB 03): Sämtliche Professoren dieses Fachbereichs mußten auf dem Weg zu ihren Büros, ebenso wie die Studenten auf dem Weg zu ihren auf 33 Stockwerke verteilten Seminarräumen, (im Foyer des 'AfE-Turms' vor den Fahrstühlen mit langen Warteschlangen) in Wahlzeiten studentische Wahlurnen in dichter Distanz passieren. Besonders in den Jahren 1976 bis 1980 wurde hier vor aller Augen das Wahlgeheimnis aufs gröbste und massenweise verletzt, die Neutralität des Wahlakts durch stellenweise an Nötigung grenzenden Wahlkampf direkt an den Urnen in aller Öffentlichkeit gebrochen. Trotzdem ist von diesen Politologie- und Soziologie-Professoren - die teilweise mit äußerst kritischen Untersuchungen über die vorgeblich mangelhafte staatspolitische Willensbildung in der Bundesrepublik Deutschland an die Öffentlichkeit getreten sind [vgl. dazu nachfolgend nur Kap.5 und Kap.13!] - über derartige studentische "Wahlen" kein kritisches Wort bekanntgeworden. **(c)** Dasselbe wie unter (b) Aufgeführte trifft auf die ebenfalls im 'AfE-Turm' beheimateten Professoren der Erziehungswissenschaften (FB 04) zu. Typisch für die hier vertretene "Pädagogik, die sich als Emanzipationswissenschaft versteht" (S.172), ist eine Aufsatzsammlung Frankfurter Dozenten, die "zu einem Standardtext in den Seminaren der Pädagogischen Hochschulen und Universitäten geworden" (S.5) sei: J.**Beck** u.a., Erziehung in der Klassengesellschaft, 4.Aufl. München 1975. Darin wird u.a. angeprangert der grundsätzlich formale, "systemkonforme Verlauf von Wahlen", weil er Indiz dafür sei, "daß in dieser Gesellschaft kritische und politisch aktive Bürger nicht erwünscht sind" (F.**Heinisch**, Politische Bildung - Integration oder Emanzipation?, in: J.**Beck** (s.o.), S.155-183, S.181).
Eine solcherart untergeordnete Bewertung dieser Tatbestände des demokratischen Wahlrechts erscheint allerdings in der inzwischen vorherrschenden bundesdeutschen politischen Kultur weder singulär noch überraschend: Zur Aufarbeitung und Sanktionierung der DDR-Wahlfälschungen, beispielsweise, äußerte sich der ehemals führende SPD-Politiker E.**Bahr**; er "nannte ... die dortigen Wahlfälschungen eine 'läßliche Bagatelle'" (G.P.**Hefty**, 'Wenn alles grau verrührt wird, ist das eine Mißachtung der Opfer', in: FAZ v.4.10.1993, S.4).
(d) Ergänzend kann rückblickend festgestellt werden: Gerade auch die Väter der Theorie der selbstverwalteten und "demokratisierten" Gruppenuniversität (insbesondere die Frankfurter Professoren E.**Denninger** [Öffentliches Recht], L.**v.Friedeburg** [Soziologie], J.**Habermas** [Sozialphilosphie und Soziologie] und R.**Wiethölter**

offiziell bekanntgegebenen, amtlichen Wahlergebnissen Interesse zeigte, nahm das Zustandekommen dieser Zahlen höchstens untergeordneten Stellenwert in der Betrachtung ein. Gleichzeitig konnte die interne politische Kontrolle durch Mehrheits-Verdikte der 'Neuen Linken' im aggressiv aufgeheizten politischen Klima des Subsystems weitestgehend ausgeschaltet werden. Auch die das Rechtskonstrukt der "autonomen" Selbstverwaltungskörperschaft im demokratischen Rechtsstaate legitimierenden Kontrollprinzipien liefen in Folge leer: Die staatliche Legislative entäußerte sich nicht selten ihrer Verantwortung für die Setzung adäquaten Rechts, die Exekutive vernachlässigte ihre Aufsichtspflicht über die Sicherung rechtsstaatlicher Grundprinzipien in der Selbstverwaltungskörperschaft, und die Judikative wog nicht nur in Einzelfällen den Autonomieanspruch der Selbstverwaltungskörperschaft zu *un*gunsten rechtsstaatlichen Handelns ab. So konnten (und können, abgeschwächt, bis heute) die in Selbstverwaltungsautonomie der Verfaßten Studentenschaft durchgeführten Studentenschaftswahlen in nicht wenigen Fällen den an rechtsstaatlich-demokratische Wahlen gestellten Anforderungen nicht genügen[21]. Die Erosion des Rechtsstaats in diesem seinem der Öffentlichkeit schwer zugänglichen Bereich konnte bis zum heutigen Tage nicht aufgehalten worden. - Die angesprochenen Sachverhalte werfen aber immer wieder akut die Frage auf nach der Legitimation derart rechtswidrig konstituierter Zwangskörperschaften, deren teilweise illegales Handeln der demokratische Rechtsstaat offensichtlich nicht zu unterbinden gewillt oder fähig ist.

Als Schwerpunkt der vorliegenden Arbeit soll die bis zum heutigen Tage teilweise höchst prekäre Durchführung von Studentenschaftswahlen besonders am Beispiel der Johann Wolfgang Goethe-Universität zu Frankfurt am Main[22], als einer der politischen Hochburgen der "anti-

---

[Zivil- und Wirtschaftsrecht]) entzogen sich den konkreten Niederungen des durch die weitgehende Verwirklichung ihrer hochschulpolitischen Ideen ausgelösten politischen Kampfes, der viele der abstrakt ansprechenden Gedanken in der Realität zur bloßen Makulatur werden ließ, mehr durch völlige Abwesenheit als wenigstens durch entferntes Beobachten und nachträgliches, einsichtiges, vielleich auch: vorsichtiges, Korrigieren.

21 "Realistischerweise kann somit heute nicht mehr angenommen werden, daß von der studentischen Selbstverwaltung durchgeführte Wahlen auch nur entfernt demokratischen Erfordernissen genügen" (T.**Koester**, Plädoyer für die Auflösung von Studentenparlament und AStA, DUZ **11**, S.330-336 (1971), S.334/335). "Besonders problematisch bei Studentenwahlen ist die Sicherung der Objektivität und der Schutz gegen Wahlbetrug. Im Gegensatz zu den allgemeinen Hochschulwahlen, bei denen ein mit Beamten und Angestellten im öffentlichen Dienst besetztes Wahlamt der Hochschule ... den Wahlakt leitet und gegen Fälschungen sichert, gibt es eine derartige Vorsorge bei den Studentenwahlen nicht. Die jeweils 'Regierenden' leiten die Wahl, durch die sie wiedergewählt werden wollen, selbst, zählen die Stimmzettel aus und bewerten sie. ...Die Sicherungen gegen Manipulation sind doch so gering oder gar nicht vorhanden, daß die Minima rechtsstaatlicher Wahlrechtsprinzipien nicht überall gesichert sind. Würden staatliche Wahlen mit einem so geringen Aufwand an Sicherungen gegen Fälschungen durchgeführt, wie es an vielen Hochschulen geschieht, so hätte jedes Verwaltungsgericht das beanstandet" (W.**Thieme**, Deutsches Hochschulrecht, 2.Aufl. Köln/Berlin/Bonn/München 1986, S.713/714). An der grundsätzlichen Richtigkeit dieser Feststellungen hat sich bis heute wenig geändert.

Unter diesem Blickwinkel können bisher Verwunderung hervorrufende offizielle studentische Wahlergebnisse mitunter in einem anderen Licht erscheinen: "Noch in der gleichen Woche [im WS 1968/69 an der Universität Heidelberg, P.K.] fanden die Wahlen zum Studentenparlament statt. 54,2% der Wahlberechtigten beteiligten sich daran gegenüber 41,3% bei der vorangegangenen Wahl. SDS und Basisgruppen gingen gestärkt aus der Wahl hervor, was allgemein bei einer so hohen Wahlbeteiligung nicht erwartet worden war" (D.**Hildebrandt**, '... und die Studenten freuten sich!' - Studentenbewegung in Heidelberg 1967-1973, Heidelberg 1991, S.124). "Die linken Gruppen vereinigten über lange Zeit mehr als 3/4 der Stimmen bei den Studierendenparlamentswahlen - die in den 70er Jahren immerhin noch durchschnittliche Wahlbeteiligungen zwischen 35% und 55% erreichten ... - auf sich." (P.**Beucker**, Immer am Rande des Abgrunds, in: The Times They Are A Changin', in: BASTA! Das Duisburger Studierendenmagazin, Sonderausgabe WS 1994/95, S.12-13, S.13)

22 Auch unter dem Aspekt der Notwendigkeit einer der Realität angemessenen Fortentwicklung des Studentenschaftswahlrechts ist das fortgesetzte und weitgehende Desinteresse des Fachbereichs Rechtswissenschaft der Frankfurter Johann Wolfgang Goethe-Universität [dazu: FN 20(a)] beklagenswert. Dieses demonstrative Desinteresse kollidiert nämlich - ungeachtet des politisch Wünschbaren - ersichtlich mit der gesellschaftlichen "Ver-

autoritären" 'Neuen Linken' und deren 'undogmatisch-linker' Nachfolger, genauer dokumentiert und untersucht werden. Das bedeutet keine wesentliche Beschränkung der Allgemeinheit, denn die den im folgenden angegebenen Fällen unterliegenden Strukturen nicht ausbalancierter politischer Macht zeigen generell mögliche inhärente Schwächen aller rechtsstaatlich-demokratischen Wahlverfahren auf; und zudem verliert das für diese konkreten Studentenschaftswahlen detailliert anzugebende Wahlrecht (Wahlrechtsgrundsätze, Recht der Wahldurchführung, Wahlprüfungsrecht) nichts von seiner Allgemeingültigkeit.

Die vorliegende Abhandlung verfolgt dabei im wesentlichen dreierlei Ziele:

(i) Die kritische Darstellung eines bisher unbeachteten und damit weitgehend unbekannten, nichtsdestoweniger wesentlichen Ausschnitts der neuesten Geschichte - d.h. der vergangenen 30 Jahre - der Verfaßten Studentenschaften westdeutscher Hochschulen und deren unvollkommenen Satzungsrechts, insbesondere exemplifiziert in der Johann Wolfgang Goethe-Universität zu Frankfurt am Main; erklärend ist damit verbunden die Formulierung einer Theorie der Strategien des Machterwerbs und -erhalts der 'Neuen Linken' sowie einiger 'Neuer Sozialer Bewegungen' in "autonom", repräsentativ ausgestalteten politischen Systemen (nicht nur an der Hochschule). Als grundlegend für diese Betrachtungen zeigt sich die staatstheoretisch zentrale Verortung der Wahl als *das* Konstituens politischer Macht in der repräsentativen Demokratie.

(ii) Die an anderer Stelle bisher nicht vorliegende Konkretisierung der fünf demokratischen Wahlrechtsgrundsätze für Studentenschaftswahlen, ferner unter diesen Vorgaben die dogmatische Systematisierung des Studentenschaftswahlrechts sowie dessen adäquate normative Vervollständigung (insbesondere des Rechts der Wahldurchführung sowie der formalen und materiellen Wahlprüfung[23]) unter den vorherrschenden politischen Bedingungen in den Deutschen Verfaßten Studentenschaften; dies - sowie die aufzuzeigende Wirkungslosigkeit bisherigen Rechts - sollte darüber hinaus Ansätze für die heute dringend notwendige, adäquate Neuformulierung des staatlichen Rechts der Verfaßten Studentenschaften, insbesondere des Studentenschaftswahlrechts (die zukünftig nicht in der Kompetenz der Selbstverwaltungskörperschaft verbleiben darf!), aufzeigen. Die - prinzipiell durchaus mögliche! - rechtzeitige, adäquate Setzung des Studentenschaftswahlrechts und die effektive rechtsstaatliche Kontrolle hätten die meisten Wahlmanipulationen verhindern können.

(iii) Die bisher nicht vorhandene Handreichung für die Praxis, d.h. für diejenigen Studenten, die in Wahlrechtsauseinandersetzungen an ihrer Hochschule stehen mit politischen Kräften, die

---

antwortung der Rechtswissenschaft": "Zur ... Aufgabe der Rechtswissenschaft gehört die lange Zeit vernachlässigte Vorbereitung und Teilnahme an der Entstehung des Rechts in der Gesetzgebung, die Anregung von Gesetzen, die Mitarbeit an der Prinzipien- und Institutionenbildung zur Vorbereitung kodifizierten Rechts und die Beratung des Gesetzgebers. ... Rechtswissenschaft arbeitet dabei in enger Verbindung mit der Gesetzgebung, der Verwaltung, der Rechtsprechung und der Rechtsberatung. Ihre institutionelle Aufgabe ist im Verhältnis zu diesen nicht nur die unabhängige Beratung, sondern auch die indikative Kontrolle. Sie hat dienende Funktionen und ein eigenverantwortliches Wächteramt. ... Sie hat der planmäßigen Verwirrung von Sprache und Rechtsinhalten und dem in Teilbereichen abnehmenden Rechtsbewußtsein entgegenzuwirken." (U.H. **Schneider**, Zur Verantwortung der Rechtswissenschaft, JZ **42**, S.696-705 (1987), S.699/700)

23 Die bisher nicht gesetzt vorliegende Kasuistik des materiellen Wahlprüfungsrechts für Studentenschaftswahlen kann exemplarisch an den Parlamentswahlen der Studentenschaft der Johann Wolfgang Goethe-Universität abgehandelt werden. Dies stellt insofern juristisch keine Beschränkung der Allgemeinheit dar, als bei den genannten Wahlen während der vergangenen 30 Jahre nahezu alle wesentlichen Fehlergruppen, meist sogar wiederholt, aufgetreten sind. - Die systematische Einbeziehung des gesamten Deutschen Wahl- und Hochschulrechts wird nicht angestrebt. Allerdings werden insbesondere aus dem von der staatsrechtlichen Struktur her am ehesten Ähnlichkeiten aufweisenden Deutschen K-Wahlrecht mannigfach Beispiele auch für das Studentenschaftswahlrecht bezogen werden.

- möglicherweise im Schatten nicht existierender Öffentlichkeit und im Schutz versagender Staatsaufsicht - zwecks Sicherung ihrer Macht das Wahlrecht zu manipulieren und Kontrollrechte einzuschränken trachten; dafür wird insbesondere der juristische Verfahrens-, Quellen- und Literaturteil breit ausgeführt, um auch verwaltungsrechtlich weniger Versierten die Möglichkeiten für die effektive Wahrnahme und Absicherung ihrer Rechtsansprüche aufzuzeigen.

- Der Schwerpunkt der vorliegenden Abhandlung liegt also *nicht* in einer theoretischen Untersuchung der Entwicklung der politischen Ideen der "antiautoritären" Studentenrevolte, der 'Neuen Linken' und ihrer 'undogmatisch-linken' Nachfolger[24], vielmehr in der Nachvollziehung von deren *praktischer* Politik. In den jüngeren Darstellungen der Studentenrevolte fehlt dagegen das harte und kompromißlose Machtstreben der "antiautoritären" Funktionäre fast völlig. Diese reine Machtpolitik prägte aber in Wirklichkeit, zumindest bis zum Jahre 1993, überwiegend die Studentenschaftspolitik - weit mehr als die ohnehin im Zweifelsfalle leichtfertig preisgegebene Theorie: Politische "Theorie" als Funktion von Macht und Zeit verfällt der sub-

---

24 **(a) Zu den theoretischen Positionen der Studentenbewegung** exemplarisch: H.M.**Bock**, Geschichte des 'linken Radikalismus' in Deutschland. Ein Versuch, es **645** (Frankfurt/M 1976), insb. S.230 ff; H.**Weiss**, Die Ideologieentwicklung in der deutschen Studentenbewegung, [pol.Diss] München/Wien 1985. - Natürlich war auch die "antiautoritäre", 'undogmatisch-linke' (Sponti-)Politik an der Hochschule seit 1967 ideologischen Veränderungen unterworfen. Diametrale Wandlungen ihrer Formprinzipien, auf die es hier ankommt, sind aber (zumindest bis zum hier maßgeblichen Jahre 1993) nicht zu erkennen: "Sponti-Politik hatte sich schon immer als Produkt der Studentenbewegung '68 begriffen, wenngleich die vermeintliche Kontinuität an vielen Punkten durch die politischen Aktivitäten der Linken überhaupt vermittelt war" (Unipolitik ... ohne?/mit? Perspektive, in: ASTA-info.10/1983, S.6-7, S.6). "Obwohl es heute keine linke Fraktion oder Strömung mehr gibt, die sich noch ungebrochen auf die antiautoritäre Bewegung beruft, so ist ihr politisches Selbstverständnis dennoch folgenreich geblieben. Insbesondere über die Sponti-Milieus der siebziger Jahre sind zentrale Motive des antiautoritären Denkens weitervermittelt worden und schließlich in popularisierter Form in die Alternativ- und Ökologiebewegung eingewandert. ... Vor diesem Hintergrund dürfte es nicht vermessen sein, die Behauptung aufzustellen, daß nicht wenige der die Linke in der Gegenwart bedrängenden politischen Formprobleme wohl kaum eine genaue Klärung erfahren können ohne eine Selbstvergewisserung der 68er Revolte." (W.**Kraushaar**, Autoritärer Staat und Antiautoritäre Bewegung, in: 1999-Zeitschrift für Sozialgeschichte 3/1987, S.76-104, S.104) Zudem darf der Stellenwert allein theoretischer Positionen für die überwiegende Mehrheit der Teilnehmer der Studentenbewegung nicht überschätzt werden: "Die persönlichen und die politischen Bedürfnisse, die sich später in feindliche Lager aufspalteten, waren nicht voneinander getrennt, und darin lag die Kraft dieses Aufbruchs. ... Ohne das Pathos, alles, was bislang innen war, nach außen zu werfen, hätte die Bewegung nicht ihre politische Durchschlagskraft gehabt. Ihre optischen Signale, aus denen damals Titelblätter gemacht wurden ..., waren nicht bloße Transportmittel für politische Inhalte. Sie drückten die Antriebskräfte der Bewegung häufig genauer aus, als die Erklärungen ihrer Sprecher" (P.**Schneider**, Atempause, Reinbek 1977, S.226); vgl. in diesem Zusammenhang auch: B.**Guggenberger**, Wohin treibt die Protestbewegung?, Freiburg 1975.
(b) Die fortdauernde Bezugskraft der Ideen der Studentenrevolte aus "antiautoritärer", 'undogmatisch-linker' Sicht bestätigend **(i)** für die 70er Jahre: "Die undogmatische Linke, zwischen SPD und Jusos einerseits, DKP und K-Gruppen andererseits, kann sich wohl zu Recht als das legitime Restphänomen der Studentenbewegung und der außerparlamentarischen Opposition der ausgehenden 60er Jahre betrachten. ... In dem Maß, wie die ältere Studentengeneration ihren antiautoritären Schwung verlor und professorale Würde anzunehmen begann, trat eine jüngere Studentengeneration gegen Mitte der 70er Jahre nicht weniger provozierend auf den Plan - die Spontis." (J.**Huber**, Wer soll das alles ändern - Die Alternativen der Alternativbewegung, Berlin 1980, S.24 ff); **(ii)** für die 80er Jahre: "Trotz aller Vielfalt bleiben die Bewegungsdiskurse der neuen sozialen Bewegungen ... von der Neuen Linken geprägt." (R.**Roth**, Kommunikationsstrukturen und Vernetzungen in neuen sozialen Bewegungen, in: R.**Roth**/D.**Rucht** (Hrsg.), Neue soziale Bewegungen in der Bundesrepublik Deutschland, 2.Aufl. Bonn 1991, S.261-279, S.278); ferner Protokolle eines dreitägigen "wissenschaftlichen Symposiums zur Geschichte des SDS" im Juni 1985 an der FU Berlin: AStA FU (Hrsg.), Beiträge zur Geschichte des Sozialistischen Deutschen Studentenbundes, Berlin 1987; **(iii)** für den Beginn der 90er Jahre (ab etwa 1993 sind die "antiautoritären" Studentengruppen verschwunden): D.**Salomon**, Grüne Theorie und graue Wirklichkeit, [pol.Diss.] Freiburg 1992, S.55 ff; S.134 ff; der Verfasser verortet in einer luziden Analyse die "Ursprünge" sowohl der 'Neuen Sozialen Bewegungen' als auch der Partei der 'Grünen' "in der Studentenbewegung". Beachte, dies bereits bestätigend, die Protokolle einer Veranstaltung der Alt-SDSler in der Frankfurter Kongreßhalle v.21.-23.11.1986: H.**Schauer** (Hrsg.), Prima Klima - wider den Zeitgeist, Hamburg 1987.

jektiven, kurzfristigen Beliebigkeit; sie verliert ihre intellektuelle Kraft und leitende Erkenntnis, und sie wird als Handlungsnorm zur Makulatur[25]. Dementsprechend werden auch die Begriffe 'rechts', 'links', 'undogmatisch-links' hier eher funktional zur klareren Identifizierung und Positionierung von Macht sowie zur Demonstration von Kontinuitäten der Machtverteilung im deskriptiven Bereich der politisch-sozialen Realität des Subsystems Verfaßte Studentenschaft herangezogen (wie sie übrigens auch meist einfach in der *konkreten* politischen Auseinandersetzung an der Hochschule benutzt wurden und werden). Auf einzelne Aspekte ideologischer Aufladung insbesondere des Begriffs 'undogmatisch-links' wird aber nichtsdestoweniger immer dann zurückzukommen sein, wenn im Laufe der Untersuchung signifikante Übereinstimmungen oder Diskrepanzen zwischen dem theoretisch und öffentlich herausgestellten Anspruch und der real eingesetzten Politik auftreten - die Gewicht erhalten und zu beachten sind im Hinblick auf eine künftig adäquate Normsetzung der Legislative im Studentenschaftsrecht.
Um möglichen Mißverständnissen vorzubeugen, soll bereits an dieser Stelle der vielleicht naheliegenden These begegnet werden, wonach die politische ("qualitative") Hegemonie der 'Neuen Linken' und nachfolgend der 'Undogmatischen Linken' in vielen Verfaßten Studentenschaften bundesdeutscher Universitäten, deren zwischen 1967 und 1993 großer Rückhalt innerhalb der Minorität der politisch engagierten Studentenschaft, im wesentlichen allein das Resultat geschickt angelegter Wahlmanipulationen gewesen sei. Derartige Rechtsbrüche sind nämlich in erster Linie lediglich geeignet, die nominale ("quantitative") Hegemonie in den (Studenten-) Parlamenten, eine genügende Höhe des arithmetischen Stimmenaufkommens für manipulierende Gruppen zu sichern, unabhängig vom Engagement einzelner und von allgemeinen politischen Trends; gute Wahlergebnisse mögen potentiell vorhandenes politisches Engagement aktivieren und verstärken, deren alleinige Ursache sind sie aber nicht. Es kann hier auch nicht festgestellt werden, daß alle 'undogmatisch-linken' Aktivisten als genuine Apologeten 'politischer' Wahlmanipulationen zu gelten haben; nur: viele von ihnen wollten wohl die Evidenz der mannigfach vorliegenden Fakten und Indizien nicht wahrhaben, andere mochten sie erkannt haben, ohne aus ihrer kritischen Distanz zum rechtsstaatlich-demokratischen Repräsentativsystem heraus die Fähigkeit aufzubringen, die notwendigen Konsequenzen zu ziehen - möglicherweise aus Solidarität zur eigenen, im Subsystem herrschenden politischen Klasse[26] -, so daß letztlich den mutmaßlichen Tätern ihr Freiraum zunächst verblieb. Schließlich darf die Sogwirkung nicht unterschätzt werden, die auch eher randständige Personen erfassen kann, wenn diese erst einmal dem Rausch der Stimmenvermehrung bei einer weitgehend risikolosen Wahlmanipulation verfallen sind. - Der Sachverhalt steht im Unterschied zur Feststellung der Wandlung individueller Ethik in (vielen) kleineren Kreisen der hochpolitisierten, kritischen Studentenschaft: Diese Akteure im Machtzentrum beginnen ihre studentenpolitische Tätigkeit, wesentlich geprägt durch Schule und bürgerliches Elternhaus, meist durchaus idealistisch und altruistisch, redlich um

25 Die potentielle Schlüssigkeit und ästhetische Schönheit der reinen Theorie ist nämlich unter dem hier maßgeblichen Aspekt der rechtsstaatlichen Demokratie als Garant und Handhabung minderheitenfreundlicher, formaler Verfahren gar nicht der zentrale Punkt. Politische Theorie unter Ausblendung der politischen Praxis ist eine leere Hülse: "Demokratie ist eine politische Methode ... und daher unfähig, selbst ein Ziel zu sein" (J.A. **Schumpeter**, Kapitalismus, Sozialismus und Demokratie [1942], Ausgabe München 1972, S.384). Diese Feststellung gilt gerade auch für die Studentenbewegung und deren politische Nachfolger [vgl. dazu z.B.: FN 14]!
26 "Nur der echte, ungebrochene Parteigänger gilt als zuverlässig. Er darf nicht wählerisch sein, er hat ohnehin keine Kontrolle über die Aktionen seiner Seite, er muß hier die Übel vertuschen helfen und drüben das Gute leugnen, er muß auch an Mitläufern und Mitkämpfern akzeptieren, was sich so bietet" (A.**Gehlen** (FN 13), S.172).

Verbesserungen ringend, bestehende Normen und Konventionen achtend, faires Verhalten praktizierend. Nach längerer Zeit, steigendem Engagement und wachsendem Einblick in die zuvor fremden Interna der studentischen Selbstverwaltung können die Akteure erkennen, wie einfach der heimliche Normbruch tatsächlich ist, der Gewinn für sie selbst und Vorteile für ihre politische Gruppe bringen kann. Das Ausmaß des Erfolgs, das geringe Risiko, die wachsende Identifizierung mit der Macht, die anscheinend selbstverständliche Verkommenheit der Älteren verdrängen zunehmend die zunächst noch überwiegenden "bürgerlichen" Bedenken, Hemmungen und das schlechte Gewissen. Das Handeln der Akteure, gefördert noch durch fehlende Öffentlichkeit, nicht vorhandene interne Kontrolle und ausbleibende Sanktionen, paßt sich dem innerhalb der Selbstverwaltung im Zentrum der Macht dominierenden Stil zunehmend an: Verschlagenheit, Hinterhältigkeit, Heuchelei, Bösartigkeit, Rechtsbruch - während nach außen allein das Versagen der anderen (Staat, "Etablierte") weiterhin lebhaft angeprangert wird. Die Barrieren werden immer niedriger, die Versuchungen immer weitergehender; schließlich haben sich bei den Akteuren diese Verhaltensweisen internalisiert, sie sind selbstverständlich geworden. Ihnen zu entrinnen vermag meist nur noch die endgültige Loslösung von der Macht in der Verfaßten Studentenschaft zu leisten. Das verkommene politische Milieu in vielen Verfaßten Studentenschaften hat dann aber doch die Politisierung der Akteure nachhaltig prägen können.

0.2. Die Methoden der Untersuchung

Zur deskriptiven Wahrnahme der Realität und zur daraus abzuleitenden Objektivität von Erkenntnissen über Machtstrukturen in der Verfaßten Studentenschaft als Teil des demokratischen Rechtsstaates wird hier eine relativistische Position vertreten. "Alle Staatserkenntnis hat also davon auszugehen, daß das staatliche Leben den Fragenden immer mit umfaßt; er gehört ihm existentiell an und kann sich niemals aus ihm hinausstellen. Der Staat ist nicht ein dem fragenden Subjekt räumlich 'gegenüberstehendes', ihm fremdes Objekt, sondern das Wesentliche dieses Verhältnisses ist hier die dialektische Identität von Subjekt und Objekt. ... Willkürliche Fragen ergeben Scheinprobleme; fruchtbare Fragestellungen werden immer dem staatlichen Leben selbst entnommen."[27]

---

27 H.**Heller**, Staatslehre, Leiden 1934, S.26.
Die Wirkung der Realität auf das Subjekt bestimmt sich aus dessen Position zum zu beschreibenden Sachverhalt. Die vorliegende Abhandlung untersucht die Studentenbewegung aus einer spezifisch rechtsstaatsfreundlichen Minderheitenperspektive (es gibt andere in diesem Zusammenhang relevante Minderheiten, z.B. die Minderheit der feministischen Frauen, die Minderheit der unpolitischen Wissenschaftler), während die heute veröffentlichte Geschichte vornehmlich die Sicht der damals beteiligten "emanzipatorischen" Mehrheit in den Verfaßten Studentenschaften und, etwas schwächer ausgeprägt, des Feminismus wiedergibt. Dabei ist zu beachten, daß die Perspektiven, Intensitäten und Sensibiltäten der Betrachtungsweisen von Minderheiten sich wesentlich untereinander und von denen der gleichzeitig beteiligten Mehrheiten unterscheiden können, schon gar dann, wenn gemeinsame Grundkonsense nicht mehr existieren. Eine nachträgliche, historisierende Annährerung an Objektivität ist aber grundsätzlich nur möglich unter Einbeziehung und Abwägung möglichst vieler Aspekte.
In diesem Zusammenhang ist ferner auf die unterschiedlichen Erkenntniszwecke von "politischem Praktiker" und "politischem Theoretiker" zu verweisen: "Für den politischen Praktiker hat alles Erkennen und Wissen nur dann Bedeutung, wenn es unmittelbar Verwendung finden kann als Waffe im politischen Machtkampf des Tages; er appelliert deshalb in erster Linie an das Gefühl und den Willen der Menschen. Der politische Theoretiker dagegen hat einen Gedanken nach seinem Erkenntniswert und nicht, wie der Praktiker, nach seinem propagandistischen Einfluß auf das menschliche Handeln einzuschätzen. Die Erkenntnis darf für den Forscher auch auf dem Gebiet der Politik kein aktuelles Werkzeug der politischen Herrschaft sein, sondern muß ihm ein geistiges Sinngebilde bedeuten, das in den wechselnden politischen Machtsituationen seine relative Autonomie zu bewahren hat. Der Machtwille des politischen Theoretikers hat sich seinem Erkenntniswillen unterzuordnen, und er soll sich deshalb an die intellektuelle Urteilskraft ... wenden." (H.**Heller** (s.o.), S.52/53)

Das Verständnis und die Analyse der Wahlmanipulationen von Studentenschaftswahlen ist nicht möglich ohne eine Einbeziehung der das Subsystem prägenden politischen Kultur, unter der auch die Wahlen durchgeführt werden müssen. Eine Analyse der Machtstrukturen des politischen Systems einer vornehmlich *'undogmatisch-links' geprägten Verfaßten Studentenschaft*, unter der Autonomie einer Körperschaft des öffentlichen Rechts mit Satzungs- und Finanzhoheit ausgestattet und in Gegnerschaft zum von den Verfassungswerten des Grundgesetzes geprägten, übergeordneten Staates stehend, ist deshalb anzustreben. Beobachtungen lang andauernder, homogenisierender Mehrheitsherrschaft und deren Monopol der Meinungsbildung in der "autonomen" Selbstverwaltungskörperschaft erschließen die Darstellung der politischen Kultur in diesem staatlichen Subsystem. Korrespondierend läßt sich eine Theorie der politischen Macht (als Kernbestand der Politikwissenschaft[28]) im betrachteten Subsystem gewinnen, die angesichts der vorhandenen Konstruktion der Selbstverwaltungskörperschaft mit Repräsentativcharakter ganz zentral auf eine bestimmte Ausformung des Mehrheitsprinzips (nämlich die des totalitären 'dichotomen Mehrheitsprinzips') sowie die die hierzu notwendigen verfaßten Mehrheiten konstituierende Wahl des Parlaments sich gründet. Neben der Ordnungsfunktion dieser Theorie wird das hier vorliegende Erkenntnisinteresse als das Maß der Effektivität des vorhandenen (Wahl-)Rechts zur Sicherung korrekter Stimmenergebnisse unter der Bedingung einer vorherrschenden politischen Kultur bestimmt, die geltende Rechtsnormen relativiert zugunsten alternativer, machtsichernder sozialer Konkurrenznormen und Werte.
Die darüber hinaus notwendige systematische Erklärung der Vorgänge, die zu Wahlmanipulationen (nicht nur im Studentenschaftsbereich) hinführen können, legt die Differenzierung der möglichen Manipulationen in zwei Klassen nahe:
(a) Explizite Wahlmanipulationen. Hierbei handelt es sich um alle diejenigen Verfahren zur Veränderung des *authentischen Stimmenergebnisses* - d.h. des Ergebnisses aus einer vorgegebenen, rechtsstaatlich korrekt durchgeführten Wahl -, die durch direkte Eingriffe mittels *illegaler Voten* - d.h. sowohl der Vernichtung korrekt abgegebener als auch des Hinzufügens nicht autorisierter Stimmzettel - zustande kommen.
Eine 'explizite Manipulation' verfehlt ihren Zweck, wenn sie öffentlich wird - allein schon deswegen, weil sie dann sofort zurückgenommen werden muß; das Vorliegen 'expliziter Manipulationen' ist folglich (wenn überhaupt) praktisch nur indirekt mittels Wahrscheinlichkeitsbetrachtungen zu erschließen, ihre Verursacher bleiben grundsätzlich unbekannt. Aufgrund ihrer expliziten, allgemeinen Definition und einheitlicher Kausalität sowie der Wertfreiheit des betroffenen Wahlverfahrens ist das Auftreten 'expliziter Wahlmanipulationen' aber einer Erklärung mittels der "induktiv-probabilistischen Methode"[29] zugänglich; dafür sind die derart manipulationsanfälligen Teile des Wahlverfahrens zunächst systematisch zu strukturieren:

---

28 So bereits: Die Politologie "befaßt sich - und das ist kein Sollens-, sondern ein Seinsurteil - dem Grundsatz nach nur mit solchen politischen Tätigkeiten und institutionellen Tätigkeitsformen, welche eine selbständige, durch feststehende normative Rechtsregeln nicht genau vorherbestimmte Machtausübung bedeuten. ... Rechtsfragen beschäftigen die Polit[ik]ologie nur, soweit das Recht als geschriebene oder ungeschriebene Ordnung politische Macht tatsächlich legitimiert, begründet oder beschränkt, die Machtverhältnisse der staatlichen Organe untereinander, sowie im Verhältnis zu den Gebietsbewohnern ... wirklich ordnet. Ein Bestandteil der politischen Wissenschaften ist also nur die politisch-soziologische Rechtslehre, nicht aber die dogmatische Jurisprudenz." (H.**Heller** (FN 27), S.22/24) - Die Staatslehre und als deren Teil die Ausformung von Wahlen im Repräsentativsystem aber ist "Teil der theoretisch-politischen Wissenschaft" (H.**Heller** (FN 27), S.51 ff).
29 N.**Konegen**/K.**Sondergeld**, Wissenschaftstheorie für Sozialwissenschaftler, Opladen 1985, S.84 ff [in Rekurs auf: C.G.**Hempel**, Aspekte wissenschaftlicher Erklärung, Berlin/New York 1977, S.60 ff]

(i) Antezedentien (A_j). Es sind im konkreten Falle zwei Antezedentien vorzugeben:

(A_1) Auszeichnung eines lokalen Stimmbezirks: Bezeichne S ein vorgegebenes politisches System. Am Ort x_S in S erfolge im Zeitintervall Δt[30] die (vollständige) Durchführung eines Wahlverfahrens W mit amtlichen Stimmzetteln unter geheimer Stimmabgabe: $W(S,x_S,\Delta t)$.

(A_2) Auszeichnung eines Zeitintervalls defizienter Kontrolle: Im Zeitraum des Beginns der Stimmabgabe, t_b, bis zur Auszählung der Stimmen existiere für das o.g. Wahlverfahren W ein (genügend großes) Zeitintervall $\Delta' t_b \subseteq \Delta t_b$ defizienter Kontrolle: $\neg K_W(S,x_S,\Delta' t_b)$[31].

(ii) Allgemeines Gesetz (G). Jedes Wahlverfahren in einem (ausgezeichneten) Stimmbezirk eines (ausgezeichneten) politischen Systems, $W(S,x_S,\Delta t)$, das in einem (genügend großen) Zeitintervall zwischen dem Beginn der Stimmabgabe, t_b, und der Stimmenauszählung unkontrolliert (d.h. ohne Kontrolle: $\neg K_W(S,x_S,\Delta' t_b)$) abläuft, ist mit dem Mangel der 'expliziten Wahlmanipulation' $M_{ex} = M_{ex}(S,x_S,t_b)$ behaftet:

$$\forall\, W(S,x_S,\Delta t): \neg K_W(S,x_S,\Delta' t_b) \implies M_{ex}(S,x_S,t_b)$$

(iii) Explanandum. Die (konkret vorliegende) Wahl $W(S_0,x_{S0},\Delta t_0)$ ist unter den Prämissen (A_1) und (A_2) mit dem Mangel 'expliziter Manipulation' behaftet: $M_{ex}(S_0,x_{S0},t_0)$.

- Offensichtlich ist aber das Gesetz (G) in der angegebenen Allgemeinheit falsch: Nicht jede Person, der die Möglichkeit zu 'expliziter Wahlmanipulation' theoretisch erwächst, nutzt diese Möglichkeit auch faktisch aus (ethische Bedenken, Angst vor dem Entdecktwerden). (G) läßt sich also lediglich in der eingeschränkten Form eines "statistischen Gesetzes"[32] aufstellen, im vorliegend interessierenden Fall ('undogmatisch-links' dominierter Verfaßter Studentenschaften an bundesdeutschen Hochschulen, also politischer Subsysteme S_u des Staates, vornehmlich in den Zeiten t zwischen den Jahren 1966 und 1993) mit

$$p(G(S_u,x_{Su},t)) = q_u := q(S_u) > 0,$$

wobei q_u die statistische Wahrscheinlichkeit für die fest gewählte ('undogmatisch-linke': S_u) Wahlklasse $W(S_u,x_{Su},\Delta t)$ - dabei durchlaufe $\Delta t = \Delta t(S_u,x_{Su})$ die Zeitintervalle aller Wahlverfahren der Studentenschaftswahlen - bezeichnet[33]. Als zentrales Anliegen erweist sich damit die Bestimmung der statistischen Wahrscheinlichkeit q_u; diese erfolgt anhand *empirischer Untersuchungen* der politischen Kultur der maßgeblichen Subsysteme und der Wirksamkeit

---

30 Δt bezeichne im folgenden ein mit dem Zeitpunkt t (t positiv, reellwertig) beginnendes Zeitintervall, das mit dem Zeitpunkt der Bekanntgabe des vorläufigen amtlichen Endergebnisses der zugeordneten Wahl ende (als t kann grundsätzlich der Zeitpunkt des amtlichen Aushangs der Wahlbekanntmachung gewählt werden). Offensichtlich gilt die Abhängigkeit $t = t(S,x_S)$.

31 Eine 'explizite Wahlmanipulation' kann, insbesondere im Falle durchzuführender Briefwahl, zum Teil bereits vor dem Zeitpunkt t_b stattgefunden haben; sie kann aber als unaufgedeckt erst gelten, nachdem die Urnenwahl in ihrer Gesamtheit erfolgreich durchgeführt ist. - Die Bedeutung und Ausformung von Kontrolle K in diesem Zusammenhang wird im Rahmen dieser Abhandlung zu explizieren sein. [Vgl. dazu insb. Kap.19.0.]
$\neg K$ (d.h.: 'non K') bezeichne die logische Negation; beachte dabei, daß $\neg K$ bereits eintritt, wenn K (im betrachteten Definitonsbereich) bereits in einem einzigen Argument verletzt ist.

32 C.G.**Hempel** (FN 29), S.55.
Die "statistische Wahrscheinlichkeit" (C.G.**Hempel** (FN 29), S.65 ff) für das Eintreten des Explanandums unter einem "statistischen Gesetz" wird mit q bezeichnet ($0 \leq q \leq 1$, reelle Zahl).

33 Die Methode entspricht den Zufallsexperimenten der Wahrscheinlichkeitstheorie unter der wesentlichen Einschränkung, daß die "Experimente" hier nicht beliebig wiederholbar sind. Diesem Erkenntnisinteresse, d.h. der notwendigen Verallgemeinerung, genügt aber beispielsweise eine Theorie der Machtgewinnung in Abhängigkeit vorangegangener Wahlergebnisse im repräsentativen politischen System.

des Wahlrechts in diesem Zusammenhang. Zu berücksichtigen ist die Abhängigkeit der Untersuchungen von den herrschenden Strukturen politischer Macht im Subsystem[34].
Jedenfalls liefert die genannte statistische Erklärung für das (mögliche) Eintreten 'expliziter Wahlmanipulationen' "eine potentielle Vorhersage dieses Ereignisses"[35], der Relevanz zukommen muß (aufgrund der grundsätzlich strukturellen Verborgenheit 'expliziter Wahlmanipulationen') in einem möglicherweise deswegen angestrengten Wahlprüfungsverfahren. Diese statistische Vorhersagefunktion der induktiv-probabilistischen Erklärung enthält unter der Bedingung des Vorliegens eines 'statistischen Gesetzes' hinreichender Wahrscheinlichkeit aber auch eine Verpflichtung an den demokratischen Gesetzgeber, unverzüglich tätig zu werden, d.h. die Voraussetzungen für die Manipulationen (die Möglichkeiten defizienter Kontrolle in der Klasse betrachteter Wahlverfahren) effektiv normativ zu beheben oder zumindest einzuschränken.
(b) Implizite Wahlmanipulationen. Hierbei handelt es sich um alle diejenigen Eingriffe in das korrekte formale Verfahren zur Veränderung des 'authentischen Stimmenergebnisses' einer vorgegebenen rechtsstaatlich-demokratischen Wahl, die keine 'expliziten Wahlmanipulationen' darstellen.
Die Sachverhalte der 'impliziten Manipulationen' liegen als konkrete Einzelfälle in der Regel offen zutage[36], sie sind jedoch grundsätzlich nicht eindeutig und allgemein im Hinblick auf ihren konkreten Einfluß auf das 'authentische Stimmenergebnis' zu entscheiden[37], sie besitzen keine allen gemeinsame Struktur.
Dies zeigt, daß es sich bei der Erklärung und (näherungsweisen) Bestimmung der durch 'implizite Manipulation' verursachten Abweichung vom 'authentischen Stimmenergebnis' grundsätzlich um konkrete Einzelfallprüfungen handeln muß; das Explanans eines damit vorliegenden "konkreten Ereignisses"[38] ist einer statistischen Erklärung aber strukturell nicht zugänglich. Die Behandlung der 'impliziten Manipulationen' ist somit zunächst rein dogmatische, juristische Subsumtion insofern, als die diese Manipulationen verursachenden Ermessensentscheidungen

---

34 Die Prüfungen sind vorzunehmen im Sinne der "Forderung nach totaler Evidenz" im Explanans zur Umgehung von Mehrdeutigkeiten [dazu: C.G.**Hempel** (FN 29), S.76 ff].

35 C.G.**Hempel** (FN 29), S.90-92

36 Dabei handelt es sich insbesondere um die mögliche Verletzung der 'Wahlgrundrechte'; im passiven Wahlrecht z.B.: die (nicht gerechtfertigte) Zurückweisung einer Wahlvorschlagsliste oder eines Einzelkandidaten von der Wahl oder die Kandidatur einer 'Tarnliste' (Verstoß gegen das 'Irreführungsverbot'), amtliche Wahlwerbung, allgemeiner: Verletzung der Chancengleichheit; Aufführung falscher oder unvollständiger Daten auf dem amtlichen Stimmzettel; Gefahr der Namensverwechslung von Wahlvorschlagslisten (Verstoß gegen das 'Differenzierungsgebot'); im aktiven Wahlrecht z.B.: die Einschränkung der individuellen Stimmabgabe (möglicherweise durch gezielte Erschwerung des Verfahrens oder durch individuelle Zurückweisung oder Nötigung); schließlich auch: die unabsichtliche Vertauschung oder falsche Wertung von Stimmzetteln durch autorisierte Personen an der Urne oder bei der Stimmenauszählung.

37 **(a) Im Falle 'expliziter Wahlmanipulation'** haben alle Wähler im korrekt durchgeführten Wahlverfahren ihrem konkreten, subjektiven Willen gemäß 'authentisch' votiert, ein 'authentisches Stimmenergebnis' war also real bis zum Zeitpunkt der Manipulation vorhanden, und alle danach abgegebenen Voten stellen ebenso wieder real ein 'authentisches (Teil-)Ergebnis' dar. Das spätere amtliche Wahlergebnis stimmt mit dem 'authentischen Stimmenergebnis' aber nicht mehr überein.
(b) Im Falle 'impliziter Wahlmanipulation' stimmt das amtliche Wahlergebnis zwar mit den authentisch abgegebenen Voten überein. Diese Voten sind allerdings unter teilweise unkorrekten Randbedingungen zustande gekommen (hierzu zählen grundsätzlich nicht die Bereiche des eigentlichen Wahlkampfs), die einige Wählerwillen verändert haben (und genau diese individuell-psychologischen Aspekte sind formal nicht allgemein zu systematisieren und in einer expliziten Definition zu erschließen, weil sie von beliebig vielen Einflüssen abhängen können, deren subjektive Wirkung bei jedem betroffenen Individuum anders sein kann), ein 'authentisches Stimmenergebnis' liegt also grundsätzlich zu keinem Zeitpunkt vor.

38 C.G.**Hempel** (FN 29), S.136-139

des Wahlorgans oder offensichtliche Nötigungen durch dritte Personen die klassischen Fälle einer nachträglichen 'objektiven' Kontrolle im Wahlprüfungsverfahren abgeben; sie können aber auch bereits das Problem der Eröffnung des individuellen Rechtswegs im laufenden Wahlverfahren berühren. Voraussetzung für die Subsumtion ist jedoch das Vorhandensein eines ausgereiften formalen und materiellen Wahlprüfungsrechts, eingebettet in den Bestand eines vollständig kodifizierten Wahlrechts für demokratische Studentenschaftswahlen.
Die in der Realität hervortretende Normhypotrophie im bestehenden einschlägigen Recht widerspricht dieser intendierten Methode, und sie widerspricht dem Rechtsstaatsprinzip; sie ist angemessen zu beheben unter Berücksichtigung von Bekanntem und Bewährtem: Bereits positiviertes und bewährtes Recht staatlicher Wahlen oder Wahlen anderer Körperschaften öffentlichen Rechts (einschließlich der Ausstrahlungen der demokratischen Wahlrechtsgrundsätze) muß auf seine konkludente Übertragbarkeit auf Studentenschaftswahlen systematisch geprüft werden; als eine andere wichtige Normquelle ist die Wahlrechts-Judikatur sowohl des Bundesverfassungsgerichts als auch unterer Gerichte heranzuziehen.
Andererseits vernachlässigt die bisher dominierende dezisionistische Methodenwahl für die Rechtsfindung, d.h. eine von der politischen Realität des Subsystems isoliert-theoretische, rein juristisch-konstruktive Normsetzung unter der konstituionellen Wertbindung, die tatsächliche, mangelhafte Effektivität und Universalität des (wertgebundenen-materialen) Rechts im konkreten Falle der Verfaßten Studentenschaft. Es ist folglich die bisherige Trennung der abstrakten Jurisprudenz von der konkret vorherrschenden politischen Kultur des Subsystems, die nicht mit den konstitutionellen Werten des demokratisch-repräsentativen Staats übereinstimmt, zu überwinden[39]. Dem trügen eine Bestandsaufnahme der bestehenden Rechtssituation sowie eine Theorie der Wirksamkeit positivierten, staatlichen Rechts und übergeordneter (konstituioneller) Werte in der studentischen Selbstverwaltungskörperschaft Rechnung, die gerade die Möglichkeiten parteiischer Instrumentalisierung des Rechts sowie die Bindungslosigkeit grundlegender konstitutioneller Werte (Pluralismus, Minderheitenschutz, Mäßigung) im Subsystem explizieren könnten[40]. Die Normverdichtung und Lückenfüllung im vorhandenen Studentenschaftsrecht muß somit künftig - im Gegensatz zur bisherigen, wertgebunden-theoretischen Gesetzgebungsmethode - unter maßgeblicher Berücksichtigung des real vorhandenen, sozialen Umfelds, der politischen Kultur und der damit einhergehenden Absicherung von Wirksamkeit und Neutralität des Rechts im Subsystem Verfaßte Studentenschaft - als rein formales Recht erfolgen. Die Rechtsschöpfung erhält damit (und nur damit) Kriterien zugewiesen auch für die künftige Setzung adäquater (Wahl-)Rechtsnormen.

---

39 "Das Sozialgebilde Staat [und damit auch seine Subsysteme] ist nicht nur gegenständlich, sondern methodologisch von jedem Sinngebilde scharf zu sondern. Der Staat ist nicht objektiver Geist, und wer den Versuch macht, ihn seiner psychophysischen Menschensubstanz gegenüber zu objektivieren, behält ein Nichts in der Hand. Denn der Staat ist nichts anderes als eine menschlich-gesellschaftliche Lebensform, Leben in Form und Form aus Leben. ... Aufgabe der Staatslehre ist es, den Staat als Wirklichkeit zu erforschen. ... Die Staatswissenschaft muß also, wie alle historisch-soziologische Erkenntnis, von einem menschlichen Verhalten ausgehen, das gerade nach einem gut formulierten Wort von Marx (Kritik der politischen Oekonomie, Kapitel 1) 'dem Menschen ausschließlich angehört'" (H.**Heller** (FN 27), S.42/43/10). In dieser Tradition stehend auch noch heute: K.**Hesse**, Grundzüge des Verfassungsrechts der Bundesrepublik Deutschland, 16.Aufl. Heidelberg 1988.
40 Dieses Vorgehen entspricht dem der "kausal-explikativen Methode, die den Staat aus dem gesellschaftlichen Gesamtzusammenhang, in dem er steht, 'erklären'" will (H.**Heller** (FN 27), S.44). Gemäß dieser Methode muß auch das staatliche Recht unter Berücksichtigung der staatlichen Realität gesetzt werden (und nicht anhand ideologisch geprägter Idealbilder), und die Rechtsgeltung ist zu überprüfen anhand der staatlichen Realität (und nicht anhand imaginärer Formvollendungen).

0.3. Die Kriterien der Literaturauswahl

Die Literatur zum Thema 'Studentenschaftswahlen' liegt in unterschiedlicher Dichte vor: Speziell zum *rechtswissenschaftlichen Aspekt* des Themas existiert, wie bereits angemerkt, neben den in amtlicher Veröffentlichung zugänglichen einschlägigen Gesetzen und Satzungen keine weiterführende Spezialliteratur. Es muß deswegen zunächst auf allgemeinere Wahlrechts-[41] und Hochschulgesetz-Kommentare[42] und -Abhandlungen[43] zurückgegriffen werden (die aber gerade für das hier wesentliche Wahlprüfungsrecht meist auch nicht viel hergeben[44]). Ferner ist auf die umfangreich (aber verstreut und unsystematisch) vorliegende Wahlrechtsprechung für staatliche Wahlen, vor allem im Rahmen der gerichtlichen Instanzen von Wahlprüfungsverfahren, zu verweisen[45]. Endlich ist für die stets notwendige Vorprüfung der Zulässigkeit analoger

---

41 (a) Inbesondere die einschlägigen Kommentare zum Bundeswahlgesetz: W.**Schreiber**, Handbuch des Wahlrechts zum Deutschen Bundestag, 4.Aufl. Köln/Berlin/Bonn/München 1990; K.-H.**Seifert**, Bundeswahlrecht (Komm.), 3.Aufl. München 1976.
(b) Ferner die einschlägigen Großkommentare zum Grundgesetz, teils als Loseblattsammlungen (insbesondere: die Komm. zu Art.38, Art.41 GG): G.**Leibholz**/H.-J.**Rinck**/D.**Hesselberger**, GG-Komm. an Hand der Rechtsprechung des Bundesverfassungsgerichts, 25.Lieferg. Köln 1993); H.J.**Abraham**/N.**Achterberg** u.a. (Hrsg.), Komm. zum Bonner Grundgesetz (Bonner Kommentar), 11 Bände, 70.Lieferg. Heidelberg 1993; T.**Maunz**/G. **Dürig**/R.**Herzog**/R.**Scholz**/P.**Lerche**/H.-J.**Papier**/A.**Randelzhofer**/E.**Schmidt-Aßmann**, Grundgesetz (Kommentar), 4 Bände, 30.Lieferg. München 1992; H.v.**Mangoldt**/F.**Klein**/N.**Achterberg**/M.**Schulte**, Das Bonner Grundgesetz - Komm., 14 Bände, 3.Aufl. München 1991 ff; I.v.**Münch** (Hrsg.), GG-Komm., 3 Bände, 2.Aufl. München 1983 (Band 1: 4.Aufl. München 1992); R.**Wassermann** (Hrsg.), Komm. zum Grundgesetz für die Bundesrepublik Deutschland - Alternativkommentar, 2 Bände, 2. Aufl. Neuwied 1989.
(c) Schließlich die gerade in letzter Zeit erschienenen Kommentare zum Kommunalwahlrecht (Baden-Württemberg, Bayern, Niedersachsen) sowie die - teilweise veralteten - klassischen Handkommentare (Bayern, Nordrhein-Westfalen, Rheinland-Pfalz, Schleswig-Holstein); vgl. dazu die Literaturliste (Lit.2.).

42 Insbesondere die Kommentare zum Hochschulrahmengesetz: E.**Denninger** (Hrsg.), Hochschulrahmengesetz (Komm.), München 1984; K.**Hailbronner**, Hochschulrahmengesetz (Komm.), 12.Lieferg. Heidelberg 1993.

43 (a) Beispielhaft: H.**Meyer**, Wahlsystem und Verfassungsordnung, Frankfurt/M 1973; ausführlich: Teil 2 der Literaturliste. - Der alte und literarisch umfangreich bearbeitete Komplex Mehrheitswahl/Verhältniswahl tangiert die vorliegende Abhandlung allerdings nur am Rande [exemplarisch die jeweiligen Apologeten: F.A. **Hermens**, Mehrheitswahlrecht oder Verhältniswahlrecht?, Berlin/München 1949; F.A.**Hermens**, Verfassungslehre, Köln/Opladen 1968; T.**von der Vring**, Reform oder Manipulation - Zur Diskussion eines neuen Wahlrechts, Frankfurt/M 1968].
(b) Zum Stellenwert der Wahl im demokratisch-repräsentativen System: E.**Benda**/W.**Maihofer**/H.-J.**Vogel** (Hrsg.), Handbuch des Verfassungsrechts der Bundesrepublik Deutschland, Berlin 1983; H.**Heller**, Staatslehre, Leiden 1934; K.**Hesse**, Grundzüge des Verfassungsrechts der Bundesrepublik Deutschland, 16.Aufl. Heidelberg 1988; J.**Isensee**/P.**Kirchhof** (Hrsg.), Handbuch des Staatsrechts der Bundesrepublik Deutschland, 7 Bände, Heidelberg 1987 ff; H.**Kelsen**, Allgemeine Staatslehre, Berlin 1925; M.**Kriele**, Einführung in die Staatslehre, 5.Aufl. Opladen 1994; H.**Krüger**, Allgemeine Staatslehre, Stuttgart 1964; T.**Maunz**/R.**Zippelius**, Deutsches Staatsrecht, 28.Aufl. München 1991; C.**Schmitt**, Verfassungslehre, München/Leipzig 1928; H.-P. **Schneider**/W.**Zeh** (Hrsg.), Parlamentsrecht und Parlamentspraxis in der Bundesrepublik Deutschland, Berlin/New York 1989; K.**Sontheimer**, Grundzüge des politischen Systems der Bundesrepublik Deutschland, 12.Aufl. München 1989; K.**Stern**, Das Staatsrecht der Bundesrepublik Deutschland, 3 Bände, München 1977 ff.

44 Die einzige Ausnahme bilden klassische - in einigen Teilen veraltete - Abhandlungen: G.**Leser**, Untersuchungen über das Wahlprüfungsrecht des Deutschen Reichstags, [jur.Diss.] Leipzig 1908; J.**Hatschek**, Das Parlamentsrecht des Deutschen Reiches, 1.Teil Berlin/Leipzig 1915; M.**Drath**, Das Wahlprüfungsrecht bei der Reichstagswahl, [jur.Diss.] Kiel 1927; K.**Ball**, Das materielle Wahlprüfungsrecht - seine Entwicklung und seine Rechtsgrundsätze, Berlin 1931; K.**Braunias**, Das parlamentarische Wahlrecht, Band 2 Berlin/Leipzig 1932. Ferner, in wenigen Teilen, die K-Wahlrechts-Kommentarliteratur [FN 41(c)].

45 Die teilweise grundlegende Wahlrechtsprechung des Bundesverfassungsgerichts (zunächst für Bundestagswahlen) ist vor allem Konsequenz des Art.41 Abs.2 GG, der das BVerfG als (maßgebliche) Instanz des Wahlprüfungsverfahrens für BT-Wahlen vorsieht; die meisten dieser Entscheidungen [seit 1957 allein des 2. (Wahlrechts-)Senats: § 14 Abs.2 BVerfGG] liegen in der amtlichen Sammlung des Gerichts (BVerfGE) chronologisch publiziert vor. Für niedere Wahlen ergibt sich die Wahlrechtsprechung vor allem aus den verwaltungsgerichtlichen Beschwerdeinstanzen, die sich, wo möglich, an der BVerfG-Rechtsprechung orientieren; viele dieser Entscheidungen sind allerdings amtlich nicht veröffentlicht und damit grundsätzlich nicht verfügbar.

Übertragbarkeit dieses Rechts staatlicher Wahlen auf Studentenschaftswahlen die Position des Wahlkomplexes im Geflecht von übergeordnetem Staat und (teil)autonomer Selbstverwaltungskörperschaft des öffentlichen Rechts zu verorten; dies erfordert die Erschließung staats- und verfassungsrechtlicher Quellen.
Als wesentlich umfangreicher - wenngleich häufig politisch überaus einseitig eingefärbt und apologetisch - zeigt sich die *Literaturlage zur Theorie und Praxis* der Verfaßten Studentenschaften und, damit zusammenhängend, zu den politischen Auswirkungen der "68er Revolte"[46]; zu diesem Thema ist inzwischen unter dem theoretischen Aspekt alles Wesentliche gesagt. Gleichwohl ist aber schon frühzeitig vor befürchteten Folgen der Studentenbewegung sowohl für die Universitäten als auch für den demokratischen Rechtsstaat gewarnt worden. Viele dieser damaligen Befürchtungen haben sich bis heute als sehr berechtigt erwiesen; trotzdem ist ein Großteil jener Abhandlungen über diesen erneut aktuellen Themenkomplex der Vergessenheit anheimgefallen (vermutlich, weil sie überwiegend aus konservativer Sichtweise heraus verfaßt wurden und nicht mehr in die bestehende politische Landschaft passen). Gerade deswegen erscheint es lohnend, auf diese Arbeiten an den entsprechenden Textstellen zumindest in den Fußnoten, teilweise mittels prägnanter Zitate, hinzuweisen.
Viele Gedankengänge der vorliegenden Abhandlung, betreffend den Bereich der Erzeugung und Absicherung politischer Macht in der Verfaßten Studentenschaft, erheben für sich isoliert betrachtet keinen Anspruch auf Originalität (allerdings sind die Zusammenhänge, in die sie hier gestellt werden, bisher wohl noch nicht bearbeitet worden). Es erscheint damit - auch in Hinsicht auf den Umfang - unnötig, besonders tief und detailliert auf derart Bekanntes einzugehen, vielmehr genügend, sich lediglich mit dem für das Thema nützlich Erscheinenden zu bescheiden; andererseits werden damit Verweise auf die Quellen und möglicherweise auf weiterführende Literaturstellen unumgänglich - wobei gerade auch die häufig völlig gegensätzlichen Standpunkte zu dokumentieren sind -, und dies erweitert den Fußnotenbestand (insbesondere in den Bereichen 'Mehrheitsprinzip' und 'Verrechtlichung') nicht unerheblich.
Erklärend und belegend werden *Originaldokumente* herangezogen, vornehmlich aus der Johann Wolfgang Goethe-Universität zu Frankfurt am Main: offizielle Universitätsperiodika, studentische Zeitschriften, Broschüren (insbesondere: amtliches 'ASTA-info.') und Flugblätter[47] sowie amtliche Protokolle von Studentenparlaments- und Hochschulgremiensitzungen. Zur Darstellung der korrespondierend aufgetretenen Rechtskonflikte wird auf in der Regel nicht veröffentlichte Vorgänge zurückgegriffen werden (Schriftsätze studentischer Anfechter, rechts-

46 Siehe dazu nur bereits die am Beginn [FN 1 ff] angegebene Literatur; ausführlicher: Teil 1 der Literaturliste (Lit.1.). Auch in der umfangreich vorliegenden literarischen Aufarbeitung der eigenen "antiautoritären", 'undogmatisch-linken' studentenpolitischen Vergangenheit zeigen sich nur zu oft das elitäre politische Selbst- und Sendungsbewußtsein der ehemaligen Akteure und eine intellektuelle Überschätzung ihrer positiven Historie. Es fanden und finden sich zahlreiche Deutsche Verlage zur Publikation allein dieser Abhandlungen bereit. - Kritische Untersuchungen, schon gar von staatsloyalen, ehemaligen studentischen Beteiligten, sind dagegen rar; Rechtsverletzungen an vielen Deutschen Hochschulen wurden dokumentiert insbesondere durch professorale Mitglieder oder Sympathisanten des 'Bundes Freiheit der Wissenschaft' (BFdW), später auch des 'Hochschulverbands'. Allerdings wurde auf Probleme des Hochschul- und Studentenschaftswahlrechts und allgemeiner auch der Verfaßten Studentenschaften kaum eingegangen. Diese Aspekte sind daher im folgenden, insbesondere hinsichtlich der Beschreibung der politischen Kultur Verfaßter Studentenschaften, die Einwirkungen natürlich auch auf die Durchführung von Studentenschaftswahlen zeigte, zunächst detaillierter, als es dem Hauptanliegen der vorliegenden Abhandlung dienlich ist, zu behandeln und zu belegen.
47 Dem Schwerpunkt der Untersuchung gemäß bleiben die (insbesondere in den 70er Jahren) höchst zahl- und umfangreichen Publikationen der realsozialistischen (z.B.: MSB Spartakus, SHB) und maoistischen (z.B.: KSV, KSB) Studentengruppen grundsätzlich unerwähnt.

aufsichtliche Verwaltungsakte, abfangende Reaktionen der Studentenschaft, rechtsbeugende Beschlüsse des studentischen 'Ältestenrats', Entscheidungen des Verwaltungsgerichts Frankfurt am Main, sonstige amtliche Schriftwechsel). Das meist nur noch schwer zugängliche Material - Frankfurter AStA und Uni-Präsident weigerten sich, irgend etwas herauszugeben - ist an anderer Stelle bisher nicht ausgewertet worden; ebensowenig liegt Entsprechendes aus anderen Deutschen Hochschulen vor. - Erst die Systematisierung dieser verstreut vorliegenden Materialien über einen längeren Zeitraum und die geraffte Herausstellung des Wesentlichen läßt die notorische Intransigenz und Intensität studentenschaftlicher Rechtsverachtung (und leider zu oft auch deren Erfolg) erkennen: Es bleibt bedauerlich, festhalten zu müssen, daß die nun bereits seit 30 Jahren andauernden und heute sogar in die politische Kultur der Bundesrepublik Deutschland eingedrungenen fundamentalen demokratischen und rechtsstaatlichen Defizite in der politischen Praxis der studentischen Selbstverwaltung bisher nur geringe Aufarbeitung erfahren haben und kaum ins Bewußtsein der politischen Öffentlichkeit gelangten.
Schließlich liegen umfangreich Beiträge von Apologeten der der beginnenden Studentenrevolte theoretisch den Weg bereitenden *Kritischen Theorie* vor. Viele der hier publizierten originären Gedanken zum Prinzip der "Demokratisierung" lassen sich gegen die später geübte Praxis 'undogmatisch-linker' Machtträger und Mehrheiten an der Hochschule selbst wenden. Das spricht für den grundsätzlichen analytischen Gehalt dieser Aussagen, bedeutet jedoch nicht in jedem Falle die Zustimmung des Verfassers der vorliegenden Abhandlung zum Originalbezug, meist gerichtet gegen den "bürgerlichen" Staat des Grundgesetzes. - Auf der anderen Seite zeigen sich in fundamentalen Einzelbereichen frappierende Ähnlichkeiten im Selbstverständnis "antiautoritärer", 'undogmatisch-linker' Herrschaft mit den romantischen Theorien der 'Konservativen Revolution' der Weimarer Republik[48] sowie mit der identitär-dezisionistischen Staatslehre *Carl Schmitts*[49]; dies wird nachfolgend bei einigen entsprechenden Textstellen angemerkt werden. Eine systematische, kritische Aufarbeitung und Bewertung derartiger Gemeinsamkeiten, insbesondere hinsichtlich der *konkret* umgesetzten Politik der 'Neuen Linken' in politischen Subsystemen, in denen sie über arithmetische Mehrheiten verfügte, steht bisher noch aus[50].

---

48 Vgl. dazu bereits: R.**Löwenthal**, Zwischen Konformismus und Sezession, in: ders., Der romantische Rückfall, Stuttgart/Berlin/Köln/Mainz 1970, S.11-40.

49 Angesprochen werden hier und im folgenden stets die **Schmitt**schen Abhandlungen vor dem Jahre 1933. "Es liegt nahe, **Schmitt** einen Rechts-**Rousseau**isten zu nennen. Der Rechts-**Rousseau**ismus mag sich vom Links-**Rousseau**ismus nach Vorzeichen und Zielvorstellungen klar unterscheiden, kaum aber hinsichtlich seiner polemischen Fronten, also hinsichtlich der Kritik am liberalen, parlamentarisch-repräsentativen Demokratieverständnis und Verfassungssystem. Deshalb dürfte es kaum ein Zufall sein, daß seit einigen Jahren intellektuell anspruchsvolle, akademische Zirkel der 'Neuen Linken' Carl **Schmitt** als einen interessanten Autor für sich entdeckt haben - natürlich im Ritual gleichzeitiger Distanzierung" (C.**Graf v.Krockow**, Gewalt für den Frieden?, München 1983, S.45/46). Ferner: M.**Rhonheimer**, Politisierung und Legitimitätsentzug, Freiburg/ München 1979. Die wohl eindrucksvollsten Anleihen aller originären Apologeten der 'Neuen Linken' bei C. **Schmitt** erfolgten beim frühen H.M.**Enzensberger**; dazu: H.M.**Kepplinger**, Rechte Leute von links - Gewaltkult und Innerlichkeit, Freiburg 1970, insb. Teil I.

50 Einige Stichpunkte hierfür - versammelt um den zentralen Terminus des Antiliberalismus - lieferte bereits die Kontroverse über die Art und Intensität der "Beziehung" zwischen C.**Schmitt** und der Frankfurter Schule (auf deren 'Kritische Theorie' sich die 'Neue Linke' ja maßgeblich stützte) in der Zeitschrift 'Geschichte und Gesellschaft': E.**Kennedy**, Carl **Schmitt** und die 'Frankfurter Schule'. Deutsche Liberalismuskritik im 20.Jahrhundert, GuG **12**, S.380-419 (1986) - A.**Söllner**, Jenseits von Carl **Schmitt**. Wissenschaftsgeschichtliche Richtigstellungen zur politischen Theorie im Umkreis der 'Frankfurter Schule', GuG **12**, S.502-529 (1986); U.K. **Preuß**, Carl **Schmitt** und die Frankfurter Schule: Deutsche Liberalismuskritik im 20.Jahrhundert. Anmerkungen zu dem Aufsatz von Ellen **Kennedy**, GuG **13**, S.400-418 (1987); M.**Jay**, Les extrêmes ne se touchent pas. Eine Erwiderung auf Ellen **Kennedy**: Carl **Schmitt** und die Frankfurter Schule, GuG **13**, S.542-558 (1987).

Teil I: Über Deformationen des Mehrheitsprinzips in der rechtsstaatlichen Demokratie

"Ihr stärkeren und hochmütigen Geister, nur um eins seid gebeten: legt uns anderen keine neue Last auf, sondern nehmt etwas von unserer Last auf euch, da ihr ja die Stärkeren seid! Aber ihr macht es so gerne umgekehrt: denn *ihr* wollt fliegen, und deshalb sollen wir auch noch eure Last zu unsrer tragen: das heißt *wir* sollen kriechen!" (*Friedrich Nietzsche*, Morgenröte, Nr.514)

"Das Mehrheitsprinzip ist in die Diskussion geraten"[1]: Mit Hilfe einer inexakten und fehlleitenden Definition des Mehrheitsprinzips kann nämlich die virtuelle Umwandlung totalitärer politischer Strukturen in (schein)demokratische vollzogen, und es können damit Minderheitenrechte und deren Schutz für Unbeteiligte nahezu unbemerkt bis auf Null reduziert werden. Der erwähnte Fehlschluß entspringt zum einen der mechanischen Gleichsetzung von Demokratie und Mehrheitsprinzip[2] als "Fehlinterpretation der klassischen und im Anschluß an die Klassiker geläufig gewordenen Definition der Demokratie als Mehrheitsherrschaft"[3], zum anderen einer verbreiteten positivistischen Vorstellung, nach der *formal*demokratische Verfahren *allein* "zur ausschlaggebenden Quelle politischer Legitimität erhoben"[4] werden. Dessen ungeachtet - und

---

1 C.**Gusy**, Konsensprinzip oder Demokratie, ZfP **32**(NF), S.133-152 (1985), S.133

2 Zu dieser Identifizierung mögen auch die bezüglich des demokratischen Gehalts des Mehrheitsprinzips indifferenten Formulierungen in repräsentativ-demokratischen Verfassungen beigetragen haben. Als Beispiele: **(i) Grundgesetz:** "Zu einem Beschluß des Bundestags ist die Mehrheit der abgegebenen Stimmen erforderlich, soweit dieses Grundgesetz nichts anderes bestimmt" (Art.42 Abs.2 GG [bis hin zur konstitutionellen Legaldefinition der "Mehrheit der Mitglieder des Bundestages" in Art.121 GG]). **(ii) Weimarer Reichsverfassung:** "Zu einem Beschlusse des Reichstags ist einfache Stimmenmehrheit erforderlich, sofern die Verfassung kein anderes Stimmenverhältnis vorschreibt" (Art.32 WRV). **(iii) Bayerische Landesverfassung:** "Das Volk tut seinen Willen durch Wahlen und Abstimmungen kund. Mehrheit entscheidet" (Art.2 Abs.2 BV [Grundrecht]).

3 N.**Bobbio**, Die Mehrheitsregel - Grenzen und Aporien, in: B.**Guggenberger**/C.**Offe** (Hrsg.), An den Grenzen der Mehrheitsdemokratie, Opladen 1984, S.108-131, S.108 [hier bezugnehmend insbesondere auf die Staatstheorien von J.J.**Rousseau** und T.**Hobbes**].
Beachte dazu auch: H.**Boldt**, der zutreffend "die Unsinnigkeit jener Gewohnheit, schon jeden Übergang zum Mehrheitsprinzip bei Abstimmungen als 'demokratisch' zu qualifizieren", feststellt (Demokratietheorie zwischen **Rousseau** und **Schumpeter**, in: FS für R.**Wildenmann**, Opladen 1986, S.217-232, S.229).
(a) Beispiele (für die genannten "Klassiker" des Mehrheitsprinzips): Zu T.**Hobbes**: "Wenn mehrere zur Errichtung eines Staates zusammenkommen, so entsteht schon dadurch, daß das geschieht, eine Demokratie. Denn indem sie freiwillig zusammentreten, gelten sie zu dem verpflichtet, was die Mehrheit beschließt. ... Sonach gehört zweierlei zur Demokratie: das eine, nämlich die dauernde Festsetzung der Zusammenkünfte, begründet den demos, das andere, nämlich die Mehrheit der Stimmen, das kratein oder das Herrschen" (T. **Hobbes**, zit.n.: W.**Starosolskyj** (FN 1), S.77). Zu J.J.**Rousseau**: W.**Starosolskyj** (FN 1), S.128.
(b) Beispiel (für die Anwendung dieser Theorie): H.S.**Commager**, Die Rechte der Minderheit im Rahmen der Mehrheits-Herrschaft, Wiesbaden 1947; siehe ferner (in kritisierender Absicht): A.**de Tocqueville**: "Es gehört zum Wesen der demokratischen Regierungen, daß die Macht der Mehrheit unbedingt gilt; denn außerhalb der Mehrheit hält in den Demokratien nichts stand" (Über die Demokratie in Amerika, 1.Teil [1835], Ausg. München 1976, S.284 (II.7)). Ähnlich (wenngleich auch die minderheitenzerstörenden Gefahren durch das Mehrheitsprinzip klar herausstellend): "Eine Demokratie, die im Unterschied zu einer Republik nicht an Gesetze gebunden zu sein braucht, also eine einfache Mehrheitsherrschaft, die nur auf Macht basiert, kann Minderheiten auf furchtbare Weise unterdrücken und abweichende Meinungen ohne alle Gewaltsamkeiten sehr wirkungsvoll abwürgen. Ungeteilte und unkontrollierte Macht kann eine Meinungsuniformität erzeugen, die kaum weniger 'zwingend' ist als gewalttätige Unterdrückung." (H.**Arendt**, Macht und Gewalt, München 1970, S.43)

4 H.**Mandt**, Kritik der Formaldemokratie und Entförmlichung der politischen Auseinandersetzung, ZfP **32** (NF), S.115-131 (1985), S.117.

das wird häufig übersehen - kann aber das Mehrheitsprinzip als zunächst lediglich rein formal-quantitatives Entscheidungsverfahren im öffentlichen Raum sowohl der zivilen, rechtsstaatlichen Demokratie als auch der Diktatur dienen. Die dem zugrunde liegenden verschiedenen Inhalte des Mehrheitsprinzips werden im folgenden anzugeben sein.

Kap.1 Die aktuelle Kritik der minoritären 'Neuen Sozialen Bewegungen' am Mehrheitsprinzip (das Abgrenzungs- und das Intensitätsproblem in der repräsentativen Demokratie)

Ein immer noch aktuelles Beispiel für Versuche, die Geltung des Mehrheitsprinzips als Entscheidungsverfahren des öffentlich-politischen Raums im demokratischen Rechtsstaat zu relativieren, liefern die minoritären 'Neuen Sozialen Bewegungen'. Die die 'Neuen Sozialen Bewegungen' und damit auch die politischen Nachfahren der 68er-Bewegung der 'Neuen Linken' an den bundesdeutschen Hochschulen abhandelnde wissenschaftliche Literatur ist inzwischen längst Legion[5]. Dabei tendiert die überwiegende Mehrzahl der Autoren von großem Verständ-

---

Zur 'Formaldemokratie'. (a) Kritisch in obigem Sinne auch: R.**Zippelius**, Legitimation durch Verfahren?, in: FS für K.**Larenz**, München 1973, S.293-304; D.**Grimm**, Reformalisierung des Rechtsstaats als Demokratiepostulat?, JuS **20**, S.704-709 (1980); H.**Oberreuter**, Konflikt und Konsens im System der Bundesrepublik, in: A.**Randelzhofer**/W.**Süß** (Hrsg.), Konsens und Konflikt, Berlin/New York 1986, S.214-235, S.222 ff.

(b) A.A. dagegen: Die rein formale Sichtweise unterstellt aus politisch 'linker' Position dem "bürgerlichen Demokratieverständnis": "Der Gedanke, staatliche Legitimität quantitativ zu begründen, gehört zur Kernstruktur des bürgerlichen Demokratieverständnisses in seiner repräsentativ- wie direkt-demokratischen Version: legitim übt derjenige Herrschaft aus, den die Mehrheit dazu ermächtigt hat, bzw: autoritative Entscheidungen sind legitim, wenn von einer Mehrheit beschlossen" (W.**Fach**, Demokratie und Mehrheitsprinzip, ARSP **61**, S.201-222 (1975), S.201). "Die Inhumanität des wirtschaftlichen Systems, autoritäre gesellschaftliche Strukturen und formaldemokratische Verfassungen - das alles aufs engste miteinander verflochten - werden für unabsehbare Zeit die Ursachen von Konflikten in den westlichen Instustriegesellschaften bleiben" T.**Ebert**/G.**Jochheim**, Konfliktaustragung durch gewaltfreie Aktion, in: H.**Giesecke** u.a., Politische Aktion und politisches Lernen, München 1970, S.127-174, S.127). Die Theorie der reinen "Formaldemokratie" im Bereich des deutschen Staats als realisiert und damit "die Demokratie zum Regelsystem degeneriert" wähnend, kritisieren von politisch 'linker' Position ferner z.B.: O.**Negt**, Rechtsordnung, Öffentlichkeit und Gewalt, in: ders. (u.a.), Die Linke antwortet Jürgen **Habermas**, Frankfurt/M 1968, S.102-118, S.114; H.**Steinert**, Sozialstrukturelle Bedingungen des 'linken Terrorismus' der 70er Jahre, in: F.**Sack**/H.**Steinert** (Hrsg.), Protest und Reaktion, Opladen 1984, S.388-603, S.396 und S.523 ff; I.**Fetscher**, Wieviel Konsens gehört zur Demokratie?, in: B.**Guggenberger**/C. **Offe** (FN 3), S.196-206, S.199; E.**Wiesendahl**, Neue soziale Bewegungen und moderne Demokratietheorie, in: R.**Roth**/D.**Rucht** (Hrsg.), Neue soziale Bewegungen in der Bundesrepublik Deutschland, 2.Aufl. Bonn 1991, S.561-578, S.573 ff. Typisch desgleichen für die Studentenbewegung: W.**Lefèvre**/W.**Weller**, Zur Geschichte der Berliner Studentenbewegung, in: S.**Leibfried** (Hrsg.), Wider die Untertanenfabrik - Handbuch zur Demokratisierung der Universität, Köln 1967, S.205-217, S.207 ff; typisch dafür auch die "emanzipative Pädagogik", die die "Ideologiehaftigkeit" anprangert einer "politischen Bildung, die den formalen Ablauf der Demokratie anstatt der realen Machtverhältnisse in den Vordergrund stellt" (S.171): J.**Beck** u.a., Erziehung in der Klassengesellschaft, 4.Aufl. München 1975. Vgl. auch nachfolgend: FN 13.

(c) Von der entgegengesetzten Seite her argumentiert gerade gegen die "materiale Aufladung formaler Verfahren", wie sie das GG auszeichne, ebenfalls von 'links': I.**Maus**, Entwicklung und Funktionswandel des bürgerlichen Rechtsstaats, in: M.**Tohidipur** (Hrsg.), Der bürgerliche Rechtsstaat, es **901** (Frankfurt/M 1978), S.13-81, S.48 ff; I.**Maus**, Verrechtlichung, Entrechtlichung und der Funktionswandel der Institutionen, in: G.**Göhler** (Hrsg.), Grundfragen der Theorie politischer Institutionen, Opladen 1987, S.132-172; tendenziell auch: U.K. **Preuß**, Politisches Ethos und Verfassung, in: ders., Politische Verantwortung und Bürgerloyalität, Frankfurt/M 1984, S.240-271, insb. S.247 ff; ders., Legalität, Loyalität, Legitimität, in: ders. (s.o.), S.216-239.

(d) Beispiel: Paradigmatisch für eine Theorie streng formaler Legitimation der Vorschlag, "den Verlust des Naturrechts durch das Verfahrensrecht auszugleichen" (N.**Luhmann**, Legitimation durch Verfahren, Darmstadt/Neuwied 1978, S.148).

5 Siehe dazu stellvertretend neueren Datums nur die Aufsatzsammlung von R.**Roth**/D.**Rucht** (FN 4), m.w.Lit. Darin über die personellen und inhaltlichen Kontinuitäten und Übereinstimmungen zwischen 'Neuer Linker'

nis, politischer Sympathie bis hin zur (teilweise) kritiklosen Identifizierung. Besonders angetan sind einige dieser Autoren von den 'Neuen Sozialen Bewegungen' als vorgeblichem "Hoffnungsträger partizipatorischer Demokratie"[6], der womöglich ersehnten Realisierung ihrer eigenen Utopien von der direktdemokratischen und diskurstheoretischen Überwindung der staatsstabilisierenden Strukturen des "elitären" Repräsentationsprinzips, insbesondere des Parlamentarismus, und der vorherrschenden "anonymisierenden", neutral-formalen Verfahren, insbesondere der rechtsstaatlich-demokratischen Entscheidungsverfahren. Erstaunlicherweise blendet diese Wahrnehmungsart die sozialpsychologische Grunderfahrung - auch aus dem Hochschulbereich seit den Zeiten der 68er-Studentenrevolte - völlig aus, wonach die erhofften Formen identitärer Demokratie in den betrachteten Subsystemen bestenfalls nur in ganz bestimmten Konstellationen, die den politischen Normalzustand aufheben, zu wirken imstande sind[7]:

(a) Minorität. Die 'Bewegung' ist machtpolitisch minoritär und isoliert im Staate; diesen "bürgerlichen" Staat, "das System", bestimmt die 'Bewegung' als ihr fremd und feindlich gegenüberstehend. Ihr fehlt damit jede reale Möglichkeit der Machtbeteiligung, und ihre Herrschaftsvorstellungen und Forderungen an die pluralistische Gesellschaft müssen grundsätzlich zunächst Theorie bleiben, ihre Debatte bleibt folgenlos. Die 'Bewegung' wird demgemäß für ihre eigenen Forderungen weder die Verantwortung übernehmen noch Rechenschaft dafür ablegen müssen.

(b) Homogenität. Die 'Bewegung' schöpft ihre einheitsstiftende Identität, eine brüderlich-familiäre Gesinnungsgeborgenheit aus dem gemeinsamen Feindbild; sie bekämpft den äußeren 'Feind' als Verhinderer höchstwertiger Ziele und verbraucht so gleichsam stellvertretend die für die Infragestellung der eigenen Eliten notwendige Energie. Oder anders gewendet: Die in diesen Subsystemen "Herrschenden lenken die aggressiv schwelende und brodelnde Unruhe auf äußere Feinde ab und vertuschen dadurch die Mißstände im eigenen Lager, das sich bei Gefahr von außen einigt und zusammenschließt. Die Befriedigung des Feindbedürfnisses erzeugt Einheit, Kameradschaft und Zugehörigkeitsgefühl. Deshalb eignet sich die Notstandserklärung, die

---

und 'Neuen Sozialen Bewegungen' z.B.: S.44 ff, S.266 ff. Beispielhaft für die Kontinuität: M.**Sontheimer** [1979 Mitbegründer der taz, bis 1994 taz-Chefredakteur], Rebellion ist gerechtfertigt, in: APUZ 20/1988, S.36-46. Aus der Johann Wolfgang Goethe-Universität zu Frankfurt am Main: C.**Görg** [1984-1986 'undogmatisch-linkes' Mitglied des universitären Konvents (Uni-Rep.7/1984, S.5; Uni-Rep.7/1985, S.4)], Neue Soziale Bewegungen und Kritische Theorie, [pol.Diss.] Wiesbaden 1992.

6 R.**Roth**/D.**Rucht**, Die Veralltäglichung des Protests, in: dies. (FN 4), S.11-28, S.22

7 **Beispiele** (für 'Neue Soziale Bewegungen', die in der Aussicht eigener Machtteilhabe oder nach Verblassen des einheitlichen äußeren Feindbildes die "partizipatorische Demokratie" für ihre eigenen Minderheiten ausgeschlossen haben)**:** **(a)** Die nahezu stets radikale 'linke' Mehrheit auf den 1967 bis etwa 1980 wohlbekannten Universitäts-Vollversammlungen mit der Macht der Beschlußkompetenz, die zunächst als 'rechts' identifizierte oder sich zu erkennen gebende Minderheiten mittels physischer oder psychischer Drangsal solidarisch eliminierte, ehe sie sich anschließend intern bekämpfte [Beispiele dazu nachfolgend in: FN III.87 (Kap.11)]. **(b)** Die Mehrheit der 'Grünen in Hessen', die in Erwartung ihrer Beteiligung an der staatlichen Macht (zusammen mit der 'etablierten' SPD) in der neu zu bildenden Hessischen Landesregierung allen machtpolitisch unsicher erscheinenden Vertretern ihrer Minderheit des "fundamentalistischen" Flügels rigoros sämtliche aussichtsreichen Plätze auf ihrer Parteiliste für die Landtagswahl am 5.4.1987 verweigerte [vgl. dazu: C.**Gellert**, Grüne Realpolitiker setzten sich durch, in: FR v.18.2.1987; Nur 'Realpolitiker' auf Grünen-Liste, in: FAZ v.2.3.1987; S.**Lietz**, 'Realos' setzten sich auch in Borken durch, in: FR v.2.3.1987; K.-H.**Karisch**, An der Basis der hessischen Grünen rumort es, in: FR v.11.3.1987]. Derartiges wiederholte sich bei der Listenaufstellung für die Frankfurter Kommunalwahl am 12.3.1989 [vgl. dazu: J.**Goepfert**, Keine Chance für Fundamentalisten, in: FR v.6.6.1988 (Lokalteil)] und allen folgenden Wahlen. **(c)** Die Mehrheit in der westdeutschen Schwulenbewegung [z.B.: BVH, SVD], die in Zeiten nachlassender gesellschaftlicher Ächtung der Homosexuellen eigene politische Minderheiten a priori ausgrenzte, indem sie einfach konstatierte, daß ein 'bewegter Schwuler' nicht 'konservativ' oder gar 'rechts' sein könne, weil er sich andernfalls selbst als Teil des zu bekämpfenden, sexuellen Unterdrückungsapparats zu erkennen gebe. - Ähnliches galt für die westdeutsche Frauenbewegung.

Entdeckung einer gemeinsamen Gefahr oder die Erfindung des Feindes so sehr zur Manipulation jener Gruppen, die des Feindes als Aggressionsobjekt und Aggressionsventil zur Herstellung des eigenen innneren Zusammenhangs bedürfen."[8]
- In der Tat bewundern die o.g. Autoren ausschließlich die letztlich für ihr eigenes Dasein grundsätzlich folgenlosen basisdemokratischen Ansprüche und solidarischen Versuche einiger 'Neuer Sozialer Bewegungen' im Rahmen von deren öffentlichkeitswirksam inszenierten Konflikten mit Teilen der als übermächtig dargestellten, feindlichen Staatsmacht. Völlig unberücksichtigt bleibt dagegen die als Folge praktizierter Basisdemokratie sich möglicherweise einstellende Kultur politischer Homogenisierung mit deren dann totalitären Entscheidungsmechanismen ('Mehrheitskonsens', 'dichotomes Mehrheitsprinzip') innerhalb einiger politischer Subsysteme, in denen 'Neue Soziale Bewegungen' bereits während eines signifikanten Zeitraums über Macht- oder sogar Mehrheitspositionen verfügen. So erhöht sich triumphierender Glaube zur wissenschaftlichen Erkenntnis: "Negative und besonders 'bewegungsfeindliche' Visionen (z.B. wie die ... der Rückbildung zu totalitären Bewegungen mit faschistoiden Gehalten) ... wurden in der jüngsten Vergangenheit kaum mehr glaubhaft vorgebracht."[9]
So *un*kritisch die Machtfrage gegenüber den von 'Neuen Sozialen Bewegungen' dominierten politischen Subsystemen gestellt wird, so *über*kritisch wird die Legitimation der Herrschaftsausübung durch den bestehenden demokratischen, "bürgerlichen" Rechtsstaat, d.h. der in repräsentativen Organen erscheinenden, konstitutionell gebändigten politischen Mehrheit, eingefordert und für die 'Bewegung' im Staate Selbstbestimmung und Entscheidungskompetenz unabhängig von diesen 'etablierten' Mehrheiten proklamiert. Dementsprechend bekannt und mit teilweise beachtenswerten und in ihrer Dichte zunächst beeindruckenden Argumenten untermauert sind die von politisch minoritären und heute oft der Partei der 'Grünen' nahestehenden 'Neuen sozialen Bewegungen' (gegen zwar meist pluralistisch-kultivierte, häufig aber auch träge und immobil gewordene "bürgerliche" Mehrheiten) postulierten Grenzen der Legitimation des Mehrheitsprinzips - d.h. letztlich der Bindungswirkung von Mehrheitsentscheidungen auch für dissentierende Minderheiten - im demokratischen Rechtsstaat des Grundgesetzes. Es handelt sich dabei im wesentlichen um zwei Aspekte nicht-formalisierbaren Minderheitenschutzes auf Kosten des Rahmens allgemeingültiger, quantitativ-formalisierter und legitimationserzeugender Entscheidungsverfahren[10]:

1.1. Das Intensitätsproblem

Bemängelt wird grundsätzlich ein durch Anwendung des Mehrheitsprinzips hervorgerufener "Verstoß gegen den Gleichheitsgrundsatz ..., der darin besteht, daß Ungleiches gleich behandelt wird: Jeder Bürger hat gleichen Einfluß auf ein Ergebnis, das tatsächlich einige viel stärker

---

8 F.**Hacker**, Aggression, Düsseldorf/Wien 1985, S.167.
Diese "emotionelle Entlastungsfunktion ... kommt dem menschlichen Verlangen nach Gewißheit, Sicherheit und Geborgenheit entgegen und vermag vor allem dann ein hohes Maß an Verhaltenssicherheit zu verleihen, wenn jemand so disponiert ist, daß er auf alle Fragen und Probleme eindeutige und unbezweifelbare Antworten erhalten möchte" (E.**Topitsch**/K.**Salamun**, Ideologie, München 1972, S.95 [auch: S.70 ff]). Exemplarisch für die Richtigkeit dieser Erkenntnis: P.**Brückner**, der als "Tendenzen einer solidarischen Kultur" insbesondere nennt "die Bereitschaft, jemanden erst einmal schon deswegen zu akzeptieren, weil er den gleichen Gegner hat" ('Angst haben und Angst machen', Anmerkungen zur psychologischen Kriegsführung in der BRD, in: ders., Zerstörung des Gehorsams, Berlin 1983, S.242-258, S.246).

9 R.**Roth**/D.**Rucht** (FN 6), S.22

10 Zu dieser Typisierung: P.**Graf Kielmansegg**, An den Grenzen der Mehrheitsdemokratie?, in: ders., Das Experiment der Freiheit, Stuttgart 1988, S.99-131 [wohl in Anschluß an: W.**Heun** (FN 1), S.209 ff]

berührt als andere"[11]. Mittels dieser auf subjektive Befindlichkeiten abstellenden psychistischen Form des juristischen allgemeinen Gleichheitssatzes[12] - an Stelle der berechenbaren, formal-arithmetischen Gleichheit "eines überholten *quantitativen* Demokratieverständnisses"[13] - for-

---

11 C.**Offe**, Politische Legitimation durch Mehrheitsentscheidung?, in: B.**Guggenberger**/C.**Offe** (FN 3), S.150-183, S.175.
In solchen "Fällen erweist sich der demokratisch legitimierte Entscheidungsprozeß als antiegalitär" (I.**Fetscher**, Ökologie und Demokratie - ein Problem der politischen Kultur, in: APUZ 26/1982, S.27-34, S.33), und das zugrundeliegende Mehrheitsprinzip wird relativierbar: "Mehrheit sind sie, und doch verschwindend. ... Zum erstenmal kommt etwas auf sie zu, das plebiszitäre Urkraft ist - und mehr als ausgezählte Mehrheit" (P.**Brügge**, Waldeslust und Widerstand, in: Der Spiegel 30/1975, S.41-43, S.43). Vgl. ferner auch: U.K.**Preuß**, Von den Grenzen des bürgerlichen Gehorsams, in: ders. (FN 4), S.26-144, insb. S.102 ff. - Hierdurch soll der Gültigkeit des Mehrheitsprinzips eine immanente "soziologische Grenze" gezogen sein (P.**Häberle**, zit. nach: W.**Schmitt Glaeser**, Private Gewalt im politischen Meinungskampf, 2.Aufl. Berlin 1992, S.212).

12 Als grundlegend für den Wesensgehalt des juristischen allgemeinen Gleichheitssatzes gilt die noch heute bindende Auslegung des Art.3 Abs.1 GG durch das Bundesverfassungsgericht: BVerfGE **1**, 14 [LS 18]; dies konkretisierend: P.**Kirchhof**, Objektivität und Willkür, in: FS für W.**Geiger**, Tübingen 1989, S.82-109. - Zum Unterschied zwischen der relativen Gleichheit des allgemeinen Gleichheitssatzes ("suum cuique") und der auch für das Mehrheitsprinzip maßgeblichen streng formal-arithmetischen Gleichheit quantitativer Entscheidungsverfahren: C.-E.**Bärsch**, Die Gleichheit der Ungleichen, München 1979, S.66 ff.

13 R.**Vogt**, MdB 'Die Grünen', zit.n.: B.**Guggenberger**/C.**Offe**, Politik aus der Basis - Herausforderung der parlamentarischen Mehrheitsdemokratie, in: B.**Guggenberger**/C.**Offe** (FN 3), S.8-19, S.12.
Zur 'quantitativen Demokratie'. Dieser Terminus zeigt sich verwandt mit dem ebenso abwertenden Begriff der 'Formaldemokratie' (FN 4). **(a) Die Benutzung des Begriffs von 'links':** Das vorgebliche Versagen der "quantitativen Demokratie" in nahezu hysterischer Apokalypse übersteigernd: "Was aber besagen Mehrheiten angesichts der 'drohenden Vernichtung'? Was ist das, was apathische und ignorante Akklamationsmehrheiten und ihre Repräsentanten in solcher Situation tun anderes als 'Partei(nahme) für den Tod, die Vernichtung, ohne daß ihnen das voll bewußt wäre'? Und vermag in einer solchen Situation der Hinweis auf bestehende Mehrheitsverhältnisse wirkliche, aus der Qualität der Entscheidung sich herleitende Legitimität zu begründen, oder hat er nicht allenfalls noch arithmetischen und statistischen Wert für den 'Vertreter eines (überholten) quantitativen Demokratieverständnisses'?" (B.**Guggenberger**, Krise der repräsentativen Demokratie?, in: B.**Guggenberger**/U.**Kempf** (Hrsg.), Bürgerinitiativen und repräsentatives System, 2.Aufl. Opladen 1984, S.23-56, S.31)
(b) Die Benutzung des Begriffs durch die historische 'Rechte': "Eine voraussetzungslose Gleichsetzung des Rechts mit dem Ergebnis irgendeines formalen Verfahrens wäre nur voraussetzungslose, also blinde Unterwerfung unter die reine, das heißt von jeder inhaltlichen Beziehung zu Recht und Gerechtigkeit losgelöste Dezision der mit der Gesetzgebung betrauten Stellen, voraussetzungsloser Verzicht auf jeden Widerstand." (C. **Schmitt**, Legalität und Legitimität, Müchen/Leipzig 1932, S.24); "Durch die mathematische Denkweise bloßer Berechnung von Abstimmungsergebnissen [hat] eine rein qualitative, arithmetische Vorstellung den spezifisch politischen Begriff der Demokratie verdunkelt" (C.**Schmitt**, Verfassungslehre, München/Leipzig 1928, S.252). Bereits die 'Konservative Revolution' in der Weimarer Republik postulierte: "Wenn jede Stimme ein gleichgewichtiges (äquipollentes) Atom ist, so kann keiner Stimme mehr innerer Wert zukommen. Es kann nur rein mechanisch gewogen oder gelost werden. ... Man soll die Stimmen nicht zählen, sondern wägen, nicht die Mehrheit soll herrschen, sondern das Beste. ... Nicht was eine zufällige oder andauernde Mehrheit will, sondern was als das Beste, Wahrhafte [von den Sachkundigen] erkannt wird, soll herrschen. Die Demokratie aber will über die Wahrheit abstimmen - das ist nicht nur undurchführbar ..., sondern auch frevelhaft, denn die Mehrheit in den Sattel setzen, heißt das Niedere herrschen machen über das Höhere." (O.**Spann**, Der wahre Staat, Leipzig 1921, S.109/110 [in fast identischem Wortlaut auch noch in der 4.Aufl. Jena 1938 (S.84-86)]) Das heißt: "An die Stelle des künstlich Gemachten soll das organisch Gewordene, an die Stelle des Abstrakt-Allgemeinen das Konkretindividuelle treten", "unter Zurückdrängung des rein Quantitativ-Mechanischen" sollen die "qualitativ-graduellen Unterschiede unter den Menschen", "die natürlichen Abhängigkeiten und Ordnungen" wiederbelebt werden (G.**Leibholz**, Die Auflösung der liberalen Demokratie in Deutschland und das autoritäre Staatsbild, München/Leipzig 1933, S.64/65).
(c) Die Position der 'Neuen Rechten': Die "organischen" Gedanken der klassischen 'rechten' Staatslehre wurden von Teilen der heutigen 'Neuen Rechten' wieder aufgenommen: "Wir konnten uns die rein quantitative Ausdehnungsform der Freiheit überhaupt nicht leisten, sondern mußten auf qualitative Einschränkung gehen." (B.**Willms**/P.**Kleinewefers**, Erneuerung aus der Mitte, Herford 1988, S.191) - Andererseits führt A.**de Benoist** (Demokratie: Das Problem, Tübingen/Zürich/Paris 1986) weitere "undemokratische" Kritiken "sowohl von links als auch von rechts beheimateten Autoren" gegen das Mehrheitsprinzip an (S.28-38), um diese anschließend grundsätzlich zugunsten einer Anwendung des Mehrheitsprinzips als politischer "Entscheidungstechnik" in einer "organischen Demokratie" zu verwerfen (S.54/55, S.121). Insofern geht die nicht weiter begründete

dert nun manche 'Neue Soziale Bewegung' nicht objektiv meßbare, *qualitative Kriterien* für die Mehrheitsbestimmung, die auf eine Wägung der abgegebenen Stimmen hinauslaufen - teilweise bis zum Einklang mit "organischen" Ideen der politischen 'Neuen Rechten':

(a) Betroffenheit. "Wo es um Leben und Tod geht, läuft die Mehrheitsregel leer; überstimmen läßt man sich nur in den subjektiv zweit- und drittwichtigsten Fragen"[14].

(b) Engagement. "In der Demokratie ist ... eine Regierung nur dann legitim, wenn sie über die Erringung quantitativer Mehrheiten hinaus sich auch auf eine qualitative Mehrheit stützen kann, das heißt, auf die Mehrheit der Aktivbürger eines Staates."[15]

(c) Wissen. "Der hohe Grad an Sach- und Zusammenhangswissen ... rechtfertigt zugleich das erhöhte Gewicht der politischen Mitsprache"[16]; denn "durch ihren Informationsvorsprung hät-

---

Behauptung der "strikte[n] Kritik des Mehrheitsprinzips" durch die 'Neue Rechte', zumindest bezogen auf einen der Hauptrepräsentanten, A.**de Benoist**, fehl (H.-G.**Jaschke**, Die Neue Rechte in Frankreich, in: F.**Greß**/ H.-G.**Jaschke**/K.**Schönekäs**, Neue Rechte und Rechtsextremismus in Europa, Opladen 1990, S.17-103, S.82).

14 C.**Offe**, Die Logik des kleineren Übels, in: L.**Mez**/U.**Wolter** (Hrsg.), Die Qual der Wahl, Berlin 1980, S.135-146, S.138.

Vgl. auch: M.**Jänicke**, Zur Ortsbestimmung der Alternativbewegung, in: J.R.**Mettke** (Hrsg.), Die Grünen, Reinbek 1982, S.69-81, S.80 ff; FN 13(a). Wer sich also nach Meinung einer unterlegenen Minderheit von der vorangegangenen, als grundlegend dargestellten Entscheidung nicht subjektiv betroffen fühlt, zählt damit bereits zur abgewerteten "Mehrheit der nicht direkt Betroffenen", die es nicht "für notwendig hält, sich emotional zu engagieren". "Dann müssen Formen der Selbst- und Mitbestimmung entwickelt werden, die sicherstellen, daß nicht mehr über den Kopf der Betroffenen hinweg sich Entwicklungen vollziehen, unter deren Folgen sie alle zu leiden haben." (I.**Fetscher** (FN 11), S.33)

15 E.**Krippendorff**, Legitimität als Problem der Politikwissenschaft, ZfP **9**(NF), S.1-11 (1962), S.5 ff.

Diese noch vor Beginn der Studentenrevolte vertretene, letztendlich reine Form politischen Totalitarismus sollte indes keinen singulären Denkfehler darstellen: E.**Krippendorff** ist nämlich noch fast 20 Jahre später überzeugt, daß diese "rein gedankliche Konstruktion bez. Rekonstruktion einer inhaltlichen Bestimmung von Legitimität ... nach wie vor im Grundsätzlichen richtig erscheint" (in: W.**Fach**/U.**Degen** (Hrsg.), Politische Legitimität, Frankfurt/M/New York 1978, S.25). Ferner: "Je mehr der Staat und die Politik für alles zuständig werden, um so häufiger treffen wir auf die Konstellation, daß apathische, schlecht informierte und mangels ersichtlicher persönlicher Betroffenheit auch völlig desinteressierte Mehrheiten engagierten, sachkundigen und hochgradig betroffenen Minderheiten gegenüberstehen" (B.**Guggenberger**, An den Grenzen der Mehrheitsdemokratie, in: B.**Guggenberger**/C.**Offe** (FN 3), S.184-195, S.191). [Eine qualitative Relativierung von Mehrheitsentscheidungen unter der idealisierenden Bürde der "Beharrlichkeit und Duldsamkeit" des "gewaltfreien Widerstands" von "Betroffenen" intendiert: D.**Rucht**, Recht auf Widerstand, DuR **11**, S.123-143 (1983), S.132 ff.] - Ähnlich aber auch bereits: "Es ist nun keineswegs demokratisch und wäre überhaupt ein merkwürdiges politisches Prinzip, daß diejenigen, die keinen politischen Willen haben, gegenüber den anderen, die einen solchen Willen haben, entscheiden sollen." (C. **Schmitt** (FN 13), S.279)

Die Relativierung der Allgemeinheit und (formalen) Gleichheit der Wahl. Erhöhtem Engagement soll z.B. legislativ durch eine "'Demokratisierung' des Demonstrationsrechts" entsprochen werden, die "real nicht die Abschaffung von Privilegien, sondern deren Neuzuteilung" meinte: "Das allgemeine, gleiche und geheime Wahlrecht sollte durch eine Willensbildung zumindest ergänzt (und möglichst ersetzt) werden, die sich auf der Straße vollzöge" (E.K.**Scheuch**, Der 'Demokratisierungsprozeß' als gesamtgesellschaftliches Phänomen, in: A.F.**Utz**/H.B.**Streithofen**, Demokratie und Mitbestimmung, Stuttgart 1970, S.75-98, S.92/93). Ganz so "apathisch" und "desinteressiert", wie hier dargestellt, kann die schweigende Mehrheit tatsächlich allerdings nicht sein; denn die absolute "Apathie der Mehrheit gibt der Minderheit die Chance der Gewaltübernahme" im Staate (P.**Herder-Dorneich**, Wahl und Wahlmechanismus, in: FS für W.**Schreiber**, Berlin 1969, S.61-86, S.85).

16 B.**Guggenberger**, Die neue Macht der Minderheit, in: B.**Guggenberger**/C.**Offe** (FN 3), S.207-223, S.213.

Vgl. auch: I.**Fetscher** (FN 11), S.33/34; I.**Fetscher**, Zum Verhältnis von Mehrheitsprinzip und Demokratie, in: FS für R.**Wassermann**, Frankfurt/M 1985, S.317-324, S.322 ff; allgemeiner noch: T.O.**Hüglin**, Tyrannei der Mehrheit, Bern/Stuttgart 1977, Teil III.2; schließlich, ganz unverhohlen den "Terror der Freiheit" (S.114) "gegenüber rückschrittlichen und repressiven Meinungen und Bewegungen" (S.120) durch wahrheitserkennende, "linke" Minderheiten verherrlichend: H.**Marcuse**, Repressive Toleranz, in: R.P.**Wolff**/B.**Moore**/H.**Marcuse**, Kritik der reinen Toleranz, es **181** (Frankfurt/M 1965), S.93-128; diese noch heute auf Ideologie und Verhalten der 'Neuen Sozialen Bewegungen' und insb. der 'Neuen Linken' maßgebenden Einfluß ausübende elitäre Haltung will Mehrheitsentscheidungen ersetzen durch eigene Wahrheitserkenntnis (insb. S.115 ff). Mit der genannten Intention einer Stimmengewichtung bei Abstimmungen eng verbunden ist

ten die Betroffenen gleichsam ein Mandat erhalten, stellvertretend auch für andere Mitbürger zu sprechen"[17].

- Die zentrale logische Schwäche dieser "qualitativen" Argumentationsgruppe liegt in der realen Unmöglichkeit einer konkreten Angabe dem Charakter streng formalisierter Verfahren adäquater abstrakt-allgemeingültiger Normen, die gleichzeitig der intendierten individuellen Minderheitenfreundlichkeit genügen. Bei den Normierungsversuchen handelt es sich nämlich stets entweder um "pseudo-normative Leerformeln"[18]; oder den Schwierigkeiten in der "Definition eines nicht-subjektivistischen Kriteriums" für Betroffenheit, Engagement, Wissen wird, höchst unbefriedigend, überhaupt ausgewichen: "Diese Frage kann hier nicht weiterverfolgt werden."[19] Als Paradigma einer in diesem Sinne scheinlegitimatorischen "Leerformel" kann der

---

Die Relativierung der Allgemeinheit und (formalen) Gleichheit der Wahl. "Als Alternative zum derzeitigen Wahlsystem gibt es ... demokratische Möglichkeiten: etwa ein sachlich qualifiziertes Wahlrecht, das demjenigen Wähler eine zweite Stimme gibt, der einen bestimmten Grad der Informiertheit über einige Grundsätze der Verfassung und der Demokratie vorweisen kann" (T.**Schiller**, Ein Wahlrecht für den Ein-Parteien-Staat, Bl.dt. int.Pol.**13**, S.290-299 (1968), S.299). Der "linksliberale" T.**Schiller** [1974 Vorsitzender der 'Deutschen Jungdemokraten', bis 1982 FDP-Mitglied; Politologie-Professor an der Universität Marburg] bewegt sich hiermit bereits in beachtlicher Nähe des 'neurechten' Ziels einer auf Intelligenz beruhenden Herrschaft: "Würde man sich nicht allein mit dem Nachweis des Lesen- und Schreibenkönnens zufrieden geben, sondern darüber hinaus bei den Wählern Kenntnis- und Intelligenzprüfungen durchführen, dann wäre das gar nicht so umstürzlerisch, wie man vielleicht annehmen möchte." (H.J.**Eysenck**, Wege und Abwege der Psychologie, Reinbek 1956, S.174); vgl. ferner: FN 13(b). - Die Relativierung der Zählwertgleichheit bei einer Wahl ist aber auch im Falle anderer "Betroffenheiten" denkbar: "Angesichts der dramatischen Bevölkerungsentwicklung, die sich in Deutschland aus dem seit Jahrzehnten anhaltenden Rückgang der Geburtenzahlen ergibt, hat der CDU-Abgeordnete W.**Böhm** ... weitreichende Maßnahmen zur Stärkung der Familie gefordert. Dazu gehört auch sein Vorschlag, ein Familienwahlrecht einzuführen, das heißt, Eltern für jedes ihrer Kinder bei Wahlen eine zusätzliche Stimme zu geben. Dies soll, wie **Böhm** darlegt, den politischen Einfluß der Familien um 15 Millionen Stimmen vergrößern" (CDU-Politiker für 'Familienwahlrecht', in: FAZ v. 30.7.1992); ausführlicher bereits eine andere CDU-Abgeordnete: R.**Hellwig**, Wahlrecht für Kinder - eine familienpolitische Initiative, Politische Studien **31**, S.235-248 (1980)). [Zur Nicht-Übertragbarkeit des aktiven Wahlrechts: FN IV.245 (Kap.15).]

17 I.**Fetscher** (FN 4), S.205.

Dieses Repräsentationsprivileg erhalten jedoch einerseits nicht alle Minderheiten gleich zugesprochen; die geforderte Verletzung der formalen Gleichheit könne z.B. nicht hingenommen werden, wenn "Neuerungen nur von rückständigen Minderheiten auf dem Lande bekämpft" werden (I.**Fetscher** (FN 11), S.30)! - Das Privileg vermöge andererseits aber eine - absurde - "wissenschaftliche Salbung" für nicht-"rückständige Minderheiten auf dem Lande" zu begründen: "Arbeiter und Winzer, Hausfrauen und Bäuerinnen haben sich dort [in Wyhl, P.K.] nach und nach von Experten wissenschaftlich für die Fortsetzung ihres Feldzuges gegen die schnellen, gefälligen Seller der Kernkraft salben lassen. Winzer und Bauern mit 300 Schweinen im Stall reden folglich über Radionuklide sachkundig wie über Öchslegrade und die Schlachtviehpreise der EG. ... Nach dem, was sie nun von unbefangenen Wissenschaftlern gehört haben, fühlen sie sich mehr denn je im Recht mit ihrem Widerstand gegen H.**Filbingers** Polizei: im reinen mit Artikel 2, Grundgesetz ('Das Recht auf Leben'), abgesichert überdies durch den Zuspruch von Moraltheologen." (P.**Brügge** (FN 11), S.42) - Auch hier zeigt sich ein elitärer Wahrheitsanspruch derer, die über die 'richtige' politische Gesinnung zu verfügen glauben. [Kritisch zum Paradigmenwechsel "Wahrheit statt Mehrheit" stellvertretend: W.**Schmitt Glaeser** (FN 11), S.211 ff.]

18 E.**Topitsch**/K.**Salamun** (FN 8), S.117.

"Werden daher in den verschiedenen Zusammenhängen keine näheren Bestimmungen ... mitgegeben, bleibt dieses Prinzip ein Leerschema, aus dem in konkreten Entscheidungssituationen keine brauchbaren Entscheidungshilfen und Verhaltensdirektiven ableitbar sind, weil man daraus, wenn man will, alles ableiten kann" (E.**Topitsch**/K.**Salamun** (FN 8), S.119). Symptomatisch dafür: "Damit die Mehrheitsregel ihre ... legitimatorische Funktion zu erfüllen vermag, müssen eine ganze Reihe verfassungsrechtlich z.T. nicht normierbarer soziologischer und politisch-kultureller Voraussetzungen und Entsprechungen gegeben sein." (B.**Guggenberger** (FN 13), S.33) - Einen (für die Anwendung letztlich völlig untauglichen, weil "symbolischen") Versuch, das Problem verfassungs- und demokratietheoretisch, (in diesem Falle: handlungstheoretisch) zu lösen, bieten: U.**Rödel**/G.**Frankenberg**/H.**Dubiel**, Die demokratische Frage, es **1572** (Frankfurt/M 1989).

19 C.**Offe** (FN 9), S.175.

Als Beispiel die Schwierigkeit, "Betroffenheit präzis abzugrenzen": P.**Haungs**, Bürgerinitiativen und Probleme der parlamentarischen Demokratie in der Bundesrepublik Deutschland, in: B.**Guggenberger**/U.**Kempf** (FN

"herrschaftsfreie, rationale Diskurs"[20] in einer "total aktivierten Öffentlichkeit"[21] dienen: Das Mehrheitsprinzip könne seine "handlungspragmatische und legitimatorische Funktion" dem-

---

13), S.156-171, S.168/169. - Im Endergebnis erfolgte als Erkenntnis "nichts anderes als die Selbstausschliessung der Minderheit aus dem Legitimität schaffenden Verfahrenskonsensus unter Berufung auf fundamentale Wahrheiten" (H.H.**Klein**, Legitimität gegen Legalität, in: FS für K.**Carstens**, Band 2 Köln/Berlin/Bonn/München 1984, S.645-660, S.660 [ähnlich: E.**Topitsch**/K.**Salamun** (FN 8), S.87 ff]).

20 (a) Zur Theorie des herrschaftsfreien, rationalen Diskurses unter prinzipiell Gleichen. Diese Diskursethik, deren Ziel in der Erzeugung vernünftiger und grundsätzlich akzeptierbarer ("verallgemeinerbarer") Geltungsansprüche im öffentlichen Raum besteht, setzt in der Argumentationsphase das vernunftorientierte Verhalten und die wechselseitige Bereitschaft zur unvoreingenommenen Anerkennung aller Personen als prinzipiell Gleiche voraus, die zur freien und gleichen Stellungnahme fähig und berechtigt sind. Zur Grundlegung dieser Diskursethik (Konsensustheorie der Wahrheit und der Richtigkeit): J.**Habermas**, Vorbereitende Bemerkungen zu einer Theorie der kommunikativen Kompetenz, in: J.**Habermas**/N.**Luhmann**, Theorie der Gesellschaft oder Sozialtechnologie, Frankfurt/M 1971, S.101-141, insb. S.114-141; J.**Habermas**, Wahrheitstheorien, in: FS für W.**Schulz**, Pfullingen 1973, S.211-265; J.**Habermas**, Legitimationsprobleme im Spätkapitalismus, es **623** (Frankfurt/M 1973), insb. S.131-152; G.**Frankenberg**/U.**Rödel**, Von der Volkssouveränität zum Minderheitenschutz, Frankfurt/M 1981, insb. S.9-31 und S.319-335; U.**Rödel**/G.**Frankenberg**/H.**Dubiel** (FN 18), insb. S.99 ff, S.155 ff. Die immanenten Schwächen in der konkreten Anwendung dieser Diskurstheorie liegen in einer diskursbegründenden Herstellung einer "idealen Sprechsituation" (J.**Habermas**, Wahrheitstheorien (s.o.), S.258). Diese Schwächen offenbart exemplarisch der Versuch einer normativen Systematisierung der "Regeln und Formen des praktischen Diskurses" (R.**Alexi**, Eine Theorie des praktischen Diskurses, in: W.**Oelmüller** (Hrsg.), Normenbegründung - Normendurchsetzung, Paderborn 1978, S.22-58, insb. S.36 ff). Denn auch diese filigrane Kodifizierung muß für die gewünschte Produktion "vernünftiger Ergebnisse" letztlich voraussetzen, daß bereits alle "Diskutierenden ... hinreichend vernünftig" sind (S.52), eine besonders im Bereich des Politischen unabdingbare Voraussetzung, die jedoch gerade nicht normativ zu regeln und objektiv durchzusetzen ist! - Die Brisanz dieser philosophischen Theorie liegt in ihrem Anspruch selbst begründet, Teil "der normativen Grundlage einer Theorie der Gesellschaft zu sein" (J.**Habermas**, Wahrheitstheorien (s.o.), S.262).

(b) Das Scheitern des Diskurses im öffentlichen Raum. Weil die Theorie des (universellen) herrschaftsfreien, rationalen Diskurses gerade im Bereich des Politischen - dominiert vom Streben nach Macht - von unrealistischen Voraussetzungen ausgeht ["Der Pragmatismus der Diskursbegrenzung ... beruht auf der Einsicht, daß man über einiges nur dann reden kann, wenn man über anderes gerade nicht redet. Es gehört ja überhaupt zur Definition eines politischen Subjekts, daß es etwas vertritt, was es nicht zur Disposition zu stellen bereit ist und worüber es in diesem Sinn auch nicht mit sich reden läßt." (H.**Lübbe**, Pragmatismus oder die Kunst der Diskursbegrenzung, in: W.**Oelmüller** (s.o.), S.118-125, S.123)], wird sie nicht die gewünschten vernünftigen Ergebnisse ("Geltungsansprüche") hervorbringen können: **Als Beispiele** für das völlige Versagen dieser theoretischen Diskursethik durch Personen, die selbst fähig sind, deren Voraussetzungen zu reflektieren und einzuklagen und die frei von materiellem Mangel leben: FN II.63(b) (Kap.5) [Studenten in der politisierten Gruppenuniversität - wider die Hoffnungen von J.**Habermas**, in: Technik und Wissenschaft als Ideologie, Frankfurt/M 1968, S.102]. Symptomatisch für das Versagen von Rationalität und Achtung der anderen Meinung durch solche Personen vor aller Öffentlichkeit: D.**Cohn-Bendit**/R.**Dutschke**/K.**Sontheimer**/M.**Walden**, Die Linke lebt - Diskussion "über den Mai 68 und die Folgen", in: R.**Dutschke**, Die Revolte, Reinbek 1983, S.264-313. Vgl. bereits kritisch: T.W.**Adorno**, Marginalien zu Theorie und Praxis, in: ders., Stichworte [Kritische Modelle 2], Frankfurt/M 1969, S.169-191, S.180/181 ["Aber Taktik hat die Diskussion ... vollends zunichte gemacht!"].

21 R.**Dahrendorf**, Aktive und passive Öffentlichkeit, Merkur **21**, S.1109-1122 (1967), insb. S.1114 ff.

Der Schutz gegen erzwungene Politisierung. "Die totale Teilnahme aller an allem [als Konsequenz totaler Politisierung, P.K.] ist in der Theorie zumindest eine Situation, in der es ... vollständig reizlos wird, Initiative zu entfalten und auf der Grundlage solcher Initiative Menschen zu überzeugen davon, daß diese Initiativen ihren Sinn haben. ... In der Praxis bedeutet die totale Teilnahme aller an allen Entscheidungen, daß nur diejenigen, die die Zeit finden können dafür, grenzenlos zu diskutieren, nur diejenigen, die sich zu diesem Zweck organisieren, tatsächlich noch einen Einfluß haben auf die politischen Entscheidungen" (R.**Dahrendorf**, Zukunft der Freiheit, in: C.**Graf Podewils**, Tendenzwende? - Zur geistigen Situation in der Bundesrepublik, Stuttgart 1975, S.94-108, S.103). Die Abwehr der 'totalen Politisierung' [FN 22] ist eine republikanische Notwendigkeit: "Politisches Engagement ist nicht immer gut. Es kann wenigstens hinsichtlich seiner Motive (also nicht notwendigerweise hinsichtlich seiner Folgen) gut sein, wenn es aus Mitgefühl mit menschlichem Leiden erwächst. Zudem ist politisches Engagement kein allgemeines Gebot. Eine von mehreren totalitären Seiten des heutigen 'Panpolitikertums' liegt in der Behauptung, daß Politik immerdar und überall jedermann angehe. Dieses umfassende Versagen der Phantasie ist eine der fragwürdigsten Segnungen der heutigen Demokratie. In dem 'Teilhabe'-Ideal der heutigen Linken hat es einen grotestken Höhepunkt erreicht. Angesichts dieser ideologischen Abwege ist es von größter Bedeutung zu wiederholen, daß das menschliche Leben viel reichere Möglichkeiten der

nach nur erfüllen unter dem allgemeinen "*Zwang* zur möglichst 'rationalen', mit Argumenten begründeten Zustimmungswerbung und aktive(r) Auseinandersetzung mit abweichenden Positionen, nicht nur passive(r) Toleranz."[22] Unabhängig von ihrem mangelhaften Realitätsgehalt zeigt diese Utopie bereits totalitären Charakter: Wer sich der Politisierung und folglich dem Diskurs entzieht (hier soll nicht einmal problematisiert werden, wer denn nun als herausgehobener 'Hüter der Legalität' wann befugt sei, eine Debatte - für andere bindend - hervorzurufen

---

Erfüllung bietet als nur in seiner politischen Darstellung, ja daß die Menschen ein Grundrecht darauf haben, unpolitisch zu leben - ein Recht, das ihnen nur aus den allerdringendsten Gründen vorenthalten werden darf" (P.L.**Berger**, Über politische Betätigung, in: P.L.**Berger**/J.J.**Neuhaus**, Protestbewegung und Revolution oder Die Verantwortung der Radikalen, Frankfurt/M 1971, S.15-21, S.18). Ähnlich: M.**Hättich**, Demokratie und Demokratismus - zum Demokratieverständnis der 'Neuen Linken', in: E.K.**Scheuch** (Hrsg.), Die Wiedertäufer der Wohlstandsgesellschaft, 2.Aufl. Köln 1969, S.150-160, S.154 ff; ebenso spricht G.**Szczesny** "vom Vorrang des Unpolitischen" (Das sogenannte Gute, Reinbek 1971, S.204 ff); M.**Rhonheimer**, Politisierung und Legitimitätsentzug, Freiburg/München 1979, insb. S.311 ff. Zur Friedensfunktion der politischen Apathie: A.v.**Heyl**, Wahlfreiheit und Wahlprüfung, Berlin 1975, insb. S.40 und S.43. - Die Garantie für "einen unantastbaren Bereich privater Lebensgestaltung" hat als Ableitung aus Art.2 Abs.1 GG Grundrechtscharakter: BVerfGE **27**, 1 [6]; ebenso: A.**Podlech**, Das Recht auf Privatheit, in: J.**Perels** (Hrsg.), Grundrechte als Fundament der Demokratie, es **951** (Frankfurt/M 1979), S.50-68, insb. S.50-53; "Grundrechte bieten Schutz gegen erzwungene Politisierung. Aber sie halten auch jedermann die Chance offen, am politischen Leben teilzunehmen" (J.**Isensee**, Grundrechte und Demokratie, DSt **20**, S.161-176 (1981), S.173).

22 B.**Guggenberger** (FN 13), S.33.

Zur Theorie der 'totalen Politisierung'. (a) Studentenschaftsbereich: Totale Politisierung als "Wert an sich" ist bekannt als Grundforderung der Studentenrevolte nach Politisierung aller gesellschaftlichen Teilbereiche. Vorbereitend zunächst z.B.: J.**Habermas**, Über den Begriff der politischen Beteiligung, in: L.v.**Friedeburg**/J. **Habermas**/C.**Oehler**/F.**Weltz**, Student und Politik, Neuwied/Berlin 1961, S.13-55, S.45 ff. Derselbe, 1968 direkter: "Der Kampf richtet sich gegen die entpolitisierte Öffentlichkeit, auf deren Boden die Willensbildung eine demokratische Form nicht annehmen kann" (J.**Habermas**, Die Scheinrevolution und ihre Kinder, in: O. **Negt** (FN 4), S.5-15, S.6). Zentral für die Studentenrevolte z.B.: R.**Dutschke**/B.**Rabehl**/C.**Semler**/H.M.**Enzensberger**, Ein Gespäch über die Zukunft, Kursb.**14**, S.146-174 (1968), S.164 ff ["dann wird natürlich auch ein jeder zum Politiker werden" (S.169)]. Als symptomatische Beispiele für sachfremde Politisierung: "Zwei Physiker verlassen Frankfurt. Soweit sie unpolitisch und reaktionär sind, ist es kein Verlust für die Universität. Es ist Aufgabe der demokratischen Kräfte der Universität, qualifizierte, progressive Nachfolger zu finden und gegen den Widerstand der physikalischen Reaktion einzustellen" (B.**Grass** [SHB- und AStA-Referent, stud. phil.], zwei physiker wandern aus, in: ASTA-info. VII.1970, S.2-3). "Prof. **Rausch** emeritiert - das mit Recht, denn er steht den Toten näher als den Lebenden - genau wie das, wovon er ein Vertreter war - der Gestaltpsychologie, deren goldene Zeit die braune war" (ASTA-info.3/1971, S.5 [verantwortlich: W.**Sedlmayer** (SHB)]). - Eine Variante dieser Ideologie der Politisierung fand anschließend selbst Eingang in das Hochschulrahmengesetz: "Die Mitwirkung an der Selbstverwaltung der Hochschule ist Recht und Pflicht der Mitglieder ... Die Übernahme einer Funktion in der Selbstverwaltung kann nur abgelehnt werden, wenn wichtige Gründe dafür vorliegen" (§ 37 Abs.1 HRG (= FN III.93)). Diese skurrile, leerlaufende Norm ist bis heute in Kraft.

(b) Allgemeiner: "Es ist, bei fortschreitender sozialer Isolierung des Individuums, mit der Privatsphäre und der eigenen Innerlichkeit wie mit den wirklich exterritorialen Gebäuden: sie dienen den Botschaftern einer fremden Macht als Wohnsitz, wo sie keiner Kontrolle des Gastlandes unterstehen. Wer Herrschaft ausübt und ein Interesse daran hat, die Repression der Bürger zu verewigen, erklärt die Privatsphäre zum Heiligtum, denn nur in ihr entwickeln sie sich zum stillen Agenten und Akklamateur eben jener Herrschaft, deren sichtbare Zugriffe sie in früheren Revolutionen zu begrenzen gelernt hatten. ... Das private Individuum: der einzelne als der, der bloß zuschaut oder sich abwendet, ist der Baustein ihrer formierten Gesellschaft. In ihr lernt er, falsch zu handeln" (P.**Brückner**, Die Transformation des demokratischen Bewußtseins, in: J.**Agnoli**/P.**Brückner**, Die Transformation der Demokratie, Frankfurt/M 1968, S.91-194, S.99/100). Ähnlich: K.**Horn**, Über den Zusammenhang zwischen Angst und politischer Apathie, in: H.**Marcuse** u.a., Aggression und Anpassung in der Industriegesellschaft, es **282** (Frankfurt/M 1968), S.59-79. Die Bürger "erreichen ihre volle individuelle Selbstentfaltung, die volle Verwirklichung ihrer Interessen, nicht im privaten Bereich, sondern nur über ihre Teilnahme am öffentlichen politischen Leben" (F.**Naschold**, Organisation und Demokratie, Stuttgart 1969, S.19).
Die vollständige Politisierung aller Lebensbereiche strebte auch die in einigen westdeutschen Studentenschaften einflußreich gewesene DDR-Staatsrechtslehre an: "Daß über die Abgeordneten in den Volksvertretungen hinaus die gesamte Bevölkerung zur Leitung des Staates herangezogen wird, das ist sozialistische Demokratie." (L.**Haupt**, Zu den Wahlen der örtlichen Volksvertretungen, StR **6**, S.453-470 (1957), S.464); ähnlich: H.**Matern**, Ein Wahlgesetz für die Demokratie, StR **3**, S.427-432 (1954), S.430.

oder wer denn nun als der neutrale 'Hüter der Rationalität' über das Verfahren dieser Debatte zu entscheiden berufen sei), wird legitimerweise durch entsprechend geringeren politischen Einfluß bestraft. - Damit aber verdient der machtstrategische Aspekt der Theorie verstärkte Beachtung: Die genannten subjektiven, *qualitativen* Kriterien vermögen nämlich, taktisch richtig eingesetzt, bisherige quantitative Minderheiten zu neuen "qualitativen Mehrheiten" heranwachsen zu lassen[23] und ihnen dergestalt bislang unerreichbare politische Macht zuzuweisen.

1.2. Das Abgrenzungsproblem

Die Bindungswirkung einer für eine 'Neue Soziale Bewegung' negativ ausgefallenen Mehrheitsentscheidung wird in Frage gestellt, weil die Entscheidung nur unter unzulässigen Voraussetzungen zustande gekommen sei oder nur unter unzulässigen Bedingungen wirken könne (philosophische "Aporien"):

(a) Stimmrecht. "Basisdemokratische Politik bedeutet verstärkte Verwirklichung dezentraler, direkter Demokratie. - Wir gehen davon aus, daß der Entscheidung der *Basis* prinzipiell Vorrang eingeräumt werden muß."[24]

(b) Irreversibilität. "Wird dieser prozedurale Charakter der Legitimität durch irreversible Mehrheitsentscheidungen aufgehoben, so entbindet die Mehrheit damit ... die Minderheit von ihren Gehorsamsverpflichtungen gegenüber diesen Akten."[25]

---

23 Diese Machtfrage thematisieren: H.H.**Klein** (FN 19), insb. S.656 ff; E.**Topitsch/K.Salamun** (FN 8), S.121; M.**Kriele**, Widerstandsrecht in der Demokratie, in: B.**Streithofen** (Hrsg.), Frieden im Lande, Bergisch Gladbach 1983, S.139-154, S.150/151. **Beispiel:** Betonung von Engagement und Betroffenheit - nicht jedoch von Wissen! - soll zur "Repräsentation unterdrückter Problemfelder" durch "gemeinwohlorientierte oppositionelle Bürgerbewegungen" in der Hochschule hinführen - und als Konsequenz die Mehrheiten in der Hochschulselbstverwaltung ändern: W.**Nitsch**, Eine Hochschulselbstverwaltung auf der Basis akademischer Statusgruppen und gemeinwohlorientierter gesellschaftlicher Organisationen, in: ders., Runde Tische an Hochschulen, Frankfurt/M 1991, S.50-90, S.62/63. - Aber: auch im demokratischen Staat des Grundgesetzes sichert die formale Gleichheit der Stimmen nicht die reale Gleichheit des politischen Gewichts: "Derjenige, der sich politisch stärker engagiert (in Parteien und Verbänden mitwirkt...), erhält ein größeres politisches Gewicht" (P.**Herder-Dorneich** (FN 15), S.79), ebenso natürlich derjenige, der über größere finanzielle Ressourcen verfügt und diese gezielt einzusetzen vermag; ähnlich auch: W.**Leisner**, Zur Legitimität politischen Entscheidungshandelns - Vom Mehrheits- zum Minderheitsprinzip, in: A.**Randelzhofer/W.Süß** (FN 4), S.287-298, S.296 ff.

24 Präambel des Programms der Bundespartei der 'Grünen' v.23.3.1980.

Zum Problem der "Basisdemokratie". "Jede Basis definiert sich selbst; nur so kann Fremdbestimmung vermieden werden. ... Die Basisbestimmung und der damit verbundene 'Vorranganspruch' erfolgen grundsätzlich im Wege freier Setzung der so über sich selbst Bestimmenden." (W.**Steffani**, Zur Vereinbarkeit von Basisdemokratie und parlamentarischer Demokratie, in: APUZ 2/1983, S.3-17, S.12); "Die Anrufung der 'Basis' impliziert dabei stets den Rückgriff auf eine wesenhafte, ursprünglich-reine Substanz, die im negierten System, in den bestehenden Institutionen der Gesellschaft nicht repräsentiert gesehen wird. Die Frage, wer diese Substanz konkret verkörpere, bleibt dabei ebenso unbeantwortet wie die Frage danach, was diese Substanz denn im einzelnen genau ausmache. Die 'Basis' wird damit als eine imaginäre, empirisch nicht umrissene Größe beschworen. ... In einer Zeit, in der Politik wie nie zuvor einem Rechtfertigungsdruck seitens der 'Beherrschten' ausgesetzt ist, erfüllt die Berufung auf die Basis für die Strategen der Systemüberwindung vor allem die Funktion, die fehlende Eigenlegitimität auch für eine Position sicherzustellen, welche sich nicht auf die Zustimmung der Mehrheit der Bevölkerung berufen kann." (B.**Guggenberger**, Überdruß an der Demokratie - Die Anrufung der 'Basis', in: ders., Wohin treibt die Protestbewegung?, Freiburg 1975, S.103-118, S.104/105). Ferner (Basisdemokratie als "Mythos"): D.**Salomon**, Grüne Theorie und graue Wirklichkeit - Die Grünen und die Basisdemokratie, [pol.Diss.] Freiburg 1992, S.20 und S.41 ff) [Vgl. auch nachfolgend: FN II.212(a) (Kap.8).]

Beispiel: "Eine willkürlich von der Straße heraufgekommene Mehrheit, durch niemand gewählt - auch nach rätedemokratischen Gesichtspunkten keine Vertretung - wollte darüber abstimmen, ob sie Stimmrecht habe." (K.R.**Röhl**, Fünf Finger sind keine Faust, Köln 1974, S.362) - Diese Methode widerspricht der Notwendigkeit berechenbarer, nicht willkürlicher Abgrenzbarkeit der Abstimmungsberechtigten als einer grundlegenden Voraussetzung rechtsstaatlich-demokratischer Abstimmungsverfahren [dazu: Kap.2.2.(b).]. Diese Art der "Basisdemokratie" trägt der Bevorzugung der Engagierten Rechnung [dazu: Kap.1.1.(b).].

(c) Manipulation. "Die Mehrheitsrepräsentanten müssen über den Verdacht erhaben sein, ihre Mehrheit beruhe auf Manipulation und Täuschung."[26]
(d) Entscheidungsmodus. Aufgeworfen wird "die Frage nach der 'Echtheit' oder 'Authentizität' empirischer Mehrheitsverhältnisse"[27].
- Auch in diesen Fällen konnte den interessierten Sozialwissenschaftlern und Juristen die Angabe allgemeingültiger Normen und objektiv-formaler Maße zur Quantifizierung derartiger Entscheidungssituationen bisher nicht gelingen: "Ich habe noch keine klaren Vorstellungen, wie sich hier verbesserte Entscheidungsverfahren finden lassen."[28] Damit verbleibt auch diesen Kriterien im konkreten Einzelfall der Makel von Willkür und Beliebigkeit.

---

25 U.K.**Preuß**, Die Zukunft: Müllhalde der Gegenwart?, in: B.**Guggenberger**/C.**Offe** (FN 3), S.224-239, S.238 [Diese "wertorientierte Aushöhlung der Legalität" der Verfassung wird vom 'linken' Neoformalisten U.K. **Preuß** übrigens in der Regel kritisiert (Beispiel dafür: Politische Verantwortung und Bürgerloyalität (FN 4)).].
Ebenso: G.**Frankenberg**, Ziviler Ungehorsam und rechtsstaatliche Demokratie, JZ **39**, S.266-275 (1984), S.274; B.**Guggenberger** (FN 13), S.28/29; ferner: "Unvernünftig sind ... irreversible Mehrheitsentscheidungen - sie könnten ja falsch sein" (J.**Habermas**, Recht und Gewalt - ein deutsches Trauma, Merkur **38**, S.15-28 (1984), S.27). - Die Argumentation in dieser Allgemeinheit verkennt, daß stets "bei schwerwiegenden und langfristig bindenden Fragen eine jederzeitige, gleichsam spurlose Rücknahme nicht realisierbar ist. ... Davon abgesehen zeitigen auch unterlassene (Mehrheits-) Entscheidungen unter Umständen irreversible Folgen" (H. **Dreier**, Das Mehrheitsprinzip im demokratischen Verfassungsstaat, ZParl **17**, S.94-118 (1986), S.116 [mannigfache Beispiele dafür gibt: H.H.**Klein** (FN 19), S.655]). Weitergehend entziehen sich nicht minder gravierende Entscheidungsabfolgen des 'qualitativen Sprungs' ohnehin dieser Kategorisierung: "Kein einzelner Akt überschreitet eine angehbare kritische Schwelle, aber in unendlicher Zahl nähren sie einen bedrohlichen Prozeß fortschreitender Verschlechterung der natürlichen Lebensbedingungen." (P.**Graf Kielmansegg**, Das Recht der Mehrheit und die rechte Mehrheit, in: GS für W.**Hubatsch**, Göttingen/Zürich 1985, S.301-322, S.311)
26 C.**Offe** (FN 14), S.138.
Ferner: Je höher der Grad der Manipulation, "desto geringeren Unterschied würde es machen, ob man statt der Gesamtheit des Wählerpublikums nur noch die Mitglieder des Herausgeberstabs großer Medienkonzerne zu 'Wahlen' zuließe" (C.**Offe** (FN 11), S.161). - Ähnlich aber auch bereits: "Der Wille von hundert sklavisch gesinnten Menschen ergibt auch bei Einstimmigkeit keinen freien Willen, ein unpolitischer Wille von tausend politisch gleichgültigen Menschen ergibt in der Addition keinen gerechterweise beachtlichen politischen Willen." (C.**Schmitt** (FN 13), S.252)
Nach Ansicht der 'Neuen Linken' und anderer 'Neuer Sozialer Bewegungen' handelt es sich bei diesen "unzulässigen Bedingungen" für die Anwendung des Mehrheitsprinzips gar um "Strukturelemente des Spätkapitalismus: Die Entpolitisierung und privatistische Ablenkung der breiten Massen sowie die durch verinnerlichte Zensurmechanismen und Manipulation politisch deformierten Öffentlichkeitsbereiche" (O.**Negt**, Das Ende des Liberalismus, in: ders., Politik als Protest, Frankfurt/M 1971, S.146-158, S.152); ferner: R.**Dutschke**, Zu Protokoll (Voltaire Flugschrift **17**), Frankfurt/M 1968, insb. S.6/7; P.**Brückner** (FN 20), S.153 ff; vgl. dazu auch: Kap.3.3. Diese Sichtweise hebt die 'linke' und damit manipulationenerkennende Elite über die einfache manipulierte Masse intellektuell hinaus [vgl. dazu auch: FN 16, FN 17] und weist ihr Sonderrechte zu.
Einen bemerkenswerten Aspekt einer tatsächlich durch "Täuschung" zustande gekommenen Mehrheit liefert der Komplex der 'Tarnlisten' im Wahlrecht [als Beispiele dazu: Kap.19.14.2.(c).; Kap.19.29.2./19.30.1.].
27 C.**Offe** (FN 11), S.163.
Für diesbezüglich weitere Literatur (entscheidungstheoretische Struktur des Mehrheitsprinzips): FN 44 (Kap.2). - Dieser logisch-kombinatorische Problembereich spielte bisher eine vergleichsweise nur geringe Rolle, weil er in politischen Alltagssituationen nur schwer vermittelbar und daher für das Verfolgen demagogischer Zwecke untauglich ist - anders dagegen die ökonomisch-mathematische "Public-Choice-Schule", die sehr wohl gerade auf diesen Bereich rekurrierte [dazu nachfolgend: FN 29 ff].
28 H.**Simon**, Fragen der Verfassungspolitik, in: P.**Glotz** (Hrsg.), Ziviler Ungehorsam im Rechtsstaat, es **1214** (Frankfurt/M 1983), S.99-107, S.104.
Auch der Versuch von G.**Frankenberg** (FN 25), die punktuelle Suspendierung des verfahrensförmigen Mehrheitsprinzips rein verfahrensbezogen zu rechtfertigen, nämlich für die Fälle des Verstoßes der Mehrheit gegen "Verfassungsprinzipien ..., die Anerkennung verdienen, weil sie ein verallgemeinerungsfähiges Interesse zum Ausdruck bringen" (S.273), mußte logisch scheitern: Denn das "verallgemeinerungsfähige Interesse" [wohl nach: J.**Habermas** (Legitimationsprobleme, FN 20), S.149] ist als real vorhandenes Interesse seinerseits nur wieder mittels Anwendung des Mehrheitsprinzips konkret nachzuweisen; andernfalls wäre es zum fraglichen Zeitpunkt per definitionem gerade nicht verallgemeinerungsfähig [so auch: W.**Hassemer**, Ziviler Ungehorsam - ein Rechtfertigungsgrund?, in: FS für R.**Wassermann** (FN 16), S.325-349, S.342 ff - zu einer neueren Theo-

1.3. Mehrheitsprinzip und 'Public Choice'

Der Vollständigkeit halber angemerkt werden soll, daß das Mehrheitsprinzip des Grundgesetzes auch von den 'Neuen Sozialen Bewegungen' politisch völlig entgegengesetzter, eher 'etablierter' Seite mit teilweise ähnlichen Argumenten angegriffen wird:

(a) Unterschiedliche Präferenzen und Betroffenheiten. "Als Ideal kann Demokratie nur Zustimmung aller Beherrschten meinen, nicht auch Durchsetzung einer weitgehend desinteressierten und desinformierten Mehrheit gegenüber einer vielleicht etwas besser informierten Minderheit, wie sie das Mehrheitsprinzip zumindest zuläßt."[29]

(b) Wissen. Angestrebt wird eine "Herrschaft der Kundigen"[30] und der "Verantwortlichen"[31].

(c) Logische Blockaden. "Weil kein stabiles Ergebnis in Sicht ist, kann das Verteilungsproblem bei eigennützigen Akteuren nicht durch das Mehrheitsprinzip und Abstimmungen gelöst werden."[32]

- Hierbei handelt es sich um Argumente der streng individualistisch-liberalen politischen Ökonomie: Nicht das Mehrheitsprinzip, sondern "die Frage nach dem Konsens ist ... das tägliche Brot des Ökonomen. Er wird nicht zögern, auch staatliche Maßnahmen und Institutionen mit dieser Elle zu messen"[33]. Das Ziel sei die individuelle Freiheit: "Es geht um den mündigen Bürger - darum, ihn vor der Mehrheit und ihrem Staate zu schützen."[34]

Demgegenüber bleibt festzuhalten: Jedes rechtsstaatlich-demokratische Massenverfahren zur Entscheidungsfindung setzt Allgemeingültigkeit und Berechenbarkeit voraus, die in einem festgelegten System formaler Verfahrensnormen auszuzeichnen sind; qualitative Entscheidungs-

---

rie, die gerade diese Schwachpunkte weiterhin zentral mitträgt: U.**Rödel** u.a. (FN 18), S.45/46]. Die explizite Anwendung dieser Theorie, also gleichsam im Wege einer "reflexiven Schleife" (C.**Offe** (FN 11), S.179 ff) das Mehrheitsprinzip auf sich selbst anzuwenden, bedeutet aber auch (unabhängig von deren logischen Schwächen) letztlich die Suspendierung des durch das Grundgesetz wohlüberlegt festgeschriebenen Repräsentativsystems zugunsten identitärer Verfahren [dazu: W.**Schmitt Glaeser** (FN 11), S.212/213].

Das alles ist freilich nicht verwunderlich, denn "es gibt keine Lösung des Problems, die mit den Prämissen der Demokratie vereinbar wäre" (P.**Graf Kielmansegg** (FN 10), S.129 [erstaunlicherweise scheint der Autor aber noch auf S.121 seiner Abhandlung selbst von seiner späteren Einsicht nicht ganz überzeugt gewesen zu sein: "Wie das verfassungsrechtlich zu fassen wäre, muß hier offen bleiben."]).

29 E.**Weede**, Selbstgefährdungstendenzen von freiheitlichen Demokratien, in: FS für R.**Wildenmann**, Opladen 1986, S.83-96, S.83

30 F.A.**v.Hayek** und J.**Schumpeter**, zit.n.: R.**Vaubel**, Konsenspflicht aus ökonomischer Sicht: Die liberale Alternative, in: H.**Hattenhauer**/W.**Kaltefleiter** (Hrsg.), Mehrheitsprinzip, Konsens und Verfassung, Heidelberg 1986, S.115-135, S.127.

Ferner: W.**Leisner** (FN 23), S.297. [Vgl. in diesem Zusammenhang: FN 81 (Ernennung).]

31 "Indessen kommt es nicht nur darauf an, den Verantwortungssinn aller zu heben, sondern auch darauf, den Einfluß der Verantwortlichen zuungunsten der Unverantwortlichen zu verstärken, wenn der demokratische Staat nicht schließlich unterliegen soll. Diese Frage weist in manchen Ländern auf den gefahrenreichen, aber auf Dauer kaum zu umgehenden Weg von Verfassungsreformen, die den ehrlicherweise nicht zu leugnenden Gefahren des allgemeinen Wahlrechts entgegenwirken und eine wirkliche Regierung der Verantwortlichen ermöglichen. ... Andere Maßnahmen sind zu bedenken: eine vernünftige Festsetzung des Wahlalters, möglicherweise sogar eine Differenzierung des Wahlrechts, die etwa Familienvätern und den im Beruf Bewährten mehrere Stimmen geben würde" (W.**Röpke**, Civitas humana, Erlenbach/Zürich 1944, S.188). Beachte dazu ergänzend: FN 16 (Relativierung der Wahlrechtsgleichheit).

32 E.**Weede** (FN 29), S.85

33 R.**Vaubel** (FN 30), S.115

34 R.**Vaubel** (FN 30), S.123.

Ferner: W.**Leisner**, Die Demokratische Anarchie, Berlin 1982, insb. Teil V: Der Mehrheitsgrundsatz als Rechtsprinzip der Anarchie, S.108-149; J.M.**Buchanan**, Politische Ökonomie als Verfassungstheorie, Zürich 1990, insb. S.23 ff. - A.A., aus Sicht der 'Neuen Sozialen Bewegungen' gegen die ordoliberale Schule nunmehr parteiergreifend für das Mehrheitsprinzip: U.**Müller-Plantenberg**, Mehrheit und Minderheiten zwischen Markt und Plan, Leviathan **10**, S.239-253 (1982), m.w.Lit.

prinzipien vermögen diesen Ansprüchen nicht zu genügen. Das gilt auch für die Mehrheitsentscheidungen in übersichtlichen, kleinen Abstimmungskörpern, sofern nicht im freien Konsens aller Abstimmungsberechtigten für den Einzelfall etwas anderes beschlossen wird.

Kap.2 Die notwendigen Bedingungen für das Vorliegen eines demokratischen Systems (das 'formaldemokratische Mehrheitsprinzip')

Die Funktion politischer Entscheidungsverfahren ist nicht unabhängig vom öffentlich-politischen Raum, in dem sie wirksam sind. Neben der Teilhabe an Herrschaft und deren Kontrolle muß ein demokratisches System[35] - wie jedes andere politische System auch - Handlungsfähigkeit aufweisen. Dafür müssen in der Demokratie "die Geltungsgründe kollektiver Entscheidungen für alle zustimmungsfähig sein. Sie wären es nicht, wenn die Geltung aus inhaltlicher Richtigkeit hergeleitet würde. Sie sind es nur dann, wenn Geltung aus dem Verfahren, einer Entscheidungsregel hergeleitet wird."[36] Dieses kollektive, grundsätzlich einheitliche Entschei-

---

35 Es mag hier die Angabe der "drei Säulen", auf denen die Legitimität demokratischer Herrschaft ruhe, genügen: **(1.)** Mehrheitsprinzip (politische Effizienz);
(2.) Gleichheit der Stimmen (politische Gleichheit);
(3.) Minderheitenschutz (politische Freiheit).
Zu diesem Ansatz: H.**Oberreuter**, Mehrheiten und Minderheiten in der parlamentarischen Demokratie, in: ders. (Hrsg.), Wahrheit statt Mehrheit?, München 1986, S.67-84, insb. S.76 ff.

36 P.**Graf Kielmansegg** (FN 25), S.303.

'Mehrheit = Wahrheit'. Kann eine Mehrheitsentscheidung strukturell zugleich Aussagen über deren Wahrheitsgehalt zulassen? **(a)** Die o.g. Identität ist mit einem demokratisch-rechtsstaatlichen System unvereinbar: "Hat das Bestehende ebenso wie das Handeln der Mehrheit die Vermutung seiner Vernünftigkeit für sich, so erscheint die Ablehnung staatlicher Maßnahmen, etwa das Opponieren gegen eine Mehrheit, als Angriff auf das Bestehende, auf das Vernünftige. ... Damit erscheinen die Minderheiten nicht nur als Dissentierende, als Opposition, sondern als unvernünftig, gefährlich oder gar wahnsinnig. Erst eine Änderung der Mehrheitsverhältnisse wäre ein dialektischer Sprung, wobei nunmehr die Maßnahmen der neuen Mehrheit ihrerseits die Vermutung der Vernünftigkeit für sich hätten. Gerade eine solche Änderung zugunsten einer Ansicht, welche bislang in der Minderheit stand, muß jedoch zuvor im Gemeinwesen als Bedrohung des erreichten Fortschritts erscheinen, welche mit allen Mitteln zu verhindern ist. Das kann letztlich die Ausschaltung Dissentierender aus dem politischen Prozeß, gar ihre physische Eliminierung, rechtfertigen. ... Die Legitimation der Mehrheitsherrschaft durch vermutete Richtigkeit steht zu den Grundsätzen der Demokratie in einem unauflösbaren Gegensatz" (C.**Gusy**, Das Mehrheitsprinzip im demokratischen Staat, AöR **106**, S.329-354 (1981), S.341 [ebenso: C.**Gusy** (FN 1), S.140 ff]). Vgl. dazu ferner: J.**Habermas**, Volkssouveränität als Verfahren - Ein normativer Begriff von Öffentlichkeit, Merkur **43**, S.465-477 (1989), S.467/468.
(b) A.A., in der Tradition von J.J.**Rousseau** stehend, nach dem sich der Überstimmte in seiner Ansicht, was die (wahre) volonté générale sei, geirrt habe: H.**Krüger**, der die "Legitimation des Mehrheitsprinzips aus der zu erwartenden Richtigkeit seiner Entscheidungen" entnimmt (Allgemeine Staatslehre, Stuttgart 1964, S.284); ebenso: N.**Achterberg**, der annimmt, die Mehrheit biete "die größere Gewähr für die Richtigkeit der gefundenen Entscheidungen" (Parlamentsrecht, Tübingen 1984, S.585); tendenziell auch: W.**Starosolskyj** (FN 1), insb. S.102-120, wonach das Mehrheitsprinzip dem Ziel diene, "den besten Gesamtwillen zu erzeugen" (S.119); unklar auch: R.**Zippelius**, Demokratie und Meinungslenkung, JuS **5**, S.379-384 (1965), S.381; P.**Dagtoglou**, Kollegialorgane und Kollegialakte der Verwaltung, Stuttgart 1960, S.129/130. Weitere Literatur dazu: W.**Heun** (FN 1), S.84 ff. - Schließlich vertrat die (ehem.) DDR-Staatsrechtslehre das Prinzip 'Wahrheit = Mehrheit' (= Partei); sie vermochte damit den politischen Pluralismus zu entlarven als "ein Denken im Gegensatz zur Mehrheit der Bevölkerung" (E.**Poppe** (Hrsg.), Politische und persönliche Grundrechte in den Kämpfen unserer Zeit, Berlin (Ost) 1984, S.123).
(c) Eine bemerkenswerte Modifizierung für die Geltung der Richtigkeitsvermutung gibt P.**Dagtoglou** durch die Einführung einer weiteren Prämisse: "Es geht namentlich bei der Verwaltungsorganisation darum, möglichst die richtigste und zweckmäßigste Entscheidung zu treffen. ... In der Verwaltung handeln ... nur besonders qualifizierte Fachleute, ... grundsätzlich verantwortliche Beamte. Unter diesen Umständen verbürgt das Mehrheitsprinzip, daß die vermutlich richtigste und vernünftigste Meinung zum Beschluß des Kollegialorgans erwächst." (Kollegialorgane (s.o.), S.122)

dungsverfahren hat zu gewährleisten, daß kurzfristig und relativ kostengünstig, d.h. effizient, politische Entscheidungen in freiheitlichem und öffentlichem Rahmen getroffen werden können. Dabei ermöglicht "die nivellierende Wirkung des Gleichheitsgedankens ... die zahlenmäßige Zusammenfassung einzelmenschlicher Willen: Das Zählen von Stimmen."[37]

2.1. Das Mehrheitsprinzip als notwendige Bedingung für die Existenz eines demokratischen politischen Systems

Unter dem Zweck einer friedlichen und effektiven Entscheidungsproduktion sind zunächst drei prinzipiell verschiedene, formal-mechanisch wirkende (im Gegensatz zum unberechenbar-Spontanen, auch Gewalttätigen[38]) Entscheidungsverfahren denkbar, die, jedes für sich, bezüglich ihrer Anwendbarkeit in einem rechtsstaatlich-demokratischen System zu messen sind. In diesem Sinne ist dasjenige Entscheidungsverfahren unter der bestmöglichen Übereinstimmung mit den drei konstitutiven Grundsätzen der freiheitlichen Demokratie, nämlich politischer Effizienz, politischer Gleichheit und politischer Freiheit, zu bestimmen[39]:

(a) Das Minoritätsprinzip (Minderheitsentscheidung). Das Minoritätsprinzip erfüllt ersichtlich den Grundsatz *politischer Effizienz* umso besser, je kleiner die entscheidungsbefugte Minderheit ausfällt; das Optimum an Effizienz wird erreicht im Falle nur eines einzigen Entscheidungsträgers. (Allerdings stellt sich hier das Problem der Auswahl der Entscheidungsträger - es sind grundsätzlich viele verschiedene entscheidungsbefugte Minderheiten denkbar.) Minderheitsentscheidungen sind aber grundsätzlich unter dem Aspekt der *politischen Gleichheit* abzulehnen: Denn notwendige Voraussetzung für die Durchführung einer Minderheitsentscheidung in einem Wahlkörper ist die vorherige Auszeichnung einer (minoritären) Elite gegenüber allen anderen Abstimmungsberechtigten, indem ihr ein adäquat höheres Stimmengewicht zuzuordnen ist[40]. Das Minoritätsprinzip kann ersichtlich die *politische Freiheit* der Mehrheit einschränken; "eine von Eliten verwaltete Weisheit oder ein von Schamanen gehütetes Offenbarungswissen"[41] übergeht die Wünsche der vielen, die an der Bevorzugung nicht teilhaben.

(b) Das Konsensprinzip (Einstimmigkeitsentscheidung). Der Zwang zu einstimmigen Entscheidungen ist grundsätzlich unter dem Aspekt der *politischen Effizienz* abzulehnen: Es "vermag auch die umfassendste Erörterung eines Problems keineswegs zu garantieren, daß am Ende der Diskussion tatsächlich eine Einigung aller steht. ... Wegen der pluralen Interessenstruktur ist ein realer Konsens zumindest in wesentlichen Fragen kaum vorstellbar. ... Das Einigungsverfahren ist demnach kaum in der Lage, einen realen Konsens herbeizuführen; sollte

---

(d) Zur Theorie von M. de **Condorcet**, wonach das Mehrheitsprinzip die größte (mathematische) Wahrscheinlichkeit für eine wahre Entscheidung bietet: W.**Popp**, Soziale Mathematik der Mehrheitsentscheidung, in: A. **Podlech** (Hrsg.), Rechnen und Entscheiden, Berlin 1977, S.25-59, S.33 ff (Wahrheit und Wahrscheinlichkeit).

37 N.**Rothenstreich**, Mehrheitsherrschaft oder Herrschaft durch Prinzipien?, in: W.**Fach**/U.**Degen** (FN 15), S.43-60, S.44

38 "Der Gewaltverzicht ist die entscheidende ethische Voraussetzung, die von allen Gegnern in der Auseinandersetzung anerkannt werden muß. Denn ein wichtiger Zweck des Staates ... liegt darin, den Bürgern eine gewaltfreie Lösung ihrer politischen Meinungsverschiedenheiten zu garantieren" (W.**Becker**, Die Freiheit, die wir meinen, München 1982, S.71). Zum zentralen Stellenwert dieser "Friedensfunktion" des Staates auch: W. **Schmitt Glaeser** (FN 11), S.29 ff und S.226. - Dagegen zum Stellenwert des politisch unberechenbar Spontanen (innerhalb der Studentenschaft): FN II.57 (Kap.5).

39 Vgl. dazu: FN 35.

40 Zu dieser Darstellung der Minderheitsentscheidung als Abstimmungsverfahren im Wahlkörper mit unterschiedlich wohlgewichteten Einzelstimmen siehe bereits: A.**Tecklenburg**, Abstimmung und Ausschlag, Archiv für bürgerliches Recht **23**, S.360-410 (1904), S.361 ff (§ 2); ferner: die nachfolgende FN 46(b)

41 U.K.**Preuß** (FN 25), S.236

dieses gelingen, so haben sich wegen der langen Verfahrensdauer derart zahlreiche Sachzwänge eingestellt, daß eine konsensfähige Problemlösung tatsächlich kaum mehr möglich wäre. Entweder läßt das Erfordernis realer Übereinstimmung überhaupt keine Entscheidung zu, oder aber die Entscheidung kommt zu spät, um noch effektiv durchgesetzt werden zu können."[42] Einstimmigkeitsentscheidungen repräsentieren theoretisch optimal die *politische Gleichheit*. Probleme ergeben sich für den - wahrscheinlicheren - Fall, daß Konsens nicht zu erzielen ist: "Denn wenn ein Vorschlag bei nicht völliger Stimmengleichheit als zurückgewiesen gilt, so ist damit zwar die Vergewaltigung der Minorität verhindert, aber nun ist umgekehrt die Majorität durch diese vergewaltigt."[43] Das Konsensprinzip ist schließlich grundsätzlich unter dem Aspekt der *politischen Freiheit* abzulehnen: Denn insbesondere in Fällen unaufschiebbaren Entscheidungszwangs muß der gewünschten konsensuellen Entscheidung die Liquidierung sämtlicher dissentierender Minderheiten vorausgehen.

(c) Das Majoritätsprinzip (Mehrheitsentscheidung). Das Mehrheitsprinzip erfüllt grundsätzlich die Bedingungen *politischer Effizienz*[44]: "Als Folge der Geltung des Majoritätsprinzips

---

42 C.**Gusy** (FN 1), S.141/142.
Dieses Prinzip der Erzielung "konsensueller Wahrheit" zeigt auch einen der Schwachpunkte des rationalen, herrschaftsfreien Diskurses [dazu: FN 20 (Kap.1)] auf, der als eine Form des (in Einzelfällen ins Unendliche verschobenen) Konsensprinzips dargestellt werden kann.

43 G.**Simmel**, Soziologie, München/Leipzig 1908, S.187.
Ferner: P.**Dagtoglou** (FN 36), S.120 ff. - Insbesondere die Partei der 'Grünen' versuchte sich "in der Relativierung des Mehrheitsprinzips zugunsten einer stärkeren Geltung des Konsensprinzips" unter dem Gesichtspunkt des Minderheitenschutzes (J.**Huber**, Basisdemokratie und Parlamentarismus, in: W.**Kraushaar** (Hrsg.), Was sollen die Grünen im Parlament?, Frankfurt/M 1983, S.68-84, S.79). Dieser praktische Versuch einer grundsätzlichen Widerlegung der Implikation 'Demokratisches System ==> Mehrheitsprinzip' kann indes als gescheitert gelten: W.**Steffani** (FN 24), insb. S.3/4, in Rekurs auf W.**Sternstein**; auch: W.**Sternstein**, Keine Macht für niemand!, in: B.**Guggenberger**/C.**Offe** (FN 3), S.282-296, S.288 ff; schließlich: FN 7(b) (Kap.1).

44 **Das Mehrheitsprinzip als nicht-eindeutige Entscheidungsregel.** Auch die Anwendung des Mehrheitsprinzips garantiert nicht stets das gewünschte Zustandekommen einer logisch eindeutigen und konstruktiven Entscheidung. Unter Würdigung dieser Probleme erscheint die These von W.**Steffani** über "die formallogische Einfachheit ... der Mehrheitsregel" (Mehrheitsentscheidungen und Minderheiten in der pluralistischen Verfassungsdemokratie, ZParl **17**, S.569-586 (1986), S.575) in dieser Form wenigstens nicht haltbar.
(a) "Negative Mehrheiten" [dazu: H.J.**Varain**, Die Bedeutung des Mehrheitsprinzips im Rahmen unserer politischen Ordnung, ZfP **11**(NF), S.239-250, S.245; W.**Heun** (FN 1), S.128 ff; C.**Gusy** (FN 36), S.334] können Entscheidungen zwar verhindern, vermögen selbst aber keine konstruktiven Alternativen hervorzubringen.
(b) Die philosophischen "Aporien" hinsichtlich der Abstimmungstechnik [dazu: N.**Bobbio** (FN 3), S.124 ff; P.**Dagtoglou** (FN 36), S.136 ff] sind nicht stets logisch widerspruchsfrei entscheidbar; hierunter fällt auch das Problem der Wertung von Stimmenthaltungen.
(c) "Das Abstimmungsergebnis bei einer Mehrzehl von Alternativen hängt bei Inkonsistenz der Präferenzen von der Abstimmungsreihenfolge ab" (W.**Popp**/B.**Schlink**, Präferenztheoretische Bedeutung einer sozialen Wertordnung, in: A.**Podlech** (FN 36), S.61-86, S.66). Dieser Spezialfall des 'Arrow-Paradoxons' erscheint in verschiedenen Varianten: **(i)** Die Ausdifferenzierung von (Partei-)Entscheidungen in vollständig-lineare Präferenzen kann bei mehr als zwei Entscheidungsalternativen (Parteien) widersprüchliche Ergebnisse bringen; Beispiele dafür liefert das 'Borda-Paradoxon' [dazu: W.**Popp** (FN 36), S.50]. **(ii)** Die Ausdifferenzierung von Meinungen (d.h. die Zerlegung komplexer Meinungen in "elementare Aussagen") kann inkonsistente Ergebnisse bringen; Beispiele dafür liefert der 'Condorcet-Effekt' [dazu: W.**Popp** (FN 36), S.44 ff, S.51/52]. **(iii)** Die Ausdifferenzierung von Parteientscheidungen in zugrundeliegende Sachfragen ("issues") kann widersprüchliche Ergebnisse bringen; Beispiele dafür liefert das 'Ostrogorski-Paradoxon' [dazu: C.**Offe** (FN 11), S.163]. Beachte in diesem Zusammenhang auch die notwendige Unterscheidung zwischen "Einzelabstimmungen" und "Totalabstimmung" im rechtsprechenden Bereich erkennender Kammern und Senate: F.**Haymann**, Die Mehrheitsentscheidung, in: FS für R.**Stammler**, Berlin/Leipzig 1926, S.395-476, Teil I). - Diese Fragen mathematisch zusammenfassend (m.w.Lit.): A.K.**Sen**, Collective Choice and Social Welfare, San Francisco/Cambridge/London/Amsterdam/Edinburgh/London 1970; H.-M.**Winkels**, Eine mathematische Theorie über die Entscheidungsfindung durch Abstimmung, [math.Diss.] Meisenheim 1977; L.**Kern**, Sind demokratische Entscheidungsregeln verfälschungsfrei?, PVS **20**, S.330-356 (1979).

in der Gruppe erscheint in erster Linie die Sicherung der Willens- und Handlungsfähigkeit des Gruppenganzen"[45]. Das Majoritätsprinzip entspricht realisierter *politischer Gleichheit*, "denn wenn jeder Meinungsäußerung gleiches Gewicht zugestanden wird, dann muß die Meinung von mehr als der Hälfte ein größeres Gewicht haben als die Meinung von weniger als der Hälfte"[46]. Das Mehrheitsprinzip kann schließlich bei verantwortungsbewußter Anwendung in demokratischer, humaner Gesittung - d.h. politischer Kultiviertheit in der Zivilgesellschaft - *politische Freiheit* grundsätzlich für alle garantieren, denn "der Verzicht auf den Konsens bei der Sachentscheidung sichert der Minderheit das Recht, ihren Widerspruch auch nach der Entscheidung beizubehalten. ... Die Mehrheit entscheidet für das Ganze, aber sie wird damit nicht zum Ganzen. Der widerstrebende Teil bleibt als solcher bestehen und braucht auch die Demütigung nicht hinzunehmen, die in der Fiktion allgemeiner Übereinstimmung nach einer Mehrheitsentscheidung läge."[47] - Die allein formale Anwendung des Mehrheitsprinzips kann dagegen eine gravierende Reduzierung von Freiheit für (politische) Minderheiten zu Folge haben[48].

---

45 W.**Starosolskyj** (FN 1), S.133.
Ferner: Die "Anerkennung der Mehrheitsentscheidung ist Ausfluß der nüchternen Überlegung, daß eine politische Herrschaft Handlungsfähigkeit besitzen muß, die ihr genommen wird, wenn ein 'liberum veto' jede Bewegung hemmen kann" (H.J.**Varain** (FN 44), S.249). "Indessen hat sich ja die romantische Idee des 'ewigen Gesprächs' in den Parlamenten keineswegs inkarniert. ... Eine jede Debatte endet damit, daß statt Gründen Hände aufgezeigt werden. Die Stimmen werden nicht mehr gewogen, sondern gezählt. Die Abstimmung ist der 'dezisionistische' Akt, mit dem in der Demokratie die Debatte beendet wird." (H.**Lübbe**, Zur Theorie der Entscheidung, in: ders., Theorie und Entscheidung, Freiburg 1971, S.7-31, S.29 [als negatives Beispiel dazu: FN 77 (Kap.3)]) - A.A.: "Eine Minderheit, die staatliche Eingriffsrechte ablehnen oder widerrufen kann, etabliert nicht Herrschaft, sondern wendet Herrschaft ab. Ihr Veto ist nicht offensiv, sondern defensiv. Sie legt daher auch niemanden lahm, sondern versagt nur ihre Mitwirkung." (R.**Vaubel** (FN 30), S.123 ff)
Als "negatives Minoritätsprinzip" kann ein Quorum wirken: Denn ein für das Zustandekommen einer Entscheidung vorgeschriebenes Quorum kann eine "Blockade von Entscheidungsproduktion" durch kompromißlose Minderheiten gegen die Mehrheit herbeiführen [vgl. dazu: C.**Offe**, Besprechung von W.**Heun** (FN 1), DuR **12**, S.356-359 (1984); der Verfasser erblickt darin gar eine legitime Variante des Minderheitenschutzes].

46 A.M.**Honoré**, Die menschliche Gemeinschaft und das Prinzip der Mehrheitsregel, in: FS für H.**Schelsky**, Berlin 1978, S.229-247, S.234.
(a) Die Gleichheit der Stimmen ist somit charakteristisch für das Mehrheitsprinzip im repräsentativ-parlamentarischen Raum gemäß der gleichzeitigen Gültigkeit der beiden Aussagen:

(MP)		M ist Mehrheit von (gleichen) Abstimmungsberechtigten
	==>	M ist Entscheidungsmehrheit.
(nonMP)		M ist Mehrheit von spezifisch ungleichen Abstimmungsberechtigten
	=/=>	M ist Entscheidungsmehrheit.

(b) Beispiele für spezifisch ungleiche Abstimmungsberechtigte, für die i.a. andersartige Repräsentationsprinzipien zugrunde liegen: **(i)** die nach Aktienbesitz erfolgende Repräsentation der Aktionäre in Aktionärsversammlungen [dazu: N.**Bobbio** (FN 3), S.112]; **(ii)** die staatenweise Repräsentation der Weltbevölkerung in den Vereinten Nationen [dazu: H.A.**Schwarz-Liebermann v.Wahlendorf**, Mehrheitsentscheid und Stimmenwägung, Tübingen 1953, insb. Kap.IX und Kap.X]; **(iii)** die staatenweise gewichtete Repräsentation der EG-Bevölkerung im Europäischen Parlament [dazu: U.**Scheuner**, Der Mehrheitsentscheid im Rahmen der demokratischen Grundordnung, in: FS für W.**Kägi**, Zürich 1979, S.301-325, S.304 ff]; **(iv)** die länderweise ("bündische") Repräsentation der Bundesbevölkerung im Bundesrat gemäß Art.51 Abs.2 und Abs.3 GG [dazu: C.**Gusy** (FN 36), S.336; H.-P.**Schneider**, Die bundesstaatliche Ordnung im vereinten Deutschland, NJW **44**, S.2448-2455 (1991), S.2451]. - Zum Problem ferner: U.K.**Jacobs**, 'Man soll die Stimmen wägen und nicht zählen' - Über fragwürdige Begrenzungen des Mehrheitsprinzips, NJW **42**, S.3205-3208 (1989); auch: FN 13, FN 16 (Kap.1).

47 J.**Schmude**, Mehrheitsprinzip und Gewissensentscheidung, in: FS für R.**Wassermann** (FN 16), S.209-216, S.210

48 Siehe dazu (Freiheitsreduzierung durch das Mehrheitsprinzip): Kap.3.1.; FN 3(b) (Kap.1); für Beispiele: Kap.5; Kap.7; Kap.17; Kap.18.
Selbst eine sich numerisch verkleinernde dissentierende Minderheit (deren Freiheit offensichtlich durch das Überstimmtwerden beschränkt wird) kann nicht als hinreichende Bedingung für wachsende Freiheit als Selbstbestimmung der Gesamtheit im Abstimmungsverfahren herhalten: "In der Regel erhebt sich ... bei wachsenden Mehrheiten, besonders denen, die nahe an die Einstimmigkeit heranreichen, ... der Verdacht, die Stimmabgabe

- Das alles bedeutet mit anderen Worten, "daß das Mehrheitsprinzip notwendig ... für die Demokratie ist"[49]. Damit ist allerdings noch nichts über die konkrete Form für die Realisierung des Mehrheitsprinzips ausgesagt. Das geschieht im folgenden für den rechtsstaatlichen Fall:

2.2. System- und verfahrenstechnische Voraussetzungen für die rechtsstaatliche Anwendung des Mehrheitsprinzips: das 'formaldemokratische Mehrheitsprinzip'

Das Mehrheitsprinzip ist "in erster Linie ein politisches Formprinzip und daher dem politischen Raum angemessen"[50], natürlich auch dem nicht-demokratischen; es ist damit ohne geeignete weitreichende formale und materiale Einschränkungen nicht hinreichend für die Demokratie, d.h. "das Mehrheitsprinzip kann unmöglich den Wesensgehalt der Demokratie ausfüllen"[51]. Das Mehrheitsprinzip als rechtsstaatliches Institut verlangt zunächst die einschränkende Vorgabe eines nachprüfbar und berechenbar festgelegten allgemeingültigen Verfahrensrahmens, der das Entscheidungsverfahren sinnvoll und effektiv anwendbar macht sowie verfahrenstechnische Willkür bei der Herstellung von Entscheidung ausschließt; erst dieses 'quantitative' Minimum macht das Mehrheitsprinzip verträglich mit dem Grundsatz rechtsstaatlicher Gleichheit und liefert die Voraussetzungen für die Friedensfunktion des Willensbildungsprozesses:

(a) Logische Prämissen. Das Mehrheitsprinzip ist nur durchführbar im Falle von mehr als zwei Abstimmenden (andernfalls ist es identisch mit dem Konsensprinzip).

Die Anwendung des Mehrheitsprinzips setzt die Präsentation zweier unterschiedlicher Alternativen zur Abstimmung voraus[52]. Damit müssen andererseits aber auch diejenigen Bereiche, in denen überhaupt nur eine einzige Entscheidung prinzipiell als richtig oder möglich denkbar ist - also die Bereiche der Wahrheit und des Glaubens[53] -, einer Behandlung durch das Mehrheits-

---

sei nicht frei gewesen" (N.**Bobbio** (FN 3), S.114 [in kritischer Replik auf: H.**Kelsen**, Allgemeine Staatslehre, Berlin 1925, insb. S.322 ff]). Siehe als typisches Beispiel dafür nachfolgend: die "Vollversammlungs-Demokratie" an den Universitäten: FN III.87 (Kap.11).

49 N.**Bobbio** (FN 3), S.118.

Umgekehrt folgt aus der alleinigen, formal korrekten Anwendung des Mehrheitsprinzips im öffentlichen Raum nicht einmal die Garantie der Durchführung eines demokratischen Abstimmungsverfahrens - geschweige denn, die Existenz eines Legitimität verleihenden übergeordneten zivilen, demokratischen Systems -, wie das Beispiel der formal-korrekten Beschlußfassung (unter vorheriger zwangsweiser Reduzierung des Abstimmungskörpers) über das "Gesetz zur Behebung der Not von Volk und Reich" am 24.3.1933 (RGBl.I, S.141 (1933)) durch den Deutschen Reichstag zeigt. Vgl. für weitere Beispiele: FN 4 (Kap.1).

Undurchsichtig in diesem Zusammenhang: "Recht und Rechtsgehorsam, Mehrheitsregel und der Respekt vor Mehrheitsentscheidungen" erscheinen "nicht als absolute Größen, sondern als notwendige, aber nicht hinreichende und jedenfalls nicht unabänderliche Rahmenbedingungen für die demokratische 'Projektarbeit'." (G. **Frankenberg**, Der zivile Ungehorsam auf dem Rechtsweg, in: R.**Roth**/D.**Rucht** (FN 4), S.524-538, S.532)

50 U.**Scheuner** (FN 46), S.315

51 R.**Laun**, Mehrheitsprinzip, Fraktionszwang und Zweiparteiensystem, in: GS für W.**Jellinek**, München 1955, S.175-194, S.191.

Über die mannigfachen historischen Beispiele für die Anwendung des Mehrheitsprinzips in nicht-demokratischen Bereichen: O.**v.Gierke**, Über die Geschichte des Majoritätsprinzips, Schmollers Jahrbuch **39**, S.565-582 (1915); U.**Scheuner**, Das Mehrheitsprinzip in der Demokratie, Opladen 1973, Teile II und III; umfangreicher: W.**Heun** (FN 1), Teil II; H.**Hattenhauer**, Zur Geschichte von Konsens- und Mehrheitsprinzip, in: H.**Hattenhauer**/W.**Kaltefleiter** (FN 30), S.1-22. - Als aktuelles Beispiel dafür aus dem Hochschulbereich: Kap.7.

52 Auf die logischen Probleme/"Aporien" des Mehrheitsprinzips [dazu: FN 44] sei hier erneut hingewiesen.

53 **Bereiche des Unabstimmbaren (im öffentlichen Raum).** "Die politische Entscheidung kann also nicht nach Wahrheit, sondern immer nur nach Gültigkeit streben ... Dagegen verbirgt sich hinter Wahrheitsansprüchen in der Politik stets ein weltanschaulicher Totalitätsanspruch" (H.**Oberreuter** (FN 35), S.71). Dazu ferner: FN 36. Vgl. auch, Bezirke des "Unabstimmbaren" abgrenzend: BVerfGE **35**, 79 [151]; ebenso: U.**Scheuner**, Konsens und Pluralismus als verfassungsrechtliches Problem, in: G.**Jakobs** (Hrsg.), Rechtsgeltung und Konsens, Berlin 1976, S.33-68, S.64. Schließlich, allerdings nicht unstrittig: "Fragen von ... nationaler Natur oder Wirkung [sind] der Anwendbarkeit des Mehrheitsgrundsatzes entzogen" (H.**Krüger** (FN 36), S.285).

prinzip verschlossen bleiben. Das Mehrheitsprinzip muß schließlich dem direkten oder indirekten Rückgriff auf sich selbst verwehrt bleiben (Selbstkonsistenz): "Die Mehrheit bleibt an die Voraussetzungen gebunden, denen sie selbst ihr Entscheidungsrecht verdankt."[54]

(b) Neutrale Festlegung der Wahl- und Abstimmungskörper. Entscheidungskompetenz kann nur willkürfrei fixierten Wahl- und Abstimmungskörpern zukommen; diese erzeugen "verfaßte Mehrheiten" und zu diesen komplementäre "verfaßte Minderheiten"[55]. Eine solche Festlegung der Abstimmungskörper ist demnach keine Funktion der Abstimmungen selbst, d.h. die Abstimmungsberechtigung ist nicht kurzfristig in Abhängigkeit vom Abstimmungsthema festzulegen.

(c) Voraussetzungen der Gleichheit. Die Anwendung des Mehrheitsprinzips setzt als Prinzip des Stimmenzählens diesbezüglich die formal-arithmetische, *strikte Gleichheit* aller Abstimmungsberechtigten voraus; diese Gleichheit umfaßt die Gleichheit der Teilnahmeberechtigung an der Abstimmung (insbesondere die Verfahrenskenntnis) bis zur Gleichheit der Stimmen selbst. (Dieses jedem Mehrheitsentscheid zugrunde liegende rein formale, größere zahlenmässige "Gewicht" vermag logisch nicht zugleich die Vermutung größerer "Vernünftigkeit" oder "Richtigkeit" des materialen Inhalts *einer spezifischen* Entscheidung zu rechtfertigen.)

Im Spezialfalle nach dem Mehrheitsprinzip beschließender Organe erfolgt die Bestimmung von deren Mandatsträger mittels allgemeiner, freier, gleicher und geheimer Wahlen[56]. Solche Wahlen sichern im Zeitpunkt der Stimmabgabe, und auch nur zu diesem Zeitpunkt, die formale Gleichheit von Mehrheit und Minderheiten; die periodische Abhaltung sichert das grundsätzliche Vorhandensein der vollständigen Anzahl der Mandatsträger über die Zeit[57]. Gemäß dem

---

Als gewiß nicht ohne weiteres in diese Kategorie des Unabstimmbaren fallend, sei die Suspendierung des Mehrheitsprinzips im Falle vorgeblich anliegenden "Sachzwangs" erwähnt. - A.A.: A.F.**Utz**, Das Mehrheitsprinzip in der Demokratie - Besprechung von W.**Heun** (FN 1), ARSP **73**, S.526-540 (1987), S.536.

54 P.**Graf Kielmansegg** (FN 10), S.104.

Auch: "Die Regeln prozeduraler Gleichheit sind der Disposition der Mehrheit entzogen" (G.**Frankenberg** (FN 25), S.274 [wobei die Quellenangabe fehlt; nämlich: U.K.**Preuß** (FN 25), S.237]). Als Beispiel: FN 28 (Kap.1).

55 P.**Graf Kielmansegg** (FN 25), S.316.

Ebenso: P.**Graf Kielmansegg**, Verfaßte und nichtverfaßte Mehrheiten, in: ders. (FN 10), S.188-191. Das gilt nicht nur für parlamentarisch-repräsentative Systeme; auch "für eine Basisdemokratie ist es ... wichtig zu wissen, welche Basis wofür maßgeblich ist und wodurch welche Basis in ihr Recht gesetzt wird" (J.**Huber** (FN 43), S.76). - Siehe dagegen aber hinsichtlich der Basisbestimmung ungeordnete Realisierungsversuche der identitären Demokratie: FN 24 (Kap.1).

56 Es sind dies die demokratischen Wahlrechtsgrundsätze (Art.38 Abs.1 GG, mit Ausnahme der Unmittelbarkeit). Dabei normiert der Grundsatz der 'Allgemeinheit der Wahl' willkürfrei insbesondere Inhalt und Grenzen der Abstimmungsberechtigung [dazu: Kap.15.1., m.w.Lit.].

Die für die Demokratie charakteristische, streng formale politische Gleichheit liefert bereits "die für das Mehrheitsprinzip in der Demokratie charakteristische Verbindung der Gleichheit der Stimmen in einer Repräsentativversammlung zu der Gleichheit der Stimmen in der Zusammensetzung der Wählerschaft" (U.**Scheuner** (FN 51), S.46). Für die Gültigkeit dieser Aussage ist die Voraussetzung der Existenz einer "Repräsentativversammlung" notwendig: denn allein aus der Anwendung des Mehrheitsprinzips durch eine Gruppe gleicher Abstimmungsberechtigter im demokratischen Verfahren folgt i.a. nicht die Gültigkeit der formal-arithmetischen Wahlrechtsgleichheit [als einem Grundpfeiler der repräsentativen Demokratie: BVerfGE **1**, 208], wie das Beispiel der korporativen Wahlen der Gruppenuniversität zeigt (BVerfGE **35**, 79; §§ 38, 39 HRG (= FN III.93) [dazu ausführlicher: Kap.14.2.2.]).

57 Die Begründung für die Periodizität der Wahlen liegt also zunächst in der formalen Willkürfreiheit bei der Absicherung der Möglichkeit des ständig (annähernd) vollzähligen Vorhandenseins der Mandatsträger im Sinne der Wahlbestandssicherung [dazu: Kap.13.2.1.]; denn diese Berechenbarkeit der Periodizität minimiert Maniulationsmöglichkeiten in Form ansonsten unumgänglicher unregelmäßiger Nach- und Ergänzungswahlen.

A.A.: C.**Gusy** (FN 36), S.347, der die Periodizität der Wahlen ausschließlich als eine Legitimationsfunktion für die Anwendung des Mehrheitsprinzips sieht [dazu: Kap.4.1.(c).].

Kriterium (a) muß zudem ein Wahlverfahren angewandt werden, das zumindest einen Ausschnitt der Pluralität der Kandidierenden in der Mandatsverteilung in der Regel garantiert.
(d) Beschränktheit des Verfahrens. Die Anwendung des Mehrheitsprinzips als öffentlicher Vorgang ist grundsätzlich beschränkt auf die Bildung eines Allgemeinwillens im öffentlich-politischen Raum[58]. Außerhalb des Zugriffs von Mehrheitsentscheidungen stehen darüber hinaus verfahrensimmanente Grundlagen der Gleichheit gemäß dem Kriterium (b), Grundlagen der Freiheit (ungehinderte und folgenlose Möglichkeit der Artikulation und Teilnahme der Berechtigten am Abstimmungsverfahren[59]) sowie die Neutralität des Verfahrens als solches (Bedeutung garantierter Form und Berechenbarkeit); dem Mehrheitsprinzip sind ferner alle diejenigen Gebiete entzogen, deren Entscheidungen eigens dafür eingerichteten, weiteren Spruchkörpern überantwortet sind (z.B. im Bereich der Rechtsprechung): *Anwendungsbeschränktheit.*
Das solcherart normierte Abstimmungsverfahren muß innerhalb beschränkter Zeit durchführbar und abgeschlossen sein: *zeitliche Beschränktheit*[60].
(e) Begrenzung des konkreten Entscheidungsinhalts. "Die Feststellung der Mehrheit bedarf eines Bezugspunktes, für den die Mehrheit ermittelt oder gebildet werden kann. Nur jeweils eine Frage kann einem Parlament oder einem Volk vorgelegt werden, die einem Mehrheitsbeschluß zugeführt werden soll"[61]: *inhaltliche Beschränktheit.*
Die hierbei für das Abstimmungsergebnis unter Umständen nicht unwesentliche Formulierungs- und Reihungskompetenz kann aber durch Mehrheitsentscheid erteilt werden.
(f) Bindungswirkung und Dauerhaftigkeit (Effizienz). Die notwendige Bindungswirkung einer Mehrheitsentscheidung für das Ganze setzt das Vorhandensein einer i.a. kodifizierten Rechtsordnung voraus, die im Einzelfalle Zwangsmittel für die Durchsetzung zur Verfügung stellen kann[62]. Die Bindungswirkung erstreckt sich dabei im demokratischen Falle ausschließlich auf die Gruppe derjenigen Bürger, deren Abstimmungsberechtigte mittelbar (Wähler) oder

---

58 **Bereiche des Unabstimmbaren (im nicht-öffentlichen Raum). (i)** "Individualfreiheit ist das Nicht-Abstimmbare. Sie unterliegt nicht dem Mehrheitsprinzip. Sie würde denaturiert, wenn sie demokratisiert würde, wenn also der Staat den einzelnen nötigte, sie in ein Kollektiv einzubringen und dessen Mehrheitsdisposition zu überantworten - auch dann, wenn er zum Ausgleich ein Stimmrecht im Kollektiv erhielte. Mitbestimmung wiegt Selbstbestimmung nicht auf" (J.**Isensee** (FN 21), S.164 [vgl. dazu auch: FN 21 (Kap.1)]). Weitergehend zur Unabstimmbarkeit der Grundrechte: FN 111 (Kap.4). **(ii)** "Gebiete des physischen Könnens und des religiös-sittlichen Empfindens ... sind ... der Anwendung des Mehrheitsprinzips verschlossen" (W.**Starosolskyj** (FN 1), S.167). **(iii)** "Wo freilich, etwa im Gebiet von Wirtschaft und Erziehung, die Grenzen liegen, bleibt eine ... schwere Frage, die hier nicht näher behandelt werden kann" (U.**Scheuner** (FN 51), S.60 ff).
Zum Problem allgemeiner: C.**Offe** (FN 11), S.171; U.**Scheuner** (FN 53), S.64; zu Konsequenzen für die diesbezügliche Abgrenzungsproblematik: C.**Graf v.Krockow**, Gewalt für den Frieden?, DnO **37**, S.113-120 (1983), S.116 ff; C.**Graf v.Krockow**, Parlamentarische Mehrheitsdemokratie, in: APUZ 5/1984, S.41-43.
59 Die Ausschaltung direkter und "indirekter Abhängigkeits- und Beeinflussungsverhältnisse" garantieren vor allem die demokratischen Wahlrechtsgrundsätze (FN 56); vgl. auch C.**Offe** (FN 11), S.153.
60 Unter diesem Gesichtspunkt (daß also die Stimme nicht zu lange vor dem eigentlichen Wahltermin abgegeben werden darf) ist z.B. die Briefwahl zu betrachten: W.**Heun** (FN 1), S.166; unter dem Aspekt der Gleichheit dürfen Briefwahlstimmen erst nach Beendigung des gesamten Wahlgangs ausgezählt werden.
61 W.**Heun** (FN 1), S.130.
Es kann allerdings sehr wohl die Reihenfolge der zur Abstimmung gestellten Alternativen das Ergebnis beeinflussen. Als Beispiel: W.**Popp**/B.**Schlink** (FN 44), S.66.
62 In den angegebenen, rein formalen Zusammenhang fallen explizit keine Betrachtungen über eine Legitimation der Bindungswirkung. Die Bindungswirkung ist nichtsdestoweniger charakteristischer Bestandteil des Mehrheitsprinzips; könnte nämlich eine Mehrheitsentscheidung dissentierende Minderheiten und Nichtabstimmende nicht binden, so behielte sie nur Gültigkeit für die ohnehin Zustimmenden und Gleichgültigen und degenerierte also zum Konsensprinzip mit variablem und reduziertem Abstimmungskörper; letzteres ist aber gerade eine der Voraussetzungen der das Mehrheitsprinzip in Frage stellenden Konsenstheorie der politischen Ökonomie [beispielhaft: R.**Vaubel** (FN 30)].

unmittelbar (Mandatsträger) "zur Entscheidung ein und derselben Frage aufgerufen"[63] waren sowie, im Falle fortdauernder Gültigkeit, auf die Teilgruppen der in diesen Bereich später neu Hinzukommenden mit dem Zeitpunkt ihres Eintritts.

- Im Mehrheitsprinzip - unter der genannten rechtsstaatlichen Ausformung als *formaldemokratisches Mehrheitsprinzip* - artikuliert sich somit der eine (relevante) Wille des Abstimmungskörpers, und nur dieser Wille wird zunächst wirksam. Daraus ist nicht zu erschließen, daß allen Abstimmenden genau dieser Wille zugemessen werden darf; dissentierende Willen können vielmehr prinzipiell auch nach erfolgter Mehrheitsentscheidung als solche fortbestehen. Im Mehrheitsprinzip liegt, wie gezeigt, die Notwendigkeitsbedingung: "Zu den fundamentalen Prinzipien der Demokratie gehört das Mehrheitsprinzip."[64] Daher legt *jede* Relativierung der Geltung des Mehrheitsprinzips im öffentlichen Raum - auch sich unter qualitativer Umhüllung (die auf das Minoritätsprinzip hinauslaufen kann) oder diskurslegitimatorischer Aussetzung (die auf das Konsensprinzip hinausläuft) darstellende - die Axt an die Wurzeln der Demokratie. Das Mehrheitsprinzip ist allerdings auch unter seiner quantitativen, formal-rechtsstaatlichen Ausformung nicht hinreichend für die Demokratie: Selbst das 'formaldemokratische Mehrheitsprinzip' zerfällt nämlich in zwei (nicht stets eindeutig gegeneinander abgrenzbare) Ausprägungen, weil die genannten formaldemokratischen Voraussetzungen allein sowohl in einigen nichtdemokratischen Systemen realisierbar sind[65] als auch in allen demokratischen: Es spaltet sich auf in das totalitäre *dichotome Mehrheitsprinzip* und das zivilgesellschaftliche *materiale Mehrheitsprinzip*. Diese prinzipielle Verschiedenheit wird zentral hervorgerufen durch die unterschiedlich mögliche Legitimation der politischen Effizienz des Mehrheitsprinzips, nämlich im ersten Falle durch reine Macht, im zweiten durch einen Grundkonsens ziviler Kultiviertheit:

Kap.3 Die totalitäre Ausformung des 'formaldemokratischen Mehrheitsprinzips' (das 'dichotome Mehrheitsprinzip')

Eine rein formale, rechtsstaatliche Demokratie, vom Werterelativismus geleitet, vermag dem 'formaldemokratischen Mehrheitsprinzip' zivilgesellschaftlichen Gehalt nicht zwingend zu verschaffen. So erscheint es etwa angemessen, unter der Einschränkung des bereits angegebenen formaldemokratisch-rechtsstaatlichen Verfahrensrahmens und unter der zusätzlichen Voraussetzung antagonistischer Zersplitterung des Abstimmungskörpers in eine disziplinierte, festgefügte und dauerhafte absolute Mehrheit einerseits sowie weitere Minderheiten andererseits das Mehrheitsprinzip als 'dichotom' zu bezeichnen.

3.1. Das 'dichotome Mehrheitsprinzip'

Das 'dichotome Mehrheitsprinzip' rekurriert nicht auf Fragen seiner demokratischen Legitimation, auf ethische Werte oder einen Rahmen pluralistischer ziviler Kultiviertheit des Systems; es wirkt vielmehr streng quantitativ auf der Grundlage reiner Macht einer stabilen Mehrheit und

---

63 BVerfGE **1**, 14 [LS 15].
Ebenso: H.J.**Varain** (FN 44), S.244.

64 BVerfGE **29**, 154 [165] [unter Hinweis auf: BVerfGE **1**, 299 [315]].
Erstmals umfassender: BVerfGE **44**, 125 [141 ff]; dazu: P.**Häberle**, Öffentlichkeitsarbeit der Regierung zwischen Parteien- und Bürgerdemokratie, JZ **32**, S.361-371 (1977), S.363/364.

65 Dieser Sachverhalt wird in den nachfolgenden Kap.5 und Kap.7 am Beispiel der Verfaßten Studentenschaft der Johann Wolfgang Goethe-Universität zu Frankfurt am Main aufgezeigt werden.

erzeugt in seiner Art eine totalitäre Ausformung des formalen Gesetzespositivismus, "der seine Legitimation allein aus dem Prinzip der Mehrheitsentscheidung bezieht und zu dem Schluß kommen muß: Alles, was eine Mehrheit beschließt, ist rechtens"[66], die politischen Minderheiten zählen nichts mehr. Es ist dies eine bittere Frucht der strengen 'Formaldemokratie'.

Als konstitutiv für das Vorliegen des 'dichotomen Mehrheitsprinzips' erscheinen:

(a) Fundamentale formale Verfahrensloyalität. Alle das 'formaldemokratische Mehrheitsprinzip' definierenden (quantitativen) verfahrensmäßigen Voraussetzungen behalten ihre strenge Gültigkeit und Wirksamkeit. Insbesondere ist die Mehrheit, ebenso wie die beteiligten Minderheiten, während der Entscheidungsproduktion an das festgelegte fundamentale, formaldemokratische Abstimmungsverfahren gebunden; die Mehrheit alleine ist grundsätzlich nicht befugt, diesen vorgegebenen formalen Rahmen einseitig zu verändern.

(b) Existenz stabiler Dominanz. Der Abstimmungskörper ist stabil und dauerhaft segmentiert in eine nach außen homogen wirkende *absolute* Mehrheit der Mitglieder sowie weitere Minderheiten; eine nur relative Mehrheit könnte diese absolute Dominanz gegen die Minderheiten nicht stets erreichen, weil alle Minderheiten zusammengenommen fähig wären, die nur relative Mehrheit zu überstimmen ("negative Mehrheit"). Politisch erfolgt die Ausbildung der Trennung der beteiligten Individuen in "Freund und Feind"[67].

(c) Fehlen eines ethischen Grundkonsenses. Ursache der dichotomen Zerspaltung des Abstimmungskörpers ist das Fehlen von gegenseitigem "Vertrauen, das den Konsens begleitet und trägt"[68] zwischen der Mehrheit einerseits und den übrigen Minderheiten andererseits. Die Stelle grundlegender ziviler Gemeinsamkeiten und universeller Werte nimmt nunmehr ein allzeit anwendbarer, charakteristischer, binärer Entscheidungsmodus ein, entstanden aus der maximal möglichen "Reduzierung komplexer Strukturen auf ein dichotomes Freund-Feind-Schema"[69] im Abstimmungskörper in (wahre) Mehrheitsposition und (falsche) Minderheitspositionen.

---

66 T.**Maunz**, Grundgesetzliche Schranken einer Wahlrechtsreform, in: M.**Hättich** (u.a.), Wahlrecht und Wahlgerechtigkeit, Karlsruhe 1970, S.49-60, S.53.
Dies kann totalitäre Entartung bedeuten, wenn der Relativismus sich bereit zeigen muß, "jeder politischen Auffassung, die sich die Mehrheit verschaffen konnte, die Führung im Staate zu überlassen, weil sie [die relativistische Demokratie, P.K.] ein eindeutiges Kriterium für die Richtigkeit politischer Anschauungen nicht kennt" (G.**Radbruch**, Rechtsphilosophie, 3.Aufl. Leipzig 1932, im Vorwort). Vgl. dazu auch: T.**Maunz**/R.**Zippelius**, Deutsches Staatsrecht, 28.Aufl. München 1991, S.87.

67 Die dem zugrunde liegende politische Theorie lieferte bekanntlich 1927 C.**Schmitt**: "Die spezifische politische Unterscheidung, auf welche sich die politischen Handlungen und Motive zurückführen lassen, ist die Unterscheidung von Freund und Feind. ... Der politische Feind ... ist eben der andere, der Fremde, und es genügt zu seinem Wesen, daß er in einem besonders intensiven Sinne existentiell etwas anderes und Fremdes ist, so daß im extremen Fall Konflikte mit ihm möglich sind, die weder durch eine im voraus getroffene generelle Normierung noch durch den Spruch eines 'unbeteiligten' und daher 'unparteiischen' Dritten entschieden werden können." (Der Begriff des Politischen, München/Leipzig 1932, S.26/27 [Die hiernach mögliche <u>beliebige</u> (politische, nicht existentielle!) Vernichtung des "Feindes" kann nicht nach dem 'dichotomen Mehrheitsprinzip' erfolgen aufgrund dessen Verfahrensbindung.]); siehe dazu auch: C.**Schmitt**, Legalität und Legitimität (FN 13). Kritisch dazu exemplarisch: H.**Hofmann,** Legitimität gegen Legalität, 2.Aufl. Berlin 1992, S.101 ff.

68 H.**Huber**, Vertrauen und Vertrauensschutz im Rechtsstaat, in: FS für W.**Kägi** (FN 46), S.193-207, S.195. Ähnlich Vertrauen als "Grundelement[e] für die Konstitution des Rechtsstaates als auch des politischen Prozesses der Demokratie" auszeichnend: E.**Denninger**, Verfassungstreue und Schutz der Verfassung, VVDStRL **37**, S.7-51 (1979), S.27. Vgl. ferner: C.**Gusy** (FN 36), S.337; G.**Szczesny** (FN 21), S.149. - Spezieller ist bereits für das Zustandekommen eines rationalen Diskurses das Vertrauen in die "Wahrhaftigkeit der beteiligten Subjekte" konstitutiv: J.**Habermas** (Wahrheitstheorien, FN 20), S.221, S.224.

69 P.**Waldmann**, Wann schlagen politische Protestbewegungen in Terrorismus um?, in: A.**Randelzhofer**/W.**Süß** (FN 4), 399-428, S.408.
D.h. die Gesamtheit der Abstimmungsberechtigten erscheint derart inhomogen, daß der Gegensatz zwischen den originären Interessen von Mehrheit und Minderheiten "als fundamental, dauerhaft und ausschließlich an-

(d) Bindungskraft des formalen Gesetzespositivismus. Dieselbe Mehrheit erzeugt alle Legalität. Jedem Mehrheitsentscheid kommt stets Bindungswirkung zu für alle Normunterworfenen, ebenso wie abstimmungsbeteiligten dissentierenden Minderheiten sowie Nichtabstimmenden.
- Die Bindungswirkung des 'formaldemokratischen Mehrheitsprinzips' degeneriert damit, unter den wirksamen, sanktionsbewehrten Zugriffspotentialen der Mehrheit stehend, praktisch zur Unterwerfungspflicht für die dissentierenden Minderheiten und dadurch zur zeitweiligen Auslöschung jeder Opposition. Das 'dichotome Mehrheitsprinzip' besitzt so den Charakter eines erzwungenen Konsensprinzips, des "Mehrheitskonsenses"[70]; die Mehrheit bemächtigt sich des Zugriffs über den Dissens selbst, sie 'überzeugt' dissentierende Minderheiten, indem sie sie dem formalen Mehrheitsentscheid unterzieht und damit als Minderheit ins Unrecht setzt.
Das 'dichotome Mehrheitssprinzip' wirkt derart als semipermeabler politischer Filter, der von verschiedenen vorherrschenden, einströmenden Meinungen über ein zur Entscheidung anstehendes öffentliches Problem stets nur diejenige der Mehrheit unverfälscht realisiert und alles übrige absorbiert. Diese Homogenisierungswirkung des 'dichotomen Mehrheitsprinzips' bedeutet die Auflösung von Pluralismus und Relativismus, die notwendige Identifizierung *aller* Willen und subjektiven Überzeugungen mit dem Mehrheitswillen zur volonté générale. Mit der so erreichten "Gleichheit der subjektiven Überzeugungen (tritt) das Kennzeichen des objektiven Wahrheitsgehaltes"[71] dieser Art von Mehrheitsentscheidungen zutage, der häufig dem Klima des 'dichotomen Mehrheitsprinzips' innewohnende Wahrheitsanspruch erfüllt sich. Die auf diese Weise intendierte "Vernichtung des Heterogenen" im Namen höherer Wahrheit und organischer Substanz ist aber doch wohlbekannt: "Die politische Kraft einer Demokratie zeigt sich darin, daß sie das Fremde und Ungleiche, die Homogenität Bedrohende zu beseitigen oder fernzuhalten weiß. Bei der Frage der Gleichheit handelt es sich nämlich nicht um abstrakte, logischarithmetische Spielereien, sondern um die Substanz der Gleichheit."[72]
Allein das Prozedere des 'dichotomen Mehrheitsprinzips' entwertet aber auch ersichtlich den gegenüber allen Beteiligten, Mehrheit und Minderheiten, intendierten neutralen Stellenwert formaler, rechtsstaatlicher Verfahren: die machtstrategische Umdeutung dieser Verfahren gegen

---

gesehen" werden muß (C.B.**Macpherson**, Marktwirtschaftliche Begriffe in der politischen Theorie, in: F.**Grube**/G.**Richter** (Hrsg.), Demokratietheorien, Hamburg 1975, S.150-158, S.152). Diese dichotome Zerspaltung kann hervorgerufen werden durch Rassen- oder Nationalitätenkonflikte, Glaubens- oder Ideologiestreit, soziale Klassengegensätze und übermäßige materielle Armut [dazu: W.**Heun** (FN 1), S.179].

70 H.J.**Varain** (FN 44), S.53.
Vgl. dazu auch: T.O.**Hüglin** (FN 16), S.15. - "Das Vorhandensein einer echten, unverdeckten Opposition erscheint ... als ein konstitutives Element in der Demokratie" (T.**Maunz**/R.**Zippelius** (FN 66), S.66/67). Jede Form des "Mehrheitskonsenses" als kennzeichender Teil des bundesdeutschen politischen Systems (als zunächst die Minderheitenrechte und schließlich die politische Opposition selbst liquidierend) wäre deswegen offensichtlich verfassungswidrig: H.-P.**Schneider**, Die parlamentarische Opposition im Verfassungsrecht der Bundesrepublik Deutschland, Band 1 Frankfurt/M 1974.

71 G.**Simmel**, Soziologie, München/Leipzig 1908, S.188

72 C.**Schmitt**, Die geistesgeschichtliche Lage des heutigen Parlamentarismus, 2.Aufl. Berlin 1926, S.15/16.
Erläuternd dazu: K.**Hesse**, Der Gleichheitssatz im Staatsrecht, AöR 77, S.167-224 (1951/52), S.189.
A.A.: "Gefährlich kann es sein, den Konfliktaustrag durch Homogenitätsforderungen zur Unzeit einzuschränken" (H.**Maier**, Die Wohltat des Rechts und die Plage der Verrechtlichung, in: FS für M.**Hättich**, Paderborn/ München/Wien/Zürich 1990, S.127-136, S.135); ferner: K.**Hesse** (s.o.), S.190 ff; H.**Oberreuter**, Pluralismus und Antipluralismus, in: ders., Pluralismus, Opladen 1980, S.13-35, S.17 ff.
Derartige Homogenisierungsbestrebungen gegenüber politischen Minderheiten unterstellt übrigens bis heute die 'Neue Linke' den Herrschenden in der bundesdeutschen Demokratie; beispielhaft dafür [in einer vom Bundesminister des Innern finanzierten und herausgegebenen Untersuchung!]: H.**Steinert**, Sozialstrukturelle Bedingungen des 'linken Terrorismus' der 70-er Jahre, in: F.**Sack**/H.**Steinert** (Hrsg.), Protest und Reaktion, Opladen 1984, S.388-603, S.550. Vgl. dazu nachfolgend: Kap.3.3., insb. FN 93.

ihren originären Sinn kodifiziert die "Tyrannei der Mehrheit"[73]. Es zeigt sich hier, daß allein die formale Willkürfreiheit des Abstimmungsverfahrens politische Willkür gegenüber Minderheiten mitnichten auszuschließen in der Lage ist; es tritt statt dessen eine "Politisierung der Verfahren"[74] im Sinne und zum Nutzen der Mehrheit ein: "Wer nur das Recht der Teilhabe hat, ist nicht frei, nicht wirklich geschützt. Denn dieses Recht schützt den, der ihr nicht angehört, nicht vor der Macht der Mehrheit."[75] - Andererseits vermögen aber gerade in einer durch das 'dichotome Mehrheitsprinzip' gestützten tatsächlichen Unterdrückungssituation einzig geeignet effektiv positivierte und nur durch *qualifizierten* Mehrheitsentscheid abänderbare (formale) Verfahrensnormen hoher Regelungsdichte und minderheitenfreundlichen Charakters überhaupt noch in wenigstens beschränktem Maße Minderheitenschutz auszubilden; diese formalen Rechte müssen aber effektiv einklagbar sein: "Eindrucksvoll formulierte Rechte, in würdigen Verfassungsurkunden niedergeschrieben, gab und gibt es auch in vielen Diktaturen. Niemand läßt sich dort zu der Annahme verleiten, er hätte diese Rechte tatsächlich. Denn das *Verfahren* zu ihrer Geltendmachung ist entweder unzulänglich oder fehlt ganz. Die Machthaber entscheiden, was tatsächlich als Recht gilt."[76]
Das 'dichotome Mehrheitsprinzip' widerspricht somit gerade auch Grundprämissen der parlamentarischen Demokratie: Eine festgefügte Parlamentsmehrheit allein wird fähig, nötigenfalls bis zur (korrekt durchzuführenden) nächstfolgenden Wahl, jeden Artikulationsversuch der dissentierenden Minderheit sofort mittels Mehrheitsentscheides im formaldemokratisch korrekten Abstimmungsverfahren leerlaufen zu lassen oder, sofern nicht minderheitenfreundliche Verfahrensvorschriften dies verhindern, sofort ganz zu unterbinden. Zeigt sich dabei die Verwehrung des Rederechts aufgrund durchgreifender minderheitenfreundlicher Normen als undurchführbar, so wird die dominante Mehrheit die vorgebrachten Argumente der Minderheit trotzdem überhaupt nicht registrieren müssen, ist doch das gesamte Verfahren durch den in seinem Er-

---

73 A.**de Tocqueville** (FN 3), insb. der 1.Teil (1835), II.7 und II.8.
Vgl. auch: H.**Marcuse** (FN 16), S.94.
74 D.**Rucht** (FN 14), S.136 [allerdings gerade in entgegengesetzter Argumentationsrichtung im Angriff auf nicht positivierte, wertmäßige Komponenten des Verfahrensrechts]
75 P.**Graf Kielmansegg**, Freiheit und Teilhabe, in: ders. (FN 10), S.77-95, S.79.
Die Minderheit bleibt dann insbesondere auch "vor der einseitigen Festsetzung und Auslegung der Grundrechte durch die herrschende Mehrheit" nicht geschützt (T.O.**Hüglin** (FN 16), S.10 ff). "Minderheitenrechte sind insofern auch immer auf eine Selbstbeschränkung der Mehrheit zurückzuführen." (W.**Heun** (FN 1), S.243)
76 J.**Schmude** (FN 47), S.212.
Die Macht der Form. "Die rechtsstaatliche Gesetzgebung verbürgt den Schutz der Minderheiten und der Schwächeren sowohl gegenüber den Stärkeren als auch gegenüber dem rechtlich gebundenen Staat" (R.**Scholz**, Rechtsfrieden im Rechtsstaat, NJW **36**, S.705-712 (1983), S.709). "Recht ist immer Einschränkung des Mehrheitswillens; zu seiner Durchsetzung bedürfte es nämlich keines Rechtes, weil er a priori die Macht hat" (R. **Spaemann**, Die Utopie der Herrschaftsfreiheit, Merkur **26**, S.735-752 (1972), S.749). Darüber hinausgehend über den Zusammenhang zwischen Grundrechten und Verfahrensrecht: F.**Ossenbühl**, Grundrechtsschutz im und durch Verfahrensrecht, in: FS für K.**Eichenberger**, Basel/Frankfurt/M 1982, S.183-195, m.w.Lit. Vgl. dazu ferner aus politisch aufgewühlter Epoche: "So wird gerade die unterdrückte Klasse in vielfältigen Kämpfen ums Recht zum Beschirmer eben der Rechtsordnung, welche die herrschende Klasse über sie verhängt hat, weil dieses Recht zwar Klassenrecht ist, aber doch Klassen<u>recht</u>, weil es das Interesse der herrschenden Klasse nicht nackt zur Schau stellt, sondern im Gewande des Rechts, und weil, der Gehalt des Rechts sei welcher er wolle, die Rechtsform immer gerade den Unterdrückten dient" (G.**Radbruch**, Klassenrecht und Rechtsidee [1927], in: ders., Der Mensch im Recht, Göttingen 1957, S.23-34, S.28).
Die Wirkung des 'dichotomen Mehrheitsprinzips' kann für dissentierende Minderheiten somit durch formale Konstrukte abgemildert werden. Dazu zählen: Gewaltenteilung, Föderalprinzip, Subsidiaritäts-/Selbstverwaltungsprinzip, Vorschriften über qualifizierte Mehrheitsentscheidungen; schließlich: FN IV.269(b) (Kap.16), Relativierung von Mehrheitsherrschaft durch "Judifizierung der Politik". Als typisches Beispiel für die gedankenlos-leichtfertige Aufgabe der Schutzfunktionen formaler Verfahren vgl. nur: E.**Wiesendahl** (FN 4).

gebnis feststehenden Mehrheitsentscheid bereits a priori abgeschlossen: Spätestens das Verdikt 'Abstimmung' "beendet jegliche Kommunikation und nimmt ihren Adressaten für ein bloßes Objekt"[77]. Das 'dichotome Mehrheitsprinzip' korrespondiert also mit der Verweigerung rationaler, herrschaftsfreier Kommunikation a priori. "Die beliebige Ausweitung des Mehrheitsverfahrens bewirkt nicht nur einen Ausfall der gerade der demokratischen Entscheidung notwendig vorgeschalteten rationalen Diskussion, sie bedeutet auch eine Vermehrung von Herrschaftsvorgängen"[78]. Verstärkt wird diese Wirkung durch

(e) Fehlende Öffentlichkeit. Nicht konstitutiv für das 'dichotome Mehrheitsprinzip' selbst, jedoch im Sinne der diktatorischen Mehrheit systemstabilisierend, wirkt sich defiziente Öffentlichkeit während des Entscheidungsverfahrens aus: Den betroffenen Minderheiten fehlt nämlich aufgrund mangelhafter Öffentlichkeit sogar die Möglichkeit der Glaubhaftmachung ihrer Situation der erzwungenen Unterwerfung, von der kein nicht anwesender Außenstehender eventuelle psychische Exzesse eines haßgeladenen Klimas der dominanten Mehrheit gegen die Minderheiten selbst unvoreingenommen nachvollziehen kann[79]. Denn über die Einhaltung minimaler Standards einer minderheitenfreundlichen politischen Kultur vermag letztlich nur die zunächst unbeteiligte Öffentlichkeit einflußreich zu richten - spätestens bei einer nachfolgenden, rechtsstaatlich-demokratischen Wahl.

- Einzig der unantastbare Normenbestand des 'formaldemokratischen Mehrheitsprinzips' trennt also das 'dichotome Mehrheitsprinzip' von der Willkürherrschaft einer autoritären Diktatur; ebendieser Normenbestand sichert aber zugleich die Existenz des 'dichotomen Mehrheitsprinzips' in politischen Subsystemen der rechtsstaatlichen Demokratie ab.

---

77 U.K.**Preuß**, Politische Verantwortung, in: ders. (FN 4), S.145-215, S.162.
Beispiele für Diskursunterdrückung (parlamentarische Beratung des Studentenschaftshaushalts im Studentenparlament der Johann Wolfgang Goethe-Universität zu Frankfurt am Main). Die prinzipielle Gleichheit aller Diskursbeteiligten kann aufgehoben werden durch das Herrschaft konstituierende Mehrheitsprinzip; die Realisierung dieser Gleichheit hängt ab von der demokratischen Kultiviertheit aller Beteiligten.
(a) Unterdrückung des Zustandekommens einer Debatte durch Zurückhaltung von Information durch die Mehrheit und Beendigung der Informationsbegehren durch Mehrheitsvotum (Abstimmung): "Das ADS hält es für eine Farce, daß ein Haushalt abgestimmt werden soll, der erstens erst 15 Minuten vor der Abstimmung den Parlamentariern vorgelegt wurde und zweitens durch GO-Antrag [d.h. durch Antrag zur Geschäftsordnung auf Schluß der Debatte, P.K.] nicht ausdiskutiert werden konnte." (Minderheitsvotum der ADS-Fraktion ['Aktionskommittee Demokratischer Studenten'], StuPa-Prot. v.26.6.1973, S.5)
(b) Leerlaufen der Debatte durch Nichtbeteiligungsbereitschaft der Mehrheit: Während Parlamentarier der Minderheit (Opposition) am 5.7.1991 im StuPa Änderungsanträge stellten und Informationen über einzelne Titel des vom 'undogmatisch-linken' AStA vorgelegten Haushaltsentwurfs wünschten (und diese nachfolgend nicht erhielten), spielten verschiedene Mehrheitsvertreter Skat. Diese Parlamentarier hoben auf Kommando nach Redebeiträgen, die sie zuvor gar nicht verfolgt hatten, im Sinne des völlig uninteressierten Mehrheitsführers die Hand und stellten damit das gewünschte Abstimmungsergebnis formal her. Dergleichen grobe Mißachtung der Opposition wiederholte sich während der 2.Lesung des Haushaltsplans 1992 am 20.12.1991.
78 M.**Hättich**, Totalitäre und inhumane Tendenzen der radikalen Protestbewegung, in: A.**Schwan**/K.**Sontheimer**, Reform als Alternative, Köln/Opladen 1970, S.136-151, S.147.
Nicht nur in dieser tatsächlichen "Verweigerung der Kommunikation a priori" (U.**Matz**, Über gesellschaftliche und politische Bedingungen des deutschen Terrorismus, in: U.**Matz**/G.**Schmidtchen**, Gewalt und Legitimität, Opladen 1983, S.15-103, S.48) - als realer Gegenpol zur Theorie des "herrschaftsfreien Diskurses" unter prinzipiell Gleichen in einer "idealen Sprechsituation" (J.**Habermas** (Legitimationsprobleme, FN 20), insb. S.152 [auch: FN 20(a) (Kap.1)]) - gleichen sich 'dichotomes Mehrheitsprinzip' und nichtmediatisierte Gewalt: U.K. **Preuß** (FN 77), S.162 ff, in Rekurs auf: U.**Matz**, Politik und Gewalt, Freiburg/München 1975, S.52 ff.
79 Diese für die Machtfrage grundlegende Erkenntnis der 'Neuen Linken' hat ihre Aktualität auch für die 'Neuen Sozialen Bewegungen' nicht eingebüßt: K.-H.**Stamm**, Diffusionseffekte der Alternativen in die massenmediale Öffentlichkeit, in: R.**Roth**/D.**Rucht** (FN 4), S.359-376, insb. S.359 ff.
Zur Schutzfunktion der Öffentlichkeit für Minderheiten und Verfahren nachfolgend auch: Kap.7.3.(c)., insb. FN II.154; ebenso, für den Spezialfall der Wahlverfahren: Kap.15.6.(b).

3.2. Das 'dichotome Mehrheitsprinzip' als Wahlverfahren

Das 'dichotome Mehrheitsprinzip' zeigt sich im Teilbereich der Personalentscheidungen (Wahlen) in Gestalt der (absoluten) Mehrheitswahl; dabei ist der Wahlkörper identisch mit einem Wahlkreis, gewählt ist der Kandidat mit der (absoluten) Mehrheit der gültig abgegebenen Stimmen. Sind mehrere (gleichartige) Positionen zu besetzen (z.B. bei Wahlen durch Gremien), so wird das Wahlverfahren, zerlegt in getrennte Einzelwahlgänge, so lange wiederholt, bis alle Positionen besetzt sind, oder es findet - im Falle des 'dichotomen Mehrheitsprinzips' gleichwertig - eine (absolute) Mehrheitswahl mit Listen statt, bei der alle Positionen *ausschließlich* mit Kandidaten der stimmenstärksten Liste besetzt werden[80]. Die Mehrheitswahl unter dem Einfluß des 'dichotomen Mehrheitsprizips' erhält den Charakter der Ernennung der Mandatsträger[81]: Die (festgefügte) Mehrheit bestimmt de facto als alleiniger Herrscher über die Besetzung aller Mandate und Positionen, den Minderheiten bleibt kein selbständiger, realer Einfluß.

Das 'dichotome Mehrheitsprinzip' erscheint damit, in der Sprache der Spieltheorie, als ein Nullsummenspiel[82]: Der Gewinner (Mehrheit) erhält alles, dem Verlierer (den Minderheiten) bleibt nichts. Dabei sind in diesem Falle, erschwerend für die Minderheiten, alle Alternativen stets lo-

---

80 **Als Beispiel**: Ein derartiges Mandatsverteilungsverfahren aus dem Bereich der Hochschulwahlen wird verhandelt in: BVerwG, E.v.23.10.1996 [Az.: 6 C 19.94], in: DÖV **50**, S.459-462 (1997).
Beachte, daß für die Durchführung des 'dichotomen Mehrheitsprinzips' per definitionem stets die Existenz einer (stabilen) absoluten Mehrheit vorausgesetzt wird [dazu: Kap.3.1.(b).]; nur diese Mehrheit ist maßgeblich für das 'dichotome Mehrheitsprinzip' ebenso wie für die (absolute) Mehrheitswahl (sowohl im Einmannwahlkreis als auch bei der Einlistenwahl), und sie führt in beiden Fällen zu politischer Homogenisierung.
Allgemeiner - d.h. nicht notwendig unter der Voraussetzung des Kap.3.1.(b). - gilt: Das Erfordernis einer absoluten Stimmenmehrheit im ersten Wahlgang erzwingt in den meisten Fällen (in denen keine (stabile) absolute Mehrheit im Wahlkörper vorhanden ist) einen zweiten Wahlgang zwischen den beiden im ersten Wahlgang als stärksten, wiewohl ohne absolute Mehrheit, hervorgegangenen Kandidaten bzw. Listen (Stichwahl) oder eine Eventualstimmgebung (alternative vote) und damit bereits im Vorstadium Absprachen mit den potentiellen Minderheiten für deren Stimmendelegation; das Problem der Absprachen mit potentiellen Minderheiten, die diese aufwerten, beherrscht auch die 'Romanische Mehrheitswahl', die nach gescheitertem erstem im zweiten Wahlgang nach relativer Mehrheit entscheidet [dazu etwa: D.**Nohlen**, Wahlsysteme der Welt, München/Zürich 1978, S.155 ff].
Die Mehrheitswahl in Einzelwahlgängen unter den Bedingungen des 'dichotomen Mehrheitsprinzips' zeigte die ihr immanente, verheerende Wirkung für politische Minderheiten u.a. in den Verfaßten Studentenschaften westdeutscher Universitäten [exemplarisch dafür nachfolgend: Kap.17.3.3. und Kap.18.1.4.]. Dabei konnte sich die Mehrheit ihren 'Minderheitsvertreter' selbst aussuchen, d.h. einer von der Mehrheit dafür ausgezeichneten, willfährigen Minderheit vorschreiben, welchen Kandidaten sie zu benennen hat, damit er von der Mehrheit toleriert wird (und sein Abstimmungsverhalten im Zweifelsfalle im Sinne der Mehrheit erfolgt).

81 Die Ernennung. Dabei handelt es sich um ein Konstituens (nicht nur) des "autoritär-konservativen Staates": "Als Kreationsmodus tritt hier an die Stelle der Wahl ... die Ernennung, die die natürlich gewachsene Ordnung vor der künstlich gemachten Ordnung von Liberalismus und Demokratie sicherstellen und das Aufeinanderabgestimmtsein der Teile und damit die Einheit des politischen Wertgefüges garantieren soll" (G.**Leibholz** (FN 13), S.65/66). Als diesbezügliches Paradigma für die Ersetzung einer nicht stets das gewünschte Ergebnis sichernden politischen Wahl durch die politisch sichere Ernennung unter maßgeblichem Einfluß der einzigen machtausübenden Partei: Die "Berufung" der hauptamtlichen Bürgermeister und Beigeordneten auf Vorschlag des 'Beauftragten der NSDAP' (§ 41 DGO) sowie der Gemeinderäte direkt durch den 'Beauftragten der NSDAP' (§ 51 DGO). "Es bedarf keiner besonderen Begründung, daß im neuen Staat für eine Wahl des leitenden Gemeindebeamten kein Raum ist. Die Wahl durch die Bevölkerung unmittelbar oder durch eine sie repräsentierende Vertretungskörperschaft ist nach keiner Richtung hin geeignet, die Berufung des Besten und Geeignetsten in die wichtigen Stellen leitender Gemeindebeamten zu sichern. Sie würde zudem mit dem vom Gesetz gewollten Führerprinzip und der Verantwortung des Bürgermeisters nach oben nicht zu vereinbaren sein. Daraus ergibt sich zwangsläufig, daß das Berufungsverfahren für die leitenden Gemeindebeamten in der Deutschen Gemeindeordnung grundsätzlich anders geregelt werden muß." (Amtliche Begründung, zit.n.: H.**Kerrl**/J.**Weidemann**, Deutsche Gemeindeordnung (DGO) v.30.1.1935 (Komm.), Berlin 1935, S.240)

82 Zu derartigen Betrachtungen: G.**Sartori**, Selbstzerstörung der Demokratie - Mehrheitsentscheidungen und Entscheidungen von Gremien, in: B.**Guggenberger**/C.**Offe** (FN 3), S.83-107, S.89 ff.

gisch eindeutig, nämlich zugunsten der (absoluten) Mehrheit, entscheidbar[83]. Sich allein mittels des 'dichotomen Mehrheitsprinzips' konstituierende und artikulierende politische Systeme tragen so bereits den Keim des eigenen Zerfalls in sich: Entweder begehrt eine ausdauernd überstimmte Minderheit gewaltsam gegen ihre unbefriedigende Zwangssituation auf und verläßt damit den vorgegebenen formaldemokratischen Rahmen (Revolution) -, oder aber das 'dichotome Mehrheitsprinzip' bewirkt durch seinen Assimilierungszwang des Mehrheitskonsenses den Untergang der verfahrensloyalen Minderheiten, schafft so politische Homogenität und zerstört folglich die logische Grundlage seiner eigenen Existenz (Diktatur).

3.3. Die klassische 'undogmatisch-linke' Kritik am 'formaldemokratischen Mehrheitsprinzip'

Die exakte Anwendung positivierter, formaldemokratischer Verfahren allein kann demokratische Legitimation also nicht begründen, "die nackte Tatsache der Macht vermag der Entscheidung der Mehrheit nicht die notwendige Legitimität zu verleihen"[84]. Gerade das auf einem festen, formaldemokratischen Verfahrenskanon gründende 'dichotome Mehrheitsprinzip' zeigt sich in seiner Auswirkung als politisch totalitär und im günstigsten Falle als prägende Struktur einer autoritären Formaldemokratie; ein nach wie vor aktuelles Beispiel für die mögliche Realisierung des 'dichotomen Mehrheitsprinzips' in einem universitären Subsystem des demokratischen Rechtsstaats des Grundgesetzes wird im nachfolgenden Teil II gegeben werden.

Als erste beschrieben aber Vertreter der Kritischen Theorie vor 1968 - die selbst zunächst politisch weitgehend wirkungslosen Wegbereiter und späteren Apologeten der 'Neuen Linken' an den westdeutschen Hochschulen[85] und einiger anderer 'Neuer Sozialer Bewegungen', insbesondere *Theodor W. Adorno*, *Herbert Marcuse*, auch *Ernst Bloch* und *Johannes Agnoli* - in der Folge ihrer Kritik an der liberalen Pluralismustheorie und deren integrativen Befriedungseffekten paradigmatisch die "bürgerliche" Gesellschaft der Bundesrepublik Deutschland als sich rein quantitativ durch ein dichotom-verzerrtes 'formaldemokratisches Mehrheitsprinzip' konsti-

---

83 Unter der Mehrheitsverteilung des 'dichotomen Mehrheitsprinzips' gilt nämlich der (evidente) Satz von Condorcet: "Erhält ein Vorschlag mehr als die Hälfte der abgegebenen Stimmen, so begegnet dessen Auszeichnung vor allen anderen zur Wahl gestellten Alternativen weder Bedenken durch das Bordasche Paradoxon noch durch den Condorcet-Effekt." (W.**Popp** (FN 36), S.53)

84 W.**Heun** (FN 1), S.80.

Vgl. dazu auch: H.**Mandt** (FN 4), insb. S.117, die damit zu Recht der rein formalen systemtheoretischen Legitimationstheorie von N.**Luhmann** (FN 4) widerspricht.

85 Die 'Kritische Theorie' als theoretische Basis der Studentenbewegung. Bereits richtungweisend für die spätere Studentenrevolte: "Die Analyse der Entwicklung des bürgerlichen Rechtsstaates und seiner gegenwärtigen Gestalt hält sich an die Regeln kritischer Theorie" (J.**Habermas** (Politische Beteiligung, FN 22), S.49 ff). "Das Unbehagen, durch das die Bewegung ausgelöst wurde - nämlich das an der Versteinerung der parlamentarischen Demokratie zur Oligarchie einiger etablierter Parteien, Verbände und vor allem deren Repräsentanten; an dem Wandel von Universität und Wissenschaft vom Raum freien wissenschaftlichen Austausches zum Verfügungsraum zunächst der Ordinarien, später der staatlichen Zentralgewalt; an der Politik der Industrienationen gegen die Dritte Welt, wo dem ideologischen Anspruch zuwider nicht nur bürgerliche Freiheiten, sondern Menschenrechte schlechthin massiv verletzt wurden - dieses Unbehagen fanden die sensibel gewordenen, über den Verlust ihrer bürgerlichen Identität trauernden Studenten (hauptsächlich) in der Kritischen Theorie der Frankfurter Schule auf einen theoretischen Nenner gebracht, der auch die ersten Orientierungen für eine politisch-kulturelle Modifikation des persönlichen Habitus' gegenüber dem sogenannten Establishment anbot" (K.-H.**Lehnardt**/L.**Volmer**, Politik zwischen Kopf und Bauch, Bochum 1979, S.166). Vgl. dazu auch: H.-J. **Krahl**, Konstitution und Klassenkampf, Frankfurt/M 1971, S.313; H.**Heimann**, Wissenschaftskonzeption, Pluralismuskritik und politische Praxis der Neuen Linken, in: APUZ 14/1970; instruktiv schließlich: G.W.**Lampe**, Ohne Subjektivität - Interpretationen zur Lyrik Rolf Dieter **Brinkmanns** vor dem Hintergrund der Studentenbewegung, phil.Diss. Univ.Bonn 1983, S.14-69, insb. S.50 ff; vgl. schließlich ergänzend: FN 0.24 (Einl.).

tuierende autoritäre Formaldemokratie: Charakteristisch für die bundesdeutsche Bevölkerungs-Mehrheit sei demnach ihr mittels Manipulation durch die Mächtigen[86] zustande gekommenes "falsches Bewußtsein"[87]; "diese Mehrheit ist fest gegründet in der zunehmenden Befriedigung der Bedürfnisse sowie der technologischen und geistigen Gleichschaltung"[88], und sie erweise sich in ihrer kritiklos-apolitischen Haltung als außerordentlich stabil, resistent und unempfänglich gegen die intellektuellen Donationen "linker" politischer Minderheiten. Damit erscheine aber bereits das Ende der rationalen Kommunikation angezeigt: "Es gibt in der Tat weite Schichten der Bevölkerung, mit denen eine Diskussion hoffnungslos ist. Es ist Verschwendung von Zeit und Energie, mit diesen Leuten zu reden: das bedeutet nicht Intoleranz, das bedeutet nicht, daß man ihnen etwas auf den Kopf gibt, das bedeutet einfach, daß man es vermeidet, mit ihnen zu reden, und das ist wahrhaftig nicht intolerant, weil man weiß und wissen kann, daß nichts dabei rauskommt. ... Die Indoktrinierung ist dafür schon zu weit fortgeschritten."[89]
Der Stabilisierung dieser den Vertretern der Kritischen Theorie unwillkommenen Machtverteilung diene der vorhandene Rahmen formaldemokratischer Verfahrensnormen, wodurch der "Formalität der Spielregeln" tatsächlich eine "präventiv-konterrevolutinäre Funktion" innewohne[90]: Denn wenn die "kleinen und ohnmächtigen Gruppen, die gegen das falsche Bewußtsein

---

86 H.**Marcuse** (FN 16), insb. S.94, S.101/102. Dazu bereits: J.**Habermas** (Politische Beteiligung, FN 22), S.48/49; vgl. auch: J.**Agnoli**, Die Transformation der Demokratie, in: J.**Agnoli**/P.**Brückner** (FN 22), S.1-90, z.B.: S.36, S.47, S.78; P.**Brückner** (FN 22), S.153 ff; die Grundthese einer von Staats wegen systematisch vorgenommenen Entpolitisierung und Manipulation der Massen durchzieht ferner die gesamten Aufsatzsammlungen von: O.**Negt** (FN 4 und FN 26). Vgl. ferner: FN 26 (Kap.1). [Einen solchen Ansatz verfolgte übrigens auch die offizielle Doktrin der DDR-Staatsrechtslehre; beispielhaft: E.**Lieberam**/W.**Menzel**, Die Manipulierung des westdeutschen Wählers, StR **16**, S.920-941 (1967), S.921 ff.]
Vertreter der später arrivierten 'Neuen Linken' sahen sich ihrerseits dem Manipulationsvorwurf gegenüber den in ihrer Einflußsphäre befindlichen Individuen ausgesetzt; beispielhaft: H.**Schoeck**, Schülermanipulation - Wie man unseren Kindern das 'richtige Bewußtsein' beibringt, Freiburg/Basel/Wien 1976.
Beachte dagegen die Versuche des Staates selbst, zumindest in seinem Konstitutionsbereich diese Manipulationsmöglichkeiten tatsächlich normativ abzufangen: Kap.15.2.4. (Chancengleichheit bei der Wahl).
87 H.**Marcuse** (FN 16), S.122.
Auch: P.**Brückner** (FN 22), S.93, S.97 ff, S.125; T.O.**Hüglin** (FN 16), der der durch "Vermassung" und "eigene Entfremdung" der Gesellschaft zustandegekommenen "schweigenden Mehrheit" illegitime Macht zuschreibt: "Wenn in einer weitgehend entpolitisierten Gesellschaft politische Sachfragen mit unpolitischen Argumenten durch die Mehrheit entschieden werden, liegt der Fall ... willkürlicher Mehrheitsherrschaft vor" (S.275). Diese werde verstärkt durch die gleichzeitig wirkende "rechtsstaatliche Repression" (M.**Frisch**) der massenhaften Ächtung von "progressiven" "Außenseitern" (S.271 ff). Vgl. ferner: FN 15 und FN 16 (Kap.1).
88 H.**Marcuse** (FN 16), S.105.
Dazu auch: P.**Brückner** (FN 8), S.246; ferner in diesem Zusammenhang auch: FN 21 (Kap.1).
89 H.**Marcuse** in der Diskussion zu: Das Problem der Gewalt in der Opposition, in: ders. (u.a.), Das Ende der Utopie - Vorträge und Diskussionen in Berlin 1967, Frankfurt/M 1980, S.71/72.
"Es gibt Situationen, in denen man die Geduld verliert, in denen man die Geduld verlieren muß, weil das Leben zu kurz ist. Man kann nicht die besten Jahre seines Lebens in dieser Frustration verbringen" (H.**Marcuse**, Destruktiver und konstruktiver Haß, in: A.A.**Häsler** (Hrsg.), Leben mit dem Haß - 21 Gespräche, Reinbek 1969, S.119-127, S.122). Vgl. ebenso: P.**Brückner** (FN 22), S.109. - Auch hier zeigt sich plastisch die nicht unwahrscheinliche Möglichkeit des realen Scheiterns eines grundsätzlich erwünschten rationalen, herrschaftsfreien Diskurses [dazu: FN 20 (Kap.1)]. Vgl. dazu ferner: F.**Cerutti**, Ein Brief an Jürgen **Habermas**, in: O.**Negt** (FN 4), S.34-47, S.46; als weitere konkrete Beispiele für das Scheitern: Kap.5 und Kap.7.
90 J.**Agnoli** (FN 86), S.76/77 [ebenso: S.83].
P.**Brückner** (FN 8) spricht in diesem Zusammenhang warnend von "Selbsteinschränkungen in Richtung eines überschießenden Legalismus" (S.253); später ähnlich: W.-D.**Narr**, Zum Politikum der Form, Leviathan **8**, S.143-163 (1980), insb. Teil III. - Zu Recht a.A.: "Was macht terrorfähig? Von speziellen psychischen Prädispositionen einmal abgesehen ist es der Fanatismus der Gewißheit, in Kenntnis des einen, was fällig und überfällig wäre, zu sein, während das Volk in den Verfahren der formalen Demokratie fortfährt, seine Verderber zu wählen, somit seine Zukunft zu verspielen, seine wahren Freunde zu verkennen, die sich mühen, sich den Fesseln des formalen Rechts zu entwinden. Die Entgrenzung des Rechts zur politischen Aktion durch

kämpfen"[91], "im Rahmen der Legalität bleiben, so unterwerfen sie sich der institutionalisierten Gewalt, die autonom den Rahmen der Legalität bestimmt und ihn auf ein erstickendes Minimum einschränken kann"[92]. Demokratische Tugenden - Integration, Mäßigung, Toleranz, Kritikfähigkeit - könnten damit, der intendierten Befreiung kontraproduktiv, auch nur die Stabilisierung der autoritären Formaldemokratie verstärken, insbesondere durch den logisch zwingend eintretenden Untergang jeder kritisch-verfahrensloyalen Minderheit mittels Assimilierung und Domestizierung in das zuvor bekämpfte "bürgerliche" System. Diese damit einhergehende, "selbstzerstörerische Angst vor dem politischen Identitätsverlust"[93] lasse der "linken" Minderheit schließlich nur die subjektiv existentielle Alternative des gewaltsamen Aufbegehrens gegen die von Repräsentanten der erdrückenden, entpolitisierten und manipulierten Bevölkerungsmehrheit mittels fortgesetzter und umfassender Anwendung des 'dichotomen Mehrheitsprinzips' erzeugte unbefriedigende Zwangssituation im Deutschland des Grundgesetzes: "Aber ich glaube, daß es für unterdrückte und überwältigte Minderheiten ein 'Naturrecht' auf Widerstand gibt, außergesetzliche Mittel anzuwenden, sobald die gesetzlichen sich als unzulänglich herausgestellt haben. Gesetz und Ordnung sind überall und immer Gesetz und Ordnung derjenigen, welche die etablierte Hierarchie schützen. ... Wenn sie Gewalt anwenden, beginnen sie keine neue Kette von Gewalttaten, sondern zerbrechen die etablierte."[94] Denn: "Keine Sanftmut kann die Auswirkungen der Gewalt auslöschen, nur die Gewalt selbst kann sie tilgen. ... Die Gewalt kann, wie die Lanze des Achill, die Wunden vernarben, die sie geschlagen hat"[95]. Diese politische Kultur allein nämlich sei der quantitativ-formaldemokratischen Art des vorhandenen Staates adäquat entgegenzusetzen, und einzig sie sei zugleich geeignet, Besseres hervorzubringen: "Die wahre Kultur ist die Revolution, sie wird im Feuer des Kampfes geschmiedet."[96]
Den *Herbert Marcuse*, *Johannes Agnoli* und *Peter Brückner* nachfolgenden Studenten der 'antiautoritären', 'autonomen' und 'undogmatischen' 'Linken', und auch einigen anderen aus der

---

Befreiung von den Formalien der Verfahren demokratischer Politik und des Rechts - das ist die Figur illiberaler Selbstermächtigung zur Gewalt." (H.**Lübbe**, Worüber man nicht abstimmen kann: Grenzen des Volkswillens in der liberalen Demokratie, in: ders., Freiheit statt Emanzipationszwang, Zürich 1991, S.29-41, S.35)

91 H.**Marcuse** (FN 16), S.121

92 H.**Marcuse**, Das Problem der Gewalt in der Opposition, in: Das Ende der Utopie (FN 89), S.44-58, S.51.
Ebenso: P.**Brückner** (FN 22), S.116, S.131; J.**Agnoli**, Auf dem Weg zur unmittelbaren Demokratie?, in: A.**Randelzhofer**/W.**Süß** (FN 4), S.299-308, S.303 ff.

93 O.**Negt** (FN 4), Einleitung S.17.
Zur virulenten "Gefahr der Selbstaufgabe durch Integration" auch noch später: T.**Kuby**/C.**Marzahn**, Lernen in Bürgerinitiativen gegen Atomanlagen, Kursb.**48**, S.153-172 (1977), S.165 ff. - Diese Haltung, zur damaligen Zeit noch von höchst kritischer Warte, analysierend ferner: B.**Guggenberger**, Die Unfähigkeit zur Politik - Zum Politikverständnis der Neuen Linken, ZfP **21**(NF), S.45-60 (1974), S.45 ff, S.59.

94 H.**Marcuse** (FN 16), S.127.
Dieses Zitat (in erweiterter Form) erschien als ein Leitmotiv der Studentenbewegung; beispielsweise: sowohl auf dem Umschlag als auch in der Einleitung einer damals politisch wirkungs- und auflagenstarken SDS-Broschüre: B.**Larsson** (Hrsg.), Demonstrationen - Ein Berliner Modell, Berlin 1967; ferner, als Prolog zu: R.-M. **Strecker**, Politischer Mord, in: diskus 5/1967, S.3. - Vgl. darüber hinaus Ähnliches auch von politisch entgegengesetzter Seite: Es ist "die Allmacht der Mehrheit verantwortlich ..., die die Minderheiten zur Verzweiflung trieb und sie zwang, zur Gewalttätigkeit zu greifen" (A.**de Tocqueville** (FN 3), 1.Teil [1835], S.300 (II.7)).
Ein solches individuelles 'Widerstandsrecht' in dem verfaßten Rechtsstaat Bundesrepublik Deutschland für die Studentenbewegung als grundsätzlich verfassungswidrig in Frage stellend: H.**Schneider**, Widerstand im Rechtsstaat, Karlsruhe 1969.

95 J.P.**Sartre**, Vorwort zu: F.**Fanon**, Die Verdammten dieser Erde, Frankfurt/M 1967, S.18 und S.25.
Zum wichtigen Stellenwert F.**Fanons** für die Studentenbewegung exemplarisch: R.**Dutschke**, Die Widersprüche des Spätkapitalismus, in: U.**Bergmann**/R.**Dutschke**/W.**Lefèvre**/B.**Rabehl**, Rebellion der Studenten, Reinbek 1968, S.33-93, S.69, S.71 und S.92; H.**Arendt** (FN 3), S.18 ff; vgl. auch nachfolgend: FN II.33(b) (Kap.5).

96 J.P.**Sartre** (FN 95), S.10

Quelle der heutigen 'Neuen Sozialen Bewegungen', liefern diese "Analysen" der "bürgerlichen" Gesellschaft bis zum heutigen Tage die Legitimation für politisch motivierte Gewalttaten und politische Unterdrückung mittels Relativierung des Rechtsstaatsprinzips und eine Begründung für ihren selbst praktizierten politischen Totalitarismus[97]. - Dem widerspricht nicht die Beob-

---

97 Siehe dazu, bezogen auf: **(a)** J.**Agnoli** [wiss.Ass. am OSI der FU Berlin]: "Ein Kompendium und Pandämonium des Antiparlamentarismus und eine Magna Charta der 'APO' ist das im inzwischen nicht mehr existierenden West-Berliner Voltaire-Verlag (der viele Schriften der Neuen Linken herausgab) erschienene Buch 'Die Transformation der Demokratie'. Seine Autoren sind Johannes **Agnoli** ..., Habilitand an der Freien Universität und Gründungsmitglied des 'Republikanischen Clubs' in West-Berlin, und Peter **Brückner**, Lehrstuhlinhaber ... in Hannover" (G.**Schmidt**, Die Weltanschauung der Neuen Linken, in: APUZ 32/1968, S.13).
Dies bestätigend: J.**Agnoli**, Thesen zur Transformation der Demokratie und zur außerparlamentarischen Opposition, in: nk 47/1968, S.24-33; "1967, zu Beginn der offensiven Phase der Studentenbewegung, erschien die damals mit Zustimmung aufgenommene Studie 'Die Transformation der Demokratie'. ... Das Buch war uns damals eine Erleuchtung, weil es ein diffuses Unbehagen schlüssig zu erklären vermochte und uns aus den Niederungen der irrlichternden Detailkritik befreite. Nach der Lektüre konnte uns keiner mehr mit kleinlichen Reformvorschlägen für dies und das kommen, wir wußten, der verfehlt das Ganze, erliegt der Verblendungs- und Manipulationskraft des Systems" (T.**Schmid**, Aufforderung zum Tanz. Über die Auf- und Abwertung von Parlamenten, die Balance zwischen Engagement und Privatheit sowie die Möglichkeiten der Demokratie, Freibeuter **28**, S.86-102 (1986), S.87/88). Ferner auch: O.**Negt**, Die Neue Linke und die Institutionen, in: O.**Negt** (FN 4), S.159-174, insb. S.159-167; W. **Kraushaar** (FN 43), S.9; zur Entstehung der Abhandlung: J.**Agnoli**, Zwanzig Jahre danach - Kommemorativabhandlung zur Transformation der Demokratie, in: ders., Die Transformation der Demokratie und andere Schriften zur Kritik der Politik, Freiburg 1990, S.163-221, S.169 ff. Kritisch: G.A.**Ritter**, Der Antiparlamentarismus und Antipluralismus der Links- und Rechtsradikalen, in: K. **Sontheimer** (u.a.), Der Überdruß an der Demokratie, Köln 1970, S.43-90, S.62 ff; K.**Sontheimer**, Das Elend unserer Intellektuellen, Hamburg 1976, S.122 ff.
(b) H.**Marcuse** [seit 13.9.1965 Honorarprof. an der Phil.Fak. der FU Berlin]: Zur exponierten Stellung von "Herbert **Marcuse**, dem philosophischen Star der radikalen Jungen" (H.**Thielicke**, Kulturkritik der studentischen Rebellion, Tübingen 1969, S.40 ff): "Die Theorie der Gewalt, zu der sich die Mehrheit der Neuen Linken bekennt, geht weitgehend auf die Lehren Herbert **Marcuses** zurück" (G.**Schmidt**, Weltanschauung (s.o.), S.15); ferner materialreich: A.**v.Weiss**, Die Neue Linke, Boppard 1969, S.213-217.
Dies bestätigend: H.**Marcuse**, Vortrag und Diskussion auf einem SDS-Teach-in am 10.7.1967 an der FU Berlin (FN 89); "Zu dieser Zeit war schon das Büchlein 'Kritik der reinen Toleranz' mit dem Aufsatz von Herbert **Marcuse** über die repressive Toleranz erschienen. Dieser Aufsatz brachte unser Unbehagen über die Permanenz der Diskussion, die keine praktischen Konsequenzen hatte, auf den Begriff. Wir begriffen, daß die Bourgeoisie ... es sich leisten kann, daß kritische Minoritäten über die Probleme der eigenen und fremden Gesellschaft diskutieren, daß sie bereit sind, jede Diskussion zu gestatten, jede Diskussion, die theoretisch bleibt" (R.**Dutschke** (FN 95), S.73 [auch: S.89]); ebenso: R.**Dutschke**, in: E.**Bloch**/R.**Dutschke**/O.K.**Flechtheim**/W. **Maihofer**/W.-D.**Marsch** (Diskussion über "Revolution in Deutschland"), Heiterkeit in die Revolution bringen, in: Der Spiegel 10/1968, S.38-57, S.52. Beachte ferner die Aufsatzsammlung: Das Ende der Utopie (FN 89) und darin, auf die Universität Frankfurt bezogen, den Anhang (S.154 ff): daraus insbesondere: D.**Claussen**, Schwierigkeiten, die eigene Geschichte zu diskutieren, S.154-158; H.-E.**Bahr**/H.-J.**Benedict**, Herbert **Marcuse** und die prophetische Tradition, in: H.-E.**Bahr** (Hrsg.), Weltfrieden und Revolution, Reinbek 1968, S.291-307; deutlich reservierter später: B.**Rabehl**, Am Ende der Utopie, Berlin 1988, insb. S.238-242. Vgl. auch nachfolgend: FN II.147 (Kap.7).
(c) Johann Wolfgang Goethe-Universität zu Frankfurt am Main. Zunächst: H.**Marcuse**, Die Analyse eines Exempels, in: nk 36-37/1966, S.30-38 [Hauptreferat auf dem SDS-Vietnamkongress am 22.5.1966 an der Frankfurter Universität]; Universität und Widerstand - Versuch einer politischen Universität in Frankfurt 1968, Frankfurt/M 1968 [als Referenten u.a.: J.**Agnoli**, P.**Brückner**]. Die häufige, wohlwollende Beschäftigung mit H.**Marcuse** und auch J.**Agnoli** erfolgte in der 'frankfurter Studentenzeitung diskus' [zu diesem "Theorieorgan" der 'undogmatisch-linken' AStA-Mehrheit: FN II.82(a) (Kap.6)]: diskus 3/1967, S.3; diskus 4/1967, S.3-4; diskus 5/1967, S.3; diskus 2/1972, S.8-11; diskus 3-4/1972, S.8-15; diskus 1/1975, S.14-19; diskus 2-3/1977, S.6-7; diskus 5/1980, S.21; diskus 4-5/1982, S.39-41; ferner: '**Marcuse** lesen', in: ASTA-info.10/1979, S.33-35. Schließlich allein für den seit 1989 wieder 'undogmatisch-linken' AStA der Johann Wolfgang Goethe-Universität: P.-E.**Jansen** (Hrsg.), Befreiung denken - Ein politischer Imperativ (Materialband zu einer politischen Arbeitstagung über H.**Marcuse** am 13./14.10.1989 an der Universität Frankfurt), 2.Aufl. Offenbach/M 1990; darin insb.: D.**Claussen**/P.-E.**Jansen**, Ein Gespräch über Herbert **Marcuse**, S.47-57; Interview: Herbert **Marcuse** - Sozialistische Hochschulinitiative (SHI), S.193-206; vgl. dazu anschließend: J.**Volke**, Kongreßbericht, in: diskus 1-2/1989, S.56-58; die öffentliche 'Arbeitstagung Kritik und Utopie im Werk von Herbert

achtung, wonach sie sich durchaus auf positives staatliches Recht berufen, solange es sie schützt oder es ihnen politisch von Nutzen scheint, denn es hat "den studentischen Rebellen bisher keine Schwierigkeiten bereitet, sich von den Widersprüchen dieses institutionellen Systems die Segel ihres Schiffs blähen zu lassen, bald gesetzliche Vorschriften zu übertreten, bald Gerichte anzurufen, die institutionelle Struktur der Universität zu bekämpfen und Senatssprecher zu wählen"[98]. Auch der "bio-pazifistische Fundamentalist" unserer Zeit "verschmäht die Verfahren nicht, die das deutsche Recht heute in bisher nicht gekannter Fülle bereitstellt. ... Er benutzt die staatlichen Verfahren (und benutzt sie exzessiv), aber er unterwirft sich ihnen nicht. Er akzeptiert die Entscheidungen der rechtsetzenden und rechtsanwendenden Organe, sowie sie zieldienlich sind. Soweit sie nicht in sein Konzept passen, verwirft er sie."[99]

Kap.4 Die hinreichenden Bedingungen für das Vorliegen eines demokratischen Systems (das 'materiale Mehrheitsprinzip')

Die Normen einer demokratischen Verfassung konstituieren "nicht eine Ordnung, deren Inhalt in totaler Inhaltslosigkeit besteht, die lediglich einen Komplex formaler Spielregeln für den politischen Prozeß zur Verfügung stellt und dadurch einen gewissen Schutz der Minderheiten bewirkt"[100]. Die Ordnung der demokratischen Verfassung ist vielmehr auch eine materiale, die "auf bestimmten Inhalten beruht, die ihre Offenheit für unterschiedliche politische Richtungen bedingen und begrenzen"[101] - und diese zusätzlichen, nicht kodifizierbaren "Werte" vermögen den formalen Verfahren immanenten Minderheitenschutz zu effektivieren und zu vervollständigen, sie erst schaffen zivilgesellschaftliche politische Kultiviertheit.

Marcuse', 16./17.Okt.1990. Schließlich die wohlwollende **Agnoli**-Reprise eines Frankfurter Germanistikprofessors: G.**Lepper**, Ernüchterndes über den Rechtsstaat, in: diskus 2/1990, S.14-15.

(d) P.**Brückner:** Ein besonders fruchtbares Verhältnis entwickelte die 'undogmatisch-linke' Frankfurter AStA-Mehrheit zum inzwischen verstorbenen damaligen Göttinger Professor für Sozialpsychologie P.**Brückner**, als dessen (aus öffentlichen Geldern der Frankfurter Verfaßten Studentenschaft finanzierte) politische Stimme im Meer der vorgeblich Unterdrückten und Manipulierten sie sich schließlich darstellte. Siehe dazu nur: ASTA-info.1/1979; ferner: diskus 3-4/1972, S.8-15; diskus 1/1975, S.1, S.36-38; diskus 2-3/1977, S.37, S.38-40; diskus 4/1977, S.9, S.10-12; diskus 5-6/1978, S.8-15; diskus 3-4/1979, S.10-17, S.48-51; diskus 3/1980, S.10-13; diskus 4/1981, S.8-11; diskus 2/1982, S.34-35.

98 W.**Lefèvre**, Zur Theorie der Palastrevolution, in: O.**Negt** (FN 4), S.185-200, S.189

99 J.**Isensee**, Widerstand gegen den technischen Fortschritt, DÖV **36**, S.565-575 (1983), S.567

100 K.**Hesse**, Grundzüge des Verfassungsrechts der Bundesrep. Deutschland, 16.Aufl. Heidelberg 1988, S.63. Zu diesem "gewissen Schutz der Minderheiten" durch einklagbare formale Verfahren: FN 76 (Kap.3).

101 K.**Hesse** (FN 100), S.268.

Die Wertgebundenheit der Deutschen Verfassungsordnung. **(a)** Die h.M. konstituierend (über das Vorhergehende [K.**Hesse** (FN 100), S.120 (RN 299)] hinausreichend): "Das Grundgesetz ... [hat] in seinem Grundrechtsabschnitt ... eine objektive Wertordnung aufgerichtet, ... gerade hierin [kommt] eine prinzipielle Verstärkung der Geltungskraft der Grundrechte zum Ausdruck" (BVerfGE 7, 198 [205]); ebenso: BVerfGE **33**, 1 [20]; indirekt auch bereits: "Das Bundesverfassungsgericht erkennt die Existenz überpositiven, auch den Gesetzgeber bindenden Rechts an und ist zuständig, das gesetzte Recht daran zu messen." (BVerfGE **1**, 14 [LS 27])

(b) A.A., eine derartige "ethische Aufladung des Grundgesetzes" (U.K.**Preuß** (Politische Verantwortung, FN 4), S.23) und "wertorientierte Aushöhlung der Legalität" (I.**Maus** (Entwicklung , FN 4), S.65) kritisierend: die in der FN 4 (Kap.1) angegebene Lit.; ferner: E.**Denninger**, Verfassungsrechtliche Schlüsselbegriffe, in: FS für R.**Wassermann** (FN 16), S.279-298, Teil I. Dies noch übersteigernd in der Konstruktion der "Zivilgesellschaft", deren Legitimation durch die stets zu ermöglichende Eröffnung einer unendlichen Debatte erzeugt wird: U.**Rödel** u.a. (FN 18), insb. S.71 ff, S.95 ff, S.12/13.

(c) Eine diesbezügliche Mittelposition vertritt z.B.: J.**Seifert**, Haus oder Forum. Wertsystem oder offene Verfassung, in: J.**Habermas** (Hrsg.), Stichworte zur 'Geistigen Situation der Zeit', Band 1 es **1000** (Frankfurt/M 1979), S.321-339.

4.1. Das 'materiale Mehrheitsprinzip'

Weil das "Mehrheitsprinzip notwendig ... für die Demokratie"[102] ist, muß es bereits wenigstens als verfahrensförmig ausgerüstetes 'formaldemokratisches Mehrheitsprinzip' in jedem rechtsstaatlich-demokratischen System vorhanden sein. Mit seiner Einfügung in den materialen Verfassungsrahmen wird es durchdrungen vom charakteristisch-wertgebundenen materialen Kern der Verfassung. Das derart formal beschränkte und qualitativ-wertmäßig angereicherte Mehrheitsprinzip heißt 'material'[103]. Das bedeutet: Der demokratische Verfassungsstaat setzt die Grenzen des 'materialen Mehrheitsprinzips' sowohl im formal-willkürfreien Verfahrensrahmen als auch im wertgebunden-demokratischen Verfassungsrahmen einer kultivierten Zivilgesellschaft; aufgrund dieser doppelten Eingrenzung erfolgt "die Zähmung des Mehrheitsprinzips im Verfassungsstaat"[104]. Im bundesdeutschen Falle wird das (materiale) Mehrheitsprinzip als Grundstruktur des demokratischen Prinzips normiert vor allem durch Art.20 GG[105].

Je höher der Formalitätsgrad einer Verfassung (d.h. je geringer deren Wertbindung), desto mehr verschiebt sich das 'materiale Mehrheitsprinzip' hin zum formaldemokratischen und desto unbedingter und umfassender muß die Geltung des Mehrheitsprinzips ausfallen, weil die wertgebunden-materiale Relativierung hinter den rein formalen Verfahrensanteil zurücktritt[106]. Je höher aber der Formalitätsgrad, desto größer erscheint die Möglichkeit (und die damit verbundene Gefahr!) für die Entwicklung der Demokratie zu einer "Diktatur der Mehrheit".

Während charakteristisch für die Rechtfertigung der Anwendung des 'formaldemokratischen Mehrheitsprinzips' gemäß dessen streng formaler Struktur allein seine allgemeingültige Positivierung im formal korrekten Gesetzgebungsverfahren, d.h. seine Legalität erscheint, erwächst für das 'materiale Mehrheitsprinzip' aus dessen zusätzlicher Einbindung in den wertgebunden-demokratischen Verfassungsrahmen weitergehend die Notwendigkeit der Legitimation seiner Bindungswirkung, insbesondere für die dissentierenden Minderheiten. Das 'materiale Mehrheitsprinzip' kann dabei, dem (rein formalen) Anteil seiner formaldemokratischen Grundstruktur entsprechend, sinnvoll nur "verfahrenstechnisch"[107] legitimiert werden. In diesem Zusammenhang ist allerdings, wie bereits angedeutet, zu beachten, daß unter der "objektiven Wertordnung" einer zivilgesellschaftlichen Verfassung alle "Verfahren ... nicht rein formaler Art" sind; "vielmehr haben sie selbst eine materiale, inhaltliche Komponente."[108]. Also: nicht nur

---

102 N.**Bobbio** (=FN 49).
Siehe zur exakten Herleitung der Implikation: Kap.2.1.

103 Hier terminologisch mißverständlich: U.**Scheuner** (FN 46), der zunächst feststellt, daß das (materiale) Mehrheitsprinzip überhaupt "kein Prinzip mit materieller Grundlage" sei (S.311). Jedoch: "Ist das Mehrheitsprinzip in seinen unterschiedlichen Gestalten ... wirklich so formal, wie **Scheuner** meint" (P.**Häberle**, Das Mehrheitsprinzip als Strukturelement der freiheitlich-demokratischen Grundordnung, JZ **32**, S.241-245 (1977), S.241)? Später (1976) dagegen eindeutiger, einen materialen (wertgebundenen) Anteil aufzeigend: U.**Scheuner** (FN 53), S.53 sowie S.69 (Diskussionsteil).

104 H.**Oberreuter** (FN 35), S.77.
"Die Rechtfertigung der Demokratie durch das 'Modell des gezähmten Machtkampfs' stellt eine Mischung aus quantitativen und qualitativen Gesichtspunkten dar" (W.**Becker** (FN 38), S.73). Ebenso: U.**Scheuner** (FN 53), Diskussionsteil S.69.

105 Exemplarisch: R.**Herzog**, Komm. Art.20 GG, RN 14 ff, in: T.**Maunz**/G.**Dürig**/R.**Herzog** (u.a.), Grundgesetz (Komm.), München 1991. Für weitere verfassungsexegetische Bemerkungen zum Mehrheitsprinzip vgl. auch: Komm. Art.42 Abs.2 GG in der (neueren) GG-Komm.-Lit.; ferner: FN 64 (Kap.2); FN 111.

106 Vgl. dazu: E.**Denninger** (FN 101), S.281 ff.

107 H.**Hofmann**/H.**Dreier**, Repräsentation, Mehrheitsprinzip und Minderheitenschutz, in: H.-P.**Schneider**/W.**Zeh** (Hrsg.), Parlamentsrecht und Parlamentspraxis in der Bundesrepublik Deutschland, Berlin/New York 1989, S.165-197, insb. S.190 ff

108 H.**Mandt** (FN 4), S.116.

aus dem reinen Legalitätsprinzip, der Neutralität und Berechenbarkeit des fest normierten Abstimmungsverfahrens, sondern auch aus den von Geist und Ethik der zivilgesellschaftlichen Verfassung geprägten gemeinsamen humanistischen Grundüberzeugungen, der Art und Weise des politischen Stils, der Qualität des Umgangs in der politischen Auseinandersetzung, die dem Mehrheitsentscheid voraus- und aus der er hervorgeht, bestimmt sich das Maß der freiwilligen, überzeugten Bindungswirkung für die dissentierenden Minderheiten[109]!

Einschränkende Bedingungen an die Funktionsweise des 'formaldemokratischen Mehrheitsprinzips' so, daß dieses *hinreichend* für die Existenz von Demokratie wird, sind somit:

(a) Existenz eines Grundkonsenses. Für die demokratische Zivilgesellschaft erfüllt die Verfassung die Funktion des Sozialvertrags. Sie stellt damit "als rechtliche Grundordnung des Staates den Versuch dar", einen vorpolitischen Einheitswillen, den kodifizierbaren Anteil des Grundkonsenses der Bürger, "in einem verbindlichen Dokument niederzulegen"[110]. Dabei sind die minderheitenfreundlichen konstitutionellen Grundnormen - und hierzu zählen insbesondere die Grundrechte, die jedem einzelnen in seinem Dasein als Minderheit Schutz vor dem Staat und der Mehrheit gewähren[111] - einfachem Mehrheitszugriff entzogen. Hinzu tritt ein Kon-

---

Ebenso: H.**Oberreuter** (FN 4), der in diesem Zusammenhang zu Recht von einer "Verfahrensethik" spricht (S.225 sowie S.222); D.**Grimm** (FN 4), S.709.

109 Zur 'Formaldemokratie' (Ergänzung zu FN 41 (Kap.1)). Es wird zunächst betont, daß "der Hinweis auf die Legalität von Verfahren allein nicht mehr ausreicht, um generell Legitimationsüberzeugungen zu vermitteln" (I.**Fetscher** (FN 4), S.203). Diese Relativierung der Bindungswirkung wird dann allerdings gegen das (gerade nicht rein formale) 'materiale Mehrheitsprinzip' des Grundgesetzes gewendet [vgl. dazu: Kap.1]: Defizitär, weil lediglich auf der schmalen Basis von formalem "Grundkonsens hinsichtlich der Spielregeln" gründend, habe zwar "die parlamentarische Demokratie in der Bundesrepublik bisher ... zur Zufriedenheit der grossen Mehrheit der wahlberechtigten Bevölkerung funktioniert", damit allerdings die Anliegen neuer sozialer Minderheiten, "die ihre Ziele außerordentlich ernst nehmen", noch nicht "in ihrer vollen Tragweite erkannt und berücksichtigt" (I.**Fetscher** (FN 4), S.199/201) [beachte dazu ergänzend: Kap.3.3.]. - Typisch für derartige politisch bewußte "soziale Minderheiten" sei deshalb deren "Entschlossenheit zum gemeinsamen Handeln gegen die fetischisierten Spielregeln der formalen Demokratie" (R. **Dutschke** (FN 95), S.63).

110 H.**Dreier** (FN 25), S.118.

Ebenso: Der Grundkonsens hat "in der Gegenwart weithin in der Form der Verfassungsordnung Gestalt angenommen" (U.**Scheuner** (FN 53), S.61); zur aus dem Verfassungskonsens strömenden politischen Legitimation: J.**Isensee**, Regierbarkeit in einer parlamentarischen Demokratie, in: J.**Isensee**/H.**Meyer**, Zur Regierbarkeit der parlamentarischen Demokratie, Köln 1979, S.15-47, S.32 ff; ferner: U.**Scheuner**, Verfassungsgerichtsbarkeit und Gesetzgebung, DÖV **33**, S.473-480 (1980), S.473. - A.A.: U.**Rödel** u.a. (FN 18), S.59/60.

111 Die Grundrechte als Invarianten des Mehrheitsprinzips im freiheitlichen Verfassungsstaat. "Das Grundgesetz als demokratische Ordnung sieht vor, daß grundlegende staatliche Entscheidungen nach Maßgabe der Mehrheitsregel getroffen werden (Art.42 Abs.2, Art.63 Abs.2 bis 4, Art.67 Abs.1, Art.52 Abs.3, Art.54 Abs.6 GG). Indes zieht es zugleich der Mehrheitsherrschaft rechtsstaatliche und bundesstaatliche Grenzen, zumal über die Grundrechte, die Erschwerung und Begrenzung der Verfassungsänderung (Art.79 GG), die Garantie des Rechtsweges gegen die öffentliche Gewalt (Art.19 Abs.4 GG), die Gewährleistung der Unabhängigkeit der Rechtsprechung (Art.20 Abs.3, Art.97 GG) und sichert diese Grenzen über eine weitreichende Verfassungsgerichtsbarkeit (Art.93 GG)" (BVerfGE **44**, 125 [141]). Dazu ferner: W.**Leisner** (FN 23), S.289; in diesem Sinne gilt auch, "daß grundrechtliche Individualrechte eben nicht durch Mehrheitsbildung ausgeübt werden können" (W.**Zeidler**, in: J.**Isensee**/H.**Meyer** (FN 110), Diskussionsteil S.74); ebenso: R.**Scholz**, Demokratie und freiheitlicher Rechtsstaat, in: U.**Sarcinelli** (Hrsg.), Demokratische Streitkultur, Bonn 1990, S.304-310, S.305; U.**Scheuner** (FN 53), S.67/68; H.**Lübbe** (FN 90), S.32 ff.

Der Schutzbereich umfaßt die Grundrechte in ihrem Doppelcharakter sowohl als (klassische) Abwehrrechte gegenüber dem Staat als auch als Teilhabe- und Gestaltungsrechte am öffentlich-politischen Prozeß [vgl. dazu: K. **Hesse** (FN 100), S.111 ff, insb. RN 280]. Diese Ausweitung der Grundrechtsfunktionen ist Konsequenz des materialen Verfassungsverständnisses: Wirkten die Grundrechte "im formalen Rechtsstaat nur als subjektive Abwehrrechte gegen nicht gedeckte Eingriffe der Exekutive in die Rechtssphäre des einzelnen, so bilden sie nun überdies objektive Gestaltungsprinzipien für die Sozialordnung insgesamt" (D.**Grimm** (FN 4), S.704); ähnlich für diese h.M.: A.**Bleckmann**, Staatsrecht II - Die Grundrechte, 3.Aufl. Köln/Berlin/Bonn/München 1989, S.274 ff.

sensanteil über politische Grundwerte: "Politische Auseinandersetzung vollzieht sich auf diese Weise stets auf der Basis einer fundamentalen Gemeinsamkeit, jenseits und vor aller Alternative. D.h. das Modell des modernen Verfassungsstaats und seine Ausprägung als parlamentarische Demokratie beruht geradezu darauf, daß verfassungspolitische Basiskonflikte gelöst und Konsensbereiche gefunden sind, von denen aus sich alternative Politikkonzepte kontrovers entfalten können."[112] Die politischen Kontrahenten erbringen gegenseitig politisches Vertrauen in die Geltung dieser politischen Grundwerte. "Denn darum geht es im demokratischen Verfassungsstaat: Die politischen Gegensätze aus dem Freund/Feind-Verhältnis heraus zu Gegnerschaften innerhalb der gemeinsamen politischen Ordnung zu relativieren. Ob dies gelingt oder nicht, ist die Kernfrage des Legitimitätsproblems, denn davon hängt die Stabilität der Demokratie ab."[113] Wenn nämlich bereits dieser vorpolitische Ausgleich "mißlingt, kommt es zur Diktatur der Mehrheit über die Minderheit, gelegentlich auch der Minderheit über die Mehrheit, oder zum Bürgerkrieg"[114]; die Legitimität als Basis des 'materialen Mehrheitsprinzips' ist zerstört worden. - Erst das das Mehrheitsprinzip wertbezogen beschränkende stete Wirken des Grundkonsenses sichert also - im Prinzip - den legitimierenden "Rückbezug auf die Gesamtheit"[115] im Entstehungsprozess einer Mehrheitsentscheidung im öffentlich-politischen Raum.

Gemäß dieser Legitimationsfunktion des Grundkonsenses für das 'materiale Mehrheitsprinzip' darf dessen Wertanteil in seiner Gesamtheit aber nicht unabänderlich festgeschrieben und damit dem tatsächlich erfolgenden Wertewandel in der Gesellschaft vollständig entzogen werden. Der Grundkonsens ist jedoch auch nicht beliebig abänderbar: Erst dessen sinnwidrige Entleerung, ein absoluter Werterelativismus, einerseits, kann das Fundament für das 'dichotome Mehrheitsprinzip' legen[116]. Andererseits können die materiale Überfrachtung des Grundkonsenses und zu hohe Konsenserwartungen den Regelungsbereich des Mehrheitsprinzips aber auch zu weit einschränken; dies ist von zwei Seiten möglich: Durch die *Mehrheit*, die damit den Minderheiten das Alternativtableau zur herrschenden Politik reduziert und derart das politische System homogenisiert[117]; durch eine *Minderheit*, die durch unnötige Steigerung von

---

An dieser Stelle zeigt sich ein wesentlicher Unterschied zum 'dichotomen Mehrheitsprinzip': Gerade der Wesensgehalt der Grundrechte kann grundsätzlich nicht dem formalen Mehrheitszugriff entzogen werden [dazu: FN 75 (Kap.3)]; der festgefügten totalitären Mehrheit im 'dichotomen Mehrheitsprinzip' kommt aber überhaupt kein Interesse zu, über die erzwungene Respektierung positivierter formaler Normen hinaus zusätzliche materiale Anteile zur effektiven Verwirklichung der Grundrechte beizusteuern [dazu: D.**Grimm** (FN 4), S.708].

112 H.**Oberreuter** (FN 4), S.223.
Vgl. auch: H.**Henkel**, Ideologie und Recht, Tübingen 1973, S.29 ff.

113 M.**Kriele**, Legitimitätsprobleme der Bundesrepublik, München 1977, S.9 [Einleitung]

114 E.**Benda**, Konsens und Mehrheitsprinzip im Grundgesetz und in der Rechtsprechung des Bundesverfassungsgerichts, in: H.**Hattenhauer**/W.**Kaltefleiter** (FN 30), S.61-77, S.64; auch: S.71.
Ebenso: H.**Oberreuter** (FN 4), S.223. Als Beispiele für derartige Mehrheits- und Minderheitsdiktaturen: Kap.1; Kap.5.3.1. (exemplarisch: Kap.6); Kap.5.3.2. (exemplarisch: Kap.7).

115 U.**Scheuner** (FN 46), S.314

116 Siehe dazu: FN 66 (Kap.3).

117 So z.B. der Verweis darauf, "daß der Grundkonsens in einer Demokratie im wesentlichen auf Ordnungen, Verfahren und die ihnen zugrunde liegenden Werte begrenzt bleibt" (H.**Maier**, Die Wohltat des Rechts und die Plage der Verrechtlichung, in: FS für M.**Hättich**, Paderborn/München/Wien/Zürich 1990, S.127-136, S.135). Zum Problem einer "Ausweitung der Wertgebundenheit" (als Teil des Grundkonsenses) ferner: J.**Seifert** (FN 101), S.325; E.**Denninger** (FN 68), S.13.
A.A. - und so nicht akzeptabel [siehe als Beispiele dafür: die nachfolgenden Kap.5 und Kap.7]: U.K.**Preuß** (FN 4); nach seiner Ansicht wird bereits durch jede wertgebundene Vervollständigung der formalen Anteile des Grundkonsenses "das Legalitätsprinzip, das auf der Basis des Mehrheitsprinzips jede gesellschaftliche Änderung legitimierte, seines demokratischen Charakters beraubt" (S.262). Eine freiheitseinengende Funktion der vorgeblich übermäßigen Ausweitung des materialen Gehalts des Grundkonsenses des GG konstatieren aktuell

Interessenkonflikten zu fundamentalsten Wertkonflikten unerwünschte (Mehrheits-)Entscheidungen a priori tabuisiert und dieserart dem öffentlichen Raum (und damit der Mehrheit) "streitoffene Politikbereiche" entzieht[118].

(b) Zivilgesellschaftliche Ausprägung politischer Kultiviertheit. Das Maß demokratischer (politischer) Kultiviertheit bezieht sich aus dem Umfang der Umsetzung und des Wirkens des Grundkonsenses im öffentlichen Leben: Mit dem Grundkonsens sind jedem einzelnen im öffentlich-politischen Raum die dauerhaften Bemühungen um die Realisierung der Werte Toleranz, Mäßigung (Deeskalierung) und Integration aufgegeben, besonders und gerade allen an Verfahren des Mehrheitsprinzips Beteiligten. Tatsächlich stellt bereits dieses Versuchen schon (häufig zu) hohe Anforderungen an die demokratische Reife und zivile Streitkultur, es setzt (häufig zu) hohe Maßstäbe von Vernünftigkeit, Gerechtigkeitssinn, Bescheidenheit, Duldsamkeit, Ausgleich und Selbstbeschränkung für alle Beteiligten - und diese individuellen menschlichen Schwächen, unberechenbar und nicht normierbar, bilden die - wohl unlösbare - Crux für die ideale Legitimation des 'materialen Mehrheitsprinzips'[119].

Mit der Realisierung ziviler Streitkultur erscheint idealiter die Lösung des Abgrenzungs- und Intensitätsproblems[120] im 'materialen Mehrheitsprinzip':

(i) (Begrenzte) Lösung des Abgrenzungsproblems. Da auch die Anwendung des 'materialen Mehrheitsprinzips' bei zuvor nicht ausräumbarem Dissens letztlich einen Herrschaftsvorgang darstellt, wird man zunächst sorgfältig "abwägen müssen, wann Abstimmungen überhaupt sinnvoll und notwendig sind"[121]. Die Mehrheitsentscheidung sollte für eine Minderheit zumutbar und in ihrer Auswirkung maßvoll bleiben; dies impliziert die besondere Achtung und Wür-

---

insbesondere einige bisher politisch minoritäre 'Neue Soziale Bewegungen' [siehe dazu stellvertretend: die Aufsatzsammlung von B.**Guggenberger**/C.**Offe** (FN 3)], die daraus für sich selbst die Schwächung der Bindungswirkung des 'materialen Mehrheitsprinzips' ableiten [vgl.: H.**Sahner**, Sozialer Wandel und Konsens - zur Legitimationsproblematik des Mehrheitsprinzips, in: H.**Hattenhauer**/W.**Kaltefleiter** (FN 30), S.93-113, S.94 ff]. Erlangt eine dieser protestierenden Minderheiten in politischen Subsystemen selbst einmal eine Mehrheitsposition, tritt erfahrungsgemäß die akute Gefahr ein, daß die neue Mehrheit sich an überhaupt keinen Anteil des zivilen Grundkonsenses mehr gebunden fühlt, das 'materiale Mehrheitsprinzip' sich zum 'dichotomen Mehrheitsprinzip' hin wandelt und die neuen Minderheiten einer Zukunft weitgehender Rechtlosigkeit und Drangsalierung entgegensehen; exemplarisch dafür: Kap.7.

118 H.**Oberreuter** (FN 4), S.227.

Ebenso: W.**Schmitt Glaeser** (FN 11), S.212. Siehe für derartige Beispiele (Ausweitung des Unabstimmbaren): Kap.1.1.; auch: U.**Rödel** u.a. (FN 18).

119 Ähnlich dem Falle jeden "qualitativen Mehrheitsprinzips" erscheint also auch im Falle des 'materialen Mehrheitsprinzips' ein tragender Bereich des Unnormierbaren. Während der Bereich des Unnormierbaren aber die gesamte Substanz des "qualitativen Mehrheitsprinzips" als willkürfrei und berechenbar geregeltes Entscheidungsverfahren ergreift [dazu: Kap.1, insb. bei FN 18 ff], kann solches für das 'materiale Mehrheitsprinzip' nicht eintreten: Das dem notwendig verfahrensmäßig zugrunde liegende 'formaldemokratische Mehrheitsprinzip' ist nämlich vollständig normierbar [dazu: Kap.2.2.], und auch adäquater Minderheitenschutz ist wenigstens ansatzweise und objektiv zu positivieren [dazu: Kap.3.1. (insb.: FN 76)].

120 Zu dieser Differenzierung: Kap.1.1. und Kap.1.2.

121 J.**Huber** (FN 43), S.79.

Ähnlich: U.K.**Preuß**, Die Chance der Verfassunggebung, in: APUZ 49/1991, S.12-19, S.17. Ähnlich auch der (moderate) Appell von H.**Simon**: "Sollte sich ergeben, daß eine hinreichend breite Akzeptanz nicht erreichbar ist, könnte es in ... seltenen Grenzfällen ein Akt der politischen Weisheit sein, auf die Entscheidung vorläufig zu verzichten" ((FN 28), S.105). Im Aussetzen politischer Entscheidungen kann sich das Vorliegen einer reifen politischen Kultur erweisen: "Toleranz hat ... sehr viel [zu tun] mit der Fähigkeit und der Bereitschaft, Probleme zur Ausreifung in der Schwebe zu belassen, eine geraume Zeit Angst und Unsicherheit zu ertragen, zu dulden, ohne Konflikte zu leugnen, oder sie einer vorzeitigen, dann meist gewaltsamen Lösung zuzuführen" (F.**Hacker**, Intoleranz als Maske, Waffe und Alibi, in: U.**Schultz** (Hrsg.), Toleranz, Reinbek 1974, S.36-49, S.48). In diesem Zusammenhang ist auch die Forderung nach einem "Moratorium" bei Vorliegen grundlegender und gewichtiger Meinungsdifferenzen zu sehen [so z.B.: I.**Fetscher** (FN 11), S.30 ff].

digung der Minderheit in den diese konstituierenden Bereichen, wo sie besonders sensibel und verletzbar ist. - Die Minderheit ihrerseits ist gehalten, sich derart zustande gekommenen Mehrheitsentscheidungen letztlich freiwillig zu beugen, wenn sie sie auch inhaltlich nicht als richtig akzeptieren muß; auch die Minderheit ist nicht befugt, nach verlorenen Abstimmungen zwischen den Verfahrensbeteiligten eine "Umdeutung von Gegnerschaft in Feindschaft" vorzunehmen[122], was ihr übrigens letztlich die Hinnahme der Mehrheitsentscheidung erleichtert.

(ii) (Begrenzte) Lösung des Intensitätsproblems. Im Erkenntnisfalle der Unabwendbarkeit einer Abstimmung ist die spätere Abstimmungsmehrheit gehalten, während der Diskussion und Meinungsbildung zur Entscheidungsfindung offen und kompromißbereit zu bleiben für die Einwände der Minderheiten, ebenso wie die Minderheiten für Erklärungen der Mehrheit[123]. Die Abstimmung nach dem 'materialen Mehrheitsprinzip' ist also "nur der letzte Akt eines Prozesses ..., in dem - wenn er nur offen angelegt ist, wie es die Verfassungsregeln der Demokratie vorschreiben - unterschiedliche Intensitäten des Engagements und unterschiedliche Grade des Sachverstands durchaus wirksam werden können und in der Regel auch werden. Das Gleichheitsprinzip gilt erst für den eigentlichen Entscheidungsakt."[124] - Legitimationsgrund für das 'materiale Mehrheitsprinzip' ist somit dessen demokratisch-kultiviertes Verfahren.

(c) Gleichwertigkeit von Mehrheit und Minderheiten. Während die bloße Existenz dissentierender Minderheiten eine triviallogische Strukturbedingung des 'formaldemokratischen Mehrheitsprinzips' darstellt, zeigt sich als konstitutiv für das 'materiale Mehrheitsprinzip' sogar die prinzipielle Gleichwertigkeit von (verfaßter) Mehrheit und dieser komplementären (verfaßten) dissentierenden Minderheiten als unausgrenzbaren Teilen des gesamten zivilen Gemeinwesens. Denn "das Volk als Ganzheit ist Legitimationsquelle. In dieser Ganzheit sind die Unterschiede von Mehrheit und Minderheit aufgehoben."[125] "Deshalb gehören Mehrheitsprinzip

---

122 B.**Sutor**, Stichwort: Konflikt/Konsens, in: M.**Greiffenhagen** (Hrsg.), Kampf um Wörter?, München/Wien 1980, S.295-303, S.300.
"Demokratie verlangt auch den Schutz der Mehrheit" (W.**Schmitt Glaeser** (FN 11), S.219), denn das Toleranzgebot erstreckt sich auf alle Teile der demokratischen Gesellschaft. Keinesfalls kann deshalb der normativ überhöhten These von B.**Guggenberger**: "Die Pflicht der Mehrheit ist Mäßigung, Rigorismus und Radikalismus sind das Vetorecht der Minderheit" (FN 16, S.209 [nochmals bestärkt gegen C.**Graf v.Krockow**, in: APUZ 5/1984, S.45]) in dieser Allgemeinheit zugestimmt werden, die ein besonderes Ausnahmerecht für Minderheiten konstituiert: "Denn es gibt ... keinen gleichsam 'doppelten Minderheitenschutz' in dem Sinne, daß einzelne Gruppen und Minderheiten sich zum einen auf die Grundrechte ... berufen dürfen und sich zum anderen nach Belieben über die positive Rechtsordnung hinwegsetzen dürfen, oder daß sie sich einen rechtsfreien Raum reklamieren und die genannten Grundrechte sogar durch Gewalttätigkeiten mißbrauchen dürfen." (R. **Scholz**, Rechtsfrieden im Rechtsstaat, NJW **36**, S.705-712 (1983), S.709 [ebenso ders. (FN 111), S.305]) - Vgl. in diesem Zusammenhang auch: FN 99 (Kap.3).

123 Den Kompromißcharakter des 'materialen Mehrheitsprinzips' betont bereits: H.**Kelsen** (FN 48), S.322 ff.; sowie: H.**Kelsen**, Vom Wesen und Wert der Demokratie, 2.Aufl. Tübingen 1929, insb. S.58. Allein durch den Kompromiß "wird die politische Opposition in die Staatsleitung und -gestaltung integriert. Im Mehrheitsentscheid als Kompromißbildung sind infolge der ihm vorausliegenden Prozesse immer auch die Elemente der Minderheit aufgenommen und wirksam" (W.**Schmitt Glaeser** (FN 11), S.217/218). Siehe dazu auch: K.H. **Biedenkopf**, Toleranz in der Demokratie, in: U.**Schultz** (FN 121), S.162-174, S.170/171; ferner: die Abhandlungen von F.**Hacker** und K.**Sontheimer** im selben Band.

124 P.**Graf Kielmansegg** (FN 10), S.129

125 J.**Isensee** (FN 21), S.176.
Vgl. dazu ferner: K.**Hesse** (FN 72), S.193/194; K.**Hesse** (FN 100), S.55/56, S.60 ff. - Deshalb muß in der politischen Realität des 'materialen Mehrheitsprinzips' notwendig ein Klima der Toleranz erscheinen, denn "Toleranz ist die Fürsprache für die prinzipielle Gleichberechtigung des Anderen als Anderen, Betonung der Bedeutung nicht-hierarchischer Strukturen und Unterschiedlichkeiten" (F.**Hacker** (FN 121), S.46).
Den Grundsatz der Gleichwertigkeit von Mehrheit und Minderheiten im 'materialen Mehrheitsprinzip' sprengt das Konzept der handlungstheoretischen "Zivilgesellschaft" (U.**Rödel** u.a. (FN 18)) zugunsten (zunächst)

und Minderheitenschutz in einem demokratischen Gemeinwesen untrennbar zusammen"[126].
Diese Gleichwertigkeit prägt die demokratisch-rechtsstaatliche Zivilgesellschaft:

(i) Chancengleichheit im öffentlich-politischen Raum. Aus der Gleichwertigkeit von Mehrheit und Minderheiten leitet sich die für alle Beteiligten streng formal zu fassende juristische Chancengleichheit im öffentlich-politischen Raum[127] ab. Diese beinhaltet speziell für den parlamentarischen Bereich die Gewährung weitgehender Kontroll- und Artikulationsrechte für die Opposition, insbesondere eine effektive finanzielle Ausstattung als materielle Basis für die mehrheitsunabhängige Entwicklung eigener politischer Alternativen und deren mehrheitsunabhängige Darstellung in der Öffentlichkeit[128].

(ii) Mehrheit als zeitlich relative Größe. Mehrheit ist keine absolute Konstante, sie steht unter Änderungsvorbehalt. Dieser Tatbestand äußert sich insbesondere in der Periodizität demokratischer Wahlen zu repräsentativen Gremien: Vor jeder Wahl wird den Minderheiten immer

---

unterlegener Minderheiten: Es wird dort nämlich einer "aktiven politischen Minderheit" (S.127) jederzeit die Chance eingeräumt, unter Inanspruchnahme eines garantierten "Prinzips prozeduraler Gleichheit" (S.45) anstelle einer vorangegangenen Mehrheitsentscheidung selbst die maßgebliche politische Entscheidung zu treffen; es müssen der angegriffenen Mehrheitsentscheidung lediglich aus Sicht der Minderheit "vernünftige, einsichtige, allgemein zustimmungsfähige Prinzipien" (S.46) [zu den logischen Schwächen: FN 28 (Kap.1)] entgegenstehen: "Ziviler Ungehorsam erscheint folglich nicht als Tyrannei, Unordnung oder Usurpation, sondern als Ausfüllung des öffentlichen Raumes, um den demokratischen Meinungsstreit und den Wechsel von Mehrheit und Minderheit in Gang zu halten." (S.46)

126 H.-P.**Schneider**, Verfassungsrechtliche Bedeutung und politische Praxis der parlamentarischen Opposition, in: H.-P.**Schneider**/W.**Zeh** (FN 107), S.1055-1086, S.1063 [m.w.Lit.].

'Materiales Mehrheitsprinzip' und Minderheitenschutz. (a) Grundlegend bereits: BVerfGE **2**, 1 [13] (SRP-Urteil); ferner: das Minderheitsvotum von E.G.**Mahrenholz** zur BVerfGE **70**, 324: "Nach den Bestimmungen des Art.42 GG ist die Minderheit mithin nicht als der Teil zu definieren, der nicht Mehrheit ist. Die Minderheit ist vielmehr Teil der Gesamtheit. ... Mehrheit und Minderheit sind gleichen Rechts" (S.368 ff); E.W.**Böckenförde**, Minderheitsvotum in: BVerfGE **70**, 324 [380 ff]; U.K.**Preuß** (FN 25), S.237; H.**Dreier** (FN 25), S.118.

(b) Die o.g. BVerfGE **70**, 324 selbst dagegen atmet die Luft des 'dichotomen Mehrheitsprinzips': Es solle gewährleistet werden, daß im Sonderfall des Bundestags-Haushaltsausschusses "nur die Abgeordneten gewählt werden, die persönlich das Vertrauen der Mehrheit des Bundestages genießen" ([LS 8, 365])! Ferner: "Jedenfalls aus zwingenden Gründen des Geheimschutzes kann es verfassungsrechtlich hinzunehmen sein, daß einzelne Fraktionen bei der Besetzung eines Ausschusses unberücksichtigt bleiben" ([LS 9]).

Schließlich kann eine Minderheit ohne Fraktionsstatus (§ 10 Abs.1 GOBT - die 'Geschäftsordnung des Bundestages' (BGBl.I, S.1237-1263 (1980)) wird gem. Art.40 Abs.1 und Art.42 Abs.2 GG mit Mehrheit beschlossen) aus dem 'Gemeinsamen Ausschuß' (Art.53a GG) ferngehalten werden, selbst wenn ihr "bei proportionaler Sitzverteilung ein Mandat im 'Gemeinsamen Ausschuß' zufiele" (BVerfGE **84**, 304 [336] [Minderheitsvotum dazu: BVerfGE **84**, 304 [337 ff]]).

127 Zur diesbezüglichen Rechtsprechung des BVerfG (unter Relativierungen durch den allgemeinen Gleichheitssatz) grundlegend: "Zu den Prinzipien, die das Grundgesetz unter dem Begriff der freiheitlichen demokratischen Grundordnung zusammenfaßt, gehören neben der Volkssouveränität, der Gewaltenteilung und der Verantwortlichkeit der Regierung auch das Mehrparteienprinzip und die Chancengleichheit für alle politischen Parteien (vgl. BVerfGE **2**, 1 [13]; BVerfGE **5**, 85 [140])" (BVerfGE **44**, 125 [145] (regierungsamtliche Öffentlichkeitsarbeit)). Ferner: BVerfGE **20**, 56 (öffentliche Parteienfinanzierung); BVerfGE **14**, 121 (Wahlwerbung im staatlichen Rundfunk); zu den letzten beiden Entscheidungsklassen: H.-R.**Lipphardt**, Die Gleichheit der politischen Parteien vor der öffentlichen Gewalt, Berlin 1975, Teile E und F. Vgl. ferner, bezogen auf die Wahlrechts-Gleichheit: Kap.15.2.4. (Chancengleichheit bei der Wahl).

128 Die Bedeutung des institutionalisierten Minderheitenschutzes allein darf freilich nicht überschätzt werden: "Der geordnete Gang der parlamentarischen Verhandlungen und Tätigkeiten hängt vielmehr entscheidend von dem Stil und Klima ab, in denen sich die politischen Auseinandersetzungen ... zwischen der Regierungsmehrheit und der Opposition abspielen; insbesondere davon, ob die Mehrheit darauf verzichtet, durch einseitige Ausnutzung ihrer Mehrheitsposition die Minderheit zu tyrannisieren" (H.-H.**Röhrig**/K.**Sontheimer**, Handbuch des deutschen Parlamentarismus, München 1970, S.286/287). Siehe dazu auch: H.-P.**Schneider** (FN 126), m.w.Lit.; ferner: Kap.3.1. (bei FN 74 ff).

Als bedenkliche Beispiele für das Ausnutzen einer Mehrheitsposition auf Kosten einer am Verfahren beteiligten (und politisch der Mehrheit nicht genehmen) Minderheit: FN 126(b); Kap.17.3.3.; Kap.18.1.4.

wieder neu die reale Chance eingeräumt, zur zukünftigen Mehrheit werden zu können[129]. Einerseits liefert die andauernde Hoffnung auf Erreichen der Mehrheit für die Minderheit eine wohlverstandene eigennützige Motivation für die freiwillige Anerkennung der Bindungswirkung des Mehrheitsprinzips über den wertgebundenen Grundkonsens und die formale Gesetzeskraft hinaus. Andererseits wirkt aber diese zunächst stabilisierende Einbindung der Minderheit relativierend auf die Festigkeit des Grundkonsenses ein: Denn "das Prinzip der Abrufbarkeit und des Wechsels, das die Demokratie für die Besetzung ihrer Machtpositionen aufstellt, ergreift auch ihre Normen: Es gibt keine absolut wirksame normative Garantie dagegen, daß der Grundkonsens in diesen Wandlungs- und Ablösungsprozeß hineingezogen wird."[130]

(iii) Zeitliche Beschränktheit der Macht- und Bindungszuweisung. Das Prinzip offener Chancen ist nur zu realisieren unter der Maßgabe, daß alle Möglichkeiten einseitiger Festschreibung von bestehenden Machtverhältnissen der Mehrheitsentscheidung entzogen bleiben und für keine dem Mehrheitsentscheid unterliegende Auffassung ein absoluter Wahrheitsanspruch erwächst[131].

- "Legitimationsbasis des Mehrheitsprinzips ist so das politische Recht der Minderheit"[132].

(d) Präsenz der Öffentlichkeit. Offensichtlich ist der wertgebunden-ethische Anteil ziviler Mehrheitskultur nicht allgemein positivierbar; vielmehr werden die beteiligten Individuen je nach Befindlichkeit ganz unterschiedliche, subjektiv durchaus integre Vorstellungen über den zivilen Umgang von Mehrheit und Minderheiten sowie insbesondere das demokratische Zustandekommen von Mehrheitsentscheidungen haben, so daß allen gleichzeitig gerecht werdende Situationen objektiv nicht stets erzielbar sind. Damit zeigt sich aber das - schon im Vorfeld der Verhandlungen und Aussprachenen - öffentliche und transparente Zustandekommen der Entscheidungen als integraler Bestandteil der verfahrenstechnischen Legitimation des 'materia-

---

129 **Der zeitliche Aspekt.** **(a)** Im Falle des 'materialen Mehrheitsprinzips' kommt der Periodizität der Wahlen also zusätzlich [dazu: FN 57 (Kap.2)] eine gleichheitssichernde Funktion zu: "In einem freiheitlichen Staat, in dem der Mehrheitswille in den Grenzen der Rechtsstaatlichkeit entscheidet, müssen Minderheitsgruppen die Möglichkeit haben, zur Mehrheit zu werden. Demokratische Gleichheit fordert, daß der jeweils herrschenden Mehrheit und der oppositionellen Minderheit bei jeder Wahl aufs neue die grundsätzlich gleichen Chancen im Wettbewerb um die Wählerstimmen offengehalten werden. Die Gewährleistung gleicher Chancen im Wahlwettbewerb ist ein unabdingbares Element des vom Grundgesetz gewollten freien und offenen Prozesses der Meinungs- und Willensbildung des Volkes" (BVerfGE **44**, 125 [145] [vgl. auch: BVerfGE **5**, 85 [199 ff]]). Diese zeitliche Befristung verleiht dem (materialen) Mehrheitsprinzip eine "elementare Friedensfunktion" (C. **Graf v.Krockow**, Gewalt für den Frieden?, München 1983, S.14).

(b) Die Periodizität von Wahlen besitzt Kontrollfunktionen: Zum einen ist jede Wahl Kontrolle der bisherigen Mehrheit durch die Öffentlichkeit (Wahlkörper). Zum anderen wechselt jede Wahl grundsätzlich Mandatsträger aus, zerschlägt dadurch zuvor entstandene Mehrheitsbindungen und ermöglicht die Zufuhr neuer, unverbrauchter, kritischer Mandatsträger. - Legitimation findet also auch durch politische Kontrolle statt.

(c) Einen Sonderfall bevorzugter Behandlung bilden anerkanntermaßen die "strukturellen Minderheiten": "Bewußt wird hier vom Grundsatz strikter demokratischer Gleichheit abgewichen, weil jene Strukturminoritäten eben auf Dauer keine Chance der Umkehr der Mehrheitsverhältnisse zu ihren Gunsten haben" (H.**Dreier** (FN 25), S.109). "Daher ist eine solche Situation ... nicht im Wege der Mehrheitsbildung, sondern durch einen Schutz der Minderheit zu lösen" (U.**Scheuner** (FN 46), S.316 [in Rekurs auf: G.**Jellinek**, Das Recht der Minoritäten, Wien 1898, S.23 ff]).

130 J.**Isensee** (FN 108), S.37.
Siehe aber auch oben [nämlich: Kap.4.1.(a).] die Notwendigkeit einer adäquaten Änderung des Grundkonsenses im Zuge der Wandlung der Realität des Staates.

131 Hier korrelieren Pluralismus und 'materiales Mehrheitsprinzip': U.**Scheuner** (FN 53), S.51; vgl. auch: C.**Gusy** (FN 1), S.135; S.**Eisel**, Plädoyer für die Mehrheitsregel, ZParl **16**, S.756-580 (1985), S.577; C.**Offe** (FN 11), S.161; G.**Frankenberg** (FN 25), S.274. Beachte in diesem Zusammenhang andererseits aber auch: Kap.1.2.(b). (Irreversibilität von Mehrheitsentscheidungen).

132 C.**Gusy** (FN 1), S.136

len Mehrheitsprinzips'. Denn nur der Öffentlichkeit, dem Souverän, der Mehrheiten durch Wahl erzeugt und über das Mandat verfügt, diese Mehrheiten gegebenenfalls auch wieder zurückzunehmen, kann im demokratisch-repräsentativen System die notwendige und effektive Kontrolle über die Einhaltung der nicht verfahrensmäßigen Anteile des 'materialen Mehrheitsprinzips' im Zweifelsfalle zukommen: "Die öffentliche Meinung trägt durch ihre Kritik, Kontrolle und öffentliche Diskussion zur Legitimität der Mehrheitsentscheidung bei, abgesehen von ihrer Funktion, außerhalb der Beteiligung an den Mehrheitsentscheidungen eine Chance der Einflußnahme auf den öffentlichen Verfassungsprozeß zu eröffnen."[133] - Um ihre diesbezügliche zentrale Funktion der Öffentlichkeit als 'neutraler Richter' erfüllen zu können, ist allerdings ersichtlich ein Mindestniveau an Bildung und Interesse der Einzelindividuen am öffentlichen Leben notwendig[134]. Dann besitzt die Öffentlichkeit allein durch ihr vermutetes Vorhandensein eine mässigende und integrative Funktion und pflegt damit den Grundkonsens. - Das (materiale) "Mehrheitsprinzip rechtfertigt sich also aus der diskussionsförmigen Beratung in aller Öffentlichkeit zwischen gleichberechtigt verhandelnden" Abstimmungsberechtigten[135].

- "Insofern ist Demokratie das Ordnungsprinzip zur Verwirklichung des Mehrheitsprinzips"[136] in seiner materialen, wertgebundenen Ausprägung; allein der hypothetische Fall der in *allen* öffentlichen Entscheidungsverfahren überwiegenden Anwendung des '*materialen* Mehrheitsprinzips' ist hinreichend für die Existenz eines demokratischen (d.h. zivilen) Systems.

4.2. Das 'materiale Mehrheitsprinzip' als Wahlverfahren

Im Falle von Wahlen korrespondiert das 'materiale Mehrheitsprinzip' mit der Grundidee aller Verhältniswahlverfahren: der proportionalen Mandatsverteilung liegt nämlich das Rechtsprinzip der bestmöglichen Realisierung der individuellen (formalen) Wahlrechtsgleichheit zugrunde, während das 'materiale Mehrheitsprinzip' das Optimum an gleichem individuellem Einfluß in jeder Entscheidung anstrebt[137]. Beide bewahren damit insbesondere die Existenz vorhandener Minderheiten

Das 'materiale Mehrheitsprinzip' ist, in den plakativen Begriffen der Spieltheorie, stets ein Positivsummenspiel: Anzustreben ist nämlich, daß der Gewinner (Mehrheit) gerade so viel erhält,

---

133 W.**Heun** (FN 1), S.194.
Ebenso: U.**Scheuner** (FN 53), S.51.

134 Aber auch: W.**Becker** (FN 38), S.74.
Das Ausbleiben von Öffentlichkeit zum Beispiel innerhalb der Verfaßten Studentenschaft gründet weniger auf mangelndem Bildungsniveau als auf mangelndem Interesse der Studenten. Vgl. dazu: FN II.163(a) (Kap.7)

135 O.E.**Kempen**, Zwischen Gemeinwohlpostulat und demokratischen Verfassungsgarantien, DSt **18**, S.81-101 (1979), S.96.
Vgl. dazu ferner: W.**Heun** (FN 1), S.194; E.G.**Mahrenholz** (FN 126), S.369; C.**Gusy** (FN 36), S.345 ff; U.**Scheuner** (FN 53), S.51.

136 W.**Kaltefleiter**, Die Grenzen der Demokratie, in: H.**Hattenhauer**/W.**Kaltefleiter** (FN 30), S.137-150, S.139

137 Im Anschluß an: H.**Kelsen** (FN 123), S.58 ff. Vgl. auch: T.**Fleiner**, Die Stellung der Minderheiten im Schweizerischen Staatsrecht, in: FS für W.**Kägi** (FN 46), S.115-128, S.123 ff; P.**Kunth**, Einige Anmerkungen zu den Hareschen Quotientenverfahren, ZParl **22**, S.297-324 (1991), FN 13 auf S.300.
Diesen Zusammenhang verkennt K.v.**Beyme**, wenn er schreibt: "Das Verhältniswahlrecht, das in den meisten demokratischen Staaten gilt, beruht auf einer Abneigung gegen das Mehrheitsprinzip" (Die Zukunft der parlamentarischen Demokratie, in: ders. (Hrsg.), Politikwissenschaft, Band 2 Stuttgart/Berlin/Köln/Mainz 1987, S.306-332, S.318). Ebenso unzutreffend: "Wer das Mehrheitsverfahren im Gegensatz zu allen anderen Verfahrensmöglichkeiten für das gerechtere hält, muß auch dem Wahlsystem den Vorzug geben, das am sichersten mehrheitsbildend wirkt." (M.**Hättich**, Wahlrecht und Wahlgerechtigkeit als Strukturproblem moderner Demokratie, in: ders. (u.a.), Wahlrecht und Wahlgerechtigkeit, Karlsruhe 1970, S.61-82, S.66)

daß der den Verlierern zustehende kleinere Anteil noch ausreicht, sie zu motivieren, freiwillig weiter mitzuspielen; umgekehrt müssen die Verlierer die maßgeblich ohne sie erfolgende Realisierung eines Gewinnerstatus ertragen, der die Verlierer trotzdem weiterhin partizipieren läßt. Die Vorteile für Mehrheit und Minderheiten zusammen genommen sind größer als ein möglicherweise alleiniger Vorteil nur für die Mehrheit.

4.3. Die innere Struktur des Mehrheitsprinzips

Das Mehrheitsprinzip läßt sich zusammenfassend graphisch strukturieren:

Form des Mehrheitsprinzips (MP)	*Systemstruktur*
"archaisches" MP	normlos; entscheidend die (physische) Kraft einer beliebigen, anwesenden Gruppe; prompte Verfügbarkeit
formaldemokratisches MP	berechenbar und willkürfrei positiviertes Verfahren; Garantie formaler Gleichheit im Verfahren selbst
dichotomes MP	dichotome und dauerhafte Zerspaltung der Basis in eine festgefügte, absolute Mehrheit und antagonistische Minderheiten
materiales MP	demokratisch-wertgebundener Verfassungsrahmen; Freiheit und "Brüderlichkeit" der am Verfahren Beteiligten

Das 'formaldemokratische Mehrheitsprinzip' ist ein wertfreies, rein formales, vollständig positivierbares Verfahrenssystem, das rechtsstaatlichen Anforderungen genügt. Dem 'materialen Mehrheitsprinzip' und dem 'dichotomen Mehrheitsprinzip' liegt als formale Struktur dasselbe 'formaldemokratische Mehrheitsprinzip' zugrunde. Während sich darüber hinaus das 'dichotome Mehrheitsprinzip' auf reine Macht kapriziert, gründet sich das 'materiale Mehrheitsprinzip' auf in keinem Falle allgemeingültig positivierbare "Werte". Letzteres formuliert einen nicht zu realisierenden, wünschenswerten Idealzustand; damit bleibt die möglichst authentische Realisierung des 'materialen Mehrheitsprinzips' den öffentlich Handelnden als andauernd aufgegebene Verpflichtung an ihre zivile, demokratische Gesinnung. Als 'neutraler Richter' über das Bemühen zeigt sich im demokratischen Rechtsstaat die Öffentlichkeit[138].

Das Herausstellen der unterschiedlich möglichen Realisierung des Mehrheitsprinzips erfährt Relevanz zum Beispiel im Hinblick auf die "Demokratisierung" der Hochschule und deren Teilbereiche (insbesondere auch der Verfaßten Studentenschaft). Denn "demokratisierte" Bereiche des menschlichen Lebens unterfallen dem regulativen Zugriff des Mehrheitsprinzips[139].

---

138 Vgl. dazu (Funktion der Öffentlichkeit als 'neutraler Richter') in anderem Zusammenhang nachfolgend: Kap.16.6.(b).

139 Vgl. dazu: Kap.2.1.

Teil II: Über Deformationen des Mehrheitsprinzips an westdeutschen Hochschulen

"Gewalt ist verwerflich aus moralischen Gründen. Sie bedroht, schädigt und zerstört den Mitmenschen, der grundsätzlich dieselben Merkmale aufweist wie wir selbst und daher prinzipiell dieselben Rechte besitzt. Wir begeben uns des eigenen Anspruchs auf menschliche Solidarität, wenn wir ihn im Mitmenschen verletzen. Gewalt reduziert den Mitmenschen zum Objekt und Mittel, beleidigt und erniedrigt ihn und bewirkt über die verschiedenen Formen der Dehumanisierung schließlich seine irreversible Verdinglichung und Vernichtung. Gewalt macht ihn schließlich zum Ding des Leichnams." (*Friedrich Hacker*[1])

In der staatlichen Öffentlichkeit heute gering beachtete aber nichtsdestoweniger politisch ausdifferenzierte Subsysteme, die sich mit ihren mitunter gewaltförmigen Verfahren sowie dem strikten Einsatz des 'dichotomen Mehrheitsprinzips' den Normen des demokratischen Rechtsstaats, dem materialen Rahmen des Grundgesetzes zu entziehen trachten, bilden seit etwa dem Jahre 1967 die politisch engagierten Teile der Studentenschaften an vielen Universitäten der Bundesrepublik Deutschland[2]; diese Subsysteme sind (meist[3]) sogar staatlich institutionalisiert im relative Autonomie gewährenden juristischen Status Verfaßter Studentenschaften.

Kap.5 Zur Struktur politischer Gewalt und zur Gewaltbereitschaft an westdeutschen Hochschulen

Daß einer rechtlich selbständigen und damit insbesondere vom Einfluß der Professorenschaft unabhängigen Studentenvertretung auch im System der inzwischen etablierten, "demokratisierten" *Gruppenuniversität*[4] neben deren Kollegialorganen prinzipiell noch eine Existenzberechti-

---

1 F.**Hacker**, Aggression, Düsseldorf/Wien 1985, S.170

2 Die Beispiele im folgenden entstammen, soweit nichts anderes vermerkt ist, der Verfaßten Studentenschaft der Johann Wolfgang Goethe-Universität zu Frankfurt am Main. Diese kann als repräsentativ für andere 'undogmatisch-links' beherrschte Studentenschaften Deutscher Universitäten bis etwa zum Jahre 1993 angesehen werden. Im Zuge der neuen 'linken' Wertschätzung für die alte Bundesrepublik Deutschland seit der Vereinigung 1989 hat sich bis 1993 auch die "antiautoritäre" 'undogmatische Linke' in ihrer früheren staatsfeindlichen Identität aufgelöst. Ein kleiner Anteil lebt fort in der "autonomen Antifa" bis hin zur westdeutschen PDS.

3 Gem. der Kann-Vorschrift des § 41 Abs.1 HRG (unverändert seit der 1.Fassung v.26.1.1976 (= FN III.93)) sind zur Zeit die Verfaßten Studentenschaften als zwangsverfaßte Körperschaften des öffentlichen Rechts und damit insbesondere auch deren Satzungs- und Finanzhoheit aufgehoben in: **(i) Bayern:** Art.104 Abs.5 Bay. HschG v.21.12. 1973 (Bay.GVBl., S.679-708 (1973)), also bereits vor Inkrafttreten des HRG; seit der Neufassung: Art.68, Art. 69 Bay.HschG v.8.12.1988 (Bay.GVBl., S.399-449 (1988)); **(ii) Baden-Württemberg:** §§ 3 Abs.3, 18 Abs.3, 139 Abs.1 Ba-Wü.UG seit 22.11.1977 (Ba-Wü.GBl., S.473-521 (1977)) - hier war mit Antritt der 1992-1996 amtierenden CDU/SPD-Landesregierung als politischer Kompromiß zunächst eine Umwandlung in das 'Kirchensteuermodell' (d.h. mit Austrittsmöglichkeit auf individuellen Antrag) erwogen worden; mit der Neufassung des Ba-Wü.UG v.12.5.1992 (Ba-Wü.GBl., S.449-499 (1992)) ist dann jedoch die alte Norm fortgeschrieben worden: § 95 i.V.m. §§ 18 Abs.3, 25 Abs.4 Ba-Wü.UG.
In allen anderen (alten - und neuen) Bundesländern existieren derzeit Verfaßte Studentenschaften. Beispielhaft zur Argumentation für die Einrichtung Verfaßter Studentenschaften aus der Kommentar-Literatur: P.**Becker**, Komm. § 41 HRG, in: E.**Denninger** (Hrsg.), Hochschulrahmengesetz (Komm.), München 1984, S.497-517.

4 Zur Wandlung der selbstverwalteten Gruppenuniversität. (a) Die Idee der "Demokratisierung". "Der Ausdruck 'Gruppenuniversität' ist [ursprünglich] ein polemischer Begriff, der von den Klägern gegen das - in der Tat verunglückte - niedersächsische Vorschaltgesetz formuliert und vor das Bundesverfassungsgericht getragen worden ist [nämlich in: BVerfGE **35**, 79 [91], P.K.], mit dem für die Kritiker überraschenden Ergebnis,

daß die hierdurch charakterisierte Organisationsform der Universität mit dem Grundgesetz vereinbar sei [nämlich: BVerfGE **35**, 79 [116/117, 135], P.K.]" (P.**Fischer-Appelt**, Gruppenverhalten in der Gruppenuniversität, in: Symposion 'Gruppenuniversität', Bonn-Bad Godesberg 1981, S.185-195, S.193). Diesem Modell mit seinen Paritäten von Statusgruppen liegt die kommunikationstheoretische Ethik des herrschaftsfreien, rationalen Diskurses unter prinzipiell Gleichen [dazu: FN I.20 (Kap.1)] zugrunde, welche "zum freiwilligen allgemeinen Konsensus, zum Sieg des besten Arguments und zur gewaltlosen Herrschaft der Vernunft" an der Hochschule hinführe (B.W.**Reimann**). Für diese These paradigmatisch: J.**Habermas**, Protestbewegung und Hochschulreform, es **354** (Frankfurt/M 1969), z.B. S.122 ff; J.**Habermas**, Die wissenschaftstheoretischen Begründungen der Teilnahme der Mitglieder der Universität an den Entscheidungsprozessen und der Universitätsorganisation/ Diskussion (WRK Dokumente zur Hochschulreform X/1969), Bad Godesberg 1969; auch in: Merkur **23**, S.597-604 (1969), S.601; E.**Denninger**, Das Hochschulrahmengesetz - Kernstück einer Bildungsreform, Frankfurt/M 1972, insb. S.77-85; F.**Vilmar**, Strategien der Demokratisierung, Band I: Theorie der Praxis, Darmstadt/Neuwied 1973, insb. S.372 ff; B.W.**Reimann**, Hochschulreform - Illusion und Pleite?, Bonn 1978, S.82 ff; selbst Teile der studentischen Verbindungen verfochten diese Theorie einer "Demokratisierung" der Hochschule: H. **Buck**/W.**Maurus**/W.**Thommel**, Studentische Interessenvertretung in einem demokratischen Hochschulwesen, Weinheim 1971, insb. S.43 ff. Heute schon fast singulär: M.**Vester**, Zwischen Wissenschaft und Politik, in: FS für P.**v.Oertzen**, Marburg 1989, S.150-167. Diese Modelle gründeten sich - unausgesprochen! - stets auf die dauerhafte Bereitstellung genügender öffentlicher Finanzmittel. - Als Darstellung der verschiedenen Positionen zur "Demokratisierung" aus der Anfangsphase der Konstituierung der Gruppenuniversität: H.-A.**Jacobsen**/ H.**Dollinger** (Hrsg.), Die deutschen Studenten - Der Kampf um die Hochschulreform, 2.Aufl. München 1969; später: Symposion 'Gruppenuniversität' (Forum des Hochschulverbands **26**), Bonn-Bad Godesberg 1981.
Kritisch dagegen z.B.: "Mit dem Konzept Demokratisierung wird konkret die Empfehlung verbunden, Entscheidungen an Gremien zu verlagern. Würde dies ein durchgehendes Prinzip in unseren Gesellschaften, so würde die strukturell schwer zu lokalisierende Verantwortlichkeit für die Ausübung von Macht nun noch institutionell unterstützt. Es gibt nichts Unverantwortlicheres als ein Gremium. ... Das gegenteilige Prinzip ist praktikabel: Aufsplitterung von Macht und die Zuweisung von Verantwortlichkeit an Personen - aber nur für identifizierbare Entscheidungsbereiche" (E.K.**Scheuch**, Der 'Demokratisierungsprozeß' als gesamtgesellschaftliches Phänomen, in: A.F.**Utz**/H.B.**Streithofen**, Demokratie und Mitbestimmung, Stuttgart 1970, S.75-98, S.91/92); ferner: R.**Eckert**, Wissenschaft und Demokratie, Tübingen 1971, insb. S.20 ff, S.40 ff; H.H.**Rupp**, Gruppenuniversität und Hochschulverwaltung, WissR 7, S.89-106 (1974), S.90 ff; D.**Leuze**, Mitwirkungsrechte, in: C. **Flämig** et alii (Hrsg.), Handbuch des Wissenschaftsrechts, Band 1, Berlin/Heidelberg/New York 1982, S.303-326; als weiterer (monetärer) Aspekt: C.**Watrin**/U.**v.Lith**, Studenten, Professoren und Steuerzahler - Die Gruppenuniversität aus ökonomischer Sicht, Köln [o.J.] 1983; zum inneren Drang nach Verbürokratisierung der "Demokratisierung": N.**Luhmann**, Zwei Quellen der Bürokratisierung in Hochschulen (1981), in: ders., Universität als Milieu (Kleine Schriften), Bielefeld 1992, S.74 ff. - Ein anderer Grund für das Erlöschen der universitären "Demokratisierung" wurde, von politisch gegensätzlicher Seite, in der Verstärkung des Gewichts der Statusgruppe der Professoren in den akademischen Gremien durch das Paritäten-Urteil BVerfG **35**, 79 gesehen: H.D.**Fangmann**, Das Karlsruher Hochschulurteil: Demokratisierungsverbot, DuR **1**, S.253-272 (1973).
(b) Das Scheitern der Gruppenuniversität. Das Prinzip der selbstverwalteten Gruppenuniversität weist inzwischen in der Praxis gravierende Funktionsdefizite auf; das für die universitäre Selbstverwaltung konstitutive idealistische Engagement der Universitätsangehörigen, der verantwortungsbewußte, rationale, wahrheitserstrebende Diskurs zwischen den (und innerhalb der) Statusgruppen zeigt in der konkreten Umsetzung in den akademischen Gremien immer mehr Schwächen: Neben der weitgehenden Abschaffung der Definierung und Abgrenzung von Verantwortungsräumen in der Universität zugunsten anonymer Gremienbeschlüsse sind dies: beschlußunfähige, immer seltener tagende Gremien unter immer kürzerer Sitzungsdauer und schweigsame, technokratische professorale Mehrheiten [zu den heutigen professorendominierten Gremienparitäten: Kap.11.3.], die oft überhaupt nur noch durch pekuniäre Themen und Statusfragen erregbar und freiwillige Verantwortung für die Belange der Gesamtuniversität immer weniger zu übernehmen bereit sind, Nicht-Professoren gleichwohl Bereiche weitergehender Entscheidungs- und Verantwortungsgewalt ebensowenig antragen: "Das Demokratie- und Mitbestimmungsmodell ging letztlich von Menschen aus, die bei ungleicher Kompetenz jeweils aus Einsicht den Kompetentesten zustimmen, die keineswegs Langzeitprofessoren sein müssen und die altruistisch an keiner Stelle ihre Mitsprache für persönliche Vorteile mißbrauchen. Seilschaften, Gefälligkeitsinterdependenz, Korruption etc. waren nicht vorgesehen. Das zynische Gegenkonzept hat bekanntlich zum Inhalt, daß man die bisher erfolgreichste und formal qualifizierteste Gruppe allein entscheiden lassen solle, weil sie - ohnehin privilegiert - auch den geringsten Versuchungen zur Unsachlichkeit oder Korruption unterliege. Inzwischen bin ich mir nicht mehr sicher, ob nicht beide Systeme ungefähr gleich viele Fehlentscheidungen produzieren." (B.**v.Borries**, Die Arbeit der Bundesassistentenkonferenz, in: S.**Freiger**/M.**Groß**/C.**Oehler** (Hrsg.), Wissenschaftlicher Nachwuchs ohne Zukunft?, Kassel 1986, S.33-63, S.60/61); "Auf allen Seiten entwickelten sich relativ starre Blöcke, in denen und zwischen denen das taktische Kalkül über den offenen Diskurs obsiegte. Die Selbstverwaltung ist zu einem Geschäft der Macht geworden; die Dispute sind steril und die diskursiven

gung zukommt, erscheint - zumindest theoretisch - plausibel. Denn während für die Mitglieder

---

und rationalen Qualitäten kärglich". "An die Stelle rationaler, verallgemeinerungsfähiger Argumente treten bei allen Gruppen, die etwas haben wollen oder etwas verteidigen, Rationalisierungen der Durchsetzung handfester partikularer Interessen" (B.W.**Reimann**, Die Hochschulreform in Hessen, in: H.A.**Glaser** (Hrsg.), Hochschulreform - und was nun?, Frankfurt/M/Berlin/Wien 1982, S.144-174, S.166/153); ähnlich: D.**Schwanitz**, Kritik des hellen Wahnsinns - Die Gruppenuniversität protegiert die Anspruchslosen, in: FAZ v.30.5.1996, S.33; implizit auch: U.K.**Preuß**, Demokratie in der Hochschule, Kursb.**97**, S.151-169 (1989), S.161/162, S.166 ff.
(c) Der Bedeutungsverlust der Hochschulwahlen. Zunächst ist im Sinne der "Demokratisierung" der Hochschule postuliert worden: "Es muß eine Hauptsorge der Gesetzgebungsorgane und der Kultusverwaltungen der Länder sein, bei einer breiten Mehrheit der Hochschulmitglieder ... die für eine Dauerkooperation nötige Dauerbereitschaft zum Engagement anzuregen und zu erhalten. Gelingt das nicht, dann ist nicht nur das Scheitern der Korporationsidee samt der hochschulischen Selbstverwaltung, sondern auch das Scheitern der gesamten Bildungsreform, soweit sie unter demokratischen Vorzeichen stehen soll, vorauszusagen." (E.**Denninger** (s.o.), S.55/56) - Eine notwendige Bedingung für diese Idee der "demokratisierten" Gruppenuniversität ist sicherlich eine hohe Beteiligung bei der Wahl der Selbstverwaltungsorgane. [Zur Wahlbeteiligung als Primärproblem der akademischen und studentischen Selbstverwaltung kritisch: R.**Wildenmann**, Stellungnahme zur Frage studentischer Beteiligung an universitären Wahlen, Bonn - Bad Godesberg 1980, insb. S.18.] Diese Bedingung ist heute nicht mehr erfüllt; dafür als **Beispiele: (i)** Die erste von lediglich zwei (!) Sitzungen des Konvents der Johann Wolfgang Goethe-Universität zu Frankfurt am Main im WS 1991/92 fiel am 27.11.1991 ersatzlos aus, "weil keine Beratungsthemen in Vorschlag gebracht wurden und aktuell keine Beschlußfassungen erforderlich sind" (Anschreiben des Konventsvorstands an die Konventsmitglieder v.14.11.1991 [Az.: 2.21.20]). Ähnliches wiederholte sich im WS 1992/93, in dem die erste der zwei Sitzungen des Semesters ersatzlos gestrichen wurde, "weil die vorgenommenen Beratungsgegenstände noch nicht zur Entscheidungsreife gebracht werden konnten" (Anschreiben des Konventsvorstands v.13.10.1992 [Az.: 2.21.20-PR-4]). **(ii)** Die Wahlbeteiligung zu den Selbstverwaltungsorganen der Hochschule und der Studentenschaft geht bei allen Statusgruppen (bisher mit Ausnahme der dominierenden Gruppe der Professoren) kontinuierlich zurück; vgl. dazu beispielhaft: FN V.477 (Kap.19); FN 6; FN 163 (Kap.7). **(iii)** Der Fachbereichsrat des Fachbereichs Biologie (FB 16) berief für die Konventswahl 1996/97 keinen Fachbereichs-Wahlvorstand (entgegen §§ 4 Abs.2, 5 Abs.2 KoWO (= FN III.142)). Der Zentrale Wahlvorstand wurde nicht unterrichtet zwecks Behebung dieses Mangels (§ 5 Abs.3 KoWO). Die Urnenwahl zum Konvent wurde - bei 1.068 Wahlberechtigten / 108 Briefwählern der betroffenen Wählergruppe III von niemandem moniert! - am angekündigten Termin 28./29.1.1997 nicht durchgeführt. Der Zentrale Wahlvorstand unterließ - ohne ordentlichen Beschluß - die erforderliche Nachwahl. Eine Wahlanfechtung wurde nicht eingereicht. **(iv)** Den die akademische Selbstverwaltung konstituierenden Hochschulwahlen wird auch amtlich keine erwähnenswerte Bedeutung mehr beigemessen: Erstmals mit dem 18.Rechenschaftsbericht wurde vom Universitätspräsidenten kein Hochschul- oder Studentenschafts-Wahlergebnis der Johann Wolfgang Goethe-Universität Frankfurt/M aus dem Berichtszeitraum [Okt.1988-Okt.1989] mehr dokumentiert (K.**Ring**, 18.Rechenschaftsbericht, Frankfurt/M 1989); dasselbe wiederholte sich in allen jährlich nachfolgenden Rechenschaftsberichten dieses Präsidenten sowie denen seines 'linken' Nachfolgers W.**Meißner**. - Derartiges ist aber vorausgesehen worden: "Als Endphase des Gruppenuniversitätsexperiments wird vermutlich ein vom allgemeinen Desinteresse getragener Leerlauf beobachtet werden können" (H.**Lübbe**, Gruppenuniversität. Revision eines Demokratisierungsprogramms, in: Symposion Gruppenuniversität (s.o.), S.13-27, S.24).
(d) Der schleichende Paradigmenwechsel in der Hochschulreformdiskussion zu Zeiten sich verknappender öffentlicher Ressourcen wird besonders augenscheinlich im "Bericht" der 1992 durch die Wissenschaftsministerin E.**Mayer** [SPD] berufenen 'Hochschulstrukturkommission des Landes Hessen' (Hessisches Ministerium für Wissenschaft und Kunst (Hrsg.), Autonomie und Verantwortung - Hochschulreform unter schwierigen Bedingungen, Frankfurt/M/New York 1995, Teil V (Steuerungsverfahren und Entscheidungsstrukturen, S.307-376)): Die Paradigmen der Demokratisierungsgeneration [kritische Gemeinwohlorientierung der in der Selbstverwaltung Handelnden; herrschaftsfreier, rationaler Diskurs vor aller Öffentlichkeit als Methode bestmöglicher und legitimierter Entscheidungsfindung - typisch für diese Sichtweise: S.**Leibfried**, Die angepaßte Universität, es **265** (Frankfurt/M 1968); Garantie völliger Unabhängigkeit der universitären Forschung von etablierten gesellschaftlichen Machtträgern, insb. den Wirtschafts-"monopolen" - typisch für diese Sichtweise: J.**Hirsch**, Wissenschaftlich-technischer Fortschritt und politisches System - Organisation und Grundlagen administrativer Wissenschaftsförderung in der BRD, es **437** (2.Aufl. Frankfurt/M 1971), insb. S.198-240, S.279-291; T.**Höpner**, Kooperationsbeziehungen zwischen Hochschulen und der Industrie, in: U.**Bracht**/B.**Hülsmann**/D.**Keiner** (Hrsg.), Hochschulrahmengesetz, Hochschulpolitik und Klassenauseinandersetzungen in der BRD, Köln 1977, S.92-101] werden - inzwischen weithin unwidersprochen! - de facto abgelöst durch die Grundhypothesen der ordoliberalen Hochschulökonomik: "Von den Handelnden wird angenommen, daß sie eigene Ziele verfolgen, also ... selbstinteressiert sind"; ergänzend wird angenommen, daß sich "menschliche Kreativität gerade günstig in wettbewerblichen Milieus entwickelt" (C.**Watrin**, Ökonomische Aspekte des Hochschulwesens, in: C.**Flämig** et alii (s.o.), S.227-248, S.228, S.234). Den Rahmen dafür soll eine gestärkte Verwaltung setzen.

der übrigen Statusgruppen die Universität die Stätte ihrer Berufsausübung mit der Konsequenz größeren Einblicks in die Zusammenhänge, klarerer Ausprägung der eigenen Interessen und daraus sich ausbildender höherer Identifikation ist, zeigen sich die Studenten im Vergleich dazu doch relativ vereinzelt und entwurzelt in der Massenuniversität befindlich: Weitgehend ausgerichtet auf das möglichst zügige Durchlaufen (Studium) und das erfolgreiche Verlassen (Studienabschluß) der Universität und, damit zusammenhängend, relativ kurze, gezielt-konsumptive Verweildauer[5], geprägt durch häufig unsichere finanzielle Verhältnisse, könnten die Studenten ohne die Organisation einer eigenständigen Vertretung ihren (heterogenen) Studieninteressen - wenn auch realiter nur getragen von wenigen Engagierten[6] - insbesondere gegenüber den Leh-

---

5 Dieses Problem erscheint so neu nicht: Schon in der Zeit vor der Studentenrevolte wird von der "Durchgangssituation des Hochschulstudiums" gesprochen (J.**Habermas** (Protestbewegung, FN 4), S.85 [im Jahre 1962]); "Ich sprach von ihrer Passivität, ihrem rezeptiven Stillehalten gegenüber professoralen Belehrungen und nannte sie die 'schweigende Generation'." (H.**Thielicke**, Kulturkritik der studentischen Rebellion, Tübingen 1969, S.1 [über die "Situation der Studenten" im Jahre 1955])

6 (a) **Das Desinteresse der Studentenschaft an ihrer Vertretung.** An diesem Sachverhalt hat sich heute grundsätzlich genauso wenig geändert wie in der Hochzeit der Studentenrevolte und in der Zeit davor: "Das Interesse an administrativer Tätigkeit ... im Bereich studentischer Selbstverwaltung [ist] bis heute auf einen kleinen Kreis von Studenten beschränkt geblieben ..., die bereit sind, einen Teil ihrer Studienzeit für diese Aufgaben zu opfern" (J.**Litten**, Eine verpaßte Revolution? Nachruf auf den SDS, Hamburg 1969, S.23). Die Beobachtung ist nicht neu, denn bereits vor Beginn der Studentenrevolte wurde von studentenfreundlicher Seite festgestellt: "Daß die Studentenvertretung tatsächlich die Interessen der Studenten wahrnimmt und ihre Einstellung repräsentiert, wird durch das allgemeine Desinteresse der Studierenden an ihrer Vertretung in Frage gestellt. Diese Gleichgültigkeit gilt bei den Studenten, die in der Selbstverwaltung aktiv sind, als die zentrale Schwierigkeit ihrer Tätigkeit und bei vielen Professoren als Indiz dafür, daß die Studentenvertretung primär zu einer Angelegenheit isolierter Funktionäre geworden ist" (H.**Adam** [1965 wiss. Mitarbeiter am Frankfurter 'Institut für Sozialforschung'], Studentenschaft und Hochschule, Frankfurt/M 1965, S.1). "Ein jeweils kleiner Kreis engagierter Studenten hat über zwei Jahrzehnte in konventioneller Form Hochschulpolitik betrieben und keinen Hund hinter dem Ofen hervorgelockt. An den allgemeinen Wahlen zum AStA hat sich selten mehr als ein Drittel der Studenten beteiligt" (J.**Habermas** (Protestbewegung, FN 4), S. 162, im Jahre 1967). "Das äußerst kümmerliche Interesse der Gesamtstudentenschaft kam zudem in der äußerst kümmerlichen Wahlbeteiligung zum Ausdruck" (H.**Thielicke** (FN 5), S.7). Ferner: W.**Schapals**, Wesen und Rechtsnatur der Studentenschaft, jur.Diss. Univ.Göttingen 1962, S.101-105. Beachte, diese Feststellungen abmildernd, aber auch den grundsätzlichen "Vorrang des Unpolitischen" in der Demokratie: FN I.21 (Kap.1).

(b) Die Abhängigkeit der Studenten. (i) Die Einrichtung der "demokratisierten" Gruppenuniversität hat das individuelle Risiko hochschulpolitischer Arbeit nicht behoben: Der § 14 Abs.1 HHG (= FN III.95, unverändert seit 6.6.1978) - "Die Hochschulmitglieder dürfen wegen ihrer Tätigkeit in der Selbstverwaltung nicht benachteiligt werden." - darf im Falle persönlichen, studentischen Engagements gegenüber der Statusgruppe der Professoren nur mehr als moralischer Appell verstanden werden, als daß er faktische Bedeutung erlangen könnte. Denn auch heute noch, in der selbstverwalteten Gruppenuniversität, ist es letztlich "die Qualität der Macht" des Professors über den einzelnen Studenten, spätestens in einer Prüfung "eine Kategorie persönlicher Abhängigkeit face to face, die in fast allen übrigen Bereichen der Gesellschaft obsolet geworden ist" (J.**Habermas** (Protestbewegung, FN 4), S.132). Eine durchaus realistische Analyse der bestehenden Machtverhältnisse in der Gruppenuniversität erfolgte durch die "antiautoritären Spontis": "Zwar, so heißt es, gäbe es die feudale Ordinarienuniversität nicht mehr, doch war die faktische Wirkung der Liberalisierung des Ordinarius vergleichbar mit der Ablösung des konkret-autoritären Vaters durch den verschwundenen, pseudo-liberalen Vater; einst offene Herrschaftsverhältnisse sind nunmehr verschleiert, aber alles andere als verschwunden ('verschwundener Ordinarius')." (S.**Marks**, Studentenseele. Erfahrungen im Zerfall der Studentenbewegung, Hamburg 1977, S.62)
(ii) Die Studentenvertreter erbringen als einzige der vier Statusgruppen in der Gruppenuniversität - anders als in der Verfaßten Studentenschaft mit Finanzhoheit - ihr Engagement in den akademischen Gremien meist völlig unentgeltlich (die Vertreter der übrigen Statusgruppen leisten ihre Gremienarbeit nämlich grundsätzlich während ihrer bezahlten Arbeitszeit oder können diese zumindest damit verrechnen, wenn sie es wollen).

Die Statusgruppen der Gruppenuniversität sind also (unabhängig von den ungleichen Gruppenparitäten in den akademischen Gremien) bereits strukturell nicht gleichrangig. Besonders die bestehenden Abhängigkeits- und Unterordnungsverhältnisse der Studenten in ihrer Ausbildungsposition ließen, wenigstens theoretisch, die Einrichtung einer machtbalancierenden, professoren-unabhängigen und finanziell eigenständigen Institution wünschenswert erscheinen. Ob allerdings gerade die Verfaßte Studentenschaft in der gegenwärtigen, hochpolitisierten Form diese Funktion erfüllen kann, erscheint aller bisherigen Erfahrung nach sehr zweifelhaft.

renden kein adäquates Gewicht verleihen. Bezüglich dieser sozialen Realitäten muß allerdings festgestellt werden, daß viele der Verfaßten Studentenschaften bundesdeutscher Hochschulen sich unter dem Einfluß lang andauernder, ideologisierter Mehrheitsherrschaften bis heute zu eigenständigen politischen Subsystemen (insbesondere auch in ihrem Verwaltungsapparat) mit eigener politischer Kultur entwickelt haben, die ihre wesentliche Aufgabe in der Bekämpfung des "konservativen", bürgerlichen Verfassungsstaats erblicken. Dazu zählen bis etwa zum Jahre 1993 insbesondere diejenigen Studentenschaften, die politisch durch die "antiautoritäre" und 'undogmatische Linke' als Nachfolger der 'Neuen Linken' beherrscht wurden:

5.1. Die Prägung von politischem Studentenschaftshandeln durch die "antiautoritäre", 'undogmatische Linke'

Als Realität der Verfaßten Studentenschaften zeigt sich, daß in den Fällen, in denen einzelne Studenten tatsächlich unter Professorenwillkür oder anderen gravierenden Studienproblemen unverschuldet zu leiden haben, die offizielle Studentenvertretung zu allermeist davon gar nichts erfährt, weil sie derartige "unpolitische" Probleme höchstens marginal kümmert; das die Studentenvertretung prägende soziale Mandat wird nämlich - rechtswidrig[7] - umgemünzt in ein allgemeinpolitisches und benutzt zur Herstellung einer politischen Gegenmacht zum bestehenden Staat. Dabei waren und sind die von den Mehrheiten der politisch Engagierten an den Hochschulen - die allein noch nie die zahlenmäßige Mehrheit aller Hochschulangehörigen repräsentierten - vertretenen (identitär-demokratischen und libertären) Gesellschaftstheorien in der Bundesrepublik Deutschland nach wie vor nicht mehrheitsfähig. Die tonangebende politische Linie wird bis etwa 1993 repräsentiert durch die 'unorthodoxen', "antiautoritären" Nachfolger der 'Neuen Linken'[8], insbesondere durch sich so bezeichnende 'Basisgruppen'[9], ferner

---

7 Zur Rechtswidrigkeit der Wahrnahme des 'allgemeinpolitischen Mandats' durch die Verfaßte Studentenschaft als Zwangskörperschaft des öffentlichen Rechts nachfolgend: Kap.8.1. (insb. FN 172); Kap.13.2.4. (insb. FN IV.50). - Zur Vernachlässigung des sozialen Mandats durch die 'undogmatisch-links' geprägte Verfaßte Studentenschaft: Kap.8.1.1. (insb. FN 174).

8 **Zur 'Neuen Linken'. (a) Die Entwicklung des SDS in Berlin seit 1961:** Am 6.11.1961 erfolgte der Unvereinbarkeitsbeschluß über die gemeinsame Mitgliedschaft in der SPD und deren bisheriger studentischer Hochschulgruppe SDS (sowie der Sozialistischen (SDS-)Förderergesellschaft e.V.) durch den SPD-Parteivorstand [dieser Beschluß wurde zum 20jährigen Jahrestag der Studentenrevolte am 31.5.1988 durch SPD-Vorstandsbeschluß "gegenstandslos" gemacht: DNG/FH **35**, S.599 (1988)]. Zu nennen sind im Anschluß, prägend das Frühstadium der 'Neuen Linken', die Dokumente zur 'Subversiven Aktion' (und deren politisches Umfeld), die vor allem 1963-1965 entscheidenden Einfluß auf die Entwicklung des Berliner SDS und damit auch die nachfolgende Studentenbewegung ausübte: A.**Goeschel** (Hrsg.), Richtlinien und Anschläge - Materialien zur Kritik der repressiven Gesellschaft, München 1968; F.**Böckelmann** [führendes Mitglied der 'Subversiven Aktion' und SDS-Mitglied in München] u.a., Das Schillern der Revolte, Berlin 1978. Die 'Neue Linke' kristallisierte sich anschließend vor allem um den SDS, zunächst etwa seit 1963 an der Freien Universität Berlin [mit der erstmaligen direkten Einflußnahme des SDS auf den AStA; als wichtige - auch hochschulbezogene - Markierung gilt das 'Sit-in' am 22./23.6.1966 gegen von der juristischen und der medizinischen Fakultät geplante Zwangsexmatrikulationen in der FU; dazu: B.**Larsson** (Hrsg.), Demonstrationen, Berlin 1967]. Stellvertretend beschreiben die weitere Entwicklung in meist etabliert verlegten Selbstdarstellungen des SDS: J.**Hager**/H.**Häußermann**/N.**Kadritzke**/K.**Nevermann** (Hrsg.), Die Rebellen von Berlin, 2.Aufl. Köln/Berlin 1967; U.**Bergmann**/R.**Dutschke**/W.**Lefèvre**/B.**Rabehl**, Rebellion der Studenten, Reinbek 1968; K.-U.**Benneter**/J.**Donner**/H.**Häußermann**/N.**Kadritzke**/U.**Kadritzke** u.a., Februar 1968 - Tage die Berlin erschütterten, Frankfurt/M 1968; P.**Damerow**/P.**Furth**/O.v.**Greiff**/M.**Jordan**/E.**Schulz**, Der nicht erklärte Notstand (Kursb.**12**), Frankfurt/M 1968; ferner: L.v.**Friedeburg**/J.**Hörlemann**/P.**Hübner**/U.**Kadritzke**/J.**Ritsert**/W.**Schumm**, Freie Universität und politisches Potential der Studenten, Neuwied/Berlin 1968, S.239 ff; T.**Fichter**/S.**Lönnendonker**, Kleine Geschichte des SDS, Berlin 1977, insb. S.81 ff; K.**Hartung**, Versuch, die Krise der antiautoritären Bewegung wieder zur Sprache zu bringen, Kursb.**48**, S.14-43 (1977); J.**Miermeister**/J.**Staadt**, Provokationen - Die Studenten- und Jugendrevolte in ihren Flugblättern 1965-1971, Darmstadt/Neuwied 1980; ferner die von zwei ehemaligen Berliner SDS-Mitgliedern [1965-67; ersterer heute Referent für politische Bildung beim SPD-Partei-

vorstand, letzterer heute Leiter des Archivs 'APO und soziale Bewegungen' an der FU Berlin] im Auftrag des FU-Präsidenten verfaßte umfangreiche Dokumentation: T.**Fichter**/S.**Lönnendonker**, Freie Universität Berlin 1948-1973 Hochschule im Umbruch, Teil IV: 1964-1967 Die Krise (Dokumentation FU Berlin Nr.15/73) - sowie - Teil V: 1967-1969 Gewalt und Gegengewalt (Dokumentation FU Berlin), Berlin 1975 und 1983; B.**Rabehl**, Am Ende der Utopie - Die politische Geschichte der Freien Universität Berlin, Berlin 1988, S.159-285. Dies alles aus einem weniger bekannten Bereich ergänzend, der die beachtliche Einflußsphäre der 'Neuen Linken' bereits in ihrer Entstehungsphase verdeutlicht: F.-W.**Marquardt** [1957-1963 evangelischer Studentenpfarrer an der FU Berlin, anschl. Assistent bei H.**Gollwitzer** und Prof. für ev.Theologie], Studenten im Protest, Frankfurt/M 1968; K.-B.**Hasselmann** [1967/68 evangelischer Studentenpfarrer an der FU Berlin], Politische Gemeinde. Ein kirchliches Handlungsmodell am Beispiel der Evangelischen Studentengemeinde an der Freien Universität Berlin, Hamburg 1969. [Der SDS löschte am 21.3.1970 auf der Bundesversammlung in Frankfurt/M selbst mit der Auflösung seines Bundesvorstands auch seine gesamte Organisation aus [dazu: ASTA-info.II/1970, S.3 und S.5/6; heute rückblickend: B.**Rabehl**, Einstimmungen in ein Protokoll, in: AStA FU (Hrsg.), Beiträge zur Geschichte des Sozialistischen Deutschen Studentenbundes, Berlin 1987, S.14-25]; - die dem vorangegangene intellektuelle Zerspaltung und der organisatorische Zerfall des SDS lassen sich anhand des SDS-Organs 'neue kritik' Ende 1967 bis Anfang 1970 nachvollziehen; die zwischenzeitlich auf maoistischem Kurs eigenständig weiterbestehende Hochschulgruppe Heidelberg des SDS wurde am 24.6.1970 vom Ba-Wü.-Innenminister als verfassungswidrig verboten; zum Wortlaut der Verfügung: KJ **3**, S.345-359 (1970).]
(b) Die frühen kritischen Stimmen zur Studentenbewegung: (i) Für die 'bürgerliche' Kritik an der 'Neuen Linken' beispielhaft: R.**Ahlberg**, Die politische Konzeption des Sozialistischen Deutschen Studentenbundes, in: APUZ 20/1968; J.**Oelinger**, Die neue Linke und der SDS, Köln 1969, m.w.Lit.; A.**v.Weiss**, Die Neue Linke - Kritische Analyse, Boppard 1969; H.**Glaser**, Radikalität und Scheinradikalität - zur Sozialpsychologie des jugendlichen Protests, München 1970; B.**Guggenberger**, Die Neubestimmung des subjektiven Faktors im Neomarxismus - Eine Analyse des voluntaristischen Geschichtsverständnisses der Neuen Linken, Freiburg/München 1973. **(ii)** Sehr distanziert aus dem Kreise der Professorenschaft, häufig aufgrund eigener negativer Erfahrungen im Hochschulbereich, viele frühe Publikationen des am 18.11.1970 gegründeten 'Bund Freiheit der Wissenschaft' sowie dessen am 13.12.1969 gegründeter Berliner Sektion 'Notgemeinschaft für eine Freie Universität'. **(iii)** Zur dogmatisch-'linken' Kritik an der (antiautoritären) 'Neuen Linken' stellvertretend: H.G**Helms**, Linksradikalismus unter monopolkapitalistischen Bedingungen, DZfPh.**17**, S.1180-1209 (1969); R.**Bauermann**/J.**Rötscher**, Zur Ideologie der 'Neuen Linken', DZfPh.**18**, S.282-304 (1970). **(iv)** Einen ergänzenden (empirisch-sozialpsychologischen) Aspekt der Studentenbewegung, der Erklärungsansätze für die Diskrepanz zwischen theoretischem Anspuch und realer Praxis der Studentenbewegung (bis hin zum sadistischen Quälen einzelner politisch unliebsamer Individuen, deren man in der studentischen Selbstverwaltung fern jeder Öffentlichkeit habhaft werden konnte) zu liefern vermag, untersuchte mit kritischem Ergebnis (am Beispiel der Studentenschaft der Univ.Heidelberg): R.**Grossarth-Maticek**, Revolution der Gestörten?, Motivationsstrukturen, Ideologien und Konflikte bei politisch engagierten Studenten, [psych.Diss.] Heidelberg 1975 ["R.**Grossarth-Maticek** stand ursprünglich der radikalen Szene nahe. Er wurde von den radikalen Studenten als 'Einer der ihren' anerkannt. So bekam er die Möglichkeit zur eingehenden Befragung ungewöhnlich vieler Probanden, die ihn als Person nicht ablehnten, sondern bereit waren, seine Fragen - hoffentlich wahrheitsgemäß - zu beantworten." (W.**de Boor**, Vorwort in: R.**Grossarth-Maticek**, Radikalismus, Basel/München/Paris/London/New York/ Sidney 1979)]; dies (wesentlich bewegungsfreundlicher) ergänzend: E.**Mahler**, Psychische Konflikte und Hochschulstruktur, Frankfurt/M 1971; als Systematisierungsversuch dieses Bereichs: L.**Huber**/U.**Vogel**, Studentenforschung und Hochschulsozialisation, in: D.**Goldschmidt**/U.**Teichler**/W.-D.**Webler**, Forschungsgegenstand Hochschule, Frankfurt/M/New York 1981, S.107-153.
9 Die "antiautoritäre" 'Undogmatische Linke' an der Johann Wolfgang Goethe-Universität. Als neben Berlin weiterer Aktionsschwerpunkt der "antiautoritären" 'Neuen Linken' zeigte sich seit 1967 die Johann Wolfgang Goethe-Universität zu Frankfurt am Main (hier seit 1967 ebenfalls unter Führung des SDS, dessen Bundesvorstand auch seinen Sitz in Frankfurt hatte, entstanden); exemplarisch dazu: Der SDS als Hochschulorganisation - Zur Beziehung von Projektgruppe und Hochschulrevolte in Frankfurt, in: nk 50/1968, S.88-93; nk 53/1969. Die 'undogmatisch-linken' Erben der 'Neuen Linken' bezeichneten sich anschließend selbst mitunter als "junge" 'Neue Linke' (diskus 1-2/1980, S.15) oder als "Post68er" (M.**Sontheimer**, Rebellion ist gerechtfertigt, in: APUZ 20/ 1988, S.36-46); sie waren zunächst häufig verflochten mit den 'Basisgruppen' [über das Selbstverständnis der 'Basisgruppen': K.-H.**Lehnardt**/L.**Volmer**, Politik zwischen Kopf und Bauch, (soziol. Examensarbeit) Bochum 1979, S.240-257], danach mit den später entstandenen 'Neuen Sozialen Bewegungen', z.B. an der Universität Frankfurt mit den 'Feministisch-autonomen Unifrauen' des 'Autonomen Frauen-/ Lesbenreferats' [vgl. dazu: FN I.5 (Kap.1)].
Spätestens seit dem Jahre 1993 - mit dem Verbleichen der alten Bundesrepublik Deutschland im Zuge der Deutschen Vereinigung - kann die 'undogmatische Linke' an der Frankfurter Universität und damit auch die Existenz einer eigenständigen 'Neuen Linken' als erloschen gelten [vgl. dafür zutreffend in der Frankfurter AStA-Zeitung: M.**Morgenstern**, Irrungen und Wirrungen, in: ASTA LA VISTA 2/1994, S.8].

(a) **Zur namensmäßigen Entwicklung** der authentisch "antiautoritären", 'undogmatisch-linken' Gruppen, den 'Spontis' (in Übergangsphasen waren auch Kombinationen der Einzelnamen üblich): 1967-1969: 'Sozialistischer Deutscher Studentenbund' (SDS); 1970-1971: 'Sozialdemokratischer Hochschulbund' (SHB); 1972: 'SHB/ Sozialistische Fraktion' (SHB/SF); 1973-1977: 'Sozialistische Hochschulinitiative' (SHI); 1977-1985: 'Undogmatische Linke' (UL); 1986-1992: 'Linke Liste' (LiLi); 1993: 'sinistra! Radikale Linke' und 'Internationale Liste / Undogmatische Linke' - diese Aufspaltung der LiLi in einen mit der 'Autonomen Antifa' verflochtenen Flügel [zu einer der Wurzeln der 'Autonomen' in der Studentenbewegung: **Geronimo** [Pseudonym], Feuer und Flamme - zur Geschichte der Autonomen, 4.Aufl. Berlin/Amsterdam 1995; [anonymes] Redaktionskollektiv, 20 Jahre radikal - Geschichte und Perspektiven autonomer Medien, Münster/Berlin 1996, S.181] und einen eher pragmatisch-geldorientierten, nahezu linksliberalen Flügel [der sich am 13.2.1997 auflöste] markiert organisatorisch das Ende der "antiautoritären", 'undogmatischen Linken' an der Frankfurter Universität.
(b) **Als Selbstdarstellung** der 'undogmatisch-linken' Gruppen der Nach-SDS-Zeit eignen sich am besten deren werbende Vorstellungen jeweils vor den StuPa-Wahlen: Arbeitsplattform des AStA, in: ASTA-info.2/71, S.2/3; ASTA-info. 1/SS 1973, AStA-Tätigkeitsbericht (Legislaturperiode 1972/73); Wahl-Info Sozialistische Liste shb/sf/SHI (Mai 1973); ASTA-info. April 1974, AStA-Rechenschaftsbericht; Wahlaufruf der SHI, 6/1974; ASTA-info. Mai 1977, Rechenschaftsbericht des Frauen-AStAs; Wahlaufruf Juni 1977, SHI: 10 Thesen zur Hochschulpolitik; ASTA-info.4/79, Gemeinsam sind wir unausstehlich - diesmal wählen wir das größere Übel; Wahlaufruf der SHI/UL, 6/1979, Das Morgen erschöpft sich nicht im Heute; Undogmatische Linke Wahlinfo, Juni 1980, Nehmt Euch die Freiheit der Wissenschaft - forscht, was Ihr wollt; Undogmatische Linke / Spontis Wahlinfo, 5/1981, 'Ich will noch eine ganze Menge leben'; Undogmatische Linke Wahlinfo, 6/1982, Wissen ist immer auf die Zukunft gerichtet; Undogmatische Linke Wahlinfo, 6/1983, Das Risiko liegt im Prinzip seiner Anwendung; 'wahl-info Undogmatische Linke', 6/1985; 'Linke Liste'-(Wahl-)Zeitung, Spätherbst 1989, Dieser Herbst ist doch zu fassen; LiLi-Wahlzeitung 1989, Parteisoldaten.
Ferner liefern Beiträge im 'diskus - Frankfurter Studentenzeitung' [zum 'diskus': FN 83(a) (Kap.6)] authentisch 'undogmatisch-linke' Selbstdarstellungen und Entwicklungen: diskus Jg.1968 und Jg.1969; diskus 1/1973 (Wohnungskampf in Frankfurt); diskus 2-3/1974 (Häuserkampf in Frankfurt); Mitglieder der SHI, Spontaneisten, in: diskus 4/1974, S.32-35; P.**Mosler**, Die Revolte frißt ihre Kinder, in: diskus 1/1975, S.29-33; Frauen-Kollektiv, So, einen Frauenasta habt Ihr, in: diskus 5/1976, S.19-27; SHI-Kollektiv, Zur Uni-Situation, in: diskus 1/1977, S.20-27; **Alex**(ander **Schubert**), Hauts die Uni zamm, in: diskus 1/1978, S.22-29; F.**Mettel**, Eine neue Rasse Student?, in: diskus 3-4/1978, S.29-37; Gruppe der SHI, Ein Versuch, autonom zu studieren, in: diskus 5-6/1978, S.46-51; W.**Kraushaar**, Objektiver Faktor Student, in: diskus 5/1979, S.7-31 (teilweise abgedruckt in: alternative **22**, S.190-207 (1979)); ('undogmatisch-linke') Reaktionen darauf in: diskus 1-2/1980; R.**Herding**, Lust und Kritik, in: diskus 3-4/1985, S.27-32; A.**Fanizadeh**, Das Eigenheim-Syndrom - Die Linke Liste ist tot, der Stammtisch lebt, in: diskus 4/1992, S.20-22; Interview 'sinistra! / radikale Linke' (M.**Hintz**), 'Gegen den Konservatismus der Linken', in: diskus 4/1992, S.23-25. - Beachte auch das Heft: päd.extra 6/1978 (Studenten 1978: Schwierigkeiten mit der Wissenschaft), S.19-34 (verschiedene Beiträge).
Schließlich erfolgte die 'undogmatisch-linke' Selbstdarstellung im bis 1990 (wöchentlich) erscheinenden Frankfurter Szenemagazin 'Pflasterstrand' [Hrsg.: D.**Cohn-Bendit**]: "Wer von der Frankfurter Alternativbewegung spricht, darf vom Pflasterstrand nicht schweigen. Die Zeitschrift, 1976 als kollektiv geführtes Projekt gegründet, verstand sich als 'Spiegel der undogmatisch-linken Scene' in Frankfurt und als deren Sprachrohr" (S.**Horn**, Abschied vom Kollektiv - Der Frankfurter Pflasterstrand, Frankfurt/M 1989, S.8). Von der politischen Affinität zum 'undogmatisch-linken' AStA der Frankfurter Universität zeugte übrigens auch dessen jahrelange Finanzierung (bis 1984) von 20 Abonnements des PS aus öffentlichen Studentenschaftsgeldern; die Hefte wurden kostenlos an AStA-Mitarbeiter und Sympathisanten abgegeben.
(c) **Als (hochschul)politische 'Memoiren'** ehemals führender "antiautoritärer", 'undogmatisch-linker' Aktivisten an der Johann Wolfgang Goethe-Universität beispielhaft: D.**Claussen** [SDS-Kandidat zur StuPa-Wahl 1968 (Platz 15)] /R.**Dermitzel** [SDS, anschl.: 'Frankfurter Weiberrat'], Universität und Widerstand - Versuch einer Politischen Universität in Frankfurt, Frankfurt/M 1968, insb.: Organisation des Widerstands - Über den experimentellen Charakter der Politischen Universität, S.7-18; H.-J.**Krahl** [führender Theoretiker des Frankfurter SDS], Konstitution und Klassenkampf, Frankfurt/M 1971 (postum hrsg. von: D.**Claussen**/B.**Leineweber**/R.**Loewy**/O.**Negt**/U.**Riechmann**); **Häuserrat Frankfurt** [1970-1975 personell und finanziell maßgeblich getragen vom AStA der Universität; vgl.: E.**Stracke**, Stadtzerstörung und Stadtteilkampf, [soz.Diss. Univ. Frankfurt/M] Köln 1980, insb. S.84-104, S.150-157], Wohnungskampf in Frankfurt (Schriften zum Klassenkampf **42**), München 1974; A.**Wenzel** [AStA-Sozialreferent 1972/73] /J.**Roth**/**Häuserrat Frankfurt** (Hrsg.) ["Seit März 73 fanden praktisch alle Demonstrationen unter der Verantwortung des AStA statt; Flugblätter gegen Bodenspekulation und deren Förderung durch die SPD-regierte Stadt wurden vom AStA mitgetragen. ... Inhaltlich und politisch ergibt sich das Mandat des AStA aus einer Studentenbewegung, die in Frankfurt den Wohnungskampf im letzten Jahr auf die erste Stelle ihrer Aktivität gerückt hat" (S.67). Vgl. dazu nur: Dokumentation des Häuserrats und des AStA der Universität Frankfurt (shb/sf): Kettenhofweg 51 - Wohnungskämpfe in Frankfurt 1973; ASTA-info.4/1974, S.9-13; Wir wollen alles Nr.3 (April 1973), S.1-8; Wir wollen

deren Mehrheitsbeschaffer: 'Grüne an der Hochschule' sowie andere Gruppen aus dem Feld der 'Neuen Sozialen Bewegungen' und wesentliche Teile der 'Juso-Hochschulgruppen' sowie (ehedem) des 'Liberalen Hochschulverbands'[10]; alle diese sich selbst in der Öffentlichkeit als "anti-

---

alles Nr.13/14 (Febr./März 1974), S.1-19], Frankfurt: Zerstörung - Terror - Folter, Frankfurt/M 1974; F.**Wolff** [StuPa-Präs. 1968-1969] /E.**Windaus**, Studentenbewegung 1967-1969, Frankfurt/M 1977; P.**Mosler** [Mitglied des SDS 1969/70; diskus-Redakteur 1974-1975], Was wir wollten, was wir wurden, Reinbek 1977 (erweiterte Neuauflage: Reinbek 1988); W.**Kraushaar** [AStA-Vors. 1974-1975: StuPa-Prot. v.28.6.1974, S.3; diskus-Redakteur 1975-1977], Thesen zum Verhältnis von Alternativ- und Fluchtbewegung, in: ders. (Hrsg.), Autonomie oder Getto? - Kontroversen über die Alternativbewegung, Frankfurt/M 1978, S.8-67; W.**Kraushaar**, Student und Politik - Eine ausgewählte und kommentierte Bibliographie, Hamburg 1979; M.**Horx** [StuPa-Mitgl. 1974-1975], Das Ende der Alternativen, München/Wien 1985; D.**Cohn-Bendit** [SDS-Kandidat zur StuPa-Wahl 1968 (Platz 17) und 1969 (Platz 7)] /R.**Mohr** [s.u.], 1968. Die letzte Revolution, die noch nichts vom Ozonloch wußte, Berlin 1988; R.**Reiche** [SDS Frankfurt, SDS-Bundesvorsitzender 1966/67], Sexuelle Revolution - Erinnerung an einen Mythos, in: L.**Baier** u.a., Die Früchte der Revolte - Über die Veränderung der politischen Kultur durch die Studentenbewegung, Berlin 1988, S.45-71; T.**Jahn** [AStA-Vors. 1978-1979: StuPa-Prot. v.13.1.1978, S.4; diskus-Redakteur 1981-1984] /P.**Wehling** [StuPa-Kandidat 1977 (Platz 21), 1979 (Platz 24); diskus-Herausgeber 1978-1980; diskus-Redakteur 1980-1984], Universität als Lebensgelände, in: R.**Erd**/ D.**Hoß**/O.**Jacobi**/P.**Noller** (Hrsg.), Kritische Theorie und Kultur, es **1557** (Frankfurt/M 1989), S.254-269; R.**Mohr** [AStA-Vors. 1979-1980: StuPa-Prot. v.12.1.1979, S.3; diskus-Redakteur 1982-1983], Zaungäste - Die Generation, die nach der Revolte kam, 2.Aufl. Frankfurt/M 1992; L.**Voigt** [StuPa-Präs. 1975-1976, SHI: StuPa-Prot. v.31.10.1975; später 'diskus'-Herausgeber als Kandidat der 'Juso-HSG': StuPa-Prot. v.20.10.1985], Aktivismus und politischer Rigorismus - Die politische Romantik der 68er Studentenbewegung, [pol.Diss. Univ. Frankfurt/M] Wiesbaden 1991. - Dieses öffentliche Mitteilungsbedürfnis in eigener Sache (häufig noch drapiert im "sozialwissenschaftlichen" Gewand zur Erhöhung und Objektivierung des Werts der politischen Botschaft) verstetigte und verstärkte sich im Falle der 'grünen' Partei; beachte dazu die inzwischen nahezu uferlose Literatur bereits in: D.**Salomon**, Grüne Theorie und graue Wirklichkeit, [pol.Diss.] Freiburg 1992.

10 Die Studentengruppen der etablierten Parteien. **(a)** Zur "Bündnispolitik" beschloß im Sinne seines Anspruchs, in der politischen Kontinuität der Studentenbewegung zu handeln, für die im SS 1974 an der Frankfurter Universität gegründeten 'Juso-Hochschulgruppen' (Juso-HSG der SPD) am 21.12.1974 der Juso-Bundesausschuß: "Bei den studentischen Hochschulgruppen scheiden als Bündnispartner für Jungsozialisten-Hochschulgruppen prinzipiell aus rechte Studentengruppen, die zusammen mit dem Bund Freiheit der Wissenschaft zur Aufrechterhaltung des kapitalistischen Systems für Berufsverbote, gegen das Recht der Studentenschaft auf politische Interessenvertretung usw. eintreten" (R.**Meng**, Juso-Hochschulgruppen, Gießen 1979, S.147 [gemeint war hiermit bis zum Jahre 1993 insbesondere der RCDS sowie dessen potentielle studentische Koalitionspartner]). De facto gleich verhielt sich der ebenfalls im SS 1974 an der Frankfurter Universität erstmals aufgetretene 'Liberale Hochschulverband' (LHV der FDP); diese Gruppe hatte nach ihrer Abspaltung von der FDP im Nov.1982 ihre Bedeutung weitgehend eingebüßt; der LHV kandidierte im SS 1983 letztmals zum StuPa.
(b) Zu den abschätzigen 'undogmatisch-linken' Reaktionen auf die politischen Anbiederungen der, zwischen dem planmäßigen Aufbau etablierter Parteikarrieren und "antiautoritärem" Spontaneismus mäandrierenden, Parteigruppe Juso-HSG (Abgeschwächtes galt auch für den LHV) siehe beispielhaft: "Die 'linke' Variante des RCDS. Abhängig von der SPD, die unter ihrem Führer Helmut **Schmidt** das 'Modell Deutschland' geschaffen hat. Die JUSOS, die sich an alles dranhängen - ob AKW-Bewegung, Alternativ-Scene oder 'Rock gegen rechts' -, um nicht dem totalen Gesichtsverlust bei der Wählermasse 'Jugend' anheimzufallen, dieselben JUSOS, die trotz Todesschuß, Isolationsfolter, Zensur, imperialistischer Stützung von faschistischen Diktaturen etc. immer noch die SPD hochhalten, kandidieren an der Uni als fortschrittliche Gruppe, mit abgeguckten Spontisprüchen um die Ware Wähler werbend. Jämmerlich. Das historische Desaster sozialdemokratischer Politik wollen sie mit linken Phrasen überkleistern" (Nochmals: Die JUSOS und wir ..., in: ASTA-info.11/1979, S.4). Ferner: W. **Kraushaar** (Student, FN 9), S.84; ASTA-info.10/1979, S.3-7; ASTA-info.10/1982, S.2; ASTA-info.11/1982.
Diese Unterordnung 'etablierter' Jung-Parteifunktionäre unter die "antiautoritäre", 'undogmatisch-linke' Ideologie erfolgte an der Hochschule bereits traditionell: "Es gelang dem SDS, innerhalb des Kreises der mit dem 'Höchster Abkommen' vom [30.] Mai 1964 zusammengeschlossenen Studentenorganisationen die Führung zu übernehmen. Dieser Vereinigung gehören neben dem SDS an: Bundesverband Deutsch-Israelischer Studentengruppen (BDIS), Humanistische Studentenunion (HSU), Liberaler Studentenbund Deutschlands (LSD), Sozialdemokratischer Hochschulbund (SHB). Es besteht unter diesen Organisationen 'in aktuellen Fragen und bei der Durchführung gemeinsamer Aktionen weitgehende Übereinstimmung ...'" (J.**Oelinger** (FN 8), S.17/18).
(c) Erstmals im WS 1988/90 trat die sich in der Tradition Frankfurter Studentenpolitik zunächst ebenso 'undogmatisch-links' definierende studentische Gruppe 'Die Grünen an der Uni' - ab WS 1994/95: 'Bündnis 90 / Die Grünen' - an [für den realpolitischen Flügel der Frankfurter 'Grünen' warb bereits 1981-1983 eine 'undogmatisch-linke' 'Sponti-Wählerinitiative für die Grünen'; zur Landtagswahl 1978 kandidierte D.**Cohn-Bendit**

autoritär" und 'undogmatisch-links' darstellenden Studenten, zusammen mit dem kleineren Teil der dogmatisch-'linken' Studentengruppen[11], vereint letztlich die Verachtung des wertgebunde-

---

für die 'Grüne Liste Hessen' (GLH) auf Platz 7; 1979 engagierte sich bis zu seinem frühen Tode R.**Dutschke** für die 'Bremer Grüne Liste']; vgl. auch: J.**Fischer**, Kommunalwahl: Der Widerspenstigen Zähmung, in: PS **93**, Nov.1980, S.10-12. Zu alledem: R.v.**Hüllen**, Ideologie und Machtkampf bei den Grünen, [phil.Diss.] Bonn 1990, S.423, S.125, S.192/193. Über die "Ursprünge der Grünen in der Studentenbewegung" ferner: K.D. **Voigt**, Der Mythos der politischen Kontinuität - Vom Frankfurter SDS zum realpolitischen Flügel der Grünen, DNG/FH **33**, S.484-489 (1986); H.**Fogt**, Die Grünen und die Neue Linke. Zum innerparteilichen Einfluß des organisierten Linksextremismus, in: M.**Langner** (Hrsg.), Die Grünen auf dem Prüfstand, Bergisch Gladbach 1987, S.129-208; D.**Salomon** (FN 9(c)), S.38 ff; S.139/140; U.**Backes**/E.**Jesse**, Politischer Extremismus in der Bundesrepublik Deutschland, 3.Aufl. Bonn 1993, S.193; F.**Schneider** (Hrsg.), Dienstjubiläum einer Revolte - '1968' und 25 Jahre, München 1993, insb. S.57; auch: FN 0.24 (Einl.); FN I.5 (Kap.1); FN 103 (Kap.6).

11 Das übrige "linksradikale" Spektrum an der Hochschule bis zum Jahre 1993. "Mit dem Beginn des Jahres 1970 veränderte sich die politische Landschaft der Neuen Linken schlagartig. Der in Eintracht kräftig geschwollene Strom der Protestbewegung stürzte über die Klippen des Kommunismus, zerstäubte unter lautem Getöse, und nachdem sich die Gischt verzogen hatte, war eine Deltamündung zu erkennen, deren Adern fächerförmig einen Sumpf doktrinärer Gesinnung speisten" (R.**Bieling**, Die Tränen der Revolution - Die 68er zwanzig Jahre danach, Berlin 1988, S.60; detailliertere Angaben zu dieser Fraktionierung finden sich in: G.**Langguth**, Die Protestbewegung in der Bundesrepublik Deutschland 1968-1976, S.94-307). "Auf der anderen Seite halten 'Spontis' und 'Undogmatische' am Gedanken der unmittelbaren Lebensveränderung fest und führen die alternativen Impulse der Studentenbewegung fort" (C.**Hennig**, Die Entfesselung der Seele - Romantischer Individualismus in den deutschen Alternativkulturen, Frankfurt/M/New York 1989, S.69).
Diese Ausdifferenzierung charakterisierte A.**Abosch** als "Das Altern der Neuen Linken" (in: H.**Glaser** (Hrsg.), Fluchtpunkt Jahrhundertwende, Band 2 Frankfurt/M/Berlin/Wien 1981, S.7-29, insb. S.18 ff). - Weitgehend aufgelöst haben sich inzwischen wieder die o.g. 'dogmatischen' ("doktrinären") Erben der 'Neuen Linken' (nicht nur) an der Johann Wolfgang Goethe-Universität zu Frankfurt am Main:
(a) Die maoistischen Studentengruppen. Mit dem Tod des Chinesischen Führers Mao Tse Tung 1976 und dem politischen Aufblühen der Partei der 'Grünen' verband sich der Niedergang des organisierten Maoismus, wesentlich abgeschlossen mit dem Verschmelzen des KBW in den 'Grünen' nach dessen Auflösung im Februar 1985: Von den maoistisch orientierten Studentengruppen kandidierte der erstmals 1971 (unter 'KSV-Rote Zellen') aufgetretene KSB ('Kommunistischer Studentenbund', Studentengruppe des KBW) das letzte Mal im SS 1980, der KSV ('Kommunistischer Studentenverband', Studentengruppe der im März 1980 aufgelösten KPD) das letzte Mal im WS 1977/78. Aus diesem politischen Blickwinkel: J.**Schmierer**, Zur Analyse der Studentenbewegung, in: Rotes Forum [SDS Heidelberg] 5/1969, S.5-14; - "Joscha **Schmierers** Analyse zur Genese der Studentenbewegung, die grundlegend geworden ist für sämtliche K-Gruppen (ML-Fraktionen), stellt den Versuch dar, die Theorien, die die Studentenbewegung aus der Verwissenschaftlichung der Produktion bzw. der Kapitalisierung der Wissenschaften herleitet, zu widerlegen" (M.**Kukuck**, Student und Klassenkampf - Studentenbewegung in der BRD seit 1967, Hamburg 1974, S.40). - Das oft missionarisch-weltfremde Ereifern vieler Maoisten und das daher rührende gereizte Klima zur 'undogmatischen Linken' wird recht treffend und exemplarisch eingefangen in Diskussionsprotokollen in: **Merve**-Kollektiv (Hrsg.), Kongreß gegen politische Unterdrückung an der Freien Universität Berlin vom 24.4.-26.4.1972, Berlin 1972, insb. S.120-130; als Beispiel ferner: FN V.268(b) (Kap.19). Kritisch, von einem frühen 'undogmatisch-linken' Renegaten: M.**Schneider**, Gegen den Linken Dogmatismus, eine 'Alterskrankheit' des Kommunismus, Kursb.**25**, S.73-121 (1971).
(b) Die revisionistischen Studentengruppen. Mit dem Untergang der DDR 1989 verschwanden die orthodox-kommunistischen, DKP-orientierten Gruppen, die bis dato auch die vds [Vereinigte Deutsche Studentenschaften: die bundesweite Studentenvertretung] beherrscht hatten: MSB Spartakus ('Marxistischer Studentenbund Spartakus', Studentengruppe der DKP, erstmals aufgetreten: 1970), SHB ('Sozialistischer Hochschulbund'; erstmals 1971 in der orthodoxen Linie aufgetreten, damals noch als 'Sozialdemokratischer Hochschulbund'; zuvor seit 1961, mit dem Unvereinbarkeitsbeschluß SPD-SDS, offizieller Studentenverband der SPD) - die zwischenzeitlich auch gemeinsam unter 'Gewerkschaftlich orientierte Liste' (GOL) existierten - kandidierten das letzte Mal im WS 1989/90. Aus diesem politischen Blickwinkel: S.**Lehndorff**, Studentenbewegung im Klassenkampf, in: facit [zunächst: SDS Köln] 34/1974, S.6-46; G.**Bauß**, Die Studentenbewegung der sechziger Jahre, Köln 1977 [kritisch dazu: B.**Rabehl**, Der Streit um das Erbe, in: Langer Marsch 34/1978, S.11-13]; F.**Deppe** (Hrsg.), Der 2.Juni 1967 und die Studentenbewegung heute, Dortmund 1977; ferner: S.**Prokop**, Studenten im Aufbruch - Zur studentischen Opposition in der BRD, Berlin (Ost) 1974, insb. S.78 ff. - Für das missionarische Ereifern vieler Revisionisten (auch gegen die 'undogmatische Linke') exemplarisch: C.**Reymann**, Was tun? Spontaneität und der Kampf gegen unsere brennendsten Sorgen, in: rote blätter 28/1975, S.23.
(c) Der Terrorismus. Der aus kleinen Teilen der Studentenbewegung sich entwickelnde Terrorismus [dazu: H.**Steinert**/H.**Hess**/S.**Scheerer**, Angriff auf das Herz des Staates, 1.Band es **1490** (Frankfurt/M 1988), S.15-20,

nen "bürgerlichen" Rechtsstaates des Grundgesetzes (hier hat seit der Deutschen Vereinigung bis zum Jahre 1993 sicherlich ein Paradigmenwechsel stattgefunden: Zumindest das formale Grundgesetz als authentisches Residuum der nunmehr als zivil gepriesenen, 'alten' Bundesrepublik erfährt inzwischen eine so zunächst nicht erwartete Hochschätzung).
Das politisch Andersartige gilt für jene sich selbst als 'linke' politische Elite definierende, in den Verfaßten Studentenschaften herrschende Mehrheit, diese Klassifikation ergänzend, stigmatisierend als 'rechts'. Denn was insbesondere die 'antiautoritären', 'undogmatisch-linken' Studentengruppen für sich selbst ungehemmt vom Staat einfordern, nämlich "ein 'Recht auf Abweichung' ohne Herrschaft und Ausgrenzung, ... eine positive Bestimmung als Minderheit und 'Randgruppe'"[12], das behindern und unterdrücken sie selbst im von ihnen beherrschten Subsystem auf brutale Weise. Es mag ein umfassender humanistischer Anspruch der Studentenbewegung tatsächlich einmal in ihrem gesinnungsethischen Ursprung bestanden haben: "Wenn die studentische Opposition einen Vorzug hat, dann kann es nur der sein: daß sie Sensibilität für die Verletzung von Menschen und für deren Verletzbarkeit, einzelner Menschen wie ganzer Klassen, zu einer politischen Kategorie erhebt."[13] Bis zum Jahre 1993 ist davon allenfalls noch

---

S.38, S.287 ff] erlangte für die Frankfurter Studentenpolitik mit zwei Ausnahmen in den 70er Jahren keine direkte Relevanz [dazu: K.D.**Voigt** (FN 10), S.486]. - Als Ausnahmen die der "Unterstützung einer kriminellen Vereinigung" bezichtigten 'undogmatisch-linken' Aktivisten: **(i)** die langjährige StuPa-Präsidentin [später: 1984-1987 Mitglied des Europäischen Parlaments für die Partei der 'Grünen'] B.**Heinrich** [dazu: diskus-Sonderheft April 1975 ('Brigitte **Heinrich** befindet sich seit dem 26. November 1974 in Haft. Der Staat beweist seine Stärke.', v.i.S.d.P.: G.**Dick** [1974/75 stv. AStA-Vorsitzender (SHI): Ehemaliger AStA-Vorsitzender vor Gericht, in: ASTA-info.5/1977 ('Das Streikbeil endlich ausgraben'), S.8; heute (1996): stv. Regierungssprecher der (rot-grünen) Hessischen Landesregierung]); Chronologie eines Prozesses, in: diskus 6/1979, S.3-12]; **(ii)** das StuPa-Mitglied G.**Strecker** [dazu: ASTA-info. Mai 1976 ('Solidaritätsveranstaltung für Gerhard **Strecker**'); 'ASTA-info Juni 1976 ('Dokumentation zu Repression und Gegenwehr am Beispiel Gerard **Strecker**']. - Zur materialreichen Behandlung des politischen Terrorismus exemplarisch: B.**Rabert**, Links- und Rechtsterrorismus in der Bundesrepublik Deutschland von 1970 bis heute, Bonn 1995, insb. Teil 4.
Allerdings brachte die Frankfurter 'Undogmatische Linke' dem Terrorismus lange Zeit sympathisierendes Verständnis entgegen: "Sie gehören zu uns" (D.**Cohn-Bendit** (FN 13(b)) [vgl. dazu: Drei Jahre für Kaufhaus-Brandstifter, in: FR v.1.11.1968, S.17/18]); 'Sie wohnen in einem sozialen Rechtsstaat', sagt die Regierung, ODER?, Flugblatt v.21.9.1973, unterzeichnet u.a. von AStA, 'Revolutionärer Kampf' (RK), SHI [Zum SHI und SHB/SF politisch nahestehenden RK: T.**Fichter**/S.**Lönnendonker**, Von der 'Neuen Linken' zur Krise des Linksradikalismus, in: Die Linke im Rechtsstaat, Berlin 1979, S.100-132, S.119 ff; K.D.**Voigt** (FN 10), S.485/486; H.**Steinert** u.a. (s.o.), S.285/286; zu den führenden Köpfen des RK zählten heutige führende Frankfurter 'Grüne': D.**Cohn-Bendit**, J.**Fischer**, T.**Koenigs**.]; zu diesem Flugblatt kritisch: "Am Mittwoch dieser Woche wurde ein Flugblatt verteilt, das zur Solidarität mit den RAF-Mitgliedern M.**Herzog** und A.**Proll** wegen ihres anstehenden Prozesses aufrief. Dieses Flugblatt war u.a. vom AStA der Universität unterzeichnet. Das Flugblatt kommt zu dem Schluß, daß, da das kapitalistische System wesentlich auf Gewaltanwendung basiert, 'deshalb Widerstand auch gewaltsam sein muß', was die RAF ernst genommen habe." ('Die Vertreter des SHB und MSB im AStA', Flugblatt v.23.9.1973); "Als Holger **Meins** starb, waren wir alle wie gelähmt. Wir haben zwar gewußt, daß jederzeit einer der politischen Gefangenen sterben könnte, aber wir haben es nicht wahr haben wollen. Eine Nachfolgeorganisation der RAF hat den Tod von Holger **Meins** als Signal verstanden, sie haben ihre Trauer und ihren Haß in Handlung umgewandelt und den Kammergerichtspräsidenten von Berlin, **Drenkmann**, erschossen. Keine Folter, kein Gefängnis konnte sie davon abschrecken. Im Gegenteil, die Erschießung ist eine direkte Folge der menschenverachtenden Haft. ... Wir sind nicht ein Teil der RAF, und wir versuchen, eine andere Politik zu machen. Sie sind aber augenblicklich der Teil der Linken, der von der Repression vernichtet werden soll. Dies müssen wir verhindern." (Holger **Meins** zu Tode gefoltert, Flugblatt v.11.11.1974, unterzeichnet u.a. von RK, Häuserrat, SHI); zu einer "Gedenkfeier für Günter **von Drenkmann** in der Aula der Universität" am 13.11.1974 rief in zynischer Weise ein mehrere Tage vor dem AStA-Büro ausliegender und anonym verteilter, gefälschter 'Uni-Report' mit der (gefälschten) Unterschrift des Präsidenten E.**Kantzenbach** auf; am 11.11.1974 veranstaltete der ('undogmatisch-linke') AStA ein Teach-in 'Ausbildung zum Justizmord' ("Zum Kampf gegen die Isolationshaft der politischen Gefangenen"). Vgl. auch nachfolgend: FN 13(c).

12 T.**Jahn**/P.**Wehling** (FN 9), S.262

13 J.**Habermas** [Prof. für Sozialphilosophie und Soziologie, 1964-1971 Univ.Frankfurt/M] (FN 4), S.146.

(a) Ähnlich enthusiastisch auch: "Der schlichten Forderung, an unseren Hochschulen die Ordnung wiederherzustellen, muß mit dem Hinweis begegnet werden, daß sich der reine Ordnungsbegriff mühelos auf jedes Konzentrationslager übersetzen ließe. Unbeschadet des besonderen Verhältnisses von Lehrenden und Lernenden ... sollten wir die menschlich-geistige Substanz des studentischen Protests erkennen. Er richtet sich gegen eine Gesellschaft, die auf den Boden ihrer materialistischen Demoralisation zurückgeworfen ist; auf diesem Hintergrund ist die studentische Bewegung menschliche Bewegung schlechthin" (H.-J.**Heydorn** [Prof. für Bildungsphilosophie, Univ.Frankfurt/M], Ein Aufstand gegen die deutsche Misere (1967), in: ders., Konsequenz der Geschichte, Frankfurt/M 1981, S.206-210, S.209). "Sie sprachen vom Gebot der Nächstenliebe. Unter dieser Jugend ... herrschen Beziehungen, die wahrlich mit dem Begriff der Nächstenliebe am besten zu bezeichnen sind. Denken Sie an ihre Forderungen, etwa an die Forderungen nach Wahrheit, nach Schluß mit allem, was unredlich und schlecht und übel ist. Denken Sie daran, daß sie in den Universitäten fordern, man soll nicht nur Wissenschaft treiben, die nützlich ist, sondern auch der Erkenntnis, der Wahrheit, der Einsicht dienen, so daß die Menschen sich entfalten und nicht nur bessere Maschinen bauen" (M.**Horkheimer** [Prof. für Sozialphilosophie, Univ.Frankfurt/M] im Interview mit D.**Lindlau** am 8.1.1968, abgedruckt in: T.**Ebert**/H.-J.**Benedict** (Hrsg.), Macht von unten - Bürgerrechtsbewegung, außerparlamentarische Opposition und Kirchenreform, Hamburg 1968, S.200/201). Allgemeiner zu dieser humanistischen "Sinnlichkeit" als einem, nach eigener Einschätzung, Konstituens der Studentenbewegung: K.-H.**Lehnardt**/L.**Volmer** (FN 9), Kap.3.6.1. (S.103 ff).
Sogar heute noch wollen politisch Einäugige die Brutalisierung von Teilen der Studentenbewegung nicht wahrhaben: Es "ist daran zu erinnern, daß die Protestbewegung Gewalt gegen Personen verpönte und daß ihre Aktionen im wesentlichen symbolischer Art waren. Orte der Revolte waren damals die Universitäten (Seminare, Institute, 'Campus' und Studentenhäuser); von dort aus zog man auf Straßen und Plätze, demonstrierte vor Botschaften und Konsulaten ... Die 'Waffen' der Protestbewegung waren Rede, Flugblatt, Pamphlet und Happening; nur selten wurden Steine gegen Polizeiketten geworfen. ... Bei Hunderten von Demonstranten kam kein Mensch zu Schaden (abgesehen von denen, die von der Polizei verprügelt wurden). Verbrannt wurden allenfalls Flaggen und Puppen; einmal wurde in einem Kaufhaus gezündelt" (H.**Dahmer** [Soz. Promotion 1973 bei J.**Habermas** in Frankfurt/M, anschließend Prof. für Soziologie an der TH Darmstadt], Der Tabu-Bruch - Rückblick auf einen politischen Lernprozeß, in: Neue Rundschau 2/1993, S.9-17, S.13/14). "Im Bereich der Erziehung, in der Sensibilität für Verletzungen der menschlichen Integrität und für Proportionen der Lebenswelt, überall dort, wo das Verhältnis von Politik, Moral und Macht öffentlich thematisiert wird, sind ... Wirkungen der 68er Bewegung bis zum heutigen Tage spürbar." (O.**Negt** [bis 1970 Assistent bei J.**Habermas** in Frankfurt/M, anschließend Prof. für Soziologie an der TU Hannover], Achtundsechzig - Politische Intellektuelle und die Macht, Göttingen 1995, S.15)
(b) Der Beginn der Gewaltverherrlichung. Dem o.g. widersprachen freilich Äußerungen maßgeblicher Teile der Studentenbewegung: **(i)** Schon früh kultivierte eine tonangebende Elite des Berliner SDS ganz unverblümt eine Glorifizierung "befreiender (emanzipativer) Gewalt"; dabei wurde selbst der potentielle gemeine Mord ideologisch überhöht zu einem "Kampf" des Individuums für die Wiederherstellung eines "Teil[s] seiner verwüsteten Identität" im Kapitalismus: R.**Dutschke**/B.**Nirumand**/H.M.**Enzensberger**/M.**Schneider**/P.**Schneider**/J.**Horlemann**/G.**Salvatore**/E.**Siepmann**, Gewalt, in: konkret 6/1968, S.24-28, S.35; ferner: R.**Dutschke**/B. **Rabehl**/C.**Semler**, Ein Gespräch über die Zukunft, Kursb.**14**, S.146-174 (1968), insb. S.154 ff. **(ii)** Bereits die Rechtfertigung des SDS von "Gewalt gegen Sachen" überschritt teilweise offen die Grenze zum kriminellen Bereich: so erklärte der Landesvorstand Berlin des SDS seine "Solidarität" im Prozeß mit den Frankfurter Kaufhausbrandstiftern und bot den Tätern die Aufnahme in den SDS an; während des Prozesses ergänzte D.**Cohn-Bendit** [SDS Frankfurt/M], diese Angeklagten "gehören zu uns" [die in den Nachtstunden des 2./3.4.1968 Brandsätze in mutmaßlich zwei Frankfurter Kaufhäusern zündeten: "Alle vier Angeklagten sind ... auf Grund der Beweisaufnahme überführt, versucht zu haben, das Kaufhaus **Schneider** in menschengefährdender Weise in Brand zu setzen. Eine Beteiligung an der Brandstiftung im Kaufhof konnte nicht mit letzter Sicherheit nachgewiesen werden" (LG Frankfurt/M, E.v.31.10.1968 [Az.: 4 KLs 1/68], abgedruckt in: R.**Rauball**, Die Baader-Meinhof-Gruppe, Berlin/New York 1973, S.167-210, S.183)]; dazu: A.**Baader**/G.**Ensslin**/T.**Proll**/H.**Söhnlein**, Vor einer solchen Justiz verteidigen wir uns nicht!, Frankfurt/M/Berlin 1968 (Voltaire Flugschrift **27**); anschließend: Besucht und schreibt Gudrun, Andreas, Thorwald und Horst!, in: SDS-Info 3/1969, S.29.
25 Jahre später, angesichts aktueller 'rechter' oder nihilistischer "Ejakulate streunender Gewaltsamkeit" (M. **Funke**, Buchbesprechung in: FAZ v.25.11.1995, S.8), soll das alles nach einigen der obigen Autoren so universell freilich nicht mehr gelten: "Das wichtigste Antriebsmittel der hervorbrechenden barbarischen Gewalt ist ihr Erfolg. ... Wenn eine Gesellschaft sich nicht mehr erlaubt, die Äußerungen barbarischer Gewalt mit notfalls martialischer Gegengewalt zu unterdrücken, so fehlt ihr der Überlebenswille" (P.**Schneider**, Es will dich hier niemand ausgrenzen, Arno!, in: FAZ v.7.9.1993, S.37). - Kritisch zu derartigen politischen Metamorphosen ein selbst davon Betroffener: K.R.**Röhl**, Linke Lebenslügen, Frankfurt/M/Berlin 1994, S.38 ff, insb. S.42/43.
(c) Kritisch zur Gewaltverherrlichung durch Teile der Studentenbewegung bereits (exemplarisch): G. **Schmidt**, Die Weltanschauung der Neuen Linken, in: APUZ 32/1968, S.17/18; auch: S.9 ff; J.**Oelinger** (FN 8), S.141 ff; A.v.**Weiss** (FN 8), S.129-151. Ferner sechs Jahre später der ehemalige Herausgeber der Zeitschrift

ein höchst selektiver Humanismus, der auf Kosten des übrigen Ganzen sich produziert und auslebt, übriggeblieben. Dementsprechend sind diese 'rechten', den 'etablierten' politischen Kräften in der Bundesrepublik nahestehenden Studenten wenn schon nicht numerisch, so doch als (qualitative) Minderheit der Engagierten - durch den Bruch fundamentaler Verfassungswerte und Verfahrensnormen - den 'undogmatisch-linken' Kräften innerhalb der Hochschule stets physisch hoffnungslos unterlegen und auch ausgeliefert. Derartige Sachverhalte sind letztlich zurückzuführen auf die fatale Neigung "einer auf Freiheitlichkeit angelegten Gesellschaft", die Hochschulen - und hierbei insbesondere die hochpolitisierte Studentenschaft - "überhaupt der regulierenden Kraft des Rechts zu entziehen, indem sie zu 'rechtsfreien Räumen'[14] erklärt werden. ... Wie sich an den Hochschulen gezeigt hat, besteht die erste Stufe darin, daß man im Vertrauen auf die Fähigkeit zur verantwortlichen Selbstgestaltung der im Sozialbereich agierenden Kräfte und Gruppen das Ordnungsrecht abbaut und als Ultima ratio allenfalls noch das für alle Bürger geltende Strafrecht anerkennt, wobei obendrein verkündet wird, daß Polizei und Justiz auf dem autonomen Campus nichts zu suchen hätten. In einer zweiten Phase erweist sich dann, daß das Prinzip der Selbstgestaltung nicht so funktioniert, wie seine Verfechter sich das vorgestellt hatten und daß Minderheiten, um sich durchzusetzen, auch vor solchen Ausschreitungen nicht zurückschrecken, die selbst die verbliebenen Restbestände des Rechts verletzen. Wenn dann Polizei und Justiz gerufen werden, haben diese wenig Lust, sich auf einem Felde zu

---

'konkret': K.R.**Röhl**, Fünf Finger sind keine Faust, Köln 1974, S.301, S.307 ff, S.326 ff. Die damalige, idealistische Sichtweise J.**Habermas**' (und H.-J.**Heydorns** und M.**Horkheimers**) heute wohlbegründet relativierend: G.**Hertel**, Das Problem der Gewalt, in: F.**Schneider** (FN 10), S.161-211.

14 (a) Der "rechtsfreie Raum". Gemeint ist der "rechtsfreie Raum" im Sinne des "rechtsfolgenfreien" (oder: "justizfreien") Raumes, in dem nämlich "die Wahrscheinlichkeit, daß die Befolgung rechtlich normierter Pflichten durchgesetzt werden kann oder daß deren Verletzung bestraft wird", nahezu gleich Null ist: R.**Zippelius**, Gesellschaft und Recht, München 1980, S.96; vgl. ebenso: K.**Engisch**, Der rechtsfreie Raum, ZStW **108**, S.385-430 (1952), S.417 ff; P.**Waldmann**, Der rechtsfreie Raum, ÖZöffR **22**(NF), S.113-134 (1971), S.117 ff.

(b) Konkrete Beispiele derartiger sich als zeitweilig "rechtsfreie Räume" darstellender Subsysteme lieferten bis etwa zum Jahre 1993 die im folgenden genannten, als politische Hochburgen der Studentenbewegung bekannten Universitäten, sämtlich mit "linksradikal" dominierten ASten ausgestattet: Berlin (FU und TU, ab 16.7.1969 war dort als politischer Reflex auf die Studentenunruhen gem. Berl.HG (Berl.GVBl., S.909-927 (1969)) die Verfaßte Studentenschaft aufgehoben; sie wurde mit der Novellierung des Berl.HG v.22.12.1978 (Berl.GVBl., S.2449-2497 (1979)) wieder eingerichtet (§§ 21 ff Berl.HG), in der heute gültigen Fassung: §§ 18 bis 20 Berl.HG (Gesetz über die Hochschulen im Land Berlin v.12.10.1990 (Berl.GVBl., S.2165-2193 (1990)) i.d.F. des Gesetzes zur Ergänzung des Berliner Hochschulgesetzes - ErgBerlHG v.18.6.1991 (Berl.GVBl., S.176-178 (1991))); Frankfurt/M (mit der Besonderheit arithmetischer Minorität der 'undogmatisch-linken' Gruppen im Studentenparlament v.27.6.1985 bis 2.6.1989 [dazu nachfolgend: Kap.6]; Heidelberg (seit 1977 Verfaßte Studentenschaft mit AStA aufgehoben [siehe: FN 3(b)], seitdem "UStA"). Schließlich auch: Marburg (zunächst bis 1983 Hochburg 'dogmatischer', DKP-orientierter, danach 'undogmatisch-linker' Mehrheiten im StuPa). - An anderen Hochschulen herrschten dagegen tendenziell oft zivilisiertere politische Umgangsformen.

(c) Die unterschiedliche Auffassung und Darstellung desselben Rechtsbruchs als "rechtsfreier Raum". Der Tatbestand des "rechtsfreien Raums" kann politisch aufgeladen erscheinen; die Ausprägungen desselben Sachverhalts der Rechtsfreiheit wurden - je nach politischer Einstellung - völlig gegensätzlich wahrgenommen. Für die beiden unter (b) erstgenannten Hochschulen werden dafür im folgenden Text Beispiele angegeben werden. Im Falle der letztgenannten Hochschulen exemplarisch für diese Feststellung völlig unterschiedlicher Wahrnehmung der einen politischen Realität: **(i)** Philipps-Universität zu Marburg: H.-B.**Harder**/E.**Kaufmann** (Hrsg.), Bilanz einer Reform - Denkschrift zum 450jährigen Bestehen der Philipps-Universität zu Marburg, Bonn-Bad Godesberg 1977 [einerseits]; D.**Kramer**/C.**Vanja** (Hrsg.), Universität und demokratische Bewegung - Ein Lesebuch zur 450-Jahrfeier der Philipps-Universität Marburg [andererseits]. **(ii)** Ruprecht-Karl-Universität zu Heidelberg: Sektion Heidelberg des Bundes Freiheit der Wissenschaft (Hrsg.: J.**Schütz**), Linksradikalismus (Dokumentation **1** WS 1971/72 bis Dokumentation **8** SS 1975), Heidelberg 1972 bis 1975 [einerseits]; E.**Nuissl**/R.**Rendtorff**/W.-D.**Webler**, Scheitert die Hochschulreform? - Heidelberg zum Exempel, Reinbek 1973; D.**Hildebrandt**, '... und die Studenten freuen sich!' - Studentenbewegung in Heidelberg 1967-1973, [phil.Diss. FU Berlin 1989] Heidelberg 1991 [andererseits].

betätigen, auf dem sie sich prinzipiell unerwünscht wissen und von dem sie mit Hilfe des Gedankens der Autonomie kurz zuvor gerade verbannt worden waren."[15]

5.2. Über staatliche Förderung politischer Gewalt im Subsystem Verfaßte Studentenschaft

So wird durch den Rückzug des Rechts aus Teilen der selbstverwalteten Hochschule letztlich gerade die sich durch Mangel an Pluralismus auszeichnende und an Armut der Kommunikation

---

15 R.**Wassermann**, Die Zuschauerdemokratie, Düsseldorf/Wien 1986, S.46 ff.
Die Suspendierung des staatlichen Gewaltmonopols in der Hochschule. Die (restriktive) h.M. zum juristischen Tatbestand formulierte: F.**Sandkötter**, Darf die Polizei im Universitätsgelände tätig werden?, WissR **2**, S.22-33 (1969). Für die praktische Handhabung dessen exemplarisch:
(a) Universitätsverwaltung: Beispielhaft dafür zunächst W.**Rüegg** [1965-1970 Rektor der Johann Wolfgang Goethe-Universität]: "Spiegel: Haben Sie Bedenken, notfalls mit Hilfe der Polizei Ordnung zu schaffen? Rüegg: Theoretisch ist es möglich, die Polizei zu Hilfe zu rufen. Aber davon machen wir keinen oder möglichst keinen Gebrauch, weil sich mit repressiven und administrativen Maßnahmen das Problem nicht lösen läßt. Spiegel: Wann würden Sie die Polizei holen? Rüegg: Auch wenn Gewalt angewendet würde, so würde ich zunächst die Sanitäter holen." ('War Max **Planck** ein Fachidiot?', in: Der Spiegel 7/1968, S.36-44, S.43 [Symptomatisch noch die abwiegelnde Haltung des Rektors zur durch den SDS angekündigten Sprengung einer Politologie-Vorlesung von C.**Schmid** am 20.11.1967; dazu: C.**Schmid**, Erinnerungen, Bern/München/Berlin 1979, S.812.]) - W.**Rüegg** hat diese Überzeugung freilich später nicht mehr aufrechterhalten: "In der Demokratie ist ein Freiraum der Universität nur insofern berechtigt, als er der Erfüllung der wissenschaftlichen Aufgaben, der Verwirklichung der Freiheit von Forschung und Lehre dient. Eine rechtliche Exterritorialität gibt es hier nicht mehr. Trotzdem legten sich in Deutschland die Behörden längere Zeit gegenüber Rechtsbrüchen in der Universität und solchen, die von Universitätsangehörigen ausgingen, eine Zurückhaltung auf, die einer Privilegierung gleichkam" (10 Jahre danach, in: IPZ-Information 7/1978 [Die Notgemeinschaft empfiehlt zur Lektüre (**52**)], S.17). - Diese Einsicht erfolgte nicht immer ganz freiwillig: "Häufig bedurfte es der ganz persönlichen Gewalterfahrung, daß das Dienstzimmer verwüstet worden war oder Stinkbomben eine Vorlesung sprengten oder ein Ei ein professorales Haupt traf, um allzu tolerante Hochschullehrer und Rektoren an ihre Pflicht zu erinnern. 'Aktive Geduld' nannte 1968 der Frankfurter Rektor Prof. Walter **Rüegg**, seine Taktik gegenüber den Universitätsbesetzern. Erst als die Akten des Prüfungsamtes loderten, ließ er die Polizei anrücken" (U.**Göbel**, Die Studentenbewegung und ihre Folgen, Köln 1978, S.32 [Zum angesprochenen Sachverhalt: W.**Rüegg**, Die studentische Revolte gegen die bürgerliche Gesellschaft, Erlenbach-Zürich/Stuttgart 1968, S.16/17.]).
Dafür avancierte W.**Rüegg** in der Folgezeit zum universitären Lieblingsfeind des Frankfurter SDS. Auch die Delegiertenversammlung des SPD-Unterbezirks Frankfurt [der die kommunale Politik dieser Zeit führend bestimmenden Partei] richtete am 26.4.1969 nahezu einstimmig einen "Appell an Rektor **Rüegg**, seine Verwaltungspraxis und seine hochschulpolitische Konzeption zu überprüfen mit dem Ziel, künftig Polizeieinsätze zu verhindern" (SPD-Appell an Kultusminister [E.**Schütte**] und Rektor W.**Rüegg**, in: FR v.28.4.1969, S.10).
Das Fernhalten der Polizei vom Universitätsgelände (und damit letztlich die Suspendierung des staatlichen Gewaltmonopols dortselbst) zwecks angeblicher Deeskalierung von Konflikten gilt mit Einschränkungen bis heute und wird von der Öffentlichkeit immer selbstverständlicher hingenommen; symptomatisch: FN 110 (Kap.6).
(b) Studentenschaft: Beispielhaft die beiden SDS-Vorsitzenden (1967/68) K.-D.**Wolff** [Freiburg] / F.**Wolff** [Frankfurt] im "Spiegel-Gespräch", 'Ohne uns wäre es viel schlimmer gekommen', in: Der Spiegel 17/1968, S.36-43. Die Staatsfreiheit für die Universität Frankfurt von 'undogmatisch-linker' studentischer Seite rückblikkend bestätigend: "Die Hochschule war schon seit den Unruhen der sechziger Jahre von der Sponti-Linken quasi mythisch besetzt und als Freiraum behauptet worden. Polizei hatte auf dem Campus nichts zu suchen. Dies wird bis heute als selbstverständlich erachtet. Wer in der Vergangenheit gegen dieses ungeschriebene Gesetz verstieß, blamierte sich, wie die derzeitige Universitätsleitung, damit in der Regel auch in der außeruniversitären Öffentlichkeit." (A.**Fanizadeh** (FN 9), S.20) - Seit in jüngster Zeit die Bedrohung mit physischer Gewalt sowohl in politisch maskierter Form durch die neofaschistische 'Rechte' als auch in offen krimineller Form durch (häufig ausländische) Jugendbanden erstmals frontal auf die universitäre "Linke" trifft, beginnt hier ein Umdenkungsprozeß einzusetzen: "Das Interesse der Polizei, auf dem Campus zu ermitteln, war nie besonders ausgeprägt. Das früher durchaus vernünftige Anliegen der politischen Linken an der Uni ist jedoch in den letzten Jahren zum hohlen Anti-Staatlichkeit-Gestus verkommen. Was in einigen Studentengenerationen noch Provokation gegen universitäres, professorales Spießertum sein konnte ..., wurde immer mehr zur Ersatzpolitik und zum sinnlosen Ritual. Tatsächlich ist die universitäre Linke so irrelevant, daß jeder auf sie angesetzte Bulle reine Steuergeldverschwendung wäre" (Selbstverschuldete Unmündigkeit, in: 'Internationale Liste / Undogmatische Linke' - Wahlzeitung Frühjahr 1994, S.16). Beachte hinsichtlich dieser gewandelten Einstellung von Teilen der (universitären) 'Linken' zum staatlichen Gewaltmonopol ergänzend auch: FN 13(a); FN 50(b).

mit dem politischen "Feind" leidende 'undogmatisch-linke' studentische Politik, der ihr charakteristisch innewohnende, endemische Gewaltanteil sogar von Staats wegen gefördert. Denn diejenigen, die, unter dem Credo eines universellen Gewalttabus angetreten, dem Staat die Legitimation für jegliches gewaltförmige Verfahren absprechend, hatten längst damit begonnen, sich ein eigenes Gewaltmonopol zu errichten und die für sich selbst abgelehnte Friedenspflicht des Bürgers nunmehr stattdessen vom Staate öffentlichkeitswirksam einzufordern.
Mit dem Beginn der 80er Jahre diffundiert die 'undogmatisch-linke' Elite aus der Verfaßten Studentenschaft vor allem in die Partei der 'Grünen'[16]. Die verbliebenen Reste 'undogmatisch-linker' Politik an den bundesdeutschen Hochschulen sind seit dem Abklingen der Studentenrevolte, ohne außenwirkende gesellschaftliche Innovationsfunktion, zentral ausgerichtet auf die staatlich vorgeschriebene, periodische Wahl des jeweiligen Studentenparlaments (womit sich die 'undogmatische Linke' doch noch durch das von ihr eigentlich bekämpfte repräsentativ-demokratische System schließlich gefangennehmen ließ). - Das schließt andere gewalttätige Reflexe auf nicht-hochschulbezogene Ereignisse nicht aus. Diese Orientierung erfolgt nicht etwa aus dem Interesse an parlamentarischer Arbeit[17], sondern weil das Parlament insbesondere die offizielle Studentenvertretung, den Allgemeinen Studentenausschuß (AStA), bestimmt[18], der

---

16 Zu diesem Diffusionsprozeß: FN 10(c).
Der heutige untergeordnete politische Stellenwert der Universitäten und der Verfaßten Studentenschaften. **(a)** Zum ursprünglich zentralen Stellenwert der "Universität als Lebensraum" für die 'Neue Linke' und die nachfolgende 'Spontibewegung': "Für die SDS-Interpreten [wurde] die anzustrebende Hochschulreform zum Instrument, die Universität als Korporation gegen die bestehende Gesellschaft bzw. gegen den Staat abzusetzen und sie zur Keimform einer sozialen Demokratie zu erheben, die über kurz oder lang die ganze Gesellschaft erfassen mußte" (B.**Rabehl**, Bedeutung der BAK aus Sicht der Studentenbewegung, in: S.**Freiger** u.a. (FN 4), S.65-74, S.70); daran anschließend: J.A.**Schülein**, Die Neue Linke und die Universität, in: H.**Ortmann**/B.**Müller**/W.**Fuchs**, Universitärer Alltag, Gießen 1977, S.9-16. - Seit etwa dem Jahre 1978 trat hier mit dem Aufkommen der außeruniversitären 'Alternativbewegung' ein Wandel ein: "Das politische Engagement linker Studenten hat sich in die sozialen Bewegungen außerhalb der Universität verlagert. Der Versuch, die Bewegungen wieder an die Uni zurückzuholen, würde an den Bedürfnissen der Studenten weit vorbeigehen. ... Politisches Engagement kritischer Studenten findet überwiegend 'draußen' statt (Startbahn-, Friedens-, Stadtteil- und sonstige BI's, Grüne). Das Interesse an kollektiver Intervention in der Universität ist hin. 'Leben' findet, abgesehen von einigen warmen Sonnentagen (Campus), nicht statt. Universität wird nicht mehr als Ort selbstgestalteter Reflexion und Intervention begriffen, sondern ist nur noch Wahrnehmung vorgegebener Angebote" (UL-Wahlinfo 6/1983 (FN 9), S.2/1 [siehe auch schon: UL-Wahlinfo 5/1981 (FN 9), S.3/4]). Diese Fluchtbewegung in die Ausbildung von linksalternativen Subkulturen mit ihrem "gegenkulturellen Anspruch der Autonomiebewegungen" außerhalb der Universität manifestierte sich erstmals in der Öffentlichkeit mit dem 'Tunix-Treffen' in Berlin v.27.-29.1.1978; dazu: D.**Hoffmann-Axthelm**/O.**Kallscheuer**/E.**Knödler-Bunte**/B.**Wortmann** (Hrsg.), Zwei Kulturen - Tunix, Mescalero und die Folgen, Berlin 1979, insb. S.149-162. An dieser Situation der Verfaßten Studentenschaft als linksalternativem politischem Nachzügler hat sich nichts mehr geändert.
(b) Von der wachsenden gesellschaftlichen und rechtsstaatlichen Bedeutungslosigkeit der studentischen Selbstverwaltungskörperschaft zeugt ein weiteres Faktum: In dem einschlägigen, klassischen juristischen Lehrbuch von H.J.**Wolff**/O.**Bachof**, Verwaltungsrecht II, 4.Aufl. München 1976, erfuhr die Verfaßte Studentenschaft eine (kritische) Behandlung (§ 93 Die wissenschaftlichen Hochschulen, S.288-329, S.321/322). In der Neubearbeitung für die 5.Aufl. (München 1987, S.174-255) ist die Befassung mit dieser Materie ersatzlos weggefallen.
(c) Ein nicht unbedeutender Teil der intellektuellen Kraft der Studentenbewegung hat inzwischen den "langen Marsch durch die Institutionen" ganz legal mit der endgültigen Etablierung in gesicherten, verbeamteten Lebenszeitstellungen im wissenschaftlichen Bereich der Hochschulen abgeschlossen [siehe dazu exemplarisch: FN 0.9 (Einl.)]. Gegen diese neue, etablierte Macht vermag die 'links'-alternative Verfaßte Studentenschaft in absehbarer Zeit nur schwer eigenständig innovativ und originell anzukommen.
17 "Das Studentenparlament ist der Ort der verwalteten Langeweile. ... Eine inhaltliche und politische Diskussion findet nicht statt, doch ist das StuPa bei AStA-Wahl und Verabschiedung des Haushalts Spiegel von Machtverhältnissen, die in ritualisierten Abstimmungen zum Ausdruck kommen" ('AStA-Info / Undogmatische Linke' 11/1982, S.2). Als typisches Beispiel für derart minderheitenfeindlich durchgeführte, "ritualisierte Abstimmungen" unter der Regie 'undogmatisch-linker' Mehrheiten: FN I.77 (Kap.3).
18 Beispiel (Bundesland Hessen): "Das Studentenparlament wählt den AStA" (§ 65 Abs.3 HHG (= FN III.95)).

wiederum das Gewicht des studentischen Mandats für die Propagierung 'undogmatisch-linker' Gesellschaftspolitiken in der Öffentlichkeit bereitstellt[19] und dafür - wiederholt rechtswidrig - auch noch die meist nicht unerheblichen studentischen Zwangsbeiträge ausliefert[20]. Eine häufig

---

19 **Der politische Mißbrauch der Verfaßten Studentenschaft.** "Trotz HHG und Ordnungsrecht ist der AStA eine der wichtigsten Institutionen zur Herstellung linker Öffentlichkeit und Gegenwehr. Solange die Möglichkeit, dieses Instrument in annehmbarer Weise für uns zu nutzen, noch gegeben ist, werden wir es verteidigen." ('AStA-Info / Undogmatische Linke' 4/1979, S.8); Wir haben "den Anspruch erhoben, trotz der zunehmenden Offensive der Rechten unsere Freiräume und Nischen zu verteidigen". (UL-Wahlinfo 6/1982 (FN 9), S.9); "Die Verfaßte Studentenschaft ist ... ein Ort der Einflußnahme. Über das StuPa und den AStA können eine Reihe von Veranstaltungen, Initiativen und Diskussionen finanziert und initiiert werden sowie Öffentlichkeit erreicht werden. ... Institutionen können verwaltet oder genutzt werden." ('Linke Liste'-Wahlzeitung 1986, S.1); "Der AStA ist für uns eine Möglichkeit, auf eine bestimmte Infrastruktur zurückzugreifen, um linksradikale Politik in Frankfurt machen zu können. Das ist nicht einfach die AStA-Kohle oder die Räume im StudentenInnenhaus, von der wir jetzt reden, sondern überhaupt die Möglichkeit, hier öffentliche Räume der Auseinandersetzung zu schaffen." (diskus 4/1992, S.24); "Zum einen verfügt schon der AStA einer durchschnittlich großen Hochschule über einen Millionen-Etat - finanziert von obligatorischen Studierendenbeiträgen -, zum anderen haben es linke Studierendengruppen immer schon verstanden, rechtliche Beschränkungen wie das Verbot der 'allgemeinpolitischen' Betätigung geschickt zu umgehen. Nicht nur die 'Nie wieder Deutschland'-Demo 1990 in Frankfurt oder die 'Alles Banane'-Demo im vergangenen Oktober in Düsseldorf wurden von dortigen ASten maßgeblich mitorganisiert, auch viele lokale Antifa-Initiativen oder andere linksalternative Projekte stünden ohne die Unterstützung des ansässigen AStA schlechter oder gar nicht da. Ein AStA, und mit ihm die politische Gruppe, die ihn trägt, verfügt in der Regel über ökonomische und strukturelle Spielräume, von denen eine 'normale' linke Gruppe nur träumen kann." (P.**Beucker**, Student '96: Liebe Damen, liebe Herren, in: konkret 2/1996, S.38-40, S.40)
A.A. dagegen schon früh: "'Autonomie' etwa heißt heute, einen Apparat zu besitzen, der auch und vor allem für außeruniversitäre Arbeit zur Verfügung steht. Hierbei handelt es sich wohlgemerkt um den AStA und seine technische und finanzielle Ausstattung. Mit Recht bemerkt das ML [Marxisten-Leninisten]-Papier: 'Dieser technische Apparat ist ungemein wertvoll!' Sein Wert in Zahlen: 200.000 DM jährlich durch AStA-Beiträge der Studierenden und ein Clubhaus von der Dimension eines kleinen Rathauses." (U.**Herrmann**/M.C.**Tümpel**, Wer andern eine Grube gräbt ..., in: ATTEMPTO 35-36/1970, S.22-29, S.29).
Beispiel ('undogmatisch-linke' Personalkosten im Haushaltsjahr 1990): Die Studenten der Universität Frankfurt am Main entrichteten gem. § 62 Abs.3 HHG (Finanzhoheit) etwa 680.000 DM an ihre Verfaßte Studentenschaft [zum Berechnungsschlüssel: FN V.209 (Kap.19)]. Über 60% des Studentenschaftshaushalts wurden allein für Personalkosten ausschließlich an dem 'undogmatisch-linken' AStA nahestehende Personen verbraucht (gemäß am 29.6.1990 (!) von der 'undogmatisch-linken' Mehrheit des Studentenparlaments verabschiedetem Haushaltsplan, wobei zusätzlich zu beachten ist, daß in diesem Plan nicht einmal alle Personalkosten explizit als Titel aufgeschlüsselt zu finden waren, sondern sich hinter anderen, unverfänglich klingenden Titeln verbargen). Die Relation Sachkosten / Personalkosten verdeutlichen exemplarisch folgende Zusammenfassungen von Haushaltstiteln:

151.200 DM	Personalkosten AStA-Referenten;
156.000 DM	Personalkosten AStA-Geschäftsstelle;
55.500 DM	Sachmittel AStA-Referate (außer "Kultur" und rechtswidrigen "autonomen");
49.253 DM	Sachmittel aller 22 Fachschaftsräte.

Hinzu kamen weitere 185.000 DM Personalkosten für die mit 'undogmatisch-linken' Beschäftigten geführten 'AStA-Betriebe' (die durch Belege abzurechnenden Sachmittel wurden teilweise nicht ausgeschöpft).
20 **Studentische Finanzwirtschaft** (am Beispiel der Studentenschaft der Johann Wolfgang Goethe-Universität). **(a) Der "Vermögensbeirat".** Im Zusammenhang mit der andauernden Zweckentfremdung studentischer (öffentlicher) Gelder durch die Frankfurter Verfaßte Studentenschaft ist daran zu erinnern, daß am 10.10.1980 auf Initiative des amtierenden Hessischen Kultusministers H.**Krollmann** [SPD], in seltenem Einvernehmen mit Repräsentanten der sämtlich 'linken' Hessischen Verfaßten Studentenschaften <u>und</u> der eher konservativen (unteren) universitären Rechtsaufsichtsbehörden, der bisherige § 68 HHG (= FN III.95) gestrichen wurde (GVBl.I, S.391-392 (1980), Art.1 Nr.12); dieser normierte in klarer Nennung von persönlichen Verantwortlichkeiten einen "<u>Vermögensbeirat</u>": "(1) Der Vermögensbeirat berät und unterstützt den Allgemeinen Studentenausschuß bei der Aufstellung und Ausführung des Haushaltsplans und bei der Verwaltung des Vermögens der Studentenschaft. ... (2) Dem Vermögensbeirat gehören der Kanzler als Vorsitzender, vier vom Leiter der Hochschule bestellte Professoren und sechs vom Studentenparlament aus seiner Mitte nach den Grundsätzen der Verhältniswahl zu wählende Mitglieder an." Statt dessen wurde ein neuer § 71 Abs.2 HHG eingefügt, der die Finanzkontrolle vollständig und verwaltungsintern der indolenten unteren Rechtsaufsichtsbehörde überantwortet.
(b) Das Leerlaufen der Rechnungsprüfung. Weil der studentische Rechnungsprüfungsausschuß (RPA) von demselben Studentenparlament gewählt wird, das (zeitverschoben) auch den zu kontrollierenden AStA wählt, spiegeln sich hier grundsätzlich dieselben politischen Mehrheiten wider. Das hat Konsequenzen für die Effekti-

vität der Rechnungsprüfung: "Die Studentenschaft ist unfähig, öffentliche Gelder rechtmäßig zu bewirtschaften. Die Rechtsaufsicht ist unfähig, Rechtsbrüche der Studentenschaft zu verhindern. Die Rechtsaufsicht kann immer nur (mit teilweise fünf bis sechs Jahren Verspätung) reagieren. Bei Entscheidung sind strafbare Handlungen bereits verjährt. Schlußfolgerung: Die Studentenschaft begeht permanente Rechtsbrüche, ohne von irgendeiner Stelle zur Rechenschaft gezogen zu werden" (R.**Huber**, "Prüfbemerkungen", Minderheitsvotum v.2.4.1992 des RPA für das Haushaltsjahr 1990 (16 Seiten), S.14). Trotz des akribisch geführten Nachweises gravierender fiskalischer Rechtsverstöße im geprüften Zeitraum "entlastete" die 'undogmatisch-linke' Mehrheit des Studentenparlaments aus 'Juso-HSG', 'Grüne an der Uni', 'Linke Liste' am 30.4.1993 den bisherigen 'undogmatisch-linken' AStA: "Die Minderheit im RPA überzieht die Aufgabe einer Prüfung der Einzelbelege und benutzt dieses Forum, um sich als politischer Sittenwächter und als Bluthund der CDU-Landtagsfraktion aufzuführen. Sein Verhalten ist beschämend und nicht mit § 71 Abs.1 <u>HRG</u> zu vereinbaren. Sein Ruf nach einer autoritären Bürokratie ist nur durch ein schweres Defizit an Demokratie- und Selbstverwaltungsverständnis zu erklären. ... Nach kritischer Überprüfung der Belege kommt die Mehrheit des RPA aufgrund der soliden Haushaltsführung des AStAs zu der Empfehlung, den Haushalt für 1990 zu entlasten." (L.**Langenau**/S.**Besser** ['Juso-HSG'], die als Mehrheit des Rechnungsprüfungsausschusses keinen separaten Prüfbericht vorlegten! [In ihrer politisch aufgeladenen, sachfremden Argumentation vermochte es diese 'undogmatisch-linke' Prüf-Mehrheit nicht einmal, das zugrunde liegende Recht korrekt zu zitieren: einschlägig war an dieser Stelle eine Norm des <u>HHG</u>, nicht des <u>HRG</u> (= FN III.93).] Beachte in diesem Zusammenhang auch die Schwächen bereits bei der Aufstellung des Haushaltsplans: FN I.77 (Kap.3).) - Solches Gebaren stellt die 'undogmatisch-linke' Politik öffentlich als besondere Legitimation des AStAs dar: "Die einzige studentische Instanz, die von sich beanspruchen kann, demokratisch von den Studenten und Studentinnen legitimiert zu sein, ist der AStA. ... Gerade im Finanzbereich garantiert der AStA mit seinen Instrumentarien von demokratischer Kontrolle (z.B. studentische Rechnungsprüfung) größere Transparenz" ("GRÜNE zum KOZ", Flugblatt 'Grüne an der Uni' v.1.9.1993). Gleichzeitig wird die Kritik daran als politisches Kalkül abgewertet: "Diese Kritik der Zweckentfremdung, der Vergeudung und des Mißbrauchs studentischer Gelder [ist] fester Bestandteil konservativer studentischer Programme" (A.**Demirovic**/G.**Paul**, Demokratisches Selbstverständnis und die Herausforderung von rechts - Student und Politik in den neunziger Jahren, Frankfurt/M 1996, S.82/83).
Offensichtlich scheint also - erwartungsgemäß und entgegen den Behauptungen der Hess.Landesregierung: Hess.LT-Drs. 13/1869, S.46, S.47 - der § 71 Abs.2 HHG ("Der Leiter der Hochschule berät und unterstützt den Allgemeinen Studentenausschuß bei der Aufstellung und Ausführung des Haushaltsplans") aufgrund der weitgehenden Untätigkeit der Hochschulleitung (Rechtsaufsichtsbehörde) nicht zu greifen; die Verfaßte Studentenschaft setzte und setzt sich regelmäßig über grundlegende Prinzipien einer ordnungsgemäßen Haushaltsführung, konkretisiert in der Landeshaushaltsordnung (LHO), sowie des geltenden Hochschulrechts, konkretisiert in der Kompetenzzuweisung des § 63 HHG, hinweg; die studentischen Haushaltsberatungen zeichneten und zeichnen sich durch gravierende Verletzung oppositioneller Informations- und Kontrollrechte aus.
(c) Die politische Aushöhlung des Prüfungsrechts (ein Konflikt mit dem Hess.Landesrechnungshof über das Landeshaushaltsjahr 1990: Hess.LT-Drs.13/1869, S.45-48 (1992)). Die Hessische Ministerin für Wissenschaft und Kunst, E.**Mayer** [SPD - 1995 zurückgetreten -, 1970 wiss. Mitarbeiterin am 'Institut für Sozialforschung', anschl. am FB Gesellschaftswissenschaften der Univ.Frankfurt/M], forderte - in Rekurs auf § 41 Abs.2 HRG: "Die Haushalts- und Wirtschaftsführung der Studentenschaft wird vom Landesrechnungshof geprüft." - in einer amtlichen Presseerklärung v.20.11.1991 zu weiterem Rechtsbruch indirekt auf: "Die Kritik des Landesrechnungshofs, wonach der Frankfurter AStA in der Haushaltsführung offensichtlich überfordert sei und über eine neue Kompetenzregelung für die Studentenvertreter nachgedacht werden müsse [nämlich: die Übertragung auf fachlich qualifizierte Bedienstete der Universität], wies E.**Mayer** zurück" (Mehr studentische Freiräume, in: FAZ v.21.11.1991 (Lokalteil)). Stattdessen "müsse geklärt werden, in welcher Weise haushaltsrechtliche Vorschriften den Arbeitsbedingungen ehrenamtlich tätiger Studentenvertreter angepaßt werden könnten. Eine Kontrolle der Haushaltsführung könne nicht nach den gleichen Maßstäben erfolgen wie es bei gelernten hauptamtlichen Kräften der Fall ist. Erforderlich seien vielmehr <u>gewisse Abstriche und Toleranzen</u>." (Uni-Rep. 12/1991, S.6 [Vgl. in diesem Zusammenhang ergänzend: FN 50(d).])
Hinsichtlich dieser Einlassungen der Ministerin ist nachdrücklich darauf hinzuweisen, daß gerade der angegriffene Frankfurter AStA seit über 30 Jahren ununterbrochen dieselbe, wohldotierte <u>hauptamtliche</u> (Finanz-) Geschäftsführerin beschäftigt [dazu: Seit dem Jahr 1971 "gehörten Personalbearbeitung, Lohnsteuer- und Umsatzsteuerklärungen, Haushaltsüberwachung und Jahresabschluß zu ihren Aufgaben" (M.**Schaper**, 'Absolut kultig' ... M.**Dilley** führt seit 34 Jahren die Geschäfte der Studentenvertretung, in: Uni-Rep.7/1996, S.9)].
(d) Der rechtsstaatlich minoritäre Stellenwert studentischer Finanzwirtschaft. Daß die Problematik der inzwischen zum Dauerzustand gewordenen rechtsmißbräuchlichen studentischen Finanzwirtschaft außer von verfahrensmäßig direkt Involvierten überhaupt nicht mehr wahrgenommen wird, zeigt paradigmatisch ein wissenschaftliches Symposium über Hochschulfinanzkontrolle: F.**Letzelter**/H.**Reinermann**, Wissenschaft, Forschung und Rechnungshöfe, Berlin 1981; hier wurde, selbst unter dem Thema "Hochschule und Finanzkontrolle", die prekäre staatliche Prufungspraxis gegenüber der Verfaßten Studentenschaft (als "Glied der Hochschule" (§ 62

gar strategisch geplante, gewalttätige Eskalation, die sich an allen möglichen Anlässen inner- und außerhalb der Universität aufhängen kann, emotionalisiert und mobilisiert mittels ihrer Öffentlichkeitswirkung - als Nebeneffekt eines wohlklingenden "Widerstands" gegen ausufernde Staatsmacht[21] - für die Studentenparlamentswahl am erfolgversprechendsten die 'undogmatisch-linken' Sympathisanten zur sonst als unpolitisch-formalistisch empfundenen Stimmabgabe, während sich die meisten 'Durchschnittsstudenten' entweder angewidert oder eher unberührt-gleichgültig abwenden. Zudem lassen sich in außergewöhnlich emotionalisiertem und gewaltgeladenem Klima Wahlmanipulationen gefahrloser vollständig verdeckt ausführen, weil das formal-neutrale Wahlverfahren die sensationslüsterne Aufmerksamkeit des Publikums nicht zu gewinnen vermag, gleichzeitig verübte Gewalttätigkeiten vom laufenden Wahlverfahren selbst ablenken, während die interne politische Kontrolle längst wenigstens eingeschüchtert ist[22]. Spätestens mit dem Jahe 1993 scheint die "antiautoritäre", 'undogmatisch-linke' Bewegung an der Hochschule erloschen; Versuchungen zur Manipulation autonom durchgeführter Studentenschaftswahlen haben diese politische Entwicklung indes überdauert.
Dergestalt herrscht bis heute "in diesen Hochschulen ... an vielen Stellen ... eine mannigfach wahrnehmbare, schon fast makabre Gewöhnung an Gewalt"[23]. Dieses "Absterben des Rechtsstaats"[24], diese "Entfremdung der Politik vom Recht"[25] im Alltag einiger universitärer Sub-

---

Abs.2 HHG (= FN III.95))) nicht einmal erwähnt. Trotzdem: "Die wirkliche Grundlage des Selbstverwaltungslebens sind nicht die Verfassungsgesetze, die von einem idealistischen Menschenbild und von unrealistischen Grundsätzen ausgehen, sondern die Rechtsnormen, welche die ... Finanzverfassung bestimmen." (G.-C.**v.Unruh**, Die kommunale Selbstverwaltung, in: APUZ 30-31/1989, S.3-13, S.10 [in Rekurs auf K.-M.**Hettlage**])

21 "Entkleidet man aber die Bezeichnung 'Widerstand' ihrer ideologisch-polemischen Verbrämung, so erweisen sich jene Unbotmäßigkeiten oder Regelverletzungen alternativer Gruppen als das, was sie sind: nämlich als oppositionelle Aktivitäten politischer Natur mit demonstrativer Öffentlichkeitswirkung." (H.-P.**Schneider**, Alternativbewegungen und Legitimationsprobleme der Demokratie, in: V.**Gessner**/W.**Hassemer** (Hrsg.), Gegenkultur und Recht, Baden-Baden 1985, S.107-125, S.116)

22 Es erscheint heute rückblickend nicht mehr völlig unwahrscheinlich, daß diese 'qualitativen' Mehrheiten der "Engagierten, Sachkundigen und hochgradig Betroffenen" [dazu: FN I.15 (Kap.1)] in der Verfaßten Studentenschaft zu arithmetischen Mehrheiten in vielen Fällen erst im Zuge massiven Wahlbetrugs werden konnten. Siehe dazu auch: FN 0.21 (Einl.); Uni-Rep.5/1969, S.4; detaillierter und exemplarisch nachfolgend: Kap.19.

23 M.**Kloepfer**, Über das Recht und die Rechtlosigkeit an deutschen Hochschulen, in: H.-B.**Harder**/E.**Kaufmann**, Bilanz einer Reform, Bonn-Bad Godesberg 1977, S.256-266, S.262 [allgemeiner: G.**Hertel** (FN 13)].
"Welche Resignation, Passivität und Einschüchterung teilweise in der Universität herrschen, zeigte sich besonders anschaulich in den konkreten Reaktionen der Lehrenden und Studierenden auf Gewaltakte und Störaktionen organisierter Randalierer. Zwar konnten in einigen Fällen Täter identifiziert werden, meist weigerten sich jedoch die Leidtragenden aus Furcht vor Repressalien, die Namen bekanntzugeben und äußerten im übrigen ihre Überzeugung, daß wegen der großen Zeitspanne zwischen Strafanzeige und möglichem Urteil ein Vorgehen gegen die fraglichen Personen sinnlos sei" (H.**Riehn**, Rechtliche Bilanz des Frankfurter Universitätskonflikts ['**Engels**-Konflikt' im WS 1973/74], DUZ **28**, S.234-238 (1974), S.237). Derartiges in einem anderen Fall bestätigend: K.**Reumann**, Blick ins Innere: Berichte von der akademischen Front, Zürich 1975, S.37.
[Zum Problem exakter Definition des Gewaltbegriffs und dessen rechtspolitischer Systematisierung: W.**Schmitt Glaeser**, Private Gewalt im politischen Meinungskampf, 2.Aufl. Berlin 1992, S.22-25 und S.224-229.]

24 M.**Kloepfer** (FN 23), S.262.
Ein typisches Beispiel für das "Absterben des Rechtsstaats" lieferte (neben den Universitäten Frankfurt, Berlin und Marburg [vgl. FN 14(b)]) auch die Universität Heidelberg: "Es ging nicht allein und nicht einmal primär darum, geltende Rechtsnormen auch faktisch durchzusetzen; vielmehr war die Geltung selbst, die Verbindlichkeit des Rechts in der Universität weithin in Frage gestellt; radikale Gruppen legten es in ihren Aktionen geradezu auf eine provokatorische Mißachtung und Verhöhnung des Rechts an; die Sympathisanten unterstützten dies freudig, angeblich Liberale nahmen es verständnisvoll hin und die, deren Stärke nicht die Zivilcourage ist, schwiegen dazu." (H.**Niederländer**, Rechenschaftsbericht des Rektors über die Zeit vom April 1974 bis März 1975, in: Ruperto Carola 55-56/1975, S.7-20, S.7) - Für die mitunter weltfremde Position der hier angesprochenen "Liberalen" beispielhaft: "Nicht wenige Hochschullehrer und staatliche Amtsinhaber sind derart in einem autoritär-etatistischen Denken gefangen, daß sie nicht mehr in der Lage sind, radikale Fragestellungen über-

systeme nehmen nicht nur die meisten Universitätsmitglieder selbst eher gleichgültig hinwegsehend oder einige sogar - politisch den Gewalttätern nahestehend - wohlwollend hin. Die Gewöhnung an den Rechtsbruch wird, über individuelle Befindlichkeiten hinausgehend, sogar durch spezifische gewalttolerierende und -fördernde Haltungen von Institutionen und Repräsentanten des umgebenden demokratischen Rechtsstaates seit Jahren genährt und gestützt:

5.2.1. Die Relativierung und Exkulpation politischer Gewalt mittels der politikwissenschaftlichen "Entgrenzung des Gewaltbegriffs"[26]. Politische Gewalt wird entkriminalisiert und verliert ihren singulären Charakter dadurch, daß heute angeblich überhaupt "keine klare Grenze zwischen Gewalt und Gewaltlosigkeit" mehr gezogen werden könne; vielmehr seien "alle politischen und sozialen Ordnungen ... zutiefst durch Gewalt geprägt"[27]. Diese Entgrenzung des Begriffs aber läßt "Gewalt diffus werden und verlagert(e) sie in das Regelsystem einer Gesellschaft, in ihre Ordnung hinein"[28].

---

haupt anzuhören, geschweige denn, sich damit auseinanderzusetzen. Sie werden so für die fragenden Studenten zur Herausforderung und zum Angriffsobjekt. Oft unfähig, ihre eigene Mitschuld an studentischen Exzessen zu erkennen und einzugestehen, reagieren sie mit nicht zu rechtfertigender Härte, ja Brutalität, die ihnen dann den Vorwurf des faschistischen oder faschistoiden Verhaltens einträgt." (H.**Laufer**, Die Radikalisierung der Jugend an den Universitäten - Eine Gefahr für Staat und Wirtschaft?, München 1971, S.25 (FN 28))

25 R.**Wassermann**, Zur rechtlichen Ordnung des politischen Konflikts, in: ders., Recht, Gewalt, Widerstand, Berlin 1985, S.126-135, S.127

26 P.**Graf Kielmansegg**, Politikwissenschaft und Gewaltproblematik, in: H.**Geißler** (Hrsg.), Der Weg in die Gewalt, München/Wien 1978, S.69-79, S.72 ff

27 P.**Graf Kielmansegg** (FN 26), S.74 [aus kritischer Position].

Typisch für diese Wahrnehmungsart der staatlichen Realität der Bundesrepublik Deutschland bereits durch den SDS: "Gewalt gehört zum Kapitalismus wie der Polizist zum Privateigentum, und solange es den Kapitalismus gibt, wird die Gewalt nicht verschwinden" (R.**Dutschke** u.a. (FN 13), S.26). "Gewalt ist Constituens der Herrschaft und damit auch von unserer Seite mit demonstrativer und provokatorischer Gegengewalt zu beantworten. Die Form bestimmt sich durch die Form der Auseinandersetzung" ("Spiegel-Gespräch" mit R.**Dutschke**, in: Der Spiegel 29/1967, S.29-33, S.32). Jene Ansicht später, in etablierterer Position, relativierend: R.**Dutschke**/ D.**Cohn-Bendit**/K.**Sontheimer**/M.**Walden**, Dikussion 'Die Linke lebt', in: R.**Dutschke**, Die Revolte, Reinbek 1983, S.264-313. Diese Wandlung rekapitulierend aus sympathisierender Position: R.**Mohr** (FN 9), S.19 ff.

28 H.**Oberreuter**, Abgesang auf einen Verfassungstyp?, in: ders., (Hrsg.), Wahrheit statt Mehrheit?, München 1986, S.23-43, S.31.

Die Einebnung der Differenz zwischen potestas und violentia. Hierbei handelt es sich um die unterschiedslose Gleichbehandlung von grundsätzlich legitimer, legaler staatlicher Gewalt ('potestas') und individuell eingesetzter, privater Gewalt ('violentia'). Zur "Rabulistik" der Relativierung von staatlichem Gewaltmonopol und bürgerlicher Friedenspflicht: W.**Schmitt Glaeser** (FN 23), S.62 ff; R.**Wassermann**, Politisch motivierte Gewalt, Hannover 1989, S.16 ff; R.**Wassermann** (FN 15), S.63 ff; G. **Hertel** (FN 13), S.206 ff. - Als fundamental für die Studentenbewegung erwies sich die Theorie der allein aufgrund der Existenz (kapitalistischer) staatlicher Institutionen wirkenden "strukturellen Gewalt": J.**Galtung**, Strukturelle Gewalt, Reinbek 1975 [kritisch dazu exemplarisch: W.**Schmitt Glaeser** (FN 23), S.65 ff, S.136 ff]. Als weitere Theorie, die besonders anfangs auf die Studentenbewegung Einfluß gewinnen konnte, ist ergänzend auf das vor allem durch H.**Marcuse** vertretene Konstrukt der durch "Etablierte" ausgeübten "repressiven Toleranz" hinzuweisen [vgl. dazu: Kap.3.3.].

(a) Allgemeine (professorale) Quellen: Über die **Galtung**sche Theorie hinaus geht H.-J.**Heydorn**, der das Verschwinden vorgeblicher "struktureller Gewalt" gleich vom gewünschten Verschwinden der existierenden "bürgerlichen" Gesellschaft abhängig macht: "Bildung weist auf die Untiefe, sie muß umschifft werden, das Leben darf nicht zerschellen. Das neue revolutionäre Subjekt, um das es alleine geht, ist wissendes Subjekt. Es bildet sich in der Destruktion, der psychischen Verkrüppelung, in der verunsicherten Gesellschaft von Überfluß und Gewalt, über seine eigene Strangulierung. Es hat Mühe, sich erkennbar zu machen, es braucht Zeit für seine eigene Sprache. Die unsichtbare Gewalt will es einholen, aber es wird Zellen bilden, die den Leib der Gesellschaft zersetzen, bis er aufbricht; die Metastasen sind Metastasen des Lebens. Es wird neu beginnen." (H.-J. **Heydorn**, Über den Widerspruch von Bildung und Herrschaft, Frankfurt/M 1970, S.334); ähnlich: "Es gibt eine Logik der Gewaltanwendung, deren Regeln so sehr vom Gesamtzustand einer Gesellschaft abhängen, daß sie nur durch dessen grundlegende Veränderung ihre Geltung verlieren können." (O.**Negt**, Rechtsordnung, Öffentlichkeit und Gewalt, in: ders. (u.a.), Die Linke antwortet Jürgen **Habermas**, Frankfurt/M 1968, S.102-118, S.104). Ferner: J.**Degen**, Das Problem der Gewalt - Politische Strukturen und theologische Reflexion, Hamburg

Das bedeutet für die Hochschule: Die Verwischung des Gewaltbegriffs verkennt bewußt - jedenfalls an der Universität, in der gewaltbereite Gruppen und deren Sympathisanten als physisch "Stärkere" häufig sogar auch bereits seit Jahren offiziell quantitativ majoritär in deren selbstverwalteten Institutionen sich befinden - die Schutzfunktion des staatlichen Gewaltmonopols für die Grundrechte der politischen Minderheiten in *allen* Teilen der verfaßten Gesellschaft: "Nur über das staatliche Gewaltmonopol und die innergesellschaftliche Friedenspflicht der Bürger kann der Bürgerkrieg, kann die Unterdrückung der Schwächeren und Minderheiten durch die Stärkeren und Mehrheiten vermieden werden."[29] Die "Entgrenzung des Gewaltbegriffs" stärkt an der Hochschule hingegen allein die studentischen Gewalttäter.

5.2.2. Die Umdeutung des Stellenwerts politischer Gewalt durch die "Dämonisierung" des staatlichen Gewaltmonopols[30]. Die moralische Empörung gegen vorgebliche oder, seltener, auch tatsächliche Exzesse der verfaßten Staatsgewalt verschweigt bewußt die dieser Em-

---

1970; P.**Brückner**, Zur Sozialpsychologie des Kapitalismus (Sozialpsychologie der antiautoritären Bewegung Band I), Frankfurt/M 1972; P.**Brückner**, Über die Gewalt, Berlin 1979; J.**Hirsch**, für den "Gewalt" vollends nur noch von den staatlichen Institutionen ausgeübt wird (Alternativbewegung - eine politische Alternative?, in: R.**Roth** (Hrsg.), Parlamentarisches Ritual und politische Alternativen, Frankfurt/M/New York 1980, z.B.: S.130 und S.140) [diese Sichtweise erstaunt doch sehr, da der im Staatsdienst stehende Frankfurter Professor für politische Wissenschaften J.**Hirsch** als langjähriger politischer Förderer des staatsbekämpfenden 'undogmatisch-linken' Frankfurter AStAs über die autonomen Gewaltstrukturen in der bereits weitgehend staatsfreien Verfaßten Studentenschaft wohlinformiert gewesen sein dürfte]. - In anderer Gewichtung, geschickt gleichwertig-unterschiedslos sowohl an die Staatsmacht (potestas) als auch an die Demonstranten (violentia) für physische Gewaltlosigkeit appellierend, z.B.: O.**Rammstedt** (Hrsg.), Gewaltverhältnisse und die Ohnmacht der Kritik, es **775** (Frankfurt/M 1974); W.-D.**Narr**, Physische Gewaltsamkeit und das Monopol des Staates, Leviathan **8**, S.541-573 (1980); W.-D.**Narr**, Demonstranten, Politiker (Polizei) und Journalisten - Zwölf Thesen zur Gewalt, in: R.**Steinweg** (Hrsg.), Faszination der Gewalt, es **1141** (Frankfurt/M 1983), S.30-88: "Das Prinzip der Gewaltfreiheit muß aber für alle Seiten gelten" (S.57); neuerdings auch: O.**Negt** (FN 13), S.49 ff.

(b) Studentische Quellen (aus dem Bereich der Frankfurter Studentenschaft)**:** D.**Claussen** [1968 StuPa-Kandidat des SDS, heute Privatdozent und Lehrstuhlvertreter für Soziologie an der TU Hannover] /O.**Negt** [1968 in Frankfurt Assistent bei J.**Habermas**, seit 1970 Prof. für Soziologie an der TU Hannover], Zur Frage der Gewalt in der gegenwärtigen Lage, in: diskus 2/1972, S.40-42; diskus 3-4/1972 (Schwerpunktthema: 'Auf dem Weg zum autoritären Rechtsstaat'); Häuserrat/R.A.**Scott**, Wohnungskampf in Frankfurt: Widerstand ist möglich!, in: diskus 1/1973, S.1 und 23-28, S.2; diskus 2-3/1974 (Schwerpunktthema: 'Häuserkampf in Frankfurt'); "Ich will auch noch mal auf die Frage eingehen, die der Genosse H.**Brandt** gestellt hat, nämlich, wo der Unterschied ist zwischen dieser herrschenden Klasse in der Bundesrepublik, die nicht mordet und der herrschenden Klasse in Chile. Zunächst: Die herrschende Klasse in der Bundesrepublik mordet auch, nur noch nicht so massenhaft wie in Chile - das ist der einzige Unterschied. ... Besonders berühmt sind in Frankfurt die Reviere Hynspergstraße, der Wiesenhüttenplatz, die ehemalige Wilhelm-Leuschner-Straße - das sind Polizeireviere, die keineswegs nur in der Unterwelt bekannt sind, sondern die allgemein bekannt sind dafür, daß dort alltäglich gefoltert wird." (**Matthias** ['Revolutionärer Kampf' (RK); zum RK: FN 11(c)], Redebeitrag in: A.**Wenzel** u.a. (FN 9), S.100/101); B.**Heinrich** [1976-1982 StuPa-Präsidentin: StuPa-Prot. v.18.10.1976, S.3; StuPa-Prot. v.26.6.1981, S.2], Demokratie zum Beispiel, in: diskus 2-3/1977, S.6-7. Ferner, eher im Tenor von W.-D.**Narr**: "Wir haben die Mollis nicht geschmissen, wir sind gegen jede Art von Gewalt, auch nicht für die herrschende Gewalt, die die Eskalation letztlich ausgemacht hat. Von Erschießungen kleiner Diebe wird täglich in den Zeitungen berichtet, die Selbstmorde von Referendaren, Selbstmorde in Studentenwohnheimen sind der andere Ausdruck der Gewalt. Der Anlaß der Demonstration, der 'Selbstmord' von Ulrike **Meinhof**, ist ein Ausdruck der Inhumanität dieses Staates, ist Auswirkung der Isolationshaft gewesen. Und ein Staat, der seine Gegner umbringt, um sie zum Schweigen zu brigen, hat nicht das Recht, von Menschlichkeit zu reden, wenn es einen Polizisten betrifft." (Probleme der Gewalt, in: ASTA-info. Mai 1976 (Solidarität mit G.**Strecker**), S.3)

29 R.**Scholz**, Demokratie und freiheitlicher Rechtsstaat, in: U.**Sarcinelli** (Hrsg.), Demokratische Streitkultur, Bonn 1990, S.304-310, S.306.

30 U.**Matz**, Zur Legitimation staatlicher Gewaltanwendung in der Bundesrepublik Deutschland, in: A.**Randelzhofer**/W.**Süß** (Hrsg.), Konsens und Konflikt, Berlin/New York 1986, S.336-347, S.341.

W.**Schmitt Glaeser** ((FN 23), S.72/73) spricht von einer "Trilogie der fundamentalen Zersetzung durch Dämonisierung, Diffamierung und Delegitimierung des staatlichen Gewaltmonopols". Ähnlich: K.D.**Bracher**, Terrorismus und Totalitarismus, in: H.**Geißler** (FN 26), S.201-216, S.202 ff.

pörung in den allermeisten Fällen vorangegangenen Provokationen des demokratischen Rechtsstaats und betrachtet isoliert-verzerrt lediglich den Ausschnitt der staatlichen Reaktionen. "Der Garant politischer Gesittung erscheint selbst als brutaler Barbar, und dies insbesondere dann, wenn eine psychologisch geschickte Strategie planmäßiger Regelverletzung staatliche Gewaltsamkeit im Medienspektakel entweder erschreckend oder lächerlich, in jedem Falle unverhältnismäßig wirken läßt."[31]

Das bedeutet für die Hochschule: Diese "mangelhafte Unterscheidungsfähigkeit zwischen liberalen, rechtsstaatlichen Demokratien und totalitären Diktaturen"[32] liefert radikalen Studenten-

---

31 U.**Matz** (FN 30), S.343.

(a) Die Provokationen des Rechtsstaats durch studentische Gruppen. "Rationale Appelle allein sind diesem System gegenüber machtlos, sie prallen wirkungslos an ihm ab" (H.**Heine** [SDS Göttingen 1967], Tabuverletzung als Mittel politischer Veränderung, in: D.**Kerbs**/C.W.**Müller** (Hrsg.), Das Ende der Höflichkeit, München 1970, S.115-135, S.125). Exemplarisch für die Strategie bewußter Provokation zur Herausforderung des staatlichen Gewaltmonopols: "Es galt ..., durch systematische, kontrollierte und limitierte Konfrontation mit der Staatsgewalt und dem Imperialismus ... die repräsentative 'Demokratie' zu zwingen, offen ihren Klassencharakter, ihren Herrschaftscharakter zu zeigen, sie zu zwingen, sich als 'Diktatur der Gewalt' zu entlarven!" (R.**Dutschke** [SDS Berlin 1965/68], Die Widersprüche des Spätkapitalismus, die antiautoritären Studenten und ihr Verhältnis zur Dritten Welt, in: U.**Bergmann** u.a. (FN 8), S.33-93, S.82); ferner: Redebeitrag R.**Dutschke**, in: B.**Vesper** (Hrsg.), Bedingungen und Organisation des Widerstandes. Der Kongress in Hannover, Berlin 1967, S.80/81; Folter in der BRD - Zur Situation der politischen Gefangenen, Kursb.**32** (1973). Neueren Datums: "Die Rechtstendenz in allen gesellschaftlichen Bereichen, von 'der Politik' bis ins Familienleben, und die Gegenprovokationen hatten das Gewitter zum endlichen Ausbruch gebracht. Die Pseudo-Liberalen hatten ihre Maske fallengelassen, waren endlich konkret und angreifbar autoritär (bei den Liberalsten bedurfte es allerdings erst etlicher Provokationen, um sie schließlich als autoritär entlarven zu können)" (S.**Marks** (FN 6), S.57). - Der Übergang von "Provokationen" zu kriminellen Handlungen blieb nicht stets klar zu bestimmen.
Kritisch dazu: "Im übrigen ist es eine taktische Form der Heuchelei, wenn die Extremisten sich über die polizeilichen Gummiknüppel aufregen, denn tatsächlich <u>wollen</u> sie ja die Gummiknüppelreaktion. Sie zu wollen, liegt durchaus noch im Rahmen der provokatorischen Kalkulation" (H.**Thielicke** (FN 5), S.103). In dieser Intention ähnlich die "Linksliberalen": J.**Litten** (FN 6), S.36; J.**Habermas**, in: B.**Vesper** (s.o.), S.100/101.

(b) Die Rolle der Medien. Beachtenswert scheint die Funktion der öffentlichen Medien, die Radikalisierung prämiieren: "Gewalt ist die geheime Botschaft der Massenmedien; in ihren Konfliktlösungsmodellen wird der gerechtfertigte, schnelle, sogar präventive Gebrauch von Gewalt ermutigt. Der Held ist nicht weniger, sondern erfolgreicher, oft auch rascher brutal." (F.**Hacker** (FN 1), S.23); ferner: "Da demonstrative Aktionen bei häufigem Auftreten ihren Aufmerksamkeitswert verlieren, zwingen schon die Aufmerksamkeitsregeln, denen die Medien gehorchen, die Akteure zur Eskalation." (R.**Wassermann** (FN 26), S.57 [auch: S.78, S.101]); "Die unbeherrschte Gier nach der Sensation ließ sie die skandalösen Vorfälle breit auskosten und stimulierte die jugendlichen Rabauken selbst dann, wenn in milden, temperierten Untertönen Kritik mitschwingen mochte. Die politische Instinktlosigkeit eines großen Teils unserer Presse ist jedenfalls deprimierend." (H.**Thielicke** (FN 5), S.112 [auch: S.94 ff]); ebenso kritisch dazu auch von 'linker' Seite: W.-D.**Narr** (FN 27), Zwölf Thesen, S.54 ff. Paradigmatisch für das Zusammenwirken von Presse und "Radikalen": C.**Schmid** (FN 15), S.813.

32 R.**Wassermann** (FN 26), S.34 [in Rekurs auf die u.a. von K.D.**Bracher** entwickelte Totalitarismustheorie].
Die 'Faschismus-Theorie'. Die notwendige qualitative Unterscheidung zwischen staatlichem Gewaltmonopol und individueller politischer Gewalt [dazu: FN 26] verwischte bereits die Kritische Theorie mit ihrem Postulat des immanenten Zusammenhangs von Kapitalismus und Faschismus [und damit der Illegitimität des Gewaltmonopols in jedem kapitalistischen Staat: "Wer aber vom Kapitalismus nicht reden will, sollte auch vom Faschismus schweigen." (M.**Horkheimer**, Die Juden in Europa, Zeitschrift f. Sozialforschg.**8**, S.115-137 (1934), S.11)]; insbesondere dieses Konstrukt diente politischen Strategen als Grundlage für die 'Faschismus-Theorie', nach der "die Wurzeln des Faschismus im Gesellschaftssystem der [kapitalistischen] Bundesrepublik Deutschland nicht ausgerottet, vielmehr konserviert und lebendig geblieben seien" (H.**Lübbe**, Der Mythos der 'kritischen Generation', in: APUZ 20/ 1988, S.17-25, S.18). - **Kritisch dazu** vor allem: "In Wahrheit ist der grundlegende Unterschied zwischen Demokratie und Diktatur in weiten Kreisen zumal der jüngeren Generation verblaßt, nachdem es unmodern wurde, noch länger von rechtem und linkem Totalitarismus zu sprechen und man statt dessen lieber die westlichen Demokratien mit dem Faschismusverdacht belegte" (K.D.**Bracher**, Die Lektion von Weimar und die Aktualität des Widerstands-Problems, in: B.**Streithofen** (Hrsg.), Frieden im Lande, Bergisch Gladbach 1983, S.77-95, S.89); ebenso: ders. (FN 30), S.202 ff. Vgl. heute auch: W.**Kraushaar**, Von der Totalismus- zur Faschismustheorie - Zu einem Pardigmenwechsel in der bundesdeutschen Studentenbewegung, in: C.**Keller** u.a. (Hrsg.), Antifaschismus - Geschichte und Neubewertung, Berlin 1996, S.234-251.

(a) **Allgemeine (vor allem professorale) Quellen:** "Man muß vielmehr erkennen, daß im kapitalistischen Restaurationsprozeß nach dem zweiten Weltkrieg Terror und Gewalt neue, subtile Formen angenommen haben, daß das tiefliegende, faschistische Potential dieser Gesellschaft in einer verschärften Kampflage umstandslos zu seinen traditionellen Mitteln zurückgreift." (F.**Cerutti**, Ein Brief an Jürgen **Habermas**, in: O.**Negt** (FN 28), S.34-41, S.41); "Demonstration funktioniert wie eine Sonde, die eine Eihaut abzieht, unter der, fertig und voll entwickelt, das faschistische Syndrom längst bereitliegt." (P.**Brückner**, Die Transformation des demokratischen Bewußtseins, Berlin 1967, S.159); "In Berlin ist ein Punkt erreicht, da eine blinde, uninformierte Spielart des Antikommunismus in Faschismus umschlägt." (R.**Landsberg**, 2. Juni 1967 - Voraussetzungen und Folgerungen, liberal **9**, S.498-511 (1967), S.505); "Der Neue Faschismus wird die Geschichte nicht platt wiederholen. Heute vollzieht sich die Faschisierung der westdeutschen Gesellschaft in der Verrechtlichung gesellschaftlicher Beziehungen." (P.-P.**Zahl**, Strafrecht oder Gesinnungsjustiz, in: E.**Fried**/H.M.**Novak**/Initiativgruppe (Hrsg.), Am Beispiel Peter-Paul **Zahl**, Frankfurt/M 1976, S.103-121, S.105; auch veröffentlicht in: diskus 3/1976, S.2-9, S.3). Ferner: J.**Agnoli**, Autoritärer Staat und Faschismus, in: D.**Claussen**/R.**Dermitzel** (FN 9), S.45-52; J.**Agnoli**, Zur Faschismus-Diskussion (I), in: Berliner Zeitschrift für Politologie 2/1968, S.24-32; J. **Agnoli**, Zur Faschismus-Diskussion (II), in: Berliner Zeitschrift für Politologie 4/1968, S.32-49; subtiler, nicht explizit: P.**Brückner**, Versuch, uns und anderen die Bundesrepublik zu erklären, Berlin 1978, insb. S.47, S.94 ff [aber auch: P.**Brückner**: Zur Kriminalisierung der Linken, in: **Merve**-Kollektiv (FN 11(a)), S.29-39, S.31; C.**Ströbele**, Justiz und Polizei, in: **Merve**-Kollektiv (FN 11(a)), S.15-28, S.21]; K.-H.**Roth**, Neuer Faschismus?, in: Ästhetik und Kommunikation 32/1978, S.71-84 [mit Erwiderungen von: W.**Wagner** (S.85 ff); A.G. **Rabinbach** (S.88 ff); K.**Eschen** (S.95 ff)]. - Die 'Faschismus-Theorie' wurde zunächst strategisch von der damaligen DDR-Staatsrechtslehre angewandt; beispielhaft: U.**Krüger**, Der Entwurf eines Gesetzes zur Vergewaltigung des Wählerwillens, StR **1**, S.213-222 (1951), insb. S.213 und S.218; später z.B.: Ministerium für Hoch- und Fachhochschulwesen der DDR (Hrsg.), Formierte Universität - Eine Analyse der westdeutschen Hochschulpolitik, Berlin (Ost) 1968 [kritisch dazu: E.**Behrendt**, Kommunistische Kritik am Hochschulsystem der Bundesrepublik, ZfP **18**(NF), S.313-332 (1971)]; als Hauptvertreter in Westdeutschland: W.**Abendroth**, Demokratisch-liberale oder revolutionär-sozialistische Kritik, in: O.**Negt** (FN 28), S.131-142, S.138. Ähnliches vertrat an prominenter Stelle zuvor: K.**Jaspers**, Wohin treibt die Bundesrepublik?, München 1966, insb. S.141 ff.

(b) **Studentische Quellen:** Zunächst bereits: F.**Lamm**, Demokratischer Faschismus, in: nk 12/1962, S.6-15; später: "Das System hat zwar eine Massenbasis, aber diese ist passiv und leidend, ist unfähig, politischen und ökonomischen Herausforderungen von sich aus spontan zu begegnen. Der heutige Faschismus ist nicht mehr manifestiert in einer Partei oder einer Person, er liegt in der tagtäglichen Ausbildung der Menschen zu autoritären Persönlichkeiten, er liegt in der Erziehung. Kurz, er liegt im bestehenden System der Institutionen." (R. **Dutschke** (FN 31), S.68); B.**Rabehl**, Von der antiautoritären Bewegung zur sozialistischen Opposition, in: U. **Bergmann** u.a. (FN 8), S.151-185, S.166; O.**Negt**, Politik und Gewalt, in: nk 47/1968, S.10-23; D.**Cohn-Bendit**, in: FN III.36(b) (Kap.10); schließlich aus einer "Examensarbeit in Politikwissenschaft" an der Justus Liebig-Universität zu Gießen: "Kanzler war der Faschist **Kiesinger**; die NPD gewann aufsehenerregenden Zulauf; damals wie heute darf ein Polizist Demonstranten ungestraft niederschießen ... Plötzlich kam die deutsche Vergangenheit ans Tageslicht - systematisch war sie uns bisher verschwiegen worden!" (S.**Marks** (FN 6), S.51 [zu diesem Komplex recht einfühlsam: M.**Schneider**, Väter und Söhne, posthum - Das beschädigte Verhältnis zweier Generationen, in: ders., Den Kopf verkehrt aufgesetzt oder Die melancholische Linke, Darmstadt/Neuwied 1981, S.8-64] - Dazu aus dem Bereich der Frankfurter Studentenschaft: A.**Klein**, Die Bundesrepublik auf dem Weg zum Rechts-Staat, in: diskus 1/1972, S.8-19; M.**Clemenz** [später Prof. für Soziologie an der Univ. Frankfurt/M], Ist der spätkapitalistische Staat faschistisch?, Kursb.**31**, S.1-27 (1973); M.**Clemenz**, Zum Verhältnis von bürgerlichem Staat, staatlicher Gewalt und Faschismus, in: diskus 2-3/1974, S.34-36; "Andererseits ist bekannt, daß sich Frankfurts Polizei auch dadurch auszeichnet, daß sie in Konfliktsituationen oder auf dem Revier und dem Präsidium schon immer Arbeiter, Emigranten und Jugendliche mißhandelte. Dieser tägliche Faschismus wurde bisher nur viel zu wenig zur Kenntnis genommen. 'Kleine Autodiebe wurden lebensgefährlich aus 20 cm Entfernung zusammengeschossen. Fälle von Trunkenheit am Steuer, die derart hart mit der Pistole auf den Schädel geschlagen wurden, daß sie für Tage zwischen Leben und Tod im Krankenhaus lagen. Ich weiß konkret von - selbsterlebten - Fällen im Frankfurter Polizeipräsidium, die an Brutalität nicht zu überbieten waren.'" (J.**Roth**, in: A.**Wenzel** u.a. (FN 9), S.30/31); Podiumsdiskussion von 'Revolutionärer Kampf' und SHI am 6.6.1975 in der Universität: Prozeß in Stammheim - Bürgerlicher Rechtsstaat oder neuer Faschismus ("Bringt Butterbrote, Bier und Geduld mit; es wird eine lange und schwierige Diskussion."); Editorial in: diskus 3/1976, S.1; 'L.**Langwut**', Freiheit für alle, in: diskus 6/1976, S.18-26; o.Verf., Kapitalistische Alltagsgewalt und Faschismus, in: ASTA-info.6/1978 ('Nie wieder Faschismus'), S.14-18.

(c) **Kritisch dazu inzwischen:** G.**Szczesny**, Das sogenannte Gute, Reinbek 1971, insb. S.147 [G.**Szczesny** war neben F.**Bauer** und A.**Mitscherlich** am 28.8.1961 Gründer der 'Humanistischen Union', deren 1962 gegründete Untergruppe 'Humanistische Studenten-Union' (HSU) als politisch überzeugter, aber 'bürgerlicher' Bündnispartner dem SDS erst numerische Mehrheiten an den Hochschulen sicherte, die dieser alleine nicht erzeugen konnte [vgl. dazu: FN 10(a)]; ferner die "kulturpolitische Korrespondenz" Vorgänge 4.Jg.1965-7.Jg.1968, hrsg.

gruppen an der Universität Vorwand und Legitimation für den gewalttätigen 'Widerstand' gegen Repräsentanten und Institutionen des "bürgerlichen" Staates[33]. Als Konsequenz kann

---

von G.**Szczesny** in Verbindung mit der HU und der HSU.]; K.**Sontheimer**, Das Elend unserer Intellektuellen, Hamburg 1976, S.184 ff und S.191-196 [K.**Sontheimer** war seit 1962 als Ordinarius für politische Wissenschaften einer der Initiatoren einer (Reform-)Satzung für das 'Otto-Suhr-Institut' (v.13.6.1968) der FU Berlin, die dort das Ordinariatsprinzip abschaffen sollte - abgedruckt in: H.**Heer** (Hrsg.), Institutsreform, Köln 1969, S.16 ff; er brachte der Studentenbewegung zunächst großes Verständnis entgegen: K.**Sontheimer**, Deutschland zwischen Demokratie und Antidemokratie, München 1971, S.141 ff und S.192 ff.]; J.**Isensee**, Ein Grundrecht auf Ungehorsam gegen das demokratische Gesetz, in: B.**Streithofen** (s.o.), S.155-173; H.**Lübbe**, Freiheit statt Emanzipationszwang, Osnabrück 1991 [H.**Lübbe** war bis 1967-1969 Staatssekretär für das Hochschulwesen im Kultusministerium, 1969/70 Staatssekretär beim (SPD-)Ministerpräsidenten des Landes Nordrhein-Westfalen.]; K.R.**Röhl**, Linke Lebenslügen, Frankfurt/M/Berlin 1994 [K.R.**Röhl** war 1955-1973 Herausgeber der die "antiautoritäre" Studentenbewegung zunächst prägenden Zeitschrift 'konkret'.]. Inzwischen auch kritisch zurückblickend z.B.: T.**Fichter**/S.**Lönnendonker** [führende Berliner SDS-Mitglieder 1965-1967: FN 8], S. 105 ff; D.**Cohn-Bendit** [führendes Frankfurter SDS-Mitglied 1968/69]: "Wir haben nicht auseinandergehalten - was heißt Widerstand in einem faschistischen Staat, was ist Widerstand in einer Demokratie? Mit dem Begriff des autoritären Staates suggerierten wir den kontinuierlichen Übergang vom Kapitalismus zum Faschismus" (Diskussion D.**Cohn-Bendit**/H.-J.**Vogel**, in: M.**Sontheimer**/O.**Kallscheuer** (Hrsg.), Einschüsse, Berlin 1987, S.153-170, S.153); T.**Schmid** [Frankfurter SDS-Mitglied 1968]: "Obgleich wir damals kaum ein Wort häufiger in den Mund nahmen als das Wort 'Demokratie', waren wir zum größeren Teil keine Demokraten. Wir verwarfen mit Leidenschaft gerade das, was die Stärke der Demokratie ausmachte: die Tatsache, daß sie prozedural angelegt, daß sie ein formales Regelwerk ohne Inhalte ist" (T.**Schmid**, Das Janusgesicht der 68er Bewegung, in: Junge Freiheit 33/1995, S.13); auch: C.**Hopf**, Das Faschismusthema in der Studentenbewegung und in der Soziologie, in: H.**Bude**/M.**Kohli** (Hrsg.), Radikalisierte Aufklärung, Weinheim/München 1989, S.71-86.

33 "Dämonisierung" des staatlichen Gewaltmonopols. Die Legitimation politischer Gewalt mittels Dämonisierung des Gewaltmonopols erfolgte vor allem im Umkreis der späten Kritischen Theorie und, nachfolgend, der 'undogmatischen Linken': **(a) Allgemeine (professorale) Quellen:** "Es gibt eine Gewalt der Unterdrückung und eine Gewalt der Befreiung; es gibt eine Gewalt der Verteidigung des Lebens, und es gibt eine Gewalt der Aggression." (H.**Marcuse**, Das Ende der Utopie, Frankfurt/M 1980, S.52); "Ich glaube, ... daß die Gewalt zunächst einmal ausgeht von der bestehenden Gesellschaft und daß unter diesem Gesichtspunkt die Opposition vor der Frage der Gegengewalt, der Gewalt der Verteidigung steht, aber sicher nicht der Gewalt der Aggression" (H.**Marcuse**/K.**Popper**, Revolution oder Reform?, 4.Aufl. München 1976, S.20 [ebenso: FN I.94 (Kap.3)]). Ferner, theologisch gewendet: H.**Gollwitzer**, Thesenreihe 'Sozialistische Revolution und Gewalt' (SS 1970), in: Die Notgemeinschaft empfiehlt zur Lektüre **(43a)**, Berlin 1977, S.8-12; H.**Gollwitzer**, Die kapitalistische Revolution, München 1974. Ein Beispiel fast schon pathologischer Angst vor der maßlosen Brutalität einer ungebändigten Staatsgewalt, die humanistisch motivierten Widerstand geradezu erzwinge, lieferte P.**Brückner** [Ordinarius für Sozialpsychologie an der Univ.Göttingen]: "Die Polizei ist dazu übergegangen, auf die Leute, die mit Brustdurchschuß und Bauchschuß hilflos auf der Erde liegen, ihre Hunde loszulassen" (Über die Rolle der Gewalt in der Konstruktion und Zerstörung sozialer Systeme, in: ders., Über die Gewalt, Berlin 1979, S.110-141, S.124); als weitere Übersteigerung: "Den Unterdrückten und Entrechteten Gewaltlosigkeit zu empfehlen, würde für sie bedeuten, sich den Mördern und Ausbeutern mit ihren versierten Herrschaftspraktiken wehrlos auszuliefern" (O.**Negt** (FN 28), S.110); ähnliche Thesen vertraten: C.R.**Roth**, Zum Ritual der Gewaltlosigkeit, in: H.**Großmann**/O.**Negt** (Hrsg.), Die Auferstehung der Gewalt, Frankfurt/Main 1968, S.148-167; J.-P.**Sartre**, Der Intellektuelle und die Revolution, Neuwied/Berlin 1971, insb. S.46 ff, S.75 ff.

(b) Das Vorbild "revolutionärer" Gewalt in der Dritten Welt. Paradigmatisch: F.**Fanon**, Die Verdammten dieser Erde, Frankfurt/M 1966, mit einem Vorwort versehen von J.-P.**Sartre** [die Übersetzung ins Deutsche besorgte 1965/66 das Berliner SDS-Mitglied T.**König**]; ein Teilabdruck erfolgte ein Jahr zuvor: F.**Fanon**, Von der Gewalt, in: Kursb.**2**, S.1-55 (1965); zum Stellenwert dieser Schrift für die Studentenbewegung: R.**Zahar**, **Fanons** antikolonialistisches Manifest, in: nk 38-39/1966, S.46-49; R.**Dutschke** (Widersprüche, FN 31), S.71. Kritisch dazu: B.**Crozier**, Die neuen Anhänger der Gewalt, in: Schweizerisches Ostinstitut (Hrsg.), Die Neue Linke, Bern 1969, S.44-64; heute: R.**Herzinger**, Wandlungen eines Mythos - Die Kulturrevolutionäre von 1968, Garanten der liberalen Kultur in Deutschland?, in: C.**Keller** (FN 32), S.252-267, S.258 ff; inzwischen auch: G.**Koenen**, Die großen Gesänge, Frankfurt/M 1991, insb. S.451 ("Die neue Linke und ihre Helden").

(c) Studentische Quellen: Auch die 'undogmatisch-linke' Frankfurter Verfaßte Studentenschaft leistete ihren Anteil zur öffentlichen Verbreitung derartiger Thesen: "In der Bundesrepublik zählt, wer die Folter abgeschafft sehen will, schon zur Fundamentalopposition. Nicht in diese Ecke gerückt zu werden, verweigern viele schon eine simple Unterschrift unter Petitionen. Was in Griechenland oder hier wirklich geschieht, lernen jene, die der Gefahr entgehen wollen, wohl erst in den Gefängnissen, in den Lagern. Der Faschismus, so Fidel **Castro** bei seinem letzten Besuch in Chile, lernt schneller. Es wird kein Entkommen geben. Wer morgen kein Stück

die Liquidierung staatsloyaler studentischer Minderheiten dann leicht verrechnet werden mit der staatlichen "Repression" gegen die 'undogmatisch-linke' Mehrheit und andere radikale 'Linke' im Subsystem Verfaßte Studentenschaft.

5.2.3. Die Aushöhlung des Legalitätsprinzips zugunsten legitimer Zwecke. Es wird gefordert, "zivile Regelverletzungen" als "moralisch begründete Experimente" durch "die Mühseligen und Beladenen, die Unrecht als erste am eigenen Leibe erfahren", anzuerkennen[34]; listigerweise wird dabei aber weder exakt definiert, wer denn, was und in welcher Situation *allgemeingültig* "mühselig und beladen" sei, noch wird in Rechnung gestellt, in welcher Art passiv Betroffene diese "zivilen" Normbrüche "am eigenen Leibe erfahren" können. Und schließlich: welche Schlachten könnten beginnen, wenn auch die passiv Betroffenen, sich nun gleichfalls "mühselig und beladen" wähnend, auf der Durchführung ebensolcher "moralisch begründeter Experimente" in eigenem Ermessen bestünden? Aus demselben Grund hält die vorgeblich legitimierende Wirkung eines "verallgemeinerungsfähigen" Bewußtseins für die gewollte und bewußte Gewalt der politisch Fanatisierten im konkreten Einzelfalle letztlich interpretatorisch alle Hintertüren offen: "Gewalt kann legitim nur in dem Maße gewollt und emanzipatorisch wirksam werden, in dem sie durch die drückende Gewalt einer als unerträglich allgemein ins Bewußtsein tretenden Situation erzwungen wird."[35]

Das bedeutet für die Hochschule: "Linksradikale" studentische Gewalt erscheint, als Reaktion "Mühseliger und Beladener" verklärt, im Gewande höherwertiger, legitimer Zwecke. "Die staatliche Reaktion auf die Rechtsverletzungen" an der Hochschule ist zunächst "Unschlüssigkeit, ob dagegen etwas unternommen werden soll oder nicht"[36]. Offensichtlich tritt hier die Furcht zutage vor gewalttätigen Antworten auf den Einsatz des staatlichen Gewaltmonopols im Hochschulbereich. Aber selbst im Falle prinzipieller Entscheidung für das Legalitätsprinzip wird noch "die politische Motivation und Zwecksetzung bei Rechtsverletzungen als Grund betrachtet, die Lage anders zu beurteilen als sonst bei Rechtsverletzungen. Legalität sieht sich konfrontiert mit in Anspruch genommener Legitimität."[37] Jedenfalls wird studentische Gewalt geadelt, sofern sie sich nur mit einer Aura emanzipatorischer Legitimation zu umhüllen weiß.

---

schreienden, blutenden Fleisches sein will, muß heute, mit anderen zusammen, das Schweigen im Lande durchbrechen. Es gibt nur eine Welt. In der wird immer mehr gefoltert, solange wie wir es zulassen" (P.-P. **Zahl**, menschenjäger, in: diskus 2-3/1977, S.33-35, S.35). Beachte auch: FN 13(a); FN 32(b).

34 J.**Habermas**, Ziviler Ungehorsam - Testfall für den demokratischen Rechtsstaat, in: P.**Glotz**, Ziviler Ungehorsam im Rechtsstaat, es **1214** (Frankfurt/M 1983), S.29-53, S.40/41.

Ferner: J.**Habermas**, Recht und Gewalt - ein deutsches Trauma, Merkur **38**, S.15-28 (1984), S.16 ff; U.**Rödel**/ G.**Frankenberg**/H.**Dubiel**, Die demokratische Frage, es **1572** (Frankfurt/M 1989), insb. S.25 ff, S.39 ff; auch bereits: B.**Rabehl** (FN 32). Vgl. zur Problematik grundsätzlich: Kap.1.1. ("Intensitätsproblem") sowie Kap.5.4. (Realisierung der Normen des zivilen Ungehorsams). - Zu erinnern ist an die dem Zitierten widersprechende frühere These: "Wo aber das Unrecht nicht manifest, die Empörung keine Reaktion von Massen ist, wo die Aufklärung den Parolen noch vorangehen und das Unerträgliche auf Definitionen noch warten muß, wo also, mit einem Wort, der Begriff die Realität noch nicht durchdrungen hat, dort, scheint mir, bleibt Gewaltanwendung subjektiv und verfällt den Maßstäben der Moral - die Dimension der Sittlichkeit kann sie sich nur vindizieren." (J.**Habermas** (Hrsg.), Antworten auf Herbert **Marcuse**, es **263** (Frankfurt/M 1968), S.16)

35 J.**Habermas** (Recht und Gewalt, FN 34), S.16.

Als der "Hüter der Legitimität" (W.**Schmitt Glaeser** (FN 23), S.163 ff) kann danach also letztlich jeder sich bedrückt wähnende Volksteil sich selbst ernennen. Eine instruktive Anwendung gibt: K.-B.**Hasselmann** (FN 8), S.165. - Kritisch zum Normgehalt des "verallgemeinerungsfähigen Bewußtseins": FN I.28 (Kap.1).

36 R.**Wassermann** (FN 15), S.48/49.

37 R.**Wassermann** (FN 15), S.48.

[Diese zitierte Stelle verdeutlicht exemplarisch die politische Wandlung des Autors; für dessen frühere Positionen als führendem Mitglied des 1968 gegründeten 'Aktionskomitee Justizreform' paradigmatisch: R.**Wassermann**, Erziehung zum Establishment?, Karlsruhe 1969, insb. S.40/41.]

5.2.4. Die Reduzierung des Gewaltbegriffs im Strafrecht auf physische Gewalttätigkeit. Eine zunehmend wirkungskräftige Tendenz in der Rechtsprechung vertritt hinsichtlich der strafrechtlichen Bekämpfung fremder Willensbeugung, insbesondere im Zusammenhang mit Delikten des 'Zivilen Ungehorsams', die These von der notwendig vorliegenden Körperlichkeit einer Zwangshandlung beim Straftatbestand der Nötigung (§ 240 StGB). Dadurch wird implizit die gesamte Bandbreite verwerflicher psychischer Gewalt, die Drohung mit einem (im angestrebten Ziel verwerflichen) empfindlichen Übel einem "gewaltfreien", grundsätzlich nicht strafbewehrten Bereich zugeschlagen[38].

Das bedeutet für die Hochschule: Angesichts der Verrauhung des politischen Klimas an der Universität scheint nicht-manifeste Gewalt nach außen nicht mehr wahrnehmbar. Wer aber schon einmal öffentlichem Kesseltreiben und öffentlicher Verleumdung und Ehrverletzung der Person mittels anonymer Presseerzeugnisse innerhalb (und außerhalb) der Universität ausgesetzt gewesen ist, wem kräftige und weniger kräftige Personen in bemerkenswerter Anzahl und anonymer Masse sich wiederholt "rein zufällig" unter Annahme unzweideutig-aggressiver Haltung in den Weg stellten, wird auch die psychischer Gewalt innewohnende destruktive Kraft der Nötigung ermessen können[39]. Verstärkt wird dieser Effekt durch das feige Wegschauen Unbeteiligter oder den charakterlosen Opportunismus abwägender "Liberaler", die vorgeben, mangels umfassender Information (die sie aufgrund eigener Trägheit oder Feigheit in der Tat gar nicht besitzen) nicht selbst entscheiden zu können, wer denn nun hier "Recht" habe. Die inzwischen regelmäßig fehlende Öffentlichkeit in der Hochschulpolitik befreit den Psychoterror der Fanatiker, der zunächst keinerlei sichtbare Spuren hinterläßt, auch vom sittlich Verwerflichen, weil die Opfer sich nicht einmal glaubhaft, stringent beweisend mitteilen können.

5.2.5. Die euphemistische Abwiegelung studentischer Gewalt als Ausdruck der Scheintoleranz einer passiv-nichtbetroffenen Öffentlichkeit. "Die traditionelle Einstellung zur

---

In diesem Kontext ist die der "bloßen" und "legitimen" Gewalt gegen Sachen innewohnende Enthemmungs- und Einstiegsperspektive zur Gewalt gegen Personen zu berücksichtigen: "Keiner Begründung bedarf, daß ... eine Gefährdung von Personen schwerer wiegt als eine Gefährdung von Sachen. Auch bei bloßen Sachbeschädigungen können jedoch nicht die Gefahren unberücksichtigt bleiben, ... die gelehrt haben, daß sich auch im Zerstören von Sachwerten eine Brutalität verraten kann, die allzu leicht in Aggressivität gegen Personen umschlägt" (E.**Stein**, Komm. Art.20 GG Abs.1-3 II, in: Grundgesetz (Alternativ-Komm.), Band 1, 2.Aufl. Neuwied 1989, S.1313-1339, S.1339 (RN 55)). Ähnlich: B.W.**Reimann** (Illusion, FN 4), S.62 ff; W.**Schmitt Glaeser** (FN 23), S.44/45; "Zur lauernden Lust auf die Gewalt, die man leicht weckt, aber schwer unter Kontrolle halten kann": C.**Graf v.Krockow**, Gewalt für den Frieden? - Die politische Kultur des Konflikts, München 1983, S.16. Hierbei kritisiert die "sozialpsychologisch-dümmliche Differenzierung zwischen Gewalt gegen Personen und Gewalt gegen Sachen": H.Tröndle, Die Vernachlässigung und die Ausbeutung des Rechtsstaates in unserer Zeit, in: W.**Böhme** (Hrsg.), Gewalt oder Recht? (Herrenalber Texte **40**), Karlsruhe 1982, S.33-65, S.45.

38 Dazu kritisch, im Sinne der (bisherigen) h.M.: M.**Kriele**, Widerstandsrecht in der Demokratie? - Über die Legitimität der Staatsgewalt, in: B.**Streithofen** (FN 32), S.139-154, insb. S.145 ff; R.**Wassermann**, Rechtsstaat ohne Rechtsbewußtsein?, Hannover 1988, S.47 ff, m.w.Lit.; R.**Wassermann** (FN 25), S.23. Paradigmatisch für die (bisherige) h.M.: BGHSt **23**, 46 (Laepple-Entscheidung (1969)); den Beginn der Paralysierung der h.M. leitete ein: BVerfGE **73**, 206 [insb. LS 2] (Mutlangen-Entscheidung (1989) [zu Recht ablehnend: W.**Schmitt Glaeser** (FN 23), S.75-115]). Den Paradigmenwechsel für den strafbewehrten Gewaltbegriff vollzog schließlich am 14.3.1995 folgerichtig: BVerfGE **92**, 1 (Großengstingen-Entscheidung).
A.A., gegen die bisherige h.M.: H.**Schüler-Springorum**, Strafrechtliche Aspekte des zivilen Ungehorsams, in: P.**Glotz** (FN 34), S.76-98, S.83 ff; W.-D.**Narr**, Angeklagt gem. Nötigung, Leviathan **15**, S.39-60 (1987); in eher lyrischer Form: U.**Wesel**, Recht und Gewalt, Berlin 1989, S.7-13; typisch auch im Sinne der Theorie der 'Zivilgesellschaft': U.**Rödel** u.a. (FN 34), S.29/30; vgl. ferner nachfolgend: Kap.5.4.

39 Derartige Erfahrungen können praktisch verdeutlichen, daß für die von J.**Habermas** (Recht und Gewalt, FN 34, S.16) angegriffene (bislang noch) herrschende juristische Lehre prinzipiell durchaus "Gründe der Humanität" sprechen. Die bisher unklare Einordnung der psychischen Gewalt selbst bei Befürwortern 'zivilen Ungehorsams' gesteht J.**Habermas** aber an anderer Stelle durchaus zu (Ziviler Ungehorsam, FN 34, S.35).

Politik und den um die politische Macht Streitenden macht keine echten moralischen Maßstäbe geltend. Die Melodie 'Politisch Lied ein garstig Lied' verbindet sich gleichsam bruchlos mit der Auffassung, daß im politischen Kampf vieles erlaubt sei, was im Privatleben verboten ist."[40]

Das bedeutet für die Hochschule: Die arrogant-distanzierte Geringschätzung der Subsysteme heutiger studentischer Selbstverwaltung als pubertäre Spielwiesen, in denen lediglich Freund-Feind-Verhältnisse ritualisiert würden[41], bagatellisiert den real vorzufindenden Gewaltanteil zusätzlich als Bruchteil eines ohnehin nicht ernstzunehmenden Ganzen. - Bewußt verkannt durch außenstehende, unbeteiligt oder gar sensationslüstern beobachtende und 'liberal' gerierende Personen wird bereits der Verletzungen grundlegender Verfahrensnormen möglicherweise innewohnende Zwang psychischer Gewalt an der Hochschule: Denn diese "phantasievolle Erfindung neuer Demonstrationstechniken"[42] erzeugt in der konkreten Anwendung zunächst Empörung[43] bei den attackierten, meist völlig alleine dastehenden, verfahrensloyalen "bürgerlichen" Feinden; diese Empörung provoziert sie zu - isoliert gesehen - als unverhältnismäßig und unvernünftig erscheinenden, oft hilflosen, emotional-unbedachten Abwehrreaktionen; die offen-

---

40 R.**Wassermann** (FN 25), S.131.
"Wieder einmal war zu beobachten, daß, je politischer ein Fall ist, die Richter desto emotionaler und kindischer auf das sogenannte reine 'vernünftige' positive Recht zurückgreifen. ... Gerade die Ausklammerung des Politischen ist das im schlechten Sinne Unrechtliche, Politische an diesem Urteil. Der Rückzug auf das Recht in politischen Prozessen ist die Politik der Richter" (P.**Handke**, zit.n.: K.H.**Bohrer**, Die gefährdete Phantasie, oder Surrealismus und Terror, München 1970, S.103/104). Vgl. auch nachfolgend: FN 50.
Als typisches aktuelles Beispiel für die spielerische Verniedlichung politischer Gewalt: R.**Burghardt** (Übers.), Richtig ordentliche Zementbrocken, in: diskus 2/1990, S.16-17.

41 Vgl. dazu: J.**Habermas** (Recht und Gewalt, FN 34), S.27 [in anderem Zusammenhang].
Auf die fatalen Folgen dieser Einschätzung für die "politische Einübungsfunktion studentischer Selbstverwaltung in die Lebensformen der Demokratie" (Bericht der Expertenkommission zur Untersuchung der Auswirkungen des Hochschulrahmengesetzes, Bonn 1984, S.112) sei in diesem Zusammenhang wenigstens hingewiesen; nicht wenige der in der Verfaßten Studentenschaft politisch Sozialisierten finden sich später in Führungspositionen staatlicher Politik und manchmal auch der Privatwirtschaft wieder und wirken dann prägend auf die politische Kultur der Bundesrepublik Deutschland ein. In diesem Zusammenhang sind auch die langfristigen und weitreichenden Wirkungen der Studentenrevolte zu sehen [vgl. dazu auch: FN 0.17, FN 0.18 (Einl.)].

42 J.**Habermas**, Die Scheinrevolution und ihre Kinder, in: O.**Negt** (FN 28), These 2.
"Vor einem Jahr hat J.**Habermas** als Linksfaschismus denunziert, was er heute als 'phantasiereiche Erfindung neuer Demonstrationstechniken' feiert. Der Bildungsprozeß, den er inzwischen absolviert hat, ist erfreulich ... **Habermas** ist dort angekommen, wo die Studentenbewegung vor einem Jahr war, bei den Formen der Provokation ... Doch die Phase des provokativen Protests ist vorbei, die des aktiven Widerstands hat begonnen." (H.-J.**Krahl** (FN 9), S.244/245 [auch: S.246])
Zum zentralen Stellenwert von "Spontaneität" und "Provokation" für die Studentenbewegung ferner: K.-H.**Lehnardt**/L.**Volmer** (FN 9), Kap.3.6.3. (S.117 ff); ebenso: P.**Brückner**, der von "der ungebärdigen Lust am provokativen Spaß, der gegen den restriktiven Ernst von Obrigkeit sich richtet", schwärmt (Die Geburt der Kritik aus dem Geiste des Gerüchts, in: O.**Negt** (FN 28), S.72-89, S.89); P.**Brückner**, Provokation als organisierte Selbstfreigabe, in: H.**Giesecke** u.a., Politische Aktion und politisches Lernen, München 1970, S.127-174; D.**Kerbs**, Das Ritual und das Spiel - Bemerkungen über die politische Relevanz des Ästhetischen, in: ders. (Hrsg.), Die hedonistische Linke, Neuwied/Berlin 1970, S.24-47; neueren Datums: K.-W.**Brand**, der eine "Ästhetisierung des Protests" kultiviert (Kontinuität und Diskontinuität in den neuen sozialen Bewegungen, in: R.**Roth**/D.**Rucht** (Hrsg.), Neue soziale Bewegungen in der Bundesrepublik Deutschland, 2.Aufl. Bonn 1991, S.40-53, S.46). - Realistischer dagegen: P.**Waldmann**, Wann schlagen politische Protestbewegungen in Terrorismus um?, in: A.**Randelzhofer**/W.**Süß** (FN 30), S.399-428, S.409.

43 Nahezu zynisch angesichts bereits zu diesem Zeitpunkt vereinzelter gewalttätiger Realität: "Die legalistische Empörung verdunkelt den hochschulpolitischen Charakter der Auseinandersetzung." (Offener Brief v.4.5.1967 der Frankfurter Professoren L.**v.Friedeburg** und J.**Habermas** an den amtierenden FU-AStA-Vorsitzenden H.**Häußermann**, in: J.**Hager** (FN 8), S.123) - In der heutigen "aufgeklärten" und "effizienten" Universität wird "legalistische Empörung" überhaupt nur noch schwer zu erzielen sein, am wenigsten in der akademischen und studentischen Selbstverwaltung, die geprägt ist durch abgestumpftes Unrechtsbewußtsein gegenüber dem inzwischen dort in Teilbereichen langjährig etablierten politischen Linksextremismus. [Beispielhaft für das empörungslose "Treibenlassen": FN 50.]

sichtliche und der Situation nicht angemessene Hilflosigkeit gibt sie für die lauernd-provozierend abwartende, anonyme Meute der Lächerlichkeit oder der Krankhaftigkeit preis und beschädigt sie so schließlich in ihrer Menschenwürde[44].

5.2.6. Das strategische Verschweigen universitätslokaler Gewalt vor der Öffentlichkeit und der dies begleitende Attentismus einer indolenten Universitätsverwaltung. Das bewußte, berechenbare und langandauernde Hinnehmen des Rechtsbruchs höhlt das Rechtsstaatsprinzip aus und stärkt den Rechtsbrecher. Ein Staat, "der Rechtsbrüche - gleichgültig, ob diese politisch motiviert werden oder nicht - toleriert, verletzt vor allem seine Pflicht zur Gleichheit aller Bürger vor dem Gesetz; und wenn ein Staat diese Gleichheitspflichten mißachtet, dann kann er nicht von allen seinen Bürgern die gleiche Friedenspflicht bzw. das gleiche Maß an Bereitschaft zur Achtung von Recht und Gesetz verlangen. Ein Staat, der hier wankelmütig wird, stellt sich als demokratischer Rechtsstaat selbst in Frage."[45]

Das bedeutet für die Hochschule: In Form des kryptischen Rechtsbruchs wird der demokratische Rechtsstaat heute besonders an der Universität in Frage gestellt: Um z.B. der Industrie als potentiellem Ansprechpartner für finanzielle Drittmittel[46] das erwartete friedvolle Wunschbild einer forschungsintensiven, effektiv und unpolitisch arbeitenden Hochschule andienen zu können, wird die dem gewünschten harmonischen Bild widersprechende studentische politische Gewaltanwendung vor der Öffentlichkeit durch die Universitätsverwaltung bewußt offiziell möglichst niemandem mitgeteilt oder sprachlich verniedlichend abgewiegelt und deswegen auch meist nicht polizeilich verfolgt[47]; sie wird heimlich und verschämt versteckt. Dasselbe

---

44 Derart Anstand und Sitte als politisch-taktische Waffe zur Reduzierung "überflüssiger Herrschaft" benutzend, propagierten in Form eines "didaktischen Ansatzes" zwei Dozenten der PH Berlin, "daß Unhöflichkeiten (Farbeier, Sprechchöre, Go-ins usw.) zur Auflockerung von festgefügten Herrschaftsverhältnissen eingesetzt werden, während die Höflichkeit dann zur Nachbehandlung des verschreckten Gegners dienen kann, der auf diese Weise - durch ein gut geplantes Wechselbad - in seinen angelernten Reaktionsweisen verunsichert wird und seine Lage neu durchdenken muß" (D.**Kerbs** [Dozent für Kunstpädagogik] /C.W.**Müller** [Prof. für Sozialpädagogik], Jenseits des Anstands, in: dies. (FN 31), S.154-173, S.163). Dies bestätigend aus der Sicht von diese "ungebärdige Lust" (P.**Brückner** (FN 42)) Empfangenden: "Gegner werden so lange provoziert, bis sie aus der Rolle fallen ... Man spielt den Wilden, bis der Gegner wild wird, dann stellt man sich sachlich, um ihn zu beschämen" (Uni-Rep.5/1969, S.4); ferner: W.**Rüegg** (FN 15), S.23 und S.26; F.**Schneider** (FN 10), S.29 ff und S.37/38. - Bei derartigem "provokativem" Verhalten handelt es sich zweifellos um spezielle "Formen zivilen Ungehorsams": Kap.5.2.4.; Kap.5.4.; diese Umgangsformen bieten aber nicht die Voraussetzungen für einen herrschaftsfreien, rationalen Diskurs unter Gleichen!

45 R.**Scholz** (FN 29), S.709.

Siehe in diesem Zusammenhang auch: BVerfGE **15**, 126 [146], wonach die Rechtsanwendungsgleichheit zutreffend als "Seele der Gerechtigkeit" herausgestellt wird; ferner: W.**Schmitt Glaeser** (FN 23), S.179.

46 Zu dieser Entwicklung: FN 4(d). Dazu zu Recht kritisch: W.-D.**Narr**, Wider die restlose Zerstörung der Universität, Berlin 1987, S.8 ff.

47 **Kryptische Gewalt.** Die Früchte des Bemühens, universitätslokale Gewalt vor der Öffentlichkeit zu verstecken, zeigten beispielhaft die Gutachten der von der Bundesregierung durch Kabinettsbeschluß v.16.12. 1987 eingesetzten 'Unabhängigen Regierungskommission zur Verhinderung und Bekämpfung von Gewalt (Gewaltkommission)'; die infolge teilweise sogar etablierter politischer Gewalt an Deutschen Universitäten entstandenen spezifischen Sachverhalte und Probleme erscheinen an keiner Stelle des 2.296seitigen Werks: H.-D. **Schwind**/J.**Baumann** (Hrsg.), Ursachen, Prävention und Kontrolle von Gewalt, Bände I bis III, Berlin 1990. Zum Übergehen universitätslokaler Rechtsbrüche in der Öffentlichkeit durch die Presse: FN 158 (Kap.7).

Beispiele für die Rückentwicklung des Rechtsstaatsgedankens (Johann Wolfgang Goethe-Universität zu Frankfurt am Main): **(a)** Die Zurücknahme der Priorität für die Rechtsstaatlichkeit zugunsten äußerer Befriedung läßt sich an der Universität Frankfurt mit der Neugewichtung der Hochschulpolitik seit dem Amtsbeginn des (konservativen) Universitätspräsidenten H.**Kelm** am 1.4.1979 ausmachen, erstmals in: H.**Kelm**, Neunter Rechenschaftsbericht des Präsidenten, Frankfurt/M 1980, Teil I. Symptomatisch für die Fortführung des Verschweigens: Über den bisher gravierendsten Wahlrechtskonflikt an der Universität (1989/1990 Gewalttätige 'Besetzung' des AStA-Büros, Diebstahl der Wahlunterlagen, Abbruch der laufenden Studentenschaftswahlen:

Kap.6.3.; Kap.19.24.) ist kein Wort zu lesen in: K.**Ring**, 18.Rechenschaftsbericht des Präsidenten, Frankfurt/M 1989. Zu dieser Politik zählt ferner, daß seit 1979 die meisten Konflikte mit der 'undogmatisch-links' beherrschten Studentenschaft im amtlichen Universitätsorgan 'Uni-Report' (Hrsg.: Der Präsident) öffentlich nicht thematisiert wurden und werden und zugleich die weisungsgebundene Rechtsaufsichtsbehörde kaum mehr von Amts wegen gegen Rechtsbrüche der Verfaßten Studentenschaft tätig wird. - Dies stellte sich als ein ausschlaggebender Grund dafür heraus, daß der (konservative) Präsident K.**Ring** am 11.5.1994 keine Mehrheit für seine Wiederwahl im Konvent der Universität fand (statt dessen wurde der 'linke' Oppositionskandidat W.**Meißner** gewählt, der - entgegen seinen vorherigen Wahlversprechen - keine Änderung herbeiführte).
(b) Als typisch für die sprachliche Verniedlichung politischer Gewalt kann die Einschätzung eines "Streiks" an der Frankfurter Universität Ende 1988 durch den Universitätspräsidenten angesehen werden: "Die studentischen Protestaktionen in Frankfurt, so spektakulär sie allein schon aufgrund der starken Beteiligung in der Öffentlichkeit erscheinen mochten, [sind] als eher gemäßigt anzusehen. ... Die Protestaktionen haben daher in der Universität wie in der Öffentlichkeit weitgehend Verständnis und Unterstützung gefunden. Naturgemäß haben sie vorübergehend den regulären Lehrbetrieb beeinträchtigt." (K.**Ring** (s.o.), S.III/IV) - Demgegenüber dokumentierte der (zu dieser Zeit amtierende, politisch gemäßigte) AStA allein folgende Rechtsbrüche an der "bestreikten" Universität (AStA-Sonderinfos v.15.12.1988 und v.5.1.1989): 22.11.1988: Gewalttätige 'Besetzung' des AStA-Büros durch den studentischen "Streikrat"; 24.11.1988: körperlicher Angriff auf die AStA-Vorsitzende [vgl. FN 107 (Kap.6)] und Verletzung des amtierenden StuPa-Präsidenten [vgl. FN 109 (Kap.6)]; 25.11. 1988: Stürmung und teilweise Zerstörung der Kunstausstellung 'Seitensprünge II - Studenten stellen aus' im Studentenhaus; 28.11.1988: Sprengung einer universitären Veranstaltung der Reihe 'Beruf als Erfahrung' unter Nötigung des 81jährigen Referenten W.**Graf Baudissin** durch namentlich bekannte Mitglieder des "Streikrats"; 29.11.1988: Gewaltsame Verhinderung der Poetik-Gastvorlesung von C.**Meckel**; 7.12.1988: Sperrung des AfE-Turms ("Turmblockade") mit tätlichen Angriffen auf "Streikbrecher"; 8.12.1988: schwere Mißhandlung zweier Zivilfahnder der Polizei durch 'Autonome' auf dem Campus der Universität; 9.12.1988: 'Besetzung' des juristischen Seminars zwecks Lahmlegung der (im selben Haus untergebrachten) Universitätsverwaltung, verbunden mit massiver Behinderung der studentischen Staatsexamenskandidaten; 23.12.1988: Erneute 'Besetzung' des AStA-Büros, verbunden mit gewalttätigen Angriffen auf die anwesende AStA-Vorsitzende.
Zur Verschleierung der Gewalt durch die Sprache allgemeiner: W.**Schmitt Glaeser** (FN 23), S.70-72.
(c) Für die rechtsstaatlichen Prioritäten der vergangenen Zeit 1967-1979 (d.h. die Amtszeit des Rektors W.**Rüegg** sowie der beiden ersten vom Konvent der Universität gewählten Präsidenten E.**Kantzenbach** und H.-J.**Krupp** [beide SPD-Mitglieder] dagegen typisch: H.-J.**Krupp**, Siebter Rechenschaftsbericht des Präsidenten, Frankfurt/M 1978, S.175 ff; H.-J.**Krupp**, Achter Rechenschaftsbericht des Präsidenten, Frankfurt/M 1979, S.152 ff; Präsident erklärt seinen Rücktritt, in: Uni-Rep.14/1974, S.1/2; H.**Riehn** [Leiter der universitären Rechtsabteilung, SPD-Mitglied], Der Frankfurter Universitätskonflikt im Wintersemester 1973/74 und seine Folgen für das Ordnungsrecht, in: studpol 5/1974, S.40-45; H.**Riehn** (FN 23). - Aus (dazu naturgemäß kritischer) Perspektive des angegriffenen, 'undogmatisch-linken' AStAs: ASTA-info.6/1974: Programm des letzten AStA: '... unverfrorene Durchführung eines Programms des permanenten Bruchs von Recht und Gesetz ...' (**Riehn**); In Sachen: Universität ./. Studentenschaft - Prozesse, Anzeigen, Verfahren, in: ASTA-info. SS 1978 ('Sumpf tut not'), S.13-22. "Ein solcher Mann ist für die Frankfurter Studentenschaft nicht tragbar. Wenn es einer versteht, Hochschulpolitik mit dem Polizeiknüppel durchzusetzen, dann ist er es. Wenn die Kriminalisierung von Frankfurter Studenten aufhören soll, dann muß H.**Riehn** weg!" (S.19)
(d) Selbst die Amtsperioden der ersten Universitäts-Präsidenten E.**Kantzenbach** / H.-J.**Krupp** sind nicht ohne Kritik geblieben: "Der Zustand der Rechtlosigkeit wurde zur Normalität; man mußte sich an ihn gewöhnen, mit ihm leben, ihn verdrängen. Kaum einer von uns kam in der Resignation auf den Gedanken, etwa mit dem Photoapparat Beweise für die Gewalt zu sammeln und für künftige Generationen festzuhalten; in den Akten liegen vielleicht noch Durchschläge mit der Schilderung von Störungen und Bedrohungen an die Universitätsspitze und an den Kultusminister, die keiner Antwort gewürdigt oder mit dem Hinweis beantwortet wurden, zum Vorgehen gegen terrorisierende Studenten oder randalierende angestellte 'Doktoranden' gebe es keine rechtliche Handhabe. Wer eine strafrechtliche Verfolgung - trotz sich dann steigernden Terrors - wagte, drang nicht durch, teils weil sich die Rechtsprechung der sich wandelnden Situation anpaßte, teils weil die Täter nicht identifiziert werden konnten, teils weil der Prozeß von verantwortlichen Behörden schlecht vorbereitet wurde. Deshalb paßte man sich der Lage an; viele von uns gaben auf, bei Ausschreitungen überhaupt noch Anzeige bei der Universitätsverwaltung zu erstatten. Das Rechtsgefühl verkümmerte angesichts der Tatsache, daß effektiver Rechtsschutz fehlte; ein jeder versuchte, möglichst ungeschoren davonzukommen, jeder Ansammlung zu entfliehen" (P.**Herde**, Legenda aurea - Mythos und Wirklichkeit hessischer Universitäten, in: H.-B.**Harder**/ E.**Kaufmann** (FN 23), S.387-407, S.389 [vgl. dagegen aber auch: FN 23!]). Diese Sichtweise zur damaligen Zeit sogar gerichtlich eher bestätigend: Es ist der Johann Wolfgang Goethe-Universität "und den staatlichen Organen - aus welchen Gründen auch immer - jahrelang nicht gelungen ..., eine wirksame Rechtsaufsicht gegen die Verfaßte Studentenschaft durchzusetzen" (VG Frankfurt/M, E.v.12.12.1977 [Az.: V/B-E 497/77] [amtlich und durch die Universität nicht veröffentlicht]).

kann für gleichgerichtete politische Interessen zwischen Universitätspräsident und Landesregierung (Wissenschaftsministerium) festgestellt werden, die politische Visionen nicht durch praktisches Versagen scheitern sehen wollen. - Gleichzeitig wird die Gesetzmäßigkeit der staatlichen Verwaltung vor der vermuteten studentischen Gewalt weitgehend aufgehoben, sind die zuständigen universitären und landesministeriellen Rechtsaufsichtsorgane in vielen Fällen mit den studentischen Rechtsbrechern bereits einen stillschweigenden modus vivendi eingegangen, wonach die einen gegen den Normbruch nicht einschreiten und die anderen sie dafür im Gegenzuge in Ruhe lassen. "Ihre Absicht war wohl, durch Legitimationskonzessionen den Aggressor zu beschwichtigen. In Wirklichkeit haben sie die Verachtung der liberalen Demokratie genährt."[48] Diese im Prinzip willkürlichen[49], das zulässige Ermessen sprengenden Zweckmässigkeitserwägungen scheinen einige Beamte der rechtskontrollierenden Universitätsverwaltung, dabei gedeckt von einer entscheidungsunwilligen Universitätsleitung, inzwischen für selbstverständlich zu erachten[50]. Die Rechtsbrüche werden so für gewaltbereite, studentische

---

48 H.**Lübbe**, Endstation Terror. Rückblick auf lange Märsche, in: H.**Geißler** (FN 26), S.96-108, S.105.
(a) Das opportunistische Zurückweichen des Rechtsstaats. "Auf seiten dieses sogenannten Establishments stehen wir in der Tat vor der blanken Herrschaft des Opportunismus. Es hat seine Autorität verspielt, weil es auf Argumente nicht hörte, als es Zeit gewesen wäre, und weil es in dem Augenblick, wo die Argumente verstummten und das Gebrüll anhob, vor der Gewalt in die Knie ging. ... Dies alles war und ist von unerhörter Kläglichkeit und scheint die Diagnose radikaler Studenten, daß das Establishment morsch, feige und zum Untergang reif sei, beinahe zu bestätigen" (H.**Thielicke** (FN 5), S.8 [auch: S.84 und S.106]). "Ich bin immer der Meinung gewesen, daß vor Nötigungsversuchen nicht zurückgeschreckt werden darf, hier Autorität in Anspruch nimmt und in Anspruch nehmen muß, wenn er seine Pflicht tun und am Untergang der Staatsautorität nicht mitschuldig werden will. Meine Kollegen waren großenteils anderer Meinung, nicht nur meine Kollegen an der Universität" (C.**Schmid** (FN 15), S.815). Vgl. dazu auch: FN 0.10 (Einl.); FN 94 (Kap.6).
(b) Die politische Honorierung des Rechtsbruchs. "Frustriert wird, wer das staatliche Gewaltmonopol bejaht, während diejenigen sich bestätigt sehen, die sich - des Friedensgebotes der Verfassung spottend - Gewalt anmaßen." (R.**Wassermann** (FN 26), S.50); "Der Rechtsstaat kann ... gefährdet werden", wenn staatliche "Machtmittel nur dem gegenüber eingesetzt werden, der keine Proteste vorzubringen wünscht oder der es nicht wagt, in anderer Weise seinen Mißmut zu zeigen, während demjenigen, der zuvor seine Opposition erklärt hat, solche Regelwidrigkeiten einfach nachgesehen werden." (E.**Benda**, Vertrauen in den demokratischen Rechtsstaat, in: ders., Der Rechtsstaat in der Krise, Stuttgart 1972, S.173-190, S.176); "Ein Staat, der sich legal vorgebrachten Vorstellungen gegenüber verschließt, gibt der illegalen Pression allzu leicht nach: im faulen Kompromiß zwischen Unrecht und 'sozialem Frieden'." (J.**Isensee**, Zur Regierbarkeit der parlamentarischen Demokratie, Köln 1979, S.42); H.**Tröndle** (FN 37), S.35 ff, S.43 ff; schließlich, kurz und prägnant: "Wer sich rechtstreu verhält ..., ist der Dumme" (R.**Wassermann** (FN 15), S.49).
A.A.: Die (berechtigten) Klagen über die vielfache, unsanktionierte Hinnahme von politischer Gewalt und die systematische Außerkraftsetzung grundlegender Verfahrensnormen durch Gruppen der staatsfeindlichen 'Linken' werden heute teilweise selbst von gemäßigterer 'linker' Seite denunziert - wohl unter bewußter Vertauschung von Ursache und Wirkung - als Versuch der Errichtung einer "entschiedenen Freund/Feind-Dichotomie in der Tradition Carl **Schmitts**" (H.-G.**Jaschke** [bis 1996 Privatdozent für Politikwissenschaft mit "Forschungsschwerpunkt Rechtsextremismus" an der Univ.Frankfurt/M], Streitbare Demokratie und innere Sicherheit, Opladen 1991, S.265). Es wird angeprangert eine vorgebliche negative Herausstellung der ('linken') "innenpolitischen Feinde, ... deren entschiedene Ausgrenzung unter Mißachtung diskursiver Elemente der 'streitbaren Demokratie'" (H.-G.**Jaschke** (s.o.), S.266).
49 "Der Willkürvorwurf ist von einer Grobheit, in der die Empörung des Gerechten, die Hilflosigkeit des Gewaltunterworfenen und die Besorgnis um die Geltungs- und Gestaltungskraft der Staatsverfassung mitklingt." (P.**Kirchhof**, Objektivität und Willkür, in: FS für W.**Geiger**, Tübingen 1989, S.82-109, S.109)
50 "Das eigentlich Alarmierende ist der Umgang mit der politisch motivierten Gewalt, das - gewiß in den wenigsten Fällen dolose, aber nichtsdestoweniger - wirkungsvolle 'Zusammenspiel' zwischen gewaltausübenden Zivilpersonen und opportunistischen Amtsträgern, gestützt und intensiviert durch Medien und andere gesellschaftliche Ordnungskräfte sowie einen Teil der Wissenschaft." (W.**Schmitt Glaeser** (FN 23), S.178)
Ein Beispiel für den jahrelang tatenlos hingenommen 'politischen' Rechtsbruch und dessen soziale Folgen. Die aktuelle Situation im 'Studentenhaus', in dem u.a. der AStA als exekutives Organ der Verfaßten Studentenschaft samt dessen Verwaltung untergebracht sind, als staatlich geduldeter und damit real existierender, bereits etablierter "rechtsfreier Raum" (FN 14) und Teil der Johann Wolfgang Goethe-Universität Frankfurt/M.

(a) Die ungeahndeten Rechtsbrüche. Abgesehen von den mit politischen Plakaten verklebten, verdreckten und mit politischen, kriminellen und obszönen Parolen versprühten Fluren, den ausgebauten Schlössern einiger Innenflurtüren, den mit Fäkalien beschmierten Wänden der Toiletten, dem am 21.12.1992 abgefackelten, mit Müll und gestohlenen technischen Gerätschaften angefüllten Duschraum (R.120), den Aufenthaltsecken alkoholisierter und teilweise aggressiv lagernder Obdachloser und Drogenabhängiger ["Da mußt Du Dir nur die Obdachlosen anschauen, über die der brave Student sich mokiert und überhaupt nicht mehr mitkriegt, von welchen Plätzen vor welchen Banken die hierhergesäubert worden sind. Von unseren rot-grünen Modernisierungs- und Ordnungsfanatikern werden die Leute systematisch vertrieben. ... Hier gibts halt noch keine so rigorose Vertreibung, eher laissez-faire - das ist so eine Art letzter 'Freiraum', mit allen Problemen, die dazugehören." (diskus 4/1992, S.24)], den von kriminellen ausländischen Jugendbanden mit freilaufenden Kampfhunden okkupierten Bereichen ist festzustellen (Zustand: Mai 1994): ehem. 'AfE-Keller' und Kellerbar (ehem. für Studentenfeiern vom Studentenwerk zu mieten): seit Juli 1990 vom 'undogmatisch-linken' AStA belegt mit illegal dort lebenden "AsylantInnen", u.a. zeitweise einem bereits zweifach rechtskräftig abgelehnten Asylbewerber; im Sept.1993 physische Bedrohung von sieben Hausmeistern durch ca. 30 z.T. vermummte Personen, um das Anbringen neuer Schlösser zu verhindern; Raum 024 (ehem. Tischtennisraum des Studentenwohnheims) seit Okt.1992 rechtswidrig belegt mit der 'iranischen Bibliothek' unter Zuhilfestellung des 'undogmatisch-linken' evangelischen Studentenpfarrers K.**Knolle** [bis 1995] der ebenfalls im Studentenhaus untergebrachten 'Evangelischen StudentInnengemeinde' (esg); 'Kommunikationszentrum KOZ' (Cafe der Studentenschaft): seit dem 21.7.1993 'besetzt' durch das anarchistische "KOZ-Kollektiv" [dazu: FN V.543 (Kap.19)]; Fluchtraum EG im Nordflügel: entgegen den Brandschutzbestimmungen seit Mai 1988 belegt vom 'undogmatisch-linken' 'Studentischen Institut für kritische Interdisziplinarität' (SIfKI) unter aktiver Unterstützung des o.g. Pfarrers der esg und zwischenzeitlich finanzieller Förderung durch die Hessische Ministerin E.**Mayer** (SPD) sowie die rot-grüne Frankfurter Stadtregierung mit 1992/93 ca. 230.000 DM [dazu: FN 0.15(c) (Einl.)]; Festsaal: mehrfach aufgebrochen [dazu: FN 115 (Kap.6)]; Raum 105 (ehem. für Veranstaltungen studentischer Gruppen): seit Nov. 1992 'besetzt' vom 'Autonomen AStA-Schwulenreferat'; Raum 106 (ehem. für Veranstaltungen studentischer Gruppen): seit 1979 durch gewohnheitsrechtliche Dauernutzung als Redaktionsraum an die 'undogmatisch-linke' Studentenzeitung 'diskus' gefallen; Raum 107 (ehem. für Veranstaltungen studentischer Gruppen): seit Juli 1993 Lagerraum für die Restbestände des Hochschulrechenzentrums (HRZ); Raum 107a (ehem. für Veranstaltungen studentischer Gruppen): seit Jan.1992 "okkupiert" (diskus 4/1992, S.22) durch die 'undogmatisch-linke' 'Bosnien-Hilfe'; Räume 110 bis 115 (ehemalige Programmberatung des Hochschulrechenzentrums (HRZ), seit Nov.1993 wieder freigegeben): am 7.7.1993 auf schriftliche Ankündigung des AStA-Vorsitzenden J.**Bast** ('Grüne an der Uni') vom AStA 'besetzt' ["Ich bedauere, Ihnen mitteilen zu müssen, daß eine weitere Nutzung der Räume 110 bis 115 im 1.OG des StudentInnenhauses durch das HRZ vom AStA nicht mehr geduldet werden kann."]; bereits am 23.2.1993 äußerte sich u.a. der evangelische Studentenpfarrer K.**Knolle** ["Auch die vom HRZ belegten Räume lüden zu Aktionen ein"]; nach verbindlicher Zusage einer AStA-"Übernahme" dieser Räume bis zum 1.9.1994 durch den Präsidenten K.**Ring** (Schriftsatz v.23.8.1993) befristete Rückgabe an das HRZ am 24.8.1993; Raum 116 (ehem. Schulungsraum des Hochschulrechenzentrums): seit Mai 1992 'besetzt' durch die 'undogmatisch-linke' 'Gruppe internationaler StudentInnen (GiS)' im AStA [dazu: FN 115 (Kap.6)]; Räume 117/118 (1989 als studentische Wohnheimzimmer hergerichtet): seit Jan.1990 'besetzt' durch die 'undogmatisch-linke' GiS [dazu: FN 115 (Kap.6)]; zur gemeinsamen Diskussion des Rechtsbruchs wurde mit der Universitätsleitung "eine Verhandlung am runden Tisch vereinbart" (Presseerklärung Nr.2 v.27.1.1990 des "BesetzerInnenrats"); Raum 121 (ehem. Gruppenraum der 'Linken Liste'): Seit April 1994 'besetzt' durch das linksextreme 'Kurdistan-Projekt Hawar'; Raum 122 (ehem. Gruppenraum des RCDS): seit Mai 1994 'besetzt' durch die 'Internationale Liste / Undogmatische Linke'; Raum 126/127 (präsidiale Zuweisung an die 'Jura-Hausarbeiten und -Klausuren-AG' der 'Unabhängigen Fachbereichsgruppen' (UF) als studentisches Selbsthilfeprojekt): seit dem 16.9.1993 'besetzt' durch das 'undogmatisch-linke' 'Studentische Institut für kritische Interdisziplinarität' (SIfKI) sowie als "Archivraum" durch die 'feminstisch-autonomen Uni-Frauen' des 'AStA-Lesben- und Frauenreferats'; Raum 208 (ehemaliges Sitzungszimmer des Studentenparlaments): am 13.5.1993 Aufbruch der Doppelflügeltür durch im Vorraum lagernde, universitätsfremde Alkoholiker, anschließend durch einen Hausmeister vernagelt; Nutzung ungeklärt. - Das vorstehend benannte Aneignungsprinzip erscheint allerdings nicht neu: "So sind das Kommunikationszentrum und die Kindertagesstätte [im Studentenhaus, P.K.] wie fast alle studentischen Initiativen nur durch die Besetzung von Räumen ermöglicht worden; die Nutzung der Räume wird mittlerweile von der Universitätsleitung geduldet. Das Studentische Institut für Kritische Interdisziplinarität ... dagegen hat nie Räume besetzt; deshalb verfügt es bis heute über keinen einzigen." (A.**Wittek**, Grußwort des AStA, in: ASTA-info.4 (SS 1991), S.5)

(b) Die sozialen Kosten. Inzwischen hatten Gewalttätigkeiten gegen Personen, Einbrüche in 'besetzte' Räume, Diebstahl und Sachbeschädigung im "StudentInnenhaus" ein solches Ausmaß angenommen, daß selbst Teile der 'linken' Rechtsbrecher nach Ordnung zu rufen begannen: "Statt einem 'freien Raum' von Zwängen des Universitätsbetriebs oder ökonomischen Nutzenmaximen, lediglich ein Verweilobjekt von sozial Gestrandeten und Freiraum für Bockenheimer Jugendgangs. ... Offen ist das Haus für politisch-soziale Unverantwortlichkeiten

der studentischen Nutzer, für Kampfhunde und ungefährdete Raubzüge. ... Vieles wurde ignoriert: Die Hinweise aus der Kita [= alternativer Kindergarten, P.K.], daß Bierflaschen und Spritzen doch bitte nicht in den Innenhof der Tagesstätte gehören, die Diebstähle im KOZ, oder beispielsweise die weitere Offenhaltung der Kellerräume zur Übernachtung, längst nach Beendigung der politisch begründeten, vorübergehenden Aufnahme, die erfolgreich den damals unterstützten Flüchtlingen das Verweilen in Hessen ermöglichte. Die Versiffung der Toiletten und permamente Sachbeschädigungen werden seit Jahren ertragen. ... Zunehmend bedrohlicher wird der Alltag für die AStA-Sekretärinnnen, die, oft alleine im Büro, sich miesen Belästigungen ausgesetzt sehen. Die AStA-Verantwortlichen, einschließlich der Autonomen Unifrauen, ignorieren das genauso, wie zunehmende Angriffe auf das Rosa Cafe der schwulen Studenten, die sich im ersten Stock regelmäßig treffen." (Selbstverschuldete Unmündigkeit, in: 'Internationale Liste / Undogmatische Linke'-Wahlzeitung, Frühjahr 1994, S.16); "Ein öffentliches Gebäude, das zur Infrastruktur der Universität gehört, bleibt total sich selbst überlassen. Am Wochenende, bei verschlossenen Türen, laufen Personen herum, die das Haus unkontrollierbar zu welch lichten oder dunklen Zwecken nutzen. Es scheint offensichtlich keine Schwierigkeiten [zu bereiten], durch Fenster und Kellergitter ins Haus zu gelangen." (Erklärung des 'undogmatisch-linken' 'Uni-Buchladens' v.19.1.1994); "Zur Bilanz der letzten Semester gehört unter anderem: Schon vor zwei Jahren wurden nach einem Schwulen-Fest auf dem Campus Leute überfallen und zusammengeschlagen; in den Frauen-Raum im Erdgeschoß wurde immer wieder eingebrochen; Anfang dieses Jahres bedrohten Gang-Jugendliche mit Messern erneut Besucher auf einem Fest der Schwulen. Später verlangten sie Schutzgeld für weitere Feste; in den letzten Monaten gab es mehrere Einbrüche, sowohl in alle Räume von Projekten (diskus, Bosnienhilfe etc.) als auch in die des AStA. Insgesamt beträgt der entstandene Schaden durch Zerstörung und den Diebstahl von Computern mittlerweile ca. 100.000 DM ... Die Besetzer, das sogenannte 'KOZ-Team', gingen zuletzt so weit, Leute aus einer Jugendgang als 'Angestellte' im Cafebetrieb einzustellen". "Wir fordern an dieser Stelle nochmals ausdrücklich, Konsequenzen aus der unerträglichen Situation im StudentInnenhaus zu ziehen. Solange im öffentlichen Teil des Hauses nicht wenigstens ein Mindestmaß an Zivilität gewährleistet ist, eignen sich hier allenfalls noch Obdachlose, Dealer und waffentragende Kids die Räume an. An deren Rausschmiß führt zur Zeit kein Weg vorbei." ('Polizei verhindert in letzter Minute Vergewaltigung im StudentInnenhaus der Universität', Presseerklärung v.11.4.1994 ('Undogmatische Linke Frankfurt'))
Am 12.6.1995 ließ der amtierende 'linke' AStA ['Internat.Liste / Undogmatische Linke', 'Bündnis 90 / Die Grünen', 'Juso-HSG'] das 'KOZ-Kollektiv' und Sympathisanten der Frankfurter Autonomenszene <u>mit Polizeigewalt</u> aus dem zuvor (erneut) gewalttätig 'besetzten' KOZ entfernen! "Im Konflikt zwischen der Studentenschaft und den ehemaligen Besetzern des Kommunikationszentrums (KOZ) toleriert der Präsident [der Universität] weiterhin tätliche Übergriffe. Ständig werden Studenten angepöbelt, die das vom AStA neu eröffnete Café KOZ betreten wollen. Letzten Mittwoch wurde ein afrikanischer Kommilitone, der im KOZ beschäftigt ist, geschlagen, als er eine Eingangstür zum KOZ aufhalten wollte. Den AStA-Vorsitzenden und anderen Unterstützern wird ständig von 'autonomen' Gruppen auf dem Campus mit Prügel und 'Abrechnung' gedroht. Seit Wochen betreiben linksdogmatische Gruppierungen einen illegalen Kaffeebetrieb auf dem Campus der Universität, während jeder Buchhändler ohne entsprechende Genehmigung nach zehn Minuten vom Campus verwiesen wird. Gestern wurde von den ehemaligen KOZ-Besetzern Kuhmist in das frisch renovierte KOZ geworfen. Heute werden von außen die Fenster des KOZ zugeklebt, um den Raum zu verdunkeln und um die Arbeit im Café zu verhindern. Studenten, die diese Tapetenbahnen entfernen wollen, wird mit körperlicher Gewalt gedroht. ... Mit lauter Musik werden die KOZ-Mitarbeiter [sowie die umliegenden Hörsäle] terrorisiert. All diese Übergriffe sind dem Präsidenten z.T. seit Wochen bekannt, und obwohl diese Angriffe sich gegen die demokratisch gewählte Verfaßte Studentenschaft richten, rührt der Unipräsident keinen Finger" ('Unipräsident W.**Meißner** toleriert fortgesetzte Übergriffe auf dem Campus', Flugblatt 'Undogmatische Linke' v.20.6.1995). Am 21.6.1995 wird einem Besucher vor dem KOZ durch den Schlag einer Glasflasche eine blutende Platzwunde am Kopf zugefügt, die ambulant genäht werden muß. - In der Tat: "Wo das Recht der Gewalt entgegenkommt, ist das Terrain bereits voll der Gewalt überlassen und die Verwirrung heillos." (H.**Tröndle** (FN 37), S.55)
(c) Die nachholende Legalisierung des Rechtsbruchs. Einen noch konfliktfreieren Weg beschritt der seit 1994 amtierende neue Uni-Präsident W.**Meißner** [SPD]: getreu seinem Wahlversprechen "unter meiner Amtsführung wird es eine Besetzung von Universitätsräumen nicht geben" wurden die widerrechtlichen Besitzstände durch nachträgliche offizielle Raumzuweisungen legalisiert. Diejenigen, die sich lange Zeit zuvor gewaltfrei und ordnungsgemäß (vergeblich) bemüht hatten, gingen dabei sämtlich leer aus! [Dies bestätigt: FN 48(b).]
(d) Das staatliche Erkaufen des sozialen Friedens. Die Gewalttätigkeiten im Studentenhaus konnten eingeschränkt werden mit der Einrichtung eines Kontrolle ausübenden "studentischen Pfortendienstes", seit 1995 mit jährlich 135.000 DM aus dem Hessischen Landeshaushalt finanziert (<u>nicht</u> etwa aus dem Haushalt der Studentenschaft, die den rechtsfreien Zustand in ihrem Haus maßgeblich zu verantworten hatte!). Die anderweitig ihre Autonomie stets betonende (rot-grüne) studentische Selbstverwaltungskörperschaft darf also ein großenteils selbstverschuldetes Problem, das noch dazu mit ihrer gesetzlichen Aufgabenstellung nichts zu tun hat, in Zeiten knapper Kassen mittels durch die (rot-grüne) Hessische Landesregierung zugewiesener Gelder entschärfen und damit nebenbei zugleich eigene, frühere Rechtsbrüche zementieren.

Gruppen gefahr-, weil berechenbar sanktions- und damit folgenlos, wodurch der Rechtsstaat in seiner Negierung der Rechtsanwendungsgleichheit zu weiteren Rechtsbrüchen geradezu ermuntert: "Der Wirkungsweise der Norm entspricht das Risiko des Rechtsbrechers."[51]

5.3. Politische Gewalt als Garant für ein besonderes, qualitatives Mehrheitsprinzip

Trotz aller aktuellen Verharmlosungen muß darauf bestanden werden: "Gewalt ist ein Übel, mehr noch: eines der schwersten Übel, das zur Disposition menschlichen Handelns steht. Die Anwendung von Gewalt steht daher unter extremem Rechtfertigungszwang, dem man weder durch terminologische Kunststückchen noch durch Fixierung auf den guten Zweck der Gewaltanwendung entkommen kann."[52] Somit bleiben die Rechtfertigungsversuche 'undogmatisch-linker' politischer Gewalt darzulegen und auf Schlüssigkeit hin zu bewerten. Die politische Rechtfertigungsmethode für mögliche Gewaltanwendung im repräsentativ ausgestalteten Subsystem Verfaßte Studentenschaft liegt, entsprechend der Einordnung unter die *zwei möglichen Fälle* durch Wahl erzeugter, formaler Machtverteilung im Studentenparlament, in einer situationsadäquat konstruierten Legitimationstheorie begründet, die eine instrumentelle Differenzierung von Legalität und Legitimität vornimmt und damit die Gültigkeit des 'formaldemokratischen Mehrheitsprinzips' im öffentlichen Raum machtstrategisch relativiert[53]:

5.3.1. Stimmenminderheit - politische Gewalt und die 'Diktatur der Legitimität'. *Erste Möglichkeit:* Die Gesamtheit der 'linken' Studentengruppen hat die Studentenparlamentswahlen - wider Erwarten - gegen verfassungs- und verfahrensloyale ('rechte') Gruppen verloren, sie ist durch formaldemokratische, geheime Wahl zur numerischen Minderheit geworden; *quantitative und qualitative Mehrheit bleiben nicht mehr identisch.*

Das Eintreten dieses politischen Ausnahmezustands beendet "die 'normale Situation', in der Normen überhaupt erst gelten können"[54]; die für den demokratischen Rechtsstaat charakteri-

---

(e) **Die politische Umdeutung der Realität.** Entgegen der Realität behaupteten z.B. Mitarbeiter des Frankfurter 'Instituts für Sozialforschung' in einer vom Hessischen Ministerium für Wissenschaft und Kunst finanziell geförderten "Studie", ohne Belege anzugeben, daß der Frankfurter AStA "ständig rechtliche Sanktionen der Hochschulleitung gewärtigen" mußte (A.**Demirovic** [StuPa-Mitglied 1977] /G.**Paul** (FN 20), S.37).

51 E.E.**Hirsch**, Das Recht im sozialen Ordnungsgefüge, Berlin 1966, S.332 [zit.n.: R.**Wassermann** (FN 26), S.60].

"Deutlicher: Wenn die Exekutive auf Rechtsdurchsetzung aus Prinzip verzichtet, weil der Widerstand der Straße droht, dann überläßt sie die Entscheidung über den Rechtskonflikt jenen Mächten, welche die Straße mobilisieren können. Die Souveränität fiele denen zu, welche den Rechtsfrieden aufkündigen können" (J.**Isensee**, Freiheit und Recht - Das Dilemma des Rechtsbewußtseins nach der Kulturrevolution, in: DpM 237/1988, S.15-21, S.21); vgl in diesem Sinne auch: U.**Matz**, 'Demokratisierung' statt Hochschulreform?, ZfP **16**(NF), S.183-197 (1969), S.186.

52 U.**Matz** (FN 30), S.338

53 Ähnliches konstatierte ein Frankfurter Philosophie-Professor für den Frankfurter Universitäts-Konvent: "Die 'linke' Opposition hat zu den Regeln der Entscheidungsfindung ein prinzipiell anderes Verhältnis. Für sie besteht ein unauflöslicher Zusammenhang zwischen den Entscheidungsformen ... und bestimmten inhaltlichen Vorstellungen im Bezug auf Universität und Gesellschaft im allgemeinen. Die Universitätslinke ist im Augenblick nur so lange bereit, die gesetzlich vorgeschriebenen Entscheidungsverfahren anzuerkennen, wie sie in den entsprechenden Gremien die Mehrheit hat. Mit anderen Worten: Die demokratischen Institutionen werden dann akzeptiert, wenn sie sogenannte 'progressive' Politik ermöglichen. Ist das aufgrund von Mehrheitsverhältnissen, die für die 'Linken' ungünstig sind, nicht mehr gewährleistet, werden die gegnerischen Mitglieder der demokratischen Institutionen als 'formalistisch', 'legalistisch' oder 'technokratisch' beschimpft und abgewertet." (W.**Becker**, Offensiv gegen undemokratische Theoriediktatur, in: FAZ v.4.4.1974, S.10)

54 I.**Maus**, Entwicklung und Funktionswandel der Theorie des bürgerlichen Rechtsstaats, in: M.**Tohidipur** (Hrsg.), Der bürgerliche Rechtsstaat, es **901** (Frankfurt/M 1978), S.13-81, S.44 [in Rekurs auf C.**Schmitt**].

Ebenso bereits: "Die Geltung einer Norm setzt denjenigen normalen Allgemeinzustand voraus, für den sie berechnet ist." (H.**Heller**, Staatslehre, Leiden 1934, S.255 [auch: S.284 ff])

stische Zuordnung von Normalität und Normativität zerbricht, positivierte Rechtsnormen des Subsystems, besonders die institutionentreue und strikte Verfahrensgeltung, müssen den Großteil ihrer bisherigen Wirkkraft einbüßen, denn sie sind nicht mehr berechenbar für die 'undogmatisch-linke' (quantitative) Minderheit für deren Politiken einsetzbar. Die damit nahezu zwingend erfolgende Suspendierung des (quantitativen, formaldemokratischen) Mehrheitsprinzips weist der Beginn einer "Entförmlichung der politischen Auseinandersetzung"[55] mit dem Bestreben der "Errichtung einer *Diktatur der Legitimität*"[56] im Bereich der Verfaßten Studentenschaft: Nach der Wahlniederlage befindet sich nämlich "der unverhältnismäßig größere Anteil von politischen Aktivisten auf seiten der quantitativen Minderheit. Tritt ein solches Verhältnis ein, so ist die Legitimität der formal auf Mehrheitszustimmung begründeten Regierung entschieden geschwächt und trägt potentiell den Kern einer legitimen Revolution in sich"[57]. Dieser quasi systemimmanente Ausnahmezustand stellt jene qualitative Mehrheit "allemal in Opposition zu positivistisch-technokratischen, strukturkonservativen und reaktionären Gruppierungen"[58]: "Nichts bringt die autoritäre Deformation der Demokratie ... deutlicher zum Ausdruck, als die durch die Reduktion der politischen Freiheitsrechte auf die bloße Respektierung von Regeln demokratischen Verhaltens geprägte Formalisierung der Toleranz."[59]

Dementsprechend muß sich das Feindbild der staatsbekämpfenden, 'undogmatisch-linken' studentischen Minderheiten primär vom äußeren "bürgerlichen" Staat weg gegen die bereits als 'rechts' stigmatisierte (und damit beliebig angreifbar gewordene), minderwertige, "formale" (d.h. quantitative) "bürgerliche" Mehrheit in der Verfaßten Studentenschaft selbst wenden - das schließt natürlich sporadische Attacken gegen "den Staat" außerhalb des Subsystems nicht aus. Dabei vermag die vorgebliche Inkongruenz von Legitimität und Macht, das ist im demo-

---

55 H.**Mandt**, Kritik der Formaldemokratie und Entförmlichung der politischen Auseinandersetzung, ZfP **32**(NF), S.115-131 (1985), S.115.
"Entscheidend bleibt aber, daß die demokratische Mehrheitsregel [d.h. wenigstens das 'formaldemokratische Mehrheitsprinzip', P.K.] nicht mehr anerkannt wird, weil man sich auf eine eigene höhere Einsicht, einen Monopolbesitz absoluter Wahrheit und deren heilsgeschichtliche Perspektiven beruft. Konsequent bis ans Ende gedacht - und praktiziert - muß das verheerende Auswirkungen haben. Weil absolute Ansprüche und letzte Überzeugungen ihrem Wesen nach nicht mehrheitsfähig sind, dürfen Mehrheitsregeln und Mehrheitsentscheidungen gar nicht mehr hingenommen werden, wenn sie dem eigenen Zugriff aufs Absolute widerstreiten. Es ist dann heilige Pflicht, sie mit allen Mitteln zu bekämpfen" (C.**Graf v.Krockow** (FN 37), S.19). Mit anderen Worten: "In der Ausnahmesituation gewinnt die Aktion Entscheidungscharakter" (H.**Lübbe**, Zur Theorie der Entscheidung, in: ders., Theorie und Entscheidung, Freiburg 1971, S.7-31, S.8). Siehe dazu (Relativierung des Mehrheitsprinzips zugunsten 'richtigen' Wissens und 'korrekter' Betroffenheit) allgemeiner: Kap.1.1.

56 U.K.**Preuß**, Politisches Ethos und Verfassung, in: ders., Politische Verantwortung und Bürgerloyalität, Frankfurt/M 1984, S.240-271, S.256 [in anderem Zusammenhang]

57 E.**Krippendorff**, Legitimität als Problem der Politikwissenschaft, ZfP **9**(NF), S.1-11 (1962), S.5.
Aber: "Es ist die Theorie der permanenten Revolution, die sich gegen jede Verfestigung, Institutionalisierung, Regelhaftigkeit wendet und in Praxis umgesetzt in Anarchie und im Umschlag zur Despotie führte, zu regellosen Machtbildungen und -umbildungen, die sich jeglicher Kontrolle entziehen" (P.**Schneider**, Identität und Demokratie?, in: FS für U.**Klug**, Band I Köln 1983, S.157-168, S.161). Das hier für einen Staat Formulierte gilt entsprechend auch für jede Wahlperiode innerhalb der "autonomen" Verfaßten Studentenschaft in ihrem staatlich garantierten festen Rahmen. Dieser fortbestehende Rahmen liefert aber den "Revolutionären" nach einem Wahlsieg die Sicherheit der Rückkehr in die festen Strukturen des 'dichotomen Mehrheitsprinzips' [dazu: Kap.3.1.], das die eigene Macht anschließend wieder legal und berechenbar sichert - auch dies ein "Umschlag zur Despotie". - Exemplarisch stellt dieses Prinzip heraus: "Noch immer haben totalitäre Bestrebungen ihren Kampf mit der Behauptung einer höheren Legitimität geführt, 'Legitimität' gegen 'Legalität' ausgespielt und versucht, diese Legalität aufzuweichen, um dann, wenn sie ihr Ziel erreicht hatten, um so strikter auf der Erhaltung ihrer Gesetzlichkeit zu bestehen." (K.**Hesse**, Grundzüge des Verfassungsrechts der Bundesrepublik Deutschland, 16.Aufl. Heidelberg 1988, S.77 (RN 197))

58 R.**Roth**/D.**Rucht**, Die Veralltäglichung des Protests, in: dies. (FN 42), S.11-28, S.19

59 O.**Negt**, Das Ende des Liberalismus, in: ders., Politik als Protest, Frankfurt/M 1971, S.146-158, S.156

kratischen Rechtsstaat aber grundsätzlich die Legalität, in den angesichts ihrer quantitativ-minoritären Situation zusätzlich fanatisierten Teilen der 'undogmatisch-linken' Studentenschaft eine ungeahnte Aktivierung nackter Gewalt (euphemistisch als "extrakonstitutioneller Widerstand"[60] dargestellt) zu erzeugen gegen eine zwar legale, d.h. quantitative Mehrheit, die dagegen aber lediglich - provozierend "positivistisch-technokratisch" und philosophisch dürr - "ihre Machtposition mittels der Normen und Spielregeln verteidigen zu können"[61] glaubt, also mit den Mitteln des Rechtsstaats selbst. Das ausgeprägte 'undogmatisch-linke' Kommunikationsdefizit entlädt sich dergestalt in "politischer" Gewalt gegen den 'rechten' studentischen Feind, sobald dieser es wagt, sich der qualitativen Mehrheit entgegenzustellen, also deren in Anspruch genommene Legitimation für die Herrschaft im Subsystem öffentlich anzuzweifeln.

5.3.2. Stimmenmehrheit - 'dichotomes Mehrheitsprinzip' und die 'Diktatur der Legalität'. *Zweite Möglichkeit:* Die verfassungs- und verfahrensloyalen Gruppen befinden sich nach dem offiziellen Endergebnis der Studentenparlamentswahlen - wie im Hochschulbereich eigentlich erwartet - in der Minderheit; *die quantitative Mehrheit ist identisch mit der 'richtigen' qualitativen Mehrheit.*

Der mit der fortdauernden Bedrohung des 'undogmatisch-linken' Subsystems durch den äußeren "bürgerlichen" Staat hervorgerufene permanente Ausnahmezustand bedingt und rechtfertigt für die Mehrheit zur Stabilisierung des Innern die scharfe Unterdrückung jeglicher staatsloyaler ('rechter') Minderheit im Subsystem. Zu diesem Zweck wird der staatlich gesetzte formaldemokratische Rahmen von den 'undogmatisch-linken' studentischen Gruppen im Bereich der Verfaßten Studentenschaft konsequent und zu Ungunsten der Minderheit material (d.h. qualitativ-wertbezogen) angefüllt und in dieser Form strikt gehütet: Eine realistisch-machtbewußte Mehrheit kann, formal völlig legal, parteiisch das Monopol der Normauslegung okkupiert halten. Diese *Diktatur der Legalität*[62] sichert einerseits nach innen die Einheit von stabiler

---

60 E.**Krippendorff** (FN 57), S.6

61 E.**Krippendorff**, Zum Verhältnis zwischen Inhalt und Form von Demonstrationstechniken, in: O.**Negt** (FN 28), S.162-175, S.168

62 Hierbei handelt es sich um eine kompromißlos-übersteigerte Form des strengregelnden "autoritären Legalismus". Zur Definition: W.**Hassemer**, Ziviler Ungehorsam - ein Rechtfertigungsgrund?, in: FS für R. **Wassermann**, Frankfurt/M 1985, S.325-349, S.344; ferner: J.**Habermas** (Ziviler Ungehorsam, FN 34), S.52; G.**Frankenberg**, Ziviler Ungehorsam und rechtsstaatliche Demokratie, JZ **39**, S.266-275 (1984), S.266.

(a) Der 'undogmatisch-linke' Mythos der Herrschaftsfreiheit. Die Studentenbewegung proklamierte ein Ideal der Demokratie als macht- und herrschaftsleere individuelle Selbstbestimmung [dazu nachfolgend: FN 140 (Kap.7)]. Auch die 'undogmatisch-linken' Nachfolger pflegten den äußeren Eindruck des herrschaftsfernen "Antiautoritären" [dazu auch: FN 0.2 (Einl.)], der im Subsystem angeblich vorherrschenden politischen Kultur der "spottlustigen Heiterkeit" unter Gleichen (J.**Schütte**, Revolte und Verweigerung, Gießen 1980, § 31 [vgl. auch § 34]) und der "Kultur der Unordnung..., in der 'Gelächter, Schlamperei, Zerfall und Entropie' Leben möglich machen" (H.**Steinert** [Prof. für Soziologie, Univ.Frankfurt/M], Sozialstrukturelle Bedingungen des 'linken Terrorismus' der 70-er Jahre, in: F.**Sack**/H.**Steinert** (Hrsg.), Protest und Reaktion, Opladen 1984, S.388-603, S.390): "Wir als 'Linksradikale' im AStA ohne ein festgefügtes und durchgängiges Selbstverständnis als 'Politiker'" (SHI-Wahlinfo 6/1979 (FN 9), S.9) sehen als "unser treibendes Moment ... nicht das Streben nach politischer Macht, sondern gerade das Hinterfragen der Machtverhältnisse und das Verarschen ihrer Mandatsträger. .... Tun und Lassen nach dem Lustprinzip, wirklich eigene Erfahrungen machen, sich von der verlogenen öffentlichen Meinung zu emanzipieren, sich sowohl individuell als auch kollektiv neu zu finden, das sind unsere Ziele und Hoffnungen" (UL-Wahlinfo 5/1981 (FN 9), S.3). Weitergehend noch behaupten U.**Rödel** u.a. (FN 34) für die "studentischen Protestbewegungen" ein generelles "Desinteresse an der konkreten Teilhabe an administrativer Macht", das "ihre eigene Autonomie" "bekräftigt" (S.126)! Eine "antiautoritäre" "Freude am Experiment ... mit sich selbst und dem Partner oder Gegner, das überkommene Begriffe überprüft", wurde schon viel früher unbewiesen von 'linksliberaler' Seite kolportiert (K.H.**Bohrer**, Die mißverstandene Revolution, Merkur **22**, S.33-44 (1968), S.42). Auch: FN 42. - Eine recht treffende Beschreibung der Befindlichkeiten einer in der Tat hedonistischen und voluntaristischen Basis der 'Sponti-Scene' [nicht zu verwechseln mit den

politischer Macht der Mehrheit mittels konsequenter Dezision im 'dichotomen Mehrheitsprinzip'; "auch der neue 'Souverän', die Mehrheit, umgibt sich gern mit der Aura der Unfehlbarkeit, jedenfalls aber mit der einer schneidenden Dignität, die alle weiteren Diskussionen unterbindet: die Mehrheit hat gesprochen"[63]; sie sichert andererseits nach außen dieser staatsbekämpfenden 'Studentenvertretung' staatliche Legalität und damit machtpolitische Entlastung.

---

dogmatisch-machtbewußten, elitären, autoriären 'Sponti'-Kadern in den Institutionen der Verfaßten Studentenschaft, die in der 'Scene' mitunter nur verachtend "ein im Stadium seiner Auflösung befindliches Studentenbewußtsein, das den Übergang zum Wahnverhalten nicht mehr nur noch vor sich hat", verorteten (W.**Kraushaar** [AStA-Vorsitzender 1974/75] (Student, FN 9), S.104)], der er sich selbst zurechnete, gibt dagegen: S.**Marks** (FN 6), S.77-89; zu den Sponti-Befindlichkeiten auch: R.**Oltmanns**, Deutschland übermorgen - Über Frankfurts Verweigererjugend, in: M.**Haller** (Hrsg.), Aussteigen oder rebellieren, Hamburg 1981, S.85-96; K.-H. **Lehnardt**/L.**Volmer** (FN 9), S.63 ff; rückblickend: H.**Weiss**, Fuchstanz, Frankfurt/M 1996. Vgl. zur Differenzierung zwischen voluntaristischer Basis und machtbewußter Führungselite: J.A.**Schülein**, Von der Studentenrevolte zur Tendenzwende oder der Rückzug ins Private, Kursb.**48**, S.101-117 (1977), S.112 ff.
(b) Beispiel: für die sympathieerheischende, gekonnt-niveauvolle, "anti-elitäre" und herrschaftsferne Selbstdarstellung, "wie sie nach wie vor das undogmatisch-linke und republikanische Lager auszeichnet" (R.**Roth**/ D.**Rucht** (FN 58), S.19) - und dies insbesondere öffentlichkeitswirksam vor Wahlen: "Des Chaos wundersame Töchter und Söhne / Wir sind ein Teil von jener Kraft, / Die stets das Böse will und stets das Gute schafft. / Was ist mit diesem Rätselwort gemeint? / Wir sind der Geist, der stets verneint! / Und das mit Recht; denn alles, was entsteht, / Ist wert, daß es zugrunde geht; / Wir haben unsre guten Gründe. / So ist denn alles, was Ihr Sünde, / Zerstörung, kurz, das Böse nennt, / Unser eigentliches Element!" (UL-Wahlinfo 5/1982 (FN 9), S.12) In vorstehendem Sinne auch: Teile der weiteren in der FN 9(b) angeführte Literatur.
Diesem seit damals wohlgepflegten Schein erliegt noch heute selbst die seriöse Extremismus-Forschung: "Moralismus, Utopismus und mangelnder Realismus sind auch in den Nachfolgebewegungen des studentischen Protests verbreitet" (U.**Backes**/E.**Jesse** (FN 10), S.275). - Das reale Verhalten 'undogmatisch-linker' Machtträger entsprach dem äußeren Eindruck allerdings gar nicht [dazu auch: FN 83 (Kap.6), Neue Linke als Elite]!
(c) Entsprechend sehen auch heute Apologeten der Studentenbewegung den politischen Willen zum Herrschen als rein konservatives/'rechtes' Attribut: A.**Demirovic**/G.**Paul** (FN 20), S.80/82. Noch 1986 behauptete Desinteresse an der Macht für die Partei der Grünen', in der viele führende Köpfe der Studentenbewegung eine politische Heimstatt gefunden haben [dazu: FN 10(b)]: J.**Agnoli**, Zwanzig Jahre danach, in: ders., Die Transformation der Demokratie und andere Schriften zur Kritik der Politik, Freiburg 1990, S.163-221, S.190 ff.
63 B.**Guggenberger**, Die neue Macht der Minderheit, in: B.**Guggenberger**/C.**Offe** (Hrsg.), An den Grenzen der Mehrheitsdemokratie, Opladen 1984, S.207-223, S.220 [in anderem Zusammenhang].
Siehe dazu (Suspendierung kontroverser Debatten durch Mehrheitsentscheid) ferner: FN I.78 (Kap.3).
(a) Beispiele für die ursprünglichen Diskursanforderungen der (zu Beginn minoritären) 'Neuen Linken'. Zunächst machte die 'Neue Linke' (in Zeiten eigener Minderheitsposition) gegenüber der damaligen, durch den Staat repräsentierten Mehrheit die Ethik des herrschaftsfreien, rationalen Diskurses unter Gleichen [dazu: FN I.20 (Kap.1)] geltend; für deren "entschlossene Forderung nach Selbstbestimmungsrechten und das Beharren auf langwierigen politischen Diskussionen und auf öffentlichen Kontrollen von Entscheidungsprozessen" (O.**Negt**, Zum Verhältnis von Provokation und Öffentlichkeit (1969), in: ders., Keine Demokratie ohne Sozialismus, es **812** (Frankfurt/M 1976), S.348-356, S.354) beispielhaft: "Heute sind die Studenten ... darauf angewiesen, selbsttätig eine diskutierende Öffentlichkeit zu entwickeln, deren inhaltliches Aufklärungsinteresse wesentlich die Denunziation der Elemente des Ausnahmezustands in der Norm, im halbwegs funktionierenden Ganzen enthält. ... Denn nur die Diskussion gilt der Protestbewegung als ideologiefrei, die einen in möglichst rationaler Argumentation erzielten Konsensus als Entscheidungsgrundlage für die praktische Herstellung der Bedingungen herrschaftsfreier Verhältnisse anerkennt." (O.**Negt**, Studentischer Protest - Liberalismus - 'Linksfaschismus' (1968), in: ders. (s.o.), S.145-158, S.156/157); ferner: "Soweit sie mit 'Provokation' die Ausübung demonstrativer Gewalt meinen, ist sie völlig legitim. ... [Denn] demonstrative Gewalt ist die Gewalt, mit der wir uns Aufmerksamkeit für Argumente erzwingen und dort die Herstellung von Bedingungen für eine Diskussion erzwingen, wo sie stattfinden sollte." (J.**Habermas** (Protestbewegung, FN 4), S.146)
(b) Beispiele für das Scheitern des Diskurses. War die 'Neue Linke' in gesellschaftlichen Teilbereichen zur politischen Mehrheit geworden, so zeigte sie sich dort häufig nicht mehr bereit, die Kosten des herrschaftsfreien, rationalen Diskurses unter Gleichen zu tragen: FN I.20(b) (Kap.1): Herabwürdigung des Kontrahenden; Kap.3.1., insb. FN I.77: Diskursentleerung (Haushaltsdebatte); FN I.89 (Kap.3): mangelnde Geduld; FN 4(b): Diskursentartung in der Gruppenuniversität; FN 44: Diskursvereitelung durch Suspendierung der Form; Kap. 5.4.(c).; Kap.6.1., insb. FN 83: Elite als Diskursanforderung; FN 84: "Linkspluralismus"; Kap.7.3.(c)., insb. FN 152(b): "Umgehung" des öffentlichen Diskurses; FN 234 (Kap.8): "Zusammenbruch" der "alltäglichen Kommunikation"; FN III.87(a) (Kap.11): studentische Vollversammlung. - Exemplarisch zum Auseinanderfallen

Ist das Subsystem dergestalt politisch homogenisiert, im Sinne 'undogmatisch-links' geprägter Mehrheiten befriedet und stabilisiert, die interne Machtkontrolle ausgeschaltet, kann sich die Aggression nach außen gegen Institutionen und Repräsentanten des verhaßten, "bürgerlichen" Staates richten[64]. Kurzfristiges taktisches Ziel ist dabei, als möglichst maßlos darstellbare Reaktionen der Staatsgewalt zu provozieren, denn "das Eingeständnis von Gewalt bedeutet für jede Gesellschaft nichts weniger als das Eingeständnis eines Legitimationsmangels"[65].
Die so oft in der Verfaßten Studentenschaft etablierte Tyrannei der Mehrheit vermag sich nach außen um so wirkungsvoller zu rechtfertigen und auszugestalten, je umfassender im Staate - entgegen den Intentionen einer wertorientierten Verfassung - Demokratie rechtspositivistisch *allein* mit der Einhaltung formaldemokratischer, nicht minderheitenfreundlich formulierter Verfahren identifiziert wird und der Aspekt der Legitimation von Mehrheitsentscheidungen darunter *völlig* verblaßt. Diese Machtstruktur eines totalitären, 'undogmatisch-links' beherrschten Subsystems innerhalb des pluralistischen, freiheitlich-demokratischen Rechtsstaats (Obersystem) vermag dem totalitären 'dichotomen Mehrheitsprinzip' im Subsystem Stabilität zu verleihen. Verfahrensloyale politische Minderheiten sind fern der Öffentlichkeit lautlos zu liquidieren, ohne daß formale Rechtsbrüche vorliegen müssen oder gar politische (physische) Gewalt angewandt worden wäre: Die vorhandene 'undogmatisch-linke' Kommunikationsarmut entlädt sich in der Dezision des 'dichotomen Mehrheitsprinzips' gegen den 'rechten' studentischen Feind. Zwar erfolgt im Subsystem immer wieder die für das 'dichotome Mehrheitsprinzip' typische[66] politische Lähmung und Liquidierung oder Assimilierung einzelner vorhandener, nicht-'linker' Minderheiten. Doch begrenzt der übergeordnete demokratische Rechtsstaat den bestimmenden Einfluß der 'undogmatisch-linken' Mehrheit allein auf das Subsystem, d.h. auf den Bereich der "autonomen" Selbstverwaltungskörperschaft; das ermöglicht, aus dem pluralistischen Obersystem dem totalitären Subsystem immer wieder neue politische Minderheiten zuzuführen.

5.4. Eine Prüfung der Rechtfertigungsgründe für politische Gewalt mittels der normativen Theorie des 'zivilen Ungehorsams'

Die Grundstruktur der vorstehend angegebenen Rechtfertigung von 'undogmatisch-linken' Normbrüchen - also insbesondere die wohlplazierte Relativierung der Gültigkeit des 'formaldemokratischen Mehrheitsprinzips' - ist bekannt aus der während der Hochzeit der Studenten-

---

von diskurstheoretischem Anspruch und gewaltförmiger, kommunikationsfreier Realität die ehem. 'undogmatisch-linke' stv. AStA-Vorsitzende H.**Renk**: FN 148 (Kap.7); FN V.295(a) (Kap.19). - Als Paradebeispiel 'undogmatisch-linker' Paramnesie in diesem Zusammenhang: "Die 78er [d.h. die 'undogmatische Linke', P.K.] aber, stets zwischen 'Mittelmaß und Wahn' (Hans Magnus **Enzensberger**) schwankend, zog es immer wieder in den Bannkreis des Diskurses. Ob scharfsinnig, etabliert, trotzig-resigniert oder ganz prosaisch im Leben stehend - sie waren und blieben tief moralisch und grundanständig." (R.**Mohr** (FN 9), S.215)

64 Beispielhaft für derartige Rechtsbrüche aus der jüngeren Zeit bis 1993 für die Studentenschaft der Johann Wolfgang Goethe-Universität Frankfurt: FN 115 (Kap.6).

65 O.**Negt** (FN 28), S.102 ['undogmatisch-links' erzeugte Gewalt demonstriert in diesem Sinne des Verfassers allerdings keinen Legitimationsmangel].
Noch weitergehend: "Die Demonstration wird zur Erkenntnismethode." (P.**Brückner**, Die Transformation des demokratischen Bewußtseins, in: J.**Agnoli**/P.**Brückner**, Die Transformation der Demokratie, Frankfurt/M 1968, S.91-195, S.135); "Erst wenn die manipulative Gewalt der Herrschenden sich in offene Gewalt zurückverwandelt hat, kann die verinnerlichte Gewalt der Lohnabhängigen sich zur proletarischen Gewalt befreien." (R.**Dutschke** u.a. (FN 13), S.35); ferner: W.**Lefèvre**, Zur Theorie der Palastrevolution, in: O.**Negt** (FN 28), S.185-200, S.186. - Es handelt sich hierbei um "die Enthüllungsfunktion des Protests" (M.**Hättich**, Totalitäre und inhumane Tendenzen der radikalen Protestbewegung, in: A.**Schwan**/K.**Sontheimer**, Reform als Alternative, Köln/Opladen 1969, S.136-151, S.143 ff). Vgl. zu alledem ergänzend: Kap.5.2.2., insb. FN 31(a).

66 Siehe dazu (Vernichtung von Minderheiten durch das 'dichotome Mehrheitsprinzip'): Kap.3.2.

revolte intensiv geführten Rechtfertigungsdiskussion um die Theorie des "gewaltfreien" 'zivilen Ungehorsams'[67]. Es ist folglich abschließend zu prüfen, ob 'autonome', 'undogmatisch-linke' Politikansätze wenigstens den Prämissen dieser normativen Theorie genügen können:

(a) Anerkennung der Verfassung. *These 1:* "Das Problem des zivilen Ungehorsams ... entsteht nur in einem mehr oder weniger demokratischen Staat für die Bürger, die die Verfassung anerkennen."[68]

Dem widerspricht die Ablehnung des Primats des in der Verfassung in Grundstrukturen normierten Rechtssystems: "Der Vorwurf ... gegenüber der Studentenbewegung, sich nicht mit 'den Verfassungsgrundsätzen' einer (oder meint er damit vage die der konkreten der BRD) demokratischen Republik identifiziert zu haben, um ihren politischen Widerstand zwischen Protest und Kampfhandlung in der Schwebe zu halten, wirft ... die Frage auf, ob nicht die Rechtsstaatlichkeit, und das heißt die Codierung gesellschaftlicher Konflikte in Legalität/Legitimität gewissermaßen die Kriterien der Kampfhandlungen der Staatsmacht sind? (Legitimation von Knüppeleinsatz, Überwachung, Haft, Sicherheitsgewahrsam, Gerichten) Der 'qualifizierte Rechtsgehorsam' - ist das nicht die demokratische Form der Subordination in einem Herr-

---

67 **"Direkte Aktion".** Zunächst noch ganz harmlos, im Sinne des SDS: M.**Vester**, Demokratisches Engagement und direkte Aktion, Vorgänge **4**, S.510-514 (1965). Wenige Jahre später bereits: "Freilich wird man sich nicht auf die tradierten Methoden beschränken können, ebenso wenig wie auf rein legale Aktionen, zumal wenn die Perfektionierung der Manipulation der Massen weiter fortschreitet. Als 'Dritter Weg' zwischen revolutionärer Gewalttätigkeit und quietistischem Legalismus bietet sich gerade dann die Strategie und Taktik der direkten gewaltfreien Aktionen, des zivilen Ungehorsams, der Bildung neuer machtfreier Instituionen und Organisationen an." (O.K.**Flechtheim**, Die Politik der Zukunft und die Zukunft der Politik II, in: Sozialistische Politik (Herausgegeben am Otto-Suhr-Institut der FU Berlin) 2/1969, S.26-35, S.35)

(a) Die Theorie des 'zivilen Ungehorsams' hat grundlegend normativ entwickelt: J.**Rawls**, Eine Theorie der Gerechtigkeit, Frankfurt/M 1975, insb. S.399-430; ihm nachfolgend insb. der Göttinger Rechtsphilosoph R.**Dreier**; stellvertretend: Widerstand im Rechtsstaat?, in: FS für H.U.**Scupin**, Berlin 1983, S.573-599. Zuvor bereits, orientiert an der Studentenbewegung in Berlin: T.**Ebert** [1967-1970 Assistent bei O.K.**Flechtheim** am Otto-Suhr-Institut der FU Berlin, später Prof. dortselbst], Die außerparlamentarische Opposition und die gewaltfreie Macht, in: T.**Ebert**/H.-J.**Benedict** (FN 13), S.74-130; T.**Ebert**/G.**Jochheim**, Konfliktaustragung durch gewaltfreie Aktion, in: H.**Giesecke** u.a. (FN 44), S.127-174; ferner: H.**Marcuse**, Versuch über die Befreiung, es **329** (Frankfurt/M 1969), insb. S.103/104. Zu den Kriterien einer handlungstheoretischen Rechtfertigung des 'zivilen Ungehorsams' (symbolische Leere der Position der Macht, Freigebung eines symbolischen öffentlichen Raums, plurale Symbolisierung des Souveräns): U.**Rödel** u.a. (FN 34).

Zu den praktischen Ausprägungen des 'zivilen Ungehorsams' innerhalb der Verfaßten Studentenschaft: R.**Niemann**, Sitzprotest des 'Komitees der 100' vor der Griechischen Militärmission - Ein Experiment der Kritischen Universität mit demonstrativem zivilem Ungehorsam, in: T.**Ebert**/H.-J.**Benedict** (FN 13), S.131-178; kritisch: B.**Pieroth**, Störung, Streik und Aussperrung an der Hochschule, Berlin 1976, S.32 ff.

(b) Entartungen des 'zivilen Ungehorsams'. 'Ziviler Ungehorsam' als Provokation durch "begrenzte Regelverletzung", geprägt mit dem Beginn der Studentenrevolte ab 1966 an der FU Berlin [zuerst als "direkte Aktion", s.o.], wurde zunächst von einem "liberalen", wohlmeinenden Teil der 'Etablierten' als "Wahrnehmung und Verwirklichung von Grundrechten" verstanden. Diese Personen waren erstaunt, als sich in einzelnen, konkreten Fällen eine Anwendungsgrenze nicht normativ setzen und eindeutig ziehen ließ, vielmehr in Folge, einem Dammbruch gleich, sich Gewalt ungezügelt verselbständigte ["zur lauernden Lust auf die Gewalt, die man leicht weckt, aber schwer unter Kontrolle halten kann", später: C.**Graf v.Krockow** (FN 37), S.16]. Beispielhaft für das "bürgerliche" Erstaunen: Gewalt: Wann und wie, in: Der Spiegel 7/1969, S.23-34; U.**Hommes**, Provokation der Vernunft? - Herbert **Marcuse** und die Neue Linke, in: APUZ 44/1969, S.3-27, insb. S.5 ff; F.**Leonhardt**, Studentenunruhen, 2.Aufl. Stuttgart 1969. - Die altväterliche Sympathie F.**Leonhardts** [Rektor der Univ.Stuttgart 1967-1969] "für die große Zahl der vernünftigen und besonnenen Studenten" (S.11) wich der Pathologisierung ihrer Anführer angesichts der realen Brutalitäten: "Der SDS bestand 1961 noch aus ernstzunehmenden Studenten; leider wird sein Bild heute von einer Gruppe wahnsinnig Gewordener sehr negativ geprägt" (S.51); O.H.**v.d.Gablentz** bedauerte, daß die "Reformer unter den Professoren ... dann zwischen das schadenfrohe Gelächter ihrer reaktionären Kollegen und der böswilligen Studentenführer gerieten" (Vordergrund und Hintergründe der Studentenrebellion, in: NDH 125/1970, S.66-77, S.66).

68 J.**Rawls** (FN 67), S.400

schaftsverhältnis?" "Die Spontaneität, sofort alle Protest- und Widerstandshaltungen, -handlungen juristisch als legal/legitim zu codieren, ist also eine rechtsstaatlich aufgezwungene, die die Entfaltung autonomer und antijuridischer Positionen verhindert."[69]

(b) Bindungswirkung fundamentaler Gerechtigkeitsprinzipien. *These 2:* Der 'zivile Ungehorsam' "beruft ... sich auf die gemeinsame Gerechtigkeitsvorstellung, die der politischen Ordnung zugrunde liegt"[70].

Dem widerspricht die Ablehnung fundamentaler Rechtsprinzipien wie z.B. des Grundrechts der Unantastbarkeit der Person und ihrer Würde (Art.1 Abs.1 GG) zu Gunsten der Vollstreckung selbst gesetzten 'Rechts': "Weil dieser Professor nicht bereit war, sich einer Diskussion zu stellen, wurde er ausgepfiffen und wurde mit Eiern beworfen. Dieses Vorgehen als 'gewaltsame Auseinandersetzung' darzustellen, ist ein bewußter Versuch, den Streik zu diffamieren. Die paranoide Behauptung eines Dekans, er wäre mit einem Messer bedroht worden, läßt sich nur

---

69 Philosoph post festum, in: ASTA-info.1983/84, S.23.
Siehe für weitere Beispiele (**Nichtanerkennung der Verfassung und ihrer fundamentalen Werte**): Kap. 7.3.(b)., insb. FN 146, FN 148; Kap.13.3.1., insb. FN IV.45, FN IV.46, FN IV.47. Beispielhaft als für die frühe "antiautoritäre" 'Neue Linke' typische Einstellung zum (Verfassungs-)Recht: "Diese Bundesrepublik gehört den Unternehmern. Denn die freiheitliche Grundordnung ist die Ordnung der Manager und Großaktionäre, der Fabrikbesitzer und Monopolherren. Sie war nie die Ordnung der Arbeiter." (diskus Extrablatt 4/1968, S.2); "Die Gewerkschaften verteidigen das Grundgesetz, weil sie den Kapitalismus als Basis von Faschismus und autoritärem Staat nicht angreifen wollen" (diskus Extrablatt 5/1968, zit.n.: G.**Schmidt** (FN 13), S.15); "Die Verfassung ist ein Versprechen, das die herrschende Klasse weder halten kann noch will. Nur die Revolution kann es einlösen." (H.M.**Enzensberger**, Berliner Gemeinplätze, Kursb.**11**, S.151-169 (1968), S.165); "Diese Ansätze der Mündigkeit sind ein Angriff auf die autoritäre Grundordnung dieser Gesellschaft, die sogenannte 'freiheitlich demokratische Grundordnung'. Jeder, der sich allein oder zusammen mit anderen gegen die Schweinereien des Systems wehrt, muß erleben, daß Widerstand nötig und möglich ist, der erlebt aber auch, daß dem eigenen Widerstand, selbst wenn man ihn gar nicht mit Gewalt gewollt hat, mit Polizeieinsätzen und Gerichtsurteilen gewaltsam Grenzen gesetzt werden. Spätestens da merkt man, daß Gewalt in diesem System drin liegt und daß deshalb Widerstand auch gewaltsam sein muß." ('Sie wohnen in einem sozialen Rechtsstaat', sagt die Regierung, ODER?, Flugblatt v.21.9.1973, unterzeichnet u.a. von: AStA der Universität Frankfurt/M, SHI/SF, 'Revolutionärer Kampf' (RK)); "Warum mordet die Kapitalistenklasse in Deutschland nicht? Dazu möchte ich einen IG-Metall-Vertrauensmann zitieren: 'Die Klasse, die heute in Chile mordet, sitzt uns in der Bundesrepublik in Schlips und Kragen in der Tarifrunde gegenüber'! ... Das bedeutet meiner Meinung nach, daß die Klassenauseinandersetzung, d.h. auch die realen Machtorgane der Arbeiterklasse, ... nicht soweit ist, daß zum Brechen ihres Strebens nach Veränderung dieser Gesellschaft Morde notwendig sind. Es ist aber ganz klar, ... daß, sobald sich diese Bewegung über die freiheitlich-demokratische Grundordnung hinwegsetzt, die Repressionen zunehmen. Und was bedeutet das? Die fdGO ... ist nichts anderes - und deshalb sind wir nicht in der DKP, die sagt: 'Wir verteidigen das Grundgesetz' - dieses Grundgesetz ist nichts anderes als das verbriefte Recht der Kapitalistenklasse, die Arbeiterklasse und die Massen auszubeuten." (D.**Cohn-Bendit**, in: A.**Wenzel** u.a. (FN 9), S.99; ähnlich auch: J.**Fischer**, in: A.**Wenzel** u.a. (FN 9), S.104 [beide Mitglieder des 'Revolutionären Kampfs' sind heute führende Politiker der 'Grünen']); "Die Verfassung, das Grundgesetz, ist inzwischen als freiheitliche demokratische Grundordnung, fdGO, definiert, die fdGO ihrerseits mit dem status quo im Sinne der Organe des Staatsschutzes und der Großbourgeoisie gleichgesetzt." (P.**Brückner**, 'Angst haben und Angst machen', Anmerkungen zur psychologischen Kriegsführung in der BRD, in: ders. (FN 33), S.242-258, S.253); ferner: R.**Geulen**, Kann man mit einer bürgerlichen Verfassung eine sozialistische Praxis legitimieren?, in: G.**Stuby**, Disziplinierung der Wissenschaft. Zur Rechtmäßigkeit studentischer Kampfmaßnahmen, Frankfurt/M 1970, S.191-221.
In diesem Zusammenhang schließlich abwägender: J.**Seifert**, Der Kampf um Verfassungspositionen, in: nk 35/1966, S.4-11; J.**Seifert**, Von den Notstandsgesetzen zum vorverlegten Notstand, Kursb.**48**, S.45-56 (1977); U.K.**Preuß**, Politische Justiz und Verfassung, in: **Merve**-Kollektiv (FN 11(a)), S.8-14; J.**Agnoli**, Restaurative Tendenzen in der BRD, in: **Merve**-Kollektiv (FN 11(a)), S.52-58; J.**Agnoli** (FN 62), S.201 ff; das alles indirekt bestätigend: "Der Rückzug nicht weniger Professoren auf Verfassungsformeln ... hat gerade den Zorn der Demokratie-engagierten Studenten entfacht, die Professoren ... Opportunismus, Manipulation und pseudodemokratisches Verhalten vorwerfen." (H.**Laufer** (FN 24), S.27 (FN 55)) - A.A.: D.**Barudio**, Revoluzzer für das Grundgesetz (Die 68er, 25 Jahre danach), in: Rheinischer Merkur v.30.4.1993, S.6.
70 J.**Rawls** (FN 67), S.402

aus einer starken Abwehrhaltung dem Streik gegenüber und falschen Vorstellungen von dem, was wir in diesem Streik wollen, erklären."[71]

(c) Politischer Relativismus. *These 3:* Auf der o.a. grundlegenden Konsensbasis versucht der 'zivile Ungehorsam' in relativistischer Attitüde, "Gewalt zu vermeiden, insbesondere gegenüber Menschen, nicht wegen grundsätzlichen Abscheus davor, sondern weil sie ein endgültiger Ausdruck für einen Standpunkt wäre"[72].

Dem widerspricht bereits die notorische Klassifizierung alles Öffentlich-Politischen in 'links' und 'rechts' ohne Reflexion der Inhalte, allein aufgrund von Machtkalküls, die mittels dieser Wertung A-priori-Ausblendung alles derart belegten 'Rechten' aus dem substantiellen Denken und erst recht aus allen öffentlichen Debatten: "Ausgenommen ist freilich die unterwürfige - und bekanntlich vom Verfassungsschutz lukrativ honorierte - Praxis der Rechten."[73] Noch weniger zu leisten vermag das die Aberkennung des Politischen im öffentlichen Raum durch apodiktische Setzung: "Auch wenn wir numerisch keine absolute Mehrheit im StuPa besitzen, stellen wir doch die einzige politische Kraft an dieser Uni dar."[74]

(d) Individualisierung der Verantwortung. *These 4:* "Der zivile Ungehorsam ist noch aus einem anderen Grunde gewaltlos. ... Das Gesetz wird gebrochen, doch Gesetzestreue drückt sich im öffentlichen und gewaltlosen Charakter der Handlung aus, in der Bereitschaft, die gesetzlichen Folgen der Handlungsweise auf sich zu nehmen."[75]

Dem widerspricht die Zurückweisung individueller Verantwortlichkeiten für 'undogmatisch-linkes' politisches Handeln: "Die Bereitschaft zu fordern, 'für die rechtlichen Folgen der Normverletzung einzustehen', also ein 'persönliches Risiko' einzugehen (wie es so einfach dahingesagt wird), hat in den Auseinandersetzungen zwischen Protestbewegungen und Polizei/Justiz der letzten Jahre für viele Demonstranten und Akteure fatale Folgen gehabt. Untersuchungshaft, längere Gefängnisstrafen und die damit verbundene Isolation aus der Lebenswelt, die den Atem und Mut spendet für den politischen Protest und Widerstand, Bußgeldbescheide und Diffamierungen durch die Medien strapazieren die ... Geduld doch enorm; falls mann/frau nicht nur unbeteiligter Dritter oder lediglich gutmeinender Zuschauer ist."[76]

---

71 AStA-Streikflugblatt 6/1977: Wir haben die Gewalt nicht erfunden, sondern vorgefunden.
Siehe für weitere Beispiele (**Verletzung der Menschenwürde**): Kap.6 (hier: gegen politisch unbotmäßige Studenten). Ferner: "Der 'Betrieb' wurde gestört und lahmgelegt, in seinen absurden Zügen bloßgestellt und damit auch der Lächerlichkeit preisgegeben. Und was hätte absurder sein können als ein Professor, der, während einer Vorlesungssprengung, bis auf die Knochen naßgespritzt, in einem dunklen Hörsaal eisern seinen Text herunterspult?" (T.**Jahn**/P.**Wehling** (FN 9), S.259)

72 J.**Rawls** (FN 67), S.403

73 ASTA-info.4/1979 (FN 9), S.5

74 ASTA-info.11/1980, S.3.
Siehe für weitere Beispiele (**politische Absolutheitsansprüche**): Kap.7.3.(a)., insb. FN 128. Ähnlich: "Nur eines scheint noch gewiß: Die Häme der Rest-Linken über die 'Krise' undogmatischer Politik nehmen wir gelassen; wir wissen, daß unsere Politik in der Krise noch mehr Substanz hat als die der anderen in der eingebildeten Hoch-Zeit." (Unipolitik... mit?/ohne? Perspektive, in: ASTA-info.10/1983, S.6-7, S.7)

75 J.**Rawls** (FN 67), S.403

76 ASTA-info.1983/84 (FN 9), S.22.
Siehe für weitere Beispiele (**Anonymisierung von Verantwortung**): Kap. 7.3.(c).; weiterhin: FN 96 (Kap.6), Verstöße gegen das Impressumsgebot; Kap.8.2.4. Symptomatisch für diese Geisteshaltung erscheint ferner, daß sich noch heute ein ehemaliger Berliner SDS-Aktivist [1968 FU-AStA-Vorsitzender; 1988 Hochschulassistent für politische Wissenschaften an der Universität Osnabrück] öffentlich der erfolgreichen Vertuschung eigener Straftaten brüsten kann: "Wenige Wochen nach der Besetzung des Rektorats der FU durch Studenten wurde in **Gollis** Haus eingebrochen. Der Einbrecher klaute Geld und durchwühlte verschiedene Zimmer. ... Als die Kripo kam, war nur Brigitte **Gollwitzer** zu Hause. Sie wußte, daß sich in meinem Zimmer aus dem Rektorat der Freien Universität konfiszierte Akten befanden ..., wie auch der Talar und das Barrett eines deutschen Pro-

- Damit ist gezeigt: Im Falle 'undogmatisch-linker' Rechtsbrüche handelte es sich grundsätzlich *nicht* um Akte des 'zivilen Ungehorsams'. Viel eher entsprach das 'undogmatische-linke' Politikverständnis an der Hochschule bis zum Jahre 1993 den Prinzipien der "militanten Aktion": "Der Militante ... steht in einem viel tieferen Gegensatz zum bestehenden politischen System. Er erkennt es nicht als fast oder einigermaßen gerecht an; er glaubt entweder, daß es weit von seinen Grundsätzen abweicht oder daß es überhaupt von einer falschen Gerechtigkeitsvorstellung geleitet ist. ... Der Militante versucht..., der Strafe zu entgehen, da er nicht bereit ist, die gesetzlichen Folgen seiner Gesetzesübertretung auf sich zu nehmen; das hieße für ihn nicht nur den nicht vertrauenswürdigen Kräften in die Hände spielen, sondern auch die Verfassung anerkennen, die er ablehnt. In diesem Sinne steht die militante Aktion außerhalb der Gesetzestreue, sie ist ein tiefergehender Widerstand gegen die gesetzliche Ordnung."[77] Allerdings war diese 'undogmatisch-linke' "militante Aktion" nicht stets systematisch, generalstabsmäßig ausgerichtet, vielmehr haftete ihr, dem "Antiautoritären" entlehnt, auch ein hedonistisches und voluntaristisches Moment an: "Das Erlebnis von Solidarität und Geborgenheit in der Aktion begründet einen Kult der Gewalt, welcher bei der individuellen Erlösungsbedürftigkeit seinen Ausgang nimmt und dessen Hauptaufgabe in der Wiedererschließung individueller Primärerfahrung beruht. In ihm verbindet sich ein gesellschaftsfeindlicher Individualismus und eine private Interessiertheit an Gefühlen mit dem Willen nach revolutionärer Aktion und spektakulärer Gewalttat. Politische Brutalität und psychisches Wohlbefinden bedingen sich wechselweise. Die Vernichtung des anderen, auch die verbale, ist die unabdingbare Prämisse selbsterfahrender Identität. ... Die politisch katastrophale Kombination von psychischem Hochgefühl und physischer Gewaltaktion ist an Zynismus kaum zu überbieten: Fordert sie doch konsequenterweise die Vernichtung des Heterogenen als Kondition der Selbstfindung."[78]

Keine dieser Rechtfertigungen von politischer Gewalt kann im Einklang mit den humanistisch-wertgebundenen Normen einer demokratischen Verfassung, die Legalität und Legitimität unabhängig von Mehrheiten mittels eines demokratischen Grundkonsenses identifiziert, zu stehen beanspruchen: Sie offenbaren vielmehr zugrunde liegende politische Ideen von *absolutem* Geltungs- und Wahrheitsanspruch, vor denen abweichende Meinungen keine Duldung finden können; ihre studentischen Verfechter entwickeln aus ihrer totalitären Ideologie ein autonomes Rechtsbewußtsein, das selbst die Unantastbarkeit der Verfassungswerte im universitären Bereich negieren kann; die für den demokratischen Rechtsstaat essentielle Kongruenz von Rechtsbewußtsein und Rechtsnormen lösen sie gezielt auf; sie vernichten willentlich die öffentlichen Räume rationaler Debatte; sie verfolgen die von ihnen selbst in den Status des Feindes erhobenen Individuen und Gruppen mit messianischer Schärfe.

---

fessors. Diese Gegenstände hatten wir ebenfalls bei der Rektoratsbesetzung vergesellschaftet. Da anzunehmen war, daß der ermittelnde Kriminalbeamte vom Dahlemer Polizeirevier auch von jener Abteilung kam, die in Sachen Rektoratsbesetzung ermittelte, wurde ihr klar, daß schnelles Handeln erforderlich war. So entschloß sie sich, die Akten, den Talar und das Barrett in dem ehelichen Schlafzimmer unter der Bettdecke zu verstecken. Als die Kriminalpolizei eintraf und die Spurensicherung in meinem Zimmer begann, lief alles glatt. Im ehelichen Schlafzimmer der **Gollwitzers** wurde, jedenfalls unter der Bettdecke, nicht geschnüffelt, wohl betrat die Kripo auch das Schlafzimmer, weil auch dort Geld entwendet worden war" (J.**Treulieb**, Mit Golli auf dem langen Marsch, in: U.**Kabitz**/F.-W.**Marquardt**, Begegnungen mit Helmut **Gollwitzer**, München 1984, S.149-161, S.154/155).

77 J.**Rawls** (FN 67), S.404/405

78 B.**Guggenberger**, Die Unfähigkeit zur Politik - Zum Politikverständnis der Neuen Linken, ZfP **21**(NF), S.45-60 (1974), S.52/53.

Vgl. in diesem Zusammenhang ergänzend weiterhin: FN 8(b).

Kap.6 Die 'Neue Linke' als Abstimmungsminderheit in der Verfaßten Studentenschaft der Johann Wolfgang Goethe-Universität 1985-1989 (die 'Diktatur der Legitimität' als 'qualitatives Mehrheitsprinzip')

Nachfolgend wird die zuvor entwickelte Theorie der Machtabsicherung in weitgehend rechtsfreien Räumen der Verfaßten Studentenschaften bundesdeutscher Hochschulen anhand konkreter Fakten (aus der Johann Wolfgang Goethe-Universität zu Frankfurt am Main) expliziert. Dies betrifft im vorliegenden Kapitel die endemische Gewaltsamkeit 'undogmatisch-linker' studentischer Politik, die nach einer verlorenen Studentenparlamentswahl zu einer "Diktatur der Legitimität" hinführen soll. Es wird die einzige (fast vierjährige: 1985 bis 1989) Zeitperiode, in der die "antiautoritäre", 'undogmatische Linke' in der Zeit ihrer politisch wirksamen Existenz (etwa 1967 bis 1993) nicht bestimmend am AStA der Universität Frankfurt beteiligt war, unter dem Aspekt realer Machtverteilung dargestellt. Die ausgewählten Beispiele politischer Brutalität als Folge einer Wahlniederlage an der Johann Wolfgang Goethe-Universität sind zwar nicht alltäglich, allerdings unter den entsprechenden machtpolitischen Voraussetzungen (Virulenz der 'undogmatisch-linken' politischen Kultur nach dem Verlust "langandauernder Mehrheitsherrschaft") prinzipiell ebenso auf andere bundesdeutsche Universitäten übertragbar[79].

6.1. Die Legislaturperiode vom 27. Juni 1985 bis 20. Juni 1986

Am 27.6.1985 hatten die 'undogmatisch-linken' Studentengruppen nach 18jähriger ununterbrochener und unangefochtener Vorherrschaft mit der Bekanntgabe des Wahlergebnisses erstmals - u.a. aufgrund demokratisch kontrollierter und korrekt durchgeführter Wahlen[80] - die stimmenmäßige (quantitative) Mehrheit im Studentenparlament der Frankfurter Universität an verfassungs- und verfahrensloyale Studentengruppen ('Unabhängige Fachbereichsgruppen (Giraffen)' (UF), 'Ring Christlich Demokratischer Studenten' (RCDS) u.a.) verloren[81]. Hatten diese 'rechten' Gruppen doch zuvor mit der unerhörten Geltendmachung ihrer politischen Alternativen den (quantitativen) Mehrheitswechsel beim "karrieresüchtigen" und "manipulierten" stu-

---

79 (a) **Beispiele:** Die Universität zu Köln sowie die Westfälische Wilhelms-Universität Münster in der Legislaturperiode Dezember 1989 bis Dezember 1990; die Georg-August-Universität Göttingen in der Legislaturperiode Februar 1996 bis Februar 1997 [vgl. zum letzteren: Pressespiegel des Allgemeinen Studierenden Ausschusses der Universität Göttingen - Nr.1 v.17.4.1996].
(b) **Zur "langdauernden Mehrheitsherrschaft".** Die machtpolitischen Konstellationen einer "Diktatur der Legitimität" sind in Kap.5.3.1. angegeben. - Zum generellen Problem der sich verfestigenden Strukturen "langdauernder Mehrheitsherrschaft" (U.**Scheuner**, Der Mehrheitsentscheid im Rahmen der demokratischen Grundordnung, in: FS für W.**Kägi**, Zürich 1979, S.301-325, S.324): "Am weitesten entfernt sich die Volksherrschaft von ihrer eigenen Legitimität, wenn es zu den stets gleichen oder ähnlichen Dauermehrheiten kommt, zu jenen verkrusteten Majoritäten, welche über Jahrzehnte hinaus den Staat beherrschen. Dann ist da letztlich nichts mehr als jene Oligarchie, ohne welche ja solche Majoritäten weder herzustellen noch zu halten wären" (W. **Leisner**, Die Demokratische Anarchie, Berlin 1982, S.122); früher bereits: "Der Mehrheitsverband mit starrer, ein für allemal bestimmter Majorität kommt dem Herrscherverbande ziemlich nahe. Hier wie dort wird die Gruppe in Herrscher und Beherrschte geteilt und an dieser Tatsache wird dadurch nichts geändert, daß hier die Beherrschten, dort die Herrschenden an Zahl überwiegen." (W.**Starosolskyj**, Das Majoritätsprinzip, Wiener Staatswissenschaftliche Studien **13**, S.41-204 (1916), S.111); ferner auch: P.**Graf Kielmansegg**, Das Recht der Mehrheit und die rechte Mehrheit, in: GS für W.**Hubatsch**, Göttingen/Zürich 1985, S.301-322, S.315 ff.

80 Siehe dazu ausführlicher: Kap.12.1.; Kap.19.21.

81 "Das Resultat ist bemerkenswert: In Frankfurt hat sich das mit Abstand am weitesten links stehende Potential gesammelt, gefolgt von Berlin und Hamburg. Das linke Profil der Universität Heidelberg ist kaum mehr ausgeprägt. ... Auch an der am weitesten links einzuordnenden Universität Frankfurt haben die Studenten im gemäßigt linken, mittleren und rechten Bereich zusammen eine deutliche Zweidrittelmehrheit." (U.**Mayer**, Zwischen Anpassung und Alternativkultur, Bonn 1981, S.57/58)

dentischen Wahlvolk[82] verursacht, ohne zugleich über die *qualitative* Mehrheit der Engagierten zu verfügen. Nachdem damit die gewohnheitsmäßige, legal abgesicherte politische Macht im obersten Repräsentativorgan der Verfaßten Studentenschaft verlorengegangen war - die Legitimation dieses Wechsels wurde von den bisherigen Machthabern sofort angezweifelt -, nahm die kommunikationsarme 'undogmatisch-linke' Dominanz statt ihrer bisherigen, unspektakulär indirekten Form der elitär-arroganten Diskursausgrenzung[83] oder der direkteren Form

---

82 "Der linke AStA konnte sich nur etwa fünf Monate im Amt halten, dann kam der Wähler und machte Schluß damit. ... Die Karrieregeneration hat gesprochen, how. ... Law and Order, die ganze Geschichte ist so alt wie der Dreck im Main. Und noch älter. Nur nichts dazulernen, der Chef weiß schon Bescheid." ('Infam', Zeitung des 'undogmatisch-linken' Fachschaftsrats Informatik, Okt.1987) - Zum hinter dem Manipulationsvorwurf gegen Andersdenkende sich verbergenden Herrschaftanspruch der universitären 'Neuen Linken' bereits: E.K.**Scheuch**, Das Gesellschaftsbild der 'Neuen Linken', in: ders. (Hrsg.), Die Wiedertäufer der Wohlstandsgesellschaft, 2.Aufl. Köln 1969, S.104-149, S.134 ff; ferner: FN I.26 (Kap.1); Kap.3.3.

83 Die elitäre Diskursausgrenzung. "Dem Selbstverständnis und auch der Beurteilung durch Dritte gemäß stellten SDS und andere linke Hochschulgruppen eine studentische Elite dar" (J.**Litten** (FN 6), S.22 [Der Soziologiestudent J.**Litten** war 1967/1968 2.Bundesvorsitzender des SHB sowie 2.AStA-Vorsitzender an der Universität Hamburg.]). Beachte dazu auch: FN 0.15 (Einl.). Bereits dieses Selbstverständnis mußte den Kreis der Gesprächsberechtigten am herrschaftsfreien, rationalen, öffentlichen Diskurs radikal einschränken, weil andere Personen an diesem Diskurs nicht als Gleiche (sondern nur als erkenntnisfähig Minoritäre) teilzunehmen in der Lage waren. Als typisches Beispiel für elitären studentischen Habitus wird angeführt

(a) 'diskus - frankfurter Studentenzeitung': Die 'undogmatisch-linke' Frankfurter "Szene" leistete sich den bis 1993 wohlgehüteten Luxus eines elitären, für in deren Soziologen- und Szenenduktus nicht Eingeweihte nahezu unverständlichen theoretischen Periodicums, des 'diskus - Frankfurter Studentenzeitung': "Die Geschichte, vornehmlich der letzten 20 Jahre", weist den "diskus als Organ der Neuen Linken" aus (diskus 4/1992, S.3). Etwa seit 1970 knüpfte der 'diskus' als "Sponti-Theorieorgan oder Intellektuellenblatt der Undogmatischen Linken" (diskus 1-2/1989, S.2) an die in Frankfurt herausgegebene und 1970 im 10.Jg. eingestellte SDS-Theoriezeitschrift 'neue kritik' an. Den 'diskus' finanzierte in einer Auflage von jeweils 10.000 Exemplaren mit pro Haushaltsjahr meist 60.000 DM die Verfaßte Studentenschaft der Frankfurter Universität. Durch Mehrheitsentscheid des Studentenparlaments gehörten Redaktion und Herausgebergremium von 1970-1986 [viele diskus-Redakteure der Jahre 1976-1986 publizierten nach 1986 in der seit Okt.1985 erschienenen "unabhängigen Rezensionszeitschrift" LISTEN] sowie wieder seit 1989-1993 u.a. die meisten ehemaligen 'undogmatisch-linken' AStA-Vorsitzenden sowie viele der 'undogmatisch-linken' AStA-Referenten nach ihrem Ausscheiden aus der aktiven Studentenpolitik an [viele dieser Personen bekleiden heute maßgebliche Positionen in der Partei der 'Grünen']. Wissenschaftlicher Konvention und intellektuellem Anspruch folgend, zeichneten hier die Verfasser meist mit ihrem Namen [im Gegensatz zur 'normalen' AStA-Politik: FN 96; FN 155 (Kap.7)].

Diesem Periodicum waren intellektueller Relativismus und politische Pluralität fremd: "Außerdem vertritt die Redaktion die Auffassung, keiner Pluralismuskonzeption zu folgen. Denn in den Institutionen der bürgerlichen Demokratie regelt lediglich der Proporz die politischen Differenzen, mit der Folge, daß die Konsensbildung formell gewahrt bleibt und sich im Rahmen der jeweils herrschenden Auffassung der freiheitlich-demokratischen Grundordnung bewegt. ... Auch in der redaktionellen Arbeit kann kein verwischender Pluralismus gelten. ... Der Vorwurf der Zensur, mit dem wir konfrontiert wurden, klagt aber gerade solche Verwischungen ein." (diskus 4/1992, S.3 (Editorial)) - Zur 'undogmatisch-linken' Selbstdarstellung des diskus ferner: T.**Darmstädter**, Die Geschichte des diskus (Teil 1: diskus 1-2/1989, S.4-16; Teil 2: diskus 1/1990, S.35-51); Redaktion diskus (Hrsg.), Küß mir den Boden der Freiheit - Texte der Neuen Linken, Berlin 1992.

In ihrem arroganten, elitären Absolutheitsanspruch bescheinigten sich die Autoren des 'diskus' selbst den einzig maßgeblichen, in der Studentenschaft existierenden politischen Intellekt: "Es sei gut, daß es den diskus wieder gebe, hieß es, er zeige, daß noch ein Milieu an der Universität existiere, das politische Debatten führe, aber auch eine gewisse intellektuelle Form wahre" (diskus 1/1990, S.2 (Vorwort)). Dieser 'undogmatisch-linken' "intellektuellen Form" vermochte der nicht nur politisch, sondern auch intellektuell minoritäre 'rechte' studentische Feind keine gleichwertige Erkenntnisfähigkeit und Wissenschaftlichkeit entgegenzusetzen: "Der diskus als theoretisches Organ erscheint den Giraffen nur als Verdopplung ihres Dilemmas, zwanghaft mit einer ihnen äußerlichen, repressiven Wissenschaft konfrontiert zu werden." ('Linke-Liste'-Wahlzeitung 1986, S.10 [in Bezug auf die als 'rechts' ausgezeichneten 'Unabhängigen Fachbereichsgruppen (Giraffen)' (UF)])

(b) Zur elitären Sprache der 'Neuen Linken': "Die Theorie des SDS und der neuen Linken stellt sich in einer stark verwissenschaftlichten Sprache dar. Zu Inhalt und Form dieser Ideenwelt findet der sozialwissenschaftlich nicht Vorgebildete nur schwer einen Zugang, sofern er nicht von vornherein vor der Fülle der Selbstdarstellungen und der kritischen Publikationen zurückschreckt." (J.**Oelinger** (FN 8), S.11/12) - Das Wesen des komplizierten Duktus der Kommunikation der Studentenbewegung und nachfolgend der 'Undogmatischen Lin-

der Diskursunterbindung mittels Einsatzes des 'dichotomen Mehrheitsprinzips'[84] (die nunmehr nicht mehr möglich waren) bald die Gestalt offener, physischer Gewalt[85] an gegen die mit dem

---

ken' mit der Öffentlichkeit sei aber letztlich ein zutiefst politisches und damit Teil 'undogmatisch-linker' Identität: "Sprache kann zum Jargon werden, und wir wissen, aus welcher Quelle das hier in Frankfurt kommen kann, zumindest, daß man ... eine wissenschaftliche Terminologie ... gebraucht und den Zugang im Grunde genommen zur konkreten Erkenntnis von Bedürfnissen eines befreiten und glücklichen Lebens verhindert. Das ist das eine. Das zweite ist, daß in dieser Sprachstruktur eine Projektion ... von universitären und akademischen Verhältnissen auf die Gesamtgesellschaft enthalten ist. Das bedeutet, daß man notwendig zu einer parlamentarischen Utopie kommen muß, etwa im Sinne **Habermas**', der sich die zukünftige Gesellschaft dann vorstellt als eine über herrschaftstfreie Symbole ... miteinander verkehrenden, sprachlich-handelnden Menschen" (H.-J. **Krahl** (FN 9), S.313). "Die Aufforderung, verständlicher zu reden, ist jedem von diversen Diskussionsveranstaltungen bekannt. ... Endgültig borniert wird die Forderung nach Verständlichkeit in ihrer Wendung gegen Fremdes und der Rückbesinnung auf das Bekannte, Eigene. Das 'Red' doch mal deutsch', geäußert auf einer VV zum Thema Frieden, verdeutlicht nur noch einmal die Geschichte der Friedensbewegung. Als ob man nicht genau wüßte, was das heißt, deutsch zu reden, von der Etsch bis an den Belt damals, in den Isoknästen und Gerichtsverfahren heute." (Im Schrebergarten der Betroffenheiten, in: ASTA-info.12/1 (1983/84), S.4-5, S.5)
Kritisch zu derartigem: "Diese Sprache steht in radikalem Gegensatz zu der Idee universaler Befreiung, zu der die linken Intellektuellen doch die Theorie oder die theoretische Begründung liefern wollen. ... Es ist ... typisch für die Sprache der linken Theorie, daß sie stets auf Polarisierung, auf einen grundlegenden Widerspruch angelegt ist und einen bewußt dualistischen oder genauer: antagonistischen Zug der Argumentation aufrechterhält" (K.**Sontheimer** (FN 32), Kap.IV: Die Sprache der Theorie, S.239-260, S.250/253). Es besteht, dazu ergänzend, ein erhebliches Interesse, "ideologische Gedankengebilde ... gegen jede Kritik oder gar Widerlegung abzuschirmen. Zu diesem Zweck erklärt man nicht selten die betreffenden Gedankengebilde oder wenigstens ihre Grundthesen zu 'absoluten Wahrheiten', oder ihre Verfechter schreiben sich direkt oder indirekt ein Erkenntnismonopol zu: der Außenstehende ... soll prinzipiell nicht in der Lage sein, jene ideologischen Behauptungen zu kontrollieren oder sogar als falsch zu erweisen" (E.**Topitsch**/K.**Salamun**, Ideologie, München/Wien 1972, S.87/88 [E.**Topitsch** war noch 1964 Mitglied im 'Freundeskreis der HSU'; zur HSU: FN 10(a).]). Vgl. ferner: H.**Thielicke** (FN 5), S.15 ff; F.**Schneider** (FN 10), S.71 ff; nachfolgend: FN 128 (Kap.7).
Beispiel: "Es liegt aber in der Struktur der Reflexion, daß sie nicht auf ein affirmatives Verhältnis zum Bestehenden verpflichtet ist. Die Ideologie, die Wissenschaft und Theorie bloß als Reflex sozialstruktureller Determinanten deutet, kann eben nach den Resultaten dieser gescholtenen Theorie, der sie doch selbst sich nie zu entziehen vermag, keine Evidenz mehr reklamieren. Vielmehr erweist sich das theoretische Feld selbst als ein Raum, in dem es Positionen zu verteidigen, zu gewinnen oder zu verlieren gilt." (Die Politik, die Theorie und die Grünen, in: 'Undogmatische Linke'-Wahlinfo 6/1985, S.4-8, S.7 [zur StuPa-Wahl im SS 1985])
84 'Linkspluralismus' als eine Realisierung des "herrschaftsfreien Diskurses". Zum theoretischen Anspruch der 'Neuen Linken' über "demokratische und transparente Formen der Diskussion": FN 152(a) (Kap.7). - Ein herrschaftsfreier, rationaler Diskurs [dazu: FN I.20 (Kap.1)] erschien für die "antiautoritär", 'undogmatisch-links' beherrschte Studentenschaft in praxi überhaupt nur möglich innerhalb der Grenzen des dominierenden 'Linkspluralismus', der a priori die politisch 'links' definierten "Freunde" von den 'rechts' definierten "Feinden" trennt und letztere aus dem Diskurs ausscheidet. - Zu diesem machtpolitischen, scheindemokratischen Kriterium: "Wir sollten dabei klar sehen auf den freiheitlichen Sozialismus, wobei ich den allerdings definieren möchte. Wenn Rosa sagt, die Freiheit ist die Freiheit des Andersdenkenden, so meint sie nicht die Freiheit des Faschisten, sondern sie meint damit die sozialistische Interpretation nach der Revolution, die multidimensional ist, wo verschiedene Räteparteien zum Beispiel sein können, aber nicht gestaffelt sind. Und dafür werden die bewußt gewordenen Massen sorgen, daß Konterrevolutionäre nicht auf legale Weise wieder die Revolution in Frage stellen können. ... Soviel ist eindeutig auch bei Rosa **Luxemburg**, und das ist für uns in der Tat noch immer die entscheidende Ausgangsbasis, für mich und viele meiner Freunde, daß Demokratie und Sozialismus immer noch eine notwendige Einheit bilden" (R.**Dutschke**, in: E.**Bloch**/R.**Dutschke**/O.K.**Flechtheim**/W.**Maihofer**/W.-D.**Marsch**, Diskussion über "Revolution in Deutschland": Heiterkeit in die Revolution bringen, in: Der Spiegel 10/1968, S.38-57, S. 49/57). Ferner: ASTA-info. Dez.1980 [der 'undogmatisch-linken' Jusos], S.2; FN 83(a); FN 133 (Kap.7). - Derartige Manipulation durch vorgeblichen politischen Sachzwang konnte evident gerade nicht ein demokratisches Verfahren des unendlichen, herrschaftsfreien, rationalen Diskurses unter Gleichen konstituieren. Vielmehr zeigte sich eine vom 'dichotomen Mehrheitsprinzip' geprägte permanente Erzwingung der vom Diskurs ausgegrenzten, geringerwertigen Minderheit [dazu: Kap.3.1., insb. FN I.70, FN I.78]. Ergänzend wurde für Konstellationen, in denen die 'undogmatisch-linke' Position nicht über die formale Durchsetzungsmacht verfügt, der Sinn verbaler Kommunikation a priori in Frage gestellt: "Der 'rationale Diskurs' ist Schein - hinter ihm verbirgt sich Gewalt" (ASTA-info.11/1977 [anläßlich des gewaltsamen Abbruchs eines 'HHG-Hearings' am 28.11.1977 an der Frankfurter Universität]). Dazu ebenso: Kap.5.3.1.; ferner: FN I.89 (Kap.3). Diese politische Kultur des 'Linkspluralismus' prägte sogar staatliche Bereiche:

falschen Bewußtsein ausgestatteten studentischen Feinde[86]. Diese Entwicklung erschien vor der bisherigen Stigmatisierung nur konsequent, denn wo im öffentlichen Raum keine Abstimmung mehr gewollt ist, wo bereits jedes Gespräch scheitert, da beginnt die Gewalt.

(a) Öffentliche Kritiklosigkeit der 'undogmatisch-linken' 'Szene'. Nur einige wenige Studenten der früheren 'undogmatisch-linken' Mehrheit vermochten in der Folgezeit so weit nicht mitzugehen und appellierten *im Stillen*, die politischen Freunde möchten sich doch auf den Vollzug lediglich des 'zivilen Ungehorsams' beschränken: "Die Anerkennung von Gewalt zur Verwirklichung einer gewaltfreien, friedlichen Gesellschaftsordnung kann den ihr zugedachten Zweck nicht erfüllen. Die Bereitschaft zur Gewaltanwendung ... korrumpiert das Bewußtsein und die Glaubwürdigkeit derer, die Gewalt gewaltsam abzuschaffen suchen. Gewaltfreiheit kann nicht das befreiende Ende einer durch Gewaltakte markierten Wegstrecke sein"[87]. Doch auch diese wenigen Nachdenklicheren verschwanden lediglich von der politischen Bühne; kein einziger von ihnen brachte den Mut und die Kraft auf, während des über nahezu vier Jahre andauernden Terrors öffentlich sich gegen diese Gewalttätigkeiten zu stellen - vielleicht hofften sie für die Erledigung dieser 'schmutzigen' Aufgaben auf das in anderen Fällen von ihnen stets angezweifelte Gewaltmonopol des ungeliebten "bürgerlichen" Staates?

(b) Unangebrachte Reaktionen der Presse. Der universitätsinterne Terror wurde außeruniversitär als 'interessierte Öffentlichkeit' unter dem objektivierenden Status einer "unabhängigen" und "freien" Presse besonders perfide begleitet und ergänzt vom 'undogmatisch-linken' Journalismus der damaligen, von einem heutigen Frankfurter Stadtrat der Partei der 'Grünen'[88]

Beispiele: Typisch für durch einseitige Personalpolitik formal-korrekt verankerten und staatlich geförderten und finanzierten 'Linkspluralismus' war die 'Reformuniversität' Bremen, insbesondere in ihrer Gründungsphase 1971-1974 [dies durch Wahlergebnisse zur akademischen Selbstverwaltung bestätigend: T.**v.d.Vring**, Hochschulreform in Bremen, Frankfurt/M/Köln 1975, S.129-137]; den Sachverhalt stellte der Gründungsrektor und erste Rektor der Universität [und ehem. SDS- und Juso-Aktivist] T.**v.d.Vring** als geradezu sachgerecht heraus: "Der Senat der Freien Hansestadt Bremen sieht es als seine Aufgabe an, eine pluralistische Zusammensetzung des Lehrkörpers der Universität sicherzustellen, wobei aber auch er davon ausgeht, daß nur reformbereite Wissenschaftler, die die Prinzipien des Bremer Reformmodells akzeptieren, als Hochschullehrer der Bremer Universität geeignet sind. Angesichts der plausiblen Tatsache, daß solche Wissenschaftler im konservativen Lager recht selten zu finden sind, ist damit eine gesellschaftspolitische Einseitigkeit des Lehrkörpers [sowie der übrigen Statusgruppen] der Universität Bremen impliziert. Wer den Reformauftrag dieser Universität anerkennt, kann sich über solche Einseitigkeit nicht beklagen" (S.113). Dieser vorgebliche Sachzwang wurde durch die politische Senats-Mehrheit des Stadtstaates Bremen ermöglicht und gedeckt: "Soviel scheint für Bremen sicher: Obwohl der Lehrkörper pluralistisch schillert, spiegelt er nicht den gesellschaftlichen Pluralismus in der Bundesrepublik wider. Es ist, wie Bremens Bildungssenator Moritz **Thape** (SPD) weiß, 'eine linke Pluralität'" (Professoren: Um 180 Grad, in: Der Spiegel 23/1971, S.52-53, S.53). - Ferner (Univ.Marburg): K.**Reumann** (FN 23), S.30-33. Als aktuelles Beispiel: FB 04 (Erziehungswissenschaften Univ.Frankfurt/M), wie bereits aus Veranstaltungsverzeichnissen, Publikationen und Wahlergebnissen zur akademischen Selbstverwaltung zu ersehen ist; ähnliches gilt, eingeschränkter, für den Frankfurter FB 03 (Gesellschaftswissenschaften).

85 Die innere Logik dieses sich verselbständigenden aggressiv-gewalttätigen Klimas hatte bereits zwölf Jahre zuvor B.**Guggenberger** (FN 78) einer luziden Analyse unterzogen. Ähnliche Feststellungen traf bereits früher, auf politisch anderer Seite: J.**Habermas** (Protestbewegung, FN 4), insb. S.14 ff und S.36/37.

86 "Denn zum Begriff des Feindes gehört die im Bereich des Realen liegende Eventualität des Kampfes." (C.**Schmitt**, Der Begriff des Politischen, Berlin 1963 (Nachdruck der Auflage v.1932), S.33)

87 D.**Rucht**, Recht auf Widerstand, DuR **11**, S.123-143 (1983), S.140 [in anderem Zusammenhang].
Die Rede ist hier ausschließlich von physischer Gewalt; sie ist damit ersichtlich von schwächerem Gehalt als die humane Handlungsmaxime 'Der Weg ist das Ziel' [im Sinne von letzterem: "Demokratie ist eine politische Methode ... und daher unfähig, selbst ein Ziel zu sein" (J.A.**Schumpeter**, Kapitalismus, Sozialismus und Demokratie [1942], Ausg. München 1972, S.384)]. Vgl. dazu auch: Kap.5.4.

88 Nämlich: D.**Cohn-Bendit** [1968 und 1969 SDS-Kandidat bei der Frankfurter StuPa-Wahl; anschließend führend in der Gruppe 'Revolutionärer Kampf'; seit 1989 ehrenamtlicher Stadtrat der 'Grünen' im Frankfurter Magistrat und seit 1994 für dieselbe Partei Mitglied im Europäischen Parlament].

herausgegebenen Szenezeitschrift 'Pflasterstrand' (PS)[89], ehemaligen Mitgliedern 'undogmatisch-linker' Frankfurter ASten als zwischenzeitlichen Mitarbeitern bei der 'Tageszeitung' (taz) sowie einigen parteiischen Lokalredakteuren der 'Frankfurter Rundschau' (FR)[90]. Mit Ausnahme dieser journalistischen Sympathisanten der 'undogmatischen Linken' zeichnete sich die Öffentlichkeit durch weitgehendes Desinteresse und Uninformiertheit aus; denn pragmatischer Sacharbeit an der Hochschule geht der Sensationscharakter und das Spektakuläre des Extremismus ersichtlich ab, wodurch aus diesen Bereichen wenig Berichtenswertes übrigbleibt[91]; andererseits war man sich im 'seriösen', "bürgerlichen" Journalismus auch zu fein, in die Niederungen der Hintergründe von Betrügereien und Schlägereien in der als studentischer Kindergarten dargestellten Verfaßten Studentenschaft sich recherchierend hinabzubegeben[92].

(c) Fehlende Solidarität innerhalb der Universität. Schließlich erwies sich vor allem auch innerhalb der Johann Wolfgang Goethe-Universität die Gruppe derer, die "nicht nur den jeweils Verfolgten tätige Solidarität beweisen, sondern auch aktiven Widerstand leisten, wofür sie essentielle Nachteile wie Gewalttätigkeiten etc. befürchten müssen ..., verständlicherweise (als) relativ klein."[93] Gerade von Seiten der *Studentenschaft* zeigte sich keinerlei Solidarität mit ihren bedrängten Repräsentanten; im Gegenteil: die überwiegende Masse begleitete die Vorkommnisse als studienfremd mit absolutem Desinteresse. Was jedoch viel bedenklicher stimmte: Die 'undogmatisch-linken' Gewalttätigkeiten wurden überhaupt ohne erkennbare Anteilnahme und völlig verständnislos für das Leiden der Betroffenen begleitet durch nahezu sämtliche hochschulpolitisch interessierten *Professoren* der Universität[94]. Die Exekution des Rechts

---

89 **Linksalternativer Tendenzjournalismus (I).** Ein typisches Beispiel euphemistischer Verbrämung von Hausfriedensbruch und versuchtem Diebstahl lieferte der 'Pflasterstrand' (PS); den Versuch u.a. eines früheren Sponti-Aktivisten, im Zuge einer für die ihm politisch wohlgewogene AStA-Geschäftsführerin veranstalteten "Party" während der Arbeitszeit einen Schreibtisch sowie Akten aus dem Geschäftszimmer des amtierenden 'rechten' AStAs abzutransportieren, erläuterte der PS-Redakteur H.**Möhrle** ['undogmatisch-linker' AStA-Vorsitzender 1982-1983: StuPa-Prot. v.20.10.1982, S.2; diskus-Redakteur 1984-1985]: "So reagierte die derzeitige AStA-Vorsitzende G.**Böhm** mit überschäumendem Temperament auf den scherzhaften Versuch von einigen Partygästen, den Schreibtisch ihres Stellvertreters A.**Dauenhauer** zu entführen. ... Der Ex-Sponti, ehemalige Grüne Landtagsabgeordnete und Englischlehrer W.**Schwarz** [StuPa-Mitglied 1974-1975; Vorsitzender der 'undogmatisch-links' beherrschten Wahlschüsse für die StuPa-Wahlen 1975 (StuPa-Prot. v.16.5.1975, S.2) und 1976 (StuPa-Prot. v.21.5.1976, S.4) - zur rechtsstaatlich zweifelhaften Tätigkeit dieser Wahlorgane: Kap. 19.10.2.; Kap.19.11.1./4.; 1983 BT-Kandidat für die Partei der 'Grünen' im Wahlkreis 138 (Frankfurt/M I)] drohte ganz in guter linksradikaler Tradition unverzüglich mit der Prügelstrafe." (PS **273**, Okt.1987, S.10)

90 **Beispielhaft** dafür seien aufgeführt: Geisteswissenschaftliche Sahel-Zone, in: taz v.20.7.1985; Frankfurter AStA im Rückwärtsgang, in: taz v.21.1.1986; Giraffen als Quartiermacher, in: FR v.25.1.1986; Die 'Saubermänner' kriegen Angst, in: PS **240**, Juni 1986, S.10; Schadenfreude oder Erblast, in: FR v.20.6.1986; Dienstanweisung per Fliegenklatsche, in: PS **269**, August 1987, S.8; Giraffen mögen keinen Fisch, in: FR v.12.2.1988; Frankfurter AStA: Ein autoritärer Kinderladen, in: PS **284**, März 1988, S.16.

91 Diese Erkenntnis ist nicht neu: "Studentenproteste, die sich in geordneten Formen und nach den Spielregeln der freien Meinungsäußerung abspielen, haben nicht die mindeste Chance, ... auf die Titelseiten der Presse zu kommen. Dagegen ist die Schockwirkung bombensicher, wenn Professoren mißhandelt, Rektoren in ihre Amtsräume eingesperrt, Gebäude verbarrikadiert und Einrichtungen demoliert werden. Die Dirigenten der Rebellion spekulieren mit wachsendem Erfolg auf die Faszination der modernen Gesellschaft durch das Abnorme und auf ihr kränkliches Bedürfnis nach immer stärkeren Nervenkitzeln" (H.**Barth**, zit.n.: H.**Thielicke** (FN 5), S.97); ferner: FN 48 (Kap.5). Zur Sensationsgier der Presse auch: R.**Wassermann** (FN 26), S.57; ders. (FN 15), S.72; ders. (FN 38), S.33; F.**Leonhardt** (FN 67), S.55 und S.109 ff; ferner: FN 31(b) (Kap.5); FN 0.13 (Einl.).

92 **Beispiel:** R.**Kirst**, Die Rechtsabteilung wird ihren Spaß haben, in: FAZ v.25.10.1985 (Lokalteil). Vgl. auch: Kap.5.2.5.; FN 158 (Kap.7).

93 M.**Kloepfer** (FN 23), S.265

94 "Jede politische Revolution geschieht im Zusammenspiel von Aufwieglern und Abwieglern: Die Revolutionäre brauchen die 'Krise' oder, wenn keine in Wirklichkeit vorhanden ist, ein künstlich erzeugtes Krisenbewußtsein als Begründung und Antrieb ihres revolutionären Handelns; die Abwiegler verweisen demgegen-

wurde schließlich verweigert durch die formal rechtsschützende Staatsaufsicht in Gestalt einer attentistischen *Universitätsverwaltung*, die glauben machte, Parteinahme gegen die Rechtsbrecher würde ihre wohlgehütete Neutralität vernichten; für diese staatliche Behörde zeigte sich am unbeschwertesten gangbar "der durch Rechtlosigkeit geebnete Weg zum universitären Totalitarismus ..., an dessen Ende Ruhe aus Angst einkehren wird"[95] oder die Indolenz der Gleichgültigkeit, die sich als Toleranz objektiviert und erhöht.

- Bereits mit dem ersten Versuch der Etablierung eines nach dem vorangegangenen Wählervotum möglichen 'rechten' AStAs (8.11.1985) im Frankfurter Studentenschaftsbereich setzte konzentriert und für die Verursacher nahezu immer sanktionslos psychischer und physischer

---

über auf die sehr viel harmloseren Tatbestände, übersehen aber, daß eben die Erzeugung revolutionären Krisenbewußtseins selbst die politische 'Krise' ausmacht und verkennen die Versehrtheit der politischen und sozialen Ordnung, um die der Revolutionär besser Bescheid weiß. So wirkt die 'Abwiegelung' oder Verharmlosung als Begründung und Entschuldigung dafür, nicht zu handeln, weil es 'noch nicht so schlimm sei', in Wirklichkeit, um sich die notwendige gleiche politische Anstrengung, Hingabe und Grundsätzlichkeit in der Verteidigung von Staats- und Gesellschaftsordnung zu ersparen, die der Revolutionär gegen sie einsetzt." (H.**Schelsky**, Systemüberwindung, Demokratisierung und Gewaltenteilung, München 1973, S.15/16)

Das Prinzip der politischen Abwiegelung durch konservative Professorenmehrheiten in der akademischen Selbstverwaltung. "Am 4.5.1988 besetzten Studentinnen und Studenten auf Aufruf des OFF-Plenums [Oppositionelle Fachschaften gegen den rechten AStA] den Konvent der Universität Frankfurt und verhinderten die Wahl des Uni-Vizepräsidenten. ... Auf der folgenden Konventssitzung [25.5.1988] wurde die Aufforderung zur Stellungnahme lautstark wiederholt. ... Doch die erhoffte Wirkung (Entlarvung der Reaktionäre) blieb aus" ('Falsche Gemeinsamkeiten', RSG-Flugblatt [anschließend bis 4/1995: 'Grüne an der Uni'] v.26.5.1988). Über diese zweimalige, teilweise gewaltsame Umfunktionierung von Sitzungen der akademischen Selbstverwaltung der Universität durch 'undogmatisch-linke' Studentengruppen unter Führung der 'Linken Liste' wurde kein offizielles Sitzungsprotokoll angefertigt; auch das amtliche Universitätsorgan 'Uni-Report' reagierte zur Information der Öffentlichkeit mit keiner Zeile [beachte dazu auch: FN 47(a) (Kap.5)]. Es reagierte aber der 'Sprecher des Konventsvorstands', Mathematik-Professor und führendes Mitglied der konservativ-liberalen Mehrheits-Koalition im Konvent, J.**Weidmann**: "Ausgehend von dem Wunsch einiger studentischer Gruppierungen, <u>eine Diskussion</u> mit den Mitgliedern des Konvents über die weitere Entwicklung der Hochschule zu führen, hat der Konventsvorstand beschlossen, am 21.6.1988 ... eine hochschulöffentliche Diskussionsveranstaltung ... durchzuführen. ... Um insbesondere den Studenten die Teilnahme an der Diskussionsveranstaltung zu ermöglichen, hat der Präsident [K.**Ring**] die Lehrenden gebeten, während des Veranstaltungszeitraums ihre Lehrveranstaltungen nach Möglichkeit ausfallen zu lassen oder zu verlegen" (Schriftsatz v.13.6.1988 an die Mitglieder des X.Konvents). Als Diskussionsleiter wurde vom Konventsvorstand mehrheitlich der Jurastudent K.-T.**Edelmann**, führendes Mitglied der 'Linken Liste', bestimmt - das Nachsehen hatte die amtierende friedfertige und durch demokratische Wahl legitimierte 'rechte' AStA-Vorsitzende G.**Böhm** [Germanistik-Studentin, 'Unabhängige Fachbereichsgruppen']; auch der organisierte Feminismus der Universität wollte die Frau nicht unterstützen. Nach diesem für sie billigen Zugeständnis auf Kosten des gemäßigten AStAs konnten die Universitäts-Vizepräsidenten H.**Fasold** und H.D.**Schlosser** auf der nachfolgenden Konventssitzung am 29.6.1988 ungestört im Sinne der konservativ-liberalen Mehrheits-Koalition gewählt werden [dazu: Uni-Rep.9/1988, S.1].

Derart feige Abwiegelungsstrategien sind typisch für eine Zeit, in der die Universität für die meisten der Lehrenden politisch befriedet scheint [vgl. dazu: Kap.11.3., insb. FN III.85]. - Nichtsdestoweniger gelten auch hier und heute noch die richtigen Feststellungen aus der Zeit der Studentenrevolte: "Jeder Professor kennt Kollegen, die gar nicht wiederzuerkennen sind. ... Opportunismus, ja Feigheit, Verfall der rechtlichen und moralischen Urteilskraft und wiederum heilsgläubiges Mitmarschieren beim Aufbruch in neue Zeiten - all das begegnet heute nicht zuletzt unter Professoren, nachdem nun einmal die Universitäten unter staatlicher Assistenz zu den wichtigsten sogenannten Freiräumen ideologischer Indoktrination und Formation geworden sind" (H.**Lübbe**, Hochschulreform und Gegenaufklärung, Freiburg 1972, S.85/89). Kritisch dazu selbst Vertreter der studentischen "linken Mitte": "Schließlich aber ist auch gerade auf seiten der Professoren ein 'linker Opportunismus' zu beobachten, der in bedrohlichen Situationen zu geradewegs lächerlichen Zugeständnissen zwingt" (J.**Litten** (FN 6), S.34); "Andere Hochschullehrer ... ließen sich als Unterstützer der studentischen Anliegen feiern und waren doch nur ein bißchen zu feige für eine ernsthafte Auseinandersetzung. ... Von seiten der damals ganz Erwachsenen [war] ernsthafter Widerspruch in den Redeschlachten rar ... Wir hatten leichte Erfolge, die alte Ordinarien-Universität brach wie ein Kartenhaus zusammen." (A.**Vollmer**, Geh über die Grenze, in: E.**Jacoby**/ G.M.**Hafner** (Hrsg.), 1968 - Bilderbuch einer Revolte, Frankfurt/M 1993, S.121-136, S.128)

95 M.**Kloepfer** (FN 23), S.264.
Vgl. dazu: Kap.5.2.6. Als symptomatischer Sachverhalt: FN 99.

Terror - die Straftatbestände der Körperverletzung und Nötigung, des Hausfriedensbruchs und der Sachbeschädigung, ferner Denunziation und öffentliche Verleumdung mittels Verletzung des Presserechts[96] - gegen die als 'rechts' stigmatisierten politischen studentischen Feinde ein. Der virulente Terror erreichte einen ersten öffentlichen Ausbruch während einer Sitzung des Studentenparlaments am 17.1.1986; an deren Ende konnten die im Raum verbliebenen Parlamentarier feststellen: "Das Studentenparlament verurteilt das Verhalten des ehemaligen

---

96 "Auf jedem im Geltungsbereich dieses Gesetzes erscheinenden Druckwerk sind Name und Wohnsitz des Druckers und, wenn das Druckwerk zur Verbreitung bestimmt ist, des Verlegers oder - beim Selbstvertrieb - des Verfassers oder Herausgebers zu nennen." (§ 6 S.1 Hess.PresseG v.23.6.1949 (GVBl.I, S.75-77 (1949)) i.d.F. v.20.11.1958 (GVBl.I, S.183-186 und S.189 (1958)))

Verstöße gegen das Presserecht. **(a)** Über ihre fortdauernden Verstöße gegen das Impressumsgebot des Pressegesetzes höhnten 'undomatisch-linke' Studenten: "Tief getroffen hat uns auch Dein Hinweis, auf Flugblättern doch eine verantwortliche Person zu nennen. Wir haben es vergessen, wir haben nicht daran gedacht, wir sind verzweifelt!!! - Ehrlich! ... V.i.S.d.P.: Wir" (Offener Brief des 'Plenums oppositioneller Fachschaften gegen den rechten AStA - Off-Plenum' v.11.2.1988 an die damalige AStA-Fachschaftsreferentin S.**Ohde**, in dem diese unter voller Namensnennung öffentlich verunglimpft wurde).

(b) Am 26.4.1989 erließ der Präsident der Universität K.**Ring** als Allgemeinverfügung: "In den letzten Semestern ... sind in Räumen und auf dem Gelände der Universität Druckwerke, insbesondere Flugblätter und Plakate, verbreitet und angeklebt worden, ohne daß in ihnen die Person mit Namen und Anschrift angegeben war, die die Verantwortung für den Inhalt trägt (Fehlen des Impressums). ... Ich rufe deshalb alle Mitglieder, Angehörige und Besucher auf, die Vorschriften über das Impressum zu befolgen" ([Az.: 2.12.57], abgedruckt in: Uni-Rep.3/1989, S.2; Uni-Rep.4/1989, S.7). Darüber äußerte sich sogleich die 'Linke Liste'-Zeitung verächtlich: "So bleibt die Herausgeberschaft dieser Schrift einstweilen in den erfahrenen Händen W.**Weitlings** [1808-1871: Deutscher humanitär-utopischer Kommunist, P.K.]. Daß wir in dieser Zeitung unsere Namen nicht mehr so ohne weiteres unter unsere Artikel setzen, liegt eben an unseren prozeß- und sammelfreudigen Gegnern. Wir brauchen es ihnen ja nicht leichter zu machen, als es ohnehin schon für sie ist. Daß unser oberster Rechthaber **Ring** dann gleich noch mit einem Erlaß über die Befolgung der Bestimmung des Impressums nachziehen mußte, beantwortet der Herausgeber mit einem Lächeln." ('Linke Liste'-Zeitung Frühling 1989, S.2 (Editorial) [in dieser Ausgabe wurden wiederum u.a. Mitglieder des 'rechten' AStAs unter voller Namensnennung verleumdet: S.2, S.3]) - Zu einer ehrabschneidenden Zitatfälschung in einem anonymen Flugblatt der 'Linken Liste' (FN 106) stellte zuvor der angegriffene Universitäts-Präsident, an "liebe Kommilitoninnen, liebe Kommilitonen" appellierend, anbiedernd fest: "Die Zitatfälschung läßt vermuten, daß der anonyme Verfasser nicht nur mich, sondern auch die Linke Liste schädigen will. Ich empfehle daher den Mitgliedern der Linken Liste, sich unverzüglich von diesem Flugblatt zu distanzieren. Ich würde mir dies wünschen, weil ich nicht zu glauben bereit bin, daß die Mitglieder der Linken Liste auf böswillige und infame Weise Unwahrheiten verbreiten" (Offener Brief an die 'Linke Liste' v.20.1.1989); die geforderte Distanzierung erfolgte erwartungsgemäß nicht!

Über ein weiteres Tätigwerden der rechtschützen Universitätsverwaltung ist in diesem Zusammenhang nichts mehr bekanntgeworden. Stattdessen ist die 'Anonymisierung der Verantwortung' [dazu: Kap.8.2.4.] mittels mitunter ehrabschneidender Massenpublikationen, die zwar zum Werbezwecke eine studentische Gruppierung aufweisen, nicht jedoch eine juristisch verantwortliche natürliche Einzelperson, inzwischen zum unkritisierten Normalzustand an der Johann Wolfgang Goethe-Universität geworden.

(c) Im Falle zivilrechtlichen Vorgehens gegen behauptete Verleumdungen der 'Linke Liste' (Wahl-)Zeitung ist der Vertrauensmann der 'Linken Liste' für die laufende StuPa-Wahl nicht passivlegitimiert: LG Frankfurt, E.v. 13.12.1988 [Az.: 2/3 0 622/88] (unveröffentlicht); damit war den in aller Öffentlichkeit namentlich Verleumdeten praktisch der Rechtsschutz versagt worden: Bis nämlich in einem weiteren, strafrechtlichen Ermittlungsverfahren möglicherweise hätte geklärt werden können, wer Verleger und wer verantwortlicher Redakteur der inkriminierten 'Linke Liste'-Zeitung war, wären die nächsten Ausgaben der Zeitung bereits erschienen und der Vorgang selbst in der Öffentlichkeit vergessen gewesen.

(d) Das Problem erscheint so neu nicht: "Die Erbärmlichkeit, die darin liegt, einen einzelnen ... mit Flugblättern zu verhöhnen, für deren Lügen niemand zur Verantwortung gezogen werden kann, kommt anscheinend den wenigsten zum Bewußtsein. Ich habe diese Kritiklosigkeit gegenüber der Unfairneß dieses Verhaltens als das charakterlich Bedrückendste bei den Vorgängen der letzten Jahre empfunden. ... Ich halte [deshalb] im Justizbereich ... ein Gesetz für unabdingbar, das die Verantwortung für Flugblätter anders als im bisherigen Sinne regelt. ... Bei der gegenwärtigen Rechtslage kann hier jede Lüge, Verleumdung und Diffamierung nahezu hemmungslos ausgestreut werden, ohne daß eine Bestrafung der Autoren möglich ist. Sie bleiben anonym, und die als 'verantwortlich' zeichnende Gruppe kann nach dem Prinzip des Schuldstrafrechts nicht in globo oder in ihren maßgeblichen Repräsentanten belangt werden. ... In der Bundesrepublik Deutschland ist man vorerst jeder Diffamierung dieser Art wehrlos ausgeliefert." (H.**Thielicke** (FN 5), S.101/111 [im Jahre 1969])

Parlamentspräsidenten *R.A.* (Undogmatische Linke), der ... dem StuPa-Präsidenten *P.K.* den Präsidiumsordner samt Dienstsiegel entriß und diese aus dem Fenster warf. ... Das Studentenparlament verurteilt das Auftreten des ehemaligen AStA-Vorsitzenden *H.B.* (Undogmatische Linke), der einem Parlamentarier der Unabhängigen Fachbereichsgruppen ein Glas Bier ins Gesicht schüttete. Das Studentenparlament verurteilt das Verhalten des Herrn *G.F.* ..., der massiv Mitglieder des Studentenparlaments beleidigte und bedrohte. - Der Präsident bedankte sich bei den verbliebenen Parlamentariern für ihre Arbeitsdisziplin und ihr Durchhaltevermögen."[97] Besagter "*G.F.*" bedrohte am Abend des 26.4.1986 erneut einen Parlamentarier der "bürgerlichen" 'Unabhängigen Fachbereichsgruppen' auf dem Universitäts-Campus, diesmal mit einem feststehenden Messer[98].

6.2. Die Legislaturperiode vom 20. Juni 1986 bis 24. Juni 1987

Die Wahl am 20.6.1986 erbrachte ein Patt (11:11 Mandate) zwischen den beiden politischen Lagern im Studentenparlament. Zermürbt durch die entwürdigenden Zustände steter physischer und psychischer Bedrohung und Nötigung sowie andauernder staatlicher Rechtsschutzverweigerung - die zwischenzeitlich sogar noch in besonders schikanöser Ungleichbehandlung des 'rechten' AStAs gegenüber Teilen der gewalttätigsten 'linken' Opposition durch die Universitätsverwaltung kulminierte[99] - resignierten trotz der für diese unerwartet wieder relativ erfolgreichen Wahl die ersten engagierten verfassungs- und verfahrensloyalen Studenten: "Als wir Ende 1985 blauäugig in diesen Allgemeinen Studentenausschuß (AStA) gingen, hätten wir uns nicht im Traum ausgemalt, wie jahrelang aufgebaute 'links-alternative' Machtstrukturen ihre Existenz zu rechtfertigen im Stande sind. Bis heute ist es diesem AStA nicht gelungen, nennenswerten Einfluß auf die von Sympathisanten der 'Linken Liste' besetzten AStA-Betriebe nehmen zu können: AStA-Geschäftsstelle, AStA-KfZ-Referat, AStA-Druckerei - statt Mitarbeit Politik der Obstruktion. Unsere Vorstellungen von Pluralismus (öffentliche Ausschreibung der Stellen, Besetzung nach Qualifikation statt Ideologie etc.) sind hier völlig gescheitert. ... Was einige an der Uni seit dem Zeitpunkt unserer AStA-Beteiligung an 'Politik' betreiben, ist jenseits allen Anstands. Die psychische Vernichtung des 'verhaßten Giraffensystems', das systematische Fertigmachen einzelner Individuen scheint nicht zu genügen: Der unversöhnliche Haß

---

97 StuPa-Prot. v.17.1.1986, S.II.3 [vollständige Namensnennung im Protokoll]

98 Das danach vom Parlamentarier C.**Wiegand** angestrengte strafrechtliche Ermittlungsverfahren wurde gegen Zahlung einer Geldbuße von 1.000 DM am 2.2.1987 eingestellt.

99 Z.B. bei der Überlassung von Hörsälen an studentische Vereinigungen für politische Veranstaltungen. **Politischer Opportunismus der Universitätsverwaltung.** Ein beispielloser Eklat war später [dazu: Kap.6.3.] erreicht, als der damalige persönliche Referent B.**Willim** des konservativen Universitätspräsidenten K.**Ring** zusammen mit dem 'undogmatisch-linken' Gewalttäter **S.G.**, der zwei Tage zuvor die amtierende AStA-Vorsitzende S.**Ohde** tätlich angegriffen hatte [dazu: FN 107], am 3.12.1988 die Frankfurter Kongreßhalle unter Umgehung der grundsätzlich einberufungsbefugten Studentenvertretung, des derzeit 'rechten' AStAs, für eine Universitätsvollversammlung anmietete. Zur Beteiligung an dieser "universitären Vollversammlung am 30.11. 1988" rief der Universitätspräsident anschließend am 28.11.1988 universitätsöffentlich auf ("Ich möchte allen betroffenen Studenten die Teilnahme an dieser Vollversammlung empfehlen.") - wiederum unter völliger Ignorierung der von studentischen Gewalttätern, u.a. Initiatoren der Vollversammlung, bedrängten amtierenden Studentenvertretung. Auf der derart durch den Präsidenten K.**Ring** unterstützten "universitären Vollversammlung" erhielt dieser kein Rederecht zugebilligt (u.a. auf dem Podium durchgesetzt durch den **S.G.**): "Nur dem formalen Verständnis von Demokratie entspricht es, Rederecht auf studentischen Versammlungen auch für denjenigen zu fordern, der für eine Politik steht, die Studierende zunehmend von hochschulpolitischen Entscheidungsprozessen ausschließt und einer kritischen Öffentlichkeit den Zugang zu universitären Veranstaltungen mit Polizeigewalt versagt" ('Ende der Gleichgültigkeit', LiLi-Flugblatt [ohne Impressum] v.19.11.1988). Diesen Sachverhalt ergänzend: FN 47(b) (Kap.5).

überschreitet die Unantastbarkeit der Person. - Nach ca. zehn Monaten haben wir die Nase gestrichen voll. Es gibt im Leben anderes, als sich an der Uni von Fanatikern politisch verheizen zu lassen. Aus allen diesen Gründen verabschieden wir uns freiwillig von einer 'Macht' AStA, die wir so richtig eigentlich nie besessen haben."[100]
Der bisherige AStA-Vorsitzende, der den 'Unabhängigen Fachbereichsgruppen' angehörte, trat am 13.11.1986 von seinem Amt zurück, verließ anschließend desillusioniert die Frankfurter Universität und setzte sein Chemie-Studium an der Universität Hamburg unter Abstinenz von jeglicher hochschulpolitischer Aktivität fort. Gleichfalls trat die dem RCDS angehörende stellvertretende AStA-Vorsitzende am 9.1.1987 von ihrem Amt zurück, brach kurze Zeit später auch ihr Jura-Studium ab und verließ tief enttäuscht die Johann Wolfgang Goethe-Universität.
Mit dem Rücktritt des bisherigen 'rechten' AStAs und der Neuwahl eines 'undogmatisch-linken' (Minderheits-)AStAs durch das Studentenparlament am 9.1.1987 äußerte sich in einem offenen Brief an ihre Kommilitonen eine ehemalige AStA-Referentin: "Ende der Bockenheimer[101] Jagdsaison? Zum Abschuß freigegeben waren sie, die Giraffen[102]. Nach einem Jahr haben sie den AStA verlassen. Geht die Bockenheimer Jagdgesellschaft nun außerhalb des AStAs auf Giraffenjagd? Man kann gespannt sein. - Natürlich sind sie abschießenswert, die Giraffen, sind es doch Spießbürger in Trachten (BILD 'Linke Liste'-Wahlinformation, S.10) debile Veranstalter eines Festes (TitelBILD 'Linke Liste'-'Dokumentation eines Desasters') und Militaristen (BILD 'Dokumentation...', S.5). Daß sie gegen das Hochschulrahmengesetz, Atomkraftwerke usw. sind, ist völlig uninteressant, es sind eben 'Rechte', und 'Rechte' müssen abgeschossen werden. Daß sie gegen die Verschärfung des Asylrechts sind, die soziale Verelendung der Studenten und die immer schlechter werdenden Studienbedingungen thematisieren, tut schließlich nichts zur Sache. Was 'rechts' und was 'links' ist, bestimmen die Jäger, nicht die Gejagten. - Giraffen jagt man mit Handgranaten. Oder hält etwa jemand die runden Gebilde mit Abzugsvorrichtung auf den BILDern der Zeitung der 'Linken Liste' und ihren Flugblättern für Christbaumkugeln? - *Einer* Giraffe jedoch wird es besser gehen als allen anderen, wie man dem Flugblatt 'Ende der Wende' entnehmen kann: Er oder sie wird im Badezimmer von einer Killerlady mit dem Revolver erledigt. Seit Erscheinen dieses Flugblatts streiten sich insbesondere die männlichen Giraffen um das Privileg, lediglich erschossen und nicht in die Luft gesprengt zu werden ... Wer diese Gruppenbilder ... stört, wird zum 'Rechten' umgedeutet und zum Abschuß freigegeben. Und diese feine Jagdgesellschaft hält sich an keine Jagdsaison!"[103]

6.3. Die Legislaturperiode vom 24. Juni 1987 bis 2. Juni 1989

Die folgende Wahl des Studentenparlaments im Juni 1987 brachte zum dritten Male hintereinander einen Wahlsieg der verfassungs- und verfahrensloyalen Studentengruppen und damit auch die erneut einsetzenden Normverletzungen durch 'undogmatisch-linke' politische Gegner

100 ASTA-info. Nov.1986, S.2.
Dieses Heft beschreibt auf der letzten Seite eine Fülle weiterer anonymer Gewaltakte gegen den 'rechten' AStA.
101 Die Johann Wolfgang Goethe-Universität ist im Frankfurter Stadtteil Bockenheim gelegen.
102 Die 'Unabhängigen Fachbereichsgruppen' wurden nach ihrem Symbol ("Überblick behalten") zunächst despektierlich als "Giraffen" bezeichnet; der Terminus gewann zwischenzeitlich offiziellen Charakter.
103 "Offener Brief" der ehemaligen AStA-Referentin A.**Fornoff** ['Frauen und 2.Bildungsweg'] v.10.1.1987.
Die 'Linke Liste' bildete sich zur StuPa-Wahl 1986 vornehmlich aus einer Vereinigung der Gruppen 'Undogmatische Linke' (UL) und 'Grün-Alternative Liste' (GAL) sowie bislang unorganisierten, 'undogmatisch-linken' Studenten vor allem aus dem FB Philosophie. - Zur Wahl dieser Liste rief die Partei der 'Grünen' ("Die Grünen im Landtag") auf zwecks Schaffung "der Grundlage eines breiten Diskurses auch kritischer Intellektueller im Bereich der Universität" ('Linke Liste'-Wahlzeitung 1986, S.16). Vgl. dazu ergänzend: FN 10(c) (Kap.5).

an der Johann Wolfgang Goethe-Universität: Ganz unverblümt forderte zunächst ein 'undogmatisch-linker' AStA-Angestellter in einem "Offenen Brief" ohne Impressum zur Lynchjustiz gegen den damaligen, den 'Unabhängigen Fachbereichsgruppen (Giraffen)' angehörenden stellvertretenden AStA-Vorsitzenden, auf: "Herzallerliebstes Gir-ÄFFCHEN ... 20 Jahre nach dem Höhepunkt der antiautoritären Erziehung erfreut sich die Prügelstrafe wieder wachsender Beliebtheit und wird selbst von antiautoritär eingestellten Leuten gelegentlich hoch geschätzt."[104]
Als wichtigstes hochschulpolitisches Ereignis dieser Legislaturperiode zeigte sich ein zweiwöchiger universitätsweiter 'Streik' für bessere Studienbedingungen an der Universität, initiiert mit einer vom AStA einberufenen Uni-Vollversammlung[105]. Dieser 'Streik', obgleich aus berechtigtem Anlaß der aktuellen Studien- und bildungspolitischen Finanzmisere ausgebrochen und zunächst über eine breite Sympathie innerhalb der Studentenschaft verfügend und damit tatsächlich den Charakter einer Basisbewegung annehmend, diente einigen 'undogmatisch-linken' Strategen in Folge ersichtlich als Mittel, die Bestandskraft des zuvor nicht unter dieser Situation zustandegekommenen Wahlergebnisses für das Studentenparlament außer Kraft zu setzen, für den "Handstreich einzelner, der durch die normative Kraft des Faktischen nachträglich Zustimmung herstellen wollte, wo sie vorher plebiszitär nicht zu erreichen war"[106].
Der auf der Woge des 'Streiks' erneut einsetzende offene Terror, für sämtliche Täter nahezu folgenlos, gipfelte in physischen Angriffen politikbekannter 'undogmatisch-linker' Männer auf die damalige "bürgerliche" AStA-Vorsitzende, um diese Frau (erfolgreich) an der Abgabe eines RIAS-Fernsehinterviews zum Thema des Frankfurter 'Streiks' zu hindern[107], in der Nötigung des AStA-Sozialreferenten und des AStA-Darlehensreferenten durch dieselben Personen[108], in

---

104 Als Flugblatt verteilter "Offener Brief" des sich selbst nicht offen bekennenden 'undogmatisch-linken' AStA-Angestellten **P.Z.** v.30.10.1987 (ohne rechtsfähiges Impressum [dazu: FN 96]) gegen den stellvertretenden AStA-Vorsitzenden A.**Dauenhauer**, u.a. unter Nennung dessen vollständigen Namens.

105 'Aufruf zur Vollversammlung' am 17.11.1988, AStA-Flugblatt v.14.11.1988, unterstützt von: 'Grüne an der Uni', 'Unabhängige Fachbereichsgruppen', 'Juso-HSG', RCDS, 'Uni 2000' (d.h. 'MSB Spartakus' und SHB). Die 'Linke Liste' (LiLi) verweigerte zu diesem frühen Zeitpunkt, als der politische Erfolg noch nicht abzusehen war, die Unterstützung. Dies verschwiegen: C.**Hammer**/I.**Stieß** [Kandidaten der LiLi 1985-1987, AStA-Mitglieder 1987], Studentenstreiks: Bewegungsversuche und Terrain Universität, in: Kommune 2/1989, S.10.

106 J.**Habermas** (Protestbewegung, FN 4), S.9/10 [in anderem Zusammenhang].
Ähnlich: "Gruppierungen, die sich als 'Volksbewegungen' deklarieren, wollen oft darüber hinwegtäuschen, daß sie als Minderheit die durch Wahlen ermittelte Volksmehrheit überspielen möchten" (T.**Maunz**/R.**Zippelius**, Deutsches Staatsrecht, 28.Aufl. München 1991, S.75). Vgl. ebenso: FN 57 (Kap.5).
Die militärische Diktion von "Antiautoritären". Kriegerisch-lapidar erklärte die 'Linke Liste': "Der rechte AStA ist eine weitere unnötige Front, an der die studentische Linke momentan ihre Kräfte verschleißt" (LiLi-Flugblatt v.3.1.1989: "Schafft den Asta ab !?!", S.1 [ohne Impressum]). Diese tatsächlich militaristische Sprache eines Teils der "Antiautoritären" ist so neu indes nicht: "Die Durchbrechung der Spielregeln der herrschenden kapitalistischen Ordnung führt nur dann zur manifesten Entlarvung des Systems als 'Diktatur der Gewalt', wenn wir zentrale Nervenpunkte des Systems in mannigfaltiger Form ... angreifen ... Wir müssen begreifen, daß wir den Kampf und damit aber auch die Kampforganisationen benötigen." (R.**Dutschke** (FN 31), S.84)

107 Als körperliche Folgen der Gewalttat am 24.11.1988 stellten sich bei der Chemiestudentin S.**Ohde** [AStA-Vorsitzende, 'Unabhängige Fachbereichsgruppen'] blaue Flecken an Armen und Beinen ein. Das daraufhin angestrengte Strafverfahren gegen den namentlich bekannten Gewalttäter **S.G.** ['Linke Liste / Undogmatische Linke'] wurde gem. §§ 153a Abs.1, 170 Abs.2 StPO nach Zahlung von 150 DM durch den **S.G.** von der Staatsanwaltschaft beim LG Ffm am 20.11.1989 eingestellt, denn "nach dem Sachverhalt ist die Schuld des Täters gering" gewesen [Az.: 50 Js 4010.0/89]. - Auf 150 DM ist also der Preis gefallen, für den einer verfassungsloyalen AStA-Vorsitzenden an einer bundesdeutschen Hochschule mittels Anwendung physischer Gewalt das Grundrecht der Meinungsfreiheit (Art.5 Abs.1 GG) entzogen werden darf! - "Feministische Solidarität übt eine anwesende Dame des 'Autonomen Lesben- und Frauenreferates', die sich über die Schläge des 'Linke Liste'-Brutalos gegen Silvia **Ohde** köstlich amüsiert." (AStA-Sonderinfo 'Gewalt? - Nein danke!' v.15.12.1988)

108 Ein aufgrund desselben Sachverhalts (FN 107) angestrengtes Ermittlungsverfahren wegen Nötigung gegen den Studenten **M.W.** ['Linke Liste / Undogmatische Linke'], einen anderen der damals ca. 40 Eindringlinge

der Verletzung des Präsidenten des Studentenparlaments[109] sowie in erneuten körperlichen Schlägen gegen die AStA-Vorsitzende im Zuge einer zweiten gewalttätigen 'Besetzung' der AStA-Räume[110]. Für den gleichzeitig erfolgten Diebstahl der meisten Wahlunterlagen für die anstehenden Studentenschaftswahlen aus den AStA-Räumen wurde ausgerechnet der von den 'Unabhängigen Fachbereichsgruppen' nominierte, während der 'Besetzung' nachweislich nicht anwesende und nach dieser Zeit schwer verletzte Vorsitzende des Studentischen Wahlaus-

---

durch ein Fenster des AStA-Büros, der den AStA-Darlehensreferenten daran hinderte, der AStA-Vorsitzenden S.**Ohde** zu Hilfe zu kommen, wurde nach Einschaltung eines Rechtsanwalts auf Kosten der - zwischenzeitlich wieder 'undogmatisch-links' beherrschten - Frankfurter Studentenschaft ohne weitere Anhörung oder auch nur Benachrichtigung des Antragstellers sanktionslos eingestellt. Diesbezügliche Hintergründe erhellte das Sondervotum des "Prüfberichts für 1989" des Studentischen Rechnungsprüfungsausschusses, Punkt 10 der Einzelprüfungen (S.8/9): "Unter Beleg 3645 findet sich eine Rechtsanwaltsrechnung vom 30.11.89 der RAin W.**Verleih**, die für die Betreuung von **M.W.** DM 387,60 berechnet. Weshalb diese Kosten entstanden, ist den Unterlagen im Belegordner nicht zu entnehmen. In der Stellungnahme des AStAs zur Sammelniederschrift des Staatlichen Rechnungsprüfungsamtes wird hierzu ausgeführt: 'Im Rahmen des studentischen Streiks im WS 1988/89 ist Herr **M.W.** als Vertreter des Zentralen Fachschaftenrates (ZFR), der durch die Vollversammlung (VV) der Studentenschaft der Johann Wolfgang Goethe-Universität mit der Interessenvertretung der Studierenden während der Streikzeit betraut wurde, seiner Aufgabe nachgegangen. Die VV beschloß damals, die Nutzung der Räume des AStAs dem ZFR zu gestatten. In diesem Sinne hielt Herr **M.W.** sich in diesen Räumen auf, um eine Schreibmaschine benutzen zu können. Das war der Hintergrund für einen AStA-Referenten, Herrn **M.W.** wegen 'Nötigung' anzuzeigen, was eine anwaltliche Beratung erforderte. Das Verfahren wurde eingestellt. Bei Verfahren, die gegen Studenten in ihrer hochschulpolitischen Tätigkeit angestrengt werden, hat der AStA die daraus entstandenen Anwaltskosten in aller Regel übernommen. ...' Hierzu ist folgendes anzumerken: a) ... b) Eine Legitimation von **M.W.** durch eine Vollversammlung kann nicht gegeben sein, da die Vollversammlung weder im HHG, noch im HUG, noch in der Vorläufigen Satzung der Studentenschaft eine Beschlußkompetenz zugesprochen bekommt. Der in der Stellungnahme des AStAs angeführte Aufenthaltsgrund ist also in der behaupteten Form schwer möglich. c) Einige Vertreter des damals amtierenden AStAs äußerten, als ihnen gegenüber die obige Stellungnahme des heutigen AStAs verlesen wurde, ihr Erstaunen über diese Darstellung. Insbesondere wurde gefragt, ob es denn üblich wäre, die AStA-Geschäftsstelle, wie damals geschehen, durch die Fenster zu betreten (natürlich nur, um eine Schreibmaschine zu benutzen)." - Zur gewaltsamen Inbesitznahme der AStA-Räume wurde an anderer Stelle ausgeführt: "Den anwesenden AStA-Vertretern blieb aufgrund des Drucks der VV nichts anderes übrig, als ihre Büros dem Zentralen Fachschaftenrat bis auf weiteres zu überlassen." ('Ende der Gleichgültigkeit', LiLi-Flugblatt [ohne Impressum; dazu: FN 96] v.19.11.1988)

109 Es handelte sich dabei um eine am selben Tage (24.11.1988) ärztlich attestierte Rippenquetschung des Biologiestudenten T.**Angert**. Strafanzeige wegen Körperverletzung wurde aus Angst vor weiteren Repressalien nicht gestellt. [Vgl. in diesem Zusammenhang auch bereits: FN 23 (Kap.5).]

110 Die von der AStA-Vorsitzenden S.**Ohde** sofort nach ihrer geglückten Flucht aus den AStA-Räumen gerufene Polizei (13.Revier) verweigerte ein Eingreifen aufgrund einer vom Präsidenten K.**Ring** als Inhaber des Hausrechts erlassenen allgemeinen Direktive zur Zurückhaltung und Deeskalation.

Linksalternativer Tendenzjournalismus (II). Die 'links-alternativen' Gewalttätigkeiten vom 22.12.1988 exkulpierte (zum wiederholten Male) in der Öffentlichkeit ein Lokalredakteur der 'Frankfurter Rundschau' (FR): "Weil die gewählte Studentenvertretung in Frankfurt den Streik nicht genügend unterstützt ... habe, hatten ... etwa 40 Studenten das Büro des 'rechten' AStA besetzt. Nach Diskussionen und dem Konzert einer Musikband auf dem Gang gaben die Kommilitonen die Räume noch in der Nacht wieder frei" (L.**Fischer**, Studenten protestieren weiter, in: FR v.24.12.1988, S.2 (Lokalteil)). Diese 'Berichterstattung' gründete sich wieder einzig auf die Verlautbarungen der gewalttätigen 'Besetzer'; die Seite der von der Gewaltanwendung Betroffenen wurde dagegen (zum wiederholten Male) von den beteiligten FR-Lokalredakteuren weder befragt noch gehört: "Manche Journalisten können der Versuchung nicht widerstehen, den Einfluß, den sie vor allem auf politisch Unerfahrene und demokratisch ungefestigte junge Bürger haben, auszunutzen, um Rechtsgesinnung und republikanisches Ethos zu zerstören und die Geltung des demokratisch legitimierten Gesetzes in Frage zu stellen" (M.**Kriele** (FN 38), S.149 [auch bereits: A.**Gehlen**, Demokratisierung, in: NDH 135/1972, S.3-18, S.14 ff]). Denn: "Ist die politisch motivierte Gewalt auf vermeintlich 'richtige' und besonders lobenswerte Ziele gerichtet, kommt es immer häufiger vor, daß Gewalt gar nicht mehr als Gewalt erkannt, verharmlost oder doch jedenfalls als solche nicht mehr anerkannt wird. Die Gabe entsprechender Selbsttäuschung und Verschleierung findet sich bei allzuvielen Journalisten in erstaunlich ausgeprägtem Maße" (W.**Schmitt Glaeser** (FN 23), S.117/118). Zur politischen Vita vieler dieser Journalisten: E.K.**Scheuch**, Die Auswirkungen der 68er Studentenbewegung, in: Freiheit der Wissenschaft 2/1990, S.6-10, insb. S.9/10; grundsätzlicher ferner: R.**Zitelmann**, Wohin treibt unsere Republik?, Berlin 1994, S.97 ff.

schusses öffentlich haftbar gemacht: "Obergiraffe *P.K.*, Mitglied des studentischen Wahlausschuß', schlurft auf Krücken zu seiner Lieblingsbeschäftigung: Professionelle Wahlbehinderung"[111]. Dieser Diebstahl hatte übrigens den Abbruch des laufenden Wahlverfahrens zur Folge, und die damit notwendig gewordenen Wiederholungswahlen im Mai 1989 verursachten zusätzliche (Sach- und Porto-)Kosten von 42.385,35 DM, die der Steuerzahler zu tragen hatte. Auch diese 'rechte' AStA-Vorsitzende, zwischenzeitlich in der Öffentlichkeit vom tatsächlichen Opfer zum intriganten Störenfried stilisiert, trat jedenfalls desillusioniert vorzeitig, am 28.2. 1989, von ihrem Amte zurück[112]. - In der Tat: "Was ist da Mehrheit und was Minderheit?"[113]
Die Rückkehr der Frankfurter Studentenschaftspolitik in den formaldemokratischen Rahmen erfolgte später genau zu dem Zeitpunkt der für die 'undogmatisch-linken' Studentengruppen wieder erfolgreichen Neuwahl des Studentenparlaments im Juni 1989[114]. Damit waren die

---

111 'roter Campus' 5/1989, S.1.
Linksalternativer Tendenzjournalismus (III). In derselben Weise tat sich ein Lokalredakteur der 'Frankfurter Rundschau' (FR) in der Öffentlichkeit hervor, der, bezugnehmend auf eine Presseerklärung der 'Linken Liste' - ohne Nennung eines Verantwortlichen! -, das o.g. Wahlausschußmitglied öffentlich verleumdete (N.**Glaser**, Anzeige gegen Studenten wegen Aktendiebstahls, in: FR v.11.1.1989 (Lokalteil)), wiederum ohne den Beschuldigten vorher auch nur anzuhören - Rechtsmittel dagegen waren wegen der geschickt gewählten, lediglich die o.g. Pressererklärung referierenden Formulierungen kurzfristig nicht erfolgversprechend einzulegen. Die FR erreichte zu dem Vorgang ein Leserbrief des Frankfurter Chemiestudenten K.**Mikulecky** vom selben Tage: "Ich empfinde es als ungehörig, aufgrund einer anonymen Presserklärung der Linken Liste das Mitglied der Unabhängigen Fachbereichsgruppen im Studentischen Wahlausschuß, **P.K.**, in der geschehenen Weise öffentlich zu verleumden. Sie haben in der Ausgabe vom 11.1. ohne Skrupel die Behauptung abgedruckt, Herr **P.K.** sei 'der eifrigste Saboteur der Studentenparlamentswahlen', was ich einem Blatt wie der FR sehr übel nehme: Als Tageszeitung dieser Größenordnung haben Sie bestimmte journalistische Sorgfaltspflichten, die Sie hier nicht eingehalten haben. Offensichtlich hat Ihr Mitarbeiter **N.G.** es nicht für nötig befunden, Herrn **P.K.** ... zu den Vorhaltungen der Linken Liste zu befragen. Ansonsten wäre es wohl nicht zu dieser geradezu ehrabschneidenden Veröffentlichung gekommen. Im übrigen sei angemerkt, daß, wären diese Behauptungen wahr, gegen Herrn **P.K.** schon längst ein Strafverfahren wegen Wahlvereitelung eingeleitet worden wäre." Dieser (mit Verfassername und Adresse ausgestattete) Leserbrief wurde in der FR im folgenden nicht veröffentlicht!
Ebendiesen "Sachverhalt" (planmäßige Verhinderung des Wahlverfahrens für das Studentenparlament) stellte die 'Linke Liste' erneut am 11.1.1989 in einem Uni-Flugblatt ("Die Qual der Wahl") und in einer eigenen Zeitung öffentlich dar, unter voller Namensnennung des verleumdeten Wahlausschuß-Mitglieds aber ohne rechtsfähiges Impressum oder Angabe eines Verfassers. Gegen die Urheber des Flugblatts konnte kurzfristig und damit effektiv juristisch nicht vorgegangen werden [dazu auch: FN 96(d)]. - Die Diebstahlsanzeige wegen der gestohlenen Wahlunterlagen v.10.1.1989 durch den damaligen Präsidenten des Studentenparlaments T.**Angert** beim 13.Polizeirevier [Az.: 2830/89] wurde ohne erkennbare polizeiliche Ermittlungen eingestellt.
112 "Für die Giraffen bedeutet dies einen Abschied vom AStA. Einerseits mit Bedauern, weil unsere laufenden Projekte dadurch in Frage gestellt werden: Werden wir (oder unsere Nachfolger) auch in Zukunft grobe Mißgriffe bei der baulichen Neugestaltung der Universität verhindern können? Was wird aus dem Sozialreferat bzw. dem zweiten Sozialinfo? ... Was wird aus dem Darlehensfonds? Was wird aus der Wohnungsvermittlung? Dem Shuttle-Bus nach Niederursel? Und, und, und ... Davon abgesehen ist es jedoch erholsam, nicht ständig von politisch (?) motivierten Lynchjustiz-Einheiten nicht nur wörtlich, sondern auch faktisch vors Knie getreten zu werden." (ASTA-info.2-3/1989, S.2) - Über die weiteren Gewalttätigkeiten gegen den "rechten AStA" berichtete dieser in Sonderausgaben seiner ASTA-info. am 15.12.1988 ("Gewalt - nein danke") sowie am 5.1. 1989 ("Gewalt ohne Ende"); ausführlicher dazu in: FN 47(b) (Kap.5). Über ein Tätigwerden der universitären Rechtsaufsichtsbehörde von Amts wegen in nur einem der genannten Fälle ist nichts bekanntgeworden!
113 M.**Jänicke**, Zur Ortsbestimmung der Alternativbewegung, in: J.R.**Mettke** (Hrsg.), Die Grünen, Reinbek 1982, S.69-81, S.81
114 Die vorherigen politischen Gewalttäter konnten nunmehr ganz legal zu Repräsentanten der Frankfurter Studentenschaft avancieren: **(a)** Der 'undogmatisch-linke' Student **M.W.** [siehe dazu: FN 108] wurde nach der Neuwahl des Studentenparlaments im SS 1989 mit der Mehrheit der Parlamentarier von 'Linke Liste', 'Grüne an der Uni', 'Juso-Hochschulgruppe', 'Feministisch-autonome Uni-Frauen' zum neuen AStA-Vorsitzenden der Frankfurter Studentenschaft gewählt (StuPa-Prot. v.16.6.1989, S.4). Er mußte bereits im Oktober 1989 von diesem Amte wieder zurücktreten, "nachdem sich aus einem Streit zwischen ihm und seinem AStA-Referenten **C.Z.** (Grüne) eine handfeste Prügelei entwickelte, in deren Verlauf **M.W.** dem **C.Z.** eine blutende Platzwunde am Kopf zufügte" (pro - Frankfurter Hochschulzeitung **54**, S.1 (1990)).

'rechten' Studenten als universitäre Stellvertreter aus der Schußlinie genommen, und die 'undogmatisch-linken' Aggressionen richteten sich wieder direkt gegen "den Staat"[115].

(b) Daraufhin wählten dieselben 'undogmatisch-linken' Parlamentarier unter Wissen um dessen vorherige Gewalttätigkeiten gegen die ehemalige 'rechte' AStA-Vorsitzende S.**Ohde** ['Unabhängige Fachbereichsgruppen'] mehrheitlich den 'undogmatisch-linken' **S.G.** [siehe dazu: FN 107] zum neuen AStA-Vorsitzenden der Frankfurter Studentenschaft (StuPa-Prot. v.27.10.1989, S.3).
(c) Nach der turnusmäßigen Neuwahl des Studentenparlaments im WS 1989/90 wählte dieses erneut mehrheitlich mit den Stimmen der Parlamentarier von 'Linke Liste', 'Grüne an der Uni', 'Juso-Hochschulgruppe', 'Feministisch-autonome Uni-Frauen' den einschlägig aufgefallenen **M.W.** zum AStA-Vorsitzenden der Frankfurter Studentenschaft (StuPa-Prot. v.27.4.1990, S.4); "als die Parlamentarier der Unabhängigen vor dem Wahlgang auf einer Kandidatenbefragung bestanden, wurde mit allen Mitteln versucht, diese zu verhindern. Da dies nicht möglich war, wurden die Fragen nach den geplanten Aktivitäten und Schwerpunkten der Arbeit im AStA mit dem Hinweis beantwortet, es sei den Unabhängigen sowieso nicht möglich, 'linke' Politik zu verstehen, deshalb würde sich eine Antwort erübrigen." (pro - Frankfurter Hochschulzeitung **54**, S.1 (1990))

115 Die seit dem politischen Mehrheitswechsel 1989 (bis Ende 1993, dem Untergang der 'undogmatischen Linken') verübten Gewalttätigkeiten, an denen Mitglieder des Frankfurter 'undogmatisch-linken' AStAs oder aus dessen Sympathisantenszene wenigstens führend beteiligt waren, seien (wohl unvollständig) aufgezählt:
1.11.1989: Aufbrechen und "Besetzung" der Konferenzräume der Universität in der Bockenheimer Landstr.;
5.11.1989: Stürmung des Podiums anläßlich eines Festakts zur 75-Jahr-Feier der Universität in der Frankfurter Paulskirche; Prügeleien mit Polizeibeamten;
27.1.1990 (bis heute: März 1994): Aufbrechen und "Besetzung" der als Wohnheimzimmer hergerichteten Räume 117/118 im Studentenhaus Jügelstr.1 für ein "Internationalismusreferat des AStAs"; Verteibung der rechtmäßigen studentischen Mieter [vgl. dazu: FN 50 (Kap.5)];
30.1.1990: "Besetzung" der als Gästehaus der Universität in Herrichtung befindlichen Liegenschaft Frauenlobstr.1;
7.2.1990: "Besetzung" der Liegenschaft Elbestr.10 im Bahnhofsviertel;
12.5.1990: Gewalttätige Ausschreitungen während der Demonstration "Nie wieder Deutschland" auf dem Römerberg; anschl. "AStA-Fest" mit erneuten Ausschreitungen auf dem Universitäts-Campus während der Nachtstunden [für die diesbezügliche inhaltliche Selbstdarstellung siehe: "Reader" (!) 'Deutschland? Nie wieder!' - Kongress der Radikalen Linken, Frankfurt/M 1990, insb. S.285 ff; ferner: AStA Uni Ffm / Linke Liste (Hrsg.), Dokumentation 'Nie wieder Deutschland', Frankfurt/M 1990; diskus 3/1990, S.14-21; schließlich die offizielle Ankündigung des Rechtsbruchs in: diskus 2/1990, S.2, S.52];
6.6.1990: Bewerfen u.a. des Bundespräsidenten R.**v.Weizsäcker** mit Süßspeisen anläßlich dessen Besuchs an der Universität; Prügeleien mit der Polizei; bei einem der Hauptgewalttäter handelt es sich um den ehemaligen AStA-Vorsitzenden **S.G.** ['Linke Liste / Undogmatische Linke'] - siehe dazu ergänzend: FN 107;
2.8.1990: "Besetzung" der Liegenschaft Kennedyallee 123 in Sachsenhausen;
19.10.1990: Gewalttätige Sprengung eines Fests des 'rechten' Fachschaftsrats Wirtschaftswissenschaften (FB 02) "wg. Sexismus"; u.a. werden großflächige Scheiben der von feiernden Studenten überfüllten alten Cafeteria in der Bockenheimer Landstr.129 von außen mit Steinen eingeworfen;
5.12. - 11.12.1990: "Turmblockade": Der Lehr- und Forschungsbetrieb der Fachbereiche Gesellschaftswissenschaften (FB 03) und Erziehungswissenschaften (FB 04) sowie von Teilen des Fachbereichs Psychologie (FB 05) im 'AfE-Turm' wird lahmgelegt durch Blockierung sämtlicher Zugänge zu Büros und Seminarräumen;
16.1.1991: "Blockade" des Zoo-Gesellschaftshauses zwecks Verhinderung einer Wahlveranstaltung des Bundesaußenministers H.-D.**Genscher** anläßlich des nahenden Ablaufs des Golf-Krieg-Ultimatums;
23.1.1991: Gewalttätige Demonstration "Chaos im Ordnungsamt" gegen angeblich geplante, willkürliche Ausweisungen von Flüchtlingen aus der Golfregion;
5.7.1991: Während der 3.Lesung des Studentenschaftshaushalts 1991 körperliche Bedrohung des Oppositionsparlamentariers J.**Keller** durch Mitglieder der 'undogmatisch-linken' Mehrheitsfraktionen sowie anschließender Diebstahl von u.a. dessen Aktenkoffer mit sämtlichen Arbeits- und Studienunterlagen;
25.1.1992: Prügeleien mit der Polizei und Zerstörungen anläßlich einer vom AStA angemeldeten Demonstration "Antifaschistische Praxis - gerade jetzt!" gegen eine durch das Frankfurter Ordnungsamt zuvor genehmigte NPD-Veranstaltung vor dem Bürgerhaus Frankfurt-Kalbach;
2.5.1992: Aufbrechen des 'Festsaals im Studentenhaus' zwecks Durchführung einer "Dead Moon Night" (ASTA-info.6/1992, S.48) durch Mitglieder des AStAs (dieselben Personen höhnen anschließend in einer offiziellen Sondernummer des 'AStA-Infos': "Studentenschaft bricht in eigenen Festsaal ein");
4.5.1992: "Besetzung" des Raums 116 Studentenhaus (Schulungsraum des Hochschulrechenzentrums) durch das 'Autonome AStA-AusländerInnenreferat', Entfernen des technischen Mobiliars [vgl. dazu: FN 50 (Kap.5)];
4.11.1992: "Besetzung" des Vorzimmers des Universitätspräsidenten, Nötigung der Präsidialsekretärin durch einen ehem. 'undogmatisch-linken' AStA-Vorsitzenden [siehe dazu, euphemistisch: Uni-Rep.14/1992, S.2];

Alle genannten "bürgerlichen" Studenten mußten letztlich die für einen Rechtsstaat ernüchternde Realität zur Kenntnis nehmen: Honoriert wird an der Hochschule und in weiten Teilen der Presse heute die "demonstrative Rechtsverletzung als Mittel der politischen Auseinandersetzung"[116]; kleinliche Schikanen der Verwaltung, verachtende Gesten feiger Professoren bis zu Benachteiligungen im eigenen Studium, verständnisloses Kopfschütteln der strebsamen Studentenschaft hat über sich ergehen zu lassen, wer sich politisch an der Hochschule engagiert und trotzdem den Rechtsstaat achtet. Denn es zeigt sich heute als "gängige Maxime der Politik, rechtswidrigem Druck eilfertig und verständnisvoll nachzugeben, loyalem Vorbringen von Bürgerinteressen aber unnachgibig standzuhalten"[117]. In dieser Situation kann niemandem guten Gewissens anempfohlen werden, das vorherrschende Gleichgewicht aus Gleichgültigkeit und Angst durch Insistieren auf der Achtung des universell geltenden Rechts zu gefährden, denn Empörung erzeugt weniger die Zerstörung des Rechts in Teilen der Hochschule als vielmehr das öffentliche Antasten der Potemkinschen Dörfer heuchlerischer universitärer Harmonie.

7.12.1992: "Besetzung" der Telephonzentrale der Universität durch ca. 25 Personen;
15.12.1992: "Tätliche Auseinandersetzung" zwischen der Polizei und ca.30 Personen nach Farbschmierereien auf Scheiben, Wänden und Fußböden in der 'Neuen Mensa' [vgl. dazu: Antwort der Hessischen Landesregierung v.15.9.1993 auf eine Große Anfrage der CDU-Landtagsfraktion [Az.: PVD 13-GA 13/3731]];
18.1.1993: Körperliche Bedrohung des RCDS- und kommissarischen AStA-Mitglieds R.**Huber** im AStA-Büro;
26.5.1993: gemeinsam mit J.**Hirsch** [vgl.: FN 28(a) (Kap.5)] u.a. Nötigung eines Verfassungsorgans, "Aufruf, den Deutschen Bundestag friedlich zu belagern" (AStA-Flugblatt v.24.5.1993) mit Gewalttätigkeiten gegen Bundestagsabgeordnete anläßlich der 3.Lesung der Änderung des Art.16 GG ('Asylkompromiß').
6.7./7.7.1993: Einbruch in das Hochschulrechenzentrum und Besetzung desselben [vgl. dazu: FN 50 (Kap.5)]; die dadurch hervorgerufene Aussetzung der wissenschaftlichen Rechnerberatung greift direkt in die Studienarbeit von Studenten ein ["Der Beratungsdienst ist unerläßlich, da die elektronische Datenverarbeitung in fast jedem Studienfach als Hilfsmittel eingesetzt wird, daneben aber oft der Beratungsdienst des Hochschulrechenzentrums die einzige Hilfe bei ihrer Handhabung für die betreffenden Studenten darstellt." (P.**Fremdt**, Memorandum 'Studentischer EDV-Beratungsdienst' v.15.7.1993, S.1 [Die Leitung des HRZ äußert sich nicht!!])].
7.8.1993: Öffentlicher Aufruf - 7.8.-16.8.1993 auf einer Plakatwand des Uni-Campus (vor dem 'KOZ') -, einen unter Namensnennung mit Adressenangabe als "Nazi" denunzierten Frankfurter Medizinstudenten [und Stadtverordneten auf der Liste der Partei der 'Republikaner'] am 14.8.1993 um 14 Uhr zu Hause zu "besuchen".
11.7.1993: Zertrümmerung sämtlicher Schaukästen der Frankfurter Burschenschaften und Studentenverbindungen im Universitäts-Hauptgebäude. Das gleiche erfolgt nochmals am 8.10.1993 kurz nach der Wiederherrichtung. [Die streitbefangenen Schaukästen werden mit Schreiben des neugewählten Universitätspräsidenten W.**Meißner** v.24.8.1994 den bisherigen Nutzern anschließend auch amtlich endgültig entzogen!]
1.12.1993: "Besetzung" der Poststelle der Universität, um die Schließung des Universitäts-Postfachs einer angeblich "rechtsradikalen" Studentenverbindung (VDSt) zu erzwingen; diesem 'Wunsch' wird von der Verwaltung umgehend nachgekommen. [Der amtliche Entzug erfolgt erst nach mehrmaligen Nachfragen durch Uni-Kanzler W.**Busch**: "Wegen der seit geraumer Zeit gestiegenen Nachfrage aus der Universität bin ich leider gezwungen, wegen Eigenbedarf das Postfach des VdSt einzuziehen." (Schriftsatz v.17.10.1994 [Az.: 9.58.00])]

116 R.**Wassermann** (FN 38), S.25.
"Das bekannteste Beschwichtigungsargument lautet: Die direkte aggressive Verletzung von Rechten und Freiheiten ist doch in der Hochschule selten, ist der Ausnahmefall, nicht die Regel. Meine Erwiderung lautet: Selbst wenn dieses Argument in seiner Tatsachenbehauptung richtig ist - es ist richtig -, schlägt es nicht durch. Den gezielten Angriff auf die Rechte und Freiheiten einer Einzelperson für geringfügig zu halten - das ist dieser Person gegenüber niederträchtig und politisch ein Opportunismus mit verheerenden Folgen. Im politischen Wirkungszusammenhang bedeutet absichtlich ignorierte Verletzung der Freiheit des einen potentielle Verletzung der Freiheit aller. Erst wenn man aus dieser elementaren politischen Einsicht praktische Konsequenzen zieht, wird man in der vergifteten politischen Atmosphäre unserer Hochschulen wieder frei atmen können." (H.**Lübbe** (FN 94), S.84 [weitere Nachweise in: FN 48 (Kap.5)])

117 J.**Isensee**, Freiheit - Recht - Moral. Das Dilemma des Rechtsbewußtseins im deutschen Verfassungsstaat, in: K.**Weigelt** (Hrsg.), Freiheit - Recht - Moral, Bonn 1988, S.14-40, S.33.
Entsprechend "gehört heute bereits Zivilcourage dazu, sich zu den notwendigen Lasten des demokratischen Systems zu bekennen: insbesondere zu der Pflicht, dem verfassungsmäßigen Gesetz, solange es gilt, zu gehorchen" (J.**Isensee** (FN 32), S.171). - Dieselben Defizite zeigten sich auch im juristisch komplizierten und abgelegenen Bereich der Studentenschaftswahlen; siehe dazu nachfolgend: Teil V.

Kap.7 Die 'Neue Linke' als Abstimmungsmehrheit in der Verfaßten Studentenschaft (die 'Diktatur der Legalität' unter dem 'dichotomen Mehrheitsprinzip')

Unter der Voraussetzung, daß für derzeit bestehende Verfaßte Studentenschaften in deren oberstem Beschlußorgan, dem Studentenparlament, 'undogmatisch-linke' zusammen mit anderen staatsfeindlichen 'linken' Mandatsträgern über die arithmetische (absolute) Mehrheit verfügen, etabliert sich als für diese Körperschaft des öffentlichen Rechts charakteristischer Entscheidungsmodus unter 'undogmatisch-links' geprägter politischer Kultur nahezu zwangsläufig das totalitäre 'dichotome Mehrheitsprinzip'; es erfolgt damit die Einrichtung einer "Diktatur der Legalität" im politischen Subsystem Verfaßte Studentenschaft des demokratischen Rechtsstaats[118]. Mit dem endgültigen Verschwinden der "antiautoritären" 'Neuen Linken' etwa im Jahre 1993 und dem anschließenden Verblassen der von dieser getragenen 'undogmatisch-linken' politischen Kultur und mit dem Untergang der linksdogmatischen, DKP-orientierten Studentengruppen sind die Verfaßten Studentenschaften politisch offener geworden, wenngleich das 'links'/'rechts'-Blockdenken insbesondere von 'linker' Seite nicht aufgegeben worden ist.

7.1. Die staatliche Institutionalisierung des 'formaldemokratischen Mehrheitsprinzips' im Subsystem

Zunächst legt der mittels übergeordneten staatlichen Rechts die Handlungen der Verfaßten Studentenschaft normierende formaldemokratische Verfahrensrahmen die Voraussetzungen für die Anwendung des 'formaldemokratischen Mehrheitsprinzips'[119] in diesem politischen Subsystem fest: Für die im Namen der repräsentativ eingerichteten Selbstverwaltungskörperschaft erfolgenden politischen Entscheidungen ist der Abstimmungskörper identisch mit dem Studentenparlament selbst, d.h. abstimmungsberechtigt sind genau die jeweils anwesenden Mandatsträger dieses obersten Beschlußorgans. Jedes Votum hat gleiches Gewicht (Grundsatz der Gleichheit der Stimmen); das Mandat ist frei (§ 37 Abs.2 HRG); die Beschlußfassung erfolgt mit - ggf. qualifizierter - Mehrheit der abgegebenen Stimmen (§ 10 Abs.1 StS i.V.m. § 66 Abs.4 Nr.3 HHG). Die Entscheidungskompetenz erstreckt sich auf die nach § 63 Abs.2 HHG explizit normierten Teilbereiche des öffentlich-politischen Raums unter der Bedingung der Beschlußfähigkeit des Parlaments (§ 9 StS i.V.m. § 66 Abs.4 Nr.1 HHG)[120].

Das derart staatlich institutionalisierte 'formaldemokratische Mehrheitsprinzip' ermöglicht dem Subsystem Verfaßte Studentenschaft die politische Artikulation in der Öffentlichkeit sowie die Sicherung seiner internen Handlungsfähigkeit. Strukturbedingt entfällt dabei bereits die politisch-strategische Notwendigkeit für die (weitergehende) Etablierung des minderheitenfreundlichen 'materialen Mehrheitsprinzips'[121], nämlich die taktische "Überlegung, welche nachteiligen Folgen die gewaltsame Unterdrückung der Minderheit auf die Stabilität des Gemeinwesens

118 Zu den definierenden Kriterien des 'dichotomen Mehrheitsprinzips': Kap.3.1.; zur "Diktatur der Legalität": Kap.5.3.2. - Eine ganz entsprechende Etablierung des 'dichotomen Mehrheitsprinzips' erfolgte unter der Prägung der politischen Kultur Verfaßter Studentenschaften durch linksdogmatische Kräfte.

119 Zu den definierenden Kriterien des 'formaldemokratischen Mehrheitsprinzips': Kap.2.2.

120 Es wird in diesem Kap. wieder beispielhaft der Fall der Johann Wolfgang Goethe-Universität zu Frankfurt am Main herangezogen. Dementsprechend sind die folgenden Gesetze einschlägig: HRG = Hochschulrahmengesetz (= FN III.93); HHG = Hessisches Hochschulgesetz (= FN III.95); StS = Satzung der Studentenschaft der Johann Wolfgang Goethe-Universität (= FN III.168).

121 Zu den definierenden Kriterien des 'materialen Mehrheitsprinzips': Kap.4.1.

haben könnte"[122], im Studentenschaftsbereich: Denn die "Stabilität" des Subsystems wird als staatlich eingerichtete Selbstverwaltungskörperschaft unabhängig von jedweden Regungen interner Minderheiten garantiert durch den Gesetzeswillen und die damit verbundene und durch das Subsystem unangreifbare Macht des überhaupt nicht direkt beteiligten übergeordneten Staates. Im hier betrachteten Falle staatsfeindlich-'linker' Mandatsmehrheit im Studentenparlament wird der positivierte formaldemokratische Verfahrensrahmen ohnehin von niemandem in Frage gestellt: Die machtbewußte 'linke' Mehrheit hütet diesen als effektiven Garanten ihrer eigenen Interessen, die "bürgerlichen" Minderheiten verhalten sich verfahrensloyal aus ihrem Selbstverständnis der Respektierung demokratisch gesetzten Rechts.

7.2. Die Auflösung des das 'materiale Mehrheitsprinzip' konstituierenden Wertesystems

Das schützende Dach staatlich gewährten und nur unzulänglich kontrollierten Freiheitsspielraums[123] läßt unter der Voraussetzung staatlicher Institutionalisierung des 'formaldemokratischen Mehrheitsprinzips' in einem 'undogmatisch-links' geprägten Umfeld die Ausdifferenzierung 'undogmatisch-links' geprägter Verfaßter Studentenschaften als durch ihre Einbettung in den demokratisch-verfaßten Staat abgemilderte und begrenzte, weitgehend autonome, *totalitäre* Subsysteme zu; die Auszeichnung dieser Subsysteme nach innen zeigt sich als[124]:

(i) Absoluter Wahrheitsanspruch der Mehrheit. Charakteristisch ist der strikte Wahrheitsanspruch der 'undogmatisch-linken' Studentenpolitiker sowie als Konsequenz eine messianische Intoleranz und elitäre Arroganz gegenüber Andersdenkenden bis hin zu deren Stigmatisierung als 'rechte' "Feinde", die aus jedem Diskurs im öffentlichen Raum zu verbannen sind.

(ii) Umfassende Politisierung. Die einseitige Politisierung aller Bereiche des Subsystems im Sinne der 'wahren' Theorie, insbesondere der gesamten AStA-Verwaltung (durch parteiische Besetzung unbefristeter Stellen), erlaubt die Bildung zeitlich und finanziell stabiler 'undogmatisch-linker' Nischen im demokratischen Rechtsstaat. Bereits die mit zunehmender Politisierung einhergehende Fanatisierung der Machtträger verursacht nicht selten die psychische Drang-

---

122 A.F.**Utz**, Das Mehrheitsprinzip in der Demokratie (Rezension), ARSP **73**, S.526-540 (1987), S.530

123 **Das Prinzip der staatlichen Rechtsaufsicht über die Verfaßte Studentenschaft.** Das ausgeprägte Phänomen der weitgehenden Abkoppelung des politisierten Studentenschaftsbereichs von der Gesamtgesellschaft, besonders das Schwinden des Rechtsgehorsams im Subsystem, wird verstärkt und gefördert durch die Art der Staatsaufsicht über die Verfaßte Studentenschaft: Weil die Selbstverwaltungskörperschaften die einschlägigen Gesetze als eigene Angelegenheiten vollziehen, unterliegen sie nach der h.M. lediglich der äußerstenfalls die Einhaltung des formaldemokratischen Rahmens juristisch absichernden "Gesetzmäßigkeitskontrolle des Selbstverwaltungshandelns in Form der Rechtsaufsicht", nicht aber adäquater Fachaufsicht (A.**Gallas**, Die Staatsaufsicht über die wissenschaftlichen Hochschulen, Berlin 1976, S.33). - Als Vorbild hierfür diente wohl ein ähnliches konstitutionelles Konstrukt im Bereich der unmittelbaren Staatsverwaltung: Der Vollzug von Bundesgesetzen durch die Länder als eigene Angelegenheit (Art.83 Abs.3 GG) [vgl. dazu: T.**Maunz**/R.**Zippelius** (FN 106), S.340]. Diese Ähnlichkeit erfährt allerdings dadurch eine gravierende Einschränkung, daß die Verfaßte Studentenschaft heute nicht einmal mehr als mittelbare Staatsverwaltung, sondern als 'autonome' Körperschaft mit Legislativcharakter angesehen wird [dazu nachfolgend: Kap.13.3.2.].

124 Zu diesen definierenden Kriterien für den politischen Totalitarismus: K.D.**Bracher** (FN 30), S.202 ff.; J.**Oelinger** (FN 8), S.196 ff ("totalitäre Elemente im Gesellschaftsbild der neuen Linken"); G.A.**Ritter**, Der Antiparlamentarismus und Antipluralismus der Links- und Rechtsradikalen, in: K.**Sontheimer** (u.a.), Der Überdruß an der Demokratie, Köln 1970, S.43-90, insb. S.51 ff; ferner: E.K.**Scheuch** (FN 82), S.144 ff. Zu einer schlankeren Charakterisierung des Totalitarismus im Sinne der kommunikativen Theorie der "Zivilgesellschaft": U.**Rödel** u.a. (FN 34), S.52. - A.A., im Sinne der 'Neuen Linken' die eingesetzten politischen Mittel völlig außer Betracht lassend zu Gunsten reiner Theorie: H.**Grebing**, Linksradikalismus gleich Rechtsradikalismus - eine falsche Gleichung, Stuttgart/Berlin/Köln/Mainz 1971. - Dazu kritisch wiederum: P.**Kevenhörster**, Eine unbequeme Alternative: Demokratische und totalitäre Herrschaft - Zur Kongruenz von linkem und rechtem Totalitarismus, ZfP **21**(NF), S.61-67 (1974). [Vgl. ebenso: FN 87 (Kap.6.).]

salierung unerwünschter Minderheiten sowie die aggressive Dauermissionierung der "Unpolitischen" (von denen die meisten aber trotzdem nicht erreicht werden).
(iii) Politische Homogenisierung. Die strategische Relativierung des zentralen Stellenwerts demokratischer Wahlen, die Ausblendung 'rechter' Repräsentation aus der öffentlichen Willensbildung, die Verhinderung demokratischer Kontrolle sowie die Liquidierung 'rechter' Minderheiten auf Vollversammlungen sind Ausprägungen der Identifikation von politischer Führung und studentischer Basis im Subsystem[125].
(iv) Diktatur der Legalität. Die Reduzierung des positiven staatlichen und Satzungsrechts auf seine formaljuristische Komponente liefert dieses der willkürlich-situationsbezogenen, parteiischen Auslegung und Instrumentalisierung durch die herrschende Mehrheit aus, womit die minderheitenschützenden Anteile des Rechts in Einzelfällen bis auf Null reduziert werden können.
(v) Ablehnung des staatlichen Gewaltmonopols. Die prinzipielle Legitimierung von (physischer) Gewalt gegen politische "Feinde" ist diejenige Erscheinungsform 'undogmatisch-linker' Politik mit der größten Außenwirkung; "selektiver Rechtsgehorsam"[126] vollendet die Dominanz der Mehrheit in allen Bereichen des Subsystems.
- Die Verfaßte Studentenschaft zeigt sich damit als ein politisches Subsystem des Staates, das unter der - insbesondere aufgrund einer mit Finanzhoheit ausgestatteten - Selbstverwaltung eine der staatlichen diametral entgegengesetzte, nämlich 'undogmatisch-links' geprägte, totalitäre politische Kultur auszubilden vermag[127]. In dieser Situation geht die sozialethische, wertgebundene Grundlage des 'materialen Mehrheitsprinzips' im Studentenschaftsbereich verloren.

7.3. Die Etablierung des 'dichotomen Mehrheitsprinzips' im Subsystem

An die Stelle von demokratischem Grundkonsens, politischer Kultiviertheit, Minderheitenschutz, politischer Transparenz und Öffentlichkeit der Entscheidungen tritt eine völlig anders geprägte politische Kultur des Subsystems, gekennzeichnet durch:
(a) Die dichotomisch-stabile Segmentierung der Basis. 'Undogmatisch-linke' Politik beansprucht Wahrheit und absolute Geltung[128]; sie leugnet grundlegende Gemeinsamkeiten unter

---

125 Diese angestrebte politische Homogenisierung spiegelte sich bis etwa zum Jahre 1993 nach außen in sämtlichen 'undogmatisch-links' dominierten, amtlichen AStA-Publikationen (beispielhaft für die Frankfurter Universität: ASTA-information, diskus) wider: Oppositionelle, "bürgerliche" Stimmen kamen dort grundsätzlich nicht zu Wort [für den 'diskus' dazu: FN 83(a) (Kap.6); FN 151]. Es gab keine andere offizielle Publikationsmöglichkeit innerhalb der Verfaßten Studentenschaft - nicht einmal in Wahlzeiten zur Veröffentlichung oppositioneller Wahlvorschlagslisten [dazu: FN III.75 (Kap.11)]. - Diese Sachverhalte wogen um so schwerer, als den 'rechten' Oppositionsgruppen keinerlei finanzielle Mittel aus dem Studentenschaftshaushalt zur eigenen öffentlichen Artikulierung ihrer politischen Alternativen zur Verfügung gestellt wurden.
126 R.**Wassermann** (FN 15), S.47.
Siehe dazu ferner: Kap.3.3., bei FN I.98.
127 In dieser von der Mehrheit intendierten Abkopplung vom Staat zeigt sich übrigens ein grundlegender Unterschied zur kommunalen Selbstverwaltung, zum politischen Subsystem 'Gemeinde', das grundsätzlich "dadurch gekennzeichnet ist, daß ... gesamtgesellschaftliche Bezüge hergestellt und gesamtgesellschaftliche Bereiche perzipiert werden" (F.U.**Pappi**, Wahlverhalten und politische Kultur, Meisenheim 1970, S.137 [sowie S.89 ff]). Diese Abkoppelung widerspricht diametral dem der Einrichtung der Selbstverwaltungskörperschaft im demokratischen Rechtsstaat zugrunde liegenden Subsidiaritätsprinzip [dazu: Kap.13.3.2.].
128 Politischer Wahrheitsanspruch. (a) Paradigmatisch für die 'Neue Linke': "Das Telos der Toleranz ist Wahrheit. ... Befreiende Toleranz würde mithin Intoleranz gegenüber Bewegungen von rechts bedeuten und Duldung von Bewegungen von links" (H.**Marcuse**, Repressive Toleranz, in: R.P.**Wolff**/B.**Moore**/H.**Marcuse**, Kritik der reinen Tolerenz, es **181** (Frankfurt/M 1966), S.91-128, S.102/120); ähnlich: O.**Negt** (FN 32(b)), S.22. Mit anderen Worten: "Die Linke - und zwar auch noch die extremste Linke - hat ... immer das Element der historischen Wahrheit für sich, die Rechte - und zwar auch die nur gemäßigte Rechte - das Element der Unwahrheit und des Unrechts" (E.**Krippendorff**, Die Rechte in der Bundesrepublik - Zehn Thesen, in: F.**Duve**

den Studenten als Staatsbürger, die sämtlich die Mitgliedschaft in der Verfaßten Studentenschaft annehmen *müssen*; sie trennt die politische Studentenschaft in "Freund" und "Feind"[129], in "links" und "rechts"[130], sie scheidet politische Überzeugungen in "wahr" und "falsch"[131], und sie leugnet die Kommunikationsfähigkeit zwischen diesen Teilen.

(Hrsg.), Die Restauration entläßt ihre Kinder, Hamburg 1968, S.157-166, S.158). Vgl. dazu ferner: FN 83(a) (Kap.6); FN I.16 (Kap.1).

(b) Dazu kritisch: Der politische Wahrheitsanspruch prägte die Studentenbewegung von Anbeginn an: "H. **Marcuses** Lehren haben zu der oft berufenen 'elitären' Einstellung der Neuen Linken beigetragen. Er wies den Studenten die Aufgabe zu, das bei ihnen am ehesten vorhandene 'wahre Bewußtsein' in die mit einem 'falschen' Bewußtsein lebenden Massen zu tragen und ihre Einsicht in die 'wahren Bedürfnisse' des Menschen der von 'falschen' Bedürfnissen ausgehenden übrigen Menschheit zu vermitteln" (K.**Mehnert**, Jugend im Zeitbruch, Stuttgart 1976, S.395). Diese Kritik wird heute grundsätzlich bestätigt, exemplarisch: "Schon in der Kritik der 'repressiven Toleranz' hatte Herbert **Marcuse** der Empörung und der drohenden Verzweiflung über die so grosse Unfähigkeit der entwickelten Industrieländer, ihren eigenen moralischen Standards gerecht zu werden, ein gefährliches Tor geöffnet; indem er fahrlässig ... zur Dämonisierung des 'Systems' beitrug, gab er einem alten Fehler der Linken neuen Auftrieb: dem Hang, die eigene Erfolglosigkeit durch die Proklamierung eines exklusiven Rechts der Linken auf Wahrheit zu kompensieren. Nicht unbeträchtliche Teile der Linken begannen, sich aus dem Diskurs zu verabschieden. ... Herbert **Marcuse** war sich wohl bewußt, welchen gefährlichen Drahtseilakt er damit unternahm: seine Formulierungen waren nie ganz eindeutig. Aber die Botschaft seines berühmten Aufsatzes 'Repressive Toleranz' war doch recht klar. ... Für nicht wenige war **Marcuse** nicht anders lesbar denn als Aufruf zum Widerstand im Namen einer höheren Wahrheit" (T.**Schmid** [SDS Frankfurt 1968], Die Wirklichkeit eines Traums - Versuch über die Grenzen autopoietischen Vermögens meiner Generation, in: L. **Baier** u.a., Die Früchte der Revolte - Über die Veränderung der politischen Kultur durch die Studentenbewegung, Berlin 1988, S.7-33, S.30/33). Ähnlich auch bereits: J.**Litten** (FN 6), S.22.

Dieser vermeintliche Besitz absoluter Wahrheit erscheint als zentraler Aspekt individueller Selbstvergewisserung der 'undogmatisch-linken' "Szene": "eine nur schwer durchschaubare, verwirrende, komplexe Situation und die Ungewißheit einer düster wirkenden Zukunft schaffen Ängste. ... Wie ist Orientierung möglich? Das Absolute liefert sie. ... Es sagt, woher das Unheil stammt, wohin also - und vor allem: wogegen man sich wenden muß. ... Aus dem Gleichklang all derer aber, die miteinander einem Absoluten sich anvertrauen, wächst Stärke. Ein 'Wir' entsteht, Solidarität, etwas wie Gemeinschaft und Geborgenheit. ... Es geht um die Herstellung jener Konturen von Identität und Gegenidentität, die allem Anschein nach erst das Freund-Feind-Verhältnis vermittelt" (C.**Graf v.Krockow** (FN 37), S.23/25); C.**Graf v.Krockow** spricht weiter von der "Versuchung des Absoluten" (S.10 ff), die einerseits arithmetische Minderheiten legitimiert, für sich selbst das 'formaldemokratische Mehrheitsprinzip' zu suspendieren, und die andererseits (arithmetische = "quantitative") Mehrheiten legitimiert, dissentierende Minderheiten (z.B. mittels des 'dichotomen Mehrheitsprinzips') zu liquidieren.

129 Grundlegend dafür bereits: "Politisches Denken und politischer Instinkt bewähren sich also theoretisch und praktisch an der Fähigkeit, Freund und Feind zu unterscheiden. Die Höhepunkte der großen Politik sind zugleich die Augenblicke, in denen der Feind in konkreter Deutlichkeit als Feind erblickt wird" (C.**Schmitt** (FN 86), S.67 [auch: S.26 ff]). Diese Dichotomie wird zum Konstituens des 'dichotomen Mehrheitsprinzips': FN I.67 (Kap.3). - Dazu kritisch aus dem Hochschulbereich: "Dieses zur politischen Kategorie erhobene Freund-Feind-Schema läßt kaum Differenzierungen zu. Es führt notwendig zur Interpretation politischen Handelns als Kampf und ist damit nicht sonderlich weit entfernt von der Begriffswelt etwa eines Carl **Schmitt**" (J.**Litten** (FN 6), S.31); ähnlich: P.C.**Ludz**, Zur politischen Ideologie der 'Neuen Linken', in: E.K.**Scheuch** (FN 82), S.29-39, S.34. Beachte auch nachfolgend ergänzend: FN 140 (politischer Kompromiß).

Die politische Feindbestimmung, so wird von Apologeten der Studentenbewegung noch heute behauptet, sei charakteristisch allein für das konservative Weltbild: A.**Demirovic**/G.**Paul** (FN 20), z.B. S.18, S.82.

130 "Es boten sich endlich klare Wahrheiten: Gut und Böse, Links und Rechts, Oben und Unten. Natürlich machte solche 'Politik' Spaß" (S.**Marks** (FN 6), S.57). Für weitere Beispiele nachfolgend: FN 133; FN 135. - Zur machtpolitischen Funktion derartiger "Symbolwörter": E.**Topitsch**/K.**Salamun** (FN 83), S.57 ff.

Welcher Student 'links' (="Demokrat") und welcher 'rechts' ist, normiert in der Öffentlichkeit das 'undogmatisch-linke' Definitionsmonopol an der Hochschule [vgl. dazu: Kap.6.2., bei FN 103], meist mittels erheblicher finanzieller Beiträge aus dem Studentenschaftsetat [dazu: FN 19 (Kap.5); FN 172, FN 174 (Kap.8)], sowie Zuhilfestellung von Teilen der Presse [dazu: Kap.6.1.(b).; FN 110, FN 111 (Kap.6); FN 154(a)] und zumeist passiver Duldung des Rechtsbruchs durch das "Universitätsestablishment" [dazu: FN 20, FN 47, FN 48 (Kap.5); FN 96 (Kap.6)]. Als aktuelles Beispiel: Die Abhandlung von A.**Demirovic** [StuPa-Mitglied 1977] u.a. (FN 20), wonach die Studentenschaft sigfikant allein aus 'linken' "Demokraten", "Unprofilierten" und "Autoritären" (="Rechtsextreme") bestehe (insb. S.21, S.213). - Dazu (inzwischen) zu Recht kritisch: "Könnte es sein, daß sich im Zwang zur Rechts-links-Einteilung ein historisches Defizit zeigt: die Unterentwicklung einer liberalen Kultur?" (P.**Schneider**, Der neue deutsche Grobian, in: Der Spiegel 32/1994, S.165-170, S.168)

Das bedeutet: Die 'undogmatisch-links' geprägte Mehrheit projiziert den sie konstituierenden Haß gegen den fernen, anonymen, "bürgerlichen" Staat zunächst stellvertretend auf die für sie leicht greifbaren staats- und verfahrensloyalen studentischen (heute seltener auch: professoralen) Minderheiten an der Universität[132]. Dadurch wird ausgebildet eine antagonistische Trennung der politisch aktiven Teile der Verfaßten Studentenschaft in die nach außen, d.h. gegen "den Staat", stabile 'linke' Mehrheit und die als 'rechts' ausgegrenzten[133], stigmatisierten[134] so-

---

131 "Wenn so die Frage nach der 'Wahrheit' des Individuums und seiner Situation zugleich von Einfluß auf sein Selbstverständnis und auf Gesellschaft sein kann, wenn das Individuum als handelnd-erkennendes seine zugleich vermittelnde und vermittelte Position erfährt und den politischen Ernst der Frage nach seiner Wahrheit erkennt, wird ihm, dem politisch gewordenen Bewußtsein, seine Wahrheit wieder der Feind anderer Wahrheiten ... Das Problem der Toleranz gewinnt dabei seine Mehrdimensionalität und seine politische Schärfe zurück ...: das, was wir Parteilichkeit nennen, holt sich vom Gegner seine alte Würde" (P.**Brückner** (FN 65), S.137). - **Kritisch dazu:** "So hat sich ... herausgestellt, daß mit politischen Ideologien, die der Idee einer 'absoluten Wahrheit' verpflichtet sind, in der sozialen Praxis häufig ausgesprochen autoritäre und antidemokratische Verhaltensformen und Institutionen einhergehen" (E.**Topitsch**/K.**Salamun** (FN 83), S.90). Ebendies weist auf den 'undogmatisch-linken' Dezisionismus in der Verfaßten Studentenschaft: "Der Wahrheitsanspruch scheidet politisch nach Freund und Feind. Er integriert nicht, sondern er grenzt aus. Er flieht im Grunde die Konkurrenz und tabuisiert sich. Und anders als die Konkurrenzdemokratie kennt er nicht das Widerspiel von Mehrheit und Minderheit; vielmehr drängt er auf Durchsetzung - ohne Rücksicht auf einzelne, auf Minderheiten oder auch auf Mehrheiten" (H.**Oberreuter**, Mehrheiten und Minderheiten in der parlamentarischen Demokratie, in: ders. (FN 28), S.67-84, S.82). Vgl. ferner auch: FN 128.

132 Zur "Wahl von Haßobjekten" durch die 'Neue Linke': E.K.**Scheuch**, Zum Wiedererstehen der Erlösungsbewegungen, in: K.**Sontheimer** (FN 124), S.129-206, S.164 ff (Teil X); G.A.**Zehm**, Gibt es einen linken Faschismus?, in: H.J.**Schoeps**/C.**Dannenmann**, Die rebellischen Studenten, München 1968, S.116-123, S.123.
Beispiel ('undogmatisch-linker' Haß gegen den bestehenden Staat): FN 31(a), FN 32, FN 33 (Kap.5). Aktuelleren Datums, als Weiterentwicklung der 'Faschismus-Theorie' zum Haß gegen den Deutschen Nationalstaat: "Es ergeben sich ... drei Gegenstandspaare als Grundlage für die Untersuchung der aktuellen Entwicklung in Alemania: - Die implizite Aggression gegen alles, das fremd erscheint ..., das ist der exzessive Gebrauch des Begriffs der Nation im allgemeinen. - Die penetrante Apologie der bestehenden Verhältnisse in der RFA, verbunden mit einer Ignoranz gegenüber der Situation in der sogenannten Dritten Welt, das ist der Nationalismus als Ideologie im Kapitalismus. - Die kollektive Verdrängung des Nationalsozialismus, als auch der Haß gegen alle (und alles), die an jenes Faktum erinnern, das ist der Nationalismus als historisch am meisten zu sich gekommener in seiner alemanischen Form" (S.**Gandler** [AStA-Vorsitzender 1989/90 (StuPa-Prot. v.27.10.1989)], Teutschland - Was passiert in Alemania, in: diskus 2/1990, S.8-13, S.8 [Der Verfasser vermag bereits das Wort 'deutsch' nur noch in verfremdeter Form zu benutzen.]). Ferner nachfolgend: FN 143, FN 144.

133 Beispiele (politische Ausgrenzung): "Rechte Politik, das war und ist die Zerstörung von politischer Kultur und deren Institutionen. Rigoroser Anti-Intellektualismus sowie die Moral zu kurz gekommener Spießbürger bilden die Triebfeder der Destruktion" ('Linke Liste'-Zeitung, Herbst 1986, S.1). "Die Polarisierung rechts/links spitzt sich also zu, was eine entsprechend eindeutige Wahlentscheidung fordert" ('Undogmatische Linke'-Wahlinfo 5/1982, S.2). Dazu in verklärender Rückschau: R.**Mohr** (FN 9), S.33. Realistischer dagegen (inzwischen): "Kaum jemand bestreitet heute, daß der Ab- und Ausgrenzungswahn allzu häufig die Wahrnehmung der einfachsten Fakten blockiert hat." (P.**Schneider** (FN 130), S.169) - Die diffamierend-ausgrenzende Interpretation des politischen Begriffs 'rechts' hat ihren Siegeszug aus den Verfaßten Studentenschaften in die bundesdeutsche öffentliche Meinung hinein inzwischen fortsetzen können (auch dies ein Indiz für den maßgeblichen Einfluß der nunmehr etablierten 'Neuen Linken' auf die politische Kultur der Bundesrepublik Deutschland): "Erst die studentische Protestbewegung hat das, was wir [der SDS, P.K.] als Vorstellungen entwickelt haben, politisch aufgewertet und zu einem politischen Faktor in der Bundesrepublik werden lassen. " (J.**Seifert**, SDS und SPD. Ein Rückblick nach vorn, DNG/FH **36**, S.179-183 (1988), S.182); "Es gab Zeiten, da galt es noch nicht als Beleidigung oder gar als Ächtung, wenn man jemandem eine 'rechte' politische Gesinnung nachsagte. Heute wird rechts häufig gleichgesetzt mit rechtsradikal oder gar mit rechtsextremistisch." (E.**Lohse**, Die Fremdenfeindlichkeit als einende Klammer, in: FAZ v.20.5.1994, S.4); ferner: R.**Zitelmann** (FN 110), S.33.
Ausgrenzung selbst als politisches Ziel verortet dagegen noch heute empirisch in einer apologetischen Schrift ein ehem. 'undogmatisch-linker' Studentenpolitiker allein bei den "Konservativen" (A.**Demirovic** u.a. (FN 20), S.81/82); einziger Beleg für die Behauptung ist ihm die Aussage eines Frankfurter RCDS-Studenten, der kurz nach der Befragung [1995] der Partei der 'Grünen' beitrat.

134 (a) Beispiele (politische Stigmatisierung): "Der Student C.**Schiffel** ist so rechtsradikal, daß sogar das ADS [-sozialliberal] ihn ausgeschlossen hat. Heute läßt es sich der BMW-Fahrer und Stipendiat der Konrad-Adenauer-Stiftung im RCDS wohlergehen. ... Was in dem Kopf von **Schiffel** vorgeht, ist sicher interessant zu erfah-

wie teilweise sogar bereits entmenschlichten[135] politischen Minderheiten: "Politisches Stigma als Waffe im Machtkonflikt ist ganz offenbar auch in demokratisch verfaßten Staaten nicht ausgestorben."[136] Die pervertierten Aktivitäten der für solche Minderheiten zu "Ghettos der Verachtung"[137] verkommenen obersten studentischen Beschluß- und Willensbildungsorgane, Studentenparlament und Universitätsvollversammlung, zeugen vom politischen Klima virulenten psychischen Terrors innerhalb der Verfaßten Studentenschaft. "Da die Gegenmacht der Betroffenen nur geringes Ausmaß hat, bleibt die Abwehr der Stigmatisierung schwach. ... Es ermangelt der materiellen und physisch-zwingenden Machtmittel."[138]

---

ren. Was dieses RCDS-Würstchen - und jeder sollte sich diesen Speichellecker einmal ansehen - im Haushalts-Ausschuß und dazu auch noch als Vertreter der Studenten zu suchen hat, ist weit mehr als interessant" (AStA-Flugblatt 'Rechtsradikaler als Studentenvertreter' v.6.6.1973 [zum Sachverhalt auch: Uni-Rep.7/1973, S.1/2]). "Über das Verhalten der rechten bis halbfaschistischen Gruppen braucht hier nichts gesagt zu werden" ('Undogmatische Linke'-Wahlinfo, 6/1977, S.2). Typisch auch: ASTA-info.6/1992, S.5.

(b) **"Die Faschismuskeule"** (H.-M.**Knütter**, Berlin 1993)**:** Das Prinzip dieser Stigmatisierung ist einfach: Das 'Rechte' wird, meist unausgesprochen, per se mit dem Verdacht einer Verbindung zum Faschismus als dem 'rechten' Paradigma, als inzwischen letztem Tabu dieser permissiven Gesellschaft behaftet [in der Bekräftigung der 'Faschismus-Theorie': FN 32 (Kap.5) - das komplementäre 'Gute' ist danach der "Antifaschismus"]. "Wer sich [aber] mit dem Nationalsozialismus, seiner Sprache, seiner Symbolik, seiner Gedankenwelt einläßt, hat jeden Anspruch auf Nachsicht verloren. Er darf dann oder muß sogar aus der großen Kommunikationsgemeinschaft, die sonst noch jedem offensteht, demonstrativ ausgeschlossen werden. Härte, Ausgrenzung und exemplarische Bestrafung ... sind gegenüber der Gefahr von rechts geboten" (K.**Adam**, Die verlassene Generation, in: FAZ v.4.1.1993, S.27). "Der Vorwurf des 'Faschismus' ... erweist sich [damit] als ein mächtiges, über alle etwaigen Zweifel hinwegführendes 'Kraftwort', welches der Mühe enthebt, ein eigenes, gegenstandsadäquates Begriffsinstrumentarium zu entwickeln, mit welchem die weit komplexere Realität differenziert aufzuschlüsseln wäre" (B.**Guggenberger** (FN 78), S.52). "Sodann läßt die gegenwärtige deutsche Unart, aus jeder moralischen und politischen Streitfrage nach Möglichkeit eine Probe aufs Exempel antifaschistischer Gesinnung zu machen, die Kritik am Nationalsozialismus zu einem zweckrational genutzten Instrument der moralischen und politischen Delegitimierung beliebiger aktueller Gegner verkommen" (H.**Lübbe**, Politischer Moralismus, Berlin 1987, S.71). - "So bezeugt das in der sprachlichen Kombination der Gegensätze mit moralischem Pathos unterlegte Vernichtungsurteil gegen den politischen Gegner weniger die eigene hohe Moral als vielmehr die intellektuelle Kapitulation, das Abgleiten in die Sprachlosigkeit" (B.**Guggenberger** (FN 78), S.52).

135 Beispiele (Entmenschlichung politischer Feinde, über den Faschismusverdacht hinaus): "Konnte die rechte Riege der Trostlosigkeit studentischen Lebens gerade noch etwas Schminke auftragen, tritt nun hinter der Maske der netten freundlichen Studenten deutlich das fahle Antlitz eines ausgebluteten AStA ans Licht der Öffentlichkeit" ('Linke Liste'-Zeitung, Herbst 1986, S.1); "Im Fachschaftsrat des FB 10 werden die Fischgesichtigen auch in Zukunft auf dem Trockenen nach Luft schnappen müssen" (Flugblatt der 'undogmatisch-linken' 'Fachbereichsgruppe Neuere Philologien' v.12.6.1986 über "die Rechten im AStA"); "Lieber Ratten im Keller als Giraffen im Haus" (Transparent vor dem Fenster des 'undogmatisch-linken' Fachschaftsrats Informatik am 16.6.1986 in Anspielung auf die 'Unabhängigen Fachbereichsgruppen (Giraffen)', deren Büro sich zu dieser Zeit im selben Gebäude der Frankfurter Universität, Bockenheimer Landstr.140a, befand).

136 R.**Lautmann**, Linksradikal als Stigma, in: W.-D.**Narr** (Hrsg.), Wir Bürger als Sicherheitsrisiko, Reinbek 1977, S.282-303, S.299 [in anderem Zusammenhang!].

Zeiten größter politischer Defensive wecken Sensibilität und Verständnis der Bedrängten für die Vorzüge von Toleranz, Pluralismus und Minderheitenschutz. Diese Empfindsamkeit erfaßte auch die betroffenen Teile der Deutschen 'Linken' 1977 im Höhepunkt von 'Sympathisantendebatte' / 'Deutscher Herbst' [vgl. dazu: F.**Duve**/ H.**Böll**/K.**Staeck** (Hrsg.), Briefe zur Verteidigung der Republik, Reinbek 1977] und 'Berufsverboten' [vgl. dazu: W.-D.**Narr** (s.o.)]. Bedauerlicherweise vermochten viele der hier genannten, bemerkenswerten Einsichten und Analysen den späteren Wiedereintritt des politischen Normalzustandes nicht mehr zu überdauern: "Es gibt welche, wie ich selbst erfahren habe, die benutzen ungeniert die in übleren Zeiten entwickelten Verleumdungstechniken, um ihnen Unangenehme zu erledigen, und das im Dienst solch hehrer Wörter wie Aufklärung, Demokratie, Universalismus, Utopie. Könnte das daher kommen, daß Überzeugte auch davon überzeugt sind, daß sie alles dürfen? Der Linke, das weiß man, hat vor allem recht. Er mißt sich ja andauernd an seinem Gegenteil, dem Rechten. Und er wäre wohl kein Linker, wenn er nicht glaubte, recht zu haben gegenüber seinem Gegenteil. Aber was den Linken besonders auszeichnet: Er hat nicht nur recht, sondern er ist auch der bessere Mensch." (M.**Walser**, Deutsche Sorgen, in: Der Spiegel 26/1993, S.40-47, S.47)

137 T.**Hüglin**, Tyrannei der Mehrheit, Bern/Stuttgart 1977, S.18 [in anderem Zusammenhang]

138 R.**Lautmann** (FN 136), S.296 [in anderem Zusammenhang]

Im derart dichotom politisierten Studentenschaftsbereich kann *keinerlei* vertrauensstiftender Grundkonsens aller Beteiligten sich ausbilden oder vorhanden sein[139]. Vielmehr zeigt die prinzipielle Verwerfung jeglichen politischen Kompromisses zugunsten einer Festigung der eigenen Herrschaft das Scheitern eines originären Anspruchs der 'Neuen Linken' von 1967, aus einer Zeit, als sie noch nahezu nirgends ("quantitative") Mehrheit war: "Nur aus der Radikalität des Anspruchs, *Demokratie* inhaltlich *als herrschaftsfreie Ordnung* zu verwirklichen", können "Maßstäbe für zulässige Kompromisse und Reformen gewonnen werden"[140]. Mit dem Frontenwechsel von der Minderheits- in die Mehrheitsposition des politischen Subsystems wird der 'undogmatisch-linke' Paradigmenwechsel in der Legitimitätsfrage eingeleitet: "Die ambitiöse Fiktion der Herrschaftslosigkeit und der universellen Harmonie gleichgestimmten Wollens befreit ... die neuen Herren von der Notwendigkeit, ihren Anspruch konkret zu legitimieren. Ein möglicher Konflikt mit den Wahrheitsbehauptungen und Willensäußerungen anderer wird genauso ausgeklammert wie die Frage der Willensbildung."[141] Die neue, 'undogmatisch-linke' Macht *ist* legitim; sie gilt es deswegen mit allen Mitteln zu verteidigen.

---

139 Zum Fehlen eines Grundkonsenses. Die Situation ist wohlbekannt aus der Weimarer Republik: "Wenn alles politisch-juristische Denken nur Ausdruck einer höchst individuellen und historisch-sozialen Situation ist, wenn es zwischen ... Klassen, ... Parteien ... keinen Sinnzusammenhang gibt, dann kann es in der theoretischen und praktischen Politik zwischen ihnen keine Diskussionsbasis, keinerlei rationales Verhandeln, nur noch ein den Gegner gewaltsam niederhaltendes Handeln geben. Dann ist in der Tat die Grundkategorie das Begriffspaar Freund-Feind" (H.**Heller**, Bemerkungen zur staats- und rechtstheoretischen Problematik der Gegenwart, AöR **16**(NF), S.321-354 (1929), S.338). Ähnlich auch von konservativer Position aus derselben Zeit: "Deshalb sind Diskussionen politischer Gegner heute meist auch so hoffnungslos, weil eine gemeinsame Diskussionsgrundlage nicht vorhanden ist und die einzelnen Redner von ihrem Standpunkte aus auch ihre konkrete Metaphysik gar nicht zum Gegenstand einer rationalen Diskussion machen können und wollen. Deshalb haben die politischen Kämpfe auch ein vielfach so blutiges, geradezu an die konfessionellen Zeitalter und die Religionskriege erinnerndes Gepräge erhalten und sind die glaubensmäßig unterbauten Bewegungen grundsätzlich radikal und koalitionsfeindlich, weil jede Koalition Kompromiß und jeder Kompromiß die glaubensmäßig begründete Absolutheit und Unbedingtheit einer solchen Bewegung gefährdet." (G.**Leibholz**, Die Auflösung der liberalen Demokratie in Deutschland und das autoritäre Staatsbild, München/Leipzig 1933, S.58)

A.A. ("Diskussion" und nachfolgender Kompromiß als "Auflösung" des Politischen): C.**Schmitt** (FN 85), S.70/71.

140 O.**Negt** (FN 28), S.81. [Ebenso: O.**Negt** (FN 63), S.152.]

Zum politischen Kompromiß. Viel mehr als die zitierte (und durch die 'Neue Linke' seit 1967 nicht eingelöste) Theorie charakterisiert den Zustand in der Verfaßten Studentenschaft (besonders bis zum Jahre 1993) H.**Kelsens** Bemerkung aus der Zeit des aufziehenden Totalitarismus in der Weimarer Republik: "Das abfällige, ja verächtliche Urteil, das nicht selten über das Prinzip des Kompromisses und eine kompromißgeneigte Haltung geäußert wird, stammt nicht aus der Ideologie der Freiheit, nicht aus dem Gedanken der Selbstbestimmung" (Allgemeine Staatslehre, Berlin 1925, S.324). Ergänzend: FN 139.

Die Verweigerung des politischen Kompromisses korreliert mit der Ausbildung des dichotomen Freund-Feind-Verhältnisses im Subsystem [vgl. dazu: W. **Steffani**, Kompromiß statt Verweigerung - Konfliktregelung in der pluralistischen Demokratie, in: B.**Streithofen** (FN 32), S.115-138], das keine politische Kommunikation mehr zuläßt [dazu: FN I.77, FN I.78 (Kap.3)]: "Die Diktatur hat, im inneren Verhältnis, Kompromisse nicht nötig. Die Macht zu solchen Entscheidungen ist das Fascinosum, das den Dizisionismus bestimmt hat. Sein Begriff der Entscheidung ist durch den Argwohn gegen die Schwächen des Kompromisses induziert. Das ist zugleich der Grund, der ihn 'das Politische' ausschließlich am Feindbegriff orientiert sein läßt, so daß jene Politik 'uninteressant' wird, die unter der Berufung von Kompromissen steht, die den Feind die Eigenschaften des Feindes verlieren und ihn zum politischen Gegner sich relativieren lassen." (H.**Lübbe** (FN 55), S.30) - Allgemein dazu: T.**Wilhelm**, Traktat über den Kompromiß, Stuttgart 1973 ("MEINEN STUDENTEN / den Kämpfern um die 'Endlösung' / und den Verächtern des 'Systems', / aber auch den politisch Uninteressierten / und den Humorlosen, bei denen / der Unmut habituell geworden ist, / und natürlich auch der schweigsamen Mehrheit, / den stillen Nutznießern / der rechtsstaatlichen Ordnung, / deren politische Einstellung / nirgends sichtbar wird").

141 B.**Guggenberger** (FN 78), S.59/60.

Siehe in diesem Zusammenhang: Kap.5.3., insb. FN 63. Ferner: "Beunruhigend empfand und empfinde ich stets, daß weite Teile der Neuen Linken legitimationskritische Erörterungen ja schon professionell betreiben, aber keine Legitimationsprobleme mit sich selbst haben." (B.W.**Reimann** (Illusion, FN 4), S.7)

(b) Die idiosynkratische Abwendung von den materialen Verfassungswerten. 'Undogmatisch-linke' Politik richtet ein eigenes, 'wahres' Wertsystem auf, das ihr Subsystem der universellen Wirkung der materialen Verfassungswerte des Grundgesetzes entzieht.
Das bedeutet: Die gemeinsame Grundlage einer "Bindung an das System"[142], die Verfassung, fehlt in der 'undogmatisch-links' dominierten Verfaßten Studentenschaft nicht der (verfassungs- und verfahrensloyalen) Minderheit; vielmehr ermangelt es der politischen *Mehrheit* mit ihrem "Ekel vor der existierenden Gesellschaft"[143] und mit ihrer "manischen Angst vor der Integration"[144] in den gehaßten "bürgerlichen" Staat des Grundgesetzes, also auch in die Universität als

---

142 W.**Heun**, Das Mehrheitsprinzip in der Demokratie, Berlin 1983, S.263.
Beispielhaft dafür (grundlegende Feindschaft gegen das "System"): "Aus der Scheinruhe des bürgerlichen Miteinanders bricht nackte Gewalt. Der innere Friede, der seinen brutalen Kampf gegen Alle richtet, die gegen Herrschaft und die Allüren der Bürokratie opponieren - Unmenschlichkeit, die im Mantel der Legitimität, Gemeinheit, die als legale auftritt, Schmerzen, die der Arm des Gesetzes zufügt und die blutige Spur von Erbitterung, die Ordnungsmächte durch einen Raum ziehen, in dem Freiheit sich einübt: das bleibt noch von einer als bloße Rechtsstaatlichkeit verstandenen Demokratie, die in diesem bloß partiellen Verständnis ihre Rechtsstaatlichkeit bald aufgibt. Sie will zum Friedhof unserer Freiheit werden" (P.**Brückner** (FN 65), S.170). Früher bereits: "Das Neue unserer Situation besteht nun darin, daß wir diese Ordnung nicht mehr als unbestreitbare und unumstrittene Notwendigkeit hinnehmen, der Staat seinen scheinbaren Anschein von Unparteilichkeit immer deutlicher verliert, sich immer klarer als 'abscheuliche Maschine der Klassenherrschaft' (Marx) zeigt" (R.**Dutschke** (Widersprüche, FN 31), S.87). Vgl. auch: FN 69 (Kap.5); FN 132.
143 H.**Marcuse** (Revolution, FN 33), S.17.
Beispielhaft dafür ("Ekel" vor der Gesellschaft): Stellvertretend für die "Antiautoritären": "Heute hält uns nicht eine abstrakte Theorie der Geschichte zusammen, sondern der existentielle Ekel vor einer Gesellschaft, die von Freiheit schwätzt und die unmittelbaren Interessen und Bedürfnisse der Individuen und der um ihre sozial-ökonomische Emanzipation kämpfenden Völker subtil und brutal unterdrückt" (R.**Dutschke** (Widersprüche, FN 31), S.91); auch: 'Revolution aus Ekel', Spiegel-Gespräch mit dem Philosophen Herbert **Marcuse**, in: Der Spiegel 31/1969, S.103-106, S.106. Ergänzend für die späteren Maoisten: "Bei aller Kritik und Polemik gegen die K-Gruppen darf man nicht übersehen, daß hier tausende von maoistischen Studenten aus dem Bürgertum jahrelang in freiwilliger Askese auf Karriere und Wohlstand verzichteten und das offensichtlich aus demselben Gefühl heraus, das auch die Spontis an dieser Gesellschaft empfinden: abgrundtiefer Ekel" (T.**Fichter**/S.**Lönnendonker**, Von der APO nach TUNIX, in: C.**Richter** (Hrsg.), Die überflüssige Generation, Königstein 1979, S.132-150, S.143). Diese Feststellung trifft noch verschärft für das terroristische Umfeld zu: P.-P. **Zahl**/K.H.**Roth**/H.**Mahler**/H.-C.**Ströbele**/H.**Spangenberg**/J.**Arnold**/W.**Moßmann**/E.**Fried**, 'Sie würden uns gerne im Knast begraben ...', Beiträge zur Solidarität mit den politischen Gefangenen in der BRD und Westberlin [und] zur Auseinandersetzung um den 2.Juni 67 - 10 Jahre danach, Berlin 1977. - Der "Ekel" vor dem einfachen Volk und dessen Problemen prägt auch heute noch aus der Studentenbewegung hervorgegangene führende Mitglieder der Partei der 'Grünen': Die verachtend-herablassende Attitüde dieses sich multikulturell-tolerant und wissend gebenden Personenkreises gegen den "Kleingeist" des "Deutschen Spießers", des "Kleinbürgers" und dessen "Stammtischs" ist bekannt. Auch die 'linken' Intellektuellen vermochten der herablassenden Attitüde gegenüber den für sie Unerreichbaren nicht immer zu entgehen; so verstieg sich J.**Habermas** 1977 in eine Philippika gegen die "wildgewordenen Kleinbürger" (Stumpf gewordene Waffen aus dem Arsenal der Gegenaufklärung, in: F.**Duve** u.a. (FN 136), S.54-72, S.66). Direkter noch: H.**Marcuse** in FN I.89 (Kap.3).
144 T.**Ebert**, Direkte Aktionen in Formaldemokratien, in: H.J.**Schoeps** u.a. (FN 132), S.124-138, S.125.
Beispielhaft dafür (Angst vor "Integration"): "Die subtilen und brutalen Methoden und Techniken der sozialen Integration ziehen bei uns nicht mehr. Die sentimental-emotionale Verweigerung wird im Kampf mit den Gewaltorganisationen des Systems, mit der staatlich-gesellschaftlichen Bürokratie, mit der Polizei, mit der Justizmaschine, den industriellen Bürokratien in den Oligopolen usw. zur organisierten Verweigerung, zum praktisch-kritischen Wissen, zum revolutionären Willen" (R.**Dutschke** (Widersprüche, FN 31), S.91). - "Das Weltbild dieser Studenten ist von dem Eindruck geprägt, daß die gesellschaftlichen Institutionen zu einem relativ geschlossenen, konfliktfreien und selbstregulativen, dabei gewaltsamen Apparat geronnen sind. Aufklärung und Opposition kann nur noch von nicht korrumpierten einzelnen am Rande des Apparates betrieben werden; wer eine Funktion in ihm übernimmt, und sei sie noch so unwichtig, wird integriert und gelähmt. Daher gibt es keine definierten Gegner innerhalb der Gesellschaft, es gibt keine Koalitionspartner und keine angebbaren sozialen Gruppen als Träger des Protests. Unter diesen Umständen muß der Protest selbst die Form der Provokation, der Durchbrechung der legitimen Spielregeln annehmen; sein Ziel ist unmittelbar die Mobilisierung vieler einzelner um der Mobilisierung willen" (J.**Habermas** (Protestbewegung, FN 4), S.171). Ähnlich von konservativer Seite: H.**Thielicke** (FN 5), S.11. Siehe dazu ferner: FN I.93 (Kap.3).

Teil ebendieses Staates, dieser Bindung: "Es bilden sich eigenständige kollektive Lebens- und Politikformen heraus, die den kulturellen und politischen Dissens mit staatlichen Entscheidungen ausdrücken, den Dissens mit diesem Staat der BRD schlechthin."[145] So kann diese Mehrheit auch mitnichten der lokal in die Universität hineinreichende Impetus des materialen, demokratischen Verfassungsrahmens des Grundgesetzes berühren oder gar binden; die wertmäßige, rechtsstaatliche Ordnung wird bewußt geleugnet: "Jedenfalls wird das Recht genauso wenig wie sonst gesellschaftliches Zusammenleben von einem 'Wertkonsens' getragen. Es wird sich vielleicht empfehlen, ernsthaft zur Kenntnis zu nehmen, daß Recht Herrschaft ist ..."[146]. Sollte also dieses Recht, demokratisch gesetzt von einer legitimierten staatlichen Legislative, im Falle der Verfaßten Studentenschaft nichts anderes als die "Herrschaft" des Staates über das Subsystem symbolisieren? Tatsächlich versucht 'undogmatisch-linke' Politik, ihre eigenen Werte mit dem Anspruch universeller Gültigkeit[147] im von ihr beherrschten Subsystem auch gegen den Staat zu setzen; das muß letztlich notwendig die Relativierung des staatlichen Gewaltmonopols zur Folge haben[148]. Die derart im 'undogmatisch-links' beherrschten Subsystem sich

---

145 ASTA-info.1983/84, S.22.
Der aktive Ausstieg aus "dem Staat" erscheint zwingend, um den Manipuilationsversuchen der Herrschenden zu entgehen [dazu auch: Kap.3.3.]: "Überall bilden sich 'selbsternannte Avantgarden', die völlig autonom und von keiner Zentrale organisiert beziehungsweise manipuliert den von ihnen als notwendig erkannten Kampf gegen Manipulation und Unterdrückung der schöpferischen Fähigkeiten des Menschen begonnen haben. Darin liegt die Stärke dieser antiautoritären Bewegung, daß die praktisch-kritische Tätigkeit der Antiautoritären der reale Ausdruck der eigenen Bedürfnisse und Interessen der Individuen ist" (R.**Dutschke** (Widersprüche, FN 31), S.90). "So sehe ich in der Tat, daß der Staat des Spätkapitalismus die Funktion hat, die passiven leidenden Massen durch funktionale Manipulation in Abhängigkeit und Unmündigkeit zu halten, um dann allerdings, wenn die Manipulation an einem Punkt durchbrochen wird, wie zum Beispiel in der antiautoritären Revolte, die sublime Gewalt der Manipulation durch manifeste Gewalt zu ersetzen. " (R.**Dutschke** (FN 84), S.48/49)
Von der Verstetigung und zwischenzeitlichen Etablierung dieser gesellschaftlichen Alternativszenen und "sozialen Bewegungen" profitiert heute vor allem die Partei der 'Grünen'.

146 H.**Steinert**, Moralische Subkulturen und herrschendes Recht, in: V.**Gessner**/W.**Hassemer** (FN 20), S.103. 'Undogmatisch-linke' Studenten sprachen mitunter höhnisch von "unserem 'freiheitlichen Rechtsstaat' mit der noch freieren Grunzordnung" (ASTA-info.4/1979, S.10). Vgl. ergänzend: FN 69 (Kap.5).

147 **(a)** Der Anspruch einer politischen Abstimmungsmehrheit auf absolute Wahrheit impliziert das Existenzverbot für dissentierende Minderheiten: FN I.36 (Kap.2); vgl. ferner: FN I.71 (Kap.3): Mehrheitswille als volonté générale; FN I.77 (Kap.3): Diskursunterdrückung; FN 128: Rechtfertigung von Gewalt.
(b) In der Monopolisierung des Wahrheitsanspruchs trifft sich der 'undogmatisch-linke' totalitäre Anspruch mit orthodox-kommunistischen Positionen an der Hochschule: "Als gemeinsamen Nenner für den notwendigen Inhalt der Kampfziele kann man das objektive Interesse an einer Demokratisierung von Hochschule und Gesellschaft bezeichnen. Das bedeutet zunächst einmal negativ, daß jedes Kampfziel, das diesem Maßstab nicht entspricht, von vornherein als schutzwürdig ausscheidet." (G.**Stuby** (FN 69), S.176) - A.A.: "Sich etwa in einer Gesellschaftsordnung so zu bewegen, als ob sie einem 'gehört', setzt ein beträchtliches Maß an konkret-elitärem Bewußtsein voraus" (P.C.**Ludz** (FN 129), S.38 [Wohl in Rekurs auf R.**Dutschke**: Der forderte nämlich für sich selbst und seine politischen Freunde, sich "in dieser Gesellschaft bewegen zu können als Menschen, denen die Gesellschaft gehört, denen sie nur verweigert wird durch die bestehende Macht- und Herrschaftsstruktur des Systems" (zit.n.: J.**Oelinger** (FN 8), S.129).]). Zum "totalitären Charakter dieser Grundpositionen der 'Neuen Linken'": U.**Lohmar**, Die 'Neue Linke' und die Institutionen der Demokratie, in: E.K.**Scheuch** (FN 82), S.13-28, S.15 ff; K.**Sontheimer** (FN 32), S.276 ff; K.**Sontheimer**, Zeitenwende?, Hamburg 1983, S.241 ff.

148 "Wer die Flagge der großen Menschenwerte voranträgt, spricht folglich im Namen aller, er gehört also einer tatbereiten Minderheit an, d.h. er strebt nach Herrschaft. Und da ebenso logisch die Gegner, ja die Neutralen auf Seiten der Unmenschlichkeit stehen, ist Gewaltgebrauch gegen sie am Platze, ethisch einmal, und dann deswegen gerechtfertigt, weil die Wenigen sonst nicht durchkommen." (A.**Gehlen**, Moral und Hypermoral, Frankfurt/M/Bonn 1969, S.172)
Beispiele ('undogmatisch-linke' Ablehnung des staatlichen Gewaltmonopols): "Die Höhe der Gewalt wird bestimmt von der anderen Seite, nicht von uns" (R.**Dutschke**, Zu Protokoll (Voltaire Flugschrift **17**), Frankfurt/M 1968, S.15). "Wir haben immer wieder betont, daß es nicht unsere Aufgabe sein kann, sich von Gewalt zu distanzieren und daß, wenn von Gewalt geredet wird, stets auch von der Gewalt eines Polizeistaats und einer willkürlichen Gesetzgebung und Handhabung der Justiz die Rede sein muß. Wir machen den Versuch, die poli-

etablierende "verfassungsunabhängige politische Kultur"[149] sprengt den materialen Verfassungsrahmen - mit teilweise verheerenden Folgen für die politischen Minderheiten.

(c) Die kryptische Repräsentation durch "obrigkeitliche Entrückung"[150]. 'Undogmatisch-linke' Politik beansprucht Legitimität per se; sie abstrahiert deshalb sowohl von den individuellen Politikträgern als auch von den Verfahren zu ihrer Konstituierung; fremd erscheinen ihr auf dem Gipfel der einmal errungenen Macht öffentliche Verantwortung, Transparenz und Kontrolle durch die "Basis" oder durch eine (parlamentarische) Opposition[151].

---

tischen Hintergründe, Perspektiven und Gegensätze zu der militanten Politik der Stadtguerilla zu diskutieren, zu unterstützen und initiieren sie teilweise selber." (H.**Renk** [stv. 'undogmatisch-linke' AStA-Vorsitzende 1976-1977 (StuPa-Prot. v.22.10.1976); dieselbe erklärte sich aber (nicht nur später) "den Grundintentionen der Theorie des kommunikativen Handelns verpflichtet: Vernunftpotentiale, die bei der Bewältigung gelebter Realität noch nicht zum Vorscheint traten, zu postulieren und der Gesellschaft dadurch abzuverlangen, daß auf ihr Fehlen aufmerksam gemacht wird." (H.**Renk**, Funktionalität und Legitimität im Recht, soz.Diss. Univ.Frankfurt/M 1987); heute Richterin (nach: KJ **27** (1994))] auf einer Uni-Vollversammlung am 23.11.1977, zit.n.: Hochschul-Info-Dienst [Hochschul-ID] 21/1977, S.3); "Die Gewalt haben wir aber nicht erfunden, sondern vorgefunden. Uns wird im stupiden Seminaralltag Gewalt angetan, ebenso erleben wir es als Gewalt, wenn das HRG klammheimlich mit besonderer Unterstützung unseres Unipräsidenten eingeführt wird. Gewalt erleben wir auch in den gesamten konformen Wissenschaftsinhalten, die uns zu Atomkraftwerksbauern oder -planern heranzüchten wollen ..." (Wir haben die Gewalt nicht erfunden, sondern vorgefunden, AStA-Streikflugblatt 6/1977); "Zum Gewaltmonopol des Staates... Die radikale Linke wird es auch weiterhin nicht akzeptieren. Es hieße ansonsten seiner eigenen Knechtung zuzustimmen. Das machen schon genug. Wer hier und jetzt von der Möglichkeit gewaltfreier Politik spricht, der oder die heuchelt ganz bewußt oder ist schlichtweg ignorant gegenüber den objektiven Bedingungen dieser Gesellschaft. ... Der Entwurf einer gesellschaftlichen Utopie geht ... verloren, an dem wir hingegen festhalten. Die Verwirklichung einer freien Gesellschaft wird es, wenn überhaupt, nicht mit, sondern über den Kampf gegen diesen Staat geben. Der Zweck des bestehenden Staates ist es schließlich nicht, Menschen von ihm selbst zu befreien." ('Linke Liste'-Flugblatt v.18.11.1987 [Ankündigung einer Diskussionsveranstaltung über die Startbahn-Morde am 2.11.1987]); ferner: FN 11(c) (Kap.5); Kap.5.2.

149 U.K.**Preuß** (FN 56), S.251 [in anderem Zusammenhang]

150 H.**Oberreuter**, Legitimität und Kommunikation, in: FS für O.B.**Roegele**, Düsseldorf 1980, S.61-76, S.65

151 Die Ausschaltung der Opposition mittels 'formaldemokratischen Mehrheitsprinzips'. Bei Personalentscheidungen ist durch Einzelwahlgänge mit Mehrheitswahl für jeden zu besetzenden Posten formal-legal eine völlige Ausschaltung der Opposition zu bewerkstelligen [vgl. dazu: Kap.3.2.]. - Exemplarisch: "Interessanterweise ergibt sich nun, nachdem die Posten in AStA und Studentenparlament besetzt sind, folgendes Bild: Die Mehrheitsfraktion hält alle Ämter besetzt; die stärkste Oppositionsfraktion (20,5% der Stimmen), das der [SPD/FDP-] Regierung politisch nahestehende ADS / Sozialliberaler Hochschulverband, ist, wie auch alle anderen oppositionellen Gruppen, nirgendwo vertreten. ... Sozialistische Hochschulinitiative (Spontis), Marxistischer Studentenbund Spartakus (MSB) und Sozialdemokratischer Hochschulbund (SHB) nutzen ihre Mehrheit im Studentenparlament rücksichtslos aus: (1) Der gesamte Parlamentsvorstand [Vorsitzender, stv. Vorsitzender, zwei Schriftführer], der AStA, sämtliche Ausschüsse werden von den Vertretern der Mehrheitsfraktion eingenommen; (2) das ADS [und der RCDS, P.K.] kann in der aus Zwangsbeiträgen der gesamten Studentenschaft jährlich mit 80.000 DM finanzierten 'Frankfurter Studentenzeitung diskus' keine Beiträge veröffentlichen; (3) dem ADS [und dem RCDS, P.K.] wird es verweigert, zu die Gesamtstudentenschaft interessierenden aktuellen Problemen ... in den dafür vorgesehenen ASTA-info., die hierfür MSB, SHB, SHI, KSB, KSV, KSG (ML) - also allen linskradikalen Gruppen - zur Verfügung stehen, auch eigene Darstellungen abzugeben; (4) der ADS-Fraktion im StuPa ist es nicht möglich, die der Opposition normalerweise in demokratischen Systemen zufallende Kontrollfunktion gegenüber der Mehrheit auszuüben, da auf Anfragen der ADS-Parlamentarier (z.B. zum Haushalt) lediglich unverschämte, beleidigende Antworten gegeben werden ... und dem ADS keinerlei Mitwirkung am Zustandekommen auch nur der unwichtigsten Entscheidungen zugestanden wird; (5) konstruktive Zusammenarbeit mit der Mehrheit ist nicht möglich: die ADS-Fraktion wird im StuPa von Vertretern der Mehrheitsfraktion oft in übelster Weise angepöbelt oder gar mit brennenden Zigarettenstummeln, Essensresten etc. beworfen; von irgendwelchen Informationen an die Opposition kann sowieso keine Rede sein; (6) in den laut StS über StuPa-Sitzungen zu führenden Protokollen werden oft nur der Mehrheitsfraktion genehme Fakten aufgenommen (vgl. StuPa-Prot. v.26.6.1973, v.2.7.1973) - In praxi agieren also MSB, SHB, SHI in der Studentenpolitik, wo sie über absolute Mehrheiten verfügen, vom reinen Machtstandpunkt aus: Eine Opposition ist nicht erwünscht." (Presseerklärung des ADS [Teil der 'rechten' Opposition im StuPa mit ca. 32% der Stimmen] v.28.7.1973) - Dies beschreibt ein schon 1945 vom Kommunistenführer W.**Ulbricht** bei der politischen Homogenisierung der SBZ formuliertes Prinzip: "Es muß demokratisch aussehen, aber wir müssen alles in der Hand haben." (zit.n.: C.**Stern**, **Ulbricht** - eine politische Biographie, Köln/Berlin 1964, S.124)

Das bedeutet: Für den Bereich der Studentenschaftspolitik entfällt der herrschaftsrationalisierende und -legitimierende Einfluß der "Gegenmacht der öffentlichen Meinung"[152] nahezu vollständig; diese ist tatsächlich, insbesondere im 'undogmatisch-links' beherrschten Studentenparlament[153], das formal die politische Macht des Subsystems verteilt, nirgends sichtbar: Einerseits zeigt die Mehrheit keinerlei Anstalten, die ihr lästig-fremden, zu machtsichernden Parlamentsritualen der ('undogmatisch-linken') Herrschenden verkommenen, obligaten formalen Verfahren, die in diesen Situationen ohnehin ihres originären, zivilen Sinns beraubt sind, trans-

---

152 W.**Heun** (FN 142), S.254.
Zur Entwicklung des Prinzips der Öffentlichkeit. **(a)** Zunächst die Studentenbewegung prägend, "wirksame öffentliche Kontrolle" (S.24), "politische Kontrolle aller" (S.45) vom Staat einfordernd: J.**Habermas**, Über den Begriff der politischen Beteiligung, in: L.**v.Friedeburg**/J.**Habermas**/C.**Oehler**/F.**Weltz**, Student und Politik, Neuwied/Berlin 1961, S.13-55. Das fand Eingang in die Hochschulreformdiskussion: U.K.**Preuß**, Gruppenpluralistische Hochschule und Amtsstruktur - Öffentlichkeitsformen in den deutschen Hochschulen, in: M.**Kittner**/B.**Nagel** u.a., Mitwirkung in der Hochschule (Gutachten), Braunschweig 1974, S.283-377. Zum Prinzip von "Öffentlichkeit und herrschaftsfreier Diskussion" (Der SDS als Hochschulorganisation (FN 9), S.89) für die frühe Studentenbewegung: "In einer weitgehend manipulierten Gesellschaft kann demokratische Opposition nur durch anti-manipulatives Denken und Handeln - also durch demokratische und transparente Formen der Diskussion und Aktion wirksam sein" (U.**Schmiederer**, Anmerkungen zur 'Sozialistischen Februarkonferenz', in: nk 46/1968, S.3-8, S.6). Ferner auch: [SDS-]Resolution zum Kampf gegen Manipulation und für die Demokratisierung der Öffentlichkeit, in: nk 44/1967, S.28-34; W.**Lefèvre**, Reichtum und Knappheit - Studienreform als Zerstörung gesellschaftlichen Reichtums, in: U.**Bergmann** u.a. (FN 8), S.94-150, S.135 ff; 2.Lesung des Hessischen Hochschulgesetzes steht bevor, in: ASTA-info.4/1969, S.1; ferner: Bericht der ad-hoc-Gruppe am OSI der FU Berlin, in: H.**Heer** (FN 32), S.18-24, insb.S.21; in sympathisierendem Rückblick: K.-H.**Stamm**, Alternative Öffentlichkeit, Frankfurt/M 1988, S.17-53 (Kap.1). Beachte auch: FN I.22 (Kap.1); FN 63 (Kap.5).
(b) Die nachfolgende Entwicklung zeigte aber deutlich, "daß ein für die Protestbewegung konstitutives Prinzip, das Prinzip der Öffentlichkeit" (Einleitung von O.**Negt** (FN 28), S.29 [ähnlich: C.**Offe**, Kapitalismus-Analyse als Selbsteinschüchterung, in: O.**Negt** (FN 28), S.106-112, S.106 ff; W.-D.**Narr**, Westdeutsche Demokratie nach 1945, in: L.**Romain**/G.**Schwarz** (Hrsg.), Abschied von der autoritären Demokratie?, München 1970, S.87-111, S.110 (Pkt.d)]) als Prinzip der Relativierung politischer Macht in dem Maße seine universelle Gültigkeit einbüßte, wie diese "Protestbewegung" Machtzuwachs erfuhr und sich dabei selbst etablierte: "Die an den Hochschulen etablierte Neue Linke hat alle zentralen Reformvorschläge, die sie selbst in die Diskussion einbrachte, durch ihre eigene Politik gründlich diskreditiert und damit die Hochschulreform um ihre Glaubwürdigkeit gebracht. ... Es ist schon wahrhaft paradox, daß diejenigen, die auch gegenwärtig noch in den hochschulpolitischen Diskussionen auf Öffentlichkeit als einem institutionellen Regulativ insistieren, an einem öffentlichen Diskurs gar nicht interessiert sind, sondern alles daran setzen, ihn zu umgehen" (B.W.**Reimann** (Illusion, FN 4), S.157). Dies - wohl ungewollt - für den Bereich der Studentenschaft indirekt bestätigend: "Wenn wir hier wieder daran gehen wollen, Öffentlichkeit unter der Studentenschaft als Bedingung von Auseinandersetzung mit der Uni herzustellen, so muß diese inhaltlich bestimmt sein, d.h. aus den politisch aktiven Gruppen und deren Thematiken als Verständigungsprozeß über Möglichkeiten, einen repressiv befriedeten Wissenschaftsbetrieb infragezustellen" (Das Morgen erschöpft sich nicht im Heute, in: 'Undogmatische Linke'-Wahlinfo 6/1979, S.10). Verschwiegen wurden dagegen systematisch die Öffentlichkeitsdefizite innerhalb des eigenen, 'undogmatisch-links' beherrschten Subsystems Verfaßte Studentenschaft, denn auch hier gilt: "Herrschaft lebt von Nicht-Öffentlichkeit." (O.**Negt** (FN 63), S.299 [in anderem Zusammenhang]) - Zu diesem Widerspruch: E.**Topitsch**, Die Neue Linke - Anspruch und Realität, in: W.**Hochkeppel** (Hrsg.), Die Rolle der Neuen Linken in der Kulturindustrie, München 1972, S.28-39, S.33; ebenso bereits: Uni-Rep.7/1969, S.3.

153 Für nicht 'undogmatisch-links' dominierte Hochschulgremien wurde dagegen lange Zeit (mit abnehmender Tendenz nach dem Paritätenurteil des BVerfG im Jahre 1973) "das für die Protestbewegung ... konstitutive Prinzip der Öffentlichkeit" (FN 152) weiterhin eingeklagt mittels der "Verletzung repressiv gewendeter Regeln" bis zur "'demonstrative[n] Gewalt' zur Erzwingung einer vom politischen Aufklärungsinteresse bestimmten Öffentlichkeit" (O.**Negt** (FN 63), S.157). Als typisches Beispiel für dieserart gewalttätig erzwungene "Herstellung von Öffentlichkeit": Medizinisches Dekanat von Polizei besetzt, in: ASTA-info.4/1969, S.3.
A.A. bereits einer der Protagonisten der Berliner Universitätsreform, allerdings unter Vernachlässigung des Aspekts der Kontrolle: "Solange ein Gremium klein genug ist, daß es in Rede und Gegenrede verhandeln kann ohne das Elend einer Rednerliste, solange man sich überzeugen lassen und Irrtümer eingestehen kann, ist Öffentlichkeit von Übel. Die heutige studentische Forderung begünstigt nur demagogisches Geschwätz und unqualifiziertes Eingreifen der Zuhörer" (O.H.**v.d.Gablentz** (FN 67), S.68). Später kritischer: G.**Püttner**, Über Gremienpsychologie in der Reformhochschule, in: H.-B.**Harder**/E.**Kaufmann** (FN 23), S.249-255, S.253.

parent zu machen[154]. Hierzu zählt die Kollektivierung der Politik[155] mit der Konsequenz anonymisierter Verantwortung[156] genauso wie das weitgehende Verschwinden politischer Kommunikation im Parlament, von "herrschaftsfreiem, rationalem Diskurs" oder "unendlicher Debatte" zwischen prinzipiell Gleichen ganz zu schweigen. Mit der Reduzierung der politischen Verantwortung der Mehrheit für ihr Tun verringert sich aber de facto auch die Legitimation für ihre Mehrheitsentscheidungen[157]. Andererseits interessiert diese abgehobene, totalitäre Politik in den Einzel- und Besonderheiten der für die Machtsicherung, besonders gegen den "bürgerlichen" Staat, politisierten und instrumentalisierten Verfahren außer den wenigen direkt beteiligten Studenten nahezu niemanden in der ohnehin für Probleme aus der Hochschule inzwischen höchst unsensiblen und - insbesondere auch durch die Medien - uninformierten Öffentlichkeit[158]. Mit dem Verlust der Öffentlichkeit büßte das Subsystem Verfaßte Studentenschaft seine letzte Zivilisiertheit ein. "Unter diesen Bedingungen einer autoritär deformierten Demokratie hat die entschlossene Forderung nach Selbstbestimmungsrechten und das entschiedene

---

154 Das demokratische Prinzip der Öffentlichkeit. **(a)** Für demokratische Parlamente "geht jedermann davon aus, daß die Regierungsmehrheit am Regieren durch Rat und Tat beteiligt ist und der Opposition gewichtige Kontrollmöglichkeiten zustehen, die sie, gestützt auf den Minderheitenschutz, in irgendeiner Weise gemeinsam mit der Mehrheit wahrnehmen muß. ... Die Machtfrage ist zugleich eine Stilfrage. Beides wird halbwegs relevant, weil sich der Vorgang 'öffentlich' abspielt." (T.**Ellwein**/J.J.**Hesse**, Das Regierungssystem der Bundesrepublik Deutschland, 6.Aufl. Opladen 1988, S.283/284) - Zur Beziehung zwischen der Legitimation sichernden Öffentlichkeit, Verantwortung und Kontrolle in der parlamentarischen Demokratie: U.**Scheuner**, Verantwortung und Kontrolle in der demokratischen Verfassungsordnung, in: FS für G.**Müller**, Tübingen 1970, S.379-402; K.**Hesse** (FN 57), S.58 ff (RN 149 ff); H.**Oberreuter**, Kann der Parlamentarismus überleben?, 2. Aufl. Zürich 1978, S.44 ff; L.**Kißler**, Parlamentsöffentlichkeit: Tansparenz und Artikulation, in: H.-P.**Schneider**/W.**Zeh** (Hrsg.), Parlamentsrecht und Parlamentspraxis, Berlin/New York 1989, S.993-1020, insb. S.995.
(b) In 'undogmatisch-links' majorisierten Studentenparlamenten wird die interne Kontrolle oft mittels Vollzugs des 'dichotomen Mehrheitsprinzips' systematisch ausgeschaltet [siehe dazu: Kap.17.3.3.; Kap.18.1.4.; FN V.161 (Kap.19); FN 151; FN V.46 (Kap.17); FN V.431 (Kap.19); FN III.133 (Kap.12); FN V.499 (Kap.19)]. Dies erfolgt um so leichter, als während der Sitzungen der Studentenparlamente die Anwesenheit der Öffentlichkeit nicht nur in Form interessierter Studenten, sondern auch in Form der Presse meist restlos fehlt. Presseartikel stützen sich häufig auf Informationen politisch (zu oft dem Redakteur nahestehender) Beteiligter und nicht auf die eigene Recherche: "Journalisten und Leuten von Radio und Fernsehen ist die Beachtung der journalistischen Sorgfaltspflicht besonders bei universitären Problemen ans Herz zu legen, übernehmen sie doch oft aus studentischen Communiqués Halbwahrheiten und propagandistische Lügen, die in der Öffentlichkeit ein verzerrtes Bild der Vorgänge an den Universitäten hervorrufen" (W.**Schweizer**, Politische Unruhen an den Universitäten, in: Die Notgemeinschaft empfiehlt zur Lektüre **39**, Berlin 1975, S.7); ebenso: K.**Steinbuch**, Kurskorrektur, in: H.-B.**Harder**/E.**Kaufmann** (FN 23), S.163-173, S.164 ff; W.**Rüegg**, Die studentische Revolte gegen die bürgerliche Gesellschaft, in: ders., Bedrohte Lebensordnung, Zürich/München 1978, S.225-239, S.235. Exemplarisch dazu: FN 89, FN 110, FN 111 (Kap.6).

155 'Undogmatisch-linke' Entpersonalisierung von Wahlen. Diese Entpersonalisierung zeigte sich besonders auch bei Wahlen: Zwar wurde teilweise, ganz konventionell, vor dem Urnengang umfangreich eigene, 'undogmatisch-linke' Politik positiv herausgestellt, jedoch stets anonym oder als "AStA-Kollektiv" (Rechenschaftsbericht des Frauen-AStA (FN 9), S.2), ohne Hervorherbung einzelner Verantwortlicher; ebenso wurden strikt eigene Kandidaten nicht genannt, die Verfasser eigener Artikel blieben der Öffentlichkeit verborgen. Beispielhaft dafür: Die in der FN 9 (Kap.5) genannten 'undogmatisch-linken' Publikationen; ferner, zu den Wahlen: FN III.75 (Kap.11). Diese Eigenart übertrug sich auch bis etwa zum Jahre 1990 auf die Partei der 'Grünen'.

156 Dazu nachfolgend (Anonymisierung von Verantwortung): Kap.8.2.4.

157 Siehe dazu: T.**Würtenberger**, Wandlungen in den privaten und öffentlichen Verantwortungssphären, JRR **14**, S.308-326 (1989), S.319.

158 Die zunächst politisch bewußte Informationsselektion hat sich gewandelt in Gleichgültigkeit: Schon A. **Gehlen** (FN 110, S.15) konstatierte die "fast durchgängige Abdeckung der wirklichen Zustände in den Hochschulen, von denen die Mehrheit der Bevölkerung nichts erfährt"; als typisches Beispiel dafür: K.**Reumann** (FN 23), S.26; ferner aktueller: Kap.5.2.6. Aber auch: "Die öffentliche ... Meinung in Fragen der Hochschulpolitik" ist "absolut desinteressiert bei offensichtlichen und immer wiederkehrenden Verfassungsverletzungen an unseren Universitäten" (S.**Schottlaender**, Von der Räte-Universität zum Reformmodell der Gewaltenteilung, in: H.-B.**Harder**/E.**Kaufmann** (FN 23), S.249-255, S.253).

Beharren auf langwierigen politischen Diskussionen und auf öffentlichen Kontrollen von Entscheidungsprozessen allmählich den Stellenwert von bloßen Funktionsstörungen angenommen. Im gleichen Maße, wie Demokratie nur noch als Methode, als Regel verstanden wurde, reduzierte sich die inhaltlich motivierte Opposition im Bewußtsein der Herrschenden auf das formale, methodische Moment der Störung."[159] - Durch die mit der fehlenden Öffentlichkeit zugleich geförderte Ausschaltung innerer dissentierender Minderheiten - der realen politischen Kontrolle -, gepaart mit einer immer umfangreicher versagenden Staatsaufsicht - der Rechtmäßigkeitskontrolle durch die Universitätsverwaltung -, verbleibt die 'undogmatisch-linke' Mehrheit im Subsystem schließlich mit Ausnahme der Wahlen des Studentenparlaments störungsfrei, d.h. nahezu unkontrolliert. Das hebt den noch bestehenden Unsicherheitsfaktor 'Wahl des Parlaments', der allein geeignet sein kann, die Stabilität der 'linken' Mehrheit zu erschüttern, für die 'undogmatische Linke' in der Selbstverwaltungskörperschaft heraus.

- Damit liegen alle charakteristischen Merkmale des 'dichotomen Mehrheitsprinzips' im Subsystem vor: Dem im Bereich der Verfaßten Studentenschaft von Staats wegen intendierten 'materialen Mehrheitsprinzip' ist sein demokratisch-materialer Kern verlorengegangen; es besteht lediglich noch aus der durch den stabilen formaldemokratischen Rahmen geprägten formalen Hülle, und es bleibt einzig die funktionale Rechtfertigung der politischen Entscheidungseffizienz des 'formaldemokratischen Mehrheitsprinzips' sowie dessen formal-legale Anwendung aus der gesetzlichen Vorgabe. Derweil realisiert sich der ehemals hohe Anspruch der 'Neuen Linken', wahrhaft humanistische, "neue Formen gesellschaftlicher Verwaltung" und Selbstbestimmung schaffen zu wollen, als die Errichtung einer in ihrer Struktur nahezu diktatorischen Herrschaft an einigen bundesdeutschen Hochschulen mittels kompromißloser Anwendung des totalitären 'dichotomen Mehrheitsprinzips' in hoher Reinheit und großer Beständigkeit[160].

Die bis heute anhaltende politische Zertrümmerung verfassungs- und verfahrensloyaler, "bürgerlicher" Minderheiten offenbart im politischen Subsystem Verfaßte Studentenschaft schließlich paradigmatisch die mögliche Diskrepanz zwischen zivilem, demokratischem System einerseits und einer sich allein durch das Mehrheitsprinzip konstituierenden, totalitären politischen Macht andererseits; oder anders gewendet: Die Anwendung des Mehrheitsprinzips allein ist *nicht hinreichend* für die Existenz eines demokratischen politischen Systems[161].

7.4. Die Position der politischen Minderheiten in der Verfaßten Studentenschaft

Es ist deutlich gemacht worden, daß die "bürgerlichen" Minderheiten an den Hochschulen, die der demokratische Staat des Grundgesetzes noch immer zu erzeugen in der Lage ist, nach der heutigen Rechtslage im Subsystem Verfaßte Studentenschaft alleine nicht die Kraft aufzubringen vermögen, aus ihrer defensiven Lage des wenig geachteten Status' der politisch aktiven Studenten, des schmalen juristischen Wissens um die Verfahrensrechte, der politischen Unerfahrenheit sowie der meist geringen finanziellen Mittel gegen den politisches Gewicht garan-

---

159 O.**Negt**, (FN 63), S.354 [Das Zitat wendet sich im Original aus 'undogmatisch-linker' Perspektive gegen den Staat des Grundgesetzes.]

160 E.**Krippendorff** (FN 61), S.170.
Dieser ursprüngliche, Anspruch der 'Neuen Linken' nach herrschaftsloser Selbstbestimmung lebt heute wieder auf in Forderungen der minoritären 'Neuen Sozialen Bewegungen': Kap.1. - Zur besonderen strukturellen Stabilität des 'dichotomen Mehrheitsprinzips' in dieser Machtkonstellation: Kap.5.3.2. (bei FN 66).

161 Als Bestätigung von: Kap.2. Ähnlich: "Der numerische Mehrheitsgesichtspunkt allein stellt für sich noch nicht sicher, daß mit Hilfe der Demokratie eine nichtdiktatorische bzw. nichttyrannische Regierungsform erhalten werden kann." (W.**Becker**, Die Freiheit, die wir meinen, München 1982, S.72)

tierenden Status einer demokratisch verfaßten, 'undogmatisch-linken' Studentenvertretung sowie gegen die in langen Jahren festgefügte parteiische Verwaltung der Studentenschaft[162], das inzwischen an den Hochschulen fein gesponnene Netz der 'undogmatisch-linken' Nischen und Seilschaften zusammen mit den letztlich auch gegen sie verwendeten nicht unerheblichen Mittel der studentischen Zwangsbeiträge in der Öffentlichkeit wahrnehmbar anzukommen sowie neues Interesse der universitären oder staatlichen Öffentlichkeit für ihre Probleme, die ja gleichfalls auch Probleme der Universität und des demokratischen Rechtsstaats selbst sind, zu gewinnen. Die tiefsten Wunden versetzen diesen politisch geschundenen Minderheiten jedoch noch stets das Desinteresse, die Indifferenz und der abwiegelnde Opportunismus der universitären Öffentlichkeit und dabei insbesondere der Masse der Studentenschaft[163], der meisten Professoren[164]

---

162 'Undogmatisch-linker' Nepotismus. Hier sind insbesondere die unbefristet und nach politischen Gesichtspunkten besetzten - und meist hinsichtlich ihrer Definition übermäßig gut dotierten - Stellen in der Verfaßten Studentenschaft zu nennen [vgl. dazu beispielhaft: FN 100 (Kap.6)]. "Es stellt sich freilich die Frage, ob nicht einmal errichtete Herrschaft der selbsternannten revolutionären Monopolelite ihre eigene Dialektik mit sich führt: nämlich sich bürokratisch zu verfestigen und mehr und mehr zu verkrusten, statt in der Emanzipation der Massen sich selbst aufzuheben, in deren Namen man doch handelt." (C.**Graf v.Krockow** (FN 37), S.12)

163 Zum generellen Desinteresse der Studentenschaft an ihrer Vertretung: FN 6 (Kap.5). - Daß z.B. aber auch die Gewaltperiode 1985-1989 innerhalb der Verfaßten Studentenschaft der Frankfurter Universität für den 'Durchschnittsstudenten' (neben Professoren und Verwaltung) anschließend keinerlei Erwähnung wert befunden wurde, belegt eine "explorative Studie, die im März/April 1990 an der Johann Wolfgang Goethe-Universität durchgeführt wurde": K.**Schaper**, Die Organisationskultur staatlicher Hochschulen, [Diss. rer.pol. Univ. Frankfurt/M] Idstein 1992, insb. S.206-281. Vgl. in diesem Zusammenhang auch: A.**Demirovic** u.a. (FN 20).

(a) Zur Wahlbeteiligung bei Studentenschaftswahlen. Die Verfaßte Studentenschaft ist nach wie vor innerhalb der Studentenschaft keineswegs verankert - und deswegen tangieren deren Probleme den 'Durchschnittsstudenten' nicht. Zumindest hinsichtlich der grundsätzlich kümmerlichen Wahlbeteiligung in der studentischen Selbstverwaltung und damit deren fundamentalem Legitimationsdefizit scheint also die Studentenbewegung wenig bewirkt zu haben. Dazu allgemeiner (mit aus der Praxis nicht immer nachvollziehbaren Argumenten): R.**Wildenmann** (FN 4). - Dieses Problem strukturell im Zusammenhang mit einem "Mindestvolumen eines Wahlensystems" aufgreifend: "Die Apathie der Mehrheit gibt der Minderheit die Chance der Gewaltübernahme." (P.**Herder-Dorneich**, Wahl und Wahlmechanismus, in: FS für W.**Schreiber**, S.61-86, S.85)

Beispiel: Die Beteiligung an der Wahl des Studentenparlaments der Frankfurter Johann Wolfgang Goethe-Universität lag während der letzten fünfzehn Jahre [seit dem Beginn der einigermaßen korrekten Wahldurchführung im Jahre 1980: Kap.17.3.4.] kaum über 30%, meist erheblich darunter: 1996/97: 17,8%; 1995/96: 17,6%; 1994/95: 19,1%; 1993/94: 19,7%; 1992/93: 20,7%; 1991/92: 23,9%; 1990/91: 24,3%; 1989/90: 23,8%; 1989: 23,5%; 1987: 28,4%; 1986: 27,3%; 1985: 22,2%; 1984: 25,2%; 1983: 27,6%; 1982: 27,9%; 1981: 31,8%; 1980: 32,9%. [Die Wahlbeteiligung fiel derart gering aus, obwohl allen Wahlberechtigten seit dem Jahre 1979 von Amts wegen die Briefwahlunterlagen nach Hause zugesandt werden (§§ 15 Abs.1, 65 Abs.3 HHG (= FN III.95)).] Sie lag selbst in den Hochzeiten der Studentenbewegung weit unter 50%: 1967/68: 44,0%; 1969: 40,5%; 1969/70: 36,0% [diese Zahlen sind aufgrund des Fehlens amtlicher Wählerverzeichnisse nicht eindeutig nachvollziehlbar; dazu: FN IV.151 (Kap.15); zumindest die erste (amtliche) Zahl ist aufgrund der unkorrekten Wahldurchführung mit Sicherheit höher als die reale Wahlbeteiligung; dazu: Kap.19.2.1.(a). und (c).].

(b) Die Distanz der organisierten konservativen Studenten. Daß vom politisch organiserten studentischen Konservativismus, dem RCDS, eine (von ehrenwerten Ausnahmen abgesehen!) konkrete und konsequente Konfliktaustragung und Selbstbehauptung im rechtsfreien Raum Verfaßte Studentenschaft nicht zu erwarten war, man sich politischer Willkür, Außerkraftsetzung von Stil und Berechenbarkeit, Stigmatisierung und Bedrohung grundsätzlich nicht gewachsen zeigte, die etablierten Politikrituale unverdrossen nacheiferte, um Anerkennung zu erzielen und eigenes Unterlassen zu überdecken, bestätigt paradigmatisch: J.**Weberling** [Bundesvorsitzender des RCDS 1981-83], Für Freiheit und Menschenrechte - Der Ring Christlich-Demokratischer Studenten 1945-1986, [hist.Diss.] Düsseldorf 1990: Danach erschöpft sich die "Geschichte des RCDS" nahezu ausschließlich auf zivil und gediegen fernab der rechtsfreien Räume, oft außerhalb der Universitäten, durchgeführten Delegiertenversammlungen in der Wahl und Entlastung von Vorsitzenden- und anderen Positionen, Bildung von Ausschüssen und Kommissionen und deren Beschickung, Aufnahme und Ausschluß von Mitgliedern und Gruppen, Abstimmungen über Satzungen und Ordnungen, Erarbeitung von bundesweiten Programmen und Aktionen, Kontaktpflege zur CDU. Die Courage weniger einzelner Studenten vor Ort, deren Standhaftigkeit gegen Rechtsbruch und opportunistisches Zurückweichen, denen der RCDS wesentliche Erfolge und auch politische Glaubwürdigkeit zu verdanken hat, wird dagegen völlig übergangen!

und die aus feigem Harmoniebedürfnis und Faulheit der Universitätsverwaltung erwachsende Verweigerung des Rechtsschutzes an der Universität[165], die in Einzelfällen bis zur kryptischen Kollaboration mit der politischen Gewalt selbst reicht. Das alles erscheint heute nicht mehr allzu tragisch; denn "wenn die Durchschnittlichkeit der Zeiten vergangen ist, kann man sie als Privatmann nicht darstellen, und so hat man einen Grund mehr, sich auf die Seite des Erfolges zu schlagen, denn in polarisierten Zuständen geht die siegreiche Moral bis in ihre letzten Konsequenzen vor, und jeder wird von der guten Sache verfolgt und eingeholt."[166]
Gemäß dem Vorangehenden zeigt sich damit die folgende Systemstruktur:

OBERSYSTEM	*(Teilmenge)*	*SUBSYSTEM*
demokratisch-verfaßter Staat Bundesrepublik Deutschland	⟵⊃	Verfaßte Studentenschaft an den Hochschulen
'Etablierte' "bürgerliche" Mehrheit in den Parlamenten		"bürgerliche" Minderheit im Studentenparlament
↓ *(materiales MP)*		↑ *(dichotomes MP)*
'undogmatisch-linke' Minderheit außerhalb der Parlamente	⟵⊃	'undogmatisch-linke' Mehrheit im Studentenparlament

---

164 Die Distanz der Professorenschaft. Symptomatisch für die prinzipienlose Feigheit oder das völlige Desinteresse der meisten der heutigen Professoren gegenüber politisch motiviertem Rechtsbruch: FN 0.20 (Einl.); FN 47 (Kap.5); FN 94, FN 99 (Kap.6). - Aber auch couragiertere Professoren, selbst von Gewalt betroffen und damit sensibilisiert für die Situationen universitärer Rechtlosigkeit, welche kraft ihres Status und Prestiges den Zerfall der Rechtsnormen im politisierten Klima der Universität in Teilen der Öffentlichkeit wenigstens darzustellen vermochten und Gehör fanden, verloren dabei kein Wort über die fortdauernde politische Vergewaltigung verfassungsloyaler studentischer Minderheiten; das mag mit ausgeprägtem professoralem Status- und Elitedenken zusammenhängen, das den Studentenstatus geringschätzt und eigenständige studentische Aktivitäten nicht ästimiert. Siehe dazu beispielhaft das gesamte Buch von H.-B.**Harder**/E.**Kaufmann** (FN 23): "Rechtlos ... sind neben anderen Hochschulangehörigen vor allem die betont rechtsstaatlich eingestellten Hochschullehrer, die in einem derartigen Klima der Gewalt, des Rechtsbruchs und der geistigen Verwahrlosung die Prinzipien unserer Verfassung ... verteidigen." (M.**Kloepfer** (FN 23), S.263); ebenso sahen allein "die vulgäre Beschimpfung, zynische Verhöhnung und systematische Entwürdigung der Hochschullehrer" (E.**Topitsch** (FN 150), S.37), die "tätlichen Angriffe[n] gegen Professoren und Hochschulpersonal" (W.**Schmitt Glaeser** (FN 23), S.42). Vgl. dazu ferner: H.**Thielicke** (FN 5), insb. S.82 ff; H.**Arendt**, Macht und Gewalt, München 1970, S.43/44; K.**Sontheimer**, Das Allgemeine und das Akademische, in: U.**Schultz** (Hrsg.), Toleranz, Reinbek 1974, S.50-65, insb. S.60; A.**Gallas** (FN 123), insb. § 6; E.**Noelle-Neumann**, Die Verhöhnung der Professoren, in: T.**Nipperdey** (Hrsg.), Hochschulen zwischen Politik und Wahrheit, Zürich 1981, S.46-62; W.**Hahn**, Ich stehe dazu, Stuttgart 1981, Teil VIII; H.**Schiedermair**, Die deutsche Universitätsreform im Jahre 1983, in: FS für H.J.**Faller**, München 1984, S.217-248, S.228 ff. Selbstkritisch inzwischen: "Es gab auch Szenen, vor allem auf den Institutsversammlungen, die richtig unangenehm waren. Ich habe gestandene Professoren schweißgebadet und extrem verunsichert gesehen, nach Worten ringend und unfähig, die Situation zu begreifen. Je fahriger sie wurden, um so mutiger wurden ihre Peiniger, um so mehr johlte das Publikum. Es war wie ein Fight ohne Spielregeln" (A.**Vollmer** (FN 94), S.127/128). Stellvertretend für die engagierte, konservative Presse (die couragierte Studenten nur wahrnahm im Zusammenhang mit der Drangsalierung von Professoren): K.**Reumann** (FN 23). - Als einzelne Ausnahme: International Council on the Future of the University, Bericht über deutsche Universitäten, Stuttgart 1978, S.22-25 ("Die Lage der nicht-radikalen Studenten"). [Dies alles, teils polemisch, abstreitend: A.**Wittkowsky**/L.**Kohlmüller**/D.**Albers** [Rektorat der Univ.Bremen], Das Zerrbild des 'International Council on the Future of the Universities' von den deutschen Universitäten, Bremen 1978.]
165 Als Beispiele für Attentismus und Indolenz von Teilen der rechtschützenden Universitätsverwaltung: FN 20(c) (Kap.5); Kap.5.2.6., insb. FN 47, FN 48, FN 50; FN 96, FN 99, FN 108 (Kap.6); Kap.18.2.2. Vgl. dazu auch allgemeiner: A.**Gehlen** (FN 148), S.173/174. - Diese Haltung ist zumindest nicht vereinbar mit dem Beamtenstatus im demokratischen Rechtsstaat: BVerfGE **39**, 334 [LS 2; S.347/348] (E.v.22.5.1975)
166 A.**Gehlen** (FN 148), S.173

Kap.8 Über die Ineffektivität staatlichen Verfahrensrechts im politischen Subsystem 'Verfaßte Studentenschaft'

"Der gesamte Bereich der Bildung ... unterliegt einer weitgehenden Normierung"[167] und dadurch, wie vermittelt werden soll, andauernder staatlicher Gängelung. Diese heute wohlfeile Feststellung übermäßiger Verrechtlichung ist, betreffend die autonome Selbstverwaltungskörperschaft 'Verfaßte Studentenschaft' an bundesdeutschen Hochschulen, sicherlich *un*zutreffend. Denn einerseits zeigen sich einzelne Teile dieses Subsystems des demokratischen Rechtsstaats tatsächlich nahezu normfrei; andererseits versagen die intendierten Wirkungen bestehender staatlicher Gesetze im Subsystem angesichts einer politischen Mehrheit, die ihre Identität wesentlich aus der Ablehnung des Staates bezieht: Die "Idee einer sich prinzipiell negatorisch auf den bürgerlichen Staat beziehenden Linken ist für uns essentiell, nur das ermöglicht es, einen radikal oppositionellen Anspruch zu erhalten"[168]. Damit sind, jedenfalls innerhalb des politischen Subsystems der Verfaßten Studentenschaft, Rechtsbewußtsein und Rechtsnormen nicht mehr in Einklang zu bringen. Insbesondere im Hinblick auf die in der weitgehenden Eigenverantwortung der Selbstverwaltungskörperschaft durchzuführenden Wahlen und deren hohen Stellenwert für 'undogmatisch-linke' Politik ist deshalb der Einfluß der in der Verfaßten Studentenschaft vorherrschenden politischen Kultur und ihrer sozialen Normen auf die Wirksamkeit positivierten, staatlichen Rechts sowie die 'autonome' Produktion untergesetzlichen Satzungsrechts dortselbst darzustellen.

8.1. Die Verfügungsmöglichkeiten der politischen Mehrheit über die Legalität im Subsystem

Die Verfaßte Studentenschaft ist - soweit staatlich eingerichtet[169] - als rechtsfähige Selbstverwaltungs(zwangs-)körperschaft des öffentlichen Rechts mit Satzungs- und Finanzhoheit[170]

---

167 M.**Gralher**, Verrechtlichung der Politik durch die Rechtsprechung des Bundesverfassungsgerichts?, in: R.**Voigt** (Hrsg.), Verrechtlichung, Königstein/Ts. 1980, S.218-231, S.227.
Für die Hochschule: L.-R.**Reuter**, Bildung zwischen Recht und Politik, in: R.**Voigt** (s.o.), S.116-136, S.121.

168 B.**Seib** ['sinistra! Radikale Linke'], in: diskus 4/1992, S.24.
Ferner ausführlich zu dieser Haltung: Kap.5; Kap.7.

169 Siehe zur derzeitigen juristischen Situation: FN 3 (Kap.5).
Zur Einrichtung Verfaßter Studentenschaften. Zur juristischen und politischen Problematik der Einrichtung Verfaßter Studentenschaften als Zwangskörperschaften des öffentlichen Rechts siehe stellvertretend: H.**Meyer**, Zur Stellung der Studenten in der Universität, DÖV **21**, S.608-611 (1968), insb. S.610; K.**Hinrichsen** [1969 Rektor der Univ.Tübingen], Für eine verfaßte Studentenschaft, in: ATTEMPTO 33-34/1969, S.20-22; U.**Janssen**, Öffentlich-rechtliche und syndikalistische Studentenvertretung, in: H.**Baier** (Hrsg.), Studenten in Opposition, Bielefeld 1968, S.207-234, S.217; M.**Protze**, Auflösung der verfaßten Studentenschaft?, in: studpol 1/1973, S.3-9; B.**Pieroth** (FN 67), S.199 ff; T.**Oppermann**/A.**Dittmann**, Freiwillig verfaßte Studentenschaft? - Zur Möglichkeit einer vereinsrechtlich organisierten, öffentlich beliehenen Studentenschaft in Durchführung des Hochschulrahmengesetzes, JZ **32**, S.593-596 (1977); H.**Avenarius**, Hochschulen und Reformgesetzgebung, Berlin 1979, S.122/123; Bericht der HRG-Expertenkommission (FN 44), S.111 ff; P.**Becker** (FN 3), insb. S.497 ff; W.**Thieme**, Deutsches Hochschulrecht, 2.Aufl. Köln/Berlin/Bonn/München 1986, S.722 ff; E.**Denninger**, Das 'politische Mandat' der Studentenschaft und andere Möglichkeiten studentischer Mitwirkung in der Hochschule (Rechtsgutachten erstattet im Auftrag des HMWK), KJ **27**, S.1-22 (1994), insb. Teil I. [Die letztgenannte Abhandlung beleuchtet paradigmatisch, daß einer der 'Väter' der Deutschen Gruppenuniversität [dazu: FN 4 (Kap.5); FN III.34, FN III.36(c) (Kap.10)] auch noch nach 25 Jahren die gravierenden Fehlentwicklungen im Konstrukt der Verfaßten Studentenschaft - fehlende Rechtsachtung, fehlender Minderheitenschutz, fehlende demokratische politische Kultiviertheit, fehlende Verantwortungsbereitschaft, fehlende Öffentlichkeit - nicht zu sehen bereit ist ("Was die Studenten wollen, das dürfen sie ... nicht" (S.4).) und sich statt dessen in vielleicht noch wünschenswerten aber völlig unrealistischen Theorien ergeht, um "kritische und engagierte Studenten für die studentische Selbstverwaltung zu begeistern" (S.3); - die prinzipiellen Probleme

gemäß den demokratischen Strukturen des parlamentarisch-repräsentativen Systems aufgebaut. Ihre Autonomie unterliegt rechtsstaatlichen Schranken: "Zum Wesen einer staatlichen Einrichtung gehören Bindung und Begrenzung: sie hat *fest umrissene* Zuständigkeiten in einem geregelten Verfahren und im Zusammenspiel mit anderen staatlichen Einrichtungen wahrzunehmen; sie unterliegt im Regelfalle der Kontrolle durch andere staatliche Einrichtungen; ihre Finanzgebarung wird haushaltsrechtlich erfaßt."[171] Bereits diese lediglich begrenzte Zuständigkeit jeder Selbstverwaltungskörperschaft impliziert in speciale die *Un*zulässigkeit der Wahrnahme des *Allgemeinpolitischen Mandats* für die Verfaßte Studentenschaft[172]. Die rechtsaufsichtliche

---

hatte E.**Denninger** aber bereits 1976 in abstracto thematisiert: FN 223; E.**Denninger** waren andererseits trotz seiner Expertisen gravierende, konkrete Fehlentwicklungen der Verfaßten Studentenschaften offensichtlich gar nicht bekannt: FN III.121 (Kap.12).] - Ferner nachfolgend: FN III.19 (Kap.10); Kap.13.3.2., insb. FN IV.50.

170 Beispielhaft nachfolgend: §§ 66, 62 Abs.3 HHG (= FN III.95) i.V.m. § 41 HRG (= FN III.93).
Dazu genauer: P.**Dallinger**/C.**Bode**/F.**Dellian**, Hochschulrahmengesetz (Referenten-Komm.), Tübingen 1978, Komm. § 41 HRG (S.249 ff); P.**Becker** (FN 3); P.**Kickartz**, Komm. § 41 HRG, in: K.**Hailbronner** (Hrsg.), Hochschulrahmengesetz (Komm.), Heidelberg 1988.

171 K.**Hesse**, Die verfassungsrechtliche Stellung der politischen Parteien, VVDStRL **17**, S.11-47 (1959), S.34.
In allgemeinerem Rahmen: R.**Hendler**, Selbstverwaltung als Ordnungsprinzip, Köln/Berlin/Bonn/München 1984, S.269-358; E.**Schmidt-Aßmann**, Zum staatsrechtlichen Prinzip der Selbstverwaltung, in: GS für W.**Martens**, Berlin/New York 1987, S.249-264, m.w.Lit.; ferner, unter dem Aspekt der "Politisierung und Demokratisierung" von Teilhaberechten: U.K.**Preuß**, Zum staatsrechtlichen Begriff des Öffentlichen, Stuttgart 1969, § 12, insb. S.205. Schließlich: FN 123 (Kap.7); Kap.13.3.2.

172 Zum 'Allgemeinpolitischen Mandat'. (a) Die juristische h.M.: Die Einschränkung des Grundrechts der allgemeinen Handlungsfreiheit (Art.2 Abs.1 GG) durch Einrichtung einer zwangsverfaßten Selbstverwaltungskörperschaft rechtfertigt sich nach der h.M. aus der Wahrnahme "legitimer öffentlicher Aufgaben" - und nur dieser: BVerwGE 59, 231 [236, 238]; ferner nachfolgend: FN IV.50 (Kap.13). "Von besonderer Wichtigkeit dabei ist, daß sich hinsichtlich des Gegenstandes dieser Selbstverwaltung, des Aufgabenbereichs, ein - von wenigen Ausnahmen, wie etwa dem umstrittenen 'politischen Mandat' abgesehen - allgemein anerkannter Grundbestand, ein 'klassischer' Aufgabenkatalog, herausgebildet hat" (W.**Schmitt Glaeser**, Die Rechtsstellung der Studentenschaft, Bad Homburg/Berlin/Zürich 1968, S.6, m.w.Lit. [vgl. dazu zunächst für den Hessischen Fall: I.**Berner**, Die Problematik des politischen Mandats der Studentenschaft, JZ **22**, S.242-246 (1967); nachfolgend allgemeiner: T.**Eschenburg**, Das 'politische Mandat' der Studentenschaften, in: H.-A.**Jacobsen**/H.**Dollinger** (FN 4), S.356-361; U.**Janssen** (FN 169); M.**Hellwig**, Stellungnahme zum politischen Mandat der Studentenschaft [im Auftrage des Hochschulpolitischen Ausschusses der Deutschen Burschenschaft], Marburg 1968); mit Einschränkungen: H.**Buck** u.a. (FN 4), S.35 ff]). Diese Aufgaben sind im Falle der Hessischen Verfaßten Studentenschaften enumerativ normiert in: § 63 Abs.2 HHG. - Zur frühen Judikatur: Paradigmatisch zunächst der Block früher Gerichtsentscheidungen in: DVBl.**83**, S.705-719 (1968); später: H.-W.**Laubinger**, Zum Anspruch der Mitglieder von Zwangsverbänden auf Einhaltung des gesetzlich zugewiesenen Aufgabenbereichs, VwA **74**, S.175-183 und S.263-280 (1983). Ferner: H.**Maurer**, Allgemeines Verwaltungsrecht, 7.Aufl. München 1990, S.507-510 (RN 42 und RN 43).
Schließlich (aus studentischer Sicht) auf den Zusammenhang von 'Allgemeinpolitischem Mandat' und sydikalistischer Rechtsform - sowie deren Nachteile - hinweisend: U.**Janssen** (FN 169), insb. S.233/234. [Entsprechendes gilt nach der juristischen h.M. auch für die kommunale Selbstverwaltung: G.**Lehngut**, Allgemeinpolitische Erklärungen und Beschlüsse von Gemeinden, DÖV **42**, S.655-663 (1989).]
(b) A.A. (die Minderheitsmeinungen): Zunächst bereits zweideutig, die spätere Studentenrevolte maßgebend mitprägend: "Immerhin haben während des letzten Jahrzehnts die Studentenschaften bei politischen Umstürzen ... eine wichtige Rolle gespielt" (J.**Habermas** (FN 152), S.54); eindeutiger derselbe nachfolgend, die formale Legalität gegen politisch wirksame Legitimität ausspielend: "Die Allgemeinen Studentenausschüsse ... sind Zwangsverbände, die sich auf die automatische Mitgliedschaft aller eingeschriebenen Studenten stützen. Daher ist das Argument, daß diese Vertretungen in politischen Tagesfragen im Namen der Studentenschaft nicht Stellung nehmen können, formal richtig. Andererseits machen die Studenten geltend, daß sich hochschulpolitische Fragen von gesamtgesellschaftlichen Konzeptionen nicht säuberlich trennen lassen. Der strenge Legalitätsstandpunkt würde, angesichts der bestehenden Herrschaftsstrukturen und der tatsächlichen Verteilung der Kompetenzen in der Hochschule, zudem von vornherein zur Erfolglosigkeit verdammen" (J.**Habermas** (Protestbewegung, FN 4), S.156/157). Ferner: U.K.**Preuß**, Das politische Mandat der Studentenschaft, es **317** (Frankfurt/M 1969 [kritisch dazu: H.**Krüger**, Studentische Selbstverwaltung, in: C.**Flämig** (FN 4), S.636-657, S.648/649]); H.**Ridder**/K.-H.**Ladeur**, Das sogenannte politische Mandat von Universität und Studentenschaft, Köln 1973; W.**Damkowski**, Zur Problematik der Verfaßten Studentenschaft, DVBl.**93**, S.229-238 (1978),

Kontrolle darüber erweist sich jedoch - auch[173] - wegen des geänderten Charakters staatlichen Rechts in diesem selbstverwalteten Subsystem als höchst defizient.

8.1.1. Die Verfestigung des 'dichotomen Mehrheitsprinzips' im Subsystem. Ob nun Organe der Verfaßten Studentenschaft stellvertretend einige derjenigen Aufgaben der staatlichen Leistungsverwaltung übernehmen sollen, die in den originären Tätigkeitsbereich einer Studentenvertretung fallen, ist innerhalb des Subsystems zumindest im Stellenwert politisch umstritten. Dabei sehen gerade die hier betrachteten 'undogmatisch-links' dominierten Verfaßten Studentenschaften ihre Hauptaufgabe keineswegs in der allein rechtmäßigen "Wahrnehmung hochschulpolitischer, sozialer und kutureller Belange der Studenten" (§ 41 Abs.1 HRG); vielmehr fühlen sie sich berufen zur Entwicklung und Etablierung allgemeinpolitischer Alternativen und Visionen zum bestehenden Staat[174] und in letzter Zeit in zunehmendem Maße auch der finanzi-

---

S.233 ff; E.**Denninger** (FN 169), S.12 ff; radikaler im Sinne der DKP-orientierten These der Unzulässigkeit des 'Allgemeinpolitischen Mandats' als "rechtsförmig betriebene[r] Abwürgung von Meinungsfreiheit" (DuR **6**, S.249 (1978)): L.**Zechlin**, Die Rechtsprechung zum politischen Mandat der verfaßten Studentenschaft, DuR **6**, S.281-290 (1978); M.**Breitbach**, Die Studentenschaften im Strudel der Kriminalisierung, DuR **10**, S.243-259 (1982); schließlich die skurrilen Ausführungen in: K.D.**Deumeland**, Komm. § 41 Abs.1 HRG, in: ders., Hochschulrahmengesetz (Komm.), Baden Baden 1979 (insb. S.102).

(c) Für die Position 'linker' Verfaßter Studentenschaften stellvertretend: ASTA-info.18.6.1971 (Uni Ffm) 'AStA-Materialien zum Politischen Mandat'; ferner: "Wir interpretieren den § 27 [HHG (= FN III.38) - Aufgaben der Studentenschaft, P.K.] zu unseren Gunsten, d.h. wir sagen, was wir wollen" (ASTA-info. SS 1978, S.13). "Die obskure Argumentation, dies [d.h. die Wahrnahme des allgemeinpolitischen Mandats, P.K.] bedeute aufgrund der Pflichtmitgliedschaft der StudentInnen eine Veruntreuung der Gelder, negiert, daß die politischen Gruppen gerade wegen ihrer umfassenden Programmatik in die ASten gewählt werden." (AStA-Materialien, Stellungnahme der hessischen LAK zur Anpassung des HHG an das HRG, Kassel 1987, S.37)

Der Verzicht auf die Wahrnahme des 'Allgemeinpolitischen Mandats' würde 'undogmatisch-linke' ASten zweifellos einer zusätzlichen Gefahr der "Integration" in das System [dazu: FN 144 (Kap.7)] aussetzen; vgl. in diesem Sinne auch: P.**Brückner** (FN 65), S.131.

(d) Zur Aushöhlung des geltenden Studentenschaftsrechts durch die Politik: In einer Presseerklärung v.20.11.1991 ließ die Hessische Ministerin für Wissenschaft und Kunst, E.**Mayer** (SPD), zum 'Allgemeinpolitischen Mandat' amtlich verlauten: "Gegenüber der Forderung der Studierenden [d.h. Vertretern der 'undogmatisch-linken' Hessischen ASten] nach einem allgemeinpolitischen Mandat der gewählten Studentenvertreter signalisierte die Ministerin Verhandlungsbereitschaft. Sie sagte den Studierenden zu, ein Rechtsgutachten in Auftrag zu geben [zu diesem Rechtsgutachten: E.**Denninger** (FN 169)], das die bisherige Rechtslage 'im Hinblick auf die Veränderungen im Verhältnis Hochschule und Gesellschaft' überprüfen und 'Spielräume für eine Weiterentwicklung' ausloten sollte" (Mehr studentische Freiräume, in: FAZ v.21.11.1991 (Lokalteil);). Die rot-grüne Niedersächsische Landesregierung mühte sich, mit dem 'Fünften Gesetz zur Änderung des Niedersächsischen Hochschulgesetzes' (Nds.GVBl., S.618-658 (1993)) das Allgemeinpolitische Mandat für ihre Verfaßten Studentenschaften normativ abzusichern: § 50 Abs.3 Nds.HG. - Beachte in diesem Zusammenhang den herausragenden Stellenwert der Beitragshoheit der Verfaßten Studentenschaft: FN 19 und FN 20 (Kap.5).

173 Vgl. zu weiteren Defizienzgründen für die Rechtsaufsicht: Kap.18.2.; FN 123 (Kap.7); Kap.5.2.6.

174 Die Vernachlässigung des sozialen Mandats. Grundsätzlich ist die Politik einer 'undogmatisch-links' dominierten Verfaßten Studentenschaft dahin ausgerichtet, daß "die AStA-Gelder nicht sozialer Hilfe, sondern der politischen Auseinandersetzung dienen sollen" ('Linke Liste'-Wahlzeitung 6/1986, S.9). Ähnlich bereits: "Sozialpolitische Forderungen [dürfen] nicht Illusionen über die Möglichkeiten des 'Sozialstaates' erwecken. ... Vielmehr können sie nur Teil eines allgemeinen Kampfes zur Überwindung des Kapitalverhältnisses sein. Das bedeutet konkret, daß eine Beschränkung auf Dienstleistungen vermieden werden muß und soziale Forderungen mit ständisch-borniertem Charakter entlarvt werden müssen" ('SHB/SF SHI'-Wahl-Info 5/1973, S.8). Dazu ferner: Kap.5.2. (bei FN 19). [Das alles erscheint heute auch insofern bemerkenswert, als gerade die hedonistische 'undogmatische Linke' die Errungenschaften des Sozialstaats für sich einklagte und selbstverständlich bestmöglich nutzte.]

Die Aufgabenverfehlung der Repräsentanten der Verfaßten Studentenschaft scheint fast ein strukturelles Problem darzustellen: "'Man macht immer wieder die Erfahrung, daß selbst die zum Teil grotesken Zustände an der Massenuniversität ... bei den Studenten nicht einmal Widerspruch auslösen; die Studenten passen sich an, sie halten Widerstand schon deshalb für sinnlos, weil keine Instanz sich wirklich um sie kümmert und weil sie nicht gefragt werden.' Die studentische Selbstverwaltung, die jene Instanz sein könnte und ihrem Selbstverständnis nach auch sein will, löst diesen Anspruch in der Realität nicht ein" (H.**Adam** (FN 6), S.8). Diese Fest-

ellen Absicherung der eigenen Aktivisten sowie der eigenen Klientel mittels öffentlicher Gelder[175]. Insofern erscheinen hier die im weitesten Sinne dem Sozialbereich zuzurechnenden juristischen Normen tatsächlich unerheblich, weil ihnen in den Politiken 'undogmatisch-links' geprägter Verfaßter Studentenschaften kein wesentliches Gewicht zukommt. (Die Würdigung der durch die Selbstverwaltungskörperschaft zu erbringenden "unpolitischen Serviceleistungen" hat sich seit dem Jahre 1993 allerdings auch bei der politischen 'Linken' merklich erhöht.) - Unter diesen Bedingungen erfährt das 'formaldemokratische Mehrheitsprinzip'[176] im Subsystem sogar eine Entlastung von seiner normalerweise inhärenten sozialen Brisanz, die darin liegt, daß auch "das Problem der sozialen Gerechtigkeit unter das Regime des Mehrheitsprinzips"[177] geraten und damit nicht unstrittig zu lösen sein kann; diese soziale Entlastung führt zu weiterer Stabilisierung des als Entscheidungsverfahren wirksamen 'dichotomen Mehrheitsprinzips' in der Verfaßten Studentenschaft[178]. Vermag dagegen das rechtsstaatlich verbindliche, 'autonom' gesetzte (und rechtsaufsichtlich genehmigte) studentische Satzungsrecht, Minderheiten zu schützen?

8.1.2. Autonomes Satzungsrecht als Funktion des 'dichotomen Mehrheitsprinzips'. Den Schutz politischer Minderheiten sowie effektiver (politischer) Kontrolle im Subsystem gegen den umfassenden Zugriff der Mehrheit kann autonomes Satzungsrecht allein grundsätzlich nicht leisten, weil es sich selbst nicht außerhalb der Reichweite des 'dichotomen Mehrheitsprinzips' befindet: In vielen Fällen ist, wie beispielhaft bereits ausgeführt[179] und wie im folgenden stets vorausgesetzt, die politische Kultur des dichotom zerspaltenen Subsystems Verfaßte Studentenschaft geprägt von einer stabilen und meist dauerhaften "Diktatur der Legalität" ohne nennenswerte kritische Öffentlichkeit. Die vorliegenden Charakteristika des 'dichotomen Mehrheitsprinzips' machen aber grundsätzlich auch die Legalität, nicht nur unterhalb des staatlichen Rechts, für die politische Mehrheit im Subsystem verfügbar (um so mehr angesichts vage und hypotroph formulierter Gesetzesnormen und versagender staatlicher Rechtsaufsicht):

(a) Normerzeugung. Die stabile 'undogmatisch-linke' und staatsfeindliche Abstimmungsmehrheit verfügt im obersten Repräsentativ- und Beschlußorgan Studentenparlament über das Monopol der Erzeugung studentischen Satzungs- und Ordnungsrechts[180]. Korrespondierend räumt jede vorhandene Normierungslücke einer absoluten Entscheidungsmehrheit eine völlig legale Gestaltungsfreiheit in der Lückenschließung ein und weist ihr damit weitere Macht zu.

(b) Normvernichtung. Die prinzipiell mögliche, ersatzlose Vernichtung bereits positivierten studentischen Satzungsrechts erscheint unter dem Konstrukt der obligatorischen rechtsauf-

---

stellung zeigt sich heute, 1997 (lange nach der Studentenrevolte), noch ebenso aktuell wie zur Zeit ihrer Veröffentlichung im Jahre 1965 (also vor der Studentenrevolte)!

175 Siehe dazu beispielhaft: FN 19, FN 20 (Kap.5); bereits früher schon: E.**Topitsch** (FN 152), S.34 ff.

176 Zu den definierenden Kriterien des 'formaldemokratischen Mehrheitsprinzips': Kap.2.2.

177 U.K.**Preuß**, Politische Ordnungskonzepte für die Massengesellschaft, in: J.**Habermas** (Hrsg.), Stichworte zur 'Geistigen Situation der Zeit', es **1000** (Frankfurt/M 1979), S.340-377, S.343

178 Zu den definierenden Kriterien des 'dichotomen Mehrheitsprinzips': Kap.3.1. Zur Stabilität des totalitären 'dichotomen Mehrheitsprinzips' in einer 'undogmatisch-links' beherrschten Selbstverwaltungskörperschaft innerhalb eines demokratisch-pluralistischen Staatswesens: Kap.5.3.2.

179 Siehe dazu (dichotome politische Segmentierung des Subsystems Verfaßte Studentenschaft): Kap.5; Kap.7.; insbesondere zur "Diktatur der Legalität": Kap.5.3.2.

180 Beispielhaft: "Die Studentenschaft gibt sich eine Satzung, die vom Studentenparlament beschlossen wird" (§ 66 Abs.1 HHG (= FN III.95)). "Das Studentenparlament entscheidet ... insbesondere über Erlaß, Änderung und Aufhebung von Ausführungs- und Geschäftsordnungen der Studentenschaft" (§ 6 Abs.2.k StS (= FN III.168)).

Das staatliche Recht, in dessen Rahmen sich die studentische Normsetzung vollziehen muß, verbleibt aber natürlich außerhalb des direkten Zugriffs der Selbstverwaltungskörperschaft.

sichtlichen Genehmigungsverfahren faktisch erschwert[181]. Ein Fall der Nichtnormierung kann im übrigen dann eintreten, wenn die Normproduktion an qualifizierte Mehrheiten gekoppelt ist und damit der Minderheit juristisch Mitwirkungs- und Einflußrechte sichern will[182], die die Mehrheit politisch nicht zuzugestehen bereit ist.

(c) Normauslegung. Der 'undogmatisch-linken' Mehrheit ist mittels kompromißloser Anwendung des 'dichotomen Mehrheitsprinzips' im Studentenparlament und machtpolitischer Besetzung aller wesentlichen durch die Selbstverwaltungsautonomie staatlicherseits eingeräumten Freiräume mit dem selbstverwaltungsinternen Judikativorgan 'Ältestenrat' auch das Definitionsmonopol der Normauslegung für das Subsystem in die Hände gefallen[183]. Dieser Sachverhalt erweist sich in einer Situation der Bedrohung der staatlichen Rechtsnormen durch solche alternativen, 'undogmatisch-links' geprägten sozialen Konkurrenznormen, die den ersteren die Legitimationsgrundlage im Subsystem entziehen und so zum Ursprung eines gegen den Staat sich richtenden "Rechtsgefühls" und "Rechtswillens" sich entwickeln[184], als höchst zentral; überspitzt formuliert: "Wenn jemand im Besitz der unumschränkten Vollmacht zur Auslegung geschriebener oder ungeschriebener Gesetze ist, so ist er in jeder Hinsicht der wirkliche Gesetzgeber, nicht aber derjenige, der das Gesetz zuerst formuliert oder ausgesprochen hat."[185]

- Im Zweifelsfalle ist also zur Sicherung von Minderheitenrechten auf studentisches Satzungsrecht *nicht* fruchtbar zurückzugreifen. Den Schutz politischer Minderheiten sowie effektiver (politischer) Kontrolle im Subsystem könnte folglich nur adäquat gesetztes, staatliches Recht verbürgen. Dieser Rechtsschutz tritt aber tatsächlich oftmals nicht ein:

8.1.3. Gesetzliche Normhypotrophie im Subsystem. Hoffnung könnte zunächst auf dem die Selbstverwaltungskörperschaft eingrenzenden und führenden staatlichen Recht ruhen. Die Hierarchien innerhalb des Modells Verfaßte Studentenschaft legitimieren sich nämlich formal durch verfahrensförmige Regelungen, die in der Grundstruktur durch das Obersystem Staat, gemäß dessen eigenem Aufbau und für das Subsystem unumstößlich, gesetzt werden. Im

---

181 Beispielhaft: "Vor der Genehmigung der Satzung [durch den Hess. Minister für Wissenschaft und Kunst] ist dem Leiter der Hochschule Gelegenheit zur gutachtlichen Stellungnahme zu geben" (§ 66 Abs.3 HHG).

182 Beispielhaft: "Die Satzung wird vom Studentenparlament mit einer Mehrheit von zwei Dritteln der Anwesenden, mindestens mit der Mehrheit seiner Mitglieder, beschlossen" (§ 66 Abs.2 HHG).

183 Über die Rechtmäßigkeit studentischer Normlauslegung entscheidet im Zweifelsfalle zunächst grundsätzlich eine studentische Judikative. Beispielhaft: "Der [studentische] Ältestenrat wirkt darauf hin, daß die Studentenschaft ihre Aufgaben im Einklang mit den Gesetzen, der Satzung und anderen Vorschriften erfüllt" (§ 69 Abs.2 HHG). Allerdings spiegelt der ÄR als vom StuPa gewählt in der Regel dessen Mehrheiten wider, was angesichts der übermäßigen Politisierung dieses Organs die sachgerechte Kontrolle der Mehrheit in der Regel verhindert [zu dieser Problematik nachfolgend: Kap.18.1.3.].
Siehe zum hinsichtlich des Normsetzungs- und Auslegungsmonopols in der Verfaßten Studentenschaft zentralen Stellenwert von StuPa-Wahlen: Kap.5.3.; Kap.7.3.(c).

184 M.**Kriele**, Rechtsgefühl und Legitimität der Rechtsordnung, JRR **10**, S.23-36 (1985), insb. S.27.
Vgl. dazu (Dominanz sozialer Konkurrenznormen über das Recht): P.**Waldmann** (FN 14), S.123/124; H. **Ryffel**, Bedingende Faktoren der Effektivität des Rechts, JRR **3**, S.225-246 (1972), S.242 ff. - "Die Bereitschaft zum Normgehorsam wird regelmäßig um so größer sein, je mehr sich das Recht im Einklang mit solchen Verhaltensmustern hält, zu denen die Gemeinschaft ohnehin tendiert, in Einklang vor allem mit der Verkehrssitte und der herrschenden Sozialmoral" (R.**Zippelius** (FN 14), S.85). Das gilt auch für die herrschenden sozialen Konkurrenznormen im Subsystem Verfaßte Studentenschaft. Die subkulturellen Zwänge (Verkehrssitte und herrschende Sozialmoral) wirken im Falle 'undogmatisch-links' dominierter Verfaßter Studentenschaften nämlich dahingehend, staatliches Recht gerade nicht "zu befolgen. Diese Zwänge beziehen ihre Kraft aus der gegenseitigen Angewiesenheit der Mitglieder einer Gemeinschaft." (R.**Zippelius** (FN 14), S.84 [weitergehend: S.82 ff, S.90])

185 H.S.**Commager**, Die Rechte der Minderheit im Rahmen der Mehrheitsherrschaft, Wiesbaden 1947, S.45 [in Rekurs auf J.**Hoadley**]

Gegensatz zum Staats- und Kommunalbereich[186] verbleibt der staatliche Gesetzgeber im Falle des Subsystems Verfaßte Studentenschaft allerdings tatsächlich überaus zurückhaltend. Dies wird im wesentlichen drei Gründen zuzuschreiben sein:

(a) Autonomes Regelungsermessen. Einmal entspricht die Zurückhaltung dem liberalen Gedanken der Schaffung eigenverantwortlicher und damit staatsfreier Bereiche mittels des subsidiären Instituts der Selbstverwaltungskörperschaft[187]; nach der Theorie soll dem Prinzip der Autonomie dieser Bereiche dadurch Rechnung getragen werden, daß, wegen des notwendig freiheitsbeschränkenden und Eigeninitiative hemmenden Anteils jeder festen Regelung, auf die Setzung staatlichen Rechts möglichst weitgehend verzichtet wird[188].

(b) Politischer Opportunismus der 'Etablierten'. Zum anderen erwächst die Zurückhaltung der Hemmung der etablierten Politik, in politische Subsysteme, die über eigene intellektuelle und physische Wehrhaftigkeit verfügen, von außen regelnd einzugreifen. Diese Wehrhaftigkeit transportieren im Falle 'undogmatisch-links' geprägter Subsysteme einflußreiche Medien (Presse, Rundfunk, Fernsehen) sympathisierend und verstärkend in die Öffentlichkeit. Die Scheu vor einer Befassung mit konkreten Problembereichen der Verfaßten Studentenschaften durch die Politik ist ferner Konsequenz aus dem aktuell geringen Stellenwert sämtlicher Hochschulbelange in der Öffentlichkeit.

(c) Politische Kultur des "linken Postmaterialismus"[189]. Zum dritten entspricht es dem Selbstverständnis 'links-alternativer' Politik, die *eigenen* Subsysteme - und dazu zählen grundsätzlich auch nach wie vor die Verfaßten Studentenschaften - im weit ausgelegten Zweifelsfalle gewähren zu lassen[190]. Dieser Impetus einer unausgewogenen Rechtsfreiheit gewinnt an Gewicht für die staatliche Politik mit zunehmender Regierungsbeteiligung und politischem Einfluß der Partei der 'Grünen'.

---

186 Beispielhaft (Verrechtlichungsdebatte): G.B.**Oschatz**, Erscheinungen der Verrechtlichung in der Staats- und Kommunalverwaltung, DVBl.**95**, S.736-743 (1980), m.w.Lit.; weitere Lit. dazu in: FN IV.12 (Kap.13).

187 Siehe zu diesem staatsrechtlich subsidiären Konstruktionsprinzip: Kap.13.3.2., insb. FN IV.48.

188 Verrechtlichung als (vorgeblicher) Antagonismus des Selbstverwaltungsprinzips. Die These von der erstrebenswerten Abstinenz der staatlichen Legislative im Rahmen autonomer Selbstverwaltungskörperschaften sieht einseitig nur die allgemeine, mit jeder Normverdichtung einhergehende Freiheitsreduzierung für die Mehrheit des Subsystems: "Weil manche Normen Freiheit gewähren und sichern, alle Normen aber notwendig auch Freiheit beschränken" (G.**Berner**, Inflation im Recht, BayVBl.**24**(NF), S.617-625 (1978), S.617); ähnlich, in anderem Zusammenhang: R.**Voigt**, Regulatives Recht im Wohlfahrtsstaat, in: ders. (Hrsg.), Abschied vom Recht?, es **1185** (Frankfurt/M 1983), S.19-49, S.20; danach besitzt jeder Rechtsetzungsakt eine freiheitsreduzierende Komponente. "Jede neue rechtliche Bindung führt zu einem Verlust an individueller Selbstverantwortung und persönlicher Freiheit. Damit verknüpft ist ein wachsender Einfluß der Verwaltung" (U.H.**Schneider**, Zur Verantwortung der Rechtswissenschaft, JZ **42**, S.696-705 (1987), S.697) [ähnlich auch: K.**Lange**, Eindämmung der Vorschriftenflut im Verwaltungsrecht, DVBl.**94**, S.533-539 (1979), S.535 (Pkt.4); G.B.**Oschatz** (FN 186), S.739]). - Anscheinend erweist sich Verrechtlichung danach als dem Autonomieprinzip der Selbstverwaltung widersprechend; darüber noch hinausgehend: "Jede freiheitlich demokratische Grundordnung verfolgt den Zweck, vor allem den Bereich menschlicher Freiheit zu sichern und zu schützen, indem der Mensch frei ist vom Recht" (H.-D.**Weiß**, Verrechtlichung als Selbstgefährdung des Rechts, DÖV **31**, S.601-608 (1978), S.604 [ähnlich auch: R.**Hendler**, Grundprobleme der Entregelung im demokratischen Rechts- und Sozialsstaat, JRR **9**, S.59-70 (1983)]). H.-D.**Weiß** fährt dann allerdings ergänzend fort: "In diesem rechtsfreien Raum ... gelten nicht die Gebote des Rechts, sondern die außerrechtlichen Maßstäbe des Gewissens, des Glaubens, der Liebe und Barmherzigkeit, der sittlichen Verantwortung und Demut, der Treue". Er kann an die Verfaßte Studentenschaft als Bestätigung für seine These jedenfalls nicht gedacht haben.

189 Zur Definition des "linken Postmaterialismus" (in Rekurs auf die Theorie des "Wertewandels" in einer hochentwickelten westlichen Industriegesellschaft) beispielhaft: D.**Fuchs**, Trends politischer Unterstützung in der Bundesrepublik, in: D.**Berg-Schlosser**/J.**Schissler** (Hrsg.), Politische Kultur in Deutschland (PVS-Sonderheft **18**), Opladen 1987, S.357-377, S.370 ff, m.w.Lit. Ausführlicher: FN 0.9(c) (Einl.).

190 Als Beispiele: FN 20(c), FN 50(d) (Kap.5); FN 172(d).

8.2. Der Wirkungsschwund des staatlich gesetzten Rechts im Subsystem

Aber auch das wenige zum Zwecke rechtsstaatlich-demokratischer Selbstverwaltung vom Staat verliehene Recht vermag in der Praxis des staatsfeindlichen Subsystems als Träger eines eigenen "kollektiv minoritären Rechtsbewußtseins"[191] die intendierten Wirkungen, insbesondere im Bereich des Minderheitenschutzes, grundsätzlich nicht zu entfalten (bei alledem werden sämtliche Defizite der studentischen Selbstverwaltungskörperschaft noch verschleiert und dadurch verstärkt angesichts des Ausbleibens interessierter, kritischer Öffentlichkeit[192]):

8.2.1. Wertewandel und Wandel des Rechtsbewußtseins im Subsystem. Die herrschende Staatsrechtslehre faßt den Rechtsstaat als materialen (d.h. durch die "objektive Wertordnung" des GG durchdrungenen) auf; insbesondere grundlegende Verfahrensnormen bleiben damit nicht rein formal, sondern werden wertmäßig geführt und gebunden[193]. In Abhängigkeit von diesen nichtpositivierbaren Grundwerten erfolgt die staatliche juridische Kodifikation; auch das Mehrheitsprinzip wird demgemäß positiviert als formaldemokratisches und wertmäßig umhegt als materiales[194]. Genau diese *materialen* Werte sind jedoch nicht rein *formal* zu transformieren in ein Subsystem Verfaßte Studentenschaft, das in seinem staatsantagonistischen Selbstverständnis teilweise völlig konträre Werte ausgeprägt hat[195] und dessen eigener Grundkonsens auf die studentischen Machthaber beschränkt bleibt: "Die Funktionalisierung einer Rechtsordnung im Sinne der jeweiligen Inhaber der Definitionsmacht erfolgt durch die Veränderung der zugrundeliegenden Wertmaßstäbe."[196] Dagegen müssen die wertfrei formal-positivierten Nor-

---

191 T.**Würtenberger**, Schwankungen und Wandlungen im Rechtsbewußtsein der Bevölkerung, NJW **39**, S.2281-2287 (1986), S.2282.
Diese Feststellung korreliert als logische Negation mit der These: "Im Normalfall rankt sich das Rechtsbewußtsein der Bevölkerung um das positive Recht. Ein Einklang zwischen Rechtsbewußtsein und positivem Recht führt zu normativer Integration, d.h. zur Identifikation des Bürgers mit dem Recht und damit auch mit dem Staat." (T.**Würtenberger**, Zeitgeist und Recht, 2.Aufl. Tübingen 1991, S.104)

192 Zur "Kontrollfunktion der Öffentlichkeit" als einem Charakteristikum demokratisch-rechtsstaatlicher Selbstverwaltung: W.**Frotscher**, Selbstverwaltung und Demokratie, in: FS für G.C.**v.Unruh**, Heidelberg 1983, S.127-147, S.147; allgemeiner: K.-U.**Meyn**, Kontrolle als Verfassungsprinzip, Baden-Baden 1983, Teil 3. Vgl. ferner: FN 154 (Kap.7).

193 Denn das Grundgesetz errichtet eine "wertgebundene Ordnung" (BVerfGE **7**, 198 [204]): Seit BVerfGE **1**, 14 [18] i.st.R. Aus der Literatur beispielhaft: A.**Bleckmann**, Staatsrecht II - Die Grundrechte, 3.Aufl. Köln/Berlin/Bonn/München 1989, S.77 ff und S.253 ff, insb.S.255; P.**Badura**, Die Verantwortung des Gesetzgebers, JRR **14**, S.246-254 (1989), S.251 ff. Vgl. ebenfalls: Kap.4.1., insb. FN I.108.
A.A.: Die in der FN I.101 (Kap.4) zitierten Autoren.

194 Zu den definierenden Kriterien des minderheitenfreundlichen 'materialen Mehrheitsprinzips' und der dafür konstitutiven Wertbindung: Kap.4.1.

195 Beispielhaft (für die Ausbildung konträrer Werte in der Verfaßten Studentenschaft): Kap.5 und Kap.7.

196 C.**Schalast**, Rechtsstaat, Verrechtlichung und Konsens, in: diskus 1-2/1986, S.10-15, S.11/12 [in einer Wendung gegen die wertgebundene Demokratie des Grundgesetzes].
Die Relativierung des streng formalen Rechtsstaats durch die 'Undogmatische Linke'. Früher schon: W.-**Bock** ['undogmatisch-linker' AStA-Vors. 1975-1976 : StuPa-Prot. v.31.10.1975, S.3; anschl. ab 22.4.1977 diskus-Herausgeber; Verwaltungsrichter am VG Wiesbaden, 1990 BT-Kandidat der 'Grünen' im Wahlkreis Frankfurt am Main I)] sowie V.**Neumann**, Rezension von: I.**Maus**, Bürgerliche Rechtstheorie und Faschismus, in: diskus 6/1977, S.31-33. Die Glaubwürdigkeit dieser Plädoyers für den streng formalen Rechtsstaat leidet allerdings unter der für 'undogmatisch-linke' Politik typischen Weigerung, auch die mit dem politische Freiräume schaffenden formalen Recht verbundenen politischen Kosten zu tragen: Denn einerseits nur mittels der aus dem Prinzip des formalen Rechtsstaats zu erschließenden Identifizierung von Legalität und Legitimität läßt sich die Praktizierung des (dichotomen) Mehrheitsprinzips im Subsystem Verfaßte Studentenschaft durch die 'undogmatisch-linke' Mehrheit stets als legitim (und damit wohl auch in deren Sinne demokratisch) darstellen [vgl. zur Logik dieser Argumentation etwa: E.**Denninger**, Verfassungstreue und Schutz der Verfassung, VVDStRL **37**, S.7-50 (1979), S.13 ff; ders., Verfassungsrechtliche Schlüsselbegriffe, in: FS für R.**Wassermann** (FN 62), S.279-298, S.285; E.**Denninger** mißt darin dem 'formaldemokratischen Mehrheitsprinzip' im formalen Rechtsstaat konsequenterweise "universale Geltung" zu].

men des Obersystems invariant im Subsystem bleiben (als Konsequenz der Allgemeingültigkeit rechtsstaatlicher Rechtsnormen). - So kann insbesondere das 'materiale Mehrheitsprinzip' des übergeordneten Verfassungsstaats in seinem formalen Anteil als 'formaldemokratisches Mehrheitsprinzip' identisch transformiert werden, es erfährt jedoch im Subsystem unter dem Einfluß der dort herrschenden, anderen Werte seine (veränderte) Ausprägung als 'dichotomes Mehrheitsprinzip'; und damit müssen insbesondere sämtliche nicht positivierten und positivierbaren, also die rein wertmäßigen (ethischen) Anteile des Minderheitenschutzes[197] im Subsystem für staats- und verfahrensloyale Gruppen (die Masse der Gleichgültigen wird nicht betroffen und erscheint in diesem Zusammenhang als unerheblich) ihre Wirkkraft einbüßen.

Der geschilderte Wertewandel verändert das Rechtsbewußtsein der maßgeblichen Rechtsgenossen des Subsystems; denn "Rechtsbewußtsein als Rechtsüberzeugung wird bewirkt, wenn die den Normen zugrunde liegenden Wertentscheidungen internalisiert werden"[198]. Der Wertewandel im Subsystem erfaßt schließlich den Stellenwert des Rechts (dabei sogar auch dessen formale Komponente) selbst: Während die Rechtsstaatsidee des Grundgesetzes dem Recht einen neutralen, friedensstiftenden "Eigenwert" zuerkennt, besitzt es im intendiert 'staatsfreien' Subsystem lediglich noch eine "dienende Funktion" im Sinne des Machterhalts der 'undogmatisch-linken' Mehrheit[199] und der Durchsetzung ihrer eigenen, absoluten Werte. In diesem Sinne erhält sogar das zunächst neutral-formale Verfahrensrecht einen gegen den Normgeber 'Staat' gerichteten, rein instrumentellen Charakter. Die sich dadurch einstellende Rechtspraxis zögert nicht, "die Angehörigen der dem politischen System mißliebigen Minderheitsgruppen durch parteiliche Handhabung der Rechtsnormen zu benachteiligen"[200]. Als Konsequenz bildet

---

Andererseits sprechen dieselben 'undogmatisch-linken' Studenten sich gleichzeitig vehement gegen rechtsförmige staatliche Eingriffe in ihr Subsystem aus [siehe z.B.: W.**Bock**, Die Studenten als Teil des Staates: Ende der Meinungsfreiheit, in: diskus 4-5/1977, S.17-26, insb. S.26] und zweifeln damit selektiv die Bindungswirkung des (formaldemokratischen) Mehrheitsprinzips an für solche Entscheidungsverfahren, in denen sie lediglich als Minderheit beteiligt sind [dazu allgemeiner: Kap.3.3.; Kap.6]: "Heute wird gerade in Kreisen der Radikalen die Gesetzesherrschaft als drückende Last empfunden. Für nicht wenige von ihnen gelten Gesetze als Stützen bestehender Herrschaftsverhältnisse." (T.**Eschenburg**, Demokratisierung und politische Praxis, in: APUZ 38/1970, S.3-13, S.10)

197 Siehe zu den konstitutiven, aber nicht positivierbaren Anteilen politischen Minderheitenschutzes: Kap.4.1.

198 M.**Rehbinder**, Rechtskenntnis, Rechtsbewußtsein und Rechtsethos als Probleme der Rechtspolitik, JRR **3**, S.25-46 (1972), S.44

199 "Diesem totalen Unterwerfungsanspruch unterliegt in aller Härte der Konsequenz auch das Recht. In der Konfrontierung mit der totalen Ideologie als der gedanklichen Verkörperung der politischen Macht erscheint es nicht als geistige Instanz mit eigenständigem Rang; auch wird es nicht als ein System mit eigengesetzlichen Prinzipien und Zielsetzungen anerkannt. Vor dem totalen Herrschaftsanspruch kann dies alles nicht bestehen. Reicht die totalitäre Wirkung der Ideologie und die von ihr mitgetragene politische Macht bis in die letzten Winkel aller Lebensbereiche, so vermag sich dem auch das Recht nicht zu entziehen. Vielmehr erscheint es dem totalitären Denken als ein besonders geeignetes Mittel zur kämpferischen Durchsetzung der ideologischen Leitziele bis zum machtmäßigen Sieg der Gruppe und alsdann nach Errichtung der Herrschaft als einer der wichtigsten Faktoren zur Festigung, Erhaltung und Betätigung der totalitären politischen Macht. Durch die völlige Befangenheit im Machtdenken kommt die Einsicht in die wesensmäßige Bedeutung des Rechts, in seine Eigenständigkeit als grundlegende soziale Institution, nicht auf. Das Recht wird schlechthin zum Instrument der Durchsetzung und Erhaltung politischer Macht; es wird in eine durchaus dienende Rolle verwiesen" (H.**Henkel**, Ideologie und Recht, Tübingen 1973, S.24). Vgl. ferner: K.**Doehring**, Der Autoritätsverlust des Rechts, in: FS für E.**Forsthoff**, München 1972, S.103-118, S.104 ff. - Nichtsdestoweniger kann auch in diesem Falle adäquat gesetztem, formalem Recht eine minderheitenschützende Funktion verbleiben [dazu nachfolgend: FN 236]. Beachte in diesem Zusammenhang: FN 183, FN 184.

200 H.**Henkel** (FN 199), S.25.

Siehe dazu auch: FN 62 (Kap.5); FN I.108 (Kap.4). Typische Beispiele für Benachteiligungen mittels parteilicher Handhabung von Rechtsnormen liefert der Bereich des Studentenschaftswahlrechts: Kap.17.3.3. (Besetzung des Wahlorgans entgegen dem Amtsprinzip); Kap.18.1.4. (Besetzung des Kontrollorgans entgegen dem

sich eine "Verdopplung faktischer gesellschaftlicher Machtverhältnisse durch unformales Recht"[201] im Subsystem aus.

8.2.2. Intendierte Staatsfreiheit als neue 'Legitimität' des Subsystems. "Die Verleihung von Autonomie bedeutet ... die Schaffung einer neuen, der des Staates notwendig bis zu einem gewissen Grade entgegengesetzten, weil eben selbständigen Legitimität, gegenüber welcher der Staat selbst bei Vorbehalt fach- und rechtsaufsichtlicher Befugnisse sich in der Regel nur schwer durchsetzen kann. Diese Gefahr ist umso ernster zu nehmen, als die vom Staat geräumten Felder unverzüglich von weit schwerer kontrollierbaren intermediären Gewalten in Besitz genommen zu werden pflegen."[202] Diese Feststellung trifft insbesondere auf die "autonomen", studentischen Selbstverwaltungskörperschaften zu: Da das untergesetzliche Satzungsrecht eigenständig durch das Subsystem Verfaßte Studentenschaft nur im Rahmen des durch das Obersystem Staat garantierten Rechts gesetzt werden darf, das Obersystem aber durch die herrschende Mehrheit des Subsystems nicht akzeptiert ist, wird der autonome Normregelungsspielraum lediglich ausgenutzt zur legalen Absicherung möglichst weitgehender Eigenständigkeit und Staatsfreiheit; das Maß des Gelingens dieser Absicherung gegen den Staat gibt den Grad der eigenen inneren Legitimation für sämtliche Politik und Verfahren des Subsystems. Die neue *Legitimität der Staatsfreiheit* erscheint als "ideologische Kompensation"[203] für die faktisch weitgehende formale Entregelung der Verfaßten Studentenschaft. Gegenüber dieser Art 'Legitimität' zeigt sich die positive Ausprägung von Minderheitenrechten für staatsloyale Gruppen geradezu als kontraproduktiv und wird dementsprechend restringiert[204].

8.2.3. Aushöhlung des Rechts durch untergesetzliche Normhypotrophie im Subsystem. Der 'Legitimität der Staatsfreiheit' entspricht logisch eine weitestmögliche Normhypotrophie im Subsystem allein schon deshalb, weil die Befolgung jeder Norm aufgrund ihrer Dauerhaftigkeit und Berechenbarkeit mittels staatlichen Handelns überprüfbar ist (z.B. im ordentlichen Rechtsweg oder über die Anrufung der Rechtsaufsichtsbehörde). Allerdings erscheint jede berechenbare, stabile Form als Ausprägung von Gleichheit und als Garant der Rechtssicherheit; die Macht der Form begrenzt folglich stets auch die Macht der Mehrheit[205]. Als Negation dieses Prinzips verschaffen Anomie oder Vagheit des Rechts und der Abbau von Rechtsnormen - gemäß dem libertären Grundsatz "Alles, was das Gesetz nicht verbietet, ist erlaubt"[206] - gegen

---

Amtsprinzip); Kap.19.11.3. (sachfremder Prüfungsmaßstab im studentischen Wahlprüfungsverfahren); Kap. 16.4.3. (Verfahrensverschleppung); Kap.19.29.4. (FN V.562: finanzielle Ungleichbehandlung).

201 I.**Maus**, Verrechtlichung, Entrechtlichung und der Funktionswandel der Institutionen, in: G.**Göhler** (Hrsg.), Grundfragen der Theorie politischer Institutionen, Opladen 1987, S.132-172, S.139 [in anderem Zusammenhang]

202 H.H.**Klein**, Demokratie und Selbstverwaltung, in: FS für E.**Forsthoff** (FN 199), S.165-185, S.174.
A.A. (notwendige materielle Voraussetzungen für die Wahrnahme des Autonomieangebots): G.**Vobruba**, Entrechtlichungstendenzen im Wohlfahrtsstaat, in: R.**Voigt** (FN 188), S.91-117, S.97).
Beachte in diesem Zusammenhang auch die phantastische Funktion einer die intellektuelle Debatte hervorrufenden Sozialpolitik im Rahmen der 'Zivilgesellschaft': U.**Rödel** u.a. (FN 34), S.185 ff ("Von der Sozialklientel zur aktiven Minderheit").

203 W.**Seibel**, Abschied vom Recht - Eine Ideologie?, in: R.**Voigt** (FN 188), S.134-169, S.137 [in anderem Zusammenhang]

204 "Angesichts der Tatsache, daß die Studentenschaften ihr Recht weitgehend selbst setzen, hat die jeweilige Mehrheit des Studentenparlaments es in der Hand, sich ihre Organisation so zu wählen, daß der Opposition kaum Chancen bleiben." (W.**Thieme** (FN 169), S.713)

205 E.**Kaufmann**, Deutsches Recht, Berlin 1984, S.66 ff. Beachtee in diesem Zusammenhang ferner die in der FN I.76 (Kap.3) aufgeführte Literatur.

206 Mit den anderen Worten des reinen Rechtspositivismus: Illegal ist nur der Verstoß gegen den expliziten Regelungsgehalt einer positivierten Norm; der Verstoß gegen einen normimmanenten Sinngehalt oder Wert ist

die Minderheiten einen Machtzuwachs für die Mehrheit bis hin zum 'legalen Erlaubnismaximum'. Ergänzend muß alle *institutionalisierte* Freiheit dem zur Schau getragenen "antiautoritären", 'undogmatisch-linken' Politikverständnis bereits als Repression erscheinen, denn jede berechenbare und allgemeingültige Norm widerspricht dem wohlgehegten ideologischen Wesen des das anomische Subsystem vorgeblich prägenden "Undogmatischen", "Spontanen" und "Kreativen": Jede "generelle Norm muß (nämlich) für einen längeren Zeitraum Geltung beanspruchen, sei es, um der bestehenden Ordnung Dauer zu verleihen, sei es, um in der Kontinuität der Entwicklung auf ein Zukünftiges hin Stabilität zu sichern. Deshalb entgeht ihr notwendig das Einmalige, Überraschende; sie kann Ereignisse dieser Art, gleichgültig, ob sie wünschenswert oder bedrohlich sind, nicht beeinflussen."[207] In der Realität zeigt sich dann aber der vorgeblich "spontan" und damit vor allem individuell geregelte Sachverhalt doch meist schnell und zuverlässig entschieden im Sinne der Macht der 'undogmatisch-linken' Mehrheit; hinter dem Blendwerk des "Spontanen" stehend, offenbart sich eine gezielte Strategie der demokratischen Verkleidung des totalitären 'dichotomen Mehrheitsprinzips' vor der Öffentlichkeit[208]. Somit beinhalten "Leerstellen im Recht ... stets auch Provokation und Bedrohung der Rechtsordnung; sie stellen diese in Frage und unterminieren sie, am deutlichsten, wenn sie eine Auffüllung durch soziale Konkurrenznormen erfahren, die das bestehende Recht erschüttern und umzuformen beginnen."[209] Die das Subsystem politisch gestaltende 'undogmatisch-linke' Mehrheit macht dergestalt freiwillig gar keinen Gebrauch von ihrem Recht (und ihrer Pflicht!) der autonomen Auffüllung des staatlichen Normenrahmens mittels studentischen Satzungs- und Ordnungsrechts; vielmehr soll die universelle Gesetzlichkeit weitestmöglich abgeschafft und für jeden Einzelfall durch das (dichotome) Mehrheitsprinzip ersetzt werden unter dem Euphemismus der "Demokratisierung": Während im Falle der Exekutive die Berechenbarkeit und Allgemeingültigkeit des Verwaltungshandelns durch die juristische Figur der Selbstbindung erzeugt wird, ist das Parlament als Legislative[210] (oder gar die studentische Vollversammlung) in seinen Entscheidungen diesbezüglich grundsätzlich im Rahmen der Selbstverwaltungsautonomie ungebunden; die 'undogmatisch-linke' Mehrheit des Studentenparlaments vermag also prinzipiell jedes Handeln der von ihr beherrschten Studentenschaftsorgane, sofern dieses mit bestehenden Normen nicht offensichtlich und schwer kollidiert und gegebenenfalls die Kollision nicht justitiabel angegriffen wird, - auch mittels untergesetzlichen Gewohnheitsrechts - im Zweifelsfalle durch parlamentarischen Mehrheitsbeschluß situativ zu 'legalisieren'.

---

damit zumindest nicht (formal) illegal. Vgl. dazu aus der 'linken' Entrechtlichungskritik: I.**Maus** (FN 54), S.51; beachte ferner auch die im vorliegenden Zusammenhang greifenden Kritikprinzipien über die "unformale Struktur, ... ungewöhnliche Kürze, mangelnde technische Präzision, inhaltliche Unbestimmtheit" der (NS-)Gesetze (I.**Maus** (FN 54), S.45).

207 P.**Waldmann** (FN 14), S.130.

Gerade im 'undogmatisch-links' geprägten Studentenschaftsklima erscheint die Diskreditierung der Form um so einfacher, als der notwendigen Beständigkeit jeder Form ersichtlich ein konservatives Element innewohnt [dazu: C.**Graf v. Krockow**, Reform als politisches Prinzip, München 1976, S.56/57].

208 Zu der euphemistisch-anomischen Darstellung der in Wahrheit höchst planmäßigen durchgeführten und machtbewußten 'undogmatisch-linken' Politik in der Öffentlichkeit paradigmatisch: FN 42, FN 62 (Kap.5).

209 P.**Waldmann** (FN 14), S.134.

Weitergehend gilt auch für die Verfaßten Studentenschaften: "Soziale Ordnungsmechanismen verdrängen in unserer Epoche mehr und mehr die rechtlichen Ordnungsmechanismen" (P.**Trappe**, Macht und Recht, in: FS für K.**Eichenberger**, Basel/Frankfurt/M 1982, S.93-105, S.95). Vgl. ergänzend: Kap.8.1.2.(c).

210 Zum Legislativcharakter des Studentenparlaments: Kap.13.3.2. Bei der Verfaßten Studentenschaft handelt es sich unter dieser Sichtweise nicht um mittelbare Staatsverwaltung, sie ist nicht Teil der Exekutive.

8.2.4. Anonymisierung öffentlicher Verantwortung. Konsequenz aus der angestrebten Staatsfreiheit des Subsystems ist die bewußt intendierte Verhinderung eines staatlichen Zugriffs auf 'undogmatisch linke' Politik- und Machtträger und deren soziales Netz[211]. Den theoretisch möglichen Zugriff des demokratischen Rechtsstaats, der einzig und damit berechenbar nur im Falle zuvor festgestellter individueller Normverletzung erfolgen kann - nulla poena sine lege -, gilt es konkret abzuwehren, indem jedes (individuelle) politische Handeln nach außen lediglich dem 'undogmatisch-linken' Kollektiv zurechenbar gemacht wird. Denn dadurch, daß alle Vorgänge im Subsystem durch 'das Kollektiv' verrichtet werden, erfolgt praktisch eine "Entindividualisierung der Zurechnung", die zu Vergröberungen bis hin zur völligen Anonymisierung der Verantwortung führt[212].

Diese Anonymisierung öffentlicher Verantwortung mittels deren Kollektivierung ist aber ein Element (und ein gravierender struktureller Schwachpunkt) der identitären Demokratie, und sie widerspricht demzufolge grundlegend der repräsentativ-demokratischen Verfassung, der auch die Verfaßte Studentenschaft untergeordnet ist: "Die Verfassung kennt keine Macht ohne Verantwortung. Unverantwortlichkeit und Freiheit zur Willkür kann ein wesentliches Element des Privaten sein; dem Bereich des Öffentlichen sind sie in einer freiheitlich-rechtsstaatlichen Ord-

---

211 Exemplarisch (Zurückweisung der Verantwortung für das eigene, öffentliche Tun): Kap.5.4.(d). Vgl. in diesem Zusammenhang auch: FN 0.9(d) (Einl.).
Diese Intention überstrapaziert das Prinzip der Verstärkung grundrechtlicher Freiheitsgarantien durch die demokratische Selbstverwaltung: "Zu ihren zentralen Anliegen gehört der Schutz des Individuums vor ungehemmtem staatlichen Zugriff." (R.**Hendler** (FN 171), S.329)

212 Die Kollektivierung von Verantwortung. (a) "Jede Entindividualisierung der Zurechnung [bedeutet] eine Vergröberung der Verantwortlichkeit" (R.**Zippelius**, Varianten und Gründe rechtlicher Verantwortlichkeit, JRR **14**, S.257-266 (1989), S.265). "'Wir'-Gefühle sind zu oft nur der Schirm für Untaten gewesen, aber später will es dann keiner der einzelnen wirklich gewesen sein" (P.**Brückner** (FN 65), S.169 [in anderem Zusammenhang]). Ferner: P.**Trappe**, Über die Anonymisierung von Verantwortung, in: FS für H.**Schelsky**, Berlin 1978, S.697-715, S.705 ff; T.**Würtenberger** (FN 157), S.314; speziell bezogen auf die Hochschule: W.**Hennis**, Die hochschulpolitischen Forderungen der 'Neuen Linken', in: E.-K.**Scheuch** (FN 82), S.162-171, S.168; H.**Thielicke** (FN 5), S.101; H.H.**Klein** (FN 202), S.182.

(b) Als Beispiele für die universitäre 'undogmatisch-linke' Entindividualisierung: FN 96 (Kap.6); FN 155 (Kap.7); FN III.75 (Kap.11). - Dieses signifikante strukturelle Defizit der Studentenbewegung verstetigte sich zunächst auch in die Partei der 'Grünen' [vgl. auch: FN 10 (Kap.5)]; für Mitgliederversammlungen der Partei wurde so festgestellt: "Es kommt, wer will, redet einfach mit und stimmt mit ab - ohne Verantwortung für die Folgen und somit auch meist folgenlos. Verantwortung wird mithin nicht benannt und damit auch nicht kritisierbar, sondern wird anonymisiert" (D.**Salomon** (FN 9), S.176). Ferner:

(c) Die Kontrollkompetenz des (Frankfurter) Studentenparlaments durch seine notwendige Bestätigung der AStA-Referenten regelt lediglich die StS v.14.7.1951 (= FN III.12); sie entfällt in sämtlichen nachfolgenden StS, in denen diesbezüglich überhaupt nichts mehr geregelt ist. Dies kann in der Folgezeit zu der Konsequenz führen, daß ein 'undogmatisch-linker' AStA seine Referenten beruft (und aus Studentenschaftsgeldern bezahlt), ohne deren Identität der Öffentlichkeit preiszugeben. Selbst die Rechnungsprüfung vermag anschließend die Identität nicht nachzuvollziehen, weil die Inhaber der zur Verrechnung der monatlich gezahlten "Aufwandsentschädigung" (AE) dem AStA-Finanzreferenten vorgelegten Lohnsteuerkarten häufig nicht mit den Referenten übereinstimmten. Die Verfahren widersprechen grundlegend den demokratischen parlamentarischen Gepflogenheiten: die Prozeduren der Ministerernennung schließen sämtlich die Notwendigkeit der offiziellen Bekanntgabe der Amtsträger vor dem Parlament ein (z.B.: Art.64 Abs.2 GG). - **Beispiele: (i)** "Auf Anfragen der Giraffen [an den 'undogmatisch-linken' AStA] werden u.a. folgende Aussagen gemacht: ... Marcus **Werner** [AStA-Vorsitzender]: 'Ich weiß nicht einmal, wer bei uns Referenten sind.'" (StuPa-Prot. v.14.12.1990, TOP 4). **(ii)** "Angelika **Matzke** fragt an, welche Referenten die Linke Liste stellen würde. Marcus **Werner** erwidert mit der schon sattsam bekannten Erklärung, daß die LiLi die Arbeit im AStA im Kollektiv und nicht mit 'Ministern' betreibe" (StuPa-Prot. v.19.4.1991, TOP 4). **(iii)** "Der Antrag von Joachim **Keller**, TOP 4 zu ergänzen um namentliche Nennung aller AStA-Referenten und/oder AE[= Aufwandsentschädigung]-Empfänger wird abgelehnt. ... Joachim **Keller** fragt nach den ReferentInnen des AStA und/oder den AE-EmpfängerInnen. ... Andreas **Wittek** verweist zum wiederholten Male auf das bewährte Kollektivprinzip der LiLi und nennt überdies Michael **Werz** als Internationalismusreferenten" (StuPa-Prot. v.21.6.1991, TOP 2 und TOP 4).

nung notwendig wesensfremd. 'Öffentliches' Wirken im Rechtssinne des Begriffs ist daher nicht schon jenes Wirken, das sich an die Adresse der Allgemeinheit, an die 'in der Demokratie letzte, nicht organisierte Instanz der Öffentlichkeit' wendet, sondern es setzt voraus, daß es in Wahrnehmung einer aufgegebenen Verantwortung und um dieser Verantwortung willen geschieht, und daß bestimmte Personen oder Institutionen für dieses Wirken verantwortend einzustehen haben."[213] Selbst die Zurückweisung jeder durch die Verfassung induzierten Verantwortung für die repräsentativ eingerichtete Selbstverwaltungskörperschaft erscheint im 'undogmatisch-linken' Sinne konsequent insofern, "als sich Verantwortlichkeit immer auf bestimmte Legitimationsprinzipien einer jeweiligen politischen Ordnung bezieht"[214], die, im Falle der Legitimation des bundesdeutschen Staats, durch die 'undogmatische Linke' ja gerade angezweifelt und durch eine neue 'Legitimität der Staatsfreiheit' ersetzt wird.
Bereits die Abwendung von der durch die Institution der Selbstverwaltung zwingend geforderten individuellen Verantwortung erzeugt einen Wirkungsschwund staatlichen Rechts im Subsystem: Denn wer "sich daran gewöhnt, die ihm gesetzlich zugewiesenen Verantwortungsbereiche und Verantwortungsmaßstäbe nicht mehr zu erfüllen, löst sich zunehmend von der Beachtung des Gesetzes"[215] selbst, dem sich eine Selbstverwaltungskörperschaft im demokratischen Rechtsstaat aber nicht entziehen darf[216].

8.2.5. Sanktionsfreiheit staatlichen Rechts im Subsystem. Das staatliche Recht erscheint, bezogen auf die politischen Intentionen der studentischen Machthaber, als lex imperfecta[217]: Zum einen impliziert die Anonymisierung der Verantwortung - sie ist an dieser Stelle nicht primär als Korrelat menschlicher Freiheit, sondern als juristischer Verantwortungsbegriff aufzufassen - das Leerlaufen jeglicher (individualisierender) Sanktionsbewehrung. Zum anderen führt korrespondierend das häufige Leerlaufen der instanzenmäßigen Rechtskontrolle sowie, darüber noch hinausreichend, der herrschende Attentismus und die häufige Indolenz der rechtsschützenden Staatsverwaltung[218] zur tatsächlichen Wirkungslosigkeit eines Rechts, das auf die ultima ratio von Sanktionen zu seiner Durchsetzung berechenbar verzichtet[219].

---

213 K.**Hesse** (FN 171), S.42.
Siehe dazu (persönliche Verantwortlichkeit im öffentlichen Amt) ferner: U.**Scheuner**, Verantwortung und Kontrolle in der demokratischen Verfassungsordnung, in: FS für G.**Müller**, Tübingen 1970, S.379-402, S.384; T.**Würtenberger** (FN 157), S.312; K.**Doehring** (FN 199), S.118; H.H.**Klein** (FN 202), S.168, S.176/177; K. **Hesse** (FN 57), S.54 (RN 138).
Dies gilt natürlich erst recht für das Selbstverwaltungshandeln als deligiertes Staatshandeln: "Je gewichtiger und bedeutsamer für die Allgemeinheit, aber auch je einschneidender für die Betroffenen die Aufgaben einer Selbstverwaltungseinrichtung sind, desto stärker pflegt die persönliche Verantwortlichkeit der Mitglieder ihrer Organe vom Gesetzgeber hervorgehoben zu werden." (H.H.**Klein** (FN 202), S.182)
214 U.K.**Preuß** (FN 171), S.77 [in anderem Zusammenhang]
215 T.**Würtenberger** (FN 157), S.314.
Diese These wurde für die Verfaßte Studentenschaft bestätigt durch die fortwährende, rechtswidrige Wahrnahme des 'Allgemeinpolitischen Mandats' [dazu: Kap.8.1.], durch die Billigung und die Anwendung politischer Gewalt [dazu: Kap.5.3.] oder durch die rechtsmißbräuchliche Durchführung von Wahlen [dazu: Teil V] durch die 'undogmatisch-linken' studentischen Machtträger.
216 Siehe dazu (Notwendigkeit strikter Gesetzesbindung des Selbstverwaltungshandelns): Kap.13.3.2.
217 Hiermit wird die Verfaßte Studentenschaft als 'rechts(folgen)freier Raum' charakterisiert; dazu weitergehend: FN 14(a) (Kap.5).
218 Siehe dazu: Kap.5.2.6.; Kap.7.4.; beispielhaft für den Wahlbereich: Kap.18.2.
219 "Eine Rechtsnorm ist wirksam, wenn sie befolgt oder durchgesetzt wird" (P.**Noll**, Gründe für die soziale Unwirksamkeit von Gesetzen, JRR **3**, S.259-269 (1972), S.259). Ebenso: FN 51 (Kap.5). Die Nichtbefolgung von staatlichen Rechtsnormen im Subsystem begründet andererseits die Negation der These: "Eine ... suggestive Wirkung geht aus von der billigenden Haltung der Öffentlichkeit gegenüber den normgemäßen Hand-

8.2.6. Rechtsfreiheit als Folge angestrebter Homogenisierung im 'Mehrheitskonsens'. Die (von der 'undogmatisch-linken' Mehrheit angestrebte[220]) vollständige politische Homogenisierung könnte ein Höchstmaß an intendierter 'Legitimation der Staatsfreiheit' für das Subsystem Verfaßte Studentenschaft erzielen; denn erst diese Homogenisierung ermöglichte einen politischen Konsens, das scheinbar gleichgerichtete Wirken aller studentischen politischen Kräfte: Vollständige politische Homogenisierung transformiert nämlich als Entscheidungsregel das Mehrheitsprinzip in das Prinzip - erzwungener - Einstimmigkeit (*Mehrheitskonsens*). Auch der 'undogmatisch-linke' erzwungene 'Mehrheitskonsens' zeigte sich imstande, staatliches Recht aus dem politischen Subsystem Verfaßte Studentenschaft fernzuhalten: "Ein Gebiet, das für den Konsens reklamiert wird, soll ein rechtsfreies Gebiet sein. Die Aufgabe des Konsenses besteht darin, Recht so zu bestimmen, daß rechtsfreie (= konsensorientierte) Räume entstehen. Die Konsensforderung ist hier das Mittel, die naheliegende oder drohende Anwendung der einschlägigen Rechtsregeln hinauszuschieben oder gänzlich unmöglich zu machen, die Reichweite des Rechtsregimes zu verringern."[221]

8.3. Die Aufgaben und die Pflichten der rechtsstaatlich-demokratischen Legislative

Ein Gesetzgeber, nach dessen Willen allein die Selbstverwaltungskörperschaft Verfaßte Studentenschaft eingerichtet werden kann[222], hat damit zugleich in Abstimmung mit der Exekutive die politische Verantwortung für deren rechtsstaatlich-demokratische Funktionsfähigkeit übernommen[223]. Der Deutsche Gesetzgeber ist dieser rechtsaufsichtlichen Verantwortung bisher jedoch nur in zu geringem Umfange nachgekommen[224], er hat sich seiner Kontrolle möglicher Wirkungs- und Vollzugsdefizite weitgehend entzogen und diese durch politisches

---

lungen und der ablehnenden Haltung gegenüber dem normwidrigen Verhalten" (R.**Zippelius** (FN 14), S.90 [auch: S.95]). Ebenso: P.**Noll** (s.o.), S.266.

220 Siehe dazu (politische Homogenisierung): Kap.5.3.2.; Kap.3.1. (bei FN I.72).

221 W.**Naucke**, Konsens als Quelle richtigen Rechts - richtiges Recht als Grenze des Konsenses, in: H.**Hattenhauer**/W.**Kaltefleiter** (Hrsg.), Mehrheitsprinzip, Konsens und Verfassung, Heidelberg 1986, S.47-60, S.50

222 "Das Landesrecht kann vorsehen, daß an den Hochschulen ... Studentenschaften gebildet werden" (§ 41 Abs.1 HRG (= FN III.93)). Allgemeiner gilt: "Die Körperschaften des öffentlichen Rechts ... sind staatliche Schöpfungen. Es gibt keine Körpschaft kraft Natur der Sache oder aufgrund privaten Willensakts" (H.**Maurer** (FN 172), S.505). - Selbstverwaltungskörperschaften des demokratischen Rechtsstaats sind aber deswegen nicht notwendig rechtsstaatlich-demokratische Körperschaften [vgl. dazu: FN III.23 (Kap.10)].

223 Die Verantwortung der Legislative. "Der Gesetzgeber hat die Studentenschaft als Körperschaft öffentlichen Rechts geschaffen und mit Beitragsrechten ausgestattet. Er trägt nach der Verfassung die Verantwortung für institutionelle Vorkehrungen, die eine wirksame Rechtmäßigkeitskontrolle und effektiven Individualrechtsschutz gegen unzulässige Tätigkeiten des Verbandes gewährleisten" (BVerwGE **59**, 242 [247]). "Selbstverwaltung wird, wenn sie etwas taugt, immer eine interessengebundene, 'politische' Verwaltung sein, und das ist gut so. Wichtig ist dann freilich, daß die rechtlichen Instrumente funktionieren, welche die Rückbindung an die parlamentarische Kontrollinstanz gewährleisten sollen. Die parlamentarische Verantwortung des Ressortministers auch für die ihm nur rechtsaufsichtlich untergeordneten Selbstverantwortungsbereiche ist nur eine grobe Etikette - abgesehen davon, daß in praxi heute im politischen Geschäft zwischen Rechtsaufsicht und Fachaufsicht oft keine klaren Grenzen mehr eingehalten werden. ... Eine freiheitliche Demokratie muß vermöge ihrer zentralen Organe ... darüber wachen, daß die Erledigung öffentlicher Aufgaben in autonomisierten Subsystemen sich nicht in unvertretbar hierarchischen, autoritären, mithin undemokratischen Formen vollzieht" (E.**Denninger**, Demokratisierung - Möglichkeiten und Grenzen, Köln/Berlin 1976, S.60/64). Siehe dazu ferner: Kap.13.2.2., insb. FN IV.53.

224 "Ganz allgemein fällt auf ..., wie wenig sich der Gesetzgeber um die Wirksamkeit und Wirkungen der von ihm erlassenen Gesetze kümmert. Bei der Beobachtung der gesetzgeberischen Praxis drängt sich die Annahme auf, daß der Gesetzgeber durch den legislativen Akt häufig nur sich selbst entlasten, vom politischen Druck, der hinter einem legislativen Postulat steht, befreien, die Sache erledigen, vom Tisch haben will, gleichgültig, ob und welche Wirkungen der Gesetzgebungsakt zeitigen wird" (P.**Noll** (FN 219), S.263). Als Beispiel für unausgereifte Gesetzgebung hinsichtlich einer Hessischen Verfaßten Studentenschaft: FN III.98 (Kap.11).

Vertrauen[225] (SPD/'Grüne') oder durch wegschauendes Hinnehmen[226] (CDU/FDP) ersetzt. Aber: Im "Fall des Machtmißbrauchs unter den Bedingungen der Rechtsstaatlichkeit ... wird der Vertrauensentzug sozusagen zur politischen Pflicht"[227], die verantwortungsvolle Problembefassung muß *spätestens* dann in den Vordergrund rücken vor allen taktischen Machenschaften und allen politischen Rücksichtnahmen, und es tritt legislativer Handlungsbedarf ein. Die damit angezeigte Normverdichtung für das Subsystem Verfaßte Studentenschaft muß angesichts der bisherigen Erfahrungen unter dreierlei Aspekten erfolgen:

(a) Adäquate Normverdichtung unter Verzicht des Rückgriffs auf die Wertordnung der Verfassung. Unter dem Aspekt der (bisher mangelhaften) Effektivität staatlichen Rechts im Subsystem ist tunlichst Abstand zu nehmen von Positivierungen unter der stillschweigenden Prämisse globaler Wirksamkeit von durch die Verfassung induzierten, ethischen Grundwerten und materialen Legitimationsansprüchen; die adäquate Kommunikation des Obersystems 'demokratischer Rechtsstaat' mit seinem selbstverwalteten Subsystem 'Verfaßte Studentenschaft'

---

225 Dies aus "linksliberaler" Sicht für den Hessischen Fall bestätigend: "Bemerkenswert ist vor allem, daß keiner der Protagonisten der Reformen, die ... als Ministerberater mit großem Aufwand die publizistische Trommel rührten, sich einmal der Mühe unterzogen hat zu untersuchen, was aus alldem geworden ist. Diese Art von Blindheit gründet in dem Triumph der Parteilichkeit, die in den Kreisen der Reformer zur sozialen Norm geworden ist, über die Erkenntnis dessen, was der Fall ist. ... Aber auch die politischen Instanzen haben kein sonderliches Interesse an einer Aufklärung über die Wirkungen und Widersprüche der Hochschulreform, ist doch die Reform <u>ihr</u> Werk. An die Stelle der erfahrungswissenschaftlichen Durchdringung treten Behauptungen oder gar Wunschdenken" (B.W.**Reimann** (Hessen, FN 4), S.144/146). Solche Feststellungen lassen sich ganz analog auch für die Verfaßte Studentenschaft formulieren: FN 169 [dies als späte Bestätigung für frühe Bedenken: FN III.23 (Kap.10)]. Vgl. dazu auch bereits: Kap.8.1.3.(c).

226 "Die Mehrheit der Politiker, die diese Illusion nicht mehr teilt, schweigt, zumeist aus Hilflosigkeit. Sie gesteht zwar nicht öffentlich, aber bei sich selbst ein, auf die Herausforderung des ideologischen Intellektuellen-Radikalismus keine adäquate politische Antwort zu haben. Um es massiv zu sagen: Man läßt sich rhetorisch in die Kniekehlen treten und beugt sich alsdann dem typischen Reaktionsritual, das kritisch-politische Engagement der Tretenden noch zu rühmen. Die Impertinenz wird mit süßsaurem Lächeln quittiert" (H.**Lübbe** (FN 94), S.83). "Mit gewaltausübenden Minderheiten wird stets dann besonders schonend umgegangen, wenn andernfalls Unruhen zu erwarten sind, sei es etwa in den Universitäten oder auf der Straße, wenn die mit der Gewaltbetätigung verbundenen politischen Forderungen 'im Trend' liegen und [daher] die Unterstützung durch Medien voraussehbar ist oder wenn es sich bei der Minderheit um Meinungsmultiplikatoren handelt. Im großen und ganzen bestimmen also ... vor allem wahltaktische Überlegungen das Verhalten mancher Politiker" (W.**Schmitt Glaeser** (FN 23), S.128). Vgl. dazu auch bereits: Kap.8.1.3.(b).; ferner: FN 48 (Kap.5).

227 F.-X.**Kaufmann**, Über die soziale Funktion von Verantwortung und Verantwortlichkeit, JRR **14**, S.204-228 (1989), S.209; auch: S.208 [in anderem Zusammenhang].

"Die Verfassung legt der Legislative Verantwortung für die Verwirklichung von Staatszielen und den Schutz von Rechtsgütern auf. Politisches Ermessen besteht in der Mittel- und Zeitwahl. Doch weder das Handeln noch das Unterlassen des Gesetzgebers darf eine Kluft zwischen Verfassung und allgemeinem Rechtsbewußtsein aufreißen oder vertiefen" (J.**Isensee** (FN 117), S.33). "Vor allem aber setzt eine zukunftssichernde Fassung der Vorschriften eine gründliche Untersuchung der zu regelnden Lebenssachverhalte und der angesteuerten oder sonstwie möglichen Wirkung der Regelungen voraus" (H.-J.**Vogel**, Zur Diskussion um die Normenflut, JZ **34**, S.321-325 (1979), S.324). "Die Grenzen autonomer Rechtsetzungsgewalt ... müssen um so enger bemessen werden, je weiter sich die Funktionsweise von Selbstverwaltungseinrichtungen von diesen Grundsätzen [der Demokratie und Rechtsstaatlichkeit] entfernt" (T.**Maunz**/R.**Zippelius** (FN 106), S.333). "Der Gesetzgeber ist deshalb gehalten, die dem jeweiligen Bereich gemäßen Einrichtungen zu entwickeln" (J.**Isensee** (FN 48), S.28). "Wesentlich für die Befriedungsfunktion [der Rechtsnormen] ist, daß dort, wo andere Motivationen des Normgehorsams versagen, organisatorische Vorsorgen für eine zwangsweise Durchsetzung getroffen sind" (R.**Zippelius** (FN 14), S.86). - Alle diese Feststellungen erfolgen unter der für die repräsentative Demokratie grundlegenden Voraussetzung: "Klare und ihrer Verantwortung für das Gesamtwohl bewußte Mehrheiten im Parlament sind ... zur Bewältigung der sachlichen gesetzgeberischen Arbeit erforderlich" (BVerfGE **6**, 84 [92]). Denn: "Es kommt ... gerade darauf an, das Augenmerk auf ... [solche Wirklichkeit, die mit der Verfassung in Widerspruch steht] zu richten und das zu tun, was notwendig ist, um die Entstehung verfassungsfeindlicher Wirklichkeit zu verhindern oder die Wirklichkeit wieder in Übereinstimmung mit der Verfassung zu bringen" (K.**Hesse** (FN 57), S.19 (RN 48)). Ferner: U.**Matz** (FN 51), S.186 ff, S.196/197.

kann unter den gegebenen Bedingungen unterschiedlicher Wertsysteme nämlich sinnvoll nur auf der Ebene des *formalen* Rechts erfolgen. Es bleibt für die heutigen Verfaßten Studentenschaften (im Falle ihrer juristischen Einrichtung) allein die "Bekräftigung des instrumentellen Charakters des demokratischen Rechtsstaats und seiner Verwaltung als demjenigen Mittel, mit dem ein freiheitliches Gemeinwesen seine politischen Zwecke verwirklicht"[228]. Die damit nolens volens akzeptierte mögliche Wirkungslosigkeit ethischer Werte des Verfassungsstaats im Subsystem bedingt notwendig eine wesentliche und adäquate Verdichtung des dieses Subsystem betreffenden positivierbaren Normenbestands: In vorhandenen Kodifikationen ist die aufgrund gleichzeitiger Existenz verschiedener Wertsysteme erzeugte "Unbestimmtheit materialen Rechts durch die Präzision des Verfahrensrechts zu kompensieren"[229]; hierbei ist insbesondere der Stellenwert von Mehrheitsentscheidungen in der Selbstverwaltungskörperschaft formal-normativ so zu relativieren, daß das 'dichotome Mehrheitsprinzip' nicht mehr alleinige Grundlage für das Handeln der Körperschaft bilden kann.

(b) Adäquate Normverdichtung unter Vernachlässigung des Autonomiegedankens für die Selbstverwaltungskörperschaft. Als kontraproduktiv zeigt sich die aus dem Autonomiegedanken der demokratischen Selbstverwaltung quellende Theorie der eigenverantwortlichen Normauffüllung staatsfreier Bereiche durch die zuständigen Organe des Subsystems Verfaßte Studentenschaft selbst; denn diese Normproduktion erfolgt - abgesehen von den juristischen Kompetenzdefiziten der studentischen Normgeber- erfahrungsgemäß entweder nur korrespondierend zu den andersartigen Werten des Subsystems, oder sie unterbleibt in den meisten Fällen völlig[230]. Der Universalität der Rechtsgeltung ist aber prinzipiell Vorrang einzuräumen vor allen Autonomieansprüchen staatlich eingerichteter Subsysteme: Gerade unter dem Aspekt der Wirkung lediglich der formal positivierten, d.h. wertfreien Verfassung im Subsystem darf also nicht grundsätzlich auf die Setzung einfachgesetzlicher Normierungen verzichtet werden, denn "die Motivierungs- und Legitimationskraft einer Verfassung ist auf das einfache Gesetz angewiesen"[231]. "Darüber hinaus ist es ein Grundsatz des Rechtsstaatsprinzips, daß, je freier ein staatliches Organ in seiner Entscheidung ist, um so wichtiger und dichter die Verfahrensregeln werden müssen."[232] Das bedeutet konkret für den parlamentarischen Gesetzgeber die aktuelle Aufgabe des Aufspürens und Schließens von das demokratisch-rechtsstaatliche Handeln und insbesondere die politischen Minderheiten bedrohenden Normierungslücken im Rechtsgebäude des Subsystems - im Zweifelsfall auch auf Kosten der Autonomie.

(c) Adäquate Normverdichtung unter Umgehung von Vertrauens- und Verantwortungsvorschüssen in die Selbstverwaltung. Die tatsächlich vorherrschende dichotome politische

---

228 W.**Seibel** (FN 204), S.140, auch: S.139 [in der Argumentation für den juristischen Neoformalismus].
Der (grundsätzlich zuzustimmenden) Kritik von D.**Grimm** (Reformalisierung des Rechtsstaats als Demokratiepostulat?, JuS **20**, S.704-709 (1980)) am juristischen Neoformalismus widerspricht die o.g. Forderung nicht: Denn Ausgangspunkt ist der realisierte und nicht in Frage gestellte materiale Rechtsstaat des GG [dazu: Kap. 4.1.; FN 192]. Intendiert wird die bestmögliche Wirkung seiner Rechtsnormen in einem selbstverwalteten, antagonistischen Subsystem (Verfaßte Studentenschaft) mit eigener politischer Kultur und einem anderen Wertsystem.

229 I.**Maus** (FN 201), S.148 [in der Argumentation für den juristischen Neoformalismus].
Diese Kompensation ethischer Werte durch (formales) Verfahrensrecht ist grundsätzlich nicht vollständig möglich; beachte dazu beispielhaft: Kap.3.1. (nach FN I.73); ferner: J.**Isensee** (FN 117), S.17 ff; FN 199.

230 Dazu bereits: Kap.8.2.3. Als typisches Beispiel für das Unterlassen: Die Entwicklung der Satzung der Studentenschaft der Johann Wolfgang Goethe-Universität zu Frankfurt am Main [hierzu ausführlich: Teil III].

231 A.v.**Heyl**, Wahlfreiheit und Wahlprüfung, Berlin 1975, S.25

232 A.**Bleckmann** (FN 193), S.595

Zerspaltung des Subsystems unter dessen parteiisch-politisierter (Selbst-)Verwaltung und die feindselige oder zumindest berechnende Haltung zum Rechtsstaat zeigen, daß gegenüber der Verfaßten Studentenschaft durch den Staat keinesfalls "Verrechtlichung ... allmählich und in bescheidenem Umfang durch Vertrauen ersetzt werden kann"[233]. Wenn die Aufgaben aus der mit der Selbstverwaltung übernommenen Verantwortung - Amtspflicht, Fürsorge, Rechenschaft, Haftung - und aus der internen Kontrollbefugnis - Kontrollpflicht, Neutralität, Kompetenz - nicht oder nur höchst unzureichend wahrgenommen werden, müssen hier, adäquat verdichtet, positive Rechtsnormen ersatzweise und rechtsstaatlich führend und sichernd eingreifen[234]. Dies ergänzend und bestärkend, sind die Instrumente der staatsaufsichtlichen Rechtskontrolle neu - adäquat und realistisch - zu definieren, nötigenfalls bis hin zur Fachaufsicht[235].

- Generell gilt also für die im Falle der Verfaßten Studentenschaften neu zu setzenden staatlichen Normen der neoformalistische Grundsatz: "Je zwingender und formalistischer der Charakter des Rechts, desto eher können die Willkür politischer Institutionen in der Kommunikation mit ihrer gesellschaftlichen Umwelt begrenzt und der Anteil selbstreferentieller systemischer Mechanismen der ... Apparate aus deren Entscheidungsprozeß ausgefiltert werden."[236] Eine derart formal-verrechtlichende Verdichtung von Verfahrensnormen vermöchte dann die bisherige uneingeschränkt-legale Realisierung des totalitären 'dichotomen Mehrheitsprinzips' durch eine totalitäre, 'undogmatisch-linke' Mehrheit zumindest strukturell - zugunsten der Minderheiten - dadurch zu begrenzen, daß jede Rechtsnorm wenigstens in ihrem feststehenden und einklagbaren Regelungsgehalt formale Gleichheit zwischen Mehrheit und Minderheiten schafft. Allein dieser zusätzliche Gewinn an Berechenbarkeit und Willkürfreiheit wirkte bereits machtrelativierend und entpolitisierend[237].

---

233 R.**Hendler** (FN 188), S.69 [in anderem Zusammenhang]

234 In Umkehrung der These: "Wo ... Normen bis in die letzten Einzelheiten vorschreiben, dort fehlen die Voraussetzungen für Verantwortung" (U.K.**Preuß**, Politische Verantwortung, in: ders. (FN 56), S.145-215, S.148). Die Verrechtlichung erscheint somit als "Folge ... eines Zusammenbruchs der alltäglichen Kommunikation, die durch einen gewissen Vertrauensvorschuß und die Anerkennung von Selbstverständlichkeiten gekennzeichnet ist. ... Das Vertrauen wird durch ein kalkuliertes Mißtrauen ersetzt" (F.-X.**Kaufmann**, Rechtsgefühl, Verrechtlichung und Wandel des Rechts, JRR **10**, S.185-202 (1985), S.190). Dieser "Zusammenbruch der ... Kommunikation" ist aber symptomatisch für das 'undogmatisch-links' beherrschte politische Subsystem [vgl. dazu: FN I.77 (Kap.3); Kap.5.3.2.; FN 83, FN 84 (Kap.6); Kap.7.3.(c).]

Tendenziell a.A.: G.**Rimbach**, Bedrohte Hochschulautonomie?, in: R.**Voigt** (FN 166), S.137-149, dort insb. These 4.

235 Vgl. dazu (Notwendigkeit der Fachaufsicht): FN 123 (Kap.7); FN IV.50 (Kap.13); ferner: FN 171.

236 I.**Maus** (FN 201), S.160/162.

Schutz durch Form. Das o.g. Zitat erfolgte in Rekurs auf eine Abhandlung von G.**Radbruch**, wonach "der Inhalt des Rechts sei, welcher er wolle, die Rechtsform immer gerade den Unterdrückten dient" (Der Mensch im Recht, Göttingen 1957, S.28). Vgl. auch: "Es gibt formale Gleichberechtigung ohne faktische, aber es gibt nicht faktische Gleichberechtigung ohne formale" (R.**Spaemann**, Über den Sinn des Formaljuristischen, ZRP **3**, S.189-190 (1970), S.189); "Formvorschriften können bekanntlich Beweisfunktion und Warnfunktion haben" (M.**Rehbinder** (FN 198), S.40). Siehe ferner: FN I.76, FN I.90 (Kap.3); FN 207.

237 Entpolitisierung mittels Verrechtlichung. Eine stärkere Verrechtlichung des Studentenschaftshandelns wirkte der sachfremden, übermäßigen Politisierung der Verfaßten Studentenschaft entgegen. Hierbei handelt es sich um ein allgemeines Prinzip: Mit dem Begriff Verrechtlichung wird häufig "das Gegenteil von Politisierung gemeint. Bedeutet Politisierung, daß immer weitere Bereiche zum Gegenstand der politischen Auseinandersetzung werden, bestimmte Formen, Regeln und Verhaltensweisen abgelöst und bestimmte Werte infrage gestellt werden, so bedeutet Verrechtlichung zunächst und allgemein das Gegenteil. Es ist der Vorgang, immer mehr aus der politischen Auseinandersetzung in das Feld des Rechts überzuleiten" (M.**Gralher** (FN 166), S.218/219). Dieser Effekt der Verrechtlichung ist vor allem bekannt aus der Verfassungstheorie; beispielhaft und prägnant dafür: C.**Gusy**/I.**Hueck**/D.**Kugelmann**, Verfassung und Verfassungswirklichkeit in Deutschland, in: T.**Kreuder** (Hrsg.), Der orientierungslose Leviathan, Marburg 1992, S.25-41, insb. S.38 ff ("Von der Hoch-

Die somit notwendige, strenge Formalisierung des positivierten Rechts des Subsystems Verfaßte Studentenschaft muß im ersten Schritt jedenfalls die (selbst im wertgebundenen Verfassungssstaat inzwischen erprobt und wertfrei vorliegende) dichte und stringente Formalisierung des Macht konstituierenden (Studentenschafts-)Wahlrechts umfassen.

Daß die politischen Minderheiten aber gleichzeitig auch in die Lage versetzt werden sollen, die ihnen zugekommenen Rechte frei von physischem und psychischem Druck der Mehrheit realiter ausüben zu können, daß das in der Selbstverwaltungskörperschaft staatlich eingerichtete 'formaldemokratische Mehrheitsprinzip'[238] nicht letztlich doch wieder zur Tyrannei der herrschenden Mehrheit verkommt, das ist der zentrale Schwachpunkt der *rein formalen* Rechtskonstruktion in einer Verfaßten Studentenschaft, die die ungeschriebenen demokratisch-rechtsstaatlichen Grundprinzipien und Verfassungswerte eingebüßt hat - insbesondere in Situationen ausbleibender Öffentlichkeit und des Leerlaufens der instanzenmäßigen Kontrolle der Normauslegung[239]. Denn auch die bestmögliche Verhinderung offensichtlichen Rechtsbruchs reicht nicht zur Wertschätzung des Rechtsbewußtseins hin, sie läßt vielmehr insbesondere "das Rechnen mit dem (formalen) Recht" zu: "Denn was ist die Folge, wenn die Gesetze nicht ... 'ergriffen' werden, sondern nur noch als nun einmal faktisch vorhandene Vorschriften mit Zwangscharakter angesehen werden? ... Der einzelne und die berufsmäßigen Vertreter seiner 'Rechte' beginnen, mit diesen Vorschriften zu rechnen und stellen sie in das zweckrationale Kalkül ihres Handelns ein. Sie nutzen sie aus, dehnen sie bis zur äußersten Grenze, verfolgen sie bis zur letzten Instanz, wenn sie den eigenen Interessen dienlich sind, versuchen, sie zu umgehen, sie durch andere zu ersetzen, sie abzuändern oder leerlaufen zu lassen, wo sie den eigenen Interessen hinderlich sind."[240]

"Die Legalität (i.e. formales Recht, P.K.) ist, in der Tat, ein höchst riskantes politisches Formprinzip, weil sie das gesellschaftliche Dasein ohne ein Netz unverrückbarer und überzeitlicher normativer Fixpunkte organisiert, zugleich aber Entwicklungen zu freien gesellschaftlichen Beziehungen eröffnet, die im Rahmen werteorientierter politischer Formprinzipien nicht möglich sind."[241] - Diese mit der Werteöffnung innerhalb der Selbstverwaltung verbundenen Chancen hat die 'undogmatisch-links' dominierte Verfaßte Studentenschaft bisher verspielt.

---

schätzung des Rechts und der Geringschätzung der Politik"). - Eine derartige Absorption der Politik durch das Recht kritisiert die These von der 'Judifizierung der Politik' [dazu: FN IV.269 (Kap.16)].

238 Exemplarisch zur staatlichen Einrichtung des 'formaldemokratischen Mehrheitsprinzips' als politischem Konstituens für die Selbstverwaltungskörperschaft 'Verfaßte Studentenschaft': Kap.7.1.; über die Wichtigkeit von Mehrheitsentscheidungen, besonders für Durchführung der machtkonstitutiven Studentenschaftswahlen: Kap.17; Kap.19.

239 Dies zeigt auch, daß Genauigkeit, Verdichtung und Angemessenheit des rein formalen Verfahrensrechts - entgegen den Hoffnungen der Verfechter des juristischen Neoformalismus - keineswegs alleine menschenwürdige und pluralistische Zustände zu erzeugen in der Lage sind: Die wertmäßige Bindung des Rechts ist nicht gleichwertig ersetzbar durch adäquate Verdichtung formalisierten Verfahrensrechts [vgl. dazu: FN 229].

240 M.**Bock**, Recht ohne Maß, Berlin 1988, S.25.

Diese Option für das "Rechnen mit dem Recht" bevorteilt realiter die Mehrheit der Selbstverwaltungskörperschaft, mit der Erfahrung ihrer etablierten, parteiischen Verwaltung sowie der Einsatzfähigkeit der studentischen Zwangsgelder ausgestattet, gegenüber nicht derart abgesicherten Einzelindividuen. Das Problem der politischen Instrumentalisierung des Rechts liegt auch vielen 'impliziten Wahlmanipulationen' [zur Definition: Einl.0.2.(b).] zugrunde, insbesondere der Zulassung von 'Tarnlisten' zur Wahl, der Zurückweisung korrekt eingereichter Wahlvorschlagslisten oder der Zulassung von Wahlvorschlagslisten unter dem Tatbestand der Namensverwechslung. Exemplarisch dafür: Kap.19.29.; Kap.19.26.; Kap.19.31.

241 U.K.**Preuß**, Legalität, Loyalität, Legitimität, in: ders. (FN 56), S.216-239, S.232

Teil III: Zum Problem der Normhypotrophie studentischer Wahlordnungen am Beispiel der Entwicklung des Studentenschaftswahlrechts an der Johann Wolfgang Goethe-Universität 1951-1994

"Es wäre sicherlich ungerecht, davon auszugehen, daß studentische Wahlen generell manipuliert werden. Aber die Sicherungen gegen Manipulation sind doch so gering oder gar nicht vorhanden, daß die Minima rechtsstaatlicher Wahlrechtsprinzipien nicht überall gesichert sind. Würden staatliche Wahlen mit einem so geringen Aufwand an Sicherungen gegen Fälschungen durchgeführt, wie es an vielen Hochschulen geschieht, so hätte jedes Verwaltungsgericht das beanstandet. Auch hier läßt sich der Verdacht nicht von der Hand weisen, daß der Gesetzgeber die studentische Selbstverwaltung nicht so recht ernstgenommen hat." (*Werner Thieme*[1])

Aus Sicht einer 'undogmatisch-linken' AStA-Mehrheit mag die Entwicklungstendenz der Studentenschaften in den letzten 40 Jahren die rechtssoziologische These von der Unmöglichkeit normfreier öffentlicher Subsysteme des bürgerlich-demokratischen Rechtsstaats scheinbar bestätigen, wonach nämlich "der Verzicht auf gesetzliche Regelungen nicht etwa die Untätigkeit von Verwaltung und Justiz zur Folge hat, sondern einerseits zur Normproduktion durch die Verwaltung selbst und damit zur eigenständigen Konsolidierung ihres Machtbereichs führt ..., andererseits von der Ausbildung eines immer differenzierteren Richterrechts ... begleitet ist"[2]. Diese These trifft aber, zumindest bezogen auf das Recht der Verfaßten Studentenschaften, so allgemein nicht zu: Die nachfolgend dargestellte chronologische Entwicklung des Wahlrechts der Studentenschaft der Johann Wolfgang Goethe-Universität seit dem Jahre 1951 zeigt in dieser Hinsicht paradigmatisch eine verhängnisvolle Unternormierung auf. Denn die staatliche Legislative setzte - gerade auch nach der Studentenrevolte - unbeirrt ihr *politisches Vertrauen* in die Fähigkeit der Selbstverwaltungskörperschaft 'Verfaßte Studentenschaft', insbesondere sich selbst autonom, gemäß demokratisch-rechtsstaatlichen Prinzipien eigenes Wahlrecht zu setzen[3]. Dies geschah dann allerdings - sofern überhaupt Normsetzungen vorgenommen wur-

---

1 W.**Thieme**, Deutsches Hochschulrecht, 2.Aufl. Köln/Berlin/Bonn/München 1986, S.714

2 I.**Maus**, Verrechtlichung, Entrechtlichung und der Funktionswandel von Institutionen, in: G.**Goehler** (Hrsg.), Grundfragen der Theorie politischer Institutionen, Opladen 1987, S.132-172, S.132

3 Die kodifizierten Wahlrechtsnormen sind nachfolgend im Anhang 2 aufgeführt.
Die staatliche Legislative und die staatliche (rechtsaufsichtliche) Verwaltung weigern sich bisher beharrlich, die grundlegenden Unterschiede nicht-juristischer Art zwischen Studentenschaftswahlen und staatlich-politischen Wahlen zur Kenntnis zu nehmen:

(a) Die Existenz politisch fanatisierter und de facto nahezu unkontrollierter Studentenvertreter in der 'autonomen' Selbstverwaltungskörperschaft (Subsystem) kollidiert mit dem Vollzug streng neutral angelegter, penibel einzuhaltender Wahlverfahren dortselbst: Die Ersetzung des dem demokratisch-neutralen Verfahren innewohnenden 'materialen Mehrheitsprinzips' [dazu: Kap.4.1.] durch das 'dichotome Mehrheitsprinzip' [dazu: Kap. 3.1.] im Subsystem dient der unlegitimierten und teilweise sogar illegalen Absicherung von Macht mittels politisch aufgeladener, parteiischer Verfahren. - Die notwendige Neutralität des Wahlverfahrens muß daher mit der Reduzierung von unspezifizierten, reinen Mehrheitsentscheidungen zugunsten minderheitenschützender, streng formaler Entscheidungs- und Kontrollverfahren beginnen [dazu: Kap.8.3.].

(b) Studentenschaftswahlen erfolgen in der Regel über mehrere Tage. Das wirft intrikate Kontrollprobleme auf, beispielsweise für die Sicherung von Wahlurnen und -unterlagen während der der Öffentlichkeit entzogenen Phasen der Wahlunterbrechung, insbesondere des Nachts; ebenso, speziell im Falle 'obligatorischer Briefwahl', bestehen erfahrungsgemäß zusätzlich Kontrolldefizite für die unübersichtlichen Massenverfahren bei der Bearbeitung der Briefwahlunterlagen (Markierung der Briefwähler im Wählerverzeichnis, Trennung der Wahlscheine von den Stimmumschlägen). - Die notwendige Neutralität des Wahlverfahrens muß daher die Sicherung der Wahlunterlagen gegen Manipulationen effektiv garantieren, nicht nur zu Zeiten der Urnenwahl.

den - in striktem Gegensatz zu den für staatliche Wahlen schon lange vorliegenden, vorbildlichen und in der Praxis bewährten Wahlgesetzen (WahlG) und Wahlordnungen (WO). Die Judikatur konnte zum Problembereich allein schon deswegen nichts beitragen, weil studentische Wahlanfechtungen die zuständigen Gerichte regelmäßig nicht erreichten.
Die Entwicklung des studentischen Wahlrechts in der seit der Studentenrevolte politisierten Gruppenuniversität erfolgte letztlich auf Kosten demokratischer Glaubwürdigkeit und Kultiviertheit; selbst ansonsten allseits akzeptierte und vorbildliche Grundprinzipien demokratisch-rechtsstaatlicher Wahlverfahren (wie: Neutralität, Minderheitenbeteiligung, Transparenz und Berechenbarkeit) büßten im Studentenschaftsbereich lange Zeit unsanktioniert ihre Wirkkraft ein, der Idee des Rechts als allgemein verbindlicher Ordnung wurde hier schwerer Schaden zugefügt. Korrespondierend zu dieser langen Phase der Rechtsunsicherheit im Subsystem Verfaßte Studentenschaft erschien eine weitgehende "Untätigkeit von Verwaltung und Justiz"[4]. Es bedurfte des fast 25jährigen, weit über dem für jedes Studium Zuträglichen liegenden Einsatzes *einzelner* couragierter Studenten (nicht aber der eigentlich zuständigen Staatsaufsicht!) gegen die fortdauernde Entstellung demokratischer Wahlverfahren, bis zumindest die Studentenschaft der Johann Wolfgang Goethe-Universität sich endlich erstmals 1992 unter dem inzwischen einschnürenden Druck einschneidender (und meist zuvor politisch erzwungener) Rechtsaufsichtsmaßnahmen einvernehmlich zwischen allen im Studentenparlament vertretenen Gruppen eine dem rechtsstaatlichen Stellenwert und den demokratischen Prinzipien einigermaßen angemessene Satzung und Wahlordnung gab[5] (die allerdings nachfolgend von der Aufsichtsbehörde zunächst nicht genehmigt wurden). - An den meisten anderen Deutschen Hochschulen herrschen, was das Studentenschafts-Wahlrecht betrifft, nach wie vor nahezu anomische Zustände[6], "sind die Wahlordnungen immer noch nicht ausgereift"[7], dem Stellenwert und der Form rechtsstaatlicher Wahlen zu den repräsentativ eingerichteten demokratischen Organen *un*angemessen.

---

4 = FN 1

5 (a) Satzung der Studentenschaft der Johann Wolfgang Goethe-Universität Frankfurt am Main v.31.1.1992, in Alternativabstimmung vom Studentenparlament verabschiedet in 1.Lesung am 8.11.1991, mit 19 Stimmen (bei einer Gegenstimme und einer Enthaltung) verabschiedet in 2./3.Lesung am 31.1.1992; diese StS wurde aufgrund von Monita der Aufsichtsbehörde mit marginalen Änderungen im Wahlbereich nochmals am 26.6.1992 und am 15.7.1992 sowie in einem neuen Verfahren am 25.6.1993 und am 16.7.1993 vom Parlament in drei Lesungen beschlossen. Fast 40% (!) des gesamten Satzungstexts nimmt der "Abschnitt III: Wahlen" ein.
(b) Wahlordnung der Studentenschaft der Johann Wolfgang Goethe-Universität v.15.7.1992, mit 13 bzw. 12 Ja-Stimmen (bei jeweils einer Gegenstimme und einer Enthaltung) vom StuPa verabschiedet in 1.Lesung am 26.6.1992, in 2./3.Lesung am 15.7.1992 [nachfolgend nicht in Kraft getreten]
(c) Nahezu ungeregelt bleibt nach wie vor das studentenschaftliche Wahlprüfungsrecht [vgl. dazu nachfolgend: FN IV.325 (Kap.16)].

6 Symptomatisch dafür: Rechtsaufsichtlich erlassene (!) Satzung der Studentenschaft der Philipps-Universität Marburg v.13.8.1993 (StAnz., S.2200-2205 (1993)). Diese Marburger StS enthält mit Ausnahme des vollständig aus § 14 Abs.2 StS (= FN 139/140) übernommenen Benennungsmodus für den studentischen Wahlausschuß (§ 6 Abs.6 Marb.StS) keinerlei effektive Kontrolle des Wahlverfahrens garantierende Normen. - Ein aktuelles Beispiel für völlig anomisches Studentenschaftsrecht, das sich immer noch wesentlich an der defizitären rechtsaufsichtlich erlassenen Frankfurter StS v.10.11.1972 (= FN 59) orientiert [zu Schwachpunkten der StS nachfolgend: Kap.11], bietet Art.11 der Satzung der Studentenschaft der Fachhochschule Darmstadt v.3.6.1993 (StAnz., S.1416-1420 (1993)).
Normhypotrophe Wahlordnungen stellen per se noch keinen Antagonismus zu nach rechtsstaatlich-demokratischen Prinzipien durchgeführten Wahlverfahren dar; sie vermögen jedoch auch keine Stabilität zu setzen gegen willkürliche Manipulationsversuche an Wahlverfahren durch entschlossene Mehrheiten unter dem zur politischen Waffe eingesetzten 'dichotomen Mehrheitsprinzip' [dazu: Kap.7]. Jedenfalls ist aber für die berechenbare, sichere Wahldurchführung ein hoher Formalisierungsgrad unabdingbar: Kap.13.2.2. und Kap.13.3.1.

7 P.**Herder-Dorneich**, Wahl und Wahlmechanismus, in: FS für W.**Schreiber**, Berlin 1969, S.61-86, S.66 [im Hinblick auf die Wahlen in den Selbstverwaltungskörperschaften der sozialstaatlichen Sicherung]

Der Entwicklungsprozeß studentischen Wahlrechts nahm in der 'undogmatisch-links' dominierten politischen Kultur Verfaßter Studentenschaften zuweilen Züge eines infantilen Spiels an: Der 'gute Räuber' (die 'undogmatisch-linke' Verfaßte Studentenschaft) versuchte, durch geschicktes Lavieren, öffentlichkeitswirksames Täuschen und mitunter auch - zur lebensfreundlichen Reduzierung des schikanösen "Formalkrams"[8] - den direkten Rechtsbruch, den 'bösen Gendarmen' (nämlich den "repressiven Staat": die Rechtsaufsichtsbehörden und in manchen Fällen die Judikative) auf falsche Fährten zu locken, in die Irre zu führen. Dies gelang dem 'guten Räuber' erstaunlich oft, zumal da der 'Gendarm' sich manchmal als etwas träge und lustlos, mitunter auch desorientiert erwies oder, der andauernden Angriffe in der Öffentlichkeit überdrüssig, gar selbst ein bißchen 'Räuber' spielen wollte, was ihm als prompte Entlastung die unmittelbare Sympathie desselben und seiner Szene einbrachte. So richtig ernst schien die Sache jedenfalls selten genommen zu werden. - Auch dieses scheinbare Spiel war nicht dazu angetan, den Glauben in den Vorrang der demokratischen Rechtsordnung an der Universität zu festigen. Jedenfalls zeigt (nicht nur) die Durchführung studentischer Wahlen auf der Grundlage autonomen studentischen Satzungsrechts: Es ist Utopie und zeugt von politischer Verblendung, glauben zu wollen, daß ausgerechnet die Studentenschaft in der Lage sein soll, kraft ihrer intellektuellen Potenz und Kritikfähigkeit, ihrer finanziellen Unabhängigkeit und zeitlichen Freiheit in eigener Verantwortung und weitgehend unkontrolliert eine spezifische, gar vorbildliche, demokratische Kultur in ihrem Selbstverwaltungshandeln auszubilden[9]. Derartige politische Experimente verkehren vielmehr in ihrer Ausführung zu häufig den demokratischen Anspruch in stabile totalitäre Strukturen - toleriert und damit gefestigt durch den demokratischen Rechtsstaat und verdunkelt durch den Mangel an Öffentlichkeit. - Alle folgenden Regelungen staatlichen Hochschulrechts und autonomen Satzungsrechts (und damit insbesondere des Wahlrechts der Studentenschaft) sind somit zu beurteilen unter dem Maßstab, welchen Grad an Minderheitenschutz sie auszubilden vermögen im Umfeld einer politisch polarisierten Studentenschaft, die ihre Entscheidungen nach dem totalitären 'dichotomen Mehrheitsprinzip' zu erzeugen wünscht.

Kap.9 Die Phase korporativer Interessenvertretung (1951-1966)

Die Studentenschaft der Johann Wolfgang Goethe-Universität existiert zunächst in der Zeit des Wiederaufbaus im Nachkriegsdeutschland nicht auf expliziter rechtlicher Grundlage[10]. Diese

---

8 AStA-Flugblatt zur Uni-VV am 1.6.1977.
Zur Metapher von "Räuber und Gendarm" in der Konstellation Studentenschaft / Staat vgl.: C.**Schmid**, Erinnerungen, Bern/München/Wien 1979, S.808.

9 Eine solche utopische - letztlich auch politisch elitäre - Position nimmt aber etwa seit dem Jahre 1965 einerseits der "antiautoritäre" SDS ein [vgl. dazu auch: FN 0.15 (Einl.)] sowie andererseits die die Bildungsreform vorantreibende Politik, insbesondere der Hessischen SPD: Es gibt "einen privilegierten gesellschaftlichen Ort, an dem Politik, an dem Reflexion, Vernunft und Aufklärung möglich sind: die Universität" (C.**Pilgrim**, Die Transformation der Hochschulen am Beispiel des Fachbereichs Gesellschaftswissenschaften der Universität Frankfurt/Main, in: SIfKI (Hrsg.), Modernisierung und Politisierung, Frankfurt/Main 1994, S.18-68, S.25).

10 Ermächtigungsnorm für die Einrichtung der Studentenschaften ist Art.60 Abs.1 Hess.LV: "Die Universitäten und staatlichen Hochschulen genießen den Schutz des Staates und stehen unter seiner Aufsicht. Sie haben das Recht der Selbstverwaltung, an der die Studenten zu beteiligen sind." Im Gegensatz zur Frankfurter bilden die Hessischen Studentenschaften der Justus Liebig-Universität zu Gießen sowie der TH Darmstadt aus historischer Reminiszenz Körperschaften des öffentlichen Rechts mit Satzungs- und Finanzhoheit: Gesetz über die Bildung von Studentenschaften v.28.4.1933 (Hess.Regierungsblatt, S.122-125 (1933)), später i.d.F. des Gesetzes zur Bereinigung des Hessischen Landesrechts v.6.2.1962 (GVBl., S.21-135 (1962), S.82). Allgemeiner zur

Zeit zeichnet sich durch einen ausgeprägten korporativen Studentenschaftsgeist innerhalb der Ordinarienuniversität aus mit dem Schwerpunkt reiner studentischer Standesvertretung, der gegenüber politisch-ideologische Differenzen überhaupt nicht vorhanden sind oder wenigstens in den Hintergrund treten (bereits zu dieser Zeit existieren aber auch politische Studentengruppen wie SDS, LSD, RCDS). Damit bestehen genügend grundlegende Gemeinsamkeiten, die explizit positivierten Minderheitenschutz im Subsystem entbehrlich erscheinen lassen[11].
Dementsprechend einen breiten Grundkonsens der Studenten voraussetzend (und auch der damaligen Zeit gemäß, die ein heutiges Maß an Verrechtlichung noch nicht kennt), besitzt das studentische Recht, insbesondere die maßgebliche Studentenschaftssatzung (StS)[12], eher Rahmencharakter und ist dementsprechend normhypotroph angelegt. Das Studentenparlament (StuPa) wird in *reiner Persönlichkeitswahl* identisch mit den Fachschaftsvertretungen[13] gewählt (§ 12 StS); einem Mitglied des StuPas kann aufgrund "unehrenhaften" Verhaltens durch Beschluß des Ältestenrats sein Mandat aberkannt werden (§ 15 StS)[14]. Die repräsentative Struktur der gesamtuniversitären Studentenvertretung wird durchbrochen durch identitär-demokratische Elemente in der Willensbildung: "Die Studentenschaft in Urabstimmung ist höchstes legislatives Organ der Studentenschaft" (§ 8 StS). Die zur Satzung gehörige Wahlordnung

---

rechtlichen Entwicklung der (west-)deutschen Studentenschaften in der Nachkriegszeit: W.**Schapals**, Wesen und Rechtsnatur der Studentenschaft, jur.Diss Univ.Göttingen 1962, S.61 ff; H.**Neuner**, Die studentische Selbstverwaltung als Institut des geltenden Hochschulrechts und als Gegenstand von Reformbestrebungen, jur. Diss. Univ.Erlangen-Nürnberg 1968, S.44 ff; H.**Bartsch**, Die deutschen Studentenschaften, [jur.Diss.] 2.Aufl. Bonn-Holzlar 1971. - Eine knappe rechtshistorische Übersicht über die Entstehungsgeschichte der Deutschen Studentenschaften (1919-1945) gibt: H.**Krüger**, Studentische Selbstverwaltung, in: C.**Flämig** et alii (Hrsg.), Handbuch des Wissenschaftsrechts, Band 1 Berlin/Heidelberg/New York 1982, S.636-657, S.636 ff.

11 Von damals noch selbstverständlicher politischer Toleranz und selbstverständlich akzeptiertem Pluralismus zeugt die Zusammensetzung der Allgemeinen Studentenausschüsse, in denen Burschenschafter mit SDS-Mitgliedern zusammenwirken können [z.B. noch: ASTA-info.8/1966, S.3]. Ferner: "Am Vorabend dieses ersten großen teach-ins und sit-ins an einer deutschen Universität [nämlich an der FU Berlin am 21.6.1966] fand ein nahezu historisches Treffen zwischen SDS und Burschenschaften statt. Unter der Leitung des Sprechers der juristischen Fakultät, Franz **Kirchberger**, Mitglied des Cartellverbandes der Katholischen Deutschen Studentenverbindungen (CV), und Wolfgang **Lefèvre**, Mitglied des Landesverbandes Berlin des Sozialistischen Deutschen Studentenbundes (SDS), wurde ein gemeinsames Aktionsprogramm zur Verhinderung der Zwangsexmatrikulation an der Juristischen und Medizinischen Fakultät ausgehandelt. Beide Seiten stellten fest, daß bei allen bestehenden Differenzen dieses Zweckbündnis ausschließlich zur Vertretung studentischer Interessen geschlossen wurde" (T.**Fichter**/S.**Lönnendonker**, Kleine Geschichte des SDS, Berlin 1977, S.98). Selbst auf dem SDS-Kongreß 'Hochschule und Demokratie' am 9.6.1967 in der "Sporthalle Hannover" ist es noch möglich, daß der damalige RCDS-Vorsitzende an der FU Berlin, J.B.**Runge**, offiziell (als geladener Redner) ungehindert das Wort ergreifen kann [dies dokumentiert: B.**Vesper** (Hrsg.), Bedingungen und Organisation des Widerstands (Voltaire Flugschrift **12**), Berlin 1967].

12 Rechtsquellen der Studentenschaft der Johann Wolfgang Goethe-Universität 1951-1966: Satzung der Studentenschaft v.14.7.1951 mit Änderungen v.30.11.1956 und v.11.11.1960 [vollständig abgedruckt in Anhang 2 (A.2.1.)]; Wahlordnung v.1.12.1953 [vollständig abgedruckt in Anhang 2 (A.2.2.)]; Geschäftsordnung des Parlaments v.8.7.1959 mit Änderungen v.12.12.1962, v.18.6.1963, v.29.5.1964 - sämtlich amtlich nicht veröffentlicht

13 Die Untergliederung der Studentenschaft in Fachschaften entspricht (bis 1970) der Gliederung der Hochschule in Fakultäten: 1. juristische Fachschaft; 2. wirtschafts- und sozialwissenschaftliche Fachschaft; 3. philosophische Fachschaft; 4. naturwissenschaftliche Fachschaft; 5. medizinische Fachschaft (später noch: 6. HfE = Hochschule für Erziehung).

14 Im Falle der Existenz hochfanatisierter Mehrheiten des Studentenparlaments [dazu: Kap.10; Kap.11] und damit auch des Ältestenrats [dazu: Kap 18.1.4.] hätte § 15 StS (= FN 12) diesen Mehrheiten die Liquidierung jeglicher Opposition ermöglicht. Bezeichnend dafür später (Diskussion um die WO der 'linken' Fachschaft Theologie): "LHV: Sieht Widerspruch zu Wahlprinzipien: Auf der einen Seite würde der Fachschaftsrat nach dem Verhältniswahlrecht gewählt, auf der anderen Seite aber die Möglichkeit gegeben, einzelne Mitglieder abzuwählen. Theoretisch sei es möglich, daß die Mehrheit die Minderheit abwähle. Theologen: Ist das wirklich so schlimm?" (StuPa-Prot. v.6.2.1981, S.2)

(WO) normiert über die StS hinausgehend die Modalitäten reiner Persönlichkeitswahl (§§ 6, 11, 12 WO); die Wahl erfolgt an Urnen (§§ 9, 10 WO) mittels amtlicher Stimmzettel (§ 11 WO) *ohne* Zugrundelegung amtlicher Wählerverzeichnisse (§ 3 WO); "das Wahlergebnis ist *un*gültig bei einer Gesamtbeteiligung von weniger als 30% der Gesamtbeteiligten" (§ 15 WO)[15]; das im Falle einer Wahlanfechtung (erstinstanzlich) entscheidende, inneruniversitäre "Wahlgericht" ist mehrheitlich aus verfahrensfremden, vorzugsweise juristisch kompetenten Personen zusammengesetzt[16] (§§ 16, 17 WO). Die WO ist auch auf die Durchführung von Urabstimmungen anzuwenden (§ 20 WO).
Das Studentenparlament der Johann Wolfgang Goethe-Universität wird mit den Wiederholungswahlen (wegen Nichterreichens des Beteiligungsquorums in der Hauptwahl) gemäß den Vorschriften der StS vom 14.7.1951 sowie der subsidiären WO vom 1.12.1953 letztmals vom 16.5. bis zum 18.5.1966 gewählt.

Kap.10 Die Zeit der juristischen Einrichtung der Gruppenuniversität und der Verfaßten Studentenschaft (1966-1972)

Es handelt sich bei dieser Periode um die Zeit der größten unmittelbaren politischen Wirksamkeit der Studentenrevolte an der Hochschule. In deren Folge wird die Verfaßte Studentenschaft als öffentlichrechtliche Selbstverwaltungskörperschaft mit Satzungs- und Finanzhoheit juristisch eingerichtet. Gleichzeitig prägt die dichotome Politisierung der Universität sich aus; damit beginnen politisch motivierte Rechtsbrüche an der Universität zum gewohnten Bild zu werden. Die staatliche Politik, die dies mit zu verantworten hat, zeigt sich eher unbeeindruckt, während die universitäre Rechtsaufsichtsbehörde sowie *einzelne* Hochschulangehörige, insbesondere Professoren und Studenten, sich dem zunächst noch entgegenzustellen versuchen.

10.1. Das Erste Hessische Hochschulgesetz (HHG) vom 16.5.1966

Eine einfachgesetzliche Rechtsgrundlage für die Einrichtung der Verfaßten Studentenschaft in der Rechtsform der rechtsfähigen (Zwangs-)Körperschaft des öffentlichen Rechts *mit Satzungs- und Finanzhoheit* (als Glied der Hochschule) liefern in Hessen die §§ 33 und 36 des zur Zeit seines Zustandekommens wegen der damit landesweit erfolgenden legislativen (staatlichen) Eingriffe in die Hochschulautonomie höchst umstrittenen[17] ersten Hessischen Hochschulgesetzes (HHG)[18]. Damit erhält die Studentenschaft an der Johann Wolfgang Goethe-

15 Im Falle eines Fortgeltens des Legitimation sichernden Beteiligungsquorums des § 15 WO wären sämtliche StuPa-Wahlen der letzten 15 Jahre (1982-1997) der Ungültigkeit anheimgefallen! [Siehe zur Aufschlüsselung dieser Wahlbeteiligungen: FN II.163(a) (Kap.7); ferner: Anhang 1.]

16 Hier mag als Vorbild das Wahlprüfungsgericht beim Deutschen Reichstag (Art.31 WRV) gedient haben; dieses setzte sich allerdings aus drei parlamentarischen und nur zwei richterlichen Mitgliedern zusammen.

17 "'Der Entwurf reformiert die traditionelle Hochschulverfassung und setzt den Rahmen für die von den Hochschulen in eigener Verantwortung zu treffenden Reformen' (so die Begründung [Hess.LT-Drs. 5/I-1366], S.25). Der Rahmen ist ziemlich eng bemessen" (W.**Mallmann**, Stellungnahme und Änderungsvorschläge zu der Regierungsvorlage eines Hessischen Hochschulgesetzes (Materialien zur Diskussion um das HHG, Heft 1; Hrsg.: Rektor der Univ.Frankfurt/M), Frankfurt/M 1965, S.1). Zu den hochschulpolitischen Auseinandersetzungen um das vom Hessischen Kultusminister E.**Schütte** [SPD] eingebrachte erste HHG stellvertretend: DUZ 6/1965.

18 (Erstes) Hessisches Hochschulgesetz (HHG). Gesetz über die wissenschaftlichen Hochschulen des Landes Hessen (Hochschulgesetz) v.16.5.1966 (GVBl.I, S.121-152 (1966)) [teilweise abgedruckt in Anhang 2 (A.2.3.)]. Die später vorgenommenen Änderungen des ersten HHG - v.12.2.1968 (GVBl.I, S.44 (1968)), v.24.5. 1968 (GVBl.I, S.152 (1968)) - betreffen keine der nachfolgend aufgeführten (Wahlrechts-)Normen.

Universität erstmalig in ihrer Geschichte diese Autonomie sichernde Rechtsform verliehen[19], die ihre politische Bedeutung und damit auch den Stellenwert der sie als repräsentativ eingerichteter Körperschaft konstituierenden Wahlverfahren erheblich erhöht; die Studentenschaft untersteht als Selbstverwaltungskörperschaft des öffentlichen Rechts der Rechtsaufsicht des Landes (§ 39 HHG); ihre Aufgaben sind explizit, enumerativ normiert (§ 34 HHG). Die Wahlverfahren der Körperschaftsorgane werden im HHG selbst allerdings überhaupt nicht normiert (§ 36 Abs.2 HHG), als Konsequenz wohl aus dem aufgewühlten politischen Klima, wo bereits der neu geschaffene, weitgehend autonome Rechtsstatus der Studentenschaften nur untergeordnete Bedeutung in den heftig ausgetragenen HHG-Kontroversen einnimmt. Offensichtlich hat zu diesem Zeitpunkt noch niemand die grundlegende Wichtigkeit gerade dieser Materie für die Verfaßte Studentenschaft erkannt, weil die allgemein vertraute Durchführung staatlicher Wahlen auf der Grundlage bewährten und akzeptierten Wahlverfahrensrechts im Zweifel stets von einem demokratischen Konsens der Beteiligten getragen ist, der fundamentale Probleme nicht auftreten läßt. Der amtierende Hessische Kultusminister setzt auch in diesem Falle hohes *politisches Vertrauen* in die den Studentenschaften neu zugestandene Selbstverwaltung und ihre Rechtsstaatlichkeit: "Die Regelung ... bringt der Studentenschaft jedenfalls ein Höchstmaß an Vertrauen entgegen. Ich bin sicher, daß die Studentenschaft dieses Vertrauen nicht enttäuschen wird. Es ist eine Erfahrungstatsache, daß Aufgaben und Rechte erst die Verantwortungsfreude begründen. ... Ich habe keinen Zweifel, daß die Befürchtung grundlos ist, die (sachlich notwendige) Bemessung der Rechte der Studenten entfremde diese den Hochschulen. Ich erwarte die gegenteilige Entwicklung."[20] Offensichtlich bezieht der Hessische Kultusminister hier

---

Zur Interpretation des Gesetzestextes: I.**Staff**, Hessisches Hochschulgesetz (Komm.), Neuwied/Berlin 1967.

19 Die Entwicklung zur "Vollrechtsfähigkeit" der Verfaßten Studentenschaft. Die Rechtsform einer (nicht rechtsfähigen) Körperschaft "Verfaßte Studentenschaft" als Glied der Hochschule besaßen vor 1966 bereits die Studentenschaften der Hessischen Hochschulen Darmstadt und Gießen [zur Rechtsgrundlage: FN 10 (Kap.9); ferner: W.**Schapals** (FN 10), S.156 ff]. Mit dem 1.HHG ist Hessen das erste Deutsche Bundesland, das seinen Studentenschaften (einfach-)gesetzlich die Rechtsstellung einer rechtsfähigen Körperschaft des öffentlichen Rechts (mit Satzungs- und Finanzhoheit) - sog. "Vollrechtsfähigkeit" - einräumt und damit einer langjährigen Forderung der Studentenschaften selbst entspricht [zu diesen Forderungen: I.**Staff** (FN 18), S.135; vgl. auch: H.**Neuner** (FN 10), S.190 ff, insb. S.202]. Die Einrichtung rechtsfähiger Selbstverwaltungskörperschaften des öffentlichen Rechts kommt ferner dem vorherrschenden politischen Willen zur "Demokratisierung" gesellschaftlicher Teilbereiche, hier der Studentenschaft, theoretisch entgegen: "Im strengeren Sinne ... bedeutet Demokratisierung ... die legal vermittelte, also letztlich repräsentativ-demokratisch parlamentarisch legitimierte Übertragung von Hoheitsbefugnissen im Bereich der Verwaltung, von Mitwirkungs- oder Alleinentscheidungsbefugnissen auf beispielsweise als Verbandsmitglieder besonders interessierte oder betroffene Bürger. ... Hauptziel der Demokratisierung im strengen Sinne soll ... ein Plus an demokratischer Legitimation, an Bürgerselbstbestimmung, ein Minus an Entfremdung und heteronomer Herrschaft sein" (E.**Denninger**, Demokratisierung - Möglichkeiten und Grenzen, Köln/Berlin 1976, S.48). Vgl. dazu auch: FN II.4 (Kap.5); Kap.13.3.2.

Zur bisherigen "Rechtsunsicherheit auf dem Gebiete des Studentenschaftsrechts" beispielhaft: R.**Reinhardt**, Die Studentenschaft als Gliedkörperschaft der wissenschaftlichen Hochschule, JZ **20**, S.385-391 (1965). Kritisch zum Status einer Gliedkörperschaft z.B.: E.E.**Hirsch**, Zur rechtlichen Neuordnung der Universitätsverfassung, in: FS für W.**Felgenträger**, Göttigen 1969, S.81-97, S.86/87; kritisch zur Vollrechtsfähigkeit der Körperschaft z.B.: W.**Schmitt Glaeser**, Die Rechtsstellung der Studentenschaft, Bad Homburg/Berlin/Zürich 1968, S.21 ff; R.**Wildenmann**, Stellungnahme zur Frage studentischer Beteiligung an universitären Wahlen, Bonn - Bad Godesberg 1980, S.11, S.41; weitere Nachweise in: H.**Neuner** (FN 10), S.273. Zur "Rechtsnatur" der Studentenschaft die heutige h.M. zusammenfassend: W.**Thieme** (FN 1), S.704 ff.

20 E.**Schütte**, Überfällige Hochschulreform durch Gesetz, in: DUZ 6/1965, S.14-23, S.20.

Positiv auch: H.**Wolf**, Jesuitisch oder salomonisch?, in: diskus 4/1966, S.5; vgl. dazu ferner: FN 9 (vor Kap.9). - Dieser Sachverhalt bestätigt die These: "Das Recht dient auch der Umsetzung politischer Hoffnungsprogramme." (U.H.**Schneider**, Zur Verantwortung der Rechtswissenschaft, JZ **42**, S.696-705 (1987), S.697) - Die derart immense juristische Aufwertung der Hessischen Studentenschaften erfolgte übrigens noch vor dem eigentlichen Beginn der Studentenrevolte!

in seine politischen Bemühungen implizit auch eine "Demokratisierung" des studentischen Wahlrechts ein und stellt es damit de facto in wesentlichen Teilen in die Verfügbarkeit jeweiliger politischer Mehrheiten in den Verfaßten Studentenschaften; wohl unter dem Vorrang politischer Opportunitätserwägungen und unkritischer Reformbegeisterung beachtet er dabei aber nicht "die notwendige Grenze aller Demokratisierungsbestrebungen in gesellschaftlichen Bereichen ... da, wo es sich um Einrichtungen funktionalen oder exekutiven Charakters handelt, 'deren Aufgabe nicht ist, über den Vorrang verschiedener Interessen oder Werte zu entscheiden'"[21]. Als weiterer Versuch, "Demokratisierung" gesetzlich zu institutionalisieren, kann die Normierung der studentischen "Urabstimmung" als identitär-demokratisches Element im Verfahren der Satzungsgebung erscheinen (§ 36 Abs.1 HHG)[22]. - Wie sich bis zum heutigen Tag zeigt, sind allerdings in der Folgezeit diejenigen warnenden Stimmen nachhaltig bestätigt worden, die das blinde Vertrauen in zivile Formen politischen Handelns damals ohne Rückversicherung und institutionalisierte Kontrollen so weitgehend nicht zu gewähren bereit waren[23].

Die mit der juristischen Aufwertung der Studentenschaft verbundene Aufwertung autonomen studentischen Satzungsrechts (Satzungshoheit) wird trotz vor der außeruniversitären Öffent-

---

21 K.**Sontheimer**, Das Elend unserer Intellektuellen, Hamburg 1976, S.205

22 **Die Urabstimmung der Satzung.** Das identitäre Legitimierungsverfahren für die Satzung als Grundordnung der Studentenschaft - analog der Theorie, jede Verfassung einem Referendum des Volkes zu unterwerfen - erscheint als typischer Tribut an das politische Klima dieser Zeit, das "Demokratisierung" einfordert [es wird später, nämlich seit 1978: Kap.11.5.; Kap.12.2., wieder zurückgenommen]; es erhebt nach außen einen basisdemokratischen Anspruch, den es de facto nicht einzulösen vermag: **(i)** In der Anwendungsrealität stellt sich heraus, daß nur ein kleinster Anteil der in Urabstimmung Handelnden (selbst noch einmal Minderheit aller Abstimmungsberechtigten) den Satzungsentwurf überhaupt wenigstens einmal flüchtig überlesen hat, die geringste Voraussetzung für das Wissen um das Abzustimmende selbst. **(ii)** Die (nach dem Mehrheitsprinzip durchgeführte) Urabstimmung kann das in der Satzung zu umfangreich verankerte Mehrheitsprinzip nicht legitimieren [vgl. dazu: Kap.2.2.(d).]. - Hier zeigen sich die Vorzüge des repräsentativen Beschließens. Die grundsätzlichen Kollisionen des identitärdemokratischen Verfahrens der "Volksgesetzgebung" mit den Beschlußprinzipien einer demokratisch-repräsentativen Verfassung faßt instruktiv zusammen: M.**Kriele**, Plebiszite in das Grundgesetz?, in: FAZ v.10.11.1992, S.12; ferner: Bericht der Gemeinsamen Verfassungskommission (BT-Drs. 12/6000, 15.11.1993), S.83 ff [als typisches Beispiel dafür, daß Plebiszite mit niedrigem Quorum sogar zu gegenseitiger Blockierung führen können: Drei Tunnel, zwei Begehren, in: FAZ v.12.2.1996, S.4].

23 **Beispielhaft für derartige Warnungen:** "Man hat sich durch die charakterlose Form jenes Entgegenkommens, dem manche Kultusministerien in wahrhaft sich überstürzender Geflissenheit frönen, nicht nur an der Institution Universität versündigt, indem man Wesentliches verschleuderte und sie im Wettbewerb der Völker rasant zurückwerfen wird, sondern man hat in den Augen dieser Jugend auch seinen moralischen Bankerott erklärt" (H.**Thielicke**, Kulturkritik der studentischen Rebellion, Tübingen 1969, S.9). Ferner: P.**Hensel**, Das Hochschulgesetz, in: DUZ 6/1965, S.26-32, S.31; H.**Walz**, Überlegungen zum neuen Hessischen Hochschulgesetz, in: DUZ 6/1965, S.37-43, S.42; W.**Hartner**, Der wahre Revolutionär erkennt die Fehler des Alten, in: DUZ 6/1965, S.56-58, S.57/58. Später, teilweise nicht frei von resignativer Polemik: P.**Herde**, Legenda aurea - Mythos und Wirklichkeit hessischer Universitäten, in: H.-B.**Harder**/E.**Kaufmann**, Bilanz einer Reform, Bonn - Bad Godesberg 1977, S.387-407. - Auch an dieser Stelle bestätigt sich die allgemeinere Erkenntnis: "Ob Vertrauen blind oder berechtigt ist, hängt ... von der Funktionsfähigkeit der Kontrollen ab." (R.**Eckert**, Wissenschaft und Demokratie, Tübingen 1971, S.41)

Das (teilweise) Scheitern der "Demokratisierung" als immanente Funktionsschwäche des Selbstverwaltungsprinzips eo ipso erkennend: "Selbstverwaltungskörperschaften können zur demokratiewidrigen Verselbständigung durch Absolutsetzung der in ihnen verbundenen Interessen tendieren, insbesondere dann, wenn die Kontrollinstanzen der politischen Führung versagen. Sie sind gleichermaßen anfällig für unfreiheitliche Maßregelungen einzelner Mitglieder oder Minderheiten wie für Betriebsstörungen oder Machtübernahmen durch aktivistische Außenseitergruppen, denen die unpolitische Mehrheit hilflos gegenübersteht" (H.**Quaritsch**, Demokratisierung - Möglichkeiten und Grenzen, Köln/Berlin 1976, S.17). Allgemeiner: "Richtig ist freilich, daß Selbstverwaltung nicht notwendig mit Demokratie gepaart sein muß" (G.**Püttner**, Zum Verhältnis von Demokratie und Selbstverwaltung, in: ders. (Hrsg.), Handbuch der kommunalen Wissenschaft und Praxis, Band 2, 2.Aufl. Berlin/Heidelberg/New York 1982, S.3-10, S.5). Vgl. ferner: FN II.4 (Kap.5). [Diesen Warnungen wird später (1982) auch von "linksliberaler" Seite eindrucksvoll beigepflichtet werden: FN II.224 (Kap.8).]

lichkeit pathetisch vorgetragener Demokratietheorien von den maßgeblichen studentischen Funktionären nicht genutzt zur Etablierung und Sicherung demokratischer Verfahren im Innern des Subsystems, im Gegenteil: Mit der beginnenden dichotomen Aufspaltung studentischer Politik und der zunehmenden Radikalisierung der Mehrheit der studentischen Engagierten infolge der Studentenrevolte und dem in Teilen widerstandslos zurückweichenden Rechtsstaat vermag das ungenügend positivierte Satzungsrecht nur wenig Minderheitenschutz gegen das heraufziehende 'dichotome Mehrheitsprinzip' der radikalen studentischen 'Linken' aufzurichten.

10.2. Die Studentenschaftssatzung (StS) und die Wahlordnung (WO) vom 21.12.1966

Auf der Basis der neu geschaffenen Gestaltungsnorm des § 36 HHG erarbeitet die Frankfurter Studentenschaft eine neue "Reformsatzung" unter Orientierung an den von ehemals führenden SDS-Mitgliedern kurz zuvor entwickelten Demokratisierungsthesen für die Hochschule[24]: Der Aufgabenbereich der Frankfurter Studentenschaft wird wörtlich aus dem HHG übernommen (§ 2 StS); der bei Teilen der Studentenschaft einsetzenden Ideologisierung und Politisierung gemäß, wird die bisherige Persönlichkeitswahl des Parlaments durch "allgemeine, freie, gleiche, unmittelbare und geheime" *Listenwahl*[25] ersetzt (§ 15 StS); gleichzeitig ist ein (kleinerer) Teil

---

24 W.**Nitsch**/U.**Gerhardt**/C.**Offe**/U.K.**Preuß**, Hochschule in der Demokratie, Berlin/Neuwied 1965, insbesondere Teil 4. Dazu: diskus 7/1966, S.9. - Zur Genese der Frankfurter "Reformsatzung" einer ihrer Verfasser: H.J.**Steffen**, Neue Satzung der Studentenschaft zur Abstimmung, in: diskus 6/1966, S.10. Ferner: C.M.**Ringel**, Entstehung einer Satzung, in: ASTA-info. Sondernummer 10/1966, S.2.

25 **Zur Einführung der Listenwahl.** Einen Überblick über die studentischen Wahlsysteme geben: H.**Buck**/W.**Maurus**/W.**Thommel**, Studentische Interessenvertretung in einem demokratischen Hochschulwesen, Weinheim 1971, S.27 ff.

(a) Im Gegensatz zu einem klassischen Kritikpunkt an der konsequent ausgeprägten Verhältniswahl mit starren Listen, nämlich deren "Unpersönlichkeit" (J.**Schauff** (Hrsg.) Neues Wahlrecht - Beiträge zur Wahlreform, Berlin 1929, S.1), fordert die Studentenschaft nunmehr geradezu eine Priorität ideologischer Entscheidung: "Die Studenten machen von ihrem Wahlrecht keinen Gebrauch, weil sie erstens keine echte Auswahl unter den Kandidaten vornehmen können und zweitens weil sie die Ohnmacht des AStAs bei der Vertretung ihrer Interessen allzu oft und allzu deutlich erlebt haben. ... Nur eine Listenwahl kann den Wahlakt wieder zu einem demokratischen Votum für oder gegen eine fixierte Interessenpolitik machen. ... Schließlich befreit das neue hessische Hochschulgesetz die Studentenvertretung aus ihrer Ohnmacht" (P.J.**Braune**, Charly's Nachwahl, in: diskus 4/1966, S.11). "Auswirkungen auf die Wahlbeteiligung, und zwar solche negativer Art, hat zweifellos auch die Tatsache, daß die studentischen Wahlen heute, im Gegensatz zur Weimarer Zeit, keine Listenwahlen, sondern Persönlichkeitswahlen sind. Der einzelne Kandidat ist insbesondere bei den großen Hochschulen und Fakultäten viel zu anonym, als daß er die studentischen Wähler aus ihrer Reserve herauslocken könnte." (W.**Schapals** (FN 10), S.104) - Daß diese Alternativen tatsächlich nicht zwingend sind, zeigt deutlich: FN II.163(a) (Kap.7)!

(b) Gleichzeitig existieren bereits zu diesem Zeitpunkt (1966) Bestrebungen, neue politische Gruppen in der Frankfurter Studentenschaft normativ auszugrenzen: Ursprünglich waren im Satzungsentwurf (§ 5 Abs.1 WO) 100 Unterstützer-Unterschriften als Voraussetzung zur Kandidatur für bisher nicht im Parlament vertretene Listen gefordert [dazu: diskus 6/1966, S.10]. Daran wird Kritik unter dem Gesichtspunkt der Chancengleichheit geübt auf einer 'Satzungs-VV' am 15.11.1966 mit lediglich ca. 100 Interessierten [dazu: diskus 8/1966, S.12]; die zunächst geplante Bestimmung wäre bei ca.14.000 Wahlberechtigten [vgl.: FN 27] auch rechtswidrig gewesen: FN IV.125 (Kap.14); Kap.15.1.3.(a). Das Unterstützerquorum wird schließlich auf 50 gesenkt, was bei der o.g. Anzahl der Wahlberechtigten gerade noch tolerabel erscheint.

(c) Diese Diskussion um die Einführung der Listenwahl im Studentenschaftsbereich ist allerdings (entgegen der Behauptung von W.**Schapals** (s.o.)) nicht neu gewesen. Z.B. wurde am 25.1.1932 der Studentenschaft der Universität Tübingen auf einer Vollversammlung eine neue Studentenschaftswahlordnung zur Abstimmung vorgelegt. "In ihr ist jede Unterteilung nach Fachschaften beseitigt. Der Wähler kann sich nur noch für eine Liste entscheiden. Der Vorsitzende des Wahlreformausschusses führt aus, daß die geistige Lage innerhalb der Studentenschaft gebieterisch die Schaffung einer klaren Front einiger weniger weltanschaulicher Gruppen erfordere. Mit dem Schreckgespenst der Politisierung locke man heute keinen Hund mehr hinter dem Ofen hervor. Die zeitgemäße Wahlreform sei die Listenwahl. Dieser ... Gesamtentwurf wurde mit überwältigender Mehrheit (bei 1.000 ja, 88 nein, 11 Enthaltungen) angenommen." (M.C.**Tümpel**, In Tübingen: Ruhe und kaltes Blut [Zur Geschichte des AStAs und seines Wahlrechts], in: ATTEMPTO 51-52/1974, S.114-123, S.121 [dazu

der Parlamentsmitglieder weiterhin, in Anlehnung an die bisherige StS von 1951, korporativ durch die sechs Fachschaftsräte zu wählen[26] (§ 14 Abs.1b StS) - in diesen Fällen allerdings nach besonders anomischen, in das Gewand der Fachschaftsautonomie gekleideten Kreationsverfahren (§§ 51, 53 StS; diese Vorschriften lassen weitgehend ungeregelte und unkontrollierte direkte "Wahlen" auf studentischen Vollversammlungen zu und fallen damit, was die Manipulationsmöglichkeiten angeht, hinter die Regelungen der alten StS zurück). Die gegenüber der bislang geltenden StS konkretisierten und verschärften Verfahrensregelungen für Urabstimmungen (§§ 7 bis 11 StS) legen Zeugnis ab für völlig unrealistische, weil nicht erreichbare Politisierung der "Basis" voraussetzende Versuche der Etablierung von identitärer Demokratie: In der Geltungszeit der "Reformsatzung" wird, mit Ausnahme der nach § 36 Abs.1 HHG satzungskonstitutiven, keine einzige Urabstimmung erfolgreich durchgeführt. - Nach den Grundsätzen der §§ 3, 14, 15 StS gilt eine die StS ergänzende Wahlordnung (WO), die insbesondere die Verhältniswahl als Listenwahl in personalisierter Form normiert (§§ 7, 9, 10 WO); der Kreationsmodus des die Wahl verantwortlich leitenden *studentischen Wahlausschusses* durch das Parlament bleibt ungeregelt (§ 1 WO); die grundsätzlich erforderliche Öffentlichkeit des Wahlverfahrens wird für keinen Teil desselben explizit normiert; der *studentische Ältestenrat* ist die erste Instanz im Wahlprüfungsverfahren für Anfechtungen von Studentenschaftswahlen (§§ 12, 13 WO).
Dieser Satzungsentwurf (zusammen mit dem Entwurf der Wahlordnung) durchläuft nicht sofort die für seine Annahme vorgeschriebenen Stationen des § 36 Abs.1 HHG: Er erfährt zwar relativ schnell in einer Urabstimmung durch die Studentenschaft mehrheitlich und mit dem vorgeschriebenen Beteiligungsquorum Zustimmung[27], wird in einer vom Hessischen Kultusminister mit Maßgaben versehenen Form aber erst mehr als drei Jahre später "vorläufig genehmigt"[28] und so geändert anschließend im Staatsanzeiger für das Land Hessen publiziert[29], ein - offensichtlich politisch motiviertes - Verfahren im Widerspruch zu § 36 Abs.1 HHG.

---

auch: A.**Lüdtke**, Vom Elend der Professoren: 'Ständische Autonomie' und Selbst-Gleichschaltung 1932/33 in Tübingen, in: M.**Doehlemann** (Hrsg.), Wem gehört die Universität?, Gießen 1977, S.99-127, S.104/105])

26 Diese kooptierten Fachschaftsmandate des Studentenparlaments entsprechen dem Konstrukt des § 13 StS v.14.7.1951 (= FN 12) - wobei damals allerdings an Stelle von Studenten die fünf (sechs) Dekane der Fakultäten sowie der Rektor der Universität mit stimmberechtigten Mandaten "cooptiert" wurden.

27 Das durch § 36 normierte Beteiligungsquorum von 50% kann im ersten Wahlgang (24.11.-30.11.1966) allerdings erst erreicht werden durch Verlängerung der Urabstimmung um drei Wochen (!) bis zum 21.12.1966; danach ist die Satzung angenommen (Quellen: diskus 1/1967, S.9; Uni-Rep.1-2/1970, S.11):

Wahlberechtigte:	14.105 (100,0%)*
Wahlbeteiligung:	7.477 (53,0%)
dafür:	6.575 (87,9%)
dagegen:	778 (10,4%)
Ungült./Enth.:	124 (1,7%)

*14.105 [Wahlberechtigte] = 15.232 [Immatrikulierte] - 1.127 [Beurlaubte]

28 "Diese Genehmigung erfolgt, um die Funktionsfähigkeit der Studentenschaft zu sichern und die für den 9. Dezember 1969 angesetzten Wahlen zu ermöglichen, nachdem durch eine Entscheidung des Hessischen Verwaltungsgerichtshofs Zweifel an den rechtlichen Grundlagen entstanden sind, auf denen sich die derzeitige Organisation der Studentenschaft aufbaut." (Genehmigungserlaß des Hessischen Kultusministers L.**v.Friedeburg** v.8.12.1969 [Az.: H II 3(1)-433/23 -94-] [ferner: Genehmigungserlaß v.7.1.1970 mit weiteren Maßgaben [Az.: H II 3(1)-433/23 -100-]])
Bezuggenommen wird auf ein Berufungsurteil gegen eine VG-Entscheidung (Festsetzung von Zwangsgeldern gegen den AStA der Univ.Frankfurt/M) durch den Rektor W.**Rüegg**: Hess.VGH, E.v.3.12.1969 [Az.: II OG 55/69]. Das Gericht erklärte die Frankfurter Verfaßte Studentenschaft, insbesondere auch den amtierenden AStA, aus rein formalen Gründen als juristisch nicht existent mangels Vorhandenseins einer rechtsgültigen Studentenschaftssatzung (keine ordnungsgemäße Verkündung im StAnz. gemäß § 36 Abs.1 HHG (= FN 18)).

Weil bereits im Mai 1966 in sicherer Erwartung des baldigen Inkrafttretens der neuen studentischen "Reformsatzung" wesentliche Teil der alten StS und WO vom StuPa mit qualifizierter Mehrheit außer Kraft gesetzt worden sind, erfolgt als erste Wahl nach der neuen StS und der neuen WO die StuPa-Wahl vom 15.2.-17.2.1967, schon unter Fraktionierung und Politisierung der studentischen Beteiligten; die Politisierung der Verfaßten Studentenschaft ist endgültig vollständig ausgeprägt unter Zurückdrängung primär hochschulpolitischer Sachfragen mit der darauffolgenden StuPa-Wahl vom 13.11.-16.11.1967[30]. (Ein endgültiges Übergreifen der Studentenbewegung auf die Frankfurter Universität erfolgt aufgrund der Vorkommnisse auf der Berliner Anti-Schah-Demonstration am 2.6.1967. Diese übermäßige, dichotome und sachfremde Politisierung der Selbstverwaltungskörperschaft Verfaßte Studentenschaft - nicht der gesamten Studentenschaft als solcher - dauert bis heute an.) Die genannten StuPa-Wahlen sind also insbesondere ohne rechtsgültige Wahlordnung durchgeführt worden[31].
Aufgrund des völlig anomischen Fachschaftswahlrechts (§§ 50, 51, 53 StS) entwickeln sich in der Folgezeit zahlreiche Rechtskonflikte um die Legitimation von Fachschaftswahlen an der Universität, insbesondere über die korrekte Durchführung von rätedemokratisch inspirierten *Wahlen auf Vollversammlungen*[32], deren Basis stets Machtkämpfe zur Erringung von politischen Mehrheiten bilden[33].

---

29 Satzung und Wahlordnung der Studentenschaft der Johann Wolfgang Goethe-Universität Frankfurt (Main) v.21.12.1966 (StAnz, S.37-43 (1970)) [teilweise abgedruckt in Anhang 2 (A.2.4./A.2.5.)].
Bereits am 15.2.1968 wird vom ehem. (1964) StuPa-Präsidenten und amtierenden ÄR-Mitglied D.**Thelen** erneut ein Satzungs-Entwurf vorgelegt und eine überarbeitete Fassung davon im ASTA-info.22/1968 veröffentlicht, die nicht zur Urabstimmung gestellt wird.

30 Zur StuPa-Wahl im Februar 1967: H.J.**Steffen**, Listen zur Parlamentswahl, in: diskus 2/1967, S.12. Zur StuPa-Wahl im November 1967: P.**Heik**, Zum Wahlausgang, in: diskus 7-8/1967, S.13. Zum Ergebnis dieser Wahl vgl.: ASTA-info.12/1967, S.3.

31 Zur Rechtswidrigkeit eines Wahlverfahrens ohne rechtsgültige Wahlordnung: W.W.**Waibel**, Rechtsprechung: Wahlanfechtungen im Hochschulbereich, WissR **6**, S.70-94 (1973), S.74/75.

32 "Wahlen auf Vollversammlungen". "Es geht um die Rechte der Studenten in den Vollversammlungen, es geht darum, daß die Fachschaftsdelegierten an den Willen der Vollversammlung gebunden sind, daß sie jederzeit abwählbar und der politischen Kontrolle der Studenten unterworfen sind. ... Die rechten und sozialdemokratischen Integrationsstrategen sagen: Die Vollversammlungen sind nicht repräsentativ für die Studenten, die nicht kommen. Wir sagen: sollen sie kommen, die vielen. Es gibt kein Recht auf politische Apathie" (Rote Zelle Jura, Die **Kantzenbach**-Schweinereien, Flugblatt 6/1972). Zur hinter diesen Thesen stehenden Theorie der 'totalen Politisierung': FN I.22 (Kap.1).
(a) Ein Beispiel (Fachschaft Rechtswissenschaft 1969): Im Gegensatz zu anderen Fachschaften an der Frankfurter Universität besteht hier eine rechtsstaatlich orientierte studentische Opposition, die auch (aufgrund des eigenen Studiums) über juristisches Wissen für das Einfordern des Rechts in diesem Bereich verfügt.
Gemäß der gültigen 'Fachschaftsordnung der Rechtswissenschaftlichen Fachschaft' (FsO) ist der Wahlmodus für die Fachschaftsmitglieder in einer Form des Mehrheitswahlrechts auf Vollversammlungen festgelegt: "(1) Die Fachschaftsvertreter (FV) werden auf der ordentlichen Fachschaftsvollversammlung (FVV) zu Beginn eines jeden Semesters in direkter und geheimer Wahl gewählt. (2) Gewählt werden für eine Amtszeit von je zwei Semestern zu Beginn des WS fünf FV, zu Beginn des SS vier FV" (§ 14 FsO). - "(1) Wahlberechtigt sind alle Fachschaftsmitglieder. Sie haben sich durch Vorlage des Studentenausweises auszuweisen. (2) Jeder Wahlberechtigte kann auf seinem Stimmzettel so viele Namen von Kandidaten notieren, als FV zu wählen sind. ... (3) Als gewählt gelten diejenigen Kandidaten, die die meisten Stimmen auf sich vereinigt haben. (4) Bei Stimmengleichheit findet eine Stichwahl statt" (§ 17 FsO).
Die Wahl der juristischen Fachschaftsvertreter auf der Fachschaftsvollversammlung am 21.11.1969 wird mit Schreiben vom 24.11.1969 an den Ältestenrat (ÄR) der Studentenschaft von den Mitgliedern der Fachschaft Jura, T.**Aumüller** und P.**Schulz** ['ADS-Jura'], angefochten. Neben anderen Unkorrektheiten (u.a. rechtswidrige Verkürzung der Ankündigungsfrist für die FVV; fehlende Protokolle von FV-Sitzungen; eine weitere Anfechtung greift Mehrfachabstimmungen an) wird moniert: "Nach § 17 Abs.1 FsO haben die Wahlberechtigten ihre Berechtigung durch Vorlage des Studentenausweises nachzuweisen. In mindestens acht Fällen ist dieser Nachweis nicht durch den Studentenausweis geschehen, sondern durch zwei Zeugen. Dies scheint uns mit dem Sinn des § 17 FsO, der eine eindeutige Kontrolle der Wahlberechtigung zum Ziel hat, nicht vereinbar."

Dazu geben die amtierenden juristischen Fachschaftsvertreter (FV) folgende Erklärung ab: "Die FV weisen darauf hin, daß es nicht sinnvoll sei, einen wahlberechtigten Studenten nicht wählen zu lassen aus der formalen Begründung, er habe seinen Studentenausweis nicht dabei. Die Übung, die Zugehörigkeit zur juristischen Fachschaft durch zwei Zeugen bestätigen zu lassen, habe sich inzwischen derart durchgesetzt, daß eine strenge Anwendung des § 17 Abs.1 FsO nicht ratsam erscheine" (ÄR-Prot. v.3.12.1969). Diese rechtswidrige Praxis wird anschließend durch den SDS-beherrschten Ältestenrat mehrheitlich bestätigt: "Eine solche Überprüfung der Abstimmungsberechtigung durch zwei Zeugen genügt den Anforderungen. Es ist nicht sinnvoll, einem wahlberechtigten Studenten das Stimmrecht zu entziehen mit der formalen Begründung, er habe den Studentenausweis nicht dabei. Das Verfahren, die Zugehörigkeit zur Juristischen Fakultät von zwei Zeugen bestätigen zu lassen, wurde bei mehreren vorhergehenden Wahlen und bei anderen Fakultäten geübt. Eine Auslegung des § 17 Abs.1 S.2 FsO, die Abstimmungsberechtigung sogar bei persönlicher Kenntnis der Fachschaftszugehörigkeit durch den Wahlausschuß auszuschließen, erklärt der ÄR als dem Sinn der Satzungsvorschrift zuwiderlaufend, zumal auch bei allgemeinen Parlamentswahlen (Bundestag) eine Wahl ohne Vorlage des Personalausweises erfolgen kann." (ÄR-Beschluß v.8.1.1970 über die Ablehnung der Wahlanfechtung [die letzte Behauptung ist schlichtweg falsch: § 14 Abs.1 BWahlG (= FN IV.30); § 56 Abs.3 BWO (= FN IV.30)]) Siehe ferner zu diesem Konflikt: Uni-Rep.3/1969, S.8; Uni-Rep.4/1969, S.6. Vgl. schließlich: A.**Gallas**, Die Staatsaufsicht über die wissenschaftlichen Hochschulen, Berlin 1976, S.232 ff. - Gegen diese ÄR-Entscheidung legen die Antragsteller Rechtsaufsichtsbeschwerde beim Rektor der Universität W.**Rüegg** ein. Dieser untersagt daraufhin dem durch die FS Jura entsandten StuPa-Mitglied J.**Fischer** die Ausübung seines Mandats bis zur Klärung der Vorwürfe: AStA-Chef wieder abgewählt, in: FR v.10.1.1970, S.13. [Diese Vorgänge ereignen sich zur selben Zeit, in der die Frankfurter Juristenausbildung auf Initiative des Frankfurter Ordinarius für Zivilrecht [und eines der 'Väter der Gruppenuniversität': FN 34] R.**Wiethölter** "demokratisch" reformiert werden soll: "Die Wirklichkeitsentfremdung der Juristen ist bis heute nicht hinlänglich überwunden, der politische Jurist bislang unerfüllte, aber notwendige Bedingung für die Existenz einer politischen Gesellschaft. ... Anforderungen an den modernen Juristen heute sind insoweit: seine Mitarbeit an sozialer und politischer Theorie wie an den notwendigen Veränderungen der politischen Verhältnisse in politischer Praxis" (R.**Wiethölter**, Anforderungen an den Juristen heute, in: R.**Wassermann** (Hrsg.), Erziehung zum Establishment, Karlsruhe 1969, S.1-31, S.6/19 [vgl. auch: Professor probt die Rebellion, in: FR v.5.11.1968, S.9]). Ergänzend: W.**Kilian**/W.**Laatz**, Reformversuch mit Studienanfängern an der rechtswissenschaftlichen Fakultät der Universität Frankfurt 1969/70, Hamburg 1971. Kritisch dazu: H.**Schelsky**, Die Soziologen und das Recht, ZfR **9**, S.1-21 (1978), insb. Abschnitt V. - Über ein Interesse R.**Wiethölters** an den juristischen Fehlentwicklungen innerhalb der studentischen Fachschaft Jura im Zusammenhang mit der Aufwertung der Studentenschaft in der Gruppenuniversität ist nichts bekanntgeworden - zur rechtspolitischen Haltung R.**Wiethölters** (kritisch): R.**Eckert** (FN 23), S.44; F.**Graf v.Westphalen**, Wird die Justiz unterwandert? - Der Ruf nach dem politischen Richter, Zürich 1975.]

(b) "Judifizierung": Als typische öffentliche Darstellung dieses Sachverhalts, nämlich die Geringschätzung allgemeingültiger, formaler Verfahren in Wahlangelegenheiten zugunsten mehrheitsfreundlicher Einzelfallentscheidungen durch die Studentenvertretung, kann gelten: Die 'rechten' Studentengruppen ADS und RCDS, "die bei allen Fachschaftswahlen nur Niederlagen hatten einstecken müssen und nicht eine einzige Fachschaft hatten erobern können, gingen daraufhin nicht politisch, sondern mit den Mitteln ihrer Justiz gegen den politischen Gegner vor" (ASTA-info. Extraausgabe 6/1972, S.3); auch: T.R.**Pauly**/P.**Olsenov**, Entmündigung. Der Konflikt um die Fachschaften, in: diskus 3-4/1972, S.38/39. - Zur machtstrategischen Funktion der Anrufung der "Basis" mittels der Durchführung von "Vollversammlungen": FN I.24 (Kap.1).

(c) Legitimation: Die Legitimation der durch unmittelbare Wahlen auf Vollversammlungen erzeugten Repräsentativorgane leidet (abgesehen von den formalen Unzulänglichkeiten) an einer höchst geringen Beteiligung: Grundsätzlich beteiligen sich weniger als 10% der Abstimmungsberechtigten, meist sogar weniger als 5% an den Wahlen. Dieser Sachverhalt wird verschwiegen, solange die Gewählten den erwarteten ('linken') politischen Anforderungen genügen, was fast immer der Fall ist. Das Problem mangelhafter Legitimation eines durch überwältigend wenige Wähler getragenen Repräsentativorgans wird hingegen - in diesem Falle zu Recht - durchaus problematisiert, sofern die Organträger die politischen Vorgaben nicht erfüllen; beispielhaft dafür die Kritik der (SDS-orientierten) 'Studentengewerkschaft' an der (RCDS-orientierten) 'historischen Fachschaft' der Universität Bonn im WS 1967/68, in: Studentengewerkschaft (Hrsg.), 100 Jahre Klassenuniversität - Reaktionäre Herrschaft und demokratischer Widerstand am Beispiel der Universität Bonn, Bonn 1968, S.153. - Vgl. zu ähnlichem Messen mit zweierlei Maß nachfolgend: FN 87(b) Beispiel 1; FN 91 (Kap.11).

33 Zur Rätedemokratie. (a) Protagonisten des Prinzips: "Wer mit Demokratie und Politik zu tun hat, kann sich nicht mehr auf objektive Rollendefinitionen zurückziehen; es geht vielmehr um die eigenen Angelegenheiten. Demokratie und Politik sind öffentliche Handlungsformen, die meine ganz individuelle, sinnliche Präsenz erfordern. Ich muß räumlich anwesend sein, wenn ich das Gefühl haben soll, daß ein Stück Wirklichkeit in den Besitz der sich selbst verwaltenden Menschen gekommen ist. Daraus erklärt sich vielleicht das Besetzungspathos der Protestbewegung, die Lust, sich die Herrschaftsinstitutionen anzueignen, sich in ihnen frei und nach eigenen Entscheidungen zu bewegen. ... Unter diesem Gesichtspunkt eines veränderten Verständnisses

10.3. Das Zweite Hessische Hochschulgesetz (HHG) vom 12.5.1970 und das Erste Hessische Universitätsgesetz (HUG) vom 12.5.1970

Als politische Reaktion auf die Studentenunruhen läßt der Hessische Kultusminister bereits im Jahre 1968 einen Referentenentwurf für ein neu zu schaffendes Hessisches Universitätsgesetz (HUG) erarbeiten auf der Basis eines "Entwurfs von vier Frankfurter Professoren, die mit ihrer Ansicht im Lehrkörper weitgehend alleinstehen"[34]; das Gesetz wird nachfolgend zur Grundlage der heutigen Gruppenuniversität werden. Das gesamte hochschulpolitische Klima ist inzwischen derart zerrüttet, daß bis zur Verabschiedung des HUG durch den Hessischen Landtag am 6.5.1970[35] sämtliche Rektoren und Prorektoren der drei Hessischen Universitäten sowie

---

von Demokratie läßt sich die Protestbewegung als eine absolut gewaltlose Bewegung betrachten, die selbst dort, wo sie von Revolution spricht, in erster Linie stets Selbstbestimmung und Selbstverwirklichung meint" (O.**Negt**, Achtundsechzig - Politische Intellektuelle und die Macht, Göttingen 1995, S.147). Zur studentischen Proklamation der Rätetheorie vgl. exemplarisch: H.M.**Enzensberger**/R.**Dutschke**/B.**Rabehl**/C.**Semler**, Ein Gespräch über die Zukunft, Kursb.**14** (Frankfurt/M 1968), S.146-174, insb. S.163 ff; ferner: B.**Rabehl**, Bemerkungen zum Problem der Rätedemokratie in der hochindustrialisierten Gesellschaft, in: Berliner Zeitschrift für Politologie 4/1968, S.14-21; G.**Schwarz**, Demokratie und Parlamentarismus in der Bundesrepublik - Eine Bilanz nach 20 Jahren, in: L.**Romain**/G.**Schwarz**, Abschied von der autoritären Demokratie?, München 1970, S.40-68, S.58 ff; FN 32. - Ähnliche rätedemokratische Gedanken werden heute auch wieder von Vertretern der 'Neuen Rechten' aufgegriffen: "Die gegenwärtige Praxis der Wahlen [ist] als demokratische Legitimation schlechthin problematisch. Für die Zentraleuropäische Föderation wäre eine abgestufte Rätedemokratie denkbar, an deren Anfang der Schritt von der ausgewiesenen rein bürgerlich-gesellschaftlichen Tüchtigkeit zur politischen Tüchtigkeit steht." (B.**Willms**/P.**Kleinewefers**, Erneuerung aus der Mitte, Herford 1988, S.226)

(b) Kritisch: G.A.**Ritter**, 'Direkte Demokratie' und Rätewesen in Geschichte und Theorie, in: E.K.**Scheuch** (Hrsg.), Die Wiedertäufer der Wohlstandsgesellschaft, 2.Aufl. Köln 1969, S.215-243; J.**Oelinger**, Die neue Linke und der SDS, Köln 1969, S.113-121; K.v.**Beyme**, Parlamentarismus und Rätesystem - eine Scheinalternative, ZfP **17**(NF), S.27-39 (1970) ["Die 'Berliner Zeitschrift für Politologie' forderte das Manuskript zum Abdrucken. Nach der Umbenennung der Zeitschrift in 'Sozialistische Politik' lehnte sie jedoch die Wiedergabe ab, obwohl sie in der ersten Nummer beteuert hatte, daß auch Andersdenkende weiterhin zu Wort kommen würden." (S.27)]; U.**Bermbach**, Rätegedanke versus Parlamentarismus? Überlegungen zur aktuellen Diskussion der Neuen Linken, in: W.**Steffani** (Hrsg.), Parlamentarismus ohne Transparenz, Bd.III Opladen 1971, S.245-265; E.-W.**Böckenförde**, Demokratische Willensbildung und Repräsentation, in: J.**Isensee**/P.**Kirchhof** (Hrsg.), Handbuch des Staatsrechts der Bundesrepublik Deutschland, Bd.II Heidelberg 1987, S.29-48; K.**Hesse**, Grundzüge des Verfassungsrechts der Bundesrep.Deutschland, 16.Aufl. Heidelberg 1988, S.51/52 (RN 131). Kritisch hinsichtlich der Durchführung aufgrund von Abstimmungs-Paradoxa: A.**Podlech**, Wertentscheidungen und Konsens, in: G.**Jakobs** (Hrsg.), Rechtsgeltung und Konsens, Berlin 1976, S.9-28, S.16, S.28; FN I.44 (Kap.2).

34 Presseerklärung der Hessischen Rektorenkonferenz, veröffentlicht in: Uni-Rep.7/1968, S.4.

Bei dem inkriminierten Entwurf handelt es sich um: E.**Denninger**/L.**v.Friedeburg**/J.**Habermas**/R.**Wiethölter**, Grundsätze für ein neues Hochschulrecht, in: J.**Habermas**, Protestbewegung und Hochschulreform es **354** (Frankfurt/M 1969), S.202-216. Die "Grundsätze" prägen nachfolgend insbesondere die Hochschulpolitik der zur Zeit der Studentenrevolte in der Bundes- und Landespolitik tonangebenden Partei: Vorstand der SPD (Hrsg.), Entwurf: Vorschläge zur Reform der Hochschulen, Bonn 1969. [L.**v.Friedeburg** (SPD) wird später (1969-1974) Hessischer Kultusminister. E.**Denninger** und R.**Wiethölter** werden nach dem Rücktritt des Universitätsrektors W.**Rüegg** am 15.5.1970 [dazu: FN 36] vom Hessischen Kultusminister zu "Übergangsrektoren" der Frankfurter Universität bestellt bis zum Amtsantritt des durch den 1.Konvent gewählten 1.Universitätspräsidenten E.**Kantzenbach** am 12.2.1971. E.**Denninger** wird 1973/74 die auch für die Universitäten zuständige Abteilung Wissenschaft und Kunst im Hessischen Kultusministerium leiten.] Zur Vorreiterrolle Hessens in der Hochschulreform-Debatte (später): L.**v.Friedeburg**, Bildungsreform in Deutschland, Frankfurt/M 1992, S.388-392. [Zu einer bemerkenswerten Kritik eines "Linksliberalen" an diesem hochschulpolitischen Reformwerk mehr als zehn Jahre später, erstellt offenbar aufgrund eigener, desillusionierender hochschulpolitischer Erfahrungen: B.W.**Reimann**, Die Hochschulreform in Hessen, in: H.A.**Glaser** (Hrsg.), Hochschulreform - und was nun?, Frankfurt/M/Berlin/Wien 1982, S.144-174; vgl. ferner kritisch: FN II.225 (Kap.8).]

35 (Erstes) Hessisches Universitätsgesetz (HUG). Gesetz über die Universitäten des Landes Hessen (Universitätsgesetz) v.12.5.1970 (GVBl.I, S.324-340 (1970)).

Das HUG institutionalisiert die Gruppenuniversität in Hessen. An der Frankfurter Universität sind - vorerst ohne explizite Rechtsgrundlage - "studentische Vertreter in allen akademischen Organen stimmberechtigt zugelassen" seit dem 1.1.1969 (Uni-Rep.1/1969, S.1). - Auch dieses Gesetz ist zunächst hochschulpolitisch höchst umstritten: "Das Hessische Hochschulgesetz vom 12. Mai 1970 hat maßgeblich dazu beigetragen, das

der TH Darmstadt aus Protest von ihren Ämtern zurücktreten[36]. Darüber hinausgehend machen 194 Hessische Universitätsprofessoren die mit der Verabschiedung des HUG eingetretene Verletzung ihrer eigenen Grundrechte (Art.3 Abs.1 GG (allgemeiner Gleichheitssatz), Art.5 Abs.3 S.1 GG (Meinungsfreiheit)) sowie weiterer rechtsstaatlicher Grundsätze geltend und beantragen beim Bundesverfassungsgericht, im Wege einer einstweiligen Anordnung den sich bereits durch die Wahlvorbereitungen zu den neugeschaffenen Organen der Gruppenuniversität abzeichnenden Vollzug des HUG im Eilverfahren auszusetzen. Die Rechtmäßigkeit dieses Vollzugs wird entgegen der Intention der Kläger aber zunächst höchstinstanzlich bestätigt[37].

In Abstimmung mit dem neuen HUG ist auch das HHG vom Hessischen Landtag konkludent neu zu fassen. Bezüglich der Studentenschafts- und Fachschaftswahlen - die Verfaßte Studentenschaft bleibt eingerichtet (26 HHG) - bringt dieses novellierte Gesetz[38] grundlegende Neu-

---

wissenschaftliche Arbeitsklima an den Hochschulen unseres Landes zu stören. Zu den Folgen dieses Gesetzes gehört auch der Exodus namhafter Wissenschaftler, der in dieser Dokumentation festgehalten wird. Hessen ist keine einsame Insel systemverändernder Bildungspolitik. Auch in anderen Bundesländern sind die Gesetzgeber in den ausgehenden 60er und beginnenden 70er Jahren vor lautstarken radikalen Gruppen an den Hochschulen zurückgewichen. In Hessen aber hat diese Entwicklung besonders drastische Formen angenommen." (CDU Hessen (Hrsg.), Dokumentation Professorenflucht aus Hessen, Wiesbaden 1976 [Gelbe Reihe **11**])

36 (**a**) Universitätsgesetz, Gesetz gegen die Universität?, in: Uni-Rep.5/1970, S.1/2; Rektoren Rücktritt, in: Uni-Rep.aktuell 17/1970. Vgl. dazu weiter: "Die Hochschulgesetze leisten der Studentenrevolte in ungemein hohem Ausmaß Vorschub. Unter dem Schutz einer exzessiven Hochschulautonomie und gestützt auf die überzogenen Mitbestimmungsrechte in den universitären Entscheidungsgremien, vollzieht sich eine Machtergreifung antidemokratischer Gruppen, welche die Hochschulen direkt zum Feind dieser Gesellschaft und ihrer freiheitlich-demokratischen Grundordnung macht. Längst handelt es sich daher nicht mehr um eine Hochschulkrise allein, mit der wir es zu tun haben, sondern um eine Verfassungskrise, um eine Krise des Fundaments unserer Gesellschaftsordnung" (H.**Sanmann**, Die neuen Universitätsgesetze, in: H.**Maier**/M.**Zöller** (Hrsg.), Gegen Elfenbeinturm und Kaderschmiede, Köln 1970, S.17-30, S.28). Ferner: H.**Schiedermair**, Die Reform der Wissenschaftsorganisation und das Problem der Demokratisierung, WissR **4**, S.1-34 (1971); A.**Gallas** (FN 32), S.134 ff. [Zum Prinzip der selbstverwalteten Gruppenuniversität: FN II.4 (Kap.5).]

(**b**) Der politisch radikalisierten Studentenschaft gehen die neu eingeräumten Gruppenrechte nicht weit genug; paradigmatisch: 2.Lesung des Hessischen Hochschulgesetzes steht bevor, in: ASTA-info.4/1969, S.1. Dem politisch verantwortlichen Hessischen Kultusminister werden seine Reformbemühungen von den Nutznießern wenig gedankt: "Dieses schwitzende, sich windende Individuum E.**Schütte** [1959-1970 Hessischer 'Minister für Erziehung und Volksbildung', SPD], das bewußt oder unbewußt keinen Einblick nehmen wollte in die autoritären Strukturen dieser Gesellschaft und in den 'privatwirtschaftlichen' Charakter seines 'Reformentwurfs', diese öffentlich entmannte Vaterfigur kam als Bindung ... nicht mehr in Frage." (ASTA-info.1/1969, S.2 [zu einem Teach-in der AfE am 8.1.1969; E.**Schütte** kann sich nur schwer Gehör verschaffen; SDS-Führer D.**Cohn-Bendit** geißelt "verfluchte faschistische Methoden" des Ministers; E.**Schütte** gerät in körperliche Bedrängnis beim Versuch, den Raum zu verlassen: **Schütte** brach Gespräch mit Studenten ab, in: FR v.9.1.1969, S.10.])

(**c**) Auch die Protagonisten des neuen Hessischen Hochschulrechts [dazu: FN 34] zeigen sich anschließend eher unzufrieden: "Ich kann sagen, daß unsere Vorstellungen, die wir, L.**v.Friedeburg**, J.**Habermas**, R.**Wiethölter** und ich, vor nun bald zwei Jahren entwickelt haben, nur bedingt in dem Gesetz realisiert worden sind." (B.**Schauenberg**/K.**Schacht**, diskus-Interview mit Prof. E.**Denninger**, in: diskus 1/1970, S.8-10, S.8)

37 BVerfGE **29**, 318 [dazu: Uni-Rep.1/1971, S.1]

38 (Zweites) Hessisches Hochschulgesetz (HHG). Gesetz über die Hochschulen des Landes Hessen (Hochschulgesetz) v.12.5.1970 (GVBl.I, S.315-323 (1970)) [teilweise abgedruckt in Anhang 2 (A.2.6.)].

Die späteren Änderungen des zweiten HHG - v.9.3.1971 (GVBl.I, S.59 (1971)), v.18.5.1971 (GVBl.I, S.109 (1971)), v.12.6. 1973 (GVBl.I, S.202 (1973)), v.31.1.1977 (GVBl.I, S.101 (1977)) - berühren keine der hier maßgeblichen Wahlrechtsnormen.

Hinsichtlich der Fortgeltung der juristischen Figur der Verfaßten Studentenschaft als (Zwangs-)Körperschaft des öffentlichen Rechts mit Satzungs- und Finanzhoheit (§ 26 HHG) weicht die Protagonistin dieses Gesetzes, die Hessische SPD, von der bislang verfolgten Parteiprogrammatik ab: "Die Studentenschaft als Zwangsvereinigung aller immatrikulierten Studenten in einer (Teil-)Körperschaft des öffentlichen Rechts ist unter den gewandelten Bedingungen an den Hochschulen und vom Selbstverständnis der Studentenvertretungen her nicht mehr die geeignete Organisationsform, in deren Rahmen die Studenten ihre Rechte, Pflichten und Belange wirksam wahrnehmen können. An ihrer Stelle können sich die Studenten freiwillig organisieren und Beiträge erheben. ... Der Erfüllung der traditionellen Aufgaben der Studentenschaft (Wahrnehmung der wirtschaftlichen Selbst-

normierungen für das Wahlvorbereitungsverfahren (§ 22 HHG, insbesondere: amtliche Wählerverzeichnisse als Grundlage des Wahlverfahrens), deren großer Wert in den hitzigen Diskussionen um die zwingend vorgeschriebene Einrichtung gruppenpluraler Kollegialorgane zunächst nicht erkannt wird. Im übrigen verbleibt die Wahlrechts-Normierung hypotroph. Andererseits mag die in Anlehnung an die geltende Frankfurter StS neu aufgenommene erstinstanzliche Verweisung der Wahlprüfung für Studentenschaftswahlen an einen studentischen *Ältestenrat* (ÄR), über dessen Wahl selbst nichts normiert wird (§§ 31, 32 HHG), zwar gut gemeint gewesen sein im Sinne konsistenter Selbstverwaltung; sie bringt jedoch in der Folgezeit bis zum heutigen Tage tatsächlich kontraproduktive Wirkungen für den Wahlrechtsschutz[39]. Die demokratischen Wahlrechtsgrundsätze erscheinen explizit an keiner Stelle des Gesetzes.

Das neue Hochschulrecht liefert die erste direkte Kollision von übergeordnetem Gesetzesrecht mit studentischem Satzungsrecht im Wahlbereich an der Johann Wolfgang Goethe-Universität: Zunächst erklärt in einer Expertise die universitäre 'Satzungs- und Geschäftsordnungskommission des Konvents' die bislang gültigen §§ 14 Abs.1 und 53 StS als unvereinbar mit dem neuen Hochschulrecht: "Ein wesentlicher Grundsatz der neuen Gesetze ist die Ablösung der bisherigen Fakultäten als organisatorische Grundeinheiten durch die neu zu bildenden Fachbereiche[40], deren Einteilung auch für die Zusammensetzung der neuen Organe bedeutsam sein soll (vgl. z.B. §§ 22, 23, 26 Abs.3 HHG und §§ 7 Abs.2, 17 Abs.1, 20 Abs.1, 26 Abs.1 HUG). Nach § 61 Abs.2 HUG sind Satzungsbestimmungen außer Kraft getreten, nach denen Organe oder Organteile gewählt werden, die noch den alten Fakultäten entsprechen, die nach der Absicht des Gesetzgebers gerade aufgehoben werden sollen. Damit ist eine Bestellung von fachschaftsbezogenen Studentenvertretern im Parlament, die noch an die bisherige Einteilung in Fakultäten anknüpft, mit dem Hochschulgesetz und dem Universitätsgesetz nicht vereinbar."[41] Die

---

hilfe sowie der sozialpolitischen Belange der Studenten, Pflege internationaler Studentenbeziehungen, Unterstützung der kulturellen und musischen Interessen der Studenten, Pflege des freiwilligen Studentensports usw.) dienen das Studentenwerk und/oder andere geeignete Einrichtungen, die aus freiwilligen Beiträgen der Studenten und/oder aus öffentlichen Mitteln zu finanzieren sind" (Vorstand der SPD (FN 34), S.22). Vgl dazu in allgemeinerem Rahmen: M.**Protze**, Auflösung der verfaßten Studentenschaft?, in: studpol 1/1973, S.3-9.

39 Siehe dazu (Leerlaufen des Wahlrechtsschutzes durch den ÄR) im folgenden: Kap.18.1.2. Für Beispiele nicht-sachgerechter Entscheidungen des Ältestenrats in Wahlprüfungsangelegenheiten: FN 32(a); Kap.19.2.2; Kap.19.10.4.; Kap.19.11.3. und 19.11.4.; Kap.19.12.3. und 19.12.4.; Kap.19.14.4. und 19.14.5.; Kap.19.27.3.; Kap.19.29.4.(a).; Kap.19.30.3.; Kap.19.31.4. - Dagegen: "Neu hinzugekommene Bestimmungen wie die über den Ältestenrat ... verwerten positive Erfahrungen mit neueren Satzungen." (Hess.LT-Drs. VI/1999, S.49)

40 Anstelle der bisherigen sechs Fakultäten [dazu: FN 13 (Kap.9)] wird die Universität im Sinne des neuen HUG in 19 Fachbereiche (FB) aufgeteilt [vgl. dazu: Uni-Rep. Sonderausgabe Sept.1970]. Zur Umgehung der damit verbundenen Rechtsfolgen schafft die Studentenvertretung folgende Zuordnung: 1. Juristische Fakultät: FB 01, Rechtswissenschaft; 2. Wirtschafts- und sozialwissenschaftliche Fakultät: FB 02, Wirtschaftswissenschaften; 3. Philosophische Fakultät: FB 03, Gesellschaftswissensch.; FB 05, Psychologie; FB 06, ev. und kath. Theologie (Religionswissensch.); FB 07, Philosophie; FB 08, Geschichtswissensch.; FB 11, Ost- und außereuropäische Sprach- und Kulturwissensch.; 4. Naturwissenschaftliche Fakultät: FB 12, Mathematik; FB 13, Physik; FB 14, Chemie; FB 15, Biochemie und Pharmazie; FB 16, Biologie; FB 17, Geowissensch.; FB 18, Geographie; 5. Medizinische Fakultät: FB 19, Human- und Zahnmedizin; 6. HfE (Hochschule für Erziehung): FB 04, Erziehungswissensch.; FB 09, Klassische Philologien und Kunstwissensch.; FB 10, Neuere Philologien.

41 Expertise "Legitimation der sechs fachschaftsbezogenen Vertreter im Studentenparlament" der 'Satzungs- und Geschäftsordnungskommission' der Johann Wolfgang Goethe-Universität zu Frankfurt am Main v.28.1. 1972, abgedruckt in: Uni-Rep. Sonderausgabe v.3.2.1972, S.1-3.

Zum Bestand von aufgrund ungültiger Wahlrechtsnormen durchgeführten Wahlen: W.**Henrichs**, Über die Rechtsfolgen ungültiger Wahlgesetze, NJW **13**, S.1746-1749 (1960); K.**Lemke**, Rechtsfolgen ungültiger Wahlrechtsnormen, [jur.Diss.] Kiel 1964; R.**Grawert**, Normenkontrolle im Wahlprüfungsverfahren, DÖV **21**, S.748-756 (1968); H.**Maurer**, Die verfassungswidrige Bundestagswahl, Bad Homburg/Berlin/Zürich 1969; K. **Schmiemann**, Wahlprüfung und Kommunalwahlrecht, [jur.Diss] Siegburg 1972, S.71 ff; stellvertretend für die

(untere) Rechtsaufsichtsbehörde löst mit dieser Argumentation im Januar 1972 das amtierende Studentenparlament als rechtswidrig gewählt auf und setzt statt dessen allein die bisherigen 22 über Listen gewählten Parlamentarier kommissarisch wieder in ihre bisherige Funktion ein[42].

10.4. Die rechtsungültige Studentenschaftssatzung (StS) vom 6.6.1972

Derart unter Zugzwang gesetzt, verabschiedet dieses nunmehr kommissarisch amtierende Studentenparlament mit seiner nach Wegfall der sechs Fachschaftsmandate geschrumpften 'linken' Mehrheit[43] eine dem neuen Hochschulrecht angepaßt scheinende StS[44] (§ 29 Abs.2 HHG), die mittels des Tricks vager Formulierungen oder Nicht-Normierung möglichst viele Verfahren identitärer Demokratie in praxi zu retten trachtet[45]; mittels einer an den alten Fakultäten orientierten Neudefinition der Fachschaftsräte (§ 27 StS) sollen die bisherigen sechs fachschaftsbezogenen Mitglieder des StuPas gerettet werden (§ 7 Abs.1 StS). Zu dieser StS existiert erstmalig keine subsidiäre WO, was die positivierten Wahlrechtsnormen für Studentenschaftswahlen weiter ausdünnt; andererseits wird erstmals, aber unvollständig, zwingend die *Öffentlichkeit des Wahlverfahrens* normiert: "Das Öffnen der Urnen und die Auszählung der Stimmen erfolgen unter Zulassung der Öffentlichkeit." (§ 14 Abs.5 StS).

Die neue StS wird in zwei Urabstimmungen vom 19.6.-23.6.1972[46] und vom 26.6.-30.6. 1972[47] gemäß § 29 Abs.3 HHG durch die Studentenschaft angenommen. Sie tritt jedoch nie in

---

GG-Komm.Lit.: G.**Leibholz**/H.-J.**Rinck**/D.**Hesselberger**, Grundgesetz-Komm. anhand der Rechtsprechung des BVerfG, 6.Aufl. Köln 1991, Komm. Art.41 GG, S.6 (RN 66).

42 Zum Wortlaut der rechtsaufsichtlichen Verfügung des Präsidenten E.**Kantzenbach** v.31.1.1972: Kap. 19.6.2.

43 Die neugefaßte StS wird am 6.6.1972 vom StuPa mehrheitlich verabschiedet mit: 12 Ja-Stimmen, 9 Nein-Stimmen. Daß damit keine 2/3-Mehrheit erreicht wird, entgegen der ursprünglichen, intendierten Normierung der StS v.30.12.1969 (§ 62), ficht die beschließende 'linke' StuPa-Mehrheit nicht an; sie argumentiert nämlich in diesem Falle (entgegen ihrem offiziell formulierten Anspruch [dazu: FN I.98 (Kap.3)] des Unberechenbar-Spontanen [dazu: FN II.62 (Kap.5)]) streng machtstrategisch und formal: "Die Verabschiedung der neuen Studentenschaftssatzung stellt keine Satzungsänderung dar, vielmehr gelten die Bestimmungen von § 29 HHG. Dort ist eine 2/3-Mehrheit für die Verabschiedung einer Studentenschaftssatzung nicht vorgeschrieben." (vom StuPa mehrheitlich verabschiedete Resolution des AStA-Fachschaftsreferats v.11.7.1972)

44 Satzung der Studentenschaft der Johann Wolfgang Goethe-Universität v.6.6.1972 [amtlich veröffentlicht vom AStA anläßlich des Aufrufs zur Urabstimmung v.12.6.1972 - teilweise abgedruckt in Anhang 2 (A.2.7.)]

45 Zu welch unsinnigen Konstrukten die Rettung identitärer Verfahren in Verbindung mit den zwingenden, einschlägigen HHG-Vorschriften führen kann, belegt beispielhaft der § 29 StS über die Fachschaftswahlen. Der Grund dafür, nämlich politischer Machterhalt, wird vom amtierenden AStA offen ausgesprochen: "Die Fachschaftsvertreter sollen ... auf Vollversammlungen gewählt werden, wo sich die studentischen Reaktionäre der öffentlichen politischen Auseinandersetzung nicht entziehen können, wo sie bisher erfolgreich als politische Gegner der fortschrittlichen Studenten entlarvt werden konnten" (ASTA-info., Sonderausgabe zur Urabstimmung 6/1972, S.4 [vgl. ebenso: FN 32(b)]). Auch in diesem Zusammenhang liegt die durch die Studentenbewegung vertretene Ideologie der totalen Politisierung zugrunde: FN I.22 (Kap.1)

Zu Recht a.A.: "Gemäß § 29 des Entwurfs wird die Wahl der Fachschaftsvertreter auf den kurzen Zeitraum am Ende einer Vollversammlung beschränkt. Wer sein Wahlrecht ausüben will, müßte also vorher die oft stundenlangen Referate und Diskussionen der Vollversammlungen über sich ergehen lassen. Damit wird die Stimmabgabe in unzulässiger Weise erschwert. Erfahrungsgemäß werden auf Vollversammlungen deshalb auch nur sehr geringe Wahlbeteiligungen erreicht." (Uni-Rep. Sonderausgabe v.26.6.1972)

46 Zur Kritik an diesem Verfahren: FN 22.

Ergebnis der Urabstimmung (Quelle: Prot. studentischer Wahlausschuß v.23.6.1972):

Wahlberechtigte:	17.765 (100,0%)*
Wahlbeteiligung:	5.375 (30,3%)
dafür:	4.381 (81,5%)
dagegen:	779 (14,5%)
Ungült./Enth.:	215 (4,0%)

*17.765 [Wahlberechtigte] = 18.209 [Immatrikulierte] - 444 [Beurlaubte]

Damit wird das vorgeschriebene Quorum von 50% Wahlbeteiligung im ersten Wahlgang nicht erreicht.

Kraft: ihr bleibt wegen partieller Rechtswidrigkeit, insbesondere auch im Wahlbereich (§§ 7 Abs.1, 29 Abs.2 und 4 StS), die nach § 36 Abs.1 HHG notwendige Genehmigung durch den Hessischen Kultusminister versagt. Trotzdem wird die Hypothek des diese Satzung prägenden anomischen Wahlrechts noch lange auf den nachfolgenden Studentenschaftswahlen lasten, weil die untere Rechtsaufsichtbehörde sich in ihren späteren satzungsrechtlichen Ersatzvornahmen nach dem juristischen *Prinzip des geringsten Eingriffs* zunächst stark an allen denjenigen vorhandenen Satzungsbestimmungen orientieren wird, die nicht evident rechtswidrig sind.
Das Inkrafttreten des neugefaßten HHG stärkt die Position derer, die formal korrekte, berechenbare und neutrale Wahlverfahren für die Fachschaften fordern: Der Präsident der Universität als untere Rechtsaufsichtsbehörde hebt eine auf einer Fachschaftsvollversammlung am 18.5.1972 beschlossene Wahlordnung der Fachschaft Rechtswissenschaft als rechtswidrig auf, gibt der Fachschaft gleichzeitig auf, innerhalb von zwei Wochen neue, rechtmäßige Wahlvorschriften zu beschließen und ordnet für die Außerkraftsetzung der streitbefangenen WO sofortigen Vollzug (§ 6 Abs.2 Hess.VwVG[48]) an[49]. Nachdem bis zum Ablauf der gesetzten Frist der Fachschaftsrat Jura untätig geblieben ist, erläßt der Präsident durch Anordnung der zuvor angedrohten Ersatzvornahme selbst eine neue Fachschaftswahlordnung[50]. Dagegen legt die Fachschaftsvertretung Rechtswissenschaft Widerspruch ein[51]; die erkennende Kammer des zuständigen Frankfurter Verwaltungsgerichts weist den Antrag als unbegründet zurück[52]: "Die aufgehobene Wahlordnung verletzte das Recht. ... Auch die Kammer ist der Auffassung, daß eine Wahl der Fachschaftsvertretung in Vollversammlungen, jedenfalls wie sie die aufgehobene Wahlordnung vorsieht, gegen demokratische Grundsätze verstößt, weil sie das Wahlrecht der in einem Fachbereich immatrikulierten Studenten in unzulässiger Weise einschränkt. ... Eine Wahlordnung, die ersichtlich davon ausgeht, daß nur ein kleiner Bruchteil der Wahlberechtigten von seinem Wahlrecht Gebrauch macht, ist rechtswidrig." Dagegen sowie gegen die gleichzeitig erfolgte Anordnung sofortigen Vollzugs legt die Fachschaftsvertretung Beschwerde bei

---

47 Ergebnis der Wiederholung der Urabstimmung (Quelle: Prot. studentischer Wahlausschuß v.30.6.1972):

Wahlberechtigte:	17.765 (100,0%)
Wahlbeteiligung:	5.804 (32,7%)
dafür:	4.481 (77,2%)
dagegen:	1.168 (20,1%)
Ungült./Enth.:	155 (2,7%)

48 **Hessisches Verwaltungsvollstreckungsgesetz** v.4.7.1966 (GVBl.I, S.151-166 (1966)) - i.d.F. v.5.2.1973 (GVBl.I, S.57 (1973)). - Dieses Gesetz bleibt einschlägig für alle nachfolgenden satzungsrechtlichen Ersatzvornahmen durch die universitäre (untere) Aufsichtsbehörde. Zu den Rechtsaufsichtsmitteln über universitäre und studentenschaftliche untergesetzliche Rechtsnormen allgemeiner: F.**Stieler**, Satzungsgebung der Universitäten - Staatliche Aufsicht und Mitwirkung, [jur.Diss. Univ.Frankfurt/M] Frankfurt/M/Bern/New York 1985, S.60 ff; A.**Gallas** (FN 32); H.**Krüger** (FN 10), S.650/651. Zu den Aufsichtsgrundsätzen: T.**Oppermann**/H.-J.**Doderer**, Die staatliche Hochschulaufsicht, in: C.**Flämig** (FN 10), S.379-398, S.391 ff. Zum staatsrechtlichen Prinzip der Rechtsaufsicht über die Verfaßte Studentenschaft als Selbstverwaltungskörperschaft: vgl. dazu: Kap.13.3.2.

49 Verfügung des Präsidenten E.**Kantzenbach** v.30.5.1972 mit Androhung der Ersatzvornahme unter Fristsetzung für den 12.6.1972 [Az: 410-12-].
Vgl. dazu kritisch: Fachschaft Jura / Rote Zelle Jura, Info zur Zerschlagungskampagne gegen die Fachschaften, SS 1972, S.7-12. - Zum Bestreben, die geheime Urnenwahl durch Kreationsverfahren zu ersetzen, die politisch gewünschte ('linke') Ergebnisse sicherer produzieren, siehe auch: FN 32; FN 45; ferner: Wahlmanipulationen an der Bonner Universität, in: Hochschulpolitische Informationen 1/1970, S.6-7.

50 Erlaß der Ersatzvornahme v.12.6.1972, teilw. abgedruckt in: Uni-Rep.6/1972, S.1/2.; dazu ferner: Uni-Rep. 6/1972, S.1.

51 Schriftsatz der Fachschaftsvertretung Rechtswissenschaft v.15.6.1972

52 VG Frankfurt/Main, E.v.21.6.1972 [Az.: II/1 H 160/72] und [Az.: II/1 H 161/72], auszugsweise abgedruckt in: Uni-Rep.7/1972, S.1/2

der nächsten Instanz ein[53]. Der Hessische Verwaltungsgerichtshof gibt dieser Beschwerde knapp vier Monate später ohne materielle Prüfung statt und hebt die Rechtsaufsichtsmaßnahme des Präsidenten auf, weil die angegriffene "Verfügung der Antragstellerin nicht wirksam bekanntgegeben worden" sei; die diesem Argument zugrunde liegende, rein formale Begründung des Gerichts wird allerdings sicherlich nicht im Sinne der klagenden 'Roten Zelle Jura' und der bisher von dieser dominierten Fachschaftsvertretung gewesen sein: "Die von der Studentenschaft der Johann Wolfgang Goethe-Universität, Frankfurt am Main, in der Urabstimmung am 21.12.1966 angenommene, vom Hessischen Kultusminister mit Erlassen vom 8.12.1969 und 7.1.1970 genehmigte Satzung ... ist nicht wirksam zustande gekommen. Ein Vergleich des von der Antragstellerin überreichten, von der Studentenschaft beschlossenen Satzungsentwurfs und der Fassung der im Staatsanzeiger veröffentlichten genehmigten Satzung ergibt, daß die Satzung mit Ausnahmen bzw. Maßgaben, die zum Teil wesentliche Satzungsbestimmungen betreffen, genehmigt worden ist. ... Damit fehlt es an der notwendigen Willensübereinstimmung zwischen Satzungsgeber und Genehmigungsbehörde über wesentliche Satzungsbestimmungen. Dieser Umstand hat die Unwirksamkeit der gesamten Satzung (ex tunc, P.K.) zur Folge."[54]
Als Konsequenz ist die bisher existierende Verfaßte Studentenschaft an der Johann Wolfgang Goethe-Universität als eigenständige Rechtsperson zunächst juristisch ausgelöscht.

Kap.11 Die Phase nicht-situationsadäquater staatlicher Verdichtung des Studentenschaftswahlrechts (1972-1980)

Es handelt sich hier um die Periode der staatlichen Aufforderung an die 'undogmatisch-links' dominierte und geprägte Verfaßte Studentenschaft der Johann Wolfgang Goethe-Universität, ihrer Normsetzungspflicht nachzukommen und sich selbst demokratischen und rechtsstaatlichen Prinzipien genügendes Satzungsrecht zu geben, was grundsätzlich durch Untätigkeit verweigert wird. Fast alle Studentenparlamentswahlen dieser Zeit werden wegen gravierender Mängel, erst ermöglicht durch normhypotrophes Wahlverfahrensrecht, angefochten. Auch das Wahlprüfungsrecht dieser Zeit ist derart unvollkommen, daß keine dieser überwiegend wohlbelegten Anfechtungen gegen die etablierte 'undogmatisch-linke' Mehrheit im Subsystem eine intendierte Wiederholungswahl zur Folge haben kann; nicht einmal eine Abstellung der wesentlichen Wahlfehler für die nachfolgenden Wahlen kann in dieser Zeitperiode erreicht werden.
Das Paritätenurteil des Bundesverfassungsgerichts befriedet zwar ab 1973 de facto die korporative Gruppenuniversität durch Sicherung der absoluten Stimmenmehrheit für die Status-

---

53 Schriftsatz der Fachschaftsvertretung Rechtswissenschaft v.11.7.1972

54 Hess.VGH, E.v.26.10.1972 [Az.: II TH 59/72], abgedruckt in: Uni-Rep.9/1972, S.2.
Formal korrekt hätte die Studentenschaft nämlich über die erst nach der Urabstimmung erfolgten Änderungen der "Genehmigungsbehörde" zunächst erneut im für Satzungsänderungen und -Neufassungen vorgeschriebenen Verfahren beschließen müssen. Zum Konflikt: ASTA-info.5/1972 v.5.11.1972 ('AStA aufgelöst!'); ASTA-info. Extra v.8.11.1972 ('Kampf der AStA-Zerschlagung').
Vgl. zu einer ähnlich formalen Argumentation des Gerichts, die gleichsam zur juristischen Auslöschung der Frankfurter Verfaßten Studentenschaft führte: Hess.VGH, E.v.3.12.1969 [Az.: II OG 55/69] (FN 28). - Es muß Erstaunen hervorrufen, daß der Hessische Kultusminister zwei Mal in demselben Genehmigungsverfahren (nämlich zur Inkraftsetzung der Frankfurter StS) gegen die gesetzlich vorgeschriebenen Inkraftsetzungsregelungen verstößt, die durch das in seinem eigenen Hause zuvor entwickelte Hochschulgesetz normiert sind! Auch dieser Sachverhalt legt den Schluß nahe, daß Satzungsprobleme der Hessischen Verfaßten Studentenschaften im Hessischen Kultusministerium nicht auf das der Materie angemessene Interesse stoßen.

gruppe der Professoren in den entscheidenden Kollegialorganen. Die sich damit vom Lehr- und Forschungsbetrieb wegverlagernden Rechtsbrüche im Namen der Verfaßten Studentenschaft vermögen die in Folge selten noch direkt betroffenen Professoren und auch staatliche Behörden deswegen zunehmend weniger zu erregen.

11.1. Die rechtsaufsichtlich erlassene, vorläufige Studentenschaftssatzung (StS) vom 10.11.1972

Die mit dem VGH-Urteil im Oktober 1972 eingetretene Situation einer handlungsunfähigen Verfaßten Studentenschaft ohne rechtskräftige Satzung und ohne beschlußfähige Vertretungsorgane an der Johann Wolfgang Goethe-Universität verschafft der universitären Rechtsaufsichtsbehörde zunächst Handlungsbedarf und -freiheit: Noch im November 1972 legt der Präsident der Universität als Rechtsaufsichtsbehörde vorschriftsgemäß dem Hessischen Kultusminister eine "Rechtsaufsichtlich erlassene vorläufige Satzung der Studentenschaft der Johann Wolfgang Goethe-Universität Frankfurt am Main" vor[55], die dieser bereits am selben Tage unverändert genehmigt, amtlich veröffentlicht[56] und somit in Kraft setzt. "Die vom Präsidenten erlassene Satzung weicht in einer Reihe von Punkten von dem Satzungsentwurf ab, den die Studentenschaft im Sommersemester in einer nunmehr ungültigen Urabstimmung beschlossen hatte[57]. Der Präsident hatte damals bereits darauf hingewiesen, daß seiner Ansicht nach dieser Satzungsentwurf rechtswidrige Teile enthielt. Diese Teile wurden bei der Neufassung nicht mehr in die Satzung aufgenommen. Die wesentlichen Änderungen sind: Die Fachschaftsvertreter werden nicht auf Vollversammlungen, sondern in einer mehrtägigen Urnenwahl gewählt. Die Vollversammlungen auf Fachbereichsebene haben keine Beschlußkompetenz mehr. ... Das imperative Mandat, das in dem Satzungsentwurf enthalten war, wurde entfernt. ... Es gibt keine Vertreter der Fachschaften im Studentenparlament. Das Parlament besteht nur noch aus 22 in allgemeinen Wahlen auf Universitätsebene gewählten Vertretern."[58] Die wahlrelevanten

---

55 Zu einer "Uniprotestversammlung" über den Satzungskonflikt mit dem Präsidenten E.**Kantzenbach** hat der (kommissarische) AStA für den 9.11.1972 aufgerufen (ASTA-info. Extra v.8.11.1972): "Während dieser Veranstaltung erläuterte der Präsident den Studenten seine Maßnahmen. Am Ende seines Beitrags konnte eine Gruppe Studenten tätliche Angriffe auf den Präsidenten verhindern, er wurde aber durch ein Ei am Kopf getroffen. Da die Teilnehmer des Teach-in sich anschließend in den Senatssitzungssaal begaben, konnte der Haushaltsausschuß, der dort seine Sitzung abhalten sollte, nicht tagen. Auch dort diskutierte der Präsident mit den Studenten. Als er den Raum verlassen wollte, wurde er von einem der Anwesenden angegriffen, der jedoch von Mitgliedern der Universität abgedrängt werden konnte." (Uni-Rep.10/1972, S.1)

56 Rechtsaufsichtlich erlassene vorläufige Satzung der Studentenschaft der Johann Wolfgang Goethe-Universität Frankfurt am Main (§ 38 Abs.2 S.2 i.V.m. § 35 HHG) v.10.11.1972 (StAnz, S.1994-1997 (1972)) [teilweise abgedruckt in Anhang 2 (A.2.8.)]

57 Siehe dazu: Kap.10.4.

"Universitätspräsident E.**Kantzenbach** hat es 'verstanden', die durch das Urteil des Hessischen Verwaltungsgerichtshofes entstandene 'Rechtlosigkeit' der Studentenschaft für seine Ziele auszunutzen, umfassend gegen die Verfaßten Studentenschaften vorzugehen: ... **Kantzenbach** gedenkt, sein 'Recht', eine Satzung zu diktieren, dafür auszunutzen, seine Vorstellungen zur Wahlordnung für Fachschaften auf diesem Wege gegen den erklärten Willen der Studenten durchzusetzen." (ASTA-info. Extra v.8.11.1972, S.1)

58 Stellungnahme des Präsidenten E.**Kantzenbach** zur neuen StS, in: Uni-Rep.10/1972, S.1.

Zur Entwicklung der Fachschaftswahlen. (a) Zum bisherigen Konflikt: Kap.10.2., insb. FN 32(a); Kap.10.4. **(b)** Die FS-Wahlen bleiben zunächst bis zur 1.Änd.StS (= FN 90) im Jahre 1977 auch weiter Objekt juristischer Auseinandersetzungen [siehe dazu nur: Uni-Rep.5/1972, S.1, S.4; 6/1972, S.1/2; 7/1972, S.1/2; 4/1973, S.2; 13/1973, S.4; 8/1974, S.1; 4/1976, S.5]. Erste FS-Wahlen ausschließlich nach Normen der StS (mehrtägige, geheime Urnenwahl) erfolgen später nach der zentralen 3.Änd.StS (= FN 121) im SS 1980 [vgl. dazu auch: FN 101]; die erstmals amtliche (universitätsweite) Veröffentlichung der FS-Kandidaturen erfolgt im SS 1983 in: Uni-Rep.6/1983, S.15 [dazu: Kap.19.19.]. - Das alles ist zu sehen im Zusammenhang mit dem Scheitern rätedemokratischer Strukturen an der Hochschule.

Normierungen der neuen StS bringen damit gegenüber den bisherigen Regelungen einige Verbesserungen, weisen darüber hinaus aber weiterhin gravierende Lücken auf (z.B. das ungeregelte Wahlverfahren für den Wahlausschuß im § 14 Abs.1 StS; das ungeregelte Verfahren zur Bestellung der Wahlhelfer; die Normierungslücken im Verfahren der Sicherung der Wahlunterlagen; das völlige Fehlen des Wahlprüfungsrechts).
In den nachfolgenden 22 Jahren scheitern alle Versuche der Verfaßten Studentenschaft der Johann Wolfgang Goethe-Universität, sich selbst eine im Einklang mit dem geltenden Recht stehende Satzung zu geben, weil entweder die Studentenschaft überhaupt untätig bleibt, oder weil die Zustimmung der Aufsichtsbehörden (§ 36 HHG) oder, nach 1978, das kompromißfordernde, satzungserzeugende Quorum[59] im Studentenparlament nicht erreicht werden kann; selbst bei allen später erfolgenden *sechs Änderungen der StS* handelt es sich sämtlich um rechtsaufsichtliche Ersatzvornahmen des Präsidenten der Universität (als unterer Rechtsaufsichtsbehörde in pflichtgemäßer Reaktion auf die Untätigkeit des Studentenparlaments).

11.2. Die durch § 14 Abs.8 StS in Bezug genommene Senatswahlordnung (Sen.-WO) und die nachfolgend in Bezug genommenen Konventswahlordnungen (KoWO)

Die Inbezugnahmen der Senats-Wahlordnung (Sen.-WO)[60] durch § 14 Abs.8 der rechtsaufsichtlich erlassenen StS regeln erstmals detailliert den individuellen Rechtsschutz des aktiven Wahlrechts für Studentenschaftswahlen (§ 8 Sen.-WO); in diesem Bereich ist es im folgenden zu keinen gravierenden Verstößen mehr gekommen. Nichtsdestoweniger sind die in der Sen.-WO positivierten Wahlrechtsnormen in ihrer Gesamtheit mit Mängeln behaftet, weil aufgrund der politisch-sozialen Gegebenheiten an durch die Universität durchgeführte Senats- oder Konventswahlen anders gewichtete normative Anforderungen zu stellen sind als an Studentenschaftswahlen[61]: § 17 Abs.2 Sen.-WO normiert zwar das Recht, nicht jedoch die Pflicht zur geheimen Wahl[62]; die Vorschriften zur Urnensicherung in Zeiten der Wahlunterbrechung sind für die Verhältnisse der studentischen Selbstverwaltung völlig unzureichend (§ 17 Abs.5 Sen.-WO). Die Art und Weise der Inbezugnahme zeigt zudem die mangelnde Sorgfalt der universitären Aufsichtsbehörde zumindest bei der Erstellung der Wahlvorschriften der von ihr selbst in

---

(c) A.A.: "Bei der Wahl läßt uns das HHG keine Wahl: Fachschaftsratswahlen auf Vollversammlungen sind qua Gesetz ... untersagt (die übliche Interpretation aus § 65 in Verbindung mit § 15) ... Studentische Vollversammlungen, Urabstimmungen und eine Räteorganisation nach basisdemokratischen Prinzipien vertragen sich nicht mit der Repräsentationslogik der HERRschenden" (AStA-Materialien, Stellungnahme der Hessischen Landes-ASten-Konferenz [LAK] zur Anpassung des HHG an das HRG, Kassel 1987, S.36). Als Alternative wird angeboten, "gesetzestechnisch ausgedrückt: Liberalisierung des § 65 HHG durch Hinzufügung von: 'Organe der StudentInnenschaft sind neben den hier benannten weitere, in der Satzung der StudentInnenschaft aufgeführte Organe' und Öffnung des Wahlverfahrens für eigenorganisierte, basisdemokratische Strukturen durch Herausnahme der Fachschaftsratswahlen aus dem § 65 HHG" (AStA-Mat. (s.o.), S.38). Beachte in diesem Zusammenhang: FN 32, FN 33, FN 45 (Kap.10); FN 87; FN 91.

(d) Auch diese Entwicklung bestätigt: Erst die den bestehenden Konflikten adäquat entgegengesetzten juristischen Normen (nämlich hier: der StS, des § 65 Abs.3 und Abs.4 HHG v.6.6.1978 (= FN 95)) vermögen Rechtsklarheit zu schaffen, verbannen die politischen Manipulationen (nämlich hier: der Vollversammlungen) und befrieden damit den öffentlichen Raum (nämlich hier: die Fachschaften).

59 gem. § 66 Abs.2 HHG v.6.6.1978 (= FN 95)

60 Wahlordnung für die Wahlen der wissenschaftlichen Mitarbeiter zum Senat der Johann Wolfgang Goethe-Universität Frankfurt/Main v.3.11.1971 (StAnz, S.1957-1960 (1971)) [auszugsweise abgedruckt in Anhang 2 (A.2.9.)].
Zum "Erlaß von Rechtsnormen" durch die Universität grundsätzlicher: F.**Stieler** (FN 48), S.40-48.

61 Siehe dazu exemplarisch: FN 3 (vor Kap.9); ebenso: Kap.14.2.

62 Beides (Recht und Pflicht zur geheimen Wahl) folgt aber zwingend aus dem in § 7 Abs.1 StS normierten Wahlrechtsgrundsatz der Geheimheit der Wahl [siehe dazu: Kap.15.5.1.(a).].

Ersatzvornahme erlassenen Studentenschaftssatzung[63]. Dessen ungeachtet stellen sich in § 14 Abs.8 StS in Bezug genommenen §§ der Sen.-WO in Relation zum originären Satzungsrecht als höchst dichte und effektive Normierungen dar; sie bilden die Grundlage für alle später nachfolgenden wahlrechtlichen Inbezugnahmen der Studentenschaftssatzung.
Mit der Veröffentlichung der vom Hessischen Kultusminister 1972 aufgrund andauernder Störungen des beschließenden Konvents und daraus sich ergebender Funktionsunfähigkeit[64] rechtsaufsichtlich erlassenen neuen (zweiten) Konvents-Wahlordnung (KoWO)[65] tritt drei Wochen nach Erlaß der StS die o.g. Senats-WO bereits wieder außer Kraft[66], und gemäß § 14 Abs.8 StS ist diese 2.KoWO nun für die folgenden StuPa-Wahlen "entsprechend anzuwenden". Dies wiederholt sich 1975 für die neugefaßte 3.KoWO[67] sowie 1976 für deren Änderung[68], und es wiederholt sich nochmals 1979 für die neugefaßte 4.KoWO[69]. Weder die Rechtsaufsichtsbehörde noch die Studentenschaft unterziehen sich in der Folgezeit der Mühe, diese Wahlrechtsnormen auch nur ein einziges Mal vollständig ausformuliert und systematisiert den Mitgliedern der Körperschaft schriftlich vorzulegen[70]. Durch den vorherrschenden gravieren-

---

63 **Beispielhaft für die Schwächen der Inbezugnahme der Sen.-WO:** **(i)** Die Außerachtlassung des zentralen, die Zulassung von Wahlvorschlagslisten regelnden § 11 Sen.-WO (= FN 60), auf den in anderen in Bezug genommenen §§ der Sen.-WO dann aber verwiesen wird [z.B. § 12 Abs.1 S.4 Sen.-WO]; **(ii)** i.V.m. § 14 Abs.3 StS sind nach Punkt (i) die Anforderungen an Wahlvorschlagslisten für deren Zulassung zur Wahl ungeklärt [z.B. ist nicht einmal explizit normiert, daß eine zulässige Kandidatur die persönliche, handschriftliche Einverständniserklärung des Bewerbers unabdingbar voraussetzt [Beispiele: Kap.19.9.2.; Kap.19.24.4.(b).]]; **(iii)** die Aufnahme von Bestimmungen, die anderen Satzungsnormen widersprechen [Beispiel: § 4 Abs.3 Nr.10 Sen.-WO steht, ebenso wie § 23 Abs.1 Sen.-WO, im Widerspruch zu den §§ 14 Abs.6, 18 Abs.1 StS]; **(iv)** die Aufnahme von Bestimmungen, die dem Autonomiestatus der Verfaßten Studentenschaft widersprechen [z.B.: § 12 Abs.1 S.1 Sen.-WO; § 22 Abs.4 Sen.-WO]; **(v)** die unpräzise, unvollständige Konkretisierung des Wahlrechtsgrundsatzes der Geheimheit der Wahl auf das subjektive Recht, die die offene Wahl in das Belieben jedes Wählers zu legen scheint [dazu: FN 62]; **(vi)** die mehrfache, unsystematische Nennung derselben Normen [§ 14 Abs.4 StS und § 17 Abs.4 Sen.-WO]; **(vii)** die situationsfremde Formulierung einzelner Normen provoziert geradezu deren Leerlaufen [z.B. die Statuierung eines stets klar zu begrenzenden Wahlraums - § 17 Abs.6 Sen.-WO - widerspricht den universitären Gegebenheiten]; **(viii)** die Normierung rechtswidriger Tatbestände [Beispiel: § 21 Abs.2 S.3 Sen.-WO mag für Wahlen zu korporativen Gremien, bei denen primär eine festgelegte Zusammensetzung nach unterschiedlichen Statusgruppen erreicht werden soll [z.B. Senatswahlen], noch rechtmäßig sein. Die Norm ist rechtswidrig im Falle 'politisch-parlamentarischer' Wahlen [Beispiel StuPa-Wahlen: Kap.14.1.] als dem fundamentalen Prinzip der politischen Repräsentation widersprechend [dazu: Kap.14.2.2.]. Diese Regelung tritt außer Kraft mit der KoWO v.30.11.1972 (= FN 65) und dem daraus neu in Bezug genommenen § 23 Abs.3 KoWO: "Übersteigt die Zahl der auf eine Vorschlagsliste entfallenden Sitze die Zahl der dort angeführten Bewerber, so bleiben diese Sitze unbesetzt."].
Eine derartige Fülle offensichtlicher normativer und systematischer Schwachpunkte in einer Wahlordnung ist nicht dazu angetan, bei Personen, die staatlichem Recht ohnehin mißtrauisch oder ablehnend gegenüberstehen, Befolgungsbereitschaft zu vermitteln.

64 Dazu (rechtsaufsichtliche Ersatzvornahme): Hess.StAnz, S.2107 (1972).

65 Wahlordnung für die Wahlen zum Konvent, zum Senat und zu den Fachbereichskonferenzen der Johann Wolfgang Goethe-Universität Frankfurt/Main ("Konvents-Wahlordnung" = KoWO) v.30.11.1972 (StAnz, S.2107-2112 (1972))

66 gem. § 30 KoWO v.30.11.1972 (= FN 65)

67 Wahlordnung für die Wahlen zum Konvent, zu den Fachbereichsräten sowie zu den anderen Selbstverwaltungsorganen der Johann Wolfgang Goethe-Universität in Frankfurt am Main v.5.2.1975 (StAnz, S.587-593 (1975))

68 Änderung der Wahlordnung für die Wahlen zum Konvent, zu den Fachbereichsräten sowie zu anderen Selbstverwaltungsorganen der Johann-Wolfgang-Goethe-Universität in Frankfurt am Main v.14.1.1976 (StAnz, S.641-642 (1977))

69 Wahlordnung für die Wahlen zum Konvent, zu den Fachbereichsräten sowie zu anderen Gremien der Johann Wolfgang Goethe-Universität in Frankfurt am Main v.24.1.1979 (ABl.HMWK **32**, S.142-149 (1979))

70 Die offiziell erhältliche, durch die Pressestelle der Universität amtlich vertriebene StS führt bis zur 2.Änd. StS (= FN 100) dazu den o.g. § 14 Abs.8 StS ohne jegliche Hinweise oder Ergänzungen aus. Der AStA vertreibt die StS als rechtsaufsichtlich "oktroyiert" überhaupt nicht in der Öffentlichkeit.

den Mangel an Rechtsklarheit ergibt sich für die juristisch nicht ausgebildeten Beteiligten an den zwischen 1972 und 1979 stattfindenden Studentenschaftswahlen eine de facto rechtsreduzierende Situation bereits insofern, als sie an Studentenschaftswahlen teilnehmen, die aufgrund von Wahlrechtsbestimmungen durchgeführt werden, die in ihrer Gesamtheit durch geeignete Bezugnahmen aus verschiedenen, teilweise nur in amtlichen Periodika vorliegenden Rechtsquellen erst noch individuell zu erschließen sind - ein für jeden juristisch zuvor nicht damit Befaßten nahezu hoffnungsloses Unterfangen[71]. Diese Situation bevorteilt darüber hinaus evident die 'undogmatisch-linken', AStA-tragenden, wahldurchführenden Studentengruppen, die über die mit teilweise langjähriger Erfahrung ausgerüstete 'undogmatisch-linke' AStA-Verwaltung, die 'undogmatisch-linke' AStA-Rechtsberatung sowie über die Studentenschaftsgelder zur Verpflichtung 'undogmatisch-linker' Rechtsanwälte im Zweifelsfalle verfügen können.

Zusammenfassend ist festzustellen: Es läßt sich in zentralen Teilen der rechtsaufsichtlich mittels Ersatzvornahme erlassenen Wahlrechtsnormen in der Zeit von 1972 bis 1980 weder eine Systematik noch eine Situationsadäquanz erkennen. Es muß sogar, weitergehend und verschärfend, im folgenden der Eindruck entstehen, daß die zuständige universitäre Rechtsaufsichtsbehörde schon im Jahre 1972 des Überblicks über die von ihr selbst positivierten Wahlrechtsnormen verlustig gegangen ist:

(a) Inbezugnahme des § 13 Abs.7 KoWO vom 30.11.1972. Seit 1972 gilt i.V.m. § 14 Abs.8 StS für die Reihung der zur Wahl zugelassenen Wahlvorschlagslisten (auf dem Stimmzettel) der § 13 Abs.7 KoWO: "Die Reihenfolge der Listen wird durch das vom Vorsitzenden des Wahlvorstandes[72] zu ziehende Los bestimmt." Demgegenüber legt der 'undogmatisch-links' beherrschte studentische Wahlausschuß die Listenreihenfolge noch bis einschließlich 1977 nach der bisherigen Gruppenstärke im StuPa fest, was der 'Undogmatischen Linken' ab 1974 stets den begehrten Listenplatz 1 auf dem Stimmzettel sichert[73]. - Über eine Intervention der Rechtsaufsichtsbehörde ist in diesem Zusammenhang nichts bekanntgeworden.

(b) Inbezugnahme des § 16 KoWO vom 30.11.1972. Seit 1972 gilt i.V.m. § 14 Abs.8 StS für die Ausgestaltung der Stimmzettel der § 16 KoWO: "Auf dem Stimmzettel sind die Vorschlagslisten jeweils ... unter Angabe von Namen, Vornamen, ... Fachbereich ... der ersten sechs Bewerber aufzuführen." Demgegenüber führt der 'undogmatisch-links' beherrschte studentische Wahlausschuß noch bis einschließlich 1979 auf dem Stimmzettel lediglich die ersten

---

71 Die Erschließung dieser Wahlrechtsnormen hätte in drei Schritten zu erfolgen:
(1.) Textliche Entschlüsselung der in § 14 Abs.8 StS (= FN 56) aufgezählten §§ durch Vorlage der (nicht mehr gültigen) Sen.-WO (= FN 60);
(2.) Nachforschung über die gültige Fassung der KoWO;
(3.) Überprüfung, ob eine einschlägige, in Bezug genommene Norm der Sen.-WO (wenn nicht wörtlich, so zumindest inhaltlich) in die gültige Fassung der KoWO übernommen worden ist; andernfalls wäre eine Inbezugnahme aktuell nicht mehr gegeben [Beispiele dafür: FN 63(viii), FN 78].

72 'Wahlvorstand' und 'Wahlausschuß' werden im folgenden synonym behandelt (im Gegensatz etwa zu BT-Wahlen, für die es sich um unterschiedliche Wahlorgane handelt: § 9 Abs.2 BWahlG (= FN IV.30); §§ 4, 6 BWO (= FN IV.30)). Dazu ergänzend: FN V.34, FN V.36 (Kap.17).

73 Zur möglichen Erheblichkeit dieses Wahlfehlers (Nicht-Auslosung der Listenreihung): Die Nicht-Auslosung der Listenreihung auf dem Stimmzettel widerspricht der nach § 7 Abs.1 StS geforderten Gleichheit der Wahl im passiven Wahlrecht [dazu: Kap.15.2.2.].
A.A.: A.**Saftig**, Kommunalwahlrecht in Deutschland, [jur.Diss.] Baden-Baden 1990, S.365 ff; ferner: "Es verstößt nicht gegen die Hessische Verfassung, daß bei Kommunalwahlen in Veröffentlichungen und auf dem Wahlzettel zunächst die im Landtag vertretenen Parteien nach ihrer dortigen Stärke aufgeführt sind und die weitere Reihenfolge der Parteien und Gruppierungen per Losentscheid bestimmt wird." (Hess.StGH, E.v. 26.1.1995 [Az.: P.St.1171], teilweise veröffentlicht in: FAZ v.21.1.1995)

drei oder fünf Bewerber jeder zugelassenen Wahlvorschlagsliste auf[74]. Die derart gegen geltendes Recht verstoßende Ausgestaltung der Stimmzettel erfolgt stets offiziell "im Einvernehmen mit dem Kanzler" der Universität (§ 14 Abs.4 StS). Erschwerend fällt dies ins Gewicht unter dem Sachverhalt, daß der studentische Wahlausschuß sich weigert, die gesamten Wahlvorschlagslisten vor der Wahl amtlich zu publizieren[75], im Widerspruch zum geltenden (§ 7 Abs.1 StS) Wahlrechtsgrundsatz der Unmittelbarkeit der Wahl[76]. - Über eine Intervention der Rechtsaufsichtsbehörde ist in diesem Zusammenhang nichts bekanntgeworden.

(c) Inbezugnahme des § 18 Abs.6 KoWO vom 30.11.1972. Seit 1972 gilt i.V.m. § 14 Abs.8 StS der für die Garantie korrekt durchgeführter Studentenschaftswahlen zentrale § 18 Abs.6 KoWO: "Der Ort und die Art und Weise, in der Wahlurnen bei einer sich über mehrere Tage erstreckenden Wahlhandlung jeweils zur Nachtzeit verwahrt werden, wird vom Wahlvorstand (Wahlausschuß) im Einvernehmen mit dem Wahlleiter bestimmt." Bei keiner der nachfolgenden StuPa-Wahlen 1972, 1973 und 1974 nimmt der studentische Wahlausschuß die Urnensicherung "im Einvernehmen" mit dem Kanzler als Wahlleiter vor, weil er diesen hierfür gar nicht erst konsultiert; trotzdem rügt die universitäre Rechtsaufsichtsbehörde oder der Kanzler selbst dieses Unterlassen nicht in einem Falle - obwohl an der Korrektheit bereits dieser Wahlen Zweifel angebracht sind[77]. Diese sinnvolle Kontrollvorschrift wird statt dessen nach Inkrafttreten der 3.KoWO im Jahre 1975 mit der im Zweifelsfalle real unwirksamen Norm des § 19 Abs.6 (3.)KoWO wieder weggenommen: "Wird die Wahlhandlung unterbrochen oder wird das Wahlergebnis nicht unmittelbar nach Abschluß der Stimmabgabe festgestellt, so hat der Wahlvorstand (Wahlausschuß) für die Zwischenzeit die Wahlurne so zu verschließen und aufzubewahren, daß der Einwurf oder die Entnahme von Stimmzetteln ohne Beschädigung des Verschlusses unmöglich ist."[78]

---

74 **Zur möglichen Erheblichkeit dieses Wahlfehlers** (Fehlen von Bewerbern auf dem Stimmzettel): Rh-Pf. OVG, E.v.12.2.1980 [Az.: 7 A 79/79], in: AS **15**, 377 [LS]; Hess.VGH, E.v.16.1.1991 [Az.: 6 VE 1303/10], in: NVwZ **10**, S.601-603 (1991).

75 Es werden im Höchstfalle die Daten der amtlichen Stimmzettel vor der Wahl im universitätsamtlichen 'Uni-Report' veröffentlicht: StuPa-Wahl v.12.12.-14.12.1972: Veröffentlichung der ersten drei Kandidaten in: Uni-Rep.11/1972, S.1; StuPa-Wahl v.5.6.-7.6.1973: Keine Veröffentlichung; StuPa-Wahl v.5.6.-7.6.1974: Veröffentlichung der zugelassenen Listen ohne Kandidaten in: Uni-Rep.9/1974, S.2; StuPa-Wahl v.18.6.-20.6.1975: Keine Veröffentlichung; StuPa-Wahl v.14.6.-16.6.1976: Veröffentlichung der ersten fünf Kandidaten in: Uni-Rep.8/1976, S.3; StuPa-Wahl v.28.6.-30.6.1977: Veröffentlichung der ersten fünf Kandidaten in: Uni-Rep.9/1977, S.6; StuPa-Wahl v.13.12.-15.12.1977: Veröffentlichung der ersten fünf Kandidaten in: Uni-Rep.15/1977, S.4; StuPa-Wahl v.5.6.-27.6.1979: Veröffentlichung der ersten fünf Kandidaten in: Uni-Rep.8/1979, S.10.

Die amtliche Veröffentlichung aller zur Wahl zugelassenen Kandidaten erscheint - aufgrund der personalisierenden Komponente des bis 1971 geltenden Wahlrechts, die die Veröffentlichung sämtlicher Kandidiaten auf dem Stimmzettel bereits strukturell bedingt - zumindest bis zum Jahre 1971 hinsichtlich des Wahlrechtsgrundsatzes der Unmittelbarkeit nicht als gravierend.

Die an anderen Universitäten übliche amtliche Herausgabe einer Wahlzeitung durch die Studentenschaft, die allen kandidierenden Listen gleichermaßen die Möglichkeit der Selbstdarstellung in der universitären Öffentlichkeit einräumt, unterbleibt an der Universität Frankfurt seit 1967 (mit Ausnahme des Jahres 1984).

76 **Zur möglichen Erheblichkeit dieses Wahlfehlers** (Verstoß gegen das 'Publikationsgebot'): BVerfGE **3**, 19 [32]; BVerfGE 7, 63 [71]; BVerfGE **47**, 253 [280/281]; entsprechend normiert: § 28 Abs.3 BWahlG (= FN 30); § 20 Abs.6 StS v.22.2.1994 (= FN III.168). Ferner: Kap.15.3.(b).

77 Dazu: Kap.19.7.2.(c).; ebenso: Kap.19.8. und Kap.19.9.

78 (= § 17 Abs.5 S.1 Sen.-WO (= FN 60)) Diese defizitäre Regelung hat zur Folge, daß bis 1979 sämtliche StuPa-Wahlen u.a. wegen politisch einseitig zusammengesetzter studentischer Wahlausschüsse und damit verbundener gravierender Mängel in der Urnensicherung angefochten werden. Denn ein über das Siegelwachs und den Siegelstempel für den Urnenverschluß verfügender studentischer Wahlausschuß ohne interne Opposition kann damit, ohne äußere Anzeichen zu hinterlassen, nach eigenem Belieben ver- und entsiegeln, verbunden mit allen Konsequenzen für die objektive Sicherung der Wahlunterlagen [siehe dazu insbesondere: Kap.

(d) Inbezugnahme des § 22 Abs.1 KoWO vom 30.11.1972. Seit 1972 gilt i.V.m. § 14 Abs.8 StS bezüglich des Auszählungsmodus für die bei der Wahl abgegebenen Voten der § 22 Abs.1 KoWO: "Die Wahlurnen werden geöffnet, die Zahl der in die Urnen eingelegten Wahlumschläge wird mit der Zahl der nach dem Wählerverzeichnis und den vorliegenden Wahlscheinen abgegebenen Stimmen verglichen." Diese zwar etwas umständlich scheinende, nichtsdestoweniger aber sinnvolle, weil objektiv kontrollierende, formale Abgleichung unterläßt der 'undogmatisch-links' beherrschte studentische Wahlausschuß regelmäßig[79]: Die Wahlurnen werden geöffnet und sofort die Stimmzettel den Wahlumschlägen entnommen und die Stimmen ausgezählt; es werden folglich zuerst die Anzahlen der auf die kandidierenden Gruppen entfallenen Stimmen sowie Ungültige/Enthaltungen für die das Wahlergebnis erwartende, anwesende Öffentlichkeit bekanntgegeben; erst daran anschließend wird die Anzahl der laut Wählerverzeichnis abgegebenen Stimmen veröffentlicht (deren Authentizität zu diesem Zeitpunkt für Außenstehende nicht mehr nachvollziehbar ist und die dann tatsächlich kaum noch jemanden interessiert)[80]. - Über ein amtliches Interesse der Rechtsaufsichtsbehörde für die Gewährleistung des korrekten Modus der Stimmenauszählung - z.B. durch Anwesenheit während des Auszählverfahrens - ist nichts bekanntgeworden.

(e) Inbezugnahme des § 24 Abs.1, Abs.2 und Abs.4 KoWO vom 30.11.1972. Seit 1972 gilt i.V.m. § 14 Abs.4 StS für das förmliche Verfahren der amtlichen Wahldurchführung der § 24 KoWO: "Über die Verhandlungen des Wahlvorstandes (Wahlausschusses) und seine Beschlüsse sowie über die Wahlhandlung ... sind Niederschriften zu fertigen. Sie werden jeweils vom Vorsitzenden des Wahlvorstandes (Wahlausschusses) und vom Schriftführer unterzeichnet" (Abs.1). "Die Wahlniederschriften sollen insbesondere den Gang der Wahlhandlung aufzeichnen und besondere Vorkommnisse vermerken" (Abs.2)[81]. "Die Wahlniederschriften nebst Anlagen sind dem Wahlleiter zu übergeben" (Abs.4). Über die Anfertigung von Wahlniederschriften durch den studentischen Wahlausschuß ist bis zum Jahre 1980, mit einzelnen, unvollständigen Ausnahmen, in der Öffentlichkeit nichts bekanntgeworden[82], ebensowenig über ein

---

19.12.2.(b).; Kap.19.13.2.(a).; Kap.19.14.2.(b).]. - Eine effektive Verschlußmethode für die Wahlurnen normiert dagegen erstmals: § 14 Abs.12 i.V.m. § 14 Abs.2 StS v.23.10.1991 (= FN 139/140).

79 Siehe dazu beispielhaft: Kap.19.11.1.(f).; Kap.19.14.2.(d). Derartige Versäumnisse des Wahlorgans sind allerdings aus Unkenntnis nicht in jedem Falle angefochten und damit als Wahlfehler festgehalten worden. **Zur möglichen Erheblichkeit dieses Wahlfehlers** (mangelhafter Auszählmodus): BVerfGE **4**, 370 [374]. Die Unterlassung der Stimmenanzahlabgleichung begründet "eine Wahlfehlervermutung, die sich auf das gesamte Wahlbezirksergebnis erstrecken muß und schlechterdings nicht widerlegbar sein wird. ... Die Zählungen für die Kontrolle müssen, um objektiv zu sein, selbständig durchgeführt werden" (M.**Drath**, Das Wahlprüfungsrecht bei der Reichstagswahl, [jur.Diss.] Kiel 1927, S.82).

80 **Zur möglichen Erheblichkeit dieses Wahlfehlers** (Verdunkelung der korrekten Wahlbeteiligung): Durch die Vertauschung der korrekten Zählreihenfolge kann das Wahlorgan erreichen, daß möglicherweise auftretende Differenzen zwischen der Anzahl der ausgezählten Stimmen sowie der Anzahl der im Wählerverzeichnis markierten Wähler öffentlich nicht bekannt werden, denn in die Wählerverzeichnisse haben aufgrund der Geheimheit der Wahl lediglich die Mitglieder des Wahlorgans (sowie ggf. die Wahlhelfer in Ausübung ihrer weisungsgebundenen Tätigkeit) Einblick [zu letzterem: Kap.15.5.1.(c).]. Bei "vorsätzlichem Handeln ... ist der Verdacht, daß eine Wahlfälschung verschleiert werden soll, zu groß, als daß man ihn übersehen dürfte" (M.**Drath** (FN 79), S.82).

81 Im Einklang mit den entsprechenden Vorschriften des später in Kraft getretenen (Hessischen) Verwaltungsverfahrensgesetzes (insb. § 93 Hess.VwVfG (= FN IV.293)) sowie den Grundsätzen des streng formalisierten Wahlverfahrensrechts [dazu: Kap.13.2.2.].

82 Dieses Fehlen von Protokollen des studentischen Wahlausschusses erschwert das juristische Vorgehen gegen dessen Rechtsverstöße im Rahmen von Wahlanfechtungsverfahren erheblich: "Formvorschriften können ... Beweisfunktion und Warnfunktion haben." (M.**Rehbinder**, Rechtskenntnis, Rechtsbewußtsein und Rechtsethos, JRR **3**, S.25-46 (1972), S.40)

Einfordern der Unterlagen durch den Wahlleiter nach Abschluß des Wahlverfahrens oder ein Tätigwerden der Rechtsaufsichtsbehörde gegen dieses Unterlassen.

11.3. Das Paritätenurteil des Bundesverfassungsgerichts (BVerfG) vom 29.5.1973

Das Paritätenurteil[83] und die damit gebotenen Änderungen des Hessischen Hochschulrechts[84] entlasten mit der Neuordnung zugunsten der Statusgruppe der Professoren die Kollegialorgane der Gruppenuniversität weitgehend von ihrer systemfremden, politischen Fracht[85]. Diese verla-

---

83 BVerfGE **35**, 79. Zum hochschulpolitischen Konflikt um dieses Urteil siehe stellvertretend: DUZ **27**, S.489-500 (1973); studpol.3-4/1973 (Expertisen der relevanten Gruppen und Verbände); H.F.**Zacher**, Hochschulrecht und Verfassung (Schriften des Hochschulverbands **26**), Göttingen 1973.

Der Befriedungseffekt des Paritätenurteils. (a) Den Befriedungseffekt durch das Urteil stellt später beispielsweise der (damalige CDU-) Kultusminister Baden-Württembergs heraus: "Der Durchbruch, der meine Position wieder festigte, erfolgte am 29. Mai 1973, als das Bundesverfassungsgericht sein Urteil über die verfassungsgemäße Zusammensetzung der Entscheidungsgremien der Universitäten vorlegte. ... Ich konnte dies triumphierend verkünden, wodurch nicht nur diese Veranstaltung, sondern auch die Debatte über die Hochschul-Novelle 1973 positiv für mich verlief" (W.**Hahn**, Ich stehe dazu, Stuttgart 1981, S.220). Vgl. auch: "Vor allem die [BVerfG-]Entscheidung vom 29. Mai 1973 darf als der Beginn einer Entwicklung betrachtet werden, die die Wiederherstellung freiheitlicher Verhältnisse in den Universitäten begünstigt hat" (H.**Schiedermair**, Die deutsche Universitätsreform im Jahre 1983, in: FS für H.J.**Faller**, München 1984, S.217-248, S.241 [ähnlich: H.H.**Rupp**, Selbstverwaltung/Staatsverwaltung in der Gruppenuniversität, in: Symposion 'Gruppenuniversität', Bonn - Bad Godesberg 1981, S.121-136, S.130])

(b) A.A.: "Das Bundesverfassungsgericht hat mit dem Urteil v.29.5.1973 zur Mitbestimmung an den Hochschulen den Streit um die Hochschulreform entschieden, indem es den universitären Ansatz einer Hochschulreform rechtlich abwürgte" (G.**v.Schenck**, Das Hochschulrahmengesetz - Hochschulreform in der Gesellschaftskrise, Bonn-Bad Godesberg 1976, S.60); aus 'links'-dogmatischer Position: H.D.**Fangmann**, Das Karlsruher Hochschulurteil: Demokratisierungsverbot, DuR **1**, S.253-272 (1973).

84 Gesetz zur Änderung des Gesetzes über die Universitäten des Landes Hessen (Universitätsgesetz) v.11.9. 1974 (GVBl.I, S.403-422 (1974)), Art.1, insb. Nr.20, Nr.26, Nr.27, Nr.33.

Derart geändert wird: Gesetz über die Universitäten des Landes Hessen i.d.F. v.6.12.1974 (GVBl.I, S.604-624).

85 Bisherige Universitätskonflikte. (a) Politisierung der akademischen Selbstverwaltung: Den bislang teilweise vorherrschenden Zustand formuliert signifikant: "Die Reformgesetze der Länder, die den studentischen Protest in konstruktive Bahnen lenken sollten, indem sie studentischen Vertretern umfassende Mitbestimungsrechte einräumten, haben dieses Ziel bisher nicht erreicht. Im Gegenteil: Der totale Umbruch der inneren Organisation der Hochschulen, den sie herbeigeführt haben, wird nur allzu häufig von entschlossenen antidemokratischen Minderheiten ausgenutzt, um in den neuen Organen der 'demokratisierten' Hochschule Schlüsselpositionen zu besetzen, ihre Propagandisten als Tutoren anzustellen und ihre Kaderschulung mit öffentlichen Geldern zu finanzieren. ... Weit entfernt, sich durch die von den Reformgesetzgebern gebotene Chance konstruktiver Mitarbeit in unser Staats- und Gesellschaftssystem integrieren zu lassen, wie die Gesetzgeber es erwarteten, haben die revolutionären Gruppen die Eroberung von Positionen in den demokratisierten Gremien vielmehr systematisch als Mittel benutzt, um einzelne Fachbereiche oder ganze Hochschulen in Schulungs- und Propagandazentren für ihren Kampf gegen die freiheitliche Demokratie umzufunktionieren. Wenn auch im Zuge dieser Entwicklung die rein destruktive, sinnlose Gewalttätigkeit solcher Gruppen im Vergleich zu ihrem Höhepunkt von 1968/69 zurückgegangen ist, so haben sie doch auf die Anwendung von terroristischer Einschüchterung und Gewalt keineswegs grundsätzlich verzichtet: Sie wenden sie vielmehr weiterhin als zusätzliches Druckmittel an, wann immer ihre zahlenmäßige Vertretung in den neuen Gremien zur Durchsetzung ihrer Forderungen allein nicht ausreicht" (R.**Löwenthal**, Hochschule für die Demokratie, Köln 1971, S.11/33 [vgl. dazu auch bereits: FN 36(a) (Kap.10)]). Diese Einschätzung der hochschulpolitischen Zustände liegt im Jahre 1973 dem Entscheidungstenor der Senats-Mehrheit zugrunde (BVerfGE **35**, 79 [129/130]), während diese von der dissentierenden Minderheit des Senats eher angezweifelt wird (BVerfGE **35**, 79 [167/168]).

(b) Manipulationsversuche von Gremienwahlen: Exemplarisch dafür, welch hohen Stellenwert die studentische radikale 'Linke' den akademischen Selbstverwaltungsgremien zunächst beimißt, wird ein fachbereichsspezifischer Wahlrechtskonflikt an der Frankfurter Universität aufgeführt: "Am Mittwoch, dem 27.6.1973, beschloß die Vollversammlung der Fachbereiche Gesellschaftswissenschaften und Erziehungswissenschaften, die Fachbereichskonferenz-Wahlen in diesen Fachbereichen abzubrechen. ... Nach diesem Beschluß zogen alle Teilnehmer der Vollversammlung zum Wahllokal der Gesellschaftswissenschaftler, wo die Urnen aufgemacht wurden und ihr Inhalt verstreut wurde. Das gleiche geschah bei den Erziehungswissenschaftlern" (Vollversammlung bricht FBK-Wahlen ab, Flugblatt der Fachschaften Gesellschaftswissenschaften und Erziehungswissenschaften und des KSB v.28.6.1973). "Um eine erneute Sprengung der Wahlen zu verhindern, wird der Zen-

gert sich statt dessen auf die vom Urteil unberührt gebliebene Verfaßte Studentenschaft und ihre Institutionen. Eine nun an der Hochschule singuläre, rein politische Position der Verfaßten Studentenschaft macht diese in der Folgezeit zum begehrten Objekt nicht stets demokratische Kultur repräsentierender politischer Studentengruppen 'undogmatisch-linker' Provenienz. Weil der Erfolg dieses Begehrens immer aufs engste mit dem vorhergehenden Erfolg bei der StuPa-Wahl zusammenhängt, hätte von Staats wegen wenigstens ab diesem Zeitpunkt um so mehr zumindest für die Garantie rechtsstaatlich-demokratischer Wahlverfahren Sorge getragen werden müssen; dies ist aber in der Folgezeit in geradezu unverantwortlicher Weise unterblieben.

11.4. Die (rechtsaufsichtliche) 1.Änderung der StS vom 3.8.1977

Nach der bisher geltenden StS sind zwar die Studentenschaftswahlen ausnahmslos - also sowohl die Wahl des Studentenparlaments als auch der Fachschaftsräte - unter einer Reihe "unverzichtbarer Wahlgrundsätze (Urnen- und in der Regel Verhältniswahl, Möglichkeit der Briefwahl - s. § 41 Abs.3, § 39 HRG)"[86] durchzuführen. Die 'undogmatisch-linke' Mehrheit des Studentenparlaments bemüht sich demgegenüber jedoch weiter um die Einrichtung (für sie besser steuerbarer) rätedemokratischer Fachschafts-Vollversammlungen mit Beschlußkompetenz[87].

---

trale Wahlvorstand morgen die Durchführung der Wahl als Briefwahl zu beschließen versuchen. Abgesehen davon, daß Briefwahlen eine Entpolitisierung der gesamten Wahlprozedur bedeuten, wird die Briefwahl hier als taktisches Instrument der Uni-Bürokratie eingesetzt, um den Studenten den undemokratischen Wahlmodus aufzuzwingen; Briefwahlen kann man nicht sprengen" (Der Kampf um das Wahlrecht geht weiter, Flugblatt der Fachschaften Gesellschaftswissenschaften und Erziehungswissenschaften und des KSB v.15.10.1973). - Zur Chronologie dieses Wahlrechtskonflikts: Studenten müssen erneut wählen, in: Uni-Rep.4/1973, S.1; Die Wahl wurde abgebrochen, in: Uni-Rep.9/1973, S.3; Beschluß über die Fachbereichszugehörigkeit, in: Uni-Rep.2/ 1974, S.4/5; Studenten wählten in zwei Fachbereichen, in: Uni-Rep.5/1974, S.4 [zugleich das letzte Wahlergebnis an der Johann Wolfgang Goethe-Universität nach altem Recht].

86 Verfügung des Präsidenten H.-J.**Krupp** gegen die Studentenschaft, vertreten durch den AStA (Aufhebung von StuPa-Beschlüssen), v.16.6.1977 [Az.: 8.41.00/8.45.00], S.4.
Diese "unverzichtbaren Wahlgrundsätze" allein begründen in der folgenden Zeit allerdings in keinem Falle rechtsstaatliche Wahlverfahren: Die gravierendsten Manipulationen finden gerade in der Zeitperiode 1975-1980 statt [dazu: Kap.19.10. bis Kap.19.15.].

87 Die studentische Vollversammlung (VV). "Formal gesehen ist die sog. Verfaßte Studentenschaft eine bürgerliche Organisation politischer Vertretung mit Parlament (StuPa), Regierung (AStA), Ältestenrat, Wahlausschuß, pipapo. ... Eine direkte Kontrolle des AStA durch die Studenten ist dabei nicht eingeplant - alles schön repräsentativ -, auch wenn die linken ASten sich traditionell an Uni-VV-Beschlüsse gebunden fühlen, die sie meist aber selbst initiiert haben." (ASTA-info.1/1979, S.3). Im Zusammenhang mit der Verfechtung des Räteprinzips [dazu: FN 33 (Kap.10)] kommt den studentischen VVs allerdings zentrale politische Bedeutung zu [zu den Schwachpunkten bereits theoretisch: G.A.**Ritter** (FN 33), S.239; FN 32 (Kap.10)]:
(a) Es besteht erfahrungsgemäß eine hohe Wahrscheinlichkeit dafür, daß auf VVs im Gewande identitärer Demokratie 'links'-politisierte Mehrheiten erscheinen, und die politische Regie des 'dichotomen Mehrheitsprinzips' erzeugt dann bereits die 'richtigen' Entscheidungen. Sollte dies ausnahmsweise nicht eintreten, nutzen die 'linken' Akteure die Möglichkeit der systematischen Verzögerung, das geringe Ausharrungsvermögen politisch gemäßigter oder unpolitischer Studenten sich zu Diensten machend, des psychischen Drucks, bis hin zur direkten Gewaltanwendung gegen renitente, politisch unliebsame, d.h. 'rechte', Individuen, die dann mit Sicherheit auf keiner weiteren VV mehr erscheinen werden und damit erwünschtermaßen aus der Entscheidungen treffenden "Basis" ausscheiden: "'Teach-in' und 'Vollversammlung' waren ursprünglich gedacht als Mittel, die generell apolitische Haltung der Studentenschaft zu verändern und den Mißständen studentischer Politik im Sinne der Durchsetzung der Demokratie auch und gerade für den eigenen sozialen Bereich zu begegnen. ... Teach-in und Vollversammlung unterliegen immer wieder den Zwängen, die der Informationsstruktur unserer Gesellschaft angelastet werden. Sie sind, anders gesprochen, manipulative Akte, weit davon entfernt, echt aufklärerisch zu wirken. Den trügerischen Schein eines 'herrschaftsfreien Dialogs' verbreitend, haben sie den Konsumtionseffekt von Massenveranstaltungen verstärkt und überhaupt zur allgemeinen Aufhebung der Denkfähigkeit beigetragen. ... Wer mit den kritikübenden Wortführern übereinstimmt, befindet sich so bei der Mehrheit. Er ist in Sicherheit aufgehoben in der kritischen Masse. Und das institutionalisierte Geheimparadies der Politik findet auch seine Entsprechung auf dem Campus. Im Auditorium Maximum kann man alle und jede politische Forderung erheben, ohne je in die Gefahr zu geraten, die ausgestellten politischen Wechsel auch einmal einlösen

zu müssen. ... Die Methode etwa, unliebsame Redner durch Sprechchöre und rhythmisches Klatschen entweder zur Wut zu reizen oder aber zum Schweigen zu bringen, zeigt auch das bedenklich autoritäre und zugleich selbstgefällige Verhalten, nur den reden zu lassen, der auf 'Parteilinie' liegt und sich in allgemeiner Selbstbespiegelung übt." Vollversammlungen haben inzwischen die Funktion "des Aushöhlens des studentischen Parlamentarismus durch ein akklamatorisches Plebiszit. Das studentische 'Volk' wird hier zur Bestätigung von schon vorher vollzogenen Entscheidungen gedrängt, die Resolutionscharakter tragen ... Wer aber weiß, daß Resolutionen, zur rechten Zeit vorgetragen, mit nahezu automatischer Sicherheit auch durchgepaukt werden können, der mag sich ein Bild davon machen, wie es um den materiellen Gehalt studentischer Öffentlichkeit steht" (J.**Litten**, Eine verpaßte Revolution?, Hamburg 1969, S.40 ff). "Ein rationales Verfahren ist in Vollversammlungen kaum möglich. Der Aufwand zur Prüfung der Legitimation der Anwesenden ist erheblich und wird deshalb in der Regel gescheut, die Abwicklung der Wortmeldungen und die Sammlung von Stimmen stellt sich regelmässig als schwierig heraus. Vor allem sind Versammlungen leicht einer Emotionalisierung ausgesetzt, bei der die Minima der Rechtsstaatlichkeit, nämlich rationales Erwägen, fehlen" (W.**Thieme** (FN 1), S.716). - Vgl. dazu: FN I.24 (Kap.1) [Problem der Basisdemokratie]; FN II.212 (Kap.8) [Kollektivierung von Verantwortung].

Im starren Festhalten an der "Vollversammlungs-Demokratie" zeigte die 'Neue Linke' aber eine Nähe zur identitären Demokratietheorie von C.**Schmitt**: "**Schmitts** Demokratie des wirklich versammelten akklamierenden oder murrenden Volkes, seine unmittelbare Identität mit sich selbst, ist in dieser ins Absurde gesteigerten Radikalität nichts anderes als Ohnmacht des Volkes, das nur noch als Legitimationsgrund für die durch keine Vermittlung mehr rationalisierte Macht der politischen Eliten fungiert, denen akklamiert wird." (U.K.**Preuß**, Carl **Schmitt** und die Frankfurter Schule, GuG **13**, S.400-418 (1987), S.417). Auch: G.A.**Ritter** (FN 33), S.232.

(b) Im Falle der Johann Wolfgang Goethe-Universität zu Frankfurt am Main zeigen sich die Universitäts-Vollversammlungen (Uni-VVs) bis zum Jahre 1993 regelmäßig als Machtinstrument der 'Undogmatischen Linken':

Beispiel 1 (die politisch heterogene Vollversammlung): Die "Streikvollversammlung" der Fachschaften Mathematik und Physik lehnt am 21.1.1974 in einer formal korrekten Abstimmung (Kontrolle und Abzählung der Studentenausweise mittels Hammelsprungs) mit 443:309 Stimmen - mit ca. 50% der Stimmberechtigten die bei weitem höchste Beteiligung aller "Streik-VVs" - einen vom 'undogmatisch-linken' AStA proklamierten "Uni-Streik" ab (alle anderen VVs beschließen, wie erwartet, unter geringer Beteiligung - meist weniger als 5% der Abstimmungsberechtigten - und unkontrollierten Abstimmungsverfahren mit "überwältigender Mehrheit" den "Streik": Streik-Info Nr.2 v.22.1.1974, Streik-Info Nr.4 v.24.1.1974). Die unterlegene 'undogmatisch-linke' (gemeinsam mit der dogmatisch-'linken' maoistischen und realsozialistischen) Minderheit stellt schon drei Tage später fest: "Dies zeigt, daß wir an einer erneuten Entscheidung nicht vorbeikommen. Jetzt, wo die Bewegung für den aktiven Streik immer umfassender wird, müssen auch die Fachbereiche Mathe und Physik neu diskutieren ..." (Flugblatt der 'Aktionsgruppe Mathe/Physik' v.24.1.1974). Auf der nächsten "Streik-VV" am 29.1.1974 (d.h. bereits eine Woche später!) wird der Streik dann tatsächlich von ca. 200 Anwesenden mehrheitlich und ohne Legitimationsprüfung (nicht exakt ausgezählt, ca. 110:90 Stimmen) beschlossen, nachdem, als sie das Wort zum eigenartigen Verfahren ergreifen wollten, zwei "Reaktionäre" vom Podium geprügelt worden waren ("heruntergedrängt": 'q.e.d. - Zeitung des MSB Spartakus Sektion Mathe/Physik' v.8.2.1974) - einem 'reaktionären' Studenten wurde dabei die Nase blutig geschlagen.

Vgl. als weitere Beispiele: K.**Reumann**, Blick ins Innere: Berichte von der akademischen Front, Zürich 1975, S.34-37; J.**Pompetzki**, Leserbrief: Beobachtungen auf einer Vollversammlung, in: Uni-Rep.2/1977, S.2.

Beispiel 2 (die 'basisdemokratische' Vollversammlung): Am 14.6.1973 beschließt eine 'Uni-VV' auf Initiative maoistisch orientierter Studentengruppen mit 270:170 Stimmen (bei ca. 20.000 eingeschriebenen Studenten!) den Abbruch einer laufenden Urabstimmung über einen von diesen Studenten als gegenüber der Rechtsaufsichtsbehörde zu kompromißbereit empfundenen Satzungsentwurf der Studentenschaft ("Nein zur Kapitulationssatzung"), der von 'undogmatisch-linken' Studentengruppen maßgeblich erarbeitet und propagiert worden war. Diesen VV-Beschluß kassiert der 'undogmatisch-links' beherrschte Ältestenrat am 15.6.1973 unter in diesem Falle erstaunlich formalistischen, im sonst politisch üblichen Duktus als formalistische "Judifizierung der Politik" abqualifizierten Begründungen: "Ein Teil des Parlamentspräsidiums steht auf dem Standpunkt, daß auf Grund einer sogenannten Uni-VV am 14.6.1973 die Urabstimmung ausgesetzt werden sollte. Eine solche Aussetzung kann weder von dem für die Urabstimmung nicht verantwortlichen AStA noch vom Parlamentspräsidium vorgenommen werden, da die Urabstimmung rechtlich einwandfrei vom StuPa beschlossen wurde und nur durch einen gegenteiligen Beschluß rückgängig gemacht werden könnte. Diese demokratisch und politisch legitimierte Entscheidungsbefugnis kann nicht durch den Beschluß einer VV unterlaufen werden. Nach formalen, rechtlichen Kriterien existiert eine Uni-VV als Organ der Studentenschaft nicht. Sie kann demgemäß keine rechtlich relevanten und die Organe der Studentenschaft bindenden Beschlüsse fassen. ... Durch ein Votum von 270 Studenten soll ein demokratisches Verfahren, das, rechtlich abgesichert, Willensbildungsprozesse auf rationaler Ebene gewährleisten soll, außer Kraft gesetzt werden." (ÄR-Beschluß v.15.6.1973) - Andererseits kann eine 'Uni-VV' durchaus legitimiert sein, einen zuvor gefaßten StuPa-Beschluß aufzuheben, sofern dies den 'undogmatisch-linken' Machtträgern politisch genehm ist: Kap.19.12.1. (rechtswidrige Verschiebung eines Wahltermins); ferner: Beginn der vorliegenden FN 87.

Beispielhaft dafür sind satzungsändernde Beschlüsse des Studentenparlaments im WS 1976/ 1977[88]. Diese Beschlüsse hebt die universitäre Rechtsaufsichtsbehörde in Folge wegen offensichtlicher Rechtswidrigkeit auf: "Eine Fachschaftssatzung stellt für die Arbeit der studentischen Selbstverwaltungseinheit Fachschaft die wichtigste Rechtsgrundlage dar. Sie muß deshalb in ihrer rechtlichen Ausgestaltung für den Willen des Satzungsgebers repräsentativ sein ... Die bei Ausübung der Satzungsautonomie bestehende Notwendigkeit, daß die zu erlassende Satzung von einem möglichst breiten Willen der Mitglieder des Satzungsgebers getragen ist, kann nur erreicht werden, wenn die Mitglieder die Möglichkeit haben, ihr Mitbestimmungsrecht bei Erlaß der Satzung (Stimmrecht) auszuüben - unbeeinflußt auszuüben. Es muß gewährleistet sein, daß das Abstimmungsergebnis nicht zufällig oder manipulierbar, sondern nach einem geordneten, gesetzmäßigen Verfahren feststellbar ist. Diese Voraussetzung wäre nicht gegeben, wenn Fachschaftssatzungen auf Vollversammlungen beschlossen werden könnten. Dasselbe gilt auch für Fachschaftswahlordnungen. ... Berücksichtigt man die Relation des Fassungsvermögens der vorhandenen Hörsäle zu der Anzahl der Stimmberechtigten einer Fachschaft, dann zeigt sich, daß für eine rechtlich relevante Mitgliederzahl der Fachschaft tatsächlich nicht die Möglichkeit der Stimmabgabe besteht. ... Aber auch das Stimmrecht der Studenten, die in der Vollversammlung Platz finden, wird willkürlich eingeschränkt, wenn sie lediglich die Chance erhalten, innerhalb einer kurzen Zeitspanne am Ende der Vollversammlung durch Handzeichen (also nicht geheim) ihre Stimme abzugeben."[89] Die Rechtsaufsichtsbehörde vollzieht nach erfolgloser Androhung in Ersatzvornahme die 1.Änderung der StS[90]. In der Folgezeit ist *keine einzige* Fachschaftssatzung oder -Wahlordnung, i.a. wegen offensichtlicher Rechtswidrigkeit, auf die damit geforderte demokratische Art rechtmäßig in Kraft getreten[91].

Beipiel 3 (die politisch homogene Vollversammlung): Das größte Wohlwollen des 'undogmatisch-linken' AStAs besitzt stets die Uni-VV als Teil der 'undogmatisch-linken' Szene; die Machtträger vereinen sich hier für kurze Zeit mit ihrer Basis, die sich als gesamte Studentenschaft darstellt: "'Ich bin ein bißchen nervös, weil ich noch nie vor so vielen Leuten geredet habe.' Schüchtern und mit brüchiger Stimme spricht der junge Mann ins Mikrophon, das er mit beiden Händen fest umklammert. Dennoch ist ein leichtes Zittern unübersehbar. Fast tausend Menschen schauen auf ihn, und er weiß, daß jedes falsche Wort mit peinigendem Gelächter oder unflätigen Zwischenrufen bestraft wird. Doch kaum ist das offene Bekenntnis von Selbstzweifel und eigener Unzulänglichkeit ausgesprochen, prasselt schon der Beifall aus dem vollbesetzten Auditorium. Mit traumwandlerischer Sicherheit hat er gleich zu Beginn das richtige Wort gefunden. Nun kann nichts mehr schiefgehen. Mit dem Basis-Codewort der neuen Offenheit - 'Ich steh' zu meinem Problem' - hat er die Stimmung im Saal getroffen. Er ist kein Promi, nicht einmal ein kleiner Lokalmatador oder wenigstens einer vom AStA, sondern ein Teil jener Basis, die in seiner Unsicherheit sich selbst erkennt und darum befreit in die Hände klatscht." (R.**Mohr**, Zaungäste - Die Generation, die nach der Revolte kam, 2.Aufl. Frankfurt/M 1992, S.75 [R.**Mohr** ist 'undogmatisch-linker' AStA-Vorsitzender v.1979-1980; zu dessen (damaligem) Demokratieverständnis beachte die von ihm als AStA-Vorsitzendem zu verantwortenden Begründungen zu den Widersprüchen gegen ein durch rechtsaufsichtliche Ersatzvornahme erlassenes, minderheitenschützendes Kreationsverfahren des studentischen Wahlausschusses: Kap.17.3.4.; ferner: FN V.394, FN V.396 (Kap.19.15.).])

88 StuPa-Prot. v.17.2.1977, TOP 6a [abgedruckt in Anhang 2 (A.2.10.)].
Beachte zur Problematik der Wahlen auf Vollversammlungen exemplarisch: FN 32 (Kap.10). Beachte ferner in diesem Zusammenhang: FN I.24 (Kap.1) [Basisdemokratie]; FN 22 (Kap.10) [Urabstimmung].

89 Androhung der Ersatzvornahme (gem. § 38 Abs.1 S.1 i.V.m. § 35 HHG) gegen den AStA v.4.4.1977 [Az.: 8.41.00/8.45.00], S.5 ff.
Siehe zur Art der Argumentation gegen ausschließlich auf Vollversammlungen durchgeführte Wahlen auch bereits eine Entscheidung des VG Frankfurt: FN 52 (Kap.10). - Zur Gegenargumentation: FN 32 (Kap.10).

90 1.Änderung der vorläufigen Satzung der Studentenschaft der Johann Wolfgang Goethe-Universität Frankfurt am Main v.3.8.1977 (StAnz, S.1645 (1977)) [abgedruckt in Anhang 2 (A.2.11.)]

91 Der Satzungskonflikt mit der Fachschaft Chemie. Eine Ausnahme liefert in diesem Zusammenhang das Schicksal eines Satzungsentwurfs der Frankfurter Fachschaft Chemie: Gem. § 21 Abs.5 StS legt die Fachschaft Chemie am 30.6.1978 dem StuPa einen Satzungs-Entwurf (zusammen mit einem WO-Entwurf) vor, der zuvor in einer dreitägigen, geheimen Urabstimmung v.8.-10.5.1978 von der Mehrheit der abstimmenden Chemiestu-

11.5. Das Hochschulrahmengesetz (HRG) vom 26.1.1976 und die Anpassung des Hessischen Hochschulgesetzes (HHG) vom 6.6.1978

Seit dem Jahre 1969 verfügt mit einer Ergänzung des Grundgesetzes[92] der Bundestag über die Rahmengesetzgebungskompetenz für "die allgemeinen Grundsätze des Hochschulwesens" (Art.75 Nr.1a GG). Der Bundesgesetzgeber macht aufgrund politischer Kontroversen erst 1976 Gebrauch von dieser neuen Kompetenz mit der Verabschiedung des Hochschulrahmengesetzes[93]. Für die Studentenschaftswahlen von Belang ist darin die erstmals gesetzliche Normierung eines Teils der demokratischen *Wahlrechtsgrundsätze* (§ 39 i.V.m. § 41 Abs.3 HRG) im Rahmen einer Verhältniswahl (§ 39 HRG), ferner die erstmals auftauchende *Gleichzeitigkeitsklausel* (§ 41 Abs.3 HRG), nach der die Studentenschaftswahlen grundsätzlich zur selben Zeit wie die Hochschulwahlen durchgeführt werden "sollen", das StuPa also sein bisheriges Recht auf eigenständige Festlegung der zentralen Termine für Studentenschaftswahlen verliert[94];

---

denten gebilligt worden ist (§ 21 Abs.3 StS). Dieser Satzungsentwurf ist zwar sowohl formal als auch materiell rechtmäßig; er ist jedoch der 'undogmatisch-linken' Mehrheit politisch mißliebig: "N.**Weidl** und T.**Jahn** (AStA) erklären, daß der Entwurf auf wesentliche Positionen, die die Studentenschaft sich erkämpft habe, verzichte. Der § 3 schränke den Aufgabenbereich der Fachschaft auf 'hochschulpolitische Interessen' ein, verzichte somit auf das allgemeine politische Mandat. In § 5 Abs.7 würden die Rechte der Vollversammlung beschnitten, Basisdemokratie abgebaut. Durch den Verzicht auf diese Rechte würden künftige Entwürfe anderer Fachbereiche negativ präjudiziert, und es ergäben sich große Disharmonien innerhalb der Uni-Fachbereichssatzungen, da die meisten Fachbereiche auf diese essentiellen Rechte der Studentenschaft nicht verzichten werden." Auf Antrag der 'linken' StuPa-Mehrheit werden die Entwürfe mit +14/-3 Stimmen "an den Fachbereich zurückverwiesen" (StuPa-Prot. v.30.6.1978, TOP 6). [Anschließend werden die sich an der rechtswidrigen AStA-Mustersatzung und -WO (abgedruckt in: ASTA-info.4/1976, S.3-8) orientierenden Satzungs- und WO-Entwürfe der Fachschaften Ost- und außereuropäische Sprach- und Kulturwissenschaften sowie Sport/Polytechnik, für die keine Urabstimmung vorliegt, diskussionslos mehrheitlich angenommen (StuPa-Prot. v.30.6.1978, TOP 6).] - Die Chemiker-Satzung wird nochmals am 30.11.1979 dem StuPa vorgelegt, kritisiert ("sie hält sich voll im Rahmen des HHG"), und sie bleibt "wegen sachlicher und politischer Unklarheiten" wiederum unentschieden, d.h. sie erlangt keine Rechtskraft (StuPa-Prot. v.30.11.1979, TOP 6). [Anschließend wird der rechtswidrigen Satzung der Fachschaft Medizin mehrheitlich die Zustimmung erteilt (StuPa-Prot. v.30.11.1979, TOP 9).] - Dieser Fall ist symptomatisch für die liquidatorische Behandlung politisch unerwünschter "Basis"-Aktivitäten durch die 'undogmatisch-linke' Mehrheit des Studentenparlaments.

92 22.Änderungsgesetz zum GG v.12.5.1969 (BGBl.I, S.363 (1969))

93 Hochschulrahmengesetz (HRG) v.26.1.1976 (BGBl.I, S.185-216 (1976)).
Die in Anhang 2 (A.2.12.) aufgeführten Wahlrechtsnormen gelten bis heute [August 1997]; lediglich in § 39 HRG wird später durch das 3.HRGÄndG v.14.11.1985 (BGBl.I, S.2090-2098 (1985)) nach Satz 1 eingefügt werden: "Von der Verhältniswahl kann insbesondere abgesehen werden, wenn wegen einer überschaubaren Zahl von Wahlberechtigten in einer Mitgliedergruppe oder in einem nach Landesrecht gebildeten Wahlbereich die Mehrheitswahl angemessen ist."

(a) Die Reaktionen zum verabschiedeten HRG sind unterschiedlich: Eher zustimmend die 'bürgerliche' Seite: W.**Thieme**, Das Hochschulrahmengesetz, WissR **9**, S.193-221 (1976). - Kritik kommt vor allem von 'linker' Seite: Aus 'links'-sozialdemokratischer Sicht: G.**v.Schenck** (FN 85); aus maoistischer Sicht: Kommunistischer Studentenverband (Hrsg.), Die formierte Universität - Hochschulreform in der BRD und Westberlin, Köln 1977; aus realsozialistischer (DKP-orientierter) Sicht: U.**Bracht**/B.**Hülsmann**/D.**Keiner**, Hochschulrahmengesetz, Hochschulpolitik und Klassenauseinandersetzungen in der BRD, Köln 1977; B.**Landefeld**/H.**Lederer**/S.**Lehndorff**, Der Streik, Dortmund 1978; aus 'undogmatisch-linker' Sicht: R.**Müller**, Entstehungsgeschichte des Hochschulrahmengesetzes, pol.Diss. [bei J.**Hirsch**/E.**Becker**] Univ.Frankfurt/M 1982 - alle diese Abhandlungen kranken an einem Mangel juristischer Präzision zugunsten politisch-ideologischer Gesellschaftsanalysen.

(b) Das HRG wird zunächst [nach 1970] unter dem Leitgedanken der "Demokratisierung" der Hochschulen entwickelt: BT-Drs. VI/1873 (v.25.2.1971); BR-Drs. 689/70 (v.18.12.1970); ferner: E.**Denninger**, Das Hochschulrahmengesetz -Kernstück einer Bildungsreform?, Frankfurt/M 1972; W.**Maihofer** [Bundesminister für Bildung und Wissenschaft], Demokratisierung der Universität?, DUZ **27**, S.674-678 (1973); studpol 5-7/1972 (HRG: Synopse - Stellungnahmen - Dokumente); für weitere Lit.: O.F.**Wiegand**, Hochschulreform-Hochschulgesetzgebung-Studienreform in der Bundesrepublik Deutschland - Eine Literaturübersicht, Kiel 1971, S.59-71.

94 Diese in die Autonomie der Studentenschaft eingreifende Normierung ist im Hinblick auf die bisher übliche jährliche Wahl des StuPas (§ 7 Abs.2 StS v.10.11.1972 (= FN 56)) sinnvoll im Zusammenhang mit § 15 Abs.3 HHG v.6.6.1978 (= FN 95), wonach die Studentenvertreter in den Kollegialorganen ebenfalls jährlich zu wäh-

gesetzlich wird erstmals die Möglichkeit der *Briefwahl* vorgeschrieben (§ 39 i.V.m. § 41 Abs.3 HRG); studentische Mandatsträger besitzen das freie Mandat (§ 37 Abs.2 HRG).

Gemäß § 72 Abs.1 HRG ist auch das Hessische Hochschulrecht bis zum 26.1.1979 an das Rahmengesetz anzupassen. Fristgerecht erfolgt die Neufassung des Hessischen Hochschulgesetzes mit seiner Verabschiedung im Hessischen Landtag am 6.6.1978[95]. Das Landesgesetz schreibt erstmals die *obligatorische Briefwahl* vor, d.h. die unaufgeforderte Zusendung der Briefwahlunterlagen von Amts wegen an alle Wahlberechtigten (§ 15 Abs.1 HHG)[96] - die Ein-

len sind (abweichend von der bis dahin gültigen Regelung des § 14 Abs.3 HUG v.12.5.1970 (= FN 35): "Die Amtszeit der Mitglieder des Konvents beträgt zwei Jahre."). Siehe aber auch nachfolgend: FN 107.

(a) Ungleichzeitigikeit des Wahlendes. Aufgrund der unterschiedlichen Dauer der Urnenwahl für Studentenschafts- und Hochschulwahlen (Studentenschaftswahl drei Tage (§ 14 Abs.2 StS); Hochschulwahl zwei Tage (Beschluß des Zentralen Wahlvorstands gem. § 6 i.V.m. § 3 Abs.3 KoWO v.23.1.1980 (= FN 113)) konnten 1981 und 1982 die Hochschulwahlen einen Tag vor den Studentenschaftswahlen enden, während des letzten Urnenwahltags der StuPa-Wahl wurden bereits die Ergebnisse der Konventswahl bekannt. [Für die Wahlen im SS 1980: Kap.19.15.1.(f).] Beachte zur Problematik der geschilderten Situation: "Die Veröffentlichung von Ergebnissen von Wählerbefragungen nach der Stimmabgabe über den Inhalt der Wahlentscheidung ist vor Ablauf der Wahlzeit unzulässig." (§ 32 Abs.2 BWahlG (= FN IV.30)) - Seit 1983 enden StuPa- und Konventswahl am selben Tag. [Zu den Unterscheidungsmerkmalen von Studentenschafts- und Hochschulwahlen: Kap.14.2.]

(b) Die Effektivitätsreduzierung für Wahlanfechtungen aufgrund der Gleichzeitigkeitsklausel. Die Gleichzeitigkeitsklausel fixiert die Termine der Hauptwahl für Studentenschaftswahlen auf Jahresabstand, orientiert an der für alle Statusgruppen durchzuführenden Konventswahl. Wird eine Hauptwahl der Studentenschaft erfolgreich angefochten, so kann die notwendige Wiederholungswahl (aufgrund der zwingend einzuhaltenden Fristen) grundsätzlich nur im darauffolgenden Semester abgehalten werden. Wird diese Wiederholungswahl erneut erfolgreich angefochten, so würde die damit notwendige weitere Wiederholungswahl bereits mit der nächstfolgenden Hauptwahl zusammenfallen [als Beispiel dafür: Kap.19.25.3.], mithin diese Wahlanfechtung bereits strukturell partiell leerlaufen. Dasselbe gilt für Nachwahlen.

95 **(Drittes) Hessisches Hochschulgesetz** (Hochschulgesetz -HHG-) v.6.6.1978 (GVBl.I, S.319-347 (1978)) [auszugsweise abgedruckt in Anhang 2 (A.2.13.)]. - Die späteren Änderungen des dritten HHG - v.10.10.1980 (GVBl.I, S.391-392 (1980)), v.28.8.1986 (GVBl.I, S.253-260 (1986), Art.1 Nr.10), v.28.10.1987 (GVBl.I, S.181-192 (1987), Art.1), v.18.10.1989 (GVBl.I, S.270-274 (1989), Art.2), v.5.2.1992 (GVBl.I, S.66-70 (1992), Art.16), v.17.6.1992 (GVBl.I, S.233-294 (1992), § 188), v.23.3.1994 (GVBl.I, S.159 (1994)) und die Neufassung v.28.3.1995 (GVBl.I, S.293-324 (1995)) - berühren keine der hier maßgeblichen Wahlrechtsnormen. [Vgl. aber: FN II.20(a) (Kap.5).] - Allgemein (für Wahlrechtsfragen unergiebig): H.**Avenarius**, Hochschulen und Reformgesetzgebung - Zur Anpassung der Länderhochschulgesetze an das HRG, Berlin 1979.

96 **Die obligatorische Briefwahl. (a) Die grundsätzliche Rechtmäßigkeit der obligatorischen Briefwahl:** Die Norm des § 15 Abs.1 HHG (= FN 95) steht in Einklang mit der inzwischen an der Frankfurter Universität eingerichteten Durchführung der Konventswahlen als "ausschließliche Briefwahl", d.h. ohne Möglichkeit der Urnenwahl [erstmals v.4.-18.6.1975: Uni-Rep.5/1975, S.5; danach v.14.-28.6.1977: Uni-Rep.4/1977, S.4; danach v.5.6.-19.6.1979: Uni-Rep.5/1979, S.3 - dazu: § 16 Abs.1 KoWO v.24.1.1979 (= FN 69)]. Zur Rechtswidrigkeit dieses Wahlverfahrens ohne Möglichkeit der Urnenwahl: Kap.12.1.(b). (bei FN 113); zu grundsätzlichen Schwächen der obligatorischen Briefwahl nachfolgend: FN 172, FN 173, FN 174 (Kap.12).

(b) Die Verlängerung des Wahlverfahrens durch die obligatorische Briefwahl. Die Einführung der obligatorischen Briefwahl verlängert das gesamte Wahlverfahren um ca. fünf Wochen: ca. 2,5 Wochen für das Versandfertigmachen der amtlich zuzusendenden Briefwahlunterlagen; 2 Wochen für die individuelle Rücksendung der (ausgefüllten) Briefwahlunterlagen; ca. 0,5 Wochen für die Herstellung der Wählerverzeichnisse für die Urnenwahl (im Falle anschließender Urnenwahl). Diese zeitliche Verlängerung fällt angesichts einer ca. 13 Wochen dauernden Vorlesungszeit, in der das gesamte Wahlverfahren durchzuführen ist, stark ins Gewicht.

(c) Eine politische Motivation für die Einführung der obligatorischen Briefwahl. Offiziell begründet wird die Einführung der Norm des § 15 Abs.1 HHG mit dem § 39 S.3 HRG (= FN 93), wonach "durch die Regelung des Wahlverfahrens ... die Voraussetzungen für eine möglichst hohe Wahlbeteiligung zu schaffen" sind. In diesem Sinne argumentiert z.B. auch der studentische RCDS: "Alle Wahlen sollen als Briefwahlen durchgeführt werden, was sich besonders an den Massenuniversitäten als dringlich erweist" (G.**Langguth**, Hochschulreform in der Krise, München/Wien 1972, S.35); "Ein fälschungssicheres Wahlrecht, das zugleich eine hohe Wahlbeteiligung sichert, ist die Briefwahl. ... Die hohe Wahlbeteiligung ergab ein starkes Ansteigen der demokratischen Gruppen. Die linksradikalen Gruppierungen erreichten zusammen nur ein Drittel der Sitze" (P.**Hintze**, Überlegungen zur Hochschulreform, in: G.**Langguth**/P.**Hintze** (Hrsg.), Bildungsrefrom konkret, München 1973, S.175-203, S.195/196). Für das letztendliche Scheitern der Begründung erwartbarer signifikant höherer Wahlbeteiligung vgl. aber nachfolgend: FN 171 (Kap.12).

richtung ergänzender Urnenwahl wird hierdurch nicht ausgeschlossen); es normiert ferner erstmals institutionalisierten Minderheitenschutz in der Wahl des Wahlprüfungsorgans Ältestenrat (§ 65 Abs.3 HHG)[97]. Ein *Teil* der demokratischen Wahlrechtsgrundsätze (Freiheit, Gleichheit, Geheimheit) wird erstmals für Studentenschaftswahlen explizit normiert (§ 65 Abs.3 HHG)[98]; der defizitäre alte § 29 Abs.4 Nr.1 HHG, der studentisches Wahlrecht im wesentlichen als reines Satzungsrecht und somit als Selbstverwaltungsangelegenheit normiert, wird wörtlich in den neuen § 66 Abs.4 Nr.1 HHG übernommen[99], wobei aber wenigstens das Satzungsgebungs-

---

Die 'undogmatische Linke' an der Hochschule vermutet (wohl zu Recht) ohnehin andere, politische Motive für die Einführung dieses Wahlverfahrens: "Die Wahl zu den studentischen Organen wird als Briefwahl von der Universitätsbürokratie durchgeführt mit der politischen Begründung, damit andere Mehrheiten schaffen zu wollen" (Zur Verabschiedung eines Ermächtigungsgesetzes, in: ASTA-info. SS 1978, S.24). "Denn der Zwang, dem Bestehenden genüge zu tun, ist unter Bedingungen der Vereinzelung und materieller Notwendigkeiten sehr wirksam. Auf die Wirkung dieser erzwungenen Anpassung, die schon in den Schulen trainiert wird, setzte z.B. Hessens Kultusminister H.**Krollmann**, wenn er bei der Neufassung der Hessischen Hochschulgesetze die 'schweigende, graue Masse' bei der StuPa-Wahl durch Brief-Wahl mobilisieren will, um die linken Mehrheiten zu beseitigen (so war vor drei Jahren explizit die Begründung dieses Herrn)" (N.**Weidl**, Das Modell Hannover, in: diskus 5/1980, S.8-10, S.10). - Ähnlich auch von 'links'-dogmatischer Seite: "Doch dies [die normative Einschränkung studentischer Mitbestimmung in Forschungs- und Berufungsangelegenheiten, P.K.] ist der CDU/ CSU nicht 'sicher', nicht 'frei' und 'rechtsstaatlich' genug. Sie ... hofft, durch die Einführung von Briefwahlen den 'entschiedenen Demokraten' vom RCDS zu einem größeren Sitzanteil in den Kollegialorganen zu verhelfen." (Stellungnahme des SHB zum gegenwärtigen Stand der Diskussion um das Hochschulrahmengesetz, in: studpol 5-7/1972, S.162-165, S.164); "Briefwahlen sind undemokratisch, denn sie reißen 'Wahlkampf', d.h. die politische Debatte über Ziele der Arbeit in den entsprechenden Gremien, und Wahlentscheidung auseinander, bedeuten eine weitere Bürokratisierung des Wahlverfahrens und einen weiteren Schritt weg von der direkten und unmittelbaren Wahl auf Vollversammlungen. ... Damit sollen die Wahlen entpolitisiert werden, um letztlich den Einfluß der studentischen Reaktion zu stärken, die bei einem offenen Wahlkampf das Licht der Öffentlichkeit scheut. ... Die fortschrittlichen Studenten sind deshalb prinzipiell gegen Briefwahlen und werden sie stets bekämpfen." (Aufruf zur FBK-Wahl (der Fachbereiche 3 und 4), Flugblatt des KSB Frankfurt v.5.2.1974)

97 Mit dem Inkrafttreten des VwVfG v.25.5.1976 (= FN IV.295 [in bis heute unveränderter Fassung]) findet dessen kluge, minderheitenfreundliche Regelung des § 92 Abs.3 VwVfG- "Sind mehrere gleichartige Wahlstellen zu besetzen, so ist nach dem Höchstzahlverfahren von d'Hondt zu wählen, außer wenn einstimmig etwas anderes beschlossen worden ist." - an dieser Stelle erstmals Eingang in das Studentenschaftsrecht. Diese Regelung zeichnet sich vor zunächst näherliegenden minderheitenschützenden Stimmenquorumsregelungen [etwa: 3/4-Mehrheit - siehe dazu: 3.Änd.StS v.16.4.1980 (= FN 121), § 14 Abs.1 S.2] durch ihre Konstruktivität aus: sie ist stets durchführbar. Sie alleine schützt hingegen nicht vor der Abdrängung mißliebiger Parlamentarier aus dem Abstimmungsverfahren durch die Mehrheit [als Beispiel für mögliche Konsequenzen nachfolgend: FN 133 (Kap.12)]; diesen Schutz kann im Falle einer Wahl durch das Parlament ausschließlich ein zusätzlich wirkendes, geeignet hohes Anwesenheitsquorum sichern.

98 Vom oberflächlichen Umgang der staatlichen Legislative mit dem Studentenschaftswahlrecht sprechen hier: **(i)** Daß nicht sämtliche fünf Wahlrechtsgrundsätze aufgezählt worden sind, macht von der Wahlrechtssystematik her keinen Sinn [dazu: Kap.14.1.1.(b).]. **(ii)** Daß zum Nachweis der Wahlberechtigung für die Urnenwahl die Vorlage der Wahlbenachrichtigung zwingend erforderlich ist (§ 16 Abs.4 HHG), bedeutet eine völlig unpraktikable Übernormierung [zur Rechtswidrigkeit dieser Norm: FN 123 (Kap.12)]: Nur wenige studentische Wahlberechtigte bewahren ihre postalisch zugestellte Wahlbenachrichtigungskarte nach Erhalt ca. zwei Monate bis zur Urnenwahl auf. - Zur Sicherung des Wahlrechts der Wahlberechtigten (d.h. der ins Wählerverzeichnis Eingetragenen, die sich nicht an der Briefwahl beteiligt haben) geht der studentische Wahlausschuß - normwidrig, aber unbeanstandet - dazu über, an den Urnen für die Wähler vom Kanzler der Universität als Wahlleiter hergestellte Duplikate der Wahlbenachrichtigungskarten auszugeben. Das obligatorische, eigenhändige Ausfüllen dieser Duplikate an der Wahlurne durch den Wähler selbst (Name, Anschrift, Unterschrift) bewirkt allerdings eine erhebliche Erschwerung potentieller 'expliziter Wahlmanipulationen' durch einzelne, unzuverlässige Wahlhelfer. [Zu derartigen Möglichkeiten beispielsweise: Kap.19.12.4.; Kap.19.12.5.]

99 Hierbei handelt es sich um ein typisches Beispiel für das Versagen des Gesetzgebers angesichts offensichtlicher Fehlentwicklungen, hervorgerufen durch unzureichend positivierte (Wahlrechts)Normen. Daß dies durchaus auch anders möglich gewesen wäre, zeigt:

Der Entzug der Normsetzungskompetenz im Wahlrecht für die Studentenschaft. (a) § 41 (Zweites) HHG v.12.5.1970 (= FN 35) für die neu einzurichtenden Kollegialorgane der Gruppenuniversität: "Der Kultusminister erläßt durch Rechtsverordnung die Wahlordnungen für die nach diesem Gesetz erstmals zu bildenden

verfahren selbst verbessert wird (§ 66 Abs.2, 3 HHG); das HHG eliminiert erstmals alle Formen identitärer Demokratie: es schließt implizit jeglichen Organcharakter von Vollversammlungen aus (§ 65 Abs.1 HHG), Urabstimmungen werden nicht mehr erwähnt (z.B. § 66 HHG).

11.6. Die (rechtsaufsichtliche) 2.Änderung der StS vom 5.4.1979

Die Neufassung des HHG erfordert die Angleichung des untergesetzlichen studentischen Satzungsrechts; die Studentenschaft bleibt auch nach Androhung einer diesbezüglichen Ersatzvornahme durch die untere Rechtsaufsichtbehörde untätig. Die damit unumgänglich gewordene rechtsaufsichtlich verfügte 2.Änderung der StS[100] soll es "ermöglichen, Studentenparlaments- und Fachschaftswahlen auf rechtlich einwandfreier Grundlage im Sommersemester 1979 gemeinsam mit den Wahlen der Kollegialorgane der Universität durchzuführen"[101], sie gleicht

---

Organe und Gremien." [Dazu beispielhaft: Wahlordnung für die Wahlen zum Konvent der Universitäten v.14.10.1970 (GVBl.I, S.692-699 (1970)); Sen.-WO v.3.11.1971 (= FN 60).]
(b) § 77 Abs.7 NRW.WissHG v.20.11.1979 (NRW.GVBl.A, S.926-962 (1979)): "Die Grundsätze des Wahlverfahrens und der Verwaltungshilfe durch die Hochschulverwaltung kann der Minister für Wissenschaft und Forschung durch Rechtsverordnung im Benehmen mit dem Ausschuß für Wissenschaft und Forschung des Landtags regeln." [Dazu beipielhaft: Verordnung über die Grundsätze des Wahlverfahrens und der Verwaltungshilfe für die Wahl der Studentenparlamente, Fachschaftsvertretungen und Fachschaftsräte an den wissenschaftlichen Hochschulen, Gesamthochschulen und Fachhochschulen des Landes Nordrhein-Westfalen v.12.6. 1978 (NRW.GVBl.A, S.247-250 (1978)) mit der 1.Änd.VO v.30.3.1979 (NRW.GVBl.A, S.125 (1979)), 2.Änd. VO v.13.12.1979 (NRW.GVBl.A, S.1016 (1979)).] Diese Regelung wird allerdings später wieder außer Kraft gesetzt mit dem 4.Gesetz zur Änderung des Gesetzes über die wissenschaftlichen Hochschulen des Landes Nordrhein-Westfalen v.20.10.1987 (NRW.GVBl.A, S.366-389 (1987)), bis zur heute gültigen Fassung v.6.12. 1991 (NRW.GVBl.A, S.518 (1991)). Beachte ferner, als Verordnungs-WO:
(c) Vorläufige Wahlordnung für die Wahl der Studentenparlamente und Fachschaftsräte an den wissenschaftlichen Hochschulen einschließlich Gesamthochschulen und an den Fachhochschulen des Landes Nordrhein-Westfalen v.1.9.1978 (NRW.GVBl.A, S.506-509 (1978)). Unter diesen Bedingungen beachtenswert bleibt, daß es sich in der Zeit der Rechtsgeltung dieser WO mit NRW um dasjenige Bundesland mit den häufigsten politischen Wechseln in den ASten seiner Universitäten handelt - ein Indiz für die tendenzielle Sauberkeit dieser Studentenschaftswahlen in der angesprochenen Zeit. - A.A.: K.D.**Deumeland**, Komm. § 41 Abs.2 HRG, in: ders., Hochschulrahmengesetz (Komm.), Baden-Baden 1979, S.103.
(d) § 48 Abs.5 Berl.HG v.13.11.1986 (Berl.GVBl., S.1771-1795 (1986)): "Das für Hochschulen zuständige Mitglied des Senats wird ermächtigt, unter Beachtung von § 39 des Hochschulrahmengesetzes durch Rechtsverordnung Regelungen über die Ausübung des aktiven und passiven Wahlrechts, über Nachrücker und Stellvertreter, Fristen sowie Grundsätze zur Durchführung der Wahlen an den Hochschulen, einschließlich der Wahlen in den Studentenschaften, zu erlassen. Näheres kann die Wahlordnung regeln, die ... für die Wahlen in den Studentenschaften vom Studentenparlament, erlassen wird." [Dazu: Verordnung über das Wahlrecht an den Hochschulen des Landes Berlin (Hochschul-Wahlrechtsverordnung-HWahlVO) v.5.11.1987 (Berl.GVBl., S.2590-2594 (1987)).] Diese Regelung wird mit § 48 Abs.4 Berl.HG v.12.10.1990 (= FN II.5) teilweise wieder zurückgenommen: "Die für die Hochschulen zuständige Senatsverwaltung erläßt durch Rechtsverordnung Grundsätze über die Durchführung der personalisierten Verhältniswahl und über die Ausübung des aktiven und passiven Wahlrechts. Die Hochschulen regeln die organisatorische Durchführung der Wahlen in eigenen Wahlordnungen." [Dazu: Verordnung über die Grundsätze des Wahlrechts an den Hochschulen des Landes Berlin (Hochschul-Wahl-Grundsätze-Verordnung - HWGVO) v.3.4.1992 (Berl.GVBl., S.117-118 (1992))]
100 2.Änderung der vorläufigen Satzung der Studentenschaft der Johann Wolfgang Goethe-Universität Frankfurt am Main v.5.4.1979 (StAnz, S.892-893 (1979)) [auszugsweise abgedruckt in Anhang 2 (A.2.14.)]
101 Androhung der Ersatzvornahme am 9.1.1979 [Az.: 8.41.00/8.43.00/8.45.00], S.1.
Erlaß der Ersatzvornahme am 2.3.1979 [Az.: 8.41.00/8.43.00/8.45.00]. - Zuvor hatte der 'undogmatisch-linke' AStA nochmals vergeblich versucht, durch Modifikation der bislang präferierten Mustersatzung und -WO [in: ASTA-info.4/1976, S.3-8] mittels einer "Mustersatzung-Fachschaft" [in: ASTA-info. v.30.11.1978, S.7; auch: Zur Fachschaftsfrage, S.6] die "Fachschaftsvollversammlung" (§ 8 ff) sowie die "Urabstimmung" (§ 5 ff) für die Fachschaften juristisch zu retten. Gemäß den HHG-Vorgaben wurde ergänzend eine völlig anomische "Wahlordnung" publiziert, die noch dazu [rechtswidrig, weil die Fachschaftsräte "politisch-parlamentarisch" interpretierend: Kap.14.2.1. (FN IV.86)] ein Kandidatenquorum von fünf Personen für jede kandidierende Liste bei maximal neun zu vergebenden Mandaten festlegte (§§ 6, 2 WO) - erfahrungsgemäß gestaltete sich nämlich für politisch gemäßigte Studentengruppen die Kandidatensuche viel schwieriger als für extrem 'linke'.

im wesentlichen aber nur die Wahlrechtsbestimmungen der StS an die Normen des HHG an (§§ 14, 25 StS): danach müssen erstmals im Sommersemester 1979 StuPa und Fachschaftsräte mittels 'obligatorischer Briefwahl', möglicherweise mit anschließender Urnenwahl, durchgeführt werden (§ 14 Abs.2 StS); die bisherigen Fristen werden denen des Briefwahlverfahrens nach der gültigen KoWO angepaßt[102]; ferner erfolgt erstmals seit 1972 wieder eine exakte Inbezugnahme der gültigen Konvents-Wahlordnung (§ 14 Abs.8 StS)[103] - dabei bleibt es allerdings unverständlich, warum, unter dem Eindruck fortdauernder Rechtsverstöße gegen WO-Normen, die Rechtsaufsicht sich wiederum nicht entschließen kann, im Zuge der Rechtsklarheit die o.a. Regelungen endlich explizit und systematisch eingeordnet in die StS einzufügen[104]. - Die ersten nach dieser neuen StS durchgeführten StuPa-Wahlen werden wegen behaupteter gravierender Wahlrechtsverstöße wiederum angefochten[105], weil die bisherigen Schwachpunkte im zugrunde liegenden Wahlrecht nach wie vor nicht behoben worden sind.
Die 2.Änderung der StS beseitigt *nicht* sämtliche Normkollisionen mit dem höherrangigen Recht des HHG; eine weitere konkludente Beseitigung erfolgt, ergänzend, aber immer noch unvollständig[106], mit der rechtsaufsichtlich erlassenen 4.Änderung der StS acht (!) Jahre später. Auch diese 2.Änderung zeigt in ihrer Systematik erneut das teilweise fahrlässige Arbeiten der universitären Rechtsaufsichtsbehörde[107].

Kap.12 Die rechtsstaatlich-demokratische Konsolidierung des Studentenschaftswahlrechts (1980-1994)

Diese Zeitperiode zeichnet sich aus durch eine, wenn auch unvollständige, effektive Verdichtung des Studentenschaftswahlrechts mit Satzungs- und Ordnungscharakter (unter Ausnahme des Wahlprüfungsrechts). Die adäquate Verdichtung ist nicht allein das Ergebnis studentischer

---

102 Beim Zeitpunkt des "Briefwahlschlusses" handelt es sich um den zentralen Bezugspunkt für alle Fristen der Hochschulwahlen der im § 14 Abs.8 2.Änd.StS (= FN 100) in Bezug genommenen KoWO. Er ist identisch mit dem Termin des Briefwahlschlusses für die Studentenschaftswahlen (§ 14 Abs.2 StS). Sinnvoll wäre die Angleichung <u>aller</u> dieser Fristen für Hochschul- und Studentenschaftswahlen durch Inbezugnahme auf die <u>jeweils gültige</u> KoWO gewesen: Im Zuge der vorgeschriebenen Gleichzeitigkeit von Studentenschafts- und Hochschulwahlen (§ 7 Abs.1 StS) werden nämlich bezüglich dieser Fristen mit entsprechender Änderung der KoWO Diskrepanzen auftreten, die im äußersten Falle die Fristen der StS außer Kraft setzen und damit wahlrechtliche Unklarheiten schaffen. [Beachte in diesem Zusammenhang: FN 63.]

103 KoWO v.24.1.1979 (= FN 69).
Auch in diesem Fall erscheinen die Inbezugnahmen teilweise nicht wohl durchdacht, womit sich einige der früheren Kritikpunkte [dazu: FN 63] wiederholen. Die Mehrfachnennung zentraler Normierungen trägt - abgesehen von der unklaren Systematik des gesamten Wahlteils - weiteres zur Unübersichtlichkeit bei [z.B.: § 7 Abs.2 StS erscheint nochmals in § 2 Abs.1 KoWO, der durch § 14 Abs.8 StS in Bezug genommen wird]; andere, wesentliche Normierungen der KoWO fehlen dagegen in der Inbezugnahme, insbesondere § 13 Abs.3 KoWO: "Jede Vorschlagsliste ist durch eine Bezeichnung zu kennzeichnen ... Die Kennzeichnung darf keine Irreführung hinsichtlich der Zugehörigkeit zu bestehenden hochschulpolitischen Gruppierungen enthalten." [Dieser Tatbestand wird in den folgenden StuPa-Wahlen vor allem unter dem Gesichtspunkt von 'Tarnlisten' Gewicht erhalten: Kap.19.14.2.(c).; Kap.19.15.1.(a).; Kap.19.17.; Kap.19.27.1.; Kap.19.29.2.; Kap.19.30.2.]

104 Siehe aber andererseits später: FN 142 (Kap.12).

105 Dazu detaillierter: Kap.19.14.2.

106 Beispiel: Unterlassene Anpassung des § 19 Abs.3 StS (= FN 100) an § 65 Abs.3 HHG (= FN 95)

107 Beispiel: Die bisherige StS (= FN 90) sah in ihrer logischen Systematik gleiche (starre) Amtszeiten für StuPa (§§ 7 Abs.2, 13 Abs.2 StS), AStA (§ 17 Abs.1 StS) und Ältestenrat vor (§ 19 Abs.2 StS). Mit der 2.Änd.StS (= FN 100) werden die Amtszeiten von StuPa und AStA der Gleichzeitigkeitsklausel (§ 41 Abs.3 HHG (= FN 95)) variabel angepaßt; die bisherige starre Amtszeit des Ältestenrats bleibt, entgegen der neuen Systematik, aber bestehen.

Satzungsgebung; sie muß in Teilen zunächst der universitären Rechtsaufsichtsbehörde in energie- und zeitzehrenden Verhandlungen abgerungen werden. Gleichzeitig versucht die 'undogmatisch-linke' AStA-Mehrheit (meist erfolglos), die demokratisch selbstverständlichen Neuerungen mittels verwaltungsgerichtlicher Widersprüche rückgängig zu machen. Dabei zeigt sich als ein argumentativer Schwachpunkt der staatlichen Stellen (Antragsgegner), daß die Aufsichtsbehörde das zuvor selbst rechtsaufsichtlich gesetzte Satzungsrecht ohne gesetzesändernden Anlaß wiederum durch rechtsaufsichtlichen Eingriff zu verändern trachtet. Die Qualität der 'wesentlichen Wahlfehler', mit denen die Studentenschaftswahlen auch weiterhin behaftet sind, verschiebt sich fortan, entsprechend den verbesserten institutionalisierten Kontrollmöglichkeiten, von den *expliziten Wahlmanipulationen* hin zu den *impliziten Wahlmanipulationen*.

12.1. Die (rechtsaufsichtliche) 3.Änderung der StS vom 16.4.1980

Nachdem mit der StuPa-Wahl 1979, die erstmals "als Urnenwahl mit der Möglichkeit der Briefwahl" (§ 14 Abs.2 StS) durchgeführt wird, die fünfte Wahl hintereinander angefochten worden ist, weil ein politisch einseitig zusammengesetzter studentischer Wahlausschuß sich - größtenteils wiederholt - gravierendster Verstöße gegen die demokratischen Wahlrechtsgrundsätze, geltende Wahlrechtsnormen und andere rechtsstaatlich-demokratische Verfahrensgrundsätze schuldig gemacht hat[108], zeigt sich die universitäre Rechtsaufsichtsbehörde bereit, nunmehr das Notwendige zu veranlassen. Dieser Schritt erfolgt weniger aus einer Einsicht in die rechtsstaatliche Pflicht der Aufsichtsbehörde zur Garantie korrekter Wahldurchführung durch die repräsentativ eingerichtete Selbstverwaltungskörperschaft als vielmehr aus hochschulpolitischen und arbeitsökonomischen Erwägungen: Zum einen ist der Universitätspräsident im Hinblick auf seine Politik des positiven Imagegewinns für die Hochschule in der Öffentlichkeit[109] an einer raschen Beendigung der studentischen Wahlrechtskonflikte interessiert. Zum andern decken die fortdauernden Rechtsaufsichtsbeschwerden in Wahlprüfungsverfahren gegen erstinstanzliche, im Sinne der AStA-Mehrheit politisch motivierte Ältestenrats-Entscheidungen sowie die Art von deren Zustandekommen (gemäß § 18 Abs.1 StS) bei der zuständigen universitären Rechtsaufsichtsbehörde (gemäß § 20 Abs.3 StS) letztere regelmäßig mit unerwünschter, umfangreicher Arbeit ein. Vor allem zur Abwendung dieses Übels erklärt sich die zuständige universitäre Rechtsabteilung in internen Vorverhandlungen[110] schließlich bereit, den wichtigsten der Verhinderung von Wahlmanipulationen dienenden Änderungsvorschlägen der studentischen Wahlanfechter mit einer erneuten Aufforderung an die Studentenschaft zur gewünschten Änderung der StS zu entsprechen. Als juristische Begründung für das (dritte) rechtsaufsichtliche Tätigwerden gegen die Studentenschaft wird zweierlei angegeben[111]:

---

108 Siehe dazu detaillierter: Kap.19.14. - Zur Aufschlüsselung der wiederholt aufgetretenen Wahlfehler: Kap. 17.3.3. (parteiische Besetzung des Wahlorgans); Kap.19: FN V.338 (Umstellung einer Wahlurne); FN V.346 (Bruch des Wahlgeheimnisses); FN V.351 (amtliche Wahlwerbung); FN V.355 (parteiische Besetzung der Wahlhelferstellen); FN V.358 (mangelhafte Urnensicherung); FN V.360 (rechtswidrige Listenreihung); FN V.366 (Einschränkung der Öffentlichkeit); FN V.372 (rechtswidriger Prüfungsmaßstab).

109 Siehe dazu: FN II.47(a) (Kap.5).

110 Zur heute nicht mehr unüblichen inoffiziellen Abklärung einer Behörde mit beteiligten Interessengruppen vor Erlaß des Verwaltungsakts oder einer Allgemeinverfügung siehe nur: W.**Zeh**, Einfluß und Rückfluß: Implementation über beteiligte Interessen, in: J.W.**Falter**/C.**Fenner**/M.T.**Greven**, Politische Willensbildung und Interessenvermittlung, Opladen 1984, S.277-289, insb. S.279 ff.

111 Androhung der Ersatzvornahme am 23.1.1980 [Az.: 8.43.00/8.41.00], S.7 (Ziffer 1c): Erlaß der Ersatzvornahme, wegen Dringlichkeit unter Sofortvollzug, durch den Präsidenten H.**Kelm** am 28.2.1980 [Az.: 8.41.00/ 8.43.00/8.45.00]. [Vgl. auch später: Neue Ordnung gegen Wahlanfechtungen, in: Uni-Rep.5/1980, S.1.]

(a) Unkorrekte Zusammensetzung des studentischen Wahlausschusses (§ 14 Abs.1 StS). Im Hinblick auf die erneut angefochtene StuPa-Wahl weist die Rechtsaufsichtsbehörde die Studentenschaft (vertreten durch den AStA) auf die Unhaltbarkeit der Unternormierung des bisherigen Satzungsrechts hin, betreffend die Kreation des studentischen Wahlausschusses: "Unter Berücksichtigung der Tatsache, daß die Wahlausschüsse die alleinige Verantwortung für die ordnungsgemäße Vorbereitung und Durchführung von Wahlen haben, ist das Vertrauen der Wähler in die unparteiliche Wahrnehmung dieser Durchführungs- und Kontrollfunktion durch die Wahlausschüsse unerläßlich. Ist ein Wahlausschuß ausschließlich mit Mitgliedern einer Partei bzw. einer politischen Gruppe besetzt, dann wird das Vertrauen in die Korrektheit des Wahlverfahrens zwangsläufig erheblich gemindert, wodurch letztlich Wahlanfechtungen geradezu herausgefordert werden."[112]

(b) Rechtswidrigkeit der ausschließlichen Briefwahl (§ 14 Abs.2 StS). Eine neuerliche Anpassung der StS an geltendes Recht wird aus einem anderen Grund notwendig: Zu Beginn des Jahres 1980 ergeht ein Urteil des Hessischen Verwaltungsgerichtshofs[113] im auf Initiative des AStAs der TH Darmstadt angestrengten Normenkontrollverfahren über die Kollision niederrangiger universitärer WO-Normen[114] mit den demokratischen Wahlrechtsgrundsätzen der freien, gleichen und geheimen Wahl[115]. Konkret wünschte der Antragsteller, für Hochschulwahlen die Rechtswidrigkeit der "Einführung der Briefwahl als Regel und der Urnenwahl als Ausnahme"[116] festzustellen. Der erkennende VI.Senat des Gerichts bestätigt zunächst grundsätzlich die Rechtmäßigkeit des angegriffenen Verfahrens: "Die ohne Antrag vorgenommene, automatische Zusendung der Briefwahlunterlagen verstößt ... nicht gegen höherrangige Wahlgrundsätze, insbesondere auch nicht gegen die Grundsätze einer freien, gleichen und geheimen Wahl."[117] Der Senat stellt darüber hinausgehend allerdings fest, daß alle Wahlverfahren, die de

---

112 Schriftsatz der Rechtsaufsichtsbehörde v.12.9.1979 [Az.: 8.40.20].
Die Aufforderung der Rechtsaufsichtsbehörde an die Studentenschaft, dafür Sorge zu tragen, daß der studentische Wahlausschuß gemäß dem Kräfteverhältnis der im Studentenparlament vertretenen Gruppen (d.h. 'repräsentativ') besetzt wird, um so "das Vertrauen der Wähler in die ordnungsgemäße Durchführung der Studentenparlamentswahlen" wiederherzustellen, wird von der 'undogmatisch-linken' Mehrheit des Parlaments unter einer bemerkenswerten Begründung zurückgewiesen: "Der AStA weist darauf hin, daß die Praxis bisher bereits die geforderte sei - Wahlausschuß nach parlamentarischer Mehrheit besetzt, deshalb keine Neuregelung nötig, wir sollten die enthaltenen Anschuldigungen zurückweisen" (mit +13/-7 Stimmen angenommen: StuPa-Prot. v.19.10.1979, S.4). "Zusatzantrag: ... Den Präsidenten geht unsere Satzung nichts an." (mit +12/-4 Stimmen angenommen: StuPa-Prot.(s.o.)) - Zur politisch einseitigen Besetzung des Wahlausschusses detaillierter: Kap. 17.3.3.; zum rechtsstaatlich-korrekten Besetzungsverfahren ('gleichmäßige Besetzung'): Kap.17.2.1.

113 Hess.VGH, E.v.14.1.1980 [Az.: VI N 1/79], veröffentlicht vom AStA der TH Darmstadt.
Aufgrund dieses Urteils werden anschließend geändert: **(i)** die §§ 15 Abs.1, 16 Abs.4, 65 Abs.3 HHG durch: Gesetz zur Änderung des Hessischen Hochschulgesetzes v.10.10.1980 (= FN 95); **(ii)** § 16 Abs.1 KoWO durch: Änderung der Wahlordnung zum Konvent, zu den Fachbereichsräten sowie anderen Gremien der Johann Wolfgang Goethe-Universität in Frankfurt am Main v.23.1.1980 (ABl.HMWK **33**, S.114-116 (1980)).

114 Angegriffen werden die die ausschließliche Briefwahl normierenden §§ 2 Abs.1, 20 Abs.1, 27 WO-THD (Wahlordnung der Technischen Hochschule (TH) Darmstadt v.28.3.1979 (ABl.HMWK **32**, S.214-221 (1979))). - Zur Genesis dieser Wahlordnung (Erlaß in Ersatzvornahme): F.**Stieler** (FN 48), S.107/108.

115 so normiert in: § 39 HRG (= FN 93), § 15 Abs.1 HHG (= FN 95)

116 VGHE v.14.1.1980 (= FN 113), S.4 [amtl.Umdr.].
Dahingehend wird nämlich die streitbefangene Norm interpretiert: "Die Wahl wird als Briefwahl mit nachfolgender Urnenwahl durchgeführt." (§ 2 Abs.1 S.2 WO-THD (= FN 114))
Die politische Intention dieses juristischen Antrags entspricht der ablehnenden Haltung zur obligatorischen Briefwahl an den Hochschulen durch die studentische 'Linke' in dieser Zeit [paradigmatisch für die Frankfurter Universität: FN 96(a) (Kap.11); FN V.317, FN V.381 (Kap.19)]. Zu grundsätzlichen strukturellen Schwächen der Briefwahl: Kap.12 (am Ende); Kap.15.5.1.(b).

117 VGHE v.14.1.1980 (= FN 113), S.11 [amtl.Umdr.].

facto einer *ausschließlichen* Briefwahl gleichkommen, als aus strukturellen Gründen gegen die Wahlrechtsgrundsätze der Allgemeinheit und Gleichheit verstoßend rechtswidrig sind: "Die mit der Zustellung der Briefwahlunterlagen an die wahlberechtigten Mitglieder der Hochschulen - und hier insbesondere an die häufig ihre Wohnsitze verändernden Studenten - verbundenen Gefahren sind es aber vor allem, die zu der Auffassung des Senates führen, daß die ohne Antrag vorgenommene, automatische Zusendung der Briefwahlunterlagen an alle Wahlberechtigten nur hingenommen werden kann, wenn die Wahlberechtigten sich frei und ohne jede Beschränkung für eine Abgabe ihrer Stimme an der Urne entscheiden können"[118]. Von dieser Entscheidung ist auch der bisherige § 14 Abs.2 StS berührt, der in einer Kann-Bestimmung ausschließliche Briefwahl des StuPas zuläßt[119].

- Die politische Gegenleistung von seiten der studentischen Anfechter ist die Tolerierung der Herausnahme der Rechtsaufsicht über das körperschaftliche Wahlprüfungsverfahren (§ 20 Abs.3 StS)[120]. Die 3.Änderung der StS[121] betrifft somit vor allem die Wahlrechts-Normen des

---

Bachte zur möglichen Gefährdung des Wahlrechtsgrundsatzes der Geheimheit bei Briefwahlen: Kap.15.5.1.(b).

118 VGHE v.14.1.1980 (= FN 113), S.15/16 [amtl.Umdr.]

119 Die für Hochschulwahlen entwickelte Argumentation des Hess.VGH ist offensichtlich ohne Einschränkungen ebenso für die "politisch-parlamentarischen" StuPa-Wahlen anzuwenden.

120 Die Rechtswidrigkeit einer Herausnahme des studentischen Wahlprüfungsverfahrens aus der Rechtsaufsichtsmaterie. Die Einfügung dieser Norm mag in der Form ihrer Begründung für die Ersatzvornahme scheinbar Sinn machen: "Durch die ... vorgesehene Einfügung in § 20 Abs.3 StS wird die Möglichkeit der Rechtsaufsichtsbeschwerde und der weiteren Rechtsaufsichtsbeschwerde bei Entscheidungen des Ältestenrats über Wahlanfechtungen genommen. Es steht einem Studenten, der die Wahl angefochten hat, somit bei dieser Regelung frei, unmittelbar nach der Entscheidung des Ältestenrats eine gerichtliche und damit endgültige Klärung über die Wahlanfechtung herbeizuführen" (Androhung der Ersatzvornahme v.23.1.1980 (FN 111), S.6/7). Dagegen ist einzuwenden:

(a) Die dann schließlich rechtsaufsichtlich positivierte Norm (§ 20 Abs.3 StS) paßt nicht zur o.g. vorherigen Begründung für eine schnelle Erreichung des Gerichts im Wahlprüfungsverfahren, weil weiterhin die "Rechtsaufsichtsbeschwerde beim Hessischen Kultusminister gegeben" sein soll - ein zusätzlicher Anhaltspunkt für die wahre, völlig andere Motivation zur Aufnahme dieser Neuregelung.

(b) Die o.g. Begründung ist abwegig: Es handelt sich bei der Rechtsaufsichtsbehörde um keine Instanz des Wahlprüfungsverfahrens [dazu: Kap.16.4.2.]; der gerichtsförmige Teil des Wahlprüfungsverfahrens beginnt - unabhängig von der rechtsaufsichtlichen Kontrolle der Selbstverwaltungskörperschaft Verfaßte Studentenschaft - mit der zweiten Instanz, also direkt nach der ÄR-Entscheidung. Davon unabhängig kann die Anrufung der Aufsichtsbehörde zusätzlich oder alternativ erfolgen [vgl. dazu: Kap.16.7.4.(b).].

(c) Die StS regelt die Angelegenheiten der Studentenschaft, nicht diejenigen der Rechtsaufsichtsbehörde (deren Angelegenheiten regelt Gesetzesrecht). Dementsprechend liegt es nicht in der Kompetenz der Rechtsaufsichtsbehörde als Teil der Exekutive, in Form eines Verwaltungsakts (Ersatzvornahme) an Stelle des studentischen Satzungsgebers in die Befugnisse der Legislative einzutreten.

(d) Die Norm widerspricht evident höherrangigem Recht: "Die Studentenschaft untersteht der Rechtsaufsicht der Leitung der Hochschule und der zuständigen Landesbehörde" (§ 41 Abs.2 HRG). Auch Studentenschaftswahlen sind Studentenschaftshandeln, und die untere Rechtsaufsichtsbehörde ist nicht befugt, sich selbst eigenmächtig eines Teils der ihr gesetzlich auferlegten Rechtsaufsichtspflichten zu entledigen. Es widerspricht im übrigen dem dem Selbstverwaltungsprinzip innewohnenden universalen Rechtsstaatsgedanken, der sich auch in staatlicher Aufsichtspflicht konkretisiert [dazu: Kap.13.3.2.].

- Erstaunlich bleibt angesichts dieser juristischen Fakten schließlich die Genehmigung des Hessischen Kultusministers als oberster Rechtsaufsichtsbehörde. [Inzwischen ist das HMWK von dieser Auffassung abgerückt: "Nach § 69 Abs.3 letzter Satz bleibt § 72 HHG unberührt. Das bedeutet, daß auch in Wahlangelegenheiten die rechtsaufsichtlichen Bestimmungen des Hochschulgesetzes über die Studentenschaft uneingeschränkt Anwendung finden." (Schriftsatz des HMWK an die Frankfurter Studentenschaft v.2.12.1992 über die Versagung der Genehmigung der StS v.31.1.1992 (= FN 5) gem. § 21 Abs.2 Nr.2 HHG [Az.: H II 4.2-433/23(1) -96-], S.3)]

121 3.Änderung der vorläufigen Satzung der Studentenschaft der Johann Wolfgang Goethe-Universität Frankfurt am Main v.16.4.1980 (StAnz, S.731-732/S.987 (1980)) [auszugsweise abgedruckt in Anhang 2 (A.2.15.)]. In diesem Falle kann erneut davon ausgegangen werden, daß die der rechtsaufsichtlichen Satzungsänderung zugrunde gelegen habenden teilweise jahrelangen, offensichtlichen und gravierenden Wahlrechtsverletzungen am Frankfurter Fachbereich Rechtswissenschaft keinerlei Interesse zu wecken oder gar Reaktionen hervorzu-

§ 14 StS: Sicherung von Minderheitenschutz bei der Kreation des studentischen Wahlausschusses (Abs.1 S.2), Institutionalisierung von Minderheitenschutz bei der Einsetzung der Wahlhelfer (Abs.1 S.3 ff, Abs.4 S.3)[122], Sicherungen gegen unbefugte Stimmabgabe an der Wahlurne (Abs.4)[123], gesicherte Beteiligung der Minderheit bei der Bearbeitung der Briefwahlunterlagen zur Vorbereitung der Urnenwahl (Abs.8 S.2)[124].

Gegen die den bisherigen Wirkungsbereich des 'dichotomen Mehrheitsprinzips' einschränkenden und Minderheitenschutz in der Durchführung studentischer Wahlverfahren institutionell ausprägenden Neuregelungen, nämlich

(i) § 14 Abs.1 S.2 StS (*pluralistisch-repräsentativ besetzter Wahlausschuß*);

(ii) § 14 Abs.1 S.3 ff StS (*pluralistisch-repräsentative Wahlhelfer-Nomination*);

wendet sich nach Erlaß der ("im öffentlichen Interesse" aufgrund geltend gemachter Dringlichkeit sofort vollziehbaren) Ersatzvornahme bezeichnenderweise der hier formal die Studentenschaft, de facto die 'undogmatisch-linke' Mehrheit des Studentenparlaments vertretende AStA im Wege eines Eilverfahrens vor dem Verwaltungsgericht Frankfurt unter abwegigen Begründungen[125]. Mit der dadurch erzwungenen Eilentscheidung der erkennenden 5. (Hochschul-) Kammer des Gerichts[126] bleibt die zunächst weitertragende Norm (i) in Kraft, für (ii) wird die durch den AStA-Widerspruch begehrte aufschiebende Wirkung wiederhergestellt, so daß diese Norm zunächst nicht in Kraft treten kann. Die anschließende pluralistische Besetzung des studentischen Wahlausschusses gemäß (i) ermöglicht im folgenden aber auch die pluralistische Nominierung der Wahlhelferpositionen in der durch (ii) intendierten Form bis zur Neuformulierung in der Studentenschaftssatzung im Jahre 1994.

---

rufen vermochten [vgl. dazu bereits: FN 0.20; FN 0.22 (Einl.); FN 33(d) (Kap.10)]. Dies wird implizit auch bestätigt durch: "Bei den Satzungen der Studentenschaften [nämlich u.a.: FN 100 (Kap.11); FN 121, P.K.] hat es sich jeweils um Änderungen zu bereits bestehenden und umfassenden Satzungen gehandelt. Die Besonderheit dieser Änderungen bestand darin, daß sie nicht von der Studentenschaft beschlossen, sondern jeweils vom Präsidenten der Universität im Wege der Ersatzvornahme nach §§ 72 Abs.1, 19 Abs.3 S.2 HHG erlassen wurden. ... Allerdings müssen dabei die besonderen Voraussetzungen für deren Zulässigkeit berücksichtigt werden. Neben den gesetzlichen Voraussetzungen müßte durch anhaltende rechtswidrige Untätigkeit die Funktionsfähigkeit der Studentenschaften ernsthaft gefährdet gewesen sein. Aus den veröffentlichten Genehmigungen geht nicht hervor, ob die vorgenannten Voraussetzungen erfüllt waren." (F.**Stieler** (FN 48), S.109 [F.**Stieler** promovierte 1985 an der Johann Wolfgang Goethe-Universität zu Frankfurt am Main bei E.**Denninger**, einem der "Väter der Gruppenuniversität" [dazu: FN 34 (Kap.10); FN II.4 (Kap.5)], der seinem Doktoranden zu o.g. hochschulpolitischem Sachverhalt offensichtlich keinerlei Angaben machen konnte.])

122 Hier hat der (ersatzweise) Satzungsgeber das von den studentischen Anfechtern aufgrund praktischer Erfahrung vorgeschlagene Verfahren nicht verstanden: Die erlassene Norm (§ 14 Abs.1, S.3 bis 5 StS) macht expressis verbis keinen Sinn. [Für eine korrekte Fassung erstmals: § 18 Abs.1 WO v.15.7.1992 (= FN 5(b)), anschließend wörtlich übernommen in: § 23 Abs.2 StS v.22.2.1994 (= FN 168). Diese Fassung kommt dem bestmöglichen Prinzip der 'gleichmäßigen Besetzung' des Wahlorgans [dazu: Kap.17.2.1.] recht nahe.]

123 Diese Norm ("Vorlage und Abgabe der Wahlbenachrichtigung" als Voraussetzung für die Wahlberechtigung an der Urne) widerspricht der VGHE v.14.1.1980 (= FN 113): Denn genauso, wie durch Mängel im Zustellverfahren eine maßgebliche Gruppe von Wahlberechtigten keine Briefwahlunterlagen erhalten und sich somit unverschuldet nicht an der Briefwahl beteiligen kann [vgl. dazu: FN 118], wird weitgehend dieselbe Gruppe anschließend auch keine postalisch zugestellte Wahlbenachrichtigung erhalten, die sie dergestalt auch weder an der Urne vorlegen noch dort abgeben kann und folglich grundsätzlich des aktiven Wahlrechts an der Urne verlustig gehen muß. - Hierbei handelt es sich nicht um eine rein akademische Diskussion: FN 151.

124 Diese Norm ist in der positivierten Form allerdings geeignet, im Falle gezielten Mißbrauchs durch ein Wahlausschuß-Mitglied die Durchführung des gesamten Wahlverfahrens in Gefahr zu bringen.

125 Erstmals mit Widerspruchsschreiben v.27.2.1980 gegen die Androhung der Ersatzvornahme v.23.1.1980 (FN 111). Siehe zu den Begründungen im einzelnen: Kap.17.3.4.
Zu den definierenden Kriterien des 'dichotomen Mehrheitsprinzips': Kap.3.1.

126 VG Frankfurt/Main, E.v.22.4.1980 [Az.: V/2 H 2057/80], unveröffentlicht

12.2. Die (rechtsaufsichtliche) 4.Änderung der StS vom 16.9.1987

Anläßlich der legislativen Änderungen im Kompetenzbereich des HHG[127] fordert die universitäre (untere) Rechtsaufsichtsbehörde die Studentenschaft wiederholt zur Anpassung der StS an die gültige Gesetzeslage auf. Nach weiterer Untätigkeit erläßt der Präsident als Rechtsaufsichtsbehörde die 4.Änderung der StS[128] im Wege der Ersatzvornahme.
Hierin wird zunächst vollzogen die Herausnahme sämtlicher Regelungen über Urabstimmungen[129] als Anpassung an das HHG vom 15.6.1978 - es erstaunt doch sehr, daß die Rechtsaufsichtsbehörde dafür fast zehn Jahre Zeit benötigt! Aber selbst die formale Anpassung der StS an das (alte) HHG ist damit immer noch nicht vollständig erfolgt[130]. Darüber hinaus wird, der neuen Rechtslage entsprechend, angeordnet die ersatzlose Herausnahme *sämtlicher* bisheriger Regelungen über Satzungsänderungen[131]; diese standen nämlich im Widerspruch zum geltenden § 66 Abs. 5 HHG (vom 15.6.1978). Es kann allerdings nicht der Rechtsklarheit dienen, statt dessen nicht wenigstens einen Hinweis auf diese o.g. geltende neue Gesetzesnorm in die Satzung aufzunehmen. Auch dies zeigt die Unbekümmertheit, mit der die universitäre Rechtsaufsichtsbehörde mitunter unsachgemäße Entscheidungen trifft, die völlig an der wesentlich durch Rechtsbruch geprägten Realität der Verfaßten Studentenschaft vorbeizielen.
- Jedenfalls hat sich die Behörde aber offensichtlich derart verausgabt, daß sie die neuen Änderungen der Kompetenzzuweisung nicht auch noch zusätzlich veranlassen kann: Die betroffenen §§ 20 Abs.3, 26 StS bleiben unverändert.

12.3. Die (rechtsaufsichtliche) 5.Änderung der StS vom 6.8.1991

Die bis zu diesem Zeitpunkt positivierten Wahlrechtsnormen reichen zunächst aus, potentielle Manipulationsenergien der jeweiligen politischen Mehrheit des Studentenparlaments bei Studentenschaftswahlen zu bändigen - auch die präsidiale Rechtsabteilung der Universität bleibt in Folge tatsächlich fast acht Jahre vom Befassen mit der ungeliebten Materie des studentischen Wahlrechts verschont. Seit 1988 versucht die wiedererrichtete 'undogmatisch-linke' Mehrheit im Subsystem[132] erneut, die Existenz der immer noch zahlreich vorhandenen Wahlrechtslücken in der StS mittels willkürlicher Normauslegungen in ihrem Sinne parteiisch zu instrumentalisieren: Dies bezieht sich sowohl auf den Kreationsakt[133] als auch auf die Arbeitsverfahren[134] des

127 Zweites Gesetz zur Änderung von Zuständigkeiten der Minister v.28.8.1986 (= FN 95), Art.1 Nr.10, Nr.11
128 4.Änderung der Satzung der Studentenschaft der Johann Wolfgang Goethe-Universität Frankfurt am Main v.16.9.1987 (StAnz, S.2000 (1987)) [abgedruckt in Anhang 2 (A.2.16.)]
129 Nr.3 bis Nr.5 und Nr.7 der Änderungsziffern der Ersatzvornahme [siehe Anhang 2 (A.2.16.)]
130 Exemplarische, weiter bestehende Normenkollisionen: § 1 Abs.3 StS; § 19 Abs.3 StS [dazu bereits: FN 106 (Kap.11)]. Der rechtswidrige § 19 Abs.3 StS (Wahl des Ältestenrats) wäre mit der 5.Änd.StS (= FN 139) im Jahre 1991 dem § 65 Abs.3 HHG (= FN 95) angepaßt worden; dies wurde aufgrund eines Vergleichs mit der Studentenschaft wieder zurückgenommen (FN 140).
131 Nr.7 und Nr.8 der Änderungsziffern der Ersatzvornahme [siehe Anhang 2 (A.2.16.)]
132 Vgl. zur Wiedererrichtung der 'undogmatisch-linken' Mehrheit: Kap.6.3. (am Ende).
133 **Beispiel:** Am 30.6.1989 wählt die 'undogmatisch-linke' StuPa-Mehrheit, das Fehlen von Oppositionsparlamentariern sich zunutze machend, ein Wahlorgan, bestehend aus einem Mitglied der 'Juso-Hochschulgruppe', einem Mitglied der 'Grünen an der Uni', einem Mitglied der 'Linken Liste' (StuPa-Prot. v.30.6.1989, TOP 6). Zur selben Zeit besteht der AStA, die 'undogmatisch-linke' Exekutive des Subsystems, ebenso aus einem Mitglied der 'Juso-Hochschulgruppe', einem Mitglied der 'Grünen an der Uni', einem Mitglied der 'Linken Liste'!
134 **Beispiele** (Parteinahme durch das Wahlorgan im laufenden Wahlverfahren): **(a) Listenzulassung.** Am 8.12.1989 werden von der 'undogmatisch-linken' Mehrheit des studentischen Wahlausschusses aufgrund in der StS ungeregelter (aber jeweils mittels Gewährung einer Nachfrist behebbarer) formaler Mängel drei mutmaßlich 'rechte' Wahlvorschlagslisten für die StuPa-Wahlen zurückgewiesen. Dagegen wird einer 'linken' Fachschaftsliste des FB 02 (Wirtschaftswissenschaften) zur Behebung von in der StS abschließend geregelten, die

studentischen Wahlausschusses. Erneut sträubt sich die Rechtsaufsichtsbehörde, tätig zu werden; sie begründet dies in bekannter Weise mit der Verhältnismäßigkeit der einzusetzenden Rechtsaufsichtsmittel ('Übermaßverbot'), insbesondere der Ersatzvornahme als Ausnahmeverfahren, was ihr selbst im Falle offensichtlicher Manipulationen der Wahlverfahren grundsätzlich die Hände binde. Erst die wiederholte Intervention des weisungsbefugten Universitätspräsidenten selbst sowie die Bereitschaft der studentischen Anfechter, wesentliche Teile des zu ändernden materiellen Wahlrechts zusammen mit einer Vorlage für die Begründung der Androhung der Ersatzvornahme selbst zu verfassen und zu erläutern[135], veranlaßt die Behörde, erstmals wieder 1991 in studentischen Satzungsangelegenheiten regelnd tätig zu werden[136]. Die Studentenschaft legt gegen diese Rechtsaufsichtsmaßnahme *keinen* Widerspruch ein, sie wird aber auch nicht im geforderten Sinne satzungsändernd tätig. Am 6.8.1991 verfügt der Präsident folgerichtig im Wege der Ersatzvornahme die 5.Änderung der StS. Mit der Bestandskraft der Verfügung, aber noch vor der erforderlichen Genehmigung durch den Hessischen Minister für Wissenschaft und Kunst (HMWK), sie erfolgt erst am 3.9.1991[137], legt die Studentenschaft innerhalb der Monatsfrist doch noch Rechtsmittel ein[138]. Ungeachtet des Problems der formalen

---

Zulassung hemmenden Mängeln am 7.12.1990 rechtswidrig eine Nachfrist eingeräumt und diese Liste schließlich am 17.12.1990 nachträglich zur Wahl zugelassen. [Siehe dazu ausführlicher: Kap.19.26.1.; Kap.19.27.2.]
(b) Protokollführung. Die 'undogmatisch-linke' Mehrheit weigert sich unter der Begründung, daß die StS keinen Rechtsanspruch explizit normiere, Unkorrektheiten benennende Minderheitsvoten in Sitzungsprotokolle des studentischen Wahlausschusses aufzunehmen [nämlich in: WA-Prot. der 1.Sitzung v.26.11.1990, der 2.Sitzung v.6.12.1990, der 5.Sitzung v.17.12.1990, der 6.Sitzung v.14.1.1991]. - Der Erheblichkeit des gerügten Tatbestands wurde in früheren Zeiten sogar Vernichtungscharakter für die betroffene Wahl beigemessen: Die "offenbar unrichtige Führung des Protokolls ist wohl ein Kassationsgrund" (W.**Hatschek**, Das Parlamentsrecht des Deutschen Reichs, 1.Band Berlin/Leipzig 1915, S.564).
(c) Urnensicherung. Die 'undogmatisch-linke' Mehrheit des studentischen Wahlausschusses verweigert der politischen Minderheit am 23.1.1991 zunächst die nachprüfbare Sicherung der eingegangenen Briefwahlunterlagen in einer Urne mittels individuellen Verschlusses. Erst die massive Drohung, gegen dieses Verfahren sofort rechtliche Schritte einzuleiten und dies im laufenden Wahlkampf auch öffentlich zu machen, veranlaßt die 'undogmatisch-linke' Mehrheit zum Einlenken.

135 Hier trifft die polemische Feststellung des AStA-Anwalts H.**Scharpf** [SS 1977 und SS 1979 Kandidat der 'Juso-HSG' am FB Rechtswissenschaft: Uni-Rep.8/1977, S.3; Uni-Rep.8/1979, S.7] in der Tat tendenziell zu: "Für denjenigen, der die Hintergründe kennt, ist die Angelegenheit eher zu sehen als eine persönliche Auseinandersetzung zwischen ganz bestimmten Vertretern hochschulpolitischer Gruppierungen, wobei die oppositionellen Gruppen ... offenbar ein eminentes Interesse daran hatten, daß keine Satzungsänderung durch die Studentenschaft zustande kommt, um dann einen Entwurf gewissermaßen durch die Hintertür im Wege der Ersatzvornahme durch enge Verbindung mit dem Präsidenten durchzusetzen" (Widerspruchsschrift an das VG Frankfurt/M v.19.9.1991 [Az.: 234/91S03 S/bl], S.6). - Allerdings: Der AStA-Anwalt versäumt, das dem o.g. Verhalten der "oppositionellen Gruppen" zugrunde liegende Bestreben der 'undogmatisch-linken' AStA-Mehrheit gleichfalls zu benennen; nämlich die wiederholten Versuche, bereits mittels vager und unvollständiger Normierungen in der StS die weitestgehende Realisierung des 'dichotomen Mehrheitsprinzips' [zur Definition: Kap.3.1.] zu ermöglichen und sich damit die Option offenzuhalten, die als 'rechts' bezeichnete Opposition jederzeit aus allen Verfahren ausgrenzen zu können [zu diesem Problem allgemeiner: Kap.8.2.3.].

136 Androhung der Ersatzvornahme v.22.1.1991 mit Fristsetzung bis zum 6.7.1991 [Az.: 7.81.12 RA]

137 Erlaß der Ersatzvornahme durch den Präsidenten K.**Ring** (gem. § 72 Abs.1 i.V.m. § 19 Abs.3 HHG) v.6.8.1991 [Az.: 7.82.00 RA-1/11 7.81.12]: 5.Änderung der Satzung der Studentenschaft der Johann Wolfgang Goethe-Universität v.6.8.1991 (StAnz, S.2157-2161 (1991)).

138 Widerspruch des AStAs v.2.9.1991. - Auch hier muß angesichts der Realität studentischer Wahldurchführung - ähnlich wie schon 1980 [dazu: FN 112; Kap.17.3.4. (nach FN V.54)] - der Tenor der Begründung, den der 'undogmatisch-linke' AStA für seinen Widerspruch gegen die Etablierung demokratischer Wahlrechtsnormen anführt, erstaunen: "Es ist auch nicht nachvollziehbar, wieso eine Satzung, die seit 1972 gilt, nun plötzlich im Wege des Sofortvollzugs hinsichtlich der Wahlvorschriften geändert werden muß, wenn offensichtlich jahrelang auf der Grundlage dieser Satzung überwiegend ordnungsgemäß Studentenschaftswahlen durchgeführt werden konnten" (AStA-Widerspruch (FN 135), S.7). Zur "überwiegenden Ordnungsmäßigkeit" der Durchführung der genannten Studentenschaftswahlen siehe aber: Kap.19.7. bis Kap.19.27.

Zulässigkeit dieses Widerspruchs[139] vergleicht sich die Aufsichtsbehörde mit der Studentenschaft in einer Neufassung des Modus des Inkrafttretens[140]: Mit Ausnahme der Wahlvorschriften (Änderung des bisherigen § 14 StS sowie Streichung des bisherigen § 25 Abs.2 StS; der studentische Wahlausschuß hat, wie bisher, drei und nicht, wie zunächst verfügt, fünf Mitglieder) werden alle übrigen geänderten Vorschriften "vorläufig nicht in Kraft gesetzt".

Damit sind aber zumindest die neuen Wahlvorschriften juristisch 'gerettet': Der neue § 14 StS, inzwischen Form und Umfang einer in die StS integrierten Wahlordnung (WO) annehmend, ergänzt die bisherigen Verfahrensvorschriften zwar nicht vollständig, aber doch in wesentlichen Punkten, insbesondere im Bereich der Sicherung der Wahlurnen und -unterlagen gegen mögliche Wahlmanipulationen[141]. Alle Fristen der studentischen "Wahlordnung" (also des § 14 StS) sind denen der in Bezug genommenen KoWO[142] (Abs.18) angeglichen; die Mitglieder des

---

139 Die von der Antragstellerin (AStA) am 2.9.1991 angegriffene Verfügung v.6.8.1991 (FN 137) stellt lediglich einen Vollzugsakt der bestandskräftigen und damit unanfechtbaren Verfügung v.22.1.1991 (FN 136) dar; für letztere war die Monatsfrist für die Einlegung eines Widerspruchs (§ 68 ff VwGO (= FN IV.296)), vom AStA ungenutzt, verstrichen. Gegen gültigen Satzungstext bleibt damit allein die Normenkontrolle gemäß § 47 Abs.1 Nr.2 i.V.m. § 11 Hess.AGVwGO v.6.2.1962 (GVBl.I, S.13-17 (1962)) statthaft. - Die geänderte StS (= FN 137) ist somit mit Genehmigung durch das HMWK (v.3.9.1991) und Veröffentlichung im Hessischen Staatsanzeiger am 23.10.1991 als Norm in Kraft getreten, und es hätte nicht zwingend die Notwendigkeit für einen gerichtlichen Vergleich zwischen Aufsichtsbehörde und Studentenschaft bestanden.

140 Neufassung der 5.Änderung der StS v.6.8.1991 (StAnz, S.2493 (1991)) [aufgrund eines Vergleichs zwischen der Rechtsaufsichtsbehörde und der Verfaßten Studentenschaft, vertreten durch den AStA, v.15.10.1991 - Neufassung abgedruckt in Anhang 2 (A.2.17.)].

Der neue § 14 StS trägt insbesondere den Erfahrungen aus vorangegangenen Unregelmäßigkeiten bei der Wahldurchführung Rechnung; z.B.: **(a)** Die Verpflichtung zur sofortigen Anfertigung von Duplikaten aller Wahlunterlagen (Abs.8) ist Konsequenz des Wahlabbruchs v.11.1.1989 [dazu: Kap.19.24.2.].

(b) Die Änderung von Stimmbezirken und Urnenstandorten "bedarf eines einstimmigen Beschlusses aller Mitglieder des Wahlausschusses" (Abs.9). Diese Norm resultiert aus den Stimmbezirks-Manipulationen insb. der Wahl 1976 [dazu: Kap.19.11.1.(a).; auch bereits: Kap.19.7.1.].

(c) In die Protokolle des Wahlausschusses sind Minderheitsvoten aufzunehmen (Abs.18). Diese Norm wurde eingeführt aufgrund von Manipulationen der WA-Prot. der Studentenschaftswahlen im WS 1990/91 [siehe dazu: FN 134(b); ferner ähnliches für StuPa-Prot.: FN V.61(c) (Kap.17)], im Einklang mit § 271 StGB (Falschbeurkundung).

141 Eine Generalklausel zur Verfahrensvereinfachung. Minderheitenschützende Kontrollvorschriften verkomplizieren stets das Wahlverfahren. [Exemplarisch: "§ 20 Abs.3 KoWO (v.24.1.1979 (= FN 69)) gilt mit der Maßgabe, daß bei Öffnung der Briefwahlunterlagen und Abhakung im Wählerverzeichnis stets alle Mitglieder des Wahlausschusses anwesend sein müssen." - Zur Problematik dieser aus der 3.Änd.StS (= FN 121) übernommenen Norm: FN 124.] Sie sind aber nicht in jedem Falle vonnöten (z.B. in einem vorherrschenden Klima demokratischer Kultur, das von gegenseitigem und berechtigtem Vertrauen in die Integrität der Beteiligten getragen ist). Sinnvoll erscheint daher die Aufnahme einer Generalklausel in die WO: "Von jeder der [Kontroll-] Vorschriften ... kann im Einzelfalle abgesehen werden, sofern zuvor sämtliche Mitglieder des Wahlausschusses schriftlich ihre Zustimmung dazu erklärt haben. Das Dokument ist dem Sitzungsprotokoll beizufügen."

Zu ähnlichem Prinzip (für die Wahlen durch Gremien): FN 97 (Kap.11).

142 KoWO v.24.1.1979 (= FN 69).

Die Problematik der Inbezugnahme der KoWO in der StS. (a) Für die Inbezugnahme gelten im wesentlichen die Kritikpunkte am § 14 Abs.8 StS v.5.4.1979 (= FN 100) fort [dazu: FN 103]. - Warum nunmehr § 25 Abs.5 KoWO ("Erklärungen, die Wahlbewerber oder Gruppierungen über Wahlbündnisse, Listenverbindungen o.ä. abgegeben haben, werden nicht berücksichtigt. Eine Übertragung oder Delegation von überhängenden Stimmen ist unzulässig.") aus dem Bezug genommen wird, bleibt unerfindlich. Der Tatbestand des Verbots von Listenverbindungen ist allerdings bisher bei keiner Wahlanfechtung zum Tragen gekommen. [Zur Rechtswidrigkeit von Listenverbindungen in der Verhältniswahl siehe im folgenden: Kap.15.2.1.(b). (insb. FN IV.184).]

(b) Ähnlicher Inbezugnahme bedienen sich - freilich in erheblich reduziertem Umfange - später auch § 18 Abs.3 StS v.31.1.1992 (= FN 5(a)) und § 31 WO v.15.7.1992 (= FN 5(b)). Angesichts der o.g. bisherigen Situation verwundert die Begründung, mit der die untere Rechtsaufsichtsbehörde dieses Konstrukt nunmehr angreift: "Es ist nicht sinnvoll, eine neue StS mit Wahlvorschriften und zusätzlich eine WO zu erlassen und darüber hinaus auch noch teilweise Vorschriften der KoWO für entsprechend anwendbar zu erklären. Das geht zu Lasten der Übersichtlichkeit und Klarheit der Regelungen. Alle anzuwendenden Wahlvorschriften sollten viel-

Wahlausschusses werden, ähnlich dem Ältestenrat[143], in einem gemeinsamen Kreationsakt geschaffen (Abs.2)[144]; Vorsitzender und Schriftführer des Wahlausschusses sind in *einem* Wahlgang mittels Verhältniswahl zu wählen[145]; gegen subjektiv beschwerende Entscheidungen des studentischen Wahlausschusses wird der Verwaltungsrechtsweg im *laufenden* Wahlverfahren explizit eröffnet (Abs.3)[146]; das Verfahren des Unterstützerquorums durch bisher nicht im Parlament vertretene Wahlvorschlagslisten wird geregelt (Abs.7)[147]; für sämtliche zugelassenen Wahlvorschlagslisten besteht amtliche Publikationspflicht (Abs.7)[148]; wird nur eine Liste zur Wahl zugelassen, so findet Persönlichkeitswahl statt (Abs.7)[149]; das Briefwahlverfahren wird vereinfacht, indem für alle vier für die Studenten gleichzeitig stattfindenden Wahlen (§ 65 Abs.3 HHG) nur ein Wahlschein vorgesehen wird (Abs.6)[150]; die korrekte Zustellung der

---

mehr in der StS und allenfalls ergänzend in der WO der Studentenschaft enthalten sein" (Stellungnahme v. 27.8.1992 (FN 156), S.5). Grundsätzlich ist diesem Monitum allerdings beizutreten unter der Bedingung, daß der WO Satzungscharakter zugemessen wird [dazu: FN 165].

(c) Warum die universitäre Aufsichtsbehörde in der (neuen) StS v.22.2.1994 (= FN 168) wiederum die KoWO v.19.6.1991 (ABl.HMWK **44**, S.830-841 (1991)) - bis zur Verabschiedung einer Studentenschafts-WO - in Bezug nimmt (§ 56 Abs.3 StS), bleibt unerfindlich. Die Problematik dieser Regelung liegt zudem darin, daß StS-Normen qualifizierten Beschlußverfahren unterliegen (§ 55 StS), während die WO mit einfacher Mehrheit der beschlußfähigen anwesenden Stimmberechtigten beschlossen wird (§ 29 StS) [vgl. dazu auch: FN 165].

143 Im Unterschied zum Ältestenrat - und zur Behebung der in FN 97 (Kap.11) genannten Schwäche - wird der studentische Wahlausschuß aber nicht von den anwesenden Parlamentariern durch das Parlament gewählt, sondern im Namen aller Parlamentarier in einem besonderen Nominierungsverfahren durch die Fraktionen, das individuelle Anwesenheit im Parlament nicht erfordert, benannt.

144 Die Kreation des Wahlausschusses erfolgt in der Praxis zur Vereinfachung des Verfahrens durch autorisierte Personen (Vertrauensleute der bei der letzten StuPa-Wahl erfolgreichen Wahlvorschlagslisten).

145 Diese Vorschrift war konzipiert im Rahmen der ursprünglichen Änderungsfassung der StS, nach der der Wahlausschuß aus fünf Mitgliedern bestehen sollte. Diese Anzahl sicherte im politischen Normalfalle der Minderheit zwei Vertreter, den Konfliktsituationen vorbeugend, in denen ein Einzelindividuum gegenüber der Mehrheit alleine auftreten und seine Minderheitenrechte verteidigen müßte.

Die 3:2-Relation garantiert unter dem angegebenen Wahlverfahren der Mehrheit den Vorsitzenden, der Minderheit den Schriftführer des Wahlorgans. Die neue StS (= FN 168) löst dieses Besetzungsproblem normativ: "Das Mitglied des Studentischen Wahlausschusses, das mit dem ersten Zugriff benannt wurde, ist ... Vorsitzender des Studentischen Wahlausschusses; das Mitglied des Studentischen Wahlausschusses, das mit dem zweiten Zugriff benannt wurde, ist ... Schriftführer des Studentischen Wahlausschusses" (§ 17 Abs.2 StS).

146 Diese Norm widerspricht § 69 Abs.3 HHG (= FN 95) und § 14 Abs.17 StS (= FN 139) nicht, weil diese (subjektive) Rechtskontrolle als Verwaltungsrechtsweg kein Teil eines (objektiven) Wahlprüfungsverfahrens ist [siehe dazu ausführlicher: Kap.16.3.5.; Kap.16.4.2.].

147 Das in § 14 Abs.7 StS (= FN 139) normierte Verbot der 'Kandidatenunterstützung' durch fremde Listen folgt aus der Begründung für die Zulässigkeit des Unterstützerquorums selbst [z.B. in: BVerfGE **3**, 19 [LS 4]; siehe dazu: Kap. 14.2.4., insb. FN IV.118]. - Die Formulierung des § 14 Abs.7 StS ist inexakt: Sie bezieht sich jeweils getrennt sowohl auf die StuPa-Wahl als auch auf die Fachschaftsratswahlen.

148 Diese Publikationspflicht erklärt sich aus den in § 7 Abs.1 StS normierten Wahlrechtsgrundsätzen der unmittelbaren Wahl [dazu: Kap.15.3.(b).] und der freien Wahl [dazu: Kap.15.4.1.(a).]; sie sind in der Vergangenheit mehrfach verletzt worden [vgl. dazu: FN 75 (Kap.11)].

149 Diese Normierung ist rechtlich zumindest problematisch: Die h.M., mit Übereinstimmung i.st.R. zum Kommunalwahlrecht, spricht von der Unzulässigkeit - weil nämlich gegen den Wahlrechtsgrundsatz der (Auswahl-)Freiheit verstoßend - der Reduzierung einer "politisch-parlamentarischen" Wahl auf nur eine Wahlvorschlagsliste, die durch den Wähler nicht abgelehnt werden kann und damit notwendig bereits mit ihrer Kandidatur alle zu vergebenden Mandate erringt [dazu: FN IV.99(b) (Kap.14)]. Diese Argumentation ist entsprechend auf die "politisch-parlamentarischen" StuPa-Wahlen zu übertragen [dazu: Kap.15.4.3.(c).]. - Nicht ganz zu Unrecht wird aber argumentiert, daß die Auswahl von (politischen) Listen in der Persönlichkeitswahl durch die Auswahl von (individuellen) Personen ersetzt worden sei.

150 Bisher mußte für jede Briefwahl zum Konvent, zum Fachbereichsrat (Hochschulwahlen mit 'Zentralem Wahlvorstand'), zum StuPa, zum Fachschaftsrat (Studentenschaftswahlen mit studentischem Wahlausschuß) jeweils ein Wahlschein ausgefüllt werden.

Die Neuregelung vereinfacht das Verfahren, indem es die Autonomie des studentischen Wahlausschusses reduziert (beachte in diesem Zusammenhang auch die Markierung der Briefwahlbeteiligung im Wähler-

Briefwahlunterlagen soll gewährleistet werden (Abs.1)[151]; die pluralistische, Kontrolle ermöglichende Besetzung der Wahlurnen mit Wahlhelfern während des Urnenwahlverfahrens wird garantiert (Abs.10, Abs.11)[152]; Wahlhelfer besitzen, im Gegensatz zu den Mitgliedern des Wahlausschusses (Abs.4), das passive Wahlrecht (Abs.11)[153]; die Pflicht zur Anfertigung eines 'Urnenprotokolls' über den Ablauf der Wahl an jeder Wahlurne durch die jeweiligen Wahlhelfer wird gesetzt (Abs.13, Abs.14)[154]; die individuelle Sicherung der Wahlunterlagen wird auch der Minderheit des Studentischen Wahlausschusses ermöglicht (Abs.6 Satz 3, Abs.12, Abs.15)[155]; "über die Gültigkeit der Wahl entscheidet der Ältestenrat" in erster Instanz (Abs.17)[156].

---

verzeichnis, § 14 Abs.6 StS). Problematisch ist die dadurch entstandene Verknüpfung der Teilnahme an Hochschulwahlen mit der Teilnahme an Studentenschaftswahlen [dazu nachfolgend: FN IV.224 (Kap.15)].

151 Die Briefzusteller der Post verweigern wegen unzumutbar erhöhten Arbeitsaufwands im Falle der 'großen Studentenwohnheime' (mit jeweils mehreren hundert Mietern) die Zustellung unvollständig - d.h. ohne Angabe der Zimmernummern - adressierter Massenpost in die einzelnen Hausbriefkästen. Sie deponieren die davon betroffenen Briefwahlunterlagen stattdessen, für jeden zugänglich, zur Abholung vor den jeweiligen Pforten der Wohnheime. Die nachfolgende Aneignung durch Unbefugte ermöglicht in erheblichem Umfange Mißbrauch und führte zu Wahlanfechtungen [dazu im folgenden: Kap.19.14.2.(e).; Kap.19.15.1.(c).; Kap.19.15.2.]. Inzwischen - nach wiederholten Interventionen und eindringlichen Appellen beim zuständigen Universitäts-Wahlamt - verteilen die jeweiligen Hausmeister eines Studentenwohnheims aufgrund von Sonderverträgen anhand ihrer Bewohnerlisten die Briefwahlunterlagen individuell in die Hausbriefkästen.

152 § 14 Abs.10 S.2 ff StS (= FN 139) stimmt wörtlich überein mit dem bisherigen § 14 Abs.1 S.3 bis S.5 StS (= FN 121) (mit Ausnahme des bisherigen Wortes "entfallenden" in Satz 3, aus dem sinnloserweise "fallenden" geworden ist). Bereits unmittelbar nach der 3.Änd.StS, der diese Norm auf Vorschlag studentischer Wahlanfechter entstammt, war die Aufsichtsbehörde auf die Unverständlichkeit der Formulierung aufmerksam gemacht worden [dazu: FN 122]. Auch das VG Ffm stellte bereits in seiner Entscheidung v.22.4.1980 (= FN 126) zu Recht die Mehrdeutigkeit der Formulierung fest: "Die erkennende Kammer hatte jedoch erhebliche Zweifel an der Rechtmäßigkeit der Bestimmungen über die Anwendung des d'Hondtschen Höchstzahlverfahrens auf die Auswahl der Wahlhelfer und das damit in Zusammenhang stehende 'Recht des Zugriffs' ... Nach der insoweit auch im Tenor wiedergegebenen Formulierung der Änderungsbestimmung ist unklar, wer berechtigt ist, 'das Recht des Zugriffs' auszuüben. So bleibt unklar, um welche 'Kandidatenliste' es sich im Zusammenhang mit der Regelung eigentlich handelt, nämlich um die Kandidaten für die Position des Wahlhelfers, für die Wahl zum zukünftigen Studentenparlament oder aber möglicherweise um die früheren Kandidaten zur Wahl des Studentenparlaments, die ihm nunmehr gegebenenfalls als gewählte Mitglieder angehören. Mangels Verständlichkeit kann im übrigen nicht beurteilt werden, ob die ins Auge gefaßte Vorschrift überhaupt den begründeten Absichten der Antragsgegnerin gerecht wird, möglichst alle politischen Gruppen an der Durchführung der Wahl zu beteiligen" (amtl.Umdr., S.7/8). - Um so verwunderlicher ist das sture Festhalten der Rechtsaufsichtsbehörde.

153 Hier wird einer Besonderheit von Studentenschaftswahlen funktional Rechnung getragen: Insbesondere politisch gemäßigte Studentengruppen, die meist personell dünn ausgestattet sind, haben Schwierigkeiten bei der Rekrutierung von nicht auf deren Listen kandidierenden, qualifizierten Wahlhelfern; dies noch um so mehr, als die Wahlhelfer über die Fähigkeit und Ernsthaftigkeit verfügen müssen, möglichen Pressionen politischer Fanatiker während des Wahlverfahrens standzuhalten und mögliche Manipulationsversuche an den Urnen zu erkennen und damit zu verhindern. Andererseits sind nicht auf Wahlvorschlagslisten erscheinende Wahlhelfer erfahrungsgemäß meist ebenso politisch festgelegt wie Listenkandidaten der sie für die Wahlhelfertätigkeit vorschlagenden politischen Gruppen. Effektive Kontrolle geht vor formaler (und gerade in einer durch politisch einseitige Ernennung zustandegekommmener Zusammensetzung dann häufig realiter doch nicht eintretender [dazu: Kap.19]!) Neutralität. - Zur Rechtmäßigkeit der Norm: Kap.17.2.3.

154 Die Notwendigkeit dieser Norm ergibt sich aus der unselbständigen Stellung der Wahlhelfer und der Verantwortlichkeit des studentischen Wahlausschusses für deren Handeln, weil der Wahlausschuß für die gesamte Wahldurchführung alleine verantwortlich ist (§ 14 Abs.2 StS), er aber nicht an allen Urnen gleichzeitig und während der gesamten Wahlzeit anwesend sein kann [dazu: Kap.17.2.3.].

155 Hierbei handelt es sich um einen der zentralsten Punkte korrekter Durchführung von Studentenschaftswahlen! Die Möglichkeit individueller Urnensicherung bezieht ihr Gewicht insbesondere aus den unumgänglichen Phasen der Aufbewahrung der Wahlurnen des Nachts sowie anderen der Öffentlichkeit entzogenen Zeitabschnitten des Wahlverfahrens; denn auch anscheinend sichere Räumlichkeiten für die Aufbewahrung in öffentlichen Gebäuden müssen - aus feuerpolizeilichen und versicherungsrechtlichen Sicherheitsgründen - stets mit einem Generalschlüssel zugänglich sein [dazu beispielhaft: FN V.332 (Kap.19)].

156 Zur Fristsetzung für den Abschluß des studentischen Wahlprüfungsverfahrens. Hier fehlt angesichts bisher fortlaufend praktizierter Verfahrensverschleppungen [dazu: Kap.19.11.2.; Kap.19.14.3.; Kap.19.15.3.;

Mit diesen minderheitenschützenden Wahlrechtsnormen ist unter der Voraussetzung engagierter Kontrollbereitschaft 'expliziten Wahlmanipulationen' grundsätzlich erfolgversprechend zu begegnen; problematischer zeigt sich nunmehr der Bereich der 'impliziten Wahlmanipulationen', insbesondere die *Kandidatur von Tarnlisten*, das *Problem der Namensverwechslung* sowie die *amtliche Wahlwerbung* durch Organe der Verfaßten Studentenschaft[157].

12.4. Die (rechtsaufsichtliche) 6.Änderung der StS vom 28.8.1992

Diese (letzte) Änderung der vorläufigen StS[158] stellt ein Novum im Frankfurter universitären Rechtsaufsichtshandeln dar: Waren nämlich sämtliche vorhergehenden Änderungen der StS entweder erzwungen durch die Notwendigkeit der Anpassung der studentischen Satzungsvorschriften an zwischenzeitlich geändertes Gesetzesrecht (1., 2., 4. StS-Änderung) oder durch hochschul- und rechtspolitisch motivierte Weisung des Universitätspräsidenten (3., 5. StS-Änderung), so erfolgt diese Rechtsaufsichtsmaßnahme ohne äußeren Druck: Die StuPa-Wahl 1992 erbringt ein Patt zwischen den polarisierten politischen Blöcken der Studentenschaft: Elf Mandaten für 'Linke Liste'/'Grüne an der Uni'/'Juso-Hochschulgruppe'/'Feministisch-autonome Unifrauen' stehen elf Mandate des 'Ring Christlich Demokratischer Studenten (RCDS)'/'Unabhängige Fachbereichsgruppen (Giraffen)'/'Ökologisch-Demokratische Studenten (ÖDS)' gegenüber. Kompromisse (und damit Mehrheiten im Parlament) sind - insbesondere in allen die Finanzen betreffenden Fragen - nicht zu erzielen, so daß die Rechtsaufsichtsbehörde zur Aufrechterhaltung des notwendigsten Geschäftsbetriebs mehrfach ersatzweise regelnd tätig werden

---

Kap.19.27.3.; Kap.19.29.3.; Kap.19.30.3.] eine Fristsetzung für die Entscheidung des Ältestenrats. Als naheliegendes Beispiel für eine solche Norm könnte formuliert werden: 'Über die Gültigkeit der Wahl entscheidet der Ältestenrat binnen 21 Kalendertagen. Erfolgt nach Ablauf dieser Frist keine Entscheidung, so gilt die Wahlanfechtung als abgelehnt' (und die nächste Instanz, also das VG Frankfurt/M, kann angerufen werden - problematisch ist in diesem Falle aber angesichts der kurzen Zeitspanne bis zur nächsten regulären Neuwahl die erfahrungsgemäß lange Prozeßdauer des Gerichts). - Zur Rechtmäßigkeit einer Fristsetzung in diesem Falle: Kap.16.4.3.; Beispiele dafür in: FN IV.356 (Kap.16).

Eine solche Fristsetzung sieht auch die WO v.15.7.1992 (= FN 5(b)) vor: "Über die Gültigkeit der Wahl entscheidet der Ältestenrat binnen 21 Kalendertagen. Erfolgt nach Ablauf dieser Frist keine Entscheidung, ist Rechtsaufsichtsbeschwerde bei dem Hessischen Minister für Wissenschaft und Kunst gegeben" (§ 24 Abs.2 WO [zur Rechtswidrigkeit des Übergehens der unteren Rechtsaufsichtsbehörde: FN 120]). Die universitäre Rechtsaufsichtsbehörde moniert die Norm als "rechtswidrig", weil damit "mehrere im Verwaltungsrecht zu beachtende, bedeutende Prinzipien verletzt" würden: "Die Regelung, daß die Zuständigkeit vom Ältestenrat auf das HMWK [Hessisches Ministerium für Wissenschaft und Kunst, P.K.] als Rechtsaufsichtsbehörde übergeht, wenn der Ältestenrat nicht innerhalb der durch die Satzung festgesetzten Frist tätig wird, ist rechtswidrig. ... Zum einen hat das Prinzip der Selbstverwaltung zu gelten, zum anderen der Grundsatz der Verhältnismäßigkeit des rechtsaufsichtlichen Eingriffs" (Stellungnahme der unteren Rechtsaufsichtsbehörde an das HMWK gemäß § 66 Abs.3 HHG v.27.8.1992 [Az.: RA-1/11 7.82.00], S.7). Die oberste Rechtsaufsichtsbehörde gibt "in diesem Zusammenhang zu bedenken, daß eine Untätigkeitsklage nach §75 VwGO nicht vor Ablauf von drei Monaten seit der Einlegung des Widerspruchs ... erhoben werden kann, außer wenn wegen besonderer Umstände des Falles eine kürzere Frist geboten ist" (Schriftsatz HMWK v.31.1.1992 (FN 120), S.2). - Beide können nur deshalb zu diesem ablehnenden Schluß kommen, weil sie das Effektivitätsprinzip in seiner spezifischen Ausprägung für das (objektive) Wahlprüfungsverfahren [dazu: Kap.16.4.3.] nicht würdigen. [Beachte in diesem Zusammenhang die rechtliche Unmöglichkeit einer normativen Fristsetzung für Widerspruchsentscheidungen des studentischen Wahlorgans im laufenden Wahlverfahren [dazu: FN IV.314 (Kap.16)]; dieser Tatbestand bleibt hier (nach Abschluß des Wahlverfahrens) wirkungslos, weil das Wahlprüfungsverfahren kein durch die VwGO (= FN IV.296) normiertes Verwaltungsstreitverfahren ist [dazu: FN IV.347 (Kap.16)].]

157 Zur Unterscheidung 'expliziter' und 'impliziter Wahlmanipulationen': Einl.0.2.; zur Problematik der 'Tarnlisten': Kap.19.14.2.(c).; zur Problematik der 'amtlichen Wahlwerbung': Kap.19.31.3.

158 6.Änderung der vorläufigen Satzung der Studentenschaft der Johann Wolfgang Goethe-Universität Frankfurt am Main v.28.8.1992 (StAnz, S.2768 (1992))

muß. Dieser Arbeit entledigt sich die Behörde für die Zukunft[159] mittels rechtsaufsichtlicher Reduzierung der satzungsmäßigen Mitgliederzahl des Parlaments auf eine ungerade Anzahl, nämlich 21 Mandate[160]. Daß die Rechtsaufsichtsbehörde nicht zugleich den Anlaß nutzte, bisher unsinnige Satzungsvorschriften klarzustellen, bleibt unverständlich[161].

12.5. Die (parlamentarisch neugefaßte) Studentenschaftssatzung vom 22.2.1994

Mit der 6.Änderung könnte das rechtsaufsichtliche Handeln über die rechtsaufsichtlich erlassene, vorläufige StS vom 10.11.1972 enden: Die totalitäre und radikale universitäre 'Linke' ist inzwischen angesichts zunehmender Politikverdrossenheit und Individualisierung weiter Teile der Studentenschaft kompromißbereiter, angesichts zu erwartender, drastischer staatlicher Sparmaßnahmen gegen die gesamte Hochschule politisch defensiver, angesichts der Identitäts- und Sinnkrise einiger ihrer bisherigen Aktivisten nach dem Untergang der realsozialistischen Staaten in ihren Zielen relativistischer, angesichts des für sie geringer werdenden politischen Stellenwerts der Verfaßten Studentenschaft nach der politischen Etablierung der 68er-Generation der 'Neuen Linken' vornehmlich in der Partei der 'Grünen' (aber auch der SPD) realistischer in der Einschätzung des eigenen politischen Veränderungspotentials und angesichts der für sie auch in der Verfaßten Studentenschaft inzwischen nicht mehr sicheren arithmetischen Mehrheit[162] sensibler für die universellen Werte des grundgesetzlichen Minderheitenschutzes geworden. So kann im Jahre 1992 und nochmals 1993 das Studentenparlament der Johann Wolfgang Goethe-Universität nahezu einstimmig eine neue Studentenschaftssatzung und eine neue Wahlordnung beschließen, die sämtliche rechtsstaatlichen Errungenschaften aus den bisherigen Rechtsaufsichtsakten, sogar großenteils wortwörtlich, übernehmen[163]. Dieses Recht hat zunächst noch keinen Bestand, weil die oberste Rechtsaufsichtsbehörde die StS nicht für genehmigungsfähig[164] und die WO nicht für genehmigungspflichtig[165] hält.

---

159 In der Tat hätte auch die nächste StuPa-Wahl 1993 im Falle von 22 Mandaten erneut ein Patt im Parlament erbracht.

160 Angesichts der geringen Größe des nur aus 21 Mitgliedern bestehenden Parlaments (§ 7 Abs.1 StS (= FN 158)) kann das Mandatsverteilungsverfahren von d'Hondt (§ 14 Abs.16 StS) gravierende Disproportionalitäten tendenziell zu Gunsten der großen Fraktionen, d.h. der stimmenstarken Wahlvorschlagslisten, produzieren; es hätte sich hier sinnvoller das Mandatsverteilungsverfahren von Hare/Niemeyer angeboten [siehe zu dieser Problematik: P.**Kunth**, Ein Vergleich zwischen d'Hondtscher und Hare/Niemeyerscher Mandatsverteilung, zur Veröffentlichung eingereicht bei: ZParl].

161 In diesem Zusammenhang hätte endlich das undurchsichtige Zugriffsverfahren für die Wahlhelferstellen (§ 14 Abs.10 StS [dazu: FN 122; FN 152]) novelliert werden können. Statt dessen wiederholt die Behörde in der Ersatzvornahme das widerspruchsvolle und unvollkommene Alte mit lediglich der Angleichung an die neue Mandatszahl des Parlaments. - Eine sinnvolle Formulierung, nach der de facto das Zugriffsverfahren während der StuPa-Wahlen seit 1981 bereits vorgenommen wird und die auch inzwischen Eingang in § 18 Abs.1 WO v.15.7.1992 (= FN 5(b)) gefunden hat, liegt der Behörde seit drei Jahren schriftlich vor. [Die Ausnahmeregelung (maximal 1/3 aller Zugriffe durch eine Gruppe) ergibt sich zwingend aus der Kontrollnorm, wonach "an jeder Wahlurne drei Wahlhelfer einzusetzen [sind], die von verschiedenen Gruppen im Studentenparlament benannt worden sein müssen" (§ 14 Abs.11 StS).]

162 Typisch für diese Einschätzung: "Die Hegemonie links-undogmatischer Politik hat ihre Selbstverständlichkeit verloren. 1985 zogen zum ersten Mal seit den 60er Jahren rechte Studentengruppen in den AStA ein" (diskus 1-2/1989, S.2). - Diese Entwicklung ist aber - abgesehen von der Änderung des politischen Klimas - vor allem auch als Ausdruck effektiv kontrollierter studentischer Wahlverfahren interpretierbar.

163 StS v.31.1.1992 (= FN 5(a)); WO v.15.7.1992 (= FN 5(b))

164 Die Satzung erscheint inzwischen grundsätzlich genehmigungsfähig; gerügt werden meist unproblematische Einzelpunkte: Stellungnahme univ.Rechtsaufsicht. v.27.8.1992 (FN 156); Schriftsatz HMWK v.2.12.1992 (FN 120); Versagung der Genehmigung der StS gem. § 21 Abs.1 Nr.2 HHG durch das HMWK v.20.10.1993.

165 Die WO als Bestandteil der StS. Die oberste Rechtsaufsichtsbehörde stellt fest, daß die WO nicht Bestandteil der Satzung sein könne; bei der WO handele es sich vielmehr um eine nicht genehmigungspflichtige

Die neue StS wird schließlich aus formalen und organisatorischen Gründen zwar wiederum rechtsaufsichtlich erlassen[166]; sie gründet aber in allen wesentlichen Punkten auf den vorangegangenen, nahezu einstimmig erfolgten Satzungsbeschlüssen des Studentenparlaments[167], die auf intensiven, interfraktionellen Beratungen von Mitgliedern des RCDS, der 'Juso-HSG', der 'Grünen an der Uni' und der 'Unabhängigen Fachbereichsgruppen' gründen. Die Studentenschaft legt deshalb - entgegen der bisherigen Praxis - zur Verkürzung des Verfahrens und zur Minimierung der eigenen Arbeit keinen Widerspruch gegen die Ersatzvornahme ein, so daß diese StS Rechtskraft erlangt[168]: "Der Studentenschaft ... (ist) es sodann erfreulicherweise nach mehr als 20 Jahren - sei es auch mit Hilfe bzw. auf Veranlassung der Rechtsaufsichtsbehörde - gelungen, die bisher gültige rechtsaufsichtlich erlassene, vorläufige Satzung der Studentenschaft durch eine eigene zu ersetzen."[169]

Positiv hervorzuheben aus den Wahlrechtsnormen der neuen StS sind über das bisherige Satzungsrecht hinaus: klare Regelung des individuellen Rechtswegs während des laufenden Wahlverfahrens (§ 17 Abs.4 StS); Eliminierung der schwer nachvollziehbaren Inbezugnahmen anderer Wahlordnungen für das studentische Satzungsrecht; pluralistisch festgelegte Aufgabenverteilung innerhalb des Wahlausschusses (§ 17 Abs.2 StS); erstmals klare und rechtlich einwandfreie Formulierung der Wahlhelfer-Zugriffe als Garant pluralistischer Besetzung der Wahlurnen (§ 23 Abs.2 StS); Einrichtung der Mandats-Stellvertretung auch für das Studentenparlament (§ 19 Abs.3 StS)[170]; differenzierter Auszählmodus für das Wahlergebnis, der im Falle von Wahlmanipulationen Rückschlüsse für mögliche Aufklärung erlaubt (§ 23 Abs.9 StS). *Negativ anzumerken* sind: Die Anwendung der politischen Mode, männliche und weibliche Formen gleichzeitig nebeneinander zu gebrauchen, erfolgt auf Kosten der Übersichtlichkeit und Verständlichkeit der Wahlrechtsnormen (typisch dafür: § 17 Abs.2 StS); es fehlt die Klarstellung, daß nach Schließung des Wählerverzeichnisses die Neuaufnahme von Wählern nicht mehr möglich ist (§ 18 StS); der bisherige Appell zur Beachtung der korrekten Verteilung der Briefwahlunterlagen in die Hausbriefkästen der großen Studentenwohnheime (bisher: § 14 Abs.1 StS) ist ersatzlos weggefallen; es fehlt die Pflicht zur geheimen Wahl (in: § 23 Abs.1 StS); eine

---

"Ausführungsordnung der Satzung" (Schriftsatz HMWK v.2.12.1992 (FN 120)). Demzufolge wäre die Positivierung des Studentenschaftswahlrechts, zumindest in seinen wesentlichen Ausführungsbestimmungen, in die alleinige Kompetenz der jeweiligen politischen Mehrheit der Selbstverwaltungskörperschaft gestellt. Das folgt aber nicht zwingend aus dem Gesetzestext: "Die Satzung trifft insbesondere nähere Bestimmungen über ... die Wahl ... der Organe der Studentenschaft" (§ 66 Abs.4 HHG). Die StS selbst bedarf aber zu ihrem Inkrafttreten der gutachtlichen Stellungnahme durch die untere Rechtsaufsichtsbehörde, d.h. den Leiter der Hochschule, (§ 66 Abs.3 HHG) sowie anschließend der Genehmigung der obersten Rechtsaufsichtsbehörde, d.h. des HMWK (§ 21 Abs.1 Nr.2 HHG). - Der o.g. Sichtweise ist sowohl rechtssystematisch [dazu: Kap.14.1.1.(b)., insb. FN IV.72 bis FN IV.75] als auch angesichts der (rechts-)politischen Erfahrung [dazu: Kap.8.3. i.V.m. Kap.11; Kap.12; Kap.17; Kap.19] nicht zuzustimmen!

166 Rechtsaufsichtliche Ersatzvornahme v.22.2.1994 [Az.: 7.82.00 RA-1/11]

167 Zu diesen Satzungsbeschlüssen: FN 4(a) (vor Kap.9) ("Diese Fassung der Satzung beruht in wesentlichen Teilen auf Beschlüssen des Studentenparlaments vom 31.Januar 1992 und 16.Juli 1993, die in einigen Punkten rechtsaufsichtlich modifiziert worden sind." (Hess.StAnz, S.897 (1994)))

168 Satzung der Studentenschaft der Johann Wolfgang Goethe-Universität Frankfurt am Main v.22.2.1994 (StAnz, S.889-897 (1994)) [die Wahlrechtsnormen dieser StS (Teil III) sind abgedruckt in Anhang 2 (A.2.18.)]

169 Mitteilung der unteren (universitären) Rechtsaufsichtsbehörde an das HMWK v.26.8.1993 [Az.: 7.82.00 RA1/1.1]

170 Analog § 15 Abs.4 HHG (= FN 95). Diese Norm widerspricht allerdings dem auch für Studentenschaftswahlen geltenden Wahlrechtsgrundsatz der Unmittelbarkeit [vgl. dazu: Kap. 15.3.(c).]. Entsprechend diesem strikten Wahlrechtsgrundsatz der Unmittelbarkeit muß bei vorzeitigem Ausscheiden eines Mitglieds aus dem Gremium auch dessen (persönlicher) Stellvertreter das Mandat verlieren (und der auf der Liste Nächstplazierte ohne Mandat rückt nach).

gegebenenfalls angesetzte Wiederholungswahl kann rechtswidrig auf Grundlage desselben Wählerverzeichnisses wie die Hauptwahl durchgeführt werden (§ 26 Abs.2 StS); zur Verabschiedung und Änderung der WO ist keine qualifizierte Mehrheit vorgesehen (§ 29 StS); der Rechtsaufsichtsbehörde ist es erneut gelungen, die - rechtswidrige[171] - Norm ihrer Unzuständigkeit in Wahlprüfungsangelegenheiten in die StS einzufügen (§ 37 Abs.2 StS). Schließlich sollte die Abschaffung der obligatorischen Briefwahl (§ 16 Abs.2) in Erwägung gezogen werden; die obligatorische Briefwahl nämlich eröffnet strukturell erhebliche Manipulationsmöglichkeiten[172] und verursacht hohe finanzielle Zusatzkosten[173], die Erhöhung der Wahlbeteiligung - der primäre Anlaß ihrer Einführung - verbürgt sie dagegen schon lange nicht mehr[174].
Die geschilderte Entwicklung des Studentenschaftswahlrechts zeigt zum einen, daß ein Teil der Autonomie der Studentenschaft in der Durchführung der Studentenschaftswahlen inzwischen auf die - trotz allem - kompetentere und - vor allem - neutralere Universitätsverwaltung übergegangen ist. Die Entwicklung zeigt zum anderen eine stete Verdichtung der Normen, weniger im Verfahrens- als vielmehr im Kontrollbereich. Aber selbst die aus den staatlichen Wahlen überkommenen Standards des rein formalen Wahlverfahrensrechts sind heute teilweise für den Studentenschaftsbereich anerkannt, positiviert und wirksam.

---

171 Zur Rechtswidrigkeit dieser Norm: FN 120. Die Aufnahme dieser Norm in die StS erfolgte entgegen dem Willen des Studentenparlaments (FN 5(a) (vor Kap.9)).

172 Die strukturellen Schwächen der 'obligatorischen Briefwahl'. Beispiele: Manipulationen während und nach der amtlichen Postzustellung: FN 151, Kap.19.14.2.(e)., Kap.19.15.1.(c).; Manipulationen während der Aufbewahrung: Kap.19.14.2.(d).; Manipulationen während der Bearbeitung: FN 246 (Kap.15.5.1.(b).), Kap. 19.15.1.(d). Zur rechtlichen Problematik: Kap.15.5.1.(b).

Wenn trotz dieser eklatanten Schwächen der obligatorischen Briefwahl für Studentenschaftswahlen deren Einführung selbst von rechtsstaatlich orientierten Studentenfunktionären gefordert wird mit der Begründung, es "könnten damit die bisherigen häufigen Wahlfälschungen eingedämmt werden" (G.**Langguth** (FN 69), S.35), so weist dies auf die mangelnde Kompetenz im wichtigen Bereich der (Studentenschafts)Wahlen hin.

173 Die finanziellen Kosten der 'obligatorischen Briefwahl'. An Zusatzkosten allein für das Briefwahlverfahren fallen an: Kosten für Herstellung und Versendung der Briefwahlunterlagen (Druck, Kuvertierung, Porto); Portokosten für die (für den Wähler kostenfreie) Rücksendung der Briefwahlunterlagen; Personalkosten für die Bearbeitung der Briefwahlunterlagen (Herstellung der Wählerverzeichnisse für die nachfolgende Urnenwahl). Diese Kosten trägt die Hochschule (§ 65 Abs.3 HHG).

174 Der Wandel des politischen Stellenwerts der 'obligatorischen Briefwahl'. Daß die obligatorische Briefwahl trotz des objektiv geringeren Aufwands für den Wähler (unaufgeforderte Zusendung von Amts wegen; bequeme und ungestörte Stimmabgabe zu Hause innerhalb von zwei Wochen; kostenfreie Rücksendung) die Wahlbeteiligung langfristig nicht zu steigern vermag, liegt wohl in deren entpolitisierenden Wirkungen begründet [vgl. dazu: FN V.317, FN V.381, FN V.440(a) (Kap.19); Kap.19.16.3.]. Auch die durch Briefwahl abzuwehrende Gefahr des Urnendiebstahls [dazu: FN 85(b) (Kap.11)] ist zur Zeit nicht mehr aktuell.

Die Furcht vor weiter absinkender Wahlbeteiligung zu StuPa und FSR und damit einhergehenden immer grösseren Legitimationsdefiziten für die Organe der Verfaßten Studentenschaft hat allerdings eine Bewußtseinswandlung der 'linken' Studentengruppen zur Folge [zum bisherigen, die Briefwahl kategorisch ablehnenden Standpunkt: FN 96(a) (Kap.11); Kap.12.1.(b).; FN V.341 (Kap.19.14.); FN V.402 (Kap.19.15.)]: Ein am 28.4. 1995 vom ('linken') AStA im Frankfurter Studentenparlament eingebrachter und einstimmig (!) verabschiedeter Antrag spricht sich für die Beibehaltung der obligatorischen Briefwahl aus: "Das Studierendenparlament beobachtet das Sinken der Wahlbeteiligung mit wachsender Besorgnis. ... Die Abschaffung der Briefwahl ist keineswegs geeignet, die Wahlbeteiligung zu erhöhen - vielmehr wird diese Maßnahme zu einer weiteren Senkung der Wahlbeteiligung führen. ... Die Wahlen zum Studierendenparlament und zum Konvent erfreuen sich in unserer Gesellschaft nicht dem Bekanntheitsgrad wie Wahlen zur Kommune, Land und Bund, deshalb ist die Versendung der Briefwahlunterlagen besonders wichtig."

Teil IV: Der rechtsstaatlich-demokratische Gehalt des Studentenschaftswahlrechts im demokratischen Rechtsstaat

"Es ströme das Recht wie Wasser und die Gerechtigkeit wie ein nie versiegender Bach." (*Amos* 5, 24)

Angesichts der bisher bereits dargestellten Defizite des Studentenschaftswahlrechts sowohl in dessen positiviertem Verfahrensnormenbestand[1] als auch in der Normbefolgungsbereitschaft[2] erscheint es erforderlich, diejenigen Rechtsbereiche zu benennen, zu verorten und zu systematisieren, die geeignet sein können, dennoch die Abhaltung rechtsstaatlicher Wahlen im politischen Subsystem Verfaßte Studentenschaft zu ermöglichen und zu sichern. Zu diesem Zwecke ist zunächst allgemein der (herausgehobene) Stellenwert des Wahlrechts im demokratisch-repräsentativen Rechtsstaat zu bestimmen. Darauf aufbauend ist die unabdingbare materielle Substanz des demokratischen Studentenschaftswahlrechts unter Einbeziehung der Prinzipien des "sanktionierenden" Wahlprüfungsrechts möglichst vollständig anzugeben.

Kap.13 Zum Stellenwert von Wahl und Wahlgesetz im demokratisch-repräsentativen Rechtsstaat und dessen Selbstverwaltungskörperschaften

Ausgereifte Rechtsstaatlichkeit stellt den höchstdenkbaren Grad an Entindividualisierung und damit Objektivierung von Herrschaft dar, indem allein abstrakt-generelle, berechenbare Normen gelten, auf welche jegliches staatliche Handeln direkt zurückführbar ist: "Der Rechtsstaat richtet die Herrschaft des Gesetzes auf und verbannt somit die persönliche Willkür der Regierenden wie der Regierten."[3] Das Recht selbst ist von unterschiedlichem Funktions- und Regelungsgehalt und Formalitätsgrad.

13.1. Die vier Entwicklungsphasen modernen Rechts

Die Entwicklung hin zum umfassenden und ausdifferenzierten Normensystem des heutigen Rechtsstaats sowie eine charakteristische Einordnung des Wahlrechts ist hier sinnvoll mittels des Modells der "vier globalen Verrechtlichungsschübe"[4] zu systematisieren:

(a) Die Konstituierung des bürgerlichen Staates. "Auf der einen Seite wird der Verkehr individueller Warenbesitzer im Sinne einer Privatrechtsordnung normiert, die auf strategisch handelnde und kontraktschließende Rechtspersonen zugeschnitten ist. ... Sie soll Freiheit und Eigentum der Privatperson, Rechtssicherheit und die formelle Gleichheit aller Rechtspersonen vor dem Gesetz, damit die Kalkulierbarkeit aller rechtlich normierten Handlungen gewährleisten. Auf der anderen Seite autorisiert das öffentliche Recht eine über das Gewaltmonopol verfügende souveräne Staatsgewalt als einzige Quelle legaler Herrschaft. Der Souverän ist ... instrumentell, d.h. allein in Bezug auf die Mittel der legalen Ausübung bürokratisch organisier-

---

1 Siehe dazu: Teil III, insb. Kap.11 und Kap.12.

2 Siehe dazu: Teil II, insb. Kap.8.

3 J.**Isensee**, Regierbarkeit in der parlamentarischen Demokratie, in: J.**Isensee**/H.**Meyer**, Zur Regierbarkeit der parlamentarischen Demokratie, Köln 1979, S.15-47, S.21

4 J.**Habermas**, Theorie des kommunikativen Handelns, Band 2, 3.Aufl. Frankfurt/M 1985, S.524 ff

ter Herrschaft definiert. Das Mittel der effektiven Machtallokation wird zum alleinigen Zweck. ... Die Lebenswelt ist das nicht näher bestimmte Reservoir, aus dem die Subsysteme Wirtschaft und Staat herausziehen, was sie für ihre Reproduktion brauchen: Arbeitsleistungen und Gehorsambereitschaften."[5]

(b) Die Konstituierung des bürgerlichen Rechtsstaates. "Nun erhalten die Bürger als Privatleute einklagbare subjektiv-öffentliche Rechte gegenüber einem Souverän, an dessen Willensbildung sie freilich noch nicht demokratisch teilnehmen. Auf diesem Wege der Verrechtsstaatlichung wird die bürgerliche Privatrechtsordnung derart mit dem Apparat der Herrschaftsausübung koordiniert, daß das Prinzip der Gesetzmäßigkeit der Verwaltung im Sinne einer 'Herrschaft des Gesetzes' interpretiert werden kann. ... Die Garantien des Lebens, der Freiheit und des Eigentums von Privatpersonen ergeben sich nicht mehr nur als funktionale Nebenwirkungen eines privatrechtlich institutionalisierten Geschäftsverkehrs; mit der Idee des Rechtsstaates gewinnen sie vielmehr den Rang von moralisch gerechtfertigten Verfassungsnormen und prägen die Struktur der Herrschaftsordnung im ganzen."[6] Gewaltenteilung ist teilausgebildet in Exekutive und Judikative.

(c) Die Konstituierung des demokratischen Rechtsstaates. "Die konstitutionalisierte Staatsgewalt wird demokratisiert; die Bürger werden als Staatsbürger mit Rechten der politischen Teilhabe ausgestattet. Gesetze treten nur noch dann in Kraft, wenn sie die demokratisch gesicherte Vermutung für sich haben, daß sie ein allgemeines Interesse ausdrücken und daß ihnen alle Betroffenen müßten zustimmen können. Dieser Forderung soll durch ein Verfahren Genüge geschehen, welches die Gesetzgebung an parlamentarische Willensbildung und öffentliche Diskussion bindet. Die Verrechtlichung des Legitimationsprozesses setzt sich in Form des allgemeinen und gleichen Wahlrechts sowie der Anerkennung der Organisationsfreiheit für politische Verbände und Parteien durch."[7] Die Trias der Gewaltenteilung ist vollständig ausgebildet.

(d) Die Konstituierung des demokratischen und sozialen Rechtsstaates. Die bisher noch fehlende soziale Komponente des Rechtsstaates wird formal eingebracht durch Normierungen des leistenden und planenden Sozial- und Wohlfahrtsstaats. "Zu den politischen Teilnahmerechten kommen soziale Teilhaberechte hinzu. Der soziale Staatsbürgerstatus schließt die Umverteilung von Ressourcen, Gütern und Gewinnen, die Schaffung öffentlicher Wohlfahrtssysteme sowie öffentliche Maßnahmen zur Angleichung ökonomischer Bedingungen ein."[8] Die spezifischen Gesetze des Wohlfahrtsstaats sind nicht mehr klassisch konditional (also nach Tatbeständen und Rechtsfolgen determinierend), sondern final (Ziele vorgebend unter Nennung von Kriterien, in deren Rahmen die Zielerreichung zu erfolgen hat) ausgerichtet.

- Politisch umstritten ist im heutigen sozialen Rechtsstaat, insbesondere im Bereich der planenden und leistenden unmittelbaren Staatsverwaltung, die adäquate Intensitätsdichte der Normen des letzten, des vierten Verrechtlichungsschubs; denn es handelt sich bei diesen Normen um "die Mittel der Freiheitsverbürgung selbst, die die Freiheit des Nutznießers gefährden"[9] können. Insbesondere im Wirtschaftsbereich einerseits wird von Vertretern der ordoliberalen

---

5 J.**Habermas** (FN 4), S.525/526
6 J.**Habermas** (FN 4), S.528
7 J.**Habermas** (FN 4), S.529
8 R.**Voigt**, Regulatives Recht im Wohlfahrtsstaat, in: ders. (Hrsg.), Abschied vom Recht?, es **1185** (Frankfurt/M 1983), S.19-49, S.32/33
9 J.**Habermas** (FN 4), S.531

politischen Ökonomie die initiativ-, leistungs- und wachstumshemmende Funktion des planenden Rechts beklagt[10] und statt dessen als Maßstab sozial geprägter Entstaatlichung das individualistische Subsidiaritätsprinzip anempfohlen; andererseits wird im Sozialrecht von Vertretern systemkritisch-sozialistischer Positionen inzwischen die Entindividualisierung und Allgemeingültigkeit der betreffenden Sozialrechtsnormen in Frage gestellt zugunsten einer Normverdünnung z.B. mittels Schaffung von Maßnahme- und Ermessenssphären, die für die erwünschte umverteilende, sozialistische Sozialverwaltung im bürgerlich-kapitalistischen Staate die individuelle Regelung des Einzelfalles ermöglichen[11]. Insbesondere diesem Problembereich entstammt die aktuelle rechtssoziologische Literatur zu Fragen von "Verrechtlichung"/"Entrechtlichung"[12]. - Derartige Probleme des sozialen Sektors können jedoch, wie bereits in anderem Zusammenhang angemerkt[13], im Bereich der überwiegenden Anzahl Verfaßter Studentenschaften schon deshalb keine Bedeutung erlangen, weil diese Selbstverwaltungskörperschaften auf sozialen Feldern kaum noch agieren.
Dagegen zeigen die ersten drei Verrechtlichungsschübe eine im wesentlichen konsistente Form der "freiheitsverbürgenden Verrechtlichung"[14]. Weitgehend unstrittig dabei ist heute die zur Freiheitssicherung erforderliche und realisierbare hohe Normdichte des dritten Verrechtlichungsschubs (zur Konstituierung des demokratischen Rechtsstaats), handelt es sich dabei doch gerade auch um die Normen grundlegender formalisierter Legitimitätserzeugung des freiheitlich-demokratischen Staates selbst, die sich dessen Wesen angemessen erweist:
(i) Werteersatz. Jeder Schwund vorrechtlicher absoluter Wertvorstellungen im modernen Staat bedingt - allerdings nicht stets völlig gleichwertigen[15] - Ersatz durch positiviertes Verfahrensrecht[16]; dergestalt erfordert das Rechtsstaatsprinzip gerade in seiner rein formalen, berechenbaren und wertfreien Gestalt des verfaßten Rechts- und Legitimationsverfahrensstaats eine höchstmöglich lückenlose und effiziente Regelungsdichte[17].
(ii) Deeskalierung. Jede verfahrensförmige Verrechtlichung wirkt prinzipiell entideologisierend[18] und entpolitisierend[19]; die Neutralität und Relativität des demokratisch-pluralistischen, repräsentativen Staates spiegelt sich damit im hohen Grad adäquater Verdichtung gerade der Fundamentalnormen des staatserzeugenden Bereichs wider.

---

10 Dazu stellvertretend: H.**Willgerodt**, Wirtschaftsordnung und Staatsverwaltung, ORDO **30**, S.199-217 (1979).
11 Dazu stellvertretend: E.**Reidegeld**, Vollzugsdefizite sozialer Leistungen, in R.**Voigt** (Hrsg.), Verrechtlichung, Königstein 1980, S.275-288.
12 Siehe dazu exemplarisch die von R.**Voigt** herausgegebenen Aufsatzsammlungen: FN 8; FN 11; Gegentendenzen zur Verrechtlichung, JRR **9** (1983), m.w.Lit.; ferner: M.**Bock**, Recht ohne Maß - Die Bedeutung der Verrechtlichung für Person und Gemeinschaft, Berlin 1988.
13 Siehe insb.: FN II.174 (Kap.8).
14 J.**Habermas** (FN 4), S.530.
Speziell für das Wahlrecht: "Den Prinzipien des allgemeinen Wahlrechts ... wird man die Unzweideutigkeit ihres freiheitsverbürgenden Charakters kaum bestreiten können." (J.**Habermas** (FN 4), S.535)
15 Denn derartige positivierte Verfahren sind a priori wertneutral und damit die intendierten Wirkungen nur als echte Teilmenge umfassend - siehe zu dieser Problematik: Kap.8.1.
16 Vgl. dazu: H.-J.**Vogel**, Zur Diskussion um die Normenflut, JZ **34**, S.321-325 (1979), S.322; ferner, die minderheitenschützende Funktion der Rechtsform betreffend: FN II.236 (Kap.8).
17 Vgl. dazu: P.**Badura**, Die Verantwortung des Gesetzgebers, JRR **14**, S.246-256 (1989), S.253.
Es wird hier nicht der formale Rechtsstaat als Ganzes proklamiert, sondern lediglich dessen strikte Formalisierung im Wahlbereich. [Beachte in diesem Zusammenhang auch: FN II.229 (Kap.8).]
18 Dazu: W.**Seibel**, Abschied vom Recht - eine Ideologie?, in: R.**Voigt** (FN 8), S.134-169, insb. S.136.
19 Siehe dazu (Entpolitisierung mittels Verrechtlichung): FN II.237 (Kap.8).

13.2. Der Stellenwert des Wahlrechts im demokratisch-repräsentativen Rechtsstaat
Eine sehr weitgehende Verdichtung hochdifferenzierten Rechts muß zu allererst den konstituierenden Kernbereich der *repräsentativen* Demokratie kennzeichnen: die den heute in den meisten Verfassungen niedergelegten demokratischen Wahlrechtsgrundsätzen genügenden anonymen, komplexen Massenverfahren zur Kreation der Parlamente, für den demokratisch delegierten Zugang zur politischen Macht[20].

13.2.1. Die Legitimationsfunktion der Wahl und der Grundsatz der Wahlbestandssicherung. Je umfassender sich ein repräsentativer Charakter des politischen Systems realisiert, desto gewichtiger wird der Stellenwert, den die das Repräsentativorgan erzeugende Wahl annimmt: "Das Institut der Parlamentswahl ist in einem parlamentarischen Regierungssystem für die Demokratie konstitutiv"[21]; denn allein die Wahl ermöglicht die Rückführung aller (staatlichen) Amtsautorität von Parlament und Regierung zurück auf das Volk (pouvoir constituant). Demzufolge muß zugleich jedem demokratischen Wahlverfahren und damit jeder Wahl zweckgerichtete Stabilität innewohnen (*Grundsatz der Wahlbestandssicherung*), weil andernfalls die Konstituierung des Staates selbst gefährdet werden kann.
Im Falle der Bundesrepublik Deutschland erscheint die Parlamentswahl geregelt in Art.20 Abs.2 GG i.V.m. Art.38 Abs.1 GG sowie Art.28 Abs.2 GG, also wiewohl nicht im Grundrechtsteil, so doch als Bestandteil des Unabänderlichkeitskerns des Art.79 Abs.3 GG ('Ewigkeitsklausel'). Dessen ungeachtet kann aber den dort normierten Wahlrechtsgrundsätzen aus ihrer Funktion als Garant einziger originärer Willensäußerung des Souveräns unter einer "super-repräsentativen Verfassung"[22] Grundrechtscharakter zugemessen werden[23]; ebenso er-

---

20 Zur derart zentralen Einschätzung des Kreationsaktes 'Wahl' stellvertretend:
(a) aus der Wahlrechtsliteratur: W.**Schreiber**, Handbuch des Wahlrechts zum Deutschen Bundestag, 4.Aufl. Köln/Bonn/Berlin/München 1990, S.27 ff; I.**v.Münch**, Verfassungsrechtliche Aspekte des Dreier-Wahlkreis-Systems, in: FS für E.**Menzel**, Berlin 1976, S.41-65, insb. S.42 ff; R.**Katz**, Zur Änderung des Wahlgesetzes, in: FS für C.**Schmid**, Tübingen 1962, S.119-128, S.120; H.**Krüger**, Verfassungsrechtliche Einschränkung von Wahlrechtsänderungen?, NJW **9**, S.246-248 (1956).
(b) aus der Staatsrechtsliteratur: T.**Maunz**/R.**Zippelius**, Deutsches Staatsrecht, 28.Aufl. München 1991, S.65 ff; K.**Hesse**, Grundzüge des Verfassungsrechts der Bundesrepublik Deutschland, 16.Aufl. Heidelberg 1988, S.56 ff; K.**Stern**, Das Staatsrecht der Bundesrepublik Deutschland, Band 1 München 1977, S.230 ff und S.248; H.**Meyer**, Wahlsystem und Verfassungsordnung, Frankfurt/M 1973, S.136 (in Rekurs auf N.**Luhmann** als "politisches Grundrecht").
21 H.**Meyer** (FN 20), S.13
22 E.**Fraenkel**, Deutschland und die westlichen Demokratien, 5.Aufl. Stuttgart/Berlin/Köln/Mainz 1972, S.149
23 Zum Grundrechtscharakter des demokratischen Wahlrechts. (a) Zum Grundrechtscharakter des Wahlrechts nach der WRV etwa: R.**Thoma**, Die juristische Bedeutung der grundrechtlichen Sätze der deutschen Reichsverfassung im allgemeinen, in: H.C.**Nipperdey** (Hrsg.), Die Grundrechte und Grundpflichten der Reichsverfassung, Band 1 Berlin 1929, S.1-53, S.26/27.
(b) Das heute für das Wahlrecht einschlägige "demokratische Prinzip im Grundgesetz" (VVDStRL **29** (1971)) ist im Art.20 Abs.1 GG normiert: "Alle Staatsgewalt geht vom Volke aus. Sie wird vom Volke in Wahlen und Abstimmungen ... ausgeübt." Die Norm erhält 'Ewigkeitscharakter' über Art.79 Abs.3 GG. "Folgerichtig werden die Wahlrechtsgrundsätze heute als Grundrechte verstanden" (K.**Hesse** (FN 20), S.111 (RN 277)), oder sie sind zumindest den Grundrechten "gleichgewichtig" (T.**Maunz**/R.**Zippelius** (FN 20), S.141). - Ferner behandeln sie Art.93 Abs.1 Nr.4a GG und § 90 BVerfGG (Bundesverfassungsgerichtsgesetz i.d.F. v.12.12.1985 (BGBl.I, S.2229-2243 (1985)) als "grundrechtsähnliche Rechte", die (im Falle der BT-Wahlen) mit der Verfassungsbeschwerde verteidigt werden können (K.-H.**Seifert**, Bundeswahlrecht (Komm.), 3.Aufl. München 1976, S.41 (RN 4)). Vgl. ferner: N.**Achterberg**, Parlamentsrecht, Tübingen 1984, S.182.
(c) Nach der aus dem Staatsorganisationsrecht abgeleiteten Funktion der "Grundrechte als Verfahrensgarantien" wird man "das aktive und passive Wahlrecht als institutionelle Garantie der klassischen und sozialen Grundrechte verstehen müssen", womit diese selbst zu einem (funktionalen) Teil der Grundrechte werden (A.**Bleckmann**, Staatsrecht II - Die Grundrechte, 3.Aufl. Köln/Berlin/Bonn/ München 1989, S.251).

scheinen das aktive und das passive Wahlrecht selbst, die *Wahlgrundrechte*, mit Grundrechtscharakter ausgerüstet[24]. Weil also in der repräsentativen Demokratie "der Wille des Volkes" in Wahlen grundsätzlich seine einzig mögliche verfassungsrechtliche Form findet[25], sind die deren Verfahren im Detail normierenden Wahlgesetze als Teil des Staatsrechts[26] de facto die Metagesetze der repräsentativen Demokratie, die zentralen, einfachgesetzlichen Regelungen, die allen anderen Gesetzen (mit Ausnahme der höchstrangigen Verfassung) vorausgehen.
Das aus diesen Metagesetzen unmittelbar hervorfließende rechtsförmige Staatshandeln - d.h. die ganz fundamentale rechtsstaatliche Wahldurchführung - erzeugt im streng formalen Verfahren seine eigene Legitimation[27]. So müßte die Vernichtung der Verläßlichkeit objektiv-positivierten Wahlverfahrensrechts in letzter Konsequenz die Vernichtung der rechtsstaatlichen Repräsentationsidee selbst bedeuten: Denn bereits der Anschein formaler Unkorrektheiten bei der Wahl raubte einem derart zweifelhaft erzeugten Parlament und dessen politischer Macht den Glanz vollkommener Legitimation als Repräsentativorgan des gesamten Volkes (bzw. des Abstimmungskörpers), es könnte kein vollkommener Repräsentant mehr sein, und mit diesem Legitimationsmangel müßten auch alle nachfolgenden Handlungen dieses Parlaments behaftet sein: "Wo immer das Wahlverfahren in irgendeiner Weise gestört, entstellt oder gar unterdrückt wird, geht es der Demokratie an die Wurzel."[28]

13.2.2. Das Wahlverfahren als vollständiges, wertfreies, bestandskräftiges Normensystem. Das Wahlgesetz erscheint als das Paradigma des weitgehend ermessensfeindlichen, nahezu geschlossenen, wertfreien und stabilen Normensystems:

(i) Vollständigkeit. Jedem Wahlgesetz liegt aus der zeitlich und funktional beschränkten, vorherbestimmbaren Struktur des zu regelnden Sachverhalts die Möglichkeit fast[29] vollständiger, eindeutiger Normierung offen; es handelt sich um ein standardisiertes Verfahrensgesetz[30].

---

24 Beispielhaft dafür: C.**Petzke**, Zum Rechtsschutz des aktiven und passiven Wahlrechts bei Landtags- und Bundestagswahlen in Bayern, BayVBl.**106**, S.317-324 (1975), S.320. Ferner: FN 23(b), FN 23(c).

25 J.**Isensee**, Grundrechte und Demokratie, DSt **20**, S.161-176 (1981), S.162.
Mit anderen Worten: "Der Wille der Wählerschaft, rechtmäßig zum Ausdruck gebracht, ist die einzige Quelle der Machtvollkommenheit ihrer Repräsentanten" (J.**Malouet** am 8.6.1789 in der Sitzung des Dritten (Französischen) Standes, zit.n.: J.**Hatschek**, Das Parlamentsrecht des Deutschen Reiches, 1.Teil Berlin/Leipzig 1915, S.407]. Diesem Standpunkt entspricht die weitgehende Ausschaltung des Volksentscheids. [Vgl. zum Volksentscheid: FN I.24 (Kap.1); FN III.22 (Kap.10).)

26 Die dogmatische Einordnung des staatskonstituierenden Wahlrechts ist juristisch umstritten: **(i)** "Wahlrecht ist Staatsrecht" (K.**Stern** (FN 20), S.229); **(ii)** "Wahlrecht [ist] staats- und verfassungstheoretisch zu begründen" (P.**Badura**, Über Wahlen, AöR **97**, S.1-11 (1972), S.2); **(iii)** "Wahlrecht ist ... materielles Verfassungsrecht" (W.**Schreiber** (FN 20), S.29). - Über die sinnvollste Einordnung braucht hier nicht entschieden zu werden. [Vgl. ergänzend: FN 23(b).]

27 In diesem Sinne stellt bereits H.**Krüger** fest, "daß Zurückhaltung des Staates gegenüber der Freiheit gerade dort geboten ist, wo die Freiheit den Staat hervorbringen soll. ... Wahlen z.B. würden ihren staatshervorbringenden Sinn im gleichen Maße verlieren, wie die Institution 'Staat' sich berufen fühlen würde, für die Richtigkeit des materiellen Inhalts der Entscheidung zu sorgen. Eben deswegen haben sich die Wahlgesetze streng auf die technische Seite des Vorgangs und des Ergebnisses zu beschränken" (Allgemeine Staatslehre, Stuttgart 1964, S.548). Im selben Tenor später (19.7.1966): "Die Staatsorgane werden durch den Prozeß der politischen Willensbildung, der in Wahlen einmündet, erst hervorgebracht (Art.20 Abs.2 GG). Das bedeutet, daß es den Staatsorganen grundsätzlich verwehrt ist, sich in Bezug auf den Prozeß der Meinungs- und Willensbildung des Volkes zu betätigen, daß dieser Prozeß also grundsätzlich 'staatsfrei' bleiben muß." (BVerfGE **20**, 56 [99])

28 R.**Marcic**, Verfassung und Verfassungsrecht, Wien 1963, S.102

29 Verbliebene Lücken im Wahlverfahrensrecht sind ausnahmsweise durch Ermessensanwendung des Wahlorgans auszufüllen (K.O.**Nass**, Wahlorgane und Wahlverfahren bei Bundestags- und Landtagswahlen, [jur.Diss.] Göttingen 1959, S.159). Die Notwendigkeit von Ermessenssphären des Wahlorgans kann sich z.B. im Falle wahlrechtlich zweifelhafter Wahlvorschlagslisten im Zulassungsverfahren ergeben; dazu im folgenden (in Kap.15): FN 231: Verfahren der Kandidatenaufstellung; FN 167: 'Differenzierungsgebot'; ferner auch (in

(ii) Neutralität. Das derart geregelte Verfahren hat - abgesehen von der letztlich politischen Entscheidung über die Art des Mandatsverteilungsverfahrens - neutrale Gestalt; es nimmt - mit Ausnahme möglicherweise vorhandener Wahlpflicht - keinerlei direkte staatliche Einwirkungen auf die Privatsphäre der normunterworfenen Individuen vor und ist somit anonym. "Das Wahlverfahren mit allen Vorschriften, die dafür gegeben sind, hat keine selbständige Bedeutung, es ist nur dazu bestimmt, das Wahlresultat zustande zu bringen."[31]

(iii) Stabilität. Das Wahlverfahrensrecht zeigt eine hohe Bestandskraft über die Zeit, weil es aufgrund seines hohen Formalitätsgrads und seiner wertfreien Funktionalität invariant gegenüber gesellschaftlichen Wertänderungen und Wandlungen des Rechtsbewußtseins der Bevölkerung innerhalb des demokratisch-repräsentativen Systems ist[32].

- Die mögliche vollständige Normierung des Wahlverfahrens ist aber auch systemnotwendig: Jede vermeidbare "offene Normierung"[33] durch Normierungslücken, unbestimmte Rechtsbegriffe oder Generalklauseln im Wahlgesetz bärge die unnötige Schaffung von Ermessensspielräumen für das ausführende Wahlorgan; dieses Ermessen eröffnete Möglichkeiten tatsächlicher oder vermeintlicher politischer Entscheidung, die das das Wahlorgan tragende *Vertrauen* im Abstimmungskörper erschüttern müßten. Allein der Eindruck der Parteilichkeit widerspräche nämlich bereits der neutral-berechenbaren Wahldurchführung als *ausschließlicher* Funktion des Wahlorgans[34]. Darüber hinaus präjudiziert das umfassend ausgestaltete Wahlverfahren den als Konsequenz der Wahlbestandssicherung auftretenden eingeschränkten Wahlrechtsschutz[35].

Kap.19): FN V.362: 'Evidenzkontrolle'; FN V.361, FN V.364: 'Irreführungsverbot'. - Allerdings ist selbst die klarste Rechtsnorm nicht gegen mutwillige Fehlinterpretationen und anderen Mißbrauch per se geschützt und bedarf somit stets der Beaufsichtigung und der Kontrolle in der Rechtmäßigkeit ihrer Umsetzung.

30 "Das Wahlrecht ist ein äußerst formstrenges und durchnormiertes Recht." (K.**Schmiemann**, Wahlprüfung und Kommunalwahlrecht, [jur.Diss.] Siegburg 1972, S.47); vgl. dazu auch: R.**Hendler**, Grundprobleme der Entregelung im demokratischen Rechts- und Sozialstaat, in: R.**Voigt** (FN 12), S.59-70, S.60. Beachte dazu:
Das Beispiel des durchnormierten Bundeswahlrechts. Die Möglichkeiten detaillierter Durchnormierung eines Wahlverfahrens zeigen auf:
(a) **Das positive Recht:** Das Bundeswahlgesetz (BWahlG v.7.5.1956 (BGBl.I, S.383-407 (1956)) i.d.F. v.8.10. 1990 (BGBl.I, S.2059-2103 und S.2141-2142 (1990))); die Bundeswahlordnung (BWO v.16.5.1957 (BGBl.I, S.441-495 und S.532 (1957)) i.d.F. v.7.12.1989 (BGBl.I, S.1-97 und S.142 (1990))).
(b) **Die Kommentarliteratur:** Exemplarisch und einschlägig: W.**Schreiber** (FN 20); K.-H.**Seifert** (FN 23).
(c) **Die konkreten Durchführungsbestimmungen:** Für die praktische Wahldurchführung - exemplarisch für das Bundesland Hessen - werden zu jeder Wahl neu aufgelegt und an jedes Wahlorgan ausgegeben umfangreiche, amtliche "Leitfäden": W.**Hannappel**/R.**Meireis**, Leitfaden für die Vorbereitung und Durchführung der Wahl zum Zwölften Deutschen Bundestag im Lande Hessen, Mainz 1994 (166 S.).

31 M.**Drath**, Das Wahlprüfungsrecht bei der Reichstagswahl, [jur.Diss.] Kiel 1927, S.1
Es handelt sich beim Wahlverfahrensrecht vornehmlich um im einzelnen gebundene Anwendung kasuistisch ausformulierter Rechtssätze mit dem alleinigen Ziel der Herstellung eines korrekten, authentischen Wahlergebnisses. [Dem Neutralitätsgedanken entspricht, daß die Fristen des Wahlverfahrens in der Regel Ausschlußfristen sind.] Dieser streng formalisierte Vollzugsgedanke beruht demnach nicht auf einem demokratischen Anspruch der "Vermittlung von Einsehbarkeit" in das Handeln und die Motive der Wahlorgans als Bürgerverwaltung (E.**Schmidt-Aßmann**, Der Verfahrensgedanke in der Dogmatik des öffentlichen Rechts, in: P.**Lerche** (u.a.), Verfahren als staats- und verfassungsrechtliche Kategorie, Heidelberg 1984, S.1-34, insb. S.9). Das Wahlrecht ist vielmehr nicht-kommunikativ, funktional-regelnd strukturiert. Allerdings ist das detailliert festgelegte, demokratische Wahlverfahren in seiner Durchführung öffentlich [dazu: Kap.15.6.)].

32 Als Paradigma des dritten Verrechtlichungsschubs im Gegensatz zu den meisten anderen Gesetzen. Für die damit grundsätzlich verbundenen Probleme der Bestandskraft bei "Übernormierung": W.**Löwe**, Perfekte Gesetze - Perfekter Staat?, in: H.G.**Stockinger** (Hrsg.), Gesetzesperfektionismus und Beamtenschwemme, München/ Wien 1979, S.9-26; die dort behandelten Probleme berühren den Wahlbereich nicht.

33 I.**Maus**, Verrechtlichung, Entrechtlichung und der Funktionswandel von Institutionen, in: G.**Göhler** (Hrsg.), Grundfragen der Theorie politischer Institutionen, Opladen 1987, S.132-172, S.154

34 Zum Amtshandeln des Wahlorgans nachfolgend: Kap.17.1.

35 Dazu (eingeschränkter Rechtsschutz im laufenden Wahlverfahren) im folgenden: Kap.16.3.5.

Schließlich erfordert die fundamentale *Legitimationsfunktion* der Wahl in jedem Einzelschritt des Verfahrens Nachprüfbarkeit in Form von Transparenz und Öffentlichkeit. Dies betrifft weniger die Rechtssprache selbst, denn die meisten Normen des Wahlverfahrensrechts sind rein funktional und sprechen nicht direkt den einzelnen Wähler an, sondern die Wahlorgane; sie sind damit entlastet vom Problemkreis geringer Rechtskenntnis der Normunterworfenen und den Formulierungsschwierigkeiten bei angestrebter populärer Verständlichkeit[36]. Transparenz und Öffentlichkeit des Verfahrens betreffen vielmehr die konkrete Durchführung der Wahl (mit Ausnahme der Stimmabgabe selbst).

13.3. Der Stellenwert des Wahlrechts in der repräsentativdemokratisch eingerichteten Verfaßten Studentenschaft

Der zentrale Stellenwert verbleibt auch den Wahlen in der repräsentativ verfaßten Studentenschaft als Selbstverwaltungskörperschaft des öffentlichen Rechts[37] entsprechend, insbesondere wegen deren Zwangscharakter; denn mit der Immatrikulation an der Hochschule vermag der Student dem Zugriff der Körperschaft in Gestalt einer Zwangsmitgliedschaft nicht mehr zu entkommen (Eingriff in das Grundrecht der 'negativen Koalitionsfreiheit': Art.2 Abs.1, Art.9 Abs.1 GG), und das aktive und passive Wahlrecht zu den willensbildenden, repräsentativen Körperschaftsorganen erhält so das besondere Gewicht. Wenn auch die relative Überschaubarkeit, die räumliche und sachliche Begrenztheit der Selbstverwaltungskörperschaft strukturell-theoretisch Raum läßt für identitär-demokratische Politik[38], so ist hier maßgebend doch die juristische Konstruktion und der Wortlaut der geltenden Gesetze; danach sind heute alle willensbildenden Studentenschaftsorgane als reine Repräsentationsorgane normiert[39], studentische Vollversammlungen haben ergänzend allenfalls beratenden und empfehlenden Charakter[40].

---

36 Beispielhaft zu diesem Problemkreis: G.**Müller**, Rechtskenntnis und Gesetzessprache, in: FS für K.**Eichenberger**, Basel/Frankfurt/M 1982, S.549-557, im Sinne des oben Gesagten. Vgl. dazu ferner: M.**Rehbinder**, Rechtskenntnis, Rechtsbewußtsein und Rechtsethos als Probleme der Rechtspolitik, JRR **3**, S.25-46. Vgl. ergänzend (nicht-kommunikative Struktur des Wahlverfahrensrechts): FN 31.

37 Sofern eine Verfaßte Studentenschaft an der Hochschule nach der Kann-Bestimmung des § 41 HRG (= FN III.93) landesgesetzlich eingerichtet ist. Beispielhaft (im Hinblick auf das nachfolgende Kap.15) sehen die Einrichtung vor die Bundesländer: **Berlin:** § 18 Berl.HG v.12.10.1990 (= FN II.14(b)); **Hessen:** § 62 HHG v.6.6.1978 i.d.F. v.5.2.1992 (= FN III.95); **Nordrhein-Westfalen:** § 71 NRW.WissHG v.20.11.1979 i.d.F. v.15.3.1988 (= FN III.99); **Rheinland-Pfalz:** § 106 Rh-Pf.HochSchG v.21.7.1978 (Rh-Pf.GVBl., S.507-542 (1978)) i.d.F. v.8.6.1990 (GVBl., S.289 (1990)).

38 Exemplarisch für die politische Proklamation und das praktische Scheitern der identitären Demokratie an der Johann Wolfgang Goethe-Universität zu Frankfurt am Main: FN III.32(a), FN III.45 (Kap.10); FN III.87, FN III.91 (Kap.11).

39 Mit Ausnahme der Kontrollorgane. Indirekt normiert: § 41 Abs.3 und 4 HRG (= FN III.93); direkt (für den Hessischen Fall): § 65 Abs.1 und 2 HHG (= FN III.95).

40 **Der Bedeutungsschwund studentischer Vollversammlungen.** Für die Studentenschaft der Johann Wolfgang Goethe-Universität galt bis 1994 noch auf Fachschaftsebene: "Der Fachschaftsrat hat mindestens einmal im Semester eine Vollversammlung (VV) einzuberufen" (§ 24 Abs.2 StS (= FN III.56)). In der Realität werden derartige Fachschafts-VVs nur noch sehr selten und unregelmäßig aufgrund aktueller Anlässe einberufen. Die Fachschafts-VV ist in der neuen StS (= FN III.168) ersatzlos weggefallen.

Im Gegensatz zu den Zeiten der Studentenrevolte mit deren politischen Nachwirkungen (etwa 1967-1980) kommt heute einer propagierten Beschlußkompetenz studentischer Universitäts-VVs kein politischer Stellenwert mehr zu. Das liegt neben der normativen Kraft des juristisch Faktischen vor allem an zweierlei: Erstens sind, trotz aller Bemühungen um Mobilisierung, die Beteiligungen an VVs inzwischen derart gering (unter 'Normalbedingungen' ca. 1%-2% der eingeschriebenen Studenten), daß dort zustande gekommenen Beschlüssen beim besten Willen keinerlei Legitimation für die Gesamtheit mehr zukommt; zum zweiten waren die Beschlußfassungen von der 'undogmatischen Linken' an der Hochschule nicht mehr sicher zu steuern, so daß auch kontraproduktive Beschlüsse möglich wurden, was in 'undogmatisch-links' beherrschten Studentenparlamenten durch das 'dichotome Mehrheitsprinzip' auszuschließen war. [Zum Problem allgemeiner: Teil III.]

13.3.1. Die Notwendigkeit der Übertragung der staatlichen Wahlrechtsprinzipien auf Studentenschaftswahlen. Die denkbaren Verfahren zur Durchführung rechtsstaatlicher Studentenschaftswahlen unterscheiden sich nicht grundlegend von denen staatlicher politisch-parlamentarischer Wahlen. Es sind damit keine stichhaltigen Gründe ersichtlich, den Stellenwert der Wahlverfahren sowie den anerkannten Kernbestand an Verfahrensnormen mit deren notwendig hohem Grad an neutraler und berechenbarer Formalisierung ausgerechnet im Studentenschaftsbereich zurückzunehmen oder grundlegend abzuändern zugunsten eines irgendwie gearteten autonomen 'freien Spiels der Kräfte'; - im Gegenteil: Der Wertverlust staatlichen Rechts im Subsystem[41] und der damit einhergehende prägende Einfluß des 'dichotomen Mehrheitsprinzips'[42] verstärken sogar noch die rechtsstaatliche Notwendigkeit strikter Verdichtung und situationsadäquater Ergänzung[43] streng formalisierter Wahlrechtsnormen über den anerkannten Normbestand staatlicher Wahlverfahrensnormen hinaus!

Entgegen allen - auch für zuständige Repräsentanten des übergeordneten Staats nicht zu übersehenden - Anzeichen für bisherige Funktions-, Rechts- und Demokratiedefizite im Subsystem Verfaßte Studentenschaft erschien es dem staatlichen Gesetzgeber statt dessen bisher offensichtlich weder dringlich noch überhaupt notwendig, zumindest im Wahlbereich wenigstens die anerkannten und bewährten Normen als staatliches Recht zu setzen[44]. Dieses Unterlassen ermöglichte besonders in der Nachzeit der Studentenrevolte die manipulative Ausgestaltung und Durchführung studentischer Wahlverfahren, deren entsprechende Bestandskraft im öffentlich-staatlichen Bereich der Bundesrepublik Deutschland bisher völlig undenkbar gewesen wäre. Damit erweist sich das Studentenschaftswahlrecht als Paradigma für grobe Verrechtlichungsdefizite im dritten Verrechtlichungsschub.

Höchst bedenklich, als nämlich die Grundfesten der repräsentativen, pluralistischen, rechtsstaatlichen Demokratie angreifend, erscheinen schließlich alle politischen Versuche, den Stellenwert im einzelnen wertfreier, neutral-formaler Verfahren im öffentlichen Bereich zu relativieren[45]; denn dies impliziert immer auch die Möglichkeit der Mißachtung strikt formalisierter

---

41 Siehe dazu: Kap.8.2.1.

42 Siehe dazu beispielhaft: Kap.5; zur Definition des 'dichotomen Mehrheitsprinzips': Kap.3.1.

43 Siehe dazu: Kap.8.3. Diese situationsadäquate Ergänzung bezieht sich wesentlich auf die Besonderheit, daß Studentenschaftswahlen grundsätzlich über mehrere Tage stattfinden [dazu: FN III.3 (vor Kap.9); als Beispiele: Kap.19.7.2.(c).; Kap.19.10.2.(b).; Kap.19.11.1.(d).; Kap. 19.12.2.(b).; Kap.19.13.2.(a).; Kap.19.14.2.(b).].

44 Siehe dazu: Kap.8.3. - Als typische Beispiele (für Verrechtlichungsdefizite aus dem Bereich des Studentenschaftswahlrechts): Teil III; Kap.17.3.

"In einer autonom-legitimierten, heterogen-stukturierten Demokratie kommt der Beachtung von Verfahrensregeln eine Eigenbedeutung zu. Eine solche Demokratie vermag auf die Dauer nur zu existieren, wenn ihre Verfahrensregeln unverbrüchlich eingehalten werden, d.h. aber, wenn ihr Bestand rechtsstaatlich garantiert ist. Sie dieserhalb als 'formale' Demokratie zu diskreditieren, heißt sowohl die Bedeutung zu übersehen, die der Einhaltung von Formen für die Aufrechterhaltung der Freiheit zukommt, als auch zu verkennen, daß in der Proklamierung und strikten Realisierung dieser Verfahrensvorschriften das Bekenntnis zu einer materialen Wertordnung enthalten ist." (E.**Fraenkel**, Universitas litterarum und pluralistische Demokratie, in: Universität und Demokratie [Universitätstage an der FU Berlin 1967], Berlin 1967, S.5-19, S.13)

45 "Das schlechte Gewissen einer Generation, die ihre Leidenschaften im Faschismus verbraucht hatte ..., lebte auf den Universitäten im gedämpften Tonfall der Sachlichkeit fort. Auf den Bankrott der faschistischen Ideale reagierten die Intellektuellen mit der Ideologie der Wertfreiheit." (P.**Schneider**, Atempause, Reinbek 1977, S.216)

Die Relativierung formaler Verfahren durch die 'Neue Linke'. Die Tendenz zur Relativierung der Form ist heute geradezu konstitutiv für alle "Alternativ- und Protestbewegungen", als nämlich durch ihre Existenz allein die "Anzeichen gesellschaftlicher Stagnation oder ... Überreglementierung darstellen[d]" (H.-P.**Schneider**, Alternativbewegungen und Legitimationsprobleme der Demokratie, in: V.**Gessner**/W.**Hassemer**, Gegenkultur und Recht, Baden-Baden 1985, S.107-125, S.109).

(a) Die kritische Position: "Als Reflex auf die verwaltete Welt wiederholt Pseudo-Aktivität jene in sich selbst. Die Prominenzen des Protests sind Virtuosen der Geschäftsordnungen und formalen Prozeduren. Mit Vorliebe verlangen die geschworenen Feinde der Institutionen, man müsse dieses oder jenes, meist Wünsche zufällig konstituierter Gremien, institutionalisieren; worüber man redet, soll um jeden Preis verbindlich sein" (T.W. **Adorno**, Marginalien zu Theorie und Praxis, in: ders., Stichworte [Kritische Modelle 2], es **347** (Frankfurt/M 1969), S.169-191, S.182). Die Denunzierung derjenigen Verfahren, die nicht Macht planvoll absichern, als formalistische oder unnötige Schikane war typisch für die 'Neue Linke' und nachfolgend für die 'undogmatische' Linke und 'Neue Soziale Bewegungen' an der Hochschule: "Wer dann den zunächst akzeptierten Boden der Auseinandersetzung immer verläßt, wenn er gerade einmal meint, seine Forderungen seien nicht ausreichend berücksichtigt worden, gibt zu verstehen, daß ein Konfliktreglement für ihn nur dann gilt, wenn er sich durchzusetzen vermag" (J.**Litten**, Eine verpaßte Revolution? - Nachruf auf den SDS, Hamburg 1969, S.78); "Da das Geforderte gut ist, spielen 'formale' Spielregeln keine Rolle. Argumente, die etwa aus der Theorie des Rechtsstaats kommen, werden bekanntlich als formal und inhaltslos abgetan" (M.**Hättich**, Demokratie und Demokratismus - das Demokratieverständnis der 'Neuen Linken', in: E.K.**Scheuch** (Hrsg.), Die Wiedertäufer der Wohlstandsgesellschaft, 2.Aufl. Köln 1969, S.150-161, S.151); "Dementsprechend weist die 'Neue Linke' jedes Angebot zurück, sich auf Spielregeln z.B. der parlamentarischen Demokratie oder des Rechtsstaats festlegen zu lassen" (U.**Lohmar**, Die 'Neue Linke' und die Institutionen der Demokratie, in: E.K.**Scheuch** (s.o.), S.13-28, S.14); "Die ungenierte, demonstrative Verletzung der Verfahrensnormen wurde alsbald aber gerade zum Signum der Studentenbewegung" (H.**Lübbe**, Der Mythos der 'kritischen Generation', in: APUZ 20/1988, S.17-25, S.22). Neuerdings wieder: Durch die Studentenbewegung wurden "Regelverletzungen salonfähig gemacht und perpetuiert" (U.**Backes**/E.**Jesse**, Politischer Extremismus in der Bundesrepublik Deutschland, 3.Aufl. Bonn 1993, S.193).

(b) Beispiele: "So drohen in einer repressiven Gesellschaft selbst fortschrittliche Bewegungen in dem Maße in ihr Gegenteil umzuschlagen, wie sie die Spielregeln hinnehmen" (H.**Marcuse**, Repressive Toleranz, in: R.P. **Wolff**/B.**Moore**/H.**Marcuse**, Kritik der reinen Toleranz, es **181** (Frankfurt/M 1965), S.95); Aus der "theoretischen Einschätzung der Integrationsmechanismen der bestehenden Gesellschaft ist es für uns klargeworden, daß die etablierten Spielregeln dieser unvernünftigen Demokratie nicht unsere Spielregeln sind, daß Ausgangspunkt der Politisierung der Studentenschaft die bewußte Durchbrechung dieser etablierten Spielregeln durch uns sein mußte (R.**Dutschke**, Diskussionsbeitrag in: B.**Vesper**, Bedingungen und Organisation des Widerstandes. Der Kongreß in Hannover, Berlin 1967, S.79/80); "Als positives Moment ... erscheint die Durchbrechung der etablierten und tabuisierten Spielregeln und damit, in der Provokation, die jede solche Durchbrechung mit sich bringt, deren Enthüllung als Herrschaftsmechanismen" (E.**Krippendorff**, Zum Verhältnis zwischen Inhalt und Form von Demonstrationstechniken, in O.**Negt** (u.a.), Die Linke antwortet Jürgen Habermas, Frankfurt/M 1968, S.162-175, S.164); "Der allgemeine consensus (über Spielregeln ...) ... erweist sich letztenendes als Grundfeste des politischen Staates und als hartes Mittel einer geschlossenen 'sozialen Kontrolle': er hebt die Offenheit der Gesellschaft wieder auf. Er kriminalisiert die mögliche Zustimmung der Massen zu einer konkreten Emanzipation, zu einer Ausweitung der Demokratie, zu einer Veränderung auch der Wertmaßstäbe und macht daraus einen Anschlag gegen Demokratie und Freiheit" (J.**Agnoli**, Die Transformation der Demokratie, Frankfurt/M 1968, S.83); "Solche Demonstrationen ['die in der Gesellschaft keinerlei Resonanz hinterließen', P.K.] überwand man nur, wenn man die 'gesetzten' Spielregeln solch einer Demokratie durchbrach und dadurch Staatsexekutive, Parteien und Verbände zur Stellungnahme zwang, zur inhaltlichen Auseinandersetzung mit den Zielen der Demonstration" (B.**Rabehl**, Von der antiautoritären Bewegung zur sozialistischen Opposition, in: U.**Bergmann** u.a., Rebellion der Studenten, Reinbek 1968, S.151-178, S.161); "Die Legalität ist nicht von der Außerparlamentarischen Opposition in Frage gestellt worden; sie weigert sich nur, an einer faktisch gebrochenen und manipulierten Legalität die demokratische Legitimität ihrer Methoden und Ziele zu messen" (O.**Negt**, Rechtsordnung, Öffentlichkeit und Gewalt, in: ders., Politik als Protest, Frankfurt/M 1971, S.102-118, S.108/109); "Im gleichen Maße, wie die Demokratie zum Regelsystem degeneriert, wird die inhaltlich bestimmte Opposition auf das formale, methodische Element der Störung reduziert" (O.**Negt**, Studentischer Protest - Liberalismus - Linksfaschismus, in: ders., Keine Demokratie ohne Sozialismus, es **812** (Frankfurt/M 1976), S.145-158, S.155/156); Es "war damit schon ein Moment der späteren antiautoritären Politik erkannt: daß Politik innerhalb der 'Spielregeln' der 'formalen Demokratie' mit ohnmächtiger Politik gleichzusetzen war. ... Das 'Durchbrechen der Spielregeln' wäre als bloße Taktik mißverstanden. Es war genaugenommen unser politisches Sinnesorgan" (K.**Hartung**, Versuch, die Krise der antiautoritären Bewegung wieder zur Sprache zu bringen, Kursb.**48**, S.14-43 (1977), S.24/27); "Selbsteinschränkungen in Richtung eines überschießenden Legalismus sollen im Klima des universalen Verdachts alltäglich werden" (P.**Brückner**, 'Angst haben und Angst machen' - Anmerkungen zur psychologischen Kriegführung in der BRD, in: ders., Zerstörung des Gehorsams, Berlin 1983, S.242-258, S.253); beachte ferner: Kap.3.3.

Dieser Problembereich erscheint heute erneut, nunmehr im Gewande der Relativierung des 'formaldemokratischen Mehrheitsprinzips' durch 'Neue Soziale Bewegungen' [dazu: Kap.1]: "Vor allem aber sollte klar sein, daß ... der Hinweis auf die formal-demokratischen Verfahren nicht mehr ausreicht, um Legitimationsüberzeugun-

demokratischer Wahlverfahren[46], insbesondere im Subsystem Verfaßte Studentenschaft im Hinblick auf die dort vorherrschende 'undogmatisch-linke' politische Kultur[47]. - Aus den vor-

---

gen zu begründen" (I.**Fetscher**, Ökologie und Demokratie - ein Problem der politischen Kultur, in: APUZ 26/1982, S.27-34, S.31). Beachte ferner (Geringschätzung universeller Verfahren in den Verfaßten Studentenschaften): Kap.5; Kap.6.

46 Die "Errichtung eines autonom-legitimierten und heterogen-strukturierten öffentlichen Verbands ... hängt ... in Staat, Gemeinden und sonstigen autonomen Körperschaften einschließlich der Universität ... auch davon ab, daß alle Beteiligten auf das strikteste die Verfahrensregeln respektieren, die berufen sind, den Prozeß der Willensbildung im politischen und gesellschaftlichen Raum zu regulieren. Zu diesen Verfahrensregeln gehören aber nicht nur die Normen der Verfassung und der einschlägigen Spezialgesetze, sondern vor allem auch die ungeschriebenen Gebote der Fairneß und des Takts. ... Nur, wenn der demokratische Prozeß politischer Willensbildung rechtsstaatlich garantiert ist, gewinnt der Satz, daß Mehrheit entscheidet, die Bedeutung, daß der jeweiligen Minderheit die Aussicht eröffnet wird, zur Mehrheit zu werden." (E.**Fraenkel** (FN 45), S.13)

Die Relativierung des formalen Wahlakts durch die 'Neue Linke'. Die Abwertung und Relativierung des formalistischen Wahlakts vollzieht die 'Neue Linke' bereits in ihren allgemeinpolitischen Schriften - in diesem Zusammenhang ist auch zu beachten, daß ein rechtsstaatliches, neutral-formales Wahlverfahren niemals mit Sicherheit das Zustandekommen 'undogmatisch-linker' Mehrheiten nach der Wahl garantieren kann.

(a) Die kritische Position: "Das entscheidende neue Element an den Protestbewegungen ist jedoch, daß sie sich auf eine höhere Legitimität berufen, die sie gegen die demokratische Legitimität durch Wahlen setzt. Dies ist der Kernpunkt des gegenwärtigen Konflikts; er stellt die eigentliche Herausforderung des von unserer Verfassung gewollten Repräsentationssystems dar." (K.**Sontheimer**, Zeitenwende? - Die Bundesrepublik Deutschland zwischen alter und alternativer Politik, Hamburg 1983, S.253)

(b) Beispiele: Bereits frühzeitig, die nachfolgende Studentenbewegung prägend: "Es bleibt kein Zweifel an der Enge des Spielraums, in der sich die politische Beteiligung des Durchschnittsbürgers bewegt: sie kann sich alle paar Jahre, im teils präformierten, teils manipulierten Wahlgang (oder in Wahlenthaltung) objektivieren. Wenn in Lehrbüchern zur politischen Erziehung, wenn gar in mancher politikwissenschaftlichen Diskussion 'Beteiligung' zum Wert an sich, Stimmabgabe und politisches Interesse zum Fetisch gerinnen, so spiegelt sich darin ein gut Stück schlechter Wirklichkeit" (J.**Habermas**, Über den Begriff der politischen Beteiligung, in: L. **v.Friedeburg**/J.**Habermas**/C.**Oehler**/F.**Weltz**, Student und Politik, Neuwied/Berlin 1961, S.13-55, S.50 [auch: S.46]); "Die Überbewertung des Wahlaktes im allgemeinen als Ausdruck politischen Engagements der Regierten ... ist durch die Erfahrungen und Erkenntnisse der jüngsten Vergangenheit empfindlich erschüttert worden. ... Daß das Kunststück eines absolut gerechten Wahlsystems noch nicht vollbracht wurde - und vielleicht auch nicht zu vollbringen ist -, kann doch nicht darüber hinwegtäuschen, daß hier eine fundamentale Crux für die Wahl-Legitimation einer jeden Regierung verborgen liegt" (E.**Krippendorff**, Legitimität als Problem der Politikwissenschaft, ZfP 9(NF), S.1-11 (1962), S.2/3); Die Parteien sind "darauf aus, das Wahlvolk in der Mystifikation der parlamentarischen Entscheidung und der Delegation politischer Macht durch die Wahlen gefangen zu halten" (F.**Deppe**, Parlamentarismus - Parlamentarische Aktion - Sozialistische Politik, in: nk 44/1967, S.48-66, S.59); "Umgekehrt macht es gerade die Lebenslüge der bürgerlich-parlamentarischen Demokratie aus, ... klassenneutrale Techniken politischer Partizipation zu postulieren; die 'Spielregeln' der bürgerlich-parlamentarischen Demokratie beanspruchen deshalb universale Qualität und Vorbildhaftigkeit für den Prozeß friedlicher Auswechslung von Führungsgruppen, weil damit die Frage nach den gesellschaftlichen Inhalten dieser Demokratie verdeckt werden kann. Indem diese Spielregeln für sakrosankt erklärt werden ..., wird politische Veränderung auf den ritualisierten Austausch von Führungspersönlichkeiten oder Parteimannschaften reduziert. ... Das allgemeine Wahlrecht hat seit seiner Erfindung und Koppelung mit sorgsam ausgeklügelten Wahlrechtsmodi ... eine immer wieder bewiesene konterrevolutionäre Funktion" (E.**Krippendorff** (FN 45), S.164); "Nicht Brot und Spiele, noch Wahlzettel, sondern die Gewalt hat im Laufe der bisherigen Geschichte soziale Kräfte der Manipulation entzogen und Freiheit verwirklicht" (J.**Agnoli** (FN 45), S.30); "Die Ausübung politischer Rechte (wie das der Wahl ...) in einer Gesellschaft totaler Verwaltung dient dazu, diese Verwaltung zu stärken, indem sie das Vorhandensein demokratischer Freiheiten bezeugt, die in Wirklichkeit jedoch längst ihren Inhalt geändert und ihre Wirksamkeit verloren haben. ... Es wäre törichter Formalismus, sich jetzt schon auf eine bestimmte Verfassungsform, die parlamentarische Demokratie oder die Räterepublik, festzulegen; entscheidend ist nicht die verfassungsrechtliche Form, sondern die demokratische Praxis in den Institutionen" (T.**Ebert**, Direkte Aktionen in Formaldemokratien, in: H.J.**Schoeps**/C.**Dannenmann** (Hrsg.), Die rebellischen Studenten, München 1968, S.124-138, S.124/136); "Wahlen sind zu einer Farce geworden, politische Alternativen gelten als gefährlich" (G.**Börnsen**, Die außerparlamentarische Opposition im Konflikt mit der etablierten Obrigkeit, in: H.J.**Schoeps**/C.**Dannenmann** (s.o.), S.77-85, S.77); "Radikaler Reformismus unterscheidet sich von institutioneller Reformpolitik eben dadurch, daß er sich nicht in die Herrschafts- und Integrationsstrukturen der bestehenden Gesellschaft einpassen läßt. Er läuft nicht auf die entmündigende Stellvertreterpolitik hinaus, auf der das bürgerliche politische System von Repräsentation, Parteipolitik und Wahlarithmetik beruht.

hergehenden Strukturbetrachbetrachtungen wird klar: Der materiale und formale Gehalt des demokratischen Wahlrechts muß sich aus Gründen der Legitimation des Subsystems und seiner Rechtssicherheit der Disposition der Verfaßten Studentenschaft entziehen!

13.3.2. Das Wahlrecht als nichtdefinierender Bereich des Studentenschaftshandelns. Abgesehen von der soeben dargelegten Notwendigkeit staatlicher Normierung des Wahl(verfahrens)rechts für Studentenschaftswahlen gemäß dem machtkonstituierenden Stellenwert der Wahl ist diese staatliche Normierung ebenso geboten aus der Struktur der Selbstverwaltungskörperschaft selbst heraus: Die staatsrechtlich subsidiäre Konstruktion selbstverwalteter Subsysteme mit Satzungshoheit ('autonome Selbstverwaltung') "hat ihren guten Sinn darin, gesellschaftliche Kräfte zu aktivieren, den entsprechenden gesellschaftlichen Gruppen die Regelung solcher Angelegenheiten, die sie selbst betreffen und die sie in überschaubaren Bereichen am sachkundigsten beurteilen können, eigenverantwortlich zu überlassen und dadurch den Abstand zwischen Normgeber und Normadressat zu verringern. Zugleich wird der Gesetzgeber davon entlastet, sachliche und örtliche Verschiedenheiten berücksichtigen zu müssen, die für ihn oft schwer erkennbar sind und auf deren Veränderungen er nicht rasch genug reagieren könnte."[48]

... Illusorisch allerdings wäre der Glaube, mit den bürgerlichen politischen Institutionen, mit Parteien, durch Wahlen, via Bürokratie und Staat die Gesellschaft strukturell verändern zu können" (J.**Hirsch**, Alternativbewegung - eine politische Alternative?, in: R.**Roth**, Parlamentarisches Ritual und politische Alternativen, Frankfurt/M/New York 1980, S.121-146, S.142/143).

47 Die Relativierung des Formalgehalts von Studentenschaftswahlen durch die 'Neue Linke'. Gefährlich, weil politisch nicht sicher und nachzuprüfend steuerbar und von weittragenden, zunächst unverrückbaren Konsequenzen, erschienen und erscheinen fanatisierten, etablierten 'undogmatisch-linken' Machtträgern demokratische Wahlen, insbesondere deren neutrale Formalität und Geheimheit. [Vgl. ferner: FN 238 (Kap.15).]

(a) **Die kritische Position:** "Viele Angehörige der Hochschulen, insbesondere Nichtjuristen, sehen in Wahl- oder Geschäftsordnungen das Werk von Paragraphenreitern und kleinlichen Formalisten, sie geben einer großzügigen Handhabung des selbstgesetzten Rechts Vorzug. Sie übersehen aber, daß auch Hochschulen rechtsstaatlichen Grundsätzen unterworfen sind." (W.-W.**Waibel**, Rechtsprechung: Wahlanfechtungen im Hochschulbereich, WissR **6**, S.70-94 (1973), S.70/71)

(b) **Beispiele:** Uni-Präsident "E.**Kantzenbach** ließ jetzt zu Beginn des Semesters die Fachschaften amtsentheben - angeblich, weil damit endlich der gesetzmäßige Zustand herbeigezwungen werden soll. Und gleichzeitig fordert sein Verwaltungsapparat für die Fachschaftswahlen denselben unendlichen Wust von Formalitäten, der für die Durchführung von Wahlen zu den Gremien der Universität vorgeschrieben ist: Wählerverzeichnisse, Wahlvorstände, Wahlbekanntmachungen, vorheriges Einreichen von Listen, gedruckte Wahlzettel, diverse Fristen" (ASTA-info.2/1972, S.1). "Ein Kritikpunkt am AStA ist die Urabstimmung, es sei nicht Sponti-Manier, sich auf Formalia einzulassen". "Jetzt zum Ablauf der (formalen) Urabstimmung. Es gibt den Vorschlag, den Formalkram etwas zu reduzieren, indem man bei der Urabstimmung nicht die Computerbögen der Fachbereiche [d.h. Wählerverzeichnisse] benutzt, um nachzusehen, ob der- oder diejenige eingeschrieben ist, sondern, daß man sich einfach mit dem Studentenausweis zufrieden gibt und, damit nicht doppelt oder dreifach abgestimmt wird, einen Stempel in den Studentenausweis bei Stimmabgabe macht" (AStA-Flugblatt zur Uni-VV am 1.6.1977 [Entsprechendes wurde schon 1970 für StuPa-Wahlen vertreten: Kap.19.5.1.; zur angesprochenen Problematik fehlender Wählerverzeichnisse: FN 151 (Kap.15).]); "Durch völlige Überbürokratisierung der Formalia und durch die Studenten in hohem Maße benachteiligende Wahlordnungen versuchen Kultus- und Universitätsbürokratie im Einvernehmen mit den politisch Verantwortlichen, die Studenten so weit es geht aus den universitären Selbstverwaltungsorganen fernzuhalten" (ASTA-info.7/1971, S.1); FN III.32 (Kap.10).

- Mit diesen Haltungen verbindet sich ganz konkret das Problem der Ausgestaltung und Durchführung eines zwingend vorgeschriebenen, neutral-formalen, "bürgerlichen" Wahlverfahrensrahmens in der Hand einer derart institutionenfeindlich orientierten politischen Mehrheit im autonomen Subsystem Verfaßte Studentenschaft.

48 BVerfGE **33**, 125 [156/157].

(a) Ob gemäß diesem Subsidiaritätsansatz die (zwangs-)verfaßten Studentenschaften tatsächlich allein diese "legitimen öffentlichen Aufgaben" wahrnehmen - notwendige Voraussetzung für die Verfassungsmäßigkeit ihrer Einrichtung [dazu: BVerfGE **38**, 281 [297 ff]] - mag hier unentschieden bleiben [zu dieser Problematik aber: FN II.169 (Kap.8); ferner nachfolgend: FN 50(c)]. Einen anderen Ansatz, nämlich die Einrichtung von Selbstverwaltungskörperschaften als Ausdruck von "Demokratisierung" der betroffenen gesellschaftlichen Teilbereiche, vertritt: E.**Denninger**, Demokratisierung - Möglichkeiten und Grenzen, Köln/Berlin 1976, S.57 ff.

Gerade das Wahlrecht zählt aber ersichtlich *nicht* zu den die Verfaßte Studentenschaft als Selbstverwaltungskörperschaft spezifisch definierenden Bereichen, in denen sie "in eigener Verantwortung zur Ordnung der sie besonders berührenden Angelegenheiten heranzuziehen und ihr(en) Sachverstand für die Findung 'richtigen' Rechts zu nutzen"[49] hat. Dementsprechend läßt sich eine Normsetzungsbefugnis im Studentenschaftswahlrecht für die Verfaßte Studentenschaft gerade *nicht* aus deren Status als autonome Selbstverwaltungskörperschaft herleiten! (Das schließt nicht aus, daß die Selbstverwaltungskörperschaft ihre Wahlen in Eigenverantwortung auf der Basis fremdgesetzten, demokratischen Wahlrechts durchführt.)
Indem das BVerfG konzediert, daß der Gesetzgeber "innerhalb eines von vornherein durch Wesen und Aufgabenstellung der Körperschaft begrenzten Bereichs einen bestimmten Kreis von Bürgern ermächtigt, durch demokratisch gebildete Organe ihre eigenen Angelegenheiten zu regeln"[50], weist es in diesem Bereich (und *nur* in diesem Bereich!) die Satzungs- und Ord-

---

(b) Die Struktur der studentischen Selbstverwaltung (als "Personalkörperschaft" zugleich Gliedkörperschaft der Hochschule) ähnelt in wesentlichen Bereichen derjenigen der kommunalen Selbstverwaltung (als "Gebietskörperschaft" durch Art.28 Abs.2 GG in Verfassungsrang gesetzt): Mitgliedschaftlicher Zwangscharakter, eigene Rechtsfähigkeit, eigene politische Willensbildung mit politisch-parlamentarischem Charakter der Vertretungsorgane (und freien Mandat der Mandatsträger), Satzungs- und Finanzhoheit "im Rahmen der Gesetze" [als Teil der Legislative: BVerfGE **21**, 54 [63]; BVerfGE **32**, 346 [361]], unter Rechtsaufsicht übergeordneter Behörden stehend [dazu: FN II.123 (Kap.7); H.-U.**Erichsen**, Kommunalaufsicht - Hochschulaufsicht, DVBl. **100**, S.943-949 (1985)]; sie unterscheidet sich im konstituierenden Bereich der Gebietshoheit und in der Allzuständigkeit innerhalb des gebietlichen Wirkungsbereichs [während die studentische Selbstverwaltung ohne Gebietshoheit lediglich über enger begrenzte Kompetenztitel verfügt; Unzulässigkeit des 'allgemeinpolitischen Mandats': FN II.172(a) (Kap.8)]. - Obwohl es sich auch bei den Hochschulen selbst um Körperschaften des öffentlichen Rechts handelt [dazu: § 58 Abs.1 HRG (= FN III.93)], werden diese durch einen mittels Art.5 Abs.3 GG moderierten Zweck der Wissenschaftsfreiheit konstituiert, der - selbst in der speziellen Ausprägung der Gruppenuniversität - grundlegende Unterschiede zu 'politischen' Körperschaften manifestiert. Siehe dazu: H.H.**Klein**, 'Demokratisierung' der Universität, Göttingen 1968, S.16 ff; BVerfGE **35**, 79. Aber auch: FN II.127 (Kap.7). A.A.: die in FN II.172(b) (Kap.8) angegebene Literatur. - Zu alledem ausführlicher: H.**Maurer**, Allgemeines Verwaltungsrecht, 7.Aufl. München 1990, S.485-511 (§ 23: Die mittelbare Staatsverwaltung).

49 BVerfGE **33**, 125 [159].
Entsprechendes gilt, nach heute herrschender Meinung, für den Kommunalbereich [vgl.: FN 48(b)]; dafür stellvertretend: "Nicht zu den in eigener Verantwortung zu regelnden Aufgaben gehören die 'Existenzaufgaben', d.h. jene Aufgaben, deren Erfüllung notwendige organisatorische Voraussetzung für das handlungsfähige Bestehen der Gemeinde überhaupt ist, also Organbildung" (W.**Roters**, Komm. Art.28 GG, in: I.v.**Münch** (Hrsg.), Grundgesetz (Komm.), Band 2, 2.Aufl. München 1983, S.231 (RN 47)). Demgemäß handelt es sich im Falle des Kommunalwahlrechts nicht um kommunales Satzungs-, sondern stets um Landesrecht (Kommunalwahlgesetz)! - Anderes gilt nach (noch) h.M. für das Hochschul- und Studentenschaftswahlrecht: FN 71 (Kap.14).

50 BVerfGE **33**, 125 [157].
(a) Der die Selbstverwaltungskörperschaft konstituierende Aufgabenbereich. "Erste Voraussetzung für die Errichtung eines öffentlichrechtlichen Verbandes mit Zwangsmitgliedschaft ist, daß der Verband 'legitime öffentliche Aufgaben' erfüllt (BVerfGE **10**, 89 [102]; BVerfGE **15**, 235 [241]). Damit sind die Aufgaben gemeint, an deren Erfüllung ein gesteigertes Interesse der Gemeinschaft besteht, die aber so geartet sind, daß sie weder im Wege privater Initiative wirksam wahrgenommen werden können, noch zu den im engeren Sinne staatlichen Aufgaben zählen, die der Staat selbst durch seine Behörden wahrnehmen muß" (BVerfGE **38**, 281 [299]). Implizit entäußert sich die Körperschaft also ihrer Existenzgrundlage, indem sie den ihr zugewiesenen Bereich "legitimer öffentlicher Aufgaben" überschreitet: "Nicht das Verhältnismäßigkeitsprinzip ... ist die eigentliche Quelle der Abgrenzung, sondern das Prinzip, daß die Organe autonomer Körperschaften über 'ihren' Bereich nicht hinausgreifen dürfen. Nur insoweit sie Maßnahmen treffen, die sich auf 'ihre' Mitglieder beschränken, sind sie legitimiert" (U.K.**Meyn**, Autonome Satzung und demokratische Legitimation - Zur Rechtsprechung des BVerfG, DVBl.**92**, S.593-601 (1977), S.598 [ähnlich auch: H.**Maurer** (FN 48), S.507/508 (RN 42); ferner in diesem Sinne für den Aufgabenbereich speziell der studentischen Selbstverwaltungskörperschaft: B.**Pieroth**, Störung, Streik und Aussperrung an der Hochschule, Berlin 1976, S.199 ff]).
(b) Die Entleerung des Aufgabenbereichs der Verfaßten Studentenschaft. Im Falle der Verfaßten Studentenschaft muß das Problem der realen Entleerung des diese konstituierenden Aufgabenbereichs gesehen werden: "Dominierend blieb für die Allgemeinen Studentenausschüsse der Aufgabenbereich der studentischen

nungsgebung der Selbstverwaltungskörperschaft durch dessen "demokratisch gebildete Organe" der legislativen Gestaltung zu, "wenn bedacht wird, daß mit diesem Prädikat hier nicht auf die etatistisch ausgeformte Mehrheitsdemokratie der Verfassung, sondern auf das genossen-

---

Selbsthilfe. Dieser Bereich ... setzte aber Verwaltungserfahrung voraus, so daß die Allgemeinen Studentenausschüsse schon bald sich dieser Aufgaben entledigten und mit den Hochschulen und anderen Interessenten eigene Träger für diese Aufgaben gründeten. Mit der Abwanderung wesentlicher Aufgaben schrumpfte der Wirkungskreis der studentischen Organe sehr zusammen, zumal die Beteiligung an den allgemeinen Angelegenheiten der Universitäten nirgendwo ein nennenswertes Ausmaß annahm." (H.**Meyer**, Zur Stellung der Studenten in der Universität, DÖV **21**, S.608-611 (1968), S.610); ähnlich, von politisch verwandter Seite: "Organisationsbedürftige Interessen, die in der Nachkriegszeit bestanden haben, sind gesättigt oder, soweit sie noch bestehen, ohne politischen Zündstoff: der studentischen Selbstverwaltung sind ja nicht viel mehr Funktionen verblieben als Mensaaufsicht und die Vermittlungsdienste eines Büros für Auslandsreisen" (J.**Habermas**, Protestbewegung und Hochschulreform, es **354** (Frankfurt/M 1969), S.85). Ferner: A.**Gallas**, Die Staatsaufsicht über die wissenschaftlichen Hochschulen, Berlin 1976, S.189 ff. Weiterer "legitimer öffentlicher Aufgaben" verlustig ging die Verfaßte Studentenschaft mit der Einführung studentischer Repräsentation der Gruppenuniversität; als Konsequenz daraus plädierten für die Auflösung der Zwangskörperschaft: H.**Buck**/W.**Maurus**/ W.**Thommel**, Studentische Interessenvertretung in einem demokratischen Hochschulwesen, Weinheim 1971, S.68 ff; ähnlich auch die Position der SPD im bildungspolitischen "Reformjahr" 1969: FN III.38 (Kap.10). Dementsprechend wird die Studentenschaft auch in § 41 Abs.1 HRG (= FN III.93) nicht zwingend als Träger besonderer Aufgaben angesehen. - Zu den möglicherweise vorhandenen Restbeständen "legitimer öffentlicher Aufgaben" der Verfaßten Studentenschaft siehe aber: Kap.5 (am Beginn).

(c) Zur möglichen Verfassungswidrigkeit der Verfaßten Studentenschaft (I). "Selbst wenn der Verband legitime öffentliche Aufgaben wahrnimmt, so rechtfertigt dies allein noch nicht seine Existenz. In der Statuierung als Zwangsverband liegt prinzipiell ein empfindlicher Eingriff in grundrechtliche Positionen der Zwangsmitglieder. Der Eingriff kann deshalb nur dann als Bestandteil der verfassungsmäßigen Ordnung angesehen werden, wenn er zum Erreichen des vom Gesetzgeber erstrebten Zieles geeignet, aber auch erforderlich ist. Kann des Ziel auf eine andere, weniger belastende Weise erreicht werden, so verstößt der Eingriff gegen die im Rechtsstaatsprinzip wurzelnden Grundsätze der Verhältnismäßigkeit und des Übermaßverbotes und ist damit verfassungswidrig (BVerfGE **29**, 312 [316]; BVerfGE **23**, 127 [133])" (VG Sigmaringen, E.v.24.6.1975 [Az.: III.1033/74], in: DVBl.**92**, S.465-466 (1977), S.465 [zum "Übermaßverbot" nachfolgend: FN 84(a) (Kap.14)]). - Bereits aufgrund der signifikanten Ausdünnung der "legitimen öffentlichen Aufgaben" der Verfaßten Studentenschaft wird geschlossen, daß diese studentische Selbstverwaltungskörperschaft als in die Grundrechte der allgemeinen Handlungsfreiheit (Art.2 Abs.1 GG) sowie der Koalitionsfreiheit (Art.9 Abs.1 GG) übermäßig eingreifend, verfassungswidrig ist; dazu ausführlicher mit weiteren beachtenswerten Argumenten: H.**Krüger**, Studentische Selbstverwaltung, in: C.**Flämig** et alii (Hrsg.), Handbuch des Wissenschaftsrechts, Band 1 Berlin/ Heidelberg/New York 1982, S.636-657, Abschnitt 2.3.2. (S.642 ff). Zusammenfassend (ablehnend): W.**Damkowski**, Zur Problematik der verfaßten Studentenschaft, DVBl.**93**, S.229-238 (1968), S.229 ff (Abschnitt B); E.**Denninger**, Das 'politische Mandat' der Studentenschaft, KJ **27**, S.1-22 (1994), Teil I.

(d) Zur möglichen Verfassungswidrigkeit der Verfaßten Studentenschaft (II). Einen gravierenden Aspekt, gestützt auch durch die vorliegenden Untersuchungen, liefert die häufig höchst mangelhafte Bereitschaft von Repräsentanten Verfaßter Studentenschaften, die geltenden Normen des Rechtsstaats zu befolgen [dazu: FN II.172, FN II.174 (Kap.8); Beispiele dafür: FN II.20, FN II.50 (Kap.5); FN II.115 (Kap.6); Kap.19]: "Das schwerste Bedenken gegen die Verfassungsmäßigkeit der Studentenschaften besteht in der z.T. mangelnden Fähigkeit oder dem mangelnden Willen, die Regeln zu akzeptieren, die für den Rechtsstaat des GG unabdingbar sind. Dieser Tatbestand liegt dann vor, wenn es zu massiver Verletzung demokratischer Wahlrechtsregeln oder zur Mißachtung gerichtlicher Entscheidungen kommt. ... Soweit dieser Tatbestand zutrifft und auch durch eine hinreichend intensive Aufsichtspraxis nicht zu beseitigen ist, wird die Institution der Studentenschaft selbst verfassungswidrig" (W.**Thieme**, Deutsches Hochschulrecht, 2.Aufl. Köln/Berlin/Bonn/München 1986, S.725). Erschwerend anzumerken bleibt hierbei noch die erfahrungsgemäß häufige Duldung rechtswidriger Zustände durch die Aufsichtsbehörden. - Eine höchstrichterliche Klärung durch das BVerfG steht bis jetzt noch aus.

(e) Eine juristische Alternativkonstruktion. Als Konsequenz - aufgrund des verbliebenen mangelnden Aufgabenbereichs der Verfaßten Studentenschaft sowie der andauernden Rechtsverletzungen im Zusammenhang mit der Zwangsmitgliedschaft in der Körperschaft sowie im Zusammenhang mit der nach wie vor unbefriedigenden Durchführung der innere Legitimation erzeugenden Studentenschaftswahlen [dazu: Kap.19] - böte sich an die Auflösung der Verfaßten Studentenschaft als (Zwangs-)Körperschaft des öffentlichen Rechts mit Satzungs- und Finanzhoheit [beispielhaft dafür: FN II.3 (Kap.5)]. An deren Stelle könnte ein freiwilliger Zusammenschluß vereinsrechtlicher Natur treten [dazu u.a.: FN II.169, FN II.172 (Kap.8)] unter öffentlicher finanzieller Absicherung (Subsidiarität) - auch oppositioneller Projekte! -, die der fiskalischen Fachaufsicht einer kompetenten staatlichen Behörde [vgl. dazu: FN II.123 (Kap.7); FN V.105, FN V.112 (Kap.18)] zu unterliegen hätte.

schaftliche und zur Mehrheitsdemokratie unter Umständen in Spannung tretende Lebensprinzip der Selbstverwaltung verwiesen wird"[51]. "Trotzdem bleibt auch im Rahmen einer an sich zulässigen Autonomiegewährung der Grundsatz bestehen, daß der Gesetzgeber sich seiner Rechtsetzungsbefugnis nicht völlig entäußern und seinen Einfluß auf den Inhalt der von den körperschaftlichen Organen zu erlassenden Normen nicht gänzlich preisgeben darf. Das folgt sowohl aus dem Prinzip des Rechtsstaats wie aus dem der Demokratie"[52] ("Wesentlichkeitstheorie"). Indem das BVerfG derart von früheren Vorstellungen abrückt, die alle Selbstverwaltungskörperschaften als mittelbare Staatsverwaltung und somit allein als Teil der Exekutive auffaßten[53], entzieht sie diese dem Primat des Bestimmtheitsgebots des Art.80 Abs.1 GG sowie der Grundsätze rechtsstaatlicher Verwaltung. Statt dessen rückt mit der Hervorhebung des demokratischen Prinzips im öffentlich-politischen Raum nunmehr die demokratische Legitimation der Körperschaft in den Vordergrund, mithin geradezu zwingend die rechtsstaatlich-demokratische Wahl ihrer normerzeugenden Repräsentativorgane: Die Binnenorganisation einer demokratischen Selbstverwaltungskörperschaft muß "so gestaltet sein, daß der Wille der Institution und die ihr anvertraute Aufgabenerledigung von den Körperschaftsmitgliedern geprägt und beherrscht wird"[54]. Das heißt aber a forteriori: Ist die Durchführung rechtsstaatlich-demokratischer Wahlen der Organe einer Selbstverwaltungskörperschaft mit Satzungshoheit nicht gewährleistet und gesichert, verliert diese ihre demokratische Legitimation und folglich auch ihren daran gebundenen Legislativcharakter. Diese Legitimationsverschiebung unterstellte die Selbstverwaltungskörperschaft damit allein dem überwölbenden Rechtsstaatsprinzip, womit die Körperschaft - kurzfristig - in den Status der mittelbaren Staatsverwaltung zurückfiele, mit der verfassungsmäßigen Verpflichtung des Gesetzgebers aus Art.80 Abs.1 GG, umgehend wenig-

---

51 P.**Badura**, Das normative Ermessen beim Erlaß von Rechtsverordnungen und Satzungen, in: GS für W.**Martens**, Berlin/New York 1987, S.25-37, S.28.
Diese legislative Gestaltung erfolgt wiederum in Übereinstimmung mit der kommunalen Volksvertretung, die auch als Teil der Legislative gesehen werden kann [dazu: FN 48(b); aber auch: FN 53!].

52 BVerfGE **33**, 125 [158] [ebenso: S.161; schärfer noch: BVerfGE **49**, 89 [126]].
Die "Wesentlichkeitstheorie". "Der Gesetzgeber darf seine Normsetzungsbefugnis nicht in beliebigem Umfange außerstaatlichen Stellen überlassen, soll der Bürger nicht schrankenlos einer normsetzenden Gewalt nicht staatlicher Einrichtungen ausgeliefert werden. ... Das widerspräche sowohl dem Rechtsstaatsprinzip, wonach Einschränkungen der Freiheit des Bürgers, soweit sie überhaupt zulässig sind, nur durch oder aufgrund staatlicher Gesetze erfolgen dürfen, als auch dem Demokratieprinzip, wonach die Ordnung eines nach dem Grundgesetz staatlicher Regelung offenstehenden Lebensbereichs durch Sätze des objektiven Rechts auf eine Willensentschließung der vom Volke bestellten Gesetzgebungsorgane zurückgeführt werden muß" (BVerfGE **64**, 208 [214/215] [ebenso: P.**Badura** (FN 51), S.27]). Die Kontrolle obliegt der staatlichen Rechtsaufsicht. - Im Falle der Hessischen Verfaßten Studentenschaften wird dieser Rahmen durch die §§ 62 bis 71 HHG (= FN III.95) gesetzt.

53 **Selbstverwaltung als mittelbare Staatsverwaltung.** Beispielhaft: BVerfGE **10**, 20. Als klassische Abhandlung dazu: A.**Köttgen**, Die Krise der kommunalen Selbstverwaltung, Tübingen 1931. Nach dieser Theorie sind die Selbstverwaltungsgremien "Organe der Verwaltung, denen lediglich parlamentsähnliche Züge anhaften". Die Gremienwahlen sind deshalb "substantiell, von ihrer speziellen Organbildungsfunktion her gesehen - keine Parlamentswahlen, mag es sich auch formal um Kreationsakte für repräsentative Körperschaften handeln, die denselben Wahlrechtsgrundsätzen unterliegen wie die Wahlen zum Bundestag oder zu den Landtagen" (H. **Wuttke**, Wahlprüfungsentscheidungen als Angriffsgegenstand einer Verfassungsbeschwerde, AöR **96**, S.506-527 (1971), S.526 [formuliert für kommunale Gebietskörperschaften; dieselbe dort gelieferte Argumentation trifft auch auf die heutigen Studentenvertretungen zu]). Ähnlich K-Wahlen als Legitimationsakte eines Exekutivorgans (anstelle eines parlamentarischen Legislativorgans) darstellend: A.**Saftig**, Kommunalwahlrecht in Deutschland, [jur.Diss.] Baden-Baden 1990, S.20. Ferner: K.**Redeker**, Anmerkungen zu: BVerwGE **59**, 231, DVBl.**95**, S.569-572 (1980); M.**Hartig**, Ist der Gemeinderat ein Parlament?, Ba-WüVPr **14**, S.193-196 (1987).

54 T.**Oppermann**/H.-J.**Doderer**, Selbstverwaltung und staatliche Verwaltung, in: C.**Flämig** et alii (FN 50), S.251-280, S.254

stens die für die Abhaltung rechtsstaatlicher Wahlen notwendigen Voraussetzungen zu schaffen - oder aber die Körperschaft qua Gesetz wieder aufzulösen.
Der Grundgedanke des Vorrangs der demokratischen Legitimation, Charakteristikum des öffentlich-politischen Raums, korreliert heute eher mit den Realitäten der institutionalisierten Studentenvertretung. Würde diese dagegen nach dem Schwerpunkt des Rechtsstaatsprinzips unter den klassischen Kriterien der mittelbaren Staatsverwaltung als Exekutive gemessen, könnten lediglich noch wenige Kongruenzen festgestellt werden mit der direkten Konsequenz der juristischen Existenzfrage für die Körperschaft selbst[55].

Kap.14 Zur Übertragbarkeit der überkommenen demokratischen Wahlrechtsgrundsätze auf Studentenschafts- und Hochschulwahlen

Prinzipielle Unterschiede zwischen der Klasse der "politisch-parlamentarischen" Wahlen und derjenigen der Hochschulwahlen werfen die Frage nach Methoden der Vergleichbarkeit und Bereichen der Übereinstimmung auf. Im folgenden sollen insbesondere die Unterschiede in der Übertragbarkeit der demokratischen Wahlrechtsgrundsätze für "politisch-parlamentarische" Wahlen (hierzu zählen auch die Studentenparlamentswahlen als Wahlen der studentischen Selbstverwaltung) einerseits und für Hochschulwahlen (hierbei handelt es sich um die Wahlen der Kollegialorgane der Gruppenuniversität, also der 'akademischen Selbstverwaltung') andererseits dargestellt werden. Daraus ergibt sich z.B. als Konsequenz die unterschiedliche Zulässigkeit von Wahlrechtsquoren in den beiden genannten Wahlklassen. Das wird expliziert durch einen Wahlrechtskonflikt an der Johann Wolfgang Goethe-Universität im WS 1989/90.

---

55 **Die Verfaßte Studentenschaft als mittelbare Staatsverwaltung?** Die Verfaßten Studentenschaften als mittelbare Staatsverwaltung (implizit) darstellend: W.**Thieme** (FN 50), S.723.
(a) Beispielhaft für grundlegende Merkmale mittelbarer Staatsverwaltung, die die heutigen Verfaßten Studentenschaften in ihrer Mehrzahl nicht einmal ansatzweise mehr aufweisen können: "Wenn in einer Demokratie Selbstverwaltung existiert, dann muß diese Form öffentlicher Verwaltung demokratisch strukturiert sein. ... Selbstverwaltung in der Demokratie ist also immer zugleich demokratische Selbstverwaltung" (W.**Frotscher**, Selbstverwaltung und Demokratie, in: FS für G.C.**v.Unruh**, Heidelberg 1983, S.127-147, S.144). Selbstverwaltung kann aber kaum ausgeübt werden, "wenn man sie im Denkstil der parteienstaatlichen Demokratie betreiben möchte" (E.**Schmidt-Aßmann**, Zum staatsrechtlichen Prinzip der Selbstverwaltung, in: GS für W.**Martens** (FN 52), S.249-264, S.257). Aber auch die Selbstverwaltung als "genossenschaftliches Lebensprinzip", "unter Umständen in Spannung tretend" mit der "Mehrheitsdemokratie" (P.**Badura** (FN 51), S.28), trifft auf die heutigen Verfaßten Studentenschaften sicherlich nicht zu.
Die mit der Form der mittelbaren Staatsverwaltung verbundene juristische Crux erkannten auch die 'undogmatisch-linken' Studentenpolitiker klar: "Die verfaßten Studentenschaften seien Körperschaften des öffentlichen Rechts. ... Die Studentenschaft sei damit eine Instanz der mittelbaren Staatsverwaltung und wie jede andere staatliche Verwaltung strikt an die ihr erteilten Kompetenzen gebunden, wenn sie handele. ... Die Teilnahme einer Körperschaft des öffentlichen Rechts am politischen Willensbildungsprozeß des Volkes verletze den Grundsatz der Staatsfreiheit eben dieser Willensbildung und sei unvereinbar mit dem Prinzip der staatsbürgerlichen Repräsentation innerhalb eines parlamentarischen Systems" (W.**Bock**, Die Studenten als Teil des Staates: Ende der Meinungsfreiheit, in: diskus 4-5/1977, S.17-26, S.22). Dies ergänzend: FN II.196 (Kap.8).
(b) Der Charakter der Verfaßten Studentenschaft als reine mittelbare Staatsverwaltung begegnet Bedenken hinsichtlich deren Rechtsnatur als Gliedkörperschaft der Hochschule: Die Hochschule als durch das Grundrecht des Art.5 Abs.3 GG (Wissenschaftsfreiheit) überwölbte Körperschaft [dazu: FN 48(b) (Kap.13)] leistet unter diesem Aspekt grundsätzlich keine mittelbare Staatsverwaltung. Bei der Verfaßten Studentenschaft handelt es sich um eine Gliedkörperschaft der Hochschule [dazu: FN III.19 (Kap.10); beispielhaft: § 62 Abs.2 HHG (= FN III.95)]. Damit ist auch die Verfaßte Studentenschaft nicht Träger ausschließlich mittelbarer Staatsverwaltung, sondern - theoretisch - Verwaltung des eigenständigen Bereichs 'Wissenschaft' in der Konkretisierung des Art.5 Abs.3 GG [vgl. dazu bereits: M.**Hellwig**, Stellungnahme zum politischen Mandat der Studentenschaft, Marburg 1968, S.6; T.**Knoke**, Das 'politische Mandat' der Studentenschaft, DÖV **20**, S.542-550 (1967), S.546].

14.1. Zur Übertragbarkeit der demokratischen Wahlrechtsgrundsätze auf Studentenschaftswahlen

Der Willensbildungsprozeß innerhalb der Verfaßten Studentenschaft als rechtsfähiger Körperschaft des öffentlichen Rechts mit Satzungshoheit ist wie derjenige des übergeordneten Staats aufgebaut[56], die Organe der Körperschaft beziehen ihre demokratische Legitimation nach den Grundsätzen der repräsentativen, rechtsstaatlichen Demokratie. Der *Parlamentscharakter* des obersten Beschlußorgans, des Studentenparlaments (StuPa), ergibt sich bereits als Folge der Satzungsautonomie der Verfaßten Studentenschaft: Allein dieses Studentenschaftsorgan besitzt die legislative Kompetenz, untergesetzliches studentisches Satzungsrecht (im Rahmen seiner Zuständigkeiten) zu erzeugen[57]. Dabei hat das StuPa inzwischen - etwa seit dem Jahre 1967 - rein *"politisch-parlamentarischen"* Charakter angenommen[58], allerdings rechtsaufsichtlich kontrolliert. Die Wahl dieses Parlaments unterliegt folglich, sofern nicht einfachgesetzlich explizit anderes normiert ist, den als "allgemeinen Rechtsprinzipien" für den gesamten öffentlichen, "politisch-parlamentarischen" Raum zu begreifenden, konstitutionellen fünf *demokratischen Wahlrechtsgrundsätzen* der Allgemeinheit, Unmittelbarkeit, Freiheit, Gleichheit und Geheimheit nach Art.38 Abs.1, Art.28 Abs.1 GG[59]. Damit wird auch im speziellen Falle der

---

56 Dazu: P.**Becker**, Komm. § 41 HRG, in: E.**Denninger**, Hochschulrahmengesetz (Komm.), München 1984, S.498 und S.500. - Hier zeigt sich das Analogon für die kommunale Selbstverwaltung in Art.28 Abs.1 S.2 GG [dazu ferner: FN 48 (Kap.13)].

57 Für den Hessischen Fall: § 66 HHG (= FN III.95). - Zur Satzungs- und Ordnungsgebung der Verfaßten Studentenschaft als Funktion der Legislative: Kap.13.3.2. (bei FN 51).

58 So auch: W.**Thieme** (FN 50), S.708 sowie S.712; H.**Meyer** (FN 20), S.249; siehe ferner: Kap.10. Entsprechend dem als Körperschaft des öffentlichen Rechts eingeschränkten Aufgabenbereich der Verfaßten Studentenschaft [dazu: Kap.13.3.2.] kommt dem StuPa aber keine allgemeine politische Repräsentationsfunktion zu, sondern lediglich eine solche im rechtlich zulässigen Bereich seiner "legitimen öffentlichen Aufgaben" [dazu: FN 172(a) (Kap.8)]. - Überzeichnend: Die Studentenschaft ist verleitet, "unter allgemein-politischen Gesichtspunkten ein Parlament zu wählen, das für Fragen der Universität zwar zuständig aber nicht sachkundig, für Fragen der allgemeinen Politik dagegen sachkundig aber nicht zuständig ist" (H.**Meyer** (FN 50), S.611).

59 K.-H.**Seifert** (FN 23), S.40, zeitlich noch vor: BVerfGE **47**, 253 [276/277].

Zum Geltungsbereich der Wahlrechtsgrundsätze. (a) Zur Übertragbarkeit der Wirkung dieser zunächst nur für die BT-Wahlen (Art.38 Abs.1 GG) sowie LT- und K-Wahlen (Art.28 Abs.1 GG) normierten Grundsätze als ungeschriebenes Verfassungsrecht auch auf andere "politisch-parlamentarische Wahlen" (BVerfGE **41**, 1 [12] (= FN 64)) siehe nur die GG-Kommentare: G.**Leibholz**/H.-J.**Rinck**/D.**Hesselberger**, 6.Aufl. Köln 1991, Komm. Art.38 GG, S.9 (RN 2); T.**Maunz**, Komm. Art.38 GG, in: T.**Maunz**/G.**Dürig**/R.**Herzog**/R.**Scholz** u.a., 27.Lieferung München 1990, S.45; B.**Schmidt-Bleibtreu**/F.**Klein**, 7.Aufl. Neuwied/Frankfurt/M 1990, S.601 (RN 1). Ebenso: E.**Schiffer**, Wahlrecht, in: E.**Benda**/W.**Maihofer**/H.-J.**Vogel**, Handbuch des Verfassungsrechts der Bundesrepublik Deutschland, Berlin/New York 1983, S.295-315, S.296. - Die Konkretisierung der Wahlrechtsgrundsätze erfolgte bisher vor allem für das Prinzip der Verhältniswahl (in einem Wahlkreis); sie kann für andere Mandatsverteilungsverfahren abweichende Ergebnisse bringen: R.**Herzog**, Rechtsgutachten über die Verfassungsmäßigkeit eines Verhältniswahlsystems in (kleinen) Mehrmandatswahlkreisen, in: Bundesminister des Innern (Hrsg.), Rechtsgutachten zu der Vereinbarkeit der Verhältniswahl in kleinen Wahlkreisen [Dreier-Wahlkreissystem] mit dem Grundgesetz, Bonn o.J. [1968], S.33-93, S.44 ff.

(b) Zur spezifischen Konkretisierung für Kommunalwahlen: H.**Meyer**, Kommunalwahlrecht, in: G.**Püttner** (Hrsg.), Handbuch der kommunalen Wissenschaft und Praxis, Band 2, 2.Aufl. Berlin/Heidelberg/New York 1982, S.37-80, Teil I.2. Obwohl kommunale Wahlen im exakten, verfassungsrechtlichen Sinne der Kreationsakte von Gebietskörperschaften (aufgefaßt als mittelbarer Staatsverwaltung) nicht als "politisch-parlamentarisch" zu bezeichnen sind [vgl. dazu: FN 53 (Kap.13); auch: FN 58], werden sie im folgenden, da sie in ihrer Durchführung den BT- und LT-Wahlen inzwischen sehr ähneln, als solche subsumiert.

(c) Zur Übertragbarkeit speziell auf Studentenschaftswahlen: H.-P.**Schneider**/F.**Hufen**, Wahl- und Abstimmungspflichten im Bereich der Studentenschaft, Berlin 1978, S.25/26; ferner: A.**Rinken**, Verfassungsrechtliche Aspekte zum Status der Studenten, JuS **8**, S.257-263 (1968), S.261(bb).

(d) Eine gemeindeutsche Verortung der Wahlrechtsgrundsätze erfolgte schon sehr früh durch: G.**Jellinek**, System der subjektiven öffentlichen Rechte, 2.Aufl. Tübingen 1905, S.166; sie wurde in amtlicher Form mit dem Aufruf des Rates der Volksbeauftragten an das Deutsche Volk v.12.11.1918 (RGBl., S.1303-1304 (1918))

Studentenschaftswahlen[60] grundsätzlich die Konkretisierung und Interpretation dieser Wahlrechtsgrundsätze durch die Judikatur des Bundesverfassungsgerichts (BVerfG) maßgebend.

14.1.1. Die einfachgesetzliche Normierung der Wahlrechtsgrundsätze für Studentenschaftswahlen. Der Umfang der gemeindeutschen Verortung der demokratischen Wahlrechtsgrundsätze, d.h. deren Durchdringungswirkung auf den gesamten öffentlichen Raum des Deutschen Staates, braucht hier gar nicht weiter untersucht zu werden, weil die Wahlrechtsgrundsätze nochmals explizit einfachgesetzlich und untergesetzlich als das Studentenschaftswahlrecht bindend und begrenzend erscheinen:

(a) Bundesrecht. Die einfachgesetzliche Normierung erfolgt zunächst mittels der Rahmengesetzgebungskompetenz des Bundes nach Art.75 Abs.1 Nr.1a GG durch das Hochschulrahmengesetz: Das Studentenparlament wird "in freier, gleicher und geheimer Wahl ... in der Regel nach den Grundsätzen der personalisierten Verhältniswahl gewählt" (§ 41 Abs.3 HRG i.V.m. § 39 HRG)[61]. Die durch die Bezugnahme auf § 39 HRG - Wahlen der akademischen Kollegialorgane - ausgeprägte Analogie von Hochschulwahlen und Studentenschaftswahlen ist allerdings nicht so weittragend, wie der formale Gesetzestext allein glauben machen könnte: Handelt es sich doch bei den Hochschulwahlen nicht primär um "politisch-parlamentarische", sondern um die Klasse der durch die Einwirkung und Realisierung des Grundrechts der Wissenschaftsfreiheit nach Art.5 Abs.3 GG einem "*besonderen Zweck*" unterliegenden Wahlen; dementsprechend sind für Hochschulwahlen unter dem Schirm des "besonderen Zwecks" und dem 'Übermaßverbot' "in großem Umfang Differenzierungen"[62] der Wahlrechtsgrundsätze - mit Ausnahme dem der Unmittelbarkeit, der Differenzierungen strukturell gar nicht erlaubt[63] - zugelassen. Dagegen bedürfen Differenzierungen der Wahlrechtsgrundsätze im Falle von Studentenschaftswahlen, da diese dem Bereich "politisch-parlamentarischer Wahlen"[64] zuzurechnen sind, in Konsequenz des 'Übermaßverbots' eng auszulegender, "*besonderer rechtfertigender, zwingender Gründe*"[65]. Diese "zwingenden Gründe" müssen direkt aus der spezifischen Situa-

übernommen: "Alle Wahlen zu öffentlichen Körperschaften sind fortan nach dem gleichen, geheimen, direkten, allgemeinen Wahlrecht auf Grund des proportionalen Wahlsystems ... zu vollziehen." (S.1304)

60 Unter "Studentenschaftswahlen" wird hier und im folgenden vor allem die wichtigste Klasse der Studentenparlamentswahlen (kurz: StuPa-Wahlen) verstanden. Die Wahlen der Fachschaftsräte weisen dagegen vielfach immer noch weniger "politisch-parlamentarischen" als eher korporativen Charakter auf - so wie etwa bis zum Jahre 1967 auch die Studentenparlamentswahlen [dazu: Kap.9].

61 In den hier maßgeblichen Teilen unverändert seit der 1.Fassung des HRG v.26.1.1976 (= FN III.93).
Zur Konkretisierung des Begriffs der "personalisierten Verhältniswahl" als einer möglichen Ausprägung der Verhältniswahl: K.A.**Ludwig**, Das Gebot eines 'personalisierenden' Wahlrechts im Hochschulbereich, Kaiserslautern 1980. - Daß dieser Terminus des HRG unter dem Wahlrechtsgrundsatz der Gleichheit nicht beliebig interpretierbar ist und überdehnt werden kann, zeigt exemplarisch die Rechtswidrigkeit der gültigen Wahlordnung der Studentenschaft der Johannes Gutenberg-Universität Mainz (Rh-Pf.StAnz., S.621-622 (1996)); dazu: FN 185(e) (Kap.15). - Aus ähnlichem Grund wäre § 14 Abs.1 StS der Studentenschaft der Johann Wolfgang Goethe-Universität Frankfurt/M v.21.12.1966 (= FN III.29) heute der Rechtswidrigkeit anheimgefallen.

62 BVerfGE **41**, 1 [14], m.w.N.
Siehe dazu ausführlicher nachfolgend: Kap.14.2.1. und 14.2.2.

63 Der Wahlrechtsgrundsatz der Unmittelbarkeit läßt Differenzierungen nicht zu: Kap.15.3. (bei FN 204).

64 BVerfGE **41**, 1 [12], m.w.N.

65 BVerfGE **34**, 81 [99], m.w.N.
Erstmals bereits in: BVerfGE **1**, 208 [LS 11b] (im Zusammenhang mit der Bestimmung der zulässigen Höhe eines Stimmenquorums). Die Betonung hat hier auf "zwingend" zu liegen, denn ein "zwingender" Grund in o.g. Sinne ist stets auch ein "rechtfertigender"; die Umkehrung ist dagegen i.a. falsch [vgl. dazu auch: W.**Schreiber** (FN 20), S.69 (RN 7)]. - Nichtsdestoweniger ist die zulässige Einschränkung der [grundrechtsähnlichen: FN 23 (Kap.13)] Wahlrechtsgrundsätze stets durch das 'Übermaßverbot' begrenzt: Geeignetheit, Erforderlichkeit und Verhältnismäßigkeit der Maßnahme sind nachzuweisen [dazu nachfolgend: FN 84(a)].

tion der Verfaßten Studentenschaft heraus erschließbar sein; denn es ist nicht a priori statthaft, alle für staatliche "politisch-parlamentarische" Wahlen zulässigen Differenzierungen der Wahlrechtsgrundsätze ungeprüft-mechanisch durch (möglicherweise sachlich unzulässigen) Analogieschluß auf "politisch-parlamentarische" Studentenschaftswahlen übertragbar anzusehen[66].

Im Hochschulrahmengesetz werden die demokratischen Wahlrechtsgrundsätze allerdings nur mit Ausnahme der Allgemeinheit und Unmittelbarkeit positiviert. Für diese beiden im Gesetz fehlenden Wahlrechtsgrundsätze gilt:

(i) Allgemeinheit der StuPa-Wahl. Direkt folgt aus der Bezugnahme auf die zunächst für Hochschulwahlen in § 39 HRG formulierten Wahlrechtsgrundsätze die Nichtnennung des Grundsatzes der Allgemeinheit für Studentenschaftswahlen; denn die nach Statusgruppendifferenzierung durchzuführenden Wahlen zu den Kollegialorganen der Gruppenuniversität, die Hochschulwahlen, erfüllen ersichtlich, bezogen auf die Gesamtkorporation, nicht den Grundsatz der Allgemeinheit[67]. Nichtsdestoweniger müssen sich gerade "politisch-parlamentarische" Studentenschaftswahlen aufgrund der Geltung des Demokratieprinzips innerhalb der Körperschaft Verfaßte Studentenschaft notwendig als allgemeine Wahlen zeigen.

(ii) Unmittelbarkeit der StuPa-Wahl. Der Wahlrechtsgrundsatz der Unmittelbarkeit muß implizit[68] oder landes- bzw. untergesetzlich[69] erschlossen werden.

(b) (Hessisches) Landesrecht. Landesgesetzlich wiederholt der Hessische Gesetzgeber die für Studentenschaftswahlen unvollständige rahmengesetzliche Formulierung im Hessischen Hochschulrecht: Die Mitglieder des Studentenparlaments "werden in freier, gleicher und geheimer Wahl nach den Grundsätzen der Verhältniswahl gewählt" (§ 65 Abs.3 HHG)[70]; es bleibt unerfindlich, warum an dieser Stelle die Wahlrechtsgrundsätze nicht in der systematisch möglichen und sinnvollen, vollzähligen Reihung erscheinen. Die Ausgestaltung im einzelnen obliegt gemäß § 66 Abs.4 Nr.1 HHG untergesetzlicher autonomer Satzungsnorm, in Beschlußkompetenz der jeweiligen Verfaßten Studentenschaft liegend - im Einklang mit der h.M.: "Die Ausgestaltung des Wahlrechts innerhalb autonomer Körperschaften (gehört) traditionell zum satzungsrechtlich zu regelnden Bereich korporativer Eigenverantwortung."[71] - Dieser h.M. kann indes

---

66 Siehe für die konkreten Ausprägungen der Wahlrechtsgrundsätze für Studentenschaftswahlen: Kap.15. - Als Beispiele für nicht statthafte, weil ungeprüft-mechanische Übertragung der Wahlrechtsgrundsätze in der Ausprägung für staatliche, "politisch-parlamentarische" Wahlen auf die Hochschule: Kap.14.2.3. (insb. FN 111: für Hochschulwahlen); Kap.19.26.1. (insb. FN V.504 und FN V.511: für Studentenschaftswahlen).

67 R.**Grawert**, Wahlrechtsgrundsätze für Hochschulwahlen, WissR **14**, S.193-215 (1981), S.204/205. Beachte dazu ausführlicher nachfolgend: FN 82(c), FN 87.

68 Dafür, daß grundsätzlich implizit von unmittelbaren Wahlen im Hochschulbereich ausgegangen wird: BVerfGE **35**, 79 [128]; R.**Grawert** (FN 67), S.212/213. Nicht so eindeutig: P.**Kickartz**, Die wissenschaftlichen Hochschulen, in: H.J.**Wolff**/O.**Bachof**, Verwaltungsrecht II, 5.Aufl. München 1987, S.174-255, S.218/219. - Daß unmittelbare Wahlen derart nicht für jedes Organ einer Selbstverwaltungskörperschaft allein strukturell erschlossen werden können, zeigt: BVerfGE **47**, 253 [275] (für die kommunale Selbstverwaltung im Falle einer "ausschließlich Aufgaben der Verwaltung" wahrnehmenden Bezirksvertretung).

69 Für landesgesetzliche Beispiele nachfolgend: FN 71; ein untergesetzliches Beispiel (Satzung der Studentenschaft der Johann Wolfgang Goethe-Universität zu Frankfurt am Main): Teil III.

70 Nachdem das HHG i.d.F. v.12.5.1970 (= FN III.38) dazu überhaupt schwieg, erstmals und seitdem unverändert positiviert im neugefaßten § 65 Abs.3 HHG i.d.F. v.6.6.1978 (= FN III.95).
Insofern aus dieser Regelung die Zulässigkeit der Verhältniswahl mit (nicht-'personalisierten') starren (Wahlvorschlags-)Listen für Hochschul- und Studentenschaftswahlen abgeleitet wird, ist diese Normierung als mit dem den Landesgesetzen übergeordneten § 39 HRG (= FN III.93) unvereinbar anzusehen: K.A.**Ludwig** (FN 61), S.10 und S.12; B.**Nagel**, Komm. § 39 HRG, in: E.**Denninger** (FN 56), S.486 (RN 2). Dessenungeachtet werden z.B. an der Johann Wolfgang Goethe-Universität zu Frankfurt am Main bisher seit nahezu 20 Jahren ungerügt sowohl die Studentenparlaments- als auch die Konventswahlen mittels starrer Listen durchgeführt.

71 H.-P.**Schneider**/F.**Hufen** (FN 59), S.56.

nicht gefolgt werden. Denn der Normbereich der fundamentalen Legitimationserzeugung innerhalb der Selbstverwaltungskörperschaft erfüllt *nicht* die an autonomes Satzungsrecht zu stellenden Anforderungen und genügt *nicht* dem zentralen Stellenwert der Wahl im demokratisch-repräsentativen System:

(i) Das Studentenschaftswahlrecht zählt rechtssystematisch nicht zu den die Selbstverwaltungskörperschaft definierenden, ureigenen Bereichen, in denen ihre Mitglieder über besondere Kompetenz und spezifischen Sachverstand verfügen ("legitime öffentliche Aufgaben")[72];

(ii) die autonome Setzung des Studentenschaftswahlrechts durch die Selbstverwaltungskörperschaft widerspricht in ihrer damit verursachten Disponibilität dem unumgänglich notwendigen Verfahrensablauf und dem anerkannt hohen Formalisierungsgrad des fundamentalen Legitimationsakts der demokratischen Wahl[73];

(iii) die Verfügbarkeit über die (normative) Ausgestaltung des Wahlverfahrens widerspricht dem Konstrukt der Wahl als nicht-demokratisierbarem Funktionsbereich[74];

(iv) das Autonomie-Dogma der staatlicherseits weitgehend unkontrollierten Wahldurchführung durch die Selbstverwaltungskörperschaft negiert die wirksam ausgeprägten, staatsfeindlichen Rechts- und Politikprinzipien innerhalb des Subsystems Verfaßte Studentenschaft[75].

(c) Satzungsrecht der Studentenschaft der Johann Wolfgang Goethe-Universität zu Frankfurt am Main. Im Falle der Johann Wolfgang Goethe-Universität referierte zunächst die vorläufige Studentenschaftssatzung (StS) die überkommenen fünf Wahlrechtsgrundsätze vollständig und in eigenständiger Reihung: Die Mitglieder des Studentenparlaments werden "nach den Grundsätzen der Verhältniswahl in allgemeiner, freier, gleicher, unmittelbarer und geheimer Wahl" bestimmt (§ 7 Abs.2 StS)[76]. Die seit 1994 gültige StS[77] übernimmt hingegen in § 4

Ferner: A.**Gallas**, Die Staatsaufsicht über die wissenschaftlichen Hochschulen, Berlin 1976, S.187; K.D. **Deumeland**, Hochschulrahmengesetz (Komm.), Baden-Baden 1979, Komm. § 41 Abs.2 HRG, S.103.
Beispiele (Wahlrechtssetzungskompetenz für die Verfaßte Studentenschaft): **(i)** Für Hessen zunächst als § 29 Abs.4 Nr.1 HHG i.d.F. v.12.5.1970 (= FN III.38); daraus übernommen in § 66 Abs.4.2 i.V.m. § 65 Abs.3 Neufassung HHG v.6.6.1978 (= FN III.95) in bis heute unveränderter Fassung; **(ii)** für Berlin: § 19 Abs.2.1 i.V.m. § 18 Abs.3 Berl.HG (= FN II.14(b)); **(iii)** für Nordrhein-Westfalen: § 72 Abs.2.1 i.V.m. § 77 NRW. WissHG v.20.10.1987 (= FN III.99); **(iv)** für Rheinland-Pfalz: § 106 Abs.3.2 i.V.m. § 107 Rh-Pf.HochSchG (= FN 37). **(v)** Analoges gilt für das Hochschulwahlrecht; exemplarisch nachfolgend: FN 100.
Gegenbeispiele (Entzug der Wahlrechts-Normsetzungskompetenz): FN III.99 (Kap.11). - Das Prinzip 'Wahlrecht als Selbstverwaltungsangelegenheit' gilt nicht für K-Wahlen (Gebietskörperschaften): FN 49 (Kap.13).

72 Siehe dazu: Kap.13.3.2. (bei FN 49). Für Beispiele: Kap.11; Kap.12.; FN V.558 (Kap.19).
Dies ergänzend: "Verleihung und Ausübung von Satzungsautonomie haben ihren guten Sinn u.a. darin, gesellschaftliche Kräfte unter Entlastung des Gesetzgebers zur Regelung solcher Angelegenheiten heranzuziehen, die sie betreffen, die sie in überschaubaren Bereichen am sachkundigsten beurteilen können und auf deren Veränderungen der Gesetzgeber seinerseits oft nicht rasch genug reagieren könnte. Die grundgesetzliche Ordnung setzt ... der Verleihung und Ausübung von Satzungsgewalt bestimmte Grenzen" (BVerfGE **33**, 303 [342]).

73 Siehe dazu: Kap.13.3.1.

74 Siehe dazu: Kap.10.1. (bei FN III.21) und FN 31 (Kap.13).

75 Siehe dazu: Kap.8.1. und Kap.8.2.
Gleichwohl gehört die Wahldurchführung traditionell zum "Bereich korporativer Eigenverantwortung". Exemplarisch hierfür die K-Wahl ("Kommunalwahl als Selbstverwaltungsangelegenheit"): F.**Rietdorf**, Gesetz über die Kommunalwahlen im Lande Nordrhein-Westfalen (Komm.), Stuttgart 1956, S.120/121, S.136.

76 StS v.10.11.1972 (= FN III.56) [(teilweise) abgedruckt in Anhang 2 (A.2.8.)].
Die demokratischen Wahlrechtsgrundsätze erscheinen als "allgemein, gleich, direkt, geheim" bereits in § 1 WO v.1.12.1953 (= FN III.12). - Die (formale) Nennung der fünf demokratischen Wahlrechtsgrundsätze für die Wahl des Parlaments erfolgte sogar im § 10 Abs.1 eines dem StuPa der Universität Frankfurt 1972 zur Beschlußfassung vorgelegten Satzungsentwurfs [zum damaligen Erfordernis einer neuen StS: Kap.10] der maoistischen Studentengruppen KSB und KSV [zu diesen Gruppen: FN II.11(a) (Kap.5)].

77 StS v.22.2.1994 (= FN III.168) [(teilweise) abgedruckt in Anhang 2 (A.2.18.)]

Abs.4 StS wörtlich die in diesem Kontext *unvollständige* Norm des HHG. - Damit ist insbesondere die Unmittelbarkeit der StuPa-Wahl nirgendwo explizit normiert.

14.1.2. Die systemwidrige Umdeutung der Wahlrechtsgrundsätze im Studentenschaftsbereich. Im einseitig 'undogmatisch-links' politisierten Studentenschaftsbereich erfuhren angesichts der geforderten Kompetenz zur Gestaltung autonomer Selbstverwaltung gegen das Obersystem Staat die "bürgerlichen" Wahlrechtsgrundsätze nicht selten eine materiale Umdeutung und damit eine Ausprägung, die sich tatsächlich weniger an den geltenden Verfassungsprinzipien des Grundgesetzes als vielmehr an den Grundprinzipien des inzwischen untergegangenen, "sozialistischen" DDR-Wahlrechts orientierte; die dort genannten DDR-"Werktätigen" wurden in ihrer Funktion als Wähler und Souverän nämlich für den Bereich der bundesdeutschen Verfaßten Studentenschaften gleichgesetzt mit den Studenten (gegen den "bürgerlich"-kapitalistischen Staat): Dadurch, "daß die gesamte Wahl in den Händen der Werktätigen *(= Studenten)* selbst liegt und die Durchführung von ihnen aktiv gestaltet wird, ... haben sich ... auch die Wahlrechtsprinzipien inhaltlich verändert. Die aus dem bürgerlichen Staat überlieferten Wahlrechtsprinzipien des allgemeinen, gleichen, direkten und geheimen Wahlrechts wurden durch ihren neuen sozialistischen Inhalt zu aktiven Gestaltungsrechten unserer Werktätigen *(= Studenten)*."[78] Gerade in Fragen der Wahldurchführung fanden damit 'dogmatische Linke' und 'undogmatische Linke' in der studentischen Selbstverwaltungskörperschaft für lange Zeit ihre Gemeinsamkeiten gegen ziviles, staatliches Recht.

Die teilweise Realisierung dieser Umdeutungen konnte in bundesdeutschen Verfaßten Studentenschaften um so leichter erfolgen, als häufig genug Unwissen um die rechtmäßige (kasuistische) Ausprägung der demokratischen Wahlrechtsgrundsätze für Studentenschaftswahlen bestand und besteht, gepaart mit der Unklarheit über die Abgrenzung zu den häufig gleichzeitig am selben Ort ablaufenden Hochschulwahlen. Der Einfluß dieser Umdeutungen konnte um so stärker erfolgen, je defizitärer autonomes studentisches Satzungsrecht, insbesondere in Form völlig anomischer Wahlordnungen[79], sich darstellte und bis zum heutigen Tage noch darstellt. Somit erscheint sowohl die Konkretisierung der demokratischen Wahlrechtsgrundsätze für Studentenschaftswahlen geboten als auch die Darstellung der sich davon teilweise unterscheidenden Ausprägung für Hochschulwahlen. Die Wahlrechtsgrundsätze sind nämlich nicht nur die abstrakten Gebilde zentraler grundrechtsähnlicher Rechte; sie erzeugen vielmehr in ihrer verfassungskonformen jeweiligen Konkretisierung materielles Recht auch für die Universitäten und deren Verfaßte Studentenschaften.

---

78 O.**Unger**, Die Rolle der Wahlen in der DDR, StR 7, S.953-967 (1958), S.966.
Ferner: E.**Lieberam**/W.**Menzel**, Bonner Wahlen '69 - Schein und Wirklichkeit, Berlin (Ost) 1969; H.**Graf**/W. **Seiler**, Wahl und Wahlrecht im Klassenkampf, Berlin (Ost) 1971. Als Beispiel für die Verquickung von wissenschaftlichem Anspruch und ideologischer Polemik in der Befassung der (ehem.) DDR-Staatsrechtslehre mit "bürgerlichen" Wahlverfahren: E.**Gottschling**, Bürgerliche Wahlen - Schein und Wirklichkeit, NJ **33**, S.177-180 (1979). Paradigmatisch die Interpretation der Wahlrechtsgrundsätze der Freiheit und der Geheimheit im (ehem.) DDR-Wahlrecht: FN 226(b), FN 239(b) (Kap.15).
Gerade im Studentenschaftswahlrecht zeigte sich ein überproportionaler Einfluß der orthodox-linken, DKP-orientierten Studentengruppen auch in einem sonst eher 'undogmatisch-links' geprägten Umfeld; beispielhaft für die Frankfurter Universität: Kap.19.2. bis Kap.19.19.; vgl. auch: Keine Wahlkabinen, unbewachte Wahlurnen und andere volksdemokratische Kuriositäten bei den Wahlen zum Studentenparlament der Bonner Universität, HPI **4**, S.9 (1973).

79 Exemplarisch für diese Anomien: Das Wahlrecht der Studentenschaft der Johann Wolfgang Goethe-Universität zu Frankfurt am Main [dazu insb.: Kap.10; Kap.11]; ferner: Dokumentenanhang zu: B.W.**Reimann**, Partizipation, Demokratie und Wahlrecht im System der Selbstverwaltung von Hochschule und Studentenschaft II, in: studpol 7-8/1974, S.75-170.

14.2. Untersuchungen zur Rechtmäßigkeit von Unterstützer- und Kandidatenquorum bei Hochschulwahlen

Den heute wesentlichsten und auch umstrittensten Teil jeglichen demokratischen Wahlverfahrens bilden die miteinander verwandten Wahlrechtsgrundsätze der Allgemeinheit und Gleichheit der Wahl. Dafür hat das Bundesverfassungsgericht schon sehr früh entschieden, daß es sich beim "Grundsatz der gleichen Wahl" nach Art.38 Abs.1 GG um einen "Anwendungsfall des allgemeinen Gleichheitssatzes" des Art.3 Abs.1 GG handele[80] und dementsprechend gefolgert: "Ob und in welchem Ausmaß der Gleichheitssatz ... dem Gesetzgeber Differenzierungen erlaubt, richtet sich nach der Natur des jeweils in Frage stehenden Sachbereichs"[81].

14.2.1. Die Voraussetzungen für die unterschiedlichen Differenzierungen (Beschränkungen) der Wahlrechtsgrundsätze. Die sinnvollen Einschränkungen des aktiven (und des passiven) Wahlrechts, insbesondere die die Allgemeinheit der Wahl reduzierenden individuellen Wahlrechtsbeschränkungen, sind gerade im Falle staatlicher Wahlen bekannt, bewährt und heute meist unumstritten[82]. Einschränkungen der Allgemeinheit des Wahlvorschlagsrechts sind vor allem denkbar durch Kautelen bei der Listenzulassung im Wahlgesetz:

(i) Das Unterstützerquorum. Eine Wahlvorschlagsliste wird nur unter der Bedingung zur Wahl zugelassen, daß zuvor eine Mindestanzahl von Wahlberechtigten schriftlich unter festgelegter Form die Kandidatur der Liste "unterstützt". Hiermit soll insbesondere erreicht werden, daß bereits am Beginn des Wahlverfahrens bei der Listenzulassung diejenigen Listen ausgeschieden werden, deren Verankerung im Wahlkörper unter einer durch das Unterstützerquorum (auch: *Unterschriftenquorum*) nachzuweisenden Grenze liegt; dies wird gerade für solche Listen angenommen, die "nicht ernstzunehmende", kurzzeitige "Zufallsbildungen" sind.

(ii) Das Kandidatenquorum. Eine Wahlvorschlagsliste wird nur unter der Maßgabe einer Mindestanzahl von auf der Liste unter ihrem Einverständnis aufgeführten Personen mit passivem Wahlrecht (Kandidaten) zur Wahl zugelassen. Hiermit soll insbesondere sichergestellt

---

80 BVerfGE **1**, 208 [241 ff], BVerfGE **6**, 84 [LS 1] i.st.R. des zweiten ("Wahlrechts"-)Senats.
Dazu ausführlicher: Kap.15.2. (insb.: FN 171).

81 BVerfGE **6**, 84 [LS 2].
Siehe dazu auch: R.**Grawert** (FN 67), S.206/207.

82 Die Differenzierungen des aktiven Wahlrechts. **(a)** Für die staatskonstituierende BT-Wahl ist dies bezüglich eines Mindestwahlalters sogar explizit in Verfassungsrang normiert im Art.38 Abs.2 GG., weitergehend: Art.38 Abs.3 GG i.V.m. § 15 BWahlG (= FN 30). Die zwingende Begrenzung des Wahlrechts auf die Deutsche Staatsbürgerschaft folgt implizit aus Art.20 Abs.2 GG [vgl. dazu: BVerfGE **83**, 37; BVerfGE **83**, 60: "Wahlen, bei denen auch Ausländer wahlberechtigt sind, können demokratische Legitimation nicht vermitteln." (S.81)]. - Zu alledem umfassender: L.**Gramlich**, Allgemeines Wahlrecht - in Grenzen?, JA **18**, S.129-139 (1986).
(b) Die Wirksamkeit der vorgenannten Differenzierungen des aktiven (und des passiven) Wahlrechts wurde zunächst auch für Hochschulwahlen in Erwägung gezogen: E.E.**Hirsch**, Zur rechtlichen Neuordnung der Universitätsverfassung, in: FS für W.**Felgenträger**, Göttingen 1969, S.81-97, S.95 ff. Davon ist im Laufe der Etablierung der Gruppenuniversität zugunsten strenger Formalisierung grundsätzlich Abstand genommen worde.
(c) Die Probleme stellen sich heute für den Bereich von Studentenschafts- und Hochschulwahlen in verlagerter Form: Das Wahlrecht ist zunächst grundsätzlich allein gekoppelt an die Mitgliedschaft in der Körperschaft, unabhängig von Nationalität, Alter, Wohnort, Dauer der Mitgliedschaft (§ 36 Abs.1, § 39 HRG (= FN III.93)). (i) Für die Studentenschaftswahlen vgl. dazu nachfolgend: Kap.15.1.1.(a). **(ii)** In Einzelfällen schwierig zeigt sich im Falle der Hochschulwahlen die entsprechend der Struktur der Gruppenuniversität notwendige nachfolgende Differenzierung in der korrekten Zuordnung zu jeweils einer der vier Statusgruppen [beispielhaft für die Problematik: BVerfGE **35**, 79 [LS 8a, 134 ff, 139 ff]; BVerfGE **56**, 192 [LS, 208 ff]]. Diese Zuordnung erfährt dadurch einen herausgehobenen Stellenwert, daß jede Statusgruppe einen eigenen Wahlkörper für die Beschikkung der beschlußfassenden Kollegialorgane bildet und wegen des festgeschriebenen, unterschiedlichen Stimmengewichts [dazu: FN 87] dabei eine Zusammenfassung von Statusgruppen oder deren Teilen über die 'Öffnungsklausel' des § 38 Abs.2 S.3 HRG hinaus unzulässig ist: BVerfGE **35**, 79 [126 ff]; BVerfGE **47**, 327 [388 ff]; E.-W.**Böckenförde**, 'Integrierte Wahl' - verfassungsgemäß?, ZRP **7**, S.134-137 (1974).

werden, daß jede bei der Wahl erfolgreiche Liste - auch im Falle späterer Rücktritte oder Exmatrikulationen - über die gesamte Zeit der Wahlperiode in der Lage bleibt, alle ihr bei der Wahl zugefallenen Mandate mit eigenen Mandatsträgern in vor der Stimmabgabe bekannter (oder vom Wähler selbst zu reihender) Personenfolge zu besetzen, allgemeiner, daß das Gremium seine charakteristische Zusammensetzung und die gewünschte Arbeitsfähigkeit behält.

- Getroffen von derartigen Einschränkungen, in Abhängigkeit von "der Natur des jeweils in Frage stehenden Sachbereichs", wird insbesondere die Wirkung des Wahlrechtsgrundsatzes der Gleichheit. Gemäß der o.g. Judikatur des Bundesverfassungsgerichts bedürfen im Bereich "politisch-parlamentarischer Wahlen"[83] als Abbild der nach Art.20 Abs.1 und Art.38 Abs.1 GG normierten politisch-egalitären Repräsentation Durchbrechungen des in diesem Bereich wirksamen Grundsatzes der streng formalen Wahlrechtsgleichheit als spezifischer Ausprägung des 'Übermaßverbots' "besonderer rechtfertigender, zwingender Gründe"[84]. Jene eng auszulegenden "*zwingenden Gründe*" lassen grundsätzlich das Unterstützerquorum für diese Wahlen in den üblichen engen Grenzen zu[85]. Andererseits dürfte ein funktionales (prozentuales) Kandidatenquorum insbesondere im Falle mitgliedsstarker "politisch-parlamentarischer" Gremien wegen dann übermäßiger Benachteiligung kleiner, mitgliedsschwacher Parteien oder Wählergruppen der Verfassungswidrigkeit unterliegen[86].

Relativiert und abgeschwächt erscheint das 'Übermaßverbot' dagegen im Falle einer Wahl, die statt oder neben originär "politisch-parlamentarischen" Elementen wesentlich bestimmt durch andersartige, charakteristische "*besondere Zwecke*" ist. Denn "der besondere Zweck der Wahl läßt ... in großem Umfang Differenzierungen zu, die bei Anwendung des Grundsatzes der formalen Wahlrechtsgleichheit nicht zulässig wären, weil für sie besondere rechtfertigende, zwingende Gründe nicht bestehen."[87] So soll im folgenden gezeigt werden, daß, im Unterschied

---

83 BVerfGE **41**, 1 [12], m.w.N. (= FN 64).
Dies gilt folglich auch für Wahlen des Studentenparlaments [dazu: Kap.14.1.].

84 BVerfGE **34**, 81 [99], m.w.N. (= FN 65).
(a) **Zum 'Übermaßverbot'.** Selbst die Grundrechte dürfen um schutzwürdiger Rechtsgüter willen grundsätzlich eingeschränkt werden. Dabei müssen die zum Schutze eingesetzten Mittel aber im Hinblick auf das Ziel geeignet, erforderlich und verhältnismäßig sein. Das derart definierte 'Übermaßverbot' erhält sein Gewicht, weil dessen "Grundsätze ... sich als übergreifende Leitregeln allen staatlichen Handelns zwingend aus dem Rechtsstaatsprinzip ergeben und deshalb Verfassungsrang haben" (BVerfGE **23**, 127 [133], m.w.N. [auch: BVerfGE **61**, 126 [134]; BVerfGE **81**, 156 [192 ff]]). Aus der Literatur (in nicht ganz einheitlicher Notation) stellvertretend: K.**Hesse** (FN 20), S.127/128; T.**Maunz**/R.**Zippelius** (FN 20), S.95/96.
(b) Zur dementsprechend differenzierten materiellen Ausformung der (grundrechtsgleichen) Wahlrechtsgrundsätze für staatliche, "politisch-parlamentarische" Wahlen durch die maßgebliche Judikatur des BVerfG siehe: G.**Leibholz**/H.-J.**Rinck**/D.**Hesselberger** (FN 59), Komm. Art.38 Abs.1. Für Studentenschaftswahlen: Kap.15.

85 "Bestimmungen, die darauf abzielen, ... keine Zufallsbildungen von kurzer Lebensdauer [ohne Verankerung im Wahlkörper] zur Wahl zuzulassen, sind verfassungsrechtlich unbedenklich." (BVerfGE **3**, 19 [LS 4])
Derartige Quoren im politisch-parlamentarischen Bereich "können aber den Gleichheitsgrundsatz verletzen, wenn sie ein gewisses Maß überschreiten", wenn sie also unverhältnismäßig sind (BVerfGE **3**, 19 [LS 5], i.st.R. [zu exakteren Berechnungen der Zulässigkeit: FN 125]). - Allgemeiner zur Verfassungsmäßigkeit von Unterstützerquoren: W.**Schreiber** (FN 20), S.94, S.310 ff, m.w.Lit.; Kap. 15.2.3.(a).

86 Beispiel: Im kommunalen Bereich müßte ein effektives Kandidatenquorum mindestens 50% der zu besetzenden Sitze betragen, weil Stimmenanteile von über 40% einzelner kandidierender Gruppen und Parteien nichts Ungewöhnliches sind. Demnach hätten z.B. alle für die Wahl der Frankfurter Stadtverordnetenversammlung kandidierenden Listen mindestens 47 Kandidaten aufzuweisen (§ 38 HGO [Hessische Gemeindeordnung v.1.4.1981 (GVBl.I, S.66-96 (1981)) i.d.F. v.20.5.1992 (GVBl.I, S.170-185 (1992), Art.1)]), für kleine Parteien und Wählervereinigungen eine unüberwindliche Hürde, die mit der Ausprägung der formalen Gleichheit des passiven Wahlrechts im "politisch-parlamentarischen" Bereich nicht vereinbar wäre.

87 BVerfGE **41**, 1 [14].
In diesem Sinne gründet sich die "Gruppenuniversität" [dazu: FN II.4 (Kap.5)] auf ein Vierklassenwahlrecht.

zum "politisch-parlamentarischen" Bereich, ein Kandidatenquorum bei - durch die Einwirkung des Grundrechts der Wissenschaftsfreiheit nach Art.5 Abs.3 GG auf die korporative Struktur der Hochschule einem "besonderen Zweck" unterliegenden - Hochschulwahlen entsprechender Sachgerechtigkeit genügt, während ein einheitliches funktionales Unterstützerquorum aufgrund arithmetischer Randbedingungen für zwei der vier universitären Statusgruppen (nämlich die der Professoren und die der wissenschaftlichen Mitarbeiter) die engen Grenzen der zulässigen Einschränkung des Gleichheitssatzes überschreiten kann, darüber hinaus dem "besonderen Zweck" der Hochschulwahl nicht angemessen ist und damit dann als unzulässig gelten muß.

14.2.2. Der funktionale Doppelcharakter von Hochschulwahlen. Die Wahlen zu den Kollegialorganen der Gruppenuniversität sind nur bedingt mit den rein "politisch-parlamentarisch" geprägten Wahlen des Staats oder öffentlicher Körperschaften zu vergleichen, denn die akademischen Kollegialorgane weisen einen *funktionalen Doppelcharakter* auf:

(a) Die demokratisch-repräsentative Komponente. Die einschlägigen Hochschulgesetze normieren die Legitimation durch arithmetisch Gleiche, das freie Mandat sowie den Schutz gegen Abberufungen der Organwalter *nur innerhalb* der vier Statusgruppen[88]. "Danach besteht zwischen den 'Vertretern' der Gruppenangehörigen und diesen ein Zurechnungsverhältnis, wie es den rechtlichen Kern der Repräsentation ausmacht"[89] und Charakteristikum der "politisch-parlamentarischen" Gremien darstellt. Die in § 39 HRG zitierten überkommenen demo-

---

Zur Differenzierung der Wahlrechtsgleichheit für Hochschulwahlen. (a) Die streng formale Wahlrechtsgleichheit (im aktiven Wahlrecht) ist für Hochschulwahlen evident stets verletzt. Hat beispielsweise in der im folgenden Kap.14.2.4. aufgeführten Frankfurter Konventswahl 1989/90 jede Studentenstimme den Zählwert W = 1 , so hat jede Professorenstimme den nominalen Zählwert (bei jeweils 100% gültiger Wahlbeteiligung) W_n = 134,4 bzw. den realen Zählwert (unter gegebener Wahlbeteiligung) W_r = 35,3 ; für die Konventswahl 1995/96 lauten die Zahlen für die Professorenstimmen W_n = 154,4 und W_r = 29,1 .

(b) Diese "Differenzierung" der formalen Wahlrechtsgleichheit für Hochschulwahlen ist anerkannt, sie wurde meist nicht einmal während der Studentenrevolte in Frage gestellt. Eine der wenigen Ausnahmen bildete der "Entwurf eines Hochschulgesetzes" des SDS Hamburg vom Februar 1968 [abgedruckt in: Kursb.**14**, S.120-122 (1968); später nochmals in: G.v.**Schenck**, Das Hochschulrahmengesetz, Bonn-Bad Godesberg, S.116/117]; dieser wollte die universitäre Entscheidungsbildung identitär-demokratisch, personenbezogen auf "Universitätsvollversammlungen" und "Institutsvollversammlungen" erzeugt wissen, wo jedes Mitglied der Universität bzw. eines "Instituts" Statusgruppen-unspezifisches, gleiches Stimmrecht besitzen sollte (Art.13 ff SDS-HochSchG-Entwurf). Allerdings hätte auch nur und allein die reine Realisierung der formalen Wahlrechtsgleichheit die Voraussetzung für eine 'Demokratisierung' der Hochschule "nach dem Muster der politischen Demokratie" erbringen können [dazu: B.W.**Reimann**, Die Hochschulreform in Hessen, in: H.A.**Glaser**, Hochschulreform - und was nun?, Frankfurt/M/Berlin/Wien 1982, S.144-174, S.161; U.K.**Preuß**, Demokratie in der Hochschule, Kursb.**97**, S.151-169 (1989), S.162/163; ebenso bereits: H.H.**Klein** (FN 48), S.22/23]. - Zur Unangemessenheit einer Zugrundelegung des strikten (formalen) Gleichheitssatzes für die universitäre Selbstverwaltung z.B.: R.**Reinhardt**, Gedanken zur 'Drittelparität', in: FS für H.**Gerber**, Tübingen 1970, S.164-174, S.167.

88 Als Rahmennorm: § 39 HRG (= FN III.93); für die Hessischen Hochschulen: § 14 Abs.1, § 15 Abs.1, Abs.3 HHG (= FN.III 95). "Die Gruppen [Professoren, wiss.Mitarbeiter, Studenten, sonst.Mitarb.] sind Zusammenfassungen von Mitgliedern der Hochschule mit jeweils untereinander gleichen oder ähnlichen, im Verhältnis zu den Angehörigen der anderen Gruppen aber unterschiedlichen Funktionen." (P.**Kickartz** (FN 68), S.213)

89 R.**Grawert** (FN 67), S.202.
Beachte auch: U.**Thaysen**, Parlamentarisches Mandat in Hochschulgremien nunmehr auch gerichtlich akzeptiert, ZParl **11**, S.543-546 (1980). - Zu diesem repräsentativ-demokratischen Aspekt der Gruppenuniversität stellten deren Hessische Protagonisten bereits 1968 optimistisch fest: "Es wird ein handlungsfähiges parlamentarisches Gremium von gewählten Vertretern der ... beteiligten Gruppen sein. ... Zum erstenmal in der deutschen Universitätsgeschichte können hier hochschulpolitische Grundsatzfragen auch nach den Regeln eines politischen Willensbildungsprozesses entschieden werden" (E.**Denninger**/L.**v.Friedeburg**/J.**Habermas**/R.**Wiethölter**, Ein Beitrag zur Diskussion des Hessischen Hochschulgesetzentwurfs, in: J.**Habermas** (FN 50), S.223-234, S.228). Vgl zur Idee der selbstverwalteten Gruppenuniversität auch: FN II.4 (Kap.5).
Allerdings verliert die repräsentative Komponente für eine Statusgruppe an Gewicht in dem Maße, wie die Wahlbeteiligung (innerhalb) dieser Statusgruppe absinkt [zustimmend: W.**Thieme** (FN 50), S.231 (RN 230)].

kratischen Wahlrechtsgrundsätze, nach denen die Wahlen der Kollegialorgane durchzuführen sind, wirken dementsprechend direkt in ihrer, für "politisch-parlamentarische" Wahlen formulierten, streng formalen, reinen Ursprungsgestalt des Art.38 Abs.1 GG lediglich jeweils innerhalb der einzelnen Statusgruppen (nicht aber für die Gesamtkorporation); und nur unter dieser Voraussetzung sind grundsätzlich Einschränkungen - hier insbesondere der Wahlrechtsgleichheit - "ohne zwingenden Grund ausgeschlossen"[90]. - Zusätzlich und unabhängig von dieser Statusgruppen-immanenten Partialrepräsentation erfolgten häufig wertspezifisch-politische Differenzierungen und auch disziplinäre (d.h. fachgebietsspezifische) Differenzierungen nebeneinander, Statusgruppen-übergreifend für die Gesamtheit des Kollegialorgans[91].

(b) Die korporative Komponente. Für das Kollegialorgan mit seiner Ungleichheit begründenden Aufgliederung in Status-'Paritäten' liegt eine "normative Zuordnung des Verhaltens der Gruppenrepräsentanten in der Gremienarbeit zur Gesamtkorporation der Hochschule"[92] vor. Die dem zuwiesene Differenzierung erfolgt gerade nicht nach politisch-wertmäßigen, sondern nach den korporationsspezifischen Kriterien "Qualifikation, Funktion, Verantwortung und Betroffenheit"[93] der Statusgruppenvertreter, in deren wohlgewichtetem Zusammenarbeiten die Entscheidungs- und Arbeitsfähigkeit der Korporation Hochschule optimal hergestellt werden soll. In diesem Sinne liegt der "besondere Zweck"[94] der Hochschulwahlen in der Verfahrens-

---

90 BVerfGE **41**, 1 [12] [im Anschluß an: BVerfGE **39**, 247 [254]]

91 Die 'gruppenspezifische Verhältniswahl'. Der sowohl in den Wahlkörpern als auch in den Kollegialorganen wertmäßig-politisch und disziplinär angelegten Differenzierung trägt die Vorschrift der 'gruppenspezifischen Verhältniswahl' des § 39 S.1 HRG Rechnung [in diesem Sinne auch, kritisch: M.**Schröder**, Grundlagen und Anwendungsbereich des Parlamentsrechts, Baden-Baden 1979, S.474/475; Bericht der Expertenkommission zur Untersuchung der Auswirkungen des Hochschulrahmengesetzes, Bonn 1984, S.106/107].

Die "besonderen Zwecke" einer Hochschulwahl sind grundsätzlich nicht geeignet, dieses Prinzip der 'gruppenspezifischen Verhältniswahl' z.B. zugunsten einer Form der Mehrheitswahl außer Kraft zu setzen: BVerfGE **66**, 291 [305 ff]. Diese BVerfG-Entscheidung widerlegt die gegenteiligen Auffassungen von K.A.**Ludwig** (FN 61), S.17 (mit der dortigen FN 36) und R.**Wildenmann**, Stellungnahme zur Frage studentischer Beteiligung an universitären Wahlen, Bonn - Bad Godesberg 1980, S.42/43.

92 R.**Grawert** (FN 67), S.203.

"Das Prinzip der Gruppenuniversität ist wesentlich wahlrechtlicher Natur: Es hebt durch die Bildung der Gruppen das Wahlrechtsprinzip gleicher Erfolgschancen für jede Stimme auf und läßt es nur im Rahmen der jeweiligen Gruppe gelten." (P.**Kickartz** (FN 68), S.214 [statt "Erfolgschance" sollte hier klarer vom realen Zählwert gesprochen werden: FN 87(a)])

93 BVerfGE **35**, 79 [113, 131, 138] ("Paritätenurteil", auch: "Hochschulurteil").

"Qualitative Repräsentation". Der o.g. BVerfGE nachfolgend, mit "näherer Umschreibung" (BVerfGE **61**, 210 [240]) dieses Mitwirkungsmaßstabs: BVerfGE **43**, 242 [267, 269 ff]; BVerfGE **47**, 327 [392 ff]. - Es handelt sich dabei um Grundprinzipien der (korporativen, "akademischen") Selbstverwaltung der Hochschule [dazu: R.**Reinhardt** (FN 87), S.166 ff; auch: Kap.13.3.2.]. Diese Grundprinzipien vermögen die "treuhänderische Selbstkontrolle als das Fundament universitärer Autonomie" zu konstituieren und damit die Legitimation der Gruppenuniversität als solcher im demokratischen Rechtsstaat: "Unter demokratischen Prämissen ist auch die autonome Macht der universitären Gremien vom Volk verliehen, und zwar im Vertrauen darauf, daß in den anstehenden Entscheidungen nach Sachverstand entschieden wird und entschieden werden kann" (R.**Eckert**, Wissenschaft und Demokratie, Tübingen 1971, S.44 und S.43); vgl. dazu auch: U.K.**Preuß** (FN 87), S.159.

Die Grundprinzipien des universitären Mitwirkungsmaßstabs sind einfachgesetzlich aufgegriffen im § 38 Abs.1 HRG (= FN III.93) und damit gleichzeitig Objekte der einschlägigen Kommentarliteratur: P.**Dallinger**/C.**Bode**/ F.**Dellian**, Hochschulrahmengesetz (Referenten-Komm.), Tübingen 1978, S.124 (RN 2), S.232 ff, sprechen in diesem Zusammenhang von "qualitativer Repräsentation" [in Rekurs auf die Entschließung der Westdeutschen Rektorenkonferenz (WRK) v.22.5.1968 zu den 'Kriterien der qualitativen Repräsentation'; abgedruckt und kritisiert in: W.**Weber**, Neue Aspekte der Freiheit von Forschung und Lehre, in: FS für W.**Felgenträger** (FN 82), S.225-258, S.243 ff]; ebenso später: P.**Kickartz** (FN 68), S.216 ff; vgl. ferner die HRG-Komm. von: A.**Reich**, Bad Honnef 1977, S.83; B.**Nagel**, in: E.**Denninger** (FN 56), S.471; K.**Hailbronner**, in: ders. (Hrsg.), Heidelberg 1991, Komm. § 38 HRG, S.4 ff; ausführlich ferner: M.**Schröder** (FN 91), insb. S.41-50, S.467-489.

94 BVerfGE **41**, 1 [14] (= FN 87)

technik für die Bestellung individuellen "Sachverstandes der einzelnen Gruppen ... zwecks besserer Entscheidungsfindung bei der Verwaltung der Universität"[95] durch wohlgewichtete Ordnung zur Förderung der Wissenschaft unter Wahrung der Wissenschaftsfreiheit des Art.5 Abs.3 GG. Die dieser Struktur angemessenen, weitergehenden Einschränkungen der überkommenen ("politisch-parlamentarischen") Wahlrechtsgrundsätze sind folglich über die engen, "zwingenden Gründe"[96] hinausreichende; sie sind also rechtmäßig ausschließlich aus der spezifischen Natur der Organisationsstruktur und Funktionsfähigkeit der Hochschule und der Wissenschaftsfreiheit im Rahmen des dadurch erweiterten Übermaßverbots zu begründen, unter Beachtung des Willkürverbots des Allgemeinen Gleichheitssatzes des Art.3 Abs.1 GG[97]; sie können in Einzelfällen selbst in die formale Wahlrechtsgleichheit *innerhalb* einer Statusgruppe mittels "sachgerechter Untergliederung dieser Gruppe"[98] eingreifen. - Das heißt: Die den Wahlen der Kollegialorgane unterliegenden Wahlrechtsgrundsätze des § 39 HRG, insbesondere die Freiheit und die Gleichheit der Wahl, zeigen sich dem "besonderen Zweck" der Hochschulwahlen mit den daraus resultierenden weitergehenden Differenzierungen unterworfen[99].

---

95 BVerfGE **35**, 79 [125].
Ebenso wieder: BVerfGE **66**, 270 [291]; vgl. auch: K.**Hailbronner** (FN 93), S.29.
(a) Kritisch zur "inneren Inkonsistenz" der nach dem demokratischen Prinzip erfolgenden Entscheidungsfindung (Mehrheitsprinzip) durch nach korporativen Paritäten beschickte Organe (akademische Gremien): U.K. **Preuß** (FN 87), S.164/165. Der Autor erhofft eine Läuterung der Gruppenuniversität von (Gruppen-)egoistischen Motiven und Ansprüchen durch Aufweichung der repräsentativen Komponente der Kollegialorgane [die korporative Komponente ist nach BVerfG **35**, 79 nicht grundlegend veränderbar]: Die Vertreter einer Statusgruppe werden danach in festgelegten Anteilen (getrennt) von den Wahlkörpern aller vier Gruppen gewählt (S.168/169). Das Verfahren soll eine "wechselseitige Fremdwahrnehmung" der Gruppen institutionalisieren.
(b) Unter dem korporationsspezifischen Gesichtspunkt sind legitimationsverstärkende Beteiligungsquoren für Hochschulwahlen [z.B. in: § 21 Abs.2 HHG v.12.5.1970 (= FN III.38); fortgefallen mit dem HHG v.6.6.1978 (= FN III.95)] systemfremd, weil sie die (als optimal angesehenen) Paritäten eines Kollegialorgans verändern können [vgl. dazu auch: M.**Schröder** (FN 91), S.475].
96 BVerfGE **34**, 81 [99] (= FN 65)
97 So explizit auch: BVerfGE **39**, 247 [254]; Hess.VGH, E.v.14.1.1980 [Az.: VI N 1/79], in: NJW **33**, S.1538-1540 (1980), S.1539. - Ferner, diese Auslegung vertiefend: R.**Grawert** (FN 67), S.207; G.**Kisker**, Zur Bedeutung und zum Geltungsbereich des Grundsatzes der formalen Allgemeinheit und Gleichheit der Wahl, in: FS für W.**Mallmann**, Baden-Baden 1978, S.103-116, insb. S.104 ff, S.110 ff; über den Hochschulbereich hinaus: J.**Oebbecke**, Demokratische Legitimation nicht-kommunaler Selbstverwaltung, VwA **81**, S.349-369 (1990).
Zum 'Willkürverbot'. Stellvertretend: BVerfGE **51**, 1 [27]; K.**Hesse** (FN 20), S.170/171.
98 P.**Kickartz** (FN 68), S.214.
Beispiele. Differenzierungen des Wahlrechtsgrundsatzes der Gleichheit innerhalb einer Statusgruppe für Hochschulwahlen: (i) BVerfGE **35**, 79 [140] (Diff. der studentischen passiven Wahlrechtsgleichheit nach der Zahl der Hochschulsemester); **(ii)** Bay.VerfGH, E.v.28.7.1977 [Az.: Vf. 18-VII-74], in: BayVGHE **30**(NF)II, 126 [137 ff] (fachbereichsspezifische Diff. der studentischen Wahlrechtsgleichheit); **(iii)** BVerfGE **39**, 247 [254] (fachwissenschaftliche Diff. der professoralen Wahlrechtsgleichheit); **(iv)** BVerfGE **54**, 363 [380 ff, 391] (besoldungsrechtliche Diff. der professoralen Wahlrechtsgleichheit); **(v)** BVerfGE **66**, 270 [290] (statusrechtliche Diff. der Wahlrechtsgleichheit der wissenschaftlichen Mitarbeiter).
99 Beispiele. (a) Differenzierung des Wahlrechtsgrundsatzes der Gleichheit für Hochschulwahlen: FN 87.
(b) Differenzierung des Wahlrechtsgrundsatzes der Freiheit für Hochschulwahlen: Die h.M., i.st.R. zum Kommunalwahlrecht, spricht von der Unzulässigkeit - weil nämlich gegen die (Auswahl)Freiheit verstoßend - der Reduzierung einer "politisch-parlamentarischen" Wahl auf nur eine einzige Wahlvorschlagsliste, die durch den Wähler nicht abgelehnt werden kann und damit notwendig bereits mit ihrer Kandidatur alle zu vergebenden Mandate erringt (Rh-Pf.VerfGH, E.v.7.4.1949 [Az.: VGH 16/48], in: AS **2**, 159 [167/168]; Hess.StGH, E.v.6.1.1971, [Az.: P.St.589], in: ESVGH **21**, 113 [LS 2, 115]; H.**Meyer** (FN 20), S.251; J.**Oebbecke** (FN 97), S.363). - Dem vorgehend bezeichneten "besonderen Zweck" der Hochschulwahlen würde die zwangsläufige Aussetzung der (Teil-)Wahl in einer Statusgruppe wegen Vorliegens nur einer einzigen zugelassenen Wahlvorschlagsliste widersprechen. Rechtmäßig daher z.B. § 2 Abs.2 KoWO Univ. Frankfurt/M (= FN III.69): "Liegt für eine Wahl nur ein zugelassener Wahlvorschlag vor, so wird diese Wahl nach den Grundsätzen der Persönlichkeitswahl durchgeführt." Diese Persönlichkeitswahl wird nach dem Mehrheitsprinzip berechnet; die Durchbrechung des Proportionalcharakters der Mandatsverteilung ist in diesem Falle zur Erreichung des "besonderen

14.2.3. Ein Wahlrechtskonflikt an der Johann Wolfgang Goethe-Universität. Unter der genannten prägenden Struktur des repräsentativ-korporativen Doppelcharakters wurden die Kollegialorgane der Frankfurter Universität bis zum Jahre 1989 auf der Grundlage des § 39 HRG i.V.m. §§ 15, 16 HHG "in freier, gleicher und geheimer Wahl von den jeweiligen Mitgliedergruppen" in einem durch die Konvents-Wahlordnung (KoWO)[100] detailliert geregelten Verfahren gewählt.

Als eine spezifische Zulassungsbedingung für Wahlvorschlagslisten wurde zunächst ein Kandidatenquorum normiert: "Jede Vorschlagsliste kann beliebig viele Bewerber enthalten. Die Reihenfolge der Bewerber muß aus der Vorschlagsliste ersichtlich sein. Bei Konventswahlen muß die Zahl der Bewerber auf einer Vorschlagsliste mindestens 50 Prozent der von der Gruppe zu besetzenden Sitze haben."[101] Bis zur Anpassung des Hessischen Universitätsgesetzes[102] an das Hochschulrahmengesetz[103], im Oktober 1987, betrug somit das Kandidatenquorum nach § 13 Abs.1 KoWO i.V.m. § 14 Abs.2 HUG für die Statusgruppe

I *Professoren*:	18 Kandidaten;
II *wissenschaftliche Mitarbeiter*:	10 Kandidaten;
III *Studenten*:	13 Kandidaten;
IV *sonstige Mitarbeiter*:	5 Kandidaten.

Seit dem angepaßten HUG[104] (das die Paritäten im Konvent zugunsten der Professoren veränderte) betrug das Kandidatenquorum für die Statusgruppe

I *Professoren*:	23 Kandidaten;
II *wissenschaftliche Mitarbeiter*:	8 Kandidaten;
III *Studenten*:	10 Kandidaten;
IV *sonstige Mitarbeiter*:	4 Kandidaten.

Für die turnusmäßige Konventswahl im Wintersemester 1989/90 wies eine Wahlvorschlagsliste aus der Statusgruppe der Studenten, die bereits im bisherigen Konvent vertreten war[105], nur fünf Kandidaten auf und wurde daraufhin vom 'Zentralen Wahlvorstand' der Universität als zuständigem Wahlorgan zur Kandidatur (endgültig) nicht zugelassen. Dagegen begehrte der Vertrauensmann dieser Liste vorläufigen Rechtsschutz beim zuständigen Verwaltungsgericht.

Zwecks" der Wahl zulässig [vgl. in diesem Zusammenhang: FN 91]. Nicht aufrechtzuerhalten sind damit die diesbezüglichen Kommentierungen zu § 39 Abs.1 HRG von: P.**Dallinger** (FN 93), S.233, S.246; A.**Reich** (FN 93), S.87; P.**Nagel** (FN 93), S.485. Korrekt: K.**Hailbronner** (FN 93), Komm. § 39 HHG, S.2 und S.5 ff.

100 Dritte KoWO v.24.1.1979 (= FN III.69), unverändert in der Fassung v.15.9.1989 (Abl.HMWK **42**, S.732-736 (1989)); die Ermächtigungsnorm bildet § 16 Abs.6 HHG i.V.m. § 14 Abs.13 HUG, wonach der Konvent der Hochschule selbst seine WO mit Satzungscharakter normiert [vgl. dazu: FN 71].

101 § 13 Abs.1 KoWO v.15.9.1989 (= FN 100). - Dieser Passus wurde aus der ersten KoWO v.30.11.1972 (= FN III.65), § 12 Abs.1, wörtlich übernommen. In der dieser vorangegangenen [gem. § 41 HHG v.12.5.1970 (= FN III.38): (Verordnungs-)]KoWO v.14.10.1970 (GVBl.I, S.692-699 (1970) war im diesbezüglichen § 12 Abs.1 KoWO lediglich gefordert: "Jede Vorschlagsliste ... soll nach Möglichkeit nicht weniger als fünf Bewerber aufweisen." [Ein Kandidatenquorum in Form einer Soll-Bestimmung weist heute z.B. auf: § 8 Abs.1 WO zum Hessischen Personalvertretungsgesetz v.8.4.1988 (GVBl.I, S.139-151 (1988)). Ein Kandidatenquorum für Konventswahlen weist unter allen Hessischen Universitäten lediglich noch auf § 10 Abs.1 der Wahlordnung der Philipps-Universität Marburg (WO v.2.2.1979 (ABl.HMWK **32**, S.134-142 (1979)) i.d.F. v.11.5.1984 (Abl. HMWK **37**, S.692 (1984)), in mit § 13 Abs.1 KoWO v.24.1.1979 (= FN III.69) identischer Formulierung.]

102 Gesetz über die Universitäten des Landes Hessen (Universitätsgesetz -HUG-) v.6.6.1978 (GVBl.I, S.348-370 (1978))

103 HRG i.d.F. des 3.HRGÄndG v.14.11.1985 (= FN III.93)

104 HUG i.d.F. v.28.10.1987 (GVBl.I, S.181-192 (1987))

105 Dabei handelte es sich um die Liste der 'Juso-Hochschulgruppe'. [Wegen Nichterfüllens derselben Norm wurde auch die studentische Liste 'Die Grünen an der Uni' vom akademischen Wahlorgan zurückgewiesen.]

Die erkennende 5.Kammer des VG Frankfurt/M gab dem Eilantrag nahezu vollständig statt unter an der Sach- und Rechtslage teilweise völlig vorbeilaufenden Begründungen[106]:

(a) Zur Aktivlegitimation. "Der Antrag auf Erlaß einer einstweiligen Anordnung gemäß § 123 Abs.1 S.1 VwGO ist zulässig ... Insbesondere steht dem Antragsteller im jetzigen Stadium der Vorbereitungen zur Konventswahl die Möglichkeit offen, Fehler des Wahlvorbereitungsverfahrens einer vorläufigen und summarischen Überprüfung zu unterziehen."[107]

(b) Zur materiellen Begründetheit. Die erkennende Kammer moniert zunächst, "daß hier in eklatanter Weise gleichheitswidrige Voraussetzungen für die Wahrnehmung des passiven Wahlrechts zu den Konventswahlen durch die einzelnen Mitgliedergruppen aufgestellt worden sind. ... Im Rahmen der personalisierten Verhältniswahl, wie sie § 15 Abs.1 S.1 des Hessischen Hochschulgesetzes vorsieht, muß es grundsätzlich möglich sein, als Einzelkandidat ohne Listenbindung für ein Mandat im Konvent der Antragsgegnerin zu kandidieren."[108]

Mittels der "Übertragung von Vorbildern aus dem Bereich des Kommunalwahlrechts auf den Bereich der Hochschulwahlen" erhält die erkennende Kammer aus einem damit zulässig gemachten Analogschluß aus § 13 Abs.1 KoWO mit Normierungen des § 27 BWahlG[109] sowie des § 11 Abs.2 Hess.KWO[110] für das Listenvolumen: "Somit verstößt die Regelung des § 13 Abs.1 S.2 KoWO, der Wahlordnung der Antragsgegnerin, ... gegen die einschlägigen wahlrechtlichen Bestimmungen des Hessischen Hochschulgesetzes und des Hessischen Universitätsgesetzes". "Zum anderen verstößt ... § 13 Abs.1 S.2 KoWO ... auch gegen allgemeine wahlrechtliche Grundsätze, die in Bund, Ländern, Gemeinden und sonstigen Körperschaften des öffentlichen Rechts entwickelt worden sind und die auch im Zusammenhang mit Wahlen zu universitären Kollegialorganen Anwendung finden." "Aus den geringen Hinweisen in § 15 und § 16 des Hessischen Hochschulgesetzes zur näheren Ausgestaltung der Wahlordnung läßt sich auf jeden Fall keine Befugnis herleiten, dermaßen stark einschneidende Regelungen der Mitgliedschaftsrechte einzelner Mitgliedergruppen der Hochschule treffen zu dürfen."[111]

Dagegen wird schließlich von der erkennenden Kammer auch im Falle von Konventswahlen "die Festsetzung eines Unterschriftenquorums grundsätzlich für zulässig erachtet"[112].

---

106 VG Frankfurt/Main, E.v.3.1.1990 [Az.: V/2-G 3305/89], unveröffentlicht

107 Damit geriet die Kammer nicht nur in Widerspruch zur angegriffenen KoWO (sowie zu § 16 Abs.6 HHG als Ermächtigungnorm), die einen einem solchen gerichtlichen Eingriff in das laufende Wahlverfahren zugrunde liegenden Rechtsbehelf nicht kennt, sondern auch zur bisherigen Rechtsprechungspraxis des VG Frankfurt/Main selbst: Kap.19.10.3. [aber inzwischen auch: Kap.19.26.2.]. Implizit ebenso Teile der Kommentarliteratur: A.**Reich** (FN 93), S.86; K.**Hailbronner** (FN 99), S.11 ff; differenziert: B.**Nagel** (FN 93), S.492; FN 285(a)(iii) (Kap.16). - Allerdings ist der diesbezüglich neuen Spruchpraxis des VG Frankfurt/M zuzustimmen: Kap.16.3.

108 Hier übersieht die erkennende 5.Kammer des VG Frankfurt/M, daß der Frankfurter Konvent gemäß § 14 Abs.2 HUG (= FN 104) nicht nach "personalisierter" Verhältniswahl gewählt wird. [Siehe dazu aber: FN 70.]

109 Bundeswahlgesetz (= FN 30)

110 Hessische Kommunalwahlordnung (= FN V.3)

111 Zur Untermauerung der Zulässigkeit ihres unspezifiziert-mechanischen Rückgriffs auf das einschlägige staatliche Wahl- und Parlamentsrecht zitiert die Kammer u.a. K.**Hailbronner** (FN 99), S.14 (RN 31), der an dieser Stelle zwar mißverständlich formuliert, im Kontext die intendierten Analogschlüsse der Kammer aber gerade nicht vertritt (S.5/6 (RN 11 bis RN 13)). Es kommt nämlich vielmehr - und das übergeht die erkennende 5.Kammer des VG Frankfurt/M - "für einen sachgerechten Rückgriff auf den Vergleich der 'inneren Systeme', also der Formprinzipien des Parlamentsrechts einerseits, des ... Hochschulrechts andererseits an. ... Ergibt der Vergleich der inneren Systeme die totale Divergenz der Formprinzipien, wie dies im Verhältnis Parlamentsrecht-Hochschulrecht der Fall ist, so ist ein Rückgriff generell systemwidrig." (M.**Schröder** (FN 91), S.513)

112 Diese Feststellung ist für den Fall der vom Gericht in Anspruch genommenen Übertragbarkeit staatlichen Wahlrechts auf Hochschulwahlen evident insofern, als dann alle Einschränkungen der Wahlrechtsgrundsätze, die bereits den engen, besonderen "zwingenden Gründen" des "politisch-parlamentarischen" Bereichs genügen, erst recht nach den weitergefaßten "besonderen Zwecken" von Hochschulwahlen zulässig sind.

- Der Zentrale Wahlvorstand der Universität unter juristischer Beratung durch die universitäre Rechtsabteilung verzichtete anschließend auf die Einlegung weiterer Rechtsmittel und ließ mit Beschluß vom 4.1.1990 die betroffene Wahlvorschlagsliste zur Wahl zu. Am 23.5.1990 empfahl die daraufhin mit dem Vorgang befaßte 'Grundordnungskommission' der Universität Frankfurt dem Konvent der Hochschule als dem über die Wahlordnung beschlußfassenden Organ die Senkung des Kandidatenquorums von 50 % auf 33 1/3 %. Auf seiner Sitzung am 20.6.1990 beschloß der Konvent mehrheitlich, entsprechend dem Tenor der VG-Entscheidung und entgegen der Empfehlung der Grundordnungskommission der Universität, die Einrichtung eines Unterstützerquorums für die künftigen Konventswahlen: "Bei Konventswahlen bedarf jeder Wahlvorschlag, der in der laufenden Wahlperiode nicht mit mindestens einem Sitz im Konvent vertreten war, der Unterstützung von mindestens zwanzig Wahlberechtigten aus der jeweiligen Gruppe. Jeder/jede Wahlberechtigte kann nur einen Wahlvorschlag unterstützen. Die Unterstützung kann nicht widerrufen werden. Eine Kandidatur auf einem Wahlvorschlag gilt zugleich als Unterstützungserklärung." (§ 13 Abs.1 S.2 KoWO)[113]

Die o.g. Argumentationen des VG Frankfurt/M sind abwegig; die Neufassung des streitbefangenen § 13 Abs.1 KoWO durch den Konvent der Johann Wolfgang Goethe-Universität Frankfurt (Umwandlung eines Kandidatenquorums in ein Unterstützerquorum) ist rechtswidrig:

14.2.4. Die mögliche Rechtswidrigkeit des Unterstützerquorums für Hochschulwahlen.

Das Unterstützerquorum ist primär ein Instrument der proportionalen Repräsentation: Es soll die Gewähr bieten, "den Wahlakt auf ernsthafte Bewerber zu beschränken"[114], indem es die Wähler davor schützt, "ihre Stimmen an aussichtslose Wahlvorschläge 'wegzuwerfen'"[115] und damit deren "Erfolgswert" - repräsentationswidrig - auf Null zu reduzieren[116]; dieses Bestreben ist grundsätzlich auch für Hochschulwahlen legitim. Mit dieser Intention korreliert die Annahme, daß schon im Gremium vertretene Bewerbergruppen den Nachweis ihrer "Ernsthaftigkeit" und Dauerhaftigkeit durch die Existenz ihrer bisherigen Mandatsträger bereits erbracht haben[117]. Also: Die maßgebliche "Ernsthaftigkeit" einer bisher nicht im Gremium vertretenen

---

113 Diese Regelung trat in Kraft mit der Veröffentlichung der geänderten KoWO: Wahlordnung für die Wahlen zum Konvent, den Fachbereichsräten sowie zu anderen Gremien der Johann Wolfgang Goethe-Universität Frankfurt am Main i.d.F. v.20.6.1990 (ABl.HMWK **43**, S.1061-1062 (1990)). Dies erfolgte im Sinne von: H. **Meyer**, Rechtsgutachtliche Stellungnahme zur Nichtzulassung zweier studentischer Listen zur Konventswahl, Frankfurt/M 1990 (unveröffentlicht, 7 S.). - Von den übrigen Hessischen Universitäten kennen ein Quorum für jede zum Konvent kandidierende Wahlvorschlagsliste **(i)** von fünf Unterstützern: § 17 Abs.4 Wahlordnung der Justus-Liebig-Universität-Gießen (WO v.8.11.1972 (StAnz, S.2055-2061 (1972) i.d.F. v.23.11.1983 (ABl. HMWK **37**, S.147 (1984))); **(ii)** von zehn Unterstützern: § 14 Abs.6 Wahlordnung der Technischen Hochschule Darmstadt (WO v.14.1.1981 (ABl.HMWK **34**, S.152-160 (1981))).

114 BVerfGE **60**, 162 [168].
Zur Wirkung des 'Übermaßverbots' [dazu: FN 84(a)] auf das 'Unterstützerquorum': FN 85.

115 BVerfGE **60**, 162 [172]

116 Grundlegend zur Unterscheidung von "Zählwert" und "Erfolgswert" einer Wählerstimme: BVerfGE **1**, 208 [244 ff]. Siehe zum Problem Zählwert/Erfolgswert allgemeiner: W.**Schreiber** (FN 20), S.84 ff, m.w.Lit.
Beim "Gebot des gleichen Erfolgswerts jeder Wählerstimme" handelt es sich um die "spezifische[n] Ausprägung, die die Wahlrechtsgleichheit unter dem Verhältniswahlsystem erfährt" (BVerfGE **13**, 127 [129]), die also überhaupt nur unter der Bedingung proportionaler Repräsentation realisierbar ist. - Die Funktion des Unterstützerquorums im Falle der Mehrheitswahl ist dagegen rein funktional: Es soll das Wahlverfahren übersichtlich gehalten werden durch die Beschränkung der Anzahl der zur Wahl zuzulassenden Wahlvorschläge.

117 In der Judikatur des BVerfG erstmals formuliert in: BVerfGE **3**, 19 [27]. Siehe dazu allgemeiner: W. **Schreiber** (FN 20), § 20, RN 8 (S.312 ff), m.w.Lit. - Klarer - allerdings nur in juristisch vager Form - wurde das Anliegen der Unterstützerunterschriften normiert in: § 15 S.3 ff RWahlG i.d.F. v.13.3.1924 (Drittes Gesetz zur Änderung des Reichswahlgesetzes (RGBl.I, S.173 (1924))): "Die Kreiswahlvorschläge müssen von mindestens fünfhundert Wählern im Wahlkreis unterzeichnet sein. An Stelle von fünfhundert Wählern genügen

Wahlvorschlagsliste ist zu messen an der Wahrscheinlichkeit, mit der diese Liste bei einer anstehenden Wahl mindestens ein Mandat, d.h. Repräsentativstatus, zu erringen vermag.
Ist dann aber speziell die (Mindest-)Anzahl S_U der im Unterstützerquorum geforderten Unterschriften (echt) größer als die zur Erringung eines Mandats nach der zu erwartenden Anzahl der gültigen Stimmen notwendige durchschnittliche Stimmenzahl S_M, gilt also

$S_M < S_U$ (*übermäßiges Unterstützerquorum*),

so büßt das Unterstützerquorum seinen Sinngehalt ein; *denn:*
Die Voraussetzung für die Rechtfertigung des Unterstützerquorums ist die Annahme, daß jeder Unterstützer einer Wahlvorschlagsliste dieser bei der nachfolgenden Wahl auch seine Stimme geben wird[118]. Bezeichne unter dieser Annahme s die von einer Wahlvorschlagsliste beigebrachte Anzahl von Unterstützerunterschriften. Einerseits wird die Liste mit $s \geq S_M$ Unterstützerunterschriften im Falle zugelassener Kandidatur mindestens ein Mandat erhalten, wäre also im Sinne des Unterstützerquorums als "ernsthaft" anzusehen. Andererseits unterliegt die Liste, wenn sie $s < S_U$ Unterschriften aufweist, wegen Unterschreitung des Quorums der Nichtzulassung zur Wahl, wäre mithin per definitionem als "nicht ernsthaft" anzusehen. Das heißt aber, daß insbesondere alle Listen mit einer Anzahl von s Unterstützerunterschriften - also: $S_M \leq s < S_U$, d.h. mit 'übermäßigem Unterstützerquorum' - gleichzeitig sowohl als "ernsthaft" als auch als "nicht ernsthaft" anzusehen wären, ein Widerspruch!
Die Einschränkung der Wahlrechtsgleichheit für Hochschulwahlen mittels eines 'übermäßigen Unterstützerquorums' ist zudem weder durch einen "zwingenden Grund" gerechtfertigt noch durch mögliche weitergehende "besondere Zwecke" im Sinne der zugrunde liegenden Wahl[119]. Das 'übermäßige Unterstützerquorum' für Hochschulwahlen verstößt sogar gegen das durch den "besonderen Zweck" erweiterte 'Übermaßverbot' (und es ist folglich rechtswidrig):
(i) Erfolgswertreduktion. Für Hochschulwahlen besitzt das Unterstützerquorum die Funktion des Ausschlusses "nicht ernst zu nehmender Bewerbergruppen". Aber: "Eine Regelung (wie das 'übermäßige Unterstützerquorum', *P.K.*), die einen derart absehbaren Wahlerfolg einer offensichtlich ernst zu nehmenden Bewerbergruppe vereitelt, indem sie diese erst gar nicht zur Wahl zuläßt, kann nicht durch den Zweck geboten sein, das Gewicht der Wählerstimmen durch Ausschluß aussichtsloser Wahlvorschläge zu sichern. Nur zu diesem Zweck aber ist ein ... Unterschriftenquorum zulässig."[120] (*Verstoß gegen das Prinzip der Verhältnismäßigkeit*)

---

zwanzig, wenn diese glaubhaft machen, daß mindestens fünfhundert Wähler Anhänger des Kreiswahlvorschlags ... sind." Zur einschlägigen Kommentierung dieser Norm: A.**Schulze**, Das Reichstags-Wahlrecht (Komm.), Berlin 1924, S.124/125; G.**Kaisenberg**, Art.125 WRV (Wahlfreiheit und Wahlgeheimnis), in: H.C. **Nipperdey** (FN 23), Band 2 Berlin 1930, S.161-175, S.174.

118 Die Grundannahme des Unterstützerquorums besagt, daß jeder Unterstützer zugleich auch Wähler der unterstützten Wahlvorschlagsliste ist. Aus dieser Grundannahme entspringt das Verbot von Doppelunterstützungen in § 13 Abs.1 KoWO v.24.1.1979 (= FN III.69). - Siehe auch beispielhaft: § 20 Abs.2 S.2 BWahlG (= FN 30). Allerdings müßte im BWahlG in logischer Stringenz erst recht auch die Unterstützung durch Kandidaten anderer Wahlvorschlagslisten ('Kandidatenunterstützung') ausgeschlossen werden. Dies erfolgt in § 13 Abs.1 KoWO v.20.6.1990 (= FN 113) in Verbindung mit dem Verbot von Doppelunterstützungen indirekt: "Eine Kandidatur auf einem Wahlorschlag gilt zugleich als Unterstützungserklärung."

119 Für Hochschulwahlen sind systemimmanente, zusätzliche Rechtfertigungen für über das bereits für "politisch-parlamentarische" Wahlen rechtlich zulässige Maß [dazu: FN 125] hinausgehende, erhöhte Unterstützerquoren, "die in der Organisationsstruktur der Hochschule begründet sind und sich zudem aus der vorbehaltlosen Garantie der Wissenschaftsfreiheit nach Art.5 Abs.3 GG ergeben" (BVerfGE **39**, 247 [254]), nicht ersichtlich [dazu im Text: (i), (ii)]. Problematisch in diesem Zusammenhang: K.**Hailbronner** (FN 99), S.5 (RN 9).

120 BVerfGE **60**, 162 [174/175].

(ii) Listenerschöpfung. Wollte der Normgeber im Sinne des "besonderen Zwecks" der Hochschulwahlen die Vermeidung der Erschöpfung von bei der Wahl erfolgreichen Wahlvorschlagslisten während der Legislaturperiode erreichen, so wäre das Unterstützerquorum prinzipiell kein adäquates Mittel; denn es hat keinerlei Einfluß auf die Anzahl und die Arbeitsfähigkeit der Kandidaten auf der Unterstützerliste[121]. (*Verstoß gegen das Prinzip der Geeignetheit*)

(iii) Kompetenz. Sachverstand oder Vernunft im Sinne des "besonderen Zwecks" der Hochschulwahlen ist für ein Gremium nicht mittels vorheriger hoher Unterstützung der zu Wählenden zu gewinnen[122]. (*Verstoß gegen die Prinzipien der Erforderlichkeit und der Geeignetheit*)

(iv) Stimmenzersplitterung. Beabsichtigte der Normgeber - im Rahmen des "besonderen Zwecks" von Hochschulwahlen ohnehin wenig sachgerecht -, einer Stimmenzersplitterung bei der Gremienwahl vorzubeugen, so wäre ein derart hohes Unterstützerquorum dafür nicht das adäquate Mittel; der Erreichung dieses Ziels diente vielmehr das - insbesondere in einer Situation relativ weniger zu vergebender Mandate - schwächere Mittel eines Stimmenquorums[123]. (*Verstoß gegen die Prinzipien der Geeignetheit und der Verhältnismäßigkeit*)

Ebenso: BVerfGE **67**, 369 [378]; schon früher für BT-Wahlen: K.-H.**Seifert** (FN 23), S.44. - Damit ist das 'übermäßige Unterstützerquorum' für alle "politisch-parlamentarischen" Wahlen rechtswidrig. Das gilt aber nicht notwendig für jede, zusätzlich "besonderen Zwecken" unterliegende Wahl, weil diese "besonderen Zwecke" sogar die Funktion des Unterstützerquorums verändern können:

Beispiel (Bundespersonalvertretungsgesetz v.15.3.1974 (BGBl.I, S.693-717 (1974)) i.d.F. v.28.5.1990 - Art.4 - (BGBl.I, S.975 (1990))): Daß auch für das Unterstützerquorum ein "besonderer Zweck" der Wahl, "in großem Umfang Differenzierungen" zulassen kann (BVerfGE **41**, 1 [14] (= FN 87)), zeigt das Beispiel des BPersVG. Vier "Gruppen" sind im Falle einer (Hochschul-)Personalvertretungswahl - für diese Personalvertretungswahlen gelten exakter die ähnlich strukturierten Landespersonalvertretungsgesetze - besoldungsrechtlich definiert: Arbeiter, Angestellte, Beamte, wissenschaftliche Mitarbeiter. Im Regelfalle der Gruppenwahl (§ 19 Abs.2 BPersVG) gilt für das Unterstützerquorum dasselbe wie für "politisch-parlamentarische" Wahlen [dazu nachfolgend: FN 162 (Kap.15)]. Der "besondere Zweck" einer Gruppen-übergreifenden, "gemeinsamen" (Hochschul-)Personalvertretungswahl [gemäß der Öffnungsklausel des § 19 Abs.2 BPersVG] rechtfertigt jedoch die Durchbrechung des Grundsatzes der formalen Wahlrechtsgleichheit im Wahlvorschlagsrecht durch ein erhöhtes Unterstützerquorum in § 19 Abs.6 BPersVG: Denn eine gemeinsame Wahl eröffnet die Möglichkeit, daß, "abweichend vom Gruppenprinzip, bei einer gemeinsamen Wahl gruppenfremde Bewerber vorgeschlagen werden. Während bei einer Gruppenwahl die Wahlberechtigten auf die Kandidatur gruppenfremder Kandidaten in gruppenbezogenen Wahlvorschlägen (Listen) unmittelbar reagieren können, haben sie bei der gemeinsamen Wahl keinen entsprechenden Einfluß, weil sie nicht verhindern können, daß gruppenfremde Wahlberechtigte mit ihren Stimmen einem Wahlvorschlag, der für die Gruppe nur gruppenfremde Kandidaten enthält, zum Erfolg verhelfen könnten." Dadurch erhält das Unterstützerquorum eine neue Funktion: "Durch § 19 Abs.6 BPersVG soll sichergestellt werden, daß einer Gruppe nicht gegen den Willen ihrer Mitglieder gruppenfremde Kandidaten aufgezwungen werden, die nicht das Vertrauen zumindest eines erheblichen Teils der Gruppenangehörigen haben" (BVerwGE **79**, 40 [44]). Dementsprechend rechtmäßig: "Werden bei gemeinsamer Wahl für eine Gruppe gruppenfremde Bewerber vorgeschlagen, muß der Wahlvorschlag von mindestens einem Zehntel der wahlberechtigten Angehörigen der Gruppe unterzeichnet sein, für die sie vorgeschlagen sind." (§ 19 Abs.6 BPersVG) - Beachte dagegen die derartige "gemeinsame" Wahlen und damit den o.g. "besonderen Zweck" gerade ausschließenden Hochschulwahlen an der Gruppenuniversität: FN 82(b).

121 Das dafür adäquate Mittel liegt im Kandidatenquorum vor; siehe nachfolgend: Kap.14.2.5.

122 Vgl. dazu auch: Kap.2, insb. FN I.36 ("Wahrheit = Mehrheit").

123 BVerfGE **6**, 84 [98].

Zum Stimmenquorum ("Sperrklausel"). Zur Zulässigkeit des Stimmenquorums für "politisch-parlamentarische" Wahlen grundlegend bereits: "Grundsätzlich ist eine Modifikation der Gleichheit in der Verhältniswahl unter dem Gesichtspunkt der Bekämpfung von Splitterparteien gerechtfertigt" (BVerfGE **1**, 208 [252 ff]). Diesen Gedankengang vertiefend: W.**Schreiber** (FN 20), S.169 ff, m.w.Lit.

Im Spezialfalle der akademischen Kollegialorgane erübrigt sich dagegen selbst ein Stimmenquorum in Höhe des maximal zulässigen "gemeindeutschen Satz[es] von 5%" (BVerfGE **1**, 208 [LS 11(b)] [später: BVerfGE **47**, 253 [277]]) - mit Ausnahme der Wählergruppe der Professoren im Konvent/Konzil - wegen der relativ geringen Anzahl der zu vergebenden Mandate je Statusgruppe; beispielsweise sind im Falle von 20 zu vergebenden Mandaten (höchstens, nämlich im Falle exakter Proportionalität) 5% der abgegebenen gültigen Stimmen pro Mandat aufzubringen. Anders als für "politisch-parlamentarische" Gremien erscheint bei akademischen Kolle-

- Soll nun das Unterstützerquorum zur Erschwernis für "nicht ernsthafte" Bewerber bei Hochschulwahlen eingesetzt werden, so handelt es sich aber in wichtigen Fällen notwendig bereits um ein 'übermäßiges Unterstützerquorum': Bei Hochschulwahlen wirkt das Unterstützerquorum - als repräsentationsgeprägtes Instrument - rein statusgruppenspezifisch. Folglich ist der Sonderfall eines für alle vier Statusgruppen gleich hohen Quorums nur rechtmäßig unter der Bedingung, daß, wie gezeigt, das Quorum für jede einzelne Statusgruppe innerhalb der durch die formale Wahlrechtsgleichheit und das Übermaßverbot gezogenen engen Grenzen für "politisch-parlamentarische" Wahlen verbleibt. Das ist aber im allgemeinen nicht der Fall:
Beispiel (Konventswahlen im WS 1989/90 und im WS 1995/96 an der Johann Wolfgang Goethe-Universität zu Frankfurt/M). Die Zahlen für die vier Statusgruppen lauten[124]:

Statusgruppe	*Mandate M*	*Wahlberechtigte N*		*gültige Stimmen S'*		*Wahlbeteiligung*	
		1989/90	*1995/96*	*1989/90*	*1995/96*	*1989/90*	*1995/96*
I (Professoren)	46	581	541	496	461	85,4%	85,2%
II (Wiss.Mitarbeiter)	16	1.790	2.102	828	845	46,3%	40,2%
III (Studenten)	20	33.937	36.314	7.622	5.841	22,5%	16,1%
IV (Sonst.Mitarbeiter)	8	5.025	4.951	1.120	987	22,3%	19,9%

Für diese Konventswahlen legt § 13 Abs.1 KoWO seit dem WS 1989/90 ein Unterstützerquorum von $S_U = 20$ für alle vier Statusgruppen gleich fest. Das liefert:

Statusgruppe	*$S_M := S/M$*		*$S_U \cdot (S/M)$*		*$1000 \cdot S_U/N$ (‰)*	
	1989/90	*1995/96*	*1989/90*	*1995/96*	*1989/90*	*1995/96*
I (Professoren)	*10,8*	*10,0*	*1,85*	*2,00*	*34,4‰*	*37,0‰*
II (Wissenschaftl.Mitarbeiter)	*51,7*	*52,8*	*0,39*	*0,38*	*11,2‰*	*5,5‰*
III (Studenten)	*381,1*	*292,0*	*0,05*	*0,07*	*0,6‰*	*0,6‰*
IV (Sonstige Mitarbeiter)	*140,0*	*123,4*	*0,14*	*0,16*	*4,0‰*	*4,0‰*

Die *erste Spalte* gibt die durchschnittlich je Mandat bei der Wahl tatsächlich aufzubringende Stimmenzahl S_M an; die *zweite Spalte* nennt den für die Liste allein durch das Unterstützerquorum bereits sicher aufgebrachten Mandatsanteil, unter bekannter Anzahl gültig abgegebener Stimmen und der Grundannahme, daß alle Unterstützer ihre Liste anschließend auch wählen; die *dritte Spalte* gibt den (im vom Tausend der Gesamtzahl der Wahlberechtigten berechneten) durch das Unterstützerquorum jeweils ausgezeichneten Anteil aller Wahlberechtigten an[125].

---

gialorganen aus ihrer korporativen Struktur die Aufsplitterung auch sachgerecht, kann doch gerade die Pluralität der Meinungen zur Verstärkung des angestrebten individuellen "Sachverstands" im Gremium führen. Jedenfalls erschiene aber ein Stimmenquorum für Hochschulwahlen im Sinne der maßgeblichen korporationsspezifischen Kriterien [dazu: FN 93] grundsätzlich systemfremd. [A.A.: R.**Wildenmann** (FN 91), S.1, S.3, S.42.]

124 Offizielle amtliche Endergebnisse (§ 27 Abs.5 KoWO (= FN 100)) der Wahl zum 11.Konvent der Johann Wolfgang Goethe-Universität v.10.3.1990 sowie der Wahl zum 14.Konvent v.28.2.1996. - Die angegebenen Zahlenverhältnisse sind repräsentativ für alle großen und mittleren Deutschen Hochschulen.

125 Der "gemeindeutsche Satz" für das Unterstützerquorum. Dieser liegt nach der neueren Judikatur bei 3‰ der Wahlberechtigten. Zur maximal zulässigen Höhe des Unterstützerquorums (als Funktion der Wahlberechtigten) und den über die "politisch-parlamentarischen Wahlen" hinausgehenden Anwendungsbereich die Entscheidungsgruppe: BVerfGE **60**, 162; BVerfGE **67**, 369, m.w.N.; BVerfGE **71**, 81; ferner die Berechnungen des WahlPrG Berlin, E.v.19.1.1979 [Az.: WPG 1.79], in: B-OVGE **14**, 262 [265 ff]; auch: G.**Leibholz** u.a.

Das heißt: Für die Statusgruppe I liegt ein 'übermäßiges Unterstützerquorum' vor; für die Statusgruppe II beträgt das Unterstützerquorum nahezu 1/2 Mandat, ist also gleichfalls, als gegen den Sinn dieses Quorums verstoßend, rechtswidrig. - Es erscheint angesichts der vorliegenden Zahlen sehr zweifelhaft, ob für die Statusgruppe I überhaupt ein Unterstützerquorum rechtlich zulässig ist. Der Motivation für die Beteiligung der übrigen Hochschulmitglieder an der Selbstverwaltung dürfte es jedenfalls abträglich sein, aufgrund der ohnehin bereits herausgehobenen Statusgruppe der Professoren jetzt vom Unterstützerquorum für bisher nicht im Konvent vertretene Wahlvorschlagslisten jener Gruppe abzusehen, während dieses Quorum für die anderen Statusgruppen (möglicherweise auch noch in unterschiedlichen Höhen) beibehalten bleibt.

14.2.5. Die Rechtmäßigkeit des Kandidatenquorums für Hochschulwahlen. Das Kandidatenquorum wirkt in erster Linie[126] im Rahmen der korporativen Struktur der Hochschule[127]: Dieser Struktur liegt, wie bereits dargestellt, die Idee zugrunde, die selbstverwaltete "Gruppenuniversität als Mittel zur Mobilisierung des Sachverstandes der einzelnen Gruppen zwecks besserer Entscheidungsfindung bei der Verwaltung der Universität zu nutzen"[128]. Aus der Erkenntnis, daß "nicht nur das formale Beratungs- und Entscheidungsverfahren der einzelnen Organe, sondern auch der Inhalt ihrer Entscheidungen ... durch ihre Zusammensetzung mindestens tendenziell, in einem allgemeinen qualitativen Sinn, vorausbestimmt"[129] wird, soll jede Statusgruppe die sie konstituierenden spezifischen Fähigkeiten einbringen, in einer als für die Handlungsfähigkeit der Korporation optimal angesehenen Gewichtung; dementsprechend werden die Statusgruppen nicht proportional, "schematisch nach der Größe ihrer Mitgliederzahl beteiligt, sondern ihre Mitwirkung (ist) im Blick auf die Unterschiede in Qualifikation, Funktion, Verantwortung, Dauer der Zugehörigkeit zur Universität und Betroffenheit ... abgestuft"[130]. Unter diesem Aspekt "qualitativer Repräsentation" sind "die mit Gruppenrepräsentanten besetzten Gremien in der Tat keine Repräsentationsorgane von Hochschulmitgliedern, sondern gruppenplurale Kollegialorgane, die sich aus dem Zusammentreten der Gruppenvertreter im gesetzlich festgelegten Gefüge der Gruppenquoten ergeben"[131]. Der Erfüllung des damit angezeigten "besonderen Zwecks"[132] der Hochschulwahlen, nämlich der Kreation "gruppenpluraler Kollegialorgane" in einem wohlgewichteten, "festgelegten Gefüge der Gruppenquoten", dient gerade die Einführung eines Kandidatenquorums: "Funktionsfähigkeit geht vor formaler Allgemeinheit und Gleichheit"[133]. Die Regelung des Kandidatenquorums ist also zur Erreichung des intendierten "besonderen Zwecks" für Hochschulwahlen *geeignet*.

(FN 59), S.20 (RN 149). [Als Anwendung: § 27 Abs.1 BWahlG (= FN 30).] - Anders, aus einer mathematisch undurchsichtigen Proportionalbeziehung, folgert die zulässige Höhe: H.**Westerath**, Die Wahlverfahren und ihre Vereinbarkeit mit den demokratischen Anforderungen an das Wahlrecht, [jur.Diss.] Berlin 1955, S.15.

126 In seiner Gewährleistungsfunktion für Arbeits- und Beschlußfähigkeit eines Gremiums kann das Kandidatenquorum auch eine repräsentative Komponente besitzen.

127 Diese korporative Struktur der Gruppenuniversität ist vereinbar mit der besonderen "Wertentscheidung des Art.5 Abs.3 GG": BVerfGE **35**, 79 [114, 127]; auch: BVerfGE **35**, 79 [LS 5, 125 ff].

128 BVerfGE **35**, 79 [125] (= FN 95)

129 BVerfGE **35**, 79 [121].

Dieser Auffassung des Gerichts widerspricht aber dessen Begründung für die Rechtmäßigkeit professoralen Mehrfachstimmrechts in der BVerfGE **55**, 37 [63 ff] [dazu nachfolgend: FN 135].

130 BVerfGE **35**, 79 [138] (= FN 93): Der ein Kollegialorgan prägenden Gewichtung der Statusgruppen "liegt erkennbar das Prinzip zugrunde, der Gruppe der Hochschullehrer ein um so größeres Gewicht zu verschaffen, je wissenschaftsrelevanter die Entscheidungen sind", die in den Kompetenzbereich des Gremiums fallen.

131 R.**Grawert** (FN 67), S.203

132 BVerfGE **41**, 1 [14] (= FN 87)

133 G.**Kisker** (FN 97), S.111.

In einer Situation der Erschöpfung einer Wahlvorschlagsliste vor Ende der Wahlperiode - als Folge von Rücktritten oder anderweitigem Ausscheiden gewählter Mandatsträger aus dem Kollegialorgan oder der Zuteilung von mehr Mandaten als die Liste Kandidaten überhaupt aufweist -, der ein Kandidatenquorum vorbeugen soll, sind sechs Fälle denkbar:

(i) Freibleiben von Sitzen. Die betroffenen Sitze bleiben unbesetzt[134]; als Konsequenz erfolgt eine Reduzierung des Stimmengewichts der betroffenen Statusgruppe zugunsten der übrigen, d.h. das für das Arbeiten der Korporation als bestmöglich angesehene "Gefüge der Gruppenquoten" kann nicht mehr erreicht werden.

(ii) Stimmengewichtung. Die der von Mandatserschöpfung betroffenen Liste verbleibenden Mandatsträger erhalten ein ihrem Anteil bei der Mandatszuteilung entsprechendes Mehrfachstimmrecht[135]; eine derartige, die Mandatsträger nach Wahllisten unterscheidende Stimmengewichtung verunmöglicht die Durchführung geheimer Abstimmung, unabhängig von der Fraktionsmitgliedschaft, im betroffenen Gremium[136] und steht im Widerspruch zum Wesen der gruppenspezifischen Repräsentation[137].

(iii) "Nachquotierung". Es erfolgt die Aberkennung der jeweils letztzugeteilten Mandate innerhalb der anderen Statusgruppen so lange, bis der ursprüngliche Proporz (bestmöglich angenähert) wiederhergestellt ist[138]; dabei wird außer acht gelassen, daß die Mitglieder der Kollegialorgane auch eine gruppenspezifische Repräsentationsfunktion ausüben[139], und diese schließt die Möglichkeit aus, einzelne Gruppenrepräsentanten aufgrund von Konstellationsänderungen

---

Allerdings ist zu beachten, daß das Kandidatenquorum durch den Ausschluß aller Wahlvorschlagslisten mit "zu wenig" Kandidaten sowohl das Wahlvorschlagsrecht und die Auswahlfreiheit bei der Wahl einschränken als auch im Kandidatenkörper nur schwach vertretene Meinungen oder Fachdisziplinen im Gremium unterdrücken kann (weil diese aufgrund zu weniger Kandidaten nicht zur Wahl antreten dürfen).

134 So normiert z.B. im Hessischen Fall: § 12 Abs.1 S.2 HHG (= FN III.95).

135 **Zum Mehrfachstimmrecht. (a) Zahlenbeispiel:** Bei sechs Mandaten und fünf Mandatsträgern aus einer Liste erhält jeder dieser Mandatsträger ein Stimmengewicht von 6/5 zugeteilt.

(b) Akademische Selbstverwaltung: Die Mehrfachstimmrechts-Regelung ist mit der heutigen Rechtslage unvereinbar: **(i)** Sie steht im Widerspruch zu § 11 Abs.1 HUG (= FN 104), wonach alle Mitglieder universitärer Gremien gleiches Stimmrecht haben müssen. [Vgl. hierzu auch: FN I.56 (Kap.2).] **(ii)** Die Regelung ist nicht durch die Rechtsprechung gedeckt: BVerfGE **55**, 37 [LS 1, 259 ff] sowie auch BVerfGE **47**, 327 [403] gewähren nur allen Mandatsträgern der Statusgruppe der Professoren gleichzeitig dasselbe erhöhte Stimmgewicht gegenüber den Mandatsträgern aus den übrigen Statusgruppen, belassen also jede Statusgruppe in sich homogen [dazu: B.**Nagel** (FN 93), S.471]. - Die mit BVerfGE **55**, 37 angegriffene Regelung widerspräche heute auch den §§ 38 Abs.3 S.5, 63 Abs.1 S.2 HRG (= FN III.93), wonach die Statusgruppe der Professoren in den Kollegialorganen der Gruppenuniversität nicht nur über die absolute Mehrheit der Stimmen, sondern, weitergehend, auch über die absolute Mehrheit der Mandate verfügen muß. **(iii)** Der Ausschluß des Mehrfachstimmrechts erscheint zwingend unter dem Aspekt der gewichteten korporativen Struktur der akademischen Kollegialorgane, die als "Mittel zur Mobilisierung des Sachverstandes der einzelnen Gruppen zwecks besserer Entscheidungsfindung bei der Verwaltung der Universität" (BVerfGE **35**, 79 [125] (= FN 95)) dienen soll [so auch: K.**Hailbronner** (FN 93), S.28; implizit, allerdings unter zu schwacher Berücksichtigung im Gesamtergebnis: BVerfGE **55**, 37 [64/65]].

136 Im Widerspruch z.B. zu § 11 Abs.1 HUG (= FN 104), wonach der Universitätspräsident von den Mitgliedern des Konvents in geheimer Wahl zu bestimmen ist [vgl. dazu: Hess.VGH, E.v.29.11.1990 [Az.: 6 UE 2247/87], in: WissR **24**, S.181-186 (1991)].

137 Genauer in: P.**Kunth**, Einige Anmerkungen zu den Hareschen Quotientenverfahren, ZParl **22**, S.297-324 (1991), S.302 (dort FN 24).

138 So verfährt z.B. - nicht unproblematisch - im Hessischen Fall § 24 Abs.2 HUG (= FN 104): Auch im Falle einer Reduktion der Anzahl der Professorenvertreter wird auf diese Weise stets ein "ausschlaggebender Einfluß" (BVerfGE **35**, 79 [LS 8c]) dieser Statusgruppe im "Fachbereichsrat" fortgeschrieben. Mittels geeignet vieler professoraler Rücktritte wäre durch "Nachquotierung" unter Umständen der Ausschluß eines unbequemen Repräsentanten einer der übrigen Statusgruppen aus dem "Fachbereichsrat" zu erzwingen.

139 Diese Repräsentationsfunktion ist stärker ausgeprägt in den gesamtuniversitären Kollegialorganen (Konvent/Konzil), weniger stark in den fachbezogenen Kollegialorganen (Fachbereichsrat).

in einer anderen Statusgruppe nachträglich zu eliminieren. Ein derartiges Verfahren widerspricht ferner sowohl dem Grundsatz der Berechenbarkeit der Wahl sowie der Wahlbestandssicherung[140] als auch dem für Hochschulwahlen geltenden Wahlrechtsgrundsatz der Unmittelbarkeit[141]. Es widerspricht schließlich dem "besonderen Zweck" der Hochschulwahl.

(iv) Nachnominierung. Die durch Kandidaten einer von Mandatserschöpfung betroffenen Wahlvorschlagsliste nicht mehr belegbaren Mandate werden durch die der Liste zugeordneten Mandatsträger oder andere befugte Personen im Zuge einer Nachnomination ergänzend besetzt; ein solches Verfahren widerspricht dem Wahlrechtsgrundsatz der Unmittelbarkeit[142].

(v) (Gruppen-)Stellvertretung im Nachrückverfahren. Die durch Kandidaten einer Wahlvorschlagsliste nicht mehr belegbaren Mandate werden, der korporativen Struktur des Gremiums entsprechend, durch Auslassen der erschöpften Listen nach dem regulären Mandatszugriff mit weiteren Kandidaten der übrigen Listen der betroffenen Statusgruppe besetzt[143]; ein solches Verfahren widerspricht eklatant der statusgruppenimmanenten Repräsentation.

(vi) Nach- oder Neuwahl. Es erfolgt eine Neuwahl aller Mandatsträger in der betroffenen Statusgruppe[144]; dagegen sprechen der organisatorische und finanzielle Aufwand einer jeden Wahldurchführung, die relativ kurzen Wahlperioden der Hochschulgremien und, damit zusammenhängend, eine Überbeanspruchung des Wählers, eine Verletzung des Grundsatzes der Wahlbestandssicherung sowie taktische Manipulationsmöglichkeiten[145]. Eine Nachwahl lediglich für ein vakantes Mandat begegnet den nämlichen Bedenken; sie verletzte darüber hinaus das Prinzip der Repräsentation, weil es sich um eine Mehrheitswahl handeln müßte.

- Damit erweisen sich alle Varianten der Neuordnung eines akademischen Kollegialorgans im Falle einer vorzeitigen Listenerschöpfung entweder als rechtswidrig oder aber als dem "besonderen Zweck" der Hochschulwahlen entgegengerichtet; die Sicherung einer genügenden Anzahl von Kandidaten auf jeder zugelassenen Wahlvorschlagsliste mittels eines Kandidatenquorums ist daher grundsätzlich *erforderlich*. Ein in der Höhe *verhältnismäßiges* Kandidatenquorum, das Listenerschöpfungen effektiv vorbeugt, ist also, im Rahmen des für Hochschulwahlen relativierten Übermaßverbots, - anders als für "politisch-parlamentarische" Wahlen - unter dem leitenden "besonderen Zweck" rechtmäßig und geboten.

---

140 Diese Merkmale kommen dem demokratischen Wahlrecht als politischem Grundrecht [dazu: BVerfGE **1**, 208 [243]] auch im Hochschulbereich zu. Vgl. dazu: Kap.13.2.1.

141 Der Grundsatz der Unmittelbarkeit für Hochschulwahlen ist dem HRG (= FN III.93) nicht explizit zu entnehmen [siehe aber: FN 68]. Für den Hessischen Fall schreibt § 14 Abs.2 HUG (= FN 104) zumindest die unmittelbare Wahl des Konvents auch explizit zwingend vor. Der Unmittelbarkeit der Wahl widerspricht allerdings gleichzeitig die Stellvertreter-Regelung des § 15 Abs.4 HHG (= FN III.95): Kap.15.3.(c). [zur diesbezüglichen Systemgerechtigkeit vgl.: M.**Schröder** (FN 90), S.476)].

142 Grundlegend: BVerfGE **3**, 45 [49 ff]. Umfassender: W.**Schreiber** (FN 20), S.71 ff, m.w.Lit.; stellvertretend für die GG-Kommentarliteratur (Art.38 Abs.1 GG): T.**Maunz**, Komm. Art.38 GG, S.48 ff (insb. RN 45), in: T.**Maunz**/G.**Dürig** u.a. (FN 59); G.**Leibholz** u.a. (FN 59), S.53/54; ferner: B.**Pieroth**/B.**Schlink**, Grundrechte, 3.Aufl. Heidelberg 1987, S.268 ff.

143 Diese Übergewichtung der korporativen Komponente nahm z.B. vor: § 21 Abs.2 S.2 Sen.-WO v.25.11. 1971 (= FN III.60): "Übersteigt die Zahl der auf eine Vorschlagsliste entfallenden Sitze die Zahl der dort angeführten Bewerber, so werden die sonst freibleibenden Sitze den nach dem Höchstzahlverfahren folgenden Listen zugeteilt."

144 Derart problematisch verfuhr z.B.: § 28 Abs.3 KoWO v.14.10.1970 (= FN 101).
Zur Abgrenzung von Nach- und Neuwahl: Kap.16.8.

145 Die Wahlperioden betragen lediglich ein bzw. zwei Jahre; dazu z.B.: § 15 Abs.3 HHG (= FN III.95).
Hinsichtlich der Manipulationsgefahr könnte beispielsweise eine mit dem Wahlergebnis unzufriedene Fraktion ihre Wahlvorschlagsliste durch 'strategische' Rücktritte zur Erschöpfung bringen und damit de facto den ungewünschten Wahlausgang durch Erzwingung einer Neuwahl annullieren. Vgl. dazu ferner: FN 138.

Kap.15 Die Ausprägungen der demokratischen Wahlrechtsgrundsätze für Studentenschaftswahlen

Demokratisch-rechtsstaatliche Wahlen werden üblicherweise charakterisiert mittels der in Art.38 Abs.1 GG normierten fünf *demokratischen Wahlrechtsgrundsätze*: Allgemeinheit, Unmittelbarkeit, Freiheit, Gleichheit und Geheimheit. Alle Wahlrechtsgrundsätze bezogen sich in ihrer klassischen Ausprägung zunächst nur auf den Akt der Stimmabgabe selbst, gelten heute jedoch in ihrer Intention fundamentaler Sicherung der Freiheits- und Gleichheitsgrundrechte als auf das gesamte Wahlverfahren ausgedehnt. Die Wahlrechtsgrundsätze sind untereinander nicht widerspruchsfrei[146]; auch deshalb kann "nicht jeder dieser Grundsätze in voller Reinheit verwirklicht werden"[147]. In anderen Teilen überschneiden und verstärken sich ihre Bedeutungen: So sind insbesondere Allgemeinheit und Gleichheit sowie Freiheit und Geheimheit der Wahl miteinander verschränkt; "überdies sind Allgemeinheit, Freiheit und Gleichheit der Wahl leges speciales des allgemeinen Gleichheitssatzes"[148].

In ihrer spezifischen Ausprägung für Studentenschaftswahlen zeichnen sich, wie gleich zu zeigen sein wird, die Wahlrechtsgrundsätze im Vergleich zur Ausprägung für staatliche Wahlen durch eine strengere Formalisierung aus; insbesondere im Kernbereich des aktiven Wahlrechts, der Stimmabgabe selbst, sind sie streng formal zu fassen und somit Differenzierungen unzugänglich. Die charakteristische Ausprägung der demokratischen Wahlrechtsgrundsätze für Studentenschaftswahlen ist dem Entscheidungsbereich der Selbstverwaltungskörperschaft, also dem des Mehrheitsprinzips, entzogen!

15.1. Die Allgemeinheit der Wahl

"Der Grundsatz der Allgemeinheit der Wahl ... untersagt den unberechtigten Ausschluß von Staatsbürgern von der Teilnahme an der Wahl überhaupt. Er verbietet dem Gesetzgeber, be-

---

146 Die gegenseitigen Kollisionen der Wahlrechtsgrundsätze. **(a)** Die Allgemeinheit der Wahl kann mit dem als auch im Falle erforderlicher Hilfeleistung für gebrechliche Wähler bei der Stimmabgabe [dazu: BVerfGE Grundsatz der geheimen Wahl kollidieren sowohl im Falle der Briefwahl [dazu: Kap.15.5.1.(b)., insb. FN 247] **21**, 200 [206/207]].

(b) Die Freiheit im Wahlvorschlagsrecht kann mit der Erfolgswertgleichheit der Stimmen kollidieren [denn: bei übermäßig vielen zugelassenen Wahlvorschlagslisten werden etliche notwendig bei der Mandatsverteilung erfolglos bleiben mit der Konsequenz des auf Null reduzierten Erfolgswerts aller dafür abgegebenen Stimmen - vgl.: BVerfGE **3**, 19 [24 ff]; als Beispiel: FN 165]. Dies relativiert die Position von H.**Meyer**: "Eine Kollision eines der anderen Prinzipien mit der Wahlgleichheit ... ist schwerlich vorstellbar" (Wahlgrundsätze und Wahlverfahren, in: J.**Isensee**/P.**Kirchhof** (Hrsg.), Handbuch des Staatsrechts der Bundesrepublik Deutschland, Bd.II Heidelberg 1987, S.270-311, S.282). Bereits A.v.**Heyl** (Wahlfreiheit und Wahlprüfung, [jur.Diss.] Berlin 1975, S.177/178) scheint ebenfalls diese Ansicht zu vertreten.

(c) Die verfahrensmäßige Ausgestaltung der Wahl kann mit der reinen Form der Wahlrechtsgrundsätze kollidieren: Z.B. ist die Wahl nach starren Listen weder verträglich mit der Auswahlfreiheit im aktiven Wahlrecht [vgl. dazu: Kap.15.4.3.(b).] noch mit der Chancengleichheit im passiven Wahlrecht [dazu: Kap.15.2.4.(b).].

(d) Zur möglichen Kollision von Wahlgeheimnis und Öffentlichkeit des Wahlverfahrens: FN 259.

(e) Die Wahlrechtsgrundsätze wirken mitunter nicht einmal einzeln in sich widerspruchsfrei: Während im Falle von Listenwahlverfahren die Kandidatur lediglich einer einzigen Wahlvorschlagsliste als gegen die Auswahlfreiheit verstoßend die Nichtabhaltung der Wahl zur Folge hat [dazu nachfolgend: Kap.15.4.3.(c).], bedeutet letzteres einen Eingriff in die Freiheit des Wahlvorschlagsrechts und des passiven Wahlrechts.

147 BVerfGE **3**, 19 [24], in Rekurs auf die Wahlrechtsprechung des Staatsgerichtshofs für das Deutsche Reich (StGH) [vgl.: K.-H.**Seifert** (FN 23), S.41 (RN 3); zur StGH-Wahlrechtsprechung: FN 171(a)].

Beispiel: Die Erfolgswertgleichheit aller gültig abgegebenen Stimmen ist grundsätzlich nicht "in voller Reinheit" zu verwirklichen [vgl. dazu nachfolgend: FN 175].

148 N.**Achterberg** (FN 23), S.177.

Die in der dortigen FN 38 aufgeführten BVerfG-Entscheidungen geben dies allerdings explizit nicht her.

stimmte Bevölkerungsgruppen aus politischen, wirtschaftlichen oder sozialen Gründen von der Ausübung des Wahlrechts auszuschließen ... und fordert, daß jeder sein staatsbürgerliches Recht zum Wählen in formal möglichst gleicher Weise ausüben kann."[149]

15.1.1. Das aktive Wahlrecht. Für Studentenschaftswahlen ist das aktive Wahlrecht über dessen *formale* Allgemeinheit leicht zu erschließen.

(a) Voraussetzungen für die Ausübung des aktiven Wahlrechts. Im Gegensatz zu staatlichen "politisch-parlamentarischen" Wahlen ist der Wahlrechtsgrundsatz der Allgemeinheit für Studentenschaftswahlen nahezu vollständig formalisiert: Im Besitz des aktiven (und, grundsätzlich, auch des passiven) Wahlrechts ist in der Regel *jedes* Mitglied der Körperschaft Verfaßte Studentenschaft (auch: "Verbandsvolk"), insbesondere ausnahmslos jeder innerhalb einer festen Frist immatrikulierte Student, unabhängig von Nationalität, Alter, Wohnort, Dauer der Immatrikulation[150]. Die Wahrnahme des Wahlrechts setzt die Eintragung in das für die Wahl anzulegende, amtliche Wählerverzeichnis voraus[151]; nach dessen Schließung - vorzugsweise zum Zeitpunkt des Listenschlusses - sind keine Neueintragungen mehr möglich[152].

---

149 BVerfGE **36**, 139 [141]
[I.st.R.; früher schon: BVerfGE **12**, 139 [142]; BVerfGE **15**, 165 [166/167].]

150 Der Wahlkörper ist also in der Regel identisch mit der Gesamtheit der Mitglieder, durch deren statusspezifische Gemeinsamkeiten die Körperschaft geprägt wird, zu einem festgelegten Zeitpunkt (später, bis zum Zeitpunkt der Schließung des Wählerverzeichnisses, neu hinzukommende - nämlich neu immatrikulierte oder verspätet rückgemeldete Studenten - können nur noch auf rechtzeitig zu stellenden, individuellen Antrag hin aufgenommen werden). Vgl. dazu: J.**Oebbecke** (FN 97), S.360 ff.
Beispielhaft für Differenzierungen der Allgemeinheit bei BT-Wahlen: Art.137 Abs.1 GG [mit der diesbezüglich ergänzenden Kommentierung durch die in der FN 59 (Kap.14) angegebene Lit.]; §§ 12, 13 BWahlG [mit der diesbezüglich ergänzenden Kommentierung: W.**Schreiber** (FN 20), S.196 ff]. - Allgemeiner zu diesem Problembereich stellvertretend: K.**Braunias**, Das parlamentarische Wahlrecht, Band II Berlin/Leipzig 1932, S.91 ff; ferner: FN 82 (Kap.14).

151 Zur Notwendigkeit amtlicher Wählerverzeichnisse. (a) Die Durchführung der Hochschul- und Studentenschaftswahlen auf der Grundlage amtlicher Wählerverzeichnisse wird im HRG (= FN III.93) nicht explizit gefordert. Dabei handelt es sich um eine wesentliche Normierungslücke: "Demokratische Willensbildung ohne Registerwesen, Meldepflicht und Identitätsnachweis ist undenkbar. So muß an der Basis die Identität der 'Wahlkörper' feststehen" (P.**Schneider**, Identität und Demokratie, in: FS für U.**Klug**, Band I Köln 1983, S.157-168, S.158). Die "Identität der Wahlkörper" ist nur unter Zugrundelegung amtlicher Wählerverzeichnisse gegeben, ohne deren Vorliegen nicht einmal die exakte Errechnung der Wahlbeteiligung möglich wäre; diese muß allein anhand des Wählerverzeichnisses erschließbar sein [vgl.: §§ 30, 56 Abs.4 BWO (= FN 30)]. Dies ist auch unter der Funktion der Wahl als Produktion von Legitimation [dazu: Kap.13.2.1.] geboten: Denn das Maß der Legitimation einer Wahl gründet stets auf der exakten Kenntnis des Wahlkörpers und der Wahlbeteiligung.
(b) Problematisch in dieser Hinsicht z.B.: die 'Vorläufige Wahlordnung der Universität zu Köln' i.d.F. v.14.7. 1983 (Amtl.Mitt.10/83): "Bei der Stimmabgabe wird die Wahlberechtigung geprüft und die Teilnahme an der Wahl im Studentenausweis vermerkt" (§ 13 Abs.3 WO). Abgesehen von den o.g. Defiziten ist dieser Kontrollmechanismus anhand allein des Studentenausweises nicht ausreichend, eine doppelte Stimmabgabe von Personen, die unbefugt über ein Zweitexemplar ihres Studentenausweises verfügen (z.B. wegen angezeigten, vorgeblichen Verlusts des Originals), auszuschließen.
(c) Zu den erleichterten Manipulationsmöglichkeiten bei Studentenschaftswahlen, die, ohne amtliche Wählerverzeichnisse, nur anhand von Markierungen in den Studentenausweisen durchgeführt wurden, vgl. nur die Ungültigkeitserklärung der StuPa-Wahlen v.13.-16.11.1967 an der Johann Wolfgang Goethe-Universität (Uni-Rep.5/1968, S.1-2 [dazu nachfolgend: FN V.159(a) (Kap.19)]). - Im Hessischen Fall ist zumindest die Anlegung eines amtlichen Wählerverzeichnisses seit dem Inkrafttreten des HHG i.d.F. v.12.5.1970 (= FN III.38) durch § 22 Abs.1 HHG vorgeschrieben, wörtlich übernommen als § 16 Abs.1 HHG in das HHG i.d.F. v.6.6. 1978 (= FN III.95), in bis heute unveränderter Fassung.

152 Wären Neueintragungen ins Wählerverzeichnis noch bis zum Zeitpunkt der Stimmabgabe möglich, verlören der Tatbestand der Schließung des Wählerverzeichnisses sowie die Benachrichtigung des Wählers über die Eintragung (Wahlbenachrichtigungskarte) ihren Sinn; es würde eine Klasse von Wählern geschaffen, die kein passives Wahlrecht besitzen (nämlich diejenigen, die nach Listenschluß noch nachgetragen werden). Die notwendige Ausschlußfrist sollte im Sinne der Berechenbarkeit des Wahlverfahrens, der angestrebten bestmöglichen Identität von aktivem und passivem Wahlrecht sowie der Verhinderung von Manipulationen für Stu-

(b) Briefwahl als Verstärkung des aktiven Wahlrechts. Der Besitz des aktiven Wahlrechts allein garantiert nicht in jedem Falle die Möglichkeit für dessen praktische Wahrnahme; der Grundsatz der Allgemeinheit der Wahl im aktiven Wahlrecht wird deshalb gestützt und vervollständigt durch jede Einrichtung der Briefwahl "für unfreiwillig an der Ausübung der Wahl Verhinderte"[153]; der Wahlrechtsgrundsatz der Allgemeinheit jedoch "verpflichtet den Gesetzgeber nicht, die Briefwahl einzuführen"[154]. Indem aber zusätzlich nach dem Hochschulrahmengesetz "durch die Regelung des Wahlverfahrens ... die Voraussetzungen für eine möglichst hohe Wahlbeteiligung zu schaffen" sind[155], wird für Studentenschaftswahlen jedenfalls implizit die Verpflichtung zur Einrichtung der Briefwahl vorgenommen.

Darüber hinaus drängt dieser Passus des Gesetzes die studentischen Wahlorgane nochmals nachdrücklich, den Wahlrechtsgrundsatz der Allgemeinheit konkretisierend und verstärkend, den organisatorischen Rahmen für Studentenschaftswahlen neutral und willkürfrei so zu gestalten, daß jeder Wähler sein Wahlrecht an einer Urne "in formal möglichst gleicher Weise ausüben kann"[156].

15.1.2. Das passive Wahlrecht. Der Grundsatz der Allgemeinheit der Wahl bleibt nicht auf den eigentlichen Wahlakt beschränkt, sondern er erweitert sein Diskriminierungsverbot auch auf das passive Wahlrecht[157]: Generell ausgeschlossen werden dürfen vom durch seinen öffentlichen Charakter geprägten passiven Wahlrecht einzig die Mitglieder des Wahlorgans sowie die Mitglieder des studentischen Aufsichtsorgans ('Ältestenrat') zwecks formaler Wahrung ihrer äußeren Neutralität[158]. - Im Studentenschaftsbereich sind also die Träger des aktiven und des passiven Wahlrechts nahezu identisch.

15.1.3. Das Wahlvorschlagsrecht. Der Grundsatz der Allgemeinheit der Wahl erstreckt sich schließlich auch auf das das Wahlvorschlagsrecht[159]. "Begrenzungen" der Allgemeinheit des

---

dentenschaftswahlen strikt gehandhabt werden [anders: § 25 Abs.2 BWO; für BT-Wahlen normiert ferner im § 14 Abs.1, BWahlG (= FN 30) i.V.m. § 24 Abs.3 BWO (= FN 30)].

153 J.A.**Frowein**, Die Rechtsprechung des Bundesverfassungsgerichts zum Wahlrecht, AöR **99**, S.72-110 (1974), der für diese Gruppe mit der Verwehrung der Briefwahlmöglichkeit (selbst in der schwachen Form auf individuellen Antrag hin) und daraus folgendem "unberechtigtem Ausschluß" von der Wahl zu Recht einen Verstoß gegen den Wahlrechtsgrundsatz der Allgemeinheit erblickt: "Von der Argumentation des Gerichts her könnte die Öffnung der Wahllokale so gelegt werden, daß große Teile der Bevölkerung echte Wahlmöglichkeiten nicht haben" (S.102). Beachte als Beispiel dazu nachfolgend: FN 156(b).

154 BVerfGE **12**, 139 [LS]

155 § 39 S.2 HRG, seit der 1.Fassung v.26.1.1976 (= FN III.93) in unveränderter Formulierung

156 BVerfGE **36**, 139 [141] (= FN 149).

Diesem Grundsatz (gleiche Zumutungen für die Wahlausübung) widerspricht:

(i) die Aufstellung zu weniger Wahlurnen ["Es wird schwierig sein, bei dieser Wahl sein Wahlrecht auszuüben. Wie zu hören war, will der Wahlausschuß für die über 15.000 wahlberechtigten Studenten nur vier Wahlurnen einsetzen" (Uni-Rep.2/1969, S.7). Siehe dazu: Kap.19.4.1.];

(ii) die Aufstellung ausgesuchter Wahlurnen politisch unliebsamer Stimmbezirke an entlegenen Orten ["Ein Teil der Studenten in Niederrad und Niederursel war faktisch verhindert, sich an der Wahl zu beteiligen. Denn der Wahlausschuß hatte es trotz eines Antrags abgelehnt, an diesen Orten Wahlurnen aufzustellen" (Uni-Rep. 1/1977, S.1 [vgl. auch: Uni-Rep.8/1976, S.3]). Siehe dazu: Kap.19.11.1.(a).; Kap.19.11.4.(a).];

(iii) die Abhaltung der Wahlen zu Zeiten, in denen die Mehrheit politisch unliebsamer Wählergruppen als vom Wahlort abwesend erwartet wird ["Auswirkungen hatten die Vorgänge im Zusammenhang mit dem 'Streik' auch auf die Wahlen des Studentenparlaments" (Uni-Rep.10/1977, S.2 [zu einem ähnlichen Vorgang schon: Uni-Rep.7/1969, S.6]). Siehe dazu: Kap.19.3.2.; Kap.19.12.1.].

Über derartige Manipulationstechniken (Einschränkungen der Allgemeinheit der Wahl) generell auch: I.v. **Münch**, Komm. Art.38 GG, in: ders. (FN 49), S.466 (RN 18)).

157 BVerfGE **11**, 266 [272]; BVerfGE **12**, 10 [25]

158 Siehe dazu ergänzend: Kap.17.1.2.(i).; Kap.18.1.1.

159 BVerfGE **11**, 266 [272] (m.w.Lit.), übernommen in: BVerfGE **41**, 399 [LS 1, 417].

Wahlvorschlagsrechts sind auch in diesem "politisch-parlamentarischen" Bereich nur dann zulässig, "sofern für sie ein zwingender Grund besteht"[160].

(a) Zulässigkeit des Unterstützerquorums. Hier ist die Rechtmäßigkeit des Unterstützerquorums bei der Zulassung von Wahlvorschlagslisten für Studentenschaftswahlen zu prüfen[161]. Die Erfüllung eines "angemessen begrenzten"[162] (d.h. verhältnismäßigen) Unterstützerquorums für bisher nicht im Parlament vertretene Gruppen begründet nach der h.M. die Vermutung, daß deren Wahlvorschlagslisten "Ausdruck eines ernsthaften, in nicht zu geringem Umfang im (Verbands-)Volk vorhandenen politischen Willens sind"[163]; und dieses Quorum beuge "schon bei der Wahl einer Zersplitterung der Stimmen und der Bildung von Zwergparteien"[164] vor. Der die Beschränkung der Allgemeinheit der Wahl hier rechtfertigende "zwingende Grund" liegt also im Bestreben, die Kompetenz und Arbeitsfähigkeit des zu wählenden Parlaments durch Ausschaltung "politisch nicht ernst zu nehmender" Bewerber zu sichern[165]; gerade auch im Bereich der Verfaßten Studentenschaft ein nicht unbilliges Unterfangen.

(b) Geringe materielle Anforderungen an Wahlvorschlagslisten. Für Studentenschaftswahlen unzulässig sind alle materiellen Anforderungen im Wahlvorschlagsrecht, die nicht als unabdingbar für die Durchführung eines ordnungsgemäßen Wahlverfahrens angesehen werden müssen[166] - unabdingbar ist hier z.B. das *Differenzierungsgebot*[167]. Als Voraussetzung für die

---

160 BVerfGE **36**, 139 [141], in Rekurs auf: BVerfGE **28**, 220 [225].
Vgl. dazu allgemeiner (Prinzip des "zwingenden Grundes"): FN 65 (Kap.14).

161 Zum Unterstützerquorum: Kap.14.2.1.(a).; zum "politisch-parlamentarischen" Charakter der StuPa-Wahlen: Kap.14.1., insb. FN 58 (andere Studentenschaftswahlen bleiben hier unbeachtlich).

162 BVerfGE **12**, 10 [27], nach: BVerfGE **1**, 208 [249], i.st.R.
"Die Grundsätze, die das Bundesverfassungsgericht zur Höhe des Unterschriftenquorums bei allgemeinen politischen Wahlen entwickelt hat, gelten auch für Personalvertretungswahlen" (BVerfGE **60**, 162 [LS] [bestätigt in: BVerfGE **67**, 369 [377]; BVerfGE **71**, 81 [LS 1]]. Die bei G.**Leibholz**/H.-J.**Rinck** (FN 59), S.20 (RN 149), für "politisch-parlamentarische" Wahlen nach der BVerfG-Rechtsprechung entwickelte Bemessung der Anzahl der vorzulegenden Unterschriften ist damit erst recht für Studentenschaftswahlen anzuwenden.

163 BVerfGE **3**, 19 [27].
Für weitere Nachweise: G.**Leibholz** u.a. (FN 59), S.19 (RN 147); ferner: FN 85, FN 117 (Kap.14).

164 BVerfGE **41**, 399 [421], m.w.N.
Dieselbe Funktion, im Zusammenhang mit einem Stimmenquorum: BVerfGE **6**, 84 [98].

165 BVerfGE **3**, 19 [32], i.st.R.
Die derart intendierte Wirkung kann gerade im Bereich der Verfaßten Studentenschaft aufgrund deren geringer sozialer Verankerung nicht sicher eintreten: Trotz Bestehens eines (zulässigen) Unterstützerquorums von 0,14% der Wahlberechtigten kandidierten (erfolglos, d.h., ohne ein Mandat erringen zu können) für die Wahlen zum StuPa im WS 1991/92 an der Johann Wolfgang Goethe-Universität zu Frankfurt am Main die vier "aussichtslosen" und nicht "politisch ernst zu nehmenden" Wahlvorschlagslisten: 'Blaise Pascal', 'Graue Panther LangzeitstudentInnen', 'Die Heilige Grüne Studentenpartei', 'Roman Geszchlecht hat Recht (RGHR)' (Uni-Rep.1/1992, S.9-11); die beiden letzteren Wahlvorschlagslisten kandidierten erneut (erfolglos) bei der nachfolgenden StuPa-Wahl im WS 1992/93 (Uni-Rep.1/1993, S.13-15). Vgl. zu diesen "politisch nicht ernstzunehmenden" Listen auch: FN V.514 (Kap.19.27.); FN V.529 (Kap.19.28.); FN V.531 (Kap.19.29.).
Im WS 1993/94 kandidierten von 13 zur StuPa-Wahl zugelassenen Wahlvorschlagslisten sechs erfolglos: 'Ökologisch-Demokratische Studenten', 'KOZ-KORREKTIV', 'Christlich Liberale Studenteninitiative', 'STATT Partei', 'Multi Kulti', 'Linkswende' (Uni-Rep.1/1994, S.12-14); auf diese Gruppen entfielen zusammen 15,56% der gültig abgegebenen Stimmen, die damit - auch ohne Stimmenquorum - sämtlich ohne Erfolgswert blieben.

166 Diese geringen Anforderungen an die Wahrnahme des passiven Wahlrechts tragen zum einen der relativ kurzen Verweildauer der Studenten an der Hochschule, der geringen Organisationsstruktur im Studentenschaftsbereich sowie deren amateurhaftem Charakter Rechnung und vermindern zum anderen Mißbrauchs- und Manipulationsmöglichkeiten bei der Listenzulassung.

167 Zum 'Differenzierungsgebot' für die Kennzeichnung von Wahlvorschlagslisten. "Der Ausschluß von Verwechslungsgefahren gehört zu den selbstverständlichen Voraussetzungen einer ordnungsgemäßen Durchführung der Wahl" (W.**Schreiber** (FN 20), Komm. § 20 BWahlG, S.321 (RN 22) [in Rekurs auf: BVerfGE **36**, 144 [146]]). Beispielhaft normiert die Studentenschaft der Johann Wolfgang Goethe-Universität zu Frankfurt am Main: "Wahlvorschlagslisten sind durch den Studentischen Wahlausschuß insbesondere dann nicht zu-

Zulassung von Wahlvorschlagslisten für Studentenschaftswahlen ungeeignet sind dementsprechend: die Vorlage eines einheitlichen politischen Programms[168], der obligatorische Nachweis organisatorischer Dauerhaftigkeit, spezifischer (privatrechtlicher) Gruppenstrukturen und Mitgliedschaften[169], die Präsentation einer Mindestanzahl von Kandidaten ('Kandidatenquorum') auf der Liste[170].

15.2. Die Gleichheit der Wahl

"Die Gleichheit der Wahl ist ein Anwendungsfall des allgemeinen Gleichheitssatzes. Deshalb ist ein Verstoß gegen die Wahlgleichheit auch eine Verletzung des Art.3 GG."[171] "Der Grundsatz der Gleichheit der Wahl ... unterscheidet sich von dem allgemeinen Gleichheitssatz (Art.3 Abs.1 GG) durch seinen formalen Charakter. Er gebietet, daß alle Staatsbürger das aktive ... Wahlrecht in formal möglichst gleicher Weise ausüben und die Stimmen der Wahlberechtigten beim Verhältniswahlsystem nicht nur den gleichen Zählwert, sondern grundsätzlich auch den gleichen Erfolgswert haben."[172]

---

gelassen, wenn ... die Listenbezeichnung die Gefahr einer Verwechslung mit einer bereits im alten Studentenparlament ... vertretenen Wahlvorschlagsliste beinhaltet" (§ 20 Abs.7 StS v.22.2.1994 (= FN III.168) [sinnvoller wäre die Norm in der Formulierung "Namensverwechslung mit einer an der Frankfurter Universität bereits bestehenden studentischen Gruppierung" gewesen]). Als Beispiele: Kap.19.31.2. - Vgl. zum 'Differenzierungsgebot' als spezifischer Konkretisierung weiterer Wahlrechtsgrundsätze: Kap.15.2.3.(b).; Kap.15.4.3.(g).

168 Die aus der Parteiendemokratie übernommene Auffassung, daß "Listenwahl Gruppen mit einem gemeinsamen Programm ... voraussetzt" (BVerfGE **5**, 77 [82]) ist auf den engen Bereich von Studentenschaftswahlen nur bedingt übertragbar [vgl. dazu ausführlicher: Kap.19.31.1.].

169 Dieses systemimmanente Phänomen wird auch als gravierender Nachteil dargestellt: "Wenig geregelt, wenn überhaupt, sind die Fragen der personellen Kontinuität von Gruppen, aus denen die Teilnehmer der [universitären, P.K.] Selbstverwaltung rekrutiert werden. Das ist ein Selektions-Nicht-Prinzip, das sich andere Einrichtungen gar nicht leisten können, aber das Universitäten zugemutet wird." (R.**Wildenmann** (FN 91), S.17)
Der notwendige Organisationsgrad im Wahlvorschlagsrecht. Vgl. für den Fall der Parteien grundlegend: Art.21 Abs.1 GG. Zur Aufhebung des Parteienmonopols im Wahlvorschlagsrecht für Kommunalwahlen: BVerfGE **11**, 102; BVerfGE **11**, 266 [LS 2] [Anmerkung dazu: W.**Thürk**, Zu den Rechtsfolgen des Beschlusses des BVerfG über die Nichtigkeit des § 25 Abs.2 S.1 des saarländischen Kommunalwahlgesetzes, DVBl.**75**, S.795-798 (1960)]. Zu den rechtlich zulässig bleibenden weiteren Anforderungen an kommunale Wählerorganisationen: W.W.**Grundmann**, Die Rathausparteien, [jur.Diss.] Göttingen 1960, S.71/72. - Dies deutet das Formprinzip an: Je kleiner der Wahlkörper für die infrage stehende (politische) Wahl und je geringer die Entscheidungsbefugnisse des zu wählenden Organs, desto geringer die Anforderungen an den Organisationsgrad im Wahlvorschlagsrecht. Für ein Beispiel aus dem Studentenschaftsbereich nachfolgend: Kap.19.31.1.

170 Dagegen ist die Einführung eines Kandidatenquorums für Hochschulwahlen zulässig: Kap.14.2.5.

171 BVerfGE **1**, 208 [242] (= FN 80), i.st.R.
Die Wahlrechtsgleichheit (Art.38 Abs.1 GG) als Anwendung des Gleichheitssatzes (Art.3 Abs.1 GG).
(a) Paradigmatisch: H.-J.**Rinck**, Allgemeinheit und Gleichheit der Wahl als Wegbereiter zu einem zeitgemässen Verständnis der Menschenwürde, in: FS für W.**Geiger**, Tübingen 1974, S.677-696, S.684 ff; auch bereits, in Diskussion der frühen (Wahl-)Rechtsprechung des Staatsgerichtshofs für das Deutsche Reich [zur StGH-Judikatur z.B.: H.**Meyer** (FN 20), S.105-109; E.**Jacobi**, Die verfassungsmäßigen Wahlrechtsgrundsätze als Gegenstand richterlicher Entscheidung, in: FS für R.**Schmidt**, Leipzig 1932, S.59-93, insb. S.70 und S.72]: H.**Heller**, Die Gleichheit in der Verhältniswahl nach der Weimarer Verfassung, Berlin/Leipzig 1929, S.11 ff.
(b) Diese Interpretation der Wahlrechtsgleichheit als Anwendungsfall des allgemeinen Gleichheitssatzes ist sowohl methodisch als auch materiellrechtlich nicht unumstritten; beispielhaft für die Infragestellung: H.**Meyer** (FN 20), S.79/80, S.134-151; J.A.**Frowein** (FN 155), S.81, S.84 ff; M.**Antoni**, Grundgesetz und Sperrklausel, ZParl **11**, S.93-109 (1980), S.97 ff.
(c) Zur logisch-strukturellen Abgrenzung der abstrakten, streng formalen arithmetischen Gleichheit von der wesensmäßig-willkürfreien, relativen Gleichheit des 'allgemeinen Gleichheitssatzes': K.**Hesse**, Der Gleichheitssatz im Staatsrecht, AöR **77**, S.167-224 (1951/52); C.-E.**Bärsch**, Die Gleichheit der Ungleichen, München 1979, insb. S.61-80; H.H.**v.Arnim**, Der strenge und der formale Gleichheitssatz, DÖV **37**, S.85-92 (1982).

172 BVerfGE **13**, 243 [246], m.w.N.
Dieser Grundsatz gilt nicht für die Mehrheitswahl: "Beim Mehrheitswahlrecht kann nur ein Kandidat den Wahlkreis gewinnen; der Rest der Stimmen, die auf sieglose Kandidaten entfielen, geht verloren", bleibt folg-

Als Konsequenz des 'Übermaßverbots' bedürfen für "politisch-parlamentarische" Wahlen "Differenzierungen der Wahlgleichheit eines ... zwingenden Grundes"[173].

15.2.1. Das aktive Wahlrecht. Für Studentenschaftswahlen ist die Stimmrechtsgleichheit *streng formal* zu fassen: Zum ersten handelt es sich bei der *Zählwert*gleichheit für alle "politisch-parlamentarischen" Wahlen stets um einen Fall der streng formal zu fassenden arithmetischen Gleichheit: Denn aus dem Willkürverbot des allgemeinen Gleichheitssatzes "ergibt sich, daß es angesichts der in der demokratischen Grundordnung verankerten unbedingten Gleichheit aller Staatsbürger bei der Teilnahme an der ... Willensbildung gar keine Wertungen geben kann, die es zulassen würden, beim Zählwert der Stimmen zu differenzieren"[174]. Zum zweiten ist für sämtliche Studentenschaftswahlen gem. § 41 Abs.3 i.V.m. § 39 S.1 HRG die Verhältniswahl bindend vorgeschrieben, d.h. A-priori-Differenzierungen des *Erfolgswerts* der Wählerstimmen, die über das durch die Grenzen der Wahlarithmetik jedem proportionalen Mandatsverteilungsverfahren notwendig innewohnende Maß[175] hinausgehen, sind system- und damit rechtswidrig. Allgemeiner muß jedem Mandatsverteilungsverfahren ("Wahlsystem") unter dem Wahlrechtsgrundsatz der Gleichheit ohnehin "Folgerichtigkeit" innewohnen: "In ein Wahlsystem dürfen nicht Elemente eines anderen Wahlsystems eingeführt werden, die der Grundstruktur der diesem Wahlsystem eigenen Berechnung der Stimmen fremd sind. Entscheidet sich der Gesetzgeber für einen Teil des Wahlverfahrens für das Verhältniswahlsystem, so unterwirft er sich damit dem prinzipiellen Gebot des gleichen Erfolgswertes *jeder* Wählerstimme"[176]. Zum dritten zeigen sich die für Verhältniswahlverfahren anerkannten A-posteriori-

---

lich ohne Erfolgswert (E.K.**Scheuch**, Die Bedeutung sozialer Faktoren für die Wirkung von Wahlsystemen, in: H.**Zilleßen** (Hrsg.), Mehrheitswahlrecht?, Stuttgart/Berlin 1967, S.66-72, S.67). Zum Problemkreis 'Zählwert'/ 'Erfolgswert' einer Wählerstimme: FN 116 (Kap.14).

173 BVerfGE **69**, 92 [106].
Allgemeiner: Kap.14.1.1. Als Beispiele für (theoretisch) mögliche Einschränkungen der formalen Wahlrechtsgleichheit siehe insbesondere: FN I.16, FN I.17 (Kap.1).

174 BVerfGE **1**, 208 [247], in Rekurs auf: H.**Heller** (FN 171), S.23/24.
Ebendieser Aspekt bezeichnet den "formalen Charakter" der Wahlrechtsgleichheit: H.-J.**Rinck**, Der Grundsatz der Wahlrechtsgleichheit und das Bonner Grundgesetz, DVBl.**73**, S.221-227 (1958), S.223, zeitlich noch vor BVerfGE **8**, 51 [69]. [Zur Durchbrechung dieses Prinzips für Hochschulwahlen: FN 87 (Kap.14).]

175 "Die Abgeordneten lassen sich nicht in Bruchstücke teilen" (H.**Heller** (FN 171), S.22). Deshalb gibt es kein Mandatsverteilungsverfahren, das für arithmetisch gleiche Abgeordnete stets exakte Proportionalität garantiert, logisch äquivalent zur exakten Proportionalität die Erfolgswertgleichheit aller gültig abgegebenen Stimmen bei der Wahl [falsch formuliert in dieser Hinsicht z.B.: K.**Stern** (FN 20): Das Mandatsverteilungsverfahren von Hare/Niemeyer werde benutzt, "um eine exakt dem Plenum entsprechende anteilmäßige Verteilung zu erreichen" (S.335)]. Das Maß für die Abweichung von der exakten Proportionalität bestimmt sich aus der mathematischen Art des nach juristisch-politologischen Kriterien zu wählenden Fehlers. Dazu genauer: P.**Kunth** (FN 137). Zur unterschiedlich möglichen Ausprägung der Erfolgswertgleichheit in unterschiedlichen proportionalen Mandatsverteilungsverfahren siehe: P.**Kunth**, Ein Vergleich zwischen d'Hondtscher und Hare/ Niemeyerscher Mandatsverteilung (eingereicht bei: ZParl).

176 BVerfGE **11**, 351 [362].
Zur "Folgerichtigkeit eines Wahlsystems". Ausführlicher dazu: Bundesminister des Innern (Hrsg.), Zur Neugestaltung des Bundeswahlrechts, Bonn 1968, S.41 ff. - Vereinbar allein mit dieser Theorie der "Folgerichtigkeit" (BVerfGE **1**, 208 [246] [in Rekurs auf: E.**Forsthoff**, Anmerkungen zu den Urteilen des OVG Lüneburg v.19.6.1950/4.7.1950, AöR **76**, S.369-376 (1950), S.375/376 [alle Urteile ergingen zum damaligen S-H. LWahlG]]) ist die i.a. gegen die formale Erfolgswertgleichheit verstoßende getrennte Zuteilung eines jeweils festgelegten Teils der Mandate nach unterschiedlichen Mandatsverteilungsverfahren (z.B. mittels Mehrstimmverfahren): "Es ist jedoch zulässig, ein System anzuwenden, das nebeneinander, aber getrennt, zwei verschiedene Wahlsysteme für Teile der zu wählenden Abgeordneten zur Anwendung bringt" (W.**Schreiber** (FN 20), S.121 (RN 32) [zur Definition der "Folgerichtigkeit" in diesem Zusammenhang: J.A.**Frowein**, Rechtsgutachten zu der Vereinbarkeit der Verhältniswahl in kleinen Wahlkreisen [Dreier- oder Vierer-Wahlkreissystem] mit dem Grundgesetz, in: Bundesminister des Innern (FN 59), S.5-32, S.15]). Ein diesbezügliches Beispiel ist das

Differenzierungen des Erfolgswerts, das Stimmenquorum und die Listenverbindung, für Studentenschaftswahlen als unzulässig:

(a) Unzulässigkeit des Stimmenquorums für Studentenschaftswahlen. Der Einführung eines Stimmenquorums liegt das Bestreben zugrunde, ein "arbeitsfähiges Parlament" zu erzeugen, "das in der Lage ist, eine funktionsfähige Regierung zu bilden"[177]. Dieser für den Bereich staatlicher Wahlen als "zwingend" anerkannte, weil "Störungen des Verfassungslebens vorzubeugen"[178] und "Gefahren für den Staat"[179] abzuwenden geeignet erscheinende Grund büßt im Rahmen von Studentenschaftswahlen offenbar seine Stringenz ein:

(i) Die beschränkten Befugnisse des Studentenparlaments als Organ einer Selbstverwaltungskörperschaft schmälern den Stellenwert und die Auswirkungen möglicherweise nicht-handlungsfähiger studentischer "Regierungen"; ein nicht-"arbeitsfähiges" Studentenparlament löst offensichtlich weder "Gefahren für den Staat" noch "Störungen des Verfassungslebens" aus; darüber hinausführend unterliegt gemäß § 41 Abs.2 HRG das Handeln der Verfaßten Studentenschaft als Körperschaft des öffentlichen Rechts der rechtsaufsichtlichen Staatskontrolle, die im Ausnahmefall die Handlungsfähigkeit der Körperschaft mittels äußerer Eingriffe (sog. "Ersatzvornahmen") wiederherzustellen in der Lage ist[180]. Die mechanische Übertragung dieser für staatliche Wahlen erstellten Grundsätze auf StuPa-Wahlen hätte insofern Willkürcharakter. Die im Bereich der Verfaßten Studentenschaften vorherrschende politische Polarisierung garantierte zudem bislang ohnehin stets eine Mehrheitsbildung.

(ii) Im Sinne des Studentenparlaments als Repräsentationsorgan aller Studenten im Rahmen der Verfaßten Studentenschaft zur Vertretung "legitimer öffentlicher Aufgaben" müssen auch die Fachinteressen kleiner Fachbereiche und Institute der Universität die Möglichkeit einer Einbringung erhalten; dem trägt insbesondere auch die Norm im HRG zur obligatorischen Einführung der Verhältniswahl Rechnung[181]. Ein Stimmenquorum trüge dagegen grundsätzlich zur

---

'Grabenwahlsystem' [dazu: E.**Jesse**, Wahlrecht zwischen Kontinuität und Reform, [pol.Diss.] Düsseldorf 1985, S.164]. Eine besonders logische Stringenz kann diese Argumentation nicht für sich in Anspruch nehmen.

177 BVerfGE **24**, 300 [341], m.w.N.
Ausführlicher dazu z.B.: I.**v.Münch** (FN 156), S.481/482; H.**Meyer** (FN 146), S.284 ff; ferner: FN 123 (Kap.14). Dieser "zwingende Grund" rechtfertigt auch die Durchbrechung der "Folgerichtigkeit" [dazu vorstehend: FN 176] in der Verhältniswahl durch das die Proportionalität verzerrende Stimmenquorum.
Charakteristikum der Mehrheitswahl ist die Schaffung "sichere[r] Regierungsmehrheiten", "der Verhältniswahl ist die Gleichbehandlung der Minderheiten wichtiger als die Bildung einer festen Regierungsmehrheit" (T. **Maunz**, Grundgesetzliche Schranken einer Wahlrechtsreform, in: M.**Hättich** u.a., Wahlrecht und Wahlgerechtigkeit, Karlsruhe 1970, S.49-60, S.58). Für die umfangreiche Literatur um politologische Korrektheit und Priorität einer dieser Charakterisierungen siehe stellvertretend: E.**Schanbacher**, Parlamentarische Wahlen und Wahlsystem in der Weimarer Republik, [pol.Diss.] Düsseldorf 1982; E.**Jesse** (FN 176), m.w.Lit.; Bundesminister des Innern (Hrsg.), Grundlagen eines deutschen Wahlrechts, Berlin/Frankfurt/M 1955, insb. S.89-108.

178 BVerfGE **6**, 84 [92]

179 BVerfGE **6**, 84 [93]

180 Gemäß § 10 VwVG (= FN III.48). - Beispiele für derartige Zwangsmittel in: Teil III.
Zur methodischen Unzulässigkeit von Analogschlüssen für den angestrebten Nachweis der Verfassungswidrigkeit von Stimmenquoren bei Kommunalwahlen: U.**Wenner**, Sperrklauseln im Wahlrecht der Bundesrepublik Deutschland, [jur.Diss.] Berlin/New York/Frankfurt/M 1986, S.198 ff, S.267 ff; andeutungsweise bereits früher: H.**Heller** (FN 171), S.37; W.W.**Grundmann** (FN 169), S.80 ff; J.A.**Frowein** (FN 153), S.89. Zur Verfassungswidrigkeit der 5%-Klausel bei den Wahlen zu den Berliner Bezirksverordnetenversammlnugen: Berl. VerfGH, E.v.17.3.1997 [Az.: VerfGH 90/95], in [Rspr. in LS]: DVBl.**112**, S.786-787 (1997). Schließlich die Notwendigkeit eines Stimmenquorums inzwischen überhaupt relativierend: BVerGE **82**, 322 [LS 1, LS 2].

181 § 41 Abs.3 i.V.m. § 39 S.1 HRG (= FN III.93). - Unter diesem Aspekt der Repräsentation darf auch die Gesamtzahl der zu vergebenden Mandate (d.h. die Größe des zu wählenden Studentenparlaments) nicht willkürlich reduziert werden; durch übermäßige Reduzierung könnte nämlich eine systemimmanente Sperrklausel eingerichtet werden [vgl. dazu: BVerfGE **13**, 243].

Repräsentationsunfähigkeit kleiner Einheiten (die nur relativ wenige Stimmen aufzubringen fähig sind) bei und zeigte sich somit als unverhältnismäßiger und systemwidriger Eingriff.
(iii) Tendenziell wird die intendierte Funktion des Stimmenquorums, Stimmenzersplitterungen vorzubeugen, bereits durch die (zulässige) Einführung eines Unterstützerquorums erfüllt[182]. Der Verdopplungseffekt in der Beschränkung der Gleichheit der Wahl durch Einführung sowohl eines Unterstützerquorums als auch eines Stimmenquorums erscheint damit für StuPa-Wahlen nicht erforderlich; ein milderes (verhältnismäßigeres) Mittel zur Erreichung dieses Zwecks ist das Unterstützerquorum allein[183].
(b) Unzulässigkeit von Listenverbindungen für Studentenschaftswahlen. Unzulässig, weil gegen den Grundsatz der formalen Erfolgswertgleichheit der Stimmen verstoßend, sind Listenverbindungen bei Studentenschaftswahlen: Denn die Möglichkeit von Listenverbindungen vervielfacht einerseits die Anzahl eingereichter Wahlvorschlagslisten, fördert also unerwünschte Stimmenzersplitterungen. Andererseits vermögen insbesondere stimmenschwache Wahlvorschlagslisten als Teil eines Listenverbunds zu Mandaten beizutragen, die sie als Einzelwahlvorschlag alleine nicht erhalten hätten; die dafür aufgebrachten Stimmen besäßen im ersten Falle einen teilweise sogar überproportionalen Erfolgswert, im letzteren Falle (nichtverbundener Einzelwahlvorschlag) dagegen wären sie "weggeworfen", d.h. ohne Erfolgswert geblieben[184].
(c) Unzulässige Mandatsverteilungs-Kombinationen. Der Grundsatz der "Folgerichtigkeit" eines Mandatsverteilungsverfahrens gilt für Studentenschaftswahlen unter dem HRG in verschärfter Form: Unzulässig, weil gegen den Grundsatz der formalen Erfolgswertgleichheit in

---

182 Zur Zulässigkeit eines Unterstützerquorums für Studentenschaftswahlen: Kap.15.1.3.(a).; Kap.15.2.3.(a).; Kap.15.4.3.(a).; Kap.15.5.3. Beachte aber für Hochschulwahlen: Kap.14.2.4.(i).

183 Dagegen sieht das Stimmenquorum (Sperrklausel) für Studentenschaftswahlen als zulässig und wünschenswert an: R.**Wildenmann** (FN 91), S.42.

184 BVerfGE **60**, 162 [172].

Zur Problematik der Listenverbindungen. **(a)** Beispiel: Zur StuPa-Wahl an der FU Berlin im SS 1990 kandidierten 30 Listen, davon verbunden 22, wovon nur 5 ohne Mandat ausgingen; die auf letztere entfallenen Stimmen wurden in vier Fällen zugunsten verbundener Wahlvorschlagslisten verrechnet; die Liste 16 errang mit 320 Stimmen 1 Mandat, die (verbundene) Liste 9 mit 277 Stimmen 2 Mandate (Bekanntmachung des Zentralen Wahlvorstands Nr.30/1990). - Rechtswidrig, als gegen das Prinzip der Erfolgswertgleichheit der Stimmen in der Verhältniswahl [siehe im Text bei FN 175 sowie nachfolgend FN 185] verstoßend, daher im diesbezüglichen Teil die Satzung der Studentenschaft der FU Berlin i.d.F. v.15.6.1983 (ABl., S.955-957 (1983)): "Listen können mit schriftlicher Zustimmung aller auf ihnen verzeichneten Bewerber miteinander verbunden werden. Verbundene Listen gelten bei der Sitzverteilung im Verhältnis zu den übrigen Listen als eine Liste." (§ 5 Abs.3 FU.StS); "Listenverbindungen sind zulässig; sie bedürfen der Zustimmung aller Bewerber in den zu verbindenden Wahlvorschlägen." (§ 2 Abs.2 Berl.HWahlVO v.5.11.1987 (= FN III.99(d))); "Listenverbindingen sind zulässig. Ihre Bildung bedarf der Zustimmung jeweils der ersten drei Bewerber in den zu verbindenden Wahlvorschlägen." (§ 2 Abs.5 Berl.HWGVO v.3.4.1992 (= FN III.99(d)))

(b) Weitergehend noch für die Rechtswidrigkeit von Listenverbindungen: BVerfGE **82**, 322 [345 ff]; das Gericht erblickt hier für staatliche Wahlen nicht einmal das mögliche Vorliegen eines die Wahlrechtsgleichheit einzuschränken vermögenden "zwingenden Grunds" für die Rechtfertigung.

(c) A.A., noch vor diesem BVerfG-Urteil: Die Zulässigkeit von Listenverbindungen folge aus der "Gleichheit der Wettbewerbschancen" sowie aus der "Logik des Proporzes" (E.**Forsthoff**, Zur verfassungsrechtlichen Stellung und inneren Ordnung der Parteien, DRZ **5**, S.313-318 (1950), S.315); dementsprechend auch: "Listenverbindungen ... sind ... seit jeher fester Bestandteil des Verhältniswahlrechts" (K.-H.**Seifert** (FN 23), S.49 (RN 17) [m.w.Lit.]) - wohl in Anlehnung an § 16 RWahlG i.d.F. v.27.4.1920 (RGBl.I, S.627-642 (1920)). Dafür, daß diese Meinung auch zur damaligen Zeit nicht unumstritten war, beachte den Konflikt über die WO zum Landtag von Mecklenburg-Strelitz aus dem Jahre 1927 [aufgeführt in: K.**Ball**, Das materielle Wahlprüfungsrecht, Berlin 1931, S.197/198]; heute noch für K-Wahlen: A.**Saftig** (FN 54), S.369. Zur Problematik auch: Ba-Wü.StGH, E.v.6.2.1961 [Az.: Nr.5/1960], in: DÖV **14**, S.744-750 (1961), insb. Abschnitt V.2.

(d) Listenverbindungen benachteiligen kleine Gruppen, die Listen-"Filialen" nicht eröffnen können. Listenverbindungen relativieren das 'Differenzierungsgebot' [vgl. zu diesem Kriterium: FN 167; Kap.15.2.3.(b).].

der Verhältniswahl verstoßend, sind alle "Personalisierungen", die durch Mehrstimmgebung das Mandatsverteilungsverfahren mit Elementen des Mehrheitswahlrechts oder der Einrichtung mehrerer, separat auszuzählender Wahlkreise dergestalt anreichern, daß diese de facto dem gesetzlich vorgeschriebenen Proportionalcharakter der Gesamtwahl entgegenwirken[185].

---

185 **Der Begriff der 'Verhältniswahl' im HRG.** Grundlegend für die Beurteilung der Rechtmäßigkeit eines Mandatsverteilungsverfahrens für Studentenschaftswahlen ist der § 41 Abs.3 i.V.m. § 39 HRG (= III.93): "Die Vertreter ... werden ... in der Regel nach den Grundsätzen der personalisierten Verhältniswahl gewählt." [Zur Definition der Personalisierung: FN 61 (Kap.14).] Dieser maßgebliche Passus des Gesetzes kann nicht als 'Verhältniswahl unter variabler Wahlkreiseinteilung' ausgelegt werden; denn dies implizierte auch die relative Mehrheitswahl (aufgefaßt als Verhältniswahl im Einmannwahlkreis [vgl.: R.**Herzog** (FN 59), S. 58]), und diese sollte allein durch die Wortwahl für Hochschul- und Studentenschaftswahlen offensichtlich gerade ausgeschlossen werden. Charakteristisch ist hier also nicht die formal-arithmetische ("wahltechnische") Definiton proportionaler Mandatsverteilung pro Wahlkreis, sondern die dem Prinzip der Verhältniswahl zugrunde liegende Gerechtigkeitsvorstellung der Erfolgswertgleichheit sämtlicher bei einer Wahl gültig abgegebener Stimmen in dem Sinne bestmöglicher Repräsentation [vgl. zu dieser Charakterisierung bereits: BVerfGE **1**, 208 [248]]: Es kommt "bei der Mehrheitswahl auf den gleichen Zählwert jeder Stimme an, während bei der Verhältniswahl darüber hinaus - von den in engem Rahmen zulässigen Differenzierungen abgesehen - auch der gleiche Erfolgswert garantiert wird" (BVerfGE **7**, 63 [70] [auch: BVerfGE **11**, 351 [360/361, 362]; BVerfGE **16**, 130 [138/139] - weitergehend: H.**Meyer** (FN 20), S.134 ff (der Inhalt der Wahlgleichheit)]). Vom Ergebnis her auch: H.**Meyer** (FN 20), Kap.7; J.A.**Frowein** (FN 176), S.14. Ebenso für die Hochschule, zwar ohne die in diesem Zusammenhang wesentliche Wahlkreisproblematik konkret zu benennen, aber implizit aus dem Zusammenhang, die Komm. des § 39 HRG: P.**Dallinger** u.a. (FN 93), S.247 (RN 4); A.**Reich** (FN 93), S.87 (RN 2); B.**Nagel** (FN 70), S.486 (RN 2); K.**Hailbronner** (FN 93), S.7/8 (RN 15). Ferner: K.A.**Ludwig** (FN 61), S.9/10.
Beispiel Universität Mainz: Eine instruktive Ansicht über teilproportionale Mandatsverteilungsverfahren (Kombinationen von Erststimmverfahren [Wahl in mehreren Wahlkreisen] mit proportionalen Zweitstimmverfahren [Wahl nach Zentrallisten in einem Wahlkreis]), die der Verhältniswahlbegriff des HRG für Studentenschaftswahlen nicht umfaßt, liefert die Entwicklung der Wahlordnung der Studentenschaft der Johannes Gutenberg-Universität zu Mainz seit dem Inkrafttreten des HRG am 27.1.1976 [hierbei handelt es sich zugleich um Beispiele für den Versuch, mittels günstiger Mandatsverteilungsverfahren und strategischer Wahlkreiseinteilungen gewünschte politische Mehrheiten im zu wählenden Repräsentativorgan herzustellen]:
(a) Die Wahlordnung v.26.1.1973 (Rh-Pf.StAnz., S.496-498 (1975)): "Das Studentenparlament besteht ... aus 32 Abgeordneten. Von den Abgeordneten werden 16 nach Kreiswahlvorschlägen und die übrigen nach Listenvorschlägen (Listen) gewählt" (§ 1 WO). "Jeder Wähler hat zwei Stimmen, eine Erststimme für die Wahl des Wahlkreisabgeordneten [Direktkandidaten] und eine Zweitstimme für die Wahl der Liste" (§ 5 WO). "Politische Hochschulgruppen und Wählervereinigungen können Kreiswahlvorschläge ... einreichen. Außerdem kann jeder andere Wahlberechtigte einen Kreiswahlvorschlag einreichen. Jeder Kreiswahlvorschlag kann nur den Namen eines Bewerbers enthalten. ... Kreiswahlvorschläge von politischen Hochschulgruppen oder Wählervereinigungen müssen ihren Namen als Kennwort enthalten. Enthält ein Kreiswahlvorschlag kein Kennwort, wird ... das Kennwort 'Unabhängig' auf dem Stimmzettel ... verwendet" (§ 9 WO). "In einem Wahlkreis ist der Bewerber gewählt, der die meisten Erststimmen in diesem Wahlkreis auf sich vereinigt" (§ 6 WO). "Die Sitze werden unter den kandidierenden Listen [über die Zweitstimmen] nach dem d'Hondtschen Höchstzahlverfahren aufgeteilt. ... Von den auf jede Liste entfallenden Sitzen wird dann die Anzahl der Abgeordneten abgezogen, die für die betreffende politische Hochschulgruppe oder Wählervereinigung im Wahlkreis erfolgreich war" (§ 7 WO). - Beide Mandatsverteilungen werden also grundsätzlich nicht unabhängig voneinander ausgeführt: Für erfolgreiche, nicht-"unabhängige" (d.h. von kandidierenden Zentrallisten benannte) Direktkandidaten erfolgt nach dem Vorbild der 'personalisierten Verhältniswahl' für BT-Wahlen ein proportionaler Mandatsausgleich über die jeweiligen Zentrallisten. Während aber für BT-Wahlen "unabhängige" (d.h. offiziell nicht-parteigebundene und damit auch nicht am Verhältnisausgleich teilnehmende) Direktkandidaten bisher chancenlos waren [dazu bereits: BVerfGE **13**, 127 [128/129]], zeigte sich für Studentenschaftswahlen Gegenteiliges: Insbesondere das zwischen 'linken' Wahlvorschlagslisten abgesprochene oder durch eigenen Kandidatenverzicht tolerierte Aufstellen "links-unabhängiger" Direktkandidaten, für deren Wahl die relative Mehrheit der im Wahlkreis gültig abgegebenen Zahl der Erststimmen genügte, erzeugte Mehrheiten im Studentenparlament, die dessen proportionaler Zusammensetzung widersprachen. [Beispiel StuPa-Wahl 1974 (Quelle: amtliches Endergebnis der Wahl): Zweitstimmen aller 'linken' Wahlvorschlagslisten ('MSB Spartakus', SHB-Juso, KSB, KSV): 41,9%; Anteil der 11 erfolgreichen 'linken' an der Gesamtzahl der gewählten "unabhängigen" Direktkandidaten: 84,6%.] Das o.g. Mandatsverteilungsverfahren verstößt also, als in der Komponente 'Wahl in Wahlkreisen' grundsätzlich in einigen Wahlkreisen nach dem Prinzip der relativen Mehrheitswahl ohne Verhältnisausgleich zuteilend, dem Proportionalitätsprinzip des HRG und wäre somit heute rechtswidrig. Es erscheint darüber hinaus sehr zweifelhaft, ob dieses Mandatsverteilungsverfahren der Anforderung der "Folgerichtigkeit" für ein de-

mokratisches Wahlverfahren und somit dem Wahlrechtsgrundsatz der Gleichheit genügt [vgl. dazu: BVerfGE **1**, 208, [246/247]; BVerfGE **6**, 84 [90]]. Schließlich führt dieses Mandatsverteilungsverfahren de facto zum Zwang der Kandidatenaufstellung in jedem Wahlkreis, im Widerspruch zum freien Wahlvorschlagsrecht [vgl. dazu: K.-H.**Seifert** (FN 23), S.49 (RN 18)] und unter Benachteiligung von kleinen, mitgliedsschwachen Gruppen. [Beispiel StuPa-Wahl 1974 / Wahlkreis 08, Chemie/Pharmazie: einziger Direktkandidat P.**Lindner** ("unabhängig links") 209 Stimmen (=47,7%); Enthaltungen 228 Stimmen (=52,3%) - damit P.**Lindner** gewählt!]
Zur Wahlkreiseinteilung: Die mit der Einführung der Direktwahl verbundene Bildung von Wahlkreisen (Anlage A zur WO) erfolgte offensichtlich nicht unter der unabdingbaren politischen Neutralität. [Beispiel Studentenzahlen im WS 1974/75 (Quelle: amtliches Endergebnis der StuPa-Wahl 1974): Anzahl der Wahlkreise: 16; durchschnittliche Zahl der Wahlberechtigten pro Wahlkreis: 1.009; sämtliche 'rechten' Stimmenhochburgen lagen unzulässig weit über dem Durchschnitt [zu den zulässigen Grenzen der Abweichung vom Mittel grundsätzlich: BVerfGE **16**, 130 [136 ff]]: Jura: +98%, theoretische Medizin: +59%, Wirtschaftswissenschaften: +55%; 'linke' Wahlkreise lagen teilweise unzulässig weit unter dem Durchschnitt: Sport: -63%, Theologie: -51%, Kunst/Musik: -49%, Philosophie/Pädagogik: -41%. Die vier letztgenannten 'linken' Wahlkreise umfaßten zusammen weniger Wahlberechtigte (1.973) als der 'rechte' Wahlkreis Jura alleine (2.000).] Diese manipulative Wahlkreiseinteilung wurde erst mit der WO v.11.11.1976 teilweise entschärft.
(b) Die rechtsaufsichtliche Änderung der Wahlordnung v.25.11.1975 (Rh-Pf.StAnz., S.828 (1975)): Diese Ergänzung betraf allein die Zweitstimmenberechnung des § 7 WO: "Zur Ermittlung der auf jede Liste entfallenden Zahl von Abgeordneten werden die für jede Liste abgegebenen Stimmen zusammengezählt. Nicht berücksichtigt werden dabei die Zweitstimmen derjenigen Wähler, die ihre Erststimme für einen im Wahlkreis erfolgreichen Bewerber (Direktkandidaten) abgegeben haben, der gemäß § 9 Abs.2 [WO - "unabhängige" Direktkandidaten] oder von einer politischen Hochschulgruppe oder einer Wählervereinigung, für die eine [Zentral-]Liste nicht zugelassen ist, vorgeschlagen ist. Die Sitze werden unter den kandidierenden Listen nach dem d'Hondtschen Höchstzahlverfahren aufgeteilt. ... Von den auf jede Liste entfallenden Sitzen wird dann die Anzahl der Abgeordneten abgezogen, die für die betreffende politische Hochschulgruppe oder Wählervereinigung im Wahlkreis erfolgreich war." - Die nach § 7 WO knappe 'linke' StuPa-Mehrheit weigerte sich aufgrund machtstretegischer Erwägungen, die geänderte WO anzuerkennen: B.**Möck**, Tumulte begleiteten Sitzung - Mainzer Studentenparlament ignorierte Minister-Anordnung, in: FR v.8.1.1976. [Beispiel StuPa-Wahl Dez. 1975 (Quelle: amtliches Endergebnis der Wahl v.12.12.1975): Die 'linken' Gruppen ('Juso-HSG', 'MSB Spartakus', 'Liste der Aktionseinheit', SDS, 'Rote Einheitsliste') hatten 48,33% der gültigen Zweitstimmen erhalten; der Anteil der 'linken' an den 11 gewählten "unabhängigen" Direktkandidaten betrug 11, d.h. 100%.]
Beide o.g. Mandatsverteilungen werden nicht unabhängig voneinander ausgeführt; es handelt sich um das dem BWahlG nachgebildete Mandatsverteilungsverfahren: die erfolgreichen, nicht-"unabhängigen" Direktkandidaten werden grundsätzlich (d.h. mit Ausnahme eventueller Überhangmandate) mit den Zentrallisten-Mandaten proportional verrechnet; die Verrechnung der mit relativer Mehrheit gewählten, "unabhängigen" Kandidaten - für Studentenschaftswahlen erfahrungsgemäß die Mehrzahl der Direktkandidaten - erfolgt jedoch als proportionalitätsfremder und -verzerrender Eingriff in die Gesamtheit der gültigen Listenstimmen, Komponenten der Verhältniswahl werden ersetzt durch Komponenten der Mehrheitswahl. Das o.g. Mandatsverteilungsverfahren ist also den reinen Proportionalitätsanforderungen des HRG widersprechend rechtswidrig. Das Mandatsverteilungsverfahren verstößt darüber hinaus gegen die Zählwertgleichheit: Jeder Wähler eines erfolgreichen nicht-"unabhängigen" Direktkandidaten, der eine andere (Zentral-)Liste gewählt hat, besitzt zwei Stimmen; jeder Wähler eines erfolgreichen "unabhängigen" Kandidaten besitzt nur eine Stimme (weil seine Zweitstimme nicht gezählt wird). Ferner kann die Anzahl der für einen erfolgreichen "unabhängigen" Kandidaten nicht zu berücksichtigenden Zweitstimmen von der für ein Listenmandat durchschnittlich aufzubringenden Stimmenzahl gravierend abweichen. Schließlich ermöglichten vorherige Absprachen und "strategisch-politisches" Wählen mittels der Produktion von Überhangmandaten - was im Studentenschaftsbereich, im Gegensatz zu den bisherigen BT-Wahlen, sehr wohl realistisch ist - eine wesentliche Verzerrung der proportionalen Repräsentation: H.**Meyer** (FN 20), S.240 ff; A.**Dittmann**, 'Stimmensplitting' - nicht ganz unproblematisch, ZRP **6**, S.25-27 (1973); H.**Fuchs-Wissemann**, Ist das Bundeswahlrecht reformbedürftig?, DRiZ **59**, S.325-331 (1981); J.**Ipsen**, Das Zwei-Stimmen-System des Bundeswahlgesetzes - reformbedürftig?, JA **19**, S.232-236 (1987). Vgl. dazu auch (Wahlkreisabsprachen als Umgehung des Verbots von Listenverbindungen): Ba-Wü.StGH, E.v.6.2.1961 [Az.: Nr.5/1960], in: DÖV **14**, S.744-750 (1961), S.747 ff.
(c) Die Wahlordnung v.11.11.1976 (Rh-Pf.StAnz., S.847-851 (1976)): "Das Studentenparlament setzt sich ... aus 38 Abgeordneten zusammen. ... Von den Abgeordneten werden 15 nach Wahlvorschlägen in den Wahlkreisen (Kreiswahlvorschläge) und die übrigen nach Listen gewählt" (§ 1 WO). "Jeder Wähler hat zwei Stimmen, eine Erststimme für die Wahl eines Wahlkreisabgeordneten [Direktkandidaten], eine Zweitstimme für die Wahl einer Liste" (§ 3 WO). "Politische Hochschulgruppen und Wählervereinigungen können Kreiswahlvorschläge beim Wahlausschuß einreichen. Außerdem kann jeder andere Wahlberechtigte einen Kreiswahlvorschlag einreichen" (§ 15 WO). "In jedem Wahlkreis wird ein Abgeordneter gewählt. Gewählt ist derjenige Bewerber, der die meisten Erststimmen auf sich vereinigt" (§ 4 WO). "Die Verteilung der über Listen zu

(d) Einheitliche Bedingungen für die Stimmabgabe. Der Grundsatz der Wahlrechtsgleichheit im aktiven Wahlrecht verlangt grundsätzlich die Herstellung gleicher Voraussetzungen für alle Wähler zur Inanspruchnahme dieses Rechts; sachfremde und gezielte Erschwerungen oder Erleichterungen für einzelne Wählergruppen sind damit rechtswidrig.

15.2.2. Das passive Wahlrecht. Den Grundsatz der Allgemeinheit der Wahl ergänzend, erfährt auch die Wirkung der Wahlrechtsgleichheit eine Ausdehnung auf den Bereich des passiven Wahlrechts[186]. Demzufolge muß z.B. der Stimmzettel für die Wahl neutral gestaltet werden (im Falle starrer Listenwahl mit begrenzter Kandidatenaufführung müssen insbesondere *alle* zur Wahl zugelassenen Wahlvorschlagslisten den gleichen Raum auf dem Stimmzettel erhalten); die Reihenfolge der zugelassenen Wahlvorschlagslisten ist durch Los zu bestimmen[187].

15.2.3. Das Wahlvorschlagsrecht. "Die Möglichkeit, Wahlvorschläge zu machen, ist ein Kernstück des Bürgerrechts auf aktive Teilnahme an der Wahl. Deshalb beziehen sich die Grundsätze der Allgemeinheit und Gleichheit der Wahl auch auf das Wahlvorschlagsrecht"[188].

(a) Zulässigkeit des Unterstützerquorums. Ein Unterstützerquorum verstößt zwar gegen den Grundsatz der Gleichheit im Wahlvorschlagsrecht, falls nur bisher nicht im Parlament

---

besetzenden Sitze erfolgt [über die Zweitstimmen] nach dem Höchstzahlverfahren d'Hondt" (§ 5 WO). - Beide Mandatsverteilungen werden unabhängig voneinander, insbesondere ohne proportionale Verrechnung, vorgenommen; es handelt sich also um ein 'Grabenwahlsystem' [dazu: FN 176]. Dieses Mandatsverteilungsverfahren ist, als in der Komponente der 'Wahl in Wahlkreisen' nach dem Prinzip der relativen Mehrheitswahl zuteilend, rechtswidrig. [Es erstaunt, wie ein derart offensichtlich gegen höherrangige Normen des HRG verstossendes Mandatsverteilungsverfahren am 19.11.1976 die Genehmigung durch den zuständigen Kultusminister erlangen, [Az.: 954 - 52 332 - 1/41], und danach mehr als 15 Jahre unbeanstandet in Kraft bleiben konnte!]

(d) Die Wahlordnung v.2.6.1993 (Rh-Pf.StAnz., S.661-664, S.1162 (1993)): "Das Studentenparlament setzt sich ... aus 53 Abgeordneten zusammen. ... Von den Abgeordneten werden 21 nach Wahlkreislisten in 7 Wahlkreisen, die übrigen nach wahlkreisübergreifenden Listen gewählt (Zentrallisten)" (§ 1 WO). "Wahl in Wahlkreisen: In jedem Wahlkreis werden 3 Abgeordnete nach Wahlkreislisten gewählt. Jede Wählerin und jeder Wähler hat [dafür] eine Listenstimme (Erststimme)." (§ 3 WO). "Wahl nach Zentrallisten: Jede Wählerin und jeder Wähler hat eine Listenstimme (Zweitstimme)." (§ 4 WO). Beide Mandatsverteilungsverfahren erfolgen - unabhängig voneinander - nach Hare/Niemeyer (§§ 3, 4 WO); es handelt sich also um ein 'Grabenwahlsystem' [dazu: FN 176]. Bei der Komponente der 'Wahl in Wahlkreisen' handelt es sich um das 'Dreier-Wahlkreissystem'; dieses ist zwar per Definitionem formal in jedem einzelnen Wahlkreis ein Verhältniswahlsystem [vgl. dazu: I.v.**Münch** (FN 20), S.58 ff; R.**Herzog** (FN 59), S.58]; es erfüllt jedoch offensichtlich nicht das Prinzip der Erfolgswertgleichheit sämtlicher bei der Wahl gültig abgegebener Stimmen. Die Komponente ist (als gegen die durch das HRG geforderte universelle Erfolgswertgleichheit in der Verhältniswahl verstoßend) also rechtswidrig. [Beispiel StuPa-Wahl 1995 (Quelle: amtliches Endergebnis der Wahl): Die Gruppe 'Breite Liste Anders denkender Unabhängiger (BLAU)' - die einzige Zentralliste, die auch in allen 7 Wahlkreisen Wahlkreislisten aufzustellen vermochte - erreichte 23,70% der Zweitstimmen; sie erlangte aber 38,09% der Mandate nach den Erststimmen.] Das 'Dreierwahlkreissystem' führt unter dem Gesichtspunkt der Chancengleichheit zum Zwang der Kandidatenaufstellung in jedem Wahlkreis; weil aber die wenigsten Zentrallisten (Studentengruppen) erfahrungsgemäß personell in der Lage sein werden, in allen Wahlkreisen Listen aufzustellen, kann das 'Dreierwahlkreissystem' für StuPa-Wahlen zu einer gravierenden Einschränkung der Auswahlfreiheit führen.

(e) Die Änderung der Wahlordnung v.15.4.1996 (Rh-Pf.StAnz., S.621-622 (1996)): Geändert wurden: Das Parlament besteht grundsätzlich aus 35 Abgeordneten (§ 1 Abs.1 WO); davon werden 14 nach Wahlkreislisten in 7 Wahlkreisen gewählt (§ 1 Abs.2 WO); es werden nur für solche Gruppen Wahlkreislisten zugelassen, für die (unter demselben Kennwort) auch eine Zentralliste zugelassen ist (§ 14 Abs.3 WO); die in Wahlkreisen errungenen Mandate einer Gruppe werden von der für deren Zentralliste ermittelten Abgeordnetenzahl abgerechnet (§ 4 Abs.4 WO). Ggf. anfallende Überhangmandate bleiben der Gruppe erhalten (§ 4 Abs.5 WO). Dieses Verfahren begegnet den unter (b) aufgeführten Bedenken hinsichtlich möglicher strategischer Produktion von Überhangmandaten ("Stimmensplitting").

186 BVerfGE **11**, 266 [272]

187 Anders z.B.: § 30 Abs.3 BWahlG (= FN 30), bestätigt durch: BVerfGE **29**, 154 [164]. Die strengere Formalisierung der Wahlrechtsgleichheit für Studentenschaftswahlen läßt auch in diesem Falle eine Differenzierung grundsätzlich nicht zu.

188 BVerfGE **41**, 399 [417] (= FN 159)

vertretene Listen Unterschriften beizubringen haben, die übrigen, bereits 'Etablierten' dagegen davon ausgenommen sind; diese Differenzierung im "angemessen begrenzten"[189] Rahmen ist jedoch aus denselben wie im Falle der Allgemeinheit der Wahl bereits aufgeführten "zwingenden Gründen" zulässig. Indem die Wähler davor geschützt bleiben sollen, "ihre Stimmen an aussichtslose Wahlvorschläge 'wegzuwerfen'"[190] und dergestalt deren Erfolgswert auf Null zu reduzieren, trägt das Unterstützerquorum zugleich zum Erreichen der Erfolgswertgleichheit aller Stimmen im aktiven Wahlrecht bei. - Dagegen genügte ein *allen* antretenden Wahlvorschlagslisten für jede Wahl erneut auferlegtes Unterstützerquorum der formalen Gleichheit im Wahlvorschlagsrecht, indem *alle* Listen formal gleichermaßen belastet werden[191].

(b) Differenzierungsgebot (insbesondere: 'Irreführungsverbot') für Wahlvorschlagslisten. Die Gleichheit im Wahlvorschlagsrecht korrespondiert mit dem Recht *jedes*, auch des relativ uninformierten, Wählers auf unzweideutige Unterscheidbarkeit der zur Abstimmung stehenden Wahlvorschlagslisten auf dem Stimmzettel ('Differenzierungsgebot'). Die Gleichheit im Wahlvorschlagsrecht impliziert das Verbot des materiellen Mißbrauchs des passiven Wahlrechts. Unter diesen Mißbrauch fällt insbesondere die mit der Wahrnahme des Wahlvorschlagsrechts offensichtlich beabsichtigte Irreführung des Wählers mittels falscher Sachverhalte vorspiegelnder Kennung einer Wahlvorschlagsliste (*Irreführungsverbot*: 'Tarnliste')[192].

15.2.4. Die Chancengleichheit bei der Wahl. Die Gleichheit in den Wettbewerbschancen ist eine Untergruppe der Wahlrechtsgrundsätze der Allgemeinheit und Gleichheit der Wahl und damit ein Anwendungsfall des allgemeinen Gleichheitssatzes[193]. "Der Grundsatz der gleichen Wettbewerbschancen fordert, daß die Rechtsordnung" allen individuellen Wahlbewerbern[194] sowie allen Parteien[195] und allen Wählergruppen[196] "grundsätzlich die gleichen Möglichkeiten

---

189 BVerfGE **60**, 162 [172] (= FN 162)

190 BVerfGE **60**, 162 [172] (= FN 183)

191 Indem es nicht notwendig alle Wahlvorschlagslisten gleich belastet, kann sich das Unterstützerquorum vom Stimmenquorum [dazu: Kap.15.2.1.] und vom Kandidatenquorum [dazu: Kap.14.2.5.] unterscheiden, die strukturell für alle zugelassenen Wahlvorschlagslisten stets gleich gelten müssen.

Beispiele für WO-Normen, die alle zugelassenen Wahlvorschlagslisten gleich belasten: **(i)** 'Verordnung über die Grundsätze des Wahlverfahrens und der Verwaltungshilfe für die Wahl der Studentenparlamente ... an den wissenschaftlichen Hochschulen ... des Landes Nordrhein-Westfalen' v.12.6.1978 (= FN III.99(b)): "Jeder Wahlvorschlag muß von einem Tausend der Wahlberechtigten, mindestens von fünf Wahlberechtigten persönlich und handschriftlich unterzeichnet sein" (§ 9 Abs.2 S.2 VO). **(ii)** Eine andere Möglichkeit bestünde darin, alle diejenigen Listen vom Unterstützerquorum auszunehmen, die bei der vorangegangenen Wahl mindestens (etwa) 1% der gültig abgegebenen Stimmen erhalten haben [so z.B.: Art.29 Abs.4 Bay.LWahlG i.d.F. v.9.3. 1994, (Bay.GVBl., S.135-152 (1994))]. - Weitere Beispiele zum Unterstützerquorum: FN 113 (Kap.14).

192 Das 'Irreführungsverbot' als Ausprägung des 'Differenzierungsgebots'. Das 'Irreführungsverbot' verlangt die weitgehende Identität von durch das Kennwort einer Wahlvorschlagsliste für den Durchschnittswähler assoziierbarem politischem Programm mit demjenigen der dahinterstehenden politischen Gruppe. Bei einer 'Tarnliste' ist also die notwendige offene 'Differenzierung' von politischem Programm der kandidierenden Gruppe mit dem durch das Auftreten ihrer Wahlvorschlagsliste suggerierten in offensichtlichster Weise nicht gegeben. [Zum 'Differenzierungsgebot': FN 167; vgl. auch nachfolgend: Kap.15.4.3.(g).]

Zum Problem der 'Tarnlisten'. Der Wähler darf bei der Wahl "über entscheidende Umstände nicht absichtlich in die Irre geführt werden" (BVerwG, E.v.10.12.1968 [Az.: VII B 37.68], in: BayVBl.**100**, S.136 (1969)). Die Kandidatur einer 'Tarnliste' steht darüber hinaus im Widerspruch zum Prinzip der Repräsentation insofern, als sie gerade nicht die Interessen und Wünsche ihrer Wähler in der folgenden Politik sichtbar macht. Schwierigkeiten wird im Einzelfalle stets der Nachweis des Täuschungsvorsatzes bereiten. Beispiele für die Kandidatur von 'Tarnlisten': Kap.19.14.2.(c).; Kap. 19.15.1.(a).; Kap.19.17.; Kap.19.27.2.; Kap.19.29.1.; Kap.19.30.1.

193 BVerfGE **1**, 208 [242] (= FN 171).

Vgl. dazu auch: Kap.4.1.(c). Kritisch zur sich daraus ergebenden Relativierung der Chancengleichheit: H.-R. **Lipphardt**, Die Gleichheit der politischen Parteien vor der öffentlichen Gewalt, Berlin 1975, insb. S.31-117.

194 Z.B.: BVerfGE **41**, 399 [413]; erstmals in: BVerfGE **11**, 266 [272].

195 Z.B.: BVerfGE **24**, 300 [340]; erstmals in: BVerfGE **6**, 84 [90].

im Wahlkampf und Wahlverfahren und damit die gleiche Chance im Wettbewerb um die Wählerstimmen gewährleistet"[197]. In diesem Bereich tritt am deutlichsten die Verbindung der demokratischen Wahlrechtsgrundsätze im Wahlvorbereitungsverfahren mit den konstituierenden Grundsätzen des zivilen 'materialen Mehrheitsprinzips'[198] hervor: Nur realisierte Chancengleichheit im periodisch wiederkehrenden Wahlverfahren stellt die Minderheiten gleichwertig neben die Mehrheit und räumt Minderheiten immer von neuem die realistische Chance ein, durch den Wahlakt selbst zur neuen Mehrheit berufen zu werden.

(a) Verbot amtlicher Wahlwerbung. Die wichtigste Konsequenz für die Studentenschaftswahlen liegt in der durch die Chancengleichheit geforderten *strikten* (gruppen)politischen Neutralität des Allgemeinen Studentenausschusses (AStA) und seiner Untergliederungen zumindest in der Zeit laufender Wahlverfahren ab dem Zeitpunkt des Listenschlusses[199]; andersgelagerte Aspekte der Chancengleichheit aus dem Bereich staatlicher Wahlen (steuerliche Begünstigung, amtliche Wahlkampfkostenerstattung, Wahlwerbung in Rundfunk und Fernsehen, Wahlwerbung in der nichtamtlichen Presse)[200] können für die Verfaßte Studentenschaft keine oder lediglich untergeordnete Bedeutung erlangen.

(b) Rechtmäßigkeit starrer Wahlvorschlagslisten. Zulässig, wenngleich die Chancengleichheit der Kandidaten, gewählt zu werden, formal einschränkend (die Erfolgschance eines Mandatserhalts ist um so größer, je weiter ein Kandidat auf seiner Liste vorn plaziert ist), sind unter der Voraussetzung der Allgemeinheit des passiven Wahlrechts starre Listen[201].

15.3. Die Unmittelbarkeit der Wahl

Der Grundsatz der unmittelbaren Wahl verlangt, "daß von Beginn der Stimmabgabe an das Wahlergebnis nur noch von einer einzigen Willensentscheidung, nämlich derjenigen des Wählers selbst abhängt"[202]. Die unmittelbare Wahl schließt demnach "jedes Wahlverfahren aus, bei dem sich zwischen die Wähler und den Wahlbewerber eine Mittelinstanz einschiebt, die berufen ist, ... endgültig die Abgeordneten auszuwählen"[203]. So gesehen, "kann der Grundsatz der Un-

---

196 Z.B.: BVerfGE **78**, 350 [358] [ausgenommen davon sind BT- und LT-Wahlen].

197 BVerfGE **14**, 121 [LS 2].

"Wahlen sind nach dem Demokratiegebot des Grundgesetzes die rechtserheblichen politischen Vorgänge, in denen die Willensbildung frei von gezielter Einwirkung auf die Wahl von den Organen des verfaßten Staates her stattzufinden hat" (BVerfGE **44**, 125 [174] [Sondervotum W.**Geiger**]). Ferner ähnlich: W.**Schreiber** (FN 20), S.89 ff, m.w.Lit. Zum zwingenden Erfordernis der staatlichen Neutralität Macht konstituierender Wahlverfahren auch: Kap.13.2.1., insb. FN 27.

198 Zur Definition des 'materialen Mehrheitsprinzips': Kap.4.1.

199 Beachte dazu (Verbot amtlicher Wahlwerbung als Verstoß gegen die Wahlgleichheit): BVerfGE **44**, 125 [144 ff]; BVerfGE **47**, 198 [225 ff]; BVerfGE **63**, 230 [243 ff]; ferner nachfolgend: FN 218. Konsequent durchformuliert: H.**Meyer** (FN 146), der empfiehlt, "Öffentlichkeitsarbeit der Regierung für etwa zwei bis drei Monate vor der Wahl ... strikt zu untersagen" (S.279). Als typische Beispiele für gravierende Verletzungen dieser Neutralitätspflicht des AStAs im laufenden Wahlverfahren: Kap.19.5.2.(a).; Kap.19.11.1.(e).; Kap.19.31.3.

200 Siehe zu diesen Aspekten stellvertretend: G.**Leibholz** u.a. (FN 59), S.35-50.

201 BVerfGE 7, 63 [71].

Beachte für Studentenschaftswahlen unter der gegebenen Rechtslage aber: FN 70 (Kap.14).

202 BVerfGE **3**, 45 [50].

Für staatliche Wahlen ist die Unmittelbarkeit in Verfassungsrang nicht nur explizit durch die Art.38 Abs.1 GG und Art.28 Abs.1 GG normiert, sondern implizit auch durch Art.20 Abs.2 GG [dazu: T.**Maunz**/R.**Zippelius** (FN 20), S.65]; dieser Wahlrechtsgrundsatz unterliegt damit sogar der Revisionsnorm des Art.79 Abs.3 GG.

203 M.**Wenzel**, Die reichsrechtlichen Grundlagen des Landesverfassungsrechts, in: G.**Anschütz**/R.**Thoma**, Handbuch des Deutschen Staatsrechts, Band I Tübingen 1930, S.604-619, S.613.

Im selben Tenor auch: H.**Nawiaski**, Wahlrechtsfragen im heutigen Deutschland, AöR **59**, S.161-193 (1931), S.162 ff, insb. S.171; später übernommen in: BVerfGE 7, 63 [68].

mittelbarkeit der Wahl ... nur als ein unabdingbares formales (Verfahrens-)Prinzip verstanden werden. Er läßt sich deshalb weder aus rechtspolitischen noch aus soziologischen Erwägungen einschränken, sondern muß ... in jedem wie auch immer ausgestalteten Wahlverfahren konsequent verwirklicht werden."[204]

(a) Rechtmäßigkeit starrer Wahlvorschlagslisten. Unmittelbare Wahl liegt vor im Falle starrer Wahlvorschlagslisten: Der Unterschied zur mittelbaren Wahl besteht nämlich darin, daß *zuerst* die 'Wahlmänner' in Form der nominierenden Versammlungen der (studentischen) Gruppen tätig werden; "der Wähler steht dann dem Ergebnis ihrer Vorarbeit, dem Kandidaten, in freier Entscheidung und deshalb *un*mittelbar gegenüber"[205].

(b) Publikationspflicht für zugelassene Wahlvorschlagslisten. Konsequenz aus dem Grundsatz der Unmittelbarkeit ist implizit, daß dem Wähler die Kenntnis *aller* Kandidaten zusammen mit ihrer Plazierung auf der Liste bereits *vor* seiner Abstimmung ermöglicht werden muß (*Publikationsgebot*), denn weder kann der Wähler ihm nicht (namentlich) sichtbaren Kandidaten "unmittelbar gegenüberstehen", noch kann er Kandidaten unmittelbar wählen, über deren Plazierung durch die einreichende Gruppe, das "Ergebnis ihrer Vorarbeit", er nicht informiert ist. Die unmittelbare Wahl mit starren Listen (für die in der Regel nur die ersten fünf oder sechs Kandidaten jeder zugelassenen Wahlvorschlagsliste auf dem Stimmzettel erscheinen) bedingt also logisch die rechtzeitige, amtlich autorisierte Bekanntgabe sämtlicher Kandidaten in festgelegter Reihenfolge aller zugelassenen Wahlvorschlagslisten[206]. Erst recht genügt dem Unmittelbarkeitsprinzip, in Einklang mit dem vorgeschriebenen Prinzip der "personalisierten Verhältniswahl" aus § 39 HRG, jede Wahl mit offenen oder lose gebundenen Listen[207] (für die jedenfalls alle Kandidaten auf dem Stimmzettel erscheinen müssen).

(c) Unabänderlichkeit der zugelassenen Wahlvorschlagslisten nach der amtlichen Veröffentlichung. Nicht verträglich mit dem Grundsatz der unmittelbaren Wahl sind alle Möglichkeiten nachträglicher Umordnung oder Auffüllung bereits amtlich veröffentlichter (im Falle starrer) oder, nach dem amtlichen Endergebnis, durch den Wähler gereihter (im Falle offener oder lose gebundener) Wahlvorschlagslisten: Denn "wird für den Fall des Nachrückens von Ersatzmännern, also *nach* der Stimmabgabe, irgendeiner Instanz das Recht eingeräumt, die neuen Vertreter zu bestimmen, so hat der Wählerwille auf die Auswahl dieser Verteter nicht mehr einen dem Grundsatz der Unmittelbarkeit der Wahl entsprechenden Einfluß"[208]; aus demselben Grund sind reine Parteiwahlen unzulässig, durch die die Wahl den beteiligten Parteien lediglich die ihnen zustehende Mandatsanzahl kreiert, die sie anschließend eigenständig - d.h. unabhängig vom Wählerwillen - mit ihren Mandatsträgern auffüllen können[209]. (Die Nachfrist-

---

204 BVerfGE 7, 77 [LS 1, 85/86] [i.st.R.: BVerfGE **47**, 253 [280]].
Vgl. zum Wahlrechtsgrundsatz der Unmittelbarkeit für StuPa-Wahlen ergänzend: Kap.14.1.1.(ii).

205 H.**Peters**, Zur Kandidatenaufstellung für freie demokratische Wahlen, in: FS für H.**Nawiaski**, München 1956, S.341-358, S.353

206 Dieser Tatbestand wird in der neuen Frankfurter StS auch explizit normiert: "Der Studentische Wahlausschuß ist verpflichtet, sämtliche Kandidatinnen oder Kandidaten der zugelassenen Wahlvorschlagslisten unter dem jeweiligen Listennamen in der genannten Reihenfolge mit der Fachbereichszugehörigkeit bis spätestens drei Wochen vor Briefwahlschluß universitätsöffentlich bekanntzumachen." (§ 20 Abs.6 StS (= FN III.168))

207 BVerfGE **3**, 45 [50]; H.**Peters** (FN 205), S.352; H.-P.**Schneider**, Komm. Art.38 GG, in: Grundgesetz (Alternativ-Komm.), Band 2, 2.Aufl. Neuwied 1989, S.3-60, S.48 (RN 46). - Zu den verschiedenen Möglichkeiten der Stimmgebung: D.**Nohlen**, Wahlrecht und Parteiensystem, Opladen 1990, S.72 ff.

208 BVerfGE 7, 77 [85] [grundsätzlich bereits schon: BVerfGE **3**, 45 [51]]

209 **Reine 'Parteiwahlen'.** Zum (offensichtlichen) Verstoß reiner Parteiwahlen gegen den Wahlrechtsgrundsatz der Unmittelbarkeit: BVerfGE **47**, 253 [279 ff]. - Die Vermeidung von in reinen Parteiwahlen realisierten

gewährung durch das Wahlorgan zur Behebung von Mängeln, die die Zulassung eingereichter Wahlvorschlagslisten hindern, ist im Zusammenhang mit der Unmittelbarkeit der Wahl *vor* der amtlichen Veröffentlichung der Wahlvorschlagslisten unbedenklich.)

Konsequenz daraus ist einmal, daß die Wahl von individuellen (Mandats-)Stellvertretern mit dem Prinzip unmittelbarer Wahl kollidiert; denn die vollwertige Mandatsträgerschaft des Stellvertreters erfolgt erst bei Abwesenheit des gewählten (Haupt-)Kandidaten im Gremium, ist also alleine in dessen Entscheidungsgewalt gestellt und ohne Einfluß des Wählers. Konsequenz daraus ist zum anderen, daß von Erschöpfung einer erfolgreichen Wahlvorschlagsliste betroffene Sitze bis zur Neuwahl des (Studenten-)Parlaments unbesetzt bleiben müssen[210]; denn jede andere Regelung - mit Ausnahme der Nachwahl - kreierte neue Mandatsträger ohne den entscheidenden Einfluß des Wählers. Konsequenz daraus ist drittens, daß das Nachrückverfahren für ausgeschiedene Mandatsträger ausnahmslos *alle* auf der Liste aufgeführten (und veröffentlichten) Kandidaten streng nach ihrer Reihenfolge umfassen muß; denn jeder Ausschluß aus dem Nachrückverfahren, z.B. aufgrund des Verlusts einer Gruppenzugehörigkeit, ist eine nachträgliche Veränderung der dem Wähler für seine Entscheidung zugrunde gelegen habenden Wahlvorschlagsliste und widerspricht damit der "konsequenten Verwirklichung" der Unmittelbarkeit der Wahl[211]. Darüber hinaus besitzen zum Studentenparlament kandidierende Studentengruppen häufig keine rechtlich verbindliche Vereinsstruktur, sie sind lediglich nicht-rechtsfähige Vereine (gemäß § 54 BGB), so daß die Feststellungskompetenz für die Gruppenzugehörigkeit selbst sowie Kriterien für diese Gruppenzugehörigkeit unklar sind. Konsequenz daraus ist schließlich, daß grundsätzlich auch die Kandidatur von Bewerbern, die gar nicht ernsthaft die Wahrnahme eines Mandats erwägen und im Falle eines Mandatsgewinns dieses sofort niederlegen ('Scheinkandidatur' populärer Personen, insbesondere auf vorderen Listenplätzen) unzulässig ist; denn die Möglichkeit eines Rücktritts allein aus wahltaktischen Gründen völlig in das Belieben der Mandatsträger zu stellen hieße, die alleinige Auswahlkompetenz durch den Wähler gemäß der Unmittelbarkeit seiner Entscheidung unsachgerecht zu unterlaufen[212].

---

völlig entpersönlichten Wahlakten für Organe, die politische Macht repräsentieren, ist ein Grundgebot der Demokratie: Sie bannt die Gefahr, daß "Macht ins Grenzenlose auswuchert, wenn sie sich der Identifikation entzieht, wenn sie namen- und gesichtslos ist. Nicht identifizierbaren Mächten ausgeliefert zu sein, ist ein Grundzug menschlicher Urangst." (P.**Schneider** (FN 151), S.161 [in Rekurs auf W.**Jens**])

Als Beispiel für (in reiner Briefwahl durchgeführte) reine 'Parteiwahlen' können die Wahlen zu den Selbstverwaltungsorganen der Sozialversicherung dienen (auf dem Stimmzettel erscheinen lediglich die Namen der kandidierenden Gruppen, aber keine Personen). Dieses Verfahren wird geregelt durch: Wahlordnung für die Sozialversicherung v.6.2.1985 (BGBl.I, S.233-291 (1985)) i.V.m. § 56 SGB IV (Sozialgesetzbuch für die Sozialversicherung v.23.12.1976 (BGBl.I, S.3845-3877 (1976)) i.d.F. v.10.8.1992 (BGBl.I, S.1494 (1992), Art.1)).

210 So z.B. für BT-Wahlen: BVerfGE **3**, 45 [51]. Landesgesetzlich z.B. für die Hessischen Hochschulen normiert in § 12 Abs.1 S.2 HHG (= FN III.95). Beachte dazu ferner: Kap.14.2.5. - Dies gilt auch für den Spezialfall, daß eine Wahlvorschlagsliste weniger Kandidaten aufweist, als sie Mandate zugeteilt bekommen hat.

211 Es sei denn, das Gesetz normierte zusätzliche Voraussetzungen für die Kandidatur und die Mandatszuweisung explizit. So zu Recht: J.A.**Frowein** (FN 153), S.103, kritisierend die BVerfGE **7**, 63 [68 ff] (zu § 48 Abs.1 S.2 BWahlG). Diese Kritik bestätigend: T.**Maunz** (FN 59), S.49/50; H.**Meyer** (FN 146), S.276 [wenn er dabei feststellt, daß sich für Nachrücker der freiwillige Austritt aus der Partei oder Gruppe "wie ein Mandatsverzicht begreifen läßt", so wäre es konsequenter, auch die spätere Nichtannahme des Mandats nach individuellem Willensakt festzusetzen]. Ferner: W.**Schreiber**, § 48 Abs.1 Satz 2 Bundeswahlgesetz verfassungswidrig?, DÖV **29**, S.734-743 (1976). - A.A.: I.**v.Münch** (FN 156), S.469 (RN 26), dessen Argumentation indes unschlüssig bleibt; denn der individuell-personenbezogene Begriff der Unmittelbarkeit der Wahl hat mit dem Charakter einer Liste als "Parteiliste" nichts zu tun. - Grundsätzlich zur Rechtsstellung der Listen-Nachrücker in den BT: J.**Schuster**, Die Rechtsstellung der Ersatzleute zum Deutschen Bundestag, jur.Diss. Univ.München 1967.

212 Dazu: P.J.**Glauben**, Die Scheinkandidatur: Eine Untersuchung des Rechtsbegriffs und der verfassungsgemäßen Möglichkeiten von Bundes- und Landesgesetzgeber, sie zu verhindern, jur.Diss. Univ.Mainz 1990.

15.4. Die Freiheit der Wahl

Die Freiheit der Wahl ist, über die anderen Wahlrechtsgrundsätze hinausreichend, ein "dem demokratischen Prinzip immanenter Grundsatz"[213]: Eine freie Wahl kann demokratischen Charakters sein, ohne dabei den übrigen Wahlrechtsgrundsätzen der Allgemeinheit, Gleichheit, Geheimheit und Unmittelbarkeit genügen zu müssen[214]; eine unfreie demokratische Wahl ist jedoch eine contradictio in adiecto. - Es liegt in der Natur der Sache, daß ein Anwachsen der Regelungsdichte, auch im Wahlverfahren, tendenziell die Reduzierung individueller Entscheidungsfreiheit (Art.2 Abs.1 GG) verursacht[215].

15.4.1. Das aktive Wahlrecht. Der zentrale Schutzbereich des Wahlrechtsgrundsatzes selbst, die tatsächlich freie Wahlentscheidung jedes einzelnen Wählers, verbürgt jedenfalls theoretisch individuelle Freiheitssicherung im Wahlakt: "Die Wahlfreiheit besteht zunächst darin, daß jeder Wähler sein Wahlrecht frei, d.h. ohne Zwang und sonstige unzulässige Beeinflussung von aussen, ausüben kann. Durch sie soll vor allem die freie Wahlbetätigung geschützt werden"[216]. Das Erreichen dieses zentralen Zwecks setzt für den vorgeschalteten *offenen Prozeß der Willensbildung*, der zu einer freien Wahlentscheidung hinführen soll, zweierlei voraus:

(a) Publikationspflicht für zugelassene Wahlvorschlagslisten. Ein offener Prozeß der Willensbildung bei der Wahl setzt die vorherige Kenntnis der amtlichen Daten der zu wählenden Personen und Listen voraus. "Diese müssen also dem Wähler in einer Weise zugänglich gemacht werden, die eine verläßliche Kenntnisnahme garantiert."[217] Das ist die systematische

---

213 BVerfGE **47**, 253 [283].

(a) Ebenso: "Wahlen vermögen demokratische Legitimation ... nur zu verleihen, wenn sie frei sind" (BVerfGE **73**, 40 [85]). Dies inzwischen die h.M.: D.**Nohlen** (FN 207), S.18, S.32; H.**Meyer** (FN 59), FN 47 auf S.45; J.A.**Frowein** (FN 153), S.103/104.

Dagegen (die Wahlfreiheit zu einer leerlaufenden Norm abwertend): Aus distanzierter Sicht zur damaligen antikommunistisch geprägten Bundesrepublik Deutschland - symptomatisch dafür: Rh-Pf.VerfGH, E.v.7.4.1949 [Az.: VGH 16/48], in: AS **2**, 159 [166 ff]; U.**Scheuner**, Zwei Wahlgesetze, SBZ-Archiv **3**, S.49-51 (1952), S.49/50 - in einer singulären Position H.**Ridder**: "In Wirklichkeit gibt es den 'Wahlrechtsgrundsatz' [der freien Wahl] nicht"; denn er ist "ein politisch-polemischer, staatsrechtlich wert- und konturloser Begriff" (Anmerkung zu: OVG Münster, E.v.14.2.1962 [Az.: III 726/61], in: JZ **17**, S.767-775 (1962), S.771). - Wider diese Argumentation zu Recht, ohne H.**Ridder** explizit zu benennen: H.-O.**Leng**, Die allgemeine Wahl im bolschewistischen Staat, (pol.Diss.) Meisenheim 1973, Kap.I.1.

(b) Der Grundsatz der Wahlfreiheit wird konstitutionell unterschiedlich eingeordnet:

(i) WRV: Der Heraushebung der Wahlfreiheit aus der Gesamtheit der demokratischen Wahlrechtsgrundsätze trug die Weimarer Reichsverfassung systematisch Rechnung in ihrem Dualismus von objektiven Wahlrechtsgrundsätzen (Art.22 WRV) und wahlbezogenen Grundrechten (Art.125 WRV): Die Freiheit (und die damit verbundene Geheimheit) der Wahl wurde im Art.125 WRV dem zweiten Hauptteil der Verfassung, dem Grundrechtsteil übereignet, während die übrigen Wahlrechtsgrundsätze im ersten Hauptteil in Art.17 WRV (Ordnung der Länder) und Art.22 WRV (Wahl des Reichstags) untergebracht waren - nach dieser Systematik war die Wahlfreiheit also kein Wahlrechtsgrundsatz, sondern Grundrecht [dazu: G. **Kaisenberg** (FN 117)].

(ii) GG: Im heutigen Grundgesetz ist die Wahlfreiheit nach der Systematik des Art.38 GG ein Wahlrechtsgrundsatz. Allen Wahlrechtsgrundsätzen zusammen wird Grundrechtscharakter zugeschrieben, obgleich sie nicht im Grundrechtsteil verortet sind [dazu: FN 23 (Kap.13); ferner: D.**Nohlen**, Rezensionen: Wahlen und Wahlrecht, ZParl **6**, S.582-593 (1975), insb. S.584].

214 Beispiele: (i) Als Beispiel einer nicht-allgemeinen, nicht-gleichen und freien Wahl gelten: die Hochschulwahlen in der Gesamtkorporation der Universität [dazu: Kap.14.2., insb. FN 87(a)]. **(ii)** Als Beispiele einer mittelbaren, freien und demokratischen Wahl gelten: die Wahl des Bundespräsidenten (Art.54 Abs.1 GG); die Wahl des US-Präsidenten. **(iii)** Als Beispiele einer offenen, freien und demokratischen Wahl gelten: Wahlen durch Gremien (z.B. Wahlen durch Ausschüsse: § 92 VwVfG (= FN 294)).

215 Die Wahlfreiheit ist aber kein Unterfall der allgemeinen Handlungsfreiheit des Art.2 Abs.1 GG [vgl. dazu: A.v.**Heyl** (FN 146), S.198 ff]. Beachte demgegenüber den Wahlrechtsgrundsatz der Gleichheit als Unterfall des 'allgemeinen Geichheitssatzes' des Art.3 Abs.1 GG [dazu: FN 171; ferner: FN 148].

216 BVerfGE 7, 63 [69]

217 BVerfGE **79**, 161 [165/166] [m.w.N.]

Grundlage für alle weiteren Informationen zur Wahl. - Die Bekanntgabe der politischen Inhalte der kandidierenden Listen ist hingegen Teil der nichtamtlichen Wahlpropaganda.

(b) Neutralität des amtlichen Wahlverfahrens. Der offene Prozeß der Willensbildung setzt die strikte Neutralität aller amtlichen Stellen während ihres eigenen Legitimationsverfahrens voraus; denn Versuche amtlicher Einflußnahme auf Wahlentscheidungen verschütten den offenen Prozeß der Willensbildung und lenken ihn in vorgezogene Bahnen einseitiger Indoktrination[218]. Dieses Prinzip erstreckt sich erst recht auf die strikte Neutralität des (amtlichen) Wahlorgans; gerade hier zeigt sich aber häufig ein neuralgischer Punkt von in Studentenschaftsautonomie durchgeführten Wahlen! Hinsichtlich des Verbots amtlicher Wahlwerbung stellt sich die Chancengleichheit "als Garantie und Voraussetzung der Wahlfreiheit dar, weil sie die freie Willensbildung des Wählers vor seiner Wahlentscheidung schützen soll"[219]. So wendet sich der Wahlrechtsgrundsatz der Freiheit "gegen jede obrigkeitliche Beeinflussung der Wahl, insbesondere gegen jedes System einer Bindung an Wahlvorschläge, die etwa von der Regierung oder einer herrschenden Partei aufgestellt werden"[220].

- Anderes gilt für die private, nichtamtliche Wahlpropaganda:

(c) Grundsätzliche Zulässigkeit nichtamtlicher Wahlwerbung außerhalb des Wahllokals. Jede nichtamtliche Wahlpropaganda außerhalb des Wahllokals[221], sofern sie sich im (straf)-rechtlich zulässigen Rahmen (§§ 107 ff, §§ 185 ff StGB) bewegt, ist im recht rauhen politischen Klima der Studentenschaften ganz einfach deswegen stets zulässig, weil inhaltliche Gren-

---

Ergänzend dazu als Konsequenz der Unmittelbarkeit der Wahl: FN 206.

218 Zum Verbot amtlicher Wahlwerbung als Verstoß gegen die Wahlfreiheit: BVerfGE **44**, 125 [139 ff]; früher bereits: FN 27 (Kap.13). Als Verstoß gegen die Wahlrechtsgleichheit: Kap.15.2.4. - Dies inzwischen i.st.R.:
Zur möglichen Erheblichkeit dieses Wahlfehlers (Verbot amtlicher Wahlwerbung)**: (a)** Die Unzulässigkeit amtlicher Wahlwerbung zunächst im Falle einer Kommunalwahl feststellend: BVerwG, E.v.29.5.1973 [Az.: VII B 27.73], in: DÖV **27**, S.388-389 (1974) (letztlich wieder bestätigt durch: Bay.VGH, E.v.27.11.1991 [Az.: 4B91.601] (Unzulässige Wahlbeeinflussung durch Wahlempfehlungen des ersten Bürgermeisters in einem amtlichen Bekanntmachungsblatt), in: BayVBl.**123**, S.272-274 (1992)); ähnlich: Hess.VGH, E.v.10.10. 1991 [Az.: 6 UE 2578/90], in: ESVGH **42**, 160 (zu: VG Darmstadt, E.v.7.6.1990 [Az.: III/1 E 1083/89], in: NVwZ-RR **3**, S.628-631 (1990)); vgl. auch: H.**Weber**, Grundfälle zum Rechtsschutz im Kommunalwahlrecht, insbesondere zur Wahlprüfung (II), JuS **29**, S.977-983 (1989), S.979 ff.
(b) Die zentrale Entscheidung über unzulässige amtliche Öffentlichkeitsarbeit während des Bundestagswahlkampfs erfolgte anschließend durch: BVerfGE **44**, 125 [LS 1 bis LS 9], weiter ausgearbeitet in: BVerfGE **63**, 230; BVerfGE **66**, 369. [Vgl. ergänzend dazu: FN 199.]
(c) Der Entscheidungstenor wurde exemplarisch übernommen vom Hess.StGH, E.v.11.1.1991 [Az.: P.St.1114] (zur Feststellung der grundsätzlichen Unzulässigkeit amtlicher Wahlwerbung während einer Landtagswahl), in: ESVGH **41**, 1 [LS 1].
(d) Der Entscheidungstenor ist schließlich auch auf die StuPa-Wahlen der Selbstverwaltungskörperschaft Verfaßte Studentenschaft ausgedehnt worden: vgl. nachfolgend: Kap.19.31.3.

219 A.v.**Heyl** (FN 146), S.181 [in Rekurs auf: BVerfGE **3**, 19 [26/27]].
Vgl. zur Neutralität und Unparteilichkeit des Wahlorgans: K.O.**Nass** (FN 29), S.191; ferner: Kap.17.1.2.

220 Schriftlicher Bericht des Berichterstatters des Hauptausschusses, H.v.**Mangoldt**, über den Abschnitt I GG (Grundrechte) für das Plenum (Anlage zum stenographischen Bericht der 9.Sitzung des Parlamentarischen Rates v.6.5.1949, S.21). - Dieser Sachverhalt zeigt übrigens, daß die Wahlfreiheit nicht allein reduriert werden darf auf den Wahlrechtsgrundsatz der geheimen Wahl.

221 Die räumliche Abgrenzung des Wahlraums. Gerade für Studentenschaftswahlen kann die räumliche Abgrenzung des 'Wahllokals' aufgrund der besonderen Bedingungen der Wahldurchführung (Urnenstandort in gleichzeitig anderweitig genutztem öffentlichem Raum; Urnenstandort in großer Halle (z.B. Mensa); 'Wanderurne' ohne festen Standort [vgl. dazu: FN III.63(vii) (Kap.11)]) Schwierigkeiten bereiten. Die Judikatur liefert aber Kriterien zur Definition des räumlichen Geltungsbereichs des Verbots privater Wahlwerbung über das eigentliche 'Wahllokal' hinaus, die auch für Studentenschaftswahlen anzuwenden sind: Hess.VGH, E.v.6.12.1990 [Az.: 6 UE 1488/90], in: ESVGH **41**, 126; Hess.WahlPrüfG, E.v.26.3.1992 [Az.: 104/2-1991], in: NVwZ-RR **6**, S.116-122 (1993); OVG Lüneburg, E.v.19.10.1993 [Az.: 10 L 5553/91], in: NVwZ **13**, S.589-590 (1994).

zen der Wahlkampffreiheit normativ nicht eindeutig zu ziehen sind: "Die Sicherung der Wahlfreiheit in der Bewerber- und Parteienkonkurrenz kann nur von den Wählern und den Parteien gewährleistet werden. ... Eine Wettbewerbsordnung muß im wesentlichen nur sicherstellen, daß Konkurrenz nicht durch nötigende Einflüsse ausgeschaltet wird oder von Staats wegen ungleiche Startbedingungen geschaffen werden. Das bedeutet, daß nur die Spielregeln des Erwerbs politischer Macht definiert werden können."[222] Diese Regeln zur Sicherung der freien Wahl besonders am Wahltag und während der Stimmabgabe durchzusetzen, ist das Recht und die Pflicht des Wahlorgans - auch und gerade im Hochschulbereich gegenüber beteiligten studentischen Gruppen, die neutral-formalen Verfahren ablehnend gegenüberstehen.

- An *formalen* Aspekten der Wahlfreiheit im aktiven Wahlrecht bleiben noch zu nennen:

(d) Grundsätzliche Zulässigkeit der Wahlpflicht. Umstritten ist, ob eine gesetzliche Wahlpflicht für Studentenschaftswahlen, die eine Erhöhung der (meist nur etwa 20% betragenden) Wahlbeteiligung und damit der demokratischen Legitimation des Studentenparlaments bezweckt, der Wahlfreiheit widerspricht[223] (rein juristisch wird die Zulässigkeit eher bejaht).

(e) Unzulässigkeit der Einheitsstimme. Unzulässig sind alle Vorschriften zu einheitlicher Stimmabgabe bei gleichzeitig stattfindenden Wahlen. Das bezieht sich sowohl auf die Teilnahme selbst an den unterschiedlichen Wahlen als auch (im Falle der Teilnahme) auf die Stimmabgabe für Listen zu verschiedenen zu wählenden Gremien[224].

---

222 A.v.**Heyl** (FN 146), S.162; ferner: S.173 ff.

Prüfungsrelevanz von Wahlkampfaussagen. Der Wahlrechtsgrundsatz der Wahlfreiheit bedeutet grundsätzlich nicht, daß "Verstöße" der Studentengruppen, sofern sie nicht den formalen Wahlablauf hindern und das Wahlstrafrecht (insb. § 108 StGB (Wählernötigung)) berühren, im Zuge eines Wahlprüfungsverfahrens angegriffen werden können (A.v.**Heyl** (FN 146), S.17 und S.152). Hinzunehmen ist auch die Parteiergreifung von (meist 'linken') Professoren zugunsten kandidierender studentischer Gruppierungen. Eine wesentliche Ausnahme bildet allerdings der Komplex der 'Tarnlisten' [vgl. dazu auch: Kap.15.2.3.(b).; Kap.15.4.3.(g).].

Entschieden restriktiver zugunsten des "Schutzes der freien Wahl" durch ein "Verbot der gesetzeswidrigen Wahlbeeinflussung" argumentierend: R.**Kunze**/A.**Merk**/A.**Quecke**, Das Kommunalwahlrecht in Baden-Württemberg (Komm.), 4.Aufl. Stuttgart/Berlin/Köln 1989, S.381 ff, S.372 (FN 4). Dazu ergänzend (Verbot offensichtlich unwahrer Tatsachenbehauptungen, die die Wahlentscheidung beeinflussen können): FN V.364(d) (Kap.19). - Beachte hierzu auch: BVerfGE **66**, 369 (behauptete Wählernötigung als Wahlfehler) mit Anmerkungen: M.**Breitbach**, Stimmennötigung, Wahlprüfung und das Argument der Macht, DuR **12**, S.432-444 (1984); T.L.**Oppermann**, Wahlprüfung, Wahlbeeinflussung und Wählernötigung, JuS **25**, S.519-523 (1985).

223 Wahlpflicht. Grundsätzlich juristisch zulässig: H.-P.**Schneider**/F.**Hufen** (FN 59), insb. S.15-20, S.53 ff; sie resümieren jedoch kritisch: "Studentische Wahlpflichten ... für Wahlen zu den Organen der Studentenschaft vorzusehen, muß auf rechtspolitische Bedenken stoßen" (S.88); ferner: D.**Merten**, Wahlrecht und Wahlpflicht, in: FS für J.**Broermann**, Berlin 1982, S.301-315; ferner: StuPa-Wahlen "sind zwar normativ erwünscht, aber ein institutioneller oder interessenbedingter Bezug ist kaum gegeben. Also: normativ erwünscht, aber ohne eigentliche Bedeutung für das studentische Alltagsleben. Daraus geht hervor, daß der Vorschlag einer Wahlpflicht kein ordnungspolitisches Instrument wäre, die gegebene Situation zu verbessern" (R.**Wildenmann** (FN 91), S.36) - A.A. (Wahlpflicht unzulässig): K.-H.**Seifert** (FN 23), S.48 (RN 15); K.**Stern** (FN 20), S.248/249.

Weitergehend ist aber jede korrekt durchgeführte Wahl, unabhängig von der Höhe der Wahlbeteiligung, im Sinne der Wahl(beteiligungs)freiheit gültig. Für Hochschulwahlen sah des Hessische Recht bis 1978 ein abgestuftes 'Beteiligungsquorum' vor, das die Ausschöpfung der einer Statusgruppe zustehenden Mandatszugriffe von der Wahlbeteiligung der Gruppe abhängig machte. - A.A.: M.**Drath** (FN 31), über das rechtsbegründende staatliche Interesse an einer Mindestwahlbeteiligung: "Wird dieses Interesse zu sehr beeinträchtigt, so muß es über den Grundsatz gestellt werden, daß freiwilliger Verzicht auf die Stimmabgabe keinen Wahlfehler hervorrufen kann" (S.30). Vgl. in diesem Zusammenhang: § 15 WO v.1.12.1953 (= FN III.12); FN II.163 (Kap.7).

224 Siehe dazu: BVerfGE **47**, 253 [283].

Problematisch daher auch die nach § 39 Abs.2 HRG (= FN III.93)) i.V.m. § 65 Abs.3 S.3 HHG (= FN III.95) eingeführte gleichzeitige Durchführung verschiedener Briefwahlen mit nur einem gemeinsamen Wahlschein an der Universität Frankfurt (§ 21 Abs.1 StS v.22.2.1994 (= FN III.168)). Denn danach kann per Briefwahl nur für alle zur Wahl stehenden Gremien gleichzeitig oder gar nicht abgestimmt werden. Letztlich aber zulässig aus denselben Gründen wie die Wahlpflicht [dazu: FN 223]. Seit den Wahlen im WS 1991/92 wird das Pro-

15.4.2. Das passive Wahlrecht. Der Grundsatz der Freiheit der Wahl beschränkt sich nicht auf den Bereich der eigentlichen Stimmabgabe, sondern sein Schutzbereich erstreckt sich auch auf das passive Wahlrecht im Wahlvorbereitungsverfahren[225]. Als Voraussetzung für die individuelle Inanspruchnahme des passiven Wahlrechts bei Studentenschaftswahlen gilt grundsätzlich bereits dessen Besitz, der durch Eintragung in das amtlich anzulegende Wählerverzeichnis nachgewiesen wird.

15.4.3. Das Wahlvorschlagsrecht. Die Wahlfreiheit wirkt im Gewand der Auswahlfreiheit vorverlagernd auch im Wahlvorschlagsrecht: "Für die (demokratische) Wahl ... sind die ... Begriffe Auswahl und Wahlfreiheit konstitutiv. Sie sind axiomatische Bestandteile des Wahlbegriffs."[226] Als Konkretisierungen sind anzugeben:

---

blem umgangen durch einen (realiter unbedeutenden) Passus in der 'Anleitung zur Briefwahl': "Sofern Sie bei einer Wahl keine Briefwahlstimme abgeben möchten, kennzeichnen Sie dies bitte auf dem Wahlschein."

225 "Auch das passive Wahlrecht unterliegt dem Grundsatz der Wahlfreiheit." (W.**Schreiber** (FN 20), S.74) Individuelle Freiheitseinschränkungen infolge der Wahrnahme des passiven Wahlrechts im Hochschulbereich sollen mittels § 37 Abs.3 HRG v.26.1.1976 ((= FN III.93), in bis heute unveränderter Fassung) insbesondere für Studenten abgewendet werden; realiter ist dieser Appell nicht justitiabel, falls ein Dozent intendierte Repressalien durch seine Wissenschaftsfreiheit gem. Art.5 Abs.3 GG geeignet maskiert. Dazu ferner: FN II.6 (Kap.5).

226 D.**Nohlen**, Begriffliche Grundlagen, in: B.**Vogel**/D.**Nohlen**/R.-O.**Schulze**, Wahlen in Deutschland, Berlin/New York 1971, S.1-65, S.3.

Die Ausprägungen der Auswahlfreiheit. (a) Bundesrepublik Deutschland: Grundlegend BVerfGE **41**, 399 [417]; BVerfGE **47**, 253 [282]; ähnlich wie D.**Nohlen** (s.o.): K.-H.**Seifert** (FN 23), S.39. - Kritisch zur bundesrepublikanischen Praxis: B.**Zeuner**, Wahlen ohne Auswahl, in: M.**Greiffenhagen** (Hrsg.), Demokratisierung in Staat und Gesellschaft, München 1973, S.225-250.

(b) (Ehemalige) DDR: Vollends aufgehoben war die Auswahlfreiheit im Zuge der umfassende einseitige Politisierung beanspruchenden "Wahlbewegung" (O.**Unger** (FN 77), S.960) der staatlichen Wahlen in der ehem. DDR: "Zunächst wird versucht, mit der unverfänglich und harmlos scheinenden Argumentation, daß doch Wahlen eine 'Auswahl' zwischen mehreren Parteien oder wenigstens zwischen Kandidaten voraussetzten, Verwirrung und Verunsicherung in die Wählerschaft zu tragen" (L.**Haupt**, Wahlen und Demokratie, NJ **11**, S.257-260 (1957), S.259). "Es gibt jedoch auch in der DDR noch Bürger, die - subjektiv ehrlich - in völliger Verkennung des Begriffs der Demokratie noch immer der Meinung sind ..., daß die Demokratie darin bestehe, daß jeder frei und ungehindert seine Meinung sagen könne; denn Demokratie sei für alle da. Haben uns nicht die Erfahrungen mit der Weimarer Demokratie hinreichend gelehrt, wohin eine 'Demokratie' führt, die die 'Sonne scheinen läßt über Demokraten und Nichtdemokraten'? Nein, wir lassen keine Parteien zu, die die NATO-Politik unterstützen, die eine Restaurierung der Macht der Monopole, Junker und Militaristen wollen. Der Inhalt der sozialistischen Demokratie besteht darin, daß die Werktätigen die gesellschaftliche Entwicklung in ihrem Interesse bestimmen". "An ihrer Spitze steht die marxistisch-leninistische Partei, die SED, die den gesellschaftlichen Entwicklungsprozeß auf Grund der Kenntnis der objektiven Entwicklungsgesetze bewußt leitet". "Vom Ziel der Wahlen, die Arbeiter-und-Bauern-Macht zu festigen, ist der Inhalt des § 31, die Vorschrift über die Einreichung von Wahlvorschlägen, bestimmt" (L.**Haupt** (s.o.), S.258). Siehe Dementsprechendes bereits in: Wahlen des Volkes, StR **3**, S.555-566 (1954); ferner: H.**Graf**/G.**Seiler** (FN 78), S.151/152.

Später modifiziert: "Jedem Bürger steht grundsätzlich der Zugang zu einer Abgeordnetenkandidatur offen; um jedoch die Auswahl der besten Vertreter der Werktätigen als Abgeordnete zu gewährleisten, bedarf es der Nominierung durch eine dazu berechtigte Partei oder Massenorganisation ... sowie der Zustimmung des Arbeitskollektivs." (G.**Tautz**, Das Recht zu wählen und gewählt zu werden, in: E.**Poppe** (Hrsg.), Politische und persönliche Grundrechte in den Kämpfen unserer Zeit, Berlin (Ost) 1984, S.114-116, S.115)

Kritisch zur (ehem.) DDR-Praxis: D.**Nohlen** (s.o.), S.13 ff; H.-O.**Leng** (FN 114), S.65 ff; S.**Mampel**, Zum Wahlgesetz der DDR 1976, DA **9**, S.1130-1134 (1976), S.1131/1132; **Havemann** zum Wahlsystem in der DDR, DA **9**, S.1224-1227 (1976), S.1225; S.**Lammich**, Die DDR und die übrigen sozialistischen Länder Europas, DA **11**, S.52-62 (1978), S.54 ff; K.W.**Fricke**, Zur Geschichte der Kommunalwahlen in der DDR, DA **12**, S.454-459 (1979), S.456; H.-J.**Brandt**, Die Kandidatenaufstellung zu den Volkskammerwahlen der DDR, [pol.Diss.] Baden-Baden 1983, insb. Teil 2.

(c) Verfaßte Studentenschaft: Wenngleich eine (hier: 'linke') Mehrheit in der Verfaßten Studentenschaft das Recht freier Listenbewerbung aufgrund staatlich vorgegebener Systemstrukturen und Rechtsvorschriften nicht direkt zu suspendieren vermochte, so konnten und können in Einzelfällen doch von ihr beherrschte Wahlorgane in dieses Recht parteiisch eingreifen; beispielhaft dafür: Kap.19.10.2.(c).; Kap.19.25.2.; Kap.19.26.1. [Allerdings steht gegen die Listenzurückweisung inzwischen der individuelle Rechtsweg offen: Kap.16.3.]

(a) Zulässigkeit des Unterstützerquorums. Eine Differenzierung in der Freiheit des Wahlvorschlagsrechts kann durch ein in der Höhe "angemessen begrenztes"[227] Unterstützerquorum zur Aussonderung "politisch nicht ernstzunehmender"[228] Wahlvorschlagslisten erfolgen.
(b) Zulässigkeit der Listenwahl. Rechtmäßig ist, trotz damit verbundener Einschränkung der Auswahlfreiheit, daß zugleich mit dem Formprinzip der Listenwahl "die Wahl eines Bewerbers von der Mitwahl weiterer Bewerber abhängig gemacht wird"[229]; die hier vorliegende (nicht maßgebliche) "Begrenzung" des Grundsatzes der Freiheit der Wahl liefert nämlich der "zwingende Grund" der rationellen Durchführung einer parteipolitisch geprägten Verhältniswahl zu einem Repräsentativorgan.
(c) Unzulässigkeit der Einheitsliste. Unzulässig ist, als Verstoß gegen die Auswahlfreiheit, die Reduzierung der Wahl auf nur eine einzige Wahlvorschlagsliste, die nicht abgelehnt werden kann und damit zwangsläufig gewählt ist (denn diese Liste wird wenigstens die gültigen Stimmen ihrer eigenen Kandidaten erhalten)[230].
- Die geringe rechtliche Ausformung innerhalb des überblickbar strukturierten studentischen Wahlkörpers sowie die geringe Tragweite der Beschlüsse des zu wählenden Studentenparlaments erweitern den Bereich der Wahlfreiheit im Wahlvorschlagsrecht für Studentenschaftswahlen beträchtlich:
(d) Formale Anforderungen an Wahlvorschlagslisten. Das freie Wahlvorschlagsrecht verbleibt für Studentenschaftswahlen - gerade im Hinblick auf den amateurhaften Status der meisten Einreicher - tatsächlich originär beim (studentischen) "Verbandsvolk" (anders als z.B. bei Bundestagswahlen, wo es gemäß Art.21 Abs.1 GG vom Aktivbürger auf die Parteien verlagert ist). Damit werden Monopolisierungen im Wahlvorschlagsrecht ausgeschlossen: Listenprivilegien bzgl. der rechtlichen Struktur der vorschlagenden Studentengruppe sind unzulässig. So kommt an dieser Stelle auch dem verfahrensorientierten "Gebot einer freien Kandidatenaufstellung"[231] kein herausgehobener Stellenwert mehr zu; das Nominierungsverfahren der Kandida-

---

227 BVerfGE **12**, 10 [27] (= FN 162).
Siehe zur grundsätzlichen Rechtmäßigkeit des Unterstützerquorums für "politisch-parlamentarische" Studentenschaftswahlen im Rahmen des 'Übermaßverbots': Kap.15.1.3.(a); Kap.15.2.3.(a).
228 BVerfGE **3**, 19 [32] (= FN 165).
Wesentlich ist hier - in Unterscheidung zur Einschränkung der Wahlfreiheit durch die ehem. DDR-Staatsrechtslehre -, daß es sich beim Unterstützerquorum um ein rein formales, a priori politisch unspezifisches Kriterium handelt [das schließt Mißbrauch in konkreten Einzelfällen nicht aus].
229 BVerfGE **21**, 355 [356] [in Rekurs auf: BVerfGE 7, 63 [69] (vgl.: M.**Wenzel** (FN 203), S.613)].
Zum aktuellen Bezug auf Hochschul- und Studentenschaftswahlen: FN 70 (Kap.14).
230 So die h.M. und die ständige Rechtsprechung aus dem Kommunalwahlrecht: FN 99(b) (Kap.14). Hiermit erfährt die Auswahlfreiheit Vorrang vor der Freiheit der Wahrnahme des passiven Wahlrechts.
A.A. früher noch: W.**Jellinek**, Die Zusammensetzung der Landesparlamente, in: G.**Anschütz**/R.**Thoma** (FN 203), S.620-630, S.623 [am Beispiel des § 26 Braunschweigisches WahlG i.d.F. v.4.10.1927].
Dieses Prinzip der Auswahlfreiheit ist analog auf die "politisch-parlamentarischen" (BVerfGE **41**, 1 [12] (= FN 64)) Wahlen der Studentenparlamente anzuwenden; zumindest problematisch die Übertragung auf die Wahlen der Fachschaftsräte mit ihrem eher ständischen Charakter. Nicht übertragbar dagegen auf die korporativen Hochschulwahlen: FN 99(b) (Kap.14).
231 BVerfGE **47**, 253 [283].
(a) Formale Anforderungen an die Kandidatenaufstellung für staatliche Wahlen. Nach Art.21 Abs.1 GG besitzen "die Parteien ... als beherrschende Gestaltungskräfte der Bundestagswahlen" ein Monopol bei der Listeneinreichung (K.O.**Nass**, Die verfassungsrechtlichen Wahlrechtsgrundsätze bei der Aufstellung von Parteikandidaten bei Bundestagswahlen, in: FS für W.**Weber**, Berlin 1974, S.311-324, S.313)). Exemplarisch für die strikte Anwendung der Parteieigenschaft für BT-Wahlen: BVerfGE **89**, 266; BVerfGE **89**, 291. Zum herausgehobenen Stellenwert der Nominierungsverfahren für alle staatliche Wahlen bereits: K.**Braunias** (FN 150), S.160 ff; H.**Peters** (FN 205), S.341 ff. Die Grundsätze abschwächend für K-Wahlen: FN 169. Für die "Nach-

ten befindet sich außerhalb der Regelungsgehalte der demokratischen Wahlrechtsgrundsätze für Studentenschaftswahlen. Im Zweifelsfalle sollte deshalb eine Wahlvorschlagsliste zur StuPa-Wahl oder zumindest zu einer adäquaten, zeitlich befristeten formalen Nachbesserung vom Wahlorgan stets zugelassen werden[232].

(e) Zulässigkeit der 'Quotierung'. Es ist keine Studentengruppe daran gehindert, ihre Wahlvorschlagslisten paritätisch oder sonstwie zu "quotieren"; denn zwar widerspricht eine 'Quotierung' sowohl der Gleichheit als auch der Freiheit im Wahlvorschlagsrecht, jedoch wird diese "Begrenzung" relativiert allein schon durch die für Studentenschaftswahlen im Verhältnis zu staatlichen "politisch-parlamentarischen" Wahlen erhebliche Freizügigkeit in der individuellen Wahrnahme des passiven Wahlrechts[233].

---

weise über die ordnungsgemäße parteiinterne Bewerberaufstellung": W.**Schreiber** (FN 20), S.369 ff (RN 4e). Ferner: "Stellen die Mängel bei der Kandidatenfindung schwere Demokratieverstöße dar, kann dies unter Berücksichtigung des Verhältnismäßigkeitsgrundsatzes zur Ungültigkeit der Wahl führen" (HH.VerfG, E.v.4.5. 1993 [Az.: HVerfG 3/92], LS 7, in: NVwZ **13**, S.1083-1090 (1993) [Minderheitsvotum dazu in: NVwZ **13**, S.1090-1093 (1993)], ferner (auszugsweise) in: DVBl.**108**, S.1070-1077 (1993) [mit: U.**Karpen**, Anm. dazu, DVBl.**108**, S.1077-1082 (1993)]. Ebenso: BVerfGE **89**, 243. Auch für K-Wahlen (ebenso wie für die LT-Wahlen) gelten formale Mindestanforderungen für die Kandidatenaufstellungen; exemplarisch: OVG Koblenz, E.v. 21.1.1986 [Az.: 7 A 64/85] und [Az.: 7 A 65/85], in: NVwZ **5**, S.776-778 (1986); OVG Koblenz, E.v.17.12. 1985 [Az.: 7 A 32/85], in: NVwZ **5**, S.778-779 (1986). - A.A.: R.**Wolfrum**, Die Bewertung innerparteilicher Vorgänge bei der Zulassung von Parteiwahlvorschlägen, ZParl **6**, S.323-340 (1975), insb. S.328.

(b) Formale Anforderungen an die Kandidatenaufstellung für studentische Wahlen. Die hohe Formalisierung der Kandidatenaufstellung für staatliche Wahlen ist auf Studentenschaftswahlen nicht übertragbar; vgl. zu diesem Problembereich ausführlicher: Kap.19.31.1. - Problematisch wird die im Text genannte geringe Formalisierung des Nominierungsverfahrens im Studentenschaftsbereich z.B. im Falle von Spaltungen von Studentengruppen, die lediglich den Tatbestand nichtrechtsfähiger Vereine gemäß § 54 BGB aufweisen (also keine Rechtsstrukturen des Vereinsrechts wie z.B. Mitgliedschaften, Vorstände, geregelte Versammlungen kennen) unter dem Aspekt von Namensverwechslungen gleichzeitig zur Wahl eingereichter, nunmehr konkurrierender Wahlvorschlagslisten: Hier kann das Wahlorgan nur unter Gesichtspunkten der Anciennität unter Heranziehung der Listen früherer Wahlen für den Gruppenteil mit größerer Verankerung entscheiden. Der andere Teil, bzw., im Falle der Unentscheidbarkeit, beide Teile, muß den Namen seiner Liste nachträglich so abändern, daß auch für den wenig informierten 'Normalwähler' gemäß dem 'Differenzierungsgebot' Verwechslungsgefahr ausgeschlossen werden kann [vgl. dazu: BVerfGE **36**, 144; Hess.VGH, E.v.3.6.1970 [Az.: II OE 70/69], in: HessVGRspr.**9**, 67]. Vgl. zu diesem Problembereich exemplarisch: Kap.19.31.2.

Die geringe Formalisierung des Nominierungsverfahrens im Studentenschaftsbereich wirft ferner Probleme auf unter dem Aspekt der 'Tarnlisten' [dazu weitergehend: Kap.15.2.3.(b).; Kap. 19.14.2.(c).].

232 Zur Nachfristgewährung. "Aus dem engen Zusammenhang zwischen Wahlfreiheit und Vorschlagsverfahren" "ergibt sich, daß die Wahl gegen Listenvermehrungen weniger empfindlich ist als gegen Listenverminderungen; denn während bei diesen stets in die Wahlfreiheit eingegriffen wird, verletzen jene ein subjektives Recht irgendwelcher Wahlberechtigten jedenfalls nicht, da ein Anspruch der Repräsentanten fehlerloser Vorschläge auf Abweisung mangelhafter nicht besteht" (M.**Drath** (FN 31), S.20, S.101). Dieser Sachverhalt sowie insbesondere der Charakter des passiven Wahlrechts als Grundrecht [dazu: FN 23, FN 24 (Kap.13)] legen Verfahren nahe, die dessen Ausübung nach Möglichkeit sicherstellen. - **Beispiele** (Nachbesserungsmöglichkeit mit Nachfristgewährung): § 9 Abs.5 WO der Studentenschaft der Universität zu Köln (= FN 151); § 14 Abs.1 KoWO v.20.6.1990 (= FN 113); FN V.504 (Kap.19).

Dagegen normiert die gültige Frankfurter StS (= FN III.168) explizit: "Die Gewährung einer Nachfrist durch den Studentischen Wahlausschuß ist unzulässig." (§ 20 Abs.8 StS)

233 Dazu vorstehend (geringe formale Anforderungen an studentische Wahlvorschlagslisten): Kap.15.4.3.(d).

Zur 'Quotierung'. (a) Bei der 'Quotierung' handelt es sich um eine spezifische Einschränkung des Mehrheitsprinzips. Zum Problem der 'Quotierung' stellvertretend: H.**v.Mangoldt**/F.**Klein**/N.**Achterberg**/M.**Schulte**, Grundgesetz (Komm.), Band 6, 3.Aufl. München 1991, S.61/62, m.w.Lit. Kritisch zur 'Quotierung' im Hinblick auf deren Verletzung zweier Wahlrechtsgrundsätze: E.V.**Heyen**, Allgemeines und gleiches Wahlrecht durch gleiche Quoten?, DÖV **42**, S.649-654 (1989).

(b) Die feministische Mode der 'Quotierung' scheint inzwischen im in der Öffentlichkeit unwirksamen Studentenschaftsbereich ohnehin wieder zu verblassen: Für die StuPa-Wahl im WS 1991/92 an der Johann Wolfgang Goethe-Universität Frankfurt reichten ausgerechnet 'Die Grünen an der Uni', als bisherige Protagonisten strikter 'Quotierung', mangels Kandidatinnen eine reine Männer-Liste ein (Uni-Rep.1/1992, S.9). Für die StuPa-

(f) Materielle Anforderungen an Wahlvorschlagslisten ('Evidenzkontrolle'). Eine Konsequenz der Wahlfreiheit ist der streng formale Prüfungsmaßstab des (studentischen) Wahlorgans bei der Zulassung der Wahlvorschlagslisten, die *Evidenzkontrolle*: "Erforderlich sind ... grundsätzlich gebundene Entscheidungen der Wahlorgane und - damit zusammenhängend - die Beschränkung auf eindeutige, ohne weiteres feststellbare Kriterien."[234] Materielle Prüfung (die letztlich auf Ermessensentscheidung hinausläuft und die Auswahlfreiheit durch Listenzurückweisung einschränken kann) liegt somit grundsätzlich *nicht* in der Befugnis des studentischen Wahlorgans; unzulässig in diesem Sinne ist es z.B., eingereichte Wahlvorschlagslisten politisch-programmatischen Vorprüfungen zu unterziehen oder diese sonstwie, aufgrund gezielter spitzfindiger Interpretationen und Kombinationen mit in der Wahlordnung ungeregelten, formalen "Unkorrektheiten", zurückzuweisen.

(g) 'Differenzierungsgebot' (insbesondere: 'Irreführungsverbot') für Wahlvorschlagslisten. Die Freiheit im Wahlvorschlagsrecht wird beschränkt durch bereits im Raum der Studentenschaft vorhandene Gruppen: Die Wahlvorschlagslisten müssen sich namentlich so voneinander unterscheiden, daß der Durchschnittswähler diese Unterscheidung bereits auf dem Stimmzettel nachvollziehen kann ('Differenzierungsgebot')[235]; ältere (länger bestehende) Gruppen haben dabei Vorrang vor jüngeren (*Anciennitätsprinzip* oder auch *Prioritätsprinzip*).

Die Freiheit im Wahlvorschlagsrecht umfaßt ersichtlich nicht die bewußte Irreführung des Wählers durch namensmäßige Vortäuschung programmatischer Inhalte, hinter denen die Kandidaten der Liste politisch gar nicht stehen ('Irreführungsverbot'); die Entscheidung darüber, ob ein solcher Fall einer 'Tarnliste' vorliegt, obliegt aber gemäß dem Prinzip der 'Evidenzkontrolle' grundsätzlich nicht dem Wahlorgan im Rahmen der Zulassung der Wahlvorschlagslisten zur Wahl, sondern sie muß dem späteren Wahlprüfungsverfahren vorbehalten bleiben[236]. (Inwieweit offensichtlich unwahre Tatsachenbehauptungen im Rahmen der nichtamtlichen Wahlpropaganda Prüfungsrelevanz erlangen können, ist juristisch umstritten.)

- Schließlich "lassen sich aus dem Begriff der Wahlfreiheit keine Grundsätze für die technische Ausgestaltung der Wahlrechtsausübung im einzelnen herleiten"[237]; den wichtigsten institutionellen Schutz der Wahlfreiheit muß daher ein zusätzlicher Wahlrechtsgrundsatz liefern, das ist:

15.5. Die Geheimheit der Wahl

Diesem Wahlrechtsgrundsatz zufolge "ist das Wahlverfahren so zu gestalten, daß die strikte Vertraulichkeit der Wahlentscheidung gewahrt bleibt"[238]. Mit einem Verstoß gegen die Geheimheit der Wahl liegt also immer auch ein Verstoß gegen die Freiheit der Wahl vor.

Wahl 1992/93 erschien die erste Frau auf Platz 6 der 'Grünen'-Liste (Uni-Rep.1/1993, S.13). Für die StuPa-Wahl 1993/94 erschien die erste Frau auf Platz 3 der 'Grünen'-Liste (Uni-Rep.1/1994, S.12).

234 P.M.**Huber**, Der Prüfungsmaßstab von Wahlorganen, DÖV **44**, S.229-236 (1991), S.234.

"D.h. grundsätzlich sind die Wahlorgane nur zu formeller, nicht auch zu materieller Prüfung der Wahlvorschläge und Nebenurkunden verpflichtet" (K.O.**Nass** (FN 29), S.82): FN V.362 (Kap.19), 'Evidenzkontrolle'.

235 Zum 'Differenzierungsgebot': FN 167 (Kap.15.1.3.(b).).

236 Zum 'Irreführungsverbot': FN 192 (Kap.15.2.3.(b).).

Als Beispiel für eine Ausnahme (Tarnlistenbestimmung im Rahmen der 'Evidenzkontrolle'): Kap.19.30.1. (wiederholtes Auftreten derselben 'Tarnliste').

237 BVerfGE 7, 63 [69].

Exemplarisch ferner: J.A.**Frowein** (FN 153), S.147.

238 H.-P.**Schneider** (FN 207), S.54 (RN 51).

A.A.: C.**Schmitt**. Indem er die Erzeugung öffentlicher Meinung ausschließlich dem "politischen", "tatsächlich versammelten Volk" konzedierte, mußte er konsequenterweise den Stellenwert geheimer Wahlen und Abstimmungen relativieren (Verfassungslehre, München/Leipzig 1928, S.243-246 [ebenso: C.**Schmitt**., Die geistes-

15.5.1. Das aktive Wahlrecht. Die Sicherung des Wahlgeheimnisses im Akt der Stimmabgabe muß unbedingt und verläßlich erfolgen. Das Wahlgeheimnis ist dafür unter verschiedenen Aspekten zu konkretisieren:

(a) Pflicht zur geheimen Stimmabgabe. Das subjektive Recht zur geheimen Stimmabgabe umfaßt implizit immer auch die *objektive Pflicht* zur geheimen Stimmabgabe[239]; daher sind die

---

geschichtliche Lage des heutigen Parlamentarismus, 2.Aufl. München/Leipzig 1926, S.19 ff]). Ähnliche Argumente tauchten auch im Zuge der Studentenrevolte bei den Verfechtern offener Stimmabgabe, insb. im Hochschulbereich, wieder auf; als Beispiel für den SDS: F.**Deppe** (FN 46), S.57.

Öffentliche Debatte und geheime Wahl. Der Wahlrechtsgrundsatz der Geheimheit konterkariert - in realistischer Einschätzung menschlicher Schwächen - das Prinzip des herrschaftsfreien, rationalen Diskurses: Jeder Wähler, arithmetisch gleichgestellt, agiert im öffentlichen Raum autonom, einsam und sprachlos; im Zeitpunkt des Wählens vermag auch das beste und wohlmeinendste Argument ihn nicht mehr zu erreichen, und niemand kann ihn anschließend zwingen, seine Wahlentscheidung kommunikativ zu erläutern. Die Entscheidung wird gezählt, und sie ist vorerst irreversibel. - Die Geheimheit des Wahlakts ist für politisch fanatisierte Personen nur schwer zu ertragen, weil sie niemanden für die "falsche" Stimmabgabe zur politischen Rechenschaft und Verantwortung ziehen können. Das zeigen in letzter Zeit deutlich die teilweise mit Gewalttätigkeiten verbundenen sogenannten "Demonstrationen" gegen die Wahlergebnisse für die 'rechte' Partei der 'Republikaner'. Beachte in diesem Zusammenhang: FN 47 (Kap.13); FN 214.

239 Ausprägungen der Geheimheit der Wahl. (a) Bundesrepublik Deutschland: Die inzwischen unangefochtene Meinung (Pflicht zur geheimen Wahl): K.-H.**Seifert** (FN 23), S.62 (RN 36); K.**Stern** (FN 20), S.246); I.**v.Münch** (FN 156), S.485 (RN 50); E.**Schiffer** (FN 59), S.311; H.**Meyer** (FN 146), S.277; H.-P.**Schneider** (FN 207), S.55 (RN 51); T.**Maunz** (FN 59), S.55; W.**Schreiber** (FN 20), S.118/119; B.**Schmidt-Bleibtreu**/ F.**Klein** (FN 59), S.616; H.**v.Mangoldt** u.a. (FN 233), S.64 (RN 154).

Nicht eindeutig dagegen früher: Kein Zwang zur Benutzung der Wahlzelle, Pr.VBl.**43**, S.601 (1922).

(b) (Ehemalige) DDR: Die Pflicht zur geheimen Wahl stellte das Wahlrecht der ehem. DDR gerade in Abrede: "Sozialistische Wahlen sind geheime Wahlen. ... Die Tatsache, daß ein erheblicher Teil der Bürger auf Grund ihres Vertrauens und ihrer Zustimmung zu den Kandidaten der Nationalen Front keine Wahlkabinen benutzt, verstößt in keiner Weise gegen die Geheimheit der Wahl. Die Geheimheit oder Öffentlichkeit der Wahl läßt sich überhaupt nicht aus dem individuellen Verhalten von Bürgern ableiten, sondern ergibt sich aus den Bedingungen, die der Staat für die Durchführung des Wahlaktes schafft. Die geheime Wahl ist im sozialistischen Wahlrecht kein Relikt der Vergangenheit, sondern ein Element Leninscher Normen des sozialistischen Staatslebens" (H.**Graf**/G.**Seiler** (FN 78), S.258-260 [hier ist im Dokumententeil (S.366-382) aber auch die 'WO für die Landtags- und Kreistagswahlen am 26.10.1946 in der sowjetischen Besatzungszone Deutschlands' aufgeführt, die in § 45 die Pflicht zur geheimen Wahl normierte]). In diesem Sinne ferner: G.**Riege**, Die Rolle der Wahlen in der DDR, Berlin (Ost) 1958, S.23 ff; W.**Hafemann**, Wahlen zu den Volksvertretungen - Verwirklichung staatsbürgerlicher Rechte, StR **28**, S.297-304 (1979), S.300; I.**Hieblinger**/R.**Hieblinger**, Verfassungsgrundlagen des Wahlsystems in sozialistischen Ländern, NJ **40**, S.366-368 (1986), S.367.

Erstmals im Zuge des Untergangs der DDR konnte in der DDR-Staatsrechtslehre ansatzweise, wenn auch nirgends explizit, die Pflicht zur geheimen Wahl erschlossen werden: S.**Jegutidse**, Gedanken zu einer Neugestaltung des Wahlrechts der DDR, StR **38**, S.1008-1111 (1989), Nr.9; E.**Lieberam**, Wahlsysteme, parteienstaatliche Demokratie und Partizipation des Bürgers, StR **39**, S.401-406 (1990), S.401; S.**Jegutidse**/J.**Misselwitz**, Freie, allgemeine, gleiche, direkte und geheime Wahlen, StR **39**, S.395-400 (1990), S.395.

Als Reflex auf die staatliche Außerkraftsetzung der Pflicht zur geheimen Wahl in der DDR sah schon der vom 'Verfassungsausschuß des Königsteiner Kreises' vorgelegte 'Gesetzentwurf über die freie Wahl einer Verfassunggebenden Deutschen Nationalversammlung' aus dem Jahre 1951 "in § 6 eine besonders peinliche und unverzichtbare Geheimhaltung des Wahlakts" (W.**Weber**, Die Grundlage einer freien gesamtdeutschen Wahl, in: SBZ-Archiv 17/1951, S.6) vor, indem bereits der singuläre Bruch des Wahlgeheimnisses als absoluter Nichtigkeitsgrund [heute abgelehnt: BVerfGE **4**, 370 [372/373], i.st.R.; vgl. auch: FN V.147 (Kap.19)] für die betroffene Wahl positiviert wurde: "Jeder Verstoß macht den gesamten Wahlakt des Stimmbezirks ungültig." (§ 6 Abs.3 S.2 WO-Entwurf, in: SBZ-Archiv 15/1951, S.2); siehe ferner, als Reflex auf die (ehem.) DDR-Praxis: OVG Münster, E.v.17.12.1958 [Az.: III 1014/58], in: OVGE **14**, 257 [261].

(c) Verfaßte Studentenschaft: Gerade auch die studentische 'Linke' an den Hochschulen proklamierte die offene Stimmabgabe als die in das beliebige Ermessen jedes einzelnen gestellte Emanzipation vom staatlich-repressiven Formalismus [dazu: FN 47(b) (Kap.13.)]. - Dieser Fehldeutung unterlag anfangs selbst noch: H.**Meyer** (FN 20), der allerdings gleichzeitig wenigstens auf die immanenten Gefahren aufmerksam machte: "Daß die geheime Wahl ein Recht und nicht eine Pflicht des Wählers ist, nutzten moderne Umgehungsversuche durch die sogenannte spontane offene Wahl aus." (S.21, unter FN 18); nicht akzeptabel auch eine diesbezüg-

Wahlorgane sogar "verpflichtet, die Geheimheit der Wahl zu gewährleisten"[240]. Verboten sind folglich alle Formen der offenen Stimmabgabe[241]; unter dieses Verbot fällt grundsätzlich auch die gleichzeitige Benutzung der Wahlzelle durch mehrere Wähler. Andernfalls entstünden Möglichkeiten physischer oder psychischer Zwangsausübung auf Einzelpersonen, die Wahl entgegen ihrem eigentlichen Willen offen oder gemeinsam vorzunehmen, sowie, bei übermäßigem Gebrauch offener Stimmabgabe, blieben Rückschlüsse auf die Wähler der verbliebenen geheimen Voten zu ziehen[242]. Unzulässig sind auch alle anderen Arten der Stimmabgabe, die spätere Zuordnungen zu dem Wähler zulassen: die Stimmabgabe auf nichtamtlichem[243] oder durch Zusätze oder Hervorhebungen des Wählers oder dritter Personen gekennzeichnetem amtlichem Stimmzettel oder ohne amtlichen oder mit irgendwie gekennzeichnetem, amtlichem Wahlumschlag. - Dagegen ist die freiwillige Offenbarung der Wahlentscheidung *außerhalb* des Wahlraums zulässig - dies macht nämlich den Kern jeden Wahlkampfs aus.

(b) Grundsätzliche Zulässigkeit der Briefwahl. Die Briefwahl verstößt zwar prinzipiell nicht gegen die geheime Wahl[244], entzieht jedoch die Kontrolle über den Akt der geheimen und *persönlichen*[245] Stimmabgabe dem Wahlorgan und der Öffentlichkeit und wirft darüber hinaus

---

liche Formulierung von J.**Oebbecke** (FN 97), S.364. Als Beispiele für derartige "offene Wahlen" im Studentenschaftsbereich: Kap.19.2.1.(d).; Kap.19.12.2.(d).; Kap.19.13.2.(b).; Kap.19.14.1.(a).; Kap.19.15.1.(e).

240 I.**v.Münch** (FN 156), S.486 (RN 51).

Ebenso bereits: Hess.VGH, E.v.24.4.1953 [Az.: OS I 31/53], in: ESVGH **2**, 177 [180]. - Das umfaßt auch den Auszähl-Modus, durch den das Wahlgeheimnis nicht (nachträglich) verletzt werden darf!

241 Siehe dazu bereits: C.H.**Ule**, Verzicht auf die Benutzung der Wahlzelle, RVBl.**53**, S.510-511 (1932); G.**Kaisenberg** (FN 117), S. 172 ff; ferner schon: J.**Hatschek** (FN 25), § 40, insb. S.367 und S.371.

242 Beispiele (amtliche Wählernötigung in politisch totalitären Systemen)**:** H.**v.Gerlach**, Die Geschichte des preußischen Wahlrechts, Berlin 1908, insb. S.34-83; N.**Timaschew**, Das Wahlrecht der Sowjetunion, AöR **16**(NF), S.81-109 (1929), insb.: Einschränkungen der Allgemeinheit der Wahl (S.90-94); Einschränkungen der Auswahlfreiheit (S.104); Einschränkungen der freien Meinungsäußerung (S.97); keine amtlichen Wählerverzeichnisse (S.94); offene Wahl (S.101); willkürliche Terminfestlegungen / Wahl des Nachts (S.103); G.**Botz**, Schuschniggs geplante 'Volksbefragung' und Hitlers 'Volksabstimmung' in Österreich, in: R.**Neck**/A.**Wandruszka** (Hrsg.), Anschluß 1938, München 1981, S.220-243, insb. S.235/236, S.409; Bundesministerium für gesamtdeutsche Fragen (Hrsg.), Wahlen in der Sowjetzone, 3.Aufl. Bonn 1958, insb. S.43 ff, S.89 ff, S.113 ff. Erwähnenswert bleibt, daß der ehemalige Rektor der Universität zu Leipzig (DDR) und Professor für Staatsrecht, Verwaltungsrecht, Arbeitsrecht und Kirchenrecht E.**Jacobi** [siehe: H.**Such**, Zum 70. Geburtstag von Prof.Dr. Erwin **Jacobi**, StR **3**, S.5-8 (1954)] noch im Jahre 1955 in einer westdeutschen Publikation feststellte: "Nach dem Zusammenbruch der nazistischen Diktatur ist man in allen Länderverfassungen, im Grundgesetz für die Bundesrepublik und in der Verfassung der Deutschen Demokratischen Republik zum geheimen Stimmrecht zurückgekehrt" (Zum geheimen Stimmrecht, in: GS für W.**Jellinek**, München 1955, S.141-153, S.150). - Die in der offenen Stimmabgabe liegende Gefahr für die Freiheit der Wahl beschreibt auch der damalige DDR-Staatsrechtslehrer U.**Krüger** (Entwicklung des Kommunalwahlrechts in Deutschland, StR **6**, S.553-567 (1957), S.559) an Hand des historischen Beispiels der (vor-bürgerlichen) Wahlen zum Preußischen Landtag durch den § 21 der Verordnung über die Ausführung der Wahl der Abgeordneten zur zweiten Kammer v.30.5.1849, in Rekurs auf H.**v.Gerlach** (s.o). U.**Krügers** wenig logische Konsequenz bestand daran anschließend u.a. in der Rechtfertigung der offenen Stimmabgabe für die "sozialistischen" Wahlen der (ehem.) DDR (S.566/567).

243 Prinzipiell könnten auch "privat" hergestellte Stimmzettel das Wahlgeheimnis wahren [vgl. dazu: K.**Braunias** (FN 150), S.172], jedoch sind damit die Mißbrauchs- und Manipulationsmöglichkeiten größer.

244 BVerfGE **21**, 200 [204 ff].

Dazu: H.**Monz**, Die Problematik der rechtmäßigen Durchführung der Briefwahl, ZRP **5**, S.229-231 (1972).

245 Die Pflicht zur persönlichen Ausübung des aktiven Wahlrechts. Der Wahlakt selbst ist stets an den Träger des aktiven Wahlrechts als "grundrechtsähnlichem Recht" (FN 23(b)) persönlich gebunden; er ist grundsätzlich nicht übertragbar: "Wird bei einer ... Wahl ein Stimmzettel durch eine andere Person als den Wähler gekennzeichnet, obwohl der Wähler weder des Lesens unkundig noch durch körperliche Gebrechen gehindert ist, den Stimmzettel selbst zu kennzeichnen, so stellt dies einen erheblichen Verstoß gegen die Wahlvorschriften dar, ohne daß es auf den Inhalt der Stimmabgabe ankommt" (Rh-Pf.OVG, E.v.15.10.1985 [Az.: 7 A 31/85], in: AS **20**, 102 [LS] [für K-Wahlen]). Ferner: H.-P.**Schneider** (FN 207), S.57 (RN 54). Beachte in diesem Zusammenhang auch: BGH, E.v.29.10.1980 [Az.: 2 StR 207/80], in: NJW **34**, S.588-589 (1981).

Probleme der Sicherung der Briefwahlunterlagen in der Zeit der Bearbeitung bis zur (öffentlichen) Auszählung der Stimmen auf. Das betrifft besonders die *obligatorischen Briefwahlen* bei Hochschul- und Studentenschaftswahlen; ein Verfahren, bei dem allen Wahlberechtigten die Briefwahlunterlagen von Amts wegen unaufgefordert zugesandt werden, für das eine öffentliche Kontrolle nahezu nicht mehr stattfindet[246]. Sobald Anhaltspunkte dafür vorliegen, daß die Briefwahl zur Umgehung des Wahlgeheimnisses und als Basis von Wahlmanipulationen ausgenutzt wird, müßte aber die Briefwahl der Rechtswidrigkeit anheimfallen[247].

(c) Verbot der amtlichen Bekanntgabe von Nichtwählern. Das Wahlgeheimnis umfaßt das Verbot der amtlichen Bekanntgabe von Nichtwählern, "da auch in der Unterlassung der Stimmabgabe eine politische Entscheidung liegen kann"[248]. Aus diesem Prinzip (sowie allgemeiner dem des Datenschutzes) folgt ferner, daß *ausschließlich* die Mitglieder des Wahlorgans (oder dessen autorisierte Hilfskräfte) nach amtlicher Schließung des Wählerverzeichnisses (d.h. nach Beendigung von dessen Offenlegung) über dieses im laufenden Wahlverfahren im Rahmen ihrer Kompetenz verfügungs- und einsichtsberechtigt sind. Mit dem Wahlrechtsgrundsatz der Geheimheit vereinbar ist deshalb "die amtliche Prüfung der Wahlberechtigung durch die zuständigen Wahlorgane sowie ein Vermerk über die Stimmabgabe im Wählerverzeichnis, ... weil anders ein geordnetes Wahlverfahren nicht durchführbar ist"[249].

---

246 Beispiele: **(i)** "Allen wahlberechtigten Studierenden werden die Briefwahlunterlagen von der Kanzlerin oder dem Kanzler als Wahlleiterin oder Wahlleiter zugesandt" (§ 21 Abs.2 StS (= FN III.168)). **(ii)** Nach dem Ba-Wü. K-Wahlrecht ist jedem Wahlberechtigten einen Tag vor der Wahl der amtliche Stimmzettel zuzustellen (§ 18 Ba-Wü.KWahlG v.1.9.1983 (Ba-Wü.GBl., S.429-441 (1983)) i.d.F. v.18.5.1987 (Ba-Wü.GBl., S.161-170 (1987), Art.3)); dazu: A.**Saftig** (FN 54), S.331); R.**Kunze** u.a. (FN 222), S.239 (RN 20/21).

Die Schwächen des Briefwahlverfahrens. Nicht übersehen werden sollte für die 'obligatorische Briefwahl' bei Studentenschafts- und Hochschulwahlen: Die Briefwahl entzieht Teile des Wahlverfahrens der Öffentlichkeit [zur Problematik: Kap.15.6.] mit dementsprechend erhöhten Manipulationsmöglichkeiten. Gerade die Unübersichtlichkeit der Massenverfahren, das langfristige Vorliegen von Blanko-Unterlagen und die häufige Gleichgültigkeit oder Unwissenheit der Bediensteten und Helfer der Universitätswahlämter in der Bearbeitung einer großen Menge von Briefwahlunterlagen räumt entsprechend kaltblütigen Wahlhelfern und anderen Rechtsbrechern die realistische Möglichkeit des Bruchs des Wahlrechtsgrundsatzes der Geheimheit in Einzelfällen (in der Phase der noch vorhandenen Zurechnung von Stimmumschlag und den Namen des Wählers enthaltendem Wahlschein) sowie von Wahlfälschung (Austausch von Stimmzetteln, Nachoptierung) ein.

247 In diesem Sinne: J.A.**Frowein** (FN 153), S.106; I.**v.Münch** (FN 156), S.486/487; H.**Meyer** (FN 146), S.277; siehe dazu auch: BVerfGE **51**, 119 [127/128]; BVerfGE **59**, 119 [127]; FN 153.

Nicht unproblematisch demgegenüber die Abwägungen: "Wenn das Grundgesetz dem Gesetzgeber gestattet, dafür zu sorgen, daß nach Möglichkeit alle Wahlberechtigten ihr Wahlrecht ausüben, muß demgegenüber die Wahrung des Wahlgeheimnisses zurücktreten" (BVerfGE **21**, 200 [206]). Man wird "wohl zu dem Ergebnis kommen müssen, daß die Briefwahl zwar das Wahlgeheimnis durchbricht, dieses Prinzip aber insoweit vom Grundsatz der allgemeinen und gleichen Wahl überlagert wird" (H.-P. **Schneider** (FN 207), S.55 (RN 52) [in diesem Sinne auch: BVerwG, E.v.29.8. 1985 [Az.: 7B 166.85], in: DVBl.**101**, S.240 (1986)]).

248 T.**Maunz** (FN 59), S.55.

Ebenso: K.-H.**Seifert** (FN 23), S.63 (RN 38); K.O.**Nass** (FN 29), S.192/193. Die 'Stimmabgabe' eines 'Wählers der Nichtwählerpartei' ist anhand des Wählerverzeichnisses nach Abschluß der Wahl eindeutig nachzuweisen.

Zur möglichen Erheblichkeit dieses Wahlfehlers (amtliche Bekanntgabe von Nichtwählern): "Da bei einer Zuwiderhandlung des Wahlvorstandes nicht festzustellen ist, wie viele Wähler durch den Schleppdienst zur Abstimmung gebracht wurden, muß die Wahl in dem betreffenden Wahlbereich für ungültig erklärt werden" (T.**Hüfler**, Wahlfehler und ihre materielle Würdigung, jur.Diss. Univ.Berlin 1979, S.208). - Dies relativierend: Das Prinzip der Geheimhaltung der Wahlteilnahme ist wegen der notwendigen vorherigen Offenlegung des Wählerverzeichnisses im grundsätzlich öffentlichen Wahlverfahren in der Praxis nämlich gar nicht stets zu gewährleisten: F.**Kroppenstedt**/P.B.**Würzberger**, Organisatorische und rechtliche Probleme bei Bundestagswahlen, VwA **73**, S.311-323 (1982), S.325.

249 H.-P.**Schneider** (FN 207), S.56 (RN 52).

Die etwas unglückliche Formulierung des § 16 Abs.4 HHG (= FN III.95) - "Jedes Mitglied der Hochschule ist berechtigt, die Wählerverzeichnisse einzusehen." - kann sich demgemäß nur auf solche Wählerverzeichnisse

15.5.2. Das passive Wahlrecht. Der Grundsatz der Geheimheit der Wahl berührt das passive Wahlrecht nicht.

15.5.3. Das Wahlvorschlagsrecht. Korrespondierend zur überwölbenden Wahlfreiheit beschränkt sich der Wahlrechtgrundsatz der geheimen Wahl "nicht auf den Vorgang der Stimmabgabe, ... sondern erstreckt sich auch auf die Wahlvorbereitungen"[250]. Dies ist einzig von Relevanz im Zusammenhang mit dem Unterstützerquorum:

Zulässigkeit des Unterstützerquorums. Demzufolge ist die Identifizierbarkeit von Unterstützenden bisher nicht im Parlament vertretener Wahlvorschlagslisten zwar als Durchbrechung des reinen Grundsatzes der geheimen Wahl anzusehen[251]; aber diese Differenzierung erscheint zulässig unter dem "besonderen rechtfertigenden, zwingenden Grund"[252], nach dem möglichst nur ernsthafte Wahlvorschläge an "politisch-parlamentarischen" Wahlen zu beteiligen sind[253]. Diesem Prinzip entsprechend, dürfen Namen von Unterstützern "nicht in weiterem Umfang preisgegeben werden, als zur ordnungsgemäßen Durchführung der Wahl notwendig"[254] ist, d.h. bei Studentenschaftswahlen über das *allein* auf das Wahlorgan beschränkt bleibende Prüfungsverfahren bei der Listenzulasung hinaus. Allgemeiner sind alle Sachinformationen zum Unterstützungsverfahren, durch die Außenstehende mittels Kombinationen und logischen Schlüssen Unterstützer nachträglich identifizieren können, unzulässig.

15.6. Die Öffentlichkeit des Wahlverfahrens

Der Grundsatz der Verfahrensöffentlichkeit bezieht sich - im Gegensatz zu den fünf klassischen Wahlrechtsgrundsätzen - gerade *nicht* auf den zentralen Akt der Stimmabgabe. Er ist diesem jedoch unmittelbar vor- und nachgelagert. Das Prinzip der Öffentlichkeit besitzt zwei (nicht stets notwendig widerstreitende) Ausprägungen:

(a) Öffentlichkeit als volonté générale. Der öffentliche Raum besitzt eine vermutete Ausprägung authentischer Politisierung des Volkes; darin zeigt sich idealiter die "öffentliche Meinung" als volonté générale, die Wahl durch identitäre Entscheidung ersetzt[255]. Ebenso, wohl realistischer im Hinblick auf Wahlen, können sich aufgrund von Öffentlichkeit Zwang und Manipulation der Mächtigen realisieren. Dieser potentiellen Gefahr beugt die Verhinderung der Öffentlichkeit im eigentlichen Wahlakt vor - auf Kosten identitärer Äußerung, des politischen Bekenntnisses und auch der individuellen Verantwortung für die Abgabe der Stimme.

(b) Öffentlichkeit als neutraler Richter. Die Öffentlichkeit besitzt eine vermutete Ausprägung als objektiver Prüfer und 'neutraler Richter'; die diesbezüglichen Grundannahmen sind die "Gewähr der Wahrheit, der Sauberkeit, der Richtigkeit der Ergebnisse, ... die in öffentlichen

---

beziehen, in denen keine Markierungen über (aktive) Wahlrechtsausübungen vorgenommen worden sind. - Beispiele für Mißbrauchsmöglichkeiten führen aus: F.**Kroppenstedt**/P.B.**Würzberger** (FN 248), S.325.

250 BVerfGE **4**, 375 [386]

251 Denn das Unterstützerquorum gründet auf der Identität von Unterstützendem und Wähler einer Wahlvorschlagsliste: Kap.14.2. (bei FN 118).

252 BVerfGE **34**, 81 [99] (= FN 65)

253 BVerfGE **3**, 19 [32] (= FN 165).

Aus demselben "zwingenden Grund" ist auch im Rahmen des Übermaßverbots die Einschränkung der Wahlrechtsgrundsätze der Allgemeinheit [dazu: Kap.5.1.3.(a).], der Gleichheit [dazu: Kap.5.2.3.(a).] und der Freiheit [dazu: Kap. 5.4.3.(a).] der Wahl durch das Unterstützerquorum für Studentenschaftswahlen zulässig.

254 BVerfGE **5**, 77 [82] (E.v.13.6.1956).

"Jede darüber hinausgehende Offenlegung der Namen gegenüber staatlichen oder privaten Stellen stellt einen Verstoß gegen den Grundsatz der geheimen Wahl dar." (H.v.**Mangoldt** u.a. (FN 233), S.65 (RN 155)) - A.A. noch zu Beginn des Jahres 1956: F.**Rietdorf** (FN 75), S.134/135.

255 In diesem Sinne: C.**Schmitt**, Verfassungslehre (FN 238), S.246

Verfahren gewonnen werden"[256] und damit eine Gewähr für die unverfälschte Realisierung der Wahlrechtsgrundsätze selbst. Derart finden "in einem freiheitlich demokratischen Rechtsstaat ... Wahlen 'vor den Augen der Öffentlichkeit' statt. ... Dieses Prinzip gehört zu den wichtigsten Sicherungen freiheitlicher demokratischer Wahlen; es ist schlechthin die Grundvoraussetzung für eine demokratische politische Willensbildung."[257] Ist dann aber, dies ergänzend, "die Öffentlichkeit verletzt, so entsteht der Verdacht, daß Wahlfälschungen erleichtert werden sollten; er führt zu einer Vermutung der Fehlerhaftigkeit des ganzen Wahlbezirksergebnisses."[258]
- Dem Grundsatz der Öffentlichkeit des Wahlverfahrens liegt somit das Prinzip der Öffentlichkeit als neutralem (und kontrollierendem) Richter zugrunde: Alle Bereiche des Verfahrens, die nicht durch den Wahlrechtsgrundsatz der Geheimheit (mittelbar oder unmittelbar) beschränkt sind, unterliegen grundsätzlich dem Öffentlichkeitsgebot[259]. Im Falle von Studentenschaftswahlen, die meist über mehrere Tage und sogar als 'obligatorische Briefwahl'[260] stattfinden, ist dieses Prinzip auszudehnen auf die Aufbewahrungsphasen der Wahlunterlagen bis zum Zeitpunkt der (öffentlichen) Stimmenauszählung. Das Öffenlichkeitsgebot gewinnt zusätzliches Gewicht unter Zweifeln an der Neutralität des Wahlorgans. Die Funktion der Öffentlichkeit als neutralem Richter impliziert schießlich die strikte Unzulässigkeit jeglicher individueller Wahlwerbung im räumlichen Bereich des laufenden Wahlakts.

---

256 R.**Smend**, Zum Problem des Öffentlichen und der Öffentlichkeit, in: GS für W.**Jellinek** (FN 242), S.11-20, S.14.
Zur Öffentlichkeit staatlicher Verfahren. Dieser zur Zeit des "aufstrebenden Bürgertums" für das gesamte Staatshandeln formulierte Zweck des Öffentlichen hat seinen ursprünglichen Sinn im singulären Falle streng formalisierter Wahlverfahren bis heute beibehalten: "Ob alle Staatsgewalt vom Volke ausgeht, hängt in der repräsentativen Demokratie ganz maßgeblich von der Ordnungsmäßigkeit der Wahlen ab. Die Kontrolle der Wahl als der wichtigsten Willensbildung im demokratischen Staat ist notwendig, um zu verhindern, daß das erste und bedeutsamste Glied in der demokratischen Legitimationskette Schaden nimmt. ... Angesichts dieser Bedeutung der Kontrolle durch das Volk selbst sind die übrigen Kontrollinstrumente allein nicht geeignet, den notwendigen Schutz der demokratischen Wahl zu gewährleisten" (NRW.VerfGH, E.v. 19.3.1991 [Az.: VerfGH 10/90], in: NVwZ **10**, S.1175-1180 (1991), S.1179).
Öffentlichkeit (als neutraler Richter) ist konstitutiv für den Rechtsstaat: "Inhaltlich [gehört] zum Rechtsstaat die Kontrollierbarkeit des staatlichen Tuns. Wo mit Erfolg für eine politische Entscheidung Legitimität beansprucht wird, ohne daß es zureichende Kontrollmöglichkeiten gibt, existiert kein Rechtsstaat. ... Das Tun der politischen Führung kann nur kontrolliert werden, wo Öffentlichkeit und Rationalität dieses Tuns gegeben sind" (T.**Ellwein**/J.J.**Hesse**, Das Regierungssystem der Bundesrepublik Deutschland, 6.Aufl. Opladen 1988, S.450); auch: W.**Marten**, Öffentlich als Rechtsbegriff, Bad Homburg/Berlin/Zürich 1969, S.50 ff; J.**Habermas**, Strukturwandel der Öffentlichkeit, 8.Aufl. Berlin/Neuwied 1976 (Öffentlichkeit als Garant für Vernünftigkeit).
257 W.**Schreiber** (FN 20), S.405/406 (RN 2).
Ebenso: "In einem freiheitlich-demokratischen Rechtsstaat finden Wahlen 'vor den Augen der Öffentlichkeit' statt. Es gehört zum Selbstverständnis eines demokratischen Verfassungslebens, daß die Wahlhandlung und die Feststellung des Wahlergebnisses öffentlich ist. Auf diesem Prinzip gründet sich schlechthin die demokratisch-politische Willensbildung." (R.**Kunze** u.a. (FN 222), S.275 (RN 5))
258 M.**Drath** (FN 31), S.80.
Zur möglichen Erheblichkeit dieses Wahlfehlers (unzulässige Einschränkungen der Öffentlichkeit des Wahlverfahrens)**:** M.**Drath** (s.o.); restriktiver heute: T.**Hüfler** (FN 248), S.189 ff. **-** Einschränkungen des Grundsatzes der Öffentlichkeit stellten zunächst sogar einen absoluten Nichtigkeitsgrund für den betroffenen Teil der Wahl dar: "Eine Verletzung des Grundsatzes der Öffentlichkeit der Wahlhandlung führt prinzipiell zur Kassation des Wahlakts" (J.**Hatschek** (FN 25), S.361), ebenso bei einer Verletzung während der Stimmenauszählung [dazu: J.**Hatschek** (FN 25), S.372].
259 So z.B.: K.-H.**Seifert** (FN 23), S.61 (RN 35); ebenso bereits: G.**Kaisenberg** (FN 117), S.172; ferner: P.**Schneider** (FN 151), S.159/160. Für die BT-Wahlen z.B. normiert dies das BWahlG (= FN 30) in § 31 BWahlG (Öffentlichkeit der Wahlhandlung), § 10 BWahlG (öffentliche Verhandlung der Wahlorgane) sowie, ergänzend, § 54 BWO (= FN 30); siehe dazu die Kommentierungen in: W.**Schreiber** (FN 20). - Zur möglichen Kollision von Wahlgeheimnis und Öffentlichkeit des Verfahrens: T.**Hüfler** (FN 248), S.207/208.
260 Siehe dazu ausführlicher: FN 246.

Kap.16 Die möglichen Formen der Rechtskontrolle für Studentenschaftswahlen

Die unkorrekte Wahldurchführung, und als deren Folge möglicherweise die Beeinträchtigung *subjektiver* Rechte im laufenden Wahlverfahren, kann grundsätzlich auf zwei Arten angegriffen werden[261]: Zum einen im Hinblick auf die Verantwortlichkeit des möglichen Verursachers im Strafverfahren mittels Tatbeständen des 'Wahlstrafrechts'; zum anderen im Hinblick auf die (Wieder-)Herstellung der Rechtmäßigkeit des Verfahrensablaufs im Verwaltungsstreitverfahren. Dagegen dient das (materielle) Wahlprüfungsrecht einzig der Durchsetzung des *objektiven* Rechts einer korrekten Zusammensetzung des gewählten Gremiums. - Der öffentlichrechtliche Rechtsweg erscheint im Hinblick auf die juristische Absicherung von Studentenschaftswahlen in *drei unterschiedlichen* Konkretisierungen: als durch die Verwaltungsgerichtsordnung (VwGO) vorgegebener Verwaltungsrechtsweg (im Falle des individuellen Rechtsschutzes während des laufenden Wahlverfahrens), als "besonderer" Rechtsweg (im "objektiven" Wahlprüfungsverfahren) und als Rechtsweg des Verwaltungsvollstreckungsverfahrens (im Falle rechtsaufsichtlichen Eingriffs in das Wahlprüfungsverfahren).

Im Falle der Studentenschaftswahlen setzen sich die (bereits in Teil III exemplarisch dargestellten) Defizite im kodifizierten Wahlverfahrensrecht tatsächlich fort bis hin zur möglichen Rechtskontrolle: Es existiert kein subsidiäres 'Wahlstrafrecht', das direkt auch für Studentenschaftswahlen anwendbar ist; es herrscht bisher Rechtsunsicherheit über den Umfang der Eröffnung des gerichtlichen (Verwaltungs-)Rechtswegs für den individuellen Rechtsschutz im laufenden Wahlverfahren; das materielle Wahlprüfungsrecht ist überhaupt nicht positiviert.

Aufgrund dieser Anomie wurden in der Vergangenheit, verstärkt noch durch öffentlichkeitswirksam angemeldete Autonomieansprüche des politischen Subsystems, staatsfeindlichen Mehrheiten innerhalb der Verfaßten Studentenschaften die umfangreichen Möglichkeiten parteiischer, machtsichernder Rechtsauslegungen und Lückenschließungen in der Wahlrechtskontrolle eingeräumt; im Zweifelsfalle segnete in scheindemokratischer Entscheidung das 'dichotome Mehrheitsprinzip' die offensichtlichsten Manipulationen allein dadurch ab, daß einfach - nämlich mehrheitlich - keine Widersprüche zu positivem Recht festgestellt wurden[262]. Diese reine Machtpolitik vermochte den Schein der Rechtmäßigkeit noch dadurch zu verstärken, daß sie regelmäßig den Sanktionierungsreflex geltenden Rechts nicht hervorrief[263]. Das normhypotrophe studentische Wahlverfahrensrecht und die damit fehlenden Kontrollvorschriften waren (und sind) aber auch geeignet, die unerkannte Durchführung 'expliziter Wahlfälschungen' an der Universität zu begünstigen; denn angemessen und dicht positiviertes Wahlverfahrensrecht erfüllt eine Schutzfunktion gegen Manipulationen, die für staatliche Wahlen heute selbstverständlich ist: "Infolge der sorgfältigen Absicherung des Wahlverfahrens wird man Wahlfälschungen heute kaum noch begehen können, ohne eine der abschirmenden Schutzvorschriften

---

261 Nicht betrachtet wird hier der Problembereich der Wahlrechts-Normenkontrolle sowie die damit zusammenhängende Frage nach dem Bestand von aufgrund ungültiger Wahlrechtsnormen durchgeführter Wahlen. Literatur dazu: FN III.42 (Kap.10).

262 Als Beispiele für diese Methode politisierter, situativer Rechtsschöpfung: Kap.8.2.3.; Kap.19.11.3.
Zur Definition des 'dichotomen Mehrheitsprinzips': Kap.3.1.

263 Die Sanktionierung konkreter Rechtsverletzungen scheiterte häufig genug schon einfach deswegen, weil diese in der komplizierten, weitgehend nicht positivierten Spezialmaterie 'Studentenschaftswahlrecht' von Ungeübten nicht erkannt wurden. Über die auch hier wenig glückliche Rolle der Rechtsaufsichtsbehörde der Frankfurter Universität in diesem Zusammenhang: Kap.18.2.

zu übertreten. Eine solche Übertretung wird aber eher bemerkt und gerügt als die Wahlfälschung selbst."[264]

In dieser Situation erscheint es angezeigt, den realiter für Studentenschaftswahlen vorhandenen - wenn auch weder geschlossen kodifizierten noch überhaupt zureichend positivierten - Bestand individuellen und objektiven Rechtsschutzes aus dem geltenden Recht systematisch zu erschließen und sinnvoll zu vervollständigen; diese Konkretisierungen werden gleichzeitig die objektive Rechtswidrigkeit vieler Phasen bisheriger Rechtskontrolle über Studentenschaftswahlen offenlegen und Verbesserungen anregen.

16.1. Straftaten bei Wahlen

Für die staatlichen Wahlen ist mit den Tatbeständen der §§ 107 bis 108c StGB[265] das *Wahlstrafrecht* positiviert. Damit werden auch die demokratischen Wahlrechtsgrundsätze für diese Wahlen unter Strafschutz gestellt[266]. Dem Anwendungsbereich dieses Wahlstrafrechts sind allerdings die Wahlen der öffentlichen Selbstverwaltungskörperschaften entzogen[267] und folglich insbesondere auch die Studentenschaftswahlen. Dafür müssen spezifische Straftatbestände aus allgemeinen, nicht-wahlspezifischen Tatbeständen des Strafgesetzbuchs erschlossen werden, solange nichts anderes im Hochschulrecht normiert ist. Diese Methode erweist sich als für Rechtsunkundige schwierig; sie trägt im Zweifelsfalle unkorrekt durchgeführter Studentenschaftswahlen nichts zur Rechtsklarheit bei. So sollte in das HRG künftig zumindest eine geeignete Bezugsnormierung aufgenommen werden.

Im Hochschulbereich scheint sich ohnehin der Eindruck durchzusetzen, daß vorgeblich politisch motivierte Wahldelikte in keinem Falle mit Strafdelikten gleichzusetzen seien[268]: Die in

---

264 K.**Schiller**, Das sachliche Wahlprüfungsrecht und seine Randgebiete, jur.Diss. Univ.Bonn 1958, S.105. Zur systematischen Einordnung 'expliziter Wahlfälschungen': Einl.0.2.(a).; Kap.19.0.

265 Strafgesetzbuch v.15.5.1871 i.d.F. des 3.StRÄndG v.4.8.1953 (BGBl.I, S.735-750) und BGBl.III v.1.1. 1961 (Sachgebiet 4.450).
Beim 'Wahlstrafrecht' handelt es sich um folgende Einzeltatbestände: Wahlbehinderung (§ 107 StGB), Wahlfälschung (§ 107a StGB), Fälschung von Wahlunterlagen (§ 107b StGB), Verletzung des Wahlgeheimnisses (§ 107c StGB), Wählernötigung (§ 108 StGB), Wählertäuschung (§ 108a StGB), Wählerbestechung (§ 108b StGB). Zur historischen Entwicklung: G.**Wolf**, Straftaten bei Wahlen und Abstimmungen, jur.Diss. Univ.Bonn 1961, S.217 ff.

266 Dazu: G.**Wolf** (FN 265), S.217 ff.

267 Gem. § 108d StGB nach dem Analogieverbot im Strafrecht. Siehe dafür beispielhaft aus der Kommentarliteratur: H.-H.**Jescheck**/W.**Ruß**/G.**Willms** (Hrsg.), Strafgesetzbuch (Leipziger Komm.), Band 4, 10.Aufl. Berlin/New York 1988, Vor § 105, RN 4; Komm. § 107, RN 2; J.**Wolter**, Komm. 4.Abschn. StGB, in: Strafgesetzbuch (Alternativ-Komm.), Neuwied/ Darmstadt 1986, S.216-271, Vor § 105, RN 3.
Einen interessanten Anwendungsfall des Wahlstrafrechts für die Konstruktion von Nichtigkeitsgründen im materiellen Wahlprüfungsrecht liefert das Baden-Württembergische Kommunalwahlgesetz v.1.9.1983 (Ba-Wü. GBl., S.429-441 (1983)) mit der ausdrücklichen Nennung der Wahlstraftatbestände als erhebliche Wahlfehler: "Die Wahl ist für ungültig zu erklären, wenn ihr Ergebnis dadurch beeinflußt werden konnte, daß ... der Bewerber oder Dritte bei der Wahl eine strafbare Handlung im Sinne der §§ 107, 107a, 107b, 107c, 108, 108a, 108b, § 108d, § 240 des Strafgesetzbuches oder eine andere gegen ein Gesetz verstoßende Wahlbeeinflussung begangen haben" (§ 32 Abs.1 Nr.1 KWahlG). Dazu ausführlicher: R.**Kunze** u.a. (FN 222), S.372-378. - Eine dementsprechende Norm im Studentenschaftswahlrecht hätte bereits die Nichtigkeit eines erheblichen Anteils der Studentenparlamentswahlen zur Folge [beispielhaft: FN 0.21 (Einl.); Kap.19].

268 Auch wenn im Bereich der Studentenschaftswahlen Indizien für Wahlmanipulationen mit konkreten Personen in Zusammenhang gebracht werden konnten, genügte das 'undogmatisch-linke', physische Drohpotential an der Hochschule, Kritiker rasch auch juristisch verstummen zu lassen [beispielhaft: FN V.61(a) (Kap.17)].
Diese bereits von hoher staatlich-politischer Stelle geförderte Tendenz zur Entindividualisierung von Verantwortung im Bereich der studentischen Selbstverwaltung zeigt sich offensichtlicher noch im Finanzbereich [symptomatisch dafür: FN II.20(a), FN II.20(c) (Kap.5)]. Allgemeiner zur "Sanktionsfreiheit staatlichen Rechts im Subsystem" Verfaßte Studentenschaft: Kap.8.2.5.

jeder Beziehung bestehenden Vorbehalte, Personen in Ausübung ihrer studentischen Selbstverwaltungstätigkeit überhaupt (straf)rechtlich zu belangen, die individuelle Verantwortung für ihre Tätigkeit einzufordern[269], umfassen nämlich auch die Wahldelikte. Da wegen der zu erwartenden zeitlichen Länge der Prozeßdauer in den allermeisten Fällen ohnehin keine Änderung rechtswidrig durchgeführter Wahlverfahren in konkreten Situationen zu erreichen ist, sollen diese Aspekte auch hier nicht weiterverfolgt werden[270].

16.2. Der subjektive Rechtsschutz im laufenden Wahlverfahren für Bundestagswahlen

Der individuelle Rechtsschutz des Aktivbürgers im gesamten laufenden Wahlverfahren hat die Rechtskontrolle über Wahlverfahrensakte, also Maßnahmen und Entscheidungen der Wahlbehörden und -organe, zum Gegenstand. Das Beschreiten dieses Rechtswegs setzt individuelle Beschwer für den Antragsteller voraus, der gerichtsförmige Teil wird demnach durch eine Individualklage und nicht mittels Popularverfahren eröffnet.

In der Vergangenheit wurde - wie sich im folgenden zeigen wird, rechtsirrig - davon ausgegangen, daß der für Bundestagswahlen nach (noch) herrschender Meinung[271] entwickelte, nur

---

269 **Zur "Judifizierung der Politik". (a)** Eine vorgeblich "legalistische Drosselung begründeter hochschulpolitischer Auseinandersetzung" prangerte bereits 1967 J.**Habermas** an: "Die juristische Form darf den politischen Inhalt nicht verschleiern" (J.**Habermas** (FN 50), S.134 ff). Dies wurde im folgenden politisches Allgemeingut 'undogmatisch-links' politisierter Verfaßter Studentenschaften zur Abwehr unerwünschter, geltender Rechtsnormen in ihrem Subsystem: "Letztlich versuch[t]e er, aus durchsichtigen Gründen politische Auseinandersetzungen in juristische zu verwandeln" (StuPa-Prot. v.28.4.1978, S.2 [zum AStA-Antrag auf "Rücktritt" des Leiters der universitären Rechtsabteilung, H.**Riehn**]). "Weil es den Regierenden politisch nicht paßt, werden de jure Fakten geschaffen" (AStA-Mat., Stellungnahme der Hess.LAK zur Anpassung des HHG an das HRG, Kassel 1987, S.36/37). Weitere Beispiele dazu in: FN II.43 (Kap.5); FN III.32(a) (Kap.10); FN V.160(b), FN V.268 (Kap.19); auch: FN 45 (Kap.13). - Auch die 'Neue Rechte' betont die Priorität der politischen Entscheidung im Zweifelsfalle vor dem Primat der Legalität. Vgl. dazu bereits: C.**Schmitt**, Legalität und Legitimität, München/Leipzig 1932; C.**Schmitt**, Verfassungslehre, München/Leipzig 1932, S.118/119. - Beachte in diesem Zusammenhang: die "Aushöhlung des Legalitätsprinzips zugunsten legitimer Zwecke" im Subsystem Verfaßte Studentenschaft: Kap.5.2.3.; die "Anonymisierung von Verantwortung" im Subsystem: Kap.8.2.4.

(b) Hierbei handelt es sich um typische Argumente von Verfechtern unkontrollierter Mehrheitsherrschaft. Beispielhaft dafür, aus anderem politischem Zusammenhang: Das Kriterium der Gesetzmäßigkeit "dient dazu, die Aufmerksamkeit vom Wesentlichen abzulenken, belastet die Gerichte mit einer unangebrachten Verantwortlichkeit und ermuntert zu einer Form des Regierens, die durch das Führen von Prozessen und nicht durch das Arbeiten der politischen Maschinerie gekennzeichnet ist. ... Die philosophische Grundlage der richterlichen Aufsicht ist undemokratisch. Ihr Daseinszweck besteht darin, Mehrheiten in Schranken zu halten" (H.S.**Commager**, Die Rechte der Minderheit im Rahmen der Mehrheits-Herrschaft, Wiesbaden 1947, S.77 und S.84). "Ihre Erkenntnis, daß sie ... nie zu den Mehrheitsfraktionen gehören werden, kaschieren sie mit dem Anspruch, im Namen des Rechts zu handeln." (C.**Ehmann**, Thesen zur Zwangskörperschaft, in: Argumente für eine verfaßte Studentenschaft [ADS-Schriftenreihe **2**], Bonn 1969, S.7-16, S.9)

270 Zum Problem zu langer Prozeßdauer nachfolgend: FN 359.

Das 'Wahlstrafrecht' spielte bisher aber ebenso bei staatlichen Wahlen eine eher untergeordnete Rolle, wohl insbesondere deswegen, weil personelle Zuordnungen auch in diesem Bereich schwierig herzustellen waren und sind: "Wahlbeeinflussungen durch nach dem Strafgesetzbuch strafbare Tatbestände haben in der Praxis fast gar keine Bedeutung" (K.**Ball** (FN 184), S.89 [für die Zeit bis 1918; siehe ebenso S.123 (a.a.O.) für den Kommunalbereich; für die Zeit nach 1918: K.**Ball** (FN 184), S.172/173; für die Zeit nach 1945: K.-H.**Seifert**, Gedanken zu einer Reform des Wahlprüfungsrechts, DÖV **20**, S.231-240 (1967), S.236]); das Wahlstrafrecht erlangte eine gewisse Relevanz insbesondere im Zusammenhang mit der Briefwahl. - Beispielhaft für Bestrafung aufgrund eines Wahlfälschungsdeliks (mißbräuchliche Inanspruchnahme des aktiven und des passiven Wahlrechts): BVerfG, E.v.30.3.1992 [Az.: 2 BvR 1269/91], in: NVwZ **12**, S.55-57 (1993).

271 **Die Verkürzung des Rechtswegs im laufenden (BT-)Wahlverfahren. (a)** Stellvertretend für die h.M.: G.**Leibholz** u.a. (FN 59), Komm. Art.41, S.4 (RN 26); W.**Schreiber** (FN 20), S.542/543 (RN 2 und 3).

(b) A.A.: B.-D.**Olschewski**, Wahlprüfung und subjektiver Wahlrechtsschutz, [jur.Diss.] Berlin 1970, insb. S.151 ff (§ 15); W.R.**Schenke**, Der gerichtliche Rechtsschutz im Wahlrecht, NJW **34**, S.2440-2444 (1981), FN 2 auf S.2440/2441. - Implizit - nämlich durch die Nichtnennung des Ausschlußtatbestands - scheint aber inzwischen zumindest die h.M. in der deutschen Staatsrechtslehre davon auszugehen, daß der individuelle Rechts-

eingeschränkte individuelle Rechtsschutz im laufenden Wahlverfahren analog auch für Studentenschaftswahlen anzuwenden sei. Zwecks Klärung des Zulässigkeitsrahmens ist zunächst das einschlägige Bundesrecht auszulegen:

16.2.1. Der 'Ausschlußsatz' des Bundeswahlgesetzes. Die zentrale Position nimmt in diesem Zusammenhang der 'Ausschlußsatz' des § 49 BWahlG[272] ein: "Entscheidungen und Maßnahmen, die sich unmittelbar auf das Wahlverfahren beziehen, können nur mit den in diesem Gesetz und in der Bundeswahlordnung vorgesehenen Rechtsbehelfen[273] sowie im Wahlprüfungsverfahren[274] angefochten werden." Die in Bezug genommenen Rechtsbehelfe weisen sämtlich einen lediglich auf vorgerichtliche Entscheidungen durch ein Wahlorgan verkürzten Rechtsweg im subjektiven Wahlrechtsschutz aus, und genau dies bestimmt die für das deutsche Recht ungewöhnliche Schärfe des 'Ausschlußsatzes': Diese Beschwerdeverfahren können das theoretisch zuständige Gericht nicht erreichen.

Der Tatbestand stellt die Verfassungsmäßigkeit seiner Norm in Frage; denn die konstitutionelle Rechtsweggarantie des Art.19 Abs.4 GG sichert grundsätzlich *jeder* natürlichen Person, die sich in ihrer Individualsphäre durch die vollziehende (staatliche) Gewalt rechtswidrig beschränkt sieht, effektiven Rechtsschutz im rechtsstaatlichen Verfahren zu: "Wird jemand durch die öffentliche Gewalt in seinen Rechten verletzt, so steht ihm der Rechtsweg offen. Soweit eine andere Zuständigkeit nicht begründet ist, ist der ordentliche Rechtsweg gegeben." Der ordentliche Rechtsweg aber besteht zum wesentlichen Teil aus gerichtsförmigen Verfahren. Der Ausschlußsatz des § 49 BWahlG schränkt dieses zentrale (nicht durch Gesetzesvorbehalt beschränkte) Verfahrensgrundrecht einfachgesetzlich signifikant ein; "der Widerspruch zu Art.19 Abs.4 GG ist so evident, daß es nur unter Inkaufnahme von handfesten Widersprüchen möglich ist, die Konkordanz mit diesem prozessualen Hauptgrundrecht herzustellen."[275]

16.2.2. Die Verfassungsmäßigkeit des 'Ausschlußsatzes' für Bundestagswahlen. Trotz dieser systematischen Schwächen hat das Bundesverfassungsgericht in bis heute ständiger Rechtsprechung implizit über die Bestätigung des 'Ausschlußsatzes' die Rechtswidrigkeit *jeden* gerichtlichen Eingriffs in laufende BT-Wahlverfahren festgestellt: "In Wahlangelegenheiten gilt der Satz, daß Entscheidungen und Maßnahmen, die sich unmittelbar auf das Wahlverfahren beziehen, nur mit den in den Wahlvorschriften vorgesehenen Rechtsbehelfen und im Wahlprü-

---

weg grundsätzlich auch im laufenden BT-Wahlverfahren eröffnet ist. Beispielhaft dafür: K.**Hesse** (FN 20), S.135/136 (RN 335 bis 339); T.**Maunz**/R.**Zippelius** (FN 20): "Eine Ausnahme von Art.19 Abs.4 gilt nur für die Überwachung des Brief-, Fernsprech- und Fernschreibverkehrs aus Gründen des Staatsschutzes." (S.97)

(c) Welche Theorie die richtige ist, braucht hier nicht entschieden zu werden, weil die für BT-Wahlen entwikkelte h.M. inzwischen anerkanntermaßen nicht analog auf untergeordnete Wahlen, die hier allein maßgeblich sind, übertragbar ist [siehe dafür nachfolgend: FN 287].

272 Bundeswahlgesetz (= FN 30). Diese Norm erscheint in unveränderter Form seit der 1.Fassung des BWahlG v.7.5.1956, zunächst als § 50, seit der Neufassung des BWahlG v.1.9.1975 wortgleich als § 49.

273 Es handelt sich um die Angreifbarkeit u.a. folgender Einzeltatbestände: **Im BWahlG** (= FN 30): § 25 Abs.5 BWahlG (Beseitigung von Mängeln in Wahlvorschlagslisten); § 26 Abs.2 BWahlG (Zurückweisung von Kreiswahlvorschlägen); § 28 Abs.2 BWahlG (Zurückweisung von Landeslisten). **In der BWO** (= FN 30): § 22 BWO (Einspruch gegen das Wählerverzeichnis); § 31 BWO (Einspruch gegen die Versagung des Wahlscheins); § 56 Abs.6 und 7 BWO (Zurückweisung von der Stimmabgabe). Siehe zu alledem ausführlicher: W.**Schreiber** (FN 20), S.549/550 (RN 6).

274 Das Wahlprüfungsverfahren dient nicht der Verfolgung subjektiver Rechte und kann überhaupt erst zum Zeitpunkt der Bekanntgabe des vorläufigen amtlichen Endergebnisses der Wahl begonnen werden [siehe dazu: Kap.16.4. bis Kap.16.6.]. Zur unterschiedlichen Funktion von "objektivem" Wahlprüfungsverfahren einerseits und (verwaltungsgerichtlichem) Individualrechtsschutz im laufenden Wahlverfahren siehe bereits: F.**Rietdorf**, Wahlprüfung und verwaltungsgerichtliche Generalklausel, DV **1/2**, S.665-670 (1948/1949), insb. Teil IV.

275 H.**Meyer** (FN 146), S.308

fungsverfahren angefochten werden können ... Diesem Grundsatz trägt der § 50 BWahlG[276] in verfassungskonformer Weise Rechnung"[277]. Die Rechtmäßigkeit des 'Ausschlußsatzes' bezieht das BVerfG aus dem staatsrechtlich herausragenden, zentralen Stellenwert der Bundestagswahl für die repräsentative Demokratie der Bundesrepublik Deutschland[278]:

(i) Konstitutionelle Ausnahmestellung. Die BT-Wahlen nehmen eine exklusive, staatskonstituierende Position im Verfassungsgefüge der Bundesrepublik Deutschland ein. *Daraus folgert das Gericht:* Art.41 GG sei lex specialis gegenüber der Rechtsweggarantie des Art.19 Abs.4 GG; beim 'Ausschlußsatz' (§ 49 BWahlG) handele es sich "um eine sich aus der besonderen Natur des Wahlverfahrens (Art.38 und Art.41 GG) ergebende Sonderregelung"[279], mithin eine zulässige einfachgesetzliche Einschränkung des Verfahrensgrundrechts des Art.19 Abs.4 GG.

(ii) Wahlbestandssicherung. Das vornehmste Staatsziel des repräsentativen Verfassungsstaats, die sichere Kreation eines stabilen obersten Willensbildungs- und Verfassungsgebungsorgans (pouvoir constituant) - also des Bundestages -, erzeugt den Grundsatz der Wahlbestandssicherung. *Daraus folgert das Gericht:* "Die Verfolgung subjektiver Rechte einzelner muß zurücktreten gegenüber der Notwendigkeit, die Stimmen einer Vielzahl von Bürgern zu einer einheitlichen, wirksamen Wahlentscheidung zusammenzufassen"[280].

(iii) Wahlverfahrensbestandssicherung. Wahlbestandssicherung ist überhaupt nur zu erreichen unter der Bedingung einer abgeschlossenen Wahl, d.h. der Stabilität des vorangehenden Wahlverfahrens. Dessen Durchführung muß dabei erfolgen unter Ausschluß von das konstitutive Verfahren hemmenden (gerichtlichen) Eingriffen. *Daraus folgert das Gericht* insbesondere im Hinblick auf die strukturelle Komplexität einer BT-Wahl als anonymem Massenverfahren: "Die Wahl im großräumigen Flächenstaat erfordert eine Fülle von Einzelentscheidungen zahlreicher Wahlorgane. Die Wahl läßt sich nur gleichzeitig und termingerecht durchführen, wenn die Rechtskontrolle der Einzelentscheidungen während des Wahlablaufs begrenzt wird und im übrigen einem nach der Wahl stattfindenden Wahlprüfungsverfahren vorbehalten bleibt."[281]

16.2.3. Die Verfassungswidrigkeit des 'Ausschlußsatzes' für Landtags- und Kommunalwahlen. Das Prinzip der Ausschlußnorm des § 49 BWahlG ist durch das BVerfG als rechtmäs-

---

276 Seit der Neufassung des Gesetzes 1975: § 49 BWahlG [dazu: FN 272].

277 BVerfGE **14**, 154 [155] [in Rekurs auf: BVerfG, E.v.31.8.1957 [Az.: 2BvR 4/57] (amtlich nicht veröffentlicht!)].
I.st.R.: G.**Leibholz** u.a. (FN 271), S.3 (RN 1). - Nach K.A.**Bettermann** ist dies allerdings "ein gefährlicher Passus" (Die Rechtsweggarantie des Art.19 Abs.4 GG in der Rechtsprechung des Bundesverfassungsgerichts, AöR **96**, S.528-567 (1971), S.544). Der Autor führt zu Recht die zahlreichen Widersprüche in der Entwicklung des 'Ausschlußsatzes' in der Wahlrechtsprechung des BVerfG ("kein Ruhmesblatt") auf.

278 Vgl. dazu: Kap.13.2.1.

279 BVerfGE **14**, 154 [155].
Ablehnend: H.**Meyer** (FN 275). Ferner: B.-D.**Olschewski** (FN 271), S.133 ff (§ 13); A.v.**Mutius**, Zum Verhältnis zwischen vorläufigem verwaltungsgerichtlichem Rechtsschutz, Wahlprüfungsverfahren und Verwerfungsmonopol des Bundesverfassungsgerichts, VwA **68**, S.197-208 (1977), S.200; E.**Boettcher**/R.**Högner**, Bundeswahlgesetz (Komm.), 12.Aufl. München 1990, Komm. § 49 BWahlG, S.201 (RN 4).
Nach der durch das BVerwG vertretenen Theorie handelt es sich ausnahmslos um "verfassungsrechtliche Streitigkeiten, die von der Rechtswegzuweisung des § 40 Abs.1 VwGO ausgenommen sind" (BVerwGE **36**, 218 [228]; BVerwGE **51**, 69 [71]) - hier wird die Generalklausel des § 40 VwGO (= FN 296) als verwaltungsrechtliche (also nicht-verfassungsrechtliche) Konkretisierung der Rechtsweggarantie angesprochen. - In diesem Zusammenhang umstritten, ob Wahlverfahrensakte für BT-Wahlen Verwaltungsakte i.S. des § 35 VwVfG (= FN 294); negativ nach (noch) h.M.: W.**Schreiber** (FN 20), S.542/543 (RN 2). [Vgl. ferner nachfolgend für andere Wahlen: FN 290.]

280 BVerfGE **22**, 277 [281]

281 BVerfGE **14**, 154 [155]

sig zunächst auch auf Landtagswahlen[282] und Kommunalwahlen[283] übertragen worden. Für Landtags- und erst recht für Kommunalwahlen sind die o.a. Begründungen allerdings noch weniger stichhaltig als für Bundestagswahlen. Diese Problematik hat das Gericht in seinen Bezugnahmen zunächst geschickt umgangen, indem es lediglich den allgemein formulierten 'Ausschlußsatz' apodiktisch auf alle staatlichen Wahlen formal-analog überträgt und Begründungen für die Zulässigkeit des mechanischen Analogieschlusses einfach unterschlägt. Später (am 11.10.1972) allerdings stellt das Gericht davon abweichend fest, daß die Kontrolle eines Wahlverfahrens, sofern es sich *nicht* um dasjenige einer BT-Wahl handelt, grundsätzlich nicht dem Rechtsweg des Art.19 Abs.4 GG entzogen werden darf. Dies ist implizit aus dieser Gruppe von Gerichtsentscheidungen zu erschließen: "Art.41 Abs.1 GG bestimmt, daß die Wahlprüfung 'Sache des Bundestages' ist, und entzieht damit die Korrektur etwaiger Wahlfehler einschließlich solcher, die (die) Verletzung subjektiver Rechte enthalten, dem Art.19 Abs.4 GG"[284]. "Art.41 GG gilt nur für die Prüfung der Wahlen zum Bundestag. Angesichts seiner Besonderheit kommt eine entsprechende Anwendung nicht in Betracht."[285] "Das Bundesverfassungsgericht

---

282 BVerfGE **16**, 128 [129/130]

283 BVerfGE **11**, 329 [329].

Diese Rechtsprechung ist in der folgenden Zeit auch von zahlreichen Verwaltungsgerichten übernommen worden; Beispiele dafür in: A.v.**Mutius** (FN 279), S.200 (RN 17).

284 BVerfGE **34**, 81 [94].

Es handelt sich hierbei um die Theorie des Gerichts, die Art.41 GG als lex specialis der Rechtsweggarantie (Art.19 Abs.4 GG) im BT-Wahlverfahren sieht [dazu: FN 279].

285 BVerfGE **34**, 81 [94].

Die (unzulässige) Ausdehnung des Geltungsbereichs des 'Ausschlußsatzes'. Ergänzend zur Unzulässigkeit analoger Anwendung des Art.41 GG für andere (Nicht-BT-)Wahlen: H.**Meyer** (FN 59), S.76. Diese differenzierende Tatsache spiegelt sich häufig nicht wider in der aktuellen Rechtsprechungs- und Gesetzeslage [vgl. dazu für das K-Wahlrecht auch: H.**Weber**, Grundfälle zum Rechtsschutz im Kommunalwahlrecht, insbesondere zur Wahlprüfung (III), JuS **30**, S.291-296 (1990), S.292 ff]:

(a) **Rechtsprechung:** Der Exklusivität des Art.41 GG für BT-Wahlen widersprechen später ergangene Urteile untergeordneter Gerichte für andere Wahlen: **(i)** Bestätigung des 'Ausschlußsatzes' durch den Bay.VerfGH, E.v. 21.11.1975 [Az.: Vf. 66-VI-74], in: BayVGHE **28**/II(NF), 207 [LS] (betr. das Bay.LWahlG): "In Wahlrechtsangelegenheiten können Entscheidungen und Maßnahmen, die sich unmittelbar auf das Wahlverfahren beziehen, grundsätzlich nur mit den in den Wahlvorschriften vorgesehenen Rechtsbehelfen sowie im Wahlprüfungsverfahren angefochten werden" (bis heute i.st.R.: Bay.VerfGH, E.v.5.2.1992 [Az.: Vf.36-III-91 u.a.], in: BayVBl. **123**, S.267-269 (1992), LS 4). - **(ii)** Ba-Wü.VHG, E.v.5.5.1976 [Az.: I 785/76], in: DÖV **29**, S.678-679 (1976), LS 1 (betr. das Ba-Wü.KWahlG (= FN 267)): "Einem Bewerber für eine Bürgermeisterwahl wird auch ohne Erlaß einer einstweiligen Anordnung auf anderem Wege ausreichender Rechtsschutz zuteil. Als Rechtsschutzmöglichkeit, die zum gleichen Erfolg führt, steht die Wahlanfechtung zu Gebote." - Die mögliche Abwegigkeit dieser Aussage zeigt exemplarisch: BVerfGE **22**, 277 (E.v.25.7.1967). - **(iii)** Saarl.OVG, E.v.9.4.1973 [Az.: I W 28/73], in: AS **13**, 186 [187] (betr. die Ordnung für die Gruppen-Urwahlen zu den Fachbereichskonferenzen, zum Konzil und zum Senat der Hochschule des Saarlandes): "Der Rechtsschutz gegenüber Wahlen ist in aller Regel begrenzt. Daraus, daß Wahlen bezüglich einzelner Teile besonderen Rechtsbehelfen im Laufe des Wahlverfahrens und in ihrer Gesamtheit einem nachfolgenden Wahlprüfungsverfahren unterworfen sind, wird der sachlich gerechtfertigte allgemeine Rechtsgrundsatz hergeleitet, daß Entscheidungen und Maßnahmen, die sich unmittelbar auf das Wahlverfahren beziehen, nur mit den in den Wahlvorschriften vorgesehenen Rechtsbehelfen und im Wahlprüfungsverfahren angefochten werden können ... Dies gilt ... auch hier, da die sachlichen Gründe dieser Rechtsschutzbegrenzung (vgl. BVerfGE **14**, 154) für die in Rede stehenden Gruppen-Urwahlen ebenfalls zutreffen." - Daß hier zur Begründung für die Verdrängung des allgemeinen Rechtsbehelfs durch das Wahlprüfungsverfahren für die sehr überschaubaren Wahlen zu den Fachbereichskonferenzen die Probleme der "Wahl im großräumigen Flächenstaat" herhalten müssen, zeigt die ganze Schwäche der Argumentation! **(iv)** VG Darmstadt, E.v.13.5.1974 [Az.: IV H 85/74] (betr. Satzung/WO der Studentenschaft der Univ.Gießen): FN 387. Siehe als weiteres Beispiel für Studentenschaftswahlen (Univ.Frankfurt): Kap.19.10.3.

(b) Gesetzeslage: Der Exklusivität des Art.41 GG für BT-Wahlen widersprechen solche Wahlgesetze, die den für BT-Wahlen formulierten 'Ausschlußsatz' des BVerfG (FN 277) mechanisch auf niedere Wahlen übertragen: **(i) Hessisches Landtagswahlgesetz** v.18.9.1950 (GVBl.I, S.171-178 (1950)) i.d.F. 20.5.1992 (GVBl.I, S.170-185 (1992), Art.8): "Entscheidungen und Maßnahmen, die sich unmittelbar auf das Wahlverfahren beziehen,

hat mehrfach auf den überwiegend objektiven Charakter des Wahlprüfungsverfahrens hingewiesen. Nach seiner Rechtsprechung führen Verletzungen subjektiver Rechte bei der Wahl dann nicht zu einem Eingriff der Wahlprüfungsinstanzen, wenn sie die gesetzmäßige Zusammensetzung der gewählten Körperschaft nicht berühren"[286]. Weil somit die Realisierung effektiven, subjektiven Rechtsschutzes gemäß Art.19 Abs.4 GG nach der Argumentation des BVerfG im (objektiven) Wahlprüfungsverfahren grundsätzlich ausgeschlossen, für Nicht-BT-Wahlen wegen der Wirkungslosigkeit des Art.41 Abs.1 GG dortselbst aber gleichwohl zu gewähren ist, kann diese Realisierung nur als verwaltungsrechtlicher Instanzenweg im laufenden Wahlverfahren zustande kommen[287]. Ein Monopol der Wahlprüfungsinstanzen zur Entscheidung in strittigen Wahlangelegenheiten besteht also *ausschließlich* für Bundestagswahlen.

16.3. Der subjektive Rechtsschutz im laufenden Wahlverfahren für Studentenschaftswahlen

Sind bereits Landtags- und Kommunalwahlen in ihrem niederrangigen (teil-)staatskonstituierenden Charakter nicht mehr geeignet, die für Bundestagswahlen entwickelten restriktiven Rechtsschutz-Grundsätze zu tragen, wie das BVerfG festgestellt hat, so erst recht nicht die noch darunter angesiedelten Studentenschaftswahlen im Rahmen einer (gebietsfreien) Selbstverwaltungs-Zwangskörperschaft mit spezifisch eingeschränktem Aufgabenbereich.

16.3.1. Das Durchgreifen des Art.19 Abs.4 Grundgesetz für Studentenschaftswahlen.

Studentenschaftswahlen sind, was die Frage individuellen Rechtsschutzes im laufenden Wahlverfahren betrifft, mit BT-Wahlen überhaupt nicht zu vergleichen. Denn keines der vom BVerfG als Begründung des 'Ausschlußsatzes' für die Verdrängung des allgemeinen Rechtsbehelfs bei BT-Wahlen durch das Wahlprüfungsverfahren angesiedelten Argumente[288] vermag im Falle von Studentenschaftswahlen durchzugreifen[289]:

(i) Konstitutionelle Ausnahmestellung. Studentenschaftswahlen besitzen - dem Charakter der Verfaßten Studentenschaft gemäß - in keiner Phase verfassungsrechtlichen oder verfassungsähnlichen Charakter[290].

---

können nur mit den in diesem Gesetz und in der Landeswahlordnung vorgesehenen Rechtsbehelfen sowie im Wahlprüfungsverfahren angefochten werden" (§ 46 LWahlG). **(ii) Hessisches Kommunalwahlgesetz** v.6.6. 1972 (GVBl.I, S.141-150 (1972)) i.d.F. v.20.5.1992 (GVBl.I, S.170-185 (1992), Art.3): "Entscheidungen und Maßnahmen, die sich unmittelbar auf das Wahlverfahren beziehen, können nur mit den in diesem Gesetz vorgesehenen Rechtsbehelfen sowie im Wahlprüfungsverfahren angefochten werden" (§ 28 KWahlG). - In beiden Fällen wird "insbesondere auch die Anrufung der Verwaltungsgerichte" im laufenden Wahlverfahren unterbunden: W.**Hannappel**/R.**Meireis**, Leitfaden für die Vorbereitung und Durchführung der Landtagswahl 1991 im Lande Hessen, Mainz 1990, S.64 (RN 260); W.**Hannappel**/R.**Meireis**, Leitfaden für die Vorbereitung und Durchführung der Kommunalwahlen 1993 im Lande Hessen, Mainz 1993, S.84 (RN 281).

286 BVerfGE **34**, 81 [96/97].
Der derart nach der h.M. das Wahlprüfungsverfahren dominierende Grundsatz der 'reinen Mandatserheblichkeitsprüfung' erstreckt sich auch auf LT- und K-Wahlen: H.**Wuttke** (FN 54), FN 74 auf S.519 und FN 91 auf S.523; A.**Saftig** (FN 54), S.231 ff und S.419. Ausführlicher nachfolgend: Kap.16.5.(a).

287 Damit folgt das BVerfG, zumindest eingeschränkt für LT- und K-Wahlen, unausgesprochen der überzeugenden Argumentation von B.-D.**Olschewski** (FN 271), insb. S.79/80, S.98 ff (§ 10), S.125 ff (§ 11). In diesem Sinne grundsätzlich für K-Wahlen: A.**Saftig** (FN 54), S.219 ff; auch: S.409/401; vgl. dazu ferner: W.**Huff**, Probleme des kommunalen Wahlrechts, NVwZ **4**, S.809-811 (1985), S.811.

288 Zu den drei wesentlichen Argumenten des BVerfG: Kap.16.2.2.

289 Vgl. die dazu analoge Argumentation in Kap.15.2.1.(a). gegen die Zulässigkeit eines Stimmenquorums für Studentenschaftswahlen (Differenzierung der Wahlrechtsgleichheit).

290 **(a)** Dieser nicht-verfassungsrechtliche Charakter ergibt sich bereits aus der Rechtsform der Verfaßten Studentenschaft als Körperschaft des öffentlichen Rechts, die nirgendwo im GG explizit normiert ist. [Zur (nicht verfassungsrechtlichen) Struktur körperschaftlicher Selbstverwaltung allgemeiner: Kap.13.3.2.]

(ii) Wahlbestandssicherung. Die Gestaltungsmöglichkeiten und Beschlußkompetenzen des durch die Wahl erzeugten Studentenparlaments sind eng begrenzt und ohne für die Universität oder gar den Staat weittragende Konsequenzen[291].
(iii) Wahlverfahrensbestandssicherung. Alle Wahlverfahren im Studentenschaftsbereich weisen sich in Relation zu BT-Wahlen durch niederste Komplexität aus, sie finden räumlich und personell eng begrenzt auf eine Hochschule statt, durchgeführt von einem einzigen Wahlorgan (studentischer Wahlausschuß oder Wahlvorstand).

- Schließlich erfordert gerade der studentische Selbstverwaltungsbereich, eine Körperschaft des öffentlichen Rechts, in der die Wirksamkeit staatlichen Rechts äußerst defizitär ausgeprägt sein kann[292], die besondere Fürsorge des Rechtsschutzes für von Entscheidungen studentischer Organe oder studentischer Verwaltung beschwerte Individuen. Das durch Art.19 Abs.4 GG normierte Grundrecht des garantierten Rechtswegs kann und darf folglich im laufenden Wahlverfahren zum Studentenparlament nicht verdrängt werden. Die korrekte Bestimmung der Angriffstatbestände sowie des dafür jeweils adäquaten Rechtswegs erfordert einige Vorbemerkungen:

16.3.2. Das studentische Wahlorgan als (öffentliche) Wahlbehörde. Das Hessische Verwaltungsverfahrensgesetz[293] ist für an Studentenschaftswahlen beteiligte Behörden einschlägig, weil diese ihre Tätigkeiten im Rahmen einer "der Aufsicht des Landes unterstehenden Körperschaft ... des öffentlichen Rechts"[294], nämlich der Verfaßten Studentenschaft, ausüben. Das studentische Wahlorgan (d.h. der studentische Wahlausschuß oder Wahlvorstand) erfüllt alle Eigenschaften der Behördendefinition im 'weiten' Sinne des VwVfG[295] und damit auch im Sinne der VwGO[296]:

(b) Selbst für den kommunalen Bereich, für den im Rahmen der Homogenitätsklausel (Art.28 Abs.1 GG) die K-Wahlen als Kreationsprinzip explizit in den Verfassungsrang erhoben werden, gilt noch: "Nach heute wohl absolut h.M. ist das Kommunalwahlrecht nicht verfassungsrechtlicher Natur" (H.-G.**Franzke**, Der Schutz des aktiven Wahlrechts durch die Verwaltungsgerichte, DVBl.**95**, S.730-736 (1980), S.732 [ebenso bereits: H.**Loschelder**, Das aktive Wahlrecht und die Rechtsweggarantie des Artikels 19 Absatz 4 GG, Berlin 1968, S.93]).
(c) Anders die h.M. für die LT-Wahlen, denen verfassungsrechtlicher Charakter zugemessen wird; siehe dafür stellvertretend: H.**Borgs**, in: H.**Meyer**/H.**Borgs-Maciejewski**, Verwaltungsverfahrensgesetz (Komm.), 2.Aufl. Frankfurt/M 1982, Komm. § 2 VwVfG, S.47 (RN 2); H.J.**Knack**, Verwaltungsverfahrensgesetz (Komm.), 3.Aufl. Köln/Berlin/Bonn/München 1989, Komm. § 35 VwVfG, S.411/412 (RN 4.6.1.). [Diese Wahlen werden auch nochmals in den Landesverfassungen normiert; beispielhaft: Art.75 ff Hessische Landesverfassung.]
291 Der eng begrenzte, zulässige Aufgabenbereich ("legitime öffentliche Aufgaben") ergibt sich bereits aus der Struktur der Selbstverwaltungskörperschaft [dazu: Kap.13.3.2.]. Siehe beispielhaft: § 63 HHG (= FN III.95).
292 Vgl. dazu (Wirkungsverlust des Rechts im Subsystem Verfaßte Studentenschaft) nur: Kap.8.2.
293 Hessisches Verwaltungsverfahrensgesetz (Hess.VwVfG) v.1.12.1976 (GVBl.I, S.454-477 (1976); S.95 (1977)). [Für andere Bundesländer gilt Entsprechendes in meist identischer Normierung.]
294 § 1 Abs.1 Nr.3 Hess.VwVfG (= FN 293).
Das Verwaltungsverfahrensgesetz (VwVfG). Das Hessische Landes-VwVfG ist in den hier maßgeblichen Teilen identisch mit dem (Bundes-)VwVfG v.25.5.1976 (BGBl.I, S.1253-1277 (1976)); der Einfachheit halber wird deshalb im folgenden nur das VwVfG genannt. Insbesondere kann zur Auslegung die allgemeine Kommentarliteratur herangezogen werden [§ 1 Abs.3 VwVfG: H.**Borgs** (FN 290), Komm. § 1 VwVfG, S.41 (RN 20)]. - A.A. (Anwendbarkeit des VwVfG für Gemeinde- und Hochschulwahlen): P.**Stelkens**/H.J.**Bonk**/K.**Leonhardt**, Verwaltungsverfahrensgesetz (Komm.), 3.Aufl. München 1990, Komm. § 2 VwVfG, S.124 (RN 11).
295 Zu den definierenden Kriterien ('weite' Behördendefinition): H.**Borgs** (FN 290), Komm. § 1 VwVfG, S.44/45 (RN 27 bis 29); H.**Obermeyer**, Verwaltungsverfahrensgesetz (Komm.), 2.Aufl. Neuwied/Frankfurt/M 1990, Komm. § 1 VwVfG, S.86 ff (RN 69 bis 81); F.O.**Kopp**, Verwaltungsverfahrensgesetz (Komm.), 5.Aufl. München 1991, Komm. § 1 VwVfG, S.46/47 (RN 20). [Ein hier unmaßgeblicher, 'enger' Behördenbegriff wird demgegenüber z.B. definiert in: BVerfGE **10**, 20 [48].]
296 Verwaltungsgerichtsordnung (VwGO) v.21.1.1960 (BGBl.I, S.17-43 (1960)) in der Neufassung v.19.3. 1991 (BGBl.I, S.686-711 (1991)).

(i) Das studentische Wahlorgan ist ersichtlich kein Verfassungsorgan. Sein Handeln hat weder verfassungsrechtlichen Charakter noch leistet es "verfassungsrechtliche Hilfstätigkeit"[297].

(ii) Durch das studentische Wahlorgan als handelndes Organ wird die Verfaßte Studentenschaft als Trägerin öffentlicher Verwaltung[298] in allen Angelegenheiten der Wahldurchführung nach außen vertreten; das Wahlorgan nimmt in diesem Bereich exekutive Aufgaben des öffentlichen Rechts wahr, weil es ersichtlich weder Teil der Legislative noch Teil der Judikative ist.

(iii) Die Außenmaßnahmen des studentischen Wahlorgans (z.B. die Veröffentlichung der Wahlbekanntmachung, die Entscheidungen über Listen- und Kandidatenzulassungen) erfolgen in dessen eigenem Namen und sind diesem Organ damit eindeutig zuzurechnen.

(iv) Die Tätigkeit des studentischen Wahlorgans ist im Rahmen und auf Dauer des gesamten Wahlverfahrens organisatorisch selbständig. Das Organ verfügt über einen eigenen, zweckgebundenen Etat im Rahmen des Haushalts der Studentenschaft bzw. der Universität.

(v) Das studentische Wahlorgan ist in der Erfüllung seiner Pflichten weisungs*un*gebunden[299]; seine Tätigkeit erfolgt in eigenverantwortlicher[300] Wahrnehmung der ihm zugemessenen Zuständigkeiten.

(vi) Die Tätigkeit des studentischen Wahlorgans erfolgt unabhängig vom Wechsel der in ihm tätigen Personen, weil sie, weitgehend ermessensfrei, streng an das durchregelte Wahlverfahrensrecht gebunden und in der Regel nicht revidierbar ist.

- Das heißt: Das studentische Wahlorgan ist öffentliche Behörde[301], sein Handeln ist Verwaltungshandeln[302]; Einsprüche gegen Wahlverfahrensakte des studentischen Wahlorgans sind Streitigkeiten öffentlich-rechtlicher, nichtverfassungsrechtlicher Art.

Damit erweist sich - jedenfalls zwingend im Bereich der Studentenschaftswahlen - für den Art.19 Abs.4 GG die verwaltungsgerichtliche Generalklausel des § 40 Abs.1 VwGO als sub-

---

Zur Übereinstimmung der Behördendefinition des VwVfG mit derjenigen der VwGO (§§ 61, 62 VwGO): H. **Borgs** (FN 290), Komm. § 1 VwVfG, S.43 (RN 23).

297 Siehe dazu (Rechtscharakter des Organhandelns): FN 290(a).

298 Dies gilt unabhängig von der grundsätzlicheren Frage des Status einer öffentlich-rechtlichen Selbstverwaltungskörperschaft [als mittelbare Staatsverwaltung oder als (teil)'autonome' Selbstverwaltung: Kap.13.3.2.].

299 Siehe dazu: Kap.17.1.1.; einschränkend aber für die Ausnahmefälle des erforderlichen Rechtsaufsichtshandelns (aus dem Konstrukt der Selbstverwaltungskörperschaft herrührend): FN 313.

300 Soweit es im Rahmen der strengen Durchregelung seiner gesamten Tätigkeit [dazu: Kap.13.2.2.] überhaupt Verantwortung zu übernehmen hat: Kap.17.1.1.

301 Im Einklang mit: Bay.VerfGH, E.v.2.3.1990 [Az.: Vf.23-VI-90] (unveröffentlicht); P.M.**Huber** (FN 234), S.230; H.**Loschelder** (FN 290), S.92; K.O.**Nass** (FN 29), S.170 ff. - Differenziert: B.-D.**Olschewski** (FN 271): "besondere Art der Verwaltung", nämlich "nicht Eingriffs- oder Leistungsverwaltung, sondern organisatorische (Hilfs-)Verwaltung, geschäftsbesorgende Verwaltung" (S.154, S.160).

A.A. (zumindest für BT-Wahlen): H.J.**Knack** (FN 290): "Die Wahlen werden als Selbstverwaltungsangelegenheit der Wähler durchgeführt. Die Wahlorgane sind deshalb Organe eigener Art. Folgerichtig ist die gerichtliche Nachprüfung durch das Wahlprüfungsverfahren ersetzt" (Komm. § 1 VwVfG, S.67 (RN 5.5)); P.**Stelkens**/H.J.**Bonk**/K.**Leonhardt** (FN 294), Komm. § 35 VwVfG, S.355 (RN 25 und 26); H.**Rechenberg**: Die Tätigkeit der Wahlorgane "ist verfassungsrechtliche Hilfstätigkeit und nicht Verwaltung" (Zweitbearbeitung Komm. Art.41 GG, in: Grundgesetz (Bonner Komm.), Heidelberg 1978, S.18 (RN 8)).

302 Ebenso: K.O.**Nass** (FN 29), S.166 ff (§ 25). Allgemeiner: "Die innere Organisation der Körperschaften (des öffentlichen Rechts) sowie die Beziehungen zwischen der Körperschaft und ihren Mitgliedern sind öffentlich-rechtlicher Natur" (H.**Maurer** (FN 48), S.510 (RN 44).

Dabei mag hier unentschieden bleiben, ob das Wahlverfahren selbst in seiner Gesamtheit ein (zusammengesetztes) Verwaltungsverfahren gem. § 9 VwVfG darstellt. [Negativ - also kein Verwaltungsverfahren - wohl die h.M.; beispielhaft dafür: K.**Redeker**/H.-J.v.**Oertzen**, Verwaltungsgerichtsordnung (Komm.), 10.Aufl. Stuttgart/Berlin/Köln 1991, Komm. § 42 VwGO, S.157 (RN 67). Unklar: Berl.OVG, E.v.25.3.1976 [Az.: OVG V B 34.74], in: B-OVGE **13**, 191 [LS 1]; vgl. dazu: FN 309.]

sidiär[303]: "Der Verwaltungsrechtsweg ist in allen öffentlich-rechtlichen Streitigkeiten nichtverfassungsrechtlicher Art gegeben, soweit die Streitigkeiten nicht durch Bundesgesetz einem anderen Gericht ausdrücklich zugewiesen sind. Öffentlich-rechtliche Streitigkeiten auf dem Gebiete des Landesrechts können einem anderen Gericht auch durch Landesgesetz zugewiesen werden." Mit anderen Worten, auch für Studentenschaftswahlen gilt grundsätzlich: "Gegen Entscheidungen der Wahlorgane ist der Verwaltungsrechtsweg nach § 40 VwGO gegeben"[304]; einschränkend unterliegt dieser Rechtsweg wiederum den wahlspezifischen Normativen, die dessen Ausgestaltung begrenzen: Wahlverfahrensbestandssicherung und Kurzfristigkeit.

16.3.3. Die einzelnen Wahlverfahrensakte des studentischen Wahlorgans. Für den in Wahlsachen greifenden "Rechtsschutz im Bereich der Hoheitsverwaltung, d.h. im Über- und Unterordnungsverhältnis"[305] (Subordinationstheorie) ist, wie bereits gezeigt, der Verwaltungsrechtsweg grundsätzlich eröffnet (§ 40 Abs.1 VwGO). Ein sich in seinen Rechten durch Entscheidungen des studentischen Wahlorgans (Wahlverfahrensakte) verletzt sehender Wähler kann - nach Abschluß (d.h. vollständigem Durchlaufen) des vorgeschriebenen außergerichtlichen Vorverfahrens - den ihm zustehenden Rechtsschutz grundsätzlich nur durch Klage gemäß § 81 ff VwGO beim zuständigen Verwaltungsgericht (VG) erreichen, denn "ohne Klage ... kein Prozeß"[306]. Dafür stehen dem Wähler im laufenden Wahlverfahren ausschließlich[307] als besondere Klagearten die Anfechtungsklage und die Verpflichtungsklage nach § 42 Abs.1 VwGO zur Verfügung. Als gemeinsame notwendige Bestandteile dieser beiden Klagearten gelten:

1. **als formaler Streitgegenstand (in § 42 Abs.1 VwGO)** das Vorliegen eines durch das Wahlorgan erlassenen *Verwaltungsakts* (VA, nach: § 35 S.1 VwVfG[308]);
2. **als Klagebefugnis (in § 42 Abs.2 VwGO)** das Erfordernis der durch den Verwaltungsakt behaupteten *individuellen Beschwer* (Aktivlegitimation). (Diese hier geforderte persönliche Betroffenheit des Wählers ist aber gerade auch als Voraussetzung für die Beschreitung des subjektiven Rechtswegs im laufenden Wahlverfahren unabdingbar - im Gegensatz zum Wahlprüfungsverfahren -, stellt also keine weitere, einschränkende Bedingung dar.)

Damit steht die Qualifikation der möglichen Wahlverfahrensakte (d.h. wahlspezifischen Verwaltungsakte) des studentischen Wahlorgans im Hinblick auf deren gerichtliche Anfechtbarkeit nach § 42 Abs.1 VwGO im laufenden Wahlverfahren in Einzelfallprüfungen zu Gebote; es handelt sich im wesentlichen um[309]:

---

303 Der Wirkungsbereich der Rechtsweggarantie. Die Wirkung des Art.19 Abs.4 GG erstreckt sich auch auf das Landesrecht [so z.B.: H.**Loschelder** (FN 290), S.35; sie ist, dies bestätigend, mit Art.2 Abs.3 Hess.LV Bestandteil der Hessischen Landesverfassung] sowie auf (landesgesetzlich eingerichtete) Körperschaften des öffentlichen Rechts [so z.B.: J.**Schmidt**, Rechtsschutz gegenüber der Verwaltung, in: J.H.**Kaiser** (Hrsg.), Verwaltung und Verwaltungswissenschaften in der Bundesrepublik Deutschland, Baden-Baden 1983, S.98-105, S.98].

304 B.-D.**Olschewski** (FN 271), dort FN 228 auf S.85, der dies darüber hinausgehend sogar für alle "politisch-parlamentarischen" Wahlen feststellt.

305 F.O.**Kopp**, Verwaltungsgerichtsordnung (Komm.), 9.Aufl. München 1992, Komm. § 42 VwGO, S.235 (RN 1)

306 C.H.**Ule**, Verwaltungsprozeßrecht, 9.Aufl. München 1987, S.219

307 Stellvertretend: F.O.**Kopp** (FN 305), Komm. § 42 VwGO, S.240 ff (RN 9 ff); H.**Meyer**, Komm. § 35 VwVfG, in: H.**Meyer**/H.**Borgs-Maciejewski** (FN 290), S.259 (RN 20); implizit auch: § 74 VwGO.

308 Die Legaldefinition des VA in § 35 VwVfG ist auch maßgeblich für den § 42 VwGO. Dafür stellvertretend: F.O.**Kopp** (FN 295), Komm. § 35 VwVfG, S.599 (RN 1).

309 Zur juristischen Notwendigkeit der nachfolgenden Einzelaktbestimmung siehe auch: F.**Rietdorf** (FN 274), S.666/667; M.**Zuleeg**, Zum Rechtsschutz bei den Wahlen zum Bayerischen Landtag, BayVBl.**93**, S.335-339 (1962), S.335 ff; H.**Loschelder** (FN 290), S.67 ff; B.-D.**Olschewski** (FN 271), S.158 ff.

(i) Beschlüsse über Wahltermine, -fristen und -zeiten. Diese Allgemeinverfügungen (§ 35 S.2 VwVfG) wären mittels *Anfechtungsklage* anzugreifen, sofern persönliche Beschwer geltend gemacht werden kann, was grundsätzlich zu verneinen ist.
(ii) Berufung der Wahlhelfer durch das Wahlorgan. Es liegen zwar VA vor, jedoch kann keine persönliche Betroffenheit geltend gemacht werden, weil es ein individuelles Recht auf die Berufung als Wahlhelfer nicht gibt. Daher sind diese VA im laufenden Wahlverfahren *nicht angreifbar*.
(iii) Entscheidung über den Ausschluß der Öffentlichkeit aus einem Teil des Wahlverfahrens. Der VA wäre mittels *Anfechtungsklage* anzugreifen; allerdings ist bezüglich der Effektivität zu berücksichtigen, daß bis zum möglichen Eintritt der begehrten aufschiebenden oder aussetzenden Wirkung bereits irreversible Ergebnisse vorliegen können, die Klage schon von daher im Hinblick auf das konkrete Wahlverfahren wirkungslos wäre.
(iv) Beschluß über die Wahlbekanntmachung. Es liegt zwar eine Allgemeinverfügung vor, jedoch keine persönliche Betroffenheit. Daher ist diese Allgemeinverfügung im laufenden Wahlverfahren *nicht angreifbar*.
(v) Entscheidung über die Nichtaufnahme in das Wählerverzeichnis. Eine hier in Form eines VA vorliegende individuelle Verweigerung des aktiven (und passiven) Wahlrechts ist durch *Verpflichtungsklage* angreifbar. (Nichtaufnahme oder, vor allem, die möglicherweise rechtswidrige Aufnahme dritter Personen in das Wählerverzeichnis können mangels individueller Beschwer nicht angegriffen werden.)
(vi) Entscheidungen über Wahlvorschlagslisten- und Kandidatenzulassungen. Eine hier in Form eines VA vorliegende Verweigerung des passiven Wahlrechts ist durch *Verpflichtungsklage* angreifbar. - Dies gilt jedoch aufgrund der Notwendigkeit persönlicher Betroffenheit nur im Falle eines Eingriffs in das passive Wahlrecht des Antragstellers.
(vii) Festlegung der Stimmbezirke und der Wahllokale. Diese Allgemeinverfügungen wären mittels *Anfechtungsklage* anzugreifen, sofern persönliche Beschwer geltend gemacht werden kann, was grundsätzlich zu verneinen ist (Möglichkeit der Briefwahl!).
(viii) Gestaltung des Stimmzettels. Es liegt kein VA vor, weil der verwaltungsinterne Beschluß des Wahlorgans keine Außenwirkung entfaltet. Daher ist der Beschluß im laufenden Wahlverfahren *nicht angreifbar*.
(ix) Ordnungsmaßnahmen des Wahlorgans während der Wahlhandlung im Wahllokal. Die VA wären mittels *Anfechtungsklage* durch Betroffene anzugreifen. Es wirkt auch hier der unter (iii) erwähnte strukturelle Effektivitätsmangel.
(x) Entscheidung über die Zulassung zum Wahlakt und die Annahme des Stimmzettels im Wahllokal. Eine hier in Form eines VA vorliegende individuelle Verweigerung des aktiven Wahlrechts ist durch *Verpflichtungsklage* des Betroffenen angreifbar.
(xi) Beschluß über die Sicherung der Wahlunterlagen (Urnensicherung). Es liegt kein VA vor, weil dem verwaltungsinternen Beschluß die unmittelbare Rechtswirkung nach außen fehlt. Ferner ist keine persönliche Betroffenheit geltend zu machen. Daher ist der Beschluß im laufenden Wahlverfahren *nicht angreifbar*.

Der Wahlakt selbst ist nach der h.M. zutreffend kein VA, weil er nicht von einer Behörde, sondern vom Wähler als Einzelperson vollzogen wird [so z.B.: H.J.**Knack** (FN 290), Komm. § 35 VwVfG, S.387 (RN 4.2.3); H.**Wuttke** (FN 54), S.524/525)]. - A.A. noch (wobei möglicherweise eine weitere Definiton des VA in Bezug genommen wurde): K.**Braunias** (FN 150), S.283.

(xii) Entscheidungen über die Gültigkeit der abgegebenen Stimmen. Es liegen zwar VA vor, jedoch kann als Konsequenz der Geheimheit der Wahl keine persönliche Betroffenheit geltend gemacht werden. Daher sind die VA im laufenden Wahlverfahren *nicht angreifbar*.
(xiii) Feststellung des vorläufigen amtlichen Wahlergebnisses. Es liegt ein VA ohne Charakter individueller Beschwer vor, dieser bildet jedoch den Abschluß des Wahlverfahrens. Es tritt der Zeitpunkt des Fristbeginns für die Einleitung des Wahlprüfungsverfahrens ein.
- Die genannten Wahlverfahrensakte sind folglich im Hinblick auf ihre gerichtliche Anfechtbarkeit im laufenden Wahlverfahren in die drei durch § 42 VwGO geschaffenen Entscheidungsklassen zu differenzieren:
(a) Erste Klasse: Unanfechtbare Entscheidungen. Die Entscheidungen (ii), (iv), (viii), (xi), (xii), (xiii) sowie grundsätzlich auch (i), (vii) sind während des laufenden Wahlverfahrens prinzipiell nicht gerichtlich anfechtbar, weil sie wenigstens eine der beiden Klagevoraussetzungen des § 42 VwGO nicht erfüllen. Dieser Entscheidungsklasse angemessen ist vor allem das erst nach Abschluß der Wahl beginnende (objektive) Wahlprüfungsverfahren.
(b) Zweite Klasse: Anfechtungsklagen (§ 42 Abs.1 1.Alt. VwGO). Die Entscheidungen (iii), (ix) (sowie ausnahmsweise (i), (vii)) erfüllen zwar die Klagevoraussetzungen des § 42 VwGO. Bereits jeder Widerspruch im Rahmen des (meist bereits in der Wahlordnung geregelten) Vorverfahrens (§ 68 ff VwGO) hätte aber, als zur Anfechtungsklage hinführend, nach § 80 Abs.1 VwGO aufschiebende Wirkung (als Folge des den Kläger möglicherweise belastenden Vollzugs des angegriffenen Verwaltungsakts). In jedem Falle zeigte sich der nach der verwaltungsgerichtlichen Generalklausel für diese Entscheidungsklasse eröffnete Rechtsweg damit als das laufende Wahlverfahren zu hemmen fähig; er kann folglich, dem Grundsatz der Wahlverfahrensbestandssicherung unterliegend, im laufenden Wahlverfahren nicht beschritten werden[310].
(c) Dritte Klasse: Verpflichtungsklagen (§ 42 Abs.1 2.Alt. VwGO). Die Entscheidungen (v), (vi), (x) erfüllen alle Klagevoraussetzungen des § 42 VwGO. Der Widerspruch dagegen kann keine aufschiebende Wirkung nach § 80 Abs.1 VwGO entfalten, weil die reine Versagung eines Antrags der (den Kläger) belastenden Vollziehung nicht fähig ist[311]. Damit kann die Inanspruchnahme des Rechtswegs in diesen Fällen das laufende Wahlverfahren nicht aufhalten.
- Zu prüfen bleibt für die letztgenannte Entscheidungsklasse der Verpflichtungsklagen angesichts der im Wahlverfahren vorherrschenden Kurzfristigkeit die Effektivität des Rechtsschutzes[312]:

---

310 Damit wird auch dem studentischen Wahlorgan die Möglichkeit der indirekten Steuerung des Abschlusses des Wahlverfahrens genommen: Denn durch Verzögerung in der Bearbeitung des Einspruchs, verbunden mit der eintretenden aufschiebenden Wirkung für den angegriffenen VA, könnte durch geschicktes Zusammenspiel mit dem Anfechtenden das gesamte Wahlverfahren zum Zusammenbruch gebracht werden. [Eine solche Situation wäre denkbar, falls die bisherige politische Mehrheit des Studentenparlaments - und damit regelmäßig auch die Mehrheit des studentischen Wahlorgans - befürchtet, die anstehende Wahl zu verlieren.]

311 K.**Redeker**/H.-J.**v.Oertzen** (FN 302), Komm. § 80 VwGO, S.425 (RN 4); E.**Eyermann**/L.**Fröhler**, Verwaltungsgerichtsordnung (Komm.), 9.Aufl. München 1988, Komm. § 80 VwGO, S.563 (RN 9); F.O.**Kopp** (FN 305), Komm. § 80 VwGO, S.839 (RN 21). - Vorläufiger Rechtsschutz ist in diesen Fällen nur im Wege der einstweiligen Anordnung (§ 123 VwGO [dazu: FN 316]) durch das zuständige Verwaltungsgericht möglich. "Das Wahlverfahren wird also in keiner Weise gehemmt." (M.**Zuleeg** (FN 309), S.337)

312 Zum 'Effektivitätsprinzip'. "Zu den wesentlichen Bestandteilen eines verfassungsmäßigen Rechts gehört ... seine Durchsetzbarkeit" (BVerfGE **39**, 276 [294]). Die spezifische Ausprägung dieser Rechtswirksamkeitsforderung erfolgt für Art.19 Abs.4 GG in der Gewährung rechtzeitigen Rechtsschutzes (BVerfGE **35**, 263 [274]). Aus der Komm.-Lit. siehe dazu stellvertretend: S.**Hendrichs**, Komm. Art.19 GG, in: I.**v.Münch**, Grundgesetz (Komm.), Band 1, 3.Aufl. München 1985, S.771-811, S.797/798 (RN 52); R.**Wassermann**, Komm. Art.19 Abs.4 GG, in: Grundgesetz (Alternativ-Komm.), Band 1, 2.Aufl. Neuwied 1989, S.1276-1297,

16.3.4. Zeitliche Konkretisierungen - Eilbedürftigkeit. Das gesamte Wahlverfahren zeichnet sich durch eine in zeitlich engem Rahmen wohlgeordnete Abfolge von charakteristischen Einzelverfahren aus, die mit Eintritt eines jeweils festen Zeitpunkts (Frist) für diese Wahl irreversible Ergebnisse schaffen; dem unterliegen auch die 'Wahlgrundrechte': sowohl das aktive als auch das passive Wahlrecht ist seinem "Inhalt nach ein zeitlich begrenztes Recht"[313], bezogen auf ein konkretes Wahlverfahren. - Ohne adäquate Fristvorgaben für seine Entscheidungen könnte der studentische Wahlausschuß allein mittels zeitlicher Verzögerungen im außergerichtlichen Vorverfahren den individuellen Rechtsschutz während des Wahlverfahrens leerlaufen lassen[314]. Schon diese Möglichkeit widerspricht aber dem Wesen des dem Art.19 Abs.4 GG innewohnenden *Effektivitätsprinzips*: Die Verwaltung (als öffentliche Gewalt) soll ja gerade daran gehindert werden, vollendete Tatsachen zu schaffen und damit den von einem Verwaltungsakt Betroffenen faktisch des ihm von Art.19 Abs.4 GG gewährten Rechtsschutzes zu berauben. Aus demselben Grund sind aus dem kanonischen Rechtsweg (selbst)verwaltungsinterne Kontrollinstanzen ('Ältestenrat') ebenso auszuschließen wie (selbst)verwaltungskontrollierende Staatsinstanzen (Rechtsaufsichtsbehörden); denn formale Voraussetzungen, die "den Weg zu den Gerichten in unzumutbarer, aus Sachgründen nicht mehr zu rechtfertigender Weise erschweren"[315], sind, als dem Effektivitätsprinzip entgegenwirkend, verfassungswidrig. Darüber hinaus sind diese Instanzen hier allein deswegen unzulässig, weil sie nicht Teil des vorgeschriebenen vorgerichtlichen Verwaltungsverfahrens gemäß § 68 ff VwGO sind.

S.1284 (RN 16 und 17) und S.1294 (RN 53 und 54): Zur "Funktionsgarantie" des Art.19 Abs.4 GG "gehören Vorkehrungen gegen Verzögerungen, insbesondere gegen Prozeßverschleppungen".

313 B.-D.**Olschewski** (FN 271), S.129

314 An dieser Stelle liegt ein Schwachpunkt des individuellen Rechtsschutzes im laufenden Wahlverfahren für Studentenschaftswahlen: Wegen der einzuhaltenden Fristen ist potentiellen gezielten Verzögerungsversuchen des studentischen Wahlorgans nur schwer beizukommen, zumal eine explizite, normative Fristsetzung für den Erlaß des Widerspruchsbescheids durch das studentische Wahlorgan (die nach Sachlage nur wenige Tage betragen dürfte) nach § 77 Abs.2 VwGO wohl nicht durchgreifen könnte [in diesem Sinne auch: M.**Zuleeg** (FN 309), S.337]. Ersatzweise wäre im Konfliktsfalle der § 75 VwGO (Entbehrlichkeit des Vorverfahrens), ggf. unter Zuhilfenahme der rechtsaufsichtlichen Anordnung (§ 41 Abs.2 HRG (= FN III.93)), extensiv auszulegen. Das hier möglicherweise notwendige Tätigwerden der Rechtsaufsichtsbehörde beinhaltet <u>keine materielle Prüfungskompetenz</u>, sofern das studentische Wahlorgan innerhalb der gesetzten Frist entscheidet; erst danach wäre die (nicht zustande gekommene) Entscheidung des Wahlorgans durch die Aufsichtsbehörde in Ersatzvornahme (§ 74 Abs.1 Hess.VwVG (= FN III.50)) durchzuführen. - Zum hier angesprochenen Problem der Verkürzung des Rechtsschutzes aufgrund der Gefahr von Verfristungen im Wahlverfahren: H.**Loschelder** (FN 290), S.96 ff.

315 BVerfGE **10**, 264 [268].

Allgemein: J.**Schmidt** (FN 303), S.103.

Die Eingriffskompetenzen in ein laufendes Studentenschaftswahlverfahren. Das 'Effektivitätsprinzip' [dazu: FN 312] sowie das 'Prinzip der Wahlverfahrensbestandssicherung' [dazu: Kap.13.2.1.] restringieren alle Eingriffskompetenzen: **(a)** Der <u>Ältestenrat</u> hat keinerlei Kompetenz im Zusammenhang mit dem laufenden Wahlverfahren: Beachte, daß die Durchführung von Wahlen keinen originären Aufgabenbereich in der Kompetenz der Selbstverwaltungskörperschaft darstellt [dazu: Kap.13.3.2.] und dementsprechend in der vorherrschenden Zeitknappheit die selbstverwaltungsspezifische Rechtskontrolle "aus Sachgründen nicht mehr zu rechtfertigen" ist. [Die Rechtskontrolle durch den ÄR ist hier übrigens auch aufgrund der bisher nicht zu verhindernden, sachfremden Politisierung der Kontrollverfahren abzulehnen: FN 348; Kap.18.1.4.]

(b) Zur der <u>Rechtsaufsichtsbehörde</u> verbleibenden Kompetenz im laufenden Wahlverfahren: FN 314 sowie Kap.16.3.5.(d). [Zu weitergehenden Kompetenzen der Aufsichtsbehörden im K-Wahlrecht: A.**Saftig** (FN 54), S.410/411.] - Diese durch das Prinzip der Wahlbestandssicherung hervorgerufene Zurückhaltungspflicht der Aufsichtsbehörde im laufenden Wahlverfahren verkürzt nicht die einschlägige Norm § 19 i.V.m. § 72 HHG (= FN III.95), die Aufsicht über die Studentenschaft: Sämtliche Verfahrensakte des Wahlorgans können durch die Aufsichtsbehörde (möglicherweise auch im Rahmen eines ordentlichen Wahlprüfungsverfahrens) grundsätzlich <u>nach</u> der Wahl überprüft werden [beachte dazu ergänzend: Kap.16.7.4.(a).]. In gravierenden Fällen offensichtlicher Amtspflichtverletzung des Wahlorgans, die zu Wiederholungswahlen führt, kann die Aufsichtsbehörde die Mitglieder des Wahlorgans später zur Verantwortung ziehen [dazu: FN 396].

Die angeführten Verfahrensverkürzungen reichen für die Realisierung effektiven Rechtsschutzes noch nicht hin; angesichts der notwendigen Kürze der Fristen im Wahlverfahren ist zusätzlich die Gewährung vorläufigen Rechtsschutzes im gerichtsförmigen Verfahren gemäß § 123 VwGO unabdingbar[316]. Genau die dadurch bestimmte Verfahrensabfolge genügt dem auch für Studentenschaftswahlen wirkenden Grundsatz der Wahlverfahrensbestandssicherung, wonach jeder mögliche Rechtsschutz derart zu gestalten ist, daß er das Wahlverfahren als solches zu keinem Zeitpunkt aufhalten oder verzögern kann.

16.3.5. Die Grundsätze der (subjektiven) Rechtskontrolle im laufenden Wahlverfahren.

Das Prinzip der Wahlverfahrensbestandssicherung, die Kurzfristigkeit des Inkrafttretens der einzelnen Wahlverfahrensakte sowie deren beschränkte Dauer, verbunden mit den in der Verwaltungsgerichtsordnung (VwGO) niedergelegten Normen des Verwaltungs(gerichts)verfahrens liefern die die Rechtskontrolle im laufenden Wahlverfahren prägenden Grundsätze:

(a) Genau die die subjektiven Wahlgrundrechte (nämlich das aktive und das passive Wahlrecht) direkt berührenden Entscheidungen des studentischen Wahlorgans können im laufenden Wahlverfahren ausschließlich durch beschwerte Personen angegriffen werden. Zur Prüfung aller anderen Entscheidungen des Wahlorgans ist lediglich das die Wahl abschließende (objektive) Wahlprüfungsverfahren gegeben[317].

(b) Weil aber gerade auch die im laufenden Wahlverfahren somit nicht anfechtbaren Entscheidungsgruppen: (i) (Termine, Fristen), (ii) (Wahlhelfer), (vii) (Stimmbezirke, Wahllokale), (viii) (Stimmzettel), (xi) (Urnensicherung) sowie ebenso der unanfechtbare Teil von (v) (rechtswidrige Wähler-/Kandidatenzulassung), (vi) (rechtswidrige Listenzulassung) gravierende wahlmanipulierende Mißbrauchsmöglichkeiten durch ein parteiisches studentisches Wahlorgan eröffnen können, ist deren detaillierte, minderheitenschützende Ausgestaltung in der (unter)gesetzlichen Wahlordnung oder einer gesetzlichen Rahmenordnung - die strukturell ohne weiteres möglich ist - unabdingbar[318]. Das Wahlorgan selbst ist strikt an das vorgegebene Wahlverfahrensrecht

---

316 Die einstweilige Anordnung (§ 123 VwGO) im laufenden Wahlverfahren. Dies ist der adäquate vorläufige Rechtsschutz in den Fällen, in denen im Hauptsacheverfahren Verpflichtungsklagen gegeben wären [beispielhaft: F.O.**Kopp** (FN 305), Komm. § 123 VwGO, S.1420 (RN 1); vgl. ferner: FN 311]. Die im Eilverfahren lediglich mögliche summarische Prüfung der Sach- und Rechtslage darf durch den Erlaß einer begehrten einstweiligen Regelungsanordnung grundsätzlich nicht in der Vorwegnahme der Hauptsache erfolgen [beispielhaft: F.O.**Kopp** (FN 305), Komm. § 123 VwGO, S.1428/1429 (RN 13), aber auch: S.1432 (RN 15); E.**Eyermann**/ L.**Froehler** (FN 311), Komm. § 123 VwGO, S.793/794 (RN 8)].
Darüber hinaus für die grundsätzliche Zulässigkeit der einstweiligen Anordnung bei Eröffnung des Verwaltungsrechtswegs nach § 68 ff VwGO im laufenden Wahlverfahren: B.-D.**Olschewski** (FN 271), S.166 ff sowie S.175 (LS 23); C.**Petzke** (FN 24), S.323/324; A.v.**Mutius** (FN 279), S.202 ff; W.R.**Schenke** (FN 271), S.2444; I.**v.Münch** (FN 49), S.566 (RN 32); H.**v.Mangoldt** u.a. (FN 233), S.141 (RN 14); Nds.StGH, E.v.28.7.1977 [Az.: StGH 1/77], in: N-StGHE **1**, 320 [LS 1] (mit "strengem Maßstab"); Bay.VerfGH, E.v.21.11.1968 [Az.: Vf. 35/VI/67], in: JR **23**, S.355-359 (1969), S.356. [Die einstweilige Anordnung ist dagegen unzulässig im nach Abschluß der Wahl erfolgenden (objektiven) Wahlprüfungsverfahren: Kap.16.4.1.(d).]

317 Der Grundsatz ist vom Ergebnis her identisch mit: C.**Petzke** (FN 24); W.R.**Schenke** (FN 271); E.**Eyermann**/L.**Fröhler** (FN 311), Komm. § 42 VwGO, S.241 (RN 76); E.**Boettcher**/R.**Högner** (FN 279), Komm. § 49 BWahlG, S.200/201 (RN 3 und 4). Die Verfasser betonen in ihrer Argumentation den Grundrechtscharakter des aktiven und passiven Wahlrechts, welcher diese aus den Wahlverfahrensakten heraushebe. Siehe dazu ferner: F.O.**Kopp** (FN 305), Komm. § 40 VwGO, S.180/181 (RN 33); für Hochschulwahlen: OVG Lüneburg, E.v.2.2.1972 [Az.: II OVG B 8/72], in: W.-W.**Waibel** (FN 47), S.87, sowie in: DVBl.**87**, S.189-192 (1972); VG Hannover, E.v.4.2.1974 [Az.: III D 3/74], in: B.W.**Reimann** (FN 79), S.143-147; für Studentenschaftswahlen: OVG Münster, E.v.22.6.1972 [Az.: VB 386/72], in: OVGE **28**, 55. Darüber hinausgehend, den subjektiven Rechtsweg während des gesamten Wahlverfahrens eröffnend: B.-D.**Olschewski** (FN 271).

318 Mannigfache Beispiele für derartigen Mißbrauch liefert allein schon die 30jährige Geschichte der Verfaßten Studentenschaft der Johann Wolfgang Goethe-Universität zu Frankfurt am Main: Kap.19.

gebunden; es hat darüber hinaus alle Tätigkeiten zu unterlassen, die das Wahlverfahren hemmen können; insbesondere verfügt es ohne ausdrückliche und explizite Rechtsgrundlage über keinerlei Kompetenz, in das laufende Wahlverfahren einzugreifen[319].

(c) Bis zum Abschluß des Wahlverfahrens ist das studentische Wahlorgan innerhalb der Selbstverwaltungskörperschaft grundsätzlich weisungsungebunden. Eingriffe der selbstverwaltungsinternen Kontrollinstanz ('Ältestenrat') in die Tätigkeit des Wahlorgans sind - selbst zur Sicherstellung des individuellen Rechtswegs - unzulässig, sofern sie nicht durch Gesetzes- oder Satzungsrecht ausdrücklich und explizit normiert sind (was allerdings unter dem Aspekt der Wahlverfahrensbestandssicherung in keinem Falle sinnvoll und notwendig erscheint[320]).

(d) Rechtsaufsichtliche Eingriffe (§ 41 Abs.2 HRG) in die Tätigkeit des studentischen Wahlorgans sind einzig zulässig zur Aufrechterhaltung und Absicherung des geregelten Ablaufs des formalen Wahlverfahrens (Wahlverfahrensbestandssicherung). Demgemäß sind rechtsaufsichtliche Zwangsmittel ausnahmsweise zulässig gegen offensichtlich rechtswidrige Wahlverfahrensakte bzw. Unterlassen, sofern das angegriffene Handeln des studentischen Wahlorgans geeignet ist, das laufende Wahlverfahren zu vernichten oder die individuelle Rechtsweggarantie zu suspendieren[321]. Der rechtsaufsichtliche Kontrollbereich umfaßt folglich insbesondere die korrekte Einhaltung sämtlicher Fristen und Termine durch das Wahlorgan.

16.3.6. Der adäquate (allgemeine) Rechtsweg. Der *allgemeine Verwaltungsrechtsweg* (zunächst) im laufenden Wahlverfahren, dessen formale Abfolge unbedingt einzuhalten ist, hat also für die genannten Fälle, für die er eröffnet ist - nämlich bei Verletzungen der Wahlgrundrechte - die folgende Gestalt (im folgenden wird der Hessische Fall angegeben; das außergerichtliche Vorverfahren der Schritte 0, 1, 2 ist meist bereits in der WO der Studentenschaft normiert):

Während des laufenden Wahlverfahrens:

0. Erlaß eines belastenden Verwaltungsakts (§ 35 ff VwVfG) durch das studentische Wahlorgan; (*Frist:* nötigenfalls rechtsaufsichtlicher Eingriff)

1. Erhebung des Widerspruchs (schriftlich oder zur Niederschrift) durch eine aktivlegitimierte (d.h. beschwerte) Person gegen den Verwaltungsakt (§ 79 VwVfG; § 69 VwGO), einzulegen bei dem Wahlorgan im Rahmen des Rechtsbehelfs des Vorverfahrens (§ 68 ff VwGO);

2. Erteilung des Widerspruchsbescheids durch das Wahlorgan mit Begründung und Rechtsmittelbelehrung (§ 73 Abs.1 Nr.3 VwGO) im Rahmen des Vorverfahrens (§ 68 ff VwGO); (*Frist:* nötigenfalls rechtsaufsichtlicher Eingriff)

Auch diese Erfahrung zeigt deutlich, daß die Normierung des Wahlverfahrensrechts (die WO) <u>nicht</u> in die Kompetenz der studentischen Selbstverwaltungskörperschaft gehört [für weitere Gründe: Kap.14.1.1.(b).]! Für Beispiele (nicht notwendig adäquater) staatlicher Normierung: FN III.101 (Kap.11).

319 Dies ist die Konsequenz aus der Wahlverfahrensbestandssicherung [dazu: Kap.13.2.1.] und der Vollständigkeit des Wahlgesetzes [dazu: Kap.13.2.2.]. Beachte exemplarisch nachfolgend: FN 388.

320 Dementsprechend normiert z.B. die neue Frankfurter StS (= FN III.168) korrekt: "Gegen Entscheidungen des Studentischen Wahlausschusses ist der Rechtsweg bei dem Verwaltungsgericht Frankfurt gegeben. Der Ältestenrat darf das laufende Wahlverfahren betreffend keine Entscheidungen treffen. Seine Zuständigkeit im Wahlverfahren beschränkt sich ausschließlich auf die Wahlprüfung im Rahmen eines Wahlanfechtungsverfahrens" (§ 17 Abs.4 StS). Beachte dazu auch die (korrekte) Argumentation des ÄR im Falle der Frankfurter Universität: FN V.473 (Kap.19). Vgl. ergänzend: FN 315(a).

321 Exemplarisch für den Hessischen Fall: Eingriff mittels Ersatzvornahme gemäß § 74 Abs.1 Hess.VwVG v.4.7.1966 (= FN III.50) i.V.m. § 72 Abs.2 HHG (= FN III.95), aufgrund der vorliegenden Eilbedürftigkeit zur Sicherung des laufenden Wahlverfahrens unter Anordnung des Sofortvollzug gemäß § 80 Abs.2 Ziff.4 VwGO (= FN 296).

3. Nur im Falle einer Verpflichtungsklage (§ 42 Abs.1 2.Alt. VwGO): Antrag auf einstweilige Anordnung bei dem zuständigen Verwaltungsgericht (§ 123 Abs.1 und Abs.2 VwGO) gegen die Verfaßte Studentenschaft (§ 62 Abs.2 HHG) als passivlegitimierte rechtsfähige Körperschaft (§ 78 Abs.1 Nr.1 VwGO), diese vertreten durch den AStA (§ 67 HHG);

4. Erlaß der begehrten einstweiligen Anordnung (§ 123 VwGO) durch die erkennende Kammer des Verwaltungsgerichts[322].

Nach Abschluß der Wahl:

5. (Schriftliche) Klageerhebung bei dem Verwaltungsgericht (§ 45 VwGO) auf Entscheidung in der Hauptsache mittels Fortsetzungsfeststellungsklage (§ 113 Abs.1 S.4 VwGO);

6. Entscheidung (§ 107 ff VwGO) durch die mit dem bisherigen (Eil-)Verfahren befaßte Kammer des Verwaltungsgerichts;

7. Einlegung der Berufung an das Oberverwaltungsgericht (Verwaltungsgerichtshof) beim Verwaltungsgericht (§ 124 ff VwGO - ergänzend: Beschwerde an das Oberverwaltungsgericht nach § 146 Abs.1 VwGO);

8. ggf. (§§ 46 Nr.1, 125 VwGO) Entscheidung des Oberverwaltungsgerichts;

9. ggf. (§§ 49 Nr.1, 143 VwGO) Revision (§ 132 ff VwGO), einzulegen bei dem Oberverwaltungsgericht (§ 139 VwGO);

10. (endgültige) Entscheidung durch das Bundesverwaltungsgericht.

Spätestens nach dem vierten Schritt wird das Verfahren nicht mehr innerhalb der vorgegebenen engen Wahlfristen verbleiben können; die Klage kann dann zur Sicherung individuellen Rechtsschutzes in das streitbefangene Wahlverfahren nicht mehr eingreifen, weil dieses bereits abgeschlossen ist; die Klage wandelt ihren bisher subjektiven Charakter in die objektive Form einer grundsätzlichen Feststellung der Rechtswidrigkeit des angegriffenen VA des Wahlorgans, sofern die Klärung dieser Frage nach Erledigung in der Hauptsache (durch Beendigung des Wahlverfahrens) noch von allgemeinem Interesse ist, was durch das Gericht zu entscheiden sein wird. Das Verfahren wird damit in der Regel spätestens nach dem vierten Schritt abbrechen. Wird nach Beendigung des Wahlverfahrens auf der Basis der im individuellen Rechtsweg angefochtenen Einschränkung der subjektiven Wahlgrundrechte *zusätzlich* eine Beeinflussung der Mandatsverteilung bei der Wahl geltend gemacht, so erhält die bisherige Individualklage den objektiven Charakter eines Wahlprüfungsverfahrens (in unterschiedlichem Rechtsweg).

16.4. Das (formale) Wahlprüfungsverfahren für Studentenschaftswahlen

Der objektive Stellenwert der Wahl als Kreationsakt aller demokratischen Repräsentativgremien, auch im Studentenschaftsbereich, erfordert über den individuellen Rechtsschutz hinausgehende, objektive Kontrollmöglichkeiten: Denkbar ist nämlich beispielsweise nach der Wahl eine fehlerhafte Mandatsverteilung, ohne daß im laufenden Wahlverfahren individuelle Rechte nachweisbar verletzt worden wären[323] oder die Betroffenen ihre Rechte hätten reklamieren

---

322 Bei seiner Eilentscheidung hat das VG a priori den Stand des laufenden Wahlverfahrens unter dem Leitgedanken der Bestandssicherung zugrunde zu legen.

323 Beispiele: **(i)** Kap.16.3.3.(a)., 1.Entscheidungsklasse; **(ii)** rechtswidrige Zulassung einer Wahlvorschlagsliste durch das Wahlorgan, rechtswidrige Inanspruchnahme des passiven Wahlrechts, z.B. Kandidatur einer 'Tarnliste' [siehe dazu: Kap.16.3.3., Entscheidungsgruppe (vi)]; **(iii)** amtliche Wahlwerbung (mit Ausnahme der Verletzung der Chancengleichheit für andere Kandidaten).

können[324]. Diese Lücke schließt das Wahlprüfungsverfahren unter der charakteristisch-restriktiven Prüfungstrias von *Bestandskraft* (des Wahlverfahrens und insbesondere des Wahlergebnisses), *Anfechtungslast* (für den Antragsteller) und *Vertrauensschutz* (für den Wähler).
Sowohl das formale als auch das materielle Wahlprüfungsrecht sind allerdings für Studentenschaftswahlen bisher nahezu ungeregelt[325]. Es liegt daher für dessen Konkretisierung der Versuch nahe, zunächst auf die überkommenen, einheitlichen Grundsätze für staatliche, "politisch-parlamentarische" Wahlen zurückzugreifen[326]. Während aber das materielle Wahlprüfungsrecht auch für diese Wahlen allenfalls in einer Generalklausel[327] positiviert und damit die Kasuistik weitgehend dem Richterrecht übereignet ist[328], lassen sich sowohl die Wahlprüfungsverfahren charakterisierenden Grundprinzipien als auch das kodifizierte formale Wahlprüfungsrecht[329] - anders, als dies für den subjektiven Wahlrechtsschutz der Fall ist - für den untergeordneten Bereich des Studentenschaftswahlrechts als gemeindeutsches Recht (in den üblichen juristischen Analogieschlüssen) erschließen; Abweichungen in Einzelfällen sind dabei im rechtsstaatlichen Rahmen zu begründen.

16.4.1. Die charakteristischen Grundsätze der formalen Wahlprüfung. Der Sinn jeder parlamentarischen Wahl liegt in der Kreation legitimierter, repräsentativer Organe des Volkes oder eines wohldefinierten Teils dessen. Immanent erscheint damit wiederum der leitende Grundsatz der Stabilität des Wahlverfahrens und dabei vor allem am Ende der Bestandssicherung des Wahlergebnisses. Die Wahlprüfung - aufgrund einer Anfechtung der "Gültigkeit der Wahl"[330], d.h. einer 'Wahlanfechtung' - ist folglich, unter leitender Berücksichtigung der Wahlverfahrens-

---

324 Beispiele: Kap.16.3.3.(b). (2.Entscheidungsklasse).

325 Exemplarisch für diese Unternormierung ist (immer noch) die neue Frankfurter StS v.22.2.1994 (= FN III.168): "Wahlanfechtungen können sich nur auf die ordnungsgemäße Durchführung der Wahl beziehen. Sie müssen spätestens sieben Kalendertage nach Bekanntgabe des Wahlergebnisses schriftlich beim Ältestenrat eingereicht werden. Über die Gültigkeit der Wahl entscheidet der Ältestenrat innerhalb von einem Monat." (§ 25 StS) - Das ist alles.

326 Diese überkommenen Grundsätze des Wahlprüfungsrechts gelten auch für Kommunalwahlen: K.**Schmiemann** (FN 30), S.3 und insb. S.35 ff (Teil II). Die K-Wahlen ähneln als Wahlen in Körperschaften des öffentlichen Rechts strukturell, rechtssystematisch den Studentenschaftswahlen: FN 48(b) (Kap.13).

327 Das ist der vom BVerfG geprägte 'Ausschlußsatz' [dazu: Kap.16.2.1.]: "Entscheidungen und Maßnahmen, die sich unmittelbar auf das Wahlverfahren beziehen, können [allein] ... im Wahlprüfungsverfahren angefochten werden." (§ 49 BWahlG (= FN 30))

328 Es kann auch auf historisches Deutsches Recht kaum zurückgegriffen werden: "Das erste, was bei der Betrachtung des materiellen Wahlprüfungsrechts in die Augen fällt, ist der vollständige Mangel an Gesetzesvorschriften, an geschriebenem Recht. Das ist ein Unikum im deutschen Rechtsgebiet. Es gibt wohl kein anderes Rechtsgebiet im deutschen Recht, bei welchem noch in der Gegenwart und nach Ablauf eines so gesetzesfreudigen Jahrhunderts jede geschriebene Rechtsnorm fehlt" (K.**Ball** (FN 184), S.92 [für die Zeit bis 1918]). "Kein geschriebenes Wort findet sich im Reiche über den Inhalt des parlamentarischen Wahlprüfungsrechts, über seine Rechtsregeln, über das Ziel des Verfahrens. In den Ländern ist es nicht viel anders" (K.**Ball** (FN 184), S.128 [für die Zeit nach 1918]).
Einzig im Kommunalbereich finden sich einige grundsätzliche Regelungen, deren umfassendste der § 20 Abs.3 bis 7 des Preußischen Wahlgesetzes für die Provinziallandtage und Kreistage v.7.10.1925 darstellte (in: K.**Ball** (FN 184), S.132/133 [vgl. dazu auch: K.**Schmiemann** (FN 30), insb. S.20 ff]); heute vor allem: §§ 29 bis 36 Ba-Wü.KWahlG (= FN 246) - unter abschließender Aufzählung der Ungültigkeitsgründe in § 32 KWahlG - mit Komm. R.**Kunze** u.a. (FN 222), S.333-418; ferner (in beschränktem Umfange) auch: Art.36 bis Art.38 Bay. WahlG (= 347(b)) mit Komm. J.**Prandl**/G.**Waltner**/M.**Bauer**, Bayerisches Gemeindewahlgesetz (Komm.), 15. Aufl. München 1989, S.104-119.

329 Beispielhaft für die BT-Wahlen: Wahlprüfungsgesetz (WahlPrG) v.21.3.1951 (BGBl.I, S.166-168 (1951)) i.d.F. v.24.6.1975 (BGBl.I, S.1593-1600 (1975), Art.3).

330 BVerfGE 1, 208 [238], i.st.R.
Die singuläre, "reine" Mandatserwerbsprüfung (d.h. die Überprüfung der Rechtmäßigkeit individueller Besetzung eines einzelnen Mandats, z.B. Art.41 Abs.1 S.2 GG) bleibt hier unbeachtlich.

bestandssicherung, die Legitimationsprüfung für die Wahl[331], die sich nach der herrschenden Meinung in der *(reinen) Mandatserheblichkeitsprüfung* erschließt; diese wurde zunächst für BT-Wahlen formuliert, sodann jedoch auf alle staatlichen Wahlen und auch auf Studentenschaftswahlen übertragen: "Das Wahlprüfungsverfahren ... ist ausschließlich dazu bestimmt, die richtige Zusammensetzung des Bundestages zu gewährleisten. Nur solche Wahlfehler vermögen daher die Beschwerde zu rechtfertigen, die auf die Mandatsverteilung von Einfluß sind oder sein können. Infolgedessen scheiden alle Verstöße von vornherein als *unerheblich* aus, die die Ermittlung des Wahlergebnisses nicht berühren. Aber auch Wahlfehler, die die Ermittlung des Wahlergebnisses betreffen, können die Beschwerde dann nicht rechtfertigen, wenn sie angesichts des Stimmverhältnisses keinen Einfluß auf die Mandatsverteilung haben konnten."[332] "Nach der Rechtsprechung des Bundesverfassungsgerichts führen Verletzungen subjektiver Rechte bei der Wahl dann nicht zu einem Eingriff der Wahlprüfungsinstanzen, wenn sie die gesetzmäßige Zusammensetzung des Bundestages nicht berühren. ... Die Verletzung subjektiver Rechte kann nur den Anlaß für ein Wahlprüfungsverfahren bieten. Sie bildet jedoch nicht seinen Gegenstand."[333]. Der somit dargelegte "überwiegend *objektive* Charakter"[334] des Wahlprüfungsverfahrens - der bestmögliche Schutz des öffentlichen Interesses sowohl in der Legitimationsprüfung des Wahlbestands als auch in der Wahlbestandssicherung - erschließt die charakteristischen formalen Eigenarten des Wahlprüfungsverfahrens:

---

331 B.-D.**Olschewski** (FN 271), S.86 ff (§ 7); siehe auch bereits schon: J.**Hatschek** (FN 25), S.408 ff und S.491 ff.

332 BVerfGE **4**, 370 [372/373] [i.st.R.].
Auch bereits sehr früh: BVerfGE **1**, 430, [432/433]. Zur Definition des 'Wahlfehlers': FN 362.
Zum Tatbestand der Mandatserheblichkeit ('Mandatsrelevanz'). (a) Der Grundsatz der 'reinen Mandatserheblichkeitsprüfung' wird aus zweierlei Beziehungen abgeleitet: **(i)** Das (relevante) Kriterium der richtigen personellen Zusammensetzung ergibt sich aus dem Personalisierung fordernden Wahlrechtsgrundsatz der Unmittelbarkeit der Wahl [vgl. dazu: Kap.15.3.]. Zu diesem Kriterium: P.**Karpenstein** (s.o.), S.29 ff. **(ii)** Das Kriterium der richtigen politischen Zusammensetzung (Fraktionsstärke) leitet das BVerfG aus der Geltung des ('formaldemokratischen') Mehrheitsprinzips als notwendiger Bedingung für die Existenz des demokratischen Systems [dazu: Kap.2.1.] ab: BVerfGE **29**, 154 [165], wohl in Anschluß an: P.**Karpenstein**, Die Wahlprüfung und ihre verfassungsrechtlichen Grundlagen, jur.Diss. Univ.Mainz 1962, S.73 ff; ebenso: H.**Wuttke** (FN 54), S.515/516. - Dieser Schlußweise kann indes nicht gefolgt werden, weil sie in der Betonung auf der Kreation der 'richtigen Mehrheit' mit der Ungleichbehandlung von Mehrheit und Minderheiten ein Grunderfordernis des 'materialen Mehrheitsprinzips' [dazu: Kap.4.1.(b).] verletzt.
(b) Die 'Mandatserheblichkeit' bedeutet im Falle der Unmöglichkeit nachträglicher Korrektur jedenfalls eine "Verdunkelung des Wahlergebnisses" (J.**Prandl** u.a. (FN 328), S.108 (RN 10)).
(c) Mandatserheblichkeit eines Wahlfehlers wird um so eher eintreten, je (zahlenmäßig) kleiner der Wahlkörper, je geringer die Wahlbeteiligung und je größer die Anzahl der zu vergebenden Mandate bei einer Wahl. **Beispiel 1994:** Für die Erlangung eines BT-(Listen-)Mandats waren etwa 69.000 Stimmen aufzubringen, für die Erlangung eines Frankfurter StuPa-Mandats etwa 250 Stimmen. - Offensichtlich kann also ein Wahlfehler bei einer StuPa-Wahl bereits in einer (geringen) Quantität Mandatserheblichkeit erlangen, die diesen Tatbestand bei einer BT-Wahl grundsätzlich nicht erfüllt. Von der Mandatserheblichkeit her gesehen haben also Wahlanfechtungen einer StuPa-Wahl wesentlich höhere Erfolgsaussicht als der Angriff einer BT-Wahl.

333 BVerfGE **22**, 277 [281]

334 BVerfGE **14**, 76 [96].
I.st.R., exemplarisch: BVerfGE **66**, 369 [378]
Der verfassungsexegetische Charakter der Wahlprüfung. Allein der "objektive Charakter" des Wahlprüfungsverfahrens genügt auch der historischen, genetischen und verfassungssystematischen Auslegung: B.-D. **Olschewski** (FN 271), S.43 ff (§ 6). - Nicht aufrechtzuerhalten sind damit Versuche, den subjektiven Wahlrechtsschutz innerhalb des Wahlprüfungsverfahrens zu verorten [beispielhaft dafür: K.-H.**Seifert** (FN 270), S.235 ff]. Nicht sinnvoll ferner, weil den objektiven Charakter des Wahlprüfungsverfahrens verkennend, die ausufernde Interpretation des BVerwG, wonach "auch im Wahlprüfungsverfahren Grundrechtsverstöße und die Verletzung anderer subjektiver Rechte festgestellt werden können, und zwar unabhängig davon, ob sie sich möglicherweise auf die Mandatsverteilung ausgewirkt haben" (BVerwGE **51**, 69 [74]).

(a) Klagezulassung nicht vor Abschluß der Wahl. Das Wahlprüfungsverfahren (Mandatserheblichkeitsprüfung) als Funktion des jeweiligen Wahlergebnisses setzt notwendig voraus, daß die angegriffene "Wahl durchgeführt ist"[335]; der Antrag auf Einleitung eines Wahlprüfungsverfahrens ist folglich statthaft erst ab dem Zeitpunkt der Bekanntgabe des vorläufigen amtlichen Endergebnisses.

(b) Anfechtungsfrist als Ausschlußfrist. Entsprechend dem hinter der Wahl stehenden öffentlichen Interesse an einer baldigst bestandskräftigen Mandatsverteilung (Vorrang der Wahlbestandssicherung) scheidet selbst bei unverschuldetem Fristversäumnis für den Anfechtenden Wiedereinsetzung in den vorigen Stand (§ 32 VwVfG, § 60 VwGO) aus; die Anfechtungsfrist für das Wahlprüfungsverfahren ist strikte Ausschlußfrist[336]. Dieser Ausschlußgrundsatz erstreckt sich auch auf die materielle Begründung der Wahlanfechtung: Das "Nachschieben von Anfechtungsgründen" nach Ablauf der Anfechtungsfrist ist unzulässig[337].

(c) Wahlanfechtung als Popularklage. Dem objektiven Charakter des Prüfungsgegenstands ist die Popularklage angemessen; antragsberechtigt ist demnach, unabhängig von der Geltendmachung der Verletzung eigener Rechte, jede zur Zeit der angegriffenen Wahl (aktiv) wahlberechtigte Einzelperson[338] (unabhängig davon, ob der Antragsteller bei der Wahl von seinem Wahlrecht Gebrauch gemacht hatte).

(d) Anfechtungs- und Untersuchungsprinzip. Gemäß dem Vorrang der Wahlbestandssicherung findet die Wahlprüfung "weder von Amts wegen statt (Offizialprinzip), noch erfolgt sie stets in Gestalt einer Durchprüfung der gesamten Wahl (Totalitätsprinzip)."[339]. Der Antrag-

---

335 BVerfGE **63**, 73 [76]

336 Anfechtungsfrist als strikte Ausschlußfrist. Dies für das Wahlprüfungsverfahren als h.M.: H.**v.Mangoldt** u.a. (FN 233), S.142 (RN 19); H.-P.**Schneider**, Komm. Art.41 GG, in: Alternativ-Komm. (FN 207), S.92-106, S.102 (RN 14); K.-H.**Seifert** (FN 270), S.234; ebenso: Hess.VGH, E.v.3.9.1974 [Az.: II OE 23/74], in: HessVGRspr.**14**, 19 [LS 1] (betr. das Hess.KWahlG (= FN 285)); OVG Koblenz, E.v.15.1.1991 [Az.: 7 A 12059/90], in: NVwZ-RR **4**, S.505-506 (1991). Vgl. auch: FN 31 (Kap.13).

Diesem das Wahlprüfungsverfahren prägenden Grundsatz der Wahlbestandssicherung widerspricht z.B. eklatant § 49 Abs.2 Rh-Pf.KWahlG (= FN 343(a)), wonach die Aufsichtsbehörde (als erste Wahlprüfungsinstanz) "auch nach Ablauf der Einspruchsfrist von Amts wegen über die Gültigkeit der Wahl entscheiden" kann; dazu auch: H.**Monz**, Handkommentar zum Kommunalwahlgesetz Rheinland-Pfalz, 2.Aufl. Trier 1969, S.192/193.

337 Verbot des 'Nachschiebens'. Dies für das Wahlprüfungsverfahren als h.M.: H.**v.Mangoldt** u.a. (FN 233), S.154 (RN 56) zu: BVerfGE **16**, 130 [144] (nur bezogen auf verschiedene Instanzen), verschärft in: BVerfGE **40**, 11 [30/31]. Vgl. dazu ferner: BVerwG, E.v.15.12.1972, [Az.: VII B 74/72], in: VwR **24**, Nr.199 (= Ba-Wü VBl **18**, S.57-58 (1973)). Dieser Tatbestand ist explizit verankert im Ba-Wü. K-Wahlrecht: "Nach Ablauf der Einspruchsfrist können weitere Einspruchsgründe nicht mehr geltend gemacht werden." (§ 31 Abs.1 KWahlG (= FN 246)) - Dementsprechend ist auch ein 'vorsorglicher Widerspruch' gegen das Wahlergebnis ohne Konkretisierung unzulässig. [Dies widerspräche zudem auch dem 'Substantiierungsgebot': FN 340.]

A.A. früher noch: H.**Monz** (FN 336), S.194/195.

338 Zur Äquivalenz von Beschwerdeberechtigung und Wahlberechtigung. Grundlegend: BVerfGE **67**, 146 [147/148]; dementsprechend besitzen nicht-wahlberechtigte Personen keine Antragsbefugnis im Wahlprüfungsverfahren: BVerfGE **2**, 300 [303/304]. Dabei hindert der nachträgliche Verlust des (aktiven) Wahlrechts weder die Einleitung noch die Fortsetzung des Wahlprüfungsverfahrens: H.**v.Mangoldt** u.a. (FN 233), S.141/142 (RN 17); ferner auch: OVG Lüneburg, E.v.26.7.1967 [Az.: V OVG A 24/67], in: OVGE **23**, 429 [LS]; siehe ebenso bereits früher: J.**Hatschek** (FN 25), S.511. - A.A.: K.-H.**Seifert** (FN 23), S.381 (allerdings im Hinblick darauf, daß für BT-Wahlen nach h.M. der individuelle Rechtsweg eingeschränkt ist). Die Beschwerde gegen eine Nichteintragung in das Wählerverzeichnis (d.h. die Verweigerung der individuellen Wahlberechtigung) muß als Geltendmachung des subjektiven Rechtsschutzes für Nicht-BT-Wahlen also rechtzeitig im laufenden Wahlverfahren erfolgen [vgl.: Kap.16.3.5.(a).; allgemeiner: FN 430(a)].

Für Wahlen, die im Rahmen des Selbstverwaltungshandelns durchgeführt werden, erscheint die Ausdehnung der Anfechtungskompetenz auf die Aufsichtsbehörde strukturell notwendig: Kap.16.7.4.(a).

339 BVerfGE **40**, 11 [30].

Offizial- und Totalitätsprinzip im Wahlprüfungsverfahren waren geltendes Recht nach Art.31 WRV.

steller unterliegt deshalb dem "im Wahlprüfungsrecht enthaltene(n) Substantiierungsgebot"[340] in seinem Sachvortag.

(e) Besondere Prozeßtechniken. Der objektive Charakter des Wahlprüfungsverfahrens hat in seiner entpersönlichten Ausgestaltung drei wesentliche prozeßtechnische Konsequenzen, sofern das zugrunde liegende Wahlrecht etwas anderes nicht ausdrücklich vorsieht:

(i) Unwirksamkeit der einstweiligen Anordnung. Trotz Vorliegens möglicher Eilbedürftigkeit kann kein Akt der ersten (vorgerichtlichen) Wahlprüfungsinstanz im Eilverfahren (§§ 80 Abs.5, 123 Abs.1 VwGO) gerichtlich angegriffen werden, weil dem objektiven Wahlprüfungsverfahren die Geltendmachung subjektiver Beschwer (als Vorbedingung des Eilverfahrens) wesensfremd ist[341] (allerdings könnte ggf. die Aufsichtsbehörde eingreifen).

Zum Anfechtungsprinzip. "Vielmehr richtet sich der Prüfungsumfang nach dem Einspruch, durch den der Einspruchsführer den Anfechtungsgegenstand bestimmt. Dieser ist nach dem erklärten, verständig zu würdigenden Willen des Einspruchsführers unter Berücksichtigung des gesamten Einspruchsvorbringens danach abzugrenzen, wieweit der Einspruch substantiiert worden ist. Nur im Rahmen des so umrissenen Anfechtungsgegenstandes haben die Wahlprüfungsorgane den Tatbestand, auf den die Anfechtung gestützt wird, von Amts wegen zu erforschen und alle dabei auftauchenden, rechtserheblichen Tatsachen zu berücksichtigen" (BVerfGE **66**, 369 [378/379] [ebenso: BVerfGE **40**, 11 [30]]). Zum System der Anfechtungsprinzipien ferner: G.**Kretschmer**, Wahlprüfung, in: H.-P.**Schneider**/W.**Zeh** (Hrsg.), Parlamentsrecht und Parlamentspraxis, Berlin/New York 1989, S.441-465, S.441/ 442 (RN 3).
Von diesem Anfechtungsprinzip unberührt bleibt im Falle von Wahlen der Körperschaften öffentlichen Rechts die Funktion der Aufsichtsbehörde als Rechtmäßigkeitskontrolle [vgl. dazu auch: Kap. 16.7.4.(a).], die auch die Kontrolle über die Korrektheit der Wahlverfahren umfaßt.

340 BVerfGE **85**, 148 [159], m.w.N.
Zum Substantiierungsgebot. (a) BVerfGE **66**, 369 [378/379] (= FN 339). "Ein Nachschieben von Einspruchsgründen ist nicht möglich, wohl aber die Präzisierung und sachliche Erweiterung der Begründung oder das nachträgliche Beibringen von Tatsachen, die den fristgerecht bezeichneten Einspruchsgrund stützen und belegen sollen" (W.**Schiefel**, Niedersächsisches Kommunalwahlrecht, 2.Aufl. Hannover 1991, S.120, m.w.N.). - Insbesondere gilt: Die im Rahmen von Rechtsbehelfen des Wahlgesetzes (der Wahlordnung) zuvor im laufenden Wahlverfahren gerügten Mängel können ohne ausdrückliche Bezugnahme in der Wahlanfechtung nicht mehr als Begründung des nach der Wahl erhobenen Einspruchs herangezogen werden: OVG Koblenz, E.v. 15.1.1991 [Az.: 7 A 12059/90], in: NVwZ-RR **4**, S.505-506 (1991).
(b) Das Substantiierungsgebot wieder relativierend - "insbesondere bei knappem Wahlausgang" - für die Nachzählung der Stimmzettel im Wahlprüfungsverfahren: BVerfGE **85**, 148 [159 ff] [damit verbunden die Aufhebung von: NRW.VerfGH, E.v.19.3.1991 [Az.: VerfGH 10/90], in: NVwZ **10**, S.1175-1180 (1991)]: "a) Die durch einen zulässigen, insbesondere substantiierten Einspruch eröffnete Wahlprüfung darf nicht in einer Weise beschränkt werden, daß sie ihren Zweck, die ordnungsgemäße Zusammensetzung des Parlaments sicherzustellen, nicht erreichen kann. b) Werden in einem solchen Einspruch Verfahrensfehler bei der Stimmenauszählung in einigen Stimmbezirken beanstandet und bestätigen sie sich bei einer Überprüfung, so kann es geboten sein, die Stimmen in allen Stimmbezirken nachzuzählen, aus denen sich das beanstandete Wahlergebnis errechnet" (BVerfGE **85**, 148 [LS 2]); ferner im Anschluß daran auch: BVerfGE **89**, 291 [308/309]; restriktiver wieder [aufgrund nicht korrekter Arithmetik: FN 375(c)]: OVG Schleswig, E.v.24.6.1993 [Az.: 2 K 4/93], in: NVwZ **13**, S.179-183 (1994), S.182/183.
(c) A.A.: "Ebensowenig wie im Verwaltungs- oder Verfassungsprozeß kann es ... im Wahlprüfungsverfahren für einen Beteiligten eine Beweisführungs- oder formelle Beweislast geben" (P.**Karpenstein** (FN 332), S.101 [auch: S.80 ff - die Ansicht verkennt den objektiven Charakter des Wahlprüfungsverfahrens]).
341 Objektives Verfahren kein Eilverfahren. Der Rechtsbehelf der einstweiligen Anordnung gem. § 123 VwGO (= FN 296) dient ausschließlich der Sicherung eines subjektiven Individualrechtsanspruchs. Dafür beispielhaft: F.O.**Kopp** (FN 305), Komm. § 123 VwGO, S.1436 (RN 24) und S.1421 (RN 2); ferner nachfolgend: Kap.16.4.3. ["Streitig": K.**Redeker**/H.-J.**v.Oertzen** (FN 302), Komm. § 123 VwGO, S.640/641 (RN 10).] Dies gerichtlich bestätigend (einstweilige Anordnung im Wahlprüfungsverfahren unzulässig): Hess.VGH, E.v.17.1. 1984 [Az.: 2 TG 293/ 84], in: NVwZ **4**, S.849-850 (1985): "Das ... Wahlanfechtungsverfahren ... ist ein Verfahren besonderer Art, bei dessen Ausgestaltung der ... Gesetzgeber weder durch Art.19 GG noch durch § 42 VwGO Bindungen unterworfen ist, da in Wahlanfechtungssachen keine subjektiven Rechte, sondern Mängel des Wahlverfahrens geltend gemacht werden" (LS 1). "Einstweilige Anordnungen können im Wahlanfechtungsverfahren nicht erlassen werden", sofern das zugrunde liegende Wahlrecht diesen Rechtsbehelf nicht ausdrücklich vorsieht (LS 2). Vgl. dazu bestätigend aus dem K-Wahlrecht: H.**Weber** (FN 285), S.292.

(ii) Unmöglichkeit der Klagerücknahme. Der Antragsteller hat keinen selbständigen Einfluß mehr auf das von ihm in Gang gebrachte objektive Verfahren: "Ist das Verfahren ... einmal ordnungsgemäß in Gang gebracht, so läuft es unbeeinflußt von der Person des Einspruchsführers eintretenden Ereignissen (z.B. späterer Wahlrechtsverlust, Tod, Zurücknahme des Einspruchs usw.) weiter (*Grundsatz des Amtsbetriebs*)"[342].

(iii) Unwirksamkeit des Suspensiveffekts. Die (Wahlprüfungs-)Klage (vor dem Verwaltungsgericht) entfaltet keine aufschiebende Wirkung gegen den Prüfbeschluß der ersten Instanz, weil im objektiven Wahlprüfungsverfahren das subjektive Institut der 'aufschiebenden Wirkung' nicht durchgreifen kann[343].

---

342 H.**Rechenberg** (FN 301), S.34 (RN 36).

Unzulässigkeit des Anfechtungsrückzugs. Das Wahlprüfungsverfahren als "objektives Verfahren" (FN 334) im "besonderen Rechtsweg" (FN 347) kann die subjektive Rücknahme einer ordnungsgemäß eingereichten Wahlanfechtung (durch den Antragsteller) - und damit einen Abbruch ohne Klärung der vorgetragenen Mängel - grundsätzlich nicht tragen. Im Prinzip inzwischen auch durch höchstrichterliche Rechtsprechung (für BT-Wahlen) bestätigt: "Wird eine ... [Wahlanfechtung] zurückgenommen, entscheidet das Bundesverfassungsgericht, ob das öffentliche Interesse einer Beendigung des Verfahrens ohne Entscheidung zur Sache entgegensteht" (BVerfGE **89**, 291 [LS 1] [wohl im Anschluß an: K.-H.**Seifert** (FN 270), S.381]). Eine Weiterführung des Verfahrens wird danach stets geboten sein im Falle möglichen Erfolgs der Wahlanfechtung oder begründeten Fortsetzungsfeststellungsinteresses [dazu nachfolgend: FN 393].

Zum späteren Wahlrechtsverlust eines Antragstellers vgl. auch: FN 338.

343 Die besondere Rechtsnatur der Wahlprüfungsklage für Studentenschaftswahlen (I). (a) Im Falle des Wahlprüfungsverfahrens für Studentenschaftswahlen handelt es sich lediglich von der Zielsetzung her, aber nicht de jure, um eine Anfechtungsklage i.S.d. § 42 Abs.1 1.Alt. VwGO (= FN 296): "Der Sache nach handelt es sich um eine Anfechtungsklage eigener Art" (H.**Weber**, Grundfälle zum Rechtsschutz im Kommunalwahlrecht, inbesondere zur Wahlprüfung (I), JuS **29**, S.902-905 (1989), S.903). **(i)** Weil das Wahlverfahren als ganzes keinen Verwaltungsakt darstellt [zur Legaldefiniton des VA: § 35 VwVfG (= FN 294)], kann es im Wahlprüfungsverfahren nicht mittels einer Anfechtungsklage (§ 42 Abs.1 VwGO) angegriffen werden [so auch: BVerwG, E.v.15.12.1972 [Az.: VII B 74/72], in: Ba-WüVBl **18**, S.57-58 (1973)]. Auch beim Wahlprüfungsbeschluß des ÄR als erster Instanz handelt es sich nicht um einen VA, weil der ÄR keine Behörde ist [zu den definierenden Kriterien der Behörde: Kap.16.3.2.]. **(ii)** Weil es sich beim Wahlprüfungsverfahren in erster Linie um ein "objektives Verfahren" handelt [dazu: Kap.16.4.1.], ist die Anfechtungsklage, die ja gerade das Geltendmachen subjektiver Beschwer voraussetzt (§ 42 Abs.2 VwGO), nicht der geeignete Klageweg. [Vgl. dazu auch: Bay.VGH, E.v.4.12.1974 [Az.: Nr.115 IV 74], in: BayVBl.**106**, S.335-337 (1975).] **(iii)** Dem Wahlprüfungsverfahren und der Wahlprüfungsklage liegt folglich formaljuristisch eine Feststellungsklage (§ 43 Abs.1 VwGO) - "eigener Art" - zugrunde [so auch: E.**Eyermann**/L.**Fröhler** (FN 311), Komm. § 42 VwGO, S.240/241 (RN 76), m.w.Lit.].

(b) Die Klage beim VG als zweiter Wahlprüfungsinstanz entfaltet keine aufschiebende Wirkung: **(i)** Bei der Wahlprüfungsklage handelt es sich weder um einen Widerspruch (i.S.d. § 68 ff VwGO) noch um eine Anfechtungsklage (i.S.d. § 42 Abs.1 1.Alt. VwGO). Somit sind die formalen Voraussetzungen des § 80 Abs.1 VwGO nicht erfüllt. [So auch für Hochschulwahlen: A.**Reich** (FN 93), S.86 (RN 1); A.**Reich**, Bayerisches Hochschulgesetz (Komm.), Bad Honnef 1977, Komm. Art.33 Bay.HSchG, m.w.Lit.] **(ii)** Die aufschiebende Wirkung einer Klage ist ein Institut des subjektiven Rechtsschutzes ("Die nach § 80 Abs.1 VwGO für den Regelfall vorgeschriebene aufschiebende Wirkung von Widerspruch und verwaltungsgerichtlicher Klage ist eine adäquate Ausprägung des verfassungsrechtlichen (subjektiven) Rechtsschutzgarantie" des Art.19 Abs.4 GG (BVerfGE **35**, 382 [402]).). Das Wahlprüfungsverfahren dagegen ist ein objektives Verfahren, und es dient nicht primär der Durchsetzung subjektiver Rechte. **(iii)** Entfalteten Wahlanfechtung und Wahlprüfungsklage aufschiebende Wirkung, so könnte damit im Lichte langer Verfahrensdauer über den entsprechenden Zeitraum das Zusammentreten des streitbefangen gewählten Organs verhindert werden - im Widerspruch zum Grundsatz der Wahlbestandssicherung [zur Wahlbestandssicherung: Kap.13.2.1.]. **(iv)** Rechnung zu tragen ist der kurzen (einjährigen) Legislaturperiode des Studentenparlaments [dazu nachfolgend: Kap.16.4.3.]. Im Hinblick darauf ließe die aufschiebende Wirkung der Wahlprüfungsklage angesichts der Unzulässigkeit und Systemfremdheit einer Anordnung sofortiger Vollziehbarkeit für einen der Anfechtung in erster Instanz stattgebenden Beschluß durch den ÄR [dazu: FN 351(b)] und der zeitlichen Dauer ordentlicher Gerichtsverfahren das Wahlprüfungsverfahren aufgrund des nachfolgenden Wegfalls der Anspruchsgrundlage sicher leerlaufen - als konkretes Beispiel dafür nachfolgend: Kap.19.30.

(c) Eine klare Regelung erhielt z.B. der (inzwischen historische) § 38 NRW.KWahlG v.12.6.1954 (NRW. GVBl.A, S.226-232 (1954)): "§ 38 regelt die prozeßtechnischen Besonderheiten der Wahlprüfungsklagen ...

(f) **Wahlprüfungsrecht als lex imperfecta.** Eine (subjektive) Sanktionierung des Wahlrechts kann nicht im Rahmen des (objektiven) Wahlprüfungsverfahrens erfolgen; "'Schuld' ist daher grundsätzlich kein Maßstab der Wahlprüfung."[344]

16.4.2. Der 'besondere Rechtsweg' des Wahlprüfungsverfahrens. Das Wahlprüfungsverfahren kann als objektives Verfahren keinen 'subjektiven Rechtsweg' im Sinne des Art.19 Abs.4 GG und des § 40 Abs.1 VwGO weisen; als "spezielle, von anderen Verfahren deutlich abgehobene Rechtskontrolle"[345] findet es vielmehr seinen Ausdruck in einem "besonderen" Instanzenweg. Für BT-Wahlen ist der Rechtsweg des Wahlprüfungsverfahrens in der Verfassung geregelt: Nach Art.41 Abs.1 GG ist die "Wahlprüfung Sache des Bundestages" als Ausfluß der Autonomie des höchsten Parlaments. Gemäß Art.93 Abs.1 Nr.5 GG i.V.m. Art.41 Abs.2 GG i.V.m. § 13 Nr.3 BVerfGG[346] i.V.m. § 48 BVerfGG ist anschließend "gegen die Entscheidung des Bundestages die Beschwerde an das Bundesverfassungsgericht zulässig".

Die Klage wird als Feststellungsklage eigener Art gekennzeichnet, die einen besonderen Fall der 'anderen Streitigkeit des öffentlichen Rechts' darstellt. ... Die ausdrückliche Klassifizierung der Wahlprüfungsklage erscheint ... angebracht, damit in jeden Zweifel ausschließender Weise klargestellt wird, daß die normalen für das Anfechtungsverfahren geltenden Vorschriften keine Anwendung finden. Daraus ergibt sich insbesondere, daß die für das Anfechtungsverfahren geltende Regelung über die sofortige Vollziehbarkeit von Verwaltungsakten ... hier nicht anwendbar ist. Weder der Einspruch noch die Wahlprüfungsklage schiebt die Vollziehung des endgültigen Wahlergebnisses [oder dessen Anullierung, P.K.] ... auf" (F.**Rietdorf** (FN 75), S.275). Diese sinnvolle Spezifizierung der Wahlprüfungsklagen ist im gültigen § 41 NRW.KWahlG v.15.8.1993 (NRW. GVBl., S.521-529 (1993)) ersatzlos weggefallen.
(d) Der Grundsatz der Wahlbestandssicherung gilt nicht stets im Deutschen Wahlrecht; z.B. im Ba-Wü. K-Wahlrecht entfaltet die Wahlanfechtung aufschiebende Wirkung: "Die Gewählten können ihr Amt erst nach der rechtskräftigen Entscheidung über die Gültigkeit der Wahl und ihrer Wählbarkeit antreten. Gemeinderäte und Kreisräte treten ihr Amt jedoch schon nach Feststellung der Gültigkeit der Wahl durch die Wahlprüfungsbehörde oder nach ungenutztem Ablauf der Wahlprüfungsfrist an." (§ 32 Abs.4 KWahlG (= FN 246))
(e) Für das Deutsche K-Wahlrecht kann sich auch die Rechtsnatur der Wahlprüfungsklage vom Studentenschaftswahlrecht unterscheiden; z.B. im Rh-Pf. K-Wahlrecht ist explizit normiert: "Gegen die Entscheidung der Aufsichtsbehörde [als erste Wahlprüfungsinstanz, P.K.] ist der Verwaltungsrechtsweg gegeben. Das Vorverfahren nach der VwGO entfällt" (§ 51 KWahlG v.7.9.1982 (Rh-Pf.GVBl., S.369-381 (1982))). "Die Aufsichtsbehörde ist eine Verwaltungsbehörde", "die Entscheidung der Aufsichtsbehörde weist die Merkmale eines Verwaltungsakts auf, gegen die die Anfechtungsklage zulässig ist" (H.**Monz** (FN 336), S.202). Dementsprechend handelt es sich bei dieser Wahlprüfungsklage um eine Anfechtungsklage gem. § 42 VwGO: Rh-Pf.OVG, E.v.18.5.1985 [Az.: 7 A 136/84], in: AS **19**, 396 [398]; vgl. ebenso für das Bayerische K-Wahlrecht: Art.38 GWahlG [dazu: J.**Prandl** u.a. (FN 328), S.114 ff; ferner nachfolgend: FN 347(b)]. Ähnlich, den besonderen, objektiven Charakter des Wahlprüfungsverfahrens völlig vernachlässigend: Obwohl im Niedersächsischen Kommunalwahlgesetz v.28.10.1988 (Nds.GVBl., S.189-199 (1988)) i.d.F. v.22.3.1990 (Nds.GVBl., S.101-112 (1990), Art.4) die Rechtsnatur der Wahlprüfungsklage nicht explizit normiert ist (§§ 47, 49 KWahlG), geht die h.M. für diese Wahlen von einem "normalen Verwaltungsstreitverfahren, für das ausschließlich die Vorschriften der VwGO gelten" aus [dazu: W.**Schiefel** (FN 340), S.129/130 - dieses Prinzip kann aber vom Verfasser nicht konsequent durchgehalten werden: vgl. nachfolgend FN 351(c)].

344 K.-H.**Seifert** (FN 270), S.238.
Ebenso: "Auf zivilrechtliche Elemente wie das Verursacher- oder Verschuldensprinzip kommt es bei der Wahlprüfung nicht an." (HH.VerfG, E.v.4.5.1993 [Az.: HVerfG 3/92], Abschnitt IV.3, in: NVwZ **13**, S.1083-1090 (1993), S.1089) - A.A.: H.-P.**Schneider** (FN 336), S.96 (RN 3).
Weil das Wahlprüfungsverfahren dem Schutz des objektiven Wahlrechts dient, können dem Antragsteller auch nicht eigene, absichtlich herbeigeführte Wahlrechtsverstöße in diesem Verfahren zur Last gelegt werden (H. **v.Mangoldt** u.a. (FN 233), S.142 (RN 17); H.-P.**Schneider** (FN 336), S.101 (RN 14), mit Beispielen; H.**Monz** (FN 336), S.194; K.**Schmiemann** (FN 30), S.10; siehe ebenso bereits: K.**Ball** (FN 184), S.91 (Nr.23)).

345 BVerfGE **28**, 214 [219].
Dies bestätigend, stellvertretend aus der Literatur: G.**Kretschmer** (FN 340), S.441/442 (RN 3).
Selbstverständlich wird dadurch die untere Instanz nicht zum Gericht.

346 Bundesverfassungsgerichtsgesetz (= FN 23(b)). - Obwohl das Wahlprüfungsverfahren der Sache nach Rechtskontrolle ist, hat hier "die Praxis doch nicht die Folgerung gezogen, daß die Wahlprüfung durch Gerichte zu erfolgen hat" (K.**Braunias** (FN 150), S.284). - Um den Vorrang der gerichtlichen statt der parlamentari-

Analog ist für Studentenschaftswahlen der Instanzenweg des Wahlprüfungsverfahrens nicht zu beziehen aus der individuellen Rechtsweggarantie, sondern aus der Legitimationserzeugung für das Selbstverwaltungshandeln durch Wahl innerhalb einer Selbstverwaltungskörperschaft[347]. Nach geltender Rechtslage ist die erste Prüfungsinstanz selten, wie bei BT-Wahlen, Intraorgankontrolle (d.h. die parlamentarische Selbstprüfung), sondern, der Autonomie der Selbstverwaltungskörperschaft scheinbar angemessen, Prüfung durch ein eigenes Kontrollorgan innerhalb der Verfaßten Studentenschaft[348].

---

schen Wahlprüfung ist lange Zeit gestritten worden. Für die Zeit vor 1918, mit z.T heute noch zutreffenden Argumenten: K.**Ball** (FN 184), S.32 ff (§ 6, zum Schrifttum); S.46 ff (in Bezug auf die Politisierung der parlamentarischen Wahlprüfung); S.96 ff (§ 16). Dazu ausführlicher: Kap. 18.1.1., insb. FN V.73 und FN V.74.

347 Der 'besondere Rechtsweg' im Wahlprüfungsverfahren für Studentenschaftswahlen. (a) Dieser Rechtsweg widerspricht nicht den Normen der §§ 68 Abs.1, 77 Abs.2 VwGO (= FN 296), weil er kein Verwaltungsrechtsweg i.S. des § 40 VwGO ist: "Die Wahlanfechtung ist keine Anfechtung im Sinne der Verwaltungsgerichtsordnung. Sie muß auf einer ausdrücklichen gesetzlichen Regelung beruhen" (Bay.VGH, E.v.13.11.1974 [Az.: 258 VI 71], in: BayVBl.**106**, S.337-338 (1975), S.337 (LS 1)). Dem Landesgesetzgeber ist es demgemäß "in Wahlsachen" (d.h. für das Wahlprüfungsverfahren) anheimgestellt, ein besonderes Vorverfahren einzurichten. Dazu: E.**Eyermann**/L.**Fröhler** (FN 311), Komm. § 77 VwGO, S.550 (RN 1); F.O.**Kopp** (FN 305), Komm. § 77 VwGO, S.799/800 (RN 4); FN 342; BVerwG, E.v.15.12.1972 [Az.: VII B 74/74] (= FN 337).

(b) Beispiele: Der Instanzenweg des Wahlprüfungsverfahrens für Studentenschaftswahlen ist im gerichtsförmigen Teil <u>formal</u> derselbe wie derjenige für die Wahlprüfung bei der Wahl der kommunalen "Vertretungskörperschaften"; er unterscheidet sich in den (gerichtlichen) Klagearten [dazu: FN 343, FN 351(a)]; und er unterscheidet sich in den besonderen Vorverfahren, der ersten Instanz: **(i) Im Hessischen Fall** (Hessisches Kommunalwahlgesetz i.d.F. v.20.5.1992 (= FN 285(b)(ii))) ist die erste Instanz Intraorgankontrolle (§ 26 Abs.1 KWahlG), die anschließend sogleich ins Verwaltungsstreitverfahren mündet (§ 27 KWahlG). **(ii) Der Bayerische Fall** (Bayerisches Gemeindewahlgesetz (GWahlG) v.1.11.1954 (Bay.GVBl., S.256-260 (1954)) i.d.F. v.17.9.1989 (Bay.GVBl., S.485-496 (1989))) könnte einen effektiven und auch gangbaren Weg weisen für den Instanzenweg des Studentenschaftswahlrechts: <u>1.Schritt:</u> "Jeder Wahlberechtigte ... kann binnen 14 Tagen nach Verkündigung des Wahlergebnisses die Wahl durch schriftliche Erklärung bei der Rechtsaufsichtsbehörde anfechten, 1. wegen Verletzung der Vorschriften über das Wahlverfahren; 2. wegen vorschriftswidriger sachlicher Bescheide des Gemeindewahlleiters oder des Wahlausschusses; 3. wegen Ungültigkeit einzelner Stimmen. Die Entscheidung trifft die Rechtsaufsichtsbehörde... Die Ausschlußfrist des Art.37 (GWahlG) findet keine Anwendung. Erklärt die Rechtsaufsichtsbehörde eine angefochtene Wahl von Amts wegen für ungültig, so ist die Entscheidung auch auf die Wahlanfechtung zu erstrecken" (Art.36 GWahlG). <u>2.Schritt:</u> "Die Rechtsaufsichtsbehörde hat von Amts wegen die Wahlverhandlungen zu prüfen und das vom Wahlausschuß festgestellte Wahlergebnis zu berichtigen, wenn es mit den für die Wahlvorschläge und die einzelnen Bewerber festgestellten Stimmenzahlen nicht in Einklang steht. Binnen vier Monaten hat die Rechtsaufsichtsbehörde von Amts wegen die Wahl für ungültig zu erklären, wenn Wahlbestimmungen verletzt wurden und dadurch das Wahlergebnis verdunkelt werden konnte" (Art.37 Abs.1 und Abs.2 GWahlG). <u>3.Schritt:</u> "Gegen die Entscheidung der Rechtsaufsichtsbehörde ist der Verwaltungsrechtsweg gegeben. Das Vorverfahren nach § 68 Abs.1 VwGO entfällt" (Art.38 Abs.1 GWahlG). Vgl. dazu im einzelnen: J.**Prandl** u.a. (FN 328), S.110 ff. - Zur notwendigen Modifizierung des Verwaltungsrechtswegs im Wahlprüfungsverfahren für die Studentenschaftswahlen: FN 343.

(iii) Weitere Regelungen. Entsprechendes gilt für das Ba-Wü. K-Wahlrecht: R.**Kunze** u.a. (FN 222), S.348 ff. Weitergehend noch - und damit gegen den Grundsatz der Wahlbestandssicherung verstoßend [vgl. dazu: FN 336] - das Rh-Pf. K-Wahlrecht: "Die Aufsichtsbehörde kann auch nach Ablauf der Einspruchsfrist von Amts wegen über die Gültigkeit der Wahl entscheiden" (§ 49 Abs.2 Rh-Pf.KWahlG (= FN 343(b))).

348 Für den Hessischen Fall exemplarisch: § 69 Abs.3 HHG (= FN III.95).

Die Schwächen der studentischen Wahlprüfung. Der gravierende systemimmanente Schwachpunkt dieser selbstverwaltungsinternen Kontrollkonstruktion liegt in der zu erwartenden zu geringen Qualifikation der (studentischen) Organwalter für die Durchführung des Wahlprüfungsverfahrens: Kap.18.1.2. Als weiterer Schwachpunkt, der den Prüfungszweck vollends konterkariert, zeigt sich die in der Realität mangelnde Neutralität des politisierten Kontrollorgans: Kap.10.2. (FN III.32(a)); Kap.19.2.; Kap.19.11; Kap.19.12.; Kap.19.14.; Kap.19.26.; Kap.19.29.; Kap.19.30; Kap.19.31. [Für keine diese die Grenze zur Rechtsbeugung verwischenden ÄR-Entscheidungen hatten die Organwalter in Folge juristische Rechtfertigungspflicht oder politische Verantwortung zu übernehmen!] - Eine Alternative, die auch mit deren Aufgabenzuweisung verträglich wäre, stellt die explizite Übertragung der Prüfungskompetenz und -pflicht vom ÄR als erster Instanz auf die kompetentere und politisch neutralere Rechtsaufsichtsbehörde dar, die auch die Kompetenz der Ermittlung von Amts wegen zu besitzen hätte [dazu: Kap.16.7.4.(a).]. Die Verteter der Aufsichtsbehörde hätten nämlich, zumindest theore-

Für Studentenschaftswahlen kann die (untere oder oberste) Rechtsaufsichtsbehörde als solche *ohne explizite* Rechtsgrundlage aus rechtssystematischen Gründen keine Instanz des Wahlprüfungsverfahrens darstellen: Denn während dem Anfechtenden grundsätzlich das Recht auf das Durchlaufen des gesamten vorgesehenen Instanzenwegs offenstehen muß und die Zulässigkeit weiterer Klage die vollständige Ausschöpfung des vorhergehenden Rechtswegs zwingend voraussetzt[349], handelt die Rechtsaufsichtsbehörde als solche nach dem Opportunitätsprinzip, es besteht grundsätzlich kein Rechtsanspruch auf ein Tätigwerden dieser Behörde[350]. Das entläßt die Behörde allerdings nicht aus der von der Exekutivkontrolle der Staatsaufsicht herrührenden angemessenen Überwachung des vorgerichtlichen Teils des Wahlprüfungsverfahrens, insbesondere im Hinblick auf die Sicherstellung der Effektivität der Wahlprüfung!
Bereits mit der zweiten Instanz mündet das objektive Wahlprüfungsverfahren für Studentenschaftswahlen, ebenso wie der Rechtsweg des subjektiven Rechtsschutzes im laufenden Wahlverfahren, somit im Prinzip in das Verwaltungsstreitverfahren. Das *besondere Verfahren* der Wahlprüfung hat die folgende Gestalt (stellvertretend wird hier wieder der Instanzenweg des Wahlprüfungsverfahrens für die Wahlen der Studentenschaft der Johann Wolfgang Goethe-Universität zu Frankfurt am Main aufgeführt):

0. Bekanntgabe des vorläufigen amtlichen Endergebnisses der Wahl durch das studentische Wahlorgan (§ 23 Abs.9 StS);

1. "Wahlanfechtung": form- und fristgerechte Einreichung der Wahlanfechtung bei dem Ältestenrat der Studentenschaft (§ 25 StS i.V.m. § 69 Abs.3 HHG);

2. Beschluß des ÄR im Wahlprüfungsverfahren; (*Frist:* nötigenfalls rechtsaufsichtlicher Eingriff)

3. Wahlprüfungsklage: "Anfechtungsklage eigener Art"[351] gegen die Verfaßte Studentenschaft (§ 62 Abs.2 HHG) als passiv legitimierte rechtsfähige Körperschaft (§§ 63

---

tisch, in Form ihres Beamtenstatus ein besonderes Treueverhältnis zum Rechtsstaate vorzuweisen. Ein solcher Instanzenweg wäre gerade Körperschaften des öffentlichen Rechts angemessen: A.**Saftig** (FN 54), S.412; als Beispiele für den Kommunalbereich: FN 347(b).

349 Beispielhaft für das Durchgreifen dieser Norm (zwingend einzuhaltender Rechtsweg): BVerfGE **14**, 154 [155]; BVerfGE **63**, 73 [76].

350 Die Stellung der Aufsichtsbehörde im Wahlprüfungsverfahren. (a) Zum das Rechtsaufsichtshandeln grundsätzlich charakterisierenden Opportunitätsprinzip: Kap.18.2.1. (insb. FN V.112). Dies wird konkretisiert im Falle der Hessischen Universitäten in den Kann-Bestimmungen der §§ 19, 72 HHG (= FN III.95), erstmals mit § 38 Abs.1 i.V.m. § 35 HHG v.12.5.1970 (= FN III.38); bestätigt durch: Hess.VGH, E.v.23.3.1976 [Az.: VI TH 147/76] (unveröffentlicht).

(b) Das Verwaltungsgericht als zweite Wahlprüfungsinstanz für Studentenschaftswahlen bestätigend: VG Kassel, E.v.28.1.1985 [Az.: III/3 E 1350/84] (S.5/6 amtl.Umdr., unveröffentlicht). Damit ist für den Hessischen Fall implizit klargestellt: 1.Instanz ist der ÄR (§ 69 Abs.3 HHG); 2.Instanz ist das zuständige VG - folglich kann die in der Hierarchie zwischen beiden angesiedelte Rechtsaufsichtsbehörde keine Instanz des studentischen Wahlprüfungsverfahrens sein.

(c) In diesem Zusammenhang ist die diesbezügliche Satzungsnorm der Frankfurter Studentenschaft zumindest irreführend: "Mit Ausnahme der Entscheidung nach § 25 (Wahlanfechtungen) kann gegen Entscheidungen des Ältestenrates Rechtsaufsichtsbeschwerde bei der Präsidentin oder dem Präsidenten der Universität eingelegt werden. Danach ist weitere Rechtsaufsichtsbeschwerde beim Hessischen Minister für Wissenschaft und Kunst gegeben" (§ 37 Abs.2 StS v.22.2.1994 (= FN III.168); siehe dazu ferner: FN III.120, FN III.170 (Kap.12)).

351 Die besondere Rechtsnatur der Wahlprüfungsklage für Studentenschaftswahlen (II). Es handelt sich bei der Wahlprüfungsklage formal um eine Feststellungsklage: FN 343.

(a) Dieser "Anfechtungsklage eigener Art" kommt also (damit abweichend von § 80 Abs.1 VwGO (= FN 296)) keine aufschiebende Wirkung zu. Die Wahlprüfungsentscheidung des ÄR entfaltet folglich mit ihrer Verkündung Rechtskraft und wird somit in jedem Falle wirksam [vgl. dazu: FN 343(b)]. - Gegen offensichtlich rechtswidrige, politisch motivierte Entscheidungen des ÄR steht die Beschwerde bei der (unteren) Rechtsaufsichtsbehörde offen, die eine als rechtswidrig erachtete ÄR-Entscheidung kurzfristig aufheben kann.

Nr.2, 61 Nr.1 VwGO), vertreten durch den AStA (§ 67 HHG), bei dem Verwaltungsgericht Frankfurt am Main (§§ 45, 52 Nr.5 VwGO i.V.m. § 40 Abs.1 VwGO);

4. Entscheidung (Urteil) des VG Ffm (§ 107 ff VwGO) im Wahlprüfungsverfahren;

5. Wahlprüfungsbeschwerde: Berufung (§ 124 VwGO) gegen die VG-Entscheidung an den Hessischen Verwaltungsgerichtshof in Kassel (§ 124 Abs.1 VwGO), einzulegen beim VG Ffm (§ 124 Abs.2 VwGO);

6. möglichenfalls (§§ 46 Nr.1, 125 VwGO) Entscheidung des Hess.VGH im Berufungsverfahren;

7. Revision: möglichenfalls (§§ 49 Nr.1, 143 VwGO) Revision (§ 137 ff VwGO) an das Bundesverwaltungsgericht (§ 132 Abs.1 VwGO) bzw. Nichtzulassungsbeschwerde beim Hess.VGH (§ 132 Abs.3 VwGO), beides einzulegen beim Hess.VGH (§ 139 VwGO);

8. (Endgültige) Entscheidung durch das BVerwG.

Diese Instanzenhäufung verdeutlicht angesichts zeitlich beschränkter Legislaturperioden: Ähnlich der subjektiven Rechtsweggarantie im laufenden Wahlverfahren gestaltet sich auch das objektive Wahlprüfungsverfahren nach Abschluß der Wahl nur wirksam, wenn es in angemessener Zeit durchgeführt wird[352]. Ist nämlich die Durchführung einer notwendigen Wiederholungswahl oder auch nur eine Korrektur der Stimmen- bzw. Mandatsverteilung aufgrund einer erfolgreichen Wahlanfechtung zeitlich vor der regulären Neuwahl nicht mehr möglich, hat sich das Wahlprüfungsverfahren grundsätzlich bereits erledigt: Die notwendige Legitimation ist dem angefochtenen Gremium auch nachträglich nicht mehr zu verschaffen[353].

(b) Allerdings wäre es vom Gesetzgeber konsequenter, als erste Wahlprüfungsinstanz die (politisch neutrale und am Wahlverfahren nicht beteiligte) Rechtsaufsichtsbehörde gleich selbst zu bestimmen [vgl. dazu: FN 348] und den weiteren Rechtsweg als besonderen Verwaltungsrechtsweg auszustatten, der dem objektiven Charakter des Wahlprüfungsverfahrens angemessen sein müßte [vgl. dazu: FN 347].
Auch die Wahlprüfungsentscheidung der Aufsichtsbehörde entfaltete Rechtskraft. [Andernfalls: Zum dann auftretenden Problem sofortiger Vollziehbarkeit der Entscheidung der Aufsichtsbehörde als erster Instanz des Wahlprüfungsverfahrens (§ 80 Abs.2 Nr.4 VwGO (= FN 296)): OVG Koblenz, E.v.14.3.1991 [Az.: 7 B 10325/91], in: NVwZ-RR **4**, S.502-503 (1991); es "kommt eine Vollziehbarkeitsanordnung bei Ungültigkeitserklärung der Wahl wohl nicht in Frage" (J.**Prandl** u.a. (FN 328), S.117 (RN 6)). Beachte in diesem Zusammenhang grundsätzlich auch: Kap.16.4.1.(e).(i). (Unwirksamkeit der einstweiligen Anordnung im Wahlprüfungsverfahren).]

(c) Das Vorbringen der Wahlprüfungsklage in der zweiten Instanz unterliegt materiellen Beschränkungen im Sinne der Wahlbestandssicherung: "Die erstmals im Klageverfahren und nicht schon im Wahleinspruchsverfahren [d.h. mit der Wahlanfechtung, P.K.] fristgemäß erhobenen Wahleinwendungen unterliegen der Präklusion" (W.**Schiefel** (FN 340), S.130). - A.A. früher noch: H.**Monz** (FN 336), S.203.

(d) Aktivlegitimiert ist im Falle eines zurückweisenden Beschlusses des ÄR der bisherige Wahlanfechter; im Falle eines stattgebenden Beschlusses des ÄR jeder bisherige Organwalter, der aus der angefochtenen Wahl eine persönliche Rechtsstellung erlangt hatte [vgl. zu diesem Prinzip bereits: F.**Rietdorf**, Die Gemeinde- und Kreiswahlen in Schleswig-Holstein, Kiel 1948, S.89; ferner: R.**Kunze** u.a. (FN 222), S.346 ff, S.365 (RN 67); J.**Prandl** u.a. (FN 328), S.116 (RN 3)].

352 Zur Begründung kann hier nicht das Effektivitätsprinzip [dazu: FN 312] selbst herangezogen werden, weil es sich beim objektiven Wahlprüfungsverfahren nicht um die Ausprägung eines subjektiven Grundrechts handelt (das Wahlprüfungsverfahren ist kein Anwendungsfall des das Effektivitätsprinzip konstituierenden Art.19 Abs.4 GG [vgl. dazu: R.**Wassermann** (FN 312), S.1286 (RN 25); FN 347].

353 Zum zeitlichen Leerlaufen des Wahlprüfungsverfahrens. Als Paradigma für das De-facto-Leerlaufen der Wahlprüfung durch zeitliche Erledigung der Anspruchsgrundlagen: BVerfGE **22**, 277 [280/281] v.25.7. 1967 aufgrund einer Wahlanfechtung v.17.9.1961 (!): "Nach der ständigen Rechtsprechung des Bundesverfassungsgerichts ist das Wahlprüfungsverfahren dazu bestimmt, die richtige Zusammensetzung des Bundestages zu gewährleisten ... Da die Legislaturperiode des am 17. September gewählten Bundestages inzwischen abgelaufen ist, könnte eine Entscheidung über die vorliegende Beschwerde Auswirkungen auf die ordnungsgemäße Zusammensetzung des Bundestages nicht mehr haben. Die Beschwerde ist somit gegenstandslos geworden".

16.4.3. Zeitliche Vorgaben und Wirksamkeit des Wahlprüfungsverfahrens. Im Falle von Studentenschaftswahlen tritt der Zeitfaktor im Wahlprüfungsverfahren verstärkt hervor: Zum einen dauert die Legislaturperiode des Studentenparlaments regelmäßig nur ein Jahr, beträgt also lediglich einen Bruchteil der Legislaturperioden staatlicher Parlamente. Zum anderen muß das gesamte Wahlverfahren zusammenhängend, innerhalb der Vorlesungszeit *eines* Semesters stattfinden (d.h. die jährlich über fünfmonatige vorlesungsfreie Zeit (Semesterferien) kommt dafür, auch in Teilen, nicht in Betracht). Mit der Einhaltung aller für das Wahlverfahren notwendigen Fristen[354] kann eine Studentenschaftswahl frühestens im zweiten Drittel der Vorlesungszeit eines Semesters abgeschlossen werden. Der spätest mögliche Beginn einer durch das Wahlprüfungsverfahren angeordneten Wiederholungswahl läge in der Mitte der Vorlesungszeit des nachfolgenden Semesters (andernfalls könnte die Gesamtheit der im Wahlverfahren unumgänglichen Fristen nicht eingehalten werden[355]); im nachfolgenden Semester wird bereits wieder die reguläre Neuwahl des Studentenparlaments stattfinden, und der Streitgegenstand wird sich erledigt haben. Dessenungeachtet ist aber der vorgeschriebene Instanzenweg auch im Wahlprüfungsverfahren zwingend einzuhalten.

Als Konsequenz aus dieser wenig Spielraum eröffnenden Situation ist der ersten (studentischen) Wahlprüfungsinstanz die in der Vergangenheit durchaus regelmäßig und erfolgreich genutzte Möglichkeit zeitlicher Verzögerungen des Verfahrens zu nehmen: Hat das Organ nicht innerhalb von vier Wochen nach Ablauf der Einspruchsfrist entschieden, muß die Wahlanfechtung automatisch als abgelehnt gelten, und die Anrufung der nächsthöheren Instanz ist eröffnet[356]. Selbst unter dieser Entscheidungsfrist für die nichtgerichtliche Instanz bliebe somit für die nächstinstanzliche Gerichtsentscheidung im Wahlprüfungsverfahren lediglich eine Zeitspanne von maximal drei Monaten.

Gegen möglicherweise obstruktive Einzelentscheidungen der studentischen Wahlprüfungsinstanz kann *nicht* in zeitsparender, die Wirksamkeit der Wahlprüfung sichernder Weise mittels

---

Ferner, Beispiele aus dem Bereich der Frankfurter Studentenschaftswahlen: Kap.19.11.2.; Kap.19.14.3.; Kap. 19.15.3.; Kap.19.27.3.; Kap.19.29.3.; Kap.19.30.3.

354 Die obligatorische Briefwahl schiebt die Fristen nochmals um mindestens fünf Wochen hinaus [siehe dazu: FN III.96(b) (Kap.11)].

355 Die Fristen einer Wiederholungswahl verkürzen sich um diejenigen zur Einreichung von Wahlvorschlagslisten [vgl. dazu exemplarisch: Kap.19.16.].

356 Zur zeitlichen Beschränkung der Prüfkompetenz der ersten Instanz. (a) Dieses effektive Verfahren ist rechtmäßig: Entsprechend der längeren Legislaturperiode des Landtags normiert z.B. das noch heute gültige NRW.LWahlPrG v.20.11.1951 (NRW.GVBl.A S.147-148 (1951)) für die Intraorgankontrolle: "Entscheidet der Landtag nicht innerhalb einer Frist von drei Monaten, dann gilt der Einspruch als abgelehnt" (§ 7 Abs.2 LWahlPrG). Die Intraorgankontrolle ist folglich a priori gehindert, das Wahlprüfungsverfahren zu verschleppen. Diesem Prinzip zustimmend: K.-H.**Seifert** (FN 270), S.234; H.**Loschelder** (FN 290), S.36. Dagegen kann § 77 VwGO (Ersetzung sonstiger Bestimmungen über das Vorverfahren) nicht durchgreifen, weil es sich beim Wahlprüfungsverfahren nicht um den Verwaltungsrechtsweg nach § 40 VwGO handelt [dazu: FN 347].
(b) Die in der Frankfurter StS (= FN III.168) neu getroffene Regelung ("Über die Gültigkeit der Wahl entscheidet der Ältestenrat innerhalb von einem Monat." (§ 25 StS [beachte dazu: FN III.156 (Kap.12)]) reicht nicht hin: **(i)** Im Falle von zeitlichen Verzögerungen des ÄR (die nicht stets rechtzeitig als solche zu erkennen sind!) muß vom Antragsteller zunächst eine weitere Stelle eingeschaltet werden, die den ÄR zum Tätigwerden zwingt. Das kostet aber wiederum Zeit. **(ii)** Strittig ist im Frankfurter Falle die Zuständigkeit; die Weigerung der unteren Rechtsaufsichtsbehörde, hier tätig zu werden, ist geeignet, das konkret anhängige Wahlprüfungsverfahren auszuhebeln [exemplarisch: FN 358]. Für die Zuständigkeit der universitären (unteren) Aufsichtsbehörde spricht bereits ein pragmatischer Grund: Diese Behörde ist aufgrund ihres Aufgabenbereichs und ihrer inneruniversitären Lage am ehesten mit den anliegenden Problemen vertraut; sie kann sie daher auch in relativ kurzer Zeit effektiv und adäquat bewältigen. **(iii)** Die reale Möglichkeit für das Leerlaufen der o.g. Norm (§ 25 StS) bestätigten bereits die ersten beiden darunter geprüften Wahlen: Kap.19.30.3.; 19.31.4.

Antrags auf einstweilige Anordnung gerichtlich vorgegangen werden[357], unabhängig von einer objektiv gebotenen Eilbedürftigkeit für eine Entscheidung; vielmehr ist in diesen Fällen *allein* die (untere) Rechtsaufsichtsbehörde im Hinblick auf die Sicherung der Wirksamkeit der Wahlprüfung befugt und verpflichtet, rasch geeignet tätig zu werden[358].
Die bereits angesprochene Fristsetzung für die Wahlprüfungsentscheidung der ersten (nichtgerichtlichen) Instanz und der nötigenfalls garantierte rasche Eingriff der Rechtsaufsichtsbehörde sichern und erhalten aber zumindest die theoretische Möglichkeit effektiver gerichtlicher Wahlprüfung. Realistischer, wenn auch unbefriedigend, erscheint es nichtsdestoweniger, davon auszugehen, daß die verwaltungsgerichtliche Wahlprüfung für Studentenschaftswahlen aus den genannten strukturellen Zeitgründen oft leerlaufen wird: Selbst im Falle der raschen Ablehnung des Antrags durch die erste, studentische Instanz ist eine Wiederholungswahl wegen der bis zur gerichtlichen Urteilsverkündung fortgeschrittenen Zeit, unabhängig vom Ergebnis der materiellen Prüfung, in den allermeisten Fällen nicht mehr möglich[359]. Unter diesen Umständen verweist die rechtsstaatliche Garantie für eine wirksame, objektive Wahlprüfung besonders darauf, die erste Prüfungsinstanz zugunsten einer qualifizierteren und neutraleren vollständig aus der Selbstverwaltungskörperschaft herauszunehmen. - Um den Sinn des Wahlprüfungsverfahrens für Studentenschaftswahlen aber unter den vorherrschenden, unzureichenden Bedingungen autonomer Verfahrensdurchführung nicht völlig preiszugeben, ist zweierlei unabdingbar:
(i) Die rechtsaufsichtliche Prüfungskompetenz außerhalb des Instanzenwegs muß gewahrt bleiben, weil das Wahlprüfungsverfahren andernfalls in Gefahr stünde, allein aus zeitlichen Gründen völlig leerzulaufen[360].
(ii) Der subjektive Wahlrechtsschutz übernimmt in seinem (beschränkten) Wirkungsbereich ggf. alleine noch die effektive gerichtliche Wahlrechtskontrolle, was dessen Gewicht im Wahlverfahren noch erhöht.

16.5. Die charakteristischen Grundsätze der materiellen Wahlprüfung

Der objektive Charakter des gesamten Wahlprüfungsverfahrens prägt auch das materielle Wahlprüfungsrecht[361]. Prüfungsrelevant sind alle *Wahlfehler*, bei denen eine Verletzung objektiven Wahlrechts bis zum Abschluß des Wahlverfahrens festgestellt werden kann; der Tatbestand des Wahlfehlers bezeichnet "alle Verstöße gegen zwingende Wahlvorschriften, die sich entweder auf die Wahlvorbereitung, die Wahlhandlung oder auf die Feststellung des Wahl-

---

357 Siehe zu diesem formalen Prüfungsgrundsatz ausführlicher: Kap.16.4.1.(e).
358 Als typisches Beispiel einer (erfolgreichen) Obstruktionsentscheidung des Ältestenrats zur Verhinderung eines Wahlprüfungsverfahrens: Kap.19.29.4.(a). Das Wahlprüfungsverfahren lief in diesem Falle letztlich leer, weil die Rechtsaufsichtsbehörde untätig blieb: Kap.19.29.4.(c). und Kap.19.29.4.(d).
359 Selbst das Wahlprüfungsgericht beim Reichstag (Art.31 WRV), ein Fachgericht mit eng begrenzter Aufgabenzuweisung, meist fachlich kompetenten und erfahrenen Mitgliedern und im Interesse der Öffentlichkeit stehend, entschied (nach 1920) frühestens nach mehreren Monaten. K.**Ball** (FN 184) nennt diesen nicht kurzen "Zeitraum, in dem die Wahlprüfung erledigt wird, ... recht schnell" (S.163). Beachte ferner (Leerlaufen einer BT-Wahlprüfung aufgrund langer Verfahrensdauer): FN 353. - Zum Problem im allgemeineren Rahmen: M.**Kloepfer**, Verfahrensdauer und Verfassungsrecht, JZ **34**, S.209-216 (1979).
360 Beispiel: FN 358. - Zum tatsächlichen, umfangreichen Scheitern der selbstverwaltungsinternen Kontrolle ('Ältestenrat') siehe nachfolgend: Kap.18.1.; Kap.19. Keinesfalls kann daher Versuchen zugestimmt werden, die das vorgerichtliche Wahlprüfungsverfahren für Studentenschaftswahlen aus der staatlichen Rechtsaufsicht herausnehmen wollen [für derartige Versuche beispielhaft: FN III.120 (Kap.12); FN 350(c)]. Statt dessen sollte erwogen werden, das Wahlprüfungsverfahren der Kontrolle der Studentenschaft ganz zu entziehen: FN 348.
361 Zur Geschichte des im folgenden dargestellten materiellen Wahlprüfungsrechts beispielhaft und umfassend: K.**Ball** (FN 184), Teile I bis III.

ergebnisses beziehen."[362] "Danach sind nicht nur bestimmte, sondern alle wahlerheblichen Normen des ... Wahlrechts Prüfungs- und Entscheidungsmaßstab"[363] - und auch nur diese.
Der nächstliegende *Prüfungsmaßstab* für Studentenschaftswahlen, das positivierte Studentenschaftswahlrecht, wird wegen dessen Unternormierung in vielen konkreten Fällen aber nichts wesentliches hergeben. Gleichzeitig wird der ersatzweisen analogen Inbezugnahme positivierten, staatlichen Wahlrechts wegen dessen Verschiedenartigkeit in Einzelnormen einerseits sowie Unternormierung in weiten Bereichen andererseits stets etwas Willkürliches anhaften[364]. Daher wird in der Praxis größtes Gewicht erhalten die Prüfung der Verstöße gegen die demokratischen Wahlrechtsgrundsätze als materiellem Kern auch des (objektiven) Studentenschaftswahlrechts[365].
Da das Wahlprüfungsverfahren - ebenso wie das gesamte Wahlverfahren - unter dem Grundsatz der *Wahlbestandssicherung* verbleibt, sind dessen Prüfungsprinzipien und -folgen restriktiv ausgestaltet; grundlegendes restriktives Prüfungsprinzip des materiellen Wahlprüfungsrechts ist dabei das:
(a) Prinzip der reinen Mandatserheblichkeit. "Nur solche Wahlfehler vermögen ... die Beschwerde zu rechtfertigen, die auf die Mandatsverteilung von Einfluß sind oder sein können."[366] Alle Wahlfehler, die im konkreten Falle die Mandatsverteilung nicht verändern, sind also nach diesem Prinzip 'reiner Mandatserheblichkeit' grundsätzlich[367] nicht prüfungsrelevant.
- Während also das Vorliegen eines positiv festgestellten Wahlfehlers per definitionem notwendige Bedingung für die Vernichtung der Wahl ist, ist selbst das Vorliegen eines mandatsrelevanten 'erheblichen Wahlfehlers' noch keine hinreichende Bedingung dafür. Im einzelnen

---

362 H.**Rechenberg** (FN 301), S.27 (RN 21).
Diese Wahlrechtsverstöße sind in einer Wahlanfechtung positiv feststzustellen: Kap.16.4.1.(d).; H.-P.**Schneider** (FN 336), S.97 (RN 5); für den Kommunalbereich: K.**Schmiemann** (FN 30), S.26/27.
363 B.-D.**Olschewski** (FN 271), S.34.
Der Prüfungsmaßstab umfaßt dagegen die Normen des Deutschen Wahlstrafrechts nicht, weil diese für Studentenschaftswahlen nicht gelten [siehe dazu: FN 267]. Anders beispielsweise für die BT-Wahlen: H.-P.**Schneider** (FN 336), S.97 (RN 6); H.**v.Mangoldt** u.a. (FN 233), S.146 (RN 34).
364 Zur Normhypotrophie des materiellen Wahlprüfungsrechts: FN 328. Siehe als typische Beispiele für Manipulationsmöglichkeiten durch sachfremde Auslegung normhypotrophen Wahlprüfungsrechts: Kap.19.26.1., insb. FN V.504 und Kap.19.27.2., insb. FN V.520.
365 Die demokratischen Wahlrechtsgrundsätze als Prüfungsmaßstab. Ob diese Grundsätze als Maßstab im Wahlprüfungsverfahren herangezogen werden dürfen, läßt sich nicht direkt aus der Verfassung und deren Werttsystem gewinnen, denn "fraglich ist, inwieweit die Verfassung als Maßstab der Wahlprüfung herangezogen werden kann" (H.-P.**Schneider** (FN 336), S.98 (RN 7)). - A.A.: Durch die Verfassung als Prüfungsmaßstab "werden Regelungslücken geschlossen, die auftreten würden, wenn lediglich die gesetzlichen und untergesetzlichen Vorschriften zur Vorbereitung und Durchführung von Wahlen ... als Prüfungsgrundlage herangezogen würden (G.**Kretschmer** (FN 339), S.459 (RN 52)).
Dessenungeachtet sind die demokratischen Wahlrechtsgrundsätze in ihrer materiellen Konkretisierung (und nur diese ist hier wesentlich, weil die Wahlrechtsgrundsätze nirgends detailliert positiviert sind) unumstritten als isolierter Verfassungsteil Prüfungsmaßstab für das Wahlprüfungsverfahren: T.**Maunz**, Komm. Art.41 GG, in: T.**Maunz** u.a. (FN 59), FN 55 auf S.56; I.**v.Münch** (FN 156), S.488 (RN 56); H.-P.**Schneider** (FN 207), S.56 (RN 53); W.**Schreiber** (FN 20), S.67. Für K-Wahlen paradigmatisch: H.**Monz** (FN 336), S.195.
Schließlich sind die Wahlrechtsgrundsätze für Studentenschaftswahlen einfachgesetzlich positiviert: Kap.14.1., insb. FN 59. Prüfungsmaßstab sind also alle fünf Wahlrechtsgrundsätze in ihrer spezifischen Ausformung für Studentenschaftswahlen: Kap.15.
366 BVerfGE **4**, 370 [372/373] (= FN 332).
Siehe zur Mandatserheblichkeitsprüfung ausführlicher: Kap.16.4.1. (am Beginn, insb. FN 332). Das Prinzip der 'reinen Mandatserheblichkeitsprüfung' ist allerdings zugunsten des legitimationsstärkeren Prinzips der 'doppelten Erheblichkeitsprüfung' zu differenzieren [dazu nachfolgend: Kap.16.6.].
367 Eine Ausnahme können, als einzelne lediglich stimmenverändernde, Wahlfehler im Rahmen des 'Kumulationsprinzips' bilden [vgl. dazu nachfolgend Abschnitt (f)].

gelten nämlich unter dem Leitprinzip der Wahlbestandssicherung die weiteren charakteristischen materiellen Prüfungsprinzipien:

(b) Verbesserungsprinzip. Jede nachträglich mögliche Korrektur führt zur Unschädlichkeit der betroffenen Wahlfehler; insbesondere sind *reine Formfehler* während des Wahlverfahrens lediglich nachträglich zu korrigieren[368]. Bei Vorliegen anderer Wahlfehler findet - soweit möglich - grundsätzlich eine Berichtigung (*Reparationsprinzip*) des vorläufigen amtlichen Wahlergebnisses statt[369], so daß die Ungültigkeitserklärung der Wahl und damit eine notwendige Wiederholungswahl vermieden werden. Kann ein Wahlfehler nicht zweifelsfrei positiv festgestellt, d.h. nachgewiesen werden, spricht eine Vermutung für den Bestand der Wahl.

(c) Erforderlichkeitsprinzip. Kein Eingriff in den Bestand der Wahl darf weiter gehen, als es die Auswirkung des festgestellten Wahlfehlers verlangt. Insbesondere sind Wahlfehler, die ohne Auswirkung auf das Wahlverhalten des Wählers und damit auf das Wahlergebnis geblieben sind, für das Wahlprüfungsverfahren stets unbeachtlich[370]. Objektiv unverbesserliche Wahlfehler berühren den Bestand der Wahl nicht[371]. Mandatserhebliche Wahlfehler können höchstens für diejenigen Stimmbezirke zur Ungültigkeit der Wahl führen, in denen sie sich konkret ausgewirkt haben (*Prinzip der Teilwiederholungswahl*)[372].

(d) Prinzip der relativen potentiellen Kausalität. Ein Wahlfehler kann nur dann zur (Teil-) Ungültigkeit der Wahl führen, wenn er nicht berichtigt werden kann - Verbesserungsprinzip - und wenn zusätzlich die Möglichkeit besteht, daß er (mandats)erheblich gewesen sein kann (*potentielle Kausalität*). "Dabei ist jedoch nicht auf ganz entfernte und theoretische Möglichkeiten, sondern auf das abzustellen, was nach Lebenserfahrung und Umständen des Einzelfalles noch eine gewisse Wahrscheinlichkeit hat"[373] (*relative* potentielle Kausalität); "die schlüssige Behauptung allein reicht nicht"[374] hin.

---

368 A.A.: "Da die Fehlerlosigkeit des Wahlablaufs kein Selbstzweck ist, ist der Ausgleich einer für die Sitzverteilung unerheblichen Fehlerhaftigkeit überflüssig. In dem Abbau eines rechtlichen Zuviel ... kann man keine beträchtliche Rückbildung rechtsstaatlicher Elemente erblicken." (K.**Schiller** (FN 264), S.88/89).

369 So z.B.: BVerfGE **34**, 81 [102]; in diesem Sinne explizit später auch: K.-H.**Seifert** (FN 23), S.401; W.**Schreiber** (FN 20), S.556/557 (RN 13); zuvor bereits: P.**Karpenstein** (FN 332), S.106 ff.
Ein typisches Beispiel für die nachträgliche Berichtigung des vorläufigen amtlichen Wahlergebnisses (Neufeststellung) bildet die Abänderung der durch das Wahlorgan vorgenommenen Gültigkeits-/Ungültigkeitserklärung von Stimmen im nachfolgenden Wahlprüfungsverfahren. Explizit wird das 'Verbesserungsprinzip' normiert z.B. in: Art.37 Bay.GWahlG (= FN 347(b)); dazu ausführlicher: J.**Prandl** u.a. (FN 328), S.110 ff.

370 BVerfGE **4**, 370 [373].
Nichtsdestoweniger sind auch diese Wahlfehler in den darauffolgenden Wahlen nach Möglichkeit abzustellen. [Siehe dazu nachfolgend: Kap.17.2.2., bei FN V.32.]

371 Dazu: H.-P.**Schneider** (FN 336), S.97 (RN 5).

372 W.**Schreiber** (FN 20), S.558 (RN 15); BVerfGE **14**, 76 [105]; BVerfGE **16**, 147 [183]. Explizit wird das Prinzip der 'Teilwiederholungswahl' normiert z.B. in: § 33 Ba-Wü.KWahlG (= FN 246) [dazu ausführlicher: R.**Kunze** u.a. (FN 222), S.404 ff].

373 K.-H.**Seifert** (FN 23), S.400 [m.w.N.].
Inzwischen höchstrichterlich bestätigt: BVerfGE **89**, 266 [273], m.w.N. Vgl. aus der Literatur auch: P.**Karpenstein** (FN 332), S.89 ff; W.**Schreiber** (FN 20), S.553 (FN 35); weitere Nachweise in: H.**Monz** (FN 336), S.195/196; R.**Kunze** u.a. (FN 222), S.395/396 (RN 109). Exemplarisch für die Judikatur: OVG Schleswig, E.v.24.6.1993 [Az.: 2 K 4/93], in: NVwZ **13**, S.179-183 (1994), S.180. - In Widerspruch dazu das Bayerische K-Wahlrecht: J.**Prandl** u.a. (FN 328) ["Wahrscheinlichkeitsberechnungen ... dürfen dabei nicht angestellt werden" (S.108 (RN 10)); "es kommt ... nur darauf an, ob die Möglichkeit bestand" (S.113 (RN 5)). Dies gründend auf der ständigen Rspr. des Bay.VerfGH; vgl. dazu: BayVGHE **47**(NF)II, 59 [65], Abschn.IV.2.b].

374 **H.-P.Schneider** (FN 336), S.96 (RN 4).
Ebenso bereits: F.**Rietdorf** (FN 75), S.272. - Aber: Die relative potentielle Kausalität eines Wahlfehlers ist im Zweifelsfalle weit auszulegen, insbesondere bei Vorliegen begründeter Anhaltspunkte, wonach die betroffene Wahl zuvor nicht sauber durchgeführt worden ist ('erweitertes Kumulationsprinzip').

(e) Prinzip des summarischen Verfahrens. Die Wahlprüfung als Legitimationsprüfung erfordert innerhalb des vorgeschriebenen Rahmens der 'relativen potentiellen Kausalität' den Ausschluß aller gravierenden, auch der weniger wahrscheinlichen (nicht jedoch der "nach Lebenserfahrung und Umständen" unwahrscheinlichen), Vermutungen über inkorrekte Mandatsverteilungen: Ist ein Wahlfehler nicht zu berichtigen, so sind die daraus möglichen Beteiligungsfehler in demjenigen Umfange numerisch abzugrenzen, der sie sicher enthält; dieser Bereich ist minimal zu bestimmen (*Erforderlichkeitsprinzip*). Das Auftreten verschiedener Mandatsverteilungen im Rahmen dieser 'summarischen Prüfung' hat bei hinreichender Wahrscheinlichkeit die Ungültigkeit der Wahl in dem betrachteten Bereich zur Folge (*Nichtigkeitsprinzip*)[375].

(f) Kumulationsprinzip. Die Wahlprüfung aufgrund isolierter Wahlfehleranalyse ist mit den Grundsätzen einer objektiven Legitimationsprüfung nicht vereinbar: Liegen für dieselbe Wahl mehrere Wahlfehler, denen verschiedene Wahlanfechtungen zugrundeliegen können, vor, so ist deren sich möglicherweise gegenseitig verstärkender Einfluß auf das Wahlergebnis im Rahmen der 'relativen potentiellen Kausalität' und des 'summarischen Verfahrens' ***kumulativ*** zu würdigen[376]. Hierbei können auch isoliert 'unwesentliche Wahlfehler' Prüfungsrelevanz erlangen.

- Die genannten Wahlprüfungsprinzipien zeigen die Vernichtung der Wahl als ultima ratio. Weil diese Prinzipien zudem immer auf eine konkrete Mandatsverteilung bezogen sind, ergibt sich zwingend[377]: Es gibt unter den Wahlfehlern *keine absoluten Nichtigkeitsgründe*[378].

---

375 **Zum 'summarischen Verfahren'. (a) Eine Systematisierung** der Berechnungsmethoden des 'summarischen Verfahrens' erfolgt durch: M.**Drath** (FN 31), S.15-19; K.**Schiller** (FN 264), S.104 ff; vgl. ferner: R.**Kunze** u.a. (FN 222), S.397 (RN 115).

(b) Ein Anwendungsbeispiel liefert die BVerfGE **4**, 370 [374] (in unvollständiger Darstellung): "Im Husumer Wahlbezirk E wurden ... 989 Zweitstimmen abgegeben" und, nicht verbesserbar, unkorrekt ausgezählt. Zunächst wurde das bekannte, unkorrekt ausgezählte Teilergebnis vom Gesamtergebnis abgezogen (M.**Drath**: Verfahren A4). "Das Gericht hat [sodann] die gesamten Zweitstimmen dieses Wahlbezirks der Reihe nach jeder einzelnen Partei zugeschlagen und für jeden dieser Fälle das Ergebnis neu berechnet" (M.**Drath**: Verfahren B1). "Es ergab sich, daß nicht einmal an der Reihenfolge, in der die Sitze auf die Parteien entfielen, geschweige denn an der Zahl ihrer Mandate sich etwas gegenüber dem festgestellten Wahlergebnis änderte. Damit ist offenkundig, daß die fehlerhafte Ermittlung des Wahlergebnisses im Wahlbezirk E in Husum die Mandatsverteilung nicht berührte." [Aufgrund somit fehlender Mandatsrelevanz war die relative potentielle Kausalität des Wahlfehlers gar nicht mehr nachzuprüfen.] - Vgl. zur Anwendung der Methode ferner: BVerfGE **40**, 11 [36/37]; OVG Schleswig, E.v.24.6.1993 [Az.: 2 K 4/93], in: NVwZ **13**,.S.179-183 (1994), S.181.

Im Falle der "Falschbeteiligung von Wählern", d.h. der Stimmabgabe ohne Vorliegen der Stimmberechtigung, ist die betrefffende Stimmenzahl lediglich nacheinander vom Ergebnis aller Parteien abzuziehen und die Mandatsrelevanz zu prüfen [so auch: K.**Schiller** (FN 264), S.104].

(c) Auch das 'summarische Verfahren' unterliegt dem **Prinzip der relativen potentiellen Kausalität**: Wird mittels des summarischen Verfahrens Mandatserheblichkeit festgestellt, so ist abschließend zu prüfen, ob wenigstens ein Fall der zu diesen (zunächst hypothetischen) Stimmenumverteilungen führenden Konstellationen mit hinreichender Wahrscheinlichkeit eingetreten sein konnte.

(d) Dies alles demonstriert **die Auswirkung des 'summarischen Verfahrens'** auf den Erfolg einer Wahlprüfung: Je größer die Anzahl der zu vergebenden Mandate in Relation zur Anzahl der abgegebenen (und die Mandatsverteilung beeinflussenden) Stimmen bei einer Wahl ist, desto größer ist die Wahrscheinlichkeit, daß das summarische Verfahren die Mandatsverteilung nicht invariant läßt, d.h. wegen der folglich auftretenden Mandatserheblichkeit im Falle hinreichender Wahrscheinlichkeit zur Nichtigkeit der Wahl (im betroffenen Bereich) führen muß. - Das wird also im Falle der Studentenschaftswahlen wesentlich häufiger eintreten als z.B. bei BT- oder LT-Wahlen [genauer: FN 332(b)]; arithmetisch irrig dagegen: OVG Schleswig (s.o.), S.183.

376 Ebenso, mit der Forderung nach einer "Schlußprüfung": K.-H.**Seifert** (FN 270), S.234. - Im Sinne zügiger Durchführung eines Wahlprüfungsverfahrens gilt allerdings: Kommt die Wahlprüfungsinstanz "zu dem Ergebnis, daß einer von mehreren Anfechtungsgründen zur Ungültigkeitserklärung und zur Wiederholung der Wahl insgesamt führt, braucht sie in der Regel die anderen Rügen nicht mehr zu prüfen. Das gilt aber nur für den Anfechtungsgrund mit den am weitesten reichenden Konsequenzen." (J.**Prandl** u.a. (FN 328), S.109 (RN 11))

377 Einen absoluten Nichtigkeitsgrund bildete theoretisch der Tatbestand der rechtswidrigen Zurückweisung einer Wahlvorschlagsliste unter dem Prinzip der reinen potentiellen Kausalität: Zu unterstellen wäre nämlich

Im Rahmen des materiellen Wahlprüfungsrechts erfolgt also unter dem Prüfungsmaßstab der 'reinen Mandatserheblichkeit' eine Differenzierung des Begriffs des 'Wahlfehlers':
(i) Wesentlicher Wahlfehler. Ein Wahlfehler heißt wesentlich, wenn als Folge seines Wirkens *theoretisch* die Mandatsverteilung der betroffenen Wahl verändert werden kann.
(ii) Unwesentlicher Wahlfehler. Ein Wahlfehler, der nicht wesentlich ist, heißt unwesentlich. Unwesentliche Wahlfehler besitzen grundsätzlich keine Relevanz im Wahlprüfungsverfahren.
(iii) Erheblicher Wahlfehler. Ein wesentlicher Wahlfehler, der im Rahmen der 'relativen potentiellen Kausalität' (die nur im *konkreten* Einzelfall zu prüfen ist) mandatsrelevant ist, heißt erheblich. Allein ein als erheblich festgestellter Wahlfehler (oder: Wahlfehlergruppe im 'Kumulationsprinzip') vermag einer Wahlanfechtung zum Erfolg zu verhelfen.
- Abgesehen von den eben dargestellten Prüfungsprinzipien besteht das materielle Wahlprüfungsrecht aus jenen untergeordneter Kasuistik. Die diesbezügliche Würdigung einzelner, möglicherweise 'erheblicher Wahlfehler' wird im nachfolgenden Kap.19 erfolgen anhand besonderer Vorkommnisse während der Studentenschaftswahlen an der Johann Wolfgang Goethe-Universität zu Frankfurt am Main; die Prüfung eines Wahlfehlers und dessen möglicher Erheblichkeit muß sich mangels Kodifizierung zentral am jeweiligen Richterrecht orientieren[379].

16.6. Das (korrekte) doppelte Erheblichkeitsprinzip im Wahlprüfungsverfahren

Das Ergebnis des Wahlprüfungsverfahrens ist nach der h.M. *reine* materielle Mandatserwerbsprüfung - und nur in diesem Zusammenhang auch Stimmergebnisprüfung. Allerdings kann dieser h.M. nicht gefolgt werden: Denn das reine Mandatserheblichkeitsprinzip widerspricht dem Charakter des Wahlprüfungsverfahrens als "bestmöglichem Schutz des öffentlichen Interesses sowohl in der Legitimationsprüfung des Wahlbestands als auch in der Wahlbestandssicherung"[380]. Es ist nämlich "durchaus möglich und denkbar, daß die Wahlprüfung auch auf Wahl-

---

in diesem Fall als ungünstigste Möglichkeit, daß alle Wähler für den nicht zugelassenen Wahlvorschlag gestimmt hätten, was jedenfalls evident eine andere Mandatsverteilung zur Folge gehabt hätte; das Wahlergebnis wäre nicht verbesserbar, weil die Liste gar nicht zur Wahl zugelassen war [so auch: K.**Schiller** (FN 264), S.113; H.**Loschelder** (FN 290), FN 8 auf S.9]. Das tatsächlich anzuwendende 'Prinzip der relativen potentiellen Kausalität' liefert aber Fälle, in denen "nach Lebenserfahrung und Umständen" die Zurückweisung einer Wahlvorschlagsliste die Mandatsverteilung nicht beeinflußt haben wird [so auch: K.**Ball** (FN 184), S.212/213].

378 Stellvertretend für diese heute h.M.: K.-H.**Seifert** (FN 23), S.400; H.**Rechenberg** (FN 301), S.29 (RN 25); K.**Schmiemann** (FN 30), S.100 ff; indirekt auch bereits: BVerfGE **4**, 370 [372/373], sowie: F.**Rietdorf** (FN 75), S.271/272.

(a) Das war bis vor nicht allzu langer Zeit noch nicht unumstritten; als diesbezügliches Beispiel wird aufgeführt: "Die Verletzung jedes einzelnen der fünf Wahlrechtsgrundsätze führt zur Ungültigkeit der Wahl" (H.**v.Mangoldt**/F.**Klein**, Das Bonner Grundgesetz (Komm.), Band 2, 2.Aufl. Berlin/Frankfurt/M 1964, Komm. Art.38 GG, S.884). Dieser Passus wurde in die Neuauflage (H.v.**Mangoldt** u.a. (FN 233)) nicht mehr übernommen. Korrekt dagegen nach der h.M.: "Ist ein Verstoß gegen einen der Wahlrechtsgrundsätze nachgewiesen, so besteht eine Vermutung für die Ungültigkeit der Wahl, die nur durch den Nachweis, daß das Wahlergebnis durch den Fehler nicht beeinflußt sein kann, widerlegt werden kann." (T.**Maunz** (FN 59), S.56 (RN 55))

(b) Absolute Nichtigkeitsgründe normiert z.B. heute noch das stark persönlichkeitsgeprägte Ba-Wü. K-Wahlrecht: § 32 Abs.2 KWahlG (= FN 246) [dazu ausführlicher: R.**Kunze** u.a. (FN 222), S.398 ff].

379 **Beispiele** für erhebliche Wahlfehler im Deutschen K-Wahlrecht gibt: A.**Saftig** (FN 54), S.232-250; für LT-Wahlen: FN 218, FN 231(a) (Kap.15). Für BT-Wahlen sind erhebliche Wahlfehler bisher durch das BVerfG noch nicht festgestellt worden [beachte in diesem Zusammenhang: FN 332(b); FN 375(c)].

380 zit.n.: Kap.16.4.1.

Wenn auch nicht im Maße der korrekten Mandatsverteilung, so hat die korrekte Stimmenverteilung (d.h. das authentische Wahlergebnis) doch ein eigenes Gewicht: Indem allein die Wahl im repräsentativen System die Rückführung aller Amtsautorität des Parlaments auf das aus Individuen sich zusammensetzende (Verbands-) Volk ermöglicht [dazu: Kap.13.2.1.], ist diese Rückführung, d.h. die Legitimation des Parlaments, nur authentisch möglich im Falle zugrunde gelegter korrekter Stimmenverteilung. Der exakten Stimmenverteilung kann

beteiligungsfehler reagiert - nämlich durch deren Feststellung"[381] und möglichenfalls der nachträglichen Stimmergebniskorrektur. Den Unterschied zwischen dem Verfahren der h.M., der *reinen Mandatserheblichkeitsprüfung*, einerseits und der *doppelten Erheblichkeitsprüfung*, die im ersten Schritt die festgestellten Wahlfehler auf ihre Stimmenerheblichkeit (Beteiligungsfehler) hin prüft, möglichenfalls nachbessert und erst daran anschließend die Mandatserheblichkeit prüft, andererseits, illustrieren die nachfolgenden Diagramme[382]:

(i) Reine Mandatserwerbsprüfung.

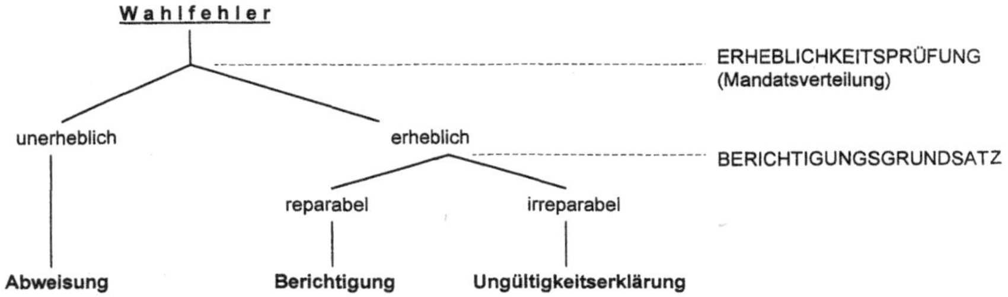

(ii) Doppelte Erheblichkeitsprüfung.

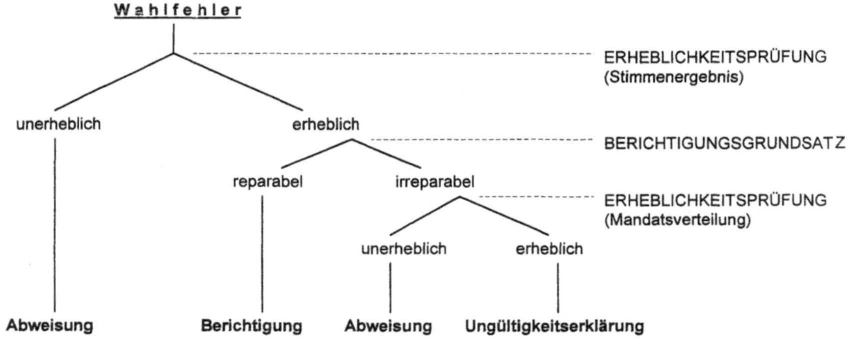

---

darüber hinaus in Einzelfällen auch konkrete Bedeutung zukommen; Beispiele: Wahlkampfkostenerstattung, die sich an der Höhe des Stimmenaufkommens orientiert; Differenzierung von Fraktionen gleicher Mandatsstärke, z.B. für die Zugriffspräferenzen zur Beschickung von Ausschüssen und Kommissionen.

381 B.-D.**Olschewski** (FN 271), S.48.
Beispiele für Stimmergebniskorrekturen aus dem positivierten Recht: "Werden im Wahlprüfungsverfahren Stimmen für ungültig oder ungültige für gültig erklärt oder rechnerische Fehler festgestellt, die nicht eine Ungültigkeitserklärung der Wahl in den Wahlkreisen zur Folge haben, so ist dennoch die Berichtigung des Wahlergebnisses durch den Landeswahlausschuß vorzunehmen" (§ 16 Abs.2 Nds.WahlPrG v.10.3.1955 (Nds.GVBl., S.87-99 (1955))). In diesem Sinne entscheidet auch das Hessische Wahlprüfungsgericht u.a. "über die Gültigkeit oder Ungültigkeit einer bestimmten Anzahl von Stimmzetteln" der Landtagswahl (§ 15 Abs.1 Nr.b Hess. LWahlPrG v.5.8.1948 (GVBl., S.93-94 (1948)) i.d.F. v.4.7.1962 (GVBl., S.314-316 (1962)). Ebenso aus dem Kommunalbereich: Art.36 Nr.3 Bay.GWahlG (= FN 347).

382 Nach: K.**Schmiemann** (FN 30), S.119.
Im Falle der Mandatserheblichkeit ist die Ungültigkeitserklärung der Wahl im Rahmen der Prüfung der 'relativen potentiellen Kausalität' durchzuführen [dazu: Kap.16.5.(d).].

Beide Prüfungsverfahren erfüllen alle fünf vorgenannten Grundsätze des materiellen Wahlprüfungsrechts; sie vernichten dabei insbesondere genau dieselben Wahlen[383], verhalten sich folglich gleich in Bezug auf die Wahlbestandssicherung. Die 'doppelte Erheblichkeitsprüfung' vermag aber eine erhöhte Legitimation der Wahl zu sichern, weil sie - im Unterschied zur 'reinen Mandatserheblichkeitsprüfung' - nachträgliche Stimmergebnisverbesserung unter invarianter Mandatsverteilung zuläßt. Weil die 'doppelte Erheblichkeitsprüfung' die Prinzipien des Wahlprüfungsverfahrens optimaler realisiert, ist ihr Vorrang gegenüber der nach der h.M. angewandten reinen Mandatserheblichkeitsprüfung zu geben. Im Wahlprüfungsrecht sollte der Begriff des 'Wahlergebnisses' folglich nicht (wie nach der bisher h.M.) als Synonym für 'Mandatsergebnis' aufgefaßt werden[384].

16.7. Konkurrenzen

Grundsätzlich sind sowohl in der spezifischen juristischen Verschränktheit der Selbstverwaltungskörperschaft mit dem Staat (Rechtsaufsicht) Kollisionen mit allgemeingültigen juristischen Verfahren denkbar als auch in der spezifischen Struktur des gesamten Wahlverfahrens (objektives Wahlprüfungsverfahren - subjektives Rechtsschutzbedürfnis). Die Gefahr eines doppelten Rechtswegs[385] bei der Wahlprüfung liegt im gesamten Verfahren der Studentenschaftswahlen aber mit einer Ausnahme[386] grundsätzlich nicht vor:

16.7.1. Subjektiver Wahlrechtsschutz - Rechtsaufsichtskontrolle im laufenden Wahlverfahren. Eine Eingriffskollision zwischen subjektivem Wahlrechtsschutz und Rechtsaufsichtshandeln im laufenden Wahlverfahren ist nicht gegeben: Die notwendige Stabilität der Wahldurchführung gebietet, daß Eingriffe in laufende Wahlverfahren ausschließlich zur Sicherung des vorgeschriebenen Fortgangs des Wahlverfahrens sowie im grundrechtssichernden Sinne der Garantie des subjektiven Rechtswegs (der das Wahlverfahren indes nicht hemmen darf) zulässig sind. Das Rechtsaufsichtshandeln darf und muß also allein, im Rahmen der Ersatzvornahme von pflichtgemäßen Entscheidungen des Wahlorgans, einerseits sicherstellen, daß die Wahl formal vorschriftsmäßig geregelt zustandekommt, und es ist andererseits rein subsidiär auf die Realisierung des subjektiven Rechtswegs nach Art.19 Abs.4 GG gegenüber möglichen Torpedierungsversuchen eines parteiischen studentischen Wahlorgans ausgerichtet. Alle anderen Eingriffe durch Aufsichtsinstanzen (Ältestenrat, Rechtsaufsichtsbehörde)[387] sind ebenso katego-

---

383 Beweis: Bezeichne mit U_i die Menge der ungültigen Wahlen in Modell i (i=I: doppelte Erheblichkeit, i=II: reine Mandatserheblichkeit).

(a) $W \in U_{II}$ <==> der irreparable Wahlfehler ist mandatserheblich
==> der irreparable Wahlfehler ist stimmenerheblich, und die Wahl ist zu vernichten
==> $W \in U_I$, d.h. $U_{II} \subseteq U_I$.

(b) $W \in U_I$ <==> der irreparable Wahlfehler ist stimmen- und mandatserheblich
==> der irreparable Wahlfehler ist mandatserheblich
==> $W \in U_{II}$, d.h. $U_I \subseteq U_{II}$.

Das heißt, es gilt die Identität $U_I \equiv U_{II}$. **(q.e.d.)**

384 In diesem Sinne auch: J.**Prandl** u.a. (FN 328), Komm. Art.36 GWahlG, S.108 (RN 10). Zum Problem grundlegend: K.**Schmiemann** (FN 30), S.25/26, S.107 ff (§ 8).
A.A.: T.**Maunz** (Zitat aus: FN 378). Ferner: BVerfGE **4**, 370 [372/373]; etwa zur gleichen Zeit [im Jahre 1956]: F.**Rietdorf** (FN 343), S.271; früher bereits: K.**Ball** (FN 184), S.225.

385 Vgl. dazu: Bay.VGH, E.v.4.9.1953 [Az.: 54 V 53], in: BayVGHE 6/I(NF), 176 [178].

386 Auch diese Schwäche kann behoben werden; dazu nachfolgend: Kap.16.7.4.(a).

387 (a) Ausführlicher: Zum ÄR: Kap.16.3.5.(c).; zur Aufsichtsbehörde: Kap.16.3.5.(d).
In diesem Sinne ist den Urteilen des VG Darmstadt v.13.5.1974 [Az.: IV H 85/74] und v.20.8.1974 [Az.: IV E 86/74] (beide unveröffentlicht) im Ergebnis zuzustimmen (die Verfaßte Studentenschaft der Justus Liebig-Universität Gießen wandte sich als Antragstellerin in diesem Verfahren gegen eine rechtsaufsichtliche Verfügung

risch ausgeschlossen wie nicht in der Satzung bzw. Wahlordnung der Studentenschaft explizit vorgesehene Eingriffe durch das Wahlorgan selbst[388] oder durch die Judikative[389]. Andererseits darf auch der subjektive Rechtsschutz die Fortführung des laufenden Wahlverfahrens in keiner Phase aufhalten, also insbesondere selbst grundsätzlich kein Rechtsaufsichtshandeln (zur Wahlverfahrensbestandssicherung) hervorrufen[390].

16.7.2. Subjektiver Wahlrechtsschutz - objektives Wahlprüfungsverfahren (nach Abschluß des Wahlverfahrens). Überschneidungen des Rechtswegs sind prinzipiell denkbar in dem Fall, daß subjektiver Rechtsschutz im Anschluß an das Eilverfahren während der Wahl auch noch im Hauptsacheverfahren (als Fortsetzungsfeststellungsklage nach der Wahl) begehrt wird und dieselben Sachverhalte gleichzeitig in einem Wahlprüfungsverfahren geltend gemacht werden[391]. Diese theoretischen Überschneidungen werden aber realiter nicht eintreten: Wird

---

des Präsidenten der Universität als Rechtsaufsichtsbehörde, mit der dieser - nach erfolglosem Durchlaufen aller in der WO normierten vorgerichtlichen Rechtsbehelfe - das rechtswidrige Verfahren der Listenzulassung für die StuPa-Wahl v.14.-16.5.1974 durch das studentische Wahlorgan im laufenden Wahlverfahren aufgehoben hatte): "Rechtsaufsichtliche Eingriffsrechte [sind] auch für den Präsidenten einer Universität bei Wahlen zum Studentenparlament während der Vorbereitung und Durchführung zur Wahl nicht gegeben" (S.6, amtl.Umdr.). Als diesbezüglich rechtswidriges Beispiel: Kap.19.3.2. - Einzige (und wesentliche!) Ausnahmen von dieser Regel: FN 314 und Kap.16.3.5.(d).

Dagegen kann der Begründung des Gerichts nicht zugestimmt werden, weil diese in ihrer Absolutsetzung die Realisierung der Rechtsweggarantie im laufenden Wahlverfahren offenläßt (bzw. in der Eilentscheidung v.13.5.1974 sogar explizit zurückweist: Auch für Studentenschaftswahlen gelte der Satz, "daß Unregelmäßigkeiten des Wahlverfahrens erst - und nur dann - im Wahlprüfungsverfahren angegriffen werden können"). Der hier wiederum als Begründung zitierte 'Ausschlußsatz' [dazu: Kap.16.2.1.] ist nämlich für Studentenschaftswahlen im o.g. Falle einer möglichen Einschränkung des passiven Wahlrechts gerade nicht anwendbar: Kap. 16.3.3.(vi).; Kap.16.3.5.(a).!

(b) Dieses dominierende Prinzip des Erhalts des Wahlverfahrens (Wahlverfahrensbestandssicherung) gilt im Deutschen Wahlrecht nicht uneingeschränkt: "Wird während der Vorbereitung der Wahl ein offenkundiger, vor der Wahl nicht mehr behebbarer Mangel festgestellt, wegen dem die Wahl im Fall ihrer Durchführung im Wahlprüfungsverfahren für ungültig erklärt werden müßte, so sagt die Rechtsaufsichtsbehörde die Wahl ab." (§ 29 Ba-Wü.KWahlG (= FN 246) [dazu ausführlicher: R.**Kunze** u.a. (FN 222), S.333 ff])

388 Das (studentische) Wahlorgan ist insbesondere nicht befugt, ein laufendes Wahlverfahren vor Beendigung der Wahl abzubrechen [als diesbezüglich rechtswidriges Beispiel: Kap.19.24.2.] oder bereits festgelegte Fristen des Wahlverfahrens kurzfristig wieder abzuändern [als diesbezüglich rechtswidriges Beispiel: Kap.19.12.1.]: Kap.16.3.5.(b).

389 In diesem Sinne auch für den vorläufigen Bestand eines laufenden Wahlverfahrens mindestens bis zum Ende der Wahl plädierend: "Das Risiko, daß eine Wahl bei Erfolg eines anhängigen Normenkontrollverfahrens wiederholt werden muß, stellt keinen schweren, nicht mehr behebbaren Nachteil dar, der die Verschiebung der Bestimmung des Wahltermins ... rechtfertigt." (Nds.StGH, E.v.28.7.1977 [Az.: StGH 1/77], in: N-StGHE **1**, 320 [LS 2]) - Tendenziell a.A.: "Der Erlaß einer einstweiligen Anordnung vor der Wahl ist ausnahmsweise zulässig, wenn der gerügte Wahlfehler evident ist und dazu führen würde, daß im Wahlprüfungsverfahren die Wahl ganz oder teilweise für ungültig erklärt wird" (WahlPrG Berlin, E.v.19.1.1979 [Az.: WPG 1.79], in: B-OVGE **14**, 262 [LS 1] [Rechtswidrigkeit eines übermäßigen Unterstützerquorums]); ferner: "Nach Auffassung des Senats kann es weder im Interesse des Klägers noch im Interesse der anderen Beteiligten und der Allgemeinheit liegen, wegen einer bereits gegenwärtig offenliegenden und alle Beteiligten belastenden Streitfrage die Anfechtung der bevorstehenden Gemeinderatswahl gleichsam vorzuprogrammieren und auf alle sich aus einer Wahlanfechtung ergebenden kommunalpolitischen und gemeinderechtlichen Nachteile zuzusteuern." (Ba-Wü.VGH, E.v.19.3.1979 [Az.: I 915/78], in: DVBl.**95**, S.60-62 (1980) [gerichtlicher Eingriff in das Wahlvorschlagsrecht - vorbeugende Feststellungsklage noch vor Beginn des Wahlverfahrens])

390 Zu diesem Prinzip: Kap.16.3.3.(c).

391 Zur Fortsetzung des Eilverfahrens (subjektive Rechtskontrolle im laufenden Wahlverfahren) im Hauptsacheverfahren (nach Beendigung der Wahl): Kap.16.3.6.

Der subjektive Wahlrechtsschutz im Hauptsacheverfahren. "Ein subjektives Recht auf Ausspruch der Ungültigkeit einer Wahl kommt einem Bürger ohnehin nicht zu, so daß bereits vom Verfahrensgegenstand her ein dem gerichtlichen Schutz von Wahlrechten dienendes Verfahren und das Wahlprüfungsverfahren erheblich differieren. Andererseits ist aber zu beachten, daß durch einen gerichtlichen Rechtsschutz - was insbesondere in Verbindung mit dem passiven Wahlrecht bedeutsam werden kann -, soweit dieser bereits im Vorfeld der Wahl

nach Abschluß der Wahl die Verletzung subjektiver Rechte - ggf. nach Maßgabe des Kumulationsprinzips zusammen mit anderen Wahlfehlern - im Wahlprüfungsverfahren angefochten, so "geht die Wahlprüfung als spezielles Verfahren der justizförmigen Kontrolle vor"[392], nötigenfalls mittels Verfahrensaussetzung für die Individualklage nach § 94 VwGO. Einschränkend ist ohnehin zu beachten, daß die Fortführung der Individualklage wegen Erledigung in der Hauptsache (nach Abschluß des Wahlverfahrens) nur noch mittels Fortsetzungsfeststellungsklage möglich ist, deren objektivierte Voraussetzungen in den allermeisten Fällen aber nicht vorliegen werden[393].

16.7.3. Wahlprüfungsverfahren - Strafverfolgung im 'Wahlstrafrecht'. Die Durchführung eines Wahlprüfungsverfahrens erfolgt prozessual unabhängig von einer möglicherweise anhängigen Strafverfolgung von Wahldelikten, weil zwei völlig verschiedene Zwecke verfolgt werden[394]; allerdings sind später "die Wahlprüfungsinstanzen an die Feststellungen der Strafgerichte gebunden"[395]. Im Falle offensichtlich rechtswidrigen Verhaltens eines studentischen Wahlorgans, das zur anschließenden Ungültigkeitserklärung der Wahl führt, sollte neben die notwendige Entscheidung über die Einleitung eines (öffentlichrechtlichen) Wahlprüfungsverfahrens stets auch durch die Aufsichtsbehörde die Frage der individuellen Haftung für den Verursacher gestellt werden[396]!

---

sichergestellt werden kann, eine wenig ökonomische Ungültigkeitserklärung der Wahl im Wahlprüfungsverfahren vermieden werden kann" (W.-R.**Schenke** (FN 271), S.2442/2443). Allerdings ist die selbständige, individualrechtliche verwaltungsgerichtliche Anfechtung von Wahlverfahrensakten erst nach Beendigung des Wahlverfahrens aufgrund des besonderen Charakters des Wahlprüfungsverfahrens in der Regel nicht mehr möglich; beispielhaft dafür: "Eine gegen die Nichtzulassung eines Wahlvorschlags gerichtete selbständige Klage wird spätestens mit der Durchführung der Wahl durch das gesetzlich besonders geregelte Wahlprüfungsverfahren ausgeschlossen." (Rh-Pf.OVG, E.v.29.3.1958 [Az.: 2 A 61/57], in: AS 7, 6 [LS 2] [für K-Wahlen])

Problematisch ist hier die Ansicht, wonach ein Antragsteller durch vorherige Nichtausschöpfung des möglichen individualrechtlichen Rechtswegs im laufenden Wahlverfahren durch sein "desinteressiertes Verhalten den Anspruch auf Verfolgung seines Rechts im Wege der Wahlanfechtung verwirkt" habe [so aber: R.**Kunze** u.a. (FN 222), S.394/395 (RN 107)]. Dies widerspräche dem Grundsatz der Wahlanfechtung als Popularklage [dazu: Kap.16.4.1.(c).]. In diesem Sinne bereits: F.**Rietdorf** (FN 75), S.265/266.

392 H.-P.**Schneider** (FN 336), S.103 (RN 15).

Dieses Prinzip ist für Studentenschaftswahlen stets zu realisieren, weil beide Verfahren bei demselben (Verwaltungs-)Gericht landen werden. [A.A.: T.**Maunz** (FN 59), S.6 (RN 18).] Das Prinzip dieser Verfahrens"verrechnung" ist sinnvoll, weil die justizförmige Kontrolle im subjektiven Wahlrechtsschutz zu diesem Zeitpunkt ebenfalls objektiven Charakter angenommen hat [siehe dazu: Kap.16.3.5. (am Ende)].

393 "Hat sich die Anfechtung einer ...Wahl erledigt [z.B. weil inzwischen eine weitere gültige Wahl stattgefunden hat], so ist eine ausschließlich dem Individualrechtsschutz dienende Fortsetzungsfeststellungsklage gemäß § 113 Abs.1 S.4 VwGO (= FN 296) im allgemeinen unzulässig. Sie kann dann zulässig sein, wenn im konkreten Fall ein das allgemeine Interesse am Wahlprüfungsverfahren übersteigendes Individualinteresse geltend gemacht werden kann" (W.**Schiefel** (FN 340), S.130 [m.w.N.]).

394 Siehe dazu den Beginn dieses Kapitels 16. So auch bereits: J.**Hatschek** (FN 25), S.541. - Der Verfolgung unterschiedlicher juristischer Zwecke wird formal durch die Zuständigkeit unterschiedlicher Gerichte Ausdruck verliehen: Mit dem Wahlstrafverfahren wird grundsätzlich ein Amtsgericht, in Ausnahmefällen ein Landgericht (§ 24 GVG), befaßt sein, mit dem Wahlprüfungsverfahren ein Verwaltungsgericht. - Beachte aber für Studentenschaftswahlen einschränkend: FN 267!

395 H.-P.**Schneider** (FN 336), S.97 (RN 6).

Ferner: Ba-Wü.VGH, E.v.10.4.1956 [Az.: 3 K 124/55], in: ESVGH **8**, 73 [77]; K.**Schmiemann** (FN 30), S.92/93; R.**Kunze** u.a. (FN 222), S.377/378 (RN 40 ff).

396 Hierfür ist zunächst stets den Mitgliedern des Wahlorgans Vorsatz - d.h. Wissen und Wollen rechtswidrigen Erfolgs - nachzuweisen (ggf. mittels nachweislich rechtzeitiger rechtsaufsichtlicher Hinweise auf das rechtlich Zulässige und Gebotene im laufenden Wahlverfahren). Die Sanktionen könnten ggf. erfolgen gemäß § 331 ff StGB, Straftaten im Amt, oder Art.34 GG i.V.m. § 839 BGB, Haftung bei Amtspflichtverletzung (Regreß). Zu möglichen wahlrechtlichen Konsequenzen unterlassener Verfolgung wiederholter individueller Wahlrechtsverstöße siehe exemplarisch: FN V.587 (Kap.19).

16.7.4. Wahlprüfungsverfahren - Rechtsaufsichtskontrolle. Nach § 41 Abs.2 HRG unterliegen sowohl die autonome Durchführung einer Studentenschaftswahl in ihrer Gesamtheit (d.h. nach Abschluß der Wahl) als auch das Tätigwerden des selbstverwaltungsinternen Kontrollorgans Ältestenrat im Wahlprüfungsverfahren als Selbstverwaltungshandeln der Verfaßten Studentenschaft der Rechtskontrolle durch die Aufsichtsbehörde[397]; diese Rechtsaufsichtsbehörde ist dabei nach bisher geltendem Recht keine Prüfungsinstanz[398].

(a) Strittig ist, ob eine (offensichtlich mit erheblichen Wahlfehlern behaftete) Studentenschaftswahl von Amts wegen - auch ohne Vorliegen einer Wahlanfechtung - durch die Rechtsaufsichtsbehörde überprüft und ggf. für nichtig erklärt werden kann. *Dafür* spricht die umfassende Prüfungskompetenz der Behörde, die sich aus dem gerade auch für die Selbstverwaltungskörperschaft geltenden Rechtsstaatsprinzip ableitet[399]. *Dagegen* spricht der besondere Charakter des Wahlprüfungsverfahrens, insbesondere das leitende Prinzip der Wahlbestandssicherung[400]. Rechtssystematisch sinnvoll wäre es in diesem Zusammenhang, die Antragskompetenz zur Einleitung eines Wahlprüfungsverfahrens neben den Wahlberechtigten[401] auf die Aufsichtsbehörde (von Amts wegen) zu erweitern[402].

(b) Im Falle der Ablehnung einer durch den Ältestenrat als erster (studentischer) Prüfungsinstanz behandelten Wahlanfechtung stehen dem Anfechtenden unter Umständen gleichzeitig zwei Rechtsschritte offen[403]:

(i) Einlegung einer Rechtsaufsichtsbeschwerde gegen die behauptete rechtswidrige oder unsachgemäße Tätigkeit des Ältestenrats bei der unteren Aufsichtsbehörde mit dem Antrag, die ÄR-Entscheidung aufzuheben und das Wahlprüfungsverfahren in Ersatzvornahme erneut, diesmal rechtsstaatlich einwandfrei, durchzuführen[404].

Die parteiische Aushebelung wesentlicher Teile des demokratischen Wahl- und Verfahrensrechts durch politisierte studentische Wahlorgane erscheint heute um so risikoloser, als in keinem bekannten Falle die Verursacher anschließend zur persönlichen Verantwortung gezogen wurden. Vgl. dazu: Kap.16.1.; Kap.17.3.3.; Kap. 17.3.4.; Kap.19.

397 Siehe dazu: Kap.16.4.3.(i).; FN III.120 (Kap.12); FN 356.

398 Siehe dazu: Kap.16.4.2., insb. FN 350.

399 Siehe dazu: Kap.13.3.2.

400 Siehe dazu: Kap.16.4.1.

401 Siehe dazu: Kap.16.4.1.(c).

402 Durch diese Ausdehnung der Aktivlegitimation wäre einerseits der Instanzenweg des Wahlprüfungsverfahrens gewahrt; andererseits entstünde nicht die Rechtslücke, wonach die Aufsichtsbehörde erkannte Rechtsverstöße in einem Studentenschaftswahlverfahren (sofern dazu keine Wahlanfechtung vorliegt, aufgrund fehlender eigener Antragskompetenz) nicht verfolgen könnte.
Diese Ausdehnung der Aktivlegitimation ist bekannt aus dem Wahlprüfungsrecht für K-Wahlen [dazu genauer: H.**Weber** (FN 343), S.903]. In diesem Falle differenziert das Ba-Wü. K-Wahlrecht zwischen der 'Wahlprüfung' von Amts wegen (§ 30 KWahlG (= FN 246)) und der bei der Aufsichtsbehörde als erster Wahlprüfungsinstanz individuell einzureichenden 'Wahlanfechtung' (§ 31 KWahlG) [dazu ferner: R.**Kunze** u.a. (FN 222), S.345 (RN 35)]. Diese Differenzierung bleibt im folgenden unmaßgeblich.

403 Diese rechtssystematisch mehrdeutige Situation des verdoppelten Rechtswegs könnte umgangen werden, indem gesetzlich die (untere) staatliche Rechtsaufsichtsbehörde als erste Wahlprüfungsinstanz statt des studentischen Ältestenrats normiert würde [zu weiteren Vorteilen dieser Konstruktion: FN 348].

404 Diese Situation wird insbesondere eintreten im Falle parteiisch-rechtsbeugender Tätigkeit des Ältestenrats [beispielhaft dafür: Kap.18.1.4.; Kap.19].
Dieses Verfahren begegnet Bedenken hinsichtlich der erstrebten Wahlbestandssicherung: Die Einlegung der Rechtsaufsichtsbeschwerde bei der Aufsichtsbehörde ist an kein Fristerfordernis gebunden; eine mögliche Anullierung einer streitbefangenen Wahl kann daher - auch bei schnellem Arbeiten von ÄR und Aufsichtsbehörde - lange nach Einreichung der Wahlanfechtung ausgesprochen werden. Der Bestand der streitbefangenen Wahl bleibt somit unsicher (nämlich abhängig von der Einreichung einer Rechtsaufsichtsbeschwerde und deren positiver Bescheidung) bis zur nächsten regulären Neuwahl.

(ii) Klage gegen die erstinstanzliche ÄR-Entscheidung beim zuständigen Verwaltungsgericht als zweiter Instanz des Wahlprüfungsverfahrens.

Im Falle der Aufhebung einer angegriffenen Studentenparlamentswahl durch die Rechtsaufsichtsbehörde (entweder von Amts wegen oder aufgrund einer Rechtsaufsichtsbeschwerde) ändert sich die bisherige Prozeßkonstellation im Wahlprüfungsverfahren (ausgeführt anhand des Hessischen Falls, speziell der Studentenschaft der Johann Wolfgang Goethe-Universität); es nimmt die Gestalt eines *Verwaltungsvollstreckungsverfahrens* an:

> **0.** Rechtsaufsichtlicher Eingriff in das Wahlprüfungsverfahren (§ 72 Abs.1 HHG): Durchführung des Wahlprüfungsverfahrens in Ersatzvornahme (§ 10 VwVG); als Konsequenz rechtsaufsichtliche Verfügung gegen die Studentenschaft, vertreten durch den AStA, über die Aufhebung der angegriffenen Wahl; Anordnung des Sofortvollzugs wegen Vorliegens öffentlichen Interesses (§ 6 Abs.2 VwVG);
>
> **1.** Widerspruch (§ 18 VwVG, § 69 VwGO) des AStAs auf Wiederherstellung der aufschiebenden Wirkung (§ 80 Abs.1 VwGO)[405] und Aufhebung der Verfügung bei der unteren Rechtsaufsichtsbehörde; - Erteilung des Widerspruchsbescheids (§ 73 VwGO);
>
> **2.** Weitere Rechtsaufsichtsbeschwerde bei der obersten Rechtsaufsichtsbehörde (Hessischer Minister für Wissenschaft und Kunst);
>
> **3.** Anfechtungsklage (§ 74 Abs.1 VwGO) des AStAs gegen das Land Hessen, dieses vertreten durch seinen Ministerpräsidenten, dieser vertreten durch den Hessischen Minister für Wissenschaft und Kunst (§ 78 Abs.1 VwGO), einzulegen bei dem Verwaltungsgericht Frankfurt am Main (§ 52 VwGO i.V.m. § 40 Abs.1 VwGO).

Damit ist der ursprüngliche studentische Wahlanfechter, sofern er nicht die Prüfung anderer Tatbestände im eigenständigen, regulären Wahlprüfungsverfahren weiterverfolgt, aus dem Verfahren ausgeschieden; das bisherige ("besondere") Wahlprüfungsverfahren wandelt seinen Charakter zu einem Verwaltungsstreitverfahren; die bisherige Beklagte (Studentenschaft) wird selbst zum Kläger; als neue Beklagte tritt die oberste Rechtsaufsichtsbehörde ins Verfahren ein.

16.8. Die außerordentlichen Wahlverfahren

Mit dem Abschluß einer regulären Legislaturperionde erfolgt in der Regel die Wahl des neuen Parlaments im Rahmen einer *Hauptwahl*. Eine Wahl vor Beendigung einer Legislaturperiode besitzt somit zu begündenden Ausnahmecharakter; in diesem Zusammenhang sind drei Wahlklassen anzugeben[406]. Die erste Klasse erwächst als Konsequenz der Autonomie des Parlaments, die auch das Recht zur Selbstauflösung umfaßt:

(i) Neuwahl: Löst sich, dem geltenden Parlamentsrecht entsprechend, ein Parlament vorzeitig (d.h. vor Ablauf der Legislaturperiode) auf, hat unverzüglich eine Neuwahl desselben stattzufinden auf der Grundlage eines völlig neu zu beginnenden Wahlverfahrens (unabhängig vom Verfahren der vorhergehenden Hauptwahl); dasselbe gilt, falls aufgrund des Ausscheidens von

---

405 Der Antrag nach § 80 Abs.1 VwGO (= FN 296) ist zulässig, weil es sich hier - im Gegensatz zum eigentlichen Wahlprüfungsverfahren [dazu: Kap.16.4.1.(e).] - um ein spezielles Verwaltungsstreitverfahren handelt, das durch die VwGO normiert wird (und subsidiär durch das VwVG (= FN III.48)).

406 Rechtssystematisch erfolgt die Unterscheidung dieser drei Wahlklassen am klarsten durch die Legaldefinitionen im Nds.KWahlG (= FN 343(e)): § 41 Abs.1 (Nachwahl), § 42 Abs.1 (Wiederholungswahl), § 43 Abs.1 (Neuwahl). Vgl. exemplarisch zu diesen Abgrenzungen aus dem K-Wahlrecht: R.**Kunze** u.a. (FN 222), S.408 ff und S.416.

Mandatsträgern (und erschöpfter Listen) so viele Mandate unbesetzt sind, daß das Parlament keine Beschlußfähigkeit mehr erreichen kann[407].

- Die zweite Klasse außerordentlicher Wahlverfahren bildet den Abschluß des (erfolgreichen) Wahlprüfungsverfahrens, und sie unterliegt damit insbesondere dem das "objektive" Wahlprüfungsverfahren leitenden Grundsatz der Wahlverfahrensbestandssicherung der Hauptwahl[408].

(ii) Wiederholungswahl: "Wird im Wahlprüfungsverfahren eine Wahl ganz oder teilweise für ungültig erklärt, so ist sie nach Maßgabe der Entscheidung zu wiederholen. Die Wiederholungswahl findet nach denselben Vorschriften, denselben Wahlvorschlägen und, wenn seit der Hauptwahl nicht mehr als sechs Monate verflossen sind, aufgrund derselben Wählerverzeichnisse wie die Hauptwahl statt, soweit nicht die Entscheidung im Wahlprüfungsverfahren hinsichtlich der Wahlvorschläge und Wählerverzeichnisse Abweichungen vorschreibt."[409]

- Die dritte Klasse der außerordentlichen Wahlverfahren trägt der Möglichkeit Rechnung, daß eine (Haupt-)Wahl an einer oder mehreren Urnen oder in der Briefwahl aufgrund höherer Gewalt nicht durchgeführt werden kann. "Im Gegensatz zur Wiederholungswahl hat hier am Tage der Hauptwahl noch gar keine Wahl stattgefunden. Es geht also nicht darum, etwas Unrichtiges zu ersetzen, sondern etwas Lückenhaftes zu vervollständigen"[410]:

(iii) Nachwahl: "Eine Nachwahl findet statt, wenn (in einem oder mehreren Stimmbezirken) die (Haupt-)Wahl nicht durchgeführt worden ist. ... Die Nachwahl findet nach denselben Vorschriften und auf denselben Grundlagen wie die Hauptwahl statt."[411] Das Institut der Nachwahl wird erweitert auf die Vervollständigung der Mandatsträger im Falle der Listenerschöpfung oder vorzeitigen Ausscheidens des Trägers eines Direktmandats.

- De facto - wenn auch mit unterschiedlichen Begründungen (Nachwahl: Vervollständigung der Hauptwahl; Wiederholungswahl: Wahlverfahrensbestandssicherung) - werden also sowohl Nachwahlen als auch Wiederholungswahlen grundsätzlich auf der Basis weitestmöglicher Bestandskraft der Verfahrensakte der Hauptwahl durchgeführt.

---

407 Bei der Neuwahl handelt es sich also um eine außerplanmäßige Hauptwahl vor Beendigung der regulären Legislaturperiode (vgl. dazu § 16 BWahlG (= FN 30)).

408 Vgl. zum Prinzip der Wahlverfahrensbestandssicherung: Kap.16.4.1. (am Beginn); Kap.13.2.2.

409 § 44 Abs.1 und 2 BWahlG (= FN 30).
Ähnlich: "Die Ungültigkeitserklärung einer Wahl erfaßt nur das Wahlergebnis, nicht das Wahlverfahren insgesamt" (J.**Prandl** u.a. (FN 328), S.118 (RN 11)).
Der Sechsmonatsfrist für BT-Wahlen entspricht für Studentenschaftswahlen die Anforderung, daß die Wiederholungswahl im selben Semester stattfindet wie die Hauptwahl. Das ist aber zumindest im Falle obligatorischer Briefwahl zeitlich ausgeschlossen.

410 F.**Rietdorf** (FN 75), S.216.
"Das Wahlvorbereitungsverfahren ist nur so weit zu erneuern, wie es die Umstände des Einzelfalles erfordern." (W.**Schreiber** (FN 20), S.487 (RN 6))

411 § 43 Abs.1 und Abs.3 BWahlG (= FN 30).
Eine Nachwahl kann auch stattfinden, sofern zur Hauptwahl keine Wahlvorschlagslisten zugelassen worden sind. Praktisch steht hier aber, zumindest für den Fall, daß überhaupt keine Vorschlagslisten zur Hauptwahl eingereicht wurden, zu bedenken, daß der Wahlkörper kein Interesse an der Wahl bekundet hatte mit der Konsequenz, daß die betroffene Wahl ersatzlos "ausfällt" (auch der mit der Nachwahl einhergehende organisatorische und finanzielle Mehraufwand ist unter diesen Bedingungen grundsätzlich nicht zu rechtfertigen).

Teil V: Die Studentenschaftswahlen an der Johann Wolfgang Goethe-Universität zu Frankfurt am Main in den Jahren von 1967 bis 1997 und deren Wahlprüfung

"Alle Bemühungen der Linken, die Prüfung der angefochtenen Wahlen aus Galizien zu beschleunigen, blieben fruchtlos. Immer von neuem wurde die Erledigung durch die Forderung des Legitimationsausschusses nach neuen Erhebungen hinausgeschoben. Die Wahlen in den ruthenischen[1] Bezirken Ostgaliziens waren alle protestiert. ... Am 18. Februar 1880 stimmte die Majorität, trotz aller Proteste der Ruthenen, für die Giltigkeit einer Reihe dieser angefochtenen Mandate. Die allerschlimmsten Wahlakte der Abgeordneten *Fedorowicz* und *Puzyna* kamen erst nach Jahren vor das Haus. Über die Wahl *Fedorowicz* am 30. Juni 1879 wurde erst am 20. Mai 1881 im Ausschuß Bericht erstattet und am 8. Februar 1882 der Bericht in Druck gelegt. Inzwischen saß *Fedorowicz* im Hause und half mit seiner Stimme, die schwankende Majorität retten. Über die Wahl *Puzyna*s entschied der Legitimationsausschuß am 24. März 1881. Abgeordneter Dr. *Weeber* beantragte wegen erwiesener Wahlbestechungen die Annullierung der Wahl, der Korreferent *Czerkawski* dagegen die Agnoszierung. Eine weitere Verschleppung der Entscheidung war nicht mehr möglich, und so entschied die Mehrheit im Ausschuß für die Agnoszierung dieses berüchtigtesten aller polnischen Wahlkreise. Am 4. April 1881 vertrat Abgeordneter *Kowalski* im Hause nochmals die Annullierung der Wahl *Puzyna*s und entwarf ein grelles Bild der bei dieser Wahl im Bezirke Tlumacz-Nadowna verübten Gewaltakte und Betrügereien, die sich unter Beihilfe amtlicher Organe vollzogen hatten. Trotz der ausführlichen Begründung seines Antrages auf Annullierung entschied die Majorität mit 151 gegen 119 Stimmen für die Agnoszierung der Wahl." (*Georg Kolmer*[2])

Kap.17 Die Kreation des studentischen Wahlorgans durch Akte des 'dichotomen Mehrheitsprinzips'

Grundlegende und wichtigste Voraussetzung für die Durchführung einer jeden rechtsstaatlich-demokratischen Wahl ist die korrekte Arbeit des damit betrauten Wahlorgans. Politisierung und Parteinahme sind dieser Arbeit notwendig wesensfremd. Angesichts der Klarheit und Offensichtlichkeit dieses Sachverhalts braucht jedes politische System, in dem nur ein Minimum an demokratischer politischer Kultur vorherrscht, auf den formalen Kreationsakt eines Wahl-

1 Ruthenien: lateinisch-österreichische Bezeichnung für die Ukraine

2 G.**Kolmer**, Parlament und Verfassung in Österreich, Band 3 Wien/Leipzig 1905, S.115/116.
Ähnliche Manipulationen wiederholten sich etwa 100 Jahre später an westdeutschen Universitäten im Gewande 'autonomer' "studentischer Selbstverwaltung", allerdings unter anderen politischen Vorzeichen und unter dem Anspruch aufgeklärter 'Zivilgesellschaft': Nicht zu übersehen sind Parallelen zwischen den fundamentalen Defekten der Wahlprüfungsverfahren durch die angesprochenen vordemokratischen Parlamente der konstitutionellen Monarchie und den durch die heutigen Deutschen Verfaßten Studentenschaften in Selbstverwaltung durchgeführten hochpolitisierten Verfahren.
Es will unter diesen Bedingungen scheinen, als könne sich eine demokratisch-faire Parlamentspraxis, das dafür grundlegende minderheitenschützende 'materiale Mehrheitsprinzip' [dazu: Kap.4.1.], erst nach langer Zeit der Einübung bürgerlich-liberaler Gesittung unter dem steten Wirken des mäßigenden und kontrollierenden Einflusses einer zivilen, kultivierten Öffentlichkeit ausbilden.

ausschusses kein besonderes normatives Augenmerk zu richten[3]: Denn die absolute Notwendigkeit für dessen neutrale, sachgemäße Arbeit erscheint unter allen auch nur einigermaßen rechtsstaatlich-demokratisch gesonnenen Beteiligten als so unumstritten, eine zusätzliche interne Kontrolle durch pluralistische Besetzung und eine externe Kontrolle durch die stets zugelassene und erwünschte Öffentlichkeit als derart selbstverständlich, daß schon der Versuch, dies zum Vorteil einer Partei oder Ideologie zu ändern, die agierende Person und die durch diese vertretene politische Gruppe in solchem Maße diskreditierte, daß sie gezwungen wäre, sofort aus dem Verfahren auszuscheiden; die betroffene Partei hätte darüber hinaus gravierende Stimmeneinbußen bei der nachfolgenden Wahl zu befürchten[4].

Der demokratische Gesetzgeber hat aber zunächst den Fehler begangen, das Wirken eines derartigen fundamentalen, zivilen politischen Konsensus' ungeprüft auch in der Verfaßten Studentenschaft zu unterstellen; er hat das weitgehende Fehlen des kontrollierenden und mäßigenden Einflusses der politisch kultivierten Öffentlichkeit unterschätzt[5]. Er hat sich später pflichtwidrigen Unterlassens schuldig gemacht, als er auch nach langer Dauer gröbster, offensichtlichster Fehlentwicklungen in diesem Bereich immer noch regungslos und untätig blieb[6].

17.1. Die Funktion des wahldurchführenden Organs in der repräsentativen Demokratie

Die ausschließliche Funktion der Parlamentswahl, die Legitimationsbeschaffung, deren Durchführung nach streng formalisierten, nahezu vollständigen, dicht normierten Wahlverfahrensgesetzen neutral und berechenbar erfolgen muß[7], prägt das Handeln des wahldurchführenden Organs: Neutral, für niemanden und nichts Partei ergreifend, die demokratischen Wahlrechtsgrundsätze authentisch konkretisierend, ausschließlich an den Gesetzen orientiert handelnd, ist seine Funktion rein katalysatorisch zur Produktion bestmöglicher Legitimation in Form eines unverfälschten Stimmenergebnisses unter maximal möglicher Wahlbeteiligung bestimmt; "die Wahlorgane sollen nicht Recht sprechen, sondern, indem sie das Wahlgesetz ausführen, sollen sie es ermöglichen, daß ein neues Parlament gebildet wird."[8] - Ohne korrekt handelndes Wahlorgan keine korrekten, rechtsstaatlich-demokratischen Wahlen!

17.1.1. Der Amtscharakter des Wahlorgans. Das Wahlorgan ist öffentliche Verwaltungsbehörde[9] unter einem besonderen Status, insofern es nämlich aufgrund der nahezu vollständigen, formalen, dichten Normierung des Wahl(durchführungs)rechts nahezu keine politische Verantwortung besitzt; es besitzt auch nahezu keine ethische Verantwortung; "denn Verantwortung wird ... für Aufgaben zugewiesen, deren Erledigung sich nicht im einzelnen progammieren läßt"[10]. Das Wahlorgan in seiner Idealverfassung besitzt somit einen Amtscharakter in idealer

---

3 Beispiele für Unternormierungen in der Kreation des Wahlorgans für staatliche Wahlen: **(a)** § 6 BWO (= FN IV.30); **(b)** § 22 Hess.LWO (Hessische Landtagswahlordnung v.29.9.1981 (GVBl.I, S.323-375 (1981))); **(c)** § 4 Hess.KWO (Ausführungsverordnung zum Hessischen Kommunalwahlgesetz (Kommunalwahlordnung - KWO) v.30.6.1972 (GVBl.I, S.191-208 (1972)) i.d.F. der Dritten Verordnung zur Änderung der Kommunalwahlordnung und der Kommunalgeräteverordnung v.15.7.1992 (GVBl., S.349-359 (1992), Art.1)).

4 Derartige Konsequenzen zu befürchtender erheblicher Stimmeneinbußen für mutmaßliche Wahlfälscher gelten allerdings für die politische Kultur Verfaßter Studentenschaften nicht stets: Kap.19.16.3.

5 Dazu beispielhaft für den Hessischen Fall: Kap.10, paradigmatisch: FN III.20.

6 Zum Problem grundsätzlich: Kap.8.3.

7 Siehe dazu: Kap.13.2.2.; Kap.13.3.1.

8 K.O.**Nass**, Wahlorgane und Wahlverfahren bei Bundestags- und Landtagswahlen, [jur.Diss.] Göttingen 1959, S.162

9 Das Wahlorgan als Verwaltungsbehörde: Kap.16.3.2. (insb. FN IV.301).

10 F.-X.**Kaufmann**, Über die soziale Funktion von Verantwortung und Verantwortlichkeit, JRR **14**, S.204-228 (1989), S.210.

Ausprägung: "Das Amt teilt ... die Eigenschaft der Zuständigkeit, ausschließlich von sachlichen Gesichtspunkten beherrscht zu sein. Damit ist vor allem jedes persönliche Motiv bei der Bildung und Besetzung von Ämtern verworfen."[11]. Die idealen Organwalter besitzen den Charakter von entpersönlichten Amtsträgern, denen allein eine absolut neutrale Wahldurchführung anvertraut ist: "Der Amtsträger soll keinerlei andere Beweggründe und Überlegungen als die sachlichen des Amtes mehr kennen, ja er soll persönlicher Auffassungen und Bestrebungen nicht einmal mehr fähig sein."[12] Dabei verpflichtet das Amtsethos "die Amtsinhaber zur Unparteilichkeit und Sachlichkeit; Quelle dieser verpflichtenden Kraft sind ihre Ehre, ihr Anstand und ihre Sittlichkeit"[13]. Das Amtshandeln des Wahlorgans erfolgt aufgrund des durch Öffentlichkeit geprägten rechtsstaatlichen Wahlverfahrens notwendigerweise grundsätzlich öffentlich.
Nur unter diesen idealen Bedingungen ist die Übertragung einer derart zentralen und gewichtigen Aufgabe, wie sie die gesamte Durchführung einer Wahl im demokratisch-repräsentativen System darstellt, auf ein einzelnes, dazu noch weisungs*un*abhängiges und in seinem Handeln zunächst nahezu unkontrolliertes Organ überhaupt problemlos rechtsstaatlich zu rechtfertigen[14]. Nur unter diesen Bedingungen kann der einzelne Wähler sicher darauf *vertrauen*, daß das Wahlorgan des Bürgers wichtigste und meist einzige öffentlich-politische Handlung als Souverän (nämlich die Stimmabgabe) respektiert und fördert; dieses Vertrauen in die Rechtschaffenheit und Rechtmäßigkeit des zunächst weithin unkontrollierten Organhandelns entspringt letztlich der demokratischen politischen Kultur des 'materialen Mehrheitsprinzips'[15].

Die überwiegend positivierte Funktion der Wahlorgane in der rechtsstaatlichen Wahl im juristischen Sinne ebenso auffassend: "Da die Wahlverfahrensakte letztlich eines Eigenwerts entbehren, vielmehr die Stimmabgabe der Wähler ermöglichen und praktikabel machen sollen, spricht die Vermutung grundsätzlich für eine weitgehende Ausschaltung des freien Ermessens." (K.O.**Nass** (FN 8), S.157 [ferner: § 24])

11 H.**Krüger**, Allgemeine Staatslehre, Stuttgart 1964, S.256/257 ["Das Amt als instituierte Zuständigkeit"]

12 H.**Krüger** (FN 11), S.266.

Der ideale Amtsträger. Für das ideale Amt "muß der als Amtsträger vorgesehene Mensch auf das Amt hin in einer Art und Weise über sich selbst erhoben werden, die ihn so weit wie möglich einer vollkommenen Verkörperung des Amtes annähert. Diese Veramtung verlangt im Grundsatz, daß der Mensch als Amtsträger ein ganz anderer sein muß, als er als Mensch ist. Es genügt nicht, ihn bei seiner angeborenen Natur zu belassen und diese Natur lediglich insoweit unter Gesetze zu beugen, wie dies die dienstliche Tätigkeit und die persönliche Aufführung verlangen: Nicht die Regulierung, ja nicht einmal die Repräsentation der ursprünglichen Natur genügt -, diese ursprüngliche Natur muß vielmehr gänzlich ausgemerzt und durch eine neue, höhere Natur ersetzt werden, die ausschließlich durch das Amt gebildet und bestimmt ist. Das Amt erweist sich an dieser Stelle als vollendete Gestalt der Repräsentation [des Staats als eines Systems von Ämtern, P.K.]: Nicht mehr setzt eine natürliche Person ein besseres Ich aus sich heraus, um an dieser Vorstellung oder an diesem Vorbild ihr Verhalten zu orientieren -, hier prägt vielmehr - in umgekehrter Richtung - ein selbständiger, idealer Gedanke, das Amt, den Menschen nach seinem Bilde." (H.**Krüger** (FN 11), S.266)

13 C.**Gusy**, Das Mehrheitsprinzip im demokratischen Staat, AöR **106**, S.329-354 (1981), S.338

14 Siehe dazu: E.**Schiffer**, Wahlrecht, in: E.**Benda**/W.**Maihofer**/H.-J.**Vogel** (Hrsg.), Handbuch des Verfassungsrechts der Bundesrepublik Deutschland, Berlin/New York 1983, S.295-315, S.305.

Die Rechtfertigung für dieses hohe Maß an zunächst von außen unkontrollierbarer Kompetenzzuweisung liegt also, in realistischerer Einschätzung, begründet "in dem besonderen Vertrauen, das der Wahlvorstand [allgemeiner: das Wahlorgan, P.K.] genießt, weil er zu getreuer Amtsführung verpflichtet ist und sich aus mehreren Personen und Anhängern verschiedener Parteien zusammensetzt" (M.**Drath**, Das Wahlprüfungsrecht bei der Reichstagswahl, [jur.Diss.] Kiel 1927, S.80 [ebenso: S.77]).

15 Dieses Vertrauen in die Rechtmäßigkeit und Rechtschaffenheit des Organhandelns bildet die Kultiviertheit der repräsentativen Demokratie: "Der zentrale Begriff der repräsentativen Demokratie ist nicht die Volkssouveränität, nicht der Wille, sondern das Amt. ... Wo das Amt im Mittelpunkt des politischen Denkens steht, ist die entscheidende legitimierende Basis der Amtsinnehabung, das Band, das den Amtsinhaber mit demjenigen, der ihn in das Amt berufen hat, verbindet, nicht eine identitäre Willensrelation, sondern das Vertrauen. ... Vertrauen ist die seelische Grundlage der repräsentativen Demokratie, und alle politischen Auseinandersetzungen in ihr sind weniger Kampf um Willen und Macht als um Vertrauen." (W.**Hennis**, Amtsgedanke und Demokratiebegriff, in: ders., Die mißverstandene Demokratie, Freiburg 1973, S.9-25, S.11 und S.13)

17.1.2. Die Sicherung formaler Neutralität und Handlungsfähigkeit des Wahlorgans. Der ideale Amtscharakter des Wahlorgans in der beschriebenen Form, d.h. letztlich dessen Entindividualisierung, ist am ehesten zu garantieren durch eine dichte Normierung und hohe Formalisierung seines Aufgabenbereichs, d.h. der gesamten Wahldurchführung, sowie die Vorgabe der Öffentlichkeit allen Amtshandelns (mit Ausnahme derjenigen Bereiche, die dem Wahlgeheimnis unterliegen). Der formalen Absicherung der Aufgabenstellung des Wahlorgans und dem Schutz vor äußeren Eingriffen tragen traditionell zwei weitere Vorgaben Rechnung, die zudem problemlos normativ umzusetzen sind:

(i) Der Neutralität des Wahlorgans und seiner sachlichen Weisungsfreiheit[16] soll formal nach außen bereits dadurch Rechnung getragen werden, daß seine Mitglieder kein passives Wahlrecht besitzen[17] und grundsätzlich nicht abberufbar sind[18].

(ii) Der Grundsatz der Wahlbestandssicherung liefert eine strukturelle Anforderung an das Wahlorgan, während des gesamten Wahlverfahrens entscheidungsfähig und -pflichtig zu sein[19]. Denn andernfalls wäre die neutrale Durchführung des streng terminierten und befristeten Wahlverfahrens nicht gesichert.

- Nichtsdestoweniger läßt sich für das Wahlorgan in der Praxis kein generell optimaler Kreationsmodus angeben: Weder durch die parlamentarische Wahl (die das demokratische Element des Wahlorgans betont) noch durch die qualifizierte Ernennung (die das verwaltungsmäßige Element des Wahlorgans betont) können stets sicher "diejenigen gewonnen werden, die nach Charakter und Können besonders gut geeignet sind, das zu besetzende Amt zu versehen"[20]. Allerdings muß die Wahl der Organträger durch ein Parlament um so mehr Bedenken begegnen, wie dessen Parlamentarier versucht und in der Lage sind, ihre politischen Machtinteressen in die Arbeit des Wahlorgans einfließen zu lassen, auf Kosten von Eignung, Befähigung und fachlicher Qualifikation der Kandidaten (im offenen Widerspruch zum Amtsprinzip).

17.2. Die Verortung des studentischen Wahlorgans in der spezifischen politischen Kultur der Verfaßten Studentenschaft

Vom geschilderten wünschenswerten, rechtsstaatlich-demokratischen Idealfall unterscheidet sich die Situation in der Verfaßten Studentenschaft diametral: Es existiert kein politischer Grundkonsens, kein Grundbestand an ziviler politischer Kultiviertheit im Subsystem[21]; Amtsethos und Gesetzesgehorsam werden durch das totalitäre 'dichotome Mehrheitsprinzip' verdrängt[22]; das dem Handeln des Wahlorgans (*studentischer Wahlausschuß*) zugrunde liegende

---

16 Die Weisungsfreiheit des Wahlorgans resultiert u.a. aus dem Grundsatz der Wahlbestandssicherung [dazu: Kap.13.2.1.]. "Das nachträgliche Wahlprüfungsverfahren ist weitgehend an die Stelle einer Rechtsaufsicht getreten" (K.O.**Nass** (FN 8), S.214 [ferner: S.196 ff]). Dazu speziell für Studentenschaftswahlen: Kap.16.3.3.

17 "Ein ... Mittel, um die Sachlichkeit der Motivation des Amtsträgers zu sichern, besteht darin, daß man neben der Bindung des Amtsträgers an sein Amt keinerlei andere Bindungen duldet." (H.**Krüger** (FN 11), S.271)

18 Für BT-Wahlen z.B.: W.**Schreiber**, Handbuch des Wahlrechts zum Deutschen Bundestag, 4.Aufl. Köln/Berlin/Bonn/München 1986, Komm. § 9 BWahlG, S.191 (RN 13). Damit soll das Wahlorgan allen äußeren Pressionsversuchen entzogen werden. Insofern haben die Mitglieder des Wahlorgans (als Teil der Exekutive) eine ähnlich unabhängige Stellung wie die Richter als Judikative (Art.97 GG).

19 Siehe dazu: Kap.13.2.1.

20 K.O.**Nass** (FN 8), S.15/16 [in Rekurs auf W.**Weber**].

Zu den Kreationsmöglichkeiten der Amtsträger: T.**Hüfler**, Wahlfehler und ihre materielle Würdigung, jur. Diss. Univ.Berlin 1979, S.43 ff.

21 Zur politischen Kultur in 'undogmatisch-links' geprägten Verfaßten Studentenschaften: Teil II.

22 "An der Gehorsamspflicht stoßen sich heute die emanzipatorischen Bedürfnisse, am Amtsethos die Selbstverwirklichungs- und Selbstermächtigungsideologien. ... In dem Maße aber, in dem Gesetzesgehorsam und

Wahlverfahrensrecht existiert lediglich höchst defizitär positiviert[23]; realiter ist die maßgebliche Mitwirkung der politischen Studentengruppen bei der Bildung des Wahlorgans nicht zu umgehen, sofern die Studentenschaftswahlen in alleiniger Eigenverantwortung der Selbstverwaltungskörperschaft durchzuführen sind[24]. Diesen Realitäten Rechnung tragend, müßte die Kreation und das Handeln des studentischen Wahlausschusses zur Erfüllung seiner ihm zugewiesenen Funktion weiteren juristischen Sicherungsprinzipien zwingend unterliegen. (Die Wirksamkeit dieser Sicherungsprinzipien wäre im Falle eines neutralen und pflichtgemäß nach dem Amtsprinzip handelnden Wahlorgans auch ohne explizite Positivierung eine unausgesprochene Selbstverständlichkeit.):

17.2.1. Das Kreationsprinzip der "gleichmäßigen Besetzung"[25] (Sicherstellung von Oppositionsbeteiligung). Der gängige Kreationsmodus des studentischen Wahlorgans, nämlich dessen Wahl oder Ernennung durch das jeweils neu zu wählende Studentenparlament, führt zu einem "Parteienprivileg für die Mitgliedschaft im Wahlausschuß"[26]. Dadurch, verbunden mit dem Vorherrschen einer politischen Kultur der Kompromißlosigkeit des 'dichotomen Mehrheitsprinzips' in der Verfaßten Studentenschaft, spricht eine Vermutung für das Streben nach maximal möglicher Machtsicherung der politischen Mehrheit auch im studentischen Wahlorgan, d.h. die parteipolitische Einbindung eines jeden einzelnen Mitglieds. Dieses Primat der Machtsicherung durch zielgerichtete politische Besetzung birgt aber ernstzunehmende Gefahren für die unabdingbare Neutralität des Organhandelns.

Den genannten Gefahren ist vorzubeugen durch spezifische Kreationsverfahren, die eine *gleichmäßige Besetzung* des Wahlorgans - z.B. mittels einer festgelegten Anzahl von Nomina-

---

Amtsethos schwinden, verliert das Amt die demokratische Legitimation und mißrät zur Sozialpfründe, zur privaten Machtbasis seines Inhabers, ... seiner Partei" (J.**Isensee**, Freiheit - Recht - Moral, in: K.**Weigelt** (Hrsg.), Freiheit - Recht - Moral, Bonn 1988, S.14-40, S.18). Dieser Schwund des Amtsethos ist schon früh zu Recht allgemeiner als ein strukturelles Problem des Dienstleistungsstaats dargestellt worden: "So nimmt der Leviathan mehr und mehr die Züge einer Milchkuh an, die Funktionen als Produktionshelfer, Sozialgesetzgeber und Auszahlungskasse treten in den Vordergrund, und man hat dem humanitär-eudaimonistischen Ethos die Tore so weit geöffnet, daß das eigentlich der Institution angemessene Dienst- und Pflichtethos aus der öffentlichen Sprache und aus den Kategorien der Massenmedien vollständig verschwunden ist und dort nur noch Gelächter auslöst." (A.**Gehlen**, Moral und Hypermoral, Frankfurt/M/Bonn 1969, S.110)

Aufgrund des Fehlens konstitutiver Voraussetzungen sind durch das 'materiale Mehrheitsprinzip' geprägte Entscheidungen [dazu: Kap.4.1.] in der Verfaßten Studentenschaft unmöglich. Weil der Gesetzgeber mit der Einrichtung der Selbstverwaltungskörperschaft aber auch die Verpflichtung für deren rechtsstaatlich-demokratisches Funktionieren eingegangen ist [dazu: Kap.13.3.2.], ist er grundsätzlich gehalten, wenigstens den Minderheitenschutz für durch ihn gewollte Mehrheitsentscheidungen des Subsystems normativ zu garantieren.

23 Siehe beispielhaft dazu (für die Studentenschaft der Johann Wolfgang Goethe-Universität): Teil III.

24 A.A. zu Recht: "Die Wahlorgane sind ... keine Organe der politischen Parteien" (K.O.**Nass** (FN 8), S.151/152). **(a)** Dem trug z.B. Rechnung die Berl.HWahlVO v.5.11.1987 (= FN III.99(d)): Die Durchführung der Studentenschaftswahlen oblag danach einem "Zentralen Wahlvorstand" der Universität (§§ 1, 7 HWahlVO). "Die Mitglieder des Zentralen Wahlvorstandes und ihre Stellvertreter werden vom Akademischen Senat auf Vorschlag des Leiters der Hochschule gewählt. Ihm gehören an: 1. zwei Professoren; 2. zwei akademische Mitarbeiter; 3. zwei Studenten; 4. ein sonstiger Mitarbeiter" (§ 6 Abs.3 Berl.HWahlVO). Diese sinnvollen Normen traten allerdings mit der Neuformulierung in der Berl.HWGVO v.3.4.1992 (= FN III.99(d)) bereits wieder ausser Kraft. **(b)** Dagegen überträgt das Hessische Hochschulrecht die gesamte Regelung über die Durchführung von Studentenschaftswahlen autonomem studentischem Satzungsrecht (§ 66 Abs.4 Nr.1 HHG (= FN III.95)) und legt damit insbesondere die Bildung des Wahlorgans in die Hände der politischen Studentengruppen.

25 K.O.**Nass** (FN 8), S.18.

Dies konkretisierend: "Dem Sinn des Gesetzes einer möglichst genauen gegenseitigen Kontrolle wird ... dadurch Rechnung getragen, daß ein möglichst breites Spektrum der politischen Kräfte gleichmäßig vertreten ist" (T.**Hüfler** (FN 20), S.50). Vgl. ebenso: F.**Rietdorf**, Gesetz über die Kommunalwahlen im Lande Nordrhein-Westfalen (Komm.), Stuttgart 1956, S.125 (RN 10), S.129 (RN 27).

26 K.O.**Nass** (FN 8), S.16.

tionen durch verschiedene politische Gruppen in der Reihenfolge ihrer Stimmenstärken bei der vorangegangenen Wahl[27] oder generell mit je einem Vertreter der bisher im Parlament vertretenen Gruppen - und somit die Möglichkeit *interner Kontrolle* gewährleisten. Die erstgenannte Methode kann allerdings unter der Voraussetzung einer geringen Anzahl zu bestimmender Organträger (z.B. drei) möglicherweise ebenfalls zu politisch einseitigen Besetzungen führen; die zweitgenannte Methode kann unter der Voraussetzung vieler Parlamentsfraktionen ein zu großes (und damit schwer arbeitsfähiges) Wahlorgan erzeugen.
Unter den hier entwickelten Grundsätzen sind aber jedenfalls alle diejenigen Kreationsverfahren des Wahlorgans unzulässig, die die Berücksichtigung von Oppositionsvertretern in das Ermessen einer parlamentarischen Mehrheit stellen können[28]. Auch eine *repräsentative Besetzung* des Wahlorgans mittels proportionaler Organträgerzuteilung entsprechend politischen Stärkeverhältnissen (im bisherigen Parlament) ist mit dessen neutraler, unpolitischer Funktion geradezu unverträglich; denn "dieser Gedanke paßt nicht auf die Beteiligung der politischen Kräfte in den Wahlorganen; durch ihre Vertretung soll eine gegenseitige Kontrolle bei der Tätigkeit der Wahlorgane herbeigeführt werden, die das Vertrauen in die Korrektheit der Wahl stärken soll."[29] - Eine rechtsfehlerhafte Zusammensetzung eines Wahlorgans kann daher jedenfalls einen erheblichen Wahlfehler darstellen[30].

17.2.2. Die Gesetzmäßigkeit und die Selbstbindung des Organhandelns. Als Behörde im demokratischen Rechtsstaat ist das studentische Wahlorgan in seinem Handeln strikt begrenzt

---

27 **Das Prinzip der 'gleichmäßigen Besetzung'. (a)** Für die Berufung des Wahlausschusses staatlicher Wahlen gilt unbestritten der 'Grundsatz der gleichmäßigen Besetzung': "Der Wahlleiter muß den Wahlausschuß politisch möglichst ausgeglichen besetzen, indem er hieran möglichst alle im Wahlbezirk vertretenen Parteien und Wählergruppen beteiligt. An die Vorschläge der Parteien und Wählergruppen soll er sich halten; weicht er davon ab, so muß dies im Interesse der Durchführung der Wahl sachlich gerechtfertigt sein. Schließt er eine Partei oder Wählergruppe aus unsachlichen Gründen vom Wahlausschuß aus, so ist dieser gesetzwidrig berufen" (Hess.VGH, E.v.24.4.1953 [Az.: OS I 235/52]), in: ESVGH **2**, 181 [LS 2]). Exemplarisch: § 14 Abs.2 BWO (= FN IV.30). Vgl. dazu: W.**Schreiber** (FN 18), Komm. § 9 BWahlG, S.190 (RN 11, Nr.5). Zur Zulässigkeit der Nichtberücksichtigung bisher nicht im Parlament vertretener Gruppierungen bei der Besetzung des Wahlorgans: Bay.VGH, E.v.11.7.1991 [Az.: 4B 91.18], in: BayVBl.**123**, S.309-310 (1992) und in: NVwZ-RR **5**, S.265-266 (1992).

(b) Dieses Prinzip ist grundsätzlich ein institutioneller Garant politischen Pluralismus und somit einer inneren (Selbst-)Kontrolle des Wahlorgans: "Der Mißbrauch politischer Kontrollpositionen kann vermutlich nur in einem institutionell verankerten Pluralismus kontrolliert werden. Hier gewinnt die Öffentlichkeit eine entscheidende Bedeutung, allerdings nicht die 'tribunale' und exklusive Öffentlichkeit der Studentenvollversammlungen, sondern die politische Öffentlichkeit, in der tatsächlich die verschiedenen gesellschaftlichen Gruppen über ihre Repräsentanten ins Spiel kommen können." (R.**Eckert**, Wissenschaft und Demokratie, Tübingen 1971, S.37/38 [in anderem Zusammenhang])

28 Ähnlich: Die parlamentarische Mehrheit darf "nicht ausschließlich ihre Mitglieder als Vertreter in die Wahlorgane wählen" (T.**Hüfler** (FN 20), S.45). - Als Beispiel für ein solch amtswidriges, machtpolitisch motiviertes Kreationsprinzip: Wahl der Mitglieder des Wahlorgans in Einzelwahlgängen mit (relativer) Mehrheit der (gültig) abgegebenen Stimmen [dazu: Kap.17.3.3.]. Ein weiteres (historisches) Beispiel ideologisch-politischer Besetzung eines Wahlorgans geben die "Wahlkommissionen ersten Ranges" in der Sowjetunion des Jahres 1926 [dazu: N.**Timaschew**, Das Wahlrecht der Sowjetunion, AöR **16**(NF), S.81-109 (1929), S.88/89].

29 T.**Hüfler** (FN 20), S.44.
Die Begründung für die Oppositionsbeteiligung im Wahlorgan findet sich also allein im Kontrollprinzip und nicht im Repräsentationsprinzip [als Beispiel für letzteres die Argumentation notwendiger Oppositionsbeteiligung in repräsentativ besetzten, parlamentarischen Ausschüssen und Organen: BVerfGE **30**, 1; vgl. dazu: FN I.126 (Kap.4).].

30 Zur möglichen Erheblichkeit dieses Wahlfehlers (rechtsfehlerhafte Zusammensetzung des Wahlorgans): "Eine fehlerhafte Zusammensetzung des ... Wahlausschusses kann unter Umständen das Wahlergebnis verdunkeln und deshalb Grund für die Ungültigkeitserklärung der Wahl sein" (Bay.VGH, E.v.11.7.1991 (FN 27) [in Bezug auf K-Wahlen: Zum möglichen Einfluß - insbesondere bei der Listenzulassung - der Zusammensetzung des Wahlorgans auf dessen Entscheidungen]). Ebenso bereits: T.**Hüfler** (FN 20), S.58; FN 27, FN 28.

durch die Gesetzmäßigkeit und die Selbstbindung der Verwaltung als traditionellem Bestandteil der Rechtsstaatsidee: "Angesichts der normativen Zuständigkeitsregelung im Wahlgesetz wahren die Wahlorgane den Vorbehalt des Gesetzes dadurch, daß sie sich strikt an diese Zuständigkeitsordnung halten"[31] (*Prinzip der Gesetzesbindung*). Im Falle von Normierungslücken im Wahlgesetz sind die Wahlorgane im folgenden an ihre einmal aufgestellten (rechtmäßigen) Entscheidungsprinzipien gebunden (*Prinzip der Selbstbindung*). In jedem Falle haben sie aber "dafür Sorge zu tragen, daß (begründete) Beanstandungen der gleichen Art in künftigen Wahlen nicht mehr erhoben werden können"[32].

17.2.3. Der zulässige Einsatz von Hilfskräften. Aufgrund seiner notwendig beschränkten Mitgliederzahl kann der studentische Wahlausschuß grundsätzlich nicht selbst alle Wahllokale gleichzeitig beaufsichtigen und dort selbst die Wahl durchführen. Er ist deshalb befugt, für die Wahldurchführung weisungsgebundene Hilfskräfte (*studentische Wahlhelfer*) einzusetzen[33]. Aus der Weisungsabhängigkeit und der Abberufbarkeit der Wahlhelfer folgt - anders als beim (weisungsunabhängigen) Wahlausschuß selbst - das Weiterbestehen von deren passivem Wahlrecht[34]. Die Tätigkeit der Wahlhelfer hat sich strikt und nachprüfbar[35] auf diejenigen, dem studentischen Wahlausschuß obliegenden Pflichten, die dieser lediglich deligiert hat, zu beschränken. Entsprechend dem Leitgedanken der Ermöglichung interner Kontrolle ist für die Gesamtheit der einem Wahllokal zugeteilten Hilfskräfte, neben der selbstverständlichen Verpflichtung zu strikter individueller Neutralität während ihrer Tätigkeit, der oben genannte Grundsatz der Oppositionsbeteiligung ("gleichmäßige Besetzung") analog dem Wahlorgan auszubilden[36].

---

31 K.O.**Nass** (FN 8), S.179 [ebenso: Kap.17.1.1. (am Beginn)].
Zum allgemeinen Grundsatz der 'Gesetzmäßigkeit der Verwaltung': H.**Maurer**, Allgemeines Verwaltungsrecht, 7.Aufl. München 1990, S.83 ff (§ 6); zum 'Prinzip der Gesetzesbindung' der Verwaltung: H.**Maurer** (s.o.), S.83 (RN 2); zum 'Prinzip der Selbstbindung' der Verwaltung: H.**Maurer** (s.o.), S.532/533 (RN 21 ff).

32 G.**Kretschmer**, Wahlprüfung, in: H.-P.**Schneider**/W.**Zeh** (Hrsg.), Parlamentsrecht und Parlamentspraxis, Berlin/New York 1989, S.441-465, S.464

33 Vgl. dazu: K.O.**Nass** (FN 8), S.181/182.

34 Zum passiven Wahlrecht für Wahl-Hilfskräfte. Für die staatlichen Wahlen gilt diesbezüglich folgendes:
(a) Für BT-Wahlen (§ 9 Abs.3 BWahlG (= FN IV.30)) und für die Hessischen LT-Wahlen (§ 19 Abs.2 Nr.1 LWahlG (= FN IV.285)) wird explizit die Kollision von passivem Wahlrecht und Mitgliedschaft in einem Wahlorgan, insbesondere auch in einem (Stimmbezirks-)"Wahlvorstand" [vgl. dazu: FN 36], normiert.
(b) Anderes regelt das Hessische Kommunalwahlrecht: Zwar normiert auch § 5 Abs.2 KWahlG (= FN IV.285)): "Wer als Bewerber an der Wahl teilnimmt, kann nicht Wahlleiter oder stellvertretender Wahlleiter sein." Für den (Stimmbezirks-)"Wahlvorstand" ist diesbezüglich aber nichts geregelt (§ 6 KWahlG (= FN 3), § 4 KWO (= FN 3)), und nach der geübten Praxis kann ein Bewerber für die betroffenen Wahlen zugleich Mitglied eines Wahlvorstands sein. - Der Wahlvorstand einer Gemeindewahl hat sogar über die der studentischen Wahlhelfer hinausgehende Kompetenzen [z.B.: § 48 Abs.5 KWO (Beschluß über die Ungültigkeit von Stimmen); § 22 KWahlG (Feststellung des Wahlergebnisses im Stimmbezirk)]. In diesem Sinne auch für das NRW-K-Wahlrecht: VG Minden, E.v.16.3.1990 [Az.: 10 K 2633/89], in: NVwZ **10**, S.605 (1991).
(c) Für die Universität Frankfurt gilt inzwischen [im Prinzip seit 1980: Kap.12.1.] folgendes: "Der Studentische Wahlausschuß kann zur Durchführung der Urnenwahl sowie zur Stimmenauszählung Hilfspersonal (Wahlhelferinnen oder Wahlhelfer) heranziehen. ... Eine Tätigkeit als Wahlhelferin oder Wahlhelfer berührt das passive Wahlrecht der Wahlhelferin oder des Wahlhelfers nicht. Die Wahlhelferinnen oder die Wahlhelfer sind zu strikter politischer Neutralität verpflichtet." (§ 23 Abs.2/Abs.3 StS (= FN III.168))
(d) Die Verweigerung des passiven Wahlrechts für Wahlhelfer entbehrte der Konsequenz: Es ist gar nicht einzusehen, warum ein bloßer Listenkandidat als (weisungsgebundener!) Wahlhelfer weniger qualifiziert sein sollte, als ein nicht zur Wahl kandidierender Parteifunktionär oder ein nicht zu dieser Wahl kandidierender Mandatsträger eines anderen (nicht zur Wahl stehenden) Gremiums.

35 nach den Normen des § 93 VwVfG (= FN IV.294)

36 Von Hierarchie und Kreationsmodus her gesehen zeigen sich hier organisatorische Identitäten mit staatlichen Wahlen im Verhältnis Wahlleiter / Wahlausschuß (studentischer Wahlausschuß) - (Stimmbezirks-)Wahlvorstand / Wahlhelfer (an einer Wahlurne, die weisungsgebunden sind und natürlich kein Wahlorgan bilden).

17.3. Die Entwicklung der Kreationsverfahren für den studentischen Wahlausschuß an der Johann Wolfgang Goethe-Universität zu Frankfurt am Main

Bis heute gründet sich die Kreation des studentischen Wahlausschusses, dem allein die korrekte "Vorbereitung und Durchführung der Studentenparlamentswahl" der Frankfurter Studentenschaft obliegt, einzig auf untergesetzliches, eigenes Recht der Selbstverwaltungskörperschaft (§ 17 Abs.1 StS i.V.m. § 66 Abs.4 Nr.1 HHG). Die Entwicklung jener Bildungsnormen für das studentische Wahlorgan und dessen daraus sich ableitende jeweilige Erzeugung ist deshalb nachzuvollziehen anhand der in Teil III angegebenen Zeitstruktur:

17.3.1. Die korporative Interessenvertretung. Seit 1953 bestimmte lediglich eine Wahlordnungsnorm unter Satzungscharakter den studentischen Wahlausschuß "aus den Fachschaftssprechern der sechs Fachschaften und dem stellvertretenden Parlamentspräsidenten. Ist ein Fachschaftssprecher zugleich Kandidat, so muß die Fachschaft zu seiner Stelle ein anderes Mitglied der Fachschaft entsenden."[37] Aus dieser Zeit unpolitisch-korporativer Interessenvertretung sind keine gravierenden Einsprüche gegen eine Wahl des Studentenparlaments bekannt.

17.3.2. Die Etablierung der Verfaßten Studentenschaft. Seit Inkrafttreten des ersten Hessischen Hochschulgesetzes, das 1966 in diesem Bundesland die Studentenschaft als Körperschaft des öffentlichen Rechts mit Satzungshoheit einrichtete, müssen "die Wahl" des Studentenparlaments betreffende Regelungen Satzungscharakter haben[38]. Im Widerspruch zu dieser Rechtsvorschrift erschien die Kreation des studentischen Wahlausschusses weiterhin nur in einer Wahlordnung ohne Satzungscharakter geregelt, dazu in einer völlig vagen Formulierung: "Die Vorbereitung und Durchführung der Wahl obliegt einem *vom Parlament einzusetzenden* Wahlausschuß."[39] Ab 1967 war der studentische Wahlausschuß zunächst SDS-dominiert, und fortan spiegelte sich die 'undogmatisch-linke' AStA-Mehrheit regelmäßig auch als Mehrheit im studentischen Wahlausschuß wider. Gleichwohl wurde zunächst noch (bis 1974) der 'rechten' studentischen Opposition stets die Benennung eines der drei Mitglieder des Wahlausschusses zugestanden (wenn auch dieses Mitglied zur Aushebelung wesentlicher wahlrechtlicher Regeln in Einzelfällen von der 'undogmatisch-linken' Mehrheit überstimmt oder nicht rechtzeitig informiert wurde). Aus dieser Zeit liegen die ersten Wahlanfechtungen und in deren Folge die Aufhebung von StuPa-Wahlen aufgrund gravierender Rechtsverstöße und Verletzungen der demokratischen Wahlrechtsgrundsätze an der Johann Wolfgang Goethe-Universität vor[40].

17.3.3. Die nicht-adäquate Verdichtung des Studentenschaftswahlrechts. Obgleich die im Jahre 1972 die bisherige Satzung der Studentenschaft (StS) rechtsgültig ablösende neue StS rechtsaufsichtlich erlassen (und damit von der universitären Rechtsabteilung maßgeblich verfaßt) worden war, normierte sie, betreffend die Kreation des Wahlorgans, nichts über das dürftige Bisherige wesentlich Hinausreichendes: "Die Vorbereitung und Durchführung der Wahl obliegt einem *vom Parlament zu wählenden* Wahlausschuß. Wer dem Wahlausschuß angehört, kann nicht selbst zur Wahl kandidieren."[41] Diese vage Satzungsbestimmung wurde in der Folgezeit stets gewohnheitsrechtlich von der etablierten 'undogmatisch-linken' Mehrheit des Stu-

---

37 § 8 WO v.1.12.1953 (= FN III.12)

38 § 36 Abs.2 Nr.1 HHG v.16.5.1966 (= FN III.18), übernommen in § 66 Abs.4 Nr.1 HHG v.6.6.1978 (= FN III.95), in bis heute gültiger Fassung.

39 § 1 WO v.21.12.1966 (= FN III.29). [Diese Unternormierung war wohl gerade Ausdruck des ursprünglichen Konsensus darüber, daß der Bereich dem Mehrheitsprinzip entzogen sein und einvernehmlich geregelt werden sollte. Trotzdem erstaunt die Zustimmung des Hess.Kultusministers im 'Revoltenjahr' 1969 [dazu: FN III.28].]

40 Siehe zu diesen Wahlanfechtungen im folgenden: Kap.19.2.1.; Kap.19.3.1.; Kap.19.3.2.

41 § 14 Abs.1 StS v.10.11.1972 (= FN III.56)

dentenparlaments dahingehend konkretisiert, daß jedes der drei Mitglieder des studentischen Wahlausschusses in *Einzelwahlgängen* vom Parlament mit der (relativen) Mehrheit der abgegebenen Stimmen zu wählen war. Die Norm zeigte sich somit geeignet, der 'undogmatisch-linken' Parlaments- und AStA-Mehrheit stets sicher eine 'undogmatisch-linke' Mehrheit im studentischen Wahlausschuß zur Seite zu stellen, und sie erhielt damit die Möglichkeit der Steuerung aller Beschlüsse des Wahlorgens. Gleichzeitig setzte dieses Wahlverfahren die 'undogmatisch-linke' Parlamentsmehrheit in den Stand, sich ihren (seit 1975 stets 'linken') Minderheitsvertreter im Wahlorgan selbst auszusuchen, eine Person nämlich, von der sie eigenständiges, juristisches Vorgehen gegen ihre Mehrheitsbeschlüsse - das, wie sich später zeigte, einzig wirksame Mittel des Rechtsstaats - nicht zu befürchten hatte[42]; allein die Existenz eines derartigen Vertreters einer nicht direkt am AStA beteiligten Studentengruppe im Wahlorgan vermochte aber in der Folgezeit der uninformierten Öffentlichkeit einen Schein des politischen Pluralismus und damit implizit real vorhandener Kontrolle des Wahlverfahrens vorzutäuschen.

---

42 **Die Ablehnung staatlichen Rechtsschutzes.** Aufgrund ihrer extrem rechtsstaatskritischen oder sogar -feindlichen Grundhaltung konnten die 'linken' Studentengruppen jedes rechtsaufsichtliche Tätigwerden gegen die Verfaßte Studentenschaft nur als illegitimen Angriff verstehen. Dagegen erschien eine der Ursachen, nämlich die (potentielle) 'undogmatisch-linke' Wahlmanipulation, als läßliches Ärgernis:
(a) **Die 'links'-dogmatischen Studentengruppen von KBW und DKP:** "Unipräsident H.-J.**Krupp** hat kurz vor Weihnachten das Studentenparlament amtsenthoben und seine Wahl für ungültig erklärt ... Zerschlagung der Verfaßten Studentenschaft als Organe, die den Kampf der Studenten gegen die reaktionäre Ausbildung und für ihre sozialen Interessen organisieren, das soll mit der Amtsenthebung des StuPa vorbereitet und eingeleitet werden. ... Die Studentenbewegung hat eine lange Tradition des Kampfs gegen die Unterdrückung, gegen die bürgerliche Wissenschaft und der Solidarität mit den Völkern der 3.Welt, gegen den Imperialismus. Sie hat sich dabei zahlreiche Rechte erkämpft, neben dem Recht auf freie Diskussion und Versammlung, Plakatierung auch das auf Vertretungsorgane mit politischem Mandat. Jetzt, wo die Kämpfe der Studenten neuen Aufschwung nehmen, sollen diese Rechte beseitigt und der Widerstand gebrochen werden. ... Es kommt jetzt darauf an, die Amtsenthebung des StuPa zurückzuschlagen und jede Neuwahl abzulehnen. ... Wenn **Krupp** dann Staatskommissare einsetzt, werden wir den AStA besetzen und verteidigen müssen" (kommunistische Studentenzeitung [KSB Frankfurt] v.6.1.1977 [vgl. dazu auch: FN 268(b) (Kap.19)]). - "Mit Schreiben vom 23.1.1976 hebt das Kultusministerium die Wahl des AStAs auf und untersagt ihm 'jegliche Amtsausübung'. Gleichzeitig sperrte das Kumi das Konto des AStAs. Was heißt das? Es handelt sich hier um den bisher eklatantesten Schritt des Kultusministeriums im Rahmen seines undemokratischen Wahlrechtsdiktates im Rahmen seines Vorgehens gegen die Rechte der Verfaßten Studentenschaft. ... Die Rechtslage wird momentan vom Kumi bestimmt, das ist wahr. Dennoch ist sein Vorgehen illegitim und undemokratisch. ... Die Amtsenthebung darf nicht hingenommen werden!" (Demokratisch gewählter AStA amtsenthoben, MSB-Flugblatt [Uni Mainz] v.26.1.1976 [vgl. dazu: FN IV.185(b) (Kap.15)]) - Dieses sich hier äußernde Politikverständnis erklärt die Passivität gegenüber der rechtsstaatlichen Untersuchung und Verfolgung mutmaßlicher 'linker' studentischer Wahlmanipulationen: "Auch die Deckung dieser Wahlfälschungen durch KSB und MSB Spartakus (an der Urne im Studentenhaus haben nach eigenen Aussagen Mitglieder dieser Gruppen beobachtet, wie die SHI-Wahlhelferinnen gebündelt ausgefüllte Stimmzettel in die Urne legten, ohne die SHI-Leute zur Rechenschaft zu ziehen) wirft ein bezeichnendes Licht auf das Demokratie-Verständnis dieser Gruppen." (Uni-Rep.12/1976, Leserbrief S.2)
(b) **Die 'undogmatisch-linken' Studentengruppen von SPD und FDP:** Die 'Juso-Hochschulgruppe' (Juso-HSG) und der 'Liberale Hochschulverband' (LHV) wiesen die juristische Bekämpfung von mutmaßlich 'undogmatisch-linken' Wahlmanipulationen ab: "Wir Jusos verurteilen politisch die Einmischung des Uni-Präsidenten ... in die inneren Angelegenheiten der Studenten. Wir gestehen weder der universitären Rechtsabteilung noch dem Kultusministerium oder sonst einer staatlichen Institution das Recht zu, sich in die Angelegenheiten der studentischen Interessenvertretung einzumischen. ... Die Studenten können sich nur auf der Grundlage völliger Autonomie von staatlichen Institutionen organisieren und aktiv werden ... Die Jusos meinen, daß die Studenten selbst klären sollen, ob die Wahlanfechtung irgendeine Berechtigung hat" (Verteidigung des AStA als Interessenvertretung der Studenten!, Juso-Flugblatt v.7.1.1977). "Wir werden allerdings keine juristischen Schritte via Uni-Präsident beantragen, weil wir glauben: Die Studentengruppen an der Frankfurter Uni müssen soviel Kraft aufbringen können, durch interne, politische Entscheidungen, durch eine gemeinsam beschlossene Neuwahl unter demokratischer Überwachung aller Urnen ein korrektes Wahlergebnis herbeizuführen. Wenn erst die Gerichte oder [der Uni-Präsident] Herr **Krupp** für Legalität sorgen müßten: Dann könnten wir alle ... einpacken" (Wahlbetrug, LHV-Flugblatt v.8.7.1977).

Das Wahlverfahren für das Wahlorgan widersprach diametral den Grundsätzen der "gleichmäßigen Besetzung" für eine adäquate Zusammensetzung[43]. Das Wahlverfahren widersprach weitergehend dem demokratischen Prinzip, weil es unvereinbar ist mit den definierenden Voraussetzungen des dafür angewandten 'formaldemokratischen Mehrheitsprinzips' selbst[44]: die Anwendung des (formaldemokratischen) Mehrheitsprinzips als Kreationsakt für das Wahlorgan ist nämlich allein schon deshalb unzulässig, weil es sich bei der Wahl des Parlaments um einen das Mehrheitsprinzip selbst konstituierenden Bereich handelt (nämlich als die Bestimmung des späteren Abstimmungskörpers in Form eines Repräsentativorgans)[45].
Offensichtlich hatte damit die in diesem Sonderfalle satzungserzeugende Rechtsaufsichtbehörde der Universität - zum Zeitpunkt der ausklingenden Studentenrevolte völlig realitätsfremd - der Position des studentischen Wahlausschusses kein herausgehobenes Gewicht für die korrekte Durchführung der StuPa-Wahlen beigemessen. Die 'undogmatisch-linke' Mehrheit des Studentenparlaments jedenfalls nutzte diese ihr durch den Gesetzgeber und durch die Rechtsaufsichtsbehörde so leichtfertig und bereitwillig eingeräumte illegitime Machtchance in der Folgezeit bestmöglich aus; die Anwendung des 'dichotomen Mehrheitsprinzips' vermochte in der Anfangsphase im Wahlausschuß (WA) selbst, in der Folgezeit (ab 1975) bereits in der Vorstufe der Wahl durch das Studentenparlament (StuPa), die rechtsstaatliche, verfahrensloyale Opposition sicher auszuschalten[46]. Damit war erreicht, daß politisch den Staat bekämpfende Personen

---

43 Dazu: Kap.17.2.1., insb. FN 28

44 Es gilt nämlich [dazu: Kap.2.1.]: {Demokratisches System ==> Anwendung des 'formaldemokratischen Mehrheitsprinzips' bei der Entscheidungsfindung}; - oder, logisch äquivalent (Negation) -: {Verletzung einer der Voraussetzungen für das Vorliegen des 'formaldemokratischen Mehrheitsprinzips' bei der Entscheidungsfindung ==> kein demokratisches System}.

45 Dazu (unzulässige Reflexivität des Mehrheitsprinzips): Kap.2.2.(a)., insb. FN I.54.

46 **Politisch einseitige Organbesetzung durch Gremien.** Derartige Organkreation erfolgt i.d.R. durch die Besetzung gleichrangiger Positonen in Einzelwahlgängen unter relativer Mehrheitswahl [vgl. dazu: Kap.3.2.].
(a) Beispiele (Einzelwahl mehrerer gleichwertiger Positionen): "Für die Unabhängigen Fachbereichsgruppen wurde folgende Erklärung ... zu Protokoll gegeben: 'Die Unabhängigen FBgruppen stellen fest, daß die SHI/Juso-Mehrheit drei Kandidaten für den Wahlausschuß präsentierte und nicht bereit war, auch nur einen Kandidaten der Oppositionsfraktionen zu wählen (MSB, LHV, Unabhängige, RCDS). Wir verurteilen dies als undemokratische Ausnutzung einer Mehrheitsposition und fordern die Mehrheitsfraktionen auf, diese Entscheidung rückgängig zu machen.' - Dazu ist festzustellen, daß weder LHV noch MSB Kandidaten benannt haben und daß auch niemand an der Integrität und Zuverlässigkeit der gewählten Mitglieder des Wahlausschusses Zweifel angemeldet hat" (StuPa-Prot. v.20.5.1977, mit Anmerkung des 'undogmatisch-linken' Protokollführers G.**Röhrig** ['Juso-HSG']). Zu entsprechend einseitiger Besetzung anderer Studentenschaftsausschüsse und -funktionsbereiche vgl. exemplarisch: FN 161(a) (Kap.19) [Parlamentspräsidium], FN II.151 (Kap.7) [Parlamentspräsidium, 'diskus'], FN 161(b) (Kap.19) [Haushaltsausschuß], FN 46(b) [studentische Senatsvertreter].
(b) Bewußter Rechtsbruch: Das hinter dem Vorgehen politisch einseitiger Besetzung stehende Rechtskalkül offenbarte deutlich ein ähnlich gelagertes Wahlverfahren (Wahl der sechs gleichberechtigten studentischen Senatsvertreter durch das ('undogmatisch-links' dominierte) StuPa gemäß § 17 Abs.2 HUG v.12.5.1970 (= FN III.35): "R.**Bresser** [ADS] verweist auf das HUG, das für die Wahl zum Senat Verhältniswahl vorschreibt. A.**Schacht** [SHB] hingegen erklärt, angesichts der Wichtigkeit ... sei es absolut notwendig, Senatsvertreter zu wählen, die die erklärten Interessen der Studentenschaft vertreten. Dies sei nur zu erreichen durch ein Mehrheitswahlrecht oder durch eine Verhältniswahl mit imperativem Mandat." (StuPa-Prot. v.20.10.1971)
(c) Beispiele (Verhältniswahl mehrerer gleichwertiger Positionen): Auch das inzwischen geltende Proportionalprinzip bei der gleichzeitigen Vergabe mehrerer gleichwertiger Positionen durch das Studentenparlament vermag Oppositionskontrolle nicht stets zu sichern - nämlich dann nicht, wenn zu wenige Oppositionsparlamentarier an der Wahl teilnehmen [können: vgl. FN 61] und die Mehrheit dies ausnutzt [zu einer Möglichkeit der Behebung dieser Schwäche: FN III.143 (Kap.12)]: **(i)** Wahl des studentischen Rechnungsprüfungsausschusses (§ 50 Abs.2 StS (= FN III.168)) am 19.4.1996 (StuPa-Prot., S.5): Gewählt wurden G.**Höhle** ('Grüne'), M. **Pachmajer** ('Juso-HSG'), C.**Wilkens** ('Grüne') - der zu kontrollierende AStA wurde getragen von 'Bündnis 90 / Die Grünen' und 'Juso-HSG'. **(ii)** Wahl des Ältestenrats (§ 33 Abs.2 StS) am 30.1.1997 (StuPa-Prot., S.4): Gewählt wurden A.**Zerbe** ('U.F.O.s'), V.**Meisinger** ('Grüne'), F.**Faust** ('Juso-HSG') - der zu kontrollierende amtie-

das wesentlich durch ebendiesen Staat gesetzte und geprägte, normhypotrophe Wahlverfahrensrecht im studentischen Wahlausschuß unkontrolliert auszulegen und Lücken zu schließen, maßgeblich anzuwenden und nach eigenem Ermessen umzusetzen hatten[47]. Im einzelnen ergaben sich für die betrachtete Zeitperiode folgende arithmetische Konstellationen[48]:

Parlaments-zusammensetzung	*staatsbekämpfende AStA-Mehrheit*[49]		*staatsbek./-kritische Minderheiten*[50]		*verfassungsloyale Minderheiten*[51]	
	Mandate (in %)		*Mandate (in %)*		*Mandate (in %)*	
Wahlausschuß (WA) -Wahl	*WA*	*StuPa*	*WA*	*StuPa*	*WA*	*StuPa*
07.05.1973	66,7%	50,0%	0,0%	13,6%	33,3%	36,4%
30.04.1974	66,7%	54,5%	0,0%	9,1%	33,3%	36,4%
16.05.1975	66,7%	50,0%	33,3%	22,7%	0,0%	27,3%
21.05.1976	66,7%	54,5%	33,3%	27,3%	0,0%	18,2%
20.05.1977	100,0%	54,5%	0,0%	18,2%	0,0%	27,3%
11.11.1977	100,0%	40,9%	0,0%	31,8%	0,0%	27,3%
27.04.1979	66,7%	50,0%	33,3%	27,3%	0,0%	22,7%
30.04.1980	66,7%	45,5%	33,3%	18,2%	0,0%	36,4%
16.01.1981	66,7%	50,0%	33,3%	9,1%	0,0%	40,9%

In der angegebenen Zeitspanne[52] wurde nahezu jede StuPa-Wahl wegen behaupteter und meist überzeugend nachgewiesener gravierender Verstöße eines einseitig zusammengesetzten, politisierten Wahlorgans gegen geltendes Recht und demokratische Grundsätze angefochten[53].

---

rende AStA wurde getragen von 'links'-Unabhängigen ('U.F.O.s'), 'Bündnis 90 / Die Grünen', 'Juso-HSG', 'Demokratische Linke Liste' ('Jungdemokraten'). - "Wir nutzen die Mehrheit, wenn wir sie haben." (P.**Koch** [1996/97 AStA-Vorsitzender, 'Bündnis 90 / Die Grünen - Hochschulgruppe'] in einem Gespräch am 31.1.1997)

47 Zu den damit verbundenen Problemen: Kap.8.2. Siehe dazu ferner: FN IV.47 (Kap.13).

48 Quellen: StuPa-Prot. - Die angegebenen Sitzverteilungen im StuPa basieren auf den offiziellen Wahlergebnissen. Möglicherweise erfolgte Manipulationen sind demnach grundsätzlich unkorrigiert in die angegebenen Ergebnisse eingeflossen. In dieser Situation ist auch noch das die bereits numerisch starke 'Undogmatische Linke' zusätzlich tendenziell begünstigende satzungsmäßig vorgeschriebene Mandatsverteilungsverfahren von d'Hondt zu sehen [dazu: FN III.160 (Kap.12)].

49 **Die "staatsbekämpfende AStA-Mehrheit"** bezeichnet die den AStA tragende 'undogmatisch-linke' Mehrheit des Studentenparlaments (hierzu zählten stets und völlig dominierend: die "'undogmatisch-linken' Erben der 'Neuen Linken'" [zur 'undogmatischen Linken': FN II.9 (Kap.5)]; in vielen Einzelfällen ferner in Koalitionen: die 'Juso-Hochschulgruppe' [dazu: FN II.10 (Kap.5)]; seltener der 'MSB-Spartakus' [dazu: FN II.11(b) (Kap.5)] sowie der 'Kommunistische Studentenverband' [dazu: FN II.11(a) (Kap.5)].

50 **Die "staatsbekämpfenden/-kritischen Minderheiten"** bezeichnen diejenigen 'undogmatisch-linken' und dogmatisch 'linken' Mitglieder des Studentenparlaments, deren Gruppen zum Zeitpunkt der beachtlichen Wahl nicht am AStA beteiligt waren. Diese Studentengruppen zeichneten sich u.a. dadurch aus, daß sie keinesfalls - auch in den schwerstwiegenden Fällen nicht - gegen Rechtsbrüche der 'undogmatisch-linken' Mehrheit staatliche Rechtsmittel in Anspruch zu nehmen bereit waren [dazu beispielhaft: FN 42] und die sich damit im Zweifelsfalle für die Erzeugung von Konsens, der sich gegen geltende Rechtsnormen wandte, eigneten [dazu: Kap.8.2.6.]. Hierbei handelte es sich um: 'MSB Spartakus', 'Sozialdemokratischer Hochschulbund'/'Sozialistischer Hochschulbund' (SHB), 'Liberaler Hochschulverband' (LHV) (vor allem bis 1980); 'Kommunistischer Studentenbund' (KSB), 'Kommunistischer Studentenverband' (KSV); in Einzelfällen (sofern nicht selbst am AStA beteiligt): 'Juso-Hochschulgruppe'.

51 **Die "verfassungsloyalen Minderheiten"** bezeichen die von 'undogmatisch-linker' Seite als 'rechts' stigmatisierten, verfassungs- und verfahrensloyalen Studentengruppen (hierbei handelte es sich insbesondere um: 'Ring Christlich Demokratischer Studenten' (RCDS); 'Unabhängige Fachbereichsgruppen (Giraffen)'; 'Liberaler Hochschulverband' (LHV) (ab 1980)). - Allein diese Gruppen waren bereit, studentische Wahlmanipulationen im Zweifelsfalle auch juristisch zu bekämpfen und Wiederholungen zu verhindern.

17.3.4. Die Konsolidierung des Studentenschaftswahlrechts. Die geschilderten unhaltbaren Zustände bei der Wahl des studentischen Wahlausschusses wurden zu Beginn des Jahres 1980 zwangsweise beendet aufgrund einer erneut rechtsaufsichtlich erlassenen Änderung der StS: "Die Vorbereitung und Durchführung der Wahl obliegt einem vom Parlament zu wählenden Wahlausschuß. Der Wahlausschuß besteht aus drei Mitgliedern, die vom Parlament *von drei Vierteln der anwesenden Mitglieder* gewählt werden. ... Wer dem Wahlausschuß angehört, kann nicht selbst zur Wahl kandidieren."[54] Zunächst jedoch griff der die inzwischen dauerhaft etablierte, 'undogmatisch-linke' Majorität repräsentierende 'undogmatisch-linke' AStA diese mittels Sofortvollzugs in Ersatzvornahme erlassene, minderheitenschützende Kontrollnorm unverzüglich juristisch an, mit für das Demokratieverständnis dieser politisch etablierten studentischen Machtträger bezeichnenden Begründungen, die aufschlußreiche Einblicke in die Funktion eines nach Ansicht der ('undogmatisch-linken') Widerspruchsführer notwendig 'undogmatisch-links' beherrschten Wahlorgans eröffnen:
"Indem Sie (nämlich: der Universitätspräsident als untere Rechtsaufsichtsbehörde, *P.K.*) jedoch nicht die einfache Mehrheit bei der Wahl der Mitglieder des Wahlausschusses genügen lassen, ist bei der starken Polarisierung innerhalb des Studentenparlaments das Scheitern der Wahl des Wahlausschusses vorprogrammiert. Diese Polarisierung ist nicht ... eine momentane Erscheinung, vielmehr läßt sich für die ganzen letzten Jahre ein starkes Auseinanderklaffen der Standpunkte der im Studentenparlament vertretenen Gruppen feststellen. Dies ist, wie ein Blick auf die Studentenparlamente in Deutschland bestätigen wird, wohl ein strukturelles Problem der Studentenschaften. Daher ist eine Änderung dieser Situation in Zukunft nicht zu erwarten. Auf diese strukturellen Probleme der Selbstverwaltung muß Rücksicht genommen werden, da es nicht der Sinn von Demokratisierungsprozessen sein kann, die Organe der Selbstverwaltung zu blockieren. Daher finden derartige Bestrebungen ihre Grenze in der Funktionsfähigkeit des Parlaments."[55] "Die Frage der politischen und demokratischen Legitimation dürfte wohl kaum durch rechtsaufsichtliche Maßnahmen in dieser Art und Weise zu lösen sein. Daß Beratungen

---

52 **Die Satzungswidrigkeit der Wahl des Wahlorgans 1980 und 1981.** Die in der Tabelle angegebenen letzten beiden Wahlausschuß-Zusammensetzungen geben die Intentionen der 'undogmatisch-linken' StuPa-Mehrheit wieder; sie waren rechtswidrig: "Damit ... Vorschlag mit einfacher Mehrheit angenommen" (StuPa-Prot. v.30.4.1980, S.3). Diese 'Wahl' des studentischen Wahlausschusses genügte zwar dem üblichen "AStA-Vorschlag: Wahlausschuß ohne Rechte wählen" (StuPa-Prot. v.30.4.1980, S.1). Sie genügte evident nicht dem neu normierten, minderheitenschützenden 3/4-Quorum (§ 14 Abs.1 S.2 StS (= FN III.121)). Trotzdem glaubte die 'undogmatisch-linke' Parlamentsmehrheit, wie bisher verfahren und auf die Indolenz der universitären Rechtsaufsichtsbehörde vertrauen zu können; die 'undogmatisch-linke' Parlamentspräsidentin B.**Heinrich** behauptete dazu nämlich: Die Rechtsaufsichtsbehörde "ist bereit, Wahlvorstand mit einfacher Mehrheit anzunehmen, diese Information hatten wir letztes Mal nicht" (StuPa-Prot. v.30.4.1980, S.3). Diese "Information" erwies sich im vorliegenden Fall als unzutreffend: Mit Verfügung v.2.5.1980 [Az.: 8.40.20/8.41.00/8.43.00] untersagte die Rechtsaufsichtsbehörde dem 'undogmatisch-links' beherrschten "Wahlvorstand" mit sofortiger Wirkung (Vollziehbarkeit) das Tätigwerden. Mittels rechtsaufsichtlicher Ersatzvornahme v.8.5.1980 [Az.: 8.43.00] setzte die Aufsichtsbehörde anschließend erstmals entsprechend dem 'Prinzip der gleichmäßigen Besetzung' [dazu: Kap.17.2.1.] einen aus je einem Mitglied aller sechs im Parlament vertretenen Gruppen bestehenden pluralistischen Wahlausschuß ein. - Dasselbe erfolgte mit Einsetzungsverfügung v.12.3.1981 [Az.: 8.43.00] für die darauffolgende Parlamentswahl [vgl. dazu auch: FN 431(a) (Kap.19)].

53 Siehe dazu nachfolgend: Kap.19.8. bis Kap.19.14.

54 § 14 Abs.1 StS v.16.4.1980 (= FN III.121)

55 AStA-Begründung v.27.2.1980 (Widerspruch gegen die Androhung der rechtsaufsichtlichen Ersatzvornahme v.23.1.1980 [Az.: 8.43.00/8.41.00]), S.1/2.
Es ist in diesem Zusammenhang nochmals daran zu erinnern, daß derartiges die politische Mehrheit des beschließenden Parlaments vertritt, die sich als legitime politische Nachfolgerin der vehement vom Staat "Demokratisierung" und "Öffentlichkeit" einfordernden 68er Studentenbewegung versteht [dazu: FN II.9 (Kap.5)].

zwischen politisch rivalisierenden Studentengruppen[56] hinsichtlich so entscheidenden Fragen nicht in Monatsfristen abgehandelt werden können, entspricht gerade den demokratischen Erfahrungen."[57] Abschließend erkennt der 'undogmatisch-linke' AStA die - nunmehr juristisch erzwungene - demokratische Kontrolle des Wahlverfahrens und dessen Transparenz geradezu als Verhinderungsgrund "ordnungsgemäßer" Wahlen: Die Änderung der StS ist "insofern fehlerhaft, als sie die Durchführung ordnungsgemäßer Wahlen vollends in der Lage ist zu verhindern und dadurch der Satzungszweck an wesentlicher Stelle untergraben wird"[58]!
In einer nachfolgend vom AStA beantragten Eilentscheidung wies selbst die bisher als sehr studentenschaftsfreundlich geltende Hochschulkammer des (zuständigen) Verwaltungsgerichts Frankfurt am Main den Antrag auf Wiederherstellung der aufschiebenden Wirkung des Widerspruchs gegen die o.g. Ersatzvornahme der Rechtsaufsichtsbehörde (Antragsgegnerin) in den wichtigsten Punkten der Verfügung zurück und bestätigte damit die (vorläufige) Rechtswirksamkeit der streitbefangenen, minderheitenschützenden Normen: "Die Antragsgegnerin hat in ihrer Verfügung vom 23.1.1980 die Einleitung der Rechtsaufsichtsmaßnahmen damit begründet, daß in den vergangenen Jahren die nach den bestehenden satzungsrechtlichen Vorschriften durchgeführten Wahlen zum Studentenparlament zu einer Reihe von Anfechtungen geführt ha-

---

56 Es ist hier in Erinnerung zu rufen - was die AStA-Begründungen verschwiegen -, daß die aufgrund einseitiger Zusammensetzung des studentischen Wahlausschusses aufgetretenen Wahlrechtskonflikte in gravierendster und sich wiederholender Form seit 1975, also im Zeitpunkt 1980 bereits seit fünf Jahren (!) bestanden [dazu: Kap.19.10. bis Kap.19.14.]. Die in diesem Zusammenhang erfolgten "Beratungen zwischen politisch rivalisierenden Studentengruppen", so sie denn überhaupt stattgefunden hatten, brachten offensichtlich als Ergebnis stets wieder den Status quo im Sinne der 'undogmatisch-linken' Mehrheit hervor; dementsprechend wiederholten sich von Wahl zu Wahl die inhaltlich ähnlichen Wahlanfechtungen sowie deren Wirkungslosigkeit aufgrund spitzfindiger formaler und prozessualer Rechtsausschöpfungen und -beugungen der intern weitgehend unkontrolliert agierenden, 'undogmatisch-links' beherrschten Studentenschaftsorgane.
Die Aussagekraft von StuPa-Protokollen. Zur Rekonstruktion eventueller "Beratungen" sind jedenfalls Protokolle des für die Satzungsdiskussion zuständigen Studentenparlaments aus dieser Zeit der überragenden Wirksamkeit des 'dichotomen Mehrheitsprinzips' i.d.R. nicht aussagekräftig, denn: **(i)** die Wahl der Protokollführer erfolgte durch Mehrheitsbeschluß des Parlaments; **(ii)** die Genehmigung der Protokolle erfolgte durch Mehrheitsentscheidung des Parlaments; **(iii)** die gültige Geschäftsordnung des Parlaments, durch Mehrheitsentscheid in Kraft gesetzt, positivierte in diesem Zusammenhang keinerlei Minderheiten schützende Normen.
Hochmütig konnte so die ebendieser Mehrheit angehörende 'undogmatisch-linke' Protokollführerin U.**Bauer** feststellen: "Ferner ist der AStA über die geringen bzw. unqualifizierten Anfragen der Opposition erstaunt, welche lustlos entgegnete, daß diese zwecklos seien?!" (StuPa-Prot. v.28.4.1978, S.1) - Dies also "entspricht gerade den demokratischen Erfahrungen" (AStA-Begründung (FN 57)) mit einem Parlament in einer Verfaßten Studentenschaft ohne positivierte Rechte für die Opposition? [Vgl. dazu auch: FN II.151 (Kap.7).]
57 AStA-Begründung v.14.4.1980 (Widerspruch gegen den Erlaß der Ersatzvornahme v.28.2.1980 durch den Universitäts-Präsidenten H.**Kelm** [Az.: 8.43.00/8.41.00]), S.3.
Den wohl wahren Grund für die Ablehnung rechtsstaatlicher Organbesetzung, nämlich, daß "ein vom Studentenparlament mehrheitlich gewählter Wahlausschuß" kausal für "linke AStA-Mehrheiten" gesehen wird, gestand der 'undogmatisch-linke' AStA an anderer Stelle ganz offen ein: "Daß die Kultus- und Unibürokratie mit allen Mitteln versucht, linke AStA-Mehrheiten zu verhindern (Briefwahl, HHG, etc.), ist bekannt. Neuestes Beispiel, eine Verfügung unseres Uni-Präsidenten: Ein vom Studentenparlament mehrheitlich gewählter Wahlausschuß wird schlicht per **kelm**scher Verfügung außer Amt gesetzt und ein neuer, ihm genehmer, wird kommissarisch ernannt." (Flugblatt 'Uni-Vollversammlung' v.2.6.1980 ["v.i.S.d.P. AStA + Undogmatische Linke"])
58 AStA-Begründung (FN 57), S.3.
Der für die zitierten Schriftsätze des AStAs (FN 55, FN 57; vgl. auch nachfolgend: FN 396, FN 414 (Kap.19)) mitverantwortliche 'undogmatisch-linke' AStA-Vorsitzende R.**Mohr** vertritt heute allerdings mitunter auch gegenteilige Positionen: "Das zeitweise abgenutzte und zwiespältige Wort von der 'wehrhaften Demokratie' ist wieder aktuell. Es umfaßt jene demokratische Klugheit, im richtigen Augenblick zu handeln statt zu diskutieren" (R. **Mohr** [bis 1995 freier FAZ-Kulturredakteur], Entlarven wir ihn doch! - Das Fernsehen und die neuen Faschisten, in: FAZ v.4.1.1994). Anzumerken ist: Das hier angesprochene Prinzip der 'streitbaren Demokratie' wendet sich konstitutiv gegen 'rechten' und 'linken' politischen Extremismus [beispielhaft dafür: U.**Backes**/ E.**Jesse**, Politischer Extremismus in der Bundesrepublik Deutschland, 3.Aufl. Bonn 1993, S.407 ff, m.w.Lit.].

ben und hat dabei für den Zeitraum von 1976 bis 1979 fünf Fälle aufgeführt. Als Grund für die Wahlanfechtungen sei u.a. angegeben worden, sämtliche Mitglieder des Wahlvorstands hätten einer bestimmten politischen Gruppe angehört ... Gegen die Anwendung von Rechtsaufsichtsmaßnahmen zur Beseitigung der behaupteten Beanstandungen sprach allerdings, daß bereits die Satzung in der alten Fassung als Rechtsaufsichtsmaßnahme durch die Antragsgegnerin selbst erlassen worden war. Da es sich bei der Satzungsänderung durch Ersatzvornahmen eindeutig um ein Ausnahmeverfahren im Verhältnis zu dem üblichen Rechtsetzungsakt durch das Studentenparlament handelt, bedurfte es bestimmter Tatsachen, um die von § 19 Abs.3 HHG verlangte Pflichtverletzung auszufüllen. Insoweit mußte es aber im Rahmen des lediglich summarischen Eilverfahrens sich zum Nachteil der Antragstellerin auswirken, daß sie zu den von der Antragsgegnerin zum Anlaß genommenen Wahlanfechtungsfällen keinerlei substantiierte Einwendungen oder Ähnliches vorgebracht hat."[59]

Der neue Wahlmodus für das Wahlorgan sicherte zwar, im Gegensatz zur vorhergehenden Zeit, eine effektivere Kontrolle des gesamten Verfahrens der Studentenschaftswahlen. Allerdings war wegen Nichterreichens des 3/4-Quorums mit Ausnahme zweier Fälle[60] ein pluralistisch "gleichmäßig besetzter" Wahlausschuß jeweils nur mittels rechtsaufsichtlicher Einsetzungsmaßnahme zu erreichen; zudem konnte einer der beiden ausgezeichneten Fälle nur zustande kommen, weil eine 'undogmatisch-linke' Parlamentsmehrheit, 1989 eine durch Abschreckung mittels unwürdiger Behandlung von Oppositionsparlamentariern[61] eingetretene

---

59 VG Frankfurt am Main, E.v.22.4.1980 [Az.: V/2 H 2057/80], S.6/7 amtl.Umdr., unveröffentlicht

60 Es handelte sich um: (i) den Wahlausschuß für die StuPa-Wahlen im SS 1986 (StuPa-Prot. v.17.1.1986 (Teil II), S.2/3, TOP 18: im genannten Falle hielt die zu dieser Zeit politisch gemäßigt-liberale Parlaments-Mehrheit der nach ihren Gewalttätigkeiten aus dem Parlament ausgezogenen 'undogmatisch-linken' Opposition [vgl. dazu: FN II.97 (Kap.6)] trotz deren Abwesenheit eine von drei Positionen im Wahlausschuß frei); **(ii)** den Wahlausschuß für die StuPa-Wahlen im WS 1989/90 (StuPa-Prot. v.30.6.1989, S.2, TOP 6: in diesem Falle nutzte die 'undogmatisch-linke' Parlaments-Mehrheit das Fehlen einiger Oppositions-Parlamentarier dazu, sämtliche Positionen des Wahlausschusses alleine zu besetzen [dazu: FN III.133 (Kap.12)]).

61 Zu den Methoden der Ausgrenzung und Drangsalierung politisch unliebsamer Parlamentarier grundsätzlich: Kap.5 und Kap.7; für diesbezügliche Beispiele: FN I.77 (Kap.3); FN II.20(b) (Kap.5); FN II.114 (Kap.6); auch: FN III.91 (Kap.11). Ferner:

(a) Physische Bedrohung von Oppositionsparlamentariern. Der Oppositionsparlamentarier "erklärt, SHI dürfe im Wahlausschuß keine Mehrheit haben, da sonst wieder Mauscheleien liefen. Einer der Wahlhelfer der letzten Wahl fühlt sich durch diese Äußerung persönlich beleidigt, der Parlamentarier ... gerät in körperliche Bedrängnis ..." (StuPa-Prot. v.11.11.1977, S.5, TOP 11).

(b) Diskriminierung von Oppositionsparlamentariern. "Verona **Heinß** (Giraffen) äußert sich ausführlich zur **Reidenbach**erklärung. (Der Protokollant sah sich leider außer Stande, der wirren Logik ihrer Gedankengänge einigermaßen zu folgen und kann von daher ihren Beitrag bedauerlicherweise nicht wiedergeben.)" (StuPa-Prot. v.11.7.1977, S.7 [verfaßt vom 'undogmatisch-linken' Protokollführer G.**Strecker**]) [Zur '**Reidenbach**-Erklärung' nachfolgend: FN 323(b) (Kap.19).]

(c) Zermürbung durch unwürdige Behandlung. Aus dem Rücktrittsschreiben der Parlamentarierin P.**Krämer** (UF) v.23.11.1986: "Hiermit trete ich von meinem Amt als Parlamentarierin im StuPa zurück. Bei dem herrschenden Arbeitsklima im StuPa, vor allem dem 'disziplinierten' und 'kooperativen' Verhalten einiger sogenannter linker Fraktionsabgeordneter, halte ich eine sinngemäße Ausübung meines Amtes nicht für möglich."

(d) Manipulation von StuPa-Protokollen. "Silvia **Ohde** (Unabhängige Fachbereichsgruppen) weist darauf hin, daß zum wiederholten Male ihre Anfragen und Feststellungen über die ... Zusammensetzung des Wahlvorstands nicht im Protokoll enthalten sind. ... Die Abstimmung über diese Änderungsanträge ergibt 5 Ja-Stimmen gegen 14 Nein-Stimmen." (StuPa-Prot. v.27.10.1989, S.2 [Der derart der Manipulation bezichtigte Protokollführer J.D.**Sievert** ['Grüne an der Uni'] - nicht Verfasser des o.g. Prot. - stimmte hier wiederum zusammen mit der 'undogmatisch-linken' Mehrheit des Parlaments gegen die Aufnahme politisch unliebsamer Erklärungen der Opposition ins StuPa-Protokoll; dieses wies ansonsten diverse politische Stellungnahmen auf, es handelte sich folglich nicht um ein reines Beschlußprotokoll.]) Vgl. dazu ergänzend: FN III.134(b) (Kap.12); FN 56.

(e) Beschneidung von Oppositionsrechten. Anfrage des Parlamentariers L.**Hennicke** (RCDS) zu Rechtsstellung und finanzieller Unterstützung des Fachschaftsrats Humanmedizin durch den 'undogmatisch-linken' AStA

Chance nutzend, erneut einen rein 'undogmatisch-links' besetzten Wahlausschuß wählte. Diesen der Quorumsregelung in der segmentierten politischen Kultur des 'dichotomen Mehrheitsprinzips' immanenten Schwächen, die aus dem Prinzip des Wahlverfahrens resultieren (nämlich: Nichterreichen des Quorums, weil eine Kompromißbildung nicht möglich ist; Erzwingung des Quorums mittels Drangsalierung und Entfernung unliebsamer, aber stimmberechtigter Parlamentarier) half schließlich 1991 eine weitere - wohl für die politischen Verhältnisse innerhalb Verfaßter Studentenschaften als bestmöglich anzusehende - Neunormierung des Kreationsakts für das Wahlorgan ab: "Die Vorbereitung und Durchführung der Studentenparlamentswahl ... obliegt einem Wahlausschuß. Der Wahlausschuß besteht aus drei studentischen Mitgliedern, die von den im Studentenparlament vertretenen Gruppen unter Zugrundelegung des Stimmergebnisses der letzten Studentenparlamentswahl nach dem d'Hondtschen Höchstzahlverfahren *benannt* werden; Zählgemeinschaften sind zulässig."[62] Die Mitglieder des Wahlausschusses besitzen nicht das passive Wahlrecht[63].

Dieser institutionalisierte Minderheitenschutz im konstruktiven Kreationsverfahren des studentischen Wahlorgans hat inzwischen Beachtliches dazu beigetragen, wenigstens einen Teil des verlorengegangenen Vertrauens in die Korrektheit des Wahlausschußhandelns innerhalb der Frankfurter Verfaßten Studentenschaft wiederzuerlangen. Demokratisch einwandfreie Wahlen des Studentenparlaments waren und sind aber auch damit in einem politischen Umfeld des mangelhaften zivilen Stils nicht in jedem Falle zu erreichen[64].

Kap.18 Die leerlaufenden selbstverwaltungsspezifischen Wahlprüfungsinstanzen und -kontrollen

Die im Zuge parlamentarischer Verfahren "stattfindenden Vorgänge der Entscheidungsfindung und Abstimmung werden durch die demokratische Kontrolle legitimiert. Diese politische Kontrolle umfaßt die Überwachung auf der Grundlage aller denkbaren Werte und Kriterien, nicht nur derjenigen des Rechts. Jede Kontrolle setzt eine verantwortliche und eine kontrollierende Instanz, das Vorhandensein von Kontrollmitteln und von Sanktionsmöglichkeiten voraus. ... Mit der öffentlichen Behandlung einer Materie (Art.42 Abs.1 GG) entsteht somit zugleich ihre potentielle Transparenz für die Allgemeinheit. Der Kreis der Kontrollierenden vermag sich dadurch zu erweitern: Nicht nur die parlamentarische Opposition, sondern auch die Bürger sind in die Nachprüfung einbezogen. ... Eine solche Kontrolle vermag der parlamentarischen Mehr-

---

angesichts illegaler Wahlverfahren: "AStA: wird Anfrage prüfen. ... RCDS: Wonach wird geprüft? AStA: Auf Legitimität und Legalität nach spontaneistischen Kriterien. RCDS: Was sind die 'spontaneistischen Kriterien'? AStA-Pressesprecher, wie immer druckreif: 1. Wir wollen alles; 2. Wir machen, was wir wollen. - Langanhaltender Beifall aus dem zahlreichen Publikum." (StuPa-Prot. v.19.10.1979, S.2 [verfaßt von der 'undogmatisch-linken' Protokollführerin U.**Bauer**])

62 § 14 Abs.2 StS v.6.8.1991 (= FN III.139/140).
Dieser Kreationsmodus der Benennung, für die keine Anwesenheit auf einer Parlamentssitzung erforderlich ist, trägt dem Status des Wahlausschusses Rechnung, der nicht vereinbar ist mit der Wahl eines neutralen Organs durch ein hochpolitisiertes, dichotom-entfremdetes Parlament [vgl. auch: FN III.143, FN III.144 (Kap.12)].

63 § 14 Abs.4 StS v.6.8.1991 (= FN III.139/140)

64 Der institutionalisierte Minderheitenschutz reduziert die Möglichkeiten und Wahrscheinlichkeiten erfolgreicher 'expliziter Wahlmanipulationen'; der mangelhafte demokratische Stil verursacht stattdessen aber 'implizite Wahlmanipulationen' [vgl. zu den Begriffen: Kap.19.0.]. Dazu beispielhaft: Kap.19.16.; Kap.19.17.; Kap. 19.19.; Kap.19.24.; Kap.19.25.; Kap.19.26.; Kap.19.27.; Kap.19.29.; Kap.19.30.; Kap.19.31.

heitsentscheidung, auf welche sie sich bezieht, demokratische Legitimation zu verleihen."[65] Dieser institutionalisierten, internen "demokratischen Kontrolle" entbehrte das politische Subsystem Verfaßte Studentenschaft aber in der Praxis und büßte damit Ligitimation ein:
Der im studentischen Subsystem seit der Studentenrevolte ausgebildete 'undogmatisch-linke' Nepotismus umfaßte nicht nur die AStA-Verwaltung und das studentische Wahlorgan; er dehnte sich vielmehr aus auf das institutionalisierte Kontrollorgan (*Ältestenrat*) und legte damit dessen originäre Funktion lahm. Um die schwache Position derer in der studentischen Öffentlichkeit ermessen zu können, die in der Vergangenheit ihr individuelles politisches Kontrollrecht ernstnahmen und glaubten, in staatsbürgerlicher Pflicht - aufgrund gravierender Verletzungen des geltenden Rechts sowie des Bruchs ungeschriebener demokratischer Grundprinzipien durch die politische Mehrheit des Subsystems - beispielsweise Studentenschaftswahlen anfechten zu sollen, ist nicht nur die Vagheit und Lückenhaftigkeit des kodifizierten Rechts über diesen Bereich herauszustellen. Hervorstechender noch für die praktische Schutzlosigkeit, der diese kritischen und engagierten Studenten in der Verfaßten Studentenschaft seit 30 Jahren ausgeliefert waren und immer noch sind, ist das De-facto-Leerlaufen der Rechtskontrolle durch eine hochpolitisierte, parteiische selbstverwaltungsinterne Kontrollinstanz (Ältestenrat) und eine attentistische, indolente staatliche Aufsichtsbehörde (Universitätspräsident, vertreten durch die universitäre Rechtsabteilung) - nicht nur - in diesem Bereich. Die weitere Rechtsweggarantie, also die möglicherweise erfolgreiche Anrufung der Gerichte, scheiterte anschließend - in den wenigsten Fällen an der langen Prozeßdauer. Schließlich vermochte sich die politische Mehrheit des Subsystems um so leichter der Kontrolle und damit auch der politischen Verantwortung zu entziehen, als sie der uninformierten Öffentlichkeit erfolgreich ein völlig anderes Trugbild des Tuns idealistischer, bedrängter Demokraten anzudienen wußte.

18.1. Der Ältestenrat als (selbstverwaltungsinterne) erste Prüfungsinstanz

Dem vom Autonomiegedanken geprägten Verwaltungsgrundsatz, wonach die studentische Körperschaft des öffentlichen Rechts "ihre Angelegenheiten im Rahmen der gesetzlichen Bestimmungen selbst" regelt[66], trägt die Einrichtung einer selbstverwaltungsinternen, studentischen Rechtskontrolle von der Theorie her Rechnung. In der Praxis kann diese Kontrolle häufig jedoch nicht durchgreifen, und es erscheint ohnehin prinzipiell zweifelhaft, ob sie sich auch auf die Wahlprüfung erstrecken sollte[67].

18.1.1. Der gesetzliche Auftrag: Der Ältestenrat als "Waage der Gerechtigkeit"[68]. Das Hessische Hochschulrecht realisiert die selbstverwaltungsinterne, studentische Rechtskontrolle in der Einrichtung eines eigenen Studentenschaftsorgans *Ältestenrat*: "Der Ältestenrat wirkt darauf hin, daß die Studentenschaft ihre Aufgaben im Einklang mit den Gesetzen, den Satzungen und sonstigen Vorschriften erfüllt."[69] Zugedacht ist damit dem Ältestenrat die Funktion

---

65 C.**Gusy** (FN 13), S.345, 347, 346.
Daß die "demokratische Kontrolle" innerhalb der Verfaßten Studentenschaft bereits mit der einseitigen politischen Besetzung des Wahlorgans de facto scheiterte, wurde in Kap.17.3. ausgeführt.
66 § 41 Abs.2 HRG v.26.1.1976 (= FN III.93), in bis heute gültiger Fassung.
Zu den Grenzen dieses Autonomieprinzips: Kap.13.3.2.
67 Siehe dazu (selbstverwaltungsexternes Wahlprüfungsverfahren) unter rechtssystematischen Aspekten: Kap. 16.4.2., insb. FN IV.348; Kap.16.4.3.; Kap.16.7.4., insb. FN IV.399.
68 M.**Kriele**, Rechtsgefühl und Legitimität der Rechtsordnung, JRR **10**, S.23-36 (1985), S.24
69 Erstmals landesgesetzlich normiert im § 31 Abs.1 HHG v.12.5.1970 (= FN III.38); wörtlich übernommen in den § 69 Abs.2 HHG v.6.6.1978 (= FN III.95), in bis heute gültiger Fassung.

einer Judikative innerhalb der Selbstverwaltungskörperschaft[70]; dieser Auftrag wird bekräftigt in einer Art selbstverwaltungsinterner Gewaltenteilung zwischen den Organen Studentenparlament als Legislative, Allgemeinem Studentenausschuß (AStA) als Exekutive und dem davon personell getrennten, rechtskontrollierenden Ältestenrat: "Der Ältestenrat besteht aus mindestens drei Studenten, die keinen anderen Organen der Studentenschaft angehören dürfen."[71]
Die im Rahmen der vorliegenden Abhandlung zentrale Aufgabe des Ältestenrats findet sich in dessen *Funktion der ersten Instanz des Wahlprüfungsverfahrens* für Studentenschaftswahlen: "Der Ältestenrat entscheidet über die Gültigkeit angefochtener ... Wahlen zum Studentenparlament"[72]. Damit hat der Gesetzgeber die körperschaftsinterne Wahlprüfung in einem quasigerichtlichen, studentischen Institut untergebracht und ihr so theoretisch den Charakter der (unabhängigen) Rechtsprechung beigemessen[73], im Gegensatz zur offen politisch geprägten Prüfungsentscheidung durch eine parlamentarische Mehrheit (Parlamentsprüfung)[74].

---

70 Der studentische Ältestenrat übernimmt damit eine z.B. vom Ältestenrat des Bundestages wohlunterschiedene Funktion. Zur Aufgabe des letzteren als "parlamentarisches Lenkungs- und Schlichtungsorgan": N.**Achterberg**, Parlamentsrecht, Tübingen 1984, S.130-133; H.-P.**Schneider**, Komm. Art.40 GG, in: Grundgesetz (Alternativ-Komm.), Band 2, 2.Aufl. Neuwied 1989, S.84/85.

71 § 32 HHG v.12.5.1970 (= FN III.38); wörtlich übernommen als § 69 Abs.1 HHG v.6.6.1978 (= FN III.95), in bis heute gültiger Fassung.

72 § 31 Abs.2 HHG v.12.5.1970 (= FN III.38); wörtlich übernommen als § 69 Abs.3 HHG v.6.6.1978 (= FN III.95), in bis heute gültiger Fassung.

73 Zu den beiden charakteristischen Ausprägungen der Wahlprüfung als "politisches" (parlamentarisches) bzw. "rechtsprechendes" (gerichtliches oder gerichtsähnliches) Verfahren wird bereits alles Wesentliche angemerkt in: M.**Seydel**, Gutachten über die Frage: 'Empfiehlt es sich, die Prüfung der Wahlen für gesetzgebende Körperschaften als eine richterliche Tätigkeit anzuerkennen und deshalb der Rechtsprechung eines unabhängigen Wahlprüfungsgerichtshofes zu unterstellen?', in: Verhandlungen des Neunzehnten Deutschen Juristentages, Berlin/Leipzig 1888, S.130-156; M.**Seydel**, Parlamentarische oder richterliche Legitimationsprüfung, AnnDR **22**, S.273-292 (1889); G.**Leser**, Untersuchungen über das Wahlprüfungsrecht des Deutschen Reichstags, Leipzig 1908, S.117 ff (4.Kap.). - Die beiden Kreationsmöglichkeiten für die erste (studentische) Wahlprüfungsinstanz ähneln so den Kreationsmöglichkeiten für das Wahlorgan [entweder: Wahl durch das Parlament; oder: Ernennung durch eine neutrale staatliche Instanz: Kap.17.1.2.].

74 **Beispiel** (für die Wahlprüfung in erster Instanz durch das (Studenten-)Parlament): § 17 Abs.3 WO Studentenschaft der RWTH Aachen v.1.6.1988 (amtliche Bekanntmachung der RWTH Aachen v.3.1.1989).
Die parteipolitische Befangenheit in der Parlamentsprüfung. Die Schwächen der Parlamentsprüfung lassen sich sehr prägnant an historischen Beispielen aufzeigen. Dies impliziert, daß die in der Konstruktion der Parlamentsprüfung liegenden virulenten Gefahren (insb. aufgrund der möglichen Politisierung) für den heutigen Gesetzgeber als bekannt vorausgesetzt werden können: "Die Praxis der Parlamente ließ jedoch bald erkennen, daß die Wahlprüfung mehr von politischen als rechtlichen Gesichtspunkten und nicht selten von der Willkür der jeweiligen Parlamentsmehrheit bestimmt wurde, außerdem meist sehr schleppend vor sich ging, zum Teil mit Widerwillen vorgenommen wurde und Klarheit wie Folgerichtigkeit vermissen ließ." (K.-H.**Seifert**, Gedanken zu einer Reform des Wahlprüfungsrechts, DÖV **20**, S.231-240 (1967), S.231)
Der Verfasser wird sich damit wohl u.a. auf die besonders gravierenden Manipulationsvorwürfe im Fall des Prüfungsverfahrens der Reichstagswahlen vom Juni 1903 durch die parlamentarische "Wahlprüfungskommission" bezogen haben: Stenographische Berichte über die Verhandlungen des Reichstags, XI.Legislaturperiode, Band 5, 118.Sitzung (v.15.11.1906), 119.Sitzung (v.16.11.1906), 120.Sitzung (v.17.11.1906). Der Vorwurf kulminierte in einem Redebeitrag des Abg.**Müller** (Sagan/Schlesien): "Hier kommt es darauf an, daß die Wahlprüfungskommission auch bei den Minoritätsparteien sich das Ansehen sichert, mit Objektivität zu verfahren, und nicht in den berechtigten Verdacht komme, das Recht zu beugen und mit Gewalt zu knicken. ... Sie mögen tun und reden, was Sie wollen - von uns glaubt Ihnen kein Mensch mehr, daß Sie nach Objektivität, nach Gerechtigkeit verfahren, sondern wir meinen, daß wir von Ihnen in der schnödesten und brutalsten Weise vergewaltigt werden" (RT-Prot., S.3742). Zum genannten Verfahren sind im einzelnen hervorzuheben:
(a) Das Abstimmungsverhalten der meisten Abgeordneten orientierte sich offensichtlich nicht an der Sachlage der vorliegenden Wahlanfechtungen, sondern an der Fraktionszugehörigkeit. [Dies verdeutlichen die angefügten Listen der namentlichen Abstimmungen über die Gültigkeit der zuvor angegriffenen Wahl einzelner Abgeordneter (RT-Prot., S.3723-3726). Einen weiteren gravierenden Fall parteiischer, nicht sachgerechter Abstimmung des Reichstags über ein Wahlprüfungsersuchen dokumentiert: G.**Leser** (FN 73), S.137 ff.]

18.1.2. Die strukturellen Kompetenzdefizite des studentischen Ältestenrats in Wahlprüfungsangelegenheiten. Das Wahlprüfungsverfahren für Studentenschaftswahlen erfolgt nach der h.M. als (objektive) Legitimationsprüfung für das gewählte Parlament[75]. "Die verschiedenartigen und höchst schwierigen Rechtsfragen, welche bei einer Legitimationsprüfung unter Umständen zu lösen sind, verlangen die volle Beherrschung des Staats- und Verwaltungsrechtes und Übung in der Rechtsanwendung."[76] Die höchste Qualifikation, die Mitglieder des studentischen Ältestenrats als Mitglieder der Verfaßten Studentenschaft (d.h.: Studenten) grundsätzlich selbst aufbringen können, ist aber (lediglich) ein erfolgreich fortgeschrittenes rechtswissenschaftliches Studium vor dem ersten Staatsexamen. Allein unter diesen Voraussetzungen wird eine auf fundierter Kenntnis des formalen und materiellen Wahlprüfungsrechts sowie "Übung in der Rechtsanwendung" sich gründende Entscheidung des Ältestenrats im Wahlprüfungsverfahren für Studentenschaftswahlen kaum zu erwarten sein[77].

(b) Der die Entscheidungen vorbereitenden 'Wahlprüfungskommission', die, vom Reichstag gewählt, dessen Mehrheiten widerspiegelte, konnte allein aufgrund des Wahlverfahrens ihrer Mitglieder die Neutralität abgesprochen werden. ["Die Kommissionsmehrheit als Interpretin der Majorität des Hauses sorgt eben dafür, daß ein Antrag auf Ungültigkeit nur bei Mandaten von Abgeordneten der Oppositionsparteien gestellt wird, daß aber die Mandate von Mitgliedern des Majoritätskartells stets und ständig für gültig erklärt werden" (Abg. **Singer** (RT-Prot., S.3739)). "So werden Rechtsfragen einfach zu Machtfragen im Reichstag gemacht" (Abg. **Müller** (Meiningen) (RT-Prot., S.3696)). Ein "rein politisches Verständnis der Wahlprüfung" postuliert demgegenüber dennoch: A.v.**Heyl**, Wahlfreiheit und Wahlprüfung, Berlin 1975, S.115 und S.125.]

(c) Die teilweise lange Verhandlungsdauer der 'Wahlprüfungskommission' hatte zur Folge, daß über einen Teil der angegriffenen Mandate nicht vor Ende der betroffenen Legislaturperiode des Reichstags entschieden wurde und das Verfahren allein dadurch de facto leerlief. ["Der Reichstag muß auf Mittel und Wege sinnen, um diesen Zustand, daß Wahlen jahrelang hinausgezögert werden, zu ändern. ... Man hat jede Beweiserhebung von Anfang an vollständig abgelehnt. Trotzdem hat man drei Jahre lang diese Wahlprüfung hinausgezogen" (Abg. **Müller** (Meiningen) (RT-Prot., S.3693)). In diesem Zusammenhang bereits auch kritisch der sozialdemokratische Reichtagsabgeordnete H.v.**Gerlach**: Die Wahlprüfungs-Verschleppungskommission, Die Nation **23**, S.229-230 (1905/06); H.v.**Gerlach**, Wahlprüfungs'reste', Die Nation **23**, S.741-742 (1905/06); H.v.**Gerlach**, Wahlprüfungspraxis und Wahlprüfungspraktiken, Die Nation **24**, S.118-119 (1906).]

(d) Das nicht-positivierte Wahlprüfungsrecht zeigte sich als Verfügungsmasse der Mehrheit. ["Wir haben auch als Wahlprüfungskommission leider kein geschriebenes Recht, wir haben lediglich nur Gewohnheitsrecht, und an diesem Gewohnheitsrecht festzuhalten, erachte ich als die erste Pflicht der Wahlprüfungskommission" (Abg. **Wellstein** (RT-Prot., S.3734)). "Es liegt aber in der Natur der Sache, daß derartige Grundsätze immer eine gewisse Flüssigkeit in sich haben. Es ist eben die Eigenschaft des Gewohnheitsrechts im Gegensatze zum Gesetzesrecht, daß es einen Rechtssatz nicht klipp und klar abgegrenzt aufstellt" (Abg.**Burlage** (RT-Prot., S.3741)). Vgl. dazu ergänzend: FN 2 (Kap.17).]

(e) Auch gravierendste Vorwürfe und hohe Wahrscheinlichkeit der Wahlmanipulation vermochten die Parlamentsmehrheit nicht von der Erheblichkeit der Wahlfehler zu überzeugen. ["Wir müssen uns an feststehende Tatsachen halten, nicht aber an vage Behauptungen" (Abg.v.**Oertzen** (RT-Prot., S.3699)).]

75 Zum Grundsatz der Wahlprüfung als (objektiver) Legitimationsprüfung: Kap.16.4.1.

76 M.**Seydel** (Gutachten, FN 73), S.146.
Diese unabdingbare juristische Kompetenzvoraussetzung liefert ein weiteres Argument gegen die Parlamentsprüfung: "Daß die Parlamentsmitglieder in ihrer Mehrzahl diese Eigenschaften besitzen, ist um so weniger zu erwarten, als sie nicht mit Rücksicht auf ihre Befähigung zum Richteramte, sondern mit Rücksicht auf andere Eigenschaften gewählt werden" (M.**Seydel** (Gutachten, FN 73), S.146). Obwohl die zitierte Feststellung eines Kompetenzdefizits in der Legitimationsprüfung durch den Reichstag selbst allein der nach Mehrheitswahlrecht im Einmannwahlkreis direkt gewählten Reichstagsmitglieder galt, hat sie - vielleicht in gering abgeschwächter Form - auch heute noch prinzipiell ihre Berechtigung nicht eingebüßt.

77 **Die fachlichen Kompetenzdefizite der ÄR-Mitglieder.** Selbst die fortgeschrittene Phase eines rechtswissenschaftlichen Studiums qualifiziert aber grundsätzlich noch nicht für ein Amt in einem Wahlprüfungsorgan: "Es wird davon ausgegangen, daß das kommunale Wahlrecht eine Materie ist, mit der sich die Prüfungsteilnehmer im allgemeinen nicht näher befaßt haben. Die Aufgabe setzt daher keine besonderen Kenntnisse der wahlrechtlichen Vorschriften der Rechtsprechung voraus; sie erfordert vielmehr, daß der Bearbeiter in der Lage ist, das System der wahlrechtlichen Anfechtungs- und Prüfungsverfahren rasch zu erfassen, die einschlägigen Vorschriften aufzufinden und sie nach allgemeinen Grundsätzen auszulegen und anzuwenden." (Für den

Aber selbst ein juristisch bereits versierterer und potentiell redlich bemühter studentischer Ältestenrat, der nach bestem Wissen und Gewissen versuchen mag, wie durch das Studium vermittelt, sachgerecht kodifiziertes Recht anzuwenden und auszulegen sowie danach die vorliegenden Sachverhalte zu subsumieren, wird angesichts des kaum positivierten Wahlprüfungsrechts[78] schnell an Grenzen stoßen: "Auch jetzt ist die das Recht sprechende Stelle darauf angewiesen, das Recht, das sie anwenden soll, selbst zu finden."[79] Die wenigen Normen bedingen aus ihrer Vagheit und Unvollständigkeit heraus gleichsam die Verlagerung von der Legislative in die Norm- und Auslegungskontrolle des Ältestenrats. - Es bleibt bereits an dieser Stelle unerfindlich, was den Gesetzgeber bewogen haben mag, das Wahlprüfungsverfahren für Studentenschaftswahlen einem Studentenschaftsorgan zuzuweisen, das nach verständigem Ermessen diese Aufgabe schon wegen strukturbedingter Wissensdefizite und gesetzlicher Unternormierungen auch bei bestem Willen gar nicht korrekt zu erledigen in der Lage sein wird!
Die damit ausgewiesenen fachlichen Defizite erweisen sich allerdings noch als wirkungsschwach gegenüber dem Einfluß 'undogmatisch-linker' Konkurrenznormen, politischer Fanatisierung und persönlichen Feindschaften, die das Subsystem Verfaßte Studentenschaft prägen[80], eines 'undogmatisch-linken' Nepotismus, der die staatlich intendierte neutrale, rechtsprechende Funktion des Ältestenrats aushebeln kann: Die "Waage der Gerechtigkeit" vermag im Sinne instrumentalisierender "politischer Gerechtigkeit" im Subsystem zu einem manipulierten Instrument mit einseitiger Dauerneigung zu degenerieren, zum Instrument politischer Justiz und Machtsicherung. Dieses Instrument ist für die politische Mehrheit mittels des totalitären 'dichotomen Mehrheitsprinzips' sicher in Funktion zu setzen und zeigt sich dadurch imstande, ideologisch gewünschte Ergebnisse sicher zu produzieren und dergestalt die bestehende Mehrheit dauerhaft zu stabilisieren. Ursächlich für diese Mißbrauchseröffnung ist vor allem:

18.1.3. Der Kreationsmodus des studentischen Ältestenrats an der Johann Wolfgang Goethe-Universität. Bis zur zweiten Novellierung des Hessischen Hochschulgesetzes im Jahre 1978 war die Kreation des Ältestenrats allein dem studentischen Satzungsrecht übereignet. Dergestalt waren im Falle der Johann Wolfgang Goethe-Universität dessen drei Organträger zunächst vom Studentenparlament "auf der letzten Sitzung der Legislaturperiode mit der Mehrheit von zwei Dritteln der *satzungsmäßigen Mitglieder*"[81] zu wählen. Erstmals mit dem

---

jungen Juristen - Lösungsskizze zur Aufgabe 10 der Zweiten Juristischen Staatsprüfung 1979/II und der Juristischen Schlußprüfung, BayVBl.**115**, S.476-477 und S.508-511 (1984), S.508) - Dieser Sachverhalt gilt um so mehr für das juristisch noch abgelegenere Studentenschaftswahlrecht! [Von studentischen ÄR-Mitgliedern ohne juristische Grundkenntnisse soll hier erst gar nicht die Rede sein.]

Beispiele: **(i)** für mangelnde juristische Kompetenz des ÄR: Kap.19.2.2.(d)., insb. FN 157; Kap.19.11.3., insb. FN 244; Kap.19.11.4. (am Beginn); FN 259 (Kap.19); Kap.19.12.3., insb. FN 308; Kap.19.29.4.(a)., insb. FN 558; Kap. 19.31.5., insb. FN 631. **(ii)** für einen Umgehungsversuch der Kompetenzdefizite: Der Gefahr mangelnder Qualifizierung des Wahlprüfungsorgans trug die WO der Frankfurter Studentenschaft v.1.12.1953 (= FN III.12) Rechnung mit der Einrichtung eines nach der Wahrscheinlichkeit juristisch kompetenten, teilweise verfahrensfremden "Wahlprüfungsgerichts" (§§ 16, 17 WO).

78 Vgl. dazu (Fehlen kodifizierten Wahlprüfungsrechts): Kap.16.4., insb. FN IV.328. Das gilt in erweiterter Form für das gesamte Studentenschaftswahlrecht; siehe exemplarisch: Teil III.

79 K.**Ball**, Das materielle Wahlprüfungsrecht, Berlin 1931, S.204 [in noch heute zutreffender Formulierung]. Hauptquelle ist das Richterrecht, das allerdings für einzelne Tatbestände uneinheitlich ist und damit für politisch motivierte Anwender durch geeignete, selektive Auswahl wiederum einseitige Entscheidungen begünstigt.

80 Siehe zum Wirkungsdefizit nicht adäquat formulierten staatlichen Rechts angesichts der realen Wirkkraft 'undogmatisch-linker' sozialer Konkurrenznormen im Subsystem: Kap.8.1.1.(c).

81 Zunächst erstmals: § 46 Abs.2 StS v.21.12.1966 (= FN III.29); sodann, wörtlich übernommen, in: § 19 Abs.3 StS v.10.11.1972 (= FN III.56). (Die StS v.14.7.1951 (= FN III.12) ließ die Wahl des Ältestenrats durch das Studentenparlament ungeregelt: § 28 StS.)

novellierten HHG wurde der Wahlmodus für den Ältestenrat landesgesetzlich normiert; danach wurden dessen (drei gleichberechtigte) Organträger, in Abweichung von bisherigem Satzungsrecht[82], durch die *anwesenden Mitglieder* des Parlaments "in freier, gleicher und geheimer Wahl nach den Grundsätzen der Verhältniswahl gewählt"[83]. Dieses geltende Wahlverfahren kann einerseits arithmetisch minderheitenfreundlicher sein als das alte Satzungsrecht[84], und es besitzt zudem ein konstruktives Element: Es garantiert für ein beschlußfähiges Parlament stets die Wahl eines Ältestenrats[85]. Das Wahlverfahren erscheint andererseits genau deswegen aber auch um so problematischer, als es - mit Ausnahme des für die Beschlußfähigkeit des Parlaments gesetzten Quorums -, entgegen dem Grundsatz der Wahlfreiheit, die Wahl von keinerlei minderheitenschützendem Anwesenheitsquorum abhängig macht[86].

Diese systemimmanenten Kreationsverfahren vermögen der Kontrollinstanz die ihr zugedachte überparteiliche, sachgerechte Funktion innerhalb der dichotom politisierten Verfaßten Studentenschaft nicht sicher zu verschaffen, weil der Ältestenrat seine Entscheidungen mit Mehrheit trifft und sich darin grundsätzlich die politische Mehrheit der zu kontrollierenden Organe Studentenparlament und AStA widerspiegelt oder sogar noch verstärkt[87]; die Entscheidungen des

---

82 Die universitäre (untere) ebenso wie die landesministerielle (oberste) Rechtsaufsichtsbehörde hatten es bis zum Jahre 1994 (das sind mehr als 15 Jahre!) nicht vermocht, dieses geltendem Recht des § 65 Abs.3 HHG v.6.6.1978 (= FN III.95) widersprechende satzungsrechtliche Wahlverfahren zu beanstanden [vgl.: FN III.130 (Kap.12)]. Vielmehr setzte noch am 17.1.1985 [Az.: 8.43.00 Am/hu] die universitäre Rechtsaufsichtsbehörde einen Ältestenrat durch Ersatzvornahme ein, weil "sowohl in der Sitzung des Studentenparlaments vom 9.11. 1984 als auch vom 7.12.1984 ... die Kandidaten für die Wahl zum Ältestenrat nicht die erforderliche Mehrheit" gefunden hätten - eine Argumentation, die ersichtlich vom Fortgelten des alten § 19 Abs.3 StS (= FN III.56) ausging und die der o.g. übergeordneten HHG-Norm evident widersprach!

83 § 65 Abs.3 HHG v.6.6.1978 (= FN III.95), in bis heute gültiger Fassung.

84 **Das Maß arithmetischen Minderheitenschutzes.** Zumindest im Falle 'hoher' Anwesenheitsquoten im Parlament war das neue Recht minderheitenfreundlicher als das alte: Denn während z.B. für den Fall dreier zu wählender Ältestenrats-Mitglieder beim 'alten' (StS-)Wahlverfahren höchstens die Stimmen von 33 1/3% der (stimmberechtigten) Mitglieder des Studentenparlaments unberücksichtigt bleiben können, sind es beim 'neuen' (HHG-)Verhältniswahlverfahren (mit Listen) höchstens 25% der (anwesenden) Mitglieder.

Genauer gilt folgendes (im Falle dreier ÄR-Mitglieder): Offensichtlich bleiben in beiden Verfahren die Stimmen der nicht anwesenden (stimmberechtigten) Mandatsträger notwendigerweise unberücksichtigt. Das HHG-Wahlverfahren läßt also nur dann weniger abgegebene Stimmen unberücksichtigt als das StS-Wahlverfahren, wenn unter der Voraussetzung, daß alle Stimmen gültig abgegeben werden, mindestens 8/9, d.h. 88,9% der (stimmberechtigten) Mandatsträger anwesend sind. Im Extremfall (d.h. bei Abwesenheit von 50% (+1) der Mandatsträger, womit das Parlament gerade noch Beschlußfähigkeit aufweist) läßt das HHG-Wahlverfahren 5/8, d.h. 62,5% der Mandatsträger unberücksichtigt. - Dies zeigt die Wirkungslosigkeit des HHG-Wahlverfahrens gegenüber dem (erzwungenen) Fernbleiben von Parlamentariern.

85 Kommt im 'alten' (StS-)Wahlverfahren (FN 81) nicht für alle drei Mitglieder wenigstens das Quorum einer 2/3-Mehrheit der stimmberechtigten Parlamentarier zustande, so ist kein Ältestenrat rechtskräftig gewählt (weil dieser sich nur in vollständiger Besetzung konstituieren kann). Dieser Wahlmodus kann also einer genügend großen parlamentarischen Minderheit die Möglichkeit der Obstruktion eröffnen [vgl. dazu: Kap.2.1.(b).; H.**Fuchs**, Die parlamentarische Obstruktion durch Abstinenz der Minderheit, jur.Diss. Univ.Heidelberg 1928].

86 Hier sind zwei Möglichkeiten einer totalitären Parlamentsmehrheit erwähnenswert, die Anzahl der anwesenden Parlamentarier der politischen Minderheit (bei der Wahl des Ältestenrats) zu reduzieren: **(i)** durch Manipulationen an der Tagesordnung (d.h. formale Mehrheitsbeschlüsse über deren strategische Umreihung bzw. Vertagung) der Parlamentssitzung kann die Wahl genau zu einem der Mehrheit genehmen Zeitpunkt durchgeführt werden - derartige Manipulationen sind u.U. durch striktes Geschäftsordnungsrecht (das jedoch auch wieder lediglich einer Mehrheitszustimmung bedarf) zu vereiteln [vgl. dazu: K.**Lehmann**, Das Recht der parlamentarischen Minderheiten, Berlin 1933, S.29]; **(ii)** durch direkte Pressionen, Psychoterror oder auch langfristige unwürdige Behandlung, die studentische Oppositonsparlamentarier am Sinne der eigenen Anwesenheit in dieser Art 'Parlament' zunehmend zweifeln lassen [für Beispiele dazu: FN 61 (Kap.17)]. - Beachte in diesem Zusammenhang auch den fehlenden mäßigenden Einfluß der Öffentlichkeit [dazu: Kap.7.3.(c).].

87 Zur Abwehr dieser Fehlentwicklung beantragte der LHV im Studentenparlament: "Das StuPa anerkennt den Ältestenrat als notwendiges Kontrollgremium der Verfaßten Studentenschaft. Diese Funktion ist dann gefähr-

Ältestenrats gehen ebenso aus dem 'dichotomen Mehrheitsprinzip' hervor wie die des Parlaments. Der Ältestenrat gleicht in der wesensfremd hochpolitisierten Entscheidungsstruktur seiner ideologisierten Mehrheit derjenigen des Wahlorgans im 'undogmatisch-links' beherrschten Subsystem, er ist "politischer Richter"[88]. Dieser Sachverhalt läßt das mit der Einrichtung eines Studentenschaftsorgans mit Judikativfunktion intendierte selbstverwaltungsspezifische Gewaltenteilungsprinzip - das auch in dessen Funktion als erster Wahlprüfungsinstanz hervortritt, nämlich in der Schaffung eines "System(s) der Gegengewichte ..., die es den Minderheiten ermöglichen, gegenüber der Mehrheit andere Gewalten anrufen zu können"[89] - de facto leerlaufen; denn allein die über das 'formaldemokratische Mehrheitsprinzip' garantierte Existenz "anderer Gewalten" vermag deren Identität mit der herrschenden politischen Mehrheit nicht zu lösen: An die Stelle machtrelativierender Gewaltenteilung tritt de facto synergetische Gewaltenverstärkung im formaldemokratischen Gewand. Hier kann dem Gesetzgeber ein Vorwurf der Fahrlässigkeit nicht erspart bleiben, gerade weil die Gefahren einer im Interesse einer angegriffenen Mehrheit politisierten 'Wahlprüfung' inzwischen hinlänglich bekannt sein müssen[90].

18.1.4. Beispiel: Die Politisierung des studentischen Ältestenrats an der Johann Wolfgang Goethe-Universität 1975-1980. Die Fortschreibung und Verstärkung der politischen Mehrheit des Studentenparlaments[91] in das Kontrollorgan hinein (trotz des minderheitenschützenden 2/3-Quorums für dessen Wahl) erfolgte exemplarisch in der Zusammensetzung des Ältestenrats während der Zeiten der mutmaßlich umfangreichsten Manipulationen der Wahl des Frankfurter Studentenparlaments, nämlich in den Jahren 1975 bis 1980 (dabei waren schon diese ÄR-Wahlen fast alle rechts-[92] oder satzungswidrig[93] erfolgt). Dementsprechend sah der

---

det, wenn die im AStA vertretene Mehrheit des StuPa zugleich auch die Mehrheit im Ältestenrat bildet. Das StuPa wird deshalb zukünftig den Ältestenrat nach folgendem Schlüssel wählen: Ein Mitglied auf Vorschlag der den AStA tragenden Gruppe(n); zwei Mitglieder auf Vorschlag zweier anderer im StuPa vertretener Gruppen." Die 'undogmatisch-linke' AStA-Mehrheit verschloß sich diesem ihre Macht beschränkenden Kontrollargument: "Der Antrag wird mit sechs Ja- und zwölf Nein-Stimmen abgelehnt. Ein Parlamentarier beteiligt sich nicht an der Abstimmung 'wegen Albernheit des Antrags'." (StuPa-Prot. v.7.1.1977, S.1)
Diese Klasse von Demokratiedefiziten höchstrichterlich kritisierend: "Auch eine Mehrheit des Parlaments kann ihre Rechte mißbrauchen. Eine Fraktion, die das ... vorgesehene Gremium einseitig besetzt und auf die einseitige Besetzung der ... Kommission hinwirken würde, würde im Zweifel mißbräuchlich verfahren" (BVerfGE **30**, 1 [LS 8] [für parlamentarisch gewählte Gremien und Kommissionen, die mit grundrechtssichernden Kontrollfunktionen ausgestattet sind (nämlich im Falle der Anwendung des Art.10 Abs.2 GG]).

88 F.**Graf v.Westphalen**, Wird die Justiz unterwandert? - Der Ruf nach dem politischen Richter, Zürich 1975. "Rechtsprechung zielt dann nicht mehr auf ein gerechtes, an Recht und Gesetz gebundenes Recht, sondern auf ein parteiliches, parteipolitisches Recht - Recht der Mehrheit, eben Machtrecht zum Rechtsnachteil der Minderheit, vor allem der Andersdenkenden" (S.36). Der entsprechend wesensfremd politisierte studentische Ältestenrat wird somit im Wahlprüfungsverfahren Richter in eigener Sache [aber: nemo iudex in sua causa!].

89 K.**Lehmann** (FN 86), S.30 [siehe dort ebenso: S.72/73]

90 Die mit einer politisierten Wahlprüfung verbundenen Gefahren sind seit langem bekannt: FN 2 (Kap.17); FN 74. Sie sind auch in den Wahlprüfungsverfahren für Studentenschaftswahlen prompt eingetreten: Kap.19. Sie werden bis heute vom staatlichen Gesetzgeber durch Nichtstun ignoriert: Teil III; ferner dazu: Kap.8.3.
Der Charakter des Wahlprüfungsverfahrens durch den Ältestenrat, obwohl nach außen den Anschein des neutralen gerichtsförmigen Verfahrens erweckend, empfängt in der Realität oftmals genau dieselbe Politisierung wie das parlamentarische Prüfungsverfahren; der ÄR entspricht damit viel eher der historischen 'Wahlprüfungskommission' beim Deutschen Reichstag der konstitutionellen Monarchie [dazu: FN 74]. Gegenüber einer solchen Situation politisch einseitig besetzter Prüfungsorgane zeigt sich sogar noch ein Vorteil der Parlamentsprüfung - trotz aller ihrer Schwächen [dazu: FN 74]: Die politischen Minderheiten sind nämlich in diesem Falle, sofern sie über Parlamentsmandate verfügen, aus dem Prüfungsverfahren nicht völlig auszuschließen.

91 Siehe zur nachfolgenden (politischen) Differenzierung der Parlamentszusammensetzung: die Definitionen in den FN 49 bis FN 51 (Kap.17).

92 Die ÄR-Wahl am 31.10.1975 war für die Mitglieder des Parlaments zuvor auf der Sitzungseinladung (v.28.10.1975) als Tagesordnungspunkt nicht vermerkt gewesen, sie wurde nicht einmal nachträglich während

studentische Ältestenrat gerade auch in den Wahlprüfungsverfahren, mit denen er befaßt war, seine Aufgabe in erster Linie in einer parteiischen Bestätigung und Absicherung der durch die angefochtene Wahl (erneut) erzeugten 'undogmatisch-linken' Mehrheitsposition im Studentenparlament. Das mochte nicht verwundern; war doch ersichtlich dieser Ältestenrat politisch ebenso zusammengesetzt wie das Wahlorgan, dessen Tätigkeiten überprüft werden sollten.

Parlaments-zusammensetzung	*staatsbekämpfende AStA-Mehrheit*		*staatsbekämpfende/-kritische Minderheiten*		*staatsloyale Minderheiten*	
	Mandate (in %)		*Mandate (in %)*		*Mandate (in%)*	
Ältestenrats-Wahl	*ÄR*	*StuPa*	*ÄR*	*StuPa*	*ÄR*	*StuPa*
31.01.1973	66,7%	50,0%	0,0%	13,6%	33,3%	36,4%
18.01.1974	66,7%	54,5%	0,0%	9,1%	33,3%	36,4%
21.01.1975	66,7%	50,0%	33,3%	22,7%	0,0%	27,3%
31.10.1975	66,7%	54,5%	33,3%	27,3%	0,0%	18,2%
07.07.1978	66,7%	50,0%	33,3%	27,3%	0,0%	22,7%
01.06.1979	66,7%	50,0%	33,3%	18,2%	0,0%	31,8%
13.01.1981	66,7%	50,0%	33,3%	9,1%	0,0%	40,9%

Für die derart ausgeschlossenen politischen Minderheiten, denen durch die scheinbar gewaltenteilende Konstruktion - der nach dem geltenden Recht auch das Wahlprüfungsverfahren untergeordnet ist -, eigentlich Schutz zuteil werden sollte, wirkte das selbstverwaltungsinterne Kontrollverfahren hingegen in mehrfacher Hinsicht kontraproduktiv:

der Parlamentssitzung unter einer Änderung der Tagesordnung aufgenommen (StuPa-Prot. v.31.10.1975, S.1). Die ÄR-Wahl war somit rechtswidrig. Sie blieb durch die universitäre Rechtsaufsichtsbehörde unbeanstandet.
Ungeachtet seines rechtswidrigen Zustandekommens führte dieser ÄR drei Wahlprüfungsverfahren durch: 1976: Kap.19.11.2., Kap.19.11.3., Kap.19.11.4.; 1977 I: Kap.19.12.3., Kap.19.12.4.; 1977 II: Kap.19.13.4.
Zur Rechtswidrigkeit (Personalentscheidungen ohne TOP-Ankündigung). Hier ist ein ähnlich gearteter Fall einschlägig [zum Sachverhalt: StuPa-Prot. v.17.2.1984, TOP 9]: "Wahl und Abwahl von Amtsträgern von Organen sind weitreichende Personalentscheidungen, bei denen Form- und Verfahrensvorschriften unbedingt zu beachten sind. Setzt sich der das Studentenparlament einberufende Präsident über die seine Arbeitsweise bestimmenden Vorschriften hinweg, so hat dies die Ungültigkeit der Wahl zur Folge. Diese schwerwiegende Rechtsfolge tritt ein, weil es sich bei der Nichtankündigung der (Ab-)Wahl als Tagesordnungspunkt gem. § 9 Abs.3 StS um einen wesentlichen Verfahrensfehler handelt. ... Die vorgesehene Tagesordnung soll allen zu einer Sitzung eingeladenen Personen bekanntgeben, was Behandlungsgegenstand dieser Sitzung sein wird. Auf diese Weise sollen die Teilnehmer der Sitzung die Möglichkeit haben, sich eingehend auf die einzelnen Tagesordnungspunkte vorzubereiten, was zugleich bedeutet, daß sie darauf vertrauen dürfen, daß nur über diese Punkte in der Sitzung abgestimmt wird, die ihnen als Behandlungsgegenstand mitgeteilt worden sind (vgl. Hess.VGH, E.v.5.6.1978 [Az.: VI OE 7/78], S.16 amtl.Umdr., in dem die Wahl des Rektors einer Fachhochschule für ungültig erklärt wurde, weil sie in der Tagesordnung für die betreffende Konventssitzung nicht vorgesehen war, sowie zur Anwendung des Geschäftsordnung des Hessischen Landtags)." (VG Frankfurt/M, E.v.6.4.1984 [Az.: V/3-G 511/84], in: KMK-HSchR, S.958-964 (1984), S.963)
93 Nämlich die ÄR-Wahl 1979: "TOP 6 Wahl des Ältestenrates, Kandidaten: Marco **Bruns** (Undogmatische Linke), Elart **Biskamp** (Undogmatische Linke), Harald **Dörig** (LHV), Reiner **Löffler** (Giraffen), Joachim **Schulz** (GOL). Wahlergebnis: M.**Bruns** 11 Stimmen, E.**Biskamp** 11 Stimmen, J.**Schulz** 11 Stimmen, H.**Dörig** 4, R.**Löffler** 4. **Bruns**, **Biskamp**, **Schulz** stellen den neuen Ältestenrat." (StuPa-Prot. v.1.6.1979, S.1)
Zur Rechts- und Satzungswidrigkeit (Personalentscheidungen contra legem). Diese ÄR-"Wahl" war offensichtlich rechtswidrig als sowohl der Satzungsnorm des [inzwischen ungültigen: FN 82] § 19 Abs.3 StS (= FN III.56) als auch der maßgeblichen landesgesetzlichen Norm des § 65 Abs.3 HHG v.6.6.1978 (= FN III.95) widersprechend. Sie blieb durch die universitäre Rechtsaufsichtsbehörde in Folge unbeanstandet.
Ungeachtet seines rechtswidrigen Zustandekommens führte dieser ÄR zwei Wahlprüfungsverfahren durch: 1979: Kap.19.14.3., Kap.19.14.4.; 1980: Kap.19.15.3.!

(i) Institutsautorität. Die Position der klagenden Minderheit war und ist in der über Interna der Verfaßten Studentenschaft uninformierten Öffentlichkeit belastet durch den mit dem Abschluß des Verfahrens stets sicher eintretenden negativen Spruch des sich nach außen in der Kompetenz, Rechtmäßigkeit und Neutralität der Judikative präsentierenden studentischen Kontrollorgans[94], ausgestattet mit der Verantwortlichkeit einer formalneutralen ersten Wahlprüfungsinstanz. Der theoretisch nachfolgende höherinstanzliche, gerichtliche Rechtsschutz konnte regelmäßig nicht erreicht werden aufgrund der vorhergehenden Verschleppungen der selbstverwaltungsinternen, studentischen Instanz (Wegfall der Anspruchsgrundlage)[95].
(ii) Institutionalisierte Stabilität. Die Ablehnung eines Mitglieds des Ältestenrats wegen Befangenheit war und ist - entsprechend der staatlich-parlamentarischen Wahlprüfungspraxis[96], aber entgegen dem quasi-gerichtlichen Charakter des Wahlprüfungsverfahrens - im laufenden Wahlprüfungsverfahren nicht vorgesehen. Diese damit eintretende Sicherheit in der Bestandskraft der Organbesetzung verschaffte den politisierten Ältestenrats-Mitgliedern regelmäßig einen nicht zu unterschätzenden Freiraum in der selbstherrlichen Demontage der politisch unliebsamen Antragsteller, unabhängig vom jeweils vorliegenden materiellen Wahlprüfungsgehalt.
(iii) Unkontrollierte Rechtsschöpfung. Die Unternormierung des studentischen Wahlprüfungsrechts ermöglichte dem Ältestenrat die Umfunktionierung des Wahlprüfungsverfahrens in ein Bestätigungsverfahren für den Status quo: Der dem gesamten Wahlprüfungsverfahren zugrunde liegende Prüfungsmaßstab war durch den Ältestenrat selbst derart restriktiv ausgelegt worden, daß de facto *jede* aufgrund von Indizien vermutete und selbst in hohem Maße wahrscheinliche Wahlmanipulation und *jeder* formale Verstoß gegen das Wahlverfahrensrecht (anderes war realistischerweise angesichts der Verdunkelungsmöglichkeiten und -methoden als Konsequenz der interne Kontrolle ausschaltenden, politisch einseitigen Besetzung von Wahlausschuß und Wahlhelferstellen nicht anzugreifen) ungerügt und unsanktioniert bleiben mußte[97]. Diese machtpolitische Entstellung des Rechts bedeutete die Liquidierung der Kasuistik der Wahlprüfung. Das war nur konsequent: "Solange die Wahlprüfung nicht als Rechtsinstitution geachtet, sondern als Machtmittel mißbraucht wird, kann es kein sachliches Wahlprüfungsrecht geben."[98]
(iv) Formaldemokratische Korrektheit. Unter diesen Voraussetzungen sowie regelmäßig fehlender Öffentlichkeit im Wahlprüfungsverfahren waren allein mittels Anwendung des 'dicho-

---

94 Die Öffentlichkeit, insb. die Presse, mißt ÄR-Entscheidungen grundsätzlich die hohe Qualität und Seriosität des Richterspruchs zu. Die 'undogmatische Linke' verstand es durchaus, die - ansonsten ungeliebte [vgl. dazu: U.**Matz**, 'Demokratisierung' statt Hochschulreform?, ZfP **16**(NF), S.183-197 (1969), S.192/193] - institutionelle Autorität des von ihr beherrschten Amtes für sich politisch nutzbar zu machen; sie suggerierte, die ihr politisch genehme Mehrheitsentscheidung gebe als solche objektive Wahrheit wieder [vgl. dazu: FN I.36 (Kap.2)]. Beispielhaft für dieses objektivierend-judizierende Odium des ÄR (aus dem Wahlprüfungsverfahren 1976, Kap. 19.11.4.): "Der Ältestenrat teilt seine Entscheidung über die Anfechtung der Wahlen zum Studentenparlament vom Juni 1976 mit: In allen angefochtenen Punkten sind Einflußnahmen nicht vorgekommen. Die Wahl wird daher für gültig erklärt. Zugleich verwahrt sich der Ältestenrat gegen von dem Parlamentarier P.**Kunth** geäusserte Zweifel an seiner Objektivität." (StuPa.-Prot. v.22.10.1976, S.2)
95 Zu diesem mit der vorgeschriebenen Ausschöpfung des Instanzenwegs verbundenen Zeitproblem angesichts kurzer Legislaturperioden: Kap.16.4.3.
96 BVerfGE **37**, 84 [90]. Kritisch zu dieser h.M. zu Recht: H.**v.Mangoldt**/F.**Klein**/N.**Achterberg**/M.**Schulte**, Grundgesetz (Komm.), Band 6, 3.Aufl. München 1991, Komm. Art.41 GG, S.143 (RN 24), m.w.N.
97 Paradigmatisch: Kap.19.11.3. (rechtswidriger Prüfungsmaßstab des ÄR im Wahlprüfungsverfahren); ferner: FN III.32(a) (Kap.10). - Abgesehen davon ist es für außenstehende Personen ohnehin nahezu unmöglich, ein über mehrere Tage an verschiedenen Orten gleichzeitig ablaufendes Wahlverfahren vollständig zu überwachen.
98 K.**Schiller**, Das sachliche Wahlprüfungsrecht und seine Randgebiete, jur.Diss. Univ.Bonn 1958, S.7

tomen Mehrheitsprinzips' alle politisch gewünschten Entscheidungen des Ältestenrats im formaldemokratisch weitgehend korrekten Verfahren zu erzielen und so auch nach außen als völlig unproblematisch darzustellen[99].

- Trotz dieser offensichtlichen, über Jahre andauernden Verfahrensschwächen ließ die universitäre Rechtsaufsichtsbehörde zu keiner Zeit ihr Interesse erkennen, an den ihr rechtzeitig bekanntzugebenden öffentlichen "Verhandlungen" des Ältestenrats in Wahlprüfungsangelegenheiten beobachtend oder beratend teilzunehmen, um die Parteilichkeit der Verfahren und der Rechtsschöpfung für mögliche Rechtsaufsichtsmaßnahmen ermessen zu können und rechtzeitig Beweissicherung anzustellen. Sie leistete auch den in der Regel wahl- und verfahrensrechtlich wenig qualifizierten studentischen Wahlanfechtern keine juristische Beratung. Darüber hinaus zeigte und zeigt die Aufsichtsbehörde sich häufig nicht einmal willens und in der Lage, offensichtliche Rechtsverstöße in den schriftlich fixierten Wahlprüfungsentscheidungen des Ältestenrats, der sich - der Gesetzmäßigkeit der Verwaltung hohnsprechend - gemäß dem politisch zu erbringenden Ergebnis sein Wahlprüfungsrecht selbst jeweils von Fall zu Fall strategisch zusammensetzte, zu erkennen oder gar systematisch zu verfolgen:

18.2. Die universitäre Rechtsaufsichtsbehörde als Wahlprüfungskontrolle

Die Sicherstellung jederzeitiger staatlicher Rechtskontrolle mit umfassender Aufsichtskompetenz als Ausdruck universeller Rechtsgeltung ist notwendige Konsequenz aus der Einrichtung der Verfaßten Studentenschaft als rechtsfähiger Körperschaft des öffentlichen Rechts mit autonomer Satzungs- und Finanzhoheit im demokratischen Rechtsstaat; bei möglichen rechtsaufsichtlichen Eingriffen im Zusammenhang mit einer Studentenschaftswahl, die nicht explizit im Rahmen eines Wahlprüfungsverfahrens normiert sind, kann es sich daher grundsätzlich *nicht* um das Tätigwerden der Instanz eines Wahlprüfungsverfahrens handeln[100].

18.2.1. Das Prinzip der staatlichen Rechtsaufsicht als rechtsstaatliches Korrektiv zur Selbstverwaltungsautonomie. "Die Körperschaften des öffentlichen Rechts ... sind staatliche Schöpfungen. Es gibt keine Körperschaft kraft Natur der Sache oder aufgrund privaten Willensaktes."[101] Indem also der demokratische Rechtsstaat der studentischen Selbstverwaltungskörperschaft zwecks sachgerechter Ausgestaltung ihrer klar abgegrenzten Befugnisse über sie originär selbst betreffende Angelegenheiten ("legitime öffentliche Aufgaben") den Freiraum der autonomen Satzungs- und Finanzhoheit in eigener Selbstverwaltung einrichtet, ist er zugleich *verpflichtet*, die Rechtmäßigkeit dieses Selbstverwaltungshandelns im Rahmen der bestehenden Rechtsordnung sicherzustellen[102]; das ergibt sich als zwingende Konsequenz aus dem die Selbstverwaltungskörperschaft überwölbenden Rechtsstaats- und Demokratieprinzip[103]. Diese Sicherstellung realisiert sich mittels der kontrollierenden Instrumente der "Staatsaufsicht", deren Träger der Staat selbst, "vertreten durch seine oder von ihm ausdrücklich mit dieser

---

99 Siehe dazu: Kap.5.3.2. ("Dikatur der Legalität"); Kap.8.2.3. (Untergesetzliche Normhypotrophie). Zur politischen Problematik der Gleichsetzung von Demokratie und Mehrheitsprinzip: Teil I (vor Kap.1, Kap.2.1., Kap.4.1.).

100 Siehe dazu: Kap.16.4.2., insb. FN IV.350.
Zur Positivierung der Rechtsaufsichtsbefugnisse für den Hessischen Fall: §§ 72, 19 HHG (= FN III.95)

101 H.**Maurer** (FN 31), S.505 (RN 38)

102 Über die einer universitären Rechtsaufsichtsbehörde grundsätzlich zur Verfügung stehenden Rechtsmittel gegen die Verfaßte Studentenschaft: A.**Gallas**, Die Staatsaufsicht über die wissenschaftlichen Hochschulen, Berlin 1976, S.210 ff. Zur Anwendung von Rechtsaufsichtsmaßnahmen im Satzungsbereich: Teil III.

103 Siehe dazu: Kap.13.3.2.; Kap.8.3.

Aufgabe beliehene Organe"[104], ist. Die materielle Staatsaufsicht erfolgt in diesem Sinne durch das mildeste Mittel der "Gesetzmäßigkeitskontrolle des Selbstverwaltungshandelns in Form der Rechtsaufsicht"[105]. Dem trägt das Hessische Hochschulrecht heute konkludent Rechnung: "Die Studentenschaft steht unter der Rechtsaufsicht des Landes. Die Rechtsaufsicht wird vom Leiter der Hochschule als (unterer) Aufsichtsbehörde und vom Hessischen Minister für Wissenschaft und Kultur als oberster Aufsichtsbehörde ausgeübt."[106]

Die geringe Normdichte des gesamten Studentenschaftsrechts überläßt der Kontrolle der Aufsichtsbehörde einerseits im Einzelfall weite *Beurteilungsspielräume*[107]; gleichzeitig schränkt das das Rechtsaufsichtshandeln als rechtsstaatliches Verwaltungshandeln leitende *Übermaßverbot* (insbesondere das 'Prinzip des geringsten Eingriffs') aber das *Ermessen* ein[108]. Dergestalt gleicht das rechtsaufsichtliche Tätigwerden heute allzuoft bestenfalls einer Gratwanderung zwischen pflichtbewußtem Ermessen und verwaltungsgerichtlicher Kassation. Denn die "gesinnungsreflektierende Sozialgestaltung" einiger Richter unterer verwaltungsgerichtlicher Instanzen "gegenüber ihrer Gesetzesbindung" lassen sie "in vermeintlicher Sachneutralität ihre Gesinnungs- und Herrschaftsentscheidungen"[109] zugunsten der Verfaßten Studentenschaft (und zu Lasten der Rechtsaufsichtsbehörde) fällen, "stellvertretend für den Gesetzgeber mittels alternativer Gesetzesinterpretation"[110]. - Diese staatlichen Gerichte selbst wegen Kleinigkeiten gegen die Rechtsaufsichtsbehörde tatsächlich auch anzurufen, hatte sich übrigens die studentische "antiautoritäre", 'undogmatische Linke' noch selten gescheut. (Sie hatte allerdings zur Schonung ihres staatskritischen, spontaneistischen Ansehens in der uninformierten Öffentlichkeit gleichzeitig meist darauf verzichtet, ihr diesbezügliches Handeln öffentlich politisch zu diskutieren und zu verantworten; nichtsdestoweniger trug die anfallenden finanziellen Kosten regelmäßig der Etat der Verfaßten Studentenschaft, so daß auch an dieser Stelle keinerlei persönliches Risiko der politischen Machtträger zu verbuchen war[111].)

18.2.2. Das konkrete Versagen des universitären Rechtsaufsichtshandelns. Nicht nur die mitunter juristisch sehr überraschenden Auslegungen, originellen Schlußweisen und eigenwilligen Entscheidungen erkennender verwaltungsgerichtlicher 'Hochschulkammern' können die Rechtsaufsichtskontrolle leerlaufen lassen. Dem Prinzip der reinen Rechtsaufsicht über die Ver-

---

104 A.**Gallas** (FN 102), S.26. [Zum Begriff der "Staatsaufsicht": A.**Gallas** (FN 102), S.24 ff (§ 2).]

105 Dies nach der h.M.: A.**Gallas** (FN 102), S.33 und S.205; vgl. ferner in diesem Sinne: H.-W.**Laubinger**, Zum Anspruch der Mitglieder von Zwangsverbänden auf Einhaltung des gesetzlich zugewiesenen Aufgabenbereichs, VwA **74**, S.175-183 und 263-280 (1983); W.**Frotscher**, Selbstverwaltung und Demokratie, in: FS für G.C.**v.Unruh**, Heidelberg 1983, S.127-147, S.146/147; H.**Maurer** (FN 101), S.511 (RN 45).

106 § 72 Abs.1 HHG (= FN III.95)

107 Siehe dazu (Normhypotrophie des Studentenschaftswahlrechts): Kap.8.2.3. - Zur Rechtsfigur des 'Beurteilungsspielraums' in der Auslegung juristischer Normen: H.**Maurer** (FN 31), S.108-115.

108 Zum Grundsatz des 'Übermaßverbots' (Synonym: 'Verhältnismäßigkeitsprinzip im weiteren Sinne') als Ausprägung materieller Rechtmäßigkeit des Verwaltungshandelns: H.**Maurer** (FN 31), S.207/208 (RN 17), sowie: FN IV.84(a) (Kap.14); zum 'Ermessen' bei Entscheidungen der rechtsstaatlichen Verwaltung: H.**Maurer** (FN 31), S.100-108.

109 H.**Schelsky**, Die Soziologen und das Recht, ZfR **9**, S.1-21 (1978), S.14 ff [in ähnlichem Zusammenhang]. Vgl. in diesem Zuammenhang: T.**Würtenberger**, Zeitgeist und Recht, 2.Aufl. Tübingen 1991, insb. S.124/125, S.177/178. - A.A. (obigen Vorwurf belegend): T.**Rasehorn**, Über den langen Marsch des kritischen Denkens durch die Institutionen der Justiz, in: R.**Wassermann** (Hrsg.), Justizreform, Neuwied/Berlin 1970, S.32-51.

110 D.**Grimm**, Reformalisierung des Rechtsstaats als Demokratiepostulat?, JuS **20**, S.704-709 (1980), S.707. Ähnlich aus anderer Sichtweise: F.**Graf v.Westphalen** (FN 88), insb. S.28 ff, S.32 ff.
Beispiele (zweifelhafte VG-Wahlrechtsentscheidungen zugunsten der Verfaßten Studentenschaft): Kap.14.2.3.; Kap.17.3.4.; Kap.19.11.5.(b). Ferner: Kap.19.10.3.; Kap.19.26.2.; Kap.19.29.4.(b)., insb. FN 565.

111 Beachte zum auch hier dahinterstehenden "politischen" Prinzip z.B.: W.**Levèvre**, in: FN I.98 (Kap.3).

faßte Studentenschaft ist unter dem realistischen Gesichtspunkt der menschlichen Schwächen der Beamten (nicht nur) universitärer Aufsichtsbehörden, gerade in politischen Extremsituationen, zu Recht deren *Opportunitätscharakter* entgegengehalten worden: "Da der Einsatz von Aufsichtsmitteln nach der m.E. allerdings verfehlten herrschenden Meinung eine Frage des Ermessens ist, wird die Aufsichtsbehörde oft versucht sein, die Sache auf sich beruhen zu lassen oder die Rechtsverfolgung dem Betroffenen anheimzugeben."[112] Diesen Versuchungen, juristisch begründet mit 'Übermaßverbot' und 'Opportunitätsprinzip', zeigte sich die Rechtsaufsichtsbehörde an der Johann Wolfgang Goethe-Universität verstärkt seit dem Jahre 1979 erlegen[113]. Rückblickend kann für deren Rechtsaufsichtshandeln, jedenfalls betreffend die Frankfurter Studentenschaftswahlen und deren Wahlrecht, pessimistisch festgestellt werden:

(a) Die amtliche Passivität der Rechtsaufsichtsbehörde in Satzungsangelegenheiten der Studentenschaft. Die Behörde zeigte sich nur in den seltensten Fällen bereit, von Amts wegen gegen unbegründetes Normsetzungsunterlassen der Studentenschaft einzuschreiten. Stets waren, selbst unter offensichtlichsten Instrumentalisierungen oder Manipulationen der Wahlverfahren, ermöglicht durch defizitäres Satzungsrecht, uneigennützige Initiativen engagierter einzelner Studenten vonnöten, häufig erst noch verbunden mit dem direkten hochschulpolitischen Druck über den Universitätspräsidenten als weisungsgebender Instanz, um die Aufsichtsbehörde zum Handeln zu veranlassen; andernfalls wäre (wie an vielen anderen Hochschulen auch) gar nichts geschehen. Die rechtsaufsichtlichen Initiativen zu notwendigen Satzungsänderungen erfolgten in manchen Fällen einzig der dringlichen Anpassung studentischen Satzungsrechts an zwischenzeitlich geändertes höher- und damit vorrangiges Recht wegen, und dies häufig erst mit Verzug von mehreren Jahren oder auch nur in Teilen[114]. Diese Vollzugsdefizite vertragen sich nicht mit der Aufgabe pflichtgemäßen Handelns und Ermessens der Rechtskontrolle im Rahmen des 'Opportunitätsprinzips'; sie sind auch nicht zu begründen aus der dem Institut der Rechtsaufsicht immanenten notwendigen Zurückhaltung durch das 'Übermaßverbot'[115].

---

112 H.H.**Klein**, Demokratie und Selbstverwaltung, in: FS für E.**Forsthoff**, München 1972, S.165-185, S.181. **Das das Rechtsaufsichtshandeln leitende Opportunitätsprinzip.** Kritisch: H.H.**Klein** fährt zu Recht fort: "Jedenfalls dort, wo es sich um Agenden von politischem Belang handelt, bedarf es deshalb weiterer Absicherungen, sei es in Gestalt der Fachaufsicht ... oder einer persönlichen Inpflichtnahme der in den Selbstverwaltungsorganen tätigen Funktionäre" (S.181). [Die Übernahme persönlicher Verantwortung für das eigene Handeln jedenfalls ist vielen Studentenfunktionären fremd: Kap.8.2.4.] Den angesprochenen Schwachpunkt des Opportunitätsprinzips sieht auch ein Vertreter der oben angesprochenen h.M., ohne daraus allerdings die Konsequenzen zu ziehen: "Die Aufsichtsbehörde ist berechtigt und bei offenkundiger Aufgabenüberschreitung m.E. sogar verpflichtet, mit den ihr zu Gebote stehenden Aufsichtsmitteln ... gegen die Körperschaftsorgane einzuschreiten. Jedes Mitglied kann ein solches Einschreiten anregen; ein Rechtsanspruch darauf besteht nach einhelliger Meinung freilich nicht." (H.-W.**Laubinger** (FN 105), S.280)

113 Siehe zu dieser Entwicklung bis zum Jahr 1994: FN II.47 (Kap.5). Als Beispiel für das ineffektive oder ausbleibende Handeln der Frankfurter universitären Rechtsaufsichtbehörde im Falle des Studentenschaftswahlrechts: Teil III. Ferner, symptomatisch, für die Untätigkeit im Wahlprüfungsverfahren: Kap.19.24.2.; Kap. 19.29.4.(c). Mit dem Beginn der Amtszeit des nunmehr weisungsbefugten neuen, 'linken' Universitätspräsidenten W.**Meißner** im Jahre 1994 reduzierte die Behörde ihre Aufsichtstätigkeit noch weiter. - Diese Einstellung ist schon beamtenrechtlich nicht unproblematisch: FN II.165 (Kap.7).

114 **Beispiele** (zum studentischen Satzungsrecht): Verzögerte Anpassung: Kap.12.2. Unterlassene Anpassung: FN III.130 (Kap.12); dazu auch: FN 82 und 93 (Unwissenheit über durch eigenen Rechtsaufsichtsakt erfolgte Anpassung des Satzungrechts). Exemplarisch für die Untätigkeit der Behörde angesichts notwendiger Lückenschließungen in der StS: Kap.19.25.1.; FN 527 (Kap.19.27.).

115 **Rechtswidrigkeit berechenbarer Zurückhaltung der Aufsichtsbehörde.** Berechenbare rechtsaufsichtliche Untätigkeit gegenüber einer zu kontrollierenden Selbstverwaltungskörperschaft ist rechtsstaatlich nicht zu begründen: "Gegen die Verfassung verstößt ... ein Zuwenig an Aufsicht, wenn - ... im Sinne des Übermaßverbots - das Erforderliche unterlassen wird" (H.**Schröder**, Verfassungsrechtliche Maßstäbe der Staatsaufsicht

(b) Die minoritäre Sachkompetenz der Rechtsaufsichtsbehörde in Wahlrechtsfragen. Zeigte die universitäre Aufsichtsbehörde über die Zeitspanne der letzten 30 Jahre mit (inzwischen nach Null) abnehmender Tendenz wenigstens Bereitschaft und Interesse, das Studentenschaftshandeln überhaupt zu verfolgen, zu überprüfen und ggf. zu korrigieren, so investierte sie wesentlich weniger, um sich in die juristische Spezialmaterie des Studentenschaftswahlrechts fachkompetent einzuarbeiten sowie sich anhand der Beobachtung des Verfahrens vor Ort sachkundig zu machen (obwohl bis zum Jahre 1995 nur unbeachtliche Personalfluktuation der Beamten in dem damit befaßten Bereich vorlag). Wie kann denn über einen Sachverhalt, dessen Problematik nur unvollständig erkannt wird und der mangels Wissens um die Tatbestände gar nicht adäquat zu subsumieren ist, die damit befaßte Aufsichtsbehörde ernstzunehmende, effektive Rechtskontrolle ausüben? - Die dennoch rechtsaufsichtlich erfolgte Kodifizierung des Studentenschaftswahlrechts ließ dementsprechend in Teilen die notwendige materielle Kompetenz und intellektuelle Sorgfalt des Satzungsgebers vermissen[116]. Dergestalt zeichnete sich das in Ersatzvornahme erlassene Satzungsrecht in Teilen durch Unangemessenheit[117], durch fehlende Rechtsklarheit und mangelnde Systematik[118] aus, mit allen negativen Konsequenzen für die Rechtsstaatlichkeit im Geltungsbereich der Verfaßten Studentenschaft[119]. Diese Inkompetenz, gepaart mit Lernunwilligkeit und Sorgfaltslosigkeit, vertragen sich nur schwer mit dem pflichtgemäßen Handeln von Staatsbeamten, und sie überdehnen das gesetzlich festgelegte 'Opportunitätsprinzip' des Rechtsaufsichtshandelns.

über die wissenschaftlichen Hochschulen, WissR **18**, S.199-216 (1985), S.212). "Das Opportunitätsprinzip verliert ... dann seine Geltung, wenn gesetzlich normierte Handlungspflichten ... oder allgemeine verwaltungsrechtliche Grundsätze Anwendung verlangen. Insbesondere ist auch hier der Fall der sog. 'Ermessensreduzierung auf Null' zu nennen, der bei eindeutiger Erfüllung bestimmter normativer Voraussetzungen eine Verdichtung des Opportunitätsprinzips zum Legalitätsprinzip bewirkt" (T.**Oppermann**/H.-J.**Doderer**, Die staatliche Hochschulaufsicht, in: C.**Flämig** et alii (Hrsg.), Handbuch des Wissenschaftsrechts, Band 1 Berlin/Heidelberg/New York 1982, S.379-398, S.389). [Allgemeiner zum Grundsatz der 'Ermessensfehlerfreiheit' als Ausprägung materieller Rechtmäßigkeit des Verwaltungshandelns: H.**Maurer** (FN 31), S.207 (RN 16).]
Die Kann-Bestimmung des § 72 Abs.2, Abs.3 HHG (= FN III.95) ist mitnichten so auszulegen, daß die Rechtsaufsichtsbehörde sich unter Annehmlichkeits-Gesichtspunkten ihrer Arbeit und damit ihrer gesetzlich zugewiesenen Verantwortung entäußern darf; bestätigend: FN 112. [Zum strukturellen Zusammenhang von Freiheitsrechten und 'Übermaßverbot' andererseits: E.**Grabitz**, Freiheit und Verfassungsrecht, Tübingen 1976, § 9.]

116 Beispiele (aus dem Bereich des materiellen Studentenschaftswahlrechts): Normenkollisionen: FN III.63(iii); FN III.63(iv) (Kap.11); FN IV.350(c) (Kap.16). Vage Formulierungen: FN III.63(i) (Kap.11); FN III.147 (Kap.12). Rechtswidrige Satzungsnormen: FN III.63(viii) (Kap.11); FN III.120, FN III.123 (Kap.12); vgl. auch: FN III.149 (Kap.12). Dagegen unterfielen sinnvolle, rechtmäßige Wahlrechtsnormen dem rechtsaufsichtlichen Verdikt der "Rechtswidrigkeit": FN III.156 (Kap.12). - Zur mangelnden Kompetenz und Sorgfalt der Aufsichtsbehörde in Wahlrechtsfragen vgl. ferner: Kap.11.2.(a). bis Kap.11.2.(e).; Kap.12.2.; Kap.19.24.2.; Kap.19.25.1.

117 Zur adäquaten Rechtsetzung: Kap.8.3.(a).
Die Konsequenz aus der geringen juristischen und soziologischen Untersuchungsleistung der universitären Rechtsaufsichtsbehörde über die Effektivität des Satzungsrechts war die wiederholt notwendig gewordene Präzisierung der eigenen rechtsaufsichtlich erlassenen Wahlrechtsnormen [für Beispiele: Kap.11.4.; Kap.12.1.; Kap.12.3.]. Zur (berechtigten) verwaltungsgerichtlichen Kritik daran: Kap.17.3.4. (bei FN 59).

118 Beispiele (aus dem Bereich des Studentenschaftswahlrechts): Unübersichtlichkeit: Kap.11.2. (nach FN III.65); FN III.63, FN III.102, FN III.107 (Kap.11); FN III.142 (Kap.12). Unpraktikabilität: FN III.63(vii), FN III.99 (Kap.11); vgl. auch: FN III.124 (Kap.12). Unverständlichkeit: FN III.63(i) (Kap.11); FN III.122, FN III.152, FN III.161 (Kap.12).

119 "Die Widersprüchlichkeit und Unübersichtlichkeit des Rechts beschert den Juristen intrikate Auslegungsprobleme, macht die Rechtsauskunft zum Lotteriespiel und überschwemmt die Justiz mit einer Unzahl vermeidbarer Prozesse. ... Der gegenwärtige Zustand des Rechts entfaltet wohltätige Wirkungen vornehmlich für diejenigen, die Lücken und Widersprüche ausbeuten können." (R.**Hegenbarth**, Selbstauflösung des Rechtssystems?, in: R.**Voigt**, Abschied vom Recht?, es **1185** (Frankfurt/M 1983), S.67-83, S.77 [in anderem Zusammenhang])

Ersatzweise oblag es damit letztlich den wenigen interessierten studentischen Wahlanfechtern, sich in langen Jahren stetiger Rechtsverletzungen in diesem Bereich der Hochschule neben ihrem eigentlichen Studium mit der Materie vertraut zu machen[120] und schließlich das adäquate Studentenschaftswahlrecht aufgrund ihrer Erfahrungen und in der Praxis angesammelten Wissens selbst zu positivieren (notgedrungen, wollten sie nicht des bisher Erreichten verlustig gehen und statt dessen demokratische Wahlverfahren für Studentenschaftswahlen für die Zukunft wieder in weite Ferne rücken lassen) - eine groteske Umdeutung der aktuell angestrebten Bürgerbeteiligung an Verwaltungsverfahren[121]. Auf der Grundlage der durch die vorherige ehrenamtliche Arbeit geschaffenen zwingenden Sachverhalte *mußte* nicht selten anschließend, nach entsprechender Aufforderung des Universitätspräsidenten 'von oben', die weisungsgebundene universitäre Rechtsabteilung im Verwaltungsvollstreckungsverfahren gegen die Verfaßte Studentenschaft von Amts wegen doch noch tätig werden.

(c) Über Attentismus und Indolenz der Rechtsaufsichtsbehörde. Die inzwischen verbreitet vorzufindende opportunistische Entscheidungsunwilligkeit der (Hochschul-)Politik und der Universitätsverwaltung gegenüber studentischen Gewalttätigkeiten und Besitzständen der universitären 'undogmatischen Linken' charakterisierte und charakterisiert auch weite Teile des universitären Rechtsaufsichtshandelns im Bereich der Studentenschaftswahlen: Passivität garantiert weniger Arbeit[122], abwartender Opportunismus garantiert mehr Ruhe[123]. Mit der

---

120 "Aus den Popularbeteiligten einer Anhörung kann mit fortschreitender Planung der Rechtsbetroffene, aus dem Sachunkundigen der Versierte werden." (E.**Schmidt-Aßmann**, Der Verfahrensgedanke in der Dogmatik des öffentlichen Rechts, in: P.**Lerche**/W.**Schmitt Glaeser**/E.**Schmidt-Aßmann**, Verfahren als staats- und verwaltungsrechtliche Kategorie, Heidelberg 1984, S.1-23, S.16)

121 "Partizipation ist danach Mitwirkung, nicht Mitentscheidung, sehr wohl aber gestaltende Einflußnahme auf den Entscheidungsprozeß und in diesem Rahmen auch auf die Entscheidung selbst" (W.**Schmitt Glaeser**, Die Position der Bürger als Beteiligte im Entscheidungsverfahren gestaltender Verwaltung, in: P.**Lerche** u.a. (FN 120), S.35-96, S.47). Vgl. ferner: T.**Würtenberger** (FN 109), S.154 ff.

122 Beispiele (Passivität gegenüber dem Rechtsbruch)**: (a)** aus dem Bereich des Studentenschaftswahlrechts: Kap.12.1. (am Beginn); FN III.120 (Kap.12); Kap.12.3. (am Beginn); FN V.281 (Kap.19); Kap.19.29.4.(c). Rechtswidrig gewählter Wahlausschuß: Kap.19.13.1. Rechtswidrig gewählter Ältestenrat (als Wahlprüfungsinstanz): FN 92; FN 93. rechtswidriges Mandatsverteilungsverfahren (Universität Mainz): FN IV.185 (Kap.15). **(b)** aus dem Nicht-Wahlbereich: Rechtsirrig rechtsaufsichtlich eingesetzter Ältestenrat: FN 82. Rechtswidrig gewählter Rechnungsprüfungsausschuß: FN V.430(b) (Kap.19). Impressumskonflikt: FN II.96 (Kap.6). Rechtswidrige Raum'besetzungen': FN II.50(a) (Kap.5). Wahrnahme des allgemeinpolitischen Mandats: Hier ist als Paradebeispiel die in einer Auflage von 10.000 Exemplaren erscheinende und von der Studentenschaft finanzierte 'frankfurter Studentenzeitung diskus' zu nennen [dazu: FN II.83(a) (Kap.6)], die seit 1978 bis zum Jahre 1993 relativ regelmäßig und unbehelligt nahezu ausschließlich Artikel allgemeinpolitisch-'undogmatisch-linken' Inhalts publizierte [als Quasi-Nachfolge-Organ erscheint seit 1989 die regelmäßig u.a. von der Frankfurter Studentenschaft mitfinanzierte Zeitschrift 'perspektiven - Internationale StudentInnenzeitung']. Ferner: FN II.19 (Kap.5); FN II.115 (Kap.6); FN II.174 (Kap.8). Verstöße gegen die Grundsätze ordnungsgemäßer Haushaltsführung: FN II.20 (Kap.5) - ineffektiv zeigt sich letztlich auch die staatliche Rechnungsprüfung über den Studentenschaftshaushalt (§ 71 Abs.3 HHG (= FN III.95)): Denn zum einen beschränkt sich diese notgedrungen auf reine Bilanzkontrolle; zum anderen ist sie de facto sanktionsunbewehrt. Beachte in diesem Zusammenhang auch (Geheimhaltung der AStA-Referenten): FN II.212(c) (Kap.8). Auf die weiteren umfangreichen Rechtskonflikte im Finanz- und Haushaltsbereich der Verfaßten Studentenschaft kann hier nicht eingegangen werden.

123 Die Verantwortungsscheu der Universitätsverwaltung. (a) Typisch für eine 'liberal' gerierende Argumentation der Untätigkeit: "Man kann freilich das Gesetz gegenüber Personen, die ihm sehr feindlich gegenüberstehen, so provozierend zur Geltung bringen, daß der Rechtsbruch als eine normale Folge erscheint, um anschließend klagend den Finger zu erheben, die Gesetze würden heute nicht mehr durchgesetzt. Das ist im Universitätsbereich ein beliebtes Spiel gewesen" (H.**Meyer**, Zur Regierbarkeit der parlamentarischen Demokratie, in: J.**Isensee**/H.**Meyer**, Regierbarkeit, Köln 1979, S.48-68, S.110 (Diskussionsteil)). Diese euphemistische Argumentation verkennt, daß gerade die libertäre 'undogmatische Linke' an der Hochschule, sofern es ihr nützte, jede Gesetzesbindung und -geltung als Provokation auffaßte. [Siehe dazu ferner: Kap.5.2.6.]

zunehmenden Unempfindlichkeit gegenüber Rechtsbrüchen ging aber nur allzu häufig die rechtsgarantierende und -schützende Funktion der Exekutive an der Universität überhaupt verloren. So konnten und können auch fundamentale Wahlrechtsnormen - insbesondere die demokratischen Wahlrechtsgrundsätze - an der Hochschule ihre Wirkkraft einbüßen, ohne daß dies die geringsten Abwehrhandlungen des Rechtsstaats auslöste.

- Weil sich somit die Rechtsaufsichtsbehörde, entgegen der ihre Existenz rechtfertigenden Kontrollfunktion, realiter nicht mehr stets als Hüterin des Rechts in der Verfaßten Studentenschaft zeigt, sie vielmehr schmerz- und regungslos Unrecht zu ertragen vermag, ist die dichte und situationsadäquate Normierung (nicht nur) des studentischen Wahlrechts dringend geboten[124]! Allein das adäquat gesetzte Recht ist jedoch unter dem dargestellten Versagen der Rechtsaufsicht nicht hinreichend für die Garantie demokratisch durchgeführter Studentenschaftswahlen[125]: Fehlen die (wenigen) engagierten Studenten, die in staatsbürgerlicher Gesittung, uneigennütziger Verantwortungsbereitschaft und Courage die Einhaltung der rechtsstaatlich-demokratischen Verfahren erstreben - und dafür häufig genug ob ihres nach der Sache notwendigen Formalismus, der erforderlichen Akribie und ob ihrer unspektakulären Ausdauer und ihres materiell nicht entlohnten Idealismus mit Verständnislosigkeit, Hohn und Spott, sogar aus Kreisen der Universitätsverwaltung und der Professoren, überschüttet werden -, so sind demokratische Studentenschaftswahlen in der alleinigen Durchführungskompetenz der Verfaßten Studentenschaft - auch heute noch - aufs höchste gefährdet! Allein aufgrund dieser genannten Schwächen wäre für den Gesetzgeber der Entzug der Abhaltung von Studentenschaftswahlen in Selbstverwaltungskompetenz zu erwägen und zu rechtfertigen.

Kap.19 Die Kasuistik des materiellen Wahlprüfungsrechts anhand der Frankfurter Studentenschaftswahlen in der Zeit von 1967-1997

Im folgenden wird ein chronologischer Aufriß von Rechtsverstößen bei Wahlen zum Studentenparlament der Studentenschaft der Johann Wolfgang Goethe-Universität zu Frankfurt am Main seit dem Zeitpunkt der Umstellung der Wahlen von der Persönlichkeitswahl auf die Listenwahl im Jahre 1967, d.h. seit der übermäßigen und radikalen Politisierung der Studentenvertretung, gegeben. Nahezu jede dieser Studentenschaftswahlen war mit dem Kainsmal tatsächlicher, versuchter oder mit hoher Wahrscheinlichkeit eingetretener Wahlmanipulationen

---

(b) Kritik an der Verantwortungs- und Entscheidungsscheu der staatlichen Hochschulverwaltung erfolgte und erfolgt übrigens zutreffend auch von 'linker' Seite; beispielhaft dafür bereits zu Beginn der Studentenrevolte: "In unserem Kampf für freies Rederecht haben wir es zu tun mit dem größten Problem unserer Nation, dem der entpersönlichten, verantwortungslosen Bürokratie. Wir haben in Mississippi den organisierten status quo vorgefunden, aber dasselbe trifft auf Berkeley zu. Hier ist es im allgemeinen unmöglich, jemand anderem zu begegnen als Sekretärinnen. Darüber hinaus gibt es Funktionäre, die keine Politik machen, sondern sich hinter ihren Vorschriften verstecken. Die politische Führung der Universität zeichnet sich durch totale Absenz von Verantwortlichkeit aus. Um eine Situation zu begreifen, die an Kafkas Schilderungen erinnert, muß man das Wesen der Bürokratie verstehen." (M.**Savio** [1964 einer der Anführer der Studentenrevolte in Berkeley], zit.n.: W.**Rüegg**, Die studentische Revolte gegen die bürgerliche Gesellschaft, in: ders., Bedrohte Lebensordnung, Zürich/München 1978, S.225-239, S.232) - Wie es scheinen will, haben sich die angesprochenen Fehlentwicklungen an den Hochschulen bis heute eher verschlimmert als gebessert [dazu exemplarisch: FN 50(b) (Kap.5)].

124 Zur Notwendigkeit adäquater Normverdichtung im Subsystem Verfaßte Studentenschaft: Kap.8.3.(c).

125 Der Komplex 'Rechtsstaatlich-demokratische Studentenschaftswahl - Hohe Normdichte des Studentenschaftswahlrechts' weist damit eine ähnliche Struktur logischer Abhängigkeiten auf wie der Komplex 'Rechtsstaatlich-demokratisches (Staats-) System - Mehrheitsprinzip' [dazu: Kap.1; Kap.4.1.].

behaftet; jede der erfolgreichen Manipulationen aber verletzte wenigstens den demokratischen Wahlrechtsgrundsatz der Gleichheit[126]. Erfolgreiche Wahlmanipulationen vernichteten damit aber auch die Legitimation des darauf gründenden 'formaldemokratischen Mehrheitsprinzips', d.h. sämtliche Entscheidungen des defizitär "gewählten" Studentenparlaments; sie verschoben das Gleichgewicht zwischen Mehrheit und Minderheiten zugunsten der Manipulatoren.

Die die auf der Formalebene liegenden Wahlrechts-Streitigkeiten häufig begleitenden und verstärkenden Gewalttätigkeiten an der Hochschule können hier nicht näher beschrieben werden[127]; psychische Nötigung und potentielle Gewalttätigkeit, die politische Kultur des Subsystems zumindest bis zum Jahre 1993 signifikant prägend, sollten jedoch stets als Rahmen in Betracht gezogen werden, um das politische Klima und die menschlichen Umgangsformen ermessen zu können, in denen diese Wahlen an der Universität zeitweilig durchgeführt werden mußten. Im Zusammenhang mit der politischen Kultur des Subsystems Verfaßte Studentenschaft ist hier aber zumindest die Erwähnung eines strukturellen Kontrollproblems angezeigt, das erhebliche Verstärkung erfuhr angesichts der zunächst vorherrschenden Unternormierung des Wahlverfahrens: Forderte einer der späteren Wahlanfechter nämlich grundlegende, nicht in der Wahlordnung oder Satzung explizit vorgesehene (aber nichtsdestoweniger völlig legitime) Kontrollmaßnahmen, so wurde ihm von den häufig in großer Überzahl antretenden Machtträgern - z.T. in rüder, äußerst aggressiver Form, bis hin zur physischen Bedrohung - aufgrund seines mißtrauischen Begehrens unterstellt, er bezichtige bereits Teile der 'undogmatisch-linken' Amtsträger geplanter Wahlmanipulationen; wies der Antragsteller aber diese Unterstellung zurück, so wurde ihm sogleich fraternisierend bedeutet, daß damit eine Grundlage für die beantragte formalistische Kontrollmaßnahme wohl nicht vorhanden und diese somit überflüssig sei.

---

126 Siehe dazu: BVerfGE **85**, 148 [158]. Ferner: Kap.4.1.(c). (Gleichwertigkeit von Mehrheit und Minderheiten bei der Wahl); Kap.15.2.1. (formale Wahlrechtsgleichheit im aktiven Wahlrecht).

127 Zum gewalttätigen Klima an der Frankfurter Universität. Exemplarisch für die Anfangsphase der "demokratisierten" Gruppenuniversität: "Die Universität Frankfurt hat in der Öffentlichkeit den Ruf, eine der unruhigsten Universitäten in der Bundesrepublik zu sein. Dieser 'Ruf' beruht leider nicht auf der 'tendenziösen Berichterstattung einer reaktionären Massenpresse', wie einige meinen, sondern wird durch Tatsachen belegt. Seit dem Wintersemester 1971/72 wurden mindestens 80mal Vorlesungen oder Seminare gestört und über 25mal die Sitzungen von Universitätsgremien gesprengt. In diesen Zahlen sind nicht die Vorlesungs- oder Klausurstörungen enthalten, die im Zuge von 'Streikwochen' etc. stattfanden. Hierbei kam es für kurze Zeit in einigen Fachbereichen zur Lahmlegung des gesamten Lehrbetriebs. Für diese - manchmal gewalttätigen - Auseinandersetzungen sind linksextreme Studentengruppen verantwortlich. In der Mehrzahl der Fälle haben der AStA oder Studentengruppen, die den AStA bilden, die Störungen oder Sprengungen angezettelt oder unterstützt. Für die Atmosphäre, die teilweise an der Universität herrscht, darf nicht die Flut von Propaganda unterschätzt werden, mit der die Studenten täglich überschüttet werden. Die Flugblätter enthalten häufig übelste Verleumdung und Hetze gegen die Bundesrepublik und ihre freiheitlich-demokratische Grundordnung." (H.-J. **Krupp**, Vierter Rechenschaftsbericht des Präsidenten [Okt.1974-Sept.1975], Frankfurt/M 1975, S.137)

Diese Gewalttätigkeiten müssen nicht stets lediglich von einer "kleinen radikalen Minderheit" getragen worden sein (wenn dies auch meist der Fall gewesen sein dürfte): "Die Mehrheit weigert sich einfach, von ihrer Macht Gebrauch zu machen und die Störer zu überwältigen; der akademische Betrieb bricht zusammen, weil niemand bereit ist, für den status quo mehr zu tun als einen Finger hochzuheben. Das besagt, daß die Universitäten sehr viel mehr Studenten gegen sich haben, als man gemeinhin glaubt, und daß die militante Minderheit ein größeres Machtpotential besitzt, als die in öffentlichen Abstimmungen ermittelte Zahl erwarten läßt. Die Mehrheit der bloßen Zuschauer, die den lautstarken Gefechten ... belustigt folgen, sind in Wirklichkeit schon die heimlichen Verbündeten der Minderheit." (H.**Arendt**, Macht und Gewalt, München 1970, S.43/44)

Der politisch motivierte Rechtsbruch ist bis heute eine schwärende Wunde der Johann Wolfgang Goethe-Universität zu Frankfurt am Main geblieben: Kap.5 bis Kap.7. Siehe dazu ergänzend die (teilweise unregelmäßig erscheinenden) hochschulweiten Publikationen: Uni-Report (Herausgeber: Akademische Presse- und Informationsstelle der Johann Wolfgang Goethe-Universität / Der Präsident); ASTA-information (sowie ähnliche Bezeichnungen, Herausgeber: AStA der Studentenschaft der Johann Wolfgang Goethe-Universität); diskus - frankfurter Studentenzeitung (Herausgeber: Vom Studentenparlament gewähltes Redaktionskollektiv).

Die nachfolgende Auflistung der Frankfurter StuPa-Wahlen weist schließlich auch deutlich auf die Schwachpunkte im Instanzenweg des Wahlprüfungsverfahrens für Studentenschaftswahlen hin: Die erste, selbstverwaltungsinterne, also studentische Wahlprüfungsinstanz hatte es bereits regelmäßig in der Hand, das gesamte Wahlprüfungsverfahren leerlaufen zu lassen[128]. Lediglich für eine einzige der angefochtenen Stupa-Wahlen konnte unter Aufbietung der schärfsten möglichen Rechtsaufsichtsmittel eine Wiederholungswahl erzwungen werden; alle anderen, selbst die unter gröbsten Wahlfehlern leidenden StuPa-Wahlen konnten aus Zeitgründen nicht wiederholt werden; keine einzige Wahlanfechtung konnte gerichtlich materiell geprüft werden aufgrund der bis zum Prozeßbeginn stets eingetretenen Erledigung in der Hauptsache[129] (d.h. die Anspruchsgrundlage war durch die Abhaltung der nächsten regulären Wahl entfallen) sowie der damit verbundenen finanziellen Prozeßrisiken, die eine studentische Einzelperson nur schwer alleine zu tragen in der Lage war und ist[130]. Dadurch konnte nach außen der Eindruck zurückbleiben, als sei eigentlich nichts Ernsthaftes vorgefallen.

19.0. Die wesentlichen Klassen der 'expliziten Wahlmanipulationen'

Um die Gefahren für die Korrektheit eines laufenden Wahlverfahrens realistisch einschätzen und die Schwachpunkte erkennen zu können, muß die Gruppe der grundsätzlich nicht offen vorliegenden Fälschungsmöglichkeiten prinzipiell bekannt sein. Die wichtigsten *expliziten Wahlmanipulationen*[131] vor der Stimmenauszählung lassen sich in fünf Klassen einteilen[132]:

---

128 **Zur Verzögerungstaktik des Ältestenrats im Wahlprüfungsverfahren.** Exemplarisch: Kap.19.10.4.; Kap. 19.11.2.; Kap.19.14.3.; Kap.19.15.3.; Kap.19.27.3.; Kap.19.29.3.; Kap.19.30.3. Ferner: Kap.18.1.4.
Die durch den Ältestenrat der Studentenschaft als erster Instanz durchgeführten Wahlprüfungsverfahren, insbesondere diejenigen zu Zeiten der größten anzunehmenden Wahlmanipulationen (1975-1979), glichen ohnehin eher den in einer Diktatur durchgeführten: "Wirkliche Diktaturen jeder Art schließen die Ausbildung eines Wahlprüfungsrechts aus. Zwar ist auch hier eine Wahlprüfung vorstellbar, bei welcher es sich um die Prüfung von Förmlichkeiten des Wahlverfahrens handelt. Aber wenn die politische Richtung der zu wählenden Körperschaft doch von vornherein feststeht, so kann hier wohl eine formelle Prüfung stattfinden, aber der geistige Gehalt des Wahlprüfungsrechts fehlt hier, und es bleibt eine Legitimationsprüfung auf Grund technischer Einzelheiten übrig" (K.**Ball** (FN 79), S.244). Aber selbst diese "Legitimationsprüfung auf Grund technischer Einzelheiten" fand im Studentenschaftsbereich mitunter nicht mehr statt: Kap.19.11.3.; Kap.19.29.4.(a).

129 **Zum Leerlaufen des Wahlprüfungsverfahrens wegen Erledigung des Streitgegenstands.** Exemplarisch: Kap.19.2.3.; Kap.19.11.5.; Kap.19.12.6.; Kap.19.14.6.; Kap.19.29.4.; Kap.19.30.4. - Zum grundsätzlichen Problem der zeitlichen Effektivität im Wahlprüfungsverfahren für Studentenschaftswahlen: Kap.16.4.3.

130 Siehe zu dieser Problematik der einseitigen Verteilung des finanziellen Risikos mit einer Wahlanfechtung (Wahlprüfungsklage): FN 525 (Kap.19.27.3.); FN 562 (Kap.19.29.3.); Kap.19.31.6.

131 Siehe zur Definition der 'expliziten' und 'impliziten Wahlmanipulationen': Einleitung 0.2.(a). Die 'expliziten Wahlmanipulationen' fallen unter die Wahlstraftatbestände der "Wahlfälschung" (§ 107a StGB) und der "Fälschung von Wahlunterlagen" (§ 107b StGB) [vgl. zu den Wahlstraftatbeständen: Kap.16.1.].

132 **Beispiele 'expliziter Wahlmanipulationen' bei staatlichen Wahlen: (a)** Hierfür können die sich häufenden 'expliziten Manipulationen' bei den Gemeindewahlen v.6.3.1983 in Frankreich (durchgeführt als Urnenwahl mit der Möglichkeit der Briefwahl auf individuellen Antrag) durch Mitglieder der Kommunistischen Partei genannt werden: "Wer entschlossen ist, den Wählerwillen zu verfälschen, verfügt über mancherlei Möglichkeiten: 'Füttern' der Urnen mit zwei aneinander gedrückten Umschlägen statt des einen zulässigen - oder mit ganzen Stimmenbündeln; Manipulationen mit Wählerlisten, Kennkarten und Vollmachten, die es ermöglichen, daß ein Wähler in mehreren Wahlbüros seine Stimme abgibt; Herumredigieren an den Wahlprotokollen; Ungültigmachen gegnerischer Stimmzettel durch Beschmutzen oder Zerreißen während des Auszählens. Auch brutalere Praktiken, die Einschüchterung gegnerischer Kandidaten, Wähler und Wahlhelfer, sind üblich." (T.v. **Münchhausen**, Falschspiel an der Wahlurne, in: FAZ v.30.6.1983)
(b) Auch die normalerweise erfolgenden Reaktionen der Ertappten sind bekannt; die Beschuldigten behaupteten - unter Negierung der konkreten Vorwürfe - allgemeine politisch-ideologische Komplotte: "Die Kommunistische Partei wittert hinter dieser Lawine von Klagen vor den Verwaltungsgerichten ein 'Komplott der Rechten', wie Maxime **Gremetz**, Sekretär des Zentralkomitees der KPF, sagte" (H.-H.**Bremer**, Verräterische Spuren eines Kugelschreibers, in: FAZ v.14.6.1983). "Der kommunistische Fraktionsvorsitzende **Lajoinie** spricht an-

und die Wahrscheinlichkeit der Korrektheit der nachfolgend präsentierten Wahlverfahren ist dann insbesondere auch danach zu beurteilen, welche der aufgeführten *Voraussetzungen* (die die Möglichkeiten erst eröffnen) 'explizite' Manipulationen tatsächlich zuließen:

(a) Austausch von korrekt abgegebenen Stimmzetteln durch eine gleiche Anzahl zuvor präparierter. Diese Manipulationsklasse bezeichnet die Methode, vorhandene amtliche Blanko-Stimmzettel in festgelegter Anzahl systematisch auszufüllen, in die vorhandenen amtlichen (leeren) Wahlumschläge einzulegen und diese zuvor präparierten Wahlunterlagen sodann gegen die gleiche Anzahl vorliegender 'echter' Wahlunterlagen auszutauschen. Diese Methode ist für die Täter numerisch sehr effektiv durchführbar, und der (kritische) Austausch kann, bei entsprechender Vorbereitung, zeitsparend erfolgen und in großem Umfange durchgeführt werden. Sie ist vor allem aber nachträglich nur noch schwer aufzudecken. (Ein - aufgrund der Geheimheit der Wahl nicht-justitiables - Indiz für derart vorgenommene Wahlfälschungen kann sein, daß ein Wähler seinen zuvor bei seiner Stimmabgabe auffällig markierten Stimmzettel bei der öffentlichen Auszählung nicht mehr vorfindet; im Falle eines hohen Austauschvolumens gegen ausschließlich gültige (manipulierte) Stimmen kann die Anzahl der ungültigen Stimmen und Enthaltungen im offiziellen Wahlergebnis signifikant reduziert werden.) *Anfällig* ist jedes sich über mehrere Tage hinstreckende Wahlverfahren, somit jedes mit Urnenwahl kombinierte Briefwahlverfahren (insb. in den Zeitphasen der Urnenaufbewahrung sowie der Bearbeitung der Briefwahlunterlagen). *Voraussetzungen:* Unkontrollierte Verfügbarkeit über eine genügen-

---

gesichts der Gerichtsentscheide von einem 'unerträglichen Anschlag auf das allgemeine Wahlrecht', die 'Vereinigung der kommunistischen und republikanischen Abgeordneten' des Departement Seine-Saint-Denis von einem 'neuen Gewaltstreich gegen die Demokratie'" (T.v.**Münchhausen**, Falschspiel an der Wahlurne, in: FAZ v.30.6.1983). "Bernard **Hugo** ..., seit 1966 Bürgermeister in Trappes, legt in diesen Tagen auf Begegnungen mit Journalisten keinen Wert. Die gerichtliche Aufdeckung des Wahlschwindels ist für ihn ein 'Manöver der Rechten'. Ein 'reaktionäres Manöver' ist natürlich auch der Antrag einer Senatorin des Départements, **Hugos** parlamentarische Immunität als Mitglied des Senats [seit 1977] aufzuheben. Mit seinen Helfern zieht **Hugo** von Haus zu Haus und versucht, den Leuten weiszumachen, daß der ganze Wahlschwindel eigentlich von der 'Rechten' in Szene gesetzt worden ist." (T.v.**Münchhausen**, Wenn Du das Ding berührst, hast Du meinen Fuß in der Fresse - Wahlbetrug in Frankreich, in: FAZ v.9.7.1983) - Das Aufdecken von Wahlmanipulationen vermag die Ertappten zu aggressivem Verhalten gegen ihre Kontrahenten hinzureißen: "Es verlangt starke Nerven, einen solchen Wahlkampf durchzustehen, auch wenn diesmal der Wahlvorgang selbst unter strenger Behördenaufsicht lupenrein ist. Als auch Janine **Cayet** am Sonntag abend nach dem Kommunisten **Hugo** und dem Trotzkisten **Stalin** ihren Wählern danken wollte, wurde ihr das Mikrophon abgestellt. Ihr Sohn versuchte, den Schaden zu beheben. Ein kommunistischer Wahlhelfer machte ihm rasch klar, wer in Trappes das Sagen hat: Wenn Du das Ding berührst, hast Du meinen Fuß in der Fresse." (T.v.**Münchhausen**, Wenn Du das Ding berührst, hast Du meinen Fuß in der Fresse - Wahlbetrug in Frankreich, in: FAZ v.9.7.1983)

(c) Die Wichtigkeit interner Kontrolle des gesamten Wahlverfahrens als effektivste Sicherung gegen Wahlmanipulationen zeigten exemplarisch die (letzten) Kommunalwahlen v.7.5.1989 der untergehenden DDR - in diesem Falle waren erstmals seit Jahrzehnten (zumindest eingeschränkt) öffentliche Kontrollen erfolgt. Gleichzeitig verdeutlichte dieser Fall die Nonchalance der Manipulateure, die sich in langer Zeit ihres überzeugten Tuns, das bis dahin stets ungeahndet blieb, allzu sicher glaubten. Dazu: K.-H.**Baum**, Fliegende Urnen und der Schwund der Gegenstimmen, in: FR v.9.5.1989; Erstmals Strafanzeigen wegen Wahlfälschung in der DDR, in: FR v.26.5.1989; M.**Zimmermann**, In der DDR ist es schlimmer als in China, in: FAZ v.10.6.1989; **Honecker** fühlt sich 'frei von jeder strafrechtlichen Schuld', in: FAZ v.17.2.1990; M.**Lesch**, Erst das 5. 'Wahlergebnis' befriedigte, in: Rheinischer Merkur v.8.1.1992; F.K.**Fromme**, W.**Berghofer** tritt selbstbewußt auf und bestreitet den Vorwurf der Wahlfälschung nicht, in: FAZ v.8.1.1992; F.K.**Fromme**, Die Vorlage für die Fälschung von 1989 war das 'Ergebnis' von 1986, in: FAZ v.9.1.1992; F.K.**Fromme**, Das Fehlen von Neinstimmen und andere Selbstverständlichkeiten, in: FAZ v.10.1.1992; F.K.**Fromme**, Der ehemalige Leiter der zentralen Wahlkommission der DDR weiß nicht, woher Weisungen zur Wahlfälschung gekommen sind, in: FAZ v.17.1.1992; F.K.**Fromme**, Gefängnisstrafen mit Bewährung im Dresdner Wahlfälschungsprozeß, in: FAZ v.8.2.1992; B.**Willner**, 'Schuldig sind Millionen, die zur Wahlurne getrottet sind [Offener Brief des Herzberger Bürgermeisters Bernhard **Willner** zur Frage der Wahlfälschungen und der Prozesse], in: FR v.15.5.1992.

de Anzahl von amtlichen Blanko-Stimmzetteln und -Wahlumschlägen; (einmaliger) unbeobachteter Zugang zu den korrekt abgegebenen Wahlunterlagen (oder einem speziellen Teil davon).

(b) Nachträgliche Fälschung vorhandener, korrekt abgegebener Stimmzettel. Diese Manipulationsklasse der unbefugten Listen-Umoptierung ist nur in kleinerem Rahmen anwendbar, weil die Durchführung relativ zeitaufwendig ist und sich vornehmlich auf die mit Bleistift vorgenommenen (und somit auszulöschenden) Markierungen oder unmarkierten Stimmzettel (Stimmenthaltungen) in nicht zugeklebten Wahlumschlägen beschränken muß. Diese Methode ist (relativ) sicher gegen nachträgliche Aufdeckung. (Ein Indiz kann die signifikante Reduktion der Anzahl der Stimmenthaltungen im amtlichen Wahlergebnis sein.) *Anfällig* ist insbesondere die Bearbeitungsphase der Briefwahlunterlagen. *Voraussetzung:* Unbeobachteter Zugang zu den korrekt abgegebenen Wahlunterlagen.

(c1) Stimmabgabe im Namen von Nichtwählern bei der Urnenwahl. Diese Manipulationsklasse erfolgt durch Wahlhelfer, die ja notwendig über Blanko-Stimmzettel und -Wahlumschläge verfügen müssen, an der Wahlurne (mit offenem Schlitz). Wird die notwendige Markierung bisheriger Nichtwähler im Wählerverzeichnis um die Anzahl der zusätzlichen (präparierten) und in die Urne gelegten Stimmzettel *vor* Abschluß der Urnenwahl vorgenommen, besteht die Gefahr, daß ein späterer Wähler sein 'verlorenes' Wahlrecht reklamiert. Dies kann verdeckt werden, wenn eine eingeweihte Person als Wahlhelfer an der betreffenden Urne die Markierung dieses Wählers an anderer Stelle im Wählerverzeichnis (d.h. wiederum bei einem bisherigen Nichtwähler) vornimmt - dies verdeutlicht die Wichtigkeit einer korrekten und überprüfbaren Führung des Wählerverzeichnisses. Diese Methode verläuft nach der Wahrscheinlichkeit um so reibungsloser, je geringer die authentische Wahlbeteiligung ausfällt. Die Methode des zusätzlichen Einlegens einer festen Anzahl präparierter Stimmzettel in eine Wahlurne ist nicht unbeschränkt durchführbar, weil sie die offiziell bekanntzugebende Wahlbeteiligung erhöht und damit Diskrepanzen zu anderen (unmanipulierten) Stimmbezirken auftreten können. Bei zu starker Erhöhung bestünde die Möglichkeit, im Rahmen eines Wahlprüfungsverfahrens die Wahlbeteiligung durch Abgleich von Wählerverzeichnis und individueller Nachfrage nachzuprüfen, was für die Täter die reale Gefahr der Aufdeckung der Wahlfälschung nach sich ziehen könnte. *Voraussetzungen:* Verfügbarkeit über eine genügende Anzahl von amtlichen Blanko-Stimmzetteln und -Wahlumschlägen; unbeobachteter Zugang zum Wählerverzeichnis; unbeobachteter (kurzzeitiger) Zugang zur (versiegelten) Wahlurne mit offenem Schlitz.

(c2) Stimmabgabe im Namen von Nichtwählern bei der Briefwahl. Der Täterkreis füllt für alle in seiner Verfügung befindlichen Briefwahlunterlagen jeden Wahlschein wie gefordert aus, setzt eine (gefälschte) 'Unterschrift' des offiziell genannten Wählers ein und gibt den formal vollständigen Wahlbrief rechtzeitig zur Post oder in einen amtlichen Wahlbriefkasten. Zu den Risiken gilt das unter (c1) Gesagte mit Ausnahme der Eingrenzung des Täterkreises (die in der Klasse (c1) über den Kreis der Wahlhelfer möglich ist). *Voraussetzung:* Verfügbarkeit über (insbesondere nicht oder nicht korrekt zugestellte) amtliche Briefwahlunterlagen.

(d) Nachträgliche Ungültigmachung oder Vernichtung gültig abgegebener Stimmen. Diese Manipulationsklasse eignet sich für Stimmbezirke, in denen der Täterkreis einen hohen Anteil nicht in seinem Sinne abgegebener Voten erwartet, während nur wenige Stimmen für die eigene Partei zu vermuten sind. Diese Methode ist zeitsparend (schnell) und unauffällig durchführbar; sie ist jedoch nicht unbegrenzt durchführbar aufgrund der Konsequenz einer Erhöhung der Anzahl ungültig abgegebener Stimmen im Wahlergebnis oder Senkung der Wahlbeteiligung. *Anfällig* ist das Briefwahlverfahren (z.B. durch Vernichtung des Wahlscheins oder Trennung des Wahlscheins von der dazugehörigen Briefwahlstimme vor dem Beschluß über deren Gültigkeit). *Voraussetzung:* Unbeobachteter Zugang zu den korrekt abgegebenen Briefwahlunterlagen.

(e) Manipulationen während der Auszählung. Umfangreiche Wahlfälschungen während der Stimmenauszählung (z.B. 'Nachkreuzen' von leer abgegebenen Stimmzetteln, Ungültigmachen korrekt abgegebener Stimmzettel) sind wegen der zu diesem Zeitpunkt sicher anwesenden interessierten Öffentlichkeit schwer unbeobachtet durchzuführen und damit eher unwahrscheinlich. Sie werden umso unwahrscheinlicher, je mehr interne Kontrolle innerhalb des Wahlorgans und seiner Wahlhelfer möglich ist und je effektiver die Kontrolle der Öffentlichkeit erfolgt. Begrenzte weitere Manipulationen sind durchführbar im Falle eines unkorrekten Auszählungsmodus: Die Umwidmung einzelner Stimmen durch falsche Zuordnung für eine andere Liste als die angekreuzte bei der Auszählung wird möglich im Falle ausbleibender Kontrollzählung. Die Vernichtung (das 'Verschwinden') einzelner gültig abgegebener Stimmen während der Auszählung wird ermöglicht durch das Versäumnis der vorherigen Angabe der bei der Wahl abgegebenen Stimmen in jedem Wahlbezirk. Eine in Phasen unkontrollierte ('chaotische') Auszählung erhöht Manipulationsrisiken entsprechend.

- Offensichtlich gilt für alle diese Wahlfehler: Je geringer bei einer Wahl die für die Erringung eines Mandats aufzubringende Stimmenanzahl ist, desto größer ist die Wahrscheinlichkeit, durch die Manipulation der Stimmen die Mandatsverteilung (wie intendiert) verändern zu können. - Diese Manipulations-Theorie steht nicht im leeren politischen Raum; die Wahrscheinlichkeit einer möglichen Realisierung wächst in dem Maße, in dem eine effektive Kontrolle und der hohe neutrale Formalisierungsgrad des Wahlverfahrens reduziert werden: Vor dem Hintergrund, daß für Studentenparlamentswahlen in der Regel nur wenige hundert Stimmen zur Erringung eines Mandats ausreichen, zeigen die zweite bis vierte unter den nachfolgend aufgeführten StuPa-Wahlen exemplarisch die mutmaßlich hohe manipulative Energie gegen den schützenden Formalismus demokratischer Studentenschaftswahlen der heute in geläutertem und verklärtem, emanzipatorischem Licht erscheinenden 68er Studenten des 'Sozialistischen Deutschen Studentenbunds' (SDS) und seiner festen Koalitionspartner, des 'Liberalen Studentenbunds Deutschlands' (LSD) und des 'Demokratischen Blocks' (SHB, GEW, HSU). Zu steigern wußten dies die in der Tradition des SDS stehenden 'Spontis', die 'undogmatisch-linken' "78er", "Solitäre einer vergangenen Epoche"[133], in allen Studentenparlamentswahlen von 1975 bis 1979 mittels einer überaus effektiven Ausschaltung sämtlicher politischer Kontrolle aus wesentlichen Teilen des Wahlverfahrens. Auch die dem nachfolgende 'undogmatisch-linke' Studentengeneration schien sich an machtsichernden Wahlmanipulationen versuchen zu wollen; allerdings machte inzwischen effizienteres Satzungsrecht und eine erfahrenere politische Opposition viele Bestrebungen 'expliziter Wahlmanipulationen' bereits im Ansatz wirkungslos. Stattdessen gewannen die für die Initiatoren bis heute völlig risikolosen, jedoch im Vergleich wirkungsschwächeren 'impliziten Wahlmanipulationen' an Gewicht (inbesondere die Tatbestände der 'Tarnlisten', der 'Namensverwechslung' und der 'amtlichen Wahlwerbung').

Wer das Trauma einer bewußt erlebten Studentenschaftswahl einmal verarbeitet hatte, sehnte das kontemplative Vergnügen einer Bundestagswahl herbei!

---

133 R.**Mohr**, Zaungäste, 2.Aufl. Frankfurt/M 1992, S.9

Im einzelnen ist zu den Studentenparlamentswahlen der vergangenen 30 Jahre an der Johann Wolfgang Goethe-Universität zu Frankfurt am Main festzuhalten:

19.1. Die StuPa-Wahl vom 15.2.-17.2.1967
(Fehlen einer rechtsgültigen Wahlordnung)
Hierbei handelte es sich um die erste Wahl des Frankfurter Studentenparlaments[134], die gemäß § 14 Abs.1 StS "nach den Grundsätzen der Verhältniswahl" und gemäß § 7 Abs.1 und Abs.2 WO mittels Wahlvorschlagslisten mit Personalisierung ausgeführt wurde[135]. Die (in StS und WO ungeregelte) Listenreihung auf dem Stimmzettel erfolgte nach der lexikographischen Ordnung der Abkürzungen der Listenkennworte. Aufgrund der fehlenden Zustimmung des Hessischen Kultusministers besaßen allerdings zu diesem Zeitpunkt weder die StS noch die WO Rechtskraft[136]. Es sind über das Wahlverfahren selbst keine gravierenden Unregelmäßigkeiten bekannt geworden.

19.2. Die StuPa-Wahl vom 13.11.-16.11.1967
(Fehlen einer rechtsgültigen Wahlordnung; mangelhafte Kontrolle der Wähler; ungenügende Beaufsichtigung der Wahlurnen; Fehlen von Sichtblenden für die geheime Wahl)
Diese Wahl[137] erfolgte wie die vorhergehende ohne rechtsgültige WO[138]. Die Wahl wurde (wie bereits die vorhergehende) *nicht* auf der Grundlage amtlicher Wählerverzeichnisse durch-

---

134 **Zu dieser Wahl** traten mit eigenen Listen an einerseits die bis dahin noch dominierenden korporativen Studentengruppen, die auch die bisherige studentische Selbstverwaltung bestimmt hatten: 'Aktive Hochschulpolitik' (AHP, Liste 3) [Liste vornehmlich der katholischen Studentenverbindungen (CV) und der Katholischen Hochschulgemeinde (KHG)], 'Arbeitskreis der Mitte' (AdM, Liste 1) [Liste vornehmlich der nichtfarbentragenden Korporationen], 'Frankfurter Profil' (SFP, Liste 9) [Liste vor allem der schlagenden Verbindungen]; ferner, als Repräsentanten der 'alten', "unpolitischen" Selbstverwaltung, die späteren Wahlgewinner: 'Aktion Studentenschaft' (AS, Liste 4) und 'Liste Unabhängiger Mediziner' (LUM, Liste 6). Andererseits traten mit eigenen Listen an die sich explizit politisch definierenden Studentengruppen 'Sozialistischer Deutscher Studentenbund' (SDS, Liste 8), 'Liberaler Studentenbund Deutschlands' (LSD, Liste 5), 'Sozialdemokratischer Hochschulbund' (SHB, Liste 10), 'Aktionsgemeinschaft GEW-HSU' (AGH, Liste 2 [GEW = 'Gewerkschaft Erziehung und Wissenschaft'; HSU = 'Humanistische Studentenunion', zur HSU: FN II.32(c) (Kap.5)]) - für die drei letztgenannten Gruppen LSD, GEW, HSU war zuvor die Aufstellung einer gemeinsamen Wahlvorschlagsliste gescheitert [siehe zu alledem: H.J.**Steffen**, Listen zur Parlamentswahl, in: diskus 2/1967, S.12].
Bei dieser Wahl gab die wählende Studentenschaft (mit 33,6% Beteiligung) letztmals "in ihrer überwältigenden Mehrheit einer unpolitischen, pragmatisch taktierenden Interessenvertretung den Vorzug" gegenüber den doziert 'linken' "politischen Hochschulgruppen" [dazu: F.-J.**Gaber**, Unabhängige, in: diskus 3/1967, S.10].
135 Satzung der Studentenschaft der Johann Wolfgang Goethe-Universität v.21.12.1966 (= FN III.29); Wahlordnung der Studentenschaft der Johann Wolfgang Goethe-Universität v.21.12.1966 (= FN III.29)
136 Vgl. zu diesem Sachverhalt ausführlicher: Kap.10.2.
Zur möglichen Erheblichkeit dieses Wahlfehlers (Wahl ohne rechtsgültige WO): FN III.31 (Kap.10).
137 Bei dieser Wahl kandidierten nur noch drei korporative Listen: Die Listenverbindung 'Arbeitskreis der Mitte / Frankfurter Profil' (AdM/Profil, Liste 1), 'Arbeitsgemeinschaft Frankfurter Studenten' (AFS, Liste 2) und 'Aktive Hochschulpolitik' (AHP, Liste 3); diese Gruppen erhielten zusammen nur noch 27,4% der gültig abgegebenen Stimmen und damit sechs von 22 Sitzen. Es dominierten die rein politischen Listen: Neben den erneut angetretenen 'linken' Listen SDS (Liste 9) und LSD (Liste 6) verbanden sich SHB, GEW und HSU zum 'Demokratischen Block' (DB, Liste 4); erstmals traten an der 'Ring Christlich Demokratischer Studenten' (RCDS, Liste 8) und der 'Nationaldemokratische Hochschulbund' (NHB, Liste 7). - Die historische Ignoranz, die 'linke' Gemeinschaftsliste ausgerechnet 'Demokratischer Block' zu benennen, war bemerkenswert: Bekanntlich erfolgten die manipulierten "Wahlen" zum 'Dritten Volkskongreß' der Vor-DDR am 15./16.5.1949 über erzwungene Einheitslisten der 1948 im "Demokratischen Block" gleichgeschalteten Parteien und Massenorganisationen der SBZ [vgl. dazu: Bundesministerium für Gesamtdeutsche Fragen (Hrsg.), Die Wahlen in der Sowjetzone - Dokumente und Materialien, 3.Aufl. Bonn 1958, S.18 ff].
Es handelte sich um die erste vollständig "politische Wahl", bereits unter dem Zeichen der Studentenrevolte an der Frankfurter Universität stehend [siehe dazu: P.**Heik**, Zum Wahlausgang, in: diskus 7-8/1967, S.13; H.**Spang**, SDS - links unten?, in: diskus 7-8/1967, S.13]. - Für die einsetzende politische Radikalisierung der

geführt[139]; stattdessen diente als Nachweis der Wahlberechtigung der gültige Studentenausweis; die vollzogene Stimmabgabe wurde in der Regel mittels eines Stempels mit 'W'-Zeichen von einem Wahlhelfer an der Urne im vorzulegenden Studentenausweis markiert. Dieser Sachverhalt erlangte Bedeutung für die nachfolgend aufgetretenen Wahlfehler:

19.2.1. Die Wahlanfechtungen vom 15.11.1967 und 3.12.1967. Diese StuPa-Wahl wurde mittels zweier Wahlanfechtungen, deren letztere verfristet beim Ältestenrat (ÄR) der Studentenschaft eingereicht wurde, angegriffen[140]. Geltend gemacht wurde im wesentlichen das Vorliegen von vier *erheblichen* Wahlfehlern, d.h. (mandatsrelevanten) Verstößen gegen die rechtmäßige Durchführung der Wahl[141]. - Als *Wahlrechtsverstöße* wurden konkret vorgetragen:

(a) Mangelhafte Kontrolle der Wähler. Moniert wurde, daß Mehrfachwählen möglich war (keine 'W'-Stempel im Studentenausweis trotz nachweislich erfolgter Stimmabgabe; mehrere 'W'-Stempel in ein und demselbem Studentenausweis) und auch praktiziert wurde (Nachweis in vier namentlich benannten und bezeugten Fällen). Es wurde ein Verstoß gegen den Wahlrechtsgrundsatz der Gleichheit geltend gemacht[142].

(b) Ungenügende Beaufsichtigung der Wahlurnen. Moniert und nachgewiesen wurde, daß insgesamt fast acht Stunden lang während der Wahlzeit die Wahlurnen (mit offenem Schlitz) zusammen mit Blanko-Stimmzetteln und Wahlumschlägen lediglich durch einen einzigen Wahlhelfer unter Beaufsichtigung standen[143].

---

organisierten Frankfurter Studentenschaft symptomatisch: diskus 6/1967; diskus 7-8/1967. Zu dieser radikalen Politisierung bemerkte anerkennend ein Frankfurter Prof. [für Bildungsphilosophie]: "Die letzte AStA-Wahl in Frankfurt [gemeint ist: StuPa-Wahl, P.K.] zeigte eine bisher unbekannte Höhe der Beteiligung. Tausende Studenten wählten gesellschaftskritische Listen und gaben ihren Kandidaten eine absolute Mehrheit. Das ist ein großartiges Angebot; es darf um keinen Preis verpaßt werden. Die anschließenden Ereignisse sind nicht ohne tragische Akzente, da sie unter einem Rektor geschahen, dessen demokratische Integrität über jeden Zweifel erhaben ist. Wir dürfen uns dennoch nicht auf die Seite eines leergewordenen Autoritätsprinzips zwingen lassen" (H.-J.**Heydorn**, Ein Aufstand gegen die deutsche Misere [in: FR v.22.12.1967], in: ders., Konsequenzen der Geschichte, Frankfurt/M 1981, S.206-210, S.209/210).

138 Zur möglichen Erheblichkeit dieses Wahlfehlers (Wahl ohne rechtsgültige WO)**:** FN III.31 (Kap.10).

139 Zur möglichen Rechtswidrigkeit dieses Verfahrens (Wahl ohne Wählerverzeichnis)**:** FN IV.151 (Kap.15).

140 Anfechtung der Wahl nach §§ 12, 13 WO v.21.12.1966 (= FN III.29).
(i) Wahlanfechtung v.15.11.1967 durch den Vorsitzenden des 'Nationaldemokratischen Hochschulbundes' (NHB) R.**Bauer**; **(ii)** Wahlanfechtung v.3.12.1967 durch den Medizinstudenten R.**Werner**.

141 Jede erfolgversprechende (d.h. erhebliche Wahlfehler geltend machende) Wahlanfechtung hat materiell zweistufig zu erfolgen: 1. Nachweis des Verstoßes gegen geltendes Wahlrecht (Rechtsverstoß). 2. Nachweis der aus 1. resultierenden Mandatsveränderung des amtlichen Wahlergebnisses im Rahmen der 'relativen potentiellen Kausalität' (Mandatsrelevanz). - Siehe zu den geltenden, rechtsstaatlichen Prüfungsprinzipien: Kap.16.5.
Diesen Prüfprinzipien trug auch die einschlägige, noch nicht in Kraft getretene WO v.21.12.1966 (= FN III.29) implizit Rechnung: "Der Ältestenrat hat eine angefochtene Wahl für ungültig zu erklären, wenn er bei verständiger Würdigung der Sachlage zu der Ansicht gelangt, daß bei genauer Beachtung der Satzung bzw. der Wahlordnung ein anderes Wahlergebnis wahrscheinlich gewesen wäre." (§ 13 WO) [Unter "Wahlergebnis" ist hier ersichtlich gemeint: "Mandatsergebnis"; zu dieser Unterscheidung: Kap.16.6.]

142 Zur möglichen Erheblichkeit dieses Wahlfehlers (mangelhafte Kontrolle der Wähler)**:** Die Erheblichkeit müßte im Rahmen des Prinzips der 'relativen potentiellen Kausalität' [siehe dazu: Kap.16.5.(d).] aufgrund adäquater Nachforschungen im Wahlprüfungsverfahren festgestellt werden.

143 Zur möglichen Erheblichkeit dieses Wahlfehlers (mangelhafte Kontrolle der Wahlurnen)**:** "Während der Wahlhandlung müssen immer mindestens drei Mitglieder des Wahlvorstands ... anwesend sein" (§ 6 Abs.8 BWO (= FN IV.30)). Nur unter dieser Bedingung bleibt der Wahlvorstand [im vorliegenden Fall analog [dazu: FN 36 (Kap.17)]: die Wahlhelferbesetzung] während der Wahlhandlung "beschlußfähig", d.h. rechtsstaatlich arbeitsfähig (§ 6 Abs.9 BWO). "Früherer Auffassung nach hatte fehlende Beschlußfähigkeit die Ungültigkeit der ganzen Wahl im Wahlbezirk zur Folge ... Auch heute ist sie noch als schwerer Verfahrensfehler zu werten, der die Gültigkeit der Wahl zumindest erheblich gefährdet" (K.-H.**Seifert**, Bundeswahlrecht, 3.Aufl. München 1976, S.287 (Nr.10) [Zur "früheren Auffassung" der fehlerhaften Zusammensetzung des Wahlorgans als eines

(c) Unwahrscheinliche Stimmenkombinationen. Beanstandet wurde, insbesondere im Hinblick auf die ungenügende Kontrolle der Urnen (Anfechtungskomplex (b)), der Sachverhalt, nach dem "eine außergewöhnliche Zahl aufeinanderfolgender Wähler innerhalb des gleichen Zeitraums ihre Stimme der gleichen Gruppe (SDS) gegeben haben mußte"[144]. Dieses Monitum gewann an Gewicht im Zusammenhang damit, daß die Wahl nicht auf der Grundlage von amtlichen Wählerverzeichnissen[145], in denen die individuelle Wahlbeteiligung später nachprüfbar hätte markiert werden können, durchgeführt wurde sowie der "Steigerung der Wahlbeteiligung um ungefähr 12% gegenüber dem Vorjahr"[146].

(d) Fehlen von Sichtblenden für die geheime Wahl. Der studentische Wahlausschuß traf keine technischen Vorkehrungen dafür, daß die Wählenden unbeobachtet ihre Stimme abgeben konnten, und er mißachtete so das Recht (und die Pflicht) zur geheimen Wahl. Dem Wahlrechtsverstoß in der gerügten Form kam bereits implizit Erheblichkeit zu[147], so daß die *Mandatsrelevanz* durch die Wahlanfechtung explizit nicht dargelegt zu werden brauchte.

19.2.2. Die versagenden Ältestenrats-Entscheidungen vom 27.11.1967 und 21.12.1967. Der studentische ÄR wies die Anfechtungen erwartungsgemäß zurück[148], erstere immerhin innerhalb der kurzen Zeit von einer Woche. In seinen Begründungen zeigte sich erstmals der Effekt einseitig politisierter studentischer Aufsichtsgremien: Statt unvoreingenommener und neutraler Prüfung unter "verständiger Würdigung" des dargelegten Sachverhalts erfolgte mittels parteiischer Wertung und Einordnung der Fakten und einseitig verzerrter 'Begründungen' die mit dem Gewicht des amtlichen Charakters der ersten Wahlprüfungsinstanz ausgestattete Konstruktion für ein politisch gewünschtes Ergebnis; der ÄR verstieß mit dieser Praxis offen gegen die auch für sein Handeln maßgeblichen Grundsätze des materiellen Wahlprüfungsrechts[149]:

---

absoluten Nichtigkeitsgrunds: K.**Ball** (FN 79): S.67, für die Reichstagswahlen; S.74/75, für Landtagswahlen; S.84, OLG Colmar für Elsaß-Lothringen; S.111, für Kommunalwahlen.]). Werden anstelle der hier angesprochenen, stets peinlich genau vorschriftsmäßig abgehandelten BT-Wahlen [dazu: FN IV.30 (Kap.13)] die Studentenschaftswahlen im politischen Klima des salonfähigen Normbruchs [dazu: Kap.8.2.; Kap.13.3.1.] betrachtet, erscheint unter der hier zusätzlich vorliegenden Bedingung verschwundener interner Kontrolle [vgl. dazu: Kap.17.2.; Kap.19.0.(c1).] eine positive Entscheidung des ÄR unumgänglich und nach den Prinzipien des materiellen Wahlprüfungsrechts für Studentenschaftswahlen [dazu: Kap.16.5.] geradezu geboten; dementsprechend fiel auch die spätere Einschätzung der universitären Rechtsaufsichtsbehörde aus: FN 159(a).

144 Wahlanf. (ii) (FN 140), Punkt 2: gemeint war, daß sich in dieser fraglichen Urne zum Zeitpunkt der Stimmenauszählung - entgegen der Wahrscheinlichkeit - in langer Abfolge ausschließlich für den SDS markierte Stimmzettel vorgefunden wurden.

Zur möglichen Erheblichkeit dieses Wahlfehlers: Dieser Sachverhalt hätte gemäß dem das Wahlprüfungsverfahren prägenden 'Kumulationsprinzip' [dazu: Kap.16.5.(f).] im Zusammenhang mit weiteren Wahlfehlern (insbesondere der ungenügenden Urnenbesetzung mit Hilfspersonal) Erheblichkeit erlangen müssen.

145 Zum wahlrechtlichen Problem des Fehlens amtlicher Wählerverzeichnisse: IV.151 (Kap.15).

146 ASTA-info.16/1967, S.1.

Die exakte Wahlbeteiligung war wegen des Fehlens amtlicher Wählerverzeichnisse nicht anzugeben: Es lag vor eine "Wahlbeteiligung von 44% gegenüber vorher 33% (bei diesmal von 15.000 Studenten aus gerechnet)" (P. **Heik**, Zum Wahlausgang, in: diskus 7-8/1967, S.13). Siehe in diesem Zusammenhang auch: FN 0.21 (Einl.).

147 Zur möglichen Erheblichkeit dieses Wahlfehlers (dauerhafter Verstoß gegen die Geheimheit der Wahl): Kap.15.5.1.(a). Beispielhaft für diese h.M. aus der Judikatur schon sehr früh: "Ist das Wahlgeheimnis während der ganzen Wahl und nicht nur in feststellbaren Einzelfällen verletzt worden, so ist die Wahl ungültig; ob das Wahlergebnis von diesem Verstoß beeinflußt werden konnte, braucht nicht festgestellt zu werden" (Hess.VGH, E.v.24.4.1953 [Az.: OS I 31/53], in: ESVGH **2**, 177 [LS 4] [ebenso, daran anschließend: BaWü.VGH, E.v. 6.10.1955 [Az.: 1 S 338/55], in: ESVGH **5**, 167]). Vgl. auch nachfolgend: FN 334.

148 ÄR-Beschluß v.27.11.1967 über die Wahlanfechtung (i) (= FN 140) [unter Federführung des Politologiestudenten D.**Thelen**]; ÄR-Beschluß v.21.12.1967 über die Wahlanfechtung (ii) (= FN 140).

149 Dazu grundsätzlich: **(i)** Kap.18.1.4. (Politisierung des ÄR); vgl. auch: FN 74 (Kap.18); **(ii)** Kap.16.5. (Prinzipien des materiellen Wahlprüfungsrechts für rechtsstaatlich-demokratische Wahlen).

ad (a). "Der Einsprechende rügt, daß zwei Studenten ... zweimal hätten wählen können. Als Beweismittel lagen dem Ältestenrat die Studentenausweise, die jeweils zwei W-Stempel enthielten, vor. Ferner soll eine Studentin gewählt haben, ohne daß ihr Studentenausweis abgestempelt worden wäre. ... Allerdings ist zu bedenken, daß es möglich ist, jederzeit auf dem Studentenausweis mit Hilfe eines käuflichen W-Stempels ein zweites W anzubringen. ... Diese Verschiebung um zwei Stimmen hat jedoch keinen Einfluß auf die Verteilung der Sitze haben können, da erst bei einer Veränderung um 32 Stimmen ein anderes Ergebnis möglich gewesen wäre."[150]
ad (b). Die ungenügende Kontrolle der Wahlurnen durch einzelne Wahlhelfer stellt der ÄR angesichts der Beweislage gar nicht in Abrede, konstatiert jedoch gleichzeitig, daß Manipulationen, begangen von dem jeweils einen an einer Wahlurne verbliebenen Wahlhelfer, durch die Anfechter nicht *konkret* hätten nachgewiesen werden können: "Es ist zweifellos bedauerlich, daß die Wahlurnen nicht immer von zwei Wahlhelfern bewacht wurden. Es wird aber bestritten, daß Wahlmanipulationen vorgekommen sind. Ein solcher Nachweis wäre sonst aufmerksamen Wählern, die sich stets[151] in der Nähe der Wahlurne aufhielten, gewiß gelungen."[152]
ad (c). Zu den gerügten, nach aller Realität höchst unwahrscheinlichen, homogenen Stimmenhäufungen allein zugunsten des SDS stellt der ÄR fest: "Es ist allgemein bekannt, daß die Arbeit einzelner Gruppen an verschiedenen Instituten unterschiedlich ist; nach der Wahlordnung ist es möglich, daß Listen einzelner Institute oder Fakultäten für die Wahl eingereicht werden[153] (Beispiele: LUM, LdM[154]). Da bei dieser Wahl Wanderurnen eingesetzt waren, erscheint es dem Ältestenrat durchaus im Rahmen des Möglichen zu liegen, daß bei verschiedenen Urnen die Verteilung der Stimmen erheblich schwanken kann."[155]
ad (d). Der ÄR stellt das Versäumnis nicht in Frage, konstatiert allerdings, daß kein Wähler daran gehindert gewesen sei, seine Stimme geheim abzugeben ("Die Wähler hatten die *Mög-*

---

150 ÄR-Beschluß v.21.12.1967 zur Anfechtung (ii) (= FN 140), Punkt 1.
Der ÄR verlangte also, obwohl der Anfechter die realistische Möglichkeit der mehrfachen Stimmabgabe sogar anhand eigenen (rechtswidrigen) Verhaltens glaubhaft machte [zur juristischen Würdigung: Kap.16.4.1.(g).], daß für die Geltendmachung der Erheblichkeit des Wahlfehlers zusätzlich eine signifikante Anzahl der mutmaßlichen SDS-Mehrfachwähler sich als Zeugen für ihren eigenen, erfolgreichen Rechtsbruch zur Verfügung stellen sollten! - Hierbei handelte es sich um einen offensichtlichen Verstoß gegen der Prüfgrundsatz der 'relativen potentiellen Kausalität' [dazu: Kap.16.5.(d).].
151 Dies widerspricht sämtlichen Erfahrungen mit über einen längeren Zeitraum (im konkreten Fall: vier Tage) stattfindenden, rechtsstaatlichen Urnenwahlen: Es treten dabei grundsätzlich stets Zeitphasen auf, in denen kein einziger Wähler sich an der Wahlurne aufhält und auch keine weitere Öffentlichkeit anwesend ist!
152 Widerspruch des ÄR v.14.6.1968 gegen die Rektoratsverfügung (= FN 159), Punkt 6, abgedruckt in: ASTA-info.25/1968, S.2.
Diese Interpretation des ÄR war rechtsirrig; dieser Sachverhalt allein hätte angesichts der im Subsystem vorherrschenden, "antiautoritär" geprägten politischen Kultur [dazu: Kap.5.1.] unter dem Prüfungsmaßstab der 'relativen potentiellen Kausalität' des geltenden Wahlprüfungsrechts [dazu: Kap.16.5.(d).] genügt, die Wahl in den betroffenen Wahlbezirken zu vernichten [dies betraf drei von acht aufgestellten Wahlurnen [zur Aufschlüsselung: Uni-Rep.5/1968, S.2 (Sp.1)]: FN 143]. Beachte in diesem Rahmen auch: FN 132(a).
153 Beim inkriminierten SDS handelte es sich gerade nicht um eine solche bereichsspezifische Vereinigung!
154 LdM = 'Liste der Mediziner' (Liste 5); für diese kandidierende Wahlvorschlagsliste traten entsprechende homogene Stimmenmassierungen an keiner Urne zutage. Die angesprochene "Liste Unabhängiger Mediziner" (LUM) [zu dieser Gruppe: FN 134] kandidierte gar nicht zur streitbefangenen Wahl!
155 ÄR-Beschluß (FN 150), Punkt 5.
Hier erging sich der ÄR zwar in allgemeinen, spekulativen ("im Rahmen des Möglichen") und damit nicht explizit falschen Ausführungen; diese betrafen aber die konkret vorgebrachte Rüge nur marginal. Zudem vermochte und versuchte der ÄR mit seiner Argumentation nicht zu erklären, warum die inkriminierte homogene Stimmenmassierung nur in einer Wahlurne und dort einzig und ausgerechnet für den SDS auftrat.

lichkeit, ihre Stimmen unbeobachtet abgeben zu können."[156]), und es sei dementsprechend dem Wahlrechtsgrundsatz der geheimen Wahl Genüge getan worden[157].

19.2.3. Die rechtsaufsichtliche Vernichtung der Wahl am 12.6.1968. Gegen die zurückweisende ÄR-Entscheidung legten die Einspruchsführer formgerecht Rechtsaufsichtsbeschwerde beim Rektor der Universität als unterer Aufsichtsbehörde ein[158]. Dieser gab den Beschwerden aufgrund eigener Prüfungen und rückversichernder Expertisen des Hessischen Kultusministers nach etwa sieben Monaten (!) statt und erklärte damit die angegriffene StuPa-Wahl für ungültig[159] mit der Folge der (Ex nunc-) Auflösung des Parlaments. Gleichzeitig setzte der Rektor das alte (im Februar 1967 korrekt gewählte) Parlament kommissarisch und mit eingeschränkten Kompetenzen bis zur nächsten (Haupt-)Wahl ein; doch auch dieses alte, "unpolitische" Parlament radikalisierte sich unter dem Eindruck der die Universität prägenden Studentenrevolte zusehends und gab den SDS-orientierten Studentengruppen politischen Einfluß, der ihnen aufgrund des seinerzeitigen Wahlergebnisses nicht zugekommen wäre. Wegen der inzwischen fortgeschrittenen Zeit war eine Wiederholungswahl vor der nächsten turnusmäßigen StuPa-Wahl (Hauptwahl) indessen nicht mehr durchführbar[160].

---

156 ÄR-Widerspruch (FN 152), Punkt 7.
Beachte zur Logik dieser Argumentation auch: FN IV.239(b) (Kap.15).

157 Diese Interpretation des ÄR war rechtsirrig; der in der geschilderten Form nicht angezweifelte Sachverhalt allein hätte nämlich schon genügt, die gesamte StuPa-Wahl zu vernichten: FN 147. Dieser für den Wahlrechtsgrundsatz der geheimen Wahl eindeutigen Rechtslage hätte sich der ÄR für seinen Beschluß vergewissern müssen, wenn er rechtmäßig und sachgerecht, d.h. "nach verständiger Würdigung der Sachlage" (FN 141), sein Wahlprüfungsverfahren durchgeführt hätte.

158 Gemäß § 39 HHG v.16.5.1966 (= FN III.18): **(i)** Rechtsaufsichtsbeschwerde des Jurastudenten R.**Bauer** v.28.11.1967; **(ii)** Rechtsaufsichtsbeschwerde des Medizinstudenten R.**Werner** v.21.1.1968. - Hierbei handelte es sich nicht um die zweite Instanz des Wahlprüfungsrechtswegs: Kap.16.4.2.; es bestand also für die Einreichung kein Fristerfordernis. [Vgl. zu diesem Tatbestand hinsichtlich der Wahlbestandssicherung kritisch: Kap.16.7.4.(b).]

159 Verfügung des Rektors W.**Rüegg** v.12.6.1968 [Az.: 410-03], abgedruckt in: Uni-Rep.5/1968, S.1-2 ["Trotz der Empfehlung des hessischen Kultusministers hat sich der Ältestenrat der Studentenschaft geweigert, die Wahl zum Studentenparlament für ungültig zu erklären."].
Gegen diese Verfügung legte der ÄR am 14.6.1968 Widerspruch ein, den der Rektor mit Widerspruchsbescheid v.15.6.1968 [Az.: 410-03] als unbegründet zurückwies [beides abgedruckt in: ASTA-info.25/1968, S.2].
(a) Erwähnenswert bleibt aus der Begründung der Rektoratsverfügung v.12.6.1968 insbesondere: "Im übrigen ergibt sich aus der Tatsache, daß die Wahlurnen insgesamt sieben Stunden und 47 Minuten nur von einem Wahlhelfer bewacht worden sind, die konkrete und nach der Lebenserfahrung nicht ganz fernliegende Möglichkeit der Beeinflussung des Wahlergebnisses: Es besteht die konkrete Möglichkeit, daß zumindest einer der Wahlhelfer während dieser Zeit zur Verfälschung des Wahlergebnisses zugunsten einer Liste oder einer bestimmten Person in einem unbeobachteten Moment von ihm unerlaubt ausgefüllte Wahlzettel in die Urne geworfen hat. Da keine Wählerlisten auslagen, war das Risiko des Entdecktwerdens relativ gering und eine zusätzliche Kontrollmöglichkeit bei der Auszählung der Stimmen nicht gegeben. Zwar kann die Möglichkeit eines solchen Vorgehens auch nicht ausgeschlossen werden, wenn zwei Wahlhelfer die jeweilige Wahlurne bewachen. Aber diese Möglichkeit ist nach der Lebenserfahrung geringer und theoretischer" (Uni-Rep.5/1968, S.2 (Sp.3)). Bestätigend: K.-H.**Seifert** (FN 143), S.405.
(b) Der AStA versuchte gleichzeitig, die Ungültigkeitserklärung der StuPa-Wahl in der Öffentlichkeit als politische Schikane der Herrschenden umzudeuten: "In einem Augenblick, in dem es für die Ordinarien und den Rektor zentral wichtig ist, die Studentenschaft politisch zu 'neutralisieren', macht sich der NHB zum Erfüllungsgehilfen der Universitäts-Administration. Er muß natürlich auch dieselben Methoden anwenden, wie der Rektor, 'juristische', denn zu anderen findet er bei den Studenten keinen Rückhalt. So hat er denn gegen einen AStA, der von einem auf Grund zweier doppelter Stimmabgaben illegalisierten Parlament gewählt worden war, eine gerichtliche Verfügung erwirkt" (NHB und **Rüegg**, in: ASTA-info.26/1968, S.1).
Vgl. zu diesem sachfremden Argumentationsprinzip angeblicher bürokratischer "Judifizierung" der 'linken' Studentenschaftspolitik: FN 132(b).

160 Zu diesem verschärften Zeitproblem für Wahlprüfungsverfahren im Rahmen von Studentenschaftswahlen: Kap.16.4.3.

19.3. Die StuPa-(Nach-)Wahl vom 10.2.-12.2.1969
(Diebstahl einer Wahlurne; rechtswidriger Abbruch des laufenden Wahlverfahrens; rechtswidrige Zulassung einer Wahlvorschlagsliste; Einschränkung des aktiven Wahlrechts; fehlende Legitimation der Fachschafts-Mandate)

Rechtzeitig vor Beginn der Hauptwahl[161] wurden sämtliche Kandidaten der zur Wahl zugelassenen Listen universitätsöffentlich amtlich bekanntgemacht; sämtlichen sieben kandidierenden Listen wurde die gleiche Möglichkeit eigener öffentlicher Vorstellung eingeräumt[162].

19.3.1. Die Ungültigkeit der Hauptwahl vom 11.-15.11.1968. Die zunehmende Fanatisierung und die abnehmende Hemmschwelle zur Gewaltanwendung der "antiautoritären", 'undogmatisch-linken' Mehrheit der Frankfurter Verfaßten Studentenschaft und deren wachsende Sympathisantenszene zogen auch die korrekte Durchführung der Studentenschaftswahlen in Mitleidenschaft; die zunächst erfolgte Sabotierung erfolgte als Protest gegen den anti-basisdemokratischen Charakter der Parlamentswahl : "Die erste Wahl im ... November (1968) mußte für ungültig erklärt werden, da eine Wahlurne gestohlen worden war."[163]

---

161 Zu dieser Wahl traten die korporativen Gruppen nicht mehr mit eigenen Wahlvorschlagslisten an; es kandidierten nur noch rein politische Listen. Erstmals kandidierte (als Nachfolgegruppe von 'Aktive Hochschulpolitik') als organisierter politischer Gegenpol zur sich zunehmend radikalisierenden studentischen 'Linken' das 'Aktionskomitee Demokratischer Studenten' (ADS, Liste 1); ferner als (pragmatisch-"progressive") Abspaltung des SHB die 'Hochschulreformliste' (HRL, Liste 3); der RCDS trat nicht mehr zur Wahl an. Der 'Nationaldemokratische Hochschulbund' (NHB, Liste 6) sowie die 'Liste der Mediziner' (LdM, Liste 5) traten letztmals (und erfolglos) zur Wahl eines Frankfurter Studentenparlaments an. - Diese Wahl selbst endete mit einem Patt zwischen politisch gemäßigten Studentengruppen und SDS-orientierten Studentengruppen.
Die 'Fachschafts-Mandate' des Studentenparlaments. Den Ausschlag im Parlament (zugunsten der SDS-Orientierten) gaben die sechs weiteren, gemäß § 14 Abs.1 Nr.2 StS v.21.12.1966 (= FN III.29) durch die Fachschaften entsandten, "fachbezogenen" (Fachschafts-)Parlamentarier (FsP):
(a) Obwohl das ADS mit 10 Mandaten und ca. 41% der gültig abgegebenen Stimmen als mit Abstand stärkste Gruppe aus der StuPa-Wahl hervorgegangen war, wurden auf der konstituierenden StuPa-Sitzung R.**Grösch** [SDS (5 Mandate)] als Parlamentspräsident und M.**Rieth** [DB/HSU (3 Mandate)] als stv. Parlamentspräsident gewählt; das ADS ging leer aus. Die auf der Sitzung anwesenden fünf FsP H.**Schacht** (jur. [LSD]), K.H. **Schindler** (wiso [SHB]), H.**Astheimer** (AfE), J.**Kemmer** (med.), F.**Neubauer** (phil.) sorgten (mit evtl. einer Ausnahme) für die SDS-orientierte Mehrheit (StuPa-Prot. v.18.2.1969, S.3/4).
(b) In den 5köpfigen Haushaltsausschuß der Studentenschaft wurden auf Vorschlag des AStA-Vorsitzenden T. **Hartmann** [LSD] alle 'linken' Kandidaten vom StuPa mit Mehrheit gewählt: F.**Wolff** [SDS], H.**Maier** [SDS], G.**Berk** [DB/SHB], J.**Kemmer** (med.): "Diese Genossen haben mein Vertrauen." Als Parlamentspräsident gehörte R.**Grösch** [SDS] dem Ausschuß an. Alle Kandidaten der stärksten Gruppe ADS erhielten keine Stimmen der FsP und folglich keine Mehrheit im Parlament. Damit verstieß die SDS-orientierte Parlamentsmehrheit gegen § 21 Abs.2 der StuPa-Geschäftsordnung, wonach die Fraktionsstärken bei der Ausschußbesetzung berücksichtigt werden sollen. [dazu: StuPa-Prot. v.18.2.1969, S.5/6; vgl. auch: ADS: Keine AStA-Gebühren im Sommer, in: FR v.20.2.1969, S.10; Boykott, weil die Linke unter sich bleibt, in: FR v.17.6.1969, S.14].
(c) Das SDS-orientierte Abstimmungsverhalten der FsP belegten StuPa-Protokolle unter Aufführung namentlicher Abstimmungen: StuPa-Prot. v.25.4.1969, S.1 ('Disziplinierung' der Studentenschaft); StuPa-Prot. v.8.5.1969, S.1 (AStA-Plakate); StuPa-Prot. v.14.5.1969, S.1 (Vertreter in einer Senatskommission); StuPa-Prot. v. 1.7.1969 (Abwahl des AStAs [vgl. zu diesem bis 18.1.1970 amtierenden, "antiautoritären" AStA nachfolgend: FN 166]); StuPa-Prot. v.12.11.1969, S.1 (Aufstellung zusätzlicher Wahlurnen [vgl. dazu: FN 172]).

162 nämlich in: AStA-info.28/1968 (v.6.11.1968), S.1-7

163 Uni-Rep.2/1969, S.7.
"Am Donnerstag, dem 14.11.1968, wurde aus dem verschlossenen Zimmer des Wahlausschusses von bisher noch unbekannten Tätern eine Wahlurne gestohlen, nachdem am Donnerstagmorgen das Fenster des Wahlausschußbüros eingeschlagen wurde. Der Wahlausschuß hat dem Ältestenrat das Verschwinden der Wahlurne am Freitag mitgeteilt, worauf die Wahl für ungültig erklärt (d.h. abgebrochen) wurde." (AStA-info.29/1968, S.5). Durch den Diebstahl sollte, ausgehend von einer, auch im SDS vertretenen, antiinstitutionellen Position aus, gegen ein "funktionsloses Parlament" protestiert und erreicht werden, "die studentische Bewegung von der Basis her [d.h. in 'Basisgruppen'', P.K.] zu organisieren" (Versiegelte Urne verschwunden, in: FR v.18.11.1968, S.12). "Sollte es ein Student gewesen sein, der die Urne entführte, so haben sich der Wahl- und Haushaltsausschuß beim AStA dafür verwendet, diesem bei Bekanntwerden seines Namens bei einem ... gerichtlichen Verfahren Mittel aus dem Rechtshilfefonds des AStAs zur Verfügung zu stellen." (War es ein 'Dummerjungen-

19.3.2. Die rechtsaufsichtliche Suspendierung der 1.Nachwahl vom 16.12.-17.12.1968. Entgegen der Funktion der Nachwahl als ordnungsgemäße Vervollständigung einer (aufgrund höherer Gewalt nicht beendeten) Hauptwahl deklarierte der studentische Wahlausschuß die hier anschließend angesetzte Nachwahl rechtswidrig als "Neuwahl" des Parlaments mit der Konsequenz eines neu zu eröffnenden Listenzulassungsverfahrens. Der Wahlausschuß reduzierte die Anzahl der Wahltage von bisher fünf auf nunmehr zwei.
Mit einer Vollversammlung am 4.12.1968 traten die Studenten der AfE in einen "unbefristeten Vorlesungsstreik", der schnell auch auf die philosophische Fakultät übergriff und vom AStA aktiv unterstützt wurde. In dieser von gewalttätigen Auseinandersetzungen begleiteten Situation erfolgte der zweite Versuch der Durchführung der anstehenden StuPa-Wahl. Diese Durchführung wurde vom Rektor der Universität als Rechtsaufsichtsbehörde untersagt[164], nachdem durch den Streik "in der Abteilung für Erziehungswissenschaften und in der Philosophischen Fakultät der Studienbetrieb weitgehend zusammengebrochen sei und in anderen Fakultäten die Vorlesungen teilweise gestört werden. ... Erkundigungen bei den zuständigen Organen haben ergeben, daß von den rund 15.000 wahlberechtigten Studenten ein erheblicher Teil im Hinblick auf den Vorlesungsboykott die Universität z.Z. nicht mehr besucht und daß deshalb auch die Wahltage von zahlreichen Wahlberechtigten praktisch als vorlesungsfreie Tage behandelt werden dürften." Unter diesen Bedingungen sei "eine ordnungsgemäße Wahl nicht möglich"[165].
"Am 16. Dezember wurde gegen 8 Uhr dem Wahlausschuß ein Schreiben des Rektors zugestellt, in welchem nochmals betont wurde, daß der Wahlausschuß verpflichtet sei, die Wahl nicht zu dem vorgesehenen Termin durchzuführen. Die anwesenden Mitglieder des Wahlausschusses beschlossen daraufhin endgültig, die Wahl zu verschieben. Die bestellten und inzwischen eingetroffenen Wahlhelfer wurden wieder fortgeschickt. Gegen 9 Uhr legte der Wahlaus-

---

streich'?, in: FR v.29.11.1968, S.20) [Trotzdem wurden "unter Anwesenheit der Kriminalpolizei" am 15.11. 1968 die Stimmen der verbliebenen Urnen ausgezählt. Etwa 7.600 abgegebene Stimmen bei dieser StuPa-Wahl hätten die höchste jemals erreichte Beteiligung (über 50%) seit Einführung der Listenwahl 1967 bedeutet.]
Der Abbruch des laufenden Wahlverfahrens durch das Wahlorgan ist juristisch problematisch [zur grundsätzlichen Unzulässigkeit: Kap.16.3.5.(b)., Kap.16.3.5.(c).]; allerdings war nach dem vorliegenden Sachverhalt aufgrund des Fehlens von Wählerverzeichnissen eine nachträgliche Korrektur des Wahlfehlers ausgeschlossen.

164 Ich habe "den Wahlausschuß ... aufgefordert, die Wahl in der kommenden Woche nicht durchzuführen. Meine Aufforderung ist gemäß § 39 HHG für den Wahlausschuß rechtsverbindlich" ("Erklärung" des Rektors W.**Rüegg** v.13.12.1968, in: Uni-Rep.10/1968, S.6). Die Suspendierung der Wahl war rechtswidrig [dazu (Unzulässigkeit rechtsaufsichtlichen Eingriffs in laufendes Wahlverfahren der Studentenschaft): Kap.16.3.5.(d).].

165 Erläuterungen des Rektors W.**Rüegg** v.19.12.1968, abgedruckt in: Uni-Rep.10/1968, S.6.
Dokumente dieses Uni-"Streiks" im WS 1968/69 v.18.10.1968-15.2.1969: P.M.**Zoller**, Aktiver Streik - Dokumentation zu einem Jahr Hochschulpolitik am Beispiel der Universität Frankfurt/Main, o.O. [Darmstadt] 1969; W.**Junginger**, Die Kritische Universität hat schon begonnen - Der Studentenstreik und seine Hintergründe, in: FR v.14.12.1968, S.14; SDS-info 2/1968, S.13-20; dazu heute kritisch: L.**Voigt**, Aktivismus und moralischer Rigorismus, [pol.Diss.] Wiesbaden 1991, S.37 ff.
Insbesondere erfolgte vom 9.12.-17.12.1968 eine 'Besetzung' des Soziologischen Seminars in der Myliusstraße 30 mit abschließender polizeilicher Räumung nach einer "letzten Androhung" v.16.12.1968 durch die Professoren des Instituts T.W.**Adorno**, L.v.**Friedeburg**, J.**Habermas**, A.**Mitscherlich** und anschließendem Strafantrag wegen Hausfriedensbruchs durch den Rektor W.**Rüegg**. Am 31.1.1969 erfolgte der Versuch einer 'Besetzung' des 'Instituts für Sozialforschung' in der Senckenberganlage 26; dieser wurde beendet mit einer polizeilichen Räumung aufgrund einer Anzeige wegen Hausfriedensbruchs der Direktoren des Instituts T.W.**Adorno** und L.v.**Friedeburg** [dazu: Studenten drohen mit weiteren Guerilla-Aktionen, in: FAZ v.1.2.1969, S.129; Drei Monate Gefängnis mit Bewährung für H.-J.**Krahl**, in: FR v.26.7.1969, S.12; ASTA-info.2/1969, S.2; H.**Heer**, Institutsreform - Modelle studentischer Mitbestimmung, Köln 1969, S.78-84].
Zur möglichen Erheblichkeit dieses Wahlfehlers (Verstoß gegen die Allgemeinheit und Gleichheit der Wahl): Im Falle der Wahldurchführung in dieser Situation wäre evident gegen die Grundsätze der Allgemeinheit und der Freiheit der Wahl verstoßen worden [vgl. dazu auch: FN IV.156(c) (Kap.15)].

schuß gegen die Verfügung des Rektors Widerspruch ein, ohne diesen jedoch zu begründen. Eine ausführliche Begründung wurde für später angekündigt. Kurz nach Eintreffen des Widerspruchs wurden im Haupteingang der Universität Wahlurnen und -zellen aufgestellt. Gegen 9.30 Uhr wurde ein 'Widerspruchsbescheid' des Rektors abgefaßt. ... Dieser Widerspruchsbescheid wurde zwei Mitgliedern des Wahlausschusses am Haupteingang der Universität bei den aufgestellten Urnen ausgehändigt. Die Wahlausschußmitglieder wollten daraufhin die Wahlurnen an sich nehmen und abtransportieren. Der Präsident des Studentenparlaments, *Michael Wolf*, und der erste AStA-Vorsitzende, *Thomas Hartmann*, versuchten, dies durch Diskussionen zu verhindern. Der Wahlausschuß transportierte jedoch die Urnen ab."[166]

19.3.3. Die bestandskräftige 2.Nachwahl vom 10.2.-12.2.1969. Um endlich eine bestandskräftige Wahl des StuPas (und damit die Beendigung des Zustands eines kommissarisch amtierenden, im Frebruar 1967 gewählten, relativ "unpolitischen" Parlaments) zu erreichen, griff der "antiautoritäre", SDS-dominierte Wahlausschuß zu erstaunlichen und so nicht erwarteten Maßnahmen: Die Wahlurnen wurden während der Nicht-Wahlzeiten im Tresorraum einer Frankfurter Bank verwahrt, und mit allen Wahlhelfern wurde ein schriftlicher Vertrag über zu beachtende Sicherheitsmaßnahmen während der Wahl abgeschlossen. Trotzdem war auch der dritte Versuch, die StuPa-Wahl im Rahmen des zwischenzeitlich gegen Vorlesungsende abflauenden 'Streiks' an der Universität durchzuführen, mit gravierenden Wahlrechtsverstößen behaftet; es wurde jedoch nachfolgend keiner dieser Wahlfehler angefochten.

(a) Nachträgliche, unzulässige Abänderung von Wahlvorschlagslisten. Erneut deklarierte der studentische Wahlausschuß die Nachwahl als Neuwahl des Parlaments, so daß die zur Hauptwahl bereits zugelassenen Wahlvorschlagslisten durch die einreichenden Gruppen nochmals verändert werden konnten; außerdem durften weitere (zur Hauptwahl noch nicht kandidierende) Wahlvorschlagslisten zur Nachwahl eingereicht werden[167].

(b) Rechtswidrige Erschwerung der Wahl. Der SDS-dominierte studentische Wahlausschuß beschloß für diese Wahl die Reduzierung von bisher fünf Wahltagen (in der Hauptwahl) auf nunmehr drei Wahltage (in dieser Nachwahl) und die Reduzierung von bisher acht auf lediglich

---

166 Uni-Rep.10/1968, S.6.
Daß die Studenten M.**Wolf** [SDS] und T.**Hartmann** [LSD], Mitglieder der (zusammen mit R.**Prewo** [SHB], J.**Zeitinger** [SDS]) "antiautoritären", 'undogmatisch-linken' AStA-Mehrheit (seit deren Wahl am 5.12.1968 durch das kommissarisch amtierende Studentenparlament), dieses herausgehobene Interesse an der schnellen Durchführung einer - anderweitig stets kritisierten - formalen Wahl aufbrachten, lag (neben dem Wunsch, das durch Rechtsaufsichtsakt kommissarisch seit nahezu einem Jahr über die Wahlperiode hinaus amtierende StuPa durch Neuwahl zu ersetzen) darin begründet, daß unter den genannten Umständen eines teilweise gewalttätigen und vorlesungswillige Studenten nötigenden Streiks zwar die Wahlbeteiligung erheblich gesunken wäre, allerdings mit hoher Wahrscheinlichkeit auf Kosten der politisch gemäßigten bisherigen Oppositionsgruppen im Parlament. Über das dahinterstehende Verständnis dieser Funktion von Wahlen braucht hier nichts mehr ausgeführt zu werden [vgl. dazu auch: FN IV.46, FN IV.47 (Kap.13)].

167 Der SDS (Liste 8) tauschte gegenüber der Hauptwahl - im selben Semester - fast alle seine Kandidaten aus: Die Gruppe stellte zur Nachwahl 16 (von insgesamt 19 Kandidaten auf der Liste) neu auf; dafür wurden von den 17 Kandidaten der Hauptwahl 14 von der Liste genommen; auch andere bereits zur Wahl zugelassene Gruppen nahmen - allerdings in geringerem Umfange - Kandidatenwechsel vor. Erstmals zur Nachwahl wurde die Wahlvorschlagsliste 'Antiauflaufbewegung' (AAB, Liste 1) zugelassen [vgl. dazu: Abb.26 und Abb.27, S.494/495]; diese blieb neben LdM (Liste 6) und NHB (Liste 7) erfolglos, d.h. ohne Mandat, bei der Wahl.
Zur möglichen Erheblichkeit dieses Wahlfehlers (Abänderung/Kandidatenaustausch und Vermehrung/Neuzulassung von Wahlvorschlagslisten zur Nachwahl): Gemäß dem Prinzip der Vervollständigung einer nicht abgeschlossenen Hauptwahl mittels der Nachwahl [dazu: Kap.16.8.(ii).] bleiben alle Teile der Hauptwahl, die von den zur Wahlvernichtung hinführenden Gründen nicht betroffen sind, für die Nachwahl (zumindest wenn diese, wie im vorliegenden Fall, im selben Semester stattfindet) grundsätzlich weiterhin bestandskräftig.
Zur Unterscheidung von 'Nachwahl' und 'Neuwahl': Kap.16.8.

vier Wahlurnen. "Es wird schwierig sein, bei dieser Wahl sein Wahlrecht auszuüben. Wie zu hören war, will der Wahlausschuß für die über 15.000 wahlberechtigten Studenten nur vier Wahlurnen einsetzen. Bei Redaktionsschluß - wenige Tage vor der Wahl - war noch keine offizielle Kandidatenliste bekanntgegeben worden."[168] Die Wahl wurde in der Tat an lediglich drei Tagen mit nur vier Wahlurnen durchgeführt.

(c) Fehlende Legitimation der Fachschafts-Mandate des Parlaments. Weil die 22 "nach den Grundsätzen der Verhältniswahl" mittels Listen gewählten Parlamentarier nach der StuPa-Wahl zwei gleich starke politische Blöcke bildeten, entschieden über die künftige Parlaments-Mehrheit die sechs weiteren Parlamentarier, "die von den Fachschaftsräten für die Dauer der Legislaturperiode zu wählen sind" (§ 14 Abs.1 StS). Damit erhielt der Wahlmodus für die 25 Fachschaften - deren Wahl erfolgte unmittelbar und offen auf Vollversammlungen - direkte Relevanz für die Legitimation des (mit der Mehrheit des Parlaments) gewählten AStAs. In Folge verweigerten der amtierende AStA und die meisten Fachschaften eine Belegung der Rechtmäßigkeit der Wahl der Fachschaftsmitglieder mittels beweiskräftiger Unterlagen[169].

19.4. Die StuPa-Wahl vom 9.12.-11.12.1969 (Formale Befangenheit der Amtsträger des Wahlorgans; Manipulation der Listenreihung; Versuch der Einschränkung des aktiven Wahlrechts)

Der SDS-dominierte studentische Wahlausschuß, verantwortlich für die Durchführung dieser Parlamentswahl[170], bestand aus drei Personen, die sämtlich an führender Stelle zugleich auf

---

168 Uni-Rep.2/1969, S.7.
Zu den bisherigen 13 (nicht während aller fünf Wahltage beschickten) Urnenstandorten: ASTA-info.28/1968, S.7. Als offizielle Begründung für die Reduzierung der Stimmbezirke und der Wahltage gab der 'undogmatisch-linke' AStA - nicht der zuständige Wahlausschuß! - in einer Presseerklärung dies als Maßnahme des Wahlausschusses zur Sicherung der Wahl an. - Zu den aufgeführten Wahlverfahrensakten:
(a) Der **Reduzierung der Wahlurnen** - auf Kosten der Wahlbeteiligung und damit der Legitimation des Parlaments - lag die Spekulation zugrunde, daß einem erschwerten Prozedere bei der Stimmabgabe (langes Anstellen und Warten an der Urne bis zur möglichen Stimmabgabe) sich eher politisch radikalisierte Studenten unterziehen würden. [Vgl. in diesem Zusammenhang: FN 166.] - Dieses Verfahren ist unter dem Gesichtspunkt einer qualitativen Repräsentation der besonders Engagierten [dazu: Kap.1.1.(b).] gerechtfertigt worden; es stellt einen Verstoß gegen den Grundsatz der Allgemeinheit der Wahl dar [dazu: Kap.15.1.1.(b).].
Zur möglichen Erheblichkeit dieses Wahlfehlers: FN IV.156(a) (Kap.15).
(b) Die **nicht rechtzeitige Veröffentlichung der Kandidaten** stellt einen Verstoß gegen den Grundsatz der Unmittelbarkeit der Wahl dar: Kap.15.3.(b). sowie gegen den Grundsatz der Freiheit der Wahl: Kap.15.4.1.(a). Aufgrund des personalisierenden Wahlverfahrens mußten allerdings sämtliche Kandidaten in der jeweiligen Listenreihenfolge auf dem amtlichen Stimmzettel abgedruckt werden: § 7 WO (= FN III.29).
Zur möglichen Erheblichkeit dieses Wahlfehlers: FN IV.206 (Kap.15).

169 Der 'Fachschaftsrat' bezeichnete den Zusammenschluß der jeweiligen Fachschaften auf Fakultätsebene; die sechs Fachschaftsräte entsandten jeweils einen Parlamentarier in das StuPa (sog. 'Fachschafts-Mandate').
Vgl. zu dem angesprochenen Wahlrechtskonflikt: Legitimation zweifelhaft - Fachschaftsvertreter müssen die Legitimation ihrer Wahl nachweisen, in: Uni-Rep.3/1969, S.8; Zur Legitimation der Fachschaften, in: Uni-Rep.4/1969, S.6. Ferner: Der AStA antwortete nicht - Rektor will Angaben über die Fachschaften, in: FR v.28.2.1969, S.16; AStA-Wahl ungültig, in: FR v.27.3.1969, S.14; AStA Beleidigung vorgeworfen - Verfügungen gegen weitere Fachschaften, in: FR v.2.4.1969, S.17. - Das Auskunftersuchen über den Wahlmodus der Fachschaften war auch aufgrund vorliegender Erfahrungen durchaus sachlich begründet, als Beispiel dafür die Fachschaft Jura: FN III.32 (Kap.10); zur Auskunftspflicht gegenüber der Rechtsaufsichtsbehörde: FN 420.

170 Zu dieser Wahl trat erstmals wieder seit 1967 [dazu: FN 134] der 'Sozialdemokratische Hochschulbund' (SHB, Liste 6) als eigenständige Gruppe an, die damit zugleich vom SDS abrückte. Die HSU stellte eine Gemeinschaftsliste mit dem LSD auf (Liste 5). Erstmals (und letztmals) traten "Basisgruppen" mit eigenen Listen zur StuPa-Wahl an: 'Arbeits- und Basisgruppenliste der med-, nat- und wiso-Fakultäten' (ABL, Liste 1); 'Liste der AfE' (Liste 3). Die HRL (Liste 4) erreichte kein Mandat mehr und löste sich nach der Wahl auf.
Das Parlament wählte am 18.1.1970 einen neuen AStA aus U.**Steinau** (med., nach der Wahl zurückgetreten), H.H.**Heseler** [SHB], V.**Dorsch** [ADS] an Stelle des alten AStAs unter T.**Hartmann** [LSD] [dazu: FN 166].

Wahlvorschlagslisten für ebendiese Wahl kandidierten (und anschließend auch ins Parlament gewählt wurden)[171].

19.4.1. Ein rechtswidriger Versuch der Urnenreduktion. Der Wahlausschuß beschloß mehrheitlich, für diese Wahl die Anzahl der Wahlurnen weiter von bisher vier auf nunmehr drei für die rund 16.000 Wahlberechtigten zu reduzieren. Dagegen wurde im Studentparlament von der politisch gemäßigten Opposition der Antrag eingebracht: "An allen Tagen der Wahl werden fünf Urnen aufgestellt." Der Antrag wurde in namentlicher Abstimmung nur denkbar knapp mit 11:10 Stimmen angenommen. Dagegen stimmten u.a. sämtliche anwesenden SDS-Parlamentarier sowie sämtliche anwesenden LSD- und HSU-Parlamentarier sowie, mit Ausnahme einer Stimmenthaltung, sämtliche anwesenden Mandatsträger der Fachschaften[172]!

19.4.2. Die rechtmäßige Auslegung der 'geheimen Wahl'. Erstmals wurde korrekt die *Pflicht* zur geheimen Wahl amtlich explizit festgeschrieben: "Die Wahl ist gemäß den allgemeinen demokratischen Prinzipien geheim, daher ist der Wähler nicht berechtigt, seinen Stimmzettel offen auszufüllen oder einem anderen Einblick in den ausgefüllten Stimmzettel zu gewähren. Nicht geheim abgegebene Stimmzettel sind ungültig und von den Wahlhelfern als solche zu kennzeichnen."[173]

19.4.3. Willkürliche Listenreihung. Von der bisherigen neutralen Praxis, die Listenreihung auf dem Stimmzettel nach der lexikographischen Ordnung der *Abkürzungen* der Listenkennworte vorzunehmen, wich der studentische Wahlausschuß willkürlich ab: Um dem 'Sozialistischen Deutschen Studentenbund' (SDS) den begehrten letzten Listenplatz (wie bei den bisherigen Wahlen) erneut zu sichern, wurde - und zwar nur in diesem Falle - die Rangfolge mit dem neu kandidierenden 'Sozialdemokratischen Hochschulbund' (SHB) auf der Grundlage des *vollständigen* Listenkennworts lexikographisch bestimmt.

19.5. Die StuPa-Wahl vom 8.12.-11.12.1970 (rechtswidrige Listenzulassungen; amtliche Wahlwerbung)

Es handelte sich um die erste Wahl[174], die nach den Grundsätzen des novellierten Hessischen Hochschulgesetzes[175] durchgeführte wurde.

Weil der SDS sich kurz danach am 21.3.1970 auflöste [dazu: FN II.8(a)) (Kap.5)], besaß damit die Frankfurter Studentenschaft während der gesamten, durch den SDS maßgeblich geprägten Studentenrevolte keinen AStA-Vorsitzenden, der dem SDS angehörte.

171 Es handelte sich um: R.**Grösch** [SDS, Listenplatz 5]; W.**Kittel** [ADS, Listenplatz 4]; M.**Rieth** [LSD-HSU [1967/68 stv. Bundesvorsitzender der HSU], Listenplatz 2] [vgl. zu diesen Daten: Uni-Rep.10/1969, S.2]. Die Kandidaten ließen als Organträger u.a. ihre eigenen Wahlvorschlagslisten zur Wahl zu. - Dies widerspricht dem formalen Neutralitätsgebot, dem das wahlausführende Organ unterliegt: Kap.17.1.2.(i).

172 Nämlich: R.**Grösch** [SDS], T.**Hartmann** [LSD], M.**Kugel** [LSD], H.**Maier** [SDS], M.**Rieth** [DB/HSU], H.**Schacht** [LSD], J.**Schäfer** [SDS] sowie: J.**Binder** (wiso), H.**Pick** (jur.), G.**Werner** (nat.) (StuPa-Prot. v.12.11.1969, S.1/8 [zum ideologisch geprägten Abstimmungsverhalten der Mandatsträger der Fachschaften auch bereits: FN 161]). Als Begründung für den Antrag wurde angegeben: "Beim letztenmal war es deutlich so, daß sich die Leute bei der Urne am Haupteingang gedrängt haben und einige wieder weggegangen sind, die dann nicht gewählt haben" (StuPa-Prot. v.12.11.1969, S.6). Zum vorherigen Versuch der Urnenreduktion: Wahlbekanntmachung des studentischen Wahlausschusses, in: Uni-Rep.10/1969, S.2.

173 Uni-Rep.10/1969, S.2.
Zur Pflicht zur geheimen Stimmabgabe: Kap.15.5.1.(a).

174 **Zu dieser Wahl:** Die die bisherige Studentenrevolte an der Frankfurter Universität vor allem tragenden Gruppen SDS, LSD und HSU kandidierten nicht mehr [der SDS beschloß im März 1970 seine Selbstauflösung: FN II.8 (Kap.5)]. Mit dem ehem. SDS-Parlamentarier (und Spitzenkandidaten bei der Wahl im Dez.1969) A.**Taheri** als Erstplaziertem wurde die Liste 'Trikont' (Liste 3) zur Wahl zugelassen. Mit dem 'Spartakus' ('Marxistischer Studentenbund' (MSB), Liste 4) sowie dem 'Ring Christlich Demokratischer Studenten' (RCDS, Liste 5) traten neben dem SHB (Liste 2) weitere parteipolitisch orientierte Studentengruppen an. [Zur bundes-

19.5.1. Die Ablehnung amtlicher Wählerverzeichnisse. Die StuPa-Wahl war erstmals auf der Grundlage amtlicher Wählerverzeichnisse durchzuführen (§ 22 Abs.1 HHG). Diese Norm wurde von den 'linken' Gruppen im Studentenparlament nicht etwa als Gewinn von Rechtssicherheit und Kontrollierbarkeit für die Studentenschaftswahlen begrüßt, vielmehr als angebliche Behinderung der "Demokratisierung der Hochschule" abgelehnt: "Das Studentenparlament fordert den Kultusminister und den Hess. Landtag auf, den § 22,1 des HHG ... dahingehend zu ändern, daß für Studentenschafts- und Fachbereichswahlen keine Wählerverzeichnisse geführt werden. Die Wahlbeteiligung, die ja nicht an ein Quorum gebunden ist, ist nur durch Urnenwahlen, nicht aber durch die Führung von Wählerverzeichnissen zu gewährleisten. Die Identifikation der Studenten ist eindeutig über die Studentenausweise garantiert. Die Bürokratisierung der politischen Arbeit behindert die Demokratisierung der Hochschule."[176]

19.5.2. Die (nicht eingeklagten) Nichtigkeitsgründe für diese Wahl. Diese Wahl litt unter gravierenden Mängeln, die weder durch eine Wahlanfechtung angegriffen noch durch Rechtsaufsichtshandeln gerügt oder bereinigt wurden.

(a) Amtliche Wahlwerbung. Erstmals wurde während dieser Wahl in großem Umfange amtliche Wahlwerbung betrieben: Eine mit öffentlichen (Studentenschafts-)Geldern finanzierte, in einer Auflage von 12.000 Exemplaren (bei rund 16.000 wahlberechtigten Studierenden) im November 1970 erschienene 12-seitige 'ASTA-information/diskus - Sondernummer zur Wahl' enthielt neben den amtlichen Informationen zur anstehenden StuPa-Wahl (nämlich: Veröffentlichung des amtlichen Stimmzettels, Bekanntgabe der Wahllokale und der Wahlzeiten) auch "Selbstdarstellungen" aller 'linken' Wahlvorschlagslisten[177]. Daneben wurden die kandidierenden, vom Herausgeber als 'rechts' bezeichneten Gruppen in polemischer und herabwürdigender Weise angegriffen, ohne die Möglichkeit eigener Stellungnahme eingeräumt zu bekommen[178]. Auf der ersten Seite der amtlichen Publikation erschien der Wahlaufruf des AStAs: "Beteiligt Euch an der Wahl!! Erteilt der rechten Fraktionsgemeinschaft ADS/RCDS eine klare Absage!!! Wählt die demokratischen und sozialistischen Gruppen!"[179] Dieser Tatbestand des Amtsmißbrauchs und sein Umfang hätten im Falle einer Wahlanfechtung sicher die Vernichtung der Wahl zur Folge haben müssen[180].

---

weiten Entwicklung des MSB an der Seite seiner Mutterpartei DKP: G.**Langguth**, Protestbewegung, Köln 1983, S.162-182; ferner: FN II.11(b) (Kap.5).]

175 HHG v.12.5.1970 (= FN III.38)

Erstmals wurde die Listenreihung der zur Wahl zugelassenen Vorschlagslisten auf dem Stimmzettel durch den studentischen Wahlausschuß nach bisheriger Fraktionsstärke bzw. durch Auslosung vorgenommen.

176 ASTA-info.7/71, S.3 [beachte in diesem Zusammenhang die grundsätzliche Infragestellung formaler Verfahren durch die 'undogmatische Linke': Kap.13.3.1., insb. FN IV.45].

Die Einrichtung von Stimmbezirken. Konnte bis zu diesem Zeitpunkt jeder Wahlberechtigte gegen Vorlage des Studentenausweises an jeder Wahlurne wählen, so ermöglichte die Einführung von Wählerverzeichnissen erstmals die Einrichtung von - Kontrolle erleichternden - Stimmbezirken bei der StuPa-Wahl, die sich an der Mitgliedschaft der Wahlberechtigten in den Fakultäten (seit 1971: in den Fachbereichen) orientierte.

177 Es handelte sich dabei um Artikel der 'linken' Studentengruppen: SHB (Liste 2), S.3; 'TRIKONT' (Liste 3), S.8; 'SPARTAKUS' (Liste 4), S.8.

178 ASTA-info./diskus (Sondernummer zur StuPa-Wahl) 11/1970, S.4 [siehe auch nachfolgende Abbildung 2]. Ähnliche Wahlwerbung mittels öffentlicher Gelder erfolgte auch zur etwa gleichzeitig ablaufenden Wahl des 1.Konvents (8.-11.12.1970): Das Titelblatt des diskus 3/1970 [zum 'diskus': FN II.83(a) (Kap.6)] erschien mit der Aufforderung: "Brecht die Macht der Rechten, stärkt die Linke im Konvent! Wählt!"

179 Siehe dazu die nachfolgende Abbildung 1.

180 Zur Erheblichkeit dieses Wahlfehlers (amtliche Wahlwerbung): Verstoß gegen die Gleichheit der Wahl: Kap.15.2.4.; Verstoß gegen die Freiheit der Wahl: Kap.15.4.1.(b). [Die Rechtsprechung zu diesem Tatbestand ist nachfolgend konkretisiert und (zu Recht) wesentlich verschärft worden: Kap.19.31.3.] - A.A. für Studenten-

ASTA

INFORMATION

SONDERNUMMER

Wählt!

Der Bund Freiheit der Wissenschaft und seine Ableger ADS/RCDS sind zur Offensive übergegangen. Die Wahl zum Konvent entscheidet in Frankfurt mit darüber, ob der Generalangriff der formierten Rechten gestoppt werden kann.

Ein Mittel, um jegliche Demokratisierung zu torpedieren, ist das 50 % Quorum (Nur bei einer Wahlbeteiligung von mindestens 50 % erhält eine Gruppe die volle Zahl der Sitze im Konvent).
Diese Klausel ist auch mit dem Selbstverständnis des angeblich "demokratischen Rechtsstaats" nicht vereinbar.
Nur durch eine hohe Wahlbeteiligung können jedoch im Augenblick diejenigen zurückgedrängt werden, die auch geringfügige demokratische Ansätze verhindern oder boykottieren wollen.

BETEILIGT EUCH AN DER WAHL!! ERTEILT DER RECHTEN FRAKTIONSGEMEINSCHAFT ADS/RCDS EINE KLARE ABSAGE ! ! !

WÄHLT DIE DEMOKRATISCHEN UND SOZIALISTISCHEN GRUPPEN !

diskus

WAHL 70

Abb.1: ASTA-info./diskus 11/1970 (Sondernummer zur StuPa-Wahl), Titelseite

ADS

Handlanger des Kapitals

Alle Jahre wieder zu Beginn der Weihnachtszeit tritt das ADS in Aktion. Wenn die Wahlen heranrücken, befindet sich das ADS in seinem Metier, der Waschmittelpropaganda . Darauf reduziert sich seine ganze (un-) politische Fähigkeit. Denn sonst ist über das ganze Jahr nichts vom ADS zu vernehmen.

Nach der letzten Wahl hatte der ADS die Chance, zu zeigen, ob er auch außer rein verbalem, propagandistischem Bluff Politik zu machen versteht, da er im AStA beteiligt war. (Der SHB war gezwungen, mit dem ADS zu koalieren, um überhaupt einen AStA zustande zu bringen).
Aber schon nach kurzer Zeit stellte sich heraus, daß der ADS , ganz wie seine Propaganda selber Bluff ist; denn nach der AStA-Wahl war vom ADS fast nie jemand überhaupt im AStA anwesend, obwohl der ADS drei (bezahlte) Referenten stellte.

Die Konzeptionslosigkeit und politische Unfähigkeit, die der ADS im AStA dokumentierte, löste im ADS eine Säuberungswell e aus , bei der alles herausflog, was nicht mindestens so reaktionär war wie die Junge Union. Wenn der ADS in seinem Programm von demokratischem Pluralismus redet, ist das reiner Zynismus. Der ADS war in der Zeit der Anti-Notstandskampagne als bloße Kontergruppe gegen den SDS entstanden. Sein Programm beschränkt sich daher auf ein pauschales SDS- Resentiment. Deshalb ist das ADS jetzt konzeptionslos, nachdem der SDS von der Bühne abgetreten ist.

Um seine Existenzberechtigung zu erhalten, sieht das ADS wieder ein rotes Gespenst aufziehen. Auf dem Cover seiner Wahlzeitung wird die Gefahr der Roten Zellen beschworen, die es in Frankfurt kaum gibt.

Der einzig verläßliche Programmpunkt des ADS ist sein reaktionärer Grundkonsens; Das ADS hat die Funktion eines verlängerten Hebels der Hochschulformierung übernommen. Das ADS hat sich für diese Rolle auch genügend attraktiv gemacht.
Wer Diskussionen über das Verbot des SDS-Heidelberg als"links-perverse Leichenfledderei" diffamiert,
wer die Hessischen Hochschulgesetze allein an dem Punkt kritisiert, wo sie progressive Interpretationen und bei entsprechendem Druck demokratische Praxis ermöglichen,
wer Anträge gegen die Erhöhung der Mensa-Preise mit vermeintlicher Rücksichtsnahme auf sog. volkswirtschaftliche Interessen ablehnt,
der hat sich verdient gemacht, um das Vertrauen der Hochschulformierer zu gewinnen.

Das Angebot des "Bundes Freiheit der Wissenschaft" an Studenten, loyal an der Restauration der Ordinarienuniversität mitzuarbeiten, dürfte beim ADS den rechten Adressaten gefunden haben. Die politischen Parallelen beider Organisationen liegen auf der Hand: der angekündigte Abwehrkampf der verängstigten Ordinarien gegen "ideologische Subversion" findet in der Befürchtung des ADS, daß der "politischen Wissenschaft Tür und Tor" geöffnet werde, sein reaktionäres Pendant. Beiden Organisationen sind selbst die im Kern undemokratischen Gesetze wie HHG und HUG noch zu demokratisch.

Das ADS wird trotz seiner rechten Sabotagepolitik gegen HHG und HUG, wodurch es die Identität seiner Programmatik mit dem Hochschulkonzept der FPD in Hessen und mit dem reaktionär novellierten 2. Referentenentwurf Leussinks offenbart, in der Universität als der Vortrupp der Hochschulformierung, zumindest als dessen rechtes Alibi, zu bekämpfen sein.

Vor dem Hintergrund dieser grundsätzlichen Stoßrichtung erhalten die mit reformerischen Pathos vorgetragenen Forderungen des ADS nach Erweiterung der politischen und sozialen Rechte der Studenten den Charakter demagogischer Heuchelei.
Das ADS ist deshalb für alle linken Gruppen bei den kommenden Konvents- und Studentenparlamentswahlen der Hauptfeind.

Der Strohmann des ADS

RCDS - KU

Für diese Gruppe müssen nicht viele Worte verschwendet werden, weil es sich bei ihr um eine U-boot-Liste des ADS handelt. Da das ADS in seiner antidemokratischen studentenfeindlichen Position durchschaut worden ist, hat er eine neue Gruppe rechts von sich aufgebaut, um auf diese sein reaktionäres Image abzuwälzen und um sich bei progressiven Studenten anzubiedern. Die RCDS-Liste wird auch von einem der maßgeblichen "ehemaligen" ADS-lern angeführt.

Den positiven Werten unserer christdemokratischen Ideologen zutiefst verbunden, löste sich der RCDS zum Schein vom ads, das seine kümmerliche Existenz auf bloße Anti-SDS-Haltung gründete und somit mittlerweile völlig funktions- und orientierungslos ist.
Der RCDS rühmt sich eines erweiterten Horizonts und versucht, seinen reaktionären Konzepten gesamtgesellschaftlichen Anstrich zu verleihen.
Ziel der theoretischen Arbeit des CDU-Anhängsels ist es, endlich einmal Ansätze für eine einigermaßen gehaltvolle konservative Gesellschaftstheorie zu finden.

← Hochschulformierung

Zentrale Relevanz erhält ein unausgewiesener Begriff von Leistung, den man krampfhaft mit kapitalistischer Organisation der Produktivkräfte in Einklang zu bringen versucht. Mit einem solchen Leistungsbegriff läßt sich dann auch"begründen", daß Drittelparität abzulehnen sei, da sie den Effizienzerfordernissen der Wissenschaft nicht gerecht werde.
Daß RCDS/KU einen Präsidentschaftskandidaten Kantzenbach unterstützen will, wirft noch ein Schlaglicht auf die zu erwartende Arbeit im Konvent.

An der Zurechnungsfähigkeit dieser Gruppe muß gezweifelt werden, wenn in deren Wahlprogramm zu lesen ist, daß im Hess. Hochschulgesetz eine sozialistische Formierung institutionalisiert sei und sich selbst als der gemäßigte Teil der Studentenbewegung bezeichnet.

4

Abb.2: ASTA-info./diskus 11/1970 (Sondernummer zur StuPa-Wahl), S.4

(b) Rechtswidrige Listenzulassungen am 24.11.1970. Die beim studentischen Wahlausschuß fristgerecht eingereichten 'linken' Wahlvorschlagslisten 'TRIKONT' und 'Spartakus' wiesen *keine einzige* handschriftliche Einverständniserklärung der aufgeführten Kandidaten zu ihrer Kandidatur auf. Die Wahlvorschlagslisten hätten deshalb aufgrund dieses Mangels in der vorgelegten Form nicht zur Wahl zugelassen werden dürfen[181]. Dieser formale Wahlfehler war auch evident mandatserheblich, weil 'TRIKONT' und 'SPARTAKUS' jeweils zwei Mandate bei der StuPa-Wahl errangen.

19.6. Die StuPa-Wahl vom 13.12.-17.12.1971 (Rechtswidrigkeit von Teilen des Mandatsbeschickung)

Die Durchführung dieser Wahl[182] erfolgte weiterhin zweiteilig nach der am 30.12.1969 im Hessischen Staatsanzeiger veröffentlichten StS v.21.12.1966. Danach setzte sich das Parlament zusammen aus einem Teil auf Universitätsebene gewählter Mandatsträger, nämlich "22 Mitgliedern, die nach den Grundsätzen des Verhältniswahlrechts in allgemeiner, freier, gleicher, unmittelbarer und geheimer Wahl für ein Jahr gewählt werden" (§ 14 Abs.1 Nr.1 StS); sowie aus dem anderen Teil seiner Mitglieder, die gemäß den organisatorischen Grundeinheiten der bisherigen sechs Fakultäten mittelbar zu wählen waren, nämlich "sechs Mitgliedern, die von den Fachschaftsräten für die Dauer der Legislaturperiode zu wählen sind" (§ 14 Abs.1 Nr.2 StS).

19.6.1. Die normenkontrollierende Rechtsaufsichtsbeschwerde vom 18.1.1972. Mehr als einen Monat nach der Wahl legte die (oppositionelle) StuPa-Fraktion des ADS gegen die Zusammensetzung des Parlaments Rechtsaufsichtbeschwerde beim Präsidenten der Universität ein, die StuPa-Wahl als mit dem geltenden Recht des § 22 des novellierten HHG unvereinbar für ungültig zu erklären[183]; die 'Wahlen' der sechs Mandatsträger aus den Fachschaften erfolge indirekt durch die Mitglieder der jeweiligen Fachschaftsräte, die wiederum offen auf Vollversammlungen und dort nicht auf der Grundlage amtlicher Wählerverzeichnisse gewählt würden.

---

schaftswahlen: VG Karlsruhe, E.v.6.2.1968 [Az.: III 21/68], in: DVBl.**83**, S.271-273 (1968). Sofort kritisch zu den teilweise abwegigen und die Sachlage verkennenden Ausführungen des Gerichts: F.**Steinbömer**, Anmerkungen, DVBl.**83**, S.273-275 (1968). [Zur Notwendigkeit amtlicher Neutralität im laufenden Wahlverfahren: Kap.13.2.1., insb. FN IV.27; Kap. 13.2.2.; Kap.15.2.4.(a)., insb. FN IV.199; Kap.15.4.1.(b)., insb. FN IV.218.]

181 Zumindest hätte der studentische WA im Rahmen einer - satzungsmäßig ungeregelten - Nachfristgewährung auf die nachträgliche Beibringung der fehlenden Unterschriften dringen müssen [vgl. in diesem Zusammenhang: FN 502 (eingeschränktes Ermessen des Wahlorgans); FN 213(b) (Erhaltung des passiven Wahlrechts); FN 504(b) (Nachfristgewährung); FN 210 (rechtswidrige Zurückweisung einer Wahlvorschlagsliste)].

Zur möglichen Erheblichkeit dieses Wahlfehlers (Fehlen sämtlicher Einverständniserklärungen zur Kandidatur)**:** Beispielhaft für das Erfordernis einer vorherigen schriftlichen Einverständniserklärung zur Kandidatur für die "politisch-parlamentarischen" Bundestagswahlen siehe: §§ 20 Abs.1 S.3, 25 Abs.2 Nr.5, 26 BWahlG (= FN IV.30). Dazu aus der Kommentarliteratur insbesondere: W.**Schreiber** (FN 18), S.366 (RN 4e); K.-H.**Seifert** (FN 143), S.176/177 (RN 3); vgl. ferner: K.**Ball** (FN 79), S.179; Kap.19.24.4.(b).; ÄR-Beschluß v.13.2.1989 (FN 381); P.J.**Glauben**, Die Scheinkandidatur, jur.Diss. Univ.Mainz 1990, S.49 ff. [Zum Charakter der StuPa-Wahlen als "politisch-parlamentarische" Wahlen: Kap.14.1., insb. FN IV.58.]

182 Zu dieser Wahl wurden erstmals Wahlvorschlagslisten der maoistischen Studentengruppen eingereicht: 'Kommunistischer Studentenverband - Rote Zellen' (KSV, Liste 3) [Studentenverband des 'Kommunistischen Bunds Westdeutschland' (KBW)], seit 1973 als 'Kommunistischer Studentenbund' (KSB) auftretend aufgrund der Umbenennung der erstmals 1972 angetretenen 'Kommunistischen Hochschulfraktion' ('Dem Volke dienen/ KHF') [Studentenverband der 'Kommunistischen Partei Deutschlands' (KPD)] in KSV; 'Kommunistische Studentengruppen (Marxisten/Leninisten)' (KSG/ML, Liste 6) [Studentenverband des 'Kommunistischen Arbeiterbunds Deutschlands' (KABD)] - der KSV wurde auf Anhieb mit 26% der gültig abgegebenen Stimmen zum Gewinner dieser Wahl, die KSG/ML blieben ohne Mandat. Zur bundesweiten Entwicklung der maoistischen Parteien: G.**Langguth** (FN 174), S.61-151; ferner: FN II.11(a) (Kap.5).

183 Rechtsaufsichtsbeschwerde der StuPa-Fraktion des ADS, vertreten durch den Jurastudenten B.**Stroemer**, beim Universitätspräsidenten E.**Kantzenbach** v.18.1.1972

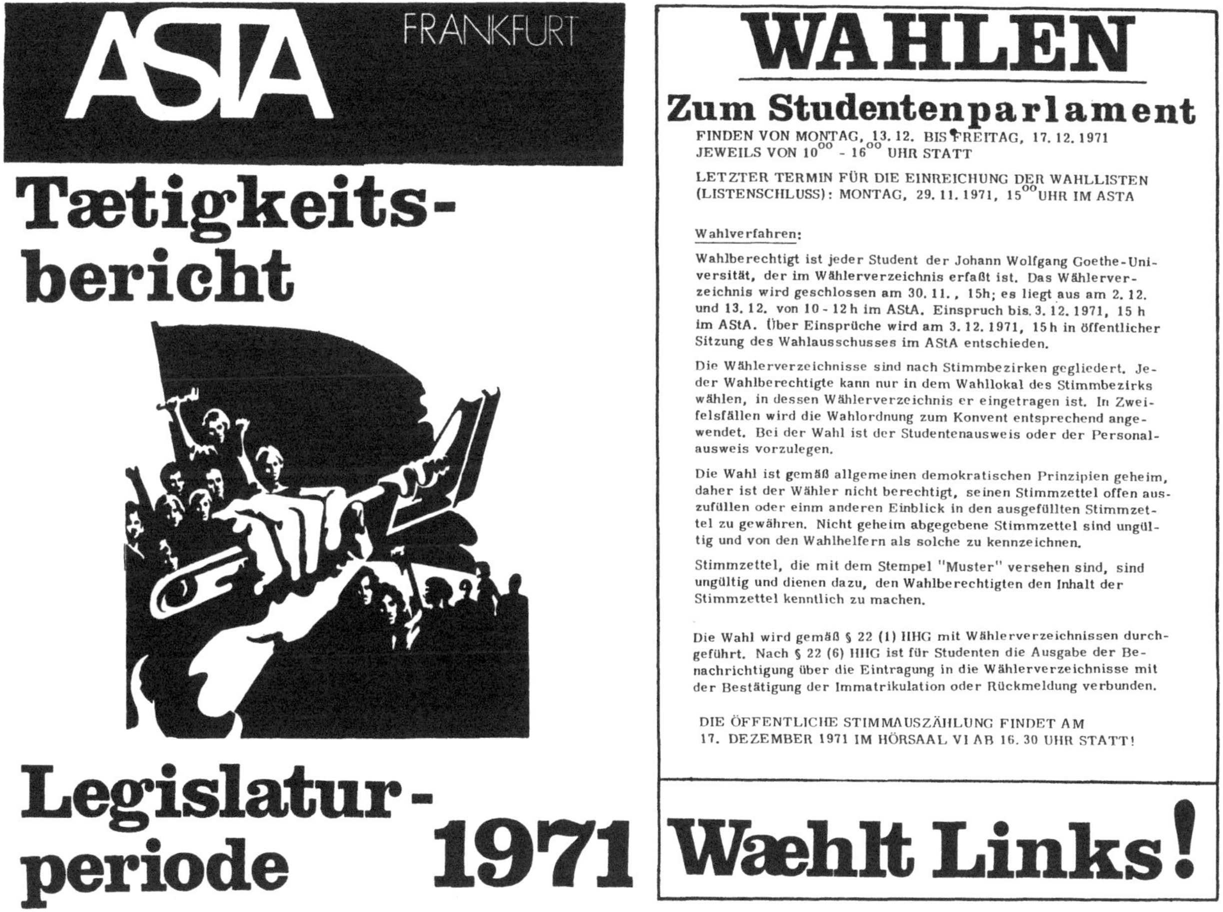

ASTA FRANKFURT

Tætigkeits-
bericht

Legislatur-
periode 1971

WAHLEN

Zum Studentenparlament

FINDEN VON MONTAG, 13.12. BIS FREITAG, 17.12.1971
JEWEILS VON 10^{00} - 16^{00} UHR STATT

LETZTER TERMIN FÜR DIE EINREICHUNG DER WAHLLISTEN (LISTENSCHLUSS): MONTAG, 29.11.1971, 15^{00} UHR IM ASTA

Wahlverfahren:

Wahlberechtigt ist jeder Student der Johann Wolfgang Goethe-Universität, der im Wählerverzeichnis erfaßt ist. Das Wählerverzeichnis wird geschlossen am 30.11., 15h; es liegt aus am 2.12. und 13.12. von 10-12h im AStA. Einspruch bis 3.12.1971, 15 h im AStA. Über Einsprüche wird am 3.12.1971, 15h in öffentlicher Sitzung des Wahlausschusses im AStA entschieden.

Die Wählerverzeichnisse sind nach Stimmbezirken gegliedert. Jeder Wahlberechtigte kann nur in dem Wahllokal des Stimmbezirks wählen, in dessen Wählerverzeichnis er eingetragen ist. In Zweifelsfällen wird die Wahlordnung zum Konvent entsprechend angewendet. Bei der Wahl ist der Studentenausweis oder der Personalausweis vorzulegen.

Die Wahl ist gemäß allgemeinen demokratischen Prinzipien geheim, daher ist der Wähler nicht berechtigt, seinen Stimmzettel offen auszufüllen oder einm anderen Einblick in den ausgefüllten Stimmzettel zu gewähren. Nicht geheim abgegebene Stimmzettel sind ungültig und von den Wahlhelfern als solche zu kennzeichnen.

Stimmzettel, die mit dem Stempel "Muster" versehen sind, sind ungültig und dienen dazu, den Wahlberechtigten den Inhalt der Stimmzettel kenntlich zu machen.

Die Wahl wird gemäß § 22 (1) HHG mit Wählerverzeichnissen durchgeführt. Nach § 22 (6) HHG ist für Studenten die Ausgabe der Benachrichtigung über die Eintragung in die Wählerverzeichnisse mit der Bestätigung der Immatrikulation oder Rückmeldung verbunden.

DIE ÖFFENTLICHE STIMMAUSZÄHLUNG FINDET AM
17. DEZEMBER 1971 IM HÖRSAAL VI AB 16.30 UHR STATT!

Wæhlt Links!

Abb.3: ASTA-info. 12/1971, Umschlagseite

19.6.2. Die rechtsaufsichtliche Aufhebung der Wahl vom 31.1.1972: Rechtswidrigkeit einer Satzungsnorm. Mit Verfügung gegen die Studentenschaft gab der Präsident dem Begehren[184] statt: "Das zurzeit amtierende Studentenparlament ist nicht ordnungsgemäß zusammengesetzt. ... In Zukunft bilden die durch mich durch Einzelverfügungen kommissarisch eingesetzten 22 Vertreter das Studentenparlament. Diese Einzelverfügungen gelten bis zur Neuwahl des Studentenparlaments." Zur Begründung, die von den Intentionen der Antragsteller teilweise abwich, wurde u.a. angegeben: "Nach § 26 Abs.3 HHG bilden jeweils die Studenten eines Fachbereichs eine Fachschaft. Danach entspricht nur eine Gliederung der Studentenschaft in 19 Fachschaften entsprechend den inzwischen eingerichteten Fachbereichen (vgl. §§ 20 ff HUG) den zwingenden Vorschriften des Gesetzes. Davon abweichende Satzungsbestimmungen, die eine andere Zahl und Einteilung von Fachschaften vorsehen, sind nach § 61 Abs.2 HUG spätestens Ende des Sommersemesters 1971 außer Kraft getreten. Ein wesentlicher Grundsatz der neuen Gesetze ist die Ablösung der bisherigen Fakultäten als organisatorische Grundeinheiten durch die neu zu bildenden Fachbereiche. ... Damit ist eine Bestellung von fachschaftsbezogenen Studentenvertretern, die noch an die bisherige Einteilung an Fakultäten anknüpft, mit dem Hochschulgesetz und dem Universitätsgesetz nicht vereinbar. Wegen der ... geäußerten Bedenken kommt eine kommissarische Einsetzung der jetzigen fachschaftsbezogenen Studentenvertreter im Studentenparlament nicht in Betracht. ... Die bisherige Zusammensatzung des Studentenparlaments aus 22 allgemein gewählten Vertretern und 6 fachschaftsbezogenen Vertretern beruht offensichtlich auf dem Gedanken einer Mischung beider Elemente, durch die einerseits die Vertretung der verschiedenen bisherigen Fakultäten, andererseits eine allgemeine politische Vertretung aller Studenten gewährleistet werden sollte. Es erscheint daher nicht möglich, nach Wegfall der 6 fachschaftsbezogenen Mitglieder die restlichen 22 allgemein gewählten Parlamentsmitglieder als legitimiertes Studentenschaftsorgan im Sinne der bisherigen Satzung anzusehen."[185] - Das aus dem 'Übermaßverbot' fließende 'Prinzip des geringsten Eingriffs' rechtfertigte damit die kommissarische Einsetzung der 22 allgemein gewählten Parlamentarier durch die Rechtsaufsichtsbehörde nach § 35 i.V.m. § 38 Abs.3 HHG.

19.6.3. Die Vereitelung der Hauptwahl nach neuem Recht. Diese Verfügung hatte zwar letztlich juristisch Bestand; aber aufgrund weiter Ausschöpfung des Rechtsschutzes und advokatischer Finessen gelang es der 'linken' Mehrheit des kommissarisch amtierenden Studentenparlaments, fast ein ganzes Jahr bis zum darauffolgenden Wintersemester (in dem die reguläre nächste StuPa-Wahl anstand) die Wahl zu vereiteln[186]; zudem eskalierte im SS 1972 der Konflikt um den korrekten Wahlmodus der Fachschaftsvertretungen mit den rechtsaufsichtlich erzwungenen mehrtägigen Urnenwahlen nach einer rechtsaufsichtlich erlassenen Fachschafts-WO, und dieser Konflikt band sowohl politische als auch juristische Kräfte.

---

184 "Zweck: Manipulation des Wahlergebnisses durch Errichtung einer rechten Sperrminorität, da die linken Gruppen zusammen mit den Fachschaftsvertretern im Studentenparlament über eine 2/3-Mehrheit verfügten - es gibt in Frankfurt keine rechten Fachschaften." (ASTA-info.3/72, S.6 [diese Sichtweise bezüglich des Abstimmungsverhaltens der "Fachschaftsvertreter" im StuPa bestätigend: FN 161]) - Siehe in diesem Zusammenhang zur nicht stets demokratischen Anforderungen genügenden Kreation der Fachschaftsorgane: FN III.32, FN III.45 (Kap.10); FN III.87 (Kap.11).

185 Rechtsaufsichtliche Verfügung des Präsidenten E.**Kantzenbach** gegen die Studentenschaft v.31.1.1972, abgedruckt in: Uni-Rep. Sonderausg. v.3.2.1972, S.2/3 [vgl. zu diesen sechs Fakultäten: FN III.13 (Kap.9)]. Zum Problembereich aufgrund rechtswidriger Wahlrechtsnormen durchgeführter Wahlen: FN III.41 (Kap.10).

186 Dazu (Vereitelung der Hauptwahl) ausführlicher: Kap.10.4.
Zum FS-Konflikt: Uni-Rep.5/1972, S.1/4; Uni-Rep.6/1972, S.1 und S.2; Uni-Rep.7/1972, S.1/2.

19.7. Die StuPa-Wahl vom 12.12.-14.12.1972
(Stimmbezirks-Manipulation; Verstoß gegen das Publikationsgebot; satzungswidrige Gestaltung des Stimmzettels; ungenügende Sicherung der Wahlurnen)

Diese Wahl[187] fand als erste nach der zwischenzeitlich rechtsaufsichtlich erlassenen StS[188] statt und damit erstmals als reine (starre) Listenwahl ohne die bisherige Personalisierung durch Persönlichkeitsstimmen und Fachschaftsmandate.

19.7.1. Eine Stimmbezirks-Manipulation. Erstmals wurde ein Wahllokal im 'Studentenhaus' eingerichtet. Hier befanden sich zwar die 'undogmatisch-linke' AStA-Verwaltung und das vornehmlich von der 'undogmatisch-linken' Sponti-Szene genutzte Studentenschaftscafé KOZ ('Kommunikationszentrum') - in einem für bürgerliches Empfinden heruntergekommenen Zustand; offizielle Lehrveranstaltungen für die betreffenden Fachbereiche des Stimmbezirks wurden in diesem Haus hingegen nicht (mehr) abgehalten. Weil für diesen Stimmbezirk zentralere und auch neutralere öffentliche Orte denkbar waren, sprach kein sachlicher Grund für diese Lage des Wahlraums - vielmehr handelte es sich offensichtlich um eine Plazierung aufgrund machtpolitischer, wahlarithmetischer Erwägungen[189].

19.7.2. Die (nicht eingeklagten) Nichtigkeitsgründe für diese Wahl. Diese Wahl litt gleich unter mehreren gravierenden Wahlrechtsverstößen, die jedoch allesamt weder im Laufe des Wahlverfahrens gerügt noch anschließend rechtzeitig in einem Wahlprüfungsverfahren geltend gemacht wurden (dementsprechend braucht die Mandatserheblichkeit hier nicht geprüft zu werden). An dieser Stelle erstaunt aber besonders die Untätigkeit der Rechtsaufsichtsbehörde.

(a) Verstoß gegen das Publikationsgebot. Die zur Wahl zugelassenen, vollständigen Kandidatenlisten wurden vom studentischen Wahlausschuß nirgendwo amtlich bekanntgemacht. Auf dem offiziellen Stimmzettel erschienen nur die ersten *drei* Plazierungen jeder Liste, und lediglich dieser Stimmzettel wurde durch den 'Uni-Report' universitätsweit bekanntgemacht[190]. Damit verstieß der Wahlausschuß gegen eine auch für StuPa-Wahlen maßgebliche Norm der

---

187 Zu dieser Wahl: Der Wahl ging die Spaltung des bisherigen 'Sozialdemokratischen Hochschulbunds' (SHB) voraus: Er zerfiel in einen 'undogmatisch-linken' Block, den SHB/SF ('Sozialistische Fraktion', Liste 3) - den in Folge hochschulpolitisch bedeutenden organisatorischen Beginn der "antiautoritären" 'Spontis' an der Frankfurter Universität [zur Entwicklung der 'undogmatischen Linken': FN II.9 (Kap.5)]; und er zerfiel in einen anderen - später in Frankfurt politisch wesentlich unbedeutenderen - 'dogmatisch-linken', DKP/'MSB-Spartakus'-orientierten Block, den SHB/MF ('Mehrheitsfraktion', Liste 4). Zu dieser Entwicklung des SHB auf Bundesebene: G.**Langguth** (FN 174), S.184/185. - Auf Antrag des SPD-Parteivorstands untersagte das LG Bonn am 29.11.1972 dem SHB die weitere Führung des Namens '<u>sozialdemokratisch</u>' [dazu ausführlicher: Uni-Rep.11/1972, S.3). In Kenntnis dieses Urteils entschied der studentische Ältestenrat am 1.12.1972 rechtswidrig: "Die beiden Listen werden auf dem Stimmzettel mit folgendem Wortlaut geführt: '<u>Sozialdemokratischer</u> Hochschulbund' und 'Sozialistischer Hochschulbund/SF'." (ÄR-Prot. v.1.12.1972)
Erstmals (und erfolglos) trat zur Wahl an die maoistische Liste 'Dem Volke dienen - KHF' ('Kommunistische Hochschulfraktion', Liste 7).

188 StS v.10.11.1972 (= FN III.56) [siehe dazu auch die nachfolgende Abbildung 4]

189 Es handelte sich um den neu geschaffenen Stimmbezirk IV, umfassend die Fachbereiche: Erziehungswissenschaften (FB 04); Psychologie (FB 05); Ost- und außereuropäische Sprach- und Kulturwissenschaften (FB 11); Biologie (FB 16); Geographie (FB 18) [Quelle: Uni-Rep.11/1972, S.1; vgl auch: Abb.4, S.344]. Auch die Stimmbezirks-Neugliederung 1974 [siehe nachfolgend: FN 224] behielt den 'Studentenhaus-Wahlbezirk' (Stimmbezirk V), in neuem Zuschnitt, bei [Quelle u.a.: Uni-Rep.6/1980, S.5]. Dieses fern der betroffenen Fachbereiche und nah dem 'undogmatisch-linken' AStA liegende Wahllokal konnte erst für die Wahl 1981 durch den amtierenden, nunmehr pluralistisch 'gleichmäßig besetzten' studentischen Wahlausschuß [dazu: Kap. 17.3.4.; Kap. 19.17.(iii).] aufgelöst und diese Fachbereiche bestehenden Stimmbezirken zugeordnet werden, deren Wahllokale örtlich für die Studierenden neutraler und günstiger gelegen waren [Quelle: Uni-Rep.7/1981, S.3]. - Zum heruntergekommenen Zustand des öffentlichen Bereichs dieses teilweise durch die Studentenschaft selbstverwalteten 'Studentenhauses' vgl. auch exemplarisch: FN II.50 (Kap.5).

190 Uni-Rep.11/1972, S.1

AUFRUF
ZUR URABSTIMMUNG

Im Sommersemester hatten bei der Urabstimmung die Frankfurter Studenten ein machtvolles Votum von ca. 80 % für die neue Studentenschaftssatzung abgegeben. Sie hatten damit den Anstrengungen der beiden rechten Studentengruppen ads und RCDS eine vernichtende Abfuhr erteilt, Kantzenbachs Versuch der Zerschlagung der Fachschaften auf kaltem Wege durch ein Nein zur Satzung zu unterstützen.

Als zu Beginn des Wintersemesters ein Gericht herausfand, daß aufgrund eines Fehlers der Kultusbürokratie vor drei Jahren seitdem sämtliche Satzungen, Organe und Handlungen der Studentenschaft rechtsungültig sind, hat Kantzenbach als erstes dem AStA die Konten gesperrt und versucht, ihn für einige Zeit lahmzulegen, indem er ihm verbot, weiterhin als AStA aufzutreten. Und den juristischen Vorteil, in den er durch das Urteil gelangt war (er war als Rechtsaufsichtsbehörde zu jedem beliebigen Eingriff in die Rechte der Studentenschaft berechtigt), nutzte er aus, um den Studenten eine Satzung zu oktroyieren, die alle die Angriffe auf die Fachschaften juristisch fixierte, die im Semester zuvor von den Studenten so entschieden bekämpft worden waren:

- er verbot die Wahl der Fachschaftsvertreter auf Vollversammlungen und nahm den Vollversammlungen das Beschlußrecht,
- er verbot das imperative Mandat, d.h. die Fachschaftsvertreter sollen nicht mehr an die Beschlüsse der Vollversammlung gebunden werden dürfen,
- er will verhindern, daß die Fachschaftsvertreter jederzeit abgewählt werden können,
- er schreibt Listenwahl und eine quasi parlamentarische Sitzverteilung für die Fachschaftsvertretungen vor,
- er streicht die Fachschaftsvertreter im Studentenparlament.

Alle diese Maßnahmen haben ein deutlich erkennbares Ziel: die Fachschaftsvertretungen werden zumeist von linken Gruppen gestellt, die die Fachschaften zu Instrumenten des Kampfs der fortschrittlichen Studenten gemacht haben und sie von den Mitbestimmungsgremien des HUG deutlich abgrenzen. Kantzenbach treibt dagegen Wahlhilfe für seine studentischen Handlanger ads und RCDS, die er mit allen Mitteln in die Fachschaften hineinhieven und vor den Vollversammlungen schützen will, wo es noch jedesmal gelang, die Vertreter der studentischen Reaktion zu entlarven und zu isolieren.

die studentische Rechte isolieren !

KAMPF DER KANTZENBACH-SATZUNG !

Kantzenbachs Satzungsoktroi ist für alle fortschrittlichen Studenten eine dreiste Provokation und völlig unannehmbar. Trotz aller juristischen Raffinessen der Uni-Administration:
es kann keinen Zweifel darüber geben, welche Fachschaftsvertreter von den Studenten gewählt wurden und somit rechtmäßig amtieren, auch wenn Kantzenbach den auf Vollversammlungen gewählten Vertretern dies abstreitet. Und es kann keinen Zweifel darüber geben, daß die Studenten genauso wie im Sommersemester sich nicht bereitfinden werden, auf Kantzenbachs Grundlage Fachschaftswahlen durchzuführen. Falls er wie im Sommersemester gegen den erklärten Willen der Studenten eigene Wahlen ansetzt, wird die klare Antwort auf die zweiten Kantzenbachwahlen ein zweiter Boykott sein!

MACHEN WIR DIE URABSTIMMUNG ÜBER DIE SATZUNG DER STUDENTEN ZU EINEM KLAREN VOTUM GEGEN DIE LIQUIDATIONSPOLITIK KANTZENBACHS!

STIMMT FÜR DIE SATZUNG!

KAMPF DER ZERSCHLAGUNG DER VERFASSTEN STUDENTENSCHAFT !

ASTA

Wahllokale für Studentenparlaments-Wahlen und Urabstimmung sind identisch:

Fachbereich	Wahllokal
Rechtswissenschaften, Philosophie und Geowissenschaften	Juridicum, Erdgeschoß, Cafeteria
Wirtschaftswissenschaften	Hauptgebäude, Vorraum des Dekanats
Gesellschaftswissenschaften, Religionswissenschaften, Geschichte, Klassische Philologie	Hauptgebäude, Lichthof, Erdgeschoß
Erziehungswissenschaften, Psychologie, Ost- und außereurop. Sprach- und Kulturwissenschaften, Biologie, Geographie	Studentenhaus, Erdgeschoß, ehem. Buchhandlung
Neuere Philologien	Gräfstraße 76, Erdgeschoß
Mathe, Physik, Chemie, Pharmazie	Robert-Mayer-Straße 2-4, Erdgeschoß
Humanmedizin	Klinikmensa

Der Satzungstext ist im AStA und an den Wahllokalen erhältlich.

Abb.4: ASTA-Flugblatt v.12.12.1972 zu StuPa-Wahl und Urabstimmung über die StS, S.1 und S.2

durch die StS in Bezug zu nehmenden Senats-WO, wonach auf dem Stimmzettel die ersten *sechs* Bewerber einer jeden zugelassenen Wahlvorschlagsliste aufgeführt werden müssen[191]. Die unterlassene Veröffentlichung der Wahlvorschlagslisten hatte zur Konsequenz, daß von den drei stimmenstärksten Listen bei dieser Wahl (ADS: 6 Mandate; SHB/SF: 6 Mandate; SHB: 5 Mandate) insgesamt acht Kandidaten in das Parlament gewählt wurden, die, weil nicht auf dem Stimmzettel erschienen, vor der Wahl nicht amtlich bekanntgemacht waren[192].

(b) Satzungswidrige Gestaltung des Stimmzettels. Entgegen der Satzungsvorschrift wurde die Listenreihung gemäß der bisherigen Stärke der im Parlament vertretenen Gruppen vorgenommen und - nach offizieller Darstellung - die übrigen Listen in der Reihenfolge des Eingangs beim Wahlausschuß angefügt[193]. Das Kennwort der 'rechten' Liste 4 KU/RCDS erschien auf dem Stimmzettel, entgegen dem eingereichten Wahlvorschlag, in Kleinbuchstaben gedruckt[194].

(c) Ungenügende Sicherung der Wahlurnen. Entgegen der maßgeblichen Satzungsvorschrift nahm der studentische Wahlausschuß die Aufbewahrung der Wahlurnen mit den einliegenden Stimmzetteln während der Nichtwahlzeit der sich über drei Tage erstreckenden Wahlhandlung nicht in Absprache mit dem Kanzler der Universität vor[195]. Vielmehr wurden die unversiegelten Urnen zusammen mit den Wählerverzeichnissen und den übrigen Wahlunterlagen ungenügend gesichert im AStA-Büro aufbewahrt.

(d) Konflikt um die korrekte Mandatsverteilung. Nach Verstreichen der Einspruchsfrist kamen ernstzunehmende Zweifel an der Korrektheit des amtlichen Wahlergebnisses auf[196].

19.8. Die StuPa-Wahl vom 5.6.-7.6.1973
(Stimmbezirks-Manipulation; Verstoß gegen das Publikationsgebot; satzungswidrige Gestaltung des Stimmzettels; ungenügende Sicherung der Wahlurnen)

Bei dieser Wahl[197] lagen die meisten Mängel vor wie bei der vorangegangenen; es wurde erneut keiner dieser Wahlfehler juristisch angegriffen bzw. rechtsaufsichtlich unterbunden.

---

191 § 15 Senats-WO v.3.11.1971 (= FN III.60) i.V.m. § 14 Abs.8 StS (= FN III.56) [vgl. dazu: Kap.11.2.(b).].
Zur möglichen Erheblichkeit dieses Wahlfehlers (unkorrekte Aufführung der Kandidaten auf dem amtlichen Stimmzettel): FN III.74 (Kap.11).

192 Da die Gruppe SHB/SF auch im Wahlkampf ihre eigenen Kandidaten selbst nicht bekanntmachte [siehe dazu: Kap.8.2.4.], fand deren Wahl völlig ohne öffentliche Kenntnis der nicht auf dem Stimmzettel genannten, ab Rang vier auf der Wahlvorschlagsliste plazierten Personen statt. Weil die Listen auch später nicht öffentlich bekanntgemacht wurden, handelte es sich bei der Wahl dieser Liste also de facto um eine Reinform der (mittelbaren) "Parteiwahl" [vgl. dazu: FN IV.209 (Kap.15)].
Zur möglichen Erheblichkeit dieses Wahlfehlers (Publizierungsunterlassen als Verstoß gegen die Unmittelbarkeit und die Freiheit der Wahl): FN III.76 (Kap.11); ferner: Kap.15.3.(b).; Kap.15.4.1.(a).

193 "Die Reihenfolge der Listen auf den Stimmzetteln wird durch das ... Los bestimmt." (§ 12 Abs.7 Sen.-WO v.3.11.1971 (= FN III.60) i.V.m. § 14 Abs.8 StS (= FN III.56); anschließend: § 13 Abs.7 KoWO v.30.11.1972 (= FN III.65) i.V.m. § 14 Abs.8 StS; anschließend: § 14 Abs.7 KoWO v.5.2.1975 (= FN III.67) i.V.m. § 14 Abs.8 StS) - Dieses Verfahren betraf die StuPa-Wahlen 1972 bis Juni 1977 [vgl. dazu: Kap.11.2.(a).].
Zur möglichen Erheblichkeit dieses Wahlfehlers (keine Auslosung der Listenreihung): FN III.73 (Kap.11).

194 Dazu sowie zur Entstellung (Verkleinern) eines Teils des Kennworts der 'rechten' Liste 1: Abb.28, S.499.

195 § 18 Abs.6 KoWO v.30.11.1972 (= FN III.65) i.V.m. § 14 Abs.8 StS (= FN III.56) [dazu: Kap.11.2.(c).].

196 Stimmbezirksweise Nachrechnungen des WA-Mitglieds P.**Schulz** ergaben u.a. für die Liste 1 (ADS) +3, für die Liste 3 (SHB/SF) -4 Stimmen Differenz zum amtl. Endergebnis; dies hätte für die 'rechte' Liste 1 ein weiteres Mandat auf Kosten der 'undogmatisch-linken' Liste 3 bedeutet. [Ein nach Stimmbezirken ausdifferenziertes Ergebnis wurde durch den 'undogmatisch-linken' Vorsitzenden des WA G.**Rüdiger** nicht publiziert.]

197 Bei dieser Wahl handelte es sich um eine vorzeitige Neuwahl des StuPas aufgrund des Zerbrechens der bisherigen AStA-Koalition aus SHB/SF und SHB/MF [siehe dazu: StuPa-Prot. v.2.5.1973, S.2]. Die 'Spontis' wurden als 'Sozialistische Hochschulinitiative' (SHI/SF, Liste 2) erstmals zur stärksten Fraktion. - Der bisherige KSV trat nunmehr als KSB (Liste 5), die bisherige KHF als KSV (Liste 7) an [siehe dazu: FN 181]. Einmalig (und erfolglos) kandidierte die politisch nicht ernstzunehmende 'Liste biertrinkender Studenten' (Liste 9).

19.9. Die StuPa-Wahl vom 5.6.-7.6.1974
(satzungswidrige Festsetzung des Wahltermins; rechtswidrige Listenzulassung; Verstoß gegen das Publikationsgebot; ungenügende Sicherung der Wahlurnen)

Es lagen bei dieser Wahl[198] die gleichen Mängel vor wie bei den beiden vorangegangenen Wahlen[199]. Hinzu kamen weitere, teilweise gravierende Wahlrechtsverstöße, die allesamt in keinem Wahlprüfungsverfahren angegriffen oder durch die Rechtsaufsichtsbehörde zumindest gerügt wurden:

19.9.1. Die satzungswidrige Festsetzung des Wahltermins. Als turnusmäßige Neuwahl des Studentenparlaments widersprach der Wahltermin dem maßgeblichen § 14 Abs.2 StS: "Die Wahl findet in der Regel im Dezember statt." Die Wahl hätte also - ungeachtet der vorausgegangenen vorzeitigen Neuwahl - satzungsgemäß bereits ein halbes Jahr früher stattfinden müssen; es lag kein zwingender Grund vor, der dem entgegengestanden hätte.

19.9.2. Der (nicht eingeklagte) Nichtigkeitsgrund für diese Wahl: Rechtswidrige Listenzulassung am 22.5.1974. Die beim studentischen Wahlausschuß fristgerecht eingereichte Wahlvorschlagsliste der 'Sozialistischen Hochschulinitiative' (SHI/SF) wies weder Matrikel-Nummer, Geburtsdatum, Anschrift noch die persönliche Bewerber-Unterschrift (Einverständnis zur Kandidatur) auch nur eines der 18 aufgeführten Kandidaten auf. Dies widersprach zwar nicht den in der offiziellen Wahlbekanntmachung veröffentlichten formalen Erfordernissen: "Wahlvorschläge müssen spätestens zwei Wochen vor der Wahl beim Wahlausschuß eingereicht werden. Formblätter für Vorschlagslisten sind beim AStA erhältlich[200]. Ein Wahlvorschlag besteht aus einer Liste von mindestens drei Kandidaten, die sich mit einheitlichem Programm unter einheitlicher Bezeichnung zur Wahl stellen." Wenngleich die formalen Kriterien an die Listenzulassung ebenso unvollständig in der StS normiert waren[201], so war und ist doch zumindest das Erfordernis der persönlichen, handschriftlichen Einverständniserklärung zur Kandidatur, das sich aus der notwendigen Berechenbarkeit des Wahlverfahrens und der Bestandskraft der Wahl[202] ableitet, gemeindeutsches Recht, gilt also für alle "politisch-parlamentarischen" Wahlen und damit auch für Studentenparlamentswahlen[203]. Die Liste hätte also in der vorgelegten Form vom Wahlausschuß zurückgewiesen werden müssen. Dieser Wahlfehler

---

198 **Zu dieser Wahl** traten erstmals die Parteigruppen 'Jungsozialisten-Hochschulgruppe' ('Juso-HSG', Liste 9) und 'Liberaler Hochschulverband' (LHV, Liste 7) an. Das ADS (Liste 2) zerbrach an internen politischen Richtungskämpfen und wurde bis zu seiner Auflösung (1976) politisch bedeutungslos [der unterlegene 'linke' Flügel des ADS gründete 1975 zusammen mit bisher nur auf Fachbereichsebene organisierten Fachbereichsgruppen die sich pragmatisch-ideologiefern, hochschulbezogen und verfassungsloyal definierenden 'Unabhängigen Fachbereichsgruppen' (UF), die später nach ihrem Symbol auf dem ersten Wahlplakat - "Überblick behalten, richtig wählen" - 'Giraffen' genannt wurden]. Zum einzigen Male (und erfolglos) kandidierten: Die 'Kommunistischen Studentengruppen' (KSG, Liste 8) sowie die ADS-Abspaltung 'Soziallliberale Hochschulinitiative' (SLHI, Liste 10), die später in den UF aufging.

199 Nämlich: Auf dem Stimmzettel erschienen - in Abweichung von der letzten Wahl - für jede Liste nur die ersten fünf Kandidaten des Wahlvorschlags. Die übrigen Kandidaten wurden nirgendwo amtlich bekanntgemacht. Die Listenreihenfolge auf dem Stimmzettel wurde nicht ausgelost; statt dessen erfolgte die Reihung aufgrund der Stärkeverhältnisse der vorangegangenen StuPa-Wahl [vgl. dazu: FN 175]. Die Wahlurnen wurden nicht manipulationssicher aufbewahrt.

200 Auf diesen im AStA-Büro vertriebenen "Formblättern für Vorschlagslisten" waren alle für die Zulassung erforderlichen Formalien aufgeführt, insbesondere das Erfordernis der "Einverständniserklärung/Unterschrift der Bewerber", so daß die AStA-tragende Gruppe SHI sich hier nicht auf Unkenntnis hätte berufen können.

201 Siehe zu diesen Defiziten: FN III.63(ii) (Kap.11).

202 Andernfalls wäre die individuelle Bereitschaft zur Kandidatur auf einer Wahlvorschlagsliste nicht objektiv nachvollziehbar und könnte den Wahlbestand verunsichern. Siehe aber zu den die demokratische Wahl prägenden Grundsätzen der Berechenbarkeit und Bestandskraft: Kap.13.2.1.

203 **Zur möglichen Erheblichkeit dieses Wahlfehlers:** FN 181.

war auch evident mandatserheblich, weil die Gruppe SHI/SF bei der Wahl sieben Mandate erringen konnte.

19.10. Die StuPa-Wahl vom 18.6.-20.6.1975
(falsche Zusammensetzung des Wahlorgans; satzungswidrige Festsetzung des Wahltermins; rechtswidrige Zurückweisung einer Wahlvorschlagsliste; ungenügende Kontrolle und Sicherung der Wahlurnen)

Erstmals bei dieser Wahl[204] wies der studentische Wahlausschuß kein nicht-'linkes', von der politischen Opposition benanntes Mitglied mehr auf, im offenen Widerspruch zum rechtsstaatlichen, interne Kontrolle ermöglichenden Prinzip der 'gleichmäßigen Besetzung' des Wahlorgans[205].

19.10.1. Die satzungswidrige Festsetzung des Wahltermins. Für die turnusmäßige Neuwahl widersprach der Wahltermin im Juni erneut, wie bereits der Termin der vorangegangenen StuPa-Wahl, dem geltenden § 14 Abs.2 StS, wonach die Wahl "in der Regel im Dezember" stattzufinden hatte. Auch dieses Mal ließ die Rechtsaufsichtsbehörde den evidenten Satzungsverstoß ungerügt geschehen; in den nachfolgenden StuPa-Wahlen trat das gleiche Problem erneut auf.

19.10.2. Die erheblichen Wahlfehler. Zu den formalen Mängeln der vorhergehenden Wahlen, die nun bereits zum vierten Mal in Folge - ungerügt - auftraten, kamen weitere, nun wesentlich gravierendere, hinzu; die Brisanz erhielten diese Wahlfehler insbesondere aus der politisch einseitigen, interne Kontrolle de facto nahezu ausschaltenden personellen Zusammensetzung des studentischen Wahlausschusses:

(a) Ungenügende Kontrolle der Wahlurnen. Der Vorsitzende des (zur Wahl kandidierenden) RCDS monierte[206] die für diese Wahl fehlende oder zumindest ungenügende Bekanntmachung über die Ausschreibung der Wahlhelferstellen, die Vertretern der politischen Opposition eine erfolgreiche Bewerbung verunmöglicht habe, sowie die seiner Meinung nach damit in Zusammenhang stehende politisch einseitige Nominierung der Wahlhelfer durch den studentischen Wahlausschuß (WA) bzw. die AStA-Geschäftsstelle. Dies sei unter dem Gesichtspunkt mangelnder interner Kontrolle insofern bedenklich, als diese Wahlhelfer weitgehend eigenständig die Urnenwahl durchzuführen hätten. Der Wahlausschuß (WA) beschloß daraufhin im Widerspruch zum rechtsstaatlichen Prinzip der 'gleichmäßigen Besetzung' der Wahlhelferstellen[207]: "1. Der WA stellt fest, am Mo, dem 25.5., war die Liste der bezahlten Wahlhelfer abgeschlossen. 2. Der WA stellt fest, keine politische Gruppe an der Uni hat von vorneherein das Privileg, bezahlte Wahlhelfer vom WA eingestellt zu bekommen. 3. Es bleibt jeder Gruppe unbenommen, einen Beobachter an die Urnen zu setzen, der darüber wacht, daß Manipulationen

---

204 **Bei dieser Wahl** blieb der SHB (Liste 8) erstmals ohne Mandat. Es beabsichtigten eine erstmalige Kandidatur die in Opposition zum 'undogmatisch-linken' AStA entstandenen 'Unabhängigen Fachbereichsgruppen' (UF) [vgl. zu dieser Studentengruppierung: FN 198; Kap.6]. Erstmals (und erfolglos) kandidierte die trotzkistische 'Gruppe Internationale Marxisten' (GIM, Liste 10); der KSV trat (erfolglos) unter dem Kennwort 'Rote Einheitsliste' (Liste 9) zur Wahl an.

205 Die 'linke' Mehrheit des Parlaments wählte alle 'linken' Kandidaten: W.**Schwarz** [SHI], H.-P.**Bach** ['Juso-HSG'], R.**Lewental** [LHV] (StuPa-Prot. v.16.5.1975, S.2 [siehe dazu: Kap.17.3.3.]). - Die Opposition präsentierte angesichts der abzusehenden Erfolglosigkeit keine eigenen Kandidaten.
Zum Prinzip der 'gleichmäßigen Besetzung' des Wahlorgans: Kap.17.2.1.

206 Schriftsatz des Vorsitzenden des RCDS, J.**Banzer**, v.26.5.1975 an den Vorsitzenden des studentischen Wahlausschusses, W.**Schwarz**.

207 Zum Prinzip der 'gleichmäßigen Besetzung' für die Wahlhelferstellen: Kap.17.2.3.

unterbleiben."[208] - Als Realität zeigte sich jedoch, daß als einzige "politische Gruppe" die AStA-tragende 'undogmatisch-linke' 'Sozialistische Hochschulinitiative' (SHI), die gleichzeitig (zusammen mit einem 'undogmatisch-linken' Juso) die Mehrheit im dreiköpfigen Wahlausschuß stellte, erfolgreich Wahlhelfer benannt hatte.

(b) Ungenügende Sicherung der Wahlurnen. Im selben Schreiben forderte der RCDS-Vorsitzende wegen behaupteter politisch einseitiger Zusammensetzung des Wahlausschusses eine objektive und auch für Außenstehende nachprüfbare Sicherung der Wahlurnen gegen unbefugte Eingriffe. Gerade das naturgemäße, sichere Nichtvorhandensein jeglicher Öffentlichkeit in den Nachtzeiten der Urnenaufbewahrung während der drei Wahltage (im AStA-Büro) verlange wegen der vermuteten Parteilichkeit des Wahlorgans, dem ein Zugriff auf Urnen und Wahlunterlagen zu jeder Zeit des Wahlverfahrens theoretisch erhalten bleibe, eine besonders objektive Sicherung. Diesen Antrag lehnte der Wahlausschuß ab: "Auf Antrag des SHB beschloß der Wahlausschuß, die Urnen abends mit Siegelwachs zu versiegeln. Ein Antrag, jede Urne durch einen Notar zu versiegeln, wurde mit Hinweis auf die zu hohen Kosten abgelehnt."[209] (Siegelwachs und Siegelstreifen befanden sich anschließend allein in der Obhut des 'undogmatisch-linken' Vorsitzenden studentischen Wahlausschusses, was den Kontrolleffekt relativierte.)

(c) Rechtswidrige Zurückweisung einer zur Wahl eingereichten Wahlvorschlagsliste am 4.6.1975. Auch von dieser "bedeutsamsten Gruppe von Wahlfehlern"[210] blieben die Frankfur-

---

208 WA-Beschlußprot. v.27.5.1975.

Zur möglichen Erheblichkeit dieses Wahlfehlers (politisch einseitige Besetzung der Wahlhelferstellen): Kap.17.2.3., insb. FN 36; ferner auch: VG Hannover, E.v.20.9.1972 [Az.: IV 47/12], zit. in: W.W.**Waibel**, Rechtsprechung: Wahlanfechtungen im Hochschulbereich, WissR **6**, S.70-94 (1973), S.82 und S.90/91.

A.A.: Wahlprüfungsgericht beim Reichstag, E.v.18.10.1928, in: K.**Ball** (FN 79), S.174.

209 WA-Beschlußprot. v.4.6.1975.

Anzumerken ist in diesem Zusammenhang, daß die Studentenschaft zur fraglichen Zeit über einen Jahresetat von rund 450.000,-- DM allein aus studentischen Zwangsbeiträgen verfügte [zu den erheblichen finanziellen Rücklagen der Studentenschaft: Uni-Rep.3/1975, S.3].

Berechnungsformel: [22.500 (Studenten)] x [2 (Semester; 2 Sem. = 1 Jahr)] x [10 (DM)] = [450.000 (DM)].

Zur möglichen Erheblichkeit dieses Wahlfehlers (mangelhafte Sicherung der Wahlurnen): Stimmzettel können ihre Prüfungsfähigkeit verlieren, wenn sie sich zuvor in nicht-versiegeltem, ungesichertem Zustande befanden: OVG Münster, E.v.6.10.1954 [Az.: III A 721/53], in: OVGE **10**, 139; bestätigt durch: OVG Münster, E.v.22.1.1958 [unveröffentlicht] [siehe zu alledem: K.**Schmiemann**, Wahlprüfung im Kommunalwahlrecht, Siegburg 1972, S.50 und S.90]. Wenn aber bereits Derartiges konstruiert wird, dann kann erst recht Stimmzetteln, die sich vor der Auszählung der Stimmen in ungesicherten Urnen befanden, keine Legitimationsfähigkeit und damit auch keine Gültigkeit zukommen. - Beachte ein Urteil des Reichsarbeitsgerichts im Wahlprüfungsverfahren für eine Betriebsratswahl, in dem ein Einbruch des Nachts mit der Folge des Austauschs von in ungesichert abgestellten Urnen aufbewahrten Stimmzetteln geltend gemacht wurde, in: K.**Ball** (FN 79), S.225. Siehe als Verstärkung der Erheblichkeit dieses Wahlfehlers auch: M.**Drath** (FN 14), S.79; Kap.19.0.(a).

A.A., wonach einem fehlenden Verschluß der Wahlurnen keine wahlprüfungsrechtliche Relevanz zukomme (allerdings nur bezogen auf die unter einem 'gleichmäßig besetzten' Wahlvorstand rechtsstaatlich-korrekt und in aller Öffentlichkeit durchgeführten BT-Wahlen): T.**Hüfler** (FN 20), S.202.

210 K.-H.**Seifert** (FN 143), S.403.

Auf das Verfahren rechtsstaatlicher Listenzulassung müßte sich besonders kontraproduktiv die Inkompetenz und die einseitige Politisierung eines wahldurchführenden Organs auswirken: "Die wichtigste Aufgabe der Wahlorgane, Zulassung und Festsetzung der Wahlvorschläge, ist wegen der sich mehr und mehr differenzierenden Anforderungen an einen gültigen Wahlvorschlag ohne die büromäßige Bearbeitung durch den sachkundigen Wahlleiter nicht mehr zu bewältigen. Zugleich gewinnt aber das kollektive Eigeninteresse der Parteivertreter im Wahlausschuß an der Zulassungsentscheidung um so größeren Boden, je schwieriger die Voraussetzungen der Zulassung zu erfüllen sind. Bürokratisierung einerseits und Politisierung andererseits kennzeichnen das parlamentarische Wahlverfahren der Gegenwart." (K.O.**Nass** (FN 8), S.229)

Zur möglichen Erheblichkeit dieses Wahlfehlers (rechtswidrige Zurückweisung einer Wahlvorschlagsliste): "Die rechtswidrige Zurückweisung von Wahlvorschlägen ... stellt heute wegen der meist weittragenden Folgen die bedeutsamste Gruppe von Wahlfehlern dar" (K.-H.**Seifert** (FN 143), S.403). Denn: "Bei der Listenvermin-

ter Studentenschaftswahlen nicht unberührt: Ein von den 'Unabhängigen Fachbereichsgruppen' (UF) nominierter Kandidat zu dieser Studentenparlamentswahl reichte fristgerecht eine Wahlvorschlags"liste" seiner Gruppe, bestehend aus 37 durchnumerierten und gehefteten ("fest verbundenen") DIN-A4-Einverständniserklärungen zur Kandidatur auf ebendieser Liste, enthaltend alle für die Kandidatur notwendigen Daten (jeweils Name, Adresse, Matrikel-Nummer, Fachbereichszugehörigkeit sowie persönlich unterschriebene Einverständniserklärung für die Kandidatur auf der Liste der UF), beim Wahlausschuß ein[211]. Eine zusätzliche tabellarische Übersicht über alle diese Daten, die zwei Minuten nach Listenschluß beim Wahlausschuß einging, wies dieser wegen Verfristung zu Recht zurück[212]. Der studentische Wahlausschuß lehnte darüber hinaus aber auch die Zulassung der Wahlvorschlags"liste" selbst aufgrund "formaler Mängel" ab: "Die obengenannten Papiere entsprechen ... nicht der in § 14 Abs.3 (StS) ... festgelegten Vorschrift über die Gültigkeit von Wahllisten."[213] Trotz der Rechtswidrigkeit dieser Zurückweisung[214] konnte der Antragsteller in Folge keinen Rechtsschutz erlangen:

---

derung ... wird sogar fast immer eine Nachwahl stattfinden müssen" (M.**Drath** (FN 14), S.39 [zur Prüfungsmethode: ders., S.93 ff]). Auch: WahlPrüfG Berlin, E.v.12.11.1975 [Az.: WPG 2.75], in: B-OVGE **13**, 244 [LS 1].

211 Die Einreichung der Wahlvorschlags"liste" der UF erfolgte durch deren dritten Kandidaten P.**Büttner** fristgerecht am 4.6.1975 beim Wahlausschuß im AStA-Büro.

212 Einreichungsfrist als strikte Ausschlußfrist. Die Einreichungsfrist für Wahlvorschlagslisten (Listenschluß) ist gemäß dem Prinzip der Wahlverfahrensbestandssicherung sowie der Neutralität des Wahlverfahrens grundsätzlich (d.h. solange normativ nichts anderes geregelt ist) strikte Ausschlußfrist; selbst bei unverschuldet eingetretenen Mängeln ("höhere Gewalt") ist Wiedereinsetzung in den vorigen Stand ausgeschlossen [vgl. dazu: Kap.16.4.1.(b).]. **Beispiel** (LT-Wahl Hessen): "Der erneute Wintereinbruch mit Eisregen und Schnee ist schuld daran, daß die 'Frauenpartei' zu den vorgezogenen Landtagswahlen in Hessen ... nicht mit einer Landesliste antreten kann: Der Zug, den eine Mitstreiterin der noch jungen Partei am Montagnachmittag mitsamt der meisten der 1.000 nötigen [Unterstützer-]Unterschriften von Kassel nach Wiesbaden nahm, hatte zweieinhalb Stunden Verspätung. Rund 540 Unterschriften aus Südhessen waren zuvor schon abgegeben worden, aber die 661 aus Nordhessen kamen erst um 18.45 Uhr im Büro der Landeswahlleitung an - 45 Minuten zu spät: Die Frist für die Abgabe der kompletten Liste und Unterschriften war um 18 Uhr abgelaufen." (Zug hatte Verspätung: Frauenpartei abgelehnt?, in: FR v.4.3.1987)

213 Die Zulassung der Wahlvorschlagsliste der UF versagender Widerspruchsbescheid des WA v.5.6.1975 [Zurückweisung durch den WA zunächst am 4.6.1975; Widerspruch dagegen am 4.6.1975].

(a) Die maßgebliche Satzungsnorm. Rekurriert wurde für die "Gültigkeit der Wahllisten" auf: "Ein Wahlvorschlag besteht aus einer Liste von mindestens drei Kandidaten mit festgelegter Reihenfolge, die sich mit einheitlichem Programm unter einheitlicher Bezeichnung zur Wahl stellen" (§ 14 Abs.3 StS (= FN III.56)). Diese Norm wurde vom studentischen Wahlausschuß bisher nicht strikt wortwörtlich ausgelegt: Es hatten in der Regel alle Gruppen keinerlei "einheitliches Programm" zur Listenabgabe vorgelegt, was deren Zulassung zur Wahl - sinnvollerweise - nicht hinderte. Dieses Verfahren erfolgte im Einklang mit dem herrschenden Grundsatz der Listenzulassung:

(b) Der herrschende Grundsatz der Listenzulassung. "Um unberechtigte Zurückweisungen und daraus resultierende Wahlanfechtungen (u.U. mit der Folge der Anordnung einer Wiederholungswahl ...) zu vermeiden, ist in Zweifelsfällen eine Entscheidung zugunsten des Wahlvorschlagsträgers ... zu treffen. Es gehört zu den Grundsätzen eines demokratischen Wahlrechts, der Wählerschaft die 'weitestgehendste Möglichkeit zu sichern, ihrem staatsbürgerlichen Willen überzeugungsgemäß Ausdruck zu geben'; m.a.W., der Wähler soll hier entscheiden. Zweck der Zulassungsvorschriften ist es i.ü., die Vorschlagsinitiativen in den erforderlichen gesetzlichen Bahnen zu halten, nicht, sie zurückzudrängen." (W.**Schreiber** (FN 18), S.304 (RN 3))

214 Zur Rechtswidrigkeit der versagenden Argumentation des WA. Abgesehen vom Verstoß gegen den herrschenden Grundsatz der Listenzulassung für "politisch-parlamentarische" Wahlen [dazu: FN 213(b)] war die Zurückweisung der Wahlvorschlagsliste durch den WA aus weiteren Gründen juristisch höchst zweifelhaft:

(a) Das anerkannte Definitionsprinzip für eine Wahlvorschlags"Liste" ist weit gefaßt: "Der Wahlvorschlag kann sich auch in mehreren Schriftstücken verkörpern ..., die jedoch durch körperliche Verbindung, ausdrückliche Bezugnahme, Inhalt oder Umstände als Einheit erkennbar sein müssen." (K.-H.**Seifert** (FN 143), S.196 [in Rekurs auf: Rh-Pf.OVG, E.v.28.8.1953 [Az.: 2A 9/53], in: AS **2**, 223]).

(b) Selbst das (im genannten Falle nicht vorliegende) Ausbleiben einer Numerierung als jeweiliger Rangzahl der Kandidaten auf der Wahlvorschlagsliste hätte die Zulassung nicht notwendig hindern müssen: "Eine sachliche Nachprüfung zeigt, daß die Reihenfolge der Bewerber nicht so bedeutsam ist, daß bei Zweifeln über sie

19.10.3. Die Verwehrung des Rechtswegs im laufenden Wahlverfahren. Der als Kandidat individuell beschwerte und somit aktivlegitimierte Anfechtende beantragte sofort nach der endgültigen Zurückweisung der o.g. Wahlvorschlagsliste der UF beim zuständigen Verwaltungsgericht Frankfurt am Main, den Wahlausschuß durch einstweilige Anordnung zur Zulassung der Liste zu verpflichten[215]. Das Gericht wies den Antrag ohne materielle Prüfung als zu diesem Zeitpunkt (d.h. während des laufenden Wahlverfahrens) formal unzulässig ab: "Entscheidungen und Maßnahmen, die sich unmittelbar auf das Wahlverfahren beziehen, sind nur mit den in den Wahlvorschriften vorgesehenen Rechtsbehelfen und im Wahlprüfungsverfahren anfechtbar. ... In § 14 Abs.6 (StS) ... und § 26 (KoWO v.5.2.1975 i.V.m. § 14 Abs.8 StS) ... ist das Wahlprüfungsverfahren näher geregelt. Auf dieses Verfahren muß sich der Antragsteller verweisen lassen, nachdem die Prüfung der Vorschlagslisten gemäß § 14 (StS) ... abgeschlossen ist."[216] - Diese Ansicht des Gerichts, die sich auf den für Bundestagswahlen einschlägigen 'Ausschlußsatz' stützte, ist für Studentenschaftswahlen nicht aufrechtzuerhalten[217].

19.10.4. Die Vereitelung des Wahlprüfungsverfahrens. Form- und fristgerecht nach Abschluß der Wahl wurde unter Hinweis auf die o.g. VG-Entscheidung sowie die parallel abgelaufene Wahl des universitären Konvents, bei der die zu dieser Wahl zugelassene Wahlvorschlagsliste der 'Unabhängigen Fachbereichsgruppen' (UF) 8,9% der abgegebenen gültigen Stimmen erhalten hatte, im AStA-Büro zu Händen des zuständigen Ältestenrats als erster Wahlprüfungsinstanz eine Wahlanfechtung eingereicht mit dem Antrag, wegen der behaupteten rechtswidrigen Zurückweisung der Wahlvorschlagsliste der UF zur StuPa-Wahl (Verstoß gegen geltendes Wahlrecht) und der dargelegten Mandatsrelevanz des Wahlfehlers die Wahl für ungültig zu erklären und schnellstmöglich eine Wiederholungswahl anzusetzen. Der Antragsteller versäumte dabei, das Einreichen der Wahlanfechtung schriftlich oder anders nachvollziehbar bestätigen zu lassen[218]; der Ältestenrat gab später an, keine Wahlanfechtung innerhalb der zulässigen Einspruchsfrist erhalten zu haben - Gegenteiliges war ihm zu diesem Zeitpunkt nicht mehr nachzuweisen.

---

der ganze Vorschlag abzuweisen wäre. Vor allem aber berechtigen und verpflichten diese Zweifel den Wahlausschuß zu selbständiger Festsetzung der Reihenfolge" (M.**Drath** (FN 14), S.97/98 [in Bezug auf: § 15 S.4 RWahlG (= FN IV.117): "Die Namen der Bewerber müssen in erkennbarer Reihenfolge aufgeführt sein."]). Diese durch den Wahlausschuß vorzunehmende Reihung hätte allerdings gemäß dem Wahlrechtsgrundsatz der Unmittelbarkeit rechtzeitig vor der Wahl offiziell bekanntgemacht werden müssen [siehe dazu: Kap.15.3.(b).].

(c) Es ist zu beachten, daß im konkreten Falle der Studentenschaftswahlen die Einreichung von Wahlvorschlagslisten - im Gegensatz zu staatlichen Wahlen [dafür stellvertretend: §§ 20, 21 Abs.6, 27 BWahlG (= FN IV.30) und verschärfend noch: §§ 34, 39 BWO (= FN IV.30)] - an überhaupt kein amtliches Formularerfordernis gekoppelt war. Dementsprechend waren alle Formvorschriften weit auszulegen. Beachte in diesem Zusammenhang auch: Kap.15.4.3. (Freiheit im Wahlvorschlagsrecht für Studentenschaftswahlen).

(d) Im Hinblick auf die mehr als großzügige Zulassungspraxis des studentischen Wahlausschusses bei den vorangegangenen Wahlen [dazu: Kap.9.5.2.(b).; Kap.19.9.2.; ferner: FN 213] sowie die bei anderen Gelegenheiten stets herausgestellte Abneigung gegen Formvorschriften auch im Wahlbereich [dazu: Kap.13.3.1., insb. FN IV.47] konnte die Zurückweisung des Wahlvorschlags der UF, gerade aufgrund akribischer Formüberinterpretationen, als politischer Willkürakt gegen eine dem Wahlausschuß unliebsame Gruppierung gewertet werden.

215 Antrag auf Erlaß einer einstweiligen Anordnung gem. § 123 VwGO (= FN IV.296) v.11.6.1975 beim VG Frankfurt/M

216 VG Frankfurt/M, E.v.11.6.1975 [Az.: II/1-G 102/75] [unveröffentlicht]

217 Zum 'Ausschlußsatz': Kap.16.2.1. Zur grundsätzlichen Rechtswidrigkeit des 'Ausschlußsatzes' für Studentenschaftswahlen: Kap.16.3.1.; Kap.16.3.5.(a). - Das VG Frankfurt/M ist übrigens später selbst von dieser Auffassung abgerückt: Kap.19.26.2.; Kap.14.2.3.(a)., insb. FN IV.107.

218 Wahlanfechtung des Studenten der Betriebswirtschaftslehre P.**Büttner** v.20.6.1975.
Beachte in diesem Zusammenhang die Schwierigkeiten für die justitiable Garantie korrekter Verfahren im hochpolitisierten Studentenschaftsbereich: Kap.19 (am Beginn nach FN 130).

19.11. Die StuPa-Wahl vom 14.6.-16.6.1976
(falsche Zusammensetzung des Wahlorgans; willkürliche Einschränkung des aktiven Wahlrechts durch Stimmbezirks-Manipulationen; ungenügende Kontrolle und Sicherung der Wahlurnen; amtliche Wahlwerbung; satzungswidrige Stimmenauszählung)

Erneut wählte die 'undogmatisch-linke' Mehrheit des Studentenparlaments einen Wahlausschuß mit 'undogmatisch-linker' Mehrheit und ohne nicht-'linkes' Mitglied aus der politischen Opposition[219]. Im Falle dieser Wahl[220] wurden gravierendste Verstöße gegen das einschlägige Wahlrecht sowie ungeschriebene Prinzipien demokratischer Wahlen geltend gemacht. Die 'undogmatisch-linke' Mehrheit des Ältestenrats als erster Wahlprüfungsinstanz vermochte aufgrund der defizitären Rechtslage sämtliche Rügen letztlich materiell ungeprüft, nur mittels des 'dichotomen Mehrheitsprinzips' in der Öffentlichkeit zu entschärfen und zurückzuweisen[221].

19.11.1. Die Wahlanfechtung vom 23.6.1976. Diese Wahl wurde mittels einer form- und fristgerecht eingereichten, umfangreichen Wahlanfechtung beim zuständigen Ältestenrat der Studentenschaft angegriffen[222]. Gerügt wurden im wesentlichen sechs Gruppen erheblicher Wahlfehler, d.h. Verfehlungen gegen die ordnungsgemäße Durchführung der Wahl (Wahlrechtsverstöße), die mit hinreichender Wahrscheinlichkeit die Mandatsverteilung im StuPa verändert hätten (Mandatsrelevanz). Diese Wahlrechtsverstöße wurden als geeignet erachtet, nach den ein rechtsstaatliches Wahlprüfungsverfahren tragenden Prinzipien des materiellen Wahlprüfungsrechts die gesamte Wahl zu vernichten:

---

219 Die 'linke' StuPa-Mehrheit wählte alle 'linken' Kandidaten: W.**Schwarz** [SHI], K.**Taylan** ['Juso-HSG'], A.**Hamm** [LHV] (StuPa-Prot. v.21.5.1976, S.3). Vgl. entsprechend bereits: FN 205.

220 **Bei dieser Wahl** trat das ADS (Liste 7) zum letzten Male an (und blieb erstmals ohne Mandat); erstmals (und erfolglreich) traten die 'Unabhängigen Fachbereichsgruppen' (UF, Liste 11) mit einer eigenen Liste zu einer Frankfurter StuPa-Wahl an. Der KSV kandidierte (erfolglos) als 'Antiimperialistische demokratische Einheitsliste' (AdE, Liste 9); letztmals (und erneut erfolglos) kandidierte die GIM (Liste 10).

221 **(a) Ungleiche Zeugenbehandlung.** Auf die Anführung sämtlicher in den Wahlanfechtungen der Jahre 1976-1979 vorgebrachten Rügen wegen behaupteter: verkürzter oder verlängerter Öffnungszeiten der Wahlurnen, Wahlwerbung in den Wahllokalen, Mängel bei der Stimmabgabe, konkreter Fälle parteilichen Handelns von Mitgliedern des Wahlausschusses oder einzelner Wahlhelfer, Einschränkung der Öffentlichkeit, Verfahrensmängel im Auszählungsmodus der Stimmen wird im folgenden grundsätzlich verzichtet. In den genannten Fällen stand stets Aussage (der Zeugen einer Wahlanfechtung, sofern diese überhaupt geladen wurden) gegen Aussage (von 'undogmatisch-linkem' Wahlausschuß/Wahlhelfern). Aufgrund aber der Ausnutzung des neutralen Amtscharakters des Wahlorgans [dazu: Kap.17.1.1.] und des neutralen Status der Wahlhelfer [dazu: Kap. 17.2.3.] suggerierte der ÄR in jedem Falle sich widersprechender Aussagen das größere Gewicht und die grössere Glaubwürdigkeit der wahldurchführenden Personen mit der Konsequenz der letztlich "unbegründeten" Abweisung sämtlicher Rügen der Wahlanfechtungen. Eigene Nachforschungen über die parteiischen Personenbefragungen hinaus zur Ermittlung der Wahrscheinlichkeit der vorgebrachten Rügen im Rahmen des Prüfungsprinzips der 'relativen potentiellen Kausalität' [dazu: Kap.16.5.(d).] nahm der ÄR in keinem Falle vor (dies allerdings in Einklang mit seinem - rechtswidrigen - Prüfungsmaßstab [dazu nachfolgend: Kap.19.11.3.]).

(b) Wahlanfechtung als "querulatorischer" Akt. Daß der AStA den letztlich zu Recht seine Legitimation angreifenden Anfechtungspunkten lediglich "großenteils querulatorischen" Charakter (Begründung eines Antrags v.6.1.1977 beim VG Frankfurt/M [auf Wiederherstellung der aufschiebenden Wirkung des Widerspruchs des AStAs gegen die rechtsaufsichtliche Verfügung des Präsidenten H.-J.**Krupp** v.20.12.1976 im Wahlprüfungsverfahren] [Az.: 2247 jo-cä], S.3) zuzumessen vermochte, verwundert aus dessen politischer Interessenlage heraus nicht [vgl. dazu: Kap.17.3.4.].

A.A. zu Recht: "Es wäre allerdings verfehlt, denjenigen, der von der Rechtsweggarantie des Grundgesetzes Gebrauch macht und seiner Ansicht nach unzuträgliche Vorgänge bei der Durchführung von Wahlen oder der Einhaltung von Verfahrensvorschriften rügt, einen Spielverderber, Besserwisser, Rechthaber oder gar Querulanten zu nennen. Zu gewichtig sind die Verstöße gegen das Wahl- und Verfahrensrecht. Das demokratische Rechtsstaatsprinzip gebietet eine strikte Beachtung der gesetzlichen Bestimmungen" (W.W.**Waibel** (FN 208), S.71). Beispiele für Wahlanfechtungen, die tatsächlich "in die Nähe der Geisteskrankheit gehören" bzw. die "auch bereits auf der Grenze zum Querulantentum liegen", geben: W.**Schäfer**/J.**Jekewitz**, Die Wahlprüfung zum 5.Deutschen Bundestag, VVW **3**, S.237-256 (1968), S.243-245 und S.246.

222 Wahlanfechtung v.23.6.1976 des Mathematikstudenten P.**Kunth** (gem. § 14 Abs.6 StS (= FN III.56))

UNABHÄNGIGE FACHBEREICHSGRUPPEN INFORMIEREN

- **SHI/Juso manipulieren Stupa-Wahlen 1976**
- **Die unabhängigen Fachbereichsgruppen erheben Wahlbeschwerde**
- **Wir meinen: Wahlen müssen ordnungsgemäß ablaufen**

1.) Unsere Wahlanfechtung vom 23. 6. 1976 richtete sich <u>ausschließlich</u> gegen Manipulation von SHI/JuSo bei den damaligen StuPa-Wahlen im Sommersemester 1976. Sie richtet sich dagegen <u>nicht</u> gegen eine linke Politik eines demokratisch mit Mehrheit gewählten AStA (wie sollten wir auch die "Politik" des jetzigen Damen-AStAs kritisieren, wenn wir außer von seiner Existenz noch nichts von ihm gehört haben).

2.) Die Zulassung der Wahlanfechtung durch Uni-Präsident Krupp hatte keine <u>AStA-Amtsenthebung</u> (SHI-Behauptung) zur Folge, sondern lediglich die <u>Neuwahl des Studentenparlaments</u> und damit des AStAs. Im übrigen ist klar, daß das undemokratische Verhalten der AStA-Mehrheit die Stellung der verfaßten Studentenschaft, deren Existenz notwendig ist, nur schwächen kann!

3.) Der SHI/JuSo-"Ältestenrat", der laut Satzung den (SHI/JuSo)Wahlvorstand zu kontrollieren hat, brauchte 4 Monate (!!), um unsere Wahlanfechtung zu "prüfen" (allerdings existierte schon seit ca. einem Jahr kein Ältestenrat mehr, der den Kriterien der Studentenschaftssatzung genügte; §§ 19,1; 19,5):

a) Es wurde nur ein Teil der in der Wahlanfechtung aufgeführten Zeugen vernommen.

b) Einige Zeugen erhielten die "Ältestenrats"-Einladung erst, nachdem der Termin bereits stattgefunden hatte.

c) Die Sitzungsprotokolle wurden einseitig manipuliert, unbequeme Äußerungen weggelassen.

d) Die "Ältestenrats"-Sitzungen waren teilweise trotz anderslautender Satzungsvorschrift nicht öffentlich.

e) Es wurde nur ein Teil der Vorwürfe überhaupt geprüft.

Dann lehnten die beiden SHI/JuSo-"Ältestenrats"-Mitglieder einstimmig (!) "nach reiflicher Prüfung" und vier Monaten Dauer unsere Wahlanfechtung ab.

4.) Der AStA geht in seinen Stellungnahmen zur Amtsenthebung des Studenten-Parlaments praktisch nicht auf die - von Zeugen bestätigten - Vorwürfe ein, die tatsächlich zur Amtsenthebung führten; <u>wir fordern ihn hiermit nochmals auf, dies endlich öffentlich zu tun!!</u> Warum ließ der AStA keinen Vertreter der Unabhängigen Fachbereichsgruppen auf der Vollversammlung am 7. 1. 1977 zu Worte kommen, um die Vorwürfe der Wahlfälschung durch SHI/JuSo zu erläutern?! Es ist schon interessant, daß dem AStA angesichts der schweren Vorwürfe der Wahlfälschung nichts anderes einfällt, als darin politische Unterdrückung zu sehen.

Manche meinen, sie seien liberal geworden, nur weil sie die Richtung ihrer Intoleranz geändert haben.

Die Uni-Wahl war unkorrekt

FNP vom 23.12.76

lbe — Bei den letzten Wahlen zum Studentenparlament an der Frankfurter Universität hat es Unkorrektheiten gegeben, die Neuwahlen erforderlich machen. Der Präsident der Hochschule, Prof. Hans Jürgen Krupp, hat gestern einer Wahlanfechtung stattgegeben.

Er erklärte das Studentenparlament de jure für abgesetzt, übertrug ihm aber gleichzeitig wieder kommissarisch seine Aufgaben, wozu auch die Vorbereitung von Neuwahlen gehört. Die Wahlen zum Studentenparlament waren von einer „Liste der unabhängigen Fachbereichsgruppen" angefochten worden, weil in einem Teilbereich der Universität — am Niederurseler Hang — keine Wahlurnen aufgestellt waren. Außerdem hatte die studentische Liste beklagt, daß ihr Name auf den Stimmzetteln unberechtigterweise mit Anführungsstrichen versehen gewesen sei. Beiden beanstandeten Punkten gab der Universitätspräsident statt. Dagegen sei von der Universitätsleitung nicht zu klären, ob es auch bei der Stimmauszählung — wie beanstandet — Unkorrektheiten gegeben habe.

AStA-Wahl wird wiederholt

FR von 23.12.76

Krupp gab Anfechtung statt

An der Frankfurter Johann-Wolfgang-Goethe-Universität müssen die Studenten noch in diesem Wintersemester ein neues Studentenparlament wählen. Universitätspräsident Hans-Jürgen Krupp gab am Mittwoch der Wahlanfechtung eines Studenten aus dem vergangenen Sommer statt. Gegen diese Verfügung des Präsidenten kann der Allgemeine Studentenausschuß (AStA) vor dem Frankfurter Verwaltungsgericht vorgehen. Eine Stellungnahme wurde vom AStA für heute angekündigt.

Die Anfechtung bezieht sich auf die Studentenparlamentswahlen, die vom 14. bis 16. Juni stattfanden. Unmittelbar nach dem Auszählen der Stimmen hatte die Liste der unabhängigen Fachbereichsgruppen angekündigt, diese Wahl wegen ihrer Ansicht nach zahlreichen Verstöße anfechten zu wollen. Frist- und vorschriftsgemäß wurde die Beschwerde zunächst beim Wahlvorstand eingereicht. Sie wurde von diesem Gremium ebenso verworfen wie vom Ältestenrat des Studentenparlaments, der sich erst auf seiner Sitzung im Wintersemester mit der Wahlanfechtung beschäftigte. Inzwischen hatte das neugewählte Studentenparlament einen Allgemeinen Studentenausschuß gewählt. Auch der Ältestenrat wies die Vorwürfe, daß bei der Juni-Wahl Unregelmäßigkeiten und Mängel vorgekommen seien, zurück.

Als letzte Universitätsinstanz hatte jetzt der Präsident als Rechtsaufsichtsbehörde über die Organe der Studentenschaft zu entscheiden. „Nach sorgfältiger Prüfung", hieß es am Mittwoch in einer Erklärung Krupps, sei er zu dem Schluß gekommen, daß das Wahlergebnis wegen verschiedener Mängel „möglicherweise verfälscht wurde". Bei der Wahl hatte, wie in den früheren Semestern, die Sozialistische Hochschulinitiative (SHI) eindeutig gewonnen.

Krupp setzte die Studentenparlamentsmitglieder kommissarisch ein und forderte sie auf, spätestens bis zum 7. Januar einen Termin für die Wiederholungswahl festzusetzen. Andernfalls werde er selbst einen Wahltermin festsetzen und einen Wahlvorstand einsetzen. Dem AStA versicherte er in einem persönlichen Anruf, er gehe davon aus, daß der AStA bis zur Neuwahl durch das neugewählte Studentenparlament im Amt bleibe. Die „juristisch notwendige Verfügung" sei keine Kritik an der Tatsache, „daß der AStA in Frankfurt von Frauen gestellt wird". jr

Abb.5: Flugblatt der 'Unabhängigen Fachbereichsgruppen' 1/1977, S.1

Begründung unserer Wahlbeschwerde:

1 DIE WILLKÜRLICHE EINTEILUNG DER WAHLKREISE FÜHRTE DAZU, DASS TEILE DER CHEMIE- UND BIOLOGIESTUDENTEN FAKTISCH VON DER STUPA-WAHL AUSGESCHLOSSEN WURDEN.

Ein großer Teil der Chemie-Studenten studiert in Niederursel und Niederrad, während die Biologen am Ende der Siesmeierstr. residieren. Nach dem Willen des SHI/JuSo-AStAs sollten jedoch die Chemiker in der Robert-Mayer-Str. und die Biologen im Studentenhaus wählen! Eine erste schriftliche Eingabe der Unabhängigen Fachbereichsgruppen vom 13.4.75, dies zu ändern, blieb unbeantwortet, ein danach erfolgter mündlicher Einspruch wurde vom SHI-Wahlvorsteher Wolf Schwarz 1975 vor der StuPa Wahl als zu spät eingereicht abgelehnt. Zur Wahl 1976 erfuhren die Studenten erst aus dem Uni-Report (22.5.1976), daß die Wahlkreise wiederum nicht neu eingeteilt worden waren. Am 24. 5. 1976 forderte daher ein studentisches Mitglied des Fachbereichsrats Chemie den SHI-Wahlboss Schwarz schriftlich (mit Empfangsbestätigung) auf, in der Chmie und Biologie Wahlurnen aufzustellen (lt. Auskunft des Uni-Wahlamtes wäre das zu diesem Zeitpunkt noch möglich gewesen). Auch diesmal lehnte der AStA wegen "zu später Einreichung" ab. (In der Chemie und Biologie sind SHI/JuSo stimmenmäßig relativ schwach vertreten; als 1974 die Gesellschaftswissenschaften - ein "linker" Fachbereich - vom Hauptgebäude in den AfE-Turm umzogen, teilte der AStA von sich aus die Wahlkreise entsprechend sofort neu ein.)

2 DER SHI/JUSO-WAHLVORSTAND ÄNDERTE EIGENMÄCHTIG NAMEN DER ZUR WAHL EINGEREICHTEN LISTEN AB.

Wir reichten unseren Wahlvorschlag unter dem Namen Liste der Unabhängigen Fachbereichsgruppen ein. Auf dem Stimmzettel wurde daraus verkürzt "Unabhängige Fachbereichsgruppen" (in Anführungszeichen gesetzt wie auf diffamierenden Flugblättern von SHI/JuSo/LHV). Nachdem wir dies aus dem Uni-Report rechtzeitig erfahren hatten, forderten am 11.6.76 um 12,00 Uhr vier Mitglieder der unabhängigen Fachbereichsgruppen den AStA-Vorsitzenden Bock auf, die Stimmzettel mit der richtigen Bezeichnung neu drucken zu lassen, was dieser verweigerte.

3 MITGLIEDER VON DEM ASTA POLITISCH NICHT GENEHMEN GRUPPEN WURDEN NICHT ALS WAHLHELFER ZUGELASSEN.

Zwei Studenten der unabhängigen Fachbereichsgruppen trugen sich am 28.5.76 in Wahlhelfer-Listen im AStA-Büro ein. Am 31.5.76 um 11 Uhr waren diese Listen nicht mehr gültig und eine Eintragung in andere Listen angeblich nicht mehr möglich, obwohl die Anmeldefrist bis 12 Uhr desselben Tages lief.

4 MANIPULATION IM WAHLBEZIRK I (JURA).

Das Siegel der Urne im Wahlbezirk I war am Dienstag, 15.6.76, aufgebrochen. Am 16.6.76 wurden die Wählerverzeichnisse erst ca. 30 Minuten nach Beginn der öffentlichen Auszählung an den Auszählort gebracht. Nachdem die Stimmen des Stimmbezirks I gezählt waren, ergaben sich nach verschiedenen Zählungen der Wahlvorstandsmitglieder folgende Differenzen zur Summe der im Wählerverzeichnis abgehakten Stimmen:

Taylan	- 130
Schwarz	+ 9
Hamm	- 30

Eine endgültige Zählung wurde in der Öffentlichkeit nicht vorgenommen; jedoch saß Schwarz (SHI) nach der Zählung in einer Ecke und "kontrollierte" nochmals mit einem Bleistift in der Hand die Summe der abgehakten Stimmen im Wählerverzeichnis.

5 MANIPULATION IM WAHLBEZIRK II (WIRTSCHAFTSWISSENSCHAFTEN).

Die Urne des Wahlbezirks II wurde am Mi., 16.6.76, schon um 15,18 Uhr abgebaut (die Wahl dauerte offiziell bis 15,30 Uhr) und von den Wahlhelfern nicht ausreichend versiegelt. Die Wahlhelfer schlossen sich ca. 10 Minuten (bis die Wahlzeit beendet war und die anderen Urnen eintrafen) allein mit Wahlurnen, Wählerverzeichnis, Stimmzetteln und Siegellack in den AStA-Räumen ein.
Der Student Schellhaas (SHI) wählte am Mi., 16.6. an der Urne im Wahlbezirk II, ohne sich auszuweisen und ohne vom SHI-Wahlhelfer im Wählerverzeichnis abgestrichen zu werden.

6 MANIPULATION IM WAHLBEZIRK IV (KLASSISCHE PHILOLOGIE UND BIOLOGIE).

An der Urne des Wahlbezirks saßen zwei SHI-Wahlhelferinnen. Einzelne Personen, die ohne Ausweis abstimmen wollten, konnten daran gehindert werden, nachdem außenstehende Studenten die SHI-Wahlhelferinnen darauf aufmerksam gemacht hatten, daß die Namen der Betreffenden nicht im Wählerverzeichnis standen. Weiteren Hinweisen auf Wahlbetrug in diesem Wahlkreis muß noch nachgegangen werden. Erstaunlich ist der Anstieg des SHI-Stimmenanteils in diesem Wahlbezirk von 32,8 % (1975) auf 50,9 % (1976).

7 MANIPULATION IM WAHLBEZIRK V (NEUERE PHILOLOGIEN).

Auch in diesem Wahlbezirk saßen zwei Wahlhelfer, die der SHI angehörten. Wahlhelfer Schellhaas (SHI) verteilte hier die Stimmzettel zusammen mit der Solidaritätsausgabe des Diskus für G. Strecker an die Wähler. (G. Strecker war zweiter Kandidat der SHI bei den Wahlen). Auch hier ist ein erstaunlicher SHI-Stimmenanstieg zu beobachten: von 34,3 % (1975) auf 46,8 % (1976).

8 NACH DEN VERFAHRENSFEHLERN BEI DER WAHL ZU URTEILEN, KANNTE DER SHI/JUSO-WAHLVORSTAND DIE WAHLORDNUNG KAUM.

Der SHI/JuSo-Ältestenrat und damit auch der SHI/JuSo-AStA meint in seiner Entscheidung über unsere Wahlanfechtung (21.10.76):"Theoretische Möglichkeiten von (Wahl)Manipulationen gibt es bei jeder Wahl in Hülle und Fülle."(Seite). Dementsprechend verstieß der SHI/JuSo-Wahlausschuß in folgenden Punkten gegen die Bestimmungen der Wahlordnung (WO):

a) Der Wahlvorstand tagte nicht öffentlich, als er die Zulässigkeit der zur Wahl eingereichten Listen und die Gültigkeit der Wahl (nach Einsprüchen der Unabhängigen Fachbereichsgruppen) entschied. (§5.6, WO)
b) Oft war an den Wahlurnen nur ein Wahlhelfer anwesend (z.B. Naturwissenschaften, 16.6., 12[00] h). (§19.4, WO)
c) Es wurden von den Wahlhelfern nicht immer die Personalien der Wählenden geprüft - siehe Punkte 5, 6. (§19.5, WO)
d) Die Wahlhelfer verfügten z.T. über das Siegelwachs (z.B. Wahlbezirke II, VI am 16.6.) und konnten damit ihre Urnen beliebig oft ver- und entsiegeln. (§19.6, WO)
e) Der Modus der Stimmauszählung erfolgte nicht wi e in §23.1 der Wahlordnung vorgeschrieben
f) Die Auszählung der Stimmen war z.T. nicht öffentlich - vgl. Punkt 4; einige Zuschauer wurden von KSB-Mitgliedern mit Gewalt daran gehindert, den Auszählvorgang zu beobachten, ohne daß der Wahlvorstand dagegen einschritt (§5.6, WO)

9 DER ASTA DIFFAMIERTE WÄHREND DER WAHL EINIGE DER KANDIDIERENDEN GRUPPEN IN OFFIZIELLEN INFOS!

Der AStA ließ während der Wahl ein "AStA-Info" verteilen, in dem er einige der kandidierenden Gruppen polemisch angriff und z.T. in übelster Weise beschimpfte. Die betroffenen Gruppen erhielten keine Möglichkeit, die bewußt unwahren Behauptungen über sie in dem Info richtigzustellen. Der AStA hat damit grob die ihm während des Wahlkampfs obliegende Neutralitätspflicht verletzt.

LISTE DER UNABHÄNGIGEN FACHBEREICHSGRUPPEN AN DER UNI FRANKFURT
UNSER TREFFPUNKT: Montags, 14.00 Uhr, Raum 428 D (hinter Hörsaal H 13)
Weitere Mitarbeiter sind gern gesehen!!!

Abb.6: Flugblatt der 'Unabhängigen Fachbereichsgruppen' 1/1977, S.2

(a) Willkürliche Einteilung der Stimmbezirke. Im Laufe der Jahre 1973 und 1974 zog der größte Teil des Fachbereichs Chemie (FB 14), rund 500 Studienplätze umfassend, aufgrund von Neubaumaßnahmen vom bisherigen Standort im Uni-Kerngebiet in einen ca. 10 km davon entfernten Vorort Frankfurts um[223]. Zunächst hatte der Vorsitzende des studentischen Wahlausschusses bereits Bitten, am neuen Standort des Fachbereichs Chemie für die Studentenschaftswahlen im SS 1975 eine Wahlurne aufzustellen, ignoriert[224].

Auch für die nachfolgende Wahl 1976 gelang es nicht, den Wahlfehler beheben zu lassen: An einem Freitag wählte das StuPa den Wahlausschuß für die knapp fünf Wochen später anstehenden Studentenschaftswahlen[225]; bereits am darauffolgenden Montag, zum frühestmöglichen Zeitpunkt also, forderte ein studentisches Mitglied des Fachbereichsrats Chemie diesen Wahlausschuß auf, für eine Urnenaufstellung am abgelegenen Fachbereich Chemie nunmehr endlich Sorge zu tragen[226]. Der Wahlausschuß lehnte das Begehren aus "technischen" Gründen ab: "Um die erforderlichen Fristen einhalten zu können, mußten sofort die Wählerverzeichnisse und die Wahlbekanntmachung gedruckt werden. Die Vertreter der Unabhängigen Fachbereichsgruppen stellten die Forderung nach zusätzlichen Wahlurnen erst, als der Druck schon angelaufen war. Das Wahlamt der Universitätsverwaltung konnte bei Wahrung der Fristen nur Wählerverzeichnisse nach den bisherigen Stimmbezirken zur Verfügung stellen."[227]

---

223 Zum Umzug der Chemischen Institute der Johann Wolfgang Goethe-Universität vom Universitäts-Kerngebiet im Stadtteil Bockenheim an den ca. 10 km entfernt liegenden 'Niederurseler Hang': Uni-Rep.7/1974, S.4.

224 Schriftlicher Hinweis der Chemiestudenten O.**Bellinger**/T.**Morbe** v.31.5.1975 an den studentischen Wahlausschuß. Dessen ungeachtet verblieb der Fachbereich Chemie (FB 14) für die Wahl 1975 im bisherigen Stimmbezirk VI im Uni-Kerngebiet [vgl. Uni-Rep.9/1975, S.2], aufgrund der Untätigkeit des Wahlorgans: "Wahlzeiten sowie die Standorte der Wahllokale bestimmt der Wahlausschuß, der sie mindestens eine Woche vor der Wahl bekannt gibt." (§ 14 Abs.2 StS (= FN III.56)) - Eine solche pflichtwidrige Untätigkeit zeichnete den studentischen Wahlausschuß bei anderen, gleichartigen Sachverhalten bisher nicht aus:

Die Neueinrichtung des sozialwissenschaftlichen Stimmbezirks. Im Oktober 1973 bezogen die Fachbereiche Gesellschaftswissenschaften (FB 03), Erziehungswissenschaften (FB 04), Religionswissenschaften (FB 06) sowie Teile des Fachbereichs Psychologie (FB 05) ein neues, vom bisherigen Standort ca. 500 m entfernt liegendes Gebäude, den 'AfE-Turm' [dazu: Uni-Rep.4/1973, S.1]. Der Wahlausschuß trug dem bei der nächsten Wahl im SS 1974 adäquat Rechnung, indem er die bisherigen Stimmbezirke III und IV [dazu: Uni-Rep.6/1973, S.4] neu einteilte und insbesondere die Wahlurne III (für die FB 03 bis 06) direkt im Foyer des 'AfE-Turms' plazierte [dazu: Uni-Rep.7/1974, S.4], an einem Ort, den nahezu jeder Student dieser Fachbereiche auf dem normalen Weg zu seinen Veranstaltungen passierte. - Bei den genannten Fachbereichen handelte es sich allerdings um Hochburgen der 'undogmatisch-linken', AStA-tragenden Studentengruppen. Im (kleineren) FB Chemie zeigte sich dagegen das Stimmenaufkommen für diese 'linken' Gruppen stets weit unterdurchschnittlich.

225 StuPa-Prot. v.21.5.1976, TOP 8 [vgl.: FN 219]

226 Schriftsatz des studentischen Mitglieds des Fachbereichsrats Chemie, O.**Bellinger**, v.24.5.1976 an den studentischen Wahlausschuß. - Das Wahlorgan hatte sich bereits dadurch einer groben Pflichtverletzung schuldig gemacht, daß es in Kenntnis der Sachlage aus der vorangegangenen Wahl nunmehr nicht von Amts wegen zur Behebung des geltend gemachten Wahlfehlers tätig wurde [beachte dazu: Kap.17.2.2., insb. bei FN 32]. Es konnte sich bei seinem Unterlassen auch nicht auf Unwissen und den Erfahrungsmangel eines Anfängers berufen: Beide Wahlen (1975 und 1976) führte derselbe Philologiestudent W.**Schwarz** [SHI] als Vorsitzender des studentischen Wahlausschusses ("Wahlleiter") durch [vgl. dazu: FN 205; FN 219]. - Verwunderung hervorrufen muß das konstante Schweigen der Rechtsaufsichtsbehörde.

227 Uni-Rep.8/1976 (v.3.6.1976), S.3.

Diese Darstellung erfolgte als Replik auf einen kritischen Offenen Brief von zehn namentlich zeichenden Chemiestudenten im Universitätsorgan (AStA schließt Chemie- und Biologie-Studenten von der Wahl zum Studentenparlament aus, in: Uni-Rep.8/1976, S.3); das offizielle Begehren des O.**Bellinger** (FN 226) hatte der Wahlausschuß dagegen unbeantwortet gelassen. Die WA-Argumentation angeblicher Sachzwänge ist unschädlich:

(i) Selbst wenn während des an der Hochschule grundsätzlich arbeitsfreien Wochenendes tatsächlich bereits alle Wahlbekanntmachungen gedruckt worden sein sollten, so hätte die notwendige nachträgliche Änderung der Stimmbezirke mittels eines kurzfristig anzubringenden, entsprechenden Aufklebers auf den noch nicht ausgehängten (in einer Auflage von lediglich 100 Exemplaren gedruckten) Wahlbekanntmachungen kenntlich gemacht werden können. [Daß der 'undogmatisch-links' beherrschte Wahlausschuß dies in einem anderen Falle

Die Wahlanfechtung machte angesichts der hier (wiederholt) eingetretenen, vom studentischen Wahlausschuß zu verantwortenden Erschwerung der Stimmabgabe für eine Wählergruppe vorrangig die Verletzung des Wahlrechtsgrundsatzes der Allgemeinheit geltend[228].

(b) Abänderung eines Listenkennworts durch Unbefugte. "Der Name des beim AStA fristgerecht und vollständig eingereichten Wahlvorschlags der 'Liste der Unabhängigen Fachbereichsgruppen' wurde vom Wahlausschuß eigenmächtig grob verändert: Die Bezeichnung wurde verkürzt und noch dazu in Anführungszeichen gesetzt."[229] Damit handelte es sich um die einzige Liste auf dem amtlichen Stimmzettel, deren Kennwort in Anführungszeichen gesetzt erschien.

(c) Ungenügende Kontrolle der Wahlurnen. Der Anfechter rügte unter Aufbietung von neun Zeugen die fehlende oder zumindest ungenügende Bekanntmachung über die Ausschreibung der Wahlhelferstellen, die Vertretern der politischen Opposition eine erfolgreiche Bewerbung verunmöglicht hätte und die seiner Meinung nach damit in Zusammenhang stehende politisch einseitige Nominierung der Wahlhelfer durch den studentischen Wahlausschuß[230].

Moniert wurde ferner, daß an der Urne des Wahlbezirks VI am 14.6.1976, etwa von 12.00 bis 12.15 Uhr, nur ein Wahlhelfer Dienst tat; Entsprechendes soll auch "an anderen Urnen" vorgefallen sein[231].

---

auf Antrag des 'undogmatisch-linken' AStAs unter wesentlich kürzerer Frist und dem erschwerend hinzugekommenen Umstand, wonach alle Wahlbekanntmachungen bereits universitätsweit ausgehängt waren, durchaus zu leisten in der Lage war: Kap.19.12. (am Beginn)]. **(ii)** Daß eine - auch kurzfristige - Verlegung eines Wahllokals technisch durchaus möglich war, sofern dies im politischen Interesse des 'undogmatisch-linken' Wahlausschusses lag: Kap.19.13.3., insb. FN 339. **(iii)** Schließlich hätte das angeblich bereits (nach der Sachlage durch die Universitätsverwaltung während des arbeitsfreien Wochenendes) erstellte Wählerverzeichnis (in vorliegender doppelter Ausführung) benutzt werden können, weil dieses insbesondere auch die Fachbereichszugehörigkeit der aufgeführten Wahlberechtigten enthielt, alle Studenten der Chemie demnach eindeutig zu identifizieren waren: jene hätten damit ohne weiteres noch zu diesem Zeitpunkt nachträglich aus dem bisherigen Stimmbezirk im Uni-Kerngebiet herausgenommen und einem neu zu bildenden Stimmbezirk in den Chemischen Instituten zugeordnet werden können [vgl. dies konkretisierend: FN 251].

228 Wahlanf. (FN 222), Punkt 1.

Zur möglichen Erheblichkeit dieses Wahlfehlers (gezielte Erschwerung der Wahrnahme des aktiven Wahlrechts): Kap.15.1.1., insb. FN IV.156. Ferner auch: "Zunächst muß das Wahllokal dem Wähler Gelegenheit zur Abstimmung bieten. Es darf mithin nicht so weit abgelegen sein, daß ein Teil der Wählerschaft schon wegen des langen Weges der Abstimmung fernbleibt" (T.**Hüfler** (FN 20), S.187). "Ferner wäre es sogar mit dem demokratischen Prinzip unvereinbar, wenn das Wahlrecht den Wahlberechtigten auf einem von der Verfassung nicht vorgesehenen Wege entzogen würde (BVerfGE **1**, 14 [33])." (H.-P.**Schneider**, Komm. Art.38 Abs.1 GG, in: Grundgesetz (Alternativ-Komm.), Band 2, 2.Aufl. Neuwied 1989, S.47 (RN 43)) - Eine derart offensichtliche Erschwerung der Wahrnahme des aktiven Wahlrechts widerspricht darüber hinaus evident § 39 HRG v.26.1.1976 (= III.93): "Durch die Regelung des Wahlverfahrens ... sind die Voraussetzungen für eine möglichst hohe Wahlbeteiligung zu schaffen."

229 Wahlanf. (FN 222), Punkt 2.

Aus dem authentischen Kennwort: 'Liste der Unabhängigen Fachbereichsgruppen' wurde auf dem Stimmzettel '"Unabhängige Fachbereichsgruppen"' [verkürzt und in abwertenden Anführungszeichen; vgl.: Abb.29, S.504].

Zur möglichen Erheblichkeit dieses Wahlfehlers (Veränderung eines Listenkennworts auf dem Stimmzettel): Wenn bereits die eigenmächtige Veränderung der Kandidatenreihenfolge durch das Wahlorgan [dazu: Rh-Pf.OVG, E.v.12.2.1980 [Az.: 7 A 79/79], in: AS **15**, 377 [LS]] oder die Veränderung der Listenreihenfolge [dazu: Rh-Pf.OVG, E.v.30.10.1953 [Az.: 2 A 8/53], in: AS **2**, 229 [LS 1]] oder die unrechtmäßige Streichung eines Kandidaten [dazu: Hess.VGH, E.v.16.1.1991 [Az.: 6 VE 1303/90], in: NVwZ **10**, S.601-603 (1991)] auf dem Stimmzettel geeignet sein können, die betroffene Wahl zu vernichten, können entsprechende Schlüsse auch im Falle unbefugter Änderung des Kennworts einer Wahlvorschlagsliste auf dem Stimmzettel gezogen werden. Vgl. ferner: FN 191.

230 Wahlanf. (FN 222), Punkt 3.

Zu ähnlichem Sachverhalt bereits: Kap. 19.10.1.

231 Wahlanf. (FN 222), Punkt 5.

(d) Ungenügende Sicherung der Wahlurnen und Wahlunterlagen. Moniert wurde die mangelhafte Sicherung der Wahlurnen während und nach der Wahlzeit: "Die Wahlhelfer versiegelten die Urnen selbst. Sie verfügten über das Siegelwachs und konnten damit theoretisch die Urnen beliebig oft ver- und entsiegeln."[232] Ergänzend reklamiert wurde erneut die mangelhafte Sicherung der Wahlurnen zwischen den Wahltagen. - Diese Monita erhielten zusätzliches Gewicht angesichts der ungenügenden Sicherung der Wahlunterlagen: "Im AStA(-Büro) lagen Stimmzettel und Briefumschläge für die Wahl unkontrolliert in Kartons herum. Dem AStA nahestehende Personen hatten so jederzeit Zugang zu Briefumschlägen und Stimmzetteln."[233]
(e) Amtliche Wahlwerbung. Der Anfechtende monierte, daß ab dem 12.6.1976 ein vierseitiges, amtliches 'ASTA-INFO Stupa-Wahlen vom 14.-16.6.' universitätsweit verteilt worden sei, in dem der AStA amtlich die bisherigen (nicht im AStA vertretenen) Oppositionsgruppen "aus seiner Sicht vorstellen möchte". Diese "Vorstellungen" erfolgten z.T. in die Realität grob entstellender, diffamierender Weise: "ADS und RCDS haben das Erbe der alten Schlagenden Verbindungen angetreten. ... Der Dritte im Bunde mit der besten Waschmittelwerbung sind die unabhängigen Giraffen: so unabhängig wie die Bildzeitung arbeiten sie eng zusammen mit RCDS und ADS."[234] Den betroffenen Gruppen selbst wurde kein Raum für eigene Beiträge oder für Richtigstellungen eingeräumt[235].
(f) Satzungswidriger Modus der Stimmenauszählung. Entgegen der einschlägigen Satzungsnorm wurden zu Beginn des Auszählvorgangs nicht zuerst die in der Urne jedes Stimmbezirks einliegenden (noch verschlossenen) Wahlumschläge gezählt und diese Summe mit derjenigen der im entsprechenden Wählerverzeichnis markierten Wähler abgeglichen. Daher wurde auch nicht *vor* Beginn der Stimmenauszählung die Anzahl der im Stimmbezirk abgegebenen Stimmen veröffentlicht. Dieser Kontrollvorgang wurde vielmehr unterdrückt und die Wahlumschläge ohne vorherige Zählung durch die Wahlhelfer sofort geöffnet und daraus die Stimmzettel entnommen[236]. Lediglich im Falle dabei auftretender Differenzen bei der Stimmenauszählung wurden *anschließend* Abgleichungen mit der Anzahl der Markierungen im Wählerverzeichnis des betreffenden Stimmbezirks vorgenommen: "Nachdem die Stimmen des Stimmbezirks I ausgezählt waren, ergaben sich nach verschiedenen Zählungen der Stimmen (durch jedes der Wahlausschußmitglieder) folgende Differenzen zur Summe der abgehakten Stimmen im Wählerverzeichnis: *Taylan*: -130; *Hamm*: -30; *Schwarz*: +9. Eine endgültige Zählung wurde in der Öffentlichkeit nicht vorgenommen."[237] Diesem Wahlrechtsverstoß in der gerügten Form

---

Zur möglichen Erheblichkeit dieses Wahlfehlers (mangelhafte Kontrolle der Wahlurnen): FN 143.
Im Zusammenhang mit der politisch einseitigen Besetzung der Wahlhelferpositionen wurden weitere Wahlrechtsverstöße geltend gemacht: Wahlwerbung durch Wahlhelfer [in: Wahlanf. (FN 222), Punkt 8]; Mehrfachabstimmung, Abstimmung durch Unbefugte [in: Wahlanf. (FN 222), Punkt 14, Punkt 15]; Ausschluß der Öffentlichkeit durch Wahlhelfer vor der Stimmenauszählung [in: Wahlanf. (FN 222), Punkt 11, Punkt 12]. - Vgl. zu diesen Punkten aber zur Relativierung der tatsächlich bewirkten Beweiskraft: FN 221(a).

232 Wahlanf. (FN 222), Punkt 9.
Zur möglichen Erheblichkeit dieses Wahlfehlers (mangelhafte Sicherung der Wahlurnen): FN 209.

233 Wahlanf. (FN 222), "Hinweis" auf S.5

234 ASTA-info. 'Stupa-Wahlen vom 14.-16.6.', S.1/2.
Zu ähnlichem Sachverhalt bereits: Kap.19.5.2.(a).

235 Wahlanf. (FN 222), Punkt 17.
Zur möglichen Erheblichkeit dieses Wahlfehlers (amtliche Wahlwerbung): FN 180; Kap.19.31.3.

236 § 24 Abs.1 KoWO v.5.2.1975 (= FN III.67) i.V.m. § 14 Abs.8 StS v.10.11.1972 (= FN III.56).
Zur möglichen Erheblichkeit dieses Wahlfehlers (rechtswidriger Modus der Stimmenauszählung): FN III.79, FN III.80 (Kap.11) [beachte in diesem Zusammenhang auch: Kap.19.0.(e)].

237 Wahlanf. (FN 222), Punkt 7.

kam bereits implizit Erheblichkeit zu, so daß in der Wahlanfechtung die Mandatsrelevanz explizit nicht dargelegt zu werden brauchte.

19.11.2. Die Verschleppungstaktik des Ältestenrats. "In seiner Untersuchung der Wahlanfechtung ist der Ältestenrat allen Behauptungen nach Unregelmäßigkeiten während der letzten Studentenparlamentswahl sorgfältig nachgegangen. Der Ältestenrat, dessen (zwei) Mitglieder übrigens weder der SHI noch den Jusos angehören[238], mußte die Wahlanfechtung ablehnen, da kein das Wahlergebnis beeinflussender Verstoß gegen zwingende Vorschriften der Wahlordnung der Universität oder der vorläufigen Satzung der Studentenschaft glaubhaft gemacht, geschweige denn nachgewiesen werden konnte."[239]

Das dergestalt angesprochene "sorgfältige", als neutral und sachgerecht suggerierte Wahlprüfungsverfahren dieses aus lediglich zwei politikbekannten, 'undogmatisch-linken', fachfremden Studenten bestehenden Ältestenrats, das schließlich erst aufgrund rechtsaufsichtlichen Drucks innerhalb von lediglich acht Tagen ohne wesentliche eigene Recherchen abgeschlossen wurde[240], hatte zunächst mit nahezu viermonatiger Untätigkeit "wegen überschneidender Urlaubstermine"[241] begonnen:

(i) Einreichen der Wahlanfechtung beim ÄR: *23.6.1976*;

Ein weiteres Kuriosum, das auf nicht korrekt durchgeführte Zuordnung der Stimmzettel bei der Auszählung schließen läßt oder ein Indiz für zuvor erfolgte Stimmenmanipulationen sein kann [dazu: Kap.19.0.(a).], wies der Stimmbezirk III auf: Unter 1.487 ausgezählten Stimmzetteln befand sich nach dem amtlichen Endergebnis keine einzige (!) ungültige Stimme oder Stimmenthaltung.

Zur möglichen Erheblichkeit dieses Wahlfehlers (Einschränkung der Öffentlichkeit in einzelnen Phasen der Stimmenauszählung): "Das ... Gebot der Öffentlichkeit der Ermittlung des Wahlergebnisses soll es über das Recht auf Zutritt zum Wahlraum hinaus jedermann ermöglichen, die ordnungsgemäße Durchführung des Wahlgeschäfts zu überwachen. Das erfordert es, durch entsprechende Gestaltung der Räumlichkeiten und des Arbeitsablaufs jede unzumutbare Erschwerung dieser Überwachung zu vermeiden. Ein Verstoß hiergegen stellt einen erheblichen Verfahrensmangel dar, der in jedem Falle zur Ungültigkeit der Wahl führt" (Rh-Pf.OVG, E.v.4.12.1990 [Az.: 7 A 11827/90], in: NVwZ **10**, S.599-601 (1991), LS). Ferner: Kap.15.6., insb. FN IV.257.

238 Zur formalen Neutralität des amtierenden Ältestenrats. Das ÄR-Mitglied R.**Ullmer** war von 1974-1975 StuPa-Mitglied für die 'undogmatisch-links' orientierte 'Juso-HSG' und AStA-Referent; das ÄR-Mitglied W. **Becker** war von 1973-1975 StuPa-Mitglied für die 'undogmatisch-linke' 'Sozialistische Hochschulinitiative' (SHI) und AStA-Referent. Beide fungierten 1974-1975 als "die Schriftführer" des Parlaments (StuPa-Prot. v.28.6.1974, S.2). Beide wurden sie als Vertreter dieser AStA-tragenden Gruppen u.a. von der 'undogmatisch-linken' Mehrheit des Studentenparlaments als Mitglieder des ÄR gewählt (StuPa-Prot. v.31.10.1975, S.4). [Das dritte, dem LHV angehörende Mitglied des ÄR, K.-H.**Wellmann**, war zu einem später nicht mehr abzuklärenden Zeitpunkt zurückgetreten.]

R.**Ullmer** kandidierte bei der darauffolgenden StuPa-Wahl im Juni 1976, die er als inzwischen amtierendes ÄR-Mitglied anschließend neutral zu überprüfen hatte, selbst auf der am AStA beteiligten Wahlvorschlagsliste 'Juso-HSG' (Platz 13). Während der StuPa-Wahl im Dez.1977 forderte u.a. R.**Ullmer** in einem Flugblatt ("An die Wähler die Juso-UNI-Gruppe", 12/1977) öffentlich zur Wahl der 'undogmatisch-linken' Sponti-Liste auf - noch während seiner Amtszeit als Ältestenrat (!): "Wir rufen Euch auf, ... das Wahlbündnis von SHI, LiLi und SB durch eine Stimmabgabe für die Liste 9 zu unterstützen" [vgl. dazu: Abb.9, S.381]. Zugleich kandidierte er für diese Liste (Platz 22). Auch die zu dieser Wahl (1977) eingereichte Wahlanfechtung lehnte der ÄR unter Federführung R.**Ullmers** ab. - Derartig öffentliche politische Parteinahme im Zuge seines Amtshandelns widersprach ganz eklatant der Funktion des Ältestenrats als neutraler "Waage der Gerechtigkeit" [vgl. dazu: Kap. 18.1.1.]! - Über eine Maßregelung durch die Rechtsaufsichtsbehörde ist nichts bekanntgeworden.

239 Uni-Rep.14/1976, S.2 [Leserbrief der beiden ÄR-Mitglieder W.**Becker**/R.**Ullmer**: Anfechtung der Wahlen zum Studentenparlament].

Anzumerken ist hier, daß bei gutem Willen des ÄRs das gesamte Wahlprüfungsverfahren noch in den verbleibenden zwei Wochen der Vorlesungszeit des Wahlsemesters hätte durchgeführt werden können.

240 nämlich in der Zeit v.13.-21.10.1976

241 ÄR-Prot. v.13.10.1976, S.1.

Siehe demgegenüber beispielhaft für die Möglichkeit zügiger Abwicklung eines Wahlprüfungsverfahrens (durch einen ÄR, der nicht nur aus zwei, sondern satzungsgemäß aus drei Mitgliedern bestand, die sich "überschneidende" Termine zu koordinieren hatten): FN 450; Kap.19.2.2.

(ii) Fristsetzung für den Abschluß des Wahlprüfungsverfahrens mit einer ÄR-Entscheidung über die Gültigkeit der Wahl durch die Wahlanfechtung: *31.7.1976*;
(iii) Reaktion des ÄR, daß die Frist "aus organisatorischen Gründen" nicht eingehalten werden könne: *28.7.1976*;
(iv) erneute Fristsetzung durch Schreiben des Anfechtenden v.9.8.1976 an den ÄR: *13.9.1976*;
(v) Rechtsaufsichtsbeschwerde beim Präsidenten der Universität gegen den ÄR wegen Untätigkeit: *4.10.1976*;
(vi) Auf Nachfrage der Aufsichtsbehörde hin Reaktion des ÄR beim Antragsteller, daß man nunmehr "hoffe, eine baldige Klärung der Vorwürfe erzielen zu können": *8.10.1976*;
(vii) Schreiben des am Wahlprüfungsverfahren als (juristische) Partei unbeteiligten AStAs an den ÄR mit Terminvorschlag für die erste ÄR-Sitzung am 13.10.1976 im Rahmen des Wahlprüfungsverfahrens: *8.10.1976*;
(viii) mit ÄR-Schreiben v.11.10.1976 Einberufung der ersten ÄR-Sitzung gemäß dem AStA-Wunsch für den *13.10.1976*.
- Damit war bis zum erstmaligen Tätigwerden des Ältestenrats in dieser Wahlprüfungssache bereits fast ein Drittel der (einjährigen) Legislaturperiode des in seiner Wahl angegriffenen Parlaments abgelaufen[242].

19.11.3. Der rechtswidrige Prüfungsmaßstab des Ältestenrats im Wahlprüfungsverfahren. Als Prüfungsmaßstab für das Wahlprüfungsverfahren wurde angegeben: "Die Ungültigkeit der Parlamentswahl kann der Ältestenrat - mit der Folge der Anordnung von Neuwahlen[243] - nur feststellen, wenn (1) bei der Wahl gegen *zwingende* Vorschriften der Gesetze, der Satzung oder der Wahlordnung verstoßen worden *ist* - *und* - (2) wenn der Ältestenrat im Wahlprüfungsverfahren zu der Überzeugung kommt, daß die Verstöße das Wahlergebnis beeinflußt *haben*."[244] "Aus dieser Regelung ... ergibt sich, daß es auf die Möglichkeit oder Wahrscheinlichkeit einer Beeinflussung des Wahlergebnisses nicht ankommt. Die Beeinflussung muß stattgefunden haben."[245] - Unter einem solchen restriktiven Prüfungsmaßstab wäre in der Tat im Wahlprüfungsverfahren grundsätzlich überhaupt keine Verletzung des Wahlverfahrensrechts erfolgreich anzugreifen (denn jede mit dem Wahlprüfungsverfahren nachträglich bekanntwerdende Verletzung geltenden, formalen Wahlverfahrensrechts allein liefert lediglich die positive Wahrscheinlichkeit, aber keine absolute Sicherheit einer "Beeinflussung des Wahlergebnisses", insbesondere im Falle sich widersprechender Zeugenaussagen). Ebenso wären nach diesem

---

242 Zum für den zur Durchführung einer Wiederholungswahl aufgrund einer erfolgreichen Wahlanfechtung im günstigsten Falle zur Verfügung verbleibenden höchst engen zeitlichen Rahmen: Kap.16.4.3.
243 Es handelt sich dabei tatsächlich um Wiederholungswahlen [vgl. dazu: Kap.16.8.].
244 Beschluß des Ältestenrats v.19.10.1976 über die Wahlanfechtung (FN 222) [Hervorhebungen im Original]. Der Volkswirtschaftsstudent R.**Ullmer** und der Mathematikstudent W.**Becker** bezogen als amtierender ÄR diesen Prüfungsmaßstab aus einer wortwörtlichen, individuell in ihrem politischen Sinne gewichteten Interpretation des § 26 Abs.1 und Abs.3 KoWO v.5.2.1975 (= FN III.67) i.V.m. § 14 Abs.8 StS (= FN III.56), ohne Beachtung des geltenden, nichtpositivierten Wahlprüfungsrechts [zu den maßgeblichen Prüfungsprinzipien: Kap.16.5.] sowie der vorliegenden Judikatur [vgl. zu diesem Problem der juristischen Unterqualifikation der ÄR-Mitglieder allgemeiner: Kap.18.1.2.]. - Weitere Beispiele für dezidiert rechtswidrige Aussagen und Handlungen dieses ÄR in diesem Wahlprüfungsverfahren: FN 248(a); FN 259; FN 261.
245 Begründung des AStA-Antrags beim VG Frankfurt/M (FN 222), S.3.
Diese These steht in offensichtlichem Widerspruch zum jedes demokratische Wahlprüfungsverfahren prägenden Prüfungsgrundsatz der 'relativen potentiellen Kausalität' [dazu: Kap.16.5.(d).]! Das Gewicht von Wahrscheinlichkeitsbetrachtungen an Stelle von Tatsachenbelegen im Wahlprüfungsverfahren erscheint danach um so größer, je umfangreicher die interne Kontrolle des Wahlverfahrens, z.B. mittels einseitiger Besetzung des Wahlorgans und der Positionen der Wahlhilfskräfte [dazu insbesondere: Kap.17.2.], reduziert wird.

Prüfungsmaßstab auch offensichtlichste Stimmenmanipulationen nicht justitiabel (denn wenn die unerkannt gebliebenen Täter ihre Wahlmanipulation derart durchzuführen vermögen, daß anschließend innerhalb des Auszählungsvorgangs keine eklatanten Widersprüche auftreten[246] - was unter fehlender interner Kontrolle des Wahlverfahrens bei sorgfältigem Arbeiten der Wahlfälscher erreichbar ist -, lassen sich keine Verstöße "gegen zwingende Vorschriften der Gesetze, der Satzung oder der Wahlordnung" geltend machen).
Nur auf dieser extrem restriktiven Grundlage, die den Sinn des Wahlprüfungsverfahrens konterkariert, konnte aber der ÄR die o.g. Wahlanfechtung noch konkludent zurückweisen. Bereits dieser Prüfungsmaßstab war nichtsdestoweniger, als mit den Grundsätzen des gültigen materiellen Wahlprüfungsrechts unvereinbar, rechtswidrig!
19.11.4. Die versagende Entscheidung des Ältestenrats vom 19.10.1976. Auch mit seiner nachfolgenden materiellen Kasuistik konnte der 'undogmatisch-linke' ÄR den Eindruck nicht ausräumen, daß es ihm in erster Linie darum zu tun war, die für den 'undogmatisch-linken' AStA höchst erfolgreich ausgefallene StuPa-Wahl in ihrer Rechts- und damit Bestandskraft zu stabilisieren und der 'undogmatischen Linken' in der Frankfurter Verfaßten Studentenschaft. damit weiterhin die politische Macht zu sichern. Das bestätigten neben dem zugrunde gelegten restriktiven Prüfungsmaßstab und dem Negieren sämtlicher Judikatur (als einer Grundlage der materiellen Kasuistik[247]) auch die Logik, die Auswahl und die Gewichtung der Begründungen für die Zurückweisung der Erheblichkeit sämtlicher Anfechtungspunkte[248]:
ad (a). "Daß in den Gebäuden am Niederurseler Hang ... keine Wahlurnen standen, ist richtig. Dies hat nach Überzeugung des Ältestenrats das Wahlergebnis nicht beeinflußt. Es ist damit insbesondere entgegen Ihrer Ansicht den Studierenden (des Fachbereichs Chemie) ... die Teilnahme an der Wahl nicht unmöglich gemacht worden."[249] "Ein Großteil der Praktikanten

---

246 Als Beispiel für derartige offensichtliche Diskrepanzen bei der Stimmenauszählung (allerdings unter einem interne Kontrolle garantierenden, 'gleichmäßig besetzten' Wahlorgan): Kap.19.15.2. Zu den prinzipiellen Möglichkeiten 'expliziter Wahlmanipulationen' und deren Verrechnungsmethoden: Kap.19.0.
247 Vgl. dazu (Nichtkodifizierung des materiellen Wahlprüfungsrechts und Übereignung an das Richterrecht): Kap.16.5.
248 Beachte für Entsprechendes bereits Kap.19.2.2.
Nicht näher ausgeführt werden soll, daß: **(i)** in allen Fällen [mit Ausnahme der Wahlanf. (FN 222), Punkt 16, s.u.], in denen Aussage gegen Aussage stand - das waren alle Einzelsachverhalte später nicht offensichtlich dokumentierbarer Wahlverfahrensfehler (Nichteinhaltung der Wahlzeiten, mehrfache Stimmabgabe und falsche Markierung des Wählerverzeichnisses, Entsiegelung der Urnen, Ausschließung der Öffentlichkeit, Beaufsichtigungsmängel über Urnen und Wahlmaterial) -, der 'undogmatisch-linke' ÄR einseitig Partei nahm für die Darstellung der 'undogmatisch-linken' Wahlhelfer bzw. des 'undogmatisch-linken' Wahlausschusses gegen die Darstellung der Zeugen der Wahlanfechtung [dazu allgemeiner: FN 221(a)]; der ÄR übernahm teilweise wörtlich, aber ohne Kenntlichmachung Ausführungen 'undogmatisch-linker' Wahlausschußmitglieder und Wahlhelfer als Grundlage für seine Wahlprüfungsentscheidung; **(ii)** der ÄR zehn von 15 aufgebotenen Zeugen der Wahlanfechtung nicht anhörte, trotz fast viermonatiger Dauer bis zur ÄR-Entscheidung; **(iii)** die Verhandlungsführung des ÄR teilweise nicht den Anforderungen der gebührenden Neutralität genügte: "So wurden am Mittwoch dieser Woche Zeugen gehört, ohne daß dem Erfordernis der Öffentlichkeit genügt war (Verstoß gegen § 4 Abs.2 StS). Weiterhin wurden am 14.10.1976 Zeugen auf Freitag, 15.10.1976, also mit einer Frist von nur einem Tag geladen. Bei dieser Befragung wollte das 'Ältestenrats'-Mitglied W.**Becker** wiederum die Öffentlichkeit nicht zulassen mit dem Bemerken, hierzu bestünde keine Verpflichtung" (Schriftsatz des Zeugen K.D. **Mach** v.16.10.1976 [vgl. zur Rechtswidrigkeit nachfolgend analog: FN 360(a)]); **(iv)** selbst die ÄR-Protokolle in sich widersprüchlich waren [siehe dazu nur die Angaben zu Anfechtungspunkt 16 im ÄR-Prot. v.13.10.1976 (S.5) und im ÄR-Prot. v.19.10.1976 (S.4): FN 263].
249 ÄR-Beschluß (FN 244), S.2
Anstatt sich hier in nutzlosen Apodikta zu ergehen, hätte der ÄR als einzig möglichen Prüfungsmaßstab zur Ermittlung des Wahrscheinlichkeitsgehalts für diesen Wahlanfechtungspunkt vorliegende Fakten über die Wahlbeteiligung heranziehen müssen [so auch: T.**Hüfler** (FN 20), S.189]. Tatsächlich aber stellte der ÄR kei-

kommt zum Arbeitsplatz gegen 11 Uhr. Die Stimmabgabe war möglich ab 9.30 Uhr. Es war den Chemiestudenten möglich, auf der Fahrt zum Arbeitsplatz über den Kernbereich der Universität zu fahren und ihrem Wahlrecht nachzukommen. Teilnahme an einem Praktikum bringt keineswegs die Notwendigkeit zur ununterbrochenen Anwesenheit am Arbeitsplatz mit sich. Die meisten chemischen Reaktionen sind Zeitreaktionen, oder sie werden automatisch reguliert. Es ist durchaus möglich und tägliche Praxis, den Arbeitsplatz für mehrere Stunden zu verlassen."[250]

"Nach Auskunft des Wahlvorstands war ... die Erstellung der Wählerlisten abgeschlossen. Bei dieser Lage hat der Wahlvorstand mit Recht davon abgesehen, nun noch weitere Wahllokale vorzusehen, da dann in verschiedenen Wahllokalen mit identischen Wählerlisten hätte gearbeitet werden müssen, was der Gefahr doppelter Stimmabgabe Tür und Tor geöffnet hätte."[251]

ad (b). "Was die behauptete Entstellung eines Wahlvorschlags anbelangt, so haben sich nach den Erhebungen des Ältestenrats beim Wahlvorstand die jetzt beanstandeten Anführungszeichen bereits auf dem Wahlvorschlag selbst befunden, sind also von dort übernommen worden[252]. Die Verkürzung der Bezeichnung besteht darin, daß es auf den Stimmzetteln 'Unabhängige Fachbereichsgruppen', statt, wie auf dem Wahlvorschlag, 'Liste der unabhängigen Fachbereichsgruppen'[253] heißt. Diese sachlich nichts besagende und die Chancen dieser Liste in keiner Weise beeinträchtigende Verkürzung war nach der Überzeugung des Ältestenrats nicht einmal geeignet, das Wahlergebnis zu beeinflussen."[254]

ad (c). "Ihre Behauptung, Bewerbungen für die Besetzung der Wahlurnen mit Wahlhelfern seien nicht öffentlich ausgeschrieben gewesen, trifft nicht zu. Auf die Erheblichkeit dieser Behauptung kommt es danach nicht mehr an."[255]

---

nerlei Vergleiche zwischen der Wahlbeteiligung des FB Chemie und derjenigen anderer Fachbereiche an (was nach den Daten der amtlichen Wählerverzeichnisse, die u.a. die FB-Zugehörigkeit jedes Wahlberechtigten aufführten, leicht möglich gewesen wäre)! Allein diese technisch mögliche Ermittlung einer signifikanten Wahlbeteiligungsdifferenz zu anderen, vergleichbaren Fachbereichen (z.B.: FB Mathematik, FB Physik aus demselben Stimmbezirk) sowie den Ergebnissen früherer Wahlen und die anschließende Verrechnung der dem entsprechenden Stimmenminderung gemäß dem 'Prinzip des summarischen Verfahrens' [dazu: Kap.16.5.(e).] wäre aber mit den Grundsätzen des geltenden materiellen Wahlprüfungsrechts zu vereinbaren gewesen.

250 Begründung eines AStA-Antrags beim VG Frankfurt/M (FN 222), S.4/5.
Hier wurde eine für Außenstehende kompetent klingende, tasächlich aber praxisferne Vorstellung des experimentellen wissenschaftlichen Chemiestudiums durch naturwissenschaftliche Laien vorgelegt. Daß derart abwegige Erhebungen über die theoretische Möglichkeit - nicht etwa die konkrete Zumutbarkeit - eines ca. 20 km weiten Ausflugs zu einer Wahlurne zwecks Wahrnahme des Wahlrechts normalerweise auch für 'undogmatisch-links' dominierte Wahlorgane natürlich nicht als maßgebliche Kriterien für den Ort einer Urnenaufstellung für Studentenschaftswahlen dienten, zeigt exemplarisch: FN 224.

251 ÄR-Beschluß (FN 244), S.1 ['Wahlvorstand' meint hier: 'studentischer Wahlausschuß'].
Daß diese Darstellung definitiv falsch war, zeigte bereits die nächstfolgende StuPa-Wahl im SS 1977, bei der es nämlich möglich war, daß der Fachbereich Chemie "in verschiedenen Wahllokalen mit identischen Wählerlisten" wählte (unter zusätzlicher Markierung des jeweils an der Urne vorzulegenden Studentenausweises). Dieses der örtlichen Trennung des FB Chemie Rechnung tragende Wahlverfahren hatte sich anschließend bis 1994 während über 15 Jahren bewährt und zu keinerlei Wahlbeschwerden geführt.

252 Der ÄR verschwieg das hier wesentlichste Indiz, nämlich, daß die "beanstandeten Anführungszeichen" offensichtlich mit einem (farblich) anderen Stift auf der Wahlvorschlagsliste angebracht wurden als demjenigen, mit dem die gesamte Liste geschrieben wurde.

253 Als bemerkenswert bleibt festzuhalten, daß hier der ÄR selbst die - auf dem amtlichen Stimmzettel benutzten - inkriminierten Anführungszeichen im Listenkennwort (nämlich: "Unabhängige Fachbereichsgruppen") wegließ, mithin das Kennwort ebenso benutzte, wie von den Einreichern der Liste gefordert!

254 ÄR-Beschluß (FN 244), S.2

255 ÄR-Beschluß (FN 244), S.3.
Von den zu diesem Punkt der Wahlanfechtung benannten sieben Zeugen des Antragstellers, die sich vergeblich rechtzeitig vor der Wahl um eine Stelle als Wahlhelfer bemühten, lud der ÄR lediglich zwei, deren diesbezügli-

"Sie behaupten, die Wahlurnen seien einseitig nur mit Vertretern bestimmter Gruppen als Wahlhelfern besetzt und Vertreter anderer Gruppen seien ausgeschlossen worden. Sie substantiieren diese Behauptung nicht weiter. Sie scheinen eine parteiische Auswahl aus dem Umstand rückzuschließen, daß - nach Ihrer Behauptung - an der Urne im Wahlbezirk VI zwei Wahlhelfer tätig waren, die Mitglieder des MSB-Spartakus sind, während an der Urne im Wahlbezirk IV Wahlhelfer der SHI tätig gewesen sein sollen. Auf die Richtigkeit dieser Darstellung kommt es nicht einmal an. ... Selbst dann, wenn Ihre Behauptungen über die Organisationszugehörigkeit der dort tätigen Wahlhelfer zutreffen sollten - ob es so ist, kann dahinstehen -, hat dies das Wahlergebnis nach der Überzeugung des Ältestenrates nicht beeinflußt."[256]

"Ihrer Behauptung, es habe am Montag, den 14.6.1976, für 15 Minuten nur ein Wahlhelfer amtiert, ist der Ältestenrat nicht näher nachgegangen. Eine derart kurze Abwesenheit beeinträchtigt wenigstens dann, wenn (wie hier) keine tatsächliche Erschwernis oder Behinderung in der Abfertigung und Überwachung der Wähler durch den verbliebenen Wahlhelfer behauptet werden kann, das Ergebnis der Wahl nicht."[257]

ad (d). "Sie rügen, die Wahlhelfer hätten die Urnen selbst versiegelt, sie hätten über das Siegelwachs und damit über die theoretische Möglichkeit verfügt, die Urnen beliebig oft zu ver- und entsiegeln. Der Richtigkeit dieser Behauptung brauchte der Ältestenrat nicht nachzugehen. *Sie selbst konnten nur von der theoretischen Möglichkeit von Manipulationen sprechen. Solche theoretischen Möglichkeiten gibt es bei jeder Wahl in Hülle und Fülle. Der Wahlprüfungsvorgang hat sich keinesfalls auf alle denkbaren theoretischen Mißbrauchsmöglichkeiten zu erstrecken.* Auch hier ist der Ältestenrat zu der Überzeugung gekommen, daß das Abstimmungsergebnis nicht beeinflußt worden ist."[258]

ad (e). "Der Ältestenrat hat über Pflichtverletzungen des Allgemeinen Studentenausschusses nicht zu befinden[259]. Sowohl der Inhalt des AStA-Info vom 12.6.1976 als auch die Tatsache seiner Verbreitung stellen - und allein darauf kommt es an - weder einen Verstoß gegen zwingende Verfahrensvorschriften dar, noch ist darin eine rechts- oder satzungswidrige Beeinflussung des Wahlergebnisses zu sehen."[260] Der Anfechtende versäume es nämlich, "diese Aktivitäten des AStA im Licht des Verfassungsrechts zu sehen und zu würdigen. Auch den Mitglie-

---

chen Aussagen er auch kein Gewicht zumaß. Mit seiner apodiktischen Feststellung verschwieg der ÄR weiterhin, daß ausschließlich die beiden 'linken' Gruppen SHI und 'MSB Spartakus' Wahlhelfer stellen konnten. Der Vorsitzende des studentischen Wahlausschusses, W.**Schwarz** [SHI], war mit einem gleichlautenden Vorwurf als Vorsitzender des Wahlausschusses 1975 bereits konfrontiert gewesen [dazu: Kap.19.10.2.(a).]. Er wäre also gehalten gewesen, die Ursachen der Bedenken gegen die Neutralität der Wahldurchführung spätestens für die nachfolgende Wahl abzustellen [zur durch Unterlassen begangenen Amtspflichtverletzung: FN 32 (Kap.17)]!

256 ÄR-Beschluß (FN 244), S.3.

Zu den hier durch die Wahlanfechtung angedeuteten und durch den ÄR negierten Manipulationsmöglichkeiten: Kap.19.0.(c1).

257 ÄR-Beschluß (FN 244), S.3.

Diese abwegige Sicht der Dinge erstaunt doch sehr; denn das Problem stellte sich hier überhaupt nicht in der durch den ÄR vorgetragenen "Überwachung der Wähler" als vielmehr in der unterlassenen Kontrolle des einen an der Urne allein verbliebenen Wahlhelfers: Kap.19.0.(c1).; FN 159!

258 ÄR-Beschluß (FN 244), S.4 [Hervorhebung vom Verfasser].

Diese für das Amtshandeln eines Wahlprüfungsorgans unglaublich anmutende Feststellung entbehrte unter dem selbstgesetzten Prüfungsmaßstab dieses ÄR [dazu: Kap.19.11.3.] nicht der Konsequenz.

259 Diese Auffassung des ÄR war als dem § 18 Abs.4 StS (= FN III.56) widersprechend rechtsirrig. Sie widersprach zudem evident dem geltenden HHG i.d.F. v.12.6.1973 (= FN III.38) als höherrangigem Recht: "Der Ältestenrat wirkt darauf hin, daß die Studentenschaft ihre Aufgaben im Einklang mit den Gesetzen, den Satzungen und anderen Vorschriften erfüllt." (§ 31 Abs.1 HHG)

260 ÄR-Beschluß (FN 244), S.6

dern des Allgemeinen Studentenausschusses steht das Recht auf Meinungsäußerung zu; auch einseitige Wahlstellungnahmen von Amtsträgern sind deswegen erst dann rechtswidrig, wenn sie geeignet sind, die Entscheidungsfähigkeit des Wählers ernstlich zu beeinträchtigen"[261].

ad (f). "Es trifft zwar zu, daß entgegen § 23 Abs.1 der Wahlordnung[262] die Stimmzettel (und nicht: die Wahlumschläge) für den Vergleich herangezogen worden sind, doch haben die Ermittlungen des Ältestenrats ergeben, daß in keinem Fall ein Umschlag mehr als einen Stimmzettel enthielt. Somit war das Wahlergebnis auch hier nicht beeinflußt worden."[263]

"Ihre Darstellung zum Ergebnis der Stimmenauszählung für den Wahlbezirk I ist unzureichend. Nach einer vierten Zählung durch den Wahlvorstand *Schwarz* verblieben keinerlei Differenzen mehr zwischen abgegebenen Stimmen einerseits und der Anzahl der Wähler im Wählerverzeichnis."[264]

19.11.5. Der weitere (fruchtlose) Instanzenweg. Die nachfolgenden juristischen Auseinandersetzungen zeigten sich als eine Odyssee durch Instanzen des Verwaltungsrechts, ohne das angestrebte Ziel, die Wiederholung, oder, ersatzweise, wenigstens die gerichtliche Überprüfung der Wahl, erreichen zu können.

(a) Der Anfechtende legte Rechtsaufsichtsbeschwerde gegen den negativen ÄR-Beschluß, der aufgrund sachfremder Erwägungen und rechtswidriger Beschlüsse zustandegekommen sei, beim Präsidenten der Universität als Aufsichtsorgan über die Selbstverwaltungskörperschaft ein und beantragte, die Ungültigkeit der StuPa-Wahl festzustellen[265]. Der Präsident gab der Beschwerde aufgrund eigener Prüfungen statt, hob den abweisenden Wahlprüfungsbeschluß des ÄR rechtsaufsichtlich auf und erklärte die angegriffene StuPa-Wahl in Ersatzvornahme für ungültig. Die sofortige Vollziehbarkeit wurde, um angesichts der fortgeschrittenen Zeit die Durchführung einer Wiederholungswahl noch sicherzustellen, angeordnet[266]. Eine weitere Verfügung verpflichtete die bisherige StuPa-Präsidentin, durch das inzwischen in 22 Einzelverfügungen kommissarisch nach der angegriffenen Zusammensetzung eingesetzte StuPa bis zum 7.1.1977 einen Termin für die notwendig gewordene Wiederholungswahl unverzüglich festlegen zu lassen und einen Wahlausschuß dafür zu wählen[267]. (Damit konnte insbesondere der

---

261 Begründung des AStA-Antrags beim VG Frankfurt/M (FN 222), S.6.
Diese Darstellung des streitbefangenen Sachverhalts ist verfassungsrechtlich abwegig: BVerfGE **44**, 125.

262 Gemeint ist: § 23 Abs.1 KoWO v.5.2.1975 (= FN III.67) i.V.m. § 14 Abs.8 StS (= FN III.56).

263 ÄR-Beschluß (FN 244), S.5.
Diese Feststellung erstaunt: Noch im ÄR-Prot. v.13.10.1976 wurde nämlich gerade entgegengesetzt behauptet: "Der Wahlvorstand **Schwarz** und **Taylan** sowie das bei der Auszählung anwesende Ältestenratsmitglied **Ullmer** erklären, daß der Vergleich [der Anzahl der Wahlumschläge mit der der Markierungen im Wählerverzeichnis] stattgefunden habe. Die Auszählung war öffentlich, so daß es zu weiteren Protesten hätte kommen müssen" (S.5). [Unklar blieb, wie der ÄR, ohne Einsicht in das Wählerverzeichnis genommen und ohne alle Wahlhelfer, die Wahlumschlage geöffnet hatten, befragt zu haben, zu dieser sicheren Aussage kommen konnte.] - Damit verursachten das ÄR-Mitglied R.**Ullmer** selbst genauso wie die Mehrheit des Wahlausschusses für dieses Monitum der Wahlanfechtung zusätzlichen Erklärungsbedarf an Stelle der geforderten Sachaufklärung! Darüber hinaus entkräftete die Feststellung des ÄR die Rüge der Wahlanfechtung (unabhängig vom Verstoß gegen geltendes Wahlrecht) nicht: Die möglichen Fälle, in denen ein Wahlumschlag keinen Stimmzettel enthielt, wurden vom ÄR gar nicht in Erwägung gezogen!

264 ÄR-Beschluß (FN 244), S.4.
Hier unterdrückte der ÄR, daß diese "vierte Zählung" nach Mitternacht im AStA Büro (!) - die offizielle Auszählung erfolgte im Hörsaal III - ohne Wissen und Beisein kontrollierender Öffentlichkeit stattfand.

265 Schriftsätze des bevollmächtigten Rechtsanwalts, insb. v.20.11.1976 und v.25.11.1976, mit dem Antrag gem. § 20 Abs.3 S.2 StS (= FN III.56), die "Nichtigkeit der Wahl ... auszusprechen".

266 Verfügung des Präsidenten H.-J.**Krupp** v.20.12.1976 gegen die Studentenschaft [Az.: 8.43.00]

267 Verfügung des Präsidenten H.-J.**Krupp** v.20.12.1976 an die StuPa-Präsidentin B.**Heinrich** (gegen das Studentenschaftsorgan Studentenparlament) [Az.: 410-06].

zuvor vom Parlament gewählte 'undogmatisch-linke' "Frauen-AStA" zunächst im Amte verbleiben[268].)

(b) Dagegen legte die Studentenschaft zum spätestmöglichen Zeitpunkt Widerspruch ein[269] und begehrte nach dessen Zurückweisung durch die Aufsichtsbehörde prozeßtechnisch korrekt die Wiederherstellung der aufschiebenden Wirkung ihres Widerspruchs vor Gericht[270]. Im Anschluß tagte das zu diesem Zeitpunkt kommissarisch eingesetzte StuPa, *ohne* einen Termin für die Wiederholungswahl zu beschließen und einen Wahlausschuß dafür zu wählen[271]. Am

---

Siehe dazu auch: Uni-Rep.1/1977, S.1 und S.4.

268 StuPa-Prot. v.22.10.1976, S.3. Dies stellte unter den gegebenen rechtlichen Tatbeständen den geringstmöglichen Eingriff der unteren Rechtsaufsichtsbehörde, vertreten durch den Präsidenten der Johann Wolfgang Goethe-Universität, H.-J.**Krupp**, in die Autonomie der Verfaßten Studentenschaft dar.

Die sachfremde politische Ausschlachtung der Wahlkassation. (a) Durch die 'Undogmatische Linke': Obgleich die Rechtsaufsichtsbehörde die der Ungültigkeitserklärung der StuPa-Wahl zugrunde liegende materielle Wahlprüfung, die den eingetretenen Legitimationsmangel erzeugte, in der 19seitigen Verfügung umfangreich explizierte, verbreitete der amtierende 'undogmatisch-linke' 'Frauen-AStA' in der Öffentlichkeit wahrheitswidrig eine Darstellung politischer Knebelungsversuche 'linker' Kräfte an der Hochschule durch Staatseingriff in die Autonomie der Verfaßten Studentenschaft: "Diese politischen Aktivitäten [des 'Frauen-AStAs'] drohten noch im Dezember, also zwei Monate nach unserem Amtsantritt, von **Krupp** abgeblockt und verhindert zu werden: er gab einer auf äußerst wackeligen Beinen stehenden Wahlanfechtung der Unabhängigen Fachbereichsgruppen (einer im politischen Spektrum weit rechts stehenden Gruppierung) statt und ordnete die Absetzung des Studentenparlaments an. ... Hier wurden wir erstmals mit aller Deutlichkeit damit konfrontiert, wie durch die Universitätsspitze versucht wird, Politik zu machen. Reale Auseinandersetzungen um politische Inhalte werden vermieden, die Repression läuft über diverse Gesetze und über Finanzkontrolle" ('Rechenschaftsbericht des Frauen AStA', SS 1977, S.3/4). "Der AStA und das Präsidium des StuPa ist der Meinung, daß diese Absetzung einen Angriff auf die Verfaßte Studentenschaft darstellt." (asta-telex v.22.12.1976) [Diese Art der öffentlichen Ablenkung vom Kern der Vorwürfe der Wahlmanipulation als vorgebliche politische Intrige ist von staatlichen Wahlen her bekannt: FN 132(b)!]

(b) **Durch die maoistischen Studentengruppen:** Überhaupt keine Rede mehr vom eigentlichen Anlaß der AStA-Amtsenthebung (nämlich: die unsaubere Wahldurchführung) war in einigen Stellungnahmen der maoistischen Studentengruppen: Beispielhaft dafür der KSB: "Aus verschiedenen Seminaren und Institutsgruppen heraus beginnt sich die Front gegen die Amtsenthebung des AStA und die Durchführung von Neuwahlen durch **Krupp** zu bilden. 'Mit der Amtsenthebung', so haben am Dienstag 20 Studenten im **Rütten/Schneider**-Seminar 'Das politische Lied' am Romanischen Seminar erklärt, 'soll ein Schlag gegen die Wahrnehmung des Politischen Mandats geführt werden, verhindert werden, daß sich die Studentenbewegung mit der Arbeiterklasse verbindet und die notwendigen Rechte durchsetzt. ...' Gefordert wurde die gesetzliche Verankerung der Verfaßten Studentenschaft mit Politischem Mandat, Satzungs- und Finanzhoheit, und es wurde beschlossen: 'Im Falle des Einsetzens eines Staatskommissars zur Wahrnehmung der AStA-Geschäfte müssen die AStA-Räume besetzt werden'." Einen ähnlich lautenden Beschluß hat auch das **Sudhof**-Seminar am Deutschen Seminar gefaßt, in dem vor einigen Wochen eine Strafanzeige gegen eine Studentin gestellt worden ist, weil sie auf Wandzeitungen die reaktionäre Wissenschaft des Professors angegriffen hatte. ... Auch die Institutsgruppe Psychologie und die Fachgruppe Sonder- und Heilpädagogik haben sich gegen die Durchführung von Neuwahlen und für ihre Verhinderung ausgesprochen. Damit sind erste Schritte gemacht worden, die Pläne zur Zerschlagung der Verfaßten Studentenschaften - wie es im Hochschulrahmengesetz festgelegt ist und von **Krupp** so betrieben wird - zu durchkreuzen." (Beschlüsse aus Seminaren und Institutsgruppen: Neuwahlen durch **Krupp** verhindern!, in: kommunistische studentenzeitung, Ausgabe v.12.1.1977, S.1)

(c) **Durch die 'Juso-Hochschulgruppe':** Ein eigentümliches Rechtsverständnis offenbarte die 'Juso-HSG': "Wir Jusos verurteilen politisch die Einmischung des Uni-Präsidenten **Krupp** in die inneren Angelegenheiten der Studenten! Wir gestehen weder der universitären Rechtsabteilung noch dem Kultusministerium oder sonst einer staatlichen Institution das Recht zu, sich in die Angelegenheiten der studentischen Interessenvertretung einzumischen. AStA und Fachschaftsvertretungen sind die demokratisch gewählten [sic!] Organe der Studenten, mit deren Hilfe sie sich gegen die Angriffe auf Lebens- und Studienbedingungen zur Wehr setzen." (Verteidigung des AStA als Interessenvertretung der Studenten!, Flugblatt der 'Juso-HSG' zur Uni-VV am 7.1.1977)

269 Zwei Schriftsätze der Studentenschaft v.6.1.1977 gegen beide Verfügungen (FN 266/267) [Az.: 2247 jo-cä]

270 AStA-Antrag beim VG Frankfurt/M (FN 222)

271 "Erklärung des Präsidiums über die letzten Ereignisse des Angriffs auf das Studentenparlament und den Asta. Danach ist die Stupa-Wahl gültig, die Einwände wurden vom Ältestenrat abgewiesen, daraus folgt die Legitimation der heutigen Sitzung des Studentenparlaments." (StuPa-Prot. v.8.1.1977, S.1)

13.1.1977 erging die begehrte Entscheidung des Verwaltungsgerichts Frankfurt am Main, die die sofortige Vollziehbarkeit der beiden rechtsaufsichtlichen Verfügungen aus rein formalen Gründen aufhob[272] - es hätte dem Tätigwerden der Rechtsaufsichtsbehörde als Instanz des Wahlprüfungsverfahrens keine deren Handeln allein legalisierende Rechtsaufsichtsbeschwerde des Anfechtenden zugrunde gelegen -, ohne in die materielle Prüfung des Wahlanfechtungsverfahrens eingestiegen zu sein[273], und damit die aufschiebende Wirkung des AStA-Widerspruchs wiederherstellte.

(c) Dieser rechtsirrigen Ansicht des Gerichts[274] erwuchs im rechtsstaatlichen Verfahrensweg zunächst Rechtskraft: Nach der erneut (wie gefordert) vom Wahlanfechter erhobenen Rechtsaufsichtsbeschwerde gegen die Entscheidung des ÄR[275] erklärte die untere Aufsichtsbehörde

---

272 VG Frankfurt/M, E.v.13.1.1977 [Az.: II/2 H 3/77 - II/2 H 4/77] [unveröffentlicht]: "Die gemäß § 80 Abs.5 VwGO zulässigen Anträge sind begründet. Die Verfügungen des Präsidenten der Johann Wolfgang Goethe-Universität sind rechtswidrig. Die Rechtsaufsichtsbehörde war zu einer Überprüfung der Wahl nach Ergehen der Entscheidung des Ältestenrats vom 19.10.1976 ohne eine gegen diese Entscheidung gerichtete Rechtsaufsichtsbeschwerde nicht befugt" (S.4, amtl. Umdr.). "Es hätte daher einer nach dem 19.10.1976 eingelegten Rechtsaufsichtsbeschwerde gemäß § 20 Abs.3 StS bedurft, um die Aufsichtsbehörde rechtens mit der Überprüfung der Ältestenratsentscheidung zu befassen. Da eine solche Rechtsaufsichtsbeschwerde augenscheinlich fehlt, ist die Verfügung v.20.12.1976, mit der der Beschluß des Ältestenrats v.19.10.1976 aufgehoben wird, rechtswidrig und demgemäß die aufschiebende Wirkung des Widerspruchs der Antragstellerin wiederherzustellen." (S.8, amtl.Umdr.)

273 Obgleich das Gericht materiell-inhaltlich gar nicht geprüft hatte, verbreitete der 'undogmatisch-linke' AStA in der Öffentlichkeit wahrheitswidrig: "Dieses Stattgeben unseres Antrags ist für uns nicht weiter überraschend, da wir **Krupps** Begründung der Wahlanfechtung von vornherein als völlig unzureichend abgelehnt haben" (asta-telex v.13.1.1977). "Der AStA weist die Unterstellungen, die in dem gestrigen Artikel 'Jusos warnen vor Wahlbetrug an der Uni' [vgl. dazu: FN 295(d), P.K.] geäußert wurden, aufs Schärfste zurück. Diese Anschuldigungen beruhen auf keinerlei Grundlage: Der AStA weist in diesem Zusammenhang noch einmal darauf hin, daß die Anfechtung der letztjährigen StuPa-Wahl infolge nichtiger Gründe zurückgewiesen wurde." (asta-telex v.27.6.1977)

274 Der Entscheidung des Gerichts (FN 272) kann aus zweierlei Gründen nicht gefolgt werden, weil sie von falschen Voraussetzungen ausging:

(a) Das Gericht verkannte, daß die universitäre Rechtsaufsichtsbehörde - im Gegensatz zum ÄR - nach der geltenden Rechtslage keine Instanz des Wahlprüfungsverfahrens darstellt [dazu: Kap.16.4.2.] und auch § 20 Abs.3 StS keinen neuen Instanzenweg normieren kann (weil der StS als untergesetzlicher Norm mit dem Regelungsbereich Studentenschaft dazu die Kompetenz fehlt [vgl. zur Argumentation: FN III.120(b) (Kap.12)]). Dieser Tatbestand manifestierte sich auch in allgemeinerer Form evident und explizit im maßgeblichen HHG v.12.5. 1970 i.d.F. v.12.6.1973 (= FN III.38): "Organe der Studentenschaft sind ... der Ältestenrat" (§ 28 Abs.1 HHG). "Der Ältestenrat entscheidet über die Gültigkeit angefochtener Wahlen ... zum Studentenparlament ... § 35 bleibt unberührt" (§ 31 Abs.1 HHG). "Die Studentenschaft steht unter der Rechtsaufsicht ... des Präsidenten ... als Aufsichtsbehörde" (§ 35 HHG). - Das Rechtsaufsichtshandeln der Aufsichtsbehörde erfolgt nach dem Opporunitätsprinzip; die Aufsichtsbehörde muß zur Erfüllung der ihr obliegenden Pflichten insbesondere auch von Amts wegen rechtsaufsichtliche Eingriffsbefugnisse besitzen [vgl. FN IV.350 (Kap.16); zur Einschränkung im laufenden Wahlverfahren: Kap.16.3.5.(d).]. Demnach erfordert ein solches Tätigwerden grundsätzlich keinen vorherigen Antrag.

(b) Insofern bestehen für das hier streitbefangene Studentenschaftswahlrecht andere gesetzliche Voraussetzungen als für das vom VG Frankfurt/M zitierte Urteil über den Umfang der Wahlprüfungskompetenz der Aufsichtsbehörde für die Saarländischen K-Wahlen: Saarl.OVG, E.v.28.2.1958 [Az.: II R 3/57], in: AS 7, 1; insbesondere ist nach § 52 Saarl.GWahlG v.20.3.1956 (Saarl.Abl., S.389-395 (1956)) die Aufsichtsbehörde zugleich erste Instanz des Wahlprüfungsverfahrens. - Daher hätte auch im vorliegenden Falle die Warnung gegolten: "Die Entscheidung [im Wahlprüfungsverfahren durch die Aufsichtsbehörde als erster Instanz, P.K.] ist kein Akt der Rechts- oder Fachaufsicht ... Sie wendet sich nicht an die ... [Körperschaft, deren Wahl angegriffen wurde, P.K.], sondern an die Gewählten und den Anfechtenden. Wahlrechtliche Entscheidungen und aufsichtliche Maßnahmen dürfen daher auch nicht miteinander vermengt werden." (J.**Prandl**/G.**Waltner**/M.**Bauer**, Bayerisches Gemeindewahlgesetz (Komm.), 15.Aufl. München 1989, S.109 (RN 12))

(c) Die korrekt terminierten Rechtsaufsichtsbeschwerden gem. § 20 Abs.3 S.2 StS (= FN III.56) lagen, entgegen der Annahme des Gerichts, tatsächlich vor [siehe dazu: FN 265]!

275 Rechtsaufsichtsbeschwerde des Mathematikstudenten P.**Kunth** v.30.1.1977

(Präsident) die StuPa-Wahl 1976 abermals für ungültig[276]; - Eilbedürftigkeit war zu diesem Zeitpunkt nicht mehr gegeben, da wegen der fortgeschrittenen Zeit die Durchführung einer Wiederholungswahl bereits verunmöglicht war. Gegen diese präsidiale Verfügung legte die Studentenschaft Widerspruch ein[277], dem die Aufsichtsbehörde wegen Unbegründetheit des Antrags nicht stattgab[278]. Dagegen legte die Studentenschaft weitere Rechtsaufsichtsbeschwerde beim Hessischen Kultusminister als oberster Rechtsaufsichtsbehörde ein, die dieser ebenso als unbegründet zurückwies[279]. Daraufhin reichte die Studentenschaft Anfechtungsklage gegen den Präsidenten beim VG Frankfurt am Main ein[280]. Diese Klage wurde in Folge nicht mehr verhandelt, nachdem die Rechtsaufsichtsbehörde die Erledigung in der Hauptsache beantragt hatte[281] und die Parteien sich in Folge finanziell verglichen.

19.12. Die StuPa-Wahl vom 28.-30.6.1977
(falsche Zusammensetzung des Wahlorgans; satzungswidrige Festsetzung des Wahltermins; ungenügende Kontrolle und Sicherung der Wahlurnen; amtliche Wahlwerbung; mangelhafte Kontrolle der Wähler; offene Wahl; Einschränkung der Öffentlichkeit während der Auszählung)

Nahezu *gleichzeitig* mit dieser wie bisher in dreitägiger Urnenwahl ablaufenden StuPa-Wahl[282] fand universitätsweit, korrekt durchgeführt vom Zentralen Wahlvorstand der Universität als reine Briefwahl[283], die Wahl des universitären Konvents statt mit für die Statusgruppe der Studenten hinsichtlich der StuPa-Wahl fast identischem Wahlkörper. Dies gestattete die systemati-

---

276 Verfügung des Präsidenten H.-J.**Krupp** gegen die Studentenschaft v.1.2.1977 [Az.: 8.43.00].
Es erstaunt die Scheu der universitären Rechtsaufsichtsbehörde, die abwegige Auffassung des VG Frankfurt/M (FN 272) in der Revision beim Hess.VGH abschließend klären (und verwerfen) zu lassen.

277 Schriftsatz (Widerspruch) der Studentenschaft v.15.2.1977 [Az.: 2247 jo-cä]

278 Schriftsatz (Widerspruchsbescheid) der unteren Rechtsaufsichtsbehörde v.14.3.1977 [Az.: 8.43.00]

279 Schriftsatz (Widerspruchsbescheid) der obersten Rechtsaufsichtsbehörde v.7.4.1977 [Az.: VB4 - 433/ 23(3)]. "Auch in materieller Hinsicht ist die Verfügung [des Präsidenten] vom 1.2.1977 rechtlich nicht zu beanstanden. Zur Begründung Ihrer weiteren Rechtsaufsichtsbeschwerde vom 15.2.1977 haben Sie sich lediglich pauschal auf Ihre Antragsschrift vom 6.1.1977 an das Verwaltungsgericht Frankfurt berufen. Der Präsident der Universität Frankfurt hat aber bereits mit Schriftsatz vom 11.1.1977, auf den ich Bezug nehme, die von Ihnen vorgetragenen Argumente in zutreffender Weise widerlegt."

280 Schriftsatz (Klageerhebung) der Studentenschaft v.12.5.1977 [Az.: 2247 jo-cä].
Zum Klagecharakter (keine Wahlprüfungsklage!): Kap.16.7.4.

281 Schriftsatz v.2.2.1978.
Erstaunlich angesichts weiterer zu diesem Zeitpunkt vorliegender Wahlanfechtungen gegen die inzwischen durchgeführten StuPa-Wahlen mit teilweise ähnlichen Anfechtungspunkten bleibt der Verzicht der Rechtsaufsichtsbehörde auf eine gerichtliche Klärung mittels Fortsetzungsfeststellungsklage in dieser Angelegenheit. [Zu ähnlicher Scheu der Aufsichtsbehörde vgl. auch bereits: FN 276!] - Für eine Begründung könnten vermutlich herhalten: FN 109, FN 110 (Kap.18).

282 Zu dieser Wahl traten aus dem politisch 'undogmatisch-linken' Spektrum an wie bisher die 'Sozialistische Hochschulinitiative' (SHI, Liste 1) sowie erstmals (als Gründung von 'Sozialistischem Büro' (SB) und zunächst auch 'Kommunistischem Bund' (KB-Nord)) die 'Linke Liste' (LiLi, Liste 9); beide Gruppen vereinigten sich bereits bei der ein halbes Jahr später stattfindenden Neuwahl des Studentenparlaments zur 'Undogmatischen Linken' (UL). - Der 'MSB Spartakus' kandidierte bei dieser Wahl zusammen mit dem SHB erstmals als 'Gewerkschaftlich Orientierte Liste' (GOL, Liste 8). - Aus dieser Wahl gingen die maoistisch orientierten Studentengruppen, nämlich der 'Kommunistische Studentenbund' (KSB, Liste 6) sowie der KSV, diesmal angetreten unter dem Kennwort 'Liste für die antiimperialistisch-demokratische Aktionseinheit' (AdA, Liste 7), erstmals ohne ein Mandat hervor, was sich auch später in allen nachfolgenden Studentenschaftswahlen nicht mehr ändern sollte.

283 Die ausschließliche ("reine") Briefwahl des Konvents fand statt v.14.-28.6.1977 (Rücksendung der Briefwahlunterlagen) auf entsprechenden Beschluß des Zentralen Wahlvorstands der Universität gem. § 6 Abs.2 Nr.1 KoWO v.5.2.1975 (= FN III.67): "Der Zentrale Wahlvorstand beschließt gemäß dieser Wahlordnung ... über ... die Durchführung der Wahl als Urnenwahl mit der Möglichkeit der Briefwahl oder als ausschließliche Briefwahl."

sche Vergleichbarkeit beider Wahlen und erlaubte nachfolgend die Gegenüberstellung beider Wahlergebnisse und damit die Präsentation offensichtlicher, signifikanter Abweichungen zugunsten der 'undogmatisch-linken' Gruppen bei der durch die Studentenschaft autonom durchgeführten StuPa-Wahl. Diese Vergleichbarkeiten sind von Bedeutung hinsichtlich der Bestimmung der Wahrscheinlichkeit der Mandatsrelevanz für die gerügten Wahlrechtsverstöße bei der StuPa-Wahl. - Dem studentischen Wahlausschuß gehörten erstmals ***ausschließlich*** dem den 'undogmatisch-linken' AStA tragenden Gruppen politisch genehme Personen an[284].

19.12.1. Die satzungswidrige Verschiebung des Wahltermins. Diese Wahl war vom Studentenparlament satzungsgemäß zunächst für den 21.-23.6.1977 festgesetzt[285] und für diesen Termin auch auf der Wahlbekanntmachung amtlich angekündigt worden[286]. Im Wissen um den Wahltermin führte der 'undogmatisch-linke' AStA eine studentische 'Urabstimmung'[287] über die Veranstaltung eines universitären 'Streiks' v.13.-24.6.1977 durch, also gerade zu der Zeit des angekündigten Wahltermins. Der 'Streik' wurde erwartungsgemäß von der Mehrheit der offiziell 32% Abstimmenden befürwortet[288]. Mit dem Beginn des 'Streiks' wurden von 'streik'willigen Personen massiv universitäre Veranstaltungen gestört - häufig auch gegen den Willen der Mehrheit der Teilnehmer: "Zu den nicht tolerierbaren Gewalttätigkeiten in der Universität zählen insbesondere der Einsatz von Chemikalien zur Verhinderung von Lehrveranstaltungen, die Verwendung von Wurfgeschossen jeglicher Art, die Bedrohung von Personen mit Waffen oder waffenähnlichen Gegenständen."[289] Diese Vorfälle führten u.a. zur Aussetzung aller Veranstaltungen des Fachbereichs Wirtschaftswissenschaften in der Zeit vom 15.-21. Juni 1977, in Überschneidung mit dem amtlichen Wahltermin. Der Präsident der Universität erklärte daraufhin zu Recht, daß eine unter solchen Bedingungen durchgeführte StuPa-Wahl, als in den Wahlrechtsgrundsatz der Allgemeinheit der Wahl gravierend eingreifend, im Falle einer diesbezüglichen Wahlanfechtung nichtig sein müsse[290] . Am 20.6.1977, also einen Tag vor

---

284 Es wurden alle drei Kandidaten der 'undogmatisch-linken' SHI vom StuPa mehrheitlich gewählt: E.**Biskamp**, H.-G.**Hager**, R.**Schmelzer** (StuPa-Prot. v.20.5.1977, S.3). Daß die SHI alle drei Mitglieder des Wahlorgans stellen konnte, lag in folgendem Sachverhalt begründet: Wegen einer internen Spaltung der 'Juso-Hochschulgruppe' in 'undogmatische Linke' und angebliche "Trotzkisten" riefen die der ersten Gruppe zuzurechnenden bisherigen Parlamentarier der 'Jusos' später zur Stimmabgabe für die 'Undogmatische Linke' auf [vgl. dazu: Abb.9, Abb.10 auf S.381/382; FN 298]; damit wies dieses Parlament de facto eine <u>homogene</u> absolute Mehrheit der 'undogmatisch-linken' SHI von 12 der 22 Mandate auf. - Als bezeichnend für die offensichtlich mangelnde Neutralität dieses 'undogmatisch-linken' studentischen Wahlorgans: FN 295(b); FN 298(ii); FN 300.

285 Gem. § 45 Abs.2 StS (= FN III.56), StuPa-Prot. v.20.5.1977, S.3.
Zur Satzungswidrigkeit bereits dieses Wahltermins: Kap.19.9.1.

286 amtlich veröffentlicht in: Uni-Rep.7/1977, S.3

287 'Urabstimmung über den Streik' v.6.-8.6.1977. Eine solche "Urabstimmung" war weder in der gültigen StS v.10.11.1972 (= FN III.56) noch im dieser übergeordneten HHG v.19.5.1970 (= FN III.38) vorgesehen.

288 Über das Maß der Korrektheit der Durchführung dieser "Urabstimmung" ohne Wählerverzeichnisse, geheime Wahl sowie neutrales Abstimmungsverfahren soll hier keine Wertung abgegeben werden. Zum offiziell bekanntgegebenen, aufgeschlüsselten Stimmergebnis: Uni-Rep.9/1977, S.2. - Zur Kritik an einer ähnlich abgelaufenen 'Urabstimmung' im WS 1973/74 bereits: H.**Riehn**, Rechtliche Bilanz des Frankfurter Universitätskonflikts, DUZ **28**, S.234-238 (1974), S.235 ("Die rechtswidrige Urabstimmung über den sogenannten Streik").

289 Uni-Rep.extra v.16.6.1977, S.1.
Vgl. auch: Zerstörungen nach einem 'Sponti-Fest', in: Uni-Rep.10/1977, S.1.

290 "Sollte die Wahl jedoch wie vorgesehen in der Zeit vom 21.-23.6.1977 stattfinden, obwohl der Lehrbetrieb wegen des anhaltenden Streiks ganz oder teilweise eingestellt ist, wird der Präsident, soweit er in dem Wahlprüfungsverfahren nach § 20 Abs.3 StS über die Gültigkeit der Studentenparlamentswahl zu entscheiden hat, nur zu dem Ergebnis kommen können, daß die Studentenparlamentswahlen ungültig sind." (Schriftsatz der universitären Rechtsaufsichtsbehörde an den studentischen Wahlausschuß v.20.6.1977 [Az.: 8.43.00]).
<u>Zu ähnlichem Sachverhalt bereits:</u> Kap.19.3.2.

Beginn des offiziell angekündigten Wahltermins, "beschloß" daraufhin auf Antrag des AStAs eine 'Universitäts-Vollversammlung' rechtswidrig[291] die Verschiebung der StuPa-Wahl um eine Woche auf den 28.-30.6.1977. Ein durch den AStA organisiertes "Sponti-Fest" endete am 24.6.1977 auf dem Universitäts-Campus mit einem Sachschaden von etwa 25.000 DM.
Zu den Rechtsverstößen stellte der 'undogmatisch-linke' Wahlausschuß, dem die korrekte Durchführung der Wahl anvertraut war, fest: "Dem Wahlausschuß ist bekannt, daß die Verschiebung der Wahlen einen Formfehler bedeutet. Jedoch in Abwägung der Tatsachen, daß bei Aussetzung der Wahlen unter Einhaltung aller formalen Kriterien eine Wahl im SS nicht mehr möglich gewesen wäre, und nach Rücksprache mit dem Präsidenten der Universität Krupp hat sich der Wahlausschuß - zum Wohle der Studenten - entschlossen, die Wahlen um eine Woche zu verschieben."[292] Abschließend erkannte der 'undogmatisch-links' beherrschte Ältestenrat als studentische Wahlprüfungsinstanz unter dem Maß seiner apodiktischen aber rechtswidrigen Prüfungsformel erwartungsgemäß keinen erheblichen Wahlfehler: "Durch die Verschiebung der Wahl um eine Woche erfolgte die Bekanntmachung des genauen Termins der ansonsten rechtzeitig angekündigten Wahl zu spät und stellt somit einen Formfehler dar. Das Ergebnis der Wahl konnte jedoch durch diesen Formfehler nicht beeinflußt werden."[293]

19.12.2. Die Wahlanfechtung vom 7.7.1977. Diese Wahl wurde mittels einer form- und fristgerecht beim Ältestenrat der Studentenschaft eingereichten Wahlanfechtung angegriffen[294]. Es handelte sich dabei im wesentlichen um fünf Gruppen gravierender Wahlrechtsverstöße, deren erste drei bereits bei der vorangegangenen Wahl gerügt wurden. (Der Wahlanfechtung ermangelte es an einer expliziten Benennung der Mandatsrelevanz; diese konnte allerdings im Hinblick auf den Umfang und die Schwere der Wahlrechtsverstöße unter dem Prüfgrundsatz des 'Kumulationsprinzips' als evident angenommen werden.)

(a) Ungenügende Kontrolle der Wahlurnen. "Die Stellen der Wahlhelfer wurden nicht öffentlich ausgeschrieben. Sie konnten daher fast ausschließlich von Mitgliedern der den Allgemeinen Studentenausschuß tragenden Gruppe SHI besetzt werden."[295] Damit wurde erneut eine politisch einseitige Besetzung der Wahlurnen geltend gemacht.

---

291 Der satzungsmäßig allein erforderliche Beschluß des Studentenparlaments über den neuen Wahltermin erfolgte erst <u>nach</u> dem zunächst bindend festgelegten Wahltermin [21.-23.6.1977] am 24.6.1977 (StuPa-Prot. v.24.6.1977, S.2). Dieser Beschluß nach Ablauf des regulär angesetzten Wahltermins widersprach gleich mehrfach dem geltenden Satzungsrecht: "Die Wahl findet in der Regel <u>im Dezember</u> statt. Der genaue Termin der Wahl wird vom Parlament <u>im Einvernehmen mit dem Kanzler</u> beschlossen und von diesem <u>mindestens drei Wochen vorher</u> angekündigt" (§ 14 Abs.2 StS (= FN III.56)). Beachte ferner: Kap.16.7.1., insb. FN IV.387.

292 Schriftliche Stellungnahme des Wahlausschusses zu den (identischen) Wahlanfechtungen der Hochschulgruppe RCDS und des Jurastudenten W.**Kins** v.7.7.1977, S.3.
"Zum Wohle der Studenten" hätte vom 'undogmatisch-linken' AStA der 'Streik' zumindest nicht genau auf den (lange bekannten) Termin der StuPa-Wahl gelegt werden dürfen! [Zur politischen Motivation für diese zeitliche Konstellation: Kap.19.3.2., insb. FN 166.]
Zur möglichen Erheblichkeit dieses Wahlfehlers (kurzfristige Verlegung der Urnenwahl)**:** Die kurzfristige Verschiebung der Urnenwahl widerspricht dem Grundsatz der Berechenbarkeit des gesamten Wahlverfahrens für den Wähler; dazu: FN III.31 (Kap.10); FN 502(b). Sie widerspricht dem Prinzip der Wahlverfahrensbestandssicherung; dazu: Kap.13.2.1.; Kap.16.2.2.(iii).; Kap.16.3.1.(iii).; Kap.16.4.1. Weil ohne explizite normative Ermächtigung, war der studentische Wahlausschuß zu einem derartigen Eingriff in das laufende Wahlverfahren nicht befugt; vgl. dazu: Kap.16.3.5.(b). Zur Satzungswidrigkeit der Terminverschiebung: FN 291.

293 Beschluß des Ältestenrats v.29.7.1977 über die Wahlanfechtung des Studenten W.**Kins** (FN 294), S.3.
Siehe zum (hier erneut zugrunde gelegten, rechtswidrigen) Prüfungsmaßstab des ÄR: Kap.19.11.3.

294 Wahlanfechtung v.7.7.1977 durch den Jurastudenten W.**Kins**

295 Wahlanf. (FN 294), Punkt 3.
Zur möglichen Erheblichkeit dieses Wahlfehlers: FN 208.
<u>Zu ähnlichem Sachverhalt bereits:</u> Kap.19.10.2.(a).; Kap.19.11.1.(c).

LINKE LISTE

ZUR LAGE AN DER UNI NACH DEN WAHLEN

KOALITION: "DEMOKRATEN GEGEN ANARCHISTEN"

Momentan ist in allen politischen Wipfeln die Ruh'.

Dafür wird auf der Rechten um so stärker gedroht, geklagt, erpreßt und angezeigt in der Absicht: einen neuen linken ASTA zu verhindern und den alten mittels einer Prozeßlawine obendrein zu erwürgen.

Unmittelbar nach Verkündung des Wahlergebnisses erfolgte eine beispiellos betriebene Kampagne zur Verhinderung einer linken ASTA - Koalition, die sich hauptsächlich auf die JUSOS konzentrierte.
In einer Reihe standen zusammen Jutta Roitsch (FR), der LHV und der RCDS, die FAZ und Walter Wallmann. Es hagelte Telefonate, heimliche und unheimliche Briefe, so an die Adresse von Rudi ARNDT, der seinerseits gebeten wurde, auf die JUSOS einen Druck in Richtung rechts a - zuüben.

Der RCDS erbot sich endlich, einen Minderheits - ASTA von JUSOS, LHV und Giraffen im STUPA zu wählen, bei großzügigem Verzicht auf ein eigenes Mandat.

All' dies ereignete sich unter dem Stichwort einer "SOLIDARITÄT DER DEMOKRATEN GEGEN ANARCHISTEN", ausgehandelt genau von jenen, die andern unermüdlich MAUSCHELEI vorwerfen.

Immerhin ist anzuerkennen, daß die JUSOS offenbar diesem perfiden Druck nicht nachgegeben haben und wohl bereit sind, einer linken ASTA-Koalition zuzustimmen, die nicht den Segen des RCDS braucht.

Sie konnten wohl auch schlecht anders. Trotz höherer Wahlbeteiligung hat sich eine solide Mehrheit im STUPA für die linken Gruppierungen ergeben, verstärkt durch die Existenz der LINKEN LISTE, die auf Anhieb mit 2 Sitzen einen beachtlichen Erfolg errang.

Unmittelbar n a c h der Entscheidung der JUSOS, auf die Beteiligung an einem rechten ASTA zu verzichten, entdeckte jener RCDS, der gerade noch dabei gewesen war d i e s e s Wahlergebnis in seinem Sinne zu beeinflussen, daß dies nur unrechtmäßig zustande gekommen sein konnte: und fechtet nun juristisch gegen die Wahl.

Die baldige Bildung einer linken ASTA - Koalition wird er dadurch nicht verhindern können.

DER LÜGNERISCHE HOCHSCHULVERBAND (LHV)

In obiger Weise besonders aktiv sind die nimmermüden Rechner und Konstrukteure des LHV.
Einer Organisation, deren politische Substanz wesentlich darin besteht, ein paranoisches Verhältnis gegenüber eingebildeten "Fälschungen" zu entwickeln.

A u c h der LHV wäre natürlich mit diesem Wahlergebnis einverstanden gewesen und hätte von "Fälschungen" nie geredet, wäre er mit dem RCDS und den JUSOS ins bürgerliche politische Geschäft gekommen.
Ist das nun aktuell verunmöglicht, so zielt der Inhalt seiner Flugblätter weniger auf die hochschulpolitische Lage, die vielzitierten Pressionen, als daß ein orgiastischer Wust wahlarithmetischer Ableitungen erfolgt, die plausibel genug klingen, um nicht sofort als das erkannt zu werden, was sie in Wahrheit sind: Fälschungen.

Ein treffendes Beispiel dafür ist die "Beweisführung" des LHV in seiner jüngsten Postille:

Hier wird zunächst der bewährte Verdacht ausgesprochen, die SHI habe das Wahlergebnis zu ihren Gunsten verfälscht. Nicht zuletzt sei dies möglich gewesen, weil sie über die Majorität der Wahlhelfer verfüge.

Damit nicht genug, wird plötzlich behauptet, auch die LINKE LISTE habe derart mitgewirkt, die zwar über keinen einzigen Wahlhelfer verfügt, dafür aber dennoch dem geschärften Blick der LHV'ler nicht entgangen ist. Weswegen"bewiesen" wird, daß die LINKE LISTE bei den FB/Konventswahlen der WiWis einen Stimmenanteil von 217 (1 Sitz) errungen hätte, bei den folgenden STUPA-Wahlen jedoch eine signifikant abweichende Anzahl.

Messerscharf soll nun der vom LHV aufgeklärte studentische Flugblattleser schließen: die LINKE LISTE hat betrogen!

'Eine über jeden Verdacht erhabene 'DEMOKRATISCHE VEREINIGUNG'!'

Formallogisch gesehen außerordentlich plausibel.
N u r - die LINKE LISTE hat überhaupt <u>nicht</u> zu den FB/Konventswahlen kandidiert, mithin auch keine 217 Stimmen erhalten, ebensowenig einen Sitz errungen und entsprechend kann sie d a n n auch garkein abweichendes Ergebnis bei den STUPA-Wahlen erzielt haben.

So einfach aber geht das eben beim LHV: Man baut einen gräßlichen Pappkameraden, vernichtet diesen dann mit viel Geschrei möglichst "logisch", und hat andere der "Fälschung" überführt, indem man selber fälscht.

Natürlich können sich diese Herrschaften, bürgerliche Partei- und Staatskarrieren vor Augen, politische Willensäußerungen garnicht anders vorstellen als manipuliert, besteht doch die Praxis der von ihnen vertretenen Parteien alltäglich aus nichts anderem, weswegen sie schlicht projizieren.

Es wird eine unserer wichtigsten Aufgaben sein, im nächsten Jahr diesen politischen Sachverhalt den Wählern von LHV und Giraffen klarzumachen.
Diese gehen - häufig genug - immer noch davon aus, es handle sich bei den genannten Gruppen tatsächlich um so etwas wie basisdemokratische oder unabhängige Alternativen, die nicht subsummiert seien von bürgerlichen Parteien und geführt von zukünftigen Staatspolitikern, die just ihre spätere Karriere als Studentenfunktionäre eröffnen. Die ihre Prämien für den späteren Aufstieg allein dafür erhalten, daß sie j e t z t den Prozeß der repressiven Umstrukturierung der Universität aalglatt erleichtern helfen.

Abb.7: Flugblatt der 'Linken Liste' (LiLi) 7/1977, S.1/2

lhv

Wahlbetrug

8.7.77

Die am 30. Juni mit einem 'Patt' beendete Wahl des Studentenparlaments an der Frankfurter Universität ist durch Stimmen-Manipulation in erheblichem Ausmaß zugunsten der bisherigen AStA-Gruppe "Sozialistische Hochschulinitiative" (SHI) verfälscht worden. Der Liberale Hochschulverband setzt sich deshalb für Neuwahlen im kommenden Wintersemester ein, die noch vor Ende des laufenden Semesters im StuPa beschlossen werden sollten.

Der Vergleich: StuPa-Wahl und Konvent

Die bereits vor der Wahl von Vertretern der Juso-Hochschulgruppe in der Presse aufgezeigte Befürchtung von Manipulationen seitens der SHI wird ganz offenbar bei einem Vergleich der Stimmenergebnisse von Konvent und Studentenparlamentswahl. Beide Wahlen haben ja parallel zueinander stattgefunden, die Konventswahl als Briefwahl, die StuPa-Wahl per Urnenwahl.

Zum Konvent, dem gesamtuniversitären Vertretungsorgan, hatten die SHI laut vorläufigem Wahlergebnis 2165 Studenten gewählt. Bei der StuPa-Wahl vereinigten SHI & Linke Liste, die beide das gleiche politische Wählerpotential ansprechen, zusammen jedoch 2868 Stimmen - und dies, obwohl die Wahlbeteiligung beim StuPa wesentlich geringer war: Konvent 48 %, StuPa nur ca. 38 %.

Während alle anderen Gruppen (analog zur niedrigeren Wahlbeteiligung) etwa 40 % weniger Stimmen erhielten, wiesen SHI/LiLi stattdessen über 30 % mehr Wählerstimmen bei der StuPa-Wahl auf als beim Konvent.

Fälscher am Werk: WiWi und Medizin

Möglich waren Wahlmanipulationen deshalb, weil mehr als 20 der ca. 25 Wahlhelfer, die Stimmabgabe und Urnen kontrollieren sollten, selbst zur SHI gehörten - und zwar keine 'blauäugigen Spontis', sondern gestandene Kämpen vom "Revolutionären Kampf".

Bezeichnenderweise trat der ungewöhnliche Stimmenzuwachs nicht in allen Wahllokalen gleichermaßen auf: Diejenigen 3 Urnen, die während der Wahltage zusätzlich von Nicht-SHI-Studenten bewacht worden sind, wiesen annähernd identische Ergebnisse im Vergleich zum Konvent auf. (Obwohl z.B. im Studentenhaus zumindest ein Fall beobachtet wurde, wo eine Sponti-nahe Dame aus der Jordanstraße zweimal zur Stimmabgabe schritt).

Offensichtlich aber sind die Fälschungen in den Wahllokalen Wirtschaftswissenschaften und Medizin: Dort verzeichneten SHI/LiLi zusammen Stimmengewinne von mehr als 110 % bzw. 140 %.

Bezeichnenderweise war die Mediziner-Urne am ersten Wahlabend unverschlossen und unversiegelt in der Uni-Kasse eingetroffen, wo alle Urnen nachts aufbewahrt wurden; außerdem hat die zugehörige Wahlliste gefehlt. Wir vom LHV sind uns völlig sicher: Damals kamen illegal Stimmzettel in die Urne, auf der ferngebliebenen Wahlliste konnten die Fälscher ohne Mühe so viele Studenten als angebliche Wähler abhaken, wie Stimmzettel getürkt in die Urne kamen.

Mindestens 350 gefälschte Wahlzettel !

Wenn man unterstellt, daß viele "Spontis" sich an der Konventswahl nicht beteiligt haben und SHI & LiLi deshalb zusammen mehr Stimmen bei der StuPa-Wahl bekamen, maximal 20 % zusätzlich, dann würde das Ausmaß der Wahlfälschung im Fachbereich Wirtschaftswissenschaften ca. 200 Stimmen betragen und in der Medizin ca. 150 Stimmen.

Erhärtet wird diese Behauptung durch den Umstand, daß die Wahlbeteiligung im FB WiWi fast 50 % betrug - für Uni-Verhältnisse ganz ungewöhnlich hoch, und daß im FB Medizin mehr Stimmen zur StuPa-Wahl zusammen kamen, als zur Fachschaft: Obwohl die Mobilisierung zur Fachschaftswahl ungleich höher war.

Diese mindestens 350 gefälschten Stimmzettel hätten der SHI mindestens eines ihrer Mandate gekostet, das dann, laut d'Hond, dem LHV zugefallen wäre (dem LHV fehlten nämlich nur 27 Stimmen zum 3. Sitz im StuPa). Die SHI hätte dann kaum noch Chancen gehabt, wieder in den AStA zu kommen.

Der LHV anerkennt insofern das Wahlergebnis nicht. Wir werden allerdings keine juristischen Schritte via Uni-Präsident beantragen, weil wir glauben: Die Studentengruppen an der Frankfurter Uni müssen soviel Kraft aufbringen können, durch interne, politische Entscheidungen, durch eine gemeinsam beschlossene Neuwahl unter demokratischer Überwachung aller Urnen, ein korrektes Wahlergebnis herbeizuführen. Wenn erst Gerichte oder Herr Krupp für Legalität sorgen müssten: Dann könnten wir alle, Jusos, LHV, GOL, aber auch (hoffentlich) Unabhängige und RCDS einpacken.

Ein Wort an alle Jusos ...

Euer Spitzenkandidat, Fritz Reidenbach, hat am 27. Juni via Frankfurter Rundschau die Spontis vor just dem später geschehenen Wahlbetrug gewarnt. Ihr, die Juso-Hochschulgruppe, habt euch zugleich öffentlich von der SHI politisch distanziert und Wahlkampf ausdrücklich gegen sie gemacht.

Und jetzt, ein paar Tage nach der Wahl, wo ihr selbst in euren Treffen die Wahlfälschungen als Faktum anerkennt, wollt ihr dennoch mit SHI und LiLi koalieren: Wer soll euch später noch etwas glauben ? Wollt ihr wirklich zur falschen Zeit mit den falschen Methoden einen AStA etablieren, dessen Fundament sich auf politische Falschspielerei gründet und von der Geburtsstunde an vom Makel des Wortbruchs gekennzeichnet wäre. Einen AStA gegen Treu und Glauben haben wir alle nicht verdient, das habt auch ihr, Jusos, nicht verdient.

Unser Vorschlag für einen Minderheiten-AStA mag seine Schwächen haben, ein SHI/Juso-AStA wäre aber der schwächste aller Zeiten. Ihr solltet euch - und uns alle - vor den Folgen bewahren.

v.i.S.d.P.: LHV, Hessestr. 36, Ffm

liberaler hochschulverband

Abb.8: Flugblatt des 'Liberalen Hochschulverbands' (LHV) v.8.7.1977

"Die während der drei Tage der Wahlen zum Studentenparlament von den Wahlhelfern angewandte Versiegelung entsprach nicht den Vorschriften. Es wurde lediglich ein Streifen Klebeband jeweils über die Einwurfschlitze und die Verschlüsse der Urne geklebt und mit einigen Tropfen Siegellack ohne Verwendung eines entsprechenden Siegelstempels verschlossen. Diese Versiegelung konnte jederzeit unkontrolliert geöffnet und wieder verschlossen werden."[296] Dieser Anfechtungspunkt erhielt zusätzliches Gewicht unter der mutmaßlich politisch einseitigen Zusammensetzung der diensttuenden Wahlhelfer.

(b) Ungenügende Sicherung der Wahlurnen. Die Wahlurnen wurden während der Zeit der Schließung der Wahllokale lediglich mit einer durch den Wahlausschuß jederzeit ersetzbaren Versiegelung gesichert zusammen mit den übrigen Wahlunterlagen in der Universitätskasse aufbewahrt; der Wahlausschuß verweigerte auf Antrag eine nachprüfbar sichere Verschließung der Wahlurnen[297]. Dieser Anfechtungspunkt erhielt zusätzliches Gewicht unter der interner Kontrolle nicht förderlichen, politisch einseitigen Zusammensetzung des amtierenden Wahlausschusses und des politisch ebenso zusammengesetzten AStAs.

(a) Das Problem der Besetzung der Wahlhelferpositionen wurde auch thematisiert auf der letzten Sitzung des Studentenparlaments vor der Wahl; wiederum zeigte sich die 'undogmatisch-linke' Mehrheit des Parlaments unbeeindruckt von den legitimen Ansinnen der politischen Opposition und beendete die Diskussion durch Mehrheitsentscheid mittels Geschäftsordnungsantrags auf Schluß der Debatte: "P.**Kunth** bekundet Mißbehagen über den angeblich fehlenden Aushang über die Wahlhelferstellen. G.**Dorn** behauptet fälschlicherweise, es gäbe eine Vorschrift, die eine paritätische Besetzung der Wahlhelferstellen erforderlich mache. H.**Renk** (AStA) widerspricht in beiden Punkten. Sie stellt fest, daß die schnelle Besetzung der Wahlhelferstellen vermutlich in der finanziellen Bedürftigkeit der Studenten zu suchen sei. Der Antrag auf Schluß der Debatte wird mit 11 ja, 5 nein, 0 Enth. angenommen." (StuPa-Prot. v.24.6.1977, TOP 6)

(b) Als bezeichend für die mangelhafte Neutralität einiger Wahlhelfer bei dieser Studentenschaftswahl und das an einigen der Wahlurnen vorherrschende Klima erwies sich ein Vorfall, der als Punkt 7 der o.g. Wahlanfechtung fristgerecht nachgereicht und bezeugt wurde: "Am 29.6.1977 um 14.05 Uhr entriß im Wahllokal im Juridicum [Stimmbezirk I] ein Wahlhelfer einem Studenten den eben ausgehändigten Stimmzettel, kreuzte auf dem Stimmzettel die Liste der SHI an und warf ihn in die Wahlurne."

Zu diesem Vorfall stellte der Wahlausschuß süffisant fest: "Der Vorgang ist dem Wahlausschuß bekannt. Es handelt sich um einen Scherz des an der Urne sitzenden Wahlhelfers mit dem ihm persönlich bekannten Wähler. Der Wähler hatte gegen diese Form der Stimmabgabe nichts einzuwenden, auch er akzeptierte den Scherz. Wahlausschußmitglied R.**Schmelzer**, der an der Urne gerade Ersatzdienst machte, wies den Wahlhelfer aufs Schärfste zurecht, da die Wahl geheim und persönlich stattzufinden habe. Der Wahlhelfer entschuldigte sich und versprach, so einen Scherz nicht mehr zu wiederholen. Das hat anscheinend auch nicht stattgefunden" (WA-Stellungnahme (FN 292), S.3). Diese "scharfe Zurechtweisung" durch den "Ersatzdienst" leistenden R.**Schmelzer** war durch anwesende Außenstehende allerdings nicht bemerkt worden.

(c) Ähnliche Anschuldigungen gegen die Neutralität der Wahlhelfer waren bereits während der vorangehenden StuPa-Wahl erhoben worden: "Im Stimmbezirk V verteilte Wahlhelfer **S.** (SHI) die Stimmzettel zusammen mit der Solidaritätsausgabe des 'diskus' für G.**Strecker** an die Wähler (G.**Strecker** war zweiter Kandidat der SHI bei den Wahlen)." (Wahlanf. v.23.6.1976 (FN 221), Pkt.8)

(d) In diesem Zusammenhang gewann eine Presseerklärung der 'Juso-Hochschulgruppe' Gewicht: " 'Es gibt konkrete Hinweise', erklärte F.**Reidenbach** von den Jusos, 'daß die Frankfurter Spontis Schüler mit Studentenausweisen von Wahlurne zu Wahlurne ziehen lassen wollen, um so ihre Stimmen zu erhalten.' Auch sollten die Studenten bei der Stimmabgabe aufpassen, daß auf den Wahllisten ihr [eigener] Name angekreuzt wird und nicht irgendein beliebiger" (Jusos warnen vor Wahlbetrug an der Uni - Studenten besondere Wachsamkeit an den Urnen empfohlen, in: FR v.27.6.1977, S.14). "Der Allgemeine Studentenausschuß wies die Warnungen der Juso-Hochschulgruppe als 'wahltaktisches Manöver' zurück. Sie beruhten auf 'keinerlei realer Grundlage'." (Uni-Wahlen: Anfangs eine hohe Beteiligung, in: FR v.29.6.1977, S.12)

296 Wahlanf. (FN 294), Punkt 2

Zur möglichen Erheblichkeit dieses Wahlfehlers: FN 232.

297 Dieser Anfechtungspunkt wurde vom Antragsteller der Wahlanfechtung am 14.7.1977 (also verfristet) nachgereicht. [Vgl. zum Verbot des Nachschiebens von Anfechtungsgründen: Kap.16.4.1.(b).]

Zur möglichen Erheblichkeit dieses Wahlfehlers: FN 209.

<u>Zu ähnlichem Sachverhalt bereits:</u> Kap.19.7.2.(c).; Kap.19.10.2.(b).; Kap.19.11.1.(d).

(c) Amtliche Wahlwerbung. Der Anfechtende monierte, daß der AStA zur Wahl einen amtlichen 'Rechenschaftsbericht des Frauen AStA' ohne Impressum universitätsweit verbreitet hatte, in dem sowohl Wahlwerbung für die kandidierende Liste 1 (SHI) betrieben wurde als auch weitere kandidierende Gruppen polemisch angegriffen wurden. Zudem sollte dieser "Rechenschaftsbericht", Zeugenaussagen zufolge, direkt neben einer Wahlurne ausgelegen haben[298].

(d) Verstöße gegen den Wahlrechtsgrundsatz der Geheimheit. Der Anfechtende monierte, daß die Urnen der Stimmbezirke III und IV (die beiden 'Hochburgen' der SHI) am letzten Wahltag ca. 15 Minuten zu lange geöffnet gewesen seien. "In dieser Zeit konnten allein an der einen Urne (Stimmbezirk III) noch mindestens zehn Personen abstimmen."[299] In der öffentlichen Prüfungsverhandlung zu diesem Punkt verwickelte sich einer der Wahlhelfer des Stimmbezirks III aufgrund von Nachfragen der Zeugen der Anfechtung derart in Widersprüche, daß er gleich noch einen weiteren erheblichen Wahlfehler unfreiwillig einräumte: Die "überwiegende Mehrzahl" der Wähler des Stimmbezirks III tätigte ihre Stimmabgabe in aller Öffentlichkeit sofort auf dem Wahltisch oder nahm gar den Stimmzettel zum Wählen mit in ein Seminar, um nach Beendigung desselben, ein bis zwei Zeitstunden später, beim Passieren der Urne unkontrolliert einen Wahlumschlag einzuwerfen.

(e) Einschränkung der Öffentlichkeit während der Stimmenauszählung. "Obwohl die Auszählung öffentlich hätte stattfinden müssen, machten die Wahlhelfer durch ihren Entschluß, in einem Hörsaal auszuzählen, eine eingehende Überprüfung der Vorgänge während der Auszählung von vornherein zunichte. Als zwei Mitglieder des RCDS das (erhöht liegende und dadurch für die Öffentlichkeit von unten schwierig einzusehende) Podium betraten, auf dem die Auszählung stattfand, um dort einen besseren Überblick zu haben, wurden sie von angeblichen Wahlhelfern zum Teil mit Gewalt wieder weggedrängt. Lautwerdende Einwände wegen der einseitigen Besetzung der Wahlhelferstellen wurden nicht beachtet. Einem Mitglied der Unabhängigen Fachbereichsgruppen wurde bei dieser Gelegenheit Prügel angedroht."[300] Dieser

---

298 Wahlanf. (FN 294), Punkt 3.
(i) Amtliche Wahlwerbung für die SHI: "Über das Verhältnis des Frauen-AStA zur SHI", S.5/6;
(ii) Herabwürdigung von zur Wahl kandidierenden Gruppen: "Betrifft: Jusohochschulgruppe" ["... die Tatsache, daß in der derzeit kandidierenden Jusohochschulgruppe vorwiegend parteitreue, also eher rechte Kräfte sind und keinerlei Identität mehr mit den Jusos besteht, mit denen die SHI koalierte ..."], S.5; "Eine fragwürdige Alternative: die Linke Liste", S.6/7.
Dazu stellte der Wahlausschuß fest: "Außerdem sieht der Wahlausschuß oben genannten Rechenschaftsbericht nicht als Material zur Wahl an, sondern als das, was er ist, nämlich ein Rechenschaftsbericht, der jedem Studenten, der Interesse an seiner Vertretung hat, zugänglich gemacht werden sollte. Der Wahlausschuß empfiehlt dem RCDS diesen Bericht als Lektüre, bevor er sich noch einmal darauf bezieht." (WA-Stellungnahme (FN 292), S.2) - Allein die Diktion der vorstehenden Stellungnahme zeigt, wie weit sich dieser studentische Wahlausschuß vom das Organhandeln bestimmenden neutralen Amtsprinzip [dazu: Kap.17.1.1.] entfernt hatte.
Zur möglichen Erheblichkeit dieses Wahlfehlers: FN 180.
Zu ähnlichem Sachverhalt bereits: Kap.19.5.2.; Kap.19.11.1.(e).
299 Wahlanf. (FN 294), Punkt 4
300 Wahlanf. (FN 294), Punkt 6.
Zur möglichen Erheblichkeit dieses Wahlfehlers: FN 237. "Das Gebot der Öffentlichkeit soll es ... jedermann ermöglichen, die ordnungsgemäße Durchführung des Wahlgeschäfts zu überwachen. Das erfordert es, durch entsprechende Gestaltung der Räumlichkeiten und des Arbeitsablaufs jede unzumutbare Erschwerung dieser Überwachung zu vermeiden. Eine Gestaltung, die ... jeden Interessenten dazu zwingt, sich zum Zwecke der Überwachung zunächst hinter den mit der Stimmenauszählung beschäftigten Personen hindurchzuzwängen und infolge der räumlichen Enge erhebliche Störungen des Zählablaufs in Kauf zu nehmen, ist damit unvereinbar, weil sie zum einen den Vertretern der Öffentlichkeit unzumutbar ist und zum anderen wegen des mit deren Auftreten verbundenen Aufsehens eine wirksame Kontrolle, die auch die Möglichkeit unerwarteter Inspektion beinhaltet, weitgehend ausschließt." (Rh-Pf.OVG, E.v.4.12.1990 [Az.: 7 A 11827/90], in: NVwZ **10**,

Anfechtungspunkt erhielt zusätzliches Gewicht unter der politisch einseitigen, interne Kontrolle ausschließenden Zusammensetzung mutmaßlich sämtlicher Stimmenzähler (Wahlausschuß und Wahlhelfer).

19.12.3. Die versagende Entscheidung des Ältestenrats vom 29.7.1977. Unter der Kautel sofortiger rechtsaufsichtlicher Fristsetzung[301] (angesichts der negativen Erfahrungen aus dem vorhergehenden Wahlprüfungsverfahren) entschied der ÄR in diesem Falle zügig: Unter dem rechtswidrigen Prüfungsmaßstab der vorhergehenden Wahl wies er die Wahlanfechtung mehrheitlich mit 2:1 Stimmen zurück[302]; die Abwegigkeit der Mehrzahl der dafür herangezogenen "Begründungen" sprach für sich und bedarf hier keines zusätzlichen Kommentars:

ad (a). "Die Stellen der Wahlhelfer wurden tatsächlich ordnungsgemäß öffentlich ausgeschrieben und besetzt. Es kann nicht behauptet werden, daß die Wahlhelfer fast ausschließlich von Mitgliedern der SHI gestellt wurden. Der Wahlausschuß ist zu einer Prüfung der Gesinnung oder politischen Zugehörigkeit der Wahlhelfer weder verpflichtet noch berechtigt."[303]

"Dieser Punkt der Wahlanfechtung (d.h. die nicht ordnungsgemäße Versiegelung der Wahlurnen) beinhaltet allenfalls eine theoretische Möglichkeit einer Wahlmanipulation. Eine tatsächlich stattgefundene wird jedoch nicht behauptet. Ein Verstoß gegen § 19 Abs.3 der Wahlordnung liegt nicht vor."[304]

ad (b). Auf den ersten Punkt ging der ÄR wohlweislich überhaupt nicht ein. Eine anderweitige Negierung der Erheblichkeit des behaupteten Wahlfehlers dürfte angesichts der kurz zuvor am 2.3.1977 ergangenen Entscheidung des Bundesverfassungsgerichts über die Grundsätze des Verbots amtlicher Wahlwerbung[305] nahezu ausgeschlossen gewesen sein.

"Das kurzfristige, zufällige, nicht durch Wahlhelfer herbeigeführte Herumliegen einiger Exemplare des AStA-Rechenschaftsberichts in der Nähe der Wahlurne kann keinen das Wahlergebnis beeinflussenden Verstoß begründen. Es entzieht sich der Vorstellungskraft des Ältestenrats,

---

S.599-601 (1991), S.600) - Beachte für die Berechtigung der Forderung nach einer transparenten Auszählung der Stimmen: Kap.19.0.(e)., Manipulationen während der Stimmenauszählung.
Dazu stellte der Wahlausschuß süffisant fest: "Die Vorgänge auf dem Podium konnten jederzeit überprüft werden. Um die Vorgänge auf dem Podium übersichtlich halten zu können, hatte der Wahlausschuß vor der Auszählung beschlossen, <u>nur Wahlhelfer auf das Podium zu lassen</u>. Zwei sich zum RCDS bekennende Personen zeigten sich den Bitten des Wahlausschusses besonders unzugänglich. Daraufhin wurden sie vom Wahlausschuß in scharfer Form vom Podium gewiesen" (WA-Stellungnahme (FN 292), S.3).

301 Schriftsatz der (unteren) Rechtsaufsichtsbehörde v.11.7.1977 an den ÄR [Az.: 8.43.00] mit Fristsetzung für dessen Wahlprüfungsentscheidung bis zum 11.8.1977

302 ÄR-Beschluß v.29.7.1977 (FN 293).
Bei der amtierenden 'undogmatisch-linken' ÄR-Mehrheit handelte es sich mit R.**Ullmer** und W.**Becker** um eben jenen Ältestenrat, der bereits die vorhergehende Wahlanfechtung 1976 zurückgewiesen hatte [zum kleinen Maß der politischen Neutralität dieser Personen: FN 238]. Gegen die Zurückweisung stimmte das nachgewählte (StuPa-Prot. v.7.1.1977) ÄR-Mitglied, der Jurastudent K.H.**Knaf** [LHV]. - Zum erneut rechtswidrigen Prüfungsmaßstab dieses ÄR: Kap.19.11.3.

303 ÄR-Beschluß (FN 293), S.2.
Zur Untersuchungsmethode des ÄR in diesem Punkt wurde anschließend festgestellt: "Auf der Seite 2 der Urteilsbegründung behauptet der Ältestenrat, daß die Stellen der Wahlhelfer 'tatsächlich ordnungsgemäß öffentlich ausgeschrieben und besetzt' worden seien. Dies wurde nie in einer der Ältestenratssitzungen festgestellt, noch durch Zeugen belegt. (Vgl. Protokolle über die Sitzungen des Ältestenrates vom 15., 22. und 29. Juni 1977.)" (Rechtsaufsichtsbeschwerde des Jurastudenten W.**Kins** beim Präsidenten der Universität H.-J.**Krupp** v.8.9.1977, S.2 [vgl. dazu auch: FN 295(b)])

304 ÄR-Beschluß (FN 293), S.2.
Gemeint ist: "Vor Beginn der Stimmabgabe sind die Wahlurnen vom Wahlvorstand (Wahlausschuß) zu prüfen und zu verschließen." (§ 19 Abs.3 KoWO v.5.2.1975 (= FN III.67) i.V.m. § 14 Abs.8 StS (= FN III.56))

305 BVerfGE **44**, 125

wie auch nur ein Wähler durch die visuelle Konfrontation mit dem Deckblatt eines Rechenschaftsberichts in seinem Wahlverhalten beeinflußt werden kann."[306]

ad (c). Zu diesem Anfechtungspunkt nahm der ÄR nicht explizit Stellung, weil er (zu Recht) Verfristung in der Einreichung geltend machte. Darüber hinaus machte er geltend, daß die Wahlurnen sicher genug in der Kassenstelle der Universität verwahrt worden wären, was eine separate Sicherung durch geeigneten Verschluß jeder einzelnen Urne habe entbehrlich erscheinen lassen[307].

ad (d). "Den Wahlbezirk III betreffend kam der Ältestenrat zu der Überzeugung, daß hier mindestens drei, höchstens aber zehn Personen am 30.6.1977 nach 15.30 Uhr (Ende der Wahl) den Wahlraum betreten haben und noch wählten. Damit liegt ein Verstoß gegen § 19 Abs.7 der Wahlordnung vor. ... Eine Beeinflussung des Wahlergebnisses kann der Ältestenrat in der verspäteten Stimmabgabe einer solch geringen Zahl von Wahlberechtigten nicht erkennen.

Einen weiteren Verstoß sieht der Ältestenrat in der Nichteinhaltung der Vorschriften der geheimen Wahl. Der Ältestenrat konnte jedoch angesichts der stattgefundenen Kontrolle durch Überprüfung des Studentenausweises und Abhaken im Wählerverzeichnis sowie der genauen Übereinstimmung der Anzahl der Stimmzettel mit den Strichen im Wählerverzeichnis mehrheitlich nicht zu der Überzeugung kommen, daß der Verstoß das Wahlergebnis beeinflußt hat."[308]

ad (e). "Die Auszählung hat öffentlich im Hörsaal III stattgefunden. Der Ältestenrat hält den Beschluß des Wahlausschusses für angebracht, um die Vorgänge auf dem Podium übersichtlich zu halten, nur Wahlhelfer auf das Podium zu lassen."[309]

- In den Stimmbezirken II (Wirtschaftswissenschaften) und IX (Humanmedizin) traten bei dieser StuPa-Wahl schwer erklärbare Wahlbeteiligungen und signifikante Stimmenverschiebungen gegenüber der gleichzeitig korrekt durchgeführten Konventswahl auf. Aufschlußreich ist hier zunächst ein Vergleich mit den Wahlbeteiligungen der bereits ein halbes Jahr später nach demselben Wahlverfahren und derselben Stimmbezirkseinteilung erfolgenden StuPa-Neuwahl (Dezember 1977); für diese Neuwahl fand nämlich - im Gegensatz zur vorliegenden Wahl - eine pluralistische Besetzung der Wahlhelferpositionen an den Urnen statt und damit die nötige

---

306 ÄR-Beschluß (FN 293), S.2

307 Der Wahlausschuß "weist ... darauf hin, daß dieser Punkt schon letztes Jahr als Wahlanfechtungsgrund abschlägig beschieden wurde" (WA-Stellungnahme (FN 292), S.1). Diese Behauptung mußte erstaunen angesichts des Verlaufs des erwähnten, letztjährigen Wahlanfechtungsverfahrens 1976 [dazu: Kap.19.11.].

308 ÄR-Beschluß (FN 293), S.3.

(a) Zur möglichen Erheblichkeit dieses Wahlfehlers (Überschreitung der Wahlzeit/Urnenöffnung): In den genannten Fällen verspäteter Stimmabgabe hätte der ÄR korrekterweise allein die Mandatserheblichkeit nach den einschlägigen Prüfungsgrundsätzen [dazu: Kap.16.5.] zu verifizieren gehabt, was offensichtlich unterblieben ist: Mandatserheblichkeit hätte aber in der Tat im Falle von wenigstens 18 unrechtmäßig für die Liste 9 (LiLi) abgegebenen Stimmen vorgelegen; die Liste 9 hätte dann eines ihrer Mandate zugunsten der Liste 4 (LHV) eingebüßt [zu den numerischen Daten: Anhang 1 (A.1.12.)]. Es liegt damit angesichts des in der Wahlanfechtung dargelegten Sachverhalts in Bezug auf die Wahlergebnisse in den hier streitbefangenen Stimmbezirken (Stimmbezirk III: LiLi 18,6%, LHV 3,9%; Stimmbezirk IV: LiLi 11,5%, LHV 5,0% bei 1.982 abgegebenen Stimmen) ein Ereignis hinreichender Wahrscheinlichkeit vor [zu diesem 'Prinzip der relativen potentiellen Kausalität': Kap.16.5.(d).]. - Hätte der ÄR in diesem singulären Punkt die Mandatserheblichkeit nicht bejahen können, so wäre dieser jedenfalls im Rahmen des 'Kumulationsprinzips' [dazu: Kap.16.5.(f).], zusammen mit den anderen geltend gemachten Wahlfehlern, erneut zu würdigen gewesen.

(b) Zur möglichen Erheblichkeit dieses Wahlfehlers (offene Stimmabgabe): FN 147.

(c) Die Argumentation des ÄR hinsichtlich der vorgeblichen Unerheblichkeit der gerügten Verstöße gegen den Wahlrechtsgrundsatz der Geheimheit ist offensichtlich sachfremd [zu den hier maßgeblichen Kriterien: Kap. 15.5.1.(a).] - Vgl. zu ähnlicher Geringschätzung des Wahlrechtsgrundsatzes der Geheimheit der Wahl im (ehem.) DDR-Wahlrecht: FN IV.239(b) (Kap.15).

309 ÄR-Beschluß (FN 293), S.3

gegenseitige Kontrolle zumindest während der Zeit der Urnenwahl - mithin dürfte für diese Wahl wenigstens die amtlich bekanntgemachte Wahlbeteiligung etwa übereingestimmt haben mit der tatsächlichen Wahlbeteiligung.

Stimmbezirk	*I*	*II*	*III*	*IV*	*V*	*VI*	*VII*	*VIII*	*IX*	*Gesamt*
Wahl										
(1) Juni 1977	36,6%	47,3%	37,7%	30,7%	27,9%	27,8%	36,2%	38,2%	37,9%	36,6%
(2) Dez. 1977	34,3%	36,0%	36,6%	27,8%	24,2%	30,3%	33,0%	36,3%	26,9%	31,5%
Diff.: (2) - (1)	- 2,3%	-11,3%	- 1,1%	- 2,9%	- 3,7%	+2,5%	- 3,2%	- 1,9%	-11,0%	- 5,1%

Das bedeutet: Die Stimmbezirke II und IX wiesen bei der zweiten Wahl 1977 einen charakteristisch höheren Rückgang der Wahlbeteiligung auf. Als Erklärung dafür kamen spezifisch politische Vorkommnisse und Konstellationen in diesen Stimmbezirken nicht in Betracht.

19.12.4. Die signifikante Stimmenverschiebung gegenüber der korrekt durchgeführten Konventswahl im Stimmbezirk IX (Humanmedizin). Im Zusammenhang mit der politisch einseitigen Besetzung des studentischen Wahlausschusses sowie der mutmaßlich politisch einseitigen Besetzung der Wahlhelferstellen war ein letzter in der Wahlanfechtung geltend gemachter, erheblicher Wahlfehler bei dieser Wahl zu sehen.

(a) Mangelnde Kontrolle der Wahlurne. "Die Wahlurne des medizinischen Fachbereichs wurde am Dienstag, 28. Juni 1977, von einem Wahlhelfer allein vom Wahllokal in Sachsenhausen zur Gehaltskasse der Universität im Juridicum gebracht, wo die Urnen über Nacht aufbewahrt werden sollten (ca. 20 Minuten Fahrzeit). Die Wahlurne war während der ganzen Fahrt unversiegelt, das Wählerverzeichnis fehlte."[310] Dazu ergänzend "muß festgestellt werden, daß nach übereinstimmenden Aussagen von Wahlhelfer *C.N.* und Wahlausschußmitglied *E.Biskamp* die unversiegelte Urne des Wahlbezirks IX unter Ausschluß der Öffentlichkeit im Privatfahrzeug von *E.Biskamp* ca. 30 Minuten vom Medizin-Wahllokal zum Juridicum (in dem sich die Universitätskasse befindet) unterwegs war."[311]

Zu diesem Anfechtungspunkte machten während des öffentlichen Teils des Wahlprüfungsverfahrens Wahlausschuß und beteiligte Wahlhelfer derart widersprüchliche Aussagen, daß selbst der amtierende ÄR nicht umhin konnte, schließlich auch offiziell Widersprüche (in abgemilderter Form) festzustellen: "Das Wählerverzeichnis war nach Aussage der Zeugen der Wahlanfechtung am Abend des 28.6.1977 nicht in der Universitätskasse. Demgegenüber besagt die übereinstimmende Erklärung der Wahlausschußmitglieder, daß das Wählerverzeichnis vom Wahlausschußmitglied *H.-G.Hager* in die Universitätskasse gebracht worden ist, wo es am nächsten Morgen wieder abgeholt wurde. Auch Wahlhelfer *C.N.* bestätigte, daß das Wählerverzeichnis in die Universitätskasse gebracht worden sei. Hinsichtlich Person und Zeitpunkt weichen seine Aussagen jedoch von denen des Wahlausschußmitglieds *H.-G.Hager* ab."[312]

(b) Abweichung in der Wahlbeteiligung. Entgegen der amtlichen Wahlbekanntmachung[313] war die Urne dieses Stimmbezirks nicht in der "Klinikmensa", sondern in der ehemaligen

---

310 Wahlanf. (FN 294), Punkt 1

311 Rechtsaufsichtsbeschwerde (FN 304), S.3.

Zur möglichen Erheblichkeit dieses Wahlfehlers: FN 143; FN 160.

312 ÄR-Prot. v.29.7.1977, S.2

313 abgedruckt in: Uni-Rep.7/1977, S.3

(Studenten-)Mensa des Fachbereichs Medizin aufgestellt. Dieses letztgenannte Gebäude stand seit Januar 1976 unter dem Namen 'KOMM' (Kommunikationszentrum Medizin) in der Verfügungsgewalt des 'linken' Fachschaftsrats Medizin und wurde lediglich von einer Minderheit der Frankfurter Medizinstudenten genutzt. Folgerichtig hätte dieser Stimmbezirk während aller drei Wahlen, die unter dieser Situation der Schwierigkeit des Auffindens des Wahllokals für den 'Normalwähler' als Urnenwahl durchgeführt wurden, unterdurchschnittliche Wahlbeteiligung aufweisen müssen[314]. Das war tatsächlich aber bei der fraglichen Wahl im Juni 1977[315] nicht der Fall:

Wahl	*I. abgegebene Stimmen (Bez.IX)*	*%*	*II. Uni-Wahlbeteiligung*	*%*	*Differenz I-II*
1976	699	29,0%	6.667	29,9%	- 0,9%
1977 (Juni)	986	37,9%	8.186	36,6%	(!) +1,3%
1977 (Dez.)	734	26,9%	7.511	31,5%	- 4,6%

Das bedeutet: Die Wahlbeteiligung bei der zweiten der aufgeführten Wahlen fiel relativ zur Gesamtwahlbeteiligung zu hoch aus.

(c) Signifikante Abweichung in der Stimmenverteilung. Ein Vergleich der Wahlergebnisse in diesem Stimmbezirk zwischen der (vom Zentralen Wahlvorstand der Universität) nahezu gleichzeitig zur StuPa-Wahl korrekt durchgeführten Konventswahl (mit etwa denselben Wahlberechtigten)[316] erbrachte signifikante Stimmenverschiebungen zugunsten der 'undogmatisch-linken' StuPa-Listen[317]:

---

314 Entgegen der Tendenz bei der etwa gleichzeitig korrekt durchgeführten Konventswahl. - Damit war auch die überdurchschnittliche Reduktion der 'rechten' RCDS-Stimmen in diesem Stimmbezirk gegenüber der Konventswahl zu erklären, weil einige dieser Wähler nach eigenen Angaben "ein regelrechtes Unwohlsein" empfanden beim Aufenthalt im vom 'linken' Fachschaftsrat Medizin geprägten und geführten KOMM, der alle politischen Regungen des RCDS an diesem Fachbereich gnadenlos auszumerzen suchte. Von einem politisch neutral ausgestalteten Wahllokal konnte keine Rede sein. - Ein weiteres Beispiel für eine dergestalt unter wahltaktischen Gesichtspunkten aufgestellte Wahlurne bei dieser Wahl lieferte der Stimmbezirk V im 'Studentenhaus' [dazu bereits: Kap.19.7.1.].

Zur möglichen Erheblichkeit dieses Wahlfehlers: FN 228 (gezielte Erschwerung der Wahrnahme des aktiven Wahlrechts); FN IV.221 (Kap.15) (Wahlwerbung im Wahllokal).

315 Die tatsächliche Wahlbeteiligung im Juni 1977 dürfte noch um ca. 2% niedriger gelegen haben, weil auch im Stimmbezirk II (Wirtschaftswissenschaften) ähnliche Vorfälle wie im Stimmbezirk IX (Medizin) zu beobachten waren [siehe dazu: Kap.19.12.5.].

316 (Brief-)Wahlschluß für die Konventswahl war der 28.6.1977, gleichzeitig der erste (Urnen-)Wahltag der (bis zum 30.6.1977 andauernden) StuPa-Wahl.

Zur unterschiedlichen Anzahl der Stimmberechtigten. Die geringe Anzahl von 46 der noch als Studenten im Stimmbezirk IX eingeschriebenen wissenschaftlichen Mitarbeiter (Statusgruppe II) besaß das Wahlrecht für die StuPa-Wahl, nicht jedoch das Wahlrecht in der Statusgruppe III (Studenten) für die Konventswahl.

317 Amtliche Wahlbeteiligungen (universitätsweit): Konvent (Wählergruppe Studenten) in obligatorischer Briefwahl: 48,8%; Studentenparlament in Urnenwahl: 36,6% [dies nach unten relativierend: FN 315].

Zur obligatorischen Briefwahl. In den ersten Jahren nach ihrer Einführung 1977 (unter der Begründung des § 39 S.2 HRG (= FN III.93)) erbrachte die obligatorische Briefwahl wunschgemäß signifikant höhere Wahlbeteiligungen als die bisherige Urnenwahl (dies rechtfertigte auch die wesentlich höheren Kosten dieses Wahlverfahrens): Jeder Wahlberechtigte erhielt seine Briefwahlunterlagen unaufgefordert von Amts wegen zugesandt. Er konnte diese innerhalb einer Frist von zwei Wochen mit Vollzug des völlig privaten, häuslichen Wahlakts portofrei postalisch dem Universitätswahlamt zurücksenden und hatte folglich seine (Briefwahl) Stimme abgegeben. Aufgrund des anonymisierenden und entpolitisierenden Effekts der Briefwahl waren damit insbesondere auch diejenigen potentiellen Wähler angesprochen, die sich den als Unannehmlichkeit empfundenen politischen Agitationen und dem potentiellen Bruch des Wahlgeheimnisses mit ihrem Erscheinen an den Wahlurnen der Universität nicht aussetzen wollten.

Wahl	I. StuPa-Wahl		II. Konvents-Wahl		Differenz I-II
Wahlberechtigte	2.605		2.559		+ 46
Wahlbeteiligung	986	37,9%	1.426	55,7%	- 440
Ungültige/Enthaltungen	1		34		(!) - 33
Wahlvorschlagsliste					
	Stimmen	*%*	*Stimmen*	*%*	*Stimmen*
1: SHI ("Spontis")	361	36,7%	205	14,4%	(!) +156
9: LiLi ("Spontis")	30	3,0%	nicht kandidiert		+ 30
2: RCDS	217	22,0%	533	38,3%	- 316
3: Juso-HSG	118	12,0%	269	19,3%	- 151
4: LHV	101	10,3%	218	15,7%	- 117
5: UF ('Giraffen'/Unabhängige)	56	5,7%	75	5,4%	- 19
8: GOL (MSB Spartakus / SHB)	71	7,2%	92	6,1%	- 21

Das bedeutet: Die Anzahl der Ungültigen/Enthaltungen der Konventswahl reduzierte sich bei der StuPa-Wahl um 97%, während sich gleichzeitig die Wahlbeteiligung lediglich um 31% reduzierte. Die einzige Liste, die trotz erheblich geringerer Wahlbeteiligung ihre Stimmenzahl bei der StuPa-Wahl im Vergleich zur Konventswahl nahezu verdoppeln konnte (+ 176,1%), war die 'undogmatisch-linke' Liste 1 (SHI); diesem politischen Potential zusätzlich hinzuzurechnen waren die Stimmen der ebenfalls 'undogmatisch-linken' Liste 9 (LiLi) bei der StuPa-Wahl, die zur Konventswahl nicht antrat. Unter der realistischen Annahme, daß nahezu alle Urnenwähler sich auch an der obligatorischen Briefwahl beteiligt hatten und ihre Wahl nicht völlig planlos vornahmen, muß nach obigem Ergebnis ein erheblicher Anteil von Wählern (wenigstens 63 Medizinstudenten) zum Konvent den 'autoritären', 'rechten' RCDS und zum StuPa die "antiautoritäre", 'undogmatisch-linke' SHI gewählt haben - ein angesichts der an der Universität vorherrschenden und von der SHI maßgeblich geschürten politischen Polarisierung gänzlich unwahrscheinlicher Sachverhalt[318]!

318 Exakter liegen dieser Schlußweise folgende (realistische) Annahmen zugrunde:
(a) 1. Prämisse: Alle 986 StuPa-Wähler waren auch Konvents-Wähler. Es kann davon ausgegangen werden, daß die tendenziell politisierteren Wähler, die ihre Stimme an einer Wahlurne für die Wahl des Studentenparlaments abzugeben bereit waren, auch Interesse an der universitären Konventswahl (mit höherer Wahlbeteiligung) aufbrachten und dementsprechend an der bereits einige Tage zuvor stattgefunden habenden und mit geringerem Aufwand verbundenen (obligatorischen) Briefwahl teilnahmen. - Diese Prämisse hätte der ÄR anhand der ihm vorliegenden beiden Wählerverzeichnisse (Konventswahl auf Antrag vom Zentralen Wahlvorstand und StuPa-Wahl) für diesen Stimmbezirk verifizieren können und - angesichts des vorliegenden Sachverhalts - im Rahmen eines sachgerechten Wahlprüfungsverfahrens auch müssen.
(b) 2. Prämisse: Alle (also 100%) SHI-Konvents-Wähler waren SHI-StuPa-Wähler; 80% der von der Konvents- zur StuPa-Wahl verlorenen RCDS-Stimmen gingen in das Nichtwählerpotential (253 Stimmen [vgl.: FN 314]); 59% der für die übrigen Gruppen von der Konvents- zur StuPa-Wahl verlorenen Stimmen gingen in das Nichtwählerpotential (182 Stimmen). Die übrigen 186 (Konvents-)Stimmen wechselten bei der StuPa-Wahl zur SHI. [Diese Annahmen über das Wechselwählerpotential wurden also zugunsten eines sehr hohen Mobilisierungsgrads der SHI-Wähler getroffen.]
Wenn aber überhaupt, wie im Text ausgeführt, - wider alle Wahrscheinlichkeit - nach den vorliegenden Wahlergebnissen in diesem Ausmaße Stimmen vom 'rechten' RCDS zur 'linken' SHI geflossen sein mußten, so ist vollends nicht mehr nachvollziehbar, warum ein anderer Stimmenfluß nicht ebenso umgekehrt in die entgegengesetzte Richtung erfolgte. [Siehe zur politischen Polarisierung der Frankfurter Studentenschaft zu dieser Zeit: Kap.5; Kap.7.]

(d) Die abweisende Einschätzung des Ältestenrats. Der sich unter den genannten Fakten geradezu aufdrängenden Hypothese unbefugter mehrfacher Stimmabgabe zugunsten der Liste 1 (SHI) bei der StuPa-Wahl in diesem Stimmbezirk - nämlich durch unbefugten Einwurf zusätzlicher Stimmzettel in die Wahlurne und anschließendes Markieren der entsprechenden Anzahl bisheriger Nichtwähler im Wählerverzeichnis - hätte der ÄR wenigstens mittels des aufgrund der vorliegenden Wahlergebnisse naheliegenden Abgleichs des StuPa-Wählerverzeichnisses mit dem Wählerverzeichnis der (korrekt durchgeführten) Konventswahl im Falle eines effektiven Wahlprüfungsverfahrens nachgehen müssen: Zumindest alle (angeblichen) StuPa-Wähler, die nicht an der Konventswahl teilgenommen hatten[319] (eine Konstellation, die angesichts der unterschiedlichen Wahlbeteiligungen real äußerst unwahrscheinlich gewesen wäre), hätten amtlich angeschrieben werden müssen mit der Bitte, im Rahmen des Wahlprüfungsverfahrens mitzuteilen, ob sie von ihrem Wahlrecht bei dieser Studentenschaftswahl, wie durch das Wählerverzeichnis ausgewiesen, tatsächlich Gebrauch gemacht hätten[320].

Stattdessen teilte die 'undogmatisch-linke' Mehrheit des Ältestenrats unter Negierung sämtlicher Indizien, ohne Würdigung irgendwelcher inkonsistenter, konkreter Stimmenverteilungen und widersprüchlicher Aussagen der beteiligten Wahlhelfer und damit auch ohne stichhaltige Begründung für die angeblich in keinem Falle vorliegende Mandatsrelevanz apodiktisch ihr sachfremdes Prüfergebnis mit: Die "Überzeugung" nämlich, daß in diesem Falle "gegen zwingende Vorschriften der Gesetze, der Satzung oder der Wahlordnung verstoßen worden ist und ... daß die Verstöße das Wahlergebnis beeinflußt haben, ... konnte der Ältestenrat mehrheitlich hinsichtlich keiner einzigen der ... vorgebrachten Rügen gewinnen ... Die Wahlurne des Stimmbezirks IX war am 28.6.1977 zwischen Schließung um 15.30 Uhr in der Universitätsklinik und Versiegeln durch den Wahlausschuß in der Universitätskasse, von einer unbedenklichen Zeitspanne abgesehen, ständig unter Kontrolle des Wahlausschusses. Ein Verstoß gegen § 19 Abs.6 der Wahlordnung liegt somit nicht vor. Bezüglich des Wählerverzeichnisses geht der Ältestenrat mehrheitlich davon aus, daß es zwischen dem 28. und 29.6. ordnungsgemäß in der Universitätskasse aufbewahrt wurde."[321]

19.12.5. Die signifikante Stimmenverschiebung gegenüber der korrekt durchgeführten Konventswahl im Stimmbezirk II (Wirtschaftswissenschaften). Ähnlich dem Fall des Stimmbezirks IX traten auch in der Statistik des eher konservativ-wirtschaftsliberal geprägten Stimmbezirks II erstaunliche Signifikanzen zugunsten der Liste 1 ('Sozialistische Hochschulinitiative') sowie der etwa dasselbe Wählerpotential ansprechenden Liste 9 ('Linke Liste') auf, die durch keinerlei aktuelle politische oder anderweitige außergewöhliche Vorkommnisse an dem Fachbereich begründbar waren; arithmetische Berechnungen widersprachen diesen Ergebnissen (dieser Stimmbezirk war in der Wahlanfechtung nicht thematisiert worden):

---

319 Zur Grundlage: FN 318(a). Dabei hätte es sich unter Annahme der Gleichverteilung des unbefugten Markierungsvorgangs (von mutmaßlich etwa 200 Personen) im Wählerverzeichnis für die StuPa-Wahl um etwa 89 (= 44,3% [= 100% - 55,7%] von 200) Personen handeln müssen (bei 55,7% Konvents-Wahlbeteiligung in diesem Stimmbezirk), die durch Vergleich mit dem ebenfalls zur Prüfung vorliegenden Konvents-Wählerverzeichnis leicht zu ermitteln gewesen wären.

320 Diese Daten über die individuelle Wahlbeteiligung unterliegen grundsätzlich der amtlichen Geheimhaltungspflicht [dazu: Kap.15.5.1.(c).].

321 ÄR-Beschluß (FN 293), S.2/3.

"Ein Mitglied des ÄR ist demgegenüber der Meinung, daß durch die widersprüchlichen Aussagen das von der Anfechtung behauptete Fehlen des Wählerverzeichnisses nicht entkräftet werden konnte." (ÄR-Prot. v.29.7. 1977, S.3)

(a) Signifikante Abweichung in der Wahlbeteiligung. Während dieser Stimmbezirk bei der korrekt durchgeführten Konventswahl mit 53,9% eine um 5,1% höhere Wahlbeteiligung aufwies als die Gesamtwahlbeteiligung (48,8%), wies er bei der StuPa-Wahl mit 47,3% eine um 10,7% höhere Wahlbeteiligung auf als die Gesamtwahlbeteiligung (36,6%[322]). Die Wahlbeteiligung des Stimmbezirks II für die StuPa-Wahl im Juni 1977 fiel also wahlsystematisch unerklärlich hoch aus; ein Sachverhalt, der so bei keiner der vorhergehenden (und auch keiner der nachfolgenden) StuPa-Wahlen mehr auftrat.

(b) Signifikante Abweichung in der Stimmenverteilung. Diese signifikant erhöhte Wahlbeteiligung übertrug sich weder aus der gleichzeitig korrekt durchgeführten Konventswahl noch verteilte sie sich statistisch auf die kandidierenden Listen:

Wahl	*I. StuPa-Wahl*		*II. Konvents-Wahl*		*Differenz I-II*
Wahlberechtigte	3.390		3.304		+ 86
Wahlbeteiligung	1.602	47,3%	1.782	53,9%	- 180
Ungültige/Enthaltungen	1		28		(!) - 27
Wahlvorschlagsliste					
	Stimmen	*%*	*Stimmen*	*%*	*Stimmen*
1: SHI ("Spontis")	312	19,5%	165	9,4%	(!) +147
9: LiLi ("Spontis")	89	5,6%	nicht kandidiert		(!) + 89
2: RCDS	306	19,1%	506	28,8%	- 200
3: Juso-HSG	198	12,4%	367	20,9%	- 169
4: LHV	224	14,0%	280	16,0%	- 56
5: UF ('Giraffen'/Unabhängige)	275	17,2%	306	17,4%	- 31
6: GOL (MSB Spartakus / SHB)	159	9,9%	130	7,4%	(!) + 29

Das bedeutet: Die Anzahl der Ungültigen/Enthaltungen der Konventswahl reduzierte sich bei der StuPa-Wahl um 96%, während die Wahlbeteiligung sich gleichzeitig um lediglich 11,1% reduzierte. Offensichtliche Nutznießer der gegenüber der zu erwarten gewesenen um etwa 330 Stimmen erhöhten 'Wahlbeteiligung' in diesem Stimmbezirk waren die Listen 1, 9 und 6: Unter Zugrundelegung dieser Zahlen muß ein erheblicher Anteil 'rechter' Konventswähler für 'undogmatisch-linke' StuPa-Listen gestimmt haben. Die 'undogmatisch-linken' Listen stiegen von der (mit Abstand) zweitschwächsten Position bei der (korrekt durchgeführten) Konventswahl zur stärksten Position bei der gleichzeitig 'autonom' durchgeführten StuPa-Wahl auf. Die erstmals zur Wahl angetretene (undogmatisch-)'linke' Liste 9, in diesem strukturell konservativ-liberalen Stimmbezirk bisher unbekannt und auch keine Kandidaten aus diesem Stimmbezirk aufweisend, erhielt auf Anhieb 5,6% der gültig in der Wahlurne vorgefundenen Stimmen. (An dieser Wahlurne saß ein Wahlhelfer der GOL zusammen mit einem Wahlhelfer der SHI.)

19.12.6. Das Leerlaufen des Wahlprüfungsverfahrens. Selbst die Summe aller genannten erheblichen Wahlfehler zusammen vermochte auch in diesem Falle zu einer Wiederholungswahl nicht hinzuführen[323]. Die Weiterverfolgung der Wahlanfechtung erübrigte sich im folgenden

---

322 Die tatsächliche Wahlbeteiligung dürfte noch niedriger gelegen haben [vgl. dazu: FN 315].

323 Die 'linke' Instrumentalisierung der mutmaßlich erheblichen Wahlfehler in der Öffentlichkeit. Die öffentliche Darstellung der genannten erheblichen Wahlfehler durch diejenigen 'linken' Gruppen, die als poten-

wegen der vorzeitigen Neuwahl aufgrund der Selbstauflösung des Parlaments bereits nach einem halben Jahr[324]:

19.13. Die StuPa-Wahl vom 13.12.-15.12.1977 (rechtswidrige Wahl und falsche Zusammensetzung des Wahlorgans; ungenügende Sicherung der Wahlurnen; Einschränkung des aktiven Wahlrechts; offene Wahl)

Diese Wahl[325] erbrachte das höchste jemals an der Johann Wolfgang Goethe-Universität verkündete amtliche Endergebnis für die "antiautoritäre" 'Undogmatische Linke' (SHI), nämlich

---

tielle AStA-Fraktionen unter Führung der 'Undogmatischen Linken' in Frage kamen, machte sich die Kompliziertheit der Materie zunutze, die nicht mit den Wahlprüfungsverfahren Befaßten kaum nahezubringen war. Dementsprechend konnte erfolgreich das Konstrukt des unfairen Verlierers errichtet werden, der mangels eigenen politischen Erfolgs nun bestrebt wäre, durch illegitime juristische Mittel unter Angabe unbewiesener und nicht nachvollziehbarer Beschuldigungen den "Wahlgewinner" um den verdienten Erfolg zu bringen [zu diesem Argumentationsprinzip: FN 132(b)]; zudem berief man sich auf die Institutsautorität der ersten Wahlprüfungsinstanz Ältestenrat [dazu: Kap.18.1.4.(i).], der die Wahlanfechtung ja vernichtend zurückgewiesen hatte. Auf die parteiische Zusammensetzung dieses ÄR oder auf die maßgeblichen materiellen Beanstandungen seines Amtshandelns hingegen wurde nirgendwo eingegangen:

(a) 'Undogmatische Linke' (SHI): "Eine politische Begründung für ihr Verhalten haben sie nie abgegeben - dafür aber den abgedroschenen Vorwurf der Wahlfälschung wieder aufgewärmt, obwohl der Ältestenrat in der Zwischenzeit den Vorwurf als unbegründet zurückgewiesen hatte." (ASTA-info. v.15.11.1977, S.1) "Die Argumentation mit den Wahlmanipulationen (dieser Vorwurf wird schon seit Jahren von den jeweiligen Verlierern erhoben) ist jedoch höchst fadenscheinig. Die Wahlanfechtung des RCDS ist auch vom Ältestenrat zurückgewiesen worden." (ASTA-info.11/1977, S.19)

(b) 'Undogmatisch-links' ausgerichteter Teil der 'Juso-Hochschulgruppe': Die typische Haltung des 'undogmatisch-linken' Teils der Juso-Hochschulgruppe zum genannten Sachverhalt repräsentierten deren damalige beide Parlamentarier F.**Reidenbach** [später (1983): SPD-Landtagskandidat im Wahlbezirk Frankfurt/M-II] und J.v.**Trott** [später (1989/90): persönlicher Referent des Frankfurter SPD-OB V.**Hauff**]: "Offensichtlicher Zweck dieser Sitzung des Studentenparlaments ist die Ausschreibung von Neuwahlen. Begründet werden soll dies mit angeblichen Wahlmanipulationen. Dazu ist zu sagen: 1. Das allgemeine, freie und geheime Wahlrecht ist in Deutschland 1918 gegen den Widerstand der Feudalisten und der Bourgeoisie von der Arbeiterklasse erkämpft worden. 2. Jede linke Gruppe hat dieses Recht zu verteidigen und alles dafür zu tun, daß nicht nur der Verdacht einer Manipulation auftaucht. ... 3. Die JUSOS haben vor den Stupawahlen glaubwürdige Hinweise erhalten, daß Wahlmanipulationen erwartet werden können. Wir haben uns in aller Schärfe öffentlich dagegen gewandt. - Wir sind der Ansicht, daß in Zukunft ein Wahlverfahren gefunden werden muß, das die Möglichkeiten von Wahlmanipulationen ausschließt. Es darf in Zukunft keine Möglichkeit geben, daß irgendwelche Gruppen Gelegenheit bekommen, Wahlergebnisse zu denunzieren, wenn sie feststellen, daß ihnen das politische Ergebnis der Wahl nicht paßt. Wir sind der Auffassung, daß das Bestreben des RCDS und der Unabhängigen Fachbereichsgruppen politische Falschmünzerei ist, denn erst nachdem klar war, daß diese Gruppen keinen AStA in ihrem Sinne bilden konnten, fielen sie auf den Gedanken, Neuwahlen mit der Begründung der Wahlmanipulationsvorwürfe einzuleiten. Ebenso wie das Recht auf Durchführung gleicher und freier Wahlen ein von der Arbeiterklasse erkämpftes demokratisches Recht ist, ist eines der grundlegenden demokratischen Prinzipien die Unschuldsannahme: Es kann so lange nicht mehr von Wahlmanipulationen gesprochen werden, als diese nicht eindeutig und klar bewiesen sind. Wer weiter *unbewiesene* Manipulationsvorwürfe vertritt, begibt sich auf die gleiche Ebene wie die von Wahlmanipulationen. Für uns bleiben diese Wahlen deshalb so lange rechtmäßig, wie der Manipulationsvorwurf nicht eindeutig bewiesen ist" (Anlage zum StuPa-Prot. v.14.7.1977). Eine unveränderte Position vertraten diese beiden Personen auch nach Abschluß des ihnen bekannten Wahlprüfungsverfahrens: "Bezüglich der taktischen Wahlfälschungsvorwürfe verweisen wir nochmals auf unsere Erklärung auf der letzten Sitzung des Studentenparlaments. Wir sind nicht bereit, unbewiesene Wahlfälschungsvorwürfe zu vertreten." (Rücktrittserklärung F.**Reidenbach**/J.**v.Trott** als Anlage zum StuPa-Prot. v.11.11.1977 [vgl. in diesem Zusammenhang: FN 295(d)!])

(c) 'MSB Spartakus' und 'Sozialistischer Hochschulbund' (SHB): Deren Haltung verdeutlichte der Parlamentarier der GOL [zu dieser Listenverbindung: FN 282], M.**Walz**: "Auch die GOL sah die Notwendigkeit einer Einigung der linken Gruppen an der Uni bei der AStA-Bildung, GOL kritisierte Haltung von Juso/LHV, die in den Chor der Rechten bzgl. Wahlfälschungen mit einstimmten, ohne daß irgendjemand auch nur einen entsprechenden Beweis hätte auf den Tisch legen können." (StuPa-Prot. v.11.11.1977, S.3)

324 StuPa-Prot. v.11.11.1977, S.5

325 Zu dieser Wahl: Die 'Sozialistische Hochschulinitiative' (SHI) und die 'Linke Liste' (LiLi) sowie die Studentengruppe des 'Sozialistischen Büros' Offenbach (SB) und Teile der bisherigen 'Juso-HSG' [vgl. dazu:

44,8% der in den Urnen vorgefundenen gültigen Stimmen, und damit die Hälfte aller Mandate des Studentenparlaments[326]. Allerdings litt die Wahl erneut an gravierenden Wahlfehlern, die die Authentizität des amtlich bekanntgegebenen Stimmergebnisses als höchst zweifelhaft erscheinen ließen:

19.13.1. Die rechtswidrige Wahl des studentischen Wahlausschusses am 11.11.1977. Die Personalentscheidung 'Wahl des Wahlausschusses' durch das Studentenparlament wurde zuvor auf keiner Tagesordnung für eine Parlamentssitzung angekündigt. Trotzdem wurde auf einer StuPa-Sitzung im November 1977 ein (rein 'undogmatisch-linker') Wahlausschuß mehrheitlich gewählt[327]. Dabei bestand auf dieser Parlamentssitzung über den Modus von Kandidatennominierung und -wahl Unklarheit; einige Parlamentarier fühlten sich anschließend über die Identität der (sämtlich nicht anwesenden) Kandidaten getäuscht[328]. Ein derart rechtsfehlerhaft zustande

---

Abb.9, Abb.10] fusionierten zur Wahlvorschlagsliste 'Undogmatische Linke (SHI, LiLi, SB)' (UL, Liste 9). Die maoistischen Gruppen kandidierten (erfolglos) unter 'Rote Liste' (KSB, Liste 7) und 'Liste für die Aktionseinheit von Demokraten und Kommunisten' (KSV, Liste 8). Die realsozialistischen Gruppen MSB und SHB kandidierten erneut auf dem gemeinsamen Wahlvorschlag 'Gewerkschaftlich orientierte Liste' (GOL, Liste 5).

326 Die absolute Mandatsmehrheit der 'Undogmatischen Linken' im neu zu wählenden Studentenparlament wurde bereits vor der Wahl als angeblich notwendig und dringlich verkündet: **(i)** "Von den Gruppen, die im letzten StuPa vertreten waren, ist keine in der Lage und bereit, das Wahlergebnis, nämlich die starke linke Fraktion, bestehend aus SHI und LiLi, zu würdigen. Das bedeutet: wenn das nächste Wahlergebnis der Liste der UNDOGMATISCHEN LINKEN nicht die absolute Mehrheit bringt ..., dann stellt sich dieselbe Situation, wie im Oktober schon einmal. ... Eine Koalition mit einer der anderen Gruppen ist nicht mehr möglich: alle Gruppen, die nachher eine Koalition hätten machen können, haben sich diesmal schon vor der Wahl zusammengeschlossen: mehr ist nicht drin. ... Wir brauchen die absolute Mehrheit im StuPa: Wählt Liste 9! ... Die einzige Alternative: Wir oder die Rechten!" ('Linker AStA oder Krupp-AStA!', Wahlaufruf der SHI, Dez.1977) **(ii)** "Just in dem Augenblick, wo es darauf ankäme, den AStA gegen seine Entfunktionalisierung zu verteidigen, weigern sich Spartakisten (GOL), Liberale (LHV) und Jusos, mit den linken Gruppen zusammenzuarbeiten ... Der linke AStA kann also nicht über Koalitionen erhalten bleiben, sondern nur über eine absolute Mehrheit der 'Liste der undogmatischen Linken'. Deshalb haben wir uns zu einer Beteiligung an dieser Liste entschlossen. ... Gleichzeitig erwägen eine Reihe von Jusos ihre Beteiligung an der 'Liste der undogmatischen Linken'." ('Serengeti darf nicht sterben', Wahlaufruf der SB-Hochschulgruppe, Dez.1977)

327 Einladung v.1.11.1977 zur StuPa-Sitzung am 11.11.1977 durch die Parlamentspräsidentin B.**Heinrich** [SHI]. Das Parlament wählte auf dieser Sitzung mehrheitlich, nachdem von der Präsidentin die Kandidatur von Oppositionskandidaten wegen fehlender schriftlicher Zustimmung zurückgewiesen worden war, die 'undogmatisch-linken' Kandidaten in einem Wahlgang: H.-P.**Bach**, R.**Schmelzer**, G.**Weigel** (StuPa-Prot. v.11.11.1977, S.5). - Zur Rechtswidrigkeit dieser Personalwahl aufgrund unterlassener rechtzeitiger Ankündigung in der Tagesordnung der Sitzung: FN 92 (Kap.18).

328 Zur "Wahl" des Wahlorgans. (a) Rechtswidrigkeit des Wahlverfahrens: Bereits für den 18.7.1977 wurde auf Initiative der Parlamentarier J.**Bangert**/K.-H.**Wellmann** [LHV] gem. § 9 Abs.2 Nr.2 StS eine Sondersitzung des Studentenparlaments mit dem einzigen Tagesordnungspunkt "Neuwahl des Wahlausschusses" beantragt (die Sitzung fand dann aufgrund des geschlossenen Fernbleibens der 'undogmatisch-linken' Parlamentsmehrheit wegen Beschlußunfähigkeit nicht statt). Als Begründung dafür wurde schriftlich vorgebracht:
"**1.** Kandidaten, deren mündliche Zusage für eine Kandidatur vorlag, wurden ohne Beschluß des StuPa, also willkürlich, von der Kandidatur ausgeschlossen. " [Dies stellte insofern einen gravierenden Eingriff in die Allgemeinheit des passiven Wahlrechts bei der Organwahl dar, als wegen der Nichtankündigung der Wahl des Wahlausschusses für diese Parlamentssitzung am 11.11.1977 von den Oppositionsgruppen keine längerfristigen eigenen Vorbereitungen getroffen werden konnten. Ob der 'undogmatisch-linken' Parlamentspräsidentin B. **Heinrich** schriftliche Zustimmungen der 'undogmatisch-linken' Gewählten vorlagen, war nicht mehr zu ermitteln; sie wurden dem Parlament nicht vorgelegt.]
"**2.** Es wurde keine Abstimmung darüber herbeigeführt, ob die zur Kandidatur zugelassenen Personen einzeln oder in Blockwahl gewählt werden sollten; das geschehene Wahlverfahren als Blockwahl war somit unlegitimiert, also rechtlich nichtig." [Zur Problematik der "Blockwahl" jetzt auch: HH.VerfG, E.v.4.5.1993 [Az.: HVerfG 3/92], (auszugsweise) in: DVBl.**108**, S.1070-1077 (1993).]
"**3.** Zum Zeitpunkt der Abstimmung gab es keinerlei Kontrolle mehr darüber, ob die Stimmzettel eindeutig nur den StuPa-Mitgliedern ausgehändigt wurden und ob nur StuPa-Mitglieder Stimmzettel ausfüllten ... Die Wahl des Wahlausschusses entsprach somit nicht den Mindestanforderungen an eine legale Abstimmung und ist deshalb aufzuheben."

An die Wähler der

Juso-UNI-Gruppe

Über 1000 Studenten /-innen haben in den letzten Jahren die Jungsozialisten Hochschulgruppe bei den Studentenparlamentswahlen unterstützt.
Ein Teil befürwortete damit unsere Mitarbeit in den SHI/Juso Koalitionen im AStA, der andere Teil wählte den Namen der "Jusos".
Wir wenden uns an beide Gruppen!
Wir, das sind jene, die 3 1/2 Jahre im AStA, in Fachbereichen und Fachschaften als Jusos die politische Arbeit getragen haben.
Seit einem Jahr haben wir uns von der Juso-Hochschulgruppe getrennt und arbeiten auch in der SPD , sowie bei den Jusos nicht mehr mit.

Die Gründe für unsere Abkehr von der Juso-Hochschulgruppe sind:

- die massive Repression karriereorientierter und gegenüber der SPD konfliktscheuer Juso-Vorstände in Frankfurt und Hessen-Süd gegen unsere linken Politikansätze.
- der Versuch 1976 uns eine Koalition mit den Spontis zu verbieten - als wir den Frauen-Asta trotzdem wählten, wurden wir aus der Juso-Hochschulgruppe vom Bezirksvorstand ausgeschlossen.

- die Einsicht, daß eine undogmatisch linke politische Arbeit in der SPD und bei den Jusos unmöglich geworden ist.
- und nicht zuletzt dreijährige permanente Auseinandersetzungen mit einer kadermäßig auftretenden, dogmatischen und rechtssozialdemokratischen Gruppe, der es vor Wochen gelungen ist, die Mehrheit in der Hochschulgruppe zu erreichen und die somit die Kandidaten für die Stupa-Wahl stellt.

Wir arbeiten heute in Fachbereichsgruppen (die Mediziner der "promed" zum Beispiel in einer Psychiatriegruppe), in der Hochschulgruppe des Sozialistischen Büros, bei den Spontis oder machen Programmarbeit im Club Voltaire.
Uns verbindet das Interesse an der Weiterführung einer linken Asta-Arbeit.
Weil die jetzige Juso-Hsg. mit den rechten Gruppen koalieren will, sehen wir eine Kontinuität linker Hochschulpolitik nur in der Unterstützung der

gewährleistet. Wir rufen Euch auf, den Jusos die Stimme zu verweigern und das Wahlbündnis von SHI, LiLi und SB durch eine Stimmabgabe für die Liste 9 zu unterstützen.

Volker Belwe - Fachschaftsvertreter Medizin 1975/76

Rita Häfner - zweite Vorsitzende des Frauenastas

Max V. Limbacher - zweiter Astavorsitzender 1975/76

Matthias Möller - zweiter Astavorsitzender 1974

Ingrid Munk - Fachschaft Medizin

Hans Rautschka - Asta-Referent

Richard Ullmer - bis zum Parteiausschluß Juso-Bundesdelegierter

Mitglieder der "promed"
und noch viele andere mehr.

Wählt Liste 9, die 'Undogmatischen Linken'

V.i.S.d.P. M. Möller

Abb.9: Flugblatt 'Juso'-Wahlaufruf zur StuPa-Wahl 12/1977 (I)

„JUSOS für einen linken asta"

Die "Juso-Hochschulgruppe" hat sich in den letzten Monaten durch eine besondere Politik an der Uni hervorgetan. In ihr wirken leider Gruppen, die unseres Erachtens nicht mit den sozialistischen Positionen der JUSOS zu tun haben:

1. Die "JUSO-Hochschulgruppe" hat sich an der Uni durch ihre Politik im Studentenparlament in die Isolation begeben. Anstatt auf der Basis der JUSO-Positionen in Koalitionsverhandlungen über die Bildung eines Asta zu treten, hat sie gleichzeitig mit rechten Gruppen die Durchführung von Neuwahlen betrieben, ohne ihre Vorwürfe, die Wahlen seien manipuliert worden, belegen zu können. Damit hat sie auf der einen Seite die Organisation eines wirksamen Widerstandes gegen die Anpassung des Hessischen Hochschulgesetzes an das HRG durch den Asta behindert und, auf der anderen Seite, die Einbringung sozialistischer JUSO-Positionen in die Uni-Politik verhindert.

2. Die JUSO-Hochschulgruppe hat zwar viel getan, um die Bildung eines linken ASTA zu verhindern, sie hat aber nichts getan, um gemeinsam mit anderen linken Studentengruppen sich der Auseinandersetzung mit dem Abbau der Hochschulreform zu stellen. Stattdessen beantragte sie z.B. im STUPA, die Zuschüsse für die Kindertagesstätte an die Uni durch den ASTA zu kürzen.

3. Die JUSO-Hochschulgruppe hat sich mit dieser Politik außerhalb der undogmatischen, sozialistischen Grundpositionen des Jungsozialisten-Verbandes gestellt. JUSOS sind nicht an die UNI gegangen, um bornierte Studentenparlamentsfraktionspolitik zu machen, sondern, um sozialistische Hochschulpolitik zu betreiben.

Aus diesen Gründen sehen wir uns nicht mehr in der Lage, diese Politik der Hochschulgruppe zu stützen. Wir, das sind JUSOS, die entweder in Fachbereichsgruppen, in der Stadt Frankfurt oder in unseren "Heimat-Bezirken" aktiv bei den Jusos mitarbeiten. Wir sind keine Splittergruppe, sondern in der praktischen Arbeit der JUSOS und ihren sozialistischen Positionen verankert. Durch ihre Politik hat sich jedoch die JUSO-Hochschulgruppe als Splittergruppe dargestellt, die keine Unterstützung mehr durch JUSOS verdient.

Mit dieser Auffassung stehen wir nicht allein. Die "Unterbezirksdelegiertenkonferenz" der Frankfurter JUSOS, das ist das Entscheidungsorgan der JUSOS auf Stadt-Ebene, hat am 29.11.1977 beschlossen, daß "sektiererische Positionen", wie sie z.T. in der Hochschulgruppe offenbar von trotzkistischen "Einwanderern" vertreten werden, nicht als Vertretung von JUSO-Positionen anerkannt werden können und deshalb für einen "Neuaufbau" der JUSO-Hochschulgruppe zu sorgen ist. Der Bezirksvorstand der südhessischen JUSOS hat am 30.11.1977 die unter 1.) oben aufgeführte Einschätzung der Hochschulgruppe unterstützt. Der Unterbezirksvorstand der Frankfurter JUSOS hat schließlich am 7.12.1977 beschlossen, daß er sich "aufgrund derselben Beschlußlage im Augenblick nicht in der Lage sieht, eine Wahlempfehlung zugunsten der "JUSO-Hochschulgruppe" abzugeben. Er ruft stattdessen alle JUSOS an der Uni auf, sich dafür einzusetzen, daß die JUSO-Politik an der Hochschule wieder als sozialistische Politik im Sinne der Beschlüsse der JUSOS erkennbar wird. Dazu gehört auch, daß die JUSOS sich um eine gemeinsame Politik mit den anderen undogmatischen linken Hochschullehrer- und Studentengruppen bemühen, um die Bildung eines linken Astas zu ermöglichen und den Kampf für eine sozialistische Hochschulreform aufzunehmen."

Wir stehen also mit unserer Einschätzung der "JUSO-Hochschulgruppe" nicht alleine, sondern wissen weite Teile des JUSO-Verbandes hinter uns.

Unabhängig von einer langfristigen Lösung dieses Problems sehen wir uns als JUSOS verpflichtet, sozialistische JUSO-Positionen deshalb außerhalb der "JUSO-Hochschulgruppe" deutlich zu machen. Wir tun das in verschiedenen Fachbereichen. Wir meinen aber auch, daß JUSOS für die Bildung eines undogmatischen linken ASTA sorgen müssen. Im Sinne der Doppelstrategie der JUSOS fühlen sie sich der undogmatischen Linken, auch in der Studentenbewegung, verpflichtet. Um deshalb Möglichkeiten zu finden, sozialistische JUSO-Politik auch an dieser Uni zu vertreten, fordern wir alle JUSOS, denen dieses wichtig ist, auf, bei dieser Stupa-Wahl nicht die JUSO-Hochschulgruppe, sondern die Liste "Undogmatische Linke" zu wählen.

Dies ist eine Initiative von Jungsozialisten, die bis vor kurzem die Arbeit der JUSO-Hochschulgruppe getragen haben.

Helge Peukert, Fritz Reidenbach, Axel Schwarz, Kamil Taylan
Jan von Trott u.a.

V.i.S.d.P.: Fritz Reidenbach, 6 Ffm.50, Sigmund-Freud-Str.103

Kontaktadresse: F.Reidenbach,stellvertr.Frankfurter JUSO-Vorsitzender, 6 Ffm. 1, Fischerfeldstr. 7-11

Abb.10: Flugblatt 'Juso'-Wahlaufruf zur StuPa-Wahl 12/1977 (II)

gekommenes Wahlorgan hätte aber bereits geeignet sein können, die Ungültigkeit der durch ebendieses Wahlorgan durchgeführten Wahl zu erzeugen[329].

19.13.2. Die (nicht eingeklagten) Nichtigkeitsgründe für diese Wahl. Diese Wahl litt unter gravierenden Mängeln, die weder durch eine Wahlanfechtung angegriffen noch durch die Rechtsaufsichtsbehörde gerügt wurden:

(a) Ungenügende Sicherung der Wahlurnen. Obwohl der 'undogmatisch-linke' Wahlausschuß erstmals die Wahlhelfer gemäß einer langjährigen Forderung der Oppositionsgruppen nach dem Nominationsprinzip entsprechend der bisherigen Stärke der im Parlament vertretenen Gruppen einsetzte[330], garantierte dessen eigene, politisch einseitige Besetzung und dessen Verfügungsgewalt über sämtliche Stimmzettel und Wahlumschläge immer noch keine Neutralität des Wahlverfahrens in seiner Gesamtheit; dies vor allem während der (Nacht-)Zeiten der Urnenaufbewahrung des sich über drei Tage hinziehenden Wahlverfahrens. Ein diesbezüglicher Antrag an den Wahlausschuß, die Wahlurnen während der Nachtstunden fälschungssicher durch einen Notar amtlich versiegeln zu lassen[331], wurde kategorisch zurückgewiesen[332].

(b) Täuschung über die Kandidaten: Beispielhaft für die Täuschung von Öffentlichkeit und Parlament über die Identität der in den Wahlausschuß gewählten Personen: "Am Freitag wurden vom StuPa die Mitglieder des Wahlausschusses, für die Durchführung und Organisation der StuPa-Neuwahlen zuständig, gewählt; ihm gehören an zwei Vertreter aus unabhängigen Fachbereichsgruppen und ein Juso." (ASTA-info. v.15.11.1977, S.2) - Diese Darstellung war bewußt irreführend: Bei den von der 'undogmatisch-linken' Mehrheit des Parlaments gewählten "Vertretern aus unabhängigen Fachbereichsgruppen", R.**Schmelzer** und G.**Weigel**, handelte es sich nicht um Kandidaten der zum 'undogmatisch-linken' AStA in Opposition stehenden Hochschulgruppe gleichen Namens, vielmehr um Vertreter aus 'undogmatisch-linken' 'Basisgruppen'; bei dem "Juso" H.-P.**Bach** handelte es sich um einen solchen der 'undogmatisch-linken' Richtung [vgl. auch bereits: FN 205], die inzwischen teilweise auf der Wahlvorschlagsliste der 'Undogmatischen Linken' kandidierte [dazu: FN 284]. - Über ein Tätigwerden der universitären Rechtsaufsichtsbehörde in diesem Zusammenhang ist nichts bekanntgeworden.

329 Zur möglichen Erheblichkeit dieses Wahlfehlers (Rechtsfehlerhaft zustande gekommenes Wahlorgan): Nach der juristischen h.M. vermag die rechtsfehlerhafte Besetzung des Wahlorgans allein noch keine Erheblichkeit dieses Wahlfehlers zu begründen. Hat diese Besetzung jedoch im folgenden zu einer sachlich unrichtigen Entscheidung des Wahlorgans geführt und diese wiederum zu einer möglichen Mandatsrelevanz, so erlangt der Wahlfehler Erheblichkeit. Insbesondere "kann bei Ermessensentscheidungen nie ausgeschlossen werden, daß die falsche Besetzung in der Beschlußfassung ihren Niederschlag gefunden hat. In diesem Fall muß daher stets von einer möglichen fehlerhaften Beschlußfassung ausgegangen werden" (T.**Hüfler** (FN 20), S.56 ff [ferner: FN 30 (Kap.17)]). - Im konkreten Falle lieferte dergestalt erhebliche Wahlfehler: **(i)** die Ermessensentscheidung des WA über die objektiv ungenügende Sicherung der Wahlurnen in den Nachtstunden zwischen den Wahlzeiten [dazu im folgenden: Kap.19.13.2.(a).]; **(ii)** die Ermessensentscheidung des WA über die unkorrekte Aufstellung der Wahlurne des Stimmbezirks IX [dazu im folgenden: Kap.19.13.3.].

330 Dieses Besetzungsverfahren entsprach allerdings auch nicht dem hier angemessenen rechtsstaatlichen 'Prinzip der gleichmäßigen Besetzung' der Wahlhelferstellen [dazu: Kap.17.2.3.], insbesondere wegen der übermäßigen Stärke einer der nominierenden Gruppen (SHI/LiLi).

331 Antrag der Parlamentarier C.**Egenolf**/M.**Theis** am 13.12.1977 [vor Beginn der Wahlhandlung am ersten Wahltag während der Ausgabe der (leeren) Wahlurnen an die Wahlhelfer]

332 Als Gründe für die Zurückweisung des Antrags (FN 331) wurden genannt: **(i)** Die proportionale Besetzung der Wahlhelferstellen [die mit dem vorliegenden Problem nichts zu tun hatte: FN 329(i)]); **(ii)** die finanzielle Mehrbelastung der Verfaßten Studentenschaft [zum Leerlaufen dieses Arguments siehe bereits: FN 209]; **(iii)** der "sichere" Aufbewahrungsort in der Universitätskasse [dabei handelte es sich um einen Raum der Universitätsverwaltung, für den, u.a. wegen des aus feuerpolizeilichen Gründen existierenden und stets zugänglich zu haltenden Generalschlüssels sowie der Existenz von Zweitschlüsseln für die Putzkolonne, ein möglicherweise unbeobachteter Zugang in der Nacht nicht sicher auszuschließen war].
Zur möglichen Erheblichkeit dieses Wahlfehlers (mangelhafte Sicherung der Wahlurnen): FN 209.
Gerade diesen Sachverhalt unzureichender Urnensicherung unter einem parteiisch besetzten Wahlorgan ohne Oppositionskontrolle unterdrückte die 'Undogmatische Linke' nach ihrem Wahl"sieg" wohlweislich: "Es hat uns gefreut, daß die, die aus der allgemeinen 'Sympathisanten'-Hatz politischen Profit schlagen wollten (unter dem Vorwand der Wahlmanipulation), ... die Quittung dafür bekommen haben. Alle Gruppen außer der Undogmatischen Linken verloren Sitze bzw. Stimmen, die Undogmatische Linke (Zusammenschluß von SHI, LiLi, SB) erreichte statt der neun (angeblich manipulierten!) Sitze vom Sommer (SHI und LiLi) wesentlich

Für das nachfolgende außergewöhnliche Wahlergebnis zugunsten der 'Undogmatischen Linken' (SHI) gab es jedenfalls keine einleuchtende politische Begründung. Unerklärlich blieb die erneut äußerst geringe Anzahl von ungültigen Stimmen und Enthaltungen bei dieser Wahl (lediglich 41 Stimmen bei 7.511 abgegebenen)[333].

(b) Verstöße gegen den Wahlrechtsgrundsatz der Geheimheit. Im Laufe dieser Wahl ereigneten sich erneut in erheblichem Umfange Verstöße gegen den Wahlrechtsgrundsatz der Geheimheit[334]. Insbesondere in den Stimmbezirken der Sozialwissenschaften im Foyer des 'AfE-Turms'[335] erfolgte in derartigem Umfange die Stimmabgabe offen, daß im Falle einer objektiven und sachgerechten Wahlprüfung die Wahl dort in jedem Falle ohne Bestand hätte geblieben sein müssen[336].

19.13.3. Die Wahlanfechtung vom 18.12.1977. Die Wahl wurde mittels einer form- und fristgerecht beim ÄR eingereichten Wahlanfechtung angegriffen[337]. Gerügt wurde (neben unregelmäßigen Öffnungszeiten eines Wahllokals) die *erneut* entgegen der Wahlbekanntmachung erfolgte Aufstellung der Wahlurne des Stimmbezirks IX (Medizin) statt in der neutralen "Klinikmensa" im studentischen Fachschaftshaus 'KOMM'[338]. Für die angegriffenen Wahlrechtsverstöße wurde keine Mandatsrelevanz explizit dargelegt.

19.13.4. Die versagende Entscheidung des Ältestenrats vom 12.1.1978. Als Begründung für die Verlegung des Wahllokals gab der Wahlausschuß an, "die Aufstellung der Urne in der Alten Mensa (KOMM) sei wegen der ungünstigen Bedingungen in der Klinikkantine (Behinderungen des Essensbetriebs, die schon zu Beschwerden des Personalrats gegenüber der Fachschaft geführt hatten) vom Wahlausschuß beschlossen worden." "Zur Vermeidung von Verwechslungen seien vom Wahlausschuß handschriftliche Zusätze auf den Plakaten angebracht

---

mehr, nämlich elf Sitze, ... und das, obwohl an den Wahlurnen dieses Mal Wahlhelfer von allen Gruppen verteilt waren." (ASTA-info.1/1978, S.1) - Diese Argumentation entbehrt der Logik: In der Tat läßt sich aus der angegebenen Sachlage stringent höchstens die Korrektheit der Wahlbeteiligung bei der Urnenwahl schließen!

333 Vgl. zu diesem Sachverhalt (geringe Anzahl von Ungültigen/Enthaltungen) nachfolgend: Kap.19.14.5.(c).

334 Zu ähnlichen Sachverhalten bereits: Kap.19.2.1.(d).; Kap.19.2.2.(d).; Kap.19.12.2.(d).

Einzelne Verstöße gegen die Pflicht zu geheimen Stimmabgabe bei vergangenen Wahlen - überwiegend zugunsten 'undogmatisch-linker' Listen - wurden von den meist 'undogmatisch-linken' Wahlhelfern eher als verständliche Kavaliersdelikte gegen vermeintlich überbordenden Formalismus des Wahlverfahrens abgetan oder gar gefördert und als Akte der 'richtigen' Wahl begrüßt [dazu beispielhaft: FN 295(b)]. Damit hatten diese Wahlhelfer aber offen gegen ihnen bekannt gewesen sein müssendes Wahlrecht verstoßen:

Die amtliche Bekanntmachung der Pflicht zur geheimen Stimmabgabe. Die Pflicht zur geheimen Stimmabgabe [dazu: Kap.15.5.1.(a).] wurde seit 1969 jeweils identisch in der amtlichen Wahlbekanntmachung veröffentlicht: "Die Wahl ist gemäß den allgemeinen demokratischen Prinzipien geheim, daher ist der Wähler nicht berechtigt, seinen Stimmzettel offen auszufüllen oder einem anderen Einblick in den ausgefüllten Stimmzettel zu gewähren. Nicht geheim abgegebene Stimmzettel sind ungültig und von den Wahlhelfern als solche zu kennzeichnen" (erstmals veröffentlicht in: Uni-Rep.10/1969, S.4 [vgl. auch: Abb.3, S.341]). Diese Regelung entspricht der h.M.: "Da der Grundsatz der geheimen Wahl im öffentlichen Interesse liegt, kann der einzelne bei der Abstimmung nicht darauf verzichten. Der Wahlvorstand muß daher einen offen abgegebenen Stimmzettel zurückweisen, ein gleichwohl offen abgegebener Stimmzettel ist ungültig." (E.**Boettcher**/R.**Högner**, Bayerisches Landeswahlgesetz - Handkommentar, 14.Aufl. München 1994, S.73 (RN 12))

335 Es handelte sich um: **(i)** Stimmbezirk III (FB 03 (Gesellschaftswissenschaften), FB 05 (Psychologie), FB 06 (Religionswissenschaften)); **(ii)** Stimmbezirk IV (FB 04 (Erziehungswissenschaften)) - sämtlich Stimmenhochburgen der 'Undogmatischen Linken'.

336 Zur möglichen Erheblichkeit dieses Wahlfehlers (dauerhafter Verstoß gegen die Geheimheit der Wahl): FN 147.

Aufgrund der lokalen Beschränktheit dieses erheblichen Wahlfehlers wäre gemäß dem 'Erforderlichkeitsprinzip' [dazu: Kap.16.5.(c).] eine Teilwiederholungswahl für die Stimmbezirke III und IV durchzuführen gewesen.

337 Wahlanfechtung v.18.12.1977 durch den Medizinstudenten W.**Betz**

338 amtlich veröffentlicht in: Uni-Rep.15/1977, S.4.

Zu ähnlichem Sachverhalt bereits: Kap.19.12.4.(b).

worden."[339] Dieser Auffassung des 'undogmatisch-linken' Wahlausschusses schloß sich der 'undogmatisch-links' dominierte ÄR ungeprüft vollinhaltlich an und wies die Wahlanfechtung als "nicht begründet" zurück.
Weil gegen die Wahlprüfungsentscheidung des Ältestenrats weder der weitere Rechtsweg beschritten noch Rechtsaufsichtsbeschwerde beim Präsidenten der Universität eingelegt wurde, erlangte diese StuPa-Wahl Bestandskraft.

19.14. Die StuPa-Wahl vom 5.6.-27.6.1979
(falsche Zusammensetzung des Wahlorgans; Verstoß gegen das Differenzierungsgebot und gegen das Irreführungsverbot; ungenügende Kontrolle und Sicherung der Wahlurnen; mangelhafte Zustellung der Briefwahlunterlagen; amtliche Wahlwerbung; offene Wahl; (nichtamtliche) Wahlwerbung im Wahllokal; Einschränkung der Öffentlichkeit im gesamten Wahlverfahren)

Diese Studentenschaftswahl[340] wurde wiederum von einem politisch einseitig besetzten, 'undogmatisch-links' beherrschten studentischen Wahlausschuß durchgeführt, der es verstand, überwiegend 'undogmatisch-linke' Wahlhelfer einzustellen; dagegen wurde die Konventswahl ebenso erneut rechtsstaatlich-korrekt vom politisch neutralen Zentralen Wahlvorstand der Universität durchgeführt[341]. Dieser Tatbestand erlangte nachfolgend hinsichtlich der Vergleichbarkeit beider Wahlen Bedeutung, als gemäß der 'Gleichzeitigkeitsklausel' von HRG und HHG erstmals StuPa- und Konventswahlen für die Studenten zur *selben* Zeit und in obligatorischer Briefwahl stattfanden; allen wahlberechtigten Studenten wurden von Amts wegen die Briefwahlunterlagen im selben Verfahren zugesandt[342].

---

339 ÄR-Prot. v.12.1.1978, S.2 [auch: Beschluß des ÄR vom 12.1.1978 zur Wahlanfechtung (FN 337), S.2]. Derselbe Sachverhalt war auch bereits für die vorhergehende StuPa-Wahl bemängelt worden [dazu: Kap. 19.12.4.(b).]. Derselbe Sachverhalt wiederholte sich bei der nachfolgenden StuPa-Wahl 1979; er wurde im Rahmen einer Wahlanfechtung moniert [dazu: FN 352(iii), Punkt 2] und vom ÄR unter nahezu identischer Begründung zurückgewiesen. - Ebendiese "Schwierigkeiten" traten unter dem von einem pluralistischen ('gleichmäßig besetzten') studentischen Wahlausschuß durchgeführten Wahlverfahren seit dem Jahr 1981 nicht mehr auf: Das Wahllokal des Fachbereichs Medizin befand und befindet sich seit dieser Zeit tatsächlich in der politisch neutralen "Klinikmensa", genauso wie bereits seit 1976 das Wahllokal für die Konventswahl.

340 **Zu dieser Wahl:** Die "Spontis" kandidierten wie bei der vorangegangenen Wahl als 'Undogmatische Linke (SHI-LiLi-SB)' (Liste 1); die realsozialistischen Gruppen traten als 'MSB Spartakus, unorganisierte und ausländische Studenten' (Liste 5) an; die Maoisten des KSB kandidierten (erfolglos) unter 'Liste der Fachbereichsgruppen und Institutsgruppen' (Liste 8), der KSV trat nicht mehr an. Einmalig (und erfolglos) trat eine 'Unabhängige Liste für demokratische Hochschulpolitik' (Liste 6) zu StuPa-Wahl an.
Eingrenzung der Wahlzeit: Hier und im folgenden wird als erster Tag der aufgeführten Zeitspanne der StuPa-Wahl die Absendefrist für die Briefwahlunterlagen (als Beginn der obligatorischen Briefwahl), als letzter Tag der dritte (und letzte) Tag der anschließenden, fakultativen Urnenwahl angegeben.

341 **Die Wahlorgane. (a)** Das Studentenparlament wählte gem. § 14 Abs.1 StS (= FN III.100) mit Mehrheit in drei Einzelwahlgängen den studentischen Wahlausschuß: Es wurden alle 'linken' Kandidaten gewählt: M.**Führ** [UL], B.**Schuster** [UL], W.**Reinhold** [GOL]; die Kandidaten der Opposition, R.J.**Löffler** [UF] und M.**Theis** [RCDS], erhielten keine Mehrheit (StuPa-Prot. v.27.4.1979, S.1).
(b) Der Zentrale Wahlvorstand der Universität setzte sich gem. § 5 Abs.1 KoWO v.24.1.1979 (= FN III.69) aus je einem Mitglied der vier universitären Statusgruppen [siehe dazu: Kap.14.2.3.], gewählt vom Konventsvorstand i.d.R. auf Vorschlag jeweils der stärksten der Statusgruppen, politisch neutral zusammen.

342 **Die Einführung der obligatorischen Briefwahl.** "Die Wahlen im Sommersemester fanden erstmals unter HHG-Diktat statt: Trotz Protesten aller Hochschulgruppen, außer dem LHV und den Rechten, setzte das Kultusministerium administrativ die unbedingte Briefwahl durch. Die dahinterstehende Absicht, über einen zum unpolitischen deklamatorischen Schreibtischakt verkommenen Wahlmodus den Linken den Garaus zu machen, erfüllte sich nicht: Obwohl die Briefwahlen den Jugendorganisationen der Bundestagsparteien einige Gewinne brachten, blieben wir, die Undogmatische Linke, mit weitem Abstand stärkste Gruppierung an der Uni. Der aufwendige und umständliche Gewaltakt der Bürokratie war - nicht nur in Ffm - ein Schlag ins Wasser. Die überwältigende Mehrheit der kritischen Studenten votierte für den Sumpf und damit für den Versuch der Fort-

Auch diese StuPa-Wahl war wieder mit zahlreichen Mängeln behaftet, die in ihrer Mehrzahl bereits wiederholt die Frankfurter Studentenschaftswahlen belasteten, ohne vom studentischen Wahlorgan pflichtgemäß abgestellt worden zu sein[343]. Die Gesamtheit dieser gravierenden Wahlfehler hätten in einem objektiv und rechtmäßig durchgeführten Wahlprüfungsverfahren gleich mehrfach zur Aufhebung der betroffenen Wahl führen müssen:

19.14.1. Die (nicht eingeklagten) Nichtigkeitsgründe für diese Wahl. Diese Wahl litt unter gravierenden Wahlrechtsverstößen, die weder durch eine Wahlanfechtung angegriffen noch durch die Rechtsaufsichtsbehörde gerügt wurden:

(a) Verstöße gegen die Wahlrechtsgrundsätze der Geheimheit und der Chancengleichheit. Der studentische Wahlausschuß strich bereits zu Beginn des Wahlverfahrens ersatzlos aus der amtlichen Wahlbekanntmachung den bisherigen Passus über die individuelle Pflicht zur geheimen Stimmabgabe bei der Urnenwahl[344].

In den Wahllokalen der sozialwissenschaftlichen Stimmbezirke[345] wurden unter wohlwollender Duldung des Wahlausschusses an den Wahlurnen kostenlos Alkoholika und andere Getränke ausgeschänkt, und es wurde musiziert. Vertreter der Liste 1 ('Undogmatische Linke') mobilisierten direkt an der Urne zur Stimmabgabe für ihre Liste und verteilten an die zur Stimmabgabe Anstehenden ihr Propagandamaterial, in Sichtweite der Wahlurnen waren großflächige Wahlaufrufe für die Liste 1 an den Wänden angebracht. Die vorhandenen Sichtblenden für die geheime Stimmabgabe waren inmitten der feiernden Menschenmenge aufgestellt und konnten von Dahinterstehenden eingesehen werden. Ein erheblicher Anteil der Wähler votierte unter Zustimmungsbekundungen der 'undogmatisch-linken' Wahlhelfer sowie der Umstehenden offen auf dem Wahltisch zugunsten der 'undogmatisch-linken' Liste 1[346]. In diesen Stimmbezirken waren die Wahlbeteiligungen im Vergleich zu den anderen Stimmbezirken, gemessen an der parallel (und in reiner Briefwahl) stattfindenden Konventswahl, signifikant höher:

Wahl		*I. Konvent*			*II. StuPa*		*Differenz II-I*	
	Wahlber.	*abgegeben*	*(%)*	*Wahlber.*	*abgegeben*	*(%)*	*abgegeben*	*%*
Uni gesamt	23.409	8.320	(35,5%)	23.562	9.645	(40,9%)	+1.325	+ 5,4%
Stimmbezirk III	2.473	893	(36,1%)	2.497	1.159	(46,4%)	+ 266	+10,3%
Stimmbezirk IV	3.359	908	(27,0%)	3.370	1.181	(35,0%)	+ 273	+ 8,0%
übrige Stimmbez.	17.577	6.519	(37,1%)	17.695	7.305	(41,3%)	+ 786	+ 4,2%

setzung linksradikaler Politik des AStA in und außerhalb der Uni." (ASTA-info.10/1979, 'Im Wintersemester gehts rund ...', S.3)
Zur 'Gleichzeitigkeitsklausel' (§ 41 Abs.3 HRG (= FN III.93), § 63 Abs.3 HHG (= FN III.95)): Kap.11.5.
Zur Ausgestaltung und Vergleichbarkeit der Wahlverfahren dieser StuPa- und Konventswahlen siehe nachfolgend im einzelnen: Kap.19.14.5. (am Beginn); auch: Kap.19.12. (am Beginn).

343 Beachte zur hier zugrunde liegenden Pflichtverletzung des Wahlausschusses durch wiederholtes Unterlassen: Kap.17.2.2., insb. FN 32.

344 Zum bisherigen Passus: FN 334. Zur neuformulierten Wahlbekanntmachung: Uni-Rep.6/1979, S.2.

345 "Wahllokale" der Stimmbezirke III und IV: Foyer des 'AfE-Turms' [vgl. dazu: FN 335]. Diese Lokalität mußte passiert werden, um zu den Fahrstühlen zu gelangen, die die Seminarräume und Bibliotheken der oberen Etagen (bis zum 33.OG) des 'AfE-Turms' bedienten. Vor diesen Fahrstühlen bildeten sich wegen Überlastung regelmäßig lange Warteschlangen, die die Wahlkämpfer zur Agitation nutzten.

346 Zur möglichen Erheblichkeit dieser Wahlfehler: FN 147; ferner: Kap.15.5.1. (Geheimheit der Wahl); Kap.15.2.4. (Gleichheit der Wahl); FN 314 (unzulässige nichtamtliche Wahlwerbung).
Zu ähnlichen Sachverhalten (offene Stimmabgabe) bereits: Kap.19.2.1.(d).; Kap.19.13.3.

An diesem Ort (Wahllokale III/IV im 'AfE-Turm') hatte sich zur Wahlzeit unter Initiierung und Förderung der 'undogmatisch-linken', studentischen Machthaber an der Basis eine "Wahlbewegung" zugunsten des 'undogmatisch-linken' AStAs etabliert[347].

(b) Amtliche Wahlwerbung. Ab dem 3.6.1979 (also zwei Tage vor Beginn der Briefwahl) ließ der AStA universitätsweit zur Wahl eine 24seitige amtliche Schrift verteilen[348]. Hierin erschienen neben diverser Wahlwerbung für die bisher den AStA stellende und erneut zur Wahl antretende 'Undogmatische Linke'[349] auch polemische Angriffe und Falschinformationen gegen zur Wahl kandidierende bisherige Oppositionsgruppen[350]. Den betroffenen Gruppen wurde kein Raum für eigene Beiträge oder Richtigstellungen vor der Wahl eingeräumt[351].

19.14.2. Die Wahlanfechtungen vom 2.7.1979, vom 3.7.1979 und vom 4.7.1979. Diese Wahl wurde mittels dreier form- und fristgerecht beim Ältestenrat der Studentenschaft eingereichter Wahlanfechtungen angegriffen[352]. Gerügt wurden im wesentlichen fünf Gruppen von gravierenden Wahlrechtsverstößen:

(a) Ungenügende Kontrolle der Wahlurnen. Es wurde moniert, daß der Wahlausschuß ohne Vorankündigung, ohne Begründung und ohne explizite Rechtsgrundlage - also willkürlich - erstmals festsetzte, daß als Wahlhelfer benannte Personen kein passives Wahlrecht besäßen[353]

---

347 Zur Funktion der die Auswahlfreiheit und die Geheimheit der Wahl einschränkenden politischen "Wahlbewegung" im ehem. DDR-Wahlrecht: FN IV.226(b), FN IV.239(b) (Kap.15); vgl. auch: Kap.14.1.2. Hier zeigte sich, die politische Zusammensetzung des Wahlorgans widerspiegelnd, eine übereinstimmende Interpretation der Freiheit und der Geheimheit der Wahl zwischen 'undogmatisch-linken' Studenten und 'dogmatisch-linken', DKP-orientierten Studenten.

348 ASTA-info.4/79 'Gemeinsam sind wir unausstehlich' [ohne Impressum]

349 Beispielhaft: "Der noch amtierende AStA wird seit Dezember 1977 von der UNDOGMATISCHEN LINKEN, einem Zusammenschluß aus SHI (Sozialistische Hochschulinitiative), SB (Sozialistisches Büro) und LiLi (Linke Liste), gestellt. Diese Liste errang bei den damaligen Wahlen zum Studentenparlament 11 (elf!) der 22 Sitze, so daß der AStA ohne weitere Koalitionskompromisse gebildet werden konnte. Da wir über kein Programm verfügen und überdies behaupten, daß es zur Zeit - außerhalb der Gläubigenzirkel der K- und M-Kultur - kein stringentes Konzept sozialistischer Politik, dem eine hochschulpolitische Strategie einzuordnen wäre, gibt, bedarf das Aufzeigen durchgängiger Stränge unseres Politikverständnisses auch der Kritik bestehender Ansätze" (AStA - das bekannte Unwesen, in: ASTA-info. (FN 348), S.4-8, S.5). Als werbende PR-Satire: "Der AStA der Undogmatischen Linken im Meinungssprektrum der Welt", in: ASTA-info. (FN 348), S.2.

350 Beispielhaft für diese Wahlwerbung: (a) "Ausgenommen ist freilich die unterwürfige - und bekanntlich vom Verfassungsschutz lukrativ honorierte - Praxis der Rechten. So des RCDS, dessen Mitglieder sich des Geldes, ihrem Gewissen, ihrer Karriere oder weiß der Geier wem sogar so weit verpflichtet fühlen, daß manche von ihnen persönlich auf dem Campus verteilte Flugblätter zur Rechtsabteilung tragen, Spitzeldienste übernehmen u.s.w." (ASTA-info. (FN 348), S.5).

(b) "Ausgenommen auch die sogenannten 'Unabhängige Fachbereichsgruppen', deren idealer Lebenszweck die Gremiensitzerei ist. Die werbemäßig geschickt programmierte und stimmenträchtige Firmierung erweist sich dort als widerlicher Opportunismus zur Position des Präsidenten. Unabhängig sind die Giraffen in der Hauptsache von den Studenten." (ASTA-info. (FN 348), S.5)

(c) "Die Frage bleibt, mit was die JUSO-Hochschulgruppen für diesen desavouierenden DKP-Einschwenk entschädigt wurden. ... Wir sind auf die Stellungnahme der frankfurter JUSO-Hochschulgruppe gespannt" (ASTA-info. (FN 348), S.9). [Diese polemische Entrüstung vor der Wahl war übrigens um so unglaubwürdiger, als die 'undogmatisch-linke' Mehrheit des Parlaments auf Vorschlag des 'MSB Spartakus' gerade noch einen DKP-Sympathisanten als einzigen "Oppositionsvertreter" in den studentischen Wahlausschuß gewählt hatte [dazu: FN 341(a)] und die ein DKP-Mitglied als einzigen "Oppositionsvertreter" in den Ältestenrat gewählt hatte [dazu: FN 93 (Kap.18)].]

351 Zur möglichen Erheblichkeit dieses Wahlfehlers: FN 180.
Zu ähnlichen Sachverhalten bereits: Kap.19.5.2.(a).; Kap.19.11.1.(e).

352 (i) Wahlanfechtung v.2.7.1979 durch den Biologiestudenten K.-H.**Wellmann**;
(ii) Wahlanfechtung v.3.7.1979 durch den Politologiestudenten R.J.**Löffler**;
(iii) Wahlanfechtung v.4.7.1979 durch den Mathematikstudenten P.**Kunth**.

353 Der Entzug des passiven Wahlrechts für die Wahlhelfer. Diese Einschränkung des Personenkreises folgt nicht zwingend aus dem (weisungsgebundenen und abrufbaren) Status des Wahlhelfers [dazu: Kap.

und dementsprechend sämtliche gemäß einem vorhergehenden eigenen Beschluß von den Oppositionsgruppen benannten Personen als Wahlhelfer zurückwies[354]. Eine weitere Ausschreibung für die Benennung von Wahlhelfern sei unter fehlender oder zumindest ungenügender Bekanntmachung erfolgt, so daß es für alle Oppositionsgruppen für diese Wahl de facto unmöglich gemacht worden sei, Wahlhelfer zu benennen[355]. Als Konsequenz daraus wurde moniert: "Die Wahlurnen der Stimmbezirke II, III, IV, V, VI, IX waren ausschließlich mit von der Gruppe 'Undogmatische Linke' benannten Wahlhelfern besetzt."[356] Darüber hinaus sei zu wenig Personal eingeteilt gewesen: "Als absolutes Mindestmaß an personeller Besetzung schreibt § 23 Abs.7 Hess.LWO die ständige Anwesenheit von mindestens drei Personen pro Wahllokal vor. ... Dieses absolute Mindestmaß an personeller Besetzung wurde vom Wahlausschuß nicht beachtet. Es wurden im Regelfall pro Wahllokal nur zwei Personen benannt sowie eine kleine Ersatzreserve für Fälle von Verspätung oder Krankheit eines benannten Wahlhelfers. Hierdurch

---

17.2.3., insb. FN 34]. Im Falle der Existenz einzelner Personen mit hoher wahlmanipulativer Energie vermögen grundsätzlich nur Wahlhelfer mit politischer Erfahrung, Standhaftigkeit und Durchsetzungsvermögen effektive Kontrolle zu sichern; dieser erfahrene und engagierte Personenkreis kandidiert aber in der Regel selbst auf Wahlvorschlagslisten. [Beachte zu diesem Sachverhalt korrespondierend: FN 170 (Besetzung des studentischen Wahlorgans ausschließlich mit exponierten Kandidaten zur StuPa-Wahl zugelassener Vorschlagslisten).] Der Effekt einer derartigen Vorschrift, Kandidaten der zugelassenen (und damit i.d.R. nicht mehr veränderbaren) Listen nicht als Wahlhelfer zuzulassen, war dem 'undogmatisch-linken' Wahlausschuß und dem 'undogmatisch-linken' AStA klar und erwünscht: "Insbesondere besteht die Gefahr, daß gerade die kleinen im Studentenparlament vertretenen Gruppen nicht über genügend Personen verfügen, da bei diesen Gruppen nahezu alle verfügbaren Kräfte bereits als Kandidaten für das Studentenparlament oder die Fachschaften fungieren. Gerade dies war auch in der Vergangenheit in aller Regel der Grund für die Unterrepräsentation der kleinen Fraktionen des Studentenparlaments im Gremium der Wahlhelfer" (AStA-Widerspruch v.27.2.1980 gegen die in Ersatzvornahme der Rechtsaufsichtsbehörde erlassene 3.Änderung der StS v.16.4.1980 (= FN III.121), S.2 [diese Rechtsaufsichtsmaßnahme positivierte u.a. erstmals ein pluralistisches (repräsentatives) Besetzungsverfahren für die Wahlhelferstellen; dazu ausführlicher: Kap. 12.1.(ii).]).

354 Zur Chronologie dieses Beschlusses: (a) "Anfrage LHV, wer die Wahlhelfer bestimmt. - Antwort Präsidium: Der Wahlausschuß. - Antrag der Giraffen, die Wahlhelfer proportional der StuPa-Zusammensetzung zu bestimmen. - AStA: Unüblich, gibt's bei keiner Wahl. - Abstimmung: für den Antrag vier Stimmen; gegen den Antrag zehn Stimmen; eine Enthaltung." (StuPa-Prot. v.11.5.1979, S.1/2)

(b) "Der Wahlausschuß hat beschlossen, die Wahlhelfer nach der Sitzverteilung im StuPa zu bestimmen. Jede Fraktion soll eine Liste ihrer Wahlhelfer erstellen und diese bis Donnerstag um 17.00 Uhr im AStA abgeben. - M.**Lustig** fordert eine Änderung dahingehend, daß jede Fraktion gleichviele Wahlhelfer stellen soll. Diese Änderung wird abgelehnt." (StuPa-Prot. v.1.6.1979, S.2)

(c) Ohne Vorankündigung, entgegen der bisherigen Praxis und zunächst ohne Benachrichtigung der Betroffenen strich der Wahlausschuß am 7.6.1979 von der Wahlhelferliste sämtliche Personen, die auf einer zu dieser StuPa-Wahl zuvor zugelassenen Wahlvorschlagsliste kandidierten (und damit auch nicht mehr von der Liste heruntergenommen werden konnten). Dies traf nahezu sämtliche Oppositions-Nominierungen. Auf die damit freigewordenen Positionen rückten vor allem Studenten aus der 'undogmatisch-linken' 'Szene' nach.

Damit trat de facto derselbe Sachverhalt politisch einseitiger Bestellung der Wahlhelfer ein wie bei den meisten vorangegangenen Wahlen: 1975 [dazu: Kap.19.10.2.(a).]; 1976 [dazu: Kap.19.11.1.(c).]; 1977 [dazu: Kap. 19.12.2.(a).]. Auch zu diesem Verfahren vermochte der 'undogmatisch-linke' AStA lediglich unter Verhöhnung der parlamentarischen Opposition und wahrheitswidrig in amtlicher Funktion festzustellen: "Die Besetzung der Wahlhelferposten ist bereits in den vergangenen Jahren unter vorrangiger Beachtung der Vorschläge der im Parlament vertretenen Gruppen geschehen. Diese hatten mindestens über die Protokolle bzw. über die Teilnahme an den Studentenparlamentssitzungen, in denen die entsprechenden Beschlüsse gefaßt wurden, auch Kenntnis von dem Verfahren. ... Die hier in Frage stehenden kleinen Gruppen, die auch regelmäßig die Wahlanfechtung betreiben, können doch nicht ernsthaft jedes Jahr aufs Neue behaupten, allein nicht ausreichend informiert worden zu sein. Selbst wenn man - entgegen der Realität - dies unterstellen würde, kann wohl kaum jemand glaubhaft machen, daß er sich jedes Jahr auf dieselbe Art und Weise 'austricksen' läßt." (AStA-Widerspruch (FN 353), S.2/3)

355 Zur möglichen Erheblichkeit dieses Wahlfehlers (politisch einseitige Besetzung der Wahlhelferpositionen): FN 208.

Zu ähnlichen Sachverhalten bereits: Kap.19.10.2.(a).; Kap.19.11.1.(c).; Kap.19.12.2.(a).

356 Wahlanf.(iii) (FN 352), Punkt 6

verstieß der Wahlausschuß von Anbeginn an fahrlässig gegen die Mindestnormen für die korrekte Durchführung einer Parlamentswahl."[357]

(b) Ungenügende Sicherung der Wahlurnen. "Die Urnen waren nicht mit fälschungssicheren Siegelstreifen versiegelt, sondern nur mit einfachen Klebstreifen, die mit Siegelwachs betropft und mittels Siegelstempel versiegelt wurden. Der einseitig besetzte Wahlausschuß (über den Siegelstempel verfügend) konnte damit alle Urnen beliebig häufig öffnen, ver- und entsiegeln."[358]

(c) Zulassung einer 'undogmatisch-linken' 'Tarnliste' zur Wahl am 15.5.1979. Zunächst wurde - wie bereits beim Zeitpunkt der Listenzulassung - als Wahlrechtsverstoß eine Verletzung des *Differenzierungsgebots* geltend gemacht: "Bei der diesjährigen Wahl zum Studentenparlament kandidierte neben den 'Unabhängigen Fachbereichsgruppen' als Liste 7 erstmalig auch eine 'Unabhängige Liste für eine demokratische Hochschulpolitik' als Liste 6. ... Die Zulassung der 'Unabhängigen Liste für eine demokratische Hochschulpolitik' unter diesem Namen verstieß gegen § 13 Abs.3 KoWO in Verbindung mit der StS[359] ... sowie gegen allgemeine Wahlgrundsätze. ... Das Gebot der klaren Unterscheidbarkeit der Wahlvorschläge (ist) ein allgemein gültiges Wahlrechtsprinzip, das bei jederlei Wahlen, gleich auf welcher Ebene sie stattfinden, anzuwenden ist (vgl. z.B. § 24 Abs.1 Hess.KWO). Daß dieses Prinzip auch für die universitären Wahlen gilt, zeigt aber ... § 13 Abs.3 KoWO.

Im übrigen möge der Wahlausschuß der Studentenschaft mitteilen, zu welchem Termin und an welchem Ort die *öffentliche* Sitzung stattgefunden hat, auf der die Auslosung der Reihenfolge der Wahllisten auf dem Stimmzettel vorgenommen wurde. Die Tatsache, daß die 'Undogmatische Linke' als Liste 1 und die beiden 'unabhängigen Listen' erst am Ende und die 'Unabhängige Liste' (genau) vor den 'Unabhängigen Fachbereichsgruppen' plaziert sind, deutet darauf hin, daß möglicherweise gar keine Auslosung, sondern eine bewußte Reihung durch den Wahlausschuß stattgefunden hat."[360]

---

357 Wahlanf.(i) (FN 352), S.2 [Hess.LWO = Hessische Landtagswahlordnung (= FN 3)].
Die Besetzung jeder Wahlurne mit mindestens drei (von unterschiedlichen politischen Gruppen benannten) Wahlhelfern erscheint unter Kontrollgesichtspunkten unabdingbar: Unter der Besetzung mit lediglich zwei Wahlhelfern würde jede kurzzeitige Abwesenheit eines Wahlhelfers die Aufsicht über die Urne sowie sämtliche Wahlunterlagen lediglich einer einzigen Person überantworten [zu diesem Problem: FN 143, FN 160(a)].

358 Wahlanf.(iii) (FN 352), Punkt 3.
Zur möglichen Erheblichkeit dieses Wahlfehlers (mangelhafte Sicherung der Wahlurnen)**:** FN 209.
Zu ähnlichen Sachverhalten bereits: Kap.19.10.1.(b).; Kap.19.11.1.(d).; Kap.19.12.2.(b).; Kap.19.13.2.(a).; vgl. auch schon: Kap.19.7.2.(c). [Beachte im Zusammenhang wiederholten Auftretens desselben Wahlfehlers die Argumentation von M.**Drath** in: FN III.79; FN III.80 (Kap.11).]

359 Zum 'Differenzierungsgebot'. Im vorliegenden Falle wurde das 'Differenzierungsgebot' insbesondere konkretisiert durch die KoWO: "Jede Wahlvorschlagsliste ist durch eine Bezeichnung zu kennzeichnen ... Die Kennzeichnung darf keine Irreführung hinsichtlich der Zugehörigkeit zu bestehenden hochschulpolitischen Gruppierungen erhalten" (§ 13 Abs.3 KoWO v.24.1.1979 (= FN III.69)). Ferner: FN IV.167 (Kap.15). - Die direkte Inbezugnahme dieser Norm mittels § 14 Abs.8 StS (= FN III.100) als Regelung der StS wäre indes nicht korrekt gesesen, weil in der Ursprungsfassung für die Senats-WO v.3.11.1971 (= FN III.60) nicht vorhanden [siehe zu diesem Problem: Kap.11.2.; FN III.103 (Kap.11)].
Zum gewichtigen Stellenwert dieses Tatbestands (Differenzierungsgebot) als Ausprägung der Wahlrechtsgleichheit und -freiheit: Kap.15.2.3.(b).; Kap.15.4.3.(g). Ausführlicher zu den juristischen Auslegungen des 'Differenzierungsgebots' nachfolgend: Kap.19.31.1.(a).

360 Wahlanf.(ii) (FN 352).
Für diese Annahme ("bewußte Reihung durch den Wahlausschuß") sprachen ferner: Der exponierte Listenplatz 1 für die UL; die benachbarte Plazierung der Listen 7 und 8 mit ähnlichen Kennworten [vgl. dazu: FN 375]; die rechtzeitig geltend gemachten, vergeblichen Begehren von Zeugen der Wahlanfechtungen beim Wahlausschuß, das Losverfahren der Listenreihung beobachten zu können [vgl. in diesem Zusammenhang: FN 365].

Zur Mandatsrelevanz dieses gerügten Wahlrechtsverstoßes (Verstoß gegen das 'Differenzierungsgebot') wurde anschließend ausgeführt: "Der Verstoß gegen ... § 13 Abs.3 KoWO hatte auch auf das Wahlergebnis Einfluß: ... Selbst wenn man ... annehmen sollte, daß die 'Unabhängige Liste' nicht alle ihre (189) Stimmen von seiten der 'Unabhängigen Fachbereichsgruppen' erhalten hätte, ist die Kausalität der Irreführung auf das Wahlergebnis dennoch gegeben: Den 'Unabhängigen Fachbereichsgruppen' fehlten lediglich 40 Stimmen zur Verteidigung ihres vorjährigen dritten Sitzes im Studentenparlament. Daß aber zumindest diese 40 Stimmen auf Grund der Irreführung fehlen, kann nach keinem denkbaren Gesichtspunkt noch einem vernünftigen und berechtigten Zweifel unterliegen."[361] Die Mandatsrelevanz dieses Wahlfehlers war damit nach dem Prüfgrundsatz der 'relativen potentiellen Kausalität' jedenfalls nachgewiesen unter der verstärkenden Bedingung, daß zusätzlich eine rechtswidrige Inanspruchnahme des passiven Wahlrechts durch die streitbefangene Wahlvorschlagsliste im Wahlprüfungsverfahren nachgewiesen werden konnte.

Der Verweis auf das Wahlprüfungsverfahren zeigte sich im vorliegenden Falle als rechtlich zwingend: Weil es sich bei der Zulassungsprüfung des Wahlausschusses für die eingereichten Wahlvorschlagslisten grundsätzlich lediglich um eine *Evidenzkontrolle* handeln kann[362], wies

---

(a) **Zur notwendigen Öffentlichkeit des Wahlausschußhandelns.** "Der Wahlausschuß entscheidet innerhalb eines Verfahrens, an dem jede interessierte Stelle in der Lage sein soll teilzunehmen. Jedes Mißtrauen gegen eine parteiische Durchführung der Wahlvorbereitungen soll hierdurch von vornherein ausgeschaltet werden. Aus diesem Grund verbietet es sich auch, die Öffentlichkeit der Sitzung dadurch zu einer bedeutungslosen Formalie zu machen, daß die eigentlichen Beratungen hinter verschlossenen Türen in einer 'vertraulichen' vorbereitenden Sitzung stattfinden, deren Ergebnis der Öffentlichkeit lediglich anschließend bekanntgemacht wird. Verstöße gegen die Öffentlichkeit der Sitzung haben die Nichtigkeit der getroffenen Entscheidungen zur Folge und können im Wahlprüfungsverfahren schwerwiegende Rückwirkungen auf die Gültigkeit der Wahl oder die Feststellung des Wahlergebnisses haben" (F.**Rietdorf** (FN 25), S.126/127). Vgl. dazu allgemeiner: Kap.15.6.

(b) **Zur möglichen Erheblichkeit dieses** (vermuteten) **Wahlfehlers** (keine Auslosung der Listenreihung auf dem Stimmzettel)**:** FN 195.

<u>Zu ähnlichen Sachverhalten bereits:</u> Kap.19.7.2.(b). sowie die nachfolgenden Wahlen.

361 Wahlanf.(ii) (FN 352)

362 Zur 'Evidenzkontrolle'. (a) 'Evidenzkontrolle' als Prüfungsmaßstab: Ein Prüfungsmaßstab im Listenzulassungsverfahren ist die 'Evidenzkontrolle'; die materielle Einschränkung des Wahlvorschlagsrechts für Studentenschaftswahlen ist grundsätzlich unzulässig [siehe dazu: Kap.15.1.3.(b).; Kap.15.4.3.(f).]. Denn: In der Kürze der ihm zur Verfügung stehenden Zeit ist das Wahlorgan grundsätzlich lediglich zur adäquaten Prüfung der formalen Korrektheit der eingereichten Wahlvorschlagslisten in der Lage. Eine im Falle ihrer Zulässigkeit notwendigerweise umfassende materielle Prüfung einer Wahlvorschlagsliste über das reine 'Irreführungsverbot' des Namens hinaus mit dann anstehenden Zeugenvernehmungen (für die das Wahlorgan grundsätzlich keine Kompetenz besitzt), die zu einem zweifelsfreien Ergebnis führt, wäre im engen zeitlichen Rahmen nach dem amtlichen Listenschluß unmöglich; dies muß dem umfangreichen Wahlprüfungsverfahren vorbehalten bleiben. Ebenso: K.O.**Nass** (FN 8), S.82 ff und S.163; Bay.VerfGH, E.v.2.10.1969 [Az.: Vf. 3-VI-69], in: BayVBl.**101**, S.60-62 (1970); H.**Büchner**, Zum Verbot des Doppelauftretens im Kommunalwahlrecht, BayVBl.**121**, S.321-325 (1990), insb. S.324; P.M.**Huber**, Der Prüfungsmaßstab von Wahlorganen bei der Zulassung von politischen Parteien und Wählervereinigungen, DÖV **44**, S.229-236 (1991); Bay.VerfGH, E.v.28.1.1993 [Az.: Vf. 25-VI-92 u.a.], in: BayVBl.**124**, S.206-210 und S.239-241 (1993); ferner: FN IV.234 (Kap.16). - Darüber hinaus bärge die materielle Prüfungskompetenz im Rahmen der Listenzulassung insbesondere in der vorherrschenden politischen Kultur der Verfaßten Studentenschaft [dazu: Teil II] die reale Gefahr, die strikte Neutralität des Wahlorgans zugunsten machtpolitischer Strategien der Mehrheit des Wahlorgans außer Kraft zu setzen: "Die das Wahlvorschlagsrecht ausgestaltenden gesetzlichen Vorschriften müssen ... schon die abstrakte Gefahr eines Verstoßes gegen die Neutralitätspflicht der Wahlorgane ausschließen." (P.M.**Huber** (s.o.), S.231)

A.A. zunächst: Bay.VerfGH, E.v.2.3.1990 [Az.: Vf.23-VI-90 u.a.] [unveröffentlicht]; Bay.VGH, E.v.22.5.1991 [Az.: 4 B 90.2875], in: BayVBl.**122**, S.623-627 (1991); BVerwG, E.v.18.12.1991 [Az.: 7 B 127.91], in: BayVBl.**123**, S.247-249 (1992); tendenziell auch: T.**Dickert**, Mehrfachkandidaturen und Chancengleichheit bei der Kommunalwahl 1990, BayVBl.**121**, S.326-334 (1990), insb. S.327/328.

(b) 'Evidenzkontrolle' und Vermeidung von Wahlfehlern. Im Zusammenwirken des für die Listenzulassung durch das Wahlorgan maßgeblichen 'Evidenzkontrolle' mit den hinsichtlich "ähnlicher" Listenkennworte maß-

der studentische Wahlausschuß, unter seiner Annahme, daß das Listenkennwort der mutmaßlichen 'Tarnliste' im Rahmen des 'Differenzierungsgebots' verblieben sei[363], den Antrag auf Nichtzulassung zum Zeitpunkt des Listenschlusses zu Recht zurück. Die Erheblichkeit des zusätzlich geltend gemachten Wahlfehlers eines Verstoßes gegen das *Irreführungsverbot* mußte folglich, weil zum Zeitpunkt der Listenzulassung nicht offensichtlich und zweifelsfrei nachzuweisen, im anschließenden Wahlprüfungsverfahren ermittelt werden[364]. Der Wahlfehler des

---

geblichen Kriterien 'Differenzierungsgebot' - Klare Unterscheidbarkeit der Listenkennworte im Hinblick auf die Minderung der Gefahr von Namensverwechslung durch den mäßig informierten 'Durchschnittswähler' - und 'Irreführungsverbot' - Verbot des Mißbrauchs der Wahrnahme des passiven Wahlrechts zwecks bewußter Irreführung des mäßig informierten 'Durchschnittswählers' über politische Inhalte - gilt folgendes:

(i) Die Listenkennworte sämtlicher zur Wahl zugelassener Vorschlagslisten müssen sich gemäß dem 'Differenzierungsgebot' signifikant voneinander unterscheiden; die Prüfung des 'Differenzierungsgebots' ist Teil des Listenzulassungsverfahrens und obliegt somit dem Wahlorgan (ggf. nach Maßgabe pflichtgemäßen Ermessens).

(ii) Die Zurückweisung einer erstmalig angetretenen Wahlvorschlagsliste von der Wahl durch das Wahlorgan aufgrund eines Verstoßes gegen das 'Irreführungsverbot' ist nur in evidenten Ausnahmefällen zulässig [als Beispiel eines solchen Ausnahmefalles: Kap.19.15.1.(a)., insb. FN 399]; das 'Irreführungsverbot' ist grundsätzlich kein Kriterium des Listenzulassungsverfahrens.

363 Die Anwendung des 'Differenzierungsgebots' im konkreten Fall. Daß im objektiven Empfängerhorizont des (mäßig informierten) 'Durchschnittswählers' eine Verwechslungsgefahr zwischen den beiden Listennamen nicht bestand, erscheint allerdings höchst zweifelhaft. Im korrekten Verfahren hätte der Wahlausschuß die 'Unabhängige Liste' als neu antretende Wahlvorschlagsliste zur von bestehenden Gruppierungen klarer unterscheidbaren Änderung ihres Listenkennworts auffordern müssen. Im vorliegenden Fall bemerkte der 'undogmatisch-links' beherrschte Wahlausschuß statt dessen in seinem - offensichtlich von politischen Opportunitäten geleiteten - ablehnenden Widerspruchsbescheid v.21.5.1979 zum am 18.5.1979 beim Wahlausschuß schriftlich eingelegten Widerspruch des Politologiestudenten R.J.**Löffler** gegen die Zulassung der 'Unabhängigen Liste' zu Wahl süffisant: "Die kennzeichende Bezeichnung dieser Liste ist gar fraglos in ihrem zum Ausdruck gebrachten Selbstverständnis zu sehen. In der Tatsache, daß sie sich gleichwohl als unabhängig versteht und sich auch so bezeichnet, eine Irreführung hinsichtlich der Zugehörigkeit zu bestehenden hochschulpolitischen Gruppierungen zu sehen, erscheint mehr als grotesk." [Vergleiche in diesem Zusammenhang die penibel-engen, zweckdienlichen Satzungsauslegungen im Falle der (rechtswidrigen) Zurückweisung von 'rechten' Wahlvorschlagslisten durch einen 'undogmatisch-links' beherrschten Wahlausschuß im Jahre 1975 [dazu: Kap.19.10.2.] und im Jahre 1990 [dazu: Kap.19.26.1.]!]

Zur möglichen Erheblichkeit dieses Wahlfehlers (Verstoß gegen das 'Differenzierungsgebot'): Kap. 19.31.2.(a).; FN 359.

364 Zum konkreten Verstoß gegen das 'Irreführungsverbot' ('Tarnlisten'-Eigenschaft der Liste 6). Als stichhaltige Indizien für die Tarnlisteneigenschaft der 'Unabhängigen Liste' (Liste 6), teilweise aber dem Wahlgeheimnis unterliegend und erst nach dem Zulassungsverfahren bekannt geworden, sind anzugeben:

(a) Die 'Unabhängige Liste' trat offensichtlich an in direkter Konkurrenz zu den 'Unabhängigen Fachbereichsgruppen (Giraffen)' zwecks Abziehung potentieller Stimmen aus deren politischem Umfeld: "Ließe die Politik der Giraffen wirklich Unabhängigkeit erkennen, brauchte es uns nicht zu geben. ... Für eine Hochschulpolitik, die gleichermaßen frei von Chaotentum und Parteienfilz ist" (D.**Potrawa** [Spitzenkandidat der 'Unabhängigen Liste'], Rufmordkampagne, in: Uni-Rep.11/1979, S.7). Weil die Stimmenhochburgen der 'Unabhängigen Fachbereichsgruppen' in den naturwissenschaftlichen Fachbereichen lagen (Mathematik (FB 12), Physik (FB 13), Chemie (FB 14), Pharmazie (FB 15), Biologie (FB 16), Geowissenschaften (FB 17) [dazu nachfolgend: Kap. 19.14.5.(b).]), gab folgerichtig auch die 'Unabhängige Liste' öffentlich an, daß sie "in den naturwissenschaftlichen Fachbereichen entstanden ist" (offizielle Vorstellung der 'Unabhängigen Liste' in: Uni-Rep.8/1979, S.11).

(b) Daß es sich bei der 'Unabhängigen Liste' tatsächlich um eine 'Tarnliste' der 'Undogmatischen Linken' handelte, zeigte deutlich deren Kandidat auf Listenplatz 3: Dieser Kandidat K.**Haarmann** ['diskus'-Redakteur 1982/83] erschien nämlich zugleich auf Platz 10 der 'undogmatisch-linken' Konventsliste (Uni-Rep.8/1979, S.10 und S.4), was auszuschließen gewesen wäre, hätte es sich bei der 'Unabhängigen Liste' tatsächlich um "eine weitere reaktionäre Liste" ('Undogmatische Linke'-Wahlinfo 6/1979, S.12) gehandelt! Nichtsdestoweniger ließ dazu die 'Unabhängige Liste' öffentlich verlauten: "Wir erklären, daß die Tatsache, daß K.**Haarmann** auf der Ebene der zentralen Universitätsgremien innerhalb der SKI [Sozialistische Konventsinitiative] kandidiert, kein Hinderungsgrund für uns sein kann, seine Erfahrungen und Qualifikationen in der Hochschulpolitik in den Rahmen unserer Ziele eingehen zu lassen!" (D.**Potrawa**, Rufmordkampagne [Leserbrief], in: Uni-Rep.11/ 1979, S.7) - Der bis zum Zeitpunkt des Listenschlusses hochschulpolitisch namentlich noch nicht in Erscheinung getretene Mathematik- und Pädagogik-Student K.**Haarmann** konnte in der Kürze der Zeit vom Wahlausschuß zu den gegen ihn vorgebrachten Anschuldigungen nicht befragt und diese nicht überprüft werden.

Vertoßes gegen das 'Irreführungsverbot' wurde im konkreten Falle durch den gleichfalls vorliegenden Wahlfehler des Verstoßes gegen das 'Differenzierungsgebot' ergänzt und verstärkt.

(d) Einschränkungen der Öffentlichkeit des Verfahrens. Im Zusammenhang mit der politisch einseitigen Besetzung von Wahlausschuß und Wahlhelferstellen, die objektiv keine interne Kontrolle zuließ, sowie der Verfügungsgewalt des Wahlausschusses über die Stimmzettel und Wahlumschläge für die Urnenwahl wurde gerügt: "Der Wahlausschuß tagte de facto nicht öffentlich, da seine Sitzungstermine (bis auf jenen am 15.5.1979 in der offiziellen Wahlbekanntmachung) nicht bekanntgegeben wurden und auch im AStA-Büro nicht zu erfahren waren. Insbesondere wurde so nicht bekannt, wann die Briefwahl-Unterlagen vom Uni-Wahlamt durch

---

(c) Für die Tarnlisteneigenschaft der 'Unabhängigen Liste' sprach schließlich deutlich: Bei 19 der 50 gem. § 14 Abs.3 StS (= FN III.100) aufzubringenden Unterstützerunterschriften für die (erstmalige) Kandidatur dieser Liste handelte es sich um (ehemalige) 'undogmatisch-linke' AStA-Vorsitzende, StuPa- und Konventskandidaten; lediglich zwei ('undogmatisch-linke' StuPa-Kandidaten aus dem FB Biologie) der 50 Unterstützer der 'Unabhängigen Liste', "die in den naturwissenschaftlichen Fachbereichen entstanden ist", stammten aus einem naturwissenschaftlichen Fachbereich - dagegen stammten 36 Unterstützer aus den 'undogmatisch-linken' Hochburgen FB 3 (Gesellschaftswissenschaften), FB 4 (Erziehungswissenschaften), FB 10 (Neuere Philologien); ganze WGs (linksautonome 'Wohngemeinschaften') 'besetzter' Häuser im Frankfurter Westend unterstützten die Kandidatur dieser Liste [beachte aber, daß diese Unterstützungen dem Wahlrechtsgrundsatz der Geheimheit unterliegen im Rahmen der Prüfungskompetenz des studentischen Wahlausschusses: Kap.15.5.3.; den Wahlanfechtern waren die o.g. Fakten daher zunächst nicht bekannt, die einsichtsberechtigten studentischen Organe Wahlausschuß und Ältestenrat verschwiegen sie wohlweislich].

Zum juristischen Problem der systemwidrigen "Unterstützung" einer bisher nicht im Parlament vertretenen Wahlvorschlagsliste durch Kandidaten anderer zur Wahl zugelasssener Listen: FN IV.118 (Kap.14).

(d) Zur möglichen Erheblichkeit dieses Wahlfehlers (Verstoß gegen das 'Irreführungsverbot')**:** In der Tat ist das Problem der Zulassung zur Kandidatur selbst offensichtlicher 'Tarnlisten' wie im vorliegenden Falle wahlprüfungsrechtlich nicht eindeutig und unter Ausschaltung des Ermessens durch die Prüfungsinstanz normativ zu lösen: Programmatische Prüfungen und der Wahrheitsgehalt von Wahlkampfaussagen können grundsätzlich keine Erheblichkeit im Wahlprüfungsverfahren erlangen [so auch: A.**v.Heyl** (FN 74), S.151 ff; FN IV.222 (Kap.15)]. Nur solche Wählertäuschungen führen zu einer "gesetzwidrige[n] Wahlbeeinflussung, ... wenn der Wähler durch objektiv unrichtige ... Tatsachenbehauptungen über die seiner Beurteilung unterliegenden und für seine Entscheidungen maßgeblichen Verhältnisse getäuscht wird und deshalb nicht in der Lage ist, sich eine zutreffende eigene Meinung zu bilden" (Ba-Wü.VGH, E.v.24.4.1967 [Az.: IV 523/66], in: Ba-WüVBl.**12**, S.171-173 (1967), LS 1); in diesem (restriktiven) Sinne auch: R.**Kunze**/A.**Merk**/A.**Quecke**, Das Kommunalwahlrecht in Baden-Württemberg (Komm.), 4.Aufl. Stuttgart/Berlin/Köln 1989, S.378 ff. Das heißt für den konkreten Fall: Kann im Wahlprüfungsverfahren eine Irreführung des (mäßig informierten) 'Durchschnittswählers' hinsichtlich der Identität der Wahlvorschlagsliste auf dem Stimmzettel als Mißbrauch der Wahrnahme des passiven Wahlrechts eindeutig und zweifelsfrei nachgewiesen werden <u>und</u> hat diese Irreführung die Mandatsverteilung beeinflußt, so ist die betroffene Wahl für nichtig zu erklären und eine Wiederholungswahl anzuordnen [vgl. dazu: Kap.15.2.3.(b).]. Zum relevanten Prüfungsmaßstab über die politische Zurechenbarkeit der Liste als Grundlage für die Entscheidung über diese Irreführung vgl.: Bay.VGH, E.v.22.5.1991 [Az.: 4 B 90. 2875], in: BayVBl.**122**, S.623-627 (1991).

(e) 'Irreführungsverbot' und Briefwahlverfahren. Gerade auch der heute in der repräsentativen Demokratie allgemein akzeptierte "Vorrang des Unpolitischen" [dazu: FN I.21 (Kap.1); a.A.: FN I.22 (Kap.1)] bedingt, daß der derart "unpolitische" und nicht umfassend, nur mäßig informierte Wähler (das ist in diesem Sinne gerade der 'Durchschnittswähler') auf die Informationen des amtlichen Stimmzettels vertrauen können muß. Er darf nicht bewußt über die politische Zurechenbarkeit einer Wahlvorschlagsliste durch täuschende Kennung oder mangelhafte Abgrenzung zu anderen Listen auf dem Stimmzettel (möglicherweise die einzige Information, die ihn erreicht [dies von 'undogmatisch-linker' Seite bestätigend: FN 384]) in die Irre geführt werden. Der Erfolg der bewußten Irreführung des Wählers durch falsche oder mehrdeutige Angaben auf dem amtlichen Stimmzettel wird noch verstärkt durch den entpolitisierenden Effekt der obligatorischen Briefwahl [dazu: FN III.96(a) (Kap.11); FN 317; FN 381(a)]: Weil aufgrund des privatistischen Charakters des Briefwahlverfahrens und der damit verbundenen Reduktion der Öffentlichkeit [zur grundsätzlichen Öffentlichkeit des Wahlverfahrens: Kap. 15.6.] der einzelne Wähler vor seiner Wahlentscheidung nicht mehr stets mit Informationen und Aufklärung erreicht werden kann, steigen auch die Chancen für bewußte Irreführung bei der Stimmabgabe. Daher sind im Falle obligatorischer Briefwahl sowohl höhere Anforderungen an das 'Differenzierungsgebot' als auch speziell an das 'Irreführungsverbot' zu stellen.

den Wahlausschuß in Empfang genommen wurden und wann, wo und durch wen die Briefwahlstimmen in den Wählerverzeichnissen abgehakt wurden."[365]
Schließlich wurde der Auszählungsmodus moniert: "Durch das abermalige Chaos bei der Stimmenauszählung am 27.6.1979 (die Wahlhelfer waren durch Alkoholkonsum angeheitert, die geöffneten Wahlumschläge flogen unter den Auszähltischen herum, Wahlvorstand *Schuster* strich (völlig unkontrolliert) an den Wählerverzeichnissen herum, Stimmzettel des Stimmbezirks III lagen in der Urne des Stimmbezirks V, ohne daß sich bei der Auszählung des Stimmbezirks III Differenzen ergeben hätten ...) war für die anwesende Öffentlichkeit keinerlei Kontrolle gegeben, was insbesondere wegen der einseitigen Zusammensetzung der Wahlhelfer nötig gewesen wäre."[366]
(e) Mangelhafte Zustellung der Briefwahlunterlagen. "Die Briefwahlunterlagen des Studenten *Ilias A.* ... waren von einer unbekannten Person ausgefüllt worden, wodurch *Ilias A.* de facto sein Wahlrecht verlor. Dies wurde ermöglicht dadurch, daß die Briefwahlunterlagen wenigstens in den Studentenwohnheimen ... von der Bundespost nicht in die jeweiligen Briefkästen gelegt, sondern, offen und für jedermann zugänglich, vor den Pförtnerlogen deponiert wurden. Diese Mißstände waren dem studentischen Wahlausschuß bekannt, ohne daß dieser es für nötig befunden hätte, hier Abhilfe zu schaffen."[367] Angesichts einer aufgrund der geringen Wahlbeteiligung (40,9%) zu vermutenden relativ hohen Dunkelziffer "besteht der begründete Verdacht, daß in erheblichem Umfange von unbekannten Personen Briefwahl-Unterlagen aus

---

365 Wahlanf.(iii) (FN 352), Punkt 5.
(a) Zum Sachverhalt: Noch vor Beginn der Urnenwahl mußten die Namen der Briefwähler (zu identifizieren anhand des Wahlscheins) durch den Wahlausschuß im Wählerverzeichnis von Hand markiert werden, um bei der nachfolgenden Urnenwahl eine abermalige Stimmabgabe dieser Wähler bei derselben Wahl auszuschliessen. Ort und Zeitpunkt dieser Arbeit waren nicht öffentlich bekanntgemacht worden trotz vorheriger Bemühungen zur Kontrolle durch die Oppositionsgruppen im Studentenparlament [zu ähnlichen Einschränkungen der Öffentlichkeit des Wahlausschußhandelns in diesem Wahlverfahren bereits: FN 354(c); FN 360]:
(b) Zum Übergabemodus der Wahlunterlagen: "Tischvorlage zur StuPa-Sitzung am 1.6.1979: ... Der Wahlausschuß wird beauftragt: **(1)** Die Wahlhelfer werden von den einzelnen Gruppen gemäß ihrer Stärke bei der letzten StuPa-Wahl nach d'Hondtschem Zugriffsverfahren benannt. Die Besetzung der einzelnen Urnen hat so zu erfolgen, daß an keiner Urne ausschließlich von einer Gruppe benannte Wahlhelfer Dienst tun. **(2)** Der Wahlausschuß hat rechtzeitig öffentlich bekanntzumachen, wann er die Briefwahlunterlagen ... vom Uni-Wahlamt in Empfang zu nehmen gedenkt. **(3)** Die Abhakung der abgegebenen Briefwahlstimmen in den Wählerverzeichnissen und der Einwurf der verschlossenen Wahlumschläge mit dem Stimmzettel in die Urne für die Briefwahlstimmen (§ 14 Abs.7 StS i.d.F. v.5.4.1979 (= FN III.100)) muß in öffentlicher, vom Wahlausschuß rechtzeitig angekündigter Sitzung erfolgen. Bei der Abhakung ist mindestens ein von jeder unter (1) angegebenen Gruppen benannter Wahlhelfer zu beteiligen." Die auf der StuPa-Sitzung anwesenden 'undogmatisch-linken' Mitglieder des Wahlausschusses M.**Führ** und B.**Schuster** sagten die Umsetzung dieser Forderungen für die abstehende Wahl mündlich zu; diese Zusage wurde anschließend im von der 'undogmatisch-linken' Protokollantin U.**Bauer** angefertigten StuPa-Prot. v.1.6.1979 nicht aufgeführt, wohl weil es sich nicht um einen expliziten Beschluß des Parlaments handelte! [Zur späteren Nichteinhaltung des Punktes (1) bereits: FN 354.]
(c) Zur Erheblichkeit der Rüge: Unter der aufgrund des Verfahrens ausgeschlossenen Kontrolle waren theoretisch folgende 'explizite Wahlmanipulationen' eröffnet: Kap.19.0.(a)., Kap.19.0.(b)., Kap.19.0.(d).
366 Rechtsaufsichtsbeschwerde v.25.11.1979 beim Universitätspräsidenten H.**Kelm** gegen die ÄR-Entscheidung v.10.10.1979, S.3.
Zur möglichen Erheblichkeit dieser Wahlfehlergruppe (Einschränkungen der Öffentlichkeit des Wahlverfahrens): FN 237 / FN 300; FN 360(a). Angesichts des mit der politisch einseitigen Zusammensetzung der wahldurchführenden Personen von Wahlausschuß und Wahlhelfern verbundenen Ausfalls der internen Kontrolle verblieb allein noch der interessierten Öffentlichkeit als 'neutralem Richter' die notwendige (externe) Kontrollfunktion [dazu: Kap.15.6.(b).] über das Verfahren. Dementsprechend wäre dem Wahlausschuß sogar die Beweis-Pflicht dafür zugekommen, daß in keiner Phase des Wahlverfahrens (willkürlich) die Öffentlichkeit ausgeschlossen worden war.
Zu ähnlichem Sachverhalt bereits: Kap.19.12.2.(c).
367 Wahlanf.(iii) (FN 352), Punkt 7

dem Verkehr gezogen ... und diese Stimmen gefälscht wurden."[368] Eine mögliche Mandatsrelevanz dieses Wahlfehlers wurde angesichts der Menge von ca. 1.500 betroffenen Wohnheimplätzen in Relation zur Wahlbeteiligung von 9.645 Wählern festgestellt.

19.14.3. Die Verschleppungstaktik des Ältestenrats. Der 'undogmatisch-links' beherrschte ÄR[369] "begründete" den Umstand, daß er das Wahlprüfungsverfahren nicht direkt im Anschluß an die angefochtene Wahl nach Eingang der Wahlanfechtungen noch während der verbliebenen zwölf Tage während der Vorlesungszeit durchführte (in der sich die Studenten in der Regel zwecks Studiums an der Universität aufhalten), sondern erst den Eintritt der vorlesungsfreien Zeit (Semesterferien) abwartete: "Sowohl die Terminschwierigkeiten der Mitglieder des Ältestenrats als auch der Zwang zur Einhaltung angemessener Ladungsfrist nötigten den Ältestenrat zu dieser Terminierung. Zudem gilt es zu bedenken, daß der Ältestenrat ein ehrenamtliches Gremium darstellt, das nur unregelmäßig und in großen Zeitabständen zusammentrifft. ... Aufgrund der zwangsläufig in die Zeit der Semesterferien fallenden Urlaube der Ältestenratsmitglieder war es nicht möglich, einen früheren Termin ... festzusetzen. Ein 'schuldhaftes Zögern' des Ältestenrats liegt daher nicht vor."[370] Nichtsdestoweniger erschienen bewußt herbeigeführte Verzögerungen durch den Ältestenrat offensichtlich:

(i) Einreichung der Wahlanfechtungen beim ÄR bis zum: *4.7.1979*;

(ii) Fristsetzung für die ÄR-Entscheidung durch eine der drei Wahlanfechtungen: *20.7.1979*;

(iii) Ladung des ÄR v.20.7.1979 zur ersten Sitzung im Rahmen des Wahlprüfungsverfahrens: *27.7.1979*;

(iv) Erste Sitzung des ÄR im Wahlprüfungsverfahren am 27.7.1979; diese wurde nach 80 Minuten Dauer abgebrochen (ohne Festsetzung eines neuen Sitzungstermins), weil eines der drei ÄR-Mitglieder, angeblich wegen eines "dringenden Termins" ohne Vorankündigung, die Sitzung verließ. Schriftliche Aufforderung an den ÄR, das Prüfungsverfahren unverzüglich fortzuführen: *13.8.1979*;

(v) Rechtsaufsichtsbeschwerde gegen den ÄR wegen Untätigkeit: *27.8.1979*;

---

368 Rechtsaufsichtsbeschwerde (FN 366), S.4.
Nachgetragen und von der Betroffenen bezeugt wurde: "Die Kommilitonin **A.B.**, wohnhaft ... [Studentenwohnheim 'Dessauer-Haus'], erhielt für die Wahlen im SS 1979 keine Briefwahl-Unterlagen, hatte diese jedoch nach Auskunft des Uni-Wahlamts zugesandt bekommen. Sie konnte sich nicht an der StuPa-Urnenwahl beteiligen, da ihre Stimme im Wählerverzeichnis bereits abgestrichen war." (RA-Beschwerde (FN 366), S.6)
Zur möglichen Erheblichkeit dieses Wahlfehlers (Wahlfälschung: Fälschung von Briefwahlstimmen): FN 126. - Die Mandatserheblichkeit dieses Wahlfehlers allein ergäbe sich mittels der arithmetischen Betrachtung: Hätte die Liste 7 wenigstens 37 Stimmen mehr erhalten, hätte sie auf Kosten der Liste 1 nach dem maßgeblichen d'Hondtschen Mandatsverteilungsverfahren ein weiteres Mandat erhalten. Dieser Sachverhalt fiel um so mehr ins Gewicht im Zusammenhang mit dem Wahlanfechtungspunkt Kap.19.14.2.(c). ('Tarnliste' zu Ungunsten der Liste 7) nach dem Prüfgrundsatz des 'Kumulationsprinzips' [dazu: Kap.16.5.(f).].

369 Dem ÄR gehörten als Mitglieder an [dazu: FN 93 (Kap.18)]: E.**Biskamp** [UL], M.**Bruns** [UL], J.**Schulz** [GOL]. E.**Biskamp** war bereits zuvor Mitglied des studentischen Wahlausschusses [dazu: FN 284]; dieser führte im Juni 1977 eine mit mannigfachen Mängeln behaftete Studentenschaftswahl durch [dazu: Kap.19.12.].

370 Schriftsatz des Ältestenrats an den Präsidenten H.**Kelm** v.13.9.1979.
Diese Argumentation des ÄR war unschädlich: Die Ladungen an die Antragsteller der Wahlanfechtungen wurden z.T. erst drei Tage vor der betreffenden ÄR-Sitzung verfaßt. Der ÄR lud im übrigen mit Ausnahme der Antragsteller keinen einzigen der in den Wahlfechtungen benannten Zeugen [und er verstieß damit gegen einen anerkannten Verfahrensgrundsatz der Gerechtigkeit: audiatur et altera pars]! Die letztlich insgesamt fünf Stunden Sitzungsdauer für das gesamte vom ÄR durchgeführte Wahlprüfungsverfahren hätten in der nach der Anfechtungsfrist verbliebenen Vorlesungszeit des SS 1979 ohne Komplikationen sofort (und die Herstellung des schriftförmigen Teils der ÄR-Entscheidung anschließend kurzfristig, möglicherweise zunächst nur von einem ÄR-Mitglied, in den nachfolgenden Semesterferien) durchgeführt werden können.
Zu ähnlichem Sachverhalt bereits: Kap.19.11.2.; ferner: Kap.19.10.3.

(vi) Aufforderung der (unteren) Rechtsaufsichtsbehörde an den ÄR, die Wahlprüfung bis zum 20.9.1979 abzuschließen: *4.9.1979*;
(vii) Stellungnahme des ÄR zum Schriftsatz der Aufsichtsbehörde ("Dies nimmt der Ältestenrat mit Befremden zur Kenntnis."[371]): *13.9.1979*;
(viii) Zweite Sitzung des ÄR im Wahlprüfungsverfahren: *27.9.1979*;
(ix) Nach der Vertagung der zweiten Sitzung wegen Fehlens eines ÄR-Mitglieds ohne weitere Verfolgung des Wahlprüfungsverfahrens dritte Sitzung des ÄR: *4.10.1979*.
Damit war bis zum Abschluß des eigentlichen Wahlprüfungsverfahrens, das insgesamt lediglich etwa fünf Stunden dauerte (weil der ÄR eigene Nachforschungen nicht anstellte), fast ein Drittel der Legislaturperiode des angegriffenen Parlaments bereits abgelaufen.

19.14.4. Die versagenden Entscheidungen des Ältestenrats vom 10.10.1979. Der ÄR wies schließlich (erwartungsgemäß) sämtliche Wahlanfechtungen als "unbegründet" zurück unter dürren und teilweise nicht nachvollziehbaren Begründungen, die erneut zu höchsten Zweifeln an seiner Objektivität Anlaß gaben und mitunter den Grundprinzipien des demokratischen materiellen Wahlprüfungsrechts diametral entgegenliefen. Insbesondere pflichtete der ÄR in jeder zwischen Wahlanfechtern und Wahlausschuß differierenden Aussage letzterem bei, ohne auch nur einen einzigen durch die Wahlanfechtungen benannten Zeugen gehört zu haben und ohne auch nur in einem Anfechtungspunkte über die wortwörtliche, strategisch gewichtete Auslegung von einschlägigen universitären Wahlordnungs- und Satzungstexten notwendige, eigene Nachforschungen angestellt und im Rahmen der 'relativen potentiellen Kausalität' im Gesamtkomplex gewürdigt zu haben[372]. Selbst offensichtliche Unstimmigkeiten, Plausibilitätslücken und den Wahlausschuß belastende Tatsachen im angegriffenen Wahlverfahren ließen den ÄR unbeeindruckt:

ad (a). "Der Ältestenrat gelangte zu der Überzeugung, daß in der Terminfrage (der Wahlhelfer-Benennung) die Vertreter der im StuPa vertretenen Gruppen informiert waren"[373].
Auf die monierte zu geringe personelle Besetzung der Wahlurnen ging der ÄR in seinem Wahlprüfungsverfahren überhaupt nicht ein.

ad (b). Daß die Urnen nicht mittels "fälschungssicherer Siegelstreifen" gesichert waren, gestand der ÄR zwar als Wahlfehler zu, stellte jedoch die Erheblichkeit des Mangels in Abrede, ohne diese Behauptung materiell begründen zu können[374].

ad (c). "Ihr Antrag, die Wahl zum Studentenparlament vom 5.-27.6.1979 für ungültig zu erklären und eine Wiederholungswahl anzuordnen, wird als unbegründet zurückgewiesen. ... Es würde schlichtweg den Grundsätzen einer freien Wahl widersprechen, wenn einer politischen Gruppe die Kandidatur untersagt würde, die im Wahlkampf die Auseinandersetzung mit einer rivalisierenden Gruppe mit ähnlichen politischen Anschauungen sucht. Wenn beide Gruppierungen als einen der Bestandteile des Namens denselben allgemeinen politischen Begriff verwenden (hier also: 'unabhängig'), so liegt hierin noch keine Irreführung. Diese wäre erst dann anzunehmen, wenn gerade typische Namensmerkmale identisch gewählt würden."[375]

---

371 ÄR-Schriftsatz (FN 370)
372 Zum rechtswidrigen Prüfungsmaßstab des ÄR im Wahlprüfungsverfahren: Kap.19.11.3. Zum materiellen Wahlprüfungsrecht für Studentenschaftswahlen: Kap.16.5. Zum defizitär-normhypotrophen einschlägigen Studentenschaftswahlrecht: Kap.11; Kap.13.3.1.
373 Beschluß des Ältestenrats v.10.10.1979 zur Wahlanfechtung FN 352(iii), S.3
374 ÄR-Beschluß zur Wahlanf.(iii) (FN 373), S.2
375 Beschluß des Ältestenrats v.10.10.1979 zur Wahlanfechtung FN 352(ii), S.1/4.

ad (d). Allein die durch nichts bewiesene Behauptung eines 'undogmatisch-linken' Wahlausschußmitglieds, wonach alle Sitzungstermine des 'undogmatisch-links' beherrschten Wahlausschusses vor dem Büro des 'undogmatisch-linken' AStAs stets rechtzeitig und lang genug ausgehängt gewesen seien, ließ den 'undogmatisch-links' beherrschten ÄR ohne jede weitere Nachprüfung zu dem Schluß kommen: "Der Wahlvorstand konnte überzeugend darlegen, daß die Bestimmungen nach § 5 Abs.7 KoWO[376] eingehalten wurden und damit die Öffentlichkeit ... bei der Verhandlung des Wahlvorstands und der Auszählung der Stimmen nicht ausgeschlossen wurde."[377]

ad (e). "Der Ältestenrat kam zu der Überzeugung, daß die hier vorliegende Unregelmäßigkeit dadurch ermöglicht worden war, daß die vom Wahlamt verschickten Briefwahlunterlagen unvollständig adressiert worden waren und damit eine ordnungsgemäße Zusendung an die Wähler nicht erfolgen konnte. Dieser Fehler wurde jedoch bei einer weiteren Versendung der Briefwahlunterlagen beseitigt[378]. Im übrigen sind keine weiteren Unregelmäßigkeiten bekanntgeworden[379]. ... In Würdigung des hier genannten Umstandes einer offensichtlichen und unrechtmäßigen Beeinflussung der Wahl kann der Ältestenrat die Einmaligkeit dieser Tatsache jedoch nicht zum Anlaß nehmen, dem Ansinnen des Antragstellers nach Neuwahlen nachzukommen. Die unrechtmäßige Beeinflussung dieser einen Wählerstimme konnte den Wahlausgang insgesamt nicht deutlich verändern."[380]

- Der ÄR hätte im Rahmen eines sachgerechten Prüfungsverfahrens hinsichtlich der Prüfung der Mandatsrelevanz jedenfalls Vergleiche mit den ebenfalls aufgeschlüsselt vorliegenden Wahlergebnissen der parallel abgelaufenen Konventswahl anstellen müssen. Solche Vergleiche

---

Diese Argumentation des ÄR wäre zutreffend gewesen für die Kennworte der beiden kandidierenden Wahlvorschlagslisten 'Unabhängige Fachbereichsgruppen (Giraffen)' (Liste 7) und 'Liste der Fachbereichsgruppen und Institutsgruppen' (Liste 8). Im vorliegenden Zusammenhang war die Argumentation sachfremd.

376 "Beschlüsse der Wahlvorstände sind durch Aushang oder auf andere Weise universitätsöffentlich zu machen." (§ 5 Abs.7 KoWO v.24.1.1979 (= FN III.69))

377 ÄR-Beschluß zur Wahlanf.(iii) (FN 373), S.3 [unter "Wahlvorstand" war hier Wahlausschuß gemeint]

378 Der Wahlausschuß handelte offensichtlich pflichtwidrig, indem er nach Bekanntwerden des Sachverhalts mangelhafter Zustellung und Sicherung der Briefwahlunterlagen in den Studentenwohnheimen - ohne dem Verbleib der mutmaßlich beträchtlichen Anzahl 'verschwundener' Briefwahlunterlagen nachzuforschen und somit ohne den erheblichen Wahlfehler umfangreicher mißbräuchlicher Stimmabgabe überhaupt in Betracht zu ziehen - einfach angeblich eine abermalige Versendung neuer Briefwahlunterlagen an die Wohnheimbewohner veranlaßte (dem Universitätswahlamt, das über die Adressen verfügte sowie dem Zentralen Wahlvorstand für die im selben Verfahren durchgeführte Konventswahl [als wahldurchführendes Organ: FN 341(b)] war über eine "weitere Versendung der Briefwahlunterlagen" nichts bekannt). Angesichts der Schwere der vorgebrachten und belegten Fakten hätte der ÄR als Minimum eines seriösen Wahlprüfungsverfahrens wenigstens durch (schriftliche) Abfrage an alle Wohnheimbewohner, für die laut zurückgesandtem Wahlschein die Briefwahlstimme abgegeben wurde, versuchen müssen festzustellen, ob davon weitere Wähler durch unzulässige Stimmabgabe fremder Personen in ihrem Namen des aktiven Wahlrechts verlustig gegangen waren.

379 Diese Darstellung des ÄR, wonach ihm lediglich ein Fall unbefugter Stimmabgabe bekanntgewesen sei, entsprach nicht den Tatsachen. Allein durch den Anfechter zu (iii) wurden bis zur ersten ÄR-Sitzung am 27.7. 1979 weitere vier gleichgelagerte Fälle aus zwei großen Studentenwohnheimen nachgereicht und durch die Betroffenen bezeugt; vgl. für einen weiteren Fall: FN 368.

380 ÄR-Beschluß zur Wahlanf.(iii) (FN 373), S.4.

Mandatserheblichkeit [zu diesem Prüfprinzip: Kap.16.5.(a).] hätte dieser isolierte Wahlfehler erlangt im Falle von mindestens 125 zusätzlich (rechtswidrig) abgegebenen Stimmen für die Liste 1 (UL); sie hätte dann eines ihrer Mandate an die Liste 7 (UF) abzutreten gehabt [zu den numerischen Daten: Anhang 1 (A.1.14.)]. Für die Bestimmung der Wahrscheinlichkeit dieser Konstellation [zu diesem Prüfprinzip: Kap.16.5.(d).] hätten weitere Untersuchungen durch den ÄR stattfinden müssen. - Unter dem Prüfgrundsatz des 'Kumulationsprinzips' [dazu: Kap.16.5.(f).] wäre aber für die Mandatsrelevanz des vorliegenden Wahlfehlers Kap.19.14.2.(e). allein durch dessen Verstärkung durch den Wahlfehler Kap.19.14.2.(c). hinreichende Wahrscheinlichkeit [dazu: Kap. 16.5.(d). und Kap.16.5.(e).] erwachsen; vgl. auch: FN 368.

waren aber tatsächlich vollständig unterblieben; sie hätten eine weitere Stützung der anhängigen Wahlanfechtungen ergeben:

19.14.5. Die signifikanten Stimmenverschiebungen gegenüber der gleichzeitig und korrekt durchgeführten Konventswahl. Das Wahlergebnis der StuPa-Wahl war aufgrund ähnlicher Voraussetzungen mit demjenigen der parallel abgelaufenen Konventswahl vergleichbar; denn der Wahlkörper der StuPa-Wahl stimmte mit demjenigen der Studenten (Wählergruppe III) der Konventswahl nahezu überein; für beide Wahlen wurden allen Wahlberechtigten mit derselben Postsache die Briefwahlunterlagen von Amts wegen zugesandt unter derselben Rücksendefrist, zusammen in demselben Wahlbrief. Anschließend bestand (nur für die StuPa-Wahl) *zusätzlich* für die bis dahin sich nicht an der Briefwahl beteiligt habenden Wähler die Möglichkeit, ihre Stimme zur Wahl des Studentenparlaments noch an der Urne persönlich abzugeben (was zur offiziell mit 5,4% angegebenen höheren Wahlbeteiligung bei der StuPa-Wahl gegenüber der Konventswahl führte).

Da für die große Mehrheit der Wähler ein Unterschied zwischen Konvents- und StuPa-Wahl überhaupt nicht ersichtlich war, war realistischerweise auch davon auszugehen, daß der typische Konventswähler für die StuPa-Wahl dieselbe Gruppe wählte[381] (damit korrelierten auch die Angaben des Universitätswahlamts, das die postalisch eingehenden Briefwahlunterlagen sammelte und trennte, wonach der überwältigende Anteil der Briefwähler (über 99%) seine Stimmen für alle zu wählenden Gremien *gemeinsam* abgegeben hatte). A fortiori konnte nahezu ausgeschlossen werden, daß ein Konventswähler der als ultra-'rechts' und zu dieser Zeit dem Faschismusverdacht ausgesetzt, öffentlichkeitswirksam stigmatisierten und politisch isolierten CDU-nahen Gruppe 'Ring Christlich Demokratischer Studenten' (RCDS)[382] seine Stimme zum Studentenparlament einer anderen Gruppe, schon gar nicht der diametral entgegengesetzt profilierten, "antiautoritär" gerierenden "Sponti"-Liste 'Undogmatische Linke', gegeben hatte.

Unter diesen Gegebenheiten mußten die offiziellen Endergebnisse der beiden Wahlen Erstaunen hervorrufen: In allen Stimmbezirken (mit Ausnahme des kleinen Stimmbezirks VIII (Chemie)) "konnte" die 'Undogmatische Linke' ihre Konventsstimmen nahezu verdoppeln, in einem Stimmbezirk (VII (Naturwissenschaften)) nahezu verdreifachen. Das Ausmaß dieser Stimmenverschiebungen war politisch nicht zu begründen; es blieb letztlich nur erklärbar aus den bereits genannten gravierenden Mängeln im Verfahren der StuPa-Wahl.

---

381 Vgl. zu dieser grundlegenden Annahme über das studentische Wahlverhalten auch: FN 318.
(a) Der entpolitisierende Effekt der Briefwahl. Beachte in diesem Zusammenhang wiederum den entpolitisierenden Effekt der obligatorischen Briefwahl; dieser wurde treffend auch vom AStA charakterisiert: "Von geheimer Wahl kann wohl bei den tausend Zetteln, die auf den Küchentischen rumliegen, keine Rede mehr sein. Erst recht nicht davon, daß die Studenten die Gruppen, die sie wählen sollen, in der Praxis kennen" (ASTA-info.4/1979, S.19). Siehe dazu ferner: FN 317; FN 427(a); FN 441(a); Kap.19.16.3. Beachtlich für die Wahlentscheidung des 'Durchschnittswählers' war also die durch das Listenkennwort auf dem Stimmzettel übermittelte politische Identität der kandidierenden Wahlvorschlagslisten.
(b) Die Verschiebung der 'undogmatisch-linken' Stimmen. Die 'Undogmatische Linke' (UL) / 'Sozialistische Hochschulinitiative' (SHI) kandidierte für die Konventswahlen von 1975 bis 1983 als 'Sozialistische Konventsinitiative' (SKI). Nachzuvollziehen war unter diesem Faktum, daß die 'Juso-HSG', die sich selbst meist ein 'undogmatisch-linkes' Ansehen in der Öffentlichkeit zu verschaffen bemüht war [vgl. dazu: FN II.10 (Kap.5)], zur StuPa-Wahl einen nicht unerheblichen Teil ihrer Konventsstimmen an die UL als die originär 'undogmatisch-linke' Gruppe, die dieses Attribut sogar im Namen führte, verlor. Dies mag zu sehr geringen Teilen auch für die 'Unabhängigen Fachbereichsgruppen' und den LHV zugetroffen haben. Überhaupt nicht nachzuvollziehen war dieses Phänomen vor allem bei den festgefügten Stimmenblöcken der mutmaßlich 'rechten' CDU-Wähler des RCDS und der dogmatisch-'linken' DKP-Wähler und -Sympathisanten des 'MSB Spartakus'.
382 Siehe dazu (politische Isolation des RCDS als 'rechter' Gruppe): Kap.7.3.(a)., insb. FN II.134.

(a) Die signifikanten Stimmenverschiebungen im Stimmbezirk V. Dieser unter wahlstrategischen Aspekten im Hause des AStAs neben dem Eingang des Studentencafés 'KOZ' (= 'Kommunikationszentrum') untergebrachte Stimmbezirk (Fachbereiche Geschichte, klassische Philologien und Kunstwissenschaften, ost- und außereuropäische Sprach- und Kulturwissenschaften, Biologie, Informatik, Polytechnik/ Arbeitslehre)[383] wies aufgrund seiner ungünstigen Lage nur eine geringe Beteiligung bei der Urnenwahl auf, so daß nahezu das gesamte Stimmenaufkommen aus der zuvor durchgeführten Briefwahl stammte[384] (so daß ein Vergleich mit der als ausschließliche Briefwahl gleichzeitig im selben Verfahren durchgeführten Konventswahl naheliegt). Der Stimmbezirk erbrachte ein nicht nachvollziehbares Wahlergebnis:

Wahl	*I. StuPa-Wahl*		*II. Konvents-Wahl*		*Differenz I-II*
Wahlberechtigte	2.503		2.468		+ 35
Wahlbeteiligung	834	(33,3%)	771	(31,2%)	+ 63
Ungültige/Enthaltungen	11		11		- 0
Wahlvorschlagsliste					
	Stimmen	*(%)*	*Stimmen*	*(%)*	*Stimmen*
1: UL ("Spontis")	386	(46,9%)	204	(26,8%)	(!) +182
2: RCDS	77	(9,4%)	117	(15,4%)	- 40
3: LHV	89	(10,8%)	125	(16,4%)	- 36
4: Juso-HSG	113	(13,7%)	141	(18,6%)	- 28
5: MSB Spartakus	51	(6,2%)	63	(8,3%)	- 12
7: UF ('Giraffen'/Unabhängige)	73	(8,9%)	110	(14,5%)	- 37
Sonstige[385]	34	(4,1%)	nicht kandidiert		+ 34

Das bedeutet: Die 'rechte' Liste 2 (RCDS) hatte nach den amtlichen Endergebnissen in diesem Stimmbezirk mehr als ein Drittel (34,2%) ihrer Konventsstimmen bei der StuPa-Wahl an die 'Undogmatische Linke' "verloren". Alle auch zum Konvent kandidierenden Gruppen, mit Ausnahme der Liste 1 ('Undogmatische Linke'), "verloren" trotz höherer Wahlbeteiligung bei der StuPa-Wahl einen erheblichen Teil (durchschnittlich 27,5%) ihrer Konventsstimmen.

(b) Die signifikanten Stimmenverschiebungen im Stimmbezirk VII. Aus diesem (eher konservativ-unpolitischen) naturwissenschaftlichen Stimmbezirk (FB Mathematik, Physik, Biochemie und Pharmazie) stammte kein einziger Kandidat der Liste 1 ('Undogmatische Linke'). Diese Gruppe leistete in der Vergangenheit auch keinerlei Fachschaftsarbeit in den genannten

383 Siehe hierzu bereits: Kap.19.7.1.

384 Vertreter der 'Unabhängigen Fachbereichsgruppen' (UF) 'bewachten' - zeitweilig unter körperlicher Bedrohung und verbalen Beleidigungen durch "empörte Besucher" des Café 'KOZ' - während der gesamten Wahlhandlung über drei Tage diese Wahlurne und zählten die erschienenen Wähler; während der Öffnungszeiten dieses Stimmbezirks waren äußerlich keine Unregelmäßigkeiten bei den Wahlhandlungen sichtbar geworden. (Ob die Wählenden sämtlich gemäß Wählerverzeichnis wahlberechtigt waren und die Markierung durch die 'undogmatisch-linken' Wahlhelfer an der richtigen Stelle vorgenommen wurde, konnte nicht überprüft werden, weil die Wahlhelfer [zu Recht: Kap.15.5.1.(c).] keinen Einblick in das Wählerverzeichnis gewährten.)

385 Es handelt sich um die 'undogmatisch-linke' mutmaßliche 'Tarnliste' 'Unabhängige Liste für eine demokratische Hochschulpolitik' (Liste 6 [die den 'Unabhängigen Fachbereichsgruppen' (Liste 7) Wählerstimmen abziehen sollte: FN 361(a)]), sowie um die KBW-nahe, maoistische 'Liste Fachbereichsgruppen und Institutsgruppen' (Liste 8 [die mit hoher Wahrscheinlichkeit keine RCDS-Konventsstimmen erhielt]).

UNABHÄNGIGE FACHBEREICHS-GRUPPEN NATURWISSENSCHAFTEN

(BRIEF)WAHL-ERGEBNISSE ZUM KONVENT IN DEN NATURWISSENSCHAFTEN:
(In Klammern die Ergebnisse der letzten Wahlen von 1977)

	FB MATHEMATIK		FB PHYSIK		FB CHEMIE		FB PHARMAZIE	
	STIMMEN	%	STIMMEN	%	STIMMEN	%	STIMMEN	%
WAHLBE-TEILIGUNG	310	44,6%	231	46,7%	262	48,1%	175	37,8%
	(514	53,7%)	(276	52,6%)	(278	56,8%)	(237	53,8%)
LISTE 1 LHV	21	6,8%	27	11,7%	26	9,9%	26	14,9%
	(53	10,3%)	(41	14,9%)	(27	9,7%)	(41	17,3%)
LISTE 2 Giraffen	120	38,7%	103	44,6%	131	50,0%	41	23,4%
	(156	30,4%)	(79	28,6%)	(123	44,2%)	(29	12,2%)
LISTE 3 Spontis	60	19,4%	18	7,8%	24	9,2%	4	2,3%
	(78	15,2%)	(26	9,4%)	(23	8,3%)	(13	5,5%)
LISTE 4 Jusos	43	13,9%	36	15,6%	28	10,7%	20	11,4%
	(87	16,9%)	(53	19,2%)	(34	12,2%)	(28	11,8%)
LISTE 5 RCDS	60	19,4%	29	12,6%	44	16,8%	79	45,1%
	(105	20,4%)	(48	17,4%)	(55	19,8%)	(113	47,7%)
LISTE 6 MSB/DKP	6	1,9%	18	7,5%	9	3,4%	5	2,9%
	(35	6,8%)	(29	10,5%)	(16	5,8%)	(13	5,5%)

Wie Ihr seht, ist die Wahlbeteiligung bisher in den Naturwissenschaften relativ gering gewesen. Wenn Ihr bisher noch nicht an der Briefwahl teilgenommen habt, habt Ihr nochmals vom MONTAG bis zum MITTWOCH (25.-27.6.) die Möglichkeit, Eure Stimme für die Wahl des Studenten-Parlaments an der Urne abzugeben! Unsere Urne steht im Foyer des Physikalischen Instituts, Robert-Mayer-Str. 2-4, und ist von 9^{30}h - 15^{30}h besetzt.

Urnen-Wahl vom 25.-27. Juni (Mo - Mi)
Wählt Giraffen ins Studenten-Parlament, Liste 7 ⊗

SCHON WIEDER WAHLFÄLSCHUNG ? ODER: DIE SPONTIS SCHLAFEN NICHT (MEHR)

● **Spontis beherrschen den Wahlausschuß**

Der Wahl-Ausschuß organisiert die Durchführung der Urnen-Wahl zum Studenten-Parlament vom 25.-27. Juni. Er verfügt über Stimmzettel, Wählerverzeichnisse, Wahlurnen und teilt die Wahlhelfer ein.
2/3 der Wahl-Ausschuß-Mitglieder sind Spontis, 1/3 DKP-Leute. Die "korrekte" Durchführung der Wahl ist damit wohl gesichert.

● **Spontis stellen fast alle Wahlhelfer**

Die Oppositionsgruppen (also z.B. die Giraffen) wurden durch formale Tricks von einer Mitarbeit bei der Durchführung der Wahl ausgeschlossen. An zahlreichen Wahlurnen werden damit ausschließlich Sponti-Wahlhelfer den Spontis bei der Wahl helfen.

● **Zu allem Überfluß: Die Sponti-Tarnliste (Liste 6)**

Sponti-U-Boot fürs Studentenparlament: die "Unabhängige Liste", die auf teuren Plakaten "gegen Chaotentum und Parteienfilz" antritt. Nur: Die Plakate druckten die Spontis, und z.B. auf Platz 3 der Liste kandidiert der "Unabhängige" Karl Haarmann, der im Übrigen auf der Sponti-Konvents-Liste, Platz 10, zu finden ist.

● **Sämtliche Briefwahlunterlagen in Sponti-Hand**

Mit Abschluß der Briefwahl (Di, 17^{00}h) empfängt der Sponti-Wahl-Ausschuß vom Uni-Wahlamt sämtliche Briefwahl-Unterlagen, die im Sponti-AStA-Büro bis zur Auszählung eine Woche später deponiert werden.

● **Spontis zählen die Stimmen aus**

Am 27. Juni ab 16^{00}h zählen dann die (Sponti) Wahlhelfer sogar in öffentlicher Sitzung die Stimmen aus.

Drum: SCHAUT DEN SPONTIS AUF DIE FINGER,
UND IHRE CHANCEN SIND GERINGER
ZU DREHEN WEIT'RE KRUMME DINGER.

Abb.11: Flugblatt 'Unabhängige Fachbereichsgruppen - Naturwissenschaften' 6/1979, S.1/2

Fachbereichen. Im Gegensatz dazu stammte ein erheblicher Anteil der Kandidaten der Liste 7 ('Unabhängige Fachbereichsgruppen' (UF)) aus diesem Stimmbezirk; Mitglieder und Sympathisanten der UF trugen dort wesentlich die politische und soziale Fachbereichsarbeit. Durch ihre personelle und politische Verankerung konnten vor allem in diesen naturwissenschaftlichen Fachbereichen die UF die Tarnlisteneigenschaft der bislang völlig unbekannten 'Unabhängigen Liste', die sich dort auch im Wahlkampf selbst überhaupt nicht präsentierte, öffentlich machen. Diese Realitäten gab das StuPa-Wahlergebnis nur sehr bedingt wieder:

Wahl	*I. StuPa-Wahl*		*II. Konvents-Wahl*		*Differenz I-II*
Wahlberechtigte	1.691		1.515		+176
Wahlbeteiligung	797	(47,1%)	722	(43,3%)	+ 75
Ungültige/Enthaltungen	2		6		(!) - 4
Wahlvorschlagsliste					
	Stimmen	*(%)*	*Stimmen*	*(%)*	*Stimmen*
1: UL ("Spontis")	224	(28,2%)	82	(11,5%)	(!) +142
2: RCDS	155	(19,5%)	169	(23,6%)	- 14
3: LHV	43	(5,4%)	74	(10,3%)	- 31
4: Juso-HSG	70	(8,8%)	98	(13,7%)	- 28
5: MSB Spartakus	25	(3,1%)	29	(4,1%)	- 4
6: 'Unabhängige Liste'	50	(6,3%)	nicht kandidiert		(!) + 50
7: UF ('Giraffen'/Unabhängige)	210	(26,4%)	264	(36,9%)	- 54
8: 'Fachbereichsgruppen' (KSB)	18	(2,3%)	nicht kandidiert		+ 18

Das bedeutet: Trotz gestiegener Wahlbeteiligung bei der StuPa-Wahl sank die Anzahl der Ungültigen/Enthaltungen um 66,7%. Nach den amtlichen Endergebnissen "vermochte" die Liste 1 ('Undogmatische Linke') ihre Konventsstimmen bei der gleichzeitig ablaufenden StuPa-Wahl unter unwesentlich erhöhter Wahlbeteiligung (110% der Konventsstimmen) nahezu zu verdreifachen (273% der Konventsstimmen) und in diesem Stimmbezirk von einer der schwachen zur stimmenstärksten Gruppe zu werden. Die Liste 3 ('Liberaler Hochschulverband') "verlor" nahezu die Hälfte (-42%) ihrer Konventsstimmen. Sämtliche zum Konvent kandidierenden Gruppen, mit Ausnahme der 'Undogmatischen Linken', "verloren", trotz höherer Wahlbeteiligung bei der StuPa-Wahl, einen erheblichen Teil (durchschnittlich 20,7%) ihrer Konventsstimmen.

(c) Der Schwund von Ungültigen/Enthaltungen bei der StuPa-Wahl. Erfahrungsgemäß treten bei der obligatorischen Briefwahl mehr Ungültige/Enthaltungen auf als bei der Urnenwahl (was mit dem mit der Briefwahl verbundenen erhöhten Formalismus und dem entpolitisierenden Effekt der obligatorischen Briefwahl zusammenhängen mag); sowohl StuPa- als auch Konventswahl wurden aber im vorliegenden Falle als obligatorische Briefwahl durchgeführt (die StuPa-Wahl mit zusätzlicher anschließender Urnenwahl aber weitgehender Identität der Briefwähler beider Wahlen). Obwohl bei der StuPa-Wahl (abgegebene Stimmen: 9.645) insgesamt 1.325 Stimmen *mehr* abgegeben wurden als bei der parallel abgelaufenen Konventswahl (abgegebene Stimmen: 8.320), *sank* die Anzahl der Ungültigen/ Enthaltungen von 85 bei der Konventswahl auf 54 bei der StuPa-Wahl. Aufschlußreich bleibt in diesem Zusammenhang auch ein Vergleich der StuPa-Wahl 1979 mit der erstmals wieder tendenziell korrekt und nach demselben Wahlverfahren durchgeführten StuPa-(Teilwiederholungs-)Wahl vom Dez.1980[386]:

Wahl	*StuPa-Wahl 1979*		*StuPa-(Wiederholungs-)Wahl 1980*	
Stimmbezirk				
	Abgeg. Stimmen	*Ungültige/Enth. (%)*	*Abgeg. Stimmen*	*Ungültige/Enth. (%)*
I	1.570	13 (0,8%)	1.141	18 (1,6%)
II	1.548	7 (0,5%)	1.182	16 (1,4%)
III	1.159	4 (0,3%)	802	17 (2,1%)
IV	1.181	7 (0,6%)	924	19 (2,1%)
V	834	11 (1,3%)	719	27 (3,8%)
VI	918	4 (0,4%)	863	27 (3,1%)
VII	797	2 (0,3%)	671	19 (2,8%)
VIII	275	2 (0,7%)	246	9 (3,7%)
IX	1.363	4 (0,3%)	1.178	29 (2,5%)
Summe	9.645	54 (0,6%)	7.715	170 (2,2%)

Das bedeutet: Die Anzahl der ungültigen Stimmen/Enthaltungen der korrekt durchgeführten (Teilwiederholungs)Wahl 1980 hätte, umgerechnet auf die nach demselben Wahlverfahren durchgeführte Wahl 1979 213 (nämlich 2,2% von 9.645) Stimmen betragen müssen. Tatsächlich wurden amtlich lediglich 54 Ungültige/Enthaltungen ausgewiesen[387].

19.14.6. Das Leerlaufen des Wahlprüfungsverfahrens. Die Einlegung von Rechtsaufsichtsbeschwerden gegen die Wahlprüfungsentscheidungen des ÄR bei der unteren Rechtsaufsichtsbehörde[388] führte nicht zum Erfolg: Zunächst wünschte die Aufsichtsbehörde von den Antragstellern systematische schriftliche Ausarbeitungen über die wiederholt vorgefallenen und nicht abgestellten Wahlfehler bei StuPa-Wahlen der vergangenen Jahre als Begründungshilfe für ihre möglichen Eingriffe in die Studentenschaftsautonomie in Form eines eigenen, in Ersatzvornahme durchzuführenden Wahlprüfungsverfahrens. Diese Zeitspanne, verbunden mit der vorhergehenden Verzögerung des ÄR, führten zur (absehbaren) Unmöglichkeit der Durchführung einer Wiederholungswahl zu diesem fortgeschrittenen Zeitpunkt.

Die Anrufung der zweiten (gerichtlichen) Wahlprüfungsinstanz mit ihrer längeren Prozeßdauer erübrigte sich von vornherein aufgrund der vorherigen Verzögerung des ÄR.

---

386 Für die Stimmbezirke I, II, III, IX sind in der Tabelle für die Wahl 1980 die korrekten Zahlen der Wiederholungswahl aufgeführt.
Zur Vergleichbarkeit beider Wahlen: Sie fanden beide statt unter demselben Wahlverfahren, mit denselben Stimmbezirken und denselben kandidierenden Gruppen (mit Ausnahme der zusätzlichen Liste 'Trotzkistische Liga Deutschlands' (TLD, Liste 9) bei der Wahl 1980, die nur 30 Stimmen erhielt). Die Wahl 1979 wurde unter einem einseitig 'links' besetzten, 'undogmatisch-links' dominierten Wahlausschuß durchgeführt [dazu: FN 341(b)]; die Wahl 1980 wurde von einem nach dem demokratischen 'Prinzip der gleichmäßigen Besetzung' pluralistisch kontrollierten Wahlausschuß durchgeführt [dazu: Kap.19.15. (am Beginn), insb. FN 390].

387 Beachte in Zusammenhang mit diesem Phänomen (Reduktion von Ungültigen/Enthaltungen als Indiz für unzulässigen Austausch von Stimmzetteln): Kap.19.0.(a).; Kap.19.0.(b).

388 **(i)** Rechtsaufsichtsbeschwerde des Politologiestudenten R.J.**Löffler** v.15.10.1979; **(ii)** Rechtsaufsichtsbeschwerde des Mathematikstudenten P.**Kunth** v.9.11.1979; **(iii)** weitere Rechtsaufsichtsbeschwerde des R.J. **Löffler** v.11.11.1979; **(iv)** weitere Rechtsaufsichtsbeschwerde des P.**Kunth** v.25.11.1979.
[Zur zeitlichen Verlängerung des Wahlverfahrens unter obligatorischer Briefwahl: FN III.96(b) (Kap.11).]

19.15. Die StuPa-Wahl vom 4.6.-26.6.1980

(Verstoß gegen das Differenzierungsgebot und gegen das Irreführungsverbot; unvollständige Versendung und mangelhafte Zustellung der Briefwahlunterlagen; Vernichtung von Briefwahlstimmen; rechtswidrige Verschiebung des Urnenwahl-Termins; offene Wahl; Wahlwerbung im Wahllokal; additive Urnenwahlmanipulationen)

Diese StuPa-Wahl fand, ebenso wie die vorhergehende Wahl 1979, den rechtlichen Vorgaben entsprechend, zweistufig statt[389]: Zunächst als obligatorische Briefwahl (jedem Wahlberechtigten wurden von Amts wegen die Briefwahlunterlagen unaufgefordert durch das Universitätswahlamt zugesandt), sodann, daran anschließend, als dreitägige Urnenwahl (jeder sich nicht an der Briefwahl beteiligt habende Wahlberechtigte hatte noch die zusätzliche Möglichkeit, seine Stimme an einer Urne abzugeben). Dazu parallel im selben Briefwahlverfahren und erstmals ebenso in einer anschließenden separaten, (lediglich zweitägigen) Urnenwahl wurde auch die Konventswahl durchgeführt. - Dieser grundsätzlich zeitlich und organisatorisch gleiche Wahlmodus erfolgte in der genannten Art ununterbrochen bis zu den Wahlen des Jahres 1996/97 (für die nachfolgenden Wahlen wurde aus Kostengründen erwogen, durch entsprechende Änderung der KoWO das alte Verfahren der Urnenwahl mit der Briefwahl als Ausnahme - auf individuellen Antrag - wieder einzuführen, was durch den Konvent einstimmig abgelehnt wurde). Gemäß den rechtsaufsichtlich geänderten Vorgaben der Satzung der Studentenschaft (StS) wurde diese StuPa-Wahl *erstmals* durch einen (rechtsaufsichtlich nach dem 'Prinzip der gleichmäßigen Besetzung' eingesetzten) pluralistisch aus jeweils einem Vertreter aller bisher im Parlament vertretenen politischen Gruppen gebildeten studentischen Wahlausschuß durchgeführt[390]. Diese pluralistische Besetzung des Wahlorgans ermöglichte unter dem Gesichtspunkt interner Kontrolle zentrale Verbesserungen des bisherigen, unzulänglichen Wahlverfahrens:

(i) Der Wahlausschuß beschloß, die benötigten Wahlhelfer gemäß dem bisherigen Stärkeverhältnis den im Parlament vertretenen Gruppen zuzuordnen (*proportionale Verteilung*)[391], ungeachtet der individuellen Wahrnahme des passiven Wahlrechts[392].

---

389 (a) Zu dieser Wahl kandidierte letztmals (und erfolglos) eine maoistische Studentengruppe zu einer Frankfurter StuPa-Wahl: 'Kommunistischer Studentenbund' (KSB, Liste 5); einmalig (und erfolglos) kandidierte die 'Trotzkistische Liga Deutschlands' (TLD, Liste 2). Einmalig (und erfolglos) trat an eine 'Christliche Union Frankfurter Studenten (CUFS)' (Liste 6).

(b) Die rechtlichen Grundlagen: § 14 Abs.2 (kombinierte Brief- und Urnenwahl) StS v.16.4.1980 (= FN III.121); § 65 Abs.3 (Gleichzeitigkeitsklausel) HHG v.6.6.1978 (= FN III.95) [vgl. dazu: Uni-Rep. 3/1980, S.1]. Zum juristischen Erfordernis der (ergänzenden) Urnenwahl: Kap.12.1.(b).

390 Das parlamentarische Wahlverfahren für den studentischen Wahlausschuß wurde durch Einfügung eines minderheitenschützenden Quorums rechtsaufsichtlich neu geregelt: "Der Wahlausschuß besteht aus drei Mitgliedern, die vom Parlament von drei Vierteln der anwesenden Mitglieder gewählt werden" (§ 14 Abs.1 StS v.16.4.1980 (= FN III.121) [siehe dazu: Kap.12.1.(a).; ferner: Uni-Rep.5/1980, S.1]). Weil das StuPa sich nicht imstande zeigte, dergestalt satzungsgemäß einen Wahlausschuß zu wählen [siehe dazu: Abb.12, S.403], setzte die (untere) Rechtsaufsichtsbehörde gemäß dem rechtsstaatlichen 'Prinzip der gleichmäßigen Besetzung' [siehe dazu: Kap.17.2.1.] einen (kommissarisch amtierenden) Wahlausschuß ein, bestehend aus je einem Vertreter aller bisher im Parlament vertretenen Gruppen (Verfügung des Präsidenten H.**Kelm** v.6.5.1980 [Az.: 8.43.00] [siehe dazu: Kap.17.3.4.]): B.**Bleines** ['Undogmatische Linke' (UL)], C.**Fischer** ['Ring Christlich Demokr. Studenten' (RCDS)], F.**Koch** ['Juso-HSG'], H.-J.**Otto** ['Unabhängige Fachbereichsgruppen (Giraffen)' (UF)], K.G. **Meffert** ['Liberaler Hochschulverband' (LHV)], B.**Giebeler** ['MSB Spartakus' (Marxistischer Studentenbund)].

391 WA-Prot. v.14.5.1980.
Damit wurden die Wahlhelferzugriffe wie folgt zugeteilt: 10 UL, 4 RCDS, 3 Jusos, 2 UF, 2 LHV, 1 MSB. [Vgl. zur Schwäche dieses Verfahrens: FN 330.] Dieser Besetzungsmodus ermöglichte zumindest die Zuteilung von jeweils zwei durch unterschiedliche politische Gruppen benannten Wahlhelfern an jede Wahlurne.

392 "Bei drei Ja-Stimmen und einer Enthaltung wird beschlossen, daß auch Kandidaten Wahlhelfer sein können" (WA-Prot. v.20.5.1980). Zur Rechtmäßigkeit dieses Beschlusses: Kap.17.2.3.

lhv

STUPA-INFO 3/8o
Aus der 8. Sitzung des Studentenparlaments vom 18.4.8o

Schizophrenia simplex...

oder

des Spontis letzte Rettung: die Rechtsaufsicht?

Unter kritischen Psychiatern herrscht die Auffassung von, "Schizophrenie (Spaltungsirresein)" sei mehr eine Erfindung alter Psychiater und weniger real existierendes Krankheitsbild.

Nun, wer die StuPa-Sitzung am vergangenen Freitag verfolgt hat, gewann den Eindruck, daß dieses umstrittene Krankheitsbild gleich zehnmal diagnostizierbar war - bei den zehn Fraktionsmitgliedern der "Undogmatischen Linken", der Spontis also.

Worum ging es ?

Es wird sich inzwischen herumgesprochen haben, daß in diesem Sommersemester Neuwahlen zum Studentenparlament stattfinden werden. Zur Durchführung dieser Wahl wählt das StuPa einen Wahlvorstand - das wurde heute versucht - erfolglos.

In demokratisch gewählten Parlamenten ist die Wahl eines Wahlvorstandes gewöhnlich eine reine Routineangelegenheit. Alle Richtungen sind im Wahlvorstand vertreten, unabhängig davon, wer gerade die Mehrheit hat; Streit um Formalia der Wahldurchführung gibt es nur selten, da alle an einem kor-
b.w.

liberaler hochschulverband

rekten Ablauf der Abstimmung interessiert sind.

Nicht so im Frankfurter Studentenparlament.

In den letzten Jahren wurde der Wahlvorstand fast ausschließlich von den Spontis gestellt. Das führte dazu, daß

- fast nur Spontis als Wahlhelfer zugelassen wurden
- die Wahlurnen teilweise tagelang im AStA-Büro herumstanden
- Urnen verwandt wurden, bei denen sich der Boden mit dem Schraubenzieher abhebeln und anschließend wieder annageln läßt (ob an den Urnen Spuren einer solchen "Behandlung" feststellbar sind ?)
- die "Auszählung" der Stimmen ausschließlich durch die Spontis erfolgte,
- nur Spontis die Verfügungsgewalt, unkontrolliert, unkontrollier b a r über Stimmzettel, Wahlscheine und Wählerlisten hatten.

Angesichts dieser Möglichkeiten wäre es sehr verwunderlich, hätten die Spontis n i c h t bei den STuPa-Wahlen regelmäßig doppelt so viele Stmmen wie bei den gleichzeitig, aber von der Univerwaltung abgehaltenen Konventswahlen erhalten !!

Angesichts dieser Tatsachen hatte die Opposition diesmal die Nase voll. Man einigte sich auf drei Kandidaten, einen Rechten (aus den Reihen der "Unabhängigen") einen Linken (vom LHV) und einen noch linkeren (vom MSB Spartakus). Man zog es vor, auf einen Sponti-Kandidaten diesmal zu "verzichten".

Diese drei Kandidaten erhielten dann auch mit 11 von 21 Stimmen die Mehrheit.

Aber eben nur die Mehrheit.

Und die reichte nicht mehr.

Denn kurz zuvor hatte der Unipräsident (als Rechtsaufseher über die Studentenschaft) in seiner Weisheit und Güte verfügt, Wahlvorstände müßten künftig mit Dreiviertelmehrheit gewählt werden - um sicherzustellen, daß n i c h t n u r Spontis im Wahlvorstand sitzen.

Und damit sind wir wieder bei der Eingangsdiagnose.

> **Zitate des Tages**
>
> "Du wirst mich doch nicht veranlassen wollen, mich strafbar zu machen ?!"
>
> Brigitte Heinrich, StuPa-Präsidentin, zu Karl Hoffmann (Juso)
>
> "Wir sind hier nicht in der DDR, verdammt noch mal !"
>
> wieder Brigitte Heinrich, diesmal zu H.J. Otto ("Unabhängige", ziemlich rechts)

Die Spontis beriefen sich auf die Rechtsaufsicht und erklärten die Wahl für ungültig.

G l e i c h z e i t i g klagt der Sponti-AStA beim Verwaltungsgericht mit dem Ziel, die 3/4-Regelung r ü c k - g ä n g i g zu machen !!!

Daß da ein gewisser Widerspruch herrscht, haben sie offenbar nicht kapiert.

Naja, Sponti-Logik ...

Wie es denn auch sei: klar ist, daß die Opposition im nächsten Wahlvorstand die Mehrheit haben und einen korrekten, fairen Wahlablauf garantieren kann.

Wenn die Spontis bei der nächsten Sitzung erneut "blockieren", wird die Wahl von einem Staatskommissar durchgeführt - ein schwerer Schaden für die Verfaßte Studentenschaft.

Ob die Spontis d a s riskieren wollen ??

lhv

Winfried Schröder-Babo
Klaus-Georg Meffert

VISDP: LHV-Fraktion im Studentenparlament
Baumertstr. 38
6000 Frankfurt/M

Abb.12: Flugblatt des 'Liberalen Hochschulverbands' (LHV) [StuPa-Info.3/80] 4/1980, S.1 und S.2

(ii) Die Listenreihung auf dem Stimmzettel erfolgte in rechtzeitig angekündigter, öffentlicher Sitzung des Wahlausschusses in durch dessen pluralistische Besetzung auch intern kontrollierten Verfahren mittels Auslosung[393].

(iii) Erstmals wurden die Verschlüsse der Wahlurnen mittels zweier Schlösser, über deren Schlüssel jeweils nur die Vertreter verschiedener politischer Richtungen verfügten, *unabhängig voneinander* gesichert; die Urnen waren folglich nicht mehr - wie in der Vergangenheit möglich - von Vertretern nur einer politischen Gruppe in einer unbeobachteten Zeitspanne ohne Hinterlassung äußerer Spuren - z.B. während der Nachtzeit - zu öffnen[394].

- Ein aktionistischer Teil der 'undogmatisch-linken' Sympathisantenszene - die überwiegende Mehrheit der Engagierten bei dieser Wahl darstellend - zeigte sich in Folge unter wohlwollender Duldung und teilweise sogar aktiver Förderung durch den 'undogmatisch-linken' AStA nicht bereit, die erstmals wieder pluralistisch kontrollierte Durchführung der Studentenschaftswahlen hinzunehmen und versuchte statt dessen, den ihnen nicht mehr gefügigen studentischen Wahlausschuß durch Chaotisierung des Wahlverfahrens[395] in der Öffentlichkeit zu kompromit-

---

393 Allerdings plazierte der Wahlausschuß anschließend - ohne zwingenden Grund - die letzten drei Listen [nämlich: LHV (Liste 7), MSB (Liste 8), UL (Liste 9)] auf der Rückseite des Stimmzettels [vgl. dazu: Abb.30, S.509]: Verstoß gegen den Grundsatz der Chancengleichheit [dazu: Kap.15.2.4.].

394 Dieses gegenseitige Kontrolle objektiv garantierende Sicherungsverfahren wurde in allen nachfolgenden Studentenschaftswahlen beibehalten und fand 1991 Eingang in die Normen der StS: "Bei jeder Urne müssen sowohl der Einwurfschlitz als auch der Deckel selbst so verschließbar sein, daß auf Antrag jedes Mitglied des Wahlausschusses die Möglichkeit eigener - d.h. von den anderen Mitgliedern unabhängiger - Sicherung hat" (§ 14 Abs.12 StS v.6.8.1991 (= FN III.139/140) [wörtlich übernommen in § 23 Abs.4 StS v.22.2.1994 (= FN III.168)]). Dieser Norm wurde Genüge getan durch Sicherung der verschlossenen Urne mittels eines mehrfach durchbohrten Bolzens; in jede der Bohrungen kann ein Bügelschloß eingeschlossen werden, wodurch der Bolzen nicht mehr aus der Lasche des Urnendeckels herausziehbar und die Urne dergestalt nicht zu öffnen ist.

395 Bewußte Chaotisierung des Wahlverfahrens. Dem amtierenden AStA-Vorsitzenden R.**Mohr** oblag es, in der Öffentlichkeit "ein Bild von dem einzigartigen Chaos bei dieser Wahl" (Wahlanfechtung des Soziologiestudenten R.**Mohr** v.7.7.1980, S.2) zu zeichnen. Bezeichnend für die Vorkommnisse und die dahinterstehende Strategie war ein schadenfroher Artikel einer AStA-freundlichen Lokalredakteurin der 'Frankfurter Rundschau', in dem von vorangegangenen 'undogmatisch-linken' Nötigungen und Gewalttätigkeiten während des Wahlverfahrens zwar keine Rede war, statt dessen - für Außenstehende nicht nachvollziehbar - durch Selektion des Sachverhalts und durch geschickte Wortwahl der Eindruck des Lächerlichen hervorgerufen wurde: " 'Weil ich gerne lange schlaf' ', hat der langhaarige Blonde die kleine Schwarze erst verspätet an der Urne abgelöst. Wie sie heißt, fällt gerade keinem ein. Ein Mitglied des Wahlvorstands hat sich von einem Wahlhelfer einen Schlüssel zu den Urnen abnehmen lassen; er hat aber vergessen, von wem. Am Donnerstagmorgen, so beklagt sich einer, sei da ein Typ mit langem Haar und Knopf im Ohr gekommen, 'hat sich eine Urne gekrallt' und ist weggerannt. Das sind drei Vorkommnisse, die am Montagnachmittag im Wahlamt der Universität unter viel Gelächter zur Sprache kamen. ... Über Bergen von ausgewerteten Wahlunterlagen saßen die Mitglieder des Wahlvorstandes und ihre Wahlhelfer. ... 'Ich hab' aufgepaßt wie ein Luchs', versichert der eine, und der andere echot hinterher: 'Ich hab' auch aufgepaßt wie ein Luchs, möcht' ich bemerken.' Frage an den dritten: 'Und wie hast Du aufgepaßt?' Antwort: 'Wie ein Luchs natürlich.' Wo so viele Luchse beisammen waren, geriet vor Konzentration gar manches durcheinander. So stand eine Urne nachts offen, weil einer die Schlösser mit nach Hause nahm, andere blieben offen und unbeaufsichtigt minutenlang im Raum. Wer wen mit wem und was gesehen hatte, als es um die Verantwortung ging, war am Montag nicht mehr zu klären. Wie kann ein Wahlhelfer den anderen verpassen, wenn sich beide im selben Stockwerk aufhalten? Tiefsinnige Antwort: 'Ja, das frage ich mich auch.' 'Ich hab' dich gesehen, wie du um halb zehn mit der Urne auf dem Campus gegangen bist.' Die Antwort: 'Kann net sein.' Der Angesprochene war zu dieser Zeit woanders unterwegs - und ohne Urne. Dafür flog das Wählerverzeichnis einer Urne 'oben rum', und ein anderer machte in Ruhe erst mal ein paar Fotos, bevor er sich mit den Wahlunterlagen zu seinem zugewiesenen Platz begab. Dafür aber war der Wahlvorstand manchmal so penibel genau, daß er die Wahlhelfer nicht allein in den Aufzug ließ. Frage: 'Was kann man schon machen im Aufzug zwischen dem sechsten und dem fünften Stock?' Antwort eines Zwischenrufers: 'Nothalt, Nothalt!'. - Präsident **Kelm** hatte angeordnet, daß im Wahlvorstand alle im Studentenparlament vertretenen Gruppen sitzen sollten. Er wollte damit vermeiden, daß die Wahlen - wie oft gehabt - im nachhinein angefochten werden. Die letzte Wahl scheint nicht dazu gut, die Frankfurter Tradition zu durchbrechen." (U.**Füssel**, 'Die Urne gekrallt' - Chaos, Hektik, Heiterkeit bei Uni-Wahlen, in: FR v.1.7.1980, S.14)

tieren und seine Arbeit zu diskreditieren: "Nach allen Wahlen zum Studentenparlament wurde in den letzten Jahren von rechten Studentengruppen das Gerücht verbreitet, Spontis und Linksradikale hätten bei den Wahlen zu ihren Gunsten geschoben, obwohl die Wahlen immer korrekt durchgeführt wurden und nie Gründe bestanden, sie anzufechten. In diesem Jahr zeigte diese gesteuerte Verleumdungskampagne erste Früchte. Der Unipräsident *Kelm* ... setzte sich über das Studentenparlament, dessen erklärten Willen und die Satzung der Studentenschaft der Universität Frankfurt hinweg und ernannte eigenmächtig einen Wahlvorstand, der aus je einem Mitglied der sechs im StuPa vertretenen Studentengruppen bestand. Kenner der politischen Scene der Universität hatten schon damals gewarnt, daß dieses auf nichts als Verleumdungen gegründete Vorgehen des Präsidenten *Kelm* Wahlschiebungen Tür und Tor öffnen würde, daß ein solcher Wahlvorstand keine korrekte Wahl gewährleisten kann."[396]

19.15.1. Die unveröffentlichten oder nicht angefochtenen Nichtigkeitsgründe für diese Wahl. Auch diese Wahl war mit gravierenden Mängeln behaftet; aufgrund erstmals wieder möglicher interner Kontrolle des Wahlausschusses verschoben sich aber die Gewichte hin zu den 'impliziten Wahlmanipulationen' (aufgrund der erstmals erfolgenden offenen Torpedierungsversuche des Wahlverfahrens seitens einer 'undogmatisch-linken' Gegenöffentlichkeit traten jedoch auch noch 'explizite Wahlmanipulationen' auf, deren Existenz jetzt aber - im Gegensatz zu den vorangegangenen Wahlen - direkt und eindeutig nachgewiesen werden konnte und die damit allein öffentliche Aufmerksamkeit erlangten):

(a) Zulassung einer 'undogmatisch-linken' 'Tarnliste' zur Wahl am 20.5.1980. Wie zur letztjährigen StuPa-Wahl auch[397], wurde aus Kreisen der 'undogmatisch-linken' Szene, sich den entpolitisierenden Effekt des Briefwahlverfahrens zunutze machend, eine 'rechts' scheinende Wahlvorschlagsliste eingereicht: "Die Liste 'Christliche Union Frankfurter Studenten' (CUFS) wird mit 3:2 Stimmen unter diesem Namen (zur Wahl) zugelassen."[398] "Bei genaue-

---

396 Redaktion 'diskus', 'Wahlbetrug', in: diskus 5/1980, S.4-7, S.4 [vgl. zur 'undogmatisch-linken' politischen Ausrichtung der 'diskus'-Redaktion: FN II.83(a) (Kap.6)]).
Ähnlich auch: "Ein weiterer administrativer Eingriff **Kelm**'s in die Rechte der Studentenschaft bestand in der Einsetzung eines sechsköpfigen Wahlvorstandes. Dieser zu keinem Zeitpunkt funktionierende Wahlausschuß schaffte in seinem sicher gut gemeinten Übereifer so viele Anfechtungsgründe, daß sie noch für mindestens drei weitere Wahlen genügen würden" (ASTA-info.10/1980, S.3). "Die Arbeit des Wahlvorstandes war im wesentlichen von den ... verschiedentlich bereits vorhergesehenen Widrigkeiten begleitet. Streitigkeiten der einzelnen Fraktionen bezüglich einiger die Wahl betreffender Formalia - schließlich war eine Bandbreite vom MSB Spartakus bis zum RCDS bzw. von der Undogmatischen Linken bis zu den Giraffen vertreten - lähmten die Entscheidungsfähigkeit dieses studentischen Gremiums." (Wahlanf. R.**Mohr** (FN 394), S.2)

397 Siehe dazu: Kap.19.14.2.(c). ('Unabhängige Liste').

398 WA-Prot. v.20.5.1980 [Für die Zulassung der Liste CUFS stimmten die von UL, 'MSB Spartakus' und LHV benannten WA-Mitglieder. - Zu einem ähnlichen Fall später ('Christlich Demokratische Studenten Union'): Kap.19.27.1.; das Kennwort mußte zu Recht wegen Verwechslungsgefahr abgeändert werden.].
(a) Zur Anwendung des 'Differenzierungsgebots' im konkreten Fall. Die wesentlichen Teile des Listenkennworts 'Christliche Union Frankfurter Studenten' auf dem Stimmzettel rückte diese Wahlvorschlagsliste ersichtlich in die politische Nähe der etablierten Partei 'Christlich Demokratische Union Deutschlands' (CDU) und damit des ebenfalls zur StuPa-Wahl angetretenen, hochschulpolitisch etablierten 'Ring Christlich Demokratischer Studenten' (RCDS). Dieser Eindruck war von den Einreichern auch beabsichtigt: "Zum einen glauben wir, daß sich das gemäßigt liberale Potential in der Frankfurter Studentenschaft in den Studentengruppen der 'etablierten Parteien' nicht mehr wiederfinden kann. ... Wir sind kein Freundeskreis von Franz Josef **Strauß**, die meisten Mitglieder unserer Liste sind auch in keiner Partei. Doch wir glauben, daß einer zunehmenden Chaotisierung nur Vernunft und eine rationale Diskussion gegenübergesetzt werden kann." (Wahlen zum Studentenparlament - Listen und Programme, in: Uni-Rep.7/1980, S.6)
(b) Zur möglichen Erheblichkeit dieses Wahlfehlers (Verstoß gegen das 'Differenzierungsgebot'): FN 359; Kap.19.31.2.(a).

rem Hinsehen erkennt man, was hier gespielt wird: 1. Der Spitzenkandidat der 'Christlichen Union' *Hans ter Wolbeek* ist ein unibekannter Linker. 2. Die Spontis (Undogmatische Linke) benannten ihn als Redakteur und Herausgeber des 'diskus'. 3. *Hans ter Wolbeek* arbeitet in der 'Karl-Marx-Buchhandlung' (Jordanstr.11). 4. Sponti-Mitglieder unterstützen diese Liste, wie z.B. das StuPa-Mitglied *Bernhard Messinger* (Undogmatische Linke). - Bei dieser Liste handelt es sich um eine Tarnliste der Spontis."[399] Die Prüfung des behaupteten Verstoßes gegen das durch mangelhafte Differenzierung des Listenkennworts verstärkte 'Irreführungsverbot' mit der Kandidatur der Liste 6 allein wäre im nachfolgenden Wahlprüfungsverfahren unschädlich gewesen, weil dieser isolierte Wahlfehler keine Mandatserheblichkeit verursachte[400].

(b) Unvollständige amtliche Versendung der Briefwahlunterlagen. Aufgrund eines EDV-Fehlers wurden den Wahlberechtigten des Stimmbezirks IX (Medizin), deren Name mit L oder M begann, keine Briefwahlunterlagen zugesandt. Die Erheblichkeit dieses Wahlfehlers wurde behoben, indem allen betroffenen Personen Benachrichtigungen über den Sachverhalt mit dem Hinweis auf die nachfolgenden Urnenwahlen rechtzeitig gesondert zugesandt wurden.

(c) Mangelhafte Zustellung der Briefwahlunterlagen. Das für die Versendung der Briefwahlunterlagen zuständige Wahlamt der Universität zeigte sich trotz Kenntnis der Unregelmässigkeiten bei der vorhergehenden Wahl[401] wiederum nicht Willens und in der Lage, eine ordnungsgemäße Zustellung der Briefwahlunterlagen in die einzelnen Hausbriefkästen der großen Studentenwohnheime zu gewährleisten: "Ins Gewicht fällt, daß während der Briefwahl in er-

---

399 Wählertäuschung - Kommunisten gründen 'Christliche Union', RCDS-Flugblatt v.1.6.1980, nachfolgend abgedruckt in Abbildung 13 [mit "Unterstützung" war das für bisher nicht im Parlament vertretene Listen aufzubringende Unterstützerquorum gem. § 14 Abs.3 StS (= FN III.121) gemeint].
(a) Zur Anwendung des 'Irreführungsverbots' im konkreten Fall. Zusätzlich zu den genannten Fakten war bekannt: Der CUFS-Spitzenkandidat H.**ter Wolbeek** bewarb sich am 20.3.1978 zusammen mit den 'undogmatisch-linken' ehem. AStA-Funktionären B.**Piberhofer**, P.**Wehling**, F.**Mettel**, E.**Schramm** um den Posten eines 'diskus'-Herausgebers; er war 'diskus'-Redakteur für die Hefte 3-4/1978, 5-6/1978, 3-4/1979 [zur 'undogmatisch-linken' 'frankfurter Studentenzeitung diskus': FN II.83(a) (Kap.6)]. Der CUFS-Kandidat M.**Oertel** [FB 01, Listenplatz 3] war als Wahlhelfer bei der letztjährigen StuPa-Wahl eingeteilt [zur Erklärung für die politische Ausrichtung: Kap.19.14.2.(a)., insb. FN 354]; später wurde er diskus-Redakteur [dazu: FN 425(b)]. - Der vorliegende Wahlfehler eines Verstoßes gegen das 'Irreführungsverbot' wurde ergänzt und verstärkt durch den gleichzeitig vorliegenden Verstoß gegen das 'Differenzierungsgebot' [dazu: FN 398].
(b) Zur möglichen Erheblichkeit dieses Wahlfehlers (Verstoß gegen das 'Irreführungsverbot'): Alle genannten Tatsachen waren dem studentischen Wahlausschuß zum Zeitpunkt des Listenschlusses bekannt und belegt. Aufgrund derartiger Evidenz einer mißbräuchlichen Wahrnahme des passiven Wahlrechts zwecks Täuschung des mäßig informierten 'Durchschnittswählers' über politische Inhalte hätte der Wahlausschuß die Wahlvorschlagsliste unter dem streitbefangenen Kennwort nicht zur Wahl zulassen dürfen: FN 364, FN 362, FN 575.
(c) Verstoß gegen die Geheimheit der Wahl. Die öffentliche Bekanntgabe der Namen von Unterstützern (der Liste 6) durch das vom RCDS benannte Mitglied des studentischen Wahlausschusses C.**Fischer** stellte einen Verstoß gegen den Wahlrechtsgrundsatz der Geheimheit dar: Kap.15.5.3. [Der Lehramtsstudent B.**Messinger** wurde nach dem politischen Mehrheitswechsel im Kommunalparlament 1989, trotz zweifelhafter Qualifikation, auf Vorschlag der Partei der 'Grünen' stv. Leiter des Presse- und Informationsamts der Stadt Frankfurt/M.]

400 Zur Mandatserheblichkeit. Der Wahlfehler (rechtswidrige Zulassung einer Wahlvorschlagsliste) allein war zwar wesentlich, nicht aber erheblich [zu dieser Differenzierung im Wahlprüfungsrecht: Kap.16.5., am Ende]: Die streitbefangene Liste 6 und mutmaßliche Tarnliste hatte bei der Wahl kein Mandat errungen; die Addition sämtlicher 150 (bei der Nachwahl: 130) für die CUFS abgegebenen Stimmen zu den amtlich angegebenen RCDS-Stimmen - aufgrund der Wahrscheinlichkeitsanforderungen des Prüfprinzips der 'relativen potentiellen Kausalität' [dazu: Kap.16.5.(d).] kommt nur eine Verrechnung als RCDS-Stimmen in Frage - sowohl des Ergebnisses nach der Hauptwahl als auch des Ergebnisses der (Teil-) Wiederholungswahl wäre ohne Einfluß auf die Mandatsverteilung geblieben. [Allerdings wäre für die Wahlfehler (a), (d), (e) zusammengenommen nach dem 'Kumulationsprinzip' [dazu: Kap.16.5.(f).] Mandatserheblichkeit aufgetreten.]

401 Siehe dazu: Kap.19.14.2.(e). - Es mußte aucch verwundern, daß der Zentrale Wahlvorstand der Universität, der von den bekannten Unregelmäßigkeiten ebenso betroffen war - die Briefwahl umfaßte gem. § 65 Abs.3 HHG die Wahl des Konvents und der Fachbereichsräte [vgl.: Kap.19.14.5., FN 342] -, völlig untätig blieb.

Wahltäuschung

...entschieden demokratisch RCDS

Kommunisten gründen 'Christliche Union'

Zu den Stupawahlen kandidiert eine Liste unter dem Namen

'CHRISTLICHE UNION FRANKFURTER STUDENTEN'

Bei genauerem Ansehen erkennt man, was hier gespielt wird:

1. Der Spitzenkandidat der 'Christlichen Union' Hans ter Wolbeck ist ein unibekannter Linker.
2. Die Spontis (Undogmatische Linke) benannten ihn als Redakteur und Herausgeber des Diskus
3. Hans ter Wolbeck arbeitet in der 'Karl Marx Buchhandlung' (Jordanstr. 11).
4. Sponti-Mitglieder unterstützen diese Liste, wie z.B. das Stupa-Mitglied Bernhard Messinger (Undogmatische Linke).

Bei dieser Liste handelt es sich um eine T a r n l i s t e der Spontis. Deren Ziel ist es, Studenten zu einer falschen Stimmabgabe zu verleiten. Auf diese undemokratische Weise soll den Spontis die Mehrheit im Studentenparlament erhalten bleiben.

Deshalb: Den Spontis und ihren faulen Methoden eine klare Absage. D e m o k r a t e n in d e n A S t A.

V.i.S.d.P.: Ludwig Hennicke Schloßstr. 81, 6 FFM 90

Abb.13: Flugblatt des 'Rings Christlich Demokratischer Studenten' (RCDS) v.1.6.1980

FLUGBLATT UNTER FALSCHER FLAGGE:

...entschieden reaktionär CUFS

Kommunisten fälschen Flugblatt christlicher Studenten!

Zu den Stupawahlen kursiert ein Flugblatt unter dem Namen

'RING CHRISTLICH DEMOKRATISCHER STUDENTEN'

Bei genauerem Ansehen erkennt man, was hier gespielt wird:

1. Der V.i.S.d.P. Ludwig Hennicke ist ein stadtbekannter Linker.
2. Er verdient sein Geld damit, daß er anstößige und andere linksradikale Schriften an den Eingängen der Herrentoiletten in der Mensa verkauft.
3. **Dagegen ist unser im Flugblatt als Linker diffamierter Kommilitone Hans ter Wolbeck langjähriger Koordinator der Zusammenarbeit zwischen CUFS und RCDS.**
4. **Der als 'Sponti' verunglimpfte Bernhard Messinger unterstützt als zuverlässiger Christdemokrat tatsächlich unsere Liste. Er ist Mitglied des Komitees gegen die Verfolgung von Minderheiten, insbesondere des Schahs.**

Die Fälschung dieses Flugblattes ist ein Skandal von uniweiten Ausmaßen. Diese Affäre zeigt einmal mehr, daß die Linken keine Mittel scheuen, um die uninformierten Studenten zu einer falschen Stimmabgabe zu verführen. So wollen die Spontis ihr undemokratisches Koz halten!

Deshalb: Den Spontis und ihren garstigen Methoden die gerechte Strafe: R e a k t i o n ä r e i n d e n A S t A .

V.i.S.d.P.: Traugott Auffrecht Schloßstr. 81 6 Ffm 90

Wahltäuschung

...entschieden demokratisch RCDS

Kommunisten gründen 'Christliche Union'

Zu den Stupawahlen kandidiert eine Liste unter dem Namen

'CHRISTLICHE UNION FRANKFURTER STUDENTEN'

Bei genauerem Ansehen erkennt man, was hier gespielt wird:

1. Der Spitzenkandidat der 'Christlichen Union' Hans ter Wolbeck ist ein unibekannter Linker.
2. Die Spontis (Undogmatische Liste) benannten ihn als Redakteur und Herausgeber des Diskus
3. Hans ter Wolbeck arbeitet in der 'Karl Marx Buchhandlung' (Jordanstr. 11).
4. Sponti-Mitglieder unterstützen diese Liste, wie z.B. das Stupa-Mitglied Bernhard Messinger (Undogmatische Linke).

FÄLSCHUNG

Bei dieser Liste handelt es sich um eine T a r n l i s t e der Spontis. Deren Ziel ist es, Studenten zu einer falschen Stimmabgabe zu verleiten. Auf diese undemokratische Weise soll den Spontis die Mehrheit im Studentenparlament erhalten bleiben.

Deshalb: Den Spontis und ihren faulen Methoden eine klare Absage. D e m o k r a t e n i n d e n A S t A.

V.i.S.d.P.: Ludwig Hennicke Schloßstr. 81, 6 FFM 90

Abb.14: Flugblatt der 'Christlichen Union Frankfurter Studenten' (CUFS) v.5.6.1980, S.1 und S.2

heblichem Umfang Wahlunterlagen widerrechtlich benutzt wurden. Studenten, die die Möglichkeit der Urnenwahl wahrzunehmen beabsichtigten, mußten feststellen, daß für sie bereits gewählt worden war. Unbekannte hatten sich offensichtlich der unzureichend zugesandten Unterlagen bemächtigt und sie in ihrem Sinne verwandt. Für mindestens zwölf Fälle ist hierüber der Nachweis an Hand der Wahlscheinerklärung zu führen. Jedoch ist davon auszugehen, daß die Dunkelziffer um ein Zehnfaches höher liegt."[402] Diese Rüge wurde nicht weiterverfolgt.

(d) Vernichtung gültig abgegebener Briefwahlstimmen. Nach Abschluß des Briefwahlverfahrens und noch vor Beginn der Urnenwahl erfolgte die öffentliche Übergabe der beim Wahlamt postalisch eingegangenen, verschlossenen Wahlbriefe an den studentischen Wahlausschuß, um die für die nachfolgende Urnenwahl benötigten Wählerverzeichnisse (zwecks Vermeidung doppelter Stimmabgabe) entsprechend zu markieren. Indem während dieses Markierungsvorgangs eine aggressive Überzahl 'undogmatisch-linker' Wahlhelfer und weiterer 'undogmatisch-linker' Gegenöffentlichkeit in mutmaßlich 'rechten' Stimmbezirken verfrüht, also widerrechtlich, Wahlscheine von den dazugehörigen (verschlossenen) Wahlumschlägen trennte, erzielte sie die *Ungültigkeit* der betroffenen, zunächst gültig abgegebenen (mutmaßlich 'rechten') *Briefwahlstimmen*[403]; dies schlug sich signifikant nieder in dem späteren amtlichen Wahlergebnis[404]:

Wahl	*Konvent (Brief+Urne)*		*StuPa (nur Brief)*		*Wiederh.StuPa (Brief+Urne)*	
Stimmbezirk	*abgeg.*	*ungült. (%)*	*abgeg.*	*ungült. (%)*	*abgeg.*	*ungült. (%)*
I (Jura)	1.291	23 (1,8%)	1.179	100 (8,5%)	1.141	18 (1,6%)
IX (Medizin)	1.214	20 (1,6%)	1.104	78 (7,1%)	1.178	29 (2,5%)
III (Politik)	841	15 (1,8%)	696	13 (1,9%)	802	17 (2,1%)

---

402 Wahlanf. R.**Mohr** (FN 394), S.3.
Der 'undogmatisch-linke' Anfechtende war allerdings auf Anfrage nicht in der Lage, die genannten "zwölf Fälle" zu konkretisieren. Die politische Strategie in der Aufstellung dieses Wahlanfechtungspunkts lag zum einem im damit erfolgenden Angriff auf das Briefwahlverfahren begründet [das gegenüber der Urnenwahl tendenziell politisch gemäßigte Gruppen begünstigen würde: FN III.96 (Kap.11); FN 341]: "Verschwiegen wird in der 'Verfügung' [siehe dazu: FN 421, P.K.], daß eine große Zahl von Briefwahlunterlagen aus den Studentenwohnheimen geklaut worden sind. Dies stellt einen Wahlbetrug dar, den ganz allein H.**Kelm** mit der gegen den Willen des Studentenparlaments eingeführten Briefwahl zu verantworten hat." (Qualamentarismus... ab in die Urne, in: ASTA-info.11/1980, S.3) - Zum anderen lag die Strategie in einer Relativierung und Ablenkung von der für die 'Undogmatische Linke' politisch höchst unangenehmen Aufdeckung von Urnenmanipulationen bei dieser Wahl [dazu nachfolgend: Kap.19.15.2.]. Zur Glaubwürdigkeit derartiger Rügen im Hinblick auf eine korrekte Wahldurchführung beachte nur die Argumentation des 'undogmatisch-linken' ÄR zu einer gleichgelagerten Wahlanfechtung des Vorjahres [dazu: Kap.19.14.4.(e)., insb. FN 379].
Zur möglichen Erheblichkeit dieses Wahlfehlers: FN 368.

403 Eine korrekt im amtlichen Wahlumschlag abgegebene Briefwahlstimme ist nur gültig unter separater Beifügung des vom Wähler eigenhändig unterschriebenen Wahlscheins (§ 20 Abs.1 KoWO v.23.1.1980 (= FN III.113) i.V.m. § 14 Abs.8 StS v.16.4.1980 (= FN III.121)) im Wahlbrief. [Ein Wahlumschlag ohne Wahlschein zählt als nicht abgegebene Stimme; ein ordnungsgemäß ausgefüllter Wahlschein ohne Wahlumschlag zählt als ungültig abgegebene Stimme der bezeichneten Person.] Der verschlossene Wahlumschlag muß dem (im Wahlbrief beiliegenden) Wahlschein des Wählers zunächst zugeordnet bleiben; die endgültige Trennung aller Wahlumschläge von den Wahlscheinen erfolgt aus Kontrollgründen (Reklamationen bei der Briefwahl bleiben behebbar, indem Wahlmöglichkeit an der Urne eingeräumt und die betroffene Briefwahlstimme ungeöffnet vernichtet wird) erst nach Abschluß des Urnenwahlverfahrens, aber vor der Stimmenauszählung.

404 Statistische Quellen: **(i)** Vorläufiges amtliches Endergebnis der StuPa-Wahl v.30.6.1980; vgl. auch: Anhang 1 (A.1.15.) [zur getrennten Auszählung von Brief- und Urnenwahlstimmen für diese StuPa-Wahl: FN 408; FN 412]; **(ii)** amtliches Endergebnis für die Konventswahl v.9.7.1980 [Brief- und Urnenwahlstimmen waren nicht getrennt ausgezählt worden]; **(iii)** amtliches Endergebnis für die StuPa-Wiederholungswahl v. 17.12.1980 [Brief- und Urnenwahlstimmen waren nicht getrennt ausgezählt worden].

Das bedeutet: Von den rechtswidrigen Vernichtungsaktionen waren etwa 140 (= 80 [Stimmbez.I] + 60 [Stimmbez.IX]) gültige Stimmen dieser 'rechten' Stimmbezirke[405] betroffen, d.h. 1,8% der bei dieser StuPa-Wahl insgesamt gültig abgegebenen Stimmen. Eine Mandatsrelevanz war für diesen isolierten Wahlfehler gemäß dem 'Prinzip der relativen potentiellen Kausalität' nicht nachweisbar[406].

(e) Verlust von Briefwahlstimmen. Schließlich wurde in der Wahlanfechtung des studentischen Wahlausschusses der Verlust von 123 Briefwahlstimmen des 'rechten' Stimmbezirks Medizin festgestellt (dabei handelte es sich um 12,0% der insgesamt 1026 in diesem Bezirk abgegebenen Briefwahlstimmen).

(f) Rechtswidrige Verschiebung des Urnenwahl-Termins. Etwa eine Woche vor Beginn der Urnenwahl wurde im Frankfurter Westend unter maßgeblicher Beteiligung von Mitgliedern der 'Undogmatischen Linken' ein Haus 'besetzt'. "Weil 'mehrere Wahlhelfer und ein Mitglied des Wahlvorstandes bei der Räumung des besetzten Hauses erkennungsdienstlich behandelt wurden und daher ihren Aufgaben nicht nachkommen konnten', hat der Vorstand die Wahlen zum Studentenparlament und den Fachschaftsräten um einen Tag verschoben."[407]

(g) Verstöße gegen die Wahlrechtsgrundsätze der Geheimheit und der Chancengleichheit. Der studentische Wahlausschuß vermochte es bei dieser Wahl nicht, in den sozialwissen-

---

405 Zur Unterrepräsentanz der 'Undogmatischen Linken' in den beiden streitbefangenen Stimmbezirken:
(a) **Stimmbezirk I (Jura):** Fachbereiche Jura (FB 01), Philosophie (FB 07), Geowissenschaften (FB 17). Anteil der UL-Stimmen bei der (parallel korrekt durchgeführten) Konventswahl: 13,65%.
(b) **Stimmbezirk IX (Medizin):** Fachbereich Medizin (FB 19). Anteil der UL-Stimmen bei der (parallel korrekt durchgeführten) Konventswahl: 14,99%. - In diesem Stimmbezirk waren zusätzlich noch 123 im Wählerverzeichnis als abgegeben registrierte Briefwahlstimmen "verschwunden": "In der (Briefwahl)Urne des Wahlbezirks IX befanden sich am Abend der Auszählung 903 gültige (Brief)Wahlumschläge; es hatten jedoch [nach Anzahl der vorliegenden Wahlscheine] 1.026 Studenten gültig gewählt." (Wahlanf. des WA (FN 411), Pkt.5)
(c) Zum Vergleich der 'linke' **Stimmbezirk III (Politik):** Fachbereiche Gesellschaftswissenschaften (FB 03), Psychologie (FB 05), Religionswissenschaften (FB 06). Anteil der UL-Stimmen bei der (parallel korrekt durchgeführten) Konventswahl: 47,46%.

406 **Zur Mandatsrelevanz. (i)** Zum Prinzip der numerischen Ermittlung der Mandatsrelevanz dieses isolierten Wahlfehlers nach dem 'Erforderlichkeitsprinzip' [dazu: Kap.16.5.(c).] im Rahmen des 'summarischen Verfahrens' [dazu: Kap.16.5.(e).]: FN IV.375 (Kap.16). Diese Mandatsrelevanz war im vorliegenden Fall allerdings nicht mit hinreichender Wahrscheinlichkeit [dazu: Kap.16.5.(d)] festzustellen: nur unter der Größenordnung, daß auf die Wahlvorschlagsliste des 'MSB-Spartakus' [Liste 8: 114 Stimmen von 1.982 gültigen Briefwahlstimmen in den Bezirken I und IX (= 5,6%)] zusätzlich mehr als 100 (= 72 %) der 140 vernichteten Stimmen entfallen wären und auf die Liste der UL [Liste 9: 351 von 1.982 gültigen Stimmen in den Bezirken I und IX (= 17,7%)] überhaupt keine (= 0%), hätte sich eine Mandatsverschiebung zugunsten der Liste 8 auf Kosten der Liste 9 ergeben. **(ii)** Eine Verstärkung erfuhr dieser Wahlfehler aber im Rahmen des Prüfungsgrundsatzes des 'Kumulationsprinzips' [dazu: Kap.16.5.(f).] mit dem Vorliegen der ebenfalls der kandidierenden 'rechten' Gruppe RCDS potentiell Schaden zufügenden Wahlfehler (a) ('Tarnliste' unter 'rechtem' Namen) und (e) (Verlust von mutmaßlich 'rechten' Briefwahlstimmen). [Zu den zugrundeliegenden Zahlen: Anhang 1 (A.1.15.)]

407 H.-J.**Biedermann**, Durchsucht und dabei auch geräumt, in: FR v.20.6.1980, S.13/14 [es handelte sich um die 'Besetzung' des Hauses Siesmeyerstr.2-4 am 15.6.1980 unter Führung einer 'undogmatisch-linken' 'Initiative Häuserrat'; die polizeiliche Räumung erfolgte am 19.6.1980].
Die Urnenwahl war amtlich, u.a. auf den Wahlbekanntmachungen und der Anleitung zur Briefwahl, angekündigt v.23.6.-25.6.1980 [vgl. dazu: Uni-Rep.6/1980, S.5; Uni-Rep.8/1980, S.1]; auf Antrag des 'undogmatisch-linken' AStAs faßte der studentische Wahlausschuss am 19.6.1980, also vier Tage vor Beginn, mehrheitlich den Beschluß, die Urnenwahl auf den 24.6.-26.6.1980 zu verschieben.
Zur möglichen Erheblichkeit dieses Wahlfehlers: (i) FN 292, FN 502(b) (keine Eingriffskompetenz des Wahlorgans, Verstoß gegen die Berechenbarkeit des gesamten Wahlverfahrens und gegen die Wahlverfahrensbestandssicherung); **(ii)** Rechtsverstoß gegen die Gleichzeitigkeitsklausel § 41 Abs.3 HRG (= FN III.93), weil die Urnenwahl zu den Selbstverwaltungsorganen der Gruppenuniversität zur amtlich angekündigten Zeit v. 23.6.-25.6.1980 erfolgte (Uni-Rep.5/1980, S.7); **(iii)** wahlrechtlichen Bedenken mußte damit die Tatsache unterfallen, wonach durch die Verschiebung der Studentenschaftswahlen an deren letztem Urnenwahltag (26.6. 1980) bereits das vorläufige amtliche Endergebnis der Konventswahl vorlag [vgl. dazu: FN III.94 (Kap.11)].

schaftlichen Stimmbezirken ein geordnetes Wahlverfahren durchzusetzen und sicherzustellen: Vertreter der Liste 9 ('Undogmatische Linke') mobilisierten direkt an der Urne zur Stimmabgabe für ihren Wahlvorschlag und verteilten an die zur Stimmabgabe Anstehenden ihr Propagandamaterial, in Sichtweite der Wahlurnen waren großflächige Wahlaufrufe zugunsten der Liste 9 an den Wänden angebracht. Die vorhandenen Sichtblenden für die geheime Stimmabgabe befanden sich mitten in der Menschenmenge und konnten von dahinterstehenden Personen eingesehen werden. Ein erheblicher Teil der Wähler traf seine Wahlentscheidung offen auf dem Wahltisch. Versuche von Mitgliedern des studentischen Wahlausschusses sowie einzelner, couragierter Wahlhelfer, geordnete Verhältnisse herzustellen, schlugen vollständig fehl. Diese 'undogmatisch-linke' "Wahlbewegung" erzeugte erneut eine überdurchschnittliche Wahlbeteiligung an den Wahlurnen der betroffenen Stimmbezirke[408]:

Stimmbezirke	*Wahlberechtigte*	*Urnenwahlbeteiligung*	*(%)*
Stimmbezirke III+IV	5.847	647	(11,1%)
übrige Stimmbezirke	18.850	1.197	(6,4%)

19.15.2. Die Wahlanfechtung des studentischen Wahlausschusses vom 5.7.1980. Aufgrund der pluralistischen Zusammensetzung sowohl des Wahlausschusses als auch der Wahlhelferpositionen waren erstmals numerische Diskrepanzen in großem Umfang bei einer Frankfurter StuPa-Wahl *explizit* nachzuweisen[409]. Der Nachweis gelang aufgrund einer vorherigen internen Absprache im Wahlausschuß, wonach Wahlurne und Wählerverzeichnis in keinem Falle gleichzeitig an von derselben Studentengruppe benannte Wahlhelfer auszugeben seien; insbesondere versuchten die 'rechten' Wahlhelfer, sich den Zugriff auf die Wählerverzeichnisse zu sichern, was in dem vorherrschenden, teilweise gewalttätig provozierten und ausgetragenen Chaos während dieses Wahlverfahrens leichter zu bewerkstelligen war als die Sicherung der sperrigen Wahlurnen und der großen Mengen von Stimmzetteln und Wahlumschlägen[410]. Diese Sicherungsstrategie erwies sich zumindest insofern als erfolgreich, als es den Wahlfälschern nicht rechtzeitig gelingen konnte, sich unbeobachtet auch der Wählerverzeichnisse zu bemächtigen:

---

408 Statistische Quelle: amtliche Aufzeichnungen der Wahlausschuß-Mitglieder C.**Fischer**/H.-J.**Otto** über die getrennte Stimmenauszählung von Brief- und Urnenwahl [vgl. nachfolgend: FN 412].
Zur möglichen Erheblichkeit dieses Wahlfehlers (Verletzung der Geheimheit): FN 147. Die geheime Wahl ist "schon dann nicht gewährleistet, wenn der Wahlberechtigte auf Grund der konkreten örtlichen Verhältnisse nicht sicher sein kann, bei der Ausübung des Stimmrechts [nicht] beobachtet zu werden; d.h. es ist entscheidend, ob das ... subjektive Unsicherheitsgefühl des Wahlberechtigten nach den Umständen des Einzelfalles objektiv gerechtfertigt ist." (Ba-Wü.VGH, E.v.8.4.1968 [Az.: I 652/67], in: Ba-WüVBl.**14**, S.9-10(1969))
<u>Zu ähnlichem Sachverhalt bereits:</u> Kap.19.2.1.(d).; Kap.19.13.3.; Kap.19.14.1.(a).
Siehe zum Problem der "Wahlbewegung" an der Urne bereits die StuPa-Wahl 1979: Kap.19.14.1.(a).
409 Vgl. zur vorliegenden Situation erstmals ermöglichter effektiver Kontrolle des Wahlverfahrens nach langandauernder Zeit des Ausschlusses der Öffentlichkeit durch die daran gewöhnten Herrschenden: FN 132(c). Zu strukturell ähnlichen Rügen bei früheren StuPa-Wahlen unter der Bedingung des Ausfalls interner Kontrolle, die möglicherweise illegale Nachbesserungen und Angleichungen zuließ und damit zunächst vorliegende arithmetische Unstimmigkeiten derart ausräumte, daß sie im amtlichen Endergebnis der betroffenen Wahl nicht mehr auftauchten: Kap.19.2.1.(b)., Kap.19.2.1.(c).; Kap.19.10.2.(a).; Kap.19.11.1.(c)., Kap.19.11.1.(f); Kap. 19.12.2.(a)., Kap.19.12.2.(e)., Kap.19.12.4., Kap.19.12.5.; Kap.19.14.2.(a)., Kap.19.14.5.(a)., Kap.19.14.5.(b).
410 Aufgrund der den Fälschern fehlenden Wählerverzeichnisse und somit fehlenden Wählerdaten (Name, Geburtsdat., Matrikelnr.) waren Duplikate der Wahlbenachrichtigungskarten (die o.g. Daten aufweisen mußten), die gemäß § 14 Abs.4 S.2 StS v.16.4.1980 (= FN III.121) bei der Stimmabgabe gleichzeitig mit dem Wahlumschlag in die Urne zu werfen waren, von Unbefugten nicht zu erstellen. Diese problematische StS-Norm [dazu: FN III.123 (Kap.12)] war hier geeignet, Wahlmanipulationen an der Urne beweiskräftig offenzulegen.

(a) Verstoß gegen geltendes Wahlrecht: Wahlfälschung an der Urne. "Die Anfechtung wird im einzelnen auf folgende Tatsachen gegründet:

(i) In der Urne des Stimmbezirks I (Fachbereiche 1, 7, 17) befanden sich am Abend der Auszählung (26.6.1980) 293 Stimmbriefe. Es lagen jedoch beim Wahlvorstand nur 189 Wahlbenachrichtigungen vor, und im Wählerverzeichnis dieses Stimmbezirks waren nur 189 zusätzliche (neben der Briefwahl, *P.K.*) Namen abgehakt.

(ii) In der Urne des Stimmbezirks II (Fachbereiche 2, 18) befanden sich am Abend der Stimmenauszählung 324 Stimmbriefe. Es lagen jedoch beim Wahlvorstand nur 244 Wahlbenachrichtigungen vor (und im Wählerverzeichnis waren nur 244 Urnenwähler markiert).

(iii) In der Urne des Stimmbezirks III (Fachbereiche 3, 5, 6) befanden sich am Abend der Stimmenauszählung 435 Stimmbriefe. Es lagen jedoch beim Wahlvorstand nur 293 Wahlbenachrichtigungen vor (und im Wählerverzeichnis waren nur 293 Urnenwähler markiert)."[411]

Als Ergebnisse dieser Urnen-"Wahlen" wurden in den streitbefangenen Stimmbezirken öffentlich ausgezählt[412]:

Stimmbezirk	*Urne I*		*Urne II*		*Urne III*	
Wahlvorschlagsliste						
	Stimmen	*(%)*	*Stimmen*	*(%)*	*Stimmen*	*(%)*
1: Juso-HSG	27	(9,2%)	49	(15,1%)	38	(8,7%)
2: TLD (Trotzkisten)	1	(0,3%)	0	(0,0%)	4	(0,9%)
3: UF ('Giraffen'/Unabhängige)	20	(6,8%)	17	(5,2%)	6	(1,4%)
4: RCDS	26	(8,9%)	40	(12,3%)	2	(0,5%)
5: KSB (Maoisten)	10	(3,4%)	6	(1,9%)	0	(0,0%)
6: CUFS (Tarnliste)	1	(0,3%)	4	(1,2%)	1	(0,2%)
7: LHV	15	(5,1%)	12	(3,7%)	4	(0,9%)
8: MSB Spartakus	13	(4,4%)	20	(6,2%)	17	(3,9%)
9: UL ("Spontis")	180	(61,4%)	176	(54,3%)	363	(83,4%)

Zu diesen Vorfällen nahm der Präsident der Universität anschließend in einer Presseerklärung öffentlich wie folgt Stellung: "Wie bereits ... berichtet, war die Wahl zum Studentenparlament der Frankfurter Universität an einigen Urnen manipuliert. Die Einsetzung eines sechsköpfigen Wahlvorstandes durch den Präsidenten hat es aber immerhin ermöglicht, im Gegensatz zu früheren Wahlen die Manipulationen zweifelsfrei zu lokalisieren. Es kann also nicht die Rede davon sein, daß eine rechtsaufsichtliche Maßnahme nur 'Chaos, Hektik, Heiterkeit' erzeugt habe, wie am 1.7.1980 berichtet wurde. Bis jetzt konnten die Urheber des Wahlbetrugs noch

---

411 Wahlanfechtung aller sechs Mitglieder des studentischen Wahlausschusses v.5.7.1980

412 Nach Bekanntwerden der benannten Differenzen beschloß der studentische Wahlausschuß am Abend der Stimmenauszählung mehrheitlich gegen offenen 'undogmatisch-linken' Widerstand (der ehem. stellvertretende 'undogmatisch-linke' AStA-Vorsitzende **N.W.** schlug dem Wahlausschußmitglied H.-J.**Otto** [UF] ins Gesicht; ein angetrunkener 'undogmatisch-linker' 'Zuschauer' schüttete dem Wahlausschuß-Vorsitzenden F.**Koch** ['Juso-HSG'] von hinten ein Glas Bier in die Hose; 'undogmatisch-linkes' Publikum - mit zunehmender Dauer des Auszählvorgangs wachsend alkoholisiert - bedrohte von Oppositionsgruppen benannte Wahlhelfer, die auf einer korrekten Zuordnung der Stimmzettel zu den einzelnen Listen bestanden) die Auszählung der Stimmen getrennt nach Brief- und Urnenwahl. - Die Rechtsaufsichtsbehörde entzog sich einer Beaufsichtigung dieses nach dem bisherigen Wahlablauf zu erwarten gewesenen, unwürdigen Tribunals durch Abwesenheit.

nicht mit letzter Sicherheit ermittelt werden. Aus dem Wahlvorstand wurden aber folgende Fakten mitgeteilt, die für die Beurteilung der Täterschaft Bedeutung erlangen könnten:

(i) An der Urne III (Gesellschaftswissenschaften, Psychologie, Theologie) haben lediglich 293 Wähler ihre Stimme abgegeben. In der Urne lagen jedoch 363 Stimmzettel zugunsten der Liste 9 'Undogmatische Linke', den sog. Spontis.

(ii) An zwei anderen Urnen, an denen offenkundige Manipulationen vorgenommen wurden, erhielten die Spontis folgende Stimmenanteile: Urne I (Jura, Philosophie, Geowissenschaften): 61,4%; Urne II (Wirtschaftswissenschaften, Geographie): 54,3%. (Die Stimmenanteile der Spontis bei der parallel von der Universität durchgeführten Konvents-Wahl betrugen im gesamten Stimmbezirk I 13,6%, im Stimmbezirk II 14,9%.)

(iii) Soweit sich Unregelmäßigkeiten an den manipulierten Urnen nachweisen ließen, waren hieran stets Wahlhelfer beteiligt, die von den Spontis benannt worden waren. Entgegen der ausdrücklichen Weisung des Wahlvorstandes wurden zum Beispiel die geöffenten Urnen II und III sowie das Wählerverzeichnis des Stimmbezirks IV (an dem ebenfalls Manipulationen erfolgten[413]) von Sponti-Wahlhelfern ohne Begleitung von Wahlhelfern anderer Gruppen transportiert.

(iv) Kein Wahlhelfer einer anderen Gruppe war jemals mit einer der manipulierten Urnen allein."[414]

(b) Mandatsrelevanz des Wahlfehlers. Von den aufgedeckten Manipulationen (Wahlfälschung an der Urne mutmaßlich zugunsten der Liste 9) betroffen waren mindestens 326 Stimmzettel. Subtraktion dieser 326 Stimmen von den 2.955 Stimmen des vorläufigen amtlichen Endergebnisses der StuPa-Wahl für die Liste 9 (im Rahmen der Prüfgrundsätze des 'summarischen Verfahrens' und der 'relativen potentiellen Kausalität') änderte die Mandatsverteilung: Die Liste 9 büßte ihr 10. Mandat ein zugunsten eines 5. Mandats für die Liste 4.

19.15.3. Die Verschleppungstaktik des Ältestenrats. Angesichts der Evidenz der Manipulationen, d.h. sowohl deren offensichtlicher Rechtswidrigkeit als auch deren offensichtlicher Mandatserheblichkeit, hätte der ÄR schnell entscheiden und damit den Weg für die notwendig gewordenen Wiederholungswahlen bereiten können. Dieses pflichtgemäße Handeln nahm der 'undogmatisch-links' beherrschte ÄR nach dem für die 'Undogmatische Linke' relativ günstig

---

413 Im Wählerverzeichnis des Stimmbezirks IV waren mit rotem Stift 144 Wähler zusätzlich abgehakt; in der Urne des Stimmbezirks III lagen 142 Wahlumschlage zu viel (die Urnen und die Wahltische beider Stimmbezirke standen nebeneinander im Foyer des 'AfE-Turms').

414 Presseerklärung des Präsidenten der Universität H.**Kelm** v.2.7.1980.

Die Reaktion der 'Undogmatischen Linken' auf die Wahlfälschungen in der Öffentlichkeit. Zu den Wahlfälschungs-Vorwürfen nahm der AStA (!) u.a. wie folgt Stellung: "Richtig ist ..., daß die Undogmatische Linke die Wahl nicht manipuliert hat. Weder der sechsköpfige Wahlvorstand noch irgend ein anderes Gremium konnte auch nur den geringsten Nachweis für eine Manipulation seitens der Undogmatischen Linken anführen" (Gegendarstellungsverlangen des AStA-Vorsitzenden R.**Mohr** v.11.7.1980). "Für den AStA drängt sich der Verdacht auf, daß die genannten Vorfälle eher dahin zielten, die Wahl platzen zu lassen, als das Ergebnis zu Gunsten einer Gruppierung zu manipulieren. Interesse an einer geplatzten Wahl können nur die Gruppierungen haben, die wissen, daß bei den politischen Verhältnissen an der Universität ein AStA der Undogmatischen Linken nur auf administrativem Wege zu verhindern ist" (AStA-Presseerklärung v.3.7.1980). "Trotzdem hatten die meisten politischen Gruppen nichts wichtigeres zu tun, als sich - dem Täter auf der Spur - gegenseitig die für das Endergebnis unwichtigen 320 Stimmen in die Schuhe bzw. in die Urne zu schieben" (ASTA-info.10/1980, S.3 [Diese "unwichtigen 320 Stimmen" machten immerhin 3,9% der gültig abgegebenen Stimmen aus oder knapp einen der 22 zu vergebenden Parlamentssitze, und sie kamen mit hoher Wahrscheinlichkeit sämtlich der Liste 9 ('Undogmatische Linke') zugute.]). - Zur Methode der öffentlichen Zurückweisung der Manipulationsvorwürfe durch die beschuldigten herrschenden Machtträger vgl. auch: FN 132(b).

BILD-Frankfurt

Das Wahl-Wunder an der Uni: 293 Wähler - 363 Stimmen

„Spontis" wollten Sieger sein – wer schmuggelte die Stimmen rein?

Von CHRISTOPH KOENIGS

Frankfurt, 3. Juli

Dümmer ging's wirklich nicht: 293 Wähler gaben ihre Stimme ab, aber in der Urne lagen 363 Stimmzettel – alle zugunsten der „Undogmatischen Linken"! Die Wahl zum Studentenparlament der Frankfurter Universität war manipuliert.

Gestern bestätigte Frankfurts Universitätspräsident Keim entsprechende Vermutungen. Auch an zwei anderen Urnen soll manipuliert worden sein. Dort lagen die Ergebnisse für diese Hochschulgruppe, auch „Spontis" genannt, bei 64,4 und 54,3 Prozent. Bei der gleichzeitig durchgeführten Wahl zum Konvent betrugen sie dagegen nur 13,6 und 14,9 Prozent.

Es scheintt auch klar, wie betrogen wurde: Die Wahlhelfer waren selbst von den Spontis benannt worden. Sie allein trugen die geöffneten Urnen und das Wählerverzeichnis weg, kein anderer Wahlhelfer begleitete sie. Auf diesem Transport wurden vermutlich weitere Stimmzettel eingeworfen. Außerdem fehlen rund 100 Briefwahlstimmen aus dem Fachbereich Medizin, sie sind spurlos verschwunden . . .

Der Wahlvorstand sagt: Die Täter sind noch nicht mit letzter Sicherheit ermittelt, der Kreis aber eingeengt.

Allerdings: Innerhalb einer Woche muß irgendeine Hochschulgruppe die Wahl anfechten, sonst gilt das Ergebnis.

Die Spontis stellten bisher den AStA, sie erreichten bei dieser Wahl 9 (vorher 10) Sitze. 35 Prozent der 24 700 wahlberechtigten Studenten gaben ihre Stimme ab.

Abb.15: 'Bild Zeitung' [Regionalausgabe Frankfurt am Main] v.4.7.1980, S.4

ausgefallenen StuPa-'Wahlergebnis' aber tatsächlich nicht vor; vielmehr konnte erneut Verfahrensverschleppung festgestellt werden:

(i) Form- und fristgerechte Einreichung der Wahlanfechtung des studentischen Wahlausschusses beim ÄR mit der Aufforderung, das Wahlprüfungsverfahren bis zum 31.7.1980 abzuschließen: *5.7.1980*;

(ii) Schriftliche Aufforderung der Rechtsaufsichtsbehörde an den ÄR, das Wahlprüfungsverfahren zügig abzuschließen: *22.7.1980*;

(iii) Antwortschreiben des 'undogmatisch-linken' AStAs[415] an den Präsidenten der Universität (als untere Rechtsaufsichtsbehörde), wonach "die Prüfungen der angeblichen Wahlmanipulationen bis spätestens 1.September durch den Ältestenrat abgeschlossen sind": *29.7.1980*;

(iv) Schreiben des ÄR an die Aufsichtsbehörde, daß mit dem Abschluß des Wahlprüfungsverfahrens erst in der ersten Novemberwoche 1980 gerechnet werden könne[416]: *1.8.1980*;

(v) Verfügung des Präsidenten (als Aufsichtsbehörde) gegen den ÄR, das Wahlprüfungsverfahren bis zum 15.9.1980 zu entscheiden unter Androhung der Durchführung des Wahlprüfungsverfahrens durch die Rechtsaufsichtbehörde im Wege der Ersatzvornahme: *22.8.1980*;

(vi) (Verspätet eingereichter) Widerspruch des ÄR gegen die Präsidialverfügung mit dem Ziel einer Fristverlängerung unter der Begründung, daß der ÄR wegen der Semesterferien und damit verbundener Urlaubszeit noch nicht habe zusammentreten und entscheiden können: *16.9.1980*;

(vii) Zurückweisung des Widerspruchs des ÄR, verbunden mit der Anordnung der Ersatzvornahme unter sofortiger Vollziehbarkeit; Verfügung gegen den ÄR auf Herausgabe aller in dessen Besitz befindlichen Wahlprüfungsunterlagen an die Rechtsaufsichtsbehörde zwecks Durchführung des Wahlprüfungsverfahrens: *18.9.1980*;

(viii) Abermalige rechtsaufsichtliche Abmahnung gegen den weiterhin untätigen ÄR: "Gegen diese Verfügung haben Sie weder Widerspruch eingelegt noch beim Verwaltungsgericht Frankfurt einen Antrag auf Wiederherstellung der aufschiebenden Wirkung eines Widerspruchs gestellt, sie haben aber auch die Wahlprüfungsunterlagen bisher nicht vorgelegt. Ich fordere Sie deshalb auf, unverzüglich die angeforderten Unterlagen herauszugeben, damit die Wahlprüfung vorgenommen werden kann." (*29.9.1980*)

- Bis dem 'undogmatisch-links' beherrschten ÄR das Wahlprüfungsverfahren wegen offensichtlicher Amtspflichtverletzung entzogen werden konnte, waren also bereits drei Monate absoluter, schuldhafter Untätigkeit (also ein Viertel der Legislaturperiode des angegriffenen Parlaments) vergangen[417]. Nur dem diesmal relativ raschen und effektiven Eingreifen der universi-

---

415 Es muß erstaunen, daß hier der AStA als durch den Ältestenrat zu kontrollierendes Studentenschaftsorgan (§ 69 Abs.2 i.V.m. § 67 HHG (= FN III.95)) Erklärungen im Namen des Kontrollorgans gegenüber der Rechtsaufsichtsbehörde abgab!

416 Damit wäre wegen der dann fortgeschrittenen Zeit angesichts der Summe der für das Briefwahlverfahren notwendig einzuhaltenden Fristen eine Wiederholungswahl in der gesetzlich vorgeschriebenen Form kaum mehr durchführbar gewesen. Zur zeitlichen Verlängerung des Wahlverfahrens unter obligatorischer Briefwahl: FN III.96(b) (Kap.11).

417 Es handelte sich um dieselbe [rechtswidrig gewählte: FN 93 (Kap.18)!] Besetzung des ÄR, die bereits das vorherige mangelhafte Wahlprüfungsverfahren im Jahre 1979 durchführte: FN 369. Im aktuellen Falle hatte schon der (pluralistisch 'gleichmäßig besetzte') studentische Wahlausschuß zu Recht vorsorglich angemahnt: "Der Ältestenrat wird hiermit um unverzügliche Entscheidung gebeten, spätestens jedoch bis zum Ende dieses Monats [Juli 1980], da keine Beweisaufnahmen nötig sein werden" (Wahlanf. des WA (FN 411) [Hervorhebung im Original]). Zur dann tatsächlich doch eingetretenen Verzögerungsstrategie des ÄR auch: Uni-Rep. 11/1980, S.3 [ähnliche (in diesen Fällen allerdings erfolgreiche) Verzögerungsstrategien verfolgte ein 'undog-

tären Rechtsaufsichtsbehörde war es zu verdanken, daß das Wahlprüfungsverfahren in diesem Falle nicht leerlief:

19.16. Die StuPa-(Teilwiederholungs)Wahl vom 25.11.-17.12.1980 (minoritärer Wahlkörper (unvollständige Wählerverzeichnisse))

Diese Wiederholungswahl wurde aufgrund der Untätigkeit des Studentenparlaments ebenso wie die vorhergehende Hauptwahl von einem rechtsaufsichtlich nach dem 'Prinzip der gleichmäßigen Besetzung' gebildeten pluralistischen studentischen Wahlausschuß durchgeführt[418]. Der Wahlausschuß wandte erneut die demokratischen Errungenschaften der Durchführung der Hauptwahl an[419].

19.16.1. Die rechtsaufsichtliche Verfügung vom 13.10.1980 zur Durchführung der Teilwiederholungswahl. Auf der Basis des durch rechtsaufsichtliche Ersatzvornahme innerhalb von zwei Wochen durchgeführten Wahlprüfungsverfahrens, das allein auf den Angaben der Wahlbeschwerde des studentischen Wahlausschusses basierte - der ÄR gab die in seinem Besitz befindlichen Unterlagen für das rechtsaufsichtliche Wahlprüfungsverfahren letztlich nicht heraus[420] -, mußte die StuPa-Wahl in den offensichtlich manipulierten Stimmbezirken I, II, III, IX für ungültig erklärt und die Durchführung von Teilwiederholungswahlen mit sofortiger Vollziehbarkeit angeordnet werden[421]. Als Begründung wurde unter dem Prüfungsmaßstab des materiellen Wahlprüfungsrechts aufgrund gravierender Verstöße gegen geltendes Wahlrecht eine mandatserhebliche Verletzung des Wahlrechtsgrundsatzes der Gleichheit festgestellt[422]. Diese Teilwiederholungswahl fand statt auf der Basis der um die inzwischen exmatri-

---

matisch-links' beherrschter ÄR bereits im Zuge der Wahlprüfungsverfahren der Jahre 1976 [dazu: Kap. 19.11.2.] und 1979 [dazu: Kap.19.14.3.]].

418 Einsetzungsverfügungen (Ersatzvornahmen) v.21.10.1980 und v.3.11.1980 [Az.: 8.43.00]. - Zum 'Prinzip der gleichmäßigen Besetzung': Kap.17.2.1. Vgl. ferner: FN 390 (Kreationsmodus für den WA).

419 Siehe dazu: FN 391 (proportionale Besetzung der Wahlhelferstellen); FN 392 (Fortbestehen des passiven Wahlrechts für Wahlhelfer); FN 393 (garantiertes, nachprüfbares Sicherungsverfahren für die Wahlurnen).

420 Der ÄR verstieß mit diesem obstruktiven Verhalten erneut gegen das Amtsprinzip und gegen geltendes Recht (was zum wiederholten Male für seine Mitglieder ungeahndet blieb): "Daß überhaupt Informationen gegeben werden müssen, die Vorlage von Akten beansprucht werden kann und Prüfungen in der Hochschule [resp. in der Verfaßten Studentenschaft, P.K.] stattfinden, gehört zu den herkömmlichen und üblichen Informationsmitteln, ohne die eine Staatsaufsicht nicht auskommen kann." (M.**Schröder**, Verfassungsrechtliche Maßstäbe der Staatsaufsicht über die wissenschaftlichen Hochschulen, WissR **18**, S.199-216 (1985), S.209)

421 Rechtsaufsichtliche Anordnung einer Teilwiederholungswahl für das Studentenparlament (Verfügung des Präsidenten H.**Kelm** gegen die Studentenschaft) v.13.10.1980 [Az.: 8.43.00], auf der Basis der Daten der Wahlanfechtung des WA (FN 411).

Zur nach nahezu viermonatiger Untätigkeit des 'undogmatisch-links' beherrschten ÄR im Wahlprüfungsverfahren nun unumgänglich gewordenen zügigen Einleitung des Vorbereitungsverfahrens für die Wiederholungswahlen (hier als Beginn des neuen Verfahrens: die amtliche Versendung der Wahlbenachrichtigungskarten über die Aufnahme ins Wählerverzeichnis durch das Universitäts-Wahlamt [vgl.: FN 416]) wußte die 'undogmatisch-linke' StuPa-Präsidentin B.**Heinrich** festzustellen: "Die Präsidentin berichtet, daß Uni-Präsident H.**Kelm** die Benachrichtigungen ohne Informationen des AStAs verschickt hätte. Sie fragt, was ihn dazu veranlaßt hätte, in der Frage der Wiederholungswahlen das Studentenparlament und den Ältestenrat derart zu übergehen. Das Regieren mit Erlassen und Verfügungen sollte man lateinamerikanischen Diktaturen überlassen." (StuPa-Prot. v.31.10.1980, S.1)

422 Rechtserheblich waren die Sachverhalte Kap.19.15.1.(e). (Stimmbezirk IX) und Kap.19.15.2.(a). (Stimmbezirke I, II, III). Zur Mandatserheblichkeit [dazu: Kap.16.5.(a).] bereits der aufgedeckten Wahlfälschung an den Urnen: Kap.19.15.2.(b). Dieser Wahlfehler wurde verstärkt [gemäß dem 'Kumulationsprinzip': Kap. 16.5.(f).] durch den weiteren Wahlfehler Kap.19.15.1.(e). (Verschwinden von Briefwahlstimmen). Weil das authentische Stimmenergebnis nicht zu rekonstruieren war [Nichtanwendbarkeit des 'Verbesserungsprinzips': Kap.16.5.(b).], war die Hauptwahl genau in den von den Wahlmanipulationen betroffenen Teilen ['Erforderlichkeitsprinzip': Kap. 16.5.(c).] zu vernichten und zu wiederholen (<u>Teil</u>wiederholungswahl).

kulierten Studenten reduzierten Wählerverzeichnisse der Hauptwahl - ein rechtswidriges Verfahren[423] - sowie der demgemäß bereinigten Wahlvorschlagslisten[424].

19.16.2. Die AStA-Neuwahl vom 31.10.1980. Selbst das offensichtlich zum Vorteil der 'Undogmatischen Linken' manipulierte Ergebnis der Hauptwahl erbrachte dieser Gruppe mit einem signifikanten Rückgang der Stimmen gegenüber der vorhergehenden Wahl nur die relative Mehrheit der Mandate des Studentenparlaments:

Wahljahr	*1980*		*1979*		*1980*	*1979*
Wahlvorschlagsliste						
	Stimmen	*(%)*	*Stimmen*	*(%)*	*Mandate*	
1: Juso-HSG	1.445	(17,5%)	1.214	(12,7%)	4	3
2: TLD (Trotzkisten)	38	(0,5%)	nicht kandidiert		0	--
3: UF ('Giraffen'/Unabhängige)	1.077	(13,0%)	1.113	(11,6%)	3	2
4: RCDS	1.459	(17,6%)	1.768	(18,4%)	4	4
5: KSB (Maoisten)	102	(1,2%)	230	(2,4%)	0	0
6: CUFS [Unabh.Liste] (Tarnliste)	150	(1,8%)	[189	(1,9%)]	0	[0]
7: LHV	497	(6,0%)	817	(8,5%)	1	2
8: MSB Spartakus	556	(6,7%)	426	(4,4%)	1	1
9: UL ("Spontis")	2.955	(35,7%)	3.834	(40,0%)	9	10

423 (a) **Der Wahlkörper der Wiederholungswahl.** "Die Wiederholungswahl soll also unter den tatsächlichen und rechtlichen Voraussetzungen erfolgen, wie sie richtigerweise nach der Gesetzeslage bereits bei der Hauptwahl hätte gegeben sein müssen" (W.**Schreiber** (FN 18), S.493 (RN 7) [vgl. dazu ebenso: M.**Drath** (FN 14), S.26 ff]). Zu diesem Prinzip der Wahlverfahrensbestandssicherung in der Wiederholungswahl: Kap.16.8.(ii). Kennzeichnend für den Wahlkörper der Studentenschaftswahlen ist die relativ hohe Fluktuation dessen Mitglieder (ca. 10% der Immatrikulierten verlassen jedes Semester die Hochschule und verlieren damit auch ihr Wahlrecht [zu den Kriterien der Festlegung des Wahlrechts: Kap.15.1.1.(a).; zu den Zahlen des vorliegenden Falles: Kap.19.16.3.)]. Dieses wahlrechtliche Phänomen ist auch allgemein bekannt: "Studentenschaften sind als ganzes ein unstrukturiertes, stark individualisiertes soziales Stratum. Es ist dauernden Wandlungen seiner Zusammensetzung unterworfen, ein Sechstel bis ein Achtel pro Jahr und Universität. Kein anderer Wahlkörper in der Gesellschaft weist solche Veränderungen trotz aller sozialer Mobilität auf." (R.**Wildenmann**, Stellungnahme zur Frage studentischer Beteiligung an universitären Wahlen, Bonn - Bad Godesberg 1980, S.15)
(b) Zur möglichen Erheblichkeit dieses Wahlfehlers (minoritäres Wählerverzeichnis)**:** Das Verfahren der Zugrundelegung des reduzierten 'alten' Wählerverzeichnisses für diese StuPa-Wiederholungswahl war im vorliegenden Falle rein formal nachgebildet den Normen des § 44 Abs.2 BWahlG (= FN IV.30) und § 83 Abs.4 S.1 BWO (= FN IV.30) für staatliche (Bundestags-)Wahlen (Verfügung v.13.10.1980 (FN 421), S.6/7). Wegen der zwischenzeitlich eingetretenen signifikanten Reduzierung der ursprünglichen Wahlberechtigten war die mechanische Übertragung dieses Konstrukts der BT-Wahlen auf Studentenschaftswahlen unzulässig. **(i) Verstoß gegen die Allgemeinheit der Wahl:** Der Ausschluß aller zwischenzeitlich Neuimmatrikulierten verletzt den Wahlrechtsgrundsatz der Allgemeinheit [vgl. dazu: Kap.15.1.1.]. Im vorliegenden Falle von Teilwiederholungswahlen erhielten damit die bestandskräftigen Stimmbezirke gegenüber den neu wählenden innerhalb des Wahlkörpers ein erhöhtes Gewicht. **(ii) Verstoß gegen das Repräsentationsprinzip:** Die Wiederholungswahl auf der Grundlage der reduzierten (bereinigten) Wählerverzeichnisse der Hauptwahl widerspricht dem die Wahl prägenden Repräsentationsprinzip, weil die ca.10% der inzwischen Neuimmatrikulierten, die in die Position der zwischenzeitlich aus der Universität ausgeschiedenen Studenten eingetreten sind, kein Wahlrecht besitzen [ähnlich auch für die BT-Wahlen, in denen die Wahlberechtigung, wesentlich stabiler, an den Wohnsitz gekoppelt ist: W.**Schreiber** (FN 18), S.494 (RN 10), in Rekurs auf § 83 Abs.4 S.2 BWO: "Sind seit der Hauptwahl sechs Monate vergangen, sind die 'alten' Wählerverzeichnisse nicht mehr maßgebend."].

424 **Die Wahlvorschlagslisten der Wiederholungswahl.** Die Nichtzulassung neuer Kandidaten oder Wahlvorschlagslisten zur Wiederholungswahl ist rechtmäßig und logisch: Die Wahlvorschlagslisten waren nämlich anläßlich der Hauptwahl aufgestellt worden für die gesamte Legislaturperiode, die unabhängig von einer Wiederholungswahl weiterbesteht. [Vgl. dazu: Kap.16.8.(ii).; als Beispiel: § 83 Abs.6 BWO (= FN IV.30).]

Zwar konnten die Urheber der zutage getretenen Wahlmanipulationen erwartungsgemäß letztlich persönlich nicht ermittelt werden (zumal die Nachforschungen nach den Tätern von keiner Seite intensiv betrieben wurden). Alle Tatsachen, Indizien und Erfahrungen sprachen jedoch für die Existenz der Quelle in genau einem politischen Umfeld. Dies konstatierte selbst die 'undogmatisch-links' orientierte 'Juso-Hochschulgruppe': "Angesichts der Vorfälle um die Wahlen sehen die Jungsozialisten jedoch ihr Ziel gefährdet, einen 'undogmatisch-linken' AStA zu bilden."[425] Dieser Erkenntnis ungeachtet wurde zunächst der bisher amtierende 'undogmatisch-linke' AStA mit den Stimmen der 14 Parlamentarier von 'Undogmatischer Linker', 'Juso-HSG' und 'MSB Spartakus' bis zur Aufklärung der Manipulationsvorwürfe "kommissarisch" im Amte belassen[426]. Noch während der Durchführung der Wiederholungswahl schlossen 'Undogmatische Linke' und 'Juso-HSG' ihre Koalitionsverhandlungen ab und wählten gemeinsam auf der Basis des manipulierten und durch ein Wahlprüfungsverfahren rechtskräftig teilweise aufgehobenen und damit delegitimierten Wahlergebnisses einen neuen, 'undogmatisch-linken' Koalitions-AStA[427]; dieser AStA berief, um seine vollständige Arbeitsfähigkeit zu erreichen, sofort

---

425 Leserbrief der 'Juso-Hochschulgruppe', in: Uni-Rep.10/1980, S.4.
(a) In diesem Sinne ferner: "An den Fachbereichen 1-3, 5, 6, 17-21 fielen massive Wahlfälschungen zugunsten der Spontis ('Undogmatische Linke') auf. Wir wollen hier nicht in Spekulationen einsteigen, ob das nun der Verfassungsschutz war, wie die Spontis behaupten, die CIA oder der Weihnachtsmann - vielleicht auch diejenigen, die von der Wahlfälschung profitiert haben ..." (LHV-Hochschul-Nachrichten WS 1980/81-1, S.1)
(b) Einzig der 'undogmatisch-linke' AStA [dazu: FN 414] sowie der 'undogmatisch-linke' diskus waren bemüht, die Urheberschaft der Wahlmanipulationen mittels Spekulation über verschiedene, theoretisch mögliche Verursacher-"Modelle" - in der bekannten, arrogant-elitären Diktion unter Außerachtlassung des konkreten Sachverhalts bei der Wahldurchführung - zu relativieren: "Modell I: Die Undogmatische Linke hat die Wahl gefälscht. Dafür würde sprechen, daß sie in diesen drei Stimmbezirken überproportional viele Stimmen, im Vergleich zur Briefwahl, bekommen hat, daß, werden die betrogenen Stimmen abgezogen, fast nur noch Stimmen für die Undogmatische Linke übrig bleiben. Gegen diese Version aber spricht zweierlei: Erstens hat die Undogmatische Linke dazu aufgerufen, bei den StuPa-Wahlen die Briefwahl zu boykottieren, um an den Urnen direkt zu wählen. Das werden viele Wähler der Undogmatischen Linken auch getan haben. Zweitens ist nicht anzunehmen, daß gerade die Undogmatische Linke so ausgesprochen dumm sein soll, die Wahl so zu fälschen, daß es sofort auffliegen muß. Die jungen Frauen und Männer von der Undogmatischen Linken haben in ihrer langjährigen AStA-Arbeit immer wieder neu bewiesen, daß sie in Denken und Handeln außerordentlich pfiffig und einfallsreich sind. Sie haben in den letzten Jahren ihren Sarkasmus, aber auch ihre Integrität hinreichend unter Beweis gestellt. ... Modell II: Rechte Studentengruppen (RCDS und/oder Giraffen) haben die Wahl gefälscht. Ihr Ziel war nicht, die Wahl direkt zu beeinflussen, also zusätzlich Stimmen für die eigenen Gruppen in die Urnen zu schmuggeln, sondern die Wahlfälschung so anzulegen, daß sie erstens unbedingt auffliegen muß und zweitens, daß es für den naiven Beobachter so aussehen soll, als hätten die Linken die Wahl gefälscht. ... Mit diesem Clou hätten die rechten Studentengruppen zum ersten Mal ein Argument für die Wahl. Sie haben ansonsten eh nichts zu sagen. Politisch und intellektuell sind sie einfallslos. Ihre Botschaft ist herrschaftsförmig und brutal: paßt Euch an, seid fleißig - arbeitet, seid besser als der Nachbar, der Kommilitone. Macht Karriere und Euch selbst kaputt. Ruhe, Ordnung, Arbeit, Sauberkeit. ... Spricht aber gegen diese Version nicht allein und entscheidend, daß die Rechten eigentlich zu dumm sind, einen so ausgeklügelten Clou durchzuführen? Modell III: Alle Gruppen haben sich an Wahlschiebungen beteiligt. Die ungewohnte Situation ließ die bewährte Zusammenarbeit nicht so recht klappen. Warum aber hat der LHV bei der Wahl nur einen Sitz bekommen?" (diskus-Redaktion, Wahlbetrug, in: diskus 5/1980, S.4-5 [Dieser scheinbar neutralen Redaktion/ Herausgeber gehörten überwiegend verschiedene 'undogmatisch-linke' Wahlhelfer und 'undogmatisch-linke' Kandidaten vorangegangener StuPa-Wahlen an: F.**Mettel**; M.**Oertel**; B.**Piberhofer**; A.**Rohrbach**; F.**Schneck**; E.**Schramm**; P.**Wehling**; N.**Weidl** - zur politischen Ausrichtung des 'diskus' ferner: FN II.83(a) (Kap.6).])
426 "Wahl des AStA. ... Vorschlag der Fraktion der Undogmatischen Linken, wegen des schwebenden Wahlanfechtungsverfahrens den Wahlgang zu unterbrechen. ... Vorschlag der Undogmatischen Linken, den amtierenden AStA mit der kommissarischen Weiterführung der Geschäfte zu beauftragen bis zur Fortsetzung der StuPa-Sitzung nach den Semesterferien. Abstimmung: Dafür: 14; dagegen: 8." (StuPa-Prot. v.10.7.1980 [vgl. zur Rechtswidrigkeit dieses Beschlusses: Uni-Rep.11/1980, S.3])
427 In den AStA-Vorstand gewählt wurden mit den 13 Stimmen von UL und 'Juso-HSG': F.**Heuer** [UL]; H.**Brücker** ['Juso-HSG']; H.**Altenhofen** [UL] (StuPa-Prot. v.31.10.1980, S.3).

seine bezahlten Referenten. Gleichzeitig aber "ehrte" auf Vorschlag der 'Juso-HSG', gegen den Widerstand der UL-Parlamentarier, das Studentenparlament mehrheitlich sämtliche Mitglieder des studentischen Wahlausschusses, weil diese sich "um die Aufdeckung des Wahlbetrugs verdient gemacht" hätten[428].

19.16.3. Das Ergebnis der (Teil)Wiederholungswahl. Offensichtlich ungeachtet aller Vorkommnisse, die zur Notwendigkeit der Durchführung dieser Wiederholungswahl führten, trafen die Wähler ihre Entscheidung. Gegenüber der Hauptwahl erfolgten lediglich unerhebliche Stimmenverschiebungen: Die Wahlbeteiligung sank leicht ab; die öffentlich von nahezu allen Seiten der Wahlmanipulationen verdächtigte 'Undogmatische Linke' büßte lediglich 1,7% Prozentpunkte gegenüber (dem bereinigten Ergebnis) der Hauptwahl ein; die 'Juso-HSG', die noch vor Abschluß der Wiederholungswahl dem Hauptverdächtigen der Wahlmanipulationen erneut zur politischen Macht verhalf, konnte ihren bisherigen Stimmenanteil behaupten; die 'undogmatisch-linke' mutmaßliche 'Tarnliste' 'Christliche Union Frankfurter Studenten' (CUFS) büßte 0,3% gegenüber der Hauptwahl ein. Die korrigierten Zahlen lauteten, aufgeschlüsselt nach Stimmbezirken[429]:

(a) Die politische Begründung für diese AStA-Neuwahl. "Wir (die 'Undogmatische Linke') haben uns nach langem, innerem Ringen für die letztgenannte Möglichkeit [nämlich: AStA-Koalition mit der 'Juso-HSG', P.K.] entschieden. Wir sehen die Legitimation, den AStA in Frankfurt zu stellen, nicht in einem 'Wahlergebnis', welches dadurch zustandekommt, daß Leute in der Privatheit ihrer Wohnung einmal im Jahr ein Kreuzchen machen und anschließend dieses Kreuzchen mit der Post an den Wahlvorstand schicken. Spätestens seit die Universitätsleitung vor zwei Jahren Briefwahlen eingeführt hat in der falschen Hoffnung, die 'schweigende Mehrheit' wenigstens zum Stimmvieh für die Parteienableger zu machen, hat der 'Wahlakt' an politischer Substanz und Ausdruckskraft verloren. Auch wenn wir numerisch keine absolute Mehrheit im StuPa besitzen, stellen wir doch zusammen mit den Fachbereichsgruppen an den einzelnen Fachbereichen die einzige politische Kraft an dieser Uni dar. Mit den Jusos einen Koalitions-AStA bis zu den Wiederholungswahlen im Dezember zu bilden - danach löst sich das Problem hoffentlich von selbst - bedeutet deshalb für uns nicht, uns mit ihnen auf ein gemeinsames Programm zu einigen. ... Auch in den 80er Jahren wollen wir alles." (Qualamentarismus... ab in die Urne, in: ASTA-info.11/80, S.3)

(b) Die mögliche Rechtswidrigkeit der AStA-Wahl zu diesem Zeitpunkt. Hierzu sei lediglich angedeutet: Die rechtskräftige Teil-Ungültigkeitserklärung einer Wahl im Wahlprüfungsverfahren erwirkt ex nunc eine Legitimations- und Repräsentationsreduktion für das betroffene Parlament; "all diese Stimmenergebnisse und Mandate geraten ... in einen gewissen Schwebezustand. Eine endgültige Entscheidung über sie erfolgt nach Durchführung einer Wiederholungswahl durch die Neufeststellung der Wahlergebnisse" (RWahlPrG, E.v.28.6. 1924, in: K.-H.**Seifert** (FN 143), S.390). In diesem Sinne (der heute wohl h.M.) ähnlich argumentierend: W.**Jellinek**, Der Staatsgerichtshof für das Deutsche Reich und die Splitterparteien, AöR **54**, S.99-139 (1928), S.116; K.**Lemke**, Rechtsfolgen ungültiger Wahlrechtsnormen, jur.Diss. Univ.Kiel 1964, S.81 ff, S.88 ff; H.**Maurer**, Die verfassungswidrige Bundestagswahl, Bad Homburg/Berlin/Zürich 1969, Teil II.3, insb. S.18/19. - Damit ist jedenfalls klar, daß einem derart defizitär gewählten Parlament nicht dieselbe Handlungsfähigkeit und -befugnis zukommen kann wie einem korrekt gewählten und legitimierten Parlament.

(c) Das gespannte Verhältnis Jusos / UL. Zur öffentlichen Herabwürdigung der 'Juso-Hochschulgruppe' durch die 'Undogmatische Linke' symptomatisch: FN II.10(a) (Kap.5).

428 StuPa-Prot. v.31.10.1980, S.3.

Gegen den Antrag stimmten die neun Parlamentarier der 'Undogmatischen Linken' sowie der Parlamentarier des 'MSB Spartakus'.

429 Die Wahlberechtigtenzahlen für diese Wiederholungswahl reduzierten sich gegenüber denen der Hauptwahl aufgrund der Fortscheibung des bisherigen Wahlkörpers um die Anzahl der inzwischen exmatrikulierten Studenten aus den Wählerverzeichnissen der Hauptwahl [vgl. dazu (Wahlkörper der Wiederholungswahl): FN 423]. - Bei den für die Hauptwahl in den nachfolgenden Tabellen angegebenen Vergleichszahlen handelt es sich um folgendermaßen korrigierte Ergebnisse (also nicht um die manipulierten Zahlen des zunächst festgestellten, vorläufigen amtlichen Endergebnisses):

(a) Stimmbezirk I: Korrigiertes Ergebnis aufgrund proportionaler Ergänzung des amtlichen Briefwahlergebnisses um die vernichteten 80 Stimmen des FB 01 [dazu: Kap.19.15.1.(d).] sowie anschließender Addition des amtlichen Urnenwahlergebnisses unter Subtraktion der manipulierten 104 (Urnenwahl-)Stimmen [dazu: Kap. 19.15.2.(i).] zu Lasten der Liste 9 (UL).

	Stimmbezirk I				Stimmbezirk II			
Wahl	Juni 1980		Dezember 1980		Juni 1980		Dezember 1980	
Wahlberechtigte	3.796		3.502		3.576		3.248	
Wahlbeteiligung	1.372	36,1%	1.141	32,6%	1.331	37,2%	1.182	36,4%
Wahlvorschlagsliste								
	Stimmen	(%)	Stimmen	(%)	Stimmen	(%)	Stimmen	(%)
1: Juso-HSG	299	(22,2%)	259	(23,1%)	260	(19,9%)	219	(18,8%)
2: TLD (Trotzkisten)	4	(0,3%)	1	(0,1%)	3	(0,2%)	3	(0,2%)
3: UF ('Giraffen'/Unab.)	180	(13,4%)	155	(13,8%)	162	(12,4%)	185	(15,9%)
4: RCDS	329	(24,4%)	302	(26,9%)	392	(30,0%)	377	(32,3%)
5: KSB (Maoisten)	30	(2,2%)	16	(1,4%)	9	(0,7%)	5	(0,4%)
6: CUFS (Tarnliste)	24	(1,8%)	18	(1,6%)	24	(1,8%)	17	(1,5%)
7: LHV	164	(12,2%)	139	(12,4%)	134	(10,2%)	117	(10,0%)
8: MSB Spartakus	78	(5,8%)	48	(4,3%)	70	(5,4%)	38	(3,8%)
9: UL ("Spontis")	239	(17,7%)	185	(16,5%)	254	(19,4%)	205	(17,6%)

	Stimmbezirk III				Stimmbezirk IX			
Wahl	Juni 1980		Dezember 1980		Juni 1980		Dezember 1980	
Wahlberechtigte	2.631		2.334		3.306		3.004	
Wahlbeteiligung	975	37,1%	802	34,4%	1.306	39,5%	1.178	39,2%
Wahlvorschlagsliste								
	Stimmen	(%)	Stimmen	(%)	Stimmen	(%)	Stimmen	(%)
1: Juso-HSG	173	(18,2%)	142	(18,1%)	204	(16,0%)	181	(15,8%)
2: TLD (Trotzkisten)	12	(1,3%)	4	(0,5%)	5	(0,4%)	8	(0,7%)
3: UF ('Giraffen'/Unab.)	45	(4,7%)	43	(5,5%)	149	(11,7%)	138	(12,0%)
4: RCDS	36	(3,8%)	37	(4,7%)	369	(29,0%)	384	(33,4%)
5: KSB (Maoisten)	6	(0,6%)	6	(0,8%)	16	(1,3%)	9	(0,8%)
6: CUFS (Tarnliste)	10	(1,1%)	10	(1,3%)	37	(2,9%)	21	(1,8%)
7: LHV	27	(2,8%)	22	(2,8%)	82	(6,4%)	73	(6,4%)
8: MSB Spartakus	96	(10,1%)	75	(9,6%)	83	(6,5%)	62	(5,4%)
9: UL ("Spontis")	543	(57,3%)	446	(56,8%)	328	(25,8%)	273	(23,8%)

Diese Zahlen deuten die Unwahrscheinlichkeit größerer Stimmenverschiebungen sowie beachtlicher Änderungen der Wahlbeteiligung innerhalb von Jahresfristen selbst noch unter relativ

(b) Stimmbezirk II: Korrigiertes Ergebnis aufgrund des amtlichen Stimmergebnisses für diesen Bezirk unter Subtraktion der manipulierten 80 (Urnenwahl-)Stimmen [dazu: Kap.19.15.2.(ii).] zu Lasten der Liste 9 (UL).
(c) Stimmbezirk III: Korrigiertes Ergebnis aufgrund des amtlichen Stimmergebnisses für diesen Bezirk unter Subtraktion der manipulierten 142 (Urnenwahl-)Stimmen [dazu: Kap.19.15.2.(iii).] zu Lasten der Liste 9 (UL).
(d) Stimmbezirk IX: Korrigiertes Ergebnis aufgrund proportionaler Ergänzung des amtlichen Briefwahlergebnisses sowohl um die vernichteten 60 Stimmen [dazu: Kap.19.15.1.(d).] als auch um die entwendeten 123 Stimmen [dazu: Kap.19.15.1.(e)./Kap.19.15.2.(iv).] sowie anschließender Addition des amtlichen Urnenwahlergebnisses.

herausragenden politischen Vorkommnissen (wie im vorliegenden Falle einer dem politischen Verursacher ziemlich sicher zuzuwidmenden Wahlfälschung) in der dichotom polarisierten Verfaßten Studentenschaft an; um so weniger wahrscheinlich ist das Auftreten sprunghafter Veränderungen der Wahlbeteiligung und der Stimmenverteilung bei Studentenschaftswahlen unter politischen 'Normalbedingungen' und der Voraussetzung korrekter Wahldurchführung. Die geringen absoluten und prozentualen Veränderungen der *gesamten* Wiederholungswahl (Stimmbezirke I, II, III, IX) lauteten:

Wahl	*I. Hauptwahl*		*II. Wiederholungswahl*		*Differenz II-I*
Wahlberechtigte	13.309		12.088		- 9,2%
Wahlbeteiligung	4.984	37,4%	4.303	35,6%	- 1,8%
Wahlvorschlagsliste					
	Stimmen	*(%)*	*Stimmen*	*(%)*	*%*
1: Juso-HSG	936	(19,2%)	801	(19,0%)	- 0,2%
2: TLD (Trotzkisten)	24	(0,5%)	16	(0,4%)	- 0,1%
3: UF ('Giraffen'/Unabhängige)	536	(11,0%)	521	(12,3%)	+1,3%
4: RCDS	1.126	(23,1%)	1.100	(26,0%)	+2,9%
5: KSB (Maoisten)	61	(1,3%)	36	(0,9%)	- 0,4%
6: CUFS (Tarnliste)	95	(1,9%)	66	(1,6%)	- 0,3%
7: LHV	407	(8,3%)	351	(8,3%)	- 0,0%
8: MSB Spartakus	327	(6,7%)	223	(5,3%)	- 1,4%
9: UL ("Spontis")	1.364	(28,0%)	1.109	(26,3%)	- 1,7%

Dieses Wahlergebnis lieferte einmal mehr (z.B. neben der Relevanz der 'Tarnlisten'-Problematik) eine Bestätigung für die Vermutung, daß selbst die Minderheit der studentischen Wählenden - die Mehrheit der Studenten war und ist unabhängig von der Art des Wahlverfahrens ohnehin nicht einmal bereit, sich wenigstens an den Studentenschaftswahlen durch Stimmabgabe zu beteiligen - lediglich über sehr wenig hochschulpolitische Informationen verfügt, die ihrer Entscheidung zugrunde liegen. Dieser Sachverhalt wird nochmals verstärkt durch den entpolitisierenden Effekt der obligatorischen Briefwahl. Insbesondere die Studentengruppen der Bundesparteien verfügen über einen stabilen, allgemeinpolitisch festgelegten Wählerstamm, der nur schwer durch hochschulpolitische Aspekte und lokale Vorkommnisse erreichbar und beeinflußbar ist (am ehesten wohl noch durch persönliche Hilfen bietende, 'unpolitische' Fachschaftsarbeit im Rahmen subsidiärer studentischer Studienunterstützung).
Der während des Zeitabschnitts der gravierendsten Wahlmanipulationen an der Johann Wolfgang Goethe-Universität (1975-1980) politisch engagierteste und informierteste Teil der Frankfurter Studenten, die 'undogmatisch-links' orientierten, insbesondere in ihrer Hochburg des Stimmbezirks III (Sozialwissenschaften), schienen dagegen die Wahlmanipulationen überhaupt höchstens als läßliche Kavaliersdelikte 'im Dienste der guten Sache' für eine diffuse "antiautoritäre" Ideologie betrachtet zu haben, was für sie keinen Anlaß bieten konnte, in ein prinzipielles Nachdenken über den Grund für die Wiederholungswahlen, die Rechtsstaatsvorstellung und das Demokratieverständnis der mutmaßlichen Verursacher einzutreten.

19.17. Die StuPa-Wahl vom 18.5.-5.6.1981
(Verstoß gegen das Irreführungsverbot; amtliche Wahlwerbung; offene Wahl; Wahlwerbung im Wahllokal)

Diese Wahl[430] fand - ebenso wie die vorangegangene - unter einem rechtsaufsichtlich kommissarisch eingesetzten, aus jeweils einem Vertreter der parlamentarischen Studentengruppen nach dem 'Prinzip der gleichmäßigen Besetzung' pluralistisch gebildeten, sechsköpfigen studentischen Wahlausschuß statt[431].

Dieser Wahlausschuß etablierte die letztjährigen zu einer korrekten Durchführung des Wahlverfahrens beitragenden Neuerungen[432]; er vermochte einige weitere der schon traditionellen Schwachpunkte bisheriger Studentenschaftswahlverfahren an der Johann Wolfgang Goethe-Universität zu beheben:

(i) Erstmals wurden vom Wahlausschuß *pro Wahlurne drei Wahlhelfer* anstelle der bisher üblichen zwei eingeteilt[433]; diese sinnvolle Regelung wurde für alle nachfolgenden StuPa-Wahlen beibehalten.

(ii) Der Wahlausschuß veranlaßte rechtzeitig die *amtliche Veröffentlichung sämtlicher Kandidaten* der zur Wahl zugelassenen Wahlvorschlagslisten[434]; damit entsprachen die StuPa-Wahlen erstmals seit der Abschaffung der Personalisierung - die den Abdruck sämtlicher Listenkandidaten zumindest auf dem Stimmzettel erforderte - zugunsten starrer Listenwahl (im Jahre 1972) wieder dem Wahlrechtsgrundsatz der Unmittelbarkeit.

(iii) Diese Wahl fand erstmals seit 1972[435] wieder *ohne politisch manipulierte Stimmbezirkseinteilungen und Urnenplazierungen* statt.

- Die StuPa-Wahl litt allerdings, ebenso wie die vorhergehende[436], insbesondere in dem sozialwissenschaftlichen Stimmbezirk, unter mannigfachem Bruch des Wahlgeheimnisses sowie

---

430 Zu dieser Wahl trat (einmalig und erfolglos) die aus Mitgliedern der Fachschaft Physik bestehende 'Fachschaftsinitiative Studentenparlament' (Liste 7) an. Einmalig und erfolgreich mit 4,9% der gültig abgegebenen Stimmen: 1 Mandat trat zur StuPa-Wahl an die Liste 'Bunte Alternative Bockenheim/Westend' (Liste 2).

431 Politisch einseitige Besetzung von Studentenschaftsgremien. (a) Studentischer Wahlausschuß: Im Falle eines satzungsrechtlich ungeregelten Wahlverfahrens für den studentischen Wahlausschuß (wie bis zur 3.Änd. StS v.16.4.1980 (= FN III.121) [siehe dazu: Kap.12.1.(a).; Kap.17.3.4., insb. FN 52]) wäre dieser erneut von der 'undogmatisch-linken' Mehrheit des Parlaments ohne kontrollierende Mitglieder nicht-'linker' Oppositionsgruppen besetzt worden: das vorgeschriebene 3/4-Quorum (§ 14 Abs.1 StS) verfehlender Wahlversuch für einen "Wahlausschuß", bestehend aus: T.**Schulz** ['Juso-HSG', zuvor UL]; U.**Bremer** [UL]; B.**Giebeler** ['MSB Spartakus'] (StuPa-Prot. v.23.1.1981, S.6).

(b) Studentischer Rechnungsprüfungsausschuß: Daß die 'undogmatisch-linke' Parlamentsmehrheit auch in anderen zentralen parlamentarischen Bereichen ohne wirksamen rechtlichen Zwang weiterhin nicht gewillt war, grundlegende Oppositionsrechte zu achten, zeigte die Wahl des Rechnungsprüfungsausschusses (zur Überprüfung der AStA-Finanzen) für das Haushaltsjahr 1979: Die 'undogmatisch-linke' StuPa-Mehrheit wählte zur Überprüfung des Haushaltsgebarens des 'undogmatisch-linken' AStAs in drei Einzelwahlgängen mehrheitlich mit jeweils elf Stimmen einen rein 'undogmatisch-linken' Rechnungsprüfungsausschuß (zusammengesetzt aus zwei Mitgliedern der UL sowie einem Mitglied der 'Juso-HSG'); der einzige Oppositionskandidat wurde mit lediglich sieben Stimmen nicht gewählt - eine Pervertierung des der Funktion der Rechnungsprüfung unterliegenden parlamentarischen Kontrollgedankens [dazu: StuPa-Prot. v.15.4.1981, S.3; ferner: StuPa-Prot. v. 22.5.1981, TOP 6; dieses Wahlverfahren widersprach § 71 Abs.1 HHG v.6.6.1978 (= FN III.95), wonach der Rechnungsprüfungsausschuß "vom Studentenparlament nach den Grundsätzen der Verhältniswahl gewählt wird" (über eine Beanstandung der Rechtsaufsichtsbehörde ist aber nichts bekanntgeworden)]!

432 Zu diesen für die vergangene Wahl neu eingeführten demokratischen Verfahrensreformen: Kap.19.15.(i). (proportionale Verteilung der Wahlhelferpositionen); Kap.19.15.(ii). (öffentliche Auslosung der Listenreihung); Kap.19.15.(iii). (neutral-nachprüfbare Sicherung der Wahlurnen).

433 Zur Kritik am bisherigen Verfahren, wonach pro Urne lediglich zwei Wahlhelfer zugeteilt wurden: Kap. 19.2.1.(b)., insb. FN 143; Kap.19.14.2.(a)., insb. FN 357.

434 in: Uni-Rep.6/1981, S.11

435 Siehe zu den Stimmbezirksmanipulationen: Kap.19.7.1.; Kap.19.11.1.(a).; Kap.19.12.4.(b).; Kap.19.13.3.

der mangelhaften politischen Neutralität im Bereich der Wahlhandlung an den Urnen. Die Wahl litt darüber hinaus, ebenso wie die vorhergehende[437], unter zahlreichen Störversuchen und Provokationen aus Kreisen der 'undogmatisch-linken' Sympathisantenszene.

Der (nicht eingeklagten) Wahlfehler bei dieser StuPa-Wahl: (a) Die Zulassung einer mutmaßlichen, 'rechten' 'Tarnliste' zur Wahl am 24.4.1981. Für diese Wahl wurde die Kandidatur einer mutmaßlichen 'Tarnliste' geltend gemacht: Eine fristgerecht eingereichte Wahlvorschlagsliste 'Bunte Alternative Bockenheim/Westend' (in gekonnter Anspielung auf 'undogmatisch-linke' Subkulturen in den beiden Frankfurter Stadtteilen Bockenheim und Westend, dem Standort der Johann Wolfgang Goethe-Universität) erfüllte alle formalen Voraussetzungen zur Kandidatur und mußte vom Wahlausschuß gemäß dem Prinzip der 'Evidenzkontrolle' zur Wahl zugelassen werden[438]. Obwohl deren Kandidaten im Wahlkampf von allen 'linken' Gruppen massiv und öffentlichkeitswirksam des versuchten Wählerbetrugs beschuldigt und der 'rechten' politischen Gesinnung verdächtigt wurden[439] - teilweise unter durchaus

---

436 Siehe dazu (StuPa-Wahl 1980: Bruch des Wahlgeheimnisses in den Bezirken III und IV): Kap.19.15.1.(g). [Die bisherigen Stimmbezirke III und IV wurden zusammengefaßt zum neuen Stimmbezirk III: Gesellschaftswissenschaften (FB 03); Erziehungswissenschaften (FN 04); Psychologie (FB 05); Theologie (FN 06).]

437 Siehe dazu (StuPa-Wahl 1980: Bewußte Chaotisierung des Wahlverfahrens): Kap.19.15. (am Beginn).

438 Zur Wahlvorschlagsliste 'Bunte Alternative Bockenheim/Westend' (a) Kein Verstoß gegen das 'Differenzierungsgebot': Im Gegensatz zu den zuvor angetretenen 'undogmatisch-linken' mutmaßlichen 'Tarnlisten' [vgl. dazu: FN 363; FN 398] verstieß die Wahlvorschlagsliste 'Bunte Alternative' ersichtlich nicht gegen das die Freiheit der Bestimmung des Listenkennworts einschränkende 'Differenzierungsgebot'; denn eine Verwechslungsgefahr allein aufgrund der Wortbestandteile des Namens 'Bunte Alternative Bockenheim/Westend' auf dem Stimmzettel mit den Namen oder Namensbestandteilen einer der anderen kandidierenden Wahlvorschlagslisten war formal nicht gegeben. Es bestand zu dieser Zeit auch keine weitere Studentengruppe mit den streitbefangenen Namensbestandteilen an der Johann Wolfgang Goethe-Universität.
(b) Zur Tarnlistenvermutung für die 'Bunte Alternative' (Verstoß gegen das 'Irreführungsverbot'): Der Kandidat G.**Hoenig** (Listenplatz 5) war zugleich Konventskandidat der UF (Listenplatz 15); der Kandidat S. **Roscher** (Listenplatz 6) war zugleich Kandidat des RCDS im FB Geschichte (Stellvertreter Listenplatz 1). Auf der Unterstützerliste (gem. § 14 Abs.3 StS (= FN III.121)) fanden sich Mitglieder des LHV. Im Zusammenhang mit der allgemeinpolitisch (nicht hochschulspezifischen) 'links-alternativen' Besetzung der Begriffe 'bunt' und 'alternativ' (wobei dieser Begriff im Listenkennwort in einer unüblichen, substantivierten Form erschien) für den politisierten Durchschnittwähler hätte sich eine Vermutung für die 'Tarnlisten'-Eigenschaft, also für das Vorliegen eines Wahlfehlers (Mißbrauch des passiven Wahlrechts), ergeben können, wenn die Liste ein 'linksalternatives' öffentliches Auftreten vorgewiesen hätte; dies war aber tatsächlich nicht der Fall gewesen.
Zur 'Evidenzkontrolle' als Prüfungsmaßstab im Listenzulassungsverfahren: FN 362.
(c) Zur möglichen Erheblichkeit dieses Wahlfehlers ('Tarnliste'): FN 364.
An diesem Beispiel aus der Grauzone des politisch Zulässigen zeigten sich deutlich die Grenzen der juristisch-normativen Erfaßbarkeit der 'Tarnlisten'-Problematik: Denn die 'Bunte Alternative' trat mit ihrem Listenkennwort auf dem Stimmzettel nicht für den 'Durchschnittwähler' verwechselbar in Konkurrenz zu bestehenden Studentengruppen oder Parteien [siehe dazu unter: (a)]. Ihr öffentliches Auftreten im Wahlkampf konnte aber in der vorgelegten Form keine Wahlprüfungsrelevanz erlangen, weil sie keine offensichtlich irreführenden Falschdarstellungen betrieb: "Weil wir durch die Studentenparlamentarier von vorne bis hinten verarscht werden, stellen wir uns zur Wahl. Wir sind die Alternative zu denen, die sich als Spontisumpf bezeichnen, die aber nicht mehr als ein Geldsumpf sind, in dem unsere Knete auf Nimmerwiedersehen versickert, getreu dem Vorbild, das im Land 'unsere demokratischen Parteien' liefern. Wir machen nicht mit bei diesem egoistischen Konsumterror und Anpassertum! ... Wir sind bunt, weil wir nicht einfarbig-eindimensional sind; weil wir keinem vorschreiben, was er zu denken hat; weil wir Ideen und Initiativen nicht über Satzungen, Programme, Ideologien und Taktik disziplinieren. ... Wir versprechen überhaupt nichts - aber wir fordern: Uni-Schelm **Kelm** raus aus der Uni. Rein ins Vergnügen! - 1000 Mark Bafög für alle. Bar auf die Hand. - Giraffen raus aus dem AStA! - Jusos ab ins Sponti-U-Boot, tschüß! - Macht die Uni zum Wigwam. Keine Profs für niemand! - Weg mit den Pädagogik-Qualifikationen der Profs!" (Uni-Rep.6/1981, S.11) - Ein Mißbrauch des passiven Wahlrechts durch offensichtliche Vorspiegelung einer politischen Programmatik, hinter der die Kandidaten gar nicht standen, ließ sich damit jedenfalls nicht zweifelsfrei konstatieren.

439 Beispiele für die öffentliche Kontroverse um die 'Bunte Alternative Bockenheim/Westend': Listenvorstellung der UL, in: Uni-Rep.6/1981, S.12 (v.13.5.1981); U-Boot-Krieg ums StuPa, in: LHV-Wahlinfo v.28.5.

bedenkenswerten und zumindest die politische Seriosität der Liste in Zweifel ziehenden Argumenten -, errang sie auf Anhieb bei der Wahl 393 (= 4,9%) der gültig abgegebenen Stimmen und damit eines der 22 Parlamentsmandate. - Dieses Wahlergebnis sprach damit nicht für einen hohen Informationsgrad und politisch bewußte Stimmabgabe vieler studentischer Wähler[440].

(b) Amtliche Wahlwerbung. Die Wahl war belastet durch amtliche Wahlwerbung des amtierenden AStAs[441], die im folgenden aber nicht juristisch angegriffen wurde.

Mit dieser Wahl wurde immerhin erstmals seit dem Jahre 1974 eine Frankfurter StuPa-Wahl nicht angefochten.

19.18. Die StuPa-Wahl vom 19.5.-9.6.1982 (amtliche Wahlwerbung; offene Wahl; Wahlwerbung im Wahllokal)

Diese Wahl litt unter denselben Mängeln wie die vorangegangene, mit einer Ausnahme: Sie blieb von der Kandidatur von 'Tarnlisten' verschont.

1981; Der Bandit von Bockenheim, in: Juso-Wahlinfo v.30.5.1981; Bunte Alternative Liste Bockenheim, in: 'Ich will noch eine ganze Menge leben' - UL-Wahlinfo v.30.5.1980, S.12; Vorsicht: Wahlbetrüger am Werk, in: Presseerklärung der 'Grünen im Römer' (J.**Ditfuth**) v.1.6.1981, mit einer Wahlempfehlung zugunsten der UL (Liste 5); R.**Kirst**, Farbiges Listenspiel empört die Grünen, in: FAZ v.2.6.1981, S.30.

"Die Jusos kritisieren die Existenz der Tarnliste, die Frage sei, ob diese Liste auch so geplant gewesen sei. Alles spräche dafür, daß die Liste zum Austausch gegen eine eventuelle Sponti-Liste geplant gewesen sei." Ein Parlamentarier der UF "gibt zu, daß die Giraffen von drei angeblichen Sponti-Tarnlisten gehört hätten, daraufhin beschlossen sie, eine eigene aufzustellen, um sie im Austausch mit einer Sponti-Liste einzusetzen. Er findet es auch nicht mehr gut, daß diese Liste kandidiert, sie hätte wegen eines Formfehlers zurückgewiesen werden sollen, der Wahlausschuß hätte diese Liste aber zugelassen." Ein Parlamentarier der 'Juso-HSG' "bemerkt dazu, der Wahlausschuß hätte die Liste gar nicht zurückweisen dürfen, da kein rechtlicher Anlaß dafür bestanden hätte. Die Liste zurückzuziehen sei Sache der Leute, die diese Liste gemacht hätten, von denen sei aber keiner anwesend gewesen." (StuPa-Prot. v.22.5.1981, TOP 5a [Anmerkung: Die Zurückziehung einer Wahlvorschlagsliste durch (sämtliche!) Kandidaten ist nur bis zum Listenschluß möglich.])

Zu den vorherigen mutmaßlich 'undogmatisch-linken' Tarnlisten': Kap.19.14.2.(c).; Kap.19.15.1.(a). Die 'Undogmatische Linke' dagegen sprach im Zusammenhang möglicher 'undogmatisch-linker' 'Tarnlisten' bei einer StuPa-Wahl von einer "abstrusen Vermutung" (ASTA-info.6/1981, S.2).

440 (a) Aller öffentlichen Diskussionen [vgl. dazu: FN 439] ungeachtet, den politisch zweifelhaften Charakter der Liste [vgl. dazu: FN 438(b)] ignorierend, erhielt die 'Bunte Alternative' bei der Briefwahl 358 Stimmen (= 5,7% der gültig abgegebenen Stimmen) und bei der anschließenden Urnenwahl 35 Stimmen (= 2,0%), und sie errang damit eines der 22 Mandate des Frankfurter Studentenparlaments. Daß der Stimmenanteil bei der Briefwahl höher ausfiel als bei der Urnenwahl, war nachvollziehbar: Zum geringen Informationsstand des 'Durchschnittswählers' aufgrund des entpolitisierenden Effekts der obligatorischen Briefwahl: FN 364 (m.w.N.); zum empirischen Befund geringen hochschulpolitischen Informationsstands des 'Durchschnittswählers': Kap.19.16.3. Der entpolitisierende Effekt der Briefwahl zeigte sich an einem weiteren Faktum (das auch alle nachfolgenden Studentenschaftswahlen bis 1995/96 auszeichnete): Die dreiwöchige Phase der Briefwahl wurde nahezu ohne Wahlkampf der beteiligten Gruppen in der Öffentlichkeit an der Universität durchgeführt; erst während der anschließenden dreitägigen Urnenwahl begann sich ein öffentlicher Wahlkampf unter Präsenz der Kandidaten zu entwickeln (trotz des etwa dreimal so hohen Stimmenaufkommens bei der Briefwahl).

(b) Der für die 'Bunte Alternative' gewählte Parlamentarier W.**Groß** nahm lediglich an der konstituierenden Sitzung des neugewählten Studentenparlaments teil; anschließend war für seine physische Integrität dort nicht mehr zu garantieren: "Wir sind als 'Alternative zu denen, die sich als Sponti-Sumpf bezeichnen' (unsere Wahlaussage) gewählt worden. Daß dies den Spontis nicht paßt, die dadurch ihre Mehrheit gefährdet sehen, ist begreiflich. Daß sie von 'Tarnliste' reden, weil sie diese Bedeutung des Wortes 'alternativ' nicht denken können, war abzusehen. Daß der Sponti-AStA den Antrag, mich nötigenfalls mit Gewalt an der Ausübung meines Mandats zu hindern, 'zwar so nicht aussprechen, aber dafür alles Verständnis' haben kann, ist bezeichend." (W. **Groß**, Übles Tribunal [Leserbrief], in: FR v.4.7.1981) - Durch manifeste Androhung von Gewalt statt Herbeiführung eines rechtsstaatlichen Wahlprüfungsverfahrens verfügten 'Undogmatische Linke' und 'Juso-HSG' fortan mit 11 von 21 Mandaten wiederum über die absolute Mehrheit im Parlament.

441 Es handelte sich um ein in einer Auflage von 6.000 Stück verteiltes AStA-Flugblatt "Damit die Früchtchen wieder arbeiten" gegen den zur Wahl kandidierenden RCDS, "v.i.S.d.P.: AStA / Undogmatische Linke" [in Anspielung auf den RCDS-Wahlslogan: "Damit die Arbeit wieder Früchte trägt"].

19.19. Die StuPa-Wahl vom 27.5.-16.6.1983
(offene Wahl; Wahlwerbung im Wahllokal; Nötigung von Mitgliedern des Wahlorgans)
Für diese Studentenschaftswahlen wurden neben allen Kandidaten der zur StuPa-Wahl zugelassenen Wahlvorschlagslisten erstmals auch die Kandidaten für die im selben Verfahren stattfindenden Wahlen der Fachschaftsräte rechtzeitig amtlich bekanntgemacht. Das Verfahren wurde vereinfacht, indem StuPa-Wahl und Fachschaftsrats-Wahl auf einem gemeinsamen Stimmzettel und die Briefwahl für beide Wahlen mit einem einzigen Wahlschein erfolgte[442]. - Die StuPa-Wahl war - neben: Wahlwerbung im Wahllokal und offener Wahl - mit Mängeln behaftet:
19.19.1. Mutmaßliche Stimmenmanipulationen an der Wahlurne. Der weiterhin bestehenden Notwendigkeit exakter (und kontrollierter) Führung der Wählerverzeichnisse während der Urnenwahl gab der nachfolgend bezeugte und von den Beschuldigten wohlweislich nicht zurückgewiesene Sachverhalt aus dem Stimmbezirk II (Wirtschaftswissenschaften) Ausdruck: "Am 14.6.1983 sah ich ... (die Person X, 'Undogmatische Linke', *P.K.*) und ... (die Person Y, 'Basisgruppe WiWi', *P.K.*) an der WiWi-Urne wählen. Dies kann durch unsere Vertreterin *E.-M.N.* bestätigt werden. Bei einer Einsicht in das Wählerverzeichnis als Wahlhelfer am heutigen Tag mußte ich feststellen, daß X briefgewählt hat und Y noch nicht abgehakt war."[443]
19.19.2. 'Undogmatisch-linke' Nötigungen während des Wahlverfahrens. Im Laufe dieses Wahlverfahrens erfolgten erneut und massiv physische und psychische Gewaltausübungen seitens 'undogmatisch-linker' Öffentlichkeit gegen dieser politischen Richtung nicht zuzurechnende Mitglieder des Wahlausschusses und Wahlhelfer. Diese Vorfälle veranlaßten anschließend sogar die Parlamentarier der 'Juso-HSG' zur Einbringung einer Resolution im neu gewählten Studentenparlament, in einer für diese Gruppe typischen Art des politischen Spagats zwischen 'undogmatisch-linker' Rückversicherung und rechtsstaatlicher Gesinnung: "Bürgerliche Freiheit und demokratische Entscheidungen sind unverzichtbare Errungenschaften, an denen wir festhalten werden; das heißt nicht, den Versuch aufzugeben, über parlamentarische Demokratie und staatliches Gewaltmonopol fortschrittlich hinauszugehen, wo basisdemokratische Strukturen möglich und erkämpfbar sind. Unmittelbare Gewaltandrohung und das Hinwegfegen demokratischer Spielregeln erweisen dem Ringen um gesellschaftliche Emanzipation einen denkbar schlechten Dienst. Bei den Wahlen zum jetzigen Studentenparlament der J.W.Goethe-Universität ist es zu einer Reihe von Gewalttätigkeiten von Seiten zahlreicher Wahlhelfer und Aktivisten der ehemaligen SHI gekommen. Das Frankfurter Studentenparlament mißbilligt ausdrücklich jeden Versuch, einzelne Mitglieder des Wahlausschusses sowie Wahlhelfer anderer Gruppen mit unaufhörlichen Provokationen und der wiederholten Androhung körperlicher Gewalt zu Entscheidungen zugunsten der 'Undogmatischen Linken' zu erpressen. Die 'Undogmatische

---

442 (i) Vgl. zur Wahlvereinfachung den Stimmzettel der Studentenschaftswahl im SS 1983 Abb.32, S.514.
(ii) Die amtliche Veröffentlichung sämtlicher zugelassener Kandidaten erfolgte in: Uni-Rep.6/1983, S.15/16.
443 Schriftsatz v.16.6.1983 des Studenten der Betriebswirtschaftslehre R.**Heimbach** an den studentischen Wahlausschuß [Anlage zum WA-Prot. v.20.6.1983, mit vollständiger Namensnennung].
Es steht zu vermuten, daß in diesem Falle der beteiligte 'undogmatisch-linke' Wahlhelfer statt der Namen der mutmaßlichen, 'undogmatisch-linken' Wähler und Kandidaten **W.R.** und **D.B.** andere Namen bisheriger Nichtwähler im Wählerverzeichnis markierte, um seinen politischen Freunden eine zweite Stimmabgabe zu ermöglichen. Die Falschmarkierung im Wählerverzeichnis ist unabdingbar, um Differenzen zwischen der Gesamtzahl der markierten Wähler und der in der Urne einliegenden Wahlumschläge (die in diesem Falle bei der späteren Auszählung tatsächlich nicht auftraten) zu vermeiden. Eine Aufdeckung wäre unwahrscheinlich gewesen, weil derselbe 'undogmatisch-linke' Wahlhelfer an allen drei Urnenwahltagen - meist unkontrolliert von den beiden anderen Wahlhelfern - an der Urne über das Wählerverzeichnis verfügte. Vgl. dazu ferner: Kap.19.0.(c1).
<u>Zu ähnlichem Sachverhalt bereits:</u> FN 295(d).

Linke' wird aufgefordert, in Zukunft dafür Sorge zu tragen, daß sich so etwas nicht wiederholt. Sie läuft mit solchem Verhalten Gefahr, autoritären Tendenzen[444] Vorschub zu leisten."[445]

19.20. Die StuPa-Wahl vom 5.6.-28.6.1984

Bei dieser Wahl[446] handelte es sich zum ersten Mal seit 1967 um eine Frankfurter Studentenschaftswahl, deren Durchführung rechtsstaatlich-demokratischen Maßstäben genügen konnte.

19.21. Die StuPa-Wahl vom 5.6.-27.6.1985 (Verstoß gegen das Differenzierungsgebot; Einschränkung der Öffentlichkeit im Wahlausschußhandeln)

Diese Wahl[447] war geprägt von (nachfolgend nicht geklärten) Vorwürfen formaler Unregelmäßigkeiten (Einschränkung der Öffentlichkeit bei der Bearbeitung der Briefwahlunterlagen) gegen die amtierende, nicht-'undogmatisch-linke' Mehrheit des kommissarisch eingesetzten dreiköpfigen studentischen Wahlausschusses, die aber mangels nachweisbarer Substanz nicht in

---

444 In der auf der konstituierenden Sitzung des Parlaments am 1.7.1983 zuerst vorgelegten Ursprungsfassung der Resolution (zeitlich noch näher an den thematisierten Vorkommnissen) war an dieser Stelle sogar von "faschistoiden Tendenzen" die Rede! Derartige Analysen traf eine 'Juso-HSG', nachdem sie gerade erst zusammen mit ebendieser inkriminierten 'Undogmatischen Linken' eine AStA-Koalition eingegangen war: StuPa-Prot. v.21.10.1983, TOP 7. [Zu einem ähnlichen Fall politischer Paranoia: Kap.19.16.2.]

445 StuPa-Prot. v.21.10.1983, Anlage 3 (zu TOP 9b).
Zu Beispielen für die angesprochenen Gewalttätigkeiten siehe: pro - Frankfurter Hochschulzeitung, Sonderausgabe Juni 1983, S.2. Dagegen hielt der der 'Undogmatischen Linken' angehörige Parlamentspräsident R.**Ahrens** "den Juso-Antrag für 'abwegig, weil er jeglicher Grundlage entbehrt'; er kann sich 'an keinerlei Gewaltanwendung erinnern' (interfraktionelle Fröhlichkeit), vielmehr sei die gesamte Stimmenauszählung 'ein nerviger Vorgang' gewesen, den man nicht zu ernst bewerten sollte." (StuPa-Prot. v.21.10.1983, TOP 9b)
Anzumerken ist in diesem Zusammenhang die erneut ungewöhnlich hohe Zahl ungültiger Stimmen in den drei großen 'rechten' Fachbereichen [vgl. analog bereits: Kap.19.15.1.(d).] (in Klammern die Ungültigen/Enthaltungen der parallel korrekt durchgeführten Konventswahl, bei etwa derselben Wahlbeteiligung): FB 01 Jura: 50 (13); FB 02 Wirtschaftswissenschaften: 80 (11); FB 19 Medizin: 77 (16).

446 Zu dieser Wahl trat erstmals der nach der 'Wende' sich von der FDP getrennt habende 'Liberale Hochschulverband' (LHV) nicht mehr an [seine bisherigen Mitglieder, sofern sie weiterhin hochschulpolitisch aktiv blieben, traten etwa zur Hälfte zu den UF und zur anderen Hälfte zur 'Juso-HSG' über]. Die realsozialistischen Gruppen wurden unter 'MSB Spartakus / Ausländer / Unorganisierte' (Liste 5) zur Wahl zugelassen. Einmalig (und erfolglos) kandidierte die 'Peter B. Bewegung' (Liste 1). Erstmals trat die 'Grün-Alternative Liste' (GAL, Liste 2) an, in demselben politischen Potential angesiedelt wie die UL (Liste 6). Die GAL erhielt als Gewinner dieser Wahl auf Anhieb 16,8% der gültig abgegebenen Stimmen und damit 4 der 22 Sitze des Parlaments und löste zusammen mit 'Juso-HSG' (Liste 4, 3 Sitze) und UF (Liste 7, 4 Sitze) erstmals seit 17 Jahren (1967) die "antiautoritäre", 'undogmatische' 'Linke' aus dem Frankfurter AStA ab [[dazu: StuPa-Prot. v.13.7.1984] allerdings überdauerte dieser Machtwechsel nicht die Semesterferien: Die neu gewählte AStA-Vorsitzende A.**Matzke** [UF] trat bereits am 26.10.1984 nach gravierenden politischen Differenzen mit den beiden 'undogmatisch-linken' Gruppen von ihrem Amt zurück, und die Position des zweiten stellvertretenden AStA-Vorsitzenden blieb in Folge bis zum 23.4.1985 vakant].

447 Bei dieser Wahl trat erstmals eine 'Grün Undogmatische Liste' (GULi, Liste 1) an. Diese Liste erhielt 3,8% der gültig abgegebenen Stimmen und damit eines der 22 Mandate des Parlaments. Erstmals seit der Wahl 1976 kandidierte (erneut erfolglos) die Gruppe 'Sozialistischer Hochschulbund' (SHB, Liste 3) wieder selbständig neben dem 'MSB-Spartakus, Ausländer und Unorganisierte' (Liste 6). Zu dieser Wahl trat als Abspaltung der UL (Liste 9), einmalig und erfolglos, die SHI ('Sozialistische Hochschulinitiative', Liste 7) an.
Nach fünfmonatigen Verhandlungen aller im Parlament vertretenen Listen - insbesondere die sechs Parlamentarier der UF (Liste 5) zierten sich lange, durch offizielle Zusammenarbeit mit dem RCDS (Liste 4) das Stigma des 'Rechten' in der Öffentlichkeit zu ertragen - bildete sich erstmals seit Bestehen der Gruppenuniversität an der Johann Wolfgang Goethe-Universität ein 'rechter' AStA aus UF (6 Mandate im StuPa), RCDS (5 Mandate), GULi (1 Mandat), der sich aber nicht als Koalitions-AStA verstanden wissen wollte [dazu: StuPa-Prot. v.22.11.1985]: "Die Johann Wolfgang Goethe-Universität ist die erste größere Universität, in der die Linke ihre Mehrheit verliert. Und dies, obwohl sie über fast zwanzig Jahre als Hochburg einer radikalen, antiautoritären Linken (SDS, Spontis) galt." (ASTA-info.7/1985 'Katastrophen Visionen', S.2). - Zum gewalttätigen politischen Klima, in dem dieser AStA in der folgenden Zeit zu arbeiten hatte: Kap.5; Kap.6.

Packen wir 's an !

Wir sind eine Gruppe von Studenten, die es stört, daß die Prädikate "grün" und "undogmatisch" dazu mißbraucht werden, Wahlerfolge zu garantieren; die Interessen der Studenten nach der Wahl jedoch nicht mehr interessieren.

So setzte sich beispielsweise die GAL im Studentenparlament über alle Anträge hinweg, die eine Verbesserung zur Folge gehabt hätten, z.B. in der Frage der Übernahme der psychologischen Beratungsstelle, des vorgeschlagenen AStA-Wohnraumreferates oder einer kommunikativen Umgestaltung des Campus.

Diese Gruppen zeigen damit deutlich, daß sie zu gern ihre Aktivitäten darauf beschränken, mit unseren studentischen Beiträgen ihre Funktionäre zu finanzieren. Wir wollen hier keineswegs einer verklemmten Beschränkung auf unkritische Hilfestellungen für Kommilitonen das Wort reden. Studentische Hochschulpolitik muß vielmehr eine Synthese aus politischer Vertretung und sozialer Hilfestellung sein. Nur so kann studentische Hochschulpolitik den Erwartungen der Studenten gerecht werden. "Hochgeistvolle politische Überflieger" à la Jusos, die sich in längst abgeschlossenen theoretischen Diskussionen zerfleischen, sind überflüssig.

Hochschulpolitisch wollen wir uns vor allem darauf konzentrieren, die negativen Folgen des neuen Hochschulrahmengesetzes für die Studenten unserer Uni durch Aktivitäten in den einzelnen Fachbereichen und im StuPa gering zu halten, und uns verstärkt gegen die Studienerhebungspraxis der hessischen Landesregierung wenden. Ein starker Widerstand gegen alle Studienerschwernisse gehört für uns zum direkten Engagement für unsere Kommilitonen!

Deshalb: Wählt grün undogmatisch!
Wählt GULi, Liste 1

Übrigens: Auch wenn der UL und der GAL unsere Eigenständigkeit ein Dorn im Auge sein sollte: die Grün Undogmatische Liste ist keine Tarnliste; weder von den Giraffen, noch vom RCDS oder sonst jemandem!
Insofern sind wir sehr von den Grünen Frankfurt enttäuscht, die eine mögliche Zusammenarbeit von vorneherein ablehnten, und unsere Kandidaten in miesester Weise durch Lügen diffamierten.
Enttarnt die GAL und die UL in ihrer durchsichtigen Absicht, die GULi als unwillkommene Konkurrenz zu diffamieren!

GULi

V.i.S.d.P. Matthias Koch, Brentanostr. 15, Ffm

Abb.16: Flugblatt der 'Grün Undogmatischen Liste' (GULi) 6/1985

einer Wahlanfechtung mündeten[448]. Die StuPa-Wahl wurde mittels einer anderen form- und fristgerecht eingereichten Wahlanfechtung angegriffen[449]. Diese Wahlanfechtung war vom Ältestenrat zurückzuweisen, weil darin keine Verstöße gegen zwingende Vorschriften des Wahl- und Satzungsrechts bei der Wahldurchführung geltend gemacht wurden[450].

Durch die Wahlanfechtung nicht angegriffen und somit auch durch den ÄR im Wahlprüfungsverfahren nicht zu entscheiden[451] war der bei dieser Wahl durch die erstmalige Zulassung der Wahlvorschlagsliste 'Grün Undogmatische Liste' (GULi) unter diesem Kennwort hervorgerufene mutmaßliche Verstoß des studentischen Wahlausschusses gegen das 'Diffenzierungsgebot': Für den 'Durchschnittswähler' war eine Verwechslungsgefahr mit den Namen der bereits zum wiederholten Male kandidierenden Listen 'Undogmatische Linke' (UL) und 'Grün-Alternative Liste' (GAL) möglich und nicht unwahrscheinlich[452].

---

448 Siehe dazu die abgebildeten Flugblätter der Gruppen GAL und RCDS (Abb.17, Abb.18 auf S.429/430). Es wurde beim ÄR eingereicht eine Wahlanfechtung des Jurastudenten K.**Grillmaier** v.5.7.1985: "Ich möchte hiermit die Wahl zum Studentenparlament der Johann Wolfgang Goethe-Universität anfechten. Eine Auflistung der Unregelmäßigkeiten ergibt sich aus dem beiliegenden Flugblatt des AStA." Diese "Wahlanfechtung" wurde bereits drei Tage später mit Schriftsatz v.8.7.1985 vom Antragsteller wieder zurückgezogen.
Zur möglichen Erheblichkeit dieses Wahlfehlers (teilweise Einschränkung der Öffentlichkeit des Wahlverfahrens): FN IV.258 (Kap.15); FN 360.

449 Wahlanfechtung v.5.7.1985 durch alle sieben Mitglieder des ('undogmatisch-linken') Fachschaftsrats Biologie. Diese Wahlanfechtung griff u.a. an: die (satzungsgemäß erfolgte) Zulassung der rechtzeitig und formal korrekt eingereichten Wahlvorschlagsliste GULi [sie griff nicht den möglicherweise vorliegenden Wahlrechtsverstoß gegen das 'Differenzierungsgebot' an]; die (satzungsgemäß erfolgte) Auslosung der Listenreihenfolge auf dem Stimmzettel; postalische Verzögerungen in der (durch das Wahlamt der Universität nachweisbar fristgerecht vorgenommenen) Versendung der Briefwahlunterlagen.

450 (Einstimmiger) Beschluß des Ältestenrats v.25.7.1985 [zum exakten Prüfungsmaßstab: Kap.16.5., insb. FN IV.362]. - Dieser nicht 'undogmatisch-links' majorisierte ÄR (K.T.**Edelmann** [UL]; T.**Schmitt-Thomas** [UF]; M.**Wissmann** [RCDS]) vermochte also, unter Einschluß aller Zeugenvernehmungen während vier Sitzungen, innerhalb von drei Wochen nach Eingang der Wahlanfechtung das Wahlprüfungsverfahren korrekt zum Abschluß zu bringen.

451 Zum dem Wahlprüfungsverfahren zugrunde liegenden 'Anfechtungsprinzip': Kap.16.4.1.(b).

452 Zur Wahlvorschlagsliste 'Grün Undogmatische Liste (GULi) '. (a) Verstoß gegen das 'Differenzierungsgebot': Aufgrund der Zulassung der bereits seit längerer Zeit in der Frankfurter Studentenschaftspolitik aktiven Wahlvorschlagslisten 'Grün-Alternative Liste' (GAL, Liste 8) und 'Undogmatische Linke' (UL, Liste 9) zur StuPa-Wahl unterschied sich das streitbefangene Listenkennwort 'Grün Undogmatische Liste (GULi)' nicht hinreichend von den Bezeichnungen anderer kandidierender und schon länger bestehender Hochschulgruppen. Die Wahlvorschlagsliste 'Grün Undogmatische Liste' hätte unter diesem Kennwort gemäß dem 'Differenzierungsgebot' [dazu: FN 359] nicht zur Wahl zugelassen werden dürfen. [Zur Prüfung des 'Differenzierungsgebots' im konkreten Einzelfall anderer Wahlvorschlagslisten: FN 363; FN 438(b).]
(b) Zur 'Tarnlisteneigenschaft' der 'GULi' ('Irreführungsverbot'): Die Kandidaten der GULi waren sämtlich hochschulpolitisch bis zu diesem Zeitpunkt noch nicht auffällig geworden; gleiches galt für sämtliche 58 Unterstützer der Wahlvorschlagsliste gem. § 14 Abs.3 StS (= FN III.121). Trotzdem wurden gegen die 'rechte' Liste Vorwürfe erhoben, eine mutmaßliche 'Tarnliste' "einiger Burschenschaften" darzustellen, was deren Spitzenkandidat, der Physikstudent M.**Koch**, in Folge vehement öffentlich in Abrede stellte; vgl. dazu auch die offizielle Vorstellung der Liste in: Uni-Rep.7/1985, S.12 ("Wählt grün, undogmatisch, listig!"). [Dieses Dementi ersparte dem Parlamentarier in der Folgezeit allerdings nicht die körperliche Bedrängnis durch Personen aus dem 'undogmatisch-linken' Spektrum während einiger Parlamentssitzungen [vgl. ähnlich auch: FN 441(c)]]. Damit war die Liste unter diesem Tatbestand im Rahmen der 'Evidenzkontrolle' [dazu: FN 362] zuzulassen.
Die Abgrenzung konventioneller politischer Symbolwörter (hinsichtlich des 'Irreführungsverbots') bereitet für den Bereich der Verfaßten Studentenschaft aufgrund deren spezifischer politischer Kultur ohnehin Schwierigkeiten. Beispiel: Die Politik der 'Juso-HSG' (teilweise sogar: 'Jusos in der SPD') - für den 'Durchschnittswähler' mit diesem Namen Repräsentant der Sozialdemokratie in der Studentenschaft - bestimmte sich zu häufig diametral gegen offizielle SPD-Politik; trotzdem sammelte dieselbe Gruppe (zumindest bis zum Jahre 1993) allein aufgrund ihres Namens regelmäßig sozialdemokratisches studentisches Potential in Wählerstimmen, um damit Mehrheiten im Studentenparlament zu sichern, die mit konventioneller SPD-Politik nichts zu tun hatten.
(c) Zur Mandatsrelevanz des Wahlfehlers: Mandatsrelevanz ist im vorliegenden Fall offensichtlich dadurch gegeben, daß die streitbefangene Wahlvorschlagsliste in der fehlerhaften Form (Verstoß gegen das 'Differenzie-

STUDENTENSCHAFT DER JOHANN WOLFGANG GOETHE-UNIVERSITÄT
KÖRPERSCHAFT ÖFFENTLICHEN RECHTS
ALLGEMEINER STUDENTENAUSSCHUSS

EIN WAHLKRIMI?

RCDS UND GIRAFFEN PFUSCHEN BEI STUDENTENPARLAMENTSWAHL!

Die Fakten:

20. 6.

Im Wahlausschuß wird einvernehmlich festgelegt, daß am Freitag, den 21. 6. um **10.30**, die letzten Briefwahlunterlagen sortiert und die Gültigkeit der Stimmen (beigelegte Wahlerklärung da ?) überprüft werden sollten. Als Treffpunkt wird der Raum 756 im Juridicum ausgemacht.

21.06.

Die benannten Wahlhelfer versammeln sich pünktlich vor dem Raum 756. Einige wundern sich, daß die Vertreter des RCDS und das Wahlausschußmitglied der Giraffen (sogenannte "Unabhängige") nicht anwesend sind.

Es vergehen fünf Minuten, zehn Minuten, fünfzehn Minuten und immer noch nichts von RCDS und Giraffen Wahlausschußmitgliedern zu sehen !

Der einzige von den Linken benannte Vertreter wird von den Wahlhelfern zum Nachschauen in das Wahlamt geschickt, um in Erfahrung zu bringen, was mit den Stimmzetteln und Wahlbriefen, sowie den RCDS- und Giraffenvertretern passiert ist.

10.49 Uhr:

Im Uni Wahlamt erklären Frau ... und Herr ..., daß RCDS und Giraffen schon vor einer dreiviertel Stunde (also ca. 10.00 Uhr; Herr ...) bzw vor einer ganzen Stunde (also ca. 9.45 Uhr; Frau ...) die Wahlbriefe alleine, d.h. ohne einen Vertreter einer linken Gruppe, die sie kontrollieren könnten, abgeholt hätten. Beide Wahlamtsmitarbeiter waren davon ausgegangen , daß die Wahlbriefe auf direktem Wege zum vereinbarten Treffpunkt (d.h. R. 756, 10.30Uhr) gebracht würden.

Die Wahlamtsmitarbeiter und der suchende linke Vertreter versuchten daraufhin in den Büros von RCDS und Giraffen Informationen über den Verbleib der Wahlbriefe zu bekommen. In beiden Fällen wurde erklärt, man hätte "keine Ahnung".

10.55 Uhr

Kurze Zeit darauf stellt sich heraus, daß die RCDS- und Giraffenvertreter sich ins Sozialzentrum, sechster Stock mit den Wahlbriefen begeben hätten, um sie dort zu öffnen.

ca. 11.00 Uhr: Der linke Vertreter , die Wahlhelfer (einschließlich einem Giraffen Wahlhelfer) "finden" die RCDS/Giraff'ler. Diese sind offensichtlich verlegen und verunsichert.

1. Sie hatten alle Wahlbriefe alleine geöffnet und auch die Umschläge mit den Stimmzetteln teilweise aufgerissen ! Darauf verlangten die linken Wahlhelfer, daß die Zahl der Stimmbriefe mit der Zahl der Wahlerklärungen verglichen wird. Wiederwillig kamen RCDS und Giraffen dieser Aufforderung nach.

2. Es stellte sich heraus, daß die Zahl der Wahlerklärungen nicht mit der Zahl der Stimmbriefe übereinstimmt d.h. Stimmbriefe fehlten !

3. Schließlich konnten die linken Wahlhelfer feststellen, daß eine Reihe von abgegebenen Stimmen zerrissen im Mülleimer lagen. Nachdem diese mühsam wieder zusammengepuzzelt wurden, stellte sich heraus, daß mit einer Ausnahme und einer ungültigen Stimme alle anderen zerrissenen Stimmen für linke Gruppen abgegeben worden sind.

Resümee:

1. Das alleinige Abholen der Wahlbriefe (ca. 200) durch RCDS und Giraffen ist absolut unkorrekt. Das der vereinbarte Termin und Ort nicht eingehalten wurden, deutet auf Unregelmäßigkeiten hin.

2. Wenn Wahlbriefe und teilweise Stimmzettel alleine geöffnet werden, besteht offensichtlich die Möglichkeit, andere Stimmzettel in die geöffneten oder vom Wähler nicht verschlossenen Briefumschläge zu praktizieren (Es existieren noch zugängliche Blanco-Stimmzettel und die Giraffen sind in Besitz des Stimmzettel Lay-out). Das cholerische Verhalten einer Giraffe beim Überprüfen der Stimmbriefe deutet nicht unbedingt auf das allerbeste Gewissen hin.

3. Weiterer Beleg für mögliche Unregelmäßigkeiten ist die Differenz zwischen der real vorhandenen Zahl an Wahlerklärungen und der Zahl der Stimmbriefe, wo sind die restlichen Stimmbriefe ?

4. Das Verfahren, angeblich ungültige Stimmzettel zu zerreißen, von denen eindeutig die Mehrheit links gewählt hat, anstatt sie wie üblich allen Wahlausschußvertretern zur Entscheidung vorzulegen, ist mehr als merkwürdig.

Schluß:

Entweder RCDS und Giraffen sind bei ihren Praktiken besonders dumm und haben von demokratische, überprüfbaren Verfahren bei Wahlen keine Ahnung (was sie nicht gerade für eine AStA-Arbeit qualifiziert) oder sie halten sich für besonders schlau und dieses würde Pfusch bei der Wahl bedeuten.

Wir rufen Euch auf:

Geht wählen!

PS: Es existieren vier Zeugenaussagen.

Beteiligt Euch an der Urnenwahl an Eurem Fachbereich ! Ab heute bis Do., den 27.6.! (Studentenausweis genügt!)

Asta

extra

Abb.17: AStA-Flugblatt (extra) v.25.6.1985 zur Urnenwahl, S.1 und S.2

Apropos Wahlkrimi:

Kriminelle Verleumdung des RCDS

Verzweifelter Wahlkampf der Jusos/GAL in letzter Minute

Seit dem 25.6. kursiert an der Uni ein Flugblatt, dessen Briefkopf den Anschein einer offiziellen Verlautbarung des AStAs bzw. der Studentenschaft erweckt. Tatsächlich bekennt sich jedoch aus offenbar gutem Grund niemand im Rahmen der vorgeschriebenen presserechtlichen Bestimmungen zu den in diesem Pamphlet enthaltenen Verleumdungen.
Es liegt nahe, in diesen gegen den RCDS gerichteten und völlig aus der Luft gegriffenen kriminellen Anschuldigungen einen letzten verzweifelten Versuch linker Gruppen zu sehen, ihre Wählerschaft zu mobilisieren und RCDS-Wähler zu verunsichern.
Der RCDS verwahrt sich in aller Form gegen den mehr oder weniger unverholen vorgelogenen Vorwurf des Wahlbetrugs, der zudem gespickt wird mit angeblichen Fakten, die die tatsächlichen Begebenheiten auf den Kopf stellen und behält sich rechtliche Schritte gegen die Urheber des angesprochenen Flugblattes vor.

So war's wirklich:

Im Wahlausschuß, dessen Arbeit in den vergangenen Wochen hauptsächlich von den Vertretern des RCDS und der Giraffen wahrgenommen wurde, da alle anderen Gruppen offenbar zu verantwortlich-demokratischer Vorbereitung der Wahl im Interesse aller Studenten keine Veranlassung sahen und zu den meisten der vereinbarten Sitzungen einfach nicht erschienen., wurde der 6. Stock des Sozialzentrums als Ort der Überprüfung der letzten 150 rosa StuPa- und Fachschaftswahlumschläge festgesetzt. Allen Wahlvorstandsmitgliedern war zudem bekannt, daß die Wahlunterlagen um 10°° Uhr beim Wahlamt abgeholt werden.
Das vereinbarte Treffen hatte ausschließlich die Aufgabe, diese 150 Wahlbriefe zu öffnen, um die unterschriebenen Wahlscheine von den Stimmzettelumschlägen zu trennen; es fand also keine Stimmauszählung statt. Auf Betreiben des RCDS waren tagszuvor bereits alle bis dahin zur Briefwahl abgegebenen Wahlunterlagen in verschlossenen Urnen für jeden unzugänglich gelagert worden, zu deren Öffnung alle drei im Wahlvorstand vertretenen Gruppen anwesend sein müssen.

1.) Angesichts des bisherigen Desinteresses der linken studentischen Gruppen an der organisatorischen Betreuung der Wahl wunderte sich keiner der Anwesenden (RCDS'ler und Giraffe) mehr über die Abwesenheit der nun lautstark protestierenden Vertreter. Die Trennung der Wahlscheine von den Wahlumschlägen begann daher nach angemessener Wartezeit völlig korrekt und im Rahmen des seit Jahren praktizierten Verfahrens, zunächst solche Stimmzettel auszusortieren und zu zerreißen, denen kein Wahlschein im rosa Wahlbrief beigelegt war, da ein Student, der nach erfolgter Briefwahl noch im Besitz seines Wahlscheines ist, sonst ohne weiteres an der Urnenwahl teilnehmen dürfte und somit ein zweites Mal wählen könnte. Dies ist zwangsweise und selbstverständlich ohne Ansicht der Stimmabgabe geschehen.

2.) Über die mangels Wahlschein ungültigen Stimmen wurde sorgfältig Protokoll geführt und dieses gegenüber den Juso-Vertretern unaufgefordert erläutert.

3.) Die Behauptung, es hätten sich Blanco-Stimmzettel im Besitz der Wahlhelfer oder sogar im benutzten Raum befunden, ist absurd und falsch.

4.) Um den gänzlich unsachlichen Juso-Vertretern, die in den Wahlraum stürzten, überhaupt eine angemessene Argumentationsgrundlage zu geben, war es nötig, sie zunächst über das stattfindende Verfahren aufzuklären; von Wahlscheinen, Wahlumschlägen und Stimmzetteln schienen sie zuvor nie gehört zu haben, und dementsprechend schwierig war es, ihnen die Unterschiede in Farbe und Inhalt der Unterlagen verständlich zu machen. Ihre offensichtliche Unkenntnis versuchten sie, durch Lautstärke zu überdecken.

5.) Linke Wahlbetruge an der Uni waren in den letzten Jahren keine Seltenheit, und so gab es z.B. Urnen, in denen 132 % (einhundertzweiunddreißig!) der abgegebenen Stimmen für eine linke Gruppe votierten. Die Tatsache, daß mittlerweile jedwede Einflußnahme auf abgegebene Stimmen unmöglich ist, scheint einige Gruppen unserer Ansicht nach dazu bewogen zu haben, die beschriebene Situation durch ihre Abwesenheit am vereinbarten Treffpunkt bewußt zu provozieren, um daraus politisches Kapital zu schlagen..

Der RCDS warnt eindringlich davor, auf solche Machenschaften hereinzufallen. Wenn jemand auf einen ordnungsgemäßen Verlauf der Wahlen achtet, dann ist das der RCDS!

Nur noch heute:

Urnenwahl bis 15.30 Uhr!
Studentenausweis genügt

RCDS

V.i.S.d.P.: RCDS-Frankfurt, Schloßstr. 81; Uwe Krüger

Abb.18: Flugblatt des 'Rings Christlich Demokratischer Studenten' (RCDS) v.27.6.1985

19.22. Die StuPa-Wahl vom 28.5.-20.6.1986

Über dieses Wahlverfahren[453] sind - mit Ausnahme *politischer* Differenzen um die bei der Wahl erneut erfolgreiche 'Grün Undogmatische Liste' (GULi)[454] (die nicht in einem Wahl-

---

rungsgebot') ein Mandat errungen hat. - Die aufgrund dieses Wahlrechtsverstoßes unter (a) naheliegende Vermutung, daß die Kandidatur der Liste 'GULi' zu Lasten der 'undogmatisch-linken' Listen 8 und 9 erfolgte, erwies ein Vergleich mit den FSR-Wahlen nicht: Zu den Fachschaftsräten (FSR) kandidierten [dazu: § 64 HHG (= FN III.98); Abschnitt V StS (= FN III.122)], deren geringerer Bedeutung gemäß, stets weniger Wahlvorschlagslisten als zum Studentenparlament (StuPa), und es handelte sich dabei in keinem Fall um 'Tarnlisten'. Es kann, die Kandidatur politisch geeignet differenzierter FSR-Listen vorausgesetzt, aus der FSR-Stimmabgabe grundsätzlich etwa auf die politische Position des Wählers für die StuPa-Wahl geschlossen werden. Der damit mögliche Vergleich der 'GULi'-StuPa-Wähler mit ihrem Abstimmungsverhalten zu den im selben Wahlverfahren auf demselben Stimmzettel stattfindenden Wahlen zu den Fachschaftsräten [dazu: Kap.19.19., am Beginn], zu denen die 'GULi' in keinem Falle kandidierte, stützte den Verdacht einseitigen Abzugs 'linker' Wähler nur bedingt [Quelle: Aufschlüsselung durch die Vorsitzende des studentischen Wahlausschusses C.**Fuchsloch** als Material für ein mögliches Wahlprüfungsverfahren]:
FB 01 (Jura), 37 'GULi'-(StuPa-)Stimmen: Liste 1 RCDS: 9 ; Liste 2 'Juso-HSG': 10 ; Liste 3 'Unabhängige Fachbereichsgruppe Jura': 6 ; Liste 4 'Jura-Plenum' (MSB/UL): 10 ; Ungültig: 2 Stimmen.
FB 02 (Wirtschaftswissenschaften), 18 'GULi'-Stimmen: Liste 1 'Unabhängige Fachbereichsgruppe WiWi': 7 ; Liste 2 'Juso-HSG': 3 ; Liste 3 'WiWi-Plenum' (MSB/UL): 5 ; Liste 4 RCDS: 3 ; Ungültig: 0 Stimmen.
FB 10 (Neuere Philologien), 31 'GULi'-Stimmen: Liste 1 'Unabhängige Fachbereichsgruppe Philologi(e)raffen': 10 ; Liste 2 RCDS: 2 ; Liste 3 'Fachbereichsgruppe Neuere Philologien' (UL): 17 ; Ungültig: 2 Stimmen.
FB 19 (Medizin), 37 'GULi'-Stimmen: Liste 1 'Undogmatische Linke Liste Medizin ULLM': 10 ; Liste 2 'Offene Liste Unabhängiger Medizinstudenten OLiUM': 18 ; Ungültig: 9 Stimmen.
Diese Stimmenverteilungen legten nach dem amtlichen Endergebnis der StuPa-Wahl 1985 [dazu: Anhang 1 (A.1.22.)] den Schluß nahe, daß die Kandidatur der 'Grün Undogmatischen Liste' letztlich die 'Unabhängigen Fachbereichsgruppen (Giraffen)' ein weiteres Mandat gekostet hatte. Sie stützten nicht die Behauptung, wonach 'GULi' ihre Stimmen zum ganz überwiegenden Teil aus dem 'links-undogmatischen' Spektrum bezogen hätte.

453 **Zu dieser Wahl:** Die bisherigen Listen 'Undogmatische Linke' und 'Grün-Alternative Liste' schlossen sich zur 'Linken Liste' (LiLi, Liste 8) zusammen. Als Versuch, den ihnen verhaßten 'rechten' AStA abzulösen, war die Erstkandidatur des von ebendiesem AStA bisher finanzierten 'Autonomen Lesben- und Frauenreferats' in der Wahlvorschlagsliste 'Feministisch autonome Uni-Frauen' (Liste 2) zu sehen; diese Liste erhielt mit 9,5% der gültig abgegebenen Stimmen und zwei Mandaten auf Anhieb ihr bis heute bestes Stimmergebnis bei einer StuPa-Wahl. Die realsozialistischen Gruppen kandidierten getrennt unter 'Sozialistischer Hochschulbund und Unorganisierte' (SHB, Liste 1) und 'Wehrt Euch, Nichtorganisierte und MSB Spartakus' (MSB, Liste 3).
Diese Wahl war geprägt von Gewalttätigkeiten und Psychoterror gegen Mitglieder des amtierenden AStAs, insbesondere gegen diejenigen aus den Reihen der 'Unabhängigen Fachbereichsgruppen' [siehe dazu: Kap.6.1.]; sie fand statt unter dem Eindruck eines vom 'rechten' AStA zu verantwortenden monströsen und desaströsen "Campus-Festival[s] Freitag der 13." unmittelbar vor der Urnenwahl, das mit einem Defizit von letztlich nahezu DM 150.000,-- endete. Angesichts vorheriger sparsamer Haushaltsführung konnte dieses Defizit aus den angesammelten Rücklagen getragen werden; weil alle AStA-Mitarbeiter unbezahlt, ehrenamtlich auf dem Festival tätig waren, konnte keinem persönliche Bereicherung nachgewiesen werden. - Trotz dieses einmaligen, aber schwerwiegenden Versagens der nicht-'linken' Gruppen endete die Wahl mit einem Patt von 11:11 Mandaten im Parlament, wesentlich zuzuschreiben dem erneut errungenen Mandat der GULi (Liste 5).

454 **Zur Wahlvorschlagsliste 'Grün Undogmatische Liste (GULi)' (a) Kein Verstoß gegen das 'Differenzierungsgebot':** Aufgrund der Umbenennung der bisherigen Wahlvorschlagslisten 'Undogmatische Linke' sowie 'Grün-Alternative Liste' in 'Linke Liste' war formal keine Verwechslungsgefahr mit dem Kennwort 'Grün Undogmatische Liste' mehr gegeben [zur juristischen Norm ('Differenzierungsgebot'): FN 359]. Die Zulassung der alle formalen Kriterien für die Kandidatur erfüllenden Wahlvorschlagsliste 'GULi' zur Wahl unter diesem Namen war also rechtmäßig erfolgt.
(b) Zum 'Tarnlisten'problem ('Irreführungsverbot'): Zum erneut erfolgreichen Abschneiden der GULi stellte die 'undogmatisch-linke' 'Linke Liste' in einer dem StuPa zur Abstimmung vorgelegten Resolution u.a. fest: "Die Kandidatur der Grün Undogmatischen Liste (GULi) bei den diesjährigen Wahlen zum Studentenparlament der Johann Wolfgang Goethe-Universität erfolgte einzig zu dem Zweck, Mehrheitsverhältnisse durch Wählertäuschung zu manipulieren. Der errungene Sitz der GULi im StuPa stellt die realen Mehrheitsverhältnisse auf den Kopf. Die Grün Undogmatische Liste, die nach ihrem Selbstverständnis im Uni-Report vom 28.5.1986 'die einzige GRÜNE Gruppe an der Frankfurter Uni' sei, hat durch ihr Abstimmungsverhalten und ihre Verwurzelung im rechten Spektrum im vergangenen Jahr eindeutig diese Behauptung ad absurdum geführt." Der 'GULi'-Parlamentarier M.**Koch** "erklärt, daß er keinesfalls jemanden getäuscht habe. Er habe keinerlei Wahlaussagen gemacht, die im Widerspruch zu dem stünden, was er vertritt." (StuPa-Prot. v.1.7.

prüfungsverfahren mündeten) - keine besonderen Vorkommnisse und Unregelmäßigkeiten bekanntgeworden. Daß die Liste GULi trotz der um sie geführten öffentlichen Kontroversen ihre Stimmenzahl gegenüber der vorhergehenden Wahl sogar noch steigern konnte, sprach nicht unbedingt für die hochschulpolitische Informiertheit der (Minderheit) der Abstimmenden.

19.23. Die StuPa-Wahl vom 27.5.-24.6.1987 (Verstoß gegen das Publikationsgebot)

Über dieses Wahlverfahren[455] sind keine besonderen wahlprüfungsrelevanten Unregelmäßigkeiten bekanntgeworden, mit der Ausnahme eines Verstoßes gegen das Publikationsgebot[456].

19.24. Die StuPa-Wahl vom 11.1.-2.2.1989 (Diebstahl der Wahlunterlagen; Verstoß gegen das Publikationsgebot; rechtswidriger Abbruch des laufenden Wahlverfahrens)

Die reguläre StuPa-Wahl war aufgrund der notwendig gewordenen Gesetzesanpassung des Hessischen Hochschulrechts (HHG, HUG) an das novellierte Hochschulrahmengesetz (HRG) um ein Semester zu verschieben und damit die Legislaturperiode des amtierenden AStAs um ein Semester zu verlängern gewesen[457]. Diese Wahlen fanden statt während eines von Teilen der 'undogmatisch-linken' Studentenszene systematisch gewalttätig aufgeheizten und dann gegen den amtierenden 'rechten' AStA funktionalisierten 'Streiks' wegen ungenügender Studien-

---

1986, S.5 sowie Anlage) - Weil aber keine evidenten Tatsachen gegen das behauptete ökologische Selbstverständnis dieser Wahlvorschlagsliste bekannt wurden, war der Vorwurf mißbräuchlicher Wahrnahme des passiven Wahlrechts nicht zweifelsfrei zu belegen.

(c) **Zur möglichen Erheblichkeit der geltend gemachten Wahlfehler:** Ein Verstoß gegen den Tatbestand des 'Differenzierungsgebots' (und damit die Rechtswidrigkeit der Listenzulassung) lag bei dieser Wahl nicht vor. Ein Wahlprüfungsverfahren aufgrund des 'Tarnlisten'-Vorwurfs hätte wegen unzureichender Faktenlage nicht erfolgreich sein können [dazu bereits schon: FN 452(b)].

Gleichwohl blieb diese Wahlvorschlagsliste mit dem Makel nicht vollständig ausräumbarer Anhaltspunkte und Indizien hinsichtlich bewußter Wählertäuschung behaftet.

455 **Zu dieser Wahl** trat die GULi nicht mehr an. Erstmals (und letztmals) kandidierte die dem gemäßigten hochschulpolitischen Spektrum zuzurechnende Gruppe 'Frauen und 2.Bildungsweg - dazwischen' (Liste 7). Die realsozialistischen Gruppen kandidierten gemeinsam auf der Wahlvorschlagsliste 'Uni 2000, Vorwärts gegen Rechts! MSB, SHB und Unorganisierte' (Liste 2). Beide Gruppen erhielten jeweils ein Mandat.

Terror bei der Auszählung: Die Stimmenauszählung der StuPa-Wahl verlief unter bekannten Umständen [vgl. dazu: FN 412]: "Die Auszählung der Stimmen am Mittwochabend im Hörsaal 3 ging nicht ohne Turbulenzen ab. 'Unzufriedene Spontis', so berichtet ein Augenzeuge, hätten Teilnehmer 'provoziert'. Zu später Stunde sei eine Fahne der Jusos angezündet worden, ebenso ein Transparent des kommunistischen MSB-Spartakus, das 'hell gebrannt' hat; Bierflaschen seien geflogen und hätten viele der etwa 200 Zuhörer in Gefahr gebracht. Die Randalierer seien, je länger der Abend fortschritt, 'immer mehr alkoholisiert gewesen'" (Rechtsruck bei den Wahlen zum Studentenparlament, in: FR v.26.6.1987 (Lokalteil)). Am Ande der Auszählung um 3 Uhr früh war es einer Gruppe Studenten von 'Unabhängigen Fachbereichsgruppen' und 'Frauen und 2.Bildungsweg' nicht mehr möglich, den Hörsaal durch eine an der Eingangstür versammelte aggressive und alkoholisierte Menge zu verlassen; erst ein herbeigerufener Nachportier befreite die Verängstigten durch die Hintertür.

Die StuPa-Wahl endete mit einer erneuten Mehrheit für einen 'rechten' AStA: UF (Liste 6): 6 Mandate, RCDS (Liste 1): 5 Mandate, 'Frauen und 2.Bildungsweg' (Liste 7): 1 Mandat (von insgesamt 22 Mandaten). [Zu den weiterhin vorgefallenen und sich noch steigernden Gewalttätigkeiten gegen Mitglieder dieses AStAs: Kap.6.3.]

456 Der Wahlausschuß veröffentlichte amtlich lediglich (ebenso wie auf dem amtlichen Stimmzettel) die ersten sechs Kandidaten jeder zur Wahl zugelassenen Wahlvorschlagsliste [siehe: Uni-Rep.7/1987, S.12].

Zur möglichen Erheblichkeit dieses Wahlfehlers: Kap.19.7.2., insb. FN 193.

457 gem. § 83 Abs.3 des Hessischen Gesetzes zur Anpassung hochschulrechtlicher Vorschriften an das Dritte Gesetz zur Änderung des Hochschulrahmengesetzes v.28.10.1987 (GVBl.I, S.181-192 (1987)).

Zu dieser Wahl trat erstmals die Wahlvorschlagsliste 'Die Grünen an der Uni' (Liste 3) an, Studentengruppe der Partei 'Die Grünen'; ferner, als Nachfolgegruppierung des 'Liberalen Hochschulverbands' (LHV), die 'Radikaldemokratische Studentengruppe' (RSG, Liste 2) sowie eine 'Naturwissenschaftliche Liste' (Liste 1) mit Kandidaten der Fachschaften Medizin und Informatik.

bedingungen an der Johann Wolfgang Goethe-Universität[458]. Die im Laufe dieser Wahl aufgetretenen fundamentalen Rechtskonflikte an der Universität zeigten abermals deutlich die Scheu der staatlichen Aufsichtsbehörden, überhaupt in irgendeiner Weise adäquat tätig zu werden. Vielmehr versuchten diese Behörden, mittels des Herauszögerns notwendiger Entscheidungen oder gar bewußter völliger Untätigkeit, dem Zwang zu pflichtgemäßem eigenen Handeln zu entgehen und die ihnen zukommende Verantwortung auf andere Stellen abzuschieben.
Der pluralistisch besetzte Wahlausschuß nahm eine weitere Neuerung im Sinne eines demokratischen Wahlverfahrens vor: In die amtliche Wahlbekanntmachung für diese Wahl wurde erstmals seit 1977[459] wieder explizit die Pflicht zur geheimen Wahl an der Urne aufgenommen.
19.24.1. Der Diebstahl von Wahlvorschlagslisten am 22./23.12.1988. Der amtliche Listenschluß für die Wahl wurde auf den 14.12.1988 festgelegt. Am 22.12.1988 drangen gegen 20.30 Uhr Teilnehmer eines 'Bundeskongresses der StudentInnenvertretungen' gewaltsam in das Büro des AStAs ein und 'besetzten' dieses. Im Zuge der 'Besetzung' wurde aus dem AStA-Büro u.a. ein Pultordner mit sämtlichen Wahlvorschlagslisten der laufenden StuPa-Wahl sowie den meisten der gleichzeitig ablaufenden FSR-Wahlen gestohlen; die Täter konnten nicht ermittelt werden. Bis zu diesem Zeitpunkt waren vom studentischen Wahlausschuß im AStA-Sekretariat - der studentische Wahlausschuß verfügte über keine eigenen Arbeitsräume - zwar die Vorlagen der amtlichen Stimmzettel (satzungsgemäß mit der Aufführung der ersten sechs Kandidaten einer jeden zur Wahl zugelassenen Wahlvorschlagsliste unter dem jeweiligen Listenkennwort in der zuvor durch das Los bestimmten Reihung der Listen) hergestellt und dem Wahlamt der Universität zum Druck übergeben worden; es waren zu diesem Zeitpunkt aber weder Kopien der zur Wahl eingereichten Listen angefertigt noch diese vollständig veröffentlicht worden. Damit waren nunmehr nur noch die auf den Stimmzetteln namentlich aufgeführten jeweils ersten sechs Bewerber aller zur Wahl zugelassenen Listen in der korrekten Reihenfolge der Originalvorschlagslisten dem Wahlausschuß nachvollziehbar bekannt. Als Konsequenz war zunächst die amtliche Publizierung sämtlicher Kandidaten der zur Wahl zugelassenen Wahlvorschlagslisten verunmöglicht. Im folgenden entbrannte ein juristischer und politischer Streit an der Hochschule darüber, ob und gegebenenfalls wie auf dieser defizitären Grundlage eine demokratische Wahl rechtsstaatlich durchzuführen sei.
19.24.2. Der rechtswidrige Abbruch der laufenden StuPa-Wahl durch den studentischen Wahlausschuß am 11.1.1989. Die naheliegend erscheinende außerordentliche Neufestsetzung eines Termins für den Listenschluß (mit der Wiederholung der Listeneinreichung für die zur Hauptwahl zugelassenen Wahlvorschlagslisten) war allein dadurch ausgeschlossen, daß aufgrund der durch die StS vorgesehenen, verbindlich einzuhaltenden Fristen die verbleibende Vorlesungszeit bis zu den Semesterferien nicht hingereicht hätte, das gesamte, so abgeänderte Wahlverfahren noch zum Ende zu bringen. Der Wahlausschuß beschloß in dieser Situation zunächst am 4.1.1989 mehrheitlich, das Wahlverfahren auf der Grundlage von durch die Einreichenden auf der Basis eidesstattlicher Versicherungen "rekonstruierten" Wahlvorschlagslisten weiter durchzuführen. Gleichzeitig - also ohne die Ergebnisse der bis zum 11.1.1989 beizubringenden "Rekonstruktionen" abzuwarten - begann das Wahlamt der Universität, entgegen einer ausdrücklichen Bitte des studentischen Wahlausschusses, eine Woche früher als notwendig mit

458 Siehe zu diesem 'Streik' an der Johann Wolfgang Goethe-Universität genauer: Kap.6.3., insb. FN II.110.
459 Siehe zur Änderung im Jahre 1977 (Wegfall expliziter Nennung der Pflicht zur geheimen Wahl in der Wahlbekanntmachung): Kap.19.14.1.(a).; ferner auch bereits: FN 334.

der amtlichen Versendung der Briefwahlunterlagen (die wegen des zwischenzeitlich abgeschlossenen Drucks aller amtlichen Stimmzettel möglich war).
Die rechtsaufsichtliche Aufhebung des Beschlusses des Wahlorgans, das Wahlverfahren fortzuführen und die Anordnung des Abbruchs der laufenden StuPa-Wahl begehrte daraufhin ein eingeschriebener Student der Universität bei der unteren Aufsichtsbehörde. Zur Begründung wurde u.a. angeführt: "1. Die Vollständigkeit rekonstruierter resp. die Authentizität kopierter Listen ist für den Wahlausschuß nicht mehr überprüfbar. 2. Die authentische Reihenfolge ist zumindest bei denjenigen Listen nicht mehr rekonstruierbar, die keine Kopien ihrer Wahlvorschläge angefertigt haben. 3. Die Echtheit der Unterschriften auf den Original-Wahlvorschlägen ist für den Wahlausschuß nicht mehr überprüfbar. 4. Die Anzahl der Kandidaten, die auf der ursprünglich eingereichten Liste genannt waren, kann im nachhinein beliebig verändert werden. 5. Aus 1. bis 4. können sich Gremienzusammensetzungen ergeben, die sich gravierend von den regulär zu erwartenden unterscheiden."[460] Anstatt den Antragsteller korrekterweise auf das anschließende Wahlprüfungsverfahren zu verweisen, erklärte sich die angerufene universitäre Aufsichtsbehörde zunächst prinzipiell unzuständig[461]. Dagegen legte der Student weitere Rechtsaufsichtsbeschwerde bei der obersten Rechtsaufsichtsbehörde ein, die in der gebotenen Eile ebenso nicht beschieden wurde[462].
Zwischenzeitlich gaben die zur Kandidatur zugelassenen 'Unabhängigen Fachbereichsgruppen (Giraffen)' wahrheitsgemäß vor, über keine Kopie oder andere Aufzeichnungen ihrer eingereichten Originalliste für die StuPa-Wahl zu verfügen (wie die meisten anderen Einreicher offensichtlich auch), und sie sahen sich aus diesem Grunde außerstande, ihre etwa 35 Kandidaten umfassende Liste an Eides Statt vollständig und authentisch "rekonstruieren" zu können - die Wahlvorschlagsliste sei nicht auf einer protokollierten Wahlversammlung der Gruppe beschlossen, sondern von einer Vertrauensperson allein kurz vor Listenschluß anhand der schriftlich vorliegenden Einverständniserklärungen zusammengestellt worden[463] (wie im Falle der meisten anderen Einreicher auch). Zusätzlich kamen bei anderen, bereits "rekonstruierten" Listen ernstzunehmende Zweifel an deren Authentizität auf. Diese Sachverhalte erzeugten erhebliche Verstöße gegen die Wahlrechtsgrundsätze der Unmittelbarkeit der Wahl sowie der Gleichheit im passiven Wahlrecht. In dieser Situation beschloß der studentische Wahlausschuß in einer öffentlichen Sitzung am 11.1.1989 mehrheitlich, die laufende StuPa-Wahl abzubrechen und

---

460 Rechtsaufsichtsbeschwerde v.4.1.1989 des Chemiestudenten G.**Müller** beim Präsidenten der Universität K.**Ring** [gem. § 72 Abs.1 HHG (= FN III.98) - zur tasächlich nicht vorhandenen Eingriffskompetenz der Aufsichtsbehörde in das laufende Wahlverfahren in dieser Situation: Kap.16.3.5.(d).].
Das amtliche Antwortschreiben durch die Aufsichtsbehörde erfolgte trotz der offensichtlichen Dringlichkeit erst am 16.1.1989 [Az.: 7.81.12 RA-3/31], nach einer weiteren Androhung einer Dienstaufsichtsbeschwerde v.12.1.1989 beim Hessischen Minister für Wissenschaft und Kunst wegen schuldhafter Untätigkeit der universitären (unteren) Rechtsaufsichtsbehörde. In dem Schriftsatz stellte die (untere) Aufsichtsbehörde fest, daß, nachdem der studentische Wahlausschuß die Wahlen am 11.1.1989 (rechtswidrig) abgebrochen hatte, "sich Ihr Anliegen damit jedenfalls erledigt" habe.

461 Mündliche Auskunft des Rechtsreferenten N.**Loosen**, nach: WA-Prot. 6.Sitzg. v.6.1.1989. - Diese Ansicht war in der geäußerten Form rechtsirrig: § 72 Abs.1 HHG (= FN III.95); vgl. dazu auch: FN III.120 (Kap.12).

462 Weitere Rechtsaufsichtsbeschwerde v.6.1.1989 des Chemiestudenten G.**Müller** beim Hessischen Minister für Wissenschaft und Kunst (HMWK) mit Fristsetzung 11.1.1989 zur Entscheidung.
Das diesbezügliche Antwortschreiben des HMWK [Az.: H II 4.2-433/23(1)-51-] erging am 25.1.1989 mit der Feststellung, daß sich die weitere Rechtsaufsichtsbeschwerde aufgrund der aktuellen Entwicklungen zwischenzeitlich [siehe dazu: FN 461] erledigt habe.

463 Zum ungeregelten Verfahren der Listenaufstellung für Studentenschaftswahlen: Kap.15.1.2.(b).; Kap. 15.4.3.(b). Vgl. auch: Kap.19.31.1.

Nachwahlen im nachfolgenden Semester durchzuführen[464]. Der Beschluß wurde angesichts der zu dieser Zeit bereits zum Universitäts-Wahlamt zurücklaufenden Briefwahlstimmen anschliessend vom Wahlausschuß amtlich universitätsöffentlich bekanntgemacht[465] sowie der Presse bekanntgegeben[466]. Anstatt pflichtgemäß diesen ihr sogleich bekanntgegebenen rechtswidrigen Beschluß des studentischen Wahlausschusses angesichts der Eilbedürftigkeit zur Sicherung des laufenden Wahlverfahrens von Amts wegen sofort aufzuheben, blieb die universitäre Rechtsaufsichtsbehörde zunächst weiterhin untätig.

19.24.3. Der bestätigende Beschluß des Ältestenrats vom 30.1.1989 zum Abbruch des Wahlverfahrens. Die rechtsaufsichtliche Aufhebung des Beschlusses des Wahlausschusses beantragte statt dessen daraufhin ein Vertreter der 'Linken Liste' beim Präsidenten der Universität unter der korrekten Begründung, daß dem Wahlausschuß keine Kompetenz zum Abbruch des laufenden Wahlverfahrens zukomme[467]. Der Präsident als untere Rechtsaufsichtsbehörde erklärte sich wiederum unzuständig, gegen den studentischen Wahlausschuß die (hier spezifisch eingeschränkte) Rechtsaufsicht auszuüben[468]. Weitere Rechtsaufsichtsbeschwerde legte der Vertreter der 'Linken Liste' daraufhin bei der obersten Rechtsaufsichtsbehörde ein[469]. In dieser Situation verpflichtete die bislang untätig gebliebene untere Rechtsaufsichtsbehörde nunmehr unaufgefordert *selbst* den studentischen Ältestenrat, sich (rechtswidrig) in das Verfahren einzuschalten und "von Amts wegen unverzüglich mit der Sach- und Rechtslage auseinanderzusetzen"[470]. Dies lieferte der obersten Rechtsaufsichtsbehörde - trotz eigener rechtlicher Bedenken

---

464 Vgl. dazu die Stellungnahmen des Wahlausschusses in: Uni-Rep.2/1989, S.4/5. Zur Rechtswidrigkeit dieses gesetzlich nicht vorgesehenen Eingriffs des Wahlorgans in das laufende Wahlverfahren: Kap.16.3.5.(b). Den Sachverhalt der nicht exakt rekonstruierbaren Wahlvorschlagslisten benutzten insbesondere Vertreter der an der 'Besetzung' des AStA-Büros am 22.12.1988 beteiligten Gruppen ('Linke Liste', 'Grüne an der Uni', 'Juso-HSG') in der wenig informierten Öffentlichkeit erfolgreich, den ihnen politisch unliebsamen 'Unabhängigen Fachbereichsgruppen' ein Interesse an einer Verhinderung der StuPa-Wahl zu unterstellen, um eine illegitime (und illegale!) Verlängerung ihres AStA-Mandats zu erreichen und daraus einen Zusammenhang mit dem vorangegangenen Diebstahl der Wahlunterlagen zu konstruieren [siehe dazu: FN II.111 (Kap.6)]. Dieser Unterstellung wurde durch den Rücktritt der amtierenden AStA-Vorsitzenden S.**Ohde** [UF] nach Ablauf ihrer regulären Amtszeit der Boden entzogen [dazu nachfolgend: FN 486]. Bereits in einer Presseerklärung v.4.1.1989 [dokumentiert in: 'Gewalt ohne Ende', ASTA-info. extra, S.2; vgl. auch: Studentenparlament: Wahl in diesem Semester? - Weiter Streit um die verschwundenen Unterlagen, in: FR v.9.1.1989, S.9] hatte der amtierende AStA unmißverständlich öffentlich festgestellt: "Trotz Gewaltanwendungen und Diebstählen spricht sich die AStA-Vorsitzende Silvia **Ohde** (UNABHÄNGIGE Fachbereichsgruppen) für die Durchführung der angesetzten Wahlen zum Studentenparlament und den Fachschaftsräten als einem Wesensmerkmal der funktionierenden parlamentarischen Demokratie zum vorgesehenen Zeitpunkt aus." Vgl. ferner: K.**Ring**, 'Vorwürfe sind verleumderisch', in: Uni-Rep.1/1989, S.1/2.

465 Amtliche Änderung der Wahlbekanntmachung v.12.1.1989 [siehe nachfolgend die Abbildung 19]. Die auf demselben Stimmzettel wie die StuPa-Wahl durchgeführten studentischen Wahlen zu den Fachschaftsräten [dazu: Kap.19.19., am Beginn] wurden dagegen weiterhin regulär abgehalten.

466 Ausschuß verschiebt Urnengang, in: FAZ v.12.1.1989, Lokalteil; In diesem Semester gibt es keine StuPa-Wahl mehr, in: FR v.12.1.1989, Lokalteil.

467 Rechtsaufsichtsbeschwerde v.12.1.1989 des Philosophiestudenten S.**Gandler** beim Präsidenten der Universität K.**Ring** [als unterer Rechtsaufsichtsbehörde]

468 **Ring** lehnt Entscheidung ab - Studentengruppen sollen sich über Wahltermin einigen, in: FAZ v.14.1.1989, Lokalteil; Uni-Präsident kann keine StuPa-Wahl verordnen, in: FR v.14.1.1989, Lokalteil. Diese Rechtsauffassung steht offenbar im Widerspruch zu § 72 Abs.1 HHG [vgl. ebenso: FN III.120 (Kap.12)]. Zur im vorliegenden Falle zwingenden Eingriffskompetenz und -pflicht der Rechtsaufsichtbehörde zur Sicherung des laufenden Wahlverfahrens: Kap.16.3.5.(d).

469 Weitere Rechtsaufsichtsbeschwerde v.17.1.1989 des Philosophiestudenten S.**Gandler** beim Hessischen Minister für Wissenschaft und Kunst (HMWK) W.**Gerhardt** [FDP] als oberster Rechtsaufsichtsbehörde [gem. § 72 Abs.1 HHG (= FN III.95)]

470 Schriftsatz v.18.1.1989 der (unteren) Rechtsaufsichtsbehörde an den ÄR [Az.: 7.81.12 RA-3/31].

STUDENTENSCHAFT DER JOHANN WOLFGANG GOETHE-UNIVERSITÄT FRANKFURT (MAIN)

Wahlbekanntmachung

des Studentischen Wahlausschusses zur Urnenwahl vom 30.Januar bis 2.Februar

Die Wahl der Fachschaftsräte findet statt.

(Beschluß des Wahlausschusses vom 12.Januar 1989.)

Die Wahl zum Studentenparlament findet nicht statt.

(Beschluß des Wahlausschusses vom 11.Januar 1989.)

Es bleibt dem einzelnen Wähler natürlich unbenommen, für eine der kandierenden Listen zum **Studentenparlament** seine Stimme abzugeben, doch sind diese **Stimmen ungültig** und werden dementsprechend **nicht ausgezählt**.

Eine ausführliche Darstellung der zu dieser Entscheidung des Wahlausschusses führenden Umstände ist der Mitteilung des Stud. Wahlausschusses im Uni-Report vom 25.01.1989 zu entnehmen.

Die Auszählung der Stimmen zu den Fachschaftsräten findet wie vorgesehen am 3.Februar 1989 in Raum 251 der Senkenberganlage 31 ab 13.00 Uhr statt. Auch diese Sitzung des Wahlausschusses ist öffentlich.

Im Auftrag des Wahlausschusses

M. Köster

Michael Köster (Protokollführer)

Abb.19: (Teil-)Neufassung der amtlichen Wahlbekanntmachung v.12.1.1989

****

Linke Liste/RSG/Uni 2000/Die GRÜNEN an der Uni/Juso HSG/Fem.Aut.Uni Frauen

****

Warum wir das StudentInnenparlament(StuPa) trotzdem wählen sollten.

Wählt das StuPa !!!

Am 22.12.88 verschwinden, so behauptet der amtierende AStA, während einer Besetzung des AStA-Büros die Wahlunterlagen für das StuPa und die Fachschaftswahlen. Die Unterlagen haben zuvor im jedermann/jederfrau zugänglichen Büro des AStA auf dem Tisch gelegen.
Um die Wahlen trotzdem stattfinden zu lassen und einer evtl. Wahlanfechtung wegen fehlender Unterlagen vorzubeugen, beschließt der Wahlausschuß (LiLi, Giraffen, RCDS) gegen die Stimme des Giraffenvertreters, die fehlenden Wahlunterlagen durch Abschriften mit eidesstattlichen Erklärungen der jeweiligen Hochschulgruppe ersetzen zu lassen.
Im Hinblick auf die Fachschaftswahlen haben alle Hochschulgruppen diese Bedingung erfüllt, für die StuPa-Wahlen haben nur die GiraffInnen ihre rekonstruierte Liste nicht vollständig abgegeben.
Daher beschließt der Wahlausschuß mit den Stimmen des RCDS und der Giraffen am 11.1.89: die Fachschaftswahlen finden statt, **die StuPa-Wahlen nicht.**
Bei einer Sitzung des Wahlausschusses am 12.1.89 zieht das Wahlausschußmitglied der Giraffen, zum Erstaunen der Anwesenden, einen Teil der angeblich verschwundenen Wahlunterlagen, nämlich die gesamten Fachschaftslisten des Fb 02 (WiWi) aus der Tasche.........

Was haben die Akten des Wahlausschusses im AStA Büro zu suchen ?
Wer profitiert von dem Verschwinden der Wahlakten ?
Warum ist es den Giraffen als einziger Gruppierung nicht möglich, ihre Wahlunterlagen zu rekonstruieren ?
Warum unternehmen die Giraffen nicht alles, um Wahlen zum StuPa stattfinden zu lassen, obwohl sie sich vor dem 11.1. wiederholt für Wahlen aussprechen(siehe FR v. 9.1.89) ?
Wie sind die, als verschwunden deklarierten Listen des Fachbereiches WiWi in die Tasche des Wahlausschußvertreters der Giraffen gelangt ?

Was ist das anderes, als ein Versuch mit durchsichtigen Machenschaften eine Verschiebung der StuPa-Wahlen auf einen möglichst späten Zeitpunkt durchzusetzen, wobei darauf spekuliert wird, daß die StudentInnen bis dahin vergessen haben, daß der amtierende AStA, wie sich während des aktiven Streikes besonders deutlich gezeigt hat, ihre Interessen nicht vertritt.
Auf diese Weise dürfen die Rechte der StudentInnenschaft nicht vom Tisch gefegt werden.
Wir rufen daher die StudentInnen der JWG-Uni dazu auf, neben Konvent, Fachschafts-und Fachbereichsrat (die auf jeden Fall stattfinden) **unbedingt auch das StuPa zu wählen.**
Noch immer ist nämlich die Frage offen, ob der studentische Wahlausschuß überhaupt die Kompetenz hatte, die StuPa-wahlen abzusetzen.
Es ist Rechtsaufsichtsbeschwerde gegen den Wahlausschußbeschluß beim Unipräsidenten und nachdem dieser sich für "unzuständig" erklärt hatte, gegen den Unipräsidenten beim hessischen Minister für Wissenschaft und Kunst (HMWK) eingelegt worden.
Ferner wird sich das StudentInnenparlament bei seiner nächsten Sitzung (Freitag 20.1.1989, 14.00 Uhr, StudentInnenhaus Raum 2.Stock) mit der Frage beschäftigen, ob der Beschluß des Wahlausschusses rechtmäßig ist und wie die Wahlen noch stattfinden können. **Kommt alle zur StuPa-Sitzung am Freitag und zu den darauf folgenden Sitzungen.**
Am 25.1.1989 findet die nächste Konventssitzung statt, auch dorthin solltet Ihr kommen.
Aber vor allem: **Wählt das StuPa..........**

Wählt das StuPa !!!

****

Linke Liste / RSG / Uni 2000/ Grüne / Juso HSG/Fem.Aut.Uni Frauen

****

LEUTE, WÄHLT DAS STUDENTinnENPARLAMENT !!!!!!!!!!!!!

StuPa ⊗

Abb.20: Gemeinsames Flugblatt aller zum StuPa kandidierenden 'linken' Studentengruppen v.13.1.1989

gegen die Auffassung der unteren Rechtsaufsichtsbehörde[471] - den Anlaß, die Entscheidungskompetenz für den von der 'Linken Liste' begehrten Verwaltungsakt an die untere Rechtsaufsichtsbehörde zurückzuverweisen: "Der Präsident Ihrer Universität hat mir mit Bericht vom 18.1.1989 mitgeteilt, daß er den Ältestenrat der Studentenschaft aufgefordert habe, den Beschluß des Wahlausschusses unverzüglich zu überprüfen. Er hat damit von seinen rechtsaufsichtlichen Möglichkeiten Gebrauch gemacht, so daß für mich nichts zu veranlassen ist."[472]
Der derart verpflichtete (zu dieser Zeit nicht 'undogmatisch-links' dominierte) ÄR machte zwar selbst zu Recht "Zweifel an seiner Zuständigkeit in dieser Sache"[473] geltend; er beugte sich aber nachfolgend pflichtgemäß der (rechtsirrigen) rechtsaufsichtlichen Weisung des Präsidenten, in das laufende Wahlverfahren eingreifend tätig zu werden[474]. Zur Vermeidung von Präjudizierungen gab der studentische Wahlausschuß - zur Komplettierung der Verwirrung für den Wähler -, ebenfalls auf Weisung der Rechtsaufsichtsbehörde hin[475] und im Widerspruch zu den bisherigen Verlautbarungen stehend, amtlich bekannt: "Durchführung der Wahl zum StuPa noch offen - Der Ältestenrat der Studentenschaft wird in seiner Sitzung am Montag, 30.1. 1989, nach Anhörung des Wahlausschusses endgültig über die Durchführung der Wahl entscheiden. Für eine Durchführung der Wahl sind alle technischen Voraussetzungen seitens des Wahlausschusses gewährleistet."[476]
Der ÄR verfuhr mit dieser intrikaten Situation auf die einzig noch verbliebene, juristisch vertretbare Weise; er bestätigte in seinem durch den WA zuvor angekündigten Beschluß den Abbruch des Wahlverfahrens zu diesem Zeitpunkt unter der allein möglichen Begründung: "Durch die inzwischen eingetretene Rechtsunsicherheit bzgl. der Durchführung der Wahlen zum Studentenparlament ... hat derjenige Wähler, der im guten Glauben auf die Bestandskraft der

---

Die Behörde stützte ihre Aufforderung auf § 69 Abs.2 und Abs.3 HHG (= FN III.95) i.V.m. § 18 Abs.2 StS (= FN III.128). - Zur nicht vorhandenen Eingriffskompetenz des ÄR im Stadium des laufenden Wahlverfahrens: Kap.16.3.5.(c).; ferner nachfolgend: FN 473.

471 Nach: **Ring** lehnt Entscheidung ab, in: FAZ v.14.1.1989, Lokalteil; vgl. zu dieser (beizupflichtenden) Rechtsauffassung des HMWK bereits: FN III.120 (Kap.12).

472 Antwortschreiben des HMWK v.19.1.1989 [Az.: H II 4-433/23(1)-49-]

473 Schriftsatz v.21.1.1989 des ÄR-Mitglieds R.**Hackel** an die oberste Rechtsaufsichtsbehörde (HMWK).
Fehlende Eingriffskompetenz des ÄR in das laufende Wahlverfahren. Die nicht vorhandene Eingriffskompetenz des ÄR in dieser Angelegenheit anhand der geltenden Gesetzeslage explizierend: "Gemäß § 69 Abs.3 HHG entscheidet der ÄR 'über die Gültigkeit angefochtener Wahlen zum Studentenparlament'. § 14 Abs.6 StS konkretisiert das HHG dahingehend, daß 'bei Ungültigkeit einer Wahl ... unverzüglich eine Wiederholungswahl' stattzufinden habe. Dies, und dabei insbesondere, daß eine Wiederholungswahl und keine Nachwahl gefordert wird, impliziert jedoch, daß bereits eine Wahl stattgefunden haben muß. § 69 Abs.3 HHG sieht zwar weiter vor, daß 'die Satzung der Studentenschaft ... nähere Regelungen treffen und dem Ältestenrat weitere Befugnisse übertragen' kann, jedoch hat die StS im Wahlbereich hiervon keinen Gebrauch gemacht ... Darüber hinaus scheint es zweifelhaft, ob die StS eine Ausweitung der Machtbefugnisse des ÄR im Hinblick auf Eingriffsmöglichkeiten in die Entscheidungen des studentischen Wahlausschusses enthalten darf, da eine solche Regelung über den § 69 HHG hinausginge. § 69 Abs.2 HHG statuiert zwar, daß der ÄR darauf hinwirkt, 'daß die Studentenschaft ihre Aufgaben im Einklang mit den Gesetzen, der Satzung und anderen Vorschriften erfüllt'. § 63 Abs.2 HHG zählt die Aufgaben der Studentenschaft abschließend auf; die Abhaltung von Wahlen fällt [aber] offensichtlich nicht darunter, zumal diese in § 65 Abs.3 HHG normiert sind. Außerdem ist zu berücksichtigen, daß § 69 Abs.2 HHG, im Gegensatz zu § 69 Abs.3 HHG, dem ÄR keine Aufhebungskompetenz von Beschlüssen zuweist." (Beschluß des ÄR v.30.1.1989, S.1/2, amtl.Umdr.)

474 Schriftsätze v.18.1.1989 und v.24.1.1989 der (unteren) Rechtsaufsichtsbehörde an den ÄR [Az.: 7.81.12 RA-3/31]

475 Schriftsatz v.25.1.1989 der (unteren) Rechtsaufsichtsbehörde an das Wahlorgan [Az.: 7.81.12 RA-3/31].
Damit geriet die Behörde zugleich in Widerspruch zu ihrer eigenen bisher und kurz zuvor vertretenen Rechtsauffassung, wonach sie keine Weisungs- und Kontrollkompetenz gegenüber dem studentischen Wahlausschuß besitze [dazu: FN 461; FN 468]!

476 Uni-Rep. aktuell v.27.1.1989

Entscheidung des studentischen Wahlausschusses vom 11.1.1989 durch Briefwahl zwar seine Stimme für die Wahl des Fachschaftsrats, nicht jedoch für die (auf demselben Stimmzettel stattfindende) Wahl des Studentenparlaments abgegeben hat[477] (dies hervorgerufen durch die vorzeitige Versendung der Briefwahlunterlagen durch das Uni-Wahlamt bereits ab 4.1.1989, entgegen dem ausdrücklichen Wunsch des studentischen Wahlausschusses), wegen des notwendig für beide Wahlen gleichzeitig zu unterschreibenden Wahlscheines (d.h. jeder, der seine Stimme für die Wahl des Fachschaftsrats per Briefwahl abgibt, wird automatisch als auch für das Studentenparlament gewählt Habender im Wählerverzeichnis abgehakt, gleichgültig, ob er seine Stimme für die Wahl des Studentenparlaments abgegeben hat oder nicht[478]), im Falle einer nachträglichen Erklärung der Gültigkeit der StuPa-Wahl keine Möglichkeit mehr, seine Stimme abzugeben, und damit sein Stimmrecht unverschuldet verwirkt. Dies stellt eine eklatante Verletzung der Grundsätze von Allgemeinheit und Gleichheit der demokratischen Wahlen dar."[479] Wegen der andauernden Rechtsunsicherheit in dieser Frage, der Untätigkeit der Aufsichtsorgane und der fortgeschrittenen Zeit (die Urnenwahl hätte einen Tag später begonnen) wurde diese ÄR-Entscheidung, den endgültigen Abbruch der StuPa-Wahl bestätigend, nicht mehr angegriffen und somit rechtswirksam bestandskräftig.

19.24.4. Die Wahlanfechtungen vom 9.2.1989: Die Vernichtung der Fachschaftsrats-Wahlen. Unabhängig vom Abbruch der StuPa-Wahl waren die Wahlen der 21 Fachschaftsräte (FSR) auf der Basis nicht vorhandener Original-Wahlvorschläge (mit der Ausnahme eines Falles) im regulären Verfahren der Hauptwahl durchgeführt worden; ebenso die vom Einbruch in das AStA-Büro nicht betroffenen Hochschulwahlen (zu Konvent und Fachbereichsräten).

(a) Die Vernichtung der Listenwahlen. Nach Abschluß des Wahlverfahrens ging beim ÄR form- und fristgerecht eine Anfechtung all derjeniger FSR-Wahlen ein, die auf der Grundlage (mit Ausnahme der Fachschaftswahlen am Fachbereich 02, Wirtschaftswissenschaften) "rekonstruierter" Wahlvorschlagslisten in der Hauptwahl durchgeführt worden waren[480]. Begründet wurde die Anfechtung zum einen mit dem Vorliegen erheblicher Zweifel an der Authentizität der "Rekonstruktionen": "Für den Fachschaftsrat 02, für den die Originallisten noch vorliegen, stimmten bei drei von vier Listen die eidesstattlichen Versicherungen nicht mit den vorliegenden Listen überein. ...Nach der (ungeordneten) Art, wie die studentischen Wahlvorschlagslisten erstellt werden, ist es offensichtlich in den meisten Fällen nicht möglich, ohne vorhandene Kopien der Originallisten diese authentisch zu rekonstruieren. Damit ist insbesondere nicht mehr gesichert, daß die Kandidatenreihenfolge und -anzahl der 'rekonstruierten' Listen mit denen der

---

477 Siehe dazu insbes. die Neufassung der amtlichen Wahlbekanntmachung: FN 465; Abb.19.
Die Stabilität der Wahlbeteiligung. Die während des gesamten Briefwahlverfahrens andauernde Unsicherheit über die Gültigkeit der StuPa-Wahl zeigte offensichtlich nur geringe Auswirkungen auf die Wahlbeteiligung der im selben Briefwahlverfahren durchgeführten Konventswahl: Wahlbeteiligung Konventswahl (Statusgruppe III, Studenten): SS 1986 26,0%; SS 1987 25,6%; WS 1987/88 24,8%; WS 1988/89 23,3%; WS 1989/90 22,5%; WS 1990/91 23,3%; WS 1991/92 19,4%.

478 Zur rechtlichen Brisanz dieses praktizierten Verfahrens: FN IV.224 (Kap.15).

479 ÄR-Beschl. (FN 473), S.8 [vgl. auch: FN IV.387(b) (Kap.16)].
Darüber hinaus bestätigte der ÄR die Kompetenz des studentischen Wahlausschusses, ein Wahlverfahren wie in der geschehenen Form abzubrechen, indem dem Wahlorgan eine "normative Kontrollfunktion" (S.5) zugewiesen wird. Dieser Rechtsauffassung kann nicht gefolgt werden: Kap.16.3.5.(b).

480 Wahlanfechtung des Vorsitzenden des studentischen Wahlausschusses P.**Kunth** v.9.2.1989
[Die Unterlagen für die Wahl des FSR-WiWi waren bei Aufräumarbeiten etwa drei Wochen nach der 'Besetzung' vollständig unter einem Schreibtisch im AStA-Sekretariat durch den AStA-Referenten A.**Dauenhauer** und die Ex-Referentin A.**Fornoff** wieder aufgefunden worden.]

Originallisten übereinstimmt."[481] Folglich lag, als erheblicher Zweifel über den authentischen Mandatszugriff, ein offensichtlicher Verstoß gegen den Wahlrechtsgrundsatz der Unmittelbarkeit der Wahl vor[482], der mit hoher Wahrscheinlichkeit auch geeignet war, die Mandatsbeschickungen in den FSR zu beinflussen. Begründet wurde die Anfechtung zum anderen mit der erheblichen Unsicherheit für die Wähler über die Art der Wahldurchführung aufgrund der phasenweisen Untätigkeit und dem teilweise unglücklichen Agieren der Rechtsaufsichtsbehörde. Die abgeschlossenen Wahlverfahren widersprachen so eklatant dem Grundsatz der nachvollziehbaren Berechenbarkeit (und damit implizit dem Wahlrechtsgrundsatz der Allgemeinheit der Wahl); Mandatsrelevanz war aufgrund der Schwere dieses gerügten Wahlrechtsverstoßes nicht extra nachzuweisen. Der ÄR gab der Wahlanfechtung nachfolgend statt und hob die angefochtenen Wahlen auf[483].

(b) Die Vernichtung der Persönlichkeitswahlen. Gleichzeitig mit der Stattgabe der eingegangenen Wahlanfechtung erweiterte der Vorsitzende des ÄR diese auch auf sämtliche FSR-Wahlen, für die jeweils nur eine Liste eingereicht worden war und die demnach in Persönlichkeitswahl durchzuführen waren[484]: "Es ist für den studentischen Wahlausschuß nicht nachvollziehbar, ob ggf. vorliegende Einverständniserklärungen der Kandidaten mit den Unterschriften auf den Original-Wahlvorschlagslisten übereinstimmen. Darüber hinaus hat der studentische Wahlausschuß es in der Formulierung seiner 'Rekonstruktions'-Kriterien am 5.1.1989 versäumt, von allen Kandidaten die erneute Abgabe der persönlichen, eigenhändigen Einverständniserklärung zur Kandidatur zu fordern; dabei kann eine persönliche Unterschrift nicht durch eidesstattliche Versicherung einer anderen Person ersetzt werden. Nach gängiger Rechtsprechung wird bei nicht eigenhändiger Unterschrift eines Kandidaten dieser von der Liste gestrichen (PrVBl.47, 526). ... In diesem Zusammenhang muß deutlich darauf hingeweisen werden, daß, wenn man lediglich mündliches Einverständnis ausreichen ließe, völlig ungeklärt, weil nicht geregelt, ist, wem gegenüber diese Erklärung abzugeben ist."[485] - Beide ÄR-Entscheidungen wurden nicht angefochten und erlangten somit Rechts- und Bestandskraft.

- Unter denselben Argumentationen in Verbindung mit einer korrekt eingereichten Wahlanfechtung hätte auch die StuPa-Wahl, die nach geltendem Recht zunächst vollständig durchzuführen gewesen wäre, im Wahlprüfungsverfahren vernichtet werden müssen.

---

481 Beschluß des Ältestenrats v.13.2.1989 über die Wahlanfechtung (FN 480).
Es handelt sich hier also um den gleichen Sachverhalt ungeregelter Listenaufstellung wie bei den (i.a. mehr Kandidaten umfassenden) StuPa-Listen; vgl. dazu: Kap.19.24.1. (bei FN 463).

482 Ein weiterer Verstoß gegen die Unmittelbarkeit der Wahl lag in der teilweise unvollständigen amtlichen Veröffentlichung der Kandidaten begründet [siehe dazu: Kap.19.24.1.].
Siehe dazu allgemeiner (Ausprägungen der Unmittelbarkeit der Wahl): Kap.15.3.(b).

483 ÄR-Beschluß v.13.2.1989 (FN 481). Zum Grundsatz der Berechenbarkeit rechtsstaatlicher Wahlverfahren: Kap.13.2.; vgl. auch nachfolgend: FN 503(b).

484 Die Persönlichkeitswahl erfolgte entsprechend § 13 Abs.9 KoWO v.24.1.1979 (= FN III.69), der durch § 14 Abs.8 StS (= FN III.128) allerdings nicht in Bezug genommen wurde (hierfür waren sämtliche Kandidaten der einzigen eingereichten Wahlvorschlagsliste auf dem Stimmzettel (authentisch) aufgeführt - die gesamte Liste war also trotz des Diebstahls bekannt). Zur Problematik dieses Wahlverfahrens (Kandidatur lediglich einer Wahlvorschlagsliste im Hinblick auf die Auswahlfreiheit): FN IV.99(b) (Kap.14).

485 Beschluß des ÄR v.13.2.1989 zur Wahlanfechtung des ÄR-Mitglieds R.**Hackel** [v.9.2.1989], S.6.
Zu ähnlichem Sachverhalt bereits: Kap.19.5.2.(b).; Kap.19.9.2. (fehlende Unterschriften aller Kandidaten).
[Die Streichung eines Kandidaten aus dem genannten Grund hätte nur mittels eines Wahlprüfungsverfahrens erreicht werden können. Sie hätte in den Grundsatz der Unmittelbarkeit der Wahl eingegriffen.] Auch diese Wahlanfechtung war - wie jede andere Wahlanfechtung auch - form- und fristgerecht einzureichen, weil (selbst) der ÄR über keine Anfechtungskompetenz für das Wahlverfahren außerhalb seiner Beschlußkompetenz als erste Instanz in einem regulären Wahlprüfungsverfahren verfügt (Grundsatz der Wahlbestandssicherung).

19.25. Die StuPa-(Nach-)Wahl vom 17.5.-2.6.1989 (falsche Klassifizierung des Wahltypus (außerordentliches Wahlverfahren); rechtswidrige Zurückweisung einer Wahlvorschlagsliste)

Aufgrund des *Abbruchs der Hauptwahl* am 11.1.1989, bereits *vor* dem Abschluß des laufenden Wahlverfahrens, war diese StuPa-Wahl zwar rechtmäßig begonnen, aber als Ganzes nicht durchgeführt und abgeschlossen worden[486]. Dementsprechend hatte zum frühestmöglichen Zeitpunkt, also im Sommer-Semester 1989, eine *Nachwahl* des Studentenparlaments (und die Wiederholungswahlen der erfolgreich angefochtenen Fachschaftsräte) stattzufinden unter Zugrundelegung des Fortbestands aller erhaltbaren Schritte der abgebrochenen Hauptwahl.

19.25.1. Die rechtsirrige Deklassifizierung der StuPa-Nachwahl in der Wahlbekanntmachung. Hatte die universitäre Rechtsaufsichtsbehörde im Falle des rechtswidrigen Abbruchs der Hauptwahl sich noch in ungerechtfertigter Zurückhaltung und Verzögerung geübt[487], so tat sie sich nunmehr nach dem Scheitern der StuPa-Wahl mit undurchdachtem Aktionismus hervor für eine schnellstmöglich durchzuführende *Neuwahl* des Studentenparlaments[488]: Die aufgrund der juristischen Vorarbeiten der Rechtsaufsichtsbehörde vom studentischen Wahlausschuß verabschiedete amtliche Wahlbekanntmachung sah - rechtswidrig, weil nicht mit dem einer Nachwahl zugrunde liegenden 'Prinzip des geringsten Eingriffs' in Einklang stehend[489] - die Durchführung eines vollständig neuen Wahlverfahrens vor. Insbesondere wurde das Verfahren der Listenzulassung, ungeachtet der durch die (nicht abgeschlossene) Hauptwahl bereits geschaffenen Fakten, völlig neu eröffnet[490]. - Die Zugrundelegung neuer, aktualisierter Wählerverzeichnisse für diese Nachwahl war dagegen aufgrund des zeitlichen Abstands zur Hauptwahl rechtmäßig erfolgt[491].

19.25.2. Die rechtswidrige Zurückweisung einer zur Wahl eingereichten Wahlvorschlagsliste am 26.4.1989. Das rechtswidrige Konstrukt einer Neuwahl im SS 1989 hatte zur Folge, daß insbesondere alle zur regulären Hauptwahl im WS 1988/89 erstmals angetretenen und durch den Wahlausschuß bereits einstimmig und rechtmäßig zugelassenen Wahlvorschlagslisten[492] - die Korrektheit dieser Zulassung aufgrund der Erfüllung aller formalen Voraussetzungen durch die Einreicher wurde in Folge von niemandem angezweifelt - die geforderten 50 Unterstützerunterschriften *erneut* beizubringen hatten. Somit hatten diese Wahlvorschlagslisten die Einschränkung der Allgemeinheit und Gleichheit ihres Wahlvorschlagsrechts

---

486 Nach Ablauf der regulären Legislaturperiode trat die 'rechte' AStA-Vorsitzende S.**Ohde** - wie zuvor angekündigt - am 31.3.1989 vorzeitig von ihrem Amte zurück. Die universitäre Rechtsaufsichtsbehörde setzte daraufhin am 20.4.1989 kommissarisch einen AStA-Vorstand, bestehend aus je einem Mitglied des RCDS (K.**Ratzke**) sowie der 'Feministisch-autonomen Unifrauen' (R.**Rettich**), ein [dazu: Uni-Rep.3/1989, S.2].

487 Siehe dazu (Zurückhaltung der Aufsichtsbehörde in der Hauptwahl): Kap.19.24.2.; Kap.19.24.3.

488 Zur Definition der außerordentlichen Wahlverfahren: Kap.16.8.

489 Das 'Prinzip des geringsten Eingriffs' in das Wahlverfahren der Hauptwahl ist Konsequenz aus dem bestmöglichen Bestandsschutz jeden rechtsstaatlich-demokratischen Wahlverfahrens erstrebenden Grundsatz der 'Wahlverfahrensbestandssicherung' [dazu: Kap.13.2.1.; Kap.16.2.2.; Kap.16.4.1.]. Diesem Grundsatz ist sowohl das Wahlprüfungsverfahren untergeordnet [dazu: Kap.16.4.1.; Kap.16.5.] als auch die Durchführung der aufgrund von Irregularitäten bei der Hauptwahl möglicherweise nachfolgenden außerordentlichen Wahlverfahren [dazu: Kap.16.8.]. Vgl. ferner zur Listenneuzulassung: Abb.33 und Abb.34, S.520/521.

490 WA-Prot. v.26.4.1989, S.2, amtlich veröffentlicht in: Uni-Rep. aktuell v.18.4.1989; vgl. bereits: Uni-Rep. 3/1989, S.1 (die erneut durchzuführenden FSR-Wahlen wurden darin korrekt als "Wiederholungswahlen" angekündigt).

491 Siehe zur zur Nachwahl analogen Argumentation (neue, aktualisierte Wählerverzeichnisse im der Hauptwahl nachfolgenden Semester) im Falle der Wiederholungswahl: FN 423.

492 Es handelte sich um die drei Wahlvorschlagslisten [vgl. dazu: FN 457]: 'Naturwissenschaftliche Liste' (nicht zugelassen), 'Die Grünen an der Uni' (Liste 6), 'Radikaldemokratische Studentengruppe' (RSG, Liste 5)

durch das Unterstützerquorum ohne eigenes Verschulden gleich doppelt hinzunehmen[493]. Eine dieser Listen wurde wegen Nichtaufbringens einer ausreichenden Anzahl der erneut geforderten Unterstützerunterschriften innerhalb der gesetzten Frist nicht zur Nachwahl zugelassen[494]. - Das praktizierte Verfahren hätte darüber hinaus theoretisch die Möglichkeit eröffnet, daß zur Nachwahl sozusagen nachträglich ohne Rechtsgrundlage Wahlvorschlagslisten hätten zugelassen werden können, die von der Hauptwahl vom Wahlausschuß aufgrund formaler Mängel bereits rechtmäßig zurückgewiesen worden waren.

19.25.3. Das Leerlaufen des Wahlprüfungsverfahrens. Bezüglich einer möglichen Wahlanfechtung hätte an dieser Stelle gegolten: "Wie die Hauptwahl unterliegt die Nachwahl der Nachprüfung im Wahlprüfungsverfahren."[495] Eine Anfechtung dieser Nachwahl erübrigte sich allerdings schon aus dem Grund, daß der frühestmögliche Zeitpunkt für eine Wiederholungswahl ohnehin mit der nächsten regulären Hauptwahl zusammengefallen wäre[496].

19.26. Die StuPa-Wahl vom 17.1.-7.2.1990 (falsche Zusammensetzung des Wahlorgans; willkürliche Zurückweisung von Wahlvorschlagslisten; Verstoß gegen das Publikationsgebot; amtliche Wahlwerbung)

Für diese Wahl[497] (und die nachfolgenden) wurde das Briefwahlverfahren weiter vereinfacht: An allen vier im selben Verfahren gleichzeitig durchgeführten Briefwahlen (nämlich für: Konvent und Fachbereichsrat, die *erstmals* auf einem gemeinsamen Stimmzettel durchgeführt wurden - das sind die Hochschulwahlen der Kollegialorgane; sowie Studentenparlament und Fach-

---

493 Das Unterstützerquorum wurde gem. § 14 Abs.3 StS (= FN III.128) normiert. Zum die Allgemeinheit und Gleichheit des Wahlvorschlagsrechts einschränkenden Charakter eines Unterstützerquorums: Kap.15.1.3.(a).; Kap.15.2.3.(a). Der die Einschränkung dieser Wahlrechtsgrundsätze für "politisch-parlamentarische" Wahlen allein rechtfertigende "zwingende Grund" [vgl. dazu: Kap.14.2.1.] kann für dasselbe Wahlverfahren rechtmäßig nicht doppelt greifen.

494 WA-Prot. v.26.4.1989; Widerspruch v.28.4.1989 des Medizinstudenten T.**Müller** als Vertrauensmann der 'Naturwissenschaftlichen Liste' gegen die Nichtzulassung; Widerspruchsbescheid (Zurückweisung des Widerspruchs) durch den studentischen Wahlausschuß v.3.5.1989: "Da es sich um eine Neu-Wahl zum Studentenparlament handelt, müssen der StS entsprechend Listen, die im alten Studentenparlament nicht vertreten waren, von mindestens 50 Wahlberechtigten unterstützt werden (§ 14 Abs.3 StS). Auf Wahlunterlagen von vergangenen Wahlen kann nicht zurückgegriffen werden." - Das rechtmäßige Verfahren gemäß dem 'Prinzip des geringsten Eingriffs' wäre im vorliegenden Falle (der bereits korrekt erfolgten Zulassung der Wahlvorschlagslisten bei der Hauptwahl, des nicht rekonstruierbaren Verlusts der Originallisten der Hauptwahl) insbesondere gewesen, alle zur Hauptwahl bereits zugelassenen, sämtlich bekannten Wahlvorschlagslisten (und nur diese) erneut aufzufordern, ihre neu aufzustellenden Listen (unter demselben Kennwort) fristgerecht einzureichen.
Zur möglichen Erheblichkeit dieses Wahlfehlers: FN 210 (rechtswidrige Zurückweisung einer Wahlvorschlagsliste); FN 493 (doppelte Belastung im selben Tatbestand). Vgl. dazu ferner: W.**Schreiber** (FN 18), Komm. § 44 Abs.2 BWahlG.

495 W.**Schreiber** (FN 18), S.488 (RN 7)

496 Zu diesem strukturellen Manko für Studentenschaftswahlen (de facto-Aufhebung der Wahlprüfungskontrolle für Neu-, Nach- und Wiederholungswahlen) aufgrund der 'Gleichzeitigkeitsklausel' des HRG: FN III.94 (Kap.11).

497 Zu dieser Wahl traten erstmals an die Parteilisten: 'Ökologisch-Demokratische Studenten' (ÖDS, Liste 4), Studentengruppe der 'Ökologisch-Demokratischen Partei' (ÖDP); 'Liberale Studenten Frankfurt' (LSF, Liste 10), Studentengruppe der 'Freien Demokratischen Partei' (FDP). Letztmals traten an der 'Marxistische Studentenbund Spartakus' (MSB), Studentengruppe der 'Deutschen Kommunistischen Partei' (DKP), sowie dessen Dauerbündnispartner 'Sozialistischer Hochschulbund' (SHB) unter dem gemeinsamen Kennwort 'Uni 2000, MSB, SHB und Unorganisierte' (Liste 6). MSB und ÖDS erhielten bei dieser Wahl 3,4% und 3,6% der gültig abgegebenen Stimmen und damit kein Mandat, die LSF erhielt mit 8,0% der Stimmen zwei Mandate im 22 Mitglieder umfassenden Studentenparlament. Einmalig (und erfolglos) kandidierte die MSB-Abspaltung 'Lebendige Alternative - Liste Links (LALL)' (Liste 8); die 'Radikaldemokratische Studentengruppe' (RSG) trat (erfolglos) an unter 'Alternative Liste - Radikaldemokraten (RSG)' (Liste 2).

schaftsrat, die *weiterhin* auf einem gemeinsamen Stimmzettel durchgeführt wurden - das sind die Studentenschaftswahlen) war mittels ein und desselben Wahlscheins teilzunehmen[498].
Zum ersten Mal seit 1979 gehörten sämtliche drei Mitglieder des wahldurchführenden Organs wieder den 'undogmatisch-linken' AStA-Fraktionen an, entgegen dem demokratischen 'Prinzip der gleichmäßigen Besetzung' des Wahlausschusses[499]. Der Wahlausschuß veröffentlichte lediglich die ersten sechs Kandidaten aller zur Wahl zugelassenen Vorschlagslisten, und er verstieß damit gegen das Publikationsgebot[500]. Der 'undogmatisch-linke' AStA gab zur Urnenwahl eine amtliche Publikation heraus mit Werbung für die eigenen kandidierenden Gruppen und Herabwürdigung zweier kandidierender Oppositionsgruppen, und er verstieß damit gegen das Verbot amtlicher Wahlwerbung[501].

19.26.1. Die willkürliche Zurückweisung dreier zur Wahl eingereichter Wahlvorschlagslisten am 7.12.1989. Erstmals und fristgerecht reichten zu dieser Wahl Vorschlagslisten ein u.a.: Die 'Medizinisch-Naturwissenschaftliche Liste', 'Graue Panther / Langzeitstudenten', 'Man(n) geht voran'. Jede dieser Listen erbrachte satzungsgemäß (mehr als) 50 Unterstützerunterschriften in korrekter Form; allerdings hatten verschiedene Unterstützer (insgesamt elf Personen) mehrere Wahlvorschlagslisten gleichzeitig unterstützt. Konkrete Modalitäten für die gültige Abgabe einer Unterstützerunterschrift, die dieses Verfahren explizit ausgeschlossen hätten, waren aber bisher weder im Hessischen Hochschulrecht noch in der StS noch in der offiziellen Wahlbekanntmachung geregelt; ebenso war die Abgabe der Unterstützerunterschriften nicht an ein Formerfordernis gebunden. Dieser Sachverhalt wurde im folgenden überhaupt erstmals bei einer Frankfurter Studentenschaftswahl problematisiert. Selbst die amtierende Vorsitzende des studentischen Wahlausschusses mußte einräumen, "daß das Problem vorher nicht erkannt worden"[502] sei.
Trotz dieser Sachlage beschloß der Wahlausschuß unter Berufung auf wohlausgewählte, "höherrangige Gesetze" strikt, "daß alle Personen, die mehr als eine für die StuPa-Wahl eingereichte Liste unterstützt haben, von allen Unterstützerlisten zum Studentenparlament (ersatz-

---

498 Prot. Zentr.Wahlvorst. v.12.10.1989, S.2 (anstelle des bisherigen Verfahrens, das jeweils einen Wahlschein für die Studentenschaftswahlen und einen Wahlschein für die Hochschulwahlen vorsah). Der erhoffte Effekt dieser Vereinfachung des Briefwahlverfahrens, nämlich eine spürbare Erhöhung der Wahlbeteiligung, konnte nicht erreicht werden: StuPa-Wahlbet. SS 1987: 28,4%; SS 1989: 23,5%; WS 1989/90: 23,8%. Entsprechendes traf für die (noch geringere) Konvents-Wahlbeteiligung zu: FN 477.
Das Verfahren wurde juristisch abgesichert erstmals mit der Neufassung des § 14 Abs.6 StS v.6.8.1991 (= FN III.139/140). Zur grundsätzlichen juristischen Problematik dieser Konstruktion: FN IV.224 (Kap.15).
499 Zum 'Prinzip der gleichmäßigen Besetzung' des Wahlorgans: Kap.17.2.1.
Gewählt wurden in den Wahlausschuß: H.**Schneider** [LiLi, zuvor 'Juso-HSG']; J.D.**Sievert** ['Grüne']; K.**Alheit** ['Juso-HSG']; nicht gewählt wurde der Oppositionskandidat T.**Angert** [UF]: StuPa-Prot. v.30.6.1989. Siehe zu diesem Sachverhalt ferner: FN III.133 (Kap.12); FN 61(c) (Kap.17); Wahlen ohne Oppositionskontrolle, in: pro - Frankfurter Hochschulzeitung **52** (Nov.1989), S.1; Volkskammer-Wahlen an der Universität?, Leserbrief in: Uni-Rep.11/1989, S.6; Zur Legitimation des studentischen Wahlausschusses, in: ASTA-info.12/1989, S.1/2.
500 Amtliche Veröffentlichung in: Uni-Rep.1/1990, S.13. Dieselben Informationen, jeweils die ersten sechs Kandidaten, enthielt der amtliche Stimmzettel der Wahl. Weitere amtliche Publikationen erfolgten nicht.
Zur möglichen Erheblichkeit dieses Wahlfehlers (Verstoß gegen das Publikationsgebot): FN 193.
501 ASTA-info.2 (Januar 1990).
(i) Wahlwerbung für die eigenen Gruppen u.a.: AStA / Linke Liste (S.3); Kulturreferat Linke Liste (S.5); Ökologiereferat AStA / Grüne (S.4); Wer verdient an der Wohnungsnot, AStA / Juso HSG (mit Emblem der Gruppe) (S.10). **(ii)** Wahlwerbung gegen Oppositionsgruppen: AStA, Zur Legitimation des studentischen Wahlausschusses (S.10 [gegen 'Unabhängige Fachbereichsgruppen' (UF)]); AStA / Linke Liste, Zur Erklärung angeblich 'Liberaler' Studenten (S.10 [gegen 'Liberale Studenten Frankfurt' (LSF)]).
Zur möglichen Erheblichkeit dieses Wahlfehlers (amtliche Wahlwerbung): Kap.19.31.3.
502 Erklärung der Vorsitzenden des studentischen Wahlausschusses K.**Alheit**, in: WA-Prot. v.11.12.1989, S.1

los) zu streichen sind"[503]. Weder Vertrauensschutz in das bisher übliche (für den 'Durchschnittsbeteiligten' nicht zwingend als rechtswidrig zu erkennende) gewohnheitsrechtliche Verfahren, die bisherige Unwissenheit *aller* Beteiligten in dieser Frage, die Unternormierung des Tatbestands im maßgeblichen Recht (HHG und StS)[504], noch uneinheitliche Normierungen in anderen Wahlgesetzen und -ordnungen[505] vermochten das Wahlorgan hier zu veranlassen,

---

503 WA-Prot. v.12.12.1989, S.1.
Der Bezug erfolgte auf Gesetzesnormen für staatliche Wahlen (WA-Prot. v.11.12.1989): § 11 Abs.4 Hess. KWahlG (= FN IV.285); § 23 Abs.3 Nr.4 Hess.KWO (= FN 3); § 28 Abs.2 Nr.4 Hess.LWO (= FN 3); § 34 Abs.4 Nr.4 BWO (= FN IV.30). - Dieses von keiner Seite vorherzusehende Vorgehen des Wahlausschusses zum Nachteil der Listeneinreicher widersprach grundlegend den Prinzipien der Vollständigkeit, Klarheit und Berechenbarkeit des rechtsstaatlichen Wahlverfahrens [dazu: Kap.13.2.2.]:
Das eingeschränkte Ermessen des Wahlorgans. (a) Dies ergibt sich im konkreten Fall der Listenzulassung zunächst aus dem Charakter des passiven Wahlrechts als "grundrechtsähnlichem Recht" [dazu: FN IV.23, FN IV.24 (Kap.13)]: "Das Rechtsstaatsprinzip gebietet, grundrechtsrelevante Vorschriften in ihren Voraussetzungen und ihrem Inhalt so klar zu formulieren, daß die Rechtslage für den Betroffenen erkennbar ist und er sein Verhalten danach einrichten kann." (G.**Leibholz**/H.-J.**Rinck**/D.**Hesselberger**, GG-Komm., 25.Lieferung 1993, Komm. Art.20 GG, S.71 (RN 681) [m.w.N. aus BVerfGE])
(b) Es ist Konsequenz aus dem Charakter des Wahlrechts als "vollständigem, wertfreiem, bestandskräftigem Normensystem" [dazu: Kap.13.2.2.]: "Der Ablauf des Wahlgeschehens muß von vornherein förmlich festgelegt sein. Auch die Rechte und Pflichten derjenigen, die an der Wahl beteiligt sind, müssen geregelt sein. ... Die teilweise 'entsprechende' Anwendung anderer Wahlordnungen und die teilweise Heranziehung ungeschriebener gewohnheitsmäßig gebildeter Regeln genügen nicht den Anforderungen der Formstrenge, die das Wahlverfahren erfordert. ... Im Bereich des Wahlrechts kommt dem Grundsatz, daß rechtliche Regelungen verhersehbar sein sollen und der Bürger sich dementsprechend einrichten können soll, überragende Geltung zu. Daß hier dem Prinzip der Rechtssicherheit besonderes Gewicht zuzumessen ist, liegt in der Funktion des Wahlrechts begründet, dessen streng formalisierte Regeln einen rechtlich einwandfreien Prozeß der politischen Willensbildung durch Wahlen gewährleisten sollen. ... Diese Verhältnisse sind, wenngleich in abgeschwächtem Maße, auch bei Hochschulwahlen gegeben" (VG Hannover, E.v.20.9.1972 [Az.: IV A 47/42], in: W.-W.**Waibel** (FN 208), S.75/79). Exemplarisch: FN III.31 (Kap.10), Nichtigkeit eines Wahlverfahrens ohne rechtsgültige WO.
(c) Für das Zulassungsverfahren folgt daraus speziell: "Für die Ermächtigung zu Ermessensentscheidungen von Verwaltungsbehörden bei der Zulassung von Wahlvorschlagslisten ist deshalb ebensowenig Raum wie für die Ausfüllung unbestimmter Rechtsbegriffe, die den mit der Abwicklung der Wahl befaßten Behörden einen wertungs- oder Beurteilungsspielraum einräumen würden. Das gilt auch für Wahlorgane wie Wahlleiter und Wahlausschuß. Erforderlich sind vielmehr grundsätzlich gebundene Entscheidungen der Wahlorgane und - damit zusammenhängend - die Beschränkung auf eindeutige, ohne weiteres feststellbare Kriterien. ... Diesen Anforderungen kann nur eine solche Auslegung gerecht werden, die über den auf eindeutige, ohne Auslegungs- und Nachforschungsaufwand feststellbare Kriterien beschränkten Prüfungsmaßstab nicht hinausgeht." (P.M.**Huber** (FN 362), S.234 [dies bekräftigend: Kap.17.1.1., insb. FN 10])
(d) Weitergehend und allgemeiner sind die "Prinzipien der Rechtsklarheit und Rechtssicherheit" sogar als "wichtiger Verfassungsgrundsatz" anerkannt (T.**Maunz**/R.**Zippelius**, Deutsches Staatsrecht, 28.Aufl. München 1991, S.345/ 353).
504 Zum 'Vertrauensschutz'. Der 'Vertrauensschutz' wird nach der h.M. aus dem Rechtsstaatsprinzip abgeleitet und erhält damit Verfassungsrang zugesprochen: "Im Rechtsstaatsprinzip ist ... das Gebot des Vertauensschutzes verfassungsmäßig verankert." (G.**Leibholz** u.a. (FN 502), Komm. Art.20 GG, S.68 (RN 642) [in Rekurs auf: BVerfGE **30**, 392 [403]; BVerfGE **50**, 244 [250]; BVerfGE **59**, 128 [164]; ferner: K.**Hesse**, Grundzüge des Verfassungsrechts der Bundesrepublik Deutschland, 16.Aufl. Heidelberg 1988, S.73 (RN 185)])
505 (a) Die Unternormierung des Unterstützerquorums im einschlägigen, positivierten Studentenschaftswahlrecht. Das HHG (= FN III.95) verwies für die "Wahl ... der Organe der Studentenschaft" (§ 66 Abs.4 Nr.1 HHG) auf die StS. Die gültige StS (= FN III.139/140) und, daraus übernommen, die Wahlbekanntmachung normierten lediglich: "Listen, die nicht bereits im alten Parlament vertreten waren, können nur dann zur Wahl zugelassen werden, wenn mindestens 50 Wahlberechtigte durch Unterschrift und Angabe ihrer vollständigen Adresse und Fachbereichszugehörigkeit den Wahlvorschlag unterstützen." (§ 14 Abs.3 StS)
Die nicht positivierte Regelung erscheint allgemein als Charakteristikum 'undogmatisch-linker' Verfaßter Studentenschaften zur Ermöglichung situationsspezifischer (willkürlicher) Mehrheitsentscheidungen [siehe dazu: 'dichotomes Mehrheitsprinzip' (Kap.3)] unter dem Aspekt der Machtsicherung: Kap.8.2.3.
(b) Die uneinheitliche Normierung des Unterstützerquorums im Deutschen Wahlrecht. Von eindeutigen Entscheidungskriterien des Wahlausschusses bei den Norm-Rückgriffen konnte keine Rede sein: Der Berufung auf "höherrangige Gesetze" haftete in diesem Falle insofern Willkür an, als die Zulässigkeit der formal-analo-

Wiedereinsetzung in den vorigen Stand zu gewähren und damit eine nachträgliche Frist zur Behebung des unverschuldet zustande gekommenen formalen Fehlers einzuräumen, um den Einreichern ihr passives Wahlrecht nach Möglichkeit zu erhalten[506]. Vielmehr berief sich der Wahlausschuß in der Zurückweisung der nachfolgenden Widersprüche gegen die Nichtzulassung erneut darauf, "dem Sinn nach einschlägiges höherrangiges Recht angewendet"[507] zu haben, um ein politisch gewünschtes Ergebnis zu erreichen: Alle drei mutmaßlich 'rechten' Wahlvorschlagslisten wurden wegen nach den Streichungen aller Mehrfachunterstützungen unterschrittenen Unterstützerquorums *ohne Nachfristgewährung* zur Wahl nicht zugelassen[508].

19.26.2. Die gerichtliche Bestätigung der Listenzurückweisung vom 21.12.1989. Gegen die endgültige Zurückweisung ihrer Listen durch das Wahlorgan begehrten die einreichenden Studenten (vorläufigen) Rechtsschutz zur Sicherung ihres passiven Wahlrechts beim zuständigen Verwaltungsgericht Frankfurt am Main: Mittels Antrags auf Erlaß einer einstweiligen Anordnung (§ 123 VwGO) wurde begehrt, die Studentenschaft der Johann Wolfgang Goethe-Universität als (passivlegitimierte) rechtsfähige Körperschaft des Öffentlichen Rechts zu verpflichten (§ 42 Abs.1 VwGO), die drei Wahlvorschlagslisten zur Wahl zuzulassen, ersatzweise Wiedereinsetzung in den vorigen Stand (§ 60 VwGO) zu gewähren[509] mit der (befristeten) Möglichkeit der Fehlerkorrektur (Beibringen der fehlenden Unterstützerunterschriften).

---

gen Inbezugnahme staatlichen Wahlrechts durch den Wahlausschuß rechtlich ungeklärt war und verschiedene andere Wahlordnungen für (insbesondere auch studentische) Selbstverwaltungskörperschaften die Pflicht der Nachfristgewährung in diesem Falle einräumten und der Wahlausschuß auf diese Normen gerade nicht rekurrierte; z.B.: § 9 Abs.5 WO der Studentenschaft der Universität zu Köln i.d.F. v.20.9.1983 (Amtl.Mitt.5/1980); § 8 Abs.2 WO der Studentenschaft der RWTH Aachen v.1.6.1988 (Amtl. Bekanntm. RWTH v.3.1.1989); dem vorangehend: § 9 Abs.5 VO über die Grundsätze des Wahlverfahrens und der Verwaltungshilfe für die Wahl der Studentenparlamente in NRW (= FN III.99(b)). Ferner: § 8 i.V.m. §§ 3 Abs.2, 7 WO für die Delegiertenversammlung - der Zwangkörperschaften des Öffentlichen Rechts - der Ärzte-, Zahnärzte-, Tierärzte- und Apothekerkammern i.d.F. v.13.7.1967 (Hess.GVBl.I, S.137 (1967)); § 10 Abs.4 WO zum Hess.PersVG v.8.4.1988 (= FN IV.101 [vgl. zur Ausführung: W.**Kuhn**/G.**Sabottig**/W.**Schneider**/L.**Thiel**/E.**Wehner**, Wahlordnung zum Bundespersonalvertretungsgesetz (Komm.), Köln 1976, Komm. § 10 Abs.4 WO, S.124 (RN 20)]).

506 Wiedereinsetzung in den vorigen Stand gem. § 32 Hess.VwVfG [Hessisches Verwaltungsverfahrensgesetz (= FN IV.293)]. Diese weitestmögliche Erhaltung des passiven Wahlrechts ist der herrschende Grundsatz der Listenzulassung im demokratischen Wahlverfahren: FN 213(b).

507 WA-Stellungnahme im Verwaltungsstreitverfahren [nachfolgend: Kap.19.26.2.] v.20.12.1989, S.2

508 WA-Prot. v.12.12.1989; Widersprüche der Listen gegen ihre Nichtzulassung v.12.12.1989; ablehnende Widerspruchsbescheide des Wahlausschusses (Versagung der Zulassung) v.15.12.1989.

Zur möglichen Erheblichkeit dieses Wahlfehlers (rechtswidrige Zurückweisung einer Wahlvorschlagsliste): FN 210; FN 503 i.V.m. FN 505.

Zu ähnlichem Sachverhalt bereits: Kap.19.10.2.(c).

Für den letztlich rein politischen Kern dieser Entscheidung des studentischen Wahlausschusses sprach - neben dessen willkürlichen Normrückgriffen: FN 505(b) - ein gleichzeitig ablaufender Rechtsstreit über die Zurückweisung zweier 'undogmatisch-linker' studentischer Konventslisten wegen Nichterfüllens der durch die KoWO v.15.9.1989 (= FN IV.100) explizit normierten formalen Voraussetzungen [zum Tatbestand: Kap.14.2.3.]. In diesem Falle nämlich vertrat die 'undogmatisch-linke' Vorsitzende des studentischen Wahlausschusses, K.**Alheit** ['Juso-HSG'], in ihrer gleichzeitigen Eigenschaft als studentisches Mitglied des Zentralen Wahlvorstands, eine in genauem Gegensatz zu ihrem Handeln im Falle der StuPa-Listen stehende These (deren Quelle nicht angegeben wurde! [als Quelle z.B.: FN 213(b)]): "Im Wahlrecht gilt der Grundsatz, daß möglichst die Auslegung einer Erklärung zu nehmen ist, die zur Gültigkeit des Wahlakts führt." (wortgleiche Widersprüche der 'Juso-HSG' v.15.12.1989, der 'Grünen an der Uni' v.18.12.1989 gegen die Entscheidung des Zentralen Wahlvorstands v.13.12.1989 [deren Wahlvorschlagslisten wegen Unterschreitens des vorgeschriebenen Kandidatenquorums (§ 13 Abs.1 KoWO i.d.F. v.15.9.1989) nicht zur Konventswahl zuzulassen]) Die Jurastudentin K. **Alheit** stimmte als einziges Mitglied des Zentralen Wahlvorstands für die Zulassung der beiden 'undogmatisch-linken' Listen zur Konventswahl - trotz des Vorliegens derer formaler Mängel.

509 Antrag v.18.12.1989 der Spitzenkandidaten J.**König**, C.**Löw**, C.**Lutz** auf Erlaß einer einstweiligen Anordnung (§ 123 VwGO [Verwaltungsgerichtsordnung (= FN IV.296)]) beim VG Frankfurt/M. Zur spezifischen Ausprägung des subjektiven Rechtsschutzes für Studentenschaftswahlen in diesem Falle: Kap.16.3.3.(c).

Gemäß dem universellen Prinzip der Gewährung effektiven, subjektiven Rechtsschutzes, aber entgegen seiner früheren Auffassung[510], bejahte das Gericht die Zulässigkeit der Verpflichtungsklage zu diesem Zeitpunkt während des laufenden Wahlverfahrens. Dagegen hielt das Gericht den Antrag für nicht begründet, "denn die Nichtzulassungsentscheidung erging zu Recht. ... Die grundsätzliche Entscheidung, wie die Studentenparlamentswahl durchzuführen ist, (ist) nicht in der StS, sondern in § 65 Abs.3 S.1 HHG geregelt ..., wonach das Studentenparlament in freier, gleicher und geheimer Wahl nach den Grundsätzen der Verhältniswahl gewählt wird. Diese Vorschrift bringt die überkommenen Grundsätze parlamentarischer Wahlen zur Anwendung[511] (...). Zu diesen zählt das Wahlvorschlagsrecht als Bestandteil der Wahlberechtigung."
Selbst unter der (nicht stets zwingenden) Voraussetzung des Zugrundeliegens aller "überkommenen Grundsätze parlamentarischer Wahlen" auch für Studentenschaftswahlen ist dem Urteil nicht ohne gravierende Bedenken zuzustimmen[512]. Wegen der scheinbar eindeutigen Rechtslage aufgrund der VG-Entscheidung wurde die StuPa-Wahl von den juristisch nicht bewanderten Antragstellern nachfolgend im Wahlprüfungsverfahren nicht angefochten.
Bereits die nachfolgende Wahl zeigte deutlich, daß die 'undogmatisch-linke' Mehrheit des studentischen Wahlausschusses sich an die durch von ihr selbst aufgestellten Grundsätze eintretende Selbstbindung in einer anderen politischen Konstellation nicht gebunden fühlte:

19.27. Die StuPa-Wahl vom 10.1.-30.1.1991 (rechtswidrige Listenzulassung; Verstoß gegen das Irreführungsverbot; rechtswidrige Gestaltung eines Stimmzettels)

Diese Wahl[513] litt abermals einschneidend unter den willkürlichen Gesetzesinterpretationen eines 'undogmatisch-linken' Vorsitzenden des studentischen Wahlausschusses (WA). Er versuch-

---

510 Beispielhaft: Kap.19.10.3.
511 Unzulässigkeit formaler Analogschlüsse im parlamentarischen Wahlrecht. Die vom VG Frankfurt/M gezogene Schlußfolgerung (s.o.) ist in der benutzten Allgemeinheit nicht richtig: Kap.14.1. **(i)** Z.B. stellen die strikten Anforderungen an die Aufstellung von Wahlvorschlagslisten für "staatliche Wahlen" [dazu: FN IV.231 (Kap.15)] heute sicherlich einen "überkommenen Grundsatz parlamentarischer Wahlen" dar; diese Anforderungen sind, weil für Studentenschaftswahlen systemfremd, nicht auf diese Wahlklasse formal übertagbar: Kap. 19.31.1. **(ii)** Ähnliches gilt für den Tatbestand des Stimmenquorums: FN IV.180 (Kap.15) und **(iii)** für die Bestimmung des Wahlkörpers für die Wiederholungswahl: FN 423(b). **(iv)** Subjektiver Rechtsschutz im laufenden Wahlverfahren besteht für Studentenschaftswahlen [siehe o.g. VG-Entscheidung (= FN 512)!], nicht aber für "staatliche Wahlen": FN IV.285 (Kap.16). **(v)** Anders als für "staatliche Wahlen" besteht eine strenge Formalisierung des Wahlrechtsgrundsatzes der Allgemeinheit für Studentenschaftswahlen: Kap.15.1.1.(a). **(vi)** Das Unterstützerquorum ist mit den "überkommenen Grundsätzen parlamentarischer Wahlen" zwar vereinbar; es ist jedoch mitnichten definierender Bestandteil dieser Grundsätze. - Daß diese "überkommenen Grundsätze" immer noch weite Ausgestaltungen zulassen, beweist allein die vielschichtige Praxis des K-Wahlrechts in Deutschland (alte Bundesländer): A.**Saftig**, Kommunalwahlrecht in Deutschland, [jur.Diss.] Baden-Baden 1990, Teil B [zur Prüfung der Vereinbarkeit mit dem Homogenitätsgrundsatz des Art.28 GG: A.**Saftig** (s.o.), S.26]. Entsprechendes gilt für das Satzungsrecht der Selbstverwaltungskörperschaften: FN 505 [zu den spezifischen Ausprägungen der demokratischen Wahlrechtsgrundsätze für Studentenschaftswahlen: Kap.15].
512 VG Frankfurt/M, E.v.21.12.1989 [Az.: V/1 G 3264/89], unveröffentlicht.
Diese Argumentation des Gerichts verkennt im übrigen die h.M., wonach "die Ausgestaltung des Wahlrechts innerhalb autonomer Körperschaften traditionell zum satzungsrechtlich zu regelnden Bereich korporativer Eigenverantwortung" gehört (H.-P.**Schneider**/F.**Hufen**, Wahl- und Abstimmungspflichten im Bereich der Studentenschaft, Berlin 1978, S.56). Dieser h.M. ist allerdings nicht beizutreten: Kap.14.1.1.(b).
Siehe, über das Angesprochene (FN 511, FN 512) hinausgehend, zu gravierenden Bedenken hinsichtlich mangelnder Formstrenge des streitbefangenen Zulassungsverfahrens: FN 503.
513 Zu dieser Wahl traten erfolglos an: 'Ökologisch-Demokratische Studenten' (ÖDS, Liste 7); 'Studentisches Aktionsforum für soziale Initiative (STASI)' (Liste 1); die politisch nicht ernstzunehmenden Listen 'Graue Panther / Langzeitstudenten' (Liste 8); 'Roman Geszchlecht hat Recht (RGHR)' (Liste 11). Alle Mandate verteilten sich unter den bisher bereits im Parlament vertretenen Listen.

te, aus dem gesamten, ihm bekannten Repertoire des staatlichen Wahlrechts jeweils gerade diejenigen Normteile zu isolieren, die die ihm politisch genehmen Ergebnisse abzusichern geeignet schienen; er erklärte zur Rechtfertigung seines im Widerspruch zum Wahlausschußhandeln bei der letzten Wahl stehenden Vorgehens, "daß eine Entscheidung des Wahlausschusses nur für die kommende Wahl relevant ist und etwaige anderslautende Entscheidungen aus vorangegangenen Jahren nicht berücksichtigen muß"[514]. Begünstigt wurde dieser offensichtliche Verstoß gegen das rechtsstaatliche Prinzip der Selbstbindung des Wahlausschußhandelns einerseits durch die weiterhin bestehende Unternormierung des Studentenschaftswahlrechts, insbesondere das Verfahren der Listenzulassung, in der gültigen StS, und die völlige Untätigkeit der Rechtsaufsichtsbehörde. Andererseits offenbarte der Verstoß ein grundlegendes verwaltungstechnisches Defizit der in Selbstverwaltung durchgeführten Studentenschaftswahlen[515].

19.27.1. Die (vorläufige) Zurückweisung einer zur Wahl eingereichten mutmaßlich 'undogmatisch-linken' 'Tarnliste' am 6.12.1990. Für die Wahl reichte fristgerecht am 5.12.1990 eine 'Christlich Demokratische Studenten Union (C.D.S.U.)' ihre Wahlvorschlagsliste ein. Wegen des Verstoßes gegen das Aufweisen "deutlicher Unterscheidbarkeit" des Listennamens mit demjenigen bestehender politischer Studentenorganisationen ('Differenzierungsgebot'), legten sowohl der 'Ring Christlich Demokratischer Studenten' (RCDS) als auch dessen Mutterpartei 'Christlich Demokratische Union Deutschlands' (CDU, Stadtverband Frankfurt/Main) vorsorglich Widerspruch gegen die Zulassung der Liste zur Wahl ein[516]. Der studentische Wahlausschuß wies, den offensichtlich stichhaltigen Begehren Rechnung tragend, die Liste in dieser Form von der Wahl zurück; aufgrund des Widerspruchs gegen die Nichtzulassung erging zunächst entsprechend der Übung des Wahlausschusses, die "überkommenen Grundsätze parlamentarischer Wahlen" auch für Studentenschaftswahlen in Anwendung zu bringen, durch Mehrheitsbeschluß gegen die Stimme des 'undogmatisch-linken' Vorsitzenden der die Nichtzulassung bestätigende Widerspruchsbescheid: "Auch bei der notwendigen eineindeutigen Zuordnung von kandidierenden Gruppen zu den Listenkennworten auf dem Stimmzettel handelt es sich um einen 'überkommenen Grundsatz parlamentarischer Wahlen' (...); hierzu ist in der StS ebenfalls (wie im Falle der Ausgestaltung des Unterstützerquorums) nichts ausgeführt. Die ... Wahlvorschlagsliste 'Christlich Demokratische Studenten Union (C.D.S.U.)' widerspricht er-

---

514 Erklärung des 'undogmatisch-linken' WA-Vorsitzenden J.D.**Sievert** ['Grüne an der Uni'] in: WA-Prot. v.15.12.1989. [Beachte in diesem Zusammenhang auch: FN 61(c) (Kap.17).]
Als Theologiestudent mochte J.D.**Sievert** den Stellenwert rechtsstaatlicher Verwaltung, der auch das Wahlausschußhandeln unterliegt, nicht richtig erkannt haben. Nichtsdestoweniger besagt das geltende Recht wohlweislich: Die "Gesetzmäßigkeit der Verwaltung" gehört zum Minimalkanon der "freiheitlichen demokratischen Grundordnung" (BVerfGE **2**, 1 [LS 2; 13])! Zur "Selbstbindung des Ermessens" der Verwaltung als Konsequenz des allgemeinen Gleichheitssatzes (Art.3 Abs.1 GG), und damit in den Verfassungsrang erhoben, z.B.: T.**Maunz**/R.**Zippelius** (FN 502), S.219. Speziell zur Selbstbindung des Wahlorgans: Kap.17.2.2.

515 Die strukturelle Außerkraftsetzung des Selbstbindungsprinzips für das studentische Wahlorgan. Besonders im Hinblick auf die meist jährlich erfolgenden Wechsel der studentischen Mitglieder des Wahlausschusses (Fehlen der personellen Kontinuität) sowie deren meist nachlässige Arbeitsweise (keine oder nur unvollständige Protokolle, keine oder nur unvollständige Ablage der Akten des studentischen Wahlausschusses: Fehlen der sachlichen Kontinuität) ist eine Selbstbindung des Verwaltungshandelns dieses Wahlorgans allein schon mangels Kenntnis des früheren Organhandelns de facto nahezu ausgeschlossen. Die meist unzureichende juristische Qualifikation der studentischen Amtswalter und deren meist übermäßige und sachfremde Politisierung verstärken das rechtsstaatliche Defizit.

516 Zwei Schriftsätze v.6.12.1990 an den studentischen Wahlausschuß.
Zur untergesetzlichen Grundlage des 'Differenzierungsgebots' für Studentenschaftswahlen: FN 359. Als Einzelfallprüfungen zum möglichen Verstoß gegen das 'Differenzierungsgebot': Kap.19.14.2.(c). (FN 363); Kap. 19.15.1. (FN 398); Kap.19.17.(a). (FN 438(a)); Kap.19.21. (FN 452(a)); Kap.19.22. (FN 454(a)); Kap.19.31.2.

Endlich !

Die demokratische Alternative am FB 02

Er ist — der Kanzler der **Einheit** und zusammen mit Konrad Adenauer der überragende Politiker der Nachkriegszeit

Er hat — den **Weitblick** und das **Durchhaltevermögen** um die europäische Integration erfolgreich abzuschließen

Er steht — für die **deutsche Einheit** nach 45 Jahren der Trennung, für Frieden und Freiheit, für **Leistung** und **Fortschritt**, für alle Deutschen, für **Optimismus**, für wirtschaftlichen **Aufschwung**, für **Wohlstand** in den alten und neuen Bundesländern, für soziale Gerechtigkeit

Nur **Er** — kann die vor uns liegenden Probleme **anpacken** und lösen

Deshalb — am 02. Dezember **Helmut Kohl** wählen

Wir sind — christlich-demokratische Studenten mit einem liberalen Wirtschaftsverständnis und treten erstmals für Wahlen an unserem Fachbereich an

Wir haben — genug von der Tatenlosigkeit des Rings Christlich Demokratischer Studenten (RCDS) und der Liberalen Studenten Frankfurts (LSF). Konservativ-liberale Politik bedeutet nicht, die Interessen der Studenten zu vernachlässigen

Wir stehen — für Leistung, Fortschritt und Innovation auch an unserem Fachbereich

Nur **Wir** — können eine Politik im Sinne **Helmut Kohls** an der Universität verwirklichen

Deshalb — bis zum **23.01.1991** (Briefwahl)
vom **28.01.** bis **30.01.1991** (Urnenwahl)

Christlich-Demokratische StudentenUnion (C.D.S.U.) wählen

V.i.S.d.P.: Thomas Lang, Mühlweg 23, 6000 Frankfurt am Main

In Hessen und am FB 02

CHRISTLICH - LIBERAL

wählen

CHRISTLICH LIBERALE STUDENTEN INITIATIVE

Abb.21: Plakate der mutmaßlichen 'Tarnliste' CDSU / C.L.S.I., 11/1990 und 1/1991

sichtlich § 11 Abs.1 Hess.KWO. Sie mußte also entsprechend allgemeiner Übung des studentischen Wahlausschusses gemäß § 15 Abs.1 Hess.KWahlG i.V.m. § 14 Abs.2 und Abs.3 Hess. KWahlG ohne Einräumung einer Nachbesserungsfrist ... zurückgewiesen werden."[517]

19.27.2. Die Willkür-Entscheidung des Wahlausschusses zur nachträglichen Zulassung der Wahlvorschlagsliste am 17.12.1990 und die nicht-eingreifende VG-Entscheidung vom 21.12.1990. Entgegen dem Grundprinzip rechtsstaatlicher Verwaltung, nämlich der Selbstbindung, der auch der studentische Wahlausschuß unterliegt[518], traf dessen 'undogmatisch-linker' Vorsitzender anschließend seine eigene, politisch motivierte Rechtsschöpfung. Er selbst nämlich sorgte fünf Tage nach der endgültigen Zurückweisung der Wahlvorschlagsliste CDSU durch den Wahlausschuß für die sowohl formal rechtswidrige[519] als auch materiell rechtswidrige[520] Aufhebung des o.g. Widerspruchsbescheids und ermöglichte durch Nachfrist-Gewährung die nachträgliche Zulassung der mutmaßlich 'undogmatisch-linken' Liste unter dem nunmehr abgeänderten Namen 'Christlich Liberale Studenten Initiative (CLSI)'.

Gegen diese nachträglich eingeräumte Zulassung der streitbefangenen Wahlvorschlagsliste unter dem neuen Listenkennwort CLSI klagte der Vorsitzende des RCDS beim zuständigen Verwaltungsgericht Frankfurt am Main[521]. Das Gericht entschied im begehrten Eilverfahren zu Recht gegen den Kläger[522]: Einerseits seien wegen der erfolgten Abänderung des Listen-

---

517 Widerspruchsbescheid des studentischen Wahlausschusses v.12.12.1990, S.2/3.
Zur Maßgeblichkeit der Inbezugnahme exakt dieser Gesetzesnormen aufgrund der Selbstbindung: FN 501; dies wurde vom VG Frankfurt/M in einer umstrittenen (Eil-)Entscheidung ein Jahr zuvor bestätigt: Kap.19.26.2.

518 Siehe dazu: Kap.17.2.2.; FN 514.

519 "Die Entscheidung der Nichtzulassung der Wahlvorschlagsliste 'Christlich Liberale Studenten Initiative (C.L.S.I.)' war gem. § 48 Hess.VwVfG aufzuheben, da sie einen nicht erforderlichen und gesetzlich nicht begründeten Eingriff in das passive Wahlrecht der unter dieser Listenbezeichnung zur Wahl angetretenen Studenten darstellte." (Bescheid v.17.12.1990 über die "Aufhebung einer Entscheidung des studentischen Wahlausschusses")

Zur formalen Rechtswidrigkeit des WA-Bescheids (Wahlverfahrensbestandssicherung): "Das Wahlverfahren besteht aus einer vorbestimmten Aufeinanderfolge von Akten. Der Prozeß, einmal begonnen, kann nicht unterbrochen werden, ist nicht zurückschraubbar, ist irreversibel. Diese Irreversibilität des Wahlverfahrens führt zu einer über die im allgemeinen Verwaltungsrecht entwickelten Grundsätze hinausgehenden Unwiderruflichkeit der Wahlverfahrensakte. Während nach allgemeinem Verwaltungsrecht die erlassende Behörde einen fehlerhaften Verwaltungsakt zurücknehmen kann und muß, sind Wahlverfahrensakte grundsätzlich unwiderruflich, auch wenn sie fehlerhaft sind. Das Bedürfnis nach Rechtmäßigkeit ist dem nach Sicherheit und Stetigkeit des Verfahrens gewichen. ... Wenn der für ihren Erlaß wahlgesetzlich bestimmte Termin verstrichen ist, dürfen daher die Wahlorgane auch fehlerhafte Wahlverfahrensakte grundsätzlich nicht mehr widerrufen" (K.O.**Nass** (FN 8), S.183/184 [auch: S.189/190]). Ebenso: "Der Wahlausschuß kann eine von ihm getroffene Entscheidung nicht mehr ändern" (W.**Hannappel**/R.**Meireis**, Leitfaden Landtagswahl 1987 im Lande Hessen, Mainz 1987, S.25 (RN 93)). Vgl. in diesem Sinne auch: FN 503(b), "Sicherheit und Stetigkeit" des laufenden Wahlverfahrens. Dies steht im Einklang mit: Kap.16.3.5.(b)., keine ungeregelte, gesetzlich nicht explizit vorgesehene Eingriffskompetenz des studentischen Wahlausschusses in ein laufendes Wahlverfahren.

520 "Der Wahlausschuß hat sich bei seiner Rücknahmeentscheidung auch nach § 25 Abs.1 und 2 BWahlG orientiert. Danach sind Wahlvorschläge unverzüglich nach Eingang zu prüfen, und bei Mängeln hat eine sofortige Benachrichtigung zu erfolgen, um die Beseitigung behebbarer Mängel zu ermöglichen, wobei Verwechslungsgefahr bei der Bezeichnung von Wahlvorschlägen nicht als unbehebbarer Mangel aufgeführt ist." (WA-Bescheid (FN 519))

Zur materiellen Rechtswidrigkeit des WA-Bescheids ('Differenzierungsgebot'): Der 'undogmatisch-linke' Vorsitzende des studentischen Wahlausschusses und Theologiestudent J.D.**Sievert** übersah, daß wegen des Parteienprivilegs im Wahlvorschlagsrecht für BT-Wahlen (§ 18 Abs.1 BWahlG (= FN IV.30)) - im Gegensatz zu Kommunal- und LT-Wahlen, die für die vorliegende Entscheidung offensichtlich politisch nicht taugten und somit von J.D.**Sievert** wohlweislich <u>nicht</u> herangezogen wurden - das 'Differenzierungsgebot' ins Parteiengesetz vorverlagert ist (§ 4 Abs.1 PartG i.d.F. v.15.2.1984 (BGBl.I, S.242-251 (1984))).

521 Antrag auf Erlaß einer einstweiligen Anordnung [gemäß § 123 VwGO (= FN IV.296)] v.18.12.1990 durch den RCDS-Vorsitzenden R.**Huber** beim VG Frankfurt/Main

522 VG Frankfurt/Main, E.v.21.12.1990 [Az.: V/1 G 3228/90], unveröffentlicht.

namens die Antragsteller eines individuellen Rechtsschutzbedürfnisses entäußert und insofern im Rahmen des laufenden Wahlverfahrens klaglos gestellt worden[523]. Andererseits hätte die Nichtzulassung der CLSI zur Wahl eine Vorwegnahme der Hauptsache bedeutet insofern, als die Mitglieder dieser Liste damit ihres passiven Wahlrechts verlustig gegangen wären[524]; im Rahmen der lediglich summarischen Prüfung der Rechts- und Sachlage hätte das Gericht zu diesem Zeitpunkt aber nicht zweifelsfrei feststellen können, ob die Zulassung der Wahlvorschlagsliste CLSI rechtswidrig gewesen wäre[525]. - Insofern wurde der Antragsteller zu Recht auf das Wahlprüfungsverfahren verwiesen.

19.27.3. Die Untätigkeit des Ältestenrats in der Rechtmäßigkeitsprüfung. Wegen der mit der Veröffentlichung des vorläufigen amtlichen Endergebnisses sich herausstellenden fehlenden Mandatsrelevanz nicht im Wahlprüfungsverfahren, nichtsdestoweniger aber angesichts allgemeiner Bedeutung des Sachverhalts für nachfolgende Studentenschaftswahlen wünschte der Antragsteller die Klärung der Rechtmäßigkeit der nachträglichen Listenzulassung durch den studentischen Wahlausschuß sowie die Formulierung eindeutiger Kriterien hierfür (also die Regelung einer Möglichkeit streng befristeter Wiedereinsetzung in den vorigen Stand beim Listenzulassungsverfahren[526]), ferner eine rechtsverbindliche Konkretisierung der 'Tarnlisten'-

---

Ob das derart in 'Christlich Liberale Studenteninitiative' geänderte Listenkennwort tatsächlich dem 'Differenzierungsgebot' des Studentenschaftswahlrechts [dazu: FN 359; Kap.19.31.2.] genügte, d.h. für den 'Durchschnittswähler' eine Verwechslungsgefahr mit den bereits hochschulpolitisch etablierten Gruppen 'Ring Christlich Demokratischer Studenten' (RCDS) und 'Liberale Studenten Frankfurt' (LSF) unwahrscheinlich machte, mag an dieser Stelle dahingestellt bleiben.

Beachte in diesem Zusammenhang aber auch: "Eine (vorbeugende) Feststellungsklage zum Zwecke der Vermeidung eines sich im Zeitpunkt der gerichtlichen Entscheidung schon abzeichnenden Wahlanfechtungsgrunds ist zulässig. Der Wahlbewerber, der die Zulassung eines den gesetzlichen Bestimmungen zuwiderlaufenden Wahlvorschlags eines anderen Bewerbers und eine damit verbundene Minderung seiner eigenen Wahlchancen zu befürchten hat ..., kann nicht auf die Möglichkeit der Inanspruchnahme späteren Rechtsschutzes ... oder gar das Wahlanfechtungsverfahren verwiesen werden" (Ba-Wü.VGH, E.v.19.3.1979 [AZ.: I 915/78], in: DVBl.**95**, S.60-62 (1980), S.60). Ferner in diesem Sinne: FN 387(b) (Kap.16). - Dagegen aber: FN 523.

523 Siehe für die Klassen zulässiger Klagen im laufenden Wahlverfahren: Kap.16.3.3. Die Geltendmachung eines Verstoßes gegen das 'Differenzierungsgebot' [vgl. dazu: Kap.19.31.1.(a).] oder die mißbräuchliche Wahrnahme des passiven Wahlrechts ['Irreführungsverbot', vgl. dazu: FN 364(c)] zählen nicht dazu (weil ein solcher Verstoß weder in die Wahrnahme des aktiven noch des passiven Wahlrechts durch den Antragsteller eingreift).

524 Es gilt der Grundsatz, daß im Zweifelsfalle eine Wahlvorschlagsliste zur Wahl zuzulassen ist: FN 213(b); FN 506. Beachte dazu auch unter dem Gesichtspunkt der Wahlbestandssicherung: FN IV.232 (Kap.15).

525 Diese Argumentation des Gerichts muß verwundern, denn die nachträgliche Zulassung der Wahlvorschlagsliste CLSI war in der erfolgten Form evident rechtswidrig: FN 519; FN 520.- Grundsätzlich beachte aber **(i)** zum Verbot der Vorwegnahme der Entscheidung in der Hauptsache: Kap.16.3.4., insb. FN IV.316; **(ii)** zur 'Evidenzkontrolle' im Zulassungsverfahren für Wahlvorschlagslisten: FN 362.

Die finanzielle Ungleichstellung der Prozeßbeteiligten. Für derartige Rechtsstreitigkeiten muß künftig ein Verfahren gefunden werden, das auch finanzielle Gleichheit zwischen Wahlorgan (d.h. Verfaßter Studentenschaft) und studentischen Individualklägern sicherstellt. Im vorliegenden Falle bediente sich nämlich der 'undogmatisch-linke' Vorsitzende des studentischen Wahlausschusses unter Zustimmung des 'undogmatisch-linken' AStA-Vorstands der Hilfe eines Rechtsanwalts (der Oppositionsvertreter im Wahlausschuß wurde um seine Zustimmung erst gar nicht ersucht) als Prozeßvertreter gem. § 67 Abs.2 VwGO (= FN IV.296). Nach dem vorläufig verlorenen Prozeß hatte der studentische Antragsteller - der sich aufgrund finanzieller Geringstellung bereits selbst keiner eigenen anwaltlichen Unterstützung bedienen konnte - neben den fälligen Gerichtskosten (300,-- DM) auch noch die außergerichtlichen Anwaltskosten (731,88 DM) privat zu tragen (die Erstattung der Anwaltskosten aus dem 'Rechtshilfefonds' der Studentenschaft lehnte der AStA auf Antrag ab). Im umgekehrten Falle wäre für sämtliche angefallenen Kosten die Verfaßte Studentenschaft aufgekommen. Ein persönliches, finanzielles Prozeßrisiko trug also allein der studentische Anfechter.

526 Eine Klärung der Rechtswirksamkeit des § 32 Hess.VwVfG (= FN IV.293) - Wiedereinsetzung in den vorigen Stand - für das Listenzulassungsverfahren der Frankfurter Studentenschaftswahlen erschien inzwischen in der Tat erforderlich: **(i)** Ablehnung des § 32 Hess.VwVfG durch den studentischen Wahlausschuß 1990: Kap. 19.26.1.; **(ii)** Anwendung des § 32 Hess.VwVfG durch den studentischen Wahlausschuß 1991: Kap.19.27.2.

Problematik ('Irreführungsverbot') beim dafür zuständigen Ältestenrat der Studentenschaft. Der Antrag wurde vom 'undogmatisch-links' dominierten ÄR trotz wiederholter Anmahnungen nicht behandelt und somit nicht beschieden[527].

19.27.4. Die Verletzung des Neutralitätsgebots in der Erstellung der amtlichen Stimmzettel. Die unter Aufsicht der 'undogmatisch-linken' Mehrheit des Wahlausschusses erfolgte Herstellung der Stimmzettel für diese Wahlen (der Minderheitsvertreter wurde vom Vorsitzenden über die Drucklegung nicht rechtzeitig informiert) war wenigstens in einem Falle evident rechtswidrig: Auf dem Stimmzettel für die Wahl des Fachschaftsrats Wirtschaftswissenschaften (FB 02) waren die Felder für die zugelassenen 'linken' Wahlvorschlagslisten größer als diejenigen für die anderen Listen; der Stimmkreis für die 'rechte' Liste 3 ('Unabhängige Fachbereichsgruppe WiWi (Giraffen)') wies nur ca. 50% der Fläche der übrigen Kreise auf[528]. - Dieser Wahlfehler wurde anschließend nicht in einem Wahlprüfungsverfahren angegriffen.

19.28. Die StuPa-Wahl vom 14.1.-5.2.1992 ('Schleppdienst' an der Urne)

Über dieses Wahlverfahren[529] sind mit einer Ausnahme keine besonderen Vorkommnisse und Unregelmäßigkeiten bekanntgeworden. Zu dieser Ausnahme:

Der (nicht eingeklagte, mögliche) Nichtigkeitsgrund für diese Wahl: "Schleppdienst" an der Urne. Ein Wahlhelfer des Stimmbezirks IV gab am ersten Tag der Urnenwahl einem Kollegen aus seiner politischen Gruppe anhand des ihm vorliegenden amtlichen Wählerverzeichnisses die Namen ihm bekannter bisheriger Nichtwähler weiter[530]. Der Anzahl der auf diese Weise zusätzlich gewonnenen Wähler wurde vom studentischen Wahlausschuß nach einer Rüge

---

Eine eindeutige Normierung erfolgte später durch die StS: "Die Gewährung einer Nachfrist durch den Studentischen Wahlausschuß ist unzulässig." (§ 20 Abs.8 StS v.22.2.1994 (= FN III.168))

527 Antrag v.7.2.1991 des Jurastudenten R.**Huber** an den ÄR auf Rechtmäßigkeitskontrolle gem. § 69 Abs.3 HHG (= FN III.95). Das gerichtsförmige Verfahren im Anschluß an eine Entscheidung des ÄR wäre anschliessend durch eine Fortsetzungsfeststellungsklage gem. § 113 Abs.1 S.4 VwGO (= FN IV.296) beim VG Frankfurt/M einzuleiten gewesen. Nach Untätgkeit des ÄR: Schriftsatz v.5.7.1991 des R.**Huber** an den ÄR mit Fristsetzung für eine Entscheidung bis zum 19.7.1991; nach weiterer Untätigkeit des ÄR: Schriftsatz v.26.8. 1991 des R.**Huber** an die Aufsichtsbehörde mit der Aufforderung, das Notwendige zu veranlassen; die Behörde verzichtete darauf [unter Berufung auf das Opportunitätsprinzip: FN 112, FN 113 (Kap.18)!], tätig zu werden.

528 Vgl. dazu: Abb.35, S.524 (Abbildung des Stimmzettels); Abb.22, S.452 (Flugblatt der Betroffenen).

Zur möglichen Erheblichkeit dieses Wahlfehlers (Ungleichbehandlung auf dem amtlichen Stimmzettel): Verstoßen wurde gegen den Wahlrechtsgrundsatz der Gleichheit in seiner Ausprägung als Chancengleichheit [dazu: Kap.15.2.4.]. Daß derartige Verstöße aber nicht stets zur Wiederholung der davon betroffenen Wahl führen müssen: Kap.16.5., insb. FN IV.378.

A.A.: Hess.VGH, E.v.22.11.1957 [Az.: OS I 88/57] [unveröffentlicht; zum Sachverhalt: P.**Karpenstein**, Die Wahlprüfung und ihre verfassungsrechtlichen Grundlagen, jur.Diss. Univ.Mainz 1962, S.91].

529 **Zu dieser Wahl:** Erstmals gelang der ÖDS (Liste 11) die Erringung eines Mandats; die Liste LSF ('Liberale Studenten Frankfurt', Liste 12) erhielt mit 2,5% der gültig abgegebenen Stimmen kein Mandat mehr - wohl, weil sie lediglich unter ihrer Namensabkürzung LSF zur Wahl antrat; erfolglos kandidierte 'Blaise Pascal' (Liste 4). Leer gingen sämtliche politisch nicht ernstzunehmenden Listen aus: 'Graue Panther LangzeitstudentInnen' (Liste 8); 'Roman Geszchlecht hat Recht' (RGHR, Liste 9); 'Heilige Grüne Studentenpartei' (Liste 6). Die Wahl endete mit einem Patt von 11:11 Mandaten zwischen 'linken' ['Linke Liste' (Liste 1); 'Grüne an der Uni' (Liste 7); 'Juso-HSG' (Liste 10); 'Feministisch Autonome Unifrauen' (Liste 2)] und 'rechten' ['Ring Christlich Demokratischer Studenten' (RCDS, Liste 5); 'Unabhängige Fachbereichsgruppen (Giraffen)' (Liste 3); 'Ökologisch Demokratische Studenten' (ÖDS, Liste 11)] Gruppen im Studentenparlament. [Die Gruppe 'Die Grünen an der Uni' war unter diesem Namen inzwischen vollständig von Mitgliedern der bei den vorhergehenden Wahlen erfolglosen 'Radikaldemokratischen Studentengruppe' (RSG) übernommen worden.]

530 **Zur möglichen Erheblichkeit dieses Wahlfehlers** ("Schleppdienst"): FN IV.248 (Kap.15).

Das Verhalten des Wahlhelfers widersprach zudem dessen Pflicht zur strikten politischen Neutralität in der Ausübung seines Amtes [vgl. dazu: Kap.17.2.3.].

UNABHÄNGIGE Fachbereichsgruppe Wirtschaftswissenschaften (Giraffen)

WiWi-Blättchen

Erneute "linke" Wahlmanipulationen am Fachbereich WiWi

Diesen zutiefst allen rechtsstaatlich-demokratischen Wahlprinzipien widersprechenden Stimmzettel

- Für "linke" Listen große Felder – für "rechte" Listen kleine Felder
- Für die UNABHÄNGIGEN zusätzlich einen besonders kleinen Stimmkreis

hat die Mehrheit des studentischen Wahlausschuss zu verantworten:

Jürgen D. Sievert ("GRÜNE" an der Uni)
Birgit Michalek (Linke Liste)

Die "Christlich-liberale StudentenInitiative" (CLSI) ist eine mutmaßliche Tarnliste des "linken" Wiwi-Plenums : Die Kandidaten Peter Konrad, Jürgen Kolb und Stefan Mitter waren bisher beim Wiwi-Plenum bzw. einer befreundeten "linken" Gruppe aufgetreten.
Diese "linke" Liste wurde vom rot-grünen studentischen Wahlausschuß in einer klassischen Willkürentscheidung zur Wahl zugelassen, während er gleichzeitág eine "rechte" Liste der Pharmazeuten abwies.

V.i.S.d.P.: J. Fröbel, R. Blum, A. Ruge

Amtlicher Stimmzettel zur Volksabstimmung vom 10. April 1938

Volksabstimmung und Großdeutscher Reichstag

Stimmzettel

Bist Du mit der am 13. März 1938 vollzogenen

Wiedervereinigung Österreichs mit dem Deutschen Reich

einverstanden und stimmst Du für die Liste unseres Führers

Adolf Hitler?

Ja

Nein

Amtlicher Stimmzettel zur Fachschaftsratswahl am Fachbereich Wirtschaftswissenschaften vom 28. Januar 1991

MENT

FACHSCHAFTSRAT

Die zu wählenden Vertreter zum Fachschaftsrat werden unmittelbar und geheim nach den Grundsätzen der Verhältniswahl gewählt.
Du hast für diese Wahl eine Stimme. Gib Deine Stimme durch ein in einem Kreis gesetztes Kreuz ab. Stimmzettel, auf denen mehr als ein Wahlvorschlag angekreuzt ist, oder die Zusätze enthalten, sind ungültig.

2.

Fachbereich 02

WiWi - Plenum
1. Sabine Kunz
2. Andreas Mathes
3. Sylvia Berger
4. Florian Bergmann
5. Simone Schmidt
6. Heini Staub

Jusos in der SPD
1. Frank Kohlenberger
2. Ernst Roland Beier
3. Markus Schmidt
4. Holger von Berg

UNABHÄNGIGE Fachbereichsgruppe WiWi (Giraffen)
1. Klaus Kahlig
2. Oliver Laube

Liberale Studenten am FB 02 - L.S.F. WiWi
1. Joachim Müller
2. Oliver Stirböck
3. Corinna Palzak
4. Christoph Gärtner
5. Rainer Behrend
6. Egbert Prior

Ring Christlich Demokratischer Studenten (RCDS)
1. Günther Graf v. d. Schulenburg
2. Karsten Ratzke
3. Stefan Schmitt
4. Andrea Zahradnik
5. Marc Oesau
6. Stefan Zahradnik

Christlich Liberale Studenteninitiative (C.L.S.I.)
1. Peter Konrad
2. Jurgen Kolb
3. Holger-Jens Hoffmann
4. Rüdiger Dürr
5. Stefan Mitter

Abb.22: Flugblatt der 'Unabhängigen Fachbereichsgruppe Wirtschaftswissenschaften' 1/1991, S.1 bis S.4

gegen den betroffenen Wahlhelfer nicht weiter nachgegangen. Die (nicht begehrte und folglich auch nicht begründete) Ungültigkeitserklärung der Wahl hätte sich nach dem 'Erforderlichkeitsprinzip' allein auf den Stimmbezirk IV beschränken müssen, auf dessen Stimmergebnis der Wahlfehler (nicht nachträglich korrigierbare) Auswirkung hatte.

19.29. Die StuPa-Wahl vom 18.1.-10.2.1993
(Verstoß gegen das Differenzierungsgebot und gegen das Irreführungsverbot)

Die formale Durchführung dieser Wahl[531] selbst gab - neben wenigen Verstößen gegen das Verbot nicht-amtlicher Wahlwerbung *im* Wahllokal[532] - zu keinen Klagen Anlaß. Allerdings war diese Wahl wiederum[533] belastet mit der 'Tarnlisten'-Problematik:

19.29.1. Die (rechtmäßige) Zulassung einer mutmaßlichen 'linken' 'Tarnliste' zur Wahl am 9.12.1992. Erstmals zu einer StuPa-Wahl bewarb sich, neben elf weiteren Studentengruppen, die 'Christlich Liberale Studenteninitiative' (CLSI). Wegen Erfüllens aller formalen Voraussetzungen[534] ließ das Wahlorgan unter dem Prinzip der 'Evidenzkontrolle' diese Wahlvorschlagsliste zu Recht zur Wahl zu[535]: "Der studentische Wahlausschuß ist in der Kürze der Zeit des Zulassungsverfahrens von Wahlvorschlagslisten nicht in der Lage, diese, über die notwendig zu erbringenden formalen Kriterien hinaus (hierzu zählt auch die deutliche Unterscheidung der Listenkennworte), einer weitergehenden inhaltlichen Prüfung zu unterziehen. Die Prüfung politisch-materieller Kriterien liegt zudem nicht in der Kompetenz des politisch streng

---

531 Zu dieser Wahl traten als authentisch "liberale" Gruppe die 'Liberalen Studenten Frankfurt' (LSF) nicht an. Die bisherige Repräsentantin der "antiautoritären", 'undogmatischen Linken' an der Frankfurter Universität, die 'Linke Liste', spaltete sich in die 'Internationale Liste / Undogmatische Linke' (Liste 10) und in die 'sinistra! Radikale Linke' (Liste 12). Letztmals (und abermals erfolglos) traten an die politisch nicht ernstzunehmenden Listen 'Roman Geszchlecht hat Recht' (Liste 3) und 'Die heilige grüne Studentenpartei' (Liste 5). Einmalig (und erfolglos) kandidierten 'Die Spalter' (Liste 4) unter dem Anspruch der Überwindung der politischen Blockgrenzen in der Verfaßten Studentenschaft.

532 (i) Neben der Urne des Stimmbezirks I (Jura) war das offizielle Wahlplakat der kandidierenden Liste 11 ('Grüne an der Uni') angebracht. **(ii)** In Sichtweite der Urne des Stimmbezirks III (Sozialwissenschaften) war an der gegenüberliegenden Wand ein Wahltransparent der kandidierenden Liste 12 ('sinistra! Radikale Linke') aufgehängt. **(iii)** In Reichweite der Urne des Stimmbezirks III lag die Wahlkampfschrift der kandidierenden Liste 10 ('Internationale Liste / Undogmatische Linke') aus.

Zur möglichen Erheblichkeit dieser Wahlfehler (Unzulässigkeit nicht-amtlicher Wahlwerbung im Wahllokal): Paradigmatisch für die juristische h.M.: Hess.VGH, E.v.6.12.1990 [Az.: 6 UE 1488/90], in: ESVGH **41**, 126 [insb.127] [hier wurde sogar darüber hinausgehend für die Hessischen Kommunalwahlen "unzulässige Wahlbeeinflussung ... unmittelbar vor dem Gebäude, in dem sich der Wahlraum befindet" festgestellt], m.w.N.

533 Zu ähnlichem Sachverhalt bereits (Problem der Kandidatur einer mutmaßlichen 'Tarnliste' bei einer Frankfurter Studentenschaftswahl): Kap.19.14.2.(c). ('Unabhängige Liste für demokratische Hochschulpolitik'); Kap.19.15.1.(a). ('Christliche Union Frankfurter Studenten'); Kap.19.17. ('Bunte Alternative Bockenheim/ Westend'); Kap.19.21. und Kap.19.22. ('Grün Undogmatische Liste'); Kap.19.27.1. ('Christlich Demokratische Studenten Union'). - Es fällt auf, daß der 'Tarnlisten'-Problematik (also einer Form 'impliziter Wahlmanipulation') um so größere Relevanz zukam, je umfassender adäquat gesetzte Wahlverfahrensnormen effektive Kontrolle der formalen Wahldurchführung sicherten, Berechenbarkeit produzierten (und damit 'explizite Wahlmanipulationen' erschwerten [vgl. dazu: Kap.19.0.]). Allerdings hätte bereits das strikt ausgelegte 'Differenzierungsgebot' [dazu: Kap.19.31.1.(a).] den meisten 'Tarnlisten'-Kandidaturen effektiv vorbeugen können.

534 Evidente Indizien, die die Annahme des Mißbrauchs des passiven Wahlrechts durch die Liste CLSI in zweifelsfreiem und gesichertem Umfange bestätigt hätten, waren zu diesem Zeitpunkt des Listenschlusses dem Wahlorgan nicht bekannt [zur 'Evidenzkontrolle' im Zulassungsverfahren von Wahlvorschlagslisten: FN 362]. Über das zugrunde liegende Problem (vorliegen einer 'Tarnliste', d.h. eines Verstoßes gegen das 'Irreführungsverbot') war ohnehin aufgrund der Untätigkeit des ÄR bislang nicht endgültig und klarstellend entschieden worden [dazu: Kap.19.27.3.].

535 WA-Prot. v.9.12.1992, S.1. Daß das Listenkennwort innerhalb der Grenzen des 'Differenzierungsgebots' verblieb, konnte anhand eines dem Wahlausschuß bei dieser Entscheidung zuzubilligenden Ermessensspielraums angehen; es bestätigte implizit die Meinung des VG Frankfurt/M zu diesem Tatbestand [dazu: FN 522].

...entschieden demokratisch
RCDS **Wahlinfo**

Achtung: Tarnliste!

Auf den Stimmzetteln für die diesjährigen Wahlen zum Studentenparlament (StuPa) und zu den Wahlen in einigen Fachbereichen kandidiert eine Gruppierung Namens "**Christliche Liberale Studenten Initiative (CLSI)**".

Bei der CLSI handelt es sich weder um eine christlich-demokratische, noch um eine liberale Gruppierung. Vielmehr versucht eine Handvoll Linker mit diesem miesen Trick Stimmen aus dem bürgerlichen Spektrum abzugraben.

Keine der kandidierenden Personen ist bisher in einem christdemokratischen Verband (CDU, Junge Union, RCDS, ...) oder bei den Liberalen Studenten Frankfurts (L.S.F.) in Erscheinung getreten. Die L.S.F. kandidiert dieses Jahr nicht für die StuPa-Wahlen, aber von ihren früheren Kandidaten ist keiner bei der CLSI gelandet. Vielmehr haben einige der Kandidaten früher für andere undogmatische linke Gruppierungen kandidiert.

Einige werden sich daran erinnern, daß die CLSI vor zwei Jahren schon einmal für die Fachschaft 02 kandidierte. Damals wurde zunächst versucht, als Christliche Demokratische Studenten Union (CDSU) zu kandidieren. Aufgrund der Ähnlichkeit mit unserer Abkürzung (RCDS) und nach einem Verbot durch die CDU Frankfurt, die es untersagte, die Bezeichnung "Christlich Demokratisch" zu führen, mußten sie damals ihren Namen ändern. Die gleichen Personen, die damals schon deutlich machten, daß sie dem RCDS Stimmen klauen wollen, sind nun wieder aus ihren Höhlen hervorgekrochen und starten einen neuen Versuch.

Seid also vorsichtig: **Laßt Euch nicht Linken!**

V.i.S.d.P.: RCDS-BSW, Jügelstr. 1, Zimmer 122, 6000 Frankfurt 1, Tel. 069 / 798-3094

Abb.23: Flugblatt des 'Rings Christlich Demokratischer Studenten' (RCDS) v.20.01.1993

Liberale
Studenten
Frankfurt

L.S.F.

Wider dem dreisten Versuch der Wählertäuschung!

Für eine liberale Studentenvertretung!

Wie jedes Jahr stehen die Wahlen zum Studentenparlament und zum Konvent bevor. Nachdem wir von 1989 bis 1991 jeweils erfolgreich zu den verschiedensten Gremien kandidierten, haben wir dieses Jahr keine Wahlvorschläge eingereicht. Dies lag nicht, wie der RCDS diffamierend behauptet, daran, daß wir nicht wußten, wann der Listenschluß war, sondern ganz einfach daran, daß die meisten unser Parlamentarier dieses Semester ihre Abschlußprüfungen hintersichbringen. Im nächsten Jahr sind wir bestimmt wieder dabei!

Wer nun seinen Stimmzettel betrachtet, der wird dort eine Liste namens "Christlich Liberale Studenten Initiative (C.L.S.I.) entdecken. Leider machen auch die vier liberalen Pünktchen diese Liste nicht liberaler. Mit der F.D.P. oder uns haben die CLSIler nichts zu tun.

Allen unseren Wählern, Anhängern und Sympatisanten sei an dieser Stelle gesagt: die C.L.S.I. ist keine liberale Wahlliste. Auf ihr kandidieren vielmehr einige Spontis, die von unseren Wählerstimmen profitieren wollen.

Diese "Leihstimmen-Kampagne" darf kein Erfolg werden! Wählt nicht diese "christlich-liberalen" Rattenfänger (schon die Kombination dieser beiden Begriffe, zeugt von einer Ignoranz gegenüber sämtlichen Werten des deutschen Liberalismus).

Wer für eine liberale Studentenschaft in Frankfurt ist, der sollte seine Stimmen dem RCDS oder den UNABHÄNGIGEN Fachbereichsgruppen/ Giraffen geben. Diese beiden Gruppierungen sind zwar keine Musterknaben in Sachen freiheitlich-demokratischer Politik, jedoch allemal das kleiner Übel gegenüber den nach links abdriftenden Jusos, der auseinandergebrochenen Linken Liste oder den Grünen.

Vom 8.-10.2. ist noch Zeit. Es ist (noch) Zeit wählen zu gehen (und einen linken AStA zu verhindern)! - *S t u d e n t e n a u s w e i s* genügt.

URNENWAHL!

Abb.24: Flugblatt der 'Liberalen Studenten Frankfurt' (L.S.F.) v.21.1.1993

neutralen studentischen Wahlausschusses. ... Zur Geltendmachung ... einer rechtsmißbräuchlichen Ausübung des Wahlvorschlagsrechts werden Sie daher auf das reguläre Wahlprüfungsverfahren nach Abschluß der Wahl gemäß § 14 Abs.17 StS v.3.9.1991 verwiesen."[536]

19.29.2. Die Wahlanfechtung vom 18.2.1993. Mit einem umfangreichen Schriftsatz, fristgerecht eingereicht in zwei Exemplaren sowohl in der AStA-Geschäftsstelle bei einem der zwei amtierenden AStA-Vorsitzenden als auch bei einem von drei Mitgliedern des amtierenden Ältestenrats focht der Vorsitzende des RCDS wegen der Kandidatur der mutmaßlichen 'Tarnliste' CLSI als Verstoß gegen das 'Irreführungsverbot' die StuPa-Wahl an: "Generell darf die Handlungsweise eines Wahlvorschlagsträgers 'nicht einem Grundsatz oder einem höheren Ziel des Gesetzes widersprechen [...] und [...] wider Treu und Glauben einem anderen Nachteile zufügen oder sich selbst einen Sondervorteil verschaffen'[537]. So hat das Bundesverwaltungsgericht es als selbstverständlich bezeichnet, daß die Wähler bei der Einreichung von Wahlvorschlägen 'über entscheidende Umstände nicht absichtlich in die Irre geführt werden'[538] dürften. 'Drängt sich anhand einer an den Umständen des Einzelfalles ausgerichteten Prüfung als Ergebnis auf, daß - entgegen dem äußeren Anschein - hinter einem Wahlvorschlag' kein eigenständiger Wahlvorschlag, sondern eine andere (dem offiziellen Anschein entgegengesetzte) politische Kraft steht, so ist das Wahlvorschlagsrecht rechtsmißbräuchlich in Anspruch genommen[539] worden"[540]. Der Anfechter sah diesen Tatbestand mit der Kandidatur der CLSI als erfüllt an:

(a) Verstoß gegen geltendes Wahlrecht: Die rechtsmißbräuchliche Inanspruchnahme des passiven Wahlrechts. Durch die politische Suggestivkraft des Namens 'Christlich Liberale Studenteninitiative' und durch ihr weiteres öfffentliches Auftreten erweckte die Wahlvorschlagsliste nach außen hin *bewußt* den Anschein eines konservativ-liberalen Selbstverständnisses, das Erscheinungsbild einer 'rechten', ordoliberalen Studentengruppe, bereit, die Stimmen 'rechter' Wähler auf Kosten anderer kandidierender 'rechter' Wahlvorschlagslisten entgegenzunehmen[541]. - Tatsächlich aber standen hinter dieser Wahlvorschlagsliste mit an Sicherheit grenzender Wahrscheinlichkeit "linksradikale", anarchistische Kräfte, was vom 'Durchschnittswähler', vertrauend der Seriosität des Listenkennworts auf dem amtlichen Stimmzettel, bei der Stimmabgabe (insbesondere im entpolitisierten Briefwahlverfahren!) so nicht zu ersehen war:

---

536 Widerspruchsbescheid v.10.12.1992 des studentischen Wahlausschusses zum Widerspruch v.9.12.1992 des RCDS-Vorsitzenden C.**Huber** gegen die Zulassung der Vorschlagsliste CLSI zur Wahl

537 H.**Büchner** (FN 362), S.323

538 BVerwG, E.v.10.12.1968 [Az.: VII B 37.68], in: BayVBl.**100**, S.136 (1969)

539 Vgl.: BVerwG, E.v.18.12.1991 [Az.: 7 B 127.91], in: BayVBl.**123**, S.247-249 (1992), S.248.

540 Wahlanfechtung v.18.2.1993 (gem. § 14 Abs.17 StS v.6.8.1991 (= FN III.139/140)) durch den Studenten der Betriebswirtschaftslehre C.**Huber**, S.5/6.
Zur möglichen Erheblichkeit dieses Wahlfehlers (Verstoß gegen das 'Irreführungsverbot'): FN 364 (i.V.m. Kap.19.29.2., insb. FN 541, FN 542, FN 543).

541 Beispielhaft für die Irreführung: "Wir, die Christlich Liberale Studenteninitiative CLSI, sind Studenten der Fachbereiche Jura, VWL und BWL und sind der Meinung, demokratische, liberale und christliche Ideen und Werte nicht durch die Bürokraten des RCDS in Mißkredit bringen zu lassen. ... Wir ... wollen Politik mit Profil und keine Klüngelei mit Linken Chaoten" (Stellungnahmen der Listen zum Studentenparlament, in: Uni-Rep.1/1993, S.16). "Nun wird es Zeit, auch am Fachbereich 02 endlich wieder konstruktive CDU-Politik zu machen. Unsere christlich-demokratische Grundeinstellung und unser liberales Wirtschaftsverständnis sind die beste Basis dafür" (Danke für diese Wahl!, CDSU-Plakat v.5.12.1990). Vgl. ferner: Abb.21, S.448. Erklärend zu dieser Strategie ist anzumerken, daß die Fachbereiche 01 (Jura) und 02 (Wirtschaftswissenschaften) an der Universität Frankfurt 'rechte', "christlich-liberale" Stimmenhochburgen darstellten [beachte zu ähnlicher Strategie, 1979 betreffend die Naturwissenschaften: FN 361(a)]. Schließlich war allein die Wortkombination "Christlich Liberal" beim studentischen 'Durchschnittswähler' etwa im Sinne der ("konservativen") Politik der amtierenden CDU/FDP-Bundesregierung belegt. - Zur Vorgeschichte der Liste CLSI: Kap.19.27.1.

(i) Fünf der sechs Kandidaten der 'rechten' CLSI profilierten sich hochschulpolitisch zuvor nachweislich als Exponenten 'linker' Fachschaftslisten, die "christlich-liberale" Politik (wie sie der 'Durchschnittswähler' begreift) gerade politisch bekämpften[542].

(ii) Der Listenführer der CLSI war Teil des zu dieser Zeit aus 18 Personen bestehenden "linksradikal"-anarchistischen "KOZ-Kollektivs", dessen Belange in der studentischen Selbstverwaltung vor allem die zur Wahl kandidierende Liste 12 ('sinistra! Radikale Linke') wahrnahm[543]:

---

542 **Zur politischen Vita der sechs "christlich-liberalen" Kandidaten** [die Kandidaturen sind den verschiedenen amtlichen Bekanntmachungen der Wahlvorschlagslisten aus dem 'Uni-Report' entnommen]:
(i) Listenplatz 1: P.**Konrad**. Kandidatur im WS 1989/90 für die 'linke' Wahlvorschlagsliste 'Wirtschaftswunder' zum Fachbereichsrat Wirtschaftswissenschaften;
(ii) Listenplatz 2: J.**Hohmeier**. Bisher hochschulpolitisch nicht in Erscheinung getreten;
(iii) Listenplatz 3: J.**Kolb**. Kandidatur im SS 1985 für die 'linke' Wahlvorschlagsliste 'WiWi-Plenum' zum Fachbereichsrat Wirtschaftswissenschaften;
(iv) Listenplatz 4: H.-J.**Hoffmann**. Kandidatur im WS 1990/91 für die Wahlvorschlagsliste 'Christlich-Demokratische Studentenunion' zum Fachschaftsrat Wirtschaftswissenschaften. [Diese mutmaßliche 'Tarnliste' CDSU betrieb ihren Wahlkampf u.a. durch Flugblätter mit gefälschtem Impressum [vgl. dazu: Abb.21, S.448]; von den fünf Unterstützern dieser erstmals angetretenen Liste gem. § 25 Abs.2 StS (= FN III.139/140) waren vier bereits zuvor politisch hervorgetreten: 1.Unterstützer im WS 1988/89 Kandidat für das 'Wirtschaftswunder'; 2.Unterstützer im WS 1988/89 Kandidat für das 'Wirtschaftswunder'; 3.Unterstützer im SS 1986 und SS 1987 Kandidat für das 'WiWi-Plenum'; 5.Unterstützer im WS 1988/89 Kandidat für das 'WiWi-Plenum' - zur amtlichen Geheimhaltungspflicht der Unterstützer-Namen durch das Wahlorgan: Kap.15.5.3.];
(v) Listenplatz 5: J.**Kurlanda**. Kandidatur seit dem SS 1987 bis zum WS 1992/93 für die 'linke' Wahlvorschlagsliste 'Infam' zu Fachbereichsrat und Fachschaftsrat Informatik; als authentisch "christlich-liberaler" Informatik-Student hätte J.**Kurlanda** nach politischer Lebenserfahrung entweder eine eigene Fachbereichsliste gründen oder bei der RCDS-Informatikergruppe als Unabhängiger kandidieren müssen. [Zur politisch 'linksautonomen' Ausrichtung dieser Fachschaftsgruppe vgl.: FN II.82 (Kap.6); FN II.135 (Kap.7); der von 'Infam' getragene FSR Informatik war der einzige, der sich am 25.8.1993 öffentlich mit dem "linksradikalen" 'KOZ-Kollektiv' [dazu nachfolgend: FN 543] solidarisierte, nachdem der 'linke' AStA gegen dieses wegen einer gewalttätigen 'Besetzung' des Studentencafés 'KOZ' einen gerichtlichen Räumungstitel erwirkt hatte: "Indem Ihr nun mit gerichtlicher Hilfe die KOZ-MitarbeiterInnen kriminalisiert, ja ihnen sogar mit dem Paragraphen 129 StGB (Kriminelle Vereinigung ...) droht, habt ihr Euch endgültig als RepräsentantInnen angeblich linker Gruppen mit staatskritischem Anspruch disqualifiziert." - Der weitere 'Infam'-Kandidat F.**Ihringer** war im WS 1992/93 zugleich Kandidat der Liste 'sinistra! Radikale Linke' zum StuPa; vgl. zu dieser Person: FN 577(i).];
(vi) Listenplatz 6: M.**Künzel**. Kandidatur im WS 1990/91 für die 'linke' Wahlvorschlagsliste 'Jura-Plenum' zum Fachschaftsrat Rechtswissenschaft.
Die politisch 'linke' und gerade nicht vom 'Durchschnittswähler' als "christlich-liberal" verstandene Ausrichtung sämtlicher dieser o.g. Fachbereichslisten wurde anhand von deren Flugblättern, anderen öffentlichen Verlautbarungen und hochschulpolitisch bekannten Kandidaten ausführlich belegt in: Wahlanf. (FN 540), S.7-9.

543 **Zur politischen Ausrichtung des "KOZ-Kollektivs": (a)** Beim 'KOZ-Kollektiv' handelte es sich um die Belegschaft des in Selbstverwaltung der Studentenschaft betriebenen Cafés 'KOZ' (Kommunikationszentrum): "Der Anspruch, uns an dieser Organisationsform (Kollektiv) zu orientieren, gewährleistet unserer Ansicht nach am besten die Möglichkeit, sich als linke Gruppe zu organisieren" ('Support your local coffee-shop III', Flugblatt des 'KOZ-Kollektivs' v.2.8.1993). "Nach wie vor kommen die Kollektivleute aus unterschiedlichen politischen Zusammenhängen innerhalb des linken bis linksradikalen Spektrums" ('Support your local coffee-shop II', Flugblatt des 'KOZ-Kollektivs' v.16.7.1993). Zur durch seine Mitglieder ausgeübten politischen Zensur im KOZ stellte das 'KOZ-Kollektiv' im selben Flugblatt fest: Für uns sind "ihre fröhlichen Talk-shows mit ... CDUlern ... so unerträglich wie nur was".
(b) Dieses aus 18 Personen bestehende "Kollektiv" wurde vom 'linken' AStA auch zum SS 1993 auf schriftliche Bewerbung v.7.4.1993 wieder geschlossen eingestellt (CLSI-Listenführer P.**Konrad** einbezogen), kein anderer Bewerber wurde berücksichtigt - damit wurde einer Bedingung der Gruppe 'sinistra! Radikale Linke' für deren AStA-Unterstützung entsprochen und die Sicherung der Mehrheit für den "linken AStA" im Studentenparlament (mit elf 'linken' und zehn 'rechten' Parlamentariern) ermöglicht: "Die MitarbeiterInnen des Kommunikationszentrums sind jetzt für ein weiteres Semester eingestellt worden, auch weil das als Bedingung für eine AStA-Koalition aufgetaucht ist." (ASTA-info.1/1993, S.9)
(c) Zu diesem 'KOZ-Kollektiv' bemerkte der neugewählte, "linke AStA": "So gab es eine Besetzung dieses Raumes [des KOZ] und eine gewalttätige Übernahme durch Teile des heutigen Kollektivs. Die Gewaltfrage scheint für viele eindeutig beantwortet zu sein und die Verbindung zur autonomen Szene ein Indiz für das Faustrecht. Das KOZ ist eine offene Frage, und die 'Autonomisierung' werden wir nicht hinnehmen" (L.**Lange**-

"Von diesen 18 Personen kandidierten fünf bei den Wahlen zum Studentenparlament: (Der Listenführer der CLSI) ... sowie vier weitere bei der 'sinistra! Radikale Linke'."[544]

(iii) Diese tatsächliche politische Ausrichtung der CLSI war unter den meisten der hochschulpolitisch interessierten Studenten ein offenes Geheimnis: "Während der Stimmenauszählung der Studentenparlamentswahl im Hörsaal II (beklatschten) die Anhänger aller linken Gruppierungen jede für die CLSI abgegebene Stimme ... Frenetischer Jubel brach aus, als die CLSI in der RCDS-Hochburg Wirtschaftswissenschaften (FB 02) ... 100 Stimmen holte."[545] Eine Bestätigung erfuhr dieser Sachverhalt durch das Wahlverhalten eines Teils der 'linken' Studenten des Fachbereichs Wirtschaftswissenschaften:

(iv) Zur gleichzeitig mit der StuPa-Wahl (auf demselben Stimmzettel) durchgeführten Wahl des Fachschaftsrats Wirtschaftswissenschaften (FSR WiWi) kandidierten nur drei öffentlich nicht-'links' auftretende Wahlvorschlagslisten[546]. Von den 163 "christlich-liberalen" CLSI-Stimmen für den FSR WiWi konvertierte bei der StuPa-Wahl mehr als ein Drittel zur 'undogmatisch-linken' Seite: 24 Wähler der Liste 1 ('Juso-HSG'); fünf der Liste 7 ('Feministisch-autonome Unifrauen'); zwei der Liste 10 ('Internationale Liste / Undogmatische Linke'); 20 der Liste 11 ('Grüne an der Uni'); fünf der Liste 12 ('sinistra! Radikale Linke'). Andererseits: Die RCDS-Liste für den Fachschaftsrat Wirtschaftswissenschaften erhielt - dasselbe politische Spektrum ansprechend wie nach offizieller Namensgebung und Darstellung die Liste CLSI - in derselben Wahl *keine einzige* derartiger für 'undogmatisch-linke' Wahlvorschlagslisten bei der StuPa-Wahl abgegebener Stimmen, was der dichotomen politischen Aufspaltung in zwei Lager innerhalb der Frankfurter Studentenschaft real entsprach[547].

(v) "Während des Wahlkampfes wurden an der Universität, wie jedes Jahr, Plakate aufgehängt. Die Plakate des RCDS und der Unabhängigen Fachbereichsgruppen wurden binnen kürzester Zeit überplakatiert oder abgerissen. Kommunalwahlplakate der CDU Frankfurt wurden zum bevorzugten Ziel der Plakatierkolonne der 'sinistra! Radikale Linke'. Die einzige 'rechte' Gruppe, deren Plakate von den linken Fraktionen geschont wurden, war die CLSI, ein Teil (ihrer Plakate) ist noch heute auf dem Campus zu sehen."[548]

Damit konnte durch den Anfechtenden der Nachweis der rechtsmißbräuchlichen Inanspruchnahme des passiven Wahlrechts (als Verstoß gegen das 'Irreführungsverbot') durch die Kandidaten der CLSI unter diesem Namen erbracht werden.

---

nau ['Juso-HSG'], in: ASTA-info.1/1993, S.3). Die 'Undogmatische Linke' sprach nach der endgültigen 'Besetzung' der Räumlichkeiten am 21.7.1993 durch die "'Autonomen'-Sekte im KOZ" von einem "Sammelbecken linker Dogmaten" (Vom Elend studentischer Politik, UL-Flugblatt v.28.10.1993).

544 Wahlanf. (FN 540), S.10

545 Wahlanf. (FN 540), S.10.

Dieses Phänomen war ferner zu erklären daraus, daß die am FB Wirtschaftswissenschaften bisher stimmenstarke, 'rechte' Gruppe 'Liberale Studenten Frankfurt' (LSF) zu dieser Wahl nicht angetreten war.

546 Das Wahlergebnis zum Fachschaftsrat (FSR) WiWi im WS 1992/93 lautete: Liste 1, 'Unabhängige Fachbereichsgruppe WiWi (Giraffen)': 425 Stimmen (35,7%); Liste 2, 'Christlich Liberale Studenten Initiative CLSI': 163 Stimmen (13,4%); Liste 3, 'Ring Christlich Demokratischer Studenten (RCDS)': 621 Stimmen (50,9%); Ungültige/Enthaltungen: 95 Stimmen. [Zum Verfahren des gemeinsamen Stimmzettels, das die anonyme Auswertung der individuellen Stimmenkombinationen StuPa / FSR ermöglichte: Kap.19.19. (am Beginn); FN 452(c).] - Die CLSI errang damit eines von neun Mandaten im FSR; der Mandatsträger der CLSI P.**Konrad** nahm im folgenden Jahr an keiner einzigen Sitzung des Gremiums teil.

547 Siehe dazu: Wahlanf. (FN 540), S.11.

548 Wahlanf. (FN 540), S.11.

Zur Prüfungsrelevanz derartiger Sachverhalte für das 'Irreführungsverbot' beachte: Bay.VGH, E.v.22.5.1991 [Az.: 4 B 90.2875], in: BayVBl.**122**, S.623-627 (1991), S.626. Vgl. ebenso: FN 364.

(b) Mandatsrelevanz des Wahlfehlers. Für den Erfolg der Wahlanfechtung blieb somit noch die Mandatsrelevanz[549] der rechtswidrigen CLSI-Kandidatur mit hinreichender Wahrscheinlichkeit nachzuweisen: Nach dem vorläufigen amtlichen Endergebnis erzielte gemäß dem maßgeblichen Mandatsverteilungsverfahren von d'Hondt[550] die kandidierende Liste 6 ('Unabhängige Fachbereichsgruppen (Giraffen)') mit 1.421 Stimmen ebenso vier Mandate im Studentenparlament wie die kandidierende Liste 11 ('Die Grünen an der Uni') mit 1.165 Stimmen, die damit das letzte der 22 Mandate zugeteilt bekam. Hätte also die Liste 6 bei gleichbleibendem Stimmenanteil für die Liste 11 nur 36 Stimmen mehr erhalten, hätte sie auf Kosten der Liste 11 ein weiteres Mandat zugeteilt bekommen. Diese im Falle der Nichtkandidatur der Wahlvorschlagsliste CLSI theoretisch mögliche Mandatsverteilung hatte aber auch "nach Lebenserfahrung und Umständen ... noch eine gewisse Wahrscheinlichkeit"[551]: Daß einerseits die sich 'undogmatisch-links' profilierende Liste 11 von einer Nichtkandidatur der sich 'rechts' gebenden CLSI stimmenmäßig profitiert hätte, erscheint in der politisch dichotom in ein 'rechtes' und ein 'linkes' Lager zerspaltenen Verfaßten Studentenschaft[552] sehr unwahrscheinlich. Andererseits gelang es der CLSI aufgrund ihres suggestiven Namens sowie ihres Auftretens vor der Wahl tatsächlich, in nicht unerheblichem Maße uninformierte, 'rechte' und '*unpolitische*' Wähler zu binden, insbesondere auch solche aus dem politischen Potential der '*Unabhängigen* Fachbereichsgruppen', wie eine Analyse der Stimmzettel für die Wahl der Fachschaftsräte zeigte[553]:
(i) Im Fachbereich 19 (Medizin) erhielt die CLSI 29 (= 3,7%) der 781 zur StuPa-Wahl gültig abgegebenen Stimmen. Diese Stimmen verteilten sich zum FSR Medizin wie folgt[554]:

Liste 1: Ring Christlich Demokratischer Studenten (RCDS)	11 Stimmen
Liste 2: Offene Liste *unabhängiger* MedizinstudentInnen OLiUM	18 Stimmen
Liste 3: Undogmatische Linke Liste Medizin (ULLM)	0 Stimmen
Ungültige Stimmen / Enthaltungen	0 Stimmen

(ii) Im Fachbereich 02 (Wirtschaftswissenschaften) erhielt die CLSI 100 (= 7,7%) der 1.302 zur StuPa-Wahl gültig abgegebenen StuPa-Stimmen. Diese Stimmen verteilten sich zum FSR WiWi wie folgt:

Liste 1: *Unabhängige* Fachbereichsgruppe WiWi (Giraffen)	12 Stimmen
Liste 2: Christlich Liberale Studenteninitiative (CLSI)	74 Stimmen
Liste 3: Ring Christlich Demokratischer Studenten (RCDS)	13 Stimmen
Ungültige Stimmen / Enthaltungen	1 Stimme

549 Zur Notwendigkeit des Nachweises der 'Mandatsrelevanz' für die Erheblichkeit eines vorliegenden Wahl fehlers: Kap.16.5.(a).
550 § 14 Abs.16 StS v.6.8.1991 (= FN III.139/140). Zum vollständigen amtlichen Endergebnis der StuPa-Wahl: Anhang 1 (A.1.29.)
551 Zum so formulierten, maßgeblichen Prüfungsprinzip der 'relativen potentiellen Kausalität': Kap.16.5.(d).
552 Siehe dazu (dichotome Segmentierung der Studentenschaft): Kap.5 bis Kap.7; ferner: Kap.19.29.2.(a).(iv).
553 Quelle: Aufschlüsselung durch das Wahlausschuß-Mitglied P.**Kunth** für das Wahlprüfungsverfahren.
Zum gemeinsamen Stimmzettel für StuPa- und FSR-Wahlen für jeden Fachbereich: FN 546.
554 Auch dieses FSR-Ergebnis lieferte ein Indiz für die Richtigkeit der zuvor vertretenen Annahme, daß die sich ebenso 'undogmatisch-links' profilierende Liste 11 ('Die Grünen an der Uni') von einer Nichtkandidatur der CLSI stimmenmäßig nicht maßgeblich hätte profitieren können.

Das heißt: Im Falle der Nicht-Kandidatur der Liste CLSI bei der StuPa-Wahl erschiene es durchaus wahrscheinlich, daß wenigstens 36 der insgesamt 163 CLSI-Stimmen für die Wahlvorschlagsliste der 'Unabhängigen Fachbereichsgruppen' abgegeben worden wären, während die dezidiert 'linke' Wahlvorschlagsliste der 'Grünen an der Uni' keine der CLSI-Stimmen zu erwarten gehabt hätte. Damit war der für die Mandatsrelevanz notwendige Nachweis im Rahmen des Prüfgrundsatzes der 'relativen potentiellen Kausalität' durch den Wahlanfechter erbracht, und ein rechtmäßig durchgeführtes Wahlprüfungsverfahren hätte die Vernichtung der angegriffenen Wahl zur Folge haben müssen. Dazu kam es in Folge jedoch nicht:

19.29.3. Die Verschleppungstaktik des Ältestenrats. Aufgrund der Eilbedürftigkeit der Materie lud sofort mit der Einreichung der Wahlanfechtung das damit befaßte (von der StuPa-Opposition benannte) ÄR-Mitglied zu einer ÄR-Sitzung:

(i) Ladung per Einschreiben mit Rückschein v.18.2.1993 zur *konstituierenden* Sitzung des ÄR[555] (mehr als ein Jahr (!) nach dessen Wahl durch das Parlament[556]) zur Befassung mit der am 18.2.1993 eingereichten Wahlanfechtung für den: *25.2.1993*; ein ÄR-Mitglied war unter der vom Studentensekretariat der Universität im Rahmen der Amtshilfe zur Verfügung gestellten Adresse nicht mehr erreichbar; es folgte zum Ladungstermin Beschlußunfähigkeit der Sitzung wegen Nichterscheinens der beiden 'undogmatisch-linken' ÄR-Mitglieder;

(ii) Rechtsaufsichtsbeschwerde des ladenden ÄR-Mitglieds beim Präsidenten der Universität mit dem Ziel der kurzfristigen Wiederherstellung der Funktionsfähigkeit des ÄR am *25.2.1993*;

(iii) Befristete Rechtsaufsichtsmaßnahme der unteren Aufsichtsbehörde zur Wiederherstellung der Funktionsfähigkeit des ÄR am *10.3.1993*[557];

(iv) Erneute Ladung v.14.3.1993 zur konstituierenden ÄR Sitzung für den: *22.3.1993*; verspätetes Erscheinen eines der bisher untätigen 'undogmatisch-linken' ÄR-Mitglieder; Vertagung der Sitzung, um dem zweiten bisherigen 'undogmatisch-linken' ÄR-Mitglied die Teilnahme zu ermöglichen;

(v) Erneute Ladung v.22.3.1993 zur konstituierenden ÄR-Sitzung für den: *30.3.1993*; vollständige Anwesenheit des aus drei Personen bestehenden ÄR, u.a. der zwei bisher untätigen; damit Außerkrafttreten der Rechtsaufsichtsmaßnahme v.10.3.1993 für diese Sitzung; Konstituierung des ÄR;

(vi) Ladung zur ÄR-Sitzung mit der öffentlichen Bekanntgabe der formellen Beschlußfassung gegen eine Zulassung der Wahlanfechtung (ohne materielle Prüfung): *8.4.1993*.

- Dieser 'undogmatisch-links' dominierte ÄR benötigte also nahezu sieben Wochen lediglich für die (nicht zutreffende) Feststellung, daß eine formal korrekte Wahlanfechtung verspätet eingereicht wurde. Die 'undogmatisch-linke' ÄR-Mehrheit erschwerte zuvor bereits die Einreichung dadurch, daß sie zunächst nicht auffindbar und teilweise nicht zu laden war.

---

555 Schriftsatz v.18.2.1993 des [von der parlamentarischen Opposition benannten] ÄR-Mitglieds M.**Garbuio**

556 Gewählt nach den Grundsätzen der Verhältniswahl (§ 65 Abs.3 HHG (= FN III.95)) wurden auf Vorschlag der angegebenen Gruppen: H.**Honecker** [LiLi]; T.**Kämmer** ['Juso-HSG']; M.**Garbuio** [RCDS] (StuPa-Prot. v. 17.1.1992).
Die satzungsmäßige Amtszeit des ÄR beträgt grundsätzlich ein Jahr; sie verlängert sich entsprechend bis zur Neuwahl eines ÄR durch das Studentenparlament (§ 19 Abs.3 StS (= FN III.139/140)).

557 Befristete Einsetzung v.10.3.1993 von drei ÄR-Mitgliedern im Wege der Ersatzvornahme nach § 72 Abs.1 i.V.m. § 19 Abs.3 S.1 HHG (= FN III.95) durch rechtsaufsichtliche Verfügungen des Präsidenten K.**Ring** [Az.: 7.81.30 RA-1/11 7.81.20]; dieser kommissarisch eingesetzte ÄR hätte keine 'undogmatisch-linke' Mehrheit vorgewiesen. "Die ... getroffenen Verfügungen ... treten außer Kraft, ... wenn ein oder die beiden bisher untätigen Ältestenratsmitglieder seine/ihre Arbeit im Ältestenrat aufnehmen."

19.29.4. Das Leerlaufen des weiteren Wahlprüfungsverfahrens. Die stichhaltigen Begründungen und Belegungen der umfangreichen Wahlanfechtung sollten dem Anfechter nichts nützen. Das Verfahren zog sich nämlich, in der Sache unentschieden, zeitlich so lange hin, bis wegen der turnusmäßig anstehenden nächsten, regulären Neuwahl des angegriffenen Parlaments nichts mehr zu entscheiden war:

(a) Formale Abweisung durch den Ältestenrat. Der ÄR nahm, nachdem er das Verfahren nach sechswöchiger Untätigkeit endlich begonnen hatte, keine materielle Prüfung der behaupteten Wahlrechtsverstöße vor. Stattdessen wies er mehrheitlich die Wahlanfechtung ungeprüft mit dem formalen Argument der Verfristung zurück[558], weil dem zuständigen Studentenschaftsorgan ÄR die Wahlanfechtung innerhalb der satzungsmäßigen Frist nicht vorgelegen habe[559]. Nicht einmal zur Erstellung einer erläuternden und erklärenden Leitlinie zur 'Tarnlisten'-Problematik im Hinblick auf die saubere Durchführung künftiger Studentenschaftswahlen zeigte sich die 'undogmatisch-linke' ÄR-Mehrheit in Folge bereit[560].

(b) Formale Abweisung durch das Verwaltungsgericht Frankfurt am Main. Gegen den seiner Meinung nach rechtswidrigen Beschluß des ÄR begehrte der Anfechter wegen der inzwischen vorliegenden Eilbedürftigkeit einstweiligen Rechtsschutz vor dem zuständigen Verwaltungsgericht (VG) Frankfurt/M; er beantragte, den ÄR durch einstweilige Anordnung zu verpflichten, innerhalb von zwei Wochen über die Wahlanfechtung nach pflichtgemäßem Ermessen materiell zu entscheiden[561], um zumindest den weiteren Rechtsweg zu eröffnen. Der von den beiden 'undogmatisch-linken' ÄR-Mitgliedern bevollmächtigte Rechtsanwalt[562] bean-

---

558 Beschluß des ÄR v.8.4.1993: "Gemäß <u>§ 14 Abs.6 Satz 2 der Satzung der StudentInnenschaft vom 10.11. 1972</u> müssen Anfechtungen sieben Tage nach Bekanntgabe des Wahlergebnisses schriftlich beim Ältestenrat eingereicht werden. Dies ist nicht geschehen. Die Wahlanfechtung ist dem Ältestenrat erst am 10.3.1993 als Kopie eines Exemplars der Präsidialabteilung vom AStA-Sekretariat zugeschickt worden. Damit ist der Antrag jedoch verfristet. Er ist mithin unzulässig." [Allgemeiner zum Tatbestand der strikten Ausschlußfrist für das Einreichen einer Wahlanfechtung: Kap.16.4.1.(b).]
Es handelt sich tatsächlich um <u>§ 14 Abs.17 S.2 StS i.d.F. v.6.8.1991</u> (= FN III.139/140), unverändert i.d.F. v.28.8.1992 (= FN III.158). Offensichtlich war diesem ÄR für sein Prüfungsverfahren noch nicht einmal die gültige Fassung der StS bekanntgewesen! [Vgl. zu Kompetenzdefiziten des ÄR weitergehend: Kap.18.1.2.]

559 Diese Argumentation ist unschädlich: Weil der ÄR über keine eigene Geschäftsstelle verfügte, übergab der Antragsteller ein Exemplar seiner Wahlanfechtung fristgerecht am 18.2.1993 sowohl dem ihm bekannten und für ihn erreichbaren ÄR-Mitglied M.**Garbuio** als auch dem damaligen AStA-Vorsitzenden R.**Huber** in der AStA-Geschäftsstelle zu Händen des ÄR [diese doppelte Zustellung war angesichts des ungeklärten Zugangsorts sinnvoll insofern, als allein der AStA die Verfaßte Studentenschaft als juristische Person vertritt und das Studentenschaftsorgan ÄR keine eigene Rechtsfähigkeit besitzt: §§ 65 Abs.1, 67 HHG (= FN III.95)]. Die beiden anderen, ÄR-Mitglieder wurden, nach unverzüglicher Ermittlung ihrer zuvor unbekannten Anschriften im Universitätssekretariat durch M.**Garbuio**, noch am selben Tage (18.2.1993) vom Eingang der Wahlanfechtung unterrichtet und schnellstmöglich zur konstituierenden ÄR-Sitzung am 25.2.1993 geladen [vgl. dazu: Kap. 19.29.3.(i).], zu der beide nicht erschienen. - Daß der Antragsteller zunächst mit großem Aufwand eine 17seitige Wahlanfechtung nebst 18seitiger Anlage erstellt haben sollte, nur um diese anschließend durch bewußte Verfristung höchstselbst leerlaufen zu lassen, erscheint wenig plausibel! Daß das Argument der 'Verfristung' aber ausgerechnet zuerst durch eine ÄR-Mehrheit vertreten wurde, die zuvor mittels Nichtauffindbarkeit die Verzögerung des Prüfungsverfahrens zumindest billigend in Kauf genommen hatte, ist besonders unverständlich und legt Rückschlüsse auf ein politisches Verfahren sehr nahe [dazu ergänzend: FN 90 (Kap.18)].

560 Vgl. zu demselben Problem (Untätigkeit des ÄR in der Normenkontrolle) bereits: Kap.19.27.3. Beachte ferner in diesem Zusammenhang (Normhypotrophie als Argument der Macht): Kap.8.2.3.

561 Antrag auf Erlaß einer einstweiligen Anordnung (§ 123 VwGO (= FN IV.296)) v.14.4.1993 durch den RCDS-Vorsitzenden C.**Huber** beim VG Frankfurt/M

562 In diesem Falle trat erneut das Problem der finanziellen Benachteiligung des Individualklägers gegenüber der mit den studentischen Zwangsbeiträgen ausgestatteten 'undogmatisch-linken' Studentenschaft zutage: Der Kläger als Privatperson hatte später sowohl die ÄR-Anwaltsrechnung von DM 426,65 zu tragen als auch die Prozeßkosten über DM 300,--. Siehe zu einem entsprechenden Fall bereits: FN 525.

tragte dagegen, den Antrag als erledigt zu betrachten, hilfsweise, diesen kostenpflichtig zurückzuweisen[563]. Das VG wies den begehrten, ausschließlich subjektive Rechte schützenden Eilantrag als unvereinbar mit dem objektiven Charakter des Wahlprüfungsverfahrens[564] zu Recht (und kostenpflichtig) zurück[565].

(c) Formale Abweisung durch die (untere) universitäre Rechtsaufsichtsbehörde (Universitätspräsident). Zur Wahrung der Effektivität des anhängigen Wahlprüfungsverfahrens forderte der Wahlanfechter (gleichzeitig mit der Antragseinreichung beim VG) die universitäre Rechtsaufsichtsbehörde auf, den Beschluß des ÄR wegen Rechtswidrigkeit aufzuheben und den ÄR zur schnellstmöglichen Durchführung des Wahlprüfungsverfahrens zu zwingen[566]. Die Aufsichtsbehörde wies - rechtsirrig auf eine inzwischen bekanntermaßen rechtswidrige Satzungsnorm (§ 20 Abs.3 StS) rekurrierend[567] - die Beschwerde als unzulässig zurück unter einer angesichts der zwischenzeitlich eingetretenen Situation geradezu zynisch zu nennenden Konsequenz: "Sie können somit sofort den Beschluß des Ältestenrats vom 8.4.1993 von dem Verwaltungsgericht Frankfurt überprüfen lassen."[568]

(d) Formale Abweisung durch die oberste Rechtsaufsichtsbehörde (Hessisches Ministerium für Wissenschaft und Kunst). Gegen den (unter der gegebenen Begründung) rechtswidrigen, versagenden Bescheid der unteren Rechtsaufsichtsbehörde blieb dem Anfechter somit unter dem Aspekt der zeitlichen Dringlichkeit (seit dem Abschluß der angefochtenen Studentenschaftswahl war bereits ein Viertel der Legislaturperiode des angegriffenen Parlaments verstrichen) einzig die weitere Rechtsaufsichtsbeschwerde bei der obersten Aufsichtsbehörde[569]. Trotz offensichtlich gegebener Eilbedürftigkeit entschied die Behörde erst mehr als zwölf (!) Wochen später[570]. Damit war die Vorlesungszeit des Sommersemesters bereits abgelaufen,

---

563 Schriftsatz (Stellungnahme des Antragsgegners) v.29.4.1993 [Az.: 387/93 S03]. Zu Unrecht wird darin zum juristischen Vorgehen im vorliegenden Falle ausgeführt: "Soweit die Antragsteller sich ... gegen die Entscheidung des Ältestenrats vom 8.4.1993 wenden, hätten sie hier gegen diese Entscheidung Rechtsaufsichtsbeschwerde beim Universitätspräsidenten ... erheben müssen." (S.5) [Denn: Das Aufsichtshandeln unterliegt dem Opportunitätsprinzip [exemplarisch dafür: FN 570(ii)]; gerichtliche Erzwingung des Tätigwerdens "ist mangels Klagebefugnis unzulässig, da die Rechtsaufsicht nur im öffentlichen Interesse, nicht auch im [individuellen] Interesse einzelner Bürger erfolgt" (H.**Maurer** (FN 31), S.498 (RN 22)).]

564 Zu dieser Konsequenz aus dem objektiven Charakter des Wahlprüfungsverfahrens: Kap.16.4.1.(e).

565 VG Frankfurt/M, E.v.30.4.1993 [Az. 5G 961/93.3], unveröffentlicht.
Darüber hinaus stellte das Gericht unter sehr einseitiger Würdigung der Sachlage fest: "Die Antragstellerseite vermochte einen fristgerechten Zugang der Wahlanfechtung nicht mit der erforderlichen hinreichenden Wahrscheinlichkeit glaubhaft zu machen." (amtl.Umdr., S.7) [Vgl. zum Sachverhalt: FN 559.]

566 Rechtsaufsichtsbeschwerde v.14.4.1993 gegen die Studentenschaft beim Präsidenten der Universität K.**Ring** als (untere) Rechtsaufsichtsbehörde gem. § 41 Abs.2 HRG (= FN III.93) sowie § 69 Abs.3 i.V.m. § 72 HHG (= FN III.95) durch den Studenten C.**Huber**.
Zum hier vorliegenden Sachverhalt einer "Aufspaltung" des Rechtswegs: Kap.16.7.4.(b).

567 Zur Rechtswidrigkeit des § 20 Abs.3 StS (= FN III.158), wonach sich die Aufsichtspflicht der Behörde nicht auf ein Wahlprüfungsverfahren für Studentenschaftswahlen erstrecke: FN III.120 (Kap.12).

568 Zurückweisung der Rechtsaufsichtsbeschwerde (FN 566) durch den Präsidenten K.**Ring** als (untere) Aufsichtsbehörde v.20.4.1993 [Az.: 7.81.30 RA-1/11]

569 Weitere Rechtsaufsichtsbeschwerde v.13.5.1993 bei der Hessischen Ministerin für Wissenschaft und Kunst, E.**Mayer** [SPD], gem. § 72 Abs.1 HHG (= FN III.95): "Wir beantragen, den ablehnenden Bescheid des Präsidenten der Universität aufzuheben und ihm im Wege der Rechtsaufsicht vonseiten des Ministeriums aufzugeben, über die Rechtsaufsichtsbeschwerde des RCDS v.14.4.1993 gegen den Beschluß des Ältestenrats v.8.4.1993 zu entscheiden, hilfsweise unter Heranziehung der Verwaltungsakten des Präsidenten der Universität über unsere Beschwerde vom 14.4.1993 in der Sache selbst zu entscheiden."

570 Schriftsatz des HMWK v.3.8.1993 [Az.: H II 4-433/23(3) -214-] an den Antragsteller C.**Huber**.
Die Behörde wies die Rechtsaufsichtsbeschwerde zurück: **(i)** Sie rekurrierte zunächst auf die fragwürdige (aber in Bezug auf die Unzulässigkeit der gerichtlichen Eilentscheidung unerhebliche) Argumentation der Verfristung des VG Frankfurt/M (FN 565). **(ii)** Sie rekurrierte ferner auf das dem Aufsichtshandeln zugrundeliegende

und eine mögliche Wiederholungswahl für das angegriffene Studetenparlament wäre frühestens im folgenden Wintersemester 1993/94 durchzuführen gewesen, dem Zeitpunkt der nächsten regulären Hauptwahl.

- Auch diese Wahlanfechtung war damit ungeprüft leergelaufen - eine abermalige Blöße des demokratisch-repräsentativen Rechtsstaats im legitimationskonstitutiven Bereich seiner Selbstverwaltungskörperschaft Verfaßte Studentenschaft. Und wiederum berührte diese Verletzung grundlegender Rechtsstaatlichkeit die verantwortliche staatliche Politik nicht! Im Gegenteil: Das HMWK glaubte gar, in der vorliegenden Situation euphemistisch und lapidar feststellen zu müssen: Die "Auffassung, es gäbe 'bei Wahlfälschungen innerhalb von Studentenschaftswahlen keinerlei Rechtsschutz', ist ... unzutreffend"[571].

19.30. Die StuPa-Wahl vom 10.1.-2.2.1994
(Verstoß gegen das Differenzierungsgebot und gegen das Irreführungsverbot; Manipulationen mit dem objektiven Charakter von Wahlanfechtung und Wahlprüfungsklage)

Die formale Durchführung dieser Wahl[572] entsprach in jeder Hinsicht rechtsstaatlichen Anforderungen. Der bisherigen Problematik des ungeklärten örtlichen Zugangs einer Wahlanfechtung beim ÄR Rechnung tragend, legte der Wahlausschuß erstmals bereits in der amtlichen Wahlbekanntmachung konkretisierend fest: "Wahlanfechtungen ... sind beim Ältestenrat der Studentenschaft *im AStA-Büro* ... schriftlich einzureichen."[573]

Allerdings war die Wahl wiederum mit der 'Tarnlisten'-Problematik belastet:

19.30.1. Die (zweifelhafte) erneute Zulassung einer 'linken' 'Tarnliste' zur Wahl am 2.12. 1993. Abermals zur StuPa-Wahl - ebenso wie zur vorhergehenden Wahl - (sowie zur Wahl der Fachschaftsräte Rechtswissenschaft, Wirtschaftswissenschaften, Philosophie) reichte die 'Christlich Liberale Studenteninitiative (CLSI)' eine Wahlvorschlagsliste ein. Wegen Erfüllung aller formalen Voraussetzungen ließ der studentische Wahlausschuß unter dem Prinzip der 'Evidenzkontrolle' die Wahlvorschlagsliste - ebenso wie zur vorhergehenden Wahl - mehrheitlich zur Wahl zu[574]; insbesondere komme dem Wahlausschuß in *keinem* Falle die Kompetenz

---

'Opportunitätsprinzip' [dazu bereits kritisch: Kap.18.2.2., insb. FN 112, FN 113]: "Im übrigen sind die Rechtsaufsichtsbehörden aufgrund des im Hochschulgesetz verankerten Opportunitätsprinzips nicht unbedingt zum rechtsaufsichtlichen Eingreifen verpflichtet. ... Es war deshalb nicht ermessensfehlerhaft, daß der Präsident der Universität Frankfurt die Überprüfung der Gültigkeit der durchgeführten Studentenparlamentswahl nicht vorgenommen und Sie auf den Verwaltungsrechtsweg verwiesen hat. Es ist ein seit langem gesicherter Bestandteil des deutschen Wahlrechts, daß bei Wahlen, die auf öffentlich-rechtlichen Vorschriften beruhen, der Verwaltungsrechtsweg gegeben ist." [Zum "besonderen" gerichtlichen Rechtsweg im Wahlprüfungsverfahren genauer: FN IV.343 (Kap.16).] - Daß diese Argumentation realiter geeignet ist, in der Kürze der Legislaturperiode eines Studentenparlaments angesichts der real möglichen Verschleppungen der ersten Prüfungsinstanz (ÄR) und der Länge verwaltungsgerichtlicher Prozesse jegliche Wahlprüfung sicher leerlaufen zu lassen, zeigte aber gerade die vorliegende, angegriffene Wahl! [Siehe zu diesem Zeitproblem erklärend: Kap.16.4.3.]

571 HMWK-Schriftsatz (FN 570), S.2

572 Zu dieser Wahl: Von der Gruppe 'Internationale Liste / Undogmatische Linke' (Liste 1) spaltete sich die Liste 'Multi Kulti' (Liste 8) ab. Die Parteigruppe 'Liberale Studenten Frankfurt' kandidierte unter dem bundesweiten Kennwort 'Liberale Hochschulgruppe (LHG)' (Liste 3). Die 'sinistra! Radikale Linke' kandidierte (erfolglos) als 'KOZ-Korrektiv' (Liste 6); den bundesweiten Trend versuchte (einmalig und erfolglos) die Gruppe 'Statt Partei' (Liste 7) zu nutzen; einmalig (und erfolglos) trat an die Gruppe 'Linkswende' (Liste 13). Letztmalig (und erfolglos) kandidierte die ÖDS (Liste 11) zur StuPa-Wahl.

573 Veröffentlicht u.a. in: Uni-Rep.12/1993, S.4.
Zum bisher ungeklärten örtlichen Zugang einer Wahlanfechtung vgl. insbesondere: FN 559 (Kap.19.29.4.).

574 WA-Prot. v.2.12.1993; höchstvorsorglicher Widerspruch gegen die Zulassung der CLSI durch den Studenten der Betriebswirtschaftslehre C.**Huber** v.1.12.1993; Zurückweisung des Widerspruchs mit 2:1 Stimmen, in: WA-Prot. v.6.12.1993. Entgegen dem Erfordernis des § 69 Abs.2 VwVfG (= FN IV.294) fertigte der WA eine schriftliche Begründung (Widerspruchsbescheid) für seine strittige Entscheidung nachfolgend nicht aus.

zu einer wie auch immer gearteten politischen Prüfung einer Wahlvorschlagsliste, auf die auch eine Entscheidung in der 'Tarnlisten'-Problematik stets hinauslaufe, zu. Eine Minderheitsmeinung lehnte demgegenüber - zu Recht - die *erneute* Zulassung unter der alleinigen Begründung der 'Evidenzkontrolle' ab: Aufgrund der Tatsache, daß die wesentlichen Indizien und Kritikpunkte der streitbefangenen Liste unverändert bereits aus der letztjährigen Wahlanfechtung bekannt gewesen seien (zwei der drei Mitglieder des Wahlausschusses bekleideten dieses Amt auch im Vorjahr), seitdem auch hinreichend Zeit zur Verfügung gestanden habe, das vorliegende umfangreiche Material zu prüfen, lasse sich in diesem besonderen *Wiederholungsfalle* das zentrale Argument für die 'Evidenzkontrolle', nämlich der enge zeitliche Rahmen nach dem amtlichen Listenschluß für die Listenüberprüfungen, nicht aufrecht erhalten. Der Wahlausschuß habe im konkreten Falle vielmehr *ausnahmsweise* im Sinne seiner Sorgfaltspflicht zur Wahlbestandssicherung und zur Sicherung der Legitimation des neu zu wählenden Parlaments sehr wohl die Kompetenz einer materiellen Zulassungsprüfung für die Wahlvorschlagsliste CLSI[575].

19.30.2. Die Wahlanfechtung vom 10.2.1994. Diese Wahl wurde aus dem gleichen Grunde wie die vorhergehende Wahl vom RCDS-Vorsitzenden mit einer form- und fristgerecht beim zuständigen Ältestenrat eingereichten Wahlanfechtung angegriffen: Als Verstoß gegen einschlägiges Wahlrecht wurde geltend gemacht eine rechtsmißbräuchliche Kandidatur der mutmaßlichen 'Tarnliste' CLSI (Verstoß gegen das 'Irreführungsverbot') zum Studentenparlament und zu den Fachschaftsräten Jura und Wirtschaftswissenschaften[576]. Den aus der vorhergehenden Wahlanfechtung bereits bekannten Anfechtungspunkten hinsichtlich der mißbräuchlichen Wahrnahme des passiven Wahlrechts wurden weitere hinzugefügt[577].

Bezüglich der Mandatsrelevanz des Wahlfehlers wurde aufgeführt: Nach dem amtlichen Wahlergebnis[578] erhielt die 'linke' Liste 1 ('Internationale Liste / Undogmatische Linke') 504 Stimmen und zwei Mandate; es entfielen auf die 'rechte' Liste 11 ('Ökologisch-Demokratische Studenten (ÖDS)') 248 Stimmen und kein Mandat. Hätte die ÖDS also nur 5 der 130 für die CLSI abgegebenen Stimmen erhalten (ohne daß die 'undogmatisch-linke' Liste 1 von einer Nicht-Kandidatur der CLSI stimmenmäßig profitiert hätte[579]), so hätte sie nach dem maßgeblichen d'Hondtschen Mandatsverteilungsverfahren ein Mandat auf Kosten der Liste 1 errungen gehabt; dieser Sachverhalt wäre nach Lage der Dinge nicht unwahrscheinlich gewesen.

---

575 Dazu: FN 362 (Zulassungsprinzip der 'Evidenzkontrolle'); FN 533 (Anwendung des Prinzips der 'Evidenzkontrolle' im Falle der Erstzulassung der streitbefangenen Wahlvorschlagsliste); zum ausnahmsweisen Abweichen vom Prinzip der 'Evidenzkontrolle' im Falle von dem Wahlorgan notwendig bekannten erheblichen Mängeln bei einer formal korrekt eingereichten Wahlvorschlagsliste vgl. auch die Argumentation in: HH. VerfG, E.v.4.5.1993 [Az.: HVerfG 3/92], Abschnitt II.2, in: NVwZ **13**, S.1083-1090 (1993), S.1087.

576 Wahlanfechtung v.10.2.1994 des Studenten der Betriebswirtschaftslehre C.**Huber**

577 Zu den bekannten Anfechtungspunkten: Kap.19.29.2.(a)., insb. FN 541 (Irreführung des Wählers); FN 542 (Vita der CLSI-Kandidaten); FN 543 (politische Ausrichtung des hinter der CLSI stehenden 'KOZ-Kollektivs'). Als neu hinzugefügte Anfechtungspunkte: **(i)** Die "christlich-liberale" Kandidatin C.**Hertler** (Platz 3) kandidierte noch 1991/92 zum StuPa für die 'Linke Liste' (Platz 15). Der "christlich-liberale" Kandidat F.**Ihringer** (Platz 7) kandidierte noch 1992/93 zum StuPa für 'sinistra! Radikale Linke' (Platz 9);
(ii) obwohl die CLSI einen Kandidaten aus dem FB Philosophie präsentierte (A.**Wollschläger**, Listenplatz 9), erhielt die Liste an diesem Fachbereich bei der Wahl keine einzige Stimme;
(iii) die Unterstützerliste gem. § 14 Abs.7 StS (= FN III.158) wies u.a. auf: 4 ehem. Kandidaten von 'sinistra! Radikale Linke'; 10 (ehem.) Kandidaten der 'undogmatisch-linken' FSR-Liste 'INFAM'; 1 ehem. Kandidaten der 'Undogmatische Linke Liste Medizin' (ULLM); 1 Kandidaten der 'undogmatisch-linken' 'Fachbereichsgruppe Neuere Philologien'. Kein einziger Unterstützer war dagegen bisher auf einer konservativen Liste an der Universität in Erscheinung getreten. [Analoges bereits in: FN 542(iv).]

578 vorläufiges amtliches Endergebnis der StuPa-Wahl v.7.2.1994 (vgl. Anhang 1 (A.1.30.))

579 Diese Annahme ist sehr wahrscheinlich: Kap.19.29.2.(b)., insb. Unterpunkt (i).

19.30.3. Die 'aufschiebende Wirkung' der Wahlanfechtung v.10.2.1994 im ÄR-Beschluß vom 18.2.1994. Nach Erhalt der Wahlanfechtung begann der ÄR mitnichten pflichtgemäß, unverzüglich das Prüfungsverfahren einzuleiten. Vielmehr versuchte er, aus machtpolitischen Erwägungen heraus die konstituierende Sitzung des Parlaments und damit die anstehende Neuwahl des Allgemeinen Studentenausschusses (AStA) zu verhindern[580]: Nach der Figur der "aufschiebenden Wirkung" der verwaltungsgerichtlichen Anfechtungsklage[581] konstruierte die Mehrheit des ÄR Analoges für die ihr vorliegende und bis dato unentschiedene Wahlanfechtung, indem sie ohne Rechtsgrundlage in die Autonomie des neu gewählten Parlaments gravierend eingriff: "Die konstituierende Sitzung zum Studentenparlament vom 18.2.1994 findet nicht statt. Diese Entscheidung ist sofort vollziehbar. Die fristgemäß eingereichte Wahlanfechtung ... ist nicht offensichtlich unbegründet. Durch die Konstituierung des neuen Studentenparlaments und die Neuwahl eines Allgemeinen Studentenausschusses entsteht der Studentenschaft ein schwerwiegender Schaden, wenn sich die Studentenparlamentswahl vom WS 1993/94 im Wahlprüfungsverfahren als rechtswidrig erweisen sollte."[582] Aufgrund der erkennbaren, offensichtlichen Rechtswidrigkeit[583] und damit (ex tunc) Nichtigkeit dieses ÄR-Beschlusses konstituierte sich das Parlament nach satzungsgemäß erfolgter Ladung desselben mit der Mehrheit seiner Mitglieder ('Unabhängige Fachbereichsgruppen (Giraffen)', 'Grüne an der Uni', 'Liberale Hochschulgruppe (LHG)', 'Feministisch-autonome Unifrauen') unter bewußtem Fernbleiben der übrigen neugewählten Parlamentarier von RCDS, 'Juso-HSG' und 'Internationale Liste / Undogmatische Linke' und wählte einen neuen AStA-Vorstand.

Anstatt nunmehr die Sache auf sich beruhen zu lassen und mit dem anhängigen Wahlprüfungsverfahren endlich zu beginnen, faßte der ÄR umfangreiche Beschlüsse zur Ungültigkeit der Parlamentssitzung und Nichtigkeit der AStA-Wahl[584]. Aufgrund einer Rechtsaufsichtsbe-

---

580 Weil das StuPa satzungsgemäß während der vorlesungsfreien Zeit nicht einberufen werden kann (§ 9 Abs.3 StS (= FN III.158), hätte, falls das Parlament sich nicht bis zum 18.2.1994 (letzter Vorlesungstag des WS 1993/94) konstituiert hätte, der neue AStA erst drei Monate später vom Parlament gewählt werden können (§ 16 Abs.3 StS). Bis dahin wären der kommissarisch eingesetzte AStA-Vorsitzende T.**Volk** [RCDS] und der stv. AStA-Vorsitzende L.**Langenau** ['Juso-HSG'] im Amt geblieben, obwohl die Neuwahl des Parlaments deren Gruppen keine Mehrheit gebracht hatte.

581 § 80 Abs.1 i.V.m. § 42 Abs.1 VwGO (= FN IV.296)

582 (Eil-)Beschluß des Ältestenrats v.18.2.1994 [ohne Wahrung von Ladungsfristen und ohne Öffentlichkeit]

583 Das Nicht-Durchgreifen des Prinzips der 'aufschiebenden Wirkung' für Wahlanfechtungen. Eine Wahlanfechtung kann keine aufschiebende Wirkung (also die Aussetzung der Gültigkeit der angefochtenen Wahl bis zur Entscheidung über die Anfechtung) entfalten oder der ÄR eine solche Wirkung konstruieren:

(a) Dieser Grundsatz widerspräche dem Prinzip der Wahlbestandssicherung [dazu: Kap.13.2.1.; Kap. 16.2.2.(iii).] und damit dem Vorrang der grundlegenden Legitimationserzeugung durch die Wahl in der repräsentativen Demokratie. Dementsprechend bleibt eine angefochtene Wahl so lange gültig, bis sie im (objektiven) Wahlprüfungsverfahren explizit vernichtet wurde [vgl. in diesem Zusammenhang: FN IV.341 (Kap.16)].

(b) Aufgrund der üblicherweise langen Prozeßdauer wäre die aufschiebende Wirkung einer Wahlanfechtung - unabhängig von deren Stichhaltigkeit - geeignet, das neu gewählte Parlament über unbestimmt lange Zeit lahmzulegen [vgl. dazu: FN IV.353 (Kap.16)]. Dies widerspricht dem Prinzip der repräsentativen Demokratie.

(c) Dieser Grundsatz widerspräche dem Prinzip der Gewaltenteilung: Die Judikative ist nicht berechtigt, vorbeugend Beschlüsse der Legislative (Parlament) zu unterbinden.

(d) Im konkreten Fall wird dem ÄR eine Verhinderungskompetenz für Parlamentssitzungen gesetzlich nicht zugewiesen (sondern lediglich eine Rechtmäßigkeitskontrolle über bereits gefaßte Beschlüsse des Parlaments).

(e) Dem besonderen Prinzip entsprechend normierte z.B. noch die StS v.16.9.1966 (= FN III.29) explizit: "Der Ältestenrat entscheidet über die Gültigkeit angefochtener ... Parlamentswahlen. Die Anfechtung hat keine aufschiebende Wirkung." (§ 44 Abs.1 StS)

584 "Da die Antragsgegner in der Öffentlichkeit bereits als neue Amtsträger der Studentenschaft auftreten, besteht die Gefahr, daß der Studentenschaft durch dieses Auftreten von nicht legitimierten Personen Schaden entsteht. Den Antragsgegnern ... [d.h. dem am 18.2.1994 neu gewählten AStA-Vorstand und dem am 18.2.1994

schwerde der neugewählten AStA-Vorsitzenden[585] stellte die Aufsichtsbehörde unbestritten die Nichtigkeit des ersten sowie die Rechtswidrigkeit der weiteren o.g. ÄR-Beschlüsse fest[586]. Der ÄR kam nachfolgend erst *ein halbes Jahr später* (!) seiner Pflicht zur Wahlprüfung nach:

19.30.4. Die stattgebende Entscheidung des Ältestenrats vom 16.9.1994. Mit der o.g. Entscheidung gab der ÄR der Wahlanfechtung unter Anerkennung der Argumentation des Antragstellers statt: "Die Zulassung der Wahlvorschlagsliste Christlich Liberale Studenten Initiative (CLSI) war rechtswidrig. Die Wahl des Studentenparlaments war rechtswidrig und wird aufgehoben."[587] Die zwischenzeitlich erfolgte Zurückziehung der Wahlanfechtung durch den Antragsteller mußte angesichts des öffentlichen Interesses an einer juristischen Aufklärung der 'Tarnlisten'-Problematik für Studentenschaftswahlen unschädlich bleiben[588].

19.30.5. Das Leerlaufen der Wahlanfechtung: Die 'aufschiebende Wirkung' der Wahlprüfungsklage vom 17.10.1994. Gegen diesen der Wahlanfechtung stattgebenden Beschluß des ÄR klagte der AStA beim Verwaltungsgericht Frankfurt am Main (als zweiter Instanz des Wahlprüfungsverfahrens)[589]. Sowohl der AStA als auch die (untere) Rechtsaufsichtsbehörde maßen dieser Klage - als Anfechtungsklage rechtsirrig[590] - aufschiebende Wirkung zu: "Diese Klage hat aufschiebende Wirkung, so daß vorläufig weiterhin davon auszugehen ist, daß das Studentenparlament im WS 1993/94 rechtswirksam gewählt wurde."[591]. Zur damit erneut er-

---

neu gewählten Parlamentspräsidium] wird somit ausdrücklich untersagt, die ihnen nicht zustehenden Amtsbezeichnungen zu führen" (ÄR-Beschluß v.20.2.1994, S.5). Das Übergehen des dritten ÄR-Mitglieds H.**Schirmer** wurde von den beiden anderen ÄR-Mitgliedern R.**Lyssy** [RCDS] und M.**Werner** [LiLi] mit ihnen aufgezwungenem Handlungsbedarf begründet, weil "einige Studentenparlamentarier unbedingt noch vor der endgültigen Entscheidung über die schwebende Wahlanfechtung eine Sitzung des Studentenparlaments durchführen wollten, obwohl ihnen ohne weiteres zugemutet werden konnte, mit der Konstituierung auf die Entscheidung im Wahlprüfungsverfahren zuzuwarten." (ÄR-Beschluß v.28.2.1994, S.4)

585 Rechtsaufsichtsbeschwerde der AStA-Vorsitzenden D.**Herrmann** v.2.3.1994 [mit dem Antrag, die ÄR-Beschlüsse (FN 582, FN 584) aufzuheben]

586 Schriftsatz der Aufsichtsbehörde [Aufhebung der ÄR-Beschlüsse (FN 582, FN 584)] v.15.3.1994 [Az.: 7.81.10/20/30 RA-1/11] (7 S.)

587 Beschluß des Ältestenrats vom 16.9.1996, S.1.

"Absichtlich geschaffener Wahlanfechtungsgrund". Dieser Beschluß hatte keinerlei Auswirkungen für die das passive Wahlrecht mißbraucht habenden Personen [Wahlprüfungsrecht als lex imperfecta: Kap.16.4.1.(g).]. Solange das Aufstellen von 'Tarnlisten' aber ohne jegliches Risiko für ihre Verusacher bleibt [vgl. dazu allgemeiner: Kap.16.1.], kann selbst die Anullierung einer betroffenen Wahl weitergehende negative Konsequenzen haben: Das vorherige Aufstellen einer 'Tarnliste' - deren formale Voraussetzungen relativ leicht zu erbringen sind - ermöglicht theoretisch für eine bei der Wahl unterlegene Gruppe ggf. (Mandatsrelevanz!) die erfolgreiche juristische Vernichtung einer Stimmenverteilung, die zuvor politisch nicht zu verhindern war. Zur Behebung dieser Gefahren erscheint zumindest die Androhung der Kostenübernahme für die Verursacher von Wiederholungswahlen angezeigt. Beachte in diesem Zusammenhang (nämlich, "daß in Fällen ..., in denen der Wahlanfechtungsgrund seine Ursache in Vorgängen innerhalb einer der sich bewerbenden Parteien [oder deren politischem Dunstkreis, P.K.] hat, immer auch die Möglichkeit bestehen kann, daß dieser Wahlanfechtungsgrund absichtlich geschaffen worden ist, um bei enttäuschendem Wahlergebnis aus der Partei heraus die Wahlanfechtung betreiben zu können" (S.1089)) auch die Argumentation im Minderheitsvotum zu: HH.VerfG, E.v. 4.5.1993 [Az.: HVerfG 3/92], Abschnitt IV.5, in: NVwZ **13**, S.1083-1093 (1993), S.1093.

588 Zum Problem der Rücknahme in Wahlanfechtungsangelegenheiten: Kap.16.4.1.(e). Pkt.(ii).

589 "Anfechtungsklage" des AStA-Vorstands sowie der AStA-Vorsitzenden und (bisherigen) StuPa-Mitglieder D.**Herrmann** und M.**Büchting** v.17.10.1994 [Az.: 684/94B04 S/ma] beim VG Frankfurt/M.

Zur Klagebefugnis: Die Aktivlegitimation besitzen die von der Wahlaufhebung mit dem Verlust ihres (bisherigen) Mandats beschwerten (bisherigen) StuPa-Mitglieder; strittig dagegen die Aktivlegitimation des Studentenschaftsorgans AStA-Vorstand [vgl. dazu: FN IV.351(b) (Kap.16)].

590 Dazu (grundsätzlich keine aufschiebende Wirkung der Wahlprüfungsklage in der zweiten Instanz): Kap. 16.4.1.(e)., insb. FN IV.343; Kap.16.4.2., insb. FN IV.351. Ähnlich später zu Recht auch das VG Frankfurt/M in einem Zwischenbescheid v.5.7.1995 [Az.: 12 E 1242/95(3)].

591 Schriftsatz der Rechtsaufsichtsbehörde v.8.11.1994 [Az.: 7.81.12]

folgten Aushebelung eines Wahlprüfungsverfahrens konnte der amtierende "links-unabhängige" AStA triumphierend feststellen: "Der AStA zog die Notbremse: Gegen den Beschluß des Ältestenrats, bei dem jedem Juristen die Haare zu Berge stehen, hat der AStA Klage vor dem Verwaltungsgericht erhoben. Das legt den Beschluß zunächst einmal 'auf Eis', so daß das momentane Studentenparlament weiter tagen kann. Die Klage wird wohl nie entschieden werden: schon in wenigen Wochen sind die Briefwahlunterlagen für die 'normalen' Wahlen bei allen wahlberechtigten Studentinnen und Studenten."[592]

19.31. Die StuPa-Wahl vom 9.1.-1.2.1995 (rechtswidrige Bildung des Wahlorgans; Verstoß gegen das Differenzierungsgebot; amtliche Wahlwerbung)

Aufgrund des klärenden ÄR-Beschlusses über die Rechtswidrigkeit der bisherigen Kandidatur der Wahlvorschlagsliste CLSI konnte diese Wahl[593] unbelastet von Rechtsstreitigkeiten um 'Tarnlisten' durchgeführt werden. Allerdings war sie belastet durch Konflikte um das Namensrecht sowie in außergewöhnlichem Umfange praktizierte amtliche Wahlwerbung durch den AStA, Tatbestände, die auch zu einer anschließenden Wahlanfechtung führten. - Unter der rechtsirrigen Prämisse fortdauernder Beschlußkompetenz des Studentenparlaments wurde das Nominierungsverfahren für den studentischen Wahlausschuß auf der Basis der durch den Ältestenrat zuvor rechtskräftig aufgehobenen vorherigen StuPa-Wahl vorgenommen[594].
Im übrigen entsprach die Wahldurchführung rechtsstaatlichen Anforderungen.

19.31.1. Ein Konflikt um das formale Verfahren der Listenaufstellung für Studentenschaftswahlen. Um die Wahlvorschlagslisten des 'rechten' RCDS an einer Kandidatur zu hindern, reklamierte ein Vertreter der 'Internationalen Liste / Undogmatische Linke' angebliche formale Mangelhaftigkeit der Listenaufstellung dieser Studentengruppe im Zuge des Wahlvorbereitungsverfahrens[595]. Der studentische Wahlausschuß wies den Widerspruch zu Recht einstimmig als unbegründet zurück: "Die zentrale Prämisse des Antragstellers, wonach es sich bei Studentenschaftswahlen um 'staatliche Wahlen' handele, deren 'sämtliche Grundanforderungen' für Studentenschaftswahlen analog anzuwenden seien, ist rechtsirrig. Insbesondere der angesprochene Bereich der Erzeugung von Wahlvorschlagslisten im Rahmen des Wahlvorbereitungsverfahrens unterscheidet sich in beiden Fällen deutlich voneinander: Einerseits normieren (für das Bundesland Hessen) für BT-Wahlen: §§ 21, 27 BWahlG; für LT-Wahlen: §§ 20, 24 Hess.LWahlG; für K-Wahlen: §§ 10, 12 Hess.KWahlG zwingend die Parteien- resp. Vereinsstruktur der Listeneinreicher mit der Konsequenz (und der juristischen Möglichkeit) strenger Anforderungen an das formale Zustandekommen von Wahlvorschlagslisten. Andererseits sind

---

592 A.**Zerbe**, Muß die Wahl zum Studentenparlament wiederholt werden?, in: ASTA LA VISTA 3/1994, S.1. Am .?. stellte das VG Frankfurt/M das Verfahren wegen Wegfalls der Anspruchsgrundlage (Neuwahl des streitbefangenen Parlaments) erwartungsgemäß ein (vermutlich unter: [Az.: 12 E 3147/94(3)]). [Zeitpunkt und Aktenzeichen des Schriftsatzes konnten nicht ermittelt werden, weil die AStA-Vorsitzende D.**Herrmann** sich auch nach Ablauf ihrer Amtszeit weigerte, die Akten an die Studentenschaft herauszugeben.]

593 **Zu dieser Wahl:** Erstmals kandidierte als Abspaltung der Liste 'Unabhängige Fachbereichsgruppen (Giraffen)' (Liste 6) die Wahlvorschlagsliste 'Die U.F.O.s / Unabhängige Hochschulgruppe' (Liste 1). Erstmals trat zur Wahl an die Parteigruppe 'Bündnis 90 / Die Grünen' (Liste 10) in politischer Konkurrenz zu 'Grüne an der Uni / Demokratische Linke' (Liste 5). 'sinistra! Radikale Linke' kandidierte (erfolglos) als 'Liste X' (Liste 2).

594 Nominierung der WA-Mitglieder gem. § 17 Abs.1 StS (= FN III.168). - Zur Rechtswidrigkeit derartiger Nominierung im vorliegenden Fall: Kap.19.30.5., insb. FN 590; zur wahlprüfungsrechtlichen Relevanz der rechtsfehlerhaften Besetzung des Wahlorgans: Kap.19.13.1., insb. FN 329.

595 R.**Hutwelker**, Widerspruch gegen die Zulassung der zu den Studentenschaftswahlen eingereichten Wahlvorschlagslisten des RCDS v.7.12.1994 [vgl. in diesem Zusammenhang: Abb.25, S.474.]

diese Verbandsstrukturen (Satzung, Ladungskompetenz, Beschlußkompetenz) für Studentenschaftswahlen *nicht* vorgesehen; das Wahlvorschlagsrecht für Studentenschaftswahlen ist vielmehr - im Gegensatz zu den streng formalisierten Anforderungen an die Form der Wahlvorschlagslisten selbst - durch bewußt anomische Wahlvorschlagsträger im Sinne einer identitären Komponente des Wahlverfahrens zum studentischen 'Wahlvolk' hin zurückverlagert mit der Konsequenz weitestgehender Freiheit für den Modus der Listenaufstellung (im Rahmen der für eine ordnungsgemäße Wahldurchführung notwendigen formalen Voraussetzungen an die Wahlvorschlagslisten: § 20 StS). - Wollte der Studentische Wahlausschuß tatsächlich in rechtlich einwandfreier Weise, wenn auch ohne explizite Rechtsgrundlage, das Verfahren der Listenaufstellung des RCDS e.V. nach vereinsrechtlichen Kriterien untersuchen - wie vom Antragsteller gefordert -, so müßte dieses Untersuchungsprinzip im Sinne der Willkürfreiheit und des Grundsatzes der Gleichbehandlung auch auf sämtliche andere Wahlvorschlagslisten entsprechend anwendbar sein[596]. Ein solcher Versuch müßte aber aufgrund der anomischen Struktur der meisten der einreichenden Studentengruppen bereits im Ansatz fehllaufen.
Die Prüfungskompetenz des studentischen Wahlorgans kann folglich allein aus den genannten Gründen das Verfahren der Aufstellung von Wahlvorschlagslisten nicht umfassen, ohne den bisherigen Kreis der Vorschlagsberechtigten gravierend zu reduzieren, was von keiner Seite gewollt ist. Ein weiterer Hinderungsgrund ist das tragende Prinzip der Evidenzprüfung (das zeitlich umfangreiche Beweiserhebungen durch das Wahlorgan ausschließt - derartige Beweiserhebungen sind dem Wahlprüfungsverfahren vorbehalten) bei der Zulassung von Wahlvorschlagslisten."[597]

19.31.2. Konflikte um das Namensrecht und das 'Differenzierungsgebot' für die Kennworte zugelassener Wahlvorschlagslisten. Bereits zu Beginn des Wahlverfahrens ergaben sich in zwei Fällen ernstzunehmende Zweifel, ob die Kennworte aller vom Wahlausschuß zur StuPa-Wahl zugelassenen Wahlvorschlagslisten tatsächlich den Anforderungen des 'Differenzierungsgebots' genügten[598].

(a) Widerspruch gegen die Zulassung einer Wahlvorschlagsliste unter dem Namen 'Die U.F.O.s / Unabhängige Hochschulgruppe'. Vertreter der seit 15 Jahren ununterbrochen an der Johann Wolfgang Goethe-Universität kandidierenden 'Unabhängigen Fachbereichsgruppen (Giraffen)' legten form- und fristgerecht beim studentischen Wahlausschuß Widerspruch ein gegen die Zulassung der Wahlvorschlagsliste 'Die U.F.O.s / Unabhängige Hochschulgruppe' unter diesem Namen zu den Studentenschaftswahlen im WS 1994/95[599]. Eine solche Zulas-

---

596 Zu den weitergehenden formalen Anforderungen an die Kandidatenaufstellung für staatliche Wahlen: FN IV.231 (Kap.15).

597 Widerspruchsbescheid des studentischen Wahlausschusses v.8.12.1994

598 Zum 'Differenzierungsgebot': Kap.15.1.3.(b)., insb. FN IV.167; Kap.15.2.3.(b).; Kap.15.4.3.(g). "Gerade im politischen Raum besteht ein besonderes Schutzbedürfnis, weil die Parteien zur Wahrnehmung ihrer Aufgaben in gesteigertem Maße auf Unterscheidbarkeit und Unverwechselbarkeit angewiesen sind; der unberechtigte Gebrauch eines Parteinamens kann zu schwerwiegenden Beeinträchtigungen und zu einer Verschlechterung der Wahlchancen führen" (W.**Schreiber**, Bundeswahlgesetz (Komm.), 5.Aufl. Köln/Berlin/Bonn/München 1994, S.361). Als "überkommener Grundsatz parlamentarischer Wahlen" ist das 'Differenzierungsgebot', weil dafür nicht systemfremd, auch auf die Klassen der Hochschul- und Studentenschaftswahlen anzuwenden: VG Frankfurt/M, E.v.21.12.1989 [Az.: V 71 G 3264/89] [vgl. dazu: Kap.19.26.2.].

599 Widerspruch der Chemiestudentinnen S.**Monz** und S.**Ohde**, des Jurastudenten A.W.**Krebs** sowie des Biologie-Assistenten T.**Angert** v.7.12.1994.
Etwa vier Monate vor dieser Wahl hatte sich von den 'Unabhängigen Fachbereichsgruppen (Giraffen)' eine kleinere Gruppe mit dem neuen Namen 'Die U.F.O.s / Unabhängige Hochschulgruppe' abgespalten, die die 'Giraffen', insbesondere langjährige Funktionsträger, des Verrats 'unabhängiger' Ideale (persönliche finanzielle

sung sei wegen Verstoßes gegen das 'Differenzierungsgebot' rechtswidrig. Der Widerspruch wurde wie folgt begründet:

Das 'Differenzierungsgebot' wird durch das geltende Studentenschaftswahlrecht konkretisiert: § 20 Abs.7.c StS (Ausschluß der "Gefahr einer Namensverwechslung") und § 13 Abs.3 KoWO ("keine Irreführung") i.V.m. § 56 Abs.3 StS. Mit diesen Normen äußert sich das berechtigte "Interesse daran, daß den Wählern durch eine deutliche Unterscheidbarkeit der Parteinamen die politische Orientierung erleichtert wird"[600]. Bei der Einzelfallprüfung über einen möglicherweise bestehenden Verstoß gegen das 'Differenzierungsgebot' ist nicht abzustellen auf das Spezialwissen der Minderheit aktiver Beteiligter, sondern auf den *objektiven Empfängerhorizont* des größeren, "mit den Verhältnissen weniger vertrauten Teil(s) des Publikums", im vorliegenden Falle also des über hochschulpolitische Belange relativ uninformierten studentischen 'Durchschnittswählers'[601]. Dieser studentische 'Durchschnittswähler' besitze grundsätzlich von Vorgängen in der Verfaßten Studentenschaft nur vage Kenntnis. In diesem Zusammenhang sei auch zu berücksichtigen, daß es sich bei einem Teil der Studentengruppen um rein hochschulpolitische Produkte ohne einen direkten Bezug zu den - wesentlich bekannteren - politischen Parteien handelt[602]. Subsidiär hierzu ist die Rechtsprechung für den privatrechtlichen Namensschutz aus § 12 BGB heranzuziehen[603].

Für den vorliegenden Sachverhalt wurde dazu vorgetragen: Die Hervorhebung des für die Verwechslungsgefahr maßgeblichen Namensbestandteils "unabhängig" durch Großschreibung im Kennwort der 'Unabhängigen Fachbereichsgruppen (Giraffen)' bei allen bisherigen Wahlen symbolisiere und charakterisiere die Programmatik der Gruppe im Unterschied zu allen anderen Studentengruppen der Hochschule (im Sinne von Partei- und Ideologiefreiheit, reinem Hochschulbezug); dieser Terminus habe in langen Jahren seiner Existenz inzwischen *Verkehrsgeltung* an der Universität erlangt[604], und er besitze eine spezifische politische *Kennzeichnungs-*

Bereicherung) und der politischen 'Rechts'abweichung öffentlichkeitswirksam, aber unbewiesen und, wie sich später zeigte, fälschlicherweise, bezichtigte. Der o.g. Widerspruch belegte anhand schriftlicher Veröffentlichungen der 'UFOs', daß diese Gruppe genau auf den bisherigen Wählerstamm der 'Giraffen' rekurrierte.

600 BGHZ **79**, 265 [269/270].

Zugleich wird die Entscheidung über eine möglicherweise vorliegende Namensverwechslung als Tatbestand des 'Differenzierungsgebots' in die Prüfungskompetenz des Wahlorgans gelegt: "Den Wahlorganen obliegt es, alles Erforderliche zu tun, um der Gefahr einer Beeinträchtigung der Wahlchancen ... einer Wählervereinigung wirksam zu begegnen." (Ba-Wü.VGH, E.v.19.3.1979 [Az.: I 915/78], in: DVBl.**95**, S.60-62 (1980), S.61)

601 OLG Frankfurt/M, E.v.31.1.1952 [Az.: 6 U 77/51], in: NJW **5**, S.792-794 (1952), S.794

602 Der Einfluß der obligatorischen Briefwahl auf des 'Differenzierungsgebot'. Die genannten Prämissen griffen um so mehr angesichts des geltenden Verfahrens der obligatorischen Briefwahl; im entpolitisierten und anonymisierten Briefwahlverfahren [vgl. dazu: FN III.172 (Kap.12), m.w.N.; FN 381(a)] gab für einen erheblichen Anteil der studentischen 'Durchschnittswähler' die Präsentation der kandidierenden Wahlvorschlagslisten auf dem Stimmzettel (also deren Kennworte als Anhaltspunkte für die politische Ausrichtung und möglicherweise auch Zuordnung und Identifizierung mit im Studienalltag individuell vage wahrgenommenen Aktivitäten) einen Ausschlag für die Wahlentscheidung in der Privatheit der eigenen Wohnung. Im Briefwahlverfahren votierten aber erfahrungsgemäß ca. 80% der Wählenden. [Vgl. dazu ergänzend (Einfluß der Briefwahl auf das 'Irreführungsverbot'): FN 364(c).]

Es gilt für das 'Differenzierungsgebot' der Grundsatz: Je verschwommener die Kenntnis der kandidierenden Wahlvorschlagslisten für den 'Durchschnittswähler' und je anonymer das Wahlverfahren, desto höher das Erfordernis strikter Differenzierung der Kennworte der zugelassenen Listen auf dem amtlichen Stimmzettel.

603 Für die Anspruchsgrundlage aus § 12 BGB [Bürgerliches Gesetzbuch] im vorliegenden Fall vgl. etwa: W.**Schlüter**, Namensschutz politischer Parteien im Wahlkampf, JuS **15**, S.558-565 (1975), S.560 ff. Dabei ist zu beachten, daß die Differenzierungsanforderungen an die Namen politischer Gruppierungen bei Wahlen grundsätzlich schärfer zu fassen sind als die im privatrechtlichen Namensschutz entwickelten Kriterien [dazu: BGHZ **79**, 265 [269]].

604 Dazu ("Verkehrsgeltung" eines Namens): BGHZ **79**, 265 [271].

kraft im Rahmen der in der Verfaßten Studentenschaft und in der Selbstverwaltung der Johann Wolfgang Goethe-Universität tätigen Studentengruppen[605]. Insoweit genössen diese Bezeichnungen aber *Namensschutz*[606] insbesondere *im Innenbereich* der hier maßgeblichen studentenpolitischen Aktivitäten an der Johann Wolfgang Goethe-Universität[607].
Andererseits könne gerade dem eventuell Differenzierung leistenden ersten Namensbestandteil des Antragsgegners 'Die U.F.O.s / Unabhängige Hochschulgruppe' keine wesentliche Unterscheidungskraft im objektiven Empfängerhorizont des studentischen 'Durchschnittswählers' zukommen, weil diesem Namen wegen der zeitlichen Kürze seiner Existenz im Zusammenhang mit einer Studentengruppe noch keine Verkehrsgeltung an der Universität erwachsen sei[608]. Zudem suggeriere die Schreibweise, daß es sich beim Antragsgegner um die gemeinsame Liste zweier ansonsten eigenständiger Gruppen handeln könne, nämlich 'Die U.F.O.s' und die 'Unabhängige Hochschulgruppe', wobei letztere gerade als authentischer Teil der an der Hochschule langjährig bekannten 'Unabhängigen Fachbereichsgruppen (Giraffen)' auftrete.
Eine vorliegende *Verwechslungsgefahr* zwischen den beiden streitbefangenen Listenkennworten wurde demgemäß konstatiert: "Die Namen politischer Parteien unterscheiden sich nicht deutlich voneinander, wenn sie in einem wesentlichen Bestandteil übereinstimmen, der jeweils geeignet ist, sich der Öffentlichkeit als verkürzte Bezeichnung der Partei einzuprägen"[609]. Im Namensrecht gilt zusätzlich der Grundsatz der "Priorität"[610]. Dementsprechend wäre der Name des erst seit etwa vier Monaten existierenden Antragsgegners im Sinne des 'Differenzierungsgebots' durch den Listeneinreicher oder das Wahlorgan geeignet abzuändern gewesen. Angesichts der geringen juristischen und organisatorischen Anforderungen an die Kandidatur

---

Ferner zur "Verkehrsgeltung" ("Anerkennung im Verkehr") grundsätzlich: O.**Palandt** (u.a.), Bürgerliches Gesetzbuch (Komm.), 54.Aufl. München 1995, S.14 (RN 13).

605 Dazu ("Kennzeichnungskraft" eines Namens): BGHZ **11**, 214 [218].
Zur "für einen Namen erforderliche[n] Unterscheidungskraft" auch: O.**Palandt** (FN 604), S.14 (RN 12). - Unterschiedliche Schreibweisen von Begriffen spezifischer Kennzeichnungskraft und Verkehrsgeltung (hier: Großschreibung des charakteristischen Begriffs "unabhängig") sind hinsichtlich der Unterscheidungskraft unschädlich [vgl. dazu: BGHZ **79**, 265 [273]].

606 Dazu: BGHZ **43**, 245 [252/253].

607 Zur örtlichen Bindung für den Namensschutz: BGHZ **11**, 214 [LS 3].
"Wo Verkehrsgeltung erforderlich ist, beschränkt sich der Schutz sachlich und örtlich auf den Bereich, für den Verkehrsgeltung besteht." (O.**Palandt** (FN 604), S.15 (RN 13))

608 "Die Verkehrsgeltung wird regelmäßig erst nach einer gewissen Dauer des Namensgebrauchs erlangt werden." (BGHZ **79**, 265 [271]))

609 BGHZ **79**, 265 [LS c]: 'Aktionsgemeinschaft VIERTE PARTEI' ./. 'VIERTE PARTEI DEUTSCHLANDS'.
"Ob Verwechslungsgefahr vorliegt, hängt von der Ähnlichkeit der Bezeichnungen [und] der Stärke ihrer Verkehrsgeltung ... ab" (O.**Palandt** (FN 604), S.18 (RN 30)). "Eine volle Übereinstimmung [der streitbefangenen Namen, P.K.] ist nicht erforderlich. Entscheidend ist, ob Verwechslungsfähigkeit gegeben ist. ... Verwechslungsfähigkeit ist in der Regel zu bejahen, wenn die beiden Bezeichnungen in dem eigentlich aussagekräftigen Bestandteil übereinstimmen." (O.**Palandt** (FN 604), S.16 (RN 24))
"Eine sich bei ... Wahlen bewerbende Wählervereinigung, die Namensrechtsschutz (§ 12 BGB) genießt, wird durch die Zulassung des Wahlvorschlags eines anderen Bewerbers, der (teilweise) ein identisches und den Wähler irreführendes Kennwort benutzt, rechtswidrig in ihren Wahlaussichten beeinträchtigt" (Ba-Wü.VGH, E.v.19.3.1979 [Az.: I 915/78], LS 2, in: DVBl.**95**, S.60-62 (1980), S.60: 'Freie Demokratische Partei / Freie Wählervereinigung - FDP/FWV' ./. 'Freie Wählervereinigung - FWV'). Ferner: OLG Frankfurt/M, E.v.31.1. 1952 [Az.: 6 U 77/51], in: NJW **5**, S.792-794 (1952): 'Sozialdemokratische Partei Deutschlands' ./. 'Sozialdemokratische Aktion'; BGHZ **43**, 245: 'Gewerkschaft der Polizei GdP' ./. 'Gesamtdeutsche Partei (DP/BHE) GDP'. - Andererseits (der Sachlogik der bisherigen Rspr. entgegenstehend): LG Bremen, E.v.2.2.1989 [Az.: 8 O 2212/88], in: NJW **42**, S.1864-1865 (1989): 'Die Republikaner' ./. 'Bremische Republikanische Partei'.

610 Dazu (Prioritätsprinzip im Namensrecht) exemplarisch: BGHZ **43**, 245 [254].
Im Falle der "Konkurrenz von Wahlnamen, die keinen bürgerlichen Namen enthalten, ... gilt der Grundsatz der Priorität" (O.**Palandt** (FN 604), S.17 (RN 26)).

studentischer Gruppierungen läge keine Schwierigkeit oder unzumutbare Härte in einer kurzfristig erfolgenden Namensänderung.
Der Antrag auf Nichtzulassung der Wahlvorschlagsliste 'Die U.F.O.s / Unabhängige Hochschulgruppe' unter diesem Namen wurde vom studentischen Wahlausschuß mehrheitlich zurückgewiesen[611]; ein schriftlicher Bescheid mit juristisch stichhaltiger Begründung wurde trotz mehrfacher Anmahnung vom studentischen Wahlausschuß nicht erstellt[612].
(b) Doppelauftreten von 'grünen' Listen. Zur StuPa-Wahl zugelassen wurden vom studentischen Wahlausschuß zwei sich politisch auf die Partei der 'Grünen' namensmäßig berufende Wahlvorschlagslisten: 'Grüne an der Uni / Demokratische Linke' (Liste 5) und 'Bündnis 90 / Die Grünen' (Liste 10). Ob es sich mit diesem Doppelauftreten einer Bundespartei in Gestalt dieser Partei namensmäßig zuzurechnenden Studentengruppen bei einer Studentenschaftswahl um eine rechtsmißbräuchliche Ausübung des Wahlvorschlagsrechts handelt, wurde mangels entsprechender Rügen nicht mehr nachgeprüft[613]. Das gleiche galt für die Überprüfung einer möglichen Verletzung des 'Differenzierungsgebots' im vorliegenden Falle[614].
19.31.3. Die Wahlanfechtung vom 13.2.1995. Diese StuPa-Wahl wurde mit einer form- und fristgerecht beim zuständigen Ältestenrat eingereichten Wahlanfechtung angefochten: Geltend gemacht wurde mandatsrelevante, unzulässige amtliche Wahlwerbung durch den amtierenden AStA[615]. Die Wahlanfechtung stützte sich auf die durch das Bundesverfassungsgericht entwikkelten Kriterien für die zulässige amtliche Öffentlichkeitsarbeit während der *Vorwahlzeit*[616];

---

611 WA-Prot. v.7./8.12.1994, S.1. Dem gleichen, zur parallel ablaufenden Konventswahl beim Zentralen Wahlvorstand der Universität eingereichten Antrag wurde von diesem Organ stattgegeben (Prot. Zentraler Wahlvorstand v.12.12.1994 und v.16.12.1994). Beachte unter diesem Gesichtspunkt möglicherweise rechtswidriger Listenzulassung die fehlerhafte Zusammensetzung des studentischen Wahlorgans: FN 595.

612 Im Widerspruch zum Erfordernis des § 69 Abs.2 VwVfG (= FN IV.294); vgl. in diesem Zusammenhang: Kap.16.3.2. (studentisches Wahlorgan als Behörde). [Zu ähnlichem Sachverhalt bereits: FN 574.]
Dagegen gab der ÄR zu dieser Frage unaufgefordert eine Stellungnahme ab: "Der Begriff 'unabhängig' ist für sich genommen kein schutzwürdiger Namensbestandteil. Der Studentische Wahlausschuß hat zu Recht bereits seit Jahren Listen zur Wahl zugelassen, die, wie die Liste des Antragstellers, als 'unabhängig' firmierten, so im letzten Jahr die 'STATT Partei / Die Unabhängigen' oder die 'Offene Liste Unabhängiger MedizinstudentInnen'." (ÄR-Beschluß v.15.3.1995, S.3) - Diese Darstellung entsprach nicht den Tatsachen: **(i)** Die erstgenannte Liste wurde zur StuPa-Wahl 1993/94 unter dem Kennwort 'STATT Partei' zugelassen; **(ii)** die zweitgenannte Liste trat bisher zu keiner StuPa-Wahl an; **(iii)** die einzige weitere zu einer StuPa-Wahl zugelassene Liste mit dem streitbefangenen Namensbestandteil war im Jahre 1979 die 'Unabhängige Liste', gegen die Namensverwechslung geltend gemacht wurde: Kap.19.14.2.(c). - Der ÄR war damit offensichtlich bemüht, das verfahrensrechtliche Fehlverhalten des Wahlorgans nachträglich gegen den Antragsteller zu korrigieren.

613 Es kann aber - an dieser Stelle gerade unter dem Aspekt hinreichenden Einflusses bundespolitischer Orientierung auf die Wahlentscheidung bei Studentenschaftswahlen [vgl. dazu: Kap.19.16.3.] - in Verbindung mit dem (Wahlrechts-)Grundsatz der Chancengleichheit [dazu: Kap.15.2.4.] "das Verbot, mehrere Wahlvorschlagslisten einzureichen, ... als allgemeiner Wahlrechtsgrundsatz verstanden" werden (H.**Büchner** (FN 362), S.321 [ebenso: T.**Dickert** (FN 362), S.328 ff]).

614 Vgl. zu Entscheidungskriterien zum Tatbestand des 'Differenzierungsgebots' den vorhergehenden Abschnitt: Kap.19.31.2.(a). - Die erstgenannte Gruppe verzichtete mit Beginn des SS 1995 auf ihren streitbefangenen Namensbestandteil und nannte sich in dieser Legislaturperiode nur noch 'Demokratische Linke'.

615 Wahlanfechtung v.13.2.1995 durch den Jurastudenten A.W.**Krebs**, 8 S. mit 19 Anlagen [gemäß § 25 StS (= FN III.168)].
Zur möglichen Erheblichkeit dieses Wahlfehlers (amtliche Wahlwerbung): Im Falle des eindeutig erfolgten Nachweises 'amtlicher Wahlwerbung' hätte sowohl ein unzulässiger Eingriff in die Gleichheit der Wahl [dazu: Kap.15.2.4.] als auch in die Freiheit der Wahl [dazu: Kap.15.4.1.(b).] stattgefunden, mithin eine Verletzung objektiven Wahlrechts [zu diesem Prüfungsmaßstab: Kap.16.5., insb. FN IV.365]. Vgl. dazu auch: R.**Kunze** u.a. (FN 364), S.378-391.

616 BVerfGE **44**, 125 [LS 8].
Zur Definition "Vorwahlzeit" für Studentenschaftswahlen. Hierunter bezeichnet das BVerfG (für BT-Wahlen) die 'heiße Phase des Wahlkampfs'. Rechtserheblich für den Tatbestand der 'amtlichen Wahlwerbung' ist

diese Grundsätze sind in der laufenden Rechtsprechung vertieft und bestätigt[617] und inzwischen auch auf die Studentenschaftswahlen ausgedehnt worden[618]:

"**(i)** Die Öffentlichkeitsarbeit des AStAs muß sich, ganz besonders in der 'Vorwahlzeit', innerhalb des vom Gesetz zugewiesenen Aufgaben- und Zuständigkeitsbereichs halten.

(ii) Um eine offene oder versteckte Werbung für einzelne Gruppen zu vermeiden, darf sich der AStA nicht als von bestimmten Gruppen getragen darstellen.

(iii) Der AStA darf sich nicht mit negativem Akzent oder gar herabsetzend über die politischen Oppositionsgruppen und ihre Wahlbewerber äußern.

(iv) Tritt der informative Gehalt einer Druckschrift oder Anzeige eindeutig hinter der reklamehaften Aufmachung zurück, kann das ein Anzeichen dafür sein, daß die Grenze der unzulässigen Wahlwerbung überschritten ist.

(v) Auch wenn sich amtliche AStA-Veröffentlichungen weder durch ihren Inhalt noch durch ihre Aufmachung als Werbemaßnahmen zu erkennen geben, können sie unzulässig sein, wenn sie im nahen Vorfeld der Wahl *ohne akuten Anlaß* in so großer Zahl erscheinen und in solchem Umfang verbreitet werden, daß Auswirkungen auf das Wahlergebnis nicht mehr ausgeschlossen werden können.

(vi) Häufen sich in der 'Vorwahlzeit' Druckschriften und Anzeigen des AStAs, die eher der Steigerung seines Bekanntheitsgrades und der Sympathiewerbung als der Befriedigung eines von der Sache her gerechtfertigten Informationsbedürfnisses der Studenten dienen, so kann dies ein Anzeichen für unzulässige Wahlwerbung sein."[619]

---

also der Zeitpunkt des Beginns der "Vorwahlzeit ..., in der für die Öffentlichkeitsarbeit [von öffentlichrechtlichen Organen und Behörden, P.K.] das Gebot äußerster Zurückhaltung gilt" (BVerfGE **63**, 230 [244]). Dieser Zeitpunkt ist für Studentenschaftswahlen allerspätestens mit der Frist des amtlichen Listenschlusses erreicht (im vorliegenden Falle also ab dem 7.12.1994). Dieser Tatbestand wurde erstmals problematisiert für BT-Wahlen in: BVerfGE **44**, 125 [151-153]; dazu auch: P.**Häberle**, Öffentlichkeitsarbeit der Regierung zwischen Parteien- und Bürgerdemokratie, JZ **32**, S.361-371 (1977), S.366/367.

Ab dem 3.1.1995 versandte das Wahlamt der Universität die amtlichen Wahlunterlagen an alle 37.465 Wahlberechtigten; als Briefwahlschluß wurde festgelegt: 23.1.1995, für die Urnenwahl: 30.1.-1.2.1995.

617 **Unzulässigkeit amtlicher Wahlwerbung.** Grundlegend ist inzwischen die Rechtsprechung des BVerfG zur amtlichen Wahlwerbung, beginnend mit BVerfGE **44**, 125 [s.o. unter FN 616], inzwischen i.st.R. Die hier zunächst für BT-Wahlen entwickelten Grundsätze wurden übertragen für LT-Wahlen [dazu: Hess.StGH, E.v. 11.1.1991 [Az.: P.St. 1114], in: ESVGH **41**, 1] und für K-Wahlen [dazu: Hess.VGH, E.v.10.10.1991 [Az.: 6 UE 2578/90], in: ESVGH **42**, 160]. [Vgl. zur Übernahme der vom BVerfG entwickelten Prinzipien ebenso: OVG Münster, E.v.18.8.1988 [Az.: 15 A 924/88], in: NVwZ-RR **1/2**, S.149-153 (1988/89), insb. S.150; Hess. VGH, E.v.10.10.1991 [Az.: 6 UE 2578/90], in: Hess.VGRspr.**28**, S.51-53 (1992), insb. S.53 Sp.1; BVerwG, E.v.30.3.1992 [Az.: 7 B 29.92], in: BayVBl.**38**(NF), S.539-540 (1992).]

618 Dazu (analoge Ausdehnung auf Studentenschaftswahlen): VG Berlin, E.v.24.1.1994 [Az.: 2 A 30/93], in: NVwZ-RR **7**, S.444-445 (1994); VG Hannover, E.v.22.9.1994 [Az.: 6 A 2034/94] [amtl. nicht veröffentlicht].

619 Wahlanf. (FN 615), S.5 [im Anschluß an: BVerfGE **44**, 125 [148 ff]; BVerfGE **63**, 230 [243/244]].

Für den Hessischen Fall wurden diese BVerfG-Kriterien kürzlich in strikter Auslegung des Neutralitätsgebots höchstrichterlich bestätigt durch: Hess.StGH, E.v.11.1.1991 [Az.: P.St. 1114], in: ESVGH **41**, 1; Hess.VGH, E.v.10.10.1991 [Az.: 6 UE 2578/90], in: ESVGH **42**, 160 (in LS), sowie in: Hess.VGRspr.**28**, S.51-53 (1992). Folglich wirkt ganz allgemein das vom BVerfG bezogen auf den Fall "staatlicher Wahlen" in der repräsentativen Demokratie entwickelte Neutralitätsgebot: Es vermögen danach "nur solche Wahlen demokratische Legitimation zu verleihen, die ohne Verstoß gegen das Gebot staatlicher bzw. gemeindlicher [bzw. körperschaftlicher, P.K.] Neutralität und ohne Verletzung der Integrität der Willensbildung des Volkes bzw. der Wahlbürger erfolgt sind" (BVerwG, E.v. 30.3.1992 [Az.: 7 B 29.92], in: BayVBl.**38**(NF), S.539-540 (1992)).

Selbst in Zweifelsfällen ist als wesentlicher Wahlfehler [zur Differenzierung der Wahlfehler-Klassen: Kap. 16.5. (am Ende)] zu entscheiden: "Eine unzulässige [amtliche] Wahlbeeinflussung liegt auch dann vor, wenn die Wahlbeeinflussung nicht beabsichtigt ist, aber der aufgeschlossene Durchschnittswähler eine - mehrdeutige - Aussage als Wahlempfehlung zugunsten eines bestimmten Bewerbers verstehen wird." (Ba-Wü.VGH, E.v. 17.2.1992 [Az.: 1 S 2266/91], LS, in: Ba-WüVwPr **19**, S.159-160 (1992))

- "Die für die Vorwahlzeit aufgezeigten Beschränkungen regierungsamtlicher Öffentlichkeitsarbeit gelten (insbesondere) für alle unter Einsatz von Haushaltsmitteln finanzierten Anzeigen, Broschüren, Faltblätter und sonstigen Druckwerke."[620] Hinsichtlich der Äußerungen eines Amtswalters in der Öffentlichkeit während der 'Vorwahlzeit' ist strikt zu unterscheiden, ob diese in "amtlicher Eigenschaft" erfolgen oder durch die Privatperson[621]. Bei der Prüfung der Mandatsrelevanz eines konkreten Falles nachgewiesener amtlicher Wahlwerbung kann die Wahrscheinlichkeitsbetrachtung großzügig ausgelegt werden[622].

(a) Verstoß gegen geltendes Wahlrecht: Amtliche Wahlwerbung. Als Verstoß gegen diese maßgeblichen BVerfG-Kriterien dokumentierte die Wahlanfechtung sieben vom AStA (d.h. durch Mittel des Studentenschaftshaushalts) finanzierte und in teilweise hoher Auflage während der 'Vorwahlzeit' an der Universität verbreitete amtliche AStA-Publikationen. Die Anzahl der verbreiteten AStA-Publikationen war allein in den zwei Monaten der 'Vorwahlzeit' etwa dreimal so hoch wie in der gesamten restlichen Legislaturperiode; keiner dieser Publikationen lag ein 'akuter Anlaß' für das Erscheinen zugrunde; einige behandelte Themen bewegten sich außerhalb des durch § 63 HHG normierten Aufgabenbereichs der Verfaßten Studentenschaft; die beiden AStA-tragenden und zur StuPa-Wahl kandidierenden Gruppen identifizierten sich teilweise explizit namentlich als Gruppen mit dem Amt[623].

---

620 BVerfGE **44**, 125 [154]

621 BVerwG, E.v.30.3.1992 [Az.: 7 B 29.92], in: BayVBl.**38**(NF), S.539-540 (1992).
Danach ist es insbesondere dem Amtswalter grundsätzlich als Privatperson "- wie jedem anderen Bürger auch - erlaubt ..., sich mit Auftritten, Anzeigen oder Wahlaufrufen aktiv am Wahlkampf zu beteiligen".

622 Im Falle einer Persönlichkeitswahl (Direktwahl) sprach der Bay.VerfGH bei 4.508 gültig abgegebenen Stimmen, davon 57,0% für den erstplazierten und 31,4% für den zweitplazierten Bewerber, hinsichtlich des Tatbestands der amtlichen Wahlwerbung von einem "verhältnismäßig knappen Vorsprung" (E.v.11.3.1994 [Az.: Vf.22-VI-92], in: BayVGHE **47**(NF)II, 59 [66]).

623 In einzelnen dokumentierte die Wahlanf. (FN 615) die in der Vorwahlzeit verteilten AStA-Publikationen [die Auflagen der streitbefangenen AStA-Publikationen waren zu beurteilen hinsichtlich der Wahlbeteiligung von 7.138 abgegebenen Stimmen bei der StuPa-Wahl und der Tatsache, daß Nichtwähler im Zuge ihres Desinteresses für die studentische Selbstverwaltung die ihnen angebotenen Publikationen nicht benutzten]:

(a) AStA-Zeitung 'ASTA LA VISTA' 3 (Auflage: 6.000 Stück). In dieser Zeitung gab die zur Wahl kandidierende (und AStA-tragende) Gruppe 'Die U.F.O.s / Unabhängige Hochschulgruppe' eine umfangreiche Selbstdarstellung ab (S.7). - Die zur Wahl kandidierenden Gruppen RCDS und 'Unabhängige Fachbereichsgruppen (Giraffen)' sowie einige von deren namentlich aufgeführten Kandidaten wurden in polemischer und teilweise ehrabschneidender Form u.a. sogar amtlich durch den "AStA" angegriffen (S.7, S.8-10). - Zudem wurden durchgängig die Gruppenzugehörigkeiten der AStA-Mitglieder aufgeführt (z.B.: "Danielle **Herrmann** - AStA-Vorsitzende - (Die U.F.O.s / Unabhängige Hochschulgruppe)"), sämtlich Kandidaten bei der anstehenden StuPa-Wahl für die Listen 'Grüne an der Uni / Demokratische Linke' sowie 'Die U.F.O.s / Unabhängige Hochschulgruppe' [vgl. dazu die amtlichen Listenbekanntmachungen in: Uni-Rep.1/1995, S.8 ff].

(b) AStA-Flugblatt "Der Wolf im Schafspelz - Rechtsruck im RCDS Frankfurt" (Auflage: 5.000 Stück). Das durch den "AStA Uni Frankfurt" herausgegebene und durch den amtierenden AStA-Vorstand verantwortlich gezeichnete Flugblatt griff polemisch die zur Wahl kandidierende Gruppe 'Ring Christlich Demokratischer Studenten' (RCDS) an; unterstützt wurden diese Angriffe durch die zur StuPa-Wahl kandidierenden Gruppen 'Grüne an der Uni / DL', 'Internationale Liste / Undogmatische Linke', 'Unabhängige Hochschulgruppe / Die U.F.O.s' [siehe nachfolgend: Abb.25]. Derselbe Text wurde nochmals in der Zeitung 'ASTA LA VISTA' **3**, S.8 vollständig abgedruckt und auch Exemplare des Flugblatts durch AStA-Mitglieder bis zur Urnenwahl verteilt.

(c) AStA-Flugblätter zur AStA-"Diskussionsveranstaltung" "Was geht uns der Prozeß gegen Birgit Hogefeld an?" (Auflage 6.000 Stück). [Das ehem. RAF-Mitglied B.**Hogefeld** wurde später wegen mehrfachen Mordes verurteilt: OLG Frankfurt/M, E.v.5.11.1996 [Az.: .?.].] Als Veranstalter (auf dem Flugblatt explizit aufgeführt) traten neben dem AStA der Universität die zur Wahl kandidierenden Gruppen 'GRÜNE an der Uni / DL' und 'Kritische JuristInnen / Demokratische Linke' auf; als "Gast" wurde u.a. Herr Florian **Rödl** angekündigt, zweitplazierter Kandidat auf der erstgenannten Liste, Spitzenkandidat auf der zweitgenannten Liste [vgl. Uni-Rep.1/1995, S.8 ff].

(d) AStA-Plakataktion "Ausverkauf" (Auflage: 1.500 Plakate). Im hier vorliegenden Angriff auf die Parteien SPD und 'Bündnis 90 / Die Grünen' erfolgte implizit ein Angriff auf deren zum StuPa kandidierende Studen-

Der Wolf im Schafspelz

Rechtsruck im RCDS Frankfurt

Seit einigen Monaten bewegt sich der RCDS (Ring Christlich Demokratischer Studenten) politisch nach rechtsaußen. Manifest wurde dies auf der letzten Semestervollversammlung der Gruppe im WS 93/94: Der im RCDS neu aufgetauchte Andreas Trottnow putschte dort gegen die Familie Huber. Der rechtsextreme Burschenschaftler, der u.a. Organisator des sogenannten „Jungkonservativen Arbeitskreises / c/o Junge Freiheit" und Aktivist des Frankfurter „Verein Deutscher Studenten" (Schnittstelle zwischen faschistischen und konservativen Zirkeln wie dem „Petersberger Kreis" und dem „Christlich Konservativen Deutschlandforum") war, setzte sich bei der Vorstandswahl zusammen mit anderen mit stimmkräftiger Hilfe von (kurz vorher eigens zu diesem Zweck in den RCDS eingetretenen) bekannten Burschenschaftlern durch. Daraufhin verließen viele RCDSler ihre Gruppe und nannten sich „Junge Union Hochschulgruppe". Der Landesverband des RCDS und andere CDU-Kreise (und auch die Geldgeber) jedoch unterstützen den neuen Vorstand ungeachtet dessen politischer Ausrichtung.

Zur Strategie der „neuen Rechten" gehört seit einiger Zeit auch, sich dadurch eine Machtbasis zu verschaffen, daß ihre Vertreter in bekannte, unverdächtig erscheinende konservative Gruppierungen eintreten und so unauffällig Gewichte in eine nationalkonservative bis faschistische Richtung verschieben. Dabei werden hierarchische Strukturen genutzt, um in Schlüsselpositionen zu kommen; zudem werden Kontakte zur Wirtschaft gesucht und genutzt.

Der RCDS, studentische Organisation der CDU an den Universitäten, vertritt schon seit einiger Zeit eine äußerst rechte, teilweise rassistische Politik - vielleicht etwas eleganter verpackt und mit „Teste die Mensa" garniert. Seit seiner Spaltung an der Uni Frankfurt ist jedoch klar, daß dieser „christliche Ring" mehr sein soll als ein Sprungbrett in den Hessischen Landtag. So fixiert die vorigen Funktionäre auf ihre Karriere waren, so genau wissen die jetzigen Führer, daß es um Hegemonie und nationale Ideologie auch an den Unis geht.

Die Ideologie der neuen Rechten arbeitet besonders damit, sich betont zu einem liberalen Konservatismus zu bekennen, der sich bei genauerem Hinsehen als wesentlich weiter rechts entpuppt als von vornherein ersichtlich ist. Eine biedermännische Fassade, wie sie auch der RCDS bietet, sollen nach außen hin den Schein einer „Liberalität" erzeugen. Tatsächlich handelt es sich dabei jedoch um ein Bekenntnis zum „Kulturbereich Deutschland", was bedeutet, daß nur die eigenen definierten Werte (Ehre, Vaterland) anerkannt werden und notfalls auch zu verteidigen sind. Der hier sehr subtil geschürte „Mulitkulturelle Rassismus" findet seine geschichtliche Entsprechung in den Anfängen des 20. Jahrhunderts, als es galt, die Ideologie des Nationalismus, Militarismus und Antisemitismus im Volk aufzuwerten und damit schließlich den Weg für zwei Weltkriege und den Faschismus zu ebnen.

Die jüngsten Geschehnisse weisen daraufhin, daß es hier nicht nur um eine Werteordnung geht. Am 27.10. versuchten fünf Mitglieder des RCDS, einen Mitarbeiter des „Projekt Kurdistan - Hawar" einzuschüchtern, der gleichzeitig im Ausländerreferat (SAL) tätig ist. Unter diesen befanden sich ein Mitglied des Bundesvorstands des RCDS und zwei aus dem hessischen Landesvorstand. Sie drohten, daß wenn „im Haus etwas passieren würde", Hawar dafür die Verantwortung tragen werde. Die Polizei werde ohne Zögern eingeschaltet werden; außerdem sei ihnen zumindest eine Person namentlich bekannt. Anlaß der Drohungen war eine Einladung von Hawar an alle Gruppen, die das StudentInnenhaus nutzen, um gemeinsam den nach seiner Spaltung nach rechtsaußen gerückten RCDS politisch zu bekämpfen.

Gegenüber der AStA-Vorsitzenden Danielle Herrmann äußerte der Landesvorsitzende des RCDS kurz darauf, daß das Projekt Hawar ja wohl extremistisch sei, denn wie man wüßte, stünden alle kurdischen Gruppen der PKK nahe. Es ist kein Zufall, daß hier die pauschale Kriminalisierung aller kurdischen Menschen mit der konkreten Drohung gegenüber einem Kurden verbunden wurde, ihn bei der Polizei anzuzeigen. Die Brisanz einer solchen Drohung gegenüber einem politischen Gegner erhellt sich vor allem vor dem Hintergrund der momentanen politischen Situation, wo eine Anzeige auch Abschiebung, Folter und Tod bedeuten kann.

Die linken und linksliberalen Gruppierungen im StudentInnenhaus haben sich nun zusammengetan, um jenseits der inneruniversitären Schlammschlachten der Vergangenheit dem „neuen rechten" RCDS auf breiter Ebene entgegenzutreten. Uns liegt an einer öffentlichen Auseinandersetzung und Aufklärung der StudentInnenschaft darüber, wie der RCDS neuerdings politisch einzuordnen ist. Uns und anderen liegen eidesstattliche Versicherungen eines Aussteigers über die obigen Angaben und weitere Verflechtungen zwischen dem Frankfurter RCDS und nationalistischen bis faschistischen Kreisen vor.

Wir hoffen, die Aufmerksamkeit der Uni-Öffentlichkeit auf die Tatsache lenken zu können, daß sich hinter der sauberen Fassade des RCDS und netten, unpolitischen Serviceangeboten (siehe auch die - neuerdings - engen Freunde des RCDS, die „Giraffen"!) eine Gruppe gefährlicher, nach politischem Einfluß strebender Rechtsextremer verbirgt.

Reißt dem Wolf den Schafspelz herunter!!

Herausgeben von: AStA Uni Frankfurt, Autonomes AStA-AusländerInnenreferat (SAL), Grüne an der Uni/ Demokratische Linke, KoZ-Kollektiv, Kurdistan-Projekt - HAWAR, Internationale Liste/ Undogmatische Linke, TuCa, Unabhängige Hochschulgruppe/ die U.F.O.s (Stand: 17.11.1994)

V.i.S.d.P.: Danielle Hermann, Markus Büchting, c/o AStA

Abb.25: AStA-Flugblatt v.18.11.1994 [Name geschwärzt], S.1 und S.2

(b) Mandatsrelevanz des Wahlfehlers. Als Konsequenz der gerügten Wahlrechtsverstöße war die Mandatsrelevanz im Rahmen des Prüfgrundsatzes der 'relativen potentiellen Kausalität' nachweisbar[624]. Nach dem vorläufigen amtlichen Endergebnis[625] erhielt die Liste 11 (RCDS) mit dem Quotienten 247 (mit dem 21. und letzten Zugriff) ihr fünftes Mandat zugeteilt; die Listen 3 (LHG) und 4 (ILI) erhielten mit jeweils 489 Stimmen ein Mandat; die Liste 6 (UF) erhielt mit 720 Stimmen zwei Mandate zugewiesen; die Quotienten 244,5 und 240 gingen also (als erste mit dem 22., 23. und 24. Zugriff) leer aus. Zur Argumentation der Wahlanfechtung:

(i) Es erscheine hinreichend wahrscheinlich, daß die Liste 5 ('Grüne an der Uni / *Demokratische Linke*', 679 Stimmen), die ein ähnliches Wählerpotential ansprach, wie die Liste 4 ('Internationale Liste / *Undogmatische Linke*', 489 Stimmen), dieser mittels der durch die Liste 5 erfolgten amtlichen Wahlwerbung wenigstens 6 Stimmen und damit das zweite Mandat entzogen hat.

(ii) Im Zusammenhang mit der geltend gemachten amtlichen Wahlwerbung erlange die Gefahr der Namensverwechslung zwischen den zur Wahl zugelassenen Wahlvorschlagslisten 'Die U.F.O.s / *Unabhängige Hochschulgruppe*' und '*Unabhängige Fachbereichsgruppen* (Giraffen)' Erheblichkeit. Dieser Gefahr habe der studentische Wahlausschuß pflichtwidrig nicht abgeholfen[626]. Es erscheine nunmehr insbesondere unter dem Tatbestand der Namensverwechslung hinreichend wahrscheinlich, daß die Liste 1 ('Die U.F.O.s / Unabhängige Hochschulgruppe', 605 Stimmen), die das gleiche Wählerpotential ansprach, wie die Liste 6 ('Unabhängige Fachbereichsgruppen (Giraffen)', 720 Stimmen), dieser mittels der amtlichen Wahlwerbung wenigstens 22 Stimmen und damit das dritte Mandat entzogen hat; die hier maßgebliche amtliche Wahlwerbung sei nämlich wesentlich in der Herabwürdigung der kandidierenden Wahlvorschlagsliste 6 bis hin zum Tatbestand der Verleumdung einzelner Kandidaten dieser Liste erfolgt. Der Liste 1 sei es offensichtlich, insbesondere in der ehemaligen Stimmenhochburg der 'Unabhängigen Fachbereichsgruppen (Giraffen)', dem Fachbereich Rechtswissenschaft (FB 01), gelungen, auf deren Kosten zu reüssieren:

---

tengruppen 'Jusos in der SPD / Hochschulgruppe' und 'Bündnis 90 / Die Grünen'. - Als Verantwortliche zeichnete (auf dem Plakat zentral aufgeführt) neben dem AStA der Universität die zur StuPa-Wahl kandidierende Gruppe 'Grüne an der Uni / Demokratische Linke'.

(e) AStA-Flugblatt "Perspektiven der Hochschulpolitik - Demokratie an der Hochschule" (Auflage unbekannt). "Veranstalter: Referat für Hochschulpolitik / AStA Uni Frankfurt"; inhaltlich hinsichtlich der Rügen der Wahlanfechtung unproblematisch.

(f) AStA-Flugblatt "Der Zug kommt ins Rollen - Semesterticket auch für Frankfurt / Gemeinsame Verhandlung der ASten mit dem RMV" (Auflage: 4.000 Stück). Bei dem o.g. Flugblatt handelte es sich um die einzige öffentliche Verlautbarung des AStA-Ökologiereferats während der gesamten Legislaturperiode. Als verantwortlich zeichnete für das "AStA-Ökologiereferat" Herr "Felix **Arndt** (die U.F.O.s / Unabhängige Hochschulgruppe), Referent für Ökologie". Die im Impressum genannte Gruppe kandidierte zur anstehenden StuPa-Wahl. F.**Arndt** kandidierte auf deren StuPa-Liste als Stellvertreter für Position 4 sowie als Spitzenkandidat dieser Gruppe zum Fachschaftsrat Jura [vgl. dazu: Uni-Rep.1/1995, S.8 ff].

(g) AStA-Flugblatt "Information des Ausländer/innenreferates (SAL) zu den Wahlen zum Studentenparlament" (Auflage unbekannt). In diesem Flugblatt des ("autonomen") AStA-Ausländerreferats an der Universität wurde in herabwürdigender Form von der Stimmabgabe zugunsten der zur StuPa-Wahl kandidierenden 'Multi Kulti Gruppe' (Liste 8) abgeraten. - Exemplare dieser Flugschrift lagen am 31.1.1995 um ca. 12 Uhr neben der Wahlurne des Stimmbezirks III aus.

624 Zur 'Mandatsrelevanz' als zwingendem Wahlprüfungskriterium: Kap.16.5.(a).; zum Prüfungskriterium der 'relativen potentiellen Kausalität': Kap.16.5.(d).

625 Zum vollständigen vorläufigen amtlichen Endergebis der StuPa-Wahl: Anhang 1 (A.1.31.). Für die Mandatsverteilung zugrunde zu legen ist das d'Hondtsche Höchstzahlverfahren (§ 23 Abs.9 StS (= FN III.168)).

626 Vgl. dazu (Tatbestand der Namensverwechslung): Kap.19.31.2.(a).

Fachbereich Jura	*Wahlbet.*	*gült.Stimm.*	*Liste 1 ('UFOs')*	*Liste 6 ('Gir.')*	*Stimm./% (Listen 1 + 6)*	
Wahl 1993/94	1.081	1.070	nicht kandidiert	497	497	46,4%
Wahl 1994/95	1.158	1.142	297	218	515	45,1%

Einen zusätzlichen Anhaltspunkt für die weitgehende Identität des Wählerpotentials der beiden "unabhängigen" Studentengruppen ergebe ein Vergleich der streitbefangenen StuPa-Wahl mit dem Gesamtergebnis der StuPa-Wahl des letzten Jahres:

Gesamt-Universität	*Wahlbet.*	*gült.Stimm.*	*Liste 1 ('UFOs')*	*Liste 6 ('Gir.')*	*Stimm./% (Listen 1 + 6)*	
Wahl 1993/94	7.413	7.239	nicht kandidiert	1.326	1.326	18,3%
Wahl 1994/95	7.138	6.970	605	720	1.325	19,0%

- Damit[627] war der gerügte Wahlfehler (amtliche Wahlwerbung in der "Vorwahlzeit") als für die streitbefangene Wahl mit hinreichender Wahrscheinlichkeit mandatserheblich nachgewiesen, und er hätte als Konsequenz zur Ungültigkeitserklärung der StuPa-Wahl im ordnungsgemäß durchgeführten Wahlprüfungsverfahren führen müssen[628].

19.31.4. Die versagende Entscheidung des Ältestenrats vom 15.3.1995. Der ÄR beschied die Wahlanfechtung *nicht* innerhalb der satzungsmäßig vorgeschriebenen Monatsfrist[629] bis zum 13.3.1995; vielmehr gab er seine Entscheidung, die angeblich bereits am Tage der einzigen Anhörung des ÄR zum vorliegenden Rechtsstreit am 15.3.1995 gefallen sei, erst etwa drei Wochen später dem Antragsteller und der Öffentlichkeit bekannt: "Eine Unterstützung von Wahlvorschlagslisten durch Stellungnahmen staatlicher Institutionen zu Gunsten einer Wahlvorschlagsliste ist ein Wahlfehler ebenso wie die einseitige Bevorzugung von Wahlvorschlagslisten. Bei den vom Antragsteller vorgelegten Publikationen konnte der Ältestenrat einen

---

627 **(a)** Beachte zu vergleichbaren judikativen Argumentationen vor allem: Hess.VGH, E.v.10.10.1991 [Az.: 6 UE 2578/90] (Anullierung der Kommunalwahl 1989 in Bad Vilbel), in: Hess.VGRspr.**28**, S.51-53 (1992), insb. S.52/53. Die numerischen Größenverhältnisse beider Sachverhalte waren ähnlich. Die streitgegenständlichen Rechtsverletzungen waren aber im Falle des Frankfurter AStAs noch hervorstechender: Die gerügte amtliche Wahlwerbung des Vilbeler Magistrats erreichte nicht die Intensität der vorliegend angegriffenen amtlichen AStA-Wahlwerbung; der Vilbeler Magistrat identifizierte sich auch nicht explizit mit der ihn tragenden Partei, im Gegensatz zum überwiegenden Teil der vorliegend gerügten amtlichen AStA-Wahlwerbung.
Zu einer extensiven Auslegung des Prüfungsprinzips der 'relativen potentiellen Kausalität', selbst bei möglicherweise unbeabsichtigter amtlicher Wahlwerbung, die zur Aufhebung der angefochtenen Wahl führte: Ba-Wü.VGH, E.v.17.2.1992 (FN 617).
(b) Das streitgegenständliche Handeln des 'linken' 'Grüne an der Uni' / 'U.F.O.' - AStAs war aus einem weiteren Grunde evident rechtswidrig: Am .?.12.1994 erging ein Zwischenbescheid des VG Frankfurt/M (vermutlich: [Az.: 12 E 3147/94 (3)] zum immer noch anhängigen Verfahren der Wahlprüfungsklage v.17.10.1994 (FN 589); dieser Schriftsatz wurde durch den AStA und den ÄR gezielt zurückgehalten [vgl. dazu ergänzend: FN 592]. Hierin qualifizierte das VG die Wahlprüfungsklage als "allgemeine Leistungsklage" [zu einer rechtssystematisch sinnvolleren Einordnung der Wahlprüfungsklage: FN 590] mit der Konsequenz des Fortfalls damit verbundener aufschiebender Wirkung der Klage. Aufgrund der damit bestätigten (es nunc) Vernichtung des bis dato amtierenden, den AStA wählenden und kontrollierenden Studentenparlaments hätte dieser AStA bis zur Wahl eines neuen Parlaments lediglich die unabdingbar notwendigen Geschäfte zur Aufrechterhaltung des laufenden Betriebs (kommissarisch) weiterführen dürfen; keinesfalls fiel unter diese minimierten, laufenden Amtsgeschäfte aber die Durchführung extensiver amtlicher Wahlwerbung! - Zu diesem Sachverhalt erstaunt die völlige Untätigkeit der universitären Rechtsaufsichtsbehörde.

628 Zum hier greifenden 'Erforderlichkeitsprinzip': Kap.16.5.(c).

629 "Über die Gültigkeit der Wahl entscheidet der Ältestenrat innerhalb von einem Monat." (§ 25 StS (= FN III.168))

solchen Wahlfehler nicht erkennen."[630] Die dürre Begründung, die auf die Befassung mit der Fülle der in der Wahlanfechtung aufgeführten, konkreten Fakten sowie die Bewertung der dazu vorgelegten Rechtsprechung weitgehend verzichtete, ließ erneut höchste Zweifel an der politischen Neutralität und Objektivität des studentischen Kontrollorgans aufkommen.

19.31.5. Das Leerlaufen der Wahlprüfungsklage vor dem Verwaltungsgericht aus formalen Gründen. Gegen die zurückweisende Entscheidung des ÄR legte der Antragsteller unverzüglich und unter Bekräftigung aller Anfechtungsgründe Wahlprüfungsklage beim zuständigen Verwaltungsgericht Frankfurt am Main ein[631]. Höchstvorsorglich wurde für den Wegfall der Anspruchsgrundlage Fortsetzungsfeststellungsinteresse geltend gemacht: "Es erscheint dringend erforderlich, für die Zukunft das rechtlich zulässige Maß an amtlicher Öffentlichkeitsarbeit durch den AStA auch für Studentenschaftswahlen gerichtlich bindend festzustellen."[632] Erwartungsgemäß konnte das Gericht nicht rechtzeitig entscheiden: "Wegen der hohen Belastung der Kammer mit Asylverfahren ist derzeit nicht abzusehen, bis wann mit einer Entscheidung gerechnet werden kann."[633] Weil der Antragsteller selbst zwischenzeitlich (ab Oktober 1995) als AStA-Vorsitzender gewählt worden war, gegen den u.a. formal seine Klage gerichtet war, teilte die Vorsitzende Richterin der erkennenden Kammer des Verwaltungsgerichts informell mit, daß wegen formaler Unzulässigkeit (Nichterfüllung der Klagevoraussetzungen) keine Aussicht auf materielle Prüfung des streitbefangenen Sachverhalts durch das Gericht bestehe[634]. Nach der nahegelegten Rücknahme der Klage wurde das Verfahren - noch während der Durchführung der regulären Neuwahl des angegriffenen Parlaments - ohne gerichtliche Klärung des vorgetragenen Sachverhalts eingestellt[635].

19.31.6. Versuche der finanziellen Abschreckung. Nach dem Verstreichen der Hälfte des der streitbefangenen Wahl nachfolgenden Sommersemester machte der AStA von seinem

---

630 Entscheidung der ÄR-Mitglieder C.**Bank** und R.**Huber** v.15.3.1995 über die Wahlanfechtung v.13.2.1995 (FN 615), bekanntgegeben am 4.4.1995, S.3

631 Wahlprüfungsklage des Jurastudenten A.W.**Krebs** beim VG Frankfurt/M v.1.5.1995: "Es wird beantragt, 1. die Entscheidung des ÄR v.15.3.1995 aufzuheben; 2. die StuPa-Wahl an der Johann Wolfgang Goethe-Universität im WS 1994/95 wegen Rechtswidrigkeit aufzuheben und eine Wiederholungswahl anzuordnen."

632 Wahlprüfungsklage (FN 631), S.2

633 Aktenvorblatt/Vorbescheid des VG Frankfurt/M v.8.5.1995 zur Klage (FN 631) [Az.: 12 E 1244/95(V)]

634 **Das Nichtdurchgreifen des prozeßtechnischen Parteibegriffs im Wahlprüfungsverfahren.** Das vorgebrachte Argument der Parteienkollision ("In-sich-Klage") ist im Falle der Wahlprüfungsklage unschädlich [zur Aktivlegitimation allgemeiner: FN IV.351(d) (Kap.16)]:

(a) Beim Wahlprüfungsverfahren handelt es sich um ein "objektives Verfahren", bei der Klage demnach um eine 'Popularklage'; persönliche Beschwer des Antragstellers ist nicht erforderlich [vgl. dazu: FN IV.334 (Kap.16); Kap.16.4.1.(c).]. Insofern erscheint der verwaltungsgerichtliche Parteibegriff hier nicht einschlägig.

(b) De facto Klagegegner der vorliegenden Wahlprüfungsklage ist der Ältestenrat, der - weil keine eigenständige Rechtsperson - de jure vom AStA vertreten werden muß [vgl. dazu auch: FN 525]. Würde an der fraglichen Stelle eine Interessenkollision angenommen, so bedeutete dies den Verlust der aktiven Prozeßfähigkeit eines jeden amtierenden AStA-(Vorstands-)Mitglieds im gerichtlichen Wahlprüfungsverfahren: Dem AStA-Mitglied würde nach der ersten Instanz des Wahlprüfungsverfahrens der Rechtsweg abgeschnitten.

(c) Das Geltendmachen einer Interessenkollision im vorliegenden Falle widerspricht dem (zum fortgeschrittenen Zeitpunkt des Verfahrens mit dem dadurch erfolgten Wegfall seiner Anspruchsgrundlage) Charakter der vor allem öffentliches Interesse an einer gerichtlichen Entscheidung voraussetzenden Fortsetzungsfeststellungsklage gem. § 113 Abs.1 S.4 VwGO (= FN IV.296).

635 Rücknahme der Klage v.18.12.1995 (gem. § 92 Abs.1 VwGO (= FN IV.296)). Vgl. aber zur eingeschränkten Rücknahmekompetenz speziell in Wahlprüfungsangelegenheiten: Kap.16.4.1.(e).(ii).
Einstellung des Verfahrens am 19.12.1995 [Az.: 12 E 1244/95(V)]: "Nachdem die Klage zurückgenommen worden ist, ist das Verfahren gemäß § 92 Abs.2 VwGO einzustellen. Die Kosten sind nach § 155 Abs.2 VwGO dem Kläger aufzuerlegen, weil er die Klage zurückgenommen hat. Der Streitwert wurde gemäß § 13 Gerichtskostengesetz (als Auffangstreitwert) festgesetzt."

Recht auf Bestellung eines Prozeßvertreters in der anstehenden Wahlprüfungssache Gebrauch[636]. Zu diesem Zeitpunkt war aber bereits klar, daß die Wahlprüfungsklage selbst bei positivem Ausgang für den Antragsteller wegen der einzuhaltenden Fristen keine Wiederholungswahl für das StuPa zur Folge und somit auch keine Nachteile für den amtierenden AStA hätte bringen können, die geforderte gerichtliche Überprüfung also tatsächlich einzig eine rechtsverbindliche Klarstellung des Tatbestands der amtlichen Wahlwerbung für künftige Studentenschaftswahlen - im Interesse der Verfaßten Studentenschaft! - gesetzt hätte (Fortsetzungsfeststellungsaspekt); zu einer anwaltlichen Interessenswahrung der Verfaßten Studentenschaft bestand also in dieser Situation keinerlei Notwendigkeit!
Prinzipiell sollte auch der ÄR seine *eigene* Wahlprüfungsentscheidung am kompetentesten juristisch *selbst* vor Gericht vertreten können (zeigte er sich zu einer materiell-juristischen Verteidigung seiner Entscheidung dagegen nicht in der Lage[637], stellte sich allerdings die Frage, nach welchen Kriterien sonst der ÄR die Wahlanfechtung zuvor entschieden hatte). Der "normale" studentische Wahlanfechter kann sich, mangels Vorhandenseins ausreichender individueller finanzieller Mittel, ohnehin in der Regel keinen eigenen Rechtsbeistand leisten. Auch unter diesen Aspekten besteht also kein Anlaß für die Verfaßte Studentenschaft zur Inanspruchnahme außeruniversitärer Prozeßvertretung im Wahlprüfungsverfahren.
Damit geriet eine andere, völlig sachfremde mögliche Motivation des 'linken' AStAs für die Delegierung der Prozeßvollmacht an eine kommerzielle Rechtsvertretung in das Blickfeld: Die finanzielle Abschreckung des studentischen Wahlanfechters. Durch den Hinweis, die Wahlprüfungsklage aus formalen Gründen zurückzuweisen, ermöglichte das Gericht - neben eigener Arbeitsersparnis - die rechtzeitige Klagerückziehung[638]. Daraufhin beantragte die AStA-Anwältin "mindestens" eine Verdreifachung des durch das Gericht festgesetzten Auffangstreitwerts des Verfahrens mit der Konsequenz (mindestens) der Verdoppelung ihrer Gebühren, was das individuelle finanzielle Prozeßrisiko des studentischen Klägers nochmals sprunghaft erhöhte (der Beschwerde gegen die Streitwertfestsetzung wurde durch das zuständige Gericht zum

636 Erteilung der Prozeßvollmacht durch die ÄR-Mitglieder C.**Bank** und R.**Huber** v.15.5.1995.
Die Erteilung der Prozeßvollmacht gem. § 67 Abs.2 VwGO (= FN IV.296) durch den ÄR war unzulässig, weil der ÄR im Verfahren der Wahlprüfungsklage als nicht passivlegitimiert [dazu: FN 634(b)] kein (Prozeß-)Beteiligter gem. § 63 VwGO ist. Es zählt auch nicht zu seinem Aufgabenbereich, für andere Studentenschaftsorgane Vollmachten zu erteilen. - Die für den Klagegegner damit möglicherweise dennoch anfallenden Rechtsanwaltsgebühren wären aus dem Etat der Verfaßten Studentenschaft zu begleichen gewesen, womit jegliches finanzielle Prozeßrisiko für die AStA-Mitglieder oder die ÄR-Mitglieder ausgeschlossen war.
Es zeigte sich nachfolgend erwartungsgemäß, daß die bevollmächtigte AStA-Rechtsanwältin über wenig Kompetenz in den juristisch eher abgelegenen universitären Wahlrechtsangelegenheiten verfügte, dementsprechend die materiellen Vorgaben der Wahlanfechtung zugunsten plakativ-polemischen Vortrags vernachlässigend ("Insgesamt sind die Ausführungen des Antragstellers eher spekulativ und vage." (Begründung des Klageabweisungsantrags des AStAs v.29.9.1995 [Az.: 391/95 B04 B/sl], S.3)), was der Sache - Fortsetzungsfeststellungsaspekt - letztlich wenig förderlich war.
637 Vgl zur tatsächlich grundsätzlich mangelhaften juristischen Kompetenz des ÄR: Kap.18.1.2.
638 Die rechtzeitige Klagerückziehung ersparte dem studentischen Antragsteller die (privat zu erbringen gewesene) Zahlung der Gerichtskosten von 300 DM (abzüglich der Postzustellungskosten von 22 DM). Er hatte damit "lediglich" die Anwaltskosten für die AStA-Prozeßvertretung zu entrichten. Die Beschwerde gegen die ablehnende Entscheidung des VG Frankfurt/M beim Hess.VGH mit der unter der FN 634 dargelegten Argumentation war aufgrund des noch höheren finanziellen Risikos nicht in Erwägung zu ziehen. - Zu ähnlicher Individualhaftung zugunsten der Studentenschafts-Prozeßvertretung im (materiell nicht entschiedenen) Wahlprüfungsverfahren bereits: FN 525 (Kap.19.27.2.); FN 562 (Kap.19.29.4.(b).).
Auch das Institut der Prozeßkostenhilfe (sog. "Armenrecht") gem. § 166 VwGO (= FN IV.296) i.V.m. § 114 ff ZPO [Zivilprozeßordnung] vermag den studentischen Kläger von dem einseitig verteilten finanziellen Prozeßrisiko im Wahlprüfungsverfahren nicht nachhaltig zu entlasten, weil die Gewährung nicht sicher eintritt.

Vorteil des studentischen Klägers nicht abgeholfen)[639]. Letztlich hatte der klagende Student - außer dem gesamten Arbeitsaufwand für das Wahlprüfungsverfahren neben seinem eigentlichen Studium - über 600 DM privat aufzubringen für die gewünschte (und letztlich nicht erfolgte) Bestätigung einer rechtsstaatlichen Selbstverständlichkeit in einem Verfahren, das aufgrund zweifelhafter juristischer Auslegung materiell nicht entschieden wurde.

19.32. Die StuPa-Wahl vom 8.1.-31.1.1996 (Verstöße gegen das Differenzierungsgebot)

Die formale Durchführung dieser Wahl[640] entsprach, insbesondere auch hinsichtlich der Neutralität des amtlichen Wahlverfahrens, in jeder Hinsicht rechtsstaatlichen Anforderungen. Allerdings verursachte das studentische Wahlorgan mit seinem Beschluß, das Differenzierungsgebot für die Listennamen im Listenzulassungsverfahren streng formal auszulegen[641], Verwirrung beim "mäßig informierten" 'Durchschnittswähler' hinsichtlich der Unterscheidung einiger der kandidierenden Wahlvorschlagslisten[642].

19.33. Die StuPa-Wahl vom 7.1.-29.1.1997 (Verstoß gegen das Differenzierungsgebot)

Die formale Durchführung dieser Wahl[643] entsprach, insbesondere auch hinsichtlich der Neutralität des amtlichen Wahlverfahrens, in jeder Hinsicht rechtsstaatlichen Anforderungen.

---

639 Beschwerde gegen die Streitwertfestsetzung [durch das VG Frankfurt/M (FN 635) gem. § 13 Abs.1 S.2 GKG [Gerichtskostengesetz]] v.18.1.1996 beim Hess.VGH [Az.: 391/95 B04 B/sl].
Hess.VGH, E.v.12.4.1996 [AZ.: 6 TE 556/96].
Die Rechtsanwaltsgebühren gem. §§ 162, 155 Abs.2 VwGO (= FN IV.296) berechneten sich gem. §§ 11, 31 Abs.1, 26, 25 BRAGO [Bundesgebührenordnung für Rechtsanwälte v.26.7.1957 i.d.F. v.28.10.1994 (BGBl.I, S.3210 (1994))] aus Prozeßgebühr, Post-/Telekommunikationspauschale, Mehrwertsteuer:
(i) beim Streitwert von 8.000 DM: (485,00 DM + 40,00 DM) x 115/100 = 603,75 DM;
(ii) beim Streitwert von 25.000 DM: (1.025,00 DM + 40,00 DM) x 115/100 = 1.224,75 DM.

640 Zu dieser Wahl kandidierte die bisherige Gruppe 'Grüne an der Uni / Demokratische Linke' als 'Demokratische Linke Liste' (Liste 6); 'sinistra! Radikale Linke' trat (erfolglos) an als 'sinistra! Linke Liste' (Liste 9); erstmals (und erfolglos) kandidierte als Abspaltung von 'Bündnis 90 / Die Grünen - Hochschulgruppe' (Liste 3) die Gruppe 'Biomost - Grün-Alternative Hochschulgruppe' (Liste 12).

641"Der studentische Wahlausschuß beschloß ... mehrheitlich (2:1 Stimmen), das Differenzierungsgebot für die Namen von Wahlvorschlagslisten gemäß der - das Ermessen des Wahlorgans weitgehend einschränkenden und normativ umfassenden - streng formalen Argumentation zu verifizieren: 'Zwei Listennamen verschiedener Wahlvorschlagslisten gelten als unterscheidbar im Sinne des Differenzierungsgebots, wenn sie sich in mindestens einem Namensbestandteil signifikant formal unterscheiden.' - Als Minderheitsvotum wurde zu Protokoll gegeben: 'Selbst der höchstmögliche Umfang der Namensdifferenzierung gemäß obigem formalem Kriterium vermag dem unter dem Komplex der Namensverwechslung grundlegenden Maßstab des objektiven Empfängerhorizonts des (relativ uninformierten) 'Durchschnittswählers' nicht stets zu genügen. Das formale Differenzierungskriterium trägt nicht der einschlägigen Rechtsprechung zum (zivilrechtlichen) Tatbestand der Namensverwechslung (§ 12 BGB) Rechnung, der im vorliegenden Falle als subsidiär gelten kann. Es überdehnt darüber hinaus die bindende Satzungsvorschrift des § 20 Abs.7c StS v.22.2.1994." (WA-Prot. v.6.12.1995)

642 Zur Wahl zugelassen wurden unter folgenden Kennworten: **(i)** '<u>UNABHÄNGIGE Fachbereichsgruppen</u> (Giraffen)' (Liste 1), 'Die U.F.O.s / <u>Unabhängige Hochschulgruppe</u>' (Liste 5); **(ii)** 'DEMOKRATISCHE <u>LINKE LISTE</u>' (Liste 6), 'sinistra! <u>Linke Liste</u>' (Liste 9); **(iii)** 'BÜNDNIS 90 / DIE <u>GRÜNEN</u> - <u>Hochschulgruppe</u>' (Liste 3), Biomost - <u>Grün</u>-Alternative <u>Hochschulgruppe</u>' (Liste 12).

643 Zu dieser Wahl kandidierten erstmals (und erfolglos) die Wahlvorschlagslisten 'NICHT (nur im Chaos herrschen Träume)' (Liste 2) und 'Geomatt (Weltoffener Kulturverein)' (Liste 6); die Liste 'Liberale Hochschulgruppe' kandidierte lediglich unter dem Namenskürzel 'L.H.G.' (Liste 4), und sie erhielt daraufhin - trotz intensiven Wahlkampfs in ihren bisherigen Stimmenhochburgen Rechtswissenschaft (FB 01) und Wirtschaftswissenschaften (FB 02) - mit 3,4% der gültig abgegebenen Stimmen kein Mandat mehr; 'sinistra! Radikale Linke' (Liste 12) erhielt erstmals wieder ein Mandat im Parlament.

Allein die Verwechslungsgefahr der erneut unter ähnlichen Kennworten zur Wahl zugelassenen Vorschlagslisten 'U.F.O.s / Unabhängige Hochschulgruppe' sowie 'Unabhängige Fachbereichsgruppen (Giraffen)' warfen einen Schatten auf die Korrektheit dieses Wahlverfahrens[644].

19.34. Ein Ausblick

Wie es scheint, konnten sich die studentischen "Exklaven des Unrechts mitten auf dem Territorium des Rechtsstaats"[645] seit der Studentenrevolte festigen. Entgegen allen bisherigen Erfahrungen und somit wider besseres Wissen räumt die Hesssische Landesregierung mit der Novellierung des Hessischen Hochschulrechts im Jahre 1997 den politischen Mehrheiten der Verfaßten Studentenschaften an den Hessischen Universitäten weitere Freiräume ein; Minderheitenschutz und Rechtsstaatlichkeit werden zugunsten des Mehrheitsprinzips erneut zurückgedrängt[646]. - Ist nach alledem zumindest die Hoffnung auf zukünftige rechtsstaatliche Wahlverfahren in der Verfaßten Studentenschaft berechtigt und realistisch? Wohl kaum: Daß nämlich dem theoretisch auch für die Verfaßte Studentenschaft geltenden Rechtsstaatsprinzip zum Trotz künftig hinsichtlich der korrekten Durchführung der Studentenschaftswahlen wenig Gutes zu erwarten sein wird, zeigt die nach wie vor arrogante und ignorante Haltung des Frankfurter AStAs zu den Vorfällen der letzten 30 Jahre:

"Abschließend muß darauf hingewiesen werden, daß die Einleitung eines Wahlanfechtungsverfahrens dieses Jahr wie auch letztes Jahr und auch in vielen Jahren zuvor schon eine Art 'Ritual' darstellt, bei dem in aller Regelmäßigkeit keine Anhaltspunkte dafür vorliegen, daß die Wahlanfechtung begründet ist. Da ... Kosten für dieses Verfahren ... abgerechnet werden (mußten), machten sich die Antragsteller aus der Vergangenheit auch nicht immer bewußt, daß die Inanspruchnahme gerichtlicher Hilfe nicht als 'Spielwiese' mißbraucht werden sollte."[647]

---

644 Zu diesem Problem bereits: Kap.19.31.2.(a).
Der Verwechslungsgefahr der beiden streitbefangenen Gruppenkennworte **(i)** 'Unabhängige Fachbereichsgruppen (Giraffen)' und **(ii)** 'U.F.O.s / Unabhängige Hochschulgruppe' waren sogar teilweise die politisch wohlinformierten studentischen Funktionsträger erlegen: "Giraffen - unabhängige Hochschulgruppe" [gemeint war: Gruppe (i)] (M.**Riedel**/P.**Koch** ['Die Grünen'], Presseerklärung erste Koalitionsgespräche, v.7.2.1996); "Unabhängige Hochschulgruppe" [gemeint war: Gruppe (ii)] (Vorwurf des Amtsmißbrauchs, in: FAZ v.19.10.1995); "UFOs / Unabhängige Fachbereichsinitiative" [gemeint war: Gruppe (ii)] (AStA-Zeitung Herbst '96, S.3).

645 H.**Tröndle**, Die Vernachlässigung und die Ausbeutung des Rechtsstaates in unserer Zeit, in: W.**Böhme** (Hrsg.), Gewalt oder Recht?, Karlsruhe 1982 (Herrenalber Texte **40**), S.33-65, S.53

646 Aus dem 'Entwurf für ein Hessisches Hochschulgesetz' (HG-E) der (rot-grünen) Hessischen Landesregierung v.20.3.1997, anstelle des HHG (= FN III.95) und des HUG (= FN IV.102), sind diesbezüglich zu nennen:
(i) Rechtsaufsicht über die Studentenschaft übt allein noch der Universitätspräsident aus (§ 103 HG-E); die Aufsichtskompetenz des Hessischen Ministers für Wissenschaft und Kunst entfällt ersatzlos (§ 72 Abs.1 HHG).
(ii) Für die Verabschiedung und Änderung der Satzung der Studentenschaft (StS) genügt die absolute Mehrheit der Mitglieder des Studentenparlaments (§ 98 Abs.2 HG-E); das bisherige minderheitenschützende Quorum entfällt (§ 66 Abs.2 HHG). Damit werden insbesondere auch die Wahlrechtsnormen und -Kontrolle in den Verfügungsbereich allein der politischen Mehrheit gestellt (§ 98 Abs.2 Nr.1 HG-E).
(iii) Die Genehmigung der StS geht vom Hessischen Minister für Wissenschaft und Kunst (§ 21 Abs.1 Nr.2 HHG) auf den Universitätspräsidenten über (§ 103 HG-E); die bisher zusätzlich notwendige gutachtliche Stellungnahme einer weiteren Behörde vor der Genehmigung der StS (§ 66 Abs.3 HHG) entfällt ersatzlos.
(iv) Durch Einfügung weiterer unbestimmter Rechtsbegriffe, die eher politische Wunschprogramme darstellen, wird die bislang noch gefestigte Rechtsprechung zum Verbot der Wahrnahme des 'Allgemeinpolitischen Mandats' durch die Verfaßte Studentenschaft angegriffen (§ 99 Abs.2 Nr.1 bis 3 HG-E); der bisherige enumerativ normierte "klassische Aufgabenkatalog" der Verfaßten Studentenschaft wird aufgeweicht (§ 64 Abs.2 HHG).
(v) Zur studentischen Finanzverwaltung erfolgen überhaupt keine materiellen Vorgaben (§§ 98 Abs.3, 100 Abs.5, 102 HG-E). Der Erlaß einer Finanzordnung (§ 71 Abs.2 HHG) und die Pflicht zur satzungsrechtlichen Regelung des Haushaltsrechts (§ 66 Abs.4 Nr.5 HHG) fallen ersatzlos fort.

647 AStA-Schriftsatz (FN 636), S.5

Teil VI: Zusammenfassung und Folgerungen

Die wesentlichen rechtspolitischen Fakten und Konsequenzen aus der vorliegenden Untersuchung über die repräsentativ Verfaßten Studentenschaften bundesdeutscher Hochschulen seit der Zeit der Studentenrevolte bis heute unter dem Schwerpunkt des Wahlrechts sollen schließlich in thesenartiger Form nochmals zusammengefaßt werden. (Die kursiven Kapitelangaben am Ende verweisen auf die Behandlung der vorgestellten These im laufenden Text.)

Kap.20 Rechtspolitische Thesen

In Verfaßten Studentenschaften als politischen Subsystemen des Deutschen Rechtsstaats ist die Rechtsgeltung in zentralen Bereichen - heute besonders auffällig im Haushaltsrecht und im Wahlrecht - weitgehend unkontrolliert dem Machtstreben einer relativ stabilen, langandauernden, dem "bürgerlichen" Staat feindlich gegenüberstehenden Mehrheit untergeordnet worden. Als effektives Herrschaftsmittel im Subsystem erweist sich das totalitäre 'dichotome Mehrheitsprinzip'. Diese Situation wird verschärft durch die Ausschaltung interner Kontrolle mittels Mehrheitsentscheid und das grundsätzliche Fehlen von Öffentlichkeit als externer Kontrolle.

20.1. Das Mehrheitsprinzip als Werkzeug zur Veränderung politischer Kultur

Der demokratische Rechtsstaat zeigt sich bisher entweder nicht willens oder nicht in der Lage, sein eigenes Recht gegen rechtswidrige formaldemokratische Mehrheitsentscheidungen in den studentischen Subsystemen pflichtgemäß durchzusetzen.

These 1. Die Verfaßten Studentenschaften sind - sofern an bundesdeutschen Hochschulen durch staatlichen Akt eingerichtet - entsprechend dem Aufbau des übergeordneten demokratischen Rechtsstaates als repräsentativ-demokratische (studentische) Selbstverwaltungskörperschaften konzipiert. Die Kreation studentischer Organe erfolgt durch Wahl auf der Grundlage autonom gesetzten Rechts in autonom durchgeführten Verfahren. Gemäß dem juristischen Konstrukt der Körperschaft des öffentlichen Rechts mit Satzungs- und Finanzhoheit achtet der Staat die begrenzte Autonomie der durch ihn selbst eingerichteten Selbstverwaltungskörperschaften im staatsrechtlich zulässigen Rahmen seiner Rechtsaufsichtsbefugnisse.

In der Realität scheitert die lediglich formale Abbildung demokratischer, rechtsstaatlicher, repräsentativer Strukturen vom Staat auf eine studentische Selbstverwaltungskörperschaft in vielen Teilbereichen; die staatliche Politik konnten diese Beobachtungen fundamentaler funktionaler Defizite bisher aber nur selten und dann zögerlich zum korrektiven Handeln veranlassen.
[Kap.8.1.; Kap.13.3.2.; Kap.18.2.]

These 2. Die Verfaßten Studentenschaften entscheiden ihre eigenen Angelegenheiten grundsätzlich mit Mehrheit der beteiligten Abstimmungsberechtigten, insbesondere durch das 'Studentenparlament' (in der Regel das höchste beschlußfassende Organ dieser repräsentativ eingerichteten studentischen Körperschaft). Die grundsätzliche Anwendung des Mehrheitsprinzips zur Entscheidungsfindung im öffentlich-politischen Raum (so auch im Raum der Körperschaften öffentlichen Rechts) läßt aber nicht zugleich zwingend auf ein rechtsstaatlich-demokratisches Verfahren schließen: Durch die Mehrheitsentscheidung wird der Majorität Macht zugewiesen; der Liquidierung von Minderheiten steht das Mehrheitsprinzip allein nicht entgegen.

Das heißt: Die Anwendung des Mehrheitsprinzips ist nicht hinreichend für das Vorhandensein eines demokratischen politischen Systems. Insbesondere vermag einzig die Anwendung des Mehrheitsprinzips demokratische Legitimation des tragenden politischen Systems nicht stets zu vermitteln - dies um so weniger, je umfangreicher der Schutz politischer Minderheiten und deren originärer Sphären nicht mehr gewährleistet ist. - Diese kritische Situation tritt seit der Studentenrevolte paradigmatisch für die Verfaßten Studentenschaften bundesdeutscher Hochschulen als politischen Subsystemen des demokratischen Rechtsstaats ein.
Die strukturelle Verdeutlichung dieses Sachverhalts läßt eine Ausdifferenzierung des Mehrheitsprinzips angeraten erscheinen: In der rein formalen, wertfreien Ausprägung als 'formaldemokratisches Mehrheitsprinzip' im Sinne rechtsstaatlich normierter Verfahren dient es als notwendige funktionale Grundlage sowohl für das totalitäre 'dichotome Mehrheitsprinzip' als auch für das wertgebundene, zivile, demokratieäquivalente 'materiale Mehrheitsprinzip'.
[Kap.2; Kap.3; Kap.4]
These 3. Das dem Gedanken der 'autonomen' Selbstverwaltungskörperschaft zugrunde liegende staatsrechtliche Prinzip der Subsidiarität büßte im konkreten Falle vieler Verfaßter Studentenschaften seine Wirkkraft ein zugunsten einer eigenständigen Veranstaltung gegen den "bürgerlichen" Staat, dessen politische Kultur sich diesen Anfeindungen nach anfänglichen Irritationen öffnete und inzwischen teilweise angepaßt hat:
Die Verfaßten Studentenschaften bundesdeutscher Hochschulen haben seit dem Beginn der Studentenrevolte, etwa mit dem Jahre 1967, vielfach eine eigene, vom Staat des Grundgesetzes ganz verschiedene, unabhängige und diesem - teilweise aggressiv - entgegengesetzte politische Kultur entwickelt und inzwischen bereits (auch aufgrund manchmal höchst zweifelhafter Wahlergebnisse) langjährig etablieren können. Diese Sub-Kultur, wesentlich getragen von ungeduldigen und unduldsamen Kindern des saturierten westdeutschen Wohlstandsbürgertums, ist geprägt von scharfen, totalitären Denkmustern und endemischer Gewaltbereitschaft (oft gegen Sachen, aber auch gegen Personen), die sich zunächst als für die Sicherung der eigenen politischen Existenz und Identität notwendigen Reflex auf die staatliche "Gewalt" verstehen.
Ihre eigene, neue Legitimation bezieht diese politische Kultur als die Staatsfreiheit ihres "autonomen" politischen Subsystems. Die konkrete Umsetzung dieser angestrebten Staatsfreiheit erfordert zunächst die systematische "politische" Ausgrenzung und Ausschaltung aller vorhandenen, mit dem "bürgerlichen" Staat oder einer Staatsnähe identifizierbaren Teile des eigenen Subsystems. Im subkulturellen Jargon wird diese Intention politischer Homogenisierung mittels der "rechts"/"links"-Kategorisierung bewerkstelligt, intern prägen sich soziale Konkurrenznormen aus, die zu einer dichotomen Segmentierung des Subsystems in staatsfeindliche und staatstreue Mitgliedsteile unterschiedlicher Legitimationsstellung hinführen. (Die große Mehrheit der dauerhaft völlig Unbeteiligten und Uninteressierten bleibt machtpolitisch unerheblich.) Allgemeine, gleiche, freie, geheime Wahlen stehen dieser Intention grundsätzlich entgegen.
Seit etwa dem Jahre 1993 nähern sich der bundesdeutsche Staat und sein Subsystem Verfaßte Studentenschaft politisch wieder an: Besonders die inzwischen nahezu abgeschlossene Etablierung der politischen Partei der 'Grünen' in der bundesdeutschen "bürgerlichen" Gesellschaft, deren maßgebliche Entscheidungsträger oftmals selbst durch die studentischen subkulturellen Zusammenhänge geprägt wurden, hat diesen Verfaßten Studentenschaften inzwischen einen verständnisvollen und zunehmend wirksamen Fürsprecher im Staate zugeführt; die dortselbst hoffähig gewordene politische Kultur des 'linken Postmaterialismus' entspringt wesentlich der

Subkultur der Verfaßten Studentenschaften. Andererseits sind im Zuge des Untergangs der realsozialistischen Staaten und damit auch der alten Bundesrepublik Deutschland (spätestens mit dem Jahre 1993) die "wilden", originär "antiautoritären", 'undogmatisch-linken' Nachfolger der Studentenrevolte, die sich gerade über und gegen die alte Bundesrepublik definierten, von den Universitäten verschwunden, teilweise mit Ausnahme der 'Autonomen'. Es hat stattdessen im 'linken Postmaterialismus' eine politische Verklärung der alten Bundesrepublik Deutschland als vorbildliches Zivilsystem eingesetzt.
[Kap.3.2.; Kap.5; Kap.6; Kap.7]
These 4. Die 'Legitimation der Staatsfreiheit' besitzt besondere Konsequenzen für die Rechtsgeltung und die Rechtsbefolgung im Subsystem: Grundsätzlich kann das auf Integration und Befriedung zielende Gesetzesrecht als staatlich vorgegebenes Konstrukt im Subsystem nicht internalisiert werden - es muß letztlich fremd und feindlich bleiben; der staatlich (für das Subsystem zunächst unabänderbar) gesetzte Rechtsrahmen wird aber taktisch genutzt, solange er die staatsfeindliche Mehrheit des Subsystems formal abzusichern geeignet ist oder andere Vorteile bringt: Das Recht erhält eine dienende Funktion für die Machtträger des Subsystems. Inadäquate staatliche Normsetzung, attentistische staatliche Aufsichtsbehörden und opportunistische staatliche Politik erleichtern den berechenbar sanktionslosen Rechtsbruch in den übrigen Fällen. Die gerichtliche Abwägung zwischen Autonomieprinzip für die Selbstverwaltungskörperschaft und universeller Rechtsgeltung wird gerade von den unteren Instanzen eher zugunsten des ersteren vollzogen. Die die veröffentlichte Meinung im Staate inzwischen prägende politische Kultur des 'linken Postmaterialismus' liefert das öffentliche Verständnis für die Relativierung der Rechtsgeltung zugunsten von ihr als gut festgestellter politischer Zwecke.
Das studentische Satzungsrecht zeigt sich grundsätzlich normhypotroph und somit in seinem Regelungsgehalt für konkrete Konflikte defizitär und nicht angemessen. Das Verschwinden der bürgerlichen Tugenden Anstand, Form, Ehrlichkeit, Sachlichkeit im Subsystem verhindert einen erfolgreichen Rückgriff auf die ungeschriebenen Regeln ziviler Umgangsformen.
Diese labile Situation weist dem klar strukturierten und stets verfügbaren Mehrheitsprinzip als dem formaldemokratischen Erzeuger situativer Normauffüllung, Normergänzung und Normauslegung einen zentralen Stellenwert im Subsystem Verfaßte Studentenschaft zu.
[Kap.8; Kap.5]
These 5. Die 'Legitimation der Staatsfreiheit' erzeugt im politischen Subsystem Verfaßte Studentenschaft die Wirkkraft einer neuen, totalitären Wertordnung, des "Linkspluralismus"; der "Linkspluralismus" unterdrückt politische Pluralität zugunsten des politisch Guten und eliminiert das von den Meinungsführern als nicht gut Erachtete aus dem öffentlichen Diskurs; im Unterschied und im Gegensatz zur durch das Grundgesetz nur schwach induzierten "objektiven Wertordnung" des übergeordneten Staates. Die Wirksamkeit staatlichen Rechts im Subsystem ist unter dieser Bedingung überhaupt nur zu sichern in seiner formal-funktionalen, explizit und adäquat positivierten Komponente; der materiale, wertgebundene Anteil des (staatlichen) Rechts läßt sich dagegen in dieses Subsystem grundsätzlich nicht invariant transformieren.
Bestand und Wirkkraft der politischen Kultur des Subsystems Verfaßte Studentenschaft werden insbesondere garantiert durch das politische Definitionsmonopol über das Mehrheitsprinzip: Das demokratisch-rechtsstaatliche 'materiale Mehrheitsprinzip' transformiert vom Verfassungsstaat in das Subsystem unverändert lediglich seine formale Komponente, das 'formaldemokratische Mehrheitsprinzip'. Dieses wird entweder durch die Wertordnung des Subsystems

neu aufgeladen in das totalitäre 'dichotome Mehrheitsprinzip' (sofern die politische Definitionsmacht übereinstimmt mit der arithmetischen Mehrheit des Studentenparlaments) - es konstituiert in seinem Wirkungsbereich eine 'Diktatur der Legalität', und das ist die Regel auch für heutige Verfaßte Studentenschaften; oder aber: das 'formaldemokratische Mehrheitsprinzip' wird im Subsystem qualitativ umgedeutet - nach objektiv nicht meßbaren, aber von der dauerhaft herrschenden politischen Definitionsmacht als maßgeblich festgesetzten, moralischen Kriterien - in ein 'qualitatives Mehrheitsprinzip' derart, daß die für eine Entscheidung abgegebenen Stimmen nicht mehr streng formal und abstrakt gleich gezählt, vielmehr nach diesen qualitativen Kriterien gewogen werden und dergestalt die gewünschte 'qualitative' Mehrheit herbeigeführt wird (sofern die politische Definitionsmacht sich von der arithmetischen Mehrheit des Studentenparlaments unterscheidet) - es konstituiert eine 'Diktatur der Legitimität' im Subsystem.
[Kap.8.2.; Kap.5.3.; Kap.1.1.; Kap.7; Kap.6]

20.2. Mangelhafte Legalität und ungenügende Legitimität Verfaßter Studentenschaften
Nicht nur die Relativierung der Rechtsgeltung aufgrund der Verabsolutierung des Mehrheitsprinzips im Subsystem Verfaßte Studentenschaft führt zu Einbußen an Legitimation für die einseitig politisierte studentische Selbstverwaltung.
These 6. Konstitutive Schwächen und fundamentale Defizite der Selbstverwaltungskörperschaft Verfaßte Studentenschaft sind heute unübersehbar:
(a) Die Verfaßte Studentenschaft verweigert sich, durch Artikulation und Einbringung spezifisch studentischen Sachverstands zur Verwaltung und Entwicklung der Hochschule beizutragen. Als korporatives, "hochschulpolitisches" studentisches Interessen- und Erfahrungskorrektiv gegenüber der etablierten und, trotz Einrichtung der Gruppenuniversität, mächtigen Professorenseite, das gerade auch in konkreten Konflikten zwischen abhängigem Studenten und dominantem Professor im Sinne und Wissen einer "Studentengewerkschaft" zugunsten seiner Klientel vermittelt und eingreift, versteht sich die Verfaßte Studentenschaft nur selten.
[Kap.5; Kap.13.3.]
(b) Es gibt im Rahmen der Gruppenuniversität keine originären Aufgabenbereiche ("legitime öffentliche Aufgaben") der Verfaßten Studentenschaft mehr, die nicht ebenso gut oder besser von anderen Stellen im Sinne des den Gedanken der Selbstverwaltungskörperschaft prägenden Subsidiaritätsprinzips ausgefüllt werden könnten (Fachschaftsräte, Studentenwerk, Studentenvereinigungen mit spezifisch-begrenztem Aufgaben- und Zielbereich, durch die Universität unterstützter freiwilliger Hochschulsport und andere studentische Freizeitprojekte).
[Kap.13.3.2.]
(c) Die Binnenstruktur dieser Selbstverwaltungskörperschaft genügt in vielen Bereichen rechtsstaatlich-demokratischen Grundsätzen nicht. Der gesetzlich zugewiesene Aufgabenbereich ist heute zumeist kein Handlungsmaßstab der studentischen Selbstverwaltung mehr.
[Kap.5; Kap.6; Kap.7; Kap.17; Kap.18; Kap.19]
Aus den vorgenannten Gründen ist die Verfassungsmäßigkeit einer in Grundrechte der Studierenden eingreifenden Zwangskörperschaft 'Verfaßte Studentenschaft' juristisch umstritten.
(d) Einer regelmäßig nur noch von weniger als einem Viertel der Studierenden gewählten Vertretung mit Zwangsmitgliedschaft ermangelt es an Legitimation. Für diese Wahlen kann bisher offensichtlich noch nicht einmal die korrekte Durchführung gesichert werden.
[Kap.19; Kap.5 (am Beginn); Kap.7.4.]

- Vermag der demokratische Gesetzgeber sich als Reaktion auf die mutmaßlich irreversiblen Fehlentwicklungen und strukturellen Defizite zur Auflösung der bisherigen Form der Verfaßten Studentenschaften - oder zumindest zur Abschaffung von deren Finanzhoheit! - nicht durchzuringen, sollten zukünftig als minimale Sicherung rechtsstaatlichen Handelns wenigstens die interne Willensbildung nachprüfbar pluralisiert, effektive interne und externe Kontrolle institutionell gewährleistet werden:

These 7. Die bisher zu oft fehlende demokratische Kultiviertheit (das weitgehende Fehlen von Toleranz, Mäßigung, Kompromißfähigkeit, Ehrlichkeit, Rechtsachtung) und fehlende kritische Öffentlichkeit lassen in der Verfaßten Studentenschaft das Mehrheitsprizip in seiner durchgängigen Ausprägung als 'dichotomes Mehrheitsprinzip' zu einem legalen Unterdrückungsinstrument gegen mißliebige Minderheiten des Subsystems sowie zur formaldemokratischen Vorbereitung und Absicherung von Rechtsbrüchen verkommen. Die Anwendung dieses totalitären Entscheidungsverfahrens ist unzulässig ausgedehnt worden auf den es selbst konstituierenden Bereich: Die Studentenschaftswahlen sind in den Zugriff der 'Tyrannei der Mehrheit' geraten.

Der zentrale Stellenwert unkontrollierter Mehrheitsentscheidung im Finanzbereich und die zunehmende Selbstbedienungsmentalität gegenüber öffentlichen Einrichtungen begünstigen die finanzielle Absicherung der studentischen Machtträger und ihrer Klientel auf Kosten der Verfaßten Studentenschaft, ohne daß adäquate Gegenleistungen erbracht würden; Personalkosten und Sachkosten des Studentenschaftshaushalts stehen oft in keiner vertretbaren Relation mehr zueinander.

Der bisherige herausgehobene Stellenwert des Mehrheitsprinzips im Subsystem ist gesetzlich umfassend zu relativieren (verschärfte Rechtskontrolle, Sicherung von Minderheitenschutz, institutionelle Stärkung und finanzielle Absicherung der Opposition, Entzug und Konkretisierung von Kompetenzen, Aufwertung der Fachschaften/Fachschaftsräte nach dem Föderalprinzip).
[Kap.5.2.; Kap.7; Kap.17.3.; Kap.18.1.]

These 8. Besonders für die studentische Finanzwirtschaft gilt es festzuhalten: Die herrschende Vergabe- und Verteilungspraxis allein nach dem Mehrheitsprinzip schließt de facto eine sachgerechte Verausgabung der öffentlichen Finanzmittel im Sinne des gesetzlichen Auftrags der studentischen Selbstverwaltungskörperschaft sowie eine effektive interne Kontrolle über den korrekten Einsatz aus; politischer Nepotismus überlagert die subsidiäre Aufgabenbestimmung.

Aufgrund des Wirkungsschwunds staatlichen Rechts und demokratischer Rechtsgrundsätze in der Verfaßten Studentenschaft ist die ordnungsgemäße Verwendung der studentischen Zwangsbeiträge auch durch das geltende externe Kontrollprinzip von staatlicher Rechtsaufsicht und staatlicher Haushaltsprüfung, das grundsätzlich auf eine rein formal-arithmetische Bilanz- und Vollständigkeitsprüfung hinausläuft, allein nicht mehr zu gewährleisten. Unabdingbar erscheint in diesem Zusammenhang zumindest eine Ausdehnung zur staatlichen Fachaufsicht; auch diese liefe leer, wenn nicht gleichzeitig die Funktionsfähigkeit und -willigkeit der damit betrauten, kontrollierenden Behörden (dazu zählt auch der Universitätspräsident als Rechtsaufsichtsbehörde!) sichergestellt würde.

Konsequenter wäre es, die der Verfaßten Studentenschaft bisher zugesprochene Finanzhoheit zu ersetzen durch eine öffentliche Subventionierung konkreter, subsidiärer studentischer Einzelprojekte in ausreichender und nachvollziehbar zweckgebundener Form. Das setzte in jedem Falle die vorherige Benennung klarer individueller Verantwortlichkeiten voraus. Auch das hier präferierte Mittelzuweisungsverfahren implizierte die Existenz einer funktionsfähigen und -wil-

ligen staatlichen Fachaufsicht über die im einzelnen korrekte Verausgabung der verteilten öffentlichen Gelder.
[Kap.5.2.; Kap.8.3.]
These 9. Der die gesamte studentische Selbstverwaltungskörperschaft prägende fehlende Minderheitenschutz sowie defiziente interne und externe Kontrolle wirkten (und wirken) extrem negativ in der Durchführung von formal Macht im Subsystem konstituierenden studentischen Vollversammlungen: Der bisherigen Gesetzesentwicklung, direkt- und rätedemokratische Strukturen der Verfaßten Studentenschaften abzuschaffen zugunsten repräsentativ-demokratischer, ist beizupflichten: Die Erfahrung seit der 68er-Studentenrevolte hat gezeigt, daß insbesondere "studentische Vollversammlungen" von hochpolitisierten, entschlossenen Gruppen der Teilnehmenden regelmäßig erfolgreich genutzt wurden, politisch unliebsame Minderheiten (durch taktisch geschickt eingesetzte Mehrheitsentscheide, Psychoterror bis hin zur Anwendung direkter physischer Gewalt) zu eliminieren.
Die politische Homogenisierung dieser ehemaligen Beschlußorgane gelang aufgrund ihrer strukturellen Schwächen: Die Beteiligung lag selten über 5% der abstimmungsberechtigten Studenten; formal korrekte, neutrale Verfahren wurden zugunsten machtsichernder Manöver entschlossener Gruppen suspendiert; an die Stelle rationalen Argumentierens und Abwägens traten in emotionsgeladen-aggressivem Klima vorbereitete Abstimmungen mit Resolutionscharakter; für keinen Beschluß wurden Verantwortlichkeiten festgelegt; offene Wahlen sicherten die gewünschten Mehrheiten und politischen Ergebnisse; Dauerpolitisierung sowie end- und fruchtlose Debatten einzelner Exponenten verursachten weiteren Teilnahmerückgang. Trotzdem konnten derart zustande gekommene Beschlüsse (formal nicht zu Unrecht) als Willen der Gesamtkörperschaft in der Öffentlichkeit dargestellt und politisch genutzt werden. - An Stelle dieser identitär-demokratischen Entscheidungsverfahren das repräsentativ-demokratische System mit allgemeinen, gleichen, unmittelbaren, freien und geheimen (Studentenschafts-)Wahlen - zunächst, anfangs der 70er Jahre, gegen erbitterten Widerstand aus der studentischen Selbstverwaltung - durchgesetzt zu haben, erscheint heute als einer der wenigen Erfolge des demokratisch-rechtsstaatlichen Gesetzgebers gegenüber der Verfaßten Studentenschaft.
[Kap.10; Kap.11; Kap.13.3.]
Selbst diesen singulären Erfolg relativiert die Tatsache, daß eine saubere Durchführung der inzwischen allein maßgeblichen Studentenschaftswahlen bis heute nicht gesichert ist:

20.3. Die Sicherung rechtsstaatlich-demokratischer Studentenschaftswahlen gegen die Zugriffe des Mehrheitsprinzips

Die seit nunmehr 30 Jahren in vielen Verfaßten Studentenschaften bundesdeutscher Hochschulen vorliegenden Fehlentwicklungen verpflichten den demokratischen Gesetzgeber zu raschem, adäquatem Handeln, insbesondere, um die Rechtsbrüche und Funktionsdefizite im Wahlbereich der studentischen Selbstverwaltungskörperschaft endlich abzustellen: Als unabdingbare Grundsätze für eine rechtsstaatliche Remedur im Wahlverfahrens- und Wahlprüfungsrecht für Studentenschaftswahlen sind dafür festzuhalten:
These 10. Die Wahlen zu den studentischen Repräsentativorganen ('Studentenschaftswahlen') werden bis heute als Selbstverwaltungshandeln durchgeführt auf der Basis von durch die Körperschaft selbst gesetztem, höchst defizitärem Satzungsrecht. Dieses studentische Satzungsrecht sowie, ergänzend und begrenzend, das übergeordnete staatliche (Gesetzes-)Recht zeigen

sich nicht imstande, gegen die herrschende politische Kultur der Staatsfreiheit im Subsystem rechtsstaatlich-demokratische Wahlen zu garantieren. Hiermit wird aber der Selbstverwaltungskörperschaft die politische Legitimation entzogen.
Aufgrund der sachfremden Politisierung und der parteiischen Instrumentalisierung der studentischen Wahl- und Kontrollorgane, mangelnder Rechtskenntnis und finanzieller Ausstattung der Wahlanfechter, der Zurückhaltung der Rechtsaufsichtsbehörden, der überlangen Prozeßdauer der Verwaltungsgerichte sowie für das Verfahren zu kurzer - lediglich einjähriger - Legislaturperioden (sowie wegen des besonderen, "objektiven" Charakters des Wahlprüfungsverfahrens) läuft abschließend grundsätzlich jede Wahlprüfung leer. So sind letztlich die politischen Minderheiten im zentralen, machtkonstituierenden Bereich der Selbstverwaltungskörperschaft völlig des Rechtsschutzes beraubt! Hiermit wird aber die Selbstverwaltungskörperschaft bereits in ihrem konstituierenden Bereich dem Rechtsstaatsprinzip entzogen.
[Kap.12; Kap.13.3.; Kap.17; Kap.18; Kap.19]
These 11. Das demokratische Wahlverfahrensrecht liegt im Rahmen der staatlichen "politisch-parlamentarischen" Wahlen in seinen Grundzügen bereits seit langer Zeit ausgereift und bewährt vor. Daran hat sich heute auch das Studentenschaftswahlrecht zu orientieren, und demgemäß sind die Studentenschaftswahlen durchzuführen. Insbesondere muß ein demokratisches Studentenschaftswahlrecht folgende Grundsätze berücksichtigen:
(a) Die Konstituierung des die Wahl durchführenden Organs muß dem Mehrheitsprinzip in jedem Falle entzogen bleiben; Intraorgankontrolle zur Sicherung der korrekten Wahldurchführung ist strukturell sicherzustellen. Es ist darüber hinaus dafür Sorge zu tragen, daß die gesamte Arbeit dieses Wahlorgans den Grundsätzen des Amtshandelns sowie des rechtsstaatlichen Verwaltungsverfahrens genügt.
[Kap.17]
(b) Die fünf demokratischen Wahlrechtsgrundsätze gelten auch für Studentenschaftswahlen, und zwar - in Relation zu staatlichen "politisch-parlamentarischen" Wahlen - in streng formalisierter Form. Die diese Grundsätze spezifisch konkretisierende Kasuistik prägt fundamental die rechtsstaatlich-demokratische Wahldurchführung.
[Kap.15]
(c) Genau die die subjektiven Wahlgrundrechte (nämlich: aktives und passives Wahlrecht) direkt berührenden Wahlverfahrensakte können im laufenden Studentenschaftswahlverfahren durch beschwerte Studenten auch im (verwaltungs)gerichtlichen individuellen Rechtsweg angegriffen werden; diese Eingriffe dürfen aber das festgelegte Ablaufen des Wahlverfahrens nicht behindern. Die Überprüfung sämtlicher anderer Entscheidungen des Wahlorgans ist lediglich durch das die Wahl abschließende (objektive) Wahlprüfungsverfahren gegeben, sofern Mandatserheblichkeit geltend gemacht werden kann.
[Kap.16.3.]
(d) Zu einem Eingriff in ein laufendes Wahlverfahren sind das studentische Wahlorgan und das studentische Kontrollorgan aufgrund des tragenden Prinzips der Wahlverfahrensbestandssicherung ausschließlich durch explizite Ermächtigungsnorm befugt; dem studentischen Kontrollorgan sollte dabei aber, um Mißbrauch vorzubeugen, keinerlei Befugnis zugestanden werden. Die staatliche Aufsichtsbehörde besitzt eine Eingriffskompetenz einzig im Falle notwendiger Sicherung der subjektiven Wahlgrundrechte sowie zur Aufrechterhaltung des laufenden Wahlverfahrens (im Falle pflichtwidrigen Handelns des studentischen Wahlorgans, das geeignet ist,

das Wahlverfahren zu vernichten). Alle anderen Streitigkeiten sind im späteren Wahlprüfungsverfahren zu entscheiden.
[Kap.13.2.1.; Kap.16.4.2.; Kap.16.7.1.]
(e) Die objektive Sicherung der amtlichen Wahlunterlagen für Studentenschaftswahlen ist, insbesondere unter dem Apekt mehrtägiger Wahlverfahren, zeitlich ununterbrochen und nachprüfbar zu gewährleisten. Eine diesbezüglich gelungene Regelung enthält (unter der Bedingung korrekter Besetzung des Wahlorgans) die Frankfurter Satzung der Studentenschaft von 1994.
[Kap.12.3.; Kap.19.7. bis Kap.19.14.]
(f) Die obligatorische Briefwahl (d.h. die unaufgeforderte amtliche Zusendung der Briefwahlunterlagen an alle Wahlberechtigten) vermag an der Hochschule auf längere Sicht die Wahlbeteiligung nicht signifikant zu erhöhen. In Folge der sich über mehrere Tage hinziehenden, teilweise unübersichtlichen Bearbeitungsverfahren für die - von den Wählern zurücklaufenden - Briefwahlunterlagen durch das Wahlorgan, Hilfskräfte und Verwaltung kann die obligatorische Briefwahl dagegen intrikate Sicherungs- und Kontrollprobleme aufwerfen. Unter den weiteren negativen Gesichtspunkten hoher finanzieller Kosten (für Material, Porto, Arbeitsleistung) und der Anonymisierung der Wahl sollte von der obligatorischen Briefwahl abgesehen werden.
[Kap.11.5.; Kap.12.5.; Kap.15.5.1.; Kap.19.14.2.; Kap.19.15.1.]
(g) Die für staatliche Wahlen entwickelten Prinzipien der Wahlprüfung gelten auch für Studentenschaftswahlen. Die materielle Erfolgsaussicht für die Anfechtung einer Studentenschaftswahl ist demgemäß grundsätzlich größer als für eine solche einer staatlichen Wahl (weil für erstere die Mandatsrelevanz aufgrund des bezüglich der Anzahl der zu vergebenden Mandate kleineren Wahlkörpers eher eintritt).
[Kap.16.4.; Kap.16.5.]
(h) In Anbetracht nur einjähriger Legislaturperiode ist dem Leerlaufen des Wahlprüfungsverfahrens für Studentenschaftswahlen, weil eine Wiederholungswahl vor der regulären Neuwahl nicht mehr durchführbar ist, vorzubeugen: Entscheidet die erste Instanz nicht innerhalb eines Monats, gilt die Wahlanfechtung als abgelehnt, und die Anrufung der gerichtlichen, zweiten Instanz ist eröffnet; die Entscheidung der ersten Instanz entfaltet mit ihrer Verkündung Rechtskraft mit der Möglichkeit der gerichtlichen (und ggf. rechtsaufsichtlichen) Überprüfung.
[Kap.12.3.; Kap.16.4.3.; Kap.16.4.1.; Kap.16.4.2.]
These 12. Die bisherige **Normsetzungskompetenz für Studentenschaftswahlen** ist der Verfaßten Studentenschaft zu entziehen. Das Studentenschaftswahlrecht ist statt dessen durch diejenige staatliche Legislative, die diese Selbstverwaltungskörperschaft eingerichtet und damit auch die Verantwortung für deren rechtsstaatliche Funktionsfähigkeit übernommen hat, selbst (der staatspolitischen und soziologischen Lage der Körperschaft angemessen) zu setzen.
[Kap.8.3.; Kap.11.5.; Kap.14.1.1.(b).]
Für diese Regelung sprechen folgende Tatsachen:
(a) Die *Setzung* des Studentenschaftswahlrechts liegt *rechtssystematisch nicht in der Kompetenz* der Selbstverwaltungskörperschaft Verfaßte Studentenschaft, weil Wahlrechtsfragen nicht dem ureigensten Interessenbereich der Studierenden, den diese am "sachkundigsten beurteilen" und damit vorrangig subsidiär selbst regeln können ("legitime öffentliche Aufgaben"), zuzurechnen sind. Die Entäußerung der staatlichen Normsetzungskompetenz in diesem Bereich widerspricht dem Rechtsstaatsprinzip und dem Demokratieprinzip.
[Kap.13.3.2.]

(b) Im Falle der Wahl handelt es sich um einen strikt neutralen, streng geregelten, nicht-demokratisierbaren Teilbereich des rechtsstaatlich-demokratischen Repräsentativsystems. Die Wahl nimmt einen so *zentralen Stellenwert* in der fundamentalen Kreation repräsentativ-demokratischer Organe ein, daß Experimente mit dem Wahlrecht die *Legitimation* des gesamten politischen Systems *gefährden und zerstören* können.
[Kap.13.2.; Kap.10.1.]
(c) Insbesondere das demokratische Wahlverfahrensrecht liegt heute derart *ausgereift, erprobt und bewährt* vor, daß es in seinem bewährten Kernbestand nicht zur Disposition gestellt werden darf; es verbleibt kein Platz für wesentlich davon abweichende Normen in einer autonomen Selbstverwaltungskörperschaft.
[Kap.13.2.2.; Kap.13.3.]
(d) Die in vielen Verfaßten Studentenschaften vorherrschende *dichotome und rechtsstaatsfeindliche politische Kultur* ist nicht dazu geeignet, sachgerechte eigene Rechtsschöpfung hervorzubringen und zu gewährleisten.
[Kap.8.1.; Kap.10; Kap.11; Kap.12; Kap.13.3.1.]
(e) Den Studenten (als alleinigen Mitgliedern der Verfaßten Studentenschaft) fehlt grundsätzlich das *Wissen und die Erfahrung* zur Setzung adäquat ausgestalteten Wahlrechts.
[Kap.11; Kap.12]
(f) Das nach geltendem Recht in Satzungshoheit durch die Verfaßten Studentenschaften sich individuell selbst zu gebende Studentenschaftswahlrecht liegt auch nach mehr als 20 Jahren seit der bundesweiten juristischen Einrichtung dieser Selbstverwaltungskörperschaften *in keinem Falle adäquat gesetzt* vor. - Selbst im Sonderfalle der Johann Wolfgang Goethe-Universität zu Frankfurt am Main, für deren Studentenschaft mittels wiederholter massiver rechtsaufsichtlicher Eingriffe das studentische Wahlrecht - im Vergleich zu den Studentenschaften anderer Hochschulen - einzigartig verbessert wurde, weist dieses Spezialrecht noch immer gravierende Normierungslücken und wenig adäquat gesetzte Normen auf.
[Kap.15; Kap.16; Kap.12; Kap.19.30.; Kap.19.31.]
(g) Das *rechtsaufsichtliche Tätigwerden* der Aufsichtsbehörden in Satzungsangelegenheiten der Verfaßten Studentenschaft zeigt sich, eingezwängt in den engen Rahmen beschränkter Kompetenzen, politischen Opportunismus gegen renitente Studentenfunktionäre, verwaltungsgerichtliche Zurechtweisungen und mangelnde juristische Detailarbeit, zu häufig *nicht in der Lage*, ersatzweise für die Setzung adäquater Normen Sorge zu tragen.
[Kap.18.2.]
These 13. Es ist ernsthaft zu prüfen, ob die **Durchführung der Studentenschaftswahlen** aus der bisherigen Eigenverantwortung der studentischen Selbstverwaltungskörperschaft herausgenommen und statt dessen einer politisch neutralen und verfahrensmäßig kompetenten staatlichen (Universitäts-)Behörde anvertraut werden soll.
[Kap.17; Kap.18.2.2.]
Für eine solche Regelung sprächen folgende Tatsachen:
(a) Die per se streng neutralen Verfahren der Wahldurchführung erhielten in der Verfaßten Studentenschaft eine bisher nicht aufzuhaltende, *sinn- und systemwidrige Politisierung*. Verantwortlich dafür ist in der Regel die übermäßige Politisierung der Mitglieder des studentischen Wahlorgans. Eine Änderung dieser Fehlentwicklung ist nicht abzusehen.
[Kap.17.2.3.]

(b) Das nicht kontinuierlich arbeitende studentische Wahlorgan weist in der Regel grundlegende *strukturelle Defizite im formal-rechtsstaatlichen Verwaltungshandeln* auf.
[Kap.17.2.1.; Kap.19.27.]
(c) Aufgrund des das rechtsstaatlich-demokratische Wahlrecht leitenden Grundsatzes der Wahlverfahrensbestandssicherung sind *Verfehlungen* des studentischen Wahlorgans nur schwer oder überhaupt *nicht juristisch angreifbar*.
[Kap.13.2.; Kap.16.2.2.; Kap.16.4.1.]
(d) Die Effektivität interner Kontrolle des in studentischer Eigenverantwortung durchgeführten Wahlverfahrens ist maßgeblich abhängig von der Kompetenz und dem *Engagement eines Minderheitenvertreters* im Wahlorgan. Die Existenz solcher engagierter, im Zweifelsfalle konfliktbereiter Personen kann aber erfahrungsgemäß nicht dauerhaft sichergestellt werden.
[Kap.18 (am Ende); Kap.19 (Einleitung)]
Im Falle unter studentischer Eigenverantwortung durchgeführter Wahlen ist aber zumindest - entgegen bisherigen Majoritäts- und Repräsentationsregelungen - eine juristische Garantie für die allein adäquate 'gleichmäßige Besetzung' von (studentischem) Wahlorgan und Hilfskraftstellen ('Wahlhelfer') unabdingbar, um durch die Gewähleistung interner Kontrolle eine politisch neutrale Durchführung der Wahlen *praktisch* zu ermöglichen. Deshalb auch besitzen studentische Wahlhelfer das passive Wahlrecht. - Mittels geeigneter vorheriger Schulung durch eine kompetente Behörde, Studium der bisherigen Akten und spätere Zuhilfestellung sind die studentischen Mitglieder des Wahlorgans in die Lage zu versetzen, eine demokratisch-rechtsstaatliche Studentenschaftswahl ordnungsgemäß durchzuführen.
[Kap.17.2.1.; Kap.11; Kap.12]
These 14. Die **Wahlprüfungskompetenz für Studentenschaftswahlen** ist den Organen der Verfaßten Studentenschaft zu entziehen. Stattdessen ist - der Legitimationsfunktion der Wahl für die Zwangskörperschaft angemessen - die erste Prüfungsinstanz der (unteren) staatlichen Aufsichtsbehörde über die Selbstverwaltungskörperschaft zu übereignen, wie dies analog aus dem Deutschen Kommunalwahlrecht bekannt ist; die weiteren Wahlprüfungsbeschwerden weist (wie bisher) der verwaltungsgerichtliche Instanzenweg in einem "besonderen, objektiven Verfahren".
[Kap.16.4.2.]
Für diese Regelung sprechen folgende Tatsachen:
(a) Die *dichotome Politisierung* der Verfaßten Studentenschaft setzt sich sachfremd fort bis in das studentische Wahlprüfungsorgan hinein; sachgerechte, ausgewogene Entscheidungen nach dem Amtsprinzip sind damit nahezu ausgeschlossen. - Dieser Sachverhalt zieht sich wie ein roter Faden durch Entscheidungen des studentischen Kotrollorgans ('Ältestenrat') seit dem Beginn von dessen übermäßiger Politisierung im Zuge der Studentenrevolte.
[Kap.18.1.4.; Kap.19]
(b) Die studentischen Mitglieder des 'Ältestenrats' oder eines anderen studentischen Wahlprüfungsorgans verfügen in der Regel weder über das unabdingbar *notwendige juristische Wissen* noch über die *Erfahrung* für die angemessene Durchführung eines sachlich-materiell korrekten Wahlprüfungsverfahrens.
[Kap.18.1.2.]
(c) Der zwingend vorgeschriebene Instanzenweg des Wahlprüfungsverfahrens eröffnet bisher dem studentischen Prüfungsorgan als erster Instanz mittels *Prüfungsverschleppung* die - an-

gesichts lediglich einjähriger Wahlperiode des angegriffenen Studentenparlaments - leichte Möglichkeit, das Wahlprüfungsverfahren mit der Erledigung in der Hauptsache bereits zeitlich leerlaufen zu lassen. - Von dieser formalen Möglichkeit ist in der Vergangenheit bis heute in rechtsstaatlich nicht mehr hinnehmbarem Umfang erfolgreich Gebrauch gemacht worden.
[Kap.16.4.3.; Kap.19]
(d) Das formale und mehr noch das materielle Wahlprüfungsrecht liegen (nicht nur) für Studentenschaftswahlen lediglich höchst fragmentarisch positiviert vor. Dieser Sachverhalt eröffnet einem politisierten Wahlprüfungsorgan effektive Möglichkeiten *parteiischer Normauffüllung* und machtstrategischer Rechtsschöpfung.
[Kap.18.1.4.; Kap.16.4.; Kap.16.5.; Kap.19.11.3.]
(e) Eine *staatliche Aufsichtsbehörde als Prüfungsinstanz* ist einem studentischen Wahlprüfungsorgan sowohl an sachlicher Kompetenz als auch in der Durchführung eines sachgerechten (das heißt notwendig politisch neutralen) Verfahrens strukturell überlegen. Sie ist an einer streitbefangenen Studentenschaftswahl politisch weder direkt noch indirekt beteiligt. Sie ist als Aufsichtsbehörde über die Verfaßte Studentenschaft mit deren Problemen - im Gegensatz zu den weiteren Wahlprüfungsinstanzen - von Amts wegen befaßt und so mit diesen vertraut. Sie ist arbeitstechnisch in der Lage, das Wahlprüfungsverfahren unverzüglich, in der gebotenen Eile durchzuführen.
[Kap.16.4.2.]
(f) Die erste Wahlprüfungsinstanz als de facto spezielles Aufsichtshandeln beseitigt die andernfalls vorliegende *Verdoppelung des Rechtswegs* in der zweiten Instanz.
[Kap.16.7.4.]

20.4. Resumée

Der Verfall des Rechtsbewußtseins und demokratischer Kultiviertheit in vielen Verfaßten Studentenschaften Deutscher Hochschulen ist auch 30 Jahre nach der Studentenrevolte nicht aufgehalten worden. Vielmehr haben sich die wenigen exekutiven und judikativen Reaktionen dagegen, dem Zeitgeist entsprechend, inzwischen abgeschliffen und vereinzelt noch auftretende individuelle Empörung verfällt grundsätzlich, je nach vorgetragener Intensität, allgemeiner Pathologisierung des Erregten in der Öffentlichkeit oder völliger Nichtbeachtung und systematischem Verschweigen. Auch die staatliche Legislative erscheint zur Reaktion inzwischen wie gelähmt - ein besonders negatives Beispiel gibt im Jahre 1997 gerade wieder die Novellierung des Hessischen Hochschulrechts. Die veröffentlichte Meinung hat sich längst für sie politisch gewinnbringenderen Themenfeldern zugewandt (zumal das studentenpolitische Treiben das Rechtsgefühl der meisten, dem 'linken Postmaterialismus' zuzurechenden Journalisten und Redakteure nicht verletzt). Die Tatsache aber, daß mit der Zeit immer mehr an der Hochschule politisch engagierte Studenten, die zunächst in Verfaßten Studentenschaften den ungeahndet möglichen Rechtsbruch und die politische Feinderklärung internalisiert hatten, später mit dem beruflichen Wechsel in die Institutionen des zuvor verachteten und bekämpften "bürgerlichen" Staates weiterarbeiten und -verdienen - inzwischen nicht selten in maßgeblichen und sogar höchsten Positionen der Exekutive, der Legislative, der Judikative und der veröffentlichten Meinung angelangt - läßt die Hoffnung auf positiven Wandel in der studentischen Selbstverwaltung schwinden und für die Zukunft unserer rechtsstaatlichen Demokratie wenig Gutes erahnen. Dies machtlos zu erkennen, stimmt bitter!

Appendix

Anhang 1 Die amtlichen Ergebnisse der Wahlen des Studentenparlaments an der Johann Wolfgang Goethe-Universität in den Jahren 1967 bis 1997

Im folgenden angegeben ist stets das vom studentischen Wahlausschuß bekanntgegebene amtliche Endergebnis einer StuPa-Wahl (im Falle der Wahl im Juni 1980 das vorläufige amtliche Endergebnis [A.1.15.]). Dabei möglicherweise vorgelegen habende Manipulationen werden also hier nicht berücksichtigt. - Nicht mehr verfügbare bzw. nicht erhältliche Daten werden in den Tabellen mit --- gekennzeichnet.
Siehe zu den einzelnen kandidierenden Gruppen ergänzend die Fußnote zu Beginn jeden Unterabschnitts für die betreffende StuPa-Wahl des Kapitels 19.
Den seit 1970 eingerichteten Stimmbezirken liegt bei der Wahl im Dez. 1970 die historische Gliederung der Universität in Fakultäten zugrunde; für sämtliche nachfolgende Wahlen liegt die mit der Hochschulreform durch das Hessische Universitätsgesetz v.12.5.1970 erfolgte Gliederung der Universität in Fachbereiche (FB) zugrunde (jeder Wahlberechtigte kann sein Wahlrecht nur in demjenigen Stimmbezirk ausüben, dem der Fachbereich seines Hauptfachs zugeordnet ist, im Zweifelsfalle durch Option bei der Immatrikulation/Rückmeldung).
Die Numerierung der Fachbereiche umfaßt folgende Zuordnung:
FB 01 Rechtswissenschaft; FB 02 Wirtschaftswissenschaften; FB 03 Gesellschaftswissenschaften; FB 04 Erziehungswissenschaften; FB 05 Psychologie; FB 06 Theologie [seit 1989: FB 6A Evangelische Theologie, FB 6B Katholische Theologie]; FB 07 Philosophie; FB 08 Geschichtswissenschaften; FB 09 Klassische Philologien und Kunstwissenschaften; FB 10 Neuere Philologien; FB 11 Ost- und außereuropäische Sprach- und Kulturwissenschaften; FB 12 Mathematik; FB 13 Physik; FB 14 Chemie; FB 15 Biochemie und Pharmazie; FB 16 Biologie; FB 17 Geowissenschaften; FB 18 Geographie; FB 19 Medizin; FB 20 Informatik [eingerichtet 1979]; FB 21 Sportwissenschaften und Arbeitslehre [eingerichtet 1979].

A.1.1. Wahlergebnis vom 17.02.1967

Wahlberechtigte: ca. 14.100 (ohne Beurlaubte)
Wahlbeteiligung: 4.913 (ca. 33,6 %)
Ungültige/Enthaltungen: ---

Listennummer / Wahlvorschlagsliste	**Stimmen**	**Prozent**	**Mandate**
1 AdM (Aktion der Mitte)	---	---	1
2 AGH (Aktionsgemeinschaft GEW / HSU)	---	---	2
3 AHP (Aktive Hochschulpolitik)	---	---	2
4 AS (Aktion Studentenschaft)	---	---	8
5 LSD (Liberaler Studentenbund Deutschlands)	---	---	1
6 LUM (Liste Unabhängiger Mediziner)	---	---	2
7 NB (Neue Bühne)	---	---	0
8 SDS (Sozialistischer Deutscher Studentenbund)	---	---	3
9 SFP (---)	---	---	1
10 SHB (Sozialdemokratischer Hochschulbund)	---	---	1
11 USL (Unabhängige Studentenliste)	---	---	1

Studentenschaft der Johann-Wolfgang-Goethe-Universität

Stimmzettel zur Parlamentswahl

11.-15. November 1968

O **Liste 1 ADS**
(Aktionskomitee demokratischer Studenten)

O 1. Göbel, Uwe
O 2. Bauer, Dietmar
O 3. v. Garnier, Hans Detlev
O 4. Müller, Sybille
O 5. Daus, Martin
O 6. Gravenhorst, Bernd
O 7. Pregler, Michael S.
O 8. Conrad, Hanns-Christian
O 9. Kreutzmann, Marlies
O 10. Grote, Rolf
O 11. Kuhn, Hans Joachim
O 12. Benkel, Gert
O 13. Graeff, Klaus D.
O 14. Mees, Peter Ingo
O 15. Kittel, Werner W.
O 16. Manus, Christiane
O 17. Gsell, Rainer
O 18. Reinkober, Peter
O 19. Schlichting, Peter
O 20. Bungert, Klaus
O 21. Simonsen, Klaus

O **Liste 2 DB**
(Demokratischer Block) (SHB, GEW, HSU)

O 1. Schwarze, Michael
O 2. Scheffler, Michael
O 3. Rieth, Michael
O 4. Berk, Gerhard
O 5. Blum, Mechthild
O 6. Letsche, Lothar
O 7. Viehmann, Wolfgang
O 8. Scheffler, Gabi
O 9. Braun, Joachim
O 10. Lock, Karin
O 11. Rundshagen, Matthias
O 12. Kreppel, Klaus
O 13. Eurich, Gerd
O 14. Bothe, Klaus
O 15. Kühn, Brigitte
O 16. Feger, Veith
O 17. Eichler, Siegrid
O 18. Gilbert, Manfred
O 19. Hörnig, Edgar
O 20. Schmidt, Helmut
O 21. Geyer, Franz-Clemens
O 22. Fischer, Gunther
O 23. Schulz, Thomas
O 24. v. Ohlshausen, Kai
O 25. Schacht, Konrad
O 26. Duisberg, Klaus-Jürgen
O 27. Prelle, Hans-Jörg

O **Liste 3 HRL**
(Hochschulreformliste)

O 1. Birkholz, Hans Jürgen
O 2. Astheimer, Hedelore
O 3. Zehnder, Ernst-Jürgen
O 4. Döbel, Karl
O 5. Liese, Gerhard
O 6. Frische, Rainer
O 7. Melzer, Wolf-Dieter
O 8. Herrnring, Cornelia
O 9. Giebenhain, Gerhard

O **Liste 4 LDM**
(Liste der Mediziner)

O 1. Jensch, Christoph
O 2. Crell, Peter
O 3. Fiering, Wolfgang
O 4. Markowski, Bernard
O 5. Besser, Helfrid
O 6. Heider, Wolfgang

O **Liste 5 LSD**
(Liberaler Studentenbund Deutschlands)

O 1. Hartmann, Thomas
O 2. Murck, Manfred
O 3. Thomas, Michael
O 4. Kugel, Marion
O 5. Dörr, Werner
O 6. Büker, Klaus
O 7. Abel, Dörthe
O 8. Schacht, Heinrich
O 9. Pick, Hans-Georg
O 10. Vervuert, Klaus-Dieter
O 11. Krahmer, Utz
O 12. Barkey, Peter
O 13. Hummel, Volker
O 14. Walkenbach, Hilga
O 15. Wischhusen, Annegret
O 16. Noll, Jochen
O 17. Bertermann, Otto
O 18. Schmidt, Harry
O 19. Harring, Rainer J.
O 20. Münstermann, Jörg
O 21. Voegell, Wolfgang
O 22. Schiller, Irmintraud

O **Liste 6 NHB**
(Nationaldemokratischer Hochschulbund)

O 1. Deckert, Helmut
O 2. Bauer, Rolf
O 3. Holtz, Eckhart
O 4. Brinkmann, Burkhardt
O 5. Wortmann, Malte
O 6. Peters, Hans V.
O 7. Hoffmann, Gernot
O 8. Beudt, Manfred
O 9. Haase, Werner
O 10. Kibbert, Kurt
O 11. Lamotte, Günter
O 12. Wagner, Otto

O **Liste 7 SDS**
(Sozialistischer Deutscher Studentenbund)

O 1. Bechmann, Gotthard
O 2. Wolf, Michael
O 3. Glöde, Fritz
O 4. Wolff, Frank
O 5. Sauerbrei, Michael
O 6. Ubert, Manfred
O 7. Bußmann, Volker
O 8. Toepfer, Lutz
O 9. Müller, Monika
O 10. Günther, Winfried
O 11. Schneider, Hannelore
O 12. Wisbur, Renate
O 13. Binder, Klaus
O 14. Grunenberg, Antonia
O 15. Claussen, Detlev
O 16. Leineweber, Bernhard
O 17. Cohn-Bendit, Daniel

Sie dürfen auf dem Stimmzettel nur bei einer der 7 Listen Ihr Listenkreuz machen. Auf dieser Liste können Sie bis zu drei Kandidaten ankreuzen. Kreuzen Sie nur die Liste an, ist Ihre Stimme auch gültig. Sie sind dann mit der auf der Liste angegebenen Reihenfolge der Kandidaten einverstanden! Sagt Ihnen ein Kandidat im Feld Ihrer Liste besonders zu, können Sie diesen ankreuzen. Kumulieren, d. h. Häufung Ihrer 3 Auswahlstimmen auf einen Kandidaten, gibt es in diesem Wahlsystem nicht.

Abb.26: Amtlicher Stimmzettel der (nicht durchgeführten) StuPa-(Haupt-)Wahl v.11.11.-15.11.1968

Studentenschaft der Johann-Wolfgang-Goethe-Universität

Stimmzettel zur Parlamentswahl

10.-12. Februar 1969

○ **Liste 1 AAB**

(Anti-Auflauf-Bewegung)

○ 1. Drescher, Klaus-Jürgen
○ 2. Kreß, Karl-Heinz
○ 3. Weiss, Heinz-Peter
○ 4. Becht, Gisela

○ **Liste 2 ADS**

(Aktionskomitee demokratischer Studenten)

○ 1. Göbel, Uwe
○ 2. Bauer, Dietmar
○ 3. Gravenhorst, Bernd
○ 4. v. Garnier, Hans-Detlev
○ 5. Eisenberg, Luitgard
○ 6. Schäferm Hans-Dieter
○ 7. Müller, Sybille
○ 8. Daus, Martin
○ 9. Laurenze, Rainer
○ 10. Gäbler, Lutz
○ 11. Kuhn, Hans-Joachim
○ 12. Dorsch, Volker
○ 13. Kittel, Werner W.
○ 14. Reinkober, Peter
○ 15. Graeff, Klaus D.
○ 16. Sticher, Wolfgang
○ 17. Mees, Peter-Ingo
○ 18. Losenske, Heinz-G.
○ 19. Benkel, Gert
○ 20. Bungert, Klaus
○ 21. Gsell, Rainer
○ 22. Schlichting, Peter
○ 23. Nitschke, Günter
○ 24. Webel, Ingrid
○ 25. Pregler, Michael

○ **Liste 3 DB**

(Demokratischer Block) (SHB, GEW, HSU)

○ 1. Berk, Gerhard
○ 2. Scheffler, Michael
○ 3. Rieth, Michael
○ 4. Schwarze, Michael
○ 5. Letsche, Lothar
○ 6. Blum, Mechthild
○ 7. Braun, Joachim
○ 8. Scheffler, Gabi
○ 9. Viehmann, Wolfgang
○ 10. Rundshagen, Mathias
○ 11. Lock, Karin
○ 12. Kreppel, Klaus
○ 13. Eurich, Gerhard
○ 14. Kühn, Brigitte
○ 15. Bothe, Klaus
○ 16. Feger, Veit
○ 17. Eichler, Siegrid
○ 18. Gilbert, Manfred
○ 19. Hörnig, Edgar
○ 20. Schmidt, Helmut
○ 21. Geyer, Franz-Clemens
○ 22. Fischer, Gunther
○ 23. Schulz, Thomas
○ 24. v. Ohlshausen, Kai
○ 25. Schacht, Konrad
○ 26. Duisburg, Klaus-Jürgen
○ 27. Presse, Hans-Jörg
○ 28. Besier, Werner

○ **Liste 4 HRL**

(Hochschulreformliste)

○ 1. Birkholz, Hans Jürgen
○ 2. Zehnder, Ernst-Jürgen
○ 3. Liese, Gerhard
○ 4. Astheimer, Hedelore
○ 5. Döbel, Karl
○ 6. Frische, Rainer
○ 7. Melzer, Wolf-Dieter
○ 8. Hermring, Cornelia
○ 9. Giebenhain, Gerhard

○ **Liste 5 LDM**

(Liste der Mediziner)

○ 1. Jensch, Christoph
○ 2. Schick, Ursula
○ 3. Crell, Peter
○ 4. Stampke, Renate
○ 5. Heider, Wolfgang
○ 6. Frederking, Knut
○ 7. Girth, Ernst
○ 8. Lindquist, Elken
○ 9. Köpf, Fritz
○ 10. Kramer, Jens
○ 11. Jäger, Klaus

○ **Liste 6 LSD**

(Liberaler Studentenbund Deutschlands)

○ 1. Hartmann, Thomas
○ 2. Murck, Manfred
○ 3. Thomas, Michael
○ 4. Kugel, Marion
○ 5. Dörr, Werner
○ 6. Büker, Klaus
○ 7. Abel, Dörthe
○ 8. Schacht, Heinrich
○ 9. Pick, Hans-Georg
○ 10. Vervuert, Klaus-Dieter
○ 11. Kramer, Utz
○ 12. Barkey, Peter
○ 13. Hummel, Volker
○ 14. Walkenbach, Helga
○ 15. Wischhusen, Annegret
○ 16. Noll, Jochen
○ 17. Bertermann, Otto
○ 18. Schmidt, Harry R.
○ 19. Harring, Rainer J.
○ 20. Münstermann, Jörg
○ 21. Voegeli, Wolfgang
○ 22. Schiller, Irmintraud

○ **Liste 7 NHB**

(Nationaldemokratischer Hochschulbund)

○ 1. Friedrich, Ulrike
○ 2. Holtz, Eckart
○ 3. Jacobi, Gabriele
○ 4. Appel, Renate
○ 5. Beckert, Helmut
○ 6. Bauer, Rolf
○ 7. Brinkmann, Burkhard
○ 8. Hoffmann, Gernot
○ 9. Haase, Werner
○ 10. Peters, Hans-Volker
○ 11. Wortmann, Malte
○ 12. Rönfeld, Heinz

○ **Liste 8 SDS**

(Sozialistischer Deutscher Studentenbund)

○ 1. Barrabas, Wilhelm
○ 2. Grösch, Rolf
○ 3. Riechmann, Udo
○ 4. Maier, Heiner
○ 5. Burgwinkel, Helmut
○ 6. Strieb, Wilhelm
○ 7. Wolff, Frank
○ 8. Frank, Günther
○ 9. Schwarz, Amka
○ 10. Weller, Ludwig
○ 11. Besser, Helfried
○ 12. Heinecke, Regina
○ 13. Schmeling, Inka
○ 14. Püttmann, Charlotte
○ 15. Müller, Monika
○ 16. Delp, Reinhard
○ 17. Wolf, Michael
○ 18. Schäfer, Jutta
○ 19. Kraue, Florentin

Sie dürfen auf dem Stimmzettel nur bei einer der 8 Listen Ihr Listenkreuz machen. Auf dieser Liste können Sie bis zu drei Kandidaten ankreuzen. Kreuzen Sie nur die Liste an, ist Ihre Stimme auch gültig. Sie sind dann mit der auf der Liste angegebenen Reihenfolge der Kandidaten einverstanden! Sagt Ihnen ein Kandidat im Feld Ihrer Liste besonders zu, können Sie diesen ankreuzen. Kumulieren, d. h. Häufung Ihrer 3 Auswahlstimmen auf einen Kandidaten, gibt es in diesem Wahlsystem nicht.

Abb.27: Amtlicher Stimmzettel der 2.StuPa-Nachwahl v.10.2.-12.2.1969

A.1.2. Wahlergebnis vom 16.11.1967

Wahlberechtigte: ca. 14.800 (ohne Beurlaubte)
Wahlbeteiligung: 6.658 (ca. 44,4 %)
Ungültige/Enthaltungen: 63

Listennummer / Wahlvorschlagsliste	Stimmen	Prozent	Mandate
1 **AdM / Profil** (Aktion der Mitte / Frankfurter Profil)	409	6,20 %	1
2 **AFS** (Arbeitsgemeinschaft Frankfurter Studenten)	526	7,98 %	2
3 **AHP** (Aktive Hochschulpolitik)	889	13,48 %	3
4 **DB** (Demokratischer Block SHB / GEW / HSU)	1.851	28,07 %	7
5 **LdM** (Liste der Mediziner)	460	6,97 %	1
6 **LSD** (Liberaler Studentenbund Deutschlands)	513	7,78 %	2
7 **NHB** (Nationaldemokratischer Hochschulbund)	149	2,26 %	0
8 **RCDS** (Ring Christlich Demokratischer Studenten)	722	10,95 %	2
9 **SDS** (Sozialistischer Deutscher Studentenbund)	1.076	16,32 %	4

A.1.3. Wahlergebnis vom 12.02.1969

Wahlberechtigte: ca. 15.100 (ohne Beurlaubte)
Wahlbeteiligung: 6.124 (ca. 40,6 %)
Ungültige/Enthaltungen: 142

Listennummer / Wahlvorschlagsliste	Stimmen	Prozent	Mandate
1 **AAB** (Anti - Auflauf - Bewegung)	196	3,28 %	0
2 **ADS** (Aktionskomitee Demokratischer Studenten)	2.496	41,72 %	10
3 **DB** (Demokratischer Block SHB / GEW / HSU)	833	13,93 %	3
4 **HRL** (Hochschulreformliste)	340	5,68 %	1
5 **LdM** (Liste der Mediziner)	78	1,30 %	0
6 **LSD** (Liberaler Studentenbund Deutschlands)	722	12,07 %	3
7 **NHB** (Nationaldemokratischer Hochschulbund)	67	1,12 %	0
8 **SDS** (Sozialistischer Deutscher Studentenbund)	1.250	20,90 %	5

A.1.4. Wahlergebnis vom 11.12.1969

Wahlberechtigte: ca. 16.200 (ohne Beurlaubte)
Wahlbeteiligung: 5.941 (ca. 36,6 %)
Ungültige/Enthaltungen: 61

Listennummer / Wahlvorschlagsliste	Stimmen	Prozent	Mandate
1 **ABL** (Arb.- u. Basisgruppenliste med-, nat-, wiso-Fak.)	250	4,25 %	1
2 **ADS** (Aktionskomitee Demokratischer Studenten)	2.199	37,40 %	9
3 **AfE** (Liste der Abteilung für Erziehungswissenschaften)	253	4,30 %	1
4 **HRL** (Hochschulreformliste)	115	1,96 %	0
5 **LSD / HSU** (Liberaler Studentenbund Deutschlands)	373	6,34 %	1
6 **SHB** (Sozialdemokratischer Hochschulbund)	1.464	24,90 %	5
7 **SDS** (Sozialistischer Deutscher Studentenbund)	1.226	20,85 %	5

A.1.5. Wahlergebnis vom 12.12.1970

Stimmbezirk	I. Jura		II. Wiso		III. AfE		IV. Phil.		V. Nat.		VI. Medizin		Gesamt		
Wahlberechtigte	2.065		2.788		3.837		4.291		2.396		1.760		17.137		
abgegebene Stimmen / %	1.082	52,6	1.312	46,8	1.708	44,5	2.028	47,3	1.081	45,0	923	52,4	8.134	47,5	
Ungültige/Enthaltungen	4		11		20		19		10		7		71		
Listennummer / Wahlvorschlagsliste	Stimmen	%	Stimmen	%	Stimmen	%	Stimmen	%	Stimmen	%	Stimmen	%	Stimmen	%	Sitze
1 ADS	353	32,8	383	29,6	442	26,3	261	12,9	329	30,4	242	26,3	2.010	24,9	6
2 SHB	494	45,9	685	52,9	893	52,9	890	44,0	493	45,6	539	58,4	3.994	49,5	11
3 TRIKONT	74	6,9	96	7,4	96	5,7	418	20,6	86	8,0	58	6,3	828	10,3	2
4 SPARTAKUS	100	9,3	96	7,4	175	10,2	383	18,8	102	9,4	43	4,7	898	11,0	2
5 KU/RCDS	57	5,3	51	3,9	82	4,8	57	3,8	61	5,6	34	3,7	341	4,2	1

A.1.6. Wahlergebnis vom 17.12.1971

Stimmbezirk	I. Jura		II. WiWi		III. GeWiss.		IV. Päd/Phil.		V. Nat.		VI. Medizin		Gesamt		
Wahlberechtigte	1.957		2.754		2.781		5.290		3.521		1.725		18.028		
abgegebene Stimmen / %	840	42,9	1.332	48,4	1.037	37,3	1.592	30,1	1.179	33,5	720	41,7	6.700	37,2	
Ungültige/Enthaltungen	10		18		17		17		16		7		85		
Listennummer / Wahlvorschlagsliste	Stimmen	%	Stimmen	%	Stimmen	%	Stimmen	%	Stimmen	%	Stimmen	%	Stimmen	%	Sitze
1 ADS	310	37,4	537	40,9	107	10,5	338	21,5	418	35,9	239	33,5	1.949	29,5	7
2 KU/RCDS (Krit.Union)	109	13,1	109	8,3	39	3,8	93	5,9	108	9,3	70	9,8	528	8,0	2
3 SHB	217	26,1	378	28,8	207	20,3	307	19,5	241	20,7	314	44,0	1.664	25,1	6
4 KSV - Rote Zellen	145	17,5	212	16,1	540	52,9	631	40,1	143	12,3	50	7,0	1.721	26,0	6
5 Spartakus	43	5,2	57	4,3	100	9,8	160	10,2	85	7,3	25	3,5	470	7,1	1
6 KSG (ML)	5	0,6	18	1,4	25	2,5	38	2,4	97	8,3	15	2,1	198	3,0	0
7 Chemie Sekundarstufe I	1	0,1	3	0,2	2	0,2	8	0,5	71	6,1	0	0,0	85	1,3	0

Die Stimmbezirke der StuPa-Wahl 1971 setzten sich wie folgt zusammen:
I. Jura (Juridicum): FB 01 Rechtswissenschaft.
II. Wirtschaftswissenschaften (Dekanat): FB 02 Wirtschaftswissenschaften (mit Wirtschaftspädagogik).
III. Gesellschaftswissenschaften (Dekanat WiWi): FB 03 Gesellschaftswissenschaften; FB 05 Psychologie; FB 06 Religionswissenschaften; FB 07 Philosophie; FB 08 Geschichtswissenschaften; FB 11 Ost- und außereuropäische Sprach- und Kulturwissenschaften.
IV. Pädagogik/Philologien (Philosophicum): FB 04 Erziehungswissenschaften (mit Sportwissenschaften); FB 09 Klassische Philologien und Kunstwissenschaften; FB 10 Neuere Philologien.
V. Naturwissenschaften (Physikalisches Institut): FB 12 Mathematik; FB 13 Physik; FB 14 Chemie; FB 15 Biochemie und Pharmazie; FB 16 Biologie; FB 17 Geowissenschaften; FB 18 Geographie.
VI. Medizin (Klinikmensa / Niederrad): FB 19 (Human- und Zahn-)Medizin.

A.1.7. Wahlergebnis vom 14.12.1972

Stimmbezirk	**I. Jura**		**II. WiWi**		**III. GeWiss.**		**IV. NeuPhi.**		**V. StudHaus**		**VI. Nat.**		**VII. Medizin**		**Gesamt**		
Wahlberechtigte	2.600		2.642		3.016		2.919		4.053		2.905		1.874		20.009		
abgegebene Stimmen / %	1.164	44,8	1.209	45,8	1.257	42,9	1.095	37,5	1.562	38,5	1.170	40,3	803	42,9	8.260	41,3	
Ungültige/Enthaltungen	4		13		8		21		24		19		16		105		
Listennummer / Wahlvorschlagsliste	Stimmen	%	Stimmen	%	Stimmen	%	Stimmen	%	Stimmen	%	Stimmen	%	Stimmen	%	Stimmen	%	Sit.
1 ADS sozialliberal	338	29,2	480	40,1	152	12,1	218	20,3	358	23,3	367	31,9	359	45,6	2.272	27,9	6
2 KSV	44	3,8	60	5,0	224	17,9	159	14,8	201	13,1	67	5,8	28	3,6	783	9,6	2
3 SHB/SF ('Spontis')	267	23,0	204	17,1	460	36,8	292	27,1	374	24,3	180	15,6	173	22,0	1.950	24,0	6
4 Sozialdem.Hochsch.bund	255	22,0	271	22,7	209	16,7	219	20,4	330	21,5	267	23,2	99	12,6	1.650	20,2	5
5 KU/RCDS (Krit. Union)	189	16,3	132	11,0	60	4,8	89	8,3	110	7,1	193	16,8	87	11,0	860	10,5	2
6 MSB Spartakus	53	4,6	34	2,8	94	7,5	74	6,9	119	7,7	55	4,8	26	3,3	455	5,6	1
7 Dem Volke dienen - KHF	14	1,2	15	1,3	50	4,0	23	2,1	46	3,0	22	1,9	15	1,9	185	2,3	0

Studentenschaft der Johann Wolfgang Goethe-Universität

Stimmzettel zur Parlamentswahl

12.-14. Dezember '72

◯ Liste 1 **ADS** - sozialliberal

1. Wolf- Dieter Langenhan
2. Bernd Stroemer
3. Achim Stier

◯ Liste 2 **KSV**

1. Michael Denis
2. Hilde Simon
3. Michael Warich

◯ Liste 3 **Sozialistischer Hochschulbund /SF**

1. Heinz Funke
2. Birgit Kusche
3. Edil Tokmar

◯ Liste 4 **Ku-Rcds**

1. Wolfgang Sedlak
2. Gabriele Herter
3. Karel Krivan

◯ Liste 5 **MSB- Spartakus**

1. Peter Wahl
2. Bernhard von Mutius
3. Renate Hauschild

◯ Liste 6 **Sozialdemokratischer Hochschulbund**

1. Herbert Gissel
2. Lore Mengel
3. Walter Knepel

◯ Liste 7 **Dem Volke dienen - KHF**

1. Eckhardt Wörner
2. Anna Knetsch
3. Martin Kunstreich

Wichtiger Hinweis:

Sie dürfen auf dem Stimmzettel bei nur einer der sieben Listen ihr Listenkreuz machen. Eine Persönlichkeitswahl findet nicht statt. Ihr Stimmzettel ist ungültig, wenn Sie mehr als eine Liste ankreuzen, oder wenn Ihr Stimmzettel Zusätze enthält.

Abb.28: Amtlicher Stimmzettel der StuPa-Wahl v.12.12.-14.12.1972

A.1.8. Wahlergebnis vom 07.06.1973

Stimmbezirk	**I. Jura**		**II. WiWi**		**III. GeWiss.**		**IV. NeuPhi.**		**V. StudHaus**		**VI. Nat.**		**VII. Medizin**		**Gesamt**		
Wahlberechtigte	2.804		2.632		2.600		3.284		3.927		2.771		1.995		19.953		
abgegebene Stimmen / %	930	33,3	967	36,7	944	36,3	1.038	32,2	1.275	32,5	929	33,5	753	37,4	6.836	34,3	
Ungültige/Enthaltungen	15		11		14		7		4		11		19		81		
Listennummer / Wahlvorschlagsliste	Stimmen	%	Stimmen	%	Stimmen	%	Stimmen	%	Stimmen	%	Stimmen	%	Stimmen	%	Stimmen	%	Sit.
1 ADS/SLH	207	22,6	342	35,8	85	9,1	110	10,7	194	15,3	246	26,8	198	26,9	1.382	20,5	5
2 SF/SHI ('Spontis')	271	29,6	176	18,4	390	41,9	383	37,2	367	28,9	188	20,5	110	15,0	1.885	27,9	7
3 SHB (Sozialist. HsBund)	141	15,4	165	17,3	95	10,2	143	13,9	206	16,2	143	15,6	34	4,6	927	13,7	3
4 KU/RCDS	168	18,4	113	11,8	53	5,7	70	6,8	94	7,4	154	16,8	122	16,6	774	11,5	3
5 KSB	26	2,8	32	3,4	156	16,8	171	16,6	195	15,3	64	7,0	39	5,3	683	10,1	2
6 MSB Spartakus	55	6,0	43	4,5	94	10,1	111	10,8	122	9,6	65	7,1	49	6,7	539	8,0	2
7 KSV	15	1,6	35	3,7	48	5,2	27	2,6	75	5,9	26	2,8	12	1,6	238	3,5	0
8 Promed	8	0,9	8	0,8	4	0,4	5	0,5	5	0,4	8	0,9	163	22,2	201	3,0	0
9 Biertrinkende Studenten	24	2,6	42	4,4	5	0,5	11	1,1	13	1,0	24	2,6	7	1,0	126	1,9	0

Die Stimmbezirke der StuPa-Wahlen 1972 und 1973 setzten sich wie folgt zusammen:
I. Jura (Juridicum)**:** FB 01 Rechtswissenschaft; FB 07 Philosophie; FB 17 Geowissenschaften.
II. Wirtschaftswissenschaften (Dekanat)**:** FB 02 Wirtschaftswissenschaften (mit Wirtschaftspädagogik).
III. Gesellschaftswissenschaften (Lichthof Hauptgebäude / Hörsaalgebäude vor H I/II)**:** FB 03 Gesellschaftswissenschaften; FB 06 Religionswissenschaften; FB 08 Geschichtswissenschaften; FB 09 Klassische Philologien und Kunstwissenschaften.
IV. Neuere Philologien (Philosophicum)**:** FB 10 Neuere Philologien.
V. Studentenhaus: FB 04 Erziehungswissenschaften (mit Sportwissenschaften); FB 05 Psychologie; FB 11 Ost- und außereuropäische Sprach- und Kulturwissenschaften; FB 16 Biologie; FB 18 Geographie.
VI. Naturwissenschaften (Physikalisches Institut)**:** FB 12 Mathematik; FB 13 Physik; FB 14 Chemie; FB 15 Biochemie und Pharmazie.
VII. Medizin (Klinikmensa / Niederrad)**:** (Human- und Zahn-)Medizin.

A.1.9. Wahlergebnis vom 07.06.1974

Stimmbezirk	I. Jura		II. WiWi		III. Erz/Ges.		IV. Studhs.		V. NeuPhi.		VI. Nat.		VII. Medizin		Gesamt		
Wahlberechtigte	---		---		---		---		---		---		---		20.804		
abgegebene Stimmen / %	---	---	---	---	---	---	---	---	---	---	---	---	---	---	6.275+23	30,3	
Ungültige/Enthaltungen	---		---		---		---		---		---		---		24+0		
Listennummer / Wahlvorschlagsliste	Stimmen	%	Stimmen	%	Stimmen	%	Stimmen	%	Stimmen	%	Stimmen	%	Stimmen	%	Stimm.*)	%	Si.
1 SHI ('Spontis')	168	19,7	128	13,7	576	40,8	155	32,8	348	34,3	146	17,9	105	13,9	1.626+5	26,0	7
2 ADS/SLH	77	9,0	160	17,1	27	1,9	30	6,4	53	5,2	90	11,1	76	10,1	513+0	8,2	2
3 SHB	39	4,6	53	5,7	71	5,0	27	5,7	54	5,3	44	5,4	13	1,7	301+0	4,8	1
4 KU/RCDS	204	24,0	222	23,8	33	2,3	62	13,1	76	7,5	151	18,6	208	27,6	956+10	15,4	4
5 KSB	34	4,0	43	4,6	267	18,9	48	10,2	160	15,7	68	8,4	35	4,7	654+3	10,5	2
6 MSB Spartakus	42	4,9	39	4,2	147	10,4	36	7,6	102	10,0	54	6,6	44	5,8	464+1	7,4	1
7 LHG - Jungdemokraten	97	11,4	79	8,5	26	1,8	30	6,4	33	3,2	62	7,6	26	3,5	353+1	5,6	1
8 Komm.Stud.Gr. - KSG	9	1,1	6	0,6	26	1,8	8	1,7	12	1,2	24	3,0	15	2,0	100+0	1,6	0
9 Juso-HSG / Promed	155	18,2	161	17,2	165	11,7	57	12,1	130	12,8	116	14,2	209	27,8	993+2	15,9	4
10 SLH - Initiative	17	2,0	16	1,7	13	0,9	4	0,8	7	0,7	46	5,6	10	1,3	113+1	1,8	0
11 KSV	9	1,1	27	2,9	61	4,3	14	3,0	42	4,1	13	1,6	12	1,6	178+0	2,8	0

*) + Briefwahlstimmen (bei der Auszählung nicht den Stimmbezirken zugeordnet)

Die Stimmbezirke der StuPa-Wahlen 1974 bis 1976 setzten sich wie folgt zusammen:
I. Jura (Juridicum): FB 01 Rechtswissenschaft; FB 07 Philosophie; FB 17 Geowissenschaften; FB 18 Geographie.
II. Wirtschaftswissenschaften (Dekanat): FB 02 Wirtschaftswissenschaften (mit Wirtschaftspädagogik).
III. AfE-Turm: FB 03 Gesellschaftswissenschaften; FB 04 Erziehungswissenschaften (mit Sportwissenschaften); FB 06 Religionswissenschaften.
IV. Studentenhaus: FB 05 Psychologie; FB 08 Geschichtswissenschaften; FB 09 Klassische Philologien und Kunstwissenschaften; FB 11 Ost- und außereuropäische Sprach- und Kulturwissenschaften; FB 16 Biologie.
V. Neuere Philologien (Philosophicum): FB 10 Neuere Philologien.
VI. Naturwissenschaften (Physikalisches Institut): FB 12 Mathematik; FB 13 Physik; FB 14 Chemie; FB 15 Biochemie und Pharmazie.
VII. Medizin (KOMM / Niederrad): (Human- und Zahn-)Medizin.

A.1.10. Wahlergebnis vom 20.06.1975

Stimmbezirk	I. Jura		II. WiWi		III. Erz/Ges.		IV. Studhs.		V. NeuPhi.		VI. Nat.		VII. Medizin		Gesamt		
Wahlberechtigte	3.125		2.915		6.377		2.144		3.302		2.902		2.245		23.010		
abgegebene Stimmen / %	736	23,6	809	27,8	1.668	26,2	404	18,8	666	20,2	598	20,6	707	31,5	5.988+24	24,4	
Ungültige/Enthaltungen	4		7		8		1		4		9		4		37+0		
Listennummer / Wahlvorschlagsliste	Stimmen	%	Stimmen	%	Stimmen	%	Stimmen	%	Stimmen	%	Stimmen	%	Stimmen	%	Stimm.*)	%	Si.
1 SHI ('Spontis')	138	18,9	103	12,8	716	43,1	171	42,4	233	35,2	125	21,2	124	17,7	1.610+4	29,0	7
2 Juso-HSG	158	21,6	196	24,4	254	15,3	56	13,9	127	19,2	115	19,5	147	20,9	1.053+6	19,0	5
3 KU/RCDS	164	22,6	194	24,2	59	3,6	35	8,7	39	5,9	107	18,2	199	28,3	797+1	14,3	3
4 KSB - Rote Liste	29	4,0	31	3,9	229	13,8	30	7,9	80	12,1	39	6,6	30	4,3	468+1	8,4	2
5 ADS	23	3,1	63	7,8	17	1,0	6	1,5	17	2,6	37	6,5	71	10,1	234+0	4,2	1
6 MSB Spartakus	53	7,2	42	5,2	202	12,2	35	8,7	63	9,5	64	10,9	57	8,1	516+11	9,5	2
7 LHV - Jungdemokraten	132	18,0	127	15,8	49	3,0	37	9,2	54	8,2	76	12,9	49	7,0	524+1	9,5	2
8 SHB	21	2,9	26	3,2	57	3,4	16	3,9	17	2,6	16	2,7	11	1,6	164+0	2,9	0
9 Rote Einheitsliste (KSV)	11	1,5	8	1,0	36	2,2	3	0,7	19	2,9	8	1,3	12	1,7	97+0	1,7	0
10 GIM (Gr. Int. Marxisten)	3	0,4	12	1,5	41	2,5	14	3,5	13	2,0	2	0,3	3	0,4	88+0	1,6	0

*) + Briefwahlstimmen (bei der Auszählung nicht den Stimmbezirken zugeordnet)

A.1.11. Wahlergebnis vom 16.06.1976

Stimmbezirk	**I. Jura**		**II. WiWi**		**III. AfE/Ges.**		**IV. Studhs.**		**V. NeuPhi.**		**VI. Nat.**		**VII. Medizin**		**Gesamt**		
Wahlberechtigte	3.531		2.847		5.131		2.430		3.233		2.731		2.410		22.307		
abgegebene Stimmen / %	1.171	33,2	1.101	38,4	1.487	29,0	646	26,6	775	24,0	763	27,9	699	29,0	6.642+25	29,9	
Ungültige / Enthaltungen	4		7		0		2		10		9		4		36+0		
Listennummer / Wahlvorschlagsliste	Stimmen	%	Stimmen	%	Stimmen	%	Stimmen	%	Stimmen	%	Stimmen	%	Stimmen	%	Stimm.*)	%	Si.
1 SHI ('Spontis')	253	21,7	176	16,1	835	66,1	325	50,9	358	46,8	131	17,4	177	25,5	2.255+3	34,0	9
2 Juso-HSG	169	14,5	210	19,2	184	12,4	65	10,1	115	15,0	87	11,5	161	23,2	991+4	15,0	3
3 KU/RCDS	286	24,5	277	25,3	50	3,4	53	8,2	57	7,5	144	19,1	144	20,1	1.011+4	15,3	4
4 MSB Spartakus	63	5,4	68	6,2	134	9,0	47	7,3	55	7,2	72	9,5	47	6,8	486+6	7,4	1
5 LHV	182	15,6	139	12,7	41	2,8	50	7,8	48	6,3	83	11,0	46	6,6	589+4	8,9	2
6 KSB	30	2,6	30	2,7	105	7,1	32	5,0	54	7,0	22	2,9	41	5,9	314+1	4,8	1
7 ADS/SLH	15	1,3	31	2,8	7	0,5	6	0,9	4	0,5	13	1,7	17	2,4	93+0	1,4	0
8 SHB	38	3,3	29	2,6	40	2,7	20	3,1	12	1,6	19	2,5	13	1,9	171+0	2,6	0
9 ADE (KSV)	4	0,3	3	0,2	19	1,3	3	0,5	8	1,0	5	0,7	7	1,0	49+0	0,7	0
10 GIM (Gr. Int. Marxisten)	8	0,7	9	0,8	45	3,0	9	1,4	15	2,0	7	0,9	11	1,6	104+0	1,6	0
11 UF ('Giraffen')	119	10,2	122	11,1	27	1,8	34	5,3	39	5,1	171	22,7	31	4,5	543+3	8,2	2

*) + Briefwahlstimmen (bei der Auszählung nicht den Stimmbezirken zugeordnet)

Die Stimmbezirke der beiden StuPa-Wahlen 1977 setzten sich wie folgt zusammen:
I. Jura (Juridicum): FB 01 Rechtswissenschaft; FB 07 Philosophie; FB 17 Geowissenschaften. **II. Wirtschaftswissenschaften** (Dekanat): FB 02 Wirtschaftswissenschaften; FB 18 Geographie. **III. AfE-Turm I:** FB 03 Gesellschaftswissenschaften; FB 05 Psychologie; FB 06 Religionswissenschaften. **IV. AfE-Turm II:** FB 04 Erziehungswissenschaften. **V. Studentenhaus:** FB 08 Geschichtswissenschaften; FB 09 Klassische Philologien und Kunstwissenschaften; FB 11 Ost- und außereuropäische Sprach- und Kulturwissenschaften; FB 16 Biologie. **VI. Neuere Philologien** (Philosophicum): FB 10 Neuere Philologien. **VII. Naturwissenschaften** (Physikalisches Institut): FB 12 Mathematik; FB 13 Physik; FB 15 Biochemie und Pharmazie. **VIIIa. + VIIIb. Chemie** (Physikalisches Institut / Uni-Kerngebiet und Niederursel): FB 14 Chemie; **IX Medizin** (KOMM / Niederrad): FB 19 (Human- und Zahn-)Medizin.

Studentenschaft der Johann Wolfgang Goethe-Universität

Stimmzettel zur Parlamentswahl

14.–16. Juni '76

Liste 1 SHI

Sozialistische Hochschulinitiative

1. Brigitte Heinrich
2. Gerhard Strecker
3. Wolfgang Bock
4. Lutz Janecke
5. Gg. Cs. Dick

Liste 2 Juso – Hsg.

1. Rita Häfner
2. Max Limbacher
3. Volker Belwe
4. Mathias Möller
5. Hans Rautschka

Liste 3 KU/ RCDS

1. Monika Rodrian
2. Wilhelm Kins
3. Gabriele Dorn
4. Regina Kuhnert
5. Dirk Mahler

Liste 4 MSB Spartakus

1. Hubert Habig
2. Jutta Niebuhr
3. Carsten Hellpap
4. Christiane Bender
5. Elmar Rühl

Liste 5 Liberaler Hochschulverb.

1. Karl-Heinz Wellmann
2. Werner Blau
3. Werner Freudemann
4. Monika Folz
5. Christiane Reichardt

Liste 6 Kommunistischer Studentenbund (KSB)

1. Werner Hoffmeyer
2. Thomas Diekmann
3. Christine Riedel
4. Irmtraud Wagner
5. Helmut Schmitz

Liste 7 ads/SLH

1. Wolfgang Tacke
2. Karin Fischer
3. Michael Hamann
4. Friedhelm Hesse
5. Alexander Mettenheimer

Liste 8 SHB

1. Horst Bröhl
2. Lily Pöttrich
3. Mathilde Moschner
4. Klaus Willkomm
5. Christian Anschütz

Liste 9 Antiimperialistische demokratische Einheitsliste

1. Mathias Krieger
2. Anna van der Linden
3. Manfred Krause
4. Werner Feix

Liste 1o GIM Gruppe Internationaler Marxisten

1. German Hoch
2. Elke Rupp
3. Erik Wagner

Liste 11 "Unabhängige Fachbereichsgruppen"

1. Peter Kunth
2. Verona Heinss
3. HansJoachim Otto
4. Peter Büttner
5. Klaus-Peter Ebert

<u>Wichtiger Hinweis:</u>
Sie dürfen auf dem Stimmzettel bei nur <u>einer</u> der elf Listen Ihr Listenkreuz machen. Eine Persönlichkeitswahl findet <u>nicht</u> statt. Ihr Stimmzettel ist Ungültig, wenn Sie mehr als eine Liste ankreuzen oder wenn Ihr Stimmzettel Zusätze enthält.

Abb.29: Amtlicher Stimmzettel der StuPa-Wahl v.14.06.-16.06.1976

A.1.12. Wahlergebnis vom 30.06.1977

Stimmbezirk	I. Jura	II. WiWi	III. Ges.	IV. Erz.	V.StdHs.	VI. Phil.	VII. Nat.	VIII. Ch.	IX. Med.	Gesamt	
Wahlberechtigte	3.493	3.390	2.503	3.370	2.013	3.024	2.019	514	2.605	22.391	
abgegebene Stimmen	1.278	1.603	949	1.033	562	840	730	196	986	8.177+9	
Wahlbeteiligung (%)	36,6	47,3	37,7	30,7	27,9	27,8	36,2	38,2	37,9	33,7	
Ungültige/Enthaltungen	4	1	4	12	4	3	6	0	1	35+0	
Listennummer /	Stimmen	Stimmen	Stimmen	Stimmen	Stimmen	Stimmen	Stimmen	Stimmen	Stimmen	Stimmen*)	Sitz.
Wahlvorschlagsliste	%	%	%	%	%	%	%	%	%	%	
1 SHI	156	312	380	445	167	296	135	16	361	2.268+1	7
('Spontis')	12,2 %	19,5 %	40,2 %	43,6 %	29,9 %	35,4 %	18,6 %	8,2 %	36,7 %	27,8 %	
2 Kritische Union/	279	306	19	36	62	56	123	32	217	1.130+1	3
RCDS	21,9 %	19,1 %	2,0 %	3,5 %	11,1 %	6,7 %	16,9 %	16,3 %	22,0 %	13,9 %	
3 Juso-Hochschul-	201	198	117	157	54	126	87	16	118	1.074+1	3
gruppe	15,8 %	12,4 %	12,4 %	15,4 %	9,7 %	13,1 %	12,0 %	8,2 %	12,0 %	13,2 %	
4 Liberaler Hoch-	251	224	37	51	72	48	79	15	101	878+0	2
schulverband (LHV)	19,7 %	14,0 %	3,9 %	5,0 %	12,9 %	5,7 %	10,9 %	7,7 %	10,3 %	10,8 %	
5 Unabhängige Fachb.	216	275	44	56	82	101	191	97	56	1.118+0	3
gruppen ('Giraffen')	17,0 %	17,2 %	4,7 %	5,3 %	14,7 %	12,1 %	26,3 %	49,5 %	5,7 %	13,7 %	
6 Kommunistischer	19	32	37	43	9	25	18	1	29	213+0	0
Studentenbd. (KSB)	1,3 %	2,0 %	3,9 %	4,2 %	1,6 %	3,0 %	2,3 %	0,5 %	3,0 %	2,6 %	
7 Antiimp.-demokrat.	7	7	5	8	2	13	5	0	2	49+0	0
Aktionseinh. (KSV)	0,6 %	0,4 %	0,5 %	0,8 %	0,4 %	1,6 %	0,7 %	0,0 %	0,2 %	0,5 %	
8 Gewerksch. or. Liste	92	159	130	108	82	89	67	12	71	810+5	2
GOL (MSB/SHB)	7,2 %	9,9 %	13,8 %	10,6 %	14,7 %	10,6 %	9,2 %	6,1 %	7,2 %	10,0 %	
9 Linke Liste	53	89	176	117	28	83	19	7	30	602+1	2
(LiLi)	4,2 %	5,6 %	18,6 %	11,5 %	5,0 %	7,5 %	2,6 %	3,6 %	3,0 %	7,4 %	

*) + Briefwahlstimmen (bei der Auszählung nicht den Stimmbezirken zugeordnet)

A.1.13. Wahlergebnis vom 15.12.1977

Stimmbezirk	**I. Jura**	**II. WiWi**	**III. Ges.**	**IV. Erz.**	**V.StdHs.**	**VI. Phil.**	**VII. Nat.**	**VIII. Ch.**	**IX. Med.**	**Gesamt**	
Wahlberechtigte	3.646	3.550	2.625	3.440	2.377	2.912	2.032	537	2.726	23.845	
abgegebene Stimmen	1.251	1.277	960	953	579	884	670	195	734	7.503+8	
Wahlbeteiligung (%)	34,3	36,0	36,6	27,8	24,4	30,4	33,0	36,3	26,9	31,5	
Ungültige/Enthaltungen	5	4	6	3	3	4	6	2	8	41+0	
Listennummer /	Stimmen	Stimmen	Stimmen	Stimmen	Stimmen	Stimmen	Stimmen	Stimmen	Stimmen	Stimmen*)	Sitz.
Wahlvorschlagsliste	%	%	%	%	%	%	%	%	%	%	
1 Kritische Union/	256	236	21	24	62	54	87	26	126	892+0	2
RCDS	20,5 %	18,5 %	2,2 %	2,5 %	10,8 %	6,2 %	13,1 %	13,3 %	17,2 %	11,9 %	
2 Unabhängige Fachb.	249	210	36	58	66	99	177	89	32	1.016+0	3
gruppen ('Giraffen')	20,0 %	16,4 %	3,7 %	6,1 %	11,5 %	11,2 %	26,2 %	45,6 %	4,3 %	13,6 %	
3 Juso-Hochschul-	138	127	59	70	47	73	72	16	59	661+0	2
gruppe	11,1 %	10,0 %	6,2 %	7,3 %	8,2 %	8,3 %	10,8 %	8,2 %	8,0 %	8,8 %	
4 Liberaler Hoch-	204	160	30	32	61	34	46	18	36	621+1	2
schulverband (LHV)	16,4 %	12,5 %	3,2 %	3,3 %	10,6 %	3,9 %	6,9 %	9,2 %	4,9 %	8,3 %	
5 Gewerksch. or. Liste	79	88	113	93	109	59	40	10	48	639+0	2
GOL (MSB/SHB)	6,3 %	6,9 %	11,8 %	9,8 %	19,0 %	10,1 %	6,0 %	5,1 %	6,5 %	8,6 %	
6 DIFF	4	9	7	2	3	8	3	0	7	43+0	0
(Demokrat. Initiative)	0,2 %	0,7 %	0,7 %	0,2 %	0,5 %	0,9 %	0,2 %	0,0 %	0,9 %	0,6 %	
7 Rote Liste	25	24	28	34	12	15	7	2	14	161+0	0
(KSB)	2,0 %	1,9 %	2,9 %	3,5 %	2,0 %	1,7 %	1,0 %	1,0 %	1,9 %	2,1 %	
8 Aktionseinh.v.Dem.	10	10	11	12	6	31	4	0	5	89+0	0
u.Kommunist. (KSV)	0,8 %	0,8 %	1,2 %	1,2 %	1,0 %	3,5 %	0,6 %	0,0 %	0,7 %	1,2 %	
9 UL (SHI/LiLi/SB)	281	409	649	625	210	507	228	32	399	3.340+7	11
('Spontis')	22,5 %	32,0 %	68,0 %	65,8 %	36,6 %	57,6 %	34,5 %	16,4 %	54,3 %	44,8 %	

*) + Briefwahlstimmen (bei der Auszählung nicht den Stimmbezirken zugeordnet)

A.1.14. Wahlergebnis vom 27.06.1979

Stimmbezirk	I. Jura	II. WiWi	III. Ges.	IV. Erz.	V.StdHs.	VI. Phil.	VII. Nat.	VIII. Ch.	IX. Med.	Gesamt	
Wahlberechtigte	3.638	3.418	2.497	3.370	2.503	2.884	1.691	556	3.020	23.577	
abgegebene Stimmen	1.570	1.548	1.159	1.181	834	918	797	275	1.363	9.645	
Wahlbeteiligung (%)	43,2	45,3	46,4	35,0	33,5	31,8	47,1	49,5	45,1	40,9	
Ungültige/Enthaltungen	13	7	4	7	11	4	2	2	4	54	
Listennummer /	Stimmen	Stimmen	Stimmen	Stimmen	Stimmen	Stimmen	Stimmen	Stimmen	Stimmen	Stimmen	Sitz.
Wahlvorschlagsliste	%	%	%	%	%	%	%	%	%	%	
1 Undogmat. Linke	447	438	674	683	386	524	224	29	429	3.834	10
(UL) ('Spontis')	28,7 %	28,4 %	58,4 %	58,1 %	46,9 %	58,0 %	28,4 %	10,5 %	31,6 %	40,0 %	
2 Ring Christlich De-	371	385	62	66	77	88	155	45	519	1.768	4
mokratischer Stud.	23,8 %	25,0 %	5,4 %	5,6 %	9,4 %	9,7 %	19,5 %	16,3 %	38,2 %	18,4 %	
3 Liberaler Hoch-	196	229	54	55	89	49	43	19	83	817	2
schulverband (LHV)	12,6 %	14,9 %	4,6 %	4,7 %	10,8 %	5,4 %	5,4 %	6,9 %	6,1 %	8,5 %	
4 Juso-Hochschul-	237	213	163	148	113	107	70	18	145	1.214	3
gruppe	15,2 %	13,8 %	14,1 %	12,6 %	13,7 %	11,8 %	8,8 %	6,5 %	10,7 %	12,7 %	
5 MSB Spartakus	52	44	84	78	51	44	25	8	40	426	1
	3,3 %	2,9 %	7,3 %	6,6 %	6,2 %	4,9 %	3,1 %	2,9 %	2,9 %	4,4 %	
6 Unabhängige Liste	15	23	13	23	18	17	50	8	22	189	0
f. dem. Hochschpol.	1,0 %	1,5 %	1,1 %	2,0 %	2,2 %	1,9 %	6,3 %	2,9 %	1,6 %	2,0 %	
7 Unabhängige Fachb.	203	190	54	61	73	70	210	139	113	1.113	2
Gruppen ('Giraffen')	13,0 %	12,3 %	4,7 %	5,2 %	8,9 %	7,7 %	26,4 %	50,4 %	8,3 %	11,6 %	
8 Fachb.Gruppen und	36	19	51	60	16	15	18	7	8	230	0
Inst.Gruppen (KSB)	2,3 %	1,2 %	4,4 %	5,1 %	1,9 %	1,7 %	2,3 %	2,5 %	0,6 %	2,4 %	

Die Stimmbezirke der StuPa-Wahlen 1979 und 1980 waren identisch mit denen der StuPa-Wahlen im Jahre 1977 unter einer Ergänzung: Die beiden an der Universität neugegründeten Fachbereiche (FB 20 und FB 21) wurden dem Stimmbezirk V zugewiesen:
V. Studentenhaus: FB 08 Geschichtswissenschaften; FB 09 Klassische Philologien und Kunstwissenschaften; FB 11 Ost- und außereuropäische Sprach- und Kulturwissenschaften; FB 16 Biologie; FB 20 Informatik; FB 21 Sportwissenschaften und Arbeitslehre.

A.1.15. Wahlergebnis vom 25.06.1980

Stimmbezirk	I. Jura	II. WiWi	III. Ges.	IV. Erz.	V.StdHs.	VI. Phil.	VII. Nat.	VIII. Ch.	IX. Med.	Gesamt	
Wahlberechtigte	3.796	3.576	2.631	3.216	2.734	3.179	1.684	575	3.306	24.697	
abgegebene Stimmen	1.476	1.400	1.117	924	719	863	677	246	1.183	8.605	
Wahlbeteiligung (%)	38,9	39,1	42,6	28,7	26,3	27,1	40,2	42,3	35,8	34,8	
Ungültige/Enthaltungen	106	23	27	19	27	27	19	9	83	340	
Listennummer /	Stimmen	Stimmen	Stimmen	Stimmen	Stimmen	Stimmen	Stimmen	Stimmen	Stimmen	Stimmen	Sitz.
Wahlvorschlagsliste	%	%	%	%	%	%	%	%	%	%	
1 Juso-Hochschul-	280	260	173	146	121	172	91	28	174	1.445	4
gruppe	20,4 %	18,9 %	15,9 %	16,1 %	17,5 %	20,6 %	13,8 %	11,8 %	15,8 %	17,5 %	
2 TLD (Trotzkistische	4	3	12	2	5	5	0	2	5	38	0
Liga Deutschlands)	0,3 %	0,2 %	1,1 %	0,2 %	0,7 %	0,6 %	0,0 %	0,8 %	0,5 %	0,5 %	
3 Unabhängige Fachb.	169	164	45	51	99	104	217	106	128	1.083	3
Gruppen ('Giraffen')	12,3 %	11,9 %	4,1 %	5,6 %	14,3 %	12,4 %	33,0 %	44,7 %	11,6 %	13,1 %	
4 Ring Christlich De-	305	380	36	47	99	84	157	43	308	1.459	4
mokratischer Stud.	22,3 %	27,6 %	3,3 %	5,2 %	14,3 %	10,0 %	23,7 %	18,1 %	28,0 %	17,7 %	
5 KSB (Kommunist.	29	9	6	10	11	14	7	2	14	102	0
Studentenbund)	2,1 %	0,7 %	0,6 %	1,1 %	1,6 %	1,7 %	1,1 %	0,8 %	1,3 %	1,2 %	
6 Christliche Union	22	23	10	15	13	17	12	7	31	150	0
Frankf. Std. (CUFS)	1,6 %	1,7 %	0,9 %	1,7 %	1,9 %	2,0 %	1,8 %	3,0 %	2,8 %	1,8 %	
7 Liberaler Hoch-	154	134	27	24	42	11	25	10	70	497	1
schulverband (LHV)	11,2 %	9,7 %	2,5 %	2,7 %	6,1 %	1,3 %	3,8 %	4,2 %	6,4 %	6,0 %	
8 MSB Spartakus	73	71	96	73	46	65	31	9	72	556	1
	5,3 %	5,2 %	8,8 %	8,1 %	6,6 %	7,8 %	4,7 %	3,8 %	6,5 %	6,7 %	
9 Undogmat. Linke	334	333	685	537	256	364	118	30	298	2.955	9
(UL) ('Spontis')	24,4 %	24,2 %	62,8 %	59,3 %	37,0 %	43,5 %	17,9 %	12,7 %	27,1 %	35,8 %	

Aufgrund einer erfolgreichen Wahlanfechtung wurde diese Wahl in den Stimmbezirken I, II, III, IX aufgeboben: Kap.19.15.2.

JOHANN WOLFGANG GOETHE-UNIVERSITÄT

Wahl des Studentenparlaments

STIMMZETTEL

Die zu wählenden Vertreter werden unmittelbar und geheim nach den Grundsätzen der Verhältniswahl gewählt. Sie haben daher für diese Wahl

1 STIMME

Vor der Wahl zu beachten:

1.) Der Stimmzettel enthält unter fortlaufender Nr. die Wahlvorschläge.
Die Reihenfolge der Listen wurde durch das Los bestimmt.

2.) Geben Sie, bitte, Ihre Stimme durch ein in einen Kreis gesetztes Kreuz ab.

3.) Stimmzettel, auf denen mehr als ein Wahlvorschlag angekreuzt ist oder die Zusätze enthalten, sind ungültig.

	Listen-Nr. Kennwort	Name und Vorname der ersten sechs Bewerber		Wahlvermerk
1	Juso-Hochschulgruppe	1 Rossbrey, Petra (Fb.1)	4 Tille, Klaus (Fb.2)	
		2 Brücker, Herbert (Fb.3)	5 Tritschler, Hans-Joachim (Fb. [illegible])	
		3 Loewy, Hanno (Fb.10)	6 Sapper, Henry (Fb.18)	
2	Trotzkistische Liga Deutschlands (TLD)	1 Middeldorf, Alexander (Fb.3)	4 Aubel, Herbert (Fb.3)	
		2 Bühling, Barbara (Fb.14)	5	
		3 Hertel, Andreas (Fb.19)	6	
3	Unabhängige Fachbereichsgruppen (Giraffen)	1 Lange, Jürgen (Fb.14)	4 Groß, Willi (Fb.13)	
		2 Beudt, Ulrike (Fb.19)	5 Skipis, Alexander (Fb.1)	
		3 Kunth, Peter (Fb.12)	6 Büttner, Peter (Fb.2)	
4	RCDS	1 Matzke, Angelika (Fb.10)	4 Schweizer, Isabel (Fb.19)	
		2 Hennicke, Ludwig (Fb.2)	5 Bovier, Joachim (Fb.1)	
		3 Dreskornfeld, Rüdiger (Fb.12)	6 Noeske, Gerhard (Fb.19)	
5	Kommunistischer Studentenbund	1 Hein, Rainer (Fb.8)	4 Werdel, Alfons (Fb.2)	
		2 Wachholz, Kirsten (Fb.1)	5	
		3 Bassing, Harald (Fb.10)	6	
6	Christliche Union Frankfurter Studenten	1 ter Wolbeek, Hans (Fb.4)	4 Singer, Albert (Fb.10)	
		2 Bacher, Dorothea (Fb.3)	5 Klementz, Edgar (Fb.3)	
		3 Oertel, Matthias (Fb.1)	6	

Fortsetzung siehe Rückseite

	Liste-Nr. Kennwort	Name und Vorname der ersten sechs Bewerber		Wahlvermerk
7	LHV	1 Schröder-Babo, Winfried (Fb.19 – handwritten under the name; uncertain reading)	4 Knapp, Roland (Fb.1)	
		2 Richter, Bernd (Fb.1)	5 Schwoerer, Thomas C. (Fb.[illegible])	
		3 Judisch, Stefan (Fb.2)	6 Rothacker, Jutta (Fb.1)	
8	MSB Spartakus unorganisierte und ausländische Studenten	1 Keil, Roland (Fb.4)	4 Müllerleile, Martin (Fb.19)	
		2 Jungwirth, Teresa (Fb.3)	5 Brzoska, Ingrid (Fb.10)	
		3 Sterian, Heinrich (Fb.1)	6 Krause, Inge (Fb.18)	
9	Undogmatische Linke	1 Heinrich, Brigitte (Fb.3)	4 Altenhofen, Helmut (Fb.2)	
		2 Schuster, Bernd (Fb.1)	5 Heuer, Friederike (Fb.10)	
		3 Geipert, Wilfried (Fb.3)	6 Schoele, Jörg (Fb.12)	

Abb.30: Amtlicher Stimmzettel der StuPa-Wahl v.04.06.-25.06.1980, Vorder- und Rückseite (!)

A.1.16. Wahlergebnis vom 17.12.1980

Zum Ergebnis der (Teil-)Nachwahl: Kap.19.16.3.

A.1.17. Wahlergebnis vom 05.06.1981

Stimmbezirk	I. Jura		II. WiWi		III. AfE/Ges.		IV. Philol.		V. Math/Ph.		VI. Nat.		VII. Medizin		Gesamt		
Wahlberechtigte	4.458		3.474		5.966		5.421		1.109		2.160		3.496		26.084		
abgegebene Stimmen / %	1.529	34,3	1.275	36,7	1.780	29,8	1.219	22,5	439	39,6	669	31,0	1.391	39,8	8.302	31,8	
Ungültige / Enthaltungen	51		35		43		45		12		23		46		273		
Listennummer / Wahlvorschlagsliste	Stimmen	%	Stimmen	%	Stimmen	%	Stimmen	%	Stimmen	%	Stimmen	%	Stimmen	%	Stimmen	%	Si
1 RCDS	397	26,9	423	34,1	99	5,7	184	15,7	77	18,0	165	25,5	452	39,6	1.797	22,3	5
2 Bunte Alternative B/W.	88	6,0	30	2,4	110	6,3	75	6,4	11	2,6	37	5,7	42	3,1	393	4,9	1
3 MSB Spartakus	67	4,5	46	3,7	174	10,0	86	7,3	31	7,3	17	2,6	98	7,3	519	6,4	1
4 Juso-HSG	284	19,2	186	15,0	198	11,4	143	12,2	36	8,4	69	10,7	119	8,9	1.035	12,9	3
5 UL (Spontis)	269	18,2	207	16,7	968	55,7	495	42,2	69	16,2	124	19,2	356	26,5	2.488	30,9	8
6 LHV - Jungdemokraten	151	10,2	130	10,5	63	3,6	60	5,1	13	3,0	32	5,0	93	6,8	542	6,7	1
7 Fachschaftsini. StuPa	18	1,2	6	0,5	23	1,3	14	1,2	95	22,2	23	3,6	8	0,6	187	2,3	0
8 UF ('Giraffen')	204	13,8	212	17,1	102	5,9	117	10,0	95	22,2	179	27,7	177	13,2	1.086	13,5	3

J O H A N N   W O L F G A N G   G O E T H E - U N I V E R S I T Ä T

S T I M M Z E T T E L für die Wahl des Studentenparlaments

(Sofern Sie an der Briefwahl teilnehmen, muß der Wahlbrief bis spätestens 1.6.1981 um 17.00 Uhr auf dem Postwege hier eingegangen sein).

Die zu wählenden Vertreter werden unmittelbar und geheim nach den Grundsätzen der Verhältniswahl gewählt. Sie haben daher für diese Wahl

1 S T I M M E

Vor der Wahl zu beachten:

1.) Der Stimmzettel enthält unter fortlaufender Nr. die Wahlvorschläge. Die Reihenfolge der Listen wurde durch das Los bestimmt.
2.) Geben Sie, bitte, Ihre Stimme durch ein in einen Kreis gesetztes Kreuz ab.
3.) Stimmzettel, auf denen mehr als ein Wahlvorschlag angekreuzt ist oder die Zusätze enthalten, sind ungültig.

Listen Nr.	Kennwort	Vorname und Name der ersten sechs Bewerber (in Klammern: Fachbereichszugehörigkeit)		Wahlvermerk
1	Ring Christlich-Demokratischer Studenten (RCDS)	1 Ludwig Hennicke (2) 2 Angelika Matzke (1) 3 Thomas Pfeiffer (1)	4 Sigrun Banzer (19) 5 Joachim Bovier (1) 6 Gerd Krämer (8)	◯
2	Bunte Alternative Bockenheim / Westend	1 Wilhelm Gross (4) 2 Karl Kraus (2) 3 Eckhard v.d.Lühe (8)	4 Dieter Distel (2) 5 Gerhard Hoenig (1) 6 Stephan Roscher (8)	◯
3	MSB-Spartakus und ausländische Studenten	1 Roland Keil (4) 2 Hamid Ongha (10) 3 Terry Jungwirth (3)	4 Mart.Müllerleile (19 5 Inge Krause (18) 6 T.Georgiadis (2)	◯
4	Juso-Hochschulgruppe	1 Petra Rossbrey (1) 2 Herbert Brücker (3) 3 Klaus Tille (2)	4 Hanno Loewy (10) 5 Rudolf Bender (10) 6 Andreas Sabisch (14)	◯
5	Undogmatische Linke SHI/Basisgruppen/ LiLi/SB	1 Winfried Geipert (3) 2 Helmut Altenhofen (2) 3 Frederike Heuer (10)	4 Monika Weiland (4) 5 Rupert Ahrens (2) 6 Michael Behrent (7)	◯
6	LHV/Liberaler Hochschulverband-Jungdemokraten	1 Bernd Richter (1) 2 W.Schröder-Babo (19) 3 Axel Dauenhauer (2)	4 Stefan Judisch (2) 5 Thomas Schwörer (2) 6 Peter Hoh (1)	◯
7	Fachschafts-initiative Studentenparlament	1 Johannes Kramer (13) 2 Artur Thiel (13) 3 Karl-Heinz Hackl (13)	4 Rudolf Dölling (13) 5 Dieter Nikl (13)	◯
8	UNABHÄNGIGE FACHBEREICHSGRUPPEN (Giraffen)	1 Jürgen Lange (14) 2 Ulrike Beudt (19) 3 Peter Kunth (12)	4 Peter Büttner (2) 5 Christine Wilson (8) 6 Sylvia Blümner (13)	◯

Abb.31: Amtlicher Stimmzettel der StuPa-Wahl v.18.05.-05.06.1981

A.1.18. Wahlergebnis vom 09.06.1982

Stimmbezirk	I. Jura		II. WiWi		III. AfE/Ges.		IV. Philol.		V. Math/Ph.		VI. Nat.		VII. Medizin		Gesamt		
Wahlberechtigte	4.748		3.641		6.020		6.014		1.179		2.213		3.732		27.544		
abgegebene Stimmen / %	1.410	29,7	1.254	34,4	1.625	27,0	1.272	21,2	425	36,0	558	25,2	1.284	34,4	7.828	28,4	
Ungültige / Enthaltungen	30		27		49		39		13		18		32		208		
Listennummer / Wahlvorschlagsliste	Stimmen	%	Stimmen	%	Stimmen	%	Stimmen	%	Stimmen	%	Stimmen	%	Stimmen	%	Stimmen	%	Sit
1 RCDS	395	28,6	540	36,7	76	4,8	155	12,6	65	15,8	108	20,0	433	34,6	1.682	22,1	5
2 MSB Spartakus	86	6,2	40	3,3	143	9,1	88	7,1	21	5,1	23	4,3	98	7,8	499	6,5	1
3 SHI (Spontis)	368	26,7	275	22,4	1.043	66,2	673	54,6	124	30,1	136	25,2	398	31,8	3.017	39,6	10
4 Juso-HSG	211	15,3	165	13,4	166	10,5	130	10,5	49	11,9	50	9,3	109	8,7	880	11,6	2
5 LHV - Jungdemokraten	128	9,3	79	6,4	41	2,6	50	4,1	21	5,1	26	4,8	55	4,4	400	5,2	1
6 UF ('Giraffen')	192	13,9	218	17,8	107	6,8	137	11,1	132	32,0	197	36,5	159	12,7	1.142	15,0	3

Die Stimmbezirke der StuPa-Wahlen 1981 bis 1997 setzten sich (mit der unwesentlichen Ausnahme des räumlichen Umzugs des Fachbereichs 20 Informatik im Jahre 1988/89: Neuzuordnung zunächst zum Stimmbezirk VI, ab 1992/93 zum Stimmbezirk V) wie folgt zusammen:
I. Jura (Juridicum)**:** FB 01 Rechtswissenschaft; FB 07 Philosophie; FB 17 Geowissenschaften; FB 18 Geographie; FB 20 Informatik.
II. Wirtschaftswissenschaften (Dekanat Hauptgebäude)**:** FB 02 Wirtschaftswissenschaften; FB 21 Sportwissenschaften und Arbeitslehre.
III. Geistes- und Sozialwissenschaften (AfE-Turm)**:** FB 03 Gesellschaftswissenschaften; FB 04 Erziehungswissenschaften; FB 05 Psychologie; FB 06 Religionswissenschaften.
IV. Philologien (Philosophicum)**:** FB 08 Geschichtswissenschaften; FB 09 Klassische Philologien und Kunstwissenschaften; FB 11 Ost- und außereuropäische Sprach- und Kulturwissenschaften; FB 10 Neuere Philologien.
V. Mathe/Physik (Physikalisches Institut)**:** FB 12 Mathematik; FB 13 Physik.
VI. Naturwissenschaften (Physikalisches Institut und Niederurseler Hang; ab 1994/95 nur Niederurseler Hang)**:** FB 14 Chemie; FB 15 Biochemie und Pharmazie; FB 16 Biologie.
VII. Medizin (Klinikmensa Niederrad)**:** FB 19 (Human- und Zahn-)Medizin.

A.1.19. Wahlergebnis vom 16.06.1983

Fachbereich	**1**	**2**	**3**	**4**	**5**	**6**	**7**	**8**	**9**	**10**	**11**	**12**
Wahlberechtigte	3.674	3.729	1.847	2.418	665	436	490	842	1.265	4.155	238	572
Abgegebene Stim.	1.064	1.241	583	555	141	125	96	225	231	831	49	195
Wahlbeteiligg. (%)	29,0	33,3	31,6	22,4	21,2	28,7	19,6	26,7	18,3	20,0	20,6	34,1
Ungült. / Enthalt.	50	80	19	15	4	5	1	6	5	33	3	3
Listennr. / Wahl-	Sti.	Sti.	Sti.	Sti.	Sti.	Sti.	Sti.	Sti.	Sti.	Sti.	Sti.	Sti.
vorschlagsliste	%	%	%	%	%	%	%	%	%	%	%	%
1 UL	203	211	374	352	62	25	59	96	95	400	18	47
(Spontis)	20,0	18,2	66,3	65,2	15,3	20,8	62,1	43,8	42,0	50,1	39,1	24,5
2 MSB Spartakus	72	48	67	64	25	15	4	12	12	66	5	10
	7,1	4,1	11,9	11,9	18,2	12,5	4,2	5,5	5,3	8,3	10,9	5,2
3 LHV	78	55	8	8	3	10	5	8	15	20	1	5
	7,7	4,7	1,4	1,5	2,2	8,3	5,3	3,7	6,6	2,5	2,2	2,6
4 RCDS	339	426	12	19	7	25	7	27	43	82	3	40
	33,4	36,7	2,1	3,5	5,1	20,8	7,4	12,3	19,0	10,3	6,5	20,8
5 Juso-HSG	184	217	86	68	26	32	14	33	34	121	10	21
	18,1	18,7	15,2	12,6	19,0	26,7	14,7	15,1	15,0	15,2	21,7	10,9
6 UF	138	204	17	29	14	13	6	43	27	109	9	69
('Giraffen')	13,6	17,6	3,0	5,4	10,2	10,8	6,3	19,6	11,9	13,7	19,6	35,9

Fachbereich	**13**	**14**	**15**	**16**	**17**	**18**	**19**	**20**	**21**	**Gesamt**	**Sit.**
Wahlberechtigte	558	651	672	1.024	417	566	3.860	152	660	28.860	
Abgegebene Stim.	208	225	159	218	114	149	1.374	74	73	7.930	
Wahlbeteiligg. (%)	37,3	34,6	23,7	21,3	27,3	26,3	35,6	48,7	11,1	27,5	
Ungült. / Enthalt.	9	15	5	9	5	4	79	5	4	359	
Listennr. / Wahl-	Sti.	Sti.	Sti.	Sti.	Sti.	Sti.	Sti.	Sti.	Sti.	Stimmen	
vorschlagsliste	%	%	%	%	%	%	%	%	%	%	
1 UL	47	27	13	87	23	64	411	12	15	2.641	8
(Spontis)	23,6	12,9	8,4	41,6	21,1	44,1	31,7	17,4	21,7	34,9	
2 MSB Spartakus	14	7	5	7	13	12	85	2	10	555	1
	7,0	3,3	3,2	3,3	11,9	8,3	6,6	2,9	14,5	7,3	
3 LHV	9	6	8	10	5	6	42	5	6	313	1
	4,5	2,9	5,2	4,8	4,6	4,1	3,2	7,2	8,7	4,1	
4 RCDS	34	37	57	28	21	14	353	11	11	1.596	5
	17,1	17,6	37,0	13,4	19,3	9,7	27,3	15,9	15,9	21,1	
5 Juso-HSG	31	29	16	36	24	27	137	9	12	1.167	3
	15,6	13,8	10,4	17,2	22,0	18,6	10,6	13,0	17,4	15,4	
6 UF	64	104	55	41	23	22	267	30	15	1.299	4
('Giraffen')	32,2	49,5	35,7	19,6	21,1	15,2	20,6	43,5	21,7	17,2	

Erstmals wurde das Ergebnis dieser Wahl nach den 21 Fachbereichen gegliedert ausgezählt; das vorläufige amtliche Endergebnis wurde, wie bisher, nach Stimmbezirken aufgeschlüsselt, bekanntgemacht. (Entsprechendes galt für die Wahlen 1984-1986). Seit der StuPa-Wahl 1989 wurde das amtliche Endergebnis nach Fachbereichen gegliedert bekanntgemacht. § 23 Abs.9 StS v.22.2.1994 sieht eine solche Differenzierung (sowie die Differenzierung in Brief- und Urnenwahl zur besseren Lokalisierung möglicher Wahlmanipulationen) bindend vor.

JOHANN WOLFGANG GOETHE-UNIVERSITÄT FRANKFURT

STIMMZETTEL

FÜR DIE WAHLEN ZUM

STUDENTENPARLAMENT UND FACHSCHAFT PHILOSOPHIE

7

Fachschaft

Zu dieser Fachschft ist nur eine Liste eingegangen. Daher findet in diesem Fall Persön - lichkeitswahl statt. Jeder Wähler kann soviele Bewerber ankreuzen, wie wie Sitze zu besetzen sind. Sie haben daher höchstens 3 Stimmen. Stimmhäufung ist unzulässig, d. h. jeder Bewerber kann nur eine Stimme erhalten. Geben Sie ihre Stimme durch ein in einen Kreis gesetztes Kreuz ab.

STUDENTENPARLAMENT

Die zu wählenden Vertreter werden unmittelbar und geheim nach den Grundsätzen der Verhältniswahl gewählt. Sie haben für diese Wahl eine Stimme. Geben Sie ihre Stimme durch ein in einen Kreis gesetztes Kreuz ab. Stimmzettel, auf denen mehr als ein Wahlvorschlag angekreuzt ist oder die zusätze enthalten, sind ungültig.

Sofern Sie an der Briefwahl teilnehmen, muß der Wahlbrief bis spätestens 9. JUNI 1983 um 17.00 UHR eingegangen sein

Fachschaft:

- ○ VOLKE, Joachim
- ○ JANOWSKI, Michael
- ○ JANSEN, Peter-Erwin
- ○ LINSER, Guido
- ○ NEUMANN, Norbert

Studentenparlament:

UNDOGMATISCHE LINKE ○

1. BAUER, Harry (03)
2. AHRENS, Rupert (02)
3. SCHÄNDLINGER, Mich. (03)
4. JANSEN, Peter E. (07)
5. HARDT, Hans G. (02)
6. ENDRES, Karl-Heinz (01)

MSB SPARTAKUS / UNORGANISIERTE / AUSLÄNDER ○

1. MARI LOPEZ, Fr. (05)
2. KAISER, Joachim (01)
3. NIEPELT, Brigitte (10)
4. JATSCH, Manuela (04)
5. RACKY, Radulf (19)
6. GIEBELER, Bertram (11)

LIBERALER HOCHSCHULVERBAND (LHV) / JUNGDEMOKRATEN ○

1. LAUNHARDT, Johannes (1)
2. KRENKO, Ralf (02)
3. ÖHM, Lieselotte (01)
4. ZUREK, Fritz (01)
5. GANSER, Dagmar (10)
6. ROTHACKER, J. (01)

RING CHRISTLICH-DEMOKRATISCHER STUDENTEN (RCDS) ○

1. WISSMANN, Martin (01)
2. KRÄMER, Gerd (08)
3. LÜBBERS, Thekla (01)
4. HEIMBACH, Ralf (02)
5. PFEIFFER, Thomas (01)
6. NEEB, Eva Maria (08)

JUNG SOZIALISTEN-HOCHSCHULGRUPPE ○

1. HAUKE, Franz Josef (02)
2. MOHR, Steffi (04)
3. SCHUCK, Hjalmar (01)
4. ORUC, Bülent (18)
5. RIPPEL, Joachim (10)
6. KRAB, Harald (19)

UNABHÄNGIGE FACHBEREICHSGRUPPEN (GIRAFFEN) ○

1. HACKEL, Rudi (01)
2. WIEGAND, Frank H. (10)
3. KUNTH, Peter (12)
4. MATZKE, Angelika (10)
5. BEUDT, Ulrike (19)
6. FRISCHKORN, Hans (13)

Abb.32: Amtlicher Stimmzettel der StuPa-Wahl (und FSR-Wahl FB 07) v.27.05.-16.06.1983

A.1.20. Wahlergebnis vom 28.06.1984

Fachbereich	**1**	**2**	**3**	**4**	**5**	**6**	**7**	**8**	**9**	**10**	**11**	**12**
Wahlberechtigte	3.726	4.091	1.869	2.341	689	422	522	862	1.436	4.188	270	584
Abgegebene Stim.	1.008	1.218	508	459	135	127	106	222	210	749	46	182
Wahlbeteiligg. (%)	27,1	29,8	27,2	19,6	19,6	30,1	20,3	25,6	14,6	17,9	17,0	31,2
Ungült. / Enthalt.	27	31	13	12	2	5	3	14	2	24	5	1
Listennr. / Wahl-	Sti.	Sti.	Sti.	Sti.	Sti.	Sti.	Sti.	Sti.	Sti.	Sti.	Sti.	Sti.
vorschlagsliste	%	%	%	%	%	%	%	%	%	%	%	%
1 Peter B.	26	10	3	1	0	2	3	6	3	4	0	2
Bewegung	2,7	0,8	0,6	0,2	0,0	1,6	2,9	2,9	1,5	0,6	0,0	1,1
2 Grün-Alternat.	116	107	90	138	66	24	18	32	45	140	12	20
Liste (GAL)	11,8	9,0	18,2	30,9	49,6	19,7	17,5	15,4	21,6	19,3	29,3	11,0
3 Ring Christlich	311	441	16	12	5	19	7	31	46	99	5	32
Dem.S. (RCDS)	31,7	37,2	3,2	2,7	3,8	15,6	6,8	14,9	22,1	13,7	12,2	17,7
4 Juso-Hoch-	193	228	82	47	15	25	11	38	19	108	5	21
schulgruppe	19,7	19,2	16,6	10,5	11,3	20,5	10,7	18,3	9,1	14,9	12,2	11,6
5 MSB	56	42	62	30	6	17	5	11	8	40	3	10
Spartakus	5,7	3,5	12,5	6,7	4,5	13,9	4,9	5,3	3,8	5,5	7,3	5,5
6 Undogmatische	98	120	233	201	32	13	53	47	63	231	10	21
Linke (UL)	10,0	10,1	47,1	45,0	24,1	10,7	51,5	22,6	30,3	31,9	24,4	11,6
7 Unabh. Fb.Gr.	181	239	9	18	9	22	6	43	24	103	6	75
('Giraffen')	18,5	20,1	1,8	4,0	6,8	18,0	5,9	20,7	11,6	14,2	14,6	41,4

Fachbereich	**13**	**14**	**15**	**16**	**17**	**18**	**19**	**20**	**21**	**Gesamt**	**Sit.**
Wahlberechtigte	635	650	707	1.095	424	580	3.966	275	720	30.052	
Abgegebene Stim.	207	220	213	222	98	134	1.352	91	64	7.571	
Wahlbeteiligg. (%)	32,6	33,8	30,1	20,3	24,3	23,1	34,1	32,4	10,1	25,2	
Ungült. / Enthalt.	0	14	6	6	4	5	56	5	4	239	
Listennr. / Wahl-	Sti.	Sti.	Sti.	Sti.	Sti.	Sti.	Sti.	Sti.	Sti.	Stimmen	
vorschlagsliste	%	%	%	%	%	%	%	%	%	%	
1 Peter B.	2	0	0	0	2	0	5	6	0	75	0
Bewegung	1,0	0,0	0,0	0,0	2,1	0,0	0,4	7,0	0,0	1,0	
2 Grün-Alternat.	32	32	25	61	18	38	182	14	20	1.230	4
Liste (GAL)	15,4	15,5	12,1	28,2	19,1	29,4	14,0	16,3	33,3	16,8	
3 Ring Christlich	45	33	76	25	17	10	403	20	5	1.658	5
Dem.S. (RCDS)	21,7	16,0	36,7	11,6	18,1	7,8	31,1	23,3	8,3	22,6	
4 Juso-Hoch-	32	19	12	19	10	16	110	11	7	1.028	3
schulgruppe	15,4	9,2	5,8	8,8	10,6	12,4	8,5	12,8	11,7	14,0	
5 MSB	6	2	4	7	7	7	63	4	6	396	1
Spartakus	2,9	1,0	1,9	3,2	7,4	5,4	4,9	4,7	10,0	5,4	
6 Undogmatische	32	16	3	61	15	36	281	6	9	1.581	5
Linke (UL)	15,4	7,8	1,4	28,2	16,0	27,9	21,7	7,0	15,0	21,6	
7 Unabh. Fb.Gr.	58	104	87	43	25	22	252	25	13	1.364	4
('Giraffen')	28,0	50,5	42,0	19,9	26,6	17,1	19,4	29,1	21,7	18,6	

A.1.21. Wahlergebnis vom 27.06.1985

Fachbereich	**1**	**2**	**3**	**4**	**5**	**6**	**7**	**8**	**9**	**10**	**11**	**12**
Wahlberechtigte	3.657	4.165	1.807	2.241	702	370	527	875	1.637	4.326	313	526
Abgegebene Stim.	891	1.166	432	319	128	118	86	173	196	662	43	170
Wahlbeteiligg. (%)	24,4	28,0	23,9	14,2	18,2	31,9	16,3	19,8	12,0	15,3	13,8	32,3
Ungült. / Enthalt.	11	12	6	10	1	3	0	6	8	9	1	3
Listennr. / Wahl-	Sti.	Sti.	Sti.	Sti.	Sti.	Sti.	Sti.	Sti.	Sti.	Sti.	Sti.	Sti.
vorschlagsliste	%	%	%	%	%	%	%	%	%	%	%	%
1 Grün Undogm.	37	18	19	19	6	4	2	13	15	31	1	5
Liste (GULi)	4,2	1,6	4,4	6,1	4,7	3,5	2,3	7,8	8,0	4,7	2,4	3,0
2 Juso-HSG	144	186	68	36	19	14	10	29	15	91	6	19
	16,4	16,1	16,0	11,7	15,0	12,2	11,6	17,4	8,0	13,9	14,3	11,4
3 Sozialistischer	26	29	16	28	3	2	0	3	3	15	3	3
Hschbd. (SHB)	3,0	2,5	3,8	9,1	2,4	1,7	0,0	1,8	1,6	2,3	7,1	1,8
4 RCDS	288	415	13	7	11	25	5	36	36	66	6	27
	32,7	36,0	3,1	2,3	8,7	21,7	5,8	21,6	19,1	10,1	14,3	16,2
5 UF	219	325	26	29	12	22	9	26	31	118	9	70
('Giraffen')	24,9	28,2	6,1	9,4	9,4	19,1	10,5	15,6	16,5	18,1	21,4	41,9
6 MSB	46	36	52	30	3	13	6	8	8	36	1	4
Spartakus	5,2	3,0	12,2	9,7	2,4	11,3	7,0	4,8	4,3	5,5	2,4	2,4
7 Sozialist.Hsch.	6	9	21	8	4	0	6	6	0	30	1	5
Initiative (SHI)	0,7	0,8	4,9	2,6	3,1	0,0	7,0	3,6	0,0	4,6	2,4	3,0
8 GAL	68	75	85	75	50	24	6	22	36	93	8	16
	7,7	6,5	20,0	24,3	39,4	20,9	7,0	13,2	19,1	14,2	19,0	9,6
9 UL	46	61	126	77	19	11	42	24	44	173	7	18
(Spontis)	5,2	5,3	29,6	24,9	15,0	9,6	48,8	14,4	23,4	26,5	16,7	10,8

Fachbereich	**13**	**14**	**15**	**16**	**17**	**18**	**19**	**20**	**21**	**Gesamt**	**Sit.**
Wahlberechtigte	647	737	785	1.150	414	558	4.007	434	729	30.607	
Abgegebene Stim.	224	249	303	238	81	142	1.003	134	41	6.799	
Wahlbeteiligg. (%)	34,6	33,8	38,6	20,7	19,6	25,4	25,0	30,9	5,6	22,2	
Ungült. / Enthalt.	6	9	18	8	2	6	26	8	1	154	
Listennr. / Wahl-	Sti.	Sti.	Sti.	Sti.	Sti.	Sti.	Sti.	Sti.	Sti.	Stimmen	
vorschlagsliste	%	%	%	%	%	%	%	%	%	%	
1 Grün Undogm.	14	6	4	11	3	5	37	2	2	254	1
Liste (GULi)	6,4	2,5	1,4	4,8	3,8	3,7	3,8	1,6	5,0	3,8	
2 Juso-HSG	30	11	15	30	12	14	67	20	3	839	3
	13,8	4,6	5,3	13,0	15,2	10,3	6,9	15,9	7,5	12,6	
3 Sozialistischer	3	4	1	7	2	26	14	0	1	189	0
Hschbd. (SHB)	1,4	1,7	0,4	3,0	2,5	19,1	1,4	0,0	2,5	2,8	
4 RCDS	39	29	79	16	15	8	271	21	8	1.421	5
	17,9	12,1	27,7	7,0	19,0	5,9	27,7	16,7	20,0	21,4	
5 UF	78	155	142	49	26	20	299	58	7	1.730	6
('Giraffen')	35,8	64,6	49,8	21,3	32,9	14,7	30,6	46,0	17,5	26,0	
6 MSB	6	2	4	7	4	7	51	4	2	330	1
Spartakus	2,8	0,8	1,4	3,0	5,1	5,1	5,2	3,2	5,0	5,0	
7 Sozialist.Hsch.	2	2	1	4	1	1	18	2	1	128	0
Initiative (SHI)	0,9	0,8	0,4	1,7	1,3	0,7	1,8	1,6	2,5	1,9	
8 GAL	25	21	31	65	11	24	105	16	10	866	3
	11,5	8,7	10,9	28,3	13,9	17,6	10,7	12,7	25,0	13,0	
9 UL	21	10	8	41	5	31	115	3	6	888	3
(Spontis)	9,6	4,2	2,8	17,8	6,3	22,8	11,8	2,4	15,0	13,4	

A.1.22. Wahlergebnis vom 20.06.1986

Fachbereich	**1**	**2**	**3**	**4**	**5**	**6**	**7**	**8**	**9**	**10**	**11**	**12**
Wahlberechtigte	3.511	4.357	1.702	2.170	684	307	507	837	1.805	4.358	358	490
Abgegebene Stim.	960	1.336	586	500	184	98	109	246	326	965	60	176
Wahlbeteiligg. (%)	27,3	30,7	34,4	23,0	26,9	31,9	21,5	29,4	18,1	22,1	16,8	35,1
Ungült. / Enthalt.	19	22	2	6	5	5	3	7	4	13	0	4
Listennr. / Wahl-	Sti.	Sti.	Sti.	Sti.	Sti.	Sti.	Sti.	Sti.	Sti.	Sti.	Sti.	Sti.
vorschlagsliste	%	%	%	%	%	%	%	%	%	%	%	%
1 Sozialistischer	26	23	14	13	5	5	2	8	11	18	2	3
Hschbd. (SHB)	2,8	1,8	2,4	2,6	2,8	5,4	1,9	3,3	3,4	1,9	3,3	1,7
2 Feministisch	63	50	91	101	31	20	11	35	54	137	7	7
Aut. Unifrauen	6,7	3,8	15,6	20,4	17,3	21,5	10,4	14,6	16,8	14,4	11,7	4,1
3 MSB	43	43	50	41	10	7	4	6	22	39	2	10
Spartakus	4,6	3,3	8,6	8,3	5,6	7,5	3,8	2,5	6,8	4,1	3,3	5,8
4 RCDS	292	478	20	13	13	17	6	42	50	81	8	28
	31,0	36,4	3,4	2,6	7,3	18,3	5,7	17,6	15,5	8,5	13,3	16,3
5 Grün Undogm.	51	42	20	48	16	5	5	14	33	69	4	7
Liste (GULi)	5,4	3,2	3,4	9,7	8,9	5,4	4,7	5,9	10,2	7,2	6,7	4,1
6 UF	215	355	43	29	13	14	6	39	39	119	8	61
('Giraffen')	22,8	27,0	7,4	5,9	7,3	15,1	5,7	16,3	12,1	12,5	13,3	35,5
7 Juso-Hoch-	135	180	76	61	36	14	10	32	28	79	8	25
schulgruppe	14,3	13,7	13,0	12,3	20,1	15,1	9,6	13,4	8,7	8,3	13,3	14,5
8 Linke Liste	116	143	270	188	55	11	62	63	85	410	21	31
(LiLi)	12,3	10,9	46,2	38,1	30,7	11,8	58,5	26,3	26,4	43,1	35,0	18,0

Fachbereich	**13**	**14**	**15**	**16**	**17**	**18**	**19**	**20**	**21**	**Gesamt**	**Sit.**
Wahlberechtigte	663	702	812	1.101	393	541	4.137	553	726	30.714	
Abgegebene Stim.	228	279	278	308	139	159	1.199	172	73	8.381	
Wahlbeteiligg. (%)	34,4	39,7	34,2	28,0	35,4	29,4	29,0	31,1	10,1	27,3	
Ungült. / Enthalt.	2	12	7	3	3	5	20	4	3	149	
Listennr. / Wahl-	Sti.	Sti.	Sti.	Sti.	Sti.	Sti.	Sti.	Sti.	Sti.	Stimmen	
vorschlagsliste	%	%	%	%	%	%	%	%	%	%	
1 Sozialistischer	1	2	1	5	3	26	11	1	1	181	0
Hschbd. (SHB)	0,4	0,7	0,4	1,5	2,2	16,9	0,9	0,6	1,4	2,2	
2 Feministisch	11	7	8	29	9	19	73	8	10	781	2
Aut. Unifrauen	4,9	2,6	3,0	9,5	6,6	12,3	6,2	4,8	14,3	9,5	
3 MSB	5	5	17	13	5	10	42	4	5	383	1
Spartakus	2,2	1,9	6,3	4,3	3,7	6,5	3,6	2,4	7,1	4,7	
4 RCDS	44	45	74	24	14	5	250	34	3	1.541	4
	19,5	16,9	27,3	7,9	10,3	3,2	21,2	20,2	4,3	18,7	
5 Grün Undogm.	14	7	6	20	15	9	78	10	12	485	1
Liste (GULi)	6,2	2,6	2,2	6,6	11,0	5,8	6,6	6,0	17,1	5,9	
6 UF	93	162	140	42	62	14	329	56	16	1.855	6
('Giraffen')	41,2	60,7	51,7	13,8	45,6	9,1	27,9	33,3	22,9	22,5	
7 Juso-Hoch-	27	12	8	26	10	19	64	19	3	872	2
schulgruppe	11,9	4,5	3,0	8,5	7,4	12,3	5,4	11,3	4,3	10,6	
8 Linke Liste	31	27	17	146	18	52	332	36	20	2.134	6
(LiLi)	13,7	10,1	6,3	47,9	13,2	33,8	28,2	21,4	28,6	25,9	

A.1.23. Wahlergebnis vom 24.06.1987

Stimmbezirk	I. Jura		II. WiWi		III. AfE/Ges.		IV. Philol.		V. Math/Ph.		VI. Nat.		VII. Medizin		Gesamt		
Wahlberechtigte	5.403		5.164		4.678		7.438		1.137		2.563		4.094		30.477		
abgegebene Stimmen / %	1.568	29,0	1.579	30,6	1.377	29,4	1.710	23,0	415	36,5	806	31,4	1.197	29,2	8.652	28,4	
Ungültige / Enthaltungen	51		26		65		46		5		25		21		239		
Listennummer / Wahlvorschlagsliste	Stimmen	%	Stimmen	%	Stimmen	%	Stimmen	%	Stimmen	%	Stimmen	%	Stimmen	%	Stimmen	%	Si.
1 RCDS	428	28,2	624	40,2	88	6,7	249	15,0	96	23,4	170	21,8	302	25,7	1.957	23,3	5
2 Uni 2000 (MSB / SHB)	122	8,0	85	5,5	175	13,3	143	8,6	25	6,1	26	3,3	43	3,7	619	7,4	1
3 Juso-HSG	238	15,7	208	13,4	181	13,8	195	11,7	66	16,1	61	7,8	107	9,1	1.056	12,6	3
4 Linke Liste (LiLi)	273	18,0	155	10,0	478	36,4	561	33,7	58	14,1	117	15,0	279	23,7	1.921	22,8	5
5 Fem.-Auton. Unifrauen	44	2,9	34	2,2	162	12,3	144	8,7	9	2,2	20	2,6	43	3,7	456	5,4	1
6 UF ('Giraffen')	363	23,9	405	26,1	116	8,8	269	16,2	143	34,9	360	46,1	379	32,2	2.035	24,2	6
7 Frauen u. 2.Bildungsweg	49	3,2	42	2,7	112	8,5	103	6,2	13	3,2	27	3,5	23	2,0	369	4,4	1

A.1.24. Wahlergebnis der StuPa-Wahl v.11.01.-02.02.1989

In der Nacht zum 22./23.12.1988 erfolgte der Diebstahl sämtlicher Wahlvorschlagslisten [vgl. dazu: Kap.19.24.1.].
Aufgrund nachfolgender Unmöglichkeit sicherer Rekonstruktion dieser Listen wurde die laufende Wahl des Studentenparlaments anschließend (rechtswidrig) durch den studentischen Wahlausschuß abgebrochen [vgl. dazu: Kap.19.24.2.].
Somit konnte das Ergebnis dieser StuPa-Wahl nicht, wie vorgesehen am 2.2.1989, ausgezählt werden.
Die fällige Nachwahl fand im darauffolgenden Sommersemester 1989 statt [zum Ergebnis dieser Nachwahl: A.1.25.].

A.1.25. Wahlergebnis vom 03.06.1989

Fachbereich	1	2	3	4	5	6A	6B	7	8	9	10	11
Wahlberechtigte	3.518	5.131	1.673	2.117	719	224	68	554	821	2.042	4.435	397
Abgegebene Stim.	963	1.271	545	489	169	91	26	132	218	397	932	91
Wahlbeteiligg. (%)	27,4	24,8	32,6	23,1	23,5	40,6	38,2	23,8	26,6	19,4	21,0	22,9
Ungült. / Enthalt.	11	8	4	10	2	2	2	5	7	6	14	5
Listennr. / Wahl-	Sti.	Sti.	Sti.	Sti.	Sti.	Sti.	Sti.	Sti.	Sti.	Sti.	Sti.	Sti.
vorschlagsliste	%	%	%	%	%	%	%	%	%	%	%	%
1 UNI 2000	43	90	29	38	8	20	0	4	7	16	46	3
(MSB / SHB)	4,5	7,1	5,4	7,9	4,8	22,5	0,0	3,1	2,4	4,1	5,0	3,5
2 Juso-Hoch-	255	199	74	51	29	13	9	14	28	102	118	9
schulgruppe	26,8	15,8	13,7	10,6	17,4	14,6	37,5	11,0	13,3	26,1	12,9	10,5
3 UF	167	226	12	20	12	1	2	6	14	26	66	10
('Giraffen')	17,5	17,9	2,2	4,2	7,2	1,1	8,3	4,7	6,6	6,6	7,2	11,6
4 RCDS	238	488	19	20	8	13	7	4	34	40	58	10
	25,0	38,6	3,5	4,2	4,8	14,6	19,2	3,1	16,1	10,2	6,3	11,6
5 Radikaldemokr.	7	7	9	5	3	1	1	1	3	2	17	1
Stud.Gr. (RSG)	0,7	0,6	1,7	1,0	1,8	1,1	4,2	0,8	1,4	0,5	1,9	1,2
6 Die Grünen	140	127	83	119	51	23	2	18	51	86	199	20
an der Uni	14,7	10,1	15,3	24,8	30,5	25,8	8,3	14,2	24,2	22,0	21,7	23,3
7 Feministisch	25	12	61	83	22	11	2	8	11	25	68	4
Aut. Unifrauen	2,6	1,0	11,3	17,3	13,2	12,4	8,3	6,3	5,2	6,4	7,4	4,7
8 Linke Liste /	107	114	254	143	34	7	1	72	63	94	346	29
Undogm. Linke	11,2	9,0	47,0	29,9	20,4	7,9	4,2	56,7	29,9	24,0	37,7	33,7

Fachbereich	12	13	14	15	16	17	18	19	20	21	Ges.	Si.
Wahlberechtigte	528	747	687	804	1.165	358	528	4.295	854	650	32.315	
Abgegebene Stim.	154	196	258	258	250	76	135	1.023	187	52	7.913	
Wahlbeteiligg. (%)	29,2	26,2	37,6	32,1	21,5	21,2	25,6	23,8	21,9	8,0	24,5	
Ungült. / Enthalt.	4	2	7	14	8	4	3	21	11	0	150	
Listennr. / Wahl-	Sti.	Sti.	Sti.	Sti.	Sti.	Sti.	Sti.	Sti.	Sti.	Sti.	Stimm.	
vorschlagsliste	%	%	%	%	%	%	%	%	%	%	%	
1 UNI 2000	7	7	6	9	9	1	6	29	13	6	397	1
(MSB / SHB)	4,7	3,6	2,4	3,7	3,7	1,4	4,5	2,9	7,4	11,5	5,1	
2 Juso-Hoch-	28	35	25	28	27	7	15	122	31	11	1.200	4
schulgruppe	18,7	18,0	10,0	11,5	11,2	9,7	11,4	12,2	17,6	20,8	15,5	
3 UF	33	45	148	79	34	22	14	174	32	3	1.146	3
('Giraffen')	22,0	23,2	59,0	32,4	14,0	30,6	10,6	17,4	18,2	5,8	14,8	
4 RCDS	15	34	29	74	11	9	11	225	35	3	1.385	4
	10,0	17,5	11,6	30,3	4,5	12,5	8,3	22,5	19,9	5,8	17,8	
5 Radikaldemokr.	17	3	2	5	2	0	1	7	4	2	100	0
Stud.Gr. (RSG)	11,3	1,5	0,8	2,0	0,8	0,0	0,8	0,7	2,3	3,8	1,3	
6 Die Grünen	20	36	22	33	71	16	29	198	35	18	1.397	4
an der Uni	13,3	18,6	8,8	13,5	29,3	22,2	22,0	19,8	19,9	34,6	18,0	
7 Feministisch	7	5	6	5	11	4	14	29	5	2	420	1
Aut. Unifrauen	4,7	2,6	2,4	2,0	4,5	5,6	10,6	2,9	8,5	3,8	5,4	
8 Linke Liste /	23	29	13	11	77	13	42	218	21	7	1.718	5
Undogm. Linke	15,3	14,9	5,2	4,5	31,8	18,1	31,8	21,8	11,9	13,5	22,1	

JOHANN WOLFGANG GOETHE-UNIVERSITÄT FRANKFURT

STIMMZETTEL

für die Wahlen zum

STUDENTENPARLAMENT und FACHSCHAFTSRAT

Fachbereich **03**

Du hast eine Stimme zur Wahl des Studentenparlamentes und eine zur Wahl des Fachschaftsrates

1. STUDENTENPARLAMENT

Die zu wählenden Vertreter zum Studentenparlament werden unmittelbar und geheim nach den Grundsätzen der Verhältniswahl gewählt. Du hast für diese Wahl eine Stimme. Gib Deine Stimme durch ein in einen Kreis gesetztes Kreuz ab. Stimmzettel, auf denen mehr als ein Wahlvorschlag angekreuzt ist oder die Zusätze enthalten, sind ungültig.

Naturwissenschaftliche Liste

1. Carsten Löw (20)
2. Teja Müller (19)
3. Michael Breukel (20)
4.
5.
6.

Radikaldemokratische Studentengruppe (RSG)

1. Kerstin Schuster (10)
2. Jürgen Bast (03)
3. Julia Ostrowicki (08)
4. Matthias Brandl (12)
5. Ruth Hofmann (03)
6. Oliver Brücher (03)

Die GRÜNEN an der Uni

1. Rahul Das Gupta (01)
2. Claudius Schröder (01)
3. Angelika Gimbel (10)
4. Andreas Rogal (10)
5. Christian Gasche (01)
6. Sebastian Popp (03)

Liste UNI 2000, MSB, SHB und Unorganisierte

1. Manfred Schaub (03)
2. Silvia Schwarzkopf (02)
3. Florian Bergmann (02)
4. Petra Weber (04)
5. Dirk Johanns (10)
6. Eva Peuser (04)

JUSO HOCHSCHULGRUPPE

1. Holger von Berg (02)
2. Sigrun Kunkel (09)
3. Ulf Baier (01)
4. Elvan Tekindor (10)
5. Klaus Wiegand (19)
6. Andrea Ypsilanti (03)

Ring Christlich Demokratischer Studenten - RCDS

1. Rüdiger Jacobs (07)
2. Jan König (02)
3. Mark Oesau (02)
4. Cornelia Alsheimer (02)
5. Karsten Ratzke (02)
6. Marcus Kieper (01)

LINKE LISTE / UNDOGMATISCHE LINKE

1. Constanze Mörsdorf (02)
2. Gesine Brackert (01)
3. Stefan Gandler (07)
4. Markus Werner (07)
5. Andrea Antolič (19)
6. Thomas Sablowski (03)

Feministisch Autonome Unifrauen

1. Susanne Ludwig (03)
2. Renate Rettich (03)
3. Katrin Wagner (03)
4. Gerlinde Brück (04)
5. Carla Bauernfeind (03)
6.

UNABHÄNGIGE Fachbereichsgruppen (Giraffen)

1. Silvia Ohde (14)
2. Christ. Hofmeister (02)
3. Sabine Monz (14)
4. Thomas Ilkenhans (15)
5. Isabel Clemens (01)
6. Isaak Topalidis (19)

2. FACHSCHAFTSRAT

Die zu wählenden Vertreter zum Fachschaftsrat werden unmittelbar und geheim nach den Grundsätzen der Verhältniswahl gewählt.
Du hast für diese Wahl eine Stimme. Gib Deine Stimme durch ein in einen Kreis gesetztes Kreuz ab. Stimmzettel, auf denen mehr als ein Wahlvorschlag angekreuzt ist oder die Zusätze enthalten, sind ungültig.

MSB-Spartakus

1. Manfred Schaub
2. Gerhard Moch
3. Steffan Klaus
4.
5.
6.

Autonome Basisgruppe

1. Thomas Sablowski
2. Susanne Heeg
3. Christoph Pilgrim
4. Isolde Ludwig
5. Jakob Sturm
6. Andrea Keßler

JUNGSOZIALISTINNEN

1. Iso Himmelsbach
2. Andrea Ypsilanti
3. Cornelia Morgenstern
4. Klaus-Dieter Stork
5. Frank Kohlenberger
6. Thomas Obeth

UNABHÄNGIGE Fachschaftsinitiative FB 03

1. Ladislaus Vida
2.
3.
4.
5.
6.

Die Briefwahl-Unterlagen müssen bis spätestens 25.Januar 1989 um 17.00 Uhr im Uni-Wahlamt eingegangen sein!

Abb.33: Amtlicher Stimmzettel der (abgebrochenen) StuPa-Wahl (und FSR-Wahl FB 03) v.11.01.-02.02.1989

JOHANN WOLFGANG GOETHE-UNIVERSITÄT FRANKFURT

STIMMZETTEL

für die Wahlen zum

STUDENTENPARLAMENT und FACHSCHAFTSRAT

03

Du hast jeweils eine Stimme zur Wahl des Studentenparlaments und zur Wahl des Fachschaftsrats

1. STUDENTENPARLAMENT

Die zu wählenden Vertreter zum Studentenparlament werden unmittelbar und geheim nach den Grundsätzen der Verhältniswahl gewählt. Du hast für diese Wahl eine Stimme. Gib Deine Stimme durch ein in einen Kreis gesetztes Kreuz ab. Stimmzettel, auf denen mehr als ein Wahlvorschlag angekreuzt ist, oder die Zusätze enthalten, sind ungültig.

○ UNI 2000, MSB, SHB und Unorganisierte
1. Bergmann, Florian (02)
2. Schmucker, Heidi (02)
3. Schaub, Manfred (03)
4. Peuser, Eva (04)
5. Dietrich, Reiner (06a)
6. Schmidt, Simone (02)

○ Juso-Hochschulgruppe
1. Kunkel, Sigrun (09)
2. v. Berg, Holger (02)
3. Tekindor, Elvan (10)
4. Baier, Ulf (01)
5. Ypsilanti, Andrea (03)
6. Hirschler, Joachim (14)

○ UNABHÄNGIGE Fachbereichsgruppen (Giraffen)
1. Ohde, Silvia (14)
2. Corino, Carsten (01)
3. Böhm, Gisela (10)
4. Laube, Oliver (02)
5. v.Diepenbroek, Christine(19)
6. Hess, Kai-Uwe (17)

○ RCDS (Ring Christl. Demokrat. Studenten)
1. Ratzke, Karsten (02)
2. Alsheimer, Cornelia (02)
3. Jacobs, Rüdiger (07)
4. Heil, Gerda (01)
5. Oesau, Marc (02)
6. König, Jan (02)

○ Radikaldemokratische Studentengruppe (RSG)
1. Schuster, Kerstin (10)
2. Bast, Jürgen (03)
3. Braukmann, Stephanie(03)
4. Brandl, Matthias (12)
5. Hofmann, Ruth (03)
6. Lenhard, Johannes (12)

○ Die GRÜNEN an der UNI
1. Das Gupta, Rahul (01)
2. Gimbel, Angelika (10)
3. Seidl, Jörg (03)
4. Sievert, Jürgen (06a)
5. Gasche, Christian (01)
6. Röttger, Ulrike (19)

○ Feministisch Autonome Uni-Frauen
1. Max, Eva M. (04)
2. Hammen, Karin (04)
3. Rettich, Renate (03)

○ LINKE LISTE / Undogmatische Linke
1. Mörsdorf, Konstanze (02)
2. Brackert, Gesine (01)
3. Werner, Markus (07)
4. Sablowski, Thomas (03)
5. Schleicher, Regina (10)
6. Bauer, Harry (03)

2. FACHSCHAFTSRAT

Die zu wählenden Vertreter zum Fachschaftsrat werden unmittelbar und geheim nach den Grundsätzen der Verhältniswahl gewählt. Du hast für diese Wahl eine Stimme. Gib Deine Stimme durch ein in einen Kreis gesetztes Kreuz ab. Stimmzettel, auf denen mehr als ein Wahlvorschlag angekreuzt ist, oder die Zusätze enthalten, sind ungültig.

Radikaldemokratische Studentengruppe (RSG) ○
1. Braukmann, Stephanie
2. Brüchert, Oliver
3. Hofmann, Ruth
4. Bast, Jürgen

Jusos ○
1. Ypsilanti, Andrea
2. Himmelsbach, Iso
3. Morgenstern, Cornelia
4. Stork, Klaus Dieter
5. Obeth, Thomas

Autonome Basisgruppe ○
1. Sablowski, Thomas
2. Heeg, Susanne
3. Ludwig, Isolde
4. Herrmann, Uli
5. Hoffmann, Anke
6. Schumacher, Falko

UNABHÄNGIGE Fachschaftsinitiative FB 03 ○
1. Vida, Ladislaus

Die Briefwahlunterlagen müssen bis spätestens 24.Mai 1989 um 17.00 Uhr im Uni - Wahlamt eingegangen sein.

Abb.34: Amtlicher Stimmzettel der StuPa-(Nach-)Wahl (und FSR-Wahl FB 03) v.17.05.-02.06.1989

A.1.26. Wahlergebnis vom 08.02.1990

Fachbereich	1	2	3	4	5	6A	6B	7	8	9	10	11
Wahlberechtigte	3.810	5.376	1.821	2.307	726	224	79	588	856	2.118	4.703	428
Abgegebene Stim.	951	1.593	532	415	153	85	34	139	221	333	925	75
Wahlbeteiligg. (%)	25,0	29,6	29,2	18,0	21,1	37,9	43,0	23,6	25,8	15,7	19,7	17,5
Ungült. / Enthalt.	6	14	1	10	1	0	0	4	5	9	10	7
Listennr. / Wahl-	Sti.	Sti.	Sti.	Sti.	Sti.	Sti.	Sti.	Sti.	Sti.	Sti.	Sti.	Sti.
vorschlagsliste	%	%	%	%	%	%	%	%	%	%	%	%
1 Feministisch	29	28	89	64	19	10	0	5	11	30	88	5
Aut. Unifrauen	3,1	1,8	16,8	15,8	12,5	11,8	0,0	3,7	5,1	9,3	9,6	7,4
2 Alternative	13	8	18	4	3	0	1	9	4	5	24	0
Liste (RSG)	1,4	0,5	3,4	1,0	2,0	0,0	2,9	6,7	1,9	1,5	2,6	0,0
3 Juso-Hoch-	188	166	63	41	14	10	4	10	34	71	133	9
schulgruppe	19,9	10,5	11,9	10,1	9,2	11,8	11,8	7,4	15,7	21,9	14,5	13,2
4 Öko.Demokrat.	26	72	11	13	5	3	6	4	12	6	19	5
Stud. (ÖDS)	2,8	4,6	2,1	3,2	3,3	3,5	17,6	3,0	5,6	1,9	2,1	7,4
5 Linke Liste /	86	76	205	118	30	3	2	64	50	78	286	15
Undogm. Linke	9,1	4,8	38,6	29,1	19,7	3,5	5,9	47,4	23,1	24,1	31,3	22,1
6 UNI 2000	24	70	21	17	5	16	0	5	12	6	42	1
(MSB / SHB)	2,5	4,4	4,0	4,2	3,3	18,8	0,0	3,7	5,6	1,9	4,6	1,5
7 RCDS	242	586	19	22	7	11	8	8	32	33	48	10
	25,6	37,1	3,6	5,4	4,6	12,9	23,5	5,9	14,8	10,2	5,2	14,7
8 Lebend.Alt.List.	4	6	6	10	2	10	2	1	5	11	15	2
Links (LALL)	0,4	0,4	1,1	2,5	1,3	11,8	5,9	0,7	2,3	3,4	1,6	2,9
9 UF	137	149	8	18	10	0	6	9	13	10	61	6
('Giraffen')	14,5	9,4	1,5	4,4	6,6	0,0	17,6	6,7	6,0	3,1	6,7	8,8
10 Liberale Stud.	80	304	15	7	2	3	1	2	9	11	38	5
Frankf. (L.S.F.)	8,5	19,3	2,8	1,7	1,3	3,5	2,9	1,5	4,2	3,4	4,2	7,4
11 Die Grünen	116	114	76	91	55	19	4	18	34	63	161	10
an der Uni	12,3	7,2	14,3	22,5	36,2	22,4	11,8	13,3	15,7	19,4	17,6	14,7

Fachbereich	12	13	14	15	16	17	18	19	20	21	Ges.	Si.
Wahlberechtigte	570	812	735	812	1.295	389	567	4.325	991	704	34.236	
Abgegebene Stim.	176	260	252	214	265	88	118	993	239	57	8.118	
Wahlbeteiligg. (%)	30,9	32,0	34,3	26,4	20,5	22,6	20,8	23,0	24,1	8,1	23,7	
Ungült. / Enthalt.	4	2	8	10	6	3	7	14	8	2	131	
Listennr. / Wahl-	Sti.	Sti.	Sti.	Sti.	Sti.	Sti.	Sti.	Sti.	Sti.	Sti.	Stimm.	
vorschlagsliste	%	%	%	%	%	%	%	%	%	%	%	
1 Feministisch	8	3	3	0	13	4	6	27	10	2	454	1
Aut. Unifrauen	4,7	1,2	1,2	0,0	5,0	4,7	5,4	2,8	4,3	3,6	5,7	
2 Alternative	12	8	4	0	3	0	2	10	5	1	134	0
Liste (RSG)	7,0	3,1	1,6	0,0	1,2	0,0	1,8	1,0	2,2	1,8	1,7	
3 Juso-Hoch-	25	42	21	16	23	10	17	99	34	7	1.037	3
schulgruppe	14,5	16,3	8,6	7,8	8,9	11,8	15,3	10,1	14,7	12,7	13,0	
4 Öko.Demokrat.	11	17	5	7	14	3	9	31	7	3	289	0
Stud. (ÖDS)	6,4	6,6	2,0	3,4	5,4	3,5	8,1	3,2	3,0	5,5	3,6	
5 Linke Liste /	17	18	9	8	75	10	28	258	23	10	1.469	5
Undogm. Linke	9,9	7,0	3,7	3,9	29,0	11,8	25,2	26,4	10,0	18,2	18,4	
6 UNI 2000	4	9	2	3	12	1	6	9	9	1	275	0
(MSB / SHB)	2,3	3,5	0,8	1,5	4,6	1,2	5,4	0,9	3,9	1,8	3,4	
7 RCDS	20	47	28	60	11	11	10	241	54	4	1.512	5
	11,6	18,2	11,5	29,4	4,2	12,9	9,0	24,6	23,4	7,3	18,9	
8 Lebend.Alt.List.	2	2	3	2	5	2	3	11	1	1	106	0
Links (LALL)	1,2	0,8	1,2	1,0	1,9	2,4	2,7	1,1	0,4	1,8	1,3	
9 UF	36	49	146	73	27	17	7	113	31	4	930	3
('Giraffen')	20,9	19,0	59,8	35,8	10,4	20,0	6,3	11,5	13,4	7,3	11,6	
10 Liberale Stud.	11	26	6	15	11	6	4	53	28	3	640	2
Frankf. (L.S.F.)	6,4	10,1	2,5	7,4	4,2	7,1	3,6	5,4	12,1	5,5	8,0	
11 Die Grünen	26	37	17	20	65	21	19	127	29	19	1.141	3
an der Uni	15,1	14,3	7,0	9,8	25,1	24,7	17,1	13,0	12,6	34,5	14,3	

A.1.27. Wahlergebnis vom 31.01.1991

Fachbereich	1	2	3	4	5	6A	6B	7	8	9	10	11
Wahlberechtigte	3.920	5.835	1.992	2.451	720	249	104	639	896	2.096	5.032	410
Abgegebene Stim.	982	1.513	627	506	163	91	42	138	245	380	935	74
Wahlbeteiligg. (%)	25,1	25,9	31,5	20,6	22,6	36,5	40,4	21,6	27,3	18,1	18,6	18,0
Ungült. / Enthalt.	4	15	5	10	3	2	2	5	6	10	10	3
Listennr. / Wahl-	Sti.	Sti.	Sti.	Sti.	Sti.	Sti.	Sti.	Sti.	Sti.	Sti.	Sti.	Sti.
vorschlagsliste	%	%	%	%	%	%	%	%	%	%	%	%
1 STASI	13	18	3	10	1	2	0	1	3	4	19	0
(Stud.Aktionsf.)	1,3	1,2	0,5	2,0	0,6	2,2	0,0	0,8	1,3	1,1	2,1	0,0
2 UF	126	145	7	25	15	7	2	8	16	20	62	10
('Giraffen')	12,9	9,7	1,1	5,0	9,4	7,9	5,0	6,0	6,7	5,4	6,7	14,1
3 Linke Liste /	73	76	247	121	24	9	2	61	47	85	246	12
Undogm. Linke	7,5	5,1	39,7	24,4	15,0	10,1	5,0	45,9	19,7	22,9	26,6	16,9
4 RCDS	261	603	25	20	8	13	11	10	40	35	78	10
	26,7	40,3	4,0	4,0	5,0	14,6	27,5	7,5	16,7	9,5	8,4	14,1
5 Liberale Stud.	104	248	24	9	4	4	1	2	14	12	31	2
Frankf. (L.S.F.)	10,6	16,6	3,9	1,8	2,5	4,5	2,5	1,5	5,9	3,2	3,4	2,8
6 Juso-Hoch-	225	168	76	60	18	15	5	13	35	69	131	12
schulgruppe	23,0	11,2	12,2	12,1	11,2	16,9	12,5	9,8	14,6	18,6	14,2	16,9
7 Öko.Demokrat.	17	55	10	21	2	4	11	4	8	14	21	2
Stud. (ÖDS)	1,7	3,7	1,6	4,2	1,2	4,5	27,5	3,0	3,3	3,8	2,3	2,8
8 Graue Panther	25	27	25	9	4	2	3	5	12	15	33	2
Langzeitstud.	2,6	1,8	4,0	1,8	2,5	2,2	3,7	3,8	5,0	4,1	3,6	2,8
9 Die Grünen	106	129	103	136	66	20	4	15	50	80	203	18
an der Uni	10,8	8,6	16,6	27,4	41,2	22,5	10,0	11,3	20,9	21,6	21,9	25,4
10 Feministisch	24	24	97	79	17	13	1	12	11	35	97	3
Aut. Unifrauen	2,5	1,6	15,6	15,9	10,6	14,6	2,5	9,0	4,6	9,5	10,5	4,2
11 Roman	4	5	6	6	1	0	0	2	3	1	4	0
Geszchlecht	0,4	0,3	1,0	1,2	0,6	0,0	0,0	1,5	1,3	0,3	0,4	0,0

Fachbereich	12	13	14	15	16	17	18	19	20	21	Ges.	Si.
Wahlberechtigte	644	832	814	851	1.335	410	575	4.338	1.038	797	35.978	22
Abgegebene Stim.	199	259	324	239	334	94	144	1.125	251	86	8.751	
Wahlbeteiligg. (%)	30,9	31,1	39,8	28,1	25,0	22,9	25,0	25,9	24,2	10,8	24,3	
Ungült. / Enthalt.	3	6	7	5	10	2	3	12	10	4	137	
Listennr. / Wahl-	Sti.	Sti.	Sti.	Sti.	Sti.	Sti.	Sti.	Sti.	Sti.	Sti.	Stimm.	
vorschlagsliste	%	%	%	%	%	%	%	%	%	%	%	
1 STASI	2	6	1	4	10	5	4	7	2	1	116	0
(Stud.Aktionsf.)	1,0	2,4	0,3	1,7	4,5	5,4	2,8	0,6	0,8	1,2	1,3	
2 UF	39	59	204	60	33	23	6	103	28	7	1.005	3
('Giraffen')	19,9	23,3	64,4	25,6	14,7	25,0	4,3	9,3	11,6	8,5	11,7	
3 Linke Liste /	18	20	12	12	88	13	34	290	27	11	1.528	4
Undogm. Linke	9,2	7,9	3,8	5,1	39,3	14,1	24,1	26,1	11,2	13,4	17,7	
4 RCDS	25	43	37	72	20	11	9	287	61	9	1.687	5
	12,8	17,0	11,7	30,8	8,9	12,0	6,4	25,8	25,3	11,0	19,6	
5 Liberale Stud.	13	15	5	27	17	0	2	93	23	7	657	2
Frankf. (L.S.F.)	6,6	5,9	1,6	11,5	7,6	0,0	1,4	8,4	9,5	8,5	7,6	
6 Juso-Hoch-	31	46	25	22	36	8	24	107	37	12	1.174	3
schulgruppe	15,8	18,2	7,9	9,4	16,1	8,7	17,0	9,6	15,4	14,6	13,6	
7 Öko.Demokrat.	14	9	8	4	18	5	13	28	4	3	275	0
Stud. (ÖDS)	7,1	3,6	2,5	1,7	8,0	5,4	9,2	2,5	1,7	3,7	3,2	
8 Graue Panther	9	7	4	6	4	7	2	21	8	2	232	0
Langzeitstud.	4,6	2,8	1,3	2,6	1,8	7,6	1,4	1,9	3,3	2,4	2,7	
9 Die Grünen	36	43	17	27	77	14	38	144	44	27	1.397	4
an der Uni	18,4	17,0	5,4	11,5	34,4	15,2	27,0	12,9	18,3	32,9	16,2	
10 Feministisch	8	5	5	0	17	5	9	32	6	2	502	1
Aut. Unifrauen	4,1	2,0	1,6	0,0	7,6	5,4	6,4	2,9	2,5	2,4	5,8	
11 Roman	1	0	0	0	4	1	0	1	1	1	41	0
Geszchlecht	0,5	0,0	0,0	0,0	1,8	1,1	0,0	0,1	0,4	1,2	0,5	

JOHANN WOLFGANG GOETHE-UNIVERSITÄT FRANKFURT

STIMMZETTEL

für die Wahlen zum

STUDENTENPARLAMENT und FACHSCHAFTSRAT

(02)

Du hast jeweils eine Stimme zur Wahl des Studentenparlaments und zur Wahl des Fachschaftsrats

1. STUDENTENPARLAMENT

Die zu wählenden Vertreter zum Studentenparlament werden unmittelbar und geheim nach den Grundsätzen der Verhältniswahl gewählt.
Du hast für diese Wahl eine Stimme. Gib Deine Stimme durch ein in einen Kreis gesetztes Kreuz ab. Stimmzettel, auf denen mehr als ein Wahlvorschlag angekreuzt ist, oder die Zusätze enthalten, sind ungültig.

Studentisches Aktionsforum für soziale Initiative (STASI)

1. Stefan Beck	04	4. G. Oelschläger	01
2. Kathrin Klinker	16	5. T. Bühring	10
3. Markus Halbe	18		

UNABHÄNGIGE Fachbereichsgruppen (Giraffen)

1. Sabine Monz	14	4. J. Keller	03
2. Michael Wolf	16	5. Vark Helfritz	01
3. Angelika Matzke	08	6. Klaus Kahlig	02

Undogmatische Linke/Linke Liste

1. Regina Seibel	03	4. Markus Werner	07
2. Andreas Wittek	07	5. Andrea Antolic	19
3. Jan Kuhlbrodt	07	6. Achim Lotz	16

Ring Christlich Demokratischer Studenten (RCDS)

1. Dominique Mayer	19	4. W. Schulz	20
2. Robert Huber	01	5. K. Ratzke	02
3. G. v.d.Schulenburg	02	6. Marc Oesau	02

L.S.F.- Liberale Studenten Ffm.

1. Christian Hofmeister	02	4. O. Stirböck	02
2. Kai Götte	19	5. Julia Kappel	01
3. Julia Shtuzin	03	6. T. Heyden	02

Juso-Hochschulgruppe

1. Kristin Alheit	01	4. Stefan Besser	09
2. Ulf Baier	01	5. K. Schipke	03
3. Cornelia Morgenstern	03	6. Lars Langenau	06a

Ökologisch-Demokratische Studenten (ÖDS)

1. Christian Dörfler	18	4. K. Schlegelmilch	02
2. Gregor Taistra	02	5. Thomas Lotz	06a
3. Ralf Götz	14		

Graue Panther/Langzeitstudenten

1. Jan König	02	4. Laslo Vida	03
2. Anita Fornoff	03	5. Karl Kraus	02
3. Martin Breimann	01		

Die GRÜNEN an der Uni

1. Angelika Gimbel	10	4. O. Brüchert	03
2. Rahul Das Gupta	01	5. Jürgen Bast	03
3. Christian Gasche	01	6. M. Schaub	03

FEMINISTISCH AUTONOME UNIFRAUEN

1. Karin Hammen	04	4. Bettina Keil	04
2. Bettina Robrecht	01	5. Kirsten Kötter	09
3. Eva Max	04		

ROMAN GESZCHLECHT HAT RECHT (RGHR)"

1. Marco Gottwalts	03
2. Axel Rössler	16
3. Frank Schössler	01

2. FACHSCHAFTSRAT

Die zu wählenden Vertreter zum Fachschaftsrat werden unmittelbar und geheim nach den Grundsätzen der Verhältniswahl gewählt.
Du hast für diese Wahl eine Stimme. Gib Deine Stimme durch ein in einen Kreis gesetztes Kreuz ab. Stimmzettel, auf denen mehr als ein Wahlvorschlag angekreuzt ist, oder die Zusätze enthalten, sind ungültig.

Fachbereich 02

WiWi - Plenum

1.Sabine Kunz
2.Andreas Mathes
3.Sylvia Berger
4.Florian Bergmann
5.Simone Schmidt
6.Heini Staub

Jusos in der SPD

1. Frank Kohlenberger
2. Ernst Roland Beier
3. Markus Schmidt
4. Holger von Berg

UNABHÄNGIGE Fachbereichsgruppe WiWi (Giraffen)

1. Klaus Kahlig
2. Oliver Laube

Liberale Studenten am FB 02 - L.S.F. WiWi

1. Joachim Müller
2. Oliver Stirböck
3. Corinna Patzak
4.Christoph Gärtner
5. Rainer Behrend
6. Egbert Prior

Ring Christlich Demokratischer Studenten (RCDS)

1. Günther Graf v. d. Schulenburg
2. Karsten Ratzke
3. Stefan Schmitt
4. Andrea Zahradnik
5. Marc Oesau
6. Stefan Zahradnik

Christlich Liberale Studenteninitiative (C.L.S.I.)

1. Peter Konrad
2. Jürgen Kolb
3. Holger-Jens Hoffmann
4. Rüdiger Dürr
5. Stefan Mitter

Abb.35: Amtlicher Stimmzettel der StuPa-Wahl und der FSR-Wahl FB 02 v.10.01.-30.01.1991

A.1.28. Wahlergebnis vom 06.02.1992

Fachbereich	1	2	3	4	5	6A	6B	7	8	9	10	11
Wahlberechtigte	4.276	5.807	2.168	2.632	719	252	122	632	925	2.023	5.043	390
Abgegebene Stim.	946	1.340	577	450	161	97	45	123	221	264	717	63
Wahlbeteiligg. (%)	22,1	23,1	26,6	17,1	22,4	38,5	36,9	19,5	23,9	13,0	14,2	16,2
Ungültige / Enthalt.	12	14	9	17	9	5	3	5	9	1	16	2
Listennr. / Wahl-	Sti.	Sti.	Sti.	Sti.	Sti.	Sti.	Sti.	Sti.	Sti.	Sti.	Sti.	Sti.
vorschlagsliste	%	%	%	%	%	%	%	%	%	%	%	%
1 Linke Liste /	70	63	208	111	28	8	0	61	38	66	179	17
Undogm. Linke	7,5	4,8	36,6	25,6	18,4	8,9	0,0	51,7	17,9	25,1	25,5	27,9
2 Feministisch	27	22	83	89	21	18	3	13	13	44	84	3
Aut. Unifrauen	2,9	1,7	14,6	20,6	13,8	19,6	7,1	11,0	6,1	16,7	12,0	4,9
3 UF	204	168	29	35	11	5	8	6	35	24	70	9
('Giraffen')	21,8	12,7	5,1	8,1	7,2	5,4	19,0	5,1	16,5	9,1	10,0	14,8
4 Blaise Pascal	3	2	7	1	1	0	0	2	2	2	3	0
	0,3	0,6	1,2	0,2	0,7	0,0	0,0	1,7	0,9	0,8	0,4	0,0
5 RCDS	250	574	40	26	9	12	9	9	37	27	76	7
	26,8	43,3	7,0	6,0	5,9	13,0	21,4	7,6	17,5	10,3	10,8	11,5
6 Heilige Grüne	10	16	2	0	0	1	2	1	0	0	4	1
Studenten Partei	1,1	1,2	0,4	0,0	0,0	1,1	4,8	0,8	0,0	0,0	0,6	1,6
7 Die Grünen	93	100	68	87	48	22	1	11	30	42	126	9
an der Uni	10,0	7,5	12,0	20,1	31,6	23,9	2,4	9,3	14,2	16,0	18,0	14,8
8 Graue Panther	25	36	10	6	3	2	2	1	7	7	16	3
Langzeitstud.	2,7	2,7	1,8	1,4	2,0	2,2	4,8	0,8	3,3	2,7	2,3	4,9
9 Roman	11	7	8	5	1	0	0	0	3	3	11	0
Geszchlecht h.R.	1,2	0,5	1,4	1,2	0,7	0,0	0,0	0,0	1,4	1,1	1,6	0,0
10 Juso-Hoch-	182	147	101	53	22	15	2	9	32	29	89	6
schulgruppe	19,5	11,1	17,8	12,2	14,5	16,3	4,8	7,6	15,1	11,0	12,7	9,8
11 Öko.Demokrat.	23	81	10	20	8	9	15	3	13	17	38	4
Stud. (ÖDS)	2,5	6,1	1,8	4,6	5,3	9,8	35,7	2,5	6,1	6,5	5,4	6,6
12 L.S.F. (Liberale	36	110	2	0	0	0	0	2	2	2	5	2
Studenten Frankf.)	3,9	8,3	0,4	0,0	0,0	0,0	0,0	1,7	0,9	0,8	0,7	3,3

Fachbereich	12	13	14	15	16	17	18	19	20	21	Ges.	Si.
Wahlberechtigte	686	859	806	879	1.329	429	607	4.198	1.051	819	36.652	22
Abgegebene Stim.	177	243	287	237	255	75	124	971	241	91	7.705	
Wahlbeteiligg. (%)	25,8	28,3	35,6	27,0	19,2	17,5	20,4	23,1	22,9	11,1	21,0	
Ungültige / Enthalt.	7	5	6	11	4	6	5	25	15	8	194	
Listennr. / Wahl-	Sti.	Sti.	Sti.	Sti.	Sti.	Sti.	Sti.	Sti.	Sti.	Sti.	Stimm.	
vorschlagsliste	%	%	%	%	%	%	%	%	%	%	%	
1 Linke Liste /	17	25	12	8	53	7	20	251	25	16	1.283	4
Undogm. Linke	10,0	10,5	4,3	3,5	21,1	10,1	16,8	26,5	11,1	19,3	17,1	
2 Feministisch	3	3	3	6	23	3	10	27	10	4	512	1
Aut. Unifrauen	1,8	1,3	1,1	2,7	9,2	4,3	8,4	2,9	4,4	4,8	6,8	
3 UF	33	57	203	82	45	20	9	82	43	10	1.188	4
('Giraffen')	19,4	23,9	72,2	36,3	17,9	29,0	7,6	8,7	19,0	12,0	15,8	
4 Blaise Pascal	0	4	0	0	1	0	1	1	1	1	32	0
	0,0	1,7	0,0	0,0	0,4	0,0	0,8	0,1	0,4	1,2	0,4	
5 RCDS	28	48	26	68	15	10	8	281	47	12	1.619	6
	16,5	20,2	9,3	30,1	6,0	14,5	6,7	29,7	20,8	14,5	21,6	
6 Heilige Grüne	2	3	2	2	1	0	2	4	5	4	62	0
Studenten Partei	1,2	1,3	0,7	0,9	0,4	0,0	1,7	0,4	2,2	4,8	0,8	
7 Die Grünen	29	30	4	16	53	11	32	107	52	16	987	3
an der Uni	17,1	12,6	1,4	7,1	21,1	15,9	26,9	11,3	23,0	19,3	13,1	
8 Graue Panther	8	5	3	5	10	2	1	28	5	4	189	0
Langzeitstud.	4,7	2,1	1,1	2,2	4,0	2,9	0,8	3,0	2,2	4,8	2,5	
9 Roman	1	4	0	0	4	2	2	2	5	3	72	0
Geszchlecht h.R.	0,6	1,7	0,0	0,0	1,6	2,9	1,7	0,2	2,2	3,6	1,0	
10 Juso-Hoch-	23	35	16	17	19	5	16	76	25	8	927	3
schulgruppe	13,5	14,7	5,7	7,5	7,6	7,2	13,4	8,0	11,1	9,6	12,3	
11 Öko.Demokrat.	22	23	12	20	25	9	17	74	5	3	451	1
Stud. (ÖDS)	12,9	9,7	4,3	8,8	10,0	13,0	14,3	7,8	2,2	3,6	6,0	
12 L.S.F. (Liberale	4	1	0	2	2	0	1	13	3	2	189	0
Studenten Frankf.)	2,4	0,4	0,0	0,9	0,8	0,0	0,8	1,4	1,3	2,4	2,5	

A.1.29. Wahlergebnis vom 11.02.1993

Fachbereich	1	2	3	4	5	6A	6B	7	8	9	10	11
Wahlberechtigte	4.584	5.837	2.271	2.995	692	258	132	632	941	1.948	5.126	383
Abgegebene Stim.	1.073	1.315	586	505	147	90	32	111	221	261	782	56
Wahlbeteiligg. (%)	23,4	22,6	25,8	16,9	21,2	34,9	24,2	17,6	23,5	13,4	15,2	14,6
Ungültige / Enthalt.	11	13	5	14	4	0	3	2	5	6	14	1
Listennr. / Wahl-	Sti.	Sti.	Sti.	Sti.	Sti.	Sti.	Sti.	Sti.	Sti.	Sti.	Sti.	Sti.
vorschlagsliste	%	%	%	%	%	%	%	%	%	%	%	%
1 Juso-Hoch-	160	148	107	80	20	11	1	13	23	40	127	8
schulgruppe	15,1	11,4	18,4	16,3	14,0	12,2	3,4	11,9	10,6	15,7	16,5	14,5
2 Christl. Liberale	14	100	9	10	0	1	1	2	4	4	8	1
Stud.In. (C.L.S.I.)	1,3	7,7	1,5	2,0	0,0	1,1	3,4	1,8	1,9	1,6	1,0	1,8
3 Roman	14	18	20	7	2	0	0	1	2	2	10	1
Geszchlecht h.R.	1,3	1,4	3,4	1,4	1,4	0,0	0,0	0,9	0,9	0,8	1,3	1,8
4 Die Spalter	36	15	3	3	0	0	1	1	36	6	18	2
	3,4	1,2	0,5	0,6	0,0	0,0	3,4	0,9	16,7	2,4	2,3	3,6
5 Heilige Grüne	7	14	0	2	0	0	0	1	3	3	2	1
Studenten Partei	0,7	1,1	0,0	0,4	0,0	0,0	0,0	0,9	1,4	1,2	0,3	1,8
6 UF	423	185	28	46	11	6	2	7	20	29	83	4
('Giraffen')	39,8	14,2	4,8	9,4	7,7	6,7	6,9	6,4	9,3	11,4	10,8	7,3
7 Feministisch	25	22	73	80	29	19	5	16	18	29	82	4
Auton. Unifrauen	2,4	1,7	12,6	16,3	20,3	21,1	17,2	14,7	8,3	11,4	10,7	7,3
8 RCDS	229	593	41	25	6	10	4	12	35	28	76	11
	21,5	45,5	7,1	5,1	4,2	11,1	13,8	11,0	16,2	11,0	9,9	20,0
9 Öko.Demokrat.	19	77	9	22	3	7	9	2	4	6	28	1
Studenten (ÖDS)	1,8	5,9	1,5	4,5	2,1	7,8	31,0	1,8	1,9	2,4	3,6	1,8
10 Internat. Liste /	25	27	107	58	18	5	0	17	25	37	94	9
Undogm. Linke	2,4	2,1	18,4	11,8	12,6	5,6	0,0	15,6	11,6	14,5	12,2	16,4
11 Die Grünen	95	87	94	131	52	30	6	19	40	53	166	12
an der Uni	8,9	6,7	16,2	26,7	36,4	33,3	20,7	17,4	18,5	20,8	21,6	21,8
12 sinistra!	15	16	90	27	2	1	0	18	6	18	74	1
Radikale Linke	1,4	1,2	15,5	5,5	1,4	1,1	0,0	16,5	2,8	7,1	9,6	1,8

Fachbereich	12	13	14	15	16	17	18	19	20	21	Ges.	Si.
Wahlberechtigte	685	885	768	887	1.385	452	643	4.091	1.051	892	37.538	21
Abgegebene Stim.	172	246	284	207	258	89	130	797	273	74	7.709	
Wahlbeteiligg. (%)	25,1	27,8	37,0	23,3	18,6	19,7	20,2	19,5	26,0	8,3	20,5	
Ungültige / Enthalt.	10	2	8	18	12	4	2	16	18	6	174	
Listennr. / Wahl-	Sti.	Sti.	Sti.	Sti.	Sti.	Sti.	Sti.	Sti.	Sti.	Sti.	Stimm.	
vorschlagsliste	%	%	%	%	%	%	%	%	%	%	%	
1 Juso-Hoch-	25	37	27	18	30	9	27	87	43	9	1.050	3
schulgruppe	15,4	15,2	9,8	9,5	12,2	10,6	21,1	11,1	16,9	13,2	13,9	
2 Christl. Liberale	2	3	4	8	1	1	2	29	30	3	237	0
Stud.In. (C.L.S.I.)	1,2	1,2	1,4	4,2	0,4	1,2	1,6	3,7	11,8	4,4	3,1	
3 Roman	4	5	2	0	1	1	1	7	6	1	105	0
Geszchlecht h.R.	2,5	2,0	0,7	0,0	0,4	1,2	0,8	0,9	2,4	1,5	1,4	
4 Die Spalter	6	10	3	1	3	3	4	12	5	1	169	0
	3,7	4,1	1,1	0,5	1,2	3,5	3,1	1,5	2,0	1,5	2,2	
5 Heilige Grüne	0	1	0	1	3	0	1	1	6	2	48	0
Studenten Partei	0,0	0,4	0,0	0,5	1,2	0,0	0,8	0,1	2,4	2,9	0,6	
6 UF	37	65	166	73	42	23	11	93	57	10	1.421	4
('Giraffen')	22,8	26,6	60,1	38,6	17,1	27,1	8,6	11,9	22,4	14,7	18,9	
7 Feministisch	8	6	8	3	25	7	9	32	9	4	513	1
Auton. Unifrauen	4,9	2,5	2,9	1,6	10,2	8,2	7,0	4,1	3,5	5,9	6,8	
8 RCDS	21	49	28	49	14	8	8	206	36	5	1.494	5
	13,0	20,1	10,1	25,9	5,7	9,4	6,2	26,4	14,1	7,4	19,8	
9 Öko.Demokrat.	12	26	13	14	13	7	10	23	9	4	318	1
Studenten (ÖDS)	7,4	10,7	4,7	7,4	5,3	8,2	7,8	2,9	3,5	5,9	4,2	
10 Internat. Liste /	17	13	4	6	28	10	11	145	12	6	674	2
Undogm. Linke	10,5	5,3	1,4	3,1	11,4	11,8	8,6	18,6	4,7	8,8	8,9	
11 Die Grünen	27	27	19	15	66	14	38	124	30	20	1.165	4
an der Uni	16,7	11,1	6,9	7,9	26,8	16,5	29,7	15,9	11,8	29,4	15,5	
12 sinistra!	3	2	2	1	20	2	6	22	12	3	341	1
Radikale Linke	1,9	0,8	0,7	0,5	8,1	2,4	4,7	2,8	4,7	4,4	4,5	

A.1.30. Wahlergebnis vom 03.02.1994

Fachbereich	1	2	3	4	5	6A	6B	7	8	9	10	11
Wahlberechtigte	4.386	5.852	2.416	3.411	700	257	136	632	962	1.904	5.065	393
Abgegebene Stim.	1.081	1.176	555	539	153	73	34	101	241	251	742	49
Wahlbeteiligung (%)	24,6	20,1	23,0	15,8	21,9	28,4	25,0	16,0	25,1	13,2	14,6	12,5
Ungültige / Enthalt.	11	9	6	11	3	3	6	1	7	7	20	0
Listennummer / Wahlvorschlagsliste	Sti.	Sti.	Sti.	Sti.	Sti.	Sti.	Sti.	Sti.	Sti.	Sti.	Sti.	Sti.
	%	%	%	%	%	%	%	%	%	%	%	%
1 Internat. Liste / Undogmat. Linke	22	20	90	42	5	0	0	19	52	35	88	5
	2,1	1,7	16,4	8,0	3,3	0,0	0,0	19,0	22,2	15,2	12,2	10,2
2 Juso-Hochschulgruppe	117	108	107	67	36	10	2	13	28	31	92	6
	10,9	9,3	19,5	12,7	24,0	14,3	7,1	13,0	12,0	12,7	12,7	12,2
3 Liberale HochschulGr. (L.H.G.)	56	138	19	16	2	2	1	2	4	4	24	1
	5,2	9,3	3,5	3,0	1,3	2,9	3,6	2,0	1,7	1,6	3,3	2,0
4 Die Grünen an der Uni	99	94	93	148	41	20	3	21	42	68	159	14
	9,3	8,1	16,9	28,0	27,3	28,6	10,7	21,0	17,9	27,9	22,0	28,6
5 Christlich Liberale Stud.Ini. (C.L.S.I.)	6	27	6	5	0	4	1	0	1	4	16	2
	0,6	2,3	1,1	0,9	0,0	5,7	3,6	0,0	0,4	1,6	2,2	4,1
6 KOZ-Korrektiv (sinistra!)	9	17	41	21	3	0	0	11	5	11	50	1
	0,8	1,5	7,5	4,0	2,0	0,0	0,0	11,0	2,1	4,5	6,9	2,0
7 Statt Partei	15	34	5	9	9	0	1	0	3	3	12	1
	1,4	2,9	0,9	1,7	6,0	0,0	3,6	0,0	1,3	1,2	1,7	2,0
8 Multi Kulti Liste	13	27	17	25	4	0	0	4	8	13	36	4
	1,2	2,3	3,1	4,7	2,7	0,0	0,0	4,0	3,4	5,3	5,0	8,2
9 Feministisch Auton. Unifrauen	26	21	85	80	22	10	1	12	18	25	69	4
	2,4	1,8	15,5	15,2	14,7	14,3	3,6	12,0	7,7	10,2	9,6	8,2
10 UF ('Giraffen')	497	176	28	46	7	8	5	3	15	22	62	6
	46,4	15,1	5,1	8,7	4,7	11,4	17,9	3,0	6,4	9,0	8,6	12,2
11 Ökolog.Demokr. Studenten (ÖDS)	11	41	12	19	10	7	7	3	9	6	27	0
	1,0	3,5	2,2	3,6	6,7	10,0	25,0	3,0	3,8	2,5	3,7	0,0
12 Ring Christlich Dem.Stud. (RCDS)	192	460	36	36	10	9	7	11	47	21	67	4
	17,9	39,5	6,6	6,8	6,7	12,9	25,0	11,0	20,1	8,6	9,3	8,2
13 Linkswende	7	4	10	14	1	0	0	1	2	1	20	1
	0,7	0,3	1,8	2,7	0,7	0,0	0,0	1,0	0,9	0,4	2,8	2,0

Fachbereich	12	13	14	15	16	17	18	19	20	21	Ges.	Si.
Wahlberechtigte	721	853	748	911	1.344	472	632	3.929	1.028	895	37.647	21
Abgegebene Stimmen	174	252	243	232	291	98	119	736	207	63	7.410	
Wahlbeteiligung (%)	24,1	29,5	32,5	25,5	21,7	20,8	18,8	18,7	20,1	7,0	19,7	
Ungültige / Enthalt.	8	13	8	13	10	7	9	21	17	3	193	
Listennummer / Wahlvorschlagsliste	Sti.	Sti.	Sti.	Sti.	Sti.	Sti.	Sti.	Sti.	Sti.	Sti.	Stimm.	
	%	%	%	%	%	%	%	%	%	%	%	
1 Internat. Liste / Undogmat. Linke	15	5	5	7	23	8	7	47	5	4	504	2
	9,0	2,1	2,1	3,2	8,2	8,8	6,4	6,6	2,6	6,7	7,0	
2 Juso-Hochschulgruppe	20	39	22	20	34	11	25	98	28	6	920	3
	12,0	16,3	9,4	9,1	12,1	12,1	22,9	13,7	14,7	10,0	12,7	
3 Liberale HochschulGr. (L.H.G.)	5	7	10	13	8	2	3	55	9	2	383	1
	3,0	2,9	4,3	5,9	2,8	2,2	2,7	7,7	4,7	3,3	5,3	
4 Die Grünen an der Uni	31	37	10	26	75	24	33	157	32	15	1.242	4
	18,7	15,5	4,3	11,9	26,7	26,4	30,0	22,0	16,8	25,0	17,2	
5 Christlich Liberale Stud.Ini. (C.L.S.I.)	3	1	2	6	9	1	0	9	26	1	130	0
	1,8	0,4	0,9	2,7	3,2	1,1	0,0	1,3	13,7	1,7	1,8	
6 KOZ-Korrektiv (sinistra!)	3	11	2	3	10	1	5	13	7	1	225	0
	1,8	4,6	0,9	1,4	3,6	1,1	4,5	1,8	3,7	1,7	3,1	
7 Statt Partei	22	6	5	2	12	2	2	14	7	13	177	0
	13,3	2,5	2,1	0,9	4,3	2,2	1,8	2,0	3,7	21,7	2,5	
8 Multi Kulti Liste	3	10	5	8	17	2	3	33	14	2	248	0
	1,8	4,2	2,1	3,7	6,0	2,2	2,7	4,6	7,4	3,3	3,4	
9 Feministisch Auton. Unifrauen	8	8	2	1	26	6	7	23	8	2	464	1
	4,8	3,3	0,9	0,5	9,3	6,6	6,4	3,2	4,2	3,3	6,4	
10 UF ('Giraffen')	31	47	144	76	37	15	8	63	24	5	1.325	5
	18,7	19,7	61,3	34,7	13,2	16,5	7,3	8,8	12,6	8,3	18,4	
11 Ökolog.Demokr. Studenten (ÖDS)	7	19	5	6	10	10	9	20	6	4	248	0
	4,2	7,9	2,1	2,7	3,6	11,0	8,2	2,8	3,2	6,7	3,4	
12 Ring Christlich Dem.Stud. (RCDS)	18	45	20	49	16	8	8	165	23	4	1.256	5
	10,8	18,8	8,5	22,4	5,7	8,8	7,3	23,1	12,1	6,7	17,4	
13 Linkswende	0	4	3	2	4	1	0	18	1	1	95	0
	0,0	1,7	1,3	0,9	1,4	1,1	0,0	2,5	0,5	1,7	1,3	

A.1.31. Wahlergebnis vom 02.02.1995

Fachbereich	1	2	3	4	5	6A	6B	7	8	9	10	11
Wahlberechtigte	4.449	5.774	2.538	3.677	679	264	151	601	970	1.840	4.932	413
Abgegebene Stim.	1.158	1.115	556	561	136	69	37	93	236	250	674	49
Wahlbeteiligg. (%)	26,0	19,3	21,9	15,3	20,0	26,1	24,5	15,5	24,3	13,6	13,7	11,9
Ungült. / Enthalt.	16	20	7	10	6	1	1	0	5	6	21	0
Listennr. / Wahl-	Sti.	Sti.	Sti.	Sti.	Sti.	Sti.	Sti.	Sti.	Sti.	Sti.	Sti.	Sti.
vorschlagsliste	%	%	%	%	%	%	%	%	%	%	%	%
1 U.F.O.s / Unabh.	297	135	15	11	5	3	1	1	13	10	15	5
Hochsch.gruppe	26,0	12,3	2,7	2,0	3,8	4,4	2,8	1,1	5,6	4,1	2,3	10,2
2 Liste X	10	8	56	15	2	1	1	7	1	10	37	2
(sinistra!)	0,9	0,7	10,2	2,7	1,5	1,5	2,8	7,5	0,4	4,1	5,7	4,1
3 Liberale Hoch-	64	182	20	17	2	4	2	4	8	9	18	4
SchGr. (L.H.G.)	5,6	16,6	3,6	3,1	1,5	5,9	5,6	4,3	3,5	3,7	2,8	8,2
4 Internat. Liste /	18	15	106	37	7	3	0	17	36	24	62	6
Undogm. Linke	1,6	1,4	19,3	6,7	5,4	4,4	0,0	18,3	15,6	9,8	9,5	12,2
5 Grüne a.d. Uni	68	42	83	95	20	10	1	21	18	40	94	7
Demokr. Linke	6,0	3,8	15,1	17,2	15,4	14,7	2,8	22,6	7,8	16,3	14,4	14,3
6 Unabh. Fachb.	214	54	13	19	6	1	4	2	6	18	23	1
Gruppen (Gir.)	18,5	4,9	2,4	3,4	4,6	1,5	11,1	2,2	2,6	7,3	3,5	2,0
7 Feministisch	27	10	76	83	14	10	3	13	10	22	60	5
Aut. Unifrauen	2,4	0,9	13,8	15,1	10,8	14,7	8,3	14,0	4,3	8,9	9,2	10,2
8 Multi Kulti	16	17	6	19	2	1	1	1	10	6	16	2
Gruppe	1,4	1,5	1,1	3,4	1,5	1,5	2,8	1,1	4,3	2,4	2,5	4,1
9 Jusos i.d. SPD	135	162	79	71	18	4	3	8	29	22	100	5
Hochsch.gruppe	11,8	14,8	14,4	12,9	13,8	5,9	8,3	8,6	12,6	8,9	15,3	10,2
10 Bündnis 90 /	74	94	53	150	45	19	6	7	47	60	161	7
Die Grünen	6,5	8,6	9,7	27,2	34,6	27,9	16,7	7,5	20,3	24,4	24,7	14,3
11 RCDS	219	376	42	34	9	12	14	12	53	23	67	5
	19,2	34,3	7,7	6,2	6,9	17,6	38,9	12,9	22,9	9,3	10,3	10,2

Fachbereich	12	13	14	15	16	17	18	19	20	21	Ges.	Si.
Wahlberechtigte	726	790	670	937	1290	478	599	3.806	943	938	37.465	
Abgegebene Stim.	165	231	215	216	228	104	128	655	172	90	7.138	
Wahlbeteiligg. (%)	22,7	29,2	32,1	23,1	17,7	21,8	21,4	17,2	18,2	9,6	19,1	
Ungült. / Enthalt.	7	6	3	9	8	9	7	12	10	4	168	
Listennr. / Wahl-	Sti.	Sti.	Sti.	Sti.	Sti.	Sti.	Sti.	Sti.	Sti.	Sti.	Stimm.	
vorschlagsliste	%	%	%	%	%	%	%	%	%	%	%	
1 U.F.O.s / Unabh.	8	9	5	12	6	3	7	37	5	2	605	2
Hochsch.gruppe	5,1	4,0	2,4	5,8	2,7	3,2	5,8	5,8	3,1	2,3	8,7	
2 Liste X	5	4	1	3	5	1	1	3	3	1	177	0
(sinistra!)	3,2	1,8	0,5	1,4	2,3	1,1	0,8	0,5	1,9	1,2	2,5	
3 Liberale Hoch-	8	6	8	20	8	1	6	81	12	5	489	1
SchGr. (L.H.G.)	5,1	2,7	3,8	9,7	3,6	1,1	5,0	12,6	7,4	5,8	7,0	
4 Internat. Liste /	6	11	6	5	33	8	7	73	6	3	489	1
Undogm. Linke	3,8	4,9	2,8	2,4	15,0	8,4	5,8	11,4	3,7	3,5	7,0	
5 Grüne a.d. Uni	14	15	4	9	30	7	20	62	7	12	679	2
Demokr. Linke	8,9	6,7	1,9	4,3	13,6	7,4	15,7	9,6	4,3	14,0	9,7	
6 Unabh. Fachb.	24	33	136	71	30	13	5	21	20	6	720	2
Gruppen (Gir.)	15,2	14,7	64,2	34,3	13,6	13,7	4,1	3,3	12,3	7,0	10,3	
7 Feministisch	6	5	6	3	10	4	6	22	13	1	409	1
Aut. Unifrauen	3,8	2,2	2,8	1,4	4,5	4,2	5,0	3,4	8,0	1,2	5,9	
8 Multi Kulti	4	4	1	4	5	1	2	13	10	1	142	0
Gruppe	2,5	1,8	0,5	1,9	2,3	1,1	1,7	2,0	6,2	1,2	2,0	
9 Jusos i.d. SPD	24	38	18	22	25	13	19	69	29	15	908	3
Hochsch.gruppe	15,2	16,9	8,5	10,6	11,4	13,7	15,7	10,7	17,9	17,4	13,0	
10 Bündnis 90 /	26	50	8	15	54	29	32	105	41	34	1.117	4
Die Grünen	16,5	22,2	3,8	7,2	24,5	30,5	26,4	16,3	25,3	39,5	16,0	
11 RCDS	33	50	19	43	14	15	16	157	16	6	1.235	5
	20,9	22,2	9,0	20,8	6,4	15,8	13,2	24,4	9,9	7,0	17,7	

A.1.32. Wahlergebnis vom 01.02.1996

Fachbereich	1	2	3	4	5	6A	6B	7	8	9	10	11
Wahlberechtigte	4.564	5.451	2.574	3.903	653	246	146	635	964	1.801	4.746	421
Abgegebene Stim.	1.155	915	496	444	115	57	34	92	211	191	605	50
Wahlbeteiligung (%)	25,3	16,8	19,3	11,4	17,6	23,2	23,3	14,5	21,9	10,6	12,7	11,9
Ungültige / Enthalt.	34	14	10	12	6	3	3	2	8	5	21	1
Listennr. / Wahl-	Sti.	Sti.	Sti.	Sti.	Sti.	Sti.	Sti.	Sti.	Sti.	Sti.	Sti.	Sti.
vorschlagsliste	%	%	%	%	%	%	%	%	%	%	%	%
1 Unabh.Fachber.	261	98	32	35	7	4	7	9	13	17	35	4
Gruppen (Gir.)	23,3	10,9	6,6	8,1	6,4	7,4	22,6	10,0	6,4	9,1	6,0	8,2
2 Feministisch	20	7	55	52	17	3	1	10	11	19	50	3
Aut. Unifrauen	1,8	0,8	11,3	12,0	15,6	5,6	3,2	11,1	5,4	10,2	8,6	6,1
3 Bündnis 90 / Die	84	119	82	138	46	22	4	10	40	52	139	18
Grünen HSch.Gr.	7,5	13,2	16,9	31,9	42,2	40,7	12,9	11,1	19,7	28,0	23,8	36,7
4 Jusos in der SPD	154	107	83	67	13	8	4	6	28	14	85	4
Hochschulgruppe	13,7	11,9	17,1	15,5	11,9	14,8	12,9	6,7	13,8	7,5	14,6	8,2
5 U.F.O.s / Unabh.	241	76	4	14	2	2	3	4	3	5	17	1
Hochschulgruppe	21,5	8,4	0,8	3,2	1,8	3,7	9,7	4,4	1,5	2,7	2,9	2,0
6 Demokratische	34	9	46	20	7	0	1	25	4	10	37	3
Linke Liste (DLL)	3,3	1,0	9,5	4,6	6,4	0,0	3,2	27,8	2,0	5,4	6,3	6,1
7 Multi Kulti	18	43	12	18	4	1	1	2	4	6	20	3
Gruppe	1,6	4,8	2,5	4,2	3,7	1,9	3,2	2,2	2,0	3,2	3,4	6,1
8 Liberale Hoch-	56	118	8	5	1	0	1	1	8	10	13	4
schulgr. (LHG)	5,0	13,1	1,6	1,2	0,9	0,0	3,2	1,1	3,9	5,4	2,2	8,2
9 sinistra!	6	5	63	26	2	0	0	8	11	9	44	0
Linke Liste	0,5	0,6	13,0	6,0	1,8	0,0	0,0	8,9	5,4	10,2	7,5	0,0
10 Internat. Liste /	7	9	49	29	5	3	0	6	42	10	38	2
Undogmat. Linke	0,6	1,0	10,1	6,7	4,6	5,6	0,0	6,7	20,7	5,4	6,5	4,1
11 Ring Christlich	233	307	38	17	4	9	8	8	36	31	89	6
Dem.Std. (RCDS)	20,8	34,1	7,8	3,9	4,7	16,7	25,8	8,9	17,7	17,0	15,2	12,2
12 Biomost - Grün-	7	3	14	11	1	2	1	1	3	3	17	1
Alt. Hochschulgr.	0,6	0,3	2,9	2,5	0,9	3,7	3,2	1,1	1,5	1,6	2,9	2,0

Fachbereich	12	13	14	15	16	17	18	19	20	21	Ges.	Si.
Wahlberechtigte	658	730	600	968	1.209	460	556	3.681	922	942	36.830	
Abgegebene Stim.	172	194	174	170	232	83	101	741	111	93	6.436	
Wahlbeteiligung (%)	26,1	26,6	29,0	17,6	19,2	18,0	18,2	20,1	12,0	9,9	17,5	
Ungültige / Enthalt.	14	12	7	9	10	4	4	49	13	10	251	
Listennr. / Wahl-	Sti.	Sti.	Sti.	Sti.	Sti.	Sti.	Sti.	Sti.	Sti.	Sti.	Stimm.	
vorschlagsliste	%	%	%	%	%	%	%	%	%	%	%	
1 Unabh.Fachber.	25	37	114	68	35	13	10	61	15	10	910	4
Gruppen (Gir.)	15,8	20,3	68,3	42,2	15,8	16,5	10,3	8,8	15,3	12,0	14,7	
2 Feministisch	9	1	3	4	9	3	5	13	9	1	305	1
Aut. Unifrauen	5,7	0,5	1,8	2,5	4,1	3,8	5,2	1,9	9,2	1,2	4,9	
3 Bündnis 90 / Die	27	40	9	18	73	28	34	179	20	27	1.209	5
Grünen HSch.Gr.	17,1	22,0	5,4	11,2	32,9	35,4	35,1	25,9	20,4	32,5	19,6	
4 Jusos in der SPD	29	27	9	15	26	10	9	89	15	12	814	3
Hochschulgruppe	18,4	14,8	5,4	9,3	11,7	12,7	9,3	12,9	15,3	14,5	13,2	
5 U.F.O.s / Unabh.	10	7	2	3	7	2	4	26	5	7	445	1
Hochschulgruppe	6,3	3,8	1,2	1,9	3,2	2,5	4,1	3,8	5,1	8,4	7,2	
6 Demokratische	6	6	1	3	4	4	9	28	2	3	262	1
Linke Liste (DLL)	3,8	3,3	0,6	1,9	1,8	5,1	9,3	4,0	2,0	3,6	4,2	
7 Multi Kulti	2	9	2	1	8	2	1	20	3	8	188	0
Gruppe	1,3	4,9	1,2	0,6	3,6	2,5	1,0	2,9	3,1	9,6	3,0	
8 Liberale Hoch-	11	6	6	10	3	2	3	34	5	1	306	1
schulgr. (LHG)	7,0	3,3	3,6	6,2	1,4	2,5	3,1	4,9	5,1	1,2	4,9	
9 sinistra!	6	7	4	0	6	1	2	18	5	1	224	0
Linke Liste	3,8	3,8	2,4	0,0	2,7	1,3	2,1	2,6	5,1	1,2	3,6	
10 Internat. Liste /	5	6	0	3	23	2	4	64	2	2	311	1
Undogmat. Linke	3,2	3,3	0,0	1,9	10,4	2,5	4,1	9,2	2,0	2,4	5,0	
11 Ring Christlich	23	35	17	32	15	11	12	150	14	8	1.103	4
Dem.Std. (RCDS)	14,6	19,2	10,2	19,9	6,8	13,9	12,4	21,7	14,3	9,6	17,8	
12 Biomost - Grün-	5	1	0	4	13	1	4	10	3	3	108	0
Alt. Hochschulgr.	3,2	0,5	0,0	2,5	5,9	1,3	4,1	1,4	3,1	3,6	1,7	

A.1.33. Wahlergebnis vom 30.01.1997

Fachbereich	1	2	3	4	5	6A	6B	7	8	9	10	11
Wahlberechtigte	4.673	5.136	2.555	4.322	662	213	110	637	927	1.626	4.376	419
Abgegebene Stim.	1.152	935	463	596	117	55	27	115	191	193	578	52
Wahlbeteiligg. (%)	24,7	18,2	18,1	13,8	17,7	25,8	24,5	18,1	20,6	11,9	13,2	12,4
Ungültige / Enthalt.	35	15	10	14	7	5	2	5	5	6	22	1
Listennr. / Wahl-	Sti.	Sti.	Sti.	Sti.	Sti.	Sti.	Sti.	Sti.	Sti.	Sti.	Sti.	Sti.
vorschlagsliste	%	%	%	%	%	%	%	%	%	%	%	%
1 Jusos in der SPD	130	167	74	95	15	4	1	11	25	19	93	7
Hochschulgruppe	11,6	18,2	16,3	16,3	13,6	8,0	4,0	5,9	13,4	10,2	16,7	13,7
2 NICHT (n.i. Cha-	12	11	10	18	5	4	1	1	4	10	18	0
os herr. Träume)	1,1	1,2	2,2	3,1	4,5	8,0	4,0	0,5	2,2	5,3	3,2	0,0
3 Bündnis 90 / Die	87	127	56	207	50	20	4	15	39	58	141	20
Grünen HSch.Gr.	7,8	13,8	12,4	35,6	45,5	40,0	16,0	8,1	21,0	31,0	25,4	39,2
4 L.H.G. (Liberale	64	77	4	2	2	0	0	2	6	3	8	3
Hochschulgruppe)	5,7	8,4	0,9	0,3	1,8	0,0	0,0	1,1	3,2	1,6	1,4	5,9
5 Internat. Liste /	9	11	45	27	4	0	0	4	29	9	33	3
Undogmat. Linke	0,8	1,2	9,9	4,6	3,6	0,0	0,0	2,2	15,6	4,8	5,9	5,9
6 Geomatt (Weltoff.	14	13	9	10	2	0	2	5	1	11	19	4
Kulturverein)	1,3	1,4	2,0	1,7	1,8	0,0	8,0	2,7	0,5	5,9	3,4	7,8
7 U.F.O.s / Unabh.	283	73	8	12	3	1	2	2	8	9	25	4
Hochschulgruppe	25,3	7,9	1,8	2,1	2,7	2,0	8,0	1,1	4,3	4,8	4,5	7,8
8 Ring Christlich	205	337	32	31	7	8	7	8	37	29	76	5
Dem.Std. (RCDS)	18,4	36,6	7,1	5,3	6,4	16,0	28,0	4,3	19,9	15,5	13,7	9,8
9 Demokratische	61	15	51	29	1	1	1	40	8	1	37	0
Linke Liste (DLL)	5,5	1,6	11,3	5,0	0,9	2,0	4,0	21,5	4,3	0,5	6,7	0,0
10 Feministisch	21	3	55	69	13	6	1	8	12	16	26	1
Aut. Unifrauen	1,9	0,3	12,1	11,9	11,8	12,0	4,0	4,3	6,5	8,6	4,7	2,0
11 Unabh.Fachber.	224	79	23	49	5	6	5	5	8	7	31	3
Gruppen (Gir.)	20,1	8,6	5,1	8,4	4,5	12,0	20,0	2,7	4,3	3,7	5,6	5,9
12 sinistra!	7	7	86	33	3	0	1	9	9	15	49	1
Radikale Linke	0,6	0,8	19,0	5,7	2,7	0,0	4,0	4,8	4,8	8,0	8,8	2,0

Fachbereich	12	13	14	15	16	17	18	19	20	21	Ges.	Si.
Wahlberechtigte	618	641	507	1.016	1.113	400	551	3.494	909	871	35.776	
Abgegebene Stim.	138	157	154	196	144	47	114	772	123	65	6.384	
Wahlbeteiligg. (%)	22,3	24,5	30,4	19,3	12,9	11,8	20,7	22,1	13,5	7,5	17,8	
Ungültige / Enthalt.	11	7	4	2	2	0	3	46	14	2	218	
Listennr. / Wahl-	Sti.	Sti.	Sti.	Sti.	Sti.	Sti.	Sti.	Sti.	Sti.	Sti.	Stimm.	
vorschlagsliste	%	%	%	%	%	%	%	%	%	%	%	
1 Jusos in der SPD	32	29	10	20	20	7	16	95	23	15	908	3
Hochschulgruppe	25,2	19,3	6,7	10,3	14,1	14,9	14,4	13,1	21,1	23,8	14,7	
2 NICHT (n.i. Cha-	1	2	1	5	15	3	4	10	2	2	139	0
os herr. Träume)	0,8	1,3	0,7	2,6	10,6	6,4	3,6	1,4	1,8	3,2	2,3	
3 Bündnis 90 / Die	21	32	15	29	49	11	47	165	26	17	1.236	5
Grünen HSch.Gr.	16,5	21,3	10,0	14,9	34,5	23,4	42,3	22,7	23,9	27,0	20,0	
4 L.H.G. (Liberale	4	2	3	11	0	1	1	12	2	1	208	0
Hochschulgruppe)	3,1	1,3	2,0	5,7	0,0	2,1	0,9	1,7	1,8	1,6	3,4	
5 Internat. Liste /	2	5	0	3	9	1	4	70	5	2	275	1
Undogmat. Linke	1,6	3,3	0,0	1,5	6,3	2,1	3,6	9,6	4,6	3,2	4,5	
6 Geomatt (Weltoff.	2	2	1	7	0	1	2	24	8	5	142	0
Kulturverein)	1,6	1,3	0,7	3,6	0,0	2,1	1,8	3,3	7,3	7,9	2,3	
7 U.F.O.s / Unabh.	8	12	2	10	3	4	5	30	6	3	513	2
Hochschulgruppe	6,3	8,0	1,3	5,2	2,1	8,5	4,5	4,1	5,5	4,8	8,3	
8 Ring Christlich	21	32	12	29	14	12	11	166	8	8	1.095	4
Dem.Std. (RCDS)	16,5	21,3	8,0	14,9	9,9	25,5	9,9	22,9	7,3	12,7	17,8	
9 Demokratische	2	3	0	2	5	1	4	25	4	1	292	1
Linke Liste (DLL)	1,6	2,0	0,0	1,0	3,5	2,1	3,6	3,4	3,7	1,6	4,7	
10 Feministisch	4	6	2	1	5	1	9	13	7	4	283	1
Aut. Unifrauen	3,1	4,0	1,3	0,5	3,5	2,1	8,1	1,8	6,4	6,3	4,6	
11 Unabh.Fachber.	22	17	100	76	20	5	4	90	14	5	798	3
Gruppen (Gir.)	17,3	11,3	66,7	39,2	14,1	10,6	3,6	12,4	12,8	7,9	12,9	
12 sinistra!	8	8	4	1	2	0	4	26	4	0	277	1
Radikale Linke	6,3	5,3	2,7	1,5	1,4	0,0	3,6	3,6	3,7	0,0	4,5	

JOHANN WOLFGANG GOETHE-UNIVERSITÄT FRANKFURT A. M.

STIMMZETTEL für die Wahl zum STUDENTENPARLAMENT und zum FACHSCHAFTSRAT **03**

Studentenparlament

Du hast für diese Wahl **eine** Stimme. Gib Deine Stimme durch ein in einen Kreis gesetztes Kreuz ab. Stimmzettel, auf denen mehr als ein Wahlvorschlag angekreuzt ist oder die Zusätze enthalten, sind ungültig.

Liste 1 ○	**Jusos in der SPD / Hochschulgruppe**	1. Biljana Begenisic (FB 21) 2. Peter Onneken (FB 01) 3. Svenja Pape (FB 04) 4. Mike Pfeffer (FB 02) 5. Gholam Reza Honarmandi (FB 19) 6. Pascal Remijnse (FB 03)	Swantje Krönert (FB 13) Dirk Sielmon (FB 03) Victoria Erbert (FB 10) Cavit Ates (FB 02) Onur Tanrikulu (FB 02) Frank Reinhardt (FB 16)
Liste 2 ○	**NICHT (NUR IM CHAOS HERRSCHEN TRÄUME)**	1. Martin Fabriz (FB 09) 2. Roland Melchior (FB 16) 3. Nora Gunkelmann (FB 10) 4. Daniel Keil (FB 03) 5. Tim Frank Müller (FB 03) 6. Cornelius Abel (FB 16)	
Liste 3 ○	**BÜNDNIS 90 / DIE GRÜNEN Hochschulgruppe**	1. Lene Riedel (FB 10) 2. Peter Koch (FB 02) 3. Nathalie Hahn (FB 02) 4. Edouard Lange (FB 01) 5. Sarah Songe (FB 03) 6. Dirk Langolf (FB 03)	Tarek Al Wazir (FB 03) Stefan Beinlich (FB 01) Carmen Stoppel (FB 10) Christoph Gensch (FB 19) Hendrik Hezinger (FB 02) Christoph Fink (FB 03)
Liste 4 ○	**L.H.G.**	1. Tobias Rosenkranz (FB 01) 2. Kai-Uwe Hohn-Simons (FB 01) 3. Maximilian Thoma (FB 01) 4. Urte Eisenhardt (FB 01) 5. Nicola Beer (FB 01) 6. Sascha Ziesse (FB 02)	Eva Görtz (FB 01) Florian Hirschmann (FB 01) Sandra Heesch (FB 02) Mark-Oliver Scholz (FB 01) Michael Gieser (FB 01) Christopher Stürtz (FB 02)
Liste 5 ○	**Internationale Liste / Undogmatische Linke**	1. Andreas Rust (FB 03) 2. Stefan Reinhard (FB 08) 3. Beatrice de la Vega (FB 10) 4. Jörg Haase (FB 16) 5. Heike Wagner (FB 03) 6. Ralf Herrmann (FB 20)	Stefan Falcione (FB 10) Roger Greunke (FB 03) Said Khochsima (FB 08) Matthias Klimpel (FB 07) Andreas Rust (FB 03) Stefan Reinhard (FB 08)
Liste 6 ○	**Geomatt (Weltoffener Kulturverein)**	1. Gholamreza Djalili (FB 10) 2. Anja Veith (FB 19) 3. Gustavo P. de Moura (FB 04) 4. Katja Nandorf (FB 10) 5. Motohisa Watanabe (FB 02) 6. Mina Kumari Gawdi (FB 20)	
Liste 7 ○	**U.F.O.s / Unabhängige Hochschulgruppe**	1. Andrea Diefenhardt (FB 03) 2. Danielle Herrmann (FB 01) 3. Felix Arndt (FB 01) 4. Daniel Eichmann (FB 08) 5. Vanessa Wilsche (FB 19) 6. Nicole Topp (FB 02)	Arne Hasse (FB 01) Carl-Axel Brandt (FB 02) Volker Konopatzki (FB 01) Ulrich Eichmann (FB 13) Carina Horky-Klisikova (FB 03) Alexander Zarbe (FB 01)
Liste 8 ○	**Ring Christlich Demokratischer Studenten (RCDS)**	1. Verena David (FB 01) 2. Stephan Dusil (FB 01) 3. Yasmin Walter (FB 13) 4. Rafael Sartowski (FB 01) 5. Sonja Wagner (FB 02) 6. Marc Ludwig (FB 19)	Michael Völker (FB 13) Astrid Winter (FB 10) Michael Pietsch (FB 19) Martin Breimann (FB 01) Ingo Oliver Sommer (FB 01) Daniela Senne (FB 01)
Liste 9 ○	**Demokratische Linke Liste**	1. Sibylle Ulrich (FB 01) 2. Markus Büchting (FB 07) 3. Kathrin Kummer (FB 01) 4. Alex Karschnia (FB 10) 5. Susanna Schellenberg (FB 07) 6. Ersin Yildiz (FB 01)	Matthias Morgenstern (FB 03) Silke Teigen (FB 10) Uwe Fröhlich (FB 19) Jeanne Fjrat (FB 02) Markus Halbe (FB 03) Marie-Hélène Gutberlet (FB 10)
Liste 10 ○	**FEMINISTISCH-AUTONOME UNIFRAUEN**	1. Gerlinde Brück (FB 03) 2. Cornelia Ulrich (FB 03) 3. Andrea Jung (FB 03) 4. Carmen Pleyer (FB 08) 5. Nicole Heilmann (FB 04) 6. Nina Berck (FB 03)	Cornelia Ulrich (FB 03) Andrea Jung (FB 03) Carmen Pleyer (FB 08) Nicole Heilmann (Fb 04) Nina Berck (FB 03) Maria Teresa Herrera-Vivar (FB 03)
Liste 11 ○	**UNABHÄNGIGE Fachbereichsgruppen (GIRAFFEN)**	1. Sabine Monz (FB 14) 2. Alexander W. Krebs (FB 01) 3. Dominik Ewald (FB 19) 4. Barbara Matzke (FB 15) 5. Merlin Burat (FB 02) 6. Andreas Trottnow (FB 03)	Özlem Akdogan (FB 14) Erik Schmidt (FB 01) Ahmet Camak (FB 19) Matthias Wüst (FB 15) Michael Dony (FB 02) Corinna Heller (FB 04)
Liste 12 ○	**sinistra! Radikale Linke**	1. Stefan Edelmann (FB 03) 2. Heike Heer (FB 10) 3. Norbert Kresse (FB 03) 4. Esther Uhlig (FB 04) 5. Thomas Berker (FB 03) 6. Julia Meyer (FB 03)	Julia Meyer (FB 03) Serhat Karakayali (FB 03) Heike Heer (FB 10) Stefan Edelmann (FB 03) Kerstin Ruppel (FB 10) Ralph Teckentrup (FB 10)

Fachschaftsrat

Du hast für diese Wahl **eine** Stimme. Gib Deine Stimme durch ein in einen Kreis gesetztes Kreuz ab. Stimmzettel, auf denen mehr als ein Wahlvorschlag angekreuzt ist oder die Zusätze enthalten, sind ungültig.

Liste 1 ○	**sinistra! Radikale Linke**	1. Norbert Kresse 2. Julia Meyer 3. Thomas Berker 4. Michael Schmitt 5. Serhat Karakayali 6. Lutz Eichler	Serhat Karakayali Stefan Edelmann Lutz Eichler Julia Meyer Thomas Berker Michael Schmitt
Liste 2 ○	**JUSOS IN DER SPD / HOCHSCHULGRUPPE**	1. Pascal Remijnse 2. Dirk Sielmon 3. Hanno Benz 4. Hanko Uphoff	Hanko Uphoff Hanno Benz Dirk Sielmon Pascal Remijnse
Liste 3 ○	**UNABHÄNGIGE Fachbereichsgruppe Gesellschaftswissenschaften (GIRAFFEN)**	1. Andreas Trottnow 2. Mansur Khan 3. Uwe Greier 4. Irfan Ergi 5. Angelika Matzke 6. Pia Merz	Uwe Greier Irfan Ergi Mansur Khan Pia Merz Andreas Trottnow Angelika Matzke
Liste 4 ○	**U.F.O.s / Unabhängige Hochschulgruppe**	1. Niels Genzmer 2. Andrea Diefenhardt 3. Carina Horky-Klisikova 4. Volkmar Niehus	Carina Horky-Klisikova Volkmar Niehus Niels Genzmer Andrea Diefenhardt
Liste 5 ○	**L.H.G.**	1. Alexander Dionisius	
Liste 6 ○	**Demokratische Linke Liste am Turm**	1. Matthias Morgenstern 2. Jens Becker 3. Oliver Brüchert 4. Thomas Zöller 5. Anja Weckwert 6. Sonja Brier	Sonja Brier Steffi Braukmann Bodo Hahn Sven Reuss Björn Weber Matthias Morgenstern
Liste 7 ○	**Undogmatische Linke**	1. Elfi Jacob 2. Andreas Rust 3. Heike Wagner 4. Olaf Behrend 5. Sven Jahn 6. Roger Greunke	Sven Jahn Roger Greunke Ralph Hutwelker Karsten Fischer Andreas Rust Elfi Jacob

Abb.36: Amtlicher Stimmzettel der StuPa-Wahl (und FSR-Wahl FB 03) v.07.01.-29.01.1997

Anhang 2 Rechtsquellen zum Wahlrecht der Studentenschaft der Johann Wolfgang Goethe-Universität zu Frankfurt am Main 1953-1995

Aufgenommen sind jeweils nur die wahlrechtsrelevanten Normen. Lediglich die StS v.14.7. 1951 sowie die WO v.1.12.1953 sind vollständig abgedruckt, weil amtlich unveröffentlicht.

A.2.1. Satzung der Studentenschaft der Johann Wolfgang Goethe-Universität Frankfurt am Main vom 14.7.1951 i.d.F. vom 11.11.1960 (amtlich nicht veröffentlicht)

Im Bewußtsein ihrer Rechte und aus der Bereitschaft, Pflichten zu übernehmen, gibt sich die Studentenschaft der Johann Wolfgang Goethe-Universität zur Regelung ihrer Selbstverwaltung und der Mitverwaltung der Universität im Sinne des Artikels 60 der Hessischen Verfassung folgende Satzung:

I. ALLGEMEINES

*§ 1 **(Studentenschaft):** Die immatrikulierten Studierenden bilden die Studentenschaft der Johann Wolfgang Goethe-Universität.*

*§ 2 **(Organe der Studentenschaft):** Die Organe der Studentenschaft sind: (a) die Studentenschaft in Urabstimmung; (b) das Studentenparlament; (c) der Ältestenrat; (d) der Allgemeine Studentenausschuß (AStA); (e) die Fachschaften.*

*§ 3 **(Mitwirkungsprinzipien):** Die Mitglieder dieser Organe sind verpflichtet, jede Aufgabe, welche die studentische Selbst- und Mitverwaltung an sie stellt, uneigennützig, ehrenhaft und im Bewußtsein ihrer Verantwortung vor allen Studierenden zu erfüllen.*

*§ 4 **(Ehrenamtlichkeit):** Die Tätigkeit in den Organen der Studentenschaft ist ehrenamtlich.*

*§ 5 **(Auskunftspflicht):** Bei Nachweis eines berechtigten Interesses haben die Mitglieder dieser Organe den Studierenden in angemessener Weise aus ihrem Aufgabenbereich Auskunft zu erteilen.*

*§ 6 **(Schweigepflicht):** Über vertrauliche Gegenstände darf keine Auskunft erteilt werden.*

*§ 7 **(Schweigepflicht bei Ausscheiden):** Diese Schweigepflicht bleibt auch nach dem Ausscheiden aus den Organen der Studentenschaft bestehen, es sei denn, daß sie von den zuständigen Organen ausdrücklich aufgehoben wurde oder daß zweifelsfrei feststeht, daß sie für den betreffenden Gegenstand sinnlos geworden ist.*

II. DIE STUDENTENSCHAFT IN URABSTIMMUNG

*§ 8 **(Urabstimmung):** Die Studentenschaft in Urabstimmung ist höchstes legislatives Organ der Studentenschaft.*

*§ 9 **(Antrag auf Urabstimmung):** Eine Urabstimmung findet statt: (a) auf Beschluß des Senats nach Anhören des Ältestenrats; (b) auf Beschluß des Studentenparlaments; (c) auf Beschluß des Ältestenrats unter Zustimmung des Rektors; (d) bei Anfechtung eines Parlamentsbeschlusses nach den Bestimmungen dieser Satzung, § 24.*

*§ 10 **(Vollversammlung):** Der Abstimmung soll eine Vollversammlung zur Unterrichtung der Studierenden vorausgehen.*

III. DAS STUDENTENPARLAMENT

*§ 11 **(Studentenparlament):** Das Studentenparlament ist das ordentliche beschlußfassende Organ der Studentenschaft. Das Parlament soll den Willen der Studentenschaft vertreten. Es entscheidet in allen Angelegenheiten der studentischen Selbst- und Mitverwaltung und gibt der studentischen Exekutive die Arbeitsrichtlinien.*

*§ 12 **(Zusammensetzung des Parlaments):** Das Parlament setzt sich aus den Fachschaften zusammen. Es ist arbeitsfähig, wenn mindestens zwei Drittel der insgesamt zu wählenden Parlamentsmitglieder in den Fachschaften gültig gewählt worden sind.*

*§ 13 **(Ergänzungssitze):** Der Rektor, die Dekane, der Präsident des Rates der HfE und der Vertauensdozent haben Ergänzungssitze (cooptierte Sitze) und Stimmrecht im Parlament.*

*§ 14 **(Vorzeitige Auflösung):** Das Studentenparlament kann mit der Mehrheit von zwei Dritteln seiner Mitglieder seine Auflösung beschließen. In diesem Falle obliegt dem AStA, eine sofortige Neuwahl durchzuführen.*

*§ 15 **(Vorzeitiges Ausscheiden):** Ein Studierender scheidet aus dem Studentenparlament aus, wenn das Studentenparlament ihn: (a) wegen unehrenhaften Verhaltens, (b) wegen Verstoßes gegen §§ 3, 6 dieser Satzung, (c) wegen mindestens dreimaligen unentschuldigten Fernbleibens von Sitzungen des Studentenparlaments mit der Mehrheit von zwei Dritteln ausschließt; (d) wenn er zurücktritt. Ob die Fälle (a) oder (b) vorliegen, entscheidet der Ältestenrat.*

*§ 16 **(Präsidium):** (a) Das Studentenparlament wählt auf der ersten (konstituierenden) Sitzung aus seiner Mitte für ein Semester den Präsidenten und zwei Stellvertreter. Sie bilden das Präsidium. (b) Die Mitglieder des Präsidiums können einzeln mit einer Mehrheit von zwei Dritteln abgewählt werden. (c) Präsident und Stellvertreter werden einzeln in geheimer Wahl mit einer Mehrheit von zwei Dritteln der beschlußfähigen Anwesenden gewählt. Kommt in zwei Wahlgängen die erforderliche Mehrheit nicht zustande, so entscheidet die einfache absolute Mehrheit im dritten Wahlgang. (d) Im Falle seiner Verhinderung beauftragt der Präsi-*

dent einen seiner Stellvertreter in vollem Umfang. (e) Die Schriftführer werden mit einfacher Mehrheit gewählt.

*§ 17 **(Ladung)**: Das Präsidium ruft das Studentenparlament turnusgemäß zumindest einmal monatlich im Semester ein. Auf Antrag eines Viertels der Mitglieder oder einer Fachschaft oder des AStA ist eine ordentliche Sitzung einzuberufen. Die Geschäfte werden in den Ferien vom Ferienausschuß wahrgenommen.*

*§ 18 **(Außenvertretung)**: Das Präsidium, insbesondere der Präsident, vertreten das Studentenparlament in der Zeit zwischen den Sitzungen.*

*§ 19 **(Personalentscheidungen)**: Das Studentenparlament beruft die zur Vertretung studentischer Interessen notwendigen Studentenvertreter: (a) es wählt den AStA-Vorstand; (b) es bestätigt die AStA-Referenten; (c) es wählt die Vertreter der Studentenschaft im Senat jeweils auf ein Jahr im halbjährigen Turnus; (d) es wählt auch insbesondere studentische Vertreter für das Studentenwerk, Studentenhaus, den studentischen Schnelldienst, den internationalen Studentenclub, die Herausgeber des diskus und Mitglieder für die Disziplinargerichte der Universität; (e) den Vertrauensdozenten. Die Vertreter haben in den Dingen ihrer Vertretung beratende Stimme im Parlament.*

*§ 20 **(Freies Mandat)**: Die Mitglieder des Studentenparlaments sind an Aufträge nicht gebunden.*

*§ 21 **(Beschlußfähigkeit)**: Das Studentenparlament ist beschlußfähig, wenn mehr als die Hälfte seiner Mitglieder anwesend ist.*

*§ 22 **(Beschlußfassung)**: Die Beschlußfassung erfolgt, soweit die Satzung nicht ein anderes vorschreibt, mit einfacher Mehrheit. Bei Stimmengleichheit gilt ein Antrag als abgelehnt.*

*§ 23 **(Aufhebung eines Beschlusses)**: Soll ein Beschluß des Studentenparlaments aufgehoben werden, so bedarf der Aufhebungsbeschluß einer Mehrheit von zwei Dritteln seiner Mitglieder.*

*§ 24 **(Anfechtung eines Beschlusses)**: Ein Beschluß des Studentenparlaments kann von wenigstens 5% der Studierenden schriftlich binnen zwei Wochen nach Annahme des Beschlusses durch das Studentenparlament angefochten werden, wobei die vorlesungsfreie Zeit nicht mitgerechnet wird. Wird der Beschluß angefochten und hebt das Studentenparlament den Beschluß nicht auf, so ist unverzüglich eine allgemeine Studentenversammlung einzuberufen. Spricht sich die Mehrheit dieser Versammlung gegen den Beschluß des Studentenparlaments aus, so findet eine Urabstimmung aller Studierenden statt. Der Beschluß gilt als aufgehoben, wenn bei einer Beteiligung von mindestens einem Drittel aller Studierenden mehr als die Hälfte der Abstimmenden für die Aufhebung des Beschlusses ist.*

*§ 25 **(Öffentlichkeit)**: Die Sitzungen des Studentenparlaments sind öffentlich. Das Studentenparlament kann für eine Sitzung oder einen Punkt der Tagesordnung den Ausschluß der Öffentlichkeit beschließen.*

*§ 26 **(Geschäftsordnung)**: Das Studentenparlament gibt sich eine Geschäftsordnung.*

IV. DER ÄLTESTENRAT

*§ 27 **(Ältestenrat)**: Der Ältestenrat ist beratendes und ordnendes Organ der Studentenschaft.*

*§ 28 **(Zusammensetzung des Ältestenrats)**: Der Ältestenrat setzt sich zusammen aus drei in der Selbstverwaltung erfahrenen Studenten, die für die Dauer eines Jahres vom Parlament gewählt werden. Mitglieder des Ältestenrats können nicht Angehörige des Studentenparlaments, des AStA oder der Fachschaften sein, doch haben sie auf den Sitzungen dieser Organe beratende Stimme. Die Abberufung von Mitgliedern des Ältestenrats kann mit 2/3-Mehrheit der Mitglieder erfolgen.*

*§ 29 **(Aufgaben)**: Der Ältestenrat entscheidet über Kompetenzstreitigkeiten zwischen den Organen der Studentenschaft.*

*§ 30 **(Veto gegen Parlamentsbeschlüsse)**: Der Ältestenrat kann durch Beschluß ein Veto gegen einen Parlamentsbeschluß einlegen. In diesem Falle muß das Parlament die Angelegenheit erneut beraten und kann einen gültigen Beschluß darüber nur mit der Mehrheit von zwei Dritteln fassen.*

*§ 31 **(Vertretung des Parlaments)**: Dem Ältestenrat obliegt die Vertretung studentischer Interessen, falls kein Parlament und kein AStA bestehen. Insbesondere führt der Ältestenrat in diesem Falle die Neuwahl durch; er kann einen Wahlausschuß damit beauftragen. Besteht nur eines dieser beiden Organe nicht, so obliegt dem Ältestenrat die Kontrolle über das bestehende Organ.*

V. DER ALLGEMEINE STUDENTENAUSSCHUSS

*§ 32 **(Aufgaben)**: Der Allgemeine Studentenausschuß führt die Beschlüsse des Studentenparlaments aus und ist diesem verantwortlich. Er vertritt die Studentenschaft nach außen und in der Universität. Er entsendet seinen Vorsitzenden ergänzend zu den vom Parlament zu wählenden Vertretern in die unter § 19 aufgeführten Organe und Gremien.*

*§ 33 **(Zusammensetzung)**: Der AStA besteht aus dem Vorsitzenden und zwei Stellvertretern.*

*§ 34 **(Aufgaben des Vorsitzenden)**: Der Vorsitzende repräsentiert den AStA. Er ist für die Geschäftsführung des AStA und seiner Referate verantwortlich.*

*§ 35 **(Aufgaben der Stellvertreter)**: Die Stellvertreter vertreten den Vorsitzenden. Im Verhinderungsfalle beauftragt der Vorsitzende einen seiner Stellvertreter mit seiner Vertretung im vollen Umfange.*

*§ 36 **(Finanzen)**: Einer der Stellvertreter übt zugleich die Funktion eines Finanzreferenten aus.*

*§ 37 **(Wahl und Amtszeit)**: Die drei Vorsitzenden werden einzeln für zwei Semester nach dem Modus des § 16 gewählt. Die Amtszeit eines AStA erstreckt sich vom 15.November eines jeden Jahres bis zum 14.November des folgenden Jahres. Werden nach Ablauf eines Semesters von mindestens einem Drittel der satzungsmäßigen Mitglieder des*

Parlaments ein oder mehrere neue Vorsitzende vorgeschlagen, so erfolgt Neuwahl. Die Neuwahl erfolgt jeweils für das Amt, für das ein neuer Kandidat vorgeschlagen ist. Die drei Vorsitzenden können einzeln vom Parlament mit einer Mehrheit von zwei Dritteln abberufen werden.

§ 38 (AStA-Referate): *Zur Durchführung seiner Aufgaben richtet der Vorstand Referate ein. Die Errichtung eines Referates bedarf der Zustimmung des Parlaments.*

§ 39 (Weisungsbindung): *Die Referenten sind dem Vorstand gegenüber verantwortlich und arbeiten nach dessen Weisungen.*

§ 40 (AStA-Referenten und -Sachberarbeiter): *Die Vorsitzenden berufen die Referenten, die einzeln vom Parlament bestätigt werden müssen. Als Referenten können auch Nichtmitglieder des Studentenparlaments bestätigt werden. Referenten, die Nichtmitglieder des Studentenparlaments sind, haben in Parlamentssitzungen Diskussionsrecht. Die Referenten können zu ihrer Unterstützung Sachbearbeiter berufen, die vom AStA zu bestätigen sind. Referenten oder Sachbearbeiter des AStA können einzeln vom Studentenparlament mit einfacher Mehrheit abberufen werden.*

§ 41 (Rücktritt): *Bei Rücktritt des AStA übernimmt das Präsidium des Studentenparlaments dessen Geschäfte bis zur Neuwahl.*

§ 42 (AStA-Geschäfts- und Finanzordnung): *Der AStA gibt sich eine Geschäftsordnung und eine Finanzordnung, die vom Parlament genehmigt werden müssen.*

§ 43 (Haushaltsplan): *Der AStA ist verpflichtet, zu Anfang eines jeden Semesters einen Haushaltsplan aufzustellen. Dieser bedarf der Bewilligung durch das Studentenparlament.*

VI. DIE FACHSCHAFTEN

§ 44 (Fachschaften): *Die Fachschaften vertreten die Interessen der Studierenden ihrer Fakultät. Sie regeln die sie betreffenden Angelegenheiten selbst. Die Studierenden der HfE werden durch eine eigene Fachschaft vertreten.*

§ 45 (Wahlgrundsätze): *Die Mitglieder der Fachschaften werden von allen ordentlichen Studierenden in geheimer und direkter Wahl in den fünf Fachschaften und der HfE gewählt.*

§ 46 (Zusammensetzung der FS): *Jeder Fachschaft stehen die folgenden Vertreter zu: (a) bis 749 Studierende: 5 Vertreter; (b) ab 750 Studierende: 6 Vertreter; (c) ab 1000 Studierende: 7 Vertreter; (d) ab 1500 Studierende: 8 Vertreter; (e) ab 2000 Studierende: 9 Vertreter; (f) über 2500 Studierende: 10 Vertreter. Die Zahnmediziner finden innerhalb der Fachschaft Medizin durch eigene Kandidaten entsprechend ihrer Stärke, mindestens aber mit einem Mandat, Berücksichtigung.*

§ 47 (Amtszeit der FS-Mitglieder): *Die Amtszeit der Fachschaftsmitglieder (auch für die Tätigkeit im Studentenparlament) erstreckt sich auf zwei Semester, einschließlich der Semesterferien, sofern nicht Umstände eintreten, welche die Durchführung einer ordnungsgemäßen neuen Wahl unmöglich machen.*

§ 48 (Wahl des Studentenparlaments und der Fachschaften): *Die Wahl findet in der Weise statt, daß die Hälfte der Mitglieder der Fachschaften am Ende eines jeden Semesters gewählt wird.*

§ 49 (Wahlzeit): *Die Wahl soll in der Vorlesungszeit rechtzeitig vor dem Semesterende abgehalten werden. Sie hat spätestens drei Wochen nach Vorlesungsbeginn des neuen Semesters stattzufinden.*

§ 50 (Auflösung des Parlaments): *Nach Selbstauflösung eines Studentenparlaments findet eine Neuwahl in der Weise statt, daß fachschaftsweise gemäß §§ 46, 49 gewählt wird. Erst nach Gültigkeit der Neuwahl gelten die alten Fachschaften als aufgelöst. Am Ende des ersten Semesters der auf diese Weise gewählten Fachschaften scheidet die Hälfte der Fachschaftsvertreter aus, die bei der Wahl die wenigsten Stimmen erhalten hatte, und wird in der in § 48 vorgeschriebenen Weise ersetzt.*

§ 51 (Ausscheiden): *Scheidet ein Studierender gemäß § 15 aus dem Studentenparlament aus, so verliert er auch das Mandat seiner Fachschaft. Bei Ausscheiden eines Mitglieds vor Ablauf seiner Amtszeit rückt derjenige Kandidat aus derselben Wahlliste, welcher die größte Anzahl von Stimmen nach den gewählten Mitgliedern auf sich vereinigt hatte, nach. Er gilt als neu gewählt; seine Amtszeit dauert jedoch nicht länger als die Amtszeit des Mitglieds, das er ersetzt. Scheiden im Laufe eines Semesters mehr als ein Vertreter einer Fachschaft aus, so bestimmt sich die Dauer der Amtszeit der Ersatzleute nach ihrem Rang bei der Wahl.*

§ 52 (Erforderlichkeitsprinzip): *Die Gültigkeit der Wahl einer Fachschaft wird durch eventuelle Ungültigkeit der Wahl der anderen Fachschaften nicht berührt.*

§ 53 (Personalentscheidungen): *Die Fachschaft wählt für die Dauer eines Semesters den Fachschaftsleiter. Sie wählt für die Dauer eines Jahres möglichst in halbjährigem Turnus studentische Vertreter in die Fakultät. Sie wählt für die Dauer von zwei Semestern studentische Studienberater nach vorheriger Ausschreibung.*

VII. FINANZWIRTSCHAFT

§ 54 (Beitragshoheit): *Zur Erfüllung ihrer Aufgaben erhebt die Studentenschaft von ihren Mitgliedern Beiträge.*

§ 55 (Beitragshöhe): *Die Höhe der Beiträge wird vom Studentenparlament festgesetzt.*

§ 56 (Einzug): *Diese Beiträge werden von der Hochschulkasse gebührenfrei eingezogen.*

§ 57 (Verfügungsgewalt): *Die Verfügungsgewalt über die Einkünfte und das Vermögen der Studentenschaft liegt allein bei deren zuständigen Organen. Zuständig zur Verwaltung und zur Verausgabung der Mittel im Rahmen des Haushaltsplanes und der Finanzordnung ist der AStA.*

§ 58 (Kassenbeirat): *Zur Überprüfung der Finanzgebarung setzt das Parlament einen Kassenbeirat ein.*

*§ 59 **(Finanzordnung):** Alles weitere regelt die Finanzordnung.*

VIII. SATZUNGSÄNDERUNGEN UND INKRAFTTRETEN

*§ 60 **(Änderung der Satzung):** Der Beschluß über eine Änderung dieser Satzung muß vom Studentenparlament mit einer Mehrheit von zwei Dritteln seiner Mitglieder gefaßt werden.*

*§ 61 **(Inkrafttreten):** Die Satzungsänderung tritt in Kraft, wenn sie in der Vorlesungszeit zwei Wochen am schwarzen Brett des AStA angeschlagen war und nicht in diesem Zeitraum gemäß § 24 angefochten wurde. Findet keine Anfechtung statt und ergibt sich bei der Abstimmung in der allgemeinen Studentenversammlung oder bei der geheimen Abstimmung keine Mehrheit für die Aufhebung des Satzungsänderungsbeschlusses, so tritt die Satzungsänderung mit der Bekanntgabe des Abstimmungsergebnisses in Kraft.*

A.2.2. Wahlordnung der Studentenschaft der Johann Wolfgang Goethe-Universität vom 1.12.1953 (amtlich nicht veröffentlicht)

*§ 1 **(Wahlgrundsätze):** Die Wahl für die Studentenvertretung findet auf Grund des allgemeinen, gleichen, direkten und geheimen Stimmrechts statt.*

*§ 2 **(Aktives und passives Wahlrecht):** Wahlberechtigt sind alle ordentlichen Studierenden der Johann Wolfgang Goethe-Universität. Wählbar sind die in Satz 1 Genannten, falls sie bei ihrem Amtsantritt ein Studiensemester in Frankfurt vollendet haben werden. Jeder Kandidat soll vor der Wahl angeben, welcher studentischen Gruppe oder Verbindung er angehört.*

*§ 3 **(Stimmabgabe):** Die Wahl findet fachschaftsweise statt. Zur Kontrolle ist ein Zeichen bei Abgabe des Wahlzettels auf dem Studienausweis anzubringen.*

*§ 4 **(Mandatszahl):** Die Zahl der zu wählenden Vertreter wird durch die Satzung der Studentenschaft bestimmt.*

*§ 5 **(Mandatsverteilung):** Als gewählt gelten die Kandidaten, die die meisten Stimmen auf sich vereinigen.*

*§ 6 **(Auslegung der Kandidatenlisten):** Es sind vom Wahlausschuß nach Fachschaften getrennte Listen zur Einschreibung der sich meldenden Wahlkandidaten mindestens eine Woche vor den Wahlversammlungen der Fachschaften in den Räumen der Studentischen Selbstverwaltung auszulegen.*

*§ 7 **(Vorstellung der Kandidaten):** Wenigstens fünf, höchstens zehn Tage vor der Wahl haben die Vorsitzenden der einzelnen Fachschaften eine Fachschaftsversammlung (Wahlversammlung) einzuberufen, bei der Wahlkandidaten Gelegenheit zu persönlicher Vorstellung zu geben ist und Anfragen von Wahlberechtigten an die Kandidaten gestellt werden können. Mit Abschluß dieser Vollversammlung sind die Listen gemäß § 6 dieser Wahlordnung geschlossen.*

*§ 8 **(Wahlausschuß):** Die Vorbereitung und Durchführung der Wahl obliegt dem Wahlausschuß, der aus den Fachschaftssprechern der sechs Fachschaften und dem stellvertretenden Parlamentspräsidenten besteht. Ist ein Fachschaftssprecher zugleich Kandidat, so muß die Fachschaft zu seiner Stelle ein anderes Mitglied der Fachschaft entsenden.*

*§ 9 **(Wahlbereich):** Der Wahlbereich umfaßt das gesamte Universitätsgelände einschließlich des städtischen Krankenhauses, der außerhalb des Universitätsgeländes gelegenen Institute sowie des Studentenhauses. Die Bestimmungen des Wahlortes innerhalb der Wahlbereiche liegt im Ermessen des Wahlausschusses. Der Wahlort kann nach den Erfordernissen auf Anweisung des Wahlausschusses gewechselt werden. Der Wahlausschuß sorgt für die genaue Kenntlichmachung des Wahlorts. Er sorgt ferner dafür, daß sich der Wahlort an einer allgemein zugänglichen Stelle befindet.*

*§ 10 **(Wahlzeit):** Die Wahlzeit dauert an drei aufeinanderfolgenden, nicht vorlesungsfreien Wochentagen jeweils von mindestens 9 Uhr bis mindestens 16.15 Uhr.*

*§ 11 **(Stimmzettel):** Auf dem Stimmzettel werden die Kandidaten in alphabetischer Reihenfolge aufgeführt.*

*§ 12 **(Stimmabgabe):** Zur Stimmabgabe dürfen nur die vom Wahlausschuß vorbereiteten Wahlzettel benutzt werden. Die Stimmabgabe erfolgt derart, daß der Wahlberechtigte durch Kreuz kenntlich macht, welchem Kandidaten er seine Stimme abgeben will. Stimmenhäufung ist nicht möglich.*

*§ 13 **(Stimmverfahren und ungültige Stimmen):** Auf dem Stimmzettel können jeweils so viele Kandidaten gewählt werden, wie von der betreffenden Fachschaft laut Satzung des Studentenparlamentes zu wählen sind. Stimmzettel, auf denen mehr Kandidaten kenntlich gemacht sind oder die irgendwelche Zusätze enthalten, sind ungültig.*

*§ 14 **(Amtliches Wahlergebnis):** Das Wahlergebnis ist vom Wahlausschuß festzustellen und wird spätestens an dem auf die Wahl folgenden übernächsten nicht vorlesungsfreien Tage durch Aushang an den Brettern der Studentischen Selbstverwaltung bekanntgegeben. Einsprüche gegen die Wahl sind innerhalb von drei nicht vorlesungsfreien Tagen nach Veröffentlichung der Wahlergebnisse an den Wahlausschuß zu richten.*

*§ 15 **(Beteiligungsquorum):** Das Wahlergebnis ist ungültig bei einer Gesamtbeteiligung von weniger als 30% der Gesamtberechtigten.*

*§ 16 **(Wahlprüfungsgericht):** Das Wahlgericht besteht aus einem vom Parlamentspräsidenten ernannten Vertreter, einem vom Rektor zu ernennen-*

den Professor und einem vom Dekan der juristischen Fakultät zu ernennenden Professor des öffentlichen Rechts. Es tritt bei Einsprüchen unverzüglich zusammen.
§ 17 ***(Wahlprüfung):*** *Dem Wahlgericht unterliegt die Prüfung der Einsprüche gegen die Wahl.*
§ 18 ***(Ungültigkeit):*** *Ungültig sind Wahlen, die gegen die Satzung oder die Wahlordnung verstoßen, wenn bei verständiger Würdigung der Sachlage das Wahlgericht der Ansicht ist, daß bei Beachtung der Satzung bzw. der Wahlordnung ein anderes Wahlergebnis wahrscheinlich gewesen wäre.*
§ 19 ***(Wiederholungswahl):*** *Bei der Ungültigkeit der Wahl findet eine Wiederholung innerhalb von 30 nicht vorlesungsfreien Tagen nach Rechtskraft des Urteils statt. Über das bei einer Wiederholungs- oder Nachwahl angewandte Verfahren entscheidet das Wahlgericht unter Berücksichtigung der Grundsätze dieser Wahlordnung. Als vorlesungsfreie Tage im Sinne dieser Wahlordnung gelten außer den Semesterferien nur die Sonntage sowie die gesetzlichen Feiertage.*
§ 20 ***(Anwendung bei Urabstimmung):*** *Bei einer allgemeinen Abstimmung aller Studierenden (Urabstimmung) gemäß § 8 der Satzung ist die Wahlordnung anzuwenden.*
§ 21 ***(Inkrafttreten):*** *Die Wahlordnung tritt am 1.Dezember 1953 in Kraft.*

A.2.3. 1.Hessisches Hochschulgesetz vom 16.5.1966 (Hess.GVBl.I, S.121-152 (1966))

§ 3 ***(Rechtsstellung der Hochschule):*** *...* ***(3)*** *Die akademischen Angelegenheiten sind Selbstverwaltungsangelegenheiten. Sie werden von den zuständigen Hochschulorganen in eigener Verantwortung unter der Rechtsaufsicht des Landes verwaltet (Akademische Verwaltung). Die Rechtsaufsicht beschränkt sich darauf, die gesetz- und satzungsmäßige Erfüllung der den Hochschulen obliegenden Aufgaben zu überwachen.*
§ 33 ***(Rechtsstellung der Studentenschaft): (1)*** *Die Studenten einer Hochschule bilden die Studentenschaft.*
(2) *Die Studentenschaft ist eine rechtsfähige Körperschaft des öffentlichen Rechts und als solche ein Glied der Hochschule.*
(3) *Die Studentenschaft gliedert sich in Fachschaften.*
(4) *Zur Erfüllung ihrer Aufgaben erhebt die Studentenschaft von den Mitgliedern Beiträge.*
(5) *Für die Wirtschaftsführung der Studentenschaft ist jährlich ein Haushaltsplan für das folgende Haushaltsjahr aufzustellen.*
§ 34 ***(Aufgaben der Studentenschaft und der Fachschaften): (1)*** *Die Studentenschaft verwaltet ihre Angelegenheiten selbst. Sie wirkt an der Selbstverwaltung der Hochschule mit.*
(2) *Die Studentenschaft hat folgende Aufgaben:*
1. die Vertretung der Gesamtheit ihrer Mitglieder im Rahmen ihrer gesetzlichen und satzungsmäßigen Befugnisse;
2. die Wahrnehmung der hochschulpolitischen Belange ihrer Mitglieder;
3. die Wahrnehmung der wirtschaftlichen Selbsthilfe der Studenten, soweit sie nicht dem Studentenwerk übertragen ist;
4. die Mitwirkung bei der Studentenförderung;
5. die Förderung der politischen Bildung und des staatsbürgerlichen Verantwortungsbewußtseins der Studenten;
6. die Pflege internationaler Studentenbeziehungen;
7. die Unterstützung der kulturellen und musischen Interessen der Studenten;
8. die Pflege des freiwilligen Studentensports.
(3) *Die Fachschaften sollen zur Förderung aller Studienangelegenheiten beitragen. Sie wirken insbesondere bei der Gestaltung der Studienordnungen und bei der Studienberatung mit.*
§ 36 ***(Satzung der Studentenschaft): (1)*** *Die Studentenschaft gibt sich in einer Urabstimmung eine Satzung. Die Satzung ist angenommen, wenn mindestens die Hälfte der Mitglieder der Studentenschaft an der Urabstimmung teilnimmt und die Mehrheit der Abstimmenden der Satzung zustimmt. Hat im ersten Wahlgang nicht mindestens die Hälfte der Mitglieder der Studentenschaft an der Urabstimmung teilgenommen, so ist in einer zweiten Abstimmung die Satzung angenommen, wenn die Mehrheit der Abstimmenden der Satzung zustimmt. Die Satzung ist dem Senat der Hochschule zur Begutachtung vorzulegen und bedarf der Genehmigung des Kultusministers. Sie wird im Staats-Anzeiger für das Land Hessen veröffentlicht.*
(2) *Die Satzung trifft nähere Bestimmungen insbesondere über:*
1. die Wahl, die Zusammensetzung, die Befugnisse und die Beschlußfähigkeit der Organe der Studentenschaft;
2. die Amtszeit der Mitglieder von Organen der Studentenschaft und den Verlust der Mitgliedschaft;
3. die Bestellung der Studentenschaftsvertreter für die Akademische Verwaltung und den Verwaltungsrat;
4. die Art der Beschlußfassung sowie die Form und Bekanntgabe der Organbeschlüsse;
5. die Festsetzung der Beiträge;
6. die Aufstellung, Verabschiedung und Ausführung des Haushaltsplans.
§ 39 ***(Aufsicht über die Studentenschaft):*** *Die Studentenschaft steht unter der Rechtsaufsicht des Landes. § 3 Abs.3 Satz 3 gilt entsprechend. Die Rechtsaufsicht wird vom Rektor als Aufsichtsbehörde und vom Kultusminister als oberster Aufsichtsbehörde ausgeübt.*

A.2.4. Satzung der Studentenschaft der Johann Wolfgang Goethe-Universität Frankfurt am Main vom 21.12.1966 (Hess.StAnz, S.37-42 (1970))
Die rechtsaufsichtlichen Änderungen (vgl. FN III.28 (Kap.10)) sind im folgenden mit *[...]* eingefügt.

*§ 1 **(Rechtsstellung der Studentenschaft): (1)** Student im Sinne dieser Satzung ist jeder immatrikulierte Studierende der Johann Wolfgang Goethe-Universität zu Frankfurt am Main.*
***(2)** Die Gesamtheit der Studenten bildet die Studentenschaft.*
***(3)** Die Studentenschaft ist eine rechtsfähige Körperschaft des öffentlichen Rechts und als solche ein Glied der Universität. Sie untersteht der Rechtsaufsicht des Landes Hessen.*
*§ 2 **(Aufgaben der Studentenschaft): (1)** Die Studentenschaft verwaltet ihre Angelegenheiten selbst.*
***(2)** Die Studentenschaft ist an der Verwaltung der Universität beteiligt.*
***(3)** [wortgleich mit § 34 Abs.2 HHG v.16.5.1966]*
*§ 3 **(Rechte und Pflichten der Studenten): (1)** Jeder Student hat nach Maßgabe dieser Satzung das Recht, in den Organen der Studentenschaft mitzuwirken, von ihnen gehört zu werden und ihnen Anträge zur Beschlußfassung vorzulegen.*
***(2)** Jeder Student hat das aktive und passive Wahlrecht.*
***(3)** Jeder Student ist verpflichtet, einen Beitrag für die Studentenschaft und das Studentenwerk zu leisten.*
*§ 4 **(Organe der Studentenschaft):** Organe der Studentenschaft sind: 1. das Parlament; 2. der Allgemeine Studentenausschuß; 3. der Ältestenrat.*
*§ 7 **(Urabstimmung): (1)** Durch die Urabstimmung übt die Studentenschaft die oberste beschließende Funktion selbst aus.*
***(2)** Gegenstand einer Urabstimmung kann jede Angelegenheit sein, die der Studentenschaft zur alleinigen Entscheidung übertragen ist oder an deren Entscheidung Vertreter der Studentenschaft beteiligt sind.*
***(3)** Der Haushaltsplan, die Höhe der Beiträge, Wahlen und Entscheidungen des Ältestenrats können nicht Gegenstand einer Urabstimmung sein.*
***(4)** Der in Urabstimmung gefaßte Beschluß bindet alle Organe und Amtsträger der Studentenschaft.*
*§ 8 **(Antrag auf Urabstimmung): (1)** Eine Urabstimmung findet statt: 1. auf schriftlichen Antrag von mindestens 5% der Studenten; 2. auf Beschluß des Parlaments mit der Mehrheit seiner satzungsmäßigen Mitglieder.*
***(2)** Wird ein Antrag auf Aufhebung eines Parlamentsbeschlusses gestellt und hebt das Parlament diesen Beschluß unverzüglich auf, so findet keine Urabstimmung statt.*
*§ 9 **(Beginn der Urabstimmung): (1)** Der Urabstimmung geht eine Versammlung zur Unterrichtung der Studenten über den betreffenden Antrag voraus.*
***(2)** Zu dieser Versammlung werden alle Studenten durch öffentliche Bekanntmachung eingeladen. Die Versammlung wird vom Präsidium des Parlaments einberufen und geleitet.*
*§ 10 **(Termin und Durchführung):** Die Urabstimmung findet spätestens vier Wochen nach Eingang des Antrags auf Urabstimmung beim Allgemeinen Studentenausschuß statt. Der Allgemeine Studentenausschuß führt die Urabstimmung durch.*
*§ 11 **(Gültigkeit der Urabstimmung): (1)** Die Urabstimmung ist gültig, wenn mehr als die Hälfte der Studenten ihre Stimme abgeben und mehr als die Hälfte der abgegebenen [gültigen* (eingefügt)*] Stimmen sich für die Annahme des Antrags aussprechen.*
***(2)** Des Nähere regelt die Wahlordnung.*
*§ 12 **(Studentenparlament):** Das Parlament ist das beschlußfassende Organ der Studentenschaft.*
*§ 13 **(Aufgaben des Parlaments):** Unbeschadet der Bestimmungen des § 7 ist ausschließlich das Parlament zuständig für: 1. [Änderung der Satzung* (gestrichen)*] Erlaß, Änderung und Aufhebung von Ordnungen der Studentenschaft ...; 2. ...; 3. Wahl der Mitglieder des Ältestenrats; 4. ...*
*§ 14 **(Zusammensetzung): (1)** Das Parlament setzt sich zusammen aus: 1. 22 Mitgliedern, die nach den Grundsätzen des Verhältniswahlrechts in allgemeiner, freier, gleicher, unmittelbarer und geheimer Wahl für ein Jahr gewählt werden; 2. sechs Mitgliedern, die von den Fachschaftsräten für die Dauer der Legislaturperiode zu wählen sind.*
***(2)** Der Rektor oder ein von ihm ernannter Vertreter und der Kanzler (Kurator) sind berechtigt, an den Sitzungen des Parlaments beratend teilzunehmen.*
*§ 15 **(Wahl des Parlaments): (1)** Die Mitglieder des Parlaments gemäß § 14 (1) 1. werden über Listen gewählt.*
***(2)** Listen sind Zählgemeinschaften von mindestens drei Kandidaten, die sich mit gleichem Programm unter einheitlicher Bezeichnung zur Wahl stellen.*
***(3)** Das Nähere regelt die Wahlordnung.*
*§ 18 **(Vorzeitiges Ausscheiden):** Ein Mitglied des Parlaments scheidet vorzeitig aus seinem Amte aus: 1. durch Abgang von der Universität; 2. durch Verzicht, der dem Präsidium schriftlich mitzuteilen ist; 3. durch Entzug seiner Mitgliedschaft auf Entscheidung des Ältestenrats.*
*§ 19 **(Nachrücken): (1)** Scheidet ein Mitglied des Parlaments vorzeitig aus, so rückt derjenige Kandidat aus derselben Wahlliste nach, welcher die nächsthöchste Stimmenzahl hat.*
***(2)** Ist die Liste erschöpft, so bleibt der Sitz unbesetzt.*
***(3)** Eine Nachwahl findet nicht statt.*
*§ 20 **(Auflösung):** Das Parlament kann mit einer Mehrheit von zwei Dritteln seiner satzungsmäßigen Mitglieder seine Auflösung beschließen. In diesem*

Fall hat der Allgemeine Studentenausschuß unverzüglich eine Neuwahl durchzuführen.

*§ 24 **(Fernbleiben von Sitzungen):** Das Präsidium ist verpflichtet, nach dreimaligem Fernbleiben eines Mitglieds von den Sitzungen des Parlaments einen Antrag beim Ältestenrat auf Aberkennung des Sitzes zustellen.*

*§ 43 **(Ältestenrat): (1)** Der Ältestenrat besteht aus drei Studenten, die keinem anderen Organ der Studentenschaft angehören dürfen; auch die Wahl von Vertretern der Studentenschaft ist unzulässig.*

***(2)** Eines der Mitglieder des Ältestenrats soll der juristischen Fachschaft angehören.*

*§ 44 **(Entscheidung des Ältestenrats): (1)** Der Ältestenrat entscheidet über die Gültigkeit angefochtener Urabstimmungen und Parlamentswahlen. Die Anfechtung hat keine aufschiebende Wirkung.*

***(2)** Auf Antrag eines jeden Studenten muß der Ältestenrat über die Satzungsmäßigkeit eines Beschlusses entscheiden.*

***(3)** Stellt der Ältestenrat die Satzungswidrigkeit eines Beschlusses fest, so ist dieser aufgehoben.*

*§ 46 **(Wahl und Amtszeit des Ältestenrats): (1)** Die Amtszeit der Mitglieder des Ältestenrats beginnt am 15.November eines Jahres und endet am 14.November des nächsten Jahres.*

***(2)** Mitglieder des Ältestenrats werden jeweils auf der letzten Sitzung in der Amtszeit eines Parlaments mit der Mehrheit von zwei Dritteln der satzungsmäßigen Mitglieder gewählt.*

***(3)** Die Amtszeit der Mitglieder des Ältestenrats endet vorzeitig durch Abgang von der Universität oder schriftlichen Verzicht. Eine Abwahl durch das Parlament ist unzulässig.*

*§ 47 **(Entscheidungsmodus): (1)** Der Ältestenrat entscheidet mit der Mehrheit von zwei Dritteln seiner Mitglieder.*

***(2)** Entscheidungen des Ältestenrats sind mit einer Rechtsmittelbelehrung zu versehen [*statt: *Gegen Entscheidungen des Ältestenrats kann binnen vier Wochen Rechtsaufsichtsbeschwerde beim Rektor der Johann Wolfgang Goethe-Universität eingelegt werden. Weitere Rechtsaufsichtsbeschwerde ist beim Kultusminister gegeben].*

*§ 48 **(Fachschaften): (1)** Die Studentenschaft gliedert sich in: 1. die juristische Fachschaft; 2. die medizinischen Fachschaften (vorklinische, klinische und zahnmedizinische); 3. die geisteswissenschaftlichen Fachschaften; 4. die naturwissenschaftlichen Fachschaften; 5. die wirtschafts- und sozialwissenschaftlichen Fachschaften; 6. die erziehungswissenschaftlichen Fachschaften (AfE).*

***(2)** Auf begründeten Antrag des Fachschaftsrats oder von mindestens 100 Studenten einer Fachrichtung kann das Parlament einer Fachrichtung den Status einer Fachschaft zuerkennen, indem es die vorläufige Fachschaftsordnung genehmigt.*

*§ 49 **(Mitgliedschaft in einer Fachschaft): (1)** Jeder Student ist entsprechend seinem Hauptstudienfach Mitglied der betreffenden Fachschaft [*statt: *Jeder Student ist je nach der Zusammenstellung seiner Studienfächer Mitglied einer oder mehrerer Fachschaften].*

***(2)** Das passive Wahlrecht kann er nur in einer Fachschaft wahrnehmen.*

*§ 51 **(Fachschaftsordnung): (1)** Jede Fachschaft gibt sich eine Fachschaftsordnung, die vom Parlament zu genehmigen ist.*

***(2)** Die Fachschaftsordnung muß Bestimmungen enthalten über: 1. die Zahl der zu wählenden Fachschafts- und Institutsvertreter; 2. das anzuwendende Wahlverfahren; 3. die Regelung der Fachschaftsarbeit; 4. die Änderung der Fachschaftsordnung.*

*§ 53 **(Fachschaftsrat): (1)** Die Fachschafts- und Institutsvertreter einer Fakultät (bzw. AfE) bilden einen Fachschaftsrat.*

***(2)** Ihm obliegt die Vertretung der gemeinsamen Interessen der Studenten einer Fakultät (bzw. AfE) innerhalb der Studentenschaft sowie gegenüber dem Dekan (bzw. dem Vorsitzenden der AfE) und den Beschlußgremien der Fakultät (bzw. AfE). Im übrigen koordiniert er die Arbeit seiner Fachschaften.*

***(3)** Der Fachschaftsrat tritt mindestens alle vier Wochen im Semester zusammen. Im Fachschaftsrat hat jede Fachschaft zwei Stimmen.*

***(4)** Auf seinen Sitzungen findet die Geschäftsordnung des Parlaments sinngemäß Anwendung.*

***(5)** Der Fachschaftsrat wählt seinen Parlamentsvertreter für die Dauer der parlamentarischen Legislaturperiode.*

*§ 62 **(Änderung der Satzung):** [*gestrichen: ***(1)** Diese Satzung kann vom Parlament der Studentenschaft mit der Mehrheit von zwei Dritteln seiner satzungsmäßigen Mitglieder geändert werden.*

***(2)** Die Änderung ist dem Senat der Universität zur Begutachtung vorzulegen und bedarf der Genehmigung des Kultusministers des Landes Hessen.]*

A.2.5. Wahlordnung der Studentenschaft der Johann Wolfgang Goethe-Universität vom 21.12.1966 (Hess.StAnz, S.42-43 (1970))

*§ 1 **(Wahlausschuß):** Die Vorbereitung und Durchführung der Wahl obliegt einem vom Parlament einzusetzenden Wahlausschuß.*

*§ 2 **(Wahlbereich):*** [entsprechend dem § 9 der WO v.1.12.1953]

*§ 3 **(Wahltermin):** Die Wahl findet Anfang des Wintersemesters statt. Der genaue Termin wird vom Parlament beschlossen und mindestens 20 nicht vorlesungsfreie Tage vorher bekanntgegeben.*

*§ 4 **(Wahlzeit):** Die Wahlzeit dauert an mindestens drei, höchstens jedoch fünf aufeinanderfolgenden nicht vorlesungsfreien Tagen von mindestens 10 Uhr bis mindestens 16 Uhr.*

*§ 5 **(Listenzulassung)**: **(1)** Listen, die nicht mit mindestens drei Mandaten bereits im alten Parlament vertreten waren, können nur dann zur Wahl zugelassen werden, wenn sich mindestens 50 Wahlberechtigte durch ihre Unterschrift und unter Angabe ihrer vollständigen Adresse für die Zulassung der Liste ausgesprochen haben.*

***(2)** Der Wahlausschuß ist verpflichtet, die Ordnungsmäßigkeit des Antrages und der Unterschriften nachzuprüfen.*

***(3)** Die Listen müssen spätestens zehn nicht vorlesungsfreie Tage vor dem ersten Wahltag beim Wahlausschuß eingereicht sein.*

*§ 6 **(Stimmzettel)**: Zur Stimmabgabe dürfen nur die vom Wahlausschuß vorbereiteten Stimmzettel benutzt werden.*

*§ 7 **(Stimmabgabe)**: **(1)** Die Stimmabgabe erfolgt derart, daß der Wahlberechtigte durch Kreuz kenntlich macht, welcher Liste er seine Stimme gibt (Listenstimme).*

***(2)** Innerhalb der gewählten Liste kann der Wähler bis zu drei Kandidaten ankreuzen (Kandidatenstimme).*

***(3)** Wähler, die von ihren Kandidatenstimmen keinen Gebrauch machen, sind mit der vorgegebenen Kandidatenrangfolge einverstanden.*

*§ 8 **(Ungültige Stimmen)**: Wahlzettel, auf denen mehr als eine Liste angekreuzt ist oder die irgendwelche Zusätze enthalten, sind ungültig.*

*§ 9 **(Mandatsverteilung auf die Listen)**: Die Mandatsverteilung auf die Listen erfolgt durch Auswertung der Listenstimmen nach dem Höchstzahlverfahren von d'Hondt.*

*§ 10 **(Mandatsverteilung innerhalb der Listen)**: **(1)** Erhält eine Liste nach § 9 x Sitze zugeteilt, so erhält jeder der x ersten Kandidaten des Listenvorschlags jeweils so viel Stimmen, wie die Liste Wähler hat, die nach § 7 (3) von ihren Kandidatenstimmen keinen Gebrauch machten.*

***(2)** Abgegebene Kandidatenstimmen zählen für den entsprechenden Kandidaten.*

***(3)** Die Kandidatenrangfolge wird nach der Höchstzahl der Summe der aus (1) und (2) auf sie entfallenden Stimmen neu geordnet. Die x ersten Kandidaten dieser Rangfolge sind gewählt.*

*§ 11 **(Amtliches Wahlergebnis)**: Das Wahlergebnis ist vom Wahlausschuß festzustellen und wird spätestens an dem auf diese Wahl folgenden Montag durch Aushang an den Schwarzen Brettern der Studentenschaft bekanntgegeben.*

*§ 12 **(Wahlprüfung)**: **(1)** Anfechtungen einer Wahl sind innerhalb von zehn Tagen nach Veröffentlichung des Wahlergebnisses an den Ältestenrat zu richten.*

***(2)** Der Ältestenrat entscheidet über die Gültigkeit angefochtener Parlamentswahlen.*

*§ 13 **(Ungültigkeit)**: **(1)** Der Ältestenrat hat eine angefochtene Wahl für ungültig zu erklären, wenn er bei verständiger Würdigung der Sachlage zu der Ansicht gelangt, daß bei genauer Beachtung der Satzung bzw. der Wahlordnung ein anderes Wahlergebnis wahrscheinlich gewesen wäre.*

***(2)** Erklärt der Ältestenrat eine Wahl für ungültig, so ist diese Entscheidung unverzüglich bekanntzugeben.*

*§ 14 **(Wiederholungswahl)**: Bei Ungültigkeit einer Wahl findet eine Wiederholung innerhalb von 30 nicht vorlesungsfreien Tagen nach Bekanntgabe gemäß § 13 (2) statt.*

*§ 15 **(Vorlesungsfreie Tage)**: Als vorlesungsfreie Tage gelten im Sinne dieser Wahlordnung außer den Semesterferien nur die Sonntage sowie die gesetzlichen Feiertage.*

*§ 16 **(Anwendung bei Urabstimmung)**: Für eine Urabstimmung gelten die §§ 2, 6, 8, 12-15 entsprechend.*

*§ 17 **(Änderung der Wahlordnung)**: **(1)** Änderungen der Wahlordnung müssen mit einer Mehrheit von zwei Dritteln der satzungsmäßigen Mitglieder vom Parlament beschlossen werden.*

***(2)** Änderungen der Wahlordnung treten frühestens 90 Tage nach Beschlußfassung durch das Parlament in Kraft.*

A.2.6. 2.Hessisches Hochschulgesetz vom 12.5.1970 (Hess.GVBl.I, S.315-323 (1970))

*§ 22 **(Technische Vorbereitung der Wahlen)**: **(1)** Zur Vorbereitung der Wahlen zu den zentralen Organen der Hochschule, den Organen der Fachbereiche, der Studentenschaft und der Fachschaften führt der leitende Verwaltungsbeamte der Hochschule Verzeichnisse der Personen, die in den jeweiligen Gruppen oder zu den jeweiligen Organen wahlberechtigt sind.*

***(2)** Soweit die Feststellung des Wahlrechts eine Erklärung des Wahlberechtigten darüber voraussetzt, in welchem von mehreren Fachbereichen er sein Wahlrecht ausüben will, kann eine Eintragung in das Wählerverzeichnis erst erfolgen, wenn diese Erklärung abgegeben ist. Bis dahin ruht das Wahlrecht. Die Entscheidung des Wahlberechtigten, in welchem Fachbereich er sein Wahlrecht ausüben will, kann nur zu Beginn eines neuen Studienjahres geändert werden.*

***(3)** Jedes Mitglied der Hochschule ist berechtigt, die Wählerverzeichnisse einzusehen.*

***(4)** Den Wahlvorständen werden Ausfertigungen der Wählerverzeichnisse erteilt.*

***(5)** Die Wahlberechtigten sind von ihrer Eintragung in das Wählerverzeichnis zu benachrichtigen. Die Wahlordnung kann bestimmen, daß die Wahlberechtigung durch Vorlage der Benachrichtigung nach Satz 1 nachzuweisen ist.*

***(6)** Für Studenten kann die Ausgabe der Benachrichtigung über die Eintragung in die Wählerverzeichnisse mit der Bestätigung der Immatrikulation oder Rückmeldung verbunden werden.*

(7) Der leitende Verwaltungsbeamte der Hochschule sorgt für den Druck der Wahlbekanntmachung und der Stimmzettel.

§ 26 (Rechtsstellung der Studentenschaft): [bis auf redaktionelle Änderungen identisch mit § 33 HHG v.16.5.1966]

§ 27 (Aufgaben der Studentenschaft und der Fachschaften): [bis auf redaktionelle Änderungen identisch mit § 34 HHG v.16.5.1966]

§ 28 (Organe der Studentenschaft): (1) *Organe der Studentenschaft sind: 1. das Studentenparlament; 2. der Allgemeine Studentenausschuß; 3. der Ältestenrat.*

(2) *Die Satzung der Studentenschaft kann weitere Organe vorsehen.*

§ 29 (Satzung der Studentenschaft): [im Kern, zusammen mit § 36 Abs.1 Nr.1 HHG: § 36 HHG v.16.5.1966]

(4) *Die Satzung trifft insbesondere nähere Bestimmungen über: 1. die Wahl, die Zusammensetzung und die Beschlußfähigkeit der Organe der Studentenschaft; 2. die Amtszeit der Mitglieder von Organen der Studentenschaft und den Verlust der Mitgliedschaft; 3. die Art der Beschlußfassung sowie die Form und Bekanntgabe der Organbeschlüsse; 4. ...*

§ 30 (Allgemeiner Studentenausschuß): [an das neue HHG v.12.5.1970 angepaßte Formulierung des § 37 HHG v.16.5.1966]

§ 31 (Aufgaben des Ältestenrats): (1) *Der Ältestenrat wirkt darauf hin, daß die Studentenschaft ihre Aufgaben im Einklang mit den Gesetzen, den Satzungen und anderen Vorschriften erfüllt.*

(2) *Der Ältestenrat entscheidet über die Gültigkeit angefochtener Urabstimmungen und Wahlen zum Studentenparlament sowie über die Satzungsmäßigkeit von Beschlüssen des Studentenparlaments oder des Allgemeinen Studentenausschusses. Die Satzung der Studentenschaft kann nähere Regelungen treffen und dem Ältestenrat weitere Befugnisse übertragen. § 35 bleibt unberührt.*

§ 32 (Zusammensetzung des ÄR): *Der Ältestenrat besteht aus mindestens drei Studenten, die keinen anderen Organen der Studentenschaft angehören dürfen. Das Nähere regelt die Satzung der Studentenschaft.*

§ 35 (Aufsicht über die Studentenschaft): *Die Studentenschaft steht unter der Rechtsaufsicht des Landes. Die Rechtsaufsicht wird vom Präsidenten (Rektor) als Aufsichtsbehörde und vom Kultusminister als oberster Rechtsaufsichtsbehörde ausgeübt. §§ 37 und 38 finden entsprechende Anwendung.*

§ 36 (Rechtsaufsichtliche Genehmigung): (1) *Soweit die Gesetze nach § 39 keine besondere Regelung treffen, bedürfen der Genehmigung des Kultusministers: 1. ...; 2. die Satzungen der Studentenschaften; 3. ...*

(2) *Die Genehmigung kann aus rechtlichen Gründen versagt werden. ...*

(3) *Die in Abs.1 Nr.1 und 2 genannten Vorschriften sind im Staats-Anzeiger für das Land Hessen zu veröffentlichen ... .*

§ 37 (Auskunftsrecht): *Der Kultusminister kann von den Hochschulen Auskunft über einzelne Angelegenheiten verlangen.*

§ 38 (Rechtsaufsicht): (1) *Der Kultusminister kann Beschlüsse und Maßnahmen, die das Recht verletzen, beanstanden und ihre Aufhebung oder Änderung verlangen. Die Beanstandung hat aufschiebende Wirkung. Der Kultusminister kann Beschlüsse und Maßnahmen, die das Recht verletzen, aufheben.*

(2) *Erfüllen die Organe des Landeshochschulverbands, die zentralen Organe der Hochschulen oder die Fachbereiche die ihnen obliegenden Pflichten nicht, so kann der Kultusminister anordnen, daß sie innerhalb einer zu bestimmenden angemessenen Frist das Erforderliche veranlassen. Kommen sie der Anordnung nicht innerhalb der festgesetzten Frist nach, so kann der Kultusminister die notwendigen Maßnahmen an ihrer Stelle treffen, insbesondere auch die erforderlichen Vorschriften erlassen.*

(3) *Soweit die Befugnisse nach Abs.2 nicht ausreichen, kann der Kultusminister Beauftragte bestellen, die die Befugnisse von Organen und Fachbereichen oder einzelner Mitglieder von Organen und Fachbereichen ausüben.*

A.2.7. (Rechtsungültige) Satzung der Studentenschaft der Johann Wolfgang Goethe-Universität Frankfurt am Main vom 6.6.1972 (amtlich veröffentlicht vom AStA anläßlich der Urabstimmung am 12.6.1972)

§ 1 (Rechtsstellung der Studentenschaft): (1) *Student im Sinne dieser Satzung ist jeder immatrikulierte Studierende der Johann Wolfgang Goethe-Universität Frankfurt am Main.*

(2) *Die Gesamtheit der Studenten bildet die Studentenschaft.*

(3) *Die Studentenschaft ist gemäß § 26 Abs.2 HHG eine Körperschaft des öffentlichen Rechts und als solche Glied der Universität.*

§ 2 (Rechte und Pflichten der Studenten): (1) *Jeder Student hat das Recht, nach Maßgabe dieser Satzung in den Organen der Studentenschaft mitzuwirken.*

(2) *Jeder Student hat das aktive und passive Wahlrecht, soweit diese Satzung nichts anderes bestimmt.*

(3) *...* ***(4)*** *...*

§ 7 (Zusammensetzung und Amtszeit des Studentenparlaments): (1) *Das Parlament setzt sich zusammen aus: 1. 22 Mitgliedern, die nach den Grundsätzen der Verhältniswahl in allgemeiner, freier, gleicher, unmittelbarer und geheimer Wahl* *für die Dauer eines Jahres gewählt werden; 2. sechs Mitgliedern, die von den Fachschaftsräten für die Dauer einer Legislaturperiode gewählt werden.*

(2) *Die Amtszeit des Parlaments beginnt am 1.Dezember und endet am 30.November des folgenden Jahres. Die Amtszeit des Parlaments verlängert sich über den 30.November hinaus, wenn bis dahin kein neues Parlament gültig gewählt ist.*

§ 14 (Wahl des Parlaments): (1) *Die Vorbereitung und Durchführung der Wahl obliegt einem vom Parlament einzusetzenden Wahlausschuß. Die Wahlen erfolgen auf Universitätsebene, unabhängig von der Fachschaftsgliederung der Studentenschaft.*

(2) *Die Wahl findet Anfang des Wintersemesters statt. Der genaue Termin der Wahl wird vom Parlament beschlossen und vom Kanzler mindestens drei Wochen vorher angekündigt. Die Wahl wird an mindestens drei aufeinanderfolgenden nicht vorlesungsfreien Tagen in der Zeit von 10-16 Uhr durchgeführt. Die Wahlzeit sowie die Standorte der Wahllokale bestimmt der Wahlausschuß, der sie spätestens eine Woche vor der Wahl bekanntgibt und genau kenntlich macht.*

(3) *Wahlvorschläge müssen spätestens zwei Wochen vor der Wahl beim Wahlausschuß eingereicht werden. Ein Wahlvorschlag besteht aus einer Liste von mindestens drei Kandidaten mit festgelegter Reihenfolge, die sich mit einheitlichem Programm unter einheitlicher Bezeichnung zur Wahl stellen. Listen, die nicht bereits im alten Parlament vertreten waren, können nur dann zur Wahl zugelassen werden, wenn mindestens 50 Wahlberechtigte durch Unterschrift und Angabe ihrer vollständigen Adresse und Fachbereichszugehörigkeit den Wahlvorschlag unterstützen. Der Wahlausschuß ist zur Überprüfung der Angaben verpflichtet.*

(4) *Zur Stimmabgabe dürfen nur die vom Wahlausschuß in Zusammenarbeit mit dem Kanzler vorbereiteten Stimmzettel verwendet werden. Die Wahlberechtigung wird bei der Ausgabe der Stimmzettel anhand des Wählerverzeichnisses überprüft. Die Stimmabgabe erfolgt durch Ankreuzen eines Wahlvorschlags in dem dafür vorgesehenen Feld. Die Stimmabgabe ist gültig, wenn der Wille des Wählers eindeutig erkennbar ist. Bestehen Zweifel an der Gültigkeit der Stimmen, so entscheidet der Wahlausschuß.*

(5) *Das Öffnen der Urnen und die Auszählung der Stimmen erfolgen unter Zulassung der Öffentlichkeit. Das Wahlergebnis ist vom Wahlausschuß festzustellen und wird spätestens an dem der Wahl folgenden Montag an den Brettern der Studentenschaft und der Fachschaften bekanntgegeben. Die Mandatsverteilung auf die Listen erfolgt nach dem d'Hondtschen Höchstzahlverfahren.*

(6) *Anfechtungen können sich nur auf die ordnungsgemäße Durchführung der Wahl beziehen. Sie müssen spätestens sieben Tage nach Bekanntgabe des Wahlergebnisses schriftlich beim Ältestenrat eingereicht werden. Über die Gültigkeit der Wahl entscheidet der Ältestenrat. Bei Ungültigkeit der Wahl findet eine Wiederholung innerhalb von 30 Tagen nach Bekanntgabe der Entscheidung des Ältestenrats statt.*

(7) *Das Nähere regelt die Wahldurchführungsordnung.*

§ 18 (Aufgaben des Ältestenrats): (1) *Der Ältestenrat entscheidet über die Zulässigkeit von Urabstimmungen und deren Anfechtung sowie die Anfechtung von Parlamentswahlen.*

(2) *...* ***(3)*** *...*

§ 19 (Zusammensetzung und Amtszeit des ÄR): ***(1)*** *Der Ältestenrat besteht aus drei Studenten, die keinem anderen Organ der Studentenschaft angehören dürfen; auch die Wahl von Vertretern der Studentenschaft ist unzulässig.* ***(2)*** *...*

(3) *Die Mitglieder des Ältestenrats werden vom Parlament auf der letzten Sitzung der Legislaturperiode mit der Mehrheit von zwei Dritteln der satzungsmäßigen Mitglieder gewählt.*

(4) *Die Amtszeit endet vorzeitig: 1. durch Abgang von der Universität; 2. durch schriftlichen Verzicht. Eine Abwahl durch das Parlament ist unzulässig.*

§ 20 (Entscheidungsmodus): (1) *Der Ältestenrat entscheidet mit der Mehrheit von mindestens zwei seiner Mitglieder.*

(2) *Gegen Entscheidungen des Ältestenrats kann binnen vier Wochen Rechtsaufsichtsbeschwerde beim Universitätspräsidenten eingelegt werden. Weitere Rechtsaufsichtsbeschwerde ist beim Hessischen Kultusminister gegeben.*

§ 21 (Fachschaften): (1) *Die Studenten eines Fachbereichs bilden eine Fachschaft.*

(2) *Jeder Student ist entsprechend seiner Fachbereichszugehörigkeit Mitglied einer oder mehrerer Fachschaften.*

(3) *Das passive Wahlrecht darf nur in einem Fachbereich wahrgenommen werden.*

§ 24 (Organe der Fachschaft): *Die Organe der Fachschaften sind: 1. die Fachschaftsvollversammlung; 2. die Fachschaftsvertretung. Weitere Organe können in der Fachschaftsordnung vorgesehen werden.*

§ 25 (Fachschaftsvollversammlung): (1) *Die Fachschaftsvollversammlung ist das oberste Informations-, Willensbildungs- und Beschlußorgan der Fachschaften. Die Vollversammlung muß mindestens vier Vorlesungstage vorher angekündigt werden. Beschlüsse werden mit einfacher Mehrheit gefaßt. Stimmberechtigt sind alle Mitglieder der Fachschaft nach § 21 (2).*

(2) *Die Fachschaftsordnung sieht Bestimmungen vor über Einberufung und Beschlußfähigkeit der Vollversammlung.*

§ 26 (Fachschaftsvertretung): (1) *Die Fachschaftsvertretung ist das ausführende Organ der Fachschaft. Sie ist an die Beschlüsse der Vollversammlung gebunden. Die Wahl der Fachschaftsvertretung findet mindestens einmal im Studienjahr statt. Die Fachschaftsvertretung ist verpflichtet, mindestens einmal im Semester über ihre Tätigkeit*

Rechenschaft abzulegen. Die Fachschaftsvertretung ist von der Vollversammlung jederzeit abwählbar. Eine Neuwahl ist unverzüglich durchzuführen.
(2) *Die Fachschaftsordnung sieht Bestimmungen vor über die Zahl der zu wählenden Mitglieder der Fachschaftsvertretung.*
§ 27 ***(Fachschaftsrat): (1)*** *Die Fachschaften werden den folgenden Fachschaftsräten zugeordnet: 1. die Fachschaft Jura bildet den Fachschaftsrat Jura; 2. die Fachschaft Wirtschaftswissenschaften bildet den Fachschaftsrat Wirtschaftswissenschaften; 3. die Fachschaften der Fachbereiche 3, 5 bis 8, 11 bilden den Fachschaftsrat Geisteswissenschaften; 4. die Fachschaften der Fachbereiche 4, 9, 10 bilden den Fachschaftsrat Erziehungswissenschaften und Philologien; 5. die Fachschaften der Fachbereiche 12 bis 18 bilden den Fachschaftsrat Naturwissenschaften; 6. die Fachschaft Humanmedizin bildet den Fachschaftsrat Humanmedizin.*
(2) *bis* ***(4)*** *...*
(5) *Der Fachschaftsrat wählt einen Parlamentsvertreter.* ***(6)*** *...*
§ 28 ***(Fachschaftsordnung): (1)*** *Jede Fachschaft gibt sich eine Fachschaftsordnung, die mit der Mehrheit einer beschlußfähigen Vollversammlung zu beschließen und zu genehmigen ist.*
(2) *Änderungen der Fachschaftsordnung sind mit Zweidrittelmehrheit einer beschlußfähigen Vollversammlung möglich.*
§ 29 ***(Wahl der Fachschaftsvertretung): (1)*** *Zur Vorbereitung und Durchführung der Wahl wird von der amtierenden Fachschaftsvertretung ein Wahlausschuß gebildet. Er führt die Wahl in Zusammenarbeit mit dem Kanzler durch.*
(2) *Die Fachschaftsvertretung soll in direkter und geheimer Wahl von den auf einer beschlußfähigen Fachschaftsvollversammlung anwesenden stimmberechtigten Studenten gewählt werden. Die Stimmberechtigung nach § 21 (2) wird bei der Ausgabe der Stimmzettel vom Wahlausschuß anhand des Wählerverzeichnisses überprüft. Zur Stimmabgabe dürfen nur die vom Wahlausschuß vorbereiteten Stimmzettel verwendet werden.*
(3) *Der Wahlausschuß veranlaßt die Bekanntgabe der Wahl durch den Kanzler so rechtzeitig, daß die Wahlbekanntmachung an mindestens fünf Vorlesungstagen vor der Wahl aushängt. Der Wahlausschuß veranlaßt weiterhin, daß die Lehrveranstaltungen des Fachbereichs zur Zeit der Vollversammlungen entfallen.*
(4) *Wahlvorschläge werden zu Beginn der Vollversammlung beim Wahlausschuß eingereicht. Die Entscheidung über das anzuwendende Wahlverfahren trifft die Vollversammlung.*
(5) *Anfechtungen einer Wahl können innerhalb einer Woche nach Bekanntgabe des Wahlergebnisses beim Wahlausschuß eingereicht werden. Über die Gültigkeit einer angefochtenen Wahl entscheidet der Ältestenrat.*
(6) *Abweichende Wahlverfahren sollen begründet werden und bedürfen der Genehmigung durch das Parlament.*
(7) *Das Nähere regelt die Fachschaftsordnung.*

A.2.8. Rechtsaufsichtlich erlassene vorläufige Satzung der Studentenschaft der Johann Wolfgang Goethe-Universität Frankfurt am Main (§ 38 Abs.2 S.2 i.V.m. § 35 HHG) v.10.11.1972 (Hess.StAnz, S.1994-1997 (1972))

§ 1 ***(Rechtsstellung der Studentenschaft):*** [identisch mit § 1 StS v.6.6.1972]
§ 2 ***(Rechte und Pflichten der Studenten): (1), (2)*** [identisch mit § 2 (1), (2) StS v.6.6.1972]
§ 6 ***(Aufgaben des Parlaments):*** *Das Parlament entscheidet über alle Angelegenheiten der Studentenschaft, soweit diese Satzung nichts anderes vorsieht, insbesondere über: 1. bis 5. ...; 6. Erlaß, Änderung und Aufhebung von Ordnungen der Studentenschaft; 7. bis 9. ...; 10. Verfahrensordnung für eine Urabstimmung.*
§ 7 ***(Zusammensetzung und Amtszeit des Studentenparlaments): (1)*** *Das Parlament setzt sich zusammen aus 22 Mitgliedern, die nach den Grundsätzen der Verhältniswahl in allgemeiner, freier, gleicher, unmittelbarer und geheimer Wahl für die Dauer eines Jahres gewählt werden.*
(2) *Die Amtszeit des Parlaments beginnt am 1.Januar und endet am 31.Dezember desselben Jahres. Die Amtszeit des Parlaments verlängert sich über diesen Zeitraum hinaus, wenn bis dahin kein neues Parlament gewählt ist, jedoch höchstens um ein halbes Jahr.*
§ 14 ***(Wahl des Parlaments): (1)*** *Die Vorbereitung und Durchführung der Wahl obliegt einem vom Parlament zu wählenden Wahlausschuß. Wer dem Wahlausschuß angehört, kann nicht selbst zur Wahl kandidieren. Die Wahlen erfolgen auf Universitätsebene, unabhängig von der Fachschaftsgliederung der Studentenschaft. Alle Mitglieder der Studentenschaft haben das aktive und das passive Wahlrecht, das passive Wahlrecht mit Ausnahme der Angehörigen des Wahlausschusses.*
(2) *Die Wahl findet in der Regel im Dezember statt. Der genaue Termin der Wahl wird vom Parlament im Einvernehmen mit dem Kanzler beschlossen und von diesem mindestens drei Wochen vorher angekündigt. Die Wahl wird an drei aufeinanderfolgenden, nicht vorlesungsfreien Tagen durchgeführt. In dieser Zeit müssen die Wahllokale mindestens 18 Stunden geöffnet sein. Wahlzeiten sowie die Standorte der Wahllokale bestimmt der Wahlausschuß, der sie mindestens eine Woche vor der Wahl bekannt gibt.*
(3) [identisch mit § 14 (3) StS v.6.6.1972]
(4) *Zur Stimmabgabe dürfen nur die vom Wahlausschuß im Einvernehmen mit dem Kanzler vorberei-*

teten Stimmzettel verwendet werden. Die Wahlberechtigung wird bei der Ausgabe der Stimmzettel anhand des Wählerverzeichnisses und des Studentenausweises oder eines Personalausweises überprüft. Die Stimmabgabe erfolgt durch Ankreuzen eines Wahlvorschlags in dem dafür vorgesehenen Feld. Die Stimmabgabe ist gültig, wenn der Wille des Wählers eindeutig erkennbar ist. Bestehen Zweifel an der Gültigkeit der Stimmen, so entscheidet der Wahlausschuß.

(5) [identisch mit § 14 (5) StS v.6.6.1972]

(6) [identisch mit § 14 (6) StS v.6.6.1972]

(7) *Briefwahl ist zulässig. ...*

(8) *Im übrigen gelten die §§ 4, 8 Abs.1, 8 Abs.4 bis 7, 9, 10, 12 bis 23 der Wahlordnung für die Wahlen der wissenschaftlichen Mitarbeiter zum Senat der Johann Wolfgang Goethe-Universität v.25.11. 1971 entsprechend. Nach deren Außerkrafttreten ist die Wahlordnung der Universität für den Konvent, die Fachbereichskonferenzen und die wissenschaftlichen Mitarbeiter im Senat entsprechend anzuwenden.*

§ 18 (Aufgaben des Ältestenrats): (1) *Der Ältestenrat entscheidet über die Gültigkeit angefochtener Urabstimmungen und Wahlen zum Studentenparlament.*

(2) *bis* ***(4)*** *...*

§ 19 (Zusammensetzung und Amtszeit des Ältestenrats): (1) *Der Ältestenrat besteht aus drei Studenten, die keinem anderen Organ der Studentenschaft angehören dürfen; auch die Wahl von Vertretern der Studentenschaft ist unzulässig.* ***(2)*** *...*

(3) *Die Mitglieder des Ältestenrats werden vom Parlament auf der letzten Sitzung der Legislaturperiode mit der Mehrheit von zwei Dritteln der satzungsmäßigen Mitglieder gewählt. Falls auf dieser Sitzung keine Neuwahl stattfindet, bleibt der Ältestenrat bis zu seiner Neuwahl im Amt.*

(4) *Die Amtszeit eines Mitglieds des Ältestenrats endet vorzeitig: 1. durch Exmatrikulation; 2. durch Verzicht, der dem Parlamentspräsidenten schriftlich mitzuteilen ist. Eine Abwahl durch das Parlament ist unzulässig.*

(5) *Scheidet ein Mitglied des Ältestenrats vorzeitig aus dem Amt aus, so findet unverzüglich eine Nachwahl statt.*

§ 20 (Entscheidungsmodus): (1), (3) [identisch mit § 20 (1), (2) StS v.6.6.1972]

(2) [Bezugnahme auf § 10 (2) StS v.6.6.1972]

§ 21 (Fachschaft): (1) *Die Studenten eines Fachbereichs bilden eine Fachschaft.*

(2) *Die Studenten sind Mitglieder eines oder mehrerer Fachbereiche nach Maßgabe der Allgemeinen Vorschriften für Studierende (GVBl.I, S.268-272 (1971)).*

(3) *Das passive Wahlrecht darf nur in einem Fachbereich wahrgenommen werden.*

§ 24 (Fachschaftsvertretung): (1) *Die Fachschaftsvertretung ist das Organ der Fachschaft. Die Fachschaftsvertretung gibt sich eine Geschäftsordnung.*

(2) *Die Fachschaftsvertretung hat mindestens einmal im Semester eine Vollversammlung einzuberufen. Die Vollversammlung muß mindestens vier Vorlesungstage vorher angekündigt werden. Auf der Vollversammlung berichtet die Fachschaftsvertretung über ihre Arbeit und stellt sie zur Diskussion.*

(3) *Die Beschlüsse der Fachschaftsvertretung erfolgen mit der Mehrheit ihrer Mitglieder. (4) ...*

§ 25 (Wahl der Fachschaftsvertretung): (1) *Fachschaften mit bis zu 500 Mitgliedern wählen drei, Fachschaften mit 501 bis 1000 Mitgliedern wählen fünf, Fachschaften mit 1001 bis 1500 Mitgliedern wählen sieben und Fachschaften mit mehr als 1500 Mitgliedern wählen neun Fachschaftsvertreter. § 7 dieser Satzung gilt entsprechend.*

(2) *Für die Wahl der Fachschaftsvertretungen gilt § 14 entsprechend. Wird nur eine Liste eingereicht, findet Persönlichkeitswahl statt, wobei jeder Wähler so viele Stimmen hat, wie Fachschaftsvertreter zu wählen sind. Findet die Wahl gleichzeitig mit den Wahlen zum Studentenparlament statt, kann der Wahlausschuß für die Wahl zu den Fachschaftsvertretungen mit dem Wahlausschuß für die Wahl zum Studentenparlament identisch sein. Listen, die nicht bereits in den alten Fachschaftsvertretungen vertreten waren, können nur dann zur Wahl zugelassen werden, wenn mindestens fünf Wahlberechtigte durch Unterschrift, Angabe ihrer vollständigen Adresse und Fachbereichszugehörigkeit den Wahlvorschlag unterstützen.*

§ 29 (Satzung der Studentenschaft): (1) *Die Studentenschaft gibt sich in einer Urabstimmung eine Satzung.*

(2) *Die Urabstimmung hat geheim und mindestens an zwei Vorlesungstagen zu erfolgen. Das Nähere regelt eine Verfahrensordnung.*

(3) *Der Satzungsentwurf wird vom Studentenparlament mit der Mehrheit seiner satzungsmäßigen Mitglieder beschlossen.*

(4) *Die Satzung ist angenommen, wenn mindestens die Hälfte der Mitglieder der Studentenschaft an der Urabstimmung teilnimmt und die Mehrheit der Abstimmenden der Satzung zustimmt. Hat im ersten Wahlgang nicht mindestens die Hälfte der Mitglieder der Studentenschaft an der Urabstimmung teilgenommen, so ist in einer zweiten Abstimmung die Satzung angenommen, wenn die Mehrheit der Abstimmenden der Satzung zustimmt.*

(5) *Die Satzung bedarf der Genehmigung des Hessischen Kultusministers und muß im Staatsanzeiger für das Land Hessen veröffentlicht werden.*

(6) *Die Absätze 1 bis 4 gelten für Satzungsänderungen entsprechend.*

A.2.9. Wahlordnung für die Wahlen der wissenschaftlichen Mitarbeiter zum Senat der Johann Wolfgang Goethe-Universität Frankfurt/Main v.3.11.1971 (Hess.StAnz, S.1957-1960 (1971))

*§ 4 **(Aufgaben des Wahlvorstands): (1)** Der Wahlvorstand ist für die ordnungsgemäße Vorbereitung und Durchführung der Wahl verantwortlich. Die Aufgaben des Wahlleiters bleiben unberührt.*
***(2)** Der Wahlvorstand nimmt die ihm durch diese Wahlordnung übertragenen Aufgaben wahr. Er beschließt über die Regelung von Einzelheiten der Wahldurchführung.*
***(3)** Der Wahlvorstand beschließt insbesondere über: 1. die Bestimmung des Wahltermins; 2. den Termin zur Einreichung der Vorschlagslisten; 3. die Bildung von Stimmbezirken; 4. die Prüfung, Zulassung und Bekanntmachung der Vorschlagslisten; 5. Einzelheiten der Offenlegung des Wählerverzeichnisses; 6. Berichtigungen des Wählerverzeichnisses nach § 8; 7. die Erteilung von Wahlscheinen; 8. die Feststellung des Wahlergebnisses; 9. die Zuteilung der Sitze; 10. Wahlanfechtungen.*
*§ 8 **(Wählerverzeichnis): (1)** Die Ausübung des Wahlrechts setzt die Eintragung in das Wählerverzeichnis voraus (§ 22 HHG). Die Wirksamkeit der Erteilung von Wahlscheinen nach Abs.5 Satz 2 bleibt unberührt.*
***(2)** ... **(3)** ...*
***(4)** Das Wählerverzeichnis muß durch Beschluß des Wahlvorstands neu eröffnet und zu dem vom Wahlvorstand zu bestimmenden Termin erneut geschlossen werden, wenn der Wahltermin verschoben oder die Wahl wiederholt wird.*
***(5)** Gegen die Nichteintragung eines Wahlberechtigten in das Wählerverzeichnis kann von diesem während der Offenlegungsfrist Widerspruch beim Wahlvorstand eingelegt werden. Gibt der Wahlvorstand dem Widerspruch statt, erteilt er einen Wahlschein (§ 14 Abs.1 Nr.1).*
***(6)** Gegen die Eintragung einer Person in das Wählerverzeichnis, die nicht wahlberechtigt ist, kann von jedem Wahlberechtigten während der Offenlegungsfrist Widerspruch beim Wahlvorstand eingelegt werden. Der Eingetragene soll dazu gehört werden. Beschließt der Wahlvorstand die Streichung des Eingetragenen aus dem Wählerverzeichnis, ist dieser unverzüglich schriftlich (Einschreiben mit Rückschein) zu benachrichtigen. Er kann seinerseits binnen zwei Arbeitstagen nach Zugang der Benachrichtigung Widerspruch beim Wahlvorstand einlegen. Abs.5 Satz 2 gilt entsprechend.*
***(7)** Nach Schließung des Wählerverzeichnisses bedarf die Berichtigung offensichtlicher Fehler, Unstimmigkeiten oder Schreibversehen von Amts wegen eines Beschlusses des Wahlvorstands.*
*§ 9 **(Verfahren zur Aufstellung des Wählerverzeichnisses): (1)** Die Eintragung in das Wählerverzeichnis erfolgt auf Grund der in der Universität vorhandenen Personalunterlagen. Die Benachrichtigungen über die Eintragung in das Wählerverzeichnis können über die Universitätseinrichtungen verteilt oder durch einfachen Brief mit der Post übersandt werden.*
***(2)** Das Wählerverzeichnis muß Name, Vorname, Geburtstag und Fachbereich oder Einrichtung enthalten, in der der Wahlberechtigte tätig ist.*
*§ 10 **(Zustellungen an Wahlberechtigte): (1)** Die Wahlorgane genügen der von ihnen zu fordernden Sorgfalt, wenn sie Wahlbenachrichtigungen, Wahlunterlagen oder sonstige individuelle Mitteilungen an Wahlberechtigte an die Anschrift absenden, die aus den in den Personalabteilungen der Universität vorhandenen Unterlagen ersichtlich ist.*
***(2)** Es ist Sache des Wahlberechtigten, die Wahlorgane von Änderungen der Anschrift zu benachrichtigen. Die Wahlorgane oder ihre Hilfskräfte sind nicht verpflichtet, Nachforschungen zur Ermittlung der richtigen Anschrift einzuleiten, falls Postsendungen als unzustellbar zurückkommen. Sie sollen Nachforschungen anstellen, soweit dies ohne Vernachlässigung anderer Aufgaben möglich erscheint.*
*§ 12 **(Prüfung der Vorschlagslisten): (1)** Die Vorschlagslisten sind innerhalb der vom Wahlvorstand bestimmten Frist (§ 4 Abs.3 Nr.2) beim Wahlamt einzureichen. Das Wahlamt vermerkt auf jeder eingereichten Vorschlagsliste Tag und Uhrzeit des Eingangs. Es prüft die Vorschlagslisten auf ihre äußere Ordnungsmäßigkeit und Vollständigkeit und weist ggf. auf Mängel hin. Bis zum Ablauf der nach § 4 Abs.3 Nr.2 bestimmten Frist können Vorschlagslisten zurückgenommen, geändert oder ergänzt werden (...). Die Mitglieder des Wahlvorstands können beim Wahlamt während der Dienststunden Einblick in eingereichte Vorschlagslisten nehmen.*
***(2)** Spätestens nach Ablauf der in § 4 Abs.3 Nr.2 genannten Frist tritt der Wahlvorstand zusammen, um die Vorschlagslisten zu prüfen und über ihre Zulassung zu entscheiden; der Wahlvorstand kann die Vorschlagslisten bereits nach ihrem Eingang prüfen und die Vertrauensmänner auf Mängel hinweisen.*
***(3)** Wahlvorschläge, die verspätet eingereicht sind oder den durch diese Wahlordnung aufgestellten Anforderungen nicht genügen, sind nicht zuzulassen.*
***(4)** Der Wahlvorstand benachrichtigt unverzüglich alle Vertrauensleute der nicht zugelassenen Wahlvorschläge unter Angabe der Gründe, aus denen die Zulassung versagt wurde.*
***(5)** Gegen die Nichtzulassung eines Wahlvorschlags kann binnen zwei Arbeitstagen Widerspruch beim Wahlvorstand eingelegt werden. Die Frist beginnt mit der Verkündung der Entscheidung des Wahlvorstands in der öffentlichen Sitzung.*

(6) Abs.4 und 5 gelten entsprechend, wenn der Wahlvorstand einzelne Bewerber von der Vorschlagsliste streicht, diese im übrigen aber zuläßt.
(7) Die Reihenfolge der Listen wird durch das vom Vorsitzenden des Wahlvorstands zu ziehende Los bestimmt.
***§ 13 (Benachrichtigungen und Bekanntmachungen): (1)** Jeder Wahlberechtigte erhält die Benachrichtigung über seine Eintragung in das Wählerverzeichnis.*
***(2)** Der Wahltermin, die Besonderheiten des Wahlverfahrens und die Art der Bekanntmachung von Entscheidungen des Wahlvorstands sind durch den Aushang einer gedruckten Wahlbekanntmachung an geeigneten Stellen der Universität rechtzeitig bekanntzumachen. Außerdem sind die Bekanntmachungen beim Wahlamt offenzulegen. Die Wahlbekanntmachung soll rechtzeitig vor dem ersten Wahlgang ausgehängt werden.*
***§ 14 (Wahlscheine):** ...*
***§ 15 (Stimmzettel):** Auf den Stimmzetteln sind die Vorschlagslisten jeweils in der Reihenfolge der Auslosung (§ 12 Abs.7) unter Angabe der Namen, Vornamen, Dienststellung, Fachbereich oder Einrichtung der ersten sechs Bewerber aufzuführen. Bei Listen, die mit einem Kennwort versehen sind, ist auch das Kennwort anzugeben.*
***§ 16 (Verlust der Wahlunterlagen): (1)** Verschriebene oder unbrauchbar gewordene Stimmzettel oder Wahlumschläge sind nur gegen Rückgabe zu ersetzen.*
***(2)** Wahlscheine oder Wahlbenachrichtigungen werden nicht ersetzt.*
***§ 17 (Wahlhandlung): (1)** Der Wähler erhält bei Betreten des Wahllokals einen Stimmzettel und einen Wahlumschlag.*
***(2)** Der Wahlvorstand trifft Vorkehrungen, daß der Wähler den Stimmzettel im Wahlraum unbeobachtet kennzeichnen und in den Wahlumschlag legen kann. Für die Aufnahme der Umschläge sind Wahlurnen zu verwenden. Vor Beginn der Stimmabgabe sind die Wahlurnen vom Wahlvorstand zu verschließen. Sie müssen so eingerichtet sein, daß die Umschläge nur durch einen Spalt im Deckel eingeworfen werden können.*
***(3)** Solange der Wahlraum zur Stimmabgabe geöffnet ist, müssen mindestens zwei Mitglieder des Wahlvorstandes anwesend oder von diesem Beauftragte anwesend sein (...).*
***(4)** Vor Einwurf des Wahlumschlags in die Urne ist festzustellen, ob der Wahlberechtigte in das Wählerverzeichnis eingetragen ist. Zu diesem Zweck ist ein amtlicher Ausweis mit Lichtbild vorzulegen. Die Wahlbenachrichtigung soll mitgebracht werden. Der Wähler übergibt den Wahlumschlag dem mit der Entgegennahme der Umschläge Betrauten, der ihn in Gegenwart des Wählers ungeöffnet in die Wahlurne legt. Die Stimmabgabe ist im Wählerverzeichnis zu vermerken.*
***(5)** Wird die Wahlhandlung unterbrochen oder wird das Wahlergebnis nicht unmittelbar nach Abschluß der Stimmabgabe festgestellt, so hat der Wahlvorstand für die Zwischenzeit die Wahlurne so zu verschließen und aufzubewahren, daß der Einwurf oder die Entnahme von Stimmzetteln ohne Beschädigung des Verschlusses unmöglich ist. Bei Wiedereröffnung der Wahl und der Entnahme der Stimmzettel zur Stimmenzählung hat sich der Wahlvorstand davon zu überzeugen, daß der Verschluß unversehrt ist.*
***(6)** Nach Ablauf der für die Durchführung der Wahlhandlung festgesetzten Zeit dürfen nur noch die Wahlberechtigten abstimmen, die sich zu diesem Zeitpunkt im Wahlraum befinden. Der Zutritt zum Wahlraum ist so lange zu sperren, bis die anwesenden Wähler ihre Stimme abgegeben haben. Sodann erklärt der Wahlvorstand die Wahlhandlung für beendet.*
***(7)** Über Zweifelsfragen, die sich bei der Wahlhandlung ergeben, entscheidet der Wahlvorstand.*
***(8)** Der Wahlraum muß allen dort Wahlberechtigten während der Dauer der Wahl zugänglich sein.*
***§ 18 (Briefwahl):** ...*
***§ 19 (Briefwahlstimmen):** ...*
***§ 20 (Auszählung): (1)** Nach Einwurf der Wahlumschläge der Briefwähler in die Urnen beginnt die Auszählung der Stimmen. Die Wahlurnen werden geöffnet, die Zahl der in der Urne enthaltenen Wahlumschläge wird mit der Zahl der nach dem Wählerverzeichnis abgegebenen Stimmen verglichen.*
***(2)** Die auf jede Vorschlagsliste entfallenen gültigen Stimmen werden zusammengezählt.*
***(3)** Ungültig sind Stimmzettel: 1. die nicht in einem amtlichen Wahlumschlag abgegeben worden sind; 2. die als nicht amtlich erkennbar sind; 3. aus denen sich der Wille des Wählers nicht zweifelsfrei ergibt; 4. die einen Zusatz oder einen Vorbehalt enthalten.*
***(4)** Mehrere in einem Wahlumschlag enthaltene Stimmzettel, die gleichlauten, werden als eine Stimme gezählt. Leere Wahlumschläge gelten als ungültige Stimmabgabe.*
***(5)** Stimmzettel, über deren Gültigkeit oder Ungültigkeit der Wahlvorstand beschließt, weil sie zu Zweifeln Anlaß geben, sind mit fortlaufender Nummer zu versehen und von den übrigen Stimmzetteln gesondert bei den Wahlunterlagen aufzubewahren.*
***§ 21 (Feststellung des Wahlergebnisses): (1)** Der Wahlvorstand stellt die Gesamtzahl der abgegebenen Stimmen, die Zahl der ungültigen Stimmen und die Zahl der Stimmen, die auf die zugelassenen Vorschlagslisten entfallen, fest.*
***(2)** Die Zuteilung der auf die einzelnen Wahlvorschläge entfallenden Sitze erfolgt nach dem Höchstzahlverfahren (d'Hondt). Liegen für die Zuteilung eines Sitzes die gleichen Höchstzahlen vor, erfolgt die Zuteilung des Mandats in der Reihenfolge der Listen (§ 12 Abs.7). Übersteigt die Zahl der auf eine Vorschlagsliste entfallenden Sitze die Zahl der dort angeführten Bewerber, so werden die sonst freibleibenden Sitze den nach dem Höchstzahlverfahren folgenden Listen zugeteilt.*

(3) Erklärungen, die Wahlbewerber oder Gruppierungen über Wahlbündnisse, Listenverbindungen o.ä. abgegeben haben, werden dabei nicht berücksichtigt. Eine Übertragung oder Delegation von überhängenden Stimmen ist unzulässig.
(4) Das Wahlergebnis ist unverzüglich bekanntzumachen (§ 4 Abs.8), die Vertrauensmänner sind durch den Vorsitzenden des Wahlvorstandes schriftlich zu benachrichtigen.
*§ 22 **(Wahlniederschrift): (1)** Über die Verhandlungen des Wahlvorstandes und seine Beschlüsse sowie die Wahlhandlung sind Niederschriften zu fertigen. Sie werden jeweils vom Vorsitzenden des Wahlvorstandes und einem Mitglied unterzeichnet.*
(2) Die Wahlniederschriften sollen den Gang der Wahlhandlung aufzeichnen und besondere Vorkommnisse vermerken.
(3) Die Stimmzettel, Wahlscheine und sonstigen Wahlunterlagen sind nach der Feststellung des Wahlergebnisses zu bündeln und der Niederschrift des Wahlvorstandes über seine Verhandlung nach § 21 beizufügen.
(4) Die Wahlniederschrift nebst Anlagen ist dem Vizepräsidenten zu übergeben. Der Vizepräsident hat sie während der Amtszeit des Senats aufzubewahren und aufgrund dieser Unterlagen die ihm nach § 24 obliegende Entscheidung zu treffen.
(5) Die Stimmzettel werden nach Ende der Einspruchsfrist (§ 23 Abs.1) vernichtet.

*§ 23 **(Wahlprüfung): (1)** Wird vom Wahlleiter oder einem Wahlberechtigten geltend gemacht, daß bei der Wahl gegen zwingende Vorschriften der Gesetze oder dieser Wahlordnung verstoßen worden sei, tritt der Wahlvorstand in ein Wahlprüfungsverfahren ein. Der Antrag kann nur innerhalb von zehn Arbeitstagen nach der Bekanntmachung des Wahlergebnisses gemäß § 21 Abs.4 gestellt werden.*
(2) Eine Anfechtung der Wahl mit der Begründung, daß ein Wahlberechtigter an der Ausübung seines Wahlrechts gehindert gewesen sei, weil er nicht in das Wählerverzeichnis eingetragen wurde oder daß eine Person an der Wahl teilgenommen habe, die zwar in das Wählerverzeichnis eingetragen, aber nicht wahlberechtigt war, findet nicht statt.
(3) Kommt der Wahlvorstand im Wahlprüfungsverfahren zu der Überzeugung, daß die behaupteten, von dem Antragsteller glaubhaft zu machenden Verstöße oder Formfehler das Ergebnis der Wahl beeinflußt haben können, ordnet er eine Wiederholungswahl an. Der Beschluß ist schriftlich zu begründen, mit einer Rechtsmittelbelehrung zu versehen und dem Antragsteller zuzustellen (Postzustellungsurkunde).
(4) Nach Ablauf der in Abs.1 Satz 2 genannten Frist, nach unanfechtbar gewordener Entscheidung im Wahlprüfungsverfahren oder nach Abschluß der Wiederholungswahl gemäß Abs.3 endet die Tätigkeit des Wahlvorstandes.

A.2.10. Satzungsändernder Beschluß des Studentenparlaments der Studentenschaft der Johann Wolfgang Goethe-Universität vom 17.2.1977 (StuPa-Prot. v.17.2.1977, TOP 6a)

*§ 21 **(Fachschaft): (1)** Die Studenten eines Fachbereichs bilden eine Fachschaft.*
(2) Die Fachschaften haben das Recht, sich Fachschaftssatzungen zu geben. Die Fachschaften können sich eigene Fachschaftswahlordnungen geben.
(3) Die Fachschaften geben sich Satzungen und Wahlordnungen, die von der Fachschaftsvollversammlung mit der Mehrheit der anwesenden Stimmberechtigten zu beschließen und vom Studentenparlament zu genehmigen sind.
(4) Absatz (2) wird zu Absatz (4).
(5) Absatz (3) wird zu Absatz (5).
*§ 25 **(Wahl der Fachschaftsvertretung): (1)** Die Fachschaftssatzung trifft nähere Bestimmungen insbesondere über: 1. die Wahl, die Zusammensetzung, die Befugnisse und die Beschlußfähigkeit der Organe der Fachschaft; 2. die Amtszeit der Mitglieder der Organe der Fachschaft und den Verlust der Mitgliedschaft; 3. die Art der Beschlußfassung sowie die Form und Bekanntgabe der Organbeschlüsse.*
(2) [unverändert]

A.2.11. 1.Änderung der vorläufigen Satzung der Studentenschaft der Johann Wolfgang Goethe-Universität Frankfurt am Main v.3.8.1977 (Hess.StAnz, S.1645 (1977))

*§ 21 **(Fachschaft): (1)** Die Studenten eines Fachbereichs bilden eine Fachschaft.*
(2) Die Fachschaften haben das Recht, sich Fachschaftssatzungen zu geben. Die Fachschaften können sich eigene Fachschaftswahlordnungen geben, in denen zumindest die zwingenden Wahlvorschriften des § 14 Abs.1 bis Abs.7 zu berücksichtigen sind.
(3) Der von der Fachschaftsvertretung beschlossene Satzungs- oder Wahlordnungsentwurf bedarf der Annahme durch Urabstimmung in der Fachschaft und der Zustimmung des Studentenparlaments. Bevor eine in Urabstimmung angenommene Fachschaftssatzung oder Fachschaftswahlordnung dem Studentenparlament zur Zustimmung vorgelegt wird, ist dem Präsidenten der J.W.Goethe-Universität Gelegenheit zur gutachtlichen Stellungnahme innerhalb von zwei Wochen zu geben. Fachschaftssatzungen und Fachschaftswahlordnungen treten am Tage nach ihrer Veröffentlichung am schwarzen Brett der Fachschaft in Kraft.

(4) Die Fachschaftssatzung oder die Fachschaftswahlordnung ist in Urabstimmung angenommen, wenn die Mehrheit der Abstimmenden der Fachschaftssatzung oder der Fachschaftswahlordnung zugestimmt hat. Im übrigen gilt § 29 Abs.2 entsprechend.
(5) Besteht in einem Fachbereich keine Fachschaftsvertretung, kann der Fachschaftssatzungs- oder Wahlordnungsentwurf auch von Mitgliedern der Fachschaft zur Urabstimmung vorgelegt werden. Voraussetzung hierfür ist, daß sich mindestens 10% der Fachschaftsmitglieder durch ihre Unterschrift für den Fachschaftsentwurf ausgesprochen haben.
(6) Die Studenten sind Mitglieder eines oder mehrerer Fachbereiche nach Maßgabe der Allgemeinen Vorschriften für die Studierenden an den Universitäten des Landes Hessen v.29.10.1971 (GVBl.I, S.268-272 (1971)).
(7) Das passive Wahlrecht darf nur in einem Fachbereich wahrgenommen werden.
§ 25 Abs.2 Satz 1 erhält folgende Fassung: *Für die Wahl der Fachschaftsvertretung gilt § 14 entsprechend, soweit keine Fachschaftswahlordnung erlassen worden ist.*
§ 29 Abs.2 Satz 2 erhält folgende Fassung: *Für die Urabstimmung gilt § 14 entsprechend.*

A.2.12. Hochschulrahmengesetz (HRG) v.26.1.1976 (BGBl.I, S.185-216 (1976))

§ 37 (Allgemeine Grundsätze der Mitwirkung): (1) *Die Mitwirkung an der Selbstverwaltung der Hochschule ist Recht und Pflicht der Mitglieder ... Die Übernahme einer Funktion in der Selbstverwaltung kann nur abgelehnt werden, wenn wichtige Gründe dafür vorliegen.*
(2) *Die Mitglieder eines Gremiums werden, soweit sie dem Gremium nicht kraft Amtes angehören, für eine bestimmte Amtszeit bestellt oder gewählt; sie sind an Weisungen nicht gebunden. Sie haben durch ihre Mitwirkung dazu beizutragen, daß das Gremium seine Aufgaben wirksam erfüllen kann. Das Nähere über Rechte und Pflichten der Mitglieder wird durch Landesrecht geregelt.*
(3) *Die Hochschulmitglieder dürfen wegen ihrer Tätigkeit in der Selbstverwaltung nicht benachteiligt werden.*
§ 39 (Wahlen): *Die Vertreter der Mitgliedergruppen in den zentralen Kollegialorganen und im Fachbereichsrat werden in freier, gleicher und geheimer Wahl nach den Grundsätzen der personalisierten Verhältniswahl gewählt. Durch die Regelung des Wahlverfahrens und die Bestimmung des Zeitpunkts der Wahl sind die Voraussetzungen für eine möglichst hohe Wahlbeteiligung zu schaffen; bei unmittelbaren Wahlen zu den zentralen Kollegialorganen und zum Fachbereichsrat ist allen Wahlberechtigten die Möglichkeit der Briefwahl zu geben.*
§ 41 (Studentenschaft): (1) *Das Landesrecht kann vorsehen, daß an den Hochschulen zur Wahrnehmung hochschulpolitischer, sozialer und kultureller Belange der Studenten sowie zur Pflege der überregionalen und internationalen Studentenbeziehungen Studentenschaften gebildet werden.*
(2) *Wird eine Studentenschaft gebildet, so verwaltet sie ihre Angelegenheiten im Rahmen der gesetzlichen Bestimmungen selbst. Sie kann von ihren Mitgliedern zur Erfüllung ihrer Aufgaben Beiträge erheben. Die Haushalts- und Wirtschaftsführung der Studentenschaft wird vom Landesrechnungshof geprüft. Die Studentenschaft untersteht der Rechtsaufsicht der Leitung der Hochschule und der zuständigen Landesbehörde.*
(3) *Für die Wahlen zu den Organen der Studentenschaft gilt § 39 entsprechend. Sie sollen nach Möglichkeit gleichzeitig mit den Wahlen zu den Organen der Hochschulselbstverwaltung durchgeführt werden.*
(4) *Für die Mitwirkung in den Organen der Studentenschaft gilt § 37 Abs.2 entsprechend.*

A.2.13. (3.) Hessisches Hochschulgesetz (HHG) v.6.6.1978 (Hess.GVBl.I, S.319-347 (1978))

§ 14 (Rechtsstellung der Mitglieder von Gremien): (1) *Die Mitglieder von Gremien sind bei der Ausübung ihres Stimmrechts an Aufträge und Weisungen nicht gebunden. Sie haben durch ihre Mitwirkung dazu beizutragen, daß das Gremium seine Aufgaben wirksam erfüllen kann. Die Hochschulmitglieder dürfen wegen ihrer Tätigkeit in der Selbstverwaltung nicht benachteiligt werden.*
(2) bis (6) *...*
§ 15 (Wahlen): (1) *Die Vertreter der Mitgliedergruppen in den zentralen Kollegialorganen und im Fachbereichsrat werden in freier, gleicher und geheimer Wahl von der jeweiligen Mitgliedergruppe und, soweit gesetzlich nichts anderes bestimmt ist, nach den Grundsätzen der personalisierten Verhältniswahl gewählt. Durch die Regelung des Wahlverfahrens und die Bestimmung des Zeitpunkts der Wahl sind die Voraussetzungen für eine möglichst hohe Wahlbeteiligung zu schaffen; bei Wahlen zum Konvent und zum Fachbereichsrat sind allen Wahlberechtigten Unterlagen für die Briefwahl zuzusenden.*
(2) bis (5) *...*
§ 16 (Wahlverfahren): (1) *Zur Vorbereitung der Wahlen zu den zentralen Organen der Hochschule sowie den Organen der Fachbereiche, der Studen-*

tenschaft und der Fachschaften führt der Kanzler Verzeichnisse der Personen, die in den jeweiligen Gruppen oder zu den jeweiligen Organen wahlberechtigt sind.
***(2)** Kein Mitglied ist in mehr als einer Gruppe oder mehr als einem Fachbereich wahlberechtigt. Die Entscheidung des Wahlberechtigten, in welchem Fachbereich er sein Wahlrecht ausüben will, kann nur zu Beginn eines neuen Semesters geändert werden.*
***(3)** Sind Studenten Mitglieder mehrerer Fachbereiche, können sie bei der Immatrikulation oder Rückmeldung erklären, in welchem Fachbereich sie ihr Wahlrecht ausüben wollen. Wird keine Erklärung abgegeben, bestimmt sich ihre Wahlberechtigung nach Regelungen, die von dem für Lehr- und Studienangelegenheiten zuständigen zentralen Organ zu beschließen sind. Das Wahlrecht soll in dem Fachbereich ausgeübt werden, in dem für die Wahlperiode der Schwerpunkt ihres Studiums liegt.*
***(4)** Jedes Mitglied der Hochschule ist berechtigt, die Wählerverzeichnisse einzusehen. Die Wahlberechtigten sind von ihrer Eintragung in das Wählerverzeichnis zu benachrichtigen. Die Wahlbenachrichtigung ist durch Vorlage der Benachrichtigung nach Satz 2 nachzuweisen.*
***(5)** Der Kanzler sorgt für den Druck der Wahlbekanntmachung und der Stimmzettel sowie die Übersendung der Unterlagen für die Briefwahl. ...*
***(6)** Die Wahlordnung trifft nähere Bestimmungen und regelt die Zuständigkeit zur Entscheidung über Wahlanfechtungen.*
***§ 19 (Rechtsaufsicht): (1)** Der Kultusminister kann von den Hochschulen Auskunft über einzelne Angelegenheiten verlangen.*
***(2)** Der Kultusminister kann Beschlüsse und Maßnahmen, die das Recht verletzen, beanstanden und ihre Aufhebung oder Änderung verlangen. Die Beanstandung hat aufschiebende Wirkung. Der Kultusminister kann Beschlüsse und Maßnahmen, die das Recht verletzen, aufheben.*
***(3)** Erfüllen die zuständigen Stellen die ihnen obliegenden Pflichten nicht, kann der Kultusminister anordnen, daß sie innerhalb einer zu bestimmenden angemessenen Frist das Erforderliche veranlassen. Kommen sie der Anordnung nicht innerhalb der festgesetzten Frist nach, kann der Kultusminister die notwendigen Maßnahmen an ihrer Stelle treffen, insbesondere auch die erforderlichen Vorschriften erlassen.*
***(4)** Soweit die Befugnisse nach Abs.1 bis 3 nicht ausreichen, kann der Kultusminister Beauftragte bestellen, die die Aufgaben der zuständigen Stelle oder einzelner Mitglieder von Gremien wahrnehmen.*
§ 62 (Rechtsstellung der Studentenschaft): [identisch mit § 26 HHG v.12.5.1970]
***§ 63 (Aufgaben der Studentenschaft): (1)** Die Studentenschaft verwaltet ihre Angelegenheiten im Rahmen der gesetzlichen Bestimmungen selbst. Sie wirkt nach Maßgabe der Gesetze an der Selbstverwaltung der Hochschule und bei der Ausbildungsförderung mit.*
***(2)** Die Studentenschaft hat folgende Aufgaben: 1. Vertretung der Gesamtheit ihrer Mitglieder im Rahmen ihrer gesetzlichen Befugnisse; 2. Wahrnehmung der hochschulpolitischen Belange ihrer Mitglieder; 3. Wahrnehmung der wirtschaftlichen und sozialen Belange der Studenten, soweit sie nicht dem Studentenwerk oder anderen Trägern übertragen sind; 4. Pflege überregionaler und internationaler Studentenbeziehungen; 5. Förderung der politischen Bildung und des staatsbürgerlichen Verantwortungsbewußtseins der Studenten; 6. Unterstützung kultureller und musischer Interessen der Studenten; 7. Förderung des freiwilligen Studentensports, soweit nicht die Hochschule dafür zuständig ist.*
***§ 64 (Fachschaften): (1)** Die Studenten eines Fachbereichs bilden die Fachschaft.*
***(2)** Die Fachschaften sollen zur Förderung aller Studienangelegenheiten beitragen.*
***§ 65 (Organe der Studentenschaft und der Fachschaften): (1)** Organe der Studentenschaft sind: 1. das Studentenparlament; 2. der Allgemeine Studentenausschuß; 3. der Ältestenrat.*
***(2)** Organ der Fachschaft ist der Fachschaftsrat.*
***(3)** Die Mitglieder der Organe der Studentenschaft nach Abs.1 Nr.1 und 3 und der Fachschaften werden in freier, gleicher und geheimer Wahl nach den Grundsätzen der Verhältniswahl gewählt. Das Studentenparlament wählt den Allgemeinen Studentenausschuß und den Ältestenrat. Bei den Wahlen zum Studentenparlament und zum Fachschaftsrat, die gleichzeitig mit den Wahlen zu den Kollegialorganen der Hochschule durchzuführen sind, gilt § 15 Abs.1 Satz 2 Halbsatz 2 entsprechend.*
***(4)** § 14 Abs.1 gilt für die Mitwirkung in den Organen der Studentenschaft entsprechend.*
***§ 66 (Satzung der Studentenschaft): (1)** Die Studentenschaft gibt sich eine Satzung, die vom Studentenparlament beschlossen wird.*
***(2)** Die Satzung wird vom Studentenparlament mit einer Mehrheit von zwei Dritteln der Anwesenden, mindestens mit der Mehrheit seiner Mitglieder, beschlossen.*
***(3)** Vor der Genehmigung der Satzung ist dem Leiter der Hochschule Gelegenheit zur gutachtlichen Stellungnahme zu geben.*
***(4)** Die Satzung trifft insbesondere nähere Bestimmungen über: 1. die Wahl, Zusammensetzung, Befugnisse und Beschlußfähigkeit der Organe der Studentenschaft; 2. die Amtszeit der Mitglieder von Organen der Studentenschaft und den Verlust der Mitgliedschaft; 3. die Art der Beschlußfassung sowie Form und Bekanntgabe der Organbeschlüsse; 4. die Befugnisse der Fachschaftsräte; 5. die Aufstellung, Verabschiedung und Ausführung des Haushaltsplans.*
***(5)** Abs.2 und 3 gilt auch für Satzungsänderungen.*
§ 67 (Allgemeiner Studentenausschuß): [identisch mit § 30 Abs.1 HHG v.12.5.1970]

*§ 69 (**Ältestenrat**): **(1)** Der Ältestenrat besteht aus mindestens drei Studenten, die keinem anderen Organ der Studentenschaft angehören dürfen.*
***(2)** Der Ältestenrat wirkt darauf hin, daß die Studentenschaft ihre Aufgaben im Einklang mit den Gesetzen, der Satzung und anderen Vorschriften erfüllt.*
***(3)** Der Ältestenrat entscheidet über die Gültigkeit angefochtener Wahlen zum Studentenparlament sowie über die Rechtmäßigkeit von Beschlüssen des Studentenparlaments oder des Allgemeinen Studentenausschusses. Die Satzung der Studentenschaft kann nähere Regelungen treffen und dem Ältestenrat weitere Befugnisse übertragen. § 72 bleibt unberührt.*
***§ 72 (Aufsicht über die Studentenschaft): (1)** Die Studentenschaft steht unter der Rechtsaufsicht des Landes. Die Rechtsaufsicht wird vom Leiter der Hochschule als Aufsichtsbehörde und vom Kultusminister als oberster Aufsichtsbehörde ausgeübt. § 19 gilt entsprechend.*
***(2)** Kommt die Studentenschaft einer Anordnung der Aufsichtsbehörde nicht oder nicht rechtzeitig nach, kann sie zu der von ihr geforderten Handlung oder Unterlassung durch Ordnungsgeld angehalten werden. Das Ordnungsgeld muß für den Fall der Zuwiderhandlung vor der Festsetzung schriftlich in bestimmter Höhe angedroht werden. Es kann wiederholt festgesetzt und vollstreckt werden. Unbeschadet der Beitreibung des Ordnungsgelds nach dem Hessischen Verwaltungsvollstreckungsgesetz ... kann die Aufsichtsbehörde anordnen, daß die ... zuständige Kasse das festgesetzte Ordnungsgeld aus den von ihr eingezogenen Beiträgen der Studentenschaft einbehält.*
***(3)** Verwenden Organe der Studentenschaft oder der Fachschaften Beiträge für Angelegenheiten, die mit den Aufgaben nach den §§ 63 und 64 nicht vereinbar sind, kann die Aufsichtsbehörde befristet die von der ... zuständigen Kasse eingezogenen Beiträge ganz oder teilweise sperren und weitere Verfügungen dieser Organe über die Mittel der Studentenschaft untersagen.*

A.2.14. 2.Änderung der vorläufigen Satzung der Studentenschaft der Johann Wolfgang Goethe-Universität Frankfurt am Main v.5.4.1979 (Hess.StAnz, S.892-893 (1979))

*§ 7 (**Zusammensetzung und Amtszeit des Parlaments**): **(1)** Das Studentenparlament wird zusammen mit den jährlich durchzuführenden Wahlen der studentischen Mitglieder des Konvents und der Fachbereichsräte sowie der Fachschaftsräte gewählt.*
***(2)** Das Studentenparlament setzt sich zusammen aus 22 Mitgliedern, die nach den Grundsätzen der Verhältniswahl in allgemeiner, freier, gleicher und geheimer Wahl in der Regel für die Dauer eines Jahres gewählt werden.*
***(3)** Die Amtszeit des Studentenparlaments verlängert sich über den Zeitraum eines Jahres hinaus, wenn nach Ablauf eines Jahres kein neues Studentenparlament rechtswirksam gewählt worden ist, jedoch höchstens um ein halbes Jahr.*
§ 14 (Wahl des Parlaments): (1) [als neuer Satz 5 und 6 werden angefügt:] *Zur Klarstellung des Wahlrechts werden die wahlberechtigten Studenten in ein Wählerverzeichnis eingetragen, das einen Tag offenzulegen ist. Bis zur Schließung des Wählerverzeichnisses, fünf Wochen vor Briefwahlschluß, hat jeder Student die Möglichkeit, gegen seine Nichteintragung oder eine unrichtige Eintragung Widerspruch einzulegen.*
***(2)** Die erste Wahl nach dieser geänderten Wahlordnung findet im Sommersemester 1979 statt. Der Termin für die Studentenparlamentswahl und die Wahl der Fachschaftsräte sowie die Einzelheiten des Wahlverfahrens werden durch Wahlbekanntmachung veröffentlicht, die Wahlbekanntmachung hat spätestens sechs Wochen vor Briefwahlschluß zu erfolgen. Die Wahl kann entweder als ausschließliche Briefwahl oder als Urnenwahl mit der Möglichkeit der Briefwahl durchgeführt werden. In beiden Fällen werden allen wahlberechtigten Studenten die Briefwahlunterlagen vom Kanzler zugesandt. Zwischen der Versendung der Wahlunterlagen und dem Briefwahlschluß muß eine Frist von mindestens 14 Tagen liegen. Sofern Urnenwahl stattfindet, wird diese an drei aufeinanderfolgenden nicht vorlesungsfreien Tagen durchgeführt. In diesen Tagen müssen die Wahllokale mindestens 18 Stunden geöffnet sein. Zwischen dem Briefwahlschluß und dem Beginn der Urnenwahl muß mindestens ein nicht vorlesungsfreier Tag liegen. Für den Briefwahlschluß gilt derselbe Termin, wie er für die Wahlen zum Konvent und zu den Fachbereichsräten nach der Wahlordnung der Universität festzulegen ist. Wahlzeiten sowie die Standorte der Wahllokale bestimmt der Wahlausschuß, der sie mindestens eine Woche vor der Wahl bekanntgibt. Bei Wiederholungswahlen, die nicht zusammen mit den Wahlen zum Konvent und zu den Fachbereichsräten oder den Fachschaftsräten durchgeführt werden, wird der Wahltermin vom Studentenparlament im Einvernehmen mit dem Kanzler beschlossen.*
(3) [Satz 1 erhält folgende neue Fassung:] *Wahlvorschläge müssen spätestens fünf Wochen vor Briefwahlschluß beim Wahlausschuß eingereicht sein.*
(4) [Satz 2 erhält folgende neue Fassung:] *Die Wahlberechtigung wird bei der Urnenwahl durch Vorlage und Abgabe der Wahlbenachrichtigung anhand des Wählerverzeichnisses und des Studentenausweises oder eines Personalausweises überprüft.*
(5) [unverändert]

(6) [Satz 4 erhält folgende neue Fassung:] *Bei Ungültigkeit der Wahl findet unverzüglich eine Wiederholungswahl statt.*

(7) Die eingehenden Briefwahlunterlagen für die Studentenparlamentswahlen und die Fachschaftsrätewahlen werden von dem Wahlamt gesammelt und nach Briefwahlschluß gegen Empfangsbestätigung dem jeweils zuständigen Wahlausschuß der Studentenschaft übergeben. Der Wahlausschuß hat nach der Übergabe die Briefwahlunterlagen gesichert aufzubewahren. Zur Vermeidung einer doppelten Stimmabgabe ist die Teilnahme an der Briefwahl vor Beginn der Urnenwahl im Wählerverzeichnis zu vermerken. Hierzu sind die eingegangenen Wahlbriefe zu öffnen, der Wahlschein herauszunehmen, aus dem der Name des Wählers zu ersehen ist, und der verschlossene Wahlumschlag mit dem Stimmzettel in einer Urne aufzubewahren.

***(8)** Im übrigen gelten die §§ 2, 3 Abs.1, § 5 Abs.4 bis 8, § 10 Abs.3 bis 7, § 12, § 14 Abs.3 bis 7, § 15 Abs.1, §§ 17 bis 20, § 21 Abs.1 bis 4, Abs.6 bis 10, §§ 23, 24, § 25 Abs.1 und 2, Abs.5, § 26 Abs.1 bis 3, Abs.5 der gültigen Wahlordnung für die Wahlen zum Konvent ...* [KoWO v.24.1.1979]

***§ 24 (Fachschaftsrat): (1)** Der Fachschaftsrat ist das Organ der Fachschaft. Der Fachschaftsrat gibt sich eine Geschäftsordnung.*

(2) [Satz 1 erhält folgende neue Fassung:] *Der Fachschaftsrat hat mindestens einmal im Semester eine Vollversammlung einzuberufen.*

***(3)** Die Beschlüsse des Fachschaftsrats erfolgen mit der Mehrheit seiner Mitglieder.*

§ 25 (Wahl des Fachschaftsrats): (1) [unverändert]

***(2)** Für die Wahl der Fachschaftsräte gilt § 14. Diese Wahlen sind gleichzeitig mit den Studentenparlamentswahlen und den Wahlen der studentischen Mitglieder im Konvent und den Fachbereichsräten durchzuführen. Wird nur eine Liste eingereicht, findet Persönlichkeitswahl statt, wobei jeder Wähler so viele Stimmen hat, wie Fachschaftsvertreter zu wählen sind. Findet die Wahl gleichzeitig mit den Wahlen zum Studentenparlament statt, kann der Wahlausschuß für die Wahl zu den Fachschaftsräten mit dem Wahlausschuß für die Wahl zum Studentenparlament identisch sein. Sind auf Fachschaftsebene acht Wochen vor Briefwahlschluß keine Wahlausschüsse gebildet, so ist der Wahlausschuß für die Studentenparlamentswahlen für die Durchführung der Fachschaftsratswahlen zuständig. Listen, die nicht bereits in den alten Fachschaftsvertretungen vertreten waren, können nur dann zur Wahl zugelassen werden, wenn mindestens fünf Wahlberechtigte durch Unterschrift, Angabe ihrer vollständigen Adresse und Fachbereichszugehörigkeit den Wahlvorschlag unterstützen.*

A.2.15. 3.Änderung der vorläufigen Satzung der Studentenschaft der Johann Wolfgang Goethe-Universität Frankfurt am Main v.16.4.1980 (Hess.StAnz, S.731-732 und S.987 (1980))

***§ 14 (Wahl des Parlaments): (1)** Die Vorbereitung und Durchführung der Wahl obliegt einem vom Parlament zu wählenden Wahlausschuß. Der Wahlausschuß besteht aus drei Mitgliedern, die vom Parlament von drei Vierteln der anwesenden Mitglieder gewählt werden. Die Wahlhelfer werden vom Studentenparlament nach den Grundsätzen der Verhältniswahl bestimmt. Dabei üben die Mitglieder einer Kandidatenliste jeweils in der Reihenfolge der auf die Liste nach dem d'Hondtschen Höchstzahlverfahren entfallenden Sitze das Recht des Zugriffs auf einen zu besetzenden freien Sitz aus. Werden mehr als 22 Wahlhelfer benötigt, ist das Verfahren zu wiederholen. Wer dem Wahlausschuß angehört, kann nicht selbst zur Wahl kandidieren. Die Wahlen erfolgen auf Universitätsebene, unabhängig von der Fachschaftsgliederung der Studentenschaft. Alle Mitglieder der Studentenschaft haben das aktive und das passive Wahlrecht, das passive Wahlrecht mit Ausnahme der Angehörigen des Wahlausschusses. Zur Klarstellung des Wahlrechts werden die wahlberechtigten Studenten in ein Wählerverzeichnis eingetragen, das einen Tag offenzulegen ist. Bis zur Schließung des Wählerverzeichnisses, fünf Wochen vor Briefwahlschluß, hat jeder Student die Möglichkeit, gegen eine Nichteintragung oder eine unrichtige Eintragung Widerspruch einzulegen.*

***(2)** Die erste Wahl nach dieser geänderten Wahlordnung findet im Sommersemester 1980 statt. Der Termin für die Studentenparlamentswahl und die Wahl der Fachschaftsräte sowie die Einzelheiten des Wahlverfahrens werden durch Wahlbekanntmachung veröffentlicht, die Wahlbekanntmachung hat spätestens sechs Wochen vor Briefwahlschluß zu erfolgen. Die Wahl ist als Urnenwahl mit der Möglichkeit der Briefwahl durchzuführen. Allen wahlberechtigten Studenten werden die Briefwahlunterlagen vom Kanzler zugesandt. Zwischen der Versendung der Wahlunterlagen und dem Briefwahlschluß muß eine Frist von mindestens 14 Tagen liegen. Die Urnenwahl wird an drei aufeinanderfolgenden nicht vorlesungsfreien Tagen durchgeführt. In dieser Zeit müssen die Wahllokale mindestens 18 Stunden geöffnet sein. Zwischen dem Briefwahlschluß und dem Beginn der Urnenwahl muß mindestens ein nicht vorlesungsfreier Tag liegen. Für den Briefwahlschluß gilt derselbe Termin, wie er für die Wahlen zum Konvent und zu den Fachbereichsräten nach der Wahlordnung der Universität festzulegen ist. Wahlzeiten sowie die Standorte der Wahllokale bestimmt der Wahlaus-*

schuß, der sie mindestens eine Woche vor der Wahl bekanntgibt. Bei Wiederholungswahlen, die nicht zusammen mit den Wahlen zum Konvent und zu den Fachbereichsräten oder den Fachschaftsräten durchgeführt werden, wird der Wahltermin vom Studentenparlament im Einvernehmen mit dem Kanzler beschlossen.
(3) [unverändert]
(4) *Zur Stimmabgabe dürfen nur die vom Wahlausschuß im Einvernehmen mit dem Kanzler vorbereiteten Stimmzettel verwendet werden. Die Wahlberechtigung wird bei Urnenwahl durch Vorlage und Abgabe der Wahlbenachrichtigung anhand des Wählerverzeichnisses und des Studentenausweises oder eines Personalausweises überprüft. An einer Urne dürfen zu keinem Zeitpunkt Wahlhelfer tätig sein, die von derselben Liste benannt worden sind. Die Stimmabgabe erfolgt durch Ankreuzen eines Wahlvorschlages in dem dafür vorgesehenen Feld. Die Stimmabgabe ist gültig, wenn der Wille des Wählers eindeutig erkennbar ist. Bestehen Zweifel an der Gültigkeit der Stimmen, so entscheidet der Wahlausschuß.*
(5), ***(6)***, ***(7)*** [unverändert]
(8) [als neuer Satz 2 wird angefügt:] *§ 20 Abs.3 gilt mit der Maßgabe, daß bei Öffnung der Briefwahlunterlagen und dem Abhaken im Wählerverzeichnis stets alle Mitglieder des Wahlausschusses anwesend sein müssen.*
§ 20 (Entscheidungsmodus des Ältestenrats): (1), ***(2)*** [unverändert]
(3) *Gegen Entscheidungen des Ältestenrats kann Rechtsaufsichtsbeschwerde beim Universitätspräsidenten eingelegt werden, sofern es sich nicht um eine Entscheidung über eine Wahlanfechtung handelt. Weitere Rechtsaufsichtsbeschwerde ist beim Hessischen Kultusminister gegeben.*

A.2.16. 4.Änderung der Satzung der Studentenschaft der Johann Wolfgang Goethe-Universität Frankfurt am Main v.16.9.1987 (Hess.StAnz, S.2000 (1987))

1. ***§ 4 Abs.1 Nr.4*** wird gestrichen.
2. ***§ 6 Nr.7 S.2*** erhält folgende Fassung:
§ 21 Abs.1 Nr.8 HHG bleibt unberührt.
3. ***§ 6 Nr.10*** wird gestrichen.
4. In ***§ 18 Abs.1*** werden die Worte *Urabstimmungen und* gestrichen.
5. ***§ 21 Abs.2 bis 5*** werden gestrichen.
6. ***§ 28*** wird gestrichen.
7. ***§ 29*** wird gestrichen.
8. Die Worte nach § 28 *Abschnitt VII: Satzung und Satzungsänderung* werden gestrichen.

A.2.17. 5.Änderung der Satzung der Studentenschaft der Johann Wolfgang Goethe-Universität v.6.8.1991 (Hess.StAnz, S.2157-2161 und S.2493 (1991))

§ 14 Abs.1: *Diese Vorschriften gelten für die Wahlen zum Studentenparlament und den Fachschaftsräten, die nach § 65 Abs.3 Satz 3 HHG gleichzeitig mit den Wahlen der studentischen Mitglieder im Konvent und in den Fachbereichsräten durchzuführen sind. Die Studentenparlamentswahl erfolgt auf Universitätsebene unabhängig von der Fachschaftsgliederung der Studentenschaft. Die Wahl ist als Urnenwahl mit der Möglichkeit der Briefwahl durchzuführen. Allen wahlberechtigten Studenten werden die Briefwahlunterlagen vom Kanzler zugesandt. Der Wahlausschuß soll sich rechtzeitig vergewissern, daß eine individuelle Verteilung der Briefwahlunterlagen in die einzelnen Hausbriefkästen der Studentenwohnheime erfolgt.*
Zwischen der Versendung der Wahlunterlagen und dem Briefwahlschluß muß eine Frist von mindestens 14 Tagen liegen. Für den Briefwahlschluß gilt derselbe Termin wie er für die Wahlen zum Konvent und zu den Fachbereichsräten nach der Wahlordnung der Universität festzulegen ist. Bei Festlegung der Wochenfristen, die nach den nachfolgenden Vorschriften (Abs.2 bis Abs.18) zu beachten sind, zählen dazwischenliegende vorlesungsfreie Zeiten nicht mit.
§ 14 Abs.2: *Die Vorbereitung und Durchführung der Studentenparlamentswahl und der Wahlen zu den Fachschaftsräten obliegt einem Wahlausschuß. Der Wahlausschuß besteht aus drei studentischen Mitgliedern, die von den im Studentenparlament vertretenen Gruppen nach dem Zugriffsverfahren unter Zugrundelegung des Stimmergebnisses der letzten Studentenparlamentswahl nach dem d'Hondtschen Höchstzahlverfahren benannt werden; Zählgemeinschaften sind zulässig.*
Der Präsident des Studentenparlaments fordert die Listenführer rechtzeitig auf, das Zugriffsverfahren durchzuführen und ihm das Ergebnis vorzulegen. Der Präsident beruft sodann den Wahlausschuß unverzüglich zur konstituierenden Sitzung ein. Der Wahlausschuß muß spätestens zwölf Wochen vor Briefwahlschluß benannt sein.
§ 14 Abs.3: *Auf der konstituierenden Sitzung des Wahlausschusses wählt dieser aus seinen Mitgliedern einen Vorsitzenden sowie einen Schriftführer in einem Wahlgang nach den Grundsätzen der Verhältniswahl. Der Vorsitzende des Wahlausschusses ist für die ordnungsgemäße Einberufung und für den ordnungsgemäßen Ablauf der Sitzungen verantwortlich. Gegen Entscheidungen des Wahlausschusses ist der Rechtsweg beim Verwaltungsgericht Frankfurt am Main gegeben.*

§ 14 Abs.4: Alle Mitglieder der Studentenschaft haben das aktive und passive Wahlrecht, das passive Wahlrecht mit Ausnahme der Angehörigen des Wahlausschusses. Zur Klarstellung des Wahlrechts werden die wahlberechtigten Studenten in ein Wählerverzeichnis eingetragen, das einen Tag offenzulegen ist. Bis zur Schließung des Wählerverzeichnisses, sechs Wochen vor Briefwahlschluß, hat jeder Student die Möglichkeit, gegen eine Nichteintragung oder eine unrichtige Eintragung Widerspruch einzulegen.

§ 14 Abs.5: Der Termin für die Studentenparlamentswahl und die Wahlen der Fachschaftsräte hat spätestens neun Wochen vor Briefwahlschluß zu erfolgen.

§ 14 Abs.6: Für die Wahlen zum Studentenparlament und zu den Fachschaftsräten, Wahlen zum Konvent und zu den Fachbereichsräten ist für das Briefwahlverfahren ein gemeinsamer Wahlschein zu verwenden. Die eingehenden Briefwahlunterlagen werden vom Wahlamt in Wahlurnen gemäß Abs.12 sicher verwahrt und stehen dort dem Wahlausschuß der Studentenschaft zur Klärung von Unstimmigkeiten und Zweifelsfällen zur Verfügung. Auf Antrag muß jedem Mitglied des Wahlausschusses das Recht individueller Sicherung entsprechend Abs.12 gewährt werden. Zur Vermeidung einer doppelten Stimmabgabe muß der Wahlausschuß zusammen mit dem Zentralen Wahlvorstand die Öffnung der Wahlbriefumschläge zwecks Vermerks des Eingangs im Wählerverzeichnis vor dem Zeitpunkt des Beginns der Urnenwahl abgeschlossen haben. Die Wahlumschläge sind ungeöffnet, zusammen mit den dazugehörigen Wahlscheinen, im Wahlamt in den Wahlurnen zu verwahren. Nach Abschluß der Briefwahl und vor Beginn der Urnenwahl hat der Studentische Wahlausschuß über die bei der Briefwahl aufgetretenen Zweifelsfälle zu entscheiden.

§ 14 Abs.7: Wahlvorschläge müssen spätestens sechs Wochen vor Briefwahlschluß beim Wahlausschuß eingereicht werden. Ein Wahlvorschlag besteht aus einer Liste von mindestens drei Kandidaten mit festgelegter Reihenfolge, die sich mit einheitlichem Programm unter einheitlicher Bezeichnung zur Wahl stellen. Wird nur eine Liste eingereicht, findet Persönlichkeitswahl statt, wobei jeder Wähler so viele Stimmen hat, wie Mitglieder für das Studentenparlament bzw. den Fachschaftsrat zu wählen sind.

Listen, die nicht bereits im alten Studentenparlament vertreten waren, können nur dann zur Wahl zugelassen werden, wenn mindestens 50 Wahlberechtigte durch Unterschrift, Angabe ihrer vollständigen Adresse und Fachbereichszugehörigkeit den Wahlvorschlag unterstützen. Listen, die nicht bereits in den alten Fachschaftsräten vertreten waren, können nur dann zur Wahl zugelassen werden, wenn mindestens fünf Wahlberechtigte durch Unterschrift, Angabe ihrer vollständigen Adresse und Fachbereichszugehörigkeit den Wahlvorschlag unterstützen. Jeder Wahlberechtigte kann nur einen Wahlvorschlag unterstützen. Eine Kandidatur auf einem Wahlvorschlag gilt zugleich als Unterstützungserklärung. Ein Kandidat für das Studentenparlament kann nur seinen eigenen Wahlvorschlag unterstützen. Eine satzungsgemäße Unterstützung kann nicht widerrufen werden. Der Wahlausschuß hat die Wahlvorschlagslisten und gegebenenfalls die Unterstützerlisten auf Ordnungsmäßigkeit und Vollständigkeit zu überprüfen. Der Wahlausschuß ist verpflichtet, sämtliche Kandidaten der zugelassenen Wahlvorschlagslisten in der genannten Reihenfolge mit der Fachbereichszugehörigkeit unter dem jeweiligen Listennamen bis spätestens drei Wochen vor Briefwahlschluß universitätsöffentlich zu machen.

§ 14 Abs.8: Von Wahlunterlagen, von Wahlvorschlagslisten, von Protokollen der Sitzungen des Wahlausschusses sowie von Einsprüchen gegen Entscheidungen des Wahlausschusses hat der Wahlausschuß Duplikate dem Wahlamt zur sicheren Aufbewahrung zu übergeben.

§ 14 Abs.9: Die Urnenwahl wird an drei aufeinanderfolgenden nicht vorlesungsfreien Tagen durchgeführt. In dieser Zeit müssen die Wahllokale mindestens 18 Stunden geöffnet sein. Zwischen dem Briefwahlschluß und dem Beginn der Urnenwahl muß mindestens ein nicht vorlesungsfreier Tag liegen.

Wahlzeiten sowie die Standorte der Wahllokale bestimmt der Wahlausschuß und gibt sie mit der Wahlbekanntmachung bekannt. Eine Neueinteilung der Stimmbezirke oder eine Verlegung der Wahllokale gegenüber der vorangegangenen Wahl bedarf eines einstimmigen Beschlusses aller Mitglieder des Wahlausschusses.

§ 14 Abs.10: Der Wahlausschuß kann zur Durchführung der Urnenwahl sowie zur Stimmenauszählung Hilfspersonal (Wahlhelfer) heranziehen. Die Wahlhelfer werden vom Studentenparlament nach den Grundsätzen der Verhältniswahl bestimmt. Dabei üben die Mitglieder einer Kandidatenliste jeweils in der Reihenfolge der auf die Liste nach dem d'Hondtschen Höchstzahlverfahren fallenden Sitze das Recht des Zugriffs auf einen zu besetzenden freien Sitz aus. Werden mehr als 22 Wahlhelfer benötigt, ist das Verfahren zu wiederholen.

§ 14 Abs.11: Der Vorsitzende des Wahlausschusses hat den Listenführern aller im Studentenparlament vertretenen Gruppen schriftlich bis spätestens zwei Wochen vor Briefwahlschluß mitzuteilen, wieviele Wahlhelfer gemäß Abs.10 auf ihre Gruppe entfallen und für welche Urnen diese eingeteilt werden. Während der Urnenwahl sind an jeder Wahlurne drei Wahlhelfer einzusetzen, die von verschiedenen Gruppen im Studentenparlament benannt worden sein müssen. Auf schriftlichen Antrag von mindestens fünf Mitgliedern des Studentenparlaments, die solchen Gruppen angehören, die keinen der an einer Urne eingeteilten Wahlhelfer benannt haben, muß der betreffenden Urne unverzüglich in Abweichung von Satz 2 ein weiterer Wahlhelfer zugeteilt werden, der von den antragstellenden Mitgliedern

des Studentenparlaments benannt wird. Der Antrag muß spätestens eine Woche vor Briefwahlschluß beim Wahlausschuß vorliegen.
Eine Tätigkeit als Wahlhelfer berührt das passive Wahlrecht des Wahlhelfers nicht. Die Wahlhelfer sind zur strikten politischen Neutralität verpflichtet.
***§ 14 Abs.12:** Zur Durchführung der Urnenwahl sind vom Kanzler der Universität zur Verfügung gestellte Wahlurnen zu verwenden. Die verschlossene Urne muß so beschaffen sein, daß nur unter Hinterlassung äußerer Spuren der Inhalt veränderbar ist. Bei jeder Urne muß sowohl der Einwurfschlitz im Deckel als auch der Deckel selbst so verschließbar sein, daß auf Antrag jedes Mitglied des Wahlausschusses die Möglichkeit eigener - d.h. von den anderen Mitgliedern unabhängiger - Sicherung hat. Der Wahlausschuß hat sich zu vergewissern, daß vor Beginn jedes Urnenwahltages die zu benutzenden Wahlurnen leer und die Deckel ordnungsgemäß verschlossen sind.*
***§ 14 Abs.13:** Zur Stimmabgabe dürfen nur die vom Wahlausschuß im Einvernehmen mit dem Kanzler vorbereiteten Stimmzettel verwendet werden. Die Wahlberechtigung wird bei Urnenwahl durch Vorlage und Abgabe der Wahlbenachrichtigung anhand des Wählerverzeichnisses und des Studentenausweises oder eines Personalausweises überprüft.* [Diese Norm ist rechtswidrig: FN III.123 (Kap.12).] *Die Stimmabgabe erfolgt durch Ankreuzen eines Wahlvorschlags in dem dafür vorgesehenen Feld. Die Stimmabgabe ist gültig, wenn der Wille des Wählers eindeutig erkennbar ist. Treten bei einer Stimmabgabe Zweifel über die Gültigkeit auf, so haben die Wahlhelfer den Zweifelsfall in der vom Wahlausschuß vorgeschriebenen Form kenntlich zu machen und im Urnenprotokoll zu vermerken.*
***§ 14 Abs.14:** Für jede Wahlurne ist von den für die Urne zuständigen Wahlhelfern täglich ein Urnenprotokoll anzufertigen. Das Urnenprotokoll muß insbesondere Auskunft geben über eventuelle Abwesenheitszeiten der Wahlhelfer, Zweifelsfälle bei der Stimmabgabe, Gefährdungen der ordnungsgemäßen Durchführung der Wahl, den genauen Zeitpunkt der Öffnung und Schließung der Wahlurne und über die Anzahl der an dem Wahltag abgegebenen Stimmen inklusive Zweifelsfälle. Weitere Festlegungen hinsichtlich der Form und des Inhalts des Urnenprotokolls trifft der Wahlausschuß.*
***§ 14 Abs.15:** Nach der Schließung der Wahlurne und vor deren Abtransport wird der Einwurfschlitz durch die Wahlhelfer verschlossen und dieser Verschluß mittels eines einschnappbaren Bügelschlosses gesichert. Auf Antrag eines Mitgliedes des Wahlausschusses ist gemäß Abs.12 zu verfahren. Die Wahlurne ist sodann von den Wahlhelfern unverzüglich zum Wahlamt zu transportieren.*
Der Wahlausschuß überprüft spätestens bis zur Stimmenauszählung den ordnungsgemäßen Ablauf und das Ergebnis des Urnenwahltages anhand der Wahlunterlagen und der Urnenprotokolle; er entscheidet insbesondere über Zweifelsfälle. Bei der Entscheidung über Zweifelsfälle nach Abs.6 und Abs.15 müssen stets alle Mitglieder des Wahlausschusses anwesend sein. Nach Abschluß der Überprüfung sind die Urnenwahlunterlagen gemäß Abs.12 bis zum Zeitpunkt der Stimmenauszählung gesichert aufzubewahren. Rechtzeitig zu der Stimmenauszählung werden alle Wahlunterlagen in den Wahlurnen mit Ausnahme der Wahlscheine dem Studentischen Wahlausschuß gegen Empfangsbestätigung vom Wahlamt übergeben.
***§ 14 Abs.16:** Das Öffnen der Urnen und die Auszählung der Stimmen erfolgen unter Zulassung der Öffentlichkeit. Das Wahlergebnis ist vom Wahlausschuß festzustellen und wird spätestens an dem der Wahl folgenden Montag an den schwarzen Brettern der Studentenschaft und der Fachschaften bekanntgegeben. Die Mandatsverteilung auf die Listen erfolgt nach dem d'Hondtschen Höchstzahlverfahren.*
***§ 14 Abs.17:** Anfechtungen können sich nur auf die ordnungsgemäße Durchführung der Wahl beziehen. Sie müssen spätestens sieben Tage nach Bekanntgabe des Wahlergebnisses schriftlich beim Ältestenrat eingereicht werden. Über die Gültigkeit der Wahl entscheidet der Ältestenrat. Bei Ungültigkeit der Wahl findet unverzüglich eine Wiederholungswahl statt. Bei Wiederholungswahlen, die nicht zusammen mit den Wahlen zum Konvent und zu den Fachbereichsräten oder den Fachschaftsräten durchgeführt werden, wird der Wahltermin vom Studentenparlament im Einvernehmen mit dem Kanzler beschlossen.* [Der Passus "oder den Fachschaftsräten" ist unsinnig insofern es sich um eine Wiederholungswahl zu einer erfolgreich angefochtenen FSR-Wahl handelt.]
***§ 14 Abs.18:** Im übrigen gelten die § 2, § 3 Abs.1, § 5 Abs.4 bis Abs.8, § 10 Abs.3 bis Abs.7, § 12, § 13 Abs.3, Abs.5 bis Abs.7, § 14, § 15 Abs.1, §§ 17 bis 20, § 21 Abs.1 bis Abs.4, Abs.6 bis Abs.10, §§ 23, 24, § 25 Abs.1, Abs.2, Abs.6, § 26 KoWO v.24.1.1979 ... in der jeweils geltenden Fassung entsprechend.*
§ 20 Abs.3 KoWO v.24.1.1979 gilt mit der Maßgabe, daß bei Öffnung der Briefwahlunterlagen und dem Abhaken im Wählerverzeichnis stets alle Mitglieder des Wahlausschusses anwesend sein müssen. § 26 Abs.2 KoWO v.24.1.1979 gilt mit der Maßgabe, daß in die Wahlniederschrift Minderheitsvoten und namentliche Abstimmungen aufzunehmen sind.

A.2.18. Satzung der Studentenschaft der Johann Wolfgang Goethe-Universität Frankfurt am Main v.22.2.1994 (Hess.StAnz, S.889-897 (1994))

Präambel: Die Studentenschaft der Johann Wolfgang Goethe-Universität hat sich in der festen Absicht,
- die Verfaßte Studentenschaft als Selbstverwaltungseinrichtung aller Studierenden sicherzustellen,
- die Verfaßte Studentenschaft vor jeglicher Anfechtung zu beschützen,
- für demokratische Strukturen innerhalb der Universität einzutreten,
- studentische Interessen in Hochschule und Gesellschaft wirksam zu vertreten,
nachfolgende Satzung gegeben. Das Studentenparlament bekräftigt durch diese Satzung seine Absicht, die Geschicke der Studierenden selbstverantwortlich zu gestalten. ...

ABSCHNITT III: WAHLEN

§ 16 (Geltungsbereich, Fristen und Art der Wahlen): (1) *Diese Vorschriften gelten für die Wahlen zum Studentenparlament und den Fachschaftsräten. Diese Wahlen finden nach § 65 Abs.3 S.3 HHG gleichzeitig mit den Wahlen der studentischen Mitglieder im Konvent und in den Fachbereichsräten statt. Die Studentenparlamentswahl erfolgt auf Universitätsebene unabhängig von der Fachschaftsgliederung der Studentenschaft.*

(2) *Die Wahl wird als Brief- und Urnenwahl durchgeführt.*

(3) [Definition der Fristen]

§ 17 (Studentischer Wahlausschuß): (1) [Kreation des aus drei Mitgliedern bestehenden Studentischen Wahlausschusses: wie bisher § 14 Abs.2 StS v.6.8.1991]

(2) *Das Mitglied des Studentischen Wahlausschusses, das mit dem ersten Zugriff benannt wurde, ist Vorsitzende bzw. Vorsitzender des Studentischen Wahlausschusses, das Mitglied des Studentischen Wahlausschusses, das mit dem zweiten Zugriff benannt wurde, ist Schriftführerin bzw. Schriftführer des Studentischen Wahlausschusses, das Mitglied des Studentischen Wahlausschusses, das mit dem dritten Zugriff benannt wurde, ist stellvertretende Vorsitzende bzw. stellvertretender Vorsitzender des Studentischen Wahlausschusses.*

(3) *Die Mitglieder des Studentischen Wahlausschusses sind zu strikter politischer Neutralität sowie zur Verschwiegenheit in allen dem Wahlgeheimnis unterliegenden Angelegenheiten verpflichtet.*

(4) *Gegen Entscheidungen des Studentischen Wahlausschusses ist der Rechtsweg bei dem Verwaltungsgericht Frankfurt gegeben. Der Ältestenrat darf das laufende Wahlverfahren betreffend keine Entscheidungen fällen. Seine Zuständigkeit im Wahlverfahren beschränkt sich ausschließlich auf die Wahlprüfung im Rahmen eines Wahlanfechtungsverfahrens.*

(5) *Scheidet ein Mitglied des Studentischen Wahlausschusses vorzeitig aus, so benennt die Liste bzw. Zählgemeinschaft, die es nominiert hat, seine Nachfolgerin oder seinen Nachfolger.*

(6) [Vorzeitiger Rücktritt eines Wahlausschuß-Mitglieds]

(7) [Ladung / Sitzungsleitung / Bekanntmachungen durch den Vorsitzenden des Wahlausschusses]

(8) *Der Studentische Wahlausschuß ist beschlußfähig, wenn alle Mitglieder ordnungsgemäß geladen sind und wenn mindestens zwei seiner Mitglieder anwesend sind, sofern diese Satzung nichts anderes bestimmt.*

(9) *Der Studentische Wahlausschuß entscheidet im Regelfall mit der einfachen Mehrheit der stimmberechtigten Anwesenden (Anzahl der Ja- über die Nein-Stimmen). Stimmenthaltungen und ungültige Stimmen gelten als Nein-Stimmen (§ 13 Abs.2 S.2 HHG). Die Schriftführerin bzw. der Schriftführer des Studentischen Wahlausschusses fertigt eine Niederschrift der Sitzung, die der Regelung des § 93 VwVfG genügen muß, evtl. Minderheitenvoten sind aufzunehmen. Die Beschlüsse werden durch Aushang am Schwarzen Brett der Studentenschaft universitätsöffentlich bekanntgemacht.*

(10) [Grundsätzliche Öffentlichkeit der Sitzungen des Wahlausschusses]

(11) *Die Amtszeit des Studentischen Wahlausschusses dauert mindestens bis zum Ende des Wahl-Semesters und endet spätestens mit der Benennung eines neuen Studentischen Wahlausschusses gemäß Abs.1.*

§ 18 (Wahlberechtigung und Wählerverzeichnis): (1) [Aktives und passives Wahlrecht: wie bisher § 14 Abs.4 StS v.6.8.1991]

(2) *Alle Wahlberechtigten erhalten eine Benachrichtigung über ihre Eintragung in das Wählerverzeichnis.*

(3) [Verfahren über die Eintragung in das Wählerverzeichnis]

(4) [Verfahren über den Widerspruch gegen eine Nichteintragung in das Wählerverzeichnis]

(5) [Verfahren über Korrekturen im Wählerverzeichnis, insbesondere Streichungen: wie § 18 Abs.6 KoWO v.19.6.1991]

(6) *Nach Schließung des Wählerverzeichnisses bedarf die Berichtigung offensichtlicher Fehler, Unstimmigkeiten oder Schreibversehen eines Beschlusses des Studentischen Wahlausschusses.*

§ 19 (Wahlbekanntmachung) (1) [Fristen für den Aushang der Wahlbekanntmachung]

(2) [Inhaltliche Mindestanforderungen an die Wahlbekanntmachung]

§ 20 (Wahlvorschlagslisten) (1) *Wahlvorschläge müssen spätestens sechs Kalenderwochen vor Briefwahlschluß beim Studentischen Wahlausschuß eingereicht werden.*

(2) *Ein Wahlvorschlag für die Wahl zum Studentenparlament besteht aus einer Liste von mindestens drei Kandidatinnen bzw. Kandidaten mit* *festgelegter Reihenfolge, die sich mit einheitlichem Programm unter einheitlicher Bezeichnung zur Wahl stellen, sowie der jeweiligen persönlichen Stellvertreterinnen bzw. Stellvertreter gemäß § 40 i.V.m. § 7 Abs.1 S.2.*

(3) Ein Wahlvorschlag für die Wahl zu einem Fachschaftsrat besteht aus mindestens einer Kandidatin oder einem Kandidaten; [nachfolgend: wie § 20 Abs.2].

(4) Liegt nur eine zugelassene Wahlvorschlagsliste vor, so wird die Wahl als Persönlichkeitswahl durchgeführt. Die Wählerin oder der Wähler hat so viele Stimmen, wie Sitze zu besetzen sind.

(5) Listen, die nicht bereits im alten Studentenparlament vertreten waren, können nur dann zur Wahl zugelassen werden, wenn mindestens 50 Wahlberechtigte durch Unterschrift und Angabe ihrer vollständigen Adresse oder Matrikelnummer den Wahlvorschlag unterstützen. Wahlberechtigte können jeweils nur einen Wahlvorschlag unterstützen. Eine Kandidatur auf einem Wahlvorschlag gilt zugleich als Unterstützungserklärung. ... Eine satzungsgemäße Unterstützung kann nicht widerrufen werden. Nicht satzungsgemäß zustande gekommene Unterstützungen sind auf allen Unterstützerlisten zu streichen.

(6) [Prüfung und Veröffentlichung der Wahlvorschlagslisten durch den Wahlausschuß]

(7) Wahlvorschlagslisten sind durch den Studentischen Wahlausschuß insbesondere dann nicht zugelassen, wenn (a) notwendige Unterstützungen fehlen oder (b) notwendige Bewerberquoren nicht erfüllt werden oder (c) die Listenbezeichnung die Gefahr einer Namensverwechslung mit einer bereits im alten Studentenparlament oder jeweiligen Fachschaftsrat vertretenen anderen Wahlvorschlagsliste beinhaltet oder (d) die Wahlvorschlagsliste verspätet eingereicht wurde. Die Nichtzulassung ist der Vertrauensperson unter Angabe der Gründe unverzüglich mitzuteilen.

(8) Die Gewährung einer Nachfrist durch den Studentischen Wahlausschuß ist unzulässig.

(9) Gegen die Nichtzulassung kann binnen dreier Vorlesungstage, beginnend mit der Entscheidung des Studentischen Wahlausschusses, schriftlich oder zur Niederschrift Widerspruch beim Studentischen Wahlausschuß eingelegt werden. Die Entscheidung des Studentischen Wahlausschusses hat innerhalb von drei Vorlesungstagen zu erfolgen, sie ist zu begründen.

(10) Eine Nachbesserung bereits eingereichter Wahlvorschlagslisten ist bis Listenabgabeschluß noch möglich. Ein Anspruch auf Prüfung der Wahlvorschlagslisten vor Ablauf der Frist besteht nicht.

(11) Die Reihenfolge der kandidierenden Listen auf dem Stimmzettel wird vom Studentischen Wahlausschuß in öffentlicher Sitzung durch Los bestimmt.

***§ 21 (Wahlschein und Briefwahl):** (1) Für die Wahlen zum Studentenparlament und zu den Fachschaftsräten sowie für die Wahlen zum Konvent und zu den Fachbereichsräten ist für das Briefwahlverfahren ein gemeinsamer Wahlschein zu verwenden.*

(2) [Verfahren über die Versendung der Briefwahlunterlagen durch den Wahlleiter; teilweise übernommen aus § 12 KoWO v.19.6.1991]

(3) [Zeitliche Dauer des Briefwahlverfahrens]

(4) [Rücklauf der Briefwahlunterlagen: wie bisher § 14 Abs.6 StS v.6.8.1991]

(5) [Verfahren zur Markierung der Briefwähler: wie bisher § 14 Abs.6 StS v.6.8.1991]

(6) [Wahlhandlung bei der Briefwahl: wie § 20 KoWO v.19.6.1991]

§ 22 (Sicherung von Wahlunterlagen, Verlust von Wahlunterlagen): (1) [Anfertigung von Duplikaten durch den Wahlausschuß: wie bisher § 14 Abs.8 StS v.6.8.1991]

(2) Verschriebene oder unbrauchbar gewordene Stimmzettel oder Wahlumschläge sind nur gegen Rückgabe zu ersetzen.

(3) Wahlscheine werden grundsätzlich nicht ersetzt. Ausnahmen bedürfen eines Beschlusses des Studentischen Wahlausschusses.

§ 23 (Urnenwahl): (1) [Festlegung der Wahlzeiten und -orte: wie bisher § 14 Abs.9 StS; Ordnung im Wahllokal bei der Stimmabgabe: wesentlich übernommen aus: § 21 Abs.2, Abs.4, Abs.8 KoWO v.19.6.1991]

(2) Der Studentische Wahlausschuß kann zur Durchführung der Urnenwahl sowie zur Stimmenauszählung Hilfspersonal (Wahlhelferinnen und Wahlhelfer) heranziehen. Für weitere Tätigkeiten kann Hilfspersonal nur dann herangezogen werden, sofern alle Mitglieder des Studentischen Wahlausschusses schriftlich ihre Zustimmung erteilten. Die Wahlhelferinnen und Wahlhelfer werden von den im Studentenparlament vertretenen Wahlvorschlagslisten - analog dem Mandatszugriff - nach dem Zugriffsverfahren unter Zugrundelegung des Stimmergebnisses der vorangegangenen Studentenparlamentswahl nach dem Prinzip d'Hondt benannt; Zählgemeinschaften sind unzulässig. Benennt dabei eine im Studentenparlament vertretene Wahlvorschlagsliste zu wenig Wahlhelferinnen oder Wahlhelfer, wird der Zugriff durch die übrigen fortgesetzt. Keine Gruppe darf mehr als 1/3 aller Wahlhelferinnen oder Wahlhelfer benennen; andernfalls werden dieser zustehende Zugriffe solange übersprungen, bis die 1/3-Relation hergestellt ist. Jede Wahlhelferin oder jeder Wahlhelfer kann mit Zustimmung der ihn benennenden Wahlvorschlagsliste durch eine Stellvertreterin oder einen Stellvertreter ersetzt werden. Werden mehr als 21 Wahlhelferinnen oder Wahlhelfer benötigt, ist das Verfahren zu wiederholen.

(3) [Verfahren des Einsatzes der Wahlhelfer bei der Urnenwahl: wie bisher § 14 Abs.11 StS v.6.8.1991]

(4) [Beschaffenheit der Wahlurnen: wie bisher § 14 Abs.12 StS v.6.8.1991]

(5) [Wahlhandlung bei der Urnenwahl: wie bisher § 14 Abs.13 StS v.6.8.1991; neu geregelt ist der

Ausweisungsmodus: *Die Wahlberechtigung wird bei der Urnenwahl anhand des Wählerverzeichnisses überprüft. Dazu sollte die Wahlbenachrichtigung vorgelegt und abgegeben werden; mindestens aber ist zur Identitätsfeststellung der Studenten- oder ein amtlicher Lichtbildausweis vorzulegen.*]

(6) [Anfertigung eines Urnenprotokolls durch die Wahlhelfer: wie bisher § 14 Abs.14 StS v.6.8. 1991]

(7) [Amtlicher Abschluß des Urnenwahlverfahrens: wie bisher § 14 Abs.15 StS v.6.8.1991]

(8) [Übergabe der Briefwahlunterlagen an den Wahlausschuß: wie bisher § 14 Abs.15 StS v.6.8. 1991]

(9) *Das Öffnen der Urnen und die Auszählung der Stimmen erfolgt unter Zulassung der Öffentlichkeit. Für die Auszählung der Stimmen kann die Öffentlichkeit durch einstimmigen Beschluß des Studentischen Wahlausschusses nur ausgeschlossen werden, wenn die Ordnungsmäßigkeit der Auszählung gefährdet ist. Das Wahlergebnis ist vom Studentischen Wahlausschuß festzustellen und wird spätestens an dem der Wahl folgenden Montag an den schwarzen Brettern der Studentenschaft und der Fachschaften bekanntgegeben. Die Mandatsverteilung auf die Listen erfolgt nach dem d'Hondtschen Höchstzahlverfahren. Das Wahlergebnis enthält die Angaben der Stimmen, die jede zugelassene Wahlvorschlagsliste erhalten hat, in absoluten Zahlen, aufgeschlüsselt nach Fachbereichen sowie nach Brief- und Urnenwahl.*

§ 24 (Ungültige Stimmen): [Kasuistik ungültiger und nicht abgegebener Stimmen; es fehlt die Regelung: eine gültige Stimme und eine Stimmenthaltung im selben Wahlumschlag zählt als eine gültige Stimme.]

§ 25 (Wahlanfechtungen): *Anfechtungen können sich nur auf die ordnungsgemäße Durchführung der Wahl beziehen. Sie müssen spätestens sieben Kalendertage nach Bekanntgabe des Wahlergebnisses schriftlich beim Ältestenrat eingereicht werden. Über die Gültigkeit der Wahl entscheidet der Ältestenrat innerhalb von einem Monat.*

§ 26 (Wiederholungswahl): (1) [Termin der Wiederholungswahl: wie bisher § 14 Abs.17 StS v.6.8. 1991]

(2) *Findet die Wiederholungswahl zu einem Fachschaftsrat oder universitätsweit zum Studentenparlament statt, so kann auf Beschluß des Studentischen Wahlausschusses das Wählerverzeichnis erneut geöffnet und geschlossen werden. Die in § 18 Abs.1 S.3 festgelegte Frist kann, im Einvernehmen mit der Kanzlerin oder dem Kanzler der Universität, verkürzt werden. § 14 Abs.3 gilt entsprechend, § 16 Abs.1 steht dem nicht entgegen.*

§ 27 (Vorzeitige Neuwahlen) (1) *Nach Beschluß des Studentenparlaments über seine Auflösung findet unverzüglich eine Neuwahl statt in Abweichung von § 16 Abs.1.*

(2) *Im Einvernehmen mit der Kanzlerin oder dem Kanzler der Universität sind die Fristen für die Neuwahlen festzusetzen.*

§ 28 (Wahlleiterin oder Wahlleiter): [Aufgaben und Befugnisse des Wahlleiters]

§ 29 (Wahlordnung): *Zum Erlaß, zur Änderung und Aufhebung der Wahlordnung der Studentenschaft bedarf es einer Behandlung in drei Lesungen auf zwei Sitzungen des Studentenparlaments. In der dritten Lesung erfolgt die Beschlußfassung mit der Mehrheit der satzungsmäßigen Mitglieder.*

§ 37 (Bekanntgabe und Anfechtung von ÄR-Entscheidungen): (1) *...*

(2) *Mit Ausnahme der Entscheidung nach § 25 (Wahlanfechtungen) kann gegen Entscheidungen des Ältestenrats Rechtsaufsichtsbeschwerde bei der Präsidentin oder dem Präsidenten der Universität eingelegt werden. Danach ist die weitere Rechtsaufsichtsbeschwerde beim Hessischen Ministerium für Wissenschaft und Kunst gegeben.*

§ 56 (Inkrafttreten und Aufhebung bisherigen Rechts): (1) *...* ***(2)*** *...*

(3) *Bis zum Inkrafttreten einer Wahlordnung der Studentenschaft gelten die Vorschriften der Wahlordnung für die Wahlen zum Konvent, zu den Fachbereichsräten sowie zu anderen Gremien der Johann Wolfgang Goethe-Universität (KoWO) vom 19.Juni 1991 (Abl.HMWK **44**, S.830-841 (1991)) entsprechend, soweit diese Vorschriften nicht durch die besonderen Wahlvorschriften dieser Satzung ausgeschlossen sind.*

Anhang 3 Die 'wesentlichen Wahlfehler' für Studentenschaftswahlen - Stichwortregister

Im folgenden werden die im Text verstreut behandelten 'wesentlichen Wahlfehler' und weitere für das Wahlprüfungsverfahren *für Studentenschaftswahlen* relevante Tatbestände nochmals summarisch aufgeführt. Bezüglich des Wahlverfahrens werden sie in chronologischer Reihung ihres Auftretens unter Angabe der Textstellen gegliedert; die maßgeblichen juristischen Quellen sind dabei (fett) herausgehoben.

Wahlordnung - *Gültige objektive W. als rechtliche Grundlage der Wahl:* Kap.10.2. (FN III.28, **FN III.31**); Kap.10.4. (FN III.54); Kap.13.2.2.(i). (FN IV.30); Kap.13.3.1. (FN IV.46, FN IV.47); Kap.15.2.4.; Kap.18.2.2.(b).; FN V.136; FN V.138; FN V.483; Kap.19.24.4.; FN V.502; Kap.19.27.2.; These 12.(f).
- *Neutralität und Öffentlichkeit des durch die W. normierten Wahlverfahrens:* Kap.0.1. (am Beginn); Kap.13.2.1. (FN IV.27); Kap.13.3.2.(ii).; Kap.15.4.1.(b).; Kap.14.4. (am Beginn); Kap.15.6.; Kap.17.1.1.; Kap.17.1.2.; FN V.264; **FN V.300**; FN V.376; Kap.19.14.2.(d).; FN V.409; These 13.

Wahlmodus - *Verhältniswahl / Mehrheitswahl:* FN IV.90; **Kap.15.2.1.(c). (FN IV.185)**.
- *Starre Listenwahl / Personalisierte Verhältniswahl:* Kap.10.2. (FN III.25); FN IV.61; **FN IV.70**; FN IV.108; Kap.15.2.4.(b).; Kap.15.3.(a).; Kap.15.4.3.(b).; Kap.19.1.
- *Einheitsliste* (Unzulässigkeit): FN III.149; **Kap.15.4.1.(f).**
- *Listenverbindung* (Unzulässigkeit für Studentenschaftswahlen): **Kap.15.2.1.(b).**
- *Quotierung* (grundsätzliche Zulässigkeit für Studentenschaftswahlen): **Kap.15.4.3.(e).**
- *Wahlpflicht* (grundsätzliche Zulässigkeit für Studentenschaftswahlen): **Kap.15.4.1.(d).**
- *Stimmenquorum/'Sperrklausel'* (Unzulässigkeit für Studentenschaftswahlen): FN IV.119; **Kap.15.2.1.(a).**

Wahlverfahrensbestandssicherung: **Kap.13.2.**; Kap.16.2.2.; Kap.16.4.1.

Wahlfehler - *Fehlen absoluter W.:*, **Kap.16.5.** (FN IV.378).
- *Wesentlicher/unwesentlicher/erheblicher W.:* Kap.16.4.1. (am Beginn); **Kap.16.5.**

Wahlmanipulationen - *Explizite W.:* Kap.0.2.(a).; Kap.12 (am Beginn); Kap.12.3. (FN IV.157); **Kap.19.0.**; FN V.64; FN V.533.
- *Implizite W.:* Kap.0.2.(b).; Kap.12 (am Beginn); Kap.12.3. (FN IV.157); Kap.19.0. (am Ende); FN V.64; Kap.19.15.1.; FN V.533.

Straftaten bei Wahlen: **Kap.16.1.**; Kap.16.4.1.(f).; FN IV.363; Kap.16.7.3.; FN V.131.
- *Diebstahl einer Wahlurne:* Kap.19.3.1. (FN V.165).
- *Diebstahl von Wahlunterlagen:* Kap.19.15.1.(c).; Kap.19.24.1.
- *Wahlfälschung:* Kap.19.0.; Kap.19.11.1.(f).; Kap.19.15.1.(d).; Kap.19.15.2.; Kap.19.19.1.
- *Wählernötigung:* FN V.314; Kap.19.14.1.(a).; Kap.19.19.2.

Normenkontrolle im Wahlrecht - *Rechtswidrige Zusammensetzung des Studentenparlaments* ('Fachschaftsmandate'): Kap.10.2. (FN III.26); Kap.10.3.; Kap.10.4.; **FN IV.261**; FN V.161; Kap.19.6.

Wahlorgan - *Status des studentischen W.s* (Studentenschaftsorgan / Teil der Staatsverwaltung): Kap.16.3.2.; Kap.17.1.1.; These 13.

Anhang 4 Entscheidungsregister

Nachfolgend werden die im Text eingearbeiteten Gerichtsentscheidungen (als: Urteile, Beschlüsse, Eilentscheidungen) systematisch zusammengestellt:
In der *linken Spalte* wird als Entscheidungs-Charakterisierung wenn möglich die Fundstelle in einer amtlichen Entscheidungssammlung angegeben (fette Zahl: laufende Bandnummer; folgende Zahl: Seitenzahl ebendort); falls nicht in einer Sammlung aufgenommen, wird die Entscheidung unter dem Datum, an dem sie ergangen ist, aufgeführt (die Fundstelle ist in diesem Falle in der ersten auf der rechten Seite dazu aufgeführten Fußnote zu finden).
Die arabischen Zahlen in der *rechten Spalte* geben die Fußnoten an, die jeweils vorgestellte römische Zahl gibt den Teil der vorliegenden Abhandlung an, in dem die Entscheidung zitiert wird.

A.4.1. Bundesverfassungsgericht

BVerfGE **1**, 14	I.12; I.63; I.101; II.193; V.228
BVerfGE **1**, 208	I.56; IV.65; IV.80; IV.116; IV.119; IV.140; IV.162; IV.171; IV.174; IV.176; IV.185; IV.193; IV.330
BVerfGE **1**, 299	I.64
BVerfGE **1**, 430	IV.332
BVerfGE **2**, 1	I.126; I.127; V.514
BVerfGE **2**, 300	IV.338
BVerfGE **3**, 19	III.76; III.147; IV.85; IV.117; IV.146; IV.147; IV.163; IV.165; IV.220; IV.230; IV.253
BVerfGE **3**, 45	IV.142; IV.202; IV.207; IV.208; IV.210
BVerfGE **4**, 370	III.79; IV.239; IV.332; IV.366; IV.370; IV.375; IV.378; IV.384
BVerfGE **4**, 375	IV.250
BVerfGE **5**, 77	IV.168; IV.254
BVerfGE **5**, 85	I.127; I.129
BVerfGE **6**, 84	II.227; IV.80; IV.81; IV.119; IV.164; IV.178; IV.179; IV.185; IV.195
BVerfGE **7**, 63	III.76; IV.185; IV.201; IV.203; IV.211; IV.216; IV.224; IV.237
BVerfGE **7**, 77	IV.204; IV.208
E.v.31.08.1957	IV.277
BVerfGE **7**, 198	I.101; II.193
BVerfGE **8**, 51	IV.174
BVerfGE **10**, 20	IV.53; IV.295
BVerfGE **10**, 89	IV.50
BVerfGE **10**, 264	IV.315
BVerfGE **11**, 102	IV.169
BVerfGE **11**, 266	IV.157; IV.159; IV.169; IV.186; IV.194
BVerfGE **11**, 329	IV.283
BVerfGE **11**, 351	IV.176; IV.185
BVerfGE **12**, 10	IV.157; IV.162; IV.229
BVerfGE **12**, 139	IV.149; IV.154

BVerfGE **89**, 266	IV.231; IV.373
BVerfGE **89**, 291	IV.231; IV.340; IV.342
BVerfGE **92**, 1	II.38

A.4.2. Bundesverwaltungsgericht

E.v.10.12.1968	IV.192; V.538
BVerwGE **36**, 218	IV.279
E.v.15.12.1972	IV.337; IV.343; IV.347
E.v.29.05.1973	IV.218
BVerwGE **51**, 69	IV.279; IV.334
BVerwGE **59**, 231	II.172; IV.53
BVerwGE **59**, 242	II.223
E.v.29.08.1985	IV.247
BVerwGE **79**, 40	IV.120
E.v.18.12.1991	V.362; V.539
E.v.30.03.1992	V.617; V.619; V.621
E.v.23.10.1996	I.80

A.4.3. Bundesgerichtshof

BGHSt **23**, 46	II.38
E.v.29.10.1980	IV.245
BGHZ **11**, 214	V.605; V.607
BGHZ **43**, 265	V.606; V.609; V.610
BGHZ **79**, 265	V.600; V.603; V.604; V.605; V.608; V.609

A.4.4. Landesverfassungsgerichte

Staatsgerichtshof für das Land Baden-Württemberg (Stuttgart)

E.v.6.2.1961	IV.184; IV.185(b)

Bayerischer Verfassungsgerichtshof (München)

E.v.28.11.1968	IV.316
E.v.02.10.1969	V.362
BayVGHE **28**(NF)II, 207	IV.285
E.v.28.07.1977	IV.98
E.v.02.03.1990	IV.301; V.362
E.v.05.02.1992	IV.285
E.v.28.01.1993	V.362
BayVGHE **47**(NF)II, 59	IV.373; V.622

Verfassungsgerichtshof für das Land Berlin

E.v.17.03.1997	IV.180

Hamburgisches Verfassungsgericht

E.v.04.05.1993	IV.231; IV.344; V.327; V.574; V.587

Staatsgerichtshof für das Land Hessen (Wiesbaden)

ESVGH **21**, 113	IV.99
ESVGH **41**, 1	IV.218; V.617; V.619
E.v.26.01.1995	III.73

Niedersächsischer Staatsgerichtshof (Bückeburg)

N-StGHE **1**, 320	IV.316; IV.389

Oberverwaltungsgericht Niedersachsen und Schleswig-Holstein (Lüneburg)

E.v.19.06.1950	IV.176
OVGE **23**, 429	IV.338
E.v.02.02.1972	IV.317
E.v.19.10.1993	IV.221

Oberverwaltungsgericht Nordrhein-Westfalen (Münster)

OVGE **10**, 139	V.209
OVGE **14**, 257	IV.239
E.v.22.01.1958	V.209
E.v.14.02.1962	IV.213
OVGE **28**, 55	IV.317
E.v.18.08.1988	V.617

Oberverwaltungsgericht Schleswig-Holstein (Schleswig)

E.v.24.06.1993	IV.340; IV.373; IV.375

Saarländisches Oberverwaltungsgericht (Saarbrücken)

AS 7, 1	V.274
AS **13**, 186	IV.285

Verwaltungsgerichtshof Baden-Württemberg (Mannheim)

ESVGH **5**, 167	V.147
ESVGH **8**, 73	IV.395
E.v.24.04.1967	V.364
E.v.08.04.1968	V.408
E.v.05.05.1976	IV.285
E.v.19.03.1979	IV.389; V.522; V.600; V.609
E.v.17.02.1992	V.617; V.627

A.4.6. Oberlandesgerichte

Oberlandesgericht Frankfurt am Main

E.v.31.01.1952	V.601; V.609
E.v.05.11.1996	V.623

A.4.7. Verwaltungsgerichte

Verwaltungsgericht Berlin

E.v.24.01.1994	V.618

Verwaltungsgericht Darmstadt

E.v.13.05.1974	IV.285; IV.387
E.v.20.08.1974	IV.387
E.v.07.06.1990	IV.218

Verwaltungsgericht Frankfurt am Main

E.v.21.06.1972	III.52
E.v.11.06.1975	V.216
E.v.13.01.1977	V.272; V.273; V.274
E.v.12.12.1977	II.47
E.v.22.04.1980	III.126; III.152; V.59
E.v.06.04.1984	V.92
E.v.21.12.1989	V.512; V.517; V.598

Literatur

Aufgenommen sind alle für die vorliegende Abhandlung wichtigeren Titel. Die übrigen Literaturstellen erscheinen nur in den Fußnoten. Aufsätze aus Sammelbänden/Handbüchern sind im folgenden nur dann separat aufgeführt, wenn die übrigen Beiträge des Buchs für die vorliegende Abhandlung eher unwesentlich sind; andernfalls wird allein der Sammelband als ganzer aufgeführt. Schließlich sind die relevanten, einschlägigen Gesetzes- und Verfassungs-Kommentare sowie Gerichtsentscheidungen im folgenden grundsätzlich nicht aufgenommen, mit Ausnahme der speziellen Wahlrechtsliteratur.

Lit.1 Gruppenuniversität und Verfaßte Studentenschaft

***Abendroth**, Wolfgang u.a.*, Die Linke antwortet Jürgen **Habermas**, Frankfurt/M 1968

***Adorno**, Theodor Wiesengrund*, Marginalien zu Theorie und Praxis, in: ders., Stichworte - Kritische Modelle, es **347** (Frankfurt/M 1969), S.169-191

Agnoli**, Johannes / Peter **Brückner, Die Transformation der Demokratie, Frankfurt/M 1968

***Ahlberg**, René*, Akademische Lehrmeinungen und Studentenunruhen in der Bundesrepublik, Freiburg 1970

***Ahlberg**, René*, Ursachen der Revolte. Analyse des studentischen Protestes, Stuttgart/Berlin/Köln/Mainz 1972

***Albers**, Detlev*, Demokratisierung der Hochschule - Argumente zur Drittelparität, Bonn-Beuel 1968

***Arendt**, Hannah*, Macht und Gewalt, München 1970

***Bartsch**, Hellmuth*, Die deutschen Studentenschaften - Organisation, Aufgaben und Rechtsform der studentischen Selbstverwaltung in der Bundesrepublik, (jur.Diss.) 2.Aufl. Bonn-Holzlar 1971

***Bauß**, Gerhard*, Die Studentenbewegung der sechziger Jahre, Köln 1977

***Benda**, Ernst*, Der Rechtsstaat in der Krise - Autorität und Glaubwürdigkeit der demokratischen Ordnung, Stuttgart 1972

Bergmann**, Uwe / Rudi **Dutschke** / Wolfgang **Lefèvre** / Bernd **Rabehl, Rebellion der Studenten oder Die neue Opposition, Reinbek 1968

***Bleckmann**, Albert*, Staatsrecht II - Die Grundrechte, 3.Aufl. Köln/Berlin/Bonn/München 1989

Bloch**, Ernst / Rudi **Dutschke** / Ossip Kurt **Flechtheim** / Werner **Maihofer** / Wolf-Dieter **Marsch, Heiterkeit in die Revolution bringen (Diskussion), in: Der Spiegel 10/1968, S.38-57

***Bock**, Michael*, Recht ohne Maß: Die Bedeutung der Verrechtlichung für Person und Gemeinschaft, Berlin 1988

***Bohrer**, Karl Heinz*, Die mißverstandene Rebellion, Merkur **22**, S.33-44 (1968)

***Breitbach**, Michael*, Die Studentenschaften im Strudel der Kriminalisierung - Untreue durch Wahrnahme des sog. allgemeinpolitischen Mandats?, DuR **10**, S.243-259 (1982)

***Brückner**, Peter*, Über die Gewalt, Berlin 1979

***Brückner**, Peter*, Zerstörung des Gehorsams - Aufsätze zur politischen Psychologie, Berlin 1983

***Bude**, Heinz / Martin **Kohli** (Hrsg.)*, Radikalisierte Aufklärung - Studentenbewegung und Soziologie in Berlin 1965 bis 1970, Weinheim/München 1989

***Claussen**, Detlev (Hrsg.)*, Spuren der Befreiung - Herbert Marcuse. Ein Materialienbuch zur Einführung in sein politisches Denken, Darmstadt/Neuwied 1981
***Claussen**, Detlev / Regine **Dermitzel** (Hrsg.)*, Universität und Widerstand - Versuch einer Politischen Universität in Frankfurt, Frankfurt/M 1968
***Commager**, Henry Steele*, Die Rechte der Minderheit im Rahmen der Mehrheitsherrschaft, Wiesbaden 1947
Demirovic**, Alex / Gerd **Paul, Demokratisches Selbstverständnis und die Herausforderung von rechts: Student und Politik in den neunziger Jahren, Frankfurt/M 1996
***Denninger**, Erhard, Das* Hochschulrahmengesetz - Kernstück einer Bildungsreform? Frankfurt/M 1972
***Denninger**, Erhard*, Verfassungstreue und Schutz der Verfassung, VVDStRL **37**, S.7-51 (1979)
***Denninger**, Erhard*, Verfassungsrechtliche Schlüsselbegriffe, in: FS für Rudolf **Wassermann**, Darmstadt/Neuwied 1985, S.279-298
***Denninger**, Erhard*, Das politische Mandat der Studentenschaft (Rechtsgutachten, erstellt im Auftrage der Hessischen Ministerin für Wissenschaft und Kultur), KJ **27**, S.1-21 (1994)
Denninger**, Erhard / Helmut **Quaritsch, Demokratisierung - Möglichkeiten und Grenzen (Cappenberger Gespräche Bd.**11**), Köln/Berlin 1976
***Dietz**, Heinrich*, Faszination der Revolte - Jugend und ewiges Jakobinertum, Stuttgart 1970
***Doehring**, Karl*, Der Autoritätsverlust des Rechts, in: FS für Ernst **Forsthoff**, München 1972, S.103-118
***Dreier**, Horst*, Das Majoritätsprinzip im demokratischen Verfassungsstaat, ZParl **17**, S.94-118 (1986)
***Dutschke**, Rudi*, Die Revolte - Wurzeln und Spuren eines Aufbruchs (Hrsg. von: Gretchen **Dutschke-Klotz** / Jürgen **Miermeister** / Jürgen **Treulieb**), Reinbek 1983
Dutschke**, Rudi / Bahman **Nirumand** / Hans Magnus **Enzensberger** / Michael **Schneider** / Peter **Schneider** /Jürgen **Horlemann** / Gaston **Salvatore** / Eckhard **Siepmann, Gewalt, in: konkret 6/1968, S.24-28 und S.35
Dutschke**, Rudi / Bernd **Rabehl** / Christian **Semler, Ein Gespräch über die Zukunft (mit Hans Magnus **Enzensberger**), Kursbuch **14**, S.146-174 (1968)
***Ebert**, Theodor*, Die außerparlamentarische Oppositon und die gewaltfreie Macht, in: Theodor **Ebert** / Hans-Jürgen **Benedict** (Hrsg.), Macht von unten - Bürgerrechtsbewegung, außerparlamentarische Opposition und Kirchenreform, Hamburg 1968, S.74-130
***Eckert**, Roland*, Wissenschaft und Demokratie - Plädoyer für eine verantwortliche Wissenschaft, Tübingen 1971
***Eisel**, Stephan*, Konsens im Konflikt - Zum Überlebensweg freiheitlicher Demokratie zwischen Totalitarismus und Anarchie, in: APUZ 10/1986, S.3-15
***Fach**, Wolfgang*, Demokratie und Mehrheitsprinzip, ARSP **61**, S.201-222 (1975)
***Fach**, Wolfgang / Ulrich **Degen** (Hrsg.)*, Politische Legitimität, Frankfurt/M/New York 1978
***Fetscher**, Iring*, Ökologie und Demokratie - ein Problem der politischen Kultur, in: APUZ 26/1982, S.27-34
***Fanon**, Frantz*, Die Verdammten dieser Erde (Vorwort: Jean-Paul **Sartre**), Frankfurt/M 1966
***Flämig**, Christian* et alii (Hrsg.), Handbuch des Wissenschaftsrechts, Band 1 Berlin/Heidelberg/New York 1982

Fraenkel, *Ernst*, Deutschland und die westlichen Demokratien, 5.Aufl. Stuttgart/Berlin/Köln/ Mainz 1972
Frankenberg, *Günter*, Ziviler Ungehorsam und rechtsstaatliche Demokratie, JZ **39**, S.266-275 (1984)
Frankenberg, *Günter / Ulrich* ***Rödel***, Von der Volkssouveränität zum Minderheitenschutz - Die Freiheit politischer Kommunikation im Verfassungsstaat, Frankfurt/M 1981
v.Friedeburg, *Ludwig / Jürgen* ***Habermas*** */ Christoph* ***Oehler*** */ Friedrich* ***Weltz***, Student und Politik - Eine soziologische Untersuchung zum politischen Bewußtsein Frankfurter Studenten, Neuwied/Berlin 1961
v.Friedeburg, *Ludwig / Jürgen* ***Hörlemann*** */ Peter* ***Hübner*** */ Ulf* ***Kadritzke*** */ Jürgen* ***Ritsert*** */ Wilhelm* ***Schumm***, Freie Universität und politisches Potential der Studenten - Über die Entwicklung des Berliner Modells und den Anfang der Studentenbewegung in Deutschland, Neuwied/Berlin 1968
Fries, *Gunter*, Die Rechtsstellung des Studenten innerhalb der wissenschaftlichen Hochschule - Eine Untersuchung des studentischen Status aus verfassungsrechtlicher Sicht, (jur.Diss.) Hamburg 1974
Gallas, *Andreas*, Die Staatsaufsicht über die wissenschaftlichen Hochschulen unter besonderer Berücksichtigung der Staatsaufsicht über die Studentenschaften, Berlin 1976
Geißler, *Heiner (Hrsg.)*, Der Weg in die Gewalt - Geistige und gesellschaftliche Ursachen des Terrorismus und seine Folgen, München/Wien 1978
Gessner, *Volkmar / Winfried* ***Hassemer*** *(Hrsg.)*, Gegenkultur und Recht, Baden-Baden 1985
Glaser, *Horst Albert (Hrsg.)*, Hochschulreform - und was nun? Berichte - Glossen - Perspektiven, Frankfurt/M/Berlin/Wien 1982
Glotz, *Peter (Hrsg.)*, Ziviler Ungehorsam im Rechtsstaat, es **1214** (Frankfurt/M 1983)
Gollwitzer, *Helmut*, Sozialistische Revolution und Gewalt, in: Die Notgemeinschaft empfiehlt zur Lektüre und ruft in Erinnerung [43a], Berlin 1977, S.8-12
Grebing, *Helga*, Linksradikalismus gleich Rechtsradikalismus. Eine falsche Gleichung, Stuttgart/Berlin/Köln/Mainz 1971
Grimm, *Dieter*, Reformalisierung des Rechtsstaats als Demokratiepostulat?, JuS **20**, S. 704-709 (1980)
Grossmann, *Heinz / Oskar* ***Negt*** *(Hrsg.)*, Die Auferstehung der Gewalt - Springerblockade und politische Reaktion in der Bundesrepublik, Frankfurt/M 1980
Guggenberger, *Bernd*, Die Unfähigkeit zur Politik - Zum Politikverständnis der Neuen Linken, ZfP **21**(NF), S.45-60 (1974)
Guggenberger, *Bernd*, Wohin treibt die Protestbewegung?, Freiburg 1975
Guggenberger, *Bernd / Claus* ***Offe*** *(Hrsg.)*, An den Grenzen der Mehrheitsdemokratie - Politik und Soziologie der Mehrheitsregel, Opladen 1984
Gusy, *Christoph*, Das Mehrheitsprinzip im demokratischen Staat, AöR **106**, S.329-354 (1981)
Gusy, *Christoph*, Konsensprinzip oder Demokratie, ZfP **32**(NF), S.133-152 (1985)
Habermas, *Jürgen*, Protestbewegung und Hochschulreform, es **354** (Frankfurt/M 1969)
Habermas, *Jürgen*, Demokratisierung der Hochschule - Politisierung der Wissenschaft?, Merkur **23**, S.597-604 (1969)
Habermas, *Jürgen*, Wahrheitstheorien, in: Wirklichkeit und Reflexion, FS für Walter **Schulz**, Pfullingen 1973, S.211-265

***Habermas**, Jürgen*, Legitimationsprobleme im Spätkapitalismus, es **623** (Frankfurt/M 1973)
***Habermas**, Jürgen*, Recht und Gewalt - ein deutsches Trauma, Merkur **38**, S.15-28 (1984)
***Habermas**, Jürgen*, Theorie des kommunikativen Handelns, Band 2: Zur Kritik der fundamentalistischen Vernunft, 3.Aufl. Frankfurt/M 1985
***Habermas**, Jürgen*, Wie ist Legitimität durch Legalität möglich?, KJ **20**, S.1-16 (1987)
***Habermas**, Jürgen (Hrsg.)*, Antworten auf Herbert **Marcuse**, es **263** (Frankfurt/M 1963)
***Habermas**, Jürgen (Hrsg.)*, Stichworte zur 'Geistigen Situation der Zeit', 2 Bände, es **1000** (Frankfurt/M 1979)
***Hacker**, Friedrich*, Aggression - Die Brutalisierung unserer Welt, Düsseldorf/Wien 1985
***Hager**, Jens / Hartmut **Häußermann** / Niels **Kadritzke** / Knut **Nevermann** (Hrsg.)*, Die Rebellen von Berlin, 2.Aufl. Köln/Berlin 1967
***Harder**, Hans-Bernd / Ekkehard **Kaufmann** (Hrsg.)*, Bilanz einer Reform - Denkschrift zum 450jährigen Bestehen der Philipps-Universität zu Marburg, Bonn - Bad Godesberg 1977
***Hassemer**, Winfried*, Ziviler Ungehorsam - ein Rechtfertigungsgrund?, in: FS für Rudolf **Wassermann**, Neuwied/Darmstadt 1985, S.325-349
***Hattenhauer**, Hans / Werner **Kaltefleiter** (Hrsg.)*, Mehrheitsprinzip, Konsens und Verfassung, Heidelberg 1986
***Hellwig**, Martin*, Stellungnahme zum politischen Mandat der Studentenschaft (im Auftrage des Hochschulpolitischen Ausschusses der Deutschen Burschenschaft), Marburg 1968
***Helms**, Hans G*, Linksradikalismus unter monopolkapitalistischen Bedingungen, DZfPh.**17**, S.1180-1209 (1969)
***Henkel**, Heinrich*, Ideologie und Recht, Tübingen 1973
***Hennis**, Wilhelm*, Die mißverstandene Demokratie. Demokratie - Verfassung - Parlament, Studien zu deutschen Problemen, Freiburg 1973
***Hesse**, Konrad*, Grundzüge des Verfassungsrechts der Bundesrepublik Deutschland, 16.Aufl. Heidelberg 1988
***Heun**, Werner*, Das Mehrheitsprinzip in der Demokratie. Grundlagen - Struktur - Begrenzungen, (jur.Diss.) Berlin 1983
***Hochkeppel**, Willi (Hrsg.)*, Die Rolle der Neuen Linken in der Kulturindustrie, München 1972
***Horkheimer**, Max*, Späne. Notizen über Gespräche mit Max **Horkheimer** in unverbindlicher Formulierung aufgeschrieben von Friedrich **Pollock**, in: Gesammelte Schriften Band 14, Frankfurt/M 1988, S.412 ff
***Horn**, Stephanie*, Abschied vom Kollektiv - Der Frankfurter Pflasterstrand, Frankfurt/M 1989
***Huber**, Joseph*, Wer soll das alles ändern - Die Alternativen der Alternativbewegung, Berlin 1981
***Hüglin**, Thomas Otto*, Tyrannei der Mehrheit - Eine ideengeschichtliche Studie, (pol.Diss.) Bern/Stuttgart 1977
***Isensee**, Josef*, Grundrechte und Demokratie - Die polare Legitimation im grundgesetzlichen Gemeinwesen, DSt **20**, S.161-176 (1981)
***Isensee**, Josef*, Widerstand gegen den technischen Fortschritt - Rückbesinnung auf das Selbstverständliche des demokratischen Verfassungsstaates, DÖV **36**, S.565-575 (1983)
***Isensee**, Josef*, Freiheit - Recht - Moral. Das Dilemma des Rechtsbewußtseins im demokratischen Verfassungsstaat, in: Klaus **Weigelt** (Hrsg.), Freiheit - Recht - Moral, Bonn 1988, S.14-40

Isensee**, Josef / Hans **Meier, Zur Regierbarkeit der parlamentarischen Demokratie (Cappenberger Gespräche Bd.**14**), Köln 1979
***Jacobs**, Uwe Kai*, 'Man soll die Stimmen wägen und nicht zählen' - über fragwürdige Begrenzungen des Mehrheitsprinzips, NJW **42**, S.3205-3208 (1989)
***Jacobsen**, Hans-Adolf / Hans **Dollinger** (Hrsg.)*, Die deutschen Studenten - Der Kampf um die Hochschulreform - Eine Bestandsaufnahme, 2.Aufl. München 1969
***Jäde**, Henning*, Die deutsche Universität - Zerstörung oder Neubau, Deutsche Annalen **1**, S.125-139 (1972)
Jahn**, Thomas / Peter **Wehling, Universität als Lebensgelände, in: Rainer **Erd** / Dietrich **Hoß** / Otto **Jacobi** / Peter **Noller** (Hrsg.), Kritische Theorie und Kultur, es **1557** (Frankfurt/M 1989), S.254-269
***Jakobs**, Günther (Hrsg.)*, Rechtsgeltung und Konsens, Berlin 1976
***Janssen**, Uwe*, Öffentlich-rechtliche und syndikalistische Studentenvertretung - Versuch eines Vergleichs zwischen Deutschland und Frankreich, in: Horst **Baier** (Hrsg.), Studenten in Opposition, Bielefeld 1968, S.207-234
***Kägi**, Werner*, Die Verfassung als rechtliche Grundordnung des Staates - Untersuchungen über die Entwicklungstendenzen im modernen Verfassungsrecht, Zürich 1945
***Kelsen**, Hans*, Vom Wesen und Wert der Demokratie, 2.Aufl. Tübingen 1929
***Kevenhörster**, Paul*, Eine unbequeme Alternative: Demokratie und totalitäre Herrschaft - Zur Kongruenz von linkem und rechtem Totalitarismus, ZfP **21**(NF), S.61-67 (1974)
***Graf Kielmansegg**, Peter*, Das Recht der Mehrheit und die rechte Mehrheit, in: Dienst für die Geschichte, GS für Walther **Hubatsch**, Göttingen/Zürich 1985, S.301-322
***Graf Kielmansegg**, Peter*, Das Experiment der Freiheit - Zur gegenwärtigen Lage des demokratischen Verfassungsstaates, Stuttgart 1988
***Klein**, Hans Hugo*, 'Demokratisierung' der Universität?, Göttingen 1968
***Klein**, Hans Hugo*, Legitimität gegen Legalität?, in: Einigkeit und Recht und Freiheit, FS für Karl **Carstens**, Band 2 Köln/Berlin/Bonn/ München 1984, S.645-660
***Koester**, Thomas*, Plädoyer für die Auflösung von Studentenparlament und AStA, DUZ **11**, S.330-336 (1971)
***Kozicki**, Norbert*, Aufbruch im Revier - 1968 und die Folgen, Essen 1993
***Kraushaar**, Wolfgang (Hrsg.)*, Autonomie oder Getto - Kontroversen über die Alternativbewegung, Frankfurt/M 1978
***Kraushaar**, Wolfgang (Hrsg.)*, Was sollen die Grünen im Parlament?, Frankfurt/M 1983
***Kriele**, Martin*, Legitimationsprobleme der Bundesrepublik, München 1977
***Krippendorff**, Ekkehart*, Legitimität als Problem der Politikwissenschaft, ZfP **9**(NF), S.1-11 (1962)
***Graf v.Krockow**, Christian*, Gewalt für den Frieden? Die politische Kultur des Konflikts, München/Zürich 1983
***Graf v.Krockow**, Christian*, Parlamentarische Mehrheitsdemokratie (Kommentar zum Beitrag von Bernd **Guggenberger** und Claus **Offe**), in: APUZ 5/1984, S.41-43
***Kukuck**, Margareth*, Student und Klassenkampf - Studentenbewegung in der BRD seit 1967, Hamburg 1974
***Lampe**, Ernst-Joachim (Hrsg.)*, Das sogenannte Rechtsgefühl (JRR **10**), Opladen 1985
***Lampe**, Ernst-Joachim (Hrsg.)*, Verantwortlichkeit und Recht (JRR **14**), Opladen 1989

Langguth, *Gerd*, Die Protestbewegung in der Bundesrepublik Deutschland 1968-1976, (pol. Diss.) Köln 1976
Larsson, *Bernard (Hrsg.)*, Demonstrationen (Voltaire Flugschrift **10**), Berlin 1967
Laubinger, *Hans-Werner*, Zum Anspruch der Mitglieder von Zwangsverbänden auf Einhaltung des gesetzlich zugewiesenen Aufgabenbereichs, VwA **74**, S.175-183 u. S.263-280 (1983)
Leibfried, *Stephan (Hrsg.)*, Wider die Untertanenfabrik - Handbuch zur Demokratisierung der Hochschule, Köln 1967
Leibholz, *Gerhard*, Strukturprobleme der modernen Demokratie, 3.Aufl. Karlsruhe 1967
Litten, *Jens*, Eine verpaßte Revolution? Nachruf auf den SDS, Hamburg 1969
Lübbe, *Hermann*, Hochschulreform und Gegenaufklärung - Analysen, Polemik zur aktuellen Hochschul- und Wissenschaftspolitik, Freiburg 1972
Lübbe, *Hermann*, Der Mythos der 'kritischen Generation'. Ein Rückblick, in: APUZ 20/1988, S.17-25
Luhmann, *Niklas*, Legitimation durch Verfahren, Darmstadt/Neuwied 1978
Mager, *Friedrich / Ulrich* ***Spinnarke***, Was wollen die Studenten?, Hamburg 1967
Mandt, *Hella*, Kritik der Formaldemokratie und Entförmlichung der politischen Auseinandersetzung, ZfP **32**(NF), S.115-131 (1985)
Marcuse, *Herbert*, Das Ende der Utopie - Vorträge und Diskussionen in Berlin 1967, Frankfurt/M 1980
Marcuse, *Herbert*, Konterrevolution und Revolte, es **591** (Frankfurt/M 1973)
Marcuse, *Herbert / Barrington* ***Moore*** */ Robert Paul* ***Wolff***, Kritik der reinen Toleranz, es **181** (Frankfurt/M 1966)
Marcuse, *Herbert / Karl* ***Popper***, Revolution oder Reform? Eine Konfrontation, München 1971
Marks, *Stephan*, Studentenseele - Erfahrung im Zerfall der Studentenbewegung, Hamburg 1977
Matz, *Ulrich*, 'Demokratisierung' statt Hochschulreform?, ZfP **16**(NF), S.183-197 (1969)
Matz, *Ulrich*, Politik und Gewalt - Zur Theorie des demokratischen Verfassungsstaates und der Revolution, Freiburg/München 1975
Maunz, *Theodor / Reinhold* ***Zippelius***, Deutsches Staatsrecht, 28.Aufl. München 1991
Maus, *Ingeborg*, Entwicklung und Funktionswandel des bürgerlichen Rechtsstaats, in: Mehdi **Tohidipur** (Hrsg.), Der bürgerliche Rechtsstaat, es **910** (Frankfurt/M 1978), S.13-81
Maus, *Ingeborg*, Verrechtlichung, Entrechtlichung und der Funktionswandel von Institutionen, in: Gerhard **Göhler** (Hrsg.), Grundfragen der Theorie politischer Institutionen, Opladen 1987, S.132-172
Meyer, *Hans*, Zur Stellung der Studenten in der Universität, DÖV **21**, S.608-611 (1968)
Miermeister, *Jürgen / Jochen* ***Staadt***, Provokationen - Die Studenten- und Jugendrevolte in ihren Flugblättern 1965-1971, Darmstadt/Neuwied 1980
Mohr, *Reinhard*, Zaungäste - Die Generation, die nach der Revolte kam, Frankfurt/M 1992
Mosler, *Peter*, Was wir wollten, was wir wurden. Studentenrevolte - zehn Jahre danach, Reinbek 1977
Müller-Plantenberg, *Urs*, Mehrheit und Minderheiten zwischen Macht und Markt - Abwertung des Mehrheitsprinzips in der Theorie des Public Choice, Leviathan **10**, S.239-253 (1982)
v.Mutius, *Albert*, Zum 'politischen Mandat' der Studentenschaften, VwA **63**, S.453-460 (1972)

***Narr**, Wolf-Dieter*, Zum Politikum der Form - oder warum fast alle Emanzipationsbewegungen Herrschaft nur fortlaufend erneuern, allenfalls besänftigen, Leviathan **8**, S.143-163 (1980)

***Negt**, Oskar*, Politik als Protest - Reden und Aufsätze zur antiautoritären Bewegung, Frankfurt/M 1971

***Negt**, Oskar*, Achtundsechzig - Politische Intellektuelle und die Macht, Göttingen 1995

***Neuner**, Helmut*, Die studentische Selbstverwaltung als Institut des geltenden Hochschulrechts und als Gegenstand von Reformbestrebungen, jur.Diss. Univ.Erlangen-Nürnberg 1968

Nitsch**, Wolfgang / Uta **Gerhardt** / Claus **Offe** / Ulrich Klaus **Preuß (unter Mitarbeit von Heinz **Großmann** / Peter **Müller**), Hochschule in der Demokratie - Kritische Beiträge zur Erbschaft und Reform der deutschen Universität, Berlin/Neuwied 1965

***Oberreuter**, Heinrich (Hrsg.)*, Pluralismus, Opladen 1980

***Oberreuter**, Heinrich (Hrsg.)*, Wahrheit statt Mehrheit? An den Grenzen der parlamentarischen Demokratie, München 1986

***Oelinger**, Josef*, Die neue Linke und der SDS - Die politische Theorie der revolutionären Opposition, Köln 1969

***Oelmüller**, Willi (Hrsg.)*, Normenbegründung - Normendurchsetzung, Paderborn 1978

***Picht**, Georg*, Die deutsche Bildungskatastrophe, München 1965

***Pieroth**, Bodo*, Störung, Streik und Aussperrung an der Hochschule - Ein Beitrag zur Konkretisierung von Grundrechten und zum Hochschulverwaltungsrecht, Berlin 1976

***Podlech**, Adalbert (Hrsg.)*, Rechnen und Entscheiden - Mathematische Modelle juristischen Argumentierens, Berlin 1977

Präsidium des Hochschulverbands (Hrsg.), Symposion "Gruppenuniversität" (Forum des Hochschulverbandes Bd.**26**), Bonn - Bad Godesberg 1981

***Preuß**, Ulrich Klaus*, Legalität und Pluralismus - Beiträge zum Verfassungsrecht der Bundesrepublik Deutschland, es **626** (Frankfurt/M 1973)

***Preuß**, Ulrich Klaus*, Politische Verantwortung und Bürgerloyalität - Von den Grenzen der Verfassung und des Gehorsams in der Demokratie, Frankfurt/M 1984

***Protze**, Manfred*, Auflösung der verfaßten Studentenschaft? - Bemerkungen zur politischen Problematik, in: studpol 1/1973, S.3-9

***Randelzhofer**, Albrecht / Werner **Süß** (Hrsg.)*, Konsens und Konflikt - 35 Jahre Grundgesetz, Berlin/New York 1986

***Rawls**, John*, Eine Theorie der Gerechtigkeit, Frankfurt/M 1975

***Rehbinder**, Manfred / Helmut **Schelsky** (Hrsg.)*, Zur Effektivität des Rechts (JRR **3**), Düsseldorf 1972

***Reimann**, Bruno W.*, Hochschulreform - Illusion und Pleite?, Bonn 1978

***Reinhardt**, Rudolf*, Gedanken zur 'Drittelparität', in: Beiträge zum Hochschulrecht, FS für Hans **Gerber**, Tübingen 1970, S.164-174

***Reumann**, Kurt*, Blick ins Innere: Berichte von der akademischen Front, Zürich 1975

Rödel**, Ulrich / Günter **Frankenberg** / Helmut **Dubiel, Die demokratische Frage, es **1572** (Frankfurt/M 1989)

***Roth**, Roland / Dieter **Rucht** (Hrsg.)*, Neue soziale Bewegungen in der Bundesrepublik Deutschland, 2.Aufl. Bonn 1991

***Rucht**, Dieter*, Recht auf Widerstand? Aktualität, Legitimität und Grenzen 'zivilen Ungehorsams', DuR **11**, S.123-143 (1983)

***Ruetz**, Michael*, 'Ihr müßt diesen Typen nur ins Gesicht sehen' (Klaus **Schütz**, SPD) - APO Berlin 1966-1969, Frankfurt/M 1980
***Rupp**, Hans Heinrich*, Die Stellung der Studenten in der Universität, VVDStRL **27**, S.113-141 (1969)
***Rupp**, Hans Heinrich*, 'Gruppenuniversität' und Hochschulselbstverwaltung, WissR 7, S. 89-106 (1974)
Sack**, Fritz / Heinz **Steinert, Protest und Reaktion (Analysen zum Terrorismus Bd.4/2), Opladen 1984
***Sahner**, Heinz*, Wer fordert die parlamentarische Mehrheitsdemokratie heraus?, ZParl **15**, S.571-576 (1984)
***Salomon**, Dieter*, Grüne Theorie und graue Wirklichkeit - DIE GRÜNEN und die Basisdemokratie, (pol.Diss.) Freiburg 1992
***Sarcinelli**, Ulrich (Hrsg.)*, Demokratische Streitkultur - Theoretische Grundpositionen und Handlungsalternativen in Politikfeldern, Opladen 1990
***Schapals**, Werner*, Wesen und Rechtsnatur der Studentenschaft, jur.Diss. Univ.Göttingen 1962
***Schauer**, Helmut (Hrsg.)*, Prima Klima - Wider den Zeitgeist: Erste gnadenlose Generaldebatte zur endgültigen Klärung aller unzeitgemäßen Fragen (Protokolle), Hamburg 1987
***Schelsky**, Helmut*, Einsamkeit und Freiheit - Idee und Inhalt der deutschen Universität und ihrer Reform, 2.Aufl. Düsseldorf 1970
***v.Schenck**, Guntram*, Das Hochschulrahmengesetz - Hochschulreform in der Gesellschaftskrise, Bonn-Bad Godesberg 1976
***Scheuch**, Erwin Kurt*, Der 'Demokratisierungsprozeß' als gesamtgesellschaftliches Phänomen, in: Arthur Fridolin **Utz** / Heinrich Basilius **Streithofen** (Hrsg.), Demokratie und Mitbestimmung, Stuttgart 1968, S.75-98
***Scheuch**, Erwin Kurt*, Die Auswirkungen der 68er Studentenbewegung, in: Freiheit der Wissenschaft 2/1990, S.6-10
***Scheuch**, Erwin Kurt (Hrsg.)*, Die Wiedertäufer der Wohlstandsgesellschaft - Eine kritische Untersuchung der 'Neuen Linken' und ihrer Dogmen, 2. (erweiterte) Aufl. Köln 1969
***Scheuner**, Ulrich*, Verantwortung und Kontrolle in der demokratischen Verfassungsordnung, in: FS für Gebhard **Müller**, Tübingen 1970, S.379-402
***Scheuner**, Ulrich*, Das Mehrheitsprinzip in der Demokratie, Opladen 1973
***Scheuner**, Ulrich*, Die Kontrolle der Staatsmacht im demokratischen Staat - Die Eingrenzung der Macht in der Verfassungsordnung der Bundesrepublik Deutschland, Hannover 1977
***Scheuner**, Ulrich*, Der Mehrheitsentscheid im Rahmen der demokratischen Grundordnung, in: Menschenrechte, Föderalismus, Demokratie, FS für Werner **Kägi**, Zürich 1979, S.301-325
***Schickling**, Willi*, Von Goebbels bis Dutschke - Der Amoklauf des Radikalismus und seine Abwehr, Velbert/Kettwig 1969
***Schiedermair**, Hartmut*, Die deutsche Universitätsreform im Jahre 1983, in: FS für Hans Joachim **Faller**, München 1984, S.217-248
***Schmidt**, Giselher*, Die Weltanschauung der Neuen Linken, in: APUZ 32/1968, S.3-24
***Schmitt**, Carl*, Die geistesgeschichtliche Lage des heutigen Parlamentarismus, 2.Aufl. München/Leipzig 1926
***Schmitt**, Carl*, Verfassungslehre, München/Leipzig 1928
***Schmitt**, Carl*, Legalität und Legitimität, München/Leipzig 1932

***Schmitt**, Carl*, Der Begriff des Politischen, München/Leipzig 1932
***Schmitt Glaeser**, Walter*, Die Rechtsstellung der Studentenschaft - Zu den rechtlichen Beziehungen zwischen Studentenschaft und wissenschaftlicher Hochschule, Bad Homburg/Berlin/ Zürich 1968
***Schmitt Glaeser**, Walter*, Private Gewalt im politischen Meinungskampf - Zugleich ein Beitrag zur Legitimation des Staates, 2.Aufl. Berlin 1992
***Schneider**, Franz (Hrsg.)*, Dienstjubiläum einer Revolte - '1968' und 25 Jahre, München 1993
***Schneider**, Hans*, Widerstand im Rechtsstaat, Karlsruhe 1969
Schneider**, Hans-Peter / Wolfgang **Zeh, Parlamentsrecht und Parlamentspraxis in der Bundesrepublik Deutschland, Berlin/New York 1989
***Schneider**, Uwe Helmut*, Zur Verantwortung der Rechtswissenschaft, JZ **42**, S.696-705 (1987)
***Schoeps**, Hans Julius / Christopher **Dannenmann** (Hrsg.)*, Die rebellischen Studenten - Elite der Demokratie oder Vorhut eines linken Faschismus?, München 1968
***Scholz**, Rupert*, Rechtsfrieden im Rechtsstaat - Verfassungsrechtliche Grundlagen, aktuelle Gefahren und rechtspolitische Folgerungen, NJW **36**, S.705-712 (1983)
***Schütte**, Johannes*, Revolte und Verweigerung, Gießen 1980
***Schultz**, Uwe (Hrsg.)*, Toleranz. Die Krise der demokratischen Tugend und sechzehn Vorschläge zu ihrer Überwindung, Reinbek 1974
***Schwan**, Alexander*, Die Herausforderung des Pluralismus durch den Marxismus, in: Klassenjustiz und Pluralismus, FS für Ernst **Fraenkel**, Hamburg 1973, S.444-481
***Schwan**, Alexander / Kurt **Sontheimer** (Hrsg.)*, Reform als Alternative - Hochschullehrer antworten auf die Herausforderung der Studenten, Köln/Opladen 1969
***Sontheimer**, Kurt*, Das Elend unserer Intellektuellen - Linke Theorie in der Bundesrepublik Deutschland, Hamburg 1976
***Sontheimer**, Kurt*, Zeitenwende? Die Bundesrepublik Deutschland zwischen alter und alternativer Politik, Hamburg 1983
Sontheimer**, Kurt / Gerhard Albert **Ritter** / Brita **Schmitz-Hübsch** / Paul **Kevenhörster** / Erwin Kurt **Scheuch, Der Überdruß an der Demokratie. Neue Linke und Alte Rechte - Unterschiede und Gemeinsamkeiten, Köln 1970
***Sontheimer**, Michael*, Rebellion ist gerechtfertigt - Bericht eines 'Post 68ers', in: APUZ 20/ 1988, S.36-46
***Spaemann**, Robert*, Über den Sinn des Formaljuristischen, ZRP **3**, S.189-190 (1970)
***Starosolskyj**, Wolodymyr*, Das Majoritätsprinzip (Wiener Staatswissenschaftliche Studien Bd. 13/2), Wien/Leipzig 1916
***Steffani**, Winfried*, Zur Vereinbarkeit von Basisdemokratie und parlamentarischer Demokratie, in: APUZ 2/1983, S.3-17
***Steffani**, Winfried*, Mehrheitsentscheidungen und Minderheiten in der pluralistischen Verfassungsdemokratie, ZParl **17**, S.569-586 (1986)
***Streithofen**, Basilius (Hrsg.)*, Frieden im Lande - Vom Recht auf Widerstand, Bergisch Gladbach 1983
***Stuby**, Gerhard*, Disziplinierung der Wissenschaft - Zur Rechtmäßigkeit studentischer Kampfmaßnahmen (mit einem kritischen Nachwort von Reiner **Geulen**), Frankfurt/M 1970
***Thieme**, Werner*, Deutsches Hochschulrecht, 2.Aufl. Köln/Berlin/Bonn/München 1986

***Thoreau**, Henry David*, Über die Pflicht zum Ungehorsam gegen den Staat und andere Essays (Übersetzung und Nachwort von Walter E.**Richartz**), Zürich 1973
***de Tocqueville**, Alexis*, Über die Demokratie in Amerika (Hrsg. Jacob Peter **Mayer** / Theodor **Eschenburg** / Hans **Zbinden**), München 1976
Topitsch**, Ernst / Kurt **Salamun, Ideologie - Herrschaft des Vor-Urteils, München/Wien 1972
***Trappe**, Paul*, Über die Anonymisierung von Verantwortung, in: Recht und Gesellschaft, FS für Helmut **Schelsky**, Berlin 1978, S.697-715
***Tröndle**, Herbert*, Die Vernachlässigung und die Ausbeutung des Rechtsstaates in unserer Zeit, in: Wolfgang **Böhme** (Hrsg.), Gewalt oder Recht?, Karlsruhe 1982 (Herrenalber Texte Bd.**40**), S.33-65
***Varain**, Heinz Josef*, Die Bedeutung des Mehrheitsprinzips im Rahmen unserer politischen Ordnung, ZfP **11**(NF), S.239-250 (1964)
***Vesper**, Bernward (Hrsg.)*, Bedingungen und Organisation des Widerstandes - Der Kongreß in Hannover (Voltaire Flugschrift **12**), Berlin 1967
***Voigt**, Karsten Dietrich*, Der Mythos der politischen Kontinuität - Vom Frankfurter SDS zum realpolitischen Flügel der Grünen, DNG/FH **33**, S.484-489 (1986)
***Voigt**, Rüdiger (Hrsg.)*, Verrechtlichung - Analysen zu Funktion und Wirkung von Parlamentarisierung, Bürokratisierung und Justizialisierung sozialer, politischer und ökonomischer Prozesse, Königstein/Ts 1980
***Voigt**, Rüdiger (Hrsg.)*, Abschied vom Recht?, es **1185** (Frankfurt/M 1983)
***Voigt**, Rüdiger (Hrsg.)*, Gegentendenzen zur Verrechtlichung (JRR **9**), Opladen 1983
***Waldmann**, Peter*, Der rechtsfreie Raum, ÖZöffR **22**(NF), S.113-134 (1971)
***Walser**, Martin*, Deutsche Sorgen, in: Der Spiegel 26/1993, S.40-47
***Wassermann**, Rudolf*, Die Zuschauerdemokratie, Düsseldorf/Wien 1986
***Wassermann**, Rudolf*, Rechtsstaat ohne Rechtsbewußtsein?, Hannover 1988
***Wassermann**, Rudolf*, Politisch motivierte Gewalt in der modernen Gesellschaft - Herausforderung und Antworten, Hannover 1989
Watrin**, Christian / Ulrich **van Lith, Studenten, Professoren und Steuerzahler - Die Gruppenuniversität aus ökonomischer Sicht, Köln 1980
***v. Weiss**, Andreas*, Die Neue Linke - kritische Analyse, Boppard 1969
***Weiss**, Heipe*, Fuchstanz, Frankfurt/M 1996
***Wenzel**, Axel / Jürgen **Roth** / Häuserrat Frankfurt (Hrsg.)*, Frankfurt. Zerstörung - Terror - Folter. Im Namen des Gesetzes, Frankfurt/M 1974
***Wiethölter**, Rudolf*, Anforderungen an den Juristen heute, in: Rudolf **Wassermann** (Hrsg.), Erziehung zum Establishment - Juristenausbildung in kritischer Sicht, Karlsruhe 1969, S.1-31
Wolff**, Frank / Eberhard **Windaus, Studentenbewegung 1967-1969, Frankfurt/M 1977
Wolff**, Karl Dietrich / Frank **Wolff, 'Ohne uns wäre es viel schlimmer gekommen' (Spiegel-Gespräch mit den SDS-Vorsitzenden), in: Der Spiegel 17/1968, S.36-43
***Würtenberger**, Thomas*, Schwankungen und Wandlungen im Rechtsbewußtsein der Bevölkerung, NJW **39**, S.2281-2287 (1986)
***Zechlin**, Lothar*, Die Rechtsprechung zum politischen Mandat der verfaßten Studentenschaft, DuR **6**, S.281-290 (1978)
***Zitelmann**, Rainer*, Wohin treibt unsere Republik?, Berlin 1994

Lit.2 Allgemeines und Hochschul-Wahlrecht

***Achterberg**, Norbert*, Parlamentsrecht, Tübingen 1984

***Apelt**, Willibald*, Die Wahlrechtsentscheidungen des Staatsgerichtshofs und die letzte Regierungsbildung im Freistaat Sachsen, AöR **18**(NF), S.121-134 (1930)

***v.Arnim**, Hans Herbert*, Der strenge und der formale Gleichheitssatz, DÖV **37**, S.85-92 (1984)

***Badura**, Peter*, Das normative Ermessen beim Erlaß von Rechtsverordnungen und Satzungen, in: GS für Wolfgang **Martens**, Berlin/New York 1987, S.25-37

***Bärsch**, Claus-Ekkehard*, Die Gleichheit der Ungleichen. Zur Bedeutung von Gleichheit, Selbstbestimmung und Geschichte im Streit um die konstitutionelle Demokratie, München 1979

***Ball**, Kurt*, Das materielle Wahlprüfungsrecht, seine Entwicklung und seine Rechtsgrundsätze, Berlin 1931

***Bethge**, Herbert*, Grundrechtsverwirklichung und Grundrechtssicherung durch Organisation und Verfahren - Zu einigen Aspekten der aktuellen Grundrechtsdiskussion, NJW **35**, S.1-7 (1982)

***Bettermann**, Karl August*, Die Rechtsweggarantie des Art.19 Abs.4 GG in der Rechtsprechung des Bundesverfassungsgerichts, AöR **96**, S.528-567 (1971)

***Bick**, Wolfgang*, Mehrheitsbildende Wahlsysteme und Wahlkreiseinteilung - Zur Möglichkeit einer Korrektur des Bias, (pol.Diss.) Meisenheim 1975

***Böckenförde**, Ernst-Wolfgang*, 'Integrierte Wahl' - verfassungsgemäß?, ZRP **7**, S.134-137 (1974)

***Botz**, Gerhard*, **Schuschniggs** geplante 'Volksbefragung' und **Hitlers** 'Volksabstimmung' in Österreich, in: Rudolf **Neck** / Adam **Wandruszka** (Hrsg.), Anschluß 1938, München 1981, S.220-243

***Boyer**, Ludwig*, Wahlrecht in Österreich (Band 1), Wien 1961

***Braunias**, Karl*, Das parlamentarische Wahlrecht - Ein Handbuch über die Bildung der gesetzgebenden Körperschaften in Europa, Band II (Allgemeiner Teil), Berlin/Leipzig 1932

Bundesminister des Innern (Hrsg.), Grundlagen eines deutschen Wahlrechts (Bericht der vom Bundesminister des Innern eingesetzten Wahlrechtskommission), Frankfurt/M/Berlin 1955

Bundesminister des Innern (Hrsg.), Zur Neugestaltung des Bundeswahlrechts (Bericht des vom Bundesminister des Innern eingesetzten Beirats für Fragen der Wahlrechtsreform), Bonn 1968

Bundesminister des Innern (Hrsg.), Rechtsgutachten zu der Vereinbarkeit der Verhältniswahl in kleinen Wahlkreisen (Dreier-Wahlkreissystem) mit dem Grundgesetz, Bonn o.Dat. (1968)

Bundesministerium für Gesamtdeutsche Fragen (Hrsg.), Die Wahlen in der Sowjetzone - Dokumente und Materialien, 3.Aufl. Bonn 1958

***Cahn**, Ernst*, Das Verhältniswahlsystem in den modernen Kulturstaaten. Eine staatsrechtlich-politische Abhandlung, Berlin 1909

***Conrad**, Holger*, Rechtsprechung: Wahlanfechtungen im Hochschulbereich, WissR **12**, S. 157-172 (1979)

***Drath**, Martin*, Das Wahlprüfungsrecht bei der Reichstagswahl, (jur.Diss.) Kiel 1927

***Forsthoff**, Ernst*, Anmerkungen zu den Urteilen des OVG Lüneburg zum Landeswahlgesetz von Schlewig-Holstein, AöR **76**, S.369-376 (1950)

***Franzke**, Hans-Georg*, Der Schutz des aktiven Wahlrechts durch die Verwaltungsgerichte, DVBl.**95**, S.730-736 (1980)
***Frotscher**, Werner*, Selbstverwaltung und Demokratie, in: Selbstverwaltung im Staat der Industriegesellschaft, FS für Georg-Christoph **v.Unruh**, Heidelberg 1983, S.127-147
***Frowein**, Jochen Abraham*, Die Rechtsprechung des Bundesverfassungsgerichts zum Wahlrecht, AöR **99**, S.72-110 (1974)
***Genßler**, Georg*, Das d'Hondtsche und andere Sitzverteilungsverfahren aus mathematischer und verfassungsrechtlicher Sicht, jur.Diss. Univ.Regensburg 1984
***v.Gerlach**, Heinrich*, Die Wahlprüfungs-Verschleppungskommission, Die Nation **23**, S. 229-230 (1905/06)
***v.Gerlach**, Heinrich*, Die Geschichte des preußischen Wahlrechts, Berlin-Schöneberg 1908
***Goerlich**, Helmut*, Grundrechte als Verfahrensgarantien - Ein Beitrag zum Verständnis des Grundgesetzes für die Bundesrepublik Deutschland, Baden-Baden 1981
Graf**, Herbert / Günther **Seiler, Wahl und Wahlrecht im Klassenkampf, Berlin (Ost) 1971
***Gramlich**, Ludwig*, Allgemeines Wahlrecht - in Grenzen?, Jura **18**, S.129-139 (1986)
***Grawert**, Rolf*, Wahlrechtsgrundsätze für Hochschulwahlen, WissR **14**, S.193-215 (1981)
Hättich**, Manfred / Ferdinand Aloys **Hermens** / Theodor **Maunz** / Wolfgang **Mischnick, Wahlrecht und Wahlgerechtigkeit, Karlsruhe 1970
***Hatschek**, Julius*, Das Parlamentsrecht des Deutschen Reiches, Band 1 Berlin/Leipzig 1915
***Haupt**, Lucie*, Wahlen und Demokratie, NJ **11**, S.257-260 (1957)
***Heller**, Hermann*, Die Gleichheit in der Verhältniswahl nach der Weimarer Verfassung (Rechtsgutachten), Berlin/Leipzig 1929
***Hendler**, Reinhard*, Selbstverwaltung als Ordnungsprinzip - Zur politischen Willensbildung und Entscheidung im demokratischen Verfassungsstaat der Industriegesellschaft, Köln/Berlin/Bonn/München 1984
***Hermens**, Ferdinand Aloys*, Verfassungslehre, Köln/Opladen 1968
***Hesse**, Konrad*, Der Gleichheitsgrundsatz im Staatsrecht, AöR **77**, S.167-224 (1951/52)
***Heyen**, Erk Volkmar*, Allgemeines und gleiches Wahlrecht durch gleiche Quoten?, DÖV **42**, S.649-654 (1989)
***v.Heyl**, Arnulf*, Wahlfreiheit und Wahlprüfung, (jur.Diss.) Berlin 1975
***Huber**, Peter M.*, Der Prüfungsmaßstab von Wahlorganen bei der Zulassung von politischen Parteien und Wählervereinigungen, DÖV **44**, S.229-236 (1991)
***Hüfler**, Thomas*, Wahlfehler und ihre materielle Wüdigung, jur.Diss. FU Berlin 1979
***Jacobi**, Erwin*, Die verfassungsmäßigen Wahlrechtsgrundsätze als Gegenstand richterlicher Entscheidung, in: Gegenwartsfragen aus der allgemeinen Staatslehre und Verfassungstheorie, FS für Richard **Schmidt**, Leipzig 1932, S.59-93
***Jacobi**, Erwin*, Zum geheimen Stimmrecht, in: Forschungen und Berichte aus dem öffentlichen Recht, GS für Walter **Jellinek**, München 1955, S. 141-153
***Jacobi**, Erwin*, Freie Wahlen und geheime Abstimmung in der bürgerlichen Demokratie, Berlin (Ost) 1958
***Jegutidse**, Sarina*, Gedanken zu einer Neugestaltung des Wahlrechts in der DDR, StR **38**, S.1008-1011 (1989)
Jegutidse**, Sarina / Joachim **Misselwitz, Freie, allgemeine, gleiche, direkte, geheime Wahlen - was sollen und was können sie in unserer Gesellschaft bewirken?, StR **39**, S.395-400 (1990)

***Jellinek**, Walter*, Der Staatsgerichtshof für das Deutsche Reich und die Splitterparteien - zugleich eine Untersuchung über die Rechtsfolgen ungültiger Wahlgesetze, AöR **15**(NF), S. 99-139 (1928)
***Jesse**, Eckhard*, Wahlrecht zwischen Kontinuität und Reform - Eine Analyse der Wahlsystemdiskussion in der Bundesrepublik Deutschland 1949-1983, (pol.Diss.) Düsseldorf 1985
***Kaisenberg**, Georg*, Art.125 WRV. Wahlfreiheit und Wahlgeheimnis (Komm.), in: Hans Carl **Nipperdey** (Hrsg.), Die Grundrechte und Grundpflichten der Reichsverfassung, Band 2 Berlin 1930, S.161-175
***Karpenstein**, Peter*, Die Wahlprüfung und ihre verfassungsrechtlichen Grundlagen, jur.Diss. Univ.Mainz 1962
Kaufmann**, Erich / Hans **Nawiasky, Die Gleichheit vor dem Gesetz des Art.109 der Reichsverfassung (VVDStRL **3**), Berlin/Leipzig 1927
***Kirchhof**, Paul*, Objektivität und Willkür, in: Verantwortlichkeit und Freiheit, FS für Willi **Geiger**, Tübingen 1989, S.82-109
***Kisker**, Gunter*, Zur Bedeutung und zum Geltungsbereich des Grundsatzes der formalen Allgemeinheit und Gleichheit der Wahl, in: FS für Walter **Mallmann**, Baden-Baden 1978, S. 103-116
***Klein**, Hans Hugo*, Demokratie und Selbstverwaltung, in: FS für Ernst **Forsthoff**, München 1972, S.165-185
***Kolmer**, Gustav*, Parlament und Verfassung in Österreich (1848-1914), acht Bände, Wien/ Leipzig 1902-1914
***Kopfermann**, Klaus*, Mathematische Aspekte der Wahlverfahren - Mandatsverteilungen bei Abstimmungen, Mannheim/Wien/Zürich 1991
***Kretschmer**, Gerald*, Wahlprüfung, in: Hans-Peter **Schneider** / Wolfgang **Zeh** (Hrsg.), Parlamentsrecht und Parlamentspraxis in der Bundesrepublik Deutschland, Berlin/New York 1989, S.441-465
Kroppenstedt**, Franz / Paul B.**Würzberger, Organisatorische und rechtliche Probleme bei Bundestagswahlen, VwA **73**, S.311-328 (1982)
***Krüger**, Herbert*, Allgemeine Staatslehre, Stuttgart 1964
***Kunth**, Peter*, Einige Anmerkungen zu den Hareschen Quotientenverfahren, ZParl **22**, S. 297-324 (1991)
***Kunth**, Peter*, Ein Vergleich zwischen d'Hondtscher und Hare/Niemeyerscher Mandatsverteilung - Anmerkungen zum § 6 Abs.2 BWahlG, eingereicht bei: ZParl
Kunze**, Richard / Alfred **Merk** / Albrecht **Quecke, Das Kommunalwahlrecht in Baden-Württemberg, 4.Aufl. Stuttgart/Berlin/Köln 1989
***Leibholz**, Gerhard*, Gleichheit und Allgemeinheit der Verhältniswahl, JW **58**, S.3042-3048 (1929)
***Leibholz**, Gerhard*, Sperrklauseln und Unterschriftenquorum nach dem Bonner Grundgesetz (Rechtsgutachten 1954), in: Strukturprobleme der modernen Demokratie, 3.Aufl. Karlsruhe 1967, S.41-54
***Leng**, Hermann-Otto*, Die allgemeine Wahl im bolschewistischen Staat, (pol.Diss.) Meisenheim 1973
Lerche**, Peter / Walter **Schmitt Glaeser** / Eberhard **Schmidt-Aßmann, Verfahren als staats- und verwaltungsrechtliche Kategorie, Heidelberg 1984

***Leser**, Guido*, Untersuchungen über das Wahlprüfungsrecht des Deutschen Reichstags, (jur. Diss.) Leipzig 1908
Lieberam**, Ekkehard / Wolfgang **Menzel, Bonner Wahlen '69 - Schein und Wirklichkeit, Berlin (Ost) 1969
***Link**, Christoph (Hrsg.)*, Der Gleichheitssatz im modernen Verfassungsstaat, FS für Gerhard **Leibholz**, Baden-Baden 1982
***Lipphardt**, Hanns-Rudolf*, Die Gleichheit der politischen Parteien vor der öffentlichen Gewalt - Kritische Studie zur Wahl- und Parteienrechtsjudikatur des Bundesverfassungsgerichts, Berlin 1975
***Loschelder**, Hansjörg*, Das aktive Wahlrecht und die Rechtsweggarantie des Artikels 19 Absatz 4 GG, jur.Diss. Univ.Münster 1968
***Ludwig**, Klaus A.*, Das Gebot eines 'personalisierenden' Wahlrechts im Hochschulbereich, Kaiserslautern 1980
***Maurer**, Hartmut*, Die verfassungswidrige Bundestagswahl - Zu den Rechtsfolgen eines verfassungswidrigen Wahlgesetzes und einer ungültigen Wahl zum Bundestag, Bad Homburg/ Berlin/Zürich 1969
***Maurer**, Hartmut*, Allgemeines Verwaltungsrecht, 7.Aufl. München 1990
***Meyer**, Georg*, Das parlamentarische Wahlrecht, Berlin 1901
***Meyer**, Hans*, Wahlsystem und Verfassungsordnung - Bedeutung und Grenzen wahlsystematischer Gestaltung nach dem Grundgesetz, Frankfurt/M 1973
***Meyer**, Hans*, Kommunalwahlrecht, in: Günter **Püttner** (Hrsg.), Handbuch der kommunalen Wissenschaft und Praxis, Band 2, 2.Aufl. Berlin/Heidelberg/New York 1982, S.37-80
***Meyer**, Hans*, Wahlgrundsätze und Wahlverfahren, in: Josef **Isensee** / Paul **Kirchhof** (Hrsg.), Handbuch des Staatsrechts der Bundesrepublik Deutschland, Bd.II Heidelbg. 1987, S.269-311
***Meyer**, Hans*, Rechtsgutachtliche Stellungnahme über die Nichtzulassung zweier studentischer Listen zur Konventswahl, Frankfurt/M 1990 (unveröffentlicht)
***Meyn**, Karl-Ulrich*, Autonome Satzung und demokratische Legitimation - Zur Rechtsprechung des BVerfG, DVBl.**92**, S.593-601 (1977)
***Monz**, Heinz*, Die Problematik der rechtmäßigen Durchführung der Briefwahl (Anmerkungen zu: BVerfGE **21**, 200), ZRP **5**, S.229-231 (1972)
***Monz**, Heinz*, Handkommentar zum Kommunalwahlgesetz für das Land Rheinland-Pfalz, 2.Aufl. Trier 1969
***Müller**, Peter Felix*, Das Wahlsystem - Neue Wege der Grundlegung und Gestaltung, (jur. Diss.) Zürich 1959
***v.Münch**, Ingo*, Verfassungsrechtliche Aspekte des Dreier-Wahlkreissystems, in: Recht im Dienst des Friedens, FS für Eberhard **Menzel**, Berlin 1976, S.41-65
***v.Mutius**, Albert*, Zum Verhältnis zwischen vorläufigem verwaltungsgerichtlichem Rechtsschutz, Wahlprüfungsverfahren und Verwerfungsmonopol des Bundesverfassungsgerichts gem. Art.100 Abs.1 GG, VwA **68**, S.197-208 (1977)
***Nass**, Klaus Otto*, Wahlorgane und Wahlverfahren bei Bundestags- und Landtagswahlen - Grundlagen des Wahlvollzugs, (jur.Diss.) Göttingen 1959
***Nass**, Klaus Otto*, Die verfassungsrechtlichen Wahlrechtsgrundsätze bei der Aufstellung von Parteikandidaten bei Bundestagswahlen, in: Im Dienst an Recht und Staat, FS für Werner **Weber**, Berlin 1974, S.311-324

***Nawiasky**, Hans*, Wahlrechtsfragen im heutigen Deutschland, AöR **20**(NF), S.161-193 (1931)
***Nohlen**, Dieter*, Begriffliche Grundlagen der Wahlsystematik, in: Bernhard **Vogel** / Dieter **Nohlen** / Rainer-Olaf **Schultze**, Wahlen in Deutschland, Berlin/New York 1971, S.1-65
***Nohlen**, Dieter*, Wahlrecht und Parteiensystem - Über die politischen Auswirkungen von Wahlsystemen, 2.Aufl. Opladen 1990
***Oebbecke**, Janbernd*, Demokratische Legitimation nicht-kommunaler Selbstverwaltung, VwA **81**, S.349-369 (1990)
***Olschewski**, Bernd-Dietrich*, Wahlprüfung und subjektiver Wahlrechtsschutz, (jur.Diss.) Berlin 1970
***Ossenbühl**, Fritz*, Grundrechtsschutz im und durch Verfahrensrecht, in: Staatsorganisation und Staatsfunktionen im Wandel, FS für Kurt **Eichenberger**, Basel/Frankfurt/M 1982, S.183-195
***Peterek**, Rainer*, Die Problematik des Grundsatzes der unmittelbaren Wahl, jur.Diss. Univ. Mainz 1965
***Peters**, Hans*, Zur Kandidatenaufstellung für freie demokratische Wahlen, in: Vom Bonner Grundgesetz zur gesamtdeutschen Verfassung, FS für Hans **Nawiasky**, München 1956, S.341-358
***Petzke**, Christian*, Zum Rechtsschutz des aktiven und passiven Wahlrechts bei Landtags- und Bundestagswahlen in Bayern, BayVBl.**106**, S.317-324 (1975)
***Poppe**, Eberhard*, Wahlen zur Volkskammer und zu den Bezirkstagen, StR **16**, S.863-874 (1967)
Prandl**, Josef / Georg **Waltner** / Martin **Bauer, (Bayerisches) Gemeindewahlgesetz - Landkreiswahlgesetz - Gemeindewahlordnung (Kommentar), 15.Aufl. München 1989
***Püttner**, Günter*, Zum Verhältnis von Demokratie und Selbstverwaltung, in: Günter **Püttner** (Hrsg.), Handbuch der kommunalen Wissenschaft und Praxis, Band 2, 2.Aufl. Berlin/Heidelberg/New York 1982, S.3-10
***Rechenberg**, Hermann*, Komm. Art.41 GG (Wahlprüfung), in: Bonner Kommentar, 38.Lieferg. (Zweitbearbeitung) Heidelberg 1978
***Reimann**, Bruno W.*, Partizipation, Demokratie und Wahlrecht im System der Selbstverwaltung von Hochschule und Studentenschaft, Teil I (Theoretischer Teil), in: studpol 6/1974, S.1-80
***Reimann**, Bruno W.*, Partizipation, Demokratie und Wahlrecht im System der Selbstverwaltung von Hochschule und Studentenschaft, Teil II (Empirische Bestandsaufnahme), in: studpol 7-8/1974, S.1-174
***Ridder**, Helmut*, Anmerkung zu: OVG Münster, E.v.14.2.1962 (Verletzung des Wahlgeheimnisses), JZ **17**, S.771-775 (1962)
***Rietdorf**, Fritz*, Wahlprüfung und verwaltungsgerichtliche Generalklausel, DV **1/2**, S.665-670 (1948/49)
***Rietdorf**, Fritz*, Gesetz über die Kommunalwahlen im Lande Nordrhein-Westfalen (Kommentar), Stuttgart 1956
***Rinck**, Hans-Justus*, Der Grundsatz der Wahlrechtsgleichheit und das Bonner Grundgesetz, DVBl.**73**, S.221-227 (1958)
***Rinck**, Hans-Justus*, Herkunft und Entfaltung der Allgemeinheit und Gleichheit der Wahl, in: FS für Wolfgang **Zeidler**, Band 2 Berlin/New York 1987, S.1119-1138
***Saftig**, Alexander*, Kommunalwahlrecht in Deutschland, (jur.Diss.) Baden-Baden 1990

***Schauff**, Johannes (Hrsg.)*, Neues Wahlrecht - Beiträge zur Wahlreform, Berlin 1929

***Schelcher**, Walter*, Zur Entscheidung des Staatsgerichtshofs über die sächsischen Landtagswahlen vom 31.Oktober 1926, AöR **17**(NF), S.109-118 (1929)

***Schenke**, Wolf Rüdiger*, Der gerichtliche Rechtsschutz im Wahlrecht, NJW **34**, S.2440-2444 (1981)

***Schiefel**, Werner*, Niedersächsisches Kommunalwahlrecht, 2.Aufl. Hannover 1991

***Schiller**, Klaus*, Das sachliche Wahlprüfungsrecht und seine Randgebiete bezogen auf Bundesrecht und nordrhein-westfälisches Landesrecht, jur.Diss. Univ.Bonn 1958

***Schmidt**, Johann*, Rechtsschutz gegenüber der Verwaltung in der Bundesrepublik Deutschland, in: Joseph Heinrich **Kaiser** (Hrsg.), Verwaltung und Verwaltungswissenschaften in der Bundesrepublik Deutschland, Baden-Baden 1983, S.98-105

***Schmiemann**, Klaus*, Wahlprüfung im Kommunalwahlrecht - unter besonderer Berücksichtigung der neueren Wahlprüfungsrechtsprechung, (jur.Diss.) Siegburg 1972

Schneider**, Hans-Peter / Friedhelm **Hufen, Wahl- und Abstimmungspflichten im Bereich der Studentenschaft (Rechtsgutachten zum Entwurf eines Gesetzes über die Hochschulen im Lande Berlin, erstattet im Auftrag des Senators für Wissenschaft und Forschung), Berlin 1978

***Schneider**, Peter*, Identität und Demokratie, in: FS für Ulrich **Klug**, Band I Köln 1983, S.157-168

***Schreiber**, Wolfgang*, Handbuch des Wahlrechts zum Deutschen Bundestag (Kommentar), 4.Aufl. Köln/Bonn/Berlin/München 1990

***Schröder**, Meinhard*, Grundlagen und Anwendungsbereich des Parlamentsrechts - Zur Übertragbarkeit parlamentsrechtlicher Grundsätze auf Selbstverwaltungsorgane, insbesondere in der Kommunal- und Hochschulverwaltung, Baden-Baden 1979

***Seifert**, Karl-Heinz*, Gedanken zu einer Reform des Wahlprüfungsrechts, DÖV **20**, S.231-240 (1967)

***Seifert**, Karl-Heinz*, Bundeswahlrecht - Wahlrechtsartikel des Grundgesetzes, Bundeswahlgesetz, Bundeswahlordnung und wahlrechtliche Nebengesetze (Kommentar), 3.Aufl. München 1976

***Seydel**, Max*, Prüfung der Wahlen für gesetzgebende Körperschaften als eine richterliche Thätigkeit unter Rechtsprechung eines unabhängigen Wahlprüfungsgerichtshofes (Gutachten), in: Verhandlungen des Neunzehnten Deutschen Juristentages, Berlin/Leipzig 1888, S.130-156

***Seydel**, Max*, Parlamentarische oder richterliche Legitimationsprüfung?, AnnDR **21**, S.273-292 (1889)

***Smend**, Rudolf*, Maßstäbe des parlamentarischen Wahlrechts in der deutschen Staatstheorie des 19. Jahrhunderts (Akademische Antrittsrede Tübingen 1911), in: Staatsrechtliche Abhandlungen, 2.Aufl. Berlin 1968, S.19-38

***Smend**, Rudolf*, Zum Problem des Öffentlichen und der Öffentlichkeit, in: Forschungen und Berichte aus dem öffentlichen Recht, GS für Walter **Jellinek**, München 1955, S.11-20

***Steinbömer**, Feuke*, Anmerkung zu: VG Karlsruhe, E.v.6.2.1968, DVBl.**83**, S.273-275 (1968)

***Sternberger**, Dolf*, Die große Wahlreform - Zeugnisse einer Bemühung, Köln/Opladen 1964

***Sternberger**, Dolf*, Die Wahl als bürgerliche Amtshandlung, in: Politische Wissenschaft und politische Ordnung, FS für Rudolf **Wildenmann**, Opladen 1986, S.22-26

***Stieler**, Frank*, Satzungsgebung der Universitäten - Staatliche Aufsicht und Mitwirkung, (jur. Diss. Univ.Frankfurt/M) Frankfurt/M/Bern/New York 1985

***Thaysen**, Uwe*, Parlamentarisches Mandat in Hochschulgremien nunmehr auch gerichtlich akzeptiert (Anmerkungen zu: VG Braunschweig, E.v.26.6.1980), ZParl **11**, S.543-546 (1980)

***Timaschew**, Nicholas Sergeyevitch*, Das Wahlrecht der Sowjetunion, AöR **16**(NF), S.81-109 (1929)

***Tümpel**, Matthias C.*, In Tübingen: Ruhe und kaltes Blut - Zur Geschichte des Allgemeinen Studentenausschusses und seines Wahlrechts, in: ATTEMPTO 51-52/1974, S.114-123

***Ule**, Carl-Hermann*, Verzicht auf die Benutzung der Wahlzelle?, RVBl.**53**, S.510-511 (1932)

***Unger**, Oswald*, Die Rolle der Wahlen in der DDR für die weitere Festigung und Entwicklung der sozialistischen Staatsorgane und für die sozialistische Bewußtseinsbildung der Werktätigen, StR 7, S.953-967 (1958)

***Unkelbach**, Helmut*, Grundlagen der Wahlsystematik - Stabilitätsbedingungen der parlamentarischen Demokratie, Göttingen 1956

*v.**Unruh**, Georg-Christoph*, Die kommunale Selbstverwaltung - Recht und Realität, in: APUZ 30-31/1989, S.3-13

***Urbich**, Günther*, Die Entscheidungen des Staatsgerichtshofs für das Deutsche Reich über Wahlgesetze. Eine politische und staatsrechtliche Betrachtung zur Wahlreform, AnnDR **63**, S.367-419 (1930)

***Waibel**, Wolf-Wilhelm*, Rechtsprechung: Wahlanfechtungen im Hochschulbereich, WissR **6**, S.70-94 (1973)

***Weber**, Hermann*, Grundfälle zum Rechtsschutz im Kommunalwahlrecht, insbesondere zur Wahlprüfung, JuS **29**, S.902-905 und S.977-983 (1989); JuS **30**, S.291-296 (1990)

***Westerath**, Heribert*, Die Wahlverfahren und ihre Vereinbarkeit mit den demokratischen Anforderungen an das Wahlrecht, (jur.Diss.) Berlin 1955

***Widder**, Helmut*, Verfassungsstreit in Österreich - Folgen einer partiellen Nichtigkeitserklärung der Wahlen zum Nationalrat, ZParl **2**, S.223-237 (1971)

***Wiesmann**, Richard*, Untersuchungen über den richterlichen Schutz des parlamentarischen Wahlrechts in Elsaß-Lothringen, AöR **29**, S.94-125 (1912)

***Wildenmann**, Rudolf*, Stellungnahme zur Frage studentischer Beteiligung an universitären Wahlen (Schriften des Hochschulverbandes Bd.**21**), Bonn -Bad Godesberg 1980

***Wolf**, Gerhard*, Straftaten bei Wahlen und Abstimmungen - Zur Problematik des strafrechtlichen Schutzes von Wahlen und Abstimmungen nach geltendem und künftigem Recht, (jur. Diss.) Bonn 1961

***Wuttke**, Horst*, Wahlprüfungsentscheidungen als Angriffsgegenstand einer Verfassungsbeschwerde, AöR **96**, S.506-527 (1971)

***Zeuner**, Bodo*, Wahlen ohne Auswahl - Die Kandidatenaufstellung zum Bundestag, in: Martin **Greiffenhagen** (Hrsg.), Demokratisierung in Staat und Gesellschaft, München 1973, S. 225-250

***Zuleeg**, Manfred*, Rechtsschutz bei den Wahlen zum Bayerischen Landtag, BayVBl.**8**(NF), S.335-339 (1962)

FSC
www.fsc.org
MIX
Papier | Fördert
gute Waldnutzung
FSC® C083411

Kolibri 360 GmbH
Ferdinand-Jühlke-Straße 7
99095 Erfurt, Deutschland
produktsicherheit@kolibri360.de

Druck:
CPI Druckdienstleistungen GmbH
im Auftrag der
Kolibri 360 GmbH
Ferdinand-Jühlke-Str. 7
99095 Erfurt